歷代名臣奏議

（明）黄淮 楊士奇 編

四

附 篇名目録 作者索引

上海古籍出版社

歷代名臣奏議卷之二百四十三

荒政

殷王成湯為天子。大旱七年。太史占之曰。當以人禱。湯曰。吾所為請者民也。若必以人禱。吾請自當。遂齋戒剪爪斷髮素車白馬身嬰白茅。以身為犧牲禱于桑林之野。以六事自責曰。政不節歟。民失職歟。宮室崇歟。女謁盛歟。苞苴行歟。讒夫昌歟。言未已大雨方數千里。

漢武帝即位汲黯為謁者。東越相攻。上使黯往視之。不至至吳而還報曰。越人相攻。固其俗然。不足以辱天子之使。河內失火延燒千餘家。上使黯往視之。還報曰。家人失火屋比延燒不足憂也。臣過河南河南貧人傷水旱萬餘家或父子相食。臣謹以便宜持節發河南倉粟以振貧民。臣請歸節伏矯制之罪。上賢而釋之。

宣帝時。丞相魏相數條漢興以來國家便宜行事及賢臣賈誼晁錯董仲舒等所言請施行之。奏曰。臣聞明主在上。賢輔在下。則君安虞而民和睦。臣相幸得備位不能奉明法廣教化理四方以宣聖德。民多背本趨末。或有飢寒之色。為陛下之憂。臣相罪當萬死。臣相知能淺薄不明國家大體時用之宜。惟民終始未得所繇。竊伏觀先帝聖德仁恩之厚。勤勞天下。垂意黎庶。憂水旱之災。為民貧窮發倉廩振乏餧。遣諫大夫博士巡行天下。察風俗舉賢良。平寃獄。冠蓋交道。省諸用。寬租賦。弛山澤陂池禁禄馬酤酒貯積所以周急繼困慰安元元。便利百姓之道甚備。臣相不能悉陳。昧死奏故事詔書凡二十三事。臣謹按王法必謹於農而務積聚。量入制用以備凶災。亡六年之畜尚謂之急。元鼎二年。平原勃海太山東郡溥被災害。民餓死於道路。二千石不豫慮其難。使至於此。賴明詔振救。乃得蒙更生。今歲不登。穀暴騰踊。臨秋收斂猶有乏者。至春恐甚無以相䘏。西羌未平。師旅在外。兵革相乘。臣竊寒心。宜蚤圖其備。惟陛下留神元元。率由先帝盛德以撫海內。上施行其策。

後漢明帝時。王望遷青州刺史。甚有威名。是時州郡災旱。百姓窮荒望行部。道見飢者。裸行草食五百餘人。愍然哀之。因以便宜出所在布粟給其廩糧。為作褐衣。事畢上言。帝以望不先表請。章示百官。詳議其罪。時公卿皆以為望之專命。法有常條。鍾離意獨曰。昔華元子反楚宋之良臣。不稟君命。擅平二國。春秋之義以為美談。今望懷義忘罪。當仁不讓。若繩之以法。忽其本情。將乖聖朝養育之旨。帝嘉意議。赦而不罪。

魏文帝欲徙冀州士家十萬戶實河南。時連蝗民飢。群司以為不可。而帝意甚盛。侍中辛毗與朝臣俱求見。帝知其欲諫。作色以見之。皆莫敢言。毗曰。陛下欲徙士家。其計安出。帝曰。卿謂我徙之非邪。毗曰。誠以為非也。帝曰。吾不與卿共議也。毗曰。陛下不以臣不肖。置之左右廁之謀議之官。安得不與臣議邪。臣所言非私也。乃社稷之慮也。安得怒臣。帝不答。起入內。毗隨而引其裾。帝遂奮衣不還。良久乃出。曰。佐治。卿持我何太急邪。毗曰。今徙既失民心。又無以食也。帝遂徙其半。

晉武帝咸寧三年詔曰。今年霖雨過差。又有蟲災。潁川襄城自春以來略不下種。深以為慮。王者何以為百姓計。促處當之。鎮南將軍杜預上疏曰。臣輒思惟今者水災東南特劇。非但五稼不收。居業并損。下田所在停汙。高地皆多磽埆。此即百姓困窮方在來年。雖詔書切告長吏二千石為之設計。而不廓開大制。定其趣舍之宜。恐徒文具。所益蓋薄。當今秋夏蔬食之時。而百姓已有不贍。前至冬春野無青草。則必指仰官穀以為生命。此乃一方之大事。不可不豫為思慮者也。臣愚謂既以水為困。當恃魚菜螺蜯。而洪波汎濫。貧弱者終不能得。今者宜大壞兗豫州東界諸陂。隨其所歸而宣導之。交令饑者盡得水產之饒。百姓不出境界之內。旦暮野食。此目下日給之益也。水去之後。填淤之田。畝收數鍾。至春大種五穀。五穀必豐。此又明年益也。臣前啟典牧種牛。不供耕駕。至於老不穿鼻者。無益於用。而徒有吏士穀草之費。歲送任駕者甚少。尚復不調習。宜大出賣。以易穀及為賞直。詔曰。孳育之物。不宜減散。事遂停寢。

後魏明元帝神瑞二年。秋穀不登。太史令王亮、蘇坦因華陰公主等言讖書國家當治鄴。應大樂三十年。勸太宗遷都。博士祭酒崔浩與特進周澹言於太宗曰。今國家遷都於鄴。可救今年之飢。非長久之策也。東州之人。常謂國家居廣漠之地。民畜無算。號稱牛毛之衆。今留守舊都。分家南徙。恐不滿諸州之地。參居郡縣。處榛林之間。不便水土。疾疫死傷。情見事露。則百姓意沮。四方聞之。有輕侮之意。屈丐、蠕蠕必提挈而來。雲中、平城則有危殆之慮。阻隔恒代千里之險。雖欲救援。赴之甚難。如此則聲實俱損矣。今居北方。假令山東有變。輕騎南出。燿威桑梓之中。誰知多少。百姓見之。望塵震服。此是國家威制諸夏之長策也。至春草生。乳酪將出。兼有菜果。足接來秋。若得中熟。事則濟矣。太宗深然之。曰。唯此二人與朕意同。復使中貴人問浩、澹曰。今既糊口無以至來秋。來秋或復不熟。將如之何。浩等對曰。可簡窮下之戶。諸州就穀。若來秋熟。年饑更圖也。但不可遷都。太宗從之。於是以民詣山東三州食。出倉穀以廩之。來年遂大熟。

孝文帝太和十一年。京都大饑。韓麒麟表陳時務曰。古先哲王經國立治。積儲九稔。謂之太平。故躬籍千畝。以勵百姓。用能衣食滋茂。禮教興行。逮於中代。亦崇斯業。入粟者與斬敵同爵。力田者與孝弟同賞。實百王之常軌。為治之所先。今京師民庶不田者多。遊食之口。三分居二。蓋一夫不耕。或受其飢。況於今者。動以萬計。故頃年山東遭水。而民有餒終。今秋京都遇旱。穀價踊貴。實由農人不勸。素無儲積故也。伏惟陛下天縱欽明。道高三五。昧旦憂勤。思恤民弊。雖虞帝一日萬幾。周文日昃不暇食。蔑以為喻。上垂覆載之澤。下有凍餒之人。皆由有司不為明制。長吏不恤其本。自承平日久。豐穰積年。競相矜奪。遂成侈俗。車服第宅。奢僭無限。喪葬婚娶。為費實多。貴富之家。童妾袨服。工商之族。玉食錦衣。農夫餔糟糠。蠶婦乏短褐。故令耕者日少。田有荒蕪。穀帛罄於府庫。寶貨盈於市里。衣食匱於室。麗服溢於路。飢寒之本。實在於斯。愚謂凡珍玩之物。皆宜禁斷。吉凶之禮。備為格式。令貴賤有別。民歸朴素。制天下男女。計口受田。宰司四時巡行。臺使歲一按檢。勤相勸課。嚴加賞賜。數年之中。必有盈贍。雖遇災凶。免於流亡矣。往年校比戶貫。租賦輕少。臣所統齊州。租粟纔可給俸。略無入倉。雖於民為利。而不可長久。脫有戎役。或遭天災。恐供給之方。無所取濟。可減絹布。增益穀租。年豐多積。歲儉出賑。所謂私民之穀。寄積於官。官有宿積。則民無荒年矣。

十四年秋七月。尚書中書監高閭上表曰。奉癸未詔書。以春夏少雨。憂飢饉之方臻。愍黎元之傷瘁。同禹湯罪己之誠。齊堯舜引咎之德。虞災致懼。詢及卿士。令各上書。極陳損益。深恩被於蒼生。厚惠流於后土。伏惟陛下天啟聖姿。利見纂極。欽若昊天。光格宇宙。太皇太后以叡哲贊世。稽合三才。高明柔克。道被無外。七政昭宣於上。九功咸序於下。君人之量。逾高謙光之旨。彌篤備復祭儀。宗廟所以致敬。飾正器服。禮樂所以宣和。增儒官以重文德。簡勇士以昭武功。慮獄訟之未息。定刑書以理之。懼蒸民之姦宄。置鄰黨以穆之。究庶官之勤劇班俸祿以優之。知勞逸難均。分民土以齊之。甄忠明孝。務貧恤獨。開納讜言。抑絕讒佞。明訓以體率。上移風。雖未勝殘去殺。成無為之化。足以仰荅三靈者矣。臣聞皇天無私。降鑒在下。休咎之徵。咸由人召。故帝道昌則九疇敘。君德衰而彝倫斁。休瑞並應。享以五福。則康于其邦。咎徵屢臻。罰以六極。則害於其國。斯乃洪範之實徵。神祇之明驗。及其厄運所纏。世鍾陽九。數乖於天理。事違於人謀。時則有之矣。故堯湯逢歷年之災。周漢遭水旱之患。然立功脩行。終能弭息。今考治則有如此之風。計運未有如彼之害。而陛下殷勤引過。事邁前王。從星澍雨之徵。指辰可必。消災滅禍之符。灼然自見。雖王畿之內。頗為少雨。關外諸方。禾稼仍茂。苟動之以禮。綏之以和。一歲不收。未為大損。但豫備不虞。古之善政。安不忘危。有國常典。竊以北鎮新徙。家業未就。思親戀本。人有愁心。一朝有事。難以禦敵。可寬其往來。頗使欣慰。開雲中馬城之倉。以賑恤之。足以感德致力邊境矣。明察畿甸之民。飢甚者。出靈丘下館之粟以救其乏。可以安慰孤貧。樂業保土。使幽定安并四州之租。隨運以溢其處。開關弛禁。薄賦賤糴。以消其費。清道路。恣其東西。隨豐逐食。貧富相贍。可以免度凶年。不為患苦。又聞常士困則濫竊生。匹婦餒則慈心薄。凶儉之年。民輕違犯。可緩其使役。急其禁令。宜於未然之前。申敕外牧。又一夫幽枉。王道為虧。京師之獄。或恐未盡。可集見囚於都曹。使明折庶獄者。重加究察。輕者即可決遣。重者定狀以聞。罷非急之作。放無用之獸。此乃救荒之常法。且以見憂於百姓。論語曰。不患貧而患不安。苟安而樂生。雖遭凶年。何傷於民庶也。愚臣所見。如此而已。

孝文帝時。祕書丞李彪上封事曰。記云。國無三年之儲。謂國非其國。光武以一畝不實。罪及牧守。聖人之憂世重穀。殷勤如彼。明君之恤人勸農。而相切若此。頃年山東飢。去歲京師儉。內外人庶。出入就豐。既廢營產。疲困乃加。又於國体實有虛損。若先多積穀。安而給之。豈有驅督老弱餬口千里之外。以今況古。誠可懼也。臣以為宜析州郡常調九分之二。京都度支歲用之餘。各立官司。年豐糴於倉。時儉則加私之二糶之於人。如此。人必事田以買官絹。又務貯財以取官粟。年登則常積。歲凶則直給。又別立農官。取州郡戶十分之一以為屯人。相水陸之宜。料頃田之數。以贓贖雜物餘財市牛給科。令其肆力。一夫之田。歲責三十斛。甄其正課并征戍雜役。行此二事。數年之中。則穀積而人足。雖災不害。

隋文帝開皇三年。度支尚書長孫平見天下州縣多罹水旱。百姓不給。奏令民間每秋家出粟麥一石已下。貧富差等。儲之閭巷。以備凶年。名曰義倉。因上書曰。臣聞國以民為本。民以食為命。勸農重穀。先王令軌。古者三年耕而餘一年之積。九年作而有三年之儲。雖水旱為災。而人無菜色。皆由勸導有方。蓄積先備故也。去年亢陽。關內不熟。陛下哀愍黎元。甚於赤子。運山東之粟。置常平之官。開發倉廩。普加振賜。少食之人。莫不豐足。鴻恩大德。前古未比。其強宗富室。家道有餘者。皆競出私財。遞相賙贍。此乃風行草偃。從化而然。但經國之理。須存定式。於是奏令諸州百姓及軍人勸課當社。共立義倉。收穫之日。隨其所得。勸課出粟及麥。於當社造倉窖貯之。即委社司。執帳檢校。每年收積。勿使損敗。若時或不熟。當社有飢饉者。即以此穀振給。自是諸州儲峙委積。

唐太宗貞觀初。上入苑中。見蝗。掇數枚。祝之曰。民以穀為命。而汝食之。寧食吾之肺腸。欲吞之。左右諫曰。恐物或成疾。上曰。朕為民受災。何疾之避。遂吞之。是歲蝗不為災。後關中大飢。上謂侍臣曰。水旱不調。皆朕失德。朕之不脩。天當責朕。百姓何罪。而多遭困窮。聞有鬻男女者。朕甚愍之焉。乃遣御史大夫杜淹巡檢。出御府金寶贖之。還其父母。

高宗儀鳳二年夏四月江南旱。遣御史中丞崔謐等分道賑給。侍御史劉思立上疏曰。麥秀蠶老。農事方殷。聚集參迎。妨廢不少。既緣賑給。須立簿書。本欲安存。更成煩擾。伏望且委州縣賑給。疏奏。謐等遂不行。

中宗時。兵部尚書韋嗣立建言曰。臣聞國無九年之儲。家無三年之蓄。家非其家。國非其國也。故知立國立家。皆資於儲蓄矣。夫水旱之災。關之陰陽運數。非人智力所能及也。堯遭大水。湯遭大旱。則知仁聖之君亦所不免。當此時。百姓不至於困弊者。有積也。今陛下倉庫之內。比稍空竭。尋常用度。不支一年。儻有水旱。人須賑給。徵發時動。兵要資裝。則將何以備之。其緣倉庫不實。妨於政化者。觸類而是。臣竊見食封之家。其數甚衆。昨略問戶部。云用六十餘萬丁。一丁兩匹。即是一百二十萬已上匹。臣頃在太府。知每年庸調絹數。多不過百萬。少則七八十萬以來。比諸封家。所入全少。儻有蟲霜旱澇。曾不半在國家。支供何以取給。臣聞自封茅啓裂。山河皆須業著經綸。功白草昧。然後配宗廟之享。承帶礪之恩。皇運之初。功臣共定天下。當時食封纔只三二十家。今以尋常特恩。遂至百家已上。國家租賦。太半私門。私門則資用有餘。國家則支計不足。有餘則或致奢僭。不足則坐致憂危。制國之方。豈謂爲得。封戶之物。諸家自徵。或是官典。或是奴僕。多挾勢逞威。陵突州縣。凡是封戶。不勝侵漁。或輸物多索裹頭。或相知要取中物。百姓怨歎。遠近共知。復有因將貨易。轉更生釁。徵打紛紛。曾不寧息。貧乏百姓。何以克堪。若必限丁物送太府。封家但於左藏請受。不得輒自徵催。則必免侵漁。人冀蘇息。

代宗時。關輔旱。河東租庸鹽鐵使裴諝入計。帝召至便殿。問榷酤利歲出內幾何。諝久不對。帝復問。曰。臣有所思。帝曰。何邪。諝曰。臣自河東來。涉三百里。而農人愁歎。穀麥未種。誠謂陛下軫念元元。先訪疾苦。而乃責臣以利。孟子曰。治國者仁義而已。何以利爲。故未敢即對。帝曰。微公言。朕不聞此。拜左司郎中。

德宗時。中書侍郎同中書門下平章事陸贄請遣使臣宣撫諸道遭水州縣狀曰。右頻得鹽鐵轉運及州縣申報。霖雨爲災。彌月不止。或川瀆泛漲。或溪谷奔流。淹沒田苗。損壞廬舍。又有漂溺不救。轉徙乏糧。喪亡流離。數亦非少。臣等任參台輔。職調陰陽。一物失宜。尸曠斯在。五行愆度。黜責何逃。陛下德邁禹湯。恕人咎己。臣等每奉詞旨。倍益慙惶。所以僶俛在公。不敢頻煩請罪。前者面陳事體。須遣使撫綏。陛下尚謂詢問來人。所損殊少。即議優恤。恐長姦欺。臣等旬日已來。更審借訪。類會行旅所說。悉與申報符同。但恐所聞聖聽。或未盡陳事實。表流俗之弊。多徇諂諛。揣所悅意者。則侈其言。度所惡聞者。則小其事。制備失所。恒病於斯。初聞諸道水災。臣等屢訪朝列。多云無害於物。以爲不足致懷。退省其私。言則頗異。霖潦非可諱之事。搢紳皆有識之人。與臣比肩。尚且相媚。況乎事或曖昧。人或瑣微。以利己之心。希至尊之旨。其於情實。固不易知。如斯之流。足誤視聽。所願事皆覆驗。則冀言無詐欺。大明照臨。天下之幸也。昔子夏問於孔子曰。何如斯可謂人之父母。孔子對曰。四方有敗。必先知之。斯可謂人之父母矣。蓋以君人之道。子育爲心。雖深居九重。而慮周四表。雖恒處安樂。而憂及困窮。近取諸身。如一體之於四支。其疾病無不恤也。遠取諸物。如雨暘之於萬類。其鑒照無不均也。故時有凶害。而人無流亡。恃天聽之必聞。知上澤之必至。是以有母之愛。有父之尊。古之聖王能以天下爲一家。中國爲一人。用此術也。今水潦爲敗。綿數十州。奔告于朝。日月相繼。若哀其疾苦。固宜降旨優矜。儻疑其詐欺。亦當遣使臣巡視安可徇往來之浮説忘惠恤之大猷失人得財是將焉用況災害已甚申奏亦頻縱不蒙恩復除自當唯式蠲免徒失事體無資國儲恐須速降德音深示憂憫分道命使明勅弔災寬息征徭省察寃濫慰家有溺死及漂没居産都盡父子不存濟者各量賜粟帛使委使臣與州府以當處官物給付其損壞廬舍田苗者亦委使任與州府據所損作分數等第聞奏量與蠲減租稅如此則没者蒙瘞酹之惠存者霑煦嫗之恩霈澤下施孰不欣戴所費者財用所收者人心若不失人何憂乏用臣等已約支計所費亦不甚多儻蒙聖恩允從即具條件續進臣又聞聖人作則皆以天地為本陰陽為端慶賞者順陽之功故行於春夏刑罰者法陰之氣故用之秋冬事或愆時人必罹咎是以月令所載夏行秋令則苦雨數來丘隰水潦夏行冬令則後乃大水敗其城郭典籍垂誡言固不誣天人同符理當必應既有繫於舒慘是能致於災祥頃自夏初兇臣得罪親黨坐累其徒寔繁邦憲已行宸嚴未解畏天之怒中外竦然若以月令推之水潦或是其應雖天所降沴不在郊畿然海內為家無論遐邇伏願滌瑕以德消沴以和威惠之相濟合宜陰陽之運行自序臣等不勝覯災懇負之至謹奉狀陳請以聞

贄又論淮西管内水損處請同諸道遣宣慰使狀曰右奉進止淮西管内貢賦既闕所緣水損簡擇宣慰使此道亦不要遣去者臣聞聖王之於天下也人有不得其所者若已納之於隍故夏禹泣辜殷湯引罪蓋以率土之内莫非王臣或有昏迷不龔是由教化未至常以聲教則無棄人自希烈亂常汴梁淮甸職貢廢闕責當有歸在於編甿蓋任其咎陛下息師舍垢宥彼渠魁惟茲下人久罹脅制想其翹望聖化誠亦有足哀傷倘弭善救之心當軫納隍之慮今者遣使宣命本緣恤患弔災諸道災患既同朝廷弔恤或異是使慕聲教者絶望懷反側者得詞棄人而固其寃雖恐非所以為計也昔晉饑乞糴于秦大夫百里奚曰天災流行國家代有救災恤鄰道也行道有福丕豹則請因而伐之穆公用百里奚之言拒丕豹之請且曰其君是惡其人何罪遂輸粟以救之其後秦亦乞糴于晉晉大夫虢射曰無損於怨而益於寇不如勿與慶鄭曰幸災不仁貪愛不祥怒鄰不義不如與之惠公信虢射之謀違慶鄭之議遂閉糴以絶焉是歲晉國復饑秦伯又饋之粟曰吾怨其君而恤其人終於秦穆霸彊晉惠擒虜是知棄怨而施惠者可以懷敵計利而忘義者罔不失人此乃列國諸侯猶務恤鄰救災矧君臨天下而可使德澤不均被者乎議者多謂淮右荐饑國家之利臣等愚見以為不然必若興有征之師問不庭之罪因災幸濟已爽德政倘又難於用兵望其艱窘自斃利害之

勢或未可知夫悍戾之情窮則獷捷暴人之態急則猖狂當其迫蹙之時尤資撫馭苟得招攜以禮便可底寧備慮乖方亦足生患竊以帝王之道頗與敵國不同懷柔萬邦唯德與義寧人負我我無負人故能使億兆歸心遠邇從化猶有凶迷不復必當以鬼同誅此其自取覆亡尚亦不足含怒今因供税有闕遂令施惠不均責帥及人恐未為允伏惟聖鑒更審細裁量其所擇諸道使並未敢宣行伏候進止

贄又請依京兆所請折納事狀曰京兆府先奏當管蟲食豌豆全然不收請據數折納大豆奉勅宜依度支續奏稱時估豌豆每斗七十價已上大豆每斗三十價已下京兆府所請將大豆替豌豆望令據估計錢數折納則冀免損官司者求濟救災國之令典求濟在知其所患救災在恤其所無只知蠲蠹為殃豌豆全損捨覆若非虛深地

稅固合免徵。直道而行。大體斯在。府司折納充數。已爲刻下從權。要支準估計錢。乃是幸吏窺利。所得無幾。其傷實多。傷風得財。非謂理道。且豌豆爲物。人用甚微。舊例所支。唯充畜料。準數迴給大豆。請司誰曰不然。計價剩徵。義將安在。理無所據。事不可從。望依前勅處分。未審可否。

監察御史韓愈上論天旱人饑狀曰。右臣伏以今年以來。京畿諸縣夏逢亢旱。秋又早霜。田種所收。十不存一。陛下恩踰慈母。仁過春陽。租賦之間。例皆蠲免。所徵至少。所放至多。上恩雖弘。下困猶甚。至聞有棄子逐妻。以求口食。拆屋伐樹。以納稅錢。寒餒道塗。斃踣溝壑。有者皆已輸納。無者徒被追徵。臣愚以爲此皆群臣之所未言。陛下之所未知者也。臣竊見陛下憐念黎元。同於赤子。至或犯法當戮。猶且寬而宥之。況此無辜之人。豈有知而不救。又京師者四方之腹心。國

家之根本。其百姓實宜倍加優卹。今瑞雪頻降。來年必豐。急之則得少而人傷。緩之則事存而利遠。伏乞特勅京兆府。應今年稅錢及草粟等在百姓腹內徵未得者。並且停徵。容至來年蠶麥。庶得少有存立。臣至陋至愚。無所知識。受恩思效。有見輒言。無任懇款慙懼之至。謹錄奏聞。

憲宗時。翰林學士白居易上奏曰。右伏以聖心憂軫。重降德音。欲令實惠及人。無如減放租稅。昨正月中所降德音。量放去年錢米。伏聞所放數內。已有納者。縱未納者。多是逃亡。假令不放。亦徵不得。而旱損州縣至多。所放錢米至少。百姓未經豐熟。又納今年稅租。疲乏之中。重此徵迫。人力困苦。莫甚於斯。却是今年伏望聖恩。更與宰臣及有司商量。江淮旱損州作分數。更量放今年租稅。當疲困之際。降惻隱之恩。感動人情。無出於此。敢竭愚見。以副聖心。

僖宗乾符元年。關東旱饑。翰林學士盧攜上書曰。國家之有百姓。如草木之有根柢。若秋冬培溉。則春夏滋榮。今關東旱災。所至皆饑。人無依投。待盡溝壑。其蠲免餘稅。實無可徵。而州縣督趣甚急。動加捶撻。雖撤屋伐木。雇妻鬻子。止可供所由酒食之費。未得至於府庫也。朝廷倘不撫存。百姓實無生計。乞勅州縣一切停徵。仍發義倉。亟加賑給。帝從其言。而有司竟不能行。

宋太宗端拱二年冬。京城旱。左諫議知制誥王禹偁上疏云。臣聞。一穀不收謂之饉。五穀不收謂之饑。饉則大夫以下皆損其祿。饑則盡無祿廩食而已。今旱雲未霑。宿麥未茁。既無積蓄。民飢可憂。望下詔直云。君臣之間。政教有闕。自乘輿服御。下至百官奉料。非宿衛軍士邊庭將帥。悉第減之。上答天譴。下厭人心。俟雨足復故。臣朝行中家最貧。奉祿寡薄。亦願首減奉以贖耗蠹之咎。外則停歲市之物。內則罷

工巧之伎。近城掘土侵塚墓者瘞之。外州配隸之衆。非贓盜者釋之。然後以古者猛虎渡河飛蝗越境之事。戒敕州縣官吏。其餘軍民刑政之弊。非臣所知者。望委宰臣裁議。須行。但感人心。必召和氣。

真宗時。楊億上奏曰。臣本州自去年已來。秋稼薄熟。時物雖至騰踊。人戶免於流離。爰自今春雨水調適。粟麥倍稔。蠶績頗登。餱糧漸充。菜色稍減。然以山越之俗。陸種甚微。所仰者水田。所食者秔稻。矧又地勢斗絕。塗潦不停。仍歲亢旱。泉源蔡竭。儻旬浹不雨。即溝瀆揚塵。稻畦焦枯。善苗立死。非三數日一降膏澤。無以望於秋成。伏自夏至後絕少時雨。烈日流爍。炎風數興。高仰之田。殆至枯槁。卑濕之地。如沸如羹。比戶嗷嗷。大命近止。臣遂率軍州僚吏。精意祈求。闔境之名山及大川。近郭之玄宮梵剎。廟貌之列。祀典者固不徧走。湫潭之庇水族者。亦用致祠。遣龍於壇。事遵古法。徙市於野。克體前經。而雲漢昭

罔蘊隆弥甚。尋於前月十六日，稍次降雨，不及寸餘，濟塵有餘，沃焦無益。臣夙夜憂慄，罔敢遑寧。編列之民，殆於殞殍，比至今月將半，旱氣益加。一郡之中，靡神不禱，精誠備盡，靈既蔑然。臣忽記憶往年在院供職日，適值歲旱，學士承旨宋白為臣言：今御史中丞魏庠三十年前嘗薄遊關輔，寓居佛舍。會天久不雨，村民數十輩詣寺祈禱。僧有善胡法者，捕蜥蜴十數枚，置一瓮中，漬之以水，蒙之以雜樹葉，取童男數人，衣青衣，青塗面及手足，人持柳枝，沾水散灑，且祝曰：蜥蜴蜥蜴，興雲吐霧，雨令滂沱，放汝歸去。如是者無晝夜環繞而言，明日大雨，遠近告足。臣潛疏於牘背，至是檢閱得之，即以十二日初旭，與知麗水縣事殿中丞鄭旦詣城北集福院，如其法請禱。少頃，臣與鄭旦出自北門，各遵歸路，忽有微雲自東北起，良久彌漫，至午未間，暴雨及寸餘。由是陰結未解，至十三日大雨，達晝夜，約及三四尺，溪谷瀑沸，溝塍流溢。禾黍之蕤然者芃芃而發秀，草樹之瘁然者欣欣而向榮，村民荷臺笠以謳，耕夫奮襏襫而舞，萬室之安堵如故，百姓之邪心不生，民之幸也，陛下之賜也。臣忝備守吏，獲遇有年，慶抃之激，萬萬常品。臣又念嚮吠之儀，前拒不遺，芻蕘之言，上聖斯採，所陳祈請之術，親獲感應之徵，理近怪神，事不經見，頗為猥鄙，有黷高明。蓋小道之可觀，表事君之無隱。昔東方朔有言曰：謂之為龍又無角，謂之蛇又有足，跂跂脈脈善緣壁，是非守宮即蜥蜴。雖亦存執蝘蜓而嘲龜龍。又故刑部侍郎張洎嘗謂臣言：昔使高麗，汎海忽陰晦，舟人譁言龍見，洎亟起視之，見垂尾於雲間，正如蝘蜓之狀。良久雨大作，即知蜥蜴者亦龍之類也。臣既獲嘉應，敢不上言。干冒宸嚴，伏增戰越。

翰林學士李迪嘗歸沐，忽傳詔對內東門。真宗出三司使馬元方所上歲出入財用數以示迪。時頻歲蝗旱，問何以濟。迪請發內藏庫以佐國用，則賦斂寬，民不勞矣。帝曰：朕欲用李士衡代元方，俟其至，當出金帛數百萬借三司。迪曰：天子於財無內外，願下詔賜三司，以示恩德，何必曰借。帝悅。

集賢院權管幹通進銀臺司田錫上奏曰：臣今月二十五日所進實封，為霸州乾寧軍死傷人戶等，自二十六日至今，又據莫州奏饑死一十六口，滄州奏全家饑死一十七戶。雖有指揮下轉運司相度，及減斗斛價賑糶，即未見別行指揮。若有司只如此行遣，實未稱陛下憂勞之心也。陛下為民父母，使百姓饑死，乃是陛下孤負百姓也。宰相調燮陰陽，啓導聖德，而惠澤不下流，王道未敷明，是宰相孤負陛下也。今陛下何不引咎，如禹湯罪己，各降德音，下饑餓殺人處州府，民心知陛下憂恤，然後振廩給貸，以救其死。若倉廩虛而饋運邊備未足，即日無可給貸，則是執政素不用心所致。昔伊尹作相，恥一夫不獲。今饑殺人如此，所謂焉用彼相。今陛下可將此事以理道畧面責宰臣以下，觀其何辭以對，視其有無怍色，有無憂色。待三日而後或旬浹以來，不上表待罪，不拜章求退，是忍人也。何良相之為乎。既非良相而猶用之，則是陛下不以百姓心為心也。若不別進用賢良，恐危亂之萌將來滋蔓難圖也。語曰：十室之邑，必有忠信。況今皇家富有萬國，豈無人焉。可於常參官自來五日一轉對中，觀其所上之言，有遠大謀畧經綸才業者，可非次擢用。若有其言而無其實，退之以禮，亦合理體。不然，則臣恐國家未能早致太平也。豈唯太平之未能致，其憂患不獨在邊防而叛亂在內地也。此是陛下纘嗣先帝擕世基業之急務也。所急之務，莫先於此。惟聖聰留鑒，詳微臣之言，蓋贊去貪因循者，終有大患。今若因循不早為謀，則為大患至矣。今臣所奏。且可先降德音。以禹湯責躬之意。以謝天。以堯舜至仁之心。以待下。使飢餓地分知陛下憂恤之心也。臣職在深嚴。日有聞見。不敢不奏。

仁宗明道二年。詔議復義倉不果。景祐中。集賢校理王琪請復置。令五等已上戶。隨夏秋二税二斗別輸一升。水旱減税。則免輸。州縣擇便地置倉貯之。領於轉運使。計以一中郡正税歲入十萬石。則義倉可得五千石。推而廣之。則利博矣。明道中。飢歉。國家欲盡貸飢民。則軍食不足。故民有流轉之患。是時兼幷之家出粟數千石。即補吏。是豈以官爵為輕與。特愛民濟物。不獲已為之爾。且兼幷之家占田常廣。則義倉所入常多。中下之家占田常狹。則義倉所入常少。及水旱振濟。則兼幷之家未必待此而濟。中下之民實先受其賜矣。事下有司會議。議者異同而止。

景祐二年。御史中丞杜衍乞詳定常平制度。疏曰。臣聞農者國之本。不可不勸其業。穀者民之命。不可不為之儲。蓋歲有豐凶。穀有貴賤。計本量委。欲及其時。散滯取羸。宜究其術。前志曰。欲人務農。人有所利。粟有所歸。謂官以法收之也。今豪民富家乘時賤收。擅業之人。旋致罄竭。及穡事不興。小有水旱。則稽貨不出。須其翔踴。以謀厚利。農民貴糴。纔充口腹。往復受弊。無復窮已。雖勸課之官。家至日見。亦奚益於事哉。管子曰。令有緩急。物有輕重。人君不治。則蓄賈游市。乘人不給。百倍其利矣。又曰。萬室之邑。必有萬鍾之藏。藏鏹千萬。千室之邑。必有千鍾之藏。藏鏹百萬。由此言之。則平糴常平之制。其來久矣。非始於漢宣之世也。國家列郡置常平倉。所以利農民備飢歲也。然而有名無實者。制度不立耳。臣以謂立制度。在乎量州郡之遠邇。計戶口之衆寡。取賤出貴。差別其飢熟。信賞必罰。責課於官吏。出納無虧。增減有制。本息之數。易假以供軍。歛導之時。禁其爭利。六斛四斗一曰鍾。萬室之邑萬鍾。則今萬戶郡常平倉可收六萬四千斛已上也。使本息增羨。仍加其元額。歲有大中小飢。亦有大中小穰。常謹察以出入之節。今欲立制度而無賞罰。則法不得行。以其外計諸州縣官吏宜立功過之差。以示必行。每遇時收糴。應急出糶。無令所司壅遏。則利可及人也。歲豐則增市價而糴。所增錢每斗不得過一十文。飢則減市價而糶。到數三分支一分與告貸人。糴畢則不禁。至於蜀漢狹境。交廣寬鄉。或通川易地之殊。或邊郡巖邑之異。各立條教。以節盈虛。限四易之歲時。虞其損敗。制立典之侵刻。皆以嚴科。則瘠瘦可充。飢饉有備也。今則不然。九穀散於穰歲而不能儲峙。兆民困於凶年而無以振業。饑贍之道。固若斯乎。誠嚴敕州郡。據本處有無見管常平倉錢斛。今後漸令隨戶口趁額收糴。轉運司等不得以運軍須

為名奏乞假借。其逐處合備貫石數目。若有缺少。令多方計度供給。倘有全然少本。無可圓融之處。伏乞霈然下詔。出府庫乳香犀象真珠之類。相度隨處減價出賣。添備倉本。凡此珍異之物。飢不可食。寒不可衣。常時則曠日可以漸次出賣。遇貴則雖減價數倍。人亦不可取也。宜及平歲糴之。以為豐國惠下之本。上以章去奢崇儉之仁。下以成聚本惠民之道。其州郡有本息增羨之處。令外計逐近均融。各足其額。除邊遠之郡及山險之地。糴貯不得過定額。外沿路州府亦許就賤多糴。仍先乞指揮有司。將見行常平倉條貫幷臣此劄子畫一別詳定。具為條件。務令精密。經久為例。幷立定逐州軍合糴額數。畫一開坐聞奏。朝廷更為裁酌。頒行此法之議。盡以抑兼幷惠貧弱。苟行之必信。守之必堅。本息漸增。則公私獲利矣。比者義社之制。別生賦歛。官吏侵削。急遽假借。害大利小。創於隋時。而唐戴冑者猶請復

之。頗得其利。矧兼惠農末搉寡利孔之術可。忍其名而不務乎。議者若云聖朝不當以出息為名。此又不稽其實者也。周公制民貸者以國服為之息。又貸萬泉者入息五百。亦取之以其道耳。必也倉儲充羨。國用富強。雖有凶荒。不至捐瘠。則仁聖域民之道。莫大於此也。臣以狂瞽輒効涓埃。冒瀆威顏。伏深殞越

慶曆二年。右正言歐陽脩論乞賑救飢民劄子曰。臣伏見近降大雪。雖是將來豐熟之兆。然即日陝西飢民流亡者衆。同華河中尤甚。往往道路遺棄小兒。亦乞早降指揮。令長吏收卹。仍聞京西東大雪不止。毀折桑柘不少。切慮向去絲蠶稅賦無所出。貧民起為盜賊。亦乞特降指揮。體量。臣切見國史書祖宗朝每奏一兩州軍。小有災傷。亦隨多少賑卹。或蠲免稅租。蓋以所放者少。不損國用。又察民疾苦。徽細不遺。所以國恩流布。民不怨嗟。不必須待災傷廣闊。方行賑救

也。方今人貧下怨之際。不厭頻推恩惠。伏望聖慈特賜矜憫。

脩又論救賑雪後飢民劄子曰。臣風聞京城大雪之後。民間飢寒之人甚多。至有子母數口一時凍死者。雖豪貴之家。往往亦無薪炭。則貧弱之人可知矣。蓋京師小民。例無蓄積。只是朝夕旋營口食。一日不營求。則頓至乏絕。今大雪已及十日。使市井之民十日不營求。雖中人亦乏絕矣。況小民哉。雪於農民雖為利澤。然農畝之利。遠及春夏。細民所苦。急在目前。日夕已來。民之凍死者漸多。未聞官司有所賑救。欲乞特降聖旨下開封府。或分遣使臣遍錄民間貧凍不能自存者。量散口食。并各於有官場柴炭草處。就近支散。救其將死之命。至於諸營出軍家口。亦宜量加存卹。以示聖恩。所散不多。所利者衆。仍令兩府條件應有軍士在外辛苦及民人。支移稅賦殘零。輸送艱辛等處。並與擘畫。早加存卹。若使戍兵愁苦道路。怨嗟飢凍之尸。列于京邑。則大雪之澤。其利未見。而數事之失。所損已多。伏乞聖慈特賜留意。

脩又論救賑江淮飢民劄子曰。臣伏見近出內庫金帛賜陝西以救飢民。風聞江淮以南。今春大旱。至有井泉枯竭。牛畜瘴死。雞犬不存之處。九農失業。民庶嗷嗷。然未聞朝廷有所存卹。陛下至仁至聖。憂民愛物之心。無所不至。但患遠方疾苦未達天聰。苟有所聞。必須留意。下民疾苦。臣職當言。昨江淮之間。去年王倫殘踐之後。人戶不安生業。倫賊纔滅。瘡痍未復。而繼以飛蝗。自秋至春。三時亢旱。今東作已動。而雨澤未霑。此月不雨。則終年無望。加又近年已來。省司屢於南方斂率錢貨。而轉運使等多方刻剝。以貢羨餘。江淮之民。上被天災。下苦賊盜。內應省司之重斂。外遭運使之誅求。比於佗方。被苦尤甚。今若不加存卹。將來繼以凶荒。則飢民之與疲怨者。相呼而起。其患

不比王倫等偶然狂叛之賊也。臣以為民怨已久。民疲可哀。因其甚困。宜速賜恵。不惟消弭盜賊之患。兼可以悅其疲怨之心。伏望聖慈。特遣一二使臣。分詣江淮名山。祈禱雨澤。仍下轉運并州縣各令具逐處亢旱次第奏聞。及一面多方擘畫賑濟窮民。無至失時。以生後患。

右正言余靖論借支常平本錢疏曰。臣聞天下無常安之勢。無常勝之兵。無常足之民。無常豐之歲。由是古先聖王守之有道。御之有術。倘有緩急。不可無備。伏覩真宗皇帝景德中。詔天下以逐州戶口多少量留上供錢。起置常平倉。付司農寺係帳。三司不問出入。每年夏秋兩熟。準市價加錢收糴。其出息本利錢。只委司農寺主掌。三司轉運司不得支撥。自後每遇災傷。賑貸使國有儲蓄。民免流散者。用此術也。前三司使姚仲孫今春以來。於京東等處借支司農常平倉以

給和買。雖然借支官錢以充官用。循常視之。似無妨礙。若於經遠之謀。深所未便。臣切惟真宗皇帝聖慮深遠。臣敢捷聚言之。當今天下金穀之數。諸路州軍年支之外。悉充上供。及別路經費。見在倉庫更無餘羨。所留常平本錢及斛㪷等。若以賑濟飢荒。此固常所及矣。萬一不幸。方隅小有緩急。賞給資糧。倉卒可備。豈非先皇暗以數百萬之資蓄於四方者乎。今若先為三司所支。則天下儲蓄盡矣。伏乞特降指揮。三司先借支常平本錢去處。並仰疾速撥還。今後不得更支撥。並依景德元降敕命施行。

三年晴又乞寬租賦防盜賊疏曰。臣伏覩春夏以來。旱勢至廣。陛下憂勞勤惕。躬行祈禱。雖獲佳應。而夏田先已損矣。臣以古者三年耕必有一年之蓄。九年耕必有三年之蓄。無三年之蓄曰國非其國。故雖堯水湯旱。民無菜色者。有備災之術也。方今官多冗費。民無私蓄。

一歲不登。逃亡滿道。蓋上下皆無備積故也。臣切謂當今備災之術。宜急者寬租賦防盜賊而已。誠知國家邊甲未解。經費日廣。不宜更減民賦。自窘財用。其如農收有限。當量民力而取之。雖或差減。尚有數分之入。今若同取。一旦不堪其求。必致流亡之患。則永失常賦矣。今天府之民。九重不遠。其訴旱者。尚或半得申明。半遭抑退。況遠方之人。其無告必矣。陝關已西。尤須撫之。伏望朝廷特降詔命。應遭旱州軍。委清強官躬量實旱損夏苗去處。特與量減夏稅分數。不得容有僥倖。此乃惠民之實效也。若待有逃亡。然後賑救。將無及矣。臣又聞衣食不足。雖堯舜在上。不能使民不為盜賊。若水旱之後。盜賊滋長。勢之常也。近聞解州鄧州羣賊入城。劫掠人戶。此乃都監押巡檢不得其人之所致也。似此階漸。不宜滋蔓。伏乞朝廷申明捕捉之科。嚴賞罰之典。其不獲強盜賊人。不得將竊盜比折。特行勒停替降之法。庶幾戮力同心。以折盜賊之勢。

慶曆中。陝西經畧安撫使范仲淹奏乞差官陝西祈雨疏曰。臣今月五日至華州華陰縣。入西嶽廟燒香。切見本廟有老醫官一員監當。其廟廷闊遠。舍屋甚多。只有剩員一十四人。盡是老年病患。供應洒掃不前。在國家崇奉五嶽之意。似非嚴謹。今來關中大旱。永興同華陝虢以來。無二三分秋苗。粟米每㪷一百五十文足。兼鄉村無可救濟。人心嗷嗷。賊盜不少。欲乞聖慈選精謹使命至西嶽廟專行祭告。并於陝西靈湫等處祈雨澤。以救生民。仍乞委轉運使一員專赴西嶽廟點檢廟貌祭器法物。并添差兵士洒掃防護。所貴崇奉之禮。不至廢墮。

皇祐四年。集賢殿脩撰知梓州何郯上奏曰。臣伏聞近日累差內臣往諸路監督州郡官吏捕蝗。緣內臣是出入宮掖親信之人。以事勢

量之。州縣必過有迎奉。往來行李。亦須要人。州郡猶有兵士給使。至於縣邑。即須差貧下人戶。蟲蝗未能除去。人民被此勞役。已先起一害矣。如去歲遣內臣入蜀祈雨。所至差百姓五七十人擔擎行李。蓋外方不知朝廷恤民本意。苟見貴近之臣。即嚮風承迎。不顧勞擾。非必使人自要如此也。況捕蝗除害。本繫民事。乃郡縣守宰之職。今捨守宰不任。而朝廷為之遣人監捕。即是容官司之慢。而不責其職業也。伏乞特降敕命。應有蝗蟲生長處。專責知州通判督促屬縣官吏速行打捕。委本路轉運司嚴切提舉部內州郡。候撲除盡日。具實以聞。如經奏報後。却致滋長為害。其知州通判知縣主簿並行停殿。轉運使黜降差遣。如此嚴行督責。官司必自能究心除害。聖意如何。即乞速降指揮。其見在差遣處內臣。仍乞拘回。

五年。右司諫賈黯乞立民社義倉疏曰。臣伏以天下無事。年穀豐熟。

則人民安樂父子相保。一遇水旱則流離死亡。捐棄道路。發倉廩以賑之。則雖不給。課粟富之則力不贍。轉輸千里則不及事。移民就穀則遠近交困。朝廷之臣。郡縣之吏。倉卒不知所出。則民飢而死者已過半矣。夫水旱之災。雖堯湯所不能免。今不思所以備災之術。而歲幸年穀之熟。則是求出於堯湯之所不可必者也。臣嘗讀隋史見所謂立民社義倉者。取之以時。而藏之於民。下足以備凶災。而上實無利焉。願做隋制。詔天下州軍遇年穀豐熟。立法勸課。蓄積以備災。此孟子所謂樂歲粒米狼戾。多取之而不為虐者也。既取之以為民。非孰敢上。上下其議司農寺。且命李允與縣合議以聞。乃下諸路度可否。而以為可行者纔四路。餘或謂稅賦之外兩重供輸。或謂恐招盜賊。或謂已有常平以賑給。或謂置倉煩擾。於是無復上奏曰。臣嘗判尚書刑部。見天下歲斷死刑多至四千餘人。其間盜賊率十六七。蓋

愚民迫於飢寒。因之水旱。狂陷重辟。故臣請復民社義倉以備凶歲。今諸路所陳。類皆妄議。若謂賦稅之外兩重供輸。則義倉之意乃教民儲積以備水旱。官為立法。非以自利。行之既久。民必樂輸。若謂恐招盜賊。盜賊利在輕貨。不在粟麥。今鄉村富室有貯粟數萬石者。不聞有劫掠之虞。且盜賊之起。本由貧困。臣建此議。欲使民有貯積。雖遇水旱。不憂乏食。則人人自愛而重犯法。此正消除盜賊之原也。若謂有常平足以賑給。則常平之設。蓋以準平穀價。使無甚貴甚賤之傷。或遇凶飢。發以賑救。既已失其本意。而費又出公帑。今國用頗乏。所蓄不厚。近歲非無常平。小有水旱。輒流離餓莩。起為盜賊。則是常平果不足仰以賑給也。若謂置倉廩斂材木。恐為煩擾。則今州縣備治郵傳驛舍。皆斂於民。豈於義倉獨畏煩擾。人情可與樂成。不可與謀始。願自朝廷斷而行之。然當時牽於眾論。終不果行。

仁宗時。秘閣校理吳及言。春秋有告糴。陛下恩施動植。視人如傷。然州郡官司。各專其民。擅造閉糴之令。一路飢則鄰路為之閉糴。一郡飢則鄰郡為之閉糴。夫二千石以上。所宜同國休戚。而坐視流離。豈聖朝子兆民之意哉。乞遂詔鄰路鄰州災傷而輒閉糴論如違制律

監察御史包拯請救濟江淮飢民疏曰。臣聞天以五星為府。人以九穀為命。五星紊於上。則災異起於下。九穀絕於野。則盜賊興於外。天之於人。上下相應。故天變於其上。則人亂於其下。是天人相與之際甚可畏也。若變異上著。則恐懼脩省以謝於下。年穀不登。則振貸已責而恤其困。蓋不使天有大變。而民有飢色。則人獲富壽。而國享安寧矣。方今災異之變尤甚。臣近已論列詳矣。惟江淮六路連歲亢旱。民食艱阻。流亡者比比皆是。朝廷昨遣使命安撫振貸。以救其弊。而東南歲運上供米六百萬石。近雖減一百萬石。緣逐路租稅盡已蠲

復。則糧斛從何而出。未免州縣配糴以充其數。由是民間所出悉輸入官。民儲已竭。配者未已。縱有米價。率無可糴。父子皇皇。相顧不保。老弱者死於溝瀆。少壯者聚為盜賊。不幸姦雄乘間而起。則不可制矣。當以何道而卒安之哉。且國家之患。未有不緣此而致。可不熟慮乎。欲望聖慈特降指揮。應江淮六路災傷州縣。凡是配糴及諸般科率。一切止絕。如敢故犯。並坐違制。庶幾少釋疲民倒垂之急。其上供米數。若不數元額。即候向去豐熟補填。仍令州縣官吏多方擘畫救濟飢民。不得失所。兼委逐路提轉專切提舉。如不用心救濟以致流亡。及結成羣黨。即乞一例重行降黜。

拯又請支義倉米賑給百姓疏曰。臣訪聞江浙荊湖等路。自去秋亢旱。田苗一例災傷。即目米價甚高。民食不足。若不速令救濟。必致流亡。強壯者起為盜賊。老弱者轉死溝壑。因此生事。為患不細。緣逐州

除軍糧常平倉外別無大段斛斗准備切知王珙見起義倉所在見管米數稍多州縣未必敢專輒支用若一一取候朝廷指揮往復數月當此艱食之際恐無所及欲望特降指揮逐路轉運司勘會轄下元係災傷州縣如委實人戶闕食即令畫時將義倉米速行賑給以濟貧民如允臣所奏即乞早賜指揮

拯權二司使請免江淮兩浙折變疏曰臣切見淮南江浙荊湖等州軍數年以來例皆薄熟去秋亢旱尤甚才熟三二分當年夏稅見錢一例科折內第一等折納小綾每疋一貫六百六十文省官絁每疋二貫八百五十文省其第二等已下至客戶並折納小麥每斗三十四文省續據發運司准中書劄子據三司奏乞將慶曆三年上供額斛斗六百萬石內將小麥一百萬石大豆十五萬石折納見錢發運司遂相度小麥每斗并耗添估九十四文省大豆每斗并耗八十八

文省比逐處見糴價例兩倍已上應該小麥一石納見錢九百四十文省尋又准五月九日中書劄子據發運司奏切慮豆麥價高人戶難得見錢奉聖旨宜令本司疾速指揮逐路州軍據合折夏稅豆麥令人戶如願納見錢者即仰逐處依起納日在市價例錢數送納如只願納本色斛斗亦聽從便雖有前件聖旨指揮本處官吏並不遵稟但一面抑令人戶納元估價錢不許納本色斛斗以致豆麥益賤錢貨難得下等人戶尤更不易發運司但務歲計充盈不慮民力困竭上下相蒙無所訴告為國斂怨莫甚於此且民者國之本財用所出安危所繫而橫賦暴取不知紀極若因此流亡相應而起塗炭郡邑則將何道可以卒安之況已萌之兆不可不深慮耳兼自淮以南及兩浙荊湖從去秋至今春並未得雨二麥不秀耕種失時民心熱熱日懷憂懼欲望聖慈特降詔敕委逐路轉運提刑不住巡歷躰量應是諸雜科率擁且停罷若向去蠶麥稍熟今年夏稅諸色錢等除第一第二等戶各令依舊折納外其第三等已下并客戶特與免諸般支移折變只令各納本色庶使重困之民稍獲蘇息

拯為三司戶部副使請差災傷路分安撫疏曰臣切聞江淮兩浙荊湖南北路近歲旱澇相繼糧食踴貴淮南西路蘄黃等州尤甚去秋霖雨頻霑損害苗稼今夏大水飄流居人兼又官中配糴民間之蓄盡輸入官官糴既多迨今五月不雨秋苗悉已枯槁米價斗二百文縱江淮稔時米雖賤而民有飢者況遇凶年亦何卒歲爲其無儲故也今則民間之蓄盡為軍儲矣民失其賴流亡日衆故賊盜充斥聚集成羣大者近百人小亦不下數十人所在剽虜官司不能禁自光壽以南距江亦皆如是州縣上下遞相蒙蔽不以上聞使朝廷無繇知之況今秋苗稼既槁則望在來夏而凋殘之民朝不謀夕豈能及

來夏乎且天之降咎必在於凶年者蓋年凶則民飢飢則盜起盜起則姦雄出姦雄出則不可制矣豈可不深懼而豫防之哉伏望聖慈申命執政大臣應江淮兩浙荊湖等州軍自去夏至今秋災傷甚處選差臣寮遍令躰量安撫從便宜而振貸之夫捄災卹患國之常也若忽而不顧寖成大患得不為朝廷之深憂乎

歷代名臣奏議卷之二百四十三

荒政

宋仁宗時。起居舍人同知諫院司馬光論荒政劄子曰。臣竊惟淮南兩浙今歲水災。民多乏食。往往羣輩相聚。操執兵仗。販鬻私鹽。以救朝夕。至有與官軍拒鬬相殺傷者。若浸淫不止。將成大盜。朝廷不可不深以爲憂。蓋由所司擁之太急。故抵冒爲奸。臣聞周禮以荒政十有二聚民。近者朝廷畧以施行。惟舍禁除盜賊二者似未留意。今赤子凍餒。濱於溝壑。奈何尚與之爭錙銖之利。豈爲民父母之意哉。臣謂陛下宜戒諭轄司。使明體朝意。稍弛鹽禁。而嚴督盜賊。設謀利不充之罰。急羣行剽劫之誅。緩告捕私鹽之賞。旌討捕強暴之功。弃聚歛之小得。保安全之大福。除患於纖介。弭亂於未形。最策之得者也。

張方平上倉廩論曰。臣聞古者民三年耕。則餘一年之食。九年耕。則有三年之蓄。通三十年而有九年之積。豐年補敗。雖累凶年。民弗之病。然後德化流洽。禮樂興焉。此三代之盛。平土分民富庶而教之本也。周衰經界失叙。生業不平。則有權謀之臣。通變之士。調盈虛之數。脩輕重之術。以制國用。均民財。若夷吾之準平。李悝之平糴。漢桑弘羊之均輸。耿壽昌之常平。下至隋氏義租。唐人社倉之制。是皆便物利民。濟時合道。安人之仁政。爲國之善經也。孟子曰。犬彘食人之食而不知檢。野有餓殍而不知發。人死。則曰非我也。歲也。是何異於刺人而殺之。曰非我也。兵也。是知蓄委者國之大本。致治者政之大平。饑穰者天之常行。備預者人之所及者也。故萬室之邑。必有萬鍾之藏。千室之邑。必有千鍾之藏。而人君御之以準。然後民有所恃也。國家之承平六十年矣。漕引東南之粟。以輸太倉。卷地無餘。常若不逮。而僅充兵食邊塞之積。鮮及兼年。強家之藏。舊不接新。貧人之餉。朝不繼暮。不幸而有凶旱水溢之災。民立匱竭。國無以振救。老弱轉死。相枕溝壑。方驗而圖之。雖發私廩千里轉餉。空爲勞費。民皆擾。不名謀之未乎。比者赦書有諭州縣。使立義倉之言。徒有空名而無畫一之制。于茲三年。天下皆無立者。凡令之作。苟且因循。蔑令堅約。猶復違慢。爲民興利。豈易其人。有位者無心。有心者無位。在上可行者務避而從苟且。在下樂行者或牽束而不得專。以故民間利不克時興。害不得時去。積成弊蠹。以及廢敗。又凡事始與立實難。隳壞孔易。或謀以爲利。而轉以爲害。彼義租社倉者。齊隋唐氏既嘗爲之矣。始爲百姓儲偫之道。終爲僻吏滛侈之費。是於籍外更生一調也。誠國家規前代之善。深爲齊人之大計。明立條式。權其斂出。令天下之縣。各於逐鄉築爲囷廩。於中戶巳上爲之等級。課入數麥。其輸入之數。視歲豐厚爲之三品。縣掌其籍。鄉吏守之。遇歲之饑。發以振給。小饑則約小熟之所斂。中饑則約中熟之所斂。大饑則約大熟之所斂。皆自縣鄉檢校之。無使州郡計司侵取雜用焉。此則收自優戶穰歲之有餘。散於貧人凶年之不足。不使兼并貿人挾輕資。蘊重積。以豪奪於吾人。此其協於大易裒多益寡稱物平施之義。符於周官黨使相救州使相賙之法。契詩人京坻之頌。應時令振乏之理。使民足而知順讓。益歸於本業。誠爲國之大事也。謹論

起居舍人知諫院范鎮論民力困敝劄子曰。臣竊聞陛下每遇水旱。或時變災。必露立向天。痛自刻責。盡精竭慮。無所不至。堯舜用心。亦不過是。然願陛下稍推廣之。推廣之術。在於使官吏稱職。民力優裕而已。今民力困甚。而朝廷取之不已。是官吏不稱職。使陛下憂勤於上。而人民愁苦於下也。伏見國家用調責之三司。三司責之轉運使。轉運使責之州。州責之縣。縣責之民。至民而止。民竭其力以佐公上

而自用不得足。則愁嗟之氣。干戾天地。此水旱變災所以作也。願陛下推前憂勤之心。明詔中書樞密大臣。使考求祖宗朝及天聖中兵數。與官吏之數。與天下賦入之數。斟酌損益立爲條章。上下遵守。則國用有常。國用有常則民力有餘。陛下雖高拱深居。無所事。而天地之和至矣。又何憂水旱災變之害。而躬自刻責如此其勞乎。臣居嘗念此至熟。今蒙陛下選任。不敢不自竭盡。然亦不敢遠引前古難行之事。所陳惟祖宗時及天聖中陛下躬親之政。伏惟留神采擇。

鎮又奏流民乞立經制狀曰。臣伏見今歲無麥苗。朝廷爲放稅免役。及以常平倉軍儲倉振貸存恤之恩。不爲不至矣。然而人民流離。父母妻子不能相保者。平居無事時。不少寬其力役。輕其租賦。歲雖大熟。使民不得終歲之飽。及一小歉。雖加重恤。固已不及事矣。此無它。重斂之政在前也。今特一穀不熟爾。而流民如此。就使九穀皆不

熟。朝廷將如之何。臣竊以水旱之作。由民之不足而怨。民之不足而怨。由有司之重斂。有司之重斂。由官冗兵多與土木之費廣而經制不立也。又聞許汝鄭等處蝗蝻復生。蝗蝻之生。亦由貪政之所感也。天意以爲貪政之取民。猶蝗蝻之食苗。故頻年生蝗蝻以覺悟陛下也。春秋魯宣公十五年秋初稅畝。冬蝝生。說者以爲緣履畝而稅。此所謂貪政之感也。國家自陝西用兵。增兵以來。賦役煩重。及近年不惜高爵重祿。假借匪人。轉運使復於常賦外進羨錢。以助南郊。其餘無名斂率。不可勝計。此皆貪政也。貪政之發。發於掊克暴虐。此民所以怨也。所以干天地之和也。水旱之所以作也。臣前此言官冗兵多民困。亦屢矣。未蒙報下。伏乞陛下勑大臣論臣前所上章。考今官數兵數與賦入之數。立爲經制。又罷土木之費。使民得足食而少休息。則天地之和至矣。古人言太平者。止於民之足食也。今誠能立經制。

省官與兵。節土木之費。使民足食。陛下高拱深居。而太平可坐致。願陛下責任大臣何如耳。

知制誥劉敞上奏曰。臣伏見城中近日流民衆多。皆扶老攜幼。無復生意。問其所從來。或云久旱耕種失業。或云河溢田廬蕩盡。竊聞聖慈憫其如此。多方救濟。此誠陛下爲民父母之意。足以感動羣心。臣猶謂但可寬眼前之急而已。非救本之術也。譬如良醫療病。必先審其病。病源不除。雖食無益。今百姓之病已可見矣。父子兄弟不能相保。鰥寡孤獨不能自存。強者流轉。弱者死亡。所以致此者。其源在水旱也。所以致水旱者。其本在陰陽不和也。所以致陰陽不和者。其端在人事不脩也。然則三公之職。主和陰陽。而議臣之任。主明天人。陛下何不責三公以其職。使之陳陰陽不和之理。詢議臣以其學。使述天人相與之際。參之聖心。以觀今日政事。若陛下所委任皆已得人。

所施爲皆已應天。則水旱者蓋無妄之災。不足憂矣。若天人之際。少有不合。豈得安然坐視其病。不知其源。不思救之哉。臣言似迂。其理實切。今羣臣爲陛下謀者。不過責粥糴米。名爲救濟。其實止欲塞聰明自解免而已。非謀國之體也。又今天氣當暑反寒。率多霖風。雨澤愆候。秋成不可必。願陛下遠思所以救其本者。召致和氣。無令聖心重增焦勞。則天下幸甚。

敞知永興軍又奏曰。臣奉勑知永興兼一路安撫使。竊聞關中今歲頗旱。百姓艱食。已有流移入汝鄧諸州者。若不多方賑恤。恐成凋瘵。欲乞與會諸州倉廩量留三年軍儲外。儘與貧下百姓。令逐縣結保等第支借。候歲熟日。准數還官。一則接濟困乏。免令逃散。二則以新換陳。不乏軍儲。三則流布恩惠。固結民心。又聞同華諸州向來雖旱。近稍得雨。所種宿麥皆已在地。但比至麥熟。日月尚遠。恐百姓闕乏。

不能待之。所以急須賑濟，救其性命。伏乞斷自聖衷，行之不疑。其已流散入西京鄧、唐諸州者，亦乞下所屬州縣特加存恤，或簡別護送，令各還鄉里。則貧下無失業之恨。緣臣赴任在近，若蒙開允，乞降指揮付臣施行。

宋祁上奏曰：竊聞山東、關中、京西、河北去冬無雪，宿麥稀種，居者愁困，去者流離。緣春跨夏，搏手無望。朝廷雖切勅長吏，漕運糴粟，然而財用久屈，倉廩半空，僅能濟軍儲服及物。今州縣惟中戶以上，尚且懷土以待有秋。而繇役百端，科率千計，必不可損，須出於人。以臣料之，私蓄有涯，官用無際，歲既未足，民胡得安？陛下若不曠然垂恩，有以大慰其意，則貧者之羸饑，弱者就死，强惡者爲盜，盜賊既廣，討捕必嚴，兵盜相挐，邦國深患。臣愚以爲方今艱食之際，其灾傷州縣，且詔蠲減今年秋夏二稅，安集居民，無令力農更失生業。推主上之惠，

慰黎人之心。群心苟和，不遑自息。權救時急，深適事宜。

祁又上奏曰：去年江淮二浙，稻收七八，而淮南饑疫之後，戶口寖衰，縣無完村，村無全戶，纔足自贍，焉能及它。惟有江浙二方，天下仰給。臣以爲京師禁旅，近數十萬，三年之蓄，不可不備。去年國家垂憫南土，遂蘇荐饑，減漕粟之常科，軫斯人之艱食，上恩雖美，邦計未充。且足食足兵，乃可治國。我倉我庾，所以爲人。夫江淮漕運之司，輸米上供，此有定數。若更多取，則官司不供。故臣願陛下明下詔書，募民能入粟京師，滿倍價而糴三分，其價一分給錢，二分則以方權茶準其直而與之。商旅利於化居，吏卒緣於程賷。如此，則倉廩實，京師盛，郡國安矣。如允所請，乞付外詳議。

英宗治平元年，知諫院司馬光又言蓄積劄子曰：臣聞國以民爲本，民以食爲天。國家近歲以來，官中及民間皆不務蓄積，官中倉廩大

率無三年之儲，鄉村農民少有半年之食。是以少有水旱，則公私窮匱，無以相救，流移轉徙，盜賊並興，當是之時，朝廷非不以爲憂，及年穀稍豐，則上下之人皆忘之矣，此國家當今之深弊也。先帝時，臣曾上言，乞將諸路轉運使及諸州軍長吏官滿之日，倉廩之實，比於始至增減多少，以爲黜陟。又令民能力田積穀者，皆不以爲家貲之數，欲爲國家力救此弊。自後不聞朝廷施行。今歲開封府界、南京、宿、亳、陳、蔡、曹、濮、濟、單等州霖雨爲災，稼穡之田，悉爲洪荒。百姓羸弱者流轉它方，餓死溝壑；强壯者起爲盜賊，吏不能禁。朝廷欲開倉賑貸，則軍儲尚猶不足，何以贍民？欲括取於蓄積之家，則貧者未能賑濟，富者亦將乏食。又使今後民間不敢蓄積，不幸復有凶年，則國家更於何處取之？此所以朝廷雖寒心銷志，亦坐而視之，無如之何者也。臣竊思之，蓋非今日有司之罪，乃曏時有司之罪也。往者不可及，來者猶

可追。陛下不於今日特留聖心，速救此弊，豐凶之期，未可豫保，若向去復有水旱螟蝗之灾，飢饉相仍，甚於今年，則國家之憂，何所不至乎。臣又聞平糴之法，必謹視年之上下。故大熟則上糴三而舍一，中熟則糴二，下熟則糴一，使民適足，價平則止。少飢則發小熟之所斂，中飢則發中熟之所斂，大飢則發大熟之所斂而糶之。所以取有餘而補不足也。今開封府及京東、京西水灾之處，放稅多及十分，是大飢之歲也。官吏往往更行收糴，所給官錢既少，百姓不肯自來中糶，則遣人編欄搜括，無以異於寇盜之鈔掠。是使有穀之家，愈更閉塞，不敢入市。穀價益貴，人不聊生。如此，非獨天灾，亦由吏治顛錯之所致也。臣愚欲望朝廷檢會臣前次及今來所奏事理，更加詳酌，擇其可者，少賜施行。指揮開封府界及京東、京西灾傷州軍，見今官中收糴者，一切止住。其有常平、廣惠倉斛斗之處，按籍置曆，出糶賑貸，先

救農民。告諭蓄積之務。許行出利借貸與人。候豐熟之日。官中特為理索。不令逋欠。其河北陝西河東及諸路應豐稔之處。委轉運司相度穀價賤處。廣謀收糴。價平即止。如本路闕少錢物。即委三司於它處擘畫那移應副。仍自今以後。乞朝廷每年謹察諸路豐凶之處。依此施行。臣竊料有司必言官無閑錢可以趁時收糴。臣伏見國家每遇凶荒之歲。緣邊屯軍多處。常用數百錢糴米一斗。若用此於豐稔之歲。可糴一碩。不知有司何故於凶荒之歲則有錢供億。至豐稔之歲則無錢也。此無它故。患在有司偷安目前。以僥遷移進用。不為國家思久遠之計而已。故臣惟願陛下深留意。

二年光又言錢粮劄子曰。臣近蒙恩給假。至陝州焚黃。竊見緣路諸州倉庫錢糧。例皆闕絕。其官吏軍人料錢月糧。並須逆旋收拾。方能支給。竊料其餘諸州。臣不到處。亦多如此。臣聞國無三年之蓄。曰國非國。今窮匱如此。而朝廷曾不以為憂。若不幸有水旱蝗蝻方數千里。如明道康定之時。加之邊鄙有急。興兵動衆。不知朝廷何以待之。臣伏見陳許潁亳等州。止因去秋一次水災。遂致骨肉相食。積尸滿野。此非今日官吏之罪。乃嚮時官吏之罪也。何則。嚮時豐稔之歲。其人但務偷安。不為遠慮。粟麥至賤。不能儲蓄。及至凶荒之際。官私俱竭。上下狼狽。何由相救。雖使桑弘羊劉晏復生。亦無如之何也。今春幸而得雨。麥田有望。朝廷已置饑饉之事於度外。不復以儲蓄為意矣。萬一天下州縣復有災傷。則何以異於陳許潁亳之民也。若饑饉相繼。盜賊必興。此豈可不早為之深慮乎。臣愚伏望陛下於天下錢穀常留聖心。特降詔書。明諭中外。應文武臣寮有熟知天下錢穀利害能使倉庫充實。又不殘民害物者。並許上書自言。陛下勿以其人官職之踈賤。文辭之鄙惡。一一畧加省覽。擇其理道稍長者。特賜召對。從容訪問以方今食貨俱乏。公私皆困。何故而然。如何擘畫可使上下豐足。若其言無可取者。則罷遣而已。有可取者。即為之施行。仍記錄其姓名。置於左右。然後選其材幹出羣者。以為轉運使副判官。及三司使副判官。仍每至年終。令三司據計在京府界及十八路錢帛糧草見在都數聞奏。以之比較去年終見在都數。若增羨稍多。即命勘會如別無奸巧欺謾。及非理賦斂而致滯羨。其當職之人。宜量行褒賞。累經褒賞者。即別加進用。若減耗稍多。即命詰問。如別無大故災傷及添屯軍馬而致減耗。其當職之人。宜量行貶罰。累經貶罰者。即未從黜廢。誠能如此行之不懈。數年之後。可使天下倉皆有餘粟。庫皆有餘財。雖有水旱蝗蝻之災。及邊鄙有急。皆不足憂也。

英宗時。起居注韓維論救濟飢民劄子曰。臣竊聞今春畿甸及京西州郡百姓飢死者甚衆。訪聞並是州縣官不早為賑濟存養。致百姓流去本土。轉更失所。所至州縣。既無儲蓄之備。上至勸誘人戶及奏聞朝廷得物救濟。流民已是飢困。又處置散給飯粥。或失所宜。便致枉害人命。近聞河北京東兩浙諸郡被水災者不少。若止因循舊弊必定百姓復罹此禍。伏望聖慈特降詔書。丁寧戒勅諸路轉運提刑及州縣官吏。上下公共詢問飢困之人。早為振贍。毋令流散。不幸轉徙者。轉運提刑為差官引道。令就州軍。多方救養。仍具施行次第聞奏。朝廷至時遣使察視。其當職官吏。有善設術略。使居者不至於流徙。流者不至於殍亡。仍議以戶口人數量立賞格。不如詔者議罰亦准之。所貴勸督官吏。宣力為民。拯其艱危。以副陛下好生之意。

維又乞抱諭使人救濟飢民狀曰。臣竊聞去年開封府界并陳蔡許潁等州例各不熟。入春以來。民困尤甚。朝廷雖發倉廩。轉米穀以加振贍。而死者不可勝數。其甚者至於遺棄幼稚。號哭道路。骨肉之間。

自相聚食殍尸暴露所在狼籍聞之可爲傷痛臣日夜思念蓋振救之道有所未盡以及於此州縣米穀之不積一也官吏無恤民之心二也飼養失處置之宜三也朝廷雖發倉廩而陛下未嘗親諭惻怛之意遣使臨視四也群議籍籍竊恠陛下動政愛民日昃不倦至於細務莫不曲加處分而於此事未聞德音有所矜卹意者陛下未知其詳歟臣聞群議且冬每欲上聞以越職爲懼而止今前去二麥尚有數月而死者日廣臣誠不忍陛下赤子遭遇仁聖之君不得蒙被其澤而無告以死臣雖越職得罪猶不敢避也伏望聖慈特詔執政擇愛民幹事之吏十數輩各見便坐喻以憂勞愍傷之意命分使州縣察視流民先具見存及死亡之數與即今救濟之狀以聞然後與轉運提刑知州通判等同共疾速商量如何處置救養可以全活民命比至麥熟合用米糧幾何如何營救不至乏絕不幸死者所在官

爲掩瘞毋得暴露凡此諸事皆許入馬鋪馳奏陛下與二府大臣朝夕圖議苟國家之力可及之者無不爲也如此則庶幾斯民漸有生路不然三四十萬之衆至四五月之間皆填溝壑矣臣聞天之所以祐命人君者將以牧民也君之所以享尊極者以有民爲之下也民之所以欣戴其上者以能保安己也陛下即位之初宜有以固結天下之心而副天之所以祐命者無急於此也臣願陛下力行之干冒天威臣無任涕泗激切之至

知河陽縣陳襄乞拋降和糴小麥價錢狀曰臣伏爲本縣民田瘠薄屢經災旱今年夏秋闕雨五穀不收雖已依條檢覆減放稅租然中產之民已闕歲計待糴而食十有八九例以小麥青苗生舉錢物一斛之直只得二十餘文兼并之家已獲倍利尚被艱難舉貸不得深慮來年延蔓春夫之際穀價騰湧貧窮之民轉見不易臣竊見本州每歲拋降和糴小麥萬數多是過時收糴每一斛官支價錢不下九十文以上至一百二十文比之民間麥熟之時所直市價常多三四十文且以一州言之每歲所糴小麥一萬餘石即大支價錢三千餘貫若京西一路枉費官錢亦爲不少卒無拯救之利秪益商販之民臣今擘畫欲乞轉運司先於隔年拋降和糴小麥價錢數目下本州縣依諸路放買紬絹條例於來年正月半已前預支與五等人戶每小麥一斛係麥熟時民間價例放六十文仍令十戶結爲一保各以上等人戶充作保頭連名具狀遞相保委請領官錢至時只令戶長依夏稅期限催納如此則不惟拯濟貧匱之民兼亦省得和糴官錢不少臣所起請委是官民兩利別無妨礙如允臣所奏乞下本路州軍令依和糴斛斗去處一例施行謹具狀奏聞

神宗即位初御史中丞司馬光乞訪四方雨水疏曰臣竊見陛下近

以久旱爲災分命使者徧祈嶽瀆靡神不舉精誠感通甘雨降集誠中外之大慶然暑月暴雨多不廣遠臣竊慮四方州縣尚有未霑足之處王者以天下爲家無有遠近當視之如一不可使惻隱之心止於目前而已今者京城雖已得雨伏望陛下不可遽以爲秋成可望急於憂民宜內外臣僚有新自四方來者進對之際皆乞訪以彼中雨水多少苗稼如何穀價貴賤閭閻憂樂互相參考以驗虛實既可以開益陛下聰明首新盛德又使遠方百姓皆知陛下獨見幽遠無所遺忽銜戴上恩傾心歸附又使州縣之吏皆知陛下憫恤黎元留心稼穡不敢自恃僻遠殘民害物陛下一發德音而收此三善非獨可以行之今日亦願陛下永久行之誠天下幸甚

光又乞選河北監司賑濟飢民疏曰臣竊見朝廷差官支撥糧米於永泰等門遇有河北路流民逐熟經過即大人每人支與米一斗小人

支與米五升。仰子細告諭。在京難以住泊。令速往近便豐熟州軍存活。者臣切思之。如此處置。欲以為恤民之名。掩人耳目。則謹可矣。其實恐有損無益。何以言之。鄉者或聞河北有人訛傳京師散米者。民遂襁負南來。今若實差官散米。恐河北飢民聞之。未流移者因茲誘引皆來入京。京師之米有限。而河北流民無窮。既而無米可給。則不免聚而餓死。如前年許潁二州是也。今來苗既傷於旱蝗。日益滋生。秋田豐歉。殊未可知。一斗五升之米。止可延數日之命。豈能濟飢饉之厄哉。凡民之情。見利則趨之。見害則避之。若京師可以住泊。雖驅之亦不肯去。若外州不可以存活。雖留之亦不肯止。固非數人口舌所能告諭故也。臣以為有損無益也。臣聞民之本性。懷土重遷。豈樂去鄉里。捨其親戚。弃其丘壠。流離道路。乞丐於人哉。但以豐稔之歲。粒食狼戾。公家既不肯收糴。私家又不敢積蓄。所收之穀。隨手靡散。吞指夏熟。夏望秋成。上下偷安。姑為苟計。是以稍遇水旱蟲螟。則餱糧已絕。公私索然。無以相救。仰食縣官。既不能周假貸富室。又無所得。此乃失在於無事之時。不在於凶荒之年也。加之監司守宰多不得人。視民之窮。曾無矜憫。增無名之賦。興不急之役。吏緣為奸。蠹弊百出。民搏手計窮。無以為生。則不免有四方之志。夫意謂它處又有饒樂之鄉。仁惠之政。可以安居。遂伐其桑棗。撤其廬舍。殺其耕牛。委其良田。累世之業。一朝破之。相攜就道。若所詣之處。復無所依。使之進退失望。彼老弱不轉死溝壑。壯者不起為盜賊。將安歸乎。是以聖王之政。使民安其土。樂其業。自生至死。莫有離散之心。為此之要。在於得人。以臣愚見。莫若謹擇公正之人。為河北監司。使之察災傷州縣守宰不勝任者易之。然後多方那融斛斗。令使賑濟本州縣之民。若斛斗數少。不能周徧者。且須救土著農民。各據版籍。先從下等次第

賑濟。則所給有限。可以預約矣。若富室有蓄積者。官給印曆。聽其舉貸。候豐熟日。官為收索。示以必信。不可抑勒。則將來百姓爭務蓄積。夫如此。飢民知有可生之路。自然不棄舊業。浮遊外鄉。居者既安。則行者思返。若縣縣皆然。豈得復有流民哉。臣曾上言。王者以天下為家。不可使惻隱之心止於目前而已。此特河北流民路過京師者耳。切聞其它災傷之處。流民亦為不少。若臣言可采。伏望聖慈依此行

熙寧元年。殿中侍御史裏行錢顗上奏曰。臣聞國之所以為國者。以有民也。民之所以為民者。以有穀也。國無九年之備。不謂之有備。家無三年之蓄。必謂之不給。有國有家者。未始不先於儲蓄也。故管子曰。倉廩實。知禮節。衣食足。知榮辱。此之謂矣。臣竊見諸處農民雖力田疇。不務蓄積。一有水旱。遂至狼狽。深可惻憫。臣謹按隋文帝開皇中。曾令天下之人節儉輸粟。名為社倉。行於當時。民無飢饉。此實濟衆之良策也。以臣愚欲乞於天下州縣逐鄉村各令依舊置社倉。當豐年秋成之時。只於上三等有田人戶量出斛斗以備賑濟。第一等不過三石。第二等不過二石。第三等不過一石。或以鄉。或以村為類。仍令衆人選擇有物力一戶充社倉甲頭。一年一替。以所聚斛斗歲置其家。即具聚戶實數申報所屬官司判押為據。或有損失。亦仰甲頭陪填。責免侵欺之弊。若遇荒歉。即盡數俵借於下等貧民。聽將來歲稔日。官為索還。依前入社倉收貯。候聚及三年。或無水旱。即具存留。所貴常有三年之備。或無水旱。一方之民。且穀有貴賤。歲有凶豐。所斂至輕。所濟至博。歲月稍久。蓄積亦多。縱值水旱之災。免致流亡之患。伏乞指揮下諸路轉運詳酌施行。

二年。判汝州富弼論河北流民到京西乞分給田土劄子曰。臣昨在

汝州。訪聞河北流民來許汝唐鄧州界。逐熟者甚多。伏以朝廷前許請射係官田土。後卻不令請射。盡須發遣歸還本貫。臣訪知流民必難盡遣得回。既已流移至此。又卻不得田土。徒令狼狽道路轉見失所。遂專牒本州通判張恂立便往州界。諸縣流民衆處一一揀選口數。給與田土。或自令樵漁採捕。或計口支散官粟。諸般拯濟。無致稍可存活。內只有給田一項。違著朝廷後來指揮。此款奏候朝旨及為流民來者日益多。深恐救卹稍遲。轉有死損。遂且用上項條件施行。其後方具奏聞。尋准中書劄子奉聖旨一依奏陳事理。其後來者即數不得給田。然猶賑恤勸諭令歸上路。後方知其餘州軍所到流民不拘新舊。並只用糧除劄旨盡不許給與田土。臣其時以急於赴闕不及再有奏陳。自襄城縣至南薰門共六程。臣見沿路流民大小車乘及驢馬馳載。以至擔負等相繼不絕。臣每逢見逐隊老小。一一問當及令逐旋抄劄。只路上所逢者約共六百餘戶四千餘口。其逐州逐縣鎮以至道店中已安下。臣不見者并臣於許州驛中住卻一日。路上之人臣亦不見者。比臣當見之數。恐又不下一二百戶三二千口。都約及八九百戶七八千口。其前後已過并今來未來及有住唐鄧蔡州等處臣所不見者。又不知其數多少。扶老攜幼纍纍滿道。寒飢之色。所不忍見。亦有病而死者。隨即埋於道傍。骨肉相聚。號泣而去。臣親見而問得者。多是鎮趙邢洺磁相等州下等人戶。以十分為率。約四五分並是鎮人。其餘五六分即共是趙州與邢洺磁相之人。又十中約六七分是第五等人。三四分是第四等人。及不濟戶與無土浮客。即絕無第三等已上之家。臣逐隊借問因甚如此離鄉土遠來它州。其間甚有帶泣告者曰。本不忍拋離墳墓骨肉及破壞家產。只為災傷物貴。存濟不得。憂慮餓殺老小。所以須至趁斛斗賤處逃命。又

問得其全家起離來更不歸者。亦有留人口稍來逐熟。候彼中無災傷。斛斗稍賤。即卻歸者。亦有去年曾請射。或曾買田土。亦有無准備望空來者。大約稍有准備者一二。餘皆茫然。並未有所歸。只是路上逐旋問人斛斗賤處便去。臣切聞有人聞朝廷須令發遣。卻歸本貫。此說盡是其人只以傳聞為詞。不曾親見親聞。但只卻有車乘行李次第頗多。便稱是上等之人。臣每親見有七八兩大車者。約及四五十家二百餘口。四五兩大車者。約及三四十家一百餘口。一兩兩大車者約及五七家五七十人。其小車子及驢馬擔仗之類。大抵皆似大車。並是彼中鄉村相近鄰里。或出車乘。或出驢牛。或出繩索。或出搭蓋之物。遞相併合。各作一隊起來。所以行李次第如上等人戶也。今既是貧窘之際決意離去鄉土。逃命逐熟。而朝廷須令發遣卻回。必恐有傷和氣。臣亦子細說諭云朝廷恐你拋離鄉井。欲擬發遣。卻歸河北。不知如何。其丈夫婦人皆向前對曰。便是死在此處。必更難歸。兼一路盤纏已有次第。如何歸得。除是將來彼中有可看望。方有歸者也。此已上事並是臣親見親問所得最為詳悉。與夫外面所差幹量之人。每將副幕職官畏怯州府。州府畏懼提轉。提轉畏懼朝旨而不敢盡理而陳述。或心存諂事。不肯說盡災患之事。或不切用心。自作鹵莽。中間不實者。萬不侔也。伏望聖慈早賜指揮京西一路。知流民到處。且將係官荒閑田土。及見佃人剩占無稅地土。盡有心力佃人官員。四散分俵。各令住佃。更不得逼逐發遣卻歸河北。其餘或與人家作客。或自能樵漁採捕。或支官粟計口養之之類。更令中書檢詳前後詔約。疾速嚴行指揮約束。所貴趁此日月尚淺。未有大段死損之人。可救卹得及。

七年。監京師安上門鄭俠進流民圖狀曰。臣伏覩去年大蝗。秋冬亢

旱迄今不雨麥苗焦枯黍粟麻豆皆不及種旬日以來米價暴貴羣情憂惶十九懼死方春斬伐竭澤而漁大營官錢不求升米草木魚鼈亦莫生遂蠻夷輕肆敢侮君國皆由中外之臣輔相陛下不以道以至於此臣竊惟災患有可致之道無可弭之形其致之有漸而其來也如疾風暴雨不可復禦流血積尸方知喪敗此愚夫庸人之見古今有之所貴於聖神者為其能圖患於未然而轉禍為福也當今之勢猶可救願陛下開倉廩賑貧乏諸有司斂掠不道之政一切罷去庶幾早召和氣上應天心調陰陽降雨露以延萬姓垂死之命而固宗社億萬年無疆之祉夫君臣際遇貴乎知心以臣之愚深知陛下愛養黎庶甚於赤子故自即位以來一有利民便物之政靡不毅然主張而行陛下之心亦欲人人壽富而躋之堯舜三代之盛耳夫豈臣區充滿府庫盈溢倉廩終以富衍強大誇天下哉而中外之臣

略不推明陛下此心而乃肆其叨懫割剝生民侵肌及骨使夫困苦而不聊生坐視其死而不恤夫陛下所存如彼羣臣所為如此不知君臣際遇欲作何事徒只日超百貲意指氣使而已矣臣又惟何世而無忠義何代而無賢德亦在乎人君所以駕馭之如何耳古之人在山林畎畝不忘其君芻蕘負販匹夫匹婦咸欲自盡以貢其上今陛下之朝臺諫默默具位而不敢言事至來規避百為不肯居是職者而左右輔弼之臣又皆貪猥近利使夫抱道懷識之士皆不欲與之言不知時然耶陛下有以使之然耶以為時然則堯舜在上使有夔稷湯文在上便有伊呂以至漢唐之明君我祖宗之聖朝皆有忠義賢德之臣布在中外君臣之際若腹心手足然君倡於上臣和於下主發於內臣應於外而休嘉之息下浸于昆虫草木千百世之下莫不慕之獨陛下以仁聖當濟撫養為心而羣臣所以和之者如此

夫非時然抑陛下所以駕馭之道未審爾陛下以爵祿名器駕馭天下忠良而使之如此甚非宗廟社稷之福也夫得一飯於道傍則遑遑圖報而終身饜飽於其父則不知感此庸人之常情也今之食祿往往如此若臣所聞則不然君臣之義父子之道也試食其祿則憂其事凡以移事父之孝而從事於此也若乃思慮不出其位尸祝不代庖人各以其職不相侵越至於邦國善否知而不言豈有君憂國危羣臣乃飽食厭觀若視路人之事而不救曰吾各有守天下之事非我憂哉故知朝廷設官位有高下臣子事君忠無兩心與其待罪于有司孰與不忠於君父與其苟容於當世孰與得罪於皇天臣所以不避萬死深冒天閽以告訴于陛下者凡以上畏天命中憂君國而下念生民耳若臣之身使其粉碎如一螻蟻無足顧愛臣切聞南征西伐者皆以其勝捷之勢山川之形為圖而寄獻料無一人以天

下之民質妻鬻兒流離逃散斬桑伐棗拆壞廬舍而賣於城市輸官假粟遑遑不給之狀為圖而獻前者臣不敢以所聞謹以安上門逐日所見繪成一圖百不及一但經聖明眼目已可嗟咨涕泣而況數千里之外有甚於此者哉如陛下觀圖行臣之言十日不雨即乞斬臣宣德門外以正欺君謾天之罪如稍有所濟亦乞正臣越分言事之刑

是時俠監京師安上門以疏及圖詣閤門投進不納遂於本門發馬遞於銀臺通進司奏為密急事疏入上覽畢反復觀圖長吁者數四初韓維對延和殿上曰久不雨朕夙夜焦勞奈何維曰陛下憂閔旱災損膳避殿此乃舉行故事恐不足以應天變書曰惟先格王正厥事願陛下痛自責己下詔廣求直言以開壅蔽大發恩令有所蠲放以知人情至是維又言近日畿內諸

縣督索青苗者甚急。往往鞭撻取足。至伐桑為薪以易錢貨。旱災之際。重罹此苦。夫動甲兵。危士民。匱財用於荒夷之地。朝廷處之不疑。行之甚銳。至於蠲除租稅。寬裕逋負。以救愁苦之良民。則遲遲而不肯發。望陛下自奮英斷。行之過而養之。猶愈於過而殺人也。上感悟。即命維草詔。二十八日。詔出。人情大悅。三日大雨。自俠上疏至雨。纔及浹辰。四月初七日早朝。羣臣既賀雨。上出俠所進畫。宣示宰執。且責之曰。卿等每言法度備明。禮樂興行。民物康阜。雖唐虞三代無以過。今以外事如此。盍相以下各謝罷。是日有旨放俠擅發馬遞之罪。安石因遷延力奪求出。其黨不樂。爭言於上。或以為心狂。以為非毀良法。或以為擅發馬遞。譏御。乞追逮所司劾罪。御史臺直請以俠付臺推劾。遂有旨下開封取勘。

熙寧中。龍圖閣直學士韓維乞省末事憂飢民劄子曰。臣伏見累月以來。氣令外逆。寒暄不常。暴風數興。雨不得下。傳聞諸道州軍。頗多旱暵。螟蝗滋生。變難擾戚。百姓艱食。至有啖木皮者。流離轉徙。未有自生之路。言之可為流涕。陛下嗣位之初。羣下翕然稱頌聖明。人情既悅。天道隨應。日光清潤。嘉澤屢降。今者天道人情。頓與始初不類。意者竊恐陛下言思視聽之間。有所未當。惟陛下端靜誠一。思惟天戒。專以百姓困窮為念。君臣協心。講畫惠政。以救此急。至於繁文浮議。無益天下者。且可一切罷置。上以申陛下恭默思道之志。下以撫安元元。仰荅天意。

元豐元年。河北路轉運使吳大忠上奏曰。臣伏見朝廷比修常平之法。將以抑兼并。振乏絕。可使民富而無離散失所之憂。然行之累年。雖蒙貸助之惠。猶粒米狼戾而無歲月之儲。一有凶災。散亡道路。臣嘗究其然矣。時平日久。文法闊疎。小民不知謹身節用之道。以惰為樂。以侈相驕。膳飲必精。有一人而兼數人之食。服御必華。有一日而用數日之費。況飲酒般樂。游蕩無度。略無法禁。安得不貧。臣聞古者大夫無故不殺犬豕。七十者始食雞豚狗彘之肉。今則庶人日以宰羊豕為食。不緣賓祭。不為養老。安得糧蓄而共之。古者庶人五十可以衣帛。黼黻繡繪。以章有德。今則朱紫之飾。不問府史。美錦文綺。達于臧獲。安得女工而共之。至於宮室輿馬器皿之奉。率皆稱是。而又釋老之徒。齋薦塔廟。神祠巫祀。鼓舞祈賽。所費益以不貲。故田野之民。不安其業。喊聚囿莽。從事於農。所獲既以不足。則不免貸於私家。私貸不足。又以貸於公府。常平之息誠薄。民貸於公者誠願。然一入其手。侈費者十有六七。若博奕飲酒。又不止此。此治法禁有所未具也。臣愚伏願陛下深詔有司。申明法令。略立制度。禁侈費以為用財

之法。民間無職者。皆書于籍。任之以九職之事。不能任則轉移執事。又不能。則給以常餼。以共公上之役。如是。則游手有歸。財不妄費。富足之道。足以馴致。助成良法。其防禁條目。已具別奏。伏望詔下有司詳擇立法。推行天下。

神宗時。監察御史裏行彭汝礪上奏曰。臣聞天地萬物之數。皆麗於五行。故旱荒凶札。饑饉疾疫。雖盛世或有焉。而人君者。仰有以相之。俯有以安之。故民雖不幸。猶亦不至於捐瘠也。古者有鄉里之委積。以恤民之艱厄。門關之委積。以養老孤。縣都之委積。以待凶荒。夫能食必已足矣。又各有所積焉。蓋如此。所以為仁政之周也。今雖有常平廣惠之制。而所有不能供歲月之不足。平時未嘗為計。至於已迫而后為之。其計不過彊富人出粟而已。富人之粟未集。而饑饉之氣已聚。而為疾疫愁呼疾痛之聲也。復感而為旱氣矣。人皆曰。堯有水。

湯有旱。此不足為陛下憂也。為此言者。非忠臣也。堯湯畜積。先具。故水旱雖久。而民不散。今一方不稔。而民之骨肉。至於相殘。而強者白晝殺人於市以食。今日。此無害。此所謂罪歲也。以臣所聞比年東南疫病。浙東西旱荒為甚。蘇州又其甚者也。陛下以張詡安撫。以陳愷賑濟。以沈紳知州。詡毋謬取笑於人多矣。愷以違法不廉聞。紳以疲軟罷。以一事推之。則知陛下雖有不忍人之心。安能及民也。夫人勞苦倦極。未嘗不呼天。疾痛慘怛。未嘗不呼父母。今天下之民。戴陛下如天。愛陛下如親。及不得。則亦望於陛下而已。臣聞。大兵之後。必有凶年。蓋其殺傷愁怨有以感之也。今江淮雖薄稔。然久飢已困之民種藝不及者衆。瀕江之田。又苦水潦。米價益貴。秋不雨。冬少雪。以料之。春夏之交。將復有饑疫之憂。願陛下申飭有司。使早為之計也。今官賣戶絕田產所得者至薄。而所失者甚厚。以數百石之田而所

糴不過千緡。蓋再歲之收。則已足以當千緡矣。此非有難見也。至欲乞糴賣官田。盡收以待賑濟。以戶絕田產。振民之老孤凶札。亦理之所宜也。隋唐之制。雖不足語。如義倉法。非可廢也。臣願取廣惠米斂畜於里社而民助之。其所斂以戶之上中下與歲之豐耗為差。大飢則發大熟之所斂。小飢則發小熟之所斂而賑之。取於彼。散於彼。於我無與也。民亦無辭矣。比之於已迫而後畜之者。其利豈止於倍蓰哉。惟陛下裁幸。

貼黃。臣訪聞江南逃處科富民出粟有至千餘石。民間有不能應副。及至送納。亦不及時矣。

臣觀民家治生。雖有闕之。亦不肯出賣物產。蓋田利久長。非止歲月之計。今官中出賣。實為失策。義倉法本於民社。立之頗如周官鄉里門閭之制。民有飢餓。在處即蒙口食。不至流徙。今立於民社。切恐責人守護。如秋於逃處僧寺及驛舍置倉。則於事有益。亦不至勞於民矣。

韓維論河北流民劄子曰。臣切見河北之民。自去秋以來。相攜老幼皆徙于南方。纍纍道途。迄今不絕。不知幾萬戶。甚非細事也。臣詢得其辭。或云以歲飢無食。或云地震不得寧居。或云河決失耕業。或云以避塞河之役。臣參考以計之。若以歲飢。則百十年來。豈凶常事。何昔之凶年。猶得安居。而今遽為去計乎。若以地震。則震有時而必止。雖暫有不寧。猶宜未至棄本土而去。若以河決。則恩冀德博罹害者宜遷。而鎮定邢趙非河所累。則又何為而舉去。若以河役。則朝廷已有詔罷而還者至今不已。由是言之。蓋其原起於唐州之開曠者而成於河北之謠言。何者。唐州官吏。冒賞貪功。遣牙校齎牓於三邊。招誘戶民。十有餘年。於是三邊始有遷民。及去秋地震。其父老皆言真廟

時地震。遂有澶淵之役。今地復震。北虜又將擾邊矣。如何不為引避。加以歲凶河決。於是相牽連而大去之。夫民故愚而無知。一人搖之。百人酬之。一鄉之間。但見南徙者衆。故相隨而亦遷。即詢究其所以遷之理。則不出前之所言。是彼亦未能熟較利害。但云南方穀賤有曠土可為生耳。若然者豈得縱其流亡而不為禁止乎。河朔去歲雖被災。而諸郡亦有秋穫處。民間未至橫衢路而餓死。易嬰兒以食。借使今之有寒餓不能自活者。雖縱而之南。無害也。至於中戶以上。乃連車牛。負衆簇。驅僕隸馬。其資足以為養者。又可為而不禁止。端使流離而南徙乎。屬者朝廷雖屢敕本道安集。而至今去者如故。此蓋刺史縣令。有不能者。無方略以安之耳。朝廷誠能深責刺史縣令。俾之設便宜務令安集。勿令中戶以上隨衆而遷。刺史縣令有不能者聞。亟令監司舉劾。別選有能者代之。刺史縣令知懼則庶乎有為可

以禁止矣。或云遷者不可止，止則餓死，或急而為盜，為患浸深。臣以為寒餓者聽之去，可以自資者留之。今河北亦有常平粟，未嘗賑發，宜舉以貸民。今冬宿麥得雪，尚未收成，則民復安堵矣。兼聞河北便糴，官價殊高，豪民亦有藏粟邀價者，及官配糴甚急，而粟價愈貴。若便糴配糴宜一切罷之。如又貸以常平粟，則民間得賤粟，可以自存矣。或者又謂河北之民，久離兵戰，生息既繁，遂不能相養。譬之舊為家十口，有田二頃。今田不加多而增口為二十，遂值凶年，故析其食口，就粟南方，適得其宜矣。此又非通論。二十口之息，豈緣一日而具？何前日猶能相養，而今日遂不能乎？夫民者重遷，如刺史縣令有安集之術，則孰肯棄墳墓去親戚鄉井而甘為流民乎？以此又知刺史縣令不為朝廷養民也。北方之人，乍入南地，不習水土，向春必生癘疾。伏願陛下嚴立科罪，下提刑轉運司責在刺史縣令，隨宜處畫，必

令存留，無得縱令流移，庶幾河朔不為墟矣。幸冀陛下留神，特賜裁察。

轍又請為出祈雨劄子曰：臣竊以自冬已來，久愆雨澤，旱氣相薄，塵發大哭。衆此春溫，恐生癘氣。雖陛下焦心引咎，夙夜祗懼，天地四方靡神不禱，霈發德音，解釋繫囚，賜蠲無應，未見嘉澤。下民狼顧，實亦不寧。臣欲望陛下暫飭鑾駕，近幸神祠，躬自虔祈，以表誠至，必有義證。期於旦夕，況陛下宅憂踰年，不出禁闥，京都士民，想望天表，俾之一聞清蹕，瞻見威顏，民心感悅，天意自解，甘霈之來，或可符應。臣不勝拳拳。

右司諫蘇轍論久旱乞放民間積欠狀曰：右臣伏見陛下以久旱憂勞，禱請勤至，自冬歷春，天意未答，宿麥枯瘁，災害廣遠，民自近歲，皆苦於重斂，儲積空匱，若此月不雨，飢饉必至，盜賊必起，保甲之餘，民習武事，猖狂嘯聚，為患必甚。而陛下所以應天動民，未有其實。臣竊見去年赦書，節免積欠，止於殘零，而就至於官本債負出限役錢，皆不得除放。民有破蕩家產，父子流離，衣食不繼，有死而不可得者。買撲酒坊，先因實封投狀，爭氣務勝，競設高價，既得之後，利入微細，不能出辦，違限不納，加以罰錢，至於籍沒家產，枷械坐繫，而不得脫者。臣願陛下降哀痛之書，應今日以前民間官本債負、出限役錢及酒坊元額罰錢，見今資產耗竭，實不能出者，令州縣監司保明除放，使民得再生，以養父母妻子。朝廷棄捐必不可得之債，以收民心，民心悅附，甘澤可致，雖使天道幽遠，而不時應，而仁澤流溢，亦可以化服強暴，消止盜賊。臣謹按漢書文景宣元之間，憂民之疾病，每歲輒弛租稅，賦算賦，自損以厚下，民戴其澤，中遭王莽之變，皆謳吟思漢，漢已絕而復續。夫漢世平安之日，猶知必得之常賦以惠民，而況當

今旱勢未止，災害方作，前件欠負皆勢不可得，奈何靳而不與哉？伏願陛下斷自聖心，特賜手詔，無使有司吝於出納，以廢格至澤，則天人不遠，宜有善應。謹錄奏聞。

轍又乞賑救淮南飢民狀曰：臣訪聞淮南久旱，雨全未足，二麥並已枯死，浙中米價雖賤，而運河無水，客旅不至，米斗直一百七十以來，民間闕食，甚覺不易。而所在官吏，並未見賑濟，及奏請別作處置。臣竊見頃立義倉，至今已將十年，所聚糧斛，數目甚多，每遇災傷，未嘗支散一粒。民情深所不悅。臣欲乞指揮淮南官司，先將所管義倉米數，隨處支與闕食人戶，兼將常平米減價出賣，及取問監司州縣，因何並不曾申請擘劃，兼乞體訪諸路，如有似此闕食去處，一例施行。謹錄奏聞。

轍又言淮南水潦狀曰：臣竊見淮南春夏大旱，民間乏食，流徙道路，

朝廷哀憫饑饉。發常平義倉及上供米以濟其急。淮南之民。上賴聖
澤。不至飢殍。然自六月大雨。淮水汎漲。泗宿亳三州大水。夏田既已
不收。秋田亦復蕩盡。前望來年夏麥。日月尚遠。勢不相接。深可憂慮。
訪聞見今官賣米猶有未盡。然必不能支持久遠。臣欲乞朝廷及今
未至闕絕之際。速行取問本路提轉發運司。令具諸州灾傷輕重次
第。見今逐州各有多少粮食可以賑濟。得多少月日。如將來之絕。合
如何擘劃施行。立限供報。所貴朝廷得以預先處置。小民不至失所。
謹錄奏聞。

淮南轉運使蘇頌奏乞糴官米濟民狀曰。臣竊聞日近甚有近北灾
傷人民。流移往隣路州軍逐熟。尋有朝旨下諸路令州縣常切存恤。
恭惟聖恩溥施。靡所不逮。然恐州縣拘文。不能上副仁憫之意。何則
其流民所之。惟是歲豐物賤。便為安居之地。今並淮諸郡。雖稍登稔。
若食口既多。必是物價騰踴。萬一將來秋成失望。漂泊之民。未有歸
業之期。坐食貴穀。便見失所。彼時須煩縣官賑救。為惠差遲。則其敝
益甚矣。臣以謂存恤之法。莫若先平物價。欲物貨之平。則莫若官為
糶給。使之常食賤價之物。則不覺轉移流徙之為患也。臣欲望特降
朝旨應有流民所聚州縣。權將上供或軍粮米斛。比見今在市實直
量減分數。估定價例。將來更不得添長。專差强幹官一員。置場出糶
直候流民歸業日即罷。其約束事件。並依昨來在京糶場施行。收到
價錢。却委轉運司和糴斛斗充數。如此擘畫。比之出粟賑濟。所費寡
而所惠博。惟朝廷留意幸甚。

知諫院陳襄乞振恤大名等州被水灾之民劄子曰。臣訪聞黃河近
自許家港決潰東流。經歷大名恩冀静滄德博數州軍之地。水勢瀰
漫五百餘里。居民田廬縣鎮淹沒殆盡。自滄而北。灾害尤甚。死者不
知其數。而存者已無生業。伏望聖慈特降指揮下本路轉運使副及
提點刑獄司。分頭詣水災州軍多方存恤被灾之民。放免税租。及振
貸糧食。庶不致失所。仍乞先次計度修復自河以南一帶堤岸。防備
來年夏秋漲溢。為德博之惠。

歷代名臣奏議卷之二百四十四

歷代名臣奏議卷之二百四十五

荒政

宋哲宗元祐元年。門下侍郎司馬光論賑濟劄子曰。臣竊惟鄉村人戶。播植百穀。種蓺桑麻。乃天下衣食之原。比於餘民。尤宜存恤。凡人情戀土。各願安居。苟非無以自存。豈願流移它境。國家若於未流移之前。早行賑濟。使糧食相接。不至失業。則比屋安堵。官中所費少而民間實受賜。若於既流移之後。方散米煑粥。以有限之儲蓄。待無窮之流民。徒更聚而餓死。官中所費多。而民實無所濟。伏覩近降朝旨令戶部指揮府界諸路提點刑獄司體量州縣人戶。如委是闕食。據見在義倉及常平米穀速行賑濟。仍丁寧指揮州縣多方存恤。無致流移失所。此誠得安民之要道。然所以能使民不流移者。全在本縣令佐得人。欲使更令提點刑獄司指揮逐縣令佐專切體量鄉村人戶有闕食者。一面申知上司及本州。更不候回報。即將本縣義倉及常平倉米穀直行賑貸。仍據鄉村五等人戶逐戶計口出給曆頭。大人日給二升。小兒日給一升。令各從民便。或五日或十日或半月一支。齎曆頭詣縣請領。縣司亦置簿照會。若本縣米穀數少。則先從下戶出給曆頭。有餘則并及上戶。其不願請領者亦聽。候將來夏秋成熟。新食相接日。即據簿曆上所貸過糧令隨稅送納。一斗只納一斗。更無利息。其令佐若別有良法簡易便民勝於此法者。亦聽從便。要在民不乏食。不至流移而已。仍令提點刑獄司常切體量逐縣令佐有能用心存恤闕食人戶。雖係災傷並不流移者。保明聞奏。優與酬獎。其全不用心賑貸。致戶口多流移者。取勘聞奏。乞行停替。庶使吏有所勸沮。百姓實霑聖澤。

光又乞趂時收糴常平斛斗劄子曰。臣勘會舊常平倉法。以豐歲穀賤傷農。故官中比在市添價收糴。使蓄積之家無由抑塞。農夫須令賤糶。凶歲穀貴傷民。故官中比在市減價出糶。使蓄積之家無由邀勒貧民。須令貴糴。物價常平。公私兩利。此乃三代之良法也。歸者有因州縣闕常平糴本錢。雖遇豐歲無錢收糴。又有官吏怠慢厭糴糶之煩。雖遇豐歲。不肯收糴。又有官吏不能察知在市斛斗實價。只信憑行人與蓄積之家通同作弊。當收成之初。農夫要錢急糶之時。故意小估價例。令官中收糴不得。盡入蓄積之家。直至過時。蓄積之家倉廩盈滿。方始頓添價例。中糶入官。是以農夫糶穀。止得賤價。官中糴穀。常用貴價。厚利皆歸蓄積之家。又有官吏雖欲趂時收糴。而縣申州。州申提點刑獄。提點刑獄申司農寺。取候指揮。比至回報。動涉累月。已是失時。穀價倍貴。是致州縣常平倉斛斗有經隔多年在市價例。終不及元糴之價。出糶不行。堆積腐爛者。此乃法因人壞。非法之不善也。熙寧之初。執政以舊常平法為不善。更將糴本作青苗錢散與人戶。令出息二分。置提舉官以督之。豐歲則農夫糶穀十不得四五之價。凶年則屠牛賣肉。伐桑賣薪。以輸錢於官。錢貨愈重。穀直愈輕。朝廷深知其弊。故罷提舉官。令將累年蓄積錢穀財物盡椿作常平倉錢物。委提點刑獄交割主管。依舊常平倉法施行。今歲諸路除有水災州軍外。其餘豐熟處多。今欲特降指揮下諸路提點刑獄司。乘有此糴本之時。委豐熟州縣官各體察在市斛斗實價。多添錢數。廣行收糴。如闕少倉敖之處。以常平倉錢添蓋。仍令少糴麥豆。多糴穀米。其南方及川界卑濕之地。有斛斗難以久貯者。即委提點刑獄相度逐州縣合銷數目。撥降收糴。纔候將來在市物貨價比元糴價稍增。即行出糶。不得令積壓損壞。仍令州縣各勒行人將十年以來在市斛斗價例。比較立定貴賤酌中價例。然後將逐色價分為三等。自幾錢至幾錢為中等價。幾錢以上為上等價。幾錢以下為下等價。今逐處臨時斟酌加減。務在合宜。既約定三等價。仰自今後州縣每遇豐歲。斛斗價賤至下等之時。即比市價相度添錢。開場收糴。比年斛斗價貴至上等之時。即比市價相度減錢。開場出糶。若在市見價只在中等之內。即不糴糶。更不申取本州及上司指揮。免有稽滯失時之患。仍委提點刑獄常提舉覺察州縣斛斗價及下等而不收糴。價及上等而不出糶。及收貯不如法變轉不以時。致有損壞。并監官不逐日入場。故壅滯糴糶人戶。並取勘施行。若州縣長吏及監官能用心及時糴糶。毋得稽時。酌中價錢與斛斗。通行比折。與初到任時。增剩及十分中一分以上。許批書上曆子。候到吏部日。與升半年名次。及二分以上。許指射家便差遣一次。所貴官吏各各用心。州縣皆有儲蓄。雖遇荐饑。民無菜色。又得官中所積之錢。稍稍散在民間。可使物貨流通。其河北州縣有糴便司斛斗見處。從逐州縣轉運司見糴軍糧處。更不糴常平倉斛斗。若今來指揮內有未盡未便事件。委提點刑獄司逐旋擘畫申奏施行。

侍御史王巖叟乞常平不分立三等疏曰。臣伏覩昨降朝旨文雜詳而未通。四方來者。更言其未便。臣按常平舊法。但遇年豐物賤。即與市價上添錢收糴。如年儉物貴。即度在市實直價例特減錢出糶。此所以為常平。今既限以價賤至下等方許收糴。價貴至上等始得出糶。乃是必待豐歉十分而後行法。稍不及等。即官司拘文。束手坐視而不敢糴糶。臣恐久之。天下救災之備寡而傷農之患多。失常平本意遠矣。臣乞依舊法不分立三等。仍更不申取本州及上司指揮。外餘約新降朝旨。別行修定頒降。

巖叟又請依舊法賑濟免河北貸糧出息疏曰。臣伏以救災恤患。惟

恐有所不至以傷其仁。先王之用心也。隨施以有害恭危以論利。並不恐焉。臣按祖宗賑濟舊法。災傷無分數之限。人戶無等第之差。皆得借貸。但令隨稅納元數而已。未嘗有息也。故四方之人。霑惠者溥。衔恩者深。郡縣倉廩以陳易新者多。其後刻薄之吏。陰改舊法。必待災傷放稅七分以上。方許貸借。而第四等以下。方免出息。殊非朝廷本意。緣災傷放稅。多是監司以聚斂為急。感脅州縣。州縣又承望風旨不復體心朝廷。以災傷的實分數除放。若放及七分者。災傷已是十分。況少肯放七分。又六分之與七分。相去幾何。毫釐之間。何以辨別。幸而得為七分。則有借貸。不幸而為六分。則無借貸。但繫檢災官吏一言之高下。而被災百姓。幸不幸相遠如此。不可不察也。三等而上均為赤子。均遇天災。豈容因災偏令出息。計其所得則甚少。論其所損則實多。乘陛下平一之心。蔽朝廷光大之施。臣乞復如舊法不限災傷之分數。並容借貸。不拘民戶之等第。均令免息。庶幾聖澤擴聞感人心於至和。天下幸甚。如允臣所奏。其河北京西淮南等路昨來水災州縣。乞先次指揮施行。

二年十二月。著作郎范祖禹乞不限人數收養貧民劄子曰。臣伏見陛下以今冬大寒。甚於常年。聖心憂軫。救恤小民。無所不至。近又出禁中錢十萬貫以賜貧民。此誠博施濟衆堯舜之仁也。禮記曰。財聚則人散。財散則人聚。臣知此財一散。而人心皆聚於朝廷矣。古之聖人未有不矜恤孤窮者。堯命舜。舜命禹。皆以四海困窮為說。書稱不虐無告。不廢困窮。惟帝堯能之。蓋置而不恤。則是虐之矣。棄而不養則是廢之矣。伊尹稱湯曰。先王子惠困窮。周公曰。文王懷保小民。惠鮮鰥寡。孟子曰。文王發政施仁。必先鰥寡孤獨。夫聖人養天下之民。使貧者不至失所。則不貧者自安。是故古者為政。必先恤困窮之民。國

祖宗以來。惠恤孤貧。仁政非一。每遇大雨雪。則放公私房錢。以至糶米賣炭散錢。死者則賜錢瘞埋。惠及存沒。近日朝廷無不舉行。而又發內帑之錢。降非常之恩。惠澤之厚。無以加矣。陛下軫恤小民如此。而臣忝在左右。竊思有可以少補聖政之萬一者。忍默而不言哉。古者鰥寡孤獨癃疾皆有養。既養之。則不至於凍餒而死。朝廷自嘉祐已前。諸路有廣惠倉以救恤孤貧。京師有東西福田院以收養老幼癃疾。至嘉祐八年十二月。又增置南北福田。共為四院。此乃古之遺法也。然每院止以三百人為額。臣竊以為京師之衆。孤窮者不止千二百人。又朝廷每遇大寒歲凍。則臨時降旨救恤。雖仁恩溥博。然民已凍餒。死損者衆。夫救飢於未飢之時。先為之法。則人不至於飢死。救寒於未寒之時。預為之備。則人不至於凍死。今每歲收養與臨時救濟二者等為費用。不若多養之為善也。臣愚以為宜於四福

田院。增蓋官屋。以處貧民。不限人數。並依舊法收養。委左右廂提舉使臣每至冬月多設方略救濟。或給米豆。設糜粥。不必專散見錢。其使臣存活到人數。書為課績。量與酬獎。死損多者。亦立殿罰。如四廂使臣提舉難遍。即委吏部臨時更選差使臣四員相兼提舉。量與添給。仍理為重難短使。存活死損殿最。亦依四廂使臣法。其天下廣惠倉。竊慮州縣不以為急。乞更申明成法。每歲以時舉行。委逐路監司丁寧行下所屬州縣。及因巡歷案視。或於逐州别差官點檢。使知朝廷措意。令官吏用心振恤。須要實惠及貧民。不得輕易以為末事。畿內諸縣亦乞令擘畫官屋。依京師收養。無令遠者聚於都下。重立條禁。以絶主掌支散之人減剋之弊。如此。則物不虛費。而所活益多矣。國家富有四海。每歲用像者錢一二萬緡。於租賦之入。無異海水之一勺。而飢窮之人。日得十錢之資。并合之米。則不死矣。此乃為國者

所當用。王政之所先也。況朝廷幸不惜費。唯更增備舊法。推廣祖宗仁政。以副陛下惨怛愛民之意。夫何難哉。臣願惟陛下近日所行萬萬於此。而臣之所陳事乃至微。然古之聖人莫不以此為先務。所以拯生民之性命。其法不可不備也。如臣言稍有可采。伏乞早賜施行。

祖禹又論常平劄子曰。臣竊以當今天下之患在於公私俱無蓄積。無以待水旱凶歉。一時不雨。則民饑饉流亡。昨春夏旱。京西陝西穀食尤貴。唐鄧人民相食。遺棄男女。流離道路。其存者食犬彘之食。飢民群行劫米。坐法配流者係纍相屬。幸而得麥。民復有生望。故大盜不作耳。然轉於溝壑與配隸遠方者。已不可勝數。仁聖在上。豈不哀憫而為之計慮哉。夫以數月不雨。適當青黃不接之際。民已如此。若不幸復有方二三千里之水旱。將何以救之。自中夏以來雨水不至過多。秋成可望。諸郡雖有被水災之處。然約計之。收熟之處必多。非

穀稍登。則公私逋負皆迫。民間速欲得錢。無由貯積。必至甚賤。此農民所以豐凶皆困也。自非朝廷廣謀收糴。以時斂散。則無以平糴濟民。今諸路提刑司積常平錢猶多。竊恐自罷散青苗錢以來。常平之法尚未修復如舊。臣愚欲乞速降指揮諸路提刑司。乘今秋豐稔穀賤之時。盡以所有之錢增價收糴。使不至於甚賤傷農。來春穀貴。則減價出糶。使不至於甚貴傷民。若止以常平錢收糴。恐亦未廣。陛下誠能出內庫金帛數十萬以為糴本。專以備水旱凶荒。斂散以時。則官本常存。而民被惠澤無窮。濟民之命。無大於此。祖宗置內藏庫。本以備軍旅非常之用。仁宗嘗出錢一百萬緡以助常平糴本。此仁恩所以深結於民心也。夫財出於民。復以濟民。但使民存不至流亡。則今年散之。明年復有。何患乎無財也。前年冬大寒。陛下出錢十萬緡散之窮民。民苦於寒。陛下不忍坐視其死。損以與之。誠知民為國本

不可不愛惜也。況糴本常不動。而可以利民。止是以內庫之錢借之外路。又有先朝故事。何憚而不為乎。如以臣言為然。乞早賜施行。

祖禹又論常平劄子曰。臣竊以為國之本。在於務農。務農之本。在於貴穀。舜咨十二牧曰。食哉惟時。洪範八政。以食貨為首。孔子曰。所重民食。蓄積者。邦國之大本。生民之大命也。臣伏見累年以來。天災流行。年穀不熟。昨春夏之交。天久不雨。陛下憂勞旰食於上。大臣惶恐蒲躍於下。豈非以倉廩空虛。民無所食。盜賊並起。將有不可知之變哉。一朝得雨。報賽神祇。則君臣釋然相慶。不復以民食為念矣。去歲之豐。非天之常也。豐年常少。凶年常多。水旱之災。堯湯所以不能免。然而國不困。民不亡者。有蓄積以為之備也。昨春夏未雨之時。民已無復生理。幸而得麥。出於望外。豈可常恃僥倖天災之不成也。臣訪聞諸路今秋可望大熟。民間不唯速欲得錢。必至甚賤。又小民不為

速慮。一熟則輕賤五穀。糶米狼戾。古之聖王知其如此。是故。操斂散之術以權之。管子曰。民有餘則輕之。故人君斂之以輕。民不足則重之。故人君散之以重。輕重之權在上。則其利不入於兼并之家。而農民常得其平。此所以家給人足也。至於衰世。豐不知斂。凶不知散。故其政荒。其民流。孟子曰。狗彘食人食而不知檢。塗有餓莩而不知發。如此者。其國幾何而不亡也。今天下背本趨末。民惟視上之所好。若朝廷以農為急。乃可使民務本。黃金珠玉。飢不可食。寒不可衣。然而人貴之者。好之者衆也。誠使貴五穀而賤金玉。則民豈有不以農為事者哉。布帛不可一日而闕。然皆人力所為。至於五穀。天不告地不長。則非人力所能成也。昔梁武帝享國幾五十年。江南久安。風俗奢侈。不務蓄積。侯景之亂。連年旱蝗。富民皆懷金玉。衣錦綺。相枕藉而死。唐末高駢亂。淮南揚州米斗至直錢五十千。皆史冊所載。古有此事。安知來世之必無也。今夫夏則畜炭。冬則藏冰。凡民皆能知之。至於豐年則不知為凶歲之備。蓋以五穀為常有而輕之。古人旱則備水。水則備旱。豐登則備凶歉。知天時之有必至也。惟陛下留意於務農貴穀。備常平之政。以厚天下。

六年七月。祖禹為給事中。又封還臣寮論浙西賑濟事狀曰。準中書省錄黃臣寮上言。竊聞浙西州軍近以災傷。朝廷選差轉運副使岑象求。運判楊瓌寶。仍賜米百萬斛。錢二十餘萬緡。俾救其患。州縣自亦依條發倉廩。作粥飯救濟。行將少蘇矣。細民習為驕虜。以少為多。其弊已久。欲乞明詔本路監司幷州縣。詳具災傷分數賑貸。行遣次第。各行申奏。徐考其虛實而懲責其尤甚者。候勑旨。又臣寮上言。訪聞兩浙水災。惟蘇湖秀三州為甚。外常杭二郡絕為輕小。其三州之地。亦有高下不等。今傳言者或謂水災至大。無

可種之田。或謂高田無水。下田水退有可種之處。以謂本因風駕海水。江湖壅遏。加之雨多。遂有漲涌之患。風退水落。此患自弭。可以種作。人言異同如此。誠不可以不察。乞下本路鈐轄轉運提刑及蘇湖等五州。令各開具逐州水災所及。凡幾縣幾村。有無漂蕩廬舍。溺死人口。及高田無水與水退可耕之地各約若干。並令詣實申奏。不得相關。稍涉謬妄。即乞重行降黜。兼朝廷近日別遣使者支撥斛㪷一百萬。見錢。度牒約計二十萬貫。不為不多。若見今未種。今秋無穫。則向去乏食。賑濟之期。甚為長遠。所差上官。當相度事躰措置。凡此皆繫官吏能否。而一有失當。其害非輕。乞令賑濟官司凡措置稍大事件。並申取朝廷指揮。其急切不可待報者。雖許一面施行。亦須便具畫一奏知。所貴朝廷察其中否。緩急未便可以救止。候勑旨。七月二十二日。三省同奉聖旨。並依奏者。

右臣謹按唐代宗大曆中，霖雨損稼。渭南縣令獨稱縣境不損，遣御史按實，損三千餘頃。帝三思久之曰：縣令字人之官，不損猶應言損，何不仁如是乎。貶渭南令為南浦尉。德宗正元中，江淮大水，宰相陸贄請遣使賑恤。帝曰：聞所損殊少，即議優恤，恐生奸欺。贄上奏曰：流俗之弊，多徇諂諛，揣所悅意，則侈其言；度所惡聞，則小其事。制備失所，常病於斯。又曰：所貴有財，用所收者人心。苟不失人心，何憂乏用。乃遣。從實無不災。憲宗元和中，南方旱饑，遣使賑卹。將行，帝戒之曰：朕宮中用帛一匹，皆籍其數。唯賙救百姓，則不計費。卿輩當體此意。七年，又謂宰相曰：卿輩屢言淮浙去歲水旱，近有御史自彼還，言不至為災。事竟如何？李絳對曰：臣按淮南浙東奏狀，皆云水旱，人多流亡，求設法招撫，其意似恐朝廷罪之，豈肯無災而妄言有災耶。此蓋御史欲為奸諛，以悅上意耳。願得其主名，案致於法。帝曰：卿言是

也。國以人為本，聞其有災，當亟救之，豈可尚復疑之耶。朕適者不思而言耳。命速蠲其租賦。古之人君聞有災害，唯責人不言；其救災唯恐人惜費；又恐不及於事。陸贄、李絳賢相也，亦專信守臣奏報，惡言者之小其事，以鏤君心之憂也。今國家建都于汴，實就漕挽東南之利，京師億萬之口，所食、贍軍養民，皆出於一浙。此乃國之根本，豈可不思其所從來。今陛下二方之赤子，嗷嗷然有倒垂之急，如嬰兒之絕乳，其死可立而待也。方呼天赴訴，開口待哺，以延朝夕之命，為之父母者忍惜力而不救乎。臣竊詳臣寮所言，朝廷已賜米百萬、錢二十餘萬，兩浙、蘇州自依條發倉廩，作粥飯救濟，人行將少蘇矣。臣竊以作粥救飢，最出下策。夫民已至相聚食粥，則疾疫將起。飢困已甚，死者必衆。此乃災傷之極。正當憂慮，豈得便為少蘇。又言細民習為驕虛，以少為多，其弊已久。臣竊謂常年小有旱澇，披訴災傷，僥倖之民

或容有此。今浙西災害甚大，民已流散乞食，迫於死亡，方且疑其習為驕虛而不加信，何其忍哉。又言乞詔監司州縣詳具災傷分數，賑貸行遣次第，各行申奏，而總責其尤甚者。臣竊謂朝廷以待從之臣為一路鈐轄，又選差監司以往，行未及境，泰及赦施，朝廷既不憑信鈐轄司之言，又戒約監司州縣如此。臣恐官吏束手，不能有所施為。上下觀望，各求苟免。夫奏災傷分數過實，賑濟用物稍廣，此乃過之小者。正當闊略不問，以救人命。若因此總責一人，則自今官司必以為戒，將坐視百姓之死而不救矣。又臣寮言，人言異同，不可不察。乞下鈐轄提轉及蘇湖等五州各令開具逐州水災所及，凡幾縣幾村有無漂蕩廬舍、溺死人口，及高田無水，與水退可耕之地，各約若干。並令詣實申奏，不得相關稍涉繆妄，乞重行降黜。臣伏見近日浙西申奏，自今年正月大雨至六月，太湖泛溢，蘇湖秀等州城市並遭水浸。

田不布種，廬舍漂蕩，民賣田賣牛，散走乞食。臣謂朝廷聞此，當令官司如救焚拯溺，猶恐不及。今若降此指揮，逐縣逐村須遣人抄劄廬舍人口田土數目，飢荒之際，此等行遣，必為煩擾，一事不實，即憂及罪。闔境皆死，未必獲罪。如此則賑濟卻為閒慢，百姓愈無救矣。又言近日別遣使者支撥斛斗百萬、見錢度牒約二十萬，不為不多。若見今未種，今秋無獲，則向去賑濟之期甚遠。所差去官，當相度事勢措置。有失當，其害非輕。今所差去官，與時暫遣使不同，若向去賑濟期日長遠，此乃本司職事，在彼自當任責，當且委以措置，不須約束。免有疑惑觀望。臣竊以今水潦方降，秋田殊未有望。審如臣寮所言，今秋無獲，本路必更奏請朝廷，久當接續應副，則前日所賜未足為多。況斛斗上令出糶，皆不損直，常平倉本無給散之法，唯廣惠倉許賑濟不足，方許通支常平救及五分處，仍不得過所限之數兩倍。

浙西鈐轄司近方奏乞不限石斗。尚未降朝旨。又奏見田元未放稅
以此觀之。官司守法。上有賑救不及之事。必無過當之理。臣竊又言
乞令賑濟官司措置稍大事件。並申取朝廷指揮。其急切不可待報
者。雖許一面施行。亦須便具畫一奏知。所貴朝廷察其中有緩急。未
便可以救止。臣伏見英宗時。臣叔祖鎮出知陳州。辭日。英宗宣諭陳
州累年災傷。卿到彼。悉心賑撫。臣鎮至州。方值春種。即發常平倉貸
民種糧。從提刑司奏劾官吏。詔釋不問。陳州至京。不數日可以往返。然
猶不免奏而行。恐不及於事也。神宗時。西京大水。遣郎官一人御藥
院內侍一人賑濟。多方救濟。北京亦然。朝廷未嘗先為條約以防之
也。今兩浙去京二千餘里外。事稍大者。須申奏。比及得報。即已後時。雖
急切許一面施行。若官司畏避。事無大小。一皆奏請。不敢專行。則此
法豈不為害。臣伏觀浙西鈐轄轉運司前後申奏累年災傷。今歲大

水。以至結罪保明。奏乞斛斗度牒。又云。父老言四十年無此水災。近
蘇州飢民死者日有五七百人。飢疫更甚於熙寧時。又湖州奏貧
人入城死者相繼。遺棄男女。官為收養。據此。則災傷輕重亦可知矣。
今詳臣寮所言大意。唯以朝廷所賜錢斛不少。恐災傷不至如所奏。
故欲旁察虛實。懲責謬妄。然臣之愚慮。竊謂朝廷已賜錢斛百二十
萬。德澤深厚。又選監司以往。免更臨遣專使。今監司方出國門。錢斛
纔至本路。即降此指揮約束。百姓必謂朝廷重惜錢斛。輕棄人命。百
二十萬已散其多。將來之食日遠。復何所望。所吝者財物。所失者人
心。況本路有鈐轄司轉運提刑司發運司互相監臨。而轉運司主財
不敢多費。故祖宗以來賑濟委提刑司。蓋恐轉運司惜物也。監司州
縣有凶年饑饉。皆不得已而上聞。然豈肯於無災之地。振不飢之民。
耗散倉廩。坐失租稅以取不辯之責哉。今唯當戒飭官司。多為方略。

存活人命。寬其約束。責以成效。庶幾餘民。早獲安堵。唯是給散無法。
枉耗官廩。賑救不及貧弱。出糶反利兼并。措置乖方。所宜約束。然此
乃監司使者之事。朝廷亦難遙為處畫也。若監司得人。此弊自少。誠
使有之。則人言相傳。亦豈可掩。臺諫從以風聞彈奏。朝廷從以考察
案劾。未為晚也。今先降此指揮。徒能牽制撓亂其所為耳。伏望聖慈
以遠方生靈性命為念。無以官司賑濟過甚為憂。其臣寮所言。伏乞
更不施行。所有錄黃。謹具封還。
祖禹為翰林學士。又上恤民劄子曰。臣伏見陛下即位以來。惻怛愛
民。出於誠心。一有災傷。則遣使振救。倉廩府庫。無所愛惜。十年之間。
凡兩出內庫錢十萬緡以賜京師寒凍之民。祖宗之時。唯是蠲放欠
負。未聞賜錢如此之多。陛下德澤深厚。乃古聖帝明王之用心也。然
而天災流行。民食艱難。臣訪聞河北諸郡。聚飢民所在以數為羣。今

歲夏秋更一不熟。不知國力何以繼之。臣願陛下更與執政大臣圖
救民之術。朝廷政事。宜務安靜。無所作為。專聽於民。左右從之。未有
民安而國不安。民和而天不應者也。陛下養民如子。視民如傷。今民
方飢困。尤當以安之為急。唯陛下深留聖思。以固邦本。天下幸甚。
元祐二年。知潞州梁燾上奏曰。臣伏見去冬苦寒。今秋大旱。被災之
民。如卧焦灼。日望睿澤。渝滌瘡痍。陛下恐懼天戒。惻怛民隱。誠意內
脩。政事外飭。求損靜治。願寬聖憂。但當采用公言。講求仁術。坐致明
恩實惠。徧及四海。則降監昭昭。遂受嘉福矣。臣以謂人已久困。病復
游飢。今來寒餒。已足深憂。向去流離。尤為大患。正在朝廷衣食拊循。
固結其意。以父母妻子為念。以墳墓閭井為戀。相扶而不貳。相死而
不去。不貳則盜賊不起。不去則田野不曠。固本寧邦。其要在此。臣聞
天下倚閣稅賦。編敕以限年催理。雖催理之令行於豐年。而多值災

傷蠶麥小稔。官曹執法督迫期會。縱得十分豐熟。亦隨百色分張。故民間愁怨紛紜。常以欠負爲苦。官中所入既有限數之內。往往不足。至有嚴刑峻令。僅獲無遺。官將小補而民害大矣。三年一遇大禮。竟用赦恩蠲免。在公徒有理欠之名。在私乃有刻剥之弊。是存空名於公家。而行實斂於私門也。爲害如此。何益治躰。臣欲乞聖慈特降旨揮。勘會災傷路分。自元祐二年以前。有見在倚閣稅賦。一切除放。以救百姓今日目前之急。如此則明恩實惠下及幽遠。感激歡欣。咸歸聖真。委郡縣得人。欽躰詔旨。更求勞徠安集之方。免凍餒流離之咨。前望麥熟。終保安全。和氣既充。陰陽自順。四時協序。百穀用成。數年之間。稅賦一入。可以加倍倚閣之數矣。陛下必欲救全百姓。此事最爲切當。伏望斷自宸衷。無容回難。使中外明知非常之恩出自兩宮。則天下幸甚。

四年二月。左司諫劉安世與右諫議大夫朱光庭同乞更張常平之弊疏曰。臣等聞國無九年之蓄曰不足。無六年之蓄曰急。無三年之蓄曰國非其國。蓋先王之制。三年耕必有一年之食。以三十年通之。則可以有十年之備。故堯湯之水旱。至於累歲而無捐瘠之民者。用此道也。三代而下。井田廢缺。利民之法。無善於常平。由漢迄今。莫能變易。惟自近世。有名無實。凡所以養民之具。月計不足。何暇議三年之蓄哉。是以歲或不登。民輒菜色。强者轉而爲盜賊。弱者不免於餓殍。保民之術如此。亦以疏矣。臣等竊謂自罷青苗錢。後來天下州縣皆有積緡。朝廷雖更立常平之制。條目甚詳。而上下因循。未嘗留意。既無統屬以糾其乖繆。又無賞罰以爲之勸沮。加之轉運司皆紅目前之急。多端借貸。日朘月削。殊無償足之期。非有懲革。將不勝弊。臣伏望聖慈特降睿旨。取今日以前應干常平敕令。嚴責近限。專委二部。刪爲一書。付之有司。悉俾遵守。仍先行旨揮。將天下見在常平錢乘今秋豐稔之時。命五路糴粟一色。其餘路分並相度逐處可以久留斛斗。廣行收糴。仍以本司錢備蓋合用倉廒。將一路所有錢數同應副。一路之中。不得偏聚一州。一州之境。不得偏聚一縣。各隨戶口之多寡。以置糴入之大數。每遇凶歉。依法出糶。糶糴之法。常以市價增減。如此。則官本常存。而物價不能翔踊。或遇旱乾水溢之災。則民有所濟。不至流散。朝廷之恩澤可繼。而無乏絶之患。相因日久。漸至九年之蓄。太平之業。莫大於此。惟陛下推至誠惻怛之意。明詔執政協力施行。所有官吏踐歲。亦乞參酌修定。將來須降之後。或有違犯。州縣委監司。監司令戶部御史臺覺察奏劾。庶使二聖卹民之仁心不爲徒善之路。傳之萬世。天下幸甚。

安世又奏乞振貸鳳翔府界飢民疏曰。右臣伏聞京西關陝去歲時

穀不登。農民艱食。兩路郡邑已行賑貸。而鳳翔永興。實爲接境。旱災分數。大槩畧同。物價翔踊。民多菜色。臣聞秦鳳路諸郡。各放五分。惟是岐下。實所不及。然而轉運司牽於隣州之例。放稅止於五分。拘礙常法。不該賑濟。今方中春。民已窮困。若候夏麥。必致餓殍。比聞雀謀鎮白晝攜劫。愚民急迫。豈有常心。與其委於溝壑。不若亡命爲盜。以幸萬一之免。竊恐因此飢饉。寇賊充斥。使關中之民。不得安堵。非細故也。臣愚欲乞朝廷專委秦鳳路提刑司疾速躰量。若鳳翔境內委實荒歉。則一面令本司依永興軍路災傷州縣。特行賑貸。更不奏候朝旨。如此。則非惟千里之人得免轉死之患。至於寇盜。亦當衰息。伏望聖慈詳酌早賜旨揮。

安世又爲歲旱乞講荒政疏曰。臣伏見去年經冬。時雪愆候。今春涉夏。益害亢旱。二麥將槁。秋種未布。民已艱食。歲事可憂。雖兩宮焦勞

祠禱備至。應禱之澤終未霑足。臣嘗觀國朝故事。太祖建隆元年。以揚泗民多飢死。郡中軍儲尚百餘萬斛。即命發廩賑貸。乾德二年。嘗詔諸州長吏視民田旱甚者。即蠲其租。不必俟報。太宗或遇旱歲。必蔬食減食品三之二。得雨乃復常膳。真宗祥符八年。以京東物價稍貴。命有司出常平粟減價糶。用濟貧民。九年。詔江淮發運司歲留上供米五十萬以備賑濟。今來旱勢闊遠。事宜前慮。至於散利緩刑。弛力薄征。索鬼神。除盜賊。皆聖人救荒之政。亦宜先事而講。伏望聖慈上法二聖之意。下考成周之典。凡可以救災恤民者。次第施行。

五年七月。知杭州蘇軾乞預備來年救饑之術。上奏曰。臣聞事豫則立。不豫則廢。此古今不刊之語也。至於救災恤患。尤當在早。若災傷之民。救之於未飢。則用物約而所及廣。不過寬減上供。糶賣常平官米。無大失而人人受賜。今歲之事是也。若救之於已飢。則用物博而所及。微至於耗散省倉。虧損課利。官為一困。而已飢之民。終於死亡。熙寧之事是也。熙寧之災傷。本緣天旱米貴。而沈起張靚之流。不先事奏聞。但立賞閉糶。富民皆爭藏穀。小民無所得食。流殍既作。然後朝廷知之。始敕運江西及截本路上供米一百二十三萬石濟之。巡門俵米。攔街散粥。終不能救飢饉。既而繼之以疫疾。本路死者五十餘萬人。城郭蕭條。田野丘墟。兩稅課利。皆失其舊。勘會熙寧八年本路放稅米一百二十萬石。酒課虧減六十七萬餘貫。略計所失。共計三百餘萬石。其餘耗散。不可悉數。至今轉運司貧乏不能舉手。此無它。不先事處置之過也。去年浙西數郡先水後旱。災傷不減熙寧。二聖仁智聰明。於去年十一月中。首發德音。截撥本路上供斛㪷二十萬石賑濟。又於十二月終。寬減轉運司元祐四年上供斛㪷三分之一。為米五十餘萬斛。盡用其錢買銀絹上供。了無一毫虧損縣官。而

命下之日。所在歡呼。官既住糶。米價自落。又自正月開倉糶常平米。仍免數路稅場所收五穀力勝錢。且賜度牒二百道以助賑濟。本路帖然。遂無一人餓殍者。此無它。先事處置之力也。由此觀之。事豫則立。不豫則廢。其禍福相絕如此。洪惟二聖天地父母之心。見民疾苦。匍匐救之。本不計較費多少。而臣愚魯無識。但知權利害之輕重。計得喪之大小。以謂譬如民庶之家。置莊田。招佃客。本望租課。非行仁義。然猶至水旱之歲。必須放免欠負。借貸種糧者。其心誠恐客散而田荒。後日之失。必倍於今故也。而況有天下子萬姓而不計其後乎。臣自去歲以來。區區獻言。屢瀆天聽者。實恐陛下客散而田荒也。去歲杭州米價每㪷至八九十。自今年正月以來。日漸減落。至五六月間。浙西數郡大雨不止。太湖泛溢。所在害稼。六月初間。米價復長。七月初。㪷及百錢足陌。見今新米已出。而常平官米不敢住糶。災傷之勢。恐如去年。何者。去年之災。如人初病。今歲之災。如病再發。病狀雖同。氣力衰耗。恐難支持。又緣春夏之交。雨水調勻。浙人喜於豐歲。典賣舉債。出息以事田作。車水築圩。高下殆遍。下本已重。指日待熟。而淫雨風濤。一舉害之。民之窮困。實倍去歲。近者將官劉季孫往蘇州披教。臣密令季孫沿路體訪。季孫還為臣言。此數州不獨淫雨為害。又多大風。駕起潮浪。堤堰圩埂。率皆破損。湖州水入城中。民家皆尺餘。此去歲所無有也。而轉運判官張璹自常潤還。所言略同。云吳江平望八尺。間有舉家田苗沒在深水底。父子聚哭。以船栰撈摝。云半米猶堪炒啖。青穟且以餵牛。正使自今雨止。已非豐歲。而況止不止又未可知。則來歲之憂。非復今年之比矣。何以言之。去年杭州管常平米二十三萬石。今來已糶過十五萬石。雖餘八萬石。而糶賣未已。又緣去年災傷。放稅及和糴不行。省倉闕數。既有上件常平米八萬

石。只了就撥充軍糧。見無見在。惟糴米錢近八萬貫。而錢非救飢之物。若米歲米益貴。錢益賤。雖積錢如山。終無所用。然寧中。兩浙市易出錢百萬緡。民無貧富。皆得取用。而米不可得。故兇羅綺、帶、金玉。橫尸道上者不可勝計。今來浙東西大抵羅過常平米。見在數絕少。然事之憂。凜凜在人眼中矣。臣材力短淺。加之衰病。而一路生齒憂責在臣。受恩既深。不敢別乞閑郡。日夜思慮求來年救飢之術。別無長策。惟有秋冬之間。不惜高價多糴常平米。以備來年出糶。今來浙西數州米既不熟。而轉運司又管上供年額斛㪷一百五十餘萬石。兩司爭糴。米必大貴。飢饉愈速。和糴不行。來年青黃不交之際。常平有錢無米。官吏拱手坐視人死。而山海之間接連甌閩。盜賊結集。或生意外之患。則雖誅殛臣等何補於敗。以此須至具實聞奏。伏望聖慈。備錄臣奏。行下戶部及本路轉運提刑兩路鈐轄司。疾早相度來年

合與不合準常平斛㪷出糶救飢。如合準備。即具逐州合用數目。臣已約度杭州合用二十萬石。仍具逐司擘劃合如何措置。今米價不至大段翔踴。收糴得足。如逐司以謂不須準備。出糶救濟。即令各具保明來年委得不至飢殍流亡結聚聞奏。緣今來已是立秋。去和糴月日無幾。比及相度往復取旨。深慮不及於事。伏乞詳察速賜指揮。

貼黃。臣聞之道路。閩中災傷尤甚。盜賊頗衆。或云邵武軍有強賊人數不少。恐是廖恩餘黨。轉運司見令衢州官吏就近體訪。雖未知虛實。然萬一有之。不可不預慮也。

貼黃。臣謹按唐史憲宗謂宰臣曰。卿等累言吳越去年水旱。昨有御史自江淮按察回言。不至為災。此事信否。李絳對曰。臣見淮南浙江東西道狀。皆云水旱。且方隅受任。皆朝廷信重之臣。苟非事實。豈敢上陳。此固非虛說也。御史盲畏選擇。非其人。奏報之間。或容希媚。況推誠之道。君人大本。苟一方不稔。當即日救濟其飢貧。況可疑之耶。帝曰。向者不思而有此問。朕言過矣。彝等稽首再拜。帝曰。今後諸道被水旱飢荒之處。速宜蠲貸之。又按本朝會要。太宗嘗語宰臣曰。國家儲蓄最是急務。蓋以備凶年。救人命。昨者江南數州。微有災旱。朕聞之。急遣使往彼分路賑貸。采聞不至流亡。亦無餓殍。亦無盜賊之患。苟無積粟何以拯救飢民。臣近者每御邸報。諸路監司。多是於三四月間。先奏雨水調勻。苗稼豐茂。及至災傷。須待饑荒。然後奏知。此有司之常態。古今之通患也。豐熟不須先知。人人爭奏災傷。正合預備。稍顧不言。若非朝廷廣加採察。則遠方之民。何所告訴。

軾又狀奏曰。右臣近者伏見二聖遇災而懼。憂勞四方。所以拯救飢民者。可謂至矣。兩浙淮南蒙賜度牒六百道。而杭揚二州。各得百道。

使民鼓舞歌詠聖澤。曾未數日。而淮西提刑申戶部。本路常平斛㪷足用。不須上件度牒。兩浙轉運提刑各申本路。今年豐熟。別無流民。是致戶部申都省。却乞拘收度牒錢斛。以備別時支用。都省更不奏稟聖旨。便行下本路提刑司。依戶部所申施行。臣勘會自來聖恩以災傷特賜錢物賑濟。即無似此中變。却自都省行下追收體例。深駭物聽。淮浙兩路。去歲災傷之苦。行路備知。便使今年秋穀大稔。猶恐未補瘡痍。而況春夏之交。稻秧未了。未委逐路提轉。如何見得今年秋熟。便申豐稔。顯是小臣無意卹民。專務獻諂。而戶部都省繆聞其言。即時施行。追寢二聖已行之澤。百姓聞之。皆謂朝廷不惜飢民。而惜此數百紙度牒。中路翻悔為惠不終。臣忝備禁從受恩至深。不忍小臣惑誤執政。屯膏反汗。虧污聖恩。惜毫毛之費。致丘山之損。是以冒昧獻言。伏望聖慈察臣孤忠。留中省覽。更不降出。只作聖意訪聞。

或飭執政。令逐路指揮。更不得拘收。一依前降聖旨。蓋用賑濟。所貴艱食之民。始終被惠。亦免二聖已行恩命反覆退收。失信天下。臣不勝區區懇禱錄奏聞。

七年二月。軾爲龍圖閣學士知揚州。又奏曰。臣已具積欠六事。及舊所論四事上奏。臣聞之孟子曰。以不忍人之心。行不忍人之政。若陛下初無此心。則臣亦何敢必望此政。屢言而屢不聽。亦可以止矣。然臣猶孜孜强聒不已者。蓋由陛下實有此心。而爲臣子所格沮也。竊觀即位之始。發政施仁。天下傒然。望太平於朞月。今者八年。而民益貧。此何道也。願陛下深思其故。若非積欠所壓。自古至今。豈有行仁政八年而不蘇者哉。臣前所論四事。不爲不切。而經百餘日。尚不施行。臣既論奏不已。執政乃始奏云初不見臣此疏。遂奉聖旨令臣別錄聞奏。意謂此奏朝上而夕行。今又二年於此矣。以此知積欠之事。

大臣未欲施行也。若非陛下留意痛與指揮。只作常程文字降出。仍却作執事進呈。依例送戶部看詳。則萬無施行之理。臣人微言輕。不足計較。所惜陛下赤子。日困日急。無復生理也。臣又竊料大臣必云。今者西邊用兵。急於財利。未可行此。臣謂積欠之在戶部者。其數不貲。實似可惜。若實計州縣催到數目。經涉歲月。積欠之在戶部者。纍毫何足以助經費之萬一。臣願聖主特出英斷。早賜施行。臣訪聞浙西飢疫大作。蘇湖秀三州人死過半。雖積水稍退。露出泥田。然皆無土可作田塍。有田無人。有人無糧。有糧無種。有種無牛。殍死之餘。人如鬼臘。臣竊慮此三州之民。朝廷加意存養。仍須官吏得人。十年之後。庶可完復。書曰。制治于未亂。保邦于未危。浙西災患。若於一二年前。上下齊心。同力極濟。其勞費決不至如今之甚也。臣知杭州日。預先奏乞下發運司多糴米斛以備。不住拯濟飢民。聖明垂念。支賜度牒錢百萬收糴。而發運使王覿以稱米貴不糴。是年米雖稍貴。而比之次年春夏。猶爲甚賤。縱使貴糴。尚勝於無。而覿執所見。終不肯收糴類糴。是致次年拯濟失備。上下共知。而不詰問。小人淺見。只爲朝廷惜錢。不爲君父惜民。類皆如此。淮南東西諸郡。累歲災傷。近者十年。遠者十五六年矣。今來夏田一熟。民於百死之中。微有生意。而監司爭言催欠。使民反思凶年。愁嗟之氣。必復致水旱。欲望聖慈救之於可救之前。莫待如浙西救之於不可救之後也。臣敢昧死請內降手詔云。訪聞淮浙積欠最多。累歲災傷。流殍相屬。今來淮南始獲一麥。浙西未保豐凶。應淮南東西浙西諸般欠負。不問新舊。有舊官本。並特與權住催理一年。使久困之民。稍知一飽之樂。仍更別賜指揮。行下臣所言六事四事。令諸路安撫鈐轄司推類講求。與天下疲民一洗瘡痏。則猶可望太平於數年之後也。臣伏覩詔書以五月十

六日冊立皇后。本枝百世。天下大慶。孟子有言。詩曰。古公亶父來朝走馬。率西水滸。至于岐下。爰及姜女。聿來胥宇。當是時也。內無怨女。外無曠夫。此周之所以王也。今陛下膺此大慶。獨不念積欠之民。流離道路。室家不保。鬻田賣子。以償官者乎。若覩發德音。力行此事。所全活者。不知幾千萬人。天鑒不遠。必爲子孫無疆之福。臣不勝拳拳孤忠昧死一言。

元祐五年。文彥博上奏曰。臣於四月二十九日至西京。見本京進奏官申狀錄報皇帝太皇太后詔書。以愆時災旱。宿麥幾盡。秋稼未立。上軫聖念。引咎歸己。特減常膳。有以見聖心焦勞。得堯湯罪己應天之義。然臣向在都下。每見西來使命。詢其雨澤。猶稱稍次。多云近已得雨。苗稼滋茂。臣既出京到洛。見緣洛民田宿麥秋稼。悉如聖詔所及。深慮向去小民艱食。即聚爲寇盜。伏望嚴敕監司。覺察守令。勸恤

民隱，勿致煩擾。及督責巡檢、縣尉、弭除盜賊，務令境內清肅，人人安居。救荒之政，各在致心。諸事預防，庶無後患。

殿中侍御史工官均乞復義倉疏曰：臣聞賊盜之多，常起於凶歲。凶歲不足，常生於無備。備災卹患，常平義倉之設，最為良法。熙寧十年，始講隋唐之舊典，興義倉，令人戶於正稅斛斗一石別納五升，準備災傷賑濟，不得移用，法頗周密。蓋所斂至少，所聚至多。蓄之郡縣，而散之於民。斂之少，則民易以輸；聚之多，則上足以施予。蓄之郡縣，則凶歲有備；散之於民，則人情無怨。此隋文皇、唐太宗嘗行於治平之世，已試之効也。元豐八年，有指揮諸路義倉一切罷廢，議者至今惜之。若以為擾民，則所出纔二十分之一；若患它用，則當時已有著令。又況水旱不常，饑饉間有。發倉廩則每患不足，行勸誘則不免強取。與其施之於倉卒，不若備之無事。今乎糶之法，既而修復，唯義倉之制，尚未興舉。臣以為義倉貯積在近民處，則飢歲賑濟，無道路奔馳之勞費，而人受實惠。隋開皇中，就社置倉，蓋以此也。臣欲乞興復義倉之法，令於村鎮有巡檢廨舍處建立倉廩，以便斂散。其餘例令有司，更加修整，以備飢歲，誠非小補。

哲宗時，戶部侍郎蘇轍因旱乞許羣臣面對言事劄子曰：臣伏見二年以來，民氣未和，天意未順，災沴荐至，非水即旱。淮南饑饉，人至相食；河北流移，道路不絕；京東困弊，盜賊羣起。二聖遇災憂懼，傾發倉廩以救其乏絕，獨此三路所散已僅三百萬斛矣。與時賑恤，未見此比。然而民力已困，國用已竭，而旱勢未止，夏麥失望，秋稼未立，數月之後，公私無繼，羣盜蜂起，勢有必至。臣未知朝廷何以待此。臣竊見太皇太后陛下清身奉法，與物無私；皇帝陛下恭默靖慎，動由禮義。皇天后土，照知此心，而和氣不應，深所未喻。陛下嘗究其說否？臣聞天氣下降，地氣上騰，陰陽和暢，雨澤乃至。君廣聽以納下，臣盡言以奉上，上下交泰，元氣乃和。今二聖居帷箔之中，所與朝夕謀議者，上止執政大臣，下止諫官御史，不過數十人而已。其餘侍從近臣，雖六官之長，皆不得進見，而況其遠者乎？臣以謂羣臣識慮淺淺，不周其心好惡之異，故須兼聽廣覽，然後能盡物情而得事實。今陛下聽既不廣，則所行之事不得不偏。聽狹事偏，則陰陽亢隔，和氣不効，必然之理也。臣觀祖宗故事，百官有司皆得以職事進對，從容訪問，以盡其情。今二聖臨御四方，履人主之位，而謙恭退託，疏遠羣臣，不行人主之事，遂使百官不敢以職事求見。臣謂宜因此時，明降詔書，許百官面奏公事，上以盡羣情之異同，下以聞人才之賢否。人心不蔽，天道必從，則久旱之災，庶幾可息。臣叉蒙國厚恩，伏聞詔書引咎自責，避正殿，損膳，分命臣僚並走羣望，私心慨惜，不敢遑寧，輒推天意人事影響之應，庶幾有補萬一。惟陛下恕其愚僭，略賜采擇。

右司諫王覿奏乞稍貴京師常平倉米疏曰：臣伏見在京諸倉糶常平米每斗六十客至六十五文者，有以見朝廷不惜虧損官本，而惟以利民為務也。然臣竊慮賤糶如此，於小民足為一時之利，於國計乃非長久之策。何以言之？夫京師者，衆大之居也，生齒之繁，何可勝計。民所食者，常糶之外，則皆商賈所運自外而至也。今官糶甚賤，非所以致商賈也。彼商賈所販，雖新米，其價乃與陳米相視而低昂者也。京師之民舊多食麥，而今多食米，以米賤故也。使旁郡之米麥入京師者浸少，豈長久之策哉？常平米固有限，不常糶也。雖有時而不糶，商賈亦必以為疑而不肯多致，恐一旦常平害之也。夫物價不獨甚貴之為害，而甚賤之亦所以為害。故所謂常平者，不欲其甚貴甚賤而已。今賤常平之米，為小民一時之利，以疑商賈，使民間無高廉陳粟。以為長久之備。孰為得計哉。臣愚以謂不若稍貴常平之米。使無定價。著以為令。而示信於商賈也。假如著令曰。京師常平米一千。其價以百錢為定。毋輒增損。糴者若干斗以下勿拒也。行之既久。商賈信之。則稔歲必厚畜以待價。使旁郡之米麥入於京師者浸多。而京師可實也。

貼黃。京師米價稍貴。則不惟可以致四方之米麥。又可使京師諸軍所請月糧不出於京城。并畿甸諸軍所請月粮。不出於畿甸。而入於京師也。自去歲京東淮南不稔。小商爭糴軍糧。順流而下。以邀厚利。豈所以實京師哉。夫賤糴有限之米。而外拒商賈。內虛京師矣。一旦罷糴。則米必踊貴。而益為小民之害。其故何也。商賈失利。而民間無積粟也。故去冬已嘗罷糴。而價遂騰踊。朝廷不得已。乃復糴米。是其驗也。豈有京師生齒之繁如此。而必待賤糴官米以為常。而後可以致其足。則為術亦疎矣。故臣以謂不若稍貴常平之米。使無甚貴甚賤之弊。乃京師長久之利也。

貼黃。勸農莫如貴粟。今雖未能貴天下之粟。而京師賤糴何可常也。臣竊聞京師軍儲僅支三年。不可謂有蓄積矣。不幸有數千里之水旱。三二年之災傷。而上供不繼。何以為謀。方且賤糴常平凶歲之備。以虛京師。非計也。京師自去歲以來。民不覺饑饉。惟近日河北流民入唐鄧者。路由京師。已於城門賑濟矣。今糴常平米者。即非饑饉之民也。

顗又上疏曰。臣伏聞河北水災。郡縣民多失業。今用義倉及常平斛斗賑濟。深恐數少。難以遍及闕食人戶。竊知措置糴便司甚有積粟。見已差官變轉。乞於上件斛斗內先將陳次堪充喫用斛斗廣行賑濟。其賑濟事。仍乞旨揮提舉司糴便官與轉運提刑司同共管勾。所貴郡移斛斗之類遞相照應易為辦集。頗聞甚有河防城壁合行修築。若差急夫稍多。即雖非水災人戶。亦須用斃。臣欲乞朝廷安撫司相度。如內有可以召募水災人戶工役之處。即亦將上件措置糴便司斛斗優與糧食。召募應役。其器用等依條官給。庶不至多差急夫。仍令水災之民得食其力。伏望聖慈詳酌特賜指揮施行。

顗又奏為河北流民乞指揮賑濟疏曰。臣近見道路頗有流民。每令人問。嘗皆是河北百姓。從京西逐熟。亦有乞丐於路者。今春耕是時。而民之轉徙者不得耕種。則秋成無望。況新陳不接之際。灾傷之民。尤宜存恤。臣欲乞朝廷指揮下京城門抄劄流民。如委是人數稍多。即乞差官就城門量給口食。并指揮河北監司多方賑濟。及借與種糧。免令更有流移。致河北人戶減耗。

貼黃。流民不自京城中過者。亦必不少。緣河北百姓既頻經水災。又每年夫役重大。故歲稍不稔。則輕去田閒。無安土樂業之意。以此若遇災傷。尤宜厚加賑恤。去歲朝廷雖累有指揮賑濟。臣竊慮郡縣官吏或未能推廣聖恩。致流轉者不止。伏望聖慈申飭本路監司督察郡縣存恤災傷之民。無令失所。

曾鞏上救災議曰。臣聞河北地震水災。隳城郭。壞廬舍。百姓暴露乏食。主上憂憫。下緩刑之令。遣持循之使。恩甚厚也。然百姓患於暴露。非錢不可以立屋廬。患於乏食。非粟不可以飽。二者不易之理也。非得此二者。雖主上憂勞於上。使者旁午於下。無以救其患。塞其求也。有司建言。請發倉廩與之粟。壯者人日二升。幼者人日一升。主上不旋日而許之。賜之可謂大矣。然有司之言。特常行之法。非審計終始見於眾人之所未見也。今河北地震水災。所毀敗者甚衆。可謂非常之變也。遭非常之變者。亦必有非常之恩。然後可以振之。今百姓暴露之食。已廢其業矣。使之栖寓日待二升之廩於上。則其勢必不暇乎它為。是農不復得修其畎畝。商不復得治其貨賄。工不復得利其器用。閒民不復得轉移執事。一切棄百事而專意於待升合之食以偷為性命之計。是直以餓殍之養養之而已。非深思遠慮為百姓長計也。以中戶計之。戶為十人。壯者六人。月當受粟三石六斗。幼者四人。月當受粟一石二斗。率一戶月當受粟五石。難可以久行也。則百姓何以贍其後。久行之。則被水之地既無秋成之望。非至來歲麥熟。賑之。未可以罷。自今至於來歲麥熟凡十月。一戶當受粟五十石。今被災者十餘州。州以二萬戶計之。中戶以上及非災害所被不仰食縣官者去其半。則仰食縣官者為十萬戶。食之不遍。則為施不均。而民猶有無告者也。食之徧。則當用粟五百萬石而後可以辦。此又非深思遠慮為公家長計也。至於給授之際。有淹速有均否有真偽有會

集之擾。有辨察之煩。措置一差。皆足致弊。又羣而處之。氣久蒸薄。必生疾癘。此皆必至之害也。且此不過能使之得旦暮之食耳。其餘屋廬構築之費。將安取哉。屋廬構築之費既無所取。而就食於州縣。必相率而去其故居。雖有頹牆壞屋之尚可完者。故材舊瓦之尚可因者。什器衆物之尚可賴者。必棄之而不暇顧。甚則殺牛馬而去者有之。伐桑棗而去者有之。其害又可謂甚也。今秋氣已半。霜露方始。而民露處。不知所蔽蓋。流亡之勢已衆矣。如不可止。則將空近塞之地。空近塞之地。失戰鬬之民。此衆士大夫之所慮而不可謂無患者也。空近塞之地。失耕桑之民。此衆士大夫所未慮而患之尤甚者也。何則。失戰鬬之民。異時有警。邊戍不可以不增爾。失耕桑之民。異時無事。邊糴不可以不貴矣。二者皆可不深念歟。萬一或出於無俚之計。有窺倉庫盜一囊之粟一束之帛者。彼知已負有司之禁。則必鳥駭鼠

竄。竊弄鉏梃於草茅之中。以扞游徼之吏。強者既囂而動。則弱者必隨而聚矣。不幸或連一二城之地。有枹鼓之警。國家胡能晏然而已乎。況夫外有夷狄之可慮。內有郊祀之將行。安得不防之於未然。銷之於未萌也。然則為今之策。下方紙之詔。賜之以錢五十萬貫。貸之以粟一百萬石。而事足矣。何則。今被災之州為十萬戶。如一戶得粟十石。得錢五千。下戶常產之貲。平日未有及此者也。彼得錢以完其居。得粟以給其食。則農得修其畎畝。商得治其貨賄。工得利其器用。閒民得轉移執事。一切得復其業。而不失其常生之計。與專意以待二升之廩於上。而勢不暇乎它為。豈不遠哉。此可謂深思遠慮為百姓長計者也。由有司之說。則用十月之費。為粟五百萬石。由今之說。則用兩月之費。為粟一百萬石。況貸之於今而收之於後。足以振其艱乏。而終無損於儲偫之實。所實費者。錢五鉅萬貫而已。此可謂深

思遠慮為公家長計者也。又無給授之弊。疾癘之憂。民不必去其故居。苟有頹牆壞屋之尚可完者。故材舊瓦之尚可因者。什器衆物之尚可賴者。皆得而不失。況於全牛馬。保桑棗。其利又可謂甚也。雖寒氣方始。而無暴露之患。民安居足食。則有樂生自重之心。各復其業。則勢不暇乎它為。雖驅之不去。誘之不為盜矣。夫饑歲聚餓殍之民而與之升合之食。無益於救災補敝之數。此常行之弊法也。今破去常行之弊法。以錢與粟一舉而賑之。足以救其患。復其業。河北之民。聞詔令之出。必皆喜上之足賴。而自安於畎畝之中。負錢與粟而歸。與其父母妻子脫於流轉死亡之禍。則戴上之施。而懷欲報之心。豈有已哉。天下之民。聞國家措置如此恩澤之厚。其孰不震動感激。悅主上之義於無窮乎。如是而人和不可致。天意不可悅者。未之有也。人和洽於下。天意悅於上。然後玉路徐動。就陽而郊。荒夷殊陬。奉幣

來享。疆內安輯。里無囂聲。豈不適變於可為之時。消患於無形之內乎。此所謂審計終始。見於衆人之所未見也。不早出此。或至於一有枹鼓之警。則雖欲為之。將不及矣。或謂方今錢粟。恐不足以辦此。夫王者之富。藏之於民。有餘則取。不足則與。此理之不易者也。故曰百姓足。君孰與不足。百姓不足。君孰與足。蓋百姓富實而國獨貧。與百姓饑殍而上獨能保其富者。自古及今。未之有也。故又曰。不患貧而患不安。此古今之至戒也。是故。古者二十七年耕。有九年之畜。足以備水旱之災。然後謂之王政之成。唐水湯旱。而民無捐瘠者。以是故也。今國家倉庫之積。固不獨為公家之費而已。凡以為民也。雖倉無餘粟。庫無餘財。至於救災補敗。尚不可以已。況今倉庫之積。尚可以用。獨安可以過憂將來之不足。而立視天民之死乎。古人有言曰。剪爪宜及膚。割髮宜及體。先王之於救災。髮膚尚無足愛。況外物乎。且

今河北州軍。凡三十七。災害所被。十餘州軍而已。它州之田。秋稼足望。今有司於糴粟常價。斗增一二十錢。非獨足以利農。其於增糴一百萬石易矣。斗增一二十錢。吾權一時之事。有以為之耳。以實錢給其常價。以茶荈香藥之類佐其虛估。不過捐茶荈香藥之類為錢數鉅萬貫。而其費已足。茶荈香藥之類。與百姓之命。孰為可惜。不待議而可知者也。然費錢不能鉅萬貫。又捐茶荈香藥之類為錢數鉅萬貫。而足以救一時之患。為天下之計。利害輕重。又非難明者也。顧吾之有司。越拘攣之見。破常行之法與否而已。此時事之急也。

侍御史陳次升奏陝西旱乞行賑濟疏曰。臣竊聞陝西路今夏亢旱秋收最薄。物價騰踴。民食頗闕。緣本路州軍并監司先以秋間雨澤得時。遂奏年稔。今日人戶闕食。不敢以聞。誠為未便。且國以民為本。民以食為天。陝右之民。今既闕食。豈能安土。弱者必散而之它路。強者必嘯聚而為盜。矧今邊庭未寧。屯兵在境。沿邊人民。若有流亡。外寇之敵。實深可憂。臣欲乞睿旨下本路。勘會如人戶委是闕食。即行賑濟安存。無令流移。若本路斛㪷不足。即多方擘畫。轉移它路物斛應副支用。不勝幸甚。

時關中大饑。方議振恤。以民冒欺誕。敕本部料檢家至戶到。左諫議大夫鄭雍言。此令一布。吏專料民。而不救災。民皆死於飢。今富有四海。奈何謹圭撮之濫。而輕比屋之死乎。哲宗悟。追止之。

時大旱。著作佐郎司馬康上疏言。比年以來旱暵為虐。民多艱食。若復一不稔。則公私困竭。盜賊可虞。自古聖賢之君。非無水旱。惟有以待之。則不為至害。願及今秋熟。令州縣廣糴民食。所餘悉歸於官。今冬來春。令流民就食。候鄉里豐稔。乃還本土。凡為國者。一絲一毫皆當愛惜。惟於濟民。則不宜吝。誠能捐數十萬金帛以為天下大本。則天下幸甚。詔從之。

歷代名臣奏議卷之二百四十五

歷代名臣奏議卷之二百四十六

荒政

宋徽宗宣和中監察御史許景衡論賑濟差官疏曰臣伏覩常平令諸災傷緣賑濟事應差官而州縣闕者聽監司於隣近選差不足則選轄下得替待闕官遂州不得過兩員竊聞淮南東路去歲災傷應賑濟處其常平司不問州縣官闕與不闕亦不次第選於隣近而槩差得替待闕官逐州兩員夫子惠困窮在有司至誠惻怛為陛下施實德于民今於賑濟萬分未有一而差官先已徇私失陛下良法本旨矣其所差人自謂監司屬官端坐而役州縣無事而費廩祿增置吏卒擾擾行市災傷之餘尤不堪也臣愚欲望特降睿旨其淮南東路賑濟所差官並行罷遣如賑濟未畢尚合差官一遵故令施行然臣所聞者淮東一路爾竊恐他路亦然伏望聖慈特賜戒勑其已差官不應法者亦乞並罷

高宗建炎中尚書右丞許景衡乞和糴米劄子曰臣竊見今秋大稔所在米粒狼戾糴價廉平茲實天相陛下再造區夏以安下民以成中興之業獨未聞朝廷措置廣糴以應天意此有司之過也夫豐歲不可為常幸而一遇而不知實君廩以為凶荒之備亦可謂失計矣況今夷狄不庭盜賊紛作軍興所須尤以糧餉為急欲望聖慈特降指揮所在速行措置和糴使有儲蓄則不難於戰守也

紹興七年試中書舍人李彌遜乞寬恤劄子曰臣照對紹興五年七月指揮因江西運判逢汝霖等申請昨因金人殘破群盜燒劫歸業人戶已經放免稅賦及五年十料之外並令輸納全稅契勘除歸業已經開墾人戶自合輸納外其間有累經殘破被害至重未曾開墾去處委是難以出備官吏百姓上下重困人情不安伏覩近降指揮已將夏稅合納紬絹今年且依舊數送納自來年令提刑司覈實已未開墾數催理切慮秋稅合納全稅指揮亦合依此改正施行庶使四方之民霑被實惠

高宗時翰林學士葉夢得奏乞復置常平使者播告中外劄子曰契勘常平之法起自西漢本以惠民祖宗行之已久熙寧初緣例推廣附以青苗免役市易抵當坊場河渡農田水利等事其意亦在寬恤民力只緣創法之始急於功利委任非人覬望措克遂致議論不一紹聖初再行修定已稍增損但拘守紹述之說必於盡行故如青苗歛散追呼擾擾市易物貨苛細爭奪農田水利之官誕謾欺罔之類明知其弊不能革去所以民至于今以為病其後應奉花石取以資不急之用遂失創法本意僅有存者又緣軍興調發諸司或許借貸於是移易侵漁掃地殆盡建炎霈恩首罷青苗法蓋得之矣然未幾

併罷常平使者以他司兼領吏無專責浸無統紀舊法雖存不能修舉臣實惜之今朝廷復置常平使者命官討論竊詳聖意非是再欲盡行熙寧本法及別有創立正為法本惠民於此艱難民力困弊之後務欲寬紓役省科歛通有無濟乏絕使得博採群議與時變通擺去拘礙之議慮于害民之事盡行刪除存其經久利便者使有司專一持守以遺將來實為美意尚慮中外不能究知妄有測度或謂欲根刷已放債欠或謂欲營求非理羨餘為是國之計動搖民聽不無疑礙欲乞明降詔旨先次播告使上下通知然後於實歷州縣人內慎選通曉世務習知民事篤厚忠信之人以充使者使之奉行官修政舉則上可以廣惠民之實下可以明革弊之意

夢得為兩浙西路安撫使奏乞免嚴州遂安等三縣二稅和買狀曰臣契勘本路見討嚴州兇賊倪從慶賊發係在遂安縣與淳安縣相

去不遠。其次壽昌縣昨自去年十二月內賊初發。本路乃兵兩經起發勤王之後。所在揀殘人數。多不堪用。偶臣自到任。即行下所部州縣應係內外居民。並團結為伍。專一幾察捍禦盜賊。倉猝之際。遂盡起三縣與賊鄰近地分團結之人。分布要害出入之路。招募土豪部領晝夜守把。遠近相援。內外限絕。因此適伏巢穴。不敢衝突州縣。在外四傍姦民。亦不敢趨附。獲免猖獗。防托至今。皆三縣保甲之力。自去年冬末。至今年春初。屢經大雪。甚於常年。正月半後。即陰雨連併。兩月之間。晴霽不過數日。人衆暴露。晝夜不得休息。備見勤苦。今來緣為陰雨未晴。進兵猶緩。已係耕田養蠶之時。兼嚴州產茶。浩大居民例以採摘為衣食。今亦是時。皆失常業。雖旦夕賊滅。養蠶採茶二事已不能及。耕種下秧亦不無妨廢。況此兩月餘。日守禦之勤。臣愚竊謂陛下涵養生民。天覆地載。不欲一物失所。今必不忍以此小醜。

重勞良民。反使終歲衣食所仰。過時失業。無所優恤。欲望聖慈特降睿旨。下本路轉運司取會三縣與賊鄰近地分把隘保甲人戶。賊平之後。並令特與蠲免今年夏秋二稅及和買紬絹。深山窮谷之間。無知細民。皆識陛下勤恤其隱。不忘幽遠之意。異時或有嘯聚竊發。無不竭力自奮。可以暗消姦萌。懷保善良。干冒宸嚴。臣無任惶懼激切屏營之至。已於二月十六日具錄奏聞去訖。竊慮道路艱阻。或有遺墜。

葉夢得為江南東路安撫大使奏乞江北無遏糴劄子曰。臣竊見近因人言東州艱食。二浙商賈轉販入京東諸州。收息數倍。又京東桑柘不熟。收縑者多皆欲往。乞行禁止。奉聖旨依奏。告捕獲人支賞錢三千貫。白身與補承信郎。有官人取旨推恩。犯人並依軍法。如巡捕官失覺察。令帥臣監司覺察施行。契勘京東州軍雖見屬偽境。然本吾民也。朝廷方議收復。必將與天下為一家。不可自為爾疆彼界。及回其艱食與桑柘不熟。遂欲從而困之。坐視其飢寒而不救。是棄之矣。令從偽之人。日夜不忘本朝來歸者相繼。而我反棄之。無乃重失其心乎。昔魯飢。臧孫辰告糴于齊。宋饑。諸侯歸宋粟。春秋皆以為美。而濟小白葵丘之會。猶曰無遏糴。若秦飢而晉閉之糴。則君子以為罪矣。又況京東聞去歲種麥自廣。未必皆艱食。而二浙蠶絹不多。縱令興販。亦復幾何。未必真能困彼。而我亦未見其利。徒示不廣於四方。非特有傷王政大體。恐敵人或得為辭以激怒吾民。則所言為不細矣。其餘官吏乘間捕捉。阻絕商旅。擾擾姦弊。利之所在。人難遽止。重以軍法。刑辟滋多。此等猶不暇論。伏望聖慈更賜詳酌施行。

葉夢得又奏乞措置江浙夏旱狀曰。臣伏聞江浙夏旱。陛下勤恤民隱。憂形于色。禱祈百神。精意備盡。至於釋囚禁。罷工役。廣賑糶。止屠宰。

苟可以得雨者無不至。近者臨安雖應而州郡未霑足處尚多。大軍之後。必有凶年。此物理之常。惟人事應之者當。則飢殍之困。流亡之患。盜賊之變。三者可以預消。周官荒政十有二。先王成訓具在。臣忝帥一道。本路饒信等州皆是闕雨地分。將來不免須有災傷。於法本司合行體量被災輕重措置。關監司施行。竊考自古救災之術無他。惟察之於早。行之以實。二言而已。祖宗設法累世講明。纖悉皆具。雖欲別為措置。豈能更加毫末。若官吏深憫民病。通曉法意。先事預備。緩急各當其節。上下協心。不為文具。則匹夫匹婦孰有不被其澤。今八月將終。披訴限滿。九月初即當檢放。若待諸州申到分數。察見輕重。然後為之處畫。則已晚矣。謹參照前後條令所當申嚴與自來州縣沿習舊弊所宜約束者。敢昧死條上十事。

其一曰。檢放以實。無使抑塞。契勘民戶披訴災傷。陸田以七月終水田以八月終。自來多是州郡滅裂。不預先採訪。得不知首尾。受許之後。不即差官。或不親至地頭。容受弊倖。虛實相蒙。或不敢放過分數。抑令改易。先許謂之伏熟。力農之家。先已被困。則賑濟百色。何由舉行。欲乞應災傷路分。並委漕臣。分行所部。覈實覆視。其放過分數。係明聞奏。其應合施行事件。即日一併盡行檢舉。無令州縣次第申請。往來待報。有失行後時之弊。

其二曰。預計蓄積。使先備契勘。賑濟皆用常平及義倉米。自來州縣多不預計。而色實有數目。量度災傷輕重。戶口多寡。日月遠近。以爲之措畫。災重穀少處。往往糶給已盡。拱手坐視。不敢申陳。欲乞下經制常平官。候放稅分數已定。即行審度某州有米若干。約度可以出糶若干。俵散飢貧及闕食戶若干。不足而合那移他州若干若干。又不足。而合充糴封樁上供者若干。均撥直至來年當止月分。如均撥不及。或給官告度牒。募民收糴兼用。無使隱而不言。中輒止絕。或臨時申請。惠不及民。

其三曰。審度給貸。依七分法。契勘一縣放稅不及七分。或失於披訴者。第四等以下闕食戶。法當依七分法。其放稅七分以上者。賑給通第三等。自來放稅。皆是以槩縣分數比折通計。雖有上條。多不施用。今以一縣論之。地勢未有高下一等。大水非例及高鄉。大旱非例及低鄉。放稅不能均一。只如今年歲旱。甲鄉高而十分旱。乙鄉低而僅及一二分。若將通計比折。方及五六分。不合賑濟。則是甲鄉災重。乃因乙鄉災輕而不蒙惠。豈法意哉。欲乞下經制常平官。應放稅下及七分。而逐鄉逐戶有及七分闕食者。並依法與賑濟。其不及七分或七分以上。亦合以上條行之。

其四曰。那容義倉。許暫通用。契勘諸稱賑濟者。謂減價出糶。借貸種糧。勸誘人戶糶米之類。出於常平而濟其不足也。稱賑給者。謂闕食貧乏不能自存。出於義倉而捐以與之也。賑濟用常平等米。許那移則有法矣。而義倉本非朝廷之物。止用賑給。蓋以豐年民食有餘。恐其輕費。官爲斂藏。待其不足。還以給之。所以甲縣之米。不通於乙縣。然而水旱代有。若大旱之歲。高鄉皆被災。災用已竭。而低鄉無災。積藏尚多。豈可坐視高鄉飢死而不救乎。欲乞通一路皆許權宜兌借支用。或更實剩。而常平米賑濟闕。亦許通用。候豐年皆使依數償之。

其五曰。存恤民戶。無使流移。契勘兵火之餘。所存殺戮逃避。十室九空。日近方稍復業。識認舊產。墾闢荒廢。未及成家。若復以闕食轉徙。何緣更得生齒繁息。若或聚爲盜賊。則爲患又不止此。欲望嚴戒州縣。應災傷地分鄉村闕食戶。盡行抄劄。無致遺漏。多方措置。但使蠲放以實。無輸納之苦。展閣以法。無催科之擾。給貸以時。無乏絕之患。役使以理。無勞困之懼。人之常情。孰不重遷。既有生路。自然眷戀鄉土。

其六曰。收轄流亡。無使遺逐。契勘饑民不能保其不盡遷徙。州郡憚於接濟。多從地分遣逐。至失塗殍死。欲乞預戒州縣。應他州流移人戶到來者。皆即納之。各令散處。無使聚而爲一。多設官吏。使分任其事。如或不足。不得已。權許舉之寄居待闕官。始爲之廩粥。終給之見糧。柴薪不足。則或爲之官給。室廬不備。則或借之寺觀。疾病則爲之醫藥。死喪則爲之埋殯。遺棄小兒。則給以公據。使得收養。稍能自存。則給之券文。使各返其鄉里。繫官山林川澤之利。權許樵採漁捕。自營其生。有人承佃者蠲其租。

仍委長吏躬親施行。監司以時檢察。

其七曰。出糶賑給。無容姦弊。契勘出糶常平米本減價以平糴。州縣多是觀望。常平司不肯以時登降。或不敢過數。雖就開場。但應故事。或長吏不自省察。估價雖比市色稍減。多為公吏有力之家詭名冐糴。又因循請託。假之曆頭。以為私惠。實及闕食户無幾。欲乞下經制常平官估價隨時依市色高下量減。常切覺察偽冐。重立賞典。如有違犯。皆計以贓。其賑給饑民。仍使量人數多寡。廣為場分。無使爭奪踐踏至死。俵散以時。無使早晚無節。坐以待斃。

其八曰。勸誘出糶。尋以鄉村契勘有米多是力農之家。闕食多是游手之人。承平之時。物價均一。忽遇荒歉。所米獨貴。受害者衆。農夫乘此邀索厚利。不得不使之有餘補不足。自軍興以來。百

貨皆增。不獨米一色。游手之人雖無所仰食。然隨其所業。自取倍價。雖食貴米。未有甚害。其當廣糴者惟第三等以下鄉村有田無收闕食者而已。自來州縣。多是不曉法意。凡有勸誘。先散遣官吏鄉村抄劄。搜檢告訐。或受求囑。取與不均。仍使般輦入州郭出糶。反困農民販糶。以食游手。近者販貴米斛。已許蠲免力勝。商賈通行。城郭不患無食。其勸誘出糶。欲乞止令於鄉村散出文榜。召其情願。無藉其所有無限以定數。無抑以低價。城郭有米之家。准此。人知乘時得利。自不肯徒為藏閉。糴者既廣。穀價亦不約自平矣。

其九曰。蠲展欠負。隨宜受納。契勘放稅七分以上。已應所催科。自有展閣條令。被盜還移復業之人。其合起催苗稅等。亦有前後指揮及赦文。而州縣多不切奉行。依舊舉催。或未應出賦稅而抑使出賦稅。或逃移當除豁而不與除豁。其餘更有兵火以來。別色窠名根刷在官舉催不一。只如本路建康府。則有追理户部回易四庫經紀幹運人欠負二十餘萬貫。廣德軍則有户部𠞊刷誤用朝旨除豁積年上供紬絹綿幷錢三十萬貫匹之類。若不令特蠲暫展。安能常賦之外。更可出辦。應受納秋苗監專苟延後患。例失太詳。篩颺揀擇。無所不至。仍更多搭耗剩。横輸糜費。今秋賦所納。不過為官吏廩禄與軍儲而已。古者凶年。雖天子猶減膳不舉。大夫不食粱。豈可下此而反求精。欲乞申嚴應合展閣及催科等事。盡令舉行。或申明。仍戒苗米但非濕惡偽濫。皆令隨宜受納支遣。

其十曰。便宜減降。無淹刑禁。契勘自來災傷放稅之分以上。饑民犯法至死。謂如攘取餅餌之類。或因拒捍傷犯變主。遂為强盜

坐死等。守臣皆得察奏預降指揮。許便宜降等決遣。不下有司。蔵之以時施用。所以原情重惜人命。近歲小郡守臣多不敢擅請。皆俟獄具。都於案後開說所犯地分。放稅分數。雖蒙朝廷原貸。不無淹繫。兼或因之營求生路。因緣鬬毆至死。情有可憫。近降指揮。復須經提刑司詳覆。然後敢奏。亦恐有司觀望。不敢開陳。欲乞應轉運司奏到災傷七分地分。各降便宜。不候申請。朝廷徑以故事察切行下逐州。其他犯有因災歉情理可憫者。權令僉具聞奏。凡此十事。皆祖宗興恤愛民之實意。世保固邦本之具。故民政所隷。監司所主。各不同。惟災傷皆使通管檢放展閣。則責之轉運司。糶給借貸。則責之安撫鈐轄司。然百餘年。聞每災歉。孰不奉行。而惟慶曆中。官衙在鄂州。熙寧中趨於在越州。獨為稱首。全活皆數十萬人。至今天下以為口實。好事者

或取其行者載之為書。以為後法。則能舉其職。不失所委。不可多得。故臣不敢別申管見。區區之愚。惟欲官吏奉承德意。人人盡心。而況兵革始休。瘡痍未瘳。陛下愛育元元之意。如養赤子。豈容輒有怠惰不虔。今來雖已逐項檢舉行下所部。欲望聖慈。少賜省覽。如有可採。伏乞特降詔旨告戒諸司。凡上所陳。各嚴職守。夙夜盡力。御史察其不如令者。候來年事畢。較其勤惰為之賞罰。以示勸沮。臣坐食無補。仰愧廩祿。妄因所職。上瀆天聽。無任惶懼激切屏營之至。

工部尚書廖剛轉對乞禁遏糴奏狀曰。臣聞昔晉饑。使乞糴于秦。秦伯以問諸臣百里奚曰。天災流行。國家代有。救災恤鄰。道也。鄭之子豹在秦者。怨於晉。請伐之。秦伯曰。其君是惡。其民何罪。於是乎輸晉之粟。故後世莫不以秦伯為有德於晉。而以晉之閉糴為負義。夫秦

晉敵國也。猶貴於通有無以拯其民。況謂一化之內。乃欲分彼此耶。昨歲旱傷。所在高田多不收。今舊穀將沒。民且艱食。竊慮州縣官吏。各私其民。胡越相視。而不相恤。則老弱有溝壑之患。而壯者聚為盜賊。在朝夕矣。欲望聖慈。申飭諸路監司。使之檢察所部官吏。毋得遏糴。富民毋得閉廩。須價庶幾通融相賙急。而國無飢民。誠一時之急務也。

剛又乞預備賑濟劄子曰。臣聞。金穰水毀。木饑火旱。此天數也。雖堯湯之世有所不免。先王惟修人事以備天。時是以有荒政存焉。不待事至而後圖也。比日雨澤愆期。聖心焦勞。凡可以格天者無所不致。其至近關輔幸多得雨。旱勢亦不甚廣。秋成固有望矣。然惟事事乃有其備。有備無患。臣謂今當為來歲之備者有二事。早降米價錢於豐熟州軍。及時和糴。禁約所在官吏。不得遏糴。此則賑救之急務也。

若糴本降遲。穀米先為壩家收聚。雖欲增價取之。民間已無米矣。若遏糴無禁。則所在各私其人。楚越相視。而不相救。惟聽其有無相通。自當不至於闕食。不過遠致者價稍高耳。如此則雖有歉歲。而無饑民。是則先王之政也。陛下若不以臣計為迂。欲乞睿旨早賜施行。

劉行簡轉對奏狀曰。臣竊惟義倉之法。論始於隋。增廣於唐。國朝因焉。其意若曰。古者三年耕必有一年之蓄。九年耕必有三年之蓄。國無三年之蓄。則國非其國矣。當其豐登。粒米狼戾。俾輸其餘。以備凶荒。未為過舉。不幸有金穰水毀木饑火旱之變。則用其私蓄。固足以賑之。社倉是也。隋開皇間。長孫平請令諸州百姓勸課同社共立義倉。收穫之日。各出粟麥藏焉。社司執帳檢校多少。歲或不登。則發以賑之。然立法有未備也。至唐正觀間。戴胄請自王公以下爰及衆庶。計所墾田稼穡畝頃。每至秋熟。以理勸課。盡令出粟。各於所在為立

義倉。國朝乾德間。天子哀歲之不登。而倉吏不以時出與民。於是著發粟之制。使不待詔令。其後病吏之煩擾。而民罹轉輸之困。又罷之。至神宗皇帝始復舊制。民到于今賴焉。然而推行之意有未盡合於古者。豈得不論。且所謂義倉者。取粟於民。還以賑之。固不可以不均。今也置倉入粟。止在州郡。歲飢散給。而山澤僻遠之民。往往不霑其利。其力能赴州就食者。蓋亦鮮少。而況所得不足償勞。流離顛沛。有不可勝言者。此豈社倉之本意哉。恭惟陛下。天慈廣覆。一視同仁。凡政事繫赤子之利害者。見於詔令。丁寧熟復。靡有不至。而奉法之吏。因習故常。憚於改為。使上之德澤。未克下究。臣竊惜之。臣愚以謂義倉之粟。當於本縣鄉村多置倉窖。自始入粟。以及散給。悉在其間。大縣七八處。小縣三四處。遠近分布。俾適厥中。若未有倉窖。則寄寺觀或大姓之家。縣令總其凡。以時檢校。遇歉饉。時丞簿尉等分行鄉村。

計口給曆。次第支散句一周之。庶幾僻遠之民均受其賜。不復棄家流轉道路。此利害之較然者也。伏望聖慈下臣議更賜詳酌。儻以為可斷而行之不勝厚幸。

知福州張守乞放兩浙米舡劄子曰。臣伏見本路盜賊兵火之後。福泉漳州興化軍雖不經殘破皆以應副軍期。公私匱乏。復遭今歲亢旱細民艱食。目今正是收成之時。米價宜減。福州在市。每斗已一千省。比之夏秋增及三百。詢之父老舊來所無。緣興化軍而下並來船販不敢過糴。自為一郡之計。竊慮向去春間青黃不接之際。米價必更騰踊。飢民或致流移。又本路常平斛斗不多。賑濟不足。雖有降到廣東米應副賑濟。並未起發到來。臣日夜憂慮。雖已節次從帥司行下建劍汀邵等州軍。令不得閉糴。及約束沿路關津稅務。不得邀阻。終以所產不多少有客販。前來臣体問得福建路山田瘠薄自來全仰兩浙廣東客米接濟食用。雖大豐稔。而兩路客米不至。亦是闕食。臣伏覩八月十一日指揮。因言臣寮上言福建路利害。第三項應本路客販米斛不得收稅事。奉聖旨候二浙收糴足備日。聽候朝廷指揮。臣訪聞兩浙豐稔倍於常年。竊慮收糴至今已見次第。欲望聖慈矜念遠方師旅之後。饑饉困之。早降睿旨。許令客旅通販浙米入福建路。所有米船各於起發州縣出給公憑。經過州縣。並免收稅。庶得接濟艱食之民。仰稱陛下綏惠多方之意。臣不勝大願。

提舉江東路常平茶鹽洪适奏旱災劄子曰。臣仰惟陛下焦勞圖治。勤恤黎元。講求民瘼。不啻飢渴。一聞休戚。即日罷行。患在士大夫畏縮自愛。不肯道其實。故下情鬱而不達。聖澤壅而不流。古之人雖在畎畝而有封章之獻。至或嬰逆鱗而不顧。此風久不聞矣。臣不材無取。嘗玷宰路。非芻蕘庶人之比也。居閑故里。目之所覩。耳之所接。不忍斯民日趨無告。流亡捐瘠。莫之拯救。若私有遐心。茹而不吐。尚竊祠官之祿以自活其妻孥。是曾狗馬之不若也。故不避譏議不憚譴訶。矯首九閽。披寫愚戇。伏望陛下少垂意焉。臣比讀邸報。伏見陛下以江西湖南旱暵。側身禱祈。屏徹葷味。又令帥臣監司汰擇守令。德至渥也。臣謂江東兩郡之旱。亦江西湖南之旱也。陛下必不憂遠而忘近。恤彼而緩此。特未達于天庭爾。及覩七月下旬施行洪潭兩路賑䘏旨揮。猶未及乎江東兩郡。豈有司奏牘或未詳盡。不能感動天聽耶。臣於是不謀於人而謀於心。不慮其身而慮其災。輒敢犯分言之。臣之鄉邦。自去夏五月至于今春。曾無終日好雨。故陂塘所豬之水甚鮮。並水之田。僅能車畎播種。至于高仰之田。種不入土者。四竟之內居三之二。自春接夏。或累日或盈旬。間得小雨。尚或不能破塊。地龜圻。旱稻焦枯。其瀕水低田有歲收千石米者。今有百石之穀。若是者蓋無幾也。通六邑之中。百分不獲一二。自夏接秋。惟六月甲子得數刻之雨。既不濊潤。亦不周徧。節過白露。驕陽轉甚。晚稻又復槁矣。常歲八月。民種蕎麥。可充一兩月糧。異時饑饉得蘿蔔雜菜。如米作糜。亦可度日。皆以久乾土硬而不可種。自此不雨。則來年麰麥特未可望。小民艱食。或有攜妻子赴井同死者。或有聚衆強糴而相殺傷者。或有逢縣尉而持刃拒抗。致憲司傳以為賊而出兵掩捕者。前月提舉官史俣入饒州界。親見流民襁負係道。俣恨無以留之。今去者紛紛。至于卒歲。將十室九空。何以為邦。自來水旱。未嘗早晚絕粒。所闕廩食。不過閒歲數月。饒州去秋已小歉。今年早禾不獲。自季夏而食闕。若秋冬之交。有雨澤。有人力。可以藝麥。逆數或熟。尚有七八月期。士民上戶。鮮有隔年之儲。猶無以自贍其家。故耕夫轉徙。所不遑恤。率是交還牛犁。泣辭而後去。所留牛犢無水可飲。無稈可積。不保其存也田家營穀作種爲且艱難若人牛又闕則向去春耕益爲可慮蓋今歲之旱起于饒州若池之建德東流與饒境相接者亦薄旱饒之德興浮梁安仁數村與徽信相接者則徽有所收江東之旱惟饒與南康兩郡出境則江淛以往亦旱也父老七十歲者云自歷年以來所未嘗見今州縣若不免租則有田者無以輸納若救苗不收則州縣何以給遣竊聞饒州有前年椿留米三萬石已借充官兵月粮所餘止有萬石朝廷捎以與之不過可支一月見在常平義倉二萬餘石併得去年儲粟賑贍尚不能足蓋六邑窮民有藉于官者二十萬戶且約一家三口家得石粟僅能飽其一月之腹爾儻官無餘粟野有餓殍歸之天災無可柰何可也不得已有秩者暫闕奉稍亦可也飢餓之民散而之四方不至聚而掠奪爲盜幸也數千營卒一月無粮其肯俛首餓死乎臣區區過計非私於鄉邦而然也恐它日

重貽旰食之憂故且述凶歉之實以聞不敢妄及憲說伏望聖慈察其心而信其言採其災而弭其患臣不勝戰汗待罪之至

李光進姚崇言按察使故事論䘏民狀曰臣竊謂方今之患莫甚於州縣之吏蓋公廉之士多不見容而贓貪者或得幸免百姓受弊有不可勝言者廟堂之上欲盡擇刺史縣令誠如姚崇之言而遣使按察尚未必能盡稱其職而觀望迎合雷同欺罔者必衆故堂上遠於百里堂下遠於千里門庭遠於萬里蓋言壅隔之補深也慶曆間歲爲旱蝗右司諫范仲淹因間見仁宗曰宮掖半日不食當有病者今數路艱食安可不遣使者勞來安養之於是命仲淹爲江淮體究安撫所至除淫祠賑乏絶民有食烏昧草者擷之以進臣伏聞江西湖南因去秋旱荒民多流亡伏望聖慈哀憫兩路生靈選擇臺諫公忠諒直之臣通民情曉吏治者以安撫爲名舉行近降詔書察郡縣貪苛之吏以賑救之庶幾陛下德意志慮孚于四方而失業之民受其實惠不勝幸甚

孝宗乾道間兵部侍郎胡銓上疏曰臣聞春秋傳曰救災䘏鄰道也行道有福又曰是宜爲君者䘏民之心陛下勤䘏民隱若保赤子近緣江淛水旱詔令爲濟饑而下者十常七八監司郡守爲濟饑而行者踵相躡也比詔州縣修築圩田又遣使覈實誠懼官吏徒爲虛文而實惠不下究陛下䘏民之心可謂至矣盡矣不可以有加矣而臣猶欲極竭芻蕘之慮以爲陛下獻者誠欲效涓埃於崇深可笑不自量也謹案國朝故事濟饑之說有三糴常平米一也截撥本路上供及寬減本路上供斛㪷二也給賜度牒三也元祐五年浙西災傷首正月開倉糶常平米臨安倚郭兩縣日糶千石外七縣大縣日糶百石小縣日糶五十石計日糶五百餘石自二月至六月終民無流殍

此濟饑之一術也是年十一月中首發德音截撥本路上供二十萬石賑濟又於十二月寬減漕司四年上供額斛三分之一爲米五十餘萬斛命下之日所至懽呼此又濟饑之一術也蘇軾知杭州日乞給降度牒二百道召募蘇湖常秀人戶於本州闕米縣分入中斛㪷以優價入中減價出賣又元祐五年賜浙西度牒三百道以助賑濟而一路帖然此又濟饑之一術也是三者皆今日之急務然常平之米已不多而截撥寬減之說恐難奉行惟給降空名度牒惠而不費臣愚欲望聖慈特賜給降付逐路轉運提刑安撫司分擘與災傷州軍仍須參州郡大小戶口衆寡及災傷分數品配合得道數依公分擘庶幾實惠及民老弱轉于溝壑者無不被堯舜之澤矣臣復契勘熙寧中兩浙饑饉是時米㪷二百人死太半父老至今言之酸鼻今來行在米㪷已及數百日長騷騷深可憂慮臣愚妄知之深且久素

賓無補。若不盡言。臣之罪大矣。

銓又上疏曰。臣准御史臺牒。契勘今年十月一日視朝。月分依條轉對。檢准續降指揮。合前一日赴閤門投進文書。臣仰惟聖學高妙。睿智淵微。夐出千古。猶海嶽崇深。而欲以涓埃益之。多見其不知量也。然臣猶諄諄不已者。事陛下首尾九年。竊知陛下海嶽之量。不拒涓埃之微也。是敢極竭芻蕘之慮。仰瀆天聰。惟聖神少加採納。臣聞周易既濟之象曰。君子以思患而豫防之。晁錯亦云。堯湯不免水旱。然民無捐瘠者。備先具也。蓋防患救荒。尤不可不豫備。謹案本朝會要。太宗嘗詔宰臣。國家儲蓄。最是急務。蓋以備凶年。救人命。昨者江南數州職方災旱。朕聞之。急遣使往彼分路賑貸。果聞不至流亡。然則太宗皇帝識得豫備之深意。熙寧間浙西災傷。而沈起張靚不先事奏聞朝廷。是不遵太宗之制也。元祐間浙西災傷。而蘇軾先事奏乞糶買。是能遵太宗之制也。竊原熙寧旱荒之初。縣官立賞開糶。豪戶爭相儲粟。飢民艱食。方議浙西上供米一百二十三萬石。散糶給米。家至戶到。終不能活垂死之民。道殣者至五十餘萬人。此不遵太宗豫備之制。故雖耗費倉廩。而無惠民之實。元祐災傷之初。猶熙寧也。四年之冬。首發詔書撥浙西上供斛斗二十萬石賑濟。又減本路漕計五十餘萬斛。盡用糴本錢買上供銀絹。官既住糴。穀直頓減。遂無一人轉溝壑者。此蓋能遵太宗豫備之制。故雖不耗費倉廩。而惠民之實廣矣。恭惟皇帝陛下。作民父母。愛之如子。知民疾苦。視之如傷。豈惜耗費而不恤民哉。而臣戇愚淺見。惟知民命為重。耗費為輕。正猶豪民殖產。愛惜耕戶。本圖牟利。非曰愛農。然而一有飢荒。必須蠲逋已責。假貸種贍。惟恐耕戶逃亡。所費小而所失大也。今歲諸路或旱或水。方秋成之際。米已翔貴。日甚一日。來春艱食。灼然可知。儻不

先事而圖。則乙酉流離之患。臣恐不免。臣昨在四野。竊聞乙酉之歲。北關門外民戶流移疾疫五萬餘人。以一門外計之。則諸門可見。是時四方客旅斗米博一婦女。半斗易一小兒。左右前後之人。不以實告。致仁聖之澤。不被於死徙之民。非陛下不卹民也。此亦當時謀國者不能先事而圖之過也。伏望聖慈行下諸路帥漕提刑提舉守令及總領司都大發運司疾速相度。準備來年賑濟米斛。以遵太宗豫備之制。以元祐五年為準。不至如熙寧後時之患。則生靈受賜。實惠莫不被堯舜之澤矣。切緣今來已入冬孟。去來年青黃不交之際無幾。比及相度往復取旨。深恐無及於事。伏乞睿斷速賜指揮。臣屢蒙獎諭。謂臣直諒。遂敢冒貢悃愊。上瀆天威。臣無任戰栗待罪之至。

貼黃。臣伏見陛下復置都大發運司。本以裕民。而愚民無知。百端扇惑。或謂發運司錄奪客旅販糴舟船。或謂賤價和糴。是致所在豪民毀船藏穀。不肯販糴。甚乖行旅願出於塗之義。伏望聖慈特詔發運司多出文榜曉諭民間。明言本司即不曾賤價和糴。亦不曾錄奪舟船。庶幾客旅流通。米價自賤。如此則斯民無不被仁聖之澤。天下幸甚。

孝宗時。知南康軍朱熹上奏曰。臣輒有愚見。上瀆聖聽。臣竊見本軍去年大旱。田畝不收。幸蒙聖恩。賑救秋苗。倚閣夏稅。而又申詔有司發廩勸分。前後丁寧。勤勤懇懇。凡所以加惠於無告之窮民者。至厚。以故今歲開春以來。及今已是七十餘日。而閭里細民。幸不至於大段闕食。又幸目今雨澤以時。原野漸潤。竊料不過四五十日。則二麥可收。又四五十日。則早稻相繼。決不至於復有流離捐瘠之禍。以勤陛下宵旰之憂矣。然臣竊以為救荒之政。蠲除賑貸。固當汲汲於其始。而撫存休養。尤在謹之於其終。譬如傷寒大病之人。方其病

時湯劑砭灸罔不可以少緩。而其既愈之後。飲食起居之間。所以將
護節宣。小失其宜。則勞復之證。百死一生。尤不可以不深畏也。今者
飢餓之民。雖得蒙被聖恩。以幸免於死亡。然亦類皆鳥形鵠面。薾然
無異於大病之新起。若有司加意撫綏。寬其財力。則一二年間。筋骸
氣血庶幾可復其舊。若遂以為既愈而不復從其調攝之功。但見其
尚能耕墾田疇。撐拄門户。而遽欲責以累年之逋負。與夫去歲倚閣
之官物。則是人者其必無全理矣。竊聞乾道七年之旱。夏稅秋苗亦
皆嘗蒙聖恩矣。而流殍甚衆。迄今不復者。正以次年帶納前料稅物
者迫之也。然考其實。所謂帶納者。初未嘗大段有人納到以佐有司
用度之闕。而姦胥猾吏。得以並緣搔擾。則其害有不可勝言者。其後
淳熙元年九月四日。乃以著饑。始蒙蠲放。則三年之間。所失已多。而
無及於事矣。今舊逋未除。新稅將起。斯人懔懔。已有狼顧之憂。臣愚

欲望陛下赦臣之罪。察臣之言。亟詔有司。凡去年被災之郡。盡今年
毋得催理積年舊欠。及將去年倚閣夏稅。悉與蠲放。其上二等人户。
當此凶年。細民所從仰食。其間亦有出粟減價賑糶而不及賞格者
欲望聖慈普加恩施。許將去年殘欠夏稅多作料數。逐年帶納。則覆
載之間。幅員之內。當此災旱之餘。無有一夫一婦不被堯舜之澤矣。
臣愚賤疎遠。不當妄有陳奏。實以誤膺委寄。職在牧民。竊於詔令之
間。有以仰窺陛下子愛黎元之心。有加無已。大懼無以仰稱萬分。是
以不敢不盡其愚。冒瀆天威。臣無任恐懼顛越之至。
熹提舉浙東常平茶鹽公事。上奏曰。臣疎繆不才。遠跡林野。陛下過
聽。畀以郡符。已試罔功。復叨使指。誤恩橫被。又忝職名。方具辭免之
間。忽於九月二十二日恭被改除之命。揣分量力。尤所不堪。本欲控
陳懇避之誠。庶安愚賤之迹。而是時已聞本路紹興府、衢、婺州水旱
饑荒。上軫宸慮。竊恐迂延。或致誤事。遂已即日拜命。具狀申省。乞許
奏對。至十月二十八日。方准省劄。恭奉聖旨。令臣疾速奏事。前去之
任。臣聞命震惕。不敢稽留。即於今月二日襆被上道。至十一日始入
本路衢州界。問得本州災傷。常山、江山、開化三縣為甚。而西安、龍游
次之。其婺州、紹興府。則所傳又非衢州之比。臣不勝恐懼。遂自衢州
乘舟取疾以來。及節次於本司及被災州縣會到已行事件。乃聞陛
下間嘗親御翰墨。戒飭帥臣。詞旨深切。聞者感涕。而前後撥賜米斛
又已二十有餘萬矣。仰見聖心懇惻。急於救民。而於軍國之儲。無所
愛惜。至於如此。甚大惠也。臣猥蒙任使。自惟疎拙。大懼不能有以出
斯人於溝壑。仰副陛下焦勞之意。今有管見。合行申請。須至畫一奏
聞者。
一。救荒之務。檢放為先。行之及早。則民知有所恃賴。未便逃移。放

之稍寬。則民間留得禾米。未便闕乏。然而州郡多是吝惜財計。
不以愛民為念。故所差官承望風指。已是不敢從實檢定分數。
及至申到帳狀。州郡又加裁減。不肯依數分明除放。又旱田收
割日久。檢踏後時。致有無根查者。乃是州郡差官遲緩之罪。而
檢官反謂人户違法。不為檢定。其有檢定申到者。州郡亦不為
蠲放。就中下户。所放不多。尤被其害。訪聞本路州縣亦有似此
去處。欲乞候臣將來到任。廣行詢究。更與從實蠲減。
一。伏覩近降指揮。旱傷州縣。上户賑糶。止令勸諭。毋得科抑。仰見
聖明深察物情。恤貧安富。而得其所。然竊恐官吏被此指揮之
後。其間或有便文自營之人。必將泛然不以勸諭為意。而上户
亦有詞說難以勸諭。官司米斛不多。將來無以接續。其害又有
不可勝言者。欲乞且令州縣將來勸諭者。權以去年認數為約

已勸諭若權攗見認之數為準。多方詢訪，加意考核。不得比同尋常報應空文，須管究心體訪得其實數。其實不能及數，若更與量減，實可更多出者，則與量添。其有鹵莽滅裂，徒為煩擾去處，將來本司覺察得知，具名聞奏。庶幾所認之數必得其平，而無科抑之患矣。

應募獻米合格推賞之人，多被官吏邀阻乞覓，聞有至今未推賞者。近雖已蒙立法約束，更乞明詔戶部先具見今奏到以未推賞名件進呈，將未推賞人日下推賞，行下諸路州縣，有未申奏者限一月內並到。如違，許被抑人進狀陳訴，重作行遣。又上戶已經去年獻助，今年所蓄想已不多，若必依舊格方得推賞，則恐無復及格之人可以獻助。欲乞檢會淳熙元年三月二十四日敕，戶部勘當到點檢台州措置賑濟官耿延年所申浙東

路賑濟賑糶，依湖南江西米數減半紐計推賞指揮（謂如四千石合補承信郎，今減作二千石之類），申明行下，庶幾應募者衆，得濟飢民。仍勒所司立定保明狀式，及令逐處官司承受應募理賞詞狀文帖，並要當日行遣。如將來依式奏到省部，却稱文字不圓，及諸處故違程限者，官員重加降責，人吏並行決配，庶幾富者樂輸，貧者得食，實為兩便。

伏覩今歲紹興府已蒙聖慈撥賜米斛十七萬石，訪聞昨來本府抄劄飢民戶口，若自十一月至來年三月，約用米八十萬石方可足用。其間固不能無冒濫虛數，令來本府節次刪減，未知將來定作多少戶口計度，但今所有米數及糶米錢，若以元抄劄數計之，不過得四分之一。況又州府見闕軍儲，竊慮不免却將撥賜米斛暗行借兌，則所得糶濟米數愈見不多。若州府只據見米措定人口抄劄糶濟，則所及不廣，必致人戶流離，餓殍上勞聖慮。又臣經由衢州，見得本州旱損，雖云不及紹興府、婺州，然其處水路淺澁，冬月尤甚，運載錢米，極為艱難。本州雖已差官往浙西收糴，然糴本至少，所得不多，而所費水腳已不貲矣。臣今來欲望聖慈更撥賜豐儲倉米三十萬石應副紹興府，三萬石應副衢州。如無見管米斛，即計目今米價支借內帑見錢，令其趁此米價未至騰踊之間，前去有米州郡收糴，旋次般載回州。其上件錢米，並乞專責本司差委隣州官吏出納，州府不得干預，庶免侵兌之弊。其已撥賜錢米，亦乞令本司選委本州通判一員同共主管，不得別作支用。仍詔守臣疾速措置收糴軍糧，不管誤事。其婺州雖蒙撥賜米五萬石，尚恐未足賑濟，却候臣親到本州相度，會計別具奏聞。

貼黃。臣竊聞陛下節儉憂勤，規恢遠略，內庫所積錢帛甚多。今既天時未順，未可興師，而近甸飢荒至於如此。伏願聖慈權其輕重，特賜借撥。

據紹興府申到撥下諸縣米數，總計二十一萬二千餘石。除嵊縣六萬八千餘石係排日糶濟外，餘縣十四萬三千餘石係間日糶濟。竊恐飢民一日止得半升之米，不能存活。今欲依嵊縣例排日糶濟，即合更用十四萬三千餘石。又聞官吏抄劄不無隱漏，又慮流民却回復業，兼數內所稱搭運，乃是三稍之數，將來米價日增，及有往來腳費，風波滯留，不無欠折。又本府民貧，勸諭所得恐亦不多，須更備米十五六萬石準備添貼。所以約計乞米三十萬石。若蒙撥賜，今亦未敢盡數般取，如是發來糶濟不盡，却行回納。伏乞睿照。

一諸郡荒歉人戶日有流移一切官物不堪催理其紹興府人戶夏稅已蒙聖慈等第免閣住催唯衢婺州當來失於申奏致人戶未蒙依例推恩而戶部漕司催督州郡亦如平日州郡無所從出其勢必取於縣縣無所從出則人戶必有受其弊者甚失聖主惻怛哀憐之意然計戶部漕司所催必是指定支遣之數有不得而已者其勢又不容直行禁止欲乞朝廷取會戶部漕司合得諸州解發錢帛之數且於內庫支撥應副而詔戶部漕司被災州縣所欠新舊官物並且住催直至明年蠶麥熟後却將舊欠逐旋催理寬作料次撥還內庫決然不至敢有欠闕其人戶名下新舊上供官物亦乞明詔州縣未得催理其紹興府雖已有前件住催指揮竊恐州縣奉行不虔及將今年檢放外殘零苗米催督嚴峻亦乞聖慈更賜戒約令其寬限人戶輸納

貼黃臣續訪聞紹興府雖蒙指揮住催官物而春夏之間官吏多已先期催足民戶實未盡霑聖恩今體問得本府人戶合納丁鹽錢丁身折帛絹折帛綿本色絹本色綿五項不以有無產業物力一丁並納九百餘錢來春即便起催飢餓之餘實難供納臣愚欲望聖慈將來年合納錢數預行蠲放庶幾官吏無以作弊下戶實被聖恩有以慰安民心感召和氣

一今年旱地廣闊只有湖南二廣及浙西兩三郡豐熟而廣東海路至浙東為近臣昨受命之初訪聞彼處米價大段低平即嘗印牓遣人散於福建廣東兩路沿海去處招邀米客許其約束稅務不得妄收力勝雜物稅錢到日只依市價出糶更不裁減如有不售者官為依價收糴自此向後必多有人興販前來但臣元牓約束本路州縣稅場不得妄有邀阻收稅及力勝一節更乞聖慈申嚴行下有違戾者官吏並比見行條法各加一等坐罪至來年六月却依舊法其收糴本錢乞許行下本路沿海州軍將今年糴過米錢及兌那諸色窠名支撥充應庶幾不失信於客人向後易為招誘如或更蒙朝廷量立賞格召人興販行下諸路曉示勸誘仍先降空名付身數十道付本司候有上件販到米斛之人即與書填給付蓋緣客人糴貨了畢便欲歸回元處不能等候即與土居上戶不同伏乞聖察

一救荒之政著於令甲及近年節次指揮雖已詳悉然而全在官吏遵奉推行然後民被實惠況今年荐飢公私匱竭比之常歲事體不同欲乞聖慈特降指揮戒敕本路守令以下令其究心奉行悉意推廣其故有違慢不虔之人俾臣奏劾一二重作施行以警其餘其有老病昏愚不堪驅策者亦許具名聞奏別與

差遣却選本路官吏惻怛愛民才力可仗者特許不拘文法時暫差權謂如治獄捕盜官不許差出之類仍依冨鄭趙抃例選差得替待闕宮廟持服官員時暫管幹事畢具名申奏量與推賞如減磨勘陞名次之類庶幾官吏向前人蒙實利

熹又上延和奏劄曰臣比因講求荒政復有二事雖非今日拯救之急而實異時久遠之利不敢不言今謹別具進呈下項

一臣昨任南康軍日適值旱傷深慮檢放搔擾下戶偶有士人陳說乞將五斗以下苗米人戶免檢全放當時即與施行人以為便本路提舉常平尤袤遂以其法行之諸郡其利甚博近日經由信州則聞玉山一縣亦得檢官如此措置除上三等戶隨分減放外下二等戶盡行蠲免通計一縣所放亦不過廿成五分問之道旁居民莫不稱其平允此最為法之善者而佳令未有

明文。又令年檢踏已畢，行之不及。欲乞聖慈詳酌，特詔有司定著為令。自令水旱約及三分以上，第五等戶並免檢踏，具帳先與全戶蠲放。如及五分以上，即并第四等戶依此施行。其州縣差官後時，致得旱損田苗不存根查，亦乞立法坐罪。其所損田畝，即與相度地形高低，水源近遠，比並鄰至分數檢放，庶幾貧民永遠利便。

一、臣所居建寧府崇安縣開耀鄉有社倉一所，係昨乾道四年鄉民艱食，本府給到常平米六百石，委臣與本鄉土居朝奉郎劉如愚同共賑貸。至冬收到元米。次年夏間，本府復令依舊貸與人戶，冬間納還。臣等申府措置，每石量收息米二斗。自後逐年依此斂散，或遇小歉，即蠲其息之半；大饑即盡蠲之。至今十有四年，以息米造成倉廒三間收貯，已將元米六百石納還本府。

其見管二千一百石，並是累年人戶納到息米，已申本府照會，將來依前斂散，更不收息，每石只收耗米三升，係臣與本鄉土居官及士人數人同共掌管，遇斂散時，即申府差縣官一員監視出納。以此之故，一鄉四五十里之間，雖遇凶年，人不闕食。竊謂其法可以推廣，行之他處，而法令無文，人情難強，妄意欲乞聖慈特依義役體例，行下諸路州軍，曉諭人戶，有願依此置立社倉者，州縣量支常平米斛，責與本鄉出等人戶主執斂散，每石收息二斗，仍差本鄉土居或寄居官員士人有行義者，與本縣官同共出納，收到息米十倍本米之數，即送元米還官，却將息米斂散，每石只收耗米三升。其有富家情愿出米作本者，亦從其便，息米及數，亦與撥還。如有鄉土風俗不同者，更許隨宜立約，申官遵守，實為久遠之利。其不願置立去處，官司不得抑勒，則亦不至擾擾。此在今日言之，雖無所濟於目前之急，然實公私儲蓄預備久遠之計。及今歉歲施行，人必願從者衆。其建寧府社倉見行事目，謹錄一通進呈。伏望聖慈詳察，特賜施行。謹具如前。

熹又奏曰：臣竊見浙東路和買絹萬數浩瀚，而紹興府獨當其半。舊例自物力三十八貫五百以上，人戶均敷。人戶苦於輸納，多立詭名隱寄物力，以避均敷，是致見納人戶所敷愈重。其間又有不該敷納田地之數，官司不為除豁，其弊非一。前後臣僚申請，並蒙聖慈施行，而一時有司不能奉承德意，牽於衆說，未有定論。臣以得之傳聞，未知其間微細曲折，不敢輒有陳請。然聞一郡之人無不以此為病，猥蒙任使，不敢坐視。欲望聖慈特降指揮，許臣到官與本路帥臣、監司同共相度，限來年二月內要見定論申奏取旨，從來年夏料為始，革去舊弊，庶幾饑饉餘民得安生業，世世子孫沐浴仁聖之膏澤，不勝幸甚。

歷代名臣奏議卷之二百四十六

歷代名臣奏議卷之二百四十七

荒政

宋孝宗時，集英殿修撰帥福建趙汝愚上奏曰：臣契勘本路八州，今歲早稻多旱，惟泉州為甚。汀漳興化次之，福州南劍又次之，建寧邵武不至甚損。臣所治福州自六月十六日蒙恩降香祈禱之後，相繼得雨。至二十七日大雨達旦，連接至七月初四日方止。其時雨勢闊遠，詢之傍郡，亦皆得雨霑足。晚稻尚可望七分豐熟。秪緣本路地狹人稠，雖上熟之年，猶仰客舟興販二廣及浙西米前來出糶。今歲適值二廣更旱，米價比常年增及一倍以上，州縣閉糶，客舟至彼者皆空載而歸。緣此雖是秋成之際，本州米價全不甚減。泉州興化其價尤貴。臣方欲措置差人於二浙豐熟去處博糴，又聞得浙西日來米價亦自頓長，見今疑惑未敢發遣。竊恐將來本路必至大段闕食，臨

時倉卒無由措辦。臣愚欲望聖慈特賜指揮，於沿海平江鎮江等處朝廷封樁米內支撥和糴米十萬石，付泉福興化三州賑糶。內泉福州各四萬石，興化軍二萬石。令逐州自備舟船前去般取，依元和糴本錢價認還朝廷。臣詢訪得今歲江東西大熟，米價甚賤，却有傷農之憂。朝廷若降指揮就彼和糴，必不至虧損元數，委實利便。

汝愚又乞選江北監司守臣接納流民耕種疏曰：臣伏覩往諜，見古之人善能因事為功，多致轉災為福。其理非有他術，亦惟所以處之之道如何耳。臣比聞江浙州縣，自夏秋以來，水旱相繼，細民逐食漸多移徙，往往去向江北諸郡。蓋緣其處地廣人稀，尚多曠土。若有土著人戶因而接納，使之耕種，猶不至大段失所。或者日後流徙者衆，而富室之力不能盡給，其勢必有狼狽道路之憂。陛下深軫皇慈，每令所在賑給。若乘此際就選本路監司守臣中有忠實堪倚信者，委令踏逐係官閑屋及寺觀屋宇，權令安住。外別踏逐荒閑田土，及人戶請佃限滿未墾之田，選擇利便去處措置興蓋屋宇，候至來春給賜牛具種食，計口授田，使之耕種。其人父母妻子皆是乍離南畝之人，既感戴朝廷撫養之恩，又深思一家溫飽之計，必能盡力耕鑿，俾無遺利。其視向來屯田之兵老於行伍者，其為勤惰蓋不侔矣。待其三數年後，家業漸成，人有固志，然後於農隙之際教之戰陣之法，此即古井田唐府衛之遺制。臣所患者，惟患朝廷責其速效，而所付之人不能久安于彼耳。誠御之以長策，〃〃之以重賞，毋憚少勞，毋恡小費，則事無不濟矣。昔張全義為河南尹，時經黄巢秦宗權之亂，荊棘彌望，居民不滿百戶。全義麾下纔百餘人，四野俱無耕者。全義乃於麾下選十八人材器可任者，人給一旗一牓，謂之屯將，使詣十八縣墟落中植旗張牓，招懷流散，勸之種藝。惟殺人者死，餘但笞杖而已。無

嚴刑，無租稅。民歸之者如市。又選壯者教之戰陣，以禦寇盜。數年之後，戶口歸復，桑麻蔚然，野無曠土。其勝兵者，大縣至七千人，小縣不減二千人。比戶皆有蓄積，遂成富庶。夫全義一刺史，屯將皆匹夫，當唐室大亂之餘，集一時流散之衆，猶能有所植立。今以朝廷之力，官吏之衆，當國家無事之際，而用畎畝習勞之人，誠付之得其人，處之盡其道，而事有不濟者，臣未之信也。

汝愚又乞蠲放旱傷州郡夏稅身丁錢疏曰：臣昨蒙聖恩，令臣相度欲蠲減月樁錢，或折帛錢，如何得實惠及民事。臣不量淺陋，已具述管見，當日實封進呈訖。竊聞聖意深以折帛錢秪及上戶，月樁錢亦未必盡及細民，以故遷延多日，未賜處分。臣仰惟陛下至仁如天地，恭儉如禹湯，菲食卑宮，薄於自奉，而寬租減賦之令，為民而下者殆無虛歲。凡前後蠲減之數，臣竊計之，蓋不知其幾千萬矣。方此連歲

旱傷。所在流徙未定。誠不可不厚有施惠以慰人情。若聖意終以月椿折帛為疑。則莫若將今歲旱傷州郡人戶來年身丁錢絹并第四等第五等稅戶來年諸色夏稅錢物盡數蠲放。彼亡聊之民。蒙被德澤。預知嗣歲青黃未接之際。免有征催。自然人情稍安。天意昭格。臣區區愚慮。如蒙聖明采納。即乞斷自宸衷指揮施行。

汝愚知信州。又乞置社倉濟鄉民疏曰。臣伏見州縣之間。每遇水旱合行賑濟賑糶去處。往往施惠止及城郭。不及鄉村。鄉村之人。為生最苦。有終日役役而不能致一錢者。使幸而得錢。則又一鄉之中。富室無幾。近者數里。遠者一二十里。奔走告糴。則已居後。於是老稚愁嘆。始有避荒就熟。輕去鄉井之意。其間獷有力者。又不肯坐受其斃。剽攘摽竊。無所不至。以陷於非辜。城郭之人。率不致此。故臣嘗謂城郭之惠輕而易見。鄉村之害重而難知。然而求所以施行之策。則亦

不過勸諭上戶。廣行出糶。轉移常平義倉之米以賑之而已。夫勸諭上戶。殆成虛文。轉移米斛。復多欺弊。臣愚欲望聖慈遠采隋唐社倉之制。而去其損耗乏絕之弊。明詔有司將逐州每年合納義倉米斛。除五分依見行條法隨正稅就州縣送納外。將五分於逐鄉置廒。每歲輪差上戶兩名充社司掌管受納。委本縣丞檢察其欺弊。不如法者正治之。使幸得連歲豐稔。所在稍有備蓄。則鄉里晏然。若有所恃。雖遇歉歲。姦軌之心。無自生矣。如以臣言可採。即乞指揮行下本司及本路常平司同共措置先次施行。

汝愚又陳荒政五事疏曰。臣伏覩今歲夏秋以來。雨澤不繼。傳聞近自淮浙。遠及江湖。皆有旱傷去處。陛下夙宵軫念。當宁懷憂。惻怛之情。形於溫詔。焦勞之意。備見於玉容。始則齋戒潔誠。祈禱備至。繼又緩刑舍禁。寬縱為多。至於務穡薄征。蠲分發廩。凡所以敬天保民弭災救患之術。無不盡舉。臣智識短拙。何補涓埃。獨念蒙被深恩。備員列位。義當殫竭思慮。少裨聖聰。是以不揆狂愚。輒陳管見五事。其一欲盡取見諸路豐歉次第。其二審知所在人材。其三條具諸路事宜。其四酌量事體輕重。其五申嚴義倉之法。其間雖有朝廷已行而未盡者。臣亦不避煩瀆。輒申述奏陳。惟陛下裁擇幸甚。

其一欲盡取見諸路豐歉次第者。臣伏見已降指揮令浙西諸州軍守臣。各將所管諸縣疾速委官檢踏。目今旱傷并得熟分數。逐鄉從實開具申尚書省。甚大惠也。然猶未及浙東江東西湖南北及兩淮州郡者。蓋緣所在監司守臣。人人各懷意見。未必能盡實申奏。致誤朝廷行遣。陛下觀此意趣。豈能克己為人。誠恐檢踏之官。又皆觀望鹵莽。兼慮迁延日月。致失朝廷事宜。欲望特降旨揮委逐路監司各具諸州大約豐歉分數。諸州守臣

各具諸縣大約豐歉分數。並限三日申尚書省。朝廷便可互相參考。冀得其真。若身為監司而不知諸州。為守臣而不知諸縣。致所申或有大段不同去處。亦可委官體訪。別議責罰。庶幾人人務實。緩急不致誤事。

其二當知所在人材者。大抵講行荒政。全在得人。苟任得其人。則必能仰體朝廷之意。每事隨宜措畫。表裏相應。不至乖踈。苟任非其人。則朝廷雖有良法美意。勤勤而督訓之。然或心志不同。或才力有限。亦鮮有不敗事者矣。臣伏覩近制已委諸路監司體察守令之不堪倚仗者。至於監司一路之責。所係尤重。今賑發常平義倉。正隸提舉司。計度財賦。正隸轉運司。盜賊刑獄事。皆屬帥憲二司。在於今日。尤須謹擇。若旱傷有分數稍重路分。欲乞朝廷選委帥臣監司中有才望者。專一措置施行。

其三條具諸路事宜者。蓋緣所在山川風土各自不同。若是州縣瀕水去處。便可招接商旅。措置舟船。遣遠近糴糴。猶易為力。至有州縣鎮寨僻在一隅。舟船不通。商旅不至。即須令本州措置。及令未納秋苗之際。先次約度合用賑濟賑糶米數。從便允撥苗米。就本處委官送納。準備將來賑濟賑糶。却以本州常平米數撥還。方為利便。其次諸州。或可用會子。或可用金銀。或可用度牒。或可用鹽引。如此等類。其事多端。在於朝廷實難預度。乞令監司守貳。各具逐州事宜。朝廷斟酌重輕。即可次第酬報。非惟專一端。群應周盡事情。亦可詢事考言。觀其能否。

其四酌量事體輕重者。蓋謂朝廷德意誠厚。特不可以泛而行之。謂如檢會乾道七年。立定賞格。富室上戶。如有賑濟饑民之人。許給降付身補授名目。緣所在豐歉各異。米價貴賤不同。若使泛然補官。却恐益至冗濫。欲候取到諸州豐歉分數。須旱傷及五分以上。方許作格補官。其次者欲斟量重輕。廣與支降會子。令本州縣作糴本賑濟。如格目內獻米四千石補承信郎。米每石以會子二貫準之。計價錢八千貫。若支降會子八十萬貫。可省承信郎百員。夫製造會子。在朝廷初無甚難。若吏員猥多。於國家重有利害。又所在樁積米斛有久年陳腐者。若常歲豐登。人無所用。值茲歉歲。猶可充饑。並當裁損舊價。及時變糶。此皆化無用為有用。以虛券易冗員。在於聖明。必能洞曉。

其五申明義倉之法者。蓋義倉之法。本起民間。止緣人心不齊。送納艱阻。遂致歷代權制。悉令收斂在官。其實取之於民。特為聚之倉廩耳。此不可與常賦等也。故本朝常平免役令諸義倉計夏秋正稅每一斗別納五合。應豐熟計一縣九分以上。即納一升。今州縣之間。不問豐歉。每正稅一斗。並納一升。又令即本戶放稅二分以上及孤貧不濟者免納。謂如本戶正稅額管十石。若放稅及二石以上。即其餘八石並合免納。今州縣之間。雖有減放。猶計餘數催取。實非立法本意。方此百姓飢餒。猶欲仰食縣官。豈可違法征催。置之虛廩。欲望申明法禁。咸使聞知。庶能感召至和。允答天意。

臣所言疎淺。心實勤拳。仰祈聖聰。俯垂采納。臣無任惶懼殞越之至。

汝愚又奏綿竹什邡二縣飢民賑濟疏曰。臣契勘去年成都潼川利州三路。緣秋雨過多。間有損傷去處。然亦不至甚害。臣不住行下逐路監司。隨宜措置賑糶。已於正月十六日附遞奏聞去訖。臣近詢訪得成都潼川兩路諸州。日來米價不至騰貴。但與常年相似。積蓄之家。尚患有米無處發泄。亦非是無米出糶。只緣是數年以來。民力窮困。米價雖賤。亦無錢可糴。故所在細民。皆有飢窘之色。若官司一例普行賑濟。非惟州縣力有不及。兼蜀中風俗易動難安。一聞某處賑濟。便至千百為群。輕棄家業。將口就食。或官司奉行無法。往往所利不償所害。若欲只令減價賑糶。又恐如前所云米價雖賤。細民無錢可以得食。故臣不敢立為定說。只令逐州逐縣各看事體如何。隨宜措置。近聞得漢州綿竹縣自正月末間。先行賑濟。本縣初不曾抄劄戶數。出給牌曆。但就一僧寺中同眾鄉官造飯給散。緣此四遠之人。扶老攜幼皆來就食。旬日之間至萬餘人。本縣却憂無米可繼。遂乞於附近州縣同行賑濟。責得稍分其眾。旬日之間。什邡一縣所聚又二萬人。臣恐其聚集不已。別致生事。已選委成都通判馮興祖漢州通判郭德禮。逐急權借本府常平錢一萬貫。分詣兩縣措置。各逐鄉分差官置場。務要分散其眾。勿令群聚生事。并再行下諸州。委自知州通判多方措置。賑濟賑糶去訖。臣伏念四蜀細民貧困已甚。去秋禾稼微有傷損，便至群起紛紛。如此萬一有方數百里水旱，其事勢復當如何。臣聞戊子年數郡飢民同日俱起，不約而同，蓋其困窮非一日也。臣愚私心不勝憂懼，謂不可不使朝廷知之，謹具奏聞。

知建康府洪遵上奏曰：臣竊見今歲淫雨為災，江東西多被其害，聖心焦勞，哀矜惻怛之意溢于詔旨。以至賑濟米斛給借種食，甚大惠也。臣兩蒙宣問，已節次具奏訖。臣體訪太平州官私圩埕三數百所，渰浸十之七八。比之諸州受患最酷，故雖未雨之前蠶麥收成，今茲室廬貲產蕩然一空。扶老攜幼轉而之淮上者比比皆是，州郡存恤甚至，而緡錢有限，催科及時，其人不惟餬口之迫，且無以輸官。自非急行蠲放秋賦，未易安集。欲望聖慈特降睿旨，檢照隆興二年、乾道四年體例，行下轉運司委清強官前去被水縣分，檢視衝破圩岸，全行損壞去處若干頃畝，將第三等人户夏秋和買倚閣一半，第四第五等人户全行倚閣。候豐歲帶納，庶幾流民聞之，不致它徙。自餘州縣被水尤甚者，令逐州守臣覈實申奏，特與蠲減施行。臣備數一路，不敢不以聞，惟陛下財察。

遵又上奏曰：臣今月十日恭准御前金字牌降下宸翰，本路旱傷，民有棄擲童幼於道。令逐州守臣措置收養，支過錢米，當從御前給降。惻怛之辭，亡慮百數。仰見陛下視民如傷，如是切至。臣遵依聖訓，即已施行訖。臣濫膺閫寄，屢以管下旱災塵瀆天聽，恭惟陛下軫念民瘼，朝奏夕行，支撥米斛，兩郡所得踰二十萬，甚大惠也。惟是亢旱非常，二浙掃地，土堅於石，間有微雨，僅可灑塵，不能滋潤，來麰又復可慮。千里赤地，十室九空。七十之老，以謂平生所未嘗見。上户粗支目前，無以善後，中下之家甚者或鬻子而食，或赴井而死，誠可矜憫。臣竊見建康寧國太平廣德去歲水潦，蒙朝廷將三等以上夏稅倚閣一半，第四第五等全行倚閣。自非陛下博施濟衆，則四郡之民已填溝壑矣。臣契勘饒州南康之旱，被害尤酷，殆非四郡水災之比。今降指揮第五等人户夏稅倚閣五分，所蠲第五等流離餓莩之餘，存者亡幾。臣愚欲望睿慈特降處分，檢乾道六年十月十二日倚閣四郡夏稅旨揮行下，庶幾兩郡數十萬生靈蒙被大賜。不勝幸甚。臣疊冒冕旒，無任惶懼激切之至。

遵又乞倚閣饒州南康軍夏稅劄子曰：臣等伏見建康府寧國府太平州廣德軍去年水潦，陛下惻怛愛民，將上三等夏稅權行倚閣一半，四等五等全與倚閣。四郡之民賴以存活，甚大惠也。契勘本路管下饒州南康軍今年旱暵最甚，民間合納夏稅物帛并折帛錢，今春雖稍得蠶，未織造間，遇旱乏食，往往將絲逐急變賣。州縣催科，由此費力。然上供之數不敢稽違，不免嚴督上户，今來上限所催猶且未足。其下限一半，並係下户合納，目今闕食，全賴官中賑給，豈復更有輸官。況旱暵水潦事體一同。欲望聖慈特降睿旨，令饒州南康軍將今年夏稅物帛并折帛錢起發上限一半，其下限合起一半權行倚閣，候將來豐熟，作兩年帶納，庶幾貧下之户不至重困。

遵又奏饒州南康軍旱災劄子曰：臣契勘管下饒州南康軍今歲旱災非常，旱種不入土，晚禾枯槁。自六月中村民已食野菜草木，目今米價雖未騰踴，兩郡飢民或有相聚為盜。臣已於八月四日十日具奏訖。竊見江西湖南間有旱傷去處，已蒙朝廷指揮審量守令并委帥司監司勸誘米斛等第推恩。今來本路未蒙行下，欲望聖慈特降睿旨，檢照江西湖南已行體例，以憑遵依施行。

遵又上奏曰：臣仰惟陛下近以甘雨愆期，側躬損膳，憂勤形于玉色，精誠上通霈澤響應。臣再奏饒州南康軍大旱面奉聖訓以謂比來亢旱夜不安寢仰見陛下拳拳愛民如是切至。今歲江東大稔惟此兩郡接連江西旱災尤甚。人民流離或相聚剽掠州郡不即奏聞。臣竊見去歲江西旱潦。自非陛下軫意民瘼移粟他邦則兩路之民已填溝壑矣。臣已別具奏乞將本路見管常平米寬數撥下兩州接續賑糶。并乞檢照江西湖南審量守令勸誘米斛指揮行下。欲望聖慈早賜處分。

遵又奏張運助饒州賑濟劄子曰。臣近准尚書省劄子奉聖旨檢坐湖南江西路勸誘上户出米賑濟賑糶賞格劄下本司照會遵守施行。臣仰體聖意即行印榜四百道曉諭。及下饒州南康軍督責守令務在實惠及民。今據知饒州何伯謹申承左通議大夫敷文閣待制提舉江州太平興國宮張運劄子情願自備人船裝載米二千碩赴州倉送納以助賑濟。本州已行措置分撥諸縣訖。臣竊詳張運以侍從之舊獨能為國敦尚義風為諸路倡。誠可旌賞。况積粟之家所在不乏。使人人如運所為。則飢民不至轉於溝壑。臣愚欲望聖慈特降睿旨量與推恩。庶幾有以激厲實荒政之一助也。

遵又奏收養童幼劄子曰。臣近准御前金字牌遞到御寶封降下御筆聞本路旱傷民多艱食有棄擲童幼於道路者。深為惻然。可令逐州守臣措置於穩便處收養無使凍餒候至來歲食新以歸其父母。自十月為始。奉行將收養過人數及支用過錢米逐月從實奏聞。當從御前給降本路監司常切按行覺察。無得滅裂徒為文具。付江東帥臣監司。臣已即時恭依聖訓關牒本路監司并旱傷州軍守臣奉行外。臣謹具已行事件如後。

一。收養童幼專委知縣及巡尉。蓋知縣之職於民尤親。巡尉日以警捕為事。遍路村野之間。無所不歷。或有棄擲童幼皆耳目之所聞見。庶幾收養無遺。

一。童幼中有自能飲食者責付寺觀收養官給錢米。住持知事。旬具養過人數及有無病患申官。遇有疾患官給之藥。遇有死亡官給材木埋瘞。

一。小兒尚在乳哺者在城委都監城外委巡尉。體探弓手及軍伍有乳之家責令收養官給錢米。都監巡尉旬具養過人數及有無疾病申所屬。病者從官給藥。死者官給材木埋瘞。

遵又奏乞借椿管錢收糴浙西米劄子曰。臣照會建康府管下常歲上江米船蔽江而下。本路之所仰給。今緣江西荒旱商旅止就建康府興販。加之轉運司照年例和糴。必致踴貴。臣竊聞浙西大稔。官司又不曾拋降和糴。萬一失時富家射利儲蓄米斛。將來雖欲收糴亦不可得。臣區區愚見。欲就十月初委官往浙西以來收糴一二十萬斛以為來春之備。庶幾可以少抑米價。兼接濟饒州南康軍賑糶。欲望睿慈許臣椿積錢內時暫借撥三五十萬貫應副收糴。春初照數依舊椿管。不敢分文虧少。

遵知太平州奏乞借江西米劄子曰。臣契勘本州今歲災傷甚於旁郡。臣自到任講求荒政。惟恐不至。比以官圩興工兩縣所役二萬夫日給錢米。民頼以濟。今來修圩已畢。緣河流日涸舟船艱阻。商人覬望增價。本州賑糶常平米今已浹月。加以修圩之費所餘至少。臣雖差官前去江西告糴未到。竊慮來年艱食設或一日住糶愈見翔踊。兼鄰近寧國池徽州廣德軍皆係旱潦去處。欲望聖慈特降睿旨於江西椿積米內逐州量撥三二萬斛接濟出糶。今項椿管價錢候秋成收糴填還。於國無損於民有利。官米雖未即來。庶幾商人聞知以為朝廷支撥米斛。不致深藏固惜。以須重價。實為數郡之害。冒犯天聽不勝激切俟命之至。

知長沙王師愈論和糴之弊疏曰。臣竊見和糴之法本欲利民而足用。湖南行之乃大不然。其名則美。其實則重為民害。始也無見錢以為糴本。或給官告度牒。或給三合同關子。或給乳香茶引。今州縣變轉現錢。不免強敷之於民。甚者撥有名不可催之積。多從而追擾。其為害一也。次則以本錢不足。或低估價直。或多量升斗。出納之際。加以官吏欺弊。其為害二也。終則裝發綱運。雇船水脚之費。無所支破。又從而取之於民。若運至荊襄間泝流而上。江路遼遠。水淺灘多。動經歲月。所費又倍之。其為害三也。是故民之所憂者水旱。所喜者豐年。今則豐年之憂乃甚於水旱。以三害若此耳。臣又聞每歲諸路漕運自可足一歲之用。只陷折至百餘萬石。遂和糴以補其數。誠能措

置漕運。不致陷折。雖免和糴可也。縱不能全免。或不得已而為之。明撥本錢及支破起綱之費。庶幾事舉而民不被害。惟陛下留神幸甚。

師愈為江東轉運使借米賑濟劄子曰。昨奉御筆令預講救荒之政。已恭依具奏。仰惟宸心憂民切至。臣等敢不上體聖訓。蚤夜講求。如薄刑緩征。已責勸分。凡寬恤之事。各已次第施行外。竊謂救荒之政雖有珠玉金銀。不能療飢。其所急者莫急於食。遂多出文牓。招誘客旅。於有米之地。廣行興販。前來出糶。嚴戒場務。不許作名目收稅。苟留。緣地里遙遠。米未可卒至。其價日增。不得不慮。抑嘗詢究往年一州旱。則取給於鄰州。一路旱則取給於鄰路。故易以辦集。竊聞今年之旱稍廣。大江東西至于荊襄淮甸。亦多不熟。雖招誘客販。遣官收糴。政恐米亦艱得。未可指準。臣等竊見從來飢儉之歲。人情易得皇皇。若所在縣鎮鄉村有米可糴。人心自安。若無告糴之處。往往便扶携妻子。就食他鄉。此不可不預有以安之。臣等相度。若候諸處興販收糴到來。亦須是一兩月之外。況有無未可知。流民一散。收之則難。臣等切見朝廷見樁積在建康府太平饒信州等處米斛無慮百七八十餘萬碩。穀五十餘萬碩。而常平義倉不在此數。其間亦有七八年前所積之米。恐易得腐壞。累蒙朝廷指揮。令以新易陳。臣等今來欲乞存留見米一百萬碩。穀二十萬碩。以備總領所逐月支遣。兩司官兵可准一年之數。餘外有米穀。欲望聖慈許臣等先借米三十萬碩。穀二十萬碩。通融就便分散諸州縣。量旱傷輕重。隨多寡賑糶。先次散榜曉示。令人戶通知。又從而發常平米以賑濟之。如此則民心可安。不至流移。而鄉村豪富有米之家。見官司賑糶賑濟徧及遠近。決不至閉糶。又客販之米或來。則亦不敢乘時要索高價。如此庶幾民不艱食。全活者必衆。此誠莫大之實惠。所糶到價錢。臣等自當認

數收糴寄納樁積廒。才候來年稍熟。便行收糴補還。以陳易新。公私兩濟。何以加此。今來控陳。似若太早。正恐往返待報。動經旬月。儻至急闕臨期有請。緩不及事。是用冒犯天威。詳悉奏聞。伏望聖慈早賜施行。

中書舍人崔敦詩經筵附進救災五事狀曰。臣備數經筵。輪當供進故事。臣謹錄太宗皇帝所以速於救災之事上進。臣竊謂天久不雨今雖未見災傷的實。臣先事而言。有當早正而亟行者五事。條列如后。

一。救災郵患。全賴監司守臣。若監司守臣不得其人。責以賑救。洎至施行失手。民有流殍。雖行黜責。已為無益。臣愚欲乞睿慈明諭宰執深詔臺諫。先次謹察災傷路分監司。癃老庸懦及循常無才不足倚仗者奏聞。令三省選擇易置。却令諸漕臣常平官

一面開具管下關兩州郡守臣有無癃老庸懦、及循常無才之
人。限一月各具保明聞奏。取自聖裁施行。向使監司郡守皆得
其人。則朝廷無所慮矣。
一臣聞周禮荒政十有二。除盜居一。臣竊見諸州禁軍。自來紀律
廢弛。往往不蓋營房。不成行伍。倉卒難集。切恐一夫奮臂於市
人無當者。防備鎮壓。慮所當先。臣欲乞睿旨。旱傷路分安撫司
申嚴條制。令諸郡盡刷禁軍。自九月始。逐日點集教閱。至來年
四月止。其巡尉弓兵。亦令諸州嚴行戒束。不得名色占破。盡數
根刷發歸本處。逐日教閱施行。
一臣竊見近者朝廷第去歲救荒之賞。監司守二皆有等差。臣竊
聞去歲災傷州縣官吏宣力者多。今賞不及。無以為勸。臣欲乞
睿旨行下諸路漕臣常平官及州郡。將來救荒。各先具逐州逐

奏議卷之二百四十七　十三

縣所差官吏職位姓名聞奏。俟至結局並議第賞。如有曠敗。亦
行責罰。庶幾上下協濟。保無誤事。
一臣伏見在法災傷檢放及七分以上。賑濟貸給。具有成法。臣竊
見州郡檢放。自來統以逐縣災傷紐筭分數。然一縣壤土高下
不齊。此熟彼凶。有至懸絕。且如一鄉災傷者及十分。若使統計
一縣不及七分。則十分被災之鄉。例與輕災鄉分一同不被厚
卹。今來檢放月分在近。臣欲望睿旨。今後紐筭災傷分數。各以
逐鄉為率。凡及七分已上。並令依條施行。
一臣伏見諸路州縣有旱禾得水成熟。正當刈穫。及有下田乘旱
已施布種去處。可望微稔。今來車澳尤急。訪聞官司驅催夏稅。
不知體恤。輸綾則拘留暴曬。納絹則揀汚退換。緣此農民淹留
廢業。不得趁時了辦接濟口食。臣欲望睿旨令諸路監司嚴行

覺察按劾聞奏。其四等以下零欠。亦當酌量權行倚閣施行。
參知政事周必大論和糴疏曰。臣昨聞見高量和糴。行在約三十萬
石。既是地近不妨。臨時降旨。今偶聞米價日減。恐目下便合施行。但
近緣印會子稍多。止可作七百七十一文行用。若更捐一二分見錢。
則所費不過一二十萬貫。而輕重相權。其利極博。此事臣思之甚審。
蓋將來有所調發。不患見錢不出故也。又臣每聞陛下預念年歲之
豐歉。雖陰陽家說。亦行採訪。臣未嘗不歎仰聖德。孜孜民事。頃刻不
置。非如群臣止於目前而忘遠慮也。臣數日前因五更視月。見歲星
熒然於其傍。考之占書。亦主歲饑。嘗聞太史局官或云是犯。或云近
爾。以臣觀之。有德可禳。聖主固已優為。有備無患。人事自當預計。但
令儲米稍廣。則所謂錢物自可力致。
吏部侍郎李椿奏常平義倉疏曰。臣竊見義倉法自隋唐以來行之

奏議卷之二百四十七　十四

以備凶年。賑給災傷下戶。其利甚博。其常平倉數十年來無糴本收
糴。徒有常平之名。而無其實。惟有義倉米在焉。蓋本聚米於鄉村里
正之家。遇凶歲則給散。不致農民流徙。建議者因里正間有侵盜。遂
移貯於縣倉。固自難以及於鄉村人戶。頃年州郡又皆令人戶赴州
倉輸納苗米。隨苗帶納義米。遂不復及於縣民。所以每遇歉歲。民必
流徙。雖無里正侵盜之患。而官司移兌侵借。陳腐化為塵土。災傷則
惠不及民。可謂因噎廢食。蓋失義倉本意遠矣。仰惟陛下矜恤元元。
一過歲歉。則勞宸慮。數下詔旨。勸諭賑糶。存撫之意備至。而州縣之
間不過於州城縣郭出糶官米。略能濟市井之人。而農田之家不
預。況農家聚米而不得食。實為未允。其或煮粥給散。始則稍稍贍給。
饑民輻輳。則聚民餓死者不知其數。是不得其術。反致殺之。亦非賑
給之法。今來連歲豐稔。粒米狼戾。不可恃以為常。而不為之備。臣愚

欲乞今後將隨苗義倉米。止令就逐都保置倉輸納。保正副掌管。依累交割。仍止令納穀。庶可存留縣尉封敖。逐季點檢。遇凶歉。則縣佐官量事給散。申提舉司照會檢察。設有保正副侵盜。亦自可以陪償。比之在州倉陳腐兑換艱難。專斗侵移。而農家不得食。無以救凶歲。事體大段不同。仍免官司般運賑糶作弊。農家流移。誠為實惠。今具畫一如後。

一。逐都保除沿邊州縣外。於有人煙去處。約穀之多少。以五年之數為合敖。保正副掌管。聽為團倉。逐年旋增置。

一。縣給受納隨苗義倉穀團印赤曆。付逐都保正收掌受納。每旬具數。縣尉躬親盤量封敖。

一。縣別置義倉簿銷注驅催。隨稅簿赴州用印。

一。義倉鈔二紙。一鈔給人戶。一鈔縣照銷簿。即不得官賣鈔紙。

一。人戶先就本都納義倉穀。請鈔連粘於苗米鈔前送納苗米。未納義倉不得交苗米。

一。義倉團印用至省限滿日。繳申縣毀。以防作弊。其殘欠。却令赴縣倉交納。用縣印印鈔。以別省限外輸納之人。

一。每都聽募斗子一名。同保正副掌管倉穀。於受納時。聽收量穀利潤錢。每斗不過三文足。保正副聽量收利潤。以為修倉費用。每石不得過二十文足。

一。官員季點義倉。隨行公人。輒有搔擾。並行重錄。其縣給團印曆有取受者準此。聽人戶越訴。官員罰俸。甚者委按察官奏劾。

一。逐都貧富不等。遇歉歲。隣近都分有無賑給。不出三十里之外。

一。逐都置板榜於倉前約束。備坐朝廷置義倉所以備災傷憂民之意。勸諭人戶依時輸納乾好禾穀。保正、副在意掌管。毋或侵耗。如有災傷。從實申官。乞行量散。免有流移之患。務得實惠。

一。有未盡事理。令提舉常平司條具申請施行。

一。義倉既有穀在鄉村。所有諸州縣見在義倉米。並撥充常平倉。遇水旱災傷則減時價賑糶。收本錢以充豐歲糴本。既有糶糴。則常平之法不為虛文。一舉而兩得之。仍申嚴常平借兑之法。守而勿失。誠為久遠之利。

唐仲友台州入奏劄子曰。臣伏覩近歲屢稔。而戶口日衆。官用浸廣。公私蓄積未至充衍。年一不登。民已艱食。陛下軫念元元。力講仁政。所以周急繼困、慰安小民。便利百姓之道甚備。臣雖至愚。頗效管見。竊覩近降指揮。私下債負。守令勸諭富室上戶。更加接濟。各令寬限了還。如是以其之委無從出。不得因此轉利為本。及非理準折。亦須蠶麥成熟。方可旋行理索。臣謂勸諭借貸最為救荒之急。此令既行。為利甚博。臣愚尚慮舊新債負併在蠶麥。細民必因理索富民。慮借者不能併還。未幾借貸。更宜明為期約。示之必信。臣聞本朝司馬光以河北災傷條賑贍之策曰。富室有蓄積者。官給印曆。聽其舉貸。量出利息。候豐熟日。官為收索。示以必信。不可誑誘。臣謂光言於今可行。欲望陛下采光之策。明降睿旨。下諸路轉運司。應災傷州縣並令守令勸諭富民自陳蓄積之數。除存留其家歲計之外。實餘若干。以十分為率。七分出糶。三分借貸。願多以分數借貸者聽。本縣印給簿曆。開坐旨揮。約自日下至麥熟以前。節次借貸。簿曆各用同印記。簿在富民。曆付借者。每月取息不得過三分。其鄉例不得將舊債作新借之數。其舊欠自從已降旨揮。蠶麥成熟。旋行理索。其新借至秋成日。却據印給簿曆理索。此後應成熟處。不許富民陳乞再給簿曆。自如常年鄉例借貸。惟有災傷方可從州縣陳請舉行。免於習常。乃為良法。此令惟出朝廷，民無不信。如蒙聖慈采納，乞下戶部勘當，疾速行下。庶幾遠方之民，蚤霑實惠。不勝幸甚。

蔡戡乞平糴上奏曰：臣聞穀貴傷民，穀賤傷農，古今通患也。是故有平糴之法，李悝行之於魏，耿壽昌行之於漢，彭果行之於唐，皆因穀賤增其價而糴，穀貴損其價而糶，亦古今良法也。粵自去歲江浙大稔，斗米之直百五六十錢。今浙西雨暘時若，高下之田皆有豐登之望，新穀既升，其直愈賤。老農咸謂數十年來所未嘗有。古者穀賤傷農，今者農末俱傷，公私皆病之。田家作苦，十得一稔，欲以輸租償債，今也負擔適市，人莫之顧，不得已而委之，僅得千錢而去。一歲所入，不足以紓目前之急，何暇為後日計。所以粒米狼戾，而不免於凍餒也。米價既賤，錢幣益重，人所艱得，何敢輕費。所在客旅稀少，市井蕭條，工商游手之徒莫不坐困。民間錢既艱得，冬租縻費，夏稅紬帛，無

所從出，州縣催科，所以勞擾倍於常年。此皆穀賤之患也。夫欲利農民，不若行平糴之法。今秋成在即，臣愚欲望睿旨行下戶部，委官於蘇常湖秀四州，路逐空閑寺宇，置場收糴，隨市價低昂而少增之。吏胥乞覓者，坐以重罰。米價既增，又無它費，利之所在，不憚遠近，自當連檣而至。所糴既多，可以代江湖上供之數，卻截留綱運於沿江州軍樁管，以為邊備。不唯民力裕，邊備足，它日萬一有歉，減損價而糶，亦可以濟飢民，補國用也。

光宗時，蔡戡乞賑濟上奏曰：臣竊見八月十日以後，連夕大雨，本府管下天目諸山洪水暴發，餘杭、臨安、新城被害最酷，富陽、於潛、錢塘次之，餘波及於鹽官、仁和。小則渰浸田畝，大則漂蕩廬舍，甚則喪失軀命。且以六縣言之，溺死者千人，被害者五萬餘家。旬日之後，水勢方退，禾稻渰沒，根株腐爛，秋成既已失望，饑民無所得食。雖蒙聖慈特遣使者捐金發廩，徧行賑濟，恩澤至渥。然但可紓目前之急耳。此去夏熟，尚有七月。若人人而給，則廩粟有限，饑民無窮。臣竊計五萬餘家，約三十萬人。大人小兒各居其半。大人日給一升，小兒日給半升，日支米二千二百五十石，月支米六萬七千五百石，半年為期，約用米四十萬五千石。以臨安六邑，費粟已四十萬石。今歲淮浙諸郡悉以旱告，朝廷恐難徧給。臣區區管見，不若行賑糶之法，計口給曆，減價與之，庶幾所費不多，所利甚博，可以接續，不至中輟，反悞饑民。臣伏見朝廷樁管米見在一百七十萬石，每歲收糴，正欲為水旱凶荒之備。其間亦有積年陳粟，自當易之以新。臣妄意擬於樁管米內且借三十萬石減價賑糶，照得元價每石貳貫叁百文省，量減叁百，每升只作二十文省出糶，庶使飢民易於收糴。以三十萬石計之，縣官所損不過九萬貫，而所活飢民至三十萬，其利豈勝言哉。欲望聖

慈特賜詳酌，行下省倉下界，或豐儲西倉，水次近便處支撥。所有水腳縻費，本府自行出備，官吏添給，本府自行措置。賑糶之後，收到錢數，逐旋解還司農寺，一面收糴新米，補足元數。公私實為兩便。

寧宗即位初，接伴使彭龜年論蘇秀等州水災疏曰：臣伏自初九日陛辭，初十日出國門，十一日至秀州，十二日夜至平江府。從此趲程前去，不敢住滯，迓客一事，自有故常，不足重厪聖慮。唯是自離國門，見沿塗積潦渰浸民田，目即未收之稼，已不可救，已收刈者，多用竹木架閣在田，連日積陰不解，雨勢未已，亦必損爛。猶有向去繫利害之深者，百姓乏食，全望蒔麥，以相接續，而田水不去，天霽未期，設使麥不入土，民無所恃，流移餓莩，斷不可逃。陛下罪己求言，倒廩賑給，固足以上感天意，而災變未消，實有可懼。臣愚欲望陛下明詔大臣，講求親切及民之事，共致懇切事天之誠。每事求實，不為虛文，登進

忠讜。以壯陽德。斥遠邪佞。以消陰沴。庶幾聖德又新。天心昭格。臣遠
去闕廷。輒因目所親睹之事。鄙布以聞。冀助陛下寅畏。干冒天威。無
任戰慄。
貼黃。臣竊見漢元帝時。日青無光。弘恭石顯等。皆指以爲周堪張
猛用事之咎。及斥堪猛。復有日變。元帝乃召昔言咎在堪猛者
切責之。陛下遇災而懼。不愧宣王。然臣深恐小人別有指陳。上
惑天聽。施行或謬。恐未免爲元帝之悔。臣願陛下聽言之際。更
加精察。擇是而從。不勝幸甚。
龜年又論淮浙旱潦乞通米商仍免總領司糴買疏曰。臣聞遏糴霸
者之所戒。閉糴諸侯之所羞。而況人主君臨天下。一視同仁。豈可使
有彼疆此界之分。如秦人視越人之肥瘠而不卹哉。竊見今歲淮東
兩浙。多被旱潦。如常潤楊楚盱眙等處。當此收成之時。斗米至爲錢

四百上下。無下三百足陌者。近日行都米價頓增。至煩朝廷輟軍儲
給糴。以紓目前。而米價依舊不減。異時春冬之交。必大翔踊。實爲可
慮。訪聞江西湖南北州軍。間有豐稔去處。設使就彼和糴。又恐官司
交易。易得成擾。收糴津運。倍有所費。據臣愚見。不若通商最爲上策。
欲望聖慈行下三路漕司。俾之約束沿流州縣。不得遏糴。如商旅米
船。特免力勝稅錢。至歲終而止。不得妄以它貨阻滯客旅。如果有它
貨。令所至州軍勒客人別用舟裝載。依法投稅。所關報前路官司。從
漕司多出文榜曉諭。商旅聞此。必須方舟而下。不特移粟之惠可以
救民。而鹽課必增。亦以利國。事莫便於此者。
嘉泰二年。葉適上奏曰。臣病苦餘日。聖恩垂憐。使轉漕湖外。守符泉
南。今又特蒙收召。入奏之初。有兩處職事。不敢不陳愚慮。臣按湖南
士民之論。以爲二十年來。歲雖熟而小歉。輒不耐。地之所產。米最盛。

而中家無儋粮。臣嘗細察其故矣。江湖連接。無地不通。一舟出門。萬
里惟意。靡有礙隔。民計每歲種食之外。餘米盡以貿易。大商則聚小
家之所有。小舟亦附大艦而同營。展轉販糴。以規厚利。父子相襲。老
於風波。以爲常俗。其不耐小歉而無餘蓄。勢使之也。故每遇小歉。閭
里不能自相給。惟仰州縣賑救。城市之民。青黃未接。食於常平者十
家而九。此事諸司當任責。而漕司爲一路通融有無之處。其責尤重。
然湖南漕司歲計。所入甚少。比江西纔十之三四。比湖北纔十之五
六。嘗不足以支本司一年之經用。尚者圖藉大軍錢數多。總司所取
不盡。可以通借。故不自覺。而反冒富厚之名。自大軍錢屢減舊額。總
司拘籍盡取。積以歲月。坐致漏底。今漕司索然窮匱者五六年矣。除
湊足交頭之外。每遇新舊交易。使者與屬官聚議。搏手無以具接送
之費。臣比承之諸郡。小歉雖先事講求。荒政終不能有所捐貸爲諸

司之倡。去歲祁陽蔣圈十借糧作過。守令振皇。一時騷動。幸而就擒。
欲出少米以哺之。力不能及。竟閔默而止。臣以爲一司事力殫乏至
此。平居不足以自存。萬一水旱急難。辜負任使。利害不細。臣每念漕
司所得屬郡財賦。又有定規。不可復取。本司當自擇其間利源與州
縣百姓不相干涉及他司有例可以參酌施行者。以漸經理。庶稍有
餘積。爲萬一水旱急難百姓指準之地。此誠一路之急政。不可忽也。
臣頃雖熟計。不敢奏陳。蓋初始既難。而臣方病昏。不能勝任。令有通
練敏達之士。授以意指。俾之講求。許其自行。無使貽害。是以爲一路
之預備。寬九重之顧憂。豈不幸甚。
嘉定元年。秘書省著作佐郎楊簡上奏曰。臣不勝痛心疾首。以告陛
下。亦知近在都城之內外。民有餓而奪市食者乎。又知有父子俱餓。
知必不能俱生。遂沈其子女於江者乎。臣所聞已不一。而況於所不

聞乎。都城之東有其婦憫舅姑之餓。曰婦當鬻身助給舅姑。聞其言自經死。舅知姑死。舅又自經死。子歸知父母死。又自經死。婦以舅姑及夫俱死。又經死。又有取小兒烹食之者。嗚呼痛哉。近在輦轂之下。而餓死者至於此極。而況於遠者乎。又況於淮民相食。妻食其夫屍。弟食其兄屍。至於父子相食其屍。陛下為民父母。而有此。群臣之罪也。孟冬之月。臣聞朝廷有所志浙西樁積米僅二十萬斛。臣亟請於前左丞相錢象祖乞盡以給助淮民。象祖吝不與。今聞淮民嘯聚得非前者吝米所致。雖二十萬斛米。足以盡活淮民。而淮民知朝廷賑恤誠意所及。或不至大亂。近雖未有急報。然朝廷豈可不亟為之圖。望陛下急詔大臣痛切為民為國。集群臣詳議。究根刷諸路常平及凡樁積米數。復別議利害。或命有司各竭謀慮。詢訪以聞。令徒聚百官于行都。擾擾焉往來從從焉。從事循循焉。度日而已。不使之出其

胷中所蘊。道其所嘗見聞。共議共計。內外多少財用。陷沒於贓吏之手。郡縣多少財用。徒費於迎新送舊。而不思擇賢久任。內外多少財賦。費壞於三年之科舉。取浮薄昏妄背理傷道之時文。驅士子為不肖。使害民壞國家。諸軍虛籍。不知其幾。以虛籍之數濟飢民。何為乎不可。又聞淮民之飢者欲渡江。江上郡守有遏之者。結怨飢民。是激之使為亂。又聞有賑濟官以淮上飢民嘯聚。中上司至于累累而上司吝不報。為上司者昏繆至此。而朝廷未聞黜陟。臣大懼養寇危社稷也。臣思執政大臣。必患乏才。乏才因於拘資格。臣稽古昔未嘗用資格。人才難得。幸得一人。而又以資格廢。則何以濟民。何以弭寇。何以安社稷。望陛下力諭執政。唯擇賢才。毋限資格。務循古道以濟民弭寇。安社稷。臣不勝惓惓。

歷代名臣奏議卷之二百四十七

歷代名臣奏議卷之二百四十八

荒政

宋寧宗嘉定七年江東轉運副使真德秀奏乞蠲閣夏稅秋苗疏曰。臣竊見本路州縣今歲以來雨澤闕少。臣昨經由池陽之日。其時不雨已及旬餘。迨至金陵。一向乾旱。蓋自三月至于五月之終。九旬之間有雨者纔六七日。焦熬之狀。蓋不待言。播殖之功。一切盡廢。臣朝夕訪問。惟信與饒得雨頗多。歲事可望。若建康太平寧國池徽南康廣德諸郡旱勢略同。臣以祈禱闕出近郊及因閱舟親至采石。經行原野莫非赤地。四顧所及。全無秋苗。間有瀕江可以車戽之地。或已栽插。然水熱如湯。不堪蔭養。苗雖長茂。旋又焦黄。訪聞當塗宣城管下圩埂之鄉。每歲常苦水澇。今亦種不入土。與陸地同。近舟行過大城堙一帶。見蝗虫飛泊。蘆葦間綿亘十數里。未幾遂入府城。皆由東

北而來。蔽天障日。過其所落。草木為空。又據諸處申到。若建康府之上元江寧溧水。池州之貴池銅陵。寧國府之宣城。皆有蝗蝻生發。所未申者尚不及知。此一路旱蝗之大略也。常平義倉之儲總一路凡四十三萬。而侵移陳腐皆在其中。姑以建康一城言之。居民日食凡二千斛。而常平初無顆粒。義倉之米。以石計者僅一萬九百有奇。以之糶濟城郭之民。不數日盡矣。況能更及田野乎。以此推之。常平義倉已不足恃。沿江諸州。元非產米之地。自經兵旱。四疇蕪廢。在在相望。所出為少。經運起發之外。其能幾何。接濟軍民。唯仰客販。今則兩淮既皆遏糴。浙河般運不通。上流客舟亦頗不繼。諸州米價漸已日增。艱食之虞。八九在朝夕。嘗悄訪父老。皆言稉稻雖已失時。尚堪雜種麻豆蕎麥黄粟之屬。緣田中無水。不通翻犁。而不可種。下等農民之家。貸耕牛買穀種。一切出於舉債。今秋成失望。小大憂危。而官司催

督夏稅略不少貸與賣盤蝎不足以償而種子價高無錢可糴而不能種凡曰陸種僅可救饑近年官司往往不卹每遇檢放指為熟田責令輸納苗米未免賤糶所有貴糴所無以供公上拌其地之出不足以輸所以更相懲創而不敢種臣自聞此語為之惻然竊惟今歲之旱實與往年不同往年之旱多在夏秋田皆以上布種故雖災傷之甚什至七八而其熟處猶居二三今則高下之田皆為荒地借令雨以時至雜種可投尚恐空於蝗螟之口而況雨未可期種未可必方來之患日月尚長民情擾擾已有流移之漸臣近準朝旨將來合議糶濟即與本路諸司同共詳議措置施行臣已恭稟多方講究外竊謂與其待已饑而行糶濟之惠不若先未饑而加存卹之恩謹具奏請事件如左

其一曰倚閣夏稅臣近据太平州百姓王經等一百六名狀稱自去冬以來並無雨雪麥苗先已乾死收到些小不了食用目今秧苗又盡枯死蕎麥荳種艱得錢物亦無處收糴田地乾亢至甚亦難耕種老幼日夕憂惶不能存活欲乞備申朝廷權閣今年夏稅臣方欲冒昧披陳忽準户部符臣寮奏請內一項寬旱地之賦以為秧苗未得種插人情方且皇皇而折帛起催半責見鏹版曹既有歲例州縣苟欲逃責征誅憔悴之民不減星火之急羣困追呼將復失種其為愁嘆甚於不雨此當亟行戒約江浙監司目即體訪先來被旱之處一面行下郡邑將第四第五等下户折帛等官物稍寬旬月之期以俟秧種了畢即蒙聖旨允從仰見陛下至慈至仁勤恤民隱凡有所聞無不施行臣即已鏤榜曉諭州縣令自榜到日為始住催一月雖足以寬目前而一月之後催理如故方細民磬磬救死不贍之時縱令督

促萬端終是無可償納徒使吏卒並緣得為奸擾人户憂迫不免流移理勢實然非臣過計兼本路近年民目重賦荒田逃户所在相望今既未能招徠不可使見存之户更有流徙伏望聖慈速降旨揮將本路州縣旱乾不曾種蒔去處第四第五等人户夏稅權與倚閣候將來得熟日併催庶幾稍解倒垂之急臣不勝大願

其二曰蠲放秋苗國家仁愛元元著為災傷檢放之令德澤洋溢入人至深近歲州縣長官多以趣辦財賦為能鮮以保全民命為急下吏承風輒懷觀望且如去歲宣城南陵蕪湖繁昌貴池銅陵青陽等縣皆被水災檢放之時多不及數目自臣到任來訴者多事已後時無從覈實而參之衆言宣城尤甚故前者輒上倚閣殘零之請伏惟聖慈必已矜從今歲旱災前所未有至仁如天俯燭民隱將來苗稅必是優與蠲除而臣察諸衆情似懷憂畏蓋緣近年檢放例以從窄為賢逆料將來亦如此至於不敢雜種以避輸苗其情尤可深憫臣謂今欲慰安人情使無逃徙莫若控告朝廷先期降旨約敕州縣應本路官私田畝元不關雨處將來成熟自當依條輸納外其久旱不曾種蒔去處並與全放秋苗其雜種麻荳之屬並不許指作熟田責令輸納苗米以至重困許臣備坐旨揮散牓曉諭庶幾農人安心不至狼顧實一道幸甚

右臣恭聞乾德二年四月詔曰自春徂夏時雨尚愆深慮黎民失於播殖所宜優卹俾獲蘇安應諸道所催今年夏租委所在官吏檢視民田無見苗者上聞並與除放紹興二十八年八月二日詔令諸路轉運疾速行下州縣開具實被災傷頃畝數目及合放分數以聞仰

惟太祖皇帝開造我朝配天之業高宗皇帝中興萬世無疆之基二聖一心皆以保全民命為本故於災傷之歲切切如此夫以四月而蠲夏稅以八月而檢秋苗自常情觀之毋乃太早蓋救災卹患當於民未甚病之時若待其飢莩流離然後加惠則所全寡矣為民父母忍使至斯兩朝詔書可為大法今臣所陳一事如蒙聖慈降出三省早賜施行其於公私皆有便利一則征斂既寬逃亡必少所在田畝不至拋荒公家租賦亦免失陷二則農人肯行布種自救其饑不至大段闕食省卻官司糶濟三則窮窶之民粗有生理何苦輕捐其身而為盜賊未萌之禍銷弭尤多臣叨蒙聖恩畀以漕計一路休戚責實在臣庸敢齋沐投誠仰干天聽臣無任震惕殞越之至

八年德秀又乞撥米賑濟劄子曰臣伏見自冬徂春雨澤稀少

奏議卷之二百四十八　四

入夏以來亢陽彌甚陛下嚴恭天命憂念元元延讜言赦死罪釋遷謫還退產苟可銷弭致和無所愛惜臣等布宣无狀所部九郡而建康太平寧國徽池廣德南康七郡迄今不雨旱勢已成間得沾濡炎天毒熱土脉乾燥畊種不入赤地相望稍有近水可插秧苗去處飛蝗所過靡有孑遺惟饒信二州曾申得雨卻聞其間自有旱處今方六月城市閉糶米價騰踊民食已艱村落之間必有餓莩向秋以後捐瘠又多累據諸處人戶陳訴并州縣備申旱荒之狀有不忍聞池陽道路出沒剽掠休寧縣數百人入令丞廳求糶濟建昌縣百十人劫隆興府界居民蓋非饑窮迫身尚忍至此見得今年旱災不同常歲本道旱勢又甚它路國之根本在此江東丁時外虞尤欲安靜使一夫餓死必傷天地父母之仁不幸註誤有司寧不重關憂顧惟有遠發見藏不吝重費救奪民命度脫菑厄庶幾感通天意消弭事端今災傷至廣事力有限豈能人人給足但民心知朝廷極力拯濟有恃以生則雖顛踣流離終不攜貳且及早予民所費既省所濟甚博待其賣妻子棄鄉井填委溝壑嘯聚山澤而後為之其費不止於此而傷敗已多江東自昨歲旱蝗屢經豐熟荒田未墾在在相望若今更有轉徙必至無人可耕國之所失不知幾倍臣等蚤夜憂懼思得叶心盡力為陛下救此一道生靈使不至飢餓流亡散為盜賊以遺朝廷憂已行下州縣分遣官僚躬親抄劄略計七八郡所當濟者亦不下百餘萬戶戶給一石亦該一百餘萬石所在州縣廣之豈有寬餘而義倉見管纔四十三萬耗腐在內非陛下捐數十萬石之米不足以賑此凶災竊惟目今旱處既多諸郡必紛然以錢粟為請卻致朝廷難為應

奏議卷之二百四十八　五

副是以會約一道當濟之數總為奏陳候諸州申到戶口據實分撥今本道所請其數若多散之州縣猶以為少臣等自行計擢下於此數必支給不敷非若尋常有司增多申請但冀十得六七之比陛下禱旱之初不愛牘典異恩以銷天變蘇民瘼今赤子嗸嗸赴愬求延旦夕之命必不惜力靳費不以拯之臣等謹體聖懷昧死上奏伏望斷自宸衷亟命有司於鎮江建康府轉般倉撥米五十萬石貼助本路義倉米斛賑濟飢民如部內諸州有請即下臣等分撥陛下幸賜江東之民而臣等不能杜吏姦失陷官物致上孤德意下誤民生則臣等之罪惟陛下炤之

德秀又乞給降錢會下本路災傷州郡下戶收糴麥種疏曰臣等近以本路旱蝗為菑屢以斯民危迫之狀仰瀆睿聽陛下至

仁垂憫，賜緡錢，發廩粟，恩意惻怛。與天同心，臣等欽體聖懷，分遣官吏抄錄戶口，舉行振卹之政。欲使山谷窮僻之地，咸被上恩。然此去來秋，尚有期歲，公家之力有限，艱食之日甚長。蚤夜以思，未知攸濟。訪之父老，皆言若二麥及時布種，則人心自安。蓋村野小民，生計易足，田中苟有數畝之麥，便可指為溫飽之資，日前雖甚艱難，終不舍之而去。富室大家知其有所指擬，緩急舉貸，亦肯相賙。第目今麥價所在踴貴，其最平處，每石為錢亦不下二貫有奇。惟上等殷富之家，自能豫蓄種子，中戶糴買已病其艱，若四等而下，大抵皆貧困之民，今夏所收，僅充三數月之食。飢腸所迫，豈有顆粒尚存，雖欲趁時耕種，有不可得。今秋田苗稼至少，檢放之數必多，官司坐失常賦，已不可勝計。若麥復失種，則來歲夏稅輸納必艱。上供之額，何所取辦。況嗸嗸待哺

者以百萬計。若廣種二麥，則一飽有期。庶幾四五月之交，振濟或可結局。若種麥稀少，不足救飢，則非至秋成，官司振給，實難遽已。公家事力，豈易支吾。臣等恭覩陛下即位初年九月二十八日尚書省劄子，勘會今來種麥是時，切恐細民無力耕種，有旨令兩浙兩淮提舉司應災傷去處，將常平錢措置收糴麥種，并給降米斛，疾速賑貸施行，毋致有失布種。寬卹之恩，載在詔令，煥如日星。臣等今畧計本道災傷去處第四等以下闕少麥種人戶，為田數百萬畝，每畝用種五升，其費不可勝計。雖嘗亟下所部諸州郡融官錢收糴給貸，然今州郡大抵空乏，必無餘力可及。而常平錢米本自無幾，見今專充糴濟，不復更有贏餘，只得傾竭愚誠，控告君父，伏望聖慈特詔有司給降錢會，令臣等頒下諸郡，斟量給貸，麥熟之日，令民隨稅輸納。臣等謹當拘催還之縣官，不敢分毫使用。干冒聖威，臣等無任震惕之至。

德秀知潭州，又奏置惠民倉狀曰：臣猥以疏庸，叨蒙推擇，假守湘土，深惟委寄之重，朝夕疚心，苟可以惠養民吾培固邦本者，不敢不用其至。惟是民食一事，最關休戚。臣在官二年，春夏之間，郡城居民率苦貴糴。蓋其生齒阜蕃，土產有限，全仰客米以濟其乏。若鄰路與上江歲豐穀賤，轉販者多，僅免闕食，一或不然，則市直驟增，貧民下戶立見狼狽。常平義倉之儲，本自無幾，加以法禁嚴重，非饑荒已甚之歲，不敢輒請發糴。故二年之間，雖若貴糴，臣皆那融借撥別色米斛以糶，而不敢遽發常平。至今夏米價益翔，借撥之米，亦不足以繼，然後請申常平司得米五萬石，賑糶一城，生齒賴以全活。而公家之積，則已垂罄矣。今歲一邑所傷甚多，來春以後，民食必乏，倘不蚤為備豫之計，惟盼盼焉須客販之至，一或不繼，其將奈何。竊見國朝張詠淳化中守成都，以蜀地素狹，生齒寔蕃，稍遇水旱，民必艱食。時米一升，

直錢三十六。乃拔諸邑田稅，如其價，歲折米六萬石。至春，籍城中細民，計口給券，俾輸元估糴之，奏為定制。其後百餘年間，雖時有災饑，米甚貴，而民無菜色。臣之於詠，無能為役，然心竊慕之。考之吏牘，本州秋稅米內，有所謂折粳者，本正苗之數，其後折錢，以充郡用。前後守臣或遇闕米支遣，則令仍輸本色。臣今措置自今歲為始，將上項折粳令人戶輸納本色，更不折錢，以嘉定十六年納到數目計之，合正與耗為米五萬餘石，別廒盛貯，名曰惠民倉，歲歲賑糶。其規模大畧悉倣張詠之法，庶幾城市細民，自此永無艱食之虞。而因養寓教，又於風化不為無補。所有張詠舊法與臣今來區處事宜，不敢上溷天聽，已具申朝省外，竊惟古今良法，未有百年而無弊者。惟詠賑糶一事，自淳化至宣和百有三十餘年，蜀民被惠如一日。不惟詠之區畫有方，亦由繼其後者更相維持，小有弊病，隨即救藥。雖有異議，不

為動搖。而朝廷又爲著之令甲。前後議臣復主張而申明之。以故行之愈久其利愈博。臣今欲望聖慈。將臣奏申事宜特降勅旨行下本州。永永遵守。使潭人世世蒙被聖朝子育之恩。實一方大幸。

德秀又奏置十二縣社倉狀曰。臣恭惟孝宗皇帝深惟民食之重。因朱熹有請頒社倉法于天下。自是數十年間。凡置倉之地。雖遇凶歲。人無菜色。里無囂聲。臣少時實親覩其利。歲久法壞。每爲之太息。嘉定乙亥。蒙恩將漕江東。歲遭旱蝗。承詔措置荒政。於是屬部。覩見飢窮之民。惟鄉落爲甚。而致粟又爲最艱。勞費不啻數倍。因慨然深念。使社倉之法推行而不廢。在在皆有藏粟。以之振民。猶取之懷也。其利豈不博哉。至是益知孝宗皇帝之聖謨神畫。有百世不可易者。近歲士大夫以其蠹弊多端。往往歸咎於法。至欲舉而廢之。抑不思古今之法曷嘗無弊。亦在夫維持整飭之爾。姑以常平義倉論

之。侵漁移易其害亦不一矣。然卒不可廢者。以其害不能掩利故也。何獨社倉必欲舉而廢之哉。仰賴聖朝深知此法。未容輕變。前後監司守臣有欲建立者皆詔可之。凡今有倉之地。如建昌南城袁州萍鄉等處推行有法。人蒙實惠。而潭之屬縣曰長沙者亦有倉二十八所。蓋慶元初。知縣事饒幹所立。距今三十餘載。雖不能亡弊而窮民賴之亦多。臣叨帥湖湘。適潭人連歲艱食。今夏旱暵尤甚。禱請之餘。齋居深念所以爲一方飢饉之備。蓋無出社倉之右者。於是撙節浮費。以官錢易穀于總所。凡八萬石。益以他穀爲九萬五千餘石。十二縣置倉凡百所。令人戶之當輸穀于州者。就輸之社倉。其斂散之規息耗之數。大概悉倣朱熹所上條約。而因時救弊視俗制宜者。又加詳焉。此蓋淳熙勅旨之所許也。仰惟仁聖臨御之初。方務行孝宗故事。臣敢昧死以聞。其申請事宜。已上之尚書省。乞賜敷奏施行。伏望聖慈察臣汲汲爲民之心。從臣所請。頒降旨揮。令本州常切遵守。庶幾良法美意久存而不壞。貧民下戶。得以蒙天施於無窮。臣不勝大願。

提舉李道傳上奏曰。伏爲廣德知軍魏峴按教授林庠實按轉運副使真德秀乞覈實辨明事。臣聞論事者當辨是非。責治者當覈名實。天下未嘗無真是真非之所在也。然每患乎言之多端。聽之易惑者不覈實之過。誠即其名以覈其實。則是者固不可以厚誣。而非者亦何可以自掩哉。臣竊覩進奏院報知廣德軍魏峴按軍學教授林庠不法。且乞避轉運副使真德秀。得旨罷庠而別與峴一等軍壘差遣。臣竊謂峴與德秀必有一是一非。惟以其實考之。則真是真非當有不難辨者。蓋峴之奏雖爲庠設。然以臣所聞。峴非按庠。乃按德秀也。峴之按庠。謂其捨教職而任荒政。挾漕臣而凌郡守矣。以一郡之民飢困欲死。陛下大指廩粟以活之。任乎此邦者出任其事。如救焚拯溺。何常職之可拘。當此之時。軍學堂試爲重乎。本軍

振濟爲重乎。出身濟物固儒者事。峴昧於輕重。而以庠終日坐倉爲可鄙。峴則陋矣。至於陵忽郡將。則誠不可不治。然猶當問庠之所守爲如何。設使庠之語言禮節或失婉順。而所守者正。峴亦當屈己從之。未可以陵忽言也。況庠之於峴。初未見語言禮節悖慢之實。則峴之深怨極憾於庠者果何爲哉。以此言之。峴之按庠意必有在。臣故曰。峴非按庠。乃按德秀也。德秀與峴比肩事主。德秀雖任按察。若德秀所爲未善。峴不肯苟徇。具以上聞。孰曰不可。然臣不知果峴爲是乎。德秀爲是乎。峴之奏爲荒政言也。若曰某縣流移者多而不能止。某鄉莩死者衆而不能救。某處濟米給散之有欺。某邑糶錢出入之不明。某事則有何人之詞。某條則有何日之案。各指其實而言之。庠固无所逃罪。而德秀之失於任庠者亦無所辭其責矣。臣竊聞峴之奏千餘言。略不及此。特以輕易朝廷。自專掠美爲德秀罪。陛下試覈其實。峴爲是乎。德秀爲是乎。夫自專固人臣之罪。而許以從宜

者乃人主之大權。掠美固君子所羞。而為君任怨者尤末世之邪說。如峴所陳。陛下欲濟而易之以糶。陛下欲糶而易之以濟。是為有司專擅之罪。廣德濟糶非臣所任。不能詳知。然竊謂濟糶俱急。轉輸不濟。糶米未至而借濟米以應之。濟米有缺而乞糶米以益之。權宜集事。要使成終。文籍具存。自無淆混。若事理不過如此。則固亦陛下之所許。未至罪其專也。至於掠美之說。則又不可不察。臣事君猶子事父也。子職無他。任其父之事而已。臣職無他。任其君之事而已。故稱人子之善者必歸美於其父。稱人臣之善者必歸美於其君。擢是臣任是職。欲其稱職而人善之乎。欲其不稱職而人惡之乎。使人臣任怨於下。則怨之者推其所從來。必歸咎於上矣。主何利焉。且峴固言之矣。米陛下之米。民陛下之民也。獨不曰臣亦陛下之臣乎。以陛下之臣奉陛下之令。散陛下之米。活陛下之民。何往而非陛下之德澤哉。天下未嘗有无實之名也。臣之事君當貴其實。而求名與否不必問也。若夫黎民阻飢。上所

當恤。此則如慈母之乳其子。初不為名。峴乃有恩歸知己。怨萃朝廷之言。何其所見之異哉。且民飢而不得食則怨。既得食矣。又何怨萃於上之有乎。峴之言無足辯者。然臣竊見近世風俗日以衰弊。人臣率顧一身利害之私。而不以國家生民為念。臣雖不肖。每獨憂之。峴之說行。恐自今分職授任者益以自專掠美為嫌。便文自營。誰任陛下事者。峴言雖所關甚大。此臣拳拳之愚。所以上瀆天聽。不自知其煩也。峴與德秀一是一非。必有公論。伏望陛下特選朝士。或委鄰路監司考覈其實。若廣德荒政不舉。則德秀為有負陛下。不可無責。若峴言無實。則是以私意邪說上惑朝廷。上乞明正其罪。使天下知是是非非。不可混於聖明之世。臣與德秀實為聯事。愚忠所激。不復避嫌。且峴尚居部內。在臣職所當言。用敢冒犯以聞。

左司諫黃序上奏曰。雨澤愆期。地多荒白。知餘杭縣趙師恕請勸民雜種麻粟豆麥之屬。蓋種稻則費少利多。雜種則勞多獲少。慮收成之日。田主欲分。官課責輸。則非徒無益。若使之從便雜種。多寡皆為己有。則不勸而勸。民可無饑。望如所陳下兩浙兩淮江東西等路。凡有耕種失時者。並令雜種。主毋分其地利。官毋取其秋苗。庶幾農民得以續食。官免振救之費。從之。

寧宗時。袁燮輪對劄子曰。臣聞子夏問於孔子曰。何如斯可謂民之父母矣。孔子曰。四方有敗必先知之。此之謂民之父母矣。至哉聖言。子有疾痛則父母知之。民有疾痛則人主知之。其知之最先。故救之最切。洪惟我藝祖有父母斯民之仁。嘗詔諸州長吏視民田旱者蠲其租。勿俟報。蓋慮其稍緩有拯救不及者。嗚呼可謂至切矣。仁宗明道中。江淮旱蝗。命范仲淹安撫。時民有食烏昧草者。仲淹擷以進御。且請宣示六宮貴戚。以戒侈心。其言切矣。而不以為忤。豈不曰民之艱食。固人主所欲急聞者歟。人主雖儉。而六宮貴戚或侈。亦足以傷

財而害民。此仲淹所以併及之。而仁宗所以嘉納之也。今陛下躬行儉約。誠心愛民。同符於藝祖。匹休於仁宗矣。然不知黎庶之疾苦。果能盡達於冕旒之前乎。近而京華米斗千錢。民無可糴之資。何所得食。固有餓而死者。有一家而數人斃者。遠而兩淮荊襄。米斗數千。強者急而為盜。弱者無以自活。官給之粥。幸有存者。而無衣無褐。不堪隆冬。或以凍死。遺民氣息僅屬。雖逢春和。豈能遽有生意乎。淮西漕臣目其飢羸困斃之狀。摹寫為圖。觀者無不愍惻。不知亦嘗進御。如范仲淹之進烏昧草乎。陸贄有言。流俗之弊。多徇諂諛。揣所悅意。則侈其言。度所惡聞。則小其事。深識當時告荒之不以實也。今聖德寬仁。監司郡守固宜皆以實告。然願陛下更咨詢之。使閭閻纖悉之情畢達於几席之間。如家至而親見之。則父母斯民之意篤矣。臣聞古者制國用。必於歲之杪。蓋為其必於是時也。五穀多寡。歲終畢見。可

量入以為出。歉歲用度非豐年比故也。今當饑饉艱危之時而中外支費猶如豐登之歲可乎。小民嗸嗸仰哺方切。坐視則不忍賑卹則不給惟有裁節冗費。上自乘輿服御下至百司庶府無所不節。以為施惠之具。或可以救。不然將何望耶。側聞去冬陛下臨朝。深以得雪為喜。而又軫念飢民之寒。更糶為濟以直給之。聖意切矣。臣願陛下更推廣之。凡立事貴乎舉要。惟救荒獨不可略。條目愈詳則惠澤愈廣。故成周以荒政十有二聚萬民。當是時富藏天下。民生熙熙。雖遭水旱。苟無菜色。而賑飢之具多端如是。蓋不敢不如是也。陛下宜深思此意。凡可以加惠吾民者無所不用其極。寧過乎詳毋失之畧。庶乎恩意周洽。而赤子可活矣。周世宗五季之君爾。猶曰民猶子也。安有子倒垂而父不解者。今以聖主如天之仁。豈其憮摩涵育有所未及乎。民困極矣。惟速救之。豈獨生靈之幸。實宗社之幸。

浙東路安撫使袁說友乞收糴淮麥疏曰。臣竊覩司馬光進讀通英神宗皇帝問以河北歲饑何以救之。光曰。饑饉之歲金帛無所用。惟食不可一日無耳。乞糴穀於他路州縣。仍多漕江淮之穀。神宗然之。然則糴穀以賑饑民。固不可緩。若先事豫備多方為蓄。則允免於臨時之迫急也。伏自前歲水旱相仍。舉行荒政。惟以發倉廩救饑饉為急。累月之間諸路賑糶。所在儲粟什用八九。然猶未能足用也。今諸處見管米斛蓋甚無餘。幸去歲中熟。朝廷徧行和糴。目今所蓄止自不多。若今歲更得一稔。則廣糴厚蓄。它日猶可憑藉。然近日雨澤久愆。禱祈未應。明越兩郡種未入土。浙西運河不絕如綫。自常而埒乾旱已甚。所謂先事豫備豈宜不講。今和糴米斛已非其時。縱增價收糴所得亦幾。竊聞兩淮麥已大熟。淮郡種麥連亘阡陌。非江浙比也。淮人仰此流轉江浙博易楮幣。熟聞目即麥價甚平。臣恭聞仁宗皇帝慶曆四年遣內侍齎內庫銀三萬兩下陝西糴麥以濟饑民。蓋穀與麥。其救饑一也。今糴穀已晚。宜及淮麥稔熟之時早行收糴以為他日賑荒之備。誠為急務。臣嘗詢之農民謂麥極可收貯。若乾燥之麥倉敖不漏可收二年。今若朝廷捐錢會三十萬分委兩淮漕臣每路且各糴乾燥好麥十萬碩。以郡大小定數增價收糴。選委明曉官屬措置。革弊不得纖毫科擾於民。各於高燥倉敖將所糴麥更切曬晾候乾然後入敖。如一年內便致腐爛不可用者罪各有歸。取見糴足實數具申朝廷。然後委官覈實庶幾得此十萬石麥。或有歲歉便可應用。其利一也。淮人既得官司增價糴麥。又三十萬錢會散在兩淮。民旅兩得其便。其利二也。若今秋幸得豐熟不用賑濟。則此十萬石麥或且樁留一半。或遠近官司乞以元錢兌撥充造麴等不患其無用。此其利三也。欲望聖慈詳酌臣先事豫備之意。或其言可采乞早賜施行。不勝幸幸。

說友又乞增糴常平米疏曰。臣切惟國家常平之法最為近古。今州縣常平之米。政所以均斂散之宜。平斂歲之糶。若所儲不多。或遇歉歲必無以均斂散而平貴糴。恐非常平之本意。臣忝職浙東。伏見本路州縣常平米數目尤少。除紹興府有五千餘石。台州有四千餘石外。其溫州止一千餘石。明州止一百餘石。處州止三十餘石。若衢婺兩州並無見在。總計七州之數不過一萬二千石耳。常平之本與義倉不同。義倉隨苗帶納。歲歲而有。常平則取之租課米與租課錢收糴耳。而租課錢米即人戶請佃沒官戶絕田產內所輸者。去歲十月蒙朝廷行下。將本路應干沒官戶絕田產並行估賣其錢令各州解赴封樁庫。臣今年正月到任。雖已節次措置出賣。而區區切有管見向者恐涉規避之嫌不敢具奏。今幸獲對清光。得以控露。且浙東一路所管常平米，已是數目絶少，若又盡賣沒官户絶田產，則自此不復有佃人租課錢米，是絶常平之本矣。歲既無入，又有州縣支動及陳腐耗折，所謂見管一萬一千石，將不一二年亦無復有矣，豈不重失斂散平糴之良法哉！故臣謂出賣官產若果足以助經常之費，猶曰可行。今浙東一路估到之數，不過十二萬貫，而臣到任後，多方措置，方賣及四萬貫。設使足十二萬貫文，數在朝廷，如太倉一稊米耳。所得不多，所失頗重。政如中人之家，雖至於甚迫促，亦不肯盡棄常產以絶歲入之利。蓋棄產得金，金易盡而產不復有；堅忍以保常產，則歲歲有常入矣。此理甚曉然也。臣愚欲望聖慈以常平為重，深念浙東一路常平米數少，所賣官產不過十二萬緡，豈宜因此盡廢常平之入？特發睿斷，行下浙東提舉司，日下住賣沒官户絶田產。其已賣者，即以其錢各令本州趁今年豐熟盡數收糴米斛，於常平倉椿管，

限冬季糴足。其未賣者與雖已賣而未交錢者，並只付元佃人租種，仍前輸納租課錢米。其後來續次收到沒官户絶田產，自此並不得出賣，勸州縣及時召人租種，庶幾存留所佃官產不絶常平之入。及民之踐莫切於此，仍乞速賜行下施行，不勝一路厚幸。

理宗時，知安慶黄幹代撫州守上奏曰：國家頻年以來，常苦旱暵，是雖天時之適然，而亦人事不脩之過也。人事既盡，則雖天災流行，亦有不得而勝者。陂塘之利，所以灌注田畝，漢世良吏往往以開渠灌田立名後世，如召伯埭、甘棠湖之類，民到于今稱之，使為國者可以一切取必於天，則何必若是之屑屑哉！江西之田瘠而多涸，非藉陂塘井堰之利，則往往皆為曠土。比年以來，飢旱荐臻，大抵皆陂塘不修之故。若申嚴舊法，在州委通判，在縣委縣丞，先於每鄉籍記陂塘之廣狹深淺，方水泉涸縮之時，農事空閑之際，責都保聚民浚深其下，而倍築其上。積水既多，則雖有旱暵，而未始枯竭。延行考察，課其勤惰而為之賞罰。其始雖若勞，而其終乃所以利民。如此，則天災不能為害，豐登可以常保，而不至於上勤朝廷賑恤之勞矣。

幹知漢陽，上奏曰：臣恭惟國家以深仁厚澤覆露宇内，一民一物之微，撫摩愛育，不忍使之不得其所。獨於水旱凶荒，州縣無素備之策，而民之死於飢莩者，不知其幾，甚可傷也。今之守令為救荒之策者，不過曰勸分，曰通商而已。勸分通商，不聽其自為低昂，則客旅稅户不肯出粟；若聽其自為低昂，則人心無厭，數倍其價。閭閻小民，當豐穰之歲，亦必父子竭作，然後可以易一飽。迨至凶荒，雖有技藝，已無所售，安得有數倍之錢可以糴米？則亦有相與枕藉而死耳。夫事固有若老生常談，而確然不可議者，廣儲蓄是也。然人皆知其不可易而不可為者，病在因循而已。本軍每歲苗米不過二千餘石，僅足以

解總所給大軍，而本軍官兵之請給，皆旋行收糴，素未嘗蓄積也。自前知軍孫杓肯糴萬石，知軍王從繼之，亦糴萬石。今歲大旱，偶米價未大貴之日，臣急發郡帑，借貸緡錢，糴客舟稅户米三萬餘石，漢川縣亦糴萬石。自六月以來，米價頓貴，藉此六萬餘石之米，發以賑糴，每户數石，則亦可以及萬餘之衆，日食賤米而無憂。以是推之，則積貯者信其為天下之大命也。臣愚以為莫若及今行下兩浙、江東西、湖南北諸路，擇沿江十數大郡，起立倉敖，使可積數十萬石。纔遇豐熟，即於諸郡和糴椿積，則十郡可積數百萬石，雖有水旱，不能為吾憂矣。況胡運日衰，中原故壤，指日可復。師旅一動，衆發此米方舟而下，何患糧食之不繼哉！方旱而思造舟，方暑而思裘，雖若近於迂濶，然先事而慮，可以無憂；事至而憂，則無及矣。惟陛下議而決行之，天下幸甚。

兵部侍郎袁甫論流民劄子曰。臣聞。今日之患。至危至急。關於理亂存亡之大者。流民是也。臣竊迹往事。未暇枚舉。姑以晉事言之。永寧間。李特雄鬻。其始不過挾流民為亂耳。特雄單人寡。乃能因流民蟻附。結大營於綿竹以處之。旬月之間。有衆二萬。遂據全蜀。自古惟有已亂之方者。乃能折倡亂之萌。西晉不知已亂。而縱特雄之倡亂故蔓延以及東晉。雍州流民多在南陽。王如因之以為亂。巴蜀流民布在荊湘。杜弢又因之以作亂。逮其後也。江西流民執長吏降姚襄。建鄴震駭。謝尚自歷陽還衛京師。固江備守。此皆倡亂之始。不思亟加安輯。故其流毒寖盛寖烈。以至此極耳。況今歲荒歉。米價騰踊。饑莩滿目。在在皆然。以外之流民煽內之飢民。等死之念。一萌喜亂之徒群起。國將奈何哉。夫不恤內地之飢民。則凡轉徙於道途者皆流民也。又加以在外源源方來之民。吾倉皇無策。必將固拒。且淮民皆

吾赤子。今不加拯救。反從而拒之。是讎之也。以子為讎。稍有人心。何忍為此。臣之愚慮。謂宜亟加區畫。如救頭然。然有當行而未易行者凡數條焉。今州縣聞流民入境。未知數目多寡。宜責之長吏。預為措置。或分寺觀而暫為居止之計。或隨力賙養而亟救垂絕之命。其說固當行矣。然諸郡赤立。經常莫繼。一旦重以此費。官帑空竭。計將安出。雖有巧智。於何取辦。此其未易行者一也。淮民勁悍。材藝與江浙不同。轉塡溝壑。殊可恨惜。宜取其尤強壯者。籍以為兵。如近日新招拱衛一軍。亦可充數。仍散所在諸軍。多有虛籍。與其募市井之游手。曷若收淮民之壯丁。其說固當行矣。然養兵猥衆。為今大弊。不能汰而又益之。來者無窮。反致激變。此其未易行者二也。兩淮清野伐韃賊。因糧之計。室廬田畝。無尺椽寸草之留。獨有山水寨阻險為固者如故也。因而葺理增立堡寨。以處復業之民。其說亦當行矣。然民多寨少。何以容。葺理之費。官給之乎。抑聽民自為而官助之乎。俱非空言之所可辦。況此又在狂虜盡退之後耳。設河上渴矣。救目前。此其未易行者三也。借曰其後復業。官司為之主盟。還其自有之田。勸以力農之務。其說亦當行矣。然自經韃賊蹂躪之餘。種盡矣。牛盡矣。耕具又皆盡矣。小民積窘歲久。尚不能集。一朝還鄉。決難措辦。是亦驅而就死地耳。刻韃情叵測。去來無常。民未知復業之獲利。反不如寄寓之暫寬。此其未易行者四也。刻今近甸。間有剽掠之衆。輦下已有攫奪之風。凡此亦足以鼓雄心而長聲勢。毗隸迁徒。皆勍敵也。斬木揭竿。皆勁兵也。群起附和。如水赴壑。流民之禍。豈不甚可畏哉。陛下盍亦懷愚夫愚婦一能勝予之念。軫燕巢幕上魚游釜中之憂。凡前四條利害相形。有非獨見單慮之所可臆決。宜誕布集議之詔。俾侍從臺諫兩省官。以及在廷之臣。參酌事宜。竭盡忠計。各上議狀。不

許聯名。庶幾人人得盡已見。免至雷同塞責。陛下與二三大臣合衆謀而斷之。至當歸一。無有疑貳。于以安近懷遠。保邦固本。實宗社生靈大慶。臣不勝惓惓。

甫為中書舍人兼經筵說書進故事曰。仁宗皇祐元年。以知青州富弼為禮部侍郎。初河北大水。流民入京東者。不可勝數。弼擇所部豐稔者五州。勸民出粟得十五萬斛。益以官廩。隨所在貯之。擇公私廬舍十餘萬區。散處其人。以便薪水。及流民將復其業。又各以遠近受糧。凡活五十餘萬人。募而為兵者。又萬餘人。上聞之。遣使慰勞。就遷其秩。弼曰。救災。守臣職也。辭不受。前此救災者。皆聚民城郭中。為粥食之。飢民聚為疾疫。及相蹈藉。死。或數日不食。得粥皆僵仆。名為救之。而實殺之。弼所立法。簡便周至。天下傳以為法。

臣竊謂區處流民之策。惟富弼之法最為簡要。所謂簡要之策。惟

曰散處其民於下而總提其綱於上而已竊聞金陵諸邑流民羣聚皆來自淮西荷戈持刃白晝肆掠動輒殺傷沿江出兵驅之其在句容之境者輒入金壇若宣城若池陽若當塗所在蟻聚剽刼成風逃亡之卒皆入其黨江南姦民率多附和目前勢已若此冬杪春初日月尚長蔓延不已各將潰裂四出不可收拾臣愚欲乞朝廷行下督府及諸閫與凡安撫總漕諸司作急措置自一路而推之諸路由諸路而推之諸郡每處流民隨所在分之凡贍養之費惟分則易供居止之地惟分則易足此非臣之臆說也弼擇所部五州勸民出粟得十五萬斛益以官廩隨所在貯之又擇公私廬舍十餘萬區散處其人以便薪水弼之所作可謂委曲詳盡矣今日果能推行此策非但勸民出粟而已或撥上供之數或撥有管之錢或乞科降則上下當相視

如一家或請團結則彼此當聯絡為一體而所謂團結者又不止一途而已能勞苦者庸其力有伎藝者食其業其間有為士者則散於庠序為商者則使之貿遷必有所繫而姦無所萌此皆分說也分之愈多則養之愈易而其要在督府制閫以及總漕諸司為之領袞而已是故民貴乎分而權貴乎合所謂散處其民而總提其綱者正謂此也臣願朝廷備富弼施行使長吏任責一如青州故事流民甚幸宗社幸甚

度宗咸淳元年有旨豐儲倉撥公田米五十萬石付平糶倉遇米貴平價出糶二年監察御史趙順孫上言曰今日急務莫過於平糶乾道間郡有米斗直五六百錢者孝宗聞之即罷其守更用賢守此今日所當法者今粒食翔踊未知所屆市井之間見楮而不見米推原其由實富家大姓所至閉廩所以糶價愈高而楮價陰減陛下念小民之艱食為之發常平義廪然為數有限安得人人而濟之願陛下課官吏使之任牛羊芻牧之責勸富民使之無秦越肥瘠之視糶價一平則楮價不因之而輕物價不因之而重矣

咸淳九年起居舍人高斯得進故事曰洪範八政一曰食二曰貨食謂農殖嘉穀可食之物貨謂布帛可衣及金刀龜貝可以分財布利通有無者也二者生民之本興自神農之世斲木為耜揉木為耒耒耜之利以教天下而食足日中為市致天下之民聚天下之貨交易而退各得其所而貨通食足貨通然後國實民富而教化成

臣聞食貨相資自生民以來未有能易者也虞書曰懋遷有無化居烝民乃粒萬邦作乂洪範八政一曰食二曰貨孟子曰許子以釜甑爨以鐵耕以粟易之蓋二者不能以相無為人上者但當其均節其重輕使交利而俱贍未聞有力加遏絕使食貨不

通以至於飢餓死亡而不加恤者也管子曰計本量委則足矣而民有飢餓者穀有所藏也藏者何專財於一處而不散也夫生穀粟所以養人乃設筦榷而雍閼之夫絕民命使捐瘠於深山窮谷之中何其忍也自古言利之臣桑孔為甚聞其盡籠天下貨物矣未聞其禁米也國家著令米穀不稅凶年飢歲閉糴有誅祖宗仁政吏可不恪守乎臣竊聞近者有司彊行弊政開置米局使縣吏豪民共主其事禰水斷舟圭撮不泄山澤之民貨無所售食無所得飢火迫之觸法抵禁嘯侶呼儔破柵奪攘以與官角其有擒獲傳送有司斬首就戮向也救死於口而不得今也救死於頸而不能進退皆死何吾民之不幸乎夫移粟移民一國而相通者也晉饑秦救鄰國而相通者也安有均為天子縣內之民而肥瘠相視哉始作俑者其無後乎為其象人

而用之也。如之何其使斯民飢而死也。作俑者。信有罪矣。設尤禍也。可不監乎。今勑耰棘矜。猶未散也。施禁之。令猶未下也。正當饑埸日駭之秋。列郡有殺人取貨於城內者。京邑有蟻聚蜂屯於田里者。長此不已。豈不為姦人所甚以搖吾民乎。願陛下申嚴國家通糴免稅之法。亟命有司。毋惑吏姦。毋輕民命。取數年弊法而掃除之。仍昭揭牓諭。使遠所山澤溪谷之民。莫不聞知。則渤海潢池之間。必且棄兵弩而持鋤鉤。賣刀劍而買牛犢矣。惟陛下亟行之。幸甚幸甚。

金世宗問宰臣曰。堯有九年之水。湯有七年之旱。而民不病飢。今一二歲不登。而人民乏食。何也。紇石烈良弼對曰。古者地廣人淳。崇尚節儉。而又惟農是務。故蓄積多而無饑饉之患也。今地狹民衆。又多棄本逐末。耕之者少。食之者衆。故一遇凶歲而民已病矣。上深然之。

於是命有司懲戒荒縱不務生業者。

章宗泰和四年。河北大飢。尚書右丞侯摯上言曰。今河朔飢甚。人至相食。觀滄等州斗米銀十餘兩。殍殣相屬。伏見沿河上下。許販粟北渡。然每石官糴其八。彼商人非有濟物之心也。所以涉河往來者。特利其厚息而已。利既無有。誰復為之。是雖有濟物之名。而實無所渡之物。其與不渡何異。昔春秋列國。各列疆界。然晉饑。則秦輸之粟。及秦飢。晉閉之糴。千古譏之。況今天下一家。河朔之民。皆陛下赤子。而遭罹兵革。尤為可哀。其忍坐視其死而不救歟。人心惟危。臣恐弄兵之徒。得以藉口而起也。願止其糴。縱民輸販為便。

宣宗貞祐二年。中都路兵馬都總管胥鼎以在京貧民缺食者衆。宜立法賑救。乃奏曰。京師官民。如有能贍給貧人者。宜計所贍遷官陞職。以勸獎之。遂定權宜鬻恩例格。如進官升職。丁憂人許應舉求仕官監戶從良之類。入粟草各有數。全活甚衆。

元世祖時。趙天麟上策曰。臣聞。政化並言。則化均於政。衣食合論。則食急於衣。欲天下之化行。莫先於義。欲天下之食足。皆在於農。農有預防而業可永安。義有素行而俗自相睦。隋開皇五年。長孫平奏令軍民當社。共立義倉。收穫之日。隨其所得。各出粟麥。貯之當社。社司檢校。勿使損敗。當社飢饉。即用賑給。至于隋末。公私廩積。可供五十年。長孫平之力也。欽奉至元六年八月間聖旨條畫內一款。該每社立一義倉。社長主之。每遇年熟。每親丁留納粟五斗。驅丁二斗。未年粟不收。許納雜色。官司並不得拘檢借貸。勸支。後遇歉歲。就給社民食用。社長明置收支文曆。無致損耗。欽此。臣竊見自是以來。二十餘年于今矣。然而社倉多有空空如也之處。頃年以來。水旱相仍。蝗螟蔽天。饑饉荐臻。四方迭苦。轉互就食。陸寒盛暑。道塗之中。繼屬不絕。

攜持保抱。婦泣於後。子號於前。老弱不能遠移。而殍者衆矣。延及京畿。宗嘗如是。不亦痛哉。臣居山東。山野之民。飢食橡栗。寒衣薪火者多矣。若更飢饉不息。民將奚以為生乎。彼隋立義倉之後。而富。今立義倉之後而貧。豈今民之不及隋民哉。意者勸督未及。義風未行。天氣未和。人事未盡。以致之哉。若幸從臣所謂務農桑之法之後。自富有餘粟矣。國家許陳朝廷得失。臣試陳之。今條款使義倉計丁納粟。其意以為及饑饉之時。計丁出之。故方其納粟而計丁納之。以取均也。又條款使驅丁半之。彼驅丁亦人也。尊卑雖異。口腹無殊。至倫之日。驅丁豈可獨半食哉。又計丁出納。則婦人不納。豈不食哉。又同社村居無田者。豈可坐視而獨不獲哉。且夫義倉者。貴其義也。若計出納之錙銖。辨親驅之多寡。則是有義之名而無義之實也。樂歲粒米狼戾。乞丐者踵門。猶宜與之。況一社之人。而至倫。豈宜分彼此哉。是蓋當時大臣議法者有乖陛下之本心也。若從臣言限田產之法之後其田數之多寡亦不甚異矣。伏望陛下普班明詔詳諭農民凡一社立社長社司各一人。社下諸家共穿築倉窖一所為義倉。凡子粒成熟之時納則計田產頃畝之多寡而斂之。凡納例平年每畝粟率一升稻率二升。凡大有年聽自相勸督而增數納之。凡水旱蝗螟聽自相免。凡同社為一豐歉不均宜免其歉者所當納之數。凡饑饉不得已之時出則計排家口數之多寡而散之。凡出例每口日一升儲多每口日二升。勸為定體。凡社長社司掌管義倉不得私用。凡官司不得拘檢借貸及許納雜色。皆有前詔在焉。如是則非惟共相振救而義風亦興矣。

文宗時虞集除奎章閣侍書學士時關中大饑民枕籍而死有方數百里無孑遺者帝問集何以救關中。對曰承平日久人情宴安有志

之士急於近效則怨讟興焉。不幸大菑之餘正君子為治作新之機也若遣一二有仁術知民事者稍寬其禁令使得有所為隨郡縣擇可用之人因舊民所在定城郭修閭里治溝洫限畎畝薄征斂招其傷殘老弱漸以其力治之則遠去而來歸者漸至春耕秋斂皆有所助。一二歲間勿征勿徭。封城既正友望相濟四面而至者均齊方一截然有法則三代之民將見出於空虛之野矣帝稱善。

順帝時蘇天爵乞免飢民夏稅疏曰臣聞天生烝民為國之本地生百穀為民之財。國非民罔興民非財罔聚故書有本固邦寧之旨易有聚人曰財之文。我國家隆興百年子育兆姓雖賦稅專征於郡縣而恩澤常出於朝廷。爰自去歲以來不幸天災時見或值旱乾或遇霖雨河水泛溢。年穀不登以致江浙遼陽行省山東河北諸郡元元之民飢寒日甚始則貨粟與田既不能濟甚則鬻妻賣子償直幾何。朝廷雖嘗賑恤數日又復一空。朝餐樹皮暮食野菜飢腸暫充形容已槁。父子不能相顧弟兄寧得同居。壯者散為盜賊弱者死於途路。聞之亦為寒心見者孰不隕涕。殆茲春夏之交將為蠶麥可望蟲已損其桑柘蝗又食其青苗。夏麥既已不收秋田猶未下種。天災若此。民窮奈何。衣食尚且不充賦稅何由而出。誠恐州縣官吏但知依期征索。箠楚既施瘡痍益甚。夫民惟國之赤子財者本以養民宜從朝廷早賜聞奏驗彼災傷去所曾經賑濟之家合納夏稅量與蠲免。庶幾實惠普洽困窮銷愁怨之苦為歡悅之心。和氣既充陰陽自順四時協序百穀用成黎民雍熙天下幸甚。

歷代名臣奏議卷之二百四十八

歷代名臣奏議卷之二百四十九

水利

周靈王三十二年（靈王，大心也。）穀洛鬬，將毀王宮（穀、洛，二水名。鬬者，兩水格，有似於鬬。）王欲壅之，太子晉諫曰：不可。晉聞古之長民者，不墮山，不崇藪，不防川，不竇澤（竇，決也。不為此四者，為其反天性。）夫山，土之聚也；藪，物之歸也；川，氣之導也；澤，水之鍾也。夫天地成而聚於高，歸物於下，疏為川谷以導其氣，陂塘汙庳以鍾其美，是故聚不阤崩，而物有所歸（大曰崩，小曰阤。）氣不沈滯，而亦不散越（沈，伏也。滯，積也。越，違也。）是以民生有財用，而死有所葬（物有所歸，故生有財用。山陵不崩阤，故死有所葬。）然則無夭昏札瘥之憂，而無飢寒乏匱之患（短折曰夭，狂惑曰昏，疫死曰札，病曰瘥。）故上下能相固以待不虞，古之聖王唯此之慎。昔共工棄此道也，虞于湛樂，淫失其身，欲壅防百川，墮高堙庳，以害天下，皇天弗福，庶民弗助，禍亂並興，共工用滅。其在有虞，有崇伯鯀，播其淫心，稱遂共工之過，堯用殛之于羽山。其後伯禹念前之非度，釐改制量，象物天地，比類百則，儀之于民，而度之于群生，共之從孫四岳佐之（共，共工也。從孫，昆弟之孫也。四岳，官名，主四岳之祭，為諸侯伯。佐，助也。）高高下下，疏流導滯，鍾水豐物，封崇九山，決汨九川，陂障九澤，豐殖九藪，汨越九原，宅居九隩，合通四海。故天無伏陰（伏陰，夏有霜雹。）地無散陽（散陽，冬無冰。）水無沈氣（沈，伏也。無伏積之氣。）火無災煇（煇，炎起貌。天曰災，人曰火。）神無閒行（閒行，姦神淫厲之屬。）民無淫心（陰陽和，財用足，以無淫溢之心。）時無逆數（逆數，四時寒暑反逆。）物無害生（蟲螟之屬，不害嘉穀。）帥象禹之功，度之于軌儀，莫非嘉績，克厭帝心，皇天嘉之，胙以天下（胙，祿也。）賜姓曰姒，氏曰有夏，謂其能以嘉祉殷富生物也。胙四岳國，命為侯伯，賜姓曰姜，氏曰有呂，謂其能為禹股肱心膂，以養物豐民人也。此一王四伯，豈繄多寵，皆亡王之後（王，謂禹。四伯，謂四岳也。）唯能釐舉嘉義，以有胤在下，守祀不替其典。有夏雖衰，杞、鄫猶在（杞、鄫二國，夏後也。）申、呂雖衰，齊、許猶在（申、呂，四岳之後，商周之世，或封於申。

齊、許其後也。）唯有嘉功以命姓受祀，迄于天下，及其失之也，必有慆淫之心間之（慆，慢也。）故亡其氏姓，踣斃不振，絕後無主，湮替隸圉（湮，沒也。替，廢也。隸，役也。圉，養馬者。）夫亡者豈繄無寵，皆黃炎之後也。唯不帥天地之度，不順四時之序，不度民神之義，不儀生物之則，以殄滅無胤，至于今不祀。及其得之也，必有忠信之心間之，度於天地而順於時動，龢於民神而儀於物則，故高朗令終，顯明昭融，命姓授氏，而附之以令名。若啓先王之遺訓，省其典圖刑法，而觀其廢興者，皆可知也。其興者必有夏、呂之功焉，其廢者必有共、鯀之敗焉。今吾執政毋乃實有所避，而滑夫二川之神，使至於爭明，以妨王宮，王而飾之，毋乃不可乎。

魏文侯時，西門豹為鄴令，有令名。至文侯曾孫襄王時，與群臣飲酒，王為群臣祝曰：令吾臣皆如西門豹之為人臣也。史起進曰：魏氏之行田也以百畝，鄴獨二百畝，是田惡也。漳水在其旁，西門豹不知用，是不智也；知而不興，是不仁也。仁智豹未之盡，何足法也。於是以史起為鄴令，遂引漳水溉鄴，以富魏之河內。民歌之曰：鄴有賢令兮為史公，決漳水兮灌鄴旁，終古舄鹵兮生稻粱。

漢武帝初，方事匈奴，興功利，言便宜者甚衆。齊人延年（史不得其姓氏。）上書言：河出昆侖，經中國，注勃海，是其地勢西北高而東南下也。可案圖書，觀地形，令水工準高下，開大河上領（上領，山頭也。）出之胡中，東注之海。如此，關東長無水災，北邊不憂匈奴，可以省隄防備塞，士卒轉輸，胡寇侵盜，覆軍殺將，暴骨原野之患。天下常備匈奴而不憂百越者，以其水絕壤斷也。此功壹成，萬世大利。書奏，上壯之，報曰：延年計議甚深，然河迺大禹之所道也，聖人作事，為萬世功，通於神明，恐難改更。

元光中，河決於瓠子。武安侯田蚡為丞相，其奉邑食鄃，鄃居河北，河決而南則鄣無水菑，邑收多。蚡言於上曰：江河之決皆天事，未易以人力為彊塞，塞之未必應天。而望氣用數者亦以為然。於是天子久之不事復塞也。是時鄭當時為大司農，言曰：異時關東漕粟從渭中上，度六月而罷，而漕水道九百餘里，時有難處。引渭穿渠起長安，並南山下至河三百餘里，徑易漕，度可令三月罷，而渠下民田萬餘頃又可得以溉田。此損漕省卒，而益肥關中之地得穀。天子以為然，令齊人水工徐伯表，悉發卒數萬人穿漕渠，三歲而通，以漕大便利。其後漕稍多，而渠下之民頗得以溉田矣。

成帝初，清河都尉馮逡奏曰：郡承河下流，與兗州東郡分水為界，城郭所居尤卑下，土壤輕脆易傷。頃所以闊無大害者，以屯氏河通，兩川分流也。今屯氏河塞，靈鳴犢口又益不利，獨一川兼受數河之任，雖高增隄防，終不能泄。如有霖雨，旬日不霽，必盈溢。靈鳴犢口在清河東界，所在處下，雖令通利，猶不能為魏郡清河減損水害。禹非不愛民力，以地形有埶，故穿九河。今既滅難明，屯氏河不流行七十餘年，新絕未久，其處易浚，又其口所居高，於以分殺水力，道理便宜，可復浚以助大河泄暴水，備非常。又地節時郭昌穿直渠，後三歲，河水更從故第二曲間北可六里，復南合。今其曲埶復邪直貝丘，百姓寒心。宜復穿渠東行。不豫修治，北決病四五郡，南決病十餘郡，然後憂之晚矣。

哀帝初，平當使領河隄，奏言：九河今皆寘滅，按經義治水，有決河深川，而無隄防壅塞之文。河從魏郡以東北多溢決，水迹難以分明。四海之衆不可誣，宜博求能浚川疏河者。下丞相孔光、大司空何武，奏請部刺史、三輔、三河、弘農太守舉吏民能者，莫有應書。待詔賈讓奏言：治河有上中下策。古者立國居民，疆理土地，必遺川澤之分，度水埶所不及。大川無防，小水得入，陂障卑下，以為汙澤，使秋水多得有所休息，左右游波，寬緩而不迫。夫土之有川，猶人之有口也。治土而防其川，猶止兒啼而塞其口，豈不遽止，然其死可立而待也。故曰：善為川者決之使道，善為民者宣之使言。蓋隄防之作，近起戰國，雍防百川，各以自利。齊與趙魏以河為竟。趙魏瀕山，齊地卑下，作隄去河二十五里。河水東抵齊隄，則西泛趙魏，趙魏亦為隄去河二十五里。雖非其正，水尚有所遊盪。時至而去，則填淤肥美，民耕田之。或久無害，稍築室宅，遂成聚落。大水時至漂沒，則更起隄防以自救，稍去其城郭，排水澤而居之，湛溺自其宜也。今隄防陿者去水數百步，遠者數里。近黎陽南故大金隄，從河西西北行，至西山南頭，迺折東與東山相屬。民居金隄東，為廬舍，住十餘歲更起隄，從東山南頭直南與故大隄會。又內黃界中有澤，方數十里，環之有隄，往十餘歲太守以賦民，民今起廬舍其中，此臣親所見者也。東郡白馬故大隄亦復數重，民皆居其間。從黎陽北盡魏界，故大隄去河遠者數十里，內亦數重，此皆前世所排也。河從河內北至黎陽為石隄，激使東抵東郡平剛；又為石隄使西北抵黎陽觀下；又為石隄使東北抵東郡津北；又為石隄使西北抵魏郡昭陽；又為石隄激使東北。百餘里間，河再西三東，迫阸如此，不得安息。今行上策，徙冀州之民當水衝者，決黎陽遮害亭，放河使北入海。河西薄大山，東薄金隄，埶不能遠泛濫，朞月自定。難者將曰：若如此，敗壞城郭田廬冢墓以萬數，百姓怨恨。昔大禹治水，山陵當路者毀之，故鑿龍門，辟伊闕，析厎柱，破碣石，墮斷天地之性。此迺人功所造，何足言也。今瀕河十郡治隄歲費且萬萬，及其大決，所殘無數。如出數年治河之費，以業所徙之民，遵古聖之法，定山川之位，使神人各處其所，而不相奸。且以大漢方制萬里，豈其與水爭咫尺之地哉。此功一立，河定民安，千載無患，故謂之上策。若乃多穿漕渠於冀州地，使民得以溉田，分殺水怒，雖非聖人法，然亦救敗術也。難者將曰：河水高於平地，歲增隄防，猶尚決溢，不可以開渠。臣竊按視遮害亭西十八里至淇水口，乃有金隄，高一丈。自是東地稍下，隄稍高，至遮害亭高四五丈。往五六歲，河水大盛，增丈七尺，壞黎陽南郭門，入至隄下。水未踰隄二尺所，從隄上北望，河高出民屋，百姓皆走上山。水留十三日，隄潰二所，吏民塞之。臣循隄上，行視水埶，南七十餘里至淇口，水適至隄半，計出地上五尺所。今可從淇口以東為石隄，多張水門。初元中，遮害亭下河去隄足數十步，至今四十餘歲，適至隄足。由是言之，其地堅矣。恐議者疑河大川難禁制，滎陽漕渠足以卜之，其水門但用木與土耳，今據堅地作石隄，埶必完安。冀州渠首盡當卬（牛向反）此水門。治渠非穿地也，但為東方一隄，

北行三百餘里，入漳水中，其西因山足高地，諸渠皆往往股引取之；旱則開東方下水門溉冀州，水則開西方高門分河流。通渠有三利，不通有三害。民常罷於救水，半失作業；水行地上，湊潤上徹，民則病溼氣，木皆立枯，鹵不生穀；決溢有敗，為魚鱉食：此三害也。若有渠溉，則鹽鹵下隰，填淤加肥；故種禾麥，更為秔稻，高田五倍，下田十倍；轉漕舟船之便：此三利也。今瀕河隄吏卒郡數千人，伐買薪石之費歲數千萬，足以通渠成水門；又民利其溉灌，相率治渠，雖勞不罷。民田適治，河隄亦成，此誠富國安民，興利除害，支數百歲，故謂之中策。若乃繕完故隄，增卑倍薄，勞費無已，數逢其害，此最下策也。王莽時，徵能治河者以百數，其大略異者，長水校尉平陵關並言：河決率常於平原、東郡左右，其地形下而土疏惡。聞禹治河時，本空此地，以為水猥盛則放溢，少稍自索，雖時易處，猶不能離此。上古難識，近察秦漢以來，河決曹、衛之域，其南北不過百八十里者，可空此地，勿以為官亭民室而已。大司馬史長安張戎言：水性就下，行疾則自刮除成空而稍深。河水重濁，號為一石水而六斗泥。今西方諸郡，以至京師東，行民皆引河、渭山川水溉田，春夏乾燥，少水時也，故使河流遲，貯淤而稍淺；雨多水暴至，則溢決。而國家數隄塞之，稍益高於平地，猶築垣而居水也。可各順從其性，毋復灌溉，則百川流行，水道自利，無溢決之害矣。御史臨淮韓牧以為：可略於禹貢九河處穿之，縱不能為九，但為四五，宜有益。大司空掾王橫言：河入勃海，勃海地高於韓牧所欲穿處。往者天嘗連雨，東北風，海水溢，西南出，浸數百里，九河之地已為海所漸矣。禹之行河水，本隨西山下東北去。周譜云定王五年河徙，則今所行非禹之所穿也。又秦攻魏，決河灌其都，決處遂大，不可復補。宜卻徙完平處，更開空，使緣西山足乘高地而東北入海，

乃無水災。沛郡桓譚為司空掾，典其議，為甄豐言：凡此數者，必有一事宜，詳考驗，皆可豫見，計定然後舉事，費不過數億萬，亦可以事諸浮食無產業民。空居與行役，同當衣食；衣食縣官，而為之作，乃兩便，可以上繼禹功，下除民疾。

晉武帝咸寧三年，杜預言：諸欲修水田者，皆以火耕水耨為便，非不爾也。然此事施於新田草萊，與百姓居相絕離者耳。往者東南草創人稀，故得火田之利。自頃戶口日增，而陂堨歲決，良田變生蒲葦，人居沮澤之際，水陸失宜，放牧絕種，樹木立枯，皆陂之害也。陂多則土薄水淺，潦不下潤，故每有水雨，輒復橫流，延及陸田。言者不思其故，因云此土不可陸種。臣計漢之戶口，以驗今之陂，處皆陸業也。其或有舊陂舊堨，則堅完修固，非今所謂當為人害者也。臣前見尚書胡威啟宜壞陂，其言懇至。臣中者又見宋侯相應遵上便宜，求壞泗陂，

從運道時下都督度支共處當各據所見不從遵言臣案遵之事運道東詣壽春有舊渠可不由泗陂泗陂在遵地界壞地凡萬三千餘頃傷敗成業遵縣領應佃二千六百口可謂至少而猶患地狹不足肆力此皆水之為害也當所共恤而都督度支方復執異非所見之難直以不同害理也人心所見既不同利害之情又有異軍家之與郡縣士大夫之與百姓其意莫有同者此皆偏其利以忘其害者也此理之所以未盡而事之所以多患也臣又按豫州界二度支所領佃者州郡大軍雜士凡用水田七千五百餘頃耳計三年之儲不過二萬餘頃以常理言之無為多積無用之水況於今者水潦瓫溢大為災害臣以為與其失當寧瀉之不滀宜發明詔敕刺史二千石其漢氏舊陂舊堨及山谷私家小陂皆當修繕以積水其諸魏氏以來所造立及諸因雨決溢蒲葦馬腸陂之類皆決瀝之長吏二千石躬親勸功諸食力之人並一時附功令比及水凍得粗枯涸其所修功實之人皆以俾之其舊陂堨溝渠當有所補塞者皆尋求微跡一如漢時故事豫為部分列上須冬東南休兵交代各留一月以佐之夫川瀆有常流地形有定體漢氏居人眾多猶以無患今因其所患而宣寫之跡古事以明近大理顯然可坐論而得臣不勝愚意竊謂最是今日之實益也朝廷從之

後魏太武帝延和三年以刁雍為薄骨律鎮將雍至鎮表曰臣蒙寵出鎮奉辭西藩總統諸軍戶口殷廣又總勒戎馬以防不虞督課諸屯以為儲積夙夜惟憂不遑寧處以今年四月末到鎮時以夏中不及東作念彼農夫雖復布野官渠乏水不得廣殖乘前以來功不充課兵人口累率皆飢儉畧加檢行知此土稼穡艱難夫欲育民豐國事須大田此土乏雨正以引河為用觀舊渠堰乃是上古所制非近代也富平西南三十里有艾山南北二十六里東西四十五里鑿以通河似禹舊跡其兩岸作溉田大渠廣十餘步山南引水入此渠中計昔為之高於水不過一丈河水激急沙土漂流今日此渠高於河水二丈三尺又河水浸射往往崩頹渠溉高懸水不得上雖復諸處按舊引水水亦難求今艾山北河中有洲渚水分為二西河小狹水廣百四十步臣今求入來年正月於河西高渠之北八里分河之下五里平地鑿渠廣十五步深五尺築其兩岸令高一丈北行四十里還入古高渠即循高渠而北復八十里合百二十里大有良田計用四千人四十日功渠得成訖所欲鑿新渠口河下五尺水不得入今求從小河東南岸斜斷到西北岸計長二百七十步廣十步高二丈絕斷小河二十日功計得成畢合計用功六十日小河之水盡入新渠水則充足溉官私田四萬餘頃一旬之間則水一遍水凡四溉穀得成實官課常充民亦豐贍詔從之

宣武帝時冀定數州頻遭水害左中郎將鄭楷上疏曰臣聞有國有家者莫不以萬姓為心故矜傷軫於造次求瘼結於寢興黎民阻飢唐堯致歎眾庶斯饉帝乙罰己良以為政與農實繫民命水旱緣茲以得濟夷險用此而獲安頃東北數州頻年淫雨長河激浪洪波汩流川陸連濤原隰通望彌漫不已氾濫為災戶無擔石之儲家有藜藿之色華壤膏腴變為舄鹵菽麥禾黍化作雈蒲斯用痛心徘徊潛然佇立也昔洪水為害四載流於夏書九土既平攸同紀於虞誥亮由君之勤恤臣用劬勞日昃忘餐宵分廢寢伏惟皇魏握圖臨宇揔契裁極道敷九有德被八荒槐階棘路實維英哲虎門麟閣寔曰賢明天地函和日月光曜自比定冀水潦無歲不飢幽瀛川河頻年氾溢豈是陽九厄會百六鐘期故以人事而然非為運極昔魏國鹹舄

史起哂之。茲地荒蕪。臣實爲耻。不揆愚瞽。輒敢陳之。計水之湊下。浸潤無間。九河通塞。屢有變改。不可一準古法。皆循舊隄。何者。河決瓠子。梁楚幾危。宣防既建。水還舊跡。十數年間。戶口豐衍。又決屯氏。兩川分流。東北數郡之地。僅得支存。及不通靈鳴。水田一路。往昔膏腴。十分病九。邑居凋雜。墳井毀滅。良由水大渠狹。更不開瀉。衆流壅塞。曲直乖之所致也。至若量其逶迤。穿鑿溝澮。分立隄堨。所在疏通。預決其路。令無停蹙。隨其高下。必得地形。土木參功。務從便省。使地有金隄之堅。水有非常之備。鈎連相注。多置水口。從河入海。遠邇迳過。瀉其境潟。泄此陂澤。九月農罷。量役計功。十月昏正。立匠表度。縣遣能工。麾畫形勢。郡發明使。籌察可否。審地推岸。辨其脉流。樹板分崖。練厥從往。別使案檢。分部是非。瞰睇川原。明審通塞。當境脩治。不勞役遠。終春自罷。未須久功。即以高下營田。因於水陸。水種秔稻。陸蓺

桑麻。必使室有久儲。門豐餘積。斯實上策。禦灾之方。亦爲中古井田之利。即之近事。有可比倫。江淮之南。地勢洿下。雲雨陰霖。動彌旬月。遥途遠運。惟用舟艫。南畝畬䕽。微事耒耜。而衆庶未爲饑色。黔首罕有飢顏。豈天德不均。致此偏罰。故是地勢異圖。有茲豐餒。臣既鄉居水際。目覩荒殘。每思鄭白。屢想丕李。夙宵不寐。言念皇家。愚誠丹款。實希效力。有心螢爝。乞璧施行。使數州士女。無廢耕桑之業。聖世洪恩有賑飢荒之士。鄰宰深笑息自一朝。臣之至誠。申於今日。詔曰。頻年水旱爲患。黎民阻飢。靜言念之。旰不遑食。覽此事條。深協在慮。但計畫功費。非朝夕可合。宜付外量閑事遂施行。

宋太宗淳化二年秋。涇陽縣民杜思淵上書言。涇河內舊有石堰。以堰水入白渠。溉雍耀田。歲收三萬斛。其後多歷年所。石堰壞。三白渠水少。溉田不足。民頗艱食。乾德中。節度判官施繼業率民用梢穰。笆籬。棧不截河爲堰。壅水入渠。緣渠之民。頗獲其利。然凡遇暑雨。山水暴至。則堰輒壞。至秋治堰。所用復取於民。民煩數役。終不能固。乞依古制。調丁夫修疊石堰。可得數十年不撓。所謂暫勞永逸也。詔從之。遣將作監丞周約已等董其役。以用功尤大。不能就而止。

至道元年正月。度支判官梁鼎陳堯叟上鄭白渠利害。案舊史。鄭渠元引涇水。自仲山西抵瓠口。並北山東注洛。三百餘里。溉田四萬頃。畝收一鍾。白渠亦引涇水。起谷口。入櫟陽。注渭水。長二百餘里。溉田四千五百頃。兩渠溉田凡四萬四千五百頃。今所存者不及二千頃。皆近代改修渠堰。浸隳舊防。繇是灌溉之利。絶少於古矣。鄭渠難爲興工。今請遣使先詣三白渠行視。復修舊迹。於是詔大理寺丞皇甫選。光禄寺丞何亮乘傳經度。選等使還。言周覽鄭渠之制。用功最大。並仲山而東。鑿斷岡阜。首尾三百餘里。連亘山足。岸壁頹壞。堙廢已

久。度其制置之始。涇河平淺。直入渠口。暨年代浸遠。涇河陡深。水勢漸下。與渠口相懸。水不能至。峻崖之處。渠岸摧毀。荒廢歲久。實難致力。其三白渠溉涇陽櫟陽高陵雲陽三原富平六縣田三千八百五十餘頃。此渠衣食之源也。望令增築隄堰。以固護之。舊設節水斗門一百七十有六。皆壞。請悉繕完。渠口舊有六石門。謂之洪門。今亦隤圮。若復議興置。則其功甚大。且欲就近度其岸勢。別開渠口。以通水道。歲令渠官行視。岸之缺薄。水之淤填。即時浚治。嚴豪民盜水之禁。涇河中舊有石堰。脩廣皆百步。捍水雄壯。謂之將軍堰。廢壞已久。杜思淵嘗請興修。而功不克就。其後止造木堰。凡用梢椿萬一千三百餘數。歲出於緣渠之民。涉夏水潦。木堰遽壞。漂流散失。至秋復率民以葺之。數斂重困。無有止息。欲令自今溉田既畢。命水工拆堰木置於岸側。可充二三歲修堰之用。所役緣渠之民。計田出丁。凡調萬三

千人。疏渠造堰各獲其利固不憚其勞也。選能吏司其事置署於汴陽縣倒以時行視往復甚便又言鄧許陳潁蔡宿亳七州之地有公私閑田凡三百五十一處合二十二萬餘頃民力不能盡耕皆漢魏以來名信臣杜詩杜預任峻司馬宣王鄧艾等立制墾闢之地內南陽界鑿山開道疏通河水散入唐鄧襄三州以溉田。又諸處陂塘防埭大者長三十里至五十里闊五丈至八丈高一丈五尺至二丈其溝渠大者長五十里至百里闊三丈至五丈深一丈至一丈五尺可行小舟。臣等周行歷覽若皆增築陂堰勞費頗甚欲隄防未壞可興水利者先耕二萬餘頃他處漸圖建置。

九月帝以汴河歲運江淮米五七百萬斛以濟京師問侍臣汴水疏鑿之由命參知政事張洎講求其事以聞其言曰禹導河自積石至于龍門南至華陰東至砥柱又東至于孟津東過洛汭至于大伾即

今成皋是也或云黎陽山也禹以大河流泛中國為害最甚乃於貝丘疏二渠以分水勢。一渠自舞陽縣東引入漯水其水東北流至千乘縣入海。即今黃河是也。一渠疏畎引傍西山以東北形高敞壞隄水勢不便流溢夾右碣石入于渤海。書所謂北過降水至于大陸降水即濁漳大陸則邢州鉅鹿澤。播為九河同為逆河入于海。河自魏郡貴鄉縣界分為九道下至滄州今為一河言逆河者謂與河水往復相承受也。齊桓公塞以廣田居唯一河存焉今其東界至莽梧河是也禹又於滎澤下分大河為陰溝引注東南以通淮泗至大梁浚儀縣西北復分為二渠一渠元經陽武縣中牟臺下為官渡水。一渠始皇疏鑿以灌魏郡謂之鴻溝莨蕩渠自滎陽五出池口來注之其鴻溝即出河之溝亦曰莨蕩渠漢明帝時樂浪人王景謁者王吳始作浚儀渠蓋循河溝故瀆也渠成流注浚儀故以浚儀縣為名靈帝

建寧四年於敖城西北壘石為門以遏渠口故世謂之石門渠外東合濟水。濟與河渠渾濤東注至敖山北渠水至此又兼邲之水即春秋晉楚戰于邲。邲又音汳即汴字古人避反字改從汴字渠水又東經滎陽北旃然水自縣東流入汴水鄭州滎陽縣西二十里三皇山上有二廣武城二城相去百餘步汴水自兩城間小澗中東流而出而濟流自茲乃絕。唯汴渠首受旃然水謂之鴻渠。東晉太和中桓溫北伐前燕將通之不果。義熙十三年劉裕西征姚秦復浚此渠始有湍流奔注。而岸善潰塞裕更疏鑿而漕運焉隋煬帝大業三年詔尚書左丞相皇甫誼發河南男女百萬開汴水起滎澤入淮千餘里乃為通濟渠。又發淮南兵夫十餘萬開邗溝自山陽淮至于揚子江三百餘里。水面闊四十步而後行幸焉自後天下利於轉輸。昔孝文時賈誼言漢以江淮為奉地謂魚鹽穀帛多出東南至五鳳中耿壽昌

奏故事歲增關東穀四百萬斛以給京師亦多自此渠漕運。唐初改通濟渠為廣濟渠開元中黃門侍郎平章事裴耀卿言江淮租船自長淮西北泝鴻溝轉相輸納於河陰含嘉太原等倉凡三年運米七百萬石實利涉於此。開元末河南採訪使汴州刺史齊澣以江淮漕運經淮水波濤有沉損遂浚廣濟渠下流自泗州虹縣至楚州淮陰縣北八十里合于淮踰時畢功既而水流迅急行旅艱險尋乃廢停却由舊河德宗朝歲漕運江淮米四十萬石以益關中。時叛將李正己田悅皆分軍守徐州臨渦口梁崇義阻兵襄鄧南北漕引皆絕於是水陸運使杜佑請改漕路自浚儀西十里疏其南涯引流入琵琶溝。經蔡河至陳州合潁水是秦漢故道以官漕久不由此故填淤不通若畎流培岸則功用甚寡。又廬壽之間有水道而平岡亘其中曰雞鳴山。佑請疏其兩端皆可通舟其間登陸四十里而已則江湖黔

嶺蜀漢之粟。方可舟而下。由是白沙趨東關。經廬壽。浮潁步蔡。歷琵琶溝。入汴河。不復經泝淮之險。徑於舊路二千里。功寡利博。朝議將行。而徐州順命。淮路乃通。至國家膺圖受命。以大梁四方所湊。天下之樞。可以臨制四海。故卜京邑。而定都。漢高帝云。吾以羽檄名天下兵未至。孝文又云。吾初即位。不欲出虎符。名郡國兵。即知兵甲在外也。唯有南北軍期門郎。羽林孤兒。以備天子扈從藩衛之用。唐承隋制。置十二衛府兵。皆農夫也。及羅府兵。始置神武神策爲禁軍。不過三數萬人。亦以備扈從藩衛而已。故祿山犯闕。驅市人而戰。德宗蒙塵扈駕四百餘騎。兵甲皆在郡國。額軍存而可舉者。除河朔三鎮外。太原青杜各十萬人。邠寧宣武各六萬人。潞徐荆揚各五萬人。襄宣壽鎮海各二萬人。自餘觀察團練據要害之地者。不下萬人。今天下甲卒數十萬衆。戰馬數十萬疋。並萃京師。悉集七亡國之亡民於輦下。比漢唐京邑。民庶十倍。甸服時有水旱。不至艱歉者。有惠民金水五丈汴水等四渠。派引脉分。咸會天邑。舳艫相接。贍給公私。所以無匱乏。唯汴水橫亘中國。首承大河。漕引江湖。利盡南海。半天下之財賦。并山澤之百貨。悉由此路而進。然則禹力疏鑿以分水勢。煬帝開甽以奉巡游。雖數湮廢而通流不絕於百代之下。終於國家之用者其上天之意乎。

真宗天禧四年二月河塞。羣臣入賀。上親爲文。刻石紀功。是年祠部員外郎李垂又言疏河利害。命垂至大名府滑衛德貝州通利軍與長吏計度。垂上言。臣所至並稱黄河水入王莽沙河與西河故瀆。注金赤河。必慮水勢浩大。蕩浸民田。難於隄備。臣亦以爲河水所經。不無爲害。今者決河而南。爲害既多。而又陽武埽東石堰埽西地形汙下。東河泄水又艱。或者云今決處漕底坑深。舊渠逆上。若塞之。旁必

復壞。如是則議塞河者誠以爲難。若決河而北。爲害雖少。一旦河水注御河。蕩易水。逕乾寧軍。入獨流口。遂及契丹之境。或者云因此摇動邊鄙。如是則議疏河者又益爲難。臣於兩難之間。輒畫一計。請自上流引北載之高地。東至大伾。瀉復於澶淵舊道。使南不至滑州。北不出通利軍界。何以計之。臣請自衛州東界曹公所開運渠東五里河北岸凸處。就岸實土堅。引之正北。稍東十三里。破伯禹古隄。注裴家潭。逕牧馬陂。又正東稍北四十里。鑿大伾西山。釃爲二渠。一逼大伾南足。決古隄正東八里。復澶淵舊道。一逼通利軍城北曲河口。至大禹所導西河故瀆。正北稍東五里。開南北大隄。又東七里入澶淵舊道。與南渠合。夫如是則北載之高地。大伾二山脽股之間。分酌其勢。浚瀉兩渠。匯注東北。不遠三十里。復合于澶淵舊道。而滑州不治自涸矣。臣請以兵夫二萬。自來歲二月興作。除三伏半功外。至十月而成。其均厚埤薄。俟次年可也。疏奏。朝議慮其煩擾。罷之。

仁宗慶曆間。守平江范仲淹上奏曰。德惟善政。政在養民。此言聖人之德惟在善政。善政之要惟在養民。養民之政必在農務。江南舊有圩田。每一圩田方數十里。如大城。中有河渠。外有門閘。旱則開閘引江水之利。潦則閉閘拒江水之害。旱澇不及。爲農美利。又浙西地卑。常苦水沴。雖有溝河可以通海。惟時開導。則潮泥不得以堙之。雖有隄塘可以禦患。惟時脩固。則無摧壞。臣知蘇州日。點檢簿書。一州之田係出産者三萬四千頃。中稔之利。每畝得米二石或三石。計米七百餘萬石。東南每歲上供之數六百萬石。乃一州所出。臣詢訪高年。則云曩時兩浙未歸朝廷。蘇州有營田軍四部。共七八千人。專爲田事。導河築隄以減水患。于時民間錢五十文。糴白米一石。自宋朝一統。江南不稔則取之浙右。浙右不稔則取之淮南。故慣於農政不復

脩舉。江南圩田、浙右河塘，太半隳廢，失東南之大利。今江浙之米石不下六七百足，至一貫省，比於當時，其貴十倍。民不得不困，國不得不虛矣。臣請每歲之秋，降勅下諸路轉運司，令轄下州軍吏民各言農桑可興之利、可去之害，或合開河渠，或築堤堰陂塘之類，並係本州軍選官計定工料，每歲於二月間興役，半月而罷，仍具功績聞奏。如此不絕，數年之間，農利大興，下少飢寒，上無貴糴，則東南歲糴輦運之費，大可減省。其勸課之法，宜選官討論古制，取其簡約易從之術，頒賜諸路轉運使，面賜一本，付新授知州知縣等。此養民之政，富國之本也。

皇祐三年，直集賢院劉敞論修商胡口奏曰：臣聞天有時，地有埶，民有力。聖王之建功謀事者，不與天分時，不與地分埶，不與民分力，則功成而事立。今朝廷以河決商胡，議必塞之，臣竊謂過矣。乃者霖雨淋溢，山谷發泄，經川橫潰，或衝冒城郭，此天時也。澶魏之埽如商胡者多矣，莫決而商胡獨敗，此地埶也。淮汝以西，關陝以東，數千里之間罹於水憂者，甚則溺死，不甚則流亡，夫婦愁痛，無所控告，畧計百萬人。未聞朝廷有以振業之也，而議塞河，彊疲病之餘以極其力，乘殘耗之後以畧其財，重為事而罰所不勝，急為期而誅所不至，上則與天爭時，下則與地爭埶，此臣所謂過也。臣聞河之為患於中國久矣。其在前代，或塞或不塞。塞之為仁，不塞不為不仁，此有時而否者也。以堯為君，以舜為臣，以禹為司空，十有三年而後僅能勝水患耳。今朝廷之無禹明矣，而欲以數月之間塞決河，不權於時，不察於民，不亦甚乎。議者以為不塞河則冀州之水可哀，甚不然。夫河未決之時，能使水不病冀州則已矣。既決之後，縣邑則已沒矣，人民則已亡矣，府庫則已喪矣，雖塞河，未能有救也。今且縱水之所欲往而利導

之，其可能救與彼同，而可以息民，何嫌而不為。詩云：民亦勞止，汔可小康。惠此中國，以綏四方。夫中國者，固四方之本也。唯陛下與知道者慮之。

至和二年，兼判三司院歐陽脩狀奏曰：臣伏見學士院集兩省臺諫官議脩河事，未有一定之論，蓋由賈昌朝欲復故道，李仲昌請開六塔，互執一說，莫知孰是。以臣愚見，皆謂不然。言故道者未詳利害之源，述六塔者近乎欺罔之繆。何以言之？今謂故道可復者，但見河北水患而欲還之京東，然不思天禧以來河水屢決之因，所以未知故道有不可復之埶，此臣故謂未詳利害之源也。若言六塔之利者，則不攻而自破矣。且開六塔既云減得大河水埶，然今恩冀之患何緣尚告危急？此則減水之利虛妄可知。開六塔者又云可以全回六河，使復橫壠故道。見今六塔只是分減之水，下流無歸，已為濱、德、博之患。若全回大河以入六塔，則其害如何？此臣故謂近乎欺罔之謬也。臣聞河本泥沙，無不淤之理。淤澱之埶，常先下流。下流淤高，水行不快，乃自上流低下處決，此其常埶也。然避高就下，水之本性，故河流已棄之道，自是難復。臣不敢遠引書史，廣述河源，只以今所欲復之故道，言天禧以來屢決之因。初，天禧中河出京東，水行於今所謂故道者。水既淤澁，乃於滑州天臺埽決，尋而修塞，水復故道。未幾又決於滑南鐵狗廟。其後數年，又議修塞，水令復故道。已而又於王楚埽決，所決差少，與故道分流。然而故道之水終以壅淤，故又於橫壠大決。則決河非不能力塞，故道非不能力復，不久終必決於上流者，由故道淤高，水不能行故也。及橫壠既決，水流就下，所以十餘年間河未為患。至慶曆三四年，橫壠之水又自下流先淤，是時臣為河北轉運使，海口已淤一百四十餘里，其後遊金赤三河相次又淤。下流既

梗乃又於上流商胡口決然則京東橫壠兩河故道皆是下流淤塞河水已棄之高地京東故道屢復屢決理不可復其驗甚明則六塔所開故道之不可復不待言而易知臣聞議者計度京東故道功料止云銅城已上地高不知大抵東去皆高而銅城已上乃特高耳其東比銅城已上則似低比商胡已上則實高也若云銅城已東地勢斗下則當日水流宜決銅城已上何緣而頓淤於橫壠之口亦何緣而大決也然則兩河故道既皆不可為則河北水患何為而可去臣聞智者之於事有不能必則較其利害之輕重擇其害少者而為之猶勝害多而利少何況有害而無利此三者可較而擇也臣見往年商胡初決之時議欲修塞計用一千八百萬稍芟科配六路一百有餘州軍今欲塞者乃往年之商胡必須用往年之物數至於開塞故道張奎元計功料極大後來李參等減得全少猶用三十萬人然欲

以五十步之狹容大河之水此可笑也又欲增一夫所開三赤之方倍為六尺且闊厚三尺而長六尺已是一倍之功在於人力已為勞苦若云六尺之方以開方法筭之乃八倍之功此豈人力之所勝是則前功浩大而難興後功雖小而不實大抵塞商胡開故道凡二大役皆困國而勞人所舉如此而欲開難復屢決已驗之故道使其虛費而商胡不可塞故道不可復此所謂有害而無利者也就使幸而暫塞暫復以紓目前之患而終於上流必決如龍門橫壠之比重以困國勞人此所謂利少而害多也若六塔者於大河有減水之名而無減水之實今下流所散為患已多若全回大河以注之則濱　德博河北所仰之州不勝其患而又故道淤澁上流必有他決之虞此直有害而無利耳是智者之不為也今若因水所在增治堤防疏其下流浚以入海則可無決溢散漫之虞今河所歷數州之地誠為患

矣堤防歲用之夫誠為勞矣與其虛費天下之財虛舉大衆之役而不能成功終不免為數州之患勞歲用之夫則此所謂害少者乃智者之所擇也大抵今河之勢負三決之虞復故道上流必決開六塔上流亦決今河下流若不浚使入海則上流亦決臣請選知水利之臣就其下流求其入海之路而浚之不然下流梗澁則終虞上決為患無涯臣非知水者但以今事目可驗者而較之耳言狂計愚不足以備聖君博訪之求此大事也伏乞下臣之議廣謀於衆而裁擇之

謹具狀奏聞伏候勑旨

脩又上奏曰臣竊見朝廷近因臣寮建議欲塞商胡開橫壠回大河於故道已下三司候今秋興役見令京東計度物料次臣伏以國家興大役動大衆必先順天時量人力謀於其始而審然後必行計其所利者多乃能無悔伏見比年以來興役動衆勞民費財不精謀慮

於厥初輕信利害之偏說舉事之始既已蒼惶羣議一搖尋復悔罷臣不敢遠引他事上煩聖聰只如往年河決商胡是時執政之臣不慎計慮遽謀修塞科配一千八百萬梢芟擾動六路一百有餘州官吏催驅急若星火民庶愁苦盈於道塗或物已輸官或人方在路未及興役遽已罷修虛費民財為國斂怨舉事輕脫為害若斯雖既往之失難追而可鑒之蹤未遠今者又聞復有修河之役聚三十萬人之衆開一千餘里之長河計其所用物力數倍往年當此天災歲旱之時民困國貧之際不量人力不順天時臣知其有大不可者五蓋自去秋以及今春半天下苦旱而京東尤甚河北次之國家常務安靜振卹之猶恐飢民起而為盜何況於此兩路聚大衆興大役此其必不可者一也河北自恩州用兵之後繼以凶年人戶流亡十失八九數年以來人稍歸復然死亡之餘所存無幾瘡痍未斂物力未完

今又遭此旱歲。京東自去冬無雨雪。麥不生苗。已及暮春。粟未布種。不惟目下乏食。兼亦向去無望。而欲於此兩路興三十萬人之役。若別路差夫。則遠處難爲赴役。就河便近。則此兩路力所不任。此其必不可者二也。臣伏見往年河決滑州。尋議修塞。當時公私事力未如今日貧虛。然猶收聚物料。誘率民財。數年之間。方能興役。況今國用方乏。民力方疲。且合商胡塞大決之洪流。此自是一大役也。鑿橫壠開久廢之故道。此又一大役也。自橫壠至海。二千餘里。埽岸久已廢壞。頓須修緝。此又一大役也。往年公私有力之時。興一大役。尚須數年。今併三大役。倉卒興爲於災旱貧虛之際。此其必不可者三也。就令商胡可塞。故道可回。猶宜重察天時人力之難爲。何況商胡未必可塞。故道未必可回者哉。臣聞鯀障洪水。九年無功。禹得洪範五行之書。知水趨下之性。乃因水之流。疏決就下。而水患乃息。然則以大

禹之神功。不能障塞其流。但能因而疏決爾。今欲逆水之性。障而塞之。奪洪河之正流。斡以人力而回注。此大禹之所不能。此其必不可者四也。橫壠湮塞已二十年。商胡決流。又亦數歲。故道已塞而難鑿。安流已久而難回。昨聞朝廷曾遣故樞密直學士張奎計度功料。極大。近者再行檢計。減得功料全少。功料少。則所開淺狹。淺狹。則水勢難回。此其必不可者五也。臣伏見國家累歲災譴甚多。其於京東變異尤大。地貴安靜。動而有聲。巨嵎山摧。海水搖蕩。如此不止。僅乎十年。天地警戒。必不虛發。臣謂變異所起之方。尤宜加意防懼。今乃欲於凶旱之年。聚三十萬之大衆於變異最大之方。臣恐地動山搖。災禍自此而始。方今京東赤地千里。飢饉之民。正苦天災。又聞河役將動。往往伐桑折屋。無復生計。流亡盜賊之患。不可不虞。欲望聖慈特降德音。速罷其事。當此凶歲。務安人心。徐詔有司。審詳利害。縱令河道可復。乞候豐年餘力。漸次興爲。臣實庸愚。本無遠見。得於外論。不可不言。謹具狀奏聞。

三年。備判三司院又奏曰。臣伏見朝廷定議開修六塔河口。回水入橫壠故道。此大事也。中外之臣皆知不便。而未有肯爲國家極言其利害者何哉。蓋其說有三。一曰畏大臣。二曰畏小人。三曰無奇策。今執政之臣用心於河事亦勞矣。初欲試十萬人之役。以開故道。既又捨故道而修六塔。未及興役。遽又罷之。已而終爲言利者所勝。今又復修。然則其勢難於復止也。一以執政大臣銳意主其事。而又有不可復止之勢。固非一人口舌可回。此所以雖知不便而罕肯言也。李仲昌小人。利口僞言。衆所共惡。今執政之臣既用其議。必主其人。且自古未有無患之河。今河浸恩冀。目下之患雖小。然其患已形。回入六塔。將來之害必大。而其害未至。夫以利口小人爲大臣所主。欲與

之爭未形之害。勢必難奪。就使能奪其議。則言者猶須獨任恩冀爲患之責。使仲昌得以爲辭。大臣得以歸罪。此所以雖知不便而罕敢言也。今執政之臣用心太過。不思自古無不患之河。直欲使河不爲患。若得河不爲患。雖竭人力。猶當爲之。況聞仲昌利口詭辯。謂費物少而用功不多。不得不信爲奇策。於是決意用之。今言者謂故道既不可復。六塔又不可脩。詰其如何則又無奇策以取勝。此所以雖知不便而罕肯言也。衆人所不敢言而臣今獨敢言者。臣謂大臣非有私仲昌之心也。直欲興利除害爾。若果知其爲患愈大。則豈有不回者哉。至於顧小人之後患。則非臣之所慮也。且事欲知利害權重輕。有不得已則擇其害少而患輕者爲之。此非明智之士不能也。況治水本無奇策。相地勢。謹隄防。順水性之所趨爾。雖大禹不過此也。夫所謂奇策者。不大利則大害。若循常之計。雖無大利。亦不至大害。此

明智之士善擇利者之所爲也今言修六塔者奇策也然終不可成而爲害愈大言順水治堤者常談也然無大利亦無大害不知爲國計者欲何所擇哉若謂利害不可必但聚大衆興大役勞民困國以試奇策而僥倖於有成者臣謂雖執政之臣亦未必肯爲也臣前已具言河利害甚詳而未蒙採聽今復畧陳其大要惟陛下詔計議之臣擇之臣謂河水未始不爲患今順已決之流治隄防於恩冀者其患一而遲塞商胡復故道者其患二而速開六塔以回今河者其患三而爲害無涯自河決橫壠以來大名金堤埽歲歲增治及商胡再決而金堤益又加功獨恩冀之間自商胡決後議者貪建塞河之策未嘗留意於堤防是以今河水勢浸溢今若專意併力於恩冀之間謹治堤防則河患可禦不至於大害所謂其患一者十數年間今河下流淤塞則上流必有決處此一患而遲者也今欲塞商胡口使水

歸故道治堤修埽功料浩大勞人費物困弊公私此一患也幸而商胡可塞故道復歸高淤難行不過一二年間上流必決此二患而速者也今六塔河口雖云已有上下約然全塞大河正流爲功不小又開六塔河道治二千餘里隄防移一縣兩鎮計其功費又大於塞商胡數倍其爲困弊公私不可勝計此一患也幸而可塞水入六塔而東橫流散溢濱　德博與齊州之界咸被其害此五州者素號富饒河北一路財用所仰今引水注之不惟五州之民破壞田產河北一路坐見貧虛此二患也三五年間五州凋弊河流注溢久又淤高流行梗澁則上流必決此三患也所謂爲患而無涯者也今爲國設計者本欲除一患而反就三患此臣所不諭也至如六塔不能容大河橫壠故道本以高淤難行而商胡決今復驅而注之必橫流而散溢自澶至海二千餘里堤埽不可卒修修之雖成又不能捍水如此等

事甚多上無愚智皆所共知不待臣言而後悉也臣前未奉使契丹時已嘗具言故道六塔皆不可爲惟治堤順水爲得計及奉使往來河北詢於知水者其說皆然雖恩冀之人今被水患者亦知六塔不便皆願且治恩冀堤防爲是下情如此誰爲上達臣既知其詳豈敢自默伏乞聖慈特諭宰臣使更審利害速罷六塔之役差替李仲昌等不用選一二精幹之臣與河北轉運使副及恩冀州官吏相度隄防併力修治則今河之水必不至爲大患且河水天災非人力可回惟當順導防捍之而已不必求奇策立難必之功以爲小人僥冀恩賞之資也況功必不成後悔無及者乎臣言狂計愚惟陛下裁擇

至和二年侍御史趙抃上奏曰臣竊聞有內臣擘畫奏請於在京汴河兩畔增築堤岸尺段高闊以防決溢之患見下三司相度併係開封府縣東西排岸八作濠寨等司檢計施行次日近自有此行遣以

來沿汴兩邊居民戶口非常驚動搔擾日夕洶洶其貧者則曰官中果有必行之命奪民之地毀民之屋則我輩離散狼狽父子夫婦不能相保矣其富者則公行賄賂百方請屬吏緣爲姦無所不至夫河防爲害須順其情性在先朝時歲歲開濬既深通行後數十年泥滓漲淤官司因循以役民爲重因監轄僥倖以省工得恩澤今汴河之底比於疇昔已厚數丈而汴河之堤累年添起今却視通衢其堤高下已與居民簷廡相等矣復更欲如何增築之耶以臣愚見莫若向去每年開淘不輟使水性就下汴底深快則灼然無橫流之虞京師溝渠積滯因而亦可流布通泄設若不順水性暫圖苟安其堤愈高其勢愈危既非國家經久之利又有居民重遷之嗟伏望陛下宸斷早賜聖旨指揮直行寢罷無使相度官吏尚待兩端猶豫之說而干繫師局得以誅求計會爲名下以安民心上以固邦體也

嘉祐元年，右司諫馬遵議開浚汴河奏曰：臣竊聞本朝舊制，每歲興功開浚汴河，故水行地中，而無濫溢填閼之患。祥符中，巡護使臣韋繼昇表請罷修一年，以省物力。又請今後三五年一浚，徒見目前苟簡之利，而不能思患於久遠。故近年以來，河底漸高，口地數易，水小則東南有漕運之阻，水大則京師有隄防之虞，歲習為常，恬不恠。夫禍固藏於隱微而發於人所忽者，暴水可為寒心。雖使橫流僅紓大患，而所殘無數，百姓可哀。臣欲乞朝廷指揮，自今每歲農隙之際，檢計開淘，以深快為限，縱未能一切如舊，積功數年，可以濟集。

八年，河流泒于魏之第六埽，遂為二股，自魏恩東至于德滄入于海。是謂東流。時議者多不同。李立之力主生堤，帝不聽，卒用宋昌言說，置上約。三月，翰林學士司馬光奏：治河當因地形水勢，若彊用人力，引使就高，橫立隄防，則逆激旁潰，不惟無成，仍敗舊績。臣慮官吏見

東流已及四分，急於見功，遽塞北流，而不知二股分流，十里之內，相去尚近，地勢東高西下，若河流併東，一遇盛漲，水勢復西，合入北流，則東流遂絕，或於滄德堤埽未成之處，決溢橫流。雖除西路之患，而害及東路，非策也。宜專護上約及二股堤岸。若今歲東流止添二分，則此去河勢自東，近者二三年，遠者四五年，俟及八分以上，河流衝刷已闊，滄德堤埽已固，自然北流日減，可以閉塞，兩路俱無害矣。會北京留守韓琦言：今歲兵夫數少，而金堤兩埽修上下約甚急，深進馬頭，欲奪大河。緣二股及嫩灘舊闊千一百步，是以可容漲水。今截去八百步有餘，則將東大河於二百餘步之間，下流既壅，上流蹙遏，湍怒，又無兵夫修護堤岸，其衝決必矣。況自德至滄皆二股下流，既無隄防，必侵民田。設若河門束狹，不能容納漲水，上下約隨流而脫，則二股與北流為一，其患愈大。又恩深州所創生堤，其東則大河西

來，其西則西山諸水東注，腹背受水，兩難扞禦。望選近臣速至河所，與在外官合議。帝在經筵，以琦奏諭光，命同張茂則再往。四月，光與張鞏、李立之、宋昌言、張問、呂大防、程昉行視上約及方鋸牙，濟河，集議於下約。光等奏：二股河上約並在灘上，不礙河行，但所進方鋸牙已深，致北流河門稍狹，乞減折二十步，令近後，仍作蛾眉埽裹護。其滄德界有古遙堤，當加葺治。所修二股，本欲疏導河水東去；生堤本欲捍禦河水西來，相為表裏，未可偏廢。帝因謂二府曰：韓琦頗疑修二股。趙抃曰：人多以六塔為戒。王安石曰：異議者皆不考事實故也。帝又問程昉、宋昌言同修二股如何，安石以為可治。帝曰：欲作簽河甚善。安石曰：誠然。若及時作之，往往河可東，北流可閉。因言李立之所築生堤，去河遠者至八九十里，本計以禦漫水，而不可禦河南之向著。臣恐漫水亦不可禦也。帝以為然。五月丙寅，乃詔立之乘驛赴闕

議之。六月戊申，命司馬光都大提舉修二股工役。呂公著言：朝廷遣光相視董役，非所以褒崇近職、待遇儒臣也。乃罷光行。七月，二股河通快，北流稍自閉。戊子，張鞏奏：上約累經泛漲，并下約各已無虞，東流勢漸順快，宜塞北流，除恩冀深瀛永靜乾寧等州軍水患。又使御河、胡盧河下流各還故道，則漕運無壅遏，郵傳無滯留，塘泊無淤淺，復於邊防大計不失南北之限，歲減費不可勝數，亦使流移歸復，實無窮之利。且黃河所至，古今未嘗無患，較利害輕重而取舍之可也。惟是東流南北隄防未立，閉口修堤，功費甚夥，所當預備。望選習知河事者與臣等講求，具圖以聞。乃復詔光、茂則及都水監官、河北轉運使同相度閉塞北流利害，有所不同，各以議上。八月己亥，光入辭，言：鞏等欲塞二股河北流，臣恐勞費未易成，幸而可塞，則東流淺狹，隄防未全，必致決溢，是移恩冀深瀛之患於滄德等州也。不若俟三

二年。東流益深闊。隄防稍固。北流漸淺。薪芻有備。塞之使。帝曰。東流北流之患孰輕重。光曰。兩地皆王民。無輕重。然北流已殘破。東流尚全。帝曰。今不俟東流順快而塞北流。他日河勢改移奈何。光曰。上約固。則東流日增。北流日減。何憂改移。若上約流失。則事不可知。惟當併力護上約耳。帝曰。上約安可保。光曰。今歲創修。誠為難保。然昨經大水而無害。今歲地腳已牢。復何慮。且上約居河之側。聽河北流。猶懼不保。今欲橫截使不行。庸可保乎。帝曰。若河水常分二流。何時當有成功。光曰。上約苟存。東流必增。北流必減。借使分為二流。於張鞏等不見成功。於國家亦無所害。何則。西北之水。併於山東。故為害大。分則害小矣。鞏等亟欲塞北流。皆為身謀。不顧國力與民患也。帝曰。防捍兩河。何以供億。光曰。併為一。則勞費自倍。分二流。則勞費減半。今減北流財力之半以備東流。不亦可乎。帝曰。卿等至彼視之。時二股河東流及六分。鞏等因欲閉斷北流。帝意嚮之。光以為須及八分乃可。仍待其自然。不可施功。王安石曰。光議事屢不合。今令視河。後必不從其議。是重使不安職也。庚子。乃獨遣茂則。茂則奏二股河東傾已及八分。北流止二分。張鞏等亦奏。丙午。大河東徙。北流淺小。戊申。北流閉。詔獎諭司馬光等。仍賜衣帶馬。

歷代名臣奏議卷之二百四十九

歷代名臣奏議卷之二百五十

水利

宋仁宗時知陳州宋祁乞開治淠河奏曰。臣知壽州日。伏見本州安豐縣有芍陂。自古所傳元引龍穴山水及淠河水入陂。每歲灌田萬頃。近年多被泥沙淤淀。陂池地漸高。蓄水轉少。龍穴山一派水源既小。今來只藉淠河注水入陂。後來淠河一道水渠。本縣又不脩開。遂致水道咽塞。陂水淺涸。臣自到任後。併值二年乾旱。去年自六月放竭陂水。只是救灌得側近一二千頃。是以壽州米價踴貴。官私妨闕。臣切聞得壽州正是出米之地。全藉此一陂。舊來陂水若滿。常無乾旱。是以縣名安豐。蓋取此義。臣欲乞朝旨直下本州。委知州通判親往陂上相度。開治淠河。令水渠深快。於淠河內其堪開水入渠注滿陂內。高築陂岸。及重開撅陂內淤淀之處。令稍深闊。其工亦不甚多。只乞就來春農隙之時。少借鄰縣并本縣人夫三五千人。約功一月。可見次第。如陂水滿足。則溉田萬頃。永無凶年。兼得陳潁至京都一路官私米斛有可供應。

神宗熙寧二年。司馬光乞優賞宋昌言劄子曰。臣聞國家大政。在於賞罰。若賞罰明當。功無不成。臣去冬奉勅與張茂則相度二股河及生隄利害。當時都水監丞宋昌言建議。欲於二股河口西岸新灘上置立上約。擗攔水勢。令入東流。候向去東流漸深。北流淤淺。即閉塞斷北流。放出御河胡盧河下流。以除恩冀深瀛以西諸州軍水患。臣等因得其言。尋具此利害奏聞。蒙朝廷聽許。令修置上約。自後昌言同列提舉修生隄者。以策非己出。百端沮毀。以為二股河必不可成。不如併力修生隄。及李立之赴闕。上殿所言。陛下所親聞也。賴陛下聖明。斷在不疑。必使之修置上約。今秋擗攔得水勢一併入東流。其北流尋已閉斷雖頓漂溺損近東滄德等州民田廬舍然恩冀深瀛以西州軍蒙利亦為不少其宋昌言不可謂之無功今若與同列稱二股河不可成者一例受賞臣竊恐當官之人覩之無所沮勸況昌言因去歲職當在外河決棗強獨奪一官今若止復舊官則是衆人受賞而昌言獨不得賞也設使嚮者修置上約不成或背了二股併入北流其同列豈肯分昌言之罪伏望聖慈察昌言建議之功特與復舊官外吏與董役之人等第別加酬奬庶使向去用心向公者朝廷必不負之也

四年開修漳河役兵萬人袤一百六十里帝因與大臣論財用文彥博曰足財用在乎安百姓安百姓在乎省力役且河久不開不出於東則出於西利害一也今發夫開治徙東徙西何利之有王安石曰使漳河不由地中行則或東或西為害一也治之使行地中則有利

而無害勞民先王所謹然以佚道使民雖勞不可不勉會京東河北大風三月詔曰風變異常當安靜以應天災漳河之役妨農來歲為之未晚中書格詔不下尋有旨權令罷役

五年發運使羅拯欲自洪澤而上鑿龜山裏河以達于淮帝深然之會發運使蔣之奇入對建言上有清汴下有洪澤而風浪之險止百里淮邇歲溺公私之載不可計凡諸道轉輸涉湖行江已數千里而覆敗於此百里間良為可惜宜自龜山蛇浦下屬洪澤鑿左肋為複河取淮為源不置堰牐可免風濤覆溺之患帝遣都水監丞陳祐甫經度祐甫言往年田棐任淮南提刑嘗言開河之利其後淮陰至洪澤竟開新河獨洪澤以上未克興役今既不用牐蓄水惟隨淮面高下開深河底引淮通流形勢為便但工費浩大帝曰費雖大利亦博矣祐甫曰異時淮中歲失百七十艘若捐數年所損之費足濟此役

帝曰損費尚小如人命何乃調夫十萬開治既成命之奇撰記刻石龜山後

八年程昉與劉璯言衛州沙河湮淺宜自王供埽開濬引大河水注之御河以通江淮漕運仍置斗門以時啓閉其利有五王供危急免河勢變移而別開口地一也漕舟出汴橫絶沙河免大河風濤之患二也沙河引水入于御河大河漲溢沙河自有限節三也御河漲溢有斗門啓閉無衝注淤塞之弊四也德博舟運免數百里大河之險五也一舉而五利附焉請發卒萬人一月可成從之九年秋昉奏畢功中書欲論賞帝命河北監司案視保明大名安撫使文彥博覆實十月彥博言去秋開舊沙河取黃河行運欲通江淮舟檝徹於河北極邊自今春開口放水後來漲落不定所行舟栰皆輕載有害無利枉費功料極多今御河上源止是百門泉水其勢壯猛至衛州以下

可勝三四百斛之舟四時行運未嘗阻滯堤防不至高厚亦無水患今乃取黃河水以益之大即不能吞納必致決溢小則緩漫淺澀必致淤澱凡上下千餘里必難歲歲開濬況此河穿北京城中利害易覩今始初冬已見阻滯恐年歲間反壞久來行運儻謂通江淮之漕即尤不然自江浙淮汴入黃河順流而下又合於御河大約歲不過一百萬斛若自汴順流徑入黃河達于北京自北京和雇車乘陸行入倉約用錢五六千緡却於御河裝載赴邊城其省工役物料及河清衣糧之費不可勝計又去冬外監丞欲於北京黃河新堤開置水口以通行運其築尤疎此乃熙寧四年秋黃河下注御河之處當時朝廷選差近臣督役修塞所費不貲大名恩冀之人至今瘡痍未平今奈何反欲開口導水耶都水監雖令所屬相視而官吏恐忤建謀之官止作遷延回報謂俟修固御河堤防方議開置河口況御河堤

道僅如蔡河之類。若欲吞納河水。須如汴岸增脩。猶恐不能制蓄。乞別委清彊官相視利害。并議可否。又言今之水官。尤爲不職。容易建言。僥倖恩賞。朝廷便爲主張。中外莫敢異議。事若不效。都無譴罰。臣謂更當選擇其人。不宜令狂妄輩横費生民膏血。已而都水監言運河乞置雙牐。例放舟船實便。與彥博所言不同。十二月。命知制誥熊本與都水監河北轉運司官相視。本奏河北州軍賞給茶貨。以至應接沿邊榷場要用之物。並自黃河運至黎陽出卸。轉入御河。費用止於客軍數百人。添支而已。向者朝廷曾賜米河北。亦於黎陽或馬陵道口下卸。倒裝轉致。費亦不多。昨因程昉等擘畫。於衛州西南循沙河故跡。決口置牐。鑿堤引河。以通江淮舟檝。而實邊郡倉廩。自興役至畢。凡用錢米功料二百萬有奇。今後每歲用物料一百一十六萬。廂軍一千七百餘人。約費錢五萬七千餘緡。開河行水纔百餘日。所

奏議卷之二百五十　四

過郡縣六百二十五。而衛州界御河淤淺。已及三萬八千餘步。沙河左右民田渰浸者幾千頃。所免租稅二千貫不有餘。有費無利。誠如議者所論。然尚有大者。衛州居御河上游。而西南當王供向著之會。所以捍黃河之患者。一堤而已。今穴堤引河。而置牐之地纔及堤身之半。詢之土人。云自慶曆八年後。大水七至。方其盛時。游波有平堤者。今河流安順三年矣。設復驟水暴漲。則河身乃在牐口之上。以湍悍之勢。而無隄防之阻。泛濫衝溢。下合御河。臣恐墊溺之禍不特在乎衛州。而瀕御河郡縣皆罹其患矣。夫此河之興。一歲所濟船栰其數止此。而萌每歲不測之患。積無窮不貲之費。豈陛下所以垂世裕民之意哉。臣博采衆論。究極利病。咸以謂葺故堤。堰新口。存新牐而勿治。庶可以銷淤澱決溢之患。而省無窮之費。萬一他日欲由此河轉粟塞下。則暫開亟止。或可紓飛輓之勞

十年八月。河決鄭州滎澤。文彥博上言曰。臣正月嘗奏德州河底淤澱。泄水稽滯。上流必至壅遏。又河勢變移。四散漫流。兩岸俱被水患。若不預爲經制。必溢魏博恩澶等州之境。而都水略無施設。止固護東流北岸而已。適累年河流低下。官吏希省費之賞。未嘗增脩堤岸。大名諸埽。皆可憂虞。謂如曹村一埽。自熙寧八年至今三年。雖每計春料當培低怯。而有司未嘗如約。其埽兵又皆給他役。實在者十有七八。今者果大決溢。此非天災。實人力不至也。臣前論此并乞審擇水官。今河朔京東州縣。人被患者莫知其數。嗸嗸籲天。上軫聖念。而水官不能自訟。猶汲汲希賞。臣前論所陳。出於至誠。本圖補報。非敢激訐也。

熙寧中。監察御史裏行劉摯上奏曰。臣伏見內臣程昉。大理寺丞李宜之。於河北開修漳河。功力浩大。凡九萬夫。所用物料本不預備。需

奏議卷之二百五十　五

索倉猝。出於非時。官私應急。勞費百倍。除轉運司供應稈草梢椿之外。又自差官採漳堤榆柳。及監牧司地內柳株共十餘萬。皆是逐州自管津般。河北難得薪柴。村農惟以麥麩等燒用。及經冬泥補。而昉等奏民間不用。已料一萬餘工。差本司兵士散斫州縣民田內。自行收刈。所役人夫莫非虐用。往往逼使夜役。蹂踐田苗。發掘墳墓。殘壞桑柘。不知其數。愁怨之聲。流播道路。傳至京師。而昉等奏民間樂於功役。無不悅喜。民夫既散。役兵尚衆。本路廂軍。刻刷都盡。諸處無不闕事。而昉等奏陳不已。形跡州縣。凌侮官吏。仍乞於洺州調起急夫。又欲令役兵不分番次。其急功擾攘。至於如此。本路監司畏昉之勢。未敢言其非。而上下以目。臣不知昉之爲是役。其利安在。或聞欲泄邢州大名等處積水。今使此水如防之意通行而北。緣下流狹。無所容受。不免泛溢。乃是移此就彼。易地爲患。今來朝廷既令權罷

則利害姑置之。始聞昉爲見罷役怨恚，偃蹇有退休之請。朝旨又令總領淤田司事。臣謹按程昉本宜之將命興事，初不以事之可否實聞于朝，貪功幸進，擾民殘物，前後奏報事皆欺罔，而昉又敢邀君肆慢，在於典憲，可誅無赦。若尚令昉以都水丞領事河上，伏恐生事興患未有窮已。伏乞明布昉等罪狀，重行貶竄，以慰一方殘弊之民，使天下皆知此役之害非朝廷意，且以戒儌幸希賞罔上賊民之人。謹具彈劾以奏。

元豐元年五月，西頭供奉官張從惠言：汴口歲開閉，修堤防，通漕纔二百餘日。往時數有建議引洛水入汴，患黃河嚙廣武山，須鑿山嶺十數丈以通汴渠，功大不可爲。去年七月黃河暴漲，水落而稍北，距廣武山麓七里，退灘高闊，可鑿爲渠，引洛入汴。范子淵知都水監丞，畫十利以獻。又言：汜水出五仙山，索水出高渚山，合洛水積其廣深，得二千一百三十六尺。視今汴流尚贏九百七十四尺，以河洛湍緩不同，得其贏餘可以相補，猶慮不足，則旁堤爲塘，

滲取河水，每百里置木牐一，以限水勢，兩旁溝湖陂濼皆可引以爲助，禁伊洛上源私引水者。大約汴舟重載入水不過四尺，今深五尺，可濟漕運。起鞏縣神尾山至士家堤，築大堤四十七里以捍大河；起沙谷至河陰縣十里店，穿渠五十二里，引洛水屬于汴渠。疏奏，上重其事，遣使行視。

元豐中，河決小吳，北注界河，東入于海。詔東流故道淤高，勿塞，乃開大吳以護北都。都水王令圖請還河故道，同知院事趙瞻議曰：自河決已八年，未有定論，今遽興大役，役夫三十萬，用木二千萬，臣竊憂焉。朝廷方遣使相視，若以東流未便，宜亟從之；若以爲可回，宜爲數歲之計，以緩民力。議者又謂河入界河而北，則失中國之險，昔澶淵之役，非河爲限，則北兵不止。瞻曰：王者恃德不恃險，昔堯舜都蒲冀，周漢都咸鎬皆歷年數百，不聞以河漳外國。澶淵之役，蓋廟社之靈，章聖之德，將相之智勇，故敵帥授首，豈獨河之力哉。後使者以東流非便，水官復請塞北流，瞻固爭之。卒詔罷役，如瞻所議。

神宗時，郟亶奏曰：臣准中劄節文，奉旨令臣候到兩浙相度利害，即詣司農寺商量。臣今已到池州，切緣臣所言蘇州水利，與自來建議之人不同。蓋自來建議不知古人治田之法，但循目今決水之末。合小務大，略近治遠，求効欲速，而久逾無功，糜費雖多而水災仍舊。臣擘畫以治田爲先，決水爲後，由小以成大，自近以及遠，要利雖多而收功甚速，用工雖大而爲役不勞，所以與自來建議者不同也。臣今欲再乞先詣司農，將臣元所上文字地圖與今再條利害，並將來合行事件，曲折辨析，子細陳白，則利可盡於一食之頃，工可定於數月之內，效可見於一年，大效可成於五歲。臣今往真州聽候朝旨，先具到治田利害大槩，畫一聞奏。所有將來合行擘畫事件，容臣前路課成文字，至司農日供上。謹具所陳利害。

一、論古人治低田高田之法。昔禹時震澤爲患，東有堽阜以隔截其流，禹乃鑿堽阜，疏爲三江，東入海，而震澤始定。然環河之地，尚有二百餘里可以爲田，而地皆卑下，猶在江水之下，與江湖相連，民既不能耕植，而水面又復平闊，足以容受震澤下流，使水勢散漫，而三江不能疾趨於海。其沿海之地，亦有數百里可以爲田，而地皆高仰，反在江水之上，與江湖相遠，民既不能取水以灌溉，而地勢又多西流，不得畜聚春夏之雨澤以浸潤其地，是環湖之地常有水患，而沿海之地每有旱災。如之何而可以種藝耶？古人遂因其地之高下，井之而爲田。其環湖之地，則於江之南北爲縱浦，以通於江，又於浦之東西爲橫塘，以接其勢，而棊布之，有圩田之象焉。其塘浦闊者三十餘丈，狹者不下二十餘丈，深者二三丈，淺者不下一丈。且蘇州除太湖之外，江

之南北。別無水源。而古人使塘深闊若此者。蓋欲取土以為堤岸。高厚足以禦其湍悍之流。故塘浦因而闊深。水亦因之而流耳。非專為闊其塘浦以使決積水也。故古者堤岸高者須及二丈。低者不下一丈。且如塘面闊三十丈。底闊二十五丈。深一丈。積土二萬七千五百尺。分為兩岸。則每岸積土一萬三千七百五十尺。故岸基可闊五丈。面可闊一丈。而高二丈已上。然其間塘浦亦有淺狹處。弄所取之土。未必盡能為岸。故曰高者二丈。低者不下一丈也。今蘇州水田之岸。高者不過四五尺。低者三二尺而已。塘浦闊者六七丈。狹者止三五丈。而欲禦湍悍之水。其可得乎。借令大水之年。江湖之水高於民田五七尺。而堤岸高出於塘浦之外三五尺至一丈。故雖大水不能入於民田。既不容水。則塘浦之水自高於江。而江水亦高於海。不須決泄而

水自湍流矣。故三江常浚。而水田常熟。其堽阜之地。亦因江水稍高。得以畎引灌溉。此古人浚三江。治低田之法也。所有沿海高仰之地。近於江者。既因江流稍高。可以畎引。近於海者。又有早晚一湖可以灌溉。故亦於沿江之地及江之南北。或五里七里而為一縱浦。又五里七里而為一橫浦。其塘港之闊狹與低田同。而其深往過之。且堽阜之地高於積水之處四五尺七八尺。遠於積水之處四五十里至百餘里。固非決水之道也。然古人為塘浦闊深若此者。蓋欲畎引江海之水。周流於堽阜之地。雖大旱之歲。亦可車畎以溉田。而大水之年。積水或從此而泄之耳。非專為闊深塘浦以決低田之水也。至於地勢西流之處。又設堽門堰門斗門以瀦蓄之。是雖大旱。堽阜之地皆可耕以為田。此古人治高田蓄雨澤之法也。故低田常無水患。高田常無旱

災。而數百里地常獲豐熟也。

二、論後世廢低田高田之法。古人治田。高下既皆有法。方是時也。田各成圩。圩必有長。每一年率逐圩之人修築堤防。治浦港。故低田之堤防常固。旱田之浦港常通。古之田雖各成圩。然所名不同。或謂之段。或謂之圍。今崑山低田皆沉在水中。而俗呼之名猶有野鶴段大泗段湛段及和尚圍盛墩圍之類。至錢氏有國。亦常撩清指揮之名。此其遺法也。開河之卒而名之為撩清者。堤防常存。而逐年撩治之謂。若今之河清然。洎乎年祀綿遠。古法隳壞。其水田之堤防。或因田戶行舟及安舟之便。而破其圩。古者人戶各有田舍在田圩中。因以為家。欲其行舟及安舟之便。乃鑿為小涇小浜。即臣昨來所陳某家涇某家浜之類是也。說者謂浜安泊船也。涇浜既小。堤岸不高。遂至壞却田圩。為

白水也。今崑山柏家瀼水底之下。尚有民家堦甃之遺址。此古者民在圩中住居之舊跡也。今崑山富戶如陳新顧晏陶湛等。田舍皆在田圍之中。每至大水年。亦是外水高於田舍數尺。此今人在田圩中作田舍之驗也。或因人戶請射下腳而廢其堤。塘浦久不浚治。故肥泥增漲。人戶不顧久遠之利。請射為田。官中利於租稅。或因請托。遂圩給付。始作小堤於外。終無大堤於內。萬一小澇。遂蕩然隳壞。或因官中開淘而減少丈尺。每州縣擘畫乞開浚塘浦。不知古人闊其塘浦高其堤岸之意。乃謂只欲行舟決水。不須如此深闊。兼恐上司及朝廷不從。多是小破工料。少計日月。比至興役。則將一條塘變為三條塘也。自小虞浦至和塘。並闊二十丈。累經開淘。今小虞浦只闊十餘丈。至和塘止闊六七丈。此目所睹也。或因田主只收租課而不脩堤

岸。蘇州租米上田每畝一石。下田只五六斗。又論納苗米借使年年遇熟。每畝不過剩得三五斗。若一次做岸。每畝約用錢三二百文。故田主寧肯浸田。不肯做岸。或因租戶利於易田。而故要渰浸。吳人以一易再易之田。謂之白塗田。所收倍於常稔之田。而所納租亦依常數。而租戶樂於間年渰浸也。或因決破古堤。張捕魚蝦。而漸致破損。或因邊圩之人不肯出田與衆做岸。一圩之內。既是衆人之田。邊圩之人往往侵削邊圩之田以爲己田。及其圩岸既壞。邊圩之人豈肯更出己田與衆人做岸。所以無由完復舊堤矣。或因一圩雖完。旁圩無力。而連延隳壞。或因貧富同圩。而出力不齊。或因公私相吝。而因循不治。百姓既無力浚塘備岸。官司又謂本是民田。不肯調發夫役與之備治。上下因循。遂成白水。故隄防盡壞。而低田漫然復在江水之下

也。每春夏之交。天雨未盈尺。湖水未漲二三尺。而蘇州低田一抹盡爲白水。其間雖有堤岸。亦皆狹小。沉在水底。不能固田。唯大旱。常潤湖秀之田及蘇州堽阜之地。並皆枯旱。其堤岸方始露見。而蘇州水田幸得一熟耳。蓋由無隄防禦水之具也。民田既不能容水。故水與江平。而潮直至蘇州之東一二十里之地。各反與江湖民田之水相接。故水不能湍流。而三江不浚。臣伏睹昨議狹汴河者。謂汴闊處水面散漫。不至深決。湖汴河淤澱。今蘇州水面動連一二百里。而太湖水不可及黃湍迅。而欲三江不淤。不可得也。今二江已塞。而一江又淺。倘不完復堤岸。驅低田之水盡入於松江。而使江流湍急。但恐數十年之後。松江愈塞。則震澤之患不止蘇而已矣。此低田不治之由也。其高田之廢。始由田法隳壞。民不相率以治港浦。港浦既淺。地勢既高。沿於海者。則潮不應。沿於江者。又因水田隄防隳壞。水得瀦聚於民田之間。而江水漸低。故高田復在江水之上。至於西流之處。又因人戶利於行舟之便。壞其堽門。而不能畜水。故高田一望盡爲旱地。每至四五月間。春水未退。低田尚未能施工。而堽阜之田已乾枯矣。唯大水年。湖秀二州與蘇州低田渰浸淨盡。則堽阜之田幸一大熟耳。此蓋不浚浦港以畎引江海之水。不復堽門以畜聚春夏之雨澤也。此高田廢田也。蘇州不有旱灾。即有水患。但水田近城郭。爲士人所見而稅復重。旱田遠城郭。士人所不見而稅輕。故議者止論治旱也。

亶又奏曰。臣已於五月二十日離廣南東路安撫司機宜文字職任。六月十九日起離廣州。今已於韶州出陸前去兩浙。次切緣臣所陳水利委實浩大。蓋蘇州之水田東南美利。而隄防不立。溝洫不通二

三百年間。風波蕩蝕。僅若平湖。議者見其如此。乃謂舊本澤國。不可使之爲田。上偷下安。恬不爲怪。至如堽身之田皆肥衍豐厚。每遇大水一熟。其收倍蓰於水田。只因隄堰隳壞。不能瀦水。而歲爲旱地。深可痛惜。夫天生時而地生財。人者承天之時。順地之宜。作爲衣食以自資也。今乃不能承時順宜而止。欲隨天之水旱。任地之高下。幸其自成。爲民者既不知所以承順之方。爲吏者又不施所以教導之力。而欲吾民富庶。不可得也。臣籍係崑山。家居太倉。正在水田旱田之間。備知利害。伏見自來治水者不過取其舊所聞所治者。隨曲直闊狹浚決之而已。臣之所陳殊異於此。方欲順地形高下之宜。求古人蓄泄之跡。高其隄防。大其溝澮。曲者使直。狹者使廣。通民之往來。而害田者塞之。雖民田而可爲溝澮者決之。如此。僅可治水。若夫依隨故道。而苟免一時之勞。切恐空費公私。終非經久之利。臣今欲乞先

詣司農司陳白利害，然後往兩浙運司、倉司、提刑司同商量，謹具狀奏聞，伏候勑旨。

右司諫蘇轍論京西水櫃狀曰：臣三月中奏乞令汴口以東州縣各具水櫃所占頃畝，及每歲有無除放二稅，仍具水櫃可與不可廢罷，如決不可廢，即當如何給還民田以免怨望。尋蒙朝旨令都水監差官相度，到中牟、管城等縣水櫃，元舊浸壓頃畝及見今積水所占及退出數目，應退出地皆撥還本主，應水占地皆以官地對還，如無田可還，即給還元估價直。聖恩深厚，兼利與民，無所靳惜，所存甚遠。然臣訪聞水所占地至今無官地可以對還，而退出之田亦以迫近水櫃，為雨水浸淫，占壓未得耕鑿。知鄭州岑象求近奏稱自宋用臣興置水櫃以來，元未曾以此水灌注清汴，清汴水流自足，不廢漕運，乞盡廢水櫃以便失業之民。臣愚以為信如象求之言，則水櫃誠可廢罷。欲乞朝廷體念二縣近在畿甸，民貧無告，特差無干礙水部官重行體量，若信如象求所請，特賜施行，不勝幸甚。

哲宗元祐二年，左司諫朱光庭上奏曰：臣竊以君論一相，相擇百官，各任其職而天下治，古今不易之道也。今日朝廷內外無事，唯治河為大役。竊緣河之所以可治，朝廷難以遙度，責在水官任職而已。其所用物料，所役兵夫，水官既任責，則朝廷自合應副。將來成功，則當不惜重賞；誤或敗事，亦當必行重責。如此，則上有所取信而不致過舉，下不敢欺罔而以實從事。臣今日所聞則異於此，朝廷只知河之當竭財力以應副，而水官不任其責，僥倖成功，則自稱己力以冀重賞；以至敗事，則推過朝廷，苟免重責。此不可之甚者也。伏見此役非小役也，其所責物料、所役兵夫，萬數不少。若水官自不任責，則朝廷何所取信而興此大役？伏乞朝廷指揮下脩河司，取責水官委實可以迴復大河，結罪狀，庶使身任其責，以實從事，不至朝廷有所過舉。所繫事體甚大，伏望聖慈早賜指揮。

右司諫王覿上言曰：河北人戶轉徙者多，朝廷責郡縣以安集，空倉廩以振濟，又遣專使察視之，恩德厚矣。然耕耘是時，而流轉於道路者不已，二麥將熟而寓食於四方者未還，其故何也？蓋亦治其本矣。今河之為患三：泛濫渟滀，漫無涯涘，吞食民田，未見窮已，一也；緣邊漕運獨賴御河，今御河淤澱，轉輸艱梗，二也；塘泊之設，以限南北，濁水所經，即為平陸，三也。欲治三患，在選擇都水、轉運而責成耳。今轉運使范子奇反覆求合，都水使者王孝先暗繆，望別擇人。時知樞密院事安燾深以東流為是，兩疏言朝廷久議回河，獨憚勞費，不顧大患。蓋自小吳未決以前，河入海之地雖屢變移，而盡在中國，故京師恃以北限彊敵，景德澶淵之事可驗也。且河決每西，則河尾每北，河

流既益西決，固已北抵境上。若復不止，則南岸遂屬遼界，彼必為橋梁，守以州郡。如慶曆中因取河南熟戶之地，遂築軍以窺河外，已然之効如此。蓋自河而南，地勢平行，直抵京師，長慮卻顧，可為寒心。又朝廷捐東南之利，半以宿河北重兵，備預之意深矣，使敵能至河南，則邈不相及。今欲便於治河而緩於設險，非計也。尚書王存等亦言使大河決可東可北，而北流遂斷，何惜勞民費財以成經久之利？今孝先等自未有必然之論，但僥幸萬一，以冀成功，又預求免責，若遂聽之，將有噬臍之悔。乞望選公正近臣及忠實內侍覆行按視，審度可否，興工未晚。庚子，三省、樞密院奏事延和殿，文彥博、呂大防、安燾等謂河不東則失中國之險，為契丹之利。范純仁、王存、胡宗愈則以虛費勞民為憂。存謂今公私財力困匱，惟朝廷未甚知者，賴先帝時封樁錢物可用耳。外路往往空乏，奈何起數千萬物料兵夫，圖不可必

成之功且御契丹得其道則自景德至今八九十年通好如一家設險何與焉不然如石晉末耶律德光犯闕豈無黄河為阻況今河流未必便衝過北界耶太后曰且熟議存宗愈亦奏昨親聞德音更令熟議然累日猶有未同或令建議者結罪但責臣等本謂建議之人思慮有所未逮故乞差官覆按若但使之結罪彼所見不過如此後或誤事加罪何益臣非不知河決北流為患非一於沿邊塘泊斷御河漕運實中國之險遏西山之派若能全回大河使由孫村故道豈非上下通願但恐不能成功為患甚於今日故欲選近臣按視若孝先之說決可成則積聚物料接續興役如不可為則令沿河踏行自恩魏以北塘泊以南別求可以疏導歸海去處不必專主孫村此亦三省共留商量迺賜詳酌存又奏自古惟有導河并塞河導河者順求勢自高導令就下塞河者為河堤決溢修塞令入河身不聞斡引大河令就高行流也於是收回成命詔書

侍御史王岩叟乞詔大臣早決河議奏曰臣伏以朝廷知大河橫流為北道之患日益以深故遣專使命水官相議使利欲順而導之以拯一路生靈於墊溺甚大惠也臣竊意朝廷默有定論必欲紓患矣然昔者專使未還不知何疑而先罷議迺致專使反命不知何所取信而議復興既勅都水使者總護役事調兵起工有定日矣已而復罷數十日間而變議者再三何以示四方也日雖有命令真不可易誰將信之夫利害之際自古以來不能無二三之說必朝廷之上力主一議斷而必行乃克有濟不容一人言之輒興一人言之輒廢大事大議而易興易奪臣恐天下有以窺朝廷也今有六害者七焉不可不早為計爾北塞之所恃以為險者在塘泊若河堙沒勢雖退流猝不可濬浸失此塞險固之利一也使百萬生靈居無廬耕無田流散而不復二也乾寧孤壘危絶不足道而大名深冀腹心郡縣皆有終不自保之勢三也滄州扼北虜海道自河不東流滄州在河之南直抵京師無有限隔四也并吞御河邊城失轉輸之便五也河北轉運司歲耗財用陷租賦以百萬計六也六七月之間河流交漲占沒西路阻絶虜使進退不能兩朝以為憂七也非此七者之害則委之可也緩而未治之可也且去歲之患已甚於前歲今歲之患又甚焉則將奈何伏惟陛下深拱九重此事之可否必以仰大臣大臣固當為陛下審慮謹發而謹持之以救大患不可坐視而無所處也伏望聖慈深詔執政大臣早決河議而責成之實廟社生靈之幸臣不勝愚忠

尚書右僕射范純仁論回河乞付有司熟議疏曰伏覩內降指揮黄河未復故道終為河北之患王孝先等所議已嘗興役不可中罷宜

接續功料向去決要回復故道者臣聞聖人有三寶曰慈曰儉曰不敢為天下先此言三道人君當保而持之不失者也又曰惟天為大惟堯則之蓋天不言而四時成所以堯舜垂衣拱手而天下大治者用此道也且君心欲如盤水常使平正而無所趨則免偏側傾覆之患蓋天下大勢惟人君所向羣下競趨如川之流如山之摧小失其道則非一言一力之可回故居上者不可不慎也臣今竊詳所降指揮謂決要回復故道似聖意已有所向而為天下先矣臣聞先朝因人建議以謂夏國微弱若不早取必為北虜所兼偶先帝不出建議者之名但以御批令邊臣相度而希旨生事之徒以為萬全之勝遂日可得遂興靈武之師至今疲耗未復此陛下所親見不可不為深鑑也臣乞面諭執政前日降出文字卿等已見但一面商量卻使進入若別有所見亦須各自開陳如此則免希合之臣妄測聖意輕舉

大役上誤朝廷所有黄河利害乞付之羣臣有司子細商議以求必當此則聖心不勞而堯舜之治可致矣切見自來邊事陛下多委樞密院及邊帥與禮亦委執政并禮官今來河事正與此同况利害尚在久遠未至倉卒可容詳熟商量

純仁再論回河畫一疏曰臣伏見昨日議論河事大臣各有所見聖心慎於裁決天下幸甚臣輒更陳一二仰掛宸聽具畫一如左

一大河爲中國之險此乃人所共知今欲改移須先審驗河勢所向地形高下可爲則爲固不可以人力國財強與水爭前來執政輕信事不預慮已枉用過人功物料不少今來又欲不度可否決要施功只恐將來用過財力漸多朝廷欲罷不能財匱人勞別生它事則設險之利未成而疲耗之弊難救矣昨來止用兵卒二萬亦聞逃亡至多若下諸州取索放減生還人數便見的實

一凡欲舉事雖小亦必預計財料先備人工然後度力可爲方議下手豈有大河之役繫半天下生民休戚未嘗計定的確人工物料便欲興工將來事至垂成水勢變遷上下危急之際方却旋有增添公私既無預備倉卒科率於民何由可辦擾人害國莫此爲大所以宜加深慮也

一河役所費既廣則既回之後亦要數年安流若水小之時僅能閉塞至水大之後便復横流及恐遷往北流或東向舊河吞納不快却致別處決溢則爲害愈甚此事須當建議相度之臣審度保明然後定議如此則民力國財不至耗用朝廷所舉不爲天下竊議

一議者本欲回復黄河今見議論不同已自不敢執守却稱來年且先開減水河以試探水勢若此小工料猶可尚爲試探若大段費耗豈得不先審度使從舉事及去將來若河有改易又不罪水官此是姦人希賞逃罪之本兼黄河北流今已數年未嘗別爲大患而議者先事回改恐失中國之利正如西夏本不當爲邊患而好事者以爲不取恐失幾會遂興靈武之師所以臣言與向時邊事正同望聖意深察

純仁爲觀文殿大學士知潁昌府又論回河利害疏曰臣聞堯舜之治不過知人安民知人則不輕信安民則不妄動緣小人之情希功好進衍險生事於聖明無事之朝則必妄説利害覬朝廷舉事以求爵賞朝廷若輕信其言則民不安矣國家之弊常必由斯臣不敢遠引古昔只以近事言之國家自仁宗以前天下無事百姓安樂雖有元昊嘗叛獨陝西應副不易未聞四方騷之百姓有嗟歎之聲也自王安石輕信小人之言勸先皇更改法令而後乘間妄作者紛然矣至用兵之謀至於勸興靈武之役而生民被害衆矣且以先帝聖明舉動固欲詳審然小人利口欺誤執政而致執政復誤朝廷也其勸更法令者則曰君臣千載一遇時不可失及勸興靈武之師者復曰

將爲此虜所并時不可失臣前在政府又見欲回復大河者又曰河勢方東恐變改不定時不可失臣以前事之戒是以深畏其言故嘗屢有奏陳以謂百姓久勞方賴陛下安養不急之務未可遽興蒙陛下專遣范百祿趙君錫相度歸陳回河之害甚明蒙宸斷宣諭大臣令速罷脩河司臣預奉行詔旨深以復見堯舜知人安民爲慶三兩月來却聞孫村有溢岸水自然東行議者以謂可因水勢以成大利朝廷遂捨向來范百祿趙君錫之議而復興回河之役臣觀今之舉動次第是用時不可失之説而欲竭力必成臣更不敢以難成及雖成三五年間必有決溢爲慮只且以河水東流之後增添兩岸隄防鋪分大段數多逐年防守之費所加數倍則財用之耗蠹與生民之勞擾無有已時更望聖慈特降睿旨肅下有司預約回河之後逐年兩岸埽鋪防捍工費比之今日所增幾何及逐年錢物於甚處出辦

則利害灼然可見若利多害少尚覬徐圖苟利少害多尤宜安靜臣受陛下不次拔擢之恩雖養痾補外不敢自同衆人坐視成敗所以圖避僭越之嫌而伸補報之萬一區區愚誠惟聖聰憐察

戶部侍郎蘇轍論開孫村河疏曰臣爲戶部右曹兼領金倉二部任居天下財賦之半適當中外匱竭不繼之時日夜憂惶常慮敗事竊見左藏見緡一月出納之數大抵皆五十餘萬略無贏餘其他金帛諸物雖小有羨數亦不足賴臣之愚怯常恐天災流行水旱作沴西羌旅距邊鄙繹騷河議失當賦役橫起三事有一大計不支雖使桑羊劉晏復生計無從出矣而况於臣之駑下乎今者幸賴二聖慈仁恭儉天地垂貺諸道秋稼稍復成熟雖京西陝西災旱相接而一方之患未爲深憂羌人困窮旋聞款塞惟有黄河西流議復故道事之經歲役兵二萬人蓄聚梢樁等物三千餘萬方河朔災傷困敝之餘

而興必不可成之功吏民竊歎勞苦已甚而莫大之役尚在來歲天啓聖意灼知民心特召河北轉運司官吏訪以得失近聞回河大議已寢不行臣平日過憂頓然釋去然尚聞議者固執開河分水之策雖權罷大役而兵功小役竟未肯休如此則河北來年之憂亦與今年何異今者小吳決口入地已深而孫村所開丈尺有限不獨不能回河亦必不能分水况黄河之性急則通流緩則淤澱既無東西皆急之勢安有兩河並行之理哉縱使兩河並行未免各立隄防其爲費耗又倍今日矣臣聞自古聖人不能無過過而能改善莫大焉故君子之過如日月之食過也人皆見之更也人皆仰之朝廷舉動義當如此今議河失當知其害人中道而復本何所愧雖使天下知之亦足以明二聖憂民之深爲之改過不吝今乃顧惜前議未肯曠然更張果於遂非難於遷善臣實爲朝廷惜之然臣聞議者初建開河分水之策其說有三其一曰御河堙滅失饋運之利其二曰恩冀以北漲水爲害公私損耗其三曰河徙無常萬一自虜界入海邊防失備凡其所以熒惑聖聽沮難公議皆以三說藉口夫河決西流勢如建瓴引之復東勢如登屋雖使三說可信亦莫如之何矣况此三說皆未必然臣請得具言之昔大河在東御河自懷衛經北京漸歷邊郡饋運既便商賈通行今河既西流御河堙滅失此大利誰則不知天實使然人力何及若議者能復澶淵故道則御河有可復之理今河自小吳北行占壓御河故地雖使如議者之意自北京以南折而東行則御河堙滅已一二百里亦無由復見矣此御河之說不足聽一也河之所行利害相半夏潦漲溢漫敗秋田瀕河數十里爲之破稅此其害也漲水既去淤厚累尺宿麥之利比之他田其收十倍窮居丘冢以避漲潦民習其事不甚告勞此其利也今河水在西勢亦

如此遠爲隄防不與之爭正得漢賈讓治河之意比之故道歲省兵夫梢草其數甚廣而故道已退之地桑麻千里賦稅完復爲利不貲安用逆天地之性移西流之憂爲東流之患哉此恩冀以北漲水爲害之說不足聽二也河昔在東自河以西郡縣與虜接境無山河之限邊臣建爲塘水以捍胡馬之衝今河既西行則西山一帶胡馬可行之地已無幾矣其爲邊防之利不言可知然議者尚恐河復北徙則海口出虜界中造舟爲梁便於南牧臣聞虜中諸河自北南注以入于海蓋地形北高河無北徙之道而海口深浚勢無徙移臣雖非目見而習北方之事者爲臣言之大略如此可以遣使按視圖畫而知此河入虜界邊防失備之說不足聽三也臣願以此三說質之議者則開河分水之說誠不足復爲矣又臣訪聞今歲四五月間河上役兵勞苦無告實有數百人持板築之械訪求都水使者意極不善

頼防邏之卒擁拒而斂。盛夏苦役，病死相繼，使者恐朝廷知之，皆於垂死放歸本郡，斃於道路者不知其數。若今冬放凍，來歲春暖復調就役，則意外之患，復當如前。臣不知朝廷何苦而不罷此役哉？今建議之臣，恥於不效，而堅持之於上；小臣急於利祿，不顧可否，隨而和之於下。上下膠固，以罔朝廷。其間正言不避權要，纔一二人耳。然事非本職，亦不敢盡言。臣以戶部休戚，計在此河，若復緘默，誰當言者？惟斷自聖心，盡罷其議，則天下不勝幸甚。

轍再論回河劄曰：臣頃聞朝廷議罷回河，來年當用役兵開河分水。臣以為天下財賦匱竭，河朔災傷之後，民力未復，未堪此役，輒奏言不便。既而採察衆議，聞河北轉運使謝卿材到闕，昌言於朝曰：黃河自小吳決口，乘高注下，水勢奔快，上流隄防無復決溢之患，而下流端聚，行於地中，日益深浚。朝廷若以河事付臣，臣請不役一夫，不費

一金，十年之間，保無河患。大臣以其異己，罷歸本任，而使王孝先、俞瑾、張景先三人重畫回河之計。三人利在回河，雖言其便，而亦知其難成，故於議狀之末，復言若將來河勢變移，乞免修河官吏責罰。都下洶洶，傳笑以為口實。蓋回河之非，斷可知矣。然近日復聞內批，降付三省，如云若河流不復故道，終為河朔之患。外廷疏遠，不知此說信否。然衆心憂懼，深恐群臣由此觀望，不敢正言得失。臣職在財賦，憂責至深，不敢畏避誅戮，願畢陳其說。方今回河之策，中外譁之，數矣。雖大臣固執，亦心知其非，無以藉口矣。獨有邊防一說，事係安危，可以竦動上下，伸其曲說。陛下深居九重，群言不得盡達，是以遲遲不決耳。昔真宗皇帝親征澶淵，拒破契丹，因其敗亡，與結歡好，自是以來，河朔不見兵革幾百年矣。陛下試思之，此豈獨黃河之功哉？昔石晉之敗，黃河非不在東，而祥符以來，非獨河南無虜，憂河北亦自

無兵患。由此觀之，交接夷狄，顧德政何如耳。未聞逆天地之性，引趨下之河，升積高之地，興莫大之役，冀不可成之功，以為設險之計者也。昔李垂、孫民先等號知河事，嘗建言乞導河西行，復禹舊跡，以為河水自西山北流，東北海口，河北諸州盡在河南，平日契丹之憂，遂可無慮。今者天祚中國，不因人力，河自西行，正合昔人之策。自今以往，北岸決溢，漸及虜境，雖使異日河復北徙，則虜地日蹙，吾土日縮，其為憂患，正在契丹耳。而大臣過計，以為中國之懼，遂欲罄竭民力，導河東流，其為契丹謀則多矣，為朝廷慮則疏矣。議者或謂河入虜境，彼或造舟為梁，長驅南牧，非國之利。臣聞契丹長技在鞍馬射獵之利，固非所能。且跨河繫橋，當先兩岸進築馬頭，及伐木為船，其功不細。契丹物力寡弱，勢必不能。就使能之，今兩界倘築城柵，比舊小增，輒移文詰問，必毀而後已。豈有坐視大役而不能出力止之乎？假設虜

中遂成此橋，黃河上流盡在吾地。若沿河州郡多作戰艦，養兵聚糧，順流而下，則長般臣纔可以一炬而盡，形格勢禁，彼將自止矣。臣竊怪元老大臣久更事任，而力陳此說，意其謀已出口，重於改過，而假此不測之憂，以取必於朝廷耳。不然，豈肯於天下困弊、河朔災傷之後，興數十萬夫，費數千萬物料，而為此萬無一成之功哉？夫大役既興，勢不中止，預約功料，有少無多，官不獨辦，必行科配，官出其一，民出數倍，公私費耗，必有不可勝言者矣。苟民力窮竭，事變之出，未可復知，飢餓相逼，必為盜賊。昔秦築長城以備胡，城既成而民叛；今欲回大河以設險，臣恐河不可回，而民勞變生，其計又出秦下。異日雖欲悔之，不可得也。陛下數年以來，休養民物，如恐傷之，今河已安流，契丹無變，而強生瘡痏以擾之，非計之得也。故臣願陛下斷之於心，罷此大役，獨留神察之。自河決小吳，於今九年，不為不久矣。然虜情

恭順與事祖宗無異陛下誠重遣大臣姑復以三年觀之事久情見大臣之言與天下公議可以坐而察也臣不勝區區憂國之誠干犯斧鉞死無所避。

轍三論回河疏曰臣近者聞有内批降付三省言黃河若不復故道終為河北之患初聞此旨中外無不驚愕以為黃河出行已成河道大臣橫議欲塞令復東異同之論方相持未決而此旨復降臣下觀望誰敢正言方衆心憂疑之際旋聞復有聖旨放入前降指揮語羣臣釋然咸知陛下虛己無心欲来公議深得古先聖王改過不吝之義正人端士始有樂告善道之意然臣竊聞近又降敕以北京封樁京東新法鹽錢三十五萬貫指揮河北收買開河梢草繼又商量調發来歲開河役兵二事既出中外復疑何者朝廷近遣范百祿等按行河事利害若開河之議可行無疑則安用遣使若猶遣使則開河之

議尚在可疑今使未出門而一面收買梢草調發役兵則是明示必開之形欲令使者默喻欲開之旨臣雖愚暗竊恐非陛下虛己無心欲来公議之意也伏乞速降指揮收回買梢發兵二事使范百祿等明知聖意無所偏係得以盡心體量不至阿附大臣以誤國計今中外財賦匱竭見錢最為難得新法鹽錢不屬戶部要是百姓膏血不可輕用況河北災傷之餘明年大役決不可興雖如今歲止用役兵如臣前奏所言役苦財傷為害已甚將来若范百祿等以開河為便猶當計校利害寬展歲月調兵買梢皆非今歲所急范百祿等以開河為不便則聚兵積梢梢草輕脆稍經歲月化為糞壤皆非計也況所用梢草動計千萬一時收買價必踴貴若止令和買則所費不貲必非止三十五萬貫可了若令配買則河北災傷之餘民間大有陪備或生意外之患不可不慮也臣愛聖恩至深至厚位下力微竊不

自量冒三千興國論罪當萬死不敢逃避。

歷代名臣奏議卷之二百五十

水利

宋哲宗元祐二年，翰林學士蘇轍論黃河必非東決疏曰：臣去歲領戶部右曹，以財賦不足，而開河之議不決，河北費用不貲，嘗三上章論河流西行，已成河道，而孫村以東故道高仰，勢決難行。是時大臣之議，多謂故道可開，西流可塞。朝廷因遣范百祿、趙君錫親行相度，以人情論之，符合大臣則易為言，違背大臣則難為說。而百祿等既還，皆謂故道不可開，而西流不可塞，何也？地形高下，可指而知，水性避高趨下，可以一言而決。故百祿等不敢蒙昧朝廷，希合權要，破其讒說，而致之陛下。陛下亦知其言明白，信而行之，中外公議皆以為當。今自夏秋之交，暑雨頻併，河流暴漲，出崖，由孫村東行，以理言之，蓋河上每歲常事耳。其都水監勾當公事李偉與河埽使臣因此張皇申報，以分水為名，欲因發回河之議，都水監從而和之，亦以僥倖欲成回河之役。臣竊以為此輩類多小人，不知遠慮，河若安流，則無以興起功役，功役不起，則此輩差遣請受，不可僥求。惟有河事一興，則求無不可。而況大臣以其符合己說，樂聞其事乎？臣竊聞見今河道西行孫村側左，大約入地二丈以來，而見今由新開口地東入孫村者，不過六七尺。欲因六七尺漲水而奪入二三丈河，雖三尺童子，知其難矣。然朝廷遂為之遣都水使者興兵工，開河道，進鋸牙，欲約之使東。今方河水盛漲，其西行河道若不斷流，則遏之東行，實同兒戲。昔鯀堙洪水，汩陳五行，逆天地高下之性，九載而功不成，鯀以殛死。今一河雖小，而河朔百萬生靈安危所係，奈何不計利害而輕動之哉？臣願陛下急命有司，且徐觀水勢所向，依累年漲水舊例，因其東溢，引入故道，以紓北京朝夕之憂。其故道堤防壞缺之處，寖加修完，免其決溢而已。至於開河進約等事，一切不得興功。仍不許奏辟官吏，調發夫役，候河勢稍定，然後議之。不過一月之後，漲水既落，則西流之勢決無移理，而群小妄說不攻自破矣。若不待水勢稍定，倉猝之間，即行應副，大役一起，小人既得差遣請受，因緣生事，勢難禁止，則河北之患，有不可知者矣。臣兄軾前在經筵，因論黃河等事，為衆人所疾，跡不自安，遂求引避。臣今出位而言，正與兄軾無異，然不忍朝廷莫大之害，而舉朝臣僚懲創前事，無有一人為陛下言者，是以不能自已，狂愚率易，伏俟誅遣。

轍又乞罷修河司疏曰：臣於去年嘗再具劄子，論黃河漲水於孫村出岸東流，本非東決，而吳安持、李偉等附會大臣，欺罔朝聽，欲因此塞斷北流，東復故道，差官調夫，於今年春首興起大役。臣竊疾之，是以不避煩瀆，越職獻言，以為河北生靈，連歲災傷，未宜輕有舉動，乞陛下斷之於心，力止其事。是時大臣固執前議，天聽高遠，言不能回，臣尋被命出使契丹，道過河北，見州縣官吏，訪以河事，皆以目相視，不敢正言。及今年正月還自虜中，所過吏民方舉手相慶，皆言近有朝旨罷回河大役，命下之日，北京之人，驩呼鼓舞，以為二聖明見千里之外，雖或巧為障蔽，而天日所照，卒無能為。惟減水河役，遷延不止，耗蠹之事，十存四五。民間竊議，意大臣業已為此，勢難遽回，既為聖鑒所臨，要當逐遷盡罷。今月六日，果蒙聖旨，以旱災為名，權罷修黃河，候今秋取旨。大臣覆奏盡罷黃河東北流及諸河功役，民方憂旱，皇皇之際，聞命踴躍，實荷聖恩。然臣竊詳聖旨，未謂減水河必不可開，而託名旱災，曲全大臣，不欲明指其過，而大臣復請遍罷諸河，以蓋獨罷減水之跡，上下相蒙，體實未便。何者？北流堤防積歲不治，近來南宮宗城等處決溢，皆由堤防怯薄，夏秋水漲，勢不能支。都水官吏窺幸其事。因以為回河減水之說。既不依常理興功貼築。甚者又大計閉塞決口功料。以形比孫村回河之費。意謂彼此費用相若。則孫村之役。不為過當。由此北流之患。漫不禁止。臣昨過瀛深洺等州界。吏民皆言今年若不治堤。數州之民受害尤甚。至於東流故道。地勢積高。必不可復。所開減水河雖不開掘。每歲漲水。必由此行。歲歲淤高。往事可驗。縱復開掘深廣。河淤一上。勢不復存。於此施功。顯是枉費國力。而捨彼為此。欺罔可知。然臣之所憂。非特在此。何者。河流之不可復東。若使上下誠有不知。誤興大役。雖傷財害民。為患不小。而事有過誤。於君臣之間。逆順之際。未為大不便也。今者大臣之議。違衆悖理。決不可為。而協力主張。膠固為一。去歲所罷。今歲復行。順之者任用。違之者斥去。雖被聖旨。猶復遷延。以便其私。陛下之言上合天意。下合民心。因水之性。功力易就。天語激切。中外聞者。或至泣下。而大臣奉行。不得其半。由此觀之。則是大臣所欲。雖害物而必行。陛下所為。雖利民而不聽。至於委曲回避。巧為之說。僅乃得行。君權已奪。國勢倒植。臣所謂君臣之間逆順之際。大不便者。此事是也。董仲舒有言。尊其所聞。則高明矣。行其所知。則光大矣。今陛下既得其所聞知。然未能尊而行之。臣恐群臣顧望。有不為陛下用者矣。故臣願陛下有所不知。知之必行。有所不行。行之必盡。黃河既不可復回。則先罷修河司。只令河北轉運司盡將一道兵功。修貼北流堤岸。罷吳安持李偉都水監差遣。正其欺罔之罪。使天下曉然知聖意所在。如此施行。不獨河事就緒。天下臣庶自此不敢以虛誑欺朝廷。弊事庶幾漸去矣。臣待罪翰苑。身無言責。冒昧納忠。譏訶貴近。罪合萬死。然念頃自初知縣。蒙二聖非次拔擢。首尾五年。叨在禁近。恩德深重。群臣少比。臣而不言。天下無敢言者矣。斧鉞之誅。所不敢避。

轍為御史中丞。又乞罷修河司疏曰。臣伏見大河北流。經今十年。已成河道。每年夏秋汎溢。孫村地形低下。漲水東出。因此張問等輩欺罔朝廷。建為回河之議。自是北京生靈懷魚鱉之憂。日夜為遷徙之計。監司守臣及勅遣使者。皆言其不便。朝廷亦知其難矣。而去歲八月。宣德郎李偉輒敢獻言。欲閉塞北流。回復大河。力排衆議。僥倖萬一。私覬功賞。朝廷為之置脩河司。調發民夫。劉刷役兵。差文武官吏。收買梢芟。百費並舉。河北京東西路。公私為之騷動。萬口一詞。知其無成。上賴陛下聖明。照知利害。然猶未能盡罷其役。始令且開減水河。次因旱災。命權罷修河。放散夫役。然修河司依前不罷。李偉仍提舉東流故道。後因給事中范祖禹封還勅命。尋奉四月五日聖旨。李偉差遣候過漲水檢舉取旨。臣訪聞是時大臣面許陛下。深求得一人可代偉者。即令偉罷去。夫偉以欺君動衆。害及數路。據法當即日誅竄以謝天下。今乃遷延至此。況有前件聖旨。必非虛言。理當檢舉施行。以信大臣前說。今漲水已退。而偉終不罷。據今月三日聖旨。止是依吳安持等所請。候霜降水落。從北丞司相度。將梁村口至孫村河身內妨礙處。取谿壁撩。候水凍消釋。相地形順便。隨宜開導。務令深闊。釐為二渠。臣詳觀安持等說。蓋猶挾姦意。觀望朝廷。欲徐為興動大役之計。以固權利。不然。旦暮行開撥口地。則北外丞司自可辦事。自不須復存脩河司及留李偉。使時進姦謀。以敗大計也。以臣觀之。修河司若不罷。偉若不去。河水終不得順流。河朔生靈終不得安居。伏乞指揮大臣速罷脩河司。及檢舉前勅。流竄李偉。以正國法。

貼黃。臣觀大河北流。北京在其東。軍民倉庫所在。河朔之都會也。

昔人遂為漲溢之備。於其西岸開三河門。使漲水西流於空閑之地。至館陶。合入河身。故北京昔無大患。今自李偉等閉塞三河門築截河馬頭指水鋸牙。激水東向。仍於東岸第三第四第七鋪開撥河道。恣令漲水灘注北京之上。今歲八月漲水東流。幾與北京築横堤平。南望瀰漫五十餘里。是時北京中若雨不止。風不定。本京必致隳廢。今偉等申請皆没此目前實害而探言北流深瀛汎濫之害。以爲不可不存東流以分減水勢。擬今年深瀛等州堤防新復。未甚高厚。然皆不至決溢。若將來歲歲增築。使與從前河堤相若。加以海口深決。漲水不得停留。縱有小溢。必不至深害。雖無東流未爲患也。故臣以爲偉等皆妄言苟欲自便耳。若不斥去。則邪説無窮。正論無由得伸。最河防之臣蠹也。

中書舍人曾肇奏曰。數年以來。河北京東淮南災傷。今歲河北並邊稍熟。而近南州軍皆旱。京東西淮南饑殍疫癘。若來年雖未大興河

役。止令脩治舊堤。開減水河。亦須調發丁夫。本路不足。則及鄰路。鄰路不足。則及淮南。民力果何以堪。民力未堪。則雖有回河之策。及梢草先具。將安施乎。會范百祿等行視東西二河。亦以爲東流高仰。北流順下。決不可回。即奏曰。往者王令圖張問欲開引水簽河導水入孫村口。還復故道。議者疑焉。故置官設屬使之講議。既開撅井筒。折量地形水面尺寸高下。顧臨王孝先張景先唐義問陳祐之皆謂故道難復。而孝先獨叛其説。初乞先開減水河。俟行流通快。新河勢緩人工物料豐備。徐議閉塞北流。已而召赴都堂。則又請以二年爲期及朝廷詰其成功遲。乃來年取水入孫村口。若河流順快。工料有備便可閉塞回復故道。是又不俟新河勢緩矣。回河事大。寧容異同如此。蓋孝先俞瓘等始合用物料五千餘萬。未有指擬。見買數計經歲未及竈爨。度事理終不可爲。故爲大言。又云。若失此時。或河勢移背

豈獨不可減水。即永無回河之理。臣等竊謂河流轉徙遷其常事。水性就下。固無一定。若假以五年。休養數路民力。沿河積材漸濬故道并葺舊堤。一旦流勢改變。審議事理。釃爲二渠。分派行流。均減漲水之害。則勞費不大。功力易施。安得謂之一失此時。永無回河之理也。四年正月癸未。百祿等使回入對。復言脩減水河役兵夫六萬三千餘人。計五百三十萬工。費錢糧三十九萬二千九百餘貫石匹兩。收買物料錢七十五萬三百餘緡。用過物料二百九十餘萬條束。官員使臣軍大將凡一百一十餘員請給不預焉。願罷有害無利之役。那移工料。繕築西堤。以護南決口。未報。己亥。乃詔罷回河及脩減水河四月戊午。尚書省言。大河東流。爲中國之要險。自大吳決後。由界河入海。不惟淤壞塘濼。兼濁水入界河。向去淺澀。則河必北流。若河尾直注北界入海。則中國全失險阻之限。不可不爲深慮。詔范百祿趙

君錫條畫以聞。百祿等言。臣等昨按行黃河獨流口至界河。又東至海口。熟觀河流形勢。并緣界河至海口鋪砦地分。使臣各稱界河未經黃河行流已前。闊一百五十步。下至五十步。深一丈五尺。下至一丈。自黃河行流之後。今闊至五百四百步。次亦三二百步。深者三丈五尺。次亦二丈。乃知水性就下。行疾則自刮除成空而稍深。與前漢書大司馬史張戎之論正合。自元豐四年河出大吳。一向就下。衝入界河行流。勢如傾建。經今八年。不捨晝夜。衝刷界河。兩岸日漸開闊。連底成空。趨海之勢甚迅。雖遇元豐七年八年元祐泛漲非常。而大吳以上數百里。終無決溢之害。此廼下流歸納處河流深快之驗也。塘濼有限遼之名。無禦遼之實。今之塘水。又異昔時。淺足以寨舟而涉。深足以維舟而濟。冬寒冰堅。尤爲坦途。如滄州等處商胡之決。即已淤淀。今四十二年。迄無邊警。亦無人言以爲深憂。自回河之議起

首以此動煩聖聰。殊不思大吴初決、水未有歸、猶不北去、今入海湍迅。界河益深、尚復何慮。藉令有此、則中國據上游。契丹豈不慮乘流擾之乎。自古朝那蕭關雲中朔方定襄鴈門上郡太原右北平之間。南北往來之衝。豈塘濼界河之足限。武臣等竊謂本朝以來。未有大河安流合於禹跡如此之利便者。其界河向去只有深闊。加以朝夕海潮往來渲蕩。必無淺澱。河尾安得直注北界。中國亦無全失險阻之理。且河遇平壤灘慢。行流稍遲。則泥沙留淤。若趨深走下。湍激奔騰。惟有刮除。無由淤積。不至上煩聖慮。

四年冬。御史中丞梁燾奏。嘗求世務之急。得導洛通汴之實。始聞其説則可喜。及考其事則可懼。竊以廣武山之北。即大河故道。河常往來其間。夏秋漲溢。每抵山下。舊來洛水北至流入於河。後欲導洛以趨汴渠。乃乘河未漲。就嫩灘之上峻起東西堤。闢大河於堤北。攘其

地以引洛水。中間缺為斗門。名通舟楫。其實導河以助洛水之淺涸也。洛水本清。而今汴常黃流。是洛不足以行汴。而所以能行者。附大河之餘波也。增廣武三埽之備。竭京西所有。不足以為支費。其失無慮數百萬計。從來上下習為欺罔。朝廷惑於安流之説。税屋之利。恬不為慮。而不知新沙疏弱。力不能制悍河水勢。一薄則爛熳潰散。將使怒流循洛而下。直冒京師。是甘以數百萬日增之費。養異時萬一之患。亦已誤矣。夫歲傾重費以坐待其患。何若折其奔衝以終除其害哉。為今之計。豈復為汴口。仍引大河一支。啟閉以時。還祖宗百年以來潤國養民之賜。誠為得策。汴口復成。則免廣武傾注。以長為京師之安。省數百萬之費。以紓京西生靈之困。幸大河水勢。以解河北決溢之災。便東南漕運。以彌重載留滯之弊。時節啟閉。以除壅淺打淺之苦。通江淮八路商賈大船。以供京師之饒。為甚大之利者六。此不可忽也。惟坼去兩岸舍屋。盡廢僦錢。為害者一。而甚小。所謂者小費以成大利也。臣之所言。特其大畧爾。至於考究本末。措置纖悉。在朝廷擇通習之臣付之。無牽浮議。責其成功。又言臣聞開汴之時。大河曠歲不決。蓋汴口析其三分之水。河流常行七分也。自導洛而後。頻年屢決。雖洛口竊取其水。率不過一分上下。是河流常九分也。猶幸流勢卧北。故潰溢北出。自去歲以來。稍稍卧南。此其可憂。而洛口之作。理須早計。竊以開洛之役。其功甚小。不比大河之上。但闢百餘步。即可以通水三分。既永為京師之福。又減河北屢決之害。兼水勢既已牽動。在於回河尤為順便。非獨孫村之功可成。澶州故道亦有自然可復之理。望出臣前章。面詔大臣與本監及知水事者。按此地形水勢。具圖以聞。不報。

七年三月。以吏部郎中趙偁權河北轉運使。偁素與安持等議不協。

嘗上河議。其畧曰。自頃有司回河幾三年。功費騷動半天下。復為分水。又四年矣。古所謂分水者。因河流相地勢導而分之。今乃橫截河流。置埽約以扼之。開濬河門。徒為淵潭。其狀可見。況故道千里。其間又有高處。故累歲漲落。輒復自斷。夫河流有逆順。地勢有高下。非朝廷可得而見。職在有司。朝廷任之。亦信矣。患有司不自信耳。臣謂當繕大河北流兩堤。復脩宗城棄堤。閉宗城口。廢上下約。閉闕村河門。使河流湍直。以成深道。聚三河工費。以治一河。一二年可以就緒。而河患庶幾息矣。願以河事并都水條例一付轉運司。而總以工部。罷外丞司使。措置歸一。則職事可舉。弊事可去。

八年二月乙卯。三省奏旨北流軟堰。並依都水監所奏。門下侍郎蘇轍奏。臣嘗以謂軟堰不可施於北流。利害甚明。蓋東流本人力所開。闊止百餘步。冬月河流斷絶。故軟堰可為。今北流是大河正溜。比之

東流何止數倍。見今河水行流不絕。軟堰何由能立。盖水官之意欲以軟堰爲名。實作硬堰。陰爲回河之計耳。朝廷既已覺其意。則軟堰之請不宜復從。趙偁亦上議曰。臣竊謂河事大利害有三。而言者互進其說。或見近忘遠。徼倖盜功。或取此捨彼。譏張昧理。遂使大利不明。大害不去。上惑朝聽。下滋民患。横役枉費。殆無窮已。臣切痛之。所謂大利害者。北流全河患水不能分也。東流分水患水不能行也。宗城河決。患水不能閉也。是三者去其患則爲利。未能去則爲害。今不謀此而議欲專閉北流。止知一日可閉之利。而不知異日既塞之患。止知北流伏槽之水易爲力。而不知闕村方漲之勢未可併以入東也。夫欲合河以爲利。而不恤上下壅潰之害。是皆見近忘遠。徼倖盜功之事也。有司欲斷北流而不執其咎。乃引分水爲說。姑爲軟堰。知河衝之不可以軟堰禦。則又爲決堰之計。臣恐枉有工費。而以河爲

戲也。請俟漲水伏槽。觀大河之勢。以治東流北流。

紹聖元年正月。偁爲轉運使。又上言曰。河自孟津初行平地。必須全流乃成河道。禹之治水。自冀北抵滄棣始播爲九河。以其近海無患也。今河自横壠六塔商胡小吳。百年之間。皆從西決。盖河徙之常勢。而有司置埽創約。横截河流。回河不成。因爲分水。初決南宮。再決宗城。三決内黄。亦皆西決。則地勢西下。較然可見。今欲弭息河患。而逆地勢。戾水性。臣未見其能就功也。請開闕村河門。脩平鄉鉅鹿埽焦家等堤。濬澶淵故道。以備漲水。大名安撫使許將言。度今之利。若舍故道。止從北流。則慮河下已湮。而上流横潰。爲害益廣。若直閉北流。東從故道。則復慮受水不盡。而被隄爲患。竊謂宜因梁村之口以行東。因内黄之口以行北。而盡閉諸口。以絶大名諸州之患。俟春夏水大至。乃觀故道足以受之。則内黄之口可塞。不足以受之。則梁村之

役可止。定其成議。則民心固而河之順復有時。可以保其無害。詔今吳安持同都水監丞鄭佑與本路安撫轉運提刑司官具圖狀保明聞奏。即有未便。亦具利害來上。

哲宗時右諫議大夫范祖禹論回河狀曰。右臣伏見元豐四年五月河決小吳。六月三日神宗皇帝詔旨更不脩閉決口。至十二月又宣諭輔臣曰。以道治水。無違其性。其詔書及聖語已書於實錄。謹節錄進呈。恭惟先帝聰明睿智。窮神燭理。不出九重而洞知河之利害。斷以聖意。如親臨觀。雖神禹復生。亦不過此。所以終先帝之世。人莫敢輕議河。行大吳今已九年。自元豐八年以來議者乃有異同。朝廷疑惑。故前遣李常馮宗道。後又遣臣叔百禄趙君錫案視。皆言無可塞之理。即用北流爲便。士大夫亦言不可塞者十有九。可謂衆矣。昔堯之時洪水滔天。堯咨四岳誰可治水者。四岳皆薦鯀。堯知鯀不可用。

曰吁咈哉。方命圮族。言其爲人很戾。必不能順五行之性也。四岳皆曰試之。堯乃命鯀治水。九載而功不成。夫堯既知鯀不可用。然而勉從四岳者何也。稽于衆。捨己從人也。雖勉從四岳。然鯀治水。果無成功。卒如堯之言。夫以堯之聖。知鯀不可用。然猶捨己以從人。而況執政大臣出一言而欲天下莫之敢違乎。夫河爲四瀆之宗。萬水所會。自大禹患其難治。然禹所以能治之者。順水之性而已。漢武帝時河決瓠子。使汲黯鄭當時興人徒塞之。輙復壞。武帝好神仙。時方憂河決。方士言曰。黄金可成。而河決可塞。不死之藥可得。仙人可致也。此四者皆武帝所欲而不能得。故方士以此說之。至以塞決河比求神仙及長生。其難可知也。自是以後二十餘年不復塞。武帝既封禪巡祭山川。因祠太山。還至瓠子。自臨決河。沈白馬玉璧。令羣臣從官自將軍以下皆負薪填決河。帝悼功之不成。作瓠子之歌。乃卒塞之。名

曰宜防。其難亦至矣。昨朝廷使李偉分導大河入孫村口歸故道以解下流之患。遂命偉等管勾疏導二股河。臣竊詳李偉止因開沙河直堤第三鋪口放減水入孫村口。強名之爲二股。水落當復如故。其理必難久行。就使大河能成二股。則東西兩派占地愈多。所備益廣。隄防之費自倍。先朝亦嘗爲二股而終不成者。河之大勢必歸於一故也。而李偉因此乃欲以塞宗城決口。及移深州之費回逹大河復歸故道。希合執政。無所忌憚。敢肆大言。以罔朝廷。朝廷更不博謀於衆。即依偉奏置都提舉脩河司。亦未嘗審問吳安持可與不可。即令與范子奇同提舉。安持既開直堤第四鋪口。而第七鋪危急。觀安持奏自八月八日救護至二十八日。日數不爲不多。用梢草等百萬。物料不爲不豐。調急夫至六七千人。力不爲不至。官吏自夜達旦。不爲不勤。婦鍾愈危。隨即墊去。甚於漏巵。何時窮已。終不能守。而直堤自

潰決百餘步。今纔開一鋪。而河勢變移。人意已不能測。功役已不爲小。安持所奏已執兩端。將來閉塞北流。何止萬倍於此。若其無成。豈肯任責。又聞范子奇爭言河不可回。朝廷已令分析。昨謝卿材奏乞兼領河事。制置一年。必使國用不加費。民力不加勞。河清住招物料住買。水行地中。冀不決溢。河灘之地。漸可耕墾。自來春府界京東不消調夫。亦免科出夫錢。又乞赴闕禀議河事。自河決以來。監司未嘗肯任咎責。獨卿材所奏如此。朝廷何不且試之一年。若其無成。願行黜責。如此則誰不盡力。孰敢妄言。而尚書省批令先具措置利害聞奏。不令赴闕。昨先移卿材河東。乃復置修河司。而改用范子奇。意謂子奇必不敢違耳。然子奇亦明言不可者。豈固欲違朝廷哉。子奇久任河北。必亦知其可與不可也。臣竊見去年初遣二使之時。大臣方且力爭。或曰可塞。或曰不可。今言不可者已罷免。所以朝廷無異議

之人。止用一李偉之言。暴然復興此役。用物料。發急夫。調兵已不爲少。凡河役一起。則公私逐空。將來聚十萬兵夫。不唯窮困河北一路生靈。京東京西亦皆震擾。人民離散。盜賊並興。國之大憂。或在於此。今河去北京止十五餘里。若進馬頭迫蹙河水。則其勢不可測知。脫有蹉跌。廣北京將何以捍禦。當此之時。雖誅李偉輩。不足以謝天下生靈。陛下悔之何及。夫河不可塞。在理甚明。稽之帝堯。則當從衆。驗之神禹。則當順下。質之先帝。詔書具存。陛下昨欲遣使之時。先已降詔。恐人有觀望之意。復追改之。此乃陛下以大公爲心。無所專主。不輕河事。慎之至也。及二使還奏。大臣論議猶不能一。獨陛下聖意主張遂罷修河司數路之人。方稍休息。中外無不以爲至當。今纔歷三時復爲回河之役。先帝既以爲不可。陛下又以爲不可。而執政耻其前言之失。必欲遂非。不復顧天下之安危。生民之休戚。妄舉大役。驚動

大衆。河本無事。而人強擾之。臣不知執政以何爲詞。必以北流有決溢之害也。夫夏秋之際。百川皆漲。非獨大河。河中河陽兩山之間。猶時有決溢。況於河北。河出平地。無所阨束。而北流隄防未理。水性趨下。安得全不爲患也。今秋水漲多於常年。如昨頴昌水入城郭。陳蔡亦有水災。豈由河不復故道。熙寧中河決曹村。東南注鉅野。與漢武帝時瓠子正同。河決而南。未可不塞。故大興人徒塞之。然曹村之役。人力已無所施。一夕河自退背。囊平乃成。故議者以爲天助。非人功也。祖宗時王楚橫隴商胡皆不可塞。非不欲塞也。勢不可迴也。先帝知其如此。及河決而北。遂不復閉。蓋率其北去。無南決逼近都邑之患。而河薄西山。稍近禹之故道。李垂孫民先嘗欲導河使之北流。當時議者但以功費太大力不能爲而已。今河自行其地。此乃天意。非人事也。夫河者天地之氣。氣之所向。雖能禦之。今東行故道已高。儲

使能以人力開之至海。終不能使水自下升高。自大禹以來。未聞用人功開土渠而引大河行其中者。今亦以人意順水而欲使水隨人意。此乃鯀陻洪水汨陳五行之失也。元豐中范子淵爲武濟之役。欲橫絶大河。費國財害人命。未可勝計。京西之人。恨不食子淵之肉。及其敗事。姦臣黨庇。止奪一官。陛下嗣位。方加貶責。今欲塞北流。與子淵何以異。校其勝負與其爲害。又非武濟之比也。夫水官欲興河得正如邊臣欲生邊事。官員使臣。利於功賞俸給。吏胥主典。利於官物浩大。得爲姦偉。豪民利於賣售梢草。瀕河之人。利於聚衆營爲。凡言回河之利者。率皆此輩。非爲國家計也。且以國家今日事力。何如漢武帝與先帝之時。以漢武帝之雄材。先帝之神武。皆以塞河爲難。而今日執政容易爲之。此臣所不敢信也。假使有可回之理。可塞之勢。方今國用虛乏。民力困弊。朝廷唯宜安靜。猶當省費息民。況必無可爲之理乎。又有言北流之害者。或曰於塘濼。或曰河入北界則失中國之險。此皆私憂過計也。塘水不依元法已久。非緣河決而後淤淺。今河入界河日益深闊。東流幾二百里乃入于海。昔以界河爲限。今以大河爲限。其爲天險。豈有過於此者乎。漢武帝時齊人延年上書。請案圖書觀地形。令水工開大河上嶺。出之胡中。東注之海。可以省隄防備塞。士卒轉輸。胡寇侵盜覆軍殺將暴骨原野之患。天下常備匈奴而不憂百越者。以其水絶壤斷也。此功一成。萬世大利。武帝壯之。詔報曰。延年計議甚深。然河乃大禹所道也。聖人作事。爲萬世功。通於神明。恐難改更。夫延年猶欲決河以灌匈奴。武帝以其非禹跡。故不爲也。今設使河入北界。此乃天送禍於契丹也。彼河入百里。則失百里之地。入二百里。則失二百里之地。河之所在。國之災也。何利於我而必欲專之。議者又以爲恐虜瀕河入寇。此又私憂過計也。今

河上流自西夏經北胡乃入中國。自古未有戎狄以舟師入寇者也。況其居下流乎。若北虜能以舟楫與中國校勝。此則書契以來未之聞也。假使東流成功。北流退爲平陸。臣不知朝廷能聚兵於北境浚塘水而修界河乎。凡以北虜爲說者。皆以妄言恐朝廷。望陛下拒絶勿聽而已。自古欲舉大事。動大衆。必先盡天下之言。不惡異同之論。使人人各伸所見。而後利害是非出焉。至於治河。必委忠實可信之人。其論議必能以經術。非專用貪利邀功之人也。漢武帝使汲黯鄭當時塞瓠子。猶復壞。成帝時乎當以經明禹貢使行河領河隄。今乃欲望大禹之功於王孝先李偉之徒。不亦難乎。陛下凡兩遣使行河。執政皆不以爲信。而獨信一李偉。輕犯大河。與討伐西北二虜無異。其費無有限極。國財民命。委於洪流。比之邊事。尤不可計。而朝廷晏然爲之。此臣之所大惑也。臣愚伏望陛下明諭大臣。博采羣言。息意回河。勿輕動衆。無以有限之財力。生民之性命。填不測之壑。勿爲無窮之役。與無涯之費。以徇一言之失。而望必不可成之功。罷都提舉修河司。散遣官吏兵夫。以弭將然之患。其北流決溢。隨宜救護。委外都水使者。自來春爲始。並理隄防。仍速行相度修閉諸處決口。臣自聞復置修河司指揮。即欲建言。緣臣叔百祿嘗被使指。言出臣口。理亦有嫌。是以躊躇至於閱月。今中外訩訩。皆言不便。臣有言責。當陛下耳目之任。若避嫌緘默。坐觀國事有誤。則臣之罪大矣。陛下亦何賴焉。是以冒昧竭盡其誠。唯陛下深察。臣無任懇悃激切之至。

祖禹乞罷回河劄子曰。臣竊聞已有旨除臣試給事中。臣蒙陛下擢任言職。未有豪分裨補。今遽蒙遷擢。實懷愧懼。雖捐軀隕首。無以上報。然臣有愚懇。不敢不陳。臣自九月以來。聞朝廷復置修河司。實見人情訩訩不安。皆言回河不便。臣因經筵與傅堯俞相見。講求利

害皆以為此事至大。不可不言。至二十八日。臣方進入文字。今纔數日。聞堯俞改授吏部尚書。臣除左省之職。臣非不知給事中職高而責輕。諫議大夫班下而責重。人情誰不以升進為榮。以免憂責為喜。然臣竊以回河之役最為當今大患。又聞差使臣五十九員。往五十九州刻刷差兵赴役。又差內臣大使臣四員團結興發次第。如此。天下豈不騷動。且河北百姓未嘗告訴乞朝廷回河。而無故興此大役。逆天地之理。易山川之位。以國財民命填無窮之壑。而取不測之憂。此實安危所繫。臣豈敢不力爭。夫河不可回。臣論之已詳。朝廷若以臣言為然。即乞罷回河之役。以免河北將來倒垂之急。息數十州困擾之患。臣願以一身救數路生民之命。雖死無憾。若河不可不回。以臣言為不然。則當顯行黜責。不當卻得優遷。此乃執政大臣欲以美職塞臣等之口。使人貪利而不言耳。朝廷若使執政得以官職誘人。

則畏威者無不鉗口。貪利者亦皆結舌。天下利害之實。人主何由得知。此非陛下之福也。恭惟太皇太后陛下方垂簾聽斷。皇帝陛下未親政事。正當明目達聰之時。而大臣乃以陛下官爵為蔽言之具。臣雖至愚。亦不敢當。臣若黽勉就職。是與執政同為欺君。若陛下一日覺悟。以臣為如何人也。伏望陛下詰問大臣。臣所引先帝詔書可用與不可用。陛下昨降罷修河司指揮可行與不可行。今來復置修河司。是與不是。中外人言便與不便。然後考核臣言之是非。若臣言是。乞賜施行。若臣言非。乞加黜責。免至叨冒恩命。再三辭避。瀆煩天聽。臣無任懇激之至。

祖禹又乞罷回河劄子曰。臣聞周靈王之時。穀洛鬭。將毀王宮。太子晉諫以為不可。夫穀洛二水。小川也。王宮。天子所居也。小川水鬭而妨王宮。太子晉猶深陳禍福之戒。言川不可壅。壅必有禍。以其遠天地之性也。今大河豈穀洛之比。又無王宮之害。以何理而欲塞之也。六國之時。鄰敵相傾。則勸人以動眾役民。韓聞秦之好興事。欲疲之。無令東伐。乃使水工鄭國為間以說秦。令鑿涇水為渠溉田。夫以一渠猶能疲秦使無東伐。今回河之役。不知幾渠。而自困民力。自竭國用。又多殺人命。有不可勝言之害。此乃西北二虜所幸也。是以臣與傅堯俞極言論列。實以河北數路生民休戚。國家安危。朝廷輕重所繫。天地血脈。已北向九年。必非人力所能遏絕。今之河流。方稍復大禹舊跡。入界河趨海。初無壅底萬壑所聚。其來遠大。必無可回之理。自古亦無容易塞河之事。欲望陛下與執政大臣考臣等言之是非。若臣等所言為是。即乞以數路生民為念。以國家安危輕重為急。速賜指揮停罷修河。今將大冬盛寒。宜早降德澤。免生民飢凍死亡。正李偉等欺罔之罪。如以臣等言為不然。方冊中語皆不可信。而河有

必回之理。不於他處決溢為州縣大患。不至苦虐數路兵民力役。以致逃亡起為群盜。及不至火急收買數千萬物料。致非時斬伐林木。殘害天地之所生。科擾州縣鄉村坊郭人民。鞭笞枷錮。星火督責。致百姓驚騷流離之苦。又免枉費國家不貲之計。以致公私匱乏。倉庫空竭。內則姦狡窺伺。別致生事。外則四夷傳聞。萌心作過。但令大臣保得必無上件數事。回河必有成功。則臣言顯為謬妄。豈可但隱忍而已。須當正臣等所言不當之罪。黜責以勵後來。乃可以示朝廷典法。今不試驗臣等所言是否。以救朝廷過舉。而章奏纔下。未及累日。即蒙優加美遷。臣不知大臣此謀為國耶。為身耶。若為國。則當公天下之言。盡河事之利害。不當以官職姑息。使人不言。若為身。則是唯欲人之同己。而不欲人之異己。豈唯國事不當如此。為大臣身計。亦未為得也。人臣官愈進。則當憂國愈深。寵益加。則當愛君愈切。臣若

聞命遂緘默不言不唯臣心實有所愧有識之士必指臣爲貪利無耻忘國不忠之人伏望聖慈宣問大臣等所言回河是否如上所陳數件事理必有必無別白是非明辨可否使如臣輩不得緘默

祖禹又乞罷河役狀曰臣所領工房伏見朝廷應副修河司所司如支河陰汜水等處綑來五萬石及差發卸兵士二千人洛口椎武埽鍬手各二百人又在京箔場蘆蔢四萬領修役兵營寨之類日有行下文字臣昨爲諫官累論回河不便未蒙施行今河役不息功費漸大恐修河司須索未止於此朝廷若不罷河役則無不應副之理問下亦無由不行下臣稽之於古考之於今質之中外人言竊謂此功必不可成恐雖應副枉費國財民力有害無利謹具所聞見回河不便畫一如後

一水性趨下自祖宗以來河決以次向西此則地勢東高西下其理不疑商胡故道已行三十餘年隄防日增如築垣居水淤填積久其地必高此不待見而可知今北流千餘里欲使復爲平陸故道千餘里欲使復爲洪流恐非人力之所能也

一四瀆者天地所以節宣其氣如人之血脈不可壅遏今北流已九年豈非天意有定就下趨海乃是地形順便今來回河上違天意下逆地理騷動數路幾半天下枉害兵民性命空竭公私財力援之洪流未知紀極非徒無益更取患害　已上是河不可回之理

一北流水行地中已是見成河道只須脩立隄防使爲永久之利若歲歲增脩一尺一寸皆是所得不爲枉費東流已歷九年開故隄穿穴一萬餘處陵谷遷變況於埽岸人力所爲今若脩完使同創置恐非人功國力所能供億譬如朽爛水槽多年不使一旦盛水豈不疎漏況水之性必不捨下趨高設使能以人力壓向故道必爲大患

一北流每年不免決溢自是隄防未理水政不脩埽岸怯薄全無備禦當夏秋之際小川猶漲自古未有無患之河豈可因漲水壹夌決潰使欲全河回改設使能回向東不知可保無決溢之患否

一南宮上下埽連年決潰皆緣隄岸卑薄深冬噎凌衝破臣不知去冬以來曾與不曾增葺隄防如其不然則今冬噎凌之際豈可保其無虞訪聞北流西隄自信都以南三百里許一例卑薄昨南宮埽止高二尺闊五尺瀕河老長無不寒心又官中累年不調春夫埽岸使臣皆有免責罰指揮河清兵士爲脩河司諸處抽使所存無幾水政如此豈得爲河不爲患及有決潰則歸咎北流便欲回河豈爲實論

議者謂北流橫絶御河失漕運之利及西山諸水壅盛爲患且大河向北自可漕運何必御河西山諸水自上古以來有之非獨今日大禹舊跡循西山而行與今北流正相符合西山諸水入河無疑但築隄防空留西山水道使之入河何爲不可

一李偉元奏欲以閉宗城決口及遷深州之費回奪大河夫宗城決口雖大必不至費一千八百萬物料竊慮元初檢計官故作情弊大數檢計意欲朝廷見其費大未肯用以回河然後李偉卻索此數自謂能了朝廷若遣可信之人別行檢計的確合用物料當見欺罔且緣今河與宗城一決口大小不同可坐而知臣竊計一千八百萬物料塞宗城則必多塞北流則不足李偉必是且索此數將來一千八百萬必了不得朝廷既已興工不

可中輟必須接續應副大抵興事之人無不如此范子淵武濟之徒已用此計及至敗事又無窮須索朝廷知其不可方罷而子淵猶以此藉口歸過朝廷以為不應副非是功不成今李偉與子淵正同而河役浩大又非武濟之比奈何信偉此言

一熙寧初已議移深州至今不能移者人情重遷故也今欲回河雖免深州之患而不顧北京可乎昨沙河第七鋪潰決已逼北京可為寒心今欲移一深州三十年猶不能也況北京之大豈比深州將來河不可測萬一北京被患如何可移

一李偉稱北流破放省稅近一百萬臣以為此是隄防未理水政不脩今若理隄防脩水政則河不決溢不占民田河灘可耕省稅可復而又東流故道多為膏壤彌數百里皆出省稅今為失稅而欲回河不知先費用幾百料稅

一閉塞北流盛水既高則上流必深諸處隄埽豈可不慮大抵河患常出人意外如昨來開第三第四而第七鋪決將來閉合未知為患所在豈可保上流諸埽必無決溢

一昨吳安持奏第七鋪危急謝遹急夫七千人而役兵不在其數用梢芟一百餘萬聞其實數不止於此下七緷埽皆被吹墊勢如漏卮經二十日用功終於棄捨任其決潰此乃救護積年壯隄上一決口猶不能為力而況兩岸漸進馬頭於急流巨浪中施下梢草客土欲合龍門此必不可為明矣

一北流雖有決溢乃是天災非人所為瀕河之民雖被水害然亦有填淤肥美及漁採之利不聞失業愁苦之歎今回河向東若有潰決乃是引河水以灌注州縣百姓豈得不歸怨於朝廷譬如天火人火天火自是災孽人火必有歸咎且自古未有無患之河利多害少即不須改作今北流實有大利豈可以有小害便妨大計

一塘濼淤淺非因河決所致熙寧中先帝以塘水多堙廢嘗遣監司以巡歷為名案行檢視此乃積年不脩然先帝亦未遑疏濬也且朝廷與契丹通好幾及百年豈是塘水能限胡寇乃朝廷恩信深結其心每歲饋遺金帛虜貪厚利所以不動若其棄好背盟何路不可入寇豈塘濼所能捍禦朝廷亦何嘗恃此以為險固

一河入界河幾二百里乃入海此最為天險實中國大利議者曾不計此乃憂河入北界若入北界當於初決時一直北注不應卻東入海又西隄屢決水復還河以此可知向北地形高仰設使河入北界乃是契丹之災況必無此理

一竊聞欲用沙囊以合龍門自古唯韓信用沙囊壅濉水以敗楚兵未聞大河可用沙囊壅合此與范子淵用鐵龍爪濬河無異河水所向土山亦摧豈有布袋盛沙土可禦洪流也

臣見傅堯俞言有人自河北來言北京地無横草石炭非常踴貴此乃九月中所聞未知今更如何聞往年六埽河役民間費錢五百文方了納梢草一束審如此則生靈何辜朝廷聞之豈得不動心也

一近依脩河司所請降朝旨下河北轉運司并脩河司曉諭州縣民戶向去別無科配物料臣竊恐此止是空文物料不出於民何從而得興動大役豈有不騷擾者但恐朝廷雖降此指揮民間困苦亦無由盡知如役兵死未免只作逃亡申報民夫死則官中更不知數此尤可哀憫也

一、修東流故道是一大役，閉塞北流又一大役，此二大役其害已不可勝言，非民力所能堪。今西戎未款服，萬一更有邊事，將何以枝梧？

一、天聖初，朝廷遣參知政事魯宗道往滑州相度塞河口功料，其後欲塞商胡，亦下學士院集兩省臺諫官議，先朝慎重河事如此。今倚仗一李偉，即興舉大事。臣前上言士大夫言不可塞者十有九，今來於中外之論，無小無大，皆言不可，非止十有九而已。自古未有違衆作事而能成功者也。

一、修河司奏打量第四鋪已下至孫村口大河水面，即目高如孫村口二丈五尺九寸者。臣聞前年顧臨、謝卿材、王孝先、唐義問、陳祐之、張景先等衆官講議，躬親相視，據孫勍等開堘井筒，衆定得有二丈一尺有餘，取引不過，難以還復故道。後來再遣使案視，與前所驗無異。今修河司所奏已是河水伏槽之時，猶高二丈五尺已上，則昨來夏秋之際，漲水必更倍高，何以回奪？不過且京師去北京不遠，河水漲淺，地形高下，皆可案驗，而二年之間，前後所定如此不同，豈可不考核虛實，坐受欺罔？就使孫村口實爲低下，要是東行故道大勢已高，流河不快，所以就下。昔漢成帝時，河決平原，遣王延世塞之。杜欽說大將軍王鳳言：「延世前受楊焉術以塞河，而蔽匿不言，不若遣焉與延世雜作。延世與焉必相破壞，深論便宜，更相難極，是以分別是非，擇其善者而從之。」鳳如欽言，奏遣焉等作治，六月乃成。古者欲舉大事，故欲人爲異同，反覆詰難，至於窮極，然後利害可見，朝廷擇而從之。昨謝卿材以議不合先罷，范子奇至河北纔兩月，又以異議罷，而專信李偉偏說，此中外所以未服也。

一、臣案歐陽脩言，慶曆中橫壠之水自下流先淤，是時脩爲河北轉運使，海口已淤一百四十餘里，其後下流既梗，乃於商胡口決擴。此則先是下流不快，上流乃決。小吳之決，恐亦無異商胡。今修河司專閉塞北流，而不管故道可行與不可行，海口快與不快。若海口出泄不快，將如之何？今只打量孫村口高下，便望成功，亦恐利害未盡。

一、李偉稱北流河道動闊三五十里至七八十里。然大河行流，謂之一漭一迭，豈能必使之攤平遍滿？故每潔溜走移，或東或西，所向即決，蓋無隄防扼束之弊者。臣觀古人惟不欲與水爭地，故遠爲隄防，使游波寬緩而不迫，正以隄防扼束爲水之害，則多決溢。若兩隄相去數十里，其河自有中流，豈有攤平遍滿之理？水退則人皆種麥，比及水至，麥已倍收。且先帝宣諭，唯欲遷州縣以避水，而李偉乃欲以隄防束水，不唯極非先帝聖意，亦正與古人治河相反。已上是河不可回及不須回之事。

右臣竊以論議之臣止言其理，至於知河事者則言其事。今其理已極爲不可，而其事又如前之所陳。先帝所謂以適治水者，言其理而已，至於以事治水，乃後世之弊，先帝之所不取也。昔堯知鯀不可使治水，然而四岳請試鯀者，豈因欲違堯意而害天下哉？蓋當時治水之人未有以易鯀，而鯀必執其說，以爲水可堙塞而治故也。仁宗時，李仲昌欲塞商胡，復橫壠，歐陽脩極言不可，執政不聽脩而聽仲昌，仲昌終以敗事得罪。以仁宗之明，豈不知脩可信而仲昌功必無成？然而用仲昌者，亦堯試鯀之意也。熙寧初，張鞏、宋昌言欲塞二股河北流，神宗遣司馬光等往案視，光亦極言不可，而鞏等急於有功，纔塞而復決，汎濫大名、恩、德、滄、永靜五州軍之境。以神宗之明，豈不知先可信而輩等功必無成。然而用輩等者。亦堯試鯀之意也。夫前事不遠。後事之師。方今四方無虞。西北晏然。年穀稍稔。民力稍紓。若更休養數年。庶幾有太平之望。唯息河役。則中外無復一事。豈可試一李儒。必待如鯀及仲昌而後止也。臣考之方冊。自古壅塞川瀆。必有禍敗。共工聰高堙卑以致滅亡。鯀堙洪水。上帝震怒。續用弗成。殛于羽山。周靈王欲壅穀洛。太子晉諫陳禍福。以共鯀爲戒。梁武帝伐魏。作浮山堰壅淮水以灌壽陽。竭境内之力以爭一州。四月堰成。而九月堰壞。緣淮城戍村落十餘萬口皆漂入海。怨毒盈於遠邇。古今以爲無道。今塞北流與堰淮何異。且梁武以灌敵國。今乃自困吾民。而河之大。又不比淮。以此較之。尤爲不可。凡論河役。正如邊事。搢紳之儒。則言和戎。介胄之士。則言征伐。今問儒者。必欲息民。若問水官。必欲興事。欲塞河者。是用兵之説也。欲不塞者。是息兵之説也。彼水官之欲興役。如將士但知攻戰而已。朝廷豈可不審擇利害而興天下大役。止以爲此輩進身之資。臣今雖無言責。而有官守。職在出納通達上下之情。聞見如此。不敢不言。伏望陛下與大臣平熏若審如衆論有害無利。即乞早罷河役。以幸天下。以福生民。其脩河司兵夫物料。可就用脩塞諸處決口。委外都水使者漸理北流隄防。如此則數路人心必安。此乃管仲相齊桓公轉禍爲福之計也。臣言狂愚。伏乞少賜裁擇。

歷代名臣奏議卷之二百五十二

水利

宗哲宗時左諫議大夫劉安世論大河利害狀曰。右臣伏見南宮埽口。今年以來有堤備漲水在近權住閉塞。直候將來堤防成立。物料齊足。方議興工。雖目下苟安未敢輕議。然詢考輿議。竊有可憂。須至開陳。乞賜詳覽。臣訪聞南宮之決。今已累月。適值亢旱。水勢甚平。萬一夏秋之交。山水泛溢。與大河相合。奪過河身。一向西流。則深州以下。必被其患。今事勢已急。尚未見朝廷如何擘畫。此不可不預爲之慮也。議者又謂將來若理西堤。須留九門以道西山之水。使河門太小。則勢必壅遏。入納不快。河門稍大。則黄河暴漲。却致出泄。二者之説。皆不免與民爲害。而又脩閉南宮水口之後。亦未保他處終無再決之患。向去人使道路若有侵占阻滯。國信往來。未委如何處置。欲望聖慈詳此事理。專委都水使者與本路監司子細相度。具的確委得不致有前項患害。畫一條列結罪以聞。庶得利病之實。不誤國事。

安世又上奏曰。右臣等訪聞大河西瀆。今已累年。汗漫流散無復河道。故去歲冀州南宮埽決。南宮未閉。信都又決。繼而大名宋城中埽又決。近日復有焦家堤之患。則北流利害灼然可見。今欲全復故道。議者以謂新脩理水堤。亦未高闊。自大名之東。埽岸久已廢壞。雖南有横堤。頗爲堅實。然尚卑下。恐不足恃。而又故河未嘗濬治。一旦遽決梁村。由孫村口放水東流。止可以分減目下漲水。欲還故道。未易能也。蓋大河重濁。其流稍緩。旋即淤填。今梁村開口。循理水埽而下水去堤面纔五六尺。至孫村口。水與堤平。兩處下埽。僅免決溢。或聞只是分過大河三四分水。但恐因循浸久。積淤日增。將來閉塞北流。併使東注。地勢高仰。壅遏難通。則横堤以南。金堤以東。決須受害。臣等竊謂河事素來議論不一。遂致中輟。今水官既知利病。晳然敢為固有足取。然臣等雖知有可成之功。恐不免欲速之弊。蓋舊河不曾疏濬。而向下堤埽全未完葺。遽決梁村放水。理有未安。況今日已後。水勢漸小。沙淤浸多。萬一更壞舊河。不能還復。則是前功盡棄。進退被患。為今之計。實可重惜。伏望聖慈詳此事理。明詔都水官吏。及本路監司協力盡公。講究長策。廣為儲備。增固舊防。庶使東流必有成績。乃河朔生靈之幸。

安世又上奏曰。臣伏見朝廷欲回大河使歸故道。採之輿議。頗有異同。今之言北流者。以謂廣占民田。大破省稅。壅遏西山之水。為深趙瀛莫之患。吞併御河。絕邊城轉餉之利。淤填塘泊。北使道梗。而又堤防卑薄。全不足恃。故今歲之間。四處決溢。臣再三推考。實有如此之患。是以議者欲復東流。然而自小吳之決。久不閉塞。大河故道地形

高仰。而舊堤廢壞。往往斷缺。所植林木發掘已盡。昔日之備。百無一二。若河流果然東去。不免後患。故議者皆欲先葺舊防。疏鑿故道。人功物料。悉令具足。然後乘春夏暴漲之勢。而順道之。方有可回之理。昨來都水官吏。恐慮不審。惟務速成。既未嘗完繕廢堤。亦不聞濬治河道。乃於水勢向衰之際。妄引東注。臣聞只是減得四分已來漲水。纔至復槽。遽已斷流。緣自來河水稍緩。立有沙淤。故瀕河之人皆咎都水官吏。以為輕開梁村堙塞故道。非特不能紓北方之患。而反淤壞舊河。此尤可重惜也。今朝廷舉不貲之費。廣儲薪石。調發兵夫。必數十萬。勞民耗國。無大於此。而典領之人。終不敢保河之必回。依違觀望。僥幸萬一。臣竊憂之。伏望陛下明詔執政。熟講事理。若大河決不可回。則早乞降旨揮便令罷役。博選通習水事之人。就令所行子細相度。別為長久禦備之計。若謂欲使趨故道。則乞令都水及備河

司官吏條具兵夫物料的確合用之數。指定於何處放水。自甚月日興功。至何時了畢。委得不敢誤事。結罪以聞。異日成敗。用行誅賞。使苟簡之吏莫敢誕謾。而利害明白。中外不疑。大眾大役。不妄舉動。惟冀特留聖慮。早賜施行。

安世又上奏曰。臣早來延和殿進對。伏蒙宣問大河次第。臣尋具所聞。悉已面奏。退而思之。猶有未盡之意。輒復論列。上裨憂勤之萬一。臣竊謂小吳之決。今已八年。澶州之東地形高仰。而又堤道廢壞。久不完葺。林木剪伐。靡有孑遺。今若不繕舊防。增峻故道。一旦河勢全奪東去。而下流禦備。殊未有涯。脫或疏虞。何以救補。其可慮者一也。臣聞昨者沙隄之破。北京官吏科配梢草。調發丁夫。期會嚴峻。甚於星火。民間勞弊。固已不堪。今回大河。計其薪芻之費。恐須百倍於前日。雖朝廷已降旨揮。禁戢搔擾。而有司苟避督責。急於辦集。名為和

買。實是抑配。若必來歲興功。竊恐日月迫促。地產有限。物價湧貴。重困民力。其可慮者二也。臣愚欲望聖慈更加熟計。明詔執政參議。至[illegible]若東流有可成之功。即乞擇官吏委任責成。寬假歲月。無求近效。應備河所須之物。並量添價直。只令和買。不得擾民。如有違犯。並行降黜。俟三二年堤防完固。薪石具備。公私之力皆有餘裕。然後察水勢之所向。而順道之。庶幾橫流可回。生民受賜。比之浮薄之論。妄舉莫大之役。校其得失。固不侔矣。惟冀特留聖慮。早賜施行。

安世又上奏曰。右臣伏見大河西流。今已累年。朝廷屢遣使者與都水之官。及本路監司共按行。固已詳熟。而利害紛紜。終無定論。臣聞自商胡之決。踰三十年。河淤東高。勢必西徙。所以連歲衍溢。旋塞旋潰。理有必至。無可疑者。而王孝先等建議。乃欲回復洪流。使歸故道。所用人工。動以億計。薪石糧器。又數千萬。國費民勞。莫大於此。或

聞孝先等奏章薦言新開直河若有淤填之不坐罪則是妄興大役以徇偏見又慮緩急水勢不應則先入姦言莫肯執咎誕謾自便欺侮朝廷操心如此何足倚辦書曰汝則有大疑謀及乃心謀及卿士謀及庶人謀及卜筮蓋聖人作事謹始不敢自用而廣謀從衆以求合於天心也今將動大衆起大役而廟堂之上灼非素定付之一二庸人肆爲臆說治一橫堤已費五百餘萬復千里之故道則又將若何苟暫費而永寧固不足吝今建議之臣猶不自保則生民之膏血何負於此輩而聽其輕用乎況謝卿材與張景先同爲一路監司而二人之論自不相合恐非詢謀僉同之道伏望聖慈博選深知河事之人再令經度然以李惟孫民先之書擇其可用俾干繫官吏條析利害結罪以聞然後付之執政定從一議所貴慮無遺策不貽後悔

御史中丞傅堯俞上奏曰臣伏見朝廷先差朝散郎羅適充開封府界提點刑獄仍專治積水其羅適前知開封縣嘗導溝洫已有成效今春於太康縣開淘主河一道昨來潁昌府已下大水蔡河決溢太康縣大雨繼作若非主河通洩水勢縣城亦未可保完此民間共傳固非妄謬臣聞治水有道必先釃下流若下流壅塞則上流用力雖多難見功利今潁昌府及開封府界上流蔡陳亳下流也臣竊不若徙羅適充京西提點刑獄兼治開封府界亳州水事則能聽其經畫委曲應副若三二年間此數州水患不減臣甘伏妄言之辜

堯俞又奏曰臣伏覩都水使者吳安持與李偉等決大名第三鋪口欲因漲水四大河入孫村口使還故道暴集薪芻厚差夫力倚河之民殆不堪命訖無成績虛費不可貲計若知不可而強爲是負賞欺天若果可爲而不效是不度敗事欺天敗事未嘗議刑姦險之人既無所懲艾故今又欲興作大役數十倍於前日假託神怪以惑朝廷尤爲謬悠之談而不肯任責是國家將傾半天下之力徇安持等以徼倖於萬分之一苟不成功生靈何罪決爲此者豈朝廷之福乞重責安持以戒將來夫事以議從策由衆定今衆人之論不然者多新差水官亦復異議欲望聖慈且罷脩河司以安衆心少休民力詳觀大河之變果有大害徐復議之詢謀僉同庶無後悔

堯俞又論河事狀曰臣今月二十二日面奉聖旨令臣與宰臣等更商量河事臣具奏聞臣與文彥博呂大防已下商量臣以才薄位輕不能回奪兼緣都堂議論體當宛順次第必不可改移今方大冬已役五萬餘夫兵工不在其數將來諸路調發人夫數十萬殫國財民力以就非急不可必成之役兼慮春中或遇雨雪寒凍不惟怨嗟潰散枉費物料錢糧亦恐傷害人命其數不少此陛下之深知臣不復具論今主議者云欲回河以緩北流之患而未嘗於北流略爲堤備若將來河勢不肯東流不幸又加大水則北流之害豈可禦哉欲望聖慈或因寒雪或他事託出指揮直罷回河司留孫村口准備分減漲水便令檢計北流緊急堤岸疾速脩完不管疎虞候三五年更看河勢然後別議則兩邊俱無所失上下安樂可以存全河北生靈變禍爲福其利無窮在陛下神斷一言而已

劉涇上疏曰臣聞水之利常與天澤上下同流則其爲博大未言可知興廢緩急若有常數者比年以前天下之水無一勺不疏如血脈天下之田無一畝不化如膏腴言利者用興利者賞障利者責可謂盛矣事功中休情僞雜出言利者恥興利者倦障利者喜天下之水有泥涇白渠而猶行潦也天下之田有黑壤赤埴而猶耕石也此豈獨人知之雖九宸崇巖亦側聞之矣夫水與田利厚農富國政事之所推而興廢不經障遂失時此豈先王深溝洫美阡陌之意乎朝廷

自集功起滯于今十年小人輕舉以敗天助亦豈少哉然賴以荒治有秋者不為不多矣盖沮謀挾慝者常以輕舉損費為辭以審按惜力為忠告格一無功者而旁達其距人害善之私意此方今之不可不察也以臣所居部觀焉萬安子路溮三湖廣袤萬餘頃利養千餘族可決可激可興可復此横目者所知也方迭起之初則人人以利獻及輟寢之後人人以害擠是利害果無端倪而特因時高下望風向逆而藉衆口以為權衡臣所目擊也臣所目擊如此則其不見者遺利失時可勝遺恨耶豐年樂歲賴天澤而不勤固凡情也及斯時也起而趨功則食是養力是使上以輔天下以相地與夫凶年飢歲艱食綿力上下不相扶持之時豈止倍蓰哉善言利者莫如其言利之精叔獻輕而寡謀故蒞事則有不如其言利之精叔獻暴之少恕故蒞事則不稱其興利之勇使朝廷擇賢者濟焉則豈叔獻未肯

自陋以自必矣臣常切歎人君有願治之誠人臣有肯治之材天下有可治之實三者合會譬如四時或往或來如循環中不幸一跌則三者俱廢良心義法僅成汗漫舉大利動大功亦安得無全害者耶禹之治水今所見者特其功已成道已順故也齟齬蹉跌固寓於不言之間在所意尋豈可以枉民力費民財為禹勞德哉臣愚謂先飭監司各分所隸郡縣使以所隸水土之利害条上曰某可興某可復某可寢某可廢用財若干用力若干歷幾歲月天子從中斷其是非然後責成焉又特設為監司興利賞科以勸其前則彼各分所隸条不得不思而有賞不得不慕而有罰不得不畏也往年兩浙有監司興水利小人沮功輒以無保明監司酬賞為言而朝廷亦不報信如此則亦孰肯策勵其屬必躬必力以成朝廷輔相天地之心乎夫豈一興一廢果有常數焉而人苟私憂耶不然是不為也且以名伯一堰言之廢堰留閘雖童子以為不利而盡陳期於必復者又非一人也而獨今二年付之悠悠如此則尚可望跡天下之水如血脈化天下之田如膏腴也哉臣所言特利於耒耜者而利舟楫者尚不在焉

陳次升奏乞開陳亳溝河狀曰臣訪聞陳亳之間地勢平下溝河湮塞歲有水患損害民田今年尤甚官中蠲放税租不啻大半民又艱食為害非細若溝河開通此患可息其開河雖有所費若以逐年放免租税較之則放税之數多而開河所費少其利甚博竊聞知陳州陳紘奏乞開陳州河道及元祐間淮南轉運副使黄隱亦嘗具乞開亳州五河利害申奏民間頗以為便並未聞施行臣欲乞朝廷特降陳紘黄隱所奏下逐路州郡監司疾速相度如委有利便早賜旨揮開道以除民害

翰林學士蘇軾上疏曰黄河自天禧已來故道漸以淤塞每決而西

以就下耳熙寧中決於曹村先帝盡力塞之不及數年遂決小吴先帝聖神知河之欲西北行也久矣今强塞之縱獲目前之安而旋踵復決必然之勢也故不復塞今都水使者王孝先乃欲於北京南開孫村河欲奪河身以復故道此豈獨一方之安危天下之休戚也古者舉大事謀及庶人上下僉同然猶有意外之患今內自工部侍郎都水屬官外至安撫轉運使及外監丞皆以為故道仰勢若登屋功必無成而患有不可測者以至河北吏民無賢愚貴賤皆以為然獨一孝先以為可作臣聞自孫村至海口舊管堤埽四十五所役兵萬五千人勾當使臣五十員歲支物料五百餘萬自小吴之決故道諸埽皆廢不治堤上榆柳并根掘取殘零物料變賣無餘官吏役兵僅有存者使孫村之役不能奪過河身則官私財力舉為虚棄若幸而復行故道則四十五埽皆以廢壞橫流之災必倍於今孝先建議之

初畧不及此近因人言沸騰方牒北外都水監丞司云四十五埽並屬北外監丞司地分令一面相度救護又云因檢計春料使令計置今來欲興脩四十五處已壞堤埽準備河水復行故道此莫大之役不貲之費也若先當於建議之初首論其事待朝廷上下熟議而行今若先便將此役作常程熟事行與北外監丞司令一面管認意望敗事之後歸罪他人其為欺罔實駭群聽其餘患害未易悉數但臣探察衆論以為此役不可不罷若今歲罷役不過枉費九百萬物料虛役二萬兵工若更接續興脩則來歲當役數十萬人仍費三千餘萬此外民勞之極變故橫生嗟怨之聲足以復致水旱若將三千萬物料錢作數年因水所欲行之地稍立堤防增卑培薄數年之後必漸安流何苦徇一夫之私計逆萬人之公論以興必不可成之役乎此臣所謂措置不當之咎也臣竊見仁宗朝名臣歐陽脩為學士日有脩

河議狀二篇雖當時事宜而其所畫利害措置方畧願切今日之事臣以為可用故輒繕寫進呈自祖宗以來除委任執政外仍以侍從近臣為耳目請問論事殆無虛日今自垂簾已來除執政臺諫開封尹外更無人得對惟有邇英講讀猶獲親近清光若復瘖默不言則是耳目殆廢臣受恩深重不敢觀望上下苟為身謀謹備錄今日進讀之言上陳聖鑒臣無任恐栗待罪之至

軾為龍圖閣學士左朝奉郎知杭州乞開杭州西湖狀奏曰臣聞天下所在陂湖河渠之利廢興成毀皆若有數惟聖人在上則興利除害易成而難廢昔西漢之末翟方進為丞相始決壞汝南鴻隙陂父老怨之歌曰壞陂誰翟子威飯我豆羹芋魁反乎覆陂當復誰言者兩黃鵠蓋民心之所欲而託之天以為有神下告我也孫皓時吳郡上言臨平湖自漢末草穢壅塞今忽開通長老相傳此湖開天下平皓以為已瑞已而晉武帝平吳由此觀之陂湖河渠之類久廢復開事關興運雖天道難知而民心所欲天必從之杭州之有西湖如人之有眉目蓋不可廢也唐長慶中白居易為刺史方是時湖溉田千餘頃及錢氏有國置撩湖兵士千人日夜開濬自國初以來稍廢不治水涸草生漸成葑田熙寧中臣通判本州則湖之葑合蓋十二三耳至今纔十六七年之間遂堙塞其半父老皆言十年以來水淺葑橫如雲翳空倏忽便滿更二十年無西湖矣使杭州而無西湖如人去其眉目豈復為人乎臣愚無知竊謂西湖有不可廢者五天禧中故相王欽若始奏以西湖為放生池禁捕魚鳥為人主祈福自是以來每歲四月八日郡人數萬會于湖上所活羽毛鱗介以百萬數皆西北向稽首仰祝千萬歲壽若一旦堙塞使蛟龍魚鱉同為涸轍之鮒臣子坐觀亦何心哉此西湖之不可廢者一也杭之為州本江海

故地水泉鹹苦居民零落自唐李泌始引湖水作六井然後民足於水井邑日富百萬生聚待此而後食今湖狹水淺六井漸壞若二十年之後盡為葑田則舉城之人復飲鹹苦其勢必自耗散此西湖之不可廢者二也白居易作西湖石函記云放水溉田每減一寸可溉十五頃每一復時可溉五十頃若蓄洩及時則瀕河千頃可無凶歲今雖不及千頃而下湖數十里間茭菱穀米所獲不貲此西湖之不可廢者三也西湖深闊則運河可以取足於湖水若湖水不足則必取足於江潮潮之所過泥沙渾濁一石五斗不出三歲輒調兵夫十餘萬功開浚而河行市井中蓋十餘里吏卒搔擾泥水狼藉為居民莫大之患此西湖之不可廢者四也天下酒官之盛未有如杭者也歲課二十餘萬緡而水泉之用仰給於湖若湖漸淺狹水不應溝則當勞人遠取山泉歲不下二十萬功此西湖之不可廢者五也臣以

侍從出膺寵寄目覩西湖有必廢之漸有不可廢之憂豈得苟安歲月不任其責輒已差官打量湖上葑田計二十五萬餘丈度用夫二十餘萬功近者伏蒙皇帝陛下太皇太后陛下以本路饑饉特寬轉運司上供額斛五十餘萬石出糶常平米亦數十萬石約勑諸路不取五穀力勝稅錢東南之民所活不可勝計今又特賜本路度牒三百而杭獨得百道臣謹以聖意增價召人中米減價出賣以濟飢民而增減耗折之餘尚得錢米約共一萬餘貫石臣輒以此錢米募民開湖度可得十萬功自今月二十八日興功農民父老縱觀太息以謂二聖既捐利與民活此一方而又以其餘棄興久廢無窮之利使數千人得食其力以度此凶歲蓋有泣下者臣伏見民情如此而錢米有限所募未廣葑合之地尚存大半若來者不嗣則前功復棄深可痛惜若更得度牒百道則一舉募民除去淨盡不復遺患矣伏

望皇帝陛下太皇太后陛下少賜詳覽察臣所論西湖五不可廢之狀利害卓然特出聖斷別賜臣度牒五十道仍敕轉運提刑司於前來所賜諸州度牒二百道內契勘賑濟支用不盡者更撥五十道價錢與臣通成一百道使臣得盡力畢志半年之間目見西湖復唐之舊環三十里際山為岸則農民父老與羽毛鱗介同泳聖澤無有窮已臣不勝大願謹錄奏聞伏候敕旨

軾又奏曰熙寧中通判杭州時父老皆云苦運河淤塞率三五年常一開濬不獨勞役兵民而運河自州前至北郭穿闤闠中蓋十四五里每將興工市肆洶動公私騷然自胥吏壕砦兵級等皆能恐喝人戶或云當於某處置土某處過泥水則居者皆有失業之憂既得重賂又轉而之他及工役既畢則房廊邸舍作踐狼藉園圃隙地例成丘阜積雨蕩濯復入河中居民患厭來易堙毀若三五年失開則公私壅滯以尺寸水行數伯斛舟人牛力盡雖步千里雖監司使命有數日不能出郭者詢其所以頻開屢塞之由皆云龍山浙江兩閘泥沙渾濁積日稍久便及四五尺其勢當然不足怪也尋劃刷捍江兵士及諸色廂軍得一千人七月之間開濬茆山鹽橋二河各十餘里皆有水八尺自是公私舟船通利三十年以來開河未有若此深快者然潮水日至淤塞猶昔則三五年間前功復棄今於鈐轄司前置一牐每遇潮上則暫閉此牐候潮平水清復開則河過闤闠中者永無潮水淤塞開淘騷擾之患詔從其請民甚便之

軾又乞相度開石門河狀曰臣謹按史記秦始皇三十六年東游至錢塘臨浙江水波惡乃西百二十里從狹中渡始皇帝以天下之力徇其意意之所欲出撟山撟海無難而獨畏浙江水波惡不敢徑渡以此知錢塘江天下之險無出其右者臣昔通守此邦今又忝郡寄

二十年間親見覆溺無數自溫台明越往來者皆由西興徑渡不涉浮山之險時有覆舟然尚希少自衢睦處婺宣歙饒信及福建路八州往來者皆出入龍山沿泝此江江水灘淺必乘潮而行潮自海門東來勢若雷霆而浮山峙於江中與魚浦諸山相望犬牙錯入以亂潮水洄洑激射其怒自倍沙磧轉移狀如鬼神往往於淵潭中湧出陵阜十數里旦夕之間又復失去雖舟師沒人不能前知其深淺以故公私坐視覆溺無如之何老弱叫號求救於湍沙之間聲未及終已為潮水卷去行路為之流涕而已縱有勇悍敢往之人又多是盜賊利其財物或因而擠之能自全者百無一二性命之外公私亡失不知一歲凡幾千萬而衢睦等州人衆地狹所產五穀不足於食歲常漕蘇秀米至桐廬散入諸郡錢塘億萬生齒待上江薪炭而活以浮山之險覆溺留礙之故此數州薪米常貴又衢婺睦歙等州及杭

之富陽新城二邑公私所食鹽取足於杭秀諸場以浮山之險覆溺留礙之故官給脚錢甚厚其所亡失與依託風水以侵盜者不可勝數此最其大者其餘公私利害未可以一二遽數臣伏見宣德郎前權知信州軍州事侯臨因蒞所生母於杭州之南蕩往來江濱相視地形訪聞父老參之舟人反復講求具得其實建議自浙江上流地名石門並山而東或因斥鹵棄地鑿為運河引浙江及谿谷諸水凡二十二里有奇以達于江又並江為岸度潮水所向則用石所不向則用竹木凡八里有奇以達于龍山之大慈浦自大慈浦北折抵小嶺下鑿嶺六十五丈以達于嶺東之古河因古河稍加浚治東南行四里有奇以達于今龍山之運河以避浮山之險度用錢十五萬貫用捍江兵及諸郡廂軍三千人二年而成臣與前轉運使葉溫叟轉運判官張璹躬往按視皆如臨言凡福建兩浙士民聞臣與臨欲奏

開此河萬口同聲以為莫大無窮之利臣縱欲不言已為衆論所迫勢不得默已臣聞之父老章獻皇后臨朝日以江水有皇天蕩之險內出錢數十萬貫築長蘆起僧舍以拯溺者又見先帝以長淮之險賜錢十萬貫米十萬石起夫九萬二千人以開龜山河今浮山之險非特長蘆龜山之比而二聖仁慈視民如傷必將捐十五萬緡以平此積險也謹昧死上臨所陳開石門河利害事狀一本及臣所差觀察推官董華用臨之說約度功料及合用錢物料狀一本并地圖一面伏乞降付三省看詳或召臨赴省面加質問仍乞下本路監司或更特差官同共相視若臣與臨言不妄乞自朝廷擘畫支賜錢物施行臣觀古今至事非知之難言之亦難在成之而已臨之才幹衆所共知臣謂此河非臨不成伏望聖慈特賜訪問左右近臣必有知臨者乞專差臨監督此役不惟救活無窮之性命完惜不貲之財物又使數州薪米流通田野市井詠歌聖澤子孫不忘臣不勝大願謹錄奏聞伏候勅旨

軾為翰林學士承旨又上奏曰臣竊聞議者多謂吳中本江海太湖故地魚龍之宅而居民與水爭尺寸以故常被水患蓋理之當然不可復以人力疏治是殆不然臣到吳中二年雖為多雨亦未至過甚而蘇湖常三州皆大水害稼至十七八今年雖為淫雨過常三州之水遂合為一太湖松江與海渺然無辨者蓋因二年不退之水非今年積雨所能獨致也父老皆言此患所從來未遠不過四五十年耳而近歲特甚蓋人事不修之積非特天時之罪也三吳之水瀦為太湖湖之水溢為松江以入海海水日兩潮潮濁而江清潮水常欲淤塞江路而江水清駛隨輒滌去海口常通故吳中少水患昔蘇州以東官私船舫皆以篙行無陸挽者古人非不知為挽路以松江入海

太湖之咽喉不敢鯁塞故也自慶曆以來松江始大築挽路建長橋植千柱水中宜不甚礙而夏秋漲水之時橋上水常高尺餘況十里積石壅土築為挽路乎自長橋挽路之成公私漕運便之日葺不已而松江始艱噎不快江水不快軟緩而無力則海之泥沙隨潮而上日積不已故海口堙滅而吳中多水患近日議者但欲發民浚治海口而不知江水艱噎雖暫通快不過歲餘泥沙復積水患如故今欲治其本長橋挽路固不可去惟有鑿挽路於舊橋外別為千橋橋谼各二丈千橋之積為二千丈水道松江宜加迅駛然後官私出力以浚海口海口既浚而江水有力則泥沙不復積水患可以少衰臣之所聞大略如此而未得其詳舊聞常州宜興縣進士單鍔有水學故名聞之出著吳中水利書一卷且口陳其曲折則臣言止得十二三耳臣與知水者考論其書疑可施用謹繕寫一本繳連進上伏望聖

悉深念兩浙之富。國用所恃。歲漕都下米百五十萬石。其他財賦供饋。不可悉數。而十年九澇。公私凋弊。深可憫惜。乞下臣言與鍔書委本路監司躬親按行。或差強幹知水官吏考實其言。圖上利害。臣不勝區區。謹録奏聞。伏候敕旨。

軾又録進單鍔吳中水利書曰。竊觀三州之水。爲患滋久。較舊賦之入。十常減其五六。以日月指之。則水之害於三州逾五十年矣。所謂三州者。蘇常湖也。朝廷屢責監司。監司每督州縣。又間出使者尋按舊跡。使講明利害之源。然而西州之官。求東州之利。目未嘗歷覽地形之高下。耳未嘗講聞湍流之所從來。州縣憚其經營。百姓厭其出力。鍔曰水之患。天數也。按行者駕輕舟於汪洋之陂。視之茫然。猶擿埴索塗以爲不可治也。間有忠於國。志於民。深求而力究之。然有知其一而不知其二。知其末而不知其本。詳於此而畧於彼。故有曰三

州之水。咸注之震澤。震澤之水。東入于松江。由松江以至於海。自慶曆以來。吳江築長堤。横截江流。由是震澤之水常溢而不泄。以至壅灌三州之田。此知其一偏者也。或又曰由宜興而西。溧陽縣之上。有五堰者。古所以節宣歙金陵九陽江之衆水。由分水銀林二堰直趣太平州蕪湖。後之商人由宣歙販賣簰木。東入二浙。以五堰爲艱阻。因相爲之謀。罔紿官中。以廢去五堰。五堰既廢。則宣歙金陵九陽江之水。或遇五六月山水暴漲。則皆入於宜興之荆溪。由荆溪而入震澤。蓋上三州之水東灌蘇常湖也。此又知其一偏者耳。或又曰宜興之有百瀆。古之所以洩荆溪之水東入于震澤也。今已湮塞。而所存者四十九條。疏此百瀆。則宜興之水自然無患。此亦知其一偏者也。三者之論。未嘗參究。得之既不詳。攻之則易破。以鍔視其跡。自西五堰東至吳江岸。猶之一身也。五堰則首也。荆溪則咽喉也。百瀆則心也。震澤則腹也。旁通太湖衆瀆。則絡脉衆竅也。吳江則足也。今上廢五堰之固。而宣歙池九陽江之水。不入蕪湖。反東注震澤。下又有吳江岸之阻。而震澤之水。積而不泄。是猶有人焉。桎其手。縛其足。塞其衆竅。以水沃其口。沃而不已。腹滿而氣絶。視者恬然。猶不謂之已死。今不治吳江岸。不疏諸瀆以泄震澤之水。是猶沃水於人。不去其手桎。不解其足縛。不除其竅塞。恬然安視而已。誠何心哉。然而百瀆非不可治。五堰非不可復。吳江岸非不可去。蓋治之有先後。且未築吳江岸已前。五堰其廢已久。然而三州之田。尚十年之間。熟有五六。五堰猶未爲大患。自吳江築岸已後。十年之間。熟無一二。欲具驗之。閲三州歲賦所入之數。則可見矣。且以宜興百瀆言之。古者所以泄西來衆水入震澤而終歸于海。蓋震澤吐納衆水。今納而不吐。鍔竊視熙寧八年時雖大旱。然連百瀆之田。皆魚遊鼈處之地。低汙之甚也。

其田去百瀆無多遠。而田之苗是時亦皆旱死。何哉。蓋百瀆及傍穿小港瀆。歷年不遇旱。皆爲泥沙堙塞。與平地無異矣。雖去震澤甚邇。民力難以私舉。時官又無留意疏導者。苗卒歸于槁死。自熙寧八年。迄今十四載。其田即未有可耕之日。歲歲訴潦。民益憔悴。昔嘉祐中。邑尉阮洪深明宜興水利。方是時。吳中水。洪屢上書監司。乞開通百瀆。監司允其請。遂鳩工於食利之民。疏導四十九條。是年大熟。此百瀆之驗。歲水旱皆不可不開也。宜興所利。非止百瀆而已。東則有蠡河。横亘荆溪。東北透湛瀆。東南接罨畫溪。昔范蠡所鑿。與宜興之西蠡運河。皆以昔賢名呼。其蠡河遇大旱則淺澱。中旱則通流。又有孟涇泄滆湖之水入震澤。其他溝瀆澱塞。其名不可縷舉。夫吳江岸界於吳松江震澤之間。岸東則江。岸西則震澤。江之東則大海也。百川莫不趨海。自西五堰之上。衆川由荆溪入震澤。注于江。由江歸于海。

地傾東南其勢然也自慶曆二年欲便糧運遂築北隄横截江流五六十里遂致震澤之水常溢而不泄浸灌三州之田每至五六月之間湍流峻急之時視之則吳江岸之東水常低岸西之水不下一二尺此隄岸阻水之跡自可覽也又覩岸東江尾與海相接之處汙澱茭蘆叢生沙泥漲塞而又江岸之東自築岸已來沙漲成一村昔為湍流奔湧之地今為民居民田桑棗場圃吳江縣由是歲增舊賦不少雖然增一邑之賦反損三州之賦不知幾百倍耶夫江尾昔無茭蘆壅障流水今何致此蓋未築岸之前源流東下峻急築岸之後水勢遲緩無以滌蕩泥沙以至增積而茭蘆生茭蘆生則水道狹水道狹則流洩不快雖欲震澤之水不積其可得耶今欲泄震澤之水莫若先開江尾茭蘆之地遷沙村之民運其所漲之泥然後以吳江岸鑿其上為木橋千所以通糧運每橋用耐水土木楗二條各長二丈

五尺橫梁三條各長六尺柱六條各長二丈除首尾占闕外可得二丈餘鍥道每一里計三百六十步一里為橋十所計除占闕外可開水面二十三丈每三十步一橋也一千條橋共開水面二千丈計一十一里四十步也隨橋鍥開茭蘆為港走水仍於下流開白蜆安亭二江使太湖水由華亭青龍入海則三州水患必大衰減常州運河之北偏乃江陰縣也其地勢自河而漸低上自丹陽下至無錫運河之北偏古有泄水入江瀆一十四條曰孟瀆曰黃汀堰瀆曰東函港曰北戚氏港曰五卸堰港曰翠滄港曰蔣瀆曰歐瀆曰魏瀆涇曰支子港曰蠡瀆曰牌（稗一作）涇皆以古人名或以姓稱之昔皆以泄眾水入運河立斗門又北泄下江陰之江今名存而實亡今存者無幾二浙之糧船不過五百石運河止可常存五六尺之水是可以勝五百石之舟以其一十四處立為石碶斗門每瀆於岸北先築堤岸則制

水入江若無隄防則水泛溢而不制將見灌浸江陰之民田民居矣昔熙寧中有提舉沈披者輒去五卸堰走運河之水北下江中遂害江陰之民田為百姓所訟即罷提舉亦嘗被罪始欲以為利而適足以害之此未達古人之智以至敗事也切見近日錢塘進士余點兩進三州水利徒能備陳功力鎖細之事殊不知本末惟有言得常州運河晉陵至無錫一十四處置斗門泄水北下江陰大江雖三尺童子亦知如此可以為利然余點雖能言斗門一事合鍔鄙策奈何無法度以制入江之水行之則又豈止為一沈披耶又覩主簿張寔進狀言吳江岸為阻水之患涇函不通其言然則然矣雖言吳江岸而不言措置水之術蓋古之所創涇函在運河之下用長梓木為之中用銅輪刀水衝之則草可刈也置在運河底下暗走水入江今常州有東西二函地名者乃此也昔治平中提刑元積中開運河嘗開見

函管但見函管之內皆泥沙以謂功力甚大非可易復遂已今先開鑿江湖海故道堙塞之處泄得積水他日治函管則可若未能開故道而先治函管是知末而不知本也切見常州運河之北偏皆江陰低下之田常患積水難以耕植今河上為斗門河下築堤防以管水入江百姓由是緣此河隄可以作田圍此泄水利田之兩端也宜興縣西有夾苧千瀆在金壇宜興武進三縣之界東至滆湖及武進縣界西南至宜興北至金壇通接長塘湖西接五堰茅山薛步山水直入宜興之荊溪其夾苧千蓋古之人亦所以泄長塘湖東入滆湖泄滆湖之水入大吳瀆塘口瀆白魚灣高梅瀆四瀆及白鶴溪而北入常州之運河由運河而入一十四條之港北入大江今一十四條之港皆名存而實亡累有知利便者獻議朝廷欲依古開通北入運河以注大江自滆湖長塘湖兩岡各開三分之二為彼田戶皆豪民不

知利便。唯恐開鑿已田。陰搆胥吏。皆抵而不行。元豐之間。金壇令曾長官奏請乞開。朝廷又降指揮委江東及兩浙兩路監司相度。及近縣官員相視。又爲彼豪民計搆不行。儻開夹苧千通流。則西來他州入震澤之水可以殺其勢。深利於三州之田也。鍔熙寧八年歲遇大旱。切觀震澤水退數里。清泉鄉湖乾數里。而其地皆有昔日丘墓街井。枯木之根。在數里之間。信知昔爲民田。今爲太湖也。太湖。即震澤也。以是推之。太湖寬廣。愈於昔時。昔云有三萬六千頃。自築吴江岸。及諸港瀆堙塞。積水不泄。又不知其愈廣幾多頃也。鍔又嘗見低下之田。昔人争售之。今人争棄之。蓋積年之水。十無一熟。積空頭之税。或遇頻年不收。則飢餓丐殍。鬻妻子以償王租。或置其田。棄其廬而逋。至於酒坊處在水鄉。沽賣不行。以致敗闕者。比年尤甚。皆緣水傷下田不收故也。鍔又嘗遊下鄉。切見陂唫之間。亦多丘墓。皆爲魚鼈

之宅。且古之葬者。不即高山。則於平原陸野之間。豈即水穴以危亡寬耶。嘗得唐埋銘於水穴之中。今猶存焉。信夫昔爲高原。今爲汙澤。今之水不泄如古也。昨熙寧間。檢正張諤命屬吏殿丞劉懿相視蘇秀二州海口諸浦瀆。爲沙泥壅塞。將欲疏鑿以快流水。懿相視回申。以謂若開海口諸浦。則東風駕海水倒注。反灌民田。諤謂懿曰。地傾東南。百川歸海。古人開諸海浦。蓋以通百川也。若反灌民田。古人何爲置諸浦耶。百川東流則有常。西流則有時。因東風雖致西流。風息則其流亦復歸于海。其勢然也。凡江湖諸浦港。勢亦一同。懿雖信其如此。然猶有説。蓋以昔視諸浦無倒注之患。而今乃有之。蓋昔無吴江岸之阻。諸浦雖暫有泥沙之壅。然百川湍流浩急。泥沙自然滌蕩隨流以下。今吴江岸阻絶百川。湍流緩慢。緩慢則其勢難以蕩滌泥沙。設使今日開之。明日復合。又聞秀州青龍鎮入海諸浦。古有七十

二會。蓋古之人以爲七十二會曲折宛轉者。蓋有深意。以謂水隨地勢東傾入海。雖曲折宛轉。無害東流也。若遇東風駕起海潮。洶湧倒注。則於曲折之間。有所回激。而泥沙不深入也。後人不明古人之意。而一皆直之。故或遇東風。海潮倒注。則泥沙隨流直上。不復有阻。凡臨江湖海諸港浦。勢皆如此。所謂今日開之。明日復合者。此也。今海浦昔日曲折宛轉之勢。不可不復也。夫利害掛於眉睫之間。而人有所不知。今欲泄三州之水。先開江尾。去其泥沙茭蘆。遷沙上之民。次疏吴江岸爲千橋。次置常州運河一十四處之斗門。石䃮隄防管水入江。次開導臨江湖海諸縣一切港瀆。及開通茜涇。水既泄矣。方誘民以築田圍。昔郟亶嘗欲使民就深水之中疊成圍岸。夫水行於地中。未能泄積水。而先成田圍以狹水道。當春夏湍流浩急之時。則水當湧行於田圍之上。非止壞田圍。且淹浸廬舍矣。此不智之甚也。欲

乞朝廷指揮下兩浙轉運司擇智力了幹官員分布諸縣。則不越數月。其工可畢。所有創橋疏通河港置斗門利便制度。未在規規而言也。今所畫三州江湖溪海圖一本。但可觀其大畧。港瀆之名。亦布其一二耳。欲見其詳。莫若下蘇常湖諸縣。各畫溪河溝港圖一本。各言其河其瀆通某縣某處。俟其悉上。合而爲一圖。則纖悉若視於指掌之間也。鍔又觀秀州青龍鎮有安亭江一條。自吴江東至青龍由青龍泄水入海。昔因監司相視。恐走透商税。遂塞此一江。其江通華亭及青龍。夫籠截商税利國。能有幾耶。壅塞湍流。其害實大。又況措置商税。不爲難事。竊聞近日華亭青龍人户相率陳狀。情願出錢乞開安亭江。見有狀在本縣。官吏未與施行。近又訪得宜興西滆湖有二瀆。一名白魚灣。一名大吴瀆。泄滆湖之水入運河。由運河入一十四處斗門下江。其二瀆在塘口瀆之南。又有一瀆名高梅瀆。亦泄滆湖

之水入運河由運河入斗門在吳瀆之南近聞知蘇州王觀奏請開海口諸浦鍔切謂海口諸浦不可開今開之不逾日或遇東風則泥沙又合矣嘗觀考工記曰善溝者水齧之善防者水淫之蓋謂上水湍流峻急則自然下水泥沙齧去矣今若俟開江尾及疏吳江岸為橋與海口諸浦同時興功則自然上流東下齧去諸浦沙泥矣凡欲疏道必自下而上先治下則上之水無不流若先治上則水皆趨下漫滅下道而不可施功力其勢理然也故今治三州之水必先自江尾海口諸浦疏鑿吳江岸及置常州一十四處之斗門築堤制水入江此與吳江兩處分泄積水最為先務也然鍔觀合開三州諸溝瀆不必全藉官錢蓋三州之民憔悴之久人人樂開故半可以資食利戶之力也今畧舉其一二若開江尾疏吳江岸為橋還吳江岸東一村之民開地役為昔日之江置一十四處之斗門并築一十四條堤制水入江開夾苧千白鶴溪白魚灣大吳瀆塘口瀆宜興東蠡河已上非官錢不可開也若宜興之横塘百瀆蘇州之海口諸浦安亭江江陰之季子港春申港下港黄田港利港宜興之塘頭瀆及諸縣凡有自古泄水諸溝港浜瀆盡可資食利戶之力也莫若先下三州及諸縣抄錄諸道江湖海一切諸港瀆溝浜自古有名者及供上丈尺料之功力之費或係官錢或係食利私力期之以施工日月同日開鑿同日疏放若或放水有先後則上水奔瀉東下衝損在下開未畢溝港以故須同日決放也或者有謂昔人創望亭呂城奔牛三堰蓋為丹陽下至無錫蘇州地形東傾古人創三堰所以䕶運河之水東下不制是以創堰以節之以通漕運自熙寧治平間廢去望亭呂城二堰然亦不妨綱運者何耶鍔曰昔之太湖及西來衆水無吳江岸之阻又一切通江湖海故道未嘗堙塞故運河之水嘗䕶走泄入於

江湖之間是以置堰以節之今自慶曆以來築置吳江岸及諸港浦一切堙塞是以三州之水常溢而不泄二堰雖廢水亦常溢去堰若無害今若泄江湖之水則二堰尤宜先復不復則運河將見涸而糧運不可行此灼然之利害也又若宜興創市橋去西津堰蓋嘉祐中邑尉阮洪上言監司皷長橋東市邑中創一橋使運河南通荆溪初開鑿市街乃見昔日橋柱尚存地中咸謂古為橋於此也又運河之西口有古西津堰今已廢去久矣且古之廢橋置堰以防走透運河之水今也置橋廢堰以通荆溪則溪水常倒注入運河之内今之與古何利害之相反耶鍔以謂古無吳江岸衆水不積運河高於荆溪是以塞橋置堰以防泄運河之水也今因吳江岸之阻衆水積而常溢倒注運河之内是以創橋廢堰見利而不見害也今若治吳江岸泄衆水則運河之水再防走泄當於北門之外創一堰可也其利害蓋如此也或又曰切觀諸縣高原陸野之鄉皆有塘圩或三百畝或五百畝為一圩蓋古之人停瀦水以灌溉民田以今視之其塘之外皆水塘之中未嘗瀦水又未嘗植苗徒牧養牛羊畜放鳧鴈而已塘之所創有何益耶鍔曰塘之為塘是猶堰之為堰也昔日置塘瀦水以防旱歲今自三州之水久溢而不泄則置而為無用之地若決吳江岸泄三州之水則塘亦不可不開以瀦諸水猶堰之不可不復也此亦灼然之利害矣苟堰與塘為無益則古人奚為之耶蓋古之賢人君子大智經營莫不除害興利出於人之未到後人之淺謀管見不達古人之大智顛倒穿鑿徒見其害而莫見其利也若吳江岸止知欲便粮運而不知遏三州之水反以為害又若廢青龍安亭江徒知不漏商旅之稅又不知反俟水道以遏百川今之人所以戾古者凡如此也鍔切觀無錫縣城内運河之南偏有小橋由橋而南下則

有小瀆。瀆南透梁溪。瀆有小堰。名曰單將軍堰。自橋至梁溪。其瀆不越百步。堰雖有亦不渡船筏。梁溪即接太湖。昔所以爲此堰者。恐泄運河之水。昔熙寧八年。是歲大旱。運河皆旱涸。不通舟楫。是時鍔自武林過無錫。因見將軍堰既不渡船筏。而開是瀆者。古人豈無意乎。因語與邑宰焦千之曰。今運河不通舟楫。切觀將軍堰接運河。去梁溪無百步之遠。古人置此堰瀆。意欲取梁溪之水以灌運河。千之始則以鍔言爲狂。終則然之。遂率民車四十二管。車梁溪之水以灌運河。五日河水通流。舟楫往來。信夫古人經營利害。凡一溝一瀆。皆有微意。而今人昧之也。嘗見蘇州之茜涇。昔范仲淹命工開導。以泄積水以入于海。當時諫官不知蘇州患在積水不泄。咸上疏言仲淹走泄姑蘇之水。蓋不知其利。而返以爲害。今茜涇自仲淹之後。未復開鑿。亦久堙塞。鍔存心三州水利。凡三十年矣。每覩一溝一瀆。未嘗不明古人之微意。其間曲折究轉。皆非徒然也。鍔今日之議。未始增廣一溝一瀆。其言與圖符合。若非觀地之勢。明水之性。則無以見古人之意。今并圖以獻。惟執事者上之朝廷。則庶幾三州憔悴之民有望於今日也。

歷代名臣奏議卷之二百五十二

歷代名臣奏議卷之二百五十三

水利

宋徽宗即位。初。左正言任伯雨論黃河狀曰。臣竊以黃河爲中國患二千歲矣。若使人力可勝。有利無害。則昔人固已爲之。不應留以遺後世也。自古竭天下之力以事河者。莫如本朝。徇衆人偏見。欲屈大河之勢以從人者。莫甚近世。臣不敢遠引。只如元祐末年。小吳決溢。議者乃譎謀異計。欲立奇功以徼厚賞。不顧地勢。不念民力。不惜國用。力建東流之議。當洪流中立馬頭。設鋸牙。稍芻材木。耗費百倍。力遏水勢。使之東注。陵虛駕空。非特水行地上而已。增堤益防。惴惴恐決。澄沙淤泥。久益高仰。一旦失責。又復北流。此非隄防之不固。亦理勢之必至也。昔禹之治水。不獨行其所無事。亦未嘗不因其變以導之。故其爲逆訣之河。必曰九河。九者究也。物窮則變。此禹之治水所以示河流之無常。而不可使從人力之道也。蓋河流混濁。泥沙相半。流行既久。迤邐淤澱。則久而必決者。勢不能無變也。或東而北。或北而東。亦安可以人力制哉。爲今之策。正宜因其所向。寬立隄防。約攔水勢。使之不至於大段漫流。若恐北流淤澱塘泊。亦只宜因塘泊之岸。增設隄防。乃爲長策。風聞近日又有議者獻東流之計。不獨比年災傷。居民流散。公私匱竭。百無一有。事勢窘急。固不可爲。抑亦自高注下。湍流奔猛。潰決未久。勢不可改。設若興工。公私徒耗。甚非利民之舉。寔自困之道也。伏願陛下特賜睿旨。

大觀元年。中書舍人許光疑上奏曰。臣向在姑蘇。徧詢民吏。皆謂欲去水患。莫若開江瀆浦。蓋太湖在諸郡間。必導之海。然後水有所歸。自太湖距海有三江。有諸浦。能疏滌江浦。除水患猶反掌耳。今境內積水視去歲損二尺。視前歲損四尺。良由初開吳松江。繼濬八浦之力也。吳人謂開一江有一江之利，濬一浦有一浦之利。願委本路監司與諳曉水勢精彊之吏，徧詣江浦，詳究利害，假以歲月，先爲之備，然後興夫調役，可使公無費財，而歲供常足，不告勞而民食不匱，是一舉而獲萬世之利也。詔吳擇仁相度以聞。

二年，都水使者吳玠上言曰：自元豐間小吳口決，北流入御河，下合西山諸水，至清州獨流砦三叉口入海。雖深得保固形勢之策，而歲月寖久，侵犯塘堤，衝壞道路，齧損城砦。臣奉詔修治隄防，禦扞漲溢。然築八尺之堤，當九河之尾，恐不能敵。若不遇有損缺，逐旋增修，即又至隳壞，使與塘水相通，於邊防非計也。乞降旨修葺。從之。

政和二年七月，兵部尚書張閣上言：臣昨守杭州，聞錢塘江自元豐六年泛溢之後，潮汛往來，率無寧歲。而比年水勢稍改，自海門過赭山，即回薄巖門、白石一帶北岸，壞民田及鹽亭監地，東西三十餘

里，南北二十餘里。江東距仁和監止及三里，北趣赤岸瓶口二十里。運河正出臨平下塘，西入蘇、秀。若失障禦，恐他日數十里膏腴平陸皆潰于江，下塘田廬莫能自保，運河中絕，有害漕運。詔亟修築之。

四年，都水使者孟昌齡獻議導河大伾，可置永遠浮橋。謂河流自大伾之東而來，直大伾山西而止，數里方回南，東轉而過，復折北而東，則又直大伾山之東，亦止不過十里耳。視地形水勢，東西相直徑易，曾不十餘里間，且地勢低下，可以成河，倚山可爲馬頭，又有中潬，正如河陽。若引使穿大伾大山及東北二小山，分爲兩股而過，合於下流，因是三山爲趾，以繫浮梁，省費數十百倍，可寬河朔諸路之役。朝廷喜而從之。

十一月，都水使者孟揆上言曰：大河連經漲淤，灘面已高，致河流傾側東岸。今若修閉棗強上埽決口，其費不貲，兼冬深難施人力。縱使極力修閉東拱上下二百餘里，必須盡行增築，與水爭力，未能全免決溢之患。今漫水行流多鹹鹵及積水之地，又不犯州軍，止經數縣地分，迤邐纏御河歸納黃河。欲自決口上恩州之地水堤爲始，增補舊堤，接續御河東岸，簽合大河。從之。乙亥，臣僚言：禹跡湮沒於數千載之遠，陛下神智獨運，一旦興復導河，三山長堤盤固，橫截巨浸，依山爲梁，天造地設，威示南北，度越前古，歲無解繫之費，人無病涉之患。大功既成，願申飭有司，以日繼月，視水向著，隨爲隄防，益加增固，每遇漲水，水官漕臣不輟巡視。詔付孟昌齡。

六年四月，安撫趙霖上平江水利策，其相度之說曰：平江逐縣地形水勢利害各不相侔。蓋浙西六州之地，平江最爲低下，六州之水注入太湖，太湖之水流入松江，接青龍江，東入于海。而平地勢自南直北至常熟縣之半，自東止崑山縣地西南之半，水與太湖松江水面

相平，皆是諸州所聚之水泛溢其中。平江之地雖下於諸州，而瀕海之地於高於他處，謂之堽身。堽身之西，又與常州地形相等，東西與北三面，勢若盤盂，積水南入，注乎其中。所以自古沿海環江開鑿港浦者，藉此疏導積中之水。由是以觀，則開治港浦不可不先也。港浦既已淺，則講經久不堙塞之法。今瀕海之田惧鹹潮之害，皆作堰壩以隔海潮，裹水不得流外，沙日以積，此崑山諸浦堙塞之由也。堽身之民每闕雨，則恐裹水之減，不給灌溉，悉爲堰壩以止流水；臨江之民每遇潮至，則於浦身鑿開小濬以供己用，亦爲堰斷以留餘潮，此常熟諸浦堙塞之由也。法當置閘，然後可以限水之內外，可以隨潮而啟閉。浦既已開，閘既已置，而太湖松江之水與積水爲一，派沉沒民田者，一遇風作，則爲浪濤頃，愈泄愈來，縱使諸浦瀉之，泄之涓涓，來之浩浩，當斯之時，障之不可，疏之不可，爲之計者，莫若順其性而

狹其流乃為上策所謂上策者大築圩岸高圍民田而已如此則積水日削衆浦自耗矣大抵三說一曰開置港浦二曰置閘啓閉三曰築圩裹田三者闕一不可又各有先後緩急之序其開浦篇曰高田引以灌溉低田導以決泄者浦也古人大小縱横設為港浦若經緯然按圖於舊得九十處或名港浦或名涇浜或謂之塘或謂之瀆以詢究古跡得其為利之大者三十六浦區為三等上等工大而利博在所先也中等工費可減上等三之二下等間於上中等之間或自大浦而分授別派工料之數又少損焉其置閘篇曰瀕海臨江之地形勢高仰古來港浦盡於地勢高處淤澱若一旦頓議開通地里遙遠未易施力以拒鹹潮今於三十六浦中尋究得古曾置閘者纔四浦唯慶安福山兩閘尚存餘皆廢棄故基尚存古人置閘本圖經久但以失之近裏未免易湮治水莫急於開浦開浦莫急於置閘置閘莫利於近外若置閘而又近外則有五利焉江海之潮日兩漲落潮上灌浦則浦水倒流潮落浦深則浦水湍瀉遠處積水早潮退定方得隨流綫入浦口則晚潮復上元來流入江海又與潮俱還積水與潮相為往来何緣減退今開浦置閘潮上則閉潮退則啓外水無自而入衆水日得以出一利也外水不入則泥沙不淤於閘內使港浦常得通利免為堙塞二利也瀕海之地仰浦水以溉高田每苦鹹潮多作堰斷若決之使通則害苗稼若築之使塞則障積水今置閘啓閉水有泄而無入閘內之地盡獲稼穡之利三利也置閘必近外去江海止可三五里使閘外之浦日有澄沙淤積假令歲事浚治地里不遠易為工力四利也港浦既已深闊積水既已通流則泛海浮江貨船木栰或遇風作得以入口住泊或欲住賣得以歸市出卸官司遂可以閘為限拘收税課以助歲計五利也復有二說崑山諸浦通

徼東海沙濃而潮鹹當先置閘而後開浦一也閘之側各開月河以堰為限遇閘閉小舟不阻往来二也築圩篇曰天下之地膏腴莫美於水田利倍莫盛於平江緣平江水田以低為勝昔之賦入多出於低鄉今低鄉之田為積水浸沒十已八九當時田圩未壞水有限隔風不成浪今田圩殆盡水通為一遇東南風則太湖松江與崑山積水盡奔常熟遇西風則常熟之水東赴者亦然正如盛盂中水隨風往来未嘗停息嘗陟崑山與常熟山之巔四顧水與天接父老皆曰水底十五年前皆良田也今若不築圩岸圍裹民田車畎以取水底之地是棄良田以為水也況平江之地低於諸州唯高大圩岸方能與諸州地形相應昔人築圩裹田非謂得以播殖也將恃此以狹水之所居耳崑山去城七十里通往来者至和塘也常熟去城一百五里通往来者常熟塘也二塘為風浪衝擊塘岸漫滅往来者動輙守風往来有覆舟之虞是皆積水之害今若開浦置閘之後先自南鄉大築圩岸圍裹低田使位位相接以禦風濤以狹水源治之上也脩作至和常熟二塘之岸以限絶東西往来之水治之次也凡積水之田盡令脩築圩岸使水無所容治之終也昨聞熙寧四年大水衆田皆沒獨長洲尤甚崑山陳新顧晏陶湛數家之圩高大了無水患稻麥兩熟此亦築岸之驗目今積水之中有力人戶間能作小塍岸圍裹已田禾稼無虞蓋積水本不深而圩岸皆可築但民頻年重困無力為之必官司借貸錢穀集植利之衆併工戮力督以必成或十畝或二十畝地之中棄一畝取土為岸所取之田衆戶均價償之其貸借錢穀官為置籍責以三年六限随税輸還此治積水成始成終之策若其當開之浦則崑山常熟共三十六浦除常熟之許浦及白茆福山二浦見今深闊水勢通快不須開治雖開三十三浦崑山十有

一。謂堀浦、下張浦、七丫浦、苗泾浦。楊林浦、六鶴浦、顧逐浦、川砂浦、五岳浦、蔡浦、滾港浦、常熟二十有二。謂黃泗浦、奚浦、西陳浦、東陳浦、水門浦、崔浦、耿泾浦、魚潭浦、鄔溝浦、瓦浦、墻浦、高浦、金泾浦、石撞浦、六河浦、北浦、甘草浦、千步泾、司馬泾、金泾、錢泾、黃鶯瀆，皆積久不浚，當分為三等開修。

徽宗時趙鼎臣繳進河議奏狀曰：臣伏以先事而言，則言有難信之患；後事而諫，則事有不及之憂。雖然，忠臣憂國不謀其身，孝子顯親思述其志，言之先後一也，顧當否何如耳。伏念先臣某當元祐之春，實為河北路轉運副使。方是時，水官建議回河，蓋以累年功之成者十既八九，獨先臣居中罔敢阿徇，請順水性導使北流，進言於朝至予再四，奮孤忠，觸羣黨，抗單言，遏衆議，讒鋒謗焰，幾不獲免，尚賴陛下哀憐照察，曲賜全護，遣使按視，既施行矣。不幸後來水官眩惑前

議，競興力役，斷塞北流，奏功告成，中外稱慶。已而先臣以病賜歸，退伏田里，雖及困革，不忘朝廷，常慷慨謂臣曰：河本無事，妄人擾之耳。今及如是，恐不三數年，河無安定之理，誰當復為上言之乎？臣飲淚泣血，退書其語，刻之肌骨，銘在肺肝。方是時，豈暇覘後効、計將然乎？徒以不欺之誠著自平昔，雖然有用捨，而志不可無故也。伏見去年河已東決，舉齊之西，汎濫千里，有司極力，僅能塞之，而積淤久高，終不順快逆。及今夏沛然北流，決於闞村，如建瓴水。陛下哀矜元元，懸悼墊溺，臨遣諫議大夫鼎哉恤窮，且俾臺郎共視河事，仁恩德意，遠近周浹，流眡然夫矜首涕泣，雖未復故土、瞻舊丘，而人人恍欣感，自以為更生也。臣竊悲先臣抱孤子之志，而事不獲申；建忠蓋之策，而言未及用，遽先朝露，齎恨冥瀆。今日已決之闞村，乃先臣之所願聞者也；今日既淤之東流，乃先臣之所力争者也。往昔使鵜有一如先

臣之言，則河患廣博殆不遠乎，而水得所歸，功必有漸，決不至於敗壞蕩徙，如今日之貽朝廷憂也。回河之役幾年矣，薪芻之所費，力役之所用，臣不敢為朝廷惜也；金粟之所耗，爵賞之所頒，臣不敢為朝廷惜也。所重為朝廷惜者，兩河數千里間，有田不得種蓺，有廬不得歸宿，死者轉體於溝壑，生者寄命於道涂。去歲既已若此，今年又復如此，謂之天灾，臣竊以為非歲之罪也。恭惟朝廷清明，議論公正，方遣虜使出臨河防，宜有成謀定策歸報于上。然微臣區區，猶抱遺說，陳父書，冒不測之誅而獻芻蕘之議者，非以希榮於既往而干澤於方今也，誠以河溢皐陸垂二十年，已失之機，事不及悔，將善其後，必謹于先，而先臣之言彙實誤中，奏草具在，尚可推考。儻蒙朝廷俯賜采攬，鑒已然之得失，察既往之成敗，校短量長，稽驗當否，於以稗贊大策，協成緒功，使長河底平，得効塵露，雖結草之報未易如此。此先

臣之遺志，而臣之所不敢忘者也。然後退伏鈇鑕，下見先臣，使九泉之魂得以瞑目，豈非臣之素心宿願者乎？臣愚不足以知河事，竊獨耳剽日久，嘗聞諸先臣曰：河之可以一言蔽者，趨下而已。自横隴、六塔、商胡、小吳、宗城、內黃，百年之間，水皆西決，則地勢高下豈不可見？令之大議，不過東流與北流耳。使河誠東而可以行，則雖及天下之力而回之，猶將請諸朝而不敢以為費也。奈何地有高下之形，水有逆順之勢，今年雖塞，明年且決；來歲儻行，後歲必決。借使神禹臨之，亦將無如之何矣。如或順而治之，則庶幾數十年其無河患乎？正今日之明効大驗也。然議者每挾濼泊以為言，不以近事觀之。河既東徙，而濼泊固已淤矣，雖有司胥欲濬治之，蓋亦有所重為而未能也。且其所侵害者，獨濼與乾寧間耳。使向之未嘗有濼泊，則將無以為禦敵計乎？臣有以知其不然也。請得以事譬之：援靈武之城，則西戎

措顏洟古北之口則北狄請命蓄嘗持此以為固矣今雖未能復之而西北二邊豈嘗一日忘守備哉此尚人事之可及而猶可以力勝者耳水之為物非有情也奈何寘之競而不擇哉先臣之緣河事進言者甚多臣不敢以偏舉謹取最後乞治北流閉關村河門及申相度黃河利害兩二狀繕寫投進伏望聖慈特賜省覽降付有司看詳裁擇施行冒瀆天聰無任隕越昧死待罪之至謹錄奏聞

李復乞開黃河中灘劄子曰臣某啟恩差知鄭州於今月初四日到任首見差發人夫急於星火知大河漲溢原武等埽危急壓要脩疊固護臣久知原武一帶堤埽比諸處不同為鄭北畫是積水陂湖相連直接國門又地勢高於京師若有決溢勢迅東下臣遂親至河上體度水勢次第今見大河於原武東二里以來中心有灘一道長三里餘闊一百餘步其灘已老問人云已十餘年沙土堅壯河漲為難

兩灘奔射南岸水勢甚緊救護費力臣見多方措置兩日稍見次第然今年補貼雖得稍定來年遇漲還作上軫宸慮下勞百姓臣今乞下都水監將中灘於中心東西開透令引放河身於河槽中心通流雖有暴水不偏著岸更無危急兼東西只是長三里有餘用工不多可絕後患今并畫到圖子隨狀進呈伏候敕旨

王同上奏曰古者之治五行也必有五行之官其去民用尤近而逆其理則有敗害之端莫甚於水故官得其任則不憂乎水之敗害誠其勢也是以舜命益作虞以掌山澤周有川澤之禁而後世脩之未嘗廢也由秦漢以來使任其事而為之水官則莫若都水之職其主灌溉陂池保守河渠自太常及三輔皆有其官至武帝之時尤增重之於是又有左右使者使統其任而居其事者莫不明於禹貢之學而習於知水之性故劉向以治書為三輔都水都尉平當以明禹貢領護河隄蓋其職之人未嘗不備其事而又有水工之徒以佐知其利害是以秦漢之際言水事於書尤著而魏晉已來至於隋唐其官亦未嘗廢於魏則有都尉水衡之號晉宋齊皆曰都水臺或為水衡令及梁天監中始改曰太舟卿而主治舟航河隄隋唐之時又皆為都水使者或改曰監而舟檝河渠二署隸之然於水事或領或否矣故天下不喻於水而失其水之性使以憂中國者起矣國家比歲之間水之為害亦甚矣自京城之中民被其苦亦暴而衍溢者歷月不知所以淺之今國家懲前日之患而求於秦漢之故為之都水之任專其有司欲以知水之性此慮患之本也夫以患而設備求其功效而使之不為虛位則天下宜有明於水性若秦漢之間所謂水工者出矣苟得其水工而又以知水者居其任使之專其職而行於天下鯱視其水之利害得以備其故而治之不使數遷其任責之課最

而信其黜陟則官得其人而務定則事益備矣故為今之應水莫若如此

欽宗時李光乞廢東南湖田劄子曰臣契勘東南地瀕江海水易泄而多旱歷代以來皆有陂湖蓄水以備旱歲蓋湖高於田田又高於江海水少則泄田中水入海故無水旱之歲荒蕪之田也祥符慶曆間民始有盜陂湖為田者三司轉運使下書切責州縣復田為湖當時條約甚嚴謹水之蓄泄則有閉縱之法禁民之侵耕則有賞罰之法近年以來所至盡廢為田涝則水增溢不已旱則無灌溉之利而湖之田亦旱矣民既已承佃無復脫期所收租稅悉充御前而漕司暗虧常賦數至百萬而民之失業者不可勝計可謂兩失伏望聖慈速賜旨揮盡罷東南廢湖為田者復以為湖庶幾凋瘵之民稍復故業不勝幸甚

高宗紹興間大理寺丞周公環言臨安平江湖秀四州低下之田多爲清水浸灌蓋緣溪山諸處併居太湖水分爲二派東南一派由松江入于海東北一派由諸浦注于江其江泄水諸浦中惟白茅浦最大今爲沙泥淤塞每歲暑雨稍多則東北一派水必壅溢遂致浸傷農田欲望令有司相視於農隙開決白茅浦故道俾水勢分派流暢實爲四州無窮之利近年以來浙西常有水患公私交病崇寧紹興間流導故跡尚可尋訪乃未有建明者四十二灣古六九里爲一灣一灣低一尺二百四十里到三江口三百六十里到大海三江口江面闊九里地勢低於震澤三丈潮水來時水高三丈到震澤底定震澤即太湖也所以謂之平江三江口吳江水與湖水相會今之地謂之匯也

二十八年兩浙轉運副使趙子潚知平江府蔣璨上言曰太湖者數

州之田浸而獨減以松江之一川宣其勢有所不逮是以昔人於常熟之北開二十四浦疏而導之江又於崑山之東開一十二浦分而納之海三十六浦後爲潮汐沙積而開江之卒亦廢於是民田有淹沒之患天聖間漕臣張綸嘗於常熟崑山各開衆浦景祐間郡守范仲淹亦親至海浦濬開五河政和間提舉官趙霖復嘗開濬今諸浦湮塞又非前比計用工三百三十餘萬錢三十三萬餘緡米十萬餘斛於是詔監察御史任古復視之既而古至平江言常熟五浦通江誠便若依所請以五千工月餘可畢詔以激賞庫錢平江府上供米如數給之二十九年子潚又言父老稱福山塘與丁涇地勢等若不濬福山塘則水必倒注于丁涇乃命併濬之

孝宗乾道五年建康守臣張孝祥上言曰秦淮之水流入府城別爲兩派正河自鎭淮新橋直注大江其爲青溪自天津橋出柵砦門亦入于江緣柵砦門地近爲有力者所得遂築斷青溪水口創爲花圃每水流暴至則泛溢浸蕩城內居民尤被其害若訪古而求使青溪直道大江則建康永無水患矣既而汪澈奏於西園依興時河道開濬使水通柵門入從之先是孝祥奏淮水三源一自華山由句容一自廬山由溧水一自溧水由赤山湖至府城東南合而爲一縈迴綿亘三百餘里溪港溝澮之水盡歸焉流上水門由府城入大江舊上下水門展闊自兵變後砌疊稍狹雖便於一時防守實遏水源流通不快兼兩岸居民填築河岸添造屋宇若禁民不許侵占秦淮既復故道則水不泛溢矣又府東門號陳二渡有順聖河正分秦淮之水每遇春夏天雨連綿上源奔湧則分一派之水自南門外直入于江故秦淮無泛溢之患今一半淤塞爲田水流不通若不惜數畝之田疏導之以復古跡則其利尤倍

七年臣僚言丹陽練湖幅員四十里納長山諸水漕渠資之故古語云湖水寸渠水尺在唐之禁甚嚴盜決者罪比殺人本朝寖緩其禁以惠民然修築嚴甚春夏多雨之際瀦蓄盈滿雖秋無雨漕渠或淺但泄湖水一寸則爲河一尺矣兵變以後多廢不治堤岸圮闕不能貯水强家因而專利耕以爲田遂致淤澱歲月既久其害滋廣望責長吏濬治堙塞立爲盜決侵耕之法著于令庶幾練湖漸復其舊民田獲灌溉之利漕渠無淺涸之患詔兩浙漕臣沈度專一措置修築

淳熙九年知常州章冲上奏曰常州東北曰申港利港黃田港夏港五斗港其西曰竈子港孟瀆泰伯瀆烈塘江陰之東曰趙港白沙港石頭港陳港蔡港私港令節港皆古人開導以爲溉田無窮之利者也今所在堙塞不能灌溉臣嘗講求其說抑欲不勞民不費財而漕渠旱不乾水不溢用力省而見功速可以爲悠久之利者在州之西

南曰白鶴溪自金壇縣洮湖而下今淺狹特七十餘里若用工濬治
則漕渠一帶無乾涸之患其南曰西蠡河自宜興太湖而下止開濬
二十餘里若更令深遠則太湖水來漕渠一百七十餘里可免濬治
之擾至若望亭堰牐置於隋之至德而徹於本朝之嘉祐至元祐七
年復置未幾又毀之臣謂設此堰牐有三利焉陽羨諸瀆之水奔趨
而下有以節之則當潦歲平江三邑必無下流淫溢之患一也自常
州至望亭一百三十五里運河一有所節則沿河之田旱歲資以灌
溉二也每歲冬春之交重綱及使命往來多苦淺涸今啓閉以時足
通舟楫復免車畝灌注之勞三也詔令相度開濬
十一年冬臣僚言運河之濬自北關至秀州杉青各有牐堰自可瀦
水惟沿河上塘有小堰數處積久低陷無以防遏水勢當以時加脩
治兼沿河下岸涇港極多其水入長水塘海鹽塘華亭塘由六里堰
下私港散漫悉入江湖以私港深而運河淺也若脩固運河下岸一
帶涇港自無走泄又自秀州杉青至平江府盤門在太湖之際與湖
水相連而平江閶門至常州有楓橋許墅烏角溪新安溪將軍堰亦
各通太湖如遇西風湖水由港而入皆不必濬惟無錫五瀉牐損壞
年常是開堰徹底放舟更江陰軍河港勢低水易走泄若從舊脩築
不獨瀦水可以通舟而無錫晉陵間所有陽湖亦當積水而四傍田
畝皆無旱暵之患獨自常州至丹陽縣地勢高仰雖有犇牛呂城二
牐別無湖港瀦水自丹陽至鎮江地形尤高雖有練湖緣湖水日淺
不能濟遠雨晴未幾便覺乾涸運河淺狹莫此爲甚所當先濬上以
爲然
孝宗時蔡戡乞浚開木渠奏曰臣聞江漢之間荆襄之地自古名卿
才大夫建立事功以利當年而施後世者遺跡可考其間勳烈彰著

至今不泯唯羊祜杜預稽之往諜羊祜鎮戍邊之卒墾田八百餘頃
大獲其利祜之始至也軍無百日之糧及其季年乃有十年之積杜
預脩召信臣渠激用淯諸水浸原田萬頃餘分疆立石俾有定分
公私同利衆庶賴之以是知古人經理其地不過廣屯田脩水利二
者最爲急務不特爲國圖之計所以成開國之功南北既分襄陽蹄
爲重鎮朝廷謀帥選將不以輕畀殆今五六十年之間宜其算無遺
策地無遺利民有餘貲軍有餘糧然而曠土未盡闢水利未盡脩糧
運不繼則軍有乏絶之憂兩暘少愆則民有凍餒之患其故何也非
今之人智力不如古也古人有志功名今人志在利祿古人專爲國
計今人先爲身謀蓋無意乎事功之不立襄陽之宜城有曰木渠後
漢王寵所鑿溉田六千餘頃至曹魏時夷人聚萬家擁其地而食之
謂之柤中當時號爲天下膏腴吳將朱然爭取之不克自是渠廢更
八百八十餘年本朝治平中縣令朱紘按故地而鑿之三月而成溉
田如古鄭獬記其事甚詳靖康之亂渠始湮塞逮今方五六十年是
渠也延袤三百里故跡宛然所湮塞者木眼山之旁二三里而已渠
中之水猶涓涓不絶惟是山林蔽翳人跡罕至居民無力開鑿官吏
無意興脩是渠所以殆廢也且廢於八百餘年而朱紘能鑿之不三
月而成湮於五十餘年歲月未久浚導必易工費必省儻有人焉出
力任之可不勞而辦矣本路帥漕嘗請于朝計其工費已有成數雖
嘗行下止以司徒苟且憚於興脩歲復一歲無人以任是責臣愚欲
望睿旨檢照前奏量給所費一二萬緡責付本路轉運司應辦如有
不足本司可以那融支給仍委京西安撫荆鄂副都統司差撥軍民
各千人分番工作均給其直人必樂從副都統與漕臣往來董役於
農隙日三兩月之間自可迄功渠成溉之利必不減昔向來荆襄

蘆葦之場皆變而為決衍膏腴之地然後分兵屯田而盡其利募民請佃而收其租雖暫勞而永逸小費而大獲實攻守之先務也

光宗紹熙五年淮東提舉陳損之上言曰高郵楚州之間陂湖渺漫茭葑彌滿宜創立堤堰以為瀦泄庶幾水不至於泛溢旱不至於乾涸乞興築自揚州江都縣至楚州淮陰縣三百六十里又自高郵興化至鹽城縣二百四十里其堤岸傍開一新河以通舟船仍存舊堤以捍風浪栽柳十餘萬株數年後堤岸亦牢其木亦可備脩補之用兼揚州爐鎮舊有隄牐乃泰州泄水之處其牐壞久亦於此創立斗門西引盱眙天長以來衆湖之水起自揚州江都經由高郵及楚州寶應山陽北至淮陰西達于淮又自高郵入興化東至鹽城而極於海又泰州海陵南至揚州泰興而徹于江共為石䃮十三斗門七乞以紹熙堰為名鑱諸堅石淮田多沮洳因損之築堤捍之得良田數

百萬頃奏聞除直祕閣淮東轉運判官

寧宗嘉泰元年常州守臣李珏上言曰州境北邊揚子大江南並大湖東連震澤西援滆湖而漕渠界乎其間漕渠兩傍曰白鶴溪西蠡河南戚氏北戚氏直湖州港通于二湖曰利浦孟瀆烈塘橫河五瀉諸港通于大江而中間又各自為支溝斷汊曲繞參錯不以數計水利之源多於他郡而常苦易旱之患何哉臣嘗詢訪其故漕渠東起望亭西上呂城一百八十餘里形勢西高東下加以歲久淺淤自河岸至底其深不滿四五尺常年春雨連綿江湖泛漲之時河流忽盈驟減連歲雨澤愆閼江湖退縮渠形尤亢間雖得雨水無所受旋即走泄南入于湖北歸大江東徑注于吳江晴未旬日又復乾涸此其易旱一也至若兩傍諸港如白鶴溪西蠡河直湖烈塘五瀉堰日為沙土淤漲遇潮高水泛之時尚可通行舟楫若值小汐久晴則俱不

能通應自餘支溝別港皆以堙塞故雖有江湖之浸不見其利此其易旱二也況漕渠一帶綱運于是經由使客于此往返每遇水澀綱運使阻一入冬月津送使客作壩車水科役百姓不堪其擾豈特溉田關事而已望委轉運提舉常平官同本州相視漕渠并徹江湖之處如法濬治盡還昔人遺跡及於望亭脩建上下二牐固護水源從之

嘉定五年建康守臣黃度言府境北據大江是為天險上自采石下達瓜步千有餘里共置六渡一曰烈山渡籍于常平司歲有河渡錢額五曰南浦渡龍灣渡東陽渡大城堽渡岡沙渡籍于府司亦有河渡錢額六渡歲為錢萬餘緡歷時最久舟楫廢壞官吏篙工初無廩給民始病濟而官漫不省遂致姦豪冒法別置私渡左右旁午由是官渡濟者絕少乃聽吏卒苛取以充課徒手者猶憚來往而車檐牛

馬幾不敢行甚者扼之中流以邀索錢物竊以為南北津渡務在利涉不容簡忽而但求征課臣已為之繕治舟艦選募篙梢使遠處巡檢兼監渡官於諸渡月解錢則例量江面闊狹計物貨重輕斟酌裁減率三之一或四之一其人車牛馬皆有定數雕牓約束不得過收邀阻乞覓裒一歲之入除烈山渡常平錢如額解送其餘諸渡以二分充脩船之費而以其餘給官吏篙梢水手食錢令監渡官逐月照數支散有餘則解送府司然後盡絕私渡不使姦民踰禁從之

十二年臣僚言鹽官去海三十餘里舊無海患縣以鹽竈頗盛課利易登去歲海水泛漲湍激橫衝沙岸每一潰裂常數十丈日復一日浸入鹵地蘆洲港瀆蕩為一壑今聞潮勢深入逼近居民萬一春水驟漲怒濤奔湧海風佐之則呼吸蕩出百里之民寧不俱葬魚腹乎況京畿赤縣密邇都城內有二十五里塘直通長安牐上徹臨平下

㨦崇德。漕運往來。客船絡繹。兩岸田畝無非決壞。若海水徑入于塘，不惟民田有鹹水淹浸之患，而裹河隄岸亦將有潰裂之憂。乞下浙西諸司條具築捺之策，務使捍堤堅壯，土脉充實，不爲怒潮所衝徙之。

孝宗時，衛涇奏曰：臣聞饑穰之數在歲有天時，在人而地利。天時之水旱固所不免，地利之廢脩亦不容無責焉。竊見承平之時，京師漕粟多出東南，江浙居其太半。中興以來，浙西遂爲畿甸，尤所仰給。旁及他路，蓋平疇沃壤，綿亘阡陌，多江湖陂塘之利。雖小有水旱，不能爲灾。自豪右兼并之家既衆，始借墾闢之說，并吞包占，創置圍田。其初止及陂塘，陂塘多淺水，猶可也。已而侵至江湖，今江湖所存亦無幾矣。夫江湖之水自常情觀之，似若無用，由農事言之，則爲甚急。江湖深廣，則瀦蓄必多，遇水有所通泄，遇旱可資灌溉。儻或狹隘，則害受必少。水則易溢，未免泛濫之憂；旱則易涸，立見焦枯之患。事理曉然。州縣之官皆可以舉職。然豪宗巨族必有所憑藉，其勢力足以陵駕公府，非得徒吏莫敢誰何。浸淫滋廣，江湖之利日朘月削，無復曩時之舊。圍田增租所入有幾，而平歲倍收之田一罹旱澇，反爲不耕之土，常賦所損可勝計哉。農人失業，襁負流離，其害又豈特在民而已。竊惟國朝成憲，應江河山野陂澤湖塘池濼與衆共者，不得禁止。及請佃承買，官司常切覺察，始許人請佃承買，并犯人糾劾以聞。及瀦水之地，緣許人請佃承買，人各以違制論。立法之意，可謂明白。前者臣寮累嘗奏請，朝廷非不施行。凡係積水葦蕩，今後並不許請佃。雖陳乞撥賜，亦許守臣執奏。此乾道五年九月指揮也。差官檢視，應停蓄水利，河道有湮塞壅遏去處，照舊來界至，悉行開掘，仍每歲巡察。此淳熙三年六月指揮也。令淛西諸郡約束屬縣，始有給據官民戶買佃江湖葦蕩，圍築田畝。許人戶越訴，置之重憲，仍委監司糾劾。此淳熙八年七月指揮也。凡有陂塘，自令下之後尚復圍裹斷絶開掘，犯者論如法，給據與不告捕者併坐罪。此淳熙十年四月指揮也。是皆畫榜大書，人所共覩。其他藏於案牘者，當不止此。奈何條畫雖備，奉行不虔。或易名而請佃，或已開而復圍，或謂既成之業難於破壞，或謂垂乾之時不可毀撤。是知千百畝之田爲可惜，而不知百萬畝之田尤可惜。不忍於縱横之一夫，而忍於貧弱之百姓。上澤沮格而不下究，下情蔽塞而不上通。此則有司之罪也。臣恭惟陛下愛護本根，訪民疾苦，詔旨屢頒，不爲虛文。如以臣言爲然，乞賜睿斷，行下戶部，檢坐條法，及累降指揮申嚴，要束本路監司州縣，常令遵守，仍委御史臺覺察。法不徒立，務在必行。惟陛下留神裁擇。幸甚。

貼黃：臣所奏圍田，旨止爲妨民水利。抑又有可慮者：凡圍田去處，多在荒僻之鄉，必立莊舍，佃戶聚居。既廣行包占，又欲侵奪側近民産，多蓄無賴惡少及刑餘罪人，號爲佃戶，實是姦民。幸遇豐年，粗得無事；歲收稍不能給，數十爲羣，江湖商賈、村野居民，即被劫略，甚至殺傷。間或敗露在官，具有案牘可考。竊恐饑荒之歲，遂爲淵藪。若行禁戢，姦民無所聚集，亦潛消盜賊之一端。伏乞睿照。

涇又奏曰：臣嘗攷國家承平之時，京師漕粟多出東南，而江浙居其太半。中興以來，浙西遂爲畿甸，尤所仰給。歲雖豐穰，霑及旁路。蓋平疇沃壤，綿亘阡陌，有江湖瀦泄之利焉。大抵二浙地勢高下相類，湖高於田，田又高於江海。水少則汲湖水以溉田，水多則泄田水由江而入海。惟瀦泄兩得其便，故無水旱之憂，而皆膏腴之地。自紹興末年，始因軍中侵奪瀕湖水蕩，工力易辦，創置堤埂，號爲埧田。民田已被其害。而猶未至甚者。瀦水之地尚多也。隆興乾道之後。豪宗大姓。相繼迭出。廣包強占。無歲無之。陂湖之利。日朘月削。已亡幾何。而所在圍田則徧滿矣。以臣耳目所接。三十年間。昔之曰江。曰湖。曰草蕩者。今皆田也。夫陂湖之水。自常情觀之。似若無用。由農事言之。則爲甚急。陂湖廣衍。則瀦蓄必多。遇旱可以灌溉。江流深浚。則通泄必快。遇水不至泛溢。儻瀦水之地或至狹隘。則容受必少。旱即易涸。立見焦枯。水源既壅。而江流填淤。則疏泄甚艱。水即易溢。蕩爲巨浸。事之利害。豈不較然易知。州縣監司。所當禁戢。然圍田者無非形勢之家。其語言氣力足以陵駕官府。而在位者每重舉事而樂因循。故上下相蒙。恬不之恠。而圍田之害深矣。議者又曰。圍田既廣。則增租亦多。其於邦計。不爲無補。殊不思緣江並湖。民間良田何啻數千百頃。皆異時之無水旱者。圍田一興。脩築塍岸。水所由出入之路。頓至隔絕。稍

覺旱乾。則占據上流。獨擅灌溉之利。民田坐視無從取水。逮至水溢。則順流疏決。復以民田爲壑。設若圍田僥倖一稔。增租所入有幾。而常歲倍收之田。小有水旱。反爲荒土。常賦所損。可勝計哉。所謂增租既不繫省額。州縣得以移用。徒資貪黷之吏耳。此其輕重得失。又不待智者而後辨也。竊惟祖宗成憲。炳若日星。應江河山野陂澤湖塘池濼與衆共者。不許占據。及請佃承買。官司糾劾以聞。諸瀦水之地。謂衆共溉田者。輒許人請佃承買。并請佃承買人各以違制論。立法之意。可謂明白。前者臣寮累嘗奏請。朝廷非不施行。臣姑述其一二。諸路如有承買瀦水地者。悉與改正。此紹興二十八年指揮也。凡係積水草蕩。今後並不許請佃。雖陳乞撥賜。亦許守臣執奏。此乾道五年九月指揮也。詔兩浙漕臣。及提舉常平官。并逐州守臣。常切覺察。如官民戶及寺觀圍築田畝。填塞水道。具名以聞。此淳熙三年六月

指揮也。詔州縣輒敢給據與官民戶及寺觀買佃江湖草蕩。許人戶越訴。重實典憲。仍委監司糾劾。此又淳熙三年八月指揮也。詔浙西諸郡。應官民戶舊來圍田去處。明立標記。給榜曉諭。不得於標記外再有圍裹。此淳熙十一年八月指揮也。其他條約未易悉數。夫以陳說之衆多。立法之詳備。是宜圍田之害患絕。而瀦泄之利盡復曩時之舊可也。然歷年寖久。陂湖之爲田者不止。民田之被害者滋甚。其已圍者牽於姑息。固不復論。標記之外。增創圍裹者有之。因民詞訴已毀撤。而復脩築者有之。易名爲天荒。而請求給佃者有之。寺觀僧道尤無忌憚。是豈果不可禁戢哉。吏治苟簡。而法令不行之過也。積習而不知變。姦猾棠利。良農失業。其害又豈特在民而已。臣伏見乾道閒孝宗皇帝一旦宣諭輔臣曰。聞浙西自有圍田。即有水患。屢有人理會。多爲權勢所梗。已而令漕臣王炎相視。有張子蓋圍田九千

餘畝。湮塞水勢。立命開掘。仍戒敕不得再犯。淳熙中。聞姚述堯言傳去寺僧請佃明州定海縣鳳棲沈窖兩湖八百畝。可溉田二萬六千餘畝。即令仍廢爲湖。英斷如此。孰不悚懼。其奉行不虔者。特有司之罪。而斯民疾苦。則有所赴愬矣。臣仰惟陛下恭儉愛民。率繩祖武。詔令之下。不爲虛文。如以臣言爲然。乞賜睿旨。行下戶部。檢坐條法。及累降指揮。申嚴約束。斷自今以後。凡陂湖草蕩。並不許官民戶及寺觀請佃圍裹。如輒敢干求陳訴者。具名聞奏。寘之於罪。本路監司州縣常切遵守。或有違戾。委御史臺彈治。庶幾法不徒立。豪強戢斂。農民安於田畝。此亦固根本之一說也。惟陛下留神幸甚。

貼黃。臣照對自紹興開行經界之後。至今五六十年。生齒日繁。豈復有可耕之田荒而不治。其目今所存江湖陂澤。實皆衆共水利。必不可以爲田者。如蒙睿斷施行。仍乞行下本路監司約束。

應今歲被水圍田尙去只許據昨來標記四至塍岸不得因而侵占比近水地其有自昨來標記之後續行圍裹妨害衆共水利去處既因水滲漏更不得再行脩築如違許被害民戶越訴仰監司委清強官相視具奏取旨施行伏乞睿照

貼黃臣又照得所在圍田雖是形勢之家包占然田間利害形勢之家本無從得知多是鄉村豪強富室意在假託聲勢侵擾良民或略用工本廣行侵占因以爲己利操執書契請屬獻納此尤不可不治乞委監司州縣覺察如因圍田民戶詞訴即與根究元獻田人姓名重作施行伏乞睿照

青田縣主簿陳耆卿上疏曰臣聞水在地中猶人之有血脈一日壅塞必有受其病者故水利一事憂民者多疚心焉或曰去歲汎溢之災綿連郡國敗屋殺稼亦在相望其害未見其利也雖然災沴行

國家代有於汎濫則見其害於旱暵則見其利因汎濫而不爲旱暵備殆因噎廢食爾夫稼民之命也水稼之命也春夏之交予拄蠲集至有爭涓滴以殞其軀者東浙田多依山而本郡蓋其一也巖谷峣埆渠塘鮮少故灌溉之事不可一日廢夫水流之則流堙之則竭其流之也必有源其堙之也必有故彼細民之所爭者涓滴爾毆死者止一身爾強宗右族羅畎盈野每每奄豬澤以自豐而不顧他人之瘠其所殺寧有算哉十雨五風未見其害也猝有旱魃龜拆立見富人之蓄自若而貧者委地矣上之人乃始皇皇於禱祈逮其無年則又皇皇於賑恤亦已晚矣故今州縣之間多以水利爲不急之務夫既以爲不急之務則往日之已塞者愈塞而未塞者亦塞矣近日之方浚者不浚而未浚者無時可浚矣爲計不參欲罪歲得乎臣愚欲乞播告外臺遴選官吏徧行根括甚蕪沒不治或爲大姓所雄據者極力疏導俾還其初至於陂澤未成而可經營沾丐者亦必廣爲瀦蓄以幸焦槁毋苛擾毋具文脫遇歲旱民有倚賴縱不能轉歉爲豐而利澤亦過半矣

金章宗明昌二年二月上諭平章政事守貞曰王汝嘉田櫟專管河防此國家之重事也朕比問其曾於南岸行視否乃稱未也又聞水決能行南岸乎又六不可知且水趨北久矣自去歲便當經畫今不稱職如是耶可諭旨令往盡心固護無致失備及講究所以經久之計稍涉違慢當併治罪三月行省并行戶工部及都水監官各言河防利害事都水監元擬於南岸王村宜村兩處開導河勢緣北來水勢去宜村堤稍緩惟王村岸向上數里臥捲可以開決作一河且無所犯之城市村落又擬於北岸墻村疏決依舊分作兩清河入梁山故道北清河兩岸素有小堤不完後當築大堤尚書省謂以黃河之

水勢若於墻村決注則山東州縣膏腴之地及諸鹽場必被淪溺設使脩築壞堤而又吞納不盡功役至重慮困山東之民非徒無益而又害之也況長堤已加固護復於南岸疏決水勢已寢決河入梁山濼之議水所經城邑已勸率作護城堤矣先所脩清河舊堤已遣罷之監丞田櫟言定陶以東三埽棄堤不當脩止言決舊壓河口以導漸水入堤北張彪白塔兩河之間凡當水衝屯田戶須令遷徙臣等所見止當堤前作木岸以備之其間居人未當遷徙至夏秋水勢汎溢權令避之水落則當各復業此亦戶工部之所言也

宣宗貞祐三年四月單州刺史顏盞天澤言守禦之道當決大河使北流德博觀滄之境今其故堤宛然猶在工役不勞水就下必無漂沒之患而難者若不以犯滄鹽場損國利爲說必以浸沒河北良田爲解臣嘗聞河側故老言水勢散漫則淺不可以馬涉深不可以舟

濟此守禦之大計也。若曰浸民田，則河徙之後，淤為沃壤，正宜耕墾，收倍于常，利孰大焉。若失此計，則河南一路兵食不足，而河北山東之民皆无解矣。詔命議之。四年三月，延州刺史温撒可喜言：近世河離故道，自衛東南而流，由徐邳入海，以此河南之地為狹。臣竊見新鄉縣西河水，可決使東北，其南有舊隄，水不能溢，行五十餘里與清河合，則由濬州大名觀州清州柳口入海。此河之故道也，皆有舊隄，補其缺罅足矣。如此則山東大名等路皆在河南，而河北諸郡亦得其半。退足以為禦備之計，進足以壯恢復之基。又言：南岸居民，既已籍其河夫，脩築河堰，營作戍屋，又使轉輸芻糧，賦役繁殷，倍於他所，夏秋租稅，猶所未論。乞減其稍緩者，以寬民力。事下尚書省，宰臣謂河流東南舊矣，一旦決之，恐故道不容，衍溢而出，分為數河，不復可收。水分則淺狹易渡，天寒輒凍，禦備愈難，此甚不可。

元成宗大德元年，河決蒲口，塞撤。命河北河南肅政廉訪使尚文按視防河之策。文建言：長河萬里西來，其勢湍猛，至盟津而下，地平土疏，移徙不常，失禹故道，為中國患，不知幾千百年矣。自古治河，處得其當，則用力少而患遲；事失其宜，則用力多而患速。此不易之定論也。今陳留抵睢東西百有餘里，南岸舊河口十一，已塞者二，自涸者六，通川者三。岸高於水計六七尺，或四五尺。北岸故堤，其水比田高三四尺，或高下等。大槩南高於北約八九尺，堤安得不壞，水安得不北也。蒲口今決千有餘步，迅疾東行，得河舊瀆，行二百里至歸德橫堤之下，復合正流。或强湮遏，上決下潰，功不可成。揆今之計，河西郡縣順水之性，遠築長垣，以禦泛濫。歸德、徐、邳民避衝潰，聽從安便。被患之家，宜於河南退灘地內給付頃畝，以為永業。異時河決他所者，亦如之。信能行此，亦一時救荒之良策也。蒲口不塞便。朝廷從之。

歷代名臣奏議卷之二百五十三

歷代名臣奏議卷之二百五十四

賦役

漢武帝時，外事四夷，內興功利，役費並興，而民去本。董仲舒說上曰：古者稅民不過什一，其求易共；（共讀曰供）使民不過三日，其力易足。民財內足以養老盡孝，外足以事上共稅，下足以畜妻子極愛，故民說從上。至秦則不然，用商鞅之法，改帝王之制，除井田，民得賣買，富者連阡陌，貧者無立錐之地。又顓川澤之利，管山林之饒，荒淫越制，踰侈以相高。邑有人君之尊，里有公侯之富，小民安得不困？又加月為更卒，已復為正，一歲屯戍，一歲力役，三十倍於古；（更卒，謂給郡縣一月而更者也。正卒，謂給中都官者也。率計今人一歲之中，屯戍及力役之事，三十倍多於古也。更音工衡反。）田租口賦，鹽鐵之利，二十倍於古。或耕豪民之田，見稅什五。故貧民常衣牛馬之衣，而食犬彘之食。重以貪暴之吏，刑戮妄加，民愁無聊，亡逃山林，轉為盜賊，赭衣半道，斷獄歲以千萬數。漢興，循而未改。古井田法雖難卒行，宜少近古，（卒讀曰猝）限民名田，以贍不足，（名田，占田也。各為立限，不使富者過制，則貧弱之家可足矣。）塞并兼之路。鹽鐵皆歸於民。去奴婢，除專殺之威。薄賦斂，省繇役，以寬民力。然後可善治也。

東漢靈帝欲鑄銅人，而國用不足，乃詔調民田畝斂十錢。而比水旱傷稼，百姓貧苦。樂安太守陸康上疏諫曰：臣聞先王治世，貴在愛民，省徭輕賦，以寧天下；除煩就約，以崇簡易；故萬物從化，靈物應德。末世衰主，窮奢極侈，造作無端，興制非一，勞割自下，以從苟欲，故黎民吁嗟。陛下聖德承天，當隆盛化，而卒被詔書，畝斂田錢，鑄作銅人。伏讀惆悵，悼心失圖。夫十一而稅，周謂之徹。徹者，通也，言其法度可通而行也。故魯宣稅畝，而蝝災自生；哀公增賦，而孔子非之。豈有聚奪民物，以營無用之銅人；捐捨聖戒，自蹈亡王之法哉？傳曰：君舉必書，書而不法，後世何述焉？陛下宜留神省察，改敝從善，以塞兆民怨恨之望。

魏武帝始制新科，下州郡，又收租稅綿絹。長廣守何夔以郡初立，且師旅之後，不可卒繩以法，乃上言曰：自喪亂以來，民人失所，今雖小安，然服教日淺，所下新科，皆以明罰勑法，一大化也。所領六縣，疆域初定，加以飢饉，若一切齊以科禁，恐或有不從教者。有不從教者不得不誅，則非觀民設教隨時之意也。先王辨九服之賦以殊遠近，以三典之刑以平治亂。愚以為此郡宜依遠域新邦之典，其民間小事，使長吏臨時隨宜，上不背法，下以順百姓之心。比及三年，民安其業，然後齊之以法，則無所不至矣。帝從其言。

晉武帝太元十三年，以范甯為豫章太守。甯臨發上疏曰：今邊烽而倉庫空匱。古者使民歲不過三日，今之勞擾，殆無三日之休，至有生兒不復舉養，鰥寡不敢嫁娶，豈怨社稷之憂，厝火積薪，未足喻也。又言：中原士民，流寓江左，歲久安業，謂宜正其封疆，戶口皆以土斷。又人性無涯，奢儉由勢。今并兼之室，亦多不贍，由用之無節，爭以靡麗相高故也。禮：十九為長殤，以其未成人也。今以十六為全丁，十三為半丁，傷天理，困百姓，謂宜二十為全丁，十六為半丁，則人無夭折，生長滋矣。帝多納用之。

宋文帝時，司徒王弘上言曰：舊制，民年十三半役，十六全役。當以十三以上能自營私及公，故以充役。而考之見事，猶或未盡。體有強弱，不皆稱年。且在家自隨，力所能堪，不容過苦。移之公役，動有定科，循吏隱恤，可無其患；庸宰守常，已有勤劇；況值苛政，豈可稱言。乃有務在豐役，增進年齒，孤遠貧弱，其弊尤深。至今依寄無所，生死靡告。一身之切，逃竄求免，家人遠討，胎孕不育，巧避羅憲，實亦由之。今皇化

惟新四方無事徭名之應存乎消息十五至十六宜爲丰丁十七爲
全丁從之
南齊武帝永明中會稽豐登商旅往來倍多常歲西陵牛埭稅官格
日三千五百元懿如即所見日可一倍盈縮相兼畧計年長百萬浦
陽南北津及柳浦四埭乞爲官領攝一年格外長四百許萬西陵戍
前檢稅無妨戍事餘三埭自舉腹心世祖敕示會稽郡此詎是事宜
可訪察即啓隨王東中郎長史顧憲之議曰尋始立牛埭之意非苟
逼僦以納稅也當以風濤迅險人力不捷屢致膠溺濟急利物耳既
公私是樂所以輸直無怨京師航渡即其例也而後之監領者不達
其本各務己功互生理外或禁遏別道或空稅江行或撲船倍價或
力周而猶責凡如此類不經埭煩牛者上詳被報格外十條並蒙停
寢從來諠訴始得暫弭案吴興頻歲失稔今茲尤饉去之從豐良由

飢棘或徵貨貿粒還拯親累或攜老弱陳力餬口埭司責稅依格弗
降舊格新減尚未議登格外加倍將以何術皇慈恤隱振廩蠲調而
元懿幸災推利重增困瘼人而不仁古今共疾且比見加格置市者
前後相屬非惟新加無贏並皆舊格猶闕愚恐元懿今啓亦當不殊
若事不副言懼貽譴詰便百方侵苦爲公買怨元懿稟性苛刻已彰
往效任以物上譬以狼將羊其所欲舉腹心亦當虎而冠耳書云與
其有聚斂之臣寧有盜臣此言盜公爲損蓋微斂民所害乃大也今
雍熙在運草木含澤其非事宜仰如聖旨然掌斯任者應簡廉平廉
則不竊於公平則無害於民矣愚又以便宜者蓋謂便於公宜於民
也竊見頃之言便宜者非能於民力之外用天分地者率皆即日不
宜於民方來不便於公名與實反有乖正體凡如此等誠宜深察
時諸折租布二分取錢車騎將軍竟陵王子良啓曰臣一月入朝六

登玫陛廣殿稠人義奉顏色縱有所懷豈敢自達比天旹亟見地孽
亟臻民下妖訛婦生噂[illegible]穀價雖和比室飢嗛縑纊雖賤駢門躶質
臣一念此每入心骨三吴奥區地惟河輔百度所資罕不自出宜在
蠲優使其全富而守宰相繼務在裒剋圍桑品屋以准貲課致令斬
樹發瓦以充重賦破民財產要利一時東郡使民年無常限在所相
承准令上直每至州臺使命切求懸急應充猥役必由窮困乃有畏
失嚴期自殘軀命亦有斬絕手足以避徭役生育弗起殆爲恒事守
長不務先富民而唯言益國豈有民貧於下而國富於上邪又泉鑄
歲遠類多翦鑿江東大錢十不一在公家所受必須輪郭遂買本一
千加子七百猶求請無地搒革相繼尋完者爲用既不兼兩回復遷
貿會非委積縱令小民每嬰困苦且錢帛相半爲制永久或聞長宰
須令輸直進違舊科退容姦利八屬近縣既在京畿發借徵調實煩

他邑民持尤貧連年失稔草衣藿食稍有流亡今農政就興宜蒙賑
給若連課未上許以申原兗豫二藩雖曰舊鎮往屬兵虞累棄鄉土
密邇寇庭不無安志編草結庵不遑涼暑扶攜聚落靡有生向傭稟
人靈獨絕溫飽而賦斂多少尚均沃實謂凡在荒民應加蠲減又司
市之要自昔所難頃來此役不由才舉並條其重貲自許以銜前人增
估求俠後人加稅請代如此輪回終何紀極兼復交關津要共相脅
謫愚野未閑必加陵誑罪無大小横没貲載凡求試穀帛類非廉謹
未解在事所以開容
後魏孝文帝時徐州刺史苟虎上疏曰臣聞先王建不易之軌萬代
承之聖主垂不刊之制千載共仰伏惟陛下道洽羣生恩齊造化仁
德所覃跡超前哲遠宗古典留意治方革前王之弊法申當今之宜
用定貢賦之輕重均品秩之厚薄然令百辟足以代耕編戶享其餘

畜。巍乎煥焉。不可量也。臣竊尋居邊之民。蒙化日淺。戎馬之所資。計素微。小戶者一丁而已。計其徵調之費。終歲乃有七縑。去年徵責不備。或有貨易田宅。質妻賣子。呻吟道路。不可忍聞。今淮南之人。思慕聖化。延頸企足。十室而九。恐聞賦重吏懷進退。非惟損皇風之盛。虜傷慕義之心。且臣所居。與南連接。民情去就。實所諳知。特宜寬省。以招未至。其小郡太守數戶而已。一請止六尺絹。歲不滿匹。既委邊捍。取其必死。邀之士重。何吝君輕。今班制已行。布之天下。不宜忤冒。以亂朝章。但猥籍恩私。備位蕃岳。憂責之地。敢不盡言。

孝明帝時。諫議大夫張普惠以天下民調幅度長廣。尚書計奏復徵綿麻。恐其勞民不堪命。上疏曰。伏聞尚書奏復綿麻之調。尊先皇之軌。夙宵惟慮。忻戰交集。何者。聞復高祖舊典。所以忻惟新。俱可復而不復。所以戰違法。仰惟高祖廢大斗。去長尺。改重秤。所以愛萬姓。從

薄賦。知軍國須綿麻之用。故云幅度之間。億兆應有綿麻之利。故絹上稅綿八兩。布上稅麻十五斤。萬姓得廢大斗。去長尺。改重秤。荷輕賦之饒。不適於綿麻而已。故歌舞以供其賦。奔走以役其調。天子信於上。億兆樂於下。故易曰。悅以使民。民忘其勞。此之謂也。自茲以降漸漸長闊。百姓嗟怨。聞於朝野。伏惟皇太后未臨朝之前。陛下居諒闇之日。宰輔不尋其本知天下之怨綿麻不察其幅廣度長秤重斗大。革其所弊。存其可存。而特放綿麻之調。以悅天下之心。此所謂悅之不以道。愚臣所以未悅者也。尚書既知國少綿麻。不惟法度之易民言之可畏。便欲去天下之大信。棄已行之成詔。追前之非。遂後之失。奏求還復綿麻。以充國用。不思庫中大有綿麻。而羣官共竊之。愚臣以為於理未盡。何者。今宮人請調度造衣物。必度忖秤量。絹布匹有尺丈之盈。一猶不計其廣。絲綿斤兼百銖之剩。未聞依律罪州郡。

若一匹之濫。一斤之惡。則鞭戶主。連三長。此所以教民以貪者也。今百官請俸。人樂長闊。并欲厚重。無復準極。得長闊厚重者。便云其州能調絹布精闊且長。橫發美譽。以亂視聽。不聞嫌長惡廣。求計還官者。此百司所以仰負聖明也。今若必復綿麻者。謂宜先令四海知其所由。明立嚴禁。復本幅度。新綿麻之典。依太和之稅。其在庫絹布并及絲綿不依典制者。請遣一尚書與太府卿。左右藏令。依今官度官秤。計其斤兩廣長。折給請俸之人。總常俸之數。計俸所出。以布綿麻亦應其一歲之用。使天下知二聖之心。愛民惜法如此。則高祖之軌中興於神龜。明明慈信。照布於無窮。則孰不幸甚。伏願亮臣悾悾之至。下慰蒼生之心。

唐太宗初即位。詔關中免二年租賦。關東給復一年。又有勑已役已納。並遣輸了。明年總為准折。魏徵諫曰。臣伏見八月九日詔。率土皆

復一年。老幼相歡。或歌且舞。在路又聞有勑。丁已配役。即令役滿折造餘物。亦遣輸了。待至明年。總為准折。道路之人。咸失所望。此誠非平分萬姓。均同七子。然下民難與圖始。日用不知。皆謂國家追悔前言。二三其德。臣竊聞天之所輔者仁。人之所助者信。陛下初膺大寶億兆觀德。始發大號。便有二言。生八表之疑心。失四時之大信。縱國有倒懸之急。猶必不可為。況以泰山之安。而輒行此事。為陛下為計者。於財利則小益。於德義則大損。臣誠智識淺短。竊為陛下惜之。

武后時。鳳閣舍人崔融上奏曰。伏見有司請稅關市。事條不限工商。但是行人盡稅者。臣謹按周禮九賦。其七曰關市之賦。竊惟市纏繫巧。關通末遊。欲令此徒止抑。所以咸增賦稅。臣謹商度今古。料量家國。竊將為不可稅。謹件事跡如左。伏惟聖旨擇焉。往古之時。醇樸未散。公田籍而不稅。關防譏而不征。中代已來。澆風驟進。桑麻疲弊。

稽辛勤於是各徇通財爭趨作乃求徑捷之速忘歲計之餘遂使田業日荒倉廩不積蠶織休廢縏緼闕如飢寒猥臻亂離斯瘼先王懲其若此所以變古隨時依本者恒科占末者增稅夫關市之稅者謂市及國門關門者也惟斂出入之商賈不税來往之行人今若不論商人通取諸色事不師古法乃在情悠悠末代於何瞻仰濟濟盛朝自取嗤笑雖欲憲章姬典乃是違背周官臣知其不可者一也臣謹按易繫稱庖犧氏没神農氏作日中為市致天下之人聚天下之貨交易而退各得其所班志亦云財者帝王聚人守位養成羣生奉順天德治國安人之本也士農工商四人有業學以居位曰士闢土殖穀曰農作巧成器曰工通財鬻貨曰商聖王量能授事四人陳力受職然則四人各業久矣今復安得動而搖之蕭何又云人情一定不可復動班固又云曹參相齊齊國安集大稱賢相參去屬其後相曰

以齊獄市為寄慎勿擾也後相曰理無大於此者乎參曰不然夫獄市者所以并容也今若擾之姦人安所容乎吾是以先之夫獄市兼受善惡若窮極姦人無所容竄久且為亂秦人極刑而天下叛孝武峻法而刑獄繁此其効也老子曰我無為而人自化我好静而人自正參欲以道化其本不欲擾其末臣知其不可者二也四海之廣九州之雜關必據險路市必憑要津若乃富商大賈豪家惡少輕死重義結黨連羣喑嗚則彎弓睚眦則挺劍小有失意且猶如此一朝變化是相驚棄兹困窮或致搔動便恐南走越北走胡非唯流逆齊民亦自擾亂殊俗又如邊徼之地寇賊為讎興胡之旅歲月相繼儻同科賦致有猜疑一從散亡何以制禁求利雖切為害方深而有司上言未識大體從欲益帑藏助軍國殊不知軍國益擾帑藏愈空臣知其不可者三也孟軻又云古之為關也將以禦暴今之為關也將以為暴今行者皆稅本末同流且如天下諸津舟航所聚旁通巴漢前指閩越七澤十藪三江五湖控引河洛兼包淮海弘舸巨艦千軸萬艘交貿往還昧旦永日今若江津河口置鋪納稅則檢覆檢覆則遲留此津纔過彼鋪復止非唯國家税錢更遭主司僦賂船有大小載有多少量物而稅觸途淹久統論一日之中未過十分之一因此擁滯必致吁嗟一朝失利則萬商廢業萬商廢業則人不聊生其間或有輕訬任俠之徒斬龍刺蛟之黨鄱陽暴虐之客富中悍壯之夫居則藏鏹出便竦劍加之以重稅因之以威脅一旦獸窮則搏執事者復何以安之哉臣知其不可者四也五帝之初不可詳也三王之後厥有著云秦漢相承典章大備至如關市之稅史籍有文秦政以雄圖武力舍之而不用也漢武以霸略英才去之而勿取也何則關為禦暴之所市為聚人之地稅市則人散稅關則暴興暴興則起異

圖人散則懷不軌夫人心莫不背善而樂禍易動而難安一市不安則天下之市心搖矣一關不安則天下之關心動矣況澆風久扇變法為難徒欲禁末遊規小利豈知失玄默亂大倫魏晉眇小齊隋猥屑亦所謂不行斯道者也臣知其不可者五也今之所以稅關市者何也豈不以國用不足邊寇為虞一行斯術冀有贍然也微臣敢借前箸以籌之伏惟陛下當聖期御玄籙沉璧于洛刻石于嵩鑄寶鼎以窮姦坐明堂而布政神化廣洽至德潛通東戎暫驚應時平殄南蠻纔動計日歸降西域五十餘國廣輪一萬餘里城堡清夷亭候静謐比為患者唯苦二蕃今北蕃請命邊事不起即目雖尚屯兵久後終成弛柝獨有默啜假息孤恩惡貫禍盈覆亡不暇征役日已省矣繁費日已稀矣然猶下明制遷大樸變人力惜人財王侯舊封妃主新禮所有支斷咸命削減此陛下以躬率先堯舜之用心也且關

中河北水旱數年諸處逃亡今始安輯儻加重稅或應相驚況承平歲積薄賦日久俗荷深恩人知自樂卒有變法必多生怨生怨則驚擾驚擾則不安中既不安外何能禦文王曰帝主富其人霸王富其地理國者不足亂國者有餘古人有言帝王藏於天下諸侯藏於百姓農夫藏於庾商賈藏於篋惟陛下詳之必吾師興有費國儲多窘即請倍筭商客加斂平人如此則國保富強人免憂懼天下幸甚臣知其不可者六也陛下留神繫表屬想政源冒茲炎熾阜朝晏坐一日二日機務不遺先天後天靈心密應時政得失小子何知卒陳瞽辭伏紙惶懾

中宗景龍中宗楚客紀處訥武延秀韋溫等封戶多在河南河北諷朝廷詔兩道蠶產所宜雖水旱得以蠶折租黃門侍郎張廷珪言兩道倚大河地雄奧股肱走集宜得其歡心安可不恤其患而殫其力

若以桑蠶所宜而加別稅則隴右羊馬山南椒漆山之銅錫鉛鍇海之蜃蛤魚鹽水旱皆免寧獨河南北外於王度哉願依貞觀永徽故事準令折免詔可

肅宗時高適出為蜀彭二州刺史始上皇東還分劍南為兩節度百姓弊于調度而西山三城列戍適上疏曰劍南雖名東西川其實一道自邛關黎雅以抵南蠻由茂而西緣羌中平戎等城界吐蕃瀕邊諸城皆仰給劍南異時以全蜀之饒而山南佐之猶不能舉今裂梓遂等八州專為一節度歲月之計西川不得參也嘉陵比困夷獠日雖小定而痍痛未平耕紡亡業衣食貿易皆資成都是不可得役亦明矣可稅賦者獨成都彭蜀漢四州而已以四州耗殘當十州之役其弊可見而言利者枘鑿萬端窮朝抵夕千案百牘皆取之民官吏懼譴責及鄰保威以罰扶而適逃益滋又關[illegible]比饑士人流入蜀者道路相繫地入有訖而科斂無涯為蜀計者不亦難哉又平戎以西數城皆窮山之顛蹊隧險絕運糧束馬之路坐甲無人之鄉為戎狄言未之利為國家言未足廣土宇奈何以彈丸地而困全蜀太平之人哉若謂已成之城不可廢已屯之兵不可收願羅東川以一劍南併力從事不爾非陛下洗盪關東清逆亂之急也蜀人又擾則貽朝廷憂帝不納

德宗初門下侍郎楊炎疾賦役法敝乃請為兩稅法以一其制凡百役之費一錢之斂先度其數而賦於人量出制入戶無主客以見居為簿人無丁中以貧富為差不居處而行商者在所州縣稅三十之一度所取與居者均使無僥利居人之稅秋夏兩入之俗有不便者正之其租庸雜徭悉省而丁額不廢其田畝之稅率以大曆十四年墾田之數為準而均收之夏稅盡六月秋稅盡十一月歲終以戶賦

增失進退長吏而尚書度支總焉帝善之

貞元間詔定兩稅既而癘疫水旱戶口減耗賦役日重帝以問宰相陸贄贄因上疏請釐革其害其一論兩稅之弊須有釐革曰國朝著令賦役之法有三一曰租二曰調三曰庸古者一井之地九夫共之公田在中藉而不稅私田不善則非吏公田不善則非民事頗纖微難於防撿春秋之際已不能行故國家襲其要而去其煩丁男一人授田百畝但歲納租粟二石而已言以公田假人而收其租入故謂之租古者任土之宜以奠賦法國家就因往制簡而一之每丁各隨鄉土所出歲輸絹若綾若絁共二丈綿三兩其無蠶桑之處則輸布二丈五尺麻三以其據丁戶調而取之故謂之調古者用人之力歲不過三日後代多事其增十之國家斟酌物宜立為中制每丁一歲定役二旬若不役則收其庸日準三尺以其出絹而當庸直故

謂之庸。此三道者皆宗本前哲之規模。參考歷代之利害。其取法也遠。其立意也深。其斂財也均。其域人也固。其裁規也簡。其備慮也周。有田則有租。有家則有調。有身則有庸。天下為家。法制均一。雖欲轉徙。莫容其姦。故人無搖心。而事有定制。以之厚生。則不隄防而家業可久。以之成務。則不校閱而衆寡可知。以之為理。則法不煩而教化行。以之成賦。則下不困而上用足。三代創制。百王是程。雖維御損益之術小殊。而其義一也。天寶季歲。羯胡亂華。海内波搖。兆庶雲擾。版圖隳於避地。賦法壞於奉軍。建中之初。再造百度。執事者知弊之宜革。而所作兼失其源。知簡之可從。而所操不得其要。舊患雖減。新沴復滋。救跛成痿。展轉增劇。凡欲拯其宿弊。須窮致弊之由。時弊則但理其時。法弊則全革其法。而又揆新校舊。慮遠圖難。規略未詳。悉故不果行。利害非相懸。固不苟變。所為必當。其悔乃亡。若好革而不知

原始要終。斯皆以弊易弊者也。至如賦役舊法。乃是聖祖典章。行之百年。人以為便。兵興之後。供億不恒。乘急誅求。漸隳經制。此所謂時之弊。非法弊也。時有弊而未理。法無弊而已更。埽庸調之成規。創兩稅之新制。立意且爽。彌綸又疎。竭耗編甿。日日滋甚。夫作法裕於人。未有不得人者也。作法裕於財。未有不失人者也。陛下初膺寶位。思致理平。誕發德音。哀痛流弊。念徵役之頻重。憫烝黎之困窮。分命使臣。敷揚惠化。誠宜損上益下。嗇用節財。窒侈欲以蕩其貪風。息冗費以紓其厚斂。而乃搜擿郡邑。劾驗簿書。每州各取大曆中一年科率錢穀數最多者。便為兩稅定額。此乃採非法之權令。以為經制。總無名之暴賦。以立恒規。是務取財。豈云恤隱。作法而不以裕人。拯病為本。得非立意且爽者乎。夫財之所生。必因人力。工而能勤。則豐富。拙而兼惰。則窶空。是以先王之制賦入也。必以丁夫為本。無求於力分之外。無貸於力分之內。故不以務穡增其稅。不以輟稼減其租。則播種多。不以殖產厚其征。不以流寓免其調。則地著固。不以飭勵重其役。不以竊怠蠲其庸。則功力勤。如是。然後能使人安其居。盡其力。相觀而化。時靡遁心。雖有墮游不率之人。亦已懲矣。兩稅之立。則異於斯。唯以資產為宗。不以丁身為本。資產少者則其稅少。資產多者則其稅多。曾不悟資產之中事情不一。有藏於襟懷囊篋。物雖貴而人莫能窺。有積於場圃囷倉。直雖輕而衆以為富。有流通蕃息之貨。數雖寡而計日收贏。有廬舍器用之資。價雖高而終歲無利。如此之比。其流實繁。一概計估算緡。宜其失平長偽。由是務輕費而樂轉徙者恒脫於徭稅。敦本業而樹居產者每困於徵求。此乃誘之為姦。敺之避役。力用不得不弛。風俗不得不訛。閭井不得不殘。賦入不得不闕。復以創制之首。不務齊平。但令本道本州各依舊額徵稅。軍興已各

事例不常。供應有煩簡之殊。牧守有能否之異。所在徭賦。輕重相懸。既成新規。須懲積弊。化之所在。足使無偏。減重分輕。是將均濟。而乃急於聚斂。懼或蠲除。不量物力重輕。惟以舊額為準。舊重之處。流亡益多。舊輕之鄉。歸附益衆。有流亡則已重者彌重。有歸附則已輕者散出轉輕。高下相傾。勢何能止。又以謀始之際。不立科條。分遣使臣。凡十餘輩。專行其意。各制一隅。遂使人殊見。道異法。低昂不類。緩急不倫。逮至復命于朝。竟無類會裁處。其於踳駁。胡可勝言。利害相形。事尤非便。作法而不以救微防患為慮。得非彌綸又疎者乎。立意且爽。彌綸又疎。凡厥疲人。已嬰其弊。就加保育。猶懼不支。況復亟繚棼絲。重傷宿痏。其為擾病。抑又甚焉。請為陛下舉其尤者六七端。則人之困窮固可知矣。大曆中紀綱廢弛。百事從權。至於率稅少多。皆在牧守裁制。邦賦既無定限。官私惟有所供。每至徵配之初。例必

廣張名數以備不時之命且為施惠之資應用有餘則遂減放增損既由郡邑消息易協物宜故法雖久行而人未甚病及總雜徵虛數以為兩稅恒規悉登地官咸繫經費計奏一定有加無除此則人益困窮其事一也本徵賦歛繁重所以變舊從新新法既行已重於舊旋屬征討國用不充復以供軍為名每貫加徵二百當道或增戎旅又許量事取資詔勑皆謂權宜悉令事畢停罷息兵已久加稅如初此則人益困窮其事二也定稅之數皆計緡錢納稅之時多配綾絹往者納絹一疋當錢三千二三百文今者納絹一疋當錢一千五六百文往輸其一者今過於二矣雖官非增賦而私已倍輸此則人益困窮其事三也諸州稅物送至上都度支頒給羣司例皆增長本價而又繆稱折估抑使剝徵姦吏因緣得行侵奪所獲殊寡所擾殊多此則人益困窮其事四也稅法之重若是既於已極之中而復有奉

進宣索之繁尚在其外方岳頗拘於成例莫敢闕供朝典又束以彝章不許別税綺麗之飾紈素之饒非從地生非自天降若不出編戶之筋力膏髓將安所取哉於是有巧避微文曲承睿旨變徵役以名雇之目換科配以和市之名廣其課而狹償其庸精其入而重計其直以名雇為目而捕之不得不來以和市為名而迫之不得不出其為妨抑特甚常徭此則人益困窮其事五也大曆中非法賦歛急備供軍折估宣索進奉之類者既並收入兩稅矣今於兩稅之外非法之事復又並存此則人益困窮其事六也建中定稅之始諸道已不均齊其後或吏理失宜或兵賦偏重或癘疾鍾害或水旱荐災田里荒蕪戶口減耗牧守苟避於殿責罕盡申聞所司姑務於取求莫肯矜恤遂於逃死闕乏稅額累加見在疲甿一室已空四鄰繼盡漸行增廣何由自存此則人益困窮其事七也自至德訖于大曆二十年

餘兵亂相乘海內羅弊幸遇陛下紹膺寶運憂濟生靈誕敷聖謨痛矯前弊重愛人節用之旨宣輕徭薄賦之名率土烝黎感涕相賀延頸企踵咸以為太平可期既而制失其中歛從其重頗乖始望已沮羣心因之以兵甲而煩暴之取轉加繼之以獻求而靜約之風浸靡臣所知者纔梗槩耳而人益困窮之事已有七焉臣所不知何啻於此陛下儻追思大曆中所聞人間疾苦而又有此七事重增於前則人之無聊不問可悉昔魯哀公問於有若曰年饑用不足如之何有若對曰盍徹乎哀公曰二吾猶不足如之何其徹也有若曰百姓足君孰與不足百姓不足君孰與足孔子曰有國有家者不患寡而患不均不患貧而患不安蓋均而無怨節而無貧和而無寡安而無傾漢文恤患救災則命郡國無來獻是以人為本以財為末人安則財贍本固則邦寧今百姓艱窮非止不足稅額類例非止不均求取繁

多非止來獻誠可哀憫亦可憂危此而不圖何者為急聖情重慎每戒作為伏知貴欲因循不敢盡求釐革且去華去甚亦足小休望令所司與宰臣參量據每年支用色目中有不急者無益者罷廢之有過制者廣費者減節之遂以罷減之資迴給要切之用其百姓稅錢頃因軍興每貫徵二伯者下詔停之用復其言俾人知信下之化上不令而行諸道權宜加徵亦當自請蠲放如是則困窮之中十緩其二三矣供御之物各有典司任土之儀各有常貢過此以往復何所須儻欲崇飾燕居儲備賜與天子之貴寧憂乏財但勑有司何求不給豈必旁延進獻別徇營求減德示私傷風敗法因依縱擾為害最深陛下臨御之初已弘清淨之化下無曲獻上絕私求近歲已來稍渝前旨今但條除流弊振起聖猷則淳風再興賄道中寢雖有貪饕之輩曷由復肆侵漁州郡羨財亦將焉往若不上輸王府理須下紓

衆人。如是。則困窮之中十又幾其四五矣。所定稅物估價合依當處月申。百姓輸納之時。累經州縣簡閱事。或涉於姦蠹。道則不在戶人。重重剋徵。理甚無謂。望令所司應諸州府送稅物到京。但與色樣相符。不得虛稱折估。如濫惡尤甚。給用不充。唯罪元納官司。亦勿更徵百姓。根本既自端靜。枝葉無因動搖。如是則困窮之中十又減其二三矣。然後據每年見供賦稅之處。詳諭詔旨。咸俾均平。每道各令知兩稅判官一人赴京。與度支類會參定。通計戶數。以配稅錢。輕重之間。大約可准。而又量土地之沃瘠。計物產之少多。倫比諸州。定為兩等。州等下者。其每戶配錢之數少。州等高者。其每戶配錢之數多。多少已差。悉令折衷。仍委觀察使更於當管所配錢數之內。均融處置。務盡事宜。就於一管之中。輕重不得偏併。雖或未盡齊一。決當不甚低昂。既免擾人。且不變法。粗均勞逸。足救凋殘。非但徵賦易供。亦冀

逋逃漸息。俟稍寧阜。更擇所宜。其二請兩稅以布帛為額。不計錢數曰。夫國家之制賦稅也。必先導以厚生之業。而後取其什一焉。其所取也。量人之力。任土之宜。非力之所出則不征。非土之所有則不貢。謂之通法。歷代常行。大凡生於天地之間。而五材之用為急。五材者金木水火土也。水火不資於作為。金木自產於山澤。唯土爰播植。非力不成。衣食之源皆出於此。故可以勉人功。定賦入者。唯布麻繒纊與百穀焉。先王懼物之貴賤失平。而人之交易難准。又立貨泉之法。以節輕重之宜。斂散弛張。必由於是。蓋御財之大柄。為國之利權。守之在官。不以任下。然則穀帛者。人之所為也。錢貨者。官之所為也。人之所為者。故租稅取焉。官之所為者。故賦斂捨焉。此又事理著明者也。是以國朝著令。稽古作程。所取於人。不踰其分。租出穀。庸出絹。調雜出繒纊布麻。非此族也。不在賦法。列聖遺典。粲然可徵。曷嘗有禁

人鑄錢。而以錢為賦者也。今之兩稅。獨異舊章。違任土之通方。效算緡之末法。不稽事理。不揆人功。但估資產為差。便以錢穀定稅。臨時折徵雜物。每歲色目頗殊。唯計求得之利宜。靡論供辦之難易。所徵非所業。所業非所徵。遂或增價以買其所無。減價以賣其所有。一增一減。耗損已多。且百姓所營。唯在耕織。人力之作為有限。物價之貴賤無恒。而乃定稅計錢。折錢納物。是將有限之產。以奉無恒之輸。納物賤。則供稅之所出漸多。多則人力不給。納物貴。則收稅之所入漸少。少則國用不充。公私二途。常不兼濟。以此為法。未之前聞。往者初定兩稅之時。百姓納絹一疋。折錢三千二三百文。大率萬錢為絹三疋。價計稍貴。數則不多。及乎頒給軍裝。計數而不計價。此所謂稅入少而國用不充者也。近者百姓納絹一疋。折錢一千五六百文。大率萬錢為絹六疋。價既轉賤。數則漸加。向之蠶織不殊。而所輸尚欲過

倍。此所謂供稅多而人力不給者也。今欲不甚改法。而粗救災害者在乎約循典制。而以時變損益之。臣謂宜令所司勘會諸州府初納兩稅年絹布。定估比類。當今時價加賤減貴。酌取其中。總計合稅之錢。折為布帛之數。仍依庸調舊制。各隨鄉土所宜。某州某年定出稅布若干端。某州某年定出稅絹若干疋。其有絁綿雜貨。亦隨所出定名。勿更計錢。以為稅數。如此。則土有常制。人有常輸。衆皆知上令之不遷。於是一其心而專其業。應出布麻者。則務於紡績。供綿絹者。則事於蠶桑。日作月營。自然便習。各脩家技。皆足供官。無求人假手之勞。無賤鬻貴買之費。無暴徵急辦之弊。無易常改作之煩。物甚賤而人之所出不加。物甚貴而官之所入不減。是以家給而國足。事均而法行。此直稍循令典之舊規。固非創制之可疑者也。然蚩蚩之俗。罕究事情。好騁異端。妄行沮議。臣請假為問荅。以備討論。陛下誠有意

乎憐愍蒼生。將務救恤。但垂聽覽。必有可行。議者若曰。每歲經費所資。夫抵皆約錢數。若令以布帛為額。是令支計無憑。答曰。國初約法已來。常賦率由布帛。輸二甲子。制用不愆。何獨當今則難支計。且經費之大。其流有三。軍食一也。軍衣二也。內外官月俸及諸色資課三也。軍衣固在於布帛。軍食又取於地租。其計錢為數者。獨月俸資課而已。制祿唯不計錢。故三代以食人眾寡為差。兩漢以石數多少為秩。蓋以錢者官府之權貨。祿者吏屬之常資。以常徇權。則豐約之度不得恒於家。以權為常。則輕重之柄不得專於國。故先王制祿以食。而平貨以錢。然後國有權而家有節矣。況今餽餉方廣。倉儲未豐。盡復古覘。或慮不足。若但據羣官月俸之等。隨百役資課之差。各依錢數少多。折為布帛之數。某官月給俸絹若干疋。某役月給資布若干端。所給色目精麤。有司明立條例。便為恒制。更不計錢。物甚賤而官

之所給不加。物甚貴而私之所稟不減。官私有准。何利如之。生人大端。衣食為切。有戰田以供食。有俸絹以供衣。從事之家。固足自給。以茲制事。誰曰不然。夫然則國之用財。多是布帛。是以為賦。復何所傷。議者若曰。吏祿軍裝雖須布粟。至於以時斂糴用權物價重輕。是必須錢。於何取給。答曰。古之聖人所以取山澤之蘊材。作泉布之實貨。國專其利。而不與人共之者。蓋為此也。物賤由乎錢少。少則重。重則加鑄而散之使輕。物貴由乎錢多。多則輕。輕則作法而斂之使重。是乃物之貴賤。繫於錢之多少。錢之多少。在於官中盈縮。官失其守。反求於人。人不得鑄錢而限令供稅。是使貧者破產而假貸於富有之室。富者蓄貨而竊行於輕重之權。下困齊人。上虧利柄。今之所病。諒在於斯。誠宜廣即山殖貨之功。峻用銅為器之禁。尚制持得所。則錢不乏矣。有糶鹽以入其直。有榷酒以納其資。尚消息合宜。則錢可收

矣。錢可收。固可以斂輕為重。錢不乏。固可以散重為輕。弛張在官。何所不可。慮無所給。是未知方。議者若曰。自定兩稅以來。恒使計錢納物。物價漸賤。所納漸多。出給之時。又增虛估。廣求羨利。以贍庫錢。歲計月支。猶患不足。今若定供布帛。出納以平。軍國之資。無乃有闕。答曰。自天寶以後。師旅數起。法度消亡。肅宗撥滔天之災。而急於功賞。先帝遇含垢之德。而緩於糾繩。由是用頗殷繁。俗亦靡弊。公賦已重。別獻繼興。別獻既行。私賂競長。誅求刻剝。日長月滋。積累以至于大曆之間。所謂取之極甚者也。今既總收極甚之數。定為兩稅矣。所是別獻之類。復在數外矣。間緣軍用不給。已嘗加徵矣。近屬折納價錢。則又多獲矣。比於大曆極甚之數。殆將再益其倍焉。復幸年穀屢豐。兵車少息。而用常不足。其故何哉。蓋以事逐情生。費從事廣。物有劑而用無節矣。安得不乏乎。苟能黜其情。約其用。非但可以布帛為稅。

雖更減其稅。亦可也。尚務逞其情。侈其用。非但行今重稅之不足。雖更加其稅。亦不足也。夫地力之生物有大數。人力之成物有大限。取之有度。用之有節。則常足。取之無度。用之無節。則常不足。生物之豐敗由天。用物之多少由人。是以聖王立程。量入為出。雖遇災難。下無困窮。理化既衰。則乃反是。量出為入。不恤所無。故魯哀公問年飢用不足。如之何。有若對以盍徹。桀用天下而不足。湯用七十里而有餘。是乃用之盈虛在節與不節耳。不節則雖盈必竭。能節則雖虛必盈。衛文公承滅國之餘。建新徙之業。革車不過三十乘。豈不甚殆哉。而能衣大布。冠大帛。約己率下。通商務農。卒以富強。見稱載籍。漢文帝接秦項積久傷夷之弊。繼高呂革創多事之時。家國虛殘。日不暇給。而能躬儉節用。靜事息人。服弋綈。履革舄。卻駿馬而不御。罷露臺而不惜。屢賜田租。以寧燕黎。遂使戶口蕃息。百物阜殷。乃至鄉曲宴遊

乘牝將者不得赴會。子孫生長或有積數十歲不識市廛。御府之錢貫朽而不可校。太倉之粟紅腐而不可食。國富於上。人安於下。生享遐福。沒垂令名。人到于今稱其仁賢。可謂盛矣。太宗文皇帝拔合板蕩。再造寰區。武德年中革車屢動。繼以災歉。人多流離。貞觀之初。荐屬霜旱。自關輔綿及三河之地。米價騰貴。斗易一縑。道路之間餒殍相藉。太宗敦行儉約。撫養困窮。視人如傷。勞徠不倦。百姓有鬻男女者。出御府金帛贖還其家。嚴禁貪殘。慎節徭賦。弛不急之用。省無事之官。黜損乘輿。斥出宮女。太宗嘗有氣疾。百官以大內卑濕。請營一閣以居。尚憚煩勞。竟不之許。是以至誠上感。淳化下敷。四方大和。百穀連稔。貞觀八年以後。米斗至四五錢。俗阜化行。人知義讓。行旅萬里。或不齎糧。故人到于今談帝王之盛。則必先太宗之聖功。論理道之崇。則必慕貞觀之故事。此三君者。其經始豈不艱窘哉。皆以嗇用

愛人。竟獲豐福。是所謂能節雖虛必盈之効也。秦始皇據崤函之固。藉雄富之業。專力農戰。廣收材豪。故能芟滅暴強。宰制天下。功成志滿。自謂有太山之安。貪欲熾然。以為六合莫予違也。於是發閭左之戍。徵太半之賦。進諫者謂之宣謗。恤隱者謂之收恩。故徵發未終。而宗社已泯。漢武帝遇時運理平之會。承文景勤儉之積。內廣興作。外張甲兵。侈汰無窮。遂至殫竭。大搜財貨。算及舟車。遠近騷然。幾至顛覆。賴武帝英姿大度。付任以能。納諫無疑。改過不悋。下哀痛之詔。罷征伐之勞。封丞相為富民侯。以示休息。邦本摇而復定。帝祚危而再安。隋氏因周室平齊之資。府庫充實。開皇之際。理尚清廉。是時公私豐饒。議者以比漢之文景。煬帝嗣位。肆行驕奢。竭耗生靈。不知止息。海內怨叛。以至於亡。此三君者。其所憑藉。豈不豐厚哉。此皆以縱欲殘人。竟致覆喪。是所謂不節則雖盈必竭之効也。秦隋不悟而遂滅。

漢武中悔而獲存。乃懲與不懲。覺與不覺。其於得失相遠。復有存滅之殊。安可不思。安可不懼。今人窮日甚。國用歲加。不時節量。其勢必蹙。而議者但憂財利之不足。罔慮安危之不持。若然者。則太宗漢文之德。曷見稱。秦皇隋煬之敗。靡足戒。唯欲是逞。復何規哉。幸屬休明。將期致理。急聚斂而忽於勤恤。固非聖代之所宜言也。其三論長吏以增戶加稅闢田為課績曰。夫欲施教化。立度程。必先域人。使之地著。古之王者設井田之法。以安其業。立五宗之制。以綴其恩。猶懼其未也。又教之族墳墓。敬桑梓。將以固人之志。定人之居。俾皆重遷。方可為理。厥後又督之以出鄉遊惰之禁。糾之以板圖比閱之方。雖訓導漸微。而檢制猶密。歷代因襲。以為彝章。其理也必謹於隄防。其亂也必慢於經界。斯道崇替。與時興衰。人主失之。則不可御寰宇。守長失之。則不可釐郡邑。理人之要。莫急於茲。頃因兵興。典制弛廢。戶板

之紀綱罔緝。土斷之條約不明。恣人浮流。莫克禁止。縱之則湊集。督之則驚離。恒懷倖心。靡固本業。是以賦稅不一。教令不行。長人者又罕能推忠恕易地之情。體至公徇國之意。迷行小惠。競誘姦甿。以傾奪鄰境為智能。以招萃逋逃為理化。捨彼適此者。既謂新收而獲宥。倏忽往來者。又以復業而見優。唯懷土安居。首末不遷者。則使之日重。斂之日加。是令地著之人。恒代惰遊服役。則何異驅之轉徙。教之澆訛。此由牧宰不克弘通。各私所部之過也。及夫廉使奏課。會府考功。但守常規。不稽時變。其所以為長吏之能者。大約在於四科。一曰戶口增加。二曰田野墾闢。三曰稅錢長數。四曰徵辦先期。此四者。誠吏職之所崇。然立法齊人。久無不弊。法之所沮。則人飾巧而苟避。其綱法之所勸。則人興僞以曲附。其文理之者若不知維御損益之宜。則巧僞萌生。恒因沮勸而滋矣。夫課吏之法。所貴戶口增加者。豈不

以撫字得所人益阜蕃乎今或詭情以誘其姦浮苛法以折其親族苟益戶數務登賞條所誘者將議薄征已遭驚散所折者不勝重稅又漸流亡州縣破傷多起於此長吏相効以爲績安忍莫懲脅人相扇以成風規避轉甚不究實而務增戶口有如是之病焉所貴田野墾闢者豈不以訓導有術人皆樂業乎今或牽率黎烝播植荒廢約以年限免其地租苟農夫不增而墾田欲廣新畝雖闢舊畬反蕪人利免租頗亦從令年限纔滿復爲汙萊有益煩勞無增稼穡不度力而務闢田野有如是之病焉所貴稅錢長數者豈不以既庶而富人可加賦乎今或重困疲羸力求附益捶骨瀝髓隳家取財苟媚聚斂之司以爲仕進之路不恤人而務長稅數有如是之病焉所貴徵辦先期者豈不以物力優贍人皆樂輸乎今或肆毒作威殘人逞欲事有常限迫而促之不量時宜唯尚強濟絲不容織粟不暇舂矧伊貧虛能不奔迸不恕物而務先徵辦有如是之病焉然則引人逋逃處人類寡唯益四病亦有助焉此由考覈不切事情而泛循舊轍之過也且夫戶口增加田野墾闢稅錢長數徵辦先期若不以實事驗之則真僞莫得而辨將驗之以實則租賦須加所加既出於人固有受其損者此州若增客戶彼郡必減居人增處邀賞而稅數有加減處懼罪而稅數不降倘國家所設考課之法必欲崇於聚斂則如斯可矣將有意乎富俗而務理豈不剌謬歟當今之要在於厚人而薄財損上以益下下苟利矣上必安焉則少損者所以招大益也人既厚矣財必贍焉則鄙薄者所以成永厚也臣愚謂宜申命有司詳定考績往貴於加者今務於減焉假如一州之中所稅舊有定額凡管幾許百姓復作幾等差科每等有若干人戶每戶出若干稅物各令條舉都數年別一申使司使司詳覆有憑然後錄報戶部若當管之內

人益阜殷所定稅額有餘任其據戶均減率計減數多少以爲考課等差其當管稅物通比校每戶十分減三分者爲上課十分減二分者次焉十分減一分者又次焉如或人多流亡加稅見戶比校殿罰法亦如之其百姓所出田租則各以去年應輸之數便爲定額每歲據徵更不勘責檢巡增闢者勿益其租廢耕者不降其數足以誘導墾植且免妨奪農功事簡體弘人必悅勸每至定戶之際但據雜產校量田既自有恒租不宜更入兩稅如此則吏無苟且俗變澆浮不督課而人自樂耕不防閑而衆皆安土斯亦當今富人固本之要術在陛下舉而行之其四論稅期限迫促曰夫建官立國所以養人也賦人取財所以資國也明君不厚其所資而害其所養故必先人事而借其暇力先家給而斂其餘財遂人所營恤人所乏借必以度斂必以時有度則忘勞得時則易給是以官事無闕人力不殫公私相全上下交愛古之得衆者其率用此歟法制或虧本末倒置但務取人以資國不思立國以養人非獨徭賦繁多復無蠲貸至於徵收迫促亦不矜量蠶事方興已輸縑稅農功未艾遽斂谷租上司之繩責既嚴下吏之威暴愈促有者急賣而耗其半直無者求假而費其倍酬所繫遲速之間不過月旬之異一寬稅限歲歲相承遲無所妨速不爲益何急敦逼重傷疲人須緣定稅之初期約未甚詳衆旋屬征役多故復令先限量徵近雖優延尚未均濟望委轉運使與諸道觀察使商議更詳定徵稅期限聞奏各隨當土風俗所便時候所宜務於紓人俾得辦集所謂惠而不費者則此類也其五請以稅茶錢置義倉以備水旱曰臣聞仁君在上則海內無餒殍之人豈必耕而餉之爨而食之哉蓋以慮得其宜制得其道致人於歉乏之外設備於災沴之前是以年雖大殺衆不恇懼夫水旱爲敗堯湯被之矣陰陽

詔寇壁何懷哉所貴堯湯之盛者在於遺患能濟耳凡厥哲后皆謹循之故王制記虞夏殷周四代之法乃云國無九年之蓄曰不足無六年之蓄曰急無三年之蓄曰國非其國也周官司徒之屬亦云掌鄉里之委積以恤艱阨縣鄙之委積以待凶荒王制既兼雜以權衡魏用平糴之法漢置常平之倉利兼公私頗亦爲便隋氏立制始創社倉終於開皇人不飢饉貞觀初戴胄建積穀備災之議太宗悅焉因命有司詳立條制所在貯粟號爲義倉豐則歛藏儉則散給歷高宗之代五六十載人賴其資國步中艱斯制亦弛開元之際漸復脩崇是知儲積備災聖王之急務也語曰百姓足君孰與不足百姓不足君孰與足此言君養人以成國人戴君以成生上下相成事如一體然則古稱九年六年之蓄者蓋率土臣庶通爲之計耳固非獨豐公庾不及編甿記所謂雖有凶旱水溢人無菜色良以此也後代失

典籍備慮之旨忘先王子愛之心所蓄糧儲唯計廩庾犬彘厭人之食而不知檢溝壑委人之骨而不能恤亂興於下禍延於上雖有公粟豈得而食諸故立國而不先養人國固不立矣養人而不先足食人固不養矣足食而不先備災食固不足矣爲官而備者人必不贍爲人而備者官必不窮是故論德睿明在乎所務本末務本則其末自遂務末則其本兼亡國本於人安得不務頃以寇戎爲梗師旅退興惠恤之方多所未暇每遇陰陽愆候年不順成官司所儲祇給軍食支計苟有所闕猶須更取於人人之凶荒豈遑賑救人小乏則求取息利人大乏則賣鬻田廬幸逢有年纔償逋債歛穫始畢糇糧已空執契擔囊行復貸假重重計息食每不充儻遇荐飢遂至顛沛室家相棄骨肉分離乞爲奴僕猶莫之售或行丐鄽里或縊死道途天災流行四方代有率計被其害者每歲常不下一二十州以陛下爲

人父母之心若垂省憂固足傷惻幸有可救之之道焉可捨而不念哉今賦役已繁人力已竭窮歲汲汲永無贏餘課之聚糧終不能致將樹儲蓄根本必藉官司助成陛下誠能約人備災過聽懸計不害經費可垂永圖近者有司奏請稅茶歲約得五十萬貫元勑令貯戶部用救百姓凶飢今以蓄糧適副前旨望令轉運使總計諸道戶口多少每年所得稅茶錢使均融分配各令當道巡院主掌每至穀麥熟時即與觀察使計會散就管內州縣和糴便於當處置倉收納每州令錄事參軍專知仍定觀察判官一人與和糴巡院官同勾當亦以義倉爲名除賑給百姓已外一切不得貸便支用如時當大稔事至傷農則優與價錢廣其糴數穀若稍貴糴亦便停所糴少多與年上下准平穀價恒使得中每遇災荒即以賑給小歉則隨事借貸大飢則錄奏分頒許從便宜務使周濟循環歛散遂以爲常如此則蓄

財息債者不能耗吾人聚穀幸災者無以牟大利富不至侈貧不至飢農不至傷糴不至貴一舉事而衆美具可不務乎俟人小休漸勸私積平糴之法斯在社倉之制兼行不出十年之中必盈三歲之蓄弘長不已升平可期使一代黎人永無餒乏此堯湯所以見稱於千古也願陛下遵之慕之繼之齊之苟能存誠蔑有不至其六論兼并之家私歛重於公稅曰國之紀綱在於制度商農工賈各有所專凡在食祿之家不得與人爭利此王者所以節材力勵廉隅是古今之所同不可得而變革者也代理則其道存而不犯代亂則其制委而不行其道存則貴賤有章豐殺有度車服田宅莫敢僭踰雖積貨財無所施設是以咸安其分不徇貪求藏不偏多故物不偏罄用不偏厚故人不偏窮聖王能使禮讓興行而財用均足則此道也其制委則法度不守教化不從唯貨是崇唯力是騁貨力苟備無欲不成[illegible]

販鬻并兼下錮貧人之業奉養豐麗上侔王者之尊戶蓄羣黎隸役同輩既濟嗜欲不虞憲章肆其貪惏曷有紀極天下之物有限富室之積無涯養一人而費百人之資則百人之食不得不乏富一家而傾千室之產則千家之業不得不空舉類推之則海內空乏之流亦已多矣故前代致有風俗訛靡氓庶困窮由此弊也今茲之弊則又甚焉夫物之不可掩藏而易以閱視者莫著乎田宅臣請又措其宅而勿議且舉占田一事以言之古先哲王疆理天下百畝之地號曰一夫蓋以一夫授田不得過於百畝也欲使人無廢業田無曠耕人力田疇二者適足是以貧弱不至竭涸富厚不至奢淫法立事均所謂制度今制度弛紊疆理隳壞恣人相吞無復畔限富者兼地數萬畝貧者無容足之居依託強豪以為私屬貸其種食賃其田廬終年服勞無日休息罄輸所假常患不充有田之家坐食租稅貧富懸絕乃

至於斯厚斂促徵皆甚公賦今京畿之內每田一畝官稅五升而私家收租殆有畝至一石者是二十倍於官稅也降及中等租猶半之是十倍於官稅也夫以土地王者之所有耕稼農夫之所為而兼并之徒居然受利官取其一私取其十穡人安得足食公廩安得廣儲風俗安得不貪財貨安得不壅昔之為理者所以明制度而謹經界豈虛設哉斯道浸亡為日已久頓欲修整行之實難革弊化人事當有漸望令百官集議參酌古今之宜凡所占田約為條限裁減租價務利貧人法貴必行不在深刻裕其制以便俗嚴其令以懲違微損有餘稍優不足損不失富優可賑窮此乃古者安富恤窮之善經不可捨也

右臣前月十一日延英奏對因敘賦稅煩重百姓困窮伏奉恩旨令具條疏聞奏今且舉其甚者謹件如前臣聞於書曰無輕人事惟難無安厥位惟危此理之所以興也又曰厥後嗣王生則逸不知稼穡之艱難此亂之所由始也以陛下天縱聖哲事更憂危夙夜孜孜志求理道往年論及百姓必為愀然動容每言朕於蒼生支體亦無所惜臣久叨近侍亟奉德音竊謂一代黔黎必躋富壽之域昨奏人間疾苦十分纔及二三聖情已甚驚疑皆謂臣言過當然則愁怨之事猶由上聞煦育之恩尚由下布典籍所戒信而有徵一虧聖猷實可深惜臣又聞於書曰非知之艱行之惟艱竊惟陛下驚疑於微臣之言者但聞之未熟耳此乃股肱耳目之任仰負於陛下誠所謂知之非艱尚未是深累聖德也今則既知之矣願陛下勿艱於所行居安思危億兆幸甚謹奏

歷代名臣奏議卷之二百五十四

歷代名臣奏議卷之二百五十五

賦役

唐德宗時，中書侍郎同中書門下平章事陸贄論度支令京兆府折稅市草事狀曰：度支奏緣當年稅草支用不充，諸場和市所得又少，所以每至秋夏，常有欠缺，請令京兆府折今年秋稅和市草一千萬束，使令人戶送入城輸納，每束兼車脚與折錢二十五文。既利貧人，兼濟公用，希顔奉宣進上，宜依者。伏以制事之體，所貴有常，順人之情，尤重改作。革而能當，尚恐未孚，動且非宜，曷由無擾。臣等每承睿旨，常以百姓為憂，審知事不可行，安敢默而無述？每年蓄聚蒭藁，所司素有恒規，計料稅草不充，即便開場和市，既優價直，復及農收，人皆樂輸，事不勞擾。陛下追想往年之事，豈嘗有緣草不足，上闕宸慮者乎？延齡欲衒己能，頗隳舊制，苟收經費之用，以資贏羨之功，遂使儲備空虛，支計寡落，屢聞告闕，頻煩聖聰。去歲已然，今夏尤甚，此乃不遵舊制之過也。舊制何害，而變之哉？臣等謹檢京兆府應徵地稅草數，每年不過三百萬束，其中除留供諸縣館驛及鎮軍之外，應合入城輸納，唯二百三十萬而已。百姓般運，已甚艱辛，常逼春農，僅能得畢。今若更徵一千萬束，仍令盡送入城，即是一年之間，併徵三年稅草，計其所加車脚，則又四倍常時。物力有窮，求取無藝，其為騷怨，理在不疑，何服且然，四方安仰。假使時當豐稔，家悉阜殷，有草可輸，有車可載，然於途程往復，理須淹歷歲時，牛廢耕犂，人妨播植，稟作既缺，所成曷期？況黍穄之間，貧富不等，收穫之際，豐耗靡均，今忽併役車牛，雇車傭必騰貴，併徵稅草，買草價必倍高。是使豪富之徒，乘急令以邀其利，窮乏之輩，因暴歛以殘其家，非所謂均節財物，準平賦法之術也。臣等又勘度支京兆比來雇車估價，及所載多少，大率每一車載一百二束，每一里給傭錢三十五文，百束應輸二束充耗。令京畿諸縣去城近者七八十里，遠者向二百里，設令遠近相補，通以百里為程，則雇車載草百束，悉依官司常估，猶用錢三千五百文，即是一束之草，唯計般運，已當三十有五文。買草本價，又更半之，而度支曾不計量，自我作估，徑以胷臆斟酌，限為二十五文，謂之加徵，則法度廢隳，謂之和市，則名實乖反，儻可其奏，何以觀？豈如官自置場，要便收市，欲少市，則平其估以節費；欲多市，則優其價以招人。買賣既和，貧富俱便，有餘者趣加饒易售之利，不足者免轉求貴貸之資，比之抑徵，固不同等。革有舊制，是可遵行，何必捨易而即難，棄利而從害？臣誠暗滯，未見其宜。伏望哀勅度支，令依舊例和市，承前既有恒用，以後不得闕供，稍峻隄防，使知懔懼，妄作但不施用，歲計必免愆違。陛下若以軍旅之中，馬畜漸衆，度支所營蒿藁，纔可供給當年，或慮水旱不虞，別須蓄積為備，今屬歲稔，亦是其時，但要收斂有方，不宜科配致擾。若度支併市，延齡必復辭難，須有區分，使之均濟。望委京兆尹勾當，別和市草五百萬束，以充貯備。其所和市，並隨要便，官自置場，每場貯錢，旋付價直，時估之外，仍稍優饒，交易往來，一依市利，勿令官吏催遣，道路遮邀，但不抑人，自當趣利。其市草價直，並於年支留府錢數內，以給用不盡者充，每市滿十萬束，一度聞奏，便以府司鄉遞車牛，并更雇脚相添，轉從場所般載，送付苑中輸納。如蒙聖恩允許，臣即依此宣行，既免擾人，又不增費，以資儲蓄，是禦凶灾，度支謹守恒規，亦自不闕常用。臣等商量，將為合宜，謹錄奏聞，伏聽進止。

時防秋兵大集，國用不充，李泌奏曰：自變兩稅法以來，藩鎮州縣聚歛推率，以為軍資，自懼違法，遂不敢言，請赦其罪，但令革正，自非於法應留使留州之外悉輸京師。其官典逋負可徵者徵之。難徵者釋之。敢有淪沒者罪之。上喜曰。卿策甚長。然立法太寬。恐所得無幾。對曰。寬則人喜於免罪而樂輸。所得必多而速。急則競爲蔽匿。非推鞫不能得其實。財不足以濟今日之急。而皆入於姦吏。所得必少而遲矣。上曰。善

上畋於新店。入民趙光奇家。問百姓樂乎。對曰。不樂。上曰。今歲頗稔。何爲不樂。對曰。詔令不信。前云兩稅之外悉無他徭。今非稅而誅求者殆過於稅。又云和糴。而實強取之。曾不識一錢。始云所糴粟麥納於道次。今則遣致京西行營。動數百里。車摧牛斃。破產不能支。愁苦如此。何樂之有。上命復其家

穆宗時。鹽鐵使王播增茶稅十之五以佐用度。右拾遺李珏上疏謂。榷率本濟軍興。而稅茶自貞元以來有之。方天下無事。忽厚斂以傷國體。一不可。茗爲人飲。與鹽粟同資。若重稅之。售必高。其敝先及貧下。二不可。山澤之產無定數。程斤論稅。以售多爲利。若價騰踊。則市者稀。其稅幾何。三不可。陛下初即位。詔懲聚斂。今反增茶賦。必失人心。帝不納

後唐明宗初。金部郎中張鑄上言曰。國家以務農爲本。守令以勸課爲先。廣闢田疇。用資倉廩。竊見所在鄉村浮戶。方事墾闢。甫成生計。種田未至二頃。植木未及十年。縣司已定色役。民畏責斂。捨之而去。殊乖撫恤之方。徒設招攜之令。望令諸州應有荒田。縱民墾蒔。俟及五頃已上。三年外始聽差科。從之。

後晉高祖天福三年。金部郎中張鑄上奏曰。鄉村浮戶。種木未盈十年。墾田未及三頃。以成生業。已爲縣司收供徭役。責之重賦。威以嚴刑。故不免捐功捨業。更思他適。乞自今民墾田及五頃已上。三年外

乃聽縣司徭役。從之。

宋太宗太平興國中。張觀拜監察御史。會三司言劍外賦稅輕。詔觀乘傳按行諸州。因令稍增之。觀上疏言。遠民不宜輕動擾。因而撫之。猶慮其失所。況增賦以擾之乎。設使積粟流衍。用輸京師。愈煩漕輓之力。固不可也。或以分兵就食。亦非安存之策。徒斂怨於民。未見國家之利。太宗深以爲然。

太宗時。五路進兵討西夏。令左諫議大夫張鑑乘傳往環州。與李繼隆議護送芻糧入靈州。及還。上疏曰。關輔之民。數年以來。併有科役。畜產蕩盡。室廬頓空。加以浦洛之行。嘗經剽劫。原州之役。又致遷延。非獨今之弗從。實緣力所不逮。況復先棄糧草。見今逐處追科。本戶稅租。並遣他州送納。往返千里。費耗十倍。愁苦怨歎。充塞路岐。自春徂冬。曾無暫息。糇糧乏絕。力用殫窮。顧此疲羸。尤堪軫恤。今若復有差率。益致流亡。縱令驅迫。必恐撓潰。願陛下特垂詔旨。無使重勞。因茲首春。俾務東作。況靈州一方僻居絕塞。雖西陲之舊地。實中夏之蠹區。竭物力以供須。困甲兵而援送。蕭然空壘。祗益外虞。不若以賜繼遷。使懷恩奉籍。稍息飛輓之役。事當深慮。理要預防。若待川決而後防。火熾而方戢。則焚溺之患深矣。雖欲拯救。其可得乎。

真宗祥符元年。江南轉運使陳靖論江南二稅外沿征錢物。疏曰。臣聞爲國之本。重乎烝黎。致理之先。存乎教化。烝黎泰而國祚永。教化行而理道昌。前古哲王先宅天下。未有不由是而能君兆庶。保宗祧。享奕世綿綿無疆之休也。然則烝黎之所以泰者。必在衣給食足。賦均斂平。使安得其居。樂得其業。無非辜而陷法。無爲盜而憯乇。故曰。民惟邦本。本固邦寧。是也。教化之所以行者。必在刑簡政廉。德廣信篤。使禮有所設。樂有所施。無密法以害人。無違分而取利。故曰。德惟

善政政在養民是也今國家奄有萬國垂五十年聲教所及遐邇必至然臣學非博物材不逮人固能周知四方是非休戚唯敢極言本末利病根源伏願聖慈子細詳覽而留意焉臣今年正月內准勅差充淮南轉運副使兼同發運事於二月四日到任方欲求民疾苦報國寵光訏未遂心治且移所旨受江南轉運使僅踰半年俗病民瘼十得七八其小者乃當官而行固不避事其大者實干邦計非可自專然或隱不言誠恐得罪且江南僞命日於夏秋正稅外有元征錢物自鹽博紬絹加耗絲綿戶口鹽錢耗腳斗面鹽博斛斗醞酒麴錢率分紙筆錢析生竪戶錢淨料絲鹽博綿公用錢米鋪襯蘆蓆米麵腳錢等凡一十四件悉與諸路不同乃煜父子僭竊江淮靡費爵祿尋納朝廷之際貢又失淮海之土田物力不充征斂苛暴太祖恭行天罰誠欲弔民而自克復之初舊弊不去者蓋樊知古始怨鐫朝不

與名第檐簦去國獻策復仇屬天運之有歸遂甘心於故土能小人之見無大略於時既任轉輸罔思恩意而輒怨怒其主流毒其民使我皇朝只得伐罪之名未見弔民之實因仍舊貫以至于今又其沿征數內醞酒麴錢鹽博紬絹鹽博斛斗者江南舊日許人私下造酒等第科納麴錢及嘗散與官鹽博換紬絹斛斗歸復之後酒則禁斷鹽則不支上件沿征准前輸納其次耗腳斗面加耗絲綿詰其所由亦皆類此前後巡撫採訪制置茶鹽並受體量發賑貸等皆承委寄不察疲羸不唯不察疲羸而後益之瘡痏遂使貨家鬻產償積疊之征科去土離鄉入逋亡之簿籍目擊堪嘆天高莫聞加以累年荐飢甚不堪命今歲雖稔亦罕寧居實病本之轉滋致仁化而未洽矧夫否極則泰感而遂通通泰之期詎在今日伏惟陛下膺圖受籙纘業承祧念太祖丕變之實難省太宗治平之不易恭默思道期庶續以

咸熙惕厲爲懷甚一物之失所故臣得以有犯無隱者誠謂陛下必能澄流於源也又臣嘗觀周書兼之漢史見文王高祖開國創業勞苦艱辛無所不至武王孝惠纘功述德而猶天下多故域中未寧洎乎周成漢文治定刑措者非文王武王不及成王之英睿高祖孝惠不及文帝之智略蓋開國創業之際定霸爭雄也纘功述德之時去愚取賢也誠雄霸之未分賢愚之相半果斷靡暇舉置惟艱故顯忠遂良然後治定刑措萃於成王文帝之世也我皇朝太祖東掃江浙西克巴峨南平越裳北掃澤潞非定霸爭雄歟太宗殄三晉之昏迷斥兩河之醜虜黜聾邪於荒服採多士於草萊非去愚取賢歟夫如是太祖則文王高祖之時太宗則武王孝惠之日陛下則成王文帝之世太祖太宗已無愧文武高惠於前陛下必超邁成王文帝於後也今江南州郡民物凋殘太祖太宗未果安輯非獨二聖遺善以貽

嗣君抑亦周漢治平悉在三世竊意周祚八百載漢祚四百年歷代延洪無出於是陛下得不動心哉臣所貢芻蕘蓋當職任陛下倘允愚討確賜主張更顯忠遂良治定刑措起於此而成於彼亦將不遠矣陛下果賜主張無令沮難則臣願竭忠赤復得爲陛下剖析而別白也矧江南歸命二十有七載賦斂關市山澤榷酤至於百貨之珍奇庶物之纖細每歲所入有增無虧執事于外者得以叙爲勞能坐邀恩爵會計于內者得以資爲續用固保隆崇只謂財帛之繁食貨之富足以實國足以供軍殊不知物貨悖取人民之受弊人民受弊盜賊之必興盜賊必興干戈之不戢干戈不戢郡邑之罔寧郡邑罔寧農桑之失業農桑失業則國食無所出貨帛無所求然後欲圖閭昌不唯不克全有抑亦庶幾于亂則蜀川事商鑒未遠也臣雖甚狂瞽亦識便宜輒稟飛芻識爲本事聚財積穀敢不用心然或殘彼常逵

昧於至理。不過委到州府長官事分。接問刑獄之清濫。拘檢錢穀之盈虛。降次小大之務場。稽考出納之文簿。孜孜點算。一一看詳。有欺罔則尋究元由。有錯謬則責捷胥吏。遇羨剩之額。錄爲己功。擅權易之財。奪其民利。苟且隨時之譽。希求進秩之榮。待至官滿歸朝。動不失所。如此。亦爲稱職。亦可安身。其或有暗君親。無益政教。臣所不忍也。臣今所陳前項沿征一十四件者。並僞朝舊弊也。其順歸之後。亦更有甚於此者。臣未敢輒言。陛下睿哲聰明。孜孜求理。苟或審其子細。必是大測聖懷。臣終俟他時。盡布愚款。又上件沿征數內。亦有可永且仍舊。亦有可易而從新。亦有可推作別名。亦可就爲民便。若纖臣專擅摩畫。料朝廷必未施行。何者。供億尚煩。儲蓄未備。衆人一不知別有徵百。或相排沮故也。顧陛下察此愚管。且許留中。然後審詳徵臣赴闕。質問備事。可采擇則繫於否臧。如理涉虛浮。則甘俟典憲。復慮陛下以臣欲歸京闕。別有希求。且臣自是遠人。所得已踰始望。崇階貴秩。非敢有心。但恨天賦性靈。不能苟循時俗。致此喋喋。煩瀆聖明。

仁宗天聖九年。侍御史劉隨上奏曰。臣伏覩去年十一月十九日赦書。千里之畿。四方取則。如聞賦租之式。倍於郡國之名。積有歲年。動成逋負。豈外臺之俗。久賜輕徭。而甸服之民。仍供重歛。求之於古。詎若是乎。特救畿民。所宜寬恤。開封諸縣人戶夏秋稅賦。及沿納錢物。選差清強官。與本縣令佐。眞逐縣稅數。聞奏。當議體量減放者。伏自太祖開基。因仍五代建都汴水。是爲東京。當時江浙淮南荊湖交廣。川峽四路。并汾一隅。各擅土疆。不稟正朔。國家弔民伐罪。三十餘年。轉粟飛芻。畿內居首。但是降國。盡去煩苛。惟有王畿。尤增賦歛。昨者德音濬發。獻歲四馳。朝廷務在均平。將欲絕其僥倖。遂令逐戶自供地盤。嚴切指揮。不令隱漏。罪及鄰保。非不丁寧。然自降勑以來。頗聞疑懼。以爲校定此數。必是增添稅租。蚩蚩之民。多不曉會。縣胥誑惑。窺圖貨財。緣而爲姦。無以禁止。然則本欲卹而安之。翻成勞而擾之。前史云。事有招禍。法有起姦。好事難行。居常如此。況畿內之民。去秋不熟。重遭驚擾。益成困窮。伏望聖慈。體念愚民。且令停罷。候一二年間大段豐熟。民間盡信。却乞施行。其已載赦書。不欲權住。即乞更不檢責田段。只令爲見管夏稅額。一例普減分數。如此。則獄訟不興。春農無廢。司吏不能作弊。鄉村亦自安寧。時雨所霑。民乃受賜。

慶曆二年。知諫院歐陽脩論方田均稅劄子曰。臣竊見近有臣寮上言均天下賦稅。已送三司商量施行。臣嘗聞自前諸處亦曾有均稅者。多是不知均定之術。或嚴行刑法。或引惹詞訟。或致民欺隱。或官吏誅求。稅未及均。民已大擾。臣前任通判滑州。日有祕書丞孫琳與

臣同官。其人言先差往洛州肥鄉縣。與郭諮均稅。初立千步方田法。括定民田。並無欺隱。亦不行刑罰。民又絕無詞訟。其時均定稅後。逃戶歸業者五百餘家。復得稅數不少。公私皆利。簡當易行。其千步均田法。自有制度二十餘條。臣在滑州時。因聞此事。遂略行體問。鄰近州軍。大率稅賦。失陷一半。方欲陳述乞行琳等均田之法。今來已有臣寮上言均稅事。竊慮未得千步方田簡當之法。其孫琳見任滑州職官。郭諮爲崇儀副使在外。欲乞召此二人。送三司令一處商量。

脩又上義勇指揮代貧民差役奏狀曰。右臣準中書批下送二狀。河東都轉運司準康定元年九月十四日勑節文。河東路強壯應見充指揮使內。雖係第一至第三等戶者。州縣更不得輪次別差色役。竊緣義勇指揮使。各是鄉村第一第二等力及有家活產業人戶。今來一年之內。只是一季上番。多在本家營勾農業。兼當司體量得正副

指揮使等俱是上等人戶揀充。最屬僥倖。其餘等第人戶丁數稍多。亦是一般點充義勇。祗應仍更不免州縣差役。所有軍員已是優便。仍更依條免放州縣色役。頗見影庇。却鄉縣重難差役。却差下等義勇人戶充州縣重難里正或衙前等差役。計其勞逸。深為不便。欲乞朝廷早賜特降指揮下諸處義勇正副指揮使已下。依其餘義勇體例。各依等第戶例輪次差定州縣色役。庶得均濟。臣勘會河東一路鄉兵。除係籍強壯不勾追教閱外。所有刺手背義勇見管七萬二千八百七十二人。每年秋冬上番官閱。州縣因而諸雜役使。常於秋冬邊上州教閱。一人供送。一人或在州縣執役。或遠地輸納稅租。所存但地支移稅賦。和糴遠納之時。復有上番之役。凡一家三兩丁者。二人有衰老。或有全無倚托者。廢業忘家。不勝其苦。其間惟有正副指揮並是州縣中最有物力上等人戶。常有勞役。最豪富者獨得寬優。兼

自兵事已來。州縣差役頻併。素來力及之戶。累世勤儉積蓄。只於三五年重疊差役。例各減耗貧虛。逃亡破敗。而州郡事多。差役難減。往往將第三等第四等人差充第一等色役。亦有主戶小處。差稍有家活客戶充役。勾當如此。上下窘乏之際。惟義勇正副指揮使豈容獨免。兼自差管轄義勇以來。已避免却數年色役。當衆人苦於勞耗之際。獨獲寬優之幸已多。兼臣累過州軍。體問得逐處義勇指揮使等家業。例皆物力不減。人丁又多。若令一例差役。可以貧富兼濟。稍寬已困之民。其都轉運司起請。伏乞朝廷特賜允許施行。今具奏聞。伏候勑旨。

嘉祐五年。脩為樞密副使。又上奏曰。臣為諫官時。嘗首言均稅事。乞差郭諮、孫琳。蒙朝廷依臣所言。起自蔡州一縣。以方田法均稅。事方施行。而議者多云不便。尋即罷之。近者伏見朝廷特置均稅一司。差官分往河北陝西均稅。始聞河北傳言。人戶虛驚。斫伐桑棗。尚不為信。次見陝西州郡有上言歲儉民飢。乞罷均稅者。稍已疑此一事果為難行。言者遂不能入。近者又見河北人戶凡千百人。聚訴於三司。然則道路傳言與州郡上言。雖為不足信。其如聚集千人於京師。此事不可掩蔽。則民情可知矣。蓋均稅非以規利。而本以便民。如此。民果便乎。竊知朝廷本只以見在稅數量輕重均之。初不令其別生額外之數也。近聞衛州通利軍括出民冒佃田土。不於見在管催數內均減。重者攤與冒佃戶。却別生立稅數。配之。此非朝廷本意。而民所以喧訴也。又聞澶州諸縣。見今實額管催數外。將帳頭自來椿坐有名無納及開閣將行兩項遠年稅數。並係祥符景德已前以至五代長興年。椿管虛數。並攤與見今人戶。又聞以地肥瘠定為四等。其下等田有白礦帶鹹地。并鹹鹵沙薄可殖地。死沙不可殖地。並一例均

攤與稅數。謂此雖不可耕植。尚可煎鹽耳。河北之民。自祖宗以來。蒙賜恩卹。放行鹽不禁。只令據鹽斤兩納稅。今煎鹽者已納鹽稅。又令更納田稅。豈祖宗所以惠河北之民意。又聞河南不殖之地。係禁鹽地分者。亦均攤與稅。又不知使民何以納也。澶衛去京師近。偶可聞知者如此。其餘遠方。謂所均稅悉便於民。其可得乎。以此見朝廷行事至難。小人希意承旨者。言利而不言害。為國斂害於民。朝廷不知則已。苟已知之。其可不為救其失哉。欲望聖慈特賜指揮。令均稅所只如朝廷本議。將實催見在稅數量輕重均之。其餘生立稅數及遠年虛數。却與放免。及未均地分。並且罷均。且均稅一事。本是臣先建言。聞今事有不便。臣固不敢緘默。

慶曆三年。右正言余靖論兩稅折納見錢。疏曰。臣切聞三司計度。預於淮南江淮浙荊湖等路。今年夏秋稅內。折納見錢四百貫。傳聞道

路未知信否。臣聞治國之要，安民為本。地有常產，不外其求；民有定賦，不盡其力。男耕於野，女蠶於家，各輸所有，以待國用。自堯禹以來，守為彝制，先期而輸，古無此法。況累年之間，科率頻併，當今天下，錢貨至少。江淮之地，名為錢荒，謂宜改制泉刀，以救其弊，而乃令百姓盡委田野蠶絲之利，一之於錢，必將倍棄其物，以就所售，百貨既輕，兆人嗸嗸，力屈財盡，散為盜賊，雖有噬臍之悔，將無及矣。臣又聞竭澤而漁，明年無魚，百姓不足，君於何取？伏乞聖慈特賜矜允，裁減其半，令納本色。其第四第五等貧下人戶，願納本色，並聽仍各依每年夏秋期限送納，於國家賦稅亦無所損，而江淮之民不至流散，則朝廷之大患也。

七年，通判蔡州劉敞論折變當隨土地之宜疏曰：臣聞聖王之處民也，順其性。是故居山者不使居川，居渚者不使居中原，其取民也，任其宜。是故山虞不以魚鼈為賦，川衡不以材木為貢，蓋順其性者，知天者也；任其宜者，知地者也。聖王之功，不變天地，是以其養易足，其教易成，其求易供，其取不匱。今之時，善言政者莫不欲富民，欲富民而常患奪其財者，由有司取之反其性而戾其宜，於是或以穀為金，或以芻為帛，非精也，而求之不咎，民是以困窮，是以流亡，是以盜爭。朝廷豈不恤哉？蓋不得已也。臣以謂方今用度不足之時，欲盡如古，蓋亦未可。且敕有司毋責魚鼈於山，毋索材木於川，則百姓亦庶幾矣。臣非敢虛言也，臣所治州十縣，其五皆種穜稑，而有司乃使以糯與粳為賦，一不如約，吏當坐之。若此者，上則不順於天，下則不因於地，中則不悅於人，去聖王之功遠矣。惟陛下哀憐之。臣幸備執事，以治民為職，詔書問可以寬民者，臣切疑莫先於此。夫賦稅固自古有之，臣願敕諸路轉運使，必不得已而折變，變其所有，毋變其所無，變其所可得，毋變其所不可得，則民疾不困矣。

仁宗時，戶部侍郎夏竦上均賦歛奏曰：臣聞禹貢之典，九州異賦；周官之制，五地殊征。相其土宜，平其歛法，輕重等，則民樂輸；遠邇一，而國章立。夏后氏五十而貢，商人七十而助，周人百畝而徹，雖皆什一之通制，蓋有公田之定式。國家疆治萬國，轂同聲教，務推惠育，休息元元，而地征之法，未盡均一。或同郡鄰邑，高下不等，接畛聯疆，桀貊有殊。或地廣而稅鮮，賦多而田寡，或不腴受沃衍之征，上腴當瀉鹵之賦，植稻粱而課菽麥，無桑柘而責繭稅，官府由是生姦，豪右於焉得志，無告之民，積於罷弊。伏願陛下奮雷霆之威，采狂狷之辭，申命有司，特著稅令，辨肥瘠之地，定輕重之法，分科列目，第為九等，上田十頃當賦若許，下田百畝當稅幾何，分詔能臣，頒行天下，履其地力，裒多益寡，斷長補短，陸耕水耨，並正其征，沃野弊田，各平其歛，標列版圖，百世不易。垂之後嗣，聖法可觀，下民之患自除，猾吏之欺斯絕。易所謂聖人作而萬物覩者也。

監察御史傅堯俞乞罷均稅奏曰：臣伏覩諸路均稅，未見其便。知河南府王屋縣事高本嘗有奏陳，乞行寢罷，其論頗為詳備，朝廷不賜允從，事行後來，勞擾詞訟，皆如本言。本所論者，今不復云，以臣所見，實難均定。借如今日粗得平均，富者擇地以兼并，貧者薄稅以圖售，賣買數年，復不均矣。兼稅戶割移，舊有條制，縱使逐戶開析諸色稅數，令賣買之日對簿書鑿，而州縣鮮得能吏，一一付胥吏，依舊為奸。況終無必得均平之理。若加科條以嚴按括，徒更增擾，必恐無益。今四方多被水旱，雖豐稔一二年，未便完復，又加騷擾，重為困苦。此乃民所嗟怨，臣皆據實而言。伏乞一切罷之，以寬疲瘵。臣聞先皇帝嘗與宰臣王旦言及此事，然訖不見施行，以先皇帝之聖，王旦之賢，夫豈不思必有意也。惟陛下留神，天下幸甚。

張方平上論曰：臣聞理人之道，地著爲本。分民之要，平土爲大。故古者井田之制，必先正步畝，以正經界，井受私田百畝，公田十畝，是謂什一之法。夏氏五十而貢，商人七十而助，周百畝而徹，皆什一也。故春秋傳曰：什一者，天下之中正者也。其山林藪澤原陵淳鹵之地，辨肥磽以爲差，隨厚薄而收入。是以春秋譏宣公初稅畝，謂履畝而稅。擇其善者取之。故君子惡公以爲於民已甚矣。自廬井之壞，而王制大亂，民生失平，稅賦之法不齊矣。漢初接秦之暴，務安殘民，約用省禁，益薄田租，至文景之際，乃或三十而收一，時更盡除勿收，可謂寬約矣。於時網疏而民富，百姓安樂，始重禮義，天下之刑獄幾措焉。夫厚斂則民困，困則姦盜起而刑辟重；輕賦則民足，足則禮義興而刑罰簡。刑辟重則民愁怨而思亂，禮義興則民安樂而思治。思亂者覦

其君如仇讎，雖箕徵之仁，不能使之安而久；思治者愛其君如父母，雖蚩尤之孽，未能使之動而危。蓋厚斂起乎荒汰，薄賦由乎節用。秦自暴政之并天下，傷心無極，恢大封域，北拓胡地，南開越境，於是發閭左之戍，歸天下之命。飛芻輓粟，萬里轉餽，暴骸露骨，積於邊荒。內興功事，窮極力役，創阿房之宮，備六國之制，胡亥發徒百萬，以營驪山。及山東兵興，聚師待餉，此所以收太半之賦而不足也。漢初定天下，生人困瘁，量吏祿，度官用，以賦於民。孝文躬儉節，仁愛清靜，宮室苑囿車馬服御無所增飾，有不便，輒弛以利民，身衣弋綈，後宮親幸衣不曳地，帷帳無文繡，惜百金之費，罷露臺而不爲，匈奴背約犯塞，命守邊備，不發兵深入，無動勞百姓。治霸陵因山不增高，器用瓦物，不藏金銀。又親行耕籍之禮，以勸農事，務廣儲畜以備災沴。此所以三十而稅一，或盡除勿收，而國用足也。自後漢叔世，吳魏三分，司馬氏之南渡，中原割裂，外備疆事，百役之費，內則聞以昏僻驕淫之主。急征橫斂，科調荐出。是故漢有虐政而作田畝之賦，齊有淫政而重林調之租，隋有亂政，則有先期逆征之暴，唐有弊政，則有青苗地頭之稅。舊弊不革，新名日生，侵刻疲人，自取孤弱。是何異割肌膚而滋口腹，事枝葉而剮根心。反裘負薪，徒有惜毛之意；斃人以梃，不知罪歲之非。剝斂之名，可謂窮矣。國家接衰唐之頹綱，經五代之亂執。平四方之僭闊。一王之法式，其橫出之算，無名之征，革其弊者多焉。比在先朝，定民田之租，考地之肥瘠，制賦之重輕，裁使平均，本于寬約。利人奉國，義爲中典。夫古之田制，有賦有稅，稅以待郊社宗廟百神之祀，天子奉養、百官祿食之給；賦以共車馬甲兵士徒之役，充實府庫賜予之用。今夫車馬甲兵之資，士徒之眾，皆縣官素具，不復籍於民。大率中田畝收一石，輸官一斗，纖甸之外，歲供兩稅，無他課

調，則是今制賦之法，抑已簡而有經矣。至如山原之地，或入稍秋之物，陂澤之鄉，或有縹綿之稅，捨其所有，責其所無，農人供之，其費自倍。有者半賈而賣，亡者倍稱而取，使乘利估販者得操其奇贏。此商人所以兼并農人，農人所以重困也。誠依古制，均定壤賦，隨地所產，因民所工，省其雜名，專爲穀帛，除折準之令，去錢刀之目。如此，則國之經入如故，民之輸出有常，利歸於耕農，權奪於富人，上之德澤加於百姓，民之頌聲興於天下，可以制挺而鞭撻歷世之暴君汙吏矣。謹論。

方平又上論曰：臣聞王都者，天下之根本；九州之樞會，譬之一人之身，則京畿爲之腹心，而四方乃其支末。腹心宜泰，支末康勞，養身之道也。先安京畿，後康四方，理國之體也。今所爲租稅之法，更張之制，而王畿最重，品色尤煩，力耕時穫，無水旱蟲螟之害，田賦遼辦銖收

毫釐累以歲月生業甫立毆鋭一役隨復破散故甸内之民鮮有盈室昔者明王保邦預備之道惟於平世始可為謀及其已弊救日不暇雖有賢智豈遑經久今内外無事賦入有經而民家辟立野無青草設有横出之調緩急之率不及均遠應近求具則必扶老携幼轉死溝壑雖峻刑嚴禁不能止流亡播潰之患矣夫致理之本在乎制度制民之産在乎均平子曰不患寡而患不均蓋均亡貧且都城之内大商富賈坐列販賣積貯倍息乘上之令操其奇利不知稼穡之艱難而梁肉常餘乘堅策肥履絲曳縞蓋具居室過於侯王淫侈之俗日以輕僭賦調所不加百役所不及優游逸豫專事驕靡而農人侵冒寒暑服田力穡以供租税以給繇役仰不足以養父母俯不足以畜妻子同為王民而都門内外勞逸之殊如此此豈抑末敦本之道乎又凡國家發德音布恩令必首及筆轂或曲有所被重罪者末減輕繫者赦宥姦邪桀悪犯軌亂常革竊偽濫不經之民咸霑渙澤而農人積逋舊負錐刀之末不蒙蠲除侵肌斷髓連錮妻孥此豈推恩布惠之道乎兼并之族姦宄之人以幸近於天日故特蒙於庇照而此農人澤不下及臣愚疑其未周也誠天子哀此疲人霈然加惠除其雜調變折之目寬其租入庸役之令擇其孝悌力田節義之人賜復其家以勵風俗因制王畿之内嚴立占田之限無使權豪侵併貧弱上以為國備下以勸農功使本業之人得自比於兼并姦宄同被上之恩澤此不亦強幹優本之道歟謹論

方平又請減省河北徭役疏曰伏以國家通好于契丹三十七年于茲矣邊人不知有戰爭之患餉餽之勤保其父子室家安于耕桑畜牧宜乎生業益殖事力加裕而比屋彫瘁無蓋藏一穀不登莫能自濟臣愚竊思其故其弊有三一曰廚傳二曰徭役三曰河防自和

好已來邊將無所事惟以酒食宴樂苞苴問遺名聲相傾惟恐不逮公錢不足則取于百姓百姓不足則買以求贏買又不足則有傾私橐以繼之者羊豕不得擾于闌雉兔不得安于野行販者不得共其利擔負者不得寧其居此廚傳之弊也又民之大害惟在吏徭有才解州役即被縣差家無兼丁自身營業故凡役事率以雇傭二年一更傭金不減千萬中人之家耗矣夫如是百姓安得不困臣獨竊歎邊陲無事逾四十年不能使公私充實備於無患而竭民之財産於不急之役及官吏口腹逸欲之費一旦倉卒蕭然無所恃彼河防循為國事所不得已者欲乞朝廷選官與河北轉運使盡取一路郡縣凡民之籍以較徭役之數益減節之所有州郡廚傳餽贈之弊深料此事亦非官吏所願然蓋體例相習彼此相形雖有愛民節用之心勢不可獨異臣謂宜明為條約事為之制則雖往來使客亦自絶過望之心至于毀譽愛憎亦當漸自消弭然後裁損用度以充公私之備詢考名實以觀郡縣之政三數年庶乎民之富庶必有加也

神宗即位初御史中丞司馬光論衙前劄子曰臣伏見近者陛下特下詔書以州郡差役之煩使民無敢力田積穀求致厚産至有遺親背義自求安全者令中外臣庶條陳利害委官詳定以聞此誠堯舜之用心生民之盛福也臣竊見頃歲國家以民間苦里正之役廢罷里正置鄉戶衙前又以諸鄉貧富不同東鄉上戶家業千貫亦為里正西鄉上戶家業百貫亦為里正應副重難勞逸不均乃立定衙前人數每遍有闕於一縣諸鄉中選物力最高者一戶補充行之到今已逾十年民間貧困愈甚於舊議者以為一州一縣利害各殊令一縣立法未能盡善又里正止管催税人所願為衙前所管官物乃有破壞家産者然則民之所苦在於衙前不在里正今廢里正而存衙

前是廢其所樂而存其所苦也又緣者每鄉止有里正一人借使有上等十戶一戶應役則九戶休息可以晏然無事專意營生其所以勞逸不均蓋因衙前一縣差遣不以家業所直為準若使直千貫者應副十分重難直百貫者應副一分重難則自然均平今乃將一縣諸鄉混同為一選物力最高者差充衙前如此則有物力人戶常充重役自非家計淪落則永無休息之期矣有司但知選差富戶為抑強扶弱寬假貧民殊不知富者既盡賦役不歸於貧者將安適矣借使今日家產直十萬者充衙前數年之後十萬者盡則九萬者必當之矣九萬者盡則八萬者必當之矣自非磨滅消耗至於困窮而為盜賊無所止矣故置鄉戶衙前以來民益困乏不敢營生富者返不如貧貧者不敢求富日削月朘有減無增以此為富民之術不亦疎乎臣嘗行於村落見農民生具之微而問其故皆言不敢為也今欲多種一桑多置一牛蓄二年之糧藏十疋之帛鄰里已目為富室指抉以為衙前矣況敢益田疇葺廬舍乎臣聞其言愁然傷心安有聖帝在上四方無事而立法使民不敢為久生之計乎凡為國者患在見目前之利不思永久之害故初置鄉戶衙前之時人未見其患及今然後知之若因循不改日益久則患益深矣臣愚欲望聖慈特降指揮下諸路州縣相度上件里正衙前與鄉戶衙前各具利害奏聞隨其所便別立條法務令百姓敢營生計則家給人足庶幾可望矣

熙寧三年光又乞免永興軍路苗役錢劄子曰臣奉敕差充永興軍一路安撫使臣竊見陝西百姓自城綏州以來供應諸般科配及支移稅賦往近邊州軍日近復有環慶事宜加之今年亢旱五穀不熟人戶流移者已聞不少國家所宜汲汲存恤使人戶安集臣伏見先所散青苗錢貸破百姓為患不細臣已曾累次上言不敢重煩聖聽

今又聞議者欲令州縣將諸色役人一時放罷官為雇人祇應却令人戶均定免役錢隨二稅送納乃至單丁女戶客戶寺觀等並令均出若果行此法其為害必又甚於青苗錢何則上等人戶自來更互充役有時休息今歲歲出錢是常無休息之期也下等人戶及單丁女戶等從來無役今盡使之出錢是孤貧鰥寡之人俱不免役也若錢少則不足以雇人若錢多則須重斂於民雇人不足則公家闕事重斂於民則眾心愁怨自古以來縣役皆出於民今一旦變之未見其利也且受雇者皆浮浪之人使之主守官物則必侵盜使之幹集公事則必為姦事發則挺身逃亡無有田宅宗族之累建議者亦自知其不可乃云若雇召人不足即依例輪差又與逐處所定雇錢足了役事則自當有人應募今既無人應募必是錢少不足充役是徒有免役之名而役猶不免但無故普增數倍之稅也彼青苗錢以債與民而取其息已是困民之法今又使撮出數倍之稅民安有不困匱者哉以富庶之域猶不能堪況陝西累歲奉邊民力彫弊豈可復為無益之事以擾之乎伏望聖慈特免永興軍一路青苗免役錢以愛惜民力專奉邊費其餘路分則繫自朝廷裁酌

四年御史中丞楊繪論助役疏曰臣竊以堯舜之為君禹皋陶之為臣可謂至治矣然考之於書皋陶之所以矢謨於舜而禹亦稱惟帝其難之者在知人在安民二者而已安民則惠豈非治道之先哉又況乎畿甸之民也臣竊見日近有東明等縣百姓約千百人詣開封府告訴為超陞等第出助役錢事本府不肯接狀却稱不曾受得朝旨及司農寺關報百姓既無所訴遂突入相府宰臣王安石諭云此事相府元不知特與指揮不令超陞等第仍問汝等來時知縣知否並言不知至十五日聚來御史臺前臣為本臺無例收接訴狀尋諭

令散去。退而訪聞得司農寺超陞等第因依。乃是不依逐縣元定戶活等第。却從司農寺將某處戶口品量等第。均定助役錢數。拋降與逐名令管認戶力次第陞降重別造成版簿。依條限曉示人戶知委。縱管於農務前了當。臣今舉一縣以言之。只如酸棗縣鄉村第一等元申一百三十戶。今司農寺拋降却要二百四戶。即是陞起七十四戶。第二等元申二百六十戶。今司農寺却拋降三百六戶。只是陞起四十六戶。第三等元申三百三十九戶。今司農寺却拋降四百五十九戶。乃是陞起一百二十戶。臣竊謂凡等第陞降。盡視人戶家活高下。須憑本縣。本縣須憑戶長里正。戶長里正須憑鄰里。自下而上。乃得其實。今來却自司農寺預先畫下數目。令本縣依數定簿。豈得民心甘服哉。譬如所以為帶者為腰也。所以為履者為足也。帶之長短。須隨腰之豐瘦。履之闊狹。須準足之小大。今若帶長而有餘。則增腰以

滿之。履狹而不足。則削足以就之。可乎。超陞等第以就多出錢。何以異此。況京畿者天下之根本。不可不掛聖慮。據此次第人戶紛擾詞訴。卒急未了。雖欲委府界提點。務以止之。竊恐川壅而潰。其傷必多。可不念哉。自來措置民事。何嘗不自州及縣。豈有文字下縣。州府不知之理。竊詳司農寺不關報開封府之意。顯是自知所行之事於理未安。指望諸縣畏威。不敢異議。若關京尹。或致爭執。則事體稍重。有礙施行。所以公然不顧。直行下縣。兼今來已是農務之月。如何農務前定要了當。欲隨夏稅起催乎。臣又訪聞得中書見差孫迪張景溫下諸縣體量。仍令諸縣將不願出錢人戶別作一項開坐。臣竊恐特將不願出錢人戶因以重役。以此威脅。誰敢不從。臣願陛下沉思熟慮。畿內之民。從來驕養。有同赤子。今來已被團保之法。行之猝暴。惶駭未已。若又不住陵虐。所憂不細。書云。民惟邦本。本固邦寧。民可近不可下。詩云。商邑翼翼。四方是則。春秋內中國而外諸夏。可不務安之乎。今判司農寺乃鄧綰曾布二人為都檢正非臣言之。誰敢為陛下言之者。

監察御史裏行劉摯論助役十害疏曰。臣聞孟子曰。徒善不足以為政。言人君雖有仁心仁聞。苟不因先王之道為良法度以行之。則亦不免於民不得被其澤。恭惟陛下至誠好治。憂念元元。謂天下役法久失其平。故慨然有意其大均之也。然有司建議立法。頗無以上副詔旨而下協人情者。臣請言之。其法曰。率錢助役。官自雇人。臣謂其事有不可勝言。而畧陳其十害。天下戶籍均為五等。然十七路三百餘州軍。千二百餘縣。凡人之虛實。役之重輕。類皆不同。今斂錢用等以為率。則所謂不同者。非一法之所能齊。若隨其田業腴瘠。因其所宜。一州一縣一鄉一家各自立法。則紛錯散殊。何所總統。非所謂畫一

者。其害一也。新法患等籍之不得其實。故令品量物力。別立等第以定錢數。然舊籍既不可信。則今之品量何以得其無失。不獨騷擾生弊。亦使富者或輸少。貧者或輸多。其害二也。上戶常少。中下之戶常多。上戶之役數而重。故或以今之助錢為幸。下戶之役簡而輕。故皆以今之助錢為不幸。優富苦貧。非法之意。其害三也。新法所以令品量立等者。不取舊簿者。意欲多得雇錢。而患上戶之寡。故臨時登降。升補高等以充足配錢之數。被遷之人。何以堪命。近日府界其事已然。其害四也。歲有豐凶。而役人有定數。助錢不可闕。則是助錢非若賦稅有倚閣減放之期。其害五也。夏秋二熟。農人唯有絲綿麥粟之類。而助法皆用見錢。故須隨時貨易。逼於期會。價必大賤。儻使許令以物代錢。亦復有退揀壅滯及胥緣乞索之患。其害六也。兩稅及科買貸責。色目已多。使常無凶災。猶病不能了公私之費。又起庸錢。竭其所

有恐斯人無悅而願爲農者天下戶口日當耗失小則去爲商賈爲客戶爲惰游或父母兄弟不相保抵冒法禁折而入下戶大則聚而爲盜賊其害七也儌幸之人又雖實緣法意虛枚大計如近日兩浙科起一倍錢數欲自以爲功而使國家受聚歛之謗其害八也夫既爲之民而服役於公家迺所謂治於人者事人天下之通義也况鄉縣定差循環相代上等大役至速者猶須十餘年而一及之至於下役則動須一二十年乃復一差今使縣出緡錢官自名雇蓋雇之之直不重則不足以募不輕則不足以給輕之則法或不行重之則民不堪命其害九也夫役人必用鄉戶蓋其有常產則必知自重性愚實則罕至於欺公舊法雖有替名鄉人自任其責今既雇募恐止得輕猾浮浪姦僞之人則所謂帑庾場務綱運凡所以主財者不唯不盡心於幹守亦恐縣官之物不勝其盜用而抵冒法令罪獄日繁

至於弓手耆壯承符散從手力胥史之類職在捕察賊盜奔行文書追督公事者則恐遇寇有畏避之患因事有騷擾之姦而舞文鬻事無有虛日其害十也夫民可安而不可動財可通而不可竭以臣之淺聞寡見而所列如此其沸於民口有大于此而臣未敢言者其又何窮然臣亦嘗爲陛下博訪而深計之蓋天下差役莫重於衙前今司農新法一項云鄉戶衙前吏不抽差其長名人等並聽依舊將天下官自出賣到酒稅坊場并州縣坊郭人戶助役錢數以酬其重難臣謂此法有若可行然坊郭十等戶自來已是承應官中配債之物及飢饉盜賊河防城壘緩急科率郡縣賴之今亦難爲使之均出助錢外舊來官中將場務給與衙前對折役過分數然多是估價不盡虧却官中實數今既官自拘收用私價名賣則所入固多只應係衙前當役去處事件官爲財省使無舊日糜費而支酬之際稍優其數

則人情必當樂爲可寬鄉戶重役而似無害民之事臣乞陛下將此一法詔有司講求其詳若逐路坊場錢數可以了得本路名雇衙前酬獎則乞詳具條目行而觀之以三二年間若見其利則其他役法更革無難矣所是助錢之法伏望早賜睿斷一切寢議以幸天下夫更令創制可以漸而不可以暴况欲內自畿甸外至海隅一槩率錢可謂重歛又欲迫急而成之使生靈何以自全陛下安得不慎重其事哉

摯又奏曰臣近曾上言論助役之法其害有十今奉聖旨批送下司農寺曾布劄子條件詰難奉聖旨令臣分析者竊以助役之法有大臣主之於中書有中書之屬官及御史知雜者講畫於司農寺有大臣所選擇監司提舉官行之於諸路上下布置其勢若此可謂易行矣然曠日彌年未有定論可以爲法者其故何也不順乎民心而已

矣民之所不欲古今未有可以勢力強而成者也故雖命使者奔馳道路稟之於內而刼之於外然其擬議參差條制殊異紛然自不知其可行之計則此法利害明若觀火矣臣有言責也是故前日秉中外士民之說數告於陛下今司農之辯說既如此陛下以臣言爲是耶則事盡於前奏可以覆視陛下以臣言爲非耶則與黜之而已雖復使臣言之亦不過所謂十害者是以不復條陳不惟費辭又過煩紊天聽而風憲之官豈與有司較是非勝負交口相直如市人之詬競者則無乃辱陛下耳目之任哉謂臣等險詖欺誕則上有陛下之聰察而下有中外之公議所謂中有向背則臣所向者公所背者私所向者義所背者利所向者君父所背者權臣今方辯助法之利害而無故立向背之論以朋黨之意撓誘天下此可駭也所謂嘗無畏忌則陛下之法臣所畏也陛下容受忠直臣爲御史實不敢隱情自

為忌諱今司農欲使臣畏忌權臣則誠臣之所不能者也伏望陛下將臣前後所論助役章奏與司農之言出示二府大臣中外百官以考是非若臣言有所取則乞速罷助議以安天下之心若稍有欺罔則乞重行竄逐以謝專權之人而戒妄言者

歷代名臣奏議卷之二百五十五

歷代名臣奏議卷之二百五十六

賦役

宋神宗時監察御史裏行劉摯上奏曰臣昨日准聖旨批下司農曾布劄子為詰臣所言助役事尋已具分析奏聞去訖臣竊以耳目之於人也事物過者必見必聞以赴其心而心必受之未有不信其耳目而反以其能視聽為疑者先王以言置官代天子耳目內外相信無以異於一體之相為用也其言雖直必容雖多必受則國家安治不然則反此故謗木諫鼓不設危亂之國鼎鑊斧鑕不在聖明之朝恭以陛下躬上聖之德好問樂善凡延見臣下雖賤官小吏必溫恭和容以訪逮之此堯舜之盛也然至於臣等以職事為言則使之分析者中外皆知非陛下意乃司農挾寵以護改作欲臣設法以蔽聰明爾因事獻忠敢一言之今天下之勢陛下以謂安耶未安耶治耶未治耶苟以為未安未治也則以陛下之睿智言動起居躬蹈德禮夙夜厲精以親庶政而天下未至於安治者將誰致之耶陛下即位以來注意責成倚以望太平而自以太平為已任得君專政安石是也三二年間開闔動搖舉天地之內無一民一物得安其所者蓋自青苗之議起而天下始有聚斂之疑青苗之議未允而均輸之法行均輸之法方擾而邊鄙之謀動邊鄙之禍未艾而漳河之役作漳河之害未平而助役之事興其間又求水利也則民勞而無功又求田也則費大而不効又省併州縣也則諸路莫不強民以應令又起東西府也則大困財力禁門之側斧斤不絕者將一年而未已其議財也則商賈市井屠販之人皆召而登政事堂其征利也則下至於曆日而官自鬻之推此而往不可究言古之賢人事君行道必馴致之有漸持久而後成至於設施皆有次序今數十百事交舉並作欲以

歲月變化天下使者旁午牽合於州縣小人挾附佐佑於中外至於輕用名器混淆賢否忠厚老成者擯之為無能佻少儇辯者取之為可用守道憂國者謂之流俗敗常鑿民者謂之通變能附己者不次而進之曰吾方擢才不可拘者為名而斥之曰吾方行法凡政府謀議所以措置經畫除用進退獨與一屬掾曾布者論定然後落筆同列預聞乃在布後故奔走乞丐者布門如市雖然猶有繫國家之體而大於此者祖宗累朝之舊臣則鐫刻鄙棄去者殆盡國家百年之成法則剗除廢亂存者無幾陛下豈不怪天下所謂賢士大夫比歲相引而去者凡幾人矣陛下亦嘗察此乎去舊臣則勢位無有軋己者而權可保也去異己者則凡要路皆可以用門下之人也去舊法則曰今所以制馭天下者是己之所為而陛下必將次任以聽其伸縮也嗟夫此事之實也其名則曰革敝而興治是以陛下樂聞其名

而難察其實也夫賞罰號令乃陛下所以砥礪天下而鼓動四方以為勸信者今有人焉能舞公事以傾勳舊搆大獄以逐官吏其事是耶乃其職爾何至超任以為職司耶趙濟是也又有人焉興滑源田欺罔始既以此得罪而終復以此增秩王韶是也程昉事漳水以興大役困一方而無成功趙子幾挾情以違法禁按吏以防民言則皆置而不問乃是賞反施於聖人之所當罰罰不及於王法之所當誅也畿邑之民以助錢為訴也陛下聖旨令各情願東明知縣以不能禁民有訴而被劾也陛下聖旨止令劾擅升戶等之事二者皆獨斷之善政而中書皆格而不下此則陛下之號令不行也西師無功而曰非朝廷之本謀天下但見給軍之費輦出於京師空名之誥馳下於西路又命一知制誥於將幕使專代天子之言報復號令絡繹於道苟以為非耶何不止之迨其事敗則曰非政府謀也捐費緡錢以

千萬計秦晉之人肝腦塗地產軍旅之怨結夷狄之釁而不自請咎乃致陛下發中詔以責躬抑黜號而不受忠義之士誰不痛心而疾首至如助役之法臣嘗言之矣其條制纖悉臣雖未能究見然臣大意終以謂使天下百姓賦稅貸責公私息利之外無故作法升進戶等使之緊出緡錢皆非為人父母愛養基本之所宜為者故臣謂之聚歛非妄言也陛下任遇輔臣如此其重而致主之術乃用此道是皆大臣之誤陛下而大臣所用者誤大臣也今既顛謬乖錯敗亂綱紀知天下之不容懼宸衷之回悟以謂雖中外之士畏避無敢言者然其尚敢言者獨御史有職爾故又使司農熒惑天聽作為偏辭令臣等分析以摧沮風憲之體艱梗言路欲其憂憚苟容而緘默或欲摭其危言從而擿逐不知忠臣節士雖戮辱不懼所以盡事君之義耳今羌夷之款未入反側之兵未安三邊瘡痍疲潰未瘳河北大旱

諸路大水民困財力縣官匱竭聖君恭勤思治萬方之所知而在輔弼者方欲蔽天聰明使下情不得而上達其何心耶臣願陛下思祖宗基業之艱難念天下生靈之危苦少回幾慮復還威柄深思異時專權肆志將有陛下所不能堪者則必至於漸失君臣之恩是今日養之適所以害之也若夫馮京王珪同列預政皆依違自固不扶顛危雖心悟其非而無所捄正己之進退又媕婀而不決皆非所謂輔臣之體臣四海之內孤立獨進陛下過聽任以風憲嘗竊思之近歲臺諫官疊以言事罷免豈其言皆無補於事歟豈皆願為訐激險直之語以自為名而絜去歟蓋以謂欲言政府之事者其譬如治湍暴之水苟以循理而漸道之不可以隄防激閼而發其怒不唯難功亦為患滋大故臣自就職以來竊慕君子之中道欲其言直而不違於理辭順而不屈其志庶幾愚衷少悟天聽而亦不敢婞然如淺丈夫

以一言一事輕決去就。致聖朝數數逐去言事者。而無所裨補。思以上全國體。而下亦庶幾能久其職業。而成功名。兩月之間纔十餘疏。其言及助法者止三疏耳。當天下多事之時。而臣言簡緩又不足以感悟。則其負陛下已多矣。不意大臣之怒已至如此。令臣等分析。分析之事。前代無之。祖宗無之。近年已來乃為此法以摧言者之氣。方陛下孜孜聽治。喜於納諫。而大臣所為則不得正目而視。此所以發臣之狂而不能默也。伏願陛下深察事物之變。用安靖之治以休生民。有所措置。以大小緩急為先後之序。以義利經權為本末之辨。自茲凡有觖望於陛下者。乞有以誘掖獎厲之。罷分析之命以尊嚴朝廷。而養多士敢言之氣。臣不勝惓惓憤懣愛君待罪之心。

轍又論弓手疏曰。臣伏覩今月七日敕命節文。弓手正身不願充役者許雇曾充弓手之人。令逐路轉運司相度施行。臣竊意朝廷必以

差法初行。弓手一役作差鄉戶。未習捕盜次第。而舊日應募之人一旦放罷。或無所業。挾其素藝去而為盜。故降今來指揮。欲以權其始而待其成。臣竊以謂二者非所宜憂也。蓋差役方復。事未就緒。若假以歲月。則法自成而事定矣。昨三月十七日敕。弓手曾經鬬戰緝捕有功者。雖無戶等。特與存留。則收拾舊人已有此法。且弓手不可不用差法者。蓋鄉人在役。則不獨有家丁子弟之助。至於親族婚姻及其里落之衆。莫不為之營援。同其休戚。一有捕限。則人人張耳目出方略。以求盜賊。又其土著自重。終無逃遁之患。此乃從來弓手得賊所以常多於他營捕之人。而祖宗以來弓手所以必用正身也。自行雇募以來。盜寇充斥。蓋所募浮惰之人。不任其責。差之與雇。利害如此。然則祖宗之法豈無意哉。行之百餘年。未聞上等戶以為不便而願雇人也。夫上之使民。使其出力則易。使其出錢則難。此古今之通

誼易曉也。今朝廷指揮雖云不願充役方許雇人。然官司上下。利在舊人慣熟。或以人情留占。必須抑斥新戶。使之雇人。安能見其願與不願之情。臣深恐被差之人。歲出緡錢不易。卻須歸怨差法。姦人因而可以搖動議論。兼天下繇役重輕。州縣風俗。各各異宜。固當隨方制之。不可縣以一法。臣觀五路弓手。熙寧以前正身充役之時最號強勁。往往逐名家自養馬。其材藝捕緝勝於他路。近日復差以來妥帖就役。皆已試之効。亦不聞其不樂而願出錢雇人也。訪聞惟是川蜀江浙等路。昨差至第一等人戶充役。皆習於驕脆。不肯出力為公家任捕察之責。故寧出貲雇代。自以為便。此皆一偏之利。而議者不察。遂乃一例變動大法。今朝廷若未肯追寢許雇之命。必欲委曲徇民。則宜分別利害大小。權為之制。自來盜賊最多及弓手正身久有成効者。無如五路。臣欲乞五路弓手並依祖宗舊法。及今年七月三

日申明聖旨指揮。須得正身祗應。外其餘路分。即依今月七日指揮。仍乞拘轄有戶等差充者及前項曾經戰鬬有功存留者與情願雇人者三色通計。不得過正額一半。人數所貴新舊相兼。漸熟捕盜事體。其三色人數內遇有闕額。止行差補。則一二年間差法成就。雇法可罷矣。

貼黃。朝廷立法。未可以事初一二小害臨壞大體。所謂弓手正身之小害者。唯是南方上等人戶。其子弟多脩學為舉人。故為未便。造起浮言以惑議者之聽。殊不知每歲出緡錢雇代。其為久遠之害不細也。兼祖宗以來行正身充役之法通於天下。已百有餘年。曾不聞其不便。今朝旨雖欲周順人情。下許雇之法。然止可作權時指揮。宜立限一年或二年。候人情習熟。即罷此法。伏乞詳臣今來所請事理。特賜施行外。其許雇路分。仍乞相度

人戶二丁以下，方聽依近制雇人代役。

參知政事王安石上奏曰：今陛下即位五年，更張改造者數千百事，而為書具，為法立，而為利者何其多也。就其多而求其法最大、其效最晚、其議論最多者五事也：一曰和戎，二曰青苗，三曰免役，四曰保甲，五曰市易。今青唐洮河幅員三千餘里，舉戎羌之衆二十萬獻其地，因為熟戶，則和戎之策已效矣。昔之貧者舉息之於豪民，今之貧者舉息之於官，官薄其息而民救其乏，則青苗之令已行矣。惟免役也，保甲也，市易也，此三者有大利害焉。得其人而行之，則為大利；非其人而行之，則為大害。緩而圖之，則為大利；急而成之，則為大害。傳曰：事不師古以克永世，匪說攸聞。若三法者，可謂師古矣。然而知古之道，然後能行古之法，此臣所謂大利害者也。蓋免役之法出於周官所謂府史胥徒、王制所謂庶人在官者也。然而九州之民，貧富不

均，風俗不齊，版籍之高下不足據。今一旦變之，則使之家至戶到，均平如一，舉天下之役，人人用募，釋天下之農歸於畎畝。苟不得其人而行，則五等必不平，而募役必不均矣。保甲之法起於三代丘甲，管仲用之齊，子產用之鄭，商君用之秦，仲長統言之漢，而非今日之立異也。然而天下之人鳧居鴈聚，散而之四方而無禁也者數千百年矣。一旦變之，使行什伍相維，鄰里相屬，察姦而顯諸仁，宿兵而藏諸用，苟不得其人而行之，則搔之以追呼，駭之以調發，而民心搖矣。市易之法起於周之司市，漢之平準。今以百萬緡之錢，權物價之輕重，以通商而貰之，令民以歲入數萬緡息。然甚知天下之貨賄未甚行，竊恐希功幸賞之人，速求成效於年歲之間，則吾法隳矣。臣故曰三法者得其人，緩而謀之，則為大利；非其人，急而成之，則為大害。故免役之法成，則農時不奪而民力均矣；保甲之法成，則寇亂息而威勢彊矣；市易之法成，則貨賄通流而國用饒矣。

知諫院陳襄論役法狀曰：臣聞方今政有害於民者，無甚於役法。使民歲出備錢以資應募之人，夫應募之人者，莫非游手墮農之輩。遠優作過，又不足以集事。兼出錢人戶，非是樂輸，行之數年，民力已困。上等厚有貲力之家猶可出備，自餘中產已下，多是農民，惟以薄業為生，別無營入，能自足於衣食者蓋有數矣。今來戶戶率緡，既有定額，無由獨免，歲時輸入，官司敦迫，穀益賤而錢益貴，常有逋負督責之憂。不幸遇歲凶荒，一有不足，則不免於飢莩流亡之患。此大略可見矣。若此法不更，必恐天下等第之民日益困弊，轉致失所，此不得不慮也。如欲更之，則莫若且因今來新定簿役之法，復為五等，依舊差役，除衙前重難，及州縣自來號為重役，為民深害者，即官與雇人，以酒場、河渡等錢充為備直，其諸色役並從差科之法。如願雇人代

役者亦聽，仍乞依司農寺條貫，諸係公之人，因役人勾當公事及投名公參入直之類，取受財物者，依常平乞取法，及依熙寧編勅官員不得差出三百里外勾當私事條約施行。如此，等第被役之人差使至經年，別無勞費，莫不出力願為而無憚矣。此可為不易之良法也。謹具狀奏聞，伏候勅旨。

張方平論募役疏曰：臣伏覩見行役法，天下共苦不便。陛下天高聽卑，必聞其利害。切恐中外臣僚未有為國家深憂遠慮，精言其本末者。臣既以方拙，上犯知眷，今拜章乞致仕，方俟命辭謝，念言重恩，思有以補報而去，故不避誅絕，上此奏封，極陳保邦便民之大計切務，非徒詭激以抗高論而已。陛下至聖大明，儻察臣言實有益於國家，即乞發自淸衷，特下明詔，停罷此法，復行舊制之中，有所未安，稍為增損，參定施行，詔下之日，內外萬姓，若有匹夫匹婦不懽悅抃蹈上

感德澤者。則臣請受罔上迷國、壞法亂紀之罪，投放遐裔，以正典刑。陛下猶謂臣言未足爲信，古者有大疑，謀及卿士庶人，協同而後有作。即乞露布臣章，俾在廷百辟以至諸路郡縣官吏兵得盡其公議。二者惟在陛下發於神斷，以定天下是非。若但送之中書謂之執政，無益也。則乞留中不下，非惟有以保全孤臣，抑以致忠義之言，以廣四聰之遠，不勝爲國憂慮區區之心。惟聖明諒察。論上劉子具列封進。

方平又論免役錢疏曰：臣切惟昔者聖人所以治民之道，别其四業，任之九職，農夫效稼穡之力，虞衡主山澤之利，百工飭化八材，商賈阜通貨賄，各率所事以奉其上，而上之所以取于民，惟田及山澤關市。此財用之所出也。顧沿革損益雖歷代不同，要之必本于此。過是則非王制矣。伏見近建賦役之法，率令輸錢。夫錢者人君之所操，不

與民共之者也。人君以之權輕重而御之，事制開塞以通政術，稱物均施以平準萬貨，故有國家者必親操其柄，官自冶鑄，民盜鑄者抵罪至死，示不得共其利也。夫錢者無益飢寒之實，而足以致衣食之資，是謂以無用而成有用，此君通變之神術也。本朝經國之制，縣鄉版籍分立五等，以兩稅輸穀帛，以丁口供力役，此所謂取於田者也。金銀銅鐵鉛錫茶鹽香礬諸貨物則山海坑冶場監出焉，此所謂取於山澤者也。諸筦榷征筭斤賣百貨之利，此所謂取於關市者也。權錢一物，官自鼓鑄，臣向者再總邦計，見諸鑪歲課上下百萬緡。天下歲入茶鹽酒稅雜利，僅五千萬緡，公私流布，日用而不息。上自宗廟社稷百神之祀，省御供奉，官吏廪禄，軍師乘馬，征戍賜賜，凡百用度，斯爲取給。出納大計，備於此矣。景德以前，天下則利所入茶鹽酒稅歲課一千五百餘萬緡。太宗以是料兵閱馬，平河東，討拓跋，賊歲有事于契丹。真宗以是東封岱宗，西祀汾脽，南幸亳，未嘗聞加賦於民而調度克集。慶曆以後，財利之入，乃三倍於前朝，而惟日不足，何事力之異也。舉是而言，則本末之原有可得而究者矣。陛下憫時政之積弊，志在變而通之，以財成天下之務，故創法立制，設青苗以賑乏絶，建募傭以拯繇役，所大措置事以十數，要在崇德而廣業，以惠養元元而已。臣官在守藩，職在長民，朝廷政令，非敢出位而言，至于民事利害，以言職也。夫民事之利害衆矣，顧率錢之患獨切，故敢具言其事。自古田税穀帛而已，今二税之外，諸色沿納，其目曰陪錢、地錢、食鹽錢、牛皮錢、蒿錢、鞋錢，如此雜料之類，大約出於五代之季急征横斂，因而著籍，遂以爲常。今以一陳州言之，州四縣，合二萬九千七百有餘戸，夏秋二税，凡斛斗一十五萬八千有零碩，正税并和預買紬絹三萬有零疋，絲綿四萬九千有零兩，此常賦也。復有鹽錢一萬

五千八百有零貫，并夏秋沿納錢，雖緣敕法承習已久，然此諸色錢常例亦多用折納斛斗，不悉輸錢也。大槩古今田制，未有輸錢之法也。今乃歲支苗錢六萬七千餘貫，計息錢一萬二千三百貫有零，歲納役錢四萬七千餘貫，此乃常賦之外，歲輸貫錢六萬餘千，以陳之戸口，不敵諸州之一，縣率是以准天下之所輸可見也。凡公私錢幣之發斂，其則不違。百官羣吏三軍之俸給，夏秋糴買穀帛，坑冶場監本價，此所以發之者也。田廬正税、茶鹽酒税，此所以斂之者也。民間貨布之豐寡，視官錢所出之多少，官錢出少，民用已乏，則是常賦之外錢將安出。若募錢輸官，還以募傭，錢既出入，非畜聚也。夫募錢者率之本民，散於墮游市井，自如甸畝空矣。窮鄉荒野，下戸細民，冬至節臘，荷薪芻入城市，往來數十里，得五七十錢，買葱茹鹽醯，老稚以爲甘美，平日何嘗識一錢。臣聞諸路其間刻薄吏點閲民田廬舍、牛

具畜產桒棗雜木以定戶等乃至寒瘁小家農器舂磨鏟釜犬豕凡什物估千輸十估萬輸伯食土之毛者莫得免焉故天下之民遑遑無所措手足謂之錢荒吏屬鋒氣以刻削為功干賞蹈利而賞利從之此豈聖意之然耶必料天聰亦未之詳聞也陛下本欲以義利利天下至于施為見於行事非復聖意所存者矣陛下盛有一出執政奉行稍已增益至于有司苛細甚矣須下諸路監司之官各出所見展轉交害本同而末異朝行而夕改郡縣承用以至不勝其弊且民田二稅水旱檢放自有常制青苗之息或遇災傷猶暫倚閣募役之錢年雖大殺不可免也豪猾乘民之急舉貸取息至或相因陪輸誅侵酷矣然不越穀帛民耕織之所有也州縣之役若身充若雇傭舉三分其費而二分出於薪粒大鄉戶衆一役代歸十餘年間安居無所預矣募法之行且三年初年民始大駭吏議法未一或納或否次

年已有伐桒棗賣田宅鬻牛畜今年稍荒歉處民柔散多矣推此其可以經久者耶而乃恬弗為怪莫之改圖臣恐國家之憂不在四夷而見伏戎于莽矣伏惟陛下深思宗社之重俯察下民之情申命大臣精議輸錢之法此大事也非取於高談虛論苟且而已矣夫苟且者臣下之身謀遠慮者陛下家國之計愚而不可欺弱而不可勝者民也儻民情失於撫御大勢一有動危雖有智者恐無以善於後矣輸錢二事而募法之害尤重臣故勤勤先其重者今所開陳特舉大體其為害條目不可悉數也臣上荷聖恩至深至重自念衰疲不仕陳力一旦先犬馬塡溝壑沒有遺恨故求一對清光專為陳此愚懇少効補報粗寬愧負事聞天聽退就斧鉞臣所快也惟陛下留神省察

馮山議免役狀曰右臣久官遠方不識朝廷忌諱然事干治體苟有所見不敢輒隱以虧臣子之節臣竊見條制之設已經四年內盡羣臣之謀外收天下之議更革創置無所不盡利害本末十見七八惟免役一法未有成効臣伏以朝廷立法之意本以便民除去搔擾抑絕僥倖何所不可而紛紛至今者非去千載之弊而為一代之法不可遽為而速見也臣去年冬自京師授差遣由經京西陝西利州成都梓州五路上自監司下至州縣冠蓋奔走議論詳悉惟恐後至以慢陛下之詔令以違司農之期會然趨嚮遲緩未能決然者臣觀其由非獨四方官吏之過蓋巧議錯出有司無定之所致也自熙寧四年以後天下始知朝廷新法本在愛民非為聚斂靡不日夜講究因其鄉俗之便為國家畫經久之計獨衙前弓手之類稍難處畫不得不差緩歲月然後成就自去年冬末已後訪聞諸處僅能成書方議奏報而旋有新制令依做府界之法又令四等以下均出役錢未幾

又令只據稅錢來用等第又令那移補助半年之間改動者數四官吏惶駭不知定議文書煩浩徒為棄物然則役法何時而定耶臣竊以天下風俗不同事體各異有司之法將籠而一之則固不得此則失彼利一而害十近見梓州之法亦只以等第為率上等之家所出不過十三貫則其所取者至輕而其所免者甚重誠未均一極已寬簡挨察之議以為可行未及奏聞而倒從改易舉此一處他州可知民間田畝稅錢類不相等推此以往名目甚多豈可直據一端以為定論要其至當俟其均稅之法已定然後免役之法可行若猶未也莫若詔諸路監司與郡守縣令周其鄉俗各自立法不問異同但取其便民而已立以期限過者有罰如此則法順於民而易行民安於法而不煩則免役之効庶幾可見尚未能追改前制臣乞自今已後議者之說且一切置而勿用大體既立則其偏補助者自然次第而

畢矣臣竊見前代立法參久而後定何則事非經試雖智者不能極其盡況差役之弊已經數百載間雖知其為害於民而不敢有議更變之者誠難其變之之術也今一旦創起新法旣行之後必其纖悉無遺臣未知其可也臣願陛下下臣所議詳擇其一使天下重困之人早見成法苟官不廢事民不知役則三代仁政何以異此如利害相乘難於經久本實無害徐議罷去亦無累陛下寬仁之盛德也臣近見司農寺指揮尚猶詢訪官吏未盡未便事理臣之所憂非獨為朝廷新法夕無休期兼恐緣役事而進者希趨無已輕取陛下之名器擅自恣放重為新法之病臣伏覩熙寧二年十二月詔書博盡衆議務要除去擾弊使民樂從臣之愚見稍條利害之大者謹具狀奏

右司諫蘇轍乞更支役錢雇人一年候備完差役法狀曰右臣伏見二月九日三省樞密院劄子節文應天下免役錢一切並罷其諸色

役人並依熙寧元年以前舊法人數定差更乞指揮諸縣官吏看詳若依今來指揮別無妨礙即便依此施行若有妨礙致施行未得限敕到五日內具利害擘畫申本州本州限一季聞奏奏到各隨宜修改奉聖旨依奏臣看詳上件指揮大綱已得允當其間節目頗有疏略差誤不易一一具言今在有司節次修完近見開封府奏開祥兩縣於數日之內依舊役法人數差到役人臣竊惟自罷差役至今已僅二十年乍此施行吏民皆未習慣兼差役之法關涉衆事根牙盤錯行之徐緩乃得詳審若不窮究首尾忽遽便行但恐既行之後別生諸弊臣竊見州縣役錢所在例有積年餘剩今年夏料雖已放罷舊餘剩錢猶足支數年欲乞朝廷指揮將見在役錢且依舊雇役盡今年而止却於今年之內催督諸處審議差役令的確可行更無弊害然後於今冬逐遞差撥起自來年役使鄉戶一則差役條貫既得審詳既行之後無復人言二則將已納役錢一年雇役民力紓緩進退皆便臣深恐諸道以為朝廷已行之命降到即行雖有妨礙更不陳述致差役之條未盡其利若朝廷以臣此言可用欲乞下三省疾速施行謹錄奏聞伏俟勑旨

貼黃新法已來減定役人皆是的確數目行之十餘年並無闕事則舊法人數決為冗長天下共知況近降指揮明使州縣相度有無妨礙至於揭簿定差亦無日限今來開封官吏更不相度申請於數日之間一依舊法人數差撥了絕如增子之類近年以剩員充者一例差撥役人監勒開祥兩縣迅若兵火顯是故欲擾民以害成法尚賴百姓久苦役錢乍獲復舊更無詞說不爾必須爭訟紛紜為害不小乞下所司取問開封官吏明知有上件妨礙更不相度申請及似此火急催督是何情意特賜行遣以戒天下扶邪壞法之人

轍又論罷免役錢行差役法狀曰右臣伏見門下侍郎司馬光奏乞罷免役錢復行差役舊法奏聖旨依奏施行臣竊謂近歲所行新法利害較然其間免役所系尤重朝廷自去秋已來改更畧盡惟此一事遲留不決民間傾聽想聞德音臣竊料此事既行民間鼓舞相慶如飢得食如旱得雨比之去年罷導洛市易鹽鐵等事其喜十倍非至仁至聖至明至斷誰能行此然臣有愚慮蓋朝廷自行免役至今僅二十年官私久已習慣今初行差役不免有少齟齬不齊譬如人有重病不治必死醫者用藥攻療必有瞑眩不寧要須病去藥消然後乃得安樂今中外用事臣寮多因新法進用既見朝廷革去宿弊心不自安必因差役之始民間少有不便指以為言眩惑聖聰敗亂仁政兼臣竊觀司馬光前件劄子條陳差役事件大綱已得允當然

其間不免疎畧及小有差誤執政大臣豈有不知若公心共濟卽合據光所請推行大意備完小節然後行下今但備錄劄子前坐光姓名後坐聖旨依奏其意可知自今以往其必有人借中外異同之論以搖動大議臣願陛下但思祖宗以來差役法行民間有何患害近歲旣行免役民間之弊耳目厭聞卽差役可行免役可罷不待思慮而決矣伏乞將臣此奏留中不出時賜省覽苟大法旣正縱有小害隨事更張年歲之間法度自備臣疎遠小臣初蒙擢用輙此深言罪在不赦但念臣初無左右之助諫垣之命出自聖意不敢自同它人更存形跡冒昧陳聞惟陛下裁幸

貼黃臣竊詳差役利害條目不一全在有司節次備完近則半年遠亦不過一年必有成法至於鄉戶不可不差役錢不可不罷此兩事可以一言而決況所在役錢寬剩一二年間必未至闕

用從今放免理在不疑前來司馬光文字雖有役錢一切並罷之文又却委自州縣監司看詳有無妨礙臣竊慮諸路爲見有此指揮未敢便行放罷依舊催理則凶歲疲民無所從出或致生事欲乞特降手詔大畧云先帝役法本是一時權宜指揮施行歲久民間難得見錢已詔有司依舊差役所有役錢除坊郭單丁女戶官戶寺觀依舊外其餘限詔到日並與出榜放免其去年已前見欠役錢具數聞奏未得催理聽候指揮

轍又言雇募衙前改爲招募旣非明以錢雇必無肯就招者勢須差撥不知歲收坊場河渡緡錢四百二十餘萬欲於何地用之熙寧以前諸路衙前多雇長名當役如西川全是長名淮南兩浙長名太半以上餘路亦不減半今坊場官旣自賣必無顧充長名則衙前並是鄉戶雖號招募而上戶利於免役方肯占名與差無異上戶旣免衙前重役則凡役皆當均及以次人戶如此則下戶充役多如熙寧前矣

轍爲陳州學官代張方平上奏曰臣伏以中外臣庶各有職事越職而言國有常憲臣守土陳州非有言責而輙言之計其狂愚茲實有罪然臣伏念頃以老疾不任吏事陛下未忍廢棄親擇便地以遂安養將辭之日面奉德音以爲大臣之議皆當爲國謀慮不宜以中外爲嫌有所不盡古人有言雖爾身在外乃心罔不在王室伏惟聖德廣大無所不容而臣自到任以來于今一歲心目昏眩有加無瘳故嘗乞匄餘生求還閭舍區區之誠久而未獲陛下視臣志氣益衰至此豈復有意別白是非而與世俗爭議也哉是以得失之間久無所與今日竊有所懷上爲陛下參之官吏下爲陛下驗之百姓而安危之機實在於此自惟受恩累聖邦之休戚身實同之志力雖衰於義

不可嘿已然臣之所欲言者非敢遠引前古遠探未然以感陛下之聰明也凡皆陛下之所嘗識而臣愚之所與聞者耳臣伏見陛下卽位之始討慮深遠凡有所建動合天心始議山陵深卹費用之廣推明先帝薄葬之命以詔有司四方聞之無不感泣其後一年之間誕布號令勸率宗族崇孝悌之行勉勵州郡先農桑之政復轉對以廣言路議徭役以寬民力盛德之事未可具紀是時天下大變之後而無不翹然想聞德音以忘其憂兩宮歡欣九族親睦羣臣萬民蒙福而安紛紜之議不至於朝廷謗怨之聲不聞於里閭陛下優游無爲而天下已治矣爲國如此豈不樂哉陛下自今視之當日之政其可悔恨者凡有幾以臣觀之非獨陛下無所悔恨雖天下之人亦未有以爲失當者也何者政令簡易而人情之所安耳易曰易則易知簡則易從易知則有親易從則有功有親則可久有功則可大嚮使陛

下推行此道始終不變則臣以爲久大之功可得而致矣其後求治太切用意過當姦臣緣隙得進邪説始議開邊以中上旨於是延安有横山之謀保安有招誘之計陛下饒之以金帛假之以干戈小人貪功處害不遠輕發深入結怨西戎攘奪尺寸無用之土空竭内府累世之積大者疲弊秦雍小者身死寇讎西鄙騷然不寧而陛下始一悔矣然而陛下天資英果有漢武宏達之量雖復兵吏失律而立功之意未嘗少衰是以左右大臣測知此心復進財利之説陛下樂聞其利而未暇深究其害於是舉而從之置條例司而講求天下之遺利己酉之秋新政始出自是以來凡所變革不可悉數其最大者一出而爲常平青苗再出而爲揀兵併營三出而爲出錢雇役四出而爲保甲教閲四者並行於世官吏疑惑兵民憤怨諫諍者章交於朝誹謗者聲播於市陛下不勝其煩爲之當宁太息日昃而不食矣

然猶幸其成功力排衆人之議而固守之天下方共厭苦而不知其所止也揀兵併營之策其害先見武夫凶悍爲怨最深爲患最急陛下知其不可於是多支月糧復收退卒以順適其意而陛下既再悔矣然軍中之口猶復洶洶不靖陛下雖推恩撫之而終不以爲恩反謂陛下畏之耳不幸邊臣失算再生戎患帷幄之臣謀之不臧不務安而務撓之臨遣執政付以疆事多出金幣豫書誥敕以成其深入之計當此之時天下之心知其必敗矣而陛下與一二臣者方以爲萬舉而萬全既而出兵無人之境築城不守之地困弊腹心以求無益之功使秦晉之民父子流離肝腦塗地戎人徼勸受屈已築之城隨即傾覆救援之兵相繼潰叛四方震動君臣宵旰而後下罪己之詔投竄元宰以謝二鄙而陛下既三悔矣夫此三者方其未悔也陛下亦以爲是耶非耶陛下犯逆衆心行而不顧其心以爲是不以爲

非也然而其終卒至於此然則方今陛下之所是而未悔者無乃亦類此歟臣聞衆而不可欺者民也勇而不可犯者兵也險而不可侮者隣國也今陛下既已欺民犯兵而侮隣國矣夫犯兵侮隣變速而禍小至於欺民則變遲而禍大變速而禍小者瓦解之變也變遲而禍大者土崩之患也今瓦解之憂陛下既知悔矣而土崩之患陛下未以爲憂此臣之所以寒心也易曰不遠復无祗悔元吉事之未敗也陛下不悟其非必俟其敗而後悔始向三者則陛下之復已遠而悔亦大矣且臣觀之方今陛下之所是而未悔者亦有三而已青苗助役保甲三者之弊臣不復言矣何也言事者論其不可非一人也百姓毁壞支體熏灼耳目嫁母分居賤賣田宅以自脱免非一家也陛下其亦知之矣徘徊而不改使民無所告訴加之以水旱繼之以飢饉積憾之民奮爲羣盗浸淫蔓延滅而復起英雄乘間而作振臂

一呼而千人之衆可得聚也如此而勝廣之形成此所謂土崩之勢也臣恐陛下至此雖復悔而無所及矣故臣願陛下取即位之政與今日之事而試觀之天下擾擾不安孰與今日之盛羣臣交口爭辯孰與今日之衆陛下聽覽疲勤孰與今日之多憂恨自責孰與今日之切陛下誠以此較之則不待臣言之終而得失可以自決矣且夫即位之政陛下之本心也今日之事臣下之過計也陛下棄即位之本心而徇臣下之過計臣切以爲過也雖然竊聽之道路方今陛下則亦悔之矣悔之而不變非陛下之意也迫於建議之臣耳夫人臣進謀於其君苟事之不遂而變以從衆則人主有以測其深淺人主有以測其深淺則其用舍之命在於人主此人臣之所以不便也臣切痛陛下爲社稷之計欲改過以安天下而怙權固位之臣持之而不釋陛下聰明睿智奮置自我而獨爲此鬱鬱也臣不勝區區忘身

憂國之誠是以勢蹙而言切惟陛下察之
傅堯俞議坊郭等第出助役錢奏曰臣竊以謂鄉村以人丁出力城郭以等第出財謂之差科相與助給公上古今之通道臣不敢遠引為證自本朝百餘年間祖宗之法未有以城郭之財助鄉村之力者今而行之恐未為得凡公人未有不以官事與百姓接者一與關涉必肆誅求但事有大小時有疏數耳況胥吏日夕與百姓從事者乎故州縣之官不使公人多見百姓謂之能吏所以百端防檢恐其侵漁猶未能禁其一二今惟憂其不足乃無名取錢於坊郭以與之臣深所未諭也其間固有勞逸不至均齊繫官吏之能否條禁之精麤惟當督責郡縣講求善法安在人人與錢哉昔者鄉村坊郭事體不同故各安其分無有異論自免役之興不復分別令差役既還未有科配常情槩見則似不平必令出錢顧橋留以備緩急若以天下之

廣況民之衆事常藏於隱微發於人之所忽邊鄙河防盜賊水旱豈可必其無有哉慶曆中羌賊叛擾借大姓李氏錢二十餘萬貫後與數人京官名目以償之頃歲河東用兵上等科配一戶至有萬緡之費力不能堪艱苦萬狀此皆以上下充盛之時取於民以為助猶或如此況今民力疲弊乎國家指以為用而不憂者免役寬剩錢耳蓋有時而盡豈能持久如聞天下主財利之臣不慮朝廷大體汲汲舊弊觀望故態雖茶鹽酒税常入之數皆不甚究心漸有虧失臣恐數年之後或至不足一有緩急將全取於民不惟人難克當必致生事誠能量使出辦錢物斂而藏之嚴敕有司不得輒用其科擾之事一切禁絕示以必信使人無疑則不徒無詞遂將欣懽奔走惟恐輸納之在後耳昨陝西兵興一路等第人戶流離奔迸無地藏匿京西州郡與之犬牙相接晏然無預今之憂樂如隔天壤今若積以為備或一方有事轉而濟之是通天下之力不其均且易哉若取其財依舊科斂他日之患豈不但怨咨而已臣嘗以是白文彥博司馬光呂公著此乃國之遠圖民之實惠願陛下特斷而行之若用以資助役人臣未敢詳定今役法太議已定皆韓維等素所裁處如可遵用即乞且備整頒降令州縣行用候見抵牾者隨加改正三二年間庶幾完備如以差法為非自可復為顧法不須無事從此紛紛令諸路文字來另此改更何日成就臣聞陳力就列不能者止此亦臣之不能為者陛下採用臣言臣敢不悉心供職若謂言與議者不合不可施行乞依蘇軾例許臣罷免詳定儻以臣上違朝旨特以議數不恪雖加重責臣不敢辭

鄭獬論安州差役狀曰伏見安州衙前差役最為困弊其合差役之家類多貧苦每至差作衙前則州縣差人依條估計家活直二百貫

已上定差應是在家之物以至雞犬箕箒匕筯已來一錢之直苟可以充二百貫即定差作衙前既已充役入於衙司為吏胥所擬縻費已及百貫方得公參及差着重難綱運上京或轉往別州腳乘關津出納之所動用錢物一次須三五百貫又本處酒務之類尤為大弊主管一次至費一千餘貫雖重難了當又無酬獎以至全家破壞棄賣田業父子離散見今有在本處乞丐者不少縱有稍能保全得些小家活役滿後不及年歲或止是一兩月便却差充不至乞丐則差役不止蓋本州士人資薄以條貫滿二百貫者差役則為生計者盡不敢滿二百貫雖歲豐穀多亦不敢收蓄隨而破散惟恐其生計之充以避差役以此民愈貧差役愈不給雖不滿二百貫亦差作衙前一丁既充衙前已令主管場務或又差押送綱運則又不免令家人權在場務其正身則親押綱運及本州或有時暫差遣則又別令家

人應副是一家作衙前攅用三丁方能充役本家農務則全無人主管兼家人在場務生疎動是失陷官物及界滿則勒正身陪塡近時朝廷雖罷衙前而綱運役次猶不減則見充衙前者其病愈甚本州最所重難者紬絹錢綱其入京錢綱或可直給衙前名保納以日限許令直便入京送納其轉江綱運風濤涉遠動經半年則許令至眞州發運司送納眞州別附綱入京如此則所費稍得減損重難滿日亦許作分數指射不係酬奬酒坊或三五名併作一處以爲優饒其已經一次衙前者亦乞立作年限方得再差兼自來條貫衙前與免科配及本戶税皆納本色而本州科率折變並亦不免亦乞今後與依條施行臣所親見止於安州訪聞湖北一路類皆如此欲乞聖旨下寬恤民力所令差去湖北路臣寮子細相度裁定其場務利害繫自州縣亦乞令就本處訪問擘畫以從寬簡謹具狀奏伏候勅旨

哲宗即位初知陳州司馬光乞去新法之病民傷國者疏曰臣竊見先帝聰明睿智勵精求治思用賢輔以致太平委而任之言行計從人莫能間雖周成王之任周公齊桓公之任管仲燕昭王之任樂毅蜀先主之任諸葛亮殆不能及斯不世出之英主曠千載而難逢者也不幸所委之人於人情物理多不通曉不足以仰副聖志又足已自是謂古今之人皆莫己如不知擇祖宗之令典合天下之嘉謀以啓迪清衷佐佑鴻業而多以己意輕改舊章謂之新法其人意所欲爲人主不能奪天下莫能移與之同者援引登青雲與之異者擯斥沈溝壑專欲遂其狠心不顧國家大體人之常情誰不愛富貴而畏刑禍於是搢紳大夫望風承流競獻策畫務爲奇巧捨是取非興害除利名爲愛民其實病民名爲益國其實傷國作青苗免役市易賒貸等法以聚斂相尚以苛刻相驅生此厲階迄今爲梗又有邊鄙之臣行險徼倖大言面欺輕動干戈妄擾蠻夷夫兵者國之大事廢興存亡於是乎在而其人苟榮一身之官賞不顧百姓之死亡國家之利病輕慮淺謀發於造次御軍無法僅同兒戲深入敵境坐守孤城糧運既竭狼狽奔潰禁塞極邊功猶未畢輕敵不備闔城塗地使兵夫數十萬暴骸於曠野資仗巨億棄捐於異域又有生事之臣欲乘時干進建議置保甲戶馬保馬以資武備變茶鹽鐵冶等法增家業侵街商税等錢以供軍須遂使九土之民失業窮困如在湯火此皆羣臣躁於進取誤惑先帝使利歸於身怨歸於上非先帝之本志也臣荷先帝大恩常思報效昔在朝廷之時屢言新法非便觸忤權貴冒犯衆怒爭辯非一先帝憐其孤忠不以爲罪仍蒙寵擢寘之樞廷臣以所言未行力辭不受臣非惡富貴而好貧賤正欲感寤先帝知臣爲國不爲身庶幾采納狂瞽使百姓獲安基局永固而已既又自

乞冗官退伏閭里雖身處于外區區之心晨夕寤寐何嘗不在先帝之左右所以不敢自赴闕廷如此之久者亦猶辭樞廷之志也熙寧七年歷時不雨先帝遇災而懼深自刻責誕布詔書廣開言路臣當是時不勝踴躍極有開陳而建議之臣知所立之法不合衆心天下之人必盡指其非恐先帝覺悟而己受誤國之罪伏欺罔之刑乃勸先帝繼下詔書言新法已行必不可動臣之所言正爲新法若新法不動臣尚何言自是閉口不敢復預朝廷論議十有一年矣然每覩生民之愁怨憂社稷之阽危於中夜之間一念及此未嘗不失聲掩心也葵藿之志猶望先帝一賜名對訪以外事得吐心極言退就斧鉞死無所恨不意上天降禍先帝升遐臣之寸誠無由披露鬱抑憤懣自謂終天及奔喪至京乃蒙太皇太后陛下特降中使訪以得失是臣積年之志一朝獲伸感激悲泣不知所從顧天下事務至多臣

思慮未熟不敢輕有條對但乞下詔使吏民皆得實封上言庶幾民間疾苦無不聞達既而聞有旨罷脩城役夫調遣之卒止御前造作京城之人已自歡躍及臣歸西京之後繼聞斥退近習之無狀者戒飭有司奉法失當過為煩擾者罷物貨專場及民所養戶馬又寬保馬年限四方之人無不鼓舞聖德傳布一日千里頌歎之聲如出一口溢于四表乃知太皇太后陛下深居禁闥皇帝陛下雖富於春秋天下之事靡不周知民間衆情久在聖度四海群生可謂幸甚凡臣所欲言者陛下略已行之臣猶慢之罪實負萬死夫為政在順民心苟民之所欲者與之所惡者去之如決水於高原之上以注川谷無不行者苟或不然如逆阪走丸雖竭力以進之其復走而不可必也今新法之弊天下之人無貴賤愚智皆知之是以陛下微有所改而遠近皆相賀也然尚有病民傷國有害無益者如保甲免役錢將官

三事皆當今之急務釐革所宜先者臣今別具狀奏聞伏願決自聖志早賜施行議者必曰孔子稱孟莊子之孝其他可能也其不改父之臣與父之政是難能也又曰三年無改於父之道可謂孝矣彼謂無害於民無損於國者不必以己意遽改之耳必若病民傷國豈可坐視而不改哉易曰幹父之蠱有子考無咎象曰幹父之蠱意承考也蠱者事有蠱弊而治之也幹父之蠱迹似相違意則在於承繼其業承父之美也又曰裕父之蠱往見吝象曰裕父之蠱往未得也裕者饒益之名也若不忍違異益父之過往而不返未為得宜也昔漢文帝除肉刑斬右趾者棄市笞五百者多死景帝元年即改之笞者始得全武帝作鹽鐵榷酤均輸等法天下困弊盜賊羣起昭帝用賢良文學之議而罷之後世稱明唐代宗縱宦官公求賂遺置客省拘滯四方之人德宗立未三月悉禁止罷遣之時人望致太平德宗晚

年有宮市五坊小兒暴橫為民蠹鹽鐵月進羨餘順宗即位皆罷之中外大悅是皆改父之政而當者人誰非之哉況先帝之志本欲求治而群下干進者競以私意紛更祖宗舊法致天下籍籍如此皆群臣之罪非先帝之過也為今之計莫若擇新法之便民益國者存之病民傷國者悉去之使天下曉然知朝廷子愛黎庶之心吏之苛刻者必變而為忠厚民之離怨者必變而為歡欣德業光榮福祚無窮豈不盛哉夫天子之孝在於得萬國之歡心以事其親儻措置如此歡心孰大焉事親孰備焉今幅員之內所在嗷嗷有倒垂之急延頸傾耳以俟改法庶得蘇息若朝廷不以為意日復一日萬一遇數千里之蝗旱公私匱竭無以相救失業之民蜂起為盜安知無姦雄乘之而動則國家有累卵之危申屠剛曰未至豫言固常為虛及其已至又無所及朝廷當此之際解先民倒垂之急救國家累卵之危豈

暇必俟三年然後改之哉況今軍國之事太皇太后陛下權同行處分是乃母改子之政非子改父之道也何憚而不為哉惟聖明裁察臣光昧死再拜上疏

光守門下侍郎又乞罷免役錢狀曰右臣竊以百姓出力以供在上之役蓋自古及今未之或改熙寧中執政者以為百姓惟苦差役破產不憚增稅乃請據家貲高下各令出錢雇人充役猶因差役破產者惟鄉戶衙前有之自餘散從承符弓手手力耆戶長壯丁未聞破產者也其鄉戶衙前所以破產者蓋由山野愚戇之人不能幹事使之主管官物或因水火損敗或為上下侵欺是致欠折備償不足有破產者至於長名衙前久在公庭勾當精熟每經重難差遣積累分數別得優輕場務酬獎往往致富何破產之有夫差役出於民錢亦出於民今使民出錢雇役何異割鼻飼口朝三暮四於民何所利哉

又爲若役人皆上等戶爲之其下等單丁女戶及品官僧道本來無役今更使之一槩輸錢則是賦斂愈重非所以寬之也故自行免役法以來富室差得自寬而貧者困窮日甚殆非所以抑兼并哀惸獨均賦役也又監司守令之不仁者於雇役人之外多取羨餘或一縣至數萬貫以冀恩賞競進取不顧爲民世世之患又國家舊制所以必差青苗戶充役人者爲其有莊田家屬有罪難以逃亡故頗自重惜今雇浮浪之人充役常日恣爲不法一旦事發單身竄匿何處州縣不可投名又農家所有不過穀帛與力自古賦役無出三者自行新法以來青苗免役及賦斂多責見錢錢非私家所鑄要須貿易外求豐歲穀賤已自傷農況迫於限期不得半價盡糶所收未能充數家之糇粮未暇更留若値凶年則又無穀可糶人人賣田無所可售遂至殺牛賣肉伐桑鬻薪來年生計不敢復議此農民所以重困也

又錢者流通之物故謂之泉布比年以來物價愈賤而閭閻益困所以然者錢皆聚於官中民間乏錢貨重物輕借使有人鬻薪糶米米價雖賤薪價亦賤故也臣愚以爲宜悉罷免役錢其州縣諸色役人並依舊制委本縣令佐揭簿定差替見雇役人其衙前先召募人投充長名召募不足然後差村人戶每經歷重難差遣依舊以優輕場務充酬獎所有見在免役錢撥充州縣常平本錢以戶口爲率常存三年之蓄有餘則歸轉運司凡免役之法縱富強應役之人征貧弱不役之戶利於富者不利於貧者及今耳目相接猶可復舊若更年深富者安之民不可復差役矣

元祐元年光又乞罷免役錢依舊差役疏曰臣竊見免役之法其害有五舊日差役之時上戶雖差充役次有所陪備然年滿之後却得休息數年營治家產以備後役今則年年出錢無有休息或有所出錢數多於往日充役陪備之錢者此其害一也舊日差役之時下戶元不充役今來一例出錢免役驅迫貧民剝膚椎髓家產既盡流移無歸弱者轉死溝壑強者聚爲盜賊此其害二也舊日差役之時所差皆土著良民各有宗族田產使之作公人管勾諸事各自愛惜少敢大段作過使之主守官物少敢侵盜所以然者事發逃亡有宗族田產以累其心故也今召募四方浮浪之人充役無宗族田產之累作公人則恣爲姦僞曲法受賕主守官物則侵欺盜用一旦事發則挈家亡去變易姓名往別州縣投名官中無由追捕官物亦無處理索此其害三也自古農所有不過穀帛與力凡此所以供公賦役無出三者皆取諸其身而無窮盡今朝廷立法曰我不用汝力輸我錢我自雇人殊不知農民出錢難於出力何則錢出民間所鑄皆出於官上農之家所多有者不過莊田穀帛牛具桑柘而已無積錢數百

貫者也自古豐歲穀賤已自傷農官中更以免役及諸色錢督之則穀愈賤矣平時一斗直百錢者不過直四五十文更急責之則直三二十矣豐年猶可以糶穀送納官錢若遇凶年則穀帛亦無不免賣莊田牛具桑柘以求錢納官既家家各賣如何得售惟有折屋伐桑以賣薪殺牛以賣肉今歲如此來歲何以爲生是官立法以殄盡民之生計此其害四也提舉常平倉司惟務多歛役錢廣積寬剩以爲功效希求進用今朝廷雖有指揮令役錢寬剩不得過二分竊慮聚歛之臣猶依傍役錢別作名目隱藏寬剩使幽遠之人不被聖澤此其害五也陛下近詔臣民各上封事言民間疾苦所降出者約數千章無有不言免役錢之害者足知其爲天下之公患無疑也以臣愚見爲今之計莫若直降勅命應天下免役錢一切並罷其諸色役人並依熙寧元年以前舊法人數委本縣令佐親自揭五等丁產簿定

差。仍令刑部檢會熙寧元年見行差役條貫，雕印頒下諸州。所差之人，若正身自願充役者，即令充役；不願充役者，任便選雇有行止人自代，其雇錢多少，私下商量。若所雇人逃亡，即勒正身別雇。若將帶却官物，勒正身陪塡。如此，則諸色公人盡得有根柢行止之人，少敢作過，官中百事，無不脩舉。其見雇役人，候差到役人，各放逐便。數內惟衙前一役最號重難，曏者差役之時，有因重難破家產者，朝廷爲此始議作助役法。然自後條貫優假，衙前諸公庫設廚酒庫茶酒司並差將校勾當，諸上京綱運召得替官員或差使臣殿侍軍大將管押，其粗色及畸零之物差將校或節級管押，衙前若無差遣，不聞更有破產之人。若今日差充衙前，料民間陪備亦少，於鄉日不至有破家產者。若猶以爲衙前戶力難以獨任，即乞依舊於官戶僧寺道觀單丁女戶有屋業者每月掠錢及十五貫、莊田中等所收斛斗及百

石以上者，並令隨貧富分等第出助役錢，不及此數者與放免。其餘產業並約此爲準。所有助役錢，令逐州樁管，據所有多少數目，約本州衙前重難分數，每分合給幾錢，遇衙前合當重難差遣，即行支給。然尚慮天下役人利害逐處各有不同，欲乞於今來勑內更指揮行下開封府界及諸路轉運司，牒下諸州縣，委逐縣官看詳。若依今來指揮別無妨礙，可以施行，即便依此施行；若有妨礙，致施行未得，即仰限勑到五日內，具利害擘畫申本州，仰本州類聚諸縣所申，擇其可取者，限勑書到一月內，具利害擘畫申轉運司，仰轉運司類聚諸州所申，擇其可取者，限勑書到一季內，具利害擘畫奏聞。朝廷候奏到，委執政官再加看詳，各隨宜脩改，別作一路一州一縣勑施行，務要所在役法曲盡其宜。

光又乞不改更罷役錢敕劄子曰：臣近以抱病家居，恐溘先朝露，無以少報盛德。是以力疾貪陳所見，竊以即日爲小民病者，無若免役錢。欲乞悉行廢罷，復祖宗差役舊法。識慮愚短，誠不意朝廷盡從其說。非陛下明斷，不能如是。此乃天下之幸，非獨微臣之幸也。然臣聞令出惟行，弗惟反。彼免役錢雖於下戶困苦，而上戶優便，行之已近二十年，人情習熟，一旦變更，不能不懷異同。又復行差役之初，州縣不能不小有煩擾。又提舉官專以多斂役錢爲功，惟恐役錢之罷，若見朝廷於今日所下勑微有變動，必須相告曰：朝廷之勑，果尚未定，宜且觀望。必競言役錢不可罷，朝廷萬一聽之，則良法復壞矣。伏望朝廷執之堅如金石，雖有小小利害未備，俟諸路轉運司奏到，徐爲改更，亦未爲晚。當此之際，則願朝廷勿以人言輕壞利民良法。

光又乞申明役法劄子曰：臣先曾上言，乞直降勑命，應天下免役錢一切並罷，其諸色役人，並依熙寧元年以前舊法人數，委令佐揭簿

定差。蒙朝廷一一如臣所請。臣竊聞降勑之初，百姓莫不喜悅。一兩月間，州縣定差已了，別無詞訟，人情安帖。無何續有雇募不足，方行定差之指揮，人始疑惑。既而屢有更張，號令不一，又轉運使各以己見欲令本路共爲一法，不令州縣各從其宜，是致州縣惶惑，不知所從。或已差役人却放，或已放雇人却收，或依舊用役錢雇人，或不用錢招人充役，朝夕不定，上下紛紜，往往與二月六日勑意相違。竊緣臣元初起請及朝廷所降勑節文，明言委州縣官看詳，依今來指揮。若有妨礙致施行未得，仰具利害擘畫申州，州申轉運司，轉運司奏聞，委執政官再加看詳，隨宜脩改，別作一路一州一縣勑施行，務要曲盡其宜，豈是當日所言一字不可移易。但患轉運司州縣不肯奏陳耳。臣今欲申明元初起請內聲說不明不盡事件，謹具畫一如後。

一、非謂止收百石即令助役也。蓋尤嫌太少，及所收穫誤利難知

賓數即乞應係第三等以上令出助役錢。第四等已上放免。若
本州坊場河渡等錢。自可支酬。衙前重輕分數得足。則官戶等
更不消出助役錢
一、從來諸州招募人投充長名衙前。若招募不足。方始差到鄉戶
衙前。此自是舊法。今來別無改更。惟是舊日將坊場河渡折酬
長名衙前重難。令自出賣。今來官中出賣坊場河渡收錢依分
數折酬長名衙前重難。只此與舊法有異。若鄉戶差補已足。續
有投名者。即先從貧下放鄉戶歸農。鄉戶願投充長名亦聽。
一、臣起請委逐縣看詳具利害擘畫申州。本州類聚擇其可取者
擘畫申轉運司。轉運司類聚諸州所申擇其可取者擘畫奏聞
朝廷。伏緣知逐處民間利害子細。轉運司不如州。州不如縣。竊
慮逐縣逐州有擘畫得事理切當。而本州及轉運司抑遏刪去

不以上聞。欲敕下之日。依舊妨礙施行未得。欲乞更降指揮下
州縣。如有似此擘畫切當被在上刪去者。許逐縣直申轉運司。
本州直申奏。所貴下情無壅。曲盡事宜。仍乞降指揮下詳定役
法所。只得以諸路州縣申到利害詳其可否。立為定法。其不當
戒之人為高奇之論不切事情者。不得施行。亦不可將一路一
州一縣利害作海行條貫。
一、詳定役法所奏請行下指揮。若有妨礙難行之事。亦乞如臣起
請委逐路州縣看詳。具利害擘畫申上。隨宜脩改。
右臣所言若有可取。乞遍下諸州縣。除此外並依二月六日所降敕
命施行。
光又乞再申明役法劄子曰。檢會二月六日敕文。止是罷免役錢。其
諸色役人並依熙寧元年以前舊法委令佐揭簿定差。尚慮諸路州

縣利害各有不同。所以下文云委逐縣看詳。若有妨礙施行未得。即
具利害擘畫申州。仰本州類聚諸縣所申擇其可取者。具利害擘畫
申轉運司。轉運司類聚諸州所申擇其可取者具利害擘畫奏聞。其
意欲使一本州體量諸縣所舊利害之虛實。擘畫之是非。擇其實而是
者。條例申轉運司。云其縣當如何措置。其縣當如何措置。其餘已依
舊法定差施行。轉運司得諸州所申。亦如此體量條例申奏。蓋欲隨
處差役曲盡其宜。非謂使逐路共為一法也。今訪聞諸路轉運司不
遵用熙寧元年以前舊法。又不取諸州縣所擘畫。各以己意撰成一
路役法。差官分詣諸州縣。名為商量。其實諷諭令隨己意。卻作州縣
擘畫立法申奏。州縣稍有違異。輒加責怒。以此多不依應。得逐處利
便。不合民心。又諸路州縣見朝廷置詳定役法所。以為當別撰役法
須下。往往等候。下即定差。殊不知看詳役法所專候諸路州縣具到

利害擘畫。即作一路一州敕行下。以此觀望遷延。久不了絕。今欲特
降指揮下諸州縣。除有舊法妨礙難行之事。速具申陳外。其餘並依
舊法一面定差。其看詳役法據逐處先申到利害擘畫事件。如得允
當。逐旋奏乞令本處依此施行。所貴差役之法日近早見結絕。
光又乞申敕州縣依前敕差役劄子曰。臣伏見御批指揮。以臣近建
明差役法。慮其間未得盡備。差韓維呂大防孫永范純仁專切詳定
聞奏。臣竊以免役錢之病民。自歸日臣僚民庶上封事。及日近劉摯
等奏陳言之甚詳。非獨出臣一人之私意也。陛下幸用臣言。悉罷免
役錢。依舊差役。詔下之日。中外歡呼。往來之人。聞道路農民迭相慶
賀。云今後這回快活也。然則此令之下。深合人心。明白灼然。無可疑
者。其間條目未備。不能委曲盡善。固須有之。臣所以乞下諸路州縣
官吏令看詳。若有妨礙施行未得。即具利害擘畫以次上聞。誠以畎

畝幽隱。南北異宜。自非在彼親民小官無以知其詳悉。故令各具所見指陳利害。所以盡下情求民瘼。非謂勅書一下禁人不得復議也。俟其奏到。徐議添改。何後之有。要在早罷役錢復差役為大利而已。如構大廈。棟宇已立。雖戶牖未備可以徐圖。今陛下令韓維等再行詳定。究利害完補漏畧。成就良法。固無所妨。但勅下已踰半月。州縣差役約以及半。方行遣紛紜。臣愚竊恐聞此指揮謂朝廷前日之勅改更未定。或歛錢或差役。尚未可知。官吏惶惑。不知所從。衆庶失望。怨嗟益甚。必有本因新法得進之臣。乘此間隙爭言免役錢不可罷。因聚歛獲功之吏稱舊條未改。督責免役錢愈急。是民出湯火。濯清泉。復入湯火也。伏望朝廷特賜申勅州縣。言今來止為其間條目未備。令維等詳定。所有差役。仰州縣依前勅一面施行。候詳定到事節續降下次。免致於差役中半紛紜之際。令出反汗。人情大擾。實天下幸甚。

歷代名臣奏議卷之二百五十六

歷代名臣奏議卷之二百五十七

賦役

宋哲宗即位初監察御史王岩叟乞免第四等第五等保丁冬教及罷畿內保甲。上奏曰。臣伏覩陛下即位之始。首發德音。下明詔。免保丁第四第五等之田不及二十畝者。使勿教。其得免者戴陛下厚恩。如獲更生。後復下令。變保甲月教之法為冬教。人人使得安其業。又大惠也。然臣嘗親其事而見其微。尚有以為陛下言者。凡第四第五等之家。田業壠畝之多寡。無甚相遠。飯糲不充。布褐不備。均未免凍餒之憂。今若隆冬冽寒。使去其家與溫飽者同教於城下。盈月而後已。豈其所堪。伏望聖慈哀憐約祖宗義勇等第之制。特詔有司。免三路第四第五等保丁冬教。以寛貧民。但籍其姓名。備緩急出力以從事可也。雖不教之戰。而教者賴此以共濟耳。國家平居能有以知其情。則百姓一日樂而以盡其力。今雖罷之。猶不為無益也。臣又按祖宗義勇之法止行三路。比者保甲之事乃并王畿之民。民皆曰我居近天子之都。習知蒙幸以為常也。乃習戰鬬之技。下與列郡等。而又加峻焉。安用為王畿之民哉。此百姓前日之語也。北則韋城白馬。西則管城新鄭。前為畿內邑。則共苦於教。今復而歸鄭滑為京西邑。則三冬之教遂不預焉。民又曰。我畿內之民也。顧不如畿外之人暇逸而安樂。此百姓今日之意也。人情如此。豈國家所以親腹心厚根本之計哉。臣以謂畿內保甲宜悉罷之。便惟陛下采納幸甚。

嚴叟又乞罷青苗免役保甲上奏曰。臣聞忠臣之事君。猶孝子之事親。一家之事。知而不言。非孝也。言而不盡。亦非孝也。有人於此爲姦言詭說陰蔽善謀以欺其親而幸利焉而其親未之察則當告乎勿告乎孝子不忍以此事親忠臣不忍以此心事君臣雖至愚慕孝子之心以爲事君之法臣昨在外方聞皇帝陛下即政之始太皇太后陛下垂簾之初内批廢罷京師民情不便十餘事及冔出宗用臣等數人中外嚾呼交相慶快又協天下之望登用忠賢以爲輔弼積年之弊指日可除而七月于今未聞勇決猶鬱天下之望何也蓋忠賢少而姦邪衆陰爲朋黨沮隔於其中耳臣誠惜陛下有哀矜蒸物之心有愛育羣生之意四方疾苦又盡知之未澤曠然以發於天下也姦朋邪黨既已辜負聖君於前日又欲欺惑陛下於此時臣切痛心彼見四方之人密封交進以訴疾苦於陛下則亦自知爲朝廷謀者不忠矣其心顛沛唯恐陛下有所更張蓋其事既窮則其過

自顯而其身難立不得不多方以自爲計也固有與忠賢併爲相親而心實忌惡之以伺其倦厭者有明肆悖戾以侵侮忠賢而欲撓之使去者有默默不言是非兩可而苟容於其間者大抵皆欲以自固其權自盖其惡爾故議者曰姦邪不易去忠賢不易留治亂安危在忠邪去留之間耳此陛下不可不思也陛下知孤忠之難立則定力以主之可也知群邪之難却則盡意以圖之可也先民之語曰屋漏在上知之在下今在下之人則皆知某人爲忠賢某人爲姦邪而不知朝廷之上宫闈之中能種種知乎以陛下之聰明宜無不知然臣私憂姦計密行羣邪浸長則陛下之仁心無復得施左右之忠賢無復能立朝廷之公議無復可伸四海之生靈無復受福天下之勢危矣此臣所以寤寐反側而爲陛下憂之也今民之大害不過三五事而已

儻陛下如聽政之初直從中批出指揮命罷某事罷某事則姦心自沮而陛下之聖澤行矣臣昨在河北爲知縣奉行青苗免役保甲之法親見其害至深至悉非若他人汎汎而知之也如青苗實困民之本須盡罷之百姓乃蘇而近日指揮但令斂散不立額而已則所以困民之本十分之八九猶在此必陛下不知也役錢天下億兆之家所共苦也須如舊來復行差法民乃便安而近日指揮但令減寬剩錢而已億兆之家所共苦者十分之七八猶在此必陛下不知也保甲之害三路之民如在湯火未必皆法之弊蓋由提舉一司司下官吏逼之使然而近日指揮雖令冬教然尚存官司所以爲保甲之害者十分之六七猶在亦必陛下不知也此皆姦邪遂非飾過而巧辭强辯以欺惑聖聽將至深之弊略示更張以應副陛下聖意而已非至誠爲國家去大害復大利以便百姓爲太平長久之策者也此忠

義之良心所以尚鬱也天下識者皆言陛下不絶害源百姓無由樂生不屏羣邪太平終是難致臣願陛下奮然獨斷如聽政之初行此數事則天下之大體無事陛下高枕而臥矣臣不勝憤懣納忠之至

貼黄如執論者以爲青苗免役遽罷之恐國用不足則乞陛下問以治平嘉祐之前國用何以不闕願令講究而行之臣蒙聖恩名自竦達擢不爲朋黨以欺天聽以孤忠上事仁聖言觸衆怨惟陛下力賜主張臣得盡其愚以効萬分密爲聰明之助幸甚

朝奉郎禮部郎中蘇軾論給田募役狀奏曰臣竊見先帝初行役法取寬剩錢不得過二分以備災傷而有司奉行過當通計天下乃十四五然行之幾十六七年常積而不用至三千餘萬貫石先帝聖意固自有在而愚民無知因謂朝廷以免役爲名實欲重斂斂言流聞不可以示天下後世臣謂此錢本出民力理當還爲民用不幸先帝

升遐，聖意所欲行者民不知也。徒見其積，未見其散，此乃今日太皇太后陛下、皇帝陛下所當追探其意，遂於役法中散之，以寤愚民無知之謗，以興長世無窮之利。臣伏見熙寧中常行給田募役法，其法亦係官田，如退灘、戶絶、沒納之類。及用寬剩錢買民田，以募役人，大略如邊郡弓箭手。臣知密州，親行其法，先募弓手，民甚便之。曾未半年，此法復罷。臣聞之道路，本出先帝聖意，而左右大臣意在速成，且利寬剩錢以為他用，故更相駁難，遂不果行。臣謂此法行之，蓋有五利：朝廷若依舊行免役法，則每募一名，省得一名雇錢，因積所省，益買益募，要之數年，雇錢無幾，則役錢可以大減；若行差役法，則每募一名，省得一名色役，色役既減，農民自寬，其利一也。應募之民，正與弓箭手無異，舉家衣食，出於官田，平時重犯法，緩急不逃亡，其利二也。今者穀賤傷農，農民賣田，常苦不售，若官與買，則田穀皆重，農可小紓，其利

三也。錢積於官，常苦幣重，若散以買田，則貨幣稍均，其利四也。此法既行，民享其利，追悟先帝所以取寬剩錢者，凡以為我用耳，疑謗消釋，恩德顯白，其利五也。獨有二弊：貪吏狡胥與民為姦，以瘠薄田中官，雇一浮浪人，暫出應役，一年半歲，即棄而走，此一弊也。愚民寡慮，見利忘患，聞官中買田募役，即爭以田中官，以身充役，業不離主，既初無所失，而驟得官錢，必爭為之，充役之後，永無休歇，患及子孫，此二弊也。但當設法以防二弊，而先帝之法，決不可廢。今日既欲盡罷寬剩錢，將來無繼，而繫官田地數目不多，見在寬剩錢雖有三千萬貫石，而兵興已來，借支幾半。臣今擘畫，欲於內帑錢、帛中支還兵興以來所借錢斛，復完三千萬貫石，止於河北、河東、陝西被邊三路行給田募役法，使五七年間，役減太半，農民完富，以備緩急，此無窮之利也。今弓箭手有甲馬者給田二頃半，此以軀命償官，且猶可募，則

其餘色役，召募不難。臣謂良田二頃，可募一弓手，一頃可募一散從官，則三千萬貫石可以足用。謹具合行事件，畫一如左。

一、給田募役，更不出租，依舊納兩稅，免支移、折變。

一、今來雖有一頃、二頃為率，若所在田不甚良，即臨時相度，添展畝數，務令召募得行。但役人所獲稍優，則其法堅久不壞。

一、今若立法，便令三路官吏推行，若無賞罰，則官吏不任其責，繆悠滅裂，有名無實；若有賞罰，則官吏有所趨避，或抑勒買田，或召募浮浪，或多買瘠薄，或取辦一時，不顧後患。臣今擘畫，欲選才幹朴厚知州三人，令自辟屬縣令，每路一州，先次推行，令一年中略成倫理，一州既成倫理，一路便可推行，仍委轉運、提刑常切提舉，若不切推行，或推行乖方，朝廷覺察，重賜行遣。

一、應募役人，大抵多是州縣百姓，所買官田，去州縣大遠，即久遠

難以召募，欲乞所買田並限去州若干里，去縣若干里。

一、出榜告示百姓賣田，如係所限去州縣里數內，仍及所定頃畝，即須先申官，令佐親自相驗，委是良田，方得收買。如官價低小，即聽賣與其餘人戶，不得抑勒。如買瘠薄田，致久遠召募不行，即官吏並科違制，分故失定斷，仍不以去官赦降原減。

一、預先具給田頃畝，出榜召人投名應役。第二等已上人戶，許充弓手，仍依舊條揀選人材；第三等以上，許充散從官以下色役，更不用保，如等第不及，即召第一等一戶，或第二等兩戶委保，如充役七年內逃亡，即勒元委保人承佃充役。

一、每買到田，未得支錢，先召投名人承佃充役，方得支錢，仍不得抑勒。

一、賣田入官，須得交業與應募人，不許本戶內人丁承佃充役。

一募役人老病走死或犯徒以上罪即須先勒本戶人丁充役如無丁方別召募

一應募人交業承佃後給假半年令葺理田業

一退灘戶絕沒納等係官田地今後不許出賣更不限去州縣里數仍以肥瘠高下品定頃畝務令召募得行

一係官田若是人戶見佃者先問見佃人如無丁可以應募或自不願充役者方得別行名募

右所陳五利二弊及合行事件一十二條伏乞朝廷詳議施行然議者必有二說一謂名募不行二謂欲留寬剩錢斛以備他用臣請有以應之富民之家以三二十畝田中分其利役屬佃戶有同僕隸今官以兩頃一頃良田有税無租而人不應募豈有此理又弓箭手已有成法無可疑者寬剩役錢本非經賦常入亦非國用所待而後足

者今付有司逐旋支費終不能卓然立一大事建無窮之利如火爍薪日減日亡若用買田募役譬如私家變金銀為田產乃是久長萬全之策深願朝廷及此錢未散立此一事數年之後錢盡而事不立深可痛惜臣聞孝子者善繼人之志善述人之事武王周公所以見稱於萬世者徒以能行文王之志也昔蘇綽為魏立征稅之法號為煩重已而歎曰此猶張弓也後之君子誰能解之其子威侍側聞之慨然以為己任及威事隋文帝為民部尚書奏減賦役如綽之言天下便之威為人臣尚能成父之志今給田募役真先帝本意陛下當優為武王周公之事而況蘇威區區人臣之孝何足道哉臣荷先帝之遇保全之恩又蒙陛下非次拔擢思慕感涕不知所報冒昧進計伏惟哀憐裁幸謹録奏聞伏候勑旨

元祐三年軾為翰林學士上言差役之法天下皆云未便昔日雇役中戶歲出幾何今者差役中戶歲費幾何更以幾年一役較之約見其數則利害灼然而況農民在官官吏百端蚕食比之雇人苦樂十倍五路百姓朴拙閒遇差為胥史又須轉雇慣習之人尤為患苦尋詔郡縣各具差役法利害條析以聞

軾知杭州上言改行差法則上戶之害皆去獨有三等人戶方雇役時戶歲出錢極不過三四千而今一役二年當費七十餘千休閑不過六年則是八年之中昔者徐出三十餘千而今者併出七十餘千苦樂可知朝廷既取六色錢許用雇役以代中戶頗除一害以全二利今惟狹鄉戶小役者替閒不及三番方得用六色錢募人以代州役此法未允何者百姓出錢本為免役今乃限以番次不用盡用留錢在官其名不正又所雇者少未足以紓中戶之勞又挍名衙前未足元額而鄉差衙前又當更代即又別差更不支錢若顧就長名則

支酬重難盡以給之仍計日月除其戶役及免助役錢二十千及州役惟吏人衙前得皆雇募此外悉用差法如休役未久三年即以助役錢支募此法尤為未通自元豐前不聞天下有闕額衙前者豈嘗抑勒直以重難月給可以足用故也當時奉使如李承之之徒所至已輙減刻元祐改法又行減削既多不支月給如何肯就招募今不循其本乃欲重困鄉差全不支錢而應募之人盡數支給又放免役錢二十貫欲以誘脅盡令應募何如直添重難月給令招募得行乞促招闕額長名衙前刻期須足如合增錢雇募上之監司議定即行役率以二年為一番向來尚許一戶歇役不及三番則令雇募是欲百姓空閑六年今忽減作二年幸六色錢足用有餘正可加添番數而乃減番添役農民皆紛然安謂朝廷移此錢他之雖云量留一分備用若有餘剩數却量減下無丁戶及女戶所敷役錢此乃空言無

實丁口產稅開收增減年年不同。如何前知來年應用而預為樁科。若亟行減下。臨期不足。又須增取。吏緣為姦。不可勝防矣。大抵六色錢。以免役取。當於雇役乎盡之。然後名正而人服。惟有一事不得不慮。州縣六色錢多少不同。若各隨多少以為之用。則數錢多處役戶優閑太久。六色人戶反覺數錢數多。欲乞今後六色錢常存一年備用之數。而會計歲所當用。以贏餘而通一路。酌入戶貧富色役多少。預行品配。以一路六色錢通融分給。令州縣盡用雇人。以本處色役輕重為先後。如此。則錢均而無弊。雇人稍廣。中和漸蘇。則差役良法可以久行而不變矣。

元祐元年。平章軍國重事文彥博上奏曰。臣切聞天下諸路差雇役法。朝廷雖已降指揮。而至今未定。頗聞煩擾。臣檢會始初司馬光閱天下臣庶奏章。多言出錢雇役其法不便。遂却復差役之法。然司馬

光所言甚詳。而節目頗繁。恐州縣不一一通曉。而又朝廷置局詳定。議論不一。必難通行。臣等以謂差役之法。本州縣常事。其來久矣。皆素有定法。及其末流。不容無弊。故當隨時刊改。臣曾累具劄子奏乞先令州縣刺史令佐從民利便。各議定其法。縣申州。州申轉運司看詳定奪奏聞。如得允當。即降下施行。蓋朝廷大號令。必當自上而下。州縣常差役。理須自下而上。則各從民便。以天下之廣。郡縣之衆。不可以一切之法行之。行之必互有妨礙。而局官及諸臣僚紛然上言。各任己見。不同知利害。及祇付所司。別無與奪。以至州縣希望朝廷風旨。至今其法未定。盜滋狡吏侵擾。若如前請。且各付逐路郡縣定奪利害。各從其便。庶幾下民早得息肩。

殿中侍御史呂陶論保甲二弊疏曰。臣伏見保甲之法雖已更改。猶有二弊未便於民。其一為罷去二十畝以下免教指揮。却令五等戶有三丁者皆赴冬教一月。緣民之貧富不繫丁之多少。而教與不教則有幸不幸。今田有百畝。家有二丁。則免教。是謂之幸。田有十畝。家有三丁。則赴教。是謂之不幸。此貧富力役大為不均。況今之教閱。官中不給錢米。一月之食。皆其自辦。夫有田二十畝之家。終年所收。不過二十碩。賦稅伏臘之外。又令供贍一丁。則力亦難給。蓋昔日推行之始。不暇講求利害。唯務其多。今雖將五等下戶精專閱習。萬一或有調發。雖破竭家產。所得幾何。裹糧而行。豈不重困。臣愚欲乞於三等以上。或等第雖低。而家業及一百貫有三丁者。方得差充。其二為陝西州郡。今秋雨潦。高原之地雖謂順成。下隰之田稼亦不善。人戶有訴災傷去處。而蠲稅不及五分。並須赴教。官司奉法。不敢放免。臣竊謂保甲之令。行已累年。朝廷知其有弊。多所釐改。欲民休息。若須候災傷及五分。方與免教。亦恐德澤未廣。臣愚欲乞應係災傷縣分

並特與免冬教。以惠畿內三路之民。又況郡縣自來檢視災傷。多是通計一縣所放。立為分數。如元管稅一千石。放及五百石。則謂之五分。即非以逐戶所傷立定分數。其被災既有多少之異。而通計一縣大數。偏不及五分。遂不免教。此朝廷之所當察也。如蒙聖慈以災傷之故。不限分數。特免教閱。則朝廷武備未為廢缺。而生民受惠深矣。臣訪聞陝西諸縣人戶。有為田土絕少。雖管三丁。陳狀乞免教。并有訴述本戶災傷過多。但為一縣總數不及五分。亦乞免教者。逐縣拘礙條禁。未敢輒行。伏乞早賜旨揮。庶寬民力。

陶又奏曰。天下版籍不齊。或以稅錢貫伯。或以田地頃畝。或以家之積財。或以田之受種。雖皆別為五等。然有稅賦錢一貫與田一頃。積財千緡。受種一石。而入之一等。一等之上。無等可加。遂至稅錢田畝積財受種十倍於此。亦不過同在一等。憑此差役。必不均平。雖無令

日納錢之勞。反有昔時偏頗陪費之害。莫若裁量新舊著歸條約。如税錢一貫為第一等。合於本等中差一役。税錢兩倍於一役者。倂差二役。又倍。即差三役。雖税錢更多。不過三役。並聽雇人。或本縣戶多役少。則上戶之役。不須倂差。但可次敘休役年月遠近。而均其勞逸。假令甲充役後。可閑五年。乙税錢兩倍於甲。可閑三年。丙又倍於乙。可閑一年。[其以田土頃畝之類為等。并其餘同等多少不侔者並倣此。]又成梓兩路差役。舊專以戶税為差等。熙寧初。別定坊郭戶營運錢以助免役。乃在税產之外。州縣抑認成額。至今不減。至有停閉居業。移避鄉村。猶不得免。今方議法。坊郭等第固不可偏廢。然須參究虛實。別行排定。以寬民力。並送詳定所。

陶又奏。為乞下有司別定坊郭之法以寬民力疏曰。臣伏見成都府梓州路。自來只於人戶田產税錢上依等第差役。熙寧初。施行役法。

別定坊郭十等人戶出營運錢以助免役之費。蓋朝廷之意。本為人戶專有營運而無税產。或有税產而兼有營運。故推排坊郭有營運之家。仍於田產税錢之外。別令承認營運錢數。以助税戶。誠為均法。然推行之初。有司不能上體朝廷本意。一切督迫郡縣。及差官諭意。惟務定得坊郭錢多。用為勞効。州縣承望風指。不問虛實及有無營運。但有居止屋宅在城市者。估其所直。一槩定坊郭等第。雖以推排為名。其實抑令承認。並成年額。歲歲相仍。至今不減。訪聞嘉州坊郭人戶以至閉戶移避於鄉村居住。其營運錢亦不減免。雖欲轉賣屋業。勢不能售。其弊至此。蓋亦極矣。今來朝廷講議差役之法。坊郭等第固不可偏廢。然理須參究虛實。別行排定。不須惜用舊額。務在酌中。其亡有屋宅而別無營運。或有營運而物力不多。並宜蠲免。以寬民力。切慮諸路亦有似此去處。伏願聖慈下有司詳議立法施行。

哲宗時。蘇轍上民政策曰。臣聞三代之時。無兵役之憂。降及近世。有養兵之困。而無興役之患。至於今而養兵興役之事皆不得其當。而可為之深憂。蓋古者兵出於農。而役出於民。有農則不憂無兵。而有民則不憂無役。吾之家常有一人之兵。而二十之男子歲有三日之役。故其兵強而費不增。役起而人素具。雖有大兵大役。而不憂事之不集。至於兵罷役休。而無日夜不息之費。其後周衰。井田破壞。陵夷至於末世。天下無復天子之田。皆民之所自有。天下之民。不食天子之田。是故獨責其税。而不任之以死傷戰鬬之患。天子有養兵之憂。而天下無攻守劬勞之民。以為大憂。故調其財以為養兵之用。而天下之役。凡其所以轉輸漕運營建興築之事。又皆出於民。當此之時。民之所以供上之令者三。曰租。曰調。曰庸。租者。地之所當出。調者。兵之所當費。庸者。歲之所當役也。故使之納粟於官以為田之租。人入

布帛以為兵之調。歲役其力。不役則出其力之所直以為役之庸。此三者。農夫皆兼為之。而遊惰末作之民。亦不免於庸調。運重漕遠。天子不知其費。而一出於民。民歲役二旬。而不役者當帛六十尺。民亦不至於太苦。故隋唐之間。有養兵之困。而無興役之患。此其為法雖不若三代之兵。不待天子之養。而天下之役。猶有可賴者。皆民為之也。及其後世。又不能守。乃變法而為兩税。以至於今。天下非有田者不可得而使。而有田者之役。亦不過奔走之用。而不與天子之大事。天下有大興築。有大漕運。則常患無以為使。故募冗兵以供力役之急。不知擊刺戰陣之法。而坐食天子之奉。由是國有武備之兵。而又有力役之兵。其所以奉養之具。皆出於農也。而四海之遊民。無尺寸之庸調。為農者常使陰出古者遊民之所入。而天子亦常兼任養兵興役之大患。故夫兵役之弊。當今之世可謂極矣。臣愚以為天子宜

日無事而養兵不息此其事出於不得已惟其干戈旗鼓之攻而後可使任其責至於力役之際挽車船築宮室此非有死亡陷敗之危天下之民誠所當任而不辭不至以累兵革之人以重費天子之廩食然當今之所謂可役者不過曰農也而農已甚困蓋嘗使盡出天下之費矣而工商技巧之民與夫遊閒無職之徒常徧天下優游終日而無所役屬蓋周官之法民之無職事者出夫家之征今可使盡為近世之法皆出庸調之賦庸以養力役之兵而調以助農夫養武備之士而力役之兵可因其老疾死亡遂勿復補而使遊民之丁代任其役如期而止以除其庸之所當入而其不役者則亦收其庸不使一日而闕蓋聖人之於天下不惟重乎消靡而無求惟其能綏天下之所不給而節其大幸則雖有取而無害於為義今者雖能使游民無勞苦嗟歎之聲而常使農夫獨任其困天下之人皆知為農之不便則相率而事於末末衆而農寡則天子之所獨任者愈少而不足於用故臣欲收遊民之庸調使天下無僥倖苟免之人而且以紓農夫之困苟天下之遊民自知其不免於庸調之勞其勢不耕則無以供億其上此又可驅而歸之於南畝要之十年之後必將使農夫衆多而工商之類漸以衰息如此而後使天下舉皆從租庸調之制而去夫所謂兩稅者而兵役之憂可以稍緩矣

轍又言差役復行應議者有五其一曰舊差鄉戶為衙前破敗人家甚如兵火自新法行天下不復知有衙前之患然而天下反以為苦者農家歲出役錢為難及許人添剗買坊場遂有輸納不給者爾向使止用官賣坊場課入以雇衙前自可足辦而他色役人止如舊法則為利較然矣初疑衙前多是浮浪投雇不如鄉差稅戶可託然行之十餘年投雇者亦無大敗闕不足以易鄉差衙前之害今略計

天下坊場錢一歲可得四百二十餘萬貫若立定中價不許添剗三分減一尚有二百八十餘萬貫而衙前支費及召募非泛綱運一歲共不過一百五十餘萬緡則是坊場之直自可了辦衙前百費何用更差鄉戶今制盡復差役知衙前若無陪備最以鄉戶為之至於坊場元無明降處分不知官自出賣耶抑仍用以酬獎衙前也若仍用以酬獎即名募部綱以何錢應用若不與之錢即法皆名重難鄉戶衙前仍前自備為害不小其二坊郭人戶舊苦科配新法令與鄉戶並出役錢而免科配其法甚便但數錢太重未為經久之法乞取坊郭官戶寺觀單丁女戶酌今役錢減定中數與坊場錢用以支雇衙前及召募非泛綱運外却令樁備募雇諸色役人之用其三乞用見今在役人數定差熙寧未減定前其數實冗不可遵用其四熙寧以前散從弓手手力諸役人常苦逆送自新法以來官吏皆請雇錢役人既使官亦不至闕事乞仍用雇法其五州縣胥吏並量支雇錢募充仍罷重法亦許以坊場坊郭錢為用不足用方差鄉戶鄉戶所出雇錢不得過官雇本數詔送看詳役法所詳定擇其要者先奏以行

轍再言役法疏曰臣聞世無不弊之法雖三代聖人之政不免有害故神而明之存乎其人臣切見朝廷近罷免役復行差役民初免出錢鼓舞相慶士大夫因民之喜以為差役一行可坐而無事矣臣之愚意以為免役之害雖去而差役之弊亦不可不知也是以推言其故而陛下察之國朝因隋唐之舊州縣百役並差鄉戶人致其力以供上使歲月番休勞佚相代吏若循理不以非法加民則被役之人本無大苦然役人既是稅戶家有田產誅求必得吏少廉慎凡有所須不免侵取故祖宗之世天下役人除正役勞費之外上自衙前有公使廚宅庫之類中至散從官手力有打草供柴之勞下至耆長

壯丁有歲時餽送之費。習以成俗。恬不為怪。民被差役。如遭寇虜。神宗皇帝昭知此害。始議立免役之法。前弊雖解。而所取役錢多收寬剩。民間難得見錢。日益貧瘁。今朝廷既已復行差役。除見議衙前差募未有成法外。其餘耆戶長弓手散從等役。一切定差。貪官暴吏私竊以此相賀。何者。市井之人。應募充役。家力既非富厚。生長習見官司。官吏雖欲侵漁。無所措手。今耕稼之民。性如麋鹿。一入州縣。已自怖。而況家有田業。求無不應。自非廉吏。誰不動心。妄意朝廷既行差役。凡百侵擾。當復如舊。訪聞見今諸路。此弊已行。臣恐稍經歲月。舊俗滋長。役人困苦。必有反思免役之便者。其於聖政。為損不細。須著朝廷初革衆弊。士懷異議。多被遷逐。睥睨新政。幸其不成者。非一人也。若此弊不除。使民有怨言。彼立異之人。他日必指以為事。臣欲乞明降詔書。丁寧戒敕監司長吏。使知朝廷愛惜鄉差役人。與神宗朝愛惜雇募役人無異。應係自前約束官吏侵擾役人條貫。使刑部錄出具委無漏落。雕印頒下。令一切如舊。出榜州縣。使民知之。仍常加督察。有犯不赦。應監司所部有犯不能覺察。致因事發露者。重其坐。庶幾民被差役之利。而無差役之害。然後天下蒙賜深矣。

轍又論差役事狀曰。臣五月二十六日上殿劄子。乞明降詔書戒敕監司長吏。令知朝廷愛惜鄉差役人。與神宗朝愛惜雇募役人無異。應係自前約束官吏侵擾役人條貫。使刑部錄出具委無漏落。雕印頒下。令一切如舊。出榜州縣。使民知之。仍常加督察。有犯不赦。應監司所部有犯不能覺察。致因事發露者。重其坐。至今多日。未蒙施行。伏念臣前作此奏。為聞近日諸縣曹吏有因差役。致富。小民被差充役。初參上下。費錢有至一二十千者。州縣官吏。亦有以舊雇役人慣熟。多方陵虐所差之人。必令出錢。作情願雇募。又有以新差役人拙野。追換別差。必得慣熟如意而後止者。天下官吏。不能皆良。如此等事。所在不一。雖非目見。可以意料。民被其害。如遭湯火。竊意此奏朝上。聖心惻怛。不待終日而行。不意遷延至今不以為急。臣愚竊恐朝廷始復差役。議者妄謂差法一行。更無患害。聞臣此奏。未免不信。臣謂改雇為差。實得當今救弊之要。然使聞害不除。見善不徙。則差役害人。未必減於免役。伏乞聖慈檢臣前奏。早賜詔書。具言所聞差役官吏情弊。仍備錄前後禁約。曉諭中外。使知朝廷深意。則天下幸甚。

侍御史劉摯乞置局議役法疏曰。臣伏覩今月七日勅節文。天下免役錢。一切並罷。諸色役人。依熙寧元年以前舊制。委州縣定差者。命令既下。中外人情鼓舞歡喜。皆謂此一事為害最大。從來百姓日夕延望。今陛下一旦行之。救其困苦。天下幸甚。臣竊聞令下之後。姦邪之人。論說紛紛。造作浮言。意欲搖動其事。不知陛下察其然乎。蓋今日廟堂之上。侍從之間。其人多由新法而進。於外之監司。亦皆由新法而選。今法既更改。則其心皆非所欲。故誹議熒惑。欲幸其失而不能成爾。勅命內固有小節與舊法異同。及措置未盡之事。緣已帶下指揮許州縣監司申明利害。擘畫。自可候到日。備正立法。今來改免役為差役。乃是大體已正。大害已革。譬如疾患之人。病根已去。其他氣體未和。當徐徐調養之而已。臣恐上下觀望之人。指小小未圓事件。張皇鼓扇。伏望皇帝陛下太皇太后陛下堅持此意。力行無疑。勿為異論所動。候臣寮及諸路論列到去。盡未便事理。乞付三省類聚參詳為法。內如有合先次施行者。即乞隨事先賜處分。

摯又論役法疏曰。臣竊以聖人之治。雖一道仁敎。而道之寓於形名法數者。必有偏而不起。眊而不行者。聖人因時而變之。變則通。通則久。以盡天下之利。此五帝所以異制。而三王之所以不同禮也。國家承唐末五代熟爛之後祖宗創制造法趣時之宜順事之變雖聖聖相繼而其法令日增歲損或舉或廢未嘗同也至於寧民適治所謂道之巨轍者則未嘗異也神宗以仁智之慮達因革之數凡政令制度急紘慢軫大解而更張之故天下蒙其利然至于今殆二十年所謂偏而不起毗而不行者盖復有之矣其事則非一而其大者則役法是也於役法之轍相為首尾而牽連當更者則坊場吏祿是也始者以縣役不得其平農民勞費故命有司議所以均齊之而有司不深惟其故乃一剗祖宗差役舊勑為官自雇人之法率戶賦錢以充雇直曰助役又曰免役自上戶至於下五等從來無預差役之家一槩斂之盖於賦稅科調百色買納求取之外又生此重斂歲歲輸納無有窮期古人有言平地無銅鐵農家無錢鑪今所輸必用錢而地土所出惟是絲帛穀粟豐歲枚成而州縣逼迫不免賤價售之無

以養其私若歲凶則破易資產或以倍稱之息舉貴於兼幷以應期限更無減放之法州縣上戶常少中下之戶常多自法行以來籌籍不正務欲數配錢數故所在臨時肆意升補下戶入中中戶入上今天下往往中上戶多而下等戶少富縣大鄉上戶所納役錢歲有至數百緡者又有至千緡者每歲輸納無已至貧竭而後有裁減之期舊来鄉縣差役循環相代上等大役至速者十餘年而一及之若下役則動須三二十年乃復一差雖有勞費比之今日歲被重斂之害孰為多少也今天下錢日益重貨日益輕民日益困矣君之何坐視而不卹也哉然則前日有司立法非有意於寬役利民正在聚斂刻剝損下益上為國取謗大失朝廷惠綏生靈本意臣竊見緣役昔者有至于破產而民憚為之者惟衙前一役爾今天下坊場官司收入自行出賣歲得緡錢無慮數百萬以為衙前雇募支酬之直計一歲

之入為一歲之出盖優有餘裕則衙前一重役無所事于農民矣農民既除此一重役外雖有散從承符弓手手力耆戶長壯丁之類此役無大勞費宜並用祖宗差法自第一等而下通任之比於舊制緣役輕矣治於人者事人古今之通義則安用給錢為哉坊場之法舊制撲戶相承皆有定額不許增擡價數挾有剗奪祖宗非不知增價之為公家利也所以不許者知其悅目前之利必有後日之害故也新法乃使實封投狀許價高者射取之於是小人徼一時之幸爭越舊額至有三兩倍者舊百緡今有至千緡者交相囊橐虛搆抵本課額既大理難敷辦於是百敝隨起以至虧欠州縣勞於督責患及保任監錮係累終無償納官司護惜課額不為減價則誰人復肯承買今天下坊場如此者十五六矣故實封增價之所得於敗闕之所失殆不相補也盖財利可以通之而已不可盡也少損分數與民共之

則公私相濟其利長久臣欲乞罷實封投狀之法應天下坊場委逐路轉運提舉司將見今買名淨利額數與新法以前舊額相對比量及地望緊慢取酌中之數立為永額一用舊法召人庶乎承撲者無破敗之患而官入之利有常而無失也吏祿之法天下吏人舊制諸路及州縣法各不同有鄉戶差充者有投名者有鄉差投名雜用者入仕之後既以案司之優重迭相出入以為酬折又積累歲月有出職之望行之久遠人自以為便此時有司見禮經有庶人在官之祿遂假其說資以掊民殊不知三代已遠其事不可行于今日者多矣夫庶人在官之祿雖有其文而其法與數不可見其詳乃鑿空造端驟斂民錢給為吏祿不重之則不足以募不輕之則不足以給今內外之費除重法之外其他每月所給無幾於吏固未足以有濟而官給所積天下盖已不貲無故竭民財而為此費誠何為哉至於所謂

重祿以行創法允非義理矣一錢以上以徒坐之謂之嚴刑可也遂以謂吏懼而不受賕則臣不敢知也今主議者曰禁既嚴則吏必畏故令下已來犯者少臣以謂非犯者少敗者少也非敗者少正其罪者少也網之密則與者取者藏贓匿跡亦持避之工也故曰敗者少也一錢坐徒誰則忍之誰敢易之故苟有敗者若稍涉疑晦及自非有告人當賞則官司往往還就平反釋重入輕若外路則雖使者亦或諭意州縣使之如此亦人之情也故曰正其罪者少也借使犯者皆敗敗者皆正其罪固亦先王制刑之所無而聖人所當矜慎之也吏受賕於律自有刑名而曲法者一匹以上至徒則刑亦不爲輕矣今變先王之刑而重之又多賦吏祿以買法之行無謂也臣愚欲乞除熙寧以前舊法有祿公人並依舊外應新法所創及增給吏祿並行減罷臣愚誠不識忌諱合衙前之役則待之以坊場價錢弓手等役則均之以祖宗差法剩祿非舊法所給則皆罷去應役人糜費私役之類則禁之以熙寧新法苟如是也則所謂免役錢者於是可以一切蠲除矣或謂免役錢籍于常平固非獨以待募役也縣官他費多有賴乎此則未可以利害論也臣以謂役錢領于司農非有特敕未嘗以給常費今罷去無損於國用況祖宗以來至於役法未改役錢未斂以前百餘年間不知何以爲國也亦曰用之有節則取之有道矣今天下百姓疲筋骨忍飢寒冒鞭笞終歲急急然公家納錢稱不幸有連年災荒之變賣恐窮苦之人流亡轉徙爲溝中瘠而強梁者鋌死忍命不得爲陛下之良民矣然則役錢乃生民性命天下安危之所繫奈何欲以爲不刊之令哉古者藏於民誠令百姓賦稅之外有以自養則其贏餘乃國之外府緩急取之而已無事之時坐困貺之非計也臣故以謂役錢宜一切罷一役錢罷則提舉常平官司亦可罷去以見存職事付之轉運司足矣天下既減罷監司數十人則州縣稍得從容上下省事非小補也雖然此大法也顧臣之言蓋其畧耳至於法之纖悉或參差抵牾宜有畫一之論欲乞於兩制臣寮選差明於治體深於民事者三兩員置局講議裁立條格而三省執政官典領之以待聖斷施行

摯又論保甲疏曰伏覩近制保甲罷團教朝廷所以惠綏疲瘵恩施甚厚民得去其所苦就其所安遠近承風莫不鼓舞然臣竊有私憂過計者夫鄉野之民其性易於轉習臣往見農人或被差役一爲弓手手力耆壯之類及罷滿而歸則拱手閒惰已不復能反業于農蓋出入公門游集市井有所誘怵之使然也今之保甲則又甚焉者衣必華細食必酒肉固已變其向者布麻麄糲之習矣羣聚而笑謔奮臂而矜勇固已移其向者村鄙勞苦之性矣其家貲田賣屋出錢以濟其所用官司歲時教試與之金帛寵之名目以養其欲故凡保甲之父母兄弟妻子一家憔悴終歲困擾而身爲保甲者未必不自喜以爲樂也今既歲教止了一月罷其團集省其監督縱其羈縻勞費之患則保甲之父母兄弟妻子欣歡休息復其生理而身爲保甲又未必不自失以爲戚也彼有自失之意而欲使人人俛首甘心盡如平日肯復從事于耕藝甚難矣惡少而失業欲悍強以成其忮又挾素所教弓刀刺擊之技以爲之資臣懼其非獨不能從事於耕而已也亦恐其得爲陛下之良民者少也臣愚以謂宜有法以斂制之蓋保甲之技藝強弱高下州縣皆有等籍今按取優等之人召其情願刺以爲本州禁軍若舊係正長等名色則比類軍中之階級隨其等差對換補之自餘中下藝等亦各願充公人者依近制募以爲弓手力耆戶長之役所貴在軍者既團隸部督束之有法又使得倅其

素習之技能。其在役若既不失服膺於公家。比之名雇浮浪。乃得既事鄉民。必賴其用爲多。伏望詳酌。

楊繪上言曰。助役之利一。而難行有五。請先言其利。假如民田有一家而百頃者。比有戶纔三頃者其等乃俱在第一。以百頃而較三頃。則已三十倍矣。而受役月日均齊無異。況如官戶則除耆長外皆應無役。今例使均出雇錢。則百頃所輸必三十倍於三頃者。而又永無決射之訟。此其利也。然難行之說亦有五。民惟種田而責其輸錢。錢非田之所出。一也。近邊州軍就募者非土著。姦細難防。二也。逐處田稅多少不同。三也。耆長雇人。則盜賊難止。四也。衙前啓人。則失陷官物。五也。乞先議防此五害。然後著爲定制。仍元戒農寺無欲速就以祈恩賞。提舉司無得多取於民以自爲功。如此則誰復妄議。

歷代名臣奏議卷之二百五十七

歷代名臣奏議卷之二百五十八

賦役

宋哲宗元祐四年。右司諫劉安世乞罷畿內保甲疏曰。臣竊惟祖宗深鑒五代外重之弊。聚天下之兵寓之畿內。制馭四海。如臂使指。可謂盡善矣。然而河北河東陝西之地。密接戎狄。居常宿師以爲戰守之備。尚恐兵威未振。不足以壯中國之勢。乃籍民丁。謂之義勇。雖未嘗使冒鋒鏑。蓋資其虛聲以奪敵人之心爾。熙寧中。先帝欲廣其法於天下。始命排之爲保甲以習武事。陛下踐阼之初。既罷長上教閱。止令農隙之月做祖宗義勇之制。尃委州縣以次集教。平居無事之日。俾民服力南畝。而又順時講武以張軍勢。深得禦外治內之策。然臣所有未諭者。竊謂自古王畿之名異於郡國。所任之事嘗務輕簡。蓋休養其力以重根本也。今府界正兵既多。固非三路之比。而千里之內亦置保甲。勞民示弱。且有未安。雖連歲災傷。依例免教。而此名尚在。終累人心。使比屋之間不得坦然爲自安之計。亦何益也。伏望聖慈深賜省察。應畿縣保甲悉令廢罷。所貴民力舒緩。人情安泰。遠近輕重不失國體。

五年。左諫議大夫劉安世論役法之弊疏曰。臣伏見朝廷欲變役法今將四年。選官置局。講求利病。天下之議。悉使折衷。而承詔立法之意。惟以仁民愛物爲務。謂嘉祐差役之制已便矣。然當時嘗見其害者。今則損而去之。元豐約束之制民以爲利者。今則取而益之。至於風俗之殊。尚南北之異宜。本諸人情。參以國論。隨方立條。罔不具備。而又申以明詔。諭百郡縣若施行之際或窒礙而未通。節文之間或疏略而未盡。更俾建明爲之增損。有以見陛下至仁至厚重恤民事之深意也。新書之下。輿情慰悅。中外恬息。初無間言。而姦邪之人內懷顧望造播橫議必欲沮毀遂致一二小臣敢執偏見妄進邪說欲罷差役依舊募雇當職官吏未能為朝廷固守法度而依違遷就屢有變更天下人情莫不疑惑此最當今之大患也臣聞自古取民之道止於粟帛與民力而已三者皆生之無窮取之不竭故堯舜三代已來皆不能廢議者以謂不役其身止令輸錢則公私兩便而可以久行臣請有以折之國家泉貨經費所資設官鼓鑄歲有定額民或盜為罪至論死令棄其易出之力而責其難致之錢固已非理又使上戶止納數千則優游卒歲自益兼幷下戶自來無役者例使加賦日朘月削寖以窮困損九分之貧民益一分之上戶輕重倒置孰甚於此臣竊謂以一家一歲觀之則輸錢若省而易給以終身累世計之則所出不貲而難供令聚斂之臣惟欲誅剝生民不為天下久長之慮其可信哉議者又謂人戶輪差不及三番處逐役次太重臣亦

有以折之臣治平之前天下戶口一千二百七十餘萬而舊法役人乃十三萬六千餘人元豐之後戶口一千八百三十五萬九千有奇較之治平已增五百六十餘萬而新定役人止於四十二萬九千餘人比之舊法卻減十萬七千之額謂之輪差不足亦已過矣然而天下州縣或有連值凶歲人戶流移番次不足之處則在有司通融補助必不可以小節而廢大法也臣伏觀國家受命以來百有餘年差役之法已更六聖隨時損益既皆中理考覈已試之效固可行之不疑而累年於茲尚容移奪臣竊謂知法之未良改之不可不速知法之已善守之不可不固今差法已善陛下正當信而守之執政大臣尤宜協心體國折聖邪說而乃縱使姦慝倡為異論動搖人情惑亂天下故議者謂今日紛綸之患不在於無知之庶民而特在於挾邪之士大夫也臣聞執狐疑之心者來讒賊之口持不斷之意者開羣枉之門願陛下特奮乾剛力主差役深詔執政固守初議毋使姦徇浮言妄有變易庶幾不失祖宗之成法不為姦人之所奪矣天下幸甚

神宗時同判司農寺曾布條奏役法疏曰畿內上等戶盡罷昔日衙前之役故今所輸錢比舊受役時其費十減四五中等人戶舊充弓手力承符戶長之類今使上等及坊郭寺觀單丁官戶皆出錢以助之故其費十減六七下等人戶盡除前日冗役而專充壯丁且不輸一錢故其費十減八九大抵上戶所減之費少下戶所減之費多言者謂優上戶而虐下戶得聚斂之謗臣所未諭也提舉司以諸縣等第不實故首立品量升降之法開封府司農寺方奏議時蓋不知已嘗增減舊數然舊敕每三年一造簿書等第嘗有升降則今品量增減亦未為非又況方曉諭民戶苟有未便皆與釐正則凡所增減實未嘗行言者則以謂品量立等者蓋欲多斂雇錢升補上等以足配

錢之數至於祥符等縣以上等人戶數多減充下等乃獨掩而不言此臣所未諭也凡州縣之役無不可募人之理今投名衙前半天下未嘗不典主倉庫場務綱運而承符手力之類舊法皆許雇人行之久矣惟耆長壯丁以今所措置最為輕役故但輪差鄉戶不復募人言者則以謂衙前雇人則失陷官物耆長雇人則盜賊難止又以謂近邊姦細之人應募則焚燒倉庫或守把城門則恐潛通外境此臣所未諭也免役或輸見錢或納斛斗皆從民便為法至此亦已周矣言者則謂直使輸錢則絲帛粟麥必賤若用他物準直為錢則又退揀乞索且為民害如此則當如何而可此臣所未諭也昔之徭役皆百姓所為雖凶荒飢饉未嘗罷役今役錢必欲稍有餘羨乃所以為凶年蠲減之備其餘又專以興田利增吏祿言者則以謂助錢非如稅賦有倚閣減放之期臣不知昔之衙門弓手承符手力之類亦嘗

倚閣減放否，此臣所未諭也。兩浙一路戶一百四十餘萬，所輸緡錢七十萬爾，而畿內戶十六萬，率緡錢亦十六萬。是兩浙所輸纔半畿內，然畿內用以募役，所餘亦自無幾。言者則以謂吏緣法意，廣收大計。如兩浙欲以羨錢徼幸，司農欲以出剩為功，此臣所未諭也。賈蕃為令，不受民訴，使趨京師諠譁，其意必有謂也。誠令用心無他，亦可謂不職矣。蕃之不職不法，其狀甚衆，皆[illegible]子幾所不得不問。御史之言，欲舍蕃而治子幾，是不顧陛下之法、陛下之民，宜莫如蕃與御史也。

畢仲游論役錢疏曰：古之為政，雖隨時遷變，間有損益，至於推強撫弱，抑富卹貧，而惡兼并，則不可易之理也。自商鞅變田，即有兼并之家。富者連阡陌，貧者無立錐之地。自古及今，痛心疾首，同以為患。若限田之法，既不行於天下，而富家大姓終無厭恥廢之之心，唯有

祖宗差徭能裁制兼并。雖其立法本不為兼并設，而推數循理觀之，乃有可以裁制兼并之道。蓋差法雖分等第，而實以田產富貧定為上下。有千金之產者，支千金可任之徭役；有五百金之產者，支五百金可任之徭役。今有千金之產，與五百金訟其役之先後輕重，則千金者居其先，五百金者居其後；或千金者任其重，五百金者任其輕。既有千金之產，而又欲兼五百金，則憚徭役之加重，欲取而中已者多矣。其心非不欲兼并，懼加重而不敢進也。其至有隱寓田產於他人以避徭役，而朝廷亦有隱寓田產之禁，則是祖宗差法雖不為兼并設，而裁制兼并之道寓在其間。自改差為僱，富家大姓不知徭役，而但輸緡錢，則兼并之患已多於差法。何者？差役之法，大姓不利而下貧以為利；募役之法，下貧不利而大姓以為利。今有一邑，上者輸緡錢十萬，中者輸七萬，下者輸五萬。既以等級輸緡錢而免其徭役，則斥廣田產兼并

下貧唯恐力之不逮。自中戶斥廣田產兼并下貧數十家，至升而在上，不過加緡錢三二萬爾，而富家大姓其等既已在上，則雖增半邑之田，猶不加緡錢也。故治平以前，大姓有破家之患，而天下之人不至窮困；熙寧以來，大姓無破家之患，而天下之人往往窮困不能自立。蓋治平以前，大姓破家者雖為不幸，而破一大姓，則變為十中民，或百下戶，於損上益下之道未有害也。熙寧以來，雖有破家不幸之人，而大姓輸緡錢之外，無復徭役，斥廣田產兼并下貧，曾無忌憚。故大姓兼中民，中民兼下戶，流離散亡，轉徙於四方。所以然者，斥廣田產恣為兼并，大姓之家所難遇，而歲損一萬二萬或三五萬緡錢，則大姓之家所易為也。

仲游又論役局疏曰：役書之所未定者，非無定法也，無定心也。熙寧之初，改差為募，天下之人言令不便者幾千萬數。至元豐之初，稍復

耆長戶長之役，士大夫之聞者甚見於顏色。及其卒不能復也，莫不咨嗟慨歎，如有求而不得，則願差法之復者豈一日也。今朝廷鑒成敗，攬是非，為萬世之慮，循復差法，而士大夫反有意差法之未善者，為法一定，未復之時則為善，而既復之後則不善。蓋嘉祐之間，固嘗謂其法有可更者矣，輸將繁重而勞費不及，貨賂公行而貧富無別。熙寧之初，得其可更之論，而并其不可更者更之，願令人出緡錢以私其贏餘，是以言不便者千萬數。今差法雖復，而所謂可更者猶在，則亦主嘉祐之書增損之，則差法定矣。而十人十議，百人百議，以旬決之功，而爭至於期年之外，既不知主嘉祐之舊書，又不敢論熙寧之新法，泛泛然如人游於江湖，未有歸宿，不知其後將如何邪。故曰役書之未定者，非無定法也，無定心也。

左正言孫諤上言曰：役法之行，在官之數元豐多，元祐省，雖省未嘗

廢事。則多不若省。雇役之直。元豐重。元祐輕。雖輕未嘗不應募。則重不若輕。今役法優下戶。使弗輸而盡取諸上戶。意則義矣。而法未善也。夫先帝建免役之法。而熙寧元豐有異論。元祐有更變。正惟不能無弊爾。顧無以元豐元祐爲間。期至於均平便民而止則善矣。

御史中丞傅堯俞上奏曰。臣伏見今歲諸路蠶麥並熟處甚多。其價隨而過賤。風聞逐處監司將積年逋負並行催督。不惟虛費鞭朴。亦徒長公人貪暴乞取之弊。必不能以一熟之力。了納積年之欠。至使民聲愁歎。謂豐稔不如災傷。蓋緣有水旱則舊欠俱閣。若稍稍豐稔則使宿逋並納。欲乞朝廷指揮諸路監司。且令帶納一料。候秋成更令帶納。庶幾疲瘵頗獲安濟。

監察御史陳次升上奏曰。臣伏覩元豐八年四月二十三日樞密院奏請保甲上教。其下等人戶土地既少。不免勞力爲生。并止有兩丁其間有疾病者。雖依條未該破丁。若不能營作。難應副保甲色役。三省同奉聖旨。府界三路保甲。除見教人外。本家止有兩丁。病患未該破丁而委的不堪營作。并第五等以下。土地不及二十畝者並免。推行之後。人以爲便。況當時奏請得旨施行。乃是今日一二大臣備先帝法度之人。非是故爲增損而壞法者也。今年六月二十四日卻有指揮。衙隊土地不及二十畝之家。免冬教。全條更不行用。及老疾羸弱者。選以次人承替。緣貧下之人。其田不及二十畝。勞力以求日給。若令上教。則廢爲生之道。官中雖給口食。不足以償所費。其家無以養。兼老病羸弱之人。既難以筋力從事。其養生必賴於壯者。若是兩丁之家。一丁老病而又令壯丁代教。則老病者必致失所。竊聞此法既行。人欲避免保丁。有賣盡土地者。有分析生產者。或稱父母年老。或分房向外。或令女婿出外乞破丁者。人情如此。理當安存。蓋民

爲邦本。本固則邦寧。民既貴土地。亦爲長久之計。窮則斯濫。必流而爲盜賊。貽朝廷之憂。臣伏乞睿旨。令保甲土地不及二十畝。兩丁病患者。並依元豐八年指揮施行。以安存貧下老弱之民。不勝幸甚。

右正言王覿奏。爲乞添差詳定役法官狀曰。臣伏見朝廷以役事至重。故差官置局。詳定其法。今詳定官吏部尚書孫永。吏部侍郎傅堯俞。戶部侍郎趙瞻。皆素有名德。縉紳之選也。然戶吏劇曹。專治其職者尤憚其繁。而使之兼領役事。豈得盡意於其間哉。今役事久而不定。天下之猾胥貪吏得以搖動人情。而郡縣等第戶及投差人。欲求安靖未得也。矧諸路通法當出朝廷者。講求何可以不備也。四方疑事日望旨揮者。施行何可以不速也。況諸路役書已有到者。遞限月日。皆次第將滿。其役書必相繼而集矣。非劇曹日力之餘可得而省閱也。臣愚以謂臣僚中當更有通曉民政而本職稍簡者。若添差一二人。使得專在本局。以治其事。庶免滯留之患。

徽宗即位初。工部侍郎王覿奏乞重定差役人戶等第狀曰。臣竊聞諸路州縣頗有役人數多。而鄉村等第人戶數少。差役不足者。自今雖以次等人戶相兼差足。將來役人年滿。難得人戶承替。及雖有人戶可作三兩番更休充役之處。亦是經隔年歲不多。其中等人戶應役既頻。則其力必困。議者患之。臣竊以爲不然。其弊有自來矣。議者或未之知也。伏緣差役之法。本朝行之百餘年。未嘗患人戶少而不足以充役也。至今日而患之。蓋助役免役法推行之初。天下州郡皆先會一年雇役及寬剩錢之數。然後賦之於民也。賦於民者不可無法。而且欲其均。又必會其民家業之多寡爲緡錢而率之。其法大槩曰。一州差役及寬剩歲用錢若干。一州之民家業錢若干。即家業錢每貫歲出免役錢若干。而歲計足用矣。法雖如此。而民財卒不可以

得其實。必欲得其實。則必至於搔動。而民情之所甚不悅者。如手實之法是也。故州縣之吏莫不以謂雖盡得家業之數。其賦於民者足手歲計而已。可徒致民情之不悅也。雖少得家業之數。其賦於民者亦足手歲計而止焉。乃可持虛名以悅民。故天下之所謂家業錢者或十得其一二。或十得其三四。寬於此者固不可勝計。密於此者未之有也。不惟如此而已。州縣又有先集等第人戶。使各承認逐戶合納免役錢數。既足歲計矣。然後令供通家業。而告之曰。家業錢每貫當納免役錢若干。今某人歲納免役錢若干。即當家業錢若干貫矣。彼人戶乃具狀供析家業以取合所納免役錢之數。則家業十得其一二者又加少也。既用家業錢以定免役錢之多少。則所謂等第者無所用之。而等第之名又不可廢。故郡縣之吏皆於家業帳內率意立說曰。自家業若干貫以上為第一等戶。若干貫以下為第二等戶。

至五等十等皆然也。其等第既公私皆以為虛名矣。然小民之情。終惡為近上等第。則州縣之吏亦何惜更以虛名而悅民。故天下州縣之等第除上等戶物力顯著難以退減之外。其自中等而入下等者可勝數哉。此臣所親見也。今州郡徒用前日不實之等第而差役。則人戶之可以應役者至少。又何足怪耶。臣愚以謂欲天下鄉村應役人戶稍多得以更休而不困。即須告諭天下郡縣使重定等第。令頗得其實。則力役均而論者之所患者不足以為患矣。惟聖慈詳酌施行。

貼黃。免役法根究人戶家業以緡錢率之。又官司有故為假借之意。故難得其實。今鄉村人戶只是分為五等。推排家業之大槩。易得其實也。縱等第亦不須特行排定。緣著令鄉村三年一次造簿。以可申敕州縣遍依條造簿年歲子細推排等第。不可滿差堪任充役之人。隱在下等。以致中等以上人戶數少。差役不均。庶幾等第漸次得實。不為差役之害。

徽宗時左司諫江公望上言曰。為民必有役。奉公上之通義也。免役必輸布。取民力之中制也。會一歲之用以為斂。其寬剩不過十之一二。以備凶荒之不足也。此神考立法之本意。而奉行之吏於十二外別立封樁。乎或過數。元祐之政得以藉口。先帝遹追神考之志。一切罷去。可謂善繼。然隨時損益之義有待陛下。今日臣訪聞府界提舉常平祝朋、劉子乞復行封樁以備不給。此何異於獻羨餘者也。職董農政當講求神考立法之意。俾德澤下逮黎庶。而乃啟厚斂之路。天下必以府界先偵得指。希風迎意。翕然各私售其說。變亂故常。斯害政之尤大者也。陛下即政踰年。膏澤義利未聞有以及天下。而天下之人拭目傾耳日望堯舜之治。不啻若飢渴。朋以厚斂之說。開新政

之隙。是欲陛下隳神考之良法。當天下之怨議。復見誣毀成法之人。駢首屬耳。切切私議。將乘間而發也。其背陛下繼述之意有如此者。若朋別將使指。臣未知其如何。決不可以董常平之政。蓋常平所董。皆神考所立法度。其一如此。類皆可知。陛下方因時損益。酌其中道。力救元祐紹聖過與不及之弊。使天下後世好為異論之人無得而議。故遺端不可不謹也。

高宗建炎二年。司諫趙元鎮論役法疏曰。臣竊惟免役之法。起於熙寧之初。當時中外臣寮論列利害不可縣舉。大率優上戶。斂下戶。優富民。斂貧民。雖單丁女戶以至僧道。皆不獲免。以其所斂養吏之餘謂之寬剩。是謂一稅之外更起一稅。大失祖宗寬民之意。行之六十餘年。今則由之而不知其害也。陛下灼見紛更之弊。既不能復循舊制。今乃於元額之外重增三分。官戶更不減半。其於祖宗之意益遠

矣又如鈔旁等錢乃前日殘民之術靖康初即以罷之近降旨揮雜不賣鈔而猶隨鈔納錢賣鈔得錢規圖苟細已非朝廷美事乃令隨鈔納錢是何名目凡取於民亦須有名取之無名不得無辭矣今國勢微弱强敵未和高城深池不足恃堅甲利兵不足恃臣知所恃者惟民而已安可横斂加賦重失其心耶比來州縣用度不足雖知此法之弊而不以爲言者幸其所斂以資闕乏獨京畿運判上官恪能言之仍乞諸路依此施行其意甚善雖奉聖旨權免京畿而諸路未罷也臣願陛下如恪所請遍行諸路且使斯民知此二事昨因臣寮建言而行今因臣寮申請而罷皆非朝廷本意則心悦而歸之此堯舜得民之道也祖宗得天下之術也幸陛下毋忽

高宗時夔州通判虞允文奏論四川差科科約之弊曰臣竊惟陛下躬好生之盛德卹民之疾苦以率海内頻年下詔大蠲蜀賦之苛恩施之隆與天無極而廣詢博訪而勤不已之心凡食一命之禄者其何以報稱而州縣之間差科之數不實科約之外輒復別取爲民隱害終不可去者民愚而無知吏姦而無所不至民豈能與吏敵也謂如一郡合起和買絹一萬疋郡管税錢一千貫即是人戶管税錢一百文合科一疋若州縣以八十文科一疋則多取二千疋矣自和買而類推之差科之數不實不勝其多也又如大禮助賞合用轉運司科約内係省錢計置若州縣將本色錢妄用以大禮助賞爲名别行科取其爲銀絹之數不下數千萬緡自助賞而類推之科約之外别取亦不勝其多矣吏以民之不知故取之無藝用之不恤或以事土木不急之費或以奉臺府無名之取或以應親朋干索之求甚者遂掠爲己貲無所顧憚間有敗露爲民所訴則州縣相通改换赤曆方行收附其獄或成止從公坐仇視其民而亂逾酷矣今約束之詔

甚明而吏之所行敢與詔戾者以書罪之法未立也臣嘗觀唐憲宗元和之初立爲條制凡兩税應留錢外加率一錢一物州縣長吏並以枉法贓論令出使御史訪察其後又遣詳覆使按治一十六郡拌遂郡守嚴礪等皆抵于譴案籍具存也憲宗中興威令復振者實本諸此臣愚欲望陛下特出睿斷將州縣賦外大科别科之錢從枉法贓定罪明詔諸州長吏限以一歲許令改正别造科約具逐縣差科則例均給五等之家及以蠲除之數申轉運司仍乞於諸路轉運司官選差清强通練者專任施行稽考之責説事具數以聞以俟陛下異時遣使詳覆庶幾州縣知所畏戢百年隱害一旦可去仰副仁天子宵旰斯民之意

右正言陳淵論薄斂奏曰哀公問於有若曰年飢用不足如之何有若對曰盍徹乎公曰二吾猶不足如之何其徹也曰百姓足君孰與不足百姓不足君孰與足夫夏后氏五十而貢商人七十而助周人百畝而徹其實皆什一也夫取民以什二用之猶不足而告之以什一之法不亦迂乎此儒者之論所以多不見聽於時君而商財権利之臣所以常得行其計也然世之患不足者始則多取於民民既不足又從而暴斂之掊刻屢興於是有轉徙流散去而爲盜賊者終於不足雖加之以刑戮財何自而得乎非特如此而已因之以致大亂者是不反其本之過也由是言之雖若甚迂豈在其中矣

中書舍人洪遵論被水人戶折科疏曰臣竊聞平江府湖秀州去年積潦之後農民流離失所今春蠶麥頗登得以續食施工南畝日覬秋成而近來大雨連綿無異去歲田不没者無幾皇皇哀號無以善後而州縣不能以拊摩凋瘵爲意但知依例預將秋苗折科大麥每米一碩令民倍以麥輸方今麥價不下於米積困之民朝賑暮貸猶

懼不濟。奈何指夏以爲秋，衍一以爲二，使之剥膚椎髓，於擠於溝壑乎。臣聞養馬所須本不至此，姦吏因緣無所不至。欲望聖慈特賜睿旨下戶部，會計馬料見在實數，當用幾何，只令合科借處如數數折，須以苗一碩折麥一碩五斗，庶幾民戶可以輸納，仍乞先次行下三州被水人戶，盡免折科，免致重困吾民，不勝幸甚。

韋誼乞委通判均平稅役奏曰：臣叨蒙器使，職在牧民，夙夜以思其可以布宣陛下惠澤者，莫如爲百姓除患。臣伏觀平江今日百姓之患，在公者莫甚於催科之無法，在私者莫甚於賦役之不均。夫逃亡戶荒之田地，下耕廢而二稅具在，監司守令拘於省額，而不敢除，姦胥猾吏利於誅求，而不肯白。每歲拘催，責任都保，有不備償，笞辱隨至，此臣所謂催科無法者也。至於富家巨室，阡陌相望，而多無稅之田；貧民下戶，破家竭產，以償不割之稅。田無稅，則科歛之數寡；稅不

割，則戶籍之等高。此臣所謂賦役之不均者也。今欲救此二弊，若責之監司，則不過移文於郡守；責之郡守，則不過移文於縣令，是三人者吏課叢委，酬應多方，雖有敏彊之吏，功不能專，力有餘暇，況吏不盡才，則又非徒無益也。伏望聖慈明降詔旨，專委通判一員均平稅役，詳舉告陳之令，先開首原之路，責以期限，賞信罰嚴，如此則二弊可去，貧富皆安，公私共濟矣，不勝幸甚。

試中書舍人李弥遜上奏曰：臣伏覩朝廷比以兩浙江東西等路，因被盜賊燒劫逃移人戶，秋夏二稅並皆蠲閣，累年之間，漸次復業，仰見陛下仁厚之政、惠養元元之意，天下幸甚。近因中外臣僚之請，已降指揮，夏稅兩浙路並復元額，餘以紹興四年欠數爲率，江東權閣三分，江西權閣五分，餘數依限起發，秋稅已經放免，及五年十料之數，並令輸納全稅。臣契勘曾經燒劫逃移人戶，如已是復業開墾了當，自合依今來指揮輸納。緣諸路被害州縣輕重不等，其間有大段深重，全未歸業，雖已歸業未曾開墾，去處若一槩立定分數，及全復舊額，委是無所從出，切慮百姓虛被追擾，致逃避流爲盜賊。而官司徒有虛數，不濟實用。若緣此一例與展年限，又恐其間不無僥倖。臣愚欲乞依今來檢放災傷條法，令逐州委官同逐縣知縣通詣元被劫人戶，檢視田畝已未開墾數目，詣實，本州保明申轉運司，差官覆實保明申朝廷，其已開墾數目，即依舊額輸納稅賦，其未曾開墾去處並權倚閣，委自令佐知通多方招誘歸業開墾，逐年開墾到數申朝廷，考其殿最而賞罰之，庶幾數年之間，民得安業，而公家實得稅賦之利。

殿中侍御史張守上奏曰：臣伏自陛下踐祚以來，詢求民瘼，德音屢下，丁寧惻怛，凡擾于民者，一切蠲罷，所以固結人心，而建中興之大

業也。近復有臣僚上言，州縣於百姓戶下科率金銀錢米，已蒙聖慈令監司按劾，重寘典刑。臣竊聞淮西提刑司緣壽春府霍丘縣屯駐高武略人馬，公行文移於壽春府、廬光濠州，每人戶家業錢一千貫逐人月納錢一貫、米一石。前去霍丘縣送納，其小貼子云：如本縣不即均數，必定分撥高統制人馬於本縣駐劄，雖至小縣，亦令每月認定千緡十石。臣契勘今之家業及千緡者，僅有百畝之田，稅役之外，十口之家，未必餬口。今更使之歲別出錢一十二千、米一十二石，而送納腳剩之費，因緣乞取之弊，又在數外。理難供輸，供輸不前，必亡而爲盜矣。又況淮西數州，皆遭丁進及羣盜經過，民力已乏，而重困之，體國愛民者固如是乎？初無朝旨擅行科率，德音踵至，恬不爲念。奉法遵職者固如是乎？且州縣科率，爲監司者即當奏劾，而躬自爲之，何以廉按一路？既自知非法，慮州縣不從，乃欲移屯人馬以恐劫

之。又豈部使者所以待部屬之理也。欲乞聖慈特賜究治施行。竊慮諸路更有似此去處，亦乞申嚴戒約。所有霍丘縣高武畧人馬鬪亦係於安撫使，亦乞早賜措置分屯。庶幾不至姦吏因緣侵擾良民，而陛下之德意實惠不爲虛文也。

孝宗時，太學博士虞儔輪對劄子曰：臣恭惟國家聖聖相承，法令明具，無非以恵民爲本。若州縣官吏悉能奉行，則何弊之有。今州縣之弊多矣，惟賦役不均爲甚。非法有所未盡也，蓋官吏奉行不虔之過也。諸縣稅租夏秋造簿，及已受納對鈔朱銷，凡所以關防之法非不嚴且密也。近來諸縣推割造簿之時，豪右之家計囑鄉書，只用白狀，不述保分人丁住止，將一戶稅分分立詭名，減免等第，却與下戶暗增色額。當職官置不留意點對，便以造簿爲定，赴州審印，下縣起理，開數給帖，付戶長催科。其詭名挾戶，既無人丁保分住止，雖間有滑

行送納。甚者至於僞作逃亡樹欠，官司多是抑勒戶長代輸，以致戶長受害，愈難充應。又民戶輸納二稅，除給戶鈔外，官司自有縣監住鈔可以照應。鄉書不即與朱銷，主簿又不書押，或去失官鈔，則反追索戶鈔，至有不行照用，勒令再納，以致下戶重困。其弊乃爾，豈非官吏奉行不虔之過乎。常平免役自有專法，非不詳且備也。近來諸縣所差保正長，難以稅力高下爲則。然姦民利在規避役次，於未點差已前，先行計囑鄉書，將所管稅力虛立典賣文契，及詭名走寄。官司不究情僞，往往將無力下戶抑逼承認，或經一季，或經半年，並不依限與奪。緣官司不曾置籍具姓名，明注入役年月，前期定差，致已滿人未得抵替。間有保分不測，烟火盜賊，枉受連累，破壞家業。其弊乃爾，豈非官吏奉行不虔之過乎。臣愚欲望陛下詔有司檢坐見行條法，申勅州縣務在必行，未爲文具。仍委知通常切覺察，監司巡歷點檢。如有違戾去處，重作施行。庶幾成法所在，官吏奉行罔有不虔，賦役以均，民受實惠，天下幸甚。

長沙守王師愈上奏曰：臣伏見州縣閭民之所苦者在於充役，官之所難者在於差役。陛下高拱九重之上，明燭四方萬里之遠，民之利病，靡不周知。比者詔旨告戒大臣，欲均役法，甚大惠也。臣嘗承乏長沙，吻民社之寄，豈敢不仰體聖意，責其狂愚。伏見長沙前政劉楷創爲集議帳，臣既到官，損益而行，役不差而人樂充，三年之間，絕無爭訟者。百姓以爲便，官吏亦以爲便，鄰邑如善化、安化、瀏陽倣效而行，又以爲便。請爲陛下誠言其大槩。一鄉各有都，一都必有富豪可充保正者，多者十餘戶，少亦不下五戶。其物業之高下，人丁之衆寡，歲役之久近，咸具于帳。俾見役保正將替兩月之前，持此帳糾衆會其充役之人，衆共商議，公選一名充應承代。其間雖有情僞曲折，官

不得而知者，亦曾盡知之，纖悉無隱，案吏鄉司未能曲爲輕重。故善良之民樂從而無訟。或有富強頑猾不循理者，巧飾詞說，規圖避免，則令見役保正押帳內人至于縣庭，長官折衷衆人之議，以理曉諭之。雖有不聽者，間有頑然不服，未免臨之以威，必欲如衆人之議而後已。其或衆議挾私，窮究見實，必爲懲挾私之罪。如是則富強豪猾之徒亦顧從而不敢訟，蓋係衆人之公選，官吏無所容其心。此集議之大槩也。臣抑嘗原其必爭之端，由科數重而費用多耳。於是都內凡有科數，一切罷去，利可興則興之，害可除則除之。數月之後，遠近孚信，故集議尤易爲力。所有集議帳式，輒具進呈。然而此帳易行於湖廣，而難行於江浙。江浙官戶多，詭戶多，其民猾也；湖廣官戶少，詭戶少，其民淳也。欲望聖慈頒臣此帳于湖廣州縣，與見行常年役法兼行，聽從民便，則民無充役之苦，官無差役之難。惟陛下留神，幸甚。

唐仲友上奏曰。臣伏惟陛下軫念元元。患苦役法。數年以來。數條議臣之請。損益斟酌。期歸至當。德意盖深厚矣。臣誤被臨遣。愚憧之見。不忍自嘿。以負陛下。臣初任縣僚。嘗歷考役法之本末。久伏田野。又熟察民情之利病。乃知法惟畫一。而情有萬殊。法可以通乎人情。而不能自周乎人情。顧行法之人如何耳。得其人。則法行而民情安。非其人。則法廢而民情擾。比年以來。民情所以厭苦於差役者。盖有由矣。縣令情弛。贓汙委政胥吏。吏緣爲姦。蠹害百出。其始差也。甲當充役。或先差丁。導使論丙。轉以及甲。故民破産於爭訟。其既差也。峻刑於追呼。巧法於科率。須索誅求。谿壑無厭。故民破産於擾擾。二弊不去。陛下雖有良法美意。民之困苦固自若也。臣愚竊謂縣得賢令。雖以簡要之法行之。而民猶安。縣無賢令。雖以周密之法行之。而民猶擾。令固不能皆賢。則考察勸沮。誠不可緩。臣願陛下申敕監司守臣

訪察縣令之賢否。稽其差役詞訟之多寡。擾擾之有無。以爲殿最。取其甚者條奏一二。賞罰焉。庶幾官知奉法。吏不敢肆欺。民被實惠。輕於役役。實郡邑之急務也。

陸游上奏曰。臣聞天下有定理。決不可易者。飢必食。渴必飲。疾必藥。暑必箑。豈容以他物易之也哉。臣伏覩今日之患。莫大於民貧。救民之貧。莫先於輕賦。若賦不加輕。別求他術。則用力雖多。終必無益。立法雖備。終必不行。以臣愚計之。朝廷若未有深入遠討。犂庭掃穴之意。能於用度之間。事事裁損。陛下又躬節儉。以臨風俗。則賦於民者必有可輕之理。緩急之備。固不可無。姑以歲月徐爲之可也。如是。則和氣浹洽。必無水旱之災。驩聲洋溢。必無盜賊之警。何慮國用之不足耶。設使商夷弗賓。侵犯王略。所謂率其子弟。攻其父母。直可舞干羽而格之爾。頃者建炎紹興。戡定變亂之日。一切賦斂有非承平之舊者。高宗皇帝宵旰焦勞。每欲俟小定而悉除之。故詔令布告天下曰。惟八世祖宗之澤。豈汝能忘。顧一時社稷之憂。非予獲已。止俟捍防之隙。首圖蠲省之宜。臣幼年親見民誦斯詔。至於感泣。雖傾貲以助軍興。而不敢愛。逆亮畔盟。雖所蠲已多。終未仰稱聖意。壽皇聖帝臨御以來。所以節用裕民者。皆紹承高宗蠲省之指也。則陛下今日豈可不以爲先務哉。臣昧死欲望聖慈恢大度。明遠略。詔輔臣討論。博盡論議。量入而用。量用而取。可蠲者蠲。可省者省。富藏於民。何異府庫。果有非常。孰不樂輸以報君父淪肌浹髓之恩哉。若有事之時。既竭其財矣。幸而無事。又曰儲積以爲他日之備也。雖恢復中原。又將曰邊境日廣矣。屯戍日衆矣。則斯民困弊何時而已。鄙瀆犯天威。罪當萬死。惟陛下裁赦。

袁說友上奏曰。臣竊見州縣小民有産去稅存之害。官吏非不盡知。朝廷亦累嘗戒諭。而終無成說以革其弊。此由得産富民規避官物。惟幸緩於過割。隱漏稅賦。官司既未割稅。而追呼催督止及鬻産之民。彼方以産售人。固甚不得已。今又無此産而納此稅。槩田奪牛。其毒滋甚。縱使鬻者赴官陳訴。而追逮出官之費。已不少於代納之數矣。是豈不爲重困哉。此最賊夫民之大者也。在法每三年一推排。此正祖宗欲以革産去稅存之弊。盖一經推排。則凡其産已去其家。及其産已歸其戶。一一盡知。産業既明。稅賦自定。豈復更爲小民之害。今縣道例皆前後避免。或以災傷爲辭。有經十年二十年而不一推排者。此而不治。而譊譊曰吾病夫産去而稅存也。豈不聞哉。臣愚欲望睿慈自今立爲定制。凡天下諸縣並須三年一推排。候知縣任滿日。州府於本官印紙該載任內曾與不曾推排。結罪保明批上。如在任三年不曾推排者。候到部日取旨。若今來尚有兩年爲任之人。只

總以三年一推排爲準。各於任内計年分可見。雖災傷年分須及八分以上。然後免。庶幾一行此法。產稅自明。當差小民不至重困。

提舉浙東常平茶鹽公事朱熹奏義役利害狀曰。臣巡歷到處州。竊見本州昨奉聖旨。依布衣楊權所請。結立義役。此見陛下愛民之切。雖草茅之言。苟有便於民者。無不采納施行。天下幸甚。然本州已令奉行。却有未盡善者。如令上戶官戶寺觀出田以充義田。此誠善矣。而本州却令下戶只有田一二畝者。亦皆出田。或令出錢買田入官。而上戶田多之人。或却計會減縮。所出殊少。其下戶今既被科出田。將來却不充役。無緣復收此田之租。乃是困貧民以資上戶。此一未盡善也。如逐都各立役首。管收田租。排定役次。此其出納先後之間。亦未免却有不公之弊。將來難施刑罰。轉添詞訴。此二未盡善也。又如逐都所排役次。今日已是多有不公。而況三五年後。貧者或富。富

者或貧。臨事不免却致爭訟。此三未盡善也。所排役次。以上戶輪充都副保正。中下戶輪充夏秋戶長。上戶安逸。而下戶陪費。此四未盡善也。凡此四事。是其大槩。目下詞訴紛然。何況其間更有隱微曲折。未可猝見者。不兼抹殺論。熟加考究。竊恐將來弊病百出。詞訴愈多。改之則枉費前功。不改則反貽後患。將使義役之名。重爲異議者所笑。無復可行之日。誠有未便。臣昨見紹興府山陰縣見行義役。只是本縣勸諭人戶各出義田。均給保正戶長。各有畝數。具載砧基。其保正戶長依舊只從本縣定差。更不分置役首。亦不先排役次。而其當役之戶。既有義田可收。自然樂於充應。不至甚相糾訐。但其割田未辦去處。未免尚仍舊弊。若更葺理增置。使無此患。竊謂其法雖似闊疎。然却簡直易明。無它弊病。又且不須衝改見行條法。委實利便。故嘗取其印本砧基。行下州縣。然以未經奏請。宣降指揮。州縣往往未

肯奉行。臣愚欲望聖慈詳酌。行下處州。止令合當應役人戶及官戶寺觀均出義田。罷去役首。免排役次。止用山陰縣法。官差保正副長。輪收義田。仍令上戶兼充戶長。候處州行之有緒。却令諸州做效施行。庶幾一變義風。永息爭競。須至奏聞者。

熹又上奏曰。臣昨蒙聖恩。待罪南康小壘。自惟短拙。無以補報萬分。到任之初。即以本軍星子縣稅錢偏重。民不聊生。條具奏聞。乞賜蠲減。總計不過納絹一千五十餘匹。錢二千九百餘貫。伏蒙聖慈開納。即賜施行。而有司不能仰體德意。輒引議臣對補之說。以拒其請。臣於今年得替之前。又嘗具奏。冀卒蒙恩。而逮今累月。未奉進止。竊意有司尚守前說。然臣之愚。亦有不能自已者。謹以前奏之内最明白者二條。復爲陛下陳之。按本縣所管廬山一帶。多是高巖峭壁。穹石茂林。其間雖有些小田段。類皆磽瘠寒冷。所入不多。而經界官吏起

細稅錢數目浩瀚。難以輸納。以故紹興年中。守臣徐端輔者。因寺院之請。減去一百四十餘貫。減之誠是也。然初不請命於朝。而輒私減之。既又慮夫經界之或虧也。則妄引經界以前不明文帳。將人戶下田升作中等。中田升作上等。亦有徑自下等而升上等者。按籍履畝。而橫加其稅。計錢一百四十餘貫。以陰補所免廬山稅錢之數。中間常有漕臣按臨。人戶陳訴。漕司爲之張榜約束改正。而本軍不復奉行。其後又有人戶嘗經戶部陳訴。而亦不能正也。臣竊惟國家子愛黎元。憂勤懇惻。常賦之外。一毫不忍有所多取。而下小臣。率情妄作。乃敢以一百四十餘貫之稅。無故而妄加於人。雖其除之於山。粗若得宜。而增之於田。則悖謬甚矣。故臣前奏。欲乞將端輔所減山稅。明降指揮。特與蠲減。而其所增田稅。却與改正。依舊等色均稅。其爲事理曉然。無可疑者。而所蠲之數。亦不甚多。不謂有司不顧大體。而惜

小費乃欲限以對補之說。則是使臣又為端輔之所為而後已爾。未興一利。而先起一害。臣雖至愚有所不忍為也。今雖已去官守。然於此縣疲瘵之民有未能忘者。故敢不避斧鉞之誅。復以上聞。欲望聖慈矜閔明詔有司將此兩條先次減免改正。其餘項目。臣亦未敢便乞施行。悉祈蠲免。且乞專委本路監司一員子細相度。俟其奏報別賜指揮。至於淳熙六年十月十九日。議臣對補之說。其言各細節狹。不達大體。無以將順陛下克己愛民。聽言革弊之美意。而程奏顧言須布海內。非所以宣德意而廣仁聲於天下也。欲望聖明并賜追寢。自今以來。四方內外或有以蠲除為請者。究其虛實。而一以法義裁之。則彼固不得以肆其僥倖苟免之計。亦何必逆為之限以傷遠近祈恩望幸之心哉。抑古人亦有言曰。百姓足。君孰與不足。百姓不足。君孰與足。此乾坤廣大之心。聖賢親切之訓。臣願陛下於此深加聖

意。則彼妄庸淺俗之言。自將泯藏遠屏。不敢以陳於陛下之前矣。臣進越妄言。犯非其分。不勝恐懼戰汗之至。

司農卿李椿上奏曰。臣乾道四年春蒙恩權守鄂州。陛辭之日。得旨召募開墾荒田。立三限通九年而後全起稅賦。臣自到任之後措置召募。請佃人戶投狀者數千戶。尋已具數申省部訖。自臣離任之後。申請不一。事多衝改。或限一年。或限半年。或不通檢。止納元稅。或許遠年逃戶歸業。以致爭奪詞訟不絕。州縣莫之適從。臣巡歷諸郡。以目所見。惟常德府已耕墾及九分以上。澧州及七分以上。其餘州郡亦五分以上下。以請佃之數計之。則今未及分者行根括。則佃戶必又逃棄不耕。卻致荒廢。非徒無益。況半年一年之限太迫。民戶愈疑。若不通檢止納元稅。又多無元稅數目。亦成虛文。若令遠年逃戶歸業。則經官給佃已施工力之家。豈得無詞。官司何以取信於民。臣欲乞檢照臣元奏獲指揮。及申省部畫一。及後來臣僚陳請續降指揮類聚看詳。從長歸一施行。仍乞預先寬約年限。聽令自陳。不須根括立定畝稅。視田肥瘠為三等。上等每畝不過六升。中等四升。下等二升。役錢計料不得過數科敷。重寘罪罰。其夏稅令諸州取每畝兵火以前祖額。不得過數。自轉運司類聚申朝廷。從輕定數。候得指揮。方許行下曉諭。庶使耕佃之家預知稅賦不重。安心着業耕布。墾土漸闢。伏乞睿照。

椿又上奏曰。竊謂養兵所以衛社稷。講好所以息鬭爭。皆所以保國安民也。然當以理財為要。然後能濟二者之急務。所謂理財。當知生財之道。生財之道。取之於民而已。民力有餘。則取之不竭。民反本而知節用。則力有餘矣。今荒田尚廣。民多游手。用度不節。貧困者多。甚者轉而為盜賊。安能上濟國家之急務哉。然則民之情孰不願安其

業而輸常賦也。那當窮其逐末而不反本之原。有以救之可也。人生所藉以生者穀帛也。穀帛出於民者也。民能力農桑而不失其時。則穀帛不可勝用矣。錢者所以平百貨使輕重適均者也。錢鑄于官而不出於民也。官能精于鼓鑄而不致泯毀。商權無壅。用之有節。則錢不可勝用矣。今賦稅多折見錢。是取不出於民。焉得不棄本而逐末耶。如曰朝廷用度至廣。若不賦錢於民。無從應辦。是未知思也。今有權貨而稅之利。未為不廣。當革其弊原。除其冗食。固自浩瀚。又況既賦布帛。應請錢者量與布帛。孰為不可。又民競奢僭。不知節儉。是以胥致貧困。竊知閭巷之婦有以一冠一領。厥價數千。奴皂之徒。競衣羅綺。皆當有以風化之。使男力稼穡。女工蠶織。奢僭之風既息。則貧困之人自有生理也。傳曰。未有民富而國貧者也。是豈虛語。愚謂當遴選儒臣以均賦稅。常賦不折。緣盡輸本色。隨稅不納錢。禁戢奢僭。

除去冗食。量入為出。勤課農桑。使田野盡闢。盜賊消弭。百姓富庶。則所以上濟國家之急務者。可不勞而辦矣。伏乞鈞照。

椿為吏部侍郎。上奏曰。臣伏覩近降指揮。撥錢付諸軍回易。以贍諸少口衆軍兵。仰見陛下存恤戰士德意甚厚。軍人莫不感戴恩惠。凡天下事有利必有害。且回易以惠軍與利也。何害之有。臣請詳言之。今江上諸州。自歸峽荆岳鄂黃蘄江池太平十州。皆仰商稅以充利源。今軍中回易之物。則失所收之稅。州郡將窘。此其一也。商賈憚於征則必夾帶於軍中。場務併容稅失之。紛爭必多。此其二也。軍中前此不許回易。猶且以收買軍須為名。役使戰士。今明開其端。將來占破回易必益多矣。此其三也。回易所以圖利也。物價低昂。非人所能為。或有折閱侵欺失陷。將來必有征驅鞫勘之擾。此其四也。然則謀其成。必謀其敗。始以惠軍士為惠。況已出黃榜。軍中亦望此惠。不可已也。臣願以中道處之。使不為害。莫若軍中回易物貨。並與減半收稅。則州郡所失不多。軍中亦可獲利。並令總領所出給曆頭。具載回易物色及所差人數。稅務照曆減收。又稽察人數。其曆外之物。並依格收稅。如回易軍人有犯。聽稅務具申總領所下本軍根究。仍嚴戒稅務合干人不得分文乞覓。如是則三害非所慮。惟折閱失陷一事。則繫乎幸不幸耳。當置之度外。如臣愚瞽之言。或有可採。乞別作聖旨施行。

員興宗議征稅奏曰。臣聞上世之法簡。後世之法繁。前世之吏朴。後世之吏姦。上世法非欲簡也。民純吏朴。有令即從。有義即服。法不得不簡也。後世法非欲繁也。民訛吏姦。令之未必從。聞義未必服。法不得不繁也。夫以朴吏而奉至簡之法。一有不行。行之必易為力也。以姦吏而奉至煩之法。縱歲欲行行之。亦難為功也。昔者有周之初。關市譏而不征。澤梁無禁。天下日用之物。不征不禁。故物易通流。而國易足用。此文王造周之始。其國非特輕其征稅。且又無征稅也。至成周之時。吏亦少簡。民亦少繁。故當時太宰之職。有九賦以斂財。其中有曰關市之賦。及山澤之賦。及幣餘之賦。此即近世州縣商稅一切用物所存物類之類也。當是時。周公相周。知民吏益於前世。其法不得不繁。其吏不得不選。故周公之於周官。雖文武關譏。不征之事有不能行者。相時之宜。經略世務故也。且周公之時。已不能盡行文王之法。而欲後世盡行周公之法。可乎。但漢唐之世。多不能遵用中制以法周公之遺意。科目煩多。漸成橫斂。故有稅算緡稅。雜物稅。間架稅六畜之類。見於前記。以為世戒。臣亦不敢弁舉也。惟我國家創業之初。一洗前代之弊。是以太祖皇帝動守經常。凡為國苛賦橫斂。尋即停罷。聖子神孫。守為一定。至天聖中。有司以乏用請稅緡錢。仁宗皇帝謂泉貨之利。欲流天下。今輒稅之。可乎。是則祖宗之於民稅。不特常慮之。又常欲輕之也。今陛下志勤道大。節用簡取。無日不行。卹民之詔無時不下。此即祖宗用心。文王用心也。然今日郡縣稅務多與州府通同。尚皆不遵憲度。自為一己。而挾物不為朝廷而愛物。臣竊以荆湖三峽論之。荆襄三峽。皆邊大江。自當百貨流通。而近年以來蜀物少出。南貨少往。四遠之利未散。用物稍致闕之。何也。蓋稅務之六弊未去也。三峽荆湖所遇稅務。不問商客稅物之多少。輒欲加等重稅。毅攤遍負。此一弊也。沿道千里。武夫小吏以為監官。豪奪暴取。誤為羅織。如待寇至。此二弊也。本無稅物。監欄一面。虛喝謂之花喝。商客辯爭則不可。欲去則不能。拘留旬月。自然聽命。此三弊也。商客類爭專欄預行資覓。多得則稅輕。少得則稅重。輸官之物未至。而私遺之物先達。此四弊也。監專有私取之數。異于赤曆之數。僻鎮外縣令難考稽。所得在私。所虧在官。此五弊也。在州則知州以稅務為鷹犬。在縣則縣令以稅務為肘腋。百色呼須。暗行陪填。是致稅務許刻。州縣不問。商旅無訴。此六弊也。夫此六弊之不去。則稅額未整。其坐此乎。今臣之愚。欲望朝廷明詔荆湖三峽諸路申嚴法禁。大革前之六弊。仍令諸州遴選清强官兼行伺察。雖軍武吏未曾親民及經諸司保舉者。願勿補衝要監稅之官。專攔暗覓及輒以弓箭恐赫商旅者。乞罪不貸。行人稅物。並許依約國家元法。如稅務敢以少為多。以輕為重。被客人告首者。亦乞坐之。如是則物易流轉。郡縣遍蒙其利矣。陛下德高天下。此言雖小。在陛下聖世一事之可察。屢聖量如天。必兼納而博採也。

歷代名臣奏議卷之二百五十八

歷代名臣奏議卷之二百五十九

賦役

宋光宗紹熙元年。臣僚言。古者賦租出於民之所有。不強其所無。今之為絹者。一倍折而為錢。再倍折而為銀。銀愈貴。錢愈艱得。穀愈不可售。使民賤糶而貴折。則大熟之歲。反為民害。願詔州郡。凡多取而多折者。重置于罰。民有糴不售者。令常平就糴。異時歲歉。平價以糶。庶於民無傷。於國有補。詔從之。

祕書監楊萬里上奏曰。民輸粟於官。謂之苗。舊以一斛輸一斛。今以二斛輸一斛矣。輸帛於官。謂之稅。舊以正絹為稅絹。今正絹外有和買矣。甚者和買官給其直。或以錢。或以鹽。今皆無之。又以絹估直而倍折其錢矣。舊稅畝一錢。輸免役一錢。今歲增其額。不知所止矣。既一倍其粟。數倍其帛。又數倍其錢。而又有月樁錢、版帳錢。不知幾倍於祖宗之舊。又幾倍於漢唐之制乎。此猶東南之賦可知也。至於蜀賦之額外無名者。不可得而知也。陛下欲薄賦歛。當節用度。用節而後財可積。財積而後國可足。國足而後賦可減。賦減而後民可富。民富而後邦可寧。不然。日復日。歲復歲。臣未知其所終也。

吏部員外郎陳傅良上奏曰。臣聞熙寧以來用事者始取藝祖之約束一切紛更之。馴至於今。而民力之困極矣。蓋自祥符奏立諸路上供歲額。熙寧新法增額一倍。崇寧重脩上供格頒之天下。率一路之增至十數倍。迄今為額。是特上供耳。而其它雜歛皆起熙寧。則以常平寬剩禁軍闕額之類。另項封樁。迄今為額。至于元豐。則以坊場鹽酒香礬銅錫斛秤披剃之類。凡十數色。合而為無額上供。迄今為額。至于宣和。則以贍軍糴本與凡應奉司無名之歛。合而為經制。迄今為額。至于紹興。則又以稅契七分、得產勘合、添酒五分、茶鹽袋息之類凡二十餘色合而為總制，迄今為額。最後又以係省不係省有額無額上供贍軍等錢均撥為月椿大軍。迄今為額而折帛和買之類不與焉。夫取之之悉如此。而茶引盡歸於都茶場，不在州縣。鹽鈔盡歸於榷貨務，不在州縣。秋苗斛斗十八九歸於綱運，不在州縣。州縣無以供。則豪奪於民。於是取之斛面，取之折變，取之科敷，取之抑配，取之贓罰。無所不至。而民困極矣。夫藝祖以得民心受天命，而使困窮至此。此天所以復命壽皇爰暨陛下，將以救民窮也。書曰：天明畏，自我民明威。方今之患，何但夷狄。蓋天命之永不永，在民力之寬不寬耳。豈不甚可畏哉。陛下知畏，則宜以救民窮為己任。陛下以救民窮為己任，則大臣不敢苟目前之安。大臣不敢苟目前之安，則群臣陳力。何鄉不濟。此藝祖意也，亦天意也。惟陛下留神，幸甚。

光宗時，彭龜年乞蠲積欠以安縣令疏曰：臣竊觀今日縣令之難，非

特士大夫知之，朝廷亦必知之。夫朝廷以新改官人必使為縣，是知其不可為而彊之也。獨知縣得以二年為任，是慮其不可為而優之也。然不求其不可為之實而去之。何哉。殆未有以此告陛下者乎。臣出入州縣，粗知其故。凡今日縣令之所以難者，蓋以財穀之出入不相補爾。豈特不相補，直有銖兩之入，而鈞石之出，甚相絕者。臣不暇縷數，但深所怪者，一責其出而不問其入也。夫天下之財賦，縣當受之民，州當受之縣，而今之民輸財者皆在州矣，縣之合輸於州者，初無額可取也。唯無額可取，故逋欠積壓有至十數萬緡者。夫州既以得之民者輸于上矣，而其責之縣而未得者，皆以為逋也。縣令初至，新政未脩，舊欠已迫。那移借兌，亦不能免。猾吏假託以為姦，大姓媒蘖以為訟。而令不能久其職矣。甚者嚴號令，事鞭楚，尤良民以為逋，假公事以罰錢。而監司不容不取問，送勘，而令不得安其官矣。此非獨令之罪。蓋有以使之然也。臣愚欲望陛下將諸路屬縣欠監司者州乾道九年以前未解錢盡並與蠲放，庶幾縣令不為積欠所壓，可以少行其志。如此，則雖不彊之而可使就，雖不優之而可使安。庶亦能使之為陛下盡撫綏之職矣。實天下幸甚。

龜年又奏曰：竊惟和買行於東南，今近百年。獨紹興一郡施行無定制，議論無成說，致煩明詔，令廷臣集議。臣嘗攷究紹興和買，不唯始初敷額太重，立制不均，而朝廷每欲更張，未及施行，輒為浮言胥動，久復輟易。其病全與東漢不能均河南、南陽之田相似。病根如此，雖有良藥，無如之何。然既有朝旨集議，臣叨綴從列，敢不罄竭愚慮以備采擇。臣嘗謂今日士大夫論紹興和買，不過二說。欲究實上四等詭名者，其說正大而易敝。欲均科及下五等小戶者，其說均平而不正。何謂究實之說正大而易敝。臣聞經界之初，紹興和買鄉村物力

三十二貫科一匹。今則十七貫三百五文科一匹。此皆上戶之為下戶之敝。若核實詭戶，歸之上戶，則物力自寬，和買自輕。雖以嚴法行之，人自無辭。然從前為紹興守令者，孰不知出於此。而卒未能革，蓋有不畏彊禦者，財行一一，而搖撼于後者已百十矣。今日改正者，曾無幾何，而後日之寄復如初矣。利之所在，人所必趨。一重一輕，誰肯就重。此所以不能使之無敝也。何謂均科之說均平而不正。夫不分等第，一例科紐。自此重者皆輕，必無避免之謀，無者皆有，亦無隱寄之處。可不謂公平矣乎。然和買本非常賦也，而今以常賦之法行之，此不可也。或者雖云江西及浙西平江等處和買，通五等皆敷。今紹興獨不敷及五等，是偏也。殊不知和買不及五等，在今日猶為仁政。若得它州併五等不及，豈不幸甚。今乃欲引它州刻取之法以例紹興，又不可也。或者又云和買初敷時，嘗司給錢，所以不及五等人戶。

政恐其無物力可恃失陷官錢。今既無此。處自可數紐。豈不思支錢而取絹則不及。無錢而白取則及之。豈爲民父母之道乎。又不可也。此所以不得謂之正也。然則若之何而可。臣謂今日和買。本非合取於民之物。但以版圖未復。用度未充。未能遽捐之乎民。況未能捐之乎民。則取之之法豈可不立。夫法亦貴於平而已矣。今既下四等有和買。下五等無和買。鬧之以走寄之地。安能禁百姓之不爲哉。前日田產自三十六貫減至十七貫數一匹。後日必自十七貫減至四五貫數一匹。未可知也。而可不救乎。臣所以嘗有請以上四等有田產人戶和買七萬七千餘匹。乞籍爲定數。今後一隨田產推割除受。可以絕目前走寄之敝。唯是有田產下五等人戶和買計四萬七千餘匹。今戶部蠲放四萬四千之數。於內除豁逃絕等一萬一千餘匹外亦已放及三萬三千餘匹。止有一萬四千餘匹未有着落。欲乞戶

部更與寬容本府一年。從本府選擇逐縣令佐有風力可倚仗者。於今來下五等戶合數和買四萬七千匹數內更切根究走寄之數。若再根究到走寄之數。物力自寬又有上戶買下戶之田。亦合依上戶等處起細和買。如此。則今來一萬四千匹未充之數。漸漸可補。但須預降指揮。令本府今後根究得隱寄及增起到上戶買下戶田產上和買。不得過今十萬之額。如或有餘。即增上物力錢貫均數。庶幾不致重取於民。然此亦只是目前救敝之謀。即非久遠通行之策。濟所不及。猶在夫人。異時國家儻遂恢復。財用稍寬。則將此無名之賦。一切掃除。方始無愧於古。謹議。

龜年又進故事曰。戴盈之曰。什一去關市之征章。

臣龜年曰。盈之此說。乃後世不能復古之根本也。凡古制之所以壞者。必有私情蠹之。私情不能去而求復古。無是理也。盈之既知什一之不可重。關市之不可征。亦知民之不堪。而古之當復矣。在戰國時如盈之用心者。豈不可進。而孟子闢之如此其嚴者。政恐其有所牽繫也。盈之所謂今茲未能者。果何爲哉。不求其所以未能者。先去之。而徒欲少損以救復古之名。此君子所甚惡也。蓋是非不兩立。公私不錯施。邪正不並用。一廢則一興。一消則一長。所以古人謂去惡如農夫之務去草焉。絕其本根。勿使能植。則善者信矣。未有惡未去而能爲善者也。謂之今茲未能。則是其爲國猶有資於橫斂。而但欲少損以俟來年而後去。安保來年不復矣乎。奈何世之謀國者多爲此論。以其易入也。聽人之謀者多喜此論。以其易從也。若井田法難卒行。宜少近古。限民名田以贍不足之說。若古人節儉。什一而稅。如太古難宜少放古以自節之說。世皆以爲通於世務。不知自今觀之。果何益哉。不特謀國如此。人君於

遷善改過之間。而一爲此論所惑。則亦將因循茍且。展轉汩沒。卒陷於過失而已耳。可不戒哉。

寧宗嘉定八年。江東轉運副使真德秀奏乞倚閣第四第五等人戶夏稅疏曰。臣等近各具奏。請倚閣本路旱傷州縣第四第五等人戶夏稅。轉運司准六月二十七日尚書省劄子。夏稅錢帛。並係上供窠擬支遣窠名。近已有臣僚奏請。令州縣寬緩催理。本司自可照應施行。劄付本司照會。臣等不敢避再瀆之誅。須至拜干宸聽。竊惟今歲之旱。不同常年。在民既有非常之災傷。在國家當有非常之恩卹。蓋常年之旱。或在已種之後。若旋即得雨。已槁之苗猶可勃興。或旱傷所及。僅止數州。有無通融。尚是相濟。或有旱無蝗。則下田之已種者猶可薄收。或本道雖菑而鄰境無虞。則所憂者不過土着之民。妥慰拊循。猶易爲力。今江東民田。既皆失種。秋成一事。不可復言。建康太

平等七州旱勢最甚之外饒亦半歉各處貴糴既無由可以相資而淮浙荆襄又皆告旱招徠客米亦病其難蝗蝻蔽天所在害稼遺種盈野未易撲除近水可種之田農民極力車灌勞費百倍即一空麻豆蕎麥之種斗直不啻千錢典質借貸僅能入土而旋踵又爲白地矣安慶光州流民自池州渡江而過饒信者前後相繼臣提舉常以奏聞長淮以北方事干戈而淮土又自不熟此去流移必多本道沿江諸州未免首被其害丁卯戊辰饑疫之禍近在目前此臣等所謂非常之災傷近年所未有也今當貴糴之初已有盜賊之漸池州境上縣徒劉掠建昌休寧饑民欲擾若使向去闕食是遣盜賊以其資邦本不寧將爲大患是時雖欲蠲租弛斂以消弭之亦無及矣臣等以爲災變如此天意難測轉移之要全在民心惟國家大施非常之恩卹以召人和庶幾天意可回而災變可息臣等職有常守未敢盡言而本道所當務卹無如下戶所苦莫甚催科況夏稅之數本由計畝而起田既荒蕪稅何從出臣等切見孝宗皇帝淳熙二年建康大旱即從守臣劉珙之請蠲是歲夏稅七年江饒等州旱既詔逐州第五等人戶未納夏稅倚閣五分復慮艱於輸納又詔逐州第四第五等人戶未納今年夏稅自下倚閣其後池州興國軍旱皆嘗蠲放當年夏稅載在史籍不可勝舉仰惟聖心豈不顧惜經費獨惟民命所在實繫社稷安危權其重輕理當出此況江東州縣自丙寅用兵以來民力凋殘尤非昔比雖號爲上戶未足以比它處中人之產況於末等尤更可憐夏田纔種則指爲借貸之本以度冬秋田甫穫則倚爲舉債之資以度夏今田畝荒蕪無可指擬借貸之塗既絕生生之計遂窮經營糊口且患不給況吏卒在門有賄賂之費追呼在官有拘繫之苦愁歎之聲實不忍聞近蒙聖慈寬限催理仰見陛下聖

明洞照疾苦民間見此寬恤之令妄意必蒙蠲除雖蚕麥稍熟去處糶皆賤價轉變以充口食及限滿追理官司督促愈嚴自謂前既少寬今雖更緩遂以常歲兩月可催之數併欲責償一月之間是陛下前日寬展之恩適足以使民受峻迫之害以臣等觀之若今但蒙除放未納之數已自不多將來終無可催亦必不免除放但早放一日則民免一日之苦若除放稍遲於官初無所補徒使貪吏黠胥得以並緣侵漁重爲赤子之病臣等以爲陛下當以孝宗故事爲法若以今日國用非乾道淳熙比除信饒外且乞加惠七州其七州夏稅姑置四等非敢不恤國力姑息要譽既叨奉使一道親見民間狼狽如此豈容不以實言陛下仁儉之德必不與飢困無聊之民較此毫末但恐堂陛尊嚴四方旱傷之狀未必一一盡聞則臣等之言疑若張大其事淳熙八年淮浙江東飢詔遣著作郎袁樞將作監主簿王謙躬親按視今願考循故實還遣朝臣徧行本道如臣等所言稍涉撥誕甘受罔上之誅所有七州第五等夏稅仍乞先賜倚閣以昭陛下之德意以廣孝廟之仁恩臣等不勝至望

寧宗時青田縣主簿陳耆卿上奏曰臣聞之孟軻曰行仁政必自經界始經界蓋良法也不幸而經界法壞則所信者簿書爾守簿書而不足信則何所取信哉且有田則有賦役此常理也田有多寡則賦役有輕重亦常理也今之世乃有田愈多而賦役愈輕者有無田而賦役反重者此弊在在有之而本郡尤甚始以青田一縣言之自往歲已浸之後片紙撥逸而縱橫變化在吏之掌握而已然去庫簿當視其物力物力之高下當視其產今田頃畝初不見於簿而物力之貫伯獨載之簿若是則其源既失矣過割用物力簿起催用一稅簿二者所當相關而今初不相知歲遇攢造未過以往年陳籍訟牒抄

轉而已。陞降出沒既莫得詳。鄉胥里豪始得株連姦僞以為牢不可破之計。故有一戶而化為數十戶者。有本無寸產而為富室承抱立戶者。有虛為名籍以避數斂稍久而成乾沒者。但見逃絕之家日多。租稅之額日減。上下歎愁而莫知其弊之所自。邑令之有意者思欲釐正之。然細民吐氣而大姓則怨。然不憚矣。官本制民而今制於民。編類而長之。又豈獨一青田也哉。三歲一推排與常式也。今或至十年而不講。是使民之愁苦無時歇也。然則簿書何自而正乎。臣愚欲乞睿旨行下諸路。歲飭所在官吏申嚴推排之法。其出入規避者重寘典憲。每歲攢造必選一邑佐之清強者躬督其事。既成則併舊籍上之郡。郡復委寮屬研覈之。有訴不平或得其實。官吏俱從坐。庶幾賦役均壹。辭訟稀簡。吏稱職而民安業。誠非小補。

者卿又代上殿劄子曰。臣竊惟今日科歛之法大槩極矣。而極之中又有輕重焉。夫粟帛者民之所有也。錢者民之所無也。民合輸粟與帛而官俾之輸錢。固已非矣。至有名曰上供銀錢。而其禍酷於二稅者。此不可不知也。閩之郡八。其最甚者曰泉。臣曩巡行入境。見其土薄瀕海。民多艱食。而永春德化安溪三邑介處窮谷。怵迫尤甚。正賦窘無以辦。況其它乎。稽諸故常。每歲台信建昌邵武四郡總納上供銀兩一萬五千六百。蓋為本州衣綱之助。蠲半之後。惟廣信僅僅敢足。二郡則否。自乾道至開禧。已積逋十五萬。又為錢七十五萬緡。前此守臣雖聞于朝。然止及三州逋欠之弊。未及本州科歛之弊也。祖例產錢一緡以上。合輸銀錢。無官民之分也。其後視聖道場及逃絕戶得免。免者猶未衆也。其後一命以上咸得免。而免者始衆矣。又其後士凡籍于天府而籍于大學者咸得免。而免者愈衆矣。免者愈衆。則科者愈寡。故以官戶士戶合科之賦而併於貧弱之家。貲不滿百

例行科配。厥價微賤。每兩科至二千八百正錢之外。有頭錢。有帶鈔發納錢。有綱脚暗脚等錢。民無所措。則有淪落有棄避。有咨怨嗟呼而已矣。一指有傷。則通體不樂。三州之民民也。泉之民亦民也。彼不之輸而此代受其害。得無憂乎。開禧初年有旨嚴趣逐郡照元抱色目應副矣。而積壓如舊。為今之計。非得朝廷主盟以三州銀額撥回俾之認納。而本州衣綱自行措置。弊無由革。縱未能然。亦當為七邑下戶痛絕前弊。而均之有品秩者之家。貲不滿貫而科及額外而科者必罰無赦。斷在必行。没掛墻壁。則遠民可以息肩矣。臣不勝惓惓。

江西提舉袁燮上便民劄子曰。臣聞差役舊法。惟以物力高下為序。自大至小。謂之鼠尾。勞佚難均。而物力不侔。有至於破產者。迨淳熙間始立倍法。自增及一倍二倍以至三倍。而有歇役十年八年六年之別。高者稍頻而不害。下者由是而少寬。可謂良法矣。然行於州縣未能盡曉。但謂朝廷專用倍法。而不知兼用鼠尾法。竊詳當時建議之臣有曰。窄都不及歇役年限去處。即從遞年體例。所謂窄都者。即紹興三十二年指揮地里窄狹人烟稀少不及十大保者是也。所謂遞年體例者。即鼠尾舊法也。地里既狹。人烟又稀。役戶無幾矣。決不能及歇役十年八年六年之限。故倍法有所不行。而仍用鼠尾法。今州縣間未達遞年體例一句。都分寬狹。槩用倍法。此役所以紛紛也。欲乞朝廷的確行下。明言遞年體例即鼠尾舊法。寬都用倍法。窄都用鼠尾法。二者並行而不相悖。誠便民之大者。

燮又奏曰。臣嘗謂差役之法。惟其實之為貴。視其物力果可以堪役而役之。則勞而不怨矣。今詭名挾戶。不勝其多。有編戶寄產於官戶者。有與縣吏通謀私減物力者。有搢紳之家以前後歷任為數戶以避限田外充役者。惟己是便。姦計百出。獨善良之人畏法自重。寧勞

若以執役。而不肯詐欺以苟免。遂致役併而家破。又有都分雖寬。而實堪充役者不過數家。循環不已。暫歇復充。屢役之後。具家亦破。良可憫也。伏覩慶元重脩詐僞勑諸詐匿減免等第或科配者。以違制論。又重脩格獲詐匿減免等第科配者。以所告財産給減免者給五分。未經減免者給三分之一。今若申嚴此法。務在必行。則詭名挾戶漸少。合役之戶漸多。而頻併充役之家亦漸寬矣。臣又覩紹興二十八年指揮。鄉村都保。比近地里窄狹。人烟稀少。并不及十大保處。併為一都。臣愚竊以為人烟雖稠。十大保雖足。而充役不過數家。暫歇復差者。亦宜比上項指揮與鄰都通融差。保正免於破家。亦仁政所宜施。惟聖慈亟圖之。

理宗時。知安慶黃榦代撫州陳守上奏曰。役法之弊。其來尚矣。國家之制。保副正謂之大役。戶長謂之小役。二役皆選之每一都人戶。大役

者非戶産稍高不在其數。至於小役。則稅錢或不滿百。亦所不免。寬都人戶有至二三十年方一差者。狹都人戶有三五家。循環充役。無歲不受其害者。故物力之家雖置産於狹都。而必立戶於寬都。雖散其産於狹都。而必併其稅於寬都。彼寬都之役日以寬。狹都之役日以窄。寬者益富。而窄者益貧。貧者益勞。而富者益逸。勞者日益朘削。而逸者日益封殖。勞逸不均。而中産以下。破蕩流移。深可憐憫。竊以保正副所管者烟火盜賊。故必本都之人而後可充。戶長所管者催科。亦何必皆本都人哉。況今之保正副戶長者皆非其親身。遂都各有無賴惡少習知鄉閭之事。為之充身代名。執役之親身雖屢易。而代役之充身者數十年不易也。故莫若差大役則限以都。差小役。則不限以都。而限以鄉。一鄉數都。寬狹相通。則富者不至於逃逸。而貧者不至於獨勞。休養生息。加之數年。小戶漸為中戶。而為公家執役者甚衆。則大戶中戶亦不至於有頻差之擾。更勞迭逸。其利無窮。此亦固國本之一端也。

幹又代撫州陳守奏曰。古者取民之法。惟租稅而已。其它不也之日皆與民共之。茶鹽酒榷之禁。古無有也。後世國用匱乏。始不時之有以紓目前之急耳。今國家征榷之法。密於前世。無一日之漏。一孔之遺。而國之租稅所以為公家經常之用者。顧乃為姦民豪勢名宦亂簿書謂之逃戶。大戶則逃矣。其田固自若也。水不能漂。火不能非篋笥所藏。非人力所徙。自古以固存。誰得而掩覆之哉。其所以不究見者。鄉司實執其權耳。稅産之陞降出於鄉司。而為吳逃亡倚閣者亦出於鄉司。為官吏者又皆苟簡歲月。應文逃責。孰肯一一而研究之哉。故莫若使為縣令者盡括諸鄉之逃戶。具為一書。隨其一任之力。根括搜求。期復舊額。及其終更。具申於州。州考其實。以為殿最

少示黜陟。磨以歲月。則稅額可以復舊。而國用可以自足。與夫屑屑於常賦之外以求足用之道者大相遠矣。

吏部員外郎陳傅良因輪對上言曰。太祖皇帝垂裕後人。以愛惜民力為本。熙寧以來用事者。始取太祖約束一切紛更之。諸路上供歲額。增於祥符一倍。崇寧重脩上供格。頒之天下。率增至十數倍。其它雜歛。則熙寧以常平寬剩禁軍闕額之類。別項封椿而無額。上供起於元豐。經制起於宣和。總制月椿起於紹興。皆迄今為額。折帛和買之類。又不與焉。茶引盡歸於都茶場。鹽鈔盡歸於榷貨務。秋苗斗斛十八九歸於綱運。皆不在州縣。州縣無以供。則豪奪於民。於是取之斛面。折變科數。抑配贓罰。而民困極矣。方今之患。何但四夷。蓋天命之永不永。在民力之寬不寬耳。豈不甚可畏哉。陛下宜以救民窮為已任。推行太祖未泯之澤。以為萬世無彊之休。且言今天下之力竭

於養兵而莫甚於江上之軍。都統司謂之御前軍馬，雖朝廷不得知；總領所謂之大軍錢糧，雖版曹不得與。於是中外之勢分而事權不一。施行不專，雖欲寬民，其道無繇。誠使都統司之兵與向者在制置司時無異，總領所之財與向者在轉運司時無異，則內外爲一體。內外一體，則寬民力可得而議矣。帝從容嘉納。

時詔令刑部侍郎史嵩之籌畫糧餉。嵩之奏言：臣熟慮根本，周思利害，甘受遲鈍之譏，思出萬全之計。荆襄連年水潦螟蝗之災，飢饉流亡之患，極力振救，尚不聊生。征斂既繁，夫豈堪命？其勢必至於主戶棄業以逃亡，佃夫中道而竄逸，無歸之民聚而爲盗，飢饉之卒未戢先潰。當此之際，正恐重貽宵旰之慮矣。兵民，陛下之兵民也，片紙調發，東西惟命。然事關根本，願計其成必計其敗，慮其始必慮其終，謹而審之，與二三大臣深計而熟圖之。若夫和好之與進取，決不兩立。

臣受任守邊，適當事會交至之衝，議論紛紜之際，雷同和附，以致誤國，其罪當誅；確守不移之愚，上迕丁寧之旨，罪亦當誅。迕旨則止於一身，誤國則及於天下。

中書舍人袁甫論履畝劄子曰：臣仰惟陛下一念愛民，上通于天，茲閱讜言，如恐不及。臣竊伏思念，計田輸券，此事大非得已，必須施仁之際，倍切諦審，勿謂指揮已出，憚於參訂，致貽後悔。及今明示德意，務體下情，使人戶曉然知朝廷寬恤之心，庶幾不致激成他患。今謹條列于后。

一、指揮內一條，人戶所納官會，各州軍截鑿一角，發解朝廷。臣謂令各州軍截鑿，不若令人戶自鑿，齎赴官司。何則？官司截鑿，今戶弗信；許人鑿納，大信乃昭。或謂人戶鑿納，必有夾雜僞會之弊，殊不知此雖有之，然其弊亦自有限。況只鑿一角，真僞自可稽考。若從官司截鑿，彼直謂以空言紿我，將來官司仍前發出行用，則彼固已有怨怒之心矣。人情不甚相遠，如許其自鑿以納官，則心不疑，則目前雖有輸財之苦，亦知會少而價增，異日可以獲利，庶幾其不怨尤。凡屢書當軒下，清朝廷但知出令，不可屢改，不思詔令一興，勢須改令，與其改於怨謗既興之後，孰若備於怨謗未形之先。或又謂我但真行截鑿足矣，何恤人言？殊不知朝廷用度自今窘急，州縣揣知此意，必有容隱，不必盡鑿之說者，朝廷凡廢置之至極之際，萬一惑於其言，豈不中天下之疑？縱使不至紛迎逢者所惑，然人之疑心，難以家至戶曉，必曰截鑿一也，何若亡不許人戶爲之，而官司必欲自行之耶？臣之愚只是一箇信字，使天下曉然無疑而已。

一、指揮內一條，令各州軍拘人戶納官會，分爲六限，每限半月，計

三月可足。以臣觀之，將來人戶輸納不時，州郡必致申請朝廷與之展限，却恐限內先納者皆是畏謹及貧弱之人，違限不納者却是頑梗及巨力之戶。朝廷今者施行，正欲恤小，然究其流弊，反使強家皆被寬恩，而弱戶先受督責，豈不倒行逆施耶？臣欲反此說而用之，令州郡先催形勢有力之家，立定期限，不許申展。一則頓段收買，會價必然騰長；二則不墮勢家之術，希望展限以求幸免；三則貧小者見州郡嚴於大家，其心大服。彼大家者事力有餘，既許限內責其必納，更復何辭？待大家納足，後催中戶。中戶力雖稍薄，然彼皆各自愛惜，須能依限輸官。末後視所收多寡如何，斟酌事體，催貧小之戶。或已納數多，則朝廷施行寬恩，可使貧小者霑被。大凡作事，寬嚴並用，如此措置，誠爲兩得其宜。

右關具如前奏是剳付使衙可施行免致後悔伏候勅旨
南又奏曰臣竊惟近日收減會子指揮令人戶有田一畝輸會子一貫分為六限三月而足臣嘗奏論州縣奉行往往不躰朝廷之意致使中下之戶先受督促之苦其豪家巨族與吏表裏不以時輸此大弊也謂當先督形勢之家嚴示約束如期輸納陛下亟然臣之說臣退而告諸宰輔亦謂可行日後續降指揮而猶未也臣亦聞其說矣蓋曰勢家競買則價驟增然後催中戶以及下戶反收貴價之楮甚而無可買者非所以利貧弱也臣竊以為過矣今惟憂楮之不貴不必憂楮之大貴也楮貴亦無可買正自可賀有何可憂朝廷見下戶之無可買也則寬貸可於矣此所以利貧弱也而何不利之有或又曰勢家迫之太急恐怨而激變此亦過計也輸財助國自古有之況自故相當軸士大夫不義而取之者多矣今以前日之所漁取者

還以為公家之助非父祖生產作業傳諸子孫者也何至遽生變耶朝廷屢事往往當憂者不憂而不必憂者反以為憂何謂不必憂士大夫決不因此而生變是也何謂當憂臣濫補銓曹仍兼西掖日日書黃及書填綾紙紛手不勝其多此等皆踊官戶然而未必盡鬻爵也用兵以來竄名功賞者皆妄庸無賴人耳又近年朝廷給降祠牒不計其數極目村墟盡化緇黃寺觀之內童行少而僧道多大縣皆積目無知之人此等易於為亂不若士大夫之有所顧惜也乃置此不憂而獨憂士大夫何耶且有力之士大夫亦猶有力之寺觀耳今[illegible]令之行將先寺觀之大者乎抑先其小者乎如謂勢家不可先督[illegible]寺觀之大者亦何之徐徐云爾而可乎論者又謂兵法攻瑕則堅[illegible]瑕攻堅則瑕者堅今不先督勢家此亦不攻堅之意也臣以為國容軍容各有不同兩陳相對志在決勝則攻瑕可也撫柔此民息意[illegible][illegible]而先治貧弱可乎或又謂子產有言安定國家必大焉先臣亦以為不然鄭叢爾國伯有伯石之徒逞暴恣行視公室何有故子產[illegible]之以弱今朝廷清明法度整肅上下一心安得以列國為比故臣謂今日之事所以牽制而不敢斷者一言以蔽之曰不能損私意而已姑息於形勢之家而不念貧弱之戶此病何自而發哉私意未克剛志未決故耳譬猶治深痼之疾當使元氣不傷而疾自去有庸醫者烏喙大黃輕於嘗試無救於疾而氣先耗矣計田輸券此用烏喙大黃之喻也毋用於貧弱而獨用於形勢則可以全安而無害不亦殆哉臣十有八日侍經帷陛下語臣曰備內司有田七萬八千餘畝若以收減會子指揮言之亦合照數輸納今欲特降十萬貫赴封樁庫交納以充收減之數臣仰見陛下急救楮幣自上率下無所吝惜如此臣助贊陛下此舉是以大服人心已而伏覩指揮一一皆如

聖諭又見陛下言行相應勇於斷制如此夫以陛下尚且為天下倡而士大夫獨不能為衆人戶倡乎臣愚欲乞睿斷行下諸監司專主先督勢家之說過期不納者必罰無赦如州縣奉行不虔縱胥吏與勢家為地抵拒拖延慢上之令則監司定將守令按劾如監司曲為庇護不即發覺許臺諫糾察以聞自昔聖王之治天下未過寬嚴並用各得其宜而已嚴於監司守令以督形勢之家待輸納數多楮貴物賤則貧弱之戶大示寬恩至此方表陛下憐貧卹小之心上通于天是亦祈天永命之一助也臣疊冒天威罪何所逃惟陛下裁赦
南又奏曰臣近者伏覩朝廷履畝收券指揮退而精思畫為兩條一曰示信官同人戶截鑿使天下知的然有收減之實而不至溺於空言二曰恤小先督形勢之家使天下知貧弱者其未必寬而不至流為虐政終始兩説言之懇切至于再三欲乞備聖旨分明行下而側

耳未有聞焉臣自知誠意不足感動然終不敢喑默遂已者蓋履畝本非仁者所當爲乃大不得已而爲之耳於大不得已之中而所行之有方是以救楮幣之窮則公私俱便亦未可全謂之不仁也自昔朝廷行事而犯不韙之名天下不亮其心往往激成大禍熙豐犯新法之名誰復亮其興起治功之心建紹犯事讎之名誰復亮其與民休息之心開禧犯開邊之名誰復亮其恢復故疆之心然則今日犯履畝之名而欲人亮其急救楮券之心亦可謂甚難矣雖然果能行臣示信恤小之說則天下知吾不以空言欺天下而使天下貧弱之戶終被寬息則猶可救藥也臣聞諸道路自此令之出大家巨室雖睨視未動而大寺觀主首之桀黠者巧謀詭計已窺伺朝廷之意向有欲挑包散衆者矣有欲鬻常住之產者矣大者既然小者胥傚勸諭之術既窮必將厲威刑以迫之當是時強有力者營關節託聲勢

是以自庇而係累笞箠以應官司之期限者皆弱小者也鄉村小寺觀緇黃猥雜何可勝數彼豈皆畏法循理之人哉且何獨寺觀爲然如鬻爵冒賞之村夫與亡殁官戶之不肖子平時常賦猶不樂輸今迫以出錢是無故剜其肌肉也彼又豈肯俛首帖耳受係累笞箠之苦耶縣道差人催督始以抗拒抗拒不已繼以毆擊其間巡尉不識事體奮臂爭鬭則激變挺禍自此始矣此猶曰將來之患也只如目前科配會子之數亦自難行蓋緣田有肥磽苗有輕重產錢有多寡在在不同難以拘泥且以臨安言之自十畝已上至四十畝均納苗一石此則田愈磽則苗愈輕也其它州縣有及此者苗極輕者爲上下極重者爲下田產錢之不等亦復若此縣曰履畝豈能遍得平耶行法不平則乖爭之端已見矣如聞上戶已有一種議論皆謂倉猝之間貫券未辦吾之歲收惟有米耳朝廷當此稔歲儲米爲荒歉之備亦爲有利於國爲此說者乃窺測朝廷名爲收減而實則橫斂耳嗚呼陛下之心曷嘗爲謀利而出此令哉彼見截鑿之令未必果行故以利心量我耳臣一聞此語即披瀝肝膽對衆言之其語乃塞若陛下不肯明白截鑿亦使臣虛負斯言矣臣所以極陳事理如上所云者大要欲陛下知天下人情如此知天下揣摩意向如此知天下求爲脫免之計如此則陛下豈能家至戶曉又豈可刑驅勢迫也哉反覆思慮惟有臣之二說示信以釋天下之疑恤小以消天下之怨寓德意於號令之外回陽和於肅殺之餘使天下亮陛下之心而已

臣更有一說天府者天下州郡之所取則也鐵漕者諸路監司之所視傚也行之有道守之不移必當衆截鑿必先催形勢以此推之天下大書榜帖揭之通衢有目者見有耳者聞咸曰示信如是恤小如是孰不以天府爲準以鐵漕爲法遍天下欣然聽從也哉如商邑無

以爲四方之極則外之分符持節者且將有辭於我以爲近甸尚不能行而何以令天下志卑者苟逃責而好高者解印綬矣荀悅有言榮辱者賞罰之菁華也陛下有此菁華而不善用之臣謂宜宣名顏頤仲趙與蔥諭以陛下至誠惻怛之心所宜上下交相孚洽其州縣有不擾而辦者首加褒擢而不然者必罰無赦菁華發用則人心興起仍乞陛下宣諭宰輔所有中書之務不繫大體者權令執政分押不必盡勞宰輔爲宰輔者專以擇監司太守爲務下至縣令亦合人人知其才之短長與其用心之邪正今者出堂甚晚儘可會聚掄材如更欲廣其見聞則當進侍從而博詢之既知之矣然後揀選孫剔斥其不善者而獎其循良者如監司太守果有風力待其績効既成雖驟寘清華可也譬如人之一身精神周於軀幹則可以常安而無疾今中書汩汩於細務而精神不周於事幾臣之所甚惑也嗚呼撫

太平無事之運人誰不以為易今外而邊事方殷内而又倡為履畝之説此何等題目既不得已而犯之必磨淬精神求以善其後庶不至於大可悔恨耳奚獨宰輔當然哉陛下之精神所以鼓舞羣動者尤不宜有一息之宴安而使天下有一夫之怨讟也漢武帝席文景富庶之餘患國用不贍用桑孔輩不過更錢幣筭舟車數事尚不曾行履畝之下策而猶不免乎海内虛耗至下輪臺詔封富民侯俾能轉危亡為安存況今日乎陛下如視為等閑小事無庸過慮方且聽不必盡行穿鑿之説而自悖收斂之初意動搖於左右浸潤之言而形勢之家與夫大寺觀得以内降脫免此又陛下自撓其紀綱而它人無所致力者也惟聖明以社稷生靈為念察臣狂妄之言原臣屢瀆之罪及今續降增添德意指揮而毋致後日下哀痛之詔力遏請謁動搖之漸而毋輕蹈御札已事之失臣不勝大幸

洪舜俞進故事曰魯宣公十有五年秋初稅畝初者何始也稅畝者何履畝而稅也初稅畝何以書譏何譏爾譏始履畝而稅也

臣聞立法以取民莫患乎其作俑也夫君與民本一家國用之而取諸民民出其所有以供乎上猶子奉父孰不敬應然自昔什一之法公田藉民力而耕收其歲入民田之私則未嘗有稅魯初法履畝以稅之國用不足蓋有甚不獲已者聖人於此乃書初以示譏豈非初之所刱疑若特一時之暫而後之沿襲必假是以行其無藝之欲如螽之生蝝其害未有底止二吾不足而用田賦此其俑也武帝紀書初筭商車初筭緡錢初榷酒酤頗識此意

金煬王天德二年河東南路轉運使毛碩上言曰頃者定立商酒課不量土産厚薄戶口多寡及今昔物價之增耗一槩理責之故監官被繫失身破家折傭逃竄或為姦吏盗有實錢而以賒券輸官故河東有積負至四百餘萬貫公私苦之請自今禁約酒官不得折准賒貸惟許收用實錢則官民俱便

世宗問參知政事魏子平曰古者稅什一而民足今百一而民不足何也子平對曰什一取其公田之入今無公田而稅其私田為法不同古有一易再易之田中田一年荒而不種下田二年荒而不種今乃一切與上田均稅之此民所以困也

宣宗時高汝礪為尚書左丞時高琪欲徙言事者歲閱民田徵租朝廷將從之汝礪言曰臣聞治大國者若烹小鮮最為政之善喻也國朝自大定通檢後十年一推物力惟其貴簡靜而重勞民耳今言者請如河北歲括實種之田計數徵斂即是常時通檢無乃駭人視聽使之不安乎且河南河北事勢不同河北累經劫擄戶口亡匿田疇荒廢差調難依元額故為此權宜之法蓋軍儲不加多且地少而易見也河南自車駕巡幸以來百姓湊集凡有閑田及逃戶所棄耕墾殆徧各承元戶輸租其所徵斂皆準通推之額雖軍馬益多未嘗闕誤詎宜一槩動擾若恐豪右蔽匿而逋征賦則有司檢括亦豈盡實但嚴立賞罰許其自首及聽人告捕犯者以盗軍儲坐之地付告者自足使人知懼而賦悉入官何必為是紛紛也抑又有大不可者三如每歲檢括則夏田春秋田夏量中間雜種亦且隨時量之一歲中略無休息民將厭避耕稼失時或止耕膏腴而棄其餘則所收仍舊而所輸益少一不可也檢括之時縣官不能家至戶到里胥得以暗通貨賂上下其手虛為文具轉失其真二不可也民田與軍田犬牙相錯彼或陰結軍人以相冒亂而朝廷止憑有司之籍倘使臨時少於元額則資儲闕誤必矣三不可也夫朝廷舉事務在必行既行而復中止為是豈善計哉

元世祖時東平布衣趙天麟上策曰臣聞乾下坤上謂之泰損上益下謂之益民雖極賤而存上交之理則安矣君雖至貴而盡下合之義則聖矣民借君以為心而鼓動天下之化君須民以為用而充給天下之力昔宋興役而起澤門之謳周經始而達子來之頌原其築臺之實一也下民怨蒸米炭其殊焉豈非一失所用之時而一得之乎秦發閭左之戍而海內愁之衞建楚丘之封百姓悅之究其建城之名一也下民悲喜霄壤其異焉豈非一為無益之務而一有益乎故以佚道使民勞而不怨以當理動衆和而不傷且為人上者百姓之父母也百姓者君之赤子也設或父母陵虐其子其子雖勉強以從之然欲其家道之洽和則不可得也今國家之於下民可謂厚矣竊恐郡縣之官未奉國家之明法倘有虐貧陵弱者可不圖之哉臣伏見近年詔書有云自三月初至九月終凡勞民不急之役一切停罷

欽此臣以為國家之心如天如地非一言之可盡也彼在外之有司因王事之靡盬多以假借為名農務之間亂起丁役局天蹐地無計陳冤雖曰省之其實非也臣又以妨農之役非一今試畧舉一端者會通河路流沙滯水方春之際大興徒役男執鍬畚女餉飲食耕者不得以服畝蠶者不得以伐楊民之生理甚大而不顧則慶國家之戚者果何務哉此但臣所親見者也若夫四方之大似山東者非一而其役又非一不亦怨哉或謂依春秋之法役冬月之民則所謂執古禮而不便今崇虛名而受實禍也冰雪凝冬役人多窘春陽扇暖易以施功由是而行之有何不可乎臣意非謂此也春秋之時井田法在未民極寡咸農務功是以恐妨農而移百役于冬也今則不然未民極衆若又用力役之事而妨其農則飢寒之苦莫逃矣臣又以郡縣之中鄉司里正鈐轄小技奴隸下材亦皆驅役良民莫敢違拒如或違拒者一旦科差定役之時循恩挾以增減之且差役委鄉司里正則將安用彼守令哉此皆小事敢干天聽者誠以國家之本莫大於農而國家之寶無急於力也伏望陛下居九重之深邃審百二之艱難而告中外咸使聞知凡每歲三月至九月有以勞民不急之事擅起丁役詐假以為名者並以違制論凡三月至九月有耕耨之田者役無緩急不在其限凡三月至九月有逺大差役不得已而于煩農家者有田務之家助資給無田務之家出人力凡力役之品於今從臣先所獻萬言策內之說則鄉司里正自不得以擅相欺矣然而力役猶未之均農民猶失其所者未之有也

天麟又上寬逃民策曰臣聞貧民業輕而易舉下民心愚而若神撫之則馴擾之則散可以德綏而不可以力勝可以道遇而不可以智欺之也今國家灼知此道是以辛酉詔令中統建元以前逃戶復業

者戶下差稅第一年全免次年減半三年然後驗等第依例科徵自此以後累頒詔文優恤逃戶彌免大負斯皆先帝天覆地載克寬克仁之惠也臣謂逃民之故有五一曰天二曰官三曰軍四曰錢五曰愚何謂天有田之家田為恒產屢經飢儉糧竭就食如此而逃者天所致也何謂官守令苛刻役斂煩興富以賂免貧難獨任如此而逃者官所致也何謂軍軍資不贍鬻賣田產產既盡矣無以供給如此而逃者軍所致也何謂錢生理不周舉債乾沒子本增積而不能速償債主稱聯而訴官急徵如此而逃者錢所致也何謂愚愚弟幹父蠱隕墜遺業悔恨不及窮困失所如此而逃者愚所致也夫逃民皆無奈之民也倘能存生豈肯逃哉又諺云苟避差發臣謂此則非民之罪乃官長之罪爾昔漢倪寬為內史軍發負租課殿當免民間之大家牛車小家擔負輸租繈屬課更以最此蓋民信愛之故也官長誠者

憂民愛民之心，而民亦信愛其官長，豈有苟避差發者哉。又聖人云：君子固窮，小人窮斯濫矣。非務本而不能治也。若國家但矜而免之，則將致浮浪之民輕舉而苟免之心生。若國家欲急而刑之，則將致無恒之流計極而邪濫之事起耳。國家矜而免之，急而刑之，不若使之樂業而不逃也。欲使不逃，盍亦務其本矣。伏望陛下一新汙俗，再整淳風，下哀痛之詔，該化導之義。凡令下以前逋負差稅並行除免。凡有田而逃者聽復本業，優恤之理，並同辛酉詔文。凡無田而逃者，聽於曠土占田，優恤之理。如有田復業者，凡復業占田而貧無牛及田器者，官爲貸而頒之，限三年外，酬其責主之直而無息也。其限內自欲酬者聽。凡因軍而逃者驗實貧與助資之戶。凡欠負它人錢債者，復業之後，限五年之外，二本一利償之，其限內自欲償者聽。凡既復業而尚游手荒廢農業者，鄉三老舉于官而罪之。逃民已定於是

慎名器以絕濫盡之官，限田產以絕兼并之家，務農桑以絕廢業之人，課義倉以絕凶歲之厄。向之逃民雖責之亦不復逃矣。此謂之務本。

天麟又上薄差稅策曰：臣聞晁氏云：三王計安天下，莫不本於人情。人情莫不欲壽，三王生之而不傷；人情莫不欲富，三王厚之而不困；人情莫不欲安，三王扶之而不危；人情莫不欲逸，三王節其力而不盡也。今國家灼知此道，變究時宜，既立斤絲貫鈔包銀丁石之法，又立賦稅三十而一之例，然而公廩無終年之積，私家無備急之儲，皆以郡縣不均之所致也。承平之時，烟火萬里，廬廛相接，雞犬相聞矣。人樂遊逸，或慘慘勞苦，或棲遲偃仰，或力役鞅掌，富者奢侈而自富，貧者困窮而愈貧。臣謂不急救之，行無及矣。古者什一之法，關市譏而不征，澤梁無禁，夏后氏立貢法，而義士猶以爲不及助徹，管夷吾取關市之征，五十而一，後人謂之霸道。蓋國法有經，而但當平立。民財有而不可輕奪也。方今賦稅三十而取一，外有關市之征，及酒醋鹽茶金漆竹樹銀銅錫錯山場湖濼海船江渡堨諸物而榷之，窮利源而課之。國家亦已富矣。古者什而取一，其實止什一也。方今三十而取一，比古者其實什五也。夫國家之用有八：一曰宮禁之資，二曰宴好之將，三曰賞賜之須，四曰俸祿之給，五曰軍旅之糧，六曰工役之費，七曰凶荒之用，八曰芻秣之具。於此八者之中，軍旅之糧量爲浩大，第從臣言偃兵戈而不動，廣屯田而自贍，亦不須多用民之糧矣。其宮禁宴好俸祿芻秣，已有供之者焉。其餘節其所用而用之，亦豈多須哉。臣又以鹽者民之日用，增其課例，而人不之苦也。伏望陛下降彌天之厚福，顧下土之微民，旁布玉音，允符嘉會，凡天下農民自屯田隨處並興之後，例除租稅之半。凡天下民戶自鹽課約量增

添之後，例除差稅之半。於是幸從臣先所獻萬言策內均科差稅之法，昭諭郡縣而均定之，用爲成式。若然，則廓造化之洪恩，被內外之喜氣，播神祇之陰祐，發太平之祥徵，民安而社稷自安，民富而社稷自富矣。

仁宗延祐元年，平章章閭上言曰：經理大事，世祖已嘗行之，但其間欺隱尚多，未能盡實。以熟田爲荒地者有之，懼差而析戶者有之，富民買貧民田而仍其舊名輸稅者亦有之。由是歲入不增，小民告病。若行經理之法，俾有田之家及各位下寺觀學校財賦等田，一切從實自首，庶幾稅入無隱，差徭亦均。

歷代名臣奏議卷之二百六十

屯田

漢武帝時初通西域置校尉屯田渠犂是時軍旅連出師行三十二年海内虛耗征和中貳師將軍李廣利以軍降匈奴上既悔遠征伐而搜粟都尉桑弘羊與丞相御史奏言故輪臺以東捷枝渠犂皆故國地廣饒水草有溉田五千頃以上處溫和田美可益通溝渠種五穀與中國同時孰其旁國少錐刀貴黃金采繒可以易穀食宜給足不可乏臣愚以為可遣屯田卒詣故輪臺以東置校尉三人分護各舉圖地形通利溝渠務使以時益種五穀張掖酒泉遣騎假司馬為斥候屬校尉事有便宜因騎置以聞田一歲有積穀募民壯健有累重敢徙者詣田所就畜積為本業益墾溉田稍築列亭連城而西以威西國輔烏孫為便臣謹遣徵事臣昌分部行邊嚴敕太守都尉明烽火選士馬謹斥候蓄茭草願陛下遣使使西國以安其意臣昧死請上乃下詔深陳既往之悔

順帝永建四年尚書僕射虞詡上疏曰臣聞子孫以奉祖為孝君上以安民為明此高宗周宣所以上配湯武也禹貢雍州之域厥田惟上且沃野千里穀稼殷積又有龜茲鹽池以為民利上郡龜茲縣有鹽官即雍州之域也水草豐美土宜產牧牛馬銜尾群羊塞道北阻山河乘阸據險因渠以溉水舂河漕水舂即水碓也用功省少而軍糧饒足故孝武皇帝及光武築朔方開西河置上郡皆為此也而遭元元無妄之災元元者無所望也萬物無所望於天災異之大也眾羌內潰郡縣兵荒二十餘年夫棄沃壤之饒損自然之財不可謂利離河山之阻守無險之處難以為固今三郡未復園陵單外園陵謂長安諸陵園也單外謂無守衛而公卿選懦容頭過身選懦柔懦也張解設難但計所費不圖其安宜開聖德考行所長書奏帝乃復三郡使謁者郭璜督促徙者各歸舊縣繕城郭置候驛既而激河浚渠為屯田省內郡費歲一億計

吳大帝黃武五年陸遜以所在少穀表請諸將增廣農畝帝報曰甚善孫父子親田車中八牛以為四耦雖未及古人亦欲與眾均勞也

南齊明皇帝時連年廣動軍國虛乏開府儀同三司徐孝嗣表立屯田曰有國急務兵食是同一夫輟耕於事彌切故井陌疆理長轂盛於周朝屯田廣置勝戈富於漢室降此以還詳略可見但求之自古為論則賒即以當今宜有要術竊尋緣淮諸鎮皆取給京師費引既殷漕運艱澀聚粮待敵每若不周利害之基莫此為急臣比訪之故老及經彼宰守淮南舊田觸處極目陂遏不脩咸成茂草平原陸地彌望尤多今邊備既嚴戍卒增衆遠資饋運近廢良疇士多飢色可為嗟歎愚欲使刺史二千石躬自履行隨地墾闢精尋灌溉之源善商肥确之異州郡縣戍主帥以下悉分番附農今水田雖晚方事菽麥菽麥二種益是北土所宜彼人便之不減稅稻開創之利宜在及時所啓允合請即使至徐兗青豫及荊雍各當境規度勿有所遺別立主曹專司其事田器耕牛臺詳所給歲終言殿最明其刑賞此功克舉庶有弘益若緣邊足食則江南自豐權其所饒畧不可訖書御見納時帝已寢疾兵事未已竟不施行

後魏孝文帝時州鎮戍兵資絹自隨不入公庫任其私用常若飢寒徐州刺史薛虎子上表曰臣聞金湯之固非粟不守韓白之勇非粮不戰故自用兵以來莫不先積聚然後圖兼并者也今江左未賓鯨鯢待戮自不委粟彭城以彊豐沛將何以拓定江關掃一衡霍竊惟在鎮之兵不減數萬資粮之絹人十二匹即自隨身用度無準未及代下不免飢寒論之於公無毫氂之潤語其利私則橫費不足非所

謂納民執度，公私相益也。徐州左右水陸壤沃，清汴通流，足盈溉灌。其中良田十萬餘頃。若以兵絹市牛，分減戍卒，計其牛數，足得萬頭。興力公田，必當大獲粟稻。一歲之中，且給官食；半兵種植，餘兵尚衆。且耕且守，不妨捍邊。一年之收，過於十倍之絹；暫時之耕，足充數載之食。於後兵資唯須內庫，五稔之後，穀帛俱溢，匪直戍士有豐飽之資，於國有吞敵之勢。昔杜預田宛葉以平吳，充國耕西零以殭漢。臣雖識謝古人，任當邊守，庶竭塵露，有增山海。帝納之。

唐德宗建中元年，楊炎欲發兩京關內丁夫浚豐州陵陽渠以興屯田。上遣中使訪之涇原節度使段秀實，秀實以為邊備尚虛，未宜興事以召寇。炎怒，以為沮己，徵秀實為司農卿，使李懷光兼涇原。京兆尹嚴郢奏：按朔方五城，舊屯沃饒之地，自喪亂以來，人功不及，因致荒廢。若力可墾闢，不俟浚渠。今發人浚渠，得不補費，是虛畿甸而無益軍儲也。疏奏不報，既而渠竟不成。

貞元三年，募戍卒屯田京西。上問李泌以復府兵之策，對曰：今歲卒戍京西者十七萬人，計歲食粟二百四萬斛，今粟斗直錢百五十，為錢三百六萬緡。國家比遭飢亂，經費不充，就使有錢，亦無粟可糴。未暇議復府兵也。上曰：然，則亟減戍卒歸之，如何？對曰：陛下誠用臣言，可不減戍卒，不擾百姓，糧食皆足，府兵亦成。上曰：果能如是，何為不為？對曰：此須急為之，過旬日則不及矣。上問其計，泌曰：吐蕃久居原會之間，以牛運糧，糧盡，牛無所用，請發左藏惡繒染為綵纈，因党項以市之，計十八萬匹，可致六萬餘頭。命諸冶鑄農器，糴麥種，分賜緣邊軍鎮，募戍卒耕荒田而種之，約麥熟倍償其種，其餘據時價五分增一，官為糴之。來春種禾亦如之。沃土久荒，所收必厚，戍卒獲利，耕者浸多。糴價必賤，名為增之，而實比今歲所減多矣。且邊地官多闕，請募人入粟以補之，可足今歲之糧。上皆從之，因問曰：卿言府兵亦集，如何？對曰：舊制，戍卒三年而代。今既因田致富，必不思歸。及其將滿，下令有願留者，即以所開田為永業，家人願來者，本貫續食遣之。不過數番，則戍卒皆土著，乃悉以府兵之法理之，是變關中之疲弊為富疆也。上喜曰：如此，天下無復事矣。泌曰：未也，臣能不用中國之兵，使吐蕃自困。上曰：計將安出？對曰：臣未敢言之，俟麥禾有效，然後可議也。

宋太宗端拱元年，滄州刺史何承矩上奏曰：臣幼侍先臣關南征行，熟知北邊道路川原之勢，若於順安寨西開易河蒲口，導水東注於海，東西三百餘里，南北五七十里，資其陂澤，築隄貯水為屯田，以助要害，免蕃騎奔軼。俟期歲間，塘泊漸多，諸泊之水播作稻田。其緣邊州軍地臨塘水者，止留城壘士，不煩發兵，廣戍浚水田以實邊，設險固以防塞。春夏課農，秋冬備寇，縱贍師旅，不失耕耘，不費國用，不勞民力。如此，則虜弱我強，彼勞我逸，以強禦弱，以逸待勞，制匈奴之術也。順安已西至西山邊路百里以來，無水田處，亦望遣兵戍以練其精銳，擇將領以去其冗繆。夫邊兵不患寡，患驕慢不肅而不精；邊將不患怯，患偏見自賢而無謀。邊備不患寇，患慢防而未萌；若禦得其力，制得其要，何慮乎邊塵不息，邊患不除？且有國有家，以足兵足食為本，水田之盛，誠可以限戎馬而省轉粟之費，實萬世之利也。

淳化二年，知制誥柴成務奏曰：臣近以河北緣邊州郡乞置屯田事宜，具狀聞奏。於今月二十六日長春殿召對，面奉聖旨，命具營置屯田利害子細擘劃封進者。切以戎虜驕邊，古今常事，逐之則獸驚而鳥散，守之則師老而費殫。是知帝王歷代置之度外，止於列亭障以遏奔衝之患。營耕戰以圖經久之功。果感天心。是快遠略。謹按古者井田之制。以六尺為步。步百為畝。畝百為頃。是一夫之田。夫九為井。井方一里。井開四道而分八家。鑿井於中。八家共用。是一井之法。一井之法。當計九頃之地。室廬溝洫車在其中。先王所以定都賦而足食也。三代殘理。倚莫由斯。今之屯田最法於是。夫率地方四里置為一屯。一屯之田開十六井。閭井之戶當一百二十八家。家立垣墉。井分區域。屯落之外。界以長溝。四四相從。多多益辦。是以地方四十里。置屯一百區。若東西展二百里之長。南北止四十里之闊。可以置屯五百。列井八千。居六萬四千之家。俾一國三軍之衆。以之耕。則力均而功簡。以之守。則食足而心齊。保衆備邊。無易茲道。稽古人之明效。立聖代之宏規。事若果行。虜則無患。其有招納勞徠之戶。維持佃守之方。俟允施行。別為條制。

真宗時。太常博士王沿上書論漢唐之初。兵革纔定。未暇治邊圉。則屈意以講和。承平之後。我力有餘。而外侮不已。則以兵治之。孝武之於匈奴。太宗之於突厥。頡利是也。宋興七十年。而契丹數侵深趙貝魏之間。先朝患征調之不已也。故屈己與之盟。然彼以戈矛為耒耜。以剽虜為商賈。而我壘不堅。兵不練。而規規於盟歃之間。豈久安之策哉。夫善禦敵者必思所以務農實邊之計。河北為天下根本。其民儉嗇勤苦。地方數千里。古號豐實。今其地十。二為契丹所有。餘出征賦者七分而已。魏史起鑿十二渠。引漳水溉斥鹵之田。而河內饒足。唐至德後渠廢。而相魏磁洺之地並漳水者。累遭決溢。今皆斥鹵不可耕。故沿邊郡縣。數蠲租稅。而又牧監芻地。占民田數百千頃。是河北之地雖十有其七。而得賦之實者四分而已。以四分之力。給十萬防秋之師。生民不得不困也。且牧監養馬數萬。徒耗芻豢。未嘗獲其用。請擇壯者配軍。衰者徙之河南。孳息者養之民間。罷諸坰牧。以其地為屯田。發役卒刑徒佃之。歲可獲穀數十萬斛。夫漳水一石。其泥數斗。古人以為利。今人以為害。繫乎用與不用爾。願減民役。復十二渠。渠復則水分。水分則無奔決之患。以之灌溉。可使數郡瘠鹵之田變為膏腴。如是則民富十倍。而帑廩有餘矣。以此馭敵。何求而不可。

仁宗慶曆五年。知諫院歐陽脩上奏曰。臣昨奉使河東。相度緣邊經久利害。臣切見河東之患。患在盡禁緣邊之地不許人耕。而私糴北界斛㪷以為邊儲。其大害有四。以臣相度。今若募人耕植禁地。則去四大害。有四大利。河東地形山險。輦運不通。邊地既禁。則緣邊之食每歲傾河東一路稅賦和糴入中斛斗支往緣邊。人戶既阻險遠。不能輦運。遂齎金銀絹銅錢等物就緣邊貴價私糴北界斛斗。北界禁民以粟馬南入我境。其法至死。今邊民冒禁私相交易。時引爭鬭。輙

相斫射。萬　興訟。遂構事端。其引惹之患一也。今吾有地不自耕植。而偷糴鄰界之物以仰給。若敵常歲豐及緩法不察而來過吾界。則尚有可望。萬一虜歲不豐。或其與我有隙。頓嚴邊界禁約而閉糴不通。則我軍遂至乏食。是我師飢飽繫在敵人。其患二也。代州岢嵐寧化火山四州軍。緣邊地既不耕。荒無定主。虜人得以侵占。往時代州陽武寨為蘇直等爭界。訟久未決。卒侵却二三十里。見今寧化軍天池之側。杜思榮等又來爭侵。經年未決。岢嵐軍爭掘界濠。賴米光濬多方力拒而定。是自空其地。引惹北人歲歲爭界。其害三也。禁膏腴之地不耕。而困民之力以遠輸。其害四也。臣謂禁地若耕。則一二歲間。北界斛斗可以不糴。則邊民無爭糴引惹之害。我軍無飢飽在敵之害。緣邊地有定主。無爭界之害。邊州自有粟。則內地之民無遠輸之害。是謂去四大害。有四大利。今四州軍地。可一二萬頃。若盡耕之。

則其利歲可得三五百萬石伏望聖慈特下兩府商量如可施行乞名募耕種稅入之法各有事目容臣續具條陳。

七年知鄧州富弼上奏曰臣竊聞河朔軍儲每歲不啻六七百萬斛自來本路賦入外須更令客旅入中方得充足今水災之後農民大半流徙從來沃壤盡爲閑田又河朔所占地土至多無由耕墾臣知許見入之賦不過三分之一別路支撥增添亦不過十萬斛斛價踴貴必無入中之助則是河北每歲軍儲頓虧一半已上雖朝廷極力救濟臣知無以出辦況別路所撥之物已是那輟應副若更減輟兩科則彼自虛竭必是難爲支撥民力不得不困國用不得不窘臣兼料量得河朔流民東走登萊濰密南奔淮楚荊襄西至并代關陝北投幽燕及山後諸鎮睽離四散無所不之三二年間唯上等有力或可歸業自餘流浪忘反卒無還期河朔逃田盡成廢棄河朔軍須無

以供億若不早爲擘畫恐朝廷財用殫耗遂至不支甚非爲國之計也臣嘗覽載籍歷代備邊守禦多用屯田趙充國守先零曹魏守西城諸葛亮守魏羊祜守吳當時皆爲戍邊頗多軍食不足蓋取營田之利遂立破敵之功況今陝西河北緣邊甚有置屯田之處法制多在增脩不難臣欲乞朝廷指揮河北州縣去年逃田隨所在撥爲屯田諸處抽差廂軍給使如不足即募流民日得數千人不必比招軍人例多支破衣糧但量給口食粗令飽足既免凍餒必樂服田況本是農家不勞教勸或更許收成後十分中少給與一二分以充贍養之資則應募者其孰能禦之兼自來經水田土千倍肥濃耕墾之功不甚勞力但能布種在地便有厚穡之望至於農具牛畜亦易爲經度或慮災傷之後難得牛畜只用人亦可應急若朝廷嚴切指揮速令興作必然今秋便有所入一二年後不可勝食纔候流民復業逐

旋撥其元地給與則向時流徙不患其不歸也方今至急之務無出於此伏惟聖慈早賜裁擇。

仁宗時陝西經畧安撫使范仲淹奏乞罷陝西近裏州軍屯田疏曰臣等竊見陝西昨來興置營田本欲助邊以寬民力除沿邊有空閑膏腴地土處可以開墾外其近裏州縣官吏不能躰朝廷之意將遠年瘠薄無人請佃逃田抑勒近隣人戶分種或令送納租課又自來人戶租佃官私地土每畝出課不過一二斗今亦勒令分種每畝須收數斗致貧戶輸納不前州縣追擾無時暫暇緣人戶自用兵已來科率勞弊至於亡業尚多荒廢實無餘力更及營田其所出租課多是抱虛送納又觀編勑指揮不得將逃戶田土抑勒親隣佃蒔蓋恐害民況今歲災旱尤甚理當優䘏不可非理煩擾使之重困臣等欲乞特降指揮應陝西近裏州軍營田一切廢罷如元係租佃即令依

舊額出課如元係遠年瘠薄逃田請稅額畫無人請佃者即與減定稅額召人請佃所貴疲民受賜歸感睿仁。

張方平上論曰臣聞古者師役不踰時無遠征久戍之勞宿軍轉餽之費故在三代無屯田之事降及秦漢務恢封畧疲弊中夏外事胡貊魏氏之後吳蜀鼎立永嘉東徙遂成南北天下割解更相鄙夷分疆占域各分戍守力穡之夫鮮被甲之士衆曠日持久兵勢未解而屯田之利興矣漢昭始調戰射士議屯於張掖充國後擊先零亮留佃於浩亹魏武之經畧四方取濟許潁之積晉氏之南征吳會仰給江淮之儲唐太宗既定天下患欲散兵權省國用遂因隋制相要衝以設府計隙地而置屯三時務農一時講武居則有扞城之備而稟食自足動則備調發之籍而戎事無廢及明皇恃海宇之泰寧承國力之全盛府兵耗散田萊不墾後又併折衝府立武士號於是李[illegible]

丁兵而有正兵矣寵狎驕卒坐而竊食帑庾虛竭財用不贍而商利侵刻之臣百方誅取生人困瘁漸至危亂范陽構禍日尋干戈代宗德宗專用姑息自諸方鎮之任徒兼營田之名將戰之夫莫肯待詔至憲宗時有司上元和國計簿校天下兵農之數率以兩戶而資一卒人力凋弊可舉而知天下兵農之業遂離而不復爲今國家之兵莫大於養兵四聖同仁恭儉慎德靡遊于逸于觀于畋念四方惟士之供憫小人作業之勞節愛惟謹皆用因小然出納之吝在乎有司刻歛勾校錙銖圭撮天地所產山海之富動植之物悉竭于官婦織不蠶夫耕不食黎民力盡寒暑不息以供軍士衣糧匪頒之費汲汲乎其不能足也伏見議者有獻屯田之策雖未能該盡乎躬要顧難其利跡而或者狃爲異說破其端緒臣輒爲之揚搉以申其論或者曰蓋聚兵邊境戰守相持留則芻糧不足解則寇患未息故且耕且

守而後有屯田之事未聞平時興屯於內地也臣應之曰昔棗祗建安之迹通布都畿鄧艾正始之謀近緣陳項晉荀羨興石鼈之利分界東陽齊越興置懷義之屯乃在河內唐氏府兵皆田天下相望後上元中因洪澤芍陂之饒大資國用我朝自唐汝河朔之郡皆有田務此固不待邊境而後有屯田也今淮陽許昌汝南之域人希土曠地力不盡密接京輔便於漕發雖內師禁旅亦出就食往復浹日不廢衛護又東平鉅野至于彭城率多閒田民力不贍決河之所墳淤皆爲沃野歲所收入東自濟汶漕而北泗可至河北東境西入廣利渠可至太倉曹南陶丘可爲廩積置屯之地無便於此江淮之境人稠土狹田無休易向以布屯且國家歲漕東南之粟費其運錢費已兼倍此爲謀之迂也或者曰唐氏之前兵民同業本調取於農故可任於農事今之軍士皆市井紐狎去本浮游之民至于無所容然

後入于軍籍且其驕也久矣喑濡保息莫敢拂其心者是可使之寒耕暑耘者乎臣應之曰昔之爲屯田者多在師旅之中解甲冑而執耒耜釋耒耜而執干戈出死入勞莫之憾也惟所御用之而已又況四方無事邊疆無役衣食足而起居時安室家而守妻子使趨南畝各食其力又何憾焉蓋智者謀始因勢推移使事濟而衆安在資權而成務臣雖不敏請試效愚蓋漢氏之屯田也發弛刑焉曹氏之屯田也募百姓焉晉氏之屯田也置營卒焉後魏之屯田也借民力焉唐氏之屯田也以府兵焉或兵或民惟所用者今天下浮戶依強家而爲佃客者取分末之利輸太半之率由無以自業也儻優制招來蠱之以利寬其賦入復其它徭則願屯之夫襁負而至矣爲置典農之官專司力穡之事功勞報賞爲法必信因使冬隙簡其強銳教之角射賞其精力古者因農事而寄軍令蓋此之謂則是募屯田夫得

屯田兵也居則稼穡之人用則戰騎之士不衣庫帛不食廩穀是驕卒可放省屯倉可待盈雖有凶荒水旱之變而軍不乏乎儲峙民不增乎橫賦建屯之利其亦博矣謹論

神宗熙寧七年詔委提點秦鳳路刑獄鄭民憲興營田許奏辟官屬以集事樞密使吳充上疏曰今之屯田誠未易行古者一夫百畝又受田十畝爲公田莫若因弓箭手倣古助田法行之熙河四州田無慮萬五千頃十分取一以爲公田大約中歲畝一石則公田所得十五萬石官無營屯牛具廩給之費借用衆力而民不勞大荒不收而官無所損省轉輸平糴價如是者其便有六而提點刑獄鄭民憲言祖宗時屯營田皆置務屯田以兵營田以民固有異制然襄州營田既調夫矣又取鄰州之兵是營田不獨以民也邊州營屯不限兵民皆取給用是屯田不獨以兵也至於招弓箭手不盡之地復以募民

則兵民參錯固無異也而前後施行或侵占民田或差借耕夫或諸郡括牛或兵民雜耕或諸州廂軍不習耕種不能水土頗致煩擾至於歲之所入不償其費遂又報罷惟因弓箭手為助田法一夫受田百畝別以十畝為公田俾之自備種糧功力歲畝收一石水旱三分除一官無廩給之費民有耕鑿之利若可以為便然弓箭手之於塞未安其業而種糧無所仰給又責其借力於公田慮人心易搖乞候稍稔推行

元豐五年詔提舉熙河等路弓箭手營田蕃部共為一司隸涇原路制置司提舉熙河營田康識言新復土地乞命官分畫經界選知田廂軍人給一頃耕之餘悉給弓箭手人加一頃有馬者又加五十畝每五十頃為一營四砦堡見缺農作廂軍許於秦鳳涇原熙河三路選募廂軍及馬遞鋪卒願行者人給裝錢二千詔皆從之

高宗時龍圖閣直學士知湖州汪藻上奏曰臣竊惟國家遭金人之禍于今五年無歲無兵而去冬之役振古未聞廼者盤礴之師至江壖不渡此陛下憂勤上通於天而天贊我也然臣嘗觀古者兩敵相持所貴者幾會此勝負存亡之分也虜師既退國家非暫都金陵不可而都金陵非盡得淮南不可淮南之地虜人必不能守若為劉豫經營不過留簽軍數萬人而已耳蓋可驅而去也淮南荐罹腥羶蹂踐且群盜繼之民去本業十室而九空其不耕之田千里相望流移之人心已棄決非朝夕可還也國家欲保淮南勢須屯田則此田皆可耕墾臣愚以為止二月間可便遣劉光世或呂頤浩率諸鎮頭項招安人馬過江營建寨柵除見存人戶田產不可侵外其餘流移未還者明降指揮各借五年使諸軍分地而耕俟種食充盈規摹已定然後徐步而闢中原既固行在藩籬且清東南群盜此萬世一時也

章誼上奏曰臣竊見朝廷累年興置營田將以勸耕桑足衣食廣財賦寬民力誠敦本抑末務農重穀之政也然而行之累年而上不知關者何也急於見效而務於專利也夫急於見效則官吏掊抑之弊生務於專利則田野耕鑿之人少今京西湖北與夫淮南東西此四路者其被兵最甚其失業最多朝廷必欲承給牛種人給錢糧然後為勸然財力所不能足必欲今年借貸明年收租然後為見效則豐凶有不可必苟能捨此二事而捐其地於財力可辦之人使人自勸耕家自竭力而兵食兼足公私並濟見效於數年之後實大惠也今三大將各占一路此皆昔時鎮撫使所有之地也人民懲於兵盜而不歸國家恃為藩籬而未能固如蒙聖慈各捐數縣之地使三大帥均給將士其願耕者則收其租賦之入明諭百姓使執契券盡償其業於它郡申飭有司使供給餉饋毋得少損於平日人情既孚地

利既盡則可善價而收其餘以省轉輸之勞非小補也今不早圖日復一日困數路之力竭財用之源以供軍旅之費設有水旱儲峙不繼悔將無及況自用兵十年以來言營田者幾人矣非無區區憂國愛民之意類皆計較毫末數日議功又欲兵民雜耕所以卒無成效臣願聖主斷而行之早賜給授使將有定守兵有常產堡壁相望耕戰相因其堅守則有金城湯池之固其相援則有常山長蛇之勢聽其自設方略各為遠圖不必屑屑較其賦入之多寡彼將畢智竭慮以副聖主涵育之惠矣伏惟留神大幸

給事中廖剛上奏曰臣嘗謂國不可一日無兵而兵不可一日無食今諸將之兵被于江淮不知幾萬數初無儲畜之備日待哺於東南之民已不勝其困矣可不為之慮哉然救此患者莫若屯田朝廷亦嘗行之於淮南乃今閱數秋矣曾未聞其有補豈措畫之方勸相之

誠有未至乎。何其效之遲也。臣願有說於此。昔郭子儀以河中軍常乏食。乃自耕一畝。將校以是爲差。於是士卒皆不勸而耕。是歲河中野無曠土。軍有餘糧。史傳所載。不可誣也。以此知在主將加意而已。夫子儀之事固不可以强大將。然自偏裨而降。獨不可勉之以身率乎。陛下誠詔之曰。將校有如郭子儀之躬耕者。朝廷當加旌賞。彼亦必以爲榮而胥勸矣。此一說也。昔漢之盛時。力田者與孝悌同科。蓋務農重穀。所以勸之者不得不爾。臣觀比年行軍之賞。以功遷資者動以萬計。誠詔之曰。每耕田一頃。與轉一資。彼以執耒之安。方之操戈之危。豈不特易。此賞誠行。萬頃不難得。將無不耕之田矣。此二說也。臣又聞諸葛亮攘武功與司馬懿對於渭南。每患糧不繼。乃分兵屯田爲久駐之基。耕者雜於渭濵居民之間。而百姓安堵。軍無私焉。今江淮之民流離失業者甚衆。顧未有以安集之耳。誠詔之曰。假爾種糧。復爾賦租。雖有士卒。不汝侵擾。凡主將之可恃如此。則彼有轉相勸率。負耒耜而來者矣。夫爭魚者濡。逐獸者趨。利之所在。人樂赴之。死且不避。而况無死之懼乎。此三說也。三說者誠行。則兵食足而民力紓矣。豈徒如此。種粟既多。人保其有。相與出力以禦外患。而軍勢亦益張矣。豈小補哉。臣願陛下以是屬之諸將可乎。是謂經遠之謀。富強之術。而中興之資也。若夫貪尺寸之功。爲僥倖之舉。與夫覘彼之所爲而輒務勝之。抑末也。臣恐或爲所欺。反自取困弊耳。非計之得也。願陛下虛心而加擇焉。天下幸甚。

剛又奏曰。臣竊見朝廷講屯田之策久矣。春耕又復失時。日度一日。略不見有所設施。臣所未喻。夫臨淵羨魚。不如退而結網。今欲戰苦無兵。養兵苦無食。此朝夕之所念慮而不能置者。如謂古屯田法未易遽行。獨不可參酌時宜。姑取其簡易便於人情者試爲之乎。江淮之間。蒿萊千里。本皆膏腴之地。臣願詔劉光世軍中將校有能部其卒伍就耕者。優加爵賞。歲入悉分其衆。自餘曠土。益募民墾闢。每能率三五百人。或千人。乃至數千人。遞補以官。三歲力成。則淮南江北懷歸之人。與所在土豪。自當有應募者。事成皆許優與遷轉。利之所在。人所樂趨。雖使之自戰自守可也。此古實邊意也。豈惟民力紓而兵食足。人保其有。相與出力以禦外患。而軍勢亦益張矣。豈小補哉。今歲閏四月。稻田或尚可種。惟早圖之。

剛爲御史中丞。又奏曰。臣聞聽納人君之盛德也。然貴於能行。聽納而不果於行。亦何益哉。昔子路有聞未之能行。唯恐有聞。蓋士之欲善其身如此。君天下者。行一善言。則天下蒙其福。廢一善言。則天下受其弊。其所係固非匹夫欲善其身者比也。臣伏覩陛下求言之詔。聽納之德。古未有也。豈惟在廷之臣莫不藝其所欲言。四方萬里布衣草澤之士苟有所見。咸得上聞。臣意今日天下幾無隱情矣。然考察而施行之。臣竊以爲未至。且以一事言之。屯田之爲利。三尺童子皆知之。前後言者不知幾千百人。而十年于茲。訖未見效。謂終不可行邪。古人行之而獲其利者多矣。豈今天下曠土之多。不戰之兵張口待哺者如此之衆。而獨不可行乎。朝廷實緩其事。雖行之而未得其術亦明矣。東南餘民。困弊極矣。不以屯田代其供饋。將何以蘇之。臣願亟詔有司。取前後講畫屯田章疏。詳加討論。務在必行。若歲復一歲。不加意焉。欲兵食足而民不困窮。臣敢以爲無良策也。此則今日事之最急者也。臣復見日前關報臣寮所陳利害。其間有切中時病決可施行者尚多。且如言賞重罰輕。民不知畏。廢法用例。吏並爲姦。翻異不已。而妄賍卒免。滯差不已。而州縣被害。賦租失實。而貧民苦於代納。文移煩而庶事因以不治。若此之類甚衆。其弊顯然。當革無可疑者。朝廷大抵例送所屬看詳，甚[illegible]而已，是以因循遷延，其說多不果行。臣愚欲望聖慈特降處分，委向來宰屬檢舉日前看詳等指揮，立限具上，都省參酌取旨施行。所貴出言不爲虛文，實天下幸甚。

虞允文上言曰。臣聞國以兵強，兵以糧聚，此天下之通論也。然兵之敝常或於冗而不精，糧之敝常憂於虛而無積，二敝其今日之所甚急乎。往歲之春，警報紛紛，陛下嘗爲之宵旰矣。及此暇時，四境之備當議持久之計，而或者謂備邊者必增兵，而增兵之害有二，外則起敵國之疑，內則憂月給之不足。臣嘗竊思之，以爲無增兵之名，而有屯兵之實，有減兵之利，而無養兵之費者，屯田是也。國家營田有年矣。蜀口之入，歲不過十二萬石；武昌之入，歲不過八萬石；荆淮之間，所入益少。而將相故家一歲之儲有至數十萬石者，豈天下之大，乃不及之。況今荒田曠闊，未易以頃畝計。昔諸葛亮之於漢中，鄧艾之於兩淮，羊祜之於荆襄，顯然皆有成效。亮雖不久而已，寬全蜀之運。艾以六七年間積三千萬斛。祜之末歲亦有十年之儲。以今二三大將忠義智略，自是不在亮、祜、艾下。顧不能爲陛下思長久便利之策乎。臣聞古者一軍之中，未必皆戰士也，而有上中下之別。上者可戰，中下者可役，而新募之兵可役者必倍焉，而皆兵之老弱者舉不堪役也。不堪役者，聽其離軍，資其鉏犁糧種之實，授田以優其生，而募新兵以復其額，使凡可役者併寓於農，而薄其歲之所入。率以七人耕而養一兵，若耕者萬人，歲可增一萬兵矣。歲增不已，耕者益衆，所藏之兵必全盛於今日，豈惟國勢以強，邊儲以實，而軍制可坐而定也。臣願陛下與腹心大臣共議之，徽旨所嚮，則下皆景從矣。大抵使精於藝者習戰，拙於用者力耕，而老者得以自便，莫不因其性而行之。三軍其有不順陛下之令者乎。一得之愚，惟陛下幸擇。

孝宗隆興元年，臣僚言州縣營田之實，其說有十：曰擇官必審，募人必廣，穿渠必深，鄉亭必修，器用必備，田處必利，食用必充，耕具必足，定稅必輕，賞罰必行。且欲立賞格以募人。及住廣西馬綱二年以市牛。會有訴襄陽屯田之擾者，上欲罷之。工部尚書張闡言：今日京襄屯田之害，以其無耕田之民，而課之游民，游民不足，而強之百姓，於是百姓舍己熟田而耕官生田，或遠數百里徵呼以來，或名雙丁而役其強壯，老稚無養，一方騷然，罷之誠是也。然自去歲以來，置耕牛農器，修長水二渠，費已十餘萬，一旦舉而棄之，則荆襄之地終不可墾也。臣見兩淮歸正之民動以萬計，官不能續食，則老弱飢死，強者轉而之它。若使之就耕荆襄之田，非惟可免流離，抑使中原之民聞之，知朝廷有以處我，率皆襁負而至矣。異時墾闢既廣，取其餘以輸官，實爲兩便。詔除見耕者依舊，餘令虞允文同王珏措置。

二年，江淮都督府參贊陳俊卿言：欲以不被帶人擇官荒田，標旗立砦，多買牛犁，縱耕其中。官不收租，人自樂從。數年之後，墾田必多，穀必賤。所在有屯，則村落無盜賊之憂；軍食既足，則饋餉無轉運之勞。此誠經久守淮之策。詔從之。

國子司業劉𤇍接伴金使于盱眙，軍還，言：兩淮之地，藩蔽江南，干戈盜賊之後，宜加經理，必於招集流散之中，就爲足食足兵之計。臣觀淮東，其地平博，膏腴有陂澤水泉之利，而荒蕪實多；其民勁悍勇敢，習邊鄙戰鬭之事，而安集者少。誠能經畫郊野，招集散亡，約頃畝以授田，使毋廣占拋荒之患，列溝洫以儲水，且備戎馬馳突之虞，爲之具田器，貸種糧，相其險易，聚爲室廬，使相保護，聯以什伍，教以擊刺，使制糾率，或鄉爲一團，里爲一隊，建其長，立其副，平居則耕，有警則守有餘力則戰。帝嘉納之。

蔡戡上奏曰：臣聞守城以兵，養兵以食。有城而無兵與無城同，有兵而無食與無兵同。三者不可闕一。今襄陽椿積米不過三萬石，借貸侵移陳腐之餘，所存不多，緩急何以為備？況總領所歲計支米十萬石，自湖南諸州移運應副，鄂州至襄陽泝流而上二千一百里，灘淺水急，非兩月不可到，且有損失欠折之患，水脚縻費亦不貲。臣謂與其仰給於餽運，不若取之於土產；與其責辦於民力，不若官自為之。今荊襄間沃壤千里，古人屯田遺跡具在，羊祜墾田八百頃，即此地也。故臣先言水利之當脩，次言屯田之可廣。況漢淮之俗淺種薄收，殊不勞費，一歲之間，用力不過三次，春耕、夏種、秋收而已。兵師得人，於此留意，每歲春時差撥官兵廣行耕種，事竟即歸，收穫亦然。及其登場，以四分入官，六分給耕種收穫之人。無官軍兵請給甚微，得此望外之物，去胡不喜？將見不待驅迫，爭欲服田。官兵既已樂為，然後寓以教閱之法，使之角射藝之精者得往，比其反也，復使之角射藝之不廢者再遣之。且耕且教，兵食俱足，積以歲月，可省湖南餽運之勞，而邊備有餘矣。襄陽見今屯田官兵五百人，歲收穀麥幾三萬斛，官取其半，惜乎未廣也。今既鑿木渠，渠之左右無非良田，以漸耕墾，其利十倍。伏望聖慈詳酌，行下荊鄂都副統制司相度施行。

光宗時，戡又上奏曰：臣等準淳熙十年八月十四日尚書省劄子節文：福州觀察使、建康諸軍都統制郭剛劄子奏：六月三日準遞到御前金字牌御寶封降下御筆：朕聞屯田內有仁費之利，外有守禦之備，趙充國陳便宜十有二事，其說曉然，久欲推而行之，患無其人。朕聞而不講，卿宿將虎臣，通於兵事，可以倚仗。其計度田處與夫人數器用之屬，凡所以施行之策，詳悉條具聞奏，副朕意焉。付臣謹。已仰體聖訓，恭稟施行。切惟屯田之法，因田致穀，以便軍食，為利甚博。陛下留神農務，明問下及，臣雖愚闇，敢不罄竭萬一。惟是經始之初，不無少費，既定之後，可與圖成。以守則堅，以戰則克，實為經久無窮之計。臣區區愚見，條具奏陳。八月十四日三省同奉聖旨，令總領與郭剛同共條具。臣等恭稟前項聖旨指揮，置條具下項，須至奏聞者。

一、臣等契勘淮西州軍邊面闊遠，若於沿淮處一槩措置屯田，切慮擾動邊民，兼有不通水次去處，難以轉輸。惟是和州烏江、含山、歷陽縣、無為軍巢縣、廬江縣至東關、焦湖一帶地瀕江湖，可以通行舟楫。昨來措置屯田之時，軍旅方息，人戶少有歸業，亦止根括到和州三縣及無為軍巢縣荒田共五百頃，及廬州三十六圍。開墾自廢罷之後，州縣據憑人戶契據識認，其間不無侵耕，歲月既久，遂同已業。若欲泛行根括，切慮州縣因而擾民。

今相度欲乞從朝廷劄下淮西帥漕司，先次行下諸縣，取見人戶請佃舊管屯田數目，然後於瀕江臨湖一帶近裏州縣，根括可以開耕無主荒田，開具坐落地段、四至、田畝數目，供申朝廷。候到，降下以憑標撥措置開耕。仍令逐司嚴切約束州縣，不得因而擾民。

一、今來初開荒閑田土，全藉工力，不比熟田用工省易，須令人有餘力，方可使之競勸。臣等今相度欲每田一頃，令四人分耕，每人當二十五畝，每六人為一甲，於內差甲頭一名，十甲為一係，計六十人，差使臣一員管押。今且以五百頃為率，共合用二千三十三人，每一千人差將官一員，部轄措置將司白直等人一六五人，共用二千六十五人。照得自乾道六年以後，不曾差撥官兵前去沿淮出戍，今來所差屯田官兵，欲且於和州防城一千人内分撥前去。候淮西帥漕司根括田段見得多少。或有不足人數。即從都統制司照數貼差。亦作防城名目將來田土成熟耕墾省力。有可減人數徙宜施行。

一。合用耕牛農具寨屋種糧之屬。若令淮西漕司應辦。不免行下州縣科擾百姓。若令軍中自行辦集。又緣建康都統制司自廢罷回易之後。止有逐月撥到酒息錢接月支給諸軍統制統領將佐供給。又有打造戰船。教閱犒賞。百色支用。別無寬剩。切見淮西漕司所管錢物浩瀚。欲乞朝廷指揮於淮西漕司見管錢内先撥十萬貫。支付建康都統制司拘收。措合用耕牛農具寨屋物料種子。並依郭剛已奏請之數。先且減半收買製造使用。淮西漕司除根括田段之外。其餘事件並無干預。既免擾民。事亦易集。

一。今來開墾之初。所收子利未廣。兼起荒勞苦。合行優潤。臣等今相度。欲將第一年所收物斛除存留種子外。盡行給與力耕官兵。第二年除種子外。以十分為率。官收二分。其餘八分給與力耕官兵。第三年除種子外。以十分為率。官收三分。其餘七分給與力耕官兵。第四年所收物斛除種子外。以十分為率。官收四分。其餘六分給與力耕官兵。已後年分並止以四六分收給。庶幾官兵樂於勸耕。不致廢墜。

一。部轄將官使臣合千人。白直等人往來管幹。亦合量行支犒。緣官中所收不多。臣等今相度。欲於力耕官兵所得分數内斟量取撥。從都統制司照等第徑自均給。候支散畢。具數供申朝廷照會。

一。今來淮西漕司先撥到錢數及將來收成官中合拘收物斛。臣等相度。欲委都統制司收支。候年終。造帳開具奏聞。

一。如有條具未盡事件。續具奏聞。

戡又上奏曰。臣昨任京西漕臣。親見荊襄之間。沃野千里。古人屯田。遺跡具在。戍兵全仰縣官。請給微薄。餽運艱險。誠因其所利。耕墾可實邊儲。亦因以寓教閱之法。今春名還。嘗具劄子面奏。特蒙玉音稱善。近者伏準尚書省劄子。備奉聖旨。令臣與都統郭剛同條具屯田事宜。臣切揣聖意。豈非採芻蕘者愚慮之一得。不但可行於荊襄。欲廣其策於被邊之地乎。況臣所領職實兼措置屯田。固當竭智殫慮。以裨萬一。已與郭剛同條具奏聞外。然臣有愚見。不敢隱嘿。臣伏見漢淮事勢大槩不同。襄陽地廣人稀。自城之外。彌望皆黃茅白葦。既踈水渠溉田數千頃。無民田間斷。兵耕其中。聚而不散。號令進退。不失部伍。淮西州軍。去邊稍遠。耕者日衆。雖有荒閑之田。不免與民田接

畛。軍民雜耕。豈能無擾。屯兵散處。廬舍隔遠。亦難鈐束。此事體不同者一也。襄陽去邊不百里。自備好以來五六十年。流民未復。曠土未闢。見今可田去處。皆是百姓棄而不耕之地。軍民不相侵奪。坐得良田。故其為利也安。淮西則不然。富民大家及歸正人。經官請佃廣作四至。包占在户。歲月既久。遂為永業。官司非不知之。若一切根括。則必大為邊民之擾。若止收其所棄而為屯田。則所得無幾。此事體不同者二也。襄陽屯田近者負郭。遠者數十里。主帥可以親臨。朝出暮歸。察其農事之勤惰。閱其武藝之精粗。而賞罰之。戍兵往來耕者鱗者相望於道。營寨不遠。可以更休。故於事為便。今大軍屯駐建康。淮西異路。近者猶有一江之隔。主帥絕江而北。人所創見。委之偏裨。未必盡力。況事當一一咨稟主帥而後行。遥度於數百里之外。非身履目擊之。豈能盡合事宜。其於農事武藝亦不能盡察。戍兵往來。動是

旬日營寨相連必家屬偕行此事體不同三也自和戎以來兩淮未嘗宿重兵諸州防城未過千百人而已襄陽之兵雖號鄂渚分戍然自來留屯萬人以副帥臨之敵人習熟不以爲疑今若一旦廣行屯田於淮西沿邊州郡必駭聽聞或啓釁隙要當以漸於近裏州郡爲之此事體不同四也有是四者故屯田之法行之荆襄則易行之淮右則難然則屯田決不可行之淮西乎大抵事無難易在所以處之耳臣聞善立事者戒張皇而忌煩擾夫興大衆開屯田於和好既定之後不無駭聽而不安者向來和州屯田五百餘頃廬州有三十六圍廢歲永久其間多是熟田見係人戶請佃不若先遣官吏案行籍其舊數自來歲措置開耕規摹既成以漸增廣今和州防城者千人廬州亦有三百人春去秋還若根刷向來屯田官兵增益而併遣之則不至張皇矣所謂忌煩擾者凡州縣之間興一役辦一事無非擾

民監司行下諸州諸州行下諸縣諸縣不免取辦於百姓官吏緣爲姦其擾數倍縱使量給價錢縻費減尅所餘無幾往往白著今也買耕牛造農具蓋寨屋一切委之漕司漕司靳費勢必科擾未見屯田之利已爲邊民之害臣謂不若令軍中辦其事漕司給其費要使屯田開而民不知則不致煩擾矣軍獲其利民不知擾人心既安地利亦盡屯田之法孰謂不可行之淮西乎臣識慮闇淺訏策迂緩不敢避雷霆之誅惟冀天地日月容覆而照燭之臣不勝大願

楊萬里上疏曰臣聞天下之事未可名之以無故之大也名之以無故之大則將待之以甚難之舉名之以大而待之以難則上之人徬徨睥睨而不敢決下之士畏懾沮喪而不敢議始乎不敢議卒乎廢其議始乎不敢決卒乎寢其決事之難行古之難復而天下之難治皆出乎此而今之所尤紛紛者屯田之議是也且事異職而職異力

從其職而力之則力之爲有功非其職而力之則力之爲無用矣屯田者一有司之事耳何至於煩天子之宵旰而累廟堂之講明哉臣聞禹之治水非躬於疏鑿周公之作洛非手於營築夫固有治之者孔子曰出納之吝謂之有司曾子曰籩豆之事則有司存是故先零之田充國不以累宣帝許下之田棗祇不以累曹公而漢宣曹公亦未嘗下取二臣屯田之事而代之憂今獨待區區之屯田以甚難之舉則天下之事又有難者將何以待之此非名之以無故之大之過歟臣請得而小之且屯田之事其實甚小而其名甚大者孰屯田之名也屯田之名不去則屯田之實終不可行田以屯名豈非以屯兵而名耶古者兵農一人漢之良家子唐之府兵猶有先王之典刑也自張說之募劉守光之刺而兵農始爲二人矣故自唐以前鄉井無不能戰之農而營壘無不能耕之兵非農之可强以戰而兵之可教

以耕也彼固世於耕而習於戰也以其習焉者而離鄉井故其戰不慄以其世焉者而居營壘故其耕不怍今則不然兵人者靡衣偷食猾博而使酒傲忻踞肆視農民以奴隸而尚肯爲農民之事哉今欲屯田而猶執其名以責其人是駕虎豹以耒耜而鞭之使墾田也其不可明矣且又有不可者兩淮之屯田臣不得而知也臣獨見江西之屯田大抵其田多沃而荒其耕者常困其利則官與私皆不獲夫田之沃者耕之招也而何至於荒利不歸於上則歸於下而官與私何至於兩不獲租重故也租重故一年而負二年而困三年而逃不逃則囚於官不瘐死不破家則不止前之耕者去矣後之耕者復如是焉官之遺利可勝惜耶又有大不可者古之屯田皆有謂也行於內地則爲濟飢許下之役是也行之邊地則或爲備敵或爲謀人李泌之議充國之議是也用兵之日則兩淮願行之可也非用兵之日而

驟爲揚兵以屯田爲驚鳥將擊必匿其形何至於彰彰如是哉是故莫若去屯田之名舉兩淮之屯田不授之兵而授之民所以口授業以世守如唐太宗之授田使兵與民分農以食兵故戰者逃兵以護農故耕者安農安而兵逸守則堅戰則強其利一也君子之舉事不言不可言之名不行不可行之言欲行屯田而憚於明言之則名之者非也今天子曷不詔兩淮之漕司與守臣以兵火之後招集流民其民存者以其田復之其亡者許它人承之其爲田之在官者曰屯者曰營者曰沒入者舉而一之爲世業以授民之無田者且不問於江湖閩浙之民則行可言之可名矣夫吾自有田吾自有民以吾之田授吾之民此何驚於敵而何疑於逼哉其利二也其事既行則又詔於內地諸路之守臣有民稠地狹而願遷則遷之淮有水旱飢民之就食則就於淮使民得自言而聽其來官隨所過而爲之給何

患無能耕之人哉檢校經界之舊籍以爲均稅之額盡籍內地之屯田以爲牛種之資其熟戶則蠲其幾年之租其新民則蠲其幾年之租何患無樂耕之人哉且使人必有道因其所利而利之之謂也今使兩淮之地民戶增而墾田多者必以韓重華之賞而賞漕臣以王臣之賞而賞守令則吏之所利也民之來者優而恤之如前之說則民之所利也是三人者各利其利各力其職而又糾之以諫官御史以察其擾且僞則不出十年兩淮無餘田而有餘穀朝廷有兵食而無兵費邊上之粟如山而內地之餉漸可省矣其利三也雖屯田之名以享屯田之實不在此耶或曰田之在官者不賣之而直授焉官其費民其倖矣蓋爲政者必視其所爭而爲之制夫以民爭地則地重以地爭民則地輕地重者賣之可也地輕者授之可也今兩淮之地所謂地爭民者也授之猶不必來而況賣之耶役民以築而賣之木驅民以戰而賣之箭臣不知其說也惟朝廷擇其中

寧宗嘉定十五年司封郎中魏了翁上疏曰臣曩蒙一再賜對嘗極陳三邊利害之實三虜強弱之勢雖蒙聖慈不以其狂瞽曲賜容貸而事會無窮隱憂莫釋每念古人守邊備塞可以紓民力而老敵情惟務農積穀最爲要道然而言之者爛熟聞之者訨玩何也以未嘗精講而力行之也臣生長於蜀雖幼習百氏長遊四方於國中之事粗所素講然身履目擊之久真知而實見則莫如父母之邦姑以蜀事爲陛下陳之則三邊固可類推矣臣比者竊聞四川制置司遵奉聖旨措置利州路營屯田委監司分任其責見已置局經理朝廷明見萬里之外凡在邊鄙莫不踴躍思奮猶有說焉西邊自罹虜寇已來利東之大散黃牛利西之皂郊水關等處五六年間原堡多廢地利悉棄以故流人久不復業穀粟日貴兵民交弊今若遵行屯田則

合葺邊堡合用兵耕而邊堡則諸將應事謹審欲及冬時同乘機便乃可脩築兵耕則自頃年累減軍額以來以之坐守尚多闕數矧今久戍之餘難復再加役使是屯田之事卒未可舉而邊實之儲無時而可議也然則遂置之不復問則豈不甚可惜哉臣竊謂有屯田有營田二者相近而不同營田者何大兵之後田多荒萊如諸路有閑田寺觀有常住皆當廣行招誘使人闢墾因可復業則耕穫之實效往往多於屯田蓋從邊之地久荒不耕則穀貴貴則民散散則兵弱必地闢耕廣則穀賤賤則人聚聚則兵強此理所必然惟毋責屯田之虛名而先究營田之實利則庶幾矣臣請試陳今日所當營之田如利之西路則皂郊之內湫池諸谷水關之內崖石諸鎮利之東路則洋川之內青座華陽鳳集之內盤車諸嶺大率昔爲膏腴今成荒棄至於金州近裏亦多有之其田去虜或百里或二三百里有高山

大陵之險可據。有原堡兵戍之援可恃。亦有賊騎從來所不曾至之處。若更得土豪之助。則指日可成。今聞三路土豪之爲忠義者。有願自備費用。自治農器。自辦耕牛。自用土人。各隨便利。趁時開墾。及秋布種。其間亦有願畧資官司給助者。亦自不多。若聽其施工。畧計所耕可數千頃。則明年此時。便收地利。縱官未立額。或量行輸租。其潛裕兵民。使漸食賤粟。比之頃歲人皆斛貴。官皆糴貴。其利害豈不萬萬相絕。何況耕田之民。又皆可用之兵。不數年間。邊食既豐。兵丁亦足。萬一有警。呼吸成聚。家自爲守。人自爲戰。比於倉卒遣兵戍守。亦萬不侔。若是則雖無屯田之名。而有屯田之實。無養兵之費。而又可潛制驕悍之兵。不惟不畏殘虜。亦可不畏它盜。積以歲月。則今之墾田又可爲後之屯田。今之耕夫可爲後之精兵。救蜀大弊。爲蜀永圖。無出於此。顧何憚何惜而久不爲也。或者之所慮。不過寇抄耳。然虜

嘗蕩劫我梁洋及五州。知無所得。今方與韃㠀相持。未必遽議再入。目前可以暫紓。失今不爲。則後悔無及。臣比得蜀中近聞興元金州兩戎司探報。虜方科民牛具開耕鳳翔荒田。又聞四和一帶邊民覘知虜亦廢兵。願各耕種。人自爲守。夫墾荒之利。虜猶知爲之。而我不敢爲。原堡之間。虜知耕之。而我弗敢耕。悠悠歲月。坐長寇讎。臣不知所以爲策矣。比者關外連歲荒歉。今年蕎麥大熟。邊民無襄外咸知耕播之利。聞朝廷施行屯田指揮下日。而和一帶願耕者雲合風偃。動以千數。人心若此。何可失也。臣愚欲望聖慈申命四川制置司。據民今已行。就令利路提轉司。因人心欲爲之機。撫天時難失之運。先切選用土豪。漸漸耕墾細民所不能墾之田。則一寸有一寸之功。一日有一日之利。皆實效也。事半功倍。惟此時爲然。若夫屯田。則先措諸將隋貲原堡。使聚日併將撥邊荒田盡數耕播。行之以漸。要之以久。不數年之間。邊備隱然。以戰則勝。以守則固。保蜀之策。無大於此。惟陛下財幸。

元世祖時。東平布衣趙天麟上策曰。臣聞神農之教曰。有石城十仞。湯池百步。帶甲百萬。而亡粟。弗能守也。由是觀之。兵者城之守也。食者兵之給也。非兵無以守城。非食無以給兵。兵足而城安。食足而兵壯。兵食二者。强國之計也。謹案古者井田之法。地方千里。出兵車萬乘。甲士三萬人。步卒七十二萬人。馬四萬匹。牛十二萬頭。且耕且守。人無阻飢之厄。有室有家。下獲樂業之娛。三代以後。去古既遠。阡陌制起。舊法遂絕。歷代尚患兵食不足。至有令人入粟鬻爵而濫官者矣。又有令人入粟免罪而敗法者矣。亦有賦歛煩劇而失民心者矣。亦有重刑極罰而徵民物者矣。是皆見目前而忘後患。得其一而失其百者也。乃有卓然英乂。思革其弊。屯田之事。由此而興。若充國之

於先零。鄧艾之於壽春。以至魏武屯於所在。而倉廩廩不啻兩。羊祜屯於襄陽而積粟可支十年。其餘獲利者。不可勝數。然猶未達於天下也。唐置六百三十四府。府各有兵。無事之時。乃耕于野。永徽年間。斗米三錢。盜賊遂息。旅行千里。不持寸兵。盛之至也。今國家大業已定。不忘武備。江湖嶺海閩廣川蜀西北東北邊塞之地。皆有軍兵以戍之。坐食糧粟。淮南北等處有屯田官府。而屯田實未之廣也。爲今之計。宜廣屯田。况屬承平之秋。非同征伐之日。須立久長之妙法。無幾歲稔之並行。使先偏後伍之流。務南畝東皐之事。一朝有事。則屬戈北甲而奮其戰勝攻取之能。寧寇消聲。則力播服田而求其千倉萬廂之積。畋於農隙以講大事。完其營壘以防不虞。亦既免飛芻輓粟之勞。而又有用寡生多之益也。兼帰一致。功可與成。伏望陛下念兹在兹。凡戍兵之處。命戍卒爲農。開墾曠田。每丁人限幾頃。凡所用

之牛官為出直於南方西方市買而分給之。凡所用之田器官為於諸冶鑄造而分給之。凡力田及不力者明立賞罰以勸懲之可也。雖一時勞費而寔惟永逸之基。借衆軍餘力而建此富強之業。庶乎軍民皆以自贍而各得其所矣。

英宗時。虞集拜翰林直學士。兼國子祭酒。嘗因講罷論京師恃東南運糧為實。竭民力以航不測。非所以寬遠人而因地利也。與同列進曰。京師之東。瀕海數千里。北極遼海。南濱青齊。萑葦之場也。海潮日至。淤為沃壤。用浙人之法。築堤捍水為田。聽富民欲得官者合其衆分授以地。官定其畔以為限。能以萬夫耕者授以萬夫之田。為萬夫之長。千夫百夫亦如之。察其惰者而易之。一年勿征也。二年勿征也。三年視其成。以地之高下定額於朝廷。以次漸征之。五年有積蓄命以官。就所儲給以祿。十年佩之符印。得以傳子孫。如軍官之法。則東面民兵數萬。可以近衛京師。外禦島夷。遠寬東南海運以紓疲民。遂富民得官之志而獲其用。江海游食盜賊之類。皆有所歸。

歷代名臣奏議卷之二百六十一

漕運

漢武帝時。河東守番係上言曰。漕從山東西。歲百餘萬石。更砥柱之限。敗亡甚多。而亦煩費。穿渠引汾溉皮氏汾陰下。引河溉汾陰蒲坂下。度可得五千頃。五千頃故盡河壖棄地。民茭牧其中耳。今溉田之度可得穀二百萬石以上。穀從渭上。與關中無異。而砥柱之東可無復漕。天子以為然。

時人有上書欲通褒斜道（褒中縣也。斜，谷名。音耶。又曰：褒斜，二水名。）及漕事。下御史大夫張湯。湯問其事。因言抵蜀從故道多阪回遠。今穿褒斜道少阪。近四百里。而褒水通沔。斜水通渭。皆可以行船漕。漕從南陽上沔入褒。褒之絕水至斜百餘里。以車轉。從斜下下渭。如此漢中之穀可致。山東從沔無限。便於砥柱之漕。且褒斜材木竹箭之饒。擬於巴蜀。天子以為然。拜湯子卬為漢中守。發數萬人作褒斜道五百餘里。道果便近。而水湍石（湍一作淺）不可漕。

宣帝五鳳中。大司農中丞耿壽昌以善為算能商功利得幸於上。奏言故事歲漕關東穀四百萬斛以給京師。用卒六萬人。宜糴三輔弘農河東上黨太原郡穀足供京師。可以省關東漕卒過半。又白增海租三倍。天子皆從其計。御史大夫蕭望之奏言。故御史屬徐宮（御史大夫屬）家在東萊。言往年加海租。魚不出。長老皆言武帝時縣官嘗自漁海。魚不出。後復予民。魚迺出。夫陰陽之感物類相應。萬事盡然。今壽昌欲近糴漕關內之穀。築倉治船。費直二萬萬餘（萬萬億）有動衆之功。恐生旱氣。民被其災。壽昌習於商功分銖之事。其深計遠慮誠未足任。宜且如故。

後魏大武帝延和七年。薄骨律鎮將刁雍上表曰。奉詔高平安定統萬及臣所守四鎮出車五十乘運屯穀五十萬斛付沃野鎮以供軍糧臣鎮去沃野八百里道多深沙輕車來往猶以為難設令載穀不過二十石每涉深沙必致滯陷又穀在河西轉至沃野越度大河計車五千乘運十萬斛百餘日乃得一返大廢生民耕墾之業車牛艱阻難可全至一歲不過二運五十萬斛乃經三年臣前被詔有可以便國利民者動靜以聞臣聞鄭白之渠遠引淮海之粟泝流數千周年乃得一至猶稱國有儲糧民用安樂今求於牽屯山河水之次造船二百艘二船為一舫一船勝穀二千斛一舫十人計須千人臣鎮内之兵率皆習水一運二十萬斛方舟順流五日而至自沃野牽上十日還到合六十日得一返從三月至九月三返運送六十萬斛計用人功輕於車運十倍有餘不費牛力又不廢田詔從之

唐玄宗開元十八年宣州刺史裴耀卿朝集京師帝訪以漕事耀卿

條上便宜曰江南戶口多而無征防之役然送租庸調物以歲二月至揚州入斗門四月已後始度淮入汴常苦水淺六七月乃至河口而河水方漲須八九月水落始得上河入洛而漕路多梗船檣阻隘江南之人不習河事轉雇河師水手重為勞費其得行日少阻滯日多今漢隋漕路瀕河倉廩遺跡可尋可於河口置武牢倉鞏縣置洛口倉使江南之舟不入黃河黃河之舟不入洛口而河陽柏崖太原永豐渭南諸倉節級轉運水通則舟行水淺則寓於倉以待則舟無停留而物不耗失此甚利也

二十一年秋雨害稼京師飢帝將幸東都召問所以救人者京兆尹裴耀卿曰陛下既東巡百司畢從則太倉三輔可遣重臣分道賑給自東都益廣漕運以實關輔關輔既實則乘輿西還事蔑不濟且國家大本在京師但秦地狹水旱易匱往貞觀永徽時祿廩者少歲漕粟二十萬略足今用度寖廣運數倍且不支故數東幸以就敖粟為國大計臣願廣陝運道使京師常有三年食雖水旱不足憂今天下輸丁約四百萬使丁出百錢為陝洛運費又益半為營窖用勿納司農河南陝州又令租米悉輸東都從都至陝河益湍沮若廣漕路變陸為水所支尚贏萬計且河南租船候水始進吳工不便河漕處處停留易生隱盜請置倉河口以納東租然後官自雇載分入河洛度三門東西各築敖倉自東至者東倉受之一門岨險則旁河鑿山以開車道運十數里西倉受之度宜徐運抵太原倉趨河入渭更無留阻所減費鉅萬天子然其計

德宗貞元四年李泌言於上曰江淮漕運自淮入汴以甬橋為咽喉地屬徐州鄰於李納若納一旦復有異圖竊據徐州則失江淮矣請徙張建封鎮徐州割濠泗以隸之則淄青惕息而運路常通江淮安

矣上從之

八年中書侍郎同中書門下平章事陸贄奏請減京東水運收脚價於緣邊州鎮儲蓄軍糧事宜狀曰右臣伏見陛下每垂睿心經略邊境增築城壘加置戍兵至於春秋衣裝歲時宴犒先後遲速悉由哀衷其為憂勤可謂至矣其為資費亦以多矣蓋以安人固國不憚煩勞此誠慎慮之深者也然於儲蓄大計則未降意良圖但任有司隨月供應近歲蓄戎小息年穀屢登所支軍糧猶有匱乏邊書告闕相繼于朝儻遇水旱為災粟糴翔貴兇醜乘釁寇擾淹時或負戟力殫或饋餉路絕則戍兵雖眾不足恃城壘雖固不克居是使積年完聚之勞遺資一夕潰敗之辱此乃理有必至而無幸濟者也臣竊為陛下惜之軍志曰雖有石城十仞湯池百步無粟不能守也故晁錯論安邊之策要在積穀充國建破羌之議先務屯田歷代制禦四夷常

為國之大事。勇者奮其力，智者貢其謀，攻守異宜，盛衰殊勢。柔服而不勞師旅者，則常聞之矣；屯師而不務農，食者未之有焉。今陛下廣徵甲兵，分守城鎮，除所在營田稅畝自供之外，仰給於度支者尚八九萬人。千里饋粮，涉履艱險，運米一斛，達于邊軍，遠或費錢五六千，近者猶過其半。犯雪霜戰務之苦，冒豺狼剽掠之虞，四時之間，無日休息。傾財用而竭物力，猶苦日給之不充，其餘儲蓄以備非常，固亦絕意而不暇思也。夫屯兵守土，以備寇戎，至而無粮，守必不固矣。遇寇不守，則如勿屯。平居有殘人耗國之煩，臨難有啟敵納侮之禍。所養非所用，所失非所虞，以為制備之規，臣竊謂缺矣。頃者吐蕃尚結贊率其醜類，越軼封疆，朔方五原，相繼淪陷，雖由將帥不武，亦曰匱乏得詞。其事未遠，之為深戒。昧理而好諛者，必曰當結贊入寇之日，遇賊泚作亂之餘，戎卒未多，邊農尚寡，今則甲兵大備，稼穡屢登，比

於曩時，勢不同等。臣請復陳近效，以質浮詞。今年夏初，寇犯靈武，戰則寡力，守則乏粮，告急求哀，匪朝伊夕。有司為之請罪，陛下為之軫憂。遽擇使臣，倂召督運，積財以資用，高價以招人，賴蓄戎自旋，粮道獲濟，封略不壞。固非成謀，然則鹽夏覆而靈武全，唯在幸與不幸之間耳。是皆無不拔之勢，有可驗之危。其為規制之方，所謂同歸於失乎。議者是當今而非既往，豈不曰昧理而好諛乎。今戍卒之加於往時，臣固知之矣；今邊農之廣於往歲，臣亦知之矣。其所謂歸於失者，在於措置乖當，蓄斂非宜，利之所生，害亦隨至故也。陛下忿蓄醜之暴掠，懲邊鎮之空虛，繕甲益兵，庇人保境，此誠雄武之英志，覆育之仁心。刷憤恥而揚威聲，海內咸望有必攻之期矣。既而統帥無律，制事失權，戍兵不隸於守臣，守臣不總於元帥，至有一城之將，一旅之兵，各降中使監臨，皆承別詔委任，分鎮亘千里之地，莫相率從，緣邊列十萬之師，而設謀一。每至犬羊犯境，方馳書奏取裁，行李往來，動踰旬日。比蒙徵發救援，寇已獲勝罷歸，小則蹂籍麥禾，大則驅掠人畜。是乃益兵甲而費財用，竟何補侵軼之患哉。夫將貴專謀，軍尚氣勢，訓齊由乎紀律，制勝在於機權。是以兵法有分閫之詞，有合拳之喻，有進退如一之令，有便宜從事之規。故能動作協以變通，制備無永久。出則同力，居則同心，患難相交，急疾相赴。兵之奉將，若四支之衛頭目；將之守境，若一家之保室廬。然後可以扞寇讎，護甿庶，蓄畜牧，闢田疇。天子唯務擇人而任之，則高枕無虞矣。吐蕃之比於中國，衆寡不敵，工拙不侔，然而彼攻有餘，我守不足。蓋彼之號令由將，而我之節制在朝；彼之兵衆合并，而我之部分離析。夫部分離析，則紀律不一，而氣勢不全；節制在朝，謀議多端，而機權多失。臣故曰措置乖當，此之謂乎。陛下頃以邊兵衆多，轉餽勞費，設就軍和糴之法以省

運，制與人加倍之價以勸農。此令初行，人皆悅慕，爭趨厚利，不憚作勞。耕稼日滋，粟麥歲賤。向使有司識重輕之術，弘久遠之謀，守之有恒，施之有制，謹視豐耗，善計收積，斂麥必歸於官，廩布帛悉入於農夫。其或有力而無資，願居而靡措，貸其種食，假以犁牛。自然戍卒忘歸，貧人樂徙，可以足食，可以實邊，無屯田課責之勞，而儲蓄自廣，無徵役之擾，而守備益嚴。果能用之，是為長策。而有司昧於不克將明，忽國家制備之謀，行苟且之意，當稔而頓糴者，則務裁其價，不時斂藏；遇災而艱食者，則莫救乏粮，抑吏於私。遂使豪家貪吏，反操利權，賤取於人，以俟公私之乏困，乘時所急，十倍其贏。又有勢要近親羈遊之士，或託附邊將，或依倚職司，委賤糴於軍城，取高價於京邑，坐致厚利，寔繁有徒。欲勸農而農不獲饒，欲省費而費又愈甚。復以制事無法，示人不誠，每至和糴之時，多支絺紵充直，窮邊

爽沍不任衣裘。絕野蕭條。無所貨鬻。且又虛張估價。不務准平。高下隨喜怒之心。精麤在胥吏之手。既無信義。卒下下亦以僞應之。度支物估轉高。軍郡穀價轉貴。遞行欺罔。不顧憲章。互相制持。莫可禁止。度支以苟售滯貨爲功利。而不察邊食之盈虛。軍司以所得加價爲羨餘。而不恤農人之勤苦。雖設巡院。使相監臨。既失綱條。轉成囊橐。至有空申簿帳。僞指囷倉。計其數則億萬有餘。考其實則百十不足。巡院巧誣於會府。會府承詐以上聞。幸逢有年。僅過無事。吞聲補舊。引日偷安。若遇歲儉兵興。則必立至危迫。靈武之事。是爲明徵。臣故曰。蓄斂乖宜。此之謂也。夫邊之大事。在食與兵。今食則無儲。兵則乏帥。謂之有備。其可得乎。近者緣邊諸州。頻歲大稔。穀糴甚賤。殊異往時。此乃天贊國家。永固封略之時也。而尚日不暇給。曾無遠圖。軍府有歉食之詞。穡人有悔耕之意。天贊而不受其利。農傷而不恤其窮。及凶

灾流行。播植隳廢。雖復悔恨。事何可追。臣是以屢屢塵煩。所惜在此。頃請擇人充使。委之平糴。務農。陛下以理貴因循。未賜允許。又請乘時豐稔。邊城加貯軍糧。有司以經費無餘。其事復寢。臣謬當任使。待罪樞衡。雖神武之謀。不資獻納。而職司之分。敢忘憂虞。夙夜疚心。盡如焚灼。輒復効其鄙薄。庶或裨補萬分。不勞人。不變法。不加賦稅。不費官錢。不廢耳目之娛。不節浮冗之用。唯於漕運一事。稍權輕重。所宜請爲陛下致邊軍十萬人一年之糧。以爲艱急之備。陛下誠能聽臣愚計。不受沮傷。百日之間。收貯拯畢。轉運常行之務。既無失於舊規。大倉歲入之儲。亦不闕其恒數。圖慮至熟。吏無所妨。謹具揚榷上陳。惟陛下留意省察。舊制以關中王者所都。萬方輻湊。人殷地狹。不足相資。加以六師糗糧。百官祿廩。郊畿之稅。給用不充。所以控引東方。歲運租米。冒淮湖風浪之弊。泝河渭湍險之艱。所費至多。所濟蓋

寡。習聞見而不達時宜者。則曰國之大事。不計費損。故承前有用一斗錢運一斗米之言。雖知勞煩。不可廢也。習近利而不防遠患者。則曰每至秋成之時。但令畿內和糴。既易集事。又足勸農。何必轉輸。徒耗財賦。臣以兩家之論。互有短長。各申偏執之懷。俱昧變通之術。其於事理。可得粗言。夫聚人以財。而人命在食。將制國用。須權重輕。食不足而財有餘。則弛於積財而務實倉廩。食有餘而財不足。則緩於積食而嗇用貨泉。若國家理安。錢穀俱富。烝黎蓄息。力役靡施。然後恒操羨財。益廣漕運。雖有厚費。遂資貧人。三者不失其時之所宜。則輕重中權。而國用有制矣。開元天寶之際。承平日久。財力阜殷。祿食所須。給用亦廣。所以不計糜耗。厲贍軍儲。至使流俗過言。有用一斗錢運一斗米之說。然且散有餘而備所乏。雖費何害焉。斯所謂操羨財以廣漕運者也。貞元之始。巨盜初平。太倉無兼月之儲。關輔遇連

年之旱。而有司奏停水運。務省腳錢。至使郊畿之間。烟火殆絕。都市之內。餧殍相望。斯所謂覩近利而不防遠患者也。近歲關輔之地。年穀屢登。數減百姓稅錢。許其折納粟麥。公儲委積。足給數年。田農之家。猶困穀賤。今夏江淮水潦。漂損田苗。比於常時。米貴加倍。此庶匱之。流庸頗多。關輔以穀賤傷農。宜加價糴穀以勸稼穡。江淮以穀貴民困。宜減價糶米以救凶災。今宜糴之處則無錢。宜糶之處則無米。而又運彼所乏。益此所餘。斯所謂習見聞而不達時宜者也。今淮南諸州米。每斗當錢一百五十文。從淮南轉運至東渭橋。每斗船腳又約用錢二百文。計運米一斗。總當錢三百五十文。其米既糙且陳。尤爲京邑所賤。今據市司月估。每斗只糶得錢三十七文而已。耗其九而存其一。餒彼人而傷此農。制事若斯。可謂深失矣。頃者每年從江淮湖南浙東浙西淮南等道。都運米一百一十萬石。送至河陰。其中

減四十萬石留貯河陰倉。餘七十萬石送至陝州。又減三十萬石留貯太原倉。唯餘四十萬石送赴渭橋輸納。臣詳問河陰太原等倉留貯之意。蓋因往年蟲旱。關輔荐饑。當崔造作相之初。懲元琇罷運之失。遂請每年轉漕米一百萬石以贍京師。以至中途力殫。歲盡。所以節級停減。分貯諸倉。每至春水初通。江淮所般米到便取此米入運。免令停滯舟船。江淮新米至倉。還復留納填數。輪環貯運。頗亦協宜。不必每歲加般以增不急之費。所司但遵舊例。曾不詳究源由。邇來七年。積數滋廣。臣近勘河陰太原等倉見米猶有三百二十餘萬石。河陰一縣所貯尤多。倉廩充盈。隨便露積。舊者未盡。新者轉加。歲月漸深。耗損增甚。縱絕江淮輸轉。且運此米入關。七八年間。計猶未盡。況江淮轉輸般次不停。但恐過多。不慮有闕。今歲關中之地百穀豐成。京尹及諸縣令頻以此事為言。憂在京米粟太賤。請廣和糴以救

農人。臣今計料所糴多少。皆云可至百餘萬石。又令量定所糴估價。通計諸縣貴賤。并雇船車般至太倉。穀價約四十有餘。米價約七十以下。此則一年和糴之數。足當轉運二年。一斗轉運之資。足以和糴五斗。比較即時利害。運務且合悉停。臣竊慮運務若停。則舟船無用。舟船無用。則壞爛莫脩。倘遇凶災。復須轉漕。臨時鳩集。理必淹遲。夫立法裁規久必生弊。經略之念。始慮貴周。不以積習害機宜。不以近利隳永制。不貴功於當代。不流患於它時。慮遠防微。是真均濟。臣今所啓。庶近於斯。減所運之數以實邊儲。存轉運之務以備時要。其於詳審。必免過憂。舊例從江淮諸道運米一百一十萬石至河陰。來年請停八十萬石。運二十萬石。舊例從河陰運米七十萬石至太原倉。來年請停五十萬石。運二十萬石。舊例從太原倉運米四十萬石至東渭橋。來年請停二十萬石。運二十萬石。其江淮所停運米八十萬

石。請委轉運使於澧水州縣每斗八十價出糶。計以糙米與細米分數相接之外。每斗猶減時價五十文。以救貧乏。計得錢六十四萬貫文。節級所減運腳。計得六十九萬貫。都合得錢一百三十三萬貫數內請支二十萬貫付京兆府令於京城內及東渭橋開場和糴米二十萬石。每斗與錢一百文。計加時估價三十已上。用利農人。其米便送東渭橋及太原倉收貯。充填每年轉漕四十萬石之數。並足餘尚有錢一百一十三萬貫文。以供邊鎮和糴。臣已令度支巡院勘問諸軍州米粟時價。兼與當管長吏商量。今計見墾之田。約定所糴之數。得鳳翔涇隴邠寧鄜坊丹延夏綏銀靈鹽振武等道良原長武平涼等城。報除度支旋糴供軍之外。別擬儲備者。許可糴得粟一百三十五萬石。其臨邊州縣。各於當處時價之外。更加一倍。其次每十分加七分。又其次每十分加五分。通計一百三十五萬石。當錢一百二

萬六千貫文。猶合剩錢十萬四千貫。留充來年和糴。所於江淮糴米及減運米腳錢。請並委轉運使便折市綾絹絁綿四色。即作船般送赴上都。邊地早寒。斂藏向畢。若待此錢送到。即恐收糴過時。請且貸戶部別庫物充用本色。續到便令折填。其所貸戶部別庫物。亦取綾絹絁綿四色。並依平估價。務利農人。仍取度支官畜及車均融般送。請各委當道節度及當城兵馬使與監軍中使并度支和糴巡院官。同受領使計會和糴。各量人戶墾田多少。先付價直。立限納粟。不願糴者。亦勿強徵。其有納米者。每斗六升折粟一斗。應所糴得米粟。亦委此三官同檢覆。分於當管城堡之內。揀擇高燥牢固倉窖等收納封閉。仍以貯備軍糧為名。非緣城守絕糧及承別敕處分。並不得輒有支用。待收糴畢。具所糴數。并收貯處所聞奏。并報中書門下。總計貯備粟一百三十五萬石。是十一萬二千五百人一年之糧。來秋若

遇饉歲又可更致百餘萬石。邊蓄既富。邊備自備。以討則有餘。以守則可久。以加兵。則不憂所至乏食。以斂糴。則不爲貪將所邀。悍糴保境者得以遂其謀。盛國跳軍者無所辭其非。是乃立武之根柢。安邊之本源。守土庇人。莫急於此。傾公藏而發私積。猶當悉力以務之。況今不擾一人。無廢百事。但於常用之內。收其枉費之資。百萬贏糧。坐實邊鄙。又有勸農賑乏之利存乎其間。此蓋天錫陛下攘戎狄而安國家之時。未可失也。陛下誠能過聽愚計。先聚軍儲。慎擇良圖。更貞師律。蠢尒狡醜。自當畏威。綏迷歛塞之心。必無猾夏之慮。伏惟少留睿思。詳省而明斷之。其所停減運脚。臣已與本司審細計料。并邊鎮分配和糴數。及米粟估價等數。各得別狀條件分析。謹同封進。

宋太祖征太原。已濟河。諸州餽饋集上黨。城中車乘塞路。上聞之。持以稽留罪轉運使。趙普曰。六師方至。而轉運使以獲罪。聞敵必謂儲

峙不充。有以窺我矣。非威遠之道也。俾能治劇者往涖其州。足矣。

開寶三年秋。三司言倉儲月給止及明年二月。請分屯諸軍。盡率民船以資江淮漕運。太祖大怒。責之曰。國無九年之蓄曰不足。尒不素計。而使倉儲垂盡。乃請屯兵括民船以運。是可卒致乎。今設汝安用。苟有所闕。當罪汝以謝衆。三司使楚昭輔懼。詣太宗求寬釋。使得盡力。太宗既許。召右知客押衙陳從信問之。對曰。從信嘗遊楚泗。知糧運之患。良以舟人之食。日歷郡縣勘給。是以凝滯。若自發舟計日往復。并支可以責其程限。又楚泗運米于舟。至京復輦入倉。宜宿備運卒。令御時出納。如此。每運可減數十日。楚泗至京千里。舊八十日一運。一歲三運。若去淹留之虛日。則歲可增一運焉。今三司欲籍民舟。若不許。則無以責辦。許之。則冬中京師薪炭殆絕矣。不若募舟之堅者漕糧。其損毀者任載薪炭。則公私俱濟。今市米騰貴。官價斗錢七十。賈者失利。無敢致於京師。雖居商厚儲。亦匿而不糶。是以米益貴。民將餓殍。若聽民自便。即四方奔湊。米多而價自賤矣。太宗明日具奏。太祖可之。

真宗時。議減西鄙屯兵以息轉餉。召知通利軍楊允恭與崇儀副使竇神寶閤門祗候李允則。馳往經度。圖上郡縣山川之形勝。允恭因建議曰。自環州入積石抵靈武七日程。芻粟之運。其策有三。然以人以驢。其費頗煩。而所載數斛。莫若用諸葛亮木牛之制。以小車發卒分鋪運之。每一車四人挽之。旁設兵衛。加戈刃于其上。寇至則聚車於中。合士卒之力禦寇于外。尋爲議者所沮而止。

仁宗時。陝西經略安撫使范仲淹奏乞免關中支移二稅乞於次邊入中斛斗。疏曰。臣竊見陝西數年以來。科率百端。民力大困。州縣督責。不能存濟。其間最爲民患者。是支移稅賦。轉般斛斗。赴延州保安

軍。山坂險惡。一路食物草料。常時踴貴。人戶往彼輸納。比別路所費三倍。比本處州縣送納。所費五倍。害民若此。實非久計。臣等欲乞朝廷指揮都轉運司躰量關輔今來災旱。民力困乏。如邊儲有備。其一稅與免支移。并邊上入中斛斗。大段價高。出却京師見錢銀絹萬數浩瀚。亦令相度權於次邊州軍入中。所貴減得官中貴價。既次邊有備。則無過事宜。稍慢。可以退那軍馬於次邊就食糧草。既稍蘇民瘵。又不誤軍期。如此守邊。庶爲得策。

神宗熙寧六年。知應天府張方平上奏曰。臣竊惟今之京師。古所謂陳留。天下四衝八達之地者也。非如函秦天府百二之固。洛宅九州之中。表裏山河。形勝足恃。自唐末朱溫受封于梁。因而建都。至于石晉割幽薊之地以入契丹。遂與強虜共平原之利。故五代爭奪。戎狄亂華。其患由乎畿甸無藩籬之限。本根無所庇也。祖宗受命。規摹畢

講不還周漢之舊而梁氏是因。蓋雖是而廢之勢有所不獲已者矣。斛利漕運而贍師旅，依重師而為國也。則是今日之勢，國依兵而立，兵以食為命，食以漕運為本，漕運以河渠為主。國初浚河渠三道，通京城漕運，自後定立上供年額：汴河斛斗六百萬石，廣濟河六十一萬石，惠民河六十萬石。廣濟河所運多是雜色粟豆，但充口食馬料；惠民河所運止給太康、咸平、尉氏等縣軍粮而已；惟汴河所運，一色粳米，相兼小麥。此乃太倉畜積之實。今仰食于官廩者，不惟三軍，至于京師士庶以億萬計，太半待飽于軍稍之餘，故國家于漕事至急至重。京，大也；師，眾也；大眾所聚，故謂之京師。有食則京師可立，汴河廢則大眾不可聚。汴河之於京城，乃是建國之本，非可與區區溝洫水利同言也。近歲已罷廣濟河，而惠民河斛斗不入太倉，大眾之命惟汴河是賴。近歲陳說利害，以汴河為議者多矣。臣恐議者不已，屢作改更，必毀汴河，曰失其舊。國家大計，殊非小事。惟陛下特迴聖鑒，深賜省察，留神遠慮，以固基本。

高宗時，左正言鄧肅上奏曰：臣竊觀發運司歲計五百餘萬，每歲入貢，艫尾相銜，略無虛日。崇墉比櫛，不容升合。　久朝廷費出，且無餘者。今年不知何以廢之。去冬自遭圍閉，運漕不通，今夏又以堤岸失防，汴流久絕，校之每歲所入，蓋未有百分之　也。切聞之，已入汴口者有百六十萬斛，此數之外，未有繼者，朝廷欣然便以為有餘，殊不知京師所積，止於八月九月已後。俟去年冬，計每月之費在京師者，以二十萬為率；在行在者，以十萬為率。又有糴場二十四所，并勤王軍兵、闕門巡防人兵口食等，兼非泛取索數目，會入汴口之數，僅支五月日耳。五月之外，將如之何？儻人絕跡，不復南度，則運漕相繼，未有害也。若犬狼猖獗，再干我師，不知軍民囂囂，將焉就食？此事最急，不可以倉卒備也。舟船有限，口數甚迫，雖發運百人，亦無如之何矣。臣愚欲乞諸州選才幹官員代發運司，各運逐州歲計，往赴京師近地，期以十月已前足五十餘萬之數。凡舟船人兵與其餘州貢之物，各責辦知通，乃以公使錢代支。國家艱難之時，雖三二年間公使闕乏，未為要務。協數十州之力，人各自勸，又立賞罰從而驅之，則粮道又何患哉？昔蕭何給餽餉不絕糧道，漢高祖自以為不如。蓋當時粮道若或不繼，雖有韓信，亦將何所施乎？惟陛下無忽。

孝宗時，員興宗上奏曰：臣聞陝西者，蜀之扞蔽也。數戍重兵，兵恃食，食恃漕運。凡漕運之出此塗，寔艱畏者，舟楫無施，人力難繼故也。使四川總計漕臣平時得一才吏，思所以仰寬陛下西顧之意，則講之有方，取之有藝，運之有法，臨事輒濟，不致遺蠹一方生息之民矣。臣昔從吏西邊，所見乃大不然者，是皆計吏漕臣之咎也。臣請疏舉其事。先是亮之背盟，偏將窺蜀，王師犄之，所至輒下。劉海下秦，李進下河，吳挺下鞏，吳璘前軍繼之，遂下德順。篳食樓塗，士卒不餓，如是何耶？蓋取其郡，即發其郡之倉；戰其地，即食其地之粟。此宋武入關之勢也。漕運何自而困哉？繼而軍淹日月，不免須索，遂取於總漕之司。二司無策，均科於三等民戶。興利之間，文移甚星火矣。以此為謀，謂之有方可乎？凡巴蓬劍閬上自三等，每戶有出一夫者，出兩三夫者。一夫之費為錢一十八萬。一夫所荷私載之外，不過六斗。計其米數，則是六十鍾而致一鍾也。夫以役一夫而費十八萬，運一鍾而用六十鍾，軍前所得不過毫絲，民間所損已甚丘山。有司亦太拙矣。以此而取，謂之有藝可乎？當時運粮之夫，同日俱發，俱發則無次舍。同於派民，則責寒餓以實餓之民，居無次舍之地，其死道路、死霜雪者相踵也。未幾數月，臣已見宣撫司死者近二千人，其它則臣不能計也以此而運謂之有法可乎蜀之總計者昔負陛下委倚大率如此臣恐一日有事而陋糴買不足以辦大事欲革前弊以與後利粮運當預為之謀也臣愚伏望陛下委總漕更科條擇其輕重則此弊循可及止也傳曰因利而利則其利深臣竊見陝西運茶之制二十里為鋪鋪有兵兵日有程月有給苟不如式則罪罰隨之國家逐年收西馬之利皆鋪兵之力也誠能倣運茶之法以運軍粮自興州至魚關水路自便無可議者若陸輦自河池至成岷過長道遂至天水此一路也自兩當至鳳翔過黄牛遂至大散此又一路也登涉山險運粮之夫常困於是常死於是苟能措置當以十五里為鋪鋪置五十兵二路置鋪不過六十矣鋪兵日再往來一運七斗再運為一碩有四矣六十鋪之兵月運二千一百碩鋪計兵月給之費兼取之民人計二碩而碩計五千不過三萬緡以民間雇夫之費凡六十有三萬

緡鋪兵比之月減六十萬緡矣盖鋪兵以三鍾而致一鍾民間以六十鍾而致一鍾利害豈不相遠乎陛下愛民類於愛子有司遺毒知則必革願聽臣策特賜施行既可以息西民困苦之役又可以免道路流亡之憂又濟年前緩急之用所謂一事治而三利具者也伏乞下大臣評議施行

知信州王師愈論信州米綱疏曰臣竊見信州歲起上供米七萬石類多陷折其弊甚矣倘不原致弊之由而為之計雖嚴其責罰未見其弊之革也臣嘗推原其故一曰地勢不得其宜二曰改撥無定處三曰管押非其人信之為州居江東上流最高之地南接閩北際徽東連衢之衢二面阻山唯西有水路達于鄱陽溪港隘灘磧多易漲易涸難得大船故信之米綱其初必用小船般載但寛於釣艇耳船與水常不相值有米則船不辦間或船辦裝載已畢一旦水落留滯岸下近則累旬遠則累月待其水通迂回行數百里始至鄱江併歸大船自初裝至于離岸經涉日久稍坐食侵耗不知其幾雖欲無陷失得乎此則地勢致其弊也自紹興之初朝廷灼見信州起發米綱如是之難元降指揮止令於池州交卸以其地近而易達也雖不盡免陷折亦不若今日之甚其後守臣徐林亦嘗申明數年間未見其大害近年以來總領漕司改撥無定或撥赴鎮江或撥赴淮南或撥赴行在省倉州縣受困陷失愈多良由水脚之費非池州比也信州每一石米起赴池州止用錢五百有奇若赴建康則用錢七百有奇赴鎮江則用錢九百有奇赴淮南則又過之赴行在省倉則用錢一千二百有奇信州每納苗米一石係例止收水脚之費二百文只就池州交卸貼陪已過半矣多方措置辦之已艱况改撥建康鎮江淮南行在之遠乎方來裝發日若行改撥州縣尚可措置貼陪使

之離岸至有已裝發於中塗者然後改撥部押之人不免復歸以索貼陪州縣不能即辦遂致米綱滯留中塗經日益久稍坐食侵耗益多此則改撥致其弊也凡部綱者不顧其身不顧其家冒不測之險非募賞則貪糜費之贏餘信州米綱無賞之可慕合用水脚尚或虧欠何贏餘之可貪是以有官有家業可倚仗之人皆不顧行總領漕司責之州州責之縣縣不得已乃強之公吏一當其役親戚即為死別知其必不免也其有顧藉者睹前二弊竭力關防陷失尚少其無顧藉者乘此二弊益肆其姦至有全綱陷失者亦有陷失太半者此則部押非其人也嗚呼一顆一粒皆民之脂膏國之大計州縣救之不勝其勞一旦委之不啻泥土豈不重可惜哉苟不原三者致弊之由而欲以責罰禁之誠不見其弊之革也臣以謂地勢不得其宜固不敢輕議若夫改撥無定處部押非其人不為難革欲望聖慈行

下總領轉運司檢元降旨揮。信州米綱。只於池州交卸。不得輒行改撥。仍於部綱常格推賞外。別立信州米綱賞格。以所押水石之多寡為之等差。許募見任寄居待闕文武官有家業人部押。不得依前強差公吏。庶幾官物無陷。綱運易達。積弊可革矣。

師愈為長沙守。又論綱運之弊。疏曰。臣竊聞諸路綱運。類多陷折。皆由賞減而不擇人也。凡部綱者幸而事濟。則身可保。家可保。官可保。如其不濟。則喪身破家敗官之禍隨之。人所以冒此禍而不顧者。以賞可慕耳。是故頃年有家業之人。皆欣然願就。雖監司帥守之親屬亦為之。或有虧欠。有可陪備。故陷折也少。自減綱賞。監司帥守親屬又皆禁止。所部押者多貧困無籍之人。冒急而輕就。且多端經營費用不貲。方其離岸所費已多。迨至中流。託以風濤。又況出納之際。其弊不一。故陷折也多。原其減賞之由。不過以文臣累賞易至止郎。武

臣累賞易至副使。即可奏薦。殊不思州縣拘收錢米艱辛。一旦付之無籍之人失之。亦非小弊。比年止許選人小使臣部押。防累賞之弊。已是允當。誠能再定綱賞務令稍厚。不拘監司帥守親屬。或有家業有行止。有幹材。無過失校尉。或獻納補官人。皆許部押。所押不得過三次。如此。則既革累賞之弊。綱運亦免陷折。此大利也。如狂言可採。惟陛下特賜施行。

師愈又論潭州貼雇綱船之弊。疏曰。臣伏見潭州諸縣有大害。曰貼雇綱船是也。請為陛下詳陳之。潭州歲運苗米三十萬五千石。以餉屯駐軍。或有和糴及起發常平米。多至五六十餘萬石。少亦四十萬石。頃年講和息兵。其米止運至武昌。皆是潭州措置船載。未嘗數及諸縣。其後荊南襄陽屯軍泝江而上。水淺灘多。亦是潭州措置船載。亦未嘗數及諸縣。暨至逆亮敗盟。軍須日急。守臣權一時之宜。始令

諸縣雇舟相添。未嘗全責辦於諸縣。自是遂為定例。或纔行之。上則潭州漕司案吏。下則牽頭船戶。相為表裏。每料除官支錢外。必仰諸縣貼雇。急以期限。嚴以責罰者。案吏也。乘勢邀求其欲無厭者。牽頭船戶也。諸縣畏其責罰。欲應期限。不得不徇牽頭船戶之需。酬以高價。邀求愈多。況有爭雇之弊。設若長沙著價五十。善化或增六十。湘潭又增七十。其它縣亦莫不然。直至稱其所欲而後已。一縣被數一萬料。所費至一二千緡。若所敷之數不止此。其費亦隨之。嗟乎。此錢何從而出哉。諸縣受其苦者一也。諸縣雇船幸而得之。依限解發。始則下排岸司相驗。相驗者取乞。次則漕職官覆驗。覆驗者取乞。末則給付押綱使臣。又從而巧為詞說。取乞為尤甚。嗟乎。此錢何從而出哉。諸縣被其苦者二也。縣奉州令。不敢違戾。雖知二苦。不暇顧恤。於是冒法禁。撰名色。取之百姓。以是其用。沿流漁戶。凡有一綱一鈞舟

者不免焉。或多敷驅引。或多出定帖。或多給師巫公據。或預借於上戶。其名不可槩舉。大抵科敷者官得其一。吏取其十。且以雇一萬料用貼雇錢一千貫為率。縣吏因之為姦。不知幾倍於此。而官得此數。然則享厚利者。漕司州縣案吏也。牽頭船戶也。相驗覆驗官司也。押綱使臣也。被御勒者知縣也。受實害者闔境百姓也。迨劉某守潭。灼見其弊。又睹諸郡無所出產。凡客船運鹽而至者。別無回貨。孰肯空載以涉重湖之險。多藉於運米綱。斷然盡免諸縣貼雇。潭州自行措置。民無所擾。米綱亦應期而辦。其條甚良。其利甚溥。自劉某被名。通判職官上欲媚漕使。下欲利吏輩。以速辦為名。盡變其之舊。復興前者之害。幸而沈介到任。悉如某之措置。又且米綱先期而了。竊恐介去之後。復有改之者。欲望聖慈嚴敕湖南漕司。及潭州每歲米綱。一依劉某沈介措置。不得更令諸縣雇船。殃害百姓。或有運戾。許百姓

越訴。臺諫彈劾。每歲發荆南襄陽米綱。則用官船。發武昌九江米綱。則雇客船。蓋緣客船所憚者。荆襄之行。水淺灘多。動經年歲。有破家喪身者。誠能只用官船運荆襄之米。則客船亦欣然而就雇。或有軍興警急。不得已分諸縣量行貼雇。以助裝發。必爲之立綱次。某縣應副第幾綱。先後有倫。斷不可易。綱次既定。則無爭雇之弊。庶幾濵民咸被實惠。

理宗時。知安慶黄幹代撫州陳守上奏曰。國家綱運。資以餉軍。比年以來。法度弛壞。非惟軍餉不繼。抑亦公私受弊。其未離岸也。有江水淺涸。坐食縻費之弊。其已離岸也。有監官侵虧。船梢盗竊之弊。而其既敗也。有擬賴平民之弊。雖知其弊。莫知能革。是無它。廢轉般之制。而循直達之法故耳。今欲革歷年之弊。使官無羨費。而衆害悉除。則莫若復轉般之制。且以江西一路言之。如撫州建昌綱之折閱。每以

水道淺涸。不能行巨舟。延引歲終。而未能起隔歲之綱者。一綱吏卒水手。動數百計。又所招集。並皆游手無賴之人。自度官吏侵盗。大數已虧。恣情極用。無所顧忌。估籍所償。不能萬分之一。官司不免縱之擬賴平民。侵削國本。爲害不細。今若於隆興置轉般倉一所。每歲一路綱運水脚。其費不貲。取其所費。養水軍數百人。命一武臣爲之長。造數十巨艦。部以軍法。責之轉輸。近衆州軍。止以小舟運載。納之轉般倉。却令水軍專一護送。更往迭來。不假名募。綱紀素定。部分素嚴。舟楫素具。較之烏合嘗試。實相萬萬。如此。則非惟可以省官綱之折閱。抑足以增國家之武備。戢江湖之羣盗。脱士大夫之罪戾。免平民之擬賴。是一變法而羣害悉去。衆利並興。如果可採。乞於諸路推廣之。

元世祖時。東平布衣趙天麟上策曰。臣聞垂拱以運天下之事靡不從命者。君之道也。居職以服王室之勞。而不敢外恩者。臣之理也。故聖人設官。錫以龍光之厚。欲報效而已矣。而周公之忠。亦猶曾子之孝。但可也而已矣。君臣之際。尊卑懸異。與市井平交之道。豈可同哉。上古以來。不賞而勸。降及中古。民漸澆漓。須用賞以激之。亦未聞食三品之禄。居三品之位。烟塵內盪。而希重賞。國家亦從而賞之者也。竊見方今海道運糧之官。雖萬億及秭。亦皆冒汪洋之險。借風浪之力。以致之於神京之中。誠可謂之有功。然亦其當然之職也。若夫計糧數之斛斗。而酬之不啻巨萬。亦以甚矣。伏望陛下載宣天旨。命有司定制。凡海道運糧之官。三年一考。超升於高職。而用之。計不失優崇之禮。又待超升舊官之後。而以漸抑其賞賜之資。亦國家之大端也。臣非惜錢物而已。但以與國家出力者。非惟運糧之官。如皆賞之。則不給。如獨賞運糧之官。則猶未免大恩於一偏也。且居其職者。行

其事。尚用賞乎。此臣所以欲正其名分也。臣又以會通河者。有用之名川也。越還有無者。由是而經行。官場南北者。由是而往返。雖復江淮河漢之大。亦所以賴其朝宗。雖復閩廣川蜀之遥。亦是以達其輸運。有利有害者。理之常。有通有塞者。物之變。湯湯然清浪之內。流沙瀰焉。蕩蕩然坦途之上。盗賊生焉。又每歲立秋之後。積於數月之間。瀨河農民。極被櫌擾。又有沙之地。以板衛岸。皆非經久之計也。更望陛下載宣天旨。舉天下審知河道地脉之人。改脩會通河之有沙者。以避之。不然。則數年一度脩理。甚爲煩費。不可不杜其源也。復宜分河路南北軍府爲三五所。而以千夫長各領之。不備數者。招軍士以充之。不預出征之派。不在營田之限。使之專以巡鎮非常之警。充給汎舟之役。閘梁有圮。則脩之。堤岸有損。則築之。若然。則漕民庶乎安帖。盗賊庶乎消弭。費寡而效多。暫勞而永逸矣。

歷代名臣奏議卷之二百六十一

歷代名臣奏議卷之二百六十二

理財

周厲王好利。近榮夷公。（榮國名。夷謚也。）芮良夫諫曰。王室其將卑乎。夫榮公好專利而不知大難。夫利百物之所生也。天地之所載也。而或專之。其害多矣。天地百物皆將取焉。胡可專也。所怒甚多而不備大難。以是教王。王能久乎。夫王人者。將導利而布之上下者也。使神人百物無不得其極。（極中也。）猶日怵惕懼怨之來也。故頌曰。思文后稷。克配彼天。立我烝民。莫匪爾極。大雅曰。陳錫載周。是不布利而懼難乎。故能載周以至于今。今王學專利。其可乎。匹夫專利。猶謂之盗。王而行之。其歸鮮矣。榮公若用。周必敗也。厲王不聽。

景王二十一年。將鑄大錢。單穆公曰。不可。古者天災降戾。（[illegible]下[illegible]。戾至也。）於是乎量資幣。權輕重。以振救民。民患輕。則為之作重幣以行之。（民患幣輕而物貴。則作重幣以行其輕也。）於是乎有母權子而行。民皆得焉。（重曰母。輕曰子。以子貿物。物輕則子獨行。物重則以母權而行之。子母相通。民皆得其欲。）若不堪重。則多作輕而行之。亦不廢重。於是乎有子權母而行。小大利之。（堪任也。不任之者。幣重物輕。妨其用也。故作輕幣雜而用之。以重者貿其貴。以輕者貿其賤。子權母者。母不足則子平而行之。故錢小大。民皆以為利也。）今王廢輕而作重。民失其資。能無匱乎。若匱。王用將有所乏。乏則將厚取於民。民不給。將有遠志。是離民也。（遠志逃也。）且夫備有未至而設之。有至而後救之。是不相入也。可先而不備。謂之怠。可後而先之。謂之召災。周固羸國也。天未厭禍焉。而又離民以佐災。無乃不可乎。將民之與處而離之。將災是備禦而召之。則何以經國。國無經。則何以出令。令之不從。上之患也。故聖王樹德於民以除之。夏書有之曰。關石和鈞。王府則有。（關門關之征也。石今之斛也。言征賦調均。則王之府藏常有之。）詩亦有之曰。瞻彼旱麓。榛楛濟濟。愷悌君子。干祿愷悌。夫旱麓之榛楛殖。故君子得以易樂干祿焉。若夫山林匱竭林麓散亡。藪澤肆既。民力凋盡。田疇荒蕪。資用乏匱。君子將險哀之不暇。而何易樂之有焉。且絕民用以實王府。猶塞川原而為潢汙也。其竭也無日矣。若民離而財匱。災至而備亡。王其若之何。吾周官之於災備也。其所怠棄者多矣。而又奪之資以益其災。是去其藏而翳其人也。王其圖之。

齊桓公時管仲言通輕重之權曰。歲有凶穰。故穀有貴賤。令有緩急。故物有輕重。人君不理則畜賈游於市。乘民之不給。百倍其本矣。故萬乘之國必有萬金之賈。千乘之國必有千金之賈者。利有所并也。計本量委則足矣。然而民有飢餓者。穀有所藏也。民有餘則輕之。故人君斂之以輕。民不足則重之。故人君散之以重。凡輕重斂散之以時則準平。使萬室之邑必有萬鍾之藏。藏繦千萬。千室之邑必有千鍾之藏。藏繦百萬。春以奉耕。夏以奉耘。耒耜器械。種饟糧食必取贍焉。

故大賈畜家不得豪奪吾民矣。桓公遂用區區之齊合諸侯。顯伯名。(伯讀曰霸)

漢文帝時。錢益多而輕。乃更鑄四銖錢。其文為半兩。除盜鑄錢令。使民放鑄。賈誼諫曰。法使天下公得顧租鑄銅錫為錢。敢雜以鉛鐵為它巧者其罪黥。然鑄錢之情。非殽雜為巧則不可得贏。而殽之甚微為利甚厚。夫事有召禍而法有起姦。今令細民人操造幣之勢。各隱屏而鑄作。因欲禁其厚利微姦。雖黥罪日報。其勢不止。乃者民人抵罪多者一縣百數。及吏之所疑。榜笞奔走者甚眾。夫縣法以誘民使入陷阱。孰積於此。曩禁鑄錢。死罪積下。今公鑄錢。黥罪積下。為法若此。上何賴焉。又民用錢郡縣不同。或用輕錢百加若干。或用重錢平稱不受。法錢不立。吏急而壹之虖。則大為煩苛而力不能勝。縱而弗呵虖。則市肆異用。錢文大亂。苟非其術。何鄉而可哉。今農事棄捐而采銅者日蕃。釋其耒耨。冶鎔炊炭。姦錢日多。五穀不為多。善人怵而為姦邪。愿民陷而之刑戮。刑戮將甚不詳。奈何而忽。國知患此。吏議必曰禁之。禁之不得其術。其傷必大。令禁鑄錢。則錢必重。重則其利深。盜鑄如雲而起。棄市之罪又不足以禁矣。姦數不勝而法禁數潰。銅使之然也。故銅布於天下。其為禍博矣。今博禍可除。而七福可致也。何謂七福。上收銅勿令布。則民不鑄錢。黥罪不積。一矣。偽錢不蕃。民不相疑。二矣。采銅鑄作者反於耕田。三矣。銅畢歸於上。上挾銅積以御輕重。錢輕則以術斂之。重則以術散之。貨物必平。四矣。以作兵器。以假貴臣。多少有制。用別貴賤。五矣。以臨萬貨。以調盈虛。以收奇羨。則官富實而末民困。六矣。制吾棄財以與匈奴逐爭其民。則敵必懷。七矣。故善為天下者。因禍而為福。轉敗而為功。今久退七福而行博禍。臣誠傷之。上不聽。

武帝時。有司言曰。古者皮幣。諸侯以聘享。金有三等。黃金為上。白金為中。赤金為下。(白金銀也。赤金丹陽銅也。)今半兩錢法重四銖。(文為半兩。實重四銖。)而姦或盜摩錢裏取鋊。(鋊音容。冶器法謂之鋊。)錢益輕薄而物貴。遠方用幣煩費不省。乃以白鹿皮方尺。緣以藻繢。(藻繢作幣)為皮幣。直四十萬。王侯宗室朝覲聘享。必以皮幣薦璧。然後得行。又造銀錫為白金。(雜鑄銀錫為白金也。)以為天用莫如龍。地用莫如馬。人用莫如龜。故白金三品。其一曰重八兩。圜之。其文龍。名曰白選。直三千。二曰重差小。方之。其文馬。直五百。三曰復小。橢之。其文龜。直三百。令縣官銷半兩錢。更鑄三銖錢。文如其重。盜鑄諸金錢罪皆死。

元狩中。大農上鹽鐵丞孔僅咸陽言。山海天地之藏也。皆宜屬少府。陛下不私。以屬大農佐賦。願募民自給費。因官器作煮鹽。官與牢盆。(牢廩食也。古者名廩為牢也。盆者煮鹽盆。)浮食奇民欲擅管山海之貨。(若人執倉庫之以管籥或曰擅固)

致富羨役利細民其沮事之議不可勝聽敢私鑄鐵器煮鹽者釱左趾〔釱音徒計反釱以鐵為之著左趾以代刖也〕沒入其器物郡不出鐵者置小鐵官〔鑄故鐵〕便屬在所縣使孔僅東郭咸陽乘傳舉行天下鹽鐵作官府除故鹽鐵家富者為吏吏益雜不選而多賈人矣商賈以幣之變多積貨逐利於是公卿言郡國頗被菑害貧民無產業者募徙廣饒之地陛下損膳省用出禁錢以振元元寬貸賦而民不齊出於南畝〔疇皆也〕商賈滋衆貧者畜積無有皆仰縣官異時算軺車賈人緡錢皆有差請算如故〔緡絲也以貫錢也一貫千錢出二十算也詩云維絲伊緡〕諸賈人末作貫貸買居邑稽諸物及商以取利者雖無市籍各以其物自占率緡錢二千而一算〔以緡錢為算是賭緡錢也故隨其用所施於利重者其算亦多〕諸作有租及鑄〔以手力所作而賣之〕率緡錢四千一算非吏比者三老北邊騎士〔非吏而得與吏比者官謂三老北邊騎士也樓船令邊郡選富者為車騎士〕軺車以一算商賈人軺車二算〔商賈者軺車使出二算重其賤也〕船五丈以上一算匿不自占占不悉戍邊一歲沒入緡錢有能告者以其半畀之賈人有市籍者及其家屬皆無得籍名田以便農敢犯令沒入田僮

元封元年桑弘羊為治粟都尉領大農盡代孔僅筦天下鹽鐵弘羊以諸官各自市相與爭物故騰躍而天下賦輸或不償其僦費乃請置大農部丞數十人分部主郡國各往往縣置均輸鹽鐵官令遠方各以其物貴時商賈所轉販者為賦而相灌輸置平準于京師都受天下委輸名工官治車諸器皆仰給大農大農之諸官盡籠天下之貨物貴即賣之賤即買之如此富商大賈無所牟大利則反本而萬物不得騰踊故抑天下物名曰平準天子以為然許之

元帝時貢禹為御史大夫數上書言得失曰古者不以金錢為幣專意於農故一夫不耕必有受其飢者今漢家鑄錢及諸鐵官皆置吏卒徒攻山取銅鐵一歲功十萬人以上中農食七人是七十萬人常受其飢也鑿地數百丈銷陰氣之精地臧空虛不能含氣出雲斬伐林木亡有時禁水旱之災未必不由此也自五銖錢起以來七十餘年民坐盜鑄錢被刑者衆富人積錢滿室猶無厭足民心動搖商賈求利東西南北各用智巧好衣美食歲有十二之利而不出租稅農夫父子暴露中野不避寒暑捽草杷土手足胼胝已奉穀租又出稾稅鄉部私求不可勝供故民棄本逐末耕者不能半貧民雖賜之田猶賤賣以賈窮則起為盜賊何者末利深而惑於錢也是以姦邪不可禁其原皆起於錢也疾其末者絕其本宜罷采珠玉金銀鑄錢之官亡復以為幣市井勿得販賣除其租銖之律租稅祿賜皆以布帛及穀使百姓一歸於農復古道便

東漢章帝時穀帛價貴縣官經用不足朝廷憂之尚書張林言今非但穀貴也百物皆貴此錢賤故爾宜令天下悉以布帛為租市買皆用之封錢勿出如此則錢少物皆賤矣又鹽者食之急也縣官可自賣鹽武帝時施行之名曰均輸於是事下尚書通議尚書朱暉議曰王制天子不言有無諸侯不言多少食祿者不與百姓爭利均輸之法與賈販無異以布帛為租則吏多姦官自賣鹽與下爭利非明主所宜行

桓帝時有上書言人以貨輕錢薄故致貧困宜改鑄大錢事下四府羣僚及太學能言之士劉陶上議曰聖王承天制物與人行止建功則衆悅其事興戎而師樂其旅是故靈臺有子來之人武旅有鳧藻之士皆舉合時宜動順人道也臣伏讀鑄錢之詔平輕重之議訪覃幽微不遺窮賤是以藿食之人謬延逮及盖以為當今之憂不在於貨在乎民飢夫生養之道先食後民是以先王觀象育物敬授民時使男不逋畝女不下機故君臣之道行王路之教通由是言之食者

乃有國之所寶，生民之至貴也。竊見比年已來，良苗盡於蝗螟之口，杼柚空於公私之求。所急朝夕之餐，所患靡盬之事，豈謂錢貨之厚薄，銖兩之輕重哉？就使當今沙礫化為南金，瓦石變為和玉，使百姓渴無所飲，飢無所食，雖皇羲之純德，唐虞之文明，猶不能以保蕭牆之內也。蓋民可百年無貨，不可一朝有飢，故食為至急也。議者不達農殖之本，多言鑄冶之便，或欲因緣行詐，以賈國利。國利將盡，取者爭競，造鑄之端於是乎生。蓋萬人鑄之，一人奪之，猶不能給；況今一人鑄之，則萬人奪之乎？雖以陰陽為炭，萬物為銅，役不食之民，使不飢之士，猶不能足無猒之求也。夫欲民殷財阜，要在止役禁奪，則百姓不勞而足。陛下聖德，愍海內之憂戚，傷天下之艱難，欲鑄錢齊貨以救其敝，此猶養魚沸鼎之中，棲鳥烈火之上。水木本魚鳥之所生也，用之不時，必至焦爛。願陛下寬鍥薄之禁，後冶鑄之議，聽民庶之

謠吟，問路叟之所憂，瞰三光之文耀，視山河之分流，天下之心，國家大事，粲然皆見，無有遺惑者矣。臣嘗誦詩，至於鴻鴈于野之勞，哀勤百堵之事，每喟爾長懷，中篇而歎。近聽征夫飢勞之聲，甚於斯歌。是以追悟四婦吟魯之憂，始於此乎？見白駒之意，屏營傍偟，不能監寐。伏念當今地廣而不得耕，民眾而無所食，群小競進，秉國之位，鷹揚天下，鳥鈔求飽，吞肌及骨，竝噬無猒。誠恐卒有役夫窮匠，起於板築之間，投斤攘臂，登高遠呼，使愁怨之民，響應雲合，八方分崩，中夏魚潰。雖方尺之錢，何能有救？其危猶舉函牛之鼎，絓纖枯之末，詩人所以眷然顧之，潸焉出涕者也。臣東野狂闇，不達大義，緣廣及之時，對過所聞，知必以身脂鼎鑊，為天下笑。帝竟不鑄錢。

靈帝多蓄私藏，收天下之珍，每郡國貢獻，先輸中署，名為導行費。中常侍呂強上疏諫曰：天下之財，莫不生之陰陽，歸之陛下。歸之陛下，豈有公私？而今中尚方斂諸郡之寶，中御府積天下之繒，西園引司農之藏，中廄聚太僕之馬，而所輸之府，輒有導行之財，調廣民困，費多獻少，姦吏因其利，百姓受其敝。又阿媚之臣，好獻其私，容諂姑息，自此而進。

晉安帝義熙間，議欲廢錢用穀帛。西閣祭酒孔琳之上議曰：洪範八政，以貨次食，豈不以交易之所資，為用之至要者乎？若使不以交易，百姓用力於為錢，則是妨其為生之業，禁之可也。今農自務穀，工自務器，四民各肆其業，何嘗致勤於錢？故聖王制無用之貨，以通有用之財，既無毀敗之費，又省運置之苦，此錢所以嗣功龜貝，歷代不廢者也。穀帛為寶，本充衣食，今分以為貨，則致損甚多，又勞毀於商販之手，耗棄於割截之用，此之為敝，著於自曩。故鍾繇曰：巧偽之民，競蘊濕穀以邀利，制薄絹以充資。魏世制以嚴刑，弗能禁也。是以司馬

芝以為用錢非徒豐國，亦所以省刑。錢之不用，由於兵亂積久，自至於廢，有由而然，漢末是也。今既用而廢之，則百姓頓亡其財。今括囊天下穀以周天下之食，或倉庾充衍，或糧靡斗儲，以相資通，則貧者仰富。致之之道，實假於錢，一朝斷之，便為棄物，是有錢無糧之民，皆坐而飢困，此斷錢之立敝也。且據今用錢之處不為貧，用穀之處不為富。又民習來久，革之必惑。語曰：利不百，不易業。況又錢便於穀耶？魏明帝時，錢廢穀用，三十年矣，以不便於民，乃舉朝大議，精才達治之士，莫不以宜復用錢，民無異情，朝無異論。彼尚舍穀帛而用錢，足以明穀帛之弊，著於已試。世謂魏氏不用錢久，積累巨萬，故欲行之，利公富國，斯殆不然。昔晉文後舅犯之謀，而先成季之信，以為雖有一時之勤，不如萬世之益。于時名賢在列，君子盈朝，大謀天下之利害，將定經國之遠術，若穀實便錢，義不昧當世之近利，而廢永用之

通業斷可知矣斯實由困而思革改而更張耳近者武之末天下無事時和年豐百姓樂業便自穀帛殷阜幾乎家給人足驗之事實錢又不妨民也頃兵革屢興荒饉荐及飢寒未振實此之由公既援而拯之大革視聽弘敦本之教明廣農之科敬授民時各順其業游蕩知反務末自救固以南畝競力野無遺墾矣於是以往升平必至何衣食之足恤愚謂救弊之術無取於廢錢

宋武帝時言事者多以錢貨減少國用不足欲悉市民銅更造五銖錢國子祭酒范泰諫曰流聞將禁私銅以充官銅民雖失器終於獲直國用不足其利實多臣愚意異不寧寢默臣聞治國若烹小鮮拯救莫若務本百姓不足君孰與足未有民貧而國富本不足而末有餘者也故囊漏貯中識者不吝反裘負薪存毛實難王者不言有無諸侯不言多少食祿之家不與百姓爭利故拔葵所以明治織蒲謂

之不仁是以貴賤有章職分無爽今之所憂在農民尚寡倉廩未充轉運無已資食者眾家無私積難以禦荒耳夫貨存貿易不在少多昔日之貴今者之賤彼此共之其揆一也但令官民均通則無患不足若使必資貨廣以收國用者則龜貝之屬自古所行尋銅之為器在用也博矣鍾律所通者遠機衡所揆者大夏鼎負圖實冠眾瑞晉鐸呈象亦啓休徵器有要用則貴賤同資物有適宜則家國共急今毀必資之器而為無施之錢於貨則功不補勞在用則君民俱困校之以實損多益少陛下勞謙終日無倦庶務以身率物勤素成風而頌聲不作板渭不至者良由基根未固意在遠略伏願思可久之道賒欲速之情弘山海之納擇芻牧之說則嘉謀日陳聖慮可廣其亡存心然後苞桑可繫愚誠一至用忘寢食

文帝元嘉二十四年錄尚書江夏王義恭建議以一大錢當兩以防翦鑿議者多同散騎常侍何尚之議曰伏覽明命欲改錢制不勞采鑄其利自倍實救弊之弘算增貨之良術求之管淺猶有未譬夫泉貝之興以估貨為本事存交易豈假數多數少則弊輕數多則物重多少雖異濟用不殊況復以一當兩徒崇虛價者邪凡創制改法宜從民情未有違眾矯物而可久也泉布廢興驟議前代赤仄白金俄而罷擯六貨憒亂民泣於市良由事不畫一難用遵行自非急病權時宜守久長之業煩政曲雜致遠常泥且貨偏則民病故先王立井田以一其業使富不淫侈貧不過匱雖茲法久廢不可頓施要宜而近粗相放擬若今制遂行富人貲貨自倍貧者彌增其困懼非所以欲均之意又錢之形式大小多品直云大錢則未知其格若止於四銖五銖則文皆古篆既非下走所識加或漫滅尤難分明公私交亂爭訟必起此最是其深疑者也命旨兼慮翦鑿日多以至消盡鄙意復

謂殆無此嫌民乃雖善要有踐跡且用錢貨銅事可尋檢直由屬所怠縱糾察不精致使立制以來發覺者寡今雖有懸金之名竟無酬與之實若申明舊科禽獲即報畏法希賞不日自定矣愚者之議智者擇焉猥參訪逮敢不輸盡中領軍沈演之以為龜貝行於上古泉刀興自有周皆所以阜財通利實國富民者也歷代雖遠資用彌便但鑠鑄久廢兼喪亂累仍糜散湮滅何可勝計晉遷江南疆境未廓或土習其風錢不普用其數本少為患尚輕今王略開廣聲教遐暨金鏹所布爰逮荒服昔所[illegible]悉已流行之矣用彌曠而貨愈狹加復競竊翦鑿銷毀滋繁刑禁雖重姦避方密遂使歲月增貴貧室日蹙警作肆力之氓徒勤不足以贍誠由貨貴物賤常調未革弗思釐改為弊轉深斯實親教之良時通變之嘉會愚謂若以大錢當兩則國傳難朽之寶家贏一倍之利不俟加憲巧源自絕施一令而眾美

羨無興造之費莫盛於茲矣上從演之議遂以一錢當兩行之經時公私非便乃罷

孝武帝即位又鑄孝建四銖三年尚書右丞徐爰議曰貴貨利民載自五政開鑄流圜法成九府民富國實教立化光及時移俗易則通變適用是以周漢俶遷隨世輕重降及後代財豐用足因條前寶無復改創年歷既遠喪亂屢經堙焚剪毀日月銷減貨薄民貧公私俱困不有革造將之大乏謂應式遵古典收銅繕鑄納贖刊刑著在往策令宜以銅贖刑隨罰為品詔可

孝武帝時鑄錢形式薄小輪郭不成於是民間盜鑄者雲起雜以鉛錫並不牢固又翦鑿古錢以取其銅錢轉薄小稍違官式雖重制嚴刑民吏官長坐死免者相係而盜鑄彌甚百物踊貴民人患苦之乃立品格薄小無輪郭者悉加禁斷始興郡公沈慶之立議曰昔秦幣

過重高祖是患晉令民鑄改造榆莢而貨輕物重又復乖時太宗放鑄賈誼致譏誠以采山術存銅多利重耕戰之器曩時所用四民競造為害或多而孝文弗納民鑄遂行故能朽貫盈府天下殷富況今耕戰不用采鑄廢久鎔冶所資多因成器功艱利薄絕吳鄧之資農民不習無釋耒之患方今中興開運聖化惟新雖復偃甲銷戈而倉庫未實公私所乏唯錢而已愚謂宜聽民鑄錢郡縣開置錢署樂鑄之家皆居署內平其準式去其雜偽官斂輪郭藏之以為永寶去春所禁新品一時施用今鑄悉依此格萬稅三千嚴檢盜鑄并禁翦鑿數年之間公私豐贍銅盡事息姦偽自止且禁鑄則銅轉成器開鑄則器化為財翦華利用於事為益上下其事公卿太宰江夏王義恭議曰伏見沈慶之議聽民私鑄樂鑄之家皆入署居平其準式去其雜偽愚謂百姓不樂與官相關由來甚久又多是人士蓋不顧入署

凡盜鑄為利利在偽雜既禁樂入必寡云斂取輪郭藏為永寶愚謂上之所貴下必從之百姓聞官斂輪郭輪郭之價百倍大小對易誰肯為之強制使換則狀似逼奪又云去春所禁新品一時施用愚謂此條在可開許又云今鑄宜依此格萬稅三千又云嚴檢盜鑄不得更造愚謂禁制之設非惟一旦昧利犯憲群庶常情不患制輕患在冒犯今入署必萬輸三千私鑄無十二之稅逐利犯禁居然不斷又云銅盡事息姦偽自禁愚謂赤縣內銅非可卒盡比及銅盡姦偽已積又云禁鑄則銅轉成器開鑄則器化為財然頃所患患於形式不均加以翦鑿雜以鉛錫衆所共耳遂若止於流鑄銅者亦無須苦禁比中郎府主簿顏竣議曰泉貨利用近古所同輕重之議定於漢世魏晉以降未之能改誠以貨物既均改之偽生故也世代漸久弊運頓至因革之道宜有其術今云開署放鑄誠所欣同但慮採山事絕器用

日耗銅既轉少器亦彌貴設器直一千則鑄之減半為之無利雖令不行又云去春所禁一時施用是欲使天下豐財若細物必行而不從公鑄利已既深情偽無極私鑄翦鑿書不可禁五銖半兩之屬不盈一年必致於盡財貨未贍大錢已竭數歲之間悉為塵土豈可令取弊之道基於皇代今百姓之貨雖為轉少而市井之民未有嗟怨此新禁初行品式未一須臾自止不足以垂聖慮唯府藏空匱實為重憂今縱行細錢官無益富之理百姓雖贍無解官乏唯簡費去華設在節儉求贍之道莫此為貴然錢有定限而消失無方剪鑄雖息終致窮盡者也應官開取銅之署絕器用之塗定其品式日月漸鑄歲久之後不為世益耳時議者又以銅轉難得欲鑄二銖錢竣又議曰議者將為官藏空匱宜更改鑄天下銅少宜減錢式以救交弊賑國舒民愚以為不然今鑄二銖恣行新細於官無解於乏而人姦巧

大興天下之貨將靡碎至盡空立嚴禁而利深難絕不過一二年間其弊不可復救其甚不可一也今鎔鑄有頓得一二億理縱復得此必待彌年歲暮稅登財幣暫革日用之費不贍數月雖權徵助何解乏邪徒姦民意騁而貽厥愆謀此又甚不可二也民懲大錢之改兼畏近日新禁市井之間必生喧擾遠利未聞切患猥及富商得志貧民困窘此又甚不可三也若使交益深重尚不可行況又未見其利而衆弊如此失筭當時取誚百代乎

南齊建元中太祖以南方錢少更欲鑄錢奉朝請孔顗上言曰食貨相通理勢自然李悝谷糴甚貴傷民甚賤傷農三吳歲被水潦而糴不貴是錢少非穀賤此不可不察也鑄錢之弊在輕重屢變重錢患難用而難用為累輕輕錢弊盜鑄而盜鑄為禍深民所以盜鑄嚴法不能禁者由上惜銅愛工謂錢為無用之器務欲數多而易成不詳

慮其為患也夫民之趨利如水走下今開其利端從以重刑是導其為非而陷之於死也漢鑄輕錢巧偽者多及鑄五銖民計其費不能相償私鑄益少此不惜銅不愛工之效也宋文帝鑄四銖至景和錢益輕雖有周郭而鎔冶不精於是盜鑄紛紜而起不可復禁此惜銅愛工之驗也凡鑄錢與其不衷寧重無輕自漢至宋五百餘年制度世有興廢而不變五銖者明其輕重可法得貨之宜故也自鑄四銖又不禁民翦鑿為禍既博鍾弊于今豈不悲哉自晉氏不鑄錢後經寇戎水火所失歲多士農工商皆喪其業愚以為宜如舊制大興鎔鑄錢重五銖一依漢法嚴斷翦鑿輕小破缺無周郭者悉不行得官錢小者銷以為大利貧良之民塞姦巧之路錢貨既均百姓樂業市道無爭衣食滋殖矣太祖然之

後魏宣武帝踐祚通直散騎常侍甄琛表曰王者道同天壤施齊造化濟時拯物為民父母故年穀不登為民祈祀乾坤所惠天子順之山川秘利天子通之苟益生民損躬無吝如或所聚唯為䘏他是以月令稱山林藪澤有能取蔬食禽獸者皆野虞教導之其迭相侵奪者罪之無赦此明導民而弗禁通有無以相濟也周禮雖有川澤之禁正所以防其殘盡必令取之有時斯所謂鄣護雖在公更所以為民守之耳且一家之長惠及子孫一運之君澤周天下皆所以厚其所親以為國家之富未有尊居父母而醯醢是吝富有萬品而一物是規今者天為黔首生鹽國與黔首鄣護假獲其利是猶富專口斷不及四體也且天下夫婦歲貢粟帛四海之有備奉一人軍國之資取給百姓天子亦何患乎貧而苟禁一池也古之王者世有其民或水火以濟其用或巢宇以誨其居或教農以去其飢或訓衣以除其弊故周詩稱教之誨之飲之食之皆所以撫覆導養為之求利者也臣

性昧知理識無遠尚每觀上古愛民之迹時讀中葉驟稅之書未嘗不歎彼遠大惜此近狹今偽弊相承仍崇關鄽之稅大魏恢博唯受穀帛之輸是使遠方聞者罔不歌德昔亶父以棄寶得民碩鼠以受財失衆君王之義宜其高矣魏之簡稅惠實遠矣語稱出內之吝有司之福施惠之難人君之禍夫以府藏之物猶以不施而為災況府外之利而可吝之於黔首且善藏者藏於民不善藏者藏於府藏於民者民欣而君富藏於府者國怨而民貧國怨則示化有虧民貧則君無所取願弛鹽禁使沛然遠及依周禮置川衡之法使之監導而已詔曰民利在斯深如所陳付八座議可否以聞司徒錄尚書彭城王勰兼尚書邢巒等奏琛之所列富乎有言首尾大備或無可貶但恐坐談則理高行之則事闕是用遲回未謂為可竊惟古之善為治者莫不昭其勝途悟其遠理及於救世升降稍時欲令豈無過溢

偷不致弊。後養消息備在厥中。節約取足成其性命。如不爾者焉用君為。君任其生產隨其啄食。便是芻狗萬物不相似矣。自大道既往恩惠生焉。下奉上施卑高理睹。然恩惠既交。思撫之術廢。恒恐財不贍國。澤不厚民。故多方以達其情。立法以行其志。至乃取貨山川。輕在民之貢。立稅關市。陣十一之儲。拔此與彼。非利己也。田彼觀此。非為身也。所謂集天地之產。惠天地之民。藉造物之富。賑造物之貧。徵商賈給戎戰。賦四民贍軍國。取乎用乎。各有義已。禁此淵池。不專大官之御。斂此匹帛。豈為後宮之資。既潤不在已。彼我理一。猶積而散之。將焉所吝。且稅之本意。事有可求。固以希濟生民。非為富賄藏貨。不爾者。昔之君子何為然哉。是以後來經國。未之或改。故先朝商榷小大以情。降鑒之流。興復並禁。然自行以來。典司多怠。出入之間事不如法。遂令細民怨嗟。商販輕議。此乃用之者無方。非興之者有

謬。至使朝廷明識。聰瑩其間。令而罷之。懼失前旨。一行一略法若易恭。參論理要。宜依前式。詔曰。司鹽之稅。乃自古通典。然興制利。略亦代或不同。苟可以富民益化。唯理所在。甄擇之表。實所謂助政以治者也。可從其所請。使公私並宜。川利無擁。尚書嚴為禁豪彊之制也。詔探參八座議。

靈太后時。朝議鑄錢。以高謙之為鑄錢都將長史。乃上表求鑄二銖錢曰。蓋錢貨之立。本以通有無便交易。故錢之輕重世代不同。太公為周置九府圜法。至景王時更鑄大錢。秦兼海內。錢重半兩。漢興以秦錢重。改鑄榆莢錢。至文帝五年復為四銖。孝武時悉復銷壞。更鑄二銖。至元狩中變為五銖。又造赤仄之錢。以一當五。王莽攝政。錢有六等。大錢重十二銖。次九銖。次七銖。次五銖。次三銖。次一銖。魏文帝罷五銖錢。至明帝復立。孫權江左鑄大錢一當五百。權赤烏年復鑄大錢一當千。輕重大小。莫不隨時而變。竊以食貨之要。八政為首。聚財之貴。詒訓典文。是以昔之帝王。乘天地之饒。御海內之富。莫不腐紅粟於太倉。藏朽貫於泉府。儲畜既盈。民無困弊。可以寧謐四極。如身使臂者矣。昔漢之孝武。地廣財豐。外事四戎。遂虛國用。於是草萊之臣出財助國。興利之計納說廟堂。市列榷酒之官。邑有告緡之令。鹽鐵既興。錢幣屢改。少府遂豐。上林饒積。外闢百蠻。內不增賦者。皆計利之由也。今羣妖未息。四郊多壘。徵稅既煩。千金日費。資儲漸耗。財用將竭。誠楊氏獻說之秋。桑兒言利之日。夫以西京之盛。錢猶屢改。並行小大。子母相權。況今寇難未除。州郡淪敗。民物凋零。軍國用少。別鑄小錢。可以富益。何損於政。何妨於人也。且政興不以錢大。政衰不以錢小。惟貴公私得所。政化無虧。既行之於古。亦宜效之於今矣。昔禹遭大水。以歷山之金鑄錢。救民之困。湯遭大旱。以莊山之金

鑄錢贖民之賣子者。今百姓窮悴。甚於曩日。欽明之主。豈得垂拱而觀之哉。臣今此鑄以濟交乏。五銖之錢。任使並用。行之無擾。國得其益。穡公之言。於斯驗矣。臣雖術愧計然。識非心算。暫充錢官。頗覩其理。苟有所益。不得不言。脫以為疑。求下公卿博議。如謂為允。即乞施行。

孝明帝熙平初。尚書令任城王澄上言曰。臣聞洪範八政。貨居二焉。易稱天地之大德曰生。聖人之大寶曰位。何以守位曰仁。何以聚人曰財。財者帝王所以聚人守位成養羣生奉順天德治國安民之本也。夏殷之政。九州貢金以定五品。周仍其舊。太公立九府之法。於是圜貨始行。定銖兩之楷。齊桓循用以霸諸侯。降及秦始漢文。遂有輕重之異。吳濞鄧通之錢。收利遍於天下。河南之地猶甚多焉。逮于孝武乃更造五銖。其中毀鑄。隨利改易。故使錢有小大之品。竊尋太和

之錢。高祖留心刱制。後與五銖並行。此乃不刊之式。但臣竊聞之。君子行禮。不求變俗。因其所宜。順而致用。太和五銖雖利於京邑之肆。而不入徐揚之市。土貨既殊。貿鬻亦異。便於荆郢之邦者。則礙於兖豫之域。致使貧民有重困之切。王道貽隔化之訟。去永平三年。都座奏斷天下用錢不依準式者。時被敕云不行之錢。雖有常禁。其先用之處。權可聽行。至年末悉令斷之。延昌二年。徐州民儉。刺史啓奏求行土錢。旨聽權依舊用。謹尋不行之錢。律有明式。指謂雞眼鐶鑿。更無餘禁。計河南諸州今所行者。悉非制限。昔來。繩禁愚竊惑焉。又河北州鎮既無新造五銖。設有舊者。而復禁斷。並不得行。專以單絲之縑。疏縷之布。狹幅促度。不中常式。裂匹為尺。以濟有無。至今徒成杼軸之勞。不免飢寒之苦。良由分截布帛。壅塞錢貨。實非救恤凍餒。子育黎元。謹惟自古以來。錢品不一。前後累代。易變無常。且錢之為名

欲泉流不已。愚意謂今之太和與新鑄五銖及諸古錢方俗所便用者。雖有大小之異。並得通行。貴賤之差。自依鄉價。庶貨環海內。公私無壅。其不行之錢。及盜鑄毀大為小。巧偽不如法者。據律罪之。詔曰。錢行已久。今東尚有事。且依舊用。澄又奏。臣猥屬樞衡。庶罄心力。常願貨物均通。書軌一範。謹詳周禮外府掌邦布之入出。布猶泉也。其藏曰泉。其流曰布。然則錢之興也。始於一品。欲令世匠均同。圜流無極。爰暨周景。降逮亡新。易鑄相尋。參差百品。遂令接境乖商。連郛隔貿。臣比奏求宣下海內。依式行錢。登被旨敕。錢行已久。且可依舊。謹重參量。以為太和五銖。乃大魏之通貨。不朽之恒模。寧可專貿於京邑。不行於天下。但今戎馬在郊。江疆未一。東南之州。依舊為便。至於京西京北域內州鎮。未用錢處。行之則不足為難。塞之則有乖通典。何者。布帛不可尺寸而裂。五穀則有負擔之難。錢之為用。貫繦相屬。不假斗斛之器。不勞秤尺之平。濟世之宜。謂為深允。請並下四方州鎮。其太和及新鑄五銖。并古錢內外全好者。不限大小。悉聽行之。雞眼鐶鑿。依律而禁。河南州鎮先用錢者。既聽依舊。不在斷限。唯太和五銖二錢得用公造新者。其餘雜種。一用古錢。生新之類。普同禁約。諸方之錢。通用京師。其聽依舊之處。與太和錢及新造五銖並行。若盜鑄者。罪重常憲。既欲均齊物品。廛井斯和。若不繩以嚴法。無以肅茲違犯。符旨一宣。仍不遵用者。刺史守令依律治罪。詔從之。而河北諸州舊少錢貨。猶以他物交易。錢略不入市也。

熙平二年冬。尚書崔亮奏。恒農郡銅青谷有銅鑛。計一斗得銅五兩四銖。葦池谷鑛計一斗得銅五兩。鸞帳山鑛計一斗得銅四兩。河內郡王屋山鑛計一斗得銅八兩。南青州苑燭山。齊州商山。並是往昔銅官。舊跡見存。謹按鑄錢方興。用銅處廣。既有冶利。並宜開鑄。詔從之。

孝明帝時。河東郡有鹽池。舊立官司以收稅利。是時罷之。而民有富彊者專擅其用。貧弱者不得資益。延興末。復立監司。量其貴賤。節其賦入。於是公私兼利。世宗即位。政存寬簡。復罷其禁。與百姓共之。其國用所須。別為條制。取足而已。自後豪貴之家。復乘勢占奪。近池之民。又輒障吝。彊弱相陵。聞於遠近。神龜初。太師高陽王雍。太傅清河王懌等奏。鹽池天藏。資育羣生。仰惟先朝限者。亦不苟與細民競茲贏利。但利起天池。取用無法。或豪貴封護。或近者吝守。卑賤遠來。超然絕望。是以因置主司。令其裁察。彊弱相兼。務令得所。且十一之稅。自古及今。取輒以次。所濟為廣。自爾霑洽。遠近齊平。公私兩宜。儲益不少。及鼓吹主簿王後興等詞稱。請供百官食鹽二萬斛之外。歲求輸馬千匹。牛五百頭。以此而推。非可稍計。後中尉甄琛啓求罷禁。被敕付議。尚書執奏。稱琛啓坐談則理高。行之則事闕。請依常禁為允。詔依琛計。乃為繞池之民。尉保光等擅自固護。語其障禁。倍於

官司。取與自由。貴與仕口。若無大宥。罪合推斷。詳處二三。深非王法。臣等商量。請依先朝之詔。禁之爲便。防姦息暴。斷遣輕重。亦準前旨。所置監司。一同往式。於是復置監官以監檢焉。

孝莊帝永安元年。有詔廢鹽池稅。長孫稚上表曰。臣前違嚴旨。徑解河東。非緣長安而急蒲坂。誠以一失鹽池。則三軍之食也。略論鹽稅一年。準絹三十萬疋。昔高祖昇平之年。猶創鹽官加典護。非與物競利。恐由利亂俗也。況今國用不足。徵六年之粟。折來歲之資。此皆奪人私財。事不獲已。當吝寶天產之貨。而爲嗇以理乎。臣已輒符所部。依常收稅。

時用錢稍薄。御史中尉高道穆表曰。四民之業。錢貨爲本。救弊改鑄。王政所先。自頃以來。私鑄薄濫。官司糾繩。挂網非一。在市銅價。八十一文得銅一斤。私造薄錢。斤餘二百。既示之以深利。又隨之以重刑。罹罪者雖多。姦鑄者彌衆。今錢徒有五銖之文。而無二銖之實。薄甚榆莢。上貫便破。置之水上。殆欲不沈。此乃因循有漸。科防不切。朝廷之愆。彼復何罪。昔漢文帝以五分錢小。改鑄四銖。至武帝復改三銖爲半兩。此皆以大易小。以重代輕也。論今據古。宜改鑄大錢。文載年號。以記其始。則一斤所成。止七十六文。銅價至賤。五十有餘。其中人功食料錫炭鉛沙。縱復私營。不能自潤。直置無利。自應息心。況復嚴刑廣設也。以臣測之。必當錢貨永通。公私獲允。

東魏孝靜帝武定六年。齊文襄王以錢文五銖。名須稱實。宜稱錢一文重五銖者。聽入市用。計百錢重一斤四兩二十銖。自餘皆準此爲數。其京邑二市。天下州鎮郡縣之市。各置二稱。懸於市門。私民所用之稱。皆準市稱。以定輕重。凡有私鑄。悉不禁斷。但重五銖。然後聽用。若入市之錢。重不五銖。或雖重五銖而多雜鉛鑞。並不聽用。若有輒以小薄雜錢入市。有人糾獲。其錢悉入告者。其小薄之錢。若即禁斷。恐人交乏絕。畿內五十日。外州百日爲限。羣官參議。咸以時穀頗貴。請待有年。王從之而止。

唐太宗貞觀十年。治書侍御史權萬紀上言。宣饒二州諸山。大有銀坑。採之極是利益。每歲可得錢數百萬貫。太宗曰。朕貴爲天子。是事無所少之。惟須嘉言進善事。有益於百姓者。且國家賸得數百萬貫錢。何如得一有才行人。不見卿推賢進善之事。又不能按舉不法。震肅權豪。唯道稅鬻銀坑以爲利益。昔堯舜抵璧於山林。投珠於淵谷。由是崇名美號。見稱千載。後漢桓靈二帝。好利賤義。爲近代庸暗之主。卿遂欲將我比桓靈耶。是日勑放令還第。

武后時。麟臺正字陳子昂上疏曰。臣聞王者富國強兵。未嘗不用山澤之利。臣伏見西戎未滅。兵鎮用廣。內少資儲。外勤轉餉。山澤之利。伏而未通。臣愚不識大體。伏見劍南諸山多有銅鑛。採之鑄錢。可以富國。今諸山皆閉。官無採鑄。軍國資用。唯斂下人。乃使公府虛竭。私室貧弊。而天地珍藏。委廢不論。以臣所見。請依舊式。盡令劍南諸州準前採銅。於益府鑄其松當諸軍所須用度。皆取於資給。用有餘者。然後使松江諸州遞運散納荊衡沔鄂諸州。每歲便以和糴。令漕運委神都太倉。此皆順流乘便。無所勞擾。外得以事西山諸軍。內得以實中都倉廩。蜀之百姓免於賦斂。軍國大利。公私所切要者。非神皇大聖誰能用之。管仲古聖人。用無窮之府。蓋言此也。臣某言。臣伏見聖母神皇陛下。恭已受圖。遐想至理。將欲剸戎狄。永安黎元。不欲煩擾烝人。故爲無益。賤臣朝不坐宴不預。軍國大事。非臣合言。伏見松當軍糧。貴擾過甚。太平百姓。未得安居。臣忝班一命。庶幾仁類。不敢目見避諱。忍之不言。所以不懼身誅。區區上奏。冒越非次。伏待顯戮。惶悚死罪死罪。陳奏狀以待罪。謹言。

玄宗開元二十二年。宰相張九齡建議。古者以布帛菽粟不可尺寸抄勺而均。乃爲錢以通貿易。官鑄所入無幾。而工費多。宜縱民鑄。議下百官。宰相裴耀卿黃門侍郎李林甫河南少尹蕭炅秘書監崔沔皆以爲嚴斷惡錢。則人知禁。稅銅折役。則官冶可成。計估度庸。則私錢以利薄而自息。若許私鑄，則下皆棄農而競利矣。

劉秩請禁私鑄錢議曰：臣伏奉今月二十一日勅，欲不禁鑄錢，更令百僚詳議可否者。夫錢之興，有來尚矣。將以平輕重而權本末。齊桓得其術而國以霸，周景失其道而人用弊。考諸載籍，國之興衰，實繫於是。陛下思變古以濟今，欲反經以合道，而不改作，詢之芻蕘。臣雖蠢愚，敢不薦其聞見。古者以珠玉為上幣，黃金為中幣，錢刀為下幣。夫三幣握之非有補於煖也，捨之非有損於飽也。先王以守財物，以御人事，而平天下也。是以命之曰衡。衡者使物一高一下，不得有常。故與之在君，奪之在君，貧之在君，富之在君。是以人戴君如日月，親君如父母，用此術也。是謂人主之權。今之錢即古之下幣也。陛下若捨之任人，則上無以御下，下無以事上。其不可一也。夫物賤則傷農，錢輕則傷賈。故善為國者，觀物之貴賤，錢之輕重。夫物重則錢輕，錢輕由乎物多。多則作法收之使少，少則重。重則作法布之使輕。輕重之本，必由乎是。奈何而假於人。其不可二也。夫鑄錢不雜以鉛鐵則無利，雜以鉛鐵則惡。惡則不重禁不足以懲重。且方今塞其私鑄之路，人猶冒死以犯之。况啓其源而欲之從令乎。是設陷阱而誘之入。其不可三也。夫許人鑄錢，無利則人不鑄，有利則人去南畝者衆。去南畝者衆，則草不墾。草不墾，又鄰於寒餒。其不可四也。夫人富溢則不可以賞勸，貧餒則不可以威禁。故法令不可行，人之不理，皆由貧富之不齊也。若許其鑄錢，則貧者必不能為。臣恐貧者彌貧而服役於富室，富室乘之而益恣。昔漢文之時，吳濞諸侯也，富埒天子；鄧通大夫也，財侔王者。此皆鑄錢之所致也。必欲許其私鑄，是與人利權而捨其柄。其不可五也。陛下必以錢重而傷本，工費而利寡，則臣願言其失，以效愚計。夫錢重者，由人日滋於前，而爐不加於舊。又公錢重與之銅價頗等，故盜鑄者破重錢以為輕錢。錢輕，禁寬則多，禁嚴則止。止則棄矣。此錢之所以少也。夫鑄錢用不贍者，在乎銅貴。銅貴在於采用者衆。夫銅之以為兵，則不如鐵；以為器，則不如漆。禁之無害。陛下何不禁於人。則銅無所用，銅無所用則益賤。賤則錢之用給矣。夫銅不布下，則盜鑄者無因而鑄。無因鑄，則公錢不破，人不犯死刑，錢又日增，末復利矣。是一舉而四美兼也。惟陛下熟察之。

代宗永泰元年，河東租庸使裴諝入奏事。上問榷酤之利歲入幾何。諝不對。復問，對曰：臣自河東來，所過見菽粟未種，農夫怨愁，臣以為陛下見臣，必先問人之疾苦，乃責臣以營利，臣是以未敢對也。上謝之，拜左司郎中。

德宗即位，楊炎拜門下侍郎同中書門下平章事。舊制，天下財賦皆入左藏庫，而太府四時以數聞，尚書比部覆出納，舉無干欺。及第五琦為度支鹽鐵使，京師豪將求取無節，琦不能禁，乃悉租賦進大盈內庫。天子以給取為便，故不復出。自是天下公賦為人君私藏，有司不得計贏少。而宦官以冗名持簿者三百人，奉給其間，根柢連結不可動。及炎為相，言於帝曰：財賦者邦國大本，而生人之喉命，天下治亂重輕繫焉。先朝權制，以中人領其職，五尺宦豎操邦之柄，豐儉盈虛雖大臣不得知，則無以計天下利害。陛下至德，惟人是恤，參計敝蠹，莫與斯甚。臣請出之以歸有司。度宮中經費一歲幾何，量數奉入，不敢以闕。如此然後可以議政。惟陛下審察。帝從之，乃詔歲中裁取以入大盈，度支具數先聞。

興元間，於行在夾廡署瓊林大盈二庫，別藏天下貢奉之物。翰林學士陸贄上奏曰：臣聞作法於涼，其弊猶貪；作法於貪，弊將安救。示人以義，其患猶私；示人以私，患必難弭。故聖人之立教也，賤貨而尊讓，遠利而尚廉。天子不問有無。諸侯不言多少。百乘之室不畜聚斂之臣。夫豈皆能忘其欲賄之心哉。誠懼賄之生人心而開禍端。傷風教而亂邦家耳。是以務鳩斂而厚其帑櫝之積者。匹夫之富也。務散發而收其兆庶之心者。天子之富也。天子所作。與天同方。生之長之而不恃其為。成之收之而不私其有。付物以道。混然忘情。取之不為貪。散之不為費。以言乎體則博大。以言乎術則精微。亦何必撓廢公方。崇聚私貨。降至尊而代有司之守。辱萬乘以效匹夫之藏。虧法失人。誘姦聚怨。以斯制事。豈不過哉。今之瓊林大盈。自古悉無其制。傳諸耆舊之說。皆云創自開元。貴臣貪權。飾巧求媚。乃言郡邑貢賦所用盍各區分。稅賦當委之有司以給經用。貢獻宜歸乎天子以奉私求。玄宗悅之。新是二庫。蕩心侈欲。萌柢於茲。迨乎失邦。終以餌寇。記曰。貨悖而入。必悖而出。豈其明效歟。陛下嗣位之初。務遵理道。敦行約

儉。斥遠貪饕。雖內庫舊藏未歸太府。而諸方曲獻不入禁闈。清風肅然。海內丕變。議者咸謂漢文卻馬。晉武焚裘之事。復見於當今。近以寇逆亂常。鑾輿外幸。既屬憂危之運。宜增儆勵之誠。臣昨奉使軍營。出遊行殿。忽覩右廊之下。牓列二庫之名。矍然若驚。不識所以。何則。天衢尚梗。師旅方殷。瘡痛呻吟之聲。噢咻未息。忠勤戰守之效。賞賚未行。而諸道貢珍。遽私別庫。萬目所視。孰能忍懷。竊揣軍情。或生觖望。試詢候館之吏。兼採道路之言。果如所虞。積憾已甚。或忿形謗讟。或醜肆謳謠。頗含思亂之情。亦有悔忠之意。是知甿俗昏鄙。識昧高卑。不可以尊極臨。而可以誠義感。頃者六師初降。百物無儲。外扞兇徒。內防危堞。晝夜不息。迨將五旬。凍餒交侵。死傷相枕。畢命同力。竟夷大艱。良以陛下不厚其身。不私其欲。絕甘以同卒伍。輟食以啗功勞。無猛制而人不攜。懷所感也。無厚賞而人不怨。悉所無也。今者攻

圍已解。衣食已豐。而謠讟方興。軍情稍阻。豈不以勇夫恆性。嗜貨矜功。其患難既與之同憂。而好樂不與之同利。苟異恬默。能無怨咨。此理之常。固不足怪。記曰。財散則民聚。豈其殷鑒歟。眾怒難任。蓄怨終泄。其患豈徒人散而已。亦將慮有構姦鼓亂。干紀而強取者焉。夫國家作事。以公共為心者。人必樂而從之。以私奉為心者。人必咈而叛之。故燕昭築金臺。天下稱其賢。殷紂作玉杯。百代傳其惡。蓋為人與為己殊也。周文之囿百里。時患其尚小。齊宣之囿四十里。時病其太大。蓋同利與專利異也。為人上者。當辨察茲理。洒濯其心。奉三無私。以壹有眾。人或不率。於是用刑。然則宣其利而禁其私。天子所恃以理天下之具也。捨此不務。而壅利行私。欲人無貪。不可得已。今茲二庫。珍幣所歸。不領度支。是行私也。不給經費。非宣利也。物情離怨。不亦宜乎。智者因危而建安。明者矯失而成德。以陛下天資英聖。儻加

之見善必遷。是將化蓄怨為銜恩。反過差為至當。促殄遺孽。永垂鴻名。易如轉規。指顧可致。然事有未可知者。但在陛下行與否耳。能則安。否則危。能則成德。否則失道。此乃必定之理也。願陛下慎之惜之。陛下誠能近想重圍之殷憂。追戒平居之專欲。器用取給。不在過豐。衣食所安。必以分下。凡在二庫貨賄。盡令出賜有功。坦然布懷。與眾同欲。是後納貢。必歸有司。每獲珍華。先給軍賞。瓌異纖麗。一無上供。推赤心於其腹中。降殊恩於其望外。將卒慕陛下必信之賞。人思建功。兆庶悅陛下改過之誠。孰不歸德。如此則亂必靖。賊必平。徐駕六龍。旋復都邑。興行墜典。整緝棼綱。乘輿有舊儀。郡國有恆賦。天子之貴。豈當憂貧。是乃散其小儲而成其大儲也。損其小寶而固其大寶也。舉一事而眾美具。行之又何疑焉。恡少失多。廉賈不處。溺近迷遠。中人所非。況乎大聖應機。固當不俟終日。不勝管窺願效之至。謹陳。

冒以聞謹奏。

贄為兵部侍郎上奏曰。嶺南節度經畧使奏近日舶船多往安南市易。進奉事大。實懼闕供。臣今欲差判官就安南收市。望定一中使與臣使司同勾當。庶免隱欺。希顏奉宣聖旨宜依者。遠國商販惟利是求。綏之斯來。擾之則去。廣州地當要會。俗號殷繁。交易之徒素所奔湊。今忽捨近而趨遠。棄中而就偏。若非侵刻過深。則必招懷失所。曾無內訟之意。更興出位之思。玉毀櫝中。是將誰咎。珠飛境外。安可復追。書曰。不貴遠物則近人格。今既徇欲如此。宜其殊俗不歸。況又將蕩上心。請降中使示貪風於天下。延賄道於朝廷。黷汙清時。虧損聖化。法宜當責。事固難依。且嶺南安南莫非王土。中使外使悉是王臣。若緣軍國所須。皆有令式恒制。人思奉職。孰敢闕供。豈必信嶺南而絕安南。重中使以輕外使。殊失推誠之體。又傷賤貨之風。望押不出。

貞元四年。上嘗謂李泌曰。每歲諸道貢獻。共直錢五十萬緡。今歲僅得三十萬緡。宮中用度殊不足。泌曰。古者天子不私求財。今請歲供宮中錢百萬緡。願陛下勿受貢獻及罷宣索。必有所須。降勅折稅。不使奸吏因緣誅剝。上從之。

九年。戶部侍郎裴延齡奏檢責諸州欠負錢八百餘萬緡。收抽貫錢三百萬緡。呈樣物三十餘萬緡。請別置庫以掌之。欠負皆貧人。無可償。抽貫錢給用旋盡。呈樣染練皆左藏正物。延齡徒置別庫。虛張名數以惑上。上信之。以為能富國而寵之。左補闕權德輿奏曰。延齡取常賦支用未盡者。充羨餘以為己功。縣官市物再給其直以充別貯。邊軍自今春以來並不支糧。陛下必以延齡孤貞獨立。時人醜正流言。何不遣信臣覆視。究其本末。明行賞罰。今衆口喧於朝市。豈皆為朋黨邪。上不從。

德宗時。擢韓洄為戶部侍郎判度支。洄上言曰。江淮七監歲鑄錢四萬五千緡。輸京師。工用運轉每緡費二千。是本倍於子。今商州紅崖冶產銅。而洛源監久廢。請鑿山取銅。即冶舊監置十鑪鑄之。歲得錢七萬二千緡。度費每緡九百。則得可浮本矣。江淮七監請皆罷。又言天下銅鐵冶乃山澤利。當歸王者。請悉隸鹽鐵使。從之。

歷代名臣奏議卷之二百六十一

歷代名臣奏議卷之二百六十三

理財

唐憲宗即位後。因德宗府庫。所性儉約節用。四方進奉。并破劉闢李錡沒入。及于頔王鍔進獻錢帛盈溢。充積內藏。學士李絳嘗從容諫曰。臣聞王者積之於人。霸者積之於國。尋常之君積於府庫。陛下以超邁英姿。嗣膺寶歷。蠻夷納貢。山澤効珍。固當事冠百王。德垂萬代。可書之事成不諱之詞。今內藏積財來者必納。唯顧進入之數。不問聚斂之由。方鎮皆裒刻於人。以進獻為詞。因緣姦盜。半入私家。百姓積怨。兆人興謗。殆非今日聖政所宜行也。又錢是通流之貨。居之則物以騰踴。帛是衣著之物。貯之則歲轉損爛。此皆出於人力。匪從天生。積難得之財。成無用之幣。聖心所宜留念。伏乞天慈。量恩澤頒賜之所要。校制作移用之所費。三倍已外。悉付所司。倘經用者有餘。即租稅寬於外。以令疲人蘇息。內以表聖政光昭。存之策書。足示後嗣。上喟然曰。朕豈不知積財貨為不急之務。受進獻非至聖之稟。顧祖宗理化之所法。令賞罰不行。今兩河州郡之數。是中夏貢賦之地。四五十郡。國力不及。朝覲久廢。征討未加。又河隍郡縣沒於蕃醜。列置烽候。逼近郊圻。朕方欲練智勇之將。刷祖宗之恥。惡所用不徵於人。儲蓄之由。蓋在於此。朕所以身衣澣濯。不妄破用。親戚賜與。纔表誠意而已。且漢明帝云。我為天下守財爾。豈得妄用耶。誠哉是言。卿當深悉此懷。

元和六年。上問戶部侍郎李絳曰。故事戶部皆進羨餘。卿獨無進。何也。對曰。守土之官。厚斂於人。以市私恩。天下猶共非之。況戶部所掌。皆陛下府庫之物。給納有籍。安得羨餘。若自左藏輸之內藏以為進奉。是猶東庫移之西庫。臣不敢踵此弊也。上嘉其直。益重之。

元和中。翰林學士白居易論和糴狀曰。右臣伏見有司以今年豐熟。請令畿內及諸處和糴。令收賤穀以利農人。以臣所觀。有害無利。何者。凡曰和糴。則官出錢。人出穀。兩和商量。然後交易也。比來和糴事則不然。但令府縣散配戶人。促立程限。嚴加徵催。苟有稽遲。則被追捉。迫蹙鞭撻。甚於稅賦。號為和糴。其實害人。倘依前而行。臣故曰有害無利也。今若有司出錢開場自糴。比於時價。稍有優饒。利之誘人。人必情願。且本請和糴。只圖利人。人若有利。自然願來。利害之間。可以此辨。今若除前之弊。行此之便。是真得和糴利人之道也。二端取捨。伏惟聖旨裁之。必不得已。則不如折糴。折糴者。折青苗稅錢。使納斛斗。免令賤糶。别納見錢。在於農人。亦甚為利。況度支比來所支和糴價錢。多是雜色匹段。百姓又須轉賣。然後將納稅錢。至於給付。不免侵偷。貨易不免折損。所失過本。其弊可知。今若量折稅錢使納斛斗。既無賤糶麥粟之費。又無轉賣匹段之勞。利歸於人。美歸於上。則折糴之便。豈不昭然。由是而論。則配戶不如開場。和糴不如折糴。亦甚明矣。臣久處村閭。曾為和糴之戶。親被迫蹙。實不堪命。臣近為畿尉。曾領和糴之司。親自鞭撻。所不忍覩。臣頃者常欲疏此人病。聞于天聽。疎遠賤微。無由上達。今幸擢居禁職。列在諫官。苟有它聞。猶合陳獻。況備諳此事。深知此弊。臣若緘默隱而不言。不唯上辜聖恩。實亦內負夙願。猶慮愚誠不至。聖鑒未迴。即望試令左右可親信者一人。潛問鄉村百姓。和糴之與折糴。孰利而孰害乎。則知臣言不敢苟耳。或慮陛下以勅命已下。難於移改。以臣所見。事又不然。夫聖人之舉事也。唯務便人。唯求利物。若損益相半。則不必遷移。若利害相懸。則事須追改。不獨於此。其它亦然。伏望宸衷審賜詳察。謹具奏聞。

監察御史元稹上錢貨議狀曰。奉進止。當今百姓之困。眾情所知。減稅則國用不充欲依舊則人困轉甚皆由貨輕錢重徵稅暗加宜令百寮各陳意見以革其弊右閏正月十七日宰相奉宣進止如前者臣以為當今百姓之困其弊數十不獨在於錢貨徵稅之謂也既聖問言之又以為黎庶之重困不在於賦稅之闇加患在於剝奪之不已錢貨之輕重不在於議論之不當患在於號令之不行今天下賦稅一法也厚薄一槩也然而廉能莅之則生息貪愚莅之則敗傷蓋得人則理之明驗也豈徵稅暗加之謂乎自嶺已南以金銀為貨幣自巴已外以鹽帛為交易黔巫溪峽大抵用水銀朱砂繒綵巾帽以相市然而前人以之理後人以之擾東郡以之耗西郡以之贏又得人則理之明驗也豈錢重貨輕之謂乎自國家置兩稅已來天下之財限為三品一曰上供二曰留使三曰留州皆量出以為入定額以給資然而節將有進獻以市國恩者有賂遺以買私名者有藏鏹滯

帛以貽子孫者有高樓廣榭以識第宅者彼之俸入有常也公私有分也此何從而得之又國家置度支轉運已來一則管鹽以易貨一則受財以經費近制有年進月進之名有正至三節之獻彼之管鹽有常也受財有數也此又何從而得之且百姓國家之百姓也貨財國家之貨財也不足則取之有餘則捨之在我而已又何必援之重柄假之利權徇彼之微恩戕我之深府哉今陛下初臨億兆首問羣寮誠能禁藩鎮大臣不時之獻罷度支轉運別進之名絕賂遺之私節侈靡之俗峻風憲之舉深贓罪之刑精覈考課之條慎選字人之長若此則不減稅而人安不改法而人理矣至於古今言錢幣之輕重者夥矣或更大錢或放私鑄或龜或貝或皮或刀或禁埋藏或禁銷毀或禁器用或禁滯積皆可以救一時之弊也然而或損或益者蓋法有行不行之謂也臣不敢遠徵古證竊見元和已來初有公私

器用禁銅之令次有交易錢帛兼行之法近有積錢不得過數之限每更守君則必有用錢不得加除之牓然而銅器備列於公私錢帛不兼於賣鬻積錢不出於牆垣欺濫遍行於市井亦未聞鞭一夫黜一吏賞一告討壞一蓄藏豈法不便於時耶蓋行之不至也陛下誠能揆古今捄弊之方施賞罰必行之令則聖祖神宗之法制何限前賢後智之議論何窮豈待愚臣盜竊古人之見自稱革弊之術哉

行尚書職方員外郎韓愈上錢重物輕狀曰右臣伏准御史臺牒準中書門下帖奉進止錢重物輕為弊頗甚詳求適變可以便人所貴繒貨通行里閭寬息宜令百寮隨所見作利害狀者臣愚以為錢重物輕救之之法有四一曰在物土貢夫五穀布帛農人之所能出也工人之所能為也人不能鑄錢而使之賣布帛穀米以輸錢於官是以物愈賤而錢愈貴也今使出布之鄉租賦悉以布出綿絲百貨之

鄉租賦悉以綿絲百貨去京百里悉出草三百里以粟五百里之內及河渭可漕入願以草粟租賦悉以聽之則人益豐錢益輕穀米布帛益重二曰在塞其隙無使之洩禁人無得以銅為器皿禁鑄銅為浮屠佛像鐘磬者蓄銅過若干斤者鑄錢以為它物者皆罪死不赦禁錢不得出五嶺五嶺買賣一以銀盜以錢出嶺及違令以買賣者皆坐死五嶺舊錢聽人載出如此則錢必輕矣三曰更其文貴之使一當五而新舊兼用之凡鑄錢千其費亦千今鑄一而得五是費錢千而得五千可立多也四曰扶其病使法必立凡法始立必有病今使人各輸其土物以為租賦則州縣無見錢州縣無見錢而穀米布帛未重則用不足而官吏之祿俸月減其舊三之一各置鑄錢使新錢一當五者以給之輕重平乃止四法用錢必輕穀米布帛必重百姓必均矣

穆宗長慶二年。戶部侍郎張平叔上疏請官自賣鹽。可以富國強兵。陳利害十八條。詔下其說令公卿詳議。兵部侍郎韓愈論變鹽法事宜狀曰。右奉勅。將變鹽法事貴精詳。宜令臣等各陳利害可否聞奏者。平叔所上變法條件。臣終始詳度。恐不可施行。各隨本條分析利害如後。

一件。平叔請令州府差人自糶官鹽。收實估匹段。省司準舊例支用。自然獲利一倍已上者。臣今通計所在百姓。貧多富少。除城郭外。有見錢糴鹽者。十無二三。多用雜物及米穀博易。鹽商利歸於己。無物不取。或從賒貸升斗。約以時熟填還。用此取濟。兩得利便。今令州縣人吏坐鋪自糶。利不關己。罪則加身。不得見錢及頭段物。恐失官利。必不敢糶。變法之後。百姓貧者無從得鹽而食矣。求利未得。斂怨已多。自然坐失鹽利常數。所云獲利一倍。臣所未見。

一件。平叔又請鄉村去州縣遠處。令所由將鹽就村糶易。不得令人吏將鹽家至戶到。多將則糶貨不盡。少將則得錢無多。計其往來。自充糧食不足。比來商人或自負擔斗石。往與百姓博易。所冀平價之上。利得三錢兩錢。不比所由為官所使。到村之後。必索百姓供應。所利至少。為弊則多。此又不可行者也。

一件。平叔云。所務至重。須令廟堂宰相充使。臣以為若法可行。不假令宰相充使。若不可行。雖宰相為使。無益也。又宰相者。所以臨察百司。考其殿最。若自為使。縱有敗闕。遣誰舉之。此又不可者也。

一件。平叔又云。法行之後。停減鹽司所由糧課。年可收錢十萬貫。

臣以為變法之後。弊隨事生。尚恐不登常數。安得更望贏利。

一件。平叔欲令府縣糶鹽。每月更加京兆尹料錢百千。司錄及兩縣令每月各加五十千。其餘觀察及諸州刺史縣令錄事參軍。多至每月五十千。少至五千三千者。臣今計此用錢已多。其餘官典及巡察手力所由等糧課。仍不在此數。通計所給。每歲不下十萬貫。未見其利。所費已廣。平叔又云。停鹽司諸色所由糧課。約每歲合減得十萬貫錢。今臣計其新法。亦用十萬不啻。減得十萬。卻用十萬。所亡所得。一無贏餘也。平叔又請以糶鹽多少為刺史縣令殿最。多者遷擢。不拘常例。如闕課利。依條科責者。刺史縣令職在分憂。今惟以鹽利多少為之升黜。不復考其治行。非唐虞三載考績黜陟幽明之義也。

一件。平叔請定鹽價。每斤三十文。又每二百里。每斤價加收二文。以充腳價。量地遠近險易。加至六文。腳價不足。官與出。名為每斤三十文。其實已三十六文也。今鹽價京師每斤四十。諸州則不登。此變法之後。祇校數文。於百姓未有厚利也。腳價用五文者。官與出二文。用十文者。官與出四文。是鹽一斤官糶得錢。名為三十。其實斤多得二十八。少得二十六文。折長補短。每斤收錢不過二十六七。百姓折長補短。每斤用錢三十四。則是公私之間。每斤常失七八文也。下不及百姓。上不歸官家。積數至多。不可遽算。以此言之。不為有益。平叔又請令所在及農隙時。併名車牛般鹽送納都倉。不得令有闕絕者。州縣和雇車牛。百姓必無情願。事須差配。然付腳錢。百姓將車載鹽。所由先皆無檢。齊集之後。始得載鹽。及至院監請受。又須待其輪次。不用門戶。皆被停留。輸納之時。人事又別。凡是和雇。無不皆然。百姓寧為私家載物取錢五文。不爲官家載物取十文錢也。不和雇則無可載鹽。和雇則害及百姓。此又不可也。

一件平叔稱停減鹽務所由收其糧課。一歲尚得十萬貫文。今又稱既有巡院請勒留官吏於倉場勾當。要害守捉少置人數。優恤糧料。嚴加把捉。如有漏失私糶，並准條處分者。平叔所管鹽務所由人數有幾，量留之外收其糧課。一歲尚得十萬貫。此又不近理也。比來要害守捉人數至多，尚有漏失私糶之弊。今又減置人數，詎能私鹽斷絕。此又於理不可也。

一件平叔云變法之後，歲計必有所餘。日用還恐不足。謂一年已來且未責以課利，後必數倍校多者。此又不可。方今國用常言不足。若一歲頓闕課利，爲害已深。雖云明年校多，豈可懸保。此又非公私蓄積尚少之時可行者也。

一件平叔又云浮寄姦猾者轉富，土著守業者日貧。若官自糶鹽，不問貴賤貧富士農工商道士僧尼并兼游惰，因其所食，盡輸官錢。并諸道軍諸使家口親族遞相影占，不曾輸稅。若官自糶鹽，此輩無一人遺漏者。臣以此數色人等不糶鹽而食。官自糶鹽，即糶而食之，則信如平叔所言矣。若官自糶與不自糶，皆常糶鹽而食，則今官自糶亦無利也。所謂知其一而不知其二。見其近而不見其遠也。國家権鹽，糶與商人。商人納権，糶與百姓。則是天下百姓無貧富貴賤皆已輸錢於官矣。不必與國家交手付錢，然後爲輸錢於官也。

一件平叔云初定兩稅時，絹一疋直錢三千。今絹一疋直錢八百。百姓貧虛，或先取粟麥價，及至收穫，悉以還債。又充官稅，顆粒不殘。若官中糶鹽，一家五口所食鹽價不過十錢，隨日而輸，不勞驅遣，則必無舉債逃亡之患者。臣以爲百姓困弊，不皆爲鹽價貴也。今官自糶鹽與依舊令商人糶，其價貴賤所校無多。通計一家五口所食之鹽，平叔所計一日以十錢爲率。一月當用錢三百。是則三日食鹽一斤。一月率當十斤。新法實價與舊每斤不校三四錢以下。通計五口之家，以平叔所約之法計之，賤於舊價，日校一錢，月校三十。不滿五口之家所校更少。然則改用新法，百姓亦未免窮困流散也。初定稅時一疋絹三千。今只八百。假如特變鹽法，絹價亦未肯貴。五口之家因變鹽法，日得一錢之利，豈能便免作債。收穫之時，不被徵索輸官稅，復有贏餘也。以臣所見，百姓困弊日久。不以事擾之，自然漸校。不在變鹽法也。今絹一疋八百，百姓尚多寒無衣者。若使疋直三千，則無衣者必更衆多。況絹之貴賤，皆不緣鹽法。以此言之，鹽法未

要變也。

一件平叔云每州糶鹽不少。長吏或有不親公事。所由浮詞，云當界無人糶鹽。臣即請差清強巡官檢責所在實戶，據口團保給一年鹽，使其四季輸納鹽價。口多糶少，及鹽價遲違，請停觀察使見任，改散慢官。其刺史已下貶與上佐。其餘官貶遠處者。平叔本請官自糶鹽以實百姓。令其蘇息，不更流亡。今令責實戶口團保給鹽，令其隨季輸納鹽價。所謂拯[illegible]而困之前意也。百姓貧家食鹽至少，或有淡食動經旬月。若據口給鹽，依時徵價，辦與不辦，並須納錢。遲違及違條件，觀察使以下各加罪譴。茍官吏畏罪，必用威刑。臣恐因此所在不安，百姓轉致流散。此又不可之大者也。

一件平叔請限商人鹽納官後，不得輒於諸軍諸使覓職事把錢

挾店看守莊磑以求影庇。請令所在官吏嚴加訪察。如有違犯。應有資財並令納官。仍牒送府縣究所由者。臣以為鹽商納榷。為官糶鹽。子父相承。坐受厚利。比百姓實則校優。今既奪其業。又禁不得求覓職事。及為人把錢。捉店看守莊磑。不知其罪。一朝窮蹙之也。若必行此。則富商大賈必生怨恨。或收市重寶逃入反側之地。以資寇盜。此又不可不慮也。

一件。平叔云行此策後。兩市軍人富商大賈或行財賄。邀截喧訴。請令所由切加收捉。如獲頭首。所在決殺。連狀聚衆人等。各決脊杖二十。檢責軍司軍戶。盜如有隱蔽。並準府縣例科決。并賞所由告人者。此一件若果行之。不惟大失人心。兼亦驚動遠近。不知糶鹽所獲幾何。而害人蠹政。其弊實甚。

以前件狀奉今月九日敕。令臣等各陳利害者。謹錄奏聞。伏聽敕旨。

宋太宗太平興國二年。樊若水上言曰。江南舊用鐵錢。於民非便。令諸州銅錢尚六七十萬緡。虔吉等州未有銅錢。各發六七萬緡俾市金帛輕貨上供。及博糴穀麥於昇鄂饒等州產銅之地。大鑄銅錢。銅錢既不渡江。益以新錢。則民間錢愈多。鐵錢自當不用。悉鎔鑄為農器什物。以給江北流民之歸附者。除銅錢渡江之禁。從之。

端拱二年。戶部郎中張洎乞罷榷山行放法奏曰。臣伏奉中書宣諭聖意。令訪聞茶法。其榷山通商各有何利害者。臣才識鄙陋。預聞天旨。退懷衡泌。悃愊實深。謹畧具榷山放法利害。仰對大問。惟聖明察之。伏以茶貨之興。其來尚矣。資民豐國。利潤之功博焉。榷山放法損益之制。肇自有唐。創兹茶法。流行天下。然異米鹽。兆姓所須。遠近同俗。今獻議者言貨茶利害。蓋有二焉。一曰榷山。一曰放法。歷代制置雖或不同。舉要而言。則榷山之害深。放法之利廣也。然而幹司邦計之臣。必曰朝廷榷山。大獲厚利。倘從放免。徒利茶商。此蓋老生之常談。近世之弊法。徒傷大體。豈務通經者乎。今請一二而言之。夫南國上種。山澤連接。遠民習俗。多事茶園。上則供億賦租。下則存活妻子。營生取給。更絕它門。及其官榷茶山。利歸公室。衣食之源日削。採造之役歲增。課額既漸虧。刑罰又屢及。以至貼田賣屋。力辦課程。物產既窮。死亡尋致。所以出茶之處。郡縣凋殘。民不聊生。職由於此。其弊一也。禁榷之地。法令斯嚴。銖兩之茶。即該憲網。公私追擾。獄訟繁興。大則破族亡家。小則身填牢戶。州縣公事。太半為茶。朝禁夕刑。縲紲相繼。戶口由茲減耗。田野為之汙萊。蠹國殘民。墜於無告。獄連禍結。莫甚於斯。其弊二也。茶貨在山。同夫五穀。季時愛養。即獲滋豐。及夫朝廷榷山。鄉原失業。茶戶逼於寒餒。日有逃亡者。茶園陷於蕪穢。歲有荒廢者。年華漸久。殘破益深。眷彼雲苗。鞠為茂草。追呼覺察。已失課程。雖欲改張。噬臍安及。其弊三也。謹按唐史。德宗朝宮中營造臺榭。國計不充。王播希恩。請增茶稅。李珏上疏曰。榷率救弊。起自干戈。厚歛於人。殊傷國體。歲終上計。其利幾何。未見阜財。已云斂怨矣。至大和九年。鹽鐵使王涯始奏行榷茶之法。江淮間百姓茶園。官自造作。分命使者主之。百姓公言曰。果行是法。止有盡殺使臣。入山刼耳。其後甘露事發。涯竟就誅。故史臣謂王涯欲希恩幸。重困蒸人。然而竄身姦邪之間。與其誅而危其國。豈非鬼瞰神奪。篤斯禍以懲之乎。前史書之。以為鑒誡。國家膺圖御極。子育黎元。澤浹窮荒。仁及行葦。惟兹茶法。未叶大中。改絃更張。正在兹日。今若罷榷山之制。行放法之條。為國便民。其利有五。夫先王創制。貴在通行。覩利竭民。殆斯濫矣。榷山弊法。舉而棄之。則委頓者獲全。流庸者盡復。東南郡縣。百萬遺甿。逃死養生。得安舊業。其利一也。造茶之戶。既專物產。必能經營地利。愛養茶園，封殖窠條，防護山澤，十年之內，茶貨大興，通商惠農，王賦增集，其利二也。摧山既放，密網減除，愛人而義在必行，晝象而民狩不犯。普天之下，實省刑章，利用厚生，莫先於此，其利三也。比來般運盡出公家，涉歷江湖，泝淯河洛，方舟巨艫，經途萬里，風濤没溺，官吏姦偷，陷失茶綱，比歲常有。若行放法，此患自除，其利四也。國家摧買茶貨，歲入無窮，堆貯倉場，充積州郡，及乎出賣之際，則太半陳腐，積年之後，又多至焚燒。今若許放摧山，任民貿易，則國中永無棄貨，天下咸喫新茶，惠潤公私，實為要道，其利五也。或曰：國家制置茶法，蓋有歲年，一旦通商，大虧國計，贍用不足，其將奈何？對曰：聖后當陽，政先惠下，將建無窮之策，非急一時之利。況茲變法，未見虧官。摧放便宜，謹條件如後。

摧山

一、天下郡國所出茶貨品類至繁，且以湖南一道所出茶貨約度為準。訪聞湖南山色茶每斤官中摧買用本錢二百二十文，蓋運支費約破錢一百文。蓋運之稍遠即不啻一百文，道途稍近則不及一百文，今將道途遠近尅折算計。一槩且以百錢為準。官中於地頭出賣，計收錢九百六十文。除算出本錢并纏裹錢共三百二十文外，合收淨利錢六百四十文。其淮南、兩浙、江南等道茶貨雖出賣價例或小有不同，其所收淨摧茶貨利，大約不踰於此。國家所摧茶貨，歲月漸深，即有減價出賣者，逐年陳惡不堪支用，即有逐時燒棄者。今請朝廷且將天下一年所納茶貨較算其元使用本錢，及蓋運錢，都合計若干。却於淨利錢內尅折出於地頭出賣所收淨利錢，都合得若干。逐年減價出賣及官中燒棄茶貨外，其所有的實淨利合有若干。如茲筭撲，即所賣茶貨除尅折外，每斤價錢又恐不能及六百四十文。

放法。

一、國家若放摧山，任民買賣，理財之道，宜通覩天下。諸道州府出茶之處，請各於緊要地置立務局，其茶貨離山場之日，不計多少，每一大斤，茶戶納錢一百文，茶商納錢三百文。茶商出賣地頭，更納錢二百文。其茶商所賫博買茶貨金銀疋帛等，經歷舊買茶處，向外州郡，其州郡又依例納稅。統而言之，即官入茶租與摧山之日所獲淨利不相懸矣。或曰：朝廷改變茶法，貴要利民，若茶商、茶戶所納之錢過為繁重，豈惠下之道也？答曰：摧山之時，商客買官茶一斤，計用錢九百六十文。改法之後，且約將錢四百文為茶本，四百文納官，都計八百文。若更將一百六十文剩錢納官，方只得摧山之時買茶舊額。況放法之後，民皆販

便。既絕官司上下侵擾，又免官中陳茶。既山場買賣得一色新茶，商販之人獲利誠厚，更令納錢，尚為輕賦。況見出茶本，以摧山之日猶未登舊額者乎？又茶戶賣茶入官甚為艱苦，或將逺年陳惡雜物折納，或得低價一色見錢。然而經歷官司，動遭刻削。茶稍低下，即被焚燒，迨于住場，僅同白納。今既改法，將茶貨賣與商客，且約得價錢四百文，除將一百文納官，尚有三百文見錢。比摧納之日所獲利潤，不亦復饒乎？或曰：官中所取茶租若加重厚，民於茶價須至增添，茶價既增，於人便否？答曰：茶為食物，天下所資，日用於今，同夫鹽酒，雖價例增長，非有害於時。爲在昔有唐宰相令狐楚嘗奏茶法云：賦率之時，既節級增價，商人轉賣，必價稍貴，即是錢出萬國，利歸有司，既無害茶商，又不擾茶戶。詳楚之所奏，理甚顯明，茶價雖增，實有利而無害矣。

今國家大更茶法式洽民心所慮者賦入不登或虧邦計今茲放榷其利昭然舉而行之實久長之計也

二榷山之時商販艱阻今既放法民皆自便普天之下茶貨流通利入公門必當增倍商人所到州郡賣茶納錢（此則率賦二百錢非常行稅賦）宜令本處稅院别置文曆逐時收管候年終上計考校課程

三國家贍用之茶不可令闕宜計度逐年所支費多少據合留數目令折稅茶戶依舊榷納或慮折稅茶數目浩瀚逐年榷納不盡即可據都額分爲畨次令茶戶三年一次輸納庶均苦樂永冀通行

切以理財聚衆聖人之大業興利除害有國之常規國家受命上天光宅中土交脩庶政歷載于茲大道汙而復隆墜典缺而咸補唯財貨一節未行寬簡豈不以覆燾至大贍用攸廣將安區夏須資物力者乎臣以爲司計之臣失於經度所致也何則普天之下中外資用四海九州之租賦關市山澤之稅率榷山煑海之宜利一歲所入其數幾何郊廟社稷之嚴奉少府中禁之支費六軍羣吏之資贍一歲所出其數幾何司計之臣苟能按經常調虛實量入以爲出則國内財貨可得而均節矣天下利病可得而明察矣其或聖朝歲時支費未能放行計度但掊克以困黎元貨殖程財未見其可也況茶貨害政爲日滋久倘從變法孰匪至公舉而行之又何疑也

太宗留意金穀名三司吏李溥等二十七人對於崇政殿詢以計司利害溥等言條目煩多未可以口占願給筆札以對太宗遣中黄門送詣䄂府限五日悉條上之溥等共上七十一事詔以四十四事付有司行之其十九事下陳恕等議可否遣知雜御史張秉中使張崇貴監議令中書籍其事專檢舉之無致廢格賜溥等白金緡錢悉補侍禁殿直領其職太宗謂宰相曰溥等條奏事頗有所長朕嘗語恕等若文章稽古此輩固不可望若錢穀利病彼自幼至長寢處其中必周知根本卿等但假以顔色引令剖陳必有所益恕等剛强終不肯降意詢問吕端對曰耕當問奴織當問婢寇準曰夫子入太廟每事問乃以貴下賤先有司之義後數日太宗又曰國家歲入財數倍於唐唐中葉以降藩鎮擅命征賦多不入公家下陵上替經制隳廢吾前代爲得即已致太平豈復煩朕心慮也因名恕等責以職事曠廢恕等對曰今土宇至廣庶務至煩國用軍須所費浩瀚又遍諸州不行縱使耿壽昌桑弘羊復生亦所不逮臣等駑劣惟盡心籌領終不足上裨聖治太宗曰卿等清而不通專守繩墨終不能爲國家度長挈大剖煩析滯只如京城倉庫主吏當改職者籌領中一處節目未備即至十年五年不決以致貧無資給轉徒溝壑此卿等之過豈不傷和氣哉恕等頓首謝

真宗即位西京左藏庫使楊允恭言川峽鐵錢之弊曰凡民田之稅昔輸銅錢之一今輸鐵錢亦一而吏卒奉舊給銅錢之一今給鐵錢五行用交易則鐵錢之十爲銅錢之一且民入田稅以一爲十官失其九矣吏卒奉給增一爲五官又失其四矣吏卒得五用十復失其半矣臣在先朝嘗陳其事願變法以革其弊先帝方議行之會賊順叛擾而止今陛下繼成先烈可遂建其法使民不失所且饒信之銅積數千萬若遣運于荆達于蜀蜀素多銅俾變益遂各置監鼓鑄歲用均給不十年悉用銅錢矣

咸平四年秘書丞直史館孫冕請令江南荆湖通商賣塩緣邊折中糧草在京入納金銀錢帛則公私皆便爲利寔多設慮淮南因江南

荆湖通商。或全年額稍虧。則國家折中糧草。是賠邊兵。中納金銀。實之官庫。且免和雇車乘。差擾民戶冒寒涉遠。并如荆湖運錢萬貫。淮南運米千石。以地里腳力送至窮邊。則官費殷勞。何啻數倍。詔吏部侍郎陳恕等議。恕等謂江湖官賣鹽。蓋近鄰海之地。欲息犯禁之人。令若通商任賣官鹽。立之一年課額。寬議遂寢。

真宗時。三司鹽鐵判官俞獻卿上言。天下穀帛日益耗。物價日益高。欲民力之不屈不可得也。今天下穀帛之直比祥符初增數倍矣。人皆謂稻苗未立而和糴。桑葉未吐而和買。自荆湖江淮間民愁無聊。轉運使務刻剥以增其數。歲益一歲。又非時調率營造。一切費用皆出於民。是以物價積高而民力積困也。陛下誠以景德中西北二邊通好當盛之時。一歲之用較之天禧五年。凡官吏之要冗。財用之盈縮。力役之多寡。推類之增減。較然可知其利害也。況自天禧以來。日

修一日。又甚于前。本危不盈者漏在下。木不茂者蠹在內。陛下宜知其有損於彼。無益於此。與公卿大臣朝夕圖議而救正之。帝納其言。

仁宗天聖八年。上書者言縣官禁鹽得利微而為害博。兩池積鹽為阜。其上生木合抱。數莫可較。宜聽通商平估以售。可以寬民力。詔翰林學士盛度御史中丞王隨議更其制。度因畫通商五利上之曰。方禁商時。伐木造船輦運。兵民不勝疲勞。今去其弊。一利也。陸運既差帖頭。又役車戶。貧人懼役。連歲逋逃。今悉罷之。二利也。船運有沉溺之患。綱吏侵盜。雜以泥沙硝石。其味苦惡。疾生重膇。今皆得食真鹽。三利也。錢幣國之貨泉。欲使通流。富家多藏鏹不出。民用益蹙。今歲得商人出緡錢六十餘萬助經費。四利也。歲減監官兵卒畦夫傭作之給。五利也。

明道二年。參知政事王隨建言淮南鹽初甚善。自通泰楚運至真州。自真州運至江浙荆湖。綱吏舟卒侵盜販鬻。從而雜以沙土。涉道愈遠。雜惡殆不可食。吏卒坐鞭笞徒配相繼而莫能止。比歲運河淺涸。漕輓不行。遠州村民頓乏鹽食。而淮南所積一千五百萬石。至無屋以貯。則露積苫覆。歲以損耗。又亭戶輸鹽。應得本錢或無以給。故亭戶貧困。往往起為盜賊。其害如此。願權聽通商三五年。使商人入錢京師。又置折博務於揚州。使輸錢及粟帛。計直予鹽。鹽一石約售錢二千。則一千五百萬石可得緡錢三十萬以資國用。一利也。江湖遠近皆食白鹽。二利也。歲罷漕運縻費。風水覆溺。舟人不陷刑辟。三利也。昔時漕鹽舟可移以漕米。四利也。商人入錢可取以償亭戶。五利也。時范仲淹安撫江淮。亦以疏通鹽利為言。即詔知制誥丁度等與三司使江淮制置使同議。皆謂聽通商恐私販肆行。侵蠹縣官。請敕制置司益漕船運至諸路。使皆有二三年之蓄。復天禧元年制。聽商

人入錢粟京師及淮浙江南荆湖州軍易鹽。在通楚泰海真揚建水高郵貿易者毋得出城。餘州聽詣縣鎮。毋至鄉村。其入錢京師者增鹽予之。并敕轉運司經畫本錢以償亭戶。詔皆施行。

景祐中。葉清臣上疏曰。山澤有產。天資惠民。兵食不充。財臣兼利。草芽木葉。私不得專。封園置吏。隨處立筦。一切官禁。人犯則刑。既奪其資。又加之罪。黥流日報。踰冒不悛。誠有厚利重貲能濟國用。聖仁恤隱。矜赦非辜。猶將弛禁緩刑。為民除害。廢支費用甚大。權易所收甚薄。刻剥園戶。資奉商人。使朝廷有聚斂之名。官曹滋虛濫之罰。虛張名數。刻蠹黎元。建國以來。法弊輒改。載詳改法之由。非有為國之實。皆商吏協計。倒持利權。幸在更張。倍求奇羨。富人豪族。坐以賈贏。薄販下估。日皆朘削。官司之際。俱非遠策。臣切嘗校計茶利所入。以景祐元年為率。除本錢外。實收息錢五十九萬餘緡。又天下所售食茶

并本息。歲課亦秪及三十四萬緡。而茶商見通行六十五州軍。所收税錢已及五十七萬緡。若令天下通商。秪收税錢。自及數倍。即榷務山場及食茶之利。盡可籠取。又況不費度支之本。不置榷易之官。不興輦運之勞。不濫徒縣之辟。臣意生民之弊有時而窮。盛德之事俟聖不惑。議者謂榷賣有定率。征税無藝準。通商之後必虧歲計。臣按管氏鹽鐵法。計口受賦。茶為人用。與鹽鐵均。必令天下通行。以口定賦。民獲善利。又去嚴刑。口數出錢。人不厭取。

寶元二年。三司度支判官宋祁論三冗三費奏曰。臣伏見西賊叛逆。未即梟馘。申命將校。譬飭邊陲。陛下日昃憂勤。特彰調發。內經聖慮。旁咨羣謀。臣誠不肖。竊用感憤。以為勇夫扞外。儒者計內。合為威略。以行天誅。則雖眾小醜。指期烹醢。故敢妄陳愚見。以佐萬一。臣聞兵以食為本。食以貨為資。在易聚人。在書八政。誠聖人所以一天下之具也。以天下取之。以天下用之。量入為出。故天子不得私焉。傳曰。足食足兵。民信之矣。今左藏無積年之鏹。太倉乏三歲之儲。南方冶銅匱乏不發。承平如此。已自凋困。其故何哉。良由取之既殫。而用之無度也。臣不能悉知朝廷之經費。且以臣素所見者言之。何者。大有三冗。小有三費。以困天下之財。財窮而更欲興數十萬眾以事夷狄。無乃謀甚矣。陛下誠能超然遠覽。燭見根本。去三冗。節三費。專備西北之屯。尚可曠焉高枕。無匱乏之患。何謂三冗。天下有定官。無限員。一冗也。天下廂軍無征戰而耗衣食。二冗也。僧尼道士日益多而無定數。三冗也。不去不可為國。今陛下下詔於此。斷自今日僧尼道士已受戒具者且使如舊。其在寺帳為徒弟子者悉還為民。勿復歲度。而州縣寺觀留若干所。僧尼道士定若干人。且令後來之數不過此。此榮之類可得耕織夫婦五十萬人。則一冗去矣。今天下廂軍不擇孱小尫弱。悉皆收配。本不知兵。亦且月費廩粮。歲費庫帛。數口之家不能自庇。於是相挺逃匿。化為盜賊者不可勝筭。朝廷每有夫役。更藉農民以任其勞。假如廂軍可令驅以就役。方且別給口券。間望賜錢。二端相率。不便明甚。陛下若敕天下廂軍。今日以後除州軍須要防托別留三百人。自餘更不收補。已在籍者許備役作。如此。則中下之家悉入農業。又得力耕者數十萬。則二冗去矣。國家郡縣素有定官。譬以十人為額。常以十二加之。遷代罪謫。足以無乏。今則不然。一官未缺。十人競逐。紆朱滿路。襲紫成林。州縣之地不廣於前。而官五倍於舊。吏何得不苟進。官何得不濫除。陛下誠能詔三班審官院內諸司流內銓。明立限員以為定法。自今以後門蔭流外貢舉之色。實置選限。稍務擇人。俟有闕官。計員補吏。內則省息奉廩。外則靜一浮華。則三冗去矣。何謂三費。一曰道場齋醮無日不有。若七日。若一月。若四十九日。各挾主名未始暫停。至於蠟蔬膏麪酒稻錢帛百司供億不可貲計。而主者勞緣利於欺攘。故奉行崇尚峻於典法。皆以祝帝壽奉先烈祈民福為名。欲令臣下不得開說。臣愚以為陛下上事天地宗廟。下事社稷百神。醴酪粢盛。犧牲玉幣。使有司端委而奉之。歲時而薦之。足以竦明德於天極。介多福於黔庶。何必道場齋醮屑屑之報哉。是國家抱虛以考祥。小人誣神而獲利耳。陛下若斷自聖慮。取必不可罷者。使略依本數以奉薰脩。開啓有時。賜與有度。則一費節矣。二曰京師寺觀或多設徒卒。或增置官司。衣粮所給三倍它處。帷幄謂之供養。田産謂之常住。不徭不役坐蠹齊民。而又競飾神祠。爭脩塔廟。皆曰不費官帑。自募民財。此誠不逞罔上之尤者。夫民藏於國。國藏於民。財不天來而由地出也。役不使鬼而待人作也。捨國取民。其傷一焉。伏望陛下切敕州縣啻令罷止。則二費節矣。三曰使相節度不隸藩要，貪取公用，全濟私家。跡夫節相之建，或當邊鎮，或臨師屯，公用之設，所以勞衆而饗賓也。今則不然，罷黜大臣，率叨使相，安民都邑，普蒙公用，取生人資力，爲無功之奉養，坐糜邦用，莫此爲甚。伏望陛下寶惜名器，使授受唯才。自今地非邊要，州無師屯者，不得建節度；已帶節度，不得留近藩及京師，則三費節矣。三冗已去，三費已節，用度必饒。臣又聞之，人不率則不從，身不先則不信。陛下若能躬服至儉，風示四方，衣服膠膳無溢舊規，請自乘輿始；錦繡珠玉不得妄費，請自後宮始。然後天下響應，民業日豐，人心不搖，師役可舉，雖使風行電照，飲馬西河，蠢尒戎首，可玩之股掌中矣。孰與今日誅求財用，謀鹽搉茗，爲戚戚之計者，同年而語哉！臣誠狂妄，不曉禁忌，輕進懇款，惟陛下赦其辜。

寶元間，户部侍郎夏竦議國用疏曰：臣聞四代而下，莫隆乎漢，漢莫盛乎文景，覩乎國用亦以足矣。古者什一而税，漢氏行田或三十税一，而錫賚勳戚，動以萬計，牛酒布帛米肉之賜，屢至民間。是時子弟分食租税，罕入縣官。匈奴寇邊，諸侯連禍，兵革數起，飛輓不絶，官無鹽鐵之利，門無舟車之筭，而民不告勞，國用滋豐。京師之錢貫朽難校，太倉之粟腐敗不食，阡陌之馬成羣，守閭閻者食粱肉，其故何哉？國家開拓疆宇，幅員億萬，東南漸海，西北壓戎，内無列侯之國，歲無民間之賜。茶鹽金鐵之利，水陸關市之征，儥貨而税，搉酒而酤，即山鑄錢，臨海市舶，一歲之入十倍漢初，而用度區區，未能豐羨，非事勢不足，而取與之未至。蓋夫民樂負販，俗尚奢泰，十夫里居，游手太半，仙釋之蠹，巫覡之耗，并藉之害，吏胥之暴，旦夕而有。故元元爭欲採山煮海，執技列肆，以邀羨利，怠棄隴畝，未始禁之。及其俗弊，將若之何？夫文景之世，賤商賈，通關梁，上敦儉素之化，下無佛老之弊，去肉刑，擧賢良，削父子相坐之律，除誹謗妖言之罪，耕籍田以勸農業，降恩令以開民利，減服御，損郎吏，惜十金於露臺，施瓦器於霸陵，伐馳道，墳蘭池，人無禁錮之律，馬無食粟之倖，采金銀珠玉者坐以贓盜論，故人人自樂，趣本去末，服勤畝事，百姓足矣，君孰不足？皇家休息四海五十年間，遭遇陛下天意淵默，聖政日躋，承二帝之基，當文景之辰，四夷拭目，仰觀太平。伏願鑒漢興之事，隆聖宋之業，去無益，禁游惰，擇良吏，敦稼政，儉以率下，簡以御物。儉則用足，簡則文寬，用足則生厚，文寬則俗阜。春秋之義，王者體元以居正，體元足以御大中，居正足以簡嗜慾。建大中則簡自至矣，節嗜慾則儉自至矣。俲文景之治，體春秋之義，孜孜爲善，雖休勿休，不十年間，則國用充牣，風俗敦厚，仁義可行，法令可措，猶將與三代相上下，豈止於漢氏之比哉。

夏竦上量支費疏曰：伏以年有上下，禮亦隆殺，先王正其版圖，經其税賦，以民體國，以時計用。王制曰：冢宰制國用，必於歲之杪，視年之豐耗，量入以爲出。故雖有兵革之費、旱蝗之變，上無闕供廢事之虞，下無卒賦暴斂之患，治天下者宜乎念之。國家體古立制，裁義創規，愛育元元，思臻至治，而犬戎狗態，荐食邊陲，比年以來，國用滋耗。至於鬻官爵於豪右，市縑素於州郡，滯斂之家，竊薦紳之號，行濫之輩，爭爲翔踴之價，貪夫之志益驕，吾民之生滋薄，雖爲倉卒之權，頗誤太平之德。況太祖經始，太宗緝熙，陛下纂嗣，王澤下流，五十年間，萬國無事，山海之利，秩斂之賦，日以萬數，月以億計，若何胡馬之塵纔動塞垣，而錢斂之吏便設權宜？臣切爲陛下惜之。於戲！天下皆知取之爲取，而不知與之爲取。夫民逐利，如水投下，當登斂之日，載績之時，貴更其直，五分益一，則稻粱山積，豈須莠選？布帛雲委，何待攝牽？圖難於易，豈不在茲？誠當各詔司存，預謀用度，量國之出入，視年之豐亾。削冗事而正彝倫。去權宜而就經久。無使漢道有雜霸之名。則萬世幸甚。

竦為三司使。又上乎筦榷疏曰。伏以齊桓霸主。管仲首議鹽鐵。漢武外事戎狄。乃興筦榷。魏晉周隋。沿革非一。唐氏因之。漸增榷數。貞元之際。復行茶稅。山海之饒。盡於國矣。夫天地之利。與民共之。藏財於民。非欲盡取。故曰。民之不足。君孰與足。又曰。百姓足。君孰不足。蓋君以民為心。民以君為體。未有心勞而體逸。支瘠而身壯者也。國家富有征稅。充牣府藏。雖君王之心。務推寬大。而聚斂之臣。競為苛細。刻取羡餘。不知紀極。至於海濱之民。食無鹽滋。山居之人。飲無茶味。若有負販。必與吏共。是網密於平民。而法寬於姦猾。榷酤之制。近年尤急。或增見在之課。或追已亡之額。或明下詔條。募相剗奪。所入至微。而爭端鋒起。州縣之獄。自此滋豐。切為陛下惜之。夫筦榷不可廢。

可以平其法。法不必急。急則民望於上。亦不必緩。緩則利歸於下。在任廉平之官。使喻朝廷之意。削除冗制。務存大體。上不虛國。下不迫民。則政在其中矣。孟子曰。文王之囿七十里。人以為小。蓋與民共之也。夫以利共之。以道取之。以禁防之。以籍正之。徧行而不盡。雖禁山錮海而民不為怨矣。

慶曆三年。右正言余靖論河北榷鹽疏曰。臣切聞臣寮上言。禁榷河北鹽貨。以救邊利者。臣切以前歲事宜已來。河北之民。揀點義勇強壯。及諸色科率。數年之間。未得休息。臣常痛幽薊之地。陷於胡虜。幾百年而民忘南顧之心者。蓋戎狄之法大率簡易。鹽麴俱賤。科役不煩故也。昔者太祖皇帝特推恩意。以惠河朔。故許通鹽商。止令收稅。今若一旦榷絕。價必騰踴。民苟懷怨。悔將何及。伏緣河朔土多鹽鹵。小民稅地不生五穀。惟刮鹻煎之以納二稅。今若禁止。便須逃亡。鹽價若高。犯法必衆。邊民怨望。非國之福。伏乞且令仍舊通商。無輒添長鹽價以鼓民怨。

侍讀學士歐陽脩上奏曰。臣風聞轉運使呂紹寧纔至淮南。便進見錢十萬貫。不知是否。臣見兵興以來。天下之弊者。非獨備邊之費。半由官吏壞之。今三司自為闕錢。累於東南。剗刷及以穀帛回易。則南方庫藏。豈有剩錢。閭里編民。必無藏鏹。故淮甸近歲號為錢荒。不知紹寧纔至淮南。用何術於何處得此錢以進。若將官庫錢上進。則遂州合使錢處甚多。必致闕乏。若於民間科率。則人力豈任。且十萬緡錢。國家得之。所益至微。外處取之。為害不細。往年李宗王逵輩皆刻剝疲民進奉。至今南方嗟怨。況今年江淮王倫大驚劫後。繼以蝗旱為孽。民間困窮。尤要撫存。而紹寧欺罔朝廷。妄有進獻。伏乞別降指揮。下別路選差一精強官將淮南一路見管錢帛磨勘大數。取見紹

寧所進何處得來。苟涉欺罔。乞賜重行朝典。其所進錢。伏乞聖慈拒而不受。以彰朝廷均卹外方。防禦姦吏刻剝之意。

嘉祐五年。脩又上奏曰。臣伏見朝廷近改茶法。本欲救其弊失。而為國誤計者。不能深思遠慮。究其本末。惟知圖利而不圖其害。方一二大臣銳於改作之時。樂其合意。倉卒輕信。遂決而行之。令下之日。猶恐天下有以為非者。遂直詆好言之士。指為立異之人。峻設刑名。禁其論議。事既施行。而人知其不便者十蓋八九。然君子知時方厭言。而意殆不肯言。小人畏法懼罪而不敢言。今行之踰年。公私不便。為害既多。而一二大臣以前者行之太果。今之太峻。勢既難回。不能遽改。而士大夫能知其事者。但騰口於道路。而未敢顯言於朝廷。幽遠之民。日被其患者。徒能嗟於閭里。而無由得聞于天聽。陛下聰明仁聖。開廣言路。從前容納。補益尤多。今一旦下令改事。先為峻法禁絕

人言。中外聞之，莫不嗟駭。語曰：防民之口，甚於防川。川壅而潰，傷人必多。今壅民之口已踰年矣。民之被害者亦已衆矣。古不虛語，於今見焉。臣亦聞方改法之時，商議已定，猶選差官數人分出諸路訪求利害。然則一二大臣不惟初無害民之意，實亦未有自信之心。但所遣之人既見朝廷必欲更改，不敢沮議，又志在希合，以求功賞。傳聞所至州縣，不容吏民有所陳述，直云朝廷意在必行。但來要一審狀爾。果如所傳，則誤事者在此數人而已。蓋初以輕信於人，施行太果。今若明見其害，救失何遲。患莫大於遂非，過莫深乎不改。臣於茶法本不詳知，但外論既喧，聞聽漸熟，古之為國者，蓋人得謗於道，商旅得議於市，而士得傳言於朝，正為此也。臣切聞議者謂茶之新法既行，而民無私販之罪，歲省刑人甚多。此一利也。然而為害者五焉。江南、荆湖、西浙數路之民，舊納茶稅，今變租錢，使民破產亡家，怨嗟愁

苦不可堪忍。或舉族而逃，或自經而死。此其為害一也。自新法既用，小商所販至少，大商絕不通行。前世為法以抑豪商，不使過侵國利與為僭侈而已。至於通流貨財，雖三代至治，猶分四民以相利養。今乃斷絕商旅。此其為害二也。自新法之行，稅茶路分猶有舊茶之稅，而新茶之稅絕少。年歲之間，舊茶稅盡，新稅不登，則傾虧國用。此其為害三也。往時官茶容民入雜，故茶多而賤，徧行天下。今民自買賣，須要真茶。真茶不多，其價遂貴，小商不能多販，又不暇遠行，故近茶之處頓食貴茶，遠茶之方向去更無茶食。此其為害四也。近年河北軍糧用見錢之法，民入米於州縣，以鈔算茶於京師。三司為於諸場務中擇近上場分特留八處，專應副河北入米之人翻鈔算請。今場務盡廢，然猶有舊茶可算，所以河北和糴日下未妨。切聞自明年以後舊茶當盡。無可算請，則河北和糴實要見錢，不惟客旅得錢變轉

不動，兼亦自京師歲歲輦錢於河北和糴，理必不能。此其為害五也。一利不足以補五害。今雖欲減放租錢以救其弊，此特寬民之一端爾。然未盡公私之利害也。伏望聖慈特詔主議之臣，不護前失，深思今害，黜其遂非之心，無憚損謗之跡，除去前令，許人獻說，亟加詳定。精求其當，庶幾不失祖宗之舊制。臣冒禁有言，伏待罪責。

慶曆六年，監察御史張方平論河北榷鹽奏曰：臣伏見河北諸州所產鹽貨，自太祖開寶年降詔蠲禁通商，止令收稅，于今多年，民享其利。昨聞臣寮擘劃，欲榷買滄濱鹽入官，召商旅入中邊上粮草算請，且欲榷滄濱鹽，即須禁止諸州小鹽。不禁則侵官中課利，若禁則十數州軍從此民必受弊。何者？河北一路，除滄濱出鹽外，其滄冀邢洺等十數州地多鹹鹵，不可耕植，民唯以煑小鹽為業，衣食賦稅，皆仰於此。若禁斷，一旦窮民失業，散而為盜，則所虞非細。近因朝廷指揮

下本路都轉運司相度事，雖未行，民心已致疑惑。況本路諸色鹽官中久來各已定起稅額，每年所入課利數亦不少。今雖改用榷法，或商旅未信，不來算請，所得年額未必增。兼聞都轉運使魚周詢已條具利害論列，亦言榷法不可行，而止乞增稅。臣切謂此舉於事體利害最大。其臣寮所請榷鹽且乞停罷。如朝廷已議不行，猶恐彼處民或未知，亦乞指揮下本路諸州軍告諭人民，以朝廷今來比用舊例，不復行禁榷之意，使一方之人各安生業。

方平又論民力大困起於兵多，奏曰：臣昨曾約計天下財利出入之籍，知天下之所以困本於兵。因勘會自寶元、慶曆後內外增置禁軍歲給錢帛粮賜等數，進呈，乞朝廷圖議其事，稍以弛張之。伏以太祖皇帝服削藩鎮，收巴蜀、廣南、江南、偏晉，寇衛西戎、北虜，計所畜兵不及十五萬（國初得周兵十二萬，續平蜀，取其精兵止留一百二十人。又乾德中選揀天下外之兵止存十萬，揀擇精銳也。後乃益增及）

（十五兵隔）萬太宗皇帝平太原備逆賊禦北虜料簡軍旅增備兵儲志在收取燕薊然畜兵不過四十萬人先皇咸平中備逆賊禦北虜蒐募戰士至五十餘萬人及契丹請和祥符以後稍稍銷汰弛牧馬地給耕民（先帝嘗語宰臣曰天下兵馬之數雖不少稍銷者鮮且今之兵與古不同古者三時務農一時教戰民即兵矣今皆坐待衣食國家經費至廣不可不謹於選練向歛中曰軍額漸多農民轉耗近惟詔自已往召募斥去疲老退減冗食方帝曰卿等常宜講求務為經久之要）邊將邑兵自固者輒罷之（先帝常諭環慶路減神勇兵還營周瑩言諸路兵數非多未敢便減上曰西邊御得糧每歲揀民轉運瑩無心措民亦可知矣歸以曹瑋代之）至於寶元幾四十年可謂又安矣向因夏戎阻命始籍民兵儀命刺之以補軍籍遂於陝西河北京東西增置保捷武衛宣毅等軍（保捷一百八十五指揮武衛七十四指揮宣毅二百八十八指揮此其尤多者它不具載）既而又置宣毅於江淮荊湖福建等路（淮南三十二兩浙二十二江東十三江西十七湖北十七湖南十一福建十二指揮）凡內外增置禁軍約四十萬餘人通朝舊兵且百萬其鄉軍義軍州郡廂軍諸軍小分半分剩員等不列于數連營

之士日增南畝之民日減邇來七年之間民力大困天下耕夫織婦莫能給其衣食生民之膏澤竭盡國家之倉庫空虛而此冗兵狃於姑息寖驕以熾漸成厲階然且上下恬然不圖正救唯恐招置之不多也且太祖訓兵十萬人以定天下今以百萬人為少此無它耳各苟及身之安莫為經久之慮也夫苟且者臣下及身之謀經久者陛下國家之計今負敗之家猶汲汲於儋石之備安有慮不經久而可以保天下者哉比歲以來三路入中粮草度支給還價錢常至一千萬貫上下邊費大如此何以枝梧臣較今大計加之百萬不為益減之百萬不為損而比來鬻官六千緡者與簿尉萬緡則殿直諸監筦場務官準課程以立賞格投贏至三二千緡即以次遷陟不知賣官遷官幾何員數可供三路一歲糧草之費是謂張吹噲之微供尾閭之泄也淺陋之人更言遺利以裨經用未已夫財計所係國事安危繫

之而已矣景祐以前兵五十萬三司財用無餘及今而加一倍則何以得足臣近約度今年在京支計前已進呈只是準擬常程用度圖融變轉僅以有備過此以往若更因之以橫費加之以飢饉雖有智者亦恐難以善其後矣況臣之愚敢期克濟惟社稷之福祖宗之靈陛下至仁盛德有以感格天地降之以善報之以有年則兆民之所賴也若觀諸人事臣愚切甚寒心伏望令中書樞密院檢會臣前奏審知計議裁於聖斷早為之所猶須效在累年之後如救焚溺緩則益不及矣

歷代名臣奏議卷之二百六十三

歷代名臣奏議卷之二百六十四

理財

宋仁宗時張方平上食貨論曰。臣聞食者生民之命。貨者百用之權。興自古初。世所宜急。神農氏始辨五種。為耒耨之利以教天下。而民知粒食。日中為市。致天下之民。聚天下之貨。立交易之法。而世之財用不足。黃帝堯舜經土設井。換時布政。通其變使民不倦。而天下之人利備焉。禹辨三壤。定九賦。懋遷有無。萬邦作乂。周文王在岐。制司馬之法。建平土之政。均土地。連什伍以稽其人衆。而井牧其田野。以物地事。授地職。而令貢賦。秩斂之事。蓋古之王者所以制財用之道。惟田及山澤為正。其百工商賈衡虞之賦。以其浮食去本之民。猶罰而抑之也。自周之衰。庶民失職。經界隳壞。繇役橫作。秦知順人心。改之可以獲大利。故滅廬井而置阡陌。急耕戰之賞。尊獎兼并猾詐之令。棄削王制。務為一切深害偷苛之政。至始皇二世。收太半之賦。征戍輸發並起。勦絕蒸民之生。天下愁怨。遂用潰叛。漢氏接秦之斃。務安百姓。約法省禁。輕田租十五而稅一。量吏祿度官用以賦於民。文景躬脩儉德。節用而愛人。四方和平。家給人足。郡鄙廩庾盡滿。府庫皆餘財。人知自愛而重犯法。先行義而媿黜辱。及武帝外事四夷。內興功作。七十年之積未幾而竭盡。征戍交起。天下共其勞。行者齎。居者送。中外騷擾。百姓玩敝以巧法。財賂衰耗而不贍。入物者補官。出貨者除罪。而言利商功之臣。析毫分銖之士。紛然而進矣。於是設平糴。立均輸。起漕運。興鹽鐵。賣爵級。制榷酤。算舟車。告貯積。又下告緡之令。更造皮辟之幣。天下譁然無聊矣。以一人侈心之故。為生民萬世之患。是故聖人尊仁貴義。褒嘆儉德。以利為賊。其意遠哉。自茲已還。掊摘逾甚。損下益上。日剝月朘。侵刻小民以為忠功。南北披攘。工

澤竭矣。在唐初世。薄賦寬徭。天寶季年。國用寖廣。邊有立功之將。朝有專柄之臣。戚里相驕。女謁競進。故崇禮慎矜。韋堅王鉷以聚斂而進。實煩有徒。為上聚怨。為民瘡痏。是時承平既久。民不願亂。而此數人進邪策以侵擾之。終為厲階。以至喪敗。逮至德之後。兵戈不息。調發轉餉。百役並作。人戶凋耗。版圖空虛。賦斂多門。殊科異調。計司不能覆諸使。諸使不能覆諸州。猾吏權臣因緣為市。津渡有率。遞棣有征。廬舍有稅。苗稼有斂。乃至平率豪姓。配取僮馬。夫人之常情。與則喜。奪則怒。故先王見其與之形。而不見其奪之理。然後民可得而有也。橫斂雖復。利在侵剝。猶以抑末過強為辭。唐氏之賦也異哉。直取無名。曾何異乎劫剽掠奪之也。與昔者明王之保國也。其經費制用。夫豈天降地出。亦自民而已矣。然其所以御輕重。調盈虛。出入之節。備儲之道。必有術焉爾。大約唐制。租庸之令定於武德。兩稅之法起乎建中。牢盆之利大於第五琦而成於劉晏。榷茶之禁萌於趙贊而成於張滂。進奉之名起乎興元。于後則有日貢月進之臣。方鎮羨餘之目。瘞民膏髓。結上恩澤。不領於縣官之經費。而入人君之私藏焉。此唐氏制財用之大經也。我國家撫有萬方。富全四海。太平安樂且五十年。邊塞無聚徒宿師餽運賞功之費。州郡災沴。以饑穰相補。民無急征雜調朝令暮具之急。是宜綽然舒泰。而乃公私之積不足。兼年不幸仍饑。民力困屈。所在倉廩無以振救。其由何哉。非以天下之民趨末而背本者衆。生之寡而糜之多。外則戎虜為耗而供億無厭。內則兵旅冗驕而匪頒已廣。法制不立。故緇髡僭王侯之服膳。教化有虧。故齊民入釋老之邪道。倚市笄乎游手。命鄉解乎誠士。是故耕桑之民漸鮮。衣食之路益狹。而資以奢侈。用無紀極。夫如是。安取乎富且庶者哉。是以聖人制民。別其四業。自天子公侯卿大夫已下。

至于抱關擊柝，其爵祿奉養死生之制，各有差品。小不得僭大，賤不得逾貴，故上下有序而民志定矣。在易履卦象曰：履以辨上下，定民志。其在節卦象曰：節以制數度，議德行。又曰：不節若，則嗟若。故先王制禮立法，要在使人循於軌道，裁其淫過，使之欲寡而事節，財足而不爭爾。管子曰：使民知分，王道之本也。若乃上不能節用嗇費，使人以時，國之制度不立，民之游蠹不去，則雖夷吾之權術，李悝之能盡地力，鼂賈之善議論，諸葛亮之理國用，亦不足以有成也。謹列往代濟國利民之得策，危邦害物之亂謀，可戒可法，宜於今者，舉其要焉。謹論。

方平又上食貨輕重論曰：臣聞聖人以仁守位，以財聚人。故財者，帝王之所以平理萬物，養成羣生，保邦御世，安民制治之本也。夫生人之用，莫重於穀帛。然聖人立成器以為天下利，作為貨幣以通有無，而後養生送死之物備，貴賤之倫別，萬物流布而不竭，貨遷而無窮。自遂人氏至于三王，未有不以輕重之法為政者也。通其變，使民不倦；明其天時，辨其地利，察其人力，審其物理，執權衡以御天下，而操事於其不平之間，然後天地百物之情可得而見，而輕重消息制於君上矣。夫至動而不齊者，莫甚乎人心；聚趨而起爭者，莫急乎財利。故齊動在乎令，息爭在乎均。人君者，出令而主均者也。長則縈之，短則伸之，虛則益之，實則損之，裒多益寡，稱物必平，示之以予之形，而不見其奪之理，使民由之而不知其故，而後可以制天下之變，成天下之務也。今國家奄四海以為富，籠山澤之所產，毛附之土有稅，橫目之民有籍。東南之美者，大貝、美珠、羽毛、齒革也；西北之美者，皮罽、名馬也；中國之產，三品之金，錦綺纖文，泉刀之利也。夫鹽，食殽之將；鐵，田農之本；酒，百禮之會；茶，衆飲之長，皆管于縣官矣。歷代所增榷率辦調，相循具在，貨物殫竭，生人困瘁。然而儲廩不為之實，帑藏不為之積，其故何哉？蓋物有貯滯，利有稽伏，開塞無術，斂散不時。有司徒能張其空簿，多設科禁，勾剝奇贏，累年無捨，勘詰毫沙，萬里待報。以至令下而詐起，法出而姦生。蓋由不知輕重之權，不達盈虛之道，故略大而規小，忘遠以圖近者矣。或曰：司會之府，實掌國財，賦與有經，出納有程，遵常循故，謹守其度，若之何輕重之為也？臣應之曰：今夫民有數金之業者，猶知坐廛行販，逐時趨利，持其緩急，取雄井邑，況於為國乎？況於天下乎？故夫以輕重治食貨者，民足而國贍，弱國可以強；其不知輕重之道者，民困而國乏，強國必弱。請試觀于唐氏開元、天寶時，宇宙出日，海寰平寧，國本厚矣。及明皇季年，頗事侈費，而崇禮、慎矜、韋堅、王鉷希意圖寵，剝刻百端，不能開通利塗，而專取於民，倚法以弄權，斂怨以搆禍，四方騷動，遂用傾危。寶應、永泰中，承

大兵之後，民庶凋殘，仍歲凶荒，中外艱食，宮廚無兼時之積，禁軍絕餉，畿甸百姓挼穗以供之。方鎮驕捍，旅拒傲命，違慢法度，征賦不入，郡縣益減。而得劉晏掌租庸，以羨餘相補，人不加賦。自諸道巡院距京師，置遞相望，四方物價之上下，水旱豐穰之地，亦浹日畢知。故食貨之輕重權於掌握，而能通其壅滯，致天下無甚貴甚賤之憂。朝廷擅羨利，國用周濟，下無橫斂，民不知勞。故唐世識者以為自榷筦之興，通其術者惟晏一人。故開元得聚斂之臣，不知阜財之術，直取無名，若奪攘剽略，故下困上蹙，以強盛而至喪敗；寶應得計數之臣，能明輕重之法，以理財通用，民賴其利，以衰陵而獲安泰。是知輕重平準，理國阜民之本也。今國家賢材良佐，濟濟在廷，夷吾、劉晏之比，豈曰無人？意者或任之而不盡其材歟？遷歷之速，未暇經久之謀以集功利歟？是何山之藪、海之瀆，積貨滯利之多，而不知通減，東有遺棄。

西有餓莩。而不知聚斂冗將蠹蠹之害。而不知去也乎。意者任之而不盡其材。遷歷之遽。不暇經久之謀。以集功利而然爾。誠朝廷圖任賢能。屬以大計。使得自選郎官已下至于黃綬。無限界吏。惟材是用。爲之官屬。得以輕重用事。而以成効責之。必有管葛之材出焉。自然和鈞齊物。關市不乏貨用。是而國力贍。賦斂寬而民生安矣。謹論。

方平又論國用疏曰。竊今天下生民之蕃。四海山澤之富。過三代遠矣。賦斂所入。財貨所聚。加厚於漢唐。內外無事。無師旅戰守餽糧賞功之費。無應聲卒具之征。然民力益虧。國用不贍。中家以下。衣食亡餘。其弊何由。蓋國有三蠹而莫之恤也。三蠹而不恤。雖太公之經權。管仲之計數。雖不能措國於安。拯民之急也。何謂三蠹。一曰兼并。夫兼并之人。害農敗法。上爭王者之利。下固齊民之業。擅斡山海之寶。管林藪之饒。役利細人。以致富羨。規時輕重。坐取百倍。不知服田力穡之勤。而蓄粟餘於犬馬。不知織紝紡績之勞。而綺繡被乎土木。馳車騰騎。侔於貴戚。藻井之飾。過於府寺。因其富厚。交通在勢。爵可以鬻。刑可以廻。一悅所酬。當中人幾家之產。一享所費。任上農終歲之功。夫如是。小民何以自存。農人安得不流亡。農人勤苦而不能免乎寒飢。故捨南畝而趨市井。市井之人。利奪於富豪。故窮而爲姦盜。姦盜日多。誠農愈困。是故民業益蹙。國用益虧。其蠹由乎兼并也。夫富人所以能占市井之利。侵農民之業者。以國家不爲權財貨之輕重。明貴賤之制度爾。誠能計本末之道。審緩急之令。平穀物之高下。視凶穰而斂發。隘其利途。使出一孔。均其損益。調其盈虛。使强賈蓄家無所牟大利。則權在君上。惠在細人矣。古者四民各食其力。執藝作業以奉一君。故其役易供。其求易足。今邑有君長之尊。里有公侯之富。豪奪單弱。踰冐王禁。是民寡而君多者衆也。先王制典。其國家宮室車旗樂舞衣服飲食賓客祭祀之度。乃至冠婚喪紀之式。自天子至于大夫士。秩位尊卑莫不異數。所以厚其別也。至于制庶人之產。使之仰足以事父母。俯足以畜妻子。衣食足而止矣。故使雖富不異服。無故不食珍。入幣不過緇帛五兩。合親不踰一肉。衣食之餘皆謫分者也。蓋撓枉者過直。救文者以質。禮義本於朝廷。風俗始乎京師。上行下效。其應如響。今雖未能取諸古。謂宜平四民之業。無使富人專財盡物。自其室宇車馬器服奴婢。宜益爲制度。搏節之。夫分定則易足。欲寡則不爭。雖積貨財。無所張用。則其貪聚之心知所止矣。上以厚國本。下以勸農事。使民有讓而刑罰以省。天下由乎軌道。無不足之患。其惟去兼并之蠹乎。

方平又論校會邦計事疏曰。伏見西事已來。應副邊備。天下被其勞。凡百賦率。至增數倍。當時朝旨蓋爲用兵之際。權宜應急。豈可承以爲常。今邊防雖已漸寧。而緣邊戍守未能徹備。四方添置兵馬。數亦甚多。向之所增賦斂。必難復舊。何以慰天下百姓之望。朝廷所以綏懷二虜者。正謂寬財用。紓民力。以厚爲之備也。今乘邊事之間。豈可優游虛度歲月。不切講求經久之計。若遂恬然憚於有爲。臣恐民力日匱。財用日匱。難以善於後矣。今內自三司。外至發運轉運使。凡掌財用之官。簿書期會猶不暇給。豈暇爲國家生民遠慮者哉。臣欲乞於兩省已上官選差才敏之士三兩員。就三司與使副據國用歲計之數。量入以爲出。平貨物之輕重。通天下之有無。校其利害之原。以革因循之弊。旋具事節。先到中書樞密院開陳商量。必久遠可行者奏上取裁。若細碎之事無大損益。徒成煩擾。不須施行。所冀助財用。紓民力。當今之切務也。

方平再奏請劄子曰。方今天下切務。無先貨食。貨食之原。在於三司。

而計臣事務煩綜。簿書期會之不暇給。豈暇及於國家根本之慮哉。故於去年嘗上言乞於兩省已上官選差三兩員與三司與使副擬歲計之所入。約中外之所費。移用之法則。推其輕重。率斂之物則通其有無。參究利害之原。剗革因循之弊。所冀寬財用紓民力。助三司均節之術者也。自後未蒙朝廷施行。不測所以難之之意。今不乘邊事之閑急講久遠之策。臣恐民力日困。財用日匱。恐朝廷重於生事。欲乞且令三司將天聖中一年天下賦入之數。及中外支費之籍。與昨一年比並條上。則國家之大計可校而知矣。如是而可以經久則善。如其不可。則豈得恬然不深慮哉。前所上劄子。伏乞更賜詳擇。

方平乞弛茶禁疏曰。臣等伏見茶課緡錢歲當二百四十四萬八千。嘉祐二年纔及一百二十八萬有奇是爲本錢纔又募人入錢。皆有虛數。實爲八十六萬。而二十九萬有奇是爲本錢。纔得子錢四十六萬九千而已。其輦運縻費喪失。與官吏兵夫廩給雜費。又不與焉。至於園戶輸納。侵擾日甚。小民趨利犯法。刑辟益繁。獲利至少。爲弊甚大。宜約至和之後一歲之數。以所得息錢均賦茶民。恣其買賣。所在收筭。請差官詢察利害以聞。

慶曆四年。知諫院蔡襄論財用劄子曰。臣伏覩陛下[illegible]三司細絹詔書曰。使欲無暴擾而公須是。民無愁痛而國用發。又[illegible]詔旨。以利觸罪者與議輕刑。臣伏惟陛下視赤子有父母之慈。臨萬物有天地之施。不緣嗜愛而率斂於下。每因之匱而資助於中。有以見陛下克己恭儉憂民切至。德音屢降。聖慮彌深。庶官所宜奉行。百姓固當少息。然而殘苛之吏未已。供應之家轉勞。陛下恤黎庶之心。雖無實事。海內仰朝廷之令。悉是空言。首尾乖違。弊病安在。臣以貧賤之跡。叨耳目之官。細民疾苦之心。天子未聞之事。俱合陳論。伏自羌賊負恩天兵致討。備禦之處數千里。更戍之役五六年。飛輓芻糧。繕脩器械。於是不時之斂作焉。無名之賦興焉。言利之臣出焉。緣姦之吏起焉。配取相仍。蠹傷滋甚。供軍之物。制作多門。任土之求。有無不一。金穀之職。轉運靡常。管庫之司。給納是利。前符未至。後條已行。郡縣承風。急於星火。虐者先期集事。肆施酷毒之威。貪者與吏通謀。力恣誅求之害。以欺罔竊恩爲智。有作者苟得而必行。以攘奪豪富爲公。當權者避嫌而不主。破家流離之苦。十室九空。呼天告訴之詞。萬人一口。原其本末。皆有因緣。挾私讎者有之。爲身計者有之。只如陝西榷鹽。江南議鐵。增添酒課。據取銅苗。移東就西。指無爲有。或賜章服。或改職名。或與遷官。或承獎詔。所以爭求自下。錙銖之利。不爲日後久遠之謀。臣切謂朝廷推賞不責其實之所致也。倍添屋稅。鬻賣官田。刷江淮見鏹上供。欠商旅便錢不給。配物於不產之所。嚴程於可緩之期。

如此之類。三司之過也。借買銀絹。豫折田苗。逼抑納錢。名爲勸誘。高下物估。官取贏餘。如此之類。轉運司之過也。貧富不均。貪婪不禁。妄爲退剝。故作滯留。殺牛納皮。仍科徒罪。償官竭產。更慮親鄰。如此之類。郡縣之過也。觸類滋長。不可殫論。陶陶生民。若在風濤之上。嗷嗷四海。偷爲旦暮之安。遠近之情若斯。國家之患未已。臣聞民爲邦本。本固邦寧。又聞財聚則人散。財散則人聚。是知民不可不恤。財不可不通。若專奉公家。不究民病。所得則寡。其失則多。臣非不知吏員軍旅之繁。郊廟宴賜之廣。北有飼胡之費。西有禦寇之須。常賦既不足充。遺利必當悉取。臣又非敢故興恤民之論。務黜言利之人。執高古之虛文。道當世之切務。所冀言利者。上能資於國。下不害於民。饒益既多。孰云不賞。所可痛心者。明知無利。曾怨必行。幸可寬期。力爲督迫。自古剝下無厭而民不亂。誅財無已而國不危者。未之有也。昔漢武帝連事征伐，算及舟車。四方凋弊，大業幾廢。以至下衆痛詬，封富民侯，雖僅安全，而劉氏之不亡者如綫。唐德宗朝，盧杞輩專爲刻剥，稅椽僦櫃，別欲促追。指麾千名，都下尤甚。涇兵乘怨，徑入長安。驅呼！市令用此藉口。臣切思今日之事，兵不得已而用，財不得已而求。然漢唐致危亂之因，種種畧施行矣。故復寇盜未弭，干戈未息，或百姓之心搖動，顧天下之計如何。伏望陛下踐詔書之言，推實惠於下。民不勝困，在精擇郡縣撫養之人。利不可遺，在博求錢穀通流之術。所入之賦有常，而所費之數無極，則告太冗而節煩費。所得至薄而歛怨至深，則去小利而存大患。上下相濟，公私兩行。伏惟祖宗不拔之基，全付陛下。朝廷更張之事，更待何時。願陛下申戒大臣，力求衆弊。以幹家之術而憂國，以恕己之善而及人，使百姓之心不撓，則天下之計大定。言先於事，多爲迂闊之談。事至而言，無救阽危之禍。臣憂

深語切，意拙文繁。陛下倘賜詳覽，於時實有裨補。臣所言民間疾苦及處事乖方者，形之于左。臣所聞所見民間疾苦，不敢備載，粗舉一二條，所冀上達宸覽，知天下有如此事。其間起請者，乞賜施行。

慶曆間，陝西經畧安撫使范仲淹奏陝西入中糧草等事疏曰：臣切見陝西四路各屯重兵，所入中糧草，又無定數，並支却京師錢帛。久而行之，府庫須竭。又支移關輔二稅往邊上送納，道路嶮崛，百姓勞費，亦已凋弊。至於轉運司經畫財利，應副邊上，每年亦無定額。縱使元昊納款，未能頓解邊兵，悠久何以支濟。自來朝廷已差逐路經畧兼計置糧草，即未責事任。伏望聖慈指揮，更選差朝臣四人，充陝西四路經畧計置判官，專管本路稅賦課利，及圖田營田等事。仍令三司將逐路軍馬并見在糧草數目約度，今後每年各計入中若干石，於京師支給見錢，比舊日十分中減下三分。各令陝西轉運司約度逐路稅賦課利數目外，每年各令支助錢帛若干。既糧草錢帛皆是定額，自然各務省節，須揀精銳養贍，及將蕃部弓箭手相兼使用，不更占冗兵。既沿邊入中有數，必自那移軍馬入次邊，及近裏州軍駐劄。其四路經畧計置判官，便當知州差遣，與本路經畧使及知州軍等，如能依此減省入中萬數，及圖田財用不至虧誤，即優加獎擢。此軍國大計，乞聖慈留意。

仲淹又奏乞許陝西四路經畧司回易錢帛疏曰：臣等切以西垂用兵以來，沿邊所費錢帛萬數浩瀚，官司匱乏，未能充用。其鄜延等四路帥臣雖有管本路糧草之名，然轉運司終是本職，故不敢專行計置。若不委之經度，即邊計常是不足。臣等欲乞特降指揮下鄜延環慶涇原秦鳳路經畧使司，應本路州軍所管錢帛，並許選差廉幹使臣公人等，任便回易。其收到利錢，明入省帳收附。所有勾當人等，

如能大段回易，得利息，委本司具數保明聞奏，特與相度酬賞。所貴有助軍費，少紓民力。

仲淹又請將先減省諸州公用錢却令依舊奏曰：臣切見朝旨下陝西省罷同解乾耀等九州軍公使錢共一千八百貫文。切以國家逐處置公使錢者，蓋爲士大夫出入及使命往還，有行役之勞，故令郡國饋以酒食，或加宴勞，蓋養賢之禮不可廢也。謹按周禮，官有遺人掌郊里之委積以待賓客，野鄙之委積以待羈旅。凡國野之道，十里有廬，廬有飲食。三十里有宿，宿有路室，路室有委。五十里有市，市有候館，候館有積。凡委積之事，巡而比之，以時頒之。此則三王之世已有廚傳之禮。何獨聖朝顧小利而亡大體。且今驕民兵一名，歲不下百貫。今減省得公用錢一千八百貫，只養得兵士一十八人以上。一十八人之資，廢十餘郡之禮，是朝廷未思之甚也。況今來逐州使命

之外各有雲營。每年春後邊兵歇泊，動經半年。軍中人員並無宣犒之具。雖條貫有旬設之名。邇州每月一次舉行。軍員各給[illegible]一百文。已來。官務薄酒二升。既無公用。更不赴筵。亦不張樂。豈朝[illegible]亭村校之意。州郡削弱。道路咨嗟。當全盛之朝。豈宜如此。或謂[illegible]公使錢廢放買食物。擾擾民戶。殊不知郡守得人。自能約束。如非[illegible]合更出已俸買物。虧民愈甚。是見其小而不思其大也。伏望聖慈速降指揮下陝西河北河東路轉運司。昨來經減廢公用錢。並命依舊。庶協典禮。稍息物論。況朝廷用武之時。於此一事。尤宜照管。臣等久在邊任。深知此事。近貳樞庭。豈當緘默。

知諫院范鎮奏乞二府通主兵民財利劄子曰。伏見周制。冢宰制國用。唐宰相兼鹽鐵轉運。或判戶部。或判度支。然則宰相制國用。從古然也。今中書主民。樞密院主兵。三司主財。各不相知。故財已匱而樞密院益兵不已。民已困而三司取財不已。中書視民之困而不知使樞密院減兵。三司寬財以救民困者。制國用之職不在中書也。而欲陰陽和。風雨時。家給人足。天下安治。不可得也。欲乞使中書樞密院通知兵民財利大計。與三司量其出入。制為國用。則天下民力庶幾少寬。以副陛下憂勞之心。此非使中書樞密大臣躬親繁務如三司使之比。直欲令知一歲之計。以制國用爾。

知諫院包拯請選內外計臣疏曰。臣切見天下財用積年窘乏。近自明堂禮畢賞賚纔罷。又行特給。支賞浩瀚。帑藏虛竭。且朝廷所仰給者江淮兩浙逐路旱澇相繼。兼又茶法驟壞。商算不行。東南州軍錢帛糧斛自不足用。則四方歲入之數。所得幾何。今之總邦計者。內則三司使。外則轉運使。當此財用窘乏之際。居職者尤宜愈求才傑之士。俾之興利除害。庶幾可濟。若乃上下循默。恬然以為無事。不務更

張措置。必恐日甚一日。有不可救之患矣。伏望聖慈[illegible]命有司。以今之一歲出入。較近年用度耗登之數。則斷可知矣。所[illegible]內外總計之臣。欲乞特出宸斷。精加推擇。選任能者。責以實效。庶免於[illegible]敗事。惟陛下留神省察。

拯又言陝西鹽法疏曰。臣奉敕差往陝西與轉運使[illegible]范祥面議鹽法利害。緣臣前任本路轉運使。備知前來鹽法。自慶曆二年因范宗傑擘畫禁榷之後。差役兵士車牛及逐州衙前等般[illegible]席往諸州官自置場出賣。以致兵士逃亡死損。公人破蕩家業。[illegible]比皆是。所不忍聞。其衙前估計家業每直一貫者。即管認般鹽兩[illegible]。雖家業已竭而鹽數未足。咨怨之聲。盈於道路。前後臣寮累言不[illegible]。乞復舊法通商。以救關中凋弊。有司執議。終不施行。昨因范祥再[illegible]起請。兼禁請臣嘗知永寧軍。見其為患之甚。因乞依范祥擘畫用通商舊法。令客人於沿邊入納見錢。收糴軍糧。免虛擡貴價。入中斛斗於榷貨務大支官錢。兼寬得諸般差役勞擾。此乃於國有利。於民無害。理甚灼然。但以變法之初。豪商猾吏患所不樂。而議者沿其歲入課利稍虧於前。而橫有沮議。乞復舊法。若舊法誠善。後之無疑。但恐為害浸深耳。且法有先利而後害者。有先害而後利者。若復舊日禁榷之法。雖暴得數萬緡。而民力日困。久而不勝其弊。未免隨而更張。是先有小利。而終為大害也。若許其通商。雖一二年間課額少虧。漸而行之。必復其舊。又免民力日困。則久而不勝其利。是先有小損而終成大利也。且國家富有天下。當以恤民為本。今雖財用微窘。亦當持經久之計。豈忍爭歲入數十萬緡。不能更延一二年以責成效。輕信[illegible]議。不惟命令數有改易。無信於下。而又欲復從前弊法。俾關中生[illegible]何以措其手足。臣細詳范祥前後所奏事理。殊甚明白。但於轉運司微有所

損以致異同耳。臣固非弹其往來之勞妄有臆說。實亦為國家惜其一事躰不欲徇一時之小利而致將來大患。臣欲乞條到陝西相度如沿邊近裏州軍糧儲有備。錢物可以那容得行新法。公私未至大害。其間或有未便之事。即與逐司將通商舊法與今來新法公共從長商量損益且令通行。如沿邊糧儲闕乏。公私為大不便。即具畫一事扶。乞朝廷詳酌指揮。

至和二年。殿中侍御史趙抃論奉宸庫估賣物色疏曰。臣切聞已降指揮奉宸庫估計珠犀玉帛玩寶等物差官置場出賣。伏緣奉宸庫並係朝廷寶秘之物。今一旦即行估賣。深損國躰。兼又市井張皇道路傳播。萬一遠夷聞之。將謂我朝何故窘急如此。況國家內有省庭庫藏。外有四方貢賦。若能節損浮費則用度自可取足。何必輕信淺議搜刷禁庭寶秘之物。虛耗內帑。動搖人心。所得甚微。所失甚大。臣愚伏望聖慈為國惜躰。所有奉宸庫見行估賣物色。特賜指揮寢罷。

嘉祐三年。度支判官王安石上書曰。今天下之財力日以困窮。風俗日以衰壞。患在不知法度。不法先王之政故也。法先王之政者。法其意而已。法其意。則吾所改易更革。不至乎傾駭天下之耳目。囂天下之口。而固已合先王之政矣。因天下之力以生天下之財。取天下之財以供天下之費。自古治世。未嘗以財不足為公患也。患在治財無其道爾。在位之人才既不足。而閭巷草野之間亦少可用之才。社稷之託。封疆之守。陛下其能久以天幸為常而無一旦之憂乎。願監苟且因循之弊。明詔大臣為之以漸。期合於當世之變。臣之所稱。流俗之所不講。而議者以為迂闊而熟爛者也。

七年。同知諫院司馬光論財利疏曰。臣聞昔楚莊王以無災為懼。曰。天豈棄不穀乎。范文子曰。唯聖人能外內無患。然則歲小不登。邊鄙有警。未必非國家之福也。伏見今春天久不雨。陛下憂勞於內。公卿惶恐於外。豈不以公私之積素不充實。若遇飢饉。將無以相恤乎。一朝京師得雨。遠方未徧。則君臣釋然相慶。不復以民食為念。陛下安知來歲之旱不甚於今歲乎。蓋天降災沴。蠻夷猾夏。寇賊姦宄。此堯舜所不能免也。即不幸有大水大旱方二三千里。戎狄乘間而窺邊。細民窮困而為盜。軍旅數起。久未有功。府庫之蓄積已竭。百姓之生業已盡。陛下當此之時。將以何道救之乎。臣不知陛下與公卿大臣以此為必無而不足憂乎。將以為有之而不為之備。俟事至然後憂之也。若俟事至然後憂之。雖以陛下之聖明。得益稷太公以為輔佐。臣以為不及矣。何則。聖賢之治。皆積以歲月。然後有功。欲天下之家給人足。固不可一日具也。周易既濟之象曰。君子以思患而豫防之。思患而豫防之。此其時矣。失之愈遠。救之愈難。柰何日復一日。取過目前而已乎。晉武帝時。何曾謂其子孫曰。吾每見主上所說皆平生常語。未嘗及經遠大計。吾子孫其及於亂乎。其後五胡構亂。中州覆沒。生民塗炭幾三百年。由是觀之。上下偷安不為遠謀。此國家之大患也。詩曰。哀哉為猷。匪先民是程。匪大猷是經。維邇言是聽。維邇言是爭。如彼築室于道謀。是用不潰于成。方今之政。何以異此。此臣之夙夜所為痛心疾首者也。古之王者藏之於民。降而不能。乃藏於倉廩府庫。故上不足則取之於下。下不足則資之於上。此上下所以相保也。今民既困矣。而倉廩府庫又虛。陛下儻不深以為憂而早為之謀。臣恐國家異日之患不在於它。在於財力屈竭而已矣。今朝廷不循其本而救其末。特置寬恤民力之官。分命使者旁午四出。爭言便宜以變更舊制。米鹽靡密之事。皆非朝廷所當預者。張設科條。不可勝紀。或不如其舊。益為民患。或朝三暮四。移左於右。其間果能利民者不過故散縣官之物以予民耳。是誠損上益下。王者之仁政也。然臣聞古之聖王養之有道。用之有節。上有餘財。然後推以予民。是以上下交足而頌聲作矣。今入者日寡。出者日滋。是所謂廢其原開其瀆。其竭可立而待也。公家既竭。不取諸民將焉取之。是徒有利民之名。而無利民之實。果何益哉。夫寬恤民力在於擇人。不在立法。若守令得人。則民力雖欲毋寬。其可得乎。守令非其人。而徒立苛法。適所以擾民耳。自置此官以來。於今累年。臣訪之民間。未聞其因弊小瘳於前也。然則為今之術奈何。曰在隨材用人而久任之。在養其本原而徐取之。在減損浮冗而省用之。何謂隨材用人而久任之。夫人之材用各有所宜。雖周孔之材。不能徧為人之所為。況其下乎。固當就其所長而用之。今朝廷用人則不然。顧其出身資敘何如耳。不復問其材之所堪也。故在兩禁則欲其為嚴助司馬相如。任將帥則欲

其為衛青霍去病。典州郡則欲其為龔遂黃霸。尹京邑則欲其為張敞趙廣漢。司財利則欲其為孔僅桑弘羊。世豈有如此人哉。故財用之所以匱之者。由朝廷不擇專曉錢穀之人為之故也。國初三司使或以諸衛將軍諸司使為之。判官則朝士曉錢穀者皆得為之。不必用文辭之士也。先朝以數路用人。文辭之士寘之館閣。曉錢穀者為三司判官。曉刑獄者為開封府推判官。三者職業不同。趣舍各異。莫相涉也。然後人主以時引對訪問以察之。使令以試之。積久以觀之。覈其真偽。辨其臧否。考其功效。然後進之退之。亦必歷其職者皆須進用。不可復退也。故群臣各宣其用。而萬事交舉矣。夫官久於其業而後明。功久於其事而後成。是以古者世官相承以為氏姓。先朝陳恕領三司十餘年。至今稱能治財賦者以恕為首。豈恕之材智獨異於人哉。蓋得久從事於其職故也。至於副使判官遷其事者亦未數

易也。是以先帝屢行大禮。東封西祀。廣脩宮觀。而財用有餘者。用人專而任之久故也。近歲三司使副使判官大率多用文辭之士為之。以為進用之資塗。不復問其習與不習於錢穀也。彼文辭之士習錢穀者固有之矣。然不能專也。於是乎有以簿書為煩而不省。以錢穀為鄙而不問者矣。又居官者出入遷徙有如郵舍。或未能盡識吏人之面。知職業之所主。已捨去矣。臣頃者判度支句院甫二年耳。上自三司使下至檢法官改易皆徧。甚者或更歷數人。雖有恪勤之人。夙夜盡心以治其職。人情稍通。綱紀粗立。則捨之而去。後來者意見各殊。則曏之所為一皆廢壞。況怠惰之人因循苟且。惟私便身。不顧公家者乎。如此而望太倉有紅腐之粟。水衡有貫朽之錢。臣未知其期也。凡百官莫不欲久於其任。而食貨為甚。何則。二十七年耕。然後有九年之食。今居官者不滿三歲。安得有二十七年之效乎。臣愚以為

朝廷宜精選朝士之曉練錢穀者。不問其始所以進。或進士。或諸科。或門蔭。元使之治錢穀小事有功。則使之權發遣三司判官事。及三年而察之。實效顯著。然後得權三司判官事。又三年更有實效。然後得為正三司判官。其無實效者。退歸常調。勿復收用。其諸路轉運使不復以路分相壓。使之久於其任。有實效者或自權為正。自轉運副使為轉運使。無實效者亦退歸常調。不復收用。每三司副使闕。則選三司判官及諸路轉運使功狀尤著者以補之。三司使闕亦選於副使以補之。二司使久於其任。能使用度豐衍。公私富實者。增其秩。使與兩府同。而勿改其職。如此。則異日財用之豐耗。不繫於己。不得諉之他人。必務為永久之規矣。其文辭之士。則自有資塗。不必使為錢穀之吏以輕之也。何謂養其本原而徐取之。善治財者養其所自來而收其所有餘。故用之不竭而上下交足也。不善治財者反此。夫農工

商賈者財之所自來也。農盡力則田善收而穀有餘矣。工盡巧則器斲堅而用有餘矣。商賈流通則有無交而貨有餘矣。彼有餘而我取之雖多不病矣。今之有司自謂能治財者臣見之矣。凍餒其民而豐積聚者。出掃土以市祿位而不恤後人者也。拮据麻麥而丧丘山者也。保惜一錢而費萬金者也。不操白刃而為寇攘者也。姦巧簿書而罔君上者也。必曰養其所自來而收其所有餘則聞者以為笑矣。夫使稼穡者饒樂而惰游者困苦則農盡力矣。堅好便用者獲利浮偽侈靡者不售則工盡巧矣。公家之利捨其細而取其大。略諸近而收諸遠則商賈流通矣。農工商賈皆樂其業而安其富則公家何求而不獲乎。夫農天下之首務也。古之人所重而今之人所輕非獨輕之又困苦莫先焉。何以言之。彼農者苦身勞力衣粗食糲官之百賦出焉百役歸焉。歲豐則賤貿其穀以應官私之求。歲凶則流離凍餒先衆人塡溝壑。如此而望浮食之民轉而緣南畝難矣。彼宜生而不知市井之樂耳。茍或知之則去而不返矣。故以今天下之民度之農者不過二三。而浮食者常七八矣。欲倉廩之實其可得乎。臣愚以為凡農民租稅之外宜無有所預。衙前當募人為之以優重相補。不足則以坊郭上戶為之。彼坊郭之民部送綱運典領倉庫不費二三而農民常費八九。何則儇利戇愚之性不同故也。其餘輕役則以農民為之。歲豐則官為平糴使穀有所歸。歲凶則先案籍賙贍農民而後及浮食者。民有能自耕種積穀多者不籍以為家貲之數。如此則穀重而農勸矣。彼百工者以時俗為心者也。時俗貴用物而賤浮偽則百工變而從之矣。時俗者以在上之人為心者也。在上好樸素而惡淫侈則時俗變而從之矣。其百工在官者亦當擇人而監之。以工致為上華靡為下。物勒工名。譏考其良苦而誅賞之。取其用不取其數則

器用無不精矣。彼商賈者志於利而已矣。今縣官數以一切之計變法更令棄信而奪之。彼無利則棄業而從它。縣官安能止之哉。是以茶鹽棄捐。征稅耗損。凡以此也。然則縣官之利果何得哉。善治財者不然。將取之必予之。將斂之必散之。故曰計之不足而歲計之有餘。此乃白圭猗頓之所知。豈國家選賢擇能以治財其用智顧不如白圭猗頓邪。患在國家任之不久責近效而遺遠謀故也。夫伐薪者刈其條枚養其本根則薪不絕矣。若并本根而伐之其得薪豈不多哉。後無繼矣。是非難知之道也。然有司不為者彼其心曰吾居官不日而遷不立效於目前以自顯。顧養財以貽後之人使為功吾何賴焉。是非特有司之罪也。亦朝廷用人之法驅之使然也。何謂減損浮冗而省用之。昔太祖初得天下之時止有一百一十一州耳。江南兩浙西川富饒之土皆為異域。又承五代荒亂之餘府庫空竭。豪傑棊布於海內。戎狄窺覦於邊境。戎車歲駕四方多虞。當是之時內給百官外奉軍旅。誅除僭偽賞賜鉅萬未嘗聞財用不足如今日之汲汲也。陛下承祖宗之業奄有四百餘州。天下一統戎狄款塞。富饒之土貢賦相屬。承平積久。百姓阜安。是宜財用羨溢百倍於前。奈何竭府庫之所蓄。罄率土之所有。當天下無事之時。遑遑焉專救經費而不足。萬一有不可期之災患將何以待之乎。夫以國初之狹隘艱難財用宜不足而有餘。今日之廣大安寧財用宜有餘而不足。陛下亦嘗熟思其所以然之理乎。得非太祖所養者皆有功有用之人。陛下所養者未必盡有功用乎。臣切見陛下天性恭儉不好侈靡。宮室苑囿皆因祖宗之舊無所更造。或隳頓荒翳不加脩治。飲饍衣食器皿帷帳適足供用。不極精華。或苦惡弊綻亦不更易。雖唐虞之土階三尺茅茨不翦殆無以過。然左右侍御之人宗戚貴臣之家第宅園圃服食

器用。往往窮天下之珍怪。極一時之鮮明。惟意所欲。無復分限。以豪華相尚。以儉陋相訾。愈厭而好新。月異而歲殊。是以賞用不足。則請求無厭。匄貸不耻。甚者或依憑詔令以發府庫之財。假託供奉以縻縣官之物。真偽莫辨。多少不會。陛下聖度寬仁。不欲拒塞。恐聞人過。不加察詰。至於頒賜外廷之臣。亦皆踰溢常數。不循舊規。如鄂滔皇女初生。所敕包子之類。費用不可勝紀。臣嘗聞耆舊之人言。先朝公主在宮中。俸錢不過月五千。其餘後宮月給大抵微此。非時未嘗輕有賜予。雖有賜予。亦不甚豐。切聞近日俸給賜予。比於先朝。何啻數十倍矣。漢明帝曰。我子豈宜與先帝子等乎。今等猶不可。況又過之。是以祖宗之積。窮於賜予。困於浮費。臣不能知其詳。以外望度之。什耗七八矣。內藏已竭。而浸淫於左藏矣。夫府庫者。聚天下之財以為民也。非以奉一人之私也。祖宗所為置內藏者。以備飢饉兵革非常

之費。非以供陛下奉養賜予之具也。今內藏庫專以內臣掌之。不領於三司。其出納之多少。積蓄之虛實。簿書之是非。有司莫得而知也。若皆以奉養賜予而盡之。一旦有飢饉兵革之事。三司經費自不能周。內藏又無所仰。歛之於民則民已困竭。得無狼狽而不支乎。此臣夙夜所以懍懍也。今陛下所以有唐虞之德而無唐虞之治者。其失在於不忍而好予。不忍則不誅有罪。好予則不待有功。不誅有罪則姦邪欺罔而不忌。不待有功則貪倖徼幸而無厭。治道之所以不格于上下者。凡以此也。昔韓昭侯有弊袴命藏之。侍者曰。君亦不仁者矣。不賜左右而藏之。昭侯曰。吾聞明主愛一嚬一笑。嚬有為嚬。笑有為笑。今袴豈特嚬笑哉。吾必待有功者。彼小國諸侯猶能愛賞如是。而國以富彊。況以四海之主。不行無功徼幸之賞。杜塞甘言悲辭之請。則唐虞之治何遠之有哉。夫府庫金帛皆生民之膏血。州縣之吏鞭

撻其丁壯。凍餒其老弱。銖銖寸寸而聚之。今以富大之州。終歲之積。輸之京師。適足以供陛下一朝恩澤之賜。貴臣一日飲宴之費。陛下恭儉何獨不忍於目前之羣臣。而忍之於天下之百姓乎。夫以陛下之恭儉二德。擬乎唐虞。而百姓困窮之弊。鈞於秦漢。秦漢竭天下之力以奉一身。陛下竭天下之力以資衆人。其用心雖殊。其病民一也。此臣之所以尤感慼者也。又宮掖者。風俗之原也。貴近者。衆庶之法也。故宮掖之所尚。則外必為之。貴近之所好。則下必效之。自然之勢也。是以內自京師士大夫。外及遠方之人。下及軍中士伍　農民其服食器用比於數十年之前。皆華靡而不實矣。鄉之所有。今人見之皆以為鄙陋而笑之矣。夫天地之產有常。而人類日繁。耕者寖寡。而游手日衆。嗜慾無極。而風俗日奢。欲財力之無屈。得乎哉。又府史胥徒之屬。居無廩祿。進無榮望。皆以啗民為生者也。上自公府省寺。諸路監

司。州縣鄉村倉場庫務之吏。詞訟追呼。租稅繇役。出納會計。凡有毫釐之事。關其手者。非賂遺則不行。是以百姓破家壞產者。非縣官賦役獨能使之然也。太半盡於吏家矣。此民之所以重困者也。又國家比來政令寬弛。百職隳廢。在上者簡倨而不加省察。在下者侵盜而恣為姦利。是以每有營造。貿買其所費財物。什倍於前。而所收功利曾不一二。此國用之所以尤不足者也。又自古百官皆有常員。而國家用磨勘之法。滿歲則遷。日滋月益。無復限極。是以一官至數百人。則俸祿有增而無損矣。又近歲養兵務多不務精。夫兵多而不精。則力用寡而衣糧費。衣糧費則府庫耗。府庫耗則賜賚稀。是以不足者豈惟民哉。兵亦貧矣。祭之尖者無甚於此也。凡此數者。皆所以竭民財者也。陛下安得熟視而無所變更邪。臣愚伏願陛下觀今日之弊。思將來之患。深自抑損。先由近始。凡宗室外戚後宮內臣以至外廷

之臣俸給賜予皆循祖宗舊規，勿復得援用近歲僥倖之例。其踰越常分妄有干求者，一皆塞絕，分毫勿許。若祈請不已者，宜嚴加懲譴，以警其餘。凡文思院、後苑作所為奇巧珍玩之物，不急而無用者，一皆罷省。內自妃嬪，外及宗戚，下至臣庶之家，敢以奢僭之物夸眩相高，及貢獻賂遺以求悅媚者，亦明治其罪，而焚毀其物於四達之衢，專用樸素以率先天下，矯正風俗。然後登用廉良，誅退貪殘，保佑公直，消除姦蠹，澄清庶官，選練戰士，不祿無功，不食無用，如此行之久而不懈，臣見御府之財將朽蠹而無所容貯，太倉之粟將紅漫而不可蓋藏，農夫棄糧於畎畝，商賈讓財於道路矣。孰與今日汲汲以應目前之求，懍懍以憂將來之困乎！夫食貨者，天下之急務，今窮之如是，而宰相不以為憂，意者以為非已之職故也。臣願陛下復置總計使之官，使宰相領之。凡天下金帛錢穀隸於三司，及不隸三司如內

藏庫、奉宸庫之類，總計使皆統之。小事則官長專達，大事則謀於總計使而後行之。歲終則上其出入之數於總計使，總計使量入以為出。若入寡而出多，則總計使察其所以然之理，求其費用之可省者以奏而省之。必使歲餘百分之一，以為儲蓄，備禦不虞。凡三司使、副使、判官、轉運使及掌內藏、奉宸等庫之官，皆委總計使察其能否，考其功狀，以奏而誅賞之。若總計使久試無效，則乞陛下罷退其人，更置之。議者必以為宰相論道經邦，燮理陰陽，不當領錢穀之職，是皆愚人不知治體者之言。昔舜舉八愷，使主后土，奏庶艱食，貿遷有無，地平天成，九功惟敘。周禮冢宰以九職、九賦、九式、九貢之法治財用。唐制以宰相領鹽鐵、度支、戶部。國初亦以宰相都提舉三司、水陸發運等使，是則錢穀自古及今皆宰相之職也。今譯經潤文猶以宰相領之，豈有食貨國之大政而謂之非宰相之事乎？必若府庫空竭，閭

閻愁困，四方之民流轉死亡，而曰我能論道經邦，燮理陰陽，非愚臣之所知也。臣不勝狂愚，冒犯忌諱，惟陛下裁察。臣光昧死再拜上疏。

仁宗時，劉敞論茶法奏曰：臣伏以古人有言，利不百不變法。蓋言立事之難也。曩者朝廷變更茶法，誠欲便百姓、阜國用而已。自變法以來，繇東南來者更言其不便，徒以元勑不欲人立異，故一切緘默，莫敢正言。其大要以謂先時百姓之摘山者授錢於官，而今也顧使之納錢於官。受納之間，利害百倍。先時百姓冒法販茶者被罰耳，今悉均賦於民，賦不時入，刑亦及之。是良民代冒法者受罪，子子孫孫未見其已。先時大商富賈為國貿遷，而州郡收其稅，今大商富賈不行，則稅額不登。且乏國用，此三者，最其害也。或以謂法遂不變，則中家必困，小家必流，若因緣騷擾，起為盜賊，甚非國家之利。臣愚欲乞申勑有司，益采輿議，且收格前詔，極論可否。若朝廷能察然後三代之

遺風，捐山澤之末禁，則乞一弛茶利，恣民勿問，設以為國用均繁，利源未可悉除，猶當擇其利害，變而通之，使公私兩濟。若求益反損，求利反害，臣恐東南六路數十州之民由此而困，則非所謂利不百而變法者也。未知其可。臣暗於時事，不足商功利，然耳之所聞，心之所疑，不敢不陳。望朝廷因臣言以求便國惠民之策而已。至於細意委曲，臣亦不能盡也。

葉清臣請商州置監鑄大錢以一當十，宋庠同丁度奏曰：漢之五銖，唐之開元，及國朝錢法，輕重大小，最為折中。歷代改更法雖精密，不能耆年即復改鑄。議者欲絕以峻法，藥其盜鑄。昔漢變錢幣，盜鑄死者數十萬；唐鑄乾元及重輪乾元錢，錢輕幣重，嚴刑不能禁止。今禁旅戍邊，月給百錢，得大錢裁十，不可聯用，舊錢不出，新錢愈輕，則糧芻增價。臣嘗知湖州，民有抵茶禁者，受千錢立契，代鞭背，在京西有強

盜殺，今取其弊衣，直不過數百錢。盜鑄之利不啻數倍，復有湖山絕處，兇魁嘯聚，鑪冶日滋，居則鑄錢，急則為盜。民間銅鉛之器悉為大錢，何以禁止。

英宗治平中，王安石得政，行新法，翰林侍讀學士司馬光逆疏其利害。邇英進讀至曹參代蕭何事，帝曰：漢常守蕭何之法不變，可乎？對曰：寧獨漢也，使三代之君常守禹湯文武之法，雖至今存可也。漢武帝取高帝約束紛更，盜賊半天下；元帝改孝宣之政，漢業遂衰。由此言之，祖宗之法不可變也。呂惠卿言：先王之法有一年一變者，正月始和，布法象魏是也；有五年一變者，巡守考制度是也；有三十年一變者，刑罰世輕世重是也。光言非是，其意以風朝廷耳。帝問光，光曰：布法象魏，布舊法也。諸侯變禮易樂者，王巡守則誅之，不自變也。刑新國用輕典，亂國用重典，是為世輕世重，非變也。且治天下譬如居室，敝則脩之，非大壞不更造也。公卿侍從皆在此，願陛下問之。三司使掌天下財，不才而黜可也，不可使執政侵其事。今為制置三司條例司，何也？宰相以道佐人主，安用例？苟用例，則胥吏矣。今為看詳中書條例司，何也？惠卿不能對，則以他語詆光。帝曰：相與論是非耳，何至是。光曰：平民舉錢出息，尚能蠶食下戶，況縣官督責之威乎？惠卿曰：青苗法，願取則與之，不願不強也。光曰：愚民知取債之利，不知還債之害，非獨縣官不強，富民亦不強也。昔太宗平河東，立糴法，時斗米十錢，民樂與官為市，其後物貴而和糴不解，遂為河東世世患。臣恐異日之青苗亦猶是也。帝曰：坐倉糴米何如？坐者皆起。光曰：不便。惠卿曰：糴米百萬斛，則省東南之漕，以其錢供京師。光曰：東南錢荒而粒米狼戾，今不糴米而漕錢，棄其有餘，取其所無，農末皆病矣。侍講吳申起曰：光言至論也。

英宗時，執政以河朔旱傷，國用不足，乞南郊勿賜金帛。詔學士議。司馬光與王珪、王安石同見，光曰：救災節用，宜自貴近始，可聽也。安石曰：常袞辭堂饌，時以為袞自知不能，當辭位，不當辭祿。且國用不足，非當世急務，所以不足者，以未得善理財者故也。光曰：善理財者，不過頭會箕斂爾。安石曰：不然，善理財者，不加賦而國用足。光曰：天下安有此理？天地所生財貨百物，不在民則在官，彼設法奪民，其害乃甚於加賦。此蓋桑羊欺武帝之言，太史公書之，以見其不明爾。爭議不已，帝曰：朕意與光同，然姑以不允荅之。

時帝拜司馬光樞密副使，光辭之曰：陛下所以用臣，蓋察其狂直，庶有補於國家。若徒以祿位榮之，而不取其言，是以天官私非其人也。臣徒以祿位自榮，而不能救生民之患，是盜竊名器以私其身也。陛下誠能罷制置條例司，追還提舉官，不行青苗助役等法，雖不用臣，臣受賜多矣。今言青苗之害者，不過謂使者騷動州縣，為今日之患耳。而臣之所憂，乃在十年之外，非今日也。夫民之貧富由勤惰不同，惰者常乏，故必資於人。今出錢貸民而斂其息，富者不願取，使者以多散為功，一切抑配，恐其逋負，必令貧富相保，貧者無可償，則散而之四方，富者不能去，必責使代償數家之負。春算秋計，展轉日滋，貧者既盡，富者亦貧。十年之外，百姓無復存者矣。又盡散常平錢穀，專行青苗，它日若思復之，將何所取？富室既盡，常平已廢，加之以師旅，因之以飢饉，民之羸者必委死溝壑，壯者必聚而為盜賊，此事之必至者也。

右司諫傅堯俞上奏曰：臣伏聞陛下自親攬政事，留神財用，屢因訪對，講求利害，有以見聖慮憂勤之深也。方今歲入不充所出，天下共憂者久矣，固待陛下以救之，宜乎以為首務而垂意於其間也。雖然，為病已深未可猝改誠恐環首觀望言利者爭進未有纖芥之益而為擾更多何則臣自省事以來日聞吏弊變故公私闕乏蓋自如也豈非救之或未得其當乎臣雖無稍術為國家陳力亦有愚見庶裨萬一惟陛下詳擇如臣意者獨願陛下痛自儉刻身先天下信賞必罰以馭羣臣其能濟務而不害民者寵擢之以勸勤齊其好興事而訖無補者痛繩之以杜紛更姑務靜安休養黎庶然後遂經費之源敦厚生之本掌金穀者不以資序入有績効者不以日月遷知橫賜之無紀極也雖近親不可妄與慮積小至於成大也雖一毫不可虛用不作無益以害農時必固與之以通商販嚴管庫之禁俾愛惜見物重郡縣之誅無失陷常賦切責司計之臣為遠圖庶幾其可也至於規規勞心非帝王事苟無驗於目前幾奸佞窺伺使言利者寵而聚斂之臣進則天下殆矣臣所陳者初似常談倘垂省錄必有深益

江東轉運判官范純仁乞減江淮諸路鹽價疏曰臣伏見江淮諸路鹽價太高致私販之人獲利轉厚及所立刑名亦重過於盜賊而又不分強竊利厚則誘民犯法而刑不可禁刑重則民思苟免而竭力拒捕不分強竊則民知等罰而務結羣黨是致販鹽之人千百為羣州縣之力無由禁止若非朝廷別立法制則恐更相扇誘羣黨轉盛凶年飢歲遂為盜賊伏望聖慈稍擇將江淮南荊湖福建等路官賣鹽價並比附兩浙躰例遂斤減價出賣及令三司將私鹽條貫重行刪定分為兩等如持杖及不持杖十人已上即依舊條施行如不持杖不滿十人者並依空手竊盜法計贓定罪其贓各以逐處鹽價估定如此則法制平一民漸知禁

理財

宗神宗熙寧初三司使田況獻內帑策曰王者官天下家六合風化普覽莫非王土經產雖去悉為邦賦故守之以至德推之以大公謂度所出皆有藝極國計之外無閒私積周禮內府受九貢以待邦之大用外府供百物以待邦之小用以此故有內外之異非天子之私藏也若或任聚斂之臣殖蘊蓄之府雖恭儉之主嗇用而致然於德音無所益也況縱欲之君帝有其富或肆侈靡以遺患乎唐明皇踐祚之初銳意於理躬履儉德述宣醲化後之言治者比開元如貞觀逮乎末年乃恃泰寧內縱奢樂權臣怙寵巧說媚上以謂賦稅所稅則歸之有司以濟用度進獻所入當納于天子以奉宴私明皇悅之遂為瓊林大盈之庫王鉷每歲進錢百億皆云不出租庸侵年黎元厚餌宦豎厥後韋臯李兼杜亞劉贊之徒競為貢奉曲祈恩寵至於裴肅窮貢鸞之利以遷廉察嚴綬傾軍府之資以拜刑曹末俗流風遂而莫禦陸贄嘗為德宗備陳其失可謂切至端嚴之論也國家開疆窮朔南建號侔周漢舟車所通上給中都而計利之司稽求繁廣研及圭撮歲求倍蓰加以鳴社慶辰升煙大祀冊禮昭縟容典交脩九州之民無不咸獻其力四海之內各以其職來祭裒於公賦輸之內帑雖異乎唐室方貢之物然亦非邦計之羨餘也往歲軍須不充計臣致請內出錢幣謂之假貸職掌之者旋復追索經遠之士咸以為非且王者之於貨財豈有內外國家之有天下豈有公私使外足而內不足君孰與不足私足而公不足君孰與足昔漢文之享御也弛利澤省繇費民有餘力國有滯財孝武得不因其資而騁嗜奔慾黷兵黷武用既殫費孰不可已於是弘羊孔僅之徒專務功而権酤筭

緡、坐市販物、鹽鐵、鈫𧿒、株送、補郎之法，流弊於千古矣。獨非高祖、文帝之德，洽著於前；昭帝、霍光之勤，休息於後，則生民虛耗，未易集也。靈帝之時，多蓄私藏，中上方斂諸郡之寶，中御府積天下之繒，民困調繁，皆為導行之費，漢家業衰於此矣。漢室尚爾，況陳隋之末世乎。是府庫之積，不為私也審矣。今縱未能盡出所積以付有司，亦當斯豐凶之年，恤疲羸之俗，去出納之吝，通內外之財，使乎下民寬饒，大計盈給，然後內於別藏，斂其餘貲，亦不為過也。抑又聖人大寶曰位，見於易繫；天子不私求財，存乎書法。蓋寶乎位，則它物非是寶；私乎財，則何不為私。以是而言，所本尤大。若夫心獨捨近謀遠，則無窮之慶及於萬嗣矣。

熙寧二年，判大名府韓琦乞罷青苗及諸路提舉官奏曰：准轉運及常平廣惠司牒，支俵青苗錢，每十戶以上結成一保，須第三等以上

有物力人充甲頭。第五等并客戶不得過一貫五百文，第四等每戶不過三貫文，第三等每戶不過六貫文，第二等每戶不得過十貫文，第一等每戶不得過十五貫文。如所支錢外更有剩數，其第三等以上人戶委本縣量度物力，於今來所定錢數外更添數支給。若更剩錢，如坊郭人戶實有自己物業可充抵當，願借請官錢者，仍五家以上結為一保，依鄉村青苗例支錢，借不得過物業抵當所直價錢之半。其逐縣即不得避出納之煩，命諸色人扇搖人戶，卻稱不願請領；仰逐縣官吏用心曉告。如不願請領，即具結罪文狀入馬遞申赴當司，以憑選差清強官往彼曉諭入戶。如卻願請領，其本縣干繫人必別作行遣。如事理稍重，必具事由申奏。應夏秋收成合納所請過價錢斛者，如物價稍貴，願納見錢者，當議於市價上減樸錢數，仍比附元請價錢上十分中不得過三分。假令一戶請過錢一貫文，如送納見錢不得過一貫三百文。臣切以國之頒號令、立法制，必信其言而使民受實惠，則四方觀聽，孰不欣服。伏詳熙寧二年詔書，務在優民，不使兼并乘其急以邀倍息。凡此皆以為民，而公家無所利其入，謂合先王散惠興利、抑民兼并之意也。今乃鄉村自第一等而下皆立借錢貫三等以上，更許增添；坊郭戶有物業抵當者，依青苗例支借。且鄉村上三等并坊郭有物業戶，乃從來兼并之家也。今皆多得借錢，每借一千，令納一千三百，則是官放息錢，與初詔抑兼并、濟困乏之意絕相違戾。欲民信服，不可得也。又鄉村保須有物力人為甲頭，雖云不得抑勒，而上戶既有物力，必不願請；官吏防保內下戶不能送納，豈免差充甲頭以備代陪。復峻責諸縣，人不願請，即令結罪申報。若選官曉諭，卻有願請者，則干繫人別作行遣，或具申奏。官吏懼提舉司勢可升黜，又防選官曉諭之時，豈無貧下浮浪願請之人。苟

免捃捨，須行散配。且下戶見官中散錢，誰不願請。然本戶夏秋各有稅賦，又有預買及轉運司和買兩色紬絹，積年倚閣借貸麥種錢之類，名目甚多。今更增納此一重出利青苗錢，愚民一時借請則甚易，至納時則甚難。故自制下以來，一路官吏上下惶惑，皆謂若不抑散，則上戶必不願請；近下等第與無業客戶雖或願請，必難催納。將來必有行督索及勒干繫書手、典押、耆長、戶同保人等均陪之患。大凡兼并者所放錢，雖取利稍厚，緣有逋欠，官中不許受理，往往舊債未償其半，早已續得貸錢。兼并者既有資本，故能使相因歲月，漸而取之。今官貸青苗錢則不然，須夏秋隨稅送納，災傷及五分已上方許次料催還；若連兩料災傷，則必官無本錢接續支給，官本因而寢有失陷。其害明白如此。更有緣此煩費虛擾之事，不敢具述。去歲河朔豐熟，常平倉糴米斗錢不過七十五至八十五，以來若乘時收糴，過

責出糴，不惟合於古制，而無失陷之弊。兼民被實惠，亦足收其羸。今諸倉方有糴入，而提舉亟令住止，蓋盡要散充青苗錢，指望三分之利，收為己功。縣邑小官敢不奉行，豈暇更卹貽民久遠之患哉。諸路所行，必料大率如此。朝廷若謂陝西嘗放青苗錢，官有所得而民以為便，此乃轉運司因軍儲有闕，遇自冬涉春雨雪及時，麥苗滋盛，決見成熟，行於一時則可也。今乃差官置司，為每歲春夏常行之法，而取利三分，豈陝西權宜之比哉。兼初詔且於京東、淮南、河北三路先行此法，候成次第，即令諸路施行。今此三路方憂不能奉行，而遽於諸路偏差提舉官，以至西川、廣南亦皆置使。伏惟陛下自臨御以來，夙夜憂勞，勵精求治。況承祖宗百年仁政之後，民浸德澤，唯知寬卹，未嘗過擾，但躬行節儉以先天下，常節浮費，漸汰冗食，自然國用不乏。何必使興利之臣紛紛四出，以致遠邇之疑哉。欲望聖明更賜博訪，若臣言不妄，乞盡罷諸路提舉官，只委提點刑獄官依常平舊法施行。時上親袖琦奏出示執政曰：琦真忠臣，雖在外不忘王室。朕始謂可以利民，不意乃害民如此。出令不可不審。且坊郭安得青苗，而使者亦強取之乎。王安石進曰：苟從其所欲，雖坊郭何害。因難琦奏曰：陛下修常平法，所以助民，至於收息，亦周公遺法也。且如桑洪羊籠天下貨賄以奉人主私欲，此乃所謂興利之臣也。今陛下置官為天下理財，非以佐私欲，則安可謂之興利之臣乎。上曰：坊郭俵錢如何。曾公亮、陳升之皆以為不當俵。安石曰：坊郭所以俵錢者，以常平本多，農田所須已足，而有餘則因以賑市人之絕，又以廣常平儲也。廣常平儲所以備百姓之凶荒，不知於義有何所害。公亮曰：坊郭上等戶則無所用之，下等戶則難於輸納。安石曰：既取情願，則無所用者自不俵；既有保甲，則難於納者自不能請矣。升之曰：仁恐用縣

避難索之故，抑配上戶耳。安石曰：抑配誠恐有之，然俟其有嚴行黜責一二人，則其弊自絕。如河北路，則恐不可抑配。聞韓琦自諷諭諸縣，言百姓皆不願投狀，惟一縣初以為不便，而為司錄陳紘者說譬曰：若朝廷更選人躬問，而百姓及稱情願，則奈何。於是乃不敢投狀。儻河北一路有一人不願，則韓琦必受其狀以聞。今琦自入奏，乃無此，則百姓不以為不便，提舉官不敢抑勒可知矣。然上終以韓琦所說為疑。安石曰：臣以為此事至小，利害亦易明。直使州縣抑配上戶俵十五貫錢，又必令出三分息錢，一戶所倍止三貫錢，因廣常平儲蓄以待百姓凶荒，則比之前代科百姓出米為義倉米，未為不善。況又不令抑配，有何所害，而上煩聖心過慮。臣論此一事已及十數萬言，然陛下尚不能無疑。如此事尚為異論所惑，則天下何事可為。上曰：要須盡人言。料文彥博、呂公著亦以為不可，但腹非而已。韓琦獨肯來說，真忠也。安石曰：事誠當盡人之情偽。事之是非，若於情偽是非不能深察，唯務多納人言，則恐非但常平事不可為，事事皆無可為者。翌日，安石遂稱病不出。詔以琦奏付三司制置條例司。

是時制置三司條例司言：羣臣數言常平新法不便，今畫一申明，乞敕諸路安撫、轉運、提點刑獄、提舉官曉諭所屬官吏，使知法意。

一、言者謂元敕云公家無所利其入，今河北提舉官乃令取息三分，失信於百姓。本司今按周禮泉府之官，乃云貸者取息有至二十而五，凡國家之財用取具焉。今常平新法務給青苗錢，但約熟時酌中物價，熟時物貴，即許量減市價納錢，即是未定合納實數。故河北約束州縣納錢不得過三分，京西、陝西等路大抵不過二分而已。凡此蓋為量時價旨揮，未有約定實數，恐納時倍歸州縣，量減錢不多，致虧損百姓，即非法外擅為侵刻也。

就諸路所約。惟河北最多。然亦不過三分。即非定取三分之息。若物價低平。即有當納本色。不收其息。或止收一二分息。時多少相補。比周禮貸民取息立定分數。已不爲多。近又令預給價錢。若遇物價極貴。亦不得過三分。既比周禮所取。尤少於元條。欲廣儲蓄。量減時價。皆擇不相遠處。固無失信之理。又周禮國事財用。取具於泉府之官。賒貸之息。今常平不領於三司。專以振民之絶。比周公之法。乃不以取具國事之財用。故云公家無所利其入。

一。言者謂上三等戶及城郭有物力戶。即從來兼幷之家。今乃立定貫石許之貸借。非抑兼幷之意。又河北每保須上三等戶一人。上等戶必不願請。官吏既防貧戶不能送納。豈免差充甲頭。以備代陪。又提舉官峻責州縣。如民不願請。即結罪申報。若遣

官曉諭。却願請。即當別作行遣。州縣官吏懼提舉官曉諭。或須散配。本司今案鄉村上三等城郭有物力戶。亦有闕乏之時。從人舉債。豈皆是兼幷之家。今貸貧民有餘。則以給此等戶。免令就私家取一倍之息。乃是元敕抑兼幷之意。河北每保須上三等戶一人者。蓋以檢防浮浪之人。若有二戶肯與同保。即自不許支給。何須更行散配。若謂上三等戶必不願請。須差作甲頭。即自是抑勒。違法。況今年開封諸縣甚有三等戶願請。即非抑勒。以近驗遠。事理可知。至於提舉司約束止開防因循避事壞法之人。即非迫遣須令抑配。若提舉官或急於求利。諷州縣抑配。即諸路有安撫轉運提點刑獄。其爲朝廷委任。皆在提舉官之上。若有州縣官員敢欲隳壞新法。或曲徇提舉官意。有抑勒百姓。當糾舉依法施行。及具事狀聞奏。豈宜以官吏違法之故遂欲廢。

一。言者謂百姓各有本戶稅賦及豫買紬絹。又生此一重豫給青苗錢。則人戶不易。本司今案百姓稅賦之外。逐路所例科斂名目誠多。然當闕乏之時。不免私家舉債。出息常至一倍。此所以貧者愈困也。今貸與常平本錢。延緩其艱急。又令約熟時斛斗物價貴賤。然後令納見錢。此元本不得過二分。是免於兼幷之家舉一倍之息。民戶有何不易。

一。言者謂但躬行節儉。常節浮費。自然國用不乏。何必使興利之臣四出。以致遠近之疑。本司今案先王之政。未嘗不以食貨爲始。設官置吏。大抵多爲農事也。近世以來。農人尤爲困苦。朝廷但有徭役加之。初無歲時備預之法。近自京畿陂防湮淤。多有不治。乃至都城側近。往往綿地數百里棄爲污萊。父子夫婦流

離失業。四方荒僻。不問可知。一方水旱。則死者相枕藉。而流移者塡道路。如前歲河北一飢。則不免漕江淮之米以救之。然於人之流亡餓殍。未有補也。至有非汎用度。或不免就上等戶強借錢物。百姓典賣田產物業以供暴令。此亦可謂國用乏矣。至於差使困苦農民。使之失職。則士大夫之所共見。不待論說而後可知。故陛下即位。詔書丁寧以務農理財。免人役爲政事之急。方今置提舉常平廣惠倉官兼管當農田水利差役事者。凡以此而已。固非使之朘削百姓以佐人主私費。豈得謂之興利之臣而致遠近之疑。

一。言者謂今常平千餘萬緡散作青苗錢。民所欠負。財力既竭。加以水旱之災。不得不爲之倚閣。因郊赦除之。十年之後。千餘萬緡散而不收矣。常平舊法自合古制。而無失陷之弊。不當變改。

本司令案常平新法務給價錢並令公人識認又須十戶以上為一保如河北又須保內有三等戶一人自來豫買紬絹及青苗錢蚕鹽其法關防未能備具如此乃不聞有拖欠除放則常平新法自非官吏故欲沮壞不容獨致失陷官物令新法之中兼存舊法但以舊法廣儲蓄抑兼并振貧弱之方尚為未備又無專領官司所以諸路利多糴貴價斛斗至有經數年出糶不行無補振救又糶糴之時官吏奸弊百端故須約周禮賒貸增脩新法專置一司提舉覺察非廢舊法遠古制也

一言者謂新法不當示之條約明言利息本司令案周官貸民明言以國服為息蓋聖人立法惟示信於天下取之以道非以為私於理何嫌而不可明示條約

一言者謂坊郭戶既無苗不貸借本司令案常平舊法亦糶與坊

郭之人今若給散農民有餘仍不許坊郭之人貸借是令常平有餘積餘藏而坊郭之人獨不被朝廷振救之絕之惠也周禮貸民之法無都邑鄙野之限今新法乃約周禮太宰已試之法非專用陝西務散青苗條貫也今新法方行官吏不能躰朝廷立法之意不肯公共推行或以錢斛抑配與人或利在易為催納專貸與物力高強戶或留滯百姓不為及時給納故縱公吏乞取致百姓枉有糜費或不量民物力給與錢斛太多致難催納不能關防辨察令浮浪之人為一保冒請官物致難催納或拖延不為及時催納却非理科校公人百姓之類自是州縣官吏弛慢因緣為奸不可歸咎於法乞令逐路安撫轉運提點刑獄提舉司常切覺察依條施行命官具案取旨重行黜罰安撫轉運提點刑獄提舉官失於舉覺致朝廷察訪得實亦當量罰

第行朝典從之

時琦判相州又上奏曰臣近以河北路差官置司春夏放青苗錢明取三分之利有傷國躰上下皆知不便而以制置條例司是大臣主領但人人腹誹不敢公言臣被顧三朝又職當安撫實不忍雷同默默遂詳陳利害本末乞加博訪冀陛下洒然開悟亟更改使天下歌舞聖明不為戚怨之累老臣獻忠之心豈有它也今蒙制置司以臣所言皆為不當條件疏駁乞申敎諸路及直旨揮進奏院以中書曉諭劄子頒行天下臣詳制置司疏駁事件多刪去臣元奏要切之語唯舉大槩專用偏辭曲為沮難及引周禮國服之息為說文其謬妄上以欺罔聖聽下以愚弄天下之人務使無敢復言其非者臣不勝痛憤須至再有辨列欲望親覽然後降付中書樞密院看詳送御史臺集百官定議如臣言不當甘從竄殛若制置司處置乖方天下

必受其弊即乞依臣前奏盡罷諸路提舉官只委提點刑獄司依常平舊法施行以慰衆心

一制置司云周禮泉府之官民之貸者取息有至二十而五國之財用取具焉今常平新法比周禮貸民取息立六分數已不為多遇物價極貴亦不得過三分即比周禮所取尤少臣切以周公立太平之法必無剝民取利之理但漢儒以去聖之遠解釋或有異同按周禮泉府掌以市之征布斂市之不售貨之滯於民用者以其價買之物揭而書之以待不時買者各從其抵臣謂周制民有貨財在市而無人買或有積滯而妨民用者則官以時價買之書其物價以示民若有急求者則以官元買價與之此所謂王道也經又云凡賒者祭祀無過旬日喪紀無過三月鄭衆釋云賒貰也以祭祀喪紀故從官貰買物賈公彥疏云

賒與民不取利也。經又云、凡民之貸與其有司辨之、以國服為之息。鄭衆釋云、貸者、謂從官借本賈也、故有息使民弗利。以其所賈之國所出為息也。假令其國出絲絮、則以絲絮償、其國出絺葛、則以絺葛償。臣所謂周制有從官借本賈者、亦不以求民之利、但令變所貸錢輸國服、即以為息也。此所謂王道也。而鄭康成釋云、以其於國服事之稅為息也。於國事受園廛之田而貸萬泉者、則朞出息五百。臣謂周禮園廛二十而稅一。近郊十一、遠郊二十而三、甸稍縣都皆無過十二。惟漆林之征二十而五。漆林自然所生、非人力所作、故稅重。康成乃約此法、謂從官貸錢、若受園廛之地、貸萬錢者出息五百、公彥因而疏解、謂近郊十一者、萬錢期出息一千、遠郊二十而三者、萬錢期出息一千五百。甸稍縣都之民、萬錢期出息二千。臣謂如此、則須漆林之所取、貸萬錢息二千五百也。然當時未必如此。今放青苗錢、凡春貸十千、半年之內便令納利二千。秋再放十千。至歲終又令納利二千。則是貸萬錢者不問遠近之地、歲令出息四千也。周禮至遠之地出息二千。今青苗取息尚過周禮一倍。則制置司言比周禮取息已不為多、亦是欺罔聖聽、且謂天下之人皆不能辨也。且古今異制、貴於便時。周禮所載有不可施於今者、其事非一。若謂泉府一職今可施行、則上所言以官錢買在市不售及民間積滯之貨、俟民急求、則依元買價與之。民有祭祀喪紀、就官中借物、限旬日三月還官、而不取其利。制置司何不特此周公太平已試之法盡申明而行之、豈可獨舉注疏貸錢取息之一事以誑天下之公言哉。鄭康成又注云、王莽時貸以治產業者、但計所得受息、無過歲什一。公彥疏解云、莽時雖

計本多少為定。及其催科、惟所贏多少。假令萬金總贏萬泉、催一千。贏五千、催五百。餘皆據利催什一。臣謂王莽時官貸本萬錢、歲終贏得萬錢、止令納一千。若贏錢更少、則納息更薄。比今於青苗錢取利、尤為寬少。而王莽之後、上自兩漢、下及有唐、更不聞有貸錢取利之法。今制置司遇堯舜之主、不以二帝三王之道上裨聖政。而貸錢取利更過王莽之時、此天下不得不指以為非。而老臣不可不辨也。況今天下田稅已重。固非周禮什一之政。則又隨產更有農具牛皮鹽錢麴錢鞋錢之類。凡十餘名件、謂之雜錢。每遇夏秋起納。官中更以紬絹斛斗低估價直、令民以此雜錢折納。又每歲散官鹽與民。謂之蠶鹽、折納絹帛。更有預買和買紬絹。如此之類、不可悉舉。皆周禮田稅什一之外加斂之物。取利已厚。傷農已深。奈何更引周禮國服為息之說。謂放青苗錢取利乃周公太平已試之法、此則誣汙聖典、蔽惑睿明。老臣得不太息而慟哭也。

一、制置司云、提舉官約束州縣納錢不得過三分二分。蓋恐納時斛斗倍貴、州縣量減錢數不多。若物價低平、即有合納本色、不收其息。臣亦謂此論之不實也。然小麥最為不禁停蓄之物。自來常平倉不糴。蓋恐積留損壞。今歲雨雪及時、麥價必賤。提舉官必不肯令民納本色。蓋緣下本色則無由變轉。若於轉運司兌換價錢。則諸處軍糧支小麥絕少。必難兌換、則占壓本錢。下次無錢散與民戶。臣以此知制置司提舉官本無令民納斛斗之意。故開此許納見錢一門。將來止令言民願納錢息。不容納本色。則民須至糶麥納錢。豈不殃害百姓。惟陛下早悟臣言。

一、制置司云、鄉村上三等及城郭有物業戶亦有闕乏之時、從人

舉債。豈是兼并之家。臣切以鄉村上三等及城郭有物業之戶。非獨知是從來兼并之家。此天下之人共知也。今制置司以為非兼并之家者。止欲多散青苗錢與之。而得利亦多也。其如敕意本務拯濟困乏。却以錢放與此等戶。則天下明知朝廷專以取利為意。實傷國體。制置司若謂周官有貸民之法。取之以道。於理無嫌。在今兼并之家。例開質庫置課場。若恐取民倍息以傷貧細。則所在皆可官自開置以抑兼并。然自前世以來。惡其太近衰削。不忍為之。今青苗錢一事無乃近於此乎。又云每保須上三等戶一人者。蓋以檢防浮浪之人。此則抑勒之勢不假臣言而自明矣。又云若謂上三等戶必不肯請領。至差作甲頭。即自是抑勒違法。此又殊不察事勢人情有不得已而為之者。且青苗之法。內有大臣力主。事在必行。外有專差之官唯以最

錢數多為職辦。州縣官吏往往要抑勒而為情顧者。蓋事勢不得不然。而人情不得不從也。監司之官其於事勢人情亦何異此。九重高遠。豈得盡知。惟陛下早賜辨察。制置司云先王之政未嘗不以食貨為始。張官置吏。大抵多為農事也。近世以來農人猶為困苦。朝廷非泛用度或不免就上等戶強借錢物。百姓典賣田產物業以供縣令。今置提舉常平廣惠倉官。專農田水利差役使者凡以為此。固非使之朘削百姓以佐人主私費。亦豈得不謂之興利之臣。而致遠近之疑。臣詳制置司所舉貸錢取利之法。謂取之以道。於理無嫌。則非興利而何。至於東南所差均輸之官。亦皆興利之臣也。且西川四路鄉村民多大姓。一姓所有客戶動是三五百家。自來衣食貸借仰以為生。今若差官置司更以青苗錢與之。則客於主戶處從來借貸既不可免。

又須出此一重官中利息。其它百姓固不願請青苗錢。又廣南路上曠人稀。水鄉之俗。粗足生計。今亦置官司貸錢取利。故於遠民尤為不便。豈得不謂之致遠近之疑。國家福員至廣。一方水旱。時所不免。然未嘗不假貸糧種盡救荒之政以濟卹之。故能飢饉者復蘇。流庸者復安。自祖宗以來。可謂仁政充洽矣。而未嘗就上等戶強借錢物。唯是英宗及陛下即位之初。天下各有優賞。朝廷自京師應副未及。間故有三兩路州軍寺借借於坊郭富民。然亦即時輦還。今制置司指為暴令以頒布天下。是唯知主張青苗之法。而不顧毀讟之甚。誠可駭也。

一。制置司云常平舊法亦糶與坊郭之人。周禮貸民無都邑鄙野之限。今新法乃約周禮太平已試之法。即非專用陝西青苗條貫也。臣詳制置司此說。尤為不實。蓋自來常平倉遇歲不稔。物價稍高。合減元價出糶之時。鄉村則下諸縣取逐鄉近下等戶姓名。印給關子。令執赴倉。每戶糶與三石。或兩石。坊郭則每日糶與浮居戶。每口五斗。或一斗。故民受實惠。甚濟飢乏。即未嘗見坊郭有物力戶乃來零糶常平倉斛斗者。此蓋制置司以青苗為名。欲多借錢與坊郭有物業之人以望得利之多。假稱周禮太平已試之法。以謂無都邑鄙野之限以文其曲說。唯陛下深詳其妄。

一。臣近以內藏庫絹二十萬匹。為河北常平本錢。轉運常平倉司遂申制置司募請人依青苗錢法。制置司劄子依所申施行。坊郭戶願者亦聽。真定府請絹三萬匹。未及般取。常平倉司差殿侍康琛丙詣屬縣催促。真定以為驚皇擾擾。或承丙毋下縣隨常平倉司追還康琛。臣照會。臣逐錄奏。庶朝廷見其為害之深。却

准中書劄子。康承丙本皮公弼等乞充差使幹當兼累令提點刑獄司覺察所散青苗錢不得勒令。或有抑配使令止絶。具當職官姓名奏劄與臣知臣勘會轉運司昨配賣絹與坊郭戶。每匹估價錢一千五百三十。理一千六百。限半年納錢。下等戶猶有破賣家財。方能貼納者。今提舉官以絹二十萬匹。每匹上等作一千三百五十。每千收利二分。每匹已是一千六百一十。下等作一千三百。并利亦是一千五百六十。並隨稅納。是百餘日納之。與轉運司賣價全不相遠。即與農民豈不為害。更差使臣督迫給散。縣邑小官。苟免過咎。以抑配為情願。何可辨明。且制置司雖大臣主領。然終是定奪之所。今直旨揮許散絹與鄉村戶。依青苗法納錢。及令坊郭戶願請者亦聽。則自來未有定奪之司事不關中書樞密院。不奉聖旨直可施行者。如是則中書

之外又有一中書也。中書行事。亦須進呈。或候畫可。未嘗直覆分。惟陛下察其專也。如是則知在外守職臣寮。誰敢不從。願早賜辨察。使事歸政府。庶於國體為便。

二年。右正言李常論青苗疏曰。臣伏見陛下焦勞旰食。憂恤黎元。求所以富安休養之道。而獻議之臣措置失當。設法遣使。布滿天下。始稱補助耕斂。終言利息分數。致百姓疑懼。騷然不寧。不復信朝廷有愛民之心。直謂巧為掊克而已。陛下雖欲推不忍之至誠。百姓何由而知之。豈聞作法於涼。其弊猶貪。今作法於貪。復何善之有。臣深察物情。博訪民俗。皆謂雖一切取民之願。尚不免悞其易於得財。侈於妄費。不計後日輸官之難。臨時迫蹙。況今官吏務為功效。百端罔民。其尤甚者。使善良避請納之費。虛認貫百以輸二分之息。臣考之三代。下至近古。未聞欲求治平輔養元元。而為法如此之弊者。今百姓之室空匱已甚。苟朘乃削日入於困窮。困窮之至。為盜而已矣。陛下御天下之日未久。德澤之所以浸漬生民未深。而輔佐之臣作為此法使毒流海內。小大驚扇。疾視其上。不蚤沮止恐非社稷之福。此臣所以早夜憂懼惓惓不已。累冒鈇鉞之誅。上干天聽。願一切寢罷以安輿情。至今未蒙旨揮。伏望聖慈悉降臣前後論青苗錢劄子付有司施行。

常論青苗第二狀曰。臣謹按前漢書食貨志言王莽每有所興造。必依古傳經文。國師公劉歆言周有泉府之官。收不讎與欲得即易。所謂理財正辭禁民為非者也。莽乃下詔曰。夫周禮有貸賒樂語有五均。傳記各有斡焉。今開賒貸張五均設諸斡者。所以齊衆庶抑并兼也。遂於長安及五都立五均官。更名長安東西市令。及洛陽邯鄲臨淄宛成都市長皆為五均司市稱師。東市稱京。西市稱畿。洛陽稱中。

餘四都各用東西南北為稱。皆置交易丞五人。錢府丞一人。工商能采金銀銅連錫登龜取貝者皆自占司市。錢府順時氣而取之。又以周官稅民。凡田不耕為不殖出三夫之稅。城郭中宅不植藝者為不毛出三夫之布。民浮游無事出夫布一匹。其不能出布者冗作縣官衣食之。諸取衆物鳥獸魚鼈百蟲於山林水澤及畜牧者嬪婦桑蠶織紝紡績補縫。工匠醫巫卜祝及它方技商販賈人坐肆列里區謁舍皆各自占所為於其所之縣官。除其本。計其利。十一分之。而以其一為貢。敢不自占自占不以實者盡沒入。所采取而作縣官一歲。諸司市常以四時中月實定所掌為物上中下之賈。各自用為其市平。毋拘它所。衆民賣買五穀布帛絲綿之物。周於民用而不讎者均官有以考檢厥實用其本賈取之。毋令折錢。萬物昂貴過平一錢。則以平賈賣與民。其賈低賤減平者。聽民自相與市。以防貴庾者。民欲祭

祀喪紀而無用者，錢府以所入工商之貢但賒之。祭祀毋過旬日，喪紀無過三月。民或乏絶，欲貸以治產業者，均受之，除其費，計所得受息，毋過歲什一。吏用苛暴立威，旁緣犯禁，侵刻小民，富者不得自保，貧者無以自存，起為盜賊。及莽未誅而天下戶口減半矣。伏覩班固述王莽事，其詳如此。其所施置，蓋皆略本先王，而其初為說非不美也。及乎繆戾，至使百姓無聊，搤手觸禁，富者不得自保，貧者無以自存，而起為盜賊，卒以敗亡者，何也？志於利故也。夫苟志於利，雖純法三王，其法則猶不可行，況徒用其言以欺世耶？孔子曰：「放於利而行多怨。」此明驗也。今青苗法與王莽事無以異，寖違愛民之初意，一切以利為言而不顧，此臣所以知不復可行而願罷也。臣愚實懼陛下未盡省覽班固所載之始末，謹繕寫其畧，不憚上煩天聽。伏望聖慈萬幾之暇，特賜反覆觀覽而深鑒之，其青苗法伏乞早降詔旨寢罷。

天下幸甚。易曰：「不遠復，無祗悔，元吉。」此之謂也。

三年，常等論王廣廉青苗取息奏曰：臣等伏見河北提舉常平廣惠倉王廣廉近至京師，倡言青苗新法已曉諭河北，取三分之利。又聞制置條例司欲取其法行之天下，臣切以為過矣。臣略聞其斂散之法，云下戶恐其負之，不敢輒給。其上戶則十有七八願者，若爾則與立法之意相違戾矣。新法以摧兼并、惠貧弱為意，而下戶不及，又以贍上等之有餘，則是助大賈蓄家以乘民之不給也，何以為輕重盈虛之術乎？況朝廷詔令云凡皆以為民，而公家無所利其入，是亦先王散惠興利以為耕斂補助、哀矜多寡而抑民豪奪之意也。今纔數月而取利二分，則與詔旨甚相乖戾。異時姦吏旁緣與聚斂之臣刻剝日滋，則雖倍稱之息未可知也。劉歆為新莽開賒貸，設五均，其弊至于已爾，但云計贏所得受息，毋過歲什一。周禮凡民之貸者，以國服為之息，康成之注，亦引莽制以為解。今使人什二，則又過已新二矣。既許其一歲再貸，則其息遂至于什六，下何以堪之哉？詩曰：「曾是掊克。」斂怨以為德，以陛下之睿聖，有意於三代之隆，若生財有道，用財有節，臣恐天下之財充牣委積而不可勝校，而廣廉小人，造端以籠天下之利，一旦生民重賦，至于無聊而怨及於上，為害豈淺哉？臣愚伏望陛下寘廣廉于理，可懲擅命之吏，明詔有司推法之本意，講所遣提舉官，勿以殘民，一切隨其所願。倘蒙聖慈昭然辨其難以遽行，止且試之河北、陝西數路，不勝幸甚。天下至大，生靈至衆，不可以倉卒治也。

常又論王廣淵和買抑配取息奏曰：臣近聞京東轉運使王廣淵以陳汝義所進羡餘錢五十萬貫，隨和買紬絹錢俵散，今却令每貫納見錢一貫五百，於常税折科放買之外，又取此二十五萬貫。大凡挾轉

運使之勢，臨郡縣以鞭笞彊百姓出息錢，雖倍稱猶可。雖然，此而不懲，臣恐姦利小人交以掊克為事，不恤窮閻敗室日益困窮，陛下德政不復下浹，而禍亂起矣。今中下之戶有田不過二頃，二頃之收不過百斛，數口之家一歲之食過半，而輸租糞田、吉凶疾病之費悉資於穀粟。今又彊之使出錢，錢非農夫所常有者，不以粟易，則賣田土而得之，或奪其良，或廢其生生之業。如此而望民俗安堵，寇賊不作，難矣。竊聞御史程顥已常言之，乞付有司施行。

常又論青苗奏曰：臣聞易曰：「何以守位？曰仁。何以聚人？曰財。理財正辭，禁民為非，曰義。」繇伏羲以來治天下者，未有不以仁守位，以財聚人，以義理財者也。知非仁不可以守位，則凡法度之設，號令之施，苟不仁，不可用矣。知非財不可以聚民，則夫家之衆，鰥寡之窮，食不足，不可保矣。知非義不可以理財，則租賦之入，斂散之方，失其宜，不可

行矣。自設網罟作耒耜。至井牧田野。什一而稅之。其為法必本於仁。其養民必厚於財。其理財必主於義。上下交足。而治道成矣。故孟子言為國。必曰信仁賢。有禮義。然後有政事。有政事則財用足。然則政事不兼謀於仁賢。不專由於理義。則不可以行也。理財用而不由仁與義。則上匱而下窮矣。故古之人曰。王人者將道利而布之上下者也。後世聖人不作。仁澤微息。暴君汙吏知厚上而刻下。剝民以縱欲。賦斂已重。徭役已極。不思公上用財之道日廣以自豐。損巧詐以求遂志。故自幽厲以來。詩書所載。莫不譏重賦。懲過取。至變民以為言。不患其不能益上而患其刻下也。故曰。百姓足。君孰與不足。又曰。財散則民聚。財聚則民散。又冉求賦粟倍它日。則孔子欲鳴鼓而攻之。曰。與其有聚斂之臣。寧有盜臣。昔者夏桀率遏衆力。率割夏邑。后世言暴斂者必指之曰大桀小桀。商紂厚賦稅以實鹿臺之財。盈鉅橋之

粟。周厲王用榮夷公專天下之利。秦收太半之賦。竭天下之資以奉其政。其後漢威靈。下至隋唐。其惡政弊法。尚足道哉。此皆法度號令不本於仁。租賦稅斂不要於義。而不能散利保民以取滅亡敗亂之明效也。臣實至愚。粗分義理。但知卑俗厚下恤鰥寡助乏絕為先王之道。不知罔民欺世事刻剝困生靈為治世之策。而又愚昏不敏。不敢以非義逆詐。初不謂王安石以文學名世。行義得君。乃不本仁以出號令。考義以理財賦。而佐陛下為此病民斂怨之術。詔命之始。尚謂其誠有意於恫恤斯民。稽古立法。及其黨援掊克。小人實言取利分數。方悟其竊假先王之遺跡。而志在聚斂。臣始以朝廷好惡為憂。而直議其法必不可行。既而小大驚疑。遠近騰沸。曰見其弊人得非之。方是之時。曾公亮陳升之趙抃皆位冠百寮。身輔大政。首主廢議。曾無執守。臺諫官或以職事隔絕。或陰竊符同。而四海萬里。蒙毒莫

訴。陛下不以臣為不才。寘之諫爭之列。不識欲其齊同結舌姑以備位耶。抑亦使其竭誠畢慮救正闕失也。臣於安石雖有故舊之義。苟懷私而不言。誰肯為朝廷言者。今安石不思詩人刺掊克所以斂怨。易象著益下所以民說。與夫強恕改過。捨己從人之為君子之道。而日與其徒呂惠卿等陰籌竊計。欲文廢過。思以頰舌取勝公議。寧復以社稷安危為慮者。切聞以正論者為同乎流俗。憂國者為震驚朕師。以百姓愁歎為出自兼并之言。以鄉士僉論為生乎怨嫉之口。而又妄取經據。傅會其說。謂周人國事之財用取具於息錢。而不知泉府實受廛人之五布。臣考之周官。凡周所以佐國用者。有九賦斂財賄。有九貢致邦國之用。又以九式均節之。大府以關市之賦待王之膳服。邦中之賦以待賓客。四郊之賦以待稍秣。家削之賦以待匪頒。邦甸之賦以待工事。邦縣之賦以待幣帛。邦都之賦以待祭祀。山澤

之賦以待喪紀。幣餘之賦以待賜予。而不言貸民之息待邦用者。今曰。周之國事取具息錢。亦已罔矣。上以惑陛下之聰明。下以欺天下之耳目。而貽笑後世。可為痛惜。可為太息。抑臣觀周禮所以必貸民者。蓋先王推至仁愛物。周旋曲折之深意也。所以使出息者。不使其幸得而惰於業也。周人井牧其田野。其六鄉使五家為比。則有比長。五比為閭。則有閭胥。五閭為族。則有族師。五族為黨。則有黨正。五黨為州。則有州長。五州為鄉。則有鄉士大夫。六遂亦然。其小大相臨。上下相察。使相保愛。使相葬埋。匹夫匹婦受田百畝。鰥寡孤獨復有常餼。又十一而稅之。宜無一人不足者矣。惟死喪疾病冠昏之類。乃其不幸。而不得濟者。間有貧不能周於用。於是命泉府之官。掌其祭祀喪紀者有賒。而服田者有貸。方是之時。民日被上之仁愛。上悉知民之有無。下如子之怙其父。上如父之育其子。鄉遂閭井之間。不足而

貸者歲亦無幾人。嗚呼。先王之於民。周旋曲折之意可謂盡矣。此所謂保民若赤子。所謂無一夫不獲者也。故孟子能具道平治時之事曰。春省耕以補不足。秋省斂以助不給。又稱夏之諺曰。吾王不遊。吾何以休。吾王不豫。吾何以助。又知補助之行不獨周為然也。今則不然。因無多少之限。民無貧富之常。吏不識其民。民不信其上。租稅之入。非賄賂不可輸也。催科之嚴。非鞭笞不能辦也。稅斂重數。民畏公家如鳥獸之避網罟。政令不下。吏殘其民。猶弋獵之待鳥獸。離居散處。非有比閭族黨之相伍也。非有胥長師正之相統也。而又患贅頑嚚不能遠計。其貧下無賴者為逋逃之人。知千百為群。十五為保。親一紙之券而空手得錢。則不願者亦寡矣。及其出賄賂。齎糧食。與市廛博易妄用之外。實能持錢至其家而致力於畎畝之間者亦無幾矣。迨其償也。百畝之收。二稅徭役之外。有支移有折變有配買有和

市有償糴有麥本。今又出青苗之本利。至時不足。則責其衣食之資。又不足。則責牛具。又不足。則責田疇。又不足。則責妻孥。或逃去鄉井。或羣起為盜賊矣。此臣前日制子所以言雖一切取民使。不免使其易於得財。傷於妄費。不計後日輸官之難。而臨時迫蹙者也。今取其願。猶且如是。況希合小人與畏罪之吏措置乖方者。其為患百十倍於是。與其貸於兼并者異也。凡百姓所以貸於兼并者。蓋皆其隣里近村之人。其來貸也。誠皆窮乏飢餓不得已者也。苟可以遠朝昏備農事。則不往貸矣。其貸與之數。亦皆自見其貲為之約。素有誠信。與以贍妻孥資耕耨者也。苟欲以侈口腹事飲博為利陷法之事。則不貸之矣。以是觀之。歲貸於人者亦無幾矣。然則青苗之法遠所以惧妄費不思之窮民爾。今法言利之卒所以病之也。昔者子產以乘輿濟人於溱洧之上。孟子曰。惠而不知為政。以其人人而悅之也。今為

法不免於人人而病之。可乎。又況志在於蓄積者乎。今黨蔽掊克小人。公言利息紛如。而欲天下之吏不希合而強民。臣不信也。王廣淵者。昔條例司稱以為公幹才明之人也。前日使試義倉之法。乃至邀遮齊州輸稅之民。使先詣義倉。然後納稅。於是冒言民便其法。臣恐天下官吏上畏朝廷。下畏使者。或事希合。既二稅而督青苗。然後以鞭笞督其租賦。蚩蚩之衆。何以堪之。臣恐不一再貸而天下潰矣。古之人曰。匹夫專利。猶謂之盜。王而行之。其猶鮮矣。孔子曰。放於利而行多怨。詩曰。民之多僻。無自立辟。又曰。民之貪亂。寧為荼毒。方今稅役苛重。百姓空匱。雖官廩有未充之憂。公帑有不足之慮。不思節用愛人。重本抑末。而欲矯誣以射利。譬猶割膚軀以啗口腹。其不可明矣。昔魏文侯租賦倍於常日。或有以賀者。文侯曰。今戶不加多而租賦歲倍。譬之反裘而負薪者。徒惜其毛。而不知皮盡而毛無所附矣。

此善諭也。故書曰。民惟邦本。本固邦寧。又曰。怨豈在明。不見是圖。予臨兆民。懔乎若朽索之御六馬。可不畏哉。今陛下欲勸農桑興水利。省徭役。復常平。此先王不忍之心也。而獻議之臣。直以此擾擾蔽惑天聽。苟有志於朝廷社稷者。莫不以為憂勤也。詩曰。民亦勞止。汔可小康。惠此中國。以綏四方。臣願陛下詔天下悉罷青苗法。謹擇轉運使。而久天下縣令之任。俾諸路各上十數年之間為縣而有績狀在民者。稍易今不才之令。而授所謂農田水利。徭役常平之法。使各講求施設。而寬假之淹以歲月。而考課其績。則四海萬里無不被陛下之德澤者。抑臣聞之。昔魯欲用田賦。季孫使冉有訪諸孔子。孔子曰。若欲行其法。則周公之典在。若苟而行之。又何訪焉。臣之至愚。其惓惓之義。深冀陛下鑒觀先哲之言。究察受斂之俗。決以獨斷。罷於一朝。別講治道。垂福黔首。倘姑取其聚斂之意。苟而行之。則臣言為迂

踈僻滯之甚者。而妄譏時政。擅廢朝參。徼違聖旨。罪愈大矣。豈宜更使居位。早行竄逐。不勝幸甚。

常又上議曰。臣聞易曰。王臣蹇蹇。匪躬之故。臣自惟狂瞽。嘗拂天威。固已數然。其縷縷之誠所以不已者。切服大易之義。知有犯無隱。不知其身之可保也。然臣非不知朝夕蒙誅。不忍輒有伏藏不盡之意。為無窮之恨。請一二陳之。惟陛下裁擇。臣伏見陛下即位未幾。起王安石於江湖之上。曾未數對。遂參機務。方是之時。中外相慶。以為三代之隆可以立俟也。安石乃首建制置三司條例。天下之人始議其身任大政而專有司之事。然善士猶或恕之。謂其先公家之所不足。將佐陛下以仁義理財賦。節儉先天下。交物以道。奉養以禮。重損浮費。圖實廩庾。凡教化之事。稍有待也。已而均需之議。造青苗之法。天下之人固已大駭。而善士猶未之深議。謂其志在便民。均一有無。遠

希先王補耕助斂。以為於理無嫌。及降詔取利。牽合經旨。謂周公資用於國服之息。利害已白。而持之不改。雖善士不復以為是。宜謂其誣惑朝廷。愚瞽海內。所以議論交起不可抑止者。其故何也。義與利之為道異也。始稱放古以行義。故君子猶或恕之。終則不顧以嗜利。雖衆人莫之與也。及發七難以拒言者。其辭迂其理僻。天下之人益知其所存盡於此。不復有義理之實。徒欲文過求勝。豈以生靈存亡之命。社稷安危之機為計哉。今條例司於浮費無所節損。月造周民之法。均輸官不能通天下之有無。百端以射利。提舉官奉青苗之令。納民於困窮。陛下固嘗謂滯天沸騰。黎民騷擾矣。夫政莫酷於剝民以無厭。禍莫大於知過而不改。古之所以亡國喪天下。未有不漸於此者。噫。今日之弊豈難濟哉。改之而已。昔者周公蓋有過矣。孟子曰。其為過也。人皆見之。及其更也。人皆仰之。孔子則自訟其過矣。曰。丘也幸。苟有過。人必知之。又曰。過則勿憚改。又曰。過而不改。是為過矣。安石不知慮此。陛下又從而不悟。何也。臣亦略聞其所以遂非而不改者有三焉。不堪怨仇與士大夫之所譏議而不改。一也。狹中自信。悅諂諛。惡誠直。遂不以為非而不改。二也。憑依小人。日滿其門。進退榮悴繫於事之興廢。競為詭辭以悅之。慫言以怒之。使其持之益堅。期於必勝。不問義理之所在。因以不改。三也。此三者皆安石自為也。所以受敝者陛下之百姓也。所以當慮者陛下之社稷也。此臣所以切為陛下惑也。陛下仁明睿智。首開道要。未社御宇。尊祖宗久安之基。視圖按籍。慨然悼黔首之未乂。延見卿士。慨然歎人才之不足。方欲盡救天下之英俊。共講治平之術。創為可繼之業。今乃相與守區區之弊法。又欲卿士大夫阿意順旨而奉行之。其不然者。從而竄逐之。非獨安石負陛下任使之意。陛下亦負天下所以用安石之初心

矣。臣不知陛下甘其所以得利而力行之耶。徒悅其順適心意而惡違忤之耶。抑曲徇安石而苟為之耶。臣請陳此三者。凡苛股巧削之不可。臣前論列多矣。不待再講而後明也。今陛下深居九重。豈盡知百姓之困苦。謂其比戶溫飽。倉有餘粟。箱有餘帛。可以任權數而棘取之耶。四海一家。皆陛下之赤子。而欲效管仲以千里之齊開霸國之人耶。又況術疏策陋。為之輒有後災乎。今中下之戶。農桑之所得纔足以輸稅者。往往皆是也。歲惡不入。不食草根木皮者寡矣。尚忍以巧斂之法而虐之乎。今陛下甘其所以得利。臣姑以利言之。凡百姓之有兩稅。猶人之有終身之病也。夏稅之輸。常至九月十月。秋稅之輸。常至明年四五月。秋稅未絕。夏稅又起。倚矣。每催理不足。縣令懼諭限之責。必強人吏代納。然後以鞭笞追還之。非為令者懈慢不戢。民貧不可以迫還取辦故也。兩稅病民如是。青苗錢又可及時以

歛之手。且十八路之廣。一歲之間。必有三路罹虫蝗水旱之灾者。則其道已倚閣失陷之數不爲少也。又況不幸遭大飢饉。捐瘠流離。起爲盜賊。所謂本利者復何有哉。假如一歲貸錢千萬。爲利纔二百萬。臣恐二百萬之利。不足以償失陷之數。尚可望其息錢以資國用耶。且以利言之。不足以得利較然甚著。矧悖義傷化。殘民害物。歛怨名亂。不可一二遁哉。陛下雖甘其利而力行之。其無益可謂明矣。今朝廷患財用之不足。未聞陛下節儉先天下。而一宫殿之費。或以百萬計。一宴遊之費。或以數萬計。而欲錙銖取於困窮之民。偏聽獨任。非順遂心意之言不取。又將悉誅而去之。是欲上下雷同。小大阿黨而無一言與者。陛下謂如此爲朝廷之福耶。非也。孟子曰。入則無法家拂士。則國常亡。又稱文王之德者曰以謨謨昌。凡古之所謂衆賢和於朝。與舜命九官濟濟然和之至者。非雷同阿黨唯順遂人主之心意

之謂也。昔齊景公謂梁丘據曰。據與我和。晏子曰。是同也。烏和也。公曰。和與同異乎。曰。和如羹焉。君所謂可。而有否焉。臣獻其否以成其可。君所謂否。而有可焉。臣獻其可以去其否。古之君臣以獻可替否爲和。非雷同之謂也。君臣之間既不可雷同。如此。卿士大夫進則陳力就列。退則遊從講習。又可得而阿黨哉。周公之事。召公嘗不悅矣。孔子之舉。子路嘗慍見矣。子夏之言。子張嘗不取矣。昔趙宣子用韓厥爲軍司馬。厥戮其僕。宣子以爲可賀。左雄薦周舉爲尚書。舉劾其罪。雄自爲知人。呂公著孫覺與王安石皆平日相友善之人也。豈欲一旦遽相絕哉。蓋朝廷之事。未可以私好廢公議。不得以枉道爲阿黨也。是朝廷之所樂得。安石所當願聞也。前日孫覺之奉詔出按。非以其法爲可行也。已而避免。豈有它哉。直以爲不俟往而知其法不可行也。陛下原其心爲有罪者耶。呂公著陛下任爲御史中丞矣。臣雖不知其言之詳。然禍亂之機。危亡之漸。御史中丞且不得言。孰得而言者。今摘其造辟之言以爲罪。臣恐上下顧避。大小觀望。交事鉗默。陛下聰明不復廣矣。陛下黜罪孫覺爲反覆。公著爲誣藩鎮。天下之人皆謂陛下爲其忤旨。又疑其忤安石之意也。倘陛下之意皆不爲前所陳二者。而欲曲徇安石而尚行之。則復有大駭深憂者。安石狹中自信。寡違義理。以必行爲則。以取勝爲事。無復以生靈之存亡社稷之安危爲念。凡異己者必致之罪而擠去之。同己者無問能否而進擢之。臣不知陛下負扆南面傳祖宗百年之業。而總四海九州之命。爲其逐非角勝之資。以爵賞刑誅之柄。爲其立朋報怨之具。深爲陛下不取也。近者司馬光援書安石條例之司常平之使。曰可罷則天下之人咸被其澤。曰不可罷則天下之人咸被其害。方今生民之憂樂。國家之安危。係安石之一言爾。誠如光言。則是行與否。雖陛

下不得專矣。況安石忽事而輕信。徒有忿克之心。因其狂愎而陰導之者。呂惠卿也。今安石喜怒好惡事之用舍。唯惠卿之聽。則是生民之憂樂。國家之安危。亦不獨係安石之一言。又係於惠卿矣。嗚呼。古之陪臣執國命。政建大夫者。豈異此也。司馬光固非狂悖不思以出此言也。陛下將不以爲慮耶。噫。社稷大寶也。生靈重事也。蓋不可忽易守也。昔詩人傷周室之衰。不過曰。曾是彊禦。曾是掊克。曾是在位。曾是在服。陛下試察此四者。於今爲少耶。詩曰。不自爲政。卒勞百姓。又曰。盜言孔甘。亂是用餤。臣願陛下燭之以獨智。斷之以心術。博取輿論。曲循至理。純取先王之道。改謀長世之策。無爲盜言之孔甘。殘弊百姓以階亂。豈獨臣之幸。社稷生靈之幸也。孔子曰。不曰如之何如之何者。吾末如之何也已矣。蓋言智者察於未萌。明者見於未形。不使無可奈何之悔至於已駭而後圖之也。臣鄙野之人。分甘貧賤。

自去夏以來，四乞外任，不蒙俞允，誤被責任，復不獲避，自顧狂妄譏訕為多，今復發憤懣悉肺腑愚忠之誠，期死而後已，設陛下終不以其言為然，願懲任使之失，早賜罷黜，不勝幸甚。

歷代名臣奏議卷之二百六十五

歷代名臣奏議卷之二百六十六

理財

宋神宗熙寧初，有魏繼宗者，自稱草澤，上言京師百貨無常價，貴賤相傾，富能奪，貧能與，乃可以為天下。今富人大姓乘民之亟，牟利數倍，財既偏聚，國用亦屈。請假榷貨務錢置常平市易司，擇通財之官任其責，求良賈為之轉易，使審知市物之價，賤則增價市之，貴則損價鬻之，因收餘息以給公上。於是中書奏在京置市易務官，凡貨之可市及滯於民而不售者，平其價市之，願以易官物者聽。若欲市於官，則度其抵而貸之錢，責期使償，半歲輸息十一，及歲倍之。凡諸司配率並仰給焉。

熙寧二年，制置三司條例司言：天下財用無餘，典領之官拘於弊法，內外不相知，盈虛不相補，諸路上供歲有常數，豐年便道可以多致而不能贏餘，年儉物貴難於供億，而不敢不足，遠方有倍蓰之輸，中都有半價之鬻，徒使富商大賈乘公私之急，以擅輕重斂散之權。今發運使實總六路賦入，其職以制置茶鹽礬酒稅為事，軍儲國用多所仰給，宜假以錢貨，資其用度，周知六路財賦之有無而移用之。凡糴買稅斂上供之物，皆得徙貴就賤，用近易遠，令預知中都帑藏年支見在之定數，所當供辦者，得以從便變易蓄買以待上令，稍收輕重斂散之權歸之公上，而制其有無，以便轉輸，省勞費，去重斂，寬農民，庶幾國用可足，民財不匱。詔本司具條例以聞。

知諫院陳襄論三司條例乞行均輸法劄子曰：臣伏覩中書劄子，制置三司條例司狀奏乞行均輸之法，朝廷遂除司勳郎中薛向充江淮制置發運使，以領其事，又出內帑之錢數百萬貫，俾之籠貨取息，以助縣官之經費。臣切以為興利之道，非當今之所宜行。陛下聖德文明，超越前古。其即位之初，天下皆謂二帝三王之政必行於今日。豈宜先利以示四方。臣爲諫官，姑息而不言，致陛下於有過之地，是不以堯舜之道期於陛下，臣實耻之。自先皇顧命已來，當國家多難之際，天文謫見于上，地道震動于下，水潦民飢之灾徧于中國，此天意有以警動陛下，欲其恐懼脩德而保其全安也。而陛下首當脩明五事，欽慎萬幾，務一德以享天心，思一言以和天下，曾未及此，乃欲徇有司之議，行桑羊榷利之術，臣不知其可也。昔漢武帝承文景恭儉之後，國用富饒，侈心一生，遂有輕事四夷之志，中道勞費，帑庾空竭，乃以羊爲大司農中丞，置均輸平準之法，籠天下之貨物，買賤賣貴，以資一時之急，卒斂怨於天下，貽譏於後世。是豈仁術哉？陛下若以國用空匱，調度滋廣，不榷利無以繼公上之給，臣切以爲不然。陛下尊爲天子，富有方夏，四海九州之賦入不爲不多，第以承平百年，

因循奢靡，而制用無節，此今日不足之患也。近者朝廷深鑒其失，親命近臣辟選官屬，制置三司條例，固已救其深弊矣。但令所司取天下會計之籍，府縣官供給之數，百度爲之均節，而歸之藝極，至於無名之費，不急之務，一切禁之而不得行，諸路財賦之有無，令有司得以便宜移用，與凡糴買上供之物，皆得以徙貴就賤，用近易遠，使無害於公私而止於備用可也。而後陛下身先恭儉，節用愛人，而率之於上，小大之臣畏法遵繩而守之於下，如此則浮費自省，而財物不可勝用矣。又何必校輕重斂散歸之公上，與民爭錐刀之利，而失王政之體乎？孟子對梁惠王曰：王何必曰利，亦有仁義而已矣。未有仁而遺其親，未有義而後其君。子貢曰：文武之道未墜於地，在人。賢者識其大者，不賢者識其小者。夫道亦在擇之而已矣。今有貸錢貿販之事，如以臣言爲可采，特賜寢而不行，則天下幸甚。

三年，襄爲侍御史知雜事，論青苗不便乞住支第一狀曰：臣伏見制置三司條例司奏辟屬官提舉管勾諸路常平廣惠倉，俵散青苗錢斛事，其劄子元降指揮預俵之法，本以爲民，而公家無所利其入，至於斂散之際，亦皆取人之便，而不得抑配。蓋取先王耕斂補助之道也。今來風聞諸路所遣提舉管勾官多不躰認元降指揮，憑藉事權，陵壓州縣，却以青苗之法取民利息二分，等第之家，不問其願與不願，一例抑配，物論喧然，以爲搔擾。切緣朝廷之意，本爲小民闕乏，常在於新陳不接之際，倍息舉貸，以取資給，故設青苗預支之法，使農人得以資助耕斂，而兼并不得以乘其急，是欲專以便民，而非有以規其利也明矣。今使者一出，而天下之人皆謂朝廷只以補助之説爲名，而其實專在於取息而已。是豈立法之意哉？苟朝廷之法不然，而使者爲之，致陛下失大惠於民，則辱命之罪莫大焉。宜正典刑以

示天下，使中外曉然知陛下孚惠之心，非有取利於百姓可也。如朝廷立法之初，果以爲利，則是特有司之過矣，爲父而榷其子，此漢武之事，非陛下所宜行，不惟不可行，時亦不可。將以惠民，適所以害之也。何以言之？比歲以來，四方多事，河北地震，水潦民飢，陝右有備邊之須，河朔有脩城之役，[illegible]民弊，瘡痍未復，天下無名之斂，所在有之。如聞諸路之民，尚有積年逋負官物，動以萬計，未能輸入。今更以青苗取利，人必不堪，不惟重以困民，適足以壞其官本。大率小人見利，幸於苟得，既用之後，多不能償，大者須至於逋逃，小者不免於刑辟，此必然之理。臣前論將以惠民，適所以害之者此也。臣欲乞早降指揮下諸路提點刑獄司，更切躰量差去提舉管勾常平錢斛官員，內有生事擾民，擅違朝旨，特與減黜施行。其青苗錢已行支俵者，將來只令隨稅送納本錢。如未俵散處，並令罷支，庶不失陷官本錢及

別致騷擾。

襃論青苗第二狀曰。臣近有奏狀。為諸路俵散青苗錢。官員內有生事擾民擅違朝旨乞行與減黜。及青苗已行俵散者只令送納本錢。如未俵散處並令罷文等事。未蒙朝旨施行。竊詳條例司元降指揮。以常平廣惠變為青苗之法。申嚴賞罰督責州縣以謹其給納。雖以優民救乏為名。其實不異民間舉放之事以漁民取利而已。豈陛下聖明之主所宜為之。既使國家帑藏空虛。財用不足。亦未至如經紀小民放本取利。事躰削弱如此之甚也。今來訪聞諸路所差官吏。為見朝廷觸意財利。莫不風希旨務為誅剝。以覬幸酬賞苟免黜責。或以三分取息。或將陳舊之物細作貴價兌換支散。或不以民之貧富一例抑配。事初如此。其後可知。臣恐此法一行。騷動天下。希錐刀之利。失億兆之心。貽禍之端未必不由茲始。況興事改法繫國家安危大計。上有公卿謀議。下有臺諫糾察。豈可只由條例一司獨專其事。置陛下於有過。使黎元之不安。苟利一時。斂怨天下。非細事也。臣欲乞將中外臣寮前後上言常平青苗等不便事件章疏并臣前狀降付中書令與密院一處看詳定奪可否及下兩制臣寮供析利害聞奏。庶陛下得以盡天下之公議。知事躰之難行。特賜寢罷以安人心。

襃論青苗第三狀曰。臣聞臣之事君。有犯無隱。夫犯顏忤旨以取君父之怒。豈其所欲哉。蓋義有可言而不言。非愛君之道。此臣所以昧死而不敢隱默者也。臣近以青苗之法搔擾不便。欲乞寢罷以安人心。未蒙俞旨施行。陛下聖性聰明。固已曉然開悟。但以王安石執議不變。重違其情。物論喧然。不加聽察。事之可者則置而勿問。其不可者則無所不行。豈非條例之臣為自安之計。巧為飾說。誣罔聖聰。近者韓琦上言。以河北俵散青苗錢。立定貫百均與第人戶比之它路獨取利息三分。顯是提舉之官違條抑配。而朝廷並無黜責。琦之論列足以知其非便。而特寢不行。呂惠以畿縣之民通負官物尚有五十餘萬。不宜更與預支。實慮虧陷官本。而卻令取勘。夫擅行抑配者既無罪黜。則捃克之吏無所不至。不忍為搔擾者反蒙按劾。則民之司牧何所措其手足哉。故臣前曰。此法一行。騷動天下。正謂此也。陛下近以司馬光為樞密使。中外翕然皆以陛下知光之言為是。而悟制置司之為非。今復遽然罷之者。豈又以光言為非耶。必以其辭而不受也。然則光之所以不受者。以陛下不行其言爾。知其言而不用。猶可以去。又況有所受命乎。如欲用之。行其言而已矣。何吝而不為哉。輕進退於大臣。失孚號於天下。非所謂令出弗反之義也。李常既在諫官。既聞中外之議。不敢不言。事雖不實。誠亦符之輿論。況國朝舊制。自許風聞言事。若令分析。是欲使其必吞捋以杜言者之口。恐非所以待諫臣之體。而廣言路之道也。凡此數事。雖聖慮一時之失。豈非聽者之誤乎。禮曰。有所忿懥。則不得其正。有所好樂。則不得其正。亦在陛下追而正之爾。書曰。改過不吝。湯之德也。自陛下臨政以來。事無過舉。唯用安石。然後有更改之暴。而致興利之非。聖人施為。自有法度。合於道者取之。不合於道者去之。任天下之群才。取天下之公議。堯舜三王之治可以指期而至。又何必徇一士之曲議。以貽黎元之患哉。所有制置條例司。如有可行事件。欲乞只歸三司相度施行。青苗之法早賜停寢。則天下幸甚。

襃論青苗錢第四狀曰。臣近嘗三次上言論列青苗之法乞行寢罷。而陛下未以臣言為然。臣得待罪于言事之官。凡時政之闕失近於苛細。猶得斥而言之。顧此一事。最為害政之大者。苟依違不言。置陛下於有過之地。則臣上負朝廷任使之意。不忠之罪莫大焉。臣觀制置司元降指揮。莫非引經以爲言。而其實貸民以取利。事體削弱爲天下譏笑。是特爲管仲商君之術。非陛下之所宜行。臣願陛下爲堯舜之君。以仁義治天下。不願其爲霸主也。昔者伊尹不俾厥后爲堯舜。其心愧恥若撻于市。是以高宗命説曰。爾尚明保予。罔俾阿衡專美有商。古之人其責難於君如此之備。而又肯逢君以利而爲霸者之術哉。夫所謂霸者。當戰國之時。諸侯之土地皆褊小而不足。上無聖賢之君。下無王者之臣。而外有敵國之患。計出於不獲已而然也。管仲以區區之齊居於海濱。於是兼魚鹽之利。權輕重之法。假仁義而行譎詐。欲以強國足兵而已。然而不能使其君爲王政。此聖門之所恥言。而曾西所以卑其功烈也。商鞅之事秦也。説其君以強國之術。故變法令。開阡陌。信賞刑。而秦人莫敢不服。然而謂其君不可與入帝王之道。此正孟軻所謂謂其君不能。賊其君者也。彼二子者。使知以仁義事其君而行王者之政。其肯苟一時之利以貽天下萬世之譏哉。臣故曰。霸者蓋國小而力不足。上無聖賢之君。下無王者之臣。而外有敵國之患。計出於不獲已而然也。方今陛下富有中國。廣輪萬里。上有賢聖之君。下有王者之臣。內無強臣敵國之患。外無西戎北狄之難。凡四海九州之賦入。又足以供吾之用。而不爲不足。陛下不於此時與廟堂之臣坐而論道以行王政。而反屑屑爲均輸舉貸之事。臣切爲陛下惜之。然則今日之弊在於國家因循。制度未立。而侈用日廣。斯亦不足患矣。陛下但愼選主計之臣。付與利柄。取天下賦入之籍。廣驗官調度之數。百用爲之均節而歸之藝極。則浮費者省。而財用足。斯可以行王政矣。省徭役。薄賦斂。則天下之農不釋耒而耕矣。寬關市之征。弛山澤之禁。則天下之商不藏鏹而行矣。脩庠序之教。勸之以忠信孝悌。則天下之民皆遣其子弟而興於學矣。尊賢而使能。才者進。不才者退。則天下之士皆勸其德行而爲良吏矣。農有餘粟。商有餘財。民服其教。吏稱其職。然而國不富而政不王者。未之有也。子夏曰。文武之道未墜於地。在人。賢者識其大者。不賢者識其小者。夫道亦在擇焉而已矣。惟陛下捨乎興利之道。而行乎保民之政。則聖人之治矣。

褒論青苗第五狀曰。臣近以青苗之法擾民爲害。欲乞寢罷。其制置司立法之謬。中外言者已詳。臣故不一一論列上煩聖聽。但以方今天下生民凋弊。財力殫竭。二稅之外。更有無名科率何啻十色有餘。若復俵散青苗錢。實恐民不堪命。陛下以至仁求治。凡欲更張法度。皆以爲民。安有取民脂膏以爲貸息。而謂周公太平已試之法哉。陛下之心。必不爲此。然則天下之人皆知誤陛下者王安石也。誤安石者。呂惠卿也。以陛下聰明。觀天下之論議。其法利害固已灼然可知。奈何安石持強辯以熒惑於前。惠卿畫詭謀以陰助于後。加以反覆比周之小人隨時觀望。平日公論則舉知其法之非。一探於利。則又言其法之是。此雖陛下至聖不能無惑。雖臣等之至忠。亦不免指爲朋黨也。近者諫官李常以言事待罪。尚令分析。孫覺以奏對反覆落職外遷。御史中丞呂公著而下。皆以不職爲言。乞從責降。而臣獨區區未敢以請者。尚冀犬馬之誠一悟聖意。許以青苗之法下議百官。如臣等之言非。則甘從遠竄以戒妄言。如臣等之言是。則安石惠卿亦乞特行貶黜以謝天下。

御史中丞呂公著乞罷提舉官吏及住散青苗錢奏曰。臣切聞近日中外臣寮累有章疏乞罷昨差提舉常平廣惠倉官吏及住散人戶青苗錢。至今未有施行。臣伏思朝廷所以特遣使人頒行新法。本欲惠恤百姓。非為剥下奉上。朝廷之意固已甚善。然而朝野沸騰。皆為不便者。盖由朝廷廢置前後自相違戾。如昨來元本敕旨止於河北京東淮南三路。後來忽然續差官吏偏行天下。所差官吏往往多不得人。如蘇涓王廣廉皮公弼之徒張皇事勢。必欲生事邀功。朱經李元瑜之輩。庸猥下才。所在為人輕咲。其間取利之條目增。惠民之意漸失。所以人心揺動日益不寧。臣欲乞應前來所遣官吏可一切罷歸。其青苗錢且只於近京一兩路專委提刑司或轉運司相度儀散。務要惠民。不必取利。候散及一二年。如見得於公私無損。實有惠濟。推之諸路。亦未為晚。兼人心亦自信服。若一二年間民猶以為不便。則朝廷亦宜改作。不可必遂前失。如此則人心自安。無不得所。

公著又奏曰。臣近具劄子言制置三司條例司本出權宜。合從廢罷。諸路散青苗錢違戾元降敕旨。及遣提舉官等不當。並宜追還。昨日亦曾面奏未蒙施行。臣伏思近日朝廷頗有更張。其意雖欲便民。然其間事理豈能盡當。尚博採羣言。事有未便者不憚改作。則善莫大焉。若舉措既失。人心已揺。專以朝廷之威。欲勝衆多之口。則恐執之愈久。物情益更不安。至於遂而後復。所失多矣。伏乞特賜檢會臣前奏降出施行。

公著又乞罷提舉常平倉官吏奏曰。臣近兩[illegible]劄子言乞罷提舉常平廣惠倉官吏。未蒙施行。臣切惟朝廷自頒行此法以來。中外議者皆以為本非惠民。實欲掊利。人情驚懼。物論沸騰。朝廷以法令既行。憚於改作。直至取大臣所奏。逐條駮難。巧為辯說。數告天下。其餘中外官守。或因有所論列。或以不即奉行。皆欲劾問。專以朝廷之威。杜塞衆口。是以比日以來。人情愈更不寧。臣伏思陛下自即位之始。慨然有大有為之志。其規摹固欲高視近古。然今日所行纔一二末事。頗已輕失人心。縱使法意雖善。其施設固亦未工。況人無智愚。皆以為不便。伏望博采公議。盡罷諸路所遣提舉官。委提刑或轉運司且於三兩路相度支散。候見得於民無害。則不獨此法可以持行。其它廢置皆足以取信於人。若百姓終以為病。朝廷亟為改之。猶不至害及天下。所有臣前奏。伏乞檢會付外施行。

公著又論青苗奏曰。臣累具劄子言昨遣提舉常平廣惠倉官吏不當。諸路散青苗錢違戾元降敕旨。未蒙施行。臣聞易曰。說以先民。民忘其勞。又曰。感人心而天下和平。自古有為之君。未有不先人心而能立事者也。亦未有脅之以朝廷之威。勝之以頰舌之辯而能終得人心者也。陛下以聰明睿智之資。承祖宗積累之後。方其未有所為。四方已自欣戴。至於今所施設。其事乃至淺末。然而人情洶洶如此之甚。則致之不為無由。陛下固宜審察。主議之臣乃以為流俗浮議不足卹。臣切以人心惟危。聖人所畏。難安易動。今日為甚。若不幸有姦宄之謀窺伺間隙。則於陛下威德必有所沮。不可不恤也。且今之所謂豪俊多才希在顯要者。皆陛下與執政大臣平日所共揃擇。然而不謀同辭。皆以此舉為謬。豈有平日所謂賢者今則此日盡不肖。由此觀之。亦不可槩謂之流俗浮議也。借使朝廷廢置皆已盡善。尤當反覆惟慮。求所以附睦人心。況今日紛紛實自朝廷致之。且如轉運使提點刑獄官皆陛下選掄委以一路。豈有一路之政皆所倚辦。獨此數事不可信任。縱其人不可任。自當亟罷其職。別擇能臣。苟以為可任。又不當別置提舉官。此諸路監司所以離心者也。況國家制法本欲便人。然而使人心讙怨。一至於此。尚曰善為政乎。臣切觀陛下每延見羣臣。講求政事。常欲曲盡物情。期於公當。兼今來衆人所議。實係國家安危。若向去人情益擾。陛下必不能力主。唯是不遠而復。庶然害不及民。況臣之所以區區者，亦不獨惜此一事。誠恐人心既已乖離，陛下之志終必疑殆，則向去朝廷難爭復有所為。伏乞檢會臣累奏，早賜施行。

右正言孫覺上奏曰：臣昨自出貢院，即具奏聞青苗新法中外人情不以為便。此宜聖衷早有所定，如或遲遲不議更改，即將為國生事矣。蓋臣愚忠以謂陛下上承祖宗之重，藉兼有四海之富，即位三年，德澤未施於下，而託恤民之虛名，收取息之實利。本末舛錯，施置失當。號令二三，而中外益疑。傅會經義，而更成穿鑿。以至大臣離心，議臣扼腕。近者建言而求去，遠者抗章而請罪。如此持久不已，內外之言，和附為一，則陛下之法將格而不行。誅之則不可勝誅，不誅則法令廢而威權奪矣。今建議者但欲法之必行，而不顧遺患於後。臣嘗謂陛下當以朝廷為心，而無所偏，則利害可一言而決矣。異時諸路

轉運使若范純仁之類，必不肯行新法以應提舉官之命。諸路安撫知州若韓琦之比，必不自奪其議以徇制置司之欲。諸州知縣若姜潛之流，必不肯聽其素守以逐管當官之私。諸路之中有一人二人為此者，時議必翕然稱之矣。好名者喜於立異，中人又恥於不逮，人人相慕而為此，則陛下之法廢格而不行矣。不知陛下將比比而誅之耶？亦考其是非而行法耶？若將考其是非，則法有情願之文，人不情願者我何敢強？如此法不得而加，則其勢必折而不可久。以不可久之法加之民，而不使之實見於一年二年之後，不知陛下何憚於速改而必待其自壞耶？法至于自壞，則所損於天下者豈少哉。孟子曰：愛人不親反其仁，禮人不答反其敬。今日之新法雖有善意，然而人不親也，不答也，則亦宜自反而已矣。傳曰：未至豫言固常為虛。及其已至，又無所及。臣愚區區於今日者，正類此矣。伏望陛下留神采納。

覺又辭免躰量府界青苗錢奏曰：臣准中書劄子，奉聖旨指揮，同府界提點并提舉常平廣惠倉官於府界諸縣躰量近散青苗錢，係人戶情願請領，或追呼抑配。臣聞府界之民居近輦轂，狃於幸恩曲赦，夏秋二稅貸糧之類，獨放倚閣，歲率有之。故水旱災傷一二，即已放免七八矣。今青苗本錢雖闕多已俵散，然其人情循習故常，冀幸終見蠲免，故雖請錢之初，未見其害。然催納之際，必致鞭笞朴擾，然後事集。此必然之理也。故府界之縣十七，開封祥符戶口最多。然開封所散止三千餘緡，而祥符及二千餘貫。以此推之，足見諸縣有能躰朝廷之意，以賑卹貧弱為務，而又憂失陷之弊，將來催驅難以辦集者，則所給散當有節度也。至於陳留不散一錢，此又見百姓其實不願與官中交關，非風諭名俵則未有至者。況大戶本不闕乏，徒以官

中散錢，使之保識下戶，不敢不請。下等細民多利得錢，而又患無保識，或有保識而所請不多，道途之費，給散之擾，十已耗其二三。而下戶所有之田不能百畝，所出幾何？而租賦之外，更納青苗錢，或至數石。則所餘無幾矣。若官許納錢，迫以期限，則麥價大賤，又當賤糶以價償官矣。如此則下戶一歲之收曾不補其所負。況府界積年貸糧舊欠四十餘萬石，而去秋所催纔及七十餘石。麥租等錢一萬二千餘貫，去秋纔納六百餘貫。以此見府界之民狃習恩貸，其給甚易，而其斂則難也。今聖旨指揮乃令躰量人戶情願請領，或追呼抑配，則臣前所引開封三縣，其情可見矣。況臣前後論列，皆謂法不精，所遣使者非其人。故屢引作俑之說，以明將來之害。今蒙聖旨乃使臣遍行諸縣，又與提點提舉等官遠畫開奏。諫官備耳目之任，凡所聞見，得以開陳，必欲按實罪狀，正所謂千僕之官。臣聞古者設官，有言之者，

有行之者。故言者不責其必行。行者不責其能言。臣備員諫省。以言語爲官矣。其又能一二以行之乎。伏望聖慈察臣區區之忠。臣之所言是耶。則願陛下采而行之。所言非耶。固不逃於誅譴。所有躲疊青苗指揮望賜寢罷。謹具状辭免以聞。

覺又奏曰。臣切見制置三司條例司畫一文字頒行天下曉諭官吏使知法意。其凡有七。至於論斂散出入之弊。分城郭田野之民。憂將來之陷失。其利害灼然。人人所能知者。臣皆請置而不論。至於援引經義以傅會先王之典。防微杜漸將以名怨賈禍者臣得極爲陛下陳之。其條有三。謹具如後。

一。新法云。周禮泉府以謂民之貸者有至二十而五。而曰國事之財用取具焉。今者不過三分。即此貸民取息已不爲多。今常平之物不領於三司。比周公之法乃不以取具國事之財用。故云

公家無所利其入。臣切以謂周家綱紀天下。其法至密。小大詳畧之設有條。本末先後之施有序。所治大者不領其詳。所當後者不先於本。故其法始於治地。其效至於天下無一人之獄。比其積累乃自於文王武王周公三聖人者。上取堯舜禹商之遺法損益弥縫之。至是而始備。嗚呼其亦難成矣哉。周之法如此其詳且備矣。民之養生喪死者既以無憾。則又慮夫祭祀喪紀與夫不可知之乏絶。故爲之立賒貸之法以陰相之。所以備民之艱難而示弥縫之至也。以其時考之。宜若四民皆有作。而無一人得爲惰游之乖者。今天官九職其九曰閒民無常職轉移執事。則是周法雖密而先王亦恐其疎而或有脫焉者。故又設閒民之職以待轉移之人。亦猶賒貸之所以待非常也。賒貸者不可以徒予。必使以國服輸息。蓋又寓勸率節用之意以侯其怠惰者耳。若夫國事之財用取具者。蓋謂泉府所領。若市之不售。貸之滯於民用。有買有予并賒貸法而舉之焉。若專取於泉府。則冢宰九賦之類將安用耶。至國服之息。說者不明。先鄭後鄭各爲一解。康成曰。於國事受園廛之田而貸萬泉者。朞出息五百。則是一歲之中貸錢十千而出五百之息。是爲二十而一矣。又曰。王莽時民貸以治産業者。但計贏所得受息。無過歲計什一。則是莽時雖計多少爲定。及其科條。惟據所贏多少。假令所貸百千。歲贏十千取一千。五千取五百。是計贏所得受息無過歲計什一也。康成雖引載師園廛爲比。然卒以莽時爲據。其意蓋爲周制亦當爾也。不應周公取息反重於王莽之時。夫以王莽貪亂敗亡之法。尚不至於以本計息。奈何謂周禮太平之制而取息之厚乃至是耶。況載師所任自園廛二十而一。至漆

林二十而五。其征五等。而漆林之征最重。以其末作妨農。所以抑之使歸本也。今以農民乏絶。將以補耕助斂。乃欲二十而五以比漆林之征。則是爲本末者無以異。與周禮之意相違甚矣。況周官載治法甚詳。必欲舉而行之。宜有先於此者。如賒貸之法。劉歆行於新室已不效矣。莽之亡雖不專以此。然亦取亡之一道也。故臣謂聖世講求。宜講求先王之法章明較著已試而效者推而行之。不當取疑文虚說以圖治焉。

一。新法將以振乏絶抑兼并。此誠爲天下者之所慮。然臣切以謂爲此者有施設次第而其效不可以遽見。若亂其紀綱倒其先後。而徒以振乏絶抑兼并爲意。則其治必不成。成必不久。何以言之。西漢之時。所患者諸侯地大過制。無不帝制而天子自爲者擅爵命。赦死罪。甚者戴黄屋。至逆節萌起。内窺京師。此其勢

非止兼并之放。除貧弱之乏絶也。然而賈誼處之。不過欲衆建諸侯而少其力。晁錯不知出此。以謫削諸侯之地。而致七國之禍。漢室幾亡。其後主父偃卒用誼策。推恩分子弟國邑。而諸侯銷弱。京師以尊。所謂安危之幾。豈不在識。蓋謂此也。今以青苗細故。格天下之議。使老臣跡外而不見聽。輔臣遷延而不就職。門下執奏而不肯行。諫官請罪而求去。若此。其事雖善。難以必行。况復疑文虛說若前之云云者哉。臣聞夏之貢法。其傳乃自堯舜以來。可謂善矣。及周之世。不可行也。則變而爲助。故傳曰。治地莫善於助。莫不善於貢。若夫文武周公豈固棄毀先代之法哉。蓋時有不可行。人有不可强。不得不舍先聖而從近世。棄古法而徇人情。以舜之世而有苗不率。又以禹出兵而征之。其勢如覆太山以壓卵。然以益之一言。則還師而脩德。以舜禹之聖。猶不能無過舉。其所以爲不可及者。以其能舍己從人。惟是之求也。今賒貸之法。用之於周。不過如貢法之善。論者之紛紛。又非止益之一言。然而牢閉固拒。從而爲之辭。以必其所不必。何也。臣切憂姦邪之臣乘人情之汹汹。爭欲上章奏。搖動朝廷。外以釣直取名。内實結黨連伍。小則希權倖竊貴勢。大或懷不可測之姦謀。朝廷建法興事。不與大臣正士爲謀。而務排其説。黜其忠。乃使姦邪小人得騁其志。日夜增飾造作而幸其有變。流傳四方。駭動天下。甚非國家之福也。

一。新制以謂周禮國事財用取具於泉府之官賒貸之息。今常平之物不領於三司。專以振民乏絶。比周公之法乃不以取具國事之財用。故云公家無所利其入也。臣切以謂箕子見象箸而歎曰。必爲玉杯。其後果以奢泰亡國。孔子以謂爲芻靈者爲善。

爲俑者不仁。蓋俑疑於人。而後世有用殉者矣。仁聖之防微慮遠。其深矣乎。今以泉府不明之法。施於主上仁民愛物之時。雖云取息二分。將以廣施散利。補助耕斂之乏絶。然臣切亦私憂使者不皆得其人。州縣不能深知朝廷之微意。而並緣爲姦聚斂希旨。則單弱之民或受其弊。九重萬里。何由察而知之。今者朝廷清明。法令備具。而将漕之臣迫於財賦之不足。州縣之吏畏憚監司之譴訶。尚且公爲掊斂。百出千名。朝廷明有取息之文。俗吏不能通知經義。則臣又切懷箕子之私憂。與仲尼之遠慮也。以陛下之睿明天姿。仁恕推仁民愛物之心。而創行新法。臣恐萬世之後失其本真。有剥膚椎髓應上之求者矣。則爲玉杯以亡國與用人而殉死。可不深防其漸歟。

右臣所條三事。非欲與建議之臣爭勝負辯辨而已。蓋内竭區區之愚忠。外采衆人之正論。不敢以虛辭濫説疑誤天聽。伏望陛下斷以不疑。一朝罷去。毋使天下疑朝廷之爲利。小人幸君子之道消。條講治法。躋世太平。非獨臣之幸甚。實四海幸甚。

翰林學士范鎮上奏曰。臣切以常平倉始於漢之盛時。賤則貴而斂之。恐傷農也。貴則賤而散之。恐傷民也。最爲近古。雖唐虞之政。無以易也。而青苗者。唐衰亂之世所爲也。所謂青苗。苗青在田。賤估其直。收斂未畢而必其償。是盜跖之法也。今以盜跖之法而變唐虞不易之政。此人情所以不安。而中外驚疑也。陛下以上聖之資。厲精求治。宜先道德以安民心。而服四夷。有司乃皇皇於財利。使中外人心驚疑不安。臣恐四夷有以窺我也。乃者天雨土。地生毛。天鳴地震。皆民勞之象也。伏惟陛下觀天地之變。罷青苗之舉。歸農田水利於州縣。追還使者以安民心。而解中外之疑。

鎮又奏曰。臣伏覩近降中書劄子四十道。散下諸路約束分俵青苗錢不得抑配人戶。丞名情願者。特申前詔耳。非臣前所奏請之謂也。陛下嫉富人之多取而少取之。少取與多取猶五十步之與百步耳。何擇焉。今有二人坐市貿物。其一人從其傍下其直以相傾奪。則人皆知惡之。況朝廷乎。朝廷者非王道不可為。乃欲為市道之所惡者乎。異時下戶之舉息者大率千家纔數十百家。今又盡毆而予之錢。是天下之下戶皆舉息矣。天下之下戶既皆舉息。則其心乃常恐乎公上之責其償而莫寧其志也。且始之予之也。則人莫不顧其得。及責其償則豈能如予之之願乎。臣恐官廩一撥若貧糧之不時得收。文移愈密而天下多事矣。貧富之不均久矣。貧者十蓋七八。何也。力役科買之數也。非富民之多取也。富者纔二三。既榷其利。又責其保任下戶。下戶逃。則於富者取償。是促富者使貧也。貧者既已貧矣。又

促富者使貧。萬一契丹渝盟。秉常盜邊。毆貧民與之守禦。豈不殆哉。且富民有道。在於節費。節費有道。在於減兵。減兵有道。在於以漸。為之十年。則歲積緡錢五百萬矣。積而不已。以之為國則國用足。以之治民則民力寬。何用遣使汲汲於聚斂而取怨於天下之民乎。宋興百一十年。雖三代太平未有如今日之長也。何則。祖宗之規模在於州縣。州委之生殺。縣委之賦役。慮其或失於中也。為之轉運使提點刑獄以按察而糾舉之。其委任謹重之道至矣。一旦遣使數十人分撓其權。欲天下之心不驚疑可乎。而言者乃謂富人動搖。又建議欲設賞以捕繫之。是監謗也。監謗而可為於此世乎。亦猶興利者之為也。臣無言責。然陛下比者詔書丁寧。令茲事躰又大。不敢緘默。伏乞檢臣前奏。罷青苗錢。歸農田水利差役於州縣。而召還使者則天下幸甚。

鎮又奏曰。臣伏以陛下以一人之尊而居天下士民之上。所恃者。綱紀也。綱紀者。上下之分而已。今內則中書之政歸於條例司。外則轉運提點刑獄及州縣之權奪於提舉常平廣惠倉司。上下之分侵撓如此。陛下之綱紀何恃乎。且法者所以示信天下也。陛下初詔云公家無所利其入。今河北提舉司乃自第一等給錢有差。皆令出三分利。豈為公家無所利其入乎。又云不願者不得抑配。今上等人戶既令出息。又令保任貧戶。豈不為抑配乎。近詔諸路提點刑獄嚴加覺察。又令開封府鞫問呂景。諸路提點刑獄肯為陛下覺察乎。法令如此。而欲天下取信。不可得也。外議紛紛。皆云自古以來未有天子而開課場者。民雖至愚。不可不畏。伏乞檢臣前二奏。罷青苗錢。追還使者。而歸農田水利差役於州縣。以正綱紀。以息民言而幸天下。臣不勝區區之愚。

監察御史裏行張戩上奏曰。臣切以天下之論難掩至公。在於聖明動必循理。無適無慕。義之與比。昔建議謂便而試行之。今已知有害而改罷之。是順天下之心而成天下之務也。昔非今是。何憚改為。故曰。毋意毋必毋固毋我。又曰。時行則行。時止則止。大易之義貴於隨時。陛下何利之求。惟義而已。今則衆意乖戾。天下騷然。而王安石尤欲飾非。所持甚堅。信惑憸人。力排正論。此臣所以在於必諍。雖死輒為。義或難從。勢無兩立也。

參知政事趙抃上奏曰。臣近以制置條例司遣使四十餘人馳傳天下。人情驚擾。物論諠譁。累具奏陳。并與宰臣等數嘗面奏。乞罷諸路提舉官屬。其常平等事。一切責成監司。信賞必罰。孰敢慢者。而王安石強辯自用。動輒忿爭。以天下之公論為流俗之浮議。順非文過。違衆罔民。近制置司所差官。如張次山吳師孟范世京等七八人。令懇辭

勇退。唯恐不得所請。夫要職顯仕。人之所欲。彼不願就者。蓋知事勢乖戾。不敢當之。昨日安石再舉西川福建提舉官四員。其慎如此。上煩言者。是所謂惡醉而強酒也。近臣侍從臺諫官。力言制置司不便。司馬光因罷樞密副使之命。中外人情莫不怪駭。亦常居家待罪多日。孫覺張戩程顥三人。各與安石論列於中書。又嘗上殿乞罷言職。今日呂公著范鎮俱請郡。朝廷事有輕重。體有大小。以言乎財利。於事為輕。而天下之民心得失為重矣。以言乎提舉官於躰為小。而禁近耳目之臣用捨為大矣。今夫不罷財利而失天下民心。是去重而取輕也。不罷提舉官而棄禁近耳目之臣。是失大而得小也。今中外人情忷忷如此。更乞酌事之重輕。躰之大小。罷其輕者小者。變禍為福易於反掌爾。

樞密副使司馬光乞罷條例司常平使疏曰。臣蒙聖恩除樞密副使。仍屢遣陳承禮等趣臣就職。德澤汪洋。天隆地厚。非臣隕身糜骨所能報稱。然臣切惟陛下所以用臣之意。蓋察臣狂直。庶幾有補於國家。臣所以事陛下之心。亦不過竭其愚衷以裨聖德之萬一。若陛下徒以祿位榮臣而不取其言。則是以天官私非其人。臣徒以祿位自榮而不能救生民之患。則是盜竊朝廷名器以私其一身。誠恐上累陛下之至公。下喪微臣之素守。此臣所以屢違詔命不敢祗受者也。臣伏見陛下天縱英明。厲精求治。思得嘉謀以新美天下。而建畫之臣不能仰副聖意。思慮未熟。講議未精。徒見目前之小利。不顧永久之大害。憂政事之不治。不能輔陛下脩祖宗之令典。乃更變亂先王之正刑。患財利之不足。不能勸陛下以恭儉節用。乃更遣聚斂之臣誅剝齊民。誤官則以冗增冗。立法則以苛益苛。使四海危駭。百姓騷然。猶且堅執而行之。不肯自以為非也。臣先嘗上疏言不當設制置

三司條例司。又言天下之事當委之轉運使知州知縣。不當別遣使者擾亂其間。又嘗因經筵侍坐言散青苗錢不便。自後朝廷更遣使者四十餘人分行天下。以提舉勾當常平廣惠倉。相度差役農田水利為名。其實專使之散青苗錢。臣切自疑智識淺短。不足以知天下變通之務。又疑因臣之言激怒建畫之臣。使行之更力。由是閉口不敢復言。今行之纔數月。中外鼎沸。皆以散青苗錢為不便。然後臣乃敢發口復言。彼言青苗錢不便者。大率但知所遣使者或年少位卑。倚勢作威。陵轢州縣。騷擾百姓。止論今日之害耳。臣所憂者乃在十年之後。非今日也。夫民之所以有貧富者。由其材性愚智不同。富者智識差長。憂深思遠。寧勞筋苦骨。惡衣菲食。終不肯取債於人。故其家常有贏餘而不至狼狽也。貧者呰窳偷生。不為遠慮。一醉日富。無復贏餘。急則取債於人。積不能償。至於鬻妻賣子。凍餒填溝壑而不知自悔也。是以富者常借貸貧民以自饒。而貧者常假貸富民以自存。雖苦樂不均。然猶彼此相資以保其生。今縣官乃自出息錢以春秋貸民。民之富者皆不願取。貧者乃欲得之。提舉官欲以多散為功。故不問民之貧富。各隨戶等抑配與之。富者與債差少。多者至十五緡。少者不減千錢。州縣官吏恐以逋欠為負。必令貧富相兼。共為保甲。仍以富者為之魁首。貧者得錢。隨手皆盡。將來粟麥小有不登。二稅且不能輸。況於息錢。固不能償。吏督之急。則散而之四方。富者不去。則獨償數家所負。力竭不逮。則官必為之倚閣。春債未畢。秋債復來。歷年寖深。債負益重。或值凶年。則流轉死亡。幸而豐稔。則州縣之吏併催積年所負之債。是使百姓無有豐凶。長無蘇息之期也。貧者既盡。富者亦貧。臣恐十年之外。富者無幾何矣。富者既盡。若不幸國家有邊隅之警。興師動眾。凡芻粟軍須之費。將從誰

取之。臣不知今者天下所散青苗錢凡幾千萬緡。若民力既竭。加以水旱之災。州縣之吏果有仁心愛民者。安得不為之請於朝廷。乞因郊赦而除之。朝廷自祖宗以來。以仁政養民。豈可視其流亡轉死而必責其所負。其勢不得不從請者之言也。然則官錢幾千萬緡已放散而不返矣。官錢既放散。而百姓又困竭。但使閭胥里長於妆督之際有乞取之資。此可以謂之善計乎。且常平倉者乃三代聖王之遺法。非獨李悝耿壽昌能為之也。穀賤不傷農。穀貴不傷民。民賴其食而官收其利。法之善者無過於此。比來所以隳廢者由官吏不得人。非法之失也。今聞條例司盡以常平倉錢為青苗錢。又以其穀換轉運司錢。是欲盡壞常平專行青苗也。國家每遇凶年。供軍倉自不能足。用固無羨餘以濟飢民。所賴者止有常平倉錢穀耳。今一旦盡作青苗錢散之。向去若有豐年。將以何錢平糴。若有凶年。將以何穀賙

贍乎。臣切聞先帝嘗出內藏庫錢一百萬緡助天下常平倉作糴本。前日天下常平倉錢穀共約一千餘萬貫石。今無故盡散之。它日若思常平之法。復欲收聚。何時得及此數乎。臣以謂散青苗錢之害猶小。而壞常平倉之害尤大也。今國家每有大費。三司所不能供者。陛下輒取內藏庫物以給之。彼內藏庫者乃祖宗累世之所蓄聚以備軍旅非常之用也。使其物常如泉源流出於庫無有窮竭之時。則可矣。若本皆斂之於民以實之。則有時而空矣。昔漢文帝欲作露臺。召匠計之直百金。上曰。百金中人十家之產也。吾何以臺為。太宗時。兗王嘗作假山。召僚屬置酒觀之。翊善姚坦獨俛首不視。王強使視之。坦曰。坦惟見血山。耳不見假山。王驚問其故。坦曰。坦在田舍時見州縣督稅。里胥臨門捕人父子兄弟送縣笞捶。血流滿身。愁苦之聲不可忍聞。此假山皆民租賦所為。非血山而何。是時上亦自為假山。聞

之遽命毀之。今陛下令薛向於江淮為貿易。以三百萬緡畀之。又散青苗錢穀千萬緡。其餘五十萬三十萬者固不足數。所其為露臺假山之費。不亦多乎。陛下聰明仁儉。固不減於漢文帝及太宗。然而視棄財物如糞土者。蓋未知其所從來皆出於生民之膏血耳。陛下若終信條例司所言推而行之。不肯變更以循舊貫。十年之外。富室既盡。常平已壞。帑藏又空。不幸有方二三千里水旱。餓殍滿野。加以四夷侵犯邊境。羽書狎至。戎車塞路。攻戰不已。轉餉不休。當是之時。民之羸者不轉死溝壑。壯者不發為盜賊。將何之矣。秦之陳勝吳廣。漢之赤眉黃巾。唐之黃巢。皆窮民之所為也。大勢既去。雖有智者不能善其後矣。臣切惟太祖太宗躬擐甲冑。櫛風沐雨。跋履山川。蒙犯矢石。以為子孫成光明盛大之業如此其美也。陛下試取臣所進歷年圖觀之。自周秦以來至于國初一千三百六十有二年。其間亂離版

蕩則固多矣。至於中外無事。不見兵革百有餘年如國朝之盛者豈易得乎。此臣所以尤為陛下痛惜者也。書曰。民不靖。亦惟在王宮邦君室。臣切觀方今四夷親附。邊鄙不聳。五穀和孰。盜賊稀簡。是宜為天下和樂無事之時。而中外恟恟。人不自安者。無它故也。正由朝廷有制置二司條例司。諸路有提舉勾當常平廣惠倉使者。爭獻謀畫。各矜智巧。變更祖宗法度。侵奪細民常產。掊斂財利以希恩寵。非獨此青苗一事而已。至於欲計畝率錢。雇人充役。決汴水以種稻。及澆溉民田。又欲減三十六陂水募人耕佃。若此之類。不可悉數。道路之人共所非笑。而條例司自以為高奇之策。書以授常平使者。必欲行之。天下愁其興作之不已。皆如青苗為害於民也。故小大遑遑不敢自安。苟不罷廢此局。則生民必無休息之期矣。陛下誠能昭然覺悟采納臣言。罷制置三司條例司。及追還諸路提舉勾當常平廣惠倉

使者。其官員並送審官院與合入差遣。青苗錢已散者。令州縣候豐熟日催收本錢。更不取利。未散者毋得更散。其常平倉錢穀。依舊封樁。令提點刑獄司管勾。則太平之業依然復故矣。茲事明如白黑。易如反掌。陛下何憚而不爲也。如此。臣雖盡納官爵。但得爲太平之民以終餘年。其幸多矣。若言不足采。陛下雖引而寘諸二府。徒使天下指臣爲貪榮冒寵之人。未審陛下將何所用之。不勝懍懍狂愚之誠。惟聖明裁處。臣光昧死再拜上疏。

監察御史裏行程顥上疏曰。臣近累上言。乞罷預俵青苗錢利息及汰去提舉官事。朝夕以覬。未蒙施行。臣切謂明者見於未形。智者防於未亂。況今日事理顯白易知。若不因機亟決。持之愈堅。必貽後悔。悔而後改。則爲害已多。蓋安危之本在乎人情。治亂之機繫乎事始。衆心睽乖。則有言不信。萬邦協和。則所爲必成。固不可以威力取勝。

言語必勝。而近日所聞。尤爲未便。伏見制置條例司疏駁大臣之奏。舉劾不奉行之官。徒使中外物情愈致驚駭。是乃舉一偏而盡沮公議。因小事而先失衆心。權其重輕。未見其可。臣切謂陛下固已燭見事體。究知是非。在聖心非吝改張。由柄臣尚持固必。是致輿情大鬱。衆論益讙。若欲遂行。必難終濟。伏望陛下奮神明之威。斷審成敗之先幾。與其遂一失以廢百爲。孰若沛大恩而新衆志。外汰使人之擾。亟推去息之仁。況糶糴之法兼行。則儲畜之資自廣。在朝廷未失於舉措。使論議何名而沸騰。伏乞檢會臣所上言。早賜施行。則天下幸甚。

顥又奏曰。臣聞天下之理。本諸簡易。而行之以順道。則事無不成。故曰。智者若禹之行水。行其所無事也。捨而之於險阻。則不足以言智矣。蓋自古興治。雖有專任獨決。能就事功者。未聞輔弼大臣人各有

心。睽戾不一。致國政異出。名分不正。中外人情交謂不可。而能有爲者也。況於措置失宜。沮廢公議。一二小臣實與大計。用賤陵貴。以邪妨正者乎。凡此。皆天下之理不宜有成。而智者之所不行也。設令由此僥倖事小有成。而興利之臣日進。尚德之風浸衰。尤非朝廷之福。矧復天時未順。地震連年。四方人心日益搖動。此皆陛下所當仰測天意。俯察人事者也。臣奉職不肖。議論無補。望允前奏。早賜降責。

觀文殿學士知青州歐陽修上奏曰。臣伏見朝廷新制。俵散青苗錢以來。中外之議皆稱不便。多乞寢罷。至今未蒙省察。臣以老病昏忘。雖不能究述利害。苟有所見。其敢不言。臣今有起請事件。謹具畫一如後。

一。臣切見議者言青苗錢取利於民爲非。至煩聖慈命有司具述本末。委曲申諭中外。以朝廷本爲惠民之意。然告諭之後。縉紳之士

論議益多。至於田野之民。蠢然固不知周官泉府爲何物。但見官中放債。每錢一百文。要二十文利爾。是以申告雖煩。而莫能諭也。臣亦以謂等是取利。不許取三分而許取二分。此孟子所謂以五十步笑百步者。以臣愚見。必欲使天下曉然知取利非朝廷本意。則乞除去二分之息。但只令納元數本錢。如此始是不取利矣。蓋二分之息以爲所得多邪。固不可多取之於民。所得不多邪。小利又何足顧。何必以此上累聖政。

一。臣檢詳元降指揮。如災傷及五分已上。則夏料青苗錢令於秋料送納。秋料於次年夏料送納。臣切謂年歲豐凶固不可定。其間豐年常少而凶歲常多。今所降指揮。蓋只言偶然一料災傷爾。若纔遇豐熟。却須一併催納。則農民永無豐歲矣。至於中不熟之年。不該得災傷分數。合於本料送納者。或人戶無力。或頑

猾拖延。本料尚未送納了當。若令又請次料合俵錢數。則墜積轉多。必難催索。臣今欲乞人戶遇災傷本料未曾送納者。及人戶無力或頑猾拖延不納者。並更不支俵與次料錢。如此則人戶免積壓拖欠。州縣免鞭朴催驅。官錢免積欠失陷。

一。臣切聞議者多以抑配人戶爲患。所以朝廷屢降指揮丁寧約束。縣官吏不得抑配百姓。然諸路各有提舉管幹等官往來催促。必須盡數俵散而後止。由是言之。朝廷雖指揮州縣不得抑逼百姓請錢。而提舉等官又却催促盡數散俵。故提舉等官以不能催促盡數散俵爲失職。州縣之吏亦以俵錢不盡爲弛慢不才。上下不得不逼指督責者。勢使之然。各不獲已也。由是言之。理難獨責州縣抑配矣。以臣愚見。欲乞先罷提舉管幹等官不令催督。然後可以責州縣不得抑配。其所俵錢取民情願。專委州縣隨多少散之。不必須要盡數。亦不必須要州縣之民戶戶盡請。如此則自然無抑配之患矣。

右謹具如前。臣以衰年昏病。不能深識遠慮。所見青苗之議。久已詳然。中外羣臣之行寢罷者不可勝數。其所陳必達利害。必已詳盡而無遺失。一日陛下赫然開悟。悉採羣議。追還新制。一切罷之。以便公私。天下之幸也。若中外所言雖多。猶未能感動天聽。則見行不便法中有此三事。尤係目下利害。如臣畫一所陳。伏望聖慈特賜裁擇。

俯又上奏曰。臣近曾奏爲起請青苗錢不便事。內一件乞遇災傷夏料未納及不係災傷人戶頑猾拖欠者。並更不依次秋料錢數。至今未蒙指揮。臣勘會今年二麥纔方成熟。尚未收割。已係五月。又合俵散秋料錢數。切緣夏料已散錢尚未有一戶送納。若又俵散秋料錢。切慮積壓拖欠。狂有失陷官錢。臣已指揮本路諸州軍並令未得俵散秋料錢。別候朝廷指揮去後。臣伏思除臣近所起請災傷未納及人戶拖欠不納者乞且不依次料一事外。臣今更有愚見。不敢緘默。臣切見自俵青苗錢已來。議者皆以取利爲非。朝廷深惡其說。遂命所司條陳申諭。其言雖煩。而終不免於取利。然猶有一說者意在惠民也。以臣愚見。若夏料錢於春中俵散。猶是青黃不相接之時。雖不戶戶闕乏。然其間容有不濟者。以爲惠猶尚有說焉。若秋料錢於五月俵散。正是蠶麥成熟人戶不乏之時。何名濟闕。直是放債取利爾。若二麥不熟。則夏料尚欠。豈宜更俵秋料錢。使人戶積壓拖欠。以此而言。秋料錢可以罷而不散。欲望聖慈特賜詳擇。伏乞早降指揮。

歷代名臣奏議卷之二百六十六

歷代名臣奏議卷之二百六十七

理財

宋神宗熙寧三年知鄧州呂誨上奏曰臣聞忠臣雖在畎畝不忘於君而況備員近繇名爲諫官雖居譴謫之地猶分寄委之任與夫畎畝疎遠之人豈不異哉竊望之身雖補外心在王室亦微臣區區之志也臣自夏得疾久而未愈因有陳奏請就閑官不俟引年亦願還政蓋不量力而憂國徒一心而愛君進不得用其言退不得辭其祿憤懣憂積誠有所發頃因鄭入奏少紓愚忠之萬一上動宸聽死生惟命臣每聞中外論議道路流傳朝政日務更張聖躬鮮聞安靜人情不悅致此者其必有以臣聞政者君之所以藏身也天有常道複以降命日月星辰韜光於外陰陽寒暑生殺以時不見天之運動聲氣而歲功自成聖人所以藏於形跡法天之常也虞舜高拱

巖廊無爲而民自化得此之道也周文翼翼小心日中不食隆殺之異者勞佚之殊也至於衡石量書勞心或過豈帝王之事哉恭惟陛下性稟生知才高天縱識足以遣幾微明足以洞幽隱帝王之事業古今之成敗豈得其要而勞心焦思常恐不及似未臻於要道豈聖功獨運而贊襄之力有所未至耶臣聞開基之主踐履艱危下順人心上當天意建一事立一法傳之子孫期於無窮思慮之宜必得其詳守文之君享其安佚繼志紹述之事光昭丕承之業日謹一日此其務也所以成王嗣位述文武之道休功盛烈不敢專有其名故周頌曰念我皇祖陟降庭止言思念先王之德奉而行之上天歆享鬼神祐之陛下求治誠切違心太過論議者不聞顯揚先帝之盛事爭言制度不可用務變更之所更或不可行則士民無所信相與是非羣情擾擾莫之安也陛下擇欒成之叢而歷爲此紛紛誠可惜也臣聞治天下者審所上而已上之所好下必甚焉今大臣不能遵守法度以尊崇王室小臣得以智計謀身迎合時務比來新進之人朝奏暮召小言一發遂要大利歆歆奔競唯恐其後皆自謂不同世俗乃曰賢人舉事必立異是非相反談兵者以起事攘奪爲衛戍之策言利者以掊斂朘削爲惠民之術罔上之論率皆此類一有攻其利害隨即黜逐是特峻法以固新令持使士人不敢公議虧損盛德莫大於此甚者東南均輸昔張林嘗獻此術於漢朝比下尚書通議皆云非便武帝不聽窮兵黷武算及舟車榷之禁從而生焉時值亢旱下民皆曰烹弘羊天必雨其怨可知爾孝昭即位霍光秉政一切寬弛羣心翕然史策書之千古爲是自青苗息錢散行諸路貸之甚重取之甚薄但施與未當公私兩損徒起怨咨萬口一同今又以五等民籍與坊郭戶等第僧道官戶例均役錢廢衙前募酒坊以雇庸

錢爲名其實籠利以入公府詔令既下人心震搖以其會斂殆無生意諸路監司與提舉官分行州郡雖曰商量蓋示必行官吏畏威惕息而不暇誰復公言以究其利害交相疑議遂成紛擾平時十戶之內一二應役則七八遂其休息今微役不徒減省闕空者助其資費勞則均而未見其逸也我朝著令一百餘年富强者供其力役貧寠者遂其安息損有餘補不足者正得術矣生民悅戴仁惠淪於骨髓一旦更變莫知所措雖是言之舊法無弊新法未安主議者不究利害自未知信欲下民悅從不亦難乎豈特妄作以生事其實賈怨於天下也孟子所謂國君欲利吾國大夫欲利吾家士庶人欲利吾身是上下交征利而國危矣必圖治在仁義而已董仲舒曰皇皇求仁義而唯恐不足者君子也皇皇求財利而惟恐不足者小人也未有仁而忘其親者未有義而不愛其君者小人見利忘義爲有愛君

之心哉。淺識者慮非及遠。鋭於改作以要已利。古語曰。利不十。不變常。利不百。不易業。庶人猶戒其輕舉。况天下之重乎。在易之革卦曰。已日乃孚。利貞悔亡。言已日不孚。革不當也。悔吝生乎變。革而當則其悔乃亡。又常卦曰。浚常凶。言聖人久於其道而天下化成。慶其初而浚常求深。物無餘蘊。害正而無攸利也。且如總金穀者莫重於三司。制國用者必仰於冢宰。今一二大臣制置三司條例。小官十數員參議立法。三司主判唯知奉行。宰相不言得失。胎韋於其間。書黄扎而恬不為意。制令每下。人必驚駭。士議於朝。民怨於市。商賈謗於路。流于四夷。得無輕漢之意焉。比聞除司馬光樞密副使。鄭何御史裏行。皆言條例害公之事。固辭乃罷成命。言職相繼亦左遷。或居家去職。闔門待罪。臣察言之甚衆。陛下持之益堅。古人有云。臣專於君謂之不忠。子專於父謂之不孝。又如陰陽之和不悵一類。甘露時雨不私一物。萬人之主不阿一人。今有專君之臣如是。中外憂愁。望陛下開悟。與正人講圖康濟之術。不害飢啼而待哺。執熱而俟濯也。臣切思之。專君必有濟君之謀。用已必有利已之術。前世何嘗無之。安危在所用爾。臣請以戰國時前人事跡明之。以為禍亂之監。申不害曰。有天下而不恣睢。命之以天下為桎梏者。無它焉。不能督責而顧以其身勞於天下之民。若堯禹勤儉桎梏其身。可謂大繆。韓非曰。儉節仁義之人立於朝。則荒肆之樂輟矣。諫說論理之臣開於側。則流漫之志詘矣。烈士死節之行顯於世。則淫康之虞廢矣。故明王能外此三者而獨操主術以制聽從之臣。而脩明其法。故身尊而勢重也。商鞅說秦變法。孝公恐天下議已。鞅曰。民不可與樂成。論至德者不和於俗。成大功者不謀於衆。聖人苟可以彊國。不法其故。苟可以利民。不循其禮。孝公感之。遂變秦法。李斯曰。明申韓之術。脩商君之法。法

脩術明而天下亂者未之聞也。此謂督責必。督責必則所求得。所求得則國家富。國家富則君樂豐。故督責之術設。則所欲無不得。羣臣百姓救過不給。何變之敢圖也。四人者尚權詐。薄仁義。峻刑罰。重督責。厚斂以毒民。肆威以彊國。逢君之惡。唯利是視。當時亦自謂有功於國家。愛君納忠。随而是者非謟諛則畏懼。使庸主信惑。甘心所制。卒至於喪邦。姦謀若是。謂之無才可乎。然本以周孔之道立身擾取鄉輔。及其得君反用嚴酷。申韓之法欺世。生靈怨怨不免夷戮家國丞滅。其愚可知矣。且如漢平之世。王莽專事。外示謙恭。招延賢士。中藏深險。窺玩神器。以王尋王邑為腹心。甄豐甄邯主擊斷。平晏典樞機。劉歆典文章。孫建為爪牙。並以才識置在顯要。莽色厲而言方。每欲有為。諷其黨而言之。終至傾覆。繇惑於偏聽。不察機詐。事權之重。朋黨分挈。尾大不掉。勢不得不然也。有以知大奸乘時盜名器而不至於竊國者可勝數哉。履霜之堅。誠有漸也。且天下大器也。置之安處即安。置之危處即危。陛下今當審措置之得失。奸邪盜弄威福。不可不察。如宰相者上佐天子。燮理陰陽。内正百執。外威四夷。豈一日可虛其位哉。一陳升之吞元台。逐亦不補。是奸人有所覬覦。自青苗錢規利以來。言者相繼得罪。主議者豈不知罪輕而謫重。乃固其法爾。棄灰於道。繩以深文。乃商君立法之意。今復見矣。向者御史一出。淮浙路二獄追擾。延累者不啻千人。又提舉小使數十人分布於外。名曰提舉常平糴廩。其實廉察之職也。將恐獄訟由此而長。必使羣臣百姓救過不給。則善人解躰。忠臣結舌。人主孤立於上而天下危矣。借若山澤之利。錐刀之末。籠之得術。取之無遺。寶貨委積。府庫充實。陛下不過營宮室。廣嬪御。事燕遊。豐賜予。鋭甲兵。輕戎虜。適心快志而已。誠為樂也。願堯禹勤儉桎梏其身宜矣。與其藏於天下。孰為

廣乎。然天下之民盡利以遺之。未必束手而赴溝壑。一有怨起，情聚山谷。悔將安及。且民猶水也。能載舟覆舟之患，寧可忽耶。臣不識陛下信用險詐之言，力沮忠諫之議，雖小過而憚改，將遂非而不復。必以爲帝王之舉無過於此，而不當悛易。則仲虺美成湯不曰用人惟己。改過不吝。秦穆悔過自誓。孔子亦爲稱美。易曰：乾德不可爲首。蓋不可更有尊剛故也。臣向忝風憲，嘗奉顧問，謂之才者，將欲大用。臣但舉其藝能之優，未見其經濟之畧也。及朋黨之勢太盛，條例之權太重，以至得罪補外。經年以來，但聞朝廷議論紛紜，頗合前奏。陛下應亦記之。書云：知人之難，堯舜其猶病諸。冀奉曰：治道之要，在知人之邪正。人誠向正，雖愚爲用。若乃懷邪，智益爲害。夫人情莫不愛己，莫知愛己者，不知自愛也。今與之圖治者，皆未試之人，爲謀身希旨者過半。賈天下之怨，盡歸聖躬。豈愛己之謂歟。臣切以忠臣不避誅

戮，故敢直諫。豈獨惡生而欲死，異於人哉。蓋遂其死則足以成己之名，得其生則成君納善之美。是生死兩得，斷於前矣。所以區區敢言不忌於君者，誠也。尚冀千慮之得，或有迴天之幸。臣伏望陛下詳覽統業之事，洞究幾深之理。法天所以成歲之功，爲政所以藏身之固。高拱巖廊，廣虞舜無爲之化。念我皇祖，推周成在疚之心。彌令戒於未乎。言動謹乎過舉。賞不及於無功，罰不加於無罪。圖任老成之人，擯斥浮詭之論，罷制置條例之司，廢諸路提舉之職，明詔天下，厭慰羣情，置器審安危之處。結民以忠信之實，薰陶庶彙，自然洽和，凝神清淨，豈不休哉。經云：富貴不離其身，然後能保其社稷，蓋守謹之至也。惟聰明察爲臣迂闊之言，固不足取，敢冀周爰諮諏，識其當否。身膏斧鉞，乃其分矣。冒犯宸扆，臣無任隕越。

四年，判亳州富弼上奏曰：臣伏爲本州散青苗錢斛事，朝廷置獄推勘州縣官吏不散借罪。臣已三上章乞獨坐臣重責，特賜矜貸其餘官吏，兼第三奏乞於青苗事上，但有諸般違犯，不以輕重，臣亦合一回指認。近日又聞勘院推究，取官中有人將簡帖與外縣官員，令不散青苗錢斛，見行移文牒往來次。臣切觀朝廷力行支散青苗錢斛，必謂有利於天下。然以臣所聞四方羣議，此事害多利少。故臣愚意不願支散。又緣忝爲長吏，不欲明行廢格新法。將來合散夏料之時，即指揮州司依例舉行，切恐諸縣便行支散，遂勘會得管幹錢斛官徐公袞、權觀察支使石夷庚，各曾往諸縣提點，編識知縣縣令。臣因令密與書題，不得支散，無令丁寧說向，若亂有廣行支俵，將來人戶逃移，帶却官本錢斛，縣司上下公人必着攤陪。兼徐公袞、石夷庚並曾執覆，若如此，恐致不便。臣即時叱去二人，既不敢違臣指揮，亦曾因書傳臣之意，諭與諸縣，遂亦不敢依散。昨來不散青苗錢斛，其罪

決不在它人，而臣專主其事，情狀甚明。所以臣前來已三上章奏乞獨坐重責，正爲此也。以臣今來招伏罪犯，并向之三奏中事理，並乞降下推院，令照會取勘。切念臣之意，却欲粗存事躰。若明行指揮州縣不得支散，即是顯格朝廷新法。若便依法盡令支散，即恐向去催督不前，必致逃移，却貧下人戶，又使縣司上下公人枉遭陪填家業。兩皆不便。所以臣及期舉行條法者，是免廢格之名，復密諭縣官不令俵散者，是不欲使貧民逃竄，及不致縣司公人陪填家業。似兩得其便也。今朝廷既命盡理根究，臣亦須至盡理申陳。蓋事不獲已也。臣今且說青苗一事，天下之人不以賢不肖皆知爲害，愈久愈深。只是朝廷不知，此亦無可奈何。況自初行法，內外大小臣寮，及被逐者臺諫官論列不一。由盡弊病，又謂後來弊生轉多。臣以老病昏塞，不能一一條上。但乞聖慈檢取前後臣寮理會青苗文字，集百官議定

便見利害。臣如此畧且辨明者，只爲因朝廷根勘，故難隱默。即不是躗自文飾，苟求免過。所有今來本州不散青苗錢斛，並是臣獨見情願當伏嚴譴，雖死無悔。其餘公家以下州縣官吏，只有不合隨順臣指揮愆過。即望聖慈察其情理，別無深切，特與矜恕。

樞密使文彥博奏曰：臣忝位三公，職當論道，事有所聞，深虧聖政，默而不言，則上負陛下眷倚之重。近日以來，中外喧傳以諸路散青苗錢深爲不便。臣比不知本末，今訪知其由，深可驚駭，不近人情。有玷聖化，無甚於此。臣謂此事豈可不達聖聰。皆云朝廷主張，及諸路所差之官承稟風旨，威福州郡，故無有敢言於朝廷者。臣曾見河北轉運司牓，開拆提舉常平官約束條目，云所散青苗錢每十戶以上結成一保，須第三等以上有物力戶充甲頭，此乃是恐向去收納不足，勒令上戶填納。又欲散與坊郭人戶，其錢不得過抵當家業所宜價錢之半。且謂之青苗錢，却支與坊郭戶，皆是廣圖利息，不顧道理。茲豈常平散斂之舊法、朝廷救濟之本意。此法於鄉村之民行之，惟舊夏秋成熟，折還斛斗絲帛，即謂之舉放。若抵令納本利見錢，即謂之課錢，將新抵舊，遷延歲時，諸般折還，未嘗了足，以其利債負官司不許受理。今乃官自爲之，從古以來未嘗有此，豈當聖朝而行此法。殊乖理道。況聞鄉村之民有窮迫之甚者，即皆願請錢，一時聊濟窘急，向去必難填償。此不以民從來常態，州縣既以逋欠，必從散行催督，追呼笞責，何所不至。難矣。諸路州縣之民猶有積欠稅租、貸糧，并預支紬絹錢數甚多，必從折并催納，何由取濟。所散官錢又成積欠。提舉之官徼冀旌賞，務成功利，剝下媚上，何恤於人。州縣承風，不敢申理。臣恐緣此煩擾，必致興起事端。所有提舉官乞下本路勘驗事件狀，特行朝典，以戒非理聚斂之臣。書曰：商鑒不遠，在夏后之世。臣不敢以遠事證之，且以唐開元末用宇文融、楊慎矜、王鉷等二十餘人，建中初用趙贊、陳京之策，皆百方裒斂，剝下害民，歸怨于上。當時執政議臣以姦佞結黨，專以財利媚上，方被寵信，不敢指言其非，惟張說、陸贄苦言之，不蒙聽納，仍遭疎斥，馴致祿山、涇師之亂，鮮不由斯。禮云：與其有聚斂之臣，寧有盜臣。信不誣矣。方今朝廷清明，表裏無事，以天下之廣，財賦所入，比之祥符以前，其增有及倍者，亦可謂無遺利矣。若以用度稍乏，自當減節冗費，省罷不急之務，不作無益之事。濟之以儉，示民不奢，百姓自足，君孰與不足。易曰：節以制度，不傷財，不害民。此之謂也。夫與治同道罔不興，與亂同事罔不亡。陛下視開元之末與建中之初，所用宇文融、楊慎矜、趙贊、陳京之徒，治之道邪，亂之事邪，茲固不言可知。誠可爲聖朝之商鑒。近時以來，中外臣僚上言興利者甚衆，大抵希時倖進，妄作者多，徒自紛紜，必無成事。伏願一切罷之，惟內外計臣尤須慎選，州縣長吏得忠厚廉良之人，臺閣近臣無憸邪朋黨之士，則不治自治，太平可期。陛下可以垂衣端拱而化成矣。臣愚不識忌諱，發於至誠，冒昧以聞，伏增惶懼隕越之至。

彥博又論市易奏曰：臣近因赴相國寺行香，見市易於御街東廊置叉子數十間，前後積累果實，逐日差官就彼監賣，分取牙利。且果瓜之微，錙銖是競，竭澤專利，所得無幾，徒損大國之體，秖斂小民之怨。遺秉滯穗，寡婦何資，況密邇都亭，驛使所館，豈無覘國之徒，將爲外夷所輕。伏乞嚴敕有司，遽令停罷，使毫末餘利均及下民，惠澤分沾，必召和氣。

彥博又奏曰：臣近言市易司於御街東廊設叉子，差官監賣果實，分取牙利，損大國之體，斂小民之怨，乞行寢罷，至今涉旬，未聞施行。亦不蒙詢詰。未審聖意以為何如。退省僭狂。伏增惶懼。臣切慮陛下以其事小故不足恤。而臣愚以謂所損甚大。決不可為。區區盡言。蓋由於此。且京邑翼翼。四方取則。魏闕之下。治象所關。今乃官作賈區。公取牙利。古所謂理財正辭者。豈若是之瑣屑乎。周官泉府斂市之不售。貨之滯於民用。以待不時而買者。各從其故價。亦不如是之規利也。凡衣冠之家。網利於市。搢紳清議。衆所不容。豈有堂堂大國。皇皇求利。而不為物論所非者乎。斯乃龍斷之事。孟軻恥之。臣亦恥之。復不忍聚斂小臣希進妄作。侵漁貧下。玷累朝廷。不勝憤悶。輒敢屢言。伏望聖慈俯垂詳擇。若以臣言非當。甘從誅責。

知青州鄭獬上奏曰。臣切見青苗之法。朝廷非不丁寧。不欲強民。而使其自便也。故臣奉行亦不敢強以率民。牓於諸邑。名。其所願請至於累月而無一人至者。此其所以不願也明矣。常潤蘇秀類皆如此。近自提舉官入境。所過諸郡方以次支散。且將及杭州。杭民聞之。皆相告以為憂。張牓累月而無一人願請。一日提舉官入境。則郡縣吏相希合。舉民以與之。此非強民而何。是豈朝廷立法之意。兩浙方今荒歉。處處食糟。溫台大疫。十死七八。將來豐凶未可知。兼為增和買絹及置場市絹。商賈阻絕。物價不登。若更散青苗錢。則取於民者毋乃太甚乎。民得數百錢。隨亦費盡。不計後日之輸納。苟納之不足。則陛下若貰之耶。必期於盡取也。必期盡取。則非酷吏苛法不能行。於是鞭撻纍錮以督之。則將見徹屋廬。賣妻子。計甚窮則棄鄉里而逃矣。當此之時。陛下安忍以飢羸之赤子。加鞭箠以求償耶。若緩而不理。則是朝廷無故捐數百萬緡於糞壤間。虧損國用。亦非細故。未覩青苗之為利。而其害已如此。宜其天下之紛論多也。臣初不論奏者。以臣在杭。必能為陛下守立法之意。不敢強民以徇時。今既易守青

州。方將去此。而提舉官到。且與諸邑合議而行。臣實不忍杭州之民將有無辜而陷刑網者。所以不能自已也。伏乞陛下指揮兩浙路。如已支散處。則依條施行。未支散處。特賜寢罷。庶使一路疲民遠沾聖澤。臣無任傾竭待罪之至。

熙寧二年。大名府留守推官蘇轍上奏曰。臣聞善為國者。必有先後之次。自其所當先者為之。則其後必舉。自其所當後者為之。則先後並廢。書曰。欲登高必自下。欲陟遐必自邇。世未有不自下而能高。不自近而能遠者。然世之人嘗鄙其下而厭其近。務先從事於高遠。不知其不可得也。詩曰。無田甫田。維莠驕驕。無思遠人。勞心忉忉。以為田甫田而力不給。則田莠而不治。不若不田也。思遠人而德不足。則心勞而不獲。不若不思也。欲田甫田。則必自其小者始。小者之有餘而甫田可啓矣。欲求遠人。則必自其近者始。近者既服而遠人自至矣。苟由其道。其勢可以自得。苟不由其道。雖強求而不獲也。臣愚不肖。蓋嘗試妄論今世先後之宜。而切觀陛下設施之萬一。以為所當先者失在於不為。而所當後者失在於太早。然臣非敢以為信然也。特其所見有近於是者。是以因其近似而為陛下深言之。伏惟陛下即位以來。躬親庶政。聰明睿智。博達宏辯。文足以經治。武足以制斷。重之以勤勞。加之以恭儉。凡古之帝王曠世而不能有一焉者。陛下一旦兼而有之矣。夫以天縱之姿。濟之以求治之心。施之於事。宜無為而不成。無欲而不遂。今也為國歷年於茲。而治不加進。天下之弊日益於前世。天下之人未知所以適治之路。災變橫生。川原震裂。江河湧沸。人民流離。災火繼作。歷月移時。而其變不止。此臣所以日夜思念而不曉。疑其先後之次有所未得者也。今世之患莫急於無財而已。財者為國之命而萬事之本。國之所以存亡。事之所以成敗。常

必由之。昔趙充國論邊備之計，以為湟中穀斛八錢，糴三百萬斛，羌人不敢動矣。諸葛亮用兵如神，而以糧道不繼，屢出無功。由是觀之，苟無其財，雖有聖賢，不能自致於跬步；苟有其財，雖庸人可以一日而千里。陛下頃以西夏不臣，赫然發憤，建用兵之策，招來橫山之民，將奪其險阻，破壞其國而後已。方是之時，夏人殘虐失衆，橫山之民靡苦思漢，而又乘其荐飢，苟加之以兵，此非計之失者也。然而緣邊無數月之糧，關中無終歲之儲，而所興之役有莫大之費，陛下方且泰然不以為憂，以為萬舉而有萬全之功。既而邊臣失律，先事輕發，亦既入戎其國，係虜其民矣。然而陛下得其地而不敢救，獲其人而不敢臣，雖有成功而不敢繼也。其終卒至於廢黜謀臣而講和好。夫陛下謀之於朞年之前，而罷之於既發之後，豈以為是失當而悔之哉？誠無財以繼其後爾。且夫財之不足，是為國之先務也。至於鞭笞四夷，臣服異類，是極治之餘功，而太平之粉飾也。然今且先之，此臣所以知其先後之次有所未得者也。今者陛下懲前事之失，出祕府之財，徙內郡之租賦，督漕運之吏，備沿邊三歲之蓄，臣以此疑陛下之有意乎財矣。然猶以為未也。何者？祕府之財不可多取，而內郡之民不可重困，可以紓目前之患，而未可以為長久之計。此臣所以求効其區區而不能自已也。蓋善為國者不然，知財之最急，而萬事賴焉，故常使財勝其事，而事不勝財，然後財不可盡，而事無不濟。財者車馬也，事者其所載物也。載物者常使馬輕其車，車輕其物，馬有餘力，車有餘量，然後可以涉塗泥而車不僨，登坂險而馬不躓。今也四方之財莫不盡取，民力屈矣，而上用不足，平居惴惴，僅能以自足，而事變之生復不可料。譬如弊車羸馬而引丘山之載，幸而無虞，猶恐不能勝；不幸而有陰雨之變，陵谷之險，其患必有不可知者。故臣深

思極慮，以為方今之計，莫如豐財。然臣所謂豐財者，非求財而益之也，去事之所以害財者而已矣。夫使事之害財者盡去，雖不求豐財，然而求財之不豐亦不可得也。故臣謹為陛下言事之害財者三：一曰冗吏，二曰冗兵，三曰冗費。冗吏之說曰：請原古之所以置吏之意。有是民也，而後有是官；有是官也，而後有是吏。量民而置官，量官而求吏，其本凡以為民而已。是以古者即其官以取人，郡縣之職缺而取之於民，府寺之屬缺而取之於郡縣，出以為守令，入以為卿相，出入相受，中外相貫，一人去之，一人補之，其勢不容有冗食之吏。近世以來，取人不由其官，士之來者無窮，而官有限極，於是兼守判知之法生，而官法始壞，浸淫分散，不復其舊，是以吏多於下，上下相窒，譬如決水於不流之澤，前者未盡，來者已至，填堙充滿，一陷於其中而不能出。故布衣之士多方以求官，已仕之吏多方以求進，下慕其上，後慕其前，不愧詐偽，不恥爭奪，禮義消亡，風俗敗壞，勢之窮極，遂至於此。夫人情紓則樂易，樂易則有所不為；窘則懣亂，懣亂則無所不至。今使衆人相與皆出於隘，足履相躡，肩肘相逮，傍偟而不得進，又將禁其奔走而爭先者，苟將禁之，則莫如少來者而闊其隘。今也毆市人而約之，不勝其多也；設險於中塗而艱難之，是以法愈設而爭愈甚。惟陛下以時救之，下哀痛之書，明告天下以吏多之故，與之更立三法。其一，使進士諸科增年而後舉，其額不增，累舉多者無推恩。其說曰：凡今之所以至於不可勝數者，以其取之之多也。古之人其擇吏也甚精，人知吏之不可妄求，故不敢輕為士。為士者皆其脩潔之人也。今世之取人，誦文書，習程課，未有不可為吏者也。其求之不難，而得之甚樂，是以羣起而趨之。凡今農工商賈之家，未有不捨其舊而為士者也。為士者日多，然而天下益以不治，舉世所謂居家不

事生產仰不養父母俯不恤妻子浮游四方侵擾州縣造作誹謗者農工商賈不與也祖宗之世士之多少其比於今不能一二也然其削平僭亂創制立法功業卓然見於後世今世之士不敢望其萬一也士之多不及於今世而功則過之無足怪者取之至少則人不敢輕為士其所取者皆州郡之選人也故為是法使人知上意之所向十年之後無實之士將不黜而自減且夫設科以待天下之士蓋將使其才者得之不才者不可得也吾則取之而彼則不能得猶曰雖不能得而累舉多者必取無棄則是以官徇人也且累舉之士類非少年矣耳目昏塞筋力疲勌數日而計之知其不能有所及者也則其為政無所賴矣今有人蓄牛羊而求牧既取其羸者又取其老者取其壯者曰吾喜其壯而已取其老者曰吾矜其老而已如矜其老則曷為以累牛羊哉苟誠以為有遺才焉則今所謂遺逸之書有以

收之矣其二使官至於任子者任其子之為後者世世祿仕於朝襃贍族而守祭祀可以無憾矣然而為是法也則必始於二府法行於賤而屈於貴天下將不服天下不服而求法之行不可得也蓋矯失以救患者必有所過而後濟臣非不知二府之不可齒庶官也其三使百司各損其職掌而多其出職之歲月其說曰百司臣不得而盡詳也請言其尤甚者莫如三司三司之吏世以為多而不可損何也國計重而簿書衆也臣以為不然主大計者必執簡自處而以繁寄人以簡自處則心不可亂心不可亂則利至而必知害至而必察以繁寄人則事有所分事有所分則毫末不遺而情偽必見今則不然舉四海之大而一毫之用必會於三司故三司者案牘之委也案牘既積則吏不得不多案牘積而吏多則欺之者衆雖有大利害不能察也夫天下之財下自郡縣而至於轉運轉運相鈎較足以為不失矣然

世常以轉運使為不可獨信故必至於三司而後已夫苟轉運使之不可獨信而必三司之可任則三司未有不責成於吏者豈三司之吏則重轉運使歟故臣以為天下之財其詳可分於轉運司三司歲攬其綱目既使之得優游以治財貨之源又可頗損其吏以絕亂法之弊苟三司猶可損也而百司可見矣然而此三法者皆世之所謂拂世戾俗召怨而速謗者也今且將行之臣非敢犯衆人之怒而行此危事也以為有可行之道焉何者自臺省六品諸司五品一郊而任一人自兩制以上一歲而任一人此祖宗百年之法相承而不變者也仁宗之世則損之三載而考績無罪者遷其官自唐以來亦未始有變者也而英宗之世則增之此二者夫豈便於世俗哉然而莫敢怨者以為吏多而欲損者天下之公義其不欲者天下之私計也以私計而怨公義其為怨也不直是以善為國者循理而不卹怨知

其無能為也且今此三法者固未嘗行也然而天下亦不免於怨何者士之出身為吏者捐其生業棄其田里以盡力於王事而今也以吏多之故積勞者久而不得遷去官者久而不得調又多為條約以沮格之減罷其舉官破壞其考第使之窮窘無聊求進而不遂此其為怨豈減於布衣之士哉鈞之為怨皆將不免然使新進之士日益多國力匱竭而不能支十年之後其患必有不可勝言者故臣願陛下親斷而力行之苟日增之吏漸於衰少則臣又將有以治其舊吏使諸道職司每歲終任其所部郡守監郡各任其屬曰自今以來未有以私罪至其贓罪正入已至若干者三者皆自上鈞其輕重而裁之已而以它事發則與之同罪雖去官與赦不降也夫以私罪至某贓罪正入已至若干其為惡也著矣而上不察則上之不明亦可知矣故雖與之同罪而不過今世之法任人者任其終身苟其有罪終

身鈞坐之。夫任人之終身而無過。任其未然之不可知者也。任人之歲終而無過。任其已然之可知者也。臣請得以較之。任其未然之不可知。雖聖人有所不能。任其已然之可知。雖衆人能之。今也任之以聖人之所不能。既不敢辭矣。而況任之以衆人之所能。顧不可哉。且按察之吏。則亦不患其不知也。患其知而未必皆按。曰。是無損於我。而徒以為怨。去爾。今使其罪及之。其勢將無不問。陛下誠能擇奉公之臣而使行之。陛下厲精而察之。去民之患如除腹心之疾。則其以私罪致某贓罪乍入己至若干者。非復過誤遣陷於深文者也。苟遂放歸。終身不齒。使姦吏有所懲。則冗吏之弊可去矣。冗兵之說曰。臣聞國朝創業之初。四方割據。中國地狹。兵革至少。其後蕩滅諸國。拓地既廣。兵亦隨衆。雍熙之間。天下之兵僅三十萬。方此之時也。屯戍征討百役並作。而兵力不屈。未嘗有兵少之患也。自咸平景德以來。契丹內侵。繼遷叛逆。每有警急。將帥不問。得告輒請益兵。於是名募日增。而兵額之多遂倍前世。其後寶元慶曆之間。元昊竊發。復使諸道點民為兵。而沿邊所屯至八十萬。自是天下遂以百萬為額。雖復近歲無事。而關中之兵至於二十八萬。舉雍熙天下之衆。遣以備方今關中一隅之用。兵多之甚。於此見矣。然臣聞方今宿邊之兵分隸堡障。戰兵統於將帥者其實無幾。每一見賊。賊兵常多。我兵常少。衆寡不敵。每戰輒敗。往者將帥失利。未有不以此自解者也。夫祖宗之兵至少而常若有餘。今世之兵至多而常患於不足。此二者不可不察也。兵法有之曰。興師十萬。出征千里。百姓之費。公家之奉。日費千金。內外騷動。怠於道路者七十萬家。而爵祿百金。不能知敵之情者。不仁之至也。故三軍之士莫親於間。賞莫重於間。間者三軍之司命也。臣切惟祖宗用兵至於以少為多。而今世用兵至於以多為少。得失之原皆出於此。何以言之。臣聞太祖用李漢超馬仁瑀韓令坤賀惟忠何繼筠等五人使備契丹。用郭進武守琪李謙溥李繼勳等四人使備河東。用趙贊姚內斌董遵誨王彥升馮繼業等五人使備西羌。皆厚之以關市之征。饒之以金帛之賜。其家屬之在京師者。仰給於縣官。貿易之在道路者。不問其商稅。故此十四人者皆富厚有餘。其視棄財如棄糞土。賙人之急如恐不及。是以死力之士貪其金錢。捐軀命冒患難。深入敵國。伺其陰計而效之。至於飲食動靜無不畢見。每有入寇。輒先知之。故其所備者寡而兵力不分。敵之至者舉皆無得而有喪。是以當此之時。備邊之兵多者不過萬人。少者五六千人。以天下之大。而三十萬兵足為之用。今則不然。一錢以上皆藉於三司。有敢擅用。謂之自盜。而所謂公使錢多者不過數千緡。百須在焉。而監司又伺其出入。繩之以法。至於用間。則曰官給茶綵。夫百餅之茶。數束之綵。其不足以易人之死也明矣。是以今之為間者皆不足恃。聽傳聞之言。采疑似之事。其行不過於出境。而所問不過於熟戶。苟有藉口以欺其將帥則止矣。非有果能知敵之情者也。敵之至情既不可得而知。故常多兵以備不意之患。以百萬之衆而常患於不足。由此故也。陛下何不權其輕重而計其利害。夫關市之征比於茶綵則多矣。而三十萬人之奉比於百萬則約矣。衆人知目前之害而不知歲月之病。平居不忍棄關市之征以與人。至於百萬則恬而不知恠。昔太祖起於布衣。百戰以定天下。軍旅之事。其思之也熟矣。故臣願陛下復脩其成法。擇任將帥而厚之以財。使多養間諜之士以為耳目。耳目既明。雖有強敵而不敢輒近。則雖雍熙之兵可以足用於今世。陛下誠重難之。臣請陳其可減之實。所者今世之強兵莫如沿邊之土人。而今世之惰兵莫如內郡之禁旅。其名愈高。其廩愈厚。其廩愈厚其材愈薄往者西邊用兵禁軍不堪其役死者不可勝計羌人每出聞多禁軍輒舉手相賀聞多土兵輒相戒不敢輕犯以實較之土兵一人其材力足以當禁軍三人禁軍一人其廩給足以贍土兵三人使禁軍萬人在邊其用不能當三千人而常耗三萬人之蓄邊郡之儲比於內郡其價不啻數倍以此權之則土兵可益而禁軍可損雖三尺童子知其無疑也陛下誠聽臣之謀臣請使禁軍之在內郡者勿復以戍邊因其老死與亡而勿復補使足以為內郡之備而止去之以漸而行之以十年而冗兵之弊可去矣冗費之說曰世之冗費不可勝計也請言其大與臣之所知者而陛下以類推之臣聞事有所必至恩有所必窮事至而後謀則害於事恩窮而後遷則傷於恩昔者太祖太宗輯睦九族以先天下方此之時宗室之衆無幾也是以合族於京師久而不別世歷五聖而太平百年宗室之盛未見有過此時者祿廩之費多於百官而子孫之衆宮室不能受無親疏之差無貴賤之等自生齒以上皆養於縣官長而爵之嫁娶喪葬無不仰給於上日引月長未有知其所止者此亦事之所必至而恩之所必窮者也然而未聞所以謀而遷之古者天子七廟三昭三穆與太祖而七以人子之愛其親推而上之至於其祖由祖而上至於百世宜無所不愛無所不愛則宜無所不廟苟推其無窮之心則百世之祖皆廟而後為稱也聖人知其不可故為之制七廟之外非有功德則迭毀春秋之祭不與莫貴於天子莫尊於天子之祖而廟不加於七何者恩之所不能及也何獨至於宗室而不然臣聞三代之間公族有以親未絕而列於庶人者兩漢之法帝之子為王王之庶子猶有為侯者自侯以降則庶子無復爵土蓋有去而為民者有自為民而復仕於朝者至唐亦然故臣以為凡今宗室宜以親疏貴

賤為差以次出之使得從仕比於異姓擇其可用而試之以漸凡其秩祿之數遷敘之等黜陟之制任子之令與異姓均臨之以按察持之以寮吏威之以刑禁以時察之使其不才者不至於害民其賢者有以自效而其不任為吏者則出之於近郡官為廬舍而廩給之使得占田治生與士庶比今聚而養之厚之以不訾之祿尊之以莫貴之爵使其賢者老死鬱鬱而無所施不賢者居處隘陋戚戚而無以為樂甚非計之得也昔唐武德之初封從昆弟子自勝衣以上皆爵郡王太宗即位疑其不便以問大臣封德彝曰爵命崇則力役多以天下為私奉非至公之法也於是疏屬王者降為公夫自王而為公非人情之所樂也而猶且行之今使之爵祿如故而擇治民雖有內外之異宜無有怨者然臣觀朝廷之議未嘗敢有及此何者以宗室之親而布之於四方懼其啟姦人之心而生意外之變也臣切以為不然古之帝王好疑而多防雖父子兄弟不得尺寸之柄幽囚禁錮齒於匹夫者莫如秦魏然秦魏皆數世而亡其所以亡者劉氏與司馬氏而非其宗室也故為國者苟失其道雖胡越之人皆得謀之苟無其釁雖宗室誰敢覬者惟陛下蕩然與之無疑使得以次居外如漢唐之政此亦去冗費之一端也臣聞漢唐以來重兵分於四方雖有末大之憂而饋運之勞不至於太甚祖宗受命懲其大患而畧其細故斂重兵而聚之京師根本既強天下承命而服然而轉漕之費遂倍於古凡今東南之米每歲溯汴而上以石計者至五六百萬山林之木盡於舟楫州郡之卒弊於道路月廩歲給之奉不可勝計往返數千里飢寒困迫每每侵盜雜以它物米之至京師者率非全物矣由此觀之今世之法直以其力致之而不計其患非法之良也臣願更為之法舉今每歲所運之數而四分之其一即用舊法官出船

與兵而漕之凡皆如舊其一募六道之富人使以其船及人漕之而所過免其商稅能以若干至京師而無所欺盜敗失者以今三班軍大將之賞與之方今濵江之民以其船爲官運者不求官直蓋取官之所入而不覆較者得其羸以自潤而富民之欲仕者往往求爲軍大將以此推之宜有應募者其一官自置場而買之京師京師之兵富得求而不顧者計其直以錢償之夫物有常數取之於南則不足於北捨之於東則有餘於西此數之必然而不可逃者也今官欲買之其始不免於貴貴甚則東南之民傾而赴之赴之者衆則將反於賤賤殘賤必以貴致貴必以賤此亦必然之數也故臣願爲此二者與舊法皆立試之利害而較其可否必將有可用者然後舉而從之此又去冗費之一端也臣聞富國有道無所不恤者富之端也不足恤者貧之原也從其可恤而收之無所不收則其所存者廣矣從其無

足恤而棄之無所不棄則其亡者多矣然而世人之議者則不然以爲天下之富而顧區區之用此有司之職而非帝王之事也此說之行於天下數百年於茲矣故天下之費其可已者常多於舊臣不敢遠引前世請言近歲之事自嘉祐以來聖人迭興而天下之吏京秩以上再遷其官天下郡守職司再補其親戚自治平京師之大水與去歲河朔之大震百役並作國有至急之費而郊祀之賞不廢於百官自横山用兵供億之未定與京師流民勞徠之未息官私乏困日不暇給而宗室之喪不俟歲月而葬臣以此觀之知朝廷有無足恤之義臣誠知事之既往無可爲者然苟自今從其可恤而收之則無益之費猶可漸減此又去冗費之一端也臣不勝拳拳私憂過計故爲是三說以獻伏惟陛下思深謀遠聽斷詳盡於天下之事無所不暇臣之所陳何足言也然臣愚以爲苟三冗未去要之十年之後天

下將益衰耗難以復治陛下何不講求其原而定其方畧擇任賢俊而授之以成法使皆久其官而後責其成績方今天下之官泛泛乎皆有欲去不久之心侍從之官踰年而不得代則皇皇而不樂今雖不能使之盡久然至於諸道之職司三司之官吏沿邊之將倂此皆與天子共成事者也天下之事將責之而不久其任開其源者不見其流發其謀者不見其功此事之所以不得成也陛下誠擇人而用之使與二府皆久於其官人知不得苟免而思長久之計君臣同心上下協力磨之以歲月如此而三冗之弊乃可去也然而爲此猶有所患何者今世之士大夫惡同而好異疾成而喜敗事苟不出於己小有齟齬不合則群起而譟之借如今使按察之官任其屬吏歲終而無過此其勢必將無所不按得罪者必將多於其舊然則天下之口紛然非之矣不幸而有一不當衆將群指以罪法一不當不能動

不幸而至於再三雖上之人亦將不免於惑衆人非之於下而朝廷疑之於上攻之者衆而持之者不堅則法從此敗矣蓋世有耕田而以其耜殺人者或者因以耕田爲可廢夫殺人之可誅與耕田之不可廢此二事也安得以彼而害此哉故夫按人而不以其實者罪之可也而法之是非則不在此苟陛下誠以爲可行必先能破天下之浮議使良法不廢於中道如此而後三冗之弊可去也三冗既去矣天下之財得以日生而無害百姓充足府庫盈溢陛下所爲而無不成所欲而無不如意舉天下之衆惟所用之以攻則取以守則固雖有西戎北狄不臣之國宥之則爲漢文帝不宥則爲唐太宗伸縮進退無不在我今陛下不事其本而先舉其末此臣所以大惑也臣不勝憤懣越次言事雷霆之誅無所逃避

轍爲條例司檢詳文字上言曰昔漢武外事四夷內興宮室財用匱

竭力不能支用。賈人桑弘羊之說，買賤賣貴，謂之均輸。雖曰民不加賦而國用饒足，然法術不正，吏緣爲奸，掊克日深，民受其病。孝昭既立，學者爭排其說，霍光順民所欲，從而予之，天下歸心，遂以無事。今此論復興，衆口紛然，皆謂其患必甚於漢。何者？方今聚斂之臣材智方畧未見有桑弘羊比，而朝廷破壞規矩，解縱繩墨，使得馳騁自由，唯利是嗜，其害必有不可勝言者矣。

輙爲右司諫乞借常平錢買上供及諸州軍粮狀曰：臣聞自古經制國用之術，以爲穀帛民之所生也，故斂而藏之於官；錢幣國之所爲也，故發而散之於民。其意常以所有易其所無，有無相交，而國用足焉。故自熙寧以前，民間兩稅皆用米麥布帛，雖有沿納諸色雜錢，然皆以穀帛折納，蓋未嘗納錢也。錢之入官者，惟有茶鹽酒稅雜利而已。然方是時，東南諸郡猶苦乏錢，錢重物輕，有錢荒之患。自熙寧以來，民間出錢免役，又出常平息錢，官庫之錢貫朽而不可較，民間官錢搜索殆盡，市井所用多私鑄小錢，有無不交，田夫蚕婦力作而無所售，常平役錢山積而無救飢饉。蓋自十餘年間積成此弊，於今極矣。朝廷近日雖已減損常平寬放免役，使民休息，然而錢積於官，無宣洩之道，民無見錢，百物益賤。譬如飢人雖已得食而無所取飲，久渴不洽，亦能致死。臣切見國朝建立京邑，因周之舊，不因山河之固，以兵屯爲險阻，祖宗以來，漕運東南，廣蓄軍食，內實根本，外威夷狄。方其盛時，足支十餘年。近者歲運損耗，糴買不節，太倉無五年之畜，國計寡弱，有識之士爲之寒心。至於諸路軍粮大抵無備，熙寧之間東南大旱，民間闕食，官欲賑濟，無所從得，不免誅求富民斛斗石之粟以濟億萬之衆，勞而無益，徒以爲笑。然今諸路轉運司久以商賈不行，農民罷病，故酒稅不登，收買軍器雜物，封樁闕額，衣粮等事，故經費不足。朝廷雖欲內實京師，外實諸郡，有司匱乏，勢無所出。臣欲乞指揮東南諸路轉運司各借本路常平見錢，遇年豐穀帛價賤，預買三年上供米及本路州軍二年衣粮，限以三年節次收糴。重立禁約，不得別作支用。仍於五年內收糴錢物撥還常平倉司，每歲終具元借錢及所糴物及所還數，提刑司保明申戶部。照檢有無違法，聞奏。應干借錢糴買事，有不如法，並許提刑司覺察聞奏。但令泉幣通行，足以鼓舞四民，流轉百貨，倉廩充實，足以贍養諸軍，備禦水旱，則上下皆足，公私兼利矣。如許臣所請，伏乞下戶部立法施行。

歷代名臣奏議卷之二百六十七

歷代名臣奏議卷之二百六十八

理財

宋哲宗元祐初。蘇轍論青苗狀曰。臣伏以青苗之害民。朝廷之所悉也。罷而不盡。廢而復講。使天下之人疑朝廷眷眷於求利。此臣之所深惜也。向者朝廷申明青苗之法。使請者必以情願。而官無定額。議者以為善矣。然以臣觀之。無知之民。急於得錢而忘後患。則雖情願之法。有不能止也。侵漁之吏。利在給納。而惡無事。則雖無定額。有不能禁也。故自今年春。諸縣所散青苗。處處不同。凡縣令曉事。吏民畏伏者。例不復散。其闒於事情。為吏民所制者。所散如舊。蓋立法不善。故使猾吏得依法為姦。監司雖知其不便。欲禁而不可得。天下既已病之矣。今朝廷復脩夏料納錢減半出息之法。此雖號減息。而使天下曉然知今日朝廷意仍在利。雖有良縣令。臣恐其不能復如前日自必於不散矣。且自熙寧以來。吏行青苗。皆請重祿而行重法。受賕百錢。法至刺配。然每至給納之際。猶通行問遺。不能盡禁。今吏祿已除。重法亦罷。而青苗給納不止。臣恐民間所請錢物。得至其家者無幾矣。伏乞追寢近降青苗指揮。別下詔旨。天下青苗自今後不復支散。不勝幸甚。

轍再論青苗狀曰。臣近奏乞罷支青苗錢。兼訪聞臺諫官皆有文字論列。至今並不蒙降出施行。臣伏見熙寧之初。王安石呂惠卿用事。首建青苗之法。其實放債取利。而妄引周官泉府之言以文飾其事。天下公議共以為非。是時韓琦富弼司馬光范鎮等皆昌言其害。恨不能救。今二聖在上。照知民間疾苦。解去弊法。既已略盡。兼近日責降呂惠卿。數其罪惡。亦以創行青苗為首。然天下俵散青苗。其實至今未止。民間疑怪。以為朝廷仍有好利之意。臣博采衆論。亦近有臣僚獻議以國用不足為言。由此聖意遲遲未決。臣雖至愚。竊為陛下深惜此計。何者。自古為國。率皆祿養官吏。廩給士伍。崇奉郊廟。鎮撫四夷。然而食租衣稅。未嘗有闕。今陛下力行恭儉。前代帝王所有浮費。一切不為。今日之計。但當戒飭天下守令。使之安集小民。若能稍免水旱之災。復無流亡之患。則安靖之功。數年自見。穀帛豐殷。將不可勝用。何至復行青苗以與民爭利也哉。伏惟陛下聖性仁厚。凡利民之事知無不為。若非左右構此危語。動搖聖聽。則何至為之廢格羣言以成邪說。然臣竊恐中外不知本末。但見臺諫之言皆留中不出。妄意陛下甘於求利。不恤細民。遠近傳聞。所損不細。臣欲乞陛下盡將臣僚前後所上章疏。付三省詳議施行。以弭斯謗。

轍三乞罷青苗狀曰。臣等屢有封事。乞罷青苗。皆不蒙付外施行。伏以王安石呂惠卿創行此法以來。天下之士惟王呂黨人欲以青苗進身者。則以其法為是。其他士大夫。上自韓琦富弼。中至司馬光呂誨范鎮。下至臣等輩人。未有一人以為便者。方安石惠卿用事。忠言壅塞不得施用。小民無告。飲泣受害。今者二聖臨御。盡革衆弊。天下欣欣日望青苗之去。而近日刪立舊法。益更滋彰。中外孤疑。不曉聖意。竊聞近日左右臣僚有以國用不足。欲將青苗補其闕乏者。聖心未察。是以為之遲遲。臣等雖愚。以為自古為國。止於食租衣稅。縱有不足。不過輔以茶鹽酒稅之征。未聞復用青苗放債取利。與民爭錐刀之末。以富國強兵者也。藝祖太宗之世。四方未平。中國土狹。歲歲用兵。其費不貲。及真宗東封西祀。游幸亳宋。並立宮室。仁宗結好契丹。平定西戎。剪滅南寇。此皆非常大費。而常賦之外無大增加。未聞必待青苗以濟國用。今二聖恭儉安靜無為。四海之富與祖宗無異。何憂何慮而欲以青苗富國乎。臣等以為皇帝陛下富於春秋。未嘗捿見多士。太皇太后陛下。覽政帷幄。未能博聽羣議。聽納之道。於斯實難。竊謂臣下每有獻言。宜一切折以公議。彼說欲散青苗。而臣等以爲不可。陛下受其所言。而臣等封事遂留中不出。臣等不知陛下何以斷其是非而信之如此之篤乎。陛下必欲決此深疑。即當盡出臺諫所言。付之三省。使之公議得失。不當隱忍不辨是非而陰用其言也。如衆議必以罪之爲是。即乞早賜裁斷。以慰民心。必以罪之爲非。亦乞顯行黜謫。以懲臣等狂妄。

轍爲戶部侍郎上疏曰。准御史臺牒。五月一日文德殿視朝。臣次當轉對。臣待罪地官。以財賦爲職。朝夕從事。於今半年。耳目所接。或千利病。敢緣廣人守官之義。庶幾百工執藝以諫。謹條具本職三事昧死上獻。

一。臣伏見本部一月出入見錢之數。率皆五十餘萬貫。鏖瑒所得

僅給經費而已。稍加它用。輒千求朝廷。方能辦事。有司惴惴常有闕事之懼。臣聞古之爲國。皆食租衣稅而已。降及近世。始有鹽鐵酒稅之利。凡郊廟朝廷祿士養兵捍邊睦隣。百色取具於此。蓋天之所生。地之所產。足以養人。自三代漢唐至於祖宗之盛。未有舍此而外求者也。今四海萬里。耕稼相屬。而以不足爲憂。臣實怪之。孟子有言。無政事則財用不足。臣愚無知。意者朝廷之政。豈有所未立故耶。臣觀諸道監司。自近歲以來。觀望上下。無復厲精之實。妄意朝廷以不親細務爲高。以不察姦吏爲賢。於是巡歷所至。或不入場務。不按有罪。郡縣靡然承風。懦者頹弛。權歸於吏。貪者縱恣。毒加於民。四方嗷嗷。幾於無告。其它害理而傷化者。非臣之職。臣不敢議也。若夫兩稅征商榷酤無故虧欠者。比比皆是。此臣之職也。欲乞陛下特降指揮。令本部左曹具諸路去歲三事增虧之數。其非因水旱災傷。特以寬弛不職而致虧欠者。擇其甚者黜免。轉運使副判官。罰一以勸百。上意所向。下之所趨也。如此施行。庶幾財賦漸可治矣。

一。臣聞漢以九卿治事。唐以六書爲政。漢非無尚書。而唐非無卿寺也。蓋事不在耳。先帝法唐之故。專任六書。故雖兼置寺監。而職業無幾。量事設官。其間蓋有僅存者矣。頃元祐之初。患尚書省官多事少。始議併省郎曹。所損纔一二耳。而寺監之官如鴻臚將作。舊不設卿丞者。紛紛列置。吏多於舊。中外之議以此疑惑。以爲朝廷爲人設官。非爲官擇人。此言一出。爲損非細。其於治體。非臣所當議也。而至於京師廩給之厚。出於本部。故臣願明詔有司。減去寺監不急之官。以寬不貲之費而已。

一。臣聞財賦之源。出於四方。而委於中都。故善爲國者。藏之於民。

其次藏之州郡。州郡有餘。則轉運司常足。轉運司既足。則戶部不困。唐制。天下賦稅。其一上供。其一送使。其一留州。比之於今上供之數。可謂少矣。然每有緩急。王命一出。舟車相銜。大事以濟。祖宗以來。法制雖異。而諸道蓄藏之計。猶極豐厚。是以斂散及時。縱捨由己。利柄所在。所爲必成。自熙寧以來。言利之臣不知本末之術。欲求富國。而先困轉運司。轉運司既困。則上供不繼。上供不繼。而戶部亦憊矣。兩司皆困。故內帑別藏。雖積如丘山。而委爲朽壤。無益於算。故臣願陛下舉近歲朝廷無名封樁之物。歸之轉運司。蓋禁軍闕額與差出衣糧。清汴水脚與外江綱船之類。一經擘劃。例皆封樁。夫闕額禁軍。尋當以例物招置。而出軍之費。罷此給彼。初無封樁之理。至於清汴水脚。雖損於舊。而洛口費用。實倍於前。外江綱船雖不打造。而雇船運糧。其

費特甚。重複刻剝。何以能堪。故臣謂諸如此比。當一切罷去。況
祖宗故事。未嘗有此。但有司固執近事。未肯除去。惟陛下斷而
與之。則轉運司利柄稍復。而上供有期。戶部亦有賴矣。

轍又論戶部三弊疏曰。臣以愚拙待罪戶部右曹。俛仰幾歲。訖無云
補。竊嘗以祖宗故事考之。今日本部所行。體制既殊。利害相遠。恐合
隨事措置。以塞弊原。謹昧死具三弊以聞。其一曰。分河渠案以為都
水監。其二曰。分胄案以為軍器監。其三曰。分脩造案以為將作監。前
件三監皆隸工部。則本部所專。其餘無幾。出納損益制在它司。頃者
司馬光秉政。知其為害。嘗使本部收攬諸司利權。然當時所收不得
其要。至今三案之事。猶為諸司所擅。深可惜也。祖宗參酌古今之宜
建立三司。所領天下事幾至太半。權任之重非它司比。推原其意。非
以私三司也。事權分則財利散。雖欲求富其道無由。蓋國之有財。猶

人之有飲食。飲食之道。當使口司出納。而腹制多寡。然後分布氣血
以養百骸。耳目賴之以為明。手足賴之以為力。若不專任口腹。而使
手足耳目得分治之。則雖欲求一飽。不可得矣。而況於安且壽乎。今
戶部之在朝廷。猶口腹也。而使它司分治其事。何以異此。自數十年
以來。群臣不明祖宗之意。每因一事不舉。輒以三司舊職分建它司。
利權一分。用財無藝。它司以辦事為效。則不恤財之有無。戶部以給
財為功。則不論事之當否。彼此各營一職。其勢不復相知。雖使戶部
得才智之臣。終亦無益於算矣。然否同病。府庫卒空。今不早救。後患
必甚。昔嘉祐中京師頻歲大水。大臣始取河渠案置都水監。置監以
來。比之舊案。所補何事。而大不便者。河北有外監丞侵奪轉運司職
事。轉運司之領河事也。凡郡之諸埽。埽之吏兵儲蓄。無事則分。有事
則合。水之所向。諸埽趨之。吏兵得以併功。儲蓄得以併用。故事作之

日。無暴斂傷財之患。事定之後。徐補其闕。兩無所妨。自有監丞據法
責成。緩急之際。諸埽所有不相為用。而轉運司始不勝其弊矣。近歲
嘗詔罷外監丞。識者韙之。既而復故。物論所惜。此工部都水監為戶
部之害一也。先帝一新官制。並建六曹。隨曹付事。故三司事多隸工
曹。名雖近正。而實非利。昔胄案所掌。今內為軍器監。而上隸工部。外
為都作院。而止隸提刑司。欲有興作。戶部不得與議。訪聞河北道頃
歲為羊渾脫。動以千計。渾脫之用。必軍行乏水。過渡無船。然後須之。
而其為物。稍經歲月。必致蠹敗。朝廷無出兵之計。而有司營職不顧
利害。至使公私應副。虧財害物。若使專在轉運司。必不至此。此工部
都作院為戶部之害二也。昔脩造案掌百工之事。事有緩急。物有利
害。皆得專之。今工部以辦職為事。則緩急利害誰當議之。朝廷近以
箔場竹箔積久損爛。創令出賣。上下皆以為當。指揮未幾。復以諸處

脩造歲有料例。遂令般運堆積。以分出賣之計。臣不知將作見工幾何。
一歲所用幾何。取此積彼。未用之間。有無損敗。而遂為此計。本部雖
知不便。而以工部之事不敢復言。此工部將作監為戶部之害三也。
凡事之類此者多矣。臣不能徧舉也。故願明詔有司。罷外水監丞。而
舉河北河事及諸路都作院皆歸之轉運司。至於都水軍器將作三
監皆兼隸戶部。使定其事之可否。裁其費之多少。而工部任其功之
良苦。程其作之遲速。苟可否多少在戶部。則凡傷財害民。戶部無所
逃其責矣。苟良苦遲速在工部。則凡敗事乏用。工部無所辭其譴矣。
利出于一。而後天下貧富可責之戶部。而工部工拙可得而考矣。事
在本職。在臣不得不言。如果可采。伏乞付外施行。

元祐二年。平章軍國重事文彥博奏曰。臣以戶部尚書乃昔之三司
使之任。專掌邦計。財賦出入。無不周知。則國用取濟。今當以昔之三

司使之任。悉歸戶部。財賦盈虛。可以經制。不誤大計。自尚書侍郎以下。慎選而久用之。庶幾集事。尚書侍郎即是三司使副之職。郎中員外乃昔之判官之職。此國之大計。乞早留聖意。

五年。戶部郎中黃廉上奏曰。臣奉被使旨。所至訪求利害。至熙榷茶之法。實有害於川陝之民。蓋官司不原朝廷立法本意。希功幸賞。以得為多。於是禁網滋繁。百姓受弊。陸師閔立法寖虐。故取利寖多。上累國躰。下歛民怨。中外臣僚所言茶事害民。六科皆有事實。若遽論之。不若盡以予民。使園戶自賣。商賈自販。官收稅引及㪚䭾錢。並復熙寧以前博馬之策。無交易之煩。無腳乘之勞。扶去故敝。一從私便。無復可議。若致詳於公私之際。則先當議民。其次商賈。其次邊計。利害各有所在也。蜀民通患。幣輕錢重。商旅齎攜息不償費。若捐榷茶盡予商賈。則百貨未能通流。腳乘未能猝備。非唯園民之貨艱滯絕

其資生之路。若蕃市交易萬一不繼。亦足以害經久之法。今若損十一州之茶與商賈。乃以川陝四路及關中諸路與之。則受茶之地宜若可以盡泄川茶以補蜀民久困。而官以善價取雅州與元府所產以贍熙秦諸州。酌中法以為邊備。於理為可。

六年。給事中范祖禹封還解鹽專置使狀曰。準中書省錄黃。尚書省送到白劄子。勘會陝西制置解鹽司元專設官總領。後來方令轉運使一員兼管。是致職務不專。有害鈔法。契勘茶事司河北糴便司已罷。轉運司兼領。七月八日得畫三省同奉聖旨。依舊差官專充制置解鹽使。更不令轉運使副兼領者。右臣伏見仁宗慶曆中以范宗傑為制置解鹽使。行禁榷法。公私大受其弊。於是范祥請變鹽法。至八年。乃以祥為陝西提點刑獄兼制置解鹽事。盡革宗傑之弊。課入亦增。祥初建議。當時論者爭以為非。而韓琦包拯等皆以祥法為便。

請久任祥以專其事。乃擢祥為陝西轉運使。及李參代。舊官課遂損。嘉祐中。張方平包拯請復用祥。祥之鹽法至今稱之。及祥卒。薛向繼其後。祥與向皆號為能言利豐財之臣。然皆以提轉兼領。祥之再使雖嘗專領。後卒歸之轉運司。由此觀之。鹽事備舉在於得人。不在置使也。今誠得如祥向者而主之。亦何必專。若不得人。雖專無益。自仁宗嘉祐以來。不置此使已數十年。今一旦復之。設官置吏。別為一司。公私先有勞費。權輕則不足以動州縣。重則是又增一監司。州縣承稟。不無煩擾。又提轉之外。別置使者以主財利。無不好相侵奪各求自便。此人情之常也。神宗熙寧中留意馬政。置監牧使。數年而罷。又置提舉常平司官。陛下即位而罷。蓋監司之外又置使。則為冗長。事理不安。故不能久。且治道貴於簡便。綱領尤不欲衆多也。東南海鹽不為不多。然提刑司亦兼鹽事。解池鹽在陝西。轉運司止一事爾。若

須置使。則東南鹽亦當設官矣。若每事專設官。則轉運司遂無所用。尚何以主錢穀為職哉。茶事司本起於李杞劉佐陸師閔之徒征利而為之。議者皆以為非。朝廷以熙河邊用。不得已而存之。此不足為法也。夫解鹽利害非臣所知。止以祖宗之舊及事理言之。恐不必專設官。今陝西有都轉運使轉運使副判官提點刑獄皆可以隨資序用人。若選擇知鹽事者一人為監司。使之兼領。亦豈致不舉職。若在轉運司於鈔法有害。則提刑司兼領。亦范祥故事。雖增監司一員。猶愈於別置使之煩也。古者利不百不變常。朝廷方欲省官惜費。苟無大利害。則不若且如其故便。臣愚切謂作事謀始。所宜慎重。故未敢行下。伏望聖慈更與大臣詳酌。所有錄黃謹具封還。

祖禹為諫議大夫時論封樁劄子曰。臣伏見近遣戶部郎官往京西會計轉運司財用出入之數。自來諸路每告乏。朝廷詳酌應副。其餘

則責辦於外。訖今既遣郎官會計。必見缺少實數。若其數不多。則朝廷可以應副。若其數浩大。不知朝廷能盡應副邪。或止如常歲量事與之也。若量事與之。則朝廷既見其闕少之實。而不盡與。無以為說。若盡數與之。則恐它路援而為例。朝廷視天下如一。無有厚薄。欲悉應副。則或有所不逮。不悉應副。則轉運司無以為計。不刻剝百姓。何所取之。如此。則陛下赤子必受其弊。不可不深慮也。又朝廷既委轉運使副以一路財計。而不信其所言虛實。必遣郎官。然後可信。是使諸路使者人人有不自信之心。每遇缺少。則倚望朝廷遣官會計。愈不任責。臣以為此不可為後法。欲乞自今諸路凡有告乏。只委轉運司官會計保明聞奏。如有不實。即重行黜責。其誰敢妄。臣竊謂今諸路經費所以不足者。由提刑司封樁闕額禁軍請受錢帛斛斗萬數不少。此乃戶部轉運司本分財計。先帝特令封樁以待邊用。蓋恐倉猝調發不及。故為此權宜之制。今朝廷方務安邊息民。則封樁之法宜悉蠲除。欲乞自熙寧十年初封樁以來。已起發上京。及今日已前未起發上京數目。盡以賜尚書戶部諸路轉運司以佐經費。今天下諸路例多窮乏。而畜其財於無用之所。坐視困竭而不為救濟。非均通有無。足用裕民之政也。緣自封樁至今。已十餘年。一旦撥還諸路。必稍舒緩。其利害較然無疑。伏乞早降指揮施行。

貼黃。臣恐議者或謂先帝以此備邊。今不當變改。臣恭聞先帝嘗有弛張之議。蓋自古權宜之法多不可久行。時異事殊。則後人必有更張。三代以來。無不如此。若張而不弛。不唯無以濟國家之急。亦非先帝聖意。

祖禹再論封樁劄子曰。臣近上奏乞以熙寧十年以來。諸路提刑司封樁闕額禁軍請受錢帛斛斗悉歸之尚書戶部諸路轉運司以佐經費。以紓困急。臣竊以當今之患在於天下空虛。朝廷不可不為之計。封樁之與經費。均出於民。皆陛下一家之財也。苟可以利國。何所愛焉。譬如移之於東而還之於西。出之於內而歸之於外也。昔唐之制。天下財賦皆納於左藏庫。太府四時以數聞。尚書比部覆其出入。至代宗之時。租賦悉進入大盈內庫。以中人主之。天子以取給為便。遂不復出。以天下公賦為人君私藏。有司不得窺其多少。國用不能計其贏縮。殆二十年。及德宗即位。宰相楊炎頓首於上前曰。夫財賦邦國之大本。生人之喉命。天下理亂輕重皆由焉。是以前代歷選重臣主之。猶懼不集。往往覆敗。大計一失。則天下搖動。先朝權以中人領其職。豐儉盈虛雖大臣不得知。則無以計天下利害。請出之以歸有司。如此。然後可以議政。德宗乃詔凡財賦皆歸左藏庫。炎以片言移人主意。議者美之。以炎知為相之體。德宗知為國之務也。今封樁

之法未至如唐之大盈。陛下聽言納諫遠過於唐之德宗。若大臣有楊炎之請。陛下豈有不從之者乎。昔先帝有經略四夷之志。是故別貯以待用。今陛下垂拱守成。志於無為。畜聚於此。將安用之。昔漢高祖創業。老於兵間。日不暇給。文帝躬脩儉節。勸課農桑。則高祖之所不用也。武帝驅攘戎狄。無歲不征。昭帝輕徭薄賦。與民休息。遂罷鹽鐵議榷酤。宣帝總核名實。選用郡守。則武帝之法。昭帝宣帝有所不用也。臣前所謂時異事殊。則後人必有更張。自三代以來。無不如此。非獨漢唐也。今諸路窘乏。不可不救。若其計窮。豈免掊克。是奪之於此。而取之於民也。惟陛下無疑於改先帝權宜之制。則天下之民幸甚。

紹聖初寶文閣直學士知成都府王覿上殿劄子曰。臣元祐六年承乏刑部。嘗因輪對言諸路監司移易頻數。習為因循。苟簡以幸替去。

弊事無所革。汙吏不知畏。長久之策置而不講。故轉運司財用日耗。提刑司常平坊場之政浸以隳壞。此不可以不恤也。伏望朝廷立監司久任之法。近者侍郎户部亦嘗具劄子上殿奏陳監司數易之弊。今監司趣辦目前不爲遠慮。見大利在三二年之外者小費而不爲。圖近效於一兩月之間。貽後患而不恤。欲職事無廢財力有餘難矣。欲乞今後監司皆慎擇其人。而久任之。信賞必罰而勸沮之。朝廷必欲久任。即須明詔諸路以久任之意。使講求一路生財足食之利害條例以聞。而朝廷隨宜應副。責以遠效。不求近功。如此。則異能之士必罄竭以奮庸。中才之人亦勉強而舉職矣。其劄子送三省。未蒙施行。臣愚竊謂近歲計司財用窘闕日甚一日。明當深爲之慮。今欲不傷財不害民。而使經費足備儲蓄饒衍。非慎擇監司而久任之。更無上策。伏望聖慈詳酌。特賜旨揮。檢會前奏。早賜施行。

覲又劄子曰。臣聞國無九年之蓄曰不足。無六年之蓄曰急。無三年之蓄曰國非其國也。臣竊見京師之民素無蓄積。日糴軍糧以充食。而比歲軍糧僅有三年之備。蓋發運司上供年額雖名六百二十萬石。每遇災傷除破或賑貸等借用之外。多不及額。故倉廩日耗。非所以實京師爲遠慮也。伏緣發運司見今雖有本錢一百五十萬貫。其所以糴米麥獨可以准備諸路額斛未到。間先次起發。即不能補完實闕之數。臣伏望聖慈詳酌。更以封樁錢二三百萬貫付發運司。於豐稔路分旋次收糴。遇歉歲除破。及它司借用過額斛。即以所糴補其所闕。使每歲上供常滿六百二十萬石。候倉廩充盈軍糧數多。却裁減上供之數。如允所奏。乞旨揮下有司立法施行。

哲宗時。覲爲右正言上奏曰。臣聞河東陝西諸路經畧司舊有封樁錢斛甚多。只自元豐四年用兵靈武之後。邊計窘急。遂將經畧司錢斛盡歸轉運司支用。由此經畧司倉庫空虛。近年雖因逐處帥臣奏請稍得錢斛封樁。并爲常平本錢。而其數至少。不足爲緩急之備。非計也。蓋轉運司經費至廣。郡縣等租賦僅充歲計而已。何暇更爲遠慮。臣聞上件諸路今夏二麥甚有豐稔之處。近仍頻得雨澤。秋成有望。臣欲乞朝廷出内帑金帛。每帥路各賜三五十萬匹兩。令變轉收糴斛斗。依舊法封樁。轉運司不得干預。以廣邊儲。伏望聖慈特賜旨揮施行。

貼黄。守邊之大計。惟患積粟不多。近者河北措置糴便司斛斗。議者皆以變轉爲難矣。今來本路水災甚廣。其斛斗之助。豈爲小補。何患變轉之難也。況陝西河東地高苦寒。積粟可以經久。當邊事未寧之際。尤須廣爲准備。若稍有災傷及添屯兵馬。即糧草便貴。雖比平日增數倍。多方糴買。亦難遽集也。内藏庫錢帛祖宗蓄積。本要准備兵費。若但倚辦於漕司。待其邊計窘急難得糧草之後。方行支賜。不惟恐不及事。兼見錢既不可津般。所得金帛猝難變轉。且斛斗又貴。則費用雖多。爲補至少。若於平日支賜金帛。令逐路帥臣得以旋次變轉。乘賤收糴斛斗。其利十倍。臣兼聞榷貨務封樁錢物亦多。與其閒置於此。不若分減量給帥路。以廣邊計。惟聖慈詳酌。

覲又上疏曰。臣聞糴甚貴傷人。甚賤傷農。古今之通患也。故李悝耿壽昌爲平糴常平之法以救其弊。不惟當時人以爲便。而後世有賴焉。神宗臨御之初。柄臣建議廢常平舊法以散青苗錢。搢紳之公論莫不以爲非。而主議者持之甚堅。先帝聖明。心知其故。雖重違之。而至於數年之後乃奮然獨斷。令常平錢斛存留一半。遇斛斗價貴減市價出糶。收成時添市價收糴。此有以見先帝知常平舊法之不可廢也然青苗錢未遂全罷者以建議之大臣猶在而附會者膠固其說未可以遽破而已今二聖臨御善政無不行弊事無不革宜有以成先帝之志矣今年二月九日勑節文提舉官錢穀委提點刑獄交割主管依舊常平倉法命下之日四方歎頌以陛下聖德隆厚前古之良法先帝之素志信可以行之於今日矣曾未數月遽復變易而所謂青苗錢者方且著為新令以重其事物論深以為駭而莫知其故臣竊料議者不過謂青苗既不立額而取人情願坐而得息有利而無害云爾果如此議臣請言其不然也夫取債出息貧下無知之民所甚欲也初無故而得錢孰非情願迨乎收斂之際即須追呼督促脅以鞭笞威以枷杻而後本息可得也且又將新蓋舊積累浸多則以逃亡自捐之而虐及妻孥累及同保者相望於道路矣當太平無事之時而使其民無辜陷溺有至於此可不為之痛惜哉然則青

苗之所謂利者果在於利民耶非民之所利則其說既見於前矣如曰利國則歷古以來利不及民而國能獨利者未之有也必民利而後國利焉此惟常平舊法有之而非青苗錢之所能致也夫糴甚貴傷人甚賤傷農人傷則離散民傷則國貧乃必然之理也人果傷而離散矣區區青苗之錢能使之不離散乎農果傷而國貧矣瑣瑣二分之息能使之不貧乎故不若穀賤不至於傷農而民敦本民敦本則田野闢而賦稅增也穀貴不至於傷人則民樂業民樂業則百貨出而無求不得也夫如是則下何假於借貸之物而上何慕於二分之息乎故曰民利而後國利惟常平舊法有之而非青苗錢之所能致也臣竊惟先帝存留常平一半錢斛以行舊法誠務在於平穀價矣然今天下郡縣猶不免樂歲粒米狼戾價甚賤而不售凶年穀價騰踴民阻飢而死亡者何耶蓋郡縣之吏妄意朝廷之法惟急於為

利故於青苗新令則競務力行於糴糶舊條則僅同虛設而又常平錢斛既分以為青苗之本則可充糴糶者固已不多是以穀價低昂而終未見其平也臣伏望朝廷罷散青苗錢依今年二月九日勑行舊常平倉法以成先帝之素志無使郡縣之吏以利心期朝廷而廢善法也惟聖慈詳酌蚤賜旨揮施行

觀為戶部侍郎論財用疏曰臣聞何以守位曰仁何以聚民曰財理財正辭禁民為非曰義夫仁義大矣而理財在其間然理財之尤急者莫甚於食故洪範八政一曰食二曰貨古者國無九年之蓄曰不足無六年之蓄曰急無三年之蓄曰國非其國也國家承平之久宜蓄積之充牣矣今天下郡縣倉廩多空至有不能具三二月之儲者若加之以師旅因之以飢饉雖有智者不能為謀矣夫西北宿兵之重地也物價翔踴十倍數歲之前東南食貨之淵藪也糴買上供僅

足一年之計常平之物散在民間者歉歲亦難收斂士大夫習以為常而不知憂或憂之而不能言或言之而不足聽故弊日益深公私之積日益耗焉昔賈誼言之於漢文曰生之者甚少而靡之者甚多天下財產何得不蹙漢之為漢四十年矣公私之積猶可哀痛安有為天下阽危若此而上不驚者夫積貯者天下之大命也苟粟多而財有餘何為而不成何招而不至文帝感誼言始開籍田躬耕以勸百姓乃至衣弋綈示敦朴為天下先宮室苑囿無所增益有不便輒弛以利民遂有貫朽粟陳之效臣伏望聖慈留神於節用理財之道熟講而深圖之以消未然之患以固無窮之業

觀為刑部侍郎上疏曰臣伏見東南諸路豐歲財用寖為充足故自祖宗以來軍國之費多出於東南大中祥符三年九月江淮發運使李溥言今春運米六百七十九萬石諸路各留三年支用更留准備

上供。及糴等米萬數至多。天禧元年正月赦江淮等路上供米特罷今年春運一次。臣竊思祥符中諸路上供之外既有三年之蓄矣。至天禧赦書又特罷春運一次者。又有以見真宗皇帝深思遠慮不惟閔漕運之勞。而亦欲東南諸路蓄積常多也。今東南財用窘耗日甚。郡縣鮮有兼歲之儲。兩浙今歲蘇湖秀三州水災。本路轉運司及常平之物不足以充糴。近取於江淮。遠糴於荆湖。然後僅能稍蘇三州之民。則無備可謂甚矣。淮南去歲今歲皆無大災傷。而轉運司以軍糧急闕訴於朝廷。每年冬借發運司米二十萬石以充軍糧。不幸有方數千里之水旱。則何以為謀。臣近者備員發運使。在職歲餘。所領六路。以上供錢糧不應期限。而轉運司官吏該劾者凡四路。非獨今歲也。前此逐路大數亦多。彼轉運司官吏寧不以失期冒法為懼哉。盖力既不足。雖重得罪無以避也。緣此諸路但務為逃責滅

近之計。而不暇及生財長久之道。深可嗟惜。臣所見者雖止於東南諸路。傳聞其它路分亦多類此。臣亦嘗詢訪轉運司財用日耗之因。雖不能盡究其本末。然有灼然易見者。逐路用度浸廣。而朝廷封樁浸多也。且以數事言之。邊人添俸。逐路添將兵。諸州添指使場務監官添員外置。准備差遣添大使臣。凡此雖政事所係。適時之宜不得不爾。然若計其費則皆祖宗時所未有也。用度浸廣既如此。又所謂封樁者浸多。若賣鹽寬剩錢。闕額禁軍請受減省造船錢之類。名目甚多。本皆轉運司之物。而一切封樁。歸於朝廷者浸多。則轉運司安得而不窘乎。臣固知封樁之物。非以奉遊宴廣宮室飾苑囿修輿馬也。不過欲蓄積稍多。而有以待軍國緩急之用而已。然所謂蓄積者經費之外有餘。然后可以為蓄積。豈可輟有司之經費使不足用。而名之蓄積乎。今所謂封樁者有司不得輒用。彼經費既闕。及致歲額

上供之物公然負欠而不可詰。又借貸於朝廷者雖經違限勘劾而竟亦不能償。此豈長久之計耶。臣伏望朝廷熟講而深圖之。凡上供封樁之物。前日祖宗所不取者皆付之轉運司。使諸路轉運司稍得自足。乃天下之幸也。

劉摯上疏曰。臣聞財用空乏失助。必有以所致空乏失助之處。不困於費出。必起於陷失。此兩者浮沉財用之海也。朝廷講此熟矣。然知以遺利失財為憂。而密網之置先及百姓。此何道耶。今內有計司市易。外有檢運轉運。更相龍斷。迭相征取。開闔之權歸柄于上。而天下之利盡矣。尚何疑百姓之私蓄以抗國者哉。天子仁聖。賜民寬大此日為盛。則理財之術。但當究費出與失陷兩者之源而已。比年已前財用充阜。求無不厭者。非有真理財之意如今日也。特無所事。因循贍闊。積稔告餘而已。自大興釐之後。官曹以倍費。徒吏以備費。田以

備治費。水以疏決費。軍械以預備費。府寺以土木費。蠻夷以問罪費於非常。河瀆以防虞費於不測。此數者費出之源也。敢妄謂陛下以宮廷犬馬臺池之故而費國毫髮乎。是則費出以民。雖有智者無為奈何。然臣意此數者容有可裁省消減之實。而未之盡得也。夫城防百里。潰於蟻壤。太倉千斯。匱於鼠穴。朝廷雖廣入之。亦廣出之。雖曰理之。亦曰費之。尚何望陳腐貫朽之盈羨乎。議者亦以謂朝廷急財如水火。而不愛惜如塵糞。事未有形跡而志於必成。已財失力又輒弗治。故小人之姦亦敢率易舉事。而朝廷亦自悅從焉。審誠如此則十口之家不能保貧。況九州乎。今朝廷內所儲者具不能知。外所儲者惟坊場之入而已。不亦太寡哉。陛下毋忽銖銖之少。有積而至於鈞石者矣。毋忽拳拳之微。有積而至於丘山者矣。則日朘月削使飽食無事之身不致於苦肥斯可也。此費出之源所宜究也。若陷失之害

則無處不有。然名舉之則似不足言。實考之則又不可廢。且以臣所見稽焉。州郡理欠之財闕陷失之權衡也。彼居是職者有肯為朝廷一經意乎。今折納之法在州郡特理欠之一事爾。自非重朝廷之遺僕則名存實亡文具而已。果誰咎哉。至於坊場走利之倖。胥史冒備之冗。贓罰細故也。積及無筭而弗收。情輕贖金可得也。壞至萬分而不斂。稅商不均而公私無據。賦最不是而累歲無所歸。監司雖才力不及。則棄為殫殘郡邑。畏事而意不經。則以為汗漫。以類推之。則遺利失財無端緣而自沉者。可數也。非不能為而鹵莽滅裂不肯為者。可誅也。此陷失之源所宜究也。天生有時。地生有限。人用之無窮。而費出不塞其消消。陷失不尋其浸浸。則期國之富強可得乎。

殿中侍御史呂陶奏乞罷榷名山等三處茶以廣德澤亦不闕備邊之費。疏曰。臣伏見朝廷察知蜀中茶法貽害數路生靈受弊之

深。特遣使者按視本末。意欲更張與民休息。今黃廉遍詣諸郡及山場等處尋究弊端。盡見其實。累具奏列。皆有條緒。蜀茶之害。十去七八。疲民延頸日望弛禁。過於飢渴之待飲食。而朝廷尚遲遲其決者。蓋為邊費巨萬仰給於茶。慮或闕用。不敢處決與奪。臣愚以謂持此說者。知其一而未知其二也。夫陸師閔增歲課為百萬貫。而又獻羨餘百萬貫者。豈皆茶息哉。蓋勇為屠儈之事。扼民之喉。刮剔骨髓。攘奪百貨。公為販易。其極至於典來亭鬻衣服。虛為茶利以欺朝廷爾。今日陛下忍為此事乎。恭惟深仁博愛惠養萬物。惟恐一夫或失其所。必不忍為此也。既不忍為師閔之事。則禁可以盡廢。利不可以過取。雖黃廉之說猶未能盡副朝廷之意焉。故臣願少變其議。廣陛下之德澤以慰人望。至於邊備。又豈敢闕而不計哉。且黃廉所以欲榷名山油麻垻洋州三處者。猶利榷買之賤。覬出息之多爾。然諸場不榷而此獨榷。則民有幸不幸。榷法猶在。則嚴刑濫賞隨時復作。譬如治病不去根本。未可以言愈也。為今之計。莫若稍高三處之直。如郡縣和糴采榖民間交易之類。就彼和買。及其起綱運致。比於榷法須費一倍。每歲約以五萬馱應副熙河。仍設秦鳳涇原兩路賣茶之禁。丞如黃廉之請。則自可得一百萬貫以助邊計。以權馬法亦不闕少。又何必獨榷三處以貽斯民之憂乎。其它諸路所入素薄。宜一切捨之以與商旅。庶為招來之漸也。又況蜀茶歲約三千萬斤。除和買五百萬斤入熙河外。尚有二千五百萬斤。皆屬商販。流轉三千里之內。所謂住稅翻稅過稅者。亦可得五十萬貫。自榷法之行。茶有牙稅息腳頭子籠索等錢。皆為無名之斂。今既解去羅網。一切不問。第以一貫之茶納長引錢百文。則人情簡便。必亦樂輸。又有十餘萬貫。仍於六十餘萬貫中三分捐一。以為未必皆然之數。則四十萬貫乃有其

實。而茶商諸貨之稅復在此外。總計其數。則邊防之費粗可足用。三郡之茶不必禁榷。利害愈明矣。

陶又奏為乞放坊場欠錢事。疏曰。臣伏見近歲以來四海之利多歸公上。官司之積動計鉅萬。私室之有十已九空。恭惟聖政日新。德澤流霈。窮深極遠。蒙被生成。其勢如大病之後偶得良藥以活其命。有望更生。然而腹腸空虛。支體瘵弱。喘息之氣所存無幾。固宜調護撫養。俾就安完。天下之肥然後可得。是以堆垛市易義倉抵當免行之類。凡為聚斂者一切廢罷。此誠德惠及民之深而與之休息也。獨有出賣坊場一事最為深害。亦願體恤以慰其心。其立法之初。蓋為官司事無紀極。百費浮冗。貪吏從而侵漁。州郡衙前既勤力役。而所得酒榷之利盡以奉於公家。有至竭財破產而死於凍餒。朝廷知其如此。於是拘收坊場。官自出賣。所得淨利。一以募人執役。二以給公家

之用行之漸久弊從而生蓋小人之情競利而不慮患實封投狀務在必得既妄添所買之直又虛增抵産之數逮值民間錢幣闕乏酒貨不售課利淨利抽貫稅錢供給不足纔出季限又有罰錢或委保百姓管押綱運其押綱之人往往盜竊官物走竄失陷則須勒保人陪填或元買價高界滿無人交割轉更拖欠緣此數事坊場多有破敗乃至出賣抵産以償官錢或抵産價高出賣不行則強責四鄰承買或四鄰貧乏承買不盡則攤及飛鄰望鄰之家抑令承買或本戶抵産罄盡尚欠官錢則勒保人代納亦須破壞産業或虛指債負妄起訟端皆賴論索郡縣急於官課更不問有無逋欠遂使平人承認械頸受箠道路相望因縶坐獄殊無虛日其甚者至於自經溝瀆驚及男女而猶不能免大率一縣之內中戶以上因買坊場或充壯保而破散者十常四五官方如此百計督責極力掊聚而逐界所得實

錢十分只及五六一則因元買價高虛張其數二則爲物輕錢重酒無厚利三則日趨困窮難於償納以此天下坊場錢積壓少欠其數極多神宗皇帝深知其弊嘗於元豐三年明堂大赦并八年正月赦文累行蠲放及與展限送納詔令所至人皆鼓舞歌頌以謂天地大恩莫過於此除已蠲放外至今欠錢不下八九百萬貫簿書之內雖有見欠之名刑獄之下必無可足之理方當陛下布政之初聚斂刻剥之事太半罷去天下臣庶欣戴稱頌以爲仁宗復生尤宜廣霈德澤以慰其望臣愚伏願陛下特降睿旨凡係今日已前因買坊場拖欠課利淨利并抽貫稅錢及過月罰錢之類見勒買人或保人送納并破賣抵産者並與除放庶幾窮困之人普沾大惠復遂餘生況皇帝陛下太皇太后陛下恭儉慈仁出於天稟內無土木華靡之費外無兵戈攻戰之賞四海所入國用豐盈雖放免數百萬貫逋欠如去

泰山之一塵何關於事且天下之務固有是非輕重惟聰明聖智能權而行之遂中於理今放釋逋負以安生靈與督責收斂以廣用度何者爲是何者爲非何者爲輕何者爲重權而行之正在此日又況冬春以來雨雪愆候祈禱備至未聞沾足則除放欠負俾民免於凍餒亦可以感天地之祐召陰陽之和使風雨時若也臣又聞真宗皇帝嘗御便殿親閱三司逋欠放八萬三千數蓋真宗以逐次降赦放欠多爲有司廢格不行或根究追逮益爲煩擾故按籍引對而釋之臣願陛下遠法真廟之恤民近倣神宗之布惠斷自聖意特行蠲放坊場欠錢天下不勝幸甚

陶又奏爲天下欠坊場錢爲害家太乞行蠲放疏曰臣伏覩天下凋瘵之端其一起於逋欠之弊天下逋欠之弊其大者莫如坊場蓋始有實計增價虛估抵産之欺中有出限罰錢界滿不替之患終有壯

保納官錢鄰人買産業之禁期會迫切條例煩苛不惟酒戶緣此困窮抑亦平民因而破蕩或縲繫或鞭棰或轉徙道路或自經溝瀆臣嘗歷陳其弊以聞於朝廷矣大率一縣之內中戶以上因買坊場及充壯保而失業破産者十常四五多者欠至數千貫少者亦有三五百貫以四海計罹此疾苦者凡幾千家每家以十口爲率凡幾萬人失所矣朝廷亦宜爲之惻然也神宗皇帝深恤其弊嘗於元豐三年明堂大赦并去年正月赦文累次蠲放及與展限送納德澤之流非不深厚一則爲有司廢格詔令巧求過遏幸其少戾於法遂不蠲除二則爲物輕弊重錢貨乏絕又有災傷去處或因征役相仍衣食尚且不完官錢何暇供納歲月愈久逋負愈多虛掛簿書枉費刑箠鉤考之際雖有見欠之名憔悴之餘必無可足之理況陛下涖政以來以除弊恤民爲急大至市易小至義倉皆蒙哀憐多爲罷去獨此一

事。其害最深。赤子之心旦夕傾望。伏願特降睿旨。廣發渙恩。應今日已前天下坊場拖欠及保人代納并出賣抵產填陪不足及破賣抵產未得者。盡與蠲放。仍令逐路轉運司限一月具已放數目奏聞。如此。則朝廷實惠不爲有司之沮抑。天下疲俗盡知皇上之撫養。下可以結人心之欣戴。上可以感天地之太和。倘蒙聖慈開允臣奏。其見欠河渡錢亦乞依此施行。

陶又奏乞詔有司再行裁定六曹人吏。廉節冗費狀曰。臣聞尚姑息則不可革小人之僥倖。長僥倖則不可節朝廷之冗費。今日公患正在於此。臣敢舉一端而議之。夫六曹吏人者。始官制舉行。以三司審官東西院流內銓等處胥史分隸諸部。創法之初。事未有敘。曹局既廣。不免冗占。朝廷知其如此。嘗差王震刪定條勑。欲議裁損。震不能推至公舉職事。究繁簡之實。立衆寡之限。輙任私意。周掠浮譽。祿少

者則減。祿多者則添。上以虛數欺昧朝廷。下以實費牢籠群小。盡所謂行案手分者。一人之食或四倍於貼司。震減貼司雖多。而添手分亦不少。以舊校新。一歲之費又數萬緡。乃是陛下欲省吏。震則增之。陛下欲損費。震則益之。懷情罔上。何所信據。震之罪雖可以赦原。而朝廷法度不可以妄作。伏請申詔有司再行裁定六曹吏人之數。無或循仍故態。滋長弊端。庶幾國家横費稍稍裁節。

陶又奏乞相度逐務坊場放免欠錢狀曰。臣伏見朝廷德惠及生民多矣。臣下聚斂之態亦已悛革。惟坊場一事根株深固。條約交索。猶有餘弊未盡蠲除。蓋累界放賣至今凡十五年。其始則有實封投狀。競利爭占。虛增估直。詐通抵產之欺。其中則有淨利過重。月納不足。出限罰錢年滿不替之患。其終則有正名已敗。壯保納官錢。餘欠尚存。鄰人買產業之禁。期會嚴迫。節目煩多。不惟酒戶緣此困窮。抑亦平民因而朘削。或繫獄。或受箠。或轉徙道路。或自經溝瀆。天下郡邑無處無之。大率一縣之内上中等戶因買坊場及充壯保而失業破產者十常四五。多者欠至數千貫。少者亦三五百緡。以四海總計。凡幾千家罹此疾苦矣。每家以十口爲率。凡幾萬人失所矣。恭惟陛下至仁博愛。亦宜爲之動心矣。昔者神宗皇帝通知此弊。加意救恤。於元豐三年明堂降赦及八年正月赦文。累行蠲免外。仍與展限二年送納。去歲大饗肆赦。亦有撲住催理指揮。委監司保明聞奏。當議等第蠲放。德澤之流。非不廣厚。然而此弊終未盡去者。一則爲有司違慢詔旨。忘失法意。少有疑似。遂不保明。二則爲物輕幣重。錢貨乏絕。或災傷所困。或兵役相仍。衣食之費尚且不完。至於官錢。何有以納。蓋緣第一界至今已十五年。第二界今亦十二年。往往生業蕩盡。子孫淪散。虛載簿書。枉費刑撻。歲月愈久。重不聊生。憔悴之餘。必無可

得。臣愚伏望陛下推廣先志。霈發異恩。以遠近之差爲輕重之序。應第一第二界見欠者並與除放。其第三第四界亦乞量立分數蠲免。如此則大法簡易。不爲官吏之沮遏。聖澤寬深。遂除生靈之疲瘵。

諫院官右正言劉安世論陝西鹽鈔鐵錢之弊疏曰。臣伏見陝西鹽鈔鐵錢之弊莫甚今日。向者鹽鈔沿邊及近裏州軍轉賣至京。隨處價直增損不過三五百文。是致鹽貨通行。商賈獲利。今則關陝每鈔一席價錢僅及十千。纔至西京。所賣不及六貫。或就解池請鹽。一席脚乘之費通約一十一千。般至西京。止賣七貫已上。鹽鈔與般鹽所折皆十分之四五。此鹽鈔之弊也。舊制大鐵錢之法每一文當小銅錢二文。今則用鐵錢一貫五六百文換易銅錢一貫。往往乘時尚或增長。此鐵錢之弊也。二者弊源皆在官司自求贏餘以補支計。不詳法度與民爭利。且鈔法本欲沿邊召人入中錢物。給鈔支鹽以實邊備

隨處或賤或貴。客人趁時往來販易。公私兩獲其利。今則官司自買勘價錢州軍枝甲。知於價高處出賣。是以鈔價不行。有無不通。陝右素無出產。道路附帶錢物之人。惟用鹽鈔。故不免競添高價收買。此鹽鈔與民爭利也。鐵錢銅錢。昔日相兼一等行用。更無輕重之別。止自近歲以來。陝西官司計較鼓鑄鐵錢獲利稍厚。諸處錢監旋請銅錢。是以民間損利難得。或須用銅錢出入。即以鐵銅加息一分換易。日近官司又令應係支給諸條及買賣等。只支一色鐵錢。使民間分數加息出換。公私相競。漸次添價。始自一分。今至六七分矣。此銅錢與民爭利也。陝西鹽鈔鐵錢之法。素號經久之利。而今日之弊。至於如此。況陝右京西二路壤境相接。每於界首計其米麥金帛之價。僅爭一倍。皆以此也。久而不革。為害浸深。權時之宜。在所損益。為今之計。惟使陝西官司罷買鹽鈔。止令民間販易。其解州鹽池更給鹽貨。並用熙寧以前舊法。仍將諸司見在椿管銅錢。盡數充撥與轉運司。自今後應係支用。並依舊日參同鐵錢中半支給。其官中加息換易銅錢。亦行禁止。諸州錢監舊鑄銅錢去處。亦令興復。如此則鹽鈔與鐵錢之法必行。商旅復通。公私共利。亦理財裕民之道也。伏望聖慈詳酌。特賜旨揮施行。

畢仲游上奏曰。財用之不足。昔世無能用財之人也。論事之小者當論之人。論事之大者當論之小。一家之所入猶昔日也。一家之所出亦猶昔日也。昔乃富。今乃寡。鄉里鄉黨必以為不善用財矣。今天下之所出猶昔天下也。今天下之所費亦猶昔天下也。昔乃有餘。今乃不足。而莫有知其不善用財者。殆未之思爾。雖二虜之歲賜。大河之隄防。兵屯之廩食。宗室戚里之奉養。頗有異於昔日。而賦斂之厚。力役之多。鹽鐵酒榷征商之利。凡增於昔日者。亦足以當之矣。而天下諰諰然常患財用之不足。則財之理在得知財計者用之爾。所謂用財者。非特斂於公者可用。凡天下之財。我皆能用之。雖非我用而實用之也。飢穰天行。豈我能使之不飢。遺乏時有也。我能使之不匱。左能使之右。右能使之左。遠能使之近。近能使之遠。所謂用財之人也。三代之制。漫不可考。然冢宰制國用。量入以為出。通三年餘九年之儲。而堯湯水旱。國無捐瘠也。則用財之大計。亦可見矣。蓋漢興接秦之弊。天子不能具鈞駟。將相或乘牛車。而孝文之時。賈誼以謂公私之積猶可哀痛。至晁錯開說。使民入粟塞下。得以拜爵。得以除罪。曾不數年。遂盡除天下之田稅。四哀痛之貧為富厚之俗。豈天之生財獨私於孝文之世而多邪。亦能左右遠近而用之故耳。今誠以一事求之。天下猶前之繁重。如公帑齋廚酒酵將輸及使於遠道之類。既皆禁之矣。其不免於費者。推酤工作三二事而已。夏秋斂米布帛之

稅。與和買征商祠廟鎮之利。州縣皆有之。以其利而對繁重。殆以二而對一。又積之歲月。可以為身計。則衙前之役不難諍矣。衙前之役既有定議。則坊場河渡單丁女戶之所入。是以廩它役之重而支送迎之費。然所謂坊郭者獨無所與。則可用之財。良在於此。昔漢高帝之時。徙齊諸田楚屈景之族以實關中。武帝之世。又大徙富人於茂陵。而吳胡之難不輕使也。今舉天下坊郭之役錢。無慮數十百萬計。捐而不取則太幸。積於州縣則無名。如倣西漢遷徙之大意。使以役錢入粟塞下。及為大河之芻茭。十取其二三。而以其餘為道路之費。要之比前日之役錢省其半。則彼亦無所怨矣。如是而採晁錯之說。令進納之家與富民而罪可贖者。亦皆入粟塞下。已實則移之郡國。郡國已實則移之京師。三司之經費。則自用周家冢宰量入為出之法。必使有餘以備水旱。而朝廷內外宗室戚里皆減於制度以適時

變。推此類而行之。左右遠近。唯我之所欲用。民不知所由。豈惟國家無不足之患。而富庶之俗。太平之榮。必始於此。事非甚難。而近世以來莫有思之者。故曰財用之不足。無用財之人也。

仲游又奏曰。昔嘗有興作之說動朝廷。朝廷信之。而患財之不足也。故散青苗。置市易。斂役錢。變鹽法。凡政之可以得民財者無不舉。凡吏之可以得民財者無不用。蓋散青苗。置市易。斂役錢。變鹽法者。事也。而欲興作患不足者。情也。苟未能杜其興作之情。而徒欲禁其散斂變置之事。是以百說而百不行。然則事之與情。可不察哉。今欲廢青苗。罷市易。蠲役錢。去鹽法。凡號為財利而傷民者一掃而更之。則自嘗用事於新法者。必不喜矣。不喜之人。必不曰青苗不可廢。市易不可罷。役錢不可蠲。鹽法不可去。必探其不足之情。脩不足之說。伺不足之隙。而言不足之事。以動上聽。夫以一家之計。父子之親。欲安田里。違市井。從耕稼之常業。辭商販之末利。而說以不足。則猶相視扼腕而中止。況以天下之廣。臣民之衆。有郊廟朝廷祭祀賓客之奉。有內外上下官吏廩稍之費。有重兵宿衛邊城守禦之計。有大河隄塞。戎虜餽賜之勞。前古之君。固常患不足。而又探不足之情。脩不足之說。伺不足之隙。而言不足之事。則雖致石人而使聽之。猶將動也。如是則青苗廢而可復散。市易罷而可復置。免役蠲而可復斂。鹽法去而可復存。使禹稷復出。為天下爭。將無奈何。為今之策。當大舉天下之計。深明出入之數。曰天下之不足。其弊安在。弊在邊境轉輸之多也。則棄無用之地。省轉輸之繁。其省幾何。弊在造作脩營之多也。則止造作。輟脩營。其省幾何。弊在新法官吏廩給撰費之多也。則廢吏祿。行舊法。其省幾何。弊在掖庭永巷婦人資用之多也。則定職掌私身之數。非先帝御幸者一出之。其省幾何。天下之可已者無不已。其

省幾何。今諸路常平免役坊場河渡戶絕莊產之錢粟。無慮數十百巨萬。如一歸地官。以為經費。可以支二十年之用。則三司歲入之常半為贏餘。以天下之大而三司歲入半為贏餘。則數年之間。府庫之財。倉廩之粟。亦將十倍於今日。而既省之後。濟之以恭儉。則將如丘山河海之不可盡。以此明言於中而精計乎外。俾朝廷曉然知天下之餘於財也。則不足之情不生。不足之事不起。不足之隙不可伺。而不足之論不得陳於前矣。然故青苗免役市易鹽法。凡所謂新法者。如可永罷而不復。如既飽之人。強以芻豢。猶不肯進。況藜藿菽黍乎。問者曰。患不足而新法興。何以實之。曰。曩者并軍蒐卒。封樁其錢糧。又懼兵之少也。故行保甲之法。籍民為兵。數年以來。農夫去南畝者太半。盜賊公行。守令不得為治。則保甲之利害無可言者。而保甲之名至今未除。豈非患兵之不足邪。以兵不足而存保甲。則知財不足而新法之患可以復興也。

侍御史劉摯上奏曰。臣伏覩陛下即位聽政以來。與天下休息。於安治。凡法令之弗宜于民者。亟通損益之。官吏之弗良于政者。罷免放黜之。中外欣戴。人人如被大賚。然事猶有在遠方重地為害尤甚者。則河北江湖之鹽法。福建川蜀之茶禁是也。數路之害同。而河北江湖福建已蒙朝廷遣使廉治之。獨蜀之茶害未聞詔旨。臣切嘗博訪於知其事者。槩得其說。曰蜀地陋而隘。茶之所出不過十數州。而已始時人賴以為生。今茶司盡榷而市之。大約園戶有茶一本。而官市之額已至數十斤矣。官所給錢。反以靡耗於公者名色不一。如預借息錢。驗引錢。頭子錢。打角錢。稅錢之類。費去常已過半。每歲春官司預以券給借錢糧。必以牙儈保任之。及輸入之日。引驗交稱。又牙儈主之。故其費于牙儈者又不知幾何。則是官于園戶名為平市。而實奪之也。園戶有逃以免者。有投死以免者。已而其害猶及鄰伍。欲

伐茶則有禁。欲增植則加市。故其俗謂地非生茶也。地實生禍也。茶場以茶爲息。始者息一出於茶也。其後市之價愈下。取之息愈多。園戶不勝爲之也。故作茶日少。裁足以應官額而已。於是主茶息者議不獨賴茶。而又爲博易以充之也。博易之事。自貨百物貿販苛刻。錐刀瑣屑無不爲者。依茶爲名。通曰茶息。商税務坐視漏失歲課而不敢有所論也。至於商賈請筭者平時便私。散之州郡茶地。今則一集于成都之都場。高其估以與之。又總計平時所之州郡遠近道里之費入之。故都場之取息又如此。此商旅之所以難行也。官吏以息爲功。以功第賞。既進官減年矣。又以息額之餘錢使與胥吏牙儈分取入已。曰用市易法也。市易之實固非法也。然其取息猶曰與民和市。而茶之取息。一用嚴刑重禁網羅致之。亦爲功異矣。奈何均用一法賞之也。今一任有分錢少者至數千緡。而減年磨勘至有三十餘年

者。此何理哉。法亦可謂敝矣。而朝廷遣使未之及者。豈非以蜀之茶法與熙河蘭會之經制相爲用者歟。蜀茶之利以給熙河蘭會者天下十之三。熙河蘭會之費不止。而蜀茶之害未可息也。然熙河蘭會之費。今昔宜有不同。昔者事邊之外。前有王韶。後有李憲。提兵革財用之大權。朝廷捐金帛市糴莫知紀極。聽其自用。不領於有司。無所會計。非徒私二家也。於是依倚茍合之客。冒功興事。以利相市之徒。公取公予。莫見其跡。則熙河蘭會大費外。又有以泄之者如此也。今既制之於有司。無二人者之橫費。若又於邊計外。凡冗名濫費一切大爲之節約。則蜀之茶雖未可以弛其禁。而所謂十之三者殆必可損矣。伏望聖慈選遣使指考茶法之敝欺者。會計緣茶公家之所費與實息之數。大減歲市之額。稍增斤直之價。削納茶無名之錢。以完養園戶。裁官吏之員牙儈之數。以省冗給。罷息賞之濫。分錢之敝。以

革欺偉。而以其事與轉運司通治之。如此。則蜀民之困苦庶乎可以蘇也。臣待罪言路。既有得於人之言。敢不亟以上聞。然此其大畧。至於利害纖悉。則願勅使者詳究焉。

歷代名臣奏議卷之二百六十八

歷代名臣奏議卷之二百六十九

理財

宗神宗熙寧初。蘇轍論蜀茶五害狀曰。右臣伏見朝廷近罷市易事。不與商賈爭利。四民各得其業。欣戴聖德。無有窮已。唯有益利秦鳳熙河等路茶場司以買賣茶虐害四路生靈。又以茶法影蔽市易販賣百物。州縣監司不敢呵問。為害不細。而朝廷未知禁止。臣聞五代之際。孟氏竊據蜀土。國用褊狹。始有榷茶之法。及藝祖平蜀之後。放罷一切橫斂。茶遂無禁。民間便之。其後淳化之間。牟利之臣始議掊取。大盜王小波李順等因販茶失職。窮為剽劫。凶燄一扇。兩蜀之民肝腦塗地。久而後定。自後朝廷始因民間販賣量行收稅。所取雖不甚多。而商賈流行。為利自廣。近歲李杞初定茶法。一切禁止民間私買。然猶所收之息。止以四十萬貫為額。供億熙河。至劉佐蒲宗閔提舉茶事。取息太重。立法太嚴。遠人始病。是時知彭州呂陶奏乞改法。只行長引。令民自販茶。每茶一貫出長引錢一百。更不得取息。得旨依奏。民間聞之。方有息肩之望。又却差孫迥李稷入川相度。始議極力掊取。因建言乞許茶價隨時增減。茶法既有增減之文。則取息依舊。由是息錢長引二說並行。而民間轉不易矣。而稷等又益以販鹽布。乃能增額及六十萬貫。及李稷引陸師閔共事。又增額至一百萬貫。師閔近歲又乞於額外以一百萬貫為獻。朝廷許之。於是奏乞於成都府置都茶場。客旅無見錢買茶。許以金銀諸貨折博。遂以折博為名。多遣公人牙人公行拘攔民間物貨入場。賤買貴賣。其害過於市易。又以本錢質典諸物。公違條法。欺罔朝廷。蓋茶法始行至今。法度凡四變矣。每變取利益深。民益困弊。然供億熙河止於四十萬貫。其餘以供給官吏及非理進獻希求恩賞。而害民之餘。辱國傷教。

又有甚者夫遂州通判本以按察吏民。諸縣令佐亦以撫字百姓。而計筭息錢。均與牙儈分利。至於監茶之官。發茶萬馱。即轉一官。知縣亦減三年磨勘。國之名器。輕以與人。遂使貪冒滋彰。廉恥不立。深可痛惜。又案盜賊之法。贓及二貫。止徒一年。出賞五貫。今民有以錢八百私買茶四十斤者。輒徒一年。出賞三十貫。又遞鋪文字事干軍機及非常盜賊。急腳遞日行四百里。馬遞日行三百里。違二日者止徒一年。今茶遞往還日行四百里。違一日輒徒一年。立法太深。苟以自便。不顧輕重之宜。蓋造立茶法。皆傾險小人。不識事體。但以遠民無由伸訴。而它司畏憚不敢辯理。是以公行不道。自始至今十餘年矣。臣切聞朝廷近日察知其弊。差官䠶量。然猶恐未知其詳。臣今訪聞稍得其實。謹具條件五害如左。

其一曰。益利路所在有茶。其間邛蜀彭漢綿雅洋等州。興元府三泉縣人戶以種茶為生。自官榷茶以來。以重法脅制。不許私賣。抑勒等第高秤低估。遞年減價。見今止得舊價之半。茶官又於每歲秋成。羅米高估米價。強俵茶戶。謂之茶本。假令米石八百錢。即作一貫支俵。仍勒出息二分。春茶既發。茶戶納茶。又例抑半價。兼壓以大秤。所損又半。謂之青苗。及至賣茶。本法止許收息二分。今多作名目。如牙錢打角錢之類。至收五分以上。買茶商旅。其勢必不肯多出價錢。皆是減價虧損園戶以求易售。又昔日官未榷茶。園戶例收晚茶。謂之秋老黃茶。不限早晚。隨時即賣。榷茶之後。官買止於六月。晚茶入官。依條毀棄。官既不收。園戶須至私賣。以陷重禁。此園戶之害一也。

其二曰。川茶本法止於官自販茶。其法已陋。今官吏緣法為姦。遂又販布。販大寧鹽。販甆器等物。并因販茶運腳。販解鹽入蜀。所販解鹽。仍分配州縣。多方變賣。及折博雜物貨。為害不一。及近歲立都茶場。緣折博之法。拘攔百貨。出賣收息。其間紗羅皆販入陝西尋商賈之利。至於買賣之餘。則又加以質當。去年八九月間。爲成都買撲酒坊人李安典糯米一萬貫。每斗出息八錢。半年未贖。仍更出息二分。其它非法類皆如此。今四方蒙賴聖恩。羅去市易抵當之弊。而蜀中茶官獨因緣茶法。潜行二事。使西南之民獨不蒙惠澤。此平民之害二也。

其三曰。昔官未榷茶。陝西商旅皆以解鹽及雜物等入蜀販茶。所過州軍已出一重税錢。及販茶出蜀。兼帶蜀貨。沿路又復納税。以此省税增羨。今官自販茶。所至雖量出税錢。比舊十不及一。縱有商旅興販。諸處税務畏憚茶官。又利於分取息錢。例多欺詐。以税爲息。由此省税益耗。假有作税錢上曆。歲終又不撥還轉運司。但添作茶官歲課。公行欺罔。又茶官違法販賣百物。商旅不行。非唯税虧。兼害酒課。蜀中舊使交子。唯有茶山交易最爲浩瀚。今官自買茶。交子因此價賤。此省課之害三也。

其四曰。蜀道行於溪山之間。最號嶮惡。般茶至陝西。人力最苦。元豐之初。始以成都府路廂軍數百人貼鋪般運。不一二年。死亡略盡。茶官遂令州縣和雇人夫。和雇不行。即差税户。其爲擾擾。不可勝言。後遂添置遞鋪。十五里輒立一鋪。招兵五十人。起屋六十間。官破錢一百五十六貫。益以民力。僅乃得成。今已置百餘鋪矣。若二百鋪皆成。則是添兵萬人。衣糧歲費二十萬貫。見招塡不足。旋貼諸州廂軍。遂州闕人。百事不集。又茶遞一人日般四馱。計四百餘斤。回車却載解鹽往還山行六十里。稍遇泥潦。人力不支。逃匿求死。嗟怨滿道。至去年八九月間。劍州劍陽一鋪人全然走盡。沿路號茶鋪爲納命場。此遞鋪之害四也。

其五曰。陝西民間所用食茶。蓋有定數。茶官貪求羨息。般運過多。出賣不盡。遂州多虧歲額。遂於每斤增價俵賣與人。元豐八年鳳州准茶官指揮。每茶一斤添錢一百。其餘州郡准此可見。又茶

法初行。賣茶地分止於秦鳳熙河。今遂東至陝府。侵奪蜀茶地分。所損必多。此陝西之害五也。五害不除。蜀人泣血無所控告。臣乞朝廷哀憐遠民。罷放榷法。令細民自作交易。但收税錢。不出長引。止令所在場務據數抽買博馬茶。勿失朝廷武備而已。如此。則救民於網羅之中。使得再生以養父母妻子。不勝幸甚。如朝廷以爲陝西邊事未寧。不欲頓罷茶事。即乞先弛榷禁。因民販茶正税之外。仍收長引錢。一歲之入。不下數十萬貫。而商旅通行。東西諸貨日夜流轉。所得茶税雜税錢及酒課增羨。又可得數十萬貫。而罷置茶遞。無養兵衣糧及官吏緣茶所費食錢息錢之類。其數亦自不少。則榷茶可罷灼然易見。若異日西邊無事。然後更罷長引錢。如舊收税而止。然臣再詳師閔所營茶利。雖使之裒歛一一如數。止於二百萬貫。無復贏餘矣。若以前件茶引茶税雜税酒課利等錢約七八十萬貫折除。即止約有利一百二十餘萬貫。若更除茶遞養兵衣糧及官吏緣茶所費約三四十萬貫。即是師閔百端非理凌虐細民。止得八十萬貫。假令萬一蜀中稍有飢饉之災。民不堪命。起爲盜賊。或如淳化之比。臣不知朝廷用兵幾何。費錢幾何。殺人幾何。可得平定。今但得七八十萬貫錢。置此不慮。臣切惑也。兼臣訪聞陸師閔去年自成都移治永興。仍取成都供給。有本府衙前楊日新者爲之賣酒。至十一月中師閔自覺非法。始移牒永興成都。止就用永興供給。其違法差衙前賣酒及多請過成都供給。即不曾舉覺。其貪冒無耻一至如此。亦乞令所差官便行躰量。如是詣實。乞重行黜竄。以慰遠方積年之憤。

轍爲中書舍人。論復置川茶未當狀曰。朝廷若罷益利路榷茶之法。只榷陝西沿邊諸郡。不許客旅私販。仍将沿邊每歲合用益利諸場茶色及斤重配在諸場。令及時立限和買。官買數足。方許私下交易。

除沿邊所榷地分外。一任客人興販。如此擘畫。比之頃年全榷益利及陝西諸州。其利有五。益利茶戶不被官場以賤大秤抑勒收買。一也。昔茶未有榷。民間採茶凡有四色。牙茶早茶晚茶秋茶是也。採茶既廣。茶利自倍。自榷茶以來。官中只要早茶。其餘三色遂棄不採。民失茶利過半。今既通商。則四色茶俱復採。二也。官所運茶止於邊郡所須。比榷茶之日。所運減半。則茶遞役兵州郡雇脚皆得輕減。三也。陝西茶商既行。岐雍之間。民皆食賤茶。四也。益利諸州。百貨通行。酒稅課利。理當自倍。五也。若比之今來有司所議。但榷名山梁洋三處。放行益利諸場茶貨。其利有四。名山梁洋三處榷法如舊。而不榷之地犬牙相錯。榷與不榷。茶戶利害相遼。例皆王民。而咫尺之間不宜頓有此異。一也。榷與不榷地分不遠。小人易以起動。茶戶。借如名山之西南。出茶之地尚有雅州盧山滎經等處。若放令此茶北出。道過名山。彼此相雜。不可辨認。若放令此茶由水路入嘉眉。則名山之茶亦當從此走失。寬則榷法自廢。急則民遭誣罔。橫被徒配。二也。官中所買。只用早茶。則牙茶晚茶秋茶亦為棄物。民失厚利。與頃歲無異。三也。沿邊諸州蕃部所要茶色各別。今只將名山梁洋三色茶與之。彼既未諳茶性。必有不售。四也。若比之今來或人之議。兼榷陝西秦外諸州。據合用茶數於益利諸場和買。官自般貫和買之餘。成都路客人販茶不得過陝西。其害有三。盡奪茶利。商賈不行。百課不通。酒稅課利自減。一也。運茶既多。遞鋪役兵及州郡雇脚勞費。與頃年無異。二也。岐雍之民。仍食貴茶。三也。由此觀之。朝廷若但和買邊郡合用茶數。只於邊郡立榷法。其餘率皆通商。此法一行。則上件三說之弊自除。至於供給蕃部收買戰馬之利。則與三說無異。以此較之。利害可見。

熙寧中。權開封府推官蘇軾上言曰。均輸徙貴就賤。用近易遠。然廣置官屬。多出緡錢。豪商大賈皆疑而不敢動。以為雖不明言販賣。既已許之變易。變易既行。而不與商賈爭利。未之聞也。夫商賈之事曲折難行。其買也先期而予錢。其賣也後期而取直。多方相濟。委曲相通。倍稱之息。由此而得。今先設官置吏。簿書廩祿為費已厚。非良不售。非賄不行。是官買之價。比民必貴。及其賣也。弊復如前。商賈之利何緣而得。朝廷不知慮此。乃捐五百萬緡以予之。此錢一出。恐不可復。縱使其間薄有所獲。而征商之額所損必多矣。帝方惑於王安石之說。言皆不行。

時青苗法行。屯田員外郎知山陰縣舜俞不奉令。上疏自劾曰。民間出舉財物。取息重止一倍。約償緡錢。而穀粟布縷魚鹽薪蔌耰鉏釜錡之屬得雜取之。朝廷募民貸取。有司約中熟為價。而必償緡錢。欲如私家雜償它物不可得。故愚民多至賣田宅。質妻孥。有識耆老或其鄉黨子弟未嘗不以貰貸為苦。祖宗著令。以財物相出舉任從書契。官不為理。其保全元元之意深遠如此。今誘之以便利。督之以威刑。方之舊法異矣。詔謂振民乏絕而抑兼并。然使十戶為甲。浮浪無根者毋得給俵。則乏絕者已不蒙其惠。此法終行。愈為兼并地爾。何以言之。天下之有常平。非能人人計口受飴。但權穀價貴賤之柄。使積財者不得深藏以邀利爾。今散為青苗。唯恐不盡。萬一飢饉荐至。必有乘時貴糴者。未知將何法以制之。官制既放錢取息。富室蓄鏹。坐待鄰里逋欠之時。田宅妻孥隨欲而得。是豈不為兼并利哉。雖分為夏秋二料。而秋放之月。與夏斂之期等。夏放之月。與秋斂之期等。不過展轉計息以給為納。使吾民終身以及世世。每歲兩輸息錢。無有窮已。是別為一賦以斂海內。非王道之舉也。

熙寧十年知彭州呂陶上奏曰朝廷欲寬力役立法名募初無過斂民財之意有司奉行過當增添科出謂之寬剩自熙寧六年施行役法至今四年臣本州四縣已有寬剩錢四萬八千七百餘貫今歲又須科納一萬餘貫以成都一路計之無慮五六十萬推之天下見今約有六七百萬貫寬剩在官歲歲如此泉幣絶乏貨法不通商旅農夫寔受其弊臣恐朝廷不知免役錢外有此寬剩數目乞契勘見在約支幾歲不全闕乏霈發德音特免數年或逐年限定不得過十分之一所貴民不重困

陶又上奏曰臣今具本路置場買茶往熙河博賣并盡諸州茶貨入官使收三分利息施行出賣致令細民失業枉陷刑憲大於遠方不便謹具畫一條例如後

一臣伏以國家富有四海山澤之利多與民共自仁祖臨御以來深知東南數路茶法之害制詔有司一切弛放任令通商貨法流行德澤深厚聖時盛事高出前世今天下茶法既通而蜀中獨行禁榷此蓋言利之臣不知本末苟於勞費而妄為之非所以安靜遠方之意況川峽四路所出茶貨比方東南等處十不及一日月所照文軌混同法無二門仁不異遠豈可諸路通商兩川却為禁地虧損治體莫甚於斯乃為害之大者故臣敢先言之伏望聖慈特寬茶禁所貴法令平一以率遠方

一本路既為置場買茶將往熙河等處并遂旋取利出賣之後更不許民間衷私買賣遂令諸色人告捕依編勑禁榷茶法斷罪州縣承此指揮後來累有成都府邛州百姓馬吉等為衷私賣茶被人告捕有至徒罪各追賞錢一路之民遂生怨誹蓋緣立法大重有害於人大凡官中元有之物民間私侵其利方是犯禁只如解州有鹽民間煎者乃是私鹽晉州有礬山民間煉者乃是私礬今川蜀茶園本是百姓兩稅田地不出五穀只是種茶賦稅一例折科役錢亦須均出自來採茶貨賣以充衣食伏緣此茶本非官地所產乃是百姓已物顯與解鹽晉礬事體不同一旦立法須令中賣與官或敢私下交易便成犯禁斤數稍重乃至徒刑仍沒納隨行物色別理賞錢恭惟陛下仁聖恤物之心必不如此伏乞別立條約以救苛刻之弊免使刑辟滋彰有傷和氣

一本州導江縣蒲村堋口小唐興木頭等鎮各准茶馬司指揮盡數收買茶貨入官並已施行民之受弊大率均一惟導江縣一處尤為切害蓋緣本處是西山八州軍隘口自來通放入城郭部落博易買賣其蕃部別無見錢交易只是將到椒蠟草藥之類於鋪戶處換易茶貨歸去食用謂之茶米或有疾病用此療治旦暮不可暫闕今來官中須要見錢出賣則蕃部難更將椒蠟等物入場博買若於鋪戶處博易則官茶每斤取三分息錢鋪戶價例自然增長蕃部買賣便致阻隔況茂州軍興之後人情方始安帖豈宜更使茶貨不通別生邊事

右謹具如前所有茶禁不通細民失業刑辟太重最於遠方不便事理並已條析如前臣切見熙寧七年朝廷差李杞蒲宗敏入川相度買茶往熙河博馬等事當時使者急於進用不察事體遂認逐年息錢四十萬貫應副熙河後來運茶積滯歲課不足即便擘畫却於彭漢二州逐年收買狹布各十萬疋名為折當脚錢其實將布上所得之息充入茶利自後又恐買布亦難敷及元數則乞却雇回船車般解鹽入川洎至鹽法難行則又乞將川中有茶去處並行收買前後

乖錯。非止一事。只是欲竊功賞。不卹民間弊病。臣愚伏望聖慈特賜采察。所貴遠方之俗被惠安生。至如官吏費耗道途阻節。稅額虧損。得不補失。則臣不敢喋喋開陳以瀆天聽。伏乞以臣此奏下本路安撫轉運提刑司相度利害。特賜施行。

神宗時。薛向任發運使行均輸法於六路。同脩起居注范純仁言。臣嘗親奉德音。欲脩先王補助之政。今乃効桑羊均輸之法。而使小人為之。掊克生靈。斂怨基禍。安石以富國強兵之術啓迪上心。欲求近功。忘其舊學。尚法令則稱商鞅。言財利則背孟軻。鄙老成為因循。棄公論為流俗。異已者為不肖。合意者為賢人。劉琦錢顗等一言便蒙降黜。在廷之臣方大半趨附。陛下又從而驅之。其將何所不至。道遠者理當馴致。事大者不可速成。人材不可急求。積弊不可頓革。倘欲事功亟就。必為憸佞所乘。宜速還言者而退安石。答中外之望。

純仁為起居舍人知諫院。又論發運均輸狀曰。臣伏覩近降勑命委江淮發運司行均輸之法。此蓋制置條例之臣不務遠圖。欲希近効。略取周禮賒斂之制。理市之法。而謂可以均平百物。抑奪兼并。以求陛下之信。其實用桑羊商賈之術。將籠諸路物貨。買賤賣貴。漁奪商人毫末之利。以開人主侈大之心。甚非堯舜三代務本養民之意也。臣聞傳稱先王之化民曰。陳之以德義而民興行。先之以恭廉而民不爭。導之以禮樂而民和睦。示之以好惡而民知禁。今使貪鄙之吏多引其類。習商賈之態。以市道誘民。固異先王陳德義示好惡之意。而欲民之興廉知禁。不可得已。且成湯不殖貨利。孔子罕言利。孟軻亦曰何必曰利。聖賢非以財利為不可用也。蓋惡其誘導民心以滋貪慾之風耳。夫上之所好。下必有甚焉。詩曰。爾之教矣。民胥效矣。苟國家得末利而敗風俗。非治世之道也。王者治財。惟在務農桑禁游墮。開衣食之原。節無用之費。上率下以儉。下化上以勤。上下勤儉。則自然公私有餘矣。今耕桑之人不勸。衣食之原不廣。朝廷不先節儉。百姓率多游墮。不務生財之道。乃使小人肩好利之風。而欲國家財用富足。是猶緣木而求魚也。不獨傷教無益之如此。而又將有害之大者焉。夫百姓者。陛下之赤子也。教養之道不可不至。撫之以仁則孝愛生。導之以利則爭奪起。則其所施之法所任之人。安得不慎哉。今執政不明。引用小人使專利病。而其人素有貪饕之行。屢為欺罔之姦。必將以羨餘悅朝廷。以賄賂結權倖。加以吏民貧弱。官吏承風。君門九重。朝廷萬里。有掊尅之患而不得訴。有瘡痍之苦而不得伸。忿憤一興。何所不至。陛下雖有子惠黎元之意。天下何由而信之哉。伏望陛下思聖人之訓。黜霸者之術。以農桑為衣食之本。以殖貨為敗俗之端。特降詔旨追改前勑。以近者東南郡縣多被水災。其均輸未

得施行。則必中外生民咸仰盛德。若謂已行之命不可遽止。則乞先罷其人。但委逐路監司只用常平舊法。凡物之賤者貴價以斂之。物之貴者賤價以發之。無令抑配人民。務求羨息。亦是以均平物價。沮抑兼并。又何必過為更張以傷大德哉。臣既叨言路。義切愛君。知而不敢不言。言之不敢不盡。惟望聖慈留神納聽。不獨臣之幸。甚實天下幸甚。

純仁又乞詔御史覺察轉運使刻剝為政狀曰。臣切以天下財用出於耕桑。耕桑出於民力。民力有餘則財用足。民力困弱則財用匱。故傳曰。百姓不足。君孰與足。如此。則財用以民力為根本。未有弱其根本而盛其枝葉者矣。向聞京東轉運使因進羨財。公私窘迫。今又聞本路官將綿價與人戶。每十三兩折和買絹一匹。人戶却須減價賣易。如有斤兩折耗。比給見錢甚有虧損。及至納絹之日。所陪益多。及

聞荆湖北路監司令民進納授官。有人戶家財不能滿數者，須令三四戶同共進納。內只一戶受官。受官者既使它人助錢，太爲僥倖。同納者無名被斂，徒抱怨嗟。陛下方患國用不足，正宜愛惜根本。今轉運使所爲如此。安得民力不傷。孔子謂與其有聚斂之臣，寧畜盜臣。蓋謂盜臣止侵末財。聚斂必傷根本。伏望聖慈下逐路躰量。如實有上件事狀，宜與重行責降。仍乞詔御史臺覺察諸路轉運使有敢以刻剥爲政者，速行彈奏。庶幾民力漸蘇，王道可行。

監察御史裏行劉摯乞復錢禁奏曰。先王之制錢幣也，所以御萬物。通有無而調虛盈。人主之所操天下之利勢也。鼓鑄之權一制於公上。而下不得私之。其發散交易流布運用，雖或積于公，或藏于民，轉移出入之不常。而要皆爲縣官之物。使不出于中國用爾。是以糜毀之奸，散泄之弊，不可以無禁也。天下諸路監冶所鑄入于王府，歲亡

慮數十百萬緡。自國朝以來積而至此，其數幾何。所宜公私沛然有餘裕矣。然今都內之藏既不聞於貫朽，而民間之匱時或聞之。錢荒此何謂也。其故大者在泄之於四夷而已。議時著令，銅錢出中國界者，去，數及一貫，其罪抵死。立重賞以購告捕。而居停資給與夫官吏之失檢察者，皆罪有差。今熙寧刪去此條。而徒聞沿邊有每貫稅之之令。利之所在，人不憚於冒法。前日殺之，猶莫能制。況遂弛其令哉。使四夷不勞而獲中國之利以爲利。三邊之所漏，海舶之所運，日積一日。臣恐竭吾貨財，窮吾工力，不足以給之。而區區之筭稅，權其得失，何啻相萬哉。夫錢以銅爲本。銅之必禁，前世固已有禍福之論。今朝廷方增置錢冶，而刪去銅令。官之所積日益發散，民間得以買賣。肆爲器用，以牟厚利。蓋非獨失銅而已也。而又至於銷毀法錢。蓋緣錢者，和煉之已精，其工費尤簡，變而爲器，有數倍之利。然則既泄之，又壞之。欲錢之充溢不可致。如古之盛，理宜無有也。故臣愚欲乞申嚴邊制，以塞流散之路，復立銅禁，以蕃鼓鑄之本。而息銷毀之患。

淮南轉運使蘇頌奏乞減定淮南鹽價，疏曰。臣伏見淮南一路財賦之數，實爲浩繁。尤藉每歲賣鹽額錢一百餘萬貫資助經費。而近歲已來，連併不敷。議者咸謂不能禁絕私販之人侵奪公利而致然耳。且瀕海之地，潟鹵所生。而又宿亳諸州，連接京東西，通商地分。販者不宿昔而獲厚利，雖峻以刑誅，亦不可禁絕。加以私貨美而價賤，官貨惡而價貴。民間既利於私易，則官鹽無由出賣得行。往往只是抑配與坊郭人戶及過往舟船。如此，課額何從而登辦也。夫鹽味之於人，日食而不可闕者。非同茗酤，用之有時也。以一路生齒之繁，食鹽者不可勝計。而百萬之課，前後登虧不同。非昔之食者衆，而今之食

者寡也。蓋未思所以制其本耳。臣竊聞曩時數有建言者，欲將一路官鹽設法減價出賣，或有欲只減出產州軍價直者。臣以謂遠近一槩減價，誠未易遽行。若且於出產地分，通泰楚海州，漣水軍，亦通商隣境宿亳壽泗等州減定。使公私之價不甚遼絕，則民間樂買者必衆。而私販之人自知利薄而重犯法矣。苟度越一州而販入它州界，則道路潛匿必艱。於隣境官司捕捉亦易爲禁止也。若行之三數年間，課額稍登，然後於近東州軍一例裁減。此誠務私貨害利之一法也。

張方平上疏論國計事曰。臣切惟天之生民，以衣食爲命。聖人因是而爲之均節。立君臣貴賤等威之分，以止其爭且亂。故禮也者，文飾此者也。刑也者，防禁此者也。凡所謂賞罰法令仁義廉恥，皆緣此而後立者也。衣食不足，何禮刑之有哉。內無以保其社稷，外無以制其夷狄。國非其國矣。故貨食者，人事之確論。非高談虛辭之可致者也。

今京師砥平。衝會之地連營設衛以當山河之險。則是國依兵而立。兵待貨食而後可聚。此今天下之大勢也。臣在仁宗朝慶曆中充三司使。嘉祐初再領邦計。嘗為朝廷精言此事。累有奏議。所陳利害安危之躰。究其本原。咒兵冗為大患。累計中等禁軍。一卒歲給約五十千。十萬人歲費五百萬緡。臣前在三司勘會慶曆五年禁軍之數。比景祐以前增置八百六十餘指揮四十餘萬人。是增歲費二千萬緡也。太祖皇帝制折杖法免天下徒。初置壯城牢城備諸役使。謂之廂軍。後乃展轉增創軍額。今遂與禁軍數目幾等。此其歲增衣糧幾何。是皆出於民力。則天下安得不困。臣慶曆五年取諸路鹽酒商稅歲課。比景德計會錄皆增及三數倍以上。景德中收商稅四百五十餘萬貫。慶曆中一千九百七十五萬餘貫。景德中收酒課四百二十八萬餘貫。慶曆中收一千七百一十萬餘貫。景德中收鹽稅課三百三十九萬餘貫。慶曆中收七百一十五萬餘貫。但茶亦有增而不多爾。天下和買紬絹。本以利民。初行於河北。但資本路軍衣。遂通其法以及京東淮南江浙。景祐中諸路所買不及二百萬疋。慶曆中乃至三百萬疋。自爾時及今二十年。但聞比校督責。不聞有所寬減。如此浚取。天下豈復有遺利。自古有國者貨利之入無若是之多。其費用亦無若是之廣也。昔唐室自天寶之亂。肅代之後。國力大窘。禁軍之餉。畿甸百姓至挼穗以供兵食。登都城門以望四方貢奉之至。可謂危蹙已。然患難既平。則兵有時而解。兵解則民力紓矣。今中外諸軍坐而衣食。無有解期。天下困斃已如此。而上下恬然不圖云救。寶元康定中。夏戎阻命。而師在野。既聚軍馬。即須入中粮草。在京支還文鈔銀錢物帛。一歲約支一千萬貫以上。三司無以計置。即須內帑供給。慶曆二年三年連年支撥內庫銀紬絹只此兩次。六百萬疋兩。三司以補不足。尋即支盡。西事已定二紀于茲。中間亦不聞有所廢置者。邦家不幸大變仍臻。須賚之餘。府庫虛匱。宿歲舊積蓋無餘幾。萬一因之以飢饉。加之以寇戎。臣恐智者難以善於後矣。夫苟且者臣下及身之謀。遠慮者陛下家國之計。立事躰大。在陛下所憂無先於此。財計之任。雖三司之職。日生煩務。常程計度。簿書期會。則在有司。至于議有繫於軍國之躰。事有關於安危之機。其根本在於中書樞密院。非有司可得預也。今夫賦斂必降勑。支給必降宣。是祖宗規摹。二府共司邦計之出入也。今欲保大豐財安民固本。當自中書樞密院同心協力。脩明真宗已前舊典。先由兵籍減省。以次舉其為蠹之大。若宗室之制官人之法。諸生事造端非簡便者。裁而正之。至于繼末細故。於國計盈虛不足為損益。屬之有司可矣。提其綱則衆目張。澄其源則下流清。易曰。窮則變。變則通。通則久。又曰。變而通之以盡利。節卦之辭曰。節以制度。不傷財。不害民。故傷財害民之事。當為制度以節之爾。若但遵常守故。齪齪細文。避猜嫌。顧形迹。恤浮議而廢遠圖。忽人謀而徼天幸。日月逝矣。歲不我與。後雖噬臍。何嗟及矣。臣服在近列。荷恩三朝。切見時事日以迫急。不勝憂憤。輒罄狂瞽。惟陛下留神省察。

時銅鐵官多建言。鑄錢事不盡行。而又自弛錢禁。民之銷毀與夫闌出境外者為多。方平諫曰。禁銅造幣。盜鑄者抵罪至死。示不與天下共其利也。故事諸監所鑄錢悉入于王府。歲出其奇羨給之三司。方流布于天下。然自太祖平江南。江池饒建置爐。歲鼓鑄至百萬緡。積百年所入。宜乎貫朽於中藏。充足於民間矣。比年公私上下並苦乏錢。百貨不通。人情窘迫。謂之錢荒。不知歲所鑄錢今將安在。夫鑄錢禁銅之法舊矣。令勑具載。而自熙寧七年頒行新勑。刪去舊條。削除錢禁。以此邊關重車而出。海舶飽載而回。聞沿邊州軍錢出外界。但每貫收稅錢而已。錢本中國寶貨。今乃與四夷共用。又自廢罷銅禁民間銷毀無復可辨。銷鎔十錢得精銅一兩。造作器用獲利五倍。如此。則逐州置鑪。每鑪增數。是猶畎澮之益而供尾閭之泄也。

監察御史裏行彭汝礪上奏曰。臣聞古之所謂理財者以義理之而已。非謂奪而有之也。如今所謂市易。蓋幾於奪矣。凡民之所用皆聚而待之。凡民之所利皆取而專之。道路之所販不得於私而必之於公。市肆之所資不得售於私而必取於公。又爲假貸以招民於凍餒。百姓爲之怨傷愁苦。而上之人方以此原本缺知東南爲詳。江以南其地利在茶。浙江東西所利在物帛。州鄉之類以此爲生。而商賈者資焉。每歲舟浮輦運絡繹於路。官得其征以祿百官。以養軍旅。以事父母。以育妻子。視京師如歸焉。今而市易既自遣使以專其利。而商賈

奏議卷之二百六十九　十五

不行矣。利入市易而三司之稅有損。利歸公家而百姓之用不足。其敝非難知也。且市易之法非不善也。誠使如詔書斂市之不售貨之滯於民者。以其貴買之。雖舉天下爲之可也。而其利亦無窮。且如江東今年夏旱。米斗三百。銀每兩不至千。浙東西今年絲每斤不至四百。民在窮乏。方無所售。使有司因此時取之以待公家之乏。利實在民。而公家亦與焉。今不知出此。使牙儈小人日與市民爭毫髮絲粟之息。此計之至不善也。蓋昔之御商賈之法權其盛衰而已。方其盛。厚征以抑之。方其衰。薄稅以揚之。未嘗專其利而有之也。唐劉晏權萬貨輕重。使天下無甚貴賤。兵興數年。斂不及民而用度足。君子或賤之。今爲計晏下矣。聞之冢宰制國用必以歲之杪五穀皆入。然後制國用。量入以爲出。廩人以歲之上下數邦用以知足否。以治年之豐耗。不足則詔王殺國用。國家歲比不登。而稅賦之入比異時十失三四。亦以此言於陛下乎。天之豐歉無常而國之用有定。以無常支有定。此固已不給矣。而開邊壤鑿河渠興圩埠而所費益侵。此亦無怪上下內外之俱告乏也。臣願少罷一切力役。視浮費而損之。以需有歲焉。古者三年一郊以致誠於天地。以天地之德爲不可報也。故牲幣服器一於簡而已。自漢及唐浮文滋長矣。而恩賞之例尤過於厚。使尚文爲是邪。於救世則今當從質矣。以尚質爲是邪。於趨時則今當用約矣。況未必當於禮也。古者以義養君子。以利養小人。今軍伍之賞且以爲因循難廢。而羣臣幸以才藝數蒙陛下休命。平時恩施厚矣。於是時得封其祖考及其妻子。施于子孫。又以無功安受無名之賞。此非不可節也。人皆曰。養財有道。爲此者私憂過計矣。夫養財固有道。用之獨可無禮乎。不止於平時而節之。而圖之於不及。不於貴者而均之。而變於其下。亦不足以言仁智矣。惟陛下察之。

奏議卷之二百六十九　十六

判三班院曾鞏上奏曰。臣聞古者以三十年之通制國用。使有九年之蓄。而制國用者必於歲杪。蓋量入而爲出。國之所不可儉者祭祀也。然不過用數之切。則先王養財之意可知矣。蓋用之有節。則天下雖貧。其富易致也。漢唐之始天下之用嘗屈矣。文帝太宗能用財有節。故公私有餘。所謂天下雖貧其富易致也。用之無節。則天下雖富其貧亦易致也。漢唐之盛時。天下之用常裕矣。武帝明皇不能節以制度。故公私耗竭。所謂天下雖富其貧亦易致也。宋興承五代之敝。六聖相繼。與民休息。故生齒既庶。而財用有餘。且以景德皇祐治平校之。景德戶七百三十萬。墾田一百七十萬頃。皇祐戶一千九十萬。墾田二百二十五萬頃。治平戶一千二百九十萬。墾田四百三十萬頃。天下歲入。皇祐治平皆一億萬以上。歲費亦一億萬以上。景德官一萬餘員。皇祐二萬餘員。治平并幕職州縣官三千三百餘員。總二

萬四千員。景德郊費六百萬。皇祐一千二百萬。治平一千三百萬。以二者校之。官之衆一倍於景德。郊之費亦一倍於景德。官之數不同如此。則皇祐治平入官之門多於景德也。則皇祐治平用財之端多於景德也。誠詔有司按尋載籍而講求其故。使官之數。入者之多門。可考而知。郊之費用財之多端可考而知。然後各議其可罷者罷之。可損者損之。使天下之入如皇祐治平之盛。而天下之用官之數。郊之費皆同於景德。二者所省者蓋半矣。則又以類而推之。天下之費有約於舊而浮於今者。有約於今而浮於舊者。其浮者必求其所以浮之自而杜之。其約者必本其所以約之由而從之。如是而力行。以歲入一億萬以上計之。所省者十之一。則歲有餘財一萬萬。馴致不已。至於所省者十之三。則歲有餘財三萬萬。以三十年之通計之。當有餘財九億萬。可以為十五年之蓄。自古國家之富未有及此也。古者言九年

之蓄者。計每歲之入。存十之三耳。蓋約而言之也。今臣之所陳亦約而言之。今其數不能盡同。然要其大致必不遠也。前世之於彫敝之時。猶能易貧而為富。今吾以全盛之勢。用財有節。其所省者一。則吾之一也。其所省者二。則吾之二也。前世之所難。吾之所易。可不論而知也。伏惟陛下冲靜質約。天性自然。乘輿器服。尚方所造。未嘗用一奇巧。嬪嬙左右。掖庭之間。位號多闕。躬履節儉。為天下先。所以憂憫元元。更張庶事之意。誠至惻怛。格于上下。其於明法度以養天下之財。又非陛下之所難也。臣誠不自揆。敢獻其區區之愚。陛下裁擇。

鞏又奏曰。臣嘗言皇祐治平歲入皆一億萬以上。而歲費亦略盡之。景德官一萬餘員。皇祐治平皆三萬餘員。景德郊費六百萬。皇祐治平皆一千萬以上。是二者費皆倍於景德。使皇祐治平入官之門多於景德者可考而知。皇祐治平郊費之端多於景德者可考而知。然後議其可罷者罷之。可損者損之。使歲入如皇祐治平。而祿吏承郊之費同於景德。則二者所省蓋半矣。則又以類推而省之。以歲入一億萬計之。所省者十之一。則歲有餘財一萬萬。所省者十之三。則歲有餘財三萬萬。以三十年之通計之。當有餘財九億萬。可以為十五年之蓄。自古國家之富未有及此也。陛下謂臣所言以節用為理財之要。世之言理財者未有及此也。今付之中書。臣待罪三班。按國初承舊以供奉官左右班殿直為三班。立都知行首領之。又有殿前承旨班院別立行首領之。端拱以後分東西供奉。又置左右侍禁及承旨借職皆領于三班。三班之稱亦不改。初三班吏員止於三百或不及之。至天禧之間總四千二百有餘。至於今總一萬一千六百九十。宗室又八百七十。蓋景德員數已十倍於初。而以今考之殆三倍於景德。略以三年出入之籍較之。熙寧八年入籍者四百八十有

七。九年五百四十有四。十年六百九十。而死亡退免出籍者歲或過二百人。或不及之。則是歲歲有增未見其止也。臣又略考其入官之繇條於別記以聞。議其可罷者罷之。可損者損之。惟陛下之所擇。臣之所知者。三班也。吏部東西審官與天下它費尚必有近於此者。惟陛下試加考察。以類求之。蓋有約於舊而浮於今者。有約於今而浮於舊者。其浮者必求其所以浮之自而杜之。其約者必本其所以約之由而從之。如是而力行使天下歲入億萬。而所省者什三。計三十年之通。當有十五年之蓄。夫財用。天下之本也。使國家富盛如此。則何求而不得。何為而不成。以陛下之聖質。而加之勵精以變因循苟簡之敝。方大修法度之政。以幸天下。詔萬世。故臣敢因官守以講求其損益之數。而終前日之說以獻。惟陛下財擇。

哲宗初即位。資政殿大學士呂公著上奏曰。臣伏見陛下自臨朝以

來留神庶政。以休息生民爲念。凡所施爲。皆中義理。如罷導洛堆垛等局。減放市易見欠息錢。罷人戶養馬。放積欠租稅。差官躰量茶鹽法。使者之刻剥害民。如吳居厚霍翔王子京等。內臣之生事斂怨。如李憲宋用臣等。皆從罷去。中外聞之。無不欣喜踴躍。今來復蒙陛下不遺疎拙。特降清問。臣雖無狀。敢不竭盡愚見。臣伏思先帝初即位。名臣充翰林學士。當時親見先帝至誠求治。嘗命臣等詔書。以寬省民力爲意。自王安石秉政。變易舊法。羣臣有論其非便者。則以爲沮壞法度。必加廢斥。自是青苗免役之法行。而取民之財盡。保甲保馬之法行。而用民之力竭。市易茶鹽之法行。而奪民之利悉。若此之類甚衆。今陛下既已深知其弊。至公獨斷。不爲衆論所惑。則更張之際當須有術。不在倉卒。且如青苗之法。但罷逐年比較。則官司既不邀功。百姓自免抑勒之患。免役之法。當須少取寬剩之數。度其差雇所

宜。無令下戶虛有輸納。上戶取其財。中戶取其力。則公私自然均濟。保甲之法止令就冬月農隙教習。仍只委本路監司提按。既不至妨農害民。則衆庶相得安業。無轉爲盜賊之患。如此三事。並須別定良法以爲長久之利。至於保馬之法。先朝已知有司舉行之謬。市易之法先帝尤覺其有害而無利。及福建江南等路配賣茶鹽過多。遠方之民殆不聊生。俱非朝廷本意。恐當一切罷去。而南方鹽法三路保甲尤宜先革者也。以上數事皆累陳大槩。其它詳悉非書所能盡。然臣所深慮者陛下必欲更脩庶政。使不驚物聽而實利及民。莫若任人爲急。故臣前日輒獻愚誠。乞陛下廣開言路。選置臺諫官。誠得中正之士布在要職。使講求天下利害。議所以更脩之術。朝廷上下協心同力。斟酌而裁制之。則天下不難爲矣。若不得其人。則雖有欲治之意。終不可以濟事功。臣又切慮議事者以爲若更張青苗助役等

法。則向去國用必至不足。然自來提舉常平司等處錢物並係封樁。自不許擅充軍國常費。况今日正是息民省事之時。既外不輕用兵革。內無土木橫費。自然國計易給。兼罷得上件掊斂。則民力已覺漸舒。只如近日方罷導洛司堆垛場。汴稅額已有增數。此古人所謂百姓足。君孰與不足者也。

監察御史王巖叟論河北榷鹽之害疏曰。臣切見河北二年以來新行鹽法。考觀其文纖悉皆具。所以用意於國家收利於公上者爲不至。然立法之初。必以謂官不勞而法可行。民無苦而利可得。臣今觀之。大異於此。運載之車名爲和雇。而郡縣鎮寨或無可雇者。則不免有配車於上戶之擾。主司移文。則未知和雇。郡縣應辦。則其實均科。一歲之間或至數四。其能勝乎。載而至官。官自賣之。勢須準留以備消耗。故買者又不免有分兩不足之弊。平日商旅通行。隨力大小乘時鬻置。鹽

亦有餘。民間不知有闕絕之患。今車腳既難。運載不續。則又不免有時時無數。謂之良法。固如此乎。臣切度計議之人。必曰止籠商賈之利以歸公家。而無所增於民。今則在在處處民間鹽價增貴一倍。乃是既奪商賈之利。又增居民之價以爲息爾。所以萬口咨嗟以謂不慣日食貴鹽如此。又未嘗買之艱難如此也。仍聞去城稍遠貧家下戶。往往不復食鹽。至有以鹽比藥之語。夫增價於民。而收息於官以爲異効。其誰不能。雖十倍之亦無難也。顧於百姓何如爾。伏惟河朔天下根本。祖宗以來推此爲惠。願陛下不以損於民爲利。而以益於民爲利。復鹽法如故。以爲河北數百萬生靈無窮之賜。

貼黃。據慶曆六年嘗有臣寮擘劃鹽法。一歲之間止舊數可增錢五十九萬二千八百餘貫。利之所得可謂厚矣。仁宗嘗不以爲意。而惻然發德音。云朕慮河北軍民頓食貴鹽。可且令依舊。并

今者舊言之往往流涕。其勑書刻石於北京。今錄本上進。庶幾陛下得見仁宗之意。躬而法之。以益盛德。為社稷無疆之休。又稱慶曆六年鹽稅額止一十九萬餘緡。今若依元豐六年未推行推法以前歲收鹽稅為額。自已三十三萬餘緡。比舊亦增矣。

巖叟又奏曰。臣伏覩朝旨差范諤相度河北轉運使范子奇所奏。乞令鹽稅收十分稅錢事。臣昨在河北。亦知商賈有自請於官。乞罷推買而願納倍稅者。此蓋出於商賈急推買之奪其利。而巧為此謀。主計者但知能於商賈倍得稅緡以為利。不知商賈將於民間復增貴價以為定也。臣近因論河北鹽法推買不便。且錄慶曆六年仁宗勑書繳進。意謂得經聖覽。不復更有此指揮。今既未然。理當再有論列。伏以仁宗既不行三司推買之法。又不從都運司增稅之請。直欲去朕慮河北軍民頓食貴鹽。可且依舊。言感人。淪於骨髓。刻之琬琰。明著日星。方是時計歲所增錢六十萬緡。仁宗豈不為公家之利。博且多邪。意以謂藏之官不若藏之民。圖於近不若圖之遠。故特捐數十萬緡無窮之息。以為數百家無窮之惠。歲月雖舊。而恩意則新。今陛下即位之始。正宜復以祖宗一言感悅天下。豈宜以小利失人心也。夫小利得之易。人心得之難。陛下豈不惜邪。借此使者復命以增為可行。陛下遂將用其言而增之邪。然則如仁宗勑書之語。自河而北人人共知不可違而違之。如陛下名議何。臣誠知陛下初無此心。特為朝議者未之思耳。且以利害義非善謀也。以怨易恩。非忠告也要之前日之德音不可忘。今日之離心不可失。至理在目。了無可疑。臣乞罷諤勿遣。特以慶曆勑書申諭言者。以昭陛下惠愛之心。以塞計臣聚斂之意。則不獨河北之人幸甚。實天下幸甚。

元祐元年。巖叟乞罷青苗奏曰。臣等累日前連章上言。乞依臺諫官前後論列。早賜罷支青苗錢事。尚未蒙指揮施行。臣等未諭聖意。仰惟自青苗之法行。天下困弊日甚一日。不如昔時。陛下靜則以堯舜之心為心。動則以祖宗之法為法。高明博大。無所不通。必知行青苗以來。百姓皇皇日甚一日。天下之人議論沸騰者。今十六七年矣。必不肯復以為便。力主而行之。却聞有大臣妄進奸言。惑亂聖聽。謂恐國用不足。覬陛下以此為富國之計。便可見其無識。今匹夫放債取利。為之不已而終必自敗。況為國乎。富國有大道。養民有大本。豈有匹夫朝夕之事。可為富國長久之計哉。昔者四民不循其分。不安其業。故所得者皆苟得。所圖者皆苟圖。今陛下即位以來。四民得安其分。得安其業。天下之富自將有餘。為上者不敢狂言妄作。徼功倖進以生事於四方。而耗公私之財。歲之所惜。自已無窮。此一富也。為農者絕誅求之若。息調發之勞。罷不急之役。寬非時之擾。天下從此無逃民。四海從此無荒田。耕耨以時。常賦不闕。歲之所入。不可勝計。此一富也。為工者不窮竭材用以治兵器。不傾極功能以事土木。崇儉尚朴。而華靡纖巧無所陳於前。日有所省。月有所積。而富不可勝用也。為商者無均輸之政以害其生。無市易之法以奪其利。而後皆得自竭其計。自運其財。以流行於四方。人人之得有餘。而國家征稅之入無算。此其富不可勝用也。四者所得。孰與青苗之息乎。為陛下大臣。不知以此開陛下之心。而乃歲初而出之。歲終而入之。朝而出之。暮而入之。以求毫分之息。以臣利者。匹夫富者之事也。豈有為天下而為匹夫之事哉。陛下只當思養民。不須思富國。若主於富國。則民必自窮。若志在養民。則國將自富。較之於心。曾靡毫釐之差。試之於事。遂爭千里之遠。惟聖審察之也。伏望陛下檢會臣等前奏。留神省納。早賜施行。

岩叟請詔有司講究商賈利病奏曰。伏以祖宗盛際。四方之商賈交出於塗。而萬貨無所滯。公私共享其利。優游乎豐樂而不自知。其後利專於公上。商賈爲之不行。通都會邑至有蕭寞之嘆。非獨商賈之患也。而上下均受其弊。陛下即位之始。首發德音。廢導洛。罷市易。還民衣食之源。以惠養困窮。人人蒙福。如遂更生。有司固無復爭利之端矣。然二年于今。不爲不久。商賈猶病乎不通。而國家未獲其益。何也。必法有蔽於中。而講之未盡其術也。伏望特詔有司深究利病。以通天下之商賈。下以裕百姓。而上以資縣官。庶幾人物熙然。復及祖宗之盛。臣愚不勝區區。

朝奉郎前知登州軍州事蘇軾狀奏曰。臣切聞議者謂近歲京東榷鹽。既獲厚利而無甚害。以謂可行。以臣觀之。蓋比之河北淮浙用刑稀少。因以爲便。不知舊日京東販鹽小客無以爲生。太半去爲盜賊。然非臣職事所當言者。故不敢以聞。獨臣所領登州。計入海中三百里。地瘠民貧。商賈不至。所在鹽貨。只是居民喫用。今來既榷入官。官買價賤。比之竈戶賣與百姓。三不及一。竈戶失業。漸以逃亡。其害一也。居民咫尺大海。而令頓食貴鹽。深山窮谷。遂至食淡。其害二也。商賈不來。鹽積不散。有入無出。所在官舍皆滿。至於露積。若行配賣。即與福建江西之患無異。若不配賣。即一二年間舉爲糞土。坐棄官本。官又被責。專副破家。其害三也。官無一毫之利。而民受三害。決可廢罷。切聞萊州亦是元無客旅興販。事體與此同。欲乞朝廷相度。不用行臣所言。只乞出自聖意。先罷登萊兩州榷鹽。依舊令竈戶賣與百姓。官收鹽稅。其餘州軍。更委有司詳講利害施行。

軾爲朝奉郎試中書舍人時。乞不給散青苗錢斛狀曰。准中書錄黄。先朝初散青苗。本爲利民。故當時指揮並取人戶情願。不得抑配。自

後因提舉官速要見功。務求多散。諷脅州縣。廢格詔書。名爲情願。其實抑配。或舉縣勾集。或排門抄劄。亦有無賴子弟。謾昧尊長。錢不入家。亦有它人冒名詐請。莫知爲誰。及至追催。皆歸本戶。朝廷深知其弊。故悉罷提舉官。不復立額考校。訪聞人情安便。昨於四月二十六日有敕。令給常平錢斛。限二月或正月。只爲人戶欲借請者及時得用。又令半留倉庫。半出給者。只爲所給不得輒過此數。至於取人戶情願。亦不得抑配。一遵先朝本意。慮恐州縣不曉朝廷本意。將爲朝廷復欲多散青苗錢穀。廣收利息。勾集抑配。督責嚴急。一如向日置提舉官時。八月二日三省同奉聖旨。令諸路提點刑獄司告示州縣。並須候人戶自執狀結保赴縣乞請常平錢穀之時。方得勘會依條支給。不得依前勾集抄劄。強行抑配。仍仰提點刑獄常切覺察。如有官吏似此違法騷擾者。即時取勘施行。若提點刑獄不切覺察。委轉運安撫司覺察聞奏。仍先次施行者。右臣伏見熙寧已來行青苗免役二法。至今二十餘年。法日益弊。民日益貧。刑日益煩。盜日益熾。田日益賤。穀帛日益輕。細數其害。不可勝言者。今廊廟大臣皆異時痛心疾首。流涕太息。欲已其法而不可得者。況二聖恭己。惟善是從。免役之法。已盡革去。而青苗一事。乃獨因舊。稍加損益。欲行紾臂徐徐。月攘一雞之道。如人服藥。病日益增。體日益羸。飲食日益減。而終不言此藥不可服。但損其分劑。變其湯使而服之。可乎。熙寧之法。本不許抑配。而其害至此。今雖復禁其抑配。其害故在也。農民之家。量入爲出。縮衣節口。雖貧亦足。若令分外得錢。則費用自廣。何所不至。況子弟欺謾父兄。人戶冒名詐請。如詔書所云。似此之類。本非抑勒所致。昔者州縣並行倉法。而給納之際。十費二三。今既罷倉法。不免乞取。則十費五六。必然之勢也。又官吏無狀。於給散之際。必令酒務設

鼓樂倡優。或關撲賣酒牌子。農民至有徒手而歸者。但每散青苗。即酒課暴增。此臣所親見而為流涕者也。二十年間。因欠青苗至賣田宅雇妻女投水自縊者不可勝數。朝廷忍復行之乎。臣謂四月二十六日指揮。以散及一半為額。與熙寧之法初無小異。而今月二日指揮猶許人戶情願請領。未免於設法網民使快一時非理之用。而不慮後日催納之患。二者皆非良法。相去無幾也。今者已行常平糶糴之法。惠民之外。官亦稍利。如此足矣。何用二分之息以賈無窮之怨。或云議者以為帑廩不足。欲假此法以贍邊用。臣不知此言虛實。若果有之。乃是小人之邪說。不可不察。昔漢宣帝世西羌反。議者欲使民入穀邊郡以免罪。蕭望之以為古者藏於民。不足則取。有餘則與。西邊之役。雖戶賦口斂以贍其乏。古之通議。民不以為非。豈可遂開利路以傷既成之化。仁宗之世。西師不解蓋十餘年。不行青苗有何

妨闕。況二聖恭儉清心省事。不求邊功。數年之後。帑廩自溢。有何危急而以萬乘君父之尊負放債取利之謗。錐刀之末。所得幾何。臣雖至愚。深為朝廷惜之。欲乞特降指揮。青苗錢斛今後更不給散。所有已請過錢斛。候豐熟日分作五年十料。隨二稅送納。或乞聖慈念其累歲出息已多。自第四等以下人戶並與放免。庶使農民自此息肩。亦免後世有所譏議。兼近日謫降呂惠卿告詞云。首建青苗。力行助役。若不盡去其法。必致姦臣有詞。流傳四方。所損不細。

門下侍郎司馬光論錢穀宜歸一劄曰。臣切以洪範八政。食貨為先。故古者國用必使冢宰制之。祖宗之制。天下錢穀自常平倉隸司農寺外。其餘皆總於三司。一文一勺以上悉申帳籍。非條例有定數者不敢擅支。故能知其大數。量入為出。詳度利害。變通法度。分畫移用。取彼有餘。濟此不足。指揮百司轉運使諸州。如臂使指。朝廷常選健

吏精於理財者為三司官。如陳恕、林特、李參之類。皆稱職有名者也。其餘非通曉錢穀者。亦不得叨居其任。故能倉庫充溢。用度有餘。民不疲乏。邦家乂安。自改官制以來。備置尚書省六曹二十四司及九寺三監。各有職事。將舊日三司所掌事務散在六曹及諸寺監。應支用錢物。五曹得以自專。有司得符即時應副。而戶部不能制。申發帳籍又不盡歸戶部。戶部既不得總天下財賦。無由盡知錢穀出內見在之數。既不審知。何由量入為出。又五曹及內外百官各具理財之法。申奏施行。戶部不得一一關預。無由盡究其間利害。今之戶部尚書。舊三司使之任也。而左曹隸尚書。右曹不隸尚書。天下之財分而為二。視彼有餘。視此不足。不得移用。天下皆國家之財。而分張如此。無專主之者。誰為國家公共愛惜。通融措置者乎。譬人家有財。必使一人專主管支用。若使數人主之。各務己分。所有者多。互相侵奪。又

人人得取而用之。財有增益者乎。故利權不一。雖使天下財如江海。亦恐有時而竭。況民力及山澤所出有限剩乎。此臣所以日夜為國家深憂者也。今縱未能大有更張。欲乞且令尚書兼領左右曹。侍郎則分職而治。其右曹所掌錢物。尚書非奏請得旨。不得擅支。諸州錢穀金帛隸提舉常平倉司者。每月亦須具帳申戶部。六曹及寺監欲支用錢物。皆須先關戶部。符下支撥。不得一面奏乞直支。應掌錢物諸司。不見戶部符。不得應副。其舊日三司所管錢穀財用事有散在五曹及諸寺監者。並乞收歸戶部。若謂戶部事多官少。難以辦集。即乞減戶部冗末事務付閑曹比司兼領。而通隸戶部。如此。則利權歸一。若更選用得人。則天下之財庶幾可理矣。

監察御史上官均上奏曰。臣聞財用出於一司。則有無多少得以相通。差繆欺盜得以稽察。故財無妄出之費。而國無不足之憂。然後可

以裕民之財力。而仁澤被於天下矣。周之太府掌九貢九賦九功之貳。受財貨之入。所以待王之膳服賓客祭祀賜予玩好之類皆總于太府。歲終會財賄之出入。可謂財用出於一。故有無多少。得以相通。差繆攘盜。得以稽察。而國無不足之憂。自漢及唐其理財設官。不若周之條理詳備。其計入為出。不若周之法制全密。則上下鰓鰓然常以不給為患。不亦宜乎。先朝自新官制。蓋有意合理財之局總於一司。故以金部右曹案主行內藏受納寶貨資借拘催之事。而奉宸內藏庫受納又隸太府寺。然按其所領不過關報寶貨之所入。為數若干。其不足若干。為之拘催歲入之數而已。至於支用多少不得以會計。文籍舛繆。不得以稽察。歲久朽腐。不得以轉貿。總領之者止中官數十人。彼惟知謹扃鑰塗窻牖以為固密耳。承平歲久。寶貨山積。多不可校。至於陳朽蠹敗謾不知省。又安能鉤考其出入多少。與夫所

蓄之數哉。臣切聞昨來內藏庫賣遠年紬絹。每匹只二三百文。夫自方郡之遠至內帑。每縑之直須近二千餘。所賣之直止於十之一二。此不知貿易移用之弊矣。夫不知理府庫之財而外求於民。不知節用之術而為多斂之計。此有司之罪也。臣以為宜因官制之意。令戶部太府寺於內藏諸庫得加檢察。而轉貿其歲久之貨幣。則帑藏有盈羨之實。而無棄敗之患。國用足而民財裕矣。

監察御史陳次升上奏曰。臣切以民財有限。取之不可以過多。邦賦有常用之不可以無節。熙寧以前。上供錢物。無額外之求。州縣無非法之斂。自後聚利之臣不原此意。唯務刻削以為己功。若減一事一件。則據其所減色額。責令轉運封樁上供。別有增置合用之物。又合自辦。上供名件。歲益加多。有司財用日惟不足。既無家資之可助。又無鄰粟之可貸。必至多方以取於民。非法之征其來乃自乎是。且人主莫不有惻隱之心。豈無愛民之意。比年監司多以掊取相高者蓋迫於歲計不足。其勢不得已而然也。伏自陛下臨御以來。輕徭薄賦斂澄汰掊刻。崇尚忠厚。天下之人莫不咸被德澤。歡欣鼓舞屬心內附。拭目以觀太平之極致。然而額外上供之數未除。切恐異日供應不辦。官司則有失職之責。苟欲避免侵漁之患復從而生。未足以副陛下仁厚之德。臣欲乞聖慈特降指揮勘會熙寧以來於舊上供額外。創行封樁錢物。並與放罷。庶使官吏不至過有誅求。而民無騷擾之害。

歷代名臣奏議卷之二百六十九

歷代名臣奏議卷之二百七十

理財

宋徽宗即位初，通判鳳州馬景夷言：陝西自去年罷使銅錢。續遣官措置錢法，未聞有深究錢幣輕重灼見利害者。銅錢流注天下，雖千百年未嘗有輕重之患。獨鐵錢局於一路，所可通交易有無者，限以十州之地，欲無滯礙，安可得乎。又諸州錢監鼓鑄不已，歲月增多，以鼓鑄無窮之錢，而供流轉有限之用，更數十年積滯一隅，纍如丘山。公私為害，又倍於今日矣。謂宜弛其禁界，許鄰近陝西河東等路特不入京城外，凡解鹽地州縣並許通行折二鐵錢。如此則流注無窮，久遠自無輕重之患。

建中靖國元年，給事中上官均上奏曰：臣切聞河北自來不係榷鹽地分。周世宗初榷河北鹽，世宗北伐，父老遮道泣訴，願以鹽課均之兩稅而弛其禁。世宗許之，今兩稅鹽錢是也。嘉祐中，三司使王拱辰乞本路榷鹽，仁宗皇帝降詔曰：朕不欲河北軍民頓食貴鹽。詔書既下，北京父老感戴聖恩，聚僧道作道場七日。至今碑刻詔文具在北京。紹聖四年，因宣德郎寶訥誣罔朝廷，奏請榷鹽，當時訥妻父宰相章子厚遂從其請，施行已及三年。臣近緣使事經由河北，州縣官吏皆以為自行榷鹽，官中獲利甚少，而民食貴鹽，被刑出賞，為害不少。蓋河北淮南諸路，如北京澶恩諸郡，頗多鹵地，既不可耕種，係出稅賦，又納鹽錢。下戶貧民取煎小鹽貨賣，供官贍家。今來官中榷買，既非竈戶，不能刮煎貨賣，卻依舊納稅，更出鹽錢。下戶轉見貧窘，往往犯法。一人冒禁，累及同保，共備賞錢。州縣督責，雖明貧乏，以提舉茶鹽司按簿催促，不免經年監錮。貧民迫於衣食不足，必至為盜。兼詢得州郡自行榷鹽，官中雖獲息錢，然商賈稀少，卻有虧損稅錢去處。通計一路，就使息錢增多，然民間鹽價比昔日倍貴，又多伴和泥土，烹煎不精。至於犯法被刑，督責賞錢，為害不細。兼河北係黃河行流，人使經由道路，每年人戶應副工役，比於它路尤為勞費。昨因大河移改，決溢瀰浸田廬，又累年飢荒，流移餓殍人數不少。今年稍得豐稔，未便蘇息，尤藉州縣官吏協力寬恤。伏願陛下深飭有司考究榷鹽公私獲利多寡，循守仁宗手詔德音，罷去禁榷，養貧乏，寧固根本，以副陛下惻怛仁民愛物之意。

左司員外郎陳瓘進國用須知狀曰：臣伏見仁祖之時，臣寮上言曰：周制冢宰制國用，唐宰相兼鹽鐵轉運使，或判戶部，或判度支。然則宰相制國用，從古然也。今中書主民，樞密主兵，三司主財，各不相知。故財已匱而樞密院益兵不已，民已困而三司取財不已。中書視民之困，而不知使樞密院減兵、三司減財以救民困者，制國用之職不在中書故也。臣謂當仁祖之時，官制未立。自元豐以來，制國用之職在三省矣。戶部尚書之所掌，乃天下財用之根本也。神考理財之政，所以法先王而慮萬世。元祐之臣雖有紛更，然天下所積財物，朝廷亦不盡取。今則一年之間，違下五勅。凡提舉司所積錢，取之殆盡。竭天下根本之財，壞神考理財之政，繼志述事，豈宜然哉。今具五次朝旨下項。

一、元符三年九月八日勅：府界諸路見管坊場錢，除本路一年合支數外，將剩數更留一半准備支用，餘一半特令起發上京，應副朝廷支用。

一、元符三年十一月十九日勅：府界諸路見管常平役錢，除本路一年合支數外，將剩數更留一半准備支用，餘一半特令起發上京，應副朝廷支用。

一建中靖國元年二月二十三日勑諸路提舉司將見在抵當息錢並起發上京應副朝廷支用。

一建中靖國元年三月初一日勑諸路提舉司將見在量添酒錢。依抵當息錢已得旨揮施行。今後更使不盡錢數。並封樁准備朝廷支用。

一建中靖國元年三月初二日勑府界諸路提舉司所管錢物。除依旨揮起發及除留出本年合支散外。餘剩更留一半。錢數不多。深屬闕少糴本。今於元祐年中所納助役錢內撥一半充常平糴本。餘一半許擢貨務召人入便。或計置起發上京。充那往三路添助常平糴本。

臣切惟神考立法之意。取民之財還以助民。故天下諸路州州縣縣各有蓄積。將以待非常之用。不使有偏乏之處。故右曹錢物不得與

別司交雜。違條輒用者徒二年。自元豐七年以常平等積剩財物補助邊費。歲取二百萬緡為額。以三年為期。蓋不欲多費天下民財以資邊用。神考愛民之慮可謂深矣遠矣。今當紹述此意。豈宜取三十年間根本蓄藏之物。一切大違成憲而偏用之於一方乎。且上件五項所取之類以天下計之萬數不少於此類。內河東陝西京西三路之撥與提刑司者其數幾何。河北路交撥與措置糴買司者其數幾何。川陝西路具樁管數目。關鄰路召人入便。及與茶馬司對數交充者其數幾何。臣謂凡八路那移充撥皆主於邊費而已。自餘路分起發入京西飛于塞下者又不知其幾何。然則天下蓄積之物皆運之于邊矣。若使一勞而久佚。暫費而永寧。則三十年積之而一日用之猶足以濟一時之權。成不得已之計。今則不然。但別割諸路以補一方之瘡痍而已。臣恐一方瘡痍補之未合。而天下之財之患有不可深言者矣。臣生長南方。不能周知四境之事。且為東南之西邊財用匱竭。則供億調度必取諸東南。東南積剩之物今於無事之時既巧取而偏用之矣。或有東南意外不庭之患。又將取之於何地乎。臣切考唐武德以後開拓邊境。地連西域。置都督列州縣。開元中置節度以統之。軍城戍邏萬里相望。然而當此之時。糗糧出於屯田。馬牛出於監牧。戍卒繒布取之於山東而已。未嘗罄天下之積以從事於一方也。今五勑之所取非歲歲常有之數。方主議大臣充位之時。賴此紓目前之急。為廟堂久遠之慮。當如之何。制國用者既不卹此。議棄地者又執偏見。不詢衆庶之論。不盡邊臣之說。各以利意自復其言。因循相仍。馴致大患。縱以闕之為憂。不過請行鬻爵之類耳。神考創法比隆於三代。彼中世之陋法如鬻爵之類。乃熙寧初議之所不取也。當時條例司臣寮參議論者今為輔相。忍不為陛下一言之乎。又

況神考自有為之初以至法度之成。憂勤不懈。非一日之積也。所以建子孫萬世之業。為四海無疆之慮。何意今日紹述先緒乃復遽取中世之陋法而行之者也。使財用有餘則朝廷議論自不至此。然則神考十九年焦勞之慮特為今日目前之費爾。豈不痛哉。又聞獻議之臣欲裁損州郡供給減削吏人請受以佐國用。樞密院減罷陝西諸路准備官員數以節冗費。此不得已之計。非無毫髮之助也。然使神考理財之政。不為廟堂所壞。則臣寮議論亦不至此。此等不得已之事不免漸漸為之。則算閒架除陌錢貸富人錢穀賣御史告身之類。安保其不漸漸為也。主議大臣既去之後設有此事。則其歛謗欲使何人當之。故凡戶部不得已之下策皆非神考大有為之初意也。漸用不得已之策。預改大有為之意名曰建中。而偏為過甚之舉。名曰紹述而大違神考之緒甚矣。其可痛也。陛下嗣位之初。肆赦天下。大

弛遣矣。此廼真宗之所嘗行。而神考之所欲為也。紹聖役法有一倍三料之文。神考素意欲俟歲久積多。則時一弛之。所以遠繼成周歛民之法。而俯取漢文弛租之政。以悅斯民以知一新以為後嗣之式也。夫上之所弛者其數既多。則下之所獲者不為僥倖。周官八則。所謂予以馭其幸者。雖非日行之常事。是乃馭民之美意。陛下式祖宗而行之。可謂得繼述之義。而人臣之所宜將順者也。然方國用匱乏之時。而所弛之物。其數太多。故所謂傾天下之財而使無子遺者。言者之所當慮也。然赦勅之所放。陛下所以廣恩惠。五赦之所取。大臣所以備邊乏。廣恩惠以收人心。有益之事也。因邊費而壞成法。無益之舉也。又赦敕所放。其數止於二千餘萬。五赦所取其數不知其幾萬萬也。陛下為有益之事以法祖宗。其數又少。方乏財之時尚不可以不言。大臣為無益之舉以壞先憲。其數甚多。方乏財之時。安可以

不慮乎。切惟神考承祖宗久安之緒。熙寧之初。國用匱乏。而理財之政未脩也。王安石曰。有天下者豈以乏財為患哉。於是講理財之法。立天下之政。緝熙增損。十有餘年。至於元豐之間。法度成就。然後州州縣縣皆有蓄積。天下無偏乏之處。將以待非常之用。則所謂有天下者不以乏財為患。信不誣矣。今則不然。耗根本之財。壞已成之法。雖西邊用度目前不乏。而天下方匱乏。患將由此而作矣。蓋神考為子孫萬世之慮。故政事既立而天下無乏財之患。今日壞神考之法。則天下之患必自乏財而生。此必然之理也。且自祖宗以來。天下諸路轉運司或有非常之用。必須干告朝廷。既在經費之外。於理自合應副。然自熙寧以前。常患無可應副者。以理財之政未備故也。由元豐以來。根本蓄積之財。州州縣縣聚如江海。法防堅固。內外充溢。轉運司經費之外。設有干求。以此應副。不患不足。然而神考愛惜民財。

謹守交雜之法。轉運司雖有干求。亦不輕與。故當時轉運使劉攽之徒。妄有乞貸者。皆被謫罰。今則邊方用度百倍於昔。轉運司匱乏迫窘。異於平時。雖有乞貸。理合應副。然朝廷於其所請。例皆峻拒。朝廷豈為愛惜民財謹交雜之法乎。良以乏財而已矣。諸路誤以乏財廢事。為轉運使者安肯受無名之謫乎。夫州州縣縣蓄積之物。一年之內皆以五赦取之。而尚以乏財為患。可不慮哉。臣願陛下詔宰臣制國用。脩戶部右曹之政。明提舉官覆奏之法。委官選吏會計五赦所起都數若干。已到若干。未到若干。自餘八路那移充撥以充邊用者若干。陝西河東邊費除繫本路錢物及朝廷以錢應副外。已用五赦所及外應支五赦所起者其數各若干。除已用應支外。所餘之數尚有若干。凡已往之費不可追究。未來之費所宜留也。前此朝廷遣使會計邊費已用之數。所得者簿曆盈車。不可覆究。重有煩費無補於

事。今臣所論者右曹根本之財而已。不知五赦所可以為西邊幾年之用否。因天下之力。壞神考之政。而數年之後未免闕絕。廟堂之上今亦可以覺悟矣。惟陛下熟計之幸甚。

崇寧中。監察御史沈畸奏論當十夾錫錢宜為罷當。畧曰。小錢之便於民久矣。古者軍興用乏。或以一當百。至于當千。此權時之術。非可行於無事之世。今當十之議固是紓目前。然使游手鼓鑄無故有倍稱之息。何憚而不為。雖日加斷斬。勢不可止。恐未能期歲東南小錢輕。錢輕則物重。物重則民愈困。此盜賊所由起也。陝西舊無銅錢。故以夾錫為貴。一切改鑄。則猶前日鐵錢耳。今東南方私鑄。又將使西北倣之。是導民犯法也。

大觀四年。張商英為相。奏言當十錢為害久矣。昔小平錢有出門之禁。故四方客旅之貨交易得錢。必太半入中末鹽鈔。收買告牒。而餘

錢又流布在市井。此上下内外交相養。自當十錢行。以一夫而負八十千。小車載四百千。錢既為輕齎之物。則告牒為滯貨。鹽鈔非得塵擡之息則不行。臣今欲借内庫并密院。諸司封樁紬絹金銀并鹽鈔。下令。折十錢限民半年所在送官。十千。給銀絹各一匹兩。限竟毋更用。俟錢入官。擇其惡者鑄小平錢。存其好者折三行用。如此則錢法鈔法不相低昂。可以復舊。

侍御史毛注言。崇寧以來鹽法頓易。元豐舊制不許諸路以官船廻載為轉運司之利。許人任便用鈔請鹽。般載於所指州縣販易。而出賣鹽多寡為州縣殿最。一有循職養民不忍侵克。則指為沮法。必重奏劾譴黜。州縣孰不望風畏威。競為刻虐。由是東南諸州每縣二等以上戶。俱以物產高下勒認鹽數之多寡。上戶歲限有至千緡。第三等末戶不下三五十貫。籍為定數。使依數販易。以是歲額稍或愆期。

鞭撻隨之。一縣歲額有三五萬緡。今用為常額。寔為害之大者。又言朝廷自昔謹三路之備。糧儲豐溢。其術非它。惟鈔法流通。上下交信。東南末鹽錢為河北之備。東北鹽為河東之備。解池鹽為陝西之備。其錢並積於京師。隨所積多寡給鈔於三路。如河北糧草鈔至京並支見錢。號飛錢法。河東三路至京半支見錢。半支銀紬絹。陝西解鹽鈔則支請解鹽。或有迓給鈔。亦以京師錢支給。惟錢積於京師。鈔行於三路。至則給錢。不復滯留。當時商旅皆悅。爭運糧草入於邊郡。商賈既通。物價亦平。官司上下無有二價。斗米止百餘錢。束草不過三十。邊境倉廩所在盈滿。自崇寧來鈔法屢更。人不敢信。京師無見錢之積。而給鈔數倍於昔年。鈔至京師。無錢可給。遂至鈔直十不得一。邊郡無人入中糴買不敷。乃以銀絹見錢品搭文鈔為糴買之直。民間中糴不復會算鈔直。惟計銀絹見錢須至高擡糧草之價以就虛數。致使官價幾倍於民間。斗米有至四百。束草不下百三十餘錢。運儲不得不闕。財用不得不匱。如解鹽鈔每紙六千。今可直三千。商旅凡入東南末鹽鈔。乃以見錢四分。鹽引六分。榷貨務惟得七十千之入。而東南支鹽官直百千。則鹽本已暗有所損矣。臣謂鈔法不循復熙豐則物價無由可平。邊儲無由可積。方今大計。無急於此。辥向昔講究於嘉祐中。行之未幾。穀價遽損。邊備有餘。逮及熙豐。其法始備。比年榷貨務不顧鈔法屢變。有誤邊計。惟冀貼納見錢專買東南鹽鈔。圖增錢數以僥冒榮賞。前鈔方行。而後鈔又復變易。特令先次支鹽。則前鈔遂為廢紙。園人攘利。商旅怨嗟。臣願明詔執政大臣精擇能吏。推明鈔法。無以見行為有妨。無以既往為不可復。如辥向之法已效於昔者。可舉而行之。今之練政事通鈔法。不患無人。在京三庫之積。皆四方郡縣所入。不患無備。如以三四百萬緡樁留京師。隨數

以給鈔引。使鈔至給錢。不復邀阻。上下交信。則人以鈔引為輕齎。轉相貿易。或支請多。惟轉廊就給東南末鹽鈔。或度牒之類。如東南末鹽鈔。或度牒敕牒。唯許以鈔引就給外。餘並令在京以見錢入易。樁留以為鈔引之資。亦計之得者。若舊出文鈔。亦當躰究立法。量為分數支鹽償之。自昔立法之難。非特造始。備復既廢。亦為非易。欲興經久之利。則目前微害宜亦可略。惟詳酌可否施行。

徽宗時。李綱論理財以義疏曰。臣伏見朝廷講求理財之術。以足邦計。議者紛然爭獻其說。夫以天下之大。承平之久。萬物盛多之時。經畫財用。豈患不足。貴於理之有其義而已。易曰。何以聚人曰財。理財正辭禁民為非曰義。財者民之所以相生養者也。故人非財無以聚之。義者利之本也。故財非義無以理之。溥天之下莫非王土。率土之濱莫非王臣。臨之以法度之威。何求不獲。而先王必以輕賦薄斂為

貴者蓋知予之為取者政之寶也方今國家用度之廣官吏廪祿之多倍蓰於前則講求理財之術誠為先務獻議者亦不容無取然臣願陛下必令廟堂之臣參議以聞蔽自淵衷揆之以義而行之使義然後取人不厭其取上以裕國下以裕民實宗社無窮之利也

李復乞置榷場疏曰臣切見回紇于闐盧甘等國人嘗賫蕃貨以中國交易為利來稱入貢出熙河路朝廷察知其情故限之以年依到本路先後之次發遣赴闕而來者不已守待發遣有留滯在本路十餘年者其所賫蕃貨散入諸路多是禁物民間私相交易遠商物貨厚利盡歸於牙儈臣累次詳問所賫物貨上者有至十餘萬緡下者亦不減五七萬且遠人懷久客之情乎民陷冒禁之法利贏無甚盡歸於牙儈往來無已每遇發遣徒擾州縣今湟州新復正要措置使商賈奔湊不惟通其有無誠亦厚其根本之勢臣今欲乞於湟州依雄州火山軍等處例置立榷場於湟州別置蕃市以居來者更不發遣赴闕使利歸於公貨通於下亦可少補經費

復又論錢鈔法疏曰臣切見近日言陝西利害者皆言錢輕物重與夫解鹽鈔法之弊臣嘗究其源陝西自康定寶元年間西鄙用兵支費不足遂鼓鐵為錢邊事纔息即時罷鑄至熙寧九年皮公弼主領漕計復奏鑄之迨今二十七八年所鑄不知幾千萬矣鐵錢不通別路聚積陝西民間既多此錢輕一也陝西百貨皆視穀價高下近年西邊拓地增築州軍城寨添屯軍馬急於年計添價糴買兼并臣商蓄穀待價而不出物價愈重錢輕二也若邊事稍息鑄數減少久而比之今日須重裁抑蓄穀之家穀價稍平百貨自隨東南商貨知陝西物重輻湊入關別無回貨皆變轉買鈔而東此鈔價日重乎昔鹽鈔常患不行今者價高乃公家之利異時貨輕則鈔自輕矣臣今欲乞下陝西轉運司有艱於物料及難般運端開工匠之處可以先次減罷鑄監於出產解斗之處結糴一兩次及召人入粟塞下使儲蓄之家不能擅價庶幾穀價畧平

御史中丞王安中論妄興坑冶疏曰臣竊惟自昔神考之世凡山澤之利始掌於常平仁民愛物之意具諸成憲陛下親政之初諸路坑冶惟舊係轉運司錢本者自屬漕司外其餘告發撿踏烹鍊費用等並以常平條令從事官無冗員職有常守後因增廣鼓鑄乃於河北河東京東西陝西權差措置坑冶官屬考於初令固曰權差又曰候措置就緒即行減罷積歲于此既無鼓鑄惟陝西河東出自御筆已併歸常平司若河北京東西嘗未及省而九路措置之使且復出矣河北之鑿空擾下攢及無辜既已考驗陛下沛然親洒神翰命具所費所得來上則官司遷延顧恃盡耗財力之迹臣預知其無所逃於

睿斷若夫京東西與九路之弊獨可弗慮乎京東西之近其無異於河北陝西河東者固不待臣言而後知至於九路之害勢地遠遼解勢甚重臣敢不為陛下詳言之頃者朝廷遣徐禋往東南措置銅事其後又益以寶貨禋復命于朝圖繪之數增舊十倍乃奏請分委所部禋蓋不稟朝廷使之自行也方禋為此數時峻文移禁錮人吏逼監司守令承認開掘江西洪州有嚴陽山場苗脈久不興發禋必欲有得不復愛惜人力開掘深入至命官何撫者暴露得疾以斃家後禋遣屬官監守烹鍊僅得鉛錫州縣不得已承認數十兩之額所謂鉛錫者人固疑其所自來而數十兩之額人固疑州縣欲取之它也以此一事言之則九路之數豈皆確然可信哉禋既不免自行計窮情得則使事之外別立說以規自免曰若或得希世珍異古之寶器乞納書藝局方陛下聖德撫運庶邦萬民惟正之供而珍異古器之

入。自有司存。如裡外辱豈其所職。盡欲挾此以濟欺誕撟擾之計耳。遠方興事。初或可爲。弗窒其源。害將甚大。今訴訟之詞已有願以田沒官者矣。猾官屬吏額視發運司舟船人從恣給公使之費。又不特如河北京東西而已也。若夫東南舊來寶藏。屬禁嚴密。鼓鑄錢貨。又有近降御筆。令兩司通融趁辦。而青碌之類考於明堂筭賞之書。亦止逐路監司之效。設有非泛拋索。何必更使裡華侵官。臣愚欲望睿慈加惠天下。以今來體究河北銅礦御筆指揮下京東西及裡領九路後來興脩坑冶處監司依應躰究。仍乞檢會陝西河東已降御筆參酌處分。庶幾不失政事之躰。稍去冗官蠹耗之弊。遠近幸甚。

陳次升論中都費用奏曰。臣切觀易曰。聖人之大寶曰位。何以守位曰仁。何以聚人曰財。古之聖人非志於爲利而嚴於貨財也。以謂理財之道不講。則國用不足。雖欲聚人守位。不可得也。臣聞元豐庫昔

年所積財帛甚多。近歲閣邊支遣殆盡。権貨務全藉賣鈔。如聞賣鈔之金已是窘乏。都商務近來商旅稀少。歲課不登。且國家外有戎狄之費。內有河防之患。百官之俸給。軍旅之衣糧。凡百用度不貲。而利源闕乏。府庫空虛。以至於此。不可不慮。伏望朝廷早賜講求利害。以通貨財以實倉庫。毋使倉卒之間不足於用。以貽國患。

次升又論汝湟州奏曰。臣切以國家今日之患在於財用不足。府庫空虛。倉廩匱乏。諸路皆然。而陝西河北尤甚。去秋雖豐登。而穀價不減。戎兵雖已減省。而糧儲不繼。方當休兵無事之時。尚乃如此。萬一戎虜犯邊。費用百倍。將何支梧。如聞陝西路新築城寨。每歲所費不貲。而湟州一年自費二百八十餘萬。未委何處糧儲可以供贍。有何錢物可以應副。臣嘗乞措置可守可棄之策。不聞如何行遣。河北路黃河決溢之後。民多流移。甚是彫弊。虜主新立。如聞喜兵好殺。盟誓未必可保。邊庭難必無虞。此二者當今之患。要當深思熟講之。而不可忽。古人有言曰。存不忘亡。治不忘危。然後國家可保也。伏望聖慈念古人之言。思今日之患。勅大臣以理財賦。嚴邊吏以謹守禦。無使戎虜乘我之虛。猖狂衝突。以貽朝廷之憂。不勝幸甚。

次升又奏曰。臣竊以國家內外府庫之財。祖宗以來生之有道。而財常至於有餘。用之有節。而財不至於虛匱。是以內外財賦充足。而無不給之患。近年朝廷知用之。而不知所以節之。知出之。而不知所以藏之。戶部不獨左曹財用空匱。而右曹亦無餘。諸路不獨漕司空匱而常平司亦不足。夫天下不能常無事。忽有水旱盜賊。常賦豈足支梧。常平之積。實天下根本之財。神宗皇帝經畫之意遠矣。今天下無事。而用之三五年後。必甚闕乏。一旦水旱盜賊。將如之何。伏望聖慈嚴勅宰臣講理財之義。而常平司錢物不得輕易支費。庶使府庫充實。良法具存。天下之福也。

左正言任伯雨上奏曰。臣切以今日國家所患。莫大不足。不足之患。非理財無法也。用財無節爾。貢有常供。賦有常取。山澤之利莫不兼擅。舟車之筭莫不畢入。青苗有息。免役有剩。理財之政可謂有法矣。邊隙益廣。宿兵益多。歲斂物貴。糴價五倍。辟名之用。乾沒之弊。若會其數。有過常費。加之朝廷非泛支賜。尋常錫賚之類。不惟無名。亦且太廣。用財之際。可謂無法矣。取之既悉。用之無藝。諸路上供之外。歲計往往不足。椎魯之吏必乞於朝廷。姦巧之吏則多方科折。目前取辦不足之患。宜救以道。臣伏願陛下勅三省下有司會計國家一歲所入與一歲所出凡有幾。支用有餘而畜之。或不足而助之。凡有幾。內外帑藏之積凡有幾。然後析而三之。若干爲經費。若干爲浮費。若干爲陝西五路邊用之費。近質諸元豐。遠質諸慶曆。孰多孰少。孰有

餘歉不足。寫爲一圖以視盈耗。目擊心計。朝夕在念。然後內節浮費。如非泛支賜尋常錫賚之類。非不得已而不可減者。俾有司條陳名件各損其半。昔仁宗皇帝嘗患支費之冗。乃詔自皇后及宗室及輔臣已降南郊賞賜各減其半。又嘗以齋醮之物須索無度。詔中丞劉筠裁減冗費。浮費減則經費充矣。今年議者謂邊鄙已寧。正可釐革。省若干戍兵。罷若干將佐。減若干支用。仁宗皇帝嘗曰。自懷開納夏國本爲息民。今日邊用猶廣。乃詔陝西轉運提刑與經略安撫使減損邊用。俾省冗官。悉爲條目以損監司。又嘗勅兩川歲造錦綺改織紬以供邊費。邊用節則國用充矣。夫以國家太平日久。業大事叢。賦入不加多。費用日益廣。民既不可益賦。下既不可更損。則愛人足用之要。顧有大於節浮費損邊用哉。此實切於時而易行者。臣伏願陛下下三省樞密院參議立法。留意必行。天下幸甚。

貼黃。臣所奏爲言天下財用不足。乞依仁宗時減浮費損邊用。乞下三省樞密院參議立法。臣伏聞近日文思院於內藏庫關取銀一千四百兩稜椀。本庫無銀支撥。財用乏匱。乃至如此。

慕容彥逢上奏曰。臣竊惟神考立常平之法。加惠元元。意旨深遠。著令完具。而吏或不虔。便文自營。馴致虛耗。出多入寡。近因臣寮建言。申嚴約束。務絕姦弊。惠及細民。臣愚以謂雖納仁多寡。實見推行之實。使任職者悉心奉法。計置及時。官無抑勒留難。下無詭冒違法之人。則良民輸納自無稽違。豈出多入寡之弊。臣欲乞應斂常平錢穀逐歲於令佐印紙內批書納欠分數。候三考滿日。別立殿最之法。庶幾知所勸沮。罔或偷惰。如蒙聖允。即乞詔有司施行。

安燾以學士知河南。將行上疏曰。自紹聖元符以來。用事之臣持紹述之名。誑惑君父。上則固寵位而快恩讎。下則希進用而肆朋附。彼自爲謀則善矣。未嘗有毫髮爲公家計者也。夫聽言之道。必以其事觀之。臣不敢高談遠引。獨以神考之事切於今者爲證。熙寧元豐之間。中外府庫無不充衍。小邑所積錢米亦不減二十萬。紹聖以還。傾竭以供邊費。使軍無見糧。吏無月俸。公私虛耗。未有甚於此時。而反謂紹述。豈不爲厚誣哉。願陛下監之。勿使飾偏辭而爲身謀者復得行其說。

欽宗靖康元年。御史中丞呂好問乞罷青苗奏曰。臣切見陛下嗣位之初。民心仰戴。中外胥悅。雖胡虜深入。人無異意。何者。天下之人知有休息之日。凡所舉動。皆順其意。所下詔令。皆以從祖宗之法爲言也。今既日久矣。陛下圖治之意雖未少改於前。而德澤不能下究。民心歡悅漸不如初。何也。蓋由軍旅未戢。祖宗之法未行。議論之臣借以爲詞。而奉法之吏倚以爲姦也。祖宗之法。今雖未得盡行。其間有

可行之順民心者。何爲而不爲哉。臣請舉其大者。青苗斂散之法。於民爲害實甚。於官都無利益。方今州縣常平錢等率無見在。每年俵散之時。多以虛數科率逐都保正長等。其實請錢者多是州縣官戶公人。違法冒名。無所不至。及送納時只送息錢。逐年並帶縣道。吏人又因斂散之際恣行乞覓。此實無窮之患也。民間病此數十年矣。今春陛下既降詔旨從祖宗之法。用事之臣如此等事自當即罷。今乃遷延却避。例不敢言。其意不過俟異日天下平定復行紹述之說。則已受黜責爾。遂使朝廷冒虛數斂實怨。可爲痛心疾首。臣願陛下出自聖意。將青苗斂法先次改罷。明告天下。以固民心。其它非祖宗之法。逐旋改正。行下以息異議。無疆之業。不勝幸甚。

諫議大夫楊時乞罷茶鹽榷法奏曰。臣伏覩陛下屢降德音。欲盡復祖宗之舊。崇寧紛更唯是茶鹽二法實爲民害。榷茶自唐末始有。祖

宗蓋嘗行之矣。積年之久。流弊滋甚。仁宗詔有司會榷茶淨利。均為茶租戶輸之。弛其禁使自興販。縣官坐收榷茶之利。而民得自便。無冒禁抵刑之患。可謂公私兩利矣。當時詔旨有曰。私藏盜販。犯者實繁。嚴刑重誅。情所不忍。是於江湖數千里設穽以陷吾民也。又曰。歷世之弊。一旦以除。著為經常。不復更制。尚慮喜於立異之人。緣而為奸之黨。妄陳奏議以惑官司。必寘明刑以戒狂謬。其訓告丁寧至矣。固後世子孫所宜守也。今茶租錢輸如故。而榷法愈密。是榷之又榷也。二浙窮荒之民有經歲不食鹽者。茶則不可一日無也。一日無之則病矣。昔時晚春採造謂之黄茶。每斤不過三二十錢。故細民得以厭食。今買引之直已過數倍。未有茶色。民間例食貴茶。而細民尤被其害。行法之初。裒刻之吏以配賣引數多為功。苟冒恩賞。其後以歲課寖高為額。上戶有數及十數引。陪費無慮十五六千。則人不易供

矣。諸犯榷貨不得根究來歷。自祖宗迄于熙豐。未之有改也。今茶法獨許根究盜販者。皆無賴小民。一為捕獲。則妄引來歷以報私怨。官司不敢沮抑。追呼枝蔓。狴犴充斥。經時不能決。良可憫也。榷鹽自漢有之。非一日也。周世宗征河東。河朔之民遮道訴鹽法之不便。世宗會所得息。均之人戶。從民願也。熙寧中有議再榷者。朝廷不行。方神宗大有為之時。凡可以益國而利民者。知無不為。以是為不可行。則是終不可也。今鹽息散在人戶者亦輸之如故。而又設官置司與它路等。其為害深矣。江浙有蠶鹽。於春初均與之。為蠶繅之用。蠶熟以絹償之。亦為厲民也。今蠶鹽不支。而償絹不免。則鹽之利入官已多矣。山谷之民食鹽之家十無二三。而州縣均數鹽鈔。民間陪費與茶引等。官吏迫於殿最之嚴。皆計口授之以充歲額。人何以堪。今朝廷不立歲額。不比較。歲課必虧。使者持節一路。豈肯坐視而恬不加察

乎。前此定賦之後。蓋嘗不額比較矣。而歲額大虧。鹽事監司切責州縣不覺察盜販。致有虧欠。州縣苟逭譴責。不免散配取辦。雖名為不比較。而比較之實仍昔也。臣切謂宜一遵祖宗之法。罷提舉茶鹽司。使之自便。無散配之弊。而人始受賜矣。往時鹽息諸路所得。各無慮數十萬緡。以充經費。故漕計不乏。漕計不乏。則横斂不加於民。而上下裕矣。議者必謂罷茶鹽二法。中都必至乏用。臣切以為不然。舊日榷貨務所積。皆充御前用。戶部所得無幾矣。今陛下恭儉節用。一毛不妄費。焉用此物為哉。兼榷貨務在祖宗時鹽鈔自有常數。以備經費。舉而行之。兩無所妨。陛下早降睿旨罷此二法。以幸天下。

李光論制國用疏曰。臣伏覩祖宗之制。天下財穀悉總於三司。非條例有定數。不敢擅支。朝廷知其大數。量入為出。故能倉廩充溢。用度有餘。近年以來。政出多門。法度浸弛。戶部既不得總天下財賦。朝廷

亦無緣盡知錢穀大數。侵支互用。不可幾察。名為應奉御前。其實幾入私室。東南財賦盡於朱勔。西北財賦困於李彥。天下根本之財竭於蔡京王黼。自徐鑄莉綦為常平司官。何漸為茶馬司官。張閌徐陽燕瑛為市舶官。應安道朱彥美王子獻王復為轉運司官。胡直孺盧宗原為發運使。王仲閎胡邃為提點刑獄。宋晦為香鹽官。劉寄呂坚毛孝立為鹽司屬官。天下財賦盡歸權倖之家。小人乘時。無復忌憚。今所至匱竭。公家無半年之儲。百姓無旬日之積。加之兵興。府庫金帛散用將盡。此乃國用危急之時。所謂理財經久之術。不可不慮。伏望遵依祖宗故事。使三省樞密院通知兵民財利大計。與戶部量一歲出入以制國用。仍乞精擇健吏通知財計者。置司驅磨諸路應干錢物往來移用過及見在之數。其官吏各量添俸給。課以功限。為之賞罰。或專遣使命。就所至勾集諸司人吏驅磨。庶幾利源歸一。而天

下財用可得而理矣。

高宗建炎元年。知開封府宗澤上奏曰。臣切見京東路青相密登萊皆產鹽。自太府卿鄭僅建請行東北鹽。其產鹽州縣並行稅鹽法。宣和三年宰相王黼用事。始罷河北京東稅鹽。其意只欲在京榷貨務入納數多。應副目前用度。遂為東北之害者十年。臣亦嘗歲計之。行鈔鹽比之稅鹽大段虧少。蓋稅鹽不拘錢數多少。皆可買販。故民易於得鹽。若鈔鹽非富商大賈以千萬計。不能為也。方無事時。商賈尚且乘時要利。使人食貴鹽。況今道路梗澀。商賈不行。以今歲春夏觀之。官鹽無處買販。遂令盜販者專其利。其偷竊官鹽又不知幾何也。欲乞特降睿旨。將宣和三年以前稅鹽地分。並依舊法。不惟官收其利。以資州縣闕乏。亦可止絕私販。兼於鹽法別無妨礙。委是經久可行。實有助於諸州縣糴本。且安京東河北兩路人心。

紹興七年。試中書舍人李弥遜上奏曰。臣切惟泉貨之用於天下。猶水之行於地中。其出也有源。則其流也不絕。一窒其源。則竭矣。伏覩朝廷多事已來。百費叢起。其生之也未得其術。而用之無窮。雖有丘山之積。亦日朘矣。且以一州一月計之。不下數萬。總天下一歲之費。可勝計哉。不可不慮也。況錢貨之積。必有所在。不在公家。即在私室。今國用不足。百姓不足。公卿之家盡於盜賊。兼并之家盡於誅求。雖比來郡邑所輸悉入諸軍。而軍中非積錢之地。往往變易輕齎以便攜挈。不知何自而往也。訪聞多自淮南轉入偽境。以資敵國之用。兼川陝鐵錢地分。近來公然行用銅錢。及民間違法銷鑄以為器物。如此泄之。其患滋甚。是欲實漏卮而大其罅也。臣願陛下深究此弊。申命計臣詳加講議。廣所以生之之源。思所以積之之術。嚴所以泄之之禁。誠今日之急務也。

弥遜又乞置使積粟疏曰。臣聞陸贄有言。晁錯論安邊之策。要在積粟。充國建破羌之議。先務屯田。故其於興元平賊之後。猶力請罷歲運水腳。擇人充使。委以平糴。蓋師行之際。足食為先。不易之理也。國家用武十有餘年。軍餉日滋。終歲所入。才可給目前仰食之眾。水旱盜賊之備不預焉。一有非常之役。不取則不足以濟事功。取之則民不堪命。長慮却顧者。於此寒心也。臣每於數奏之間。躬聞聖訓。以國用不給為甚患。以民力既竭為深憂。臣仰見陛下宵旰勤恤之意。蚤夜以思祖宗之法。有便於國利於民。可行於今者。發運一司是也。其制始於太宗淳化間。而備於仁宗皇祐之後。大槩不過權六路豐凶以行平糴之法。災傷州郡則減價而收之。直豐熟州軍則增價而糴以補當輸之數。每歲轉般以實中都。亦可謂便於國利於民也。然今日之宜。比昔少異。不必盡循舊制。當師其意。損益以行之。臣愚謂當

於經費之外。別給糴本數百萬緡。復置一司。廣行儲積。分毫不得取供近用。唯以待陛下經遠恢復之須。積之一年。必見其效。三年之間當有一年之蓄。加以數年。倉廩有豐實之漸。田畝有休息之期。公私之利。不可勝言。然方省官之時。而欲增置吏員。方匱闕之時。而欲捐糴本。方目前仰給之時。而效乃在數年之後。議者必以為說。蓋興事者難於謀始。慮遠者不求近功。今捐緡錢數百萬。增官吏十數人。而可以為朝廷長久無窮之利。何憚而不為。孟子謂有七年之病。求三年之艾。苟為不蓄。終身不得。政可為今日道。臣謹條具發運司建置廢罷及今日可以依倣置使之目。隨此繳進。伏望陛下特加聖覽。參酌利病。斷以不疑而力行之。不勝幸甚。

紹興間。江西安撫制置大使李綱論財用疏曰。臣切見自宰臣以下裁減俸祿。有以見朝廷財用之闕也。陛下臨御以來。恭儉憂勤。無燕

遊玩好之娛。六宮簡省，無横恩濫賜之費。執政常虛，侍從多闕。省臺寺監之官，亦嘗具員，而財用闕之乃至此者，豈非以養兵之費不貲故耶。臣切覩近年行在禁衛之兵，與夫諸將屯兵於大江表裏，不啻數十萬人。日有食錢，月有俸料。時有激賞犒設，凡數倍於承平無事之時。而戶部歲入常賦，無承平三分之一。朝廷所資権貨，亦頗有入納不如平時之數者。然則積月累歲，帑藏遂虛，無足怪者。戶部調度不足，則仰給於朝廷；朝廷支降不繼，則責辦於州縣。雖陛下屢降寬恤之詔，不許斂取於民，然勢有不得已者，非取於民，曷從而得。降官告、給度牒、理積欠、賣戶帖，名雖不同，取於民一也。方今民力凋弊，取之不已，物力耗屈，人心驚疑，非長慮却顧之策。易曰：何以聚人曰財。理財正辭，禁民為非曰義。財非義不理，興師動衆，奉辭伐罪，非財不行。今陛下張皇六師，恢復疆土，以建中興之業，而財用不足，將何以

克濟大功。昔太公佐周而立九府之法，管仲相齊而明取予之權，范蠡霸越而用計然之策，蕭何輔漢而專轉輸之事。近世有唐自天寶而後，兵革不解，肅代德宗之朝，有劉晏、韓滉之流，皆通於財計，權百貨之低昂，籠天下利以佐軍興，不斂於民而國用足，載在方冊，其術可考。臣愚伏望聖慈降旨，朝廷委官考劉晏、韓滉事跡，可行於今者條具進呈。試採其說，擇有心計、疏通、公廉之臣而推行之，庶有補國用。於戶部常賦、朝廷権貨外，別項封樁，專以養兵而佐中興。伏惟陛下裁幸。

高宗時，李光上奏曰：臣聞之易曰：何以守位曰仁，何以聚人曰財。理財正辭，禁民為非曰義。然則善為國者，安可不務理財以足用度乎。故周室之興，厚生民之本，則有如公劉；齊威之霸，富國強兵之術，則有如管仲。李悝之平糴，耿壽昌之常平，劉晏之平準，皆能斂不及民而用度足。其經理財用，必有術矣。至於後世聚斂之臣，蓋非有生財之道，不過掊克生靈，割剝百姓，以欺惑人主，冒一旦之寵祿而已。豈真能為人主興利除害，使上下給足乎。今重興之際，固宜講究利源以佐國用，而自紛擾及今，朝廷用議者之說，巧為名目以斂取財，戶帖、鬻爵、交引、給換等法，中外騷然，遠近疑惑，上下愁怨。臣恐邦本一搖，其禍有不可勝言者。伏望聖慈深詔大臣，訪求通知財用之士，別議生財之術，量入為出，以制國用。如前世數人遺法，尚有可施行者。古人有言：與其有聚斂之臣，寧有盜臣。蓋自古雖亂，社稷憂危，未有甚於今日者。皇天后土眷顧陛下，故十年之間，強虜偽廷稍稍沮却。東南年穀屢登，兵力漸振。中原赤子矯首望幸，庶幾復覩漢衣冠者，恃陛下德澤有以得人心也。昔范祖禹論奉天之難，其畧曰：德宗以飢羸之卒，守一縣之地，而當朱泚十萬之師，備禦俱竭，危不容喘。所

恃者人心未去也。卒能克復宗社，不失舊物。而況以天下之大，億兆之衆，守之以道德，用之以仁義，其誰能敵之。故人君苟得民心，則不在地之廣狹，兵之衆寡。王天下猶反掌也。湯以七十里，文王以百里。豈不信哉。臣每每戒陛下以不可行苛刻之政、無名之賦，務存大體者，深慮此聲一出，遠近傳播，人心動搖也。惟陛下察之。

光又乞廢常平主管官隸發運司疏曰：臣謂今日急務莫切於理財，而理財之政，有避其名而因失其實者，有無其實而徒存其名者。固未易槩舉，今姑論其大者。其事有二：常平之法本於漢耿壽昌，今州縣錢穀有屬常平司者，名色非一，悉總於戶部右曹。今乃以王安石之故而廢之。既使香鹽司兼領，又別差主管官一員，有司莫之適從。錢穀因致失陷，豈非避其名而失其實乎。發運使本以總六路財計，以漕輓中都饋餉為職，兵興以來，既無轉輸，今乃以糴買事委之。其

本錢盡從朝廷給降。無慮五六百萬緡。又以淮南總制司及諸路失陷回易市易贍軍等錢。歲亦不下數十萬緡。此國用所以益窘也。臣愚欲望聖慈特降睿旨。廢常平主管官。依舊令香鹽官兼領。罷發運司。其糴買總制等事令戶部侍郎專領。庶幾名正而事成。官省而職舉。不勝幸甚。

戶部尚書章誼上奏曰。臣竊惟國家財用轉輸。必有心計之臣內外幹旋。使山海之藏。天地之產。通而不竭。然後用度不匱。祖宗設官理財。內則戶部以知天下貢賦盈虛之數。外則諸路各有轉運使副以經理一路之財計。至於東南委輸寖盛。則又置發運以督六路供輸之入。蓋皆有移用補助之法。戶部御以不乏者也。今兵革繁興。財用為急。諸路貢賦。或侵奪於剽攻之盜。或乾沒於貪贓之吏。又復州縣之官。疲懦者失於拘催。強暴者敢於擅用。戶部不勝其窘。間遣郎官分道催督。單車所至。不過移文。終亦素手空歸。固無益也。而況悍將驕兵。各據要害。自川廣東西荊湖南北。土貢歲輸不入於王府者。且累年矣。王以寧孔彥舟截留於湖南。李允文張用盜取於鄂岳。李山李惇仁奪攘於虔吉。致此諸路財計散亡之端。則皆發運使失職之罪也。發運使職總財計。固當竭力奔走上下江湖之間。置司形勝要害之地。共營中外經常之費。今乃坐局一方。僅同瓷庫之吏。豈陛下設官理財之意哉。頃時朝廷定都汴京。故發運使置司真州泗州兩處。今朝廷暫駐吳越。則發運使當在荊湖南北之間。往來督運。乃為稱職。昔唐韓滉之在東南也。當德宗西狩奉天之日。江淮震駭。而滉調發糧帛以濟朝廷。陸運則勁卒萬人綏靖東南。而漕路無梗。水運則船置十弩以相捍警。而賊不能剽。當時賴之以成中興。今之發運使權重於昔人。而地兼於數路。任非其人。處非其地。宜乎邦計之不

裕也。伏望睿斷付之外廷討論發運使置司之郡。博選能臣。俾勝其任。

誼又論發運常平官制因革疏曰。臣伏見戶部掌天下財賦出入。在祖宗時則三司使之任也。三司使在人主左右。總金穀圖籍之數。而諸路各設轉運使以分任一路之責。三司使在內。諸路轉運使在外。其開闔斂散之權有不能相通也。於是在三路則有都轉運使。在六路則有發運使。所以巡行天下。周知盈虛之數以制國用。自更為戶部以來。在本部則有左曹右曹之設。在諸路則有轉運司提舉司之異。運司則左曹之屬也。提舉則右曹之屬也。左曹所入散之以給經常之費。右曹所入積之以待不時之須。此皆內外相維。臂指相應。而理財之政密矣。今發運既廢。而諸路財賦有無不得以相通。提舉既廢。而常平財物陷失幾及於太半。議者乃欲使戶部長貳周行於郡邑。但置主管官以革常平之宿弊。誠恐無補治道。徒紛紛也。臣切謂今日諸路監司幹官無慮數十人。若罷去冗員。放其吏祿以復發運司。則諸路財用通而不竭矣。又今諸路轉運使副率兩員。若專委一員撿察常平以應右曹之選。則戶部財用無陷失矣。兩司名實既辨。職事所及不敢不盡。如蒙睿明灼見因革之原。乞付外廷措置施行。

誼又乞建使名糾察諸路貝計疏曰。臣切惟今日國家財用之乏。未有甚於此時也。倉廩府庫之儲曾無水旱凶荒之備。月營一月。歲營一歲。臣原其所自。蓋有三焉。一則軍旅調發芻糧之費甚廣。二則齊民轉徙賦役之度不均。三則官吏蠹耗費出之用無節。方今外攘戎狄。內平盜賊。軍旅芻糧之費雖欲損節。蓋未可也。至於末作游手填邪溢郭。既無穀粟布帛之征。又無力役供須之事。縣官所取獨在耕織之家。陛下海涵天覆。視民如傷。尺縑斗粟有司不敢擅賦也。夫以

入者不均。而生財之路狹。出者難損。用財之路多。誠使監司州縣撫養凋瘵。勸課農桑。栽柳浮冗。謹竑出納。使殭宗大姓。肯佐公家之急。掫脅貪吏無復乾沒之弊。則國家每歲賦入。自足支吾。今則不然。監司州縣謏習苟且。財計蕨已。支費無度。朝廷灼見弊端。嘗遣郎官奉使福建二廣。假以撿察措置之名。甚大幸也。至於江浙四路。尚未付能臣使之鈎考。臣聞近者四路頗遣催督造船之官。若因此使之行。委以財用之事。而不付以撿察措置之名。則臣恐監司州郡未知陛下理財之政將圖恢復。足食足兵意有所在。或藏匿簿書。或移隱財物。監司則稱巡歷而遠避。州郡則稱去失而難稽。甚者密與行司人吏暗相要結。盜換文曆。竄易案名。遂致輶軒使者仗節空歸。良可惜哉。況今郡守監司往往嘗歷宰執侍從卿監之任。今者單車之使。呼喚人吏。取索文書。當未易折簡致也。伏望聖慈崇建使名。先賜詔告

示諸路以足食足兵之意。假使者以廉按糾察之權。俟其奏陳。大明賞罰。庶幾經常之入得免侵耗。正賦之外歛不及民。足國裕民。於是乎在。臣職司邦計。不敢隱默。如或可採。乞付外廷施行。

誼又論財賦疏曰。臣契勘朝廷近年用兵以來。緣財用闕乏。多刱科目以廣生財之路。雖名籍甚繁。率係於戶部之行移。而所收財用不入於戶部之帑藏。夫名色繁多。則有以致議者之紛紜。帑藏虛空。則無以供軍國之調度。此掌邦計者所以難於稱職也。今有條具申票朝廷乞正本原。不然救之末流。恐亦無補。切見行在與諸路田易庫本用都督府本錢為之。而議者謂戶部與百姓爭利。贍軍酒庫本都督府取江東安撫司酒庫為之。而議者謂戶部與建康府爭利。戶帖錢下及於細民。官告錢徧取於豪右。諸路煮酒各增價直。廣西一路。剏建榷酤。其科目如此之多。而戶部未嘗受一金之入。至於經常之賦。又復侵削過半。如上供錢帛金銀。如茶鹽見錢關引。如市舶乳香藥物。率經截用。計其可見者已輸一千五百萬緡矣。已用者固難於追收。未用者尚可以拘集。今幸邊陲無事。止是供億屯田泊軍馬。計一歲之用已當三千萬緡。但倚榷貨務所得積日累月以相補助。萬一朝廷有所須索以應倉卒之用。決不能辦。伏望朝廷釐正科目。各任司存之責。拘集見在撥還侵用之數。二事既行然後量入為出。以儉易奢。上足國用。下寬民力。亦使惟新之政無得而議。不勝大幸。如蒙採錄。乞賜施行。

戶部侍郎葉夢得上奏曰。臣惟方今要務。莫急於兵食二事。而食尤為先。今地官掌邦財。臣之職也。古者有生財有節財有理財。三者兼備而國用足。生財之道比歲講之已詳所不暇論。日近裁損浮費。所以節財者亦畧舉矣。惟是廢興相因。闔嚴相制。以權有無以稽出納

者理財之政當在講究。切見兵興以來。諸路轉運司及州縣例皆乘時擾攘。玩習舊弊。凡府藏所當治法令所當行。一切滅裂不省。至或妄為支費。或輕為蠲除以棄其所有。遇有緩急。反侵取它司。歛率百姓。上下陵暴。彼此豪奪。無復綱紀。不可不及今早正之。臣試畧舉一二。如和糴措置於收成價平之時。至翔貴倍蓰。乃始科配。酒務課額不與之本。乃使借貸於民。與之分利。公私輸送。初不鈎稽。至于侵盜因事發露。雖加刑辟而無可備償。歛散在民。初不按視。至于欠負拖延歲月。僥倖赦恩而例從蠲免之類。所虧折不可勝計。甚有畏懦以謀己私。則有私立軍伍。觽設濫增。公吏廩給。姑息以邀民譽。則擅放兩稅。直除和買等。公家之入。又併侵棄。一旦吏按籍告不足。乃舉權宜以亂法。則侵常平之蔵。專鹽香之入。稱情願以罔民。則縱借貸之令。申勸誘之法。此皆偷安塞責。取辦目前。不為它人之謀。不為後日

之計。是以上日以匱，下日以困。若加以數歲，公私其何堪乎。臣忝職之初，不敢不因所聞見妄觸其愚。伏望聖慈特下明詔，申飭諸路漕臣守令，使各按法令，振舉其職，毋得越法守，而妄支費；毋得矯詔令而輒蠲除；毋得斂百姓而濟私誅；毋得侵它司而辦已事。應能以本職自足經費，歲終無陷失拖欠者，令戶部察漕臣，漕臣察州縣，量立員額，取其最優者，指陳實狀上之。其廢墮者準此。特加陞黜，明示勸沮。其舊條有當申明及合立為格法，鉤校、檢察者，委本部討論措置脩立以聞。庶幾當此多事之時，人各自奮，職思其憂，國用民力，兩獲兼濟，不至遺患它日。

權戶部侍郎廖剛奏乞宰相兼制國用疏曰：臣切惟今日國事莫急於財用。歲入不及承平三之一，而費出倍於昔日，所幸頻年無大水旱。通泰等處鹽額倍增，榷貨務入納不闕，朝廷苟紓目前，往往以為

如此。臣可以慶曰：幸歲不復深慮，臣愚切以為憂也。夫水旱飢歉，治世數有。運鹽請鈔，權在商賈，官司或有阻節，致其不來，則立見虧失。然則詎能保其長如一日乎。古人嘗謂國無三年之蓄，則國非其國。斯言誠不為過。為今之計，如節用一事，一舉措不可忘也。如營田屯田二事，一日不可忘也。此實之財用之本源。願陛下毋以言之者多，遂以為常談，而不加意焉，則天下幸甚。臣又聞古者冢宰制國用，唐制宰相兼領鹽鐵、度支、戶部。國初亦以宰相都提舉三司水陸發運等使。蓋財用為國之本，宰相可不知乎。用財之道，必量入以為出。今也甲主而乙用之，主者雖竭，而用者若不聞，正猶秦人視越人之肥瘠耳。臣願陛下速降睿旨，下有司討論，以宰相兼制國用，使得視其盈虛而均節之，誠今日之急務也。

給事中孫覿乞復常平疏曰：臣伏見神宗皇帝脩講常平之政，置提舉官。行其法於天下，亦時錢穀充斥，府縣大縣至百萬，小縣猶六七十萬貫，朽粟陳，不可勝校。臣又聞役法初行，取寬剩錢不得過二分，以備水旱。至元豐八年，計所積有三千餘萬貫石。元祐二年，京東轉運使范純粹欲以此錢求買田，舉行熙寧給田募役，如邊郡招弓箭手之法。是時寬剩錢尚有此數，則常平之積在天下不可勝校可見矣。崇寧中，始取充學校養士居養安濟漏澤園等費。政和以來，又取以供花石應奉之資，横費三十年，所喪十八。迺者議臣追咎熙豐改作，遽罷提舉官，而常平之財所存十二。猶以億萬計，一旦斥罷委棄它司，爭取妄用，遂至掃地，甚可惜也。然而轉運使漕輓軍儲上供之外，遂了目前，已鞴鞴戢無一金之藏。它日朝廷有大水旱，招集流亡，有大舉措，繕治宮闕，經畫殘破，召募軍馬，以備不時緩急之須，則非轉運使之所能辦也。方時多事，財用為急，比見朝廷遣諸路撫諭

添置發運副使措置通馬，催發綱運，不免差官矣。豈得已。所謂常平提舉官尤不可已也。伏望聖慈明詔三省，選用老成之士，追復常平提舉官，申講補助之政，增廣蓄積之備，使它司不得侵，而異日有所恃以為萬世無窮之基。

右正言陳淵上奏曰：臣聞商旅不行，則有無不能以相資，而物之有餘者常病於無用，而物之不足者常患乎難得。民始有受其弊者矣。故聖人之慈，遷有無，周之阜，通貨賄，不厄商旅，乃所以利民而救其弊也。自賤夫罔利，始有征商之法。蓋惡夫苟得無厭，將使人人棄本而逐末，欲以是抑之耳。及至後世，算及舟車，此何道也。而自漢以來，未之有改。豈非國用待之而後裕耶。由是言之，古之征商，抑其貪，所以利民。今之征商，取其贏，所以利國。夫利國而不及民，已非先王之意。況其所征有甚於異日乎。臣觀國家見行條法，凡課利場務，視元額

多寡懸殊。不及者罰之。若增之過倍。即有減年之賞。應賞而又有餘者。十分之一以給官吏。凡所以籠絡而督責之。亦可謂盡其術矣。而任其事者。往往猶以為未足。則商旅安得而不困乎。故比年以來。物價騰踊。日甚一日。貧民下戶。尤為不易。皆由征商太重之所致也。臣不敢悉以所聞為言。姑及近地之可見者。只如自衢州至臨安。水陸之所經由。應稅者凡七處。使其每處止於三十而稅一。亦為多矣。比及臨安。於其所販。已加二分之費。而負載糧食之用。又不在是。是非得三分之息。不可為也。借使善幹。其能於十日之間。數百里之內。致三分之息乎。必不能矣。如是則所聚之處。誠不可以賤售。所聚之處既貴。則所出之處。益不可以賤得。此商旅所以不通。百貨之直所以久而不能平也。雖然此特常用之物。而其害已如此。至於用之所急。一有不通。其害尤甚。如今歲旱乾。蘇湖雖不至大歉。而衢信所收。十無五六。若蘇湖之米不移。則衢信上下。來年必至乏食。此又人所甚急者。如不早為之慮。待其流離。旋行賑恤。亦恐無及。故米麥之稅。臣願權與除免。使商旅轉販。得以私相接濟。久之價平。則人人可以備豫。不至重貽宵旰之憂矣。此聖主所宜留意。不可緩者。自餘可稅之物。縱未能盡如祖宗之舊。亦當明諭有司。視其所販之直。惟務蠲減。不求甚增宜是以救目前物貴之弊也。萬一臣之愚慮。偶合聖心。欲乞先下兩浙徧及諸路灾傷去處。並令依此施行。臣不勝過計之至。惟陛下財幸。

詔百官各言省費裕國強兵息民之策。祠部郎韓肖胄言。天下財賦窠名。舊悉隸三司。今戶部惟有上供之目而已。問諸路窠名於戶部。戶部不能悉。問諸州窠名於漕司。漕司不能悉。失一窠名。則此項遂亡。願詔諸路漕司括州縣出納。可罷罷之。可併併之。並為定籍。漕司總諸州。戶部總諸路。則無失陷矣。經費之大。莫過養兵。今人亡而冒請者衆。願立諸軍覈實之法。重將帥冒請之罪。則兵數得實。餉給不虛。省費裕國。此其大者。生民常賦之外。迫以軍期。吏緣為姦。斂取百端。復為寇所迫逐。由此失時。寇去復業。未及息肩。催科之吏已呼其門矣。願詔郡邑招集流散。官貸之種。俟及三年。始責其賦。置籍書之。以課殿最。強兵息民。此其先者。

王元渤論生財之法疏曰。臣聞王者之理財。與私室之理財不同。私室之財。必待藏於篋笥。王者之財。固可寓於庶民。是故以天下之力。生天下之財。以天下之財。養天下之衆。未嘗以不足為患也。近年以來。朝廷用度。比之異時無事之日。奉宗廟祭祀之費。十不及一。妃嬪禁御之費。十不及一。百官廩祿之費。十不及一。然而切切然以不足為患者。無它故也。興師日滋。倉無見儲。諸將用財。責之省戶。而省戶見數。無以給之。此大可憂者也。臣切觀古者兵民合而為一。後世兵民析而為二。今欲盡復古制。使轅下之夫為執戟之士。有所不可。若稍使諸軍漸講屯田之利。庶幾便而易行。淮南諸州。浙西數郡。或連家殺虜。致阡陌空閑。若選強明之吏。俾領屯田。差擇行之。五年當得勝兵數萬。既不乏於軍紀。又可勸於耕農。以是生財。若緩甚急。至乃欲蘇國計。害及民財。取之既已再三。輸者豈無怨恨。遠近結怨。本根動搖。則非臣所能知也。

李石上奏曰。國家莫重於民。莫急於財。既不可以其所急而病其所重。又不可以其所重而廢其所急。何則。重民者天子之職。而急財乃有司之事。二者有分矣。則雖今日之急。亦患無財也。歲賦所入之外。至於山澤鹽鐵榷酤之利。有司講之畧具。自陛下弭兵息民以來。凡前日之過取厚歛者。一切罷去。又下裕民之詔。申命有司。擇取寬剩之財以裕吾民陛下得其所以重吾民之職矣然有司各出納有以所取實剩為憂方陛下裕民之意日新而無窮有司寬剩之財勉出而有限以有限給無窮有司且病而有言誠如此則言利者得以窺主意而售其術然自臣料之前日多事賦於民與今日之無事取於民較之孰多有司之費視前日多事比今日之費孰廣則所謂財者何必藏有司之府庫然後為富哉十年生聚十年教訓蠶之者疼而衣之者舒耕之者衆而食之者寡此生財之源由民心出也臣願陛下以裕民為財而勿以取民為財執之不改則聚斂之臣語塞而不敢病矣

趙元鎮論福建兩川鹽法奏曰臣切惟國家應茲厄運頻歲艱虞遐遑之民雖流離困苦之極而未嘗一日忘宗者以祖宗刱業之始結民心為基本故也其於川廣福建之民尤加優卹以其疾苦赴訴去

朝廷特遠而變亂竊發遮難殺止故凡鹽酒之利與民同之而不之榷近以國用窘急始議榷福建之鹽尋欲榷福建之酒臺諫臣寮數已開陳其弊言猶未行而近見張浚申明欲措置四川鹽酒為經久之利是何中外不謀而同遠方之民亦不容其少安耶浚蜀人也蜀之利病宜自知之願陛下手詔諭浚俾命裁酌及令三省詳議福建鹽法所得所失孰大孰小毋以故重失民心斯為盡善惟祖宗肇造艱難欲垂法萬世而一時建言補地殆盡獨此民心未至離散若併此而失之則大事去矣幸陛下留意

歷代名臣奏議卷之二百七十

歷代名臣奏議卷之二百七十一

理財

宋孝宗時提舉浙東常平茶鹽公事朱熹上奏曰臣聞欲救巨患者不可惜小費欲除實弊者不可徇虛名臣等叨蒙聖恩備數東浙竊見紹興和買之患民所不堪巧詐之徒奸弊百出前此議者非不欲救而除之而往往過為國家顧惜小費下比流俗苟徇虛名是以因循終莫能革臣等不肖誠不足仰窺聖德之萬分然有以知陛下愛民之心燭理之明於此必有所不屑者是以敢昧萬死而一言之伏惟陛下留神財擇臣等契勘浙東七州除溫州無和買外其餘六州共管和買二十八萬一千六百四十四匹二丈二尺紹興一州獨當一十四萬六千九百三十八匹乃占諸州一半以上緣此重困人不能堪所以子戶詭名巧為奸弊雖有重法終不能禁且如會稽一縣經

界之初舊例雖是物力三十八貫五百以上起科和買然以通數計之實及四十七貫方滿一匹今亦自三十八貫五百起科以通數計之乃自十八貫六百單一文已科一匹則是向來科納一匹者今增為二匹半矣官之所入不加羸田之在民不加損止緣人苦其重避免者多以故奸偽日滋以至此極向來官吏之有意於民者莫不知有此弊亦未嘗不為之惻然動心評議措畫亦既多端而利害相形終無定說如欲首併詭戶則懼其告訐成風徒敗風俗而暫併復分終不能禁欲以畝頭均紐則縱舍游末重困農民輕重之間亦未為允欲科有產無丁之戶則彼能立詭戶者固不憚更立虛丁而寡妻弱子實無丁籍者反受其弊如欲減退物力等則或作鼠尾推排則彼昔者既能析而為三十八貫五百以下之戶矣今豈不能再析而為若干錢以下之戶乎故嘗參酌前後衆人之論而折衷之獨有通

計家活浮財物力貫頭均紐之說稍為無弊雖第五等戶昔無今有者未免有言然於其間真偽亦復相半若真貧民輸一戶之和買不過丈尺彼自不較惟是子戶詭名之奸頓輸數戶積計甚多故尤不以爲便而必爭之其力又足以挾下戶唱浮論以搖衆聽故不察其實者遂以自疑而莫能復措其說此和買之議所以洶洶累年而和買之害固未嘗有一毫之損也然竊嘗深究其受病之原則無他焉直以元額之太重而已故今臣等相與熟議輒陳此說欲望聖慈先發德音痛減歲額然後用貫頭均敷之說以定其制惟慮所敷第五等戶之中真下戶者或受其弊則請參用高下等第均敷及減免下戶丁錢之說以優恤之但使真下戶者審知此法之行不爲厲己而無他辭則彼奸民之浮論亦可以置而不問矣謹畫一條具如後

一所以先裁減歲額者臣聞祖宗初立和預買法先支見錢後納紬絹民間實賴其利至有形於歌謠者而當是時本路漕臣有私於越州者其吏復私於會稽故此郡縣所拋獨多其後請本之數遂爲歲額而錢不復支紬日益貴以至今日而白著之科遂反爲一州無窮之害故建炎元年五月一日光堯壽聖憲天体道性仁誠德經武緯文太上皇帝登極赦書有曰和預買法本支實價訪聞官司立價甚低或高擡他物價直準折或以無實虛券充數甚者直至受納未支本錢不遵條限前期起催急於星火今來上供之類欲依祖宗法其和預買有前項違戾守令并轉運司並以違制論加二等仍委提刑司覺察每歲於依限後一月內具有無違戾聞奏不以實聞與同罪仰味大哉之言則是太上皇帝再造之初聖慮之深固已及於此矣而兩聖相承於今五十餘年迫以軍國之須所資至廣卒未能有以抑稱睿謨預支實價以復祖宗之舊者臣等竊思其次獨有撙其甚處如紹興府者有以少解其倒垂之急爲庶幾焉爾然今欲去紹興和買之害使無奸弊稍得均平而不先減其當日請本之額譬如負千鈞者背脊之力既已不堪乃不知減其所負之物但欲移而寘之懷袖亦必無益於事矣故今臣等於此首陳減額之說而議者顧以爲有虧經費無所從補徒然奏陳必不聽許則臣等雖愚有以知其必不然也臣等仰覩陛下愛育黎元如親父母有以病告如切其身如頃年四川之虛額饒州之金徽州之絹汀州之銀青陽星子之稅放免蠲除不可勝計而連年水旱施舍貸給何啻數十巨萬何獨於此知其爲害之甚而不出捐數萬匹者以紓之乎又況近者已蒙聖恩減免天慶橫陵等處和買二千餘匹固已漸示救患除弊之端矣然通而

計之人戶所減每匹纔及一尺有奇而坊本煎鹽坍江放生四色所放尚未除免則臣等所以望於陛下者不但如此而已也臣等竊見浙西和買最重去處無如臨安府者而其數纔及八萬餘匹欲望聖慈將紹興府且依此例爲額而蠲其餘數至於版曹經費或有所闕則乞量撥內帑之蓄以補其數蓋如本路坊場課利出剩錢數歲輸內帑者至若干萬貫皆是近歲曹泳創置窠名即非舊法所當供者如此之類儻捐一二歸之版曹還以補填本路上供蠲減之數則聖澤下流人人知德意舊弊庶乎其可革矣

一所以謂貫頭均紐之說爲無弊者蓋今和買之重人悉規避詭爲下戶長姦滋弊莫可關防如經界之初會稽一縣凡爲物力錢一百二十六萬餘貫而四等以上科納和買者當一百一十

萬餘貫。今來四十年。所謂四等以上。上有物力錢三十七萬九千四百六十貫六百文。而轉入五等者。乃至七十二萬五百餘貫。皆緣和買之重。姦猾之民爭為子户。詭名以避均敷。而其淳謹畏法不敢為者。顧乃為之代受。所免之數幾再倍於其舊。政之不平。莫甚於此。從來為州縣者灼知其弊。非不嚴詭户之禁。往往隨併隨分。終莫能革。今若蒙恩先次痛減歲額。却以貫頭均敷。自物力一文以上。並紐寸尺。則高下多寡其數一定。而奸弊無所從出矣。若猶以真實下户創科為慮。則所謂高下等第科敷。以及減免下户身丁之說。臣等請得而備陳之。

一。所謂高下等第均敷者。上户舊科和買數多。今用貫頭均敷。則其數却須少減。下户舊不曾科和買。今用貫頭均敷。則其數乃是頓增。若使頓增數中皆是子户詭名。則固不足恤。第其間却有真實下户。不能無咨怨者。故今後為此法。以優恤之。如第一等物力四十貫當科和買一匹。則第二等四十五貫乃科一匹。等而下之。至於五等。則户愈卑而科愈少矣。如此施行。庶幾下户所增不多。不至反有重困。

一。所謂減免下户丁錢者。大率第五等中有丁者。多是真實下户。無丁者多是子户詭名。今若將第五等户所納丁錢特與除放。則真實下户雖增和買。而得除此色官物。其裒除之間。亦略足以相補矣。

右謹件如前。欲望聖慈特賜省覽。直降睿旨。悉與施行。則不惟臣等之幸。實紹興闔境百萬生靈數十百年永永無窮之幸。

熹又奏鹽酒課及差役利害狀曰。臣竊見本司所管鹽酒課利。國計所資為甚廣。而民情所患為甚深。若不根索弊原。別行措畫。竊恐民力日困。亦非國家久遠之利。臣雖書生。不曉錢穀。然其大體亦竊講聞之。欲條奏以聞。顧以救荒方急。有所不暇。今以罪疾力請投閑。惓惓之私。懷不能已。輒有已見。冒昧奏陳。如有可採。欲乞別選忠厚通敏之臣。付以其事。令其詳細稽考。因事制宜。便民情亟得去其所患。而國計永不失其所資。實為利便。至於差役一事。亦屬本司所管。今亦有少利害。并具其說如後。須至奏聞者。

一。浙東所管七州。而四州瀕海。既是產鹽地分。而民間食鹽必資客鈔。州縣又有空額比較增虧。此不便之大者。夫產鹽地分。距亭場去處近或跬步之間。遠亦不踰百里。故其私鹽常賤。而官鹽常貴。利之所在。雖有重法。不能禁止。故販私鹽者百十成群。或用大船般載。巡尉既不能詗。州郡亦不能詰。反與通同。資以自利。或乞覓財物。或私收稅錢。如前日所奏台州一歲所收二

萬餘貫是也。以此之故。除明越兩州稍通客販。粗有課利外。台溫兩州全然不成次第。民間公食私鹽。客人不復請鈔。至有一場一監累月之間不收一袋。不支一袋。而官吏靡費。吏卒搔擾有不可勝言者。然已有比較之法。州縣恐有殿罰。則不免創立鹽鋪。抑勒民户。妄作名色。抑令就買。出入暗昧。不可稽考。大略瘠民以肥吏。困農民以資游手。爲州縣爲提舉主管者非不之知。然皆以國計所資。不敢輒有陳說。日深月久。民愈無聊。若不變通。恐成大患。臣生長福建。竊見本路下四州軍舊行產鹽之法。令民隨二稅納產鹽錢。而請鹽於官。近歲官鹽雖不支給。而民間自食私鹽。官司既得產鹽稅錢。亦不復問其私販。雖非正法。然實兩便。欲乞聖慈特詔本司取會福建路轉運司下四州軍見行產鹽法。將本路地里遠近。鹽價高低。比附參考。立爲沿

海四州塩法其餘州軍自依舊法施行則亦革弊救民之一事
也伏乞聖慈詳酌施行
一酒坊之弊其說有四一曰官監二曰買撲三曰拍户抱額四曰
萬户抱額臣竊以為莫不便於官監莫便於萬户其他則亦互
有利害而萬户之中亦不能無少利害亟在講究詳盡然後施
行則庶乎其弊之可革矣今官監之害朝廷既知而罷之矣然
州郡占吝多不遵稟户部漕司所撲仍不廢罷此則害雖除而
未盡者也買撲之害在買人有消折本柄破壞家產之患在衆
人有抑托抑勒捕捉欺凌之擾雖加禁防法式明備然勢之所
在終不能革拍户抱額則庶幾矣然或額重而抱納不前或藉
此而抑托攙擾則其弊亦不異於買撲唯萬户抱額最為簡便
然須以一州或一縣通計田畝浮財物力而均出之使無官户
民户之殊城居村居之異一槩均敷立為定籍乃為盡善若舍
官户而敷民户舍城居而困村居不立官簿而私置草簿使吏
得以陰肆出沒走弄於其間則又病矣此法本路處州見已施
行四五十年民無爭訟官省禁防雖其小害尚不能無然入其
封境觀其氣象宛然樂園與諸州不同今欲便取其法行於諸
州則恐本州課額素輕或非他州之比未可遽議然他州課額
雖多從來拘催少留登足皆是虛名徒掛空簿若蒙聖恩深詔
有司取淳熙六年七年八年三歲實催到庫之數參校取中立
為定額然後以此科敷俾為萬户則亦庶幾安民省事之一端
也伏乞聖慈詳酌施行
一臣於今年二月內曾具差役利害事申尚書省幾數千言內有
條詞所畫歇役年限一條最為詳審而近準户部行下乃無一

言見施行者臣生長田間頗諳鄙事竊謂其言若得聖明一賜
觀覽決須有可采者欲望聖慈特賜宣索觀其大槩然後付之
愛民曉事老成詳細之臣令其看詳擇可行者具為條畫列降
指揮施行庶於陛下愛民之意少有裨補臣不勝萬幸
葉適上財總論曰財用今日大事也必盡究其本末而後可以措於
政事欲盡究今日之本末必先考古者財用之本末蓋考古雖若無
益而不能知古則不能知今故也夫財之多少有無非古人為國之
所急而今世乃以為其患最大而不可整救此其說安從出哉蓋自
舜禹始有貢賦之法以會計天下之諸侯比於堯舜以前為密矣今
禹貢之所載是也然總秸米粟不及於五百里之外九州之貢入較
於今世乃充庭之儀品蓋千百之一二耳周公之為周治其財用視
舜禹為已詳然王畿千里之外法或不及千里之內猶不畫取蓋三
代之所取者止天下之疆理而借民力以治公田為其無以阜通流
轉則作幣鑄金以權之當是之時不聞其以財少為患而以財多為
功也雖然此其事遠矣盐筴末利起自春秋曾之中世由始有税禁
諸侯各以其國自足而無煎熬逼迫之憂蓋漢興文景之盛而天下
之財不以入關中人主不租税天下而諸侯若吳人者亦不租税其
國光武明章未聞其以財少自困而中年常更盜賊夷狄之難內外
征討亦不大屈惟秦始皇豪暴有頭會箕斂之譏漢武帝奢侈有均
權征筭之政而西園聚錢大鬻天下之官爵以致之蓋兩漢雖不足
以言三代而其以財為病非若今世也雖然凡其事遠矣分為三國
裂為南北無歲不戰無時少安且其運祚迫蹙禍變繁興至於調度
供億猶日有序而亦豈若今日之貧窘漏底哉此皆具載冊書可即
而見者雖然此其事遠矣隋最富而亡唐最貧而興唐之取民以租

以唐以調遏此無取也而唐之武功最多闢地最廣用兵最久行師最勝此其事則差近而可言矣致唐之治有唐之難其不待財多而能之也决矣然則其所以不若唐者非以財少爲患也故財之多少有無非古人爲國之所患所患者謀慮取捨定計數必治功之間耳非如今世以一財之不足而百慮盡廢奉頭竭蹙以較錙銖譬若情夫淺人勃勃爲徒知事其口腹而已者也以財少爲患之最大而不可整救其說稍出於唐之中世盛於本朝之承平而極甚乃至於今日其爲國之名物采章精神威望一切消耗內之所以取悅其民外之所以示武於敵者一切無有習爲寬緩迂遠之常說以文其無用而盡力於苟且督迫鞭撻疲民舞役小吏而謂之有能陛下回顧而加聖思必有大不可安者故臣以爲不究今日財之本末推古之本末循而至於本朝以去其錯繆而不合於常經者則無以知財之多

少有無不足爲國家之患此而不知則天下之大計皆不可得而預論而况望其有所施行以成效哉

適又上論曰唐末藩鎮自擅財賦散失更五代而不能收加以非常之變屢作排門空肆以受科斂之虐而財之匱甚矣故太祖之制諸鎮以執其財用之權爲最急既而僭僞次第平一諸節度伸縮惟命遂强主威以去其尾大之患者財在上也至於太宗真宗之初用度自給而猶不聞以財爲患及祥符天禧以後內之蓄藏稍已空盡而仁宗景祐明道天災流行繼而西事暴興五六年不能定夫當仁宗四十二年號爲本朝至平極盛之世而財用始大乏天下之論擾擾皆以財爲慮矣當是時也善人君子以爲昔之已取者固不可去而今之所少者不可復取皆甘心於不能所謂精悍駔儈之吏亦深自藏抑不敢奮頭角以裒斂爲事雖然極天下之大而無終歲之儲愁

勞苦議乎鹽茗榷貨之間而未得也是以熙寧新政重司農之任更常平之法排兼并專斂散興利之臣四出侯望而市肆之會關津之要微至於小商賤隷十百之獲皆有以征之蓋財無乏於嘉祐治平而言利無甚於熙寧元豐其借先王以爲說而率上下以利曠然大變其俗矣崇觀以來蔡京專國柄任以爲其策出於王安石曾布呂惠卿之所未工故變鈔法走商賈窮地之寶以佐上用自謂其蓄藏至五千萬富足以備禮和足以廣樂百侈並鬪竭力相奉不幸黨與異同屢復屢變而至王黼又欲出於蔡京策畫之所不及者加以平方臘則加斂於東南取燕山則重困於北方而西師凡二十年關陝尤病然後靖康之難作矣方大元帥建府於河北而張慤任饋餉之責者鹽鈔數十萬緡而已及來維揚而黄潛善吕頤浩葉夢得之流汲汲乎皆以權貨自營而收舊經總錢之議起矣况乎大將殖私軍

食自制無復承紀轉運所至劉刷攫拏朝廷科降大書文移守令丞佐持巨校將五百追捉鄉户號痛無告貽貪之人又因之以爲己利而經總制之窠名既立添酒折帛月樁和糴皆同常賦於是言財之急自古以來莫今爲甚而財之乏少不繼亦莫今之爲甚也自是以後辛巳之役甲申之役遂一有警賦斂輒增既增之後不可復减嘗試以祖宗之盛時所入之賦比於漢唐之盛時一再倍於熙寧元豐以後隨處之封樁役錢之寬剩青苗之結息比治平以前數倍而蔡京變鈔法以後比熙豐又再倍矣王黼之免夫至六千餘萬緡其太半不可鈞考然要之渡江以至於今其所入財賦視宣和又再倍矣是自有天地而財用之多未有今日之比也然其所以益困益乏皇皇營聚不可一朝居者其故安在夫計治道之興廢而不計財用之多少此善於爲國者也古者財愈少而愈治今者財愈多而愈不治

古者財愈少而有餘。今者財愈多而不足。然則善爲國者將從其少而治且有餘乎。多而不治且不足乎。而況於多者勞而少者逸。豈惡逸喜勞而至是哉。故臣請論今日財之四患。一曰經總制錢之患。二曰折帛之患。三曰和買之患。四曰茶鹽之患。四患去則財少。財少則有餘。有餘則逸。有餘而逸。以之求治。朝令而夕改矣。何謂經總制錢之患。昔李憲經始熙河。始有所謂經制財用者。其後童貫繼之。亦曰經制。蓋其所措畫以足一方之用而已。非今之所謂經制也。方臘既平。東南殘破。郡縣事須興復。陳亨伯以大漕兼經總使。移用諸路財計。其時所在艱窘。無以救急。故減役錢。除頭子賣糟酵。以相補足。靖康召募勤王兵。翁彥國以知江寧兼總制。強括民財以數百萬計。已散者視若泥沙。未用者棄之溝壑。維揚駐蹕。國用益困。呂頤浩葉夢得實總財事。四顧無策。於是議用陳

亨伯所收經制錢者。其說以爲征商雖重。未有能強之而使販。賣酒雖貴。未有能強之而使飲。若頭子之類。特取於州縣之餘。而可供倅迫之用。夢得號爲士人。而其言如此。蓋辨目前者不暇及遠。亦無怪也。然而其所取止於一二百萬而已。其後內則爲戶部。外則爲轉運使。不計前後。動添窠名。黃子游柳約之徒。或以造運船。或以供軍興。遂添酒稅。隨刻頭子。趙鼎張浚相繼督師。悉用取給。而孟庾以執政之重。當總制之名。耆戶長壯丁雇錢始行起發。役法由此大壞。二制益出。色額以數十計。州縣之所趁辦者不過數條。瓜剖棊布。皆以分隸。一州則通判專之。一路則提點刑獄督之。胥吏疲於磨算。屬官倦於催發。酒有柳運副王祠部都督府二分本柄斛折官本。茶有秤頭節息淮軍鹽面。商稅有增添七分。免役有一分寬剩。得業有勘合。典賣有牙契。至於後也。僧道有免丁。截撥有糜費。故酒之爲勝

也。幾至於二百。頭子之法貫也。至於五十六。而其所收之多也。以貫計者至於千七百萬。今截取以畀總領所之外。戶部經常之用。十八出於經總制錢。上方其入仕。執筆茫然。莫知所謂。老胥猾吏從旁而嗅之。上之取財。其多名若是。於是州縣之所以誅求者江湖爲月椿。兩浙福建爲印板帳。其名尤繁。其籍尤雜。上下焦然。役役以度日月者。五十年於此。向之學士大夫猶有知其不善。歎息而不能救。今之新進後出。有智者矜。有力者奮。視兩稅爲何物。而況遠及先王貢賦之法乎。臣嘗計之。自王安石始正言財利。其時青苗免役之所入。公上無所用。坊場河渡免行茶湯水磨堆垛之額止以給吏祿而已。前有薛向。後有吳居厚。可謂刻薄矣。蔡京繼之。行鈔法。改錢幣。誘賺商旅。以盜賊之道利其財。可謂甚矣。然未有收拾零細。解落貫陌。斂人不貲之怨。其患如經總制之甚者。蓋王安石之法。桑洪羊劉晏之

所不道。蔡京之法。又安石之所不道。而經總制之爲錢也。雖吳居厚蔡京亦羞言之矣。至其急迫皇駭無所措其手足。則雖紹興以來號爲名相如趙鼎張浚者。皆安焉。又以遺後人。而秦檜權枝劫脅一世而出其上。及其取於弃餘瑣屑之間以爲國命者。是何其無恥之至是也哉。故經總制錢不除。一則人才日衰。二則生民日困。三則國用日乏。陛下誠有意加惠天下。以圖興復。以報仇怨。拔才養民。以報國用。在一出令而已。且何謂人才日衰。本朝人才所以衰弱不逮古人者。直以文法繁密。每事必守度程。按故例。一出意則爲妄作矣。當其風流之成。名節之厲。猶知利之不當言。財之不當取。蓋處而學與出而仕者雖不能合。而猶未甚離也。今也不然。其平居道先古語仁義性與天道者。特雅好耳。特美觀耳。特科舉之餘習耳。一日爲吏。簿書期會迫之於前。而操切無義之術用矣。曰。彼學也。此政也。學與政判

然為二。縣則以板帳月椿無失乎郡之經常為無罪。郡則以經總制無失乎戶部之經常為有能而已矣。夫置守令監司以寄之人民社稷。其所任必有大於此者。而今也推是術以往。風流日散。名節日壞。求還祖宗盛時。豈復可得。是則人才日衰者。經總制錢使之也。又何謂生民日困。俗吏小人之說必曰。經總制錢者。朝廷所以取州縣之羨餘。而板帳月椿各自以力趣辦。其於民固未嘗明加之賦斂也。贏縮多少。惟人而已。臣請以事驗之。知州去民尚遠。而知縣去民最近者也。月椿板帳多者至萬餘緡。少者猶不下數千緡。昔之所謂窠名者。強加之名而已。今已追之。所以通融收簇者用十數爪牙吏。百計罔民。日月消削。蓋昔之號為壯縣富州者。今所在皆不復可舉手。今之所謂富人者。皆其智足以兼并。與縣官抗衡。及衣冠勢力之家在耳。若夫齊民中產。衣食僅足。昔可以耕織自營者。皆今轉徙為盜賊凍餓矣。若經總制錢不除。州縣破壞。生民之困未有已也。又何謂國用日乏。今歲得緡錢千五百萬。昔三代漢唐不能進焉。所以裕國也而何乏之敢言。陛下知夫博者乎。其賭為孤注與不博而丐其贏之一二者。皆其本先竭者也。為國有大計。自始至末必有品節條章。豈有左右望而羅其細碎不收之物。且均之為朝廷出納也。又從而刻削其頭子賣酒取數倍之息。若此者猶可以為國乎。使國不貧。宜不至此。既至此矣。何以能富。故經總制不除。則取之雖多。斂之雖急。而國用之乏終不可救也。今欲變而通之。莫若先削今額之半。正其窠名之不當取者罷去。然後令州縣無敢為板帳月椿以困民。黜其舊吏刻削之不可訓誨者。而援用惻怛愛利之人。使稍修牧養之政。其次罷和買。其次罷折帛。最後議茶鹽而寬減之。若此則人才不衰。生民不困矣。夫財用之所以至是者。兵多使之也。財與兵相為變通。則

兵數少而兵政舉。若此則國用不乏矣。陛下豈有愛於多財多兵哉。直未得其所以去之之道耳。一舉而天下定。王業之所由始也。又何謂和買之患。經總制錢之為患也。自州縣而後至於民。民猶怨州縣而後及於朝廷。和買則正取之於民而已。國以二稅為常賦也。豈宜使經用有不足於二稅之內而復有所求哉。經用不足。則大正其名實可也。承平以前。和買之患尚少。民有以乏錢而須官有以先期而使民。今也舉昔日和買之數委之於民。使與夏稅並輸。民自物力錢之外。浮財營運生生之具悉從折計。且若此者上下皆明知其不義。獨困於無策而莫之敢蠲耳。陛下縱然出命以號天下曰。自今並罷和買。取和買之為上供者所用紬絹。惟軍衣未可裁損。其他宮禁官吏時節支賜格令之所應與者。一切不可行也。和買既罷。取民之名正。義聲暢於海內矣。又何謂折帛之患。支移折變。昔者之弊事。固多矣。而今莫甚於折帛。折帛之始。以兵興紬價太踊。至十餘千。而朝廷又方乏用。於是計臣始創為折帛。其說曰。寬民而利公。其後紬價既平。而民之所納折帛錢乃三倍於本色。既有夏稅折帛。又有和買折帛。且本以有所不足於夏稅而和買以足之。今乃使二者均折。於事何名。而取何義乎。夫事無名。其取無義。雖平居自治其國且不可。而況欲大有為於天下乎。雖然。折帛之為錢多矣。所資此以待用者廣矣。陛下必鉤考其凡目而後可以有所是正。若經總制錢不減。和買折帛不罷。皆目睫之近而遊視於八荒。此方召不能為將。良平不能為謀者也。又何謂茶鹽之患。榷之太甚。利之太深。刑之太重。此其事已在於建炎紹興之先。今用度既繁。經制未能一一復古。減經總制。罷和買折帛而捨茶鹽。則無以立國。故最在後。雖然。榷之不寬。取利下輕。制刑不省。亦終不可以為政於天下。使措置諸事有緒。二三年

之後臣請言之

數文閣待制周必大上奏曰。臣竊觀近世理財之術殆無餘藴。加之陛下天性節儉。絲毫不以輕用。蓋嘗損已以裕民。未嘗瘠民以供已。然中外廩廩尚以闕乏為憂。安得不為之制。且如兩浙所部舊皆富州。故轉運司最號財賦之淵藪。比聞儲蓄頗罄。不免遣官假貸於諸郡。僅有應副一二千緡者。漕臣近在轂下。非敢妄費。直以用度浸廣。無所從出耳。兩浙尚爾。外路可知。陛下方戒有司務寬民力。所謂茶鹽之法。酒稅之利。又已數倍於承平之日。不復可增加矣。惟有一策。臣試妄言之。謹按仁宗寶元二年。因天章閣侍講賈昌朝上書乞罷省不急之用。詔樞密直學士張若谷。諫議大夫任中師。右司諫韓琦。與三司詳所奏。定奪減省。慶曆二年。再命御史中丞賈昌朝。直集賢院田況。知諫院張方平。入內內侍省都知張永和。同三司議減浮費。

四歲之間。兩降詔旨。於是上自內廷。下逮百司。不急之用。悉加裁減。臣願陛下舉此成憲。委官力行之。然後徧諭諸道帥守監司。體上德之恭儉。思邦用之未裕。苟可約已便民。悉意奉行。下逮將迎之侈。饋送之違制。毋得復遵舊例。曲徇私情。又擇廉清公正之人。身為之帥。而擿其不如詔者。顯黜之。斯救弊之要術也。

左司李椿奏減茶引價錢疏曰。臣竊見累年以來。茶寇滋盛。動輒百十為群。多至數百人。或相讎殺。或恣劫掠。前年鄂州武昌縣。黃州興國軍界。茶寇兩次讎殺。官司不能誰何。臣備員湖北漕臣。日嘗具奏聞。去年湖南北界首。茶寇數百人。讎殺者數十人。帥司遣兵收捕。捉獲百餘人。方始稍戢。至茶出之時。又復前來。臣赴四川任。至潭州益陽縣界。正是茶寇出沒去處。因詢鄉土人。多稱自茶引增價以來。客旅艱於興販。所以私販公行。莫能制遏。或行劫掠居民。或奪取客人買下茶貨。或強掠婦女。或押鐵匠打造器甲。以致民不奠居。臣契勘得長引每道販茶一百二十斤。價錢二十四貫有奇。短引每道販茶百斤。價錢二十三貫有奇。長引又有兩淮京西路番引錢。又有過淮錢。共十五貫有奇。臣累任湖南州縣差遣。備見官司抑勒牙鋪承買茶引。亦有違法科于稅戶者。提舉司亦嘗按發。可見茶引價高難買者少。竊緣榷茶與其他榷貨不同。如鹽礬乳香鉛錫酒。皆有所榷之物。唯有榷茶止是空引。客人自行買茶。置鋪般擔。費用固多。計其每引不下四五十千。委是引錢太重。商旅難於圖利。遂致私販日廣。本為商賈。變而為盜。至於民被其害。若不改革以救之。其患不可勝言。臣愚欲望出自宸斷。將茶引價錢痛行裁減以救其弊。竊緣湖南北所產之茶。江浙不食。臣欲乞將湖南北路茶引每道販茶六十斤。引價錢三貫文。是長引元販一百二十斤。今減其半。價錢元係二十四

貫。其半當一十二貫。今減作三貫。是四分之一。却計每年兩路茶額料降引數。以四倍給之。付逐處官司紙墨之費。不多招邀算請。必不更有科抑之弊。游手失業之人有二千。便可興販官茶。況今來私販之多。百倍於有引販茶之數。今來茶引價輕。公販有利。則私販日消。將不止可補四分之數。臣愚謂因此可變盜賊為商賈。化兇惡為良善。若直待遣兵捕殺。僅能勝之。所損多矣。其兩淮京西番引。過淮貼納。更不增減番引錢。於沿江稅務送納。貼納錢於近榷場稅務送納。其不經番引欲過淮者。一併送納。沿淮關防。稍加緊密。則無透漏。其有江浙所產茶。乞從逐路監司相度。茶事雖隸提舉司。緣臣備員職司。親見民間疾苦。不敢緘默。

椿奏折錢之弊疏曰。臣聞古者四民。而士也。工也。商也。皆食於農。又兵寓於農也。故曰。國以農為本。自釋氏之教入中國。生僧以食於農。

自張說相唐募兵而兵農分。又生兵以食於農。曾改差役為募役。又生役人以食於農。古者四民而食於農者三。今有七民而食於民者六。則所謂農者勞苦可知矣。加以兼并之家責債役使。終年力田。而所得無幾。及至收穫之時。僅能償其欠負。卒歲之計茫然。往往典賣失業。夫揔農家皆為有力之家坐享其利。且農家之所出者布帛五穀也。而使之輸帛。乃其職也。今多折變而輸錢。且錢非農所出。而輸錢不已。安得不致其困窮。未有民困窮而能足國用者也。傳曰。百姓不足。君孰與足。非虛語也。仰惟陛下勵精求治。躬行儉約。矜恤黎庶。遠選監司守臣。豈不以斯民窮困。上勤聖慮。字撫豈非未得救之之理乎。救之之理。唯重穀帛而輕寶貨。抑兼并而寬農民。導之復業。勤於耕桑。二稅惟征穀帛。不使輸錢。則民漸富庶。民富庶而國用不足者。未之有也。議者必謂二稅不征錢。則官兵俸給愈不足。是未之思

爾。且錢者出於官者也。使能禁出異域及銷毀鼓鑄如法。毋者銅。毋各工。毋鑄當二。毋雜鉛砂。毋縱私鑄。又何患錢之不足也哉。臣願講明而亟行之。天下幸甚。伏乞睿照。

椿奏二稅輸本色。別定祿令疏曰。臣聞古者卿大夫士祿各有差。士祿足以代其耕也。漢祿自百石至二千石。皆有穀帛。以穀帛為俸祿。何為不可。今荆襄湖北兩淮荒田迷望。土皆膏腴。果能導民耕布栽種。歲收穀帛未知幾千萬億。乃是生財之實也。今上下交急於錢。故錢愈闕。官私不務於穀帛。穀帛益貴。闕錢而穀帛貴。上下何得不困窮乎。穀帛所以養人者也。使穀帛足。則人無飢凍之憂。雖乏錢。緩之可也。無穀帛則雖吏不免飢凍。守錢何益也。古人欲令黃金齊土價者。豈非知務本者乎。今日轉運使下至縣令俱帶勸農。有勸農之實者未之見也。古者課民植桑。歲戶植五十株。十年則戶五百株。絲綿不可勝用矣。今惰農漸始亦多用錢買而不自種。以此之類。豈非勸農者失職乎。張全義亂世之一夫也。守洛陽於荒殘之後。委十數人招誘流移之人。以事農桑。不數年遂為盛藩。況聖君在上。擇人而任之。豈無全義之才以牧斯民乎。臣願陛下詔有司久任守令。責勸農者課桑植。勸牧養。視其田野荒闢。農民勤惰。為之殿最。毋為虛文。二稅免輸錢。惟賦地土所出。雖頭脚糜費。皆不得收錢。止輸本色。別定祿令。多給穀帛。少給見錢。或盡用穀帛。庶幾民漸務本。安其家業。盜賊消弭。有以稱陛下求治之意。伏乞睿照。

椿通判廉州。未赴。召對。奏曰。臣仰惟國家養兵祿士。固當以理財為務。臣愚謂理財宜務於本而不宜急於末。何謂本。穀帛是也。何謂末。錢是也。穀帛出於民。而所以濟飢寒者也。使民者農桑之業。盡地之利。而不奪其時。則穀帛不可勝用。穀帛豐餘。則人無飢寒之患矣。錢

不出於民。而所以平百貨者也。飢不可食。寒不可衣。今穀帛之稅多變而征錢。錢既非民之所自出。不得不逐一切之利以應官司所需。既逐一切之利。則不專於農桑。不專於農桑則穀帛不足。穀帛不足。故其價高。征錢愈急。故錢愈少。錢少而穀帛貴。上下困弊。必然之理也。況國家歲入之錢。十倍於唐之最盛時。數倍於祖宗之時。而用度猶且不足者。蓋用其末而不用其本故也。今也苟不務豐其穀帛而上下交急於錢。不以濟飢寒為急。臣慮將見其弊有不可勝言者。臣竊見兩淮襄漢湖北州郡荒田甚廣。湖南江西陸地亦多荒蕪。是皆可以出布帛穀粒之原。理宜使民盡力。況自轉運守倅縣令皆帶勸農職事。非無任責者。從來但為文具而已。臣愚欲望陛下詔有司先責勸農之實。戢游手之民以開墾為勸農者殿最。務在必行。期於野無曠土。然後正征賦之法。更俸賜之制。用穀帛以省用錢之原。庶幾

上下免困窮之弊，宗社享無疆之休，天下幸甚。

椿爲司農卿，又奏措置支遣米斛疏曰：臣竊以行朝天下之根本，贍養諸軍百司，月用米十四萬五千碩，歲用百七十萬碩，有閏月百八十八萬餘碩，若有非泛及截用，便費二百萬碩。今來倉廩空乏，至于每月旋營支遣。臣到官之初，會計所有至微，爲之寒心，尋具劄子申户部及申朝廷訖，及每五日約度申部。切緣司農寺職事，止當出納及約度所有科撥，合從省部將有指準米料撥降施行，候綱運到岸，即時拘收，專屬本寺。今來闕乏如此，其責雖各有司存，若不申乞措置，萬一闕食，實繫國家重害之事，豈宜相視不言？或以謂見有椿管米斛，然椿管米斛不滿百萬，止可爲七月之計，豈可恃以爲足？且如今年兩浙、江東路上供米數，多有災傷撿放，又有截使，則省倉指準支遣之數皆是欠闕。臣嘗約今年歲計，未有半年指準，雖是見今和糴，而米價既騰，糴本絶少。臣若不以實告，陛下深慮關悞，事體非輕。臣欲望聖慈作訪聞，委省部速行措置，未能爲三年之儲，且約一年之計，常當有二百萬碩在倉，才有不及，即須措置補足，亦不必以椿管爲名，但通有二百萬碩，庶不闕悞。

椿輪對奏劄曰：竊聞獨木橋之謂榷。榷貨者，謂有以導之，使商旅必行，不得而他之，此榷貨所以歸公上。今也重取其利，又於不可取之地而取之，而民不從，如人過水，橋斷而不可履，舟漏而不可濟，則必涉水而渡，不可禁遏。茶法之弊，正類乎此。使民不知履橋之安，乘舟之濟，而不畏涉水之險，甘於陷溺而不悔，豈可不思有以救之？救之之道，在導民於安平，而脱乎陷溺也。榷貨皆有其數，惟茶之榷也乃無其數。自數十年來，每隨榷鹽而增其價，蓋未察有無不同。茶不可間，鹽價增長，罪賞益嚴，愚民逐利，是一切不顧其罪而犯之，既負重罪，則輕其生，所以敢抗拒官司，不畏其死，以成近日之患，所損多矣。而尚欲守其斷爛之橋，敗漏之舟，驅民而濟，將見民之涉水陷溺，未有止期也。

椿又奏曰：嘗聞之經曰：「何以聚人？曰財。」切見朝廷養兵禄士，必錢穀爲急。今來倉庾所用，每月旋營，帑藏支遣，遂旬那兑，則錢穀可謂匱乏矣。而米有豐儲倉之積，錢有南上庫之椿，則錢穀固自在也。所謂積者、椿者，本非有餘，移東就西，奪彼與此，亦數年以來，朝廷、户部遂分彼此，貸借索還，有如市道，殊非國體。此陽城所以切齒於裴延齡者，以其欺誕冒寵，誑君誤國，爲萬世罪人，今觀史者惡其所爲也。仰惟主上剛明，大臣方正，而於予奪移就之弊，未能革而正之，識者咸知其非，莫敢有言者，委靡之風未振，惟恐言出禍生，設士夫相與俛仰度日，但爲身謀而不謀國事。椿衰老庸陋，加以疾病纏綿，三年之久，未能脱然，無望於世矣。誤蒙君父異知，朝廷擢用，苟有欲言而不吐露，則含恨就死，豈不辜負天地父母之恩？用是不敢有隱。伏望朝廷監前代之失，懲倿臣之欺，凡百政事，不止於錢穀，各付所司，委任責成，勤勞者賞之，誠實者信之，賢能者奬進之，庸謬者免之，有過者罰之，慢易者責之，黨私者逐之，欺罔者誅之，則舉無不治之事矣。聖君大臣圖治人材、教化政令、軍國大事，坐而論之，收支細事，椿撥借還，有如市道，豈宜上瀆聖君而浼煩大臣耶？伏乞鈞察。

椿又上奏曰：嘗讀易之謙，象曰：「君子以裒多益寡，稱物平施。」節之彖曰：「節以制度，不傷財，不害民。」蓋謙居大有之後，如山居地中，謙之至也。聖人以有餘補不足爲訓，謙雖美德而不可過也，故雜卦戒之以輕。節居渙散之後，如水在澤上，所以節止之也。聖人慮後世不節也，故於六三著誰咎之戒；又慮後世節之過也，故於上六著苦節之訓。

又丁寧於象曰。節以制度。不傷財。不害民。聖人之意。惟恐不得其中也。切見監司郡守有以羡餘為獻助者。果有餘而合乎裒多益寡之義耶。果有制度不傷財不害民耶。愚素貧賤流落。頗知閭閻之艱苦。久在州縣。備見州縣之窘乏。切料今獻羡餘者。但見大農之不足。竭力以奉上。則有之矣。必合聖人之中道。況未足以濟國計百分之一。愚又慮其獻者被褒。則希進者喜於聚斂。畏罪者勉為誅求。斯民有不堪其害者矣。此惟主上執謙德之柄。居甘節之中。宵旰求治。軫念斯民。聽獻羡餘。決非主上及朝廷之意。是必有司之未察也。亘古以來。有天下者。地廣無過於唐。唐之言財計者無過於劉晏。晏之能。今猶稱之。其長於財計可知。而考其所入。較之於今。今所入遠過於晏之時數倍。國家理財之術。不為不盡。晏能使天下無甚貴甚賤之物。兼并之家不能肆其欲。百姓富實。今所未及耳。欲望朝廷明告獻羡

餘者。所獻之錢。非橫斂別科乎。非減剋移用乎。後可以繼乎。監司獻則併訪之於州。州獻則併訪之於縣。具奏其來歷。庶幾朝廷不為人欺罔。生民不被其誅剝。仍詔有司會計天下實有所入之財。量入為出。去冗食。崇節儉。重穀帛。輕寶貨。不在增聚斂之術矣。農無不足之患矣。

廣西提點刑獄林光朝奏廣南兩路鹽事利害狀曰。臣竊聞廣南路鈔鹽。行之三十年。而利害常相反。今西路日不足。而東路歲有增羡。兩路利源出於一本。豈西路官吏每不辦事。而東路多能吏耶。蓋不求立法之意。而欲利害多寡出於一體。無時而可也。臣所領惟一路刑獄。至於鹽課。似非臣所當議。然財屈人貧。用度不繼。則有盜賊之虞。盜賊不能禁。所責在臣。此臣於受君命之日。便如是過計。臣生長閩嶠。聞之父兄官於嶺海者不為不多。耳目所接。乃如鄉井。今廣南鹽事提舉官。初無東西路之別。即利害多寡宜出一體。不應東路常有餘。西路常不足。如梧藤柳象去處。糶米狼戾。歲上熟。米斗三十錢。中熟。下熟。以是為差。大率不過五六十錢。是西路終歲勞苦。米價常低小。東路鹽船別無回貨。其所得米如泥沙。廣東販鹽上西江。多是小客。未及數歲。即為富商。西路農人日以貧。東路商人日以富。東路一籮鹽至西路。或得米十四五石。其傷農也如是。而有司不以為意。今之領一郡。則不恤他郡。領一路。則不恤他路。領一州一路。慶其事可辦之一二年。即斷然行之。於一二年之外。有所不暇恤。悠悠海內。相習成風。雖丁寧告戒。無虛日。而此風未易言也。仰惟陛下相傳一道。高視百王。必擇部使者分布諸路。必於臨遣之日錫之話言。其於數千萬里。尚嘗有此疆爾界限隔之殊。廣南路鈔鹽。此特一細事爾。若精白體國之人。與之謀利害。可以數語而定也。今東路賣官鈔。官

鈔不足。而鹽率有餘。乃至給由子。候官鈔到日比折。是東路鹽流通每如是。西路所運乃石康鹽。石康鹽到他處。須官中自運。前此可以苟歲月。蓋緣厚賦有所謂折苗錢。米一石。不過四五百錢。納折苗錢至十倍其數。是合納一石。乃費十石。安得不困。僻遠州縣。雖縣有愁歎。無從上聞。昨者漕臣乞罷休折苗錢。取廣州石康鹽散賣本路。界內人食本土所有之鹽。而東路鹽船勢須隔斷。東鹽不出。即西米常有餘。是以漕計自足。民力自紓。此為西路之計。莫善於此。然東路鈔鹽別無發泄處。東路州縣多是瀕海。海上之人。豈可抑此食貴鈔鹽。此東路官吏又不得不力爭。欲其仍舊。何暇為西路計也。今西路已罷折苗錢。又聽東路鹽船依舊東西江。每鈔面雖有定額。然歲額常不足。歲額不足。久之轉甚。今柳州象州去處。俸給多闕。沿邊一帶每費支吾。歲一不登。盜賊間作。則有足深憂者。臣竊聽前後有言廣南

兩路鹽事不便者亦可數陛下必洞見其利害若廣南鹽事初無東西路之別自合通融認歲額今以西路為貿易之場而息錢盡歸東路西路所入惟鈔面一件耳東路歲額五十萬而西路四十萬所入多寡有此相遠而所定歲額其不相遠如是今若使兩路同辦歲額除鹽本錢照兩路舊例合用之數其餘息錢於米賤之時自可於所在招糴以為水旱振恤之備閩中仰食於二廣閩人足食則其餘米船或可以到浙東此其為利自不少也又廣南西路從來不立義倉若歲一不熟沿邊州縣及羈縻溪洞仰食於我豈可無備臣素不更事以利害切心乃有此喋喋前後論此者章疏具在欲望陛下皆作聖意行下令兩路共認歲額仍令兩路帥臣監司條具經久可用之法即駱越之人蒙被朝廷均一之澤不勝幸甚

唐仲友上奏曰臣聞理財之道中正為主苟過與不及必有偏受其患者令出於朝廷而行乎郡邑雖小大之不同然貴乎中正則一而已上有督責之令則下有暴吏上有姑息之令則下有猾民故出令不可以不中正也行令苛急則傷民民傷則本蹙行令弛慢則縱吏吏縱則用匱故行令不可以不中正也臣竊惟國家自祖宗以來建立法度以經理天下之財賦明白周備無非中正儻能上下同心謹守勿壞豈惟僅足雖致富可也然出令者惑於浮議則法有時而變行令者牽於私意則法有時而壞變數而壞多則胥吏因緣為姦而斯民深受其弊公家之用亦從而乏矣臣願陛下內飭朝廷謹守祖宗之法度毋數以浮議而變外戒郡邑謹守朝廷之法度毋輒以私意而壞內外遠近精白一意共由中正之道庶幾姦猾無所容而善良均受其賜足國裕民可以兼得少副陛下培固基本規恢治功之意

仲友又上奏曰臣聞政事財用初非兩塗故孟子曰無政事則財用不足此理蓋灼然也且以郡邑財用言之不過夏秋兩稅榷酒征商之屬爾若詞訟淹延追呼煩擾則農桑必至妨廢差徭不公豪猾放縱則戶口必有逃移理索不得其中則貧富無以相資過割不及其時則版籍至於貿亂若是而欲夏秋兩稅之及時可得乎寇攘不禁則道路充斥貿劑不信則商旅留滯醞釀不善則人不樂酤滲漏不檢則利歸私室若是而欲榷酒征商之登羨可得乎若乃吏姦不捉文書不明人情不通法守不謹則又百弊之所由生難以歷數無政事而欲財用之足臣不敢信也臣觀比年監司之於郡守之邑苟財賦倚辦其他率多闊略假借而又守令權任浸輕儻有奉公恤民之心則猾胥豪民之所不利多方中傷有不幸罹于罪者而含糊不斷以苟歲月類獲善罷更相懲創以務為苟簡趣辦之計但得官物不欠則慶以為職舉至於民事類不經意詞狀有彌旬而後受者追呼有累月而不到者獄訟版圖契券要會視為不急胥吏因緣為姦豪猾得志善良抑塞催科既急勾稽不明形勢靳或誰何下戶重併追擾戶長破產代納數年未免監繫雖財計目下取辦其於中產良民寖就朘削財用之源日以耗竭非所以仰承陛下愛恤斯民培植本根之意願降睿旨戒敕郡邑之吏使以政事理財用無以財用廢政事凡監司察舉守宰郡守察舉縣令並其政事修舉財用兼足者若專務趣辦緩於民事者毋得薦舉其刻剝偷惰取怨於民必加糾劾庶使守宰奉法循理兼盡撫字催科之能兩得保鄣繭絲之利不為小補

理財

宋孝宗時。王質論州郡財賦殿最賞罰劄子曰。臣竊謂方今天下之財。患在於散而不能收。隱而不能出。能收其散。出其隱。撫度內之財。自可了目前之事。臣愚不知生財大計。獨以為禁姦懲慢。謹藏嗇出。猶為庶幾。且一州之中。姦欺逋慢。漁取有司之利。蟻漏公上之財者。不知其幾。精神思慮一有不到。則財賦隨之。臣嘗竊喻如手中搏沙。放手即散。隙中觀騁。轉眼即失。此物一去。則百事盡廢。今陛下郡國布在宇內。臣竊料其間。上下貿鑿。交吾不前者居其太半。此其財賦亦未嘗無。或逋滯不集。或滲漏不見。逋滯不集者。促迫不得其法。則逋滯無可集之期。滲漏不見者。搜索之不得其處。則滲漏無可塞之理。因仍而不救。則至大壞。凡今陛下郡國其已壞者不知其幾。其將

壞者又不知其幾。恐遲數年。不復有可為之地。其於陛下國事所係非輕。臣所管州。最為鄙陋窮薄之處。又適當倒廢敗壞之餘。陛下溥傳高明。固所具知。而臣二年之間。補發舊欠。十萬有奇。綱運上供。州郡支遣。五十萬有奇。而終任見在。又二萬有奇。以此知世不可謂無財。而散漫不收。隱匿不出者。以歲計之。不知其幾何。以天下計之。又不知其幾何。方其散且隱也。則此物或陰落姦欺之便。或委為廢棄之物。及其收且出也。則一物成一用。一用濟一事。以歲計之。其所齎不知其幾何。以天下計之。其所濟又不知其幾何。臣蠢愚寡陋。妄知為政。徒悉臣之心。窮臣之力。收拾一郡之財。粗辦二年之事。而況郡國之大。有什百於此。人才之能。有千萬於臣者乎。近時一二儒臣所至之處。輸積沛然。則陛下宇內之財。果不可謂無也。有人然後有政事。有政事然後有財賦。人廢而政事弛。政事弛而財賦始不可見矣。陛下凡臨遣守臣。莫逃聖鑒。然不賞罰殿最。則無以為勸沮。臣願陛下明詔監司。凡本路守臣。如綱運上供無拖欠。州郡官吏軍兵支請無積壓。或拖欠積壓者。每歲各擇其尤一二人以聞。陛下躬出剛斷。顯行黜陟。能者有以自喜而愈不惜力。不能者自知其不可為。必求引避。又將有自量力不敢試郡。以謀苟祿者。不待沙汰而庸者去。不勞選舉而材者出。自此州郡可以各自支持。陛下可以少思省慮。雖未能大治。可漸冀小康。伏惟陛下財擇。

中書舍人崔敦詩奏乞究和糴之弊疏曰。臣竊聞朝廷已降指揮。諸州和糴。蓋以年穀屢豐。粒米狼戾。臣竊窺陛下之意。豈惟廣儲蓄以強國。固將重穀粟以惠農。其為德意。可謂曲盡。臣竊謂和糴之弊。其大有二。二弊不去。反為民害。不可不察。其一。州郡乾沒之弊。蓋朝廷既已給降本錢。諸州乃有占吝。不將盡數置場收糴。卻差委所信任

僚屬受納冬苗。許以薦舉。啗以饋遺。令以斛面極力大量。既收斂贏餘以充和糴。遂乾沒本錢以為私用。此其弊一也。其二。縣道科擾之弊。蓋州縣既承認朝廷之所糴數目。乃以其數科撥下屬縣分糴。縣之於州。非錢不行。計會符移。則有使用。請降本錢。則有剋除。洎至得錢下縣。已不及元定價直。無由收糴。於是不免科數上戶。或至中戶。止據所請到錢。令認數入納。此其弊二也。今指揮初下。議者皆以二弊必至重為民害。是使田野豐登。返有愁歎之苦。朝廷德意。遂為姦貪之資。臣愚欲望睿慈專委清強監司往來巡行覺察。如有上件違戾。即許按劾。重賜黜責。施行斷在必行。斯民幸甚。

崔敦禮代人上殿論郡縣財用劄子曰。臣竊惟天下之事。無小大。無輕重。必有賞罰加焉。然後能者勸。怠者奮。有所建立。故不勞而功易集。未有賞罰之不加而能集事者。而況理財之大計。而可於此忽乎。

臣伏見陛下自即位以來勵精圖治至於足國裕民之計尤軫宸衷凡所規畫罔不備具而獨未見明立殿最以示勸懲臣愚欲望聖慈明詔有司立爲定制應諸州長吏合管財用專責漕臣以其始至之成數校其終更之增虧果增耶於是從而劾實之苟非刻剝以聚斂姦欺以虛樁則必優加以廉能之賞果虧耶於是從而劾實之苟非有添屯軍馬非有水旱災傷則必重之以廢弛之罪如是則州縣之間莫不樂事勸功各奮其能將見國用之足纍纍如山岳浩浩如江海其効豈小補哉

衣說支上寬恤茶商疏曰臣謂比者兩路之盜皆出於茶商因成嘯聚此徒本亦良民豈願流爲盜賊自取死亡必有大不得已起於貧窮然後爲此朝廷要當講求兩路茶商利害稍從寬恤或恐有利於公而不利於私者或取利太多而茶戶不得以自贍者或禁之無術而徒苛虐以害其商者與夫茶引之貴賤胥吏之乞覓巡捕之邀求無厭州縣之額外科擾凡此之類宜降明詔命兩路茶鹽司同帥臣公共體量事勢熟究利害須公私兩便在茶商可以安業而公家不失所利並令畫一條具取旨施行擇其果可長久而便民者速與行下庶幾少安茶商之心潛弭盜竊之志

員興宗議虛額疏曰臣聞天下有經常之法有權宜之法何謂權宜之法四川折估是也蓋常法則可以久行權宜之法雖可行而不可久久行則其法必弊若從其弊而漸革之則其害乃可去也臣請言四川折估虛額爲四川宿弊之說蓋折估之始起於趙開之申請開常言鹽酒爲四川之利因民所產定爲官課郡縣之間鹽戶酒戶有上下之不同故納錢納引有多少之不一方其設法之始均科於蜀蜀中地力甚全民力甚裕是以開在紹興之初雖川陝多事一跬步

而能運百貨一咳唾而能濟三軍非開之才獨能辦此當時蜀產浩浩亦有以致此也譬若少壯果悍之人使其負百斤行千里雖日行而日不廢蓋其筋力足爲之用也自開之後利源漸廢蜀之有司既無開之才惟效開之短鹽利則累年而必取不知地力有時而竭不可以必取也酒利則拘數而欲斂不知酤賣有時而微難望其必斂也譬如華顛癃老之人復欲責其負重而行千里以同於少壯其力果能勝乎臣見近時蜀之有司無術於此惟出苟且大則施刑禁小則行笞箠彼知爲已取民以逃責不知爲朝廷追責以愛民其用心果何如也是致比年四川郡縣之間鹽戶酒戶貧乏可念或有戶窮而名存或有力均而額重或勒鄰里承煎而首尾俱壞或預那儹撥而前後皆貧或委吏推排而吏又不公或誘人渲淘而仍增新額凌逼萬狀其弊無他有司務趣折估知取其利不見其害故也至最甚者驅催不居累歲闕陷遂積虛額額則虛立而長在錢則從何而可追蜀之有司日移一令月行一牒多許所欠州軍通融撥舊欠然諸州官緡各有定額臣不知使之通融者以何窠名令之補撥者以何物色有司心固知其不可但昧心而力行之爾賴陛下至明至哲照見廣遠通者下四川總所增造錢引三百萬以備虛額西民聞之式歌且舞此聖主欲割費便民大除宿蠹之秋也然賤臣尚恐蜀之有司猶暗大體簡忽詔旨雖今有除放之文恐蜀未遂蠲減之利臣愚伏望陛下特命中朝剛果開亮之臣外稽軍實遍約吏費別總四川實支之數使逐歲所取合所用所用合所取如此折估可以議減虛額可以漸去也然議者必謂四川實收之數不及實支之多是以難議臣請得以難之蓋四川諸處未嘗無濫費特患未節爾有如諸司迭往迎來折送多至數千緡者府州諸色頭子諸州贓罰輒入公庫

亦有至千百計者。郡縣籍沒田產。郡縣關額職田。大郡中郡歲月亦至數千百計者。其他浮泛之用不經甚衆。曷若減此不急之用而補虛額之闕急者乎。浮費一減。既補實支之闕。補雖未盡。亦少濟矣。萬一則[illegible]有給降四川錢引充大惠也。況陛下既得剛果之臣體訪浮費[illegible]去冗目。又稽軍實。何慮虛額之不能減乎。又前日須下三百萬之數。併乞分令成都等路州縣。從某年至某年。並與監酒戶各減實數三分之一。或四分之一。庶幾民間通知。遂戶均減。名下所欠。不致諸司州縣臨時欺隱。依舊含糊。有分俵催科之弊也。兼乞令蜀中逐處州縣各納實收實支之數于戶部。四川總所又併納焉。其諸司自今復有苛刻於實收外增加取民者。請論如法。若困敗州縣。自紹興之初。雖係折估實收之數。元額日漸不數者。亦乞量與捐減。如是則事出朝廷。恩洽四遠矣。

興宗議節財奏曰。臣聞天之生民。以君而司牧之。故君人者養民者也。百吏者推君之令而同養斯民者也。民者蒙君之愛養而出力以事其上者也。上既育物以養下。下復勉力以事上。則上下俱利矣。臣觀三代之君率多節己以愛人。故人常有餘。隋唐之世率多取人而徇己。故人常不足。財力至此。非獨時之弊。法之弊。亦由乎用物少節之弊也。用物少節。則知出而不知入。知求而不知約。無為後日之計者。此陸贄之徒所以有裁節之說也。臣請舉小以喻大。今有一縣之令。下收萬家租稅之額。上有諸司期會之迫。善為令者。必先示以閑暇。預計所入之豐約。以權一縣之難易。內決於心。外集於事。早夜思之曰。吾邑歲入。為租幾何。為緡幾何。月合送辦者是何色。額合裨補者有何事件。夫如是。則官緡可以及期。雖至期而足。手不亂。是其慮之先。定量入為出之說也。若夫不善為令。則造端散亂。當後而先。當先而後。所斂之數無定期。所撥之物無常準。縣必不治。事亦隨闕。然則天下之財。果在乎預計之節。出之所謂縣取而濟用。不若謹用而緩取之為易也。多費以臨民。不若愛民而費省之為愈也。悠悠千載。於此清而華之者。則必存乎其人矣。恭惟陛下。即位至今。逾有三代。始則罷四方羨餘之入。又嘗減諸處浮游之用。賜予群臣。莫不有節。塗金飾翠。莫不有禁。陛下愛民謹用之事。躬行既有方矣。然邇者軍旅之後。州縣一歲之入。纔供一歲之用。未暇乎三歲之積也。吳蜀之產。各供吳蜀之用。未能為江淮之助也。豈諸路監司郡守知取而不知其術乎。陛下比令逐路求省費。用講究實有可革弊事。開奏無事文具。諸路終未有卓然之說。上當聖意者。小臣其敢默默也。臣於前二議。嘗指陳州縣廂軍之冗。及吏員之冗。是最害財之大者。若州縣員闕。合有撙節去處。自今乞為量置。如一路而轉運添差鈐轄之類

是也。吏祿歲入千緡。上下減百吏。則異時歲減百萬緡矣。此一利也。諸軍逃亡而額存。有虛破請給者。廂軍羸劣不堪衆役。有濫請受者。異時兩項並覈其實。以百萬之衆淘汰一二萬。不致他慮矣。若以二萬為數。他日一兵歲減百千。一年即減二百萬緡矣。此二利也。吏既有俸。又有職田之入。聞朝廷大議借取三年而用之。其實可以減之也。此三利也。江淮禁銅鐵越界。而四川鐵錢既已應副淮上。有司宜盡力不辭。然今蜀中所用鐵器。多是暗銷鐵錢。願更申明此禁。亦救四川錢荒之一耳。此四利也。如四利既講。則浮費可以日削。國財可以漸裕。陛下躬行堯禹約己於其上。有司遵法覈實於其下。其又何憂。臣觀太祖太宗之初。南得荊楚。東得并潞。其費百出。所以優贍不乏者。竊迹前事。大抵兵不冗。員不濫。用不浮。故也。先儒范鎮嘗言仁宗曰。天下大計宜常較出入。常定經制。願詔大臣使與太祖初賦入。

若干。兵若干。官若干。太宗時賦入若干。兵若干。官若干。真宗時賦入若干。兵若干。官若干。與今賦入之數。官之數。約取中道。以立經制。十分為率。以幾分為給兵吏。幾分給郊廟。幾分備水旱。為之十年。則可以致治矣。凡鎮之說。即臣量入為出之說也。伏望陛下不以蠛蠓小臣之言。特賜聖鑒。使臣前項所述四利。稍見記錄。雖然。爝火居日月之旁。爝火為不明。庸言陳聖哲之前。庸言為不智。陛下天日之照。如此。尚何待小臣之說也。傳曰。狂夫之言。聖人擇焉。臣是以列此也。

趙汝愚乞選通練公方之士與諸路漕臣講求所部財用奏曰。臣聞人君之於百姓。朝廷之於郡縣。要如心腹之於四體。膚髮。其相去雖若甚遠。而其中脈絡貫通。血氣流暢。故慈惠惻怛之意。纔發於方寸。而汪濊滲漉之澤。已浹於四方萬里之遠矣。此無他。以其上下一體而所欲同也。仰惟陛下恭儉本於天性。仁孝發於至誠。即位以來。垂

二十年。凡夜之所思。旦之所行。無非節用愛人為事。遂至天聽昭格。年穀屢豐。戎虜革心。境外無事。是宜下天上施。家給人足。仰稱陛下憂勤之意。而比歲州縣事力單弱。財竭於上。民困於下。風俗衰敝。巧偽寖繁。盜賊滋多。刑辟者衆。陛下雖有仁政。而澤不下及。陛下雖有德意。而民不盡知。良由人自為功。官自為政。上下不相顧恤。而陛下之赤子始告病矣。陛下聖明。灼知其弊。歲在己亥。渙發德音。命諸路漕臣各計其所部盈虛之數。而損益之。期以實惠及於斯民。甚大惠也。臣昨居一方。不能盡知諸路所行次第。然臣竊謂此重事也。既非數月間所能盡見底蘊。又慮本末未舉。首尾中斷。州縣欺蔽。猶為虛文。臣愚伏望陛下申告在位。俾上自朝廷。下逮郡縣。人知陛下聖意堅決。固欲為此以康濟斯民。於是選擇通練公方之士數人。使與諸路漕臣相為表裏。稍須假以歲月之久。俾得悉意講求。然後制均節之宜。定取予之數。庶幾乎內外協心。上下兼足。永為根本不拔之計。臣不勝惓惓。

知靜江府范成大論透漏銅錢劄子曰。臣聞東南蕃夷船舶歲至中國。皆止以物貨博易。近年頗以見錢為貴。廣泉四明及溫海州郡。錢之去者不可勝計。紹興三十年嘗大立法禁。五貫之罪死。隨行錢物全給告人。罪賞之重。至此極矣。而終弗敗獲。蓋深藏竊遯。客程飄忽。誠有法禁所不能及者。竊聞一舶所遷或以萬計。泉司歲課積聚艱窘。而散落異國。終古不還。誠可為痛惜。而深恨也。今法禁既不可制。盍亦循其本而求之乎。臣愚欲望明詔。試命有司條具每歲市舶所得。除官吏糜費外。實裨國用者幾何。所謂蕃貨中國不可一日無者何物。若資國用者無幾。又多非吾之急須。則何必廣開招接之路。且以四明論之。蕃舶所齎。止於青甆銅器螺頭松實及板木之類而已。皆非中國不可無之物。而誘吾泉貨以去。利害重輕。不

較而判。臣嘗試妄議以為明州一處蕃舶。豈不可以權住。姑塞漏錢之一穴。其它可以類舉。此拔本塞源。不爭而善勝之道。今無法以必禁。又以為蕃貨不可無。則當坐視泉貨四散而去。易惜恨可也。惟陛下與大臣熟計而圖之。

知信州王師愈上奏曰。臣聞州郡者。國之源也。州郡足則每歲供輸於國者罔不足。或有水旱之災。盜賊之警。師旅之興。亦有以為之備。州郡不足則供輸於國者已匱乏於和平之時。一有水旱盜賊師旅之用。未有不惶惶而失措。是以善富國者。必以足州郡為先務也。比者州郡乃大不然。歲之所入有限。而用度無義。困於太守之數易。困於禁軍之起發。增揀汰養老之人以困之。又有不時之需以困之。廓廓無事安平如今日。凡所以供輸於國者猶愆期而不能辦。甚者如卒伍之衣糧。揀汰養老人之請給。類多積壓無以支散。頻致喧閙。仰瀆天聽。況水旱盜賊師旅之備乎。州郡窘乏甚矣。豈不為深可慮哉。救是弊者不在它求。誠能久郡守之任。定養老之員。

隷禁軍之起發。省不時之需。則州郡之力自然而蘇息。不待積歲之久。自然之用。州郡足。則國未有不足。此富國之要術也。惟陛下留神幸甚。

光宗紹熙元年吏部員外郎陳傅良上奏曰。臣恭惟陛下嗣位之初。詔旨丁寧。皆為寬民力。而下臺諫侍從置局講究。而臣猶以為民窮未捄。何也。誠以裁抑細微。或躅空匱之數而已。議結局未有以稱明詔大慰民望也。臣求自遠方。不知朝廷之所嘗捄之者歲當幾何。以所親見。則天下之力竭於養兵。而莫甚於江上之軍。故每欲省賦。朝廷以為可。則版曹以為不可。版曹以為可。則總領所以為不可。總領所欲以為可矣。奈何都統司不可也。陛下亦熟念之歟。則以都統司謂之御前軍馬。雖朝廷不得知。總領所謂之大軍錢糧。雖版曹不得與。故也。於是乎中外之勢分。而職掌不同。則彼此不能以相謀。事權不一。則有無不能以相濟。施行不專。則前後不能以相守。故雖欲寬民力。其道無繇。臣夫然乎關陝已行之久。中興韓岳

未罷之前。養兵亦甚盛矣。而不見其不足。誠在今日稍仍舊貫。使都統司之兵與向者在制置司時無異。總領所之財與向者在轉運司無異。則中外為一體。中外一體。則寬民力可得而議矣。凡事斷之而有異論。易斷可也。行之而有後患。易行可也。往者元祐至於宣和嘗罷新法矣。則有紹述之說起而為梗。靖康至于紹興嘗用兵矣。則有講和之說起而為梗。故上之號令相反。而不能定。下之朋黨相傾而不能合。若夫寬民力誰獨無是心哉。斷之而無異論。行之而無後患。莫過此者。而何疑不決。陛下誠斷之。則今之大臣皆足以立經陳紀。二三大臣誠推行之。則今之人才皆足以受令承教。方當年穀屢豐。邊鄙不聳。失此閑暇。後將何及。詩云。譬彼舟流。不知所届。臣不勝拳拳。

光宗時。淮東運副虞儔被名上殿劄子曰。臣嘗謂事體既定。不可復有紛更。民聽已孚。不可自為疑阻。蓋紛更於既定之餘。則事體愈見其齟齬。疑阻於已孚之後。則民聽莫知所適從。故一法立。則一弊生。利未興而害先見矣。此今日兩淮鐵錢交子之說也。伏自兩淮行使鐵錢之後。以其不便於商旅之齎行也。於是始有請行交子之議。自交子之既行也。然後兩淮之人始以為便。臣自前年叨帥淮西。繼移東漕。足跡所經歷。耳目所聞見。未嘗有以交子為不便者。日中為市。百貨貿易。銅鐵交會。各有定直。經其間小有低昂。皆出於斯民之情願。初非官司強為之也。比來兩淮年穀屢豐。物價又平。商賈皆願出於市。行旅皆願出於塗。人情物態。方熙熙然莫不樂其生而安其業。胡可大體既定。又從而復有紛更。民聽已孚。又從而自為疑阻乎。且如四川鐵錢錢引行之二百餘年。公私流通。未有議其為不便者。良由事體素定。民聽具孚故也。臣願陛下執此堅若金石。行此信如四時。不以小有偏而不舉之處。而為浮議所搖。則淮民亦享安靜之澤不其幸歟。

蔡戡乞代納上供銀奏狀曰。臣一介么麽。謬蒙陛下使令。俾當一路之寄。臣於去年八月十四日陛辭面奉玉音令臣到官興利除害。不得循常守故。臣佩服聖訓。夙夜以之。臣自去年十二月入境。初見察吏與夫士庶首詢民間疾苦。異口一詞。莫不以科買上供銀一事為擾。臣深求其故。蓋緣本路諸州每年所發上供銀除減放外。目即計錢一十五萬二千一百六十九貫文省。自來均下一十四州府。於歲入係省等錢內置場買銀起發。後緣諸州累經盜賊。人戶逃移。賦入無幾。諸州遂將所買上供銀科敷人戶買納。每年轉運司雖蒙朝廷於廣州賣鈔錢內支撥五萬貫文省貼助充本。往往貿慕初不及民。並依舊例盡行科買。甚者藉此為名。過數抑斂。以供州縣它用。官吏並緣為姦。催科輸納之際。其擾有不可勝言。坐是富者日貧。貧者日困。或轉徙它鄉。或相聚為盜。所在戶口稀少。盜賊公行。職由此也。前後監司守臣陳請不一。朝廷辦送戶部勘當。戶部往往難於施行。近

因知英州葛霖奏請見錢行下本路諸司指定。遂司遂陳請乞除廣州每發上供金銀等，及十三州府進奏天申節并大禮銀，並依數起發外。又不願支請廣州賣鋪庫遂年撥降錢數，欲將十三州府上供銀三萬四千三百餘兩盡數放免。已具狀申朝省，未奉回降指揮。臣深慮戶部必以蠲除上件銀兩有虧經費，未肯施行。臣向嘗面奏昨來本司嘗提舉官葛世顯會於存留鹽本錢外，獻錢二十九萬文省，陛下却而不受。此錢見今樁管在都鹽倉。臣欲到官契勘常平米數，或有移用欠折，即將上件錢收糴補足，或與本路貧民下戶代納積欠苗税。伏蒙陛下宣諭：卿如此用心甚好。臣自交割已後，一面委官盤量常平米斛，已有近地數州申到，往往逐年兑換，必無陳腐欠折。借使移用，到收成日自可補足。兼本路州縣追催税賦急於星火，不容更有積欠。所是前項都鹽倉錢二十九萬貫，未有支遣，積而不

散，亦恐啓小人覬覦之心。臣愚欲望聖慈斷自宸衷，將此錢數并廣州賣鈔庫每年應副轉運司作買銀本錢五萬貫，截自今年更不支撥付轉運司，並從本司措置。自淳熙六年為始，均作三年買銀起發。所有諸州逐年買撥上供銀，欲乞權罷三年。雖未能便行放免，亦足以少寬民力。又於戶部經費初不相妨。如蒙聖慈特從所請，即乞行下，庶幾十三州數十萬戶室家相保，安於田里，而無科敷抑勒之擾，流離凍餓之苦。咸知聖澤所及，不問遠邇，甚大惠也。臣不勝萬幸。

彭龜年論湖北京西楮幣疏曰：臣竊惟國家興創會子，所以濟錢幣之乏，苟官司有以權之，使之流通不壅，然後緩急可恃。臣聞湖廣總領所會子當來立法，止是許於湖北京西界內行使。其襄漢戍兵月得料錢，全靠客旅貿易。其會子止到鄂州便着兑使，而官司無以權之，遂使坐賈之人乘其急遽，低價以售，用是一貫會子止可得五百左右見錢，會子既輕，商旅不行，故戍兵所得會子愈難變轉，而會子益輕矣。萬一緩急，豈不害事。欲望聖慈行下湖廣總領所多方措置，須使見錢、會子官私流通，便商旅興販之利，免戍卒折閱之怨。不勝幸甚。

龜年乞寢罷賣田指揮疏曰：臣聞溥天之下，莫非王土。古者制田，唯有歸受之法，民既壯，則受之；既老，則歸之。如此而已，未有舉在官之田與民交手為市者也。唐許民賣永業田，識者猶議其非古，況官自賣乎。臣竊聞近日有賣官田，此令一出，四方之人交口竊議，臣甚為朝廷惜此舉措也。臣照得在法官田唯許下五等人戶請佃，所以優之也。官戶及上三等尚不許，所以防其侵細民求生之路也。今一旦舉而出賣，令之曰：價高者得。小民雖有見耕之田，無錢可買，豪民積鏹千萬，尋常睥睨小民之田，恨不盡取，而官司乃為之開其門，闢其

塗。細民之田將盡歸豪民矣。昔任其勞而墾治者，細民之力也；今享其成而膏潤者，豪民之利也。豪民以錢易田，未歸恩於朝廷，而細民一旦失田，必歸怨於朝廷。朝廷但以減二分價為優見佃之人，不知見佃之人有錢則方可獲此利，無錢則坐視有錢者取田去，爾能使之不怨矣乎。議者必謂今日國家匱乏，一日出此，可得數百萬緡，豈不甚利。此特小丈夫捎淺之見，何足以謀國哉。夫數百萬緡或可以積，致人心一散，未可以復收。其輕重得失何如耶。仰惟陛下自即位以來，減月樁，損經總制，輕折估，寬和買，仁心仁聞固已四達。然或者猶謂僅能寬州縣之力，未必州縣能寬百姓也。今賣田之令一出，則害徑及百姓矣。為人臣不能為人君開百姓之心，而乃為人君離百姓之心，此臣所甚憂也。臣聞向來亦賣官田，多以百姓不便而止。臣謂與其使之不便而後止，則所損已多矣，不若不行之為愈也。臣愚

欲望聖慈特賜睿斷，將賣田指揮早與寢罷，以安人心，以固國本。不勝幸甚。

辛棄疾上疏曰：臣竊見朝廷行用會子以來，民間爭言物貨不通，軍伍亦謂請給損減。以臣觀之，是大不然。蓋會子本以便民，其弊之所以至此者，蓋由朝廷用之自輕故耳。何謂本以便民？世俗徒見銅可貴而楮可賤，不知其寒不可衣，飢不可食，銅楮其實一也。今有人持見錢百千以市物貨，見錢有般載之勞，物貨有低昂之弊；至會子卷藏提攜，不勞而運，百千之數亦無虧折，以是較之，豈不便於民哉？何謂朝廷用之自輕？往時應民間輸納，則令見錢多而會子少；官司支散，則見錢少而會子多。以故民間會子一貫換六百一二十足，軍民嗷嗷，道路嗟怨，此無他，輕之故也。近年以來，民間輸納用會子、見錢中半，比之向來，則會子自貴，蓋換錢七百有奇矣。此無他，稍重之故也。古謂將欲取之，必固予之，豈不信哉？臣以謂今諸軍請給微薄，不可復令虧折，故願陛下重會子，使之貴於見錢。若平居得會子一貫，可以變轉一貫有餘，所得雖微，物情自喜。緩急之際，不過多印造會子以助支散，百萬財賦可一朝而辦也。臣嘗深求其弊，夫會子之所以輕者，良以印造之數多，而行使之地不廣。今所謂行使會子之地，不過大軍之所屯駐與畿甸之內數郡爾。至於村鎮鄉落稍遠城郭之處，已不行使，其他僻遠州郡又可知也。臣愚欲乞姑住印造，並以見在數洲之諸路，先明降指揮，自淳熙二年以後，應福建、江湖等路民間上三等戶租賦，並用七分會子、三分見錢輸納；民間買賣田產價錢，並以錢會中半，仍明載於契。或有違戾，許兩交易并牙人陳訴，官司以準折受理。僧道輸納免丁錢，亦以錢會中半。以臣計之，諸路所入會子之數，雖不知其多寡，姑以十萬為率論之，其已輸於官者十萬，藏之於家以備來年輸納者又十萬，商賈因而以會子興販往來于路者又十萬，是因遠方十萬之數，而畿內會子三十餘萬之數也。況其數不止於此哉？會子之數有限，而求會子者無窮，其勢必求買於屯駐大軍去處。如此，則會子之價勢必踴貴，軍中所得會子比之見錢反有贏餘，顧會子豈不重哉？行一二年，諸路之民雖於軍伍市井收買，亦且不給，然後多行印造，令諸路置務給賣，平其價直，務得見錢而已，則民間見錢將安歸哉？此所謂將欲取之，必固予之之術也。然臣所患者，法行之初，僻遠州郡會子尚少，高其會子之價，紐作見錢，令人戶準折輸納，及其解發，却以見錢於近裏州郡收買，取其贏餘以資妄費，徒使民間有增賦之名，而會子無流通之理。臣愚欲乞責之諸道總領、轉運，並為條目，以察部內之不奉法者，嚴其典憲，以示懲戒。如此，則無事之時，軍民無會子之弊；緩急之際，朝廷無乏興之憂，其利甚大。

寧宗時，知潭州真德秀奏復潭州酒稅狀曰：臣至愚極陋，誤蒙聖恩，擢付一路。入境之初，訪求民瘼，即聞榷酒一事，重為潭人之害。既又詳加考訂，乃知積弊已極，不容不更；舊法具存，不容不復。臣敢疏其本末以聞。竊惟酒之有榷，本朝家所藉以佐經費，其來尚矣。然可行於江浙諸路，而不可行於廣南、福建者，蓋瘴鄉炎嶠，疾癘易染，非酒不可以禦嵐霧，而民貧俗獷，其勢不能使之必沽於官，故特弛其禁，以從民俗之所便。若重湖以南，雖非閩廣之比，然其密鄰桂管，旁接連、賀，風土氣候往往相似。據今全、永、郴、道等州，或聽民自釀而輸稅於官，或於夏秋正賦併輸酒息，未有專行禁榷如江浙諸路者也。獨潭州在城，或稅或榷，前後屢變。考諸故牘，稅酒之法實起於紹興元年。是時兵革未息，城市蕭條，幕府適有紛達之人建議于州，募醞戶造酒城外，而募拍户賣之城中。入城之時，數罌以税，官無尺薪斗米之費，而坐獲利入，民無逮捕抑配之擾，而得飲醇美。其後名公鉅卿相繼典州，皆因而不改。旁郡如衢，依倣其法，亦迄今遵行。至乾道二年，劉珙討平郴寇，增置親兵，又乞屯軍郴桂，一時調度百出，亦不敢輕變税法，但增置糯米場，添創南北楚三樓，量從官賣，稍分醞户之利而已。及辛棄疾之來，剏置飛虎一軍，欲自行贍養，多方理財，取辦酒課，乃始獻議于朝，悉從官賣。明年，權給事中尚煇奏言潭州自行税酒法，人甚安之，官不費一錢，而日有所入。今變税為榷，皆謂不便。人多移徙，廛市一空。始行之初，所得雖多，今止及半，而米麴之本，官吏之給，盡在其中。夫以小利易大不便，猶不可，況初無可得之利。且彼方新經陳峒猖獗之後，又可遽擾之乎。孝宗皇帝亟從其説，降旨往罷，令本州照久例施行。是年冬，帥臣李椿到官，椿於吏事最為詳練，亦奏臣久居湖外，備諳土俗，税酒之為民便已久，而棄疾改之，當剏造營寨，旁郡日役夫匠甚衆，所入雖不下七八百緡，夫匠一散，已不及初。其後愈見虧額，會計所得，除抱認諸司錢及贍給官吏，廑有發遣。醞户之名，實無所益。請依舊放行醞户税賣，而帥司樓店亦且開沽，俟税課登羨日止。朝廷從之，官司所醞既少，姦弊易防，故酒常佳而易售。民户安意税賣，無抵法冒禁之憂，故雖稍取其贏，而不怨。自是官酒與民酒並行，著為定例，莫之能改。及開禧二年，趙善恭又欲盡罷其息，不待奏聞，遽行官榷，醞户失業，犯法者衆，甫及數年，其弊遂極。曹彦約到任，是時官賣之額，日朘月減，幕府相視，束手無策。彦約之議，大槩以為若行榷酒，則利在官吏，而百姓蒙其害。一為税酒，則利在百姓，而官吏有所不便。此議一起，每指以為難行，皆官吏自為之計，非為公家計，為百姓計者也。以嘉定二年官賣本息計之，

雖名收二十萬八千五百八十七貫有奇，而米麴柴水本錢與官吏食錢，却計一十二萬二千三百八十二貫，除本收息，僅有八萬六千二百五貫。是一日所得，止二百五十餘貫。若官賣一分，税酒二分，則日税之額，不過一百六十餘貫，當不難辦。於是復行淳熙八年已降之旨，參用淳熙十年官私俱醞之議，許城外百姓自行造酒，般運入城，上秤收税，每酒一斤，税錢七文。不税而入，謂之私酒。若城外以至禁地，不可關防，即分地分緊慢，改為旗望户，欲來者許之承撲，欲退者許之自陳。此外惟南北楚樓每歲量造三分之一，仍從官賣。其常平等處課額，亦準舊例，徑於息錢内取撥分隸。自是潭俗頗還舊觀。既而安丙來自西蜀，視事之初，即議改榷，且限三日打併，設醪江流，見者撫膺，榷罌破瓮，在在嗟怨，括馬供麼，縱及編氓，伐木為薪，至空嶽麓而不之卹也。倡優當壚，嘈雜郡齋，糟糠麴蘗，家充斥，復闢凡酒家一孔之利，鈞扶靡遺，酒貴米賤，既相遼絶，重法以禁，亦不為止。搜邏之卒，旁午達道，連坐之人，填溢犴圄，富者至加籍沒，貧者令衆監償。異服荷校，纍纍於市。中下之家，閱月踰時，不知酒味。小有讎嫌，動相誣訐，人人重足屏迹。糯米收糴責之州縣，雖窮荒之邑，艱歉之歲，坐數抛下，無得免者。監勒牙儈，科率舟船，所至騷然，人不堪命。其害不止一州，且及一路矣。後政帥臣葉時、鄒應龍皆有意復舊，竟以弗果。然則改絃更張，稍蘇民困，此政微臣今日之責也。且紹興初元至今凡九十餘載，税法中雖暫改，然其行之之久，通前後七十餘年，榷法之行，或四三年，或五六年即復，大都不過二十餘年耳。由是觀之，税之與榷，孰便孰否，其大畧可觀矣。自曹彦約復行税法，衞涇繼之，每歲所入淨息，率不下八萬餘貫。睬昔之榷，無大相過，是不科糴，不抑配，不搜捕，薪水之費，官吏之給，皆捨去其七，而確然一定之息，踵門

自至。顧何所憚而不為哉。本司每歲諸軍供給賞犒之費。誠為不貲。若以一歲所入截長補短。痛加節約。亦可僅自給。外此而求多焉。必曰不榷不可。然盈虛相較。其實無幾。徒為國家斂怨一道。況淳熙八年指揮。初無衝改。為臣子者乃輒廢格君命。行其胸臆。臣雖至愚。竊所不忍。謹已曰下措置。復行稅酒舊法。所慮人微望輕。不足鎮壓異議。既行之後。他時或有變更。則為醞户者重罹蕩析之禍。是臣實誤之也。用敢冒昧奏聞。欲望聖慈仰體孝宗皇帝嘉惠湘民之至意。特降睿旨。從臣所請。臣當琢石鐫刻。並之通衢。以為本州一定不易之制。俾潭之百姓歌詠聖恩。永永無極。臣不勝大願。

貼黄。臣竊見荊湖之地。傜峒錯居。風俗獷戾。動搖則易。綏輯則難。乾道間因官司敷買乳香。激成郴桂之變。殷監非遠。人所共知。本司以安撫一道為職。正當禁止州縣擾民之政。以銷患於未形。乃因

榷酒之故。歲歲行下科糴糯米。所酬之直。未必能及時價。所支之錢。未必盡到人户。況又有追催之苦。有陪備之費。其為咨怨。蓋不待言。擾民之事。首自為之。州縣效尤。其將何責。倘非亟復稅法。則歲造二十萬緡之酒。用糯至多。苟不科糴。何所取辦。萬一有姦民扇搖其間。是因小利而致大患也。臣日夜念此至熟。是以斷然行之不疑。伏乞睿照。

袁說友上奏曰。臣聞有一事必有一弊。未有事久而無弊者。而救弊之策。要當各隨其受弊所不同者。參酌眾論而力行之。蓋事有在此為弊。而在彼亦弊者。以彼此不同之弊。而不參酌眾論以為之策。雖今日弊革。而明日復弊矣。國家頃置官會。所以與銅錢相濟。其有無而為之用也。今涉三十餘年。而其弊不一。其最甚者。官會日輕。銅錢日少。欲重官會而民間艱得。不能及所兌之數。官會何由而可重。欲易銅錢而民間見錢收拾日難。不能為稱提之用。銅錢何由而可易。如此者蓋又十餘年。朝廷患之。士大夫言之。而救弊之策。亦間舉矣。既降指揮官司上供。民間輸納。並令錢會中半。此欲重官會也。又降指揮民間以會子輸納。不得勒令貼納見錢。此亦重官會也。又降指揮令户部支撥見錢下臨安府置場。以實數兌便。此亦重官會也。又降指揮令封樁庫日出見錢數千緡。亦下臨安府兌便。又令諸州支撥見錢於本州置場兌便。此亦重官會也。是數策者。不可謂之不能救弊矣。然大抵如臣前所謂今日弊革而明日復弊。每不能稱提於久遠。爾今自累月來。竊聞都下官會又復虧折。一千官會雖得七百二三十見錢。而砂毛減輕錢一千之內。率有二三十焉。是實得七百以下也。零會則折閱又甚矣。然亦未至如外郡之尤弊也。今近在輔郡。如浙西之湖秀。浙東之婺越。蓋兌一千而得六百七十八十矣。而

砂毛減輕亦在焉。稍遠而衢信。又遠而建劍。遠而江東西。則一千止得六百以下矣。愈遠則愈輕。愈輕則愈不用。官會之弊至此甚矣。若更不求其策。則日輕一日。私既不能行。公亦不可用。銅錢愈少。官會愈壞。豈不為寒心哉。今若止欲以都下官會而為之策。此固可以一說論。獨以外之遠近諸郡。其地既不同。其說必各異。此難以一槩之說救之。臣故欲各隨其受弊所不同者。參酌眾論而力行之。正以此也。臣愚欲望聖慈深以內外官會日輕為慮。下臣此奏於江浙東西福建五路守臣。候指揮到日。限半月各隨本州事宜。詳考官會兌便不至虧折。將來日久不至復弊。一一留意的確。具申尚書省。類聚足日。並下檢正都司同户刑部看詳。諸州所申或可行於彼。或彼此皆可行。掇其策畫之最善者。再行畫一。具申尚書省。取旨施行。庶幾參酌眾論。各隨其宜。或能救弊於久遠。儻官會日重。得與銅錢相濟。其

有補於國計豈細事也惟陛下留神
駕部員外郎李鳴復上奏曰臣至愚極陋每病世之言治者務為空
談不究實用故首以三者之政為陛下言之然政之切於時者不止
此也記曰國無九年之蓄曰不足無六年之蓄曰急無三年之蓄曰
國非其國也陛下試思今之為國其有九年之蓄乎其無九年之蓄
乎今日之國計版曹實司之分版曹之責任者內則司農外則四總
領是也臣家于蜀嘗究觀蜀之總計矣蜀賦總入之數以緡錢計之
歲約二千二百餘萬向也和議未絕烟塵不警尚可支吾今也邊戍
倍增用度益廣每難酬應朝廷以其數之不敷也歲降七百萬以助
其費此其大畧也臣邇者貳丞農扈亦嘗究觀農寺之出納矣農寺
歲催之額米以石計凡一百三十餘萬錢以緡計凡一百六十餘萬
以既入之錢糴未足之米總約二百餘萬而後可以敷歲支之數此

亦其大畧也蜀之所產未足以供一歲之用農寺之所催僅可以為
一歲之出求其儲積以備不時之須蓋無有也類而推之湖廣總計
猶是也淮東西總計亦猶是也此所謂經費也經費之外猶有緩急
取辦於朝廷之樁管耳朝廷之樁管散在他所者不得而知也其米
斛之在京城者可得而言也曰兩豐儲曰中下界其倉凡四以石計
之總不過二百萬水旱之科撥歲寒之賑濟閏月之貼降皆於焉取
之此猶曰常程也最可慮者江西湖南粒米狼戾之地昔號樂土今
為盗區虎豹橫行鴻鴈未集賦輸不入綱運轉虧諸總所以匱乏告
嘗截大農之綱以周其急矣寇賊未平漕運不至則其告匱必不能
自已也農寺以貼降請嘗撥樁管之數以償其虧矣截撥之令不容
不行則其求償之當與之俱也移東而補西已非策之得已若捉衿
而肘見不知計又安施識者殆凜凜焉可不急為之圖也哉漢至文

帝可謂富庶矣有臣如賈誼猶以倉廩未實為憂觀其言曰漢之為
漢幾四十年公私之積猶可哀痛即不幸有方二三千里之旱國胡
以相恤卒然邊境有急數十百萬之眾國胡以饋之誼之憂憂於未
然者也臣之憂憂於已然者也去歲浙右之地皆以稔告朝廷和糴
視舊有加廟筭深長動中事會獨惜夫任是責者不務大體競為瀸
謀錙銖必較則負販之徒安能奔走以聽命網羅交設則蓄積之家
不免懷疑而待價名為和糴實類科糴始欲趁時終於失時然猶幸
其可以為國計之助他不足問也今日之勢迫矣所積有限而所以
仰給者無窮將何以為計臣願陛下軫念事變之來急為根本之慮
體堯湯先備之美意思祖宗應變之成規今年出內庫絹以助軍費
未踰年出內庫錢絹以助糴軍糧又明年出內庫錢絹紬綿以助糴
軍儲捐所有餘補所不足有仁宗故事存遵而行之推而廣之任之

者得人則施之者有道將見國豐而裕無功不成士飽而嬉有戰則
克乎以寬一時可憂之勢乎以隆萬世不拔之基其於時政實非小
補
知成都曹彥約上奏曰臣竊謂今日財用之弊不可不深致意也問
之朝廷則窘於應辦問之州縣則窘於支遣以為在總餉歟則今日
之總餉非昔比也以為在戎司歟則今日之戎司不一律也臣始守
漢陽軍當湖北最窮處適虜騎入境催科縮手猶且支遣解發不改
常度竊自妄論以為財計之難理者作縣而已天下之作縣者雖易
亦難天下之作郡者雖難亦易是十年以前州郡猶可為也越二年
而攝事湖廣總餉乃見其不可為矣般江州之銀券以足襄陽運德
安之鐵錢以實隨棗移東就西截短補長支吾數月僅不廢事及正
官交割後其用益窘有請于朝又無畫降其人至投繯自殺以救得

免𥹸制長官會界分二百萬乃始集事是十年以前總餉已不可為也又二年而得守長沙亦當應辦之時朝廷之科撥未至而諸郡之綱運尚闕帥司移文本州未免那兑其間小小名色不復責償值朝廷秤提官會則多出庫錢以便百姓然而二年之後比交割元數猶有增羨是七年以前州郡猶可為也又二年而得節制利州兼領郡事則知利州之事已不得如長沙時矣用兵之後事力更改有節度使寄居本司則歲費增數千緡矣有總管鈐轄路分添差作闕則歲費又增萬緡矣黽勉盡瘁僅了元額又二年而得守豫章則知豫章之事又不得如利州時矣調發既多則酒課不辦榷場不通則稅課漸減雖撙節用度未至虧數而其所以為經費者甚岌岌也我司之事雖不曾親歷而利州置司所在亦或剽聞矣管軍二萬四千人而交承錢物不過二三萬緡支吾不行至有奪前政宅庫之物以為公用

者被旨巡邊迴避戍卒支犒有以葬妻為名迂行小路者是數年以來不特州郡不可支遣而為我司者亦有窮陋至甚者矣千里承流之地日夜辦財萬竈飽師之地日夜慮財牛酒日至之地日夜乏財使士大夫旁皇愕眙以為天下事無一可為者其故何也朝廷之財臣不得而盡知但見招募軍兵修築城壘額外和糴遍滿天下是用財之處比前日為多也楮券不足加以增印度牒不足助以告敕是生財之路比前日為廣也國用司本意所以蓄歲幣之數耳沒入平民漸生枝葉安邊所本意所以藉權姦之產耳變異征榷頗動觀聽大寧監之鹽利已竭而轉運司之增羨不已宕昌之馬價未償而茶馬司之獻納不廢是取財之道比前日為苛也民力極矣不可以增賦矣上下煎熬至於此將何以救之哉故臣嘗論之天下之財本足以了天下之用但置分畫要得其所截截條目不可移易成周之

財以九賦斂之以九式均之自邦中以至幣餘各有常賦自祭祀以至好用皆有常式漢以吏祿公用賦於民不以封君湯沐為經費唐以世業口分授於民不以留州送使為上供古人經理天下大率如此本朝列聖立法尤更詳備臣獨怪紹興隆興之間虜寇犯順朝廷調發雖費若河海而州縣常賦無窘迫之態百姓安業無愁歎之患大郡交割之數有緡錢之積多至百萬者小郡見管亦有數十萬者若民間積粟之富則又往往稱此上户多者十萬斛中産亦數千斛上恬下熙相安於無事當淳熙紹熙時其俗未改近者公私之討窮陋萬狀官吏搏手不可一朝居百姓愁苦皆無一飽望窮愁如此恐不足以當變故也一旦夷狄侵陵盜賊竊發上下相視茫然無策時事至此不可以為休證皆云開禧以來兵議纔起取常平義倉以供綱運則救荒無先備撥官告度牒茶鹽引為糴本則交易無見價軍

器之有製造弓兵之有調發樁積之有水脚招軍之有賞犒非時泛用一切取辦倚朝廷出豁雖許於交承錢內支破而州郡積漸至無遺蓄矣調發有券則月糧有倍費功賞有轉資則食錢有添請旅洗有往來之費暴露有特喝之賞便宜從事一切取辦若朝廷應副稍不如期而轉餉移兑始虧舊額矣我司之事雖不欲窮問本末然而窘於開禧之後而不窘於開禧之前亦必有以致此也望陛下與大臣議之立為定制以官兵之常數責州郡而不責以非時之須以歲時之常用責諸司而不責以不測之費總所之有應兑者悉與拋降使之任乏興之罪課利之有增羨者未許申奏使之備循環之費其有一切調發之用則朝廷自任其責當科降者即與科降不必徒為勘當當支撥者速與支撥不使無故滯留如八月當和糴則七月先科降十月當調發則九月先支撥久監司郡守之任以寬其迎送

嚴刻剝羨餘之禁以沮其觀望使有志者可以募士可以養兵謹重者可以備水旱可以修城郭設有緩急亦得以仰成而取辦至於戎司之事尤當知其事力寬其利源上可以斷其心下可以饗其士俾縮自如可以展布其為氣象有太平盛觀矣若夫大農之不繼則在陛下有以圖回而斡旋之耳側聞紹興和戎則以內帑了歲幣中間用兵則以內帑激將佐聞高宗聖訓以為內帑所有專以用兵宮中則未嘗妄費也烈祖中興之法昭若日星可不舉而行之乎雖然又有一說焉軍政在戎帥則總領之奉使者為急務軍政在宣制則總領之奉使者為贅員不可不察也蓋軍政在戎帥則民事不得而與知命王人以總領其事無可疑者軍政在宣制則財賦之輕重當出其手總領之職特一子司耳今欲招一軍而聽命於朝論移一屯而分券於總所使朝論疲於應酬視為常事總所恥於督辦適相萋斐

宣制之事臣以為不可為也誠能使四總所之財聽命於宣制如張浚之用趙開就糧措運惟意所欲如胡世將之處吳玠不膠柱調瑟不鑿空取辦或欲減一軍以寬用度或欲增一軍以臨邊塞効用之有奇傑者可陞為背嵬民兵之有精悍者可選為効用審緩急之宜量出入之數使為宣制者得以專之而他司不得以撓之非有大變警不必俟命而後行非有大調發不得乞錢而後檠則州縣制總皆得以自用其財而大農之財亦可得而稽考矣其或食閫外之祿不肯專閫外之政有功則歸利於己有誤則歸過於朝微有措畫則乞錢以示重費稍有寬餘則回納以示廉儉今世之人皆以為善處己矣以臣愚觀之直謂之不任事可也臣既有微見不敢有隱於陛下惟陛下赦其僭

歷代名臣奏議卷之二百七十二

歷代名臣奏議卷之二百七十三

理財

宋寧宗時青田縣主簿陳耆卿上奏曰臣聞錢猶母也楮猶子也母子所以相權也不可重子而輕母也夫有錢而後有楮其楮益多則其壅底益甚甚則稱提之說興焉臣今在朝在野日夜講畫而奉行者非稱提不急也而未嘗有言及錢者楮日多錢日少禁楮之折閱者日嚴而禁錢之漏泄者日寬夫非果寬也寬於大而獨嚴於小則雖謂之寬可也闤闠之間有腰百金以出者吏卒已目送之積而至於數百則擯撫之鞭笞之矣高檣巨舳出沒江海有豪家窟宄其中則人不敢仰視間能指毫末以餌邏卒則如履康莊矣若是者不知幾數百耶夫豪家之弊猶可言也富商之弊不可言也豪家泄之於近而富商泄之於遠泄於近則猶在中國也泄於遠則轉及外夷而

不可復返矣稽諸令甲動合坐死今死者幾人耶夫一金之鑄其為費不啻數金一金之博易其為利亦不啻數金朝廷常以數金之費而為富商媒數金之利錢既日耗則其命遂歸於楮其弊遂積於楮而上下之間遂一切併力於楮不知楮之所以難行者不獨以楮之多而亦正以錢之少也存者既少藏者愈牢故雖以重法欲散出之彼將曰吾之錢吾所自有吾所藏也彼以中國之所有而散之夷狄上不之禁而何以咎我為哉是故家可窒身可辱而其心不可厭蓋亦反其本乎故臣以為今日之務不專在於稱提楮幣又在於稱提銅錢也蓋今銅錢之法大率犯者罰輕而捕者賞輕犯者罰輕則人易為姦捕者賞輕則吏不盡力臣愚欲望聖慈申飭攸司嚴漏泄之憲優掩獲之典其捕至若干者特與附類獲盜改秩以風厲之庶幾各務罄竭以從上之令誠使錢不甚荒則楮不偏勝此稱提本務也

惟陛下赦其愚。

耆卿又奏曰。臣聞豐歉在天。而制其豐歉者在人。三年耕必有一年之蓄。九年耕必有三年之蓄。此古人事。未可施於今日矣。竊其意而行之。莫如和糴。和糴將以利民也。而民或以為害。是可不詳其故哉。夫有粟者之欲錢。猶有錢者之欲粟也。彼既欲之。則惟恐和糴之不行。爾而乃以為害者。非其情於事情而然。有由也。以民與民為市。此其所樂也。民與官為市。此其所畏也。畏官而復害於官。故子閉戶以失利。毋寧傾囷以買害。市之價增。官之價減。一害也。市無斛面。而官有斛面。二害也。市以一人操槩。量無他費焉。而官之監臨者多誅求者無藝。三害也。市先得錢。而官先槩粟。有候伺之苦。有錢陌不足之弊。四害也。四害不去。故凶年未見其利。而豐年已罹其擾。是豈和糴之不可行哉。名雖為和。實則強之也。比歲郡國之間。閭閻告水潦。而亦多以稔告。民得粟即飽。未暇為飢饉謀也。朝廷降度牒以收糴。此意甚溥。臣亦預在奔走一人之數。奉行惟謹。區區愚慮。猶恐所在州縣未能痛戢吏姦。萬一如前四害之陳。則其關繫邦本不輕而重。而況邊備方殷。積粟實塞之策。尤今所急。儻防貴容許。處置精誠。宜播告有司。毋遏收糴。則必增其價。而先予之錢。蠲其斛面。而俾自操其槩量。吏有騷動取贏者。必寘于罰。如是。則雖一日萬斛。彼將樂趨之不暇。裕民實邊。二責併塞矣。今不圖。後將愈難。惟陛下財幸。

江西提舉袁燮上便民疏曰。臣聞書稱監于成憲。詩美率由舊章。蓋聖哲之規模。子孫所不可易也。我孝宗皇帝頒楮幣于天下。常通而不壅。常重而不輕。無他道焉。有以收之而已。自開禧用兵。造幣甚廣。知散而不知收。故其價甚賤。今日更定其法。固將流通而不窮。其可不法孝宗所以收之者乎。蓋楮之為物也。多則賤。少則貴。收之則少

矣。賤則壅。貴則通。收之則通矣。雖然。朝廷收之可也。州郡若何收之。曰。是在長吏而已。長吏而賢。何事不集。今公清者少。貪濁者眾。肆為蠹賊。無所忌憚。尚何望其財用之積。而楮幣之收乎。我朝家法。最為忠厚。而獨於贓吏之罰甚峻。深知其蠹。不得不然。當今之務。謂宜痛懲貪濁。崇獎公清。蓋公清之士。必能正身律下。而黠吏莫措其姦。必能愛惜財物。而冗費無所不節。必能選擇官僚。講理財之策。必能寬裕民力。養豐財之源。薄關市之征。則商旅四集。謹鉟銷之防。則銅錢不耗。嚴交易稅契之法。則泉貨頓增。守錢會相半之制。則藏鏹可出。財既裕矣。視時楮價。其賤耶。亟從而收之。何憂其不貴。既貴矣。日月浸久。價將復賤。則又收之。非常收也。賤而後收也。此孝宗之規模也。今為郡守者。不知出此。或拘民間米鹽。並從官賣。或科有餘之家。强以買會。或令民間輸納。非買楮於官者不與收接。甚者課吏繳發聽其自賣而輸楮錢於官。朝夕紛紛。與民爭利。可為太息。可為寒心。非治世之事也。惟聖君速救之。

燮又上疏曰。臣聞易之繫曰。何以聚人曰財。蓋財者人之命脈也。苟惟不足。則無以相生相養。而遂至於離散。此豈小故哉。今之蠹財者固非一端。臣不暇枚舉。姑以其至切者為陛下言之。聞諸道路。內帑之儲。耗散蕩有。財之所當用者。多以乏告。俸之所當得者。不以時給。富有四海。供億至厚。一月之間。所供者幾何。所費者幾何。具載于籍。歷歷可考。初非難知也。而空乏如是。豈不殆哉。臣聞自古立國。必有紀綱。表裏扶持。相與為一。內廷知公議可畏。不私其有。使外廷得以與聞。外廷以公道自任。不敢阿私。使內廷有所顧忌。紀綱常存。何至不足。若各分畛域。私立藩籬。非有明白洞達之心。而交壞其紀綱。則何自而足哉。孟軻有言。無政事則財用不足。軻之所謂政事。即臣之

所謂紀綱也施於朝廷則為國政行乎宮闈則為家政內帑之不支毋乃家政之猶有闕歟宰輔知其急也欲以楮幣賡賑補之夫此二物者皆國用也數十年來創例增益輸之禁中者不為不多矣馴致于今惟見之絕若又增之遂成未例而國用益虧矣陛下富積弊之餘可不慨然發憤革其故而圖其新乎昔成周之制歲終則會惟王及后世子不會注云不會計多少優尊者若欲賜羣臣則計之以是知其非皆不會也故大宰均節財用中外一體而內宰亦會內宮之財用雖極於崇貴而不得自如此所謂至公也為今之計亦宜付之外廷窒其滲漏督其逋欠斂不如式必罰無赦則內帑之積立見其有餘矣昔藝祖皇帝慎北虜之強府庫儲蓄不可勝計嘗謂胡人之首可盡以絹易之神宗用兵始於西陲遂欲收復燕薊已致意於儲蓄嘗親製御詩以一字為一庫多可知矣孝宗志在恢復二十八年之間帑藏盈溢陛下仰觀先朝之雄富俯視今日之匱乏得失是非相去如此汲汲皇皇繩其祖武以助軍旅之費當今之急務也惟陛下留神

變知江州時上便民疏曰臣聞楮幣之用至今而窮立法而稱提之所以濟其窮也然今日之所謂稱提者果能有濟乎始以法令從事允不以省陌者必罰無赦未幾從民之便又未幾而有三分七分之說展轉屢變而卒歸于銅錢楮幣之相半是復其舊也是猶未始稱提也經久可行之策顧不在茲乎今議者急於豐財欲用鐵錢與銅錢並當不足之時假易有餘錢不可嘗而其實有不然者往時楮幣多故銅錢少而又益以鐵錢不愈少乎往時楮幣多故物價貴今又益以鐵錢不愈貴乎銅鐵之價固不相若鑄以為錢孰貴孰賤兼用之於市而實得銅錢之直得無徙貴鐵錢乎兩淮虛耗甚矣運鐵錢於江南望其易而歸固將裕之也然江南之楮幣易淮甸之鐵錢厭價三倍姦巧之民爭先取之此盈而彼虛矣鐵錢日以賤剝銅錢禁不得往淮人將安所用哉名曰裕之其實蹙之臣不知其可也且夫鐵錢之易就非若銅錢之難成盜鑄如雲而起楮之輕也滋甚譬之人方病寒又以涼劑投之祇益其疾而已內不足以權楮外不足以裕淮將何便於此哉或曰楮幣之用今已窮矣不變而通之可乎曰變而通之是也革而當其悔乃亡變之而不善不若勿變之為愈也然則柰何曰詳於立法不若嚴於守法法已明且固守而力行之自足以維持漸世有法不守而別立之法徒為此紛紛爾且今日楮幣之輕得非以銅錢之寡歟海舶之洩且不始無法也而檢空之吏得於情賕納其私賄縱其私載則連檣而去奸民相結貯錢小舟潛往海洋納諸巨舶捆載而歸此錢之所由少也獨不可申嚴其禁乎銷錢為器未始無法也而獲利十倍人競趨之所在公行若當然者句容天台四明池陽臨川之所鑄者以精巧名人皆貴之此錢之所以銷也獨不可痛懲其奸乎鼓鑄之司令甲至嚴也每歲增之倚可勝用自黠吏既漁其利而場戶復濟其姦惜取銅之難銷錢以輸之幸其精練無復致詰錢安得而不耗獨不可堅明其約束乎邦有常典議若畫一人不畏法以法繩之誰敢不服若夫守法之地人所觀瞻而先自變法罪莫大焉銅楮相半之制其來舊矣乃創為新例輸楮於官者必令貼納是利其贏也是弛相半之法而置錢於無用之地也奸民乘之逞其私欲毀之匿之者不勝其衆是孰為之倡哉臣竊觀當今州郡大抵兼行楮幣所在填委而錢常不足間有縱用銅錢不雜他幣者而錢每有餘以是知楮惟能害銅非能濟銅之所不及也加之以貼納豈貨泉之利也哉朝廷深懲往事革三分七分之弊而復

二者均平之法，此乾道淳熙之美意也。人情翕然，僉曰至當。守法之便，昭晰如此。夫法有常守，則觀聽不惑，而民有定志。法不一定，則前後相戾，而人無信心。守銅楮相半之法，悠久不變，而異時謀利撓法之蠹，蕩滌無餘，尚何憂銅錢之寡而楮幣之輕乎。此當今之急務也。惟明主留神，天下幸甚。

理宗時，兵部侍郎袁甫論會子疏曰：臣仰惟聖上宵旰勤政，尤以會子極弊為憂，廟堂大臣鑒前事之誤，悉意經畫，自去歲遣官置局，隨所在州軍，任責撩紙，今端緒已見，豈容輕易施行，而至於再誤乎。前此朝廷措置會子，其說屢變矣，然每變每失，而迄無成效，何若下朴實工夫，庶無屢變之悔。朝廷因會子給降黄榜，亦屢矣，然榜愈多，人愈玩，何若勿復紛紛出令，庶可以消玩侮之心。大抵朝廷行事，患在事未舉而人先疑，近者因有更張之說，猶未見諸施行，而中外之人

已自惶惑。兩月之間，物價驟增，會價頓削，城市荒索，氣象蕭條。臣竊區區愚慮，以為在我工夫真是靠實，縱無全利之策，然亦利多害少。較之變法易令，乍行乍改，徒啓人心之疑畏者，蓋不侔矣。臣請先將白劄子所言一一別白言之，然後臣之所謂靠實工夫者乃可得而畢陳焉。曰：今十六十七兩界會子五十千萬數，日夥價日低，其術可謂窮矣。救弊之策，無有十八界新會一着，又幸有已撩到紙數，此正運轉斡旋之機，四方人心傾耳以聽。若善用之，猶可以救弊；若不善用之，則適所以滋弊。今白劄子遽欲以十八界會子旋印旋支，其說謂一新之直可當舊之五六，故欲停舊造新。然新者當造而不當遽用，機括所繫，殆不可輕。白劄子之說，蓋謂不貴重新會，則無以扶持舊會，故欲賠收舊會而旋出新會，舊因新而價增，新因舊而價定，其思慮亦甚縈，剖析亦甚明。柰何事理之未盡然也，蓋十八界之未出也，

則人之望朝廷區處，惟兩界舊會耳。十八界之既出也，則新舊三界雜然並行，而區處愈費力矣。據白劄子雖云以新會照時價買舊會而暗毀之，然當此用度窘迫，既曰不必頓造新會，則安能每月以三分之一而買舊會，必致三界並行，愈多愈賤。此事理之當審者一也。見錢會子，子母相權，白劄子云不必措置見錢，又云宜放都城會價與城外相等，意欲以重楮輕錢之術神之，而人心實未易愚，終有輕楮重錢之心。官司雖嚴刑重罰，勸令新會從官價，舊會從民價，然三界並行，民聽易惑，新舊會之價不一。新必為舊所牽，而倒用於軍，則軍以此售之民，民必欲作官陌行用，民或不受，必致交爭。用於民，則甲信乙疑，官司強以官陌，必致商旅不通，店肆停閉。此事理之當審者二也。向無新會，則兵券請給與之以舊會，彼自無辭。今既旋旋頒行新會，萬一群起願得新會，而不欲舊會，朝廷於新會既未嘗有蓄積，

外而三總，內而版曹，數或告急，其將何以應之。此事理之當審者三也。目今舊會散在民間者為數五十千萬，就如白劄子所云三總所歲支見錢不過二百萬貫，姑即其言，為諸州入納見錢之數，且以見錢一貫紐時價折納舊會，不過一千萬貫而已。假使朝廷果能盡將上件一千萬貫截鑿，則所銷舊會未及五十分之一。白劄子雖言許民間應干稅賦盡將舊會照時價入納，及其他官錢收納解發並許用舊會搪抗，然入納解發之數有限，又未免隨收隨支，果何足以消此四十九千萬之數。深恐舊會必日益賤，物價必將愈貴。此事理之當審者四也。方民間初納夏稅折帛錢，照時價紐筭舊會之時，則舊會之價必略增，暨至州郡以舊會解發到三總及戶部之時，則舊會之價必大減。何者？蓋因白劄子明言欲待年歲間稅賦徑令用新會入納。此聲一播，則舊會之價驟削也固宜。白劄子乃謂諸軍所請一

半之錢。紐支舊會。不知三總及戶部將依民間入納時價折支以給兵券耶。抑將別有一項會子准備陪貼以給兵券也。不貼陪則諸軍豈無諠譁之憂。貼陪則三總戶部寧無不繼之慮。此事理之當審者五也。三總戶部歲支見錢。白劄子指擬於朝廷樁積錢內支撥照得端平初元因換會子遂出累朝所積金銀。棄之輕於泥沙。至今銷鑠將盡。言之可為哀痛。僅有昇潤所積見錢六七百萬。又行都所積見錢三四百萬。視為根本。若又掃而空之。犯端平之大失。豈不重可惜哉。況樁積之錢其數有限。三總所若不願得樁積有限之錢。自願依舊錢會中半。朝廷縱欲強總所之聽命。而總所以軍情有請於朝廷展轉紛紜。恐終不能奪總所之說。此事理之當審者六也。總餉諸軍及殿步兩司合支見錢。白劄子既指射於樁積錢內支撥。諸州廂禁軍春冬衣賜係是見錢。不知從何處得見錢以給之。白劄子雖命[illegible]

諸郡且以樁管見錢充與軍人。却以所充之會依舊樁管。初無所闕。殊不思諸郡之有見錢者能幾。縱有見錢使之以官貫錢而博壓會。會價不及官陌。安得不謂之折閱。白劄子又云毋慮軍人不願受會。盡令來朝廷既許以純會納稅。民間必皆出錢以買會。軍人執券於市便以易錢。何不樂之有。詳味此言。亦可見期望新會之意甚切。但談何止渴。何救目前。入納純會之害先見。而隨手便可易錢之效難必。此事理之當審者七也。今朝廷尚欠諸閫及總所科撥錢不下一千數百餘萬。況諸閫三總簿曆見管未無舊會。自新指揮既放之後。不知便當如入納之例照時價每貫作五貫折支耶。抑每貫自作一貫行使也。若每貫作五貫折支。則在官之數未免乎。白折陷。若每貫作一貫行使。則在上之令自行背馳。此事理之當審者八也。白劄子云諸郡應干稅賦。一半見錢並許折納純會。如用十六十七界舊會則

照各處民價。如用十八界新會則照官價。蓋新會之價既定。錢即會也。會即錢也。所以斬然罷一半見錢而純用會。臣竊惑焉。且新會作七百七十陌行使。姑以意逆之耳。非已有此實事也。萬一黃榜頒行之後。新會果為舊會牽倒。不作七百七十陌行使。朝廷業已棄見錢而重新會。軍兵却恐輕新會而顧見錢。綱解既無見錢。不知從何趣辦。白劄子云稅賦許用全會。則無會者必皆蓄會而捨錢。而會價為之頓重。此言似亦近於人情。然臣則以為人情亦不盡然也。吾意其捨錢。而民於錢終不肯捨。吾意其蓄會而民於會終不肯蓄。終不肯捨則錢不得不重。終不肯蓄則會不得不輕。此事理之當審者九也會子立界分立年限。其法始於蜀中。當換界之時。差內外兩場官吏辨驗真偽。互相考覈。方與交收。外場辨驗到一貫偽會追賞至七十貫。內場辨驗到一貫偽會亦追賞錢。視外場又倍之。凡賞錢皆置曆

拘權專以激犒高吏。斷斷不敢侵移他用。民間知將來換會之時。偽會必不逃兩場辨驗。自然偽會不至通行。今白劄子乃欲新會不立界限。是蓋未知立法防姦之深意。彼偽會何其幸耶。又謂間有年深損壞。許民間用此入納。諸郡用此解發。朝廷自從而暗毀之。夫一片之楮久而損壞。此乃必然之理。上下相示。貴於明白洞達。使其不毀何名為毀。毀則當明。何名為暗。端平所行。正緣有截鑿之名無截鑿之實。徙滋民之疑惑。非所以昭大信於天下。此事理之當審者十也。臣既以十條疏列于右。若夫區處之策。亦非有新奇驚人之論。大抵成大事者不可為煩碎之舉。致大利者必當有堅忍之謀。立定規摹善用新抄之紙。為一頓換易之計。則庶乎其可矣。臣請索言之。厥今民間皆知朝廷紐舊會之陌。換易新會。大率以五舊易一新。舊會計五十千萬。必得十千萬新會。則舊會可以盡易。令諸州抄到新會紙

已及二千六百萬。尚欠七千餘萬。以一歲計之。每州撩一千萬。合七州則來年之夏可及十千萬。而換易之數不虧。但日印新會自目下積至來夏。又增十千萬。通計舊會六十千萬矣。若然則以六舊易一新可也。而臣則謂約其大數。或者五舊自可以易一新。何者。如湖南江西等處。舊會價極低。如京城及京口等處。舊會價稍高。稍高處一新雖不可得五舊。然極低處一新又不止得五舊。合諸郡而論。價稍高僅一二處。價極低乃徧天下。絕長補短。通而計之。則十千萬新會略亦足用。今其要惟在作急辦紙而已。雖曰都司提綱。諸郡協力。然更須磨勵精神。申嚴號令。能以國事為意而奉行如期者。旌以厚賞。不以國事為懷而慢令不虔者。加重罰。賞罰既一明。官吏競勸。則紙必辦集矣。辦紙固不可緩。印造尤所當急。舊楮日印以應支遣。今既未可遽然住造。新楮十千萬之數。尤當作急措置。併力趲趁。務在速辦。然後一朝盡行換易。舉五六十千萬之舊會。悉易以十千萬之新會。工夫靠實。效驗可立致矣。白劄子所言三界會價混雜並用。舊會一價也。新會又一價也。價既二三。則新會之價為舊會所牽。恐不可以守七百七十陌。若從臣之言。一頓換易。自來夏以後。更無舊會。一券行於世間。獨有一色新會。則民間自然貴重。安得不盡從官陌乎。此非獨臣之說也。白劄子固云頓造新會。其說從捷。但事力有所不逮。又云縱使極力為之。亦須二三年可辦。是初不以頓造新會為非。特憂其課效稍遲耳。然如白劄子所獻之說。亦云行一二四年間則舊會可以盡毀。是亦非責目前之效也。今臣采取白劄子不欲速之說而行之於頓造新會。恐未為失理。臣每見前此朝廷行事。往往獨運自私。而無博盡下情之心。輕易多誤。而無審計謹重之意。今陛下洞然與天下為公。審而後發。發而必中。此豈非憂深慮遠之至者哉。臣

區區管見。願陛下力持四戒。一曰戒新會三界並用。二曰戒輕變錢會中半。三曰戒空竭界剩樁積。四曰戒新會不立界限。此四戒者。尤不可犯。若夫臣之愚議。則更乞陛下斷以聖意。與二三大臣熟究而審圖之。務在簡而易知。要而易行。勿以來夏為賒。勿以頓造為憚。愛惜寸陰。力救積弊。實天下生靈幸甚。

貼黃。又竊詳白劄子所陳。不欲明換而欲暗銷者。蓋恐一新易五舊。非民所樂。故只令紐價輸賦。神而化之耳。意非不善也。然自來物直翔踴。正緣舊會數多之故。民方苦之。如能五分銷去其四。使新會頓復官陌。則凡物十千之價者。只兩千可得。米碩絹疋色色如之。豈非衆所願欲。慮其不樂者過也。況既以時直准會而輸賦。民間祈閱。與以一易五則同。雖避其名。民不可愚也。與其暗銷。恐不若明白收換之為愈。又照得紹興間四川錢引價低。固嘗以一易四。人無異論。亦非今日創行。伏乞睿照。

臣又竊見撩紙一事。須使朝廷州郡通為一體。所有給降本錢。應期發下。勿復稽遲。庶幾收買楮皮不至闕乏。又其間有以楮皮不足來告者。須當體恤此意。使有餘不足。彼此通濟。如印造舊會之紙。曩時責辦於徽嚴等處者。尤當從長區處。使新會時無相妨。不致受害偏重。如此則朝廷得以責成。州郡無以藉口。兼印造新會屋宇器具。雖已素備。其常時所放散造會工匠。並宜盡行拘上。廩給加厚。勿憚小費。務在集事。此寄在都司主張維持之力耳。併乞睿照。

侍御史李鳴復上制國用奏曰。臣聞用國而不知國計之虛實。此最今日之大患也。古者冢宰制國用。必於歲之杪。視年之豐耗。量入以為出。若量入為出。一有司事耳。而必為之制。必歸之冢宰。何也。蓋天

下之財，其入也有豐耗之不常，則其出也當有增損之各異。權其多寡之數，酌其費用之宜，是之謂制。此制一定，雖人主不得越制而過取，有司不得違制而擅支。制與不制之間，而國計之盈虧、民生之休戚、天下之理亂係焉。此豈一有司所能辦哉？考之周官，太宰之職，掌建邦之六典以佐王治國，是六官皆屬之冢宰也。天官之屬六十，宮衛之賤士則領之，魚腊醯醢之微物則領之，次舍帷帟裘服之末用則領之，以至宮寺嬪御洒掃使令之冗役則又領之，是王宮之事無貴賤無巨細皆隸之冢宰也。冢宰日與天子論道經邦，則其情親；內而王宮，外而官府，無不統，則其權重。惟其親則議論所建，人主無一不從；惟其重則號令所加，中外無不聽。故九賦九貢既有以致其財矣，又以九式均節之。周官之均節財用，即王制之所謂通制國用也。是故國用不制，不足以為國；冢宰不能制，不足以為冢宰。由一歲之近

以至三十年之久，皆逆數而通計之，其謀之深、慮之遠，未輕於用其國蓋如此。漢宰相以錢穀當問治粟內史，遂失所謂制國用之意；唐宰相下領鹽鐵，僅供有司之職，又失所以任宰相之體。是蓋不知夫古人設官分職，冢宰提其綱，群有司理其目，冢宰揆之以道，群有司守之以法耳。國朝財用雖掌之三司使，而制國用之說，憂國者每每及之。張方平論支費數廣，則乞下中書樞密院審加國議；范鎮論財匱民困，則乞使中書樞密院通知兵民財利大計。至孝宗乾道間，則又特命宰相帶兼制國用使，參政同知國用事。詔旨丁寧，有曰：「理國之要，裕財為重。向來二三大臣專務簡忽，用度浸廣，漫不加省。」又曰：「百姓足，君孰與不足？量入為出，可不念哉！」聖謨洋洋，曷敢不敬。一日進呈條具理財事，謂宰執曰：「戶部財計，見令供具歲入名件，較之支遣之數，每歲只欠三百餘萬緡，若行那移，亦可支遣得過。」是國家大計，非獨外庭不敢忽，當時雖九重邃密之地，亦未嘗不朝夕在念也。

今日之財用匱矣，問之戶部，戶部莫之知；問之宰相，宰相亦莫之知也。戶部不以白宰相，宰相不以告陛下。府庫已竭而調度方殷，根本已空而蠹耗不止。廟堂之上，縉紳之間，不聞他策，惟添一撩紙局以為生財之地，窮日之力增印楮幣以為理財之術而已。楮日益多，價日益減，號令不足以起其信，繼以稱提；稱提不足以強其從，重以估籍。估籍之令行，而民不聊生矣。民不聊生，將激而為亂矣。如是焉而猶不早為之計，豈不大可懼也哉！往者曾計有局，檢閱有官，在上者若致思於國計矣，然置郵旁午，徒撫空文，歲月迁延，莫究實效，是雖為而何益？論造楮有疏，論省費有疏，在下者若致憂於國用矣，然任畀言高，聽之者未必信；事大體重，聞之者未必行，是雖言而何補？臣愚欲望陛下遠體周人制國用之遺意，近法孝宗任宰執之成規，明

詔大臣條陳經畫，何道而可以足一歲之用，何術而可以致九年之蓄，所入不足於何而取辦，所出不敷於何而減損，既思之，又思之，揆事理之當然，度時宜而裁酌，當必有轉移闔闢之用，以副陛下之責望者。或曰：論國計於今日，不過理財、節財二事耳。理所當理，所以防滲漏之弊；節所當節，所以革冗濫之習。是二者夫人皆知之，皆見之，曷不詳舉以達宸聽，必待宰執建明乎？臣曰：不然。天下大政令、大更革，非人主定其意向，則其事難；非大臣進其謀謨，則其言泛。意出於人主，謀出於大臣，上下一心，君臣同德，有所不言，言無不行；有所不行，行無不效。夫如是，則國事濟矣。臣故開其端，而欲陛下與二三大臣自為決擇，正懼其輕且泛也。冢宰制國用，必於歲之杪，此正其時。厥今要務，孰大於此？惟陛下留意。

嗚呼又論理內之道當以節財為急，奏曰：臣竊見陛下自首正以來

日謹萬機。應周四表。御筆之特旨。朝廷之檢會。一號令之出。悉當於人心。一政教之施。皆切於事理。大哉王言。一哉王心。真足以感動中外。普天之下。莫不懽忻悅懌矣。顧臣愚陋。尚何以為說。雖然。亦在陛下與二三大臣力行之而已。倘言而不行。行而不力。臣恐一時之懽忻悅懌。未必不為異日之愁歎。愁恨也。既今邊境暫寧。虜情叵測。又聞閒暇而明其政刑。戒宴安而嚴具警備。獨不在於斯時乎。臣嘗撮其大要言之。禦外之策。莫過於和戰守。理內之道。莫出於兵民財。此雖常生常談。譬諸五穀之療飢。良藥之愈疾。醫不容一日不講求也。冒形天地間而一日舍是。則凍餒作矣。阽危見矣。為天下國家而欲外禦風寒。內固根本。顧乃厭常而好無。得乎。和戰守之策。臣已嘗言之矣。民財之理。用敢踵其說以瀆宸聽。且夫兵務精不務多。先儒論之詳矣。太祖皇帝受天明命。撫有大寶。戰士不過十餘萬。北禦契丹。西捍河東。以其餘威。開荊楚。包湖湘。卷五嶺。吞巴蜀。掃江南。服吳越。太宗皇帝繼之。遂拔晉陽。一統四海。兵固不在衆也。今天下兵數。視國初何啻數倍。而老弱相半。覺揀不加。乃者洛陽之衂。汴城之潰。死於鋒鏑。死於蹂踐。又不知其幾。其名存實亡者多矣。近者檢會節次指揮。而刷兵額居其一。又形諸御筆。欲令制帥臣練兵繕器。使備禦之警常如敵至。則虛籍之未覈。武事之未練。陛下固已知之。萬一行之不力。上下相蒙。平居不能究心。倉卒。復至誤事。無益也。民惟邦本。本固邦寧。邦本之當固。其來尚矣。范鎮言於仁宗曰。備契丹。莫若寬河東之民。備西夏。莫若寬關陝之民。備雲南。莫若寬西川湖廣之民。備天下。莫若寬天下之民。是民固不可重困也。數十年來。金與風交翕府在頻數。重以兵端妄開。軍令峻急。戶口減耗。閭里蕭條。民不聊生也甚矣。近者檢會節次指揮。而除橫歛。罷科抑。弛邊賦。居其三。又形諸御

兼力役之繁。重行戶之數。取在邊在都。亟加禁絕。則官吏之侵漁。民生之疾苦。陛下固已知之。萬一行之不力。貪暴自如。大吏視為虛文。而細民弗沾實惠。無益也。乃若財用之匱乏。此尤陛下與二三大臣所宜加意者。而見諸施行。不過欲重楮價。覈計籍而已。理其末而不理其本。責其文而不責其實。臣竊惑焉。往歲之冬。臣嘗以制國用之說進。今再易月矣。陛下不聞有訪問之旨。大臣不聞有條陳之策。豈視困竭如罔聞知。其以國用為不當制耶。或入出之數。大相遼絕。欲制之而未能也。臣採之輿言。謂欲豐財當自節財始。今之所以蠹財者。邊費為重。浮費次之。經費之泛者又次之。自邊帥以興兵誤國。而帑藏盡空。府庫皆竭。其車載舟運以備犒賞卒之棄置道路卷歸橐者。不知幾千萬億也。今朝廷已令欽戍則鑿空架漏以誘賺錢物者。自宜一一屏絕。尚慮以新授州郡為辭。則亦更當隨宜裁制耳。此邊費所當節一也。自故相以人力抗天理。黷攸之後。輸奠鼎新。后戚三宮爭相誇尚。以儉陋為恥。以豪華為榮。斤斧之聲。至今未已。其所剝削。皆國家元氣。斯民膏血也。又祖宗置內藏庫。所以為軍旅不測之用。似聞支用不節。賜予無度。閹寺蠹之於內。縉黃耗之於外。若此等費。豈宜不甚顧惜。此浮費所當節二也。至如經費。則內庭供奉官吏俸給。軍兵請受。雖若有一定之額。然日膨月增。有益無損。建炎紹興之始。乾道淳熙之間。決不至若是繁且夥也。兵之冗者當汰。官吏之冗者獨不當汰乎。行之外庭者既加裁約。始自宮掖者獨不宜裁約乎。以有限之費。養無用之人。於國家奚利。此經費所當節三也。節此三費。而且搜羅其滲漏。剔抉其姦欺。必使一歲之入。足以數一歲之出。則國家大計庶乎其裕矣。不然。弊原不革。而徒僥覬乎諸價之重。實政不講。而惟迁延於計籍之數。臣未知其可也。禦外曰和戰守

其説雖三，而當以固守為重。理内曰兵民財，其事雖三，而當以節財為急。蓋守固則可以和，可以戰；財裕則兵以足，民以寬。雖無新奇可喜之功，而自有安彊可恃之理。此皆先儒之所已言，先朝之所已試，非臣臆説也。書不云乎：知之非艱，行之惟艱。惟陛下留神。

監察御史陳求魯上言曰：議者謂楮便於運轉，故錢廢於蟄藏；自稱提之屢更，故圜法為無用。急於扶楮者，至嗾盜賊以窺人之閫奥，峻刑法以發人之窖藏，然不思患在於錢之荒，而不在於錢之積。夫錢貴則物宜賤，今物與錢俱重，此一世之所共憂也。蕃舶巨艘，形若山嶽，乘風駕浪，深入遐陬，販於中國者，皆浮靡無用之異物，而泄於外夷者，乃國家富貴之操柄。所得幾何，所失者不可勝計矣。京城之銷金，衢信之鍮器，醴泉之樂具，皆出於錢。臨川、興隆、桂林之銅工尤多於諸郡。姑以長沙一郡言之，烏山銅爐之所六十有四，麻潭鵝羊山銅户數百餘家，錢之不壞於器物者無幾。今京邑鍮銅器用之類，鬻賣公行於都市。畿甸之近，一繩以法，由内及外，觀聽聿新，則釭銷之姦知畏矣。香藥象犀之類，異物之珍奇可悦者，本無適用之實，服御之間，昭示儉德，自上化下，風俗丕變，則漏泄之弊少息矣。此端本澄源之道也。

殿中侍御史朱熠上言曰：塩之為利博矣。以蜀、廣、浙數路言之，皆不及淮塩額之半。蓋以斥鹵彌望，可以供煎烹；蘆葦阜繁，可以備燔燎。故環海之湄有亭户，有鍋户，有正塩，有浮塩。正塩出於亭户，歸之公上者也；浮塩出於鍋户，鬻之商販者也。正塩居其四，浮塩居其一。端平之初，朝廷不欲使浮塩之利散而歸之於下，於是分置十局以收買浮塩，以歲額計之，二千七百九十三萬斤。十數年來，鈔法屢更，公私俱困，真、揚、通、泰四州六十五萬袋之正塩，視昔猶不及額，尚何暇為浮塩計邪。是以貪墨無耻之士大夫知朝廷住買浮塩，龍斷而罷其利。槩槩竈户，列處沙洲，日藉錢兩之塩以延旦夕之命。今商賈既不得私販，朝廷又不與收買，則是絶其衣食之源矣。為今之計，莫若遵端平之舊式，收鍋户之浮塩，所給塩本當過於正塩之價，則人皆與官為市，卻以此塩售於上江，所得塩息徑輸朝廷，一則可以絶戎閫争利之風，二則可以續鍋户烹煎之利。

宗正少卿兼權右郎官趙必愿上言曰：財非天雨鬼輸，豈可輕施妄用。長此不已，必至顛覆。異時或得罪，今之大夫不能為國生財，程异、皇甫鎛之徒舉聞捷出，椎敲尅剥，以術相勝，鑿空取辦，以計巧取事掊歛。獻羨餘，間架緡錢之令下，而唐祚愈促矣。願陛下精思熟慮，約己愛民，必如句踐之卧薪嘗膽，必如衛文公之帛衣布冠可也。

洪咨夔進故事曰：梁冀在位二十餘年，窮極滿盛，收冀財貨，縣官斥賣，合三十餘萬萬，以充王府用，減天下租税之半。散其苑囿以業窮民。

臣聞財用之在天下，如血脈行乎一身，可通而不可壅。王者藏富於民，霸者藏富於國，其下富不在國，又不在民，而在聚歛臣之家。蓋自王道不行，而人心壞；人心壞而吏治壞，舍義趨利，假公售私，朘民自封，一孔不貸。柄國者又為之囊橐受盜之府，而天下之富偏聚焉。此冀所以積至三十餘萬萬而未厭饜也。夫財本吾國之有，而取以助國；財皆吾民之出，而還以予民。其理順，其政公。故收冀家以充王府，而減租税天下，以為快，後世莫以為非，不謂桓帝能行之也。

劉克莊進故事曰：元祐初，以李常為户部尚書，鮮于侁為京東漕。臣嘗考論古今，自漢中葉筦榷之法行，上而公卿，下而賢良文學各持一論，然公卿之論常勝。雖合賈誼、董仲舒諸名儒，唇敵舌齒，而不能少殺其勢。惟本朝則不然，嘗用三司使如寇準、蔡齊、王堯臣、包拯、宋祁、張方平、蔡襄之流，其人平日既持賢良文學之論，一旦居公卿之位，施為建置，終不敢背儒者大旨。此其所以異於漢也。熙寧改法，初猶用程顥、蘇轍為官屬，其後辟向吳居厚之徒始進。於是司馬光得政，內擢李常為版書，外擢鮮于侁為漕，以救其弊。元祐相業，第一義也。臣謂國家此一氣脉，宜延續，不宜間斷；宜培養，不宜斬伐。顧今天下兵不可汰，官不可省，郊廟之禮不可闕，掖庭之用不可會。臣非敢立高虛之論，直以理財為非也。昔之理財者，權抑富商巨賈之盜利權者爾，迺什一以養口體者，不問也；削弱豪家大姓之侵細民者爾，營千萬以資妻子者，不問也。地所產，海之魚鹽，藪之薪蒸，漆絲絺紵之百貨，織器陶冶之一藝，蓋販夫販婦、園夫紅女所資以為命者。苟操斡之無遺，則歎愁之聲寧免。漢弄鑄錢，不逮末作之人；唐為宮市，害及鬻樵之夫。治世氣象，不宜如此。句也，榷酤榷契，信有遺利，今囊括殆盡。已張未弛，弊矣。利源邑困關稅之取，邑無生意，民受池魚之殃。治世氣象，不宜知此。議者排之愈力，號事者持之愈堅，踵漢庭鹽鐵論之弊。夫先朝前輩儒臣治賦之意，麟趾之澤息，蠆尾之誇興，將安取此。臣觀今日事勢，損上未易言也，酌中制以取之足矣；裕民未易言也，捐末利以還之足矣。昔陳恕令三司吏各條茶法，第為三等，曰上者取利太深，可行之商賈，不可行之朝廷，吾用其中者。真計臣之心也。王旦遣漕臣曰：朝廷榷利至矣。真大臣之言也。惟陛下詔廟堂省府亟圖之。

金世宗與宰臣議鑄錢，或以鑄錢工費數倍，欲使金銀坑冶。上曰：山澤之利可以與民，惟錢幣不當私鑄。若財貨流布四方，與在官何異。石琚進曰：臣聞天子之富藏於天下，正如泉源，欲其流通耳。上問琚曰：古亦有百姓鑄錢者乎。琚曰：使百姓自鑄，則小人圖利，錢愈薄惡，古所以禁也。

宣宗貞祐二年六月，宣宗南渡，次邯鄲，拜高汝礪為參知政事。次陽陰，上聞汴京穀價騰踴，慮扈從人至則愈貴，問宰臣何以處之，皆請命留守司約束。汝礪獨曰：物價低昂，朝夕或異，然糴多糶少則貴。蓋諸路之人，輻湊河南，糴者既多，安得不貴。若禁止之，有物之家皆將閉而不出，商旅轉販亦不復入城，則糴者益急而貴益甚矣。事有難易，不可不知。今少而難得者穀也，多而易致者鈔也。自當先其所難，後其所易，多方開誘，務使出粟更鈔，則穀價自平矣。上從之。

興定元年十一月，汝礪為尚書右丞，又上言曰：臣聞國以民為基，民以財為本，是以王者必先愛養基本。國家調發，河南為重，所徵稅租率常三倍於舊。今省部計歲收通寶不敷所支，乃於民間科斂桑皮故紙錢七千萬貫以補之。近以通寶稍滯，又加兩倍。河南人戶，農民居三之二。今稅租猶多未足，而此令復出，彼不糶所當輸租，則必減其食以應之。夫事有難易，勢有緩急。今急用而難得者芻糧也，出於民力，其來有限；可緩圖而易為者鈔法也，行於國家，其變無窮。向者大鈔滯，更為小鈔；小鈔弊，改為寶券；寶券不行，易為通寶。從權制變，皆由於上，尚何以煩民為哉。彼悉力以奉軍儲，已患不足，而又添徵通寶，苟不能給，則有逃亡，民逃亡則農事廢，兵食何自而得。有司不究遠圖，而貪近効，不固本原，而較末節，誠恐軍儲鈔法兩有所妨。臣非於鈔法不為意也，非與省部故相違也，但以鈔法稍滯、物價稍增之害輕，民生不安、軍儲不給之害重耳。惟陛下外度事勢，俯察臣言，特命有司減免則群心和悦而未足之粗有所望矣。三年河南頗豐稔民間多積粟汝礪上奏曰國家之務莫重於食今所在屯兵益衆而修築新城其費亦廣若不及此豐年多方營辦防秋之際或乏軍興乞於河南州府驗其物價低昂權宜立式凡內外四品以下雜正班散官及承應人免當儹使監官功酬或增道官師德號度牒寺觀院額等並聽買之司縣官有能勸誘輸粟至三千石者將來注授升本榜首五千石以上迁官一階萬石以上升職一等並注見闕庶幾人知勸慕多所收獲上從之同提舉榷貨司王三錫建議榷油高琪以用度方急勸上行之汝礪上言曰古無榷法自漢以來始置鹽鐵酒榷均輸官以佐經費末流至有算舟車稅間架其征利之術固已盡矣然亦未聞榷油也蓋油者世所共用利歸於公則害及於民故古今皆置不論亦厭苛細而重煩擾也國家自軍興河南一路歲入稅租不啻加倍又有額徵諸錢橫泛雜役無非出於民者而更議榷油歲收銀數十萬兩夫國以民為本當此之際民可以重困乎若從三錫議是以舉世通行之貨為榷貨私家常用之物為禁物自古不行之法為良法切為聖朝不取也若果行之其害有五臣請言之河南州縣當立務九百餘所設官千八百餘員而胥隸工作之徒不與焉費既不貲而又創構屋宇奪買作具公私俱擾殆不勝言至於提點官司有升降決罰之法其課一虧必生抑配之弊小民受病益不能堪其害一也夫油之貴賤所在不齊惟其商旅轉販有無相易所以其價常平人易得之今既設官各有分地輒相侵犯者有罪是使貴處常貴賤處常賤其害二也民家日用不能躬自沽之而轉鬻者增取利息則價不得不貴而用不得不難其害三也鹽鐵酒醋公私所造不同易於分別惟油不然莫可辨記今私造者

有刑捕告者有賞則無賴輩因之得以誣搆良民枉陷於罪其害四也油戶所置屋宇作具用錢已多有司按業推定物力以給差賦今奪其具廢其業而差賦如前何以自活其害五也惟罷之便上是之。四年翰林侍講學士趙秉文上奏曰寶券滯塞蓋朝廷初議更張市肆已妄傳其不用因之抑遏澁至廢絕臣愚以為宜立回易務令近上職官通市道者掌之給以銀鈔粟麥縑帛之類權其低昂而出納

詔有司議行之。

元世祖至元二十三年中書傳旨議更鈔用錢同知江西宣慰司事劉宣獻議曰原交鈔所起漢唐以來皆未嘗有宋紹興初軍餉不繼造此以誘商旅為沿邊糴買之計比銅錢易於擎齎民甚便之稍有滯礙即用見錢尚存古人子母相權之意日增月益其法浸弊欲求目前速效未見良策新鈔必欲創造用權舊鈔只是改換名目無金銀作本稱提軍國支用不復抑損三數年後亦如元寶矣宋金之弊足為殷鑒鑄造銅錢又當詳究秦漢隋唐宋利病著在史冊不待縷陳國朝廢錢已久一旦行之功費不貲非為遠計大抵利民權物其要自不妄用始若欲濟丘壑之用非惟鑄造不敷抑亦不久自弊矣

世祖時東平布衣趙天麟上策曰臣聞聖明開世混萬國之車書法制臨時便宜機於掌握廟堂電斷區宇風從故得其要則可成長久之功動其機則可底治安之效欽惟陛下貴為天子所衣不過禦寒而已所食不過適口而已然而智周六合仁濟衆有而不憚煩者蓋皇天降命歸于有德推脩身之餘以理之也臣伏以定已然之事者須據其形審將來之形者莫如於勢察形勢之大者莫大於財力財者義之基也力者德之資也今國家德義行乎上而下猶未之盡從財力壯乎末而本猶未之丕定臣所以冒死而言之也欲下民德義

之風行。宜在上財力之方無失也。夫財貨重則穀帛輕。財貨輕則穀帛重。是以有子母相權。銅楮通用之法焉。此蓋財之形也。方今至元鈔法。以一當五。可謂審於財之形矣。上好義則下亦好之。上好利則下亦好之。臣但以在上之利。皆出於民。轉相兼并以至窮困。百姓不足。君孰與足。此蓋財之勢也。夫曩者之時。宋據荊揚則其險要在於江淮。金據中原則其險要在於河山。以至遼人之海。蜀人之棧。得一郡則有開疆拓土之勳。失一郡則有斷臂亡肩之患。此蓋力之形也。今立行省于外。維持錯綜。衆建其官。有諸侯之鎮。而無諸侯之權。可謂於審力之形矣。然雨露霑濡之地。乾坤蓋載之區。莫非吾之民也。但以國家一統。扶於燕都。非同金宋遼蜀之君守蕞尒之地以為民主也。且瓜分之國形勢在地。一統之運形勢在民。約力量財。惟軍為甚。此蓋力之勢也。財壯於下而化易行。化行而知恥。知恥而禮讓興

矣。力壯於上而權易持。權持而民新。民新而王政成矣。伏望陛下觀形勢之大明財力之源。凡息民之務如偃兵戈之類未降者降之。凡養民之道如限田產之類未行者行之。凡溥天兆姓。四遠諸方。有銜冤無告者。以肺石達之。凡軍役之家。宜令樞密院差官。馳與奧魯官一同照戶口產業再行定之。臣竊見軍戶有財竭力屈。丁壯俱無而婦人嬰孺承其門籍者。有壯夫百丁。良田千頃。而亦與貧人一例應軍役者。或謂軍籍不敢輕動。則是敢於苦貧逸富而不敢行均一之政也。凡軍役十年一定。限內皆不可改移。限至許告消乏。凡定軍之法。但升降軍籍之家。不得已而採工匠之上戶以充之可也。若然則財力之形勢並壯而德義之化靡有不從者焉。良由形勢係於下民。而下民既均且逸矣。國家豈有不壯者乎。德義豈有不孚者乎。天麟又曰。臣聞仁義而已者亞聖之法言。允執厥中者聖人之極致

仁義合而為道。道者利之利也。執中變而為過。過者利之害也。何以言之。夫愛人利物謂之仁。見得思宜謂之義。以致民心悅順基緒堅長。如滄海泄於尾閭而百川益以歸之。如張弓當平不足而自然有以補之。此雖不言利而利已在其中矣。夫政物限多謂之過。平限益求亦謂之過。以致民生朘削恒業消耗。且下之於上猶枝葉之係本。器物之在室。上之於下猶本之統枝葉。室之貯器物。未有枝葉朘削而本獨豐。器物消耗而室能滿者也。此雖力征利而害已在其中矣。超然上聖鑒臨萬方。明義之當然。絕利之可欲。守以行己。推於教令。亦豈併絕其利之利者哉。蓋矯枉過直率之於中而後已也。今國家誅邪臣之好利者以謝兆人。其官吏之嗜利者以委憲職。可謂審乎義利之正矣。然而聖教流布尚未盡從者。利門未杜故也。臣竊以財貨委有失漏。獻言于上亦正義也。乃有覬倖之徒。僥巧之子。平地風

波。妄謂天下之財貨可商計也。有欺蔽也。有羨餘也。曲成微理。足餌明聖之心。深飾辯言。足惑明聖之聽。此等已惡於民。而其實豈欲增國家之利哉。但欲指名握節侵剝刻除以自濟幸事之辦。希功徼賞以自榮也。且自濟自榮。亦何濟榮之有哉。皆得珠藏腹斃身之類也。是故舉彰加戮。舉遺棄而並破矣。臣恐後之人昧未形之禍。貪望外之利亦且傚獻利者。此蓋未盡從聖教之由也。臣又以中外官吏志道義者。據道義而直行。志功名者。念功名而自勵。以富貴為儻來之物。以忠孝為天爵之余。豈肯浥下民之膏脂以潤其尺寸之膚哉。臣恐有志富貴者脅肩諂笑於權貴之前。昏夜乞哀於要津之下。其未得之。則患得之之難。及既得之。則仗市井之謀。乘君子之器。姦心大逞。欲竅旁開。蒼蠅之技。鬨臭而集。苟狗之心。忍羞而計。心計之不足。故口求之。口求之不足。不知身之赴之。手之攫之也。吾家之何物未

造遣之吾家何物未究竟之王事紛紜委於後矣若見廉者則相顧
而笑之曰愚也拙也俸薄而廉徒自苦也既又相齊而疾之曰汝非
原范亦將廉耶淡不和光同塵將背吾徒邪而陷之而脅之遂使廉
介而者受排沮於明時廉之薄者變琳琅而土苴矣彼一旦禍孽盈
溢聞諸憲職於是計贓之多寡而決之而復任之是用被決無恥之
徒復臨息民也如此而欲廉恥風行奚自哉彼習知被決而復獲守
職則益無所顧矣此亦未盡從聖教之由也故獻商計羨餘者莫非
懷贓之人被笞杖復官者例皆無恥之類贓既懷姦惡能清恥既無
矣惡能廉伏望陛下大開離耀明示羣方凡財貨委係未貢而無拘
檢者許令陳言凡獻商計羨餘之議者並行禁絕不須疑議而利門
自杜於上矣凡中外掌政臨民官吏厚增其俸有受一毫之賂停錮
其身不假笞杖而利門自杜於下矣蓋以懲心之起小大無殊臨民

之官莫先於義也然後能私弊息而公義自行百姓足而君無不足
矣

許衡代人擬奏劄曰臣聞天下有大利非聚斂財貨之謂也乾之四
德曰利此謂生之遂也故以利為本此謂性之順也聖人遂萬物之
生順萬物之情故能致天下之大利後世遂一已之生順一已之情
故能致天下之大害利之善惡於此判矣子曰君子喻於義蓋物得
其宜則無不利故曰利者義之和也子曰小人喻於利蓋一於利而
無義則害於人故曰放於利而行多怨後世學者不識天下之大利
而恥言之故曰利者悉歸於小人以小人而謀利未有不為天下國
家之禍者也臣以為謀利者莫如君子蓋君子不以利為利以義為
利也惟君子之喻於義也必損上以益下蠲無名之征罷不正之供
節用度減浮食國家若不足於調度然而土地闢田野治年穀豐登
蓋藏充溢人民繁阜鳥獸草木咸若以此觀之謂之國貧可乎惟小
人之喻於利也必剝下以奉上急暴橫之征創苛虐之斂倉廩實府
庫充國家若足於用度矣然而土地日削田野荒蕪水旱相仍閭里
愁嘆人民凍餒兄弟妻子離散以此觀之謂之國富可乎大略以富
驕而亡國者常多以貧約而失國者常少言利者必曰此特老生之
常談而不切於用以今楮幣折閱稱提無術君子苟能謀利盡出一
策以為明主獻乎臣敢曰楮弊之折閱斷無可稱提之理宜一切罷
而不行用耳臣請言其弊之說非古先聖王智慮不及後世而不能
用也蓋制法無義則古先聖王知其為天下害必不可行也古者為
市以穀粟布帛器用之物自相貿易泉貨未鑄安肯待虛券以易百
姓之實貨哉鹿幣之造特出於漢武虛耗無聊之末計歷千三百年
無敢染指於其後者以數錢紙墨之資得以易天下百倍之貨印造

既易生生無窮源源不竭此世人所謂神仙指瓦礫為黃金之術亦
何以過此然後世不期於奢侈而自不能不奢侈雖有賢明之資恐
不能免也奸民不期於偽造而自不能不偽造雖制以死刑不能絕
也此豈良法哉是故講稱提之策者今三四十年矣卒無能為朝廷
毫髮之助但見稱提之令每下而百姓每受其害而貫陌益落矣嘉
定以一易二是負民一半之貨也端平以五易一是負民四倍之貨
也無義為甚今不若以實貨而收虛券猶是以救前日之過而無媿
百姓也實貨者何鹽是也言者又曰朝廷倚鹽課為國之命脈今乃
欲以之易無用之破紙計狂而事左何以為國乎曰不然穀粟布帛
銅鐵金銀皆足以充國用歷黃帝以來四千餘年之所通行何獨不
可行於今日未論前古只以渡江之初言之外有強敵內有群盜干
戈相尋江左蕭條內立百司庶府外供歲幣饋餉不當官告度牒不

造官會國家亦漸致富強其所以制國家之財用者亦人耳故曰遂萬物之生順萬物之情故能致天下之大利蓋自有道焉其可與俗吏言哉育萬物者天地也主萬物者陛下也神而化之使民宜之輕重低昂豈不在我惟陛下裁鑒

歷代名臣奏議卷之二百七十三

歷代名臣奏議卷之二百七十四

崇儒

東漢章帝元和二年春帝東巡還幸闕里以太牢祠孔子及七十二弟子作六代之樂大會孔氏命儒者講論蘭臺令史孔僖因自陳謝帝曰今日之會寧於卿宗有光榮乎對曰臣聞明王聖主莫不尊師貴道今陛下親屈萬乘辱臨敝里此乃崇禮先師增輝聖德至於光榮非所敢承帝大笑曰非聖者子孫焉有斯言乎遂拜僖郎中賜褒成侯使校書東觀

和帝永元十二年帝召見諸儒魯丕等相難數事特善丕說賜以衣冠丕因上疏曰說經者傳先聖之言非從己出若規矩權衡之不可枉也難者必明其據說者務立其義浮華無用之言不陳於前故精思不勞而道術愈章法異者各令自說師法博觀其義無令幽遠獨有遺失也

魏明帝初即位廷尉高柔上疏曰臣聞尊道重學聖人洪訓褒文崇儒帝者明義昔漢末陵遲禮樂崩壞雄戰虎爭以戰陣為務遂使儒林之群幽隱而不顯太祖初興慜其如此在於撥亂之際並使郡縣立教學之官高祖即位遂闡其業興復辟雍州立課試於是天下之士復聞庠序之教親俎豆之禮焉陛下臨政允迪叡哲敷弘大猷光濟先軌雖夏啓之承基周成之繼業誠無以加也然今博士皆明經行脩一國清選而使遷除限不過長吏懼非所以崇顯儒術帥勵怠惰也孔子稱舉善而教不能則勸故楚禮申公學士銳精漢隆卓茂搢紳競慕臣以為博士者道之淵藪六藝所宗宜隨學行優劣待以不次之位敦崇道教以勸學者於化為弘帝納之

唐太宗貞觀二年帝謂侍臣曰為政之要惟在得人用非其才必難

致理。今所任用。必須以德行學識為本。諫議大夫王珪曰。人臣若無學業。不能識前言往行。豈堪大任。漢宣帝時有詐稱衛太子。聚觀者數萬人。衆皆致惑。雋不疑斷以蒯聵之事。宣帝曰。公卿大臣當用經術明於古義者。此則固非刀筆俗吏所可比擬。太宗曰。信如卿言。

太宗又謂中書令岑文本曰。夫人雖禀定性。必須博學以成其道。亦猶蜃性含水。待月光而水垂。木性懷火。待燧動而焰發。人性含靈。待學成而為美。是以蘇秦刺股。董生垂帷。不勤道藝。則其名不立。文本曰。夫人性相近。情則遷移。必須以學飭情。以成其性。禮云。玉不琢不成器。人不學不知道。所以古人勤於學問。謂之懿德。

懿宗咸通中。著作郎皮日休上疏曰。臣聞聖人之道。不過求用。用於生前。則一時可知也。用於死後。則百世可知也。故孔子之封賞。自漢至隋。其爵不過乎公侯。至于吾唐。乃策王號。七十子之爵命。自漢至

隋。或卿大夫。至于吾唐。乃封公侯。曾參之孝道。動天地。感鬼神。自漢至隋。不過乎諸子。至于吾唐。乃旌入十哲。噫。天地久否。忽泰則平。日月久昏。忽開則明。雷霆久息。忽震則驚。雲霧久鬱。忽廓則清。仲尼之道。否於周秦。而昏於漢魏。息於晉宋。而鬱於陳隋。遇于吾唐。萬世之憤。一朝而釋。儻死者可作。其志可知也。今有人身行聖人道。口吐聖人言。行如顏閔。文若游夏。死不得配食於夫子之側。愚又不知尊先聖之道也。夫孟子荀卿。翼傳孔道。以至于文中子。文中子之末降及貞觀開元。其傳者醨。其繼者淺。或引刑名以為文。或援縱橫以為理。或作詞賦以為雅。文中子之道。曠百祀而得室授者。惟昌黎文公之蹟。揚墨於不毛之地。蹂釋老於無人之境。故得孔道巍然而自正。夫今之文人。千百士之作。釋其卷。觀其詞。無不裨造化。補時政。繫公之力也。公之文曰。僕自度若世無孔子。僕不當在弟子之列。設使公生孔子之世。公未必不在四科焉。國家以二十賢者。代用其書。垂于國冑。並配享於孔聖廟堂者。其為典禮也大矣美矣。苟以代用其書。不能以釋聖人之辭。箋聖人之義。況有身行其道。口傳其文。吾唐已來一人而已。不得在二十一賢之列。則未見其典禮為備。伏請命有司定其配享之位。則自茲已後。天下以文化。未必不由夫是也。

後周太祖廣順二年。帝謁孔子祠。將拜。左右曰。孔子陪臣也。不當以天子拜之。帝曰。孔子百世帝王之師。敢不敬乎。遂拜之。

宋真宗嘗謂諫議大夫陳彭年曰。儒術汙隆。其應實大。國家崇替。何莫由斯。故秦衰則經籍道息。漢盛則學校興行。其後命歷迭改。而風教一揆。有唐文物最盛。朱梁而下。王風浸微。太祖太宗丕變弊俗。崇尚斯文。朕獲紹先業。謹遵聖訓。禮樂交舉。儒術化成。實二后垂裕之所致也。人君之難。由乎聽受。臣之不易。在乎忠直。其君以寬大接下。

臣以誠明奉上。君臣之心。皆歸於正。直道而行。至公相遇。此天下之達理。先王之成憲。猶指諸掌。孰謂難哉。彭年對曰。陛下聖言精詣。足使天下知訓。伏覩躬演睿思。著之篇翰。真宗為製崇儒術為君難為臣不易二論。示之。彭年復請示輔臣。刻石國子監焉。

仁宗天聖八年。直集賢院謝絳乞開內館。倣景德之制。疏曰。臣聞唐室麗正。史官之局。並在大明華清宮內。太宗肇造三館。更立祕閣于昇龍門左。親飛白題額。作贊刻石于閣下。景德中。圖書寖廣。大延天下英俊之士。乃益以內帑西庫二聖。因數臨幸。親加勞問。迺宿廣內有不時之召。人人力道術。究藝文。知天子尊禮甚勤。而名臣高位繇此其選也。往者延燔之後。簡編略盡。詔求典籍。是正疑文。而筆工登集。有司引兩省故事。别創外館。以從繕寫。考校之便。然直舍卑諠。民闠囂接。太官衛尉供擬滋削。非先朝所以隆儒育才之本意。陛下未

嘗迂輦蓋降玉趾爰寥冊府采聞輿馬之音嘆有日矣邇者以謂慕道不篤於古侍士少損於前世無延訪之勤而因循相襲个自樂哉文雅漸弊竊為聖時惜也願開內館以恢景德之制

至和二年太常博士祖無擇上奏曰臣伏見至聖文宣王四十七代孫孔宗愿襲封文宣公乃是其人未死已賜謚矣臣切觀刑史孔子之後襲封者衆在漢魏則曰褒成褒聖宗聖在晉宋曰奉聖後魏曰崇聖北齊曰恭聖後周及隋封以鄒國唐初曰褒聖或為君或為侯為公為大夫使奉祭祀唯漢平帝追謚孔子為褒成宣尼公遂以均為褒成君至唐開元二十七年追謚為文宣王又以其後為文宣公是皆以祖之美謚而加後嗣生而謚之不經甚矣欲乞明詔有司詳求古訓或封以小國或取尊儒褒聖之義別定美號加以封爵著于令式使千古之下無以加於我朝之盛典也

神宗熙寧七年判國子監常秩等上奏曰切惟孔子之道萬世帝王所宜師法歷代之主雖知慕其名而不能行其道雖嘗崇其號而不能盡其實今陛下發明經術陶成天下之士至於作新百度又未嘗不推原其意可謂能行孔子之道矣然其爵號猶襲唐制臣等聞皇以道帝以德若孔子可謂道德之至者也宜因盛時追謚帝號以盡聖人之實以稱尊崇之意其冕服祠事乞下有司詳定制度又言孔子之後能明聖人之道者莫如孟軻揚雄而歷世以來未嘗加以爵號又不載之祀典欲乞於孔子廟庭塑立像貌加以爵號歲時從祀以稱陛下崇尚儒術之意帝詔兩制與國子監禮院官詳定以聞於是翰林學士元絳等上言曰叅詳自生民以來莫盛孔子雖當時無位不得以有行然其載之後世者上自天子下逮黔首莫不師用其道則其德業盛大不待論之而後著也中間有唐雖嘗加以王號在於後世尚為臣爵誠不足以仰稱先聖道德之實欲乞依國子監所請尊加帝號若得允當所有冕服祠祭等乞下有司別詳定制度孟軻揚雄出於孔子之後能明其道以闢邪說其於後世誠為有功各乞封以公爵欲並依國子監所請孔子舊號有所未盡乞別賜改謚

時判太常寺李清臣奏曰臣伏准批送下判國子監常秩等劄子奏為乞追謚孔子帝號及乞於孔子廟庭建立孟軻揚雄像貌加以爵號歲時從祀等事送臣等詳議者臣聞堯舜用道以治天下孔子明道以傳後世堯舜君也孔子臣也同為聖人道德同也堯舜聖人也孔子亦聖人也而或為君師位號不必同也故道德存于人而所歸常同位號受于天而所遭常異此事理之固然而名分之所不能齊也然則孔子雖無位豈害孔子之聖哉故歷代尊之廟貌薦奠服被袞冕弟子侍配自天子以下皆北面師事之或封其子孫世世不絕今陛下以不世出之聰明有堯舜之位而用孔子之道德以制作法度養育天下其於二三聖人之業可謂兼之矣而左右之臣推原道之所自建畫大義謂宜追謚孔子而帝之意義甚美然臣愚惓惓切有未同者昔子路欲使門人為臣孔子之所不與今無位而帝之慮非先聖之本意且孔氏雖聖異姓也究考古今自非推五嶽之天神及追謚祖宗之同體而以異姓為帝號於故事亡有若以之顯號發策動觀聽於天下臣誠以為未安也陛下若深採儒老從官尊廣道德之意折衷其論發自聖斷特詔有司升先聖釋奠為大祀使列於郊廟日月天神之次禮樂祠事皆增而大之及封爵孟軻揚雄賜謚立像備坐配食卓然異於武成之祀亦足以示陛下與儒隆師修德明道之大旨臣愚職為禮官獲奉明詔使得預議不敢回隱所見以為免謹異之罪惟聖神裁幸

元豐七年，雄州防禦推官、知秀州崇德縣事、充州學教授陸長愈上奏曰：臣竊聞朝廷近降敕命，追封孟軻為鄒國公。長愈幸蒙推擇，備數外學，以督州徒，遭遇聖世，崇嚮儒術，推原道德發明之由，以孟氏為有功於聖人，特加爵號，不惟錫土封、貴廟祠而已，將使天下學者知所尊尚而不失其指歸，此當今甚盛之舉，往者之所未嘗及也。天下幸甚。然長愈猶有管見，伏覩每歲春秋釋奠于先聖至聖文宣王，以先師兖國公顔子配享，近制十哲皆得分獻。長愈切以謂朝廷既封孟軻為鄒國公，則亦宜從祀，蓋爵位既加，禮數必異，躋之於先師則為已隆，班之於十哲則為已殺，惟與顔子並配，為得其宜。至於序坐，則非長愈所敢議也。孔子之得顔回，則回也見而知之；孟軻之學孔子，則軻也聞而知之。見而知之，而為聖人之亞；聞而知之，而為聖人之徒。其時雖殊，其道則一。此長愈所以謂並配為得其宜也。論其知覺之先後，居世之近遠，則門人為親，而顔必處孟上；以其聞先聖之道，距揚墨之言，後世為有功，而孟不在顔下。此長愈所以謂序坐則非所敢議者也。欲乞今後春秋釋奠，並以兖、鄒二公配享。詔太常寺定奪。本寺看詳，以謂先聖文宣王、先師顔子配享，以次從祀，皆其門弟子也。孟子之道固當尊禮，然於孔子異代，難與顔子並行配享。於是禮部侍郎林希奏曰：臣伏見古者配享及從祀，但取著德立功，其道有以相成者，不必皆用同時之人。如蜡之祭也，主先嗇而祭司嗇；先農之祠，則以后稷配農。勾芒為少昊氏之子，祝融為高辛氏之子，今春秋之祭，則勾芒配享羲，祝融配大庭，迎氣之日又為之從祀，是異代之人得為配享明矣。唐貞觀二十一年，詔以伏勝、高堂生、杜預、范甯之徒二十一賢與顔子俱配享孔子廟堂，至今猶為從祀。孟子於孔聖之門，當在顔子之列，至於荀況、揚雄、韓愈，皆發明先聖

之道，有益學者，久未配享，誠為闕典。伏請自今春秋釋奠，以鄒國公孟子配享文宣王，設位於兖國公之次，所有荀況、揚雄、韓愈，並以世次先後從祀於左丘明等二十一賢之間，所貴上稱聖朝褒崇儒賢、備脩祀典之意。

哲宗元祐元年，翰林學士范百祿乞循祖宗故事視學，狀曰：臣伏惟二聖臨御以來，朝廷清明，海內乂安，邊隅弭兵革之災，田里無狗吠之警，耋老倪稚，咸樂其生，德之休明，治古何遠。原其所以，誠由舉措施設，率循祖宗典故而然，人無智愚，莫不共知此說。豐功美實，何可殫陳。獨有視學之行，缺而未舉。臣伏見太祖皇帝建隆元年正月、二月、四年四月，太宗皇帝端拱元年八月、淳化五年十一月，真宗皇帝咸平二年七月，皆幸國子監。仁宗皇帝天聖二年八月，幸國子監，謁文宣王，召從臣升講堂，令直講馬龜符說《論語》一篇，賜龜符三品服。恭惟祖宗隆儒師古、躬化天下之意如此。今陛下天縱將聖，日躋於道，光明緝熙，體合自然，聖學之積，可謂勤而不倦矣。然方領矩步之士，挾書觀光者，四方萬里竭蹷而來，遊於京師，分處庠序，未嘗一聞鑾輿之音而望屬車之塵。意者陛下專事講筵，游心經史，而祖宗以來至天聖故事猶有未遑暇者乎？臣愚伏望陛下特詔有司檢舉祖宗視學故事，以待萬機之暇，而賜臨觀焉，令著儒博士横經進説，以示天下文明之化，豈不盛哉！伏惟聖慈留察，恕其狂僭，天下幸甚。

二年，崇政殿説書程頤上奏曰：臣近言邇英講讀漸熱，乞移就寛涼處，貼黄稱如別無穩便處所，只乞就崇政殿或延和殿。竊聞給事中顧臨有言，以延和講讀為不可。臣本謂邇英熱，恐於聖體非宜，今聞脩展邇英，苟得寛涼，則臣志願遂矣。於臨之言，在臣自不必恤，然有所甚害，不得不為陛下辯之。若臨之止於移處，太皇太后聖意，臣官

非諫諍。不辯。尚可也。今以臨言為是。則誤主上知見。臣職當輔導。安得不辯。臣謂自古國家所患無大於在位者不學。在位者不學。則人主不得聞大道。朝廷不得致善治。不聞道。則淺俗之論易入。仁義之言難進。人君功德高下。一繫於此。臣非敢以迂言惑陛下。竊聞陛下博覽前史。請陛下歷觀簡策。前世母后臨朝。有不壞紀綱者乎。以至公為心。孜孜為治。為英主之事。如陛下者乎。此陛下所自知也。陛下有簡策所無之盛德。則天下亦望陛下為簡策所無之功業。不止維持歲月。俟人主長大而已。蓋望陛下致海內於治安。詒孫謀於久大。詒謀致治之道。當使聖德日躋。善功日新。進德在於求道。圖治莫如稽古。道必詢於有道之士。古必訪諸稽古之人。若夫世俗淺士。以守道為迂。以稽古為泥。適足惑亂人主之聽。近年以來。士風益衰。志趣汙下。議論鄙淺。高識遠見之士益少。習以成風矣。此風不革。臣以為非

興隆之道。乃陵替之勢也。大率淺俗之人。以順從為愛君。以卑抑為尊主。以隨俗為知變。以習非為守常。此今日之大患也。苟如是者衆。則人君雖有高世之見。豈能獨任哉。臣不知進道德之言。足以增益聖德者有幾。而損陛下之遠圖。沮陛下之遠意則有矣。如頤臨之言是也。臣料臨之心。不過以講官不可坐於殿上。以尊君為說爾。夫殿上講說義理之意。若昔所常行也。臣不暇遠引。只以本朝故事言之。太祖皇帝召王昭素講易。真宗令崔頤正講書。邢昺講春秋。皆在殿上。當時仍是坐講。立講之儀。只始於明肅太后之意。此乃祖宗尊儒重道之盛美。豈獨子孫當以為法。萬世帝王所當法也。而臨以為非。臨謂講官不可坐殿上。則昭素布衣之士。其不可更甚矣。邇英講讀只自仁宗時亦從便爾。非是避殿上也。若避殿上。則不應置崇政說書之職。雖以殿名設職。不必須在本殿說書。然亦不肯於不可講說之處置說書官也。臣每進說。未嘗不規勸主上以祖宗美事為法。如臨之意。則是禁止主上不得復為優禮昭素之事。及有崇政設職之意。祖宗美事而使主上獨不得為。若主上信以為然。所損豈不甚大。殿上說書。亦是常事。人主崇儒之道。甚有重於此者。臣今口未敢言。然中心惟欲輔養主上重道之心。如前代明王。光輝史冊。不止此一事而已。臨之見與臣之心。何其異也。且講經與飲宴孰重。真宗仁宗時。皆宴講讀官於崇政殿。從來侍宴者皆在殿上。而講經獨不得在殿上。臣未諭其義也。臨之意必曰彼一時之事爾。曰常則不可。夫於義苟當。曰常何害。義或不可。一時亦不可也。臣始言之。執政大臣未以為非也。及臨一言。則是而從之。以臣廢之。以臨之言為是者。亦或有之。若謂四五大臣皆以為是。則必不然。蓋非難知之事。不應四五人所見皆如是也。特以陛下信臨之言。而又迫於尊君之意。故不敢

言爾。恐非以道事君之義。今世俗之人。能為尊君之言。而不知尊君之道。君唯道德益高則益尊。若位勢則崇高極矣。尊嚴至矣。不可復加也。過禮則非禮。强尊而不尊。漢明帝於桓榮。親自執業。可謂謙屈也。周宣帝自比上帝。羣臣齋戒清身數日方得朝。可謂自尊矣。然以理觀之。漢明帝賢明之君。百世所尊也。周宣帝昏亂之主。百世所賤也。如臨之見。則必以桓榮為不能尊君。以周宣之臣為能尊君矣。不知道之人益進。不合理之言日聞。雖人主聖明習熟見聞。亦恐不能無損爾。後世功業益卑。先王粹美之道不復見於世者。正由淺俗之論易信而得行爾。夫先王之美雖未能盡行。然稽古之心不可無也。猶學者於聖賢之事業雖未能盡行。然希慕之心不可無也。此乃進學求益之道。今臨之意則以古先之事為不足法。今日之事足矣。不可更有進也。此乃塞進善之門。絕稽古之路。方主上春秋之富。進德

之際其所獻納如是勸講官精思職業敢不辨乎若陛下以臣言為非則狂妄之誅不敢避也萬一以臣言為是則願陛下明示好古求道之意使朝廷在位皆知之雖鄙見之人見陛下聖慮高明不喜淺近亦將勉思義理不敢任其卑俗之見懼獲鄙於聖鑒矣誠如是則將見道學日明至言日進弊風日革為益孰大於此臣職當辨明義不敢默臣無任懇切惶懼待罪之至

禮部員外郎顏復上奏曰臣聞二帝三王之道至孔子而大明百家之辨不能誣萬世之遠不能晦有天下國家者既有其教思隆其報故與社稷並祀自古皆有吉邦無化不立有生皆欲食俗無禮不成由是論之其功輕重又可喻矣歷代致治之君又爵其後使襲美號以昭聖人之澤賜田給廩以豐其享然制度未立聖人之祀容有時而不振廢令之可行者其要有五一曰尊其祠享二曰優其田祿三

曰復其廟幹四曰司其法則五曰訓其子孫尊其祠享者漢魏以來皆以嗣侯專宰祠事國朝乾德以來嘗詔其後宜延世祚任曲阜官使嚴時享又詔襲封人令常住近便官不得遠去家廟近世孔氏雖紹孔聖公爵多任外官違離陵廟名實乖異無主祭之官則俎豆之事勢難精虔欲乞今後襲封之人並理所入資序留奉祭祀如有卓異才行為朝廷採擢及通判以上並擇以次當承襲人權主廟事子孫未立通擇近屬漢孔霸元帝即位為帝師賜爵關內侯食邑八百户祀孔子故霸還長號褒成君上書求奉孔子祭祀詔以所食八百户祀孔子福于魯奉夫子祀乃其故事優其田祿者前代褒成褒聖崇聖奉聖侯食至千户唐增給百户為采邑國朝太平興國二年免其家租賦至真宗朝又增賜田至二百頃後因京東監司奏官為制僕歲課甚薄欲乞賜增良田俾其家自墾蕪仰祀俯養僅得封公之祿復其廟幹者自漢以來孔子之廟或以吏卒百户守衛或又增户以備洒掃國朝祥符中給近便户以奉塋廟又給守兵後定差鄉兵五十人謂之廟户以備庶役熙寧役法之更此制漸削今差使仍舊欲乞復差廟户五十人以守衛洒掃師勸及充王祀者自直其約束並用役人之法則人不知勞悅乎輸力不悖聖師使民之義司其法則者孔氏烝享恭意財賦均滯使人勤逸皆繫一時主家之人使刻薄之吏得以撫闕而為言致緣其小故以廢其大者由無立法防弊之素也欲乞置官一員或就擇本邑佐掌其祭祀之式財用之例役使之科郡縣以時鈞考而懲勸焉則弊消于未然而師門益尊矣訓其子孫者祥符初賜曲阜宣聖廟九經書疏釋文史集令本州選儒生講授祖宗錫聖人之裔又如是之深厚後人不能茂明以及廢失是可惜矣欲乞朝廷命有經行官或選儒生而秩以祿俾講授闕里誨勵孔

氏及其鄉黨則能者成才懸者遠罪鄒魯之風教易復行不止能保其祭祀而已五者並用則聖朝崇儒敦本之實淳粹悠久度越前代遠矣

四年秦鳳路提點刑獄張舜民乞追贈張載號曰臣伏覩鳳翔府橫渠鎮居住故崇文院校書張載學際天人誠動金石義之所在白刃可蹈心有不懾萬鍾何加口如不能言體若不勝衣議論感激凜如秋霜雖萬軍之將不足言其勇也平居與人言退然若不知讀書者坐而講貫剖判是非談辨如流蹈滔滔江漢不足方其廣也著書萬言名為正蒙陰陽變化之端仁義道德之理死生性命之分治亂國家之經罔不究通方之前人其孟軻揚雄之流乎如荀況輩不足望於載也關中學者靡然就之謂之橫渠先生一登其門言行皆知孝悌仁義有如風成雖去載千里之遠十年之久不敢一蹈非義常若

載之臨其左右前後也。自此西土學者洒然知先聖賢之學。乃知鄉者誦說之富。組繡之文。特小道爾。在熙寧中。宻薦朝廷。召至闕下。授以崇文院校書。未幾以疾辭歸。熙寧末年。再至闕下。神宗方將任用。使行其所言。其疾再作。謁告西歸。死於道路。當時議者以謂載身逢明天子緣飾禮文。修明治具之時。再至朝廷。竟不能伸其一言以終此。載之短薄則不幸也。有士如此。當年不能興舉。舉於老疾垂死之時。治國者亦不得無憮然于心也。載之死。于今十有五年。中外臣僚猶錄其平生以言于朝廷者。略以十數。或乞賜田。或錄其子。或乞降謚。然天聰高邈。未蒙響荅。今載止有一妻一子。衣食不足。寄託親友。日來月往。人情憒煩。飢寒之憂。其勢甚迫。若不干告朝廷。何所赴愬。且君子平日脩身謹行。固不為身之與子孫也。朝廷褒賢錄善。豈特為其賢者之後乎。如孟軻荀卿揚雄。于今千有餘年。學者徒能讀誦

其書而已。至於禮貌寂寥。孰肯來祐。大朝一旦列之封爵。血食廟堂。使後世觀之。賢於孟軻荀卿揚雄乎。賢於本朝乎。故知臣今日之言非為載也。伏乞朝廷檢會累次臣僚奏陳。於錄子賜田追謚三者之間。凡可以厚載者舉一而足。庶使褒賢之典。獨見於本朝。為善之風不墜於今日。

五年。諫議大夫朱光庭上奏曰。臣聞聖王之治天下。以教育人材為先務。教育之道。在學得乎正而已。學得其正。則始於誠意正心。而終於致君澤民。足以成君子之事業。然則所謂正者何也。乃堯舜禹湯文武周公孔子孟軻之正道。非釋老莊列申韓之他道也。學者苟得其正。則幼而誦習。長而講解。久而入心成德。至於終身踐履不離乎正。則養就美才皆此塗也。伏自陛下臨御之初。悉天下學者狃習異端。未能純一向道。嘗下明詔申敕有司不得於莊老出題。及引用釋氏申韓之說。此可謂教天下學者適正之本也。今來科場詔已降。竊聞學者狃習異端。未至悛革。兼有司將來考校。自當遵前日之詔。進退多士。臣愚欲乞朝廷申明前詔。內自大學之官。外至諸州教授。俾告諭學者一意遵守正道。不得依舊狃習異端。不唯自可以應科舉之選。庶幾從此入人適正。養就美材。隆太平基址。伏望聖慈特賜施行。

光庭又乞定子思封爵疏曰。臣切詳孔若蒙陳乞孔子之子鯉。孫伋。封爵事。伏緣古者封爵之及。或以德。或以功。或以言。如鯉雖孔子之子。然始聞詩聞禮。德未著見。而早世。伋字子思。嘗學於曾子。得聖道之傳。著為中庸一書。垂之萬世。君臣父子兄弟夫婦朋友。盡斯道者可以造聖賢之域。至于窮性命之理。究中和之致。講天德之微言。論至誠之妙用。孟子師之。然後得其傳。固非荀揚韓之可企。荀揚韓尚

蒙聖朝茅土之封。而獨未及子思。誠闕典也。伏乞朝廷特下禮官定子思之封爵。以顯朝廷尊隆聖道之意。乃盛德之舉也。伏乞聖慈特賜施行。

八年。侍講學士范祖禹乞改正先聖冠服奏曰。臣伏見禮部員外郎楊傑上言曰。唐開元中追謚先聖為文宣王。內出王者袞冕之服以衣之。今乞用唐故事。衣以袞冕之服。臣竊惟祖宗褒崇先聖。比之前代禮意加隆。而冕服未用王者之制。此蓋有司之誤。誠為闕典。陛下欽明稽古。聖德日躋。臣愚欲乞因駕幸太學酌獻之日。親觀先聖服章。特降聖旨。命有司改正。用三代王者之禮。以彰陛下尊師重道崇儒之意。此乃一朝之盛典。聖學之美事。

哲宗時。畢仲游奏黜異端疏曰。上古之書。皆所以為治也。然聖人不為之斷。則異端出於其間。而不可以為治。必雜異端為治。是不若無

書而治也。故聖人深懼所以然。𢡟其可以常行之大者爲六經。六經定而異端不得出於其間。是萬世爲治之本也。周衰。不仕經術。聖人爲治之書既已少廢。秦爲大無道。又重燔之。聖人爲治之書遂至大廢。漢承二廢之後。講求訪失。六經僅得其完。其術雖不全取。以爲用。亦不全廢。以爲不用。故循吏能以飾治。而酷吏能以輔刑。飾治者貴。輔刑者進。是以公孫洪治春秋。而爲丞相。望之通經術。而位在九卿。張湯補能傅古義之士。以決大獄。呂步舒執春秋之法。持節專斷。此皆飾治輔刑貴進已然之効也。然博士之官。自武帝以五經而立。後益以家法而進。家法進而五經之術支離。㳂如施孟之易。嚴顏之春秋。各立博士。而不相廢。是非能爲易春秋之大道。而爲施孟嚴顏之家法也。故有以教子弟者。而不見孝順之化。有以三公舉者。而不見知治之人。有增多其員者。而不見補於訓道。有變更其名者。而不見稱其職。是皆未能恤其實也。今朝廷雖以經術取士。以古義決獄。而欲置博士之官。定博士之員。課功冊書以説天下。則可謂治博士之職。而非治決獄取士之路也。如朝廷內以經術爲意。外以經術爲用。則天下之人皆將以經術爲任。夫博士之廢興。又何累於治亂哉。愚聞儒者之道。帝皇立治之道也。帝皇不稱爲儒而立治。後世稱爲儒而立治。其稱不稱雖殊。而立治之道一也。説者不知儒道根源之久遠。乃以道德陰陽名法之類分而爲九。以謂道德之流出古之史官。得於清虛卑弱而失於放。陰陽之流出古羲和之官。得於順天授時而失於拘。法家之流出古之理官。得於信賞必罰而失於刻。以至名墨農縱横小説之流。莫不皆有得失短長。然以儒道爲治之至。本所出之久遠。而謂出古司徒之官。得於仁義而失於惑。爲此説者至塞不通之學也。夫儒備天下事而爲有道。爲有異趨之長而可相尚

哉。所謂道德法家陰陽者備得儒一端之美爾。而强謂所長不出於儒所短不損於道。非所以輔經術而施教化也。若夫訣六家之論以道爲無所不宜。以儒爲寡要少功。則其誖甚矣。奚足以數於此哉。

欽宗時。起居郎胡安國論伊川學狀曰。臣忝預從臣。職當次對。雖嬰疾疹。尚竊祠官。苟有見聞。自當論奏。庶逃尸素之責。以酬隆厚之恩。伏見元祐之初。宰臣司馬光呂公著秉政當國。急於得人。首薦河南處士程頤。以爲言必忠信。動遵禮義。實儒者之高蹈。聖世之逸民。乞加召命。擢以不次。遂自韋布超居講筵。而臺諫臣僚朱光庭等又奏頤道德純備。學問淵博。有經天緯地之才。有制禮作樂之具。寔天民之先覺。聖代之真儒也。而頤之見知於當世至矣。自賜之司勸講。不爲辯辭。解釋文義。所以積其誠意。感通聖心者。固不可得而聞也。及當官而行。舉動必由乎禮。奉身而去。進退必合乎義。其修身行法。規矩準繩。獨出諸儒之表。門人高弟莫獲繼焉。雖崇寧間曲加防禁。學者向之。私相傳習。不可遏也。其後頤之門人如諫議楊時。右史劉安節。舍人許景衡。殿院馬伸。待制吳給等。稍稍進用。於是傳者浸廣。士大夫爭相淬礪。而其間志於利祿者。託其説以自售。學者莫能別其真僞。傳者既失之。河洛之學幾絶矣。壬子年臣嘗至行闕。有教授仲并者言伊川之學近日盛行。士大夫將轉而爲伊川矣。臣語之曰。伊川之學不絶如綫。可謂孤立。而以爲盛行。何也。豈以其説滿門人人傳寫。耳納口出而以爲盛乎。自是服儒冠者以伊川門人妄自標榜。如喻樗輩又益甚焉。或者又言非伊川門人。却皆進用。樗真其人也。乃不見知。近臣亦有信之而稱歎者。故樗之改官入館。舍人王居正命其辭曰。頃窮西洛之淵源。遂見古人之大體。夫西洛淵源。古人大體。雖其高第謝良佐游酢楊時諸人。尚難言之。而況樗等曷爲者也。

乃敢託於詞命，妄加褒借，識者有憂之。士大夫所學各分黨與，互相排擊自此起矣。紹興五年，省試舉人經都堂陳狀，乞不用元祐人朱震等考試，蓋從於新學者耳目見聞既已習熟，安於其說，不肯遽變，而傳河洛之學者又多失其本真，妄自尊大，無以厭服士人之心，故衆論洶洶，深加詆誚。夫有為伊洛之學者皆欲屛絕其徒，而乃上及於伊川，臣竊以為過矣。夫聖人之道所以垂訓萬世，無非中庸，非有甚高難行之說，離世異俗之行，此誠不可易之至論也。然中庸之義不明久矣，自頤兄弟始發明之，然後其義學者可思而得也。不然則或謂高明所以處己，中庸所以接物，本末上下，析為二途，而其義愈不明矣。士大夫之學宜以孔孟為師，庶幾言行相稱，可濟時用，此亦不可易之至論也。然孔孟之道不傳久矣，自頤兄弟始發明之，而後其道可學而至也。不然則或以六經語孟之書資口耳，取世資以干

利祿，愈不得其門而入矣。今欲使學者蹈中庸，師孔孟，而禁使不得從頤之學，是入室而不由戶也，不亦誤乎。夫頤之文，於易則因理以明象，而知體用之一源；於春秋則見諸行事，而知聖人之大用；於諸經語孟則發其微旨，而知求仁之方，入德之序。然則狂言怪語，淫說鄙論，豈其文也哉。頤之行，其行己接物，則忠誠動於州里；其事親從兄，則孝悌顯於家庭；其辭受取捨，非其道義，則一介不以取與諸人，雖祿之千鍾，必有不顧也。其餘則亦與人同耳。然則幅巾大袖，高視闊步，豈其行也哉。昔者伯夷、柳下惠之賢，微仲尼，則西山之餓夫，東國之黜臣耳。本朝自嘉祐以來，西都有邵雍、程顥及其弟程頤，關中有張載，此四人者皆以道學德行名於當世，公卿大夫之所欽慕而師尊之者也。如司馬光、呂公著、韓絳、呂大防等莫不論薦之。會王安石當路，重以蔡京得政，曲加排抑，故有西山東國之阨，而其道不行，深可惜也。今雍所著有皇極經世書六十卷，載有正蒙書一十七篇，頤有易春秋傳一十卷，顥雖未及著述，而門弟子質疑請益答問之語存於世者甚多。又有書疏銘詩並行於世，而傳者多失其真。臣愚伏望陛下特降指揮下禮官討論故事，以此四人加之封號，載在祀典，比於荀揚之列，以見聖世雖當禁暴誅亂、奉詞伐罪之時，猶有崇儒重道尊德樂義之意，仍詔館閣裒集四人之遺書，委官校正，取旨施行，便於學者傳習，羽翼六經，以推尊仲尼孟子之道，使邪說者不得乘間而作，而天下之道術定，豈曰小補之哉。

高宗時，胡寅上疏曰：臣竊見建國公出就外傳，陛下選儒學老成之士充輔導之職，固將使國公近正人，見正事，聞正道，涵養器質，薰陶德性，以副陛下茂建宗支之意。凡有舉措，可不慎哉。臣謹考古帝王教世子之法莫備於周，其在禮記文王世子篇曰：始入學者必釋奠

于先聖先師，立太傅少傅以養之，欲其知父子君臣之道也。夫父子君臣之性，人同稟之於天，先聖先師則盡其道，載之於六經語孟之書以示萬世者也。故始入學者必釋奠于先聖先師，欲其知道之所本故也。若老佛二氏之說，則毀父子，無君臣，泯亂民彝，為世大害，自前代有國家者溺心於此，無不致亂亡之禍。今置其像設於資善堂而不以先聖先師為矜式，非所以訓示國公也。若謂福祐護持，俗所不免，則鄙俚尤甚，君子不道。伏望陛下詢之范沖、朱震，必亦以此舉為非。縱國公未冠，未能行釋奠之禮，且當崇飾先聖先師之像於資善堂中，使晨朝瞻仰，以生恭欽之心，是亦勸學之一助也。今士大夫家訓誨童蒙，未有不然者，誠以人之趣習，罔不在初。曾謂初建資善而可輕有過舉乎。所有綠黃內緣有此畫一一件，未為允當，臣未敢書行。

右正言陳淵上奏曰：昔者孟軻著書七篇，其末章歷叙堯舜至於孔子有見而知之者，有聞而知之者，而其終繼之以去聖人之世若此其未遠也，近聖人之居若此其甚近也，然而無有乎爾，則亦無有乎爾。其意以謂道之在天下，自古至今無適不然，必有人焉發明而推行之，然後傳之萬世而無弊。是數聖人者，道之所賴以傳者也。道固不窮，傳亦無盡，由孔子而來至于軻，猶可以耳目接也。得其傳者非軻而誰？故自漢迄唐知道之士如揚雄、韓愈，莫不推尊孟氏，而世之言道者亦必曰孔孟。孔孟云者，明其無二致也，豈諸子百家之所可擬歟？近者陛下詔天下學者當以孔孟為師，無所偏執，此誠萬世不可易之論也。然孔孟之言載在方册，昭如日星，有目者之所共睹，有心者之所共知，其要焉在，豈非所謂大中至正之道乎？大中至正之道，則孔孟之所以為孔孟也。若夫諸子百家之學，或蔽於人而不知

天，或蔽於天而不知人，或蔽於為我而不足以及物，或蔽於無愛而不足以成己。幽明殊歸，内外不合，於是詖詭譎怪之論與詖邪淫遁之辭勝，而大中至正之道始不行矣。今欲學者以孔孟為師，則必使之知夫中至正之道。自更科以來，天下學士無所適從，若朝廷尚不免以文章取人，謂宜明詔有司審所去取，毋溺於諸子百家之說，唯大中至正之道是從，俾堯舜禹湯文武周公之志復行於今，豈唯今日學者之幸，將天下後世實幸。

淵又上奏曰：臣聞古人有言曰：為治者不至多言，顧力行如何耳。夫言而不能行，自古所病，譬之欲之燕者，北首而趍，不舍朝夕，雖有遲速，終必至燕；若坐而說燕，亦何能至？此傳說所以言行之惟艱，而孔子所以貴夫躬行也。雖然，知之者不如好之者，好之者不如樂之者，好而樂之，所以行也，而必先於知之，則知其可已乎？蓋不知而必行，譬之適燕而南轅，縱復疾馳心幽弁而足吴越，必不至矣。臣觀墨子之道，取茅茨土階之儉，悅手胼足胝之勤，摩頂放踵，利天下為之，則其所行宜若於儒者無異矣，然孟子闢之，以為無父，作於其心，害於其事，作於其事，害於其政，不可以訓，是豈儒者之所為乎？故是堯舜而非桀紂，儒墨之所同，不若堯舜之所以為堯舜，墨固有所未知也。未知堯舜而託於堯舜以行其私意，此孟子所以正名其為邪說而闢之歟。由是言之，行之惟艱，而知之亦未易也。自王氏之學達於天下，其徒尊之與孔子等，動之以卓絕之行，而矜之以華麗之文，如以錦繡蒙覆陷穽，悅而從之，鮮不墜者。行之六十餘年，其禍已見，今可以改矣，而人之所知初無以異於昔也。方此之時，欲使天下學者背邪以歸正，棄舊以圖新，非反其所知以知聖人，其能一變而至於道乎？孟子曰：學則三代共之，皆所以明人倫也。又曰：聖人，人倫之

至也。又曰：堯舜之道，孝弟而已矣。夫學所以明人倫，而人倫之至不越孝弟，此固王氏以為淺近而不足知者，而不知同天人、通物我、合内外之道有在於是。是之不知，其何以行之哉？今陛下躬堯舜之孝弟，行之既久，至誠感神而夷狄自格，其效已著，豈非有以深知之耶？然陛下既知而行之，亦當使天下皆知之。知而行之者衆，則吾道不期而已至矣。前年之詔諭天下學者當以孔孟為師，是固然矣，然王氏之說未即禁止，朝野紛然，莫知所適。謂宜明示好惡，一切罷黜，使學者膠口不敢復道，庶幾各會其故，而天下之真知出矣。臣不勝區區之心，惟陛下裁察。

孝宗時國子司業劉爚上奏曰：宋興，六經微旨、孔孟遺言發明於千載之後，以事父則孝，以事君則忠，而世之所謂道學也。慶元以來，權佞嘗國，惡人議己，指道為僞，屏其人，禁其書，學者無所依鄉，道義不

明趨向汙下人欲橫流廉恥日喪追惟前日禁絶道學之事不得不
任其咎望其既仕之後職業修名節立不可得也乞罷僞學之詔息
邪説正人心爲宗社之福
寧宗初即位侍講彭龜年論復經筵坐講疏曰臣竊見本朝藝祖開
寶四年召王昭素賜坐講易自是累聖相承凡有講讀無不賜坐乾
興間孫奭坐講時仁宗尚幼跂案而聽之奭因請立講論者不以爲
是熙寧元年呂公著等請復坐講之舊詔部太常禮院詳定於是韓
維等言列侍之臣尚得環坐執經而講者顧使獨立事体輕重誠爲
未安請如天禧舊制以彰陛下稽古重道之意侍讀龔鼎臣等以爲不
可遂不復行恭惟陛下留心學問增置講讀當講之日早晚兩講固
已有光祖宗早間御殿一循近例講者立侍不廢君臣之禮晚御後
幄又復舊制講者坐侍且盡君臣之情情禮兩盡古今所難識者無
不竊歎聖性高明區處有道既有施行而議者乃以坐講爲非孰後
世尊君卑臣之見而失先王好善忘勢之誠雖知陛下不得已而從
之然使陛下聖德不明祖宗舊制不復誠爲可恨臣今檢到程頤與
顧臨辨殿上不講書奏劄繳連進呈頤之本意但欲因此輔養人主
重道之心實爲可采儻蒙睿覽便見近日坐講罷行爲是爲非如臣
不學固不足廁勸講之列若此禮一復天下通經學古之士必有聞
風而起副陛下之意者矣臣不勝拳拳顧忠之至
龜年爲吏部侍郎又論經筵講讀不當以官職雜壓爲序疏曰臣竊
有誠懇仰干淵聽臣素無學術叨侍經幄朝夕寅畏懼無以稱塞
伏見中書舍人陳傅良煥章閣待制朱熹並除侍講而臣忝爲吏部
侍郎班著偶在二臣之上臣之學問委是不如二臣經幄講讀政當
以學問高下爲差不當以官職雜壓爲序兼臣　得傅堯俞任吏部
尚書兼侍讀之日以翰林學士承旨蘇頌兼侍讀班序在堯俞之下
堯俞以頌國之耆老學識貫通非堯俞比遂乞避頌進見居頌之次
且以並侍經幄事畢以廷崇德尚齒足以風勵天下爲説臣遂欲望
聖慈許臣如堯俞之請當講之日令臣班傅良熹之下非特使臣愚
分少安亦於公議爲允
嘉定八年轉運判官魏了翁上議曰臣猥以晚學誤被東注擢司祥
刑既服候司督漕轍所至官復令其二頓職分所係其於教學立師崇
化善俗所不當後因惟國朝咸時先正鉅公多仕於蜀其生有顯秩
没有卹章載在史冊者臣既不復贊陳然其間有道德隆重爲世師
表而爵位弗稱未舉易名之典則臣職在勸學所當敷陳臣竊見故
虞部郎中周頤嘗爲合州僉書判官州事不經其手吏不敢決治下
之民不敢違傳謂蜀之賢人君子莫不喜稱之其流風所漸訖今未
泯士競講學民知嚮方春秋奉嘗有永無替臣始到官嘗遣吏即其
祠而用幣焉退復惟念是特頤所以施諸一方見諸行事之一二焉
耳蓋自周衰孔孟氏没更秦漢魏晉隋唐學者無所宗主彝離判渙
莫適與歸醇質者滯於佔畢訓詁雋爽者溺於記覽詞章言理則淸
虛寂寞之歸論事則功利智術之尚誣民惑世至於淪浹肌髓不可
救藥斯民也堯舜三代之所以治也涉秦而後千數百年治之日少
亂之日多寧不以此而頤獨奮乎百世之下乃始探造化之至賾建
圖著書闡發幽秘而示人以日用常行之要使誦其遺文者始得以
曉然洙泗之正傳而知世之所謂學者非滯於俗師則淪於異端有
不足學者矣又有河南程顥程頤親得其傳其學益以大振雖三人
者皆不及大用於時而其嗣往聖開來哲發天理正人心其於一代
之理亂萬世之明闇所關繫益甚不特以令秩弗崇其節惠之文未

有能發明之者紹興之初侍講胡安國嘗有請於朝乞爵程顥兄弟使得從食于先聖先師之廟其後乾道間太學錄魏掞之又嘗白宰相請祠程顥兄弟于學會不果行如周頤則又程顥兄弟親炙而師事之者安國掞之亦未及以為言誠為闕典臣愚欲望聖慈詳臣所陳如以為可采乞下之禮官如先朝邵雍徐積等故事將周頤特賜美謚使海内人士咸知正學之宗其於表章風厲誠非小補如程頤兄弟併得在易名之典則尤足以章明時崇儒重道之意臣本為蜀人致甘棠之思而僭言及此越職踰分臣知罪矣惟陛下財幸

寧宗時袁說友乞留朱熹狀曰臣等竊聞陛下近降御筆直付侍講朱熹與之外祠此命一傳舉國駭愕館學皆有章奏給舍臺諫相繼論駁似聞聖意已即開悟而未見收回成命人心皇皇深為國家惜此事体臣等備位從列不敢自默竊謂人主初政莫急於收人望其爵盛德莫大於拂人心朱熹之賢海内共知陛下踐祚之初首加聘召寘之經筵莫不傳誦以為盛德之舉未及再月無故棄逐非惟遂失講學之助而前日之美意天下亦不復信之矣其拂人心孰大於此熹自入朝以來凡所論奏無非愛君憂國之言今一旦遽去莫曉所謂皆以謂陛下憚其說之高大若強人以所難若然尊爵於昔而棄置於頃刻樂聞於軟熟而嚴憚於切直此人主之所深戒陛下好賢樂善當不出此臣等竊見朱熹抱負聖賢之學累聘不起播然為陛下一出有以見君臣道合相得之誠心熹平日歸絜其身盡其素志成命既出熹必不肯復留臣等區區所論實以國體所關非止為一朱熹而已蓋命令之出雖自九重至於施行皆由中書故唐人云不經鳳閣鸞臺何名為敕祖宗之朝未有以御筆直付其人者如此是無用中書廢法綱紀他日援此為故事者必以為自今日始陛下豈不重惜於此哉臣等欲望聖慈收回前日直降御筆俯從給舍臺諫之請雖朱熹决不肯留而陛下崇儒禮賢改過從善之意尚可以暴白於天下不勝厚幸千犯天威無任震懼俟命之至

元太宗時中書令耶律楚材上奏曰制器者必用良工守成者必用儒臣儒臣之事業非積數十年殆未易成也帝曰果爾可官其人楚材曰請校試之於是隨郡考試雖儒人被俘為奴者亦令就試

憲宗即位高智耀入見言儒者所學堯舜禹湯文武之道自古有國家者用之則治不用則否養成其材將以資其用也宜蠲免徭役以教育之帝問儒家何如巫醫對曰儒以綱常治天下豈方技所得比帝曰善前此未有以是告朕者詔復海内儒士徭役

世祖時侍講學士徒單公履欲奏行貢舉知帝於釋氏重教而輕禪乃言於上曰儒亦有教有禪科舉類教道學類禪帝怒召姚樞許衡與宰臣廷辨奉訓大夫董文忠自外入帝曰汝日誦四書亦道學者文忠對曰陛下每言士不治經講孔孟之道而為詩賦何關脩身何益治國由是海内之士稍知從事實學臣今所誦皆孔孟之言焉知所謂道學而俗儒守亡國餘習欲行其說故以是上惑聖聽恐非陛下教人脩身治國之意也事遂止

歲戊申春釋奠致胙於世祖世祖曰孔子廟食之禮何如張德輝對曰孔子為萬代王者師有國者尊之則嚴其廟貌脩其時祀其崇與否於聖人無所損益但以此見時君崇儒重道之意何如耳世祖曰今而後此禮勿廢

始曲阜孔子廟歷代給民百戶以供洒掃復其家世祖時尚書省以括戶之故盡收為民太常少卿王磐上言曰林廟戶百家歲賦鈔不過六百貫僅比一六品官終年俸耳聖朝疆宇萬里財賦歲億萬計

豈愛一六品官俸不以待孔子哉。且於府庫所益無多。其損國體甚大。時論醜之。

帝。表趙天麟上策曰。臣聞聖人之立教也。暢達情性而言詩。條理紀綱而定書。因天理人文以制禮。宣國風民俗以作樂。參天兩地發揮於陰陽而為易。尊上卑下。嚴示於名分而為春秋。自上古洪荒之時。那文雖未分。而此理未嘗不具也。統言之為道。分之為五常。散之為百行。可以脩身。可以齊家。可以治國。可以平天下。此之謂真儒。昔者聖人之學。有諸內而形諸外。得於心而應於口。蘊之為靈明。現之為英華。出言啓語。莫非文之自然也。後世輕才淺見之徒。拾古人糟粕之餘瀝。以文章為極致。乃有聚螢積雪。孜孜汲汲。窮一經而皓首。成一篇而歷年。粵自詩變而騷。騷變而漢魏六朝。至于唐末。儒風掃地矣。其間耀名千載。卓然不群者。皆一二。如兩京大人長楊之流。春草池

塘楓玲吳江之類。自以為儒者之宗師。而不知其已陷於俳優之小技矣。夫儒文同宗而異派。舉世莫之肯辨也。孔門四科之中。文學子游子夏。臣嘗就魯論而考之。子游之為言曰。本之則無。如之何。子夏曰。雖曰未學。吾必謂之學矣。此之所謂文學。適所以務其本也。豈後世趨末失本之文哉。聖人以其文勝。猶抑之於政事之下。則知聖門文不可絕。而亦未嘗貴之也。故因文傳道。道傳而文為筌蹄矣。道衰以來。昧道之人。競相推重。以文不加點為顏孟。以咳唾珠璣為曾閔。懵公政而弗精。委大猷而莫顧。比之窮一經之流。文出乎其下矣。選曹據之而錄人。時議欽之而緘口。及其身居要職。家食豐祿。處事罔然。權歸吏手。飽千古之書。泥無決之論。猶一介之廉。滯當時之政事。條叢脞。治迹紛擾。雖復才同司馬。廉若范丹。秀而不實。清而不幹。將安用哉。遂使狼戾兒曹。反唇而相稽曰。儒者之道。我知之矣。聽其

名則徹於青霄之上。考其實則例於黃泉之下矣。臣以為此非真儒也。皆文學俗士。辱聖人之門。曠國家之職。盜竊天下之六濫齒四民之首。使歐陽論之。決為之嗚呼。使賈誼聞之。決為之痛哭。聖人曰。女為君子儒。又曰。天之未喪斯文也。今國家車同軌。書同文。臣以為莫如用真儒。亦未宜遽棄文人之類也。伏見方今內本京師。外覃庶境。皆設學校。以易風俗。張皇化紀。伏望陛下載宣天旨。令有司策問科舉。限人數。以權衡天下才德之人。則儒文兩無遺矣。凡對策上等堪以從政者。據三德八才量入政事流品。凡諳習禮義文學富贍者。許令試課。閱實其等。授以教官。凡教官考滿。不限人數。許令對策。策中累階與官。不然則止於教官內流轉。凡已進政事之官者。則有考幽明之法在焉。庶乎官無曠官。儒無庸儒。且使家塾黨庠術序國學。莫不究極於道器之妙。研精於政化之源。幼而學之。壯而行之。潤當代之憲章。綿社稷之福祚。安黎庶之生資。壯名教之元氣。一舉而四便立矣。

歷代名臣奏議卷之二百七十四

歷代名臣奏議卷之二百七十五

經籍

東漢光武建武元年。陳元與桓譚、杜林、鄭興俱為學者所宗。時議欲立左氏傳博士。范升奏以為左氏淺末。不宜立。元聞之。乃上奏曰。陛下撥亂反正。文武並用。深愍經埶謬雜。真偽錯亂。每臨朝日。輒延羣臣講論聖道。知丘明至賢。親受孔子。而公羊穀梁傳聞於後世。故詔立左氏。博詢可否。示不專己。盡之羣下也。今論者沉溺所習。翫守舊聞。固執虛言傳受之辭。以非親見實事之道。左氏孤學少與。遂為異家之所覆冒。夫至音不合衆聽。故伯牙絕弦。至寶不同衆好。故卞和泣血。仲尼聖德而不容於世。況於竹帛餘文。其為雷同者所排。固其宜也。非陛下至明。孰能察之。臣元竊見博士范升等所議奏左氏春秋不可立。及太史公違戾凡四十五事。案升等所言。前後相違。皆斷

截小文。媟黷微辭。以年數小差。掇為巨謬。遺脫纖微。指為大尤。抉瑕擿釁。掩其弘美。所謂小辯破言。小言破道者也。升等又曰。先帝不以左氏為經。故不置博士。後主所宜因襲。臣愚以為若先帝所行而後主必行者。則盤庚不當遷于殷。周公不當營洛邑。陛下不當都山東也。往者孝武皇帝好公羊。衛太子好穀梁。有詔詔太子受公羊。不得受穀梁。孝宣皇帝在人間時。聞衛太子好穀梁。於是獨學之。及即位為石渠論而穀梁氏興。至今與公羊並存。此先帝後帝各有所喜。不必其相因也。孔子曰。純儉吾從衆。至於拜下則違之。夫明者獨見不惑於朱紫。聽者獨聞不謬於清濁。離朱不為巧眩移目。師曠不為新聲易耳。方今干戈少弭。戎事略戢。留思聖藝。眷顧儒雅。採孔子拜下之義。卒淵聖獨見之旨。分明白黑。建立左氏。解釋先聖之積結。洮汰學者之累惑。使基業垂於萬世。後進無復狐疑。則天下幸甚。臣元愚鄙。當傳師言。如得以褐衣召見。俯伏庭下。誦孔氏之正道。理丘明之宿冤。若辭不合經。事不稽古。退就重誅。雖死之日。生之年也。

四年。初尚書令韓歆上疏欲為費氏易左氏春秋立博士。詔下其議。是年正月朝。公卿大夫博士見於雲臺。帝曰。范博士可前平說。升起對曰。左氏不祖孔子。而出於丘明。師徒相傳。又無其人。且非先帝所存。無因得立。遂與韓歆及太中大夫許淑等互相辯難。日中乃罷。升退而奏曰。臣聞主不稽古。無以承天。臣不述舊。無以奉君。陛下愍學微缺。勞心經藝。情存博聞。故異端競進。近有司請置京氏易博士。羣下執事。莫能據正。京氏既立。費氏怨望。左氏春秋復以比類。亦希置立。京費已行。次復高氏。春秋之家。又有騶夾。如今左氏費氏得置博士。高氏騶夾五經奇異。並復求立。各有所執。乖戾分爭。從之則失道。不從則失人。將恐陛下必有厭倦之聽。孔子曰。博學約之。弗叛矣夫。

夫學而不約。必叛道也。顏淵曰。博我以文。約我以禮。孔子可謂知教。顏淵可謂善學矣。老子曰。學道日損。損猶約也。又曰。絕學無憂。絕末學也。今費左二學無有本師。而多反異。先帝前世有疑於此。故京氏雖立。輒復見廢。疑道不可由。疑事不可行。詩書之作。其來已久。孔子尚周流遊觀。至于知命。自衛反魯。乃正雅頌。今陛下草創天下。紀綱未定。雖設學官。無有弟子。詩書不講。禮樂不修。奏立左氏。非政急務。孔子曰。攻乎異端。斯害也已。傳曰。聞疑傳疑。聞信傳信。而堯舜之道存。願陛下疑先帝之所疑。信先帝之所信。以示反本。明不專己。天下之事所以異者。以不一本也。易曰。天下之動。貞夫一也。又曰。正其本。萬事理。五經之本自孔子始。謹奏左氏之失凡十四事。詔以下博士。

章帝建初元年。詔賈逵入講北宮白虎觀南宮雲臺。帝善逵說。使發出左氏傳大義長於二傳者。逵於是具條奏之曰。臣謹摘出左氏三

十事尤著明者。斯皆君臣之正義，父子之紀綱。其餘同公羊者什有七八。或文簡小異，無害大體。至如祭仲、紀季、伍子胥、叔術之屬，左氏義深於君父，公羊多任於權變，其相殊絕，固以甚遠，而冤抑積久，莫肯分明。臣以永平中上言左氏與圖讖合者，先帝不遺芻蕘，省納臣言，寫其傳詁，藏之秘書。建平中，侍中劉歆欲立左氏，不先暴論大義，而輕移太常，恃其義長，詆挫諸儒，諸儒內懷不服，相與排之。孝哀皇帝重逆衆心，故出歆為河內太守。從是攻擊左氏，遂為重讎。至光武皇帝，奮獨見之明，興立左氏、穀梁，會二家先師不曉圖讖，故令中道而廢。凡所以存先王之道者，要在安上理民也。今左氏崇君父，卑臣子，彊幹弱枝，勸善戒惡，至明至切，至直至順。且三代異物，損益隨時，故先帝博觀異家，各有所採。易有施、孟，復立梁丘；尚書歐陽，復有大小夏侯。今三傳之異亦猶是也。又五經家皆無以證圖讖明劉氏為堯

後者，而左氏獨有明文。五經家皆言顓頊代黃帝，而堯不得為火德。左氏以為少昊代黃帝，即圖讖所謂帝宣也。如令堯不得為火，則漢不得為赤。其所發明，補益實多。陛下通天然之明，建大聖之本，改元正歷，垂萬世則，是以麟鳳百數，嘉瑞雜遝，猶朝夕恪勤，遊情六藝，研幾綜微，靡不審覈。若復留意廢學，以廣聖見，庶幾無所遺失矣。帝嘉之。

和帝永元十四年，司空徐防以五經久遠，聖意難明，宜為章句，以悟後學，乃上奏曰：臣聞詩書禮樂定自孔子，發明章句始於子夏。其後諸家分析，各有異說。漢承亂秦，經典廢絕，本文略存，或無章句。收拾缺遺，建立明經，博徵儒術，開置太學。孔聖既遠，微旨將絕，故立博士十有四家，設甲乙之科，以勉勸學者，所以示人好惡，改敝就善者也。伏見太學試博士弟子，皆以意說，不修家法，私相容隱，開生姦路。每有策試，輒興爭訟，論議紛錯，互相是非。孔子稱述而不作，又曰吾猶及史之闕文，疾史有所不知而不肯闕也。今不依章句，妄生穿鑿，以遵師為非義，意說為得理，輕侮道術，寖以成俗，誠非詔書實選本意。改薄從忠，三世常道，專精務本，儒學所先。臣以為博士及甲乙策試，宜從其家章句，開五十難以試之。解釋多者為上第，引文明者為高說。若不依先師義有相伐，皆正以為非。五經各取上第六人，論語不宜射策。雖所失或久，差可矯革。詔下公卿，皆從防言。

魏武帝時，袁渙上言曰：今天下大難已除，文武並用，長久之道也。可大收篇籍，明先聖之教，以易民視聽，使海內斐然向風，則遠人不服，可以文德來之。帝善其言。

吳大帝時，初立易注。虞翻上奏曰：臣聞六經之始，莫大陰陽，是以伏羲仰天縣象而建八卦，觀變動六爻為六十四，以通神明，以類萬物。臣高祖父故零陵太守光，少治孟氏易，曾祖父故平輿令成，纘述其

業，至臣祖父鳳為之冣密。臣考故日南太守歆受本於鳳，冣有舊書，世傳其業，至臣五世。前人通講，多玩章句，雖有秘說，於經疏闊。臣生遇世亂，長於軍旅，習經於枹鼓之間，講論於戎馬之上，蒙先師之說，依經立注。又臣郡吏陳桃夢臣與道士相遇，放髮被鹿裘，布易六爻，撓其三以飲臣，臣乞盡吞之。道士言易道在天，三爻足矣。豈臣受命應當知經？所覽諸家解，不離流俗，義有不當實，輒悉改定，以就其正。孔子曰：乾元用九而天下治。聖人南面，蓋取諸離，斯誠天子所宜協陰陽，致麟鳳之道。又曰：經之大者，莫過於易。自漢初以來，海內英才，其讀易者，解之率少。至孝靈之際，潁川荀諝號為知易，臣得其注，有愈俗儒。至所說西南得朋，東北喪朋，顛倒反逆，了不可知。孔子歎易曰：知變化之道者，其知神之所為乎。以美大衍四象之作，而上為章首，尤可怪笑。又南郡太守馬融名有俊才，其所解釋，復不及諝。孔子

曰。可與共學。未可適道。豈不其然。若乃北海鄭玄。南陽宋忠。雖各立注。忠少於玄。而皆未得其門。難以示世。

翻又以鄭玄解尚書違失事目。復上奏曰。臣聞周公制禮。以辯上下。孔子曰。有君臣。然後有上下。有上下。然後禮義有所錯。是故尊君卑臣。禮之大司也。伏見故徵士北海鄭玄所注尚書。以顧命康王執瑁古月似同。從誤作同。既不覺定。復訓為杯。謂之酒杯。成王疾困憑几。洮頮為濯以為澣衣成事。洮字虛更作濯。以從其非。又古大篆卯字。讀當為柳。古柳卯同字。而以為昧。分北三苗。北古別字。又訓北言北猶別也。若此之類。誠可怪也。玉人職曰。天子執瑁以朝諸侯。謂之酒杯。天子頮面。謂之澣衣。古篆卯字。反以為昧。甚違不知蓋闕之義。於此數事。誤莫大焉。宜命學官定此三事。又馬融訓注亦以為同者。大同天下。今經益金就作銅字。詁訓言天子副璽。雖皆不得。猶愈於玄。

然此不定。臣沒之後。而奮乎百世。雖世有知者。懷謙莫或奏正。又玄所注五經。違義尤甚者百六十七事。不可不正。行乎學校。傳乎將來。臣竊恥之。

後魏道武帝嘗問定州大中正李先曰。天下何書最善。可以益人神智。先對曰。惟有經書。三皇五帝治化之典。可以補王者神智。又問曰。天下書籍凡有幾何。朕欲集之。如何可備。對曰。伏羲創制。帝王相承。以至於今。世傳國記。天文秘緯不可計數。陛下誠欲集之。嚴制天下諸州郡縣搜索備送。主之所好。集亦不難。帝於是班制天下。經籍稍集。

宣武帝時。秘書丞武邑郡中正孫惠蔚既入東觀。見典籍未周。乃上奏曰。臣聞聖皇之御世也。必幽贊人經。參天二地。憲章典故。述尋鳴猷。故易曰。觀乎天文以察時變。觀乎人文以化成天下。然則六經百氏。圖書秘籍。乃承天之正術。治人之貞範。是以溫柔疏遠。詩書之教恭儉易良。禮樂之道。爻彖以精微為神。春秋以屬辭為化。故大訓炳於東序。藝文光於麟閣。斯寔天下之樞宗。勝殘之要道。有國之靈基帝王之盛業。安上靖民。敦風美俗。其在茲乎。及秦棄學術。禮經泯絕。漢興求訪。典文載舉。先王遺訓。燦然復存。暨光武撥亂。日不暇給。而入洛之書二千餘兩。魏晉之世。尤重典墳。收亡集逸。九流咸備。觀其鳩閱史篇。訪購經論。紙竹所載。略盡無遺。臣學闕通儒。思不及遠。徒循章句。片義無立。而慈造曲覃。厠班秘省。忝官承乏。唯書是司。而觀閱舊典。先無定目。新故雜糅。首尾不全。有者累帙數十。無者曠年不寫。或篇第褫落。始末淪殘。或文壞字誤。謬闕相屬。篇目雖多。全定者少。臣今依前丞臣盧昶所撰甲乙新錄。欲裨殘補闕。損併有無。校練句讀。以為定本。次第均寫。永為常式。其省先無本者。廣加推尋。搜求

令足。然經記浩博。諸子紛綸。部帙既多。章篇紕繆。當非一二校書歲月可了。今求令四門博士及在京儒生四十人。在秘書省專精校考。參定字義。如蒙聽許。則典文允正。羣書大集。詔許之。

殄寇將軍符節令江式上疏曰。臣聞庖犧氏作而八卦列其畫。軒轅氏興而靈龜彰其彩。古史倉頡覽二象之爻。觀鳥獸之跡。別創文字以代結繩。用書契以維事。宣之王庭。則百工以敘。載之方冊。則萬品以明。迄于三代。厥體頗異。雖依類取制。未能悉殊倉氏矣。故周禮八歲入小學。保氏教國子以六書。一曰指事。二曰象形。三曰形聲。四曰會意。五曰轉注。六曰假借。蓋是史頡之遺法也。及宣王太史史籀著大篆十五篇。與古文或同或異。時人即謂之籀書。至孔子定六經。左丘明述春秋。皆以古文。厥意可得而言。其後七國殊軌。文字乖別。暨秦兼天下。丞相李斯乃奏蠲罷不合秦文者。斯作倉頡篇。中車府令

趙高作爰歷篇太史令胡毋敬作博學篇皆取史籀大篆或頗省改所謂小篆者也於是秦燒經書滌除舊典官獄繁多以趣約易始用隸書古文由此息矣隸書者始皇使下杜人程邈附於小篆所作也以邈徒隸即謂之隸書故秦有八體一曰大篆二曰小篆三曰刻符書四曰蟲書五曰摹印六曰署書七曰殳書八曰隸書漢興有尉律學復教以籀書又習八體試之課最以為尚書史史民上書省字不正輒舉劾焉又有草書莫知誰始考其書形雖無厥誼亦是一時之變通也孝宣時召通倉頡讀者獨張敞從之受涼州刺史杜鄴沛人爰禮講學大夫秦近亦能言之孝平時徵禮等百餘人說文字於未央宮中以禮為小學元士黃門侍郎揚雄採以作訓纂篇及亡新居攝自以應運制作使大司空甄豐校文字之部頗改定古文時有六書一曰古文孔子壁中書也二曰奇字即古文而異者三曰篆書云

小篆也四曰佐書秦隸書也五曰繆篆所以摹印也六曰鳥蟲所以幡信也壁中書者魯恭王壞孔子宅而得禮尚書春秋論語孝經也又北平侯張倉獻春秋左氏傳書體與孔氏相類即前代之古文矣後漢郎中扶風曹喜號曰工篆小異斯法而甚精巧自是後學皆其法也又詔侍中賈逵脩理舊文殊藝異術王教一端苟有可以加於國者靡不悉集逵即汝南許慎古文學之師也後慎嗟時人之好奇歎儒俗之穿鑿惋文毀於譽痛字敗於訾更詭任情變亂於世故撰說文解字十五篇首一終亥各有部屬包括六藝群書之詁評釋百氏諸子之訓天地山川草木鳥獸昆蟲雜物奇怪珍異王制禮儀世間人事莫不畢載可謂類聚羣分雜而不越文質彬彬最可得而論也左郎中將陳留蔡邕採李斯曹喜之法為古今雜形詔於太學立石碑刊載五經題書楷法多是邕書也後開鴻都書畫奇能莫不雲集于時諸方獻篆無出邕者魏初博士清河張揖著埤倉廣雅古今字詁究諸埤廣綴拾遺漏增長事類抑亦於文為益者然其字詁方之許慎篇古今體用或得或失矣陳留邯鄲淳亦與揖同時博古開藝特善倉雅許氏字指八體六書精究閑理有名於揖以書教諸皇子又建三字石經於漢碑之西其文蔚焕三體復宣校之說文篆隸大同而古字少異又有京兆韋誕河東衛覬二家並號能篆當時臺觀榜題寶器之銘悉是誕書咸傳之子孫世稱其妙晉世義陽王典祠令任城呂忱表上字林六卷尋其况趣附託許慎說文而按偶章句隱別古籀奇惑之字文得正隸不差篆意也忱弟靜別放故左校令李登聲類之法作韻集五卷宮商龣徵羽各為一篇而文字與兄便是魯衛音讀楚夏時有不同皇魏承百王之季紹五運之緒世易風移文字改變篆形謬錯隸體失真俗學鄙習復加虛巧談辯之士

又以意說炫惑於時難以釐改故傳曰以衆非非行正信哉得之於斯情矣乃曰追來為歸巧言為辯小兒為魗神蟲為蠶如斯甚衆皆不合孔氏古書史籀大篆許氏說文石經三字也凡所關古莫不惆悵焉嗟夫文字者六藝之宗王教之始前人所以垂今今人所以識古故曰本立而道生孔子曰必也正名乎又曰述而不作書曰予欲觀古人之象皆言遵脩舊史而不敢穿鑿也臣六世祖瓊家世陳留往晉之初與從父兄應元俱受學於衛覬古篆之法倉雅方言說文之誼當時並收善譽而祖官至太子洗馬出為馮翊郡值洛陽之亂避地河西數世傳習斯業所以不墜也世祖太延中皇威西被牧犍內附臣亡祖文威杖策歸國奉獻五世傳掌之書古篆八體之法時蒙襃錄敘列於儒林官班文省家號世業暨臣闇短識學庸薄漸漬家風有忝無顯但逢時來恩出願外每承澤雲津厠霑漏潤驅馳文

閣參預史官題篆宮禁猥同上哲既竭愚短欲罷不能是以敢藉六世之資奉遵祖考之訓竊慕古人之軌企踐儒門之轍輒求撰集古來文字以許慎說文為主爰採孔氏尚書五經音注籀篇爾雅三倉凡將方言通俗文祖文宗埤蒼廣雅古今字詁三字石經字林韻集諸賦文字有六書之誼者皆以次類編聯文無復重紀為一部其古籀奇惑俗隸諸體咸使班於篆下各有區別詁訓假借之誼僉隨文而解音讀楚夏之聲並逐字而注其義不知者則闕如也

北齊文宣帝天保七年詔令校定羣書時秘府書籍紕繆者多大行臺郎中樊遜上議曰案漢中壘校尉劉向受詔校書每一書竟表上輒言臣向書長水校尉臣參書太夫公太常博士書中外書合若干本以相比然後校殺青今所讎校供擬極重出自蘭臺御諸甲館向之故事見存府閣即欲刊定必藉衆本太常卿邢子才太子少傅魏

收吏部尚書辛術司農少卿穆子容前黃門郎司馬子瑞故國子祭酒李業興並是多書之家請牒借本參校得失秘書監尉瑾移尚書都坐凡得別本三千餘卷五經諸史殆無遺闕

隋文帝開皇初秘書監牛弘以典籍遺逸上疏請開獻書之路曰經籍所興由來尚矣爻畫肇於庖羲文字生於蒼頡聖人所以弘宣教導博通古今揚於王庭肆於時夏故堯稱至聖猶考古道而言舜其大智尚觀古人之象周官外史掌三皇五帝之書及四方之志武王問黃帝顓頊之道太公曰在丹書是知握符御曆有國有家者曷嘗不以詩書而為教因禮樂而成功也昔周德既衰舊經紊棄孔子以大聖之才開素王之業憲章祖述制禮刊詩正五始而修春秋闡十翼而弘易道治國立身作範垂法及秦皇馭寓吞滅諸侯任用威力事不師古始下焚書之令行偶語之刑先王墳籍掃地皆盡本既先亡

從而顛覆臣以圖讖言之經典盛衰信有徵數此則書之一厄也漢興改秦之弊敦尚儒術建藏書之策置校書之官屋壁山巖往往間出外有太常太史之藏內有延閣秘書之府至孝成之世亡逸尚多遣謁者陳農求遺書於天下詔劉向父子讎校篇籍漢之典文於斯為盛及王莽之末長安兵起宮室圖書並從焚燼此則書之二厄也光武嗣興尤重經誥未及下車先求文雅於是鴻生鉅儒繼踵而集懷經負帙不遠斯至肅宗親臨講肄和帝數幸書林其蘭臺石室鴻都東觀秘牒填委更倍於前及孝獻移都吏民擾亂圖書縑帛皆取為帷囊所收而西裁七十餘乘屬西京大亂一時燔蕩此則書之三厄也魏文代漢更集經典皆藏在秘書內外三閣遣秘書郎鄭默刪定舊文時之論者美其朱紫有別晉氏承之文籍尤廣晉秘書監荀勗定魏內經更著新簿雖古文舊簡猶云有缺新章後錄鳩集已多

足得恢弘正道訓範當世屬劉石憑陵京華覆滅朝章國典從而失墜此則書之四厄也永嘉之後寇竊競興因河據洛跨秦帶趙論其建國立家雖傳名號憲章禮樂寂滅無聞劉裕平姚收其圖籍五經子史纔四千卷皆赤軸青紙文字古拙僭偽之盛莫過二秦以此而論足可明矣故知衣冠軌物圖畫記注播遷之餘皆歸江左晉宋之際學藝為多齊梁之間經史彌盛宋秘書丞王儉依劉氏七略撰為七志梁人阮孝緒亦為七錄總其書數三萬餘卷及侯景渡江破滅梁室秘省經籍雖從兵火其文德殿內書史宛然猶存蕭繹據有江陵遣將破平侯景收文德之書及公私典籍重本七萬餘卷悉送荊州故江表圖書因斯盡萃於繹矣及周師入郢繹悉焚之於外城所收十纔一二此則書之五厄也後魏爰自幽方遷宅伊洛日不暇給經籍闕如周氏創基關右戎車未息保定之始書止八千後加收集

方盈萬卷。蔔氏據有山東。初亦採訪。驗其本目。殘缺猶多。及東夏初平。獲其經史四部。重雜三萬餘卷。所益舊書五千而已。今御書單本合一萬五千餘卷。部帙之間。仍有殘缺。比梁之舊日。止有其半。至於陰陽河洛之篇。醫方圖譜之說。彌復爲少。臣以經書自仲尼已後。迄于當今。年踰千載。數遭五厄。興集之期。屬膺聖世。伏惟陛下受天明命。君臨區宇。功無與二。德冠往初。自華夏分離。彝倫攸斁。其間雖霸王迭起。而世難未夷。欲崇儒業。時或未可。今土宇邁於三王。民黎盛於兩漢。有人有時。正在今日。方當大弘文教。納俗升平。而天下圖書尚有遺逸。非所以仰協聖情。流訓無窮者也。臣史籍是司。寢興懷懼。昔陸賈奏漢祖云。天下不可馬上治之。故知經邦立政。在於典謨矣。爲國之本。莫此攸先。今秘藏見書。亦足披覽。但一時載籍。須令大備。不可王府所無。私家乃有。然士民殷雜。求訪難知。縱有知者。多懷恡

惜。必須勤之以天威。引之以微利。若猥發明詔。兼開購賞。則異典必臻。觀閣斯積。重道之風。超於前世。不亦善乎。伏願天監。少垂照察。上納之。於是下詔。獻書一卷。賚縑一匹。一二年間。篇籍稍備。

唐憲宗時。鄉貢進士李行脩上言曰。臣覆視漢初經籍。啓口傳壁匿。煥然明備。其所由者。脩廢官。立太學。朝夕講貫。以究聖意。歲時程課以嚴師道使之然也。迨乎桓靈之世。遂使扶持亢極。匡飭頹俗。專委衷以終大運。其儒術已試之明效歟。近學無專門。經無師授。以音定字。以疏釋經。是能使生徒由之中才。不能使天下由之致理明矣。大率五經皆然。臣獨以詩學上聞。蓋所急也。伏惟陛下救其悲聲垂恩聽察。夫詩者。發人之蘊。政謂之風。手舞足蹈之音作。用之光祖宗。垂風聲。勞歌怨誹之音作。用之察吏理。審教化。是以四海雖大。羣生雖庶。猶民人之和氣息乎踵。達乎顱。流乎足。猶草木之豐澤漸乎根。窮乎杪。被乎枝。棄。上下無滯氣。內外無遁情。如此。則詩得其任。風得其性也。昔殷周相承。俱有聖治。道洽于下。下無怏心。王化盛告成功於神明。德澤衰。及變化於禮素。其辭主文譎諫而不訐。其教溫柔敦厚而不愚。仲尼接于其時。謂王者宜以陶冶風俗。臣下宜以洗濯疑謗。道濟于下。宜若之何。乃采其詩合三百五篇。善者全而用。不善者全而去。非如春秋諸經或革或因相錯而成也。其若禮樂征伐。天地陰陽有度。假於辭可見。喜怒哀樂。譏刺諷諭無方。非其志莫傳。志士躬當治亂之時。氣有憤訐之變。臻於極而後動。積於中而後形。故言之成文。歌之成聲。有一不至。則非全矣。是以聖人全動物。物莫能固。未施敬於人而人敬。未施哀於人而人哀。頑者以之鬯明。躁者以之舒靜。道源於是。絕而莫嗣。獨有楚屈原頗得詩人之風。介於子蘭靳是後學。軌于相語。喑吒相授。以及漢興。雜金紓有七十年。師口說者四

三葉。漢武篤好經術。立於學官。雖章句大備。而比興未喻。時揚雄司馬相如。由是選奕觀望。將迎忌諱。勸百諷一。推波助瀾。文雖有餘。未足稱也。然以本學寖盛。時因災異。屢起直聲。初或不究。終得其助。故自殷以降有天下者。莫長馬。厥後君臣道薄。詩道陵夷。蘊義感槩之士至曰吾何從乎。上之追屈原不足以全性命。下之跡相如不足以速過失。故居常則鬱快其胸襟。嘆嗟其齒牙。代莫通其源。臣伏思之。以爲詩教未隆於時。風雅未洽於下。教未隆則士不勸。風未洽則言多缺。故聞卒愕而愠者多。暗投而却也。自十聖紹業。殆二百載。經術益誠。周旋百度。吏事反爲緣飾。霸道反爲外駁。及陛下又登禮巖穴。蒐揚仄伏。宸心讜讓。猶天地相定。儒風昌言。與日月橫鶩。以詞讓次征伐而不暴。以誠明推教化而不浮。如此。則詩學何爲。鬱然積於空虛無用之地乎。書殘於古今。詩失於齊魯。漢有毛萇鄭康成師道可

欽逮聖朝劉述者說詩三千言。近代知詩者尚之。伏惟陛下詔公卿諸儒講共異同。綜其指要。列四始之元本。窮六藝之粹精。亦使講以多物而無諱蔽之言。而得其言極者為師法。傳經而行其毛鄭。不安者亦隨而刊正。選立博士弟子員如漢朝故事。然後命瞽史納于聰明。命司成教之世子。是謂端本。由朝廷被于民里。由京師施之遠方。是謂垂化。復采詩之官以察風俗。是謂兼聽。優登才之選以勵生徒。是謂興古。四者既備。大化自流。則動天地感鬼神。信豚魚。甘董荼。來異俗。懷鬼方。皆在一致。推而廣之。神而化之。無難矣。微臣不知時變。溺於師言。謹詣光順門昧死以聞。

傳宗咸通中。著作郎皮日休請為孟子科狀曰。臣聞聖人之道不過乎經。經之降者不過乎史。史之降者不過乎子。子不異乎道者孟子也。捨是子者必戾乎經史。又率于子者則聖人之盜也。夫孟子之文

粲若經傳。天惜其道。不燼于秦。自漢氏得之。嘗置博士以專其學。故其文繼乎六藝。光乎百氏。真聖人之微旨也。若然者何其道曄曄於前。其書汲汲於後。得非道拘乎正。文極乎奧。有好者惲正而不舉。嗜淺者鄙奧而無稱耶。蓋仲尼愛文王嗜昌歜以取味。後之人將愛仲尼者其嗜在乎孟子矣。嗚呼。古之士以湯武為逆取者。其不讀孟子乎。以楊墨為達智者。其不讀孟子乎。由是觀之。孟子功利於人亦不輕矣。今有司除茂才明經外。其次有熟莊周列子書者。亦登于科。其誘善雖深。而懸科未正。夫莊列之文。荒唐之文也。讀之可以為方外之士。習之可以為鴻荒之民。有能汲汲以救時補教為志哉。伏請有司去莊列之書。以孟子為主。有能精通其義者。其科選視明經。苟若是也。不謝漢之博士矣。既遂之。如儒道不可。聖化無補。則可刑於言者。

宋太宗至道二年。吳淑遷職方員外郎。時諸路所上閏年圖皆儀鸞司掌之。淑上言曰。天下山川險要。皆王室之秘奧。國家之急務。故周禮職方氏掌天下圖籍。漢祖入關。蕭何收秦籍。由是周知險要。請以今閏年所納圖上職方。又州郡地里犬牙相入。向者獨畫一州地形。則何以傳合也。郡望令諸路轉運使每十年各畫本路圖一上職方。所冀天下險要不窺牖而可知。九州輪廣如指掌而斯在。帝從之。

仁宗皇祐二年。司馬光乞印行荀子楊子法言狀曰。臣伏以戰國以降。百家蠭起。先王之道荒塞不通。獨荀卿揚雄排攘眾流。張大正術。使後世學者坦知去從。國家博采藝文。扶翼聖化。至於莊列異端。醫方細伎。皆命摹刻以廣其傳。顧茲二書。猶有所闕。雖民間頗畜私本。文字訛謬。讀不可通。誠恐賢達之言寖成廢缺。今欲乞降下崇文院將荀子楊子法言本。精加考校。訖。雕板送國子監依諸書例印賣。臣

愚憒不達大體。不勝區區貪陳所見。

至和二年。翰林學士歐陽脩上奏曰。臣伏見國家近年以來定貢舉之科。以為取士之法。建立學校以為養士之方。然士子文章未純。節行未篤。不稱朝廷勵賢興善之意。所以化民成俗之風。臣愚以謂士之所本。在乎六經。而自暴秦焚書。聖道中絕。漢興收拾亡逸。所存無幾。或殘編斷簡出於屋壁。而餘齡昏眊得其口傳。去聖既遠。莫可考證。偏學異說。因自名家。然而授受相傳。尚有師法。暨晉宋而下。師道漸亡。章句之篇。家藏私蓄。其後各為箋傳。附著經文。其說存亡。以時好惡。學者茫昧。莫知所歸。至唐太宗時。始詔名儒撰定九經之疏。號為正義。凡數百篇。自爾以來著為定論。凡不本正義者。謂之異端。則學者之宗師。百世之取信也。然其所載既博。所擇不精。多引讖緯之書以相雜亂。怪奇詭僻。所謂非聖之書。異乎正義之名也。臣欲乞特

詔名儒學官悉取九經之跡。刪去讖緯之文。使學者不爲怪異之言之所惑亂。然後經義純一。無所駁雜。其用功至少。其爲益則多。臣愚以謂欲使士子學古勵行而不本六經。欲學六經而不去其詭異駁雜。欲望功化之成。不可得也。伏望聖慈下臣之言付外詳議。

仁宗時。宋祁代人乞存歿臣僚納家集狀曰。臣竊以周衰之興多文以監二代。聲華其協。好問而察邇言。爰歷古先。咸遷風動期有裨於治體。無容廢於簪詞。輟蠹務徽。仰裨漏闕。伏念臣材惟闒茸。職本埽除。服居度之在寬。不汝瑕而垂采。曩者太宗皇帝亮其愚訥。獎以寵靈。命臣充史館書庫都監兼秘閣供御圖書。時屬聖心總儒朝猷被世。旁求典故。備覽清閑。又命臣往江浙搜訪遺書。真宗皇帝繼體丕承。好生善養。洗其瘕玷。秩以冗閑。洪惟皇帝陛下祇適於圖文修先憲。遺簪未棄。塗膢再加。又命臣同天章龍圖閣都監。臣來質三朝。行

年八十。鍾漏方盡。雖愧於夜行。塵露有施。敢忘於上報。臣嘗覽秘書目錄。伏覩自唐末至五代。其間有以文章取名當世者。咸存屬綴。列在緗緗。載冊府以相輝。貫牙籤而有第。我國家承百王之末。拔三代之英。師儒挺生。名臣輩出。或高文大冊爲廊廟之珍。或隱居放言樂山林之志。徒臣抒嘆。太史陳詩。炳然斯文。高映前代。然四部之內。編集無聞。一王之言。規模安寄。使彌文不表。則至化弗昭。後之視今。闕孰爲大。臣今欲乞降聖旨下中書取四朝以來存歿臣僚。及隱逸之士以文學顯名者。各許其人及子孫獻納所著家集。乃降下兩制詳定。若其深厚溫潤可以垂耆不朽者。具姓名聞奏。官爲給紙墨差人繕寫三本。付龍圖天章閣太清樓秘閣收藏。足使增觀本朝。垂榮來籍。開元之日大備。有司之副可求。上以見文思安安堯之稽于古。下以見賢士濟濟周之所以寧。臣之至愚。竊爲深惜。且年祀寖遠則亡逸滋多。今而不求。後亦隨廢。異日當使隙農訪舊結馳傳之勞。河間購遺。軫補亡之慮。功相遠矣。詎曰不然。臣衰疾見乘。懵昧惟甚。願留餘景。期觀大化之成。輕率狂言。或俟聖人之擇。越干程曠。伏待譴意。

哲宗元祐四年。梓州路轉運使呂陶上奏曰。臣竊以朝廷復春秋之科。爲置博士。所以扶進微學。敦勸諸生。甚大惠也。然而聖經簡奧。傳注之家未能盡通其蘊。謂宜博採衆說。參求所長。庶幾一經餘義渙然易釋。臣伏見轄下廣安軍鄉貢進士王秉。少壯好學。白首不倦。嘗撰春秋統解三卷。序引二十四篇。推明筆法。得其大旨。比之陳岳折衷。王沿集傳。孫復發微。不在其下。曾於元祐二年九月中繕寫投進訖。伏乞聖慈特賜檢會。詔侍從館閣臣僚考詳其書。或萬一有補經術。即乞藏於秘府。以備一家之說。以廣四部之藏。

陶又上奏曰。臣先任梓州路轉運使日。於元祐四年曾奏舉廣安軍

鄉貢進士王秉所撰春秋統解及序引等篇。推明筆法。得其大旨。乞詔侍從館閣臣僚考詳其書。藏於秘府。以備一家之說。臣伏見朝廷崇尚春秋之學。復置博士。施於科舉。此乃聖世大公至正之道。尊經勸學必先原本。不以好惡辯訥而爲之廢興盛衰也。如秉所著統解等書。簡易明白。有補經訓。儻使學者從而習之。沿波討源。庶見聖蘊。誠於文治之世不爲小補。況秉年過七十。無心仕進。或蒙盛時博收廣採。得以伸發平生講解之學。上助朝廷崇儒重道之意萬分之一。不勝幸甚。伏望聖慈察臣區區。特降睿旨檢會臣前奏。并今來所請施行。

六年。給事中范祖禹上奏曰。臣竊惟祖宗置三館秘閣。以行天下賢材。公卿侍從皆由此出。不專爲聚書設校理校勘之職。亦非專爲校書也。六經之言不可不尊。孔氏之道不可不明。至於諸子百家。神仙

道釋。蓋以備篇籍。廣異聞。以示藏書之富。無所不有。本非有益於治道也。嘉祐中。增置編校之官。繕寫黃本。自此書籍益廣。充牣四館。杇蠹相仍。居其中者固未能周覽而徧校也。今又使道士陳景元校道書。臣愚竊所未諭。議者必曰漢成帝時。劉向校經傳諸子詩賦。步兵校尉任宏校兵書。太史令尹咸校數術。侍醫李柱國校方技。今使道士校道書。亦其比也。臣竊以為不然。漢之時以竹簡寫書。在天下者至少。非秘府不能備。非如後世以紙傳寫。流布天下所在皆有也。劉向總校羣書。非一人之力所能獨了。故又用任宏等三人。然兵書數術方技皆為有用。非異端之學也。任宏等亦非異教之人也。今館閣羣聚天下賢才。宜有詳見洽聞之士博極羣書。乃使陳景元先取道藏之書校定成本。供秘書省。委本省官對校。皆取正於景元。不亦輕朝廷之體。羞當世之士乎。又道書除老子莊列已立於學官。其餘多虛誕不經。儒者所不道。天下名山宮觀自有道藏。館閣所藏。唯備數可矣。不必使方外之士讎校。以崇長異學也。漢武帝時。董仲舒對策以為諸不在六藝之科。孔子之術者。皆絕其道。勿使並進。武帝咸其言。遂罷黜百家。表章六經。今館閣之書下至稗官小說街談巷語道聽塗說之所造者。無所不有。既使景元校道書。則他日僧校釋書。醫官校醫書。陰陽卜相之人校技術。其餘各委本色。皆可用此為例。豈祖宗設館閣之意哉。夫聖王作事必防其微。命出于上。不可不慎。昔熙寧中。王韶開拓熙河。王安石使其門僧智緣隨韶誘說木征。時人號為安撫大師。今館職之外已置校黃本官。又於黃本之外有校書道士。天下之人必謂之編校大師。事雖至微。實損國體。其秘書省所請。乞更不施行。

哲宗時畢仲游上論曰。臣竊以世之謂文者不繫於德。謂德者不繫

於文。夫文章之士雖不繫於有德無德。而無德者不能為有德之文。有文之人不皆有德。有德之人不皆有文。而有文者無德則不盡其善。奚以知其然耶。今人之言文者其任蓋小矣。希名幸世。取合當時。而古之人言文者其任不小。善惡欲明。是非欲辯。久遠欲傳。勸戒欲信。非獨名位而已也。故雖有精金良帛。沉器重物。非車輿則無以輸遠。雖有奇功偉德。元凶大惡。非文章則無以取信。車輿不壯。則雖載而必敗。文章不善。則雖傳而必惑。故文章蓋美惡之車輿也。自六國已前。孔子所定不敢輕議。嘗竊觀六國以後西漢之前。號綴文之士者類皆過人。而過人之遠者賈誼董仲舒司馬遷相如劉向揚雄。此數子之文也。蓋善惡能明。是非能辯。久遠可傳。勸戒足信。雖有議論間未合於聖人。然詞采條貫。如親聽其談說。而精神意氣可以想見其為人。使後世識者心知其所異。而口不能亟逾其何。如此數子之文也。然此數子者豈特文已。事君必忠。脩身必正。趨嚮必厚。議論必公。其所存之德既已過人。則其發見於文章者豈不過人哉。在唐三百年。韓愈號為文師。而忠厚公正之德亦著于天下。自韓愈以來。文章之德散。科場之弊生。使夫英雄俊才老死不顯。而寡聞淺識之徒乃始支離攘臂。自奮於其間。私取近世之陳說。而公為傲倖之論。善惡不能明。是非不能辯。久遠不可傳。勸戒無足信。言今則近陋。議古則近愚。而其甚者蠹是為非。飾惡成善。借平常之易事。為紛紜之轉詞。以熒惑天下。天下之人莫知其非。故公則見信於有司。退則受知於朋友。而彼也遂真以為能。此有志之士所以扼腕而太息也。

高宗時。秘書省正字洪遵乞訪遺書。劄子曰。臣聞自昔右文之主。遭時艱難。圖典散逸。必汲汲搜求。常若不及。是以漢唐之間。或訪以使者。或遺之金帛。故當其時斷編殘帙。晦而復出。國朝承五閏之後。尺

簡不存。至太平興國中。始命三館以開元四部書目閱所闕者。疏其名於待漏院。許天下吏民詣官投進。及三百卷者。送學士院驗人材補授。於是四庫之書復全。聖聖相繼。縑縢之盛。跨越前代。陛下既倅復秘書省。倣唐十八學士之制而定其員。廣求遺逸。以補蘭臺之闕。甚大惠也。臣以職事幸預校讎。視今所藏殊未及承平時十之一二。昔漢祖入關。鋒刃未解。猶且先遣蕭何收秦圖籍。仰惟陛下天縱將聖。萬機餘暇。留神儒業。而今日海內承平無事。固宜鋪張文物。以侈中興之觀。誠非入關比。而典籍猶未大備。殆闕文也。伏望睿慈舉行興國之制。以唐藝文志及崇文總目參校。凡館中所闕者。榜之檢鼓院。仍照監司守令精意括訪。凡臣庶所藏之書。列其目以聞。然後具秘閣所闕。委所在州縣給紙札抄錄。其有願進者。卷給縑帛。而卷帙之富。則別議褒賞。臣將見秘冊奥書。叢然集于闕下。誠有以副陛下右文之意。

蘇籀論經解劄子曰。臣聞聖經賢傳。唐虞三代所遺。闕里之業。王者樂道尊儒。內自九重。化流寰海。金華露門。咨訪紬繹。辟雍東觀。群能感奮。俾天下品類回心嚮正。政孚教洽。三代之盛。漢唐之隆。及吾祖宗聖功休烈。六籍之效著矣。洪惟陛下生而知之。孳孳好善。聰敏之隆。橫經講論。宵旰睿覽。研幾簡編。建立太學。皆善之始。崇道辯惑。渥恩養士。臣等遭際作興。帶經負笈。陶沐亭育。紳笏周行。歲升就列。跂望晬穆之儀。而又昧死論對軒陛。當得言之秋。非有涓塵稱塞右文。以謂不足以為士矣。竊聞承平之歲。期門羽林。肄習名教。炳觀之盛。屯營飛騎。受書博士。臣固駑下。亦知蜂蠆狂斐僭訴。不揆其愚。昔者仲尼刪定。繫彖筆削。問周史。聞齊韶。而詩書易禮樂春秋。各得其所。惟舉要發端。不詳其言。非不能詳也。以為詳之則隘。故略之使仁智

者自求而得。遠夫李斯滅學之後。出于屋壁。既非全經。兩漢顓門之流。白首講貫。授受相傳。深不負仲尼之旨。虎觀石渠。摳衣重席。論難紛紜。開益後人多矣。唐文皇時。初詔顏師古考究章程。孔穎達撰定義疏。遂為天下定論。此兩漢魏晉以來千載儒術也。夫六經微言妙用。非可易解而遽曉。始學必由傳疏。近歲兵火。典籍殘缺。比日諸州刊印稍備。今之諸生所以窮經捨正義傳注則惜然矣。此非一代之所私。一家之偏說。一夫之獨習。輯合陶汰。千載宇宙之公是非也。但漢初儒者各曉曉師習。詩書春秋古文初不甚行。公穀方熾。左氏廢錮。故三代遺典。乖戾不合。唐人因舊承疑。去取粗當。求瑕大有發明。易數樂律。至今不得其傳。臣願陛下特詔名儒學官。既蓄聚唐之義疏。復收錄近世儒臣以學顯者所著講解。申敕州縣委自守貳網羅纂輯。刊刻抄錄。儲之太學。臣嘗思念本朝祖宗以來名世豪傑之士。

體道彌切。經藝訓解愈明。知先儒有未悟者。條目甚夥。本朝之學光矣。非累聖神化不能然也。意者商較評品。假以歲年。加秩給費。纂而成編。古人有集傳集解之號。補唐之正義闕遺。凡說皆通。兩存之。疑者闕之。不妄鑿焉。庶幾孔氏之舊。祖宗右文。實賴陛下為之統紀。甚盛舉也。其於設科取士。考信萬方。究析道真。扶翊名教。使天下後世滌耳刮目。伏膺不忒。寔文治之偉績也。臣不勝犬馬昧死越職上言。

籀又論取士專優春秋三傳劄子曰。臣恭惟本朝以詩賦經義造士。庶幾虞書颺言之舉。於斯得人。今祖宗朝甚盛。邇日海內諸生窮討聖籍。議洽道藝。義疏名家。群士慕嚮。罔不遵周孔之軌躅。纂闕里之旨趣。易詩書及二禮。先王謨猷。貫穿詳備。課有厥程。惟春秋一經。前此廢絕不用。陛下稽古睿明。注意經傳。致今學者討做修習。今既舉行。

二百四十二年文字五家浩博以其久遠擯棄其說孤寄罕為人所
講授惟有治者終恐蕪騂有識之士嗟咨歎息此書筆削乃文王之
文衰則周公之法禮義大宗百王通典考周之所以王有邦家者
守經事而欲知其宜更變禮而欲知其權是非勸戒條天下表儀繩
準別嫌疑定猶豫至斷妙用悉所希聞傳業者優柔浸漬積久轉解
實不易領會也古之君子窮此學白首不輟惟經之體要固天下國
家本務丘明受經仲尼厥為附傳非私意也前代辯左氏古學所載
紬繹三代禮樂上紀犧炎唐虞禹湯周孔遺軼齊晉伯上尊獎王室
捨此何據焉又公穀二儒傳經子夏二傳乃孔徒遺旨與則非後世
所及西漢賈誼賈嘉相與纂繼此道光武中興立左氏博士唐文皇
早歲受麟經之訓晉代杜預宗趣淵源大賢所崇此治春秋之學如
賈及杜皆名世偉人臣願陛下明詔中外有司場屋試賦策論命題

措意或用春秋三傳禮闈取人特優此孔經分數不妨以聲律定去
留柬求精悉然後知類通達者置在博學師儒之列如誼預才謨飛
聲邁烈求必之其人也俾瑣瑣憎學雖欲夸世亦不弃而自棄矣臣
愚烏足以究其閫奧極其高堅不勝懇懇披寫之誠所有越職不敢
逃罪

右正言陳淵因面對論程頤王安石學術同異上曰楊時之學能宗
孔孟其三經義辨甚當淵曰楊時始宗安石後得程頤師之乃悟
其非上曰以三經義解觀之具見安石穿鑿淵曰穿鑿之過尚小至
於道之大原安石無一不差推行其學遂為大害上曰差者何謂淵
曰聖學所傳止有論孟中庸論語主仁中庸主誠孟子主性安石皆
暗其原仁道至大論語隨問答惟樊遲問始對曰愛人愛特仁之一
端而安石遂以愛為仁其言中庸則謂中庸所以接人高明所以處
已孟子七篇專發明性善而安石取楊雄善惡混之言至於無善無
惡又溺於佛其失性遠矣

孝宗時王之望上奏曰臣聞歐陽脩曰六經之道幾熄於戰國而焚
於秦自漢以來收拾亡逸發明遺義而正其訛謬以粗傳於今者豈
一人之力哉後人迹前世之所傳而較其得失則有之矣若使徒抱
焚餘殘脫之經倀倀於去聖千百年後不見諸儒中間之說而欲特
立一家之學未信其果有能也臣愚以為天下之名言蓋六經訓詁
由漢至隋轉相祖述不勝其繁唐太宗命顏師古孔穎達之徒刪取
眾說撰為正義包貫同異最號詳博雖其中不能無冗謬至於剖析
度數分別名物有功於經為不少矣近世諸儒著解注者各自名家
然亦多承先儒之舊學者喜其新奇利其簡要因共宗之鮮復知有
前人之說而義疏之學微矣建炎兵火之後此書之在天下者往往而

絕皇天未喪斯文陛下紹開景運內建太學外置官師親書石經以
率多士聖道煥然復興中外承風皆知好尚儒雅古今書籍刊印略
備萬世永賴甚盛德之舉也但諸經疏義都帙頗多遠方寒生未易
可得恭聞端拱初太宗皇帝命國子司業孔維等校勘周易尚書春
秋毛詩禮記正義雕板布行咸平中真宗皇帝命國子祭酒邢昺等
刊定周禮儀禮公羊穀梁傳疏及別脩孝經論語爾雅正義遣國子
直講王煥齎詣杭州刻板送國子監臣愚欲望陛下倣端拱咸平故
事悉取近地所刊群經疏義并經典釋文付國子監印數百部頒其
書於四方詔郡縣以贍學或係省錢各市一本置之於學未有板者
令臨安府速行雕造期以一年周徧遐邇則偏州下邑皆知朝廷存
尚古學於以開道術之源廣經籍之路而仰副陛下崇儒右文追法
祖宗之意不其韙歟

圖讖

東漢光武建武閒帝方信讖多以決定嫌疑議郎給事中桓譚上奏曰凡人之情忽於見事而貴於異聞觀先王之所記述咸以仁義正道為本非有奇怪虛誕之事蓋天道性命聖人所難言也自子貢以下不得而聞況後世淺儒能通之乎今諸巧慧小才伎數之人增益圖書矯稱讖記以欺惑貪邪詿誤人主焉可不抑而遠之哉臣伏聞陛下窮折方士黃白之術甚為明矣（黃白謂以藥化成金銀也）而乃欲聽納讖記又何誤也其事雖有時合譬猶卜數隻偶之類（言偶中也）陛下宜垂明聽發聖意屏羣小之曲說述五經之正義略雷同之俗語詳通人之雅謀臣又聞安平則尊道術之士有難則貴介胄之臣今聖朝興復祖統為人臣主而四方盜賊未盡歸伏者此權謀未得也臣伏觀陛下用兵諸所降下既無重賞以相恩誘或至虜掠奪其財物是以兵長渠率各生狐疑黨輩連結歲月不解古人有言曰天下皆知取之為取莫知與之為取（言先與之後乃可取之）陛下誠能輕爵重賞與士共之則何招而不至何說而不釋何向而不開何征而不剋如此則能以狹為廣以遲為速亡者復存失者復得矣帝省奏不悅其後有詔會議靈臺所處（平昌門外南大道東是明堂西是靈臺也）帝謂譚曰吾欲讖決之何如譚默然良久曰臣不讀讖帝問其故譚復極言讖之非經帝大怒曰桓譚非聖無法將下斬之譚叩頭流血良久乃得解

順帝時太史令張衡以圖緯虛妄非聖人之法乃上疏曰臣聞聖人明審律歷以定吉凶重之以卜筮雜之以九宮經天驗道本盡於此或觀星辰逆順寒燠所由或察龜策之占巫覡之言（在男曰覡在女曰巫覡音胡歷反）其所因者非一術也立言於前有徵於後故智者貴焉謂之讖書讖書始出蓋知之者寡自漢取秦用兵力戰功成業遂可謂大事當此之時莫或稱讖若夏侯勝眭孟之徒以道術立名其所述著無讖一言劉向父子領校祕書閱定九流亦無讖錄成哀之後乃始聞之（九流謂儒家道家陰陽家法家名家墨家縱橫家雜家農家）尚書堯使鯀理洪水九載績用不成鯀則殛死禹乃嗣興而春秋讖云共工理水凡讖皆云黃帝伐蚩尤而詩讖獨以為蚩尤敗然後堯受命春秋元命包中有公輸班與墨翟事見戰國非春秋時也又言別有益州益州之置在於漢世（武帝始置）其名三輔諸陵世數可知至於圖中訖于成帝一卷之書互異數事聖人之言埶無若是殆必虛偽之徒以要世取資往者侍中賈逵摘讖互異三十餘事諸言讖者皆不能說至於王莽篡位漢世大禍八十篇何為不戒則知圖讖成於哀平之際也且河洛六藝篇錄已定後人皮傅無所容篡（傅音附秦言非其事謂之皮傅謂不深得其情核皮膚淺近強相傅會也篡纂作實義亦選）永元中清河宋景遂以歷紀推言水災而偽稱洞視玉版或者至於弃家業入山林後皆無效而復采前世成事以為證驗至於永建復統則不能知（永建順帝即位年也復統謂廢而復立言讖家不能知也）此皆欺世罔俗以昧埶位情偽較然莫之糾禁且律歷卦候九宮風角數有徵效世莫肯學而競稱不占之書（讖書也）譬猶畫工惡圖犬馬而好作鬼魅誠以實事難形而虛偽不窮也宜收藏圖讖一禁絕之則朱紫無所眩典籍無瑕玷矣

元文宗至順二年司徒香山言陶弘景胡笳曲有負扆飛天曆終是甲辰君之語今陛下生年紀號實與之合此實受命之符乞錄付史館頒告中外詔令翰林集賢奎章禮部雜議之翰林諸臣上議以謂唐開元閒太子賓客薛讓進武后鼎銘云上玄降鑒方建隆基為玄宗受命之符姚崇表賀請宣示史官頒告中外而宋儒司馬光斥其采偶就之文以為符瑞乃小臣之謟而宰相實之是侮其君也今弘

景之曲。雖於生年紀號若偶合者。然陛下應天順人。紹隆正統。于今四年。薄海內外。罔不歸心。固無待於旁引曲說以為符命。從其所言恐啓讖緯之端。非所以定民志。事遂寢。

歷代名臣奏議卷之二百七十五

歷代名臣奏議卷之二百七十六

國史

東漢獻帝時。秘書監侍中荀悅上奏曰。古者天子諸侯有事必告于廟。朝有二史。左史記言。右史書事。事為春秋。言為尚書。君舉必書。善惡成敗。無不存焉。下及士庶。苟有茂異。咸在載籍。或欲顯而不得。或欲隱而名章。得失一朝。而榮辱千載。善人勸焉。淫人懼焉。宜於今者備置史官。掌其典文。紀其行事。每於歲盡。舉之尚書。以助賞罰。以行法教。帝善之。

魏明帝景初中。帝問秘書監王肅曰。司馬遷以受刑之故。內懷隱切。著史記非貶孝武。令人切齒。肅對曰。司馬遷記事不虛美。不隱惡。劉向楊雄服其善敘事。有良史之才。謂之實錄。漢武帝聞其述史記。取孝景及己本紀覽之。於是大怒。削而投之。於今此兩紀有錄無書。後遭李陵事。遂下遷蠶室。此為隱切在孝武。而不在於史遷也。

吳烏程侯時。韋曜為侍中領左國史。烏程侯欲為父和作紀。曜執以和不登帝位。宜名為傳。如是者非一。後以曜不承用詔命。遂收付獄。右國史華覈上疏救之曰。曜運值千載。特蒙哀識。以其儒學。得與史官。貂蟬內侍。承合天問。聖朝仁篤。慎終追遠。迎神之際。垂涕勅曜。曜愚惑不達。不能敷宣陛下大舜之美。而拘繫史官。使聖趣不叙。至行不彰。實曜愚蔽當死之罪。然臣慺慺。見曜自少勤學。雖老不倦。探綜墳典。溫故知新。及意所經識。古今行事。外史之中。少過曜者。昔李陵為漢將軍。敗不還而降匈奴。司馬遷不加疾惡。為陵遊說。漢武帝以遷有良史之才。欲使畢成所撰。忍不加誅。書卒成立。垂之無窮。今曜在吳。亦漢之史遷也。伏見前後符瑞彰著。神指天應。繼出累見。一統之期。庶不復久。事平之後。當觀時設制。三王不相因禮。五帝不相沿樂質文殊塗損益異體宜得曜輩依準古義有所因立漢氏承秦則有叔孫通定一代之儀曜之才學亦漢通之次也又吳書雖已有頭角敘贊未述昔班固作漢書文辭典雅後劉珍劉毅等作漢記遠不及固敘傳尤劣今吳書當垂千載編次諸史後之才士論次善惡非得良才如曜者實不可使闕不朽之書如臣頑敝誠非其人曜年已七十餘數無幾乞赦其一等之罪為終身徒使成書業永足傳示垂之百世書上不許

薛瑩以罪徙廣州覈又上疏曰臣聞五帝三王皆立史官敘錄功美垂之無窮漢時司馬遷班固咸命世大才所撰精妙與六經俱傳大吳受命建國南土大皇帝末年命太史令丁孚郎中項峻始撰吳書孚峻俱非史才其所撰作不足紀錄至少帝時更差韋曜周昭薛瑩梁廣及臣五人訪求往事所共撰立備有本末昭廣先亡曜負恩蹈

罪瑩出為將復以過徙其書遂委滯迄今未撰奏臣愚淺才劣適可為瑩等記注而已若使撰合必襲孚峻之跡懼墜大皇帝之元功損當世之盛美瑩涉學既博文章尤妙同寮之中瑩為冠首今者見吏雖多經學記述之才如瑩者少是以慺慺為國惜之實欲使卒垂成之功編於前史之末奏上之後退填溝壑無所復恨於是召瑩還為左國史

東晉元帝中興草創未置史官中書監王導上疏曰夫帝王之迹莫不必書著為令典垂之無窮宣皇帝廓定四海武皇帝受禪于魏至德大勳等蹤上聖而紀傳不存於王府德音未被乎管絃陛下聖明當中興之盛宜建立國史撰集帝紀上敷祖宗之烈下紀佐命之勳務以實錄為後代之準厭率土之望悅人神之心斯誠雍熙之至美王者之弘基也宜備史官勅佐著作郎干寶漸就撰集帝納焉

後魏孝文帝時秘書令高祐與丞李彪等上奏曰臣等聞典謨興話言所以光著載籍作成事所以昭揚然則尚書者記言之體春秋者錄事之辭尋覽前志斯皆言動之實錄也夏殷以前其文弗具自周以降典章備舉史官之體文質不同立書之旨隨時有異至若左氏屬詞比事兩致並書可謂存史意而非全史體逮司馬遷班固皆博識大才論敘今古曲有條章雖周達未兼斯實前史之可言者也至於後漢魏晉咸以放焉惟聖朝創制上古開基長發自始均以後至於成帝其間世數久遠是以史弗能傳臣等疏陋忝當史職披覽國記竊有志焉愚謂自王業始基庶事草創皇始以降光宅中土宜依遷固大體令事類相從紀傳區別表志殊貫如此修綴事可備盡伏惟陛下先天開物洪宣帝命太皇太后淳曜二儀惠和王度聲教之所漸洽風譯之所覃加固已義振前王矣加太和以降年未一紀然

嘉符禎瑞備臻於往時洪功茂德事萃於曩世會稽佇玉牒之章岱宗想石記之列而秘府策勳述美未盡將令皇風大猷或闕而不載功臣懿績或遺而弗傳著作郎已下請取有才用者參造國書如得其人三年有成矣然後大明之德功光于帝篇聖后之勳業顯于皇策佐命忠貞之倫納言司直之士咸以備著載籍矣帝從之

宣武帝初踐祚李彪上表曰臣聞龍圖出而皇道明龜書出而帝道昶斯實冥中之書契也自瑞官立而卑高陳民師建而賤貴序此乃人間之繩式也是以唐典篆欽明之冊虞書銘睿徹之篇傳著夏書之箴詩錄商家之頌斯皆國史明乎得失之迹也逮于周姬鑒乎二代文王開之以兩經公旦申之以六聯郁乎其文典章大畧也故觀雅頌識文武之丕烈察歌音辨周公之至孝是以季札聽風而知始基聽頌而識盛德至若尼父之別魯籍從明文辨孔志可謂婉而成

章盡而不汚者矣。自餘乘志之比。其亦有趣焉。暨史班之錄。乃文窮
於秦漢。事盡於哀平。懲勸兩書。華實兼載。文質彬彬。富哉言也。今大
漢之風。美類三代。炎劉崇道。冠乎來事。降及華馬。陳于蔵有放焉。四
人敷贊。弗遠不可力致。豈虛也哉。其餘率見而書。覩事而作者多矣。
尋其本末。可往來焉。唯我皇魏之奄有中華也。歲越百齡。年幾十紀。
太祖以弗違開基。武皇以奉時拓業。虎嘯域中。龍飛宇外。小往大來。
品物咸亨。自茲以降。世濟其光。史官敘錄。未充其盛。加以東觀中圯。
冊勳有闕。美隨日落。善因月稀。故諺曰。一日不書。百事荒蕪。至于太
和之十二年。先帝先后。遠惟景業。綿綿休烈。若不恢史闡錄。懼上業
茂功。始有缺矣。於是召名儒博達之士。充麟閣之選。于時忘臣衆短。
采臣片志。令臣出納授臣丞職。猥屬斯事。無所與讓。高祖時詔臣曰。
平爾雅志。正爾筆端。書而不法。後世何觀。臣奉以周旋。不敢失墜。與

○叅議卷之二百七十六　四

著作等鳩集遺文。并取前記。撰為國書。假有新進時賢。制作於此者。
恐閶門既異。出入生疑。弦柱既易。善者或謬。自十五年以來。臣使國
還。頻有南轅之事。故載筆遂寢。簡牘弗張。其於書功錄美。不其闕歟。
伏惟孝文皇帝。承天地之寶。崇祖宗之業。景功未就。奄焉崩殂。凡百
黎萌。若無天地。頼遇陛下。体明叡之真。應保合之量。恢大明以燭物。
履靜恭以安邦。天清其氣。地樂其靜。不愆不忘。率由舊章。可謂重明
疊聖。元首康哉。惟先皇之開創造物。經綸浩曠。加以魏典流製。藻績
垂篇。窮理於有象。盡性於衆變。可謂日月出矣。無幽不燭也。記曰。善
流者欲以繼其行。善歌者欲人繼其聲。故傳曰。文王基之。周公成之。
又曰。無周公之才。不得行周公之事。今之親王。可謂當之矣。然先皇
之茂猷。聖達。今王之懿美。洞鑒準之前代。其聽懸悔也。時哉時哉。可
不光昭哉。合德二儀者。先皇之陶鈞也。齊明日月者。先皇之洞照也。

應同四時者。先皇之茂功也。合契鬼神者。先皇之玄燭也。遷都改邑
者。先皇之達也。變是協和者。先皇之鑒也。思同書軌者。先皇之遠也。
守在四夷者。先皇之畧也。海外有截者。先皇之威也。禮田岐陽者。先
皇之義也。張樂岱郊者。先皇之仁也。鑾幸幽漠者。先皇之智也。燮伐
南荊者。先皇之禮也。升中告成者。先皇之肅也。親虔宗社者。先皇之
敬也。袞實無闕者。先皇之充也。開物成務者。先皇之貞也。觀乎人文
者。先皇之蘊也。革弊創新者。先皇之志也。孝慈道洽者。先皇之衷也。
先皇有大功二十。加以謙尊而光。為而弗有。可謂四三皇而六五帝
矣。誠宜功書於竹素。聲播於金石。臣竊謂史官之達者。大則與日月
齊明。小則與四時並茂。其大者孔子左丘是也。小者史遷班固是也。
故能聲流於無窮。義昭於來裔。是以金可滅而風流不泯者。其唯載
籍乎。諺曰。相門有相。將門有將。斯不唯其性。蓋言習之所得也。竊謂

○叅議卷之二百七十八　五

天文之官。太史之職。如有其人。宜其世矣。故尚書稱羲和世掌天地
之官。張衡賦曰。學乎舊史氏。斯孟世傳之義也。若夫良冶之子善知
為裘。良弓之子善知為箕。物豈有定。習貫則知耳。所以言及此者。史
職不修。事多淪曠。天人之際。不可須臾闕載也。是以談遷世事而功
立。彪固世事而名成。道爭乃前鑒之軌轍。後鏡之蕃範也。然則代史
官之不終業者有之。皆陵遲之世。不能容善。是以平子去史而成賦。
伯喈違閣而就志。近僭晉之世有佐郎王隱。為著作虞預所毀。亡官
在家。晝則樵薪供爨。夜則觀文屬綴。集成晉書。存一代之事。司馬紹
勑尚書唯給筆札而已。國之大籍。成於私家。末世之弊。乃至如此。史
官之不遇時也。今大魏之史。職則身貴。祿則親榮。優哉游哉。式穀爾
休矣。而典謨弗恢者。其有以也。而故著作漁陽傅毗。北平陽尼。河間
邢產。廣平宋弁。昌黎韓顯宗等。並以文才見舉。注述是同。皆登年不

永弗終茂績前者作程靈虬同時應舉共掌此務今從他職官非所司唯稚光一人雖不移任然侍官兩無故載述致闕臣聞載籍之興由於大業雅頌垂薦起於德美雖時有文質史有備略然歷世相仍不改此度也昔子談誡其子遷曰當世有美而不書汝之罪也是以久而見義孔明在蜀不以史官留意是以久而受譏取之深衷史談之志賢亮遠矣書稱無曠庶官詩有職思其憂臣非今之所司然昔忝斯任故不以草茅自疏敢言及於此語曰患為之者不必知知之者不得為臣誠不知猶欲為之耳竊尋先朝賜臣名彪者遠則擬漢史之叔皮近則準晉史之紹統推名求義欲罷不能荷恩珮澤死而後已今求都下乞一靜處綜理國籍以終前志官給事力以充所須雖不能光啓大録庶不為飽食終日耳近則朞月可就遠也三年有成正本蘊之麟閣副貳藏之名山。

西魏文帝時柳虬以史官密書善惡未足懲勸乃上疏曰古者人君立史官非但記事而已蓋所以為監誡也動則左史書之言則右史書之彰善癉惡以樹風聲故南史抗節表崔杼之罪董狐書法明趙盾之愆是知直筆於朝其來久矣而漢魏已還密為記注徒聞後世無益當時非所謂將順其美匡救其惡者也且著述之人密書其事縱能直筆人莫之知何止物生橫議亦自異端互起故班固致受金之名陳壽有求米之論著漢魏者非一氏造晉史者至數家後代紛紛莫知準的伏惟陛下則天稽古勞心庶政開誹謗之路納忠讜之言諸史官記注者請皆當朝顯言其狀然後付之史閣庶令是非明著得失無隱使聞善者日修有過者知懼敢以愚管輕冒上聞乞以瞽言訪之眾議事遂施行。

唐高祖時秘書丞令狐德棻上言曰近代無正史梁陳齊文籍猶可據至周隋事多脫損今耳目尚相及史有所憑一易世事皆汨暗無所掇拾陛下受禪于隋隋承周齊二祖功業多在周今不論次各為一正史則先烈世庸不光明而後無傳焉帝然之。

太宗時褚遂良遷諫議大夫兼起居事帝謂遂良曰卿記起居大抵人君得觀之否對曰今之起居古左右史也善惡必記戒人主不為非法未聞天子自觀史也太宗曰朕有不善卿必記邪對曰守道不如守官臣職載筆君舉必書黃門侍郎劉洎曰使遂良不記天下之人亦記之矣太宗曰朕行有三一監前代成敗以為元龜二進善人共成政道三斥遠群小不受讒言朕能守而勿失亦欲史氏不能書吾惡也又謂房玄齡曰比見前後漢史載録揚雄甘泉羽獵司馬相如子虛上林班固兩都等賦此既文體浮華無益勸戒何假書之史冊其上書論事詞理切直可裨於政理者朕從與不從皆須載書。

太宗又謂房玄齡曰朕每觀前代史書彰善癉惡足為將來規誡不知自古當代有國史何因不令帝王親見之對曰國史既善惡必書庶幾人主不為非法止應畏忤旨故不得見也太宗曰卿可撰録進來諫議大夫朱子奢奏曰陛下獨覽起居於事無失若以此法傳示子孫或有飾非護短史官不免刑誅莫不順旨全身千載何所信乎上不從玄齡等遂刪畧國史為編年體撰高祖太宗實録表上之太宗見六月四日事語多微文謂玄齡曰昔周公誅管蔡而周室安季友鴆叔牙而魯國寧朕之所為義同此類蓋所以安社稷利萬人耳史官執筆何煩有隱宜即改削浮詞直書其事魏徵奏曰臣聞人主位居尊極無所忌憚唯有國史用為懲惡勸善書不以實後人何觀陛下今遣史官正其辭雅合至公之道。

代宗時吏部侍郎楊炎薦沈既濟有良史才召拜左拾遺史館修撰初吴兢撰國史為則天本紀次高宗下既濟上奏曰則天皇后進以彊有退非德讓史臣追書當稱為太后不宜曰上中宗雖降居藩邸

而體元繼代本吾君也宜稱皇帝不宜曰廬陵王睿宗在景龍前天命未集假臨大寶於諡無名宜曰相王未容曰帝且則天改周正朔立七廟天命革矣今以周厠唐列為帝紀考于禮經是謂亂名中宗嗣位在太后前而敘年製紀反居其下方之躋僖公是謂不智昔漢高后稱制獨有王諸呂為負漢約無遷鼎革命事時孝惠已歿子非劉氏不紀呂后尚誰與哉議者猶謂不可況中宗以始年即位季年復祚雖尊名中奪而天命未改足以首事表年何所拘閡而列為二紀魯昭公之出春秋歲書其居曰公在乾侯君在雖失位不敢廢也請省天后紀合中宗紀每歲首必書孝和在所以統之曰皇帝在房陵太后行某事改某制紀稱中宗而事述太后名不失正禮不違常矣夫正名所以尊王室書法所以觀後嗣且太后遺制自去帝號及孝和上謚開元冊命而后之名不易今祔陵配廟皆以后禮而獨承

統于帝是有司不時正矣先旨若后姓氏名諱才藝智畧崩葬日月宜入皇后傳題其篇曰則天順聖武皇后云議不行

憲宗元和十五年史館脩撰李翺上奏曰臣等無能謬得秉筆史館以記注為職夫勸善懲惡正言直筆紀聖朝功德述忠臣賢士事業載奸臣佞人醜行以傳無窮者史官之任也伏以陛下即位十五年矣乃元年平夏州二年平蜀斬闢三年平江東斬錡張茂昭遂得易定五年擒從史得澤潞邢洺七年田弘正以魏博六州來受常貢十二年平淮西斬元濟十三年王承宗獻德　入祖税滄景除吏十四年平淄青斬師道得十二州神斷武功自古中興之君莫有及者而自元和以來未著實録盛德大功史氏未記忠臣賢士名德甚有可為法者逆臣賊人醜行亦有可為誡者史氏皆闕而未書臣實懼焉故不自量輒欲勉强而脩之凡人之事迹非大善大惡則衆人無由知之故舊例皆訪問於人又取行狀謚議以為一據今之作行狀者非其門生即其故吏莫不虛加仁義禮智妄言忠肅惠和或言盛德大業遠而愈光或云直道正言殁而不朽曾不直敘其事故善惡混然不可明至如許敬宗李義府李林甫國朝之姦臣也其使門生故吏作行狀既不指其事實虛稱道忠信以加之則可以移之於房玄齡魏徵裴炎徐有功矣此不唯其處心不實苟欲虛美於所受恩之地而已蓋亦為文者又非游夏遷雄之列務於華而忘其實溺於辭而棄其理故為文則失六經之古風記事則非史遷之實録不如此則辭句鄙陋不能自成其文矣由是事失其本文害於理而行狀不足以取信若指事書實不失虛言則必有人知其真偽不然者縱使門生故吏為之亦不可以謬作德善之事而加之矣臣今請作行狀者不要虛說仁義禮智忠肅惠和盛德大業正言直道蕪穢簡冊不

可取信但指事説實直載其詞則善惡功跡皆據事足以自見矣假傳魏徵但記其諫諍之詞足以為正直矣如傳段秀實但記其倒用司農寺印以追逆兵又以象笏擊朱泚自足以為忠烈矣今之為行狀者都不指其事率以虛詞稱之故無魏徵之諫諍而加之以正直無秀實之義勇而加之以忠烈者皆是也其何足以為據若考功視行狀之不依此者不得受依此者乃下太常并牒史館太常定謚牒送史館則行狀之言縱未可一一皆信與其虛加妄言都無事實者猶山澤高下之不同也史氏記録須得本末苟憑往例皆是空言則使史館何所為據伏乞下臣此奏使考功守行善惡之詞雖故吏門生亦不能虛作而加之矣臣等要知事實輒敢陳論輕黷天威無任戰越

文宗時帝方議政適見起居郎鄭朗執筆螭頭下帝謂之曰向所論

事亦記之乎。朕將觀之。朗曰。臣執筆所書者史也。故事天子不觀史。昔太宗欲觀之。朱子奢曰。史不隱善。不諱惡。自中主而下。或飾非護失。見之則史官無以自免。且不敢直筆。褚遂良亦稱史記天子言動。雖非法必書。庶幾自勗。帝謂宰相曰。朗援故事不畀朕見起居注。可謂善守職者。然人君之為善惡必記。朕恐平日言之不協治體為將來羞。庶一見得以自改。

時魏謩為起居舍人。文宗嘗索起居注。謩奏曰。古置左右史。書得失以存鑒誡。陛下所為善。無畏不書。不善天下之人亦有以記之。帝曰。不然。我既嘗觀之。謩曰。向者取觀史氏為失職。陛下一見。則後來所書必有諱屈。善惡不實。不可以為史。且後代何信哉。乃止。

武宗會昌中。李德裕上奏曰。長壽二年。宰臣姚璹以為帝王謨訓不可闕於紀述。史官疏遠。無因得書。請自今以後所論軍國政要。宰臣一人撰錄。號為時政記。厥後因循多闕紀述。臣等商量。向後每坐日聖言如有憂及生靈事關興替。可昭示百代。貽訓後昆者。及宰臣獻替謀猷。有益風教。並請依國朝故事。知印宰臣撰錄。連署名封印。至歲末送史館。

德裕又上奏曰。臣等伏見近日實錄多云禁中言者。伏以君上與宰臣及公卿言事。皆須眾所聞見。方合書於史策。禁中之語。向外何由得知。或得於傳聞。多出邪妄。便載史筆。實累鴻猷。向後實錄中如有此類。並請刊削。更不得以此紀述。又宰臣及公卿論事。行與不行。須有明據。或奏議允愜。必見褒稱。或所論乖僻。固有懲責。在藩鎮獻表者必有答詔。居要官啓事者自合著明。並當昭然在人耳目。或取舍存於堂案。或與奪形於詔敕。前代史書所載奏議。無不由此。近見實錄多載密疏。言不彰於朝聽。事不顯於當時。得自其家。未足為信。向後所載群臣奏議。其可否得失。須朝廷共知者。方可紀述。密疏並請不載。如此。則書必可法。人皆向公。愛憎之志不行。疑忌之言必信。參

宋太祖開寶七年。知制誥史館修撰扈蒙乞委宰執抄錄言動送付史館。上疏曰。臣嘗讀唐書見文宗每開延英召大臣論事。必命起居郎起居舍人執筆於殿階螭頭之側。以紀時政。故文宗一朝實錄稍為詳備。至後唐明宗亦命端明殿學士及樞密直學士輪修日曆旋送史館。近世以來。此事都廢。每季雖有內庭日曆樞密院抄錄送付史館。所記者不過對見辭謝而已。帝王言動莫得而書。亦緣宰相以漏洩為虞。無因肯說。史官以疏遠是隔。何由得聞。徒虛著撰之心。難紀憂勤之德。伏望今後凡有裁制之事。優卹之恩。發自宸衷。合書簡冊者。並委宰相及參知政事每月輪次抄錄。送付史館。以憑修撰日曆。所貴睿德神功。歷千年而不朽。嘉謨聖政。垂萬世以為光。

太宗淳化五年。左諫議大夫史館修撰張佖乞復左右史之職。上疏曰。臣竊以史官之職。掌修國史。不虛美。不隱惡。凡天地日月之祥。山川封域之分。昭穆繼世之序。禮樂師旅之政。本於起居注以為實錄。然後立編年。示褒貶。伏覩聖朝編年謂之日曆。惟紀報狀。略敘敕文。於聖政嘉言。皇猷美事。群臣之忠邪善惡。庶務之沿革弛張。汗簡無聞。國經曷紀。謹案六曹故事。起居郎掌修記事之史。凡記事以事繫日。以日繫月。以月繫時。以時繫年。必書朔日甲乙。以紀曆數。典禮文物以考制度。遷拜旌賞以勸善。誅罰黜免以懲惡。季終則授之國史。起居舍人掌修記言之史。錄天子制誥德音政事之制。臣欲請置起居院修左右史之職。以記錄為起居注。與時政記逐月終送史館。以備修日曆。如此。則聖朝稽古必煥發於典墳。信史成文。固度越於周漢矣。

真宗時詔選官校勘三國志晉唐書。或有言兩晉事多鄙惡不可流行者。真宗以語宰相。翰林學士畢士安奏曰。惡以戒世。善以勸後。善惡之事。春秋備載。真宗然之。

仁宗嘉祐四年。翰林學士史館修撰歐陽脩論修日曆疏曰。臣伏以史者。國家之典法也。自君臣善惡功過。與其百事之廢置。可以垂勸戒示後世。昔皆得書而不隱。故自前世有國者。莫不以史職為重。伏見國朝之史。以宰相監修。學士修撰。又以兩府之臣撰時政記。選三館之士當陞擢者。乃命修起居注。如此。不為不重矣。然近年以來員具而職廢。其所撰述。簡略遺漏。百不存一。至於事關大體者。皆沒而不書。此實史官之罪而臣之責也。然其弊在於修撰之官惟據諸司供報而不敢書所見聞故也。今時政記雖是兩府臣僚修纂。然聖君言動有所宣諭。臣下奏議事關得失者。皆不紀錄。惟書除目辭見之

類。至於起居注亦然。與諸司供報文字無異。修撰官祗據此銓次繫以日月。謂之日曆而已。是以朝廷之事。史官雖欲書而不得書也。自古人君皆不自閱史。今撰述既成。必錄本進呈。則事有諱避。史官雖欲書而又不敢書也。加以日曆時政記起居注。例欲承前積滯相因。故纂錄者常務追修累年前事。而歲月既遠。遺失莫存。至於事在目今。可以詳於見聞者。又以追修積滯。不暇及之。若不革其弊。則前後相因。史官永無舉職之時。使聖朝典法。遂成廢墮矣。臣竊見趙元昊自初僭叛。至復稱臣。始終一宗事節。皆不曾書。亦聞修撰官甚欲紀述。以修纂後時。追求莫得故也。其於他事。又可知焉。臣今欲乞特詔修時政記起居注之臣。並以德音宣諭。臣下奏對之語書之。其修撰官不得依前祗據諸司供報編次除目辭見。並須考驗事實。其除某官者以某功。如狄青等破儂智高。文彥博等破王則之類。其貶某職者坐某罪。如昨來麟州守將及并州龐籍緣白草平事。近日孫沔所坐之類。事有文據及迹狀明白者。皆備書之。所以使聖朝賞罰之典可以勸善懲惡。昭示後世。若大臣用情。朝廷賞罰不當者。亦得書以為警戒。此國家置史之本意也。至於其他大事。並許史院據所聞見書之。如聞見未詳者。直牒諸處會問。及臣僚奏議異同。朝廷裁置處分。並書之。已上事節。並令修撰官逐時旋據所得。錄為草卷。標定月分。於史院躬親入櫃封鎖。候諸司供報齊足。修為日曆。仍乞每至歲終。命監修宰相親至史院。點檢修撰官。紀錄事迹。內有不勤其事。隳官失職者。奏行責罰。其時政記起居注日曆等。除今日以前積滯者不住追修外。截自今後。並令次月供報。如稍有遲滯。許修撰官至中書樞密院催請。其諸司供報拖延。及史院有所會問。諸處不畫時報應致妨修纂者。其當行手分。並許史院牒開封府勾追嚴斷。其日曆時

政記起居注。並乞更不進本。所貴少修史職。上存聖朝典法。此乃臣之職事。不敢不言。

仁宗時。知成德軍宋祁乞宰相監修唐書疏曰。臣先奉詔修定唐書。是時賈昌朝。龐籍執政。丁度以參知政事嗣總其任。度比罷免。而書局不解。今度不幸薨謝。臣又遠守邊郡。本局止有刪修官王疇以下四員。至今編纂遷延。紀志俱未有草卷。誠恐書無統制。諸儒論議不一。淹引歲時。欲望朝廷許依前例。以宰相監修。竊以一王大典。垂法千古。今功且垂成。而其間褒貶是非。出史臣等。須藉當國大臣商搉訂正。為斯文之重。庶書成行遠。無愧前人。唐特修晉氏一史。亦宰相恭總。彼偏方陋國。制度殘寡。尚以輔弼領之。況今唐書恢大光明。為不侔矣。伏乞特賜詳度施行。

宋庠乞刪修唐書及五代史疏曰。臣伏見劉昫唐書及范質五代史。

並是近代修纂。雖粗成卷帙，而實多漏畧。義例無次，首末相違。按唐自武宗以還，實録皆闕。詳昫等輯綴之日，因舊史存體，統續後事者，不無叢脞。至於序篇贊論，褒貶大方，訂之前世，訖無可采。其五代帝紀則殆是全寫實録，列傳則更同銘誌。比於唐史，抑又甚焉。自宋興八十餘年，上距李氏歷載踰百，五姓相代，故老淪亡，語接耳傳，寖以疎闊。若不因時脩定，則二書者非徒取愧於來葉，固將遺恨于當年。乃者威武軍節度使知樞密院事盛度任學士日，亦嘗乞搜訪唐事以裨史闕。雖文移徧下，而州縣俗吏罕或省知，逮此數年，莫克如詔。臣誠不自揆，然由布衣之日，服膺簡冊，竊觀二史，未嘗不廢書結歎。但恨家之篇籍，又無師仰，區區之志，誰與憫之。比者幸蒙陛下教育之仁，久塵史觀讎撰之職，每緣是正文字，見秘府所藏唐家紀傳詔令及偏記小說之類，名種尚多，五代實録、諸國僭僞之篇往往究具。

若得衆類而通閲，猶足以整齊年月，補緝散亡，勒成新書，或矯前病。然念臣才識蒙淺，見聞凡近，必依朋類，參質否臧。竊觀同館脩撰翰林侍讀學士尚書吏部員外郎李淑，預修三朝正史，博貫前載，文雄學奥，儻諧咨定，實繫宗矩。臣弟尚書刑部員外郎直史館祁，精勤篇翰，頗及華流，俾之編删，亦必盡力。臣欲望聖慈差李淑及臣弟等三人同將唐書及五代史別加撰著。然乞不爲官局，只許於館閣內正行公文，更互繳借應係唐書及五代史照對文字，各就本家纂録，並不煩官司供給。庶得寖尋史法，寬假歲期，上賴好文之明，悉窮希古之樂。此亦千載一時之遇耳。臣又案唐張說退罷，許在家修史；况傳師出爲湖南觀察使，亦令在州撰述。彼本朝記注，尚許私藏，况前世成書，詎勞公禁。如臣等或有外補差擇，亦乞如傳師故事。

哲宗元祐元年，門下侍郎司馬光乞令校定資治通鑑所寫稽古録劄子曰：臣聞史者，今之所以知古，後之所以知先。是故人主不可以不觀史。善者可以爲法，不善者可以爲戒。自生民以來，帝王之盛者無如堯舜。書稱其德，皆曰稽古。然則治天下者，安可以不師古哉。伏見皇帝陛下初開經筵，先講論語，讀祖宗寶訓。論語記孔子之言行，寶訓述祖宗之聖謨，誠爲從學之要。然國家未有天下以前，帝王之事，臣愚以爲亦不可不知也。顧以年祀悠遠，載籍浩博，非一日二日所能徧閲而周知。所宜提其綱目，撮其精英，然後可以見治亂存亡之大略也。臣先於英宗皇帝時嘗采獵經史，上自周威烈王二十三年，下盡周世宗顯德六年，略舉每年大事，編收爲圖，年爲一行，六十行爲一重，五重爲一卷，凡一千三百六十二年，共成五卷，謂之歷年圖上之，以省煩文，便觀覽。臣又於神宗皇帝時受詔修國朝百官公卿表。臣依司馬遷法，自建隆元年至治平四年，各記大事於上，方書

成上之。有詔附於國史。臣今更討論經史，上自伏羲，下至周威烈王二十二年，略序大要，以補二書之闕，合爲二十卷，名曰稽古録。欲繕寫奏御，而私家少得筆吏，恐日近不能了畢。竊見先有聖旨令秘書省正字范祖禹等就本省校定臣所編修資治通鑑，見有筆吏及紙札等物。伏望聖慈特降指揮，許臣并上件稽古録送祖禹等，令就本局繕寫校對訖，先次上進。候將來讀祖宗寶訓了日，若別未有書可讀，欲乞且取臣此書進讀，仍令讀官隨文解釋，則前王軌轍皆可槩見，庶幾足以資稽古之萬一，輔聖性之聰明。

徽宗即位初，右正言陳瓘上奏曰：臣伏聞王安石日録七十餘卷，具載熙寧中奏對議論之語。此乃人臣私録之書，非朝廷之典冊也。自紹聖再修神宗實録，史官請以此書降付史院，凡日曆、時政記及神宗御集之所不載者，往往專據此書，追議刑賞，奪宗廟之美，以歸故

臣建掌書之官以修私史，考之往古，蓋無此例。唯唐武宗時宰相李德裕引鄭亞之徒改修憲宗實録，增損筆削，專美其文，其後宣宗即位，追念憲考，未能平也。故大中三年九月制曰：委國史於愛婿之手，寵秘文於弱子之身，擅敢改張，罔有畏忌，奪他人之懿績，為私門之令猷。於是德裕、鄭亞皆從貶竄。蓋以國史實録皆欲顯揚宗廟之美，非人臣之所得私也。神考之信任安石，雖成湯之於伊尹，不過如此。安石密贊之言，猷諫之語，何必盡宣于外，然後見君臣相得之盛乎。昔者周公之訓曰：爾有嘉謀嘉猷，則入告爾后于內，爾乃順之於外，曰：斯謀斯猷，惟我后之德。安石日録所載嘉謀嘉猷，既入告而發於命令，則斯謀斯猷皆神考之德也，豈可以繼志述事為名，而專紹人臣之美乎。伏惟陛下若稽如堯舜，繼述如武王，棄斥人臣不改之小孝，光神考日新之聖緒，忍使裕陵之美皆為私史所壞，改而正之，理

不可緩。所有紹聖神宗實録，願詔史臣別行刪修，以成一代不刊之典。

瓘又論哲宗實録不當止差蔡京兼修狀曰：臣聞公而不私，則朝廷無過舉之事；私而不公，則天下有不服之心。臣伏見近差翰林學士承旨蔡京兼修哲宗皇帝實録，此朝廷過舉之大，而人心不服者也。國家自太宗以後每朝實録提舉修撰，皆有正官，用度雖多，不敢惜費，命官雖衆，不敢憚煩，所以重大典而敬先朝也。今脩哲宗實録獨用兼官而已，豈非以蔡京欲擅史局，而朝廷不欲重違其意乎。蔡京得兼局，而哲宗史事不得具官，輕一朝大典，違祖宗故事，皆為一京，則是朝廷之所以厚京者過於哲宗明矣。臣前章所謂朝廷大政無不委曲遷就而為一京之地者，此亦其一事也。陛下篤於天倫，曲致其孝，每對臣下語及泰陵，則聖顔慘戚，感動左右，豈肯以天下而偷於先朝之史事乎。今物議詾詾，皆有公私厚薄之説，無不歸過於陛下矣。京為陛下畫不忠之策，陛下為京受不厚之名，京無忌憚，人不敢言，陛下孤立，人不敢助，卑君尊臣，陵壓主道，豈有朝廷事勢倒置如此而可以久安乎。昔者為修王安石日録，專置一局，今者為修哲宗實録，則兼官而已。王氏尊於神考，蔡氏重於哲宗，三家僭魯，六卿分晉，原其起因，不過如此。前古已陳之事，安可以不監戒乎。臣自十八日不得上殿，次日又復隔下，自知必有重譴，理當誅竄，然而未受謫命，猶在言職，豈敢以一身之危辱而棄其所當言乎。願詔三省檢會累朝差官修實録故事，如臣所言不謬，乞行改正，以稱陛下厚於泰陵之意。

時詔三史、三國志、晉書舛誤，其選官校正之。瓘又上疏曰：人君稽古之學，一經一史。經則守之而治身，史則考之而應變。天下之事其變

無窮，故往古可監之迹，不可不詳知也。仁宗嘗謂輔臣曰：朕聽政之暇，於舊史無所不觀，思考歷代治亂事迹以為監戒也。英宗命司馬光論次歷代君臣事迹可以為監戒者，既上通志八卷，又命置局續脩。書成，取旨賜名，神考繼志述事，賜其名曰資治通鑑，又為親製序，炳若雲漢，為章于天，自然之巧，變化出焉。其畧曰：所載明君良臣切摩治道，議論之精語，德刑之善制，天人相與之際，休咎庶證之原，威福盛衰之本，規模利害之効，良將之方畧，循吏之條教，斷之以邪正，要之於治忽，辭令淵源之體，箴諫深切之義，良謂備焉。列于戶牖之間，而盡古今之統，博而得其要，簡而周於事，是亦典刑之總會，策牘之淵林矣。臣嘗三復明訓，掩卷歎息，以謂諸史所載數千年事，文字繁多，不可勝覽，寠儒寒生業專習一，窮年皓首猶或昧陋。仰窺聖作，區判事類，數語之間，盡史之要，翕受以為德，敷施而日新，堯舜之

所謂稽古。何以加此。而猶不忘謙抑。俯比漢唐。自謂文景太宗無間然矣。自餘治世盛王得聖賢之一體者。亦皆取焉。至于荒墜顛危之主。亂賊姦宄之臣。可觀可鑑。無不悉論以著聖志。其書既以印行。可取而讀也。然則仁宗校正之時。則資治通鑑既有兆矣。聖聖稽古。同手一心。皆以載籍垂示後嗣。昔之人積累艱難非一日也。繼而推之。正在今日。

大觀二年。起居郎石公弼上奏曰。臣竊考唐貞觀職官故事。天子御正衙。則起居郎居左。舍人居右。有命則臨陛俯聽。退而書之。每仗下議政事。亦必隨輔臣入殿。執筆記錄於前。史官隨之。及仗在紫宸內閤。則夾香案對立殿下。上記得失。蹤是事之機要。言之微密。人之忠邪。皆得書之方冊。昭示將來。明主賢臣之事。罔或缺遺。一代之典文燦然大備。且唐天下垂三百年。號稱至治。莫盛於貞觀。而謀猷設張。

制度文采。勳績治效。必可垂法後世。而當時崇尚史官載錄如此。錄今考之。事之存者猶十之五六。此史官之不可不知故事也。永徽以後。高宗不躬萬機。重臣許李縮權持政。姦謀邪討。杜塞不聞。畏避羣臣。自是起居稍奪。故事止於對仗承旨。仗下議論。不復與聞。至長壽中。宰相姚璹始建議執政大臣錄仗下論議多出於股肱輔弼之臣。史官職在記錄而已。利害殊絕。較然可知。若夫時政記使宰相為之。賢者則推美避譽。邪臣則飾過隱非。事關機要。或疑謀泄而功沮。言及臣寮。或慮隙開而怨售。巧事形迹。至相依倚。錙吹不廣。筆削自私。此時政記之在當時。纔建而屢廢者此也。臣竊惟國家受命以來。累聖相繼。百度脩明。度越前古。獨史臣之職未復故事。脩時政記即未免有昔時之累。起居注及史館日曆。意在塞責。具貟苟免。以編制勑類除免。叙年月為纂述。聖主言動。仗下與便坐論議。既不與聞。而羣臣奏疏。諫官言事。留中者未嘗宣諭。焚藁者往往無傳。神機天算。奇謀碩畫。內安社稷。外撫四夷。可以輝煥竹帛儀形今古者。或在當時未嘗撰述。至於異日稍稍訪求。則必耳目不接。真偽相冒。是非雜糅失實。傳之後世。其可信乎。事之出於羣臣者。家人故吏。因緣飾。明黨仇怨。得以成私。文字增加。委曲旨意。虛美溢惡。不可勝聽。遂使高文直筆。是非猶豫。褒貶自疑。忠臣義士。視既往之迹。晦昧不章。因有自悔不前之心。臣竊以邪正辨而有好惡。好惡形而為是非。施於有政也。則為刑為賞。列之國史也。則為褒為貶。必著明萬世。既有以旌別於生前。又有以追錄於已死。如此為善者自堅。遂非者解體。二者皆人主之操柄教化之樞機。不可不審也。方今史官之選。必天下文學修絜之士。若止以編制勑類除免。叙年月為纂職。則但通曉文字。求之二省。一令史足矣。何必擇人哉。且唐天寶以後。天下多故。起居

之職因循曠弛。然後百家傳記之說。雜然並興。瀰漫流行。不可勝數。率皆耳剽口傳。轉相紀述。文辭侈靡。雜亂事實。猥鄙宮闈之私。傳致難知之事。采獲奇怪。雜以詼笑。施之當時。未免無疑。傳之後世。豈得以信。古者禮失求之於野。孔丘學官名於郯子。皆以事久難明。苟可考焉。必為事實。唐褚遂良知起居事。太宗問曰。朕有不善。卿必記耶。對曰。臣職載筆。君舉必書。劉洎曰。使遂良不書。天下之人亦記之矣。夫起居之錄不詳。則臣下之記逾廣。機失於上。則柄任於下。自然之理也。近世綴文之事。頗為傳記。有所論列。臣愚以為不復其本。則其原未可卒禁。臣[illegible]伏願陛下詔大臣講求故事。稍還史館之職。使之得以悉意記錄。善惡必書。至纖至悉。無所或遺。凡羣臣奏疏諫官言事。或行或否。並望即時宣示史官。刪叙潤色。書之冊簡。使後世知陛下有納諫之明。知直臣立不諱之朝。知議事有羣臣之論。知陛下無

偏聽之聽羣臣拜免必叙遷責之由使後世知陛下無好惡之私偏
蔽史官因循廢職著譔不時則必明加黜責庶幾君臣行事廊廟規
圖纖微必著後世有所考法焉臣又以爲唐制起居供奉仗内而史
官必隨其後者意欲記注臣寮與脩撰學士者皆得親見事實與聞
謨訓然後銓次不相牴牾此最策之得者也又臣嘗考漢事記注無
定員而太史有常職是時近臣皆持槖簪筆入侍左右蓋欲有所紀
述而天下計書先上太史副上丞相錄是尚得廣載書可責成此兩
漢遺史所以爲後世模楷也今近臣非職事者皆見聖君言動固不
敢有所紀而天下記之亦未嘗上羣臣列傳事非章章尤著者則唯
取信行狀行狀者門人故吏之所爲非大公至正之語尤難依據若
也臣又以古之史官皆久於職如司馬遷班固皆父子繼纂其事唐
張說致仕亦必修史吳兢被貶以稾自隨方今史臣遷擢不時前後

相承文書猥積修舊不給何暇議新以至軍國政要纂錄後時久而
訛謬事多此類雖一一陳至於宰相監修劉子允以爲十年九牧書
成進奉朱子奢以爲開後世史官之禍如此等事所宜變更伏望聖
慈俯察狂瞽如前所陳萬有一分倘合聖意即乞詔公卿議定其例
四年起居舍人宇文粹中上奏曰臣聞人君忠利以導民則民安其
政信順以事神則神饗其德神民不相雜擾則天下之物有非人力
可校而自至者故禮記言四靈爲畜謂至和浹洽而物遂其性也周
詩言貽我來牟謂五穀順成而得所養也物遂其性民得所養脩德
錫符之應莫大於此若夫鱗毛羽介之孽虹蜺光景形色變怪之祥
華實之非其時孳育之非其類則月令書之以爲異洪範五行傳記
之以爲妖先儒董仲舒劉向之徒論之詳矣臣伏覩近年起居注所
書祥應猥冗而不經煩雜而無所別擇如檜枝生黃花萊棗有佛像

白氣騰空紅光燭天桃李冬實偃人影畫見之類皆前世以爲妖異
今一切紀爲瑞應昔桑穀共生于亳廷則伊陟巫咸贊太戊脩德以
禳之飛雉升于鼎耳則祖己訓高宗正厥事以應之今州郡諛佞成
風褒集境内妖怪繪圖奏陳其意曰此臣治理之效三省集諸路所
奏拜表稱賀其意曰此皆燮理之功而數月之間動以千數夫物反
常爲變天反時爲災所以警懼告戒者今不以爲憂又從而講慶賀
之禮史官所紀乃天子言動政事誥命而雜以諛佞無實之事豈不
爲典冊之累乎恭惟陛下内德淳茂昭格于三靈惠澤洋溢丕冒于
四海天地助順祖宗儲福何必假此虛誕無驗盛美伏望明詔史官
應禮部所關報祥瑞驗以經典而載其大者若常雨常燠青眚赤祥
凡前史以爲災異者直書其事未必點綴文辭遷就附合庶幾頒史
冊既可以仰當天地之心無虛美無溢言可以垂訓于千百世之後

徽宗時侍御史陳次升上奏曰臣訪聞前右司諫陳瓘嘗論史院修
神宗實錄多用王安石家日錄頗失事實求聞施行者臣竊謂神宗
皇帝聰明英睿超絶古今熙寧元豐間勵精庶政更新百度盡出宸
斷而執政大臣但奉行而已如聞安石日錄多稱己善謂一時制作
皆自己出矯詞託訓前無祖宗上薄神考厚誣天下事非一端其於
聖德掩蔽多矣瓘嘗指陳數事朝野相傳皆謂得實至今不得改正
兼風聞史院先因曾布請用安石日錄遂准得朝旨謂修入實錄必
取旨而後用不知果有乎無耶若果有之不委史院曾無取旨乎陛
下貴爲天子持萬乘之權而神考一朝大典儻容史官任其私意紊
亂事實不行究治何以彰聖孝之至伏望聖慈早賜指揮施行
次升又論神宗實錄劄子曰臣恭惟神宗皇帝在位十有九年其道
德之妙不可得而名所見於政事者特緒餘而已史傳所載豈能形

容其萬一哉。訪聞史院官附會執政蔡卞，用故宰相王安石日錄變亂事實，熙寧元豐間聖作之語者，悉歸功於安石。朝廷時政記則略而不用。前諫官陳瓘嘗具論列，陛下仁孝篤至，躬親省覽，灼見事實，至今未聞施行。近又覩禮部關報御史臺牒云，史院僅十年方修帝紀五冊，其餘並未修撰。竊以史官直筆，取信天下，昭垂萬世，是是非非，實繫褒貶。若以非爲是，以是爲非，後世何觀？而又貪冒史院供給優厚，遷延歲月，以圖利入，曾不以修撰爲意，遂使君父盛美，掩蔽而不揚。一朝大典，久稽而不就。附下罔上，尊臣抑君，不忠不敬，莫大乎是。此而不懲，何以示戒？伏望聖慈明詔史院，改正事實，重黜史官，以正典刑，庶彰神考之聖烈，以昭陛下之聖孝，以慰中外之公議，不勝幸甚。

次升又上劄子曰：臣竊以聖人之治，無以加於孝；孝莫大於嚴父；嚴父莫大顯名於後世。恭惟神宗皇帝功業，燕顯前古無上。其所以流傳萬世者，國史而已。今史院官先用王安石日錄歸美安石，而掩蔽神考盛德。陛下躬親省覽，灼見事實，已行刪改，天下莫不仰陛下孝誠之至也。然而史官之罪未正，朝廷失刑也。今朝廷既見史官弗虔職事，忽略大典，僅及十年，方修帝紀五冊，而史官之罪又置而不問，天下以謂陛下獨厚於史官，不忍加罪，而顯親之道未至加隆。有累聖德。伏望睿旨，檢會臣前奏，早賜施行。

次升又上劄子曰：臣伏以臣任侍御史日，論奏史院官修神宗皇帝國史，僅及十年，方修帝紀五冊，其餘並未修撰，乞行黜責，求見指揮。竊以國家馭史之法，有司承行事件，雖甚微末，偶爾稽違，必行糾治。況一朝大典，所繫國體寖重，安可置而不問乎？今史官敢爾慢令，輕視朝廷，貪冒俸給優厚，特有稽留，遂使神宗皇帝盛德大業，前後相承十有七年，不獲成書。自古已來，修撰國史，有如此其久也？今若不正其罪，何以爲後來之戒？信書孝委何日可成？伏望聖慈斷自淸衷，無牽大臣之私意，以慶天下之公議。

次升又論鄧詢武狀曰：臣伏聞祕書少監鄧詢武除同修正史，輿議未允者。竊以王言如絲，其出如綸；王言如綸，其出如綍。言命一出，而不可反也。詢武前日史院留之，朝廷謂其不可，遂行寢罷，今又有此差除，衆議籍籍，以謂命令反覆如此，何以明是非、別賢愚而取信於天下乎？況詢武父綰，昔爲御史中丞，專事姦佞，求媚大臣，爲安石求賜第，薦安石子雱及其婿蔡卞館職。神宗皇帝察見底裏，親批聖語，操心頗僻，賦性姦回，論事薦人，不循分守，令詢武修史，豈能公心直筆，以發揮神考之盛德，而不能掩其父之惡乎？無詢武學問荒唐，衆所共知，前日蔡卞報綰之私恩，欲褒飾妻父安石之美，故置詢武於史院，以備檢討。士人莫不指笑。今令同修正史，尤非所宜。伏望聖慈斷自宸衷，特賜寢罷，以允公議。

次升又上奏曰：臣近彈奏祕書少監鄧詢武不可同修神宗皇帝正史，不蒙施行，須至再瀆天聽者。竊以史官直筆，取信萬世，祖宗以來，尤爲慎重。咸平初，修太宗皇帝實錄，錢若水主其事，薦起居舍人李宗諤等數人充史官。真宗皇帝指宗諤曰：自太平興國以後，皆昉在中書日事，史策本憑直筆，儻子爲父隱，何以傳信於後代乎？除宗諤不許，餘悉可之。且宗諤文學才名，顯於一時，議論堅正，信於朝廷，真宗皇帝以此尚不授之史官，而詢武人材凡下，詞筆繆陋，不可比擬宗諤二。昉亦當時名相，非若鄧綰之姦佞。綰自爲御史知雜以至御史中丞，凡六七年，論事不必頗僻爲多。詢武豈不爲父隱乎？何以取信天下後世？前日既已罷之，今日又有此差除，公議實爲未允，伏望聖慈以國史為念，特賜追寢除命，無使小臣得逞其私。

諫議大夫龔夬上奏曰：臣伏覩制命以秘書監鄧洵武兼編修神宗皇帝實錄者。臣恭惟神宗皇帝在位一十九年，勵精政事，百度修明，當有一朝盛典，垂範萬世，光耀無窮者也。宜得博學純儒端正之士以任其職。洵武何人，乃與此選。臣謹按洵武中懷險詐，內行汚惡，諂事權要，縉紳不齒。東觀長吏，已為冒榮，豈容濫厠史筆，滓穢先朝大典。臣愚伏望聖慈追還成命，別選名流，以慰天下之望。

左司諫江公望上奏曰：臣恭以神宗皇帝史書，經元祐紹聖修纂，史臣議論各有所挾，類多偏係，不唯不足以傳信後世，今日史官實難措辭去折。以紹聖之書，則元祐修纂之臣，法固不容匿藁。臣妄意其家各有追記所以之文，後世其書必別行。議陛下者，必曰神考乃陛下之父，豈有子不為父作好書，必不信史而信別行之書也。盛德大業反遣揜昧而不明，當是時誰為分辯。今日所當痛思也。或者之論欲重為恩賞，以出私挾之書，并二書焚之，別行修纂。如是則野史復興矣，適以實元祐別行之書為不妄也。史官以二書叢較，矛盾相持，不獨神考德業未易措辭，當時預政大臣子弟或在顯仕，豈無傾避。業已在職，以編次纂集為名，苟延歲時，假此以為階，至於華近，遂脫身去矣。此史所以未有絕筆之期也。況神考盛德大業事實見在，陛下雖欲加損益，且不可得，況人臣乎？況天下後世乎？伏望陛下蒐羅博古洽聞平心篤論之士，凡三數人，不以彼時此時之間，擢自淵衷，付以史任，期以一二年早見成書。故不受汚染之清明，不入形容之氣象，儻得良史筆下自傳此意，而簡以過有光彩。伏望特降詔書明勝朝堂，使曉陛下德意，以先帝史牒異論相持，久不得就，今訪之公論，取博古洽聞平心篤論之士，斷自朕意，以補史官，不以元祐紹聖為間，二書並存，折之事實，書就，即焚之。雖朕與士大夫無預加損益，以近期，不以員多為冗。豈惟神考盛德大業增潤於直筆，傳美於正論，俾朕夙夜不違康寧之心，少安，亦卿等父祖之休績，不為阿論異見之所揜，共揚斯休。朕與汝之責塞矣。伏冀聖慈如允所請，早賜降詔施行。臣以謂機已失時，已後矣，雖旦晝不可停也。惟陛下勉之。

翰林學士王覿辭免修史上奏曰：臣今月七日閤門告報，奉勑差修神宗國史，兼哲宗實錄修撰者。伏以史氏之職，古難其才。況兩朝之信書，示萬世之常道。恭惟神宗皇帝盛德大業，際天接地；哲宗皇帝柔遠能邇，持盈守成，繼明於三紀之間，致治乎百王之上。宜得深識義理、博通古今、富於典麗之辭、貴以論次之效，豈容蹇淺，輒汙簡編。伏望聖慈矜此微識，察其非據，追還成命，改授名儒，庶幾灝噩之文，不墜典謨之體。所有勑命，不敢祗受。

歷代名臣奏議卷之二百七十六

歷代名臣奏議卷之二百七十七

國史

宋高宗時起居舍人張孝祥上奏曰。臣聞神宗皇帝相王安石用私意作日錄。一時政事美則歸己。陳瓘以死爭之著為尊堯集日錄辯等書。忠臣義士感激增氣。恭惟陛下躬履艱難濟登休治。寶慈與儉仁民愛物聖德之盛固已聿追先烈。而故相信任之專。禮遇之隆。又非特如安石受知於神祖也。臣竊謂政事與措號令設施一一皆繇自聖斷。故相或能將順贊襄而已。臣懼其作時政記亦如安石專用己意掠美自歸。掩陛下之聖明私尊臣之鼎賢。日曆之官因取其說著於簡策。尤非尊戴君父傳信萬世之義。臣實恐懼。仰惟陛下既遴選史臣付以論譔。欲望駿發明詔。取去歲已前臣寮修過日曆詳加是正。審訂事實。貶黜私說。發明聖德。庶幾作宋一經。蘄六為七。垂之無窮。天下幸甚。

起居郎兼中書舍人劉才邵上奏曰。自昔有天下國家者所以記言動制作示勸戒以貽後世莫不有史。動則左史書之。若春秋是也。言則右史書之。若尚書是也。至於禮樂刑政。因革損益。因時不同。則後之人從復修之以備參訂。若禮經所載是也。三者之法相須以成。闕一不可。唐虞三代之盛。典章文物炳然見於簡牘之間。豈無所自而然哉。至左丘明采諸國之史因經立傳。而言動所記合為一書。司馬遷網羅古今以作史記。遂變編年之法。班固而下因相述之。一代典章雖見於志。而以理難詳。所遺落者多。至唐正元間蘇冕始為會要。考其纂述之意。豈非小補於此。觀之後之為史者實錄以存春秋編年之法。正史以循遷固記事之舊。而會要以追法禮經之意。豈可偏廢哉。恭惟國家聖聖相承。制作明備。陛下光昭先功。欽若成憲。累朝大典既已全備。惟是會要肇自於建隆續修於熙寧。凡三百卷。而元豐元年已後。近因通臣建白。已須明詔命館職之臣載加讎校矣。然自元祐元年以後尚未修纂。臣愚欲望聖慈特降睿旨許令館職讎校舊本。舉日接續編類。

史館脩撰常同上疏論神哲二史曰。章惇蔡京蔡卞之徒積惡造謗。痛加誣詆。是非顛倒。循致亂危。在紹聖時則章惇取王安石日錄私書改修神宗實錄。在崇寧後則蔡京盡焚毀時政記日曆。以私意修定哲宗實錄。其間所載悉出姦人之論。不可信於後世。恭惟宣仁保佑之德。豈容異辭。而蔡確貪天之功以為己力。厚誣聖后。收恩私門。陛下即位之初嘗下詔明宣仁安社稷大功。令國史院摭實刊修。又復悠悠。望精擇史官先修哲宗實錄。候書成。取神宗朱墨史考證修定。庶毀譽是非皆得其實。上深嘉納。

起居舍人洪遵乞經筵編聖語狀曰。臣恭惟陛下濟身大統。系隆中興。萬機之暇。刻意稽古。夙昕退朝。未臨便坐。延見儒臣。紬繹經史。兢業業。惟以典學為務。而臣不肖。幸得備數記注。周旋細氈之側。實為榮遇。但左右二史。髹沿山例。旅進旅退。於徽言善行缺然無所紀述。夙懼曠職。不足以稱聖天子隆儒監古之意。臣竊聞景祐中崇政殿說書賈昌朝以經筵一言一事總而成書。號曰邇英延義二閣記注。獻于仁宗皇帝。而章得象等被命相踵修纂。累聖丕承。其書具存。臣愚欲望睿慈遵用故事。應經筵中侍臣外。繇封章進對燕會賜與講讀問答命載筆之臣斷自今年八月秋講為始悉行編錄。以邇英記注為名。仍敕講讀官今後奏對之間。所得天語。即時以實具報。無得隱漏。庶幾一代盛典大書特書。詔諸億世。與時政記日曆起居注相為表裏。金匱石室之藏有以考信。誠非小補。臣固陋無識。昧死陳悉惟陛下財赦。

遵又乞修起居注劄子曰。臣恭惟陛下勵精庶政。光啓中興。功德巍巍。視古聖王不足進於前。是宜史冊大書特書。爲萬世無窮休。臣待罪柱下。幸獲纂輯聖謨。入直以來不敢少懈。但緣向者權臣用事。記注之官多缺不補。而起居注自紹興九年以後。前後積壓。今未修者殆十五年。諸處循習。遇本省取會貼子。不肯如期報應。竊慮歲月浸遠。難以考究。除紹興令門下中書後省貼子取索急速者限一日供。餘三日。欲望聖慈特降睿旨。申嚴舊法。使之報應以時。不致違滯。仍乞令兩省除見修起居注按月進入外。所有紹興九年以來因循未畢者。每一月帶修兩月。庶幾天德地業。赫然與日星並傳。臣不勝幸願。

遵爲吏部侍郎。又乞修續會要劄子曰。臣聞監于先王成憲。其永無愆。書曰。丕顯哉文王謨。丕承哉武王烈。詩曰。儀式刑文王之典。然則祖宗之訓。垂裕方來。俾之憑藉扶持。有天下者所不可後。恭惟國家聖聖相承。重規疊矩。度越古昔。延閣所藏。金匱石室所載。固已暴白天下。至於大號令。大政事。撮其機要。以類相從。則國朝會要最爲詳密。于以施之朝廷。達之天下。凡典禮設張之事。莫不一出於此。自元豐成書之後。政和中亦嘗續修。而視諸故府。但有吉禮百餘卷。不能五分之一。頃者顯仁皇后上僊。討論典故。有未登載者。不免倉卒講求。雖公卿大夫參合考議。而事成一時。豈能盡善。今國家閒暇。願及是時。一新墜典。區區管見。不必設置司存。只令國史院總其事。擇館閣官三數人掌之。斷自熙寧以迄于今。名之曰國朝續會要。館職月給。臣有校正會要食錢。儻有所增。亦未爲過。成書奏御。然後推賞。庶幾聖朝制度。更相發揮。垂億萬年。實爲大訓。臣不勝至願。

龍圖閣直學士知湖州汪藻乞修日曆疏曰。臣昨待罪禁林。嘗於經筵面奏本朝實錄。自艱難以來。金匱石室之藏。無復存者。伏覩列聖自哲宗皇帝而上。皆有成書。流傳人間。頗有其本。朝廷已訪而藏之御府矣。若太上皇帝淵聖皇帝及陛下建炎改元。至今三十餘年。並無日曆。乞詔有司纂述。未見施行。臣竊惟自古無國無史。史未嘗一日無書。晉謂之乘。楚謂之檮杌。魯謂之春秋。以此見無國無史也。春秋以事繫日。以日繫月。以月繫時。以時繫年。必四時具謂之編年。以此見史未嘗一日無書也。漢法太史公位丞相上。天下計書先上太史公。副上丞相。唐及本朝宰相皆兼史官。其重如此。故書稱前議論之辭則有時政記錄。柱下見聞之實則有起居注。類而次之謂之日曆。修而成之謂之實錄。所以廣記備言。垂一代之典也。若曠三十年之久。漫無一字之傳。將何以示來世乎。此其不可不纂述一也。韓宣子適魯。見易象與春秋。曰。周禮盡在魯矣。吾今乃知周公之德與周之所以王。則國家守文者不可無史。蕭何入秦。先收丞相御史律令圖書藏之。沛公具知天下阸塞。戶口多少。彊弱處。民所疾苦。以何得秦圖書也。則國家創業者不可無史。今陛下躬受天命。雖名中興。實兼創業守文之事。乃一代典章殘缺如此。恐於理未安。此其不可不纂述二也。恭惟太上皇帝聰明睿哲之資。孝友溫恭之德。嚮咨臣下。言必成文。裁決事機。動皆合道。在位二十餘年。未嘗刑一無罪。殺一不辜。涵養生靈。耕桑萬里。視唐虞三代。無不及焉。淵聖皇帝恭儉憂勤。招延聽納。雖登至尊之日淺。而膏澤淡於人心。止緣姦臣誤朝。馴致巡狩。今若無書紀實。恐千載之後。徒見一朝陵遲之禍。而不知二聖積累之功。深玆事非輕。羣臣當任其責。此其不可不纂述三也。自古史官無所不錄。況三十年之間。朝廷之施設。豪傑之謀謨。政事之廢興人材之進退禮文之因革法度之廢行歲事之豐凶夷戎之服叛有本有末有源有流一法弛而不書則一法熄一事畧而不載則一事隱且當時群臣間有在者以爲忠賢耶示條其懿行安知其可嘉以爲邪佞耶不條其宿姦安知其可棄苟因散逸遂廢其書豈孔子及闕文之義哉此其不可不纂述四也公羊傳曰所見異辭所聞異辭所傳聞異辭孔子作春秋於定哀則其事詳於隱莊則其事畧聖人猶爾況其他乎中原失平三見閏矣及今耳目相接尚可追求更數年間事將堙沒雖有良史莫知所憑況比年風俗之衰公論不立士大夫取予皆出愛憎因一事爲一人而著書行世者多矣若不乘時訂正則數世之後信以傳信疑以傳疑是非渾殽白黑顛倒小人之說行而君子受其誣矣可不懼哉此其不可不纂述五也臣政和中爲著作佐郎修太上皇帝日曆東觀凡例臣與聞焉今所領州又幸經兵火之餘獨不殘燬視諸故府案牘具存如御筆手詔賞功罰罪之文尚班班可攷矣今不輯臣實惜之古之有國家者雖顛沛中史官不廢況今邊烽稍息群盜屏除正朝廷蒐補闕遺之時也伏望睿慈許臣群政之餘將本州所有御筆手詔賞功罰罪文字截自元符庚辰至建炎己酉三十年間分年編類仍量給官錢市紙札纂書工之類繕寫進呈以備修日曆官採擇

藻又進書劄子曰臣嘗聞作史之法始於編年故春秋二百四十二年之間凡事未嘗不謹歲月時日而書之蓋人君之治天下其大而見於史者不過政事弛張人材升黜弛張有本有末升黜有先有後不以歲月時日繫之將安所考乎於此而有秋毫之差不惟不足取信來世凡所謂邪說私意者皆得肆行而亂吾是非之實祖宗豐功盛德亦將鬱而不伸故國朝置著作局專修日曆既取輔相時政記

爲據又責諸司供報凡供報不實者坐之其歲月時日可謂信而不差矣然抵牾者亦時有焉蓋業鉅事叢其理然也自兵興南渡以來史官無一字之傳當時大臣時政記既不可復得而諸司所謂案牘者盡委於兵火朝廷每舉一事率幽冥而莫知其原往往臨時取決於胥史之口謂之省記況史官欲得其歲月之真哉故臣於紹興二年待罪湖州日力具奏陳以爲及今聞見尚新宜亟加搜訪矣今不輯後必悔之蒙恩即以委臣臣伏思一代鉅典權輿於此若歸之兵火以爲無可奈何遽具目前謂之成書亦可顧今歲月見於殘編斷簡者幸班班可尋必欲編摩措之列聖實錄之間而無愧者非難在加之意而已故設爲四類以求之一曰年表二曰官閥三曰政迹四曰凡例何謂年表以祖宗實錄考之輔相之拜免臺諫之去留六曹寺監長貳之遷移三京二十八帥之委任皆事干政體者書之不可少差而徽宗臨御二十六年間除目以千萬計日異而月不同非歲爲旁通何以見之何謂官閥以祖宗實錄考之朝臣自館職而上差除悉書文臣自卿監武臣自刺史宗室自小將軍而上皆當立傳而徽宗臨御二十六年間當書差除者八千餘人當立傳者二千餘人差除必首尾相續方無缺遺立傳必始終相參方無舛誤非人爲累歷何以見之何謂政迹以祖宗實錄考之內而百度之廢興外而四夷之服叛皆當叙其源流以書如黨論舍選禮制河防方田市易茶鹽錢幣之類皆百度之源流當叙者也青唐之棄地復地金人之請盟背盟西夏之進築高麗之遣使之類皆四夷之源流當叙者也何謂凡例以祖宗實錄考之有一月之例有一季之例有一年之例有三年之例缺一不錄未爲全書如占星象奏裁祥賜高年旌孝弟與夫縣鎮之廢置神祠之加封率於月尾書之一月之例也原廟四時

酌獻。百官春秋大宴。雖有定月而卜日不同。一季之例也。大遼夏國賀正旦生辰及押賜夏國禮物官皆當書其姓名。歲終戶部奏天下主客戶口增耗。刑部奏天下斷過大辟。宗正奏宗子命名授官皆當書其人數。一年之例也。郊祀明堂夏祭貢舉前期降詔。郊祀肆赦殿試正奏名特奏名武舉進士策問皆當書其全文。大禮差五使三獻官。后妃封贈三代臣僚蕃國加恩宣麻。貢院差知舉及殿試官。諸文武進士釋褐皆當書其人數。榜首皆當書其姓名。受誓戒宿齋恭謝飲福皆當書日。正進士釋褐三名前注授諸班直轉員皆當書其恩數。三年之例也。其例之不可以年月見者猶不與焉。臣自紹興二年承指揮編次。孳孳緝七年于茲。本欲畢區區之愚。每類各為一書以備史官採擇。既功力浩渺。非歲月可成。又恭聞近開史院修徽宗皇帝實錄事體宏大。非臣踈外敢為。今於每類各修成一門。除凡例一門已具重修元符庚辰以後三年詔旨。節次進呈訖。今修到年表門。具元符建中崇寧年臣僚旁通六冊。官閥門。具宰相十三人。執政三十三人。累歷十冊。政迹門。具青唐棄地復地本末。金人請盟背盟本末十二冊。共二十八冊投進。通前總八百冊。伏乞聖慈特賜省覽庶知臣所編歲月時日。皆多方訂正。務得其真。未嘗一字無據也。

翰林學士周麟之上奏曰。臣恭惟皇帝陛下駿惠先猷。丕昭孝治。近以實錄院修進徽宗皇帝實錄。慶大典之崇成。第史官之勞効。凡譔次編摩之士。下逮掌故。例霑醲賞。恩至渥也。繼又以故翰林學士汪藻嘗修元符以來詔旨等書八百餘卷。於實錄最為有力。特加褒贈優卹其子。陛下此舉可謂深合公論。明燭幽隱矣。然臣伏見紹興初。嘗降指揮搜訪先朝文字。投獻之家與斟酌高下推恩。今來實錄成書。竊慮二十餘年間。臣僚子孫有以其父祖遠事先朝所得聖語等來獻事繫國體可以為萬世法者。不可不少加甄錄。伏望聖慈申詔有司檢會元降指揮。令實錄院開具人數。考覈事實。擇其顯著者量與推恩。以示勸奬。是亦信賞不遺之義也。

麟之又上奏曰。臣仰惟皇帝陛下以天德地業。再造區宇。見獨朝徽聖。欽日躋。雖古之所謂盛帝顯王。無以加此。臣頃在東觀以修纂日曆為職。因得歷覽陛下臨御以來三十餘年間事業之富。謀斷之偉。謨訓之大。布在方冊。赫然與日月爭光。臣闚天之智狹。而戴上之情切。嘗考其間所載聖語。大抵詳於前而畧於後。臣深求其故。蓋由頃歲左右史多缺。起居注不修。三省樞密院時政記於聖語亦或濶略而不致其詳。近者陛下總攬權綱。修廢振弊。更化之道。舉然一新。睿謨明訓。發於九重密勿之間。而風動乎天下。贊襄之輔。獻納之臣。內外進對之官所得多矣。臣區區之愚。欲乞申嚴舊制。自今凡與奏對修錄所聞。毋致漏逸。使史官皆得以具載。仍令記時政者尤務其加詳。以此校之國史著之日曆。作宋一經。襲舊六為七。用傳信于億萬世。臣不勝至願。

麟之又論禁傳寫先朝實錄疏曰。臣伏見國朝會要。嘉祐四年史館修撰歐陽脩言。史之為書。以紀朝廷政事得失。及臣下善惡功過。宜藏之有司。往時史官書成進入。則焚其藁。乞詔龍圖閣別寫一本下編修院以備討閱。從之。然則史事在祖宗朝其嚴如此。豈容輕示人也。今者徽宗皇帝實錄成書。奏篇既上。潛於內閣。中外士大夫欣聞盛事。咸思以先覩為快。臣竊惟先帝之盛德休烈。良法美意。布在方冊。固當廣其傳以昭示天下後世。然其間所載多涉國體。與今日政論有相關者。臣愚欲望聖慈申嚴舊制。令副本之在有司者必謹其藏。仍不許諸官司關借謄寫。及臣僚之家私自傳誦。庶可以嚴宗廟尊朝廷遵祖宗之成憲。

孝宗隆興間起居郎胡銓論左右史四弊疏曰。臣誤蒙親擢。承乏左史。自供職以來。檢討記注故事。竊見今之史職廢壞者非一。其尤甚者有四焉。一曰進史不當。二曰立非其地。三曰前殿不立。四曰奏不直前。何謂進史不當。臣聞唐褚遂良知起居注。太宗問人君得觀之否。對曰。史記善惡以為戒。庶幾人主不為非法。不聞帝王躬自觀史。魏謩為起居舍人。文宗遣中使取記注欲觀之。謩謂史官書事以存鑒戒。陛下所為善無畏不書。不善天下之人亦有以記之。帝止。遂良與謩可謂能守官矣。至國朝梁周翰李宗諤為左右史。乃建言每月起居注顧先奏御。後付史館。國史書之曰。進起居注自周翰等始。豈不媿唐二子哉。慶曆中。歐陽脩為起居注。嘗論其失曰。自古人君皆不自閱史。今撰述既成。必錄本進呈。前事有諱避。史官雖欲書而不

敢。乞自今起居注更不進本。仁宗皇帝從之。厥後佞臣執筆。乃復進史。沿襲不革。遂至于今。欲望陛下遵仁宗之訓。革周翰之失。自今記注不必進呈。庶使人主不觀史之美。不專在於李唐二君也。何謂立非其地。臣按唐制。每皇帝御殿。則左右二史夾香案而立。善惡必書。其後許敬宗李義府用事。動必懷姦。懼為史官所記。遂廢左右侍立之職。凡謀議皆不與聞。文宗復貞觀故事。每入閤。命左右執筆立于螭頭之下。由是宰相奏事得以備錄。故開成之政。詳於史書。國朝故事。天子坐朝。則記注臣立於御座之後。歐陽脩以謂起居者當視人君言色舉動而書。若立於後則無以盡見。乃徙立於御座之前。至脩罷職。脩注者乃復立於其後。今立於殿之東南隅。言動未嘗或聞。可謂立非其地。有愧於脩多矣。臣又聞元豐三年脩起居注王存奏欲追貞觀故事。使左右史得盡聞天子德音。儻二府自有時政記。即乞自餘臣僚登對。許記注侍立。神宗皇帝曰。人君與臣下言。必關政理。所言公。公言之。自非軍機。何必秘密。蓋人臣奏對。或有頗僻或肆讒慝。若史官書之。則無所肆其姦矣。大哉王言。然未及施行。至今議者惜之。今史徒有左右之名。而不知天子言動之實。羣臣奏對。並以無所得聖語關報。記注者但不過錄諸司供報公文而已。何名曰史邪。臣欲乞陛下復歐陽脩侍立故事。庶幾言色舉動皆得以書。如宰執進膝之日。自有時政記。亦乞如王存所請。凡餘臣奏對。許令侍立。亦足以伸神宗之志也。何謂前殿不立。臣竊觀自古左右史未嘗不侍立於天子之側。亦未嘗有前後之分。唐制但云左右史分立於殿下螭頭之側。和墨濡翰。皆就螭之坳處。有命則臨陛俯聽。對而書之。不聞後殿立而前殿不立也。又聞歐陽脩奏請自今前後殿上殿臣僚退。令少留殿門。俟脩注出。面錄聖語。以此知國朝舊制前後殿皆侍

立矣。夫人主之言。不獨後殿有之。而前殿無也。宰執奏事。百官進對之言。豈獨後殿有之而前殿無也。今獨後殿侍立而前殿不與。義果安在邪。夫後殿侍立。雖立非其地。然獨立焉。亦愛禮存羊之意。前殿不立。是餼羊亦去。而禮意俱亡矣。今左右史分日而立。無言動之異。臣欲乞於前後殿皆分日侍立。庶幾一言一動。皆得以書。以備一朝之典謨。光千載之史冊。誠非細事。何謂奏不直前。臣聞唐文宗謂魏謩曰。事有不當。毋嫌論奏。謩對曰。臣頃為諫官。故得有所陳。今則記言動。不敢侵官。帝曰。兩省屬皆可議朝廷事。而毋辭也。故國朝左右史皆許直前奏事。雖以奏史事為名。而朝廷事亦可議焉。蓋亦文宗命魏謩之意也。熙寧中修起居注張琥奏曰。近日緣例須牒閤門。然後上殿。竊見樞密承旨每於侍立處尚得奏事。起居注既得侍立。或有敷奏。乞便面陳。詔從之。臣自領職之後。初欲直前奏事。閤門以臣不

預牒却之臣又嘗預牒矣又謂今日無班次臣每見閤門奏事未嘗以班次為拘左右史職言動當日有數奏乃必欲預牒閤門又欲必有班次則事有當奏而不得奏其為失職多矣臣又聞皇祐中御史唐介論宰相文彥博仁宗怒之時蔡襄為起居注直前論救事出一時又曷嘗預牒閤門與必俟班次耶況今來後殿奏對未嘗無班次如是則記注之臣雖有直前之名而無可奏之時矣臣欲乞自今左右史奏事令直前不必預牒閤門及以有無班次為拘也臣所陳四事皆近日記注失職之大者臣濫居是職敢不盡言伏望陛下考古驗今循名責實斷然行之不勝幸甚

乾道中編脩官林光朝奏曰臣以才識短暗叨居史官執筆之後竊謂古之作史者是皆據事實而書之文獻不足雖孔子無如之何吳兢令狐德棻撰武德以來國史韋述因二家所作參之以後事列為紀傳當是時圖牒具在不過特書屢書之及開元而下文字散逸于休烈請徧求實録及起居注并他書若干篇其後所得僅一二篇耳如柳芳所問高力士內廷可書之事今有唐歷四十卷以開元時事較之貞觀其用力何止十倍也臣竊惟四朝國史業鉅事叢自二章創議欲以神宗皇帝哲宗皇帝兩朝正史俟將來徽宗皇帝實録已定却別行撰述即置國史院續次臣僚又以靖康繼宣和之後首尾相關當作一書通前書為四朝國史此實當代甚盛之典也然筆削之重逡巡十年欲問成編未見涯際昨來得旨又令重修徽宗皇帝實録以前者訛舛無所取信耳目所接尚可更定今延閣所藏有太祖太宗真宗三朝國史實為一書往年修太祖太宗兩朝正史起景德四年迄于大中祥符九年是遠至十年而後成書也其後修真宗正史自天聖五年至八年是又歷四年而後成書是書相望何止二

十年而後合為一書也今神宗哲宗兩朝實録纖悉具備而紀志列傳尚或斷缺崇寧大觀百度更張獨有汪藻所録元符以來詔旨而遺縢之論不在此書此即唐人令狐氏所聚詔冊以備一時之闕耳其他書又多疎略自非徽宗實録蒐續已定之後即紛然載筆者何從措一辭也以臣之愚見四朝大典間編浩汗欲乞聖慈許先次修神宗哲宗兩朝正史及徽宗實録令同日進呈徽宗實録已定之後即通欽宗實録續次修纂為四朝國史正如景德天聖作兩項撰述而後合為一書則雖以日月計之可也如臣之言髣髴為可采即乞付國史院同共參酌越分而言不任戰慄之至

淳熙五年吏部侍郎周必大論史事劄子曰臣以非才被命纂修四朝正史賴同僚協力裒類事實粗見功緒今當下筆之際事體尤難竊觀前朝國史雖是衆人分撰然當時案牘可以稽據是非可以詢問責成一手不至訛舛粤自南渡以來文籍殘缺往往搜求散軼考證同異若非參合衆智深慮不相照應抵捂者多臣嘗與衆議分手撰述每遇一志一傳成篇並令在院官互相脩潤庶幾首尾貫穿體製歸一無思慮不周之患如合聖意即乞特降指揮以憑遵守

孝宗時端明殿學士范成大上奏曰臣聞追孝莫大於顯親顯親莫大於述事恭惟高宗皇帝御歷三紀休功盛德陛下既已著之於聖政之編矣至退處德壽之後天旋日用豈無可紀如漢禁中起居注唐諸王所修內起居注之類向來闕此等一書使二十五年之間堯言堯行不得盡聞於世甚可惜也竊意陛下曩者久奉大養從容北宮慶溢庭闈事兼家國必有授受之謨訓諒多慈愛之話言以至歲時燕喜曠儀盛事無非載籍之所未聞皆當志其大略以備萬古今事雖已往日月尚新陛下孝思永慕見於羹墻恐有可以記憶者又

參之以東朝東宮之所聞見。與夫宮禁老成之所流傳。特命親王悉加記錄以付史氏。則陛下述事之孝傳無窮而施罔極矣。臣嘗考虞書堯典一篇紀陶唐行事備矣。而魯論有堯曰咨舜之訓。孟子有放勳勞來之言及莊列所記遊汾觀華康衢等事。皆在堯典之外。則知虞舜之世述堯遺事。必有他書。不止於僅存之一典而已。伏惟陛下自留聖心。

成大又論三朝國史劄子曰。臣聞自古有國有家。雖盛衰不同。而未嘗無一代之史策。以小喻之。譬如士庶之家。大則有家法。小則有日記。雖倥偬弗暇給之時。亦不可一日而闕。非若其他翰墨文詞空言無用之比也。恭惟國家五朝正史。久已大成。而神宗皇帝哲宗皇帝徽宗皇帝三朝史書。始於紹興二十八年開院纂緝。糜費帑廩。先年于此。惟帝紀略備之外。其餘邈然無涯。不惟舊聞失墜。無書可攷。亦緣是非褒貶。易招悔吝。朝廷既不督課。有司幸於因循。加以席未及煖。遽徙而去。甚或提綱無官。秉筆全闕。動經旬月。無復誰何。人徒見館宇邃嚴。吏胥旁午。皆謂煌煌天朝。必備史策。而不知文具如此。臣竊檢照景德中修太祖太宗兩史。十年而成。天聖中修真宗史。四年而成。熙寧中修仁宗英宗兩史。六年而成。今之三史。若只用目前規摹。更數十百年。亦恐汗青無日。何則。自熙寧初元至今百年。見聞所逮。尚難追記。只更一二十年。殘編斷簡。漸就散逸。故家遺俗。無可詢究。雖悔向來之因循。欲決意成之。亦不可復得。文謨武烈。恐遂湮晦。何以仰稱陛下追孝清廟。奉揚祖宗之心。臣每念至此。震慄汗下。伏望特賜聖裁。亟命朝廷討論史事。立之課程。剋以期限。其熙寧以來舊事。本院無書可攷者。許關取秘閣四庫所藏。及博訪士大夫家所存干照文字。網羅參訂。仍擇儒館優閑之臣數人。增兼編摘。庶得併

工分力。結局有期。成書之後。薦之宗祏。于以上慰三后在天之靈。燕寧歡喜。介福家邦。與天無極。此臣所謂繫國體重大。前者親目其弊。今又再司其職。不敢緘默。且陛下家事也。伏望特留聖慮。

成大又論記注聖語劄子曰。臣聞帝者莫盛於堯舜。其事遠而其書存。二典所記。都俞吁咈之詞。可以端拜而議。因其詞。知其所以聖。不然。則雖堯舜之盛。無傳焉。後世設官以記言。旨意深矣。恭惟陛下天縱神聖。求治甚勤。露朝便坐。日有謨訓。凡紀綱法度之說。性命道德之蘊。有漢唐之君不得與於斯者。是宜史不絕書。以詒萬古。臣蒙恩待罪柱下。竊攷記注所載。十不一二。蓋緣進對臣僚。循習故常。例以無所得聖語為報。紹興間。史官屢有建明。三省出榜朝堂。而不報者自若也。其報到者。又務為簡畧。或止片言一字。且漫不及所奏因依。抽毫執簡。終無纂述。臣甚懼焉。按令文。親聞聖語。應記注事。不報後省者。違制論。又應報聖語而違者。修注官具申尚書省。若報到無聖語者。月終類聚以聞。雖有此法。前後未嘗申嚴。又不曾舉行類聚以聞之令。宜其諸所記注。多違舊章。臣愚欲望聖慈下臣此奏。付閤門內侍省。遇有對班坐條告報。并許史官依令舉行。將報到無聖語者月終類聚奏聞。萬機之暇。畧賜攷察。庶幾大哉王言無敢隱匿。聖謨洋洋。匹休二典。天下萬世幸甚。

成大又論侍立劄子曰。臣近因奏陳記注。不得盡紀聖語。伏蒙宣諭。正以史官侍立太遠。令臣討論典故。臣竊見今來左右史侍立。乃在正殿東南隅朵殿之上。漠然並無所聞。誠乖書言記動之義。謹按唐制。凡御殿。則二史侍立於殿上。御坐左右。執筆以記言動。其紫宸入閤。天子臨軒。即立螭頭。逼階傾耳而聽之。或殿上。或螭頭。皆得審聞王言。即時記錄。證據甚明。許敬宗李義府李林甫為政時。其制方廢

文宗復之。至今以為盛舉。文宗嘗與宰相論當世奢靡。時史官執筆螭頭。帝謂曰。適所議論。卿記録未。以此見雖立殿階螭頭之下。尚得有聞而記述。況侍殿上耶。本朝初復起居院。梁周翰等討論典故。雖未精詳。然亦但云直於崇政殿以記言。以至國史職官志諸書所載亦只云便殿侍立。而無今來東朶殿之說。所謂朶殿。本無經見。若謂與正殿一體。即容設置供奉官員閤子幕次。總坐自如。則不可全謂之殿也。如果與正殿事體不同。不應侍立左右者却立於彼。此可謂失記注之地矣。又按王洙等所載稱本朝故事。侍立於御坐後。歐陽脩請侍立於御坐之前。脩罷復立於後。此事雖不見會要。然世傳之久矣。會要獨載脩乞令上殿臣僚退少留殿門。俟修注官出面録聖語。仁宗從之。臣竊料國朝修注官雖立殿上。所謂立於御坐後者。聞見亦自不審。所以修有留臣僚於殿門面録聖語之請。而又有移立

御坐前之説。要之唐制為詳。而本朝之制為略。其原出於建置之初。梁周翰等討論不精之故。當時尚無朶殿之説。今則不知閤門如何相承。却止令立於朶殿。隆興元年左史胡銓等建言立非其地。閤門御史臺討論典故。欲令起居郎舍人起居訖升殿。宰執并臺諫奏事權暫東朶殿侍立。候臣僚奏事時依講筵例於御坐前侍立。其意以為宰相奏事所得聖訓。中書門下自有時政記。并臺諫論事。亦恐難遽漏洩。其他臣僚奏對。初何妨嫌。而使記注之官不得記述以詒萬世。誠為漏典。臣竊見行在百司皆得舉職。獨左右史職記言動而職實不舉。王言既不得聞。而臣僚奏對又例以無所得聖語為報。則是記言之職有名無實。所謂記動者凡行幸出入。號令設施之類。只憑諸司關報。而國史日曆所亦同被受。已先修纂。則後省記注幾成長物。二史之官號為職清地近班綴從臣。而寢官曠職如此。臣所以夙夜慙懼。不遑寧居。伏望聖慈參酌前古盛際。特賜檢會乾道元年閤門御史臺已討論到典故。斷自聖心。特御史官侍立之地。以為聖代成法。

光宗紹熙元年。禮部郎中兼實録院檢討陸游上奏曰。臣伏見真宗皇帝至道三年冬修太宗實録。至明年咸平元年八月而畢。甫九閲月。修書者錢若水柴成務宗度吳淑楊億五人而已。書成。又詔重修太祖實録。至明年六月而畢。亦甫九閲月。修書者王元之梁灝趙安仁李宗諤四人而已。臣竊考之。太祖討澤潞。取揚州。平吳滅蜀。定荆楚下五嶺。太宗撫有吳越。蕩定汾晉。用師薊門。問罪夏臺。皆大舉動。業廣事崇。議論頗委。兵機戎政。攻守餽餉。功罪黜陟之事。可謂夥矣。至於制禮作樂。明刑治曆。修廢官。舉墜典。革五季之弊。復漢唐之盛。側席求治。可謂勤矣。宜其摹寫日月。形容造化。雖累歲不成。而奏書

之速。不淹三時。上足以慰羹墻之思。下足以厭薦紳之望。非獨此數人者畢精竭思之力也。意者當時命令重。刑賞必。尊君體國之俗成。凡史官紬繹之所須者。上則中書密院。下則百司庶府。以至四方萬里郡國之遠。並編次牘。如水赴海。源源而集。然後以耳目所接參隧碑行述之訛謬。以衆論所存。刊野史小說之謬妄。取天下之公。去一家之私。而史成矣。九閲月而奏書。臣誠未見其為速也。臣乞身累年。忽蒙聖恩起之山澤之間。使與聞大典。既不累以他職。又特寬其朝謁。責委之意可謂重矣。然臣之愚意有欲陳者。未敢遽以仰瀆天聽。而略具條畫於前。欲乞聖慈明詔大臣。俾臣供職有所陳請。擇其可者。出自朝廷主張施行。如臣不能自力曠職。守負聖知。則竄殛之刑所不敢避。

四年。起居舍人兼中書舍人陳傅良論史官劄子曰。臣嘗具奏。竊見

唐大順二年二月勅吏部侍郎柳玭等修宣宗懿宗僖宗實録始丞相監修國史杜讓能以三朝實録未修乃奏吏部侍郎柳玭右補闕裴廷裕左拾遺孫泰駕部員外郎李𤘽太常博士鄭光庭等十五人修之踰年竟不能編一字臣以此知史事至重不宜以他官兼領今史院檢討皆是兼局更出迭入有同傳舍至修撰亦以從臣兼之往往多近上眷渥之人率不淹久去掌機政大槩一年之間方議立條例均分卷帙而出院多矣則一朝鉅典無由就緒事大體重豈容空過歲月提領大臣須至取旨立限奏篇臣恐未免逐急牽課取具臨時草草逃責而無以發明盛德大業傳信萬世要亦非秉筆者稽古之罪而其勢必至此者無專官故也近年李燾洪邁以待制相繼修史不領他事而後四朝國史方及成書以臣愚見兩制臣僚位望已貴若委以史事見謂冷局不過一二年間朝廷須更遷除雖曰專官未必久任今職名中有秘閣修撰右文殿修撰并舊有史館校勘等正是三館修書官名目旨郎察卿監補外之人皆得除授若將此二三職名置為史官以二年為任自史館校勘之類供職稍遷秘閣修撰又稍遷為右文殿修撰在院少亦已五七年俟有勞績雖就遷次對如李燾洪邁兼領可也則是史官與郎察卿監可以馴至從班事體略同有專官之効無冷局之嫌庶幾六典責成有人况在祖宗朝雖諫議大夫以上皆帶出為寄祿官而以供職諫院者為諫官則今以修撰為貼職而以供職史院者為史官蓋舊章也有何不可臣愚不自量妄論史事惟陛下財幸

五年起居舍人彭龜年乞申飭奏事臣僚録所得聖語報記注官疏曰臣聞古者王前巫而後史史官侍于王所當不遠也唐貞觀初仗下議政史官猶得執筆記之于前本朝元豐中嘗議臣僚前後殿登對許記注官侍立著其所聞關於治體者元祐中復令邇英講讀罷臣僚留身奏事亦許記注官侍立近時此等制度皆已不舉獨有臣僚對罷録所得聖語報記注官一節爾然前後因循或稱無所得聖語是致載筆之書多所逸遺陛下明謨睿斷隱而弗彰史官失職莫此為甚臣竊見本朝歐陽脩嘗奏請自今後前後殿上殿臣僚退令少留殿門俟修注出面録聖語臣愚欲望聖慈用脩之言特加申敕每遇前後殿臣僚奏事退許當日侍立官就殿門録所得聖語其有内引者令移文取會庶幾記注得以備載俾聖謨洋洋嘉言孔彰無愧三代不勝幸甚

龜年又奏曰臣竊見起居注每於車駕過宮日分必書某日車駕詣重華宮慈福宮起居如不出即書云恭承壽皇聖旨免到宮如一月不出即四次如此書只如陛下去年半年不出即如此書幾三十次恐非所以示後自此望車駕每月一再朝北内宣諭云誰如此書對云起居注乃繫日之書每日陛下舉動皆合記况是車駕講定省之禮安得不書宣諭云既是壽皇有旨教不來只直書對云雖是壽皇有旨免到宮陛下却豈可不去今日以雨泥免豈無晴日今日以暑熱免豈無涼日今在朝士大夫見車駕不過宮尚不知因由何况天下今日獲親事左右者尚不知因由何况書之史冊以貽萬世恐累盛德臣幸居近列唯望陛下盛德日新凡所記注使皆足以垂法萬世乃是臣之志願足矣若萬一書之史冊或反貽後之譏議臣實不忍也

寧宗嘉定二年秘書郎真德秀上奏曰臣伏見近者諫臣抗章論及史事明詔亟俞其請蓋將勒成大典以示方來非小補也臣以非材備數文館玉牒會要皆預討論敢緣所職妄有陳述臣恭惟陛下賢

聖仁孝自昔著聞甲寅之秋肇復大位蓋出於光皇付託之誠憲聖擁祐之力而大臣寔奉行之授受之間粲然明白秉史筆者固宜鋪張其實以詔萬世而臣伏覩玉牒會要所書大抵承迎侂胄之意而誇大其功欺天罔人莫此為甚昔紹聖中姦臣用事故宣仁以奪嫡之謗加蔡確以定策之名顛倒是非幾危宗社今陛下躬膺祖宗神器之重而簡冊所記頓歸功一擯贊之小臣傳之萬世何以為法況凡受恩之人豈無報復之念儻不亟加辯正異時或得藉口以逞其私紹聖崇寧之禍可鑒也臣側聞嘉定元年二月議臣有請命史官取紹熙五年以後至開禧三年以前史院文字并日曆時政記凡涉誣罔悉行改正陛下既俞之矣歷時寖久必已成書臣願特降睿旨命國史實錄院具所修事節上之朝廷看詳允當即頒下玉牒會要所參照重行修纂上以光聖朝揖遜之美下以杜姦黨窺覦之漸天下

幸甚臣又聞熙寧中王珪建言國朝會要朝廷檢尋故事未嘗不用此書然止修至慶曆三年又當時亟欲成書及欲廣其部帙故其間尚有遺事而所載頗多吏文恐不足行遠乞自慶曆四年以後續修其舊書因而畧加增損庶成一代之典制可其奏迄書成自建隆迄元豐僅三百卷紀載最為有法後莫能及臣伏觀皇帝會要自紹熙末至嘉泰初才八年耳而為卷已百五十殆欲廣其部帙之過視珪所修臣僚論奏止撮其要今或全篇紀錄一字靡遺至於文移行遣語涉俚近者亦或未遑刪潤臣恐難於傳遠如珪所慮也又嘉泰二年以來凡八載矣朝廷行事可紀甚衆必俟有旨進修然後併工編摩倉猝欲速寧無苟簡曷若從容纂次之為得臣願特降睿旨命提舉大臣申飭其屬其未進者亟加修纂已進者稍加損益如神祖可王珪之奏庶幾清朝鉅典煥然一新臣之所陳若幾實切且皆職守所在故敢不避煩瀆冒昧以聞

十五年司封郎中魏了翁論實錄缺文疏曰臣曩者濫員東觀蓋嘗伏讀金匱玉板之藏每惟祖宗實錄自東都以前凡一百六十八年不過一千餘卷而南渡以後高宗孝宗皇帝兩朝實錄僅六十餘年遂至一千卷以三十六年事為五百卷猶之可也而二十七年為卷亦如之意其廣記備言無所抆遺而臣偶因當時所遭隨事檢閱則有不盡然往往一月而纔為二三卷往往州縣細故亦動是千餘言至事關大體頗反脫畧且如開禧元年虜使趙之傑要陛下起受國書臣時以館職獲陪朝著之後偶記乾道六年虞允文為相虜使烏林答天錫倨慢與此相似時則允文前奏大駕還內放仗羅朝臣與在列誦言其事所冀速違有頃聞陛下徑還禁中一如乾道故事臣謂宰執必有援此以開陳者矣乃聞韓侂胄為宰執言此謝郭然為

之不知郭然秉政尚後此十餘年也臣既退朝即取乾道國史實錄會要聖朝日曆諸書徧加披閱則於此事或全無所載或畧及一二而實錄則仍循常比書垂拱殿賜茶酒不知是日茶酒未嘗設也又書知閤事王抃上疏詔明日引使人朝見乃似專美於抃而抃詞止議受書之儀亦不及放仗罷朝事此實錄之闕文有如此者是歲蘇師旦除安遠軍節度使明年六月師旦抵罪詞臣以草制罷去或謂内批未有封駮故事臣因記乾道七年三月己卯張說除僉樞張栻繳還批詔且乞以宣徽命說臣即檢閱實錄諸書則己卯事無所載止於是月戊子書節度使萬壽觀制不書事始已當修正至八年乙卯事則又逸去夫主聖則臣直此最是先朝美事而前後皆不書此又見實錄之闕文有如此者開禧二年秋八月倪思與李壁爭論明

堂嚴父配天事。朝論莫知所決。臣因記淳熙三年三月丙午朔祕書監李燾奏乞舉行宗祀明堂之禮。歷引神宗皇帝聖語及錢公輔司馬光李受諸儒之說。當下羣臣議。雖不果行。然實錄不當全脫其事。至淳熙六年。趙雄爲相。竟白行之。實錄亦所不書。元降明堂詔書亦未嘗登載。而閱樂等事亦皆失實。又以見實錄之闕文有如此者。臣因是三事。每嘆孝宗皇帝明謨偉斷卓越前代者不可湮紀。而臣偶記所聞賴逢脫畧。夭卷帙猥繁若此。而紀載脫畧乃爾。若不及今距乾淳未遠。文字未盡淪失。老師宿儒故家遺裔尚可訪問。亟與搜羅會稡。則因循浸久。必致是非失實。無以傳示方來。臣伏覩實錄院見遵詔旨改修孝宗光宗兩朝實錄增入列傳。臣愚欲望睿旨併下本院。令史官將兩朝實錄重加點校。儻有闕失如上所陳者。即採諸增入。其冗濫重復及吏文不經去處。悉與刪削。庶幾文省而事詳。足以垂憲貽後。仰副陛下寅念祖烈之意。

理宗淳祐十二年。祕書少監兼修注官高斯得進修史故事曰。淳熙十年七月丁丑。李燾奏。臣蒙恩庇職史館。事有當奏取聖裁者。謹列于後。

一。從來修書必立年限。今四朝正史開院已二十四年。三次展限矣。所幸紀及志並已奏篇。未了者止諸臣列傳耳。列傳既有底本。稍加之意。似不難了。乞自今更與展限明年春季。庶幾史官各務協心。不致有淹日月。

一。裕陵諸臣列傳已經四次修改。泰陵三次。裕陵兩次。靖康一次。若舊本有誤處。及有合添處。即當明著其誤削去。合添處仍具述所據何書。考按無違。乃聽修換。仍錄出元考異。不然則從舊。更勿增改。所有諸臣合立傳而事迹無可尋討者。且附合附處。不必強立。庶幾後來尋討得見。則不妨別立。大抵只要信而有證。

一。臣聞操楫佐輮技不兩工。故史官必久居其任。少兼他職。乃可責成。若兼職太多。用志必分。雖高才任職。多多益辦。然人之精力有限。正恐詳於此則畧與彼。今史官猶有闕員。自今差除乞選兼職少者委任之。庶幾專力速成大典。

從之。

臣嘗伏讀國史。竊見祖宗修書故事。帝紀志傳必一書成乃修一書。未嘗有並修兩書者。蓋國家大典關係至重。非專心致志爲之。則不能紀載得實。傳信後世。且以神哲徽欽四朝正史言之。乾道中史官李燾上帝紀。既而補外。及再還朝。乃命修列傳。故燾初至有此三項奏請。列傳垂成而燾卒。所謂展限來年春季者竟不果就。遂及洪邁卒成之。十三年十一月乃克登進。曰紀。曰志。曰傳。次第而修。首尾二十七年。四朝大典始備。孝宗皇帝豈不欲其速具哉。而責成有漸如此。以燾良史之才。無出其右。亦不敢自謂並修志傳。而二書之進後先相距。其遠又如此。以是言之。崇成鉅典。其可以易言哉。臣伏見國

史院被旨修纂高孝光寧四朝志傳。限來年三月登進。臣切與載筆者有管見。不敢默已。且詔修四朝志傳爲日久矣。趙以夫始專其事。不知亟加纂緝。乃欲先合九朝正史爲一。而後以四朝續之。用力舛差。遂墮汗漫。迄以夫之去。四朝志傳竟無一字。汝騰繼之。當其任矣。而乃引嫌力辭。尤焴又繼之。亦復控避。久乃就職。更三史官。屢度歲月。幾及兩載。實爲可惜。九月以來。乃方分命僚屬。然規模不立。人情渙散。既不照舊例奏請先立年限。又不考故事分志傳爲兩次。以百餘年間歷史官二百八十餘人所不能成之書。自詭速成於數月之內。抑何其輕易乎。夫神哲徽欽諸臣列傳至燾之時已經四修三修兩修一修。可謂易於成書矣。猶且踰四年而後奏篇。今高孝光寧諸臣當立傳者人數猶未能定。雜揉疎漏。絕無倫次。院吏所供初草。大抵徒具私家所供誌狀。全未經史官考按。增入他書。又安得有所謂

四修三修兩修一修著乃欲趣辦於四五月之間臣知其苟且滅裂
務應期限希恩賞而不以傳信決矣雖然列傳粗有據本者也乃若
諸志則從前未有片紙纂次今始創為其間天文地理選舉禮樂之
屬猶可編類綴緝惟兵財二者乃百餘年建國之實政本末閎闊功
力浩瀚非可鑿空為之者豈數月之所能辦乎無史院官例多兼職
往往一時繁劇之任叢于厥身有如蕭所謂精力有限詳此略彼者
而望其專力總領速成大典難矣臣非唱為異論苟欲遷延以逃瘵
曠恐考諸故實昭然不誣乃敢援據以為陛下告欲望聖慈宣諭提
舉官及此編歷未定之初檢照孝宗皇帝修書故事改命史院官專
一編纂四朝正史諸志候奏篇畢續行纂次列傳庶幾修書次第既
合舊典又使諸史官用志不分成篇可準不致苟且滅裂貽笑後世

金世宗時移剌傑上書言朝奏屏人議事史官亦不與聞無由紀錄

奏議卷之二百七十七　二十三

上以問宰相石琚與右丞唐括安禮對曰古者史官天子言動必書
以儆戒人君庶幾有畏也周成王翦桐葉為圭戲封叔虞史佚曰天
子不可戲言言則史書之以此知人君言動史官皆得記錄不可避
也上曰朕觀貞觀政要唐太宗與臣下議論始議如何後竟如何此
政史臣在側記而書之耳若恐漏泄幾事則擇慎密者任之朝奏屏
人議事記注官不避自此始

元世祖至元中翰林學士承旨王鶚上奏曰自古帝王得失興廢可
考者以有史在也我國家以神武定四方天戈所臨無不臣服者皆
出太祖皇帝廟謨雄斷所致若不乘時紀錄竊恐久而遺亡宜置局
纂就實錄附修遼金二史又言唐太宗始定天下置弘文館學士十
八人宋太宗承太祖開創之後設內外學士院史冊爛然號稱文治
堂堂國朝豈無英才如唐宋者乎

成宗時翰林國史院檢閱官袁桷上修遼金宋史搜訪遺逸條列事
狀曰臣猥以非才備員史館幾二十年近復進直翰林仍兼史職苟
度歲月實為罔功伏覩先朝聖訓屢命史臣纂修遼金宋史因循未
就推原前代亡國之史皆係一統之後史官所成若齊梁陳隋周五
代正史李延壽南北史房玄齡等晉書或稱御撰或著史臣此皆唐
太宗右文稽古數百年分裂事志悉得全備至宋倣依唐世爰設官
局以成唐書是則先朝屢命有合太宗文明之盛桷生長南方遼金
舊事鮮所知聞中原諸老家有其書必能搜羅會粹以成信史竊伏
自念先高叔祖少傅正獻公燮當嘉定間以禮部侍郎秘書監專修
宋史具有成書曾祖太師樞密越公韶為秘書著作郎遷秘書丞同
預史事曾叔祖少傅正肅公甫吏部尚書商倎以尚書修撰實錄譔
蒔弱息搜際聖朝以繼先躅宋世九朝雖有正史一時避忌今已易

奏議卷之二百七十七　二十四

代所宜改正昔司馬遷班固皆以父子相傳遂能成書劉知幾劉餗
劉贊咸以家世舊聞撰成史通史例輙不自揆庸用條析無本院宋
朝名臣文集及雜書紀載悉皆遺缺亦當著具書目以備采擇者

順帝時蘇天爵論修功臣列傳疏曰古者史官所以論著君臣善惡
得失以為監戒者也欽惟聖朝龍興朔方滅金平宋遂一華夏而開
閥勲舊之臣謀猷材能之士苟不載之簡策何以垂示方來夫祖宗
大典既嚴金匱石室之藏而功臣列傳獨無片簡隻字之紀誠為闕
典然自大德以來史臣屢請采輯有司視為泛常迄今未盡送官嘗
職昔嘗備員史官謹具四事以備采擇

一史有二體編年始於左氏紀傳始於太史公考一時之得失則
編年為優論一人之始終則紀傳為備要之二者皆不可闕近
代作為實錄大抵類乎編年又於諸臣薨卒之下復為傳以繫

之所以備二者之體也。我國家至元間初撰祖宗實錄。于時諸臣多在。及元貞初。詔修世祖實錄。命中外百司大小臣僚各具事迹錄送史館。蓋欲紀述一代之事。寓修諸臣列傳。然以進史日期太迫。諸臣事實不完。遷延至今。竟不果作。向修經世大典。臣事之見于簡冊者十居二三。矧今翰林職專筆削。若復曠日引年。不復紀載。將見勳舊盛烈泯沒無聞。為史官者無所逃其責矣。此列傳之必當修也。

昔司馬遷為太史令。網羅天下放佚舊聞。遺文古事靡不畢集。於是據左氏國語。采世本戰國策。述楚漢春秋。究天人之際。通古今之變。成一家之言。宣布于世。其文直。其事核。不虛美。不隱惡。故謂之實錄焉。夫史固欲其核實。事尤貴於網羅。今史館修書。不過行之有司。俾之采錄。或功臣子孫衰替而無人供報。或有司憚煩而不盡施行。事之卒不能具者此也。今史官先當取具國初以來至於某年中間功臣當立傳者若干人。名具姓名。或即其子孫宗族。或即其親舊故吏。或即其居官之所。指名取索。其人自當具報。不許有司因而煩擾。又諸公遺文各處或已刊行。開具模印。未刊板者。令有司即其家抄錄。校讎無訛。申達史館。嚴立程限。違者罪及提調官吏。庶幾事無所遺。汗青有日矣。

一。官品固有高低。人材則無貴賤。且作史者本欲紀載賢能。以為後世之法。初豈別其貴賤而輒以為得美。故趙剛既貴。姓名止見于當時。黃憲雖微。善行永傳于後世。近自金源以來。始以官至三品者行事登于史。是使忠烈隱逸之士凡在下位者皆不得書。又何以勸善乎。其法之謬以至如此。今二品以上雖有官

封。別無事迹。自可削去。三品以下或守令之賢政績可紀。或隱逸之善者述可傳。或人子事親若王祥之孝感。或義士赴難若南霽雲之殺身。並宜登載于編。以為將來之勸。

一。史之為書。善惡並載。蓋善者所以為勸。惡者所以為戒也。故春秋成而亂臣賊子懼。後世史臣亦云誅姦諛于既死。發潛德之幽光。今修史條例止見采取嘉言善行。則姦臣賊子之事將不復登于書歟。彼姦臣者固不卹其書與否也。今從而泯滅之。是使姦計暴行得快于一時。無所垂戒于後世。彼又何憚而不為惡乎。且如阿合馬桑哥怙失倒刺沙之流。皆當明著其欺罔之罪。弒逆之謀。庶幾姦邪之徒有所警畏。然諸家所具事迹多出於孝子慈孫之言。門人故吏之手。恐有不實。又當參以刑曹之過簿。吏部之行止。如此。則善惡備書而無虛美隱惡之譏矣。

歷代名臣奏議卷之二百七十七

歷代名臣奏議卷之二百七十八

律曆

東漢和帝永元十四年待詔太史霍融上言曰官漏刻率九日增減一刻不與天相應或時差至二刻半不如夏曆密詔書下太常令史官與融以儀校天課度遠近太史令舒承梵等對案官所施漏法令甲第六常符漏品孝宣皇帝三年十二月乙酉下建武十年二月壬午詔書施行漏刻以日長短爲數率日南北二度四分而增減一刻一氣俱十五日日去極各有多少今官漏率九日移一刻不隨日進退夏曆漏隨日南北爲長短密近於官漏分明可施行

安帝延光二年中謁者亶誦上言曰當用甲寅元河南梁豐言當復用太初尚書郎張衡周興皆能曆數難誦豐或不對或言失誤衡興參案儀注者考往較今以爲九道法最密詔書下公卿詳議太尉愷

等上侍中施延等議太初過天日一度弦望失正月以晦見西方食不與天相應元和改從四分四分雖密於太初復不正皆不可用甲寅元與天相應合圖讖可施行博士黃廣大行令任僉議如九道河南尹祉太子舍人李泓等四十人議即用甲寅元當除元命苞天地開闢獲麟中百一十四歲推閏月六直其日或朔晦弦望二十四氣宿度不相應者非一用九道爲朔月有比三大二小皆疏遠元和變曆以應保乾圖三百歲斗曆改憲之文四分曆本起圖讖最得其正不宜易愷等八十四人議宜從太初尚書令忠上奏諸從太初者皆無效驗徒以世宗攘夷廓境享國久長爲辭或云孝章改四分災異卒甚未有善應臣伏惟聖王興起各異正朔以通三統漢祖受命因秦之紀十月爲年首閏常在歲後不稽先代違於帝典太宗遵修三階以平黃龍以至刑犴以錯五者以備哀平之際同承太初而妖孼累仍禍非一議者不以成數相參考真求實而泛采妄說歸福太初致咎四分太初曆衆賢所立是非已定永平不審復革其弦望四分有謬不可施行元和鳳鳥不當應曆而翔集遠嘉前造則喪其休近譏後改則隱其福陋見曲論未可爲是臣輒復重難衡興以爲五紀論推步行度當時比諸術爲近然猶未稽於古及劉向子歆欲以合春秋橫斷年數損夏益周考之表紀差謬數百兩曆相課六千一百五十六歲而太初多一日冬至日直斗而云在牽牛迂闊不可復用昭然如此史官所共見非獨衡興前以爲九道密近今議者以爲有闕及甲寅元復多違失皆未可取正昔仲尼順假馬之名以崇君之義況天之曆數不可任疑從虛以非易是上納其言遂寢曆事

順帝漢安二年尚書侍郎邊韶上言曰世微於數虧道盛於得常數虧則物衰得常則國昌孝武皇帝攄發聖思因元封七年十一月甲

子朔旦冬至乃詔太史令司馬遷治曆鄧平等更建太初改元易朔行夏之正乾鑿度八十分之四十三爲日法設清臺之候驗六異課效觕密太初爲最其後劉歆研幾極深驗之春秋參以易道以河圖帝覽嬉雒書甄曜度推廣九道百七十一歲進退六十三分百四十四歲一超次與天相應少有闕謬從太初至永平十一年百七十歲進退餘分六十三治曆者不知處之推得十二度弦望不效挾廢術者得竄其說至永和二年小終之數寖過餘分稍增月不用晦朔而先見孝章皇帝以保乾圖三百年斗曆改憲既用四分以太白復樞甲子爲癸亥引天從算耦之目前更以庚申爲元既無明文託之於獲麟之歲又不與感精符單閼之歲同史官相代因成習疑少能鉤深致遠案弦望足以知之詔書下三公百官雜議太史令虞恭治曆宗訢等議建曆之本必先立元元正然後定日法法定然後度周天

以定分至三者有程則曆可成也四分曆仲紀之元起於孝文皇帝後元三年歲在庚辰上四十五歲歲在乙未則漢興元年也又上二百七十五歲歲在庚申則孔子獲麟二百七十六萬歲尋之上行復得庚申歲歲相承下尋上其執不誤此四分曆元明文圖讖所著也太初元年歲在丁丑上極其元當在庚戌而曰丙子言百四十四歲超一辰凡九百九十三超歲有空行八十二周有奇乃得丙子案歲所超於天元十一月甲子朔旦冬至日月俱超日行一度積三百六十五度四分度一而周天一匝名曰歲歲從一辰日不得空周天則歲無由超辰案百七十歲二部一章小餘六十三自然之數也夫數出於抄曶以成毫氂毫氂積累以成分寸兩儀既定日月始離初行生分積分成度日行一度一歲而周故為術者各生度法或以九百四十或以八十一法有細捔以生兩科其歸一也日法者日之所行分也日垂令明行有常節日法所該通遠無已損益毫氂差以千里自此言之數無緣得有虧棄之意也今欲飾平之失斷法垂分恐傷大道以步日月行度終數不同四章更不得朔餘一雖言九道去課進退恐不足以補其闕且課曆之法晦朔變弦以月食天驗昭著莫大焉今以去六十三分之法為曆驗章和元年以來日變二十事月食二十八事與四分曆更失定課相除四分尚得多而又便近孝章皇帝曆度審正圖儀晷漏與天相應不可復尚文曜鉤曰高辛受命重黎說文唐堯即位羲和立禪夏后制德昆吾列神成周改號萇弘分官運斗樞曰常占有經世史所明洪範五紀論曰民間亦有黃帝諸曆不如史官紀之明也自古及今聖帝明王莫不取言於羲和常占之官定精微於晷儀正眾疑於祕藏中書改行四分之原及光武皇帝數下詔書草創其端孝明皇帝課校其實孝章皇帝宣行其法

君更三聖年歷數十信而徵之舉而行之其元則上統開闢其數則復古四分宜如甲寅詔書故事奏可

靈帝熹平四年五官郎中馮光沛相上計掾陳晃上言曆元不正故妖民叛寇益州盜賊相續為曆用甲寅為元而用庚申圖緯無以庚為元者近秦所用代周之元太史治曆郎中郭香劉固意造妄說乞與本庚申元經緯有明受虛欺重誅乙卯詔書下三府與儒林明道者詳議務得道真以羣臣會司徒府議議郎蔡邕議以為曆數精微去聖久遠得失更迭術術無常是以承秦曆用顓頊元用乙卯百有二歲孝武皇帝始改正朔曆用太初元用丁丑行之百八十九歲孝章皇帝改從四分元用庚申今光晃各以庚申為非甲寅為是案曆法黃帝顓頊夏殷周魯凡六家各自有元光晃所據則殷曆元也他元雖不明於圖讖各家術皆當有効於其當時黃帝始用太初丁丑之元有六家紛錯爭訟是非太史令張壽王挾甲寅元以非漢曆雜候清臺課在下第卒以疏闊連見劾奏太初効驗無所漏失是則雖非圖讖之元而有効於前者也及用四分以來考之行度密於太初是又新元效於今者也延光元年中謁者亶誦亦非四分庚申上言當用命曆序甲寅元公卿百寮參議正處竟不施行且三光之行遲速進退不必若一術家以算追而求之取合於當時而已故有古今之術今之不能上通於古亦猶古術之不能下通於今也元命苞乾鑿度皆以為開闢至獲麟二百七十六萬歲及命曆序積獲麟至漢起庚子蔀之二十三歲竟己酉戊子及丁卯蔀六十九歲合為二百七十五歲漢元年歲在乙未上至獲麟則歲在庚申推此以上上極開闢則不在庚申讖雖無文其數見存而光晃以為開闢至獲麟二百七十五萬九千八百八十六歲獲麟至漢百六十二歲轉差少一

百十四歲云當滿足則上違乾鑿度元命苞中使獲麟不得在哀公十四年下不及命曆序獲麟漢相去四部年數與奏記譜注不相應當今曆正月癸亥朔光晃以為乙丑朔乙丑之與癸亥無題勒款識可與衆共別者須以弦望晦朔光魄虧滿可得而見者考其符驗而光晃曆以考靈曜二十八宿度數及冬至日所在與今史官甘石舊文錯異不可考校以今渾天圖儀檢天文亦不合於考靈曜光晃誠能自依其術更造望儀以追天度遠有驗於圖書近有効於三光可以易奪甘石窮服諸術者實宜用之難問光晃但言圖讖所言不服

元和二年二月甲寅制書曰朕聞古先聖王先天而天不違後天而奉天時史官用太初鄧平術冬至之日日在斗二十二度而曆以為牽牛中星先立春一日則四分數之立春也而以折獄斷大刑於氣已迕用望平和蓋亦遠矣今改行四分以遵於堯以順孔聖奉天之文是始用四分曆庚申元之詔也深引河雒圖讖以為符驗非史官私意獨所興構而光晃以為固意造妄說違反經文謬之甚者昔堯命羲和曆象日月星辰舜協時月正日湯武革命治曆明時可謂正矣且猶遇水遭旱戒以蠻夷猾夏寇賊姦宄而光晃以為陰陽不和姦臣盜賊皆元之咎誠非其理元和二年乃用庚申至今九十二歲而光晃言秦所用代周之元不知從秦來漢三易元不常庚申光晃區區信用所學亦妄虛無造欺語之愆至於改朔易元往者壽王之術已課不效亶誦之議不用元和詔書文備義著非羣臣議者所能變易太尉耽司徒隗司空訓以邕議劾光晃不敬正鬼薪法詔書勿治

靈帝時議郎蔡邕於朔方上書曰論天體者三家宣夜之學絕無師法周髀術數具存考驗天狀多所違失惟渾天僅得其情今史官所

用候臺銅儀則其法也立八尺圓體而具天地之形以正黃道占察發斂以行日月以步五緯精微深妙百世不易之道也官有器而無本書前志亦闕而不論本欲寢伏儀下思惟微意按度成數以著篇章罪惡無狀投畀有北灰滅雨絕勢路無由宜問羣臣下及巖穴知渾天之意者使述其義時閹官用事邕議不行

魏明帝景初間尚書郎楊偉上表曰臣覽載籍斷考曆數時以紀農月以紀事其所由來遐而尚矣乃自少昊則玄鳥司分顓頊帝嚳則重黎司天唐帝虞舜則羲和掌日三代因之則世有日官日官司曆則頒之諸侯諸侯受之則頒于境內夏后之世羲和湎淫廢時亂日則書載胤征由此觀之審農時而重人事歷代然之也逮至周室既衰戰國横騖告朔之羊廢而不絕登臺之禮滅而不遵閏分乖次而不識孟陬失紀而莫悟大火猶西流而怪蟄虫之不藏也是時也天子不協時司歷不協日諸侯不受職日御不分朔人事不恤廢棄農時仲尼之撥亂於春秋說褒貶糾黜司歷失閏則譏而書之登臺頒朔則謂之有禮自此以降暨于秦漢乃復以孟冬為歲首閏為後九月中節乖錯時月紕繆加時後天蝕不在朔累載相襲久而不革也至武帝元封七年始乃悟其繆焉於是改正朔更歷數使天才通人更造太初歷校中星所差以正閏分課中星得度以考疎密以建寅之月為正朔以黃鍾之月為律曆初其歷斗分太多後遂疎闊至元和二年復用四分歷施而行之至于今日考察日蝕率常在晦是則斗分太多故先密後疎而不可用也是以臣前以制典餘日推考天路稽之前典驗之以蝕朔詳而精之更建密歷則不先不後古今中天以昔在唐帝協日正時允釐百工咸熙庶績也欲使當今國之典禮凡百制度皆韶合往古郁然備足乃改正朔更歷數以大呂之月

為歲首以建子之月為曆初臣以為昔在往代則法曰顓頊曩自軒轅則歷曰黃帝暨至漢之孝武革正朔更歷數改元曰太初因名太初曆今改元為景初宜曰景初曆臣之所建景初曆法數則約要施用則近密治之則省功學之則易知雖復使研桑心算隸首運籌重黎司晷羲和察景以考天路步驗日月究極精微盡術數之極者皆未能並臣如此之妙也

晉武帝時將作大匠陳勰掘地得古尺尚書奏今尺長於古尺宜以古為正潘岳以為習用已久不宜復改尚書郎摯虞駁曰昔聖人有以見天下之賾而擬其形容象物制器以存時用故參天兩地以正算數之紀依律計分以定長短之度其作之也有則故用之也有徵考步兩儀則天地無所隱其情準正三辰則懸象無所容其謬施之金石則音韻和諧措之規矩則器用合宜一本不差而萬物皆正

及其差也事皆反是今尺長於古尺幾於半寸樂府用之律呂不合史官用之曆象失占醫署用之孔穴乖錯此三者度量之所由生得失之所取徵皆絓閡而不得通故宜改今而從古也唐虞之際同律度量衡仲尼之訓謹權審度今兩尺並用不可謂之同知失而行不可謂之謹不同不謹是謂謬法非所以軌物垂則示人之極凡物有多而易改有少而難變亦有改而致煩有變而之簡度量是人所常用而長短非人所戀惜是多而易改者也正失於得反邪於正一時之變永世無二是變而之簡者也憲章成式不失舊物季末苟合之制異端雜亂之用當以時釐改貞夫一者也臣以為宜如所奏

宋文帝頗好曆數太子率更令何承天私撰新法元嘉二十年上表曰臣授性頑惰少所開解自昔幼年頗好曆數耽情注意迄于白首臣亡舅故秘書監徐廣素善其事有既往七曜曆每記其得失自太初至泰元之末四十許年臣因比歲考校至今又四十載故其疏密差會皆可知也夫圓極常動七曜運行離合去來雖有定勢以新故相涉自然有毫末之差連日累歲積微成著是以虞書著欽若之典周易明治曆之訓言當訓天以求合非為合以驗天也漢代雜候清臺以昏明中星課日所在雖不可見月盈則蝕必當其衝以月推日則躔次可知焉捨易而不為役心於難事此臣所不解也堯典云日永星火以正仲夏今季夏則火中又宵中星虛以殷仲秋今季秋則虛中爾來二千七百餘年以中星檢之所差二十七八度則堯冬至日在須女十度左右也漢之太初曆冬至在牽牛初後漢四分及魏景初法同在斗二十一臣以月蝕檢之則景初今之冬至應在斗十七又史官受詔以土圭測景考校二至差三日有餘從來積歲及交州所上檢其增減亦相符驗然則今之二至非天之二至也天之

南日在斗十三四矣此則十九年七閏數微多差復改法易章則用算滋繁宜當隨時遷革以取其合案後漢志春分日長秋分日短差過半刻尋二分在二至之間而有長短因識春分近夏至故長秋分近冬至故短也楊偉不悟即用之上曆表云自古及今凡諸曆數皆未能並已之妙何此不曉亦何以云是故臣更建元嘉曆以六百八為一紀半之為度法七十五為室分以建寅之月為歲首雨水為氣初以諸法閏餘一之歲為章首冬至從上三日五時日之所在移舊四度又月有遲疾合朔月蝕不在朔望亦非曆意也故元嘉皆以盈縮定其小餘以正朔望之日伏惟陛下允迪聖哲先天不違劬勞庶政寅亮鴻業究淵思於往籍探妙旨於未聞窮神知化罔不該覽是以愚臣欣遇盛明効其管穴伏願以臣所上元嘉法下史官考其疏密若謬有可採庶或補正闕謬以備萬分詔曰何承天所陳殊有理

擴可付外詳之太史令錢樂之兼丞嚴粲奏同太子率更令領國子
博士何承天表更改元嘉曆法以月蝕檢今冬至日在斗十七以土
圭測影知冬至已差三日詔使付外檢署以元嘉十一年被勑使考
月蝕土圭測影檢署由來用偉景初法冬至之日日在斗二十一度
少檢十一年七月十六日望月蝕加時在卯到十五日四更二唱丑
初始蝕到四唱蝕既在營室十五度末景初其日日在軫三度以月
蝕所衝考之其日日應在翼十五度半又到十三年十二月十六日
望月蝕加時在酉到亥初始食到一更三唱蝕既在鬼四度景初其
日日在女三以衝考之其日日應在牛六度半又到十四年十二月
十六日望月蝕加時在戌之半到二更四唱亥末始蝕到三更一唱
食既在井三十八度景初其日日在斗二十五以衝考之其日日應
在斗二十二度半到十五年五月十五日望月蝕加時在戌其日月

始生而已蝕光已生四分之一格在斗十六度許景初其日日在井
二十四考取其衝其日日應在井二十又到十七年九月十六日望
月蝕加時在子之少到十五日未二更一唱始蝕到三唱蝕十五分
之十二格在卯一度半景初其日在房二以衝考之則其日日在氐
十三度半凡在五蝕以月衝一百八十二度半考之各至之日日並
不在斗二十一度少並在斗十七度半間悉如承天所上又去十一
年起以土圭測景其年景初法十一月七日冬至前後陰不見影到
十二年十一月十八日冬至其十五日影極長到十三年十一月二
十九日冬至其二十六日影極長到十四年十一月十一日冬至其
前後並陰不見到十五年十一月二十一日冬至十八日影極長到
十六年十一月二日冬至其十月二十九日影極長到十七年十一
月十三日冬至其十日影極長到十八年十一月二十五日冬至二

十一日影極長到十九年十一月六日冬至其三日影極長到二十
年十一月十六日冬至其前後陰不見影尋校前後以影極長為冬
至並差三日以月蝕檢日所在已差四度土圭測影冬至又差三日
今之冬至乃在斗十四間又如承天所上又承天法每月朔望及絃
皆定大小餘於推交會時刻雖審皆用盈縮則月有頻三大頻二小
比舊法殊為異舊日蝕不唯在朔亦有在晦及二日公羊傳所謂或
失之前或失之後愚謂此一條自宜仍舊員外散騎郎皮延宗又難
承天若晦朔定大小餘紀首值盈則退一日便應以故歲之晦為新
紀之首承天乃改新法依舊術不復每月定大小餘如延宗所難太
史所上有司奏治曆改憲經國盛典爰及漢魏屢有變革良由術無
常是取協當時方今皇猷載暉舊域光被誠應綜覈晷度以播維新
承天曆術合可施用宋二十二年普用元嘉曆詔可。

孝武帝大明六年南徐州從事史祖沖之上表曰古曆疎舛頗不精
密羣氏糾紛莫審其要何承天所奏意存改革而置法簡略今已乖
遠以臣校之三覩厥謬日月所在差覺三度二至晷影幾失一日五
星見伏至差四旬留逆進退或移兩宿分至乖失則節閏非正宿度
違天則伺察無準臣生屬聖辰逮在昌運敢率愚瞽更剏新曆謹立
改易之意有二設法之情有三改者其一以舊法一章十九歲有七
閏閏數為多經二百年輒差一日節閏既移則應改法曆紀屢遷寔
由此條今改章法三百九十一年有一百四十四閏令卻合周漢則
將來永用無復差動其二以堯典云日短星昴以正仲冬以此推之
唐代冬至日今宿之左五十許度漢代之初即用秦曆冬至日在牽
牛六度漢武改立太初曆冬至日在牛初後漢四分法冬至日在斗
二十二晉時姜岌以月蝕檢日知冬至在斗十七今參以中星課以

蝕望冬至之日在斗十一通而計之未盈百載所差二度舊法並令冬至日有定處天數既差則七曜宿度漸與曆舛乖謬既著輒應改制僅合一時莫能通遠遷革不已又由此條令合冬至所在歲歲微差卻檢漢注並皆審密將來久用無煩屢改又設法者其一以子爲辰首位在正北爻應初九斗氣之端虛爲北方列宿之中元氣肇初宜在此次前儒虞喜備論其義今曆上元日度發自虛一其二以日辰之號甲子爲先曆法設元應在此歲而黃帝以來世代所用凡十一曆上元之歲莫值此名今曆上元歲在甲子其三以上元之歲曆中衆條並應以此爲始而景初曆交會遲疾亦置紀差裁合朔氣而已條序紛互不及古意今設法日月五緯交會遲疾悉以上元歲首爲始則合璧之曜信而有徵連珠之暉於是乎在羣流共源實精古法若夫測以定形據以實效縣象著明尺表之驗可推動氣幽微寸管之候不忒今臣所立易以取信但深練始終大存整密革新變舊有約有繁用約之條理不自懼用繁之意顧非謬然何者夫紀閏參差數各有分分之爲體非細不密臣是用深惜毫釐以全求妙之準不辭積累以成永定之制非爲思而莫悟知而不改也竊恐讚有然否妄崇遠而隨近論有是非或貴耳而遺目所以竭其管穴俯洗同異之嫌披心日月仰希葵藿之照若臣所上萬一可采伏願頒宣羣司賜垂詳究庶陳錙銖少增盛典世祖下之有司使內外博議時人少解曆數竟無異同之辯唯太子旅賁中郎將戴法興議以爲三精數微五緯會始自非深推測窮識晷變豈能刊古革今轉正圭宿案祖冲之所議每有違舛竊以愚見隨事辨問案冲之新推曆術今冬至所在歲歲微差臣法興議夫二至發斂南北之極日有恒度而宿無改位古曆冬至皆在建星戰國橫騖史官喪紀爰及漢初格候莫

審後雜覘知在南斗二十二度元和所用即與古曆相符也逮至景初而終無毫忒書云日短星昴以正仲冬直以月維四仲則中宿常在衞陽羲和所以正時取其萬世不易也冲之以爲唐代冬至日在今宿之左五十許度遂虛加度分空撤天路其置法所在近違半次則四十五年九月率移一度在詩七月流火此夏正建申之時也定之方中又小雪之節也若冬至審差則豳公火流晷長一尺五寸楚宮之作晝漏五十三刻此詭之甚也仲尼曰丘聞之火伏而後蟄者畢今火猶西流司曆過也就如冲之所誤則星無定次卦有差方名號之正古今必殊典誥之音代不通軌堯之開閉今成建除今之壽星乃周之鶉尾即時東壁已非玄武軫星頓屬蒼龍誣天背經乃至於此冲之又改章法三百九十一年有一百四十四閏臣法興議夫日有緩急故斗有闊狹古人制章立爲中格年積十九常有七閏晷或虛盈此不可革冲之削閏壞章倍減餘數則一百三十九年二月於四分之料頓少一日七千四百二十九年輒失一閏夫日少則先時閏失則事悖竊聞時以作事事以厚生以此乃生人之大本曆數之所先愚恐非冲之淺慮妄可穿鑿冲之又命上元日度發自虛一去虛爲北方列宿之中臣法興議冲之既云冬至歲差又謂虛爲北中舍形責影未足爲迷何者凡在天非日不明居地以斗而辯借令冬至在虛則黃道彌遠東北當爲黃鍾之宮室壁應屬玄枵之位虛宿豈得復爲北中乎曲使分至屢遷而星次不改招搖易繩而律呂仍往則七政不以璣衡致齊建時亦非攝提所紀不知五行何居六屬安託冲之又令上元年在甲子臣法興議夫置元設紀各有所尚或據文於圖讖或取效於當時冲之云羣氏糾紛莫審其會昔黃帝辛卯日月不過顓頊乙卯四時不忒景初壬辰晦無差光元嘉庚辰

朔無錯。景豈非承天者乎。沖之苟存甲子。可謂爲合以求天也。沖之又令日月五緯交會遲疾悉以上元爲始。臣法興議。夫交會之元。則食既可求。遲疾之際。非凡夫所測。昔賈逵畧見其差。劉洪粗著其術。至於疎密之數。莫究其極。且五緯所居。有時盈縮。即如歲星在軫。見超七辰。術家既追筭以會今。則往之與來。斷可知矣。景初所以紀首置差。元嘉兼又各設後元者。其並省功於實用。不虛推以爲煩也。沖之既違天於改易。又設法以遂情。愚謂此治曆之大過也。臣法興議。日有八行。各成一道。月有一道。離爲九行。左交右疾。倍半相違。其一終之理。日數宜同。沖之通同與會。相覺九千四十。其陰陽七十九周有奇。遲疾不及二帀。此則當縮反盈。應損更益。沖之隨法興所難辯折之曰。臣少鈍愚。尚專功數術。搜練古今。博采沈奧。唐篇夏典。莫不揆量。周正漢朔。咸加該驗。罄策籌之思。究疏密之辨。至若立員舊誤。

張衡述而弗改。漢時解銘。劉歆詭謬。其數。此則筭氏之劇疵也。乾象之弦望定數。景初之交度周日。匪謂測候不精。遂乃乘除翻謬。斯又曆家之甚失也。及鄭玄闞澤王蕃劉徽。並綜數藝。而每多疏舛。臣昔以暇日。撰正衆謬。理據炳然。易可詳密。此臣以俯信偏識。不虛推古人者也。按何承天曆。二至先天。閏移一月。五星見伏。或違四旬。列差妄設。當益反損。皆前術之乖遠。臣曆所改定也。既沿波以討其源。刪滯以暢其要。能使躔次上通。晷管下合。反以譏詆。不其惜乎。尋法興所議六條。並不造理。難之關楗。謹陳其目。其一曰。度歲差。前法所畧。臣據經史。辨正此數。而法興設難。徵引詩書。三事皆謬。其二。臣校晷景。改舊章法。法興立難。不能有詰。直云恐非淺慮所可穿鑿。其三。次改方移。臣無此法。求術意誤。横生嫌貶。其四。曆上元年甲子。術體明整。則苟合可疑。其五。臣其曆七曜。咸始上元。無隙可乘。復云非凡所測。其六。遲疾陰陽。法興所未解。誤謂兩率日數宜同。凡此衆條。或援謬目譏。或空加抑絶。未聞折正之談。厭心之論也。謹隨詰洗釋。依源徵對。仰照天暉。敢罄管穴。法興議曰。夫二至發斂。南北之極。日有恒度。而宿無改位。故古曆冬至。皆在建星。沖之曰。周漢之際。疇人喪業。曲技競設。圖緯寔繁。或借號帝王以崇其大。或假名聖賢以神其說。是以讖記多虛。桓譚知其矯妄。古曆舛雜。杜預疑其非直。按五紀論黄帝曆有四法。顓頊夏周。並有二術。詭異紛然。則孰識其正。此古曆可疑之據一也。夏曆七曜西行。特違衆法。劉向以爲後人所造。此可疑之據二也。殷曆日法九百四十。而乾鑿度云殷曆以八十一爲日法。若易緯非差。殷曆必妄。此可疑之據三也。顓頊曆元歲在乙卯。而命曆序云。此術設元。歲在甲寅。此可疑之據四也。春秋書食有日朔者凡二十六。其所據曆。非周則魯。以周曆考之。檢其朔日。失二十五。

魯曆校之。又失十三。二曆並乖。則必有一僞。此可疑之據五也。古之六術。並同四分。四分之法。久則後天。以食檢之。經三百年。輙差一日。古曆課今。其甚疎者。朔後天過二日有餘。以此推之。古術之作。皆在漢初周末。理不得遠。且却校春秋。朔並先天。此則非三代以前之明徵矣。此可疑之據六也。尋律曆志。前漢冬至日在斗牛之際。度在建星。其勢相隣。自非帝者有造。則儀漏或闕。豈能窮密盡微。纖毫不失。建星之說。未足證矣。法興議曰。戰國横鶩。史官喪紀。爰及漢初。格候莫審。後雜覘知在南斗二十二度。元和所用。即與古曆相符也。逮在景初。終無毫忒。沖之曰。古術詭雜。其詳闕聞。乙卯之曆。秦代所用。必有效於當時。故其言可徵也。漢武改創。檢課詳備。正儀審漏。事在前史。測星辨度。理無乖遠。今議者所是。不實見所非。徒爲虛妄。辨彼駁此。既非通談。運今背古。所誣誠多。偏據一說。未若兼今之爲長也。景初之法㝡錯五緯今則在衡口至翼巳移日蓋畧治朔望無事檢候是以晷漏昏明並即元和二分異景尚不知革日度微差宜其謬矣法興議曰書云日短星昴以正仲冬直以月推四仲則中宿常在衛陽羲和所以正時取其萬代不易也沖之以為唐代冬至日在今宿之左五十許度遂虛加度分空撤天路沖之曰書以四星昏中審分至者據人君南面而言也且南北之正其詳易准流見之勢中天為極先儒注述其義僉同而法興以為書說四星皆在衛陽之位自在巳地進失向方退非始見迂迴經文以就所執違訓詭情此則甚矣捨午稱巳午上非無星也必據中宿餘宿豈復不見以正時若謂舉中語兼七列者觜參尚隱則不得言見昴星雖見當云伏矣奎婁已見復不得言伏見伏皆不得以為辭則名將何附若中宿之通非允當寔謹檢經旨直云星昴不自衛陽衛陽無自顯之義此談何因而立

苟理無所依則可愚辭成說曾泉桑野皆為明證分至之辯竟在何日循復再三竊深歎息法興議曰其置法所在近違半次則四十五年九月率移一度沖之曰元和日度法興所是唯徵古曆在建星以今考之臣法冬至亦在此宿斗二十二了無顯證而虛貶臣曆乖差半次此愚情之所駭也又年數之餘有十一月而議云九月涉數每乖皆此類也月盈則食必在日衝以檢日則宿度可辨請據效以課疏密按太史註記元嘉十三年十二月十六日中夜月蝕盡在鬼四度以衝計之日當在牛六依法興議曰在女七又十四年五月十五日丁夜月蝕盡在斗二十六度以衝計之日當在井三十依法興議曰日在柳二又二十八年八月十五日丁夜月蝕在奎十一度以衝計之日當在角二依法興議曰日在角十二又大明三年九月十五日乙夜月蝕盡在胃宿之末以衝計之日當在氐十二依法興議曰日在心二凡此四蝕皆與臣法符同纖豪不爽而法興所據頓差十度違衝移宿顯然易覩故知天數漸差則當式遵以為典事驗昭皙豈得信古而疑今法興議曰在詩七月流火此夏正建申之時也定之方中又小雪之節也若冬至審差則豳公火流晷長一尺五寸楚宮之作晝漏五十三刻此詭之甚也沖之曰臣按此議三條皆謬詩稱流火蓋略舉西移之中以為驚寒之候流之為言非始動之辭也就如始說冬至日度在斗二十二則火星之中當在大暑之前豈鄰建申之限此專自攻糾非謂矯失夏小正五月昏大火中此復在衛陽之地乎又謂臣所立法楚宮之作在九月初按詩傳箋皆謂定之方中者室辟昏中形四方也然則中天之正當在室之八度臣曆推之元年立冬後四日此度昏中乃自十月之初又非寒露之日也議者之意蓋誤以周世為堯時度差五十故致此謬小雪之節自信之

謬非有明文可據也法興議曰仲尼曰丘聞之火伏而後蟄者畢今火猶西流司曆過也就如沖之所誤則星無定次卦有差方名號之正古今必殊典誥之音時不通軌堯之開閉今成建除今之壽星乃周之鶉尾也即時東壁已非玄武軫星頓屬蒼龍誣天背經乃至於此沖之曰臣以為辰極居中而列曜貞觀羣像殊體而陰陽區別故羽介咸陳則水火有位蒼素齊設則東西可準非以日之所在定其名號也何以明之夫陽爻初九氣始正北玄武七列虛當子位若圓儀辨方以日為主冬至所舍當在玄枵而今之南極乃處東維違體失中其義何附若南北以冬夏稟稱則卯酉以生殺定號豈得春躔義方秋麗仁域名舛理乖若此之反哉因茲以言固知天以列宿分方而不在於四時景緯環序日不獨守故轍矣至於中星見伏記籍每以審時者蓋以曆數難詳而天驗易顯各據一代所合以為簡易

之政也亦猶夏禮未通商典護容豈襲韶節誠天人之道同差則蓺之興因代而推移矣月位稱建諒以氣之所本名隨實著非謂斗杓所指近校漢時已差半次審斗節時其效安在或義非經訓依以成說將緯候多詭僞辭間設乎次隨方名義合宿體分至雖遷而厥位不改豈謂龍火貿處金水亂列名號乖殊之譏抑未詳究至如壁非玄武軫屬蒼龍瞻度察晷實效咸然元嘉曆法壽星之初亦在翼限參校晉注顯驗甚衆天數差移百有餘載議者誠能馳辭騁辯令南極非冬至望不在衡則此談乃可守耳若使日遷次留則無事屢嫌乃臣曆之良證非難者所宜列也尋臣所執必據經史遠考唐典近徵漢籍讖記碎言不敢依述竊謂循經之論也月蝕檢日度事驗昭著史注詳論文存禁閣斯又稽天之說也堯典四星並在衛陽今之日度遠準元和誣背之誚寔此之謂法興議曰夫日有緩急故斗有

闊狹古人制章立為中格年積十九常有七閏晷或盈虛此不可革沖之削閏壞章倍減餘數則一百三十九年二月於四分之科頓少一日七千四百二十九年輒失一閏夫日少則先時閏失則事悖竊聞時以作事事以厚生此乃生民之所本曆數之所先愚恐非沖之淺慮妄可穿鑿沖之曰按後漢書及乾象說四分曆法雖分章設蔀剏自元和而晷儀衆數定於嘉平三年四分志立冬中影長一丈立春中影九尺六寸尋冬至南極日晷最長二氣去至日數既同則中影應等而前長後短頓差四寸此曆景冬至後天之驗也二氣中影日差九分半弱進退均調略無盈縮以率計之二氣各退一日十二刻則晷影之數立冬更短立春更長並差二寸二氣中影俱長九尺八寸矣即立冬立春之正日也以此推之曆置冬至後天亦二日十二刻也嘉平三年時曆丁丑冬至加時正在日中以二日十二刻減

之天定以乙亥冬至加時在夜半後三十八刻又臣測景歷紀躬辨分寸銅表堅剛暴潤不動光晷明潔纖毫憭然據大明五年十月十日影一丈七寸七分半十一月二十五日一丈八寸一分太二十六日一丈七寸五分強折取其則中天冬至應在十一月三日求其蚤晚令後二日影相減則一日差率也倍之為法前二日減以百刻乘之為實以法除實得冬至加時在夜半後三十一刻在元嘉曆後一日天數之正也量檢竟年則數減均同異歲相課則遠近應率臣因此驗考正章法今以臣曆推之刻如前竊謂至密永為定式尋古曆法並同四分四分之數久則後天經三百年輒差一日是以漢載四百食率在晦魏代已來遂革斯法世莫之非者誠有效於天也章歲十九其疏尤甚同出前術非見經典而議云此法自古數不可移若古法雖疏永當循用謬論誠立則法興復欲施四分於當今矣理

容然乎臣所未譬也若謂今所革創違舛失衷者未聞顯據有以矯奪臣法也元嘉曆術減閏餘二直以襲舊分麤故進退未合至於棄盈求正非為乖理就如議意率不可易則分無增損承天置法復為違謬節氣蚤晚當循景初二至差三日曾不覺其非橫謂臣曆為失知日少之先時未悟增月之甚惑也誠未覩天驗豈測曆數之要生民之本諒非率意所斷矣又法興始云窮識晷變可以刊舊今復謂晷數盈虛不可為準互自違伐罔識所依若推步不得準天功絕於心目未詳歷紀何因而立案春秋以來千有餘載以食檢朔曾無差失此則日行有恒之明徵也且臣考影彌年窮察毫微課驗以前合若符契孟子以為千歲之日至可坐而知斯言實矣日有緩急未見其證浮辭虛貶竊非所懼法興議曰沖之既云冬至歲急又謂虛為北中捨形責影未足為迷何者凡在天非日不明居地以斗而辨借

今冬至在虛則黃道彌遠東北當為黃鍾之宮室壁應屬玄枵之位虛宿豈得復為北中乎曲使分至屢遷而星次不改招搖易繩而律呂仍往則七政不以機衡致齊建時亦非攝提所紀不知五行何居六屬安託沖之曰此條所嫌前牒已詳次改方移虛非中位繁辭廣證自搆紛惑皆議者所謬誤非臣法之違設也七政致齊實謂天儀鄭王唱述厥訓明允雖有異說蓋非實義法興議曰夫置元設紀各有所尚或據文於圖讖或取效於當時沖之云羣氏糾紛莫審其會昔黃帝辛卯日月不過顓頊乙卯四時不忒景初壬辰晦無差光元嘉庚辰朔無錯景豈非承天者乎沖之苟存甲子可謂為合以求天也沖之曰夫曆存效密不容殊尚合讖乖說訓義非所取雖驗當時不能通遠又臣所未安也元值始名體明理正未詳辛卯之說何依古術詭謬事在前牒溺名喪實殆非索隱之謂也若以曆合一時理

無久用元在所會非有定歲者今以效明之夏殷以前載籍淪逸春秋漢史咸書日蝕正朔詳審顯然可徵以臣曆檢之數皆協同誠無虛設循密而至千載無殊則雖遠可知矣備閱曩法疏越實多或朔差三日氣移七晨未聞可以下通於今者也元在乙丑前說以為非正今值甲子議者復疑其苟合無名之歲自昔無之則推先者將何從爭曆紀之作幾於息矣夫為合必有不合願聞顯據以覈理實法興曰夫交會之元則蝕既可求遲疾之際非凡夫所測昔賈逵畧見其差劉洪粗著其術至於疏密之數莫究其極且五緯所居有時盈縮即如歲星在軫見超七辰術家既追算以會今則往之與來斷可知矣景初所以紀首置差元嘉兼又各設後元者其並省功於實用不虛推以為煩也沖之既違天於改易又設法以遂情愚謂此治曆之大過也沖之曰遲疾之率非出神怪有形可檢有數可推劉賈能

述則可累功以求密矣議又云五緯所居有時盈縮歲星在軫見超七辰謂應年移一辰也案歲星之運年恒過次行天七币輒超一位代以求之曆凡十法並合一時此數咸同史注所記天驗又符此則盈次之行自其定准非為衍度濫徙頓過其衝也若審由盈縮豈得常疾無遲夫甄耀測象者必料分析度考往驗來准以實見據以經史曲辯碎說類多浮詭甘石之書互為矛楯今以一句之經誣一字之謬堅執偏論以罔正理此愚情之所未厭也算自近始衆法可同但景初之二差承天之元寔以奇偶不協故數無同盡為遺前設後以從省易夫建言倡論豈尚矯異蓋令實以文顯言勢可極也稽元曩歲羣數咸始斯誠術體理不可容譏而譏者以為過謬之大者然則元嘉置元雖七率舛陳而猶紀協甲子氣朔俱終此又過謬之小者也必當虛立上元假稱曆始歲違名初日避辰首閏餘朔分月緯

七率並不得有盡乃為允衷之製乎設法情實謂意之所安改易違天未覩理之譏者也法興曰日有八行合成一道月有一道離為九行左交右疾倍半相違其一終之理日數宜同沖之通同與會周相覺九千四十其陰陽七十九周有竒遲疾不及一币此則當縮反盈應損更益沖之曰此議雖游漫無據然言迹可檢按以日八行譬月九道此為月行之軌當循一轍環币於天理無差動也然則交會之際當有定所豈容或斗或牛同麗一度去極應等安得南北無常若日月非例則八行之說是衍文邪左交右疾語甚未分為交與疾對為舍交即疾若舍交即疾即交在平率入曆七日及二十一日是也值交蝕既當在盈縮之極豈得損益或多或少若交與疾對則在交之衝當為遲疾之始豈得入曆或深或淺倍半相違新故所同復標此句欲以何明臣覽曆書古今畧備至如此說所未前聞遠乖舊準

近背天數求之愚情竊所深惑尋遲疾陰陽不相生故交會加時進退無常昔術著之久矣前儒言之詳矣而法興云日數同竊謂議者未曉此意乖謬自著無假驟辯既云盈縮失衷復不備記其數或自嫌所執故汎略其說乎又以全為率當互因其分法興所列二數皆誤或以八十為七十九當縮反盈應損更益此條之謂矣總檢其議豈但臣曆不密又謂何承天法乖謬彌甚若臣曆宜棄則承天術益不可用法興所見既審則應革舠至非景極望非日衡凡諸新說必有妙辯乎時法興為世祖所寵天下畏其權既立異議論者皆附之

後魏太武帝時崔浩上五寅元曆表曰太宗詔臣學天文星曆易式九宮無不盡看至今三十九年晝夜無廢臣稟性弱劣力不及健婦人更無餘能是以專心思書忘寢與食至乃夢共鬼爭義得周公孔子之要術始知古人有虛有實妄語者多真正者少自秦始皇燒書

之後經典絕滅漢高祖以來世人妄造曆術者有十餘家皆不得天道之正大誤四千小誤甚多不可言盡臣愍其如此今遭陛下太平之世除偽從真宜改誤曆以從天道是以臣前奏造曆今始成訖謹以奏呈唯恩省察以臣曆術宣示中書博士然後施用非但時人天地鬼神知臣得正可以益國家萬世之名過於三皇五帝矣

後周宣帝時達奚震及牛弘等上議曰竊惟權衡度量經邦懋軌誠須詳求故實考校得衷謹尋今之鐵尺是太祖遣尚書故蘇綽所造當時檢勘用為前周之尺驗其長短與宋尺符同即以調鐘律并用均田度地今以上黨羊頭山黍依漢書律曆志度之若以大者稠累依數滿尺實於黃鐘之律須撼乃容若以中者累尺雖復小稀實於黃鐘之律不動而滿計此二事之殊良由消息未善其於鐵尺終有一會且上黨之黍有異他鄉其色至烏其形圓重用之為量定不徒然正以時有水旱之差地有肥瘠之異取黍大小未必得中案許慎解秬黍體大本異於常疑今之大者正是其中累百滿尺即是會古實籥之外纔剩十餘此恐圍徑或差造律未妙就如撼動取滿論理亦通今勘周漢古錢大小有合宋氏渾儀尺度無舛又依淮南累粟十二成寸明先王制法索隱鉤深以律計分義無差異漢書食貨志云黃金方寸其重一斤今鑄金校驗鐵尺為近依文據理符會處多且平齊之始已用宣布今因而為定彌合時宜至於玉尺累黍以廣為長累既有剩實復不滿尋訪古今恐不可用其晉梁尺量過為短小以黍實管彌復不容據律調聲必致高急且八音克諧明王盛軌同律度量哲后通規臣等詳校前經斟量時事謂用鐵尺於理為便

歷代名臣奏議卷之二百七十八

歷代名臣奏議卷之二百七十九

律曆

唐太宗貞觀初李淳風上言曰舜在璿璣玉衡以齊七政則渾天儀也周禮土圭正日景以求地中有以見日行黃道之驗也暨于周末此器乃亡漢洛下閎作閎儀其後賈逵張衡等亦各有之而推驗七曜並循赤道按冬至極南夏至極北而赤道常定於中國無南北之異蓋渾儀無黃道久矣太宗異其說詔為之至七年儀成

十四年太宗將親祀南郊以十一月癸亥朔甲子冬至而李淳風新術以甲子合朔冬至乃上言曰古曆分日起於子半十一月當甲子合朔冬至故太史令傅仁均以減餘稍多子初為朔遂差三刻司曆南宮子明太史令薛頤等言子初及半日月未離淳風之法較春秋已來晷度薄蝕事皆符合國子祭酒孔穎達等及尚書八座參議請從淳風又以平朔推之則二曆皆以朔日冬至於事彌合且平朔行之自古故春秋傳或失之前謂晦日也雖癸亥日月相及明日甲子為朔可也從之十八年淳風又上言仁均曆有三大三小云日月之蝕必在朔望十九年九月後四朔頻大詔諸解曆者詳之不能定

玄宗開元九年僧一行受詔改治新曆欲知黃道進退而太史無黃道儀率府兵曹參軍梁令瓚以木為游儀一行是之乃奏黃道游儀古有其術而無其器昔人潛思皆未能得今令瓚所為日道月交皆自然契合於推步尤要請更鑄以銅鐵十一年儀成一行又曰靈臺鐵儀後魏斛蘭所作規制朴略度刻不均赤道不動乃如膠柱以考月行遲速多差多或至十七度少不減十度不足以稽天象授人時李淳風黃道儀以玉衡旋規別帶日道傍列二百四十九交以攜月游法頗難術遂寢廢臣更造游儀使黃道運行以追列舍之變因二分之中以立黃道交於奎軫之間二至陟降各二十四度黃道內施白道月環用究陰陽朓朒動合天運簡而易從可以制器垂象永傳不朽於是玄宗嘉之自為之銘

初李淳風造曆定二十四氣中晷與祖沖之短長頗異然未知其孰是及一行作大衍曆詔太史測天下之晷求其土中以為定數其議曰周禮大司徒以土圭之法測土深日至之景尺有五寸謂之地中鄭氏以為日景於地千里而差一寸尺有五寸者南戴日下萬五千里地與星辰四游升降於三萬里內是以半之得地中今潁川陽城是也宋元嘉中南征林邑五月立表望之日在表北交州影在表南三寸林邑九寸一分交州去洛水陸之路九千里蓋山川回折使之然以表考其弦當五千里

十二年測交州夏至在表南三寸三分與元嘉所測略同使者大相元太言交州望極纔高二十餘度八月海中望老人星下列星粲然明大者甚眾古所未識乃渾天家以為常沒地中者也大率去南極二十度已上之星則見又鐵勒回紇在薛延陀之北去京師六千九百里其北又有骨利幹居瀚海之北北距大海晝長而夜短既夜天如曛不暝夕胹羊髀纔熟而曙蓋近日出沒之所

僧一行作新曆較經史所書氣朔日名宿度可考者皆合十五年草成而一行卒詔特進張說與曆官陳玄景等次為曆術七篇略例一篇曆議十篇玄宗顧訪者則稱制旨明年說表上之其說皆足以為將來折衷略其大要著于篇者十有二其一曆本議曰易天數五地數五五位相得而各有合所以成變化而行鬼神也天數始於一地數始於二合二始以位剛柔天數終於九地數終於十合二終以紀閏餘天數中於五地數中於六合二中以通律曆天有五音所

以司日也。地有六律。所以司辰也。參伍相周。究於六十。聖人以此見天地之心也。自五以降。爲五行生數。自六以往。爲五材成數。錯而乘之。以生數衍成位。一六而退極。五十而增極。一六爲爻位之統。五十爲大衍之母。成數乘生數。其筭六百。爲天中之積。生數乘成數。其筭亦六百。爲地中之積。合千有二百。以五十約之。則四象周六爻也。二十四約之。則太極包四十九用也。綜成數約中積。皆十五。綜生數約中積。皆四十。兼而爲天地之數。以五位取之。復得二中之合矣。蓍數之變九六各一。乾坤之象也。七八各三。六子之象也。故爻數通乎六十。策數行乎二百四十。是以大衍爲天地之樞。如環之無端。蓋律曆之大紀也。夫數象徵於三四。而章於七八。卦有三徵。策有四象。故二徵之合在始中之際焉。蓍以七備。卦以八周。故二章之合而在中終之際焉。中極居五六間。由闢闔之交。而在章徵之際者。人神之極也。天地中積。千有二百。揲之以四。爲爻率三百。以十位乘之。而二章之積三千。以五材乘八象。爲二徵之積四十。兼章徵之積。則氣朔之分母也。以三極參之。倍六位除之。凡七百六十。是謂辰法。而齊於代軌。以十位乘之。倍大衍除之。凡三百四。是謂刻法。而齊于德運。半氣朔之母。千五百二十。得天地出符之數。因而三之。凡四千五百六十。當七精返初之會也。易始于三微而生一象。四象成而後八卦章。三變皆剛。太陽之象。三變皆柔。太陰之象。一剛二柔。少陽之象。一柔二剛。少陰之象。少陽之剛。有始有壯有究。少陰之柔。有始有壯有究。兼三才而兩之。神明動乎其中。故四十九象。而大策之用周矣。數之德圓。故紀之以三而變於七。象之德方。故紀之以四而變于八。人在天地中。以閱盈虛之變。則閏餘之初。而氣朔所虛也。以終合通大衍之母虧其地十。凡九百四十。爲通數。終合除之。得中率四十九。餘十九分

之九。終歲之弦。而十分復初之朔也。地於終極之際。虧十而從天。所以遠疑陽之戰也。夫十九分之九。盈九而虛十也。乾盈九。隱乎龍戰之中。故不見其首。坤虛十。以導潛龍之氣。故不見其成。周日之朔分。周歲之閏分。與一章之弦。一蔀之月。皆合於九百四十。蓋取諸中率也。一策之分十九。而章法生。一揲之分七十六。而蔀法生。一蔀之日二萬七千七百五十七。以通數約之。凡二十九日餘四百九十九。而日月相及於朔。此六爻之紀也。以卦當歲。以爻當月。以策當日。凡三十二歲而小終。二百八十五小終而與卦運大終。二百八十五。則參伍二終之合也。數象既合。而遯行之變在乎其間矣。所謂遯行者。以爻率乘朔餘。爲十四萬九千七百。以四十九用二十四象虛之。復以爻率約之。爲四百九十八。微分七十五太半。則章微之中率也。二十四象象有四十九蓍。凡千一百七十六。故虛遯之數七十三半。氣朔之母。以三極乘參伍。以兩儀乘二十四變。因而并之。得千六百一十三。爲朔餘。四揲氣朔之母。以八氣九精遯其十七。得七百四十三。爲氣餘。歲八萬九千七百七十三。而氣朔會。是謂章率。歲二億七千二百九十萬九百二十。而無小餘。合于夜半。是謂蔀率。歲百六十三億七千四百五十九萬五千二百。而大餘與歲建俱終。是謂元率。此不易之道也。策以紀日。象以紀月。故乾坤之策三百六十。爲日度之準。乾坤之用四十九象。爲月弦之檢。日之一度不盈全策。月之一弦不盈全用。故策餘萬五千九百四十二。則十有二中所盈也。用差萬七千一百二十四。則十有二朔所虛也。綜盈虛之數。五歲而再閏。中節相距皆當三五。弦望相距皆當二七。升降之應。發斂之候。皆紀之以策而從日者也。表裏之行。朓朒之變。皆紀之以用而從月者也。積筭曰演紀。日法曰通法。月氣曰中朔。朔實曰揲法。歲分曰策實。周天曰

乾實餘分曰虛分氣策曰三元一元之策則天一遊行也月策曰四象一象之策則朔弦望相距也五行用事曰發斂候策曰天中卦策曰地中半卦曰貞悔旬周曰爻數小分毋曰象統日行曰躔其差曰盈縮積盈縮曰先後古者平朔月朝見曰朒夕見曰朓今以日之所盈縮月之所遲疾損益之或進退其日以為定朔舒亟之度乃數使然躔離相錯偕以損益故同謂之朓朒月行曰離遲疾曰轉度毋曰轉法遲疾有衰其變者勢也月逶迤伸屈行不中道進退遲疾不率其常過中則為速不及中則為遲積遲謂之屈積速謂之伸陽執中以出令故曰先後陰含章以聽命故曰屈伸日不及中則損之過則益之月不及中則益之過則損之尊卑之用睽而及中之志同觀晷景之進退知軌道之升降軌與晷名舛而義合其差則水漏之所從也總名曰軌漏中晷長短謂之陟降景長則夜短景短則夜長積其

陟降謂之消息遊交曰交會交而周曰交終交終不及朔謂之朔差交中不及望謂之望差日道表曰陽曆其裏曰陰曆五星見伏周謂之終率以分從日謂之終日其差為進退其二中氣議曰曆氣始于冬至稽其實蓋取諸晷景春秋傳僖公五年正月辛亥朔日南至以周曆推之入壬子蔀第四章以辛亥一分合朔冬至殷曆則壬子蔀首也昭公二十年二月己丑朔日南至魯史失閏至不在正左氏記之以懲司曆之罪周曆得己丑二分殷曆得庚寅一分殷曆南至常在十月晦則中氣後天也周曆蝕朔差經或二日則合朔先天也傳所據者周曆也緯所據者殷曆也氣合于傳朔合于緯斯得之矣戊寅曆月氣專合于緯麟德曆專合于傳偏取之故兩失之又命曆序以為孔子脩春秋用殷曆使其數可傳於後考其蝕朔不與殷曆合及開元十二年朔差五日矣氣差八日矣上不合於經下不足以傳

於後代蓋哀平間治甲寅元曆者託之非古也又漢太史令張壽王說黃帝調曆以非太初有司劾官有黃帝調曆不與壽王同壽王所謂乃殷曆也漢自中興以來圖讖漏泄而考靈曜命曆序皆有甲寅元其所起在四分曆庚申元後百一十四歲延光初中謁者亶誦靈帝時五官郎中馮光等皆請用之卒不施行緯所載壬子冬至則其遺術也魯曆南至又先周曆四分日之三而朔後九百四十分日之五十一故僖公五年辛亥為十二月晦壬子為正月朔又推日蝕密於殷曆其以閏餘一為章首亦取合於當時也開元十二年十一月陽城測景以癸未極長較其前後所差則夜半前尚有餘分新曆大餘十九加時九十九刻而皇極戊寅麟德曆皆得甲申以玄始曆氣分二千四百四十三為率推而上之則失春秋辛亥是減分太多也以皇極曆氣分二千四百四十五為率推而上之雖合春秋而失元

嘉十九年乙巳冬至及開皇五年甲戌冬至七年癸未夏至若用麟德曆率二千四百四十七又失春秋己丑是減分太少也故新曆以二千四百四十四為率而舊所失者皆中矣漢會稽東部尉劉洪以四分疎闊由斗分多更以五百八十九為紀法百四十五為斗分減餘太甚是以不及四十年而加時漸覺先天韓翊楊偉劉智等皆稍損益更造新術而皆依讖緯三百歲改憲之文考經之合朔多中較傳之南至則否玄始曆以為十九年七閏皆有餘分是以中氣漸差據渾天二分為東西之中而晷景不等二至為南北之極而進退不齊此古人所未達也更回劉洪紀法增十一年以為章歲而減閏餘十九分之一春秋後五十四年歲在甲寅直應鍾章首與景初曆閏餘皆盡雖減章閏然中氣加時尚差故未合于春秋其斗分幾得中矣後代曆家皆因循玄始而損益或過差大抵古曆未減斗分其率

自二千五百以上乾象至于元嘉曆未減閏餘其率自二千四百六十以上玄始大明至麟德曆皆減分破章其率自二千四百二十九以上較前代史官注記惟元嘉十三年十一月甲戌景長皇極麟德開元曆皆得癸酉蓋日度變常爾祖沖之既失甲戌冬至以爲加時太早增小餘以附會之而十二年戊辰景長得己巳十七年甲午景長得乙未十八年己亥景長得庚子合一失三其失愈多劉孝孫張胄玄因之小餘益強又以十六年己丑景長爲庚寅矣治曆者糾合衆同以稽其所異苟獨異焉則失行可知今曲其一而少者失三多者失五是捨常數而從失行也周建德六年以壬辰景長而麟德開元曆皆得癸巳開皇七年以癸未景短而麟德開元曆皆得壬午先後相戾不可叶也皆日行盈縮使然凡曆術在於常數而不在於變行既叶中行之率則可以兩齊先後之變矣麟德已前實録所記乃

依時曆書之非候景所得比年候景長短不均由加時有早晏行度有盈縮也自春秋以來至開元十二年冬夏至凡三十一事戊寅曆得十六麟德曆得二十三開元曆得二十四其三

合朔議曰日月合度謂之朔無所取之取之蝕也春秋日蝕有甲乙者三十四殷曆魯曆先一日者十三後一日者三周曆先一日者二十二先二日者九其僞可知矣莊公三十年九月庚午朔襄公二十一年九月庚戌朔定公五年三月辛亥朔當以盈縮遲速爲定朔殷曆雖合適然耳非正也僖公五年正月辛亥朔十二月丙子朔十四年三月己丑朔文公元年五月辛酉朔十一年三月甲申晦襄公十九年五月壬辰晦昭公元年十二月甲辰朔二十年二月己丑朔二十三年正月壬寅朔七月戊辰晦皆與周曆合其所記多周齊晉事蓋周王所頒齊晉用之僖公十五年九月己卯晦十六年正月戊申朔成公十六年六月甲午晦襄公十八年十月丙寅晦十一月丁卯朔二十六年三月甲寅朔二十七年六月丁未朔與殷曆魯曆合此非合蝕故仲尼因循時史而所記多宋魯事與齊晉不同可知矣昭公十二年十月壬申朔原輿人逐原伯絞與僖曆周曆皆差一日此丘明即其所聞書之也僖公二十二年十一月己巳朔宋楚戰于泓周殷魯曆皆先一日楚人所赴也昭公二十年六月丁巳晦衛侯與北宮喜盟七月戊午朔遂盟國人三曆皆先二日衛人所赴也此則列國之曆不可以一術齊矣而長曆日子不在其月則改易閏餘欲以求合故閏月相距近則十餘月遠或七十餘月此社預所甚繆也夫合朔先天則經書日蝕以糾之中氣後天則傳書南至以明之其在晦二日則原乎定朔以得之列國之曆或殊則稽於六家之術以知之此四者皆治曆之大端而預所未曉故也新曆本春秋日蝕古史交會加時及

史官候簿所詳稽其進退之中以立常率然後以日躔月離先後屈伸之變稽損益之故經朔雖得其中而躔離或失其正若躔離各得其度而經朔或失其中則參求累代必有差矣三者迭相爲經若權衡相持使千有五百年間朔必在晝望必在夜其加時又合則三術之交自然各當其正此最微者也若乾度盈虛與時消息告譴於經數之表變常於潛遯之中則聖人且猶不質非籌曆之所能及矣昔人考天事多不知定朔假蝕在二日而常朔之晨月見東方食在晦日則常朔之夕月見西方理數然也而或以爲朓朒變行或以爲曆術疏闊遂常朔朔見則增朔餘夕見則減朔餘此紀曆所以屢遷也漢編訢李梵等又以晦猶月見欲令蔀首先大賈逵曰春秋書朔[illegible]者朔必有朔晦必有晦晦朔必在其月前也先大則一月再朔後月無朔是朔不可必也訢梵等欲諧偶十六日月朓昏晦當滅而已又

晦與合朔同時不得異日考遠等所言蓋知之矣晦朔之交始終相濟則光盡明生之限度數宜均故合於子正則晦日之朝猶朔日之夕也是以月皆不見若合於午正則晦日之晨猶二日之昏也是以月或皆見若陰陽遲速軌漏加時不同舉其中數率其日十三度以上而月見乃其常也且晦日之光未盡也如二日之明已生也一以為是一以為非又常朔進退則定朔之晦二也或以為變或以為常是未通於四三交質之論也綜近代諸曆以百萬為率齊之其所差少或一分多至十數其一分考春秋纔差一刻而百數年間不足成朓朒之異施行未幾旋復疎闊由未知躔離經朔相求耳李業興甄鸞等欲求天驗輒加減月分遷革不已朓朒相戾又未知昏明之限與定數故也揚偉採乾象為遲疾陰陽曆雖知加時後天蝕不在朔而未能有以更之也何承天欲以盈縮定朔望小餘錢樂之以為推交會時刻雖審而月頻三大二小日蝕不唯在朔亦有在晦二者皮延宗又以為紀首合朔大小餘當盡若每月定之則紀首位盈當退一日便應以故歲之晦為新紀之首立法之制如為不便承天止靈虞劇曰所謂朔在會合苟躔次既同何患於頻大也晦猶月見何患於頻小也春秋日蝕不書朔者八公羊曰二日也穀梁曰晦也左氏曰官失之也劉孝孫推俱得朔日以丘明為是乃與劉焯皆議定朔為有司所抑不得行傅仁均始為定朔而曰晦不東見朔不西朓以為昏晦當滅亦訢梵之論淳風因循皇極皇極密於麟德以朔餘乘三千四十乃一萬除之就全數得千六百一十三又以四百四十乘之以三千四十而一得四百九十八秒七十五太強是為四分餘率劉洪以古曆斗分太強久當後天乃先正斗分而後求朔法故朔餘之母煩矣韓翊以乾象朔分太弱久當先天乃考朔分而後覆求度法故

度餘之母煩矣何承天反覆相求使氣朔之母合簡易之率而星數不得同元矣李業興宋景業甄鸞張賓欲使六甲之首眾術同元而氣朔餘分其細甚矣麟德曆有總法開元曆有通法故積歲如月分之數而後閏餘偕盡考漢元光已來史官注記日蝕有加時者凡二十七事麟德曆得五開元曆得二十二其四沒滅略例曰古者以中氣所盈之日為沒沒分偕盡者為滅開元曆以中分所盈為沒朔分所虛為滅綜終歲沒分謂之策餘終歲滅分謂之用差皆歸于揲易再扐而後掛也其五卦候議曰七十二候原于周公時訓月令雖頗有增益然先後之次則同自後魏始載于曆乃依易軌所傳不合經義今改從古其六卦議曰十二月卦出於孟氏章句其說易本於氣而後以人事明之京氏又以卦爻配期之日坎離震兌其用事自分至之首皆得八十分日之七十三頤晉井大畜皆五日十四分餘皆六日七分止於占災眚與吉凶善敗之事至於觀陰陽之變則錯亂而不明自乾象曆以降皆因京氏惟天保曆依易通統軌圖自八十有二節五卦初爻相次用事及上爻而與中氣皆終非京氏本旨及七畧所傳按郎顗所傳卦皆六日七分不以初爻相次用事齊曆謬矣又京氏減七十三分為四正之候其說不經欲附會緯文七日來復而已夫陽精道消靜而無跡不過極其正數至七而通矣七者陽之正也安在益其小餘令七日而後雷動地中乎當據孟氏自冬至初中孚用事一月之策九六七八是為三十而卦以地六候以天五五六相乘消息一變十有二變而歲復初坎離震兌二十四氣次主一爻其初則二至二分也坎以陰包陽故自北正微陽動於下升而未達極於二月凝涸之氣消坎運終焉春分出於震始據萬物之元為主於內則羣陰化而從之極于南正而豐大之變窮震功究焉離

以陽包陰故自南正微陰生於地下積而未章至于八月文明之質衰離運終焉仲秋陰形于兌始循萬物之末爲主於内羣陽降而承之極於北正而天澤之施窮兌功究焉故陽七之靜始於坎陽九之動始于震陰八之靜始于離陰六之動始于兌故四象之變皆兼六爻而中節之應備矣易爻當日十有二中直全卦之初十有二節直全卦之中齊曆又以節在貞氣在悔非是其七日度議曰古曆日有常度天周爲歲終故係星度于節氣其說似是而非故久而益差虞喜覺之使天爲天歲爲歲乃立差以追其變使五十年退一度何承天以爲太過乃倍其年而反不及皇極取二家中數爲七十五年蓋近之矣考古史及日官候紀之驗在虚一度及今開元甲子却三十六度而乾策復初矣日在虚一則鳥火昴虚皆以仲月昬中合于堯典劉炫依大明曆四十五年差一度則冬至在虚危而夏至火已過

中矣梁武帝據虞劆曆百八十六年差一度則唐虞之際日在斗牛閒而冬至昴尚未中以爲皆承閏後節前月却使然而此經終始一歲之事不容頓有四閏故淳風因爲之說曰若冬至昴中則夏至秋分星火星虚皆在未正之西若以夏至火中秋分虚中則冬至昴在巳正之東互有盈縮不足以爲歲差證是又不然今以四象分天北正玄枵中虚九度東正大火中房二度南正鶉火中七星七度西正大梁中昴六度總晝夜刻以約周天命距中星則春分南正中天秋分北正中天冬至之昬西正在午東十八度夏至之昬東正在午西十八度軌漏使然也冬至日在虚一度則春分昬張一度中秋分虚九度中冬至胃二度中昴距星直午正之東十二度夏至尾十一度中心後星直午正之西十二度四序進退不逾午正閒而淳風以爲不叶非也又王孝通云如歲差自昴至壁則堯前七千餘載冬至日

應在東井井極北故暑斗極南故寒寒暑易位必不然矣所謂歲差者自與黄道俱差也假冬至日躔大火之中則春分黄道交於虚九而南至之軌更出房心外距赤道亦二十四度設在東井差亦如之若日在東井猶去極最近表景最短則是分至常居其所黄道不遷日行不退又安得謂之歲差乎孝通及淳風以爲冬至日在斗十三度昬東壁中昴在巽維之左向明之位非無星也水星昬正可以爲仲冬之候何必援昴於始覿之際以惑民之視聽哉夏后氏四百三十二年日却差五度太康十二年戊子歲冬至應在女十一度書曰乃季秋月朔辰弗集于房劉炫曰房所舍之次也集會也會合也不合則日蝕可知或以房爲房星知不然者且日之所在正可推而知之君子慎疑寧當以日在之宿爲文近代善曆者推仲康時九月合朔已在房星北矣按古文集與輯義同日月嘉會而陰陽輯睦則陽

不疚乎位以常其明陰亦含章示冲以隱其形若變而相傷則不輯矣房者辰之所次星者所次之名其揆一也又春秋傳辰在斗柄天策焞焞降婁之初辰尾之末君子言之不以爲繆何獨慎疑於房星哉新曆仲康五年癸巳歲九月庚戌朔日蝕在房二度炫以五子之歌仲康當是其一肇位四海復脩大禹之典其五年羲和失職則王命徂征虞劆以爲仲康元年非也國語單子曰辰角見而雨畢天根見而水涸本見而草木節解駟見而隕霜火見而清風戒寒韋昭以爲夏后氏之令周人所因推夏后氏之初秋分後五日日在氐十三度龍角盡見時雨可以畢矣又先寒露三日天根朝覿時訓爰始收潦而月令亦云水涸後寒露十日日在尾八度而本見又五日而駟見故隕霜則蟄蟲墐戶鄭康成據當時所見謂天根朝見在季秋之末以月令爲謬韋昭以仲秋水始涸天根見乃竭皆非是霜降六日

日在尾末。火星初見。營室昏中。於是始脩城郭宮室。故時儆曰營室之中。土功其始。火之初見。期于司理。麟德曆霜降後五日火伏。小雪後十日晨見。至大雪而後定星中。日且南至。冰壯地坼。又非土功之始也。夏曆十二次。立春日在東壁三度。於太初星距壁一度太也。顓頊曆上元甲寅歲正月甲寅晨初合朔。立春七曜皆直艮維之首。蓋重黎受職於顓頊。九黎亂德。二官咸廢。帝堯復其子孫。命掌天地四時。以及虞夏。故本其所由生。命曰顓頊。其實夏曆也。湯作殷曆。更以十一月甲子合朔冬至為上元。周人因之。距羲和千祀。昏明中星率差半次。夏時直月節者。皆當十有二中。故因循夏令。其後呂不韋得之。以為秦法。更考中星。斷取近距。以乙卯歲正月己巳合朔立春為上元。洪範傳曰。曆記始於顓頊上元太始閼蒙攝提格之歲。畢陬之月。朔日己巳。立春七曜俱在營室五度。是也。秦顓頊曆元起乙卯。漢

太初曆元起丁丑。推而上之。皆不直甲寅。猶以日月五緯復上元本星度。故命曰閼蒙攝提格之歲。而實非甲寅。夏曆章蔀紀首皆在立春。故其課中星。揆斗建與閏餘之所盈縮。皆以十有二節為損益之中。而殷周漢曆章蔀紀首皆直冬至。故其名察發斂。亦以中氣為主。此其異也。夏小正雖頗疏簡失傳。乃羲和遺跡。何承天循大戴之說復用夏時。更以正月甲子夜半合朔雨水為上元。進乖夏曆。退非周正。故近代推月令小正者。皆不與古合。開元曆推夏時立春日在營室之末。昏東井二度中。古曆以參右肩為距。方當南正。故小正曰正月初昏斗杓懸在下。魁枕參首。所以著參中也。季春在昴十一度半。去參距星十八度。故曰三月參則伏。立夏日在井四度。昏角中。南門右星入角距西五度。其左星入角距東六度。故曰四月初昏南門正。昴則見。五月節日在輿鬼一度半。參去日道最遠。以渾儀度之。參體始見。其肩股猶在濁中。房星正中。故曰五月參則見。初昏大火中。八月參中則曙。失傳也。辰伏則參見。非中也。十月初昏南門見。亦失傳也。定星方中則南門伏。非昏見也。商六百二十八年。日卻差八度。太甲二年壬午歲冬至應在女六度。國語曰。武王伐商。歲在鶉火。月在天駟。日在析木之津。辰在斗柄。星在天黿。舊說歲在己卯。推其朏魄。廼文王崩。武王成君之歲也。其明年武王即位。新曆孟春定朔丙辰。於商為二月。故周書曰。維王元祀二月丙辰朔。武王訪于周公。竹書十一年庚寅。周始伐商。而管子及家語以為十二年。蓋通成君之歲也。先儒以文王受命九年而崩。至十年武王觀兵盟津。十三年復伐商。推元祀二月丙辰朔。距伐商日月。不為相距四年。所說非是。武王十年。夏正十月戊子。周師始起。於歲差日在箕十度。則析木津也。晨初月在房四度。於易雷乘乾曰大壯。房心象鳥。心為乾精。而房升陽

之駟也。房與歲星實相經緯。以屬靈威仰之神。后稷感之以生。故國語曰。月之所在。辰馬農祥。我祖后稷之所經緯也。又三日得周正月庚寅朔。日月會南斗一度。故曰辰在斗柄。壬辰辰星夕見在南斗二十度。其明日武王自宗周次于師所。凡月朔而未見曰死魄。夕而成光則謂之朏。朏或以二日。或以三日。故武成曰。維一月壬辰旁死魄。翌日癸巳。王朝步自周。于征伐商。是時辰星與周師俱進。由建星之末。歷牽牛須女涉顓頊之虛。戊午師度盟津。而辰星伏于天黿。辰星汁光紀之精。所以告顓頊而終水行之運。且木帝之所繇生也。故國語曰。星與日辰之位皆在北維。顓頊之所建也。帝嚳受之。我周氏出自天黿及析木。有建星牽牛焉。則我皇妣太姜之姪。伯陵之後逄公之所憑神也。是歲歲星始及鶉火。其明年周始革命。歲又退行旅於鶉首。而後進及鳥帑。所以返復其道。經綸周室。鶉火直軒轅之虛。以

爰稼穡稷星繫焉而成周之大萃也鶉首當山河之右太王以興后稷封焉而宗周之所宅也歲星與房實相經緯而相距七舍木與水代終而相及七月故國語曰歲之所在則我有周之分也自鶉及駟七列南北之揆七月其二月戊子朔哉生明王自克商還至于豐於周為四月新曆推定望甲辰而乙巳旁之故武成曰維四月既旁生魄粵六日庚戌武王燎于周廟麟德曆周師始起歲在降婁月宿天根日躔心而合辰在尾水星伏於星紀不及天黿又周書革命六年而武王崩管子家語以為七年蓋通克商之歲也周公攝政七年二月甲戌朔己丑望後六日乙未三月定朔甲辰三日丙午故召誥曰惟二月既望越六日乙未王朝步自周至于豐三月惟丙午朏越三日戊申太保朝至于洛其明年成王正位三十年四月己酉朔甲子哉生魄故書曰惟四月才生魄甲子作顧命康王十二年歲在乙酉六

月戊辰朔三日庚午故畢命曰惟十有二年六月庚午朏越三日壬申王以成周之衆命畢公自伐紂及此五十六年朏魄日名上下無不合而三統曆以己卯為克商之歲非也夫有效於古者宜合於今三統曆自太初至開元朔後天三日推而上之以至周初先天失之蓋益甚焉是以知合於歆者必非克商之歲自宗周訖春秋之季日却差八度康王十一年甲申歲冬至應在牽牛六度周曆十二次星紀初南斗十四度於太初星距斗十七度少也古曆分率簡易歲久輒差達曆數者隨時遷革以合其變故三代之興皆揆測天行考正星次為一代之制正朔既革而服色從之及繼體守文疇人代嗣則謹循先王舊制焉國語曰農祥晨正日月底于天廟土乃脉發先時九日太史告稷曰自今至于初吉陽氣俱蒸土膏其動弗震不渝脉其滿眚穀乃不殖周初先立春九日日至營室古曆距中九十一度

是日晨初大火正中故曰農祥晨正日月底于天廟也於易象升氣究而臨受之自冬至後七日乾精始復乃大寒地統之中陽洽於萬物根柢而與萌芽俱升木在地中之象升氣已達則當推而大之故受之以臨於消息龍德在田得地道之和澤而動於地中升陽憤盈土氣震發故曰自今至於初吉陽氣初蒸土膏其動又先立春三日而小過用事陽好節止於内動作于外矯而過正然後返求中焉是以及于艮維則山澤通氣陽精闢戶甲坼之萌見而莩穀之際離故曰不震不渝脉其滿眚穀乃不殖君子之道必擬之而後言豈億度而已哉韋昭以為日及天廟在立春之初非也於麟德曆則又後立春十五日矣春秋桓公五年秋大雩傳曰書不時也凡祀啓蟄而郊龍見而雩周曆立夏日在觜觿二度於軌漏昏角一度中蒼龍畢見然則當在建巳之初周禮也至春秋時日已潛退五度節前月却猶

在建辰月令以為五月者呂氏以顓頊曆芒種亢中則龍以立夏昏見不知有歲差故雩祭失時然則唐禮當以建巳之初農祥始見而雩若據麟德曆以小滿後十三日則龍角過中為不時矣傳曰凡土功龍見而畢務戒事火見而致用水昏正而栽日至而畢十六年冬城向十有一月衛侯朔出奔齊冬城向書時也以歲差推之周初霜降日在心五度角亢晨見立冬火見營室中後七日水星昏正可以興板幹故祖沖之以為定之方中直營室八度是歲九月六日霜降二十一日立冬十月之前水星昏正故傳以為得時杜氏據晉曆小雪後定星乃中季秋城向似為太早因曰功役之事皆總指天象不與言曆數同引詩云定之方中乃未正中之辭非是麟德曆立冬後二十五日火見至大雪後營室乃中而春秋九月書時不已早乎大雪周之孟春陽氣靜復以綏城隍治宫室是謂發天地之房方於立

春斷獄所失多矣然則辰刻宜以玄枵中天興土功僖公五年晉侯伐虢卜偃曰克之童謠云丙之辰龍尾伏辰袀服振振取虢之旂鶉之賁賁天策焞焞火中成軍其九月十月之交乎丙子旦日在尾月在策鶉火中必是時策入尾十二度新曆是歲十月丙子定朔日月合尾十四度於黄道日在古曆尾而月在策故曰龍尾伏辰於古距張中而曙直鶉火之末始將西降故曰賁賁昭公七年四月甲辰朔日蝕士文伯曰去衛地如魯地於是有災魯實受之新曆是歲二月甲辰朔入常雨水後七日在奎十度周度爲降婁之始則魯衛之交也自周初至是已退七度故入雨水七日方及降婁雖日度潛移而周禮未改其配神主祭之宿宜書於建國之初淳風駮戊寅曆曰漢志降婁初在奎五度今曆日蝕在降婁之中依無歲差湊良於兩次之交是又不然議者曉十有二次之所由生然後可以明其得失且

劉歆等所定辰次非能有以覩陰陽之賾而得於鬼神各據當時中節星度耳歆以太初曆冬至日在牽牛前五度故降婁直東壁八度李業興正光曆冬至在牽牛前十二度故降婁退至東壁三度及祖冲之後以爲日度漸差則當據列宿四正之中以定辰次不復係於中節淳風以冬至常在斗十三度則當以東壁二度爲降婁之初安得守漢曆以駮仁均耶又三統曆昭公二十年己丑日南至與麟德曆及開元曆同然則入雨水後七日亦入降婁七度非魯衛之交也三十一年十二月辛亥朔日蝕史墨曰日月在辰尾庚午之日日始有謫開元曆是歲十月辛亥朔入常立冬五日日在尾十三度於古距辰尾之初麟德曆日在心三度於黄道退直于房矣哀公十二年冬十有二月螽開元曆推置閏當在十一年春至十二年冬失閏已久是歲九月己亥朔先寒露三日於定氣日在亢五度去心近一次

火星則大尚未當伏至霜降五日始潛日下乃月令蟄蟲咸俯則火辰未伏當在霜降前雖節氣極晚不得十月昏見故仲尼曰丘聞之火伏而後蟄者畢今火猶西流司曆過也方夏后氏之初八月辰伏九月内火及霜降之後火已朝覿東方距春秋之季千五百餘年乃去火伏而後蟄者畢向使冬至常居其所則仲尼不得以西流未伏明是九月之初也自春秋至今又千五百歲麟德曆以霜降後五日日在氐八度房心初伏定增二日以月蝕衝校之猶差三度閏餘稍多則建亥之始火猶見西方向使宿度不移則仲尼不得以西流未伏明非十月之候也自羲和已來火辰見伏三覩厥變然則丘明之記欲令後之作者參求微象以探仲尼之旨是歲失閏浸久季秋中氣後天三日比及明年仲冬又得一閏寤仲尼之言補正時曆而十二月猶可以螽至哀公十四年五月庚申朔日蝕以開元曆考之則

日蝕前又増一閏魯曆正矣長曆自哀公十年六月迄十四年二月纔置一閏非是戰國及秦日却退三度始皇十七年辛未歲冬至應在斗二十二度秦曆上元正月己巳朔晨初立春日月五星俱起營室五度蔀首日名皆直四孟假朔退十五日則閏在正月前朔進十五日則閏在正月後是以十有二節皆在盈縮之中而晨昏宿度隨之以顓頊曆依月令自十有二節推之與不韋所記合而穎子嚴之倫謂月令晨昏距宿當在中氣致雩祭太晚自乖左氏之文而杜預又據春秋以月令爲否皆非是梁大同曆夏后氏之初冬至日在牽牛初以爲明堂月令乃夏時之記據中氣推之不合更以中節之間爲正迺稍相符不知進在節初自然契合自秦初及今又且千歲節初之宿皆當中氣淳風因爲說曰今孟春中氣日在營室昏明中星與月令不殊按秦曆立春日在營室五度麟德曆以啓蟄之日迺至

營室。其昏明中宿十有二建。以為不差。妄矣。古曆。冬至昏明中星去日九十二度。春分秋分百度。夏至百一十八度。率一氣差三度。九日差一刻。秦曆十二次。立春在營室五度。於太初星。距危十六度少也。昏畢八度中。月令參中。謂肩股也。晨心八度中。月令尾中。於太初星距尾也。仲春昏東井十四度中。月令弧中。弧星入東井十八度。晨南斗二度中。月令建星中。於太初星距西建也。甄耀度及魯曆。南方有狼弧。無東井鬼。北方有建星。無南斗。井斗度長。弧建度短。故以正昏明。云古曆星度及漢洛下閎等所測。其星距遠近不同。然二十八之宿體不異。古以牽牛上星為距。太初改用中星。入古曆牽牛太半度。於氣法當三十二分日之二十一。故洪範傳冬至日在牽牛一度。減太初星距二十一分。直南斗二十六度十九分也。顓頊曆立春起營室五度。冬至在牽牛一度少。洪範傳冬至所起無餘分。故立春在營

室四度。太祖沖之自營室五度。以太初星距命之。因云秦曆冬至日在牽牛六度。虞劇等襲沖之之誤。為之說云。夏時冬至日在斗末。以歲差考之。牽牛六度。乃顓頊之代。漢時雖覺其差。頓移五度。故冬至還在牛初。按洪範古今星距。僅差四分之三。皆起牽牛一度。劇等所說亦非是。魯宣公十五年丁卯。歲顓頊第十三蔀首。與麟德曆俱以丁巳平旦立春。至始皇三十三年丁亥。凡三百八十歲。得顓頊曆壬申蔀首。是歲秦曆以壬申寅初立春。而開元曆與麟德曆俱以庚午平旦。差二日。日當在南斗二十二度。古曆後天二日。又增二度。然則秦曆冬至定在牛前二度。氣後天二日。日不及天二度。微而難覺。故呂氏循用之。及漢興。張蒼等亦以為顓頊曆比五家疏闊中最近密。今考月蝕衝。則開元冬至上及牛初。正差一次。淳風以為古術疏舛。雖弦望昏明差天十五度而猶不知。又引呂氏春秋。黃帝以仲春乙卯日在奎。始奏十二鍾。命之曰咸池。至今三千餘年。而春分亦在奎。反謂秦曆與今不異。按不韋所記。以其月令孟春在奎。謂黃帝之時亦在奎。猶淳風曆冬至斗十三度。因為黃帝時亦在建星耳。經籍所載。合於歲差者。淳風皆不取。而專取於呂氏春秋。若謂十二紀可以為正。則立春在營室五度。因當不易。安得頓移使當啓蟄之節。此又其所不思也。漢四百二十六年。日却差五度。景帝中元三年。甲午歲冬至。應在斗二十一度。太初元年。三統曆及周曆皆以十一月夜半合朔冬至。日月俱起牽牛一度。古曆與近代密率相較。二百年氣差一日。三百年朔差一日。推而上之。久益先天。引而下之。久益後天。僖公五年。周曆正月辛亥朔。餘四分之一。南至。以歲差推之。日在牽牛初。至宣公十一年癸亥。周曆與麟德曆俱以庚戌日中冬至。而月朔尚先麟德曆十五辰。至昭公二十年己卯。周曆以正月己丑朔日中南

至。麟德曆以己丑平旦冬至。哀公十一年丁巳。周曆入己酉蔀首。麟德曆以戊申禺中冬至。惠王四十三年己丑。周曆入丁卯蔀首。麟德曆以乙丑日昳冬至。呂后八年辛酉。周曆入乙酉蔀首。麟德曆以壬午黃昏冬至。其十二月甲申人定合朔。太初元年。周曆以甲子夜半合朔冬至。麟德曆以辛酉禺中冬至。十二月癸亥晡時合朔。氣差三十二辰。朔差四辰。此疏密之大較也。僖公五年。周曆漢曆唐曆皆以辛亥南至。後五百五十餘歲。至太初元年。周曆漢曆皆得甲子夜半冬至。唐曆皆以辛酉。則漢曆後天三日矣。祖沖之張胄玄促上章歲至太初元年。沖之以癸亥鷄鳴冬至。而胄玄以癸亥日出。欲令合於甲子。而適與魯曆相會。自此推僖公五年。魯曆以庚戌冬至。而二家皆以甲寅。且僖公登觀臺以望而書雲物。出於表晷天驗。非時史億度。棄丘明正時之意。以就劉歆之失。今考麟德元年甲子。唐曆皆以

甲子冬至，而周曆、漢曆皆以庚午，然則自太初下至麟德差四日，自太初上及僖公差三日，未足疑也。以歲差考太初元年辛酉冬至，加時日在斗二十三度。漢曆氣後天三日，而日先天三度，所差尚少，故洛下閎等雖候昏明中星，步日所在，猶未覺其差。然洪範太初所揆冬至昏奎八度中，夏至昏氐十三度中，依漢曆冬至日在牽牛初太半度，以昏距中命之，奎十一度中，夏至房一度中，此皆閎等所測，自差三度，則劉向等殆已知太初冬至不及天三度矣。及永平中治曆者考行事史官注，日常不及太初曆五度，然諸儒守讖緯以為當在斗初，故賈逵等議石氏星距黃道規牽牛初直斗二十度，於赤道二十一度也。尚書考靈耀斗二十二度無餘分，冬至日在牽牛初，無牽牛所起文，編訢等據今日所去牽牛中星五度，於斗二十一度四分一，與考靈耀相近，遂更曆從斗二十一度起，然古曆以斗魁首為短

至牽牛為二十二度，未聞移牽牛六度以就太初星距也。逵等以末學僻於所傳，而昧天象，故以權誣之，而後聽從他術，以為日在牛初者，由此遂黜。今歲差引而退之，則辛酉冬至日在斗二十度，合於密率，而有驗於今，推而進之，則甲子冬至日在斗二十四度，昏奎八度中，而有証於古，其虛退之度，又適及牽牛之初，而沖之雖促減氣分，氣符漢曆，猶差六度，未及於天，而麟德曆冬至不移，則昏中向差半次。淳風以為太初元年得本星度，日月合璧，俱起建星，賈逵考曆亦云古曆冬至皆起建星，兩漢冬至日皆後天，故其宿度多在斗末，今以儀測建星在斗十三四度間，自古冬至無差審矣。據古之六術並同四分，四分之法久則後天，推古曆之作存漢初，却較春秋朔並先天，則非三代之前明矣。古曆南斗至牽牛上星二十一度，入太初星距四度，上直西建之初，故六家或以南斗命度，或以建星命度，方周

漢之交，日已潛退，其脹春秋，舊曆者則以為在牽牛之首，其考當時之驗者，則以為入建度中，然氣朔前後不逾一日，故漢曆冬至當在斗末，以為建星上得太初本星度，此其明據也。四分法雖疏，而先賢謹於天事，其遷革之意，俱有效於當時，故太史公等觀二十八宿疏密，立晷儀，下漏刻，以稽晦朔分至、躔離弦望，其赤道遺法，後世無以非之，故雖候清臺，太初最密，若當時日在建星，已直斗十三度，則壽王調曆，宜允得其中，豈容頓差一氣而未知其謬，不能觀乎時變，而欲厚誣古人也。後百餘歲至永平十一年，以麟德曆較之，氣當後天二日半，朔當後天半日，是歲四分曆得辛酉蔀首，已減太初曆四分日之三，定後天二日太半。開元曆以戊午禺中冬至，日在斗十八度半弱，潛退至午前八度，進至辛酉夜半，日在斗二十一度半弱，續漢志云元和二年冬至日在斗二十一度四分之一，是也。祖沖之曰：四

分曆立冬景長一丈，立春九尺六寸，冬至南極，日景最長，二氣去至日數既同，則中景應等，而相差四寸，此冬至後天之驗也。二氣中景日差九分半弱，進退調均，略無盈縮，各退二日十二刻，則景皆九尺八寸，以此推冬至後天亦二日十二刻矣。東漢晷漏定於永元十四年，則四分法施行後十五歲也。二十四氣加時進退不等，其去午正極遠者四十九刻有餘，日中之晷頗有盈縮，故治曆者皆就其中率以午正言之，而開元曆所推氣及日度皆直子半之始，其未及日中尚五十刻，因加二日十二刻，正得二日太半，與沖之所筭及破章一百年間輒差一日之數皆合。自漢時辛酉冬至以後天之數減之，則合於今曆歲差斗十八度，自今曆戊午冬至以後天之數加之，則合於賈逵所測斗二十一度，反復僉同，而淳風冬至常在斗十三度，豈當時知不及牽牛五度，而不知過建星八度耶？晉武帝大始三年丁

亥歲冬至日當在斗十六度晉用魏景初曆其冬至亦在斗二十一度少太元九年姜岌更造三紀術退在斗十七度曰古曆斗分彊故不可施於今乾象斗分細故不可通於古景初雖得其中而日之所在乃差四度合朔虧盈皆不及其次假月在東井一度蝕以日檢之乃在參六度岌以月蝕衝知日度由是躔次遂正爲後代治曆者宗宋文帝時何承天上元嘉曆曰四分景初曆冬至同在斗二十一度臣以月蝕檢之則今應在斗十七度又土圭測二至晷差三日有餘則天之南至日在斗十三四度矣事下太史考驗如承天所上以開元曆考元嘉十年冬至日在斗十四度與承天所測合大明八年祖沖之上大明曆冬至在斗十一度開元曆應在斗十三度梁天監八年沖之子員外散騎侍郎暅之上其家術詔太史令將作大匠道秀等較之上距大明又五十年日度益差其明年閏月十六日月蝕在

虛十度曰應在張四度承天曆在張六度沖之曆在張二度大同九年虞鄺等議姜岌何承天俱以月蝕衝步日所在承天雖移岌三度然其冬至亦在岌三日承天在斗十三四度而岌在斗十七度其實非移祖沖之謂爲實差以推今冬至日在斗九度用求中星不合自岌至今將二百年而冬至在斗十二度然日之所在難知驗以中星則漏刻不定漢世課昏明中星爲法已淺今候夜半中星以求日衝近於得密而水有清濁壺有增減或積塵所擁故漏有遲疾臣等頻夜候中星而前後相差或至三度大畧冬至遠不過斗十四度近不出十度又以九年三月十五日夜半月在房四度蝕九月十五日夜半月在昴三度蝕以其衝計冬至皆在斗十一度自姜岌何承天所測下及大同日已却差二度而淳風以爲晉宋以來三百餘歲以月蝕衝考之固在斗十三四度間非矣劉孝孫甲子元曆推太初冬至

在牽牛初下及晉太元宋元嘉皆在斗十七度開皇十四年在斗十三度而劉焯曆仁壽四年冬至日在黃道斗十度於赤道斗十一度也其後孝孫改從焯法而仁壽四年冬至日亦在斗十度焯卒後胄玄以其前曆上元起虛五度推漢太初猶不及牽牛乃更起虛七度故太初在斗二十三度永平在斗二十一度並與今曆合而仁壽四年冬至在斗十三度以驗近事又不逮其前曆矣戊寅曆太初元年辛酉冬至進及甲子日在牽牛三度永平十一年得戊午冬至進及辛酉在斗二十六度至元嘉中氣上景初三日而冬至猶在斗十七度欲以求合反更失之又曲循孝孫之論而不知孝孫已變從皇極故爲淳風等所較歲差之術由此不行以太史注記月蝕衝考日度麟德元年九月庚申月蝕在婁十度至開元四年六月庚申月蝕在牛六度較麟德曆率差三度則今冬至定在赤道斗十度又皇極曆

歲差皆自黃道命之其每歲周分常當南至之軌與赤道相較所減尤多計黃道差三十六度赤道差四十餘度雖每歲遯之不足爲過然立法之體宜盡其原是以開元曆皆自赤道推之乃以今有術從變黃道其八日躔盈縮略例曰北齊張子信積候合蝕加時覺日行有入氣差然損益未得其正至劉焯立盈縮躔衰術與四象升降麟德曆因之更名躔差凡陰陽往來皆馴積而變日南至其行最急急而漸損至春分及中而後遲迨日北至其行最舒而漸益之以至秋分又及中而後益急急極而寒若舒極而燠若及中而雨暘之氣交自然之數也焯術於春分前一日最急後一日最舒秋分前一日最舒後一日最急舒急同于二至而中間一日平行其說非是當以二十四氣晷景考日躔盈縮而密於加時其九九道議曰洪範傳云日有中道月有九行中道謂黃道也九行者青道二出黃道東朱道二

出黃道南白道二出黃道西黑道二出黃道北立春春分月東從青道立夏夏至月南從朱道立秋秋分月西從白道立冬冬至月北從黃道漢史官舊事九道術廢久劉洪頗採以著遲疾陰陽曆然本以消息為奇而術不傳推陰陽曆代在冬至夏至則月行青道白道所交則同而出入之行異故青道至春分之宿及其所衝皆在黃道正東白道至秋分之宿及其所衝皆在黃道正西若陰陽曆交在立春立秋則月循朱黑道所交則同而出入之行異故朱道至立夏之宿及其所衝皆在黃道西南黑道至立冬之宿及其所衝皆在黃道東北若陰陽曆交在春分秋分之宿則月行朱道黑道所交則同而出入之行異故朱道至夏至之宿及其所衝皆在黃道正南黑道至冬至之宿及其所衝皆在黃道正北若陰陽曆交在立夏立冬則月循青道白道所交則同而出入之行異故青道至立春之宿及其所衝皆在黃道東南白道至立秋之宿及其所衝皆在黃道西北其大紀皆兼二道而實分主八節合于四正四維按陰陽曆中終之所交則月行正當黃道去交七日其行九十一度齊於一象之率而得八行之中八行與中道而九是謂九道凡八行正於春秋其去黃道六度則交在冬夏正於冬夏其去黃道六度則交在春秋易九六七八迭為終始之象也乾坤定位則八行各當其正及其寒暑相推晦朔相易則在南者變而居北在東者從而為西屈伸消息之象也黃道之差始自春分秋分赤道所交前後各五度為限初黃道增多赤道二十四分之十二每限損一極九限數終于四率赤道四十五度而黃道四十八度至四立之際一度少强依平復從四起初限五度赤道增多黃道二十四分之四每限益一極九限而止終于十二率赤道四十五度而黃道四十二度復得冬夏至之中矣月道之差始自交

初交中黃道所交亦距交前後五度為限初限月道增多黃道四十八分之十二每限損一極九限而止數終于四率黃道四十五度而月道四十六度半乃一度强依平復從四起初限五度月道差少黃道四十八分之四每限益一極九限而止終于十二率黃道四十五度而月道四十三度半至陰陽曆二交之半矣凡近交初限增十二分者至半交末限減十二分去交四十六度得損益之平率矣日行與歲差偕遷月行隨交限而變遷伏相消朓朒相補則九道之數可知矣其月道所交與二分同度則赤道黑道近交初限黃道增一十四分之十二月道增四十八分之十二至半交之末其減亦如之故於九限之際黃道差三度月道差一度半蓋損益之數齊也若所交與四立同度則黃道在損益之中月道差四十八分之十一月道至損益之中黃道差二十四分之十二於九限之際黃道差三度月道差四分度之三皆朓朒相補也若所交與二至同度則青道白道近交初限黃道減二十四分之十二月道增四十八分之十二至半交之末黃道增二十四分之十二月道減四十八分之十二於九限之際黃道與月道差同蓋遁伏相消也日出入赤道二十四度月出入黃道六度相距則四分之一故於九道之變以四立為中交在二分增四分之一而與黃道度相半在二至減四分之一而與黃道度正均故推極其數引而伸之每氣移一候月道所差增損九分之一七十二候而九道究矣凡月交一終退前所交一度及餘八萬九千七百七十三分度之四萬二千五百三少半積二百二十一月及分七千七百五十三而交道周天矣因而半之將九年而九道終以四象為之客擾合朔所交入七十二候則其八道之行也以朔交為交初望交為交中若交初在冬至初候而入陰曆則行青道又十三日七

十六分日之四十六至交中得所衝之宿變入陽曆亦行青道若交
初入陽曆則白道也故考交初所入而周天之度可知若望交在冬
至初候則減十三日四十六分視大雪初候陰陽曆而正其行也其
十發漏中星略例曰日行有南北晷漏有長短然二十四氣晷差徐
疾不同者句股使然也直規中則差遲與句股數齊則差急隨辰極
高下所遇不同如黃道刻漏此乃數之淺者近代且猶未曉今推黃
道去極與晷景漏刻昏距中星四術返覆相求消息同率旋相爲中
以合九服之變其十一日蝕議曰小雅十月之交朔日辛卯虞劆以
曆推之在幽王六年開元曆定交分四萬三千四百二十九入蝕限
加時在晝交會而蝕數之常也詩云彼月而食則維其常此日而食
于何不臧日君道也無朏魄之變月臣道也遠日益明近日益虧望
與日軌相會則徙而浸遠遠極又徙而近交所以著臣人之象也望

奏議卷二百七十九　二十七

而正於黃道是謂臣干君明則陽斯蝕之矣朔而正於黃道是謂臣
壅君明則陽爲之蝕矣且十月之交於曆當蝕君子猶以爲變詩人
悼之然則古之太平日不蝕星不孛蓋有之矣若過至未分月或變
行而避之或五星潛在日下禦侮而救之或涉交數淺或在陽曆陽
盛陰微則不蝕或德之休明而有小眚焉則天爲之隱雖交而不蝕
此四者皆德教之所由生也四序之中分同道至相過交而有蝕則
天道之常如劉歆賈逵皆近古大儒豈不知軌道所交朔望同術哉
以日蝕非常故闕而不論黃初已來治曆者始課日蝕疏密及張子
信而益詳劉焯張胄玄之徒自負其術謂日月皆可以密率求是專
於曆紀者也以戊寅麟德曆推春秋日蝕大最皆入蝕限於曆應蝕
而春秋不書者尚多則日蝕必在交限其入限者不必盡蝕開元十
二年七月戊午朔於曆當蝕半彊自交趾至于朔方候之不蝕十三

年十二月庚戌朔於曆當蝕太半時東封泰山還次梁宋閒皇帝徹
饍不舉樂不蓋素服日亦不蝕時群臣與八荒君長之來助祭者降
物以需不可勝數皆奉壽稱慶肅然神服雖算術乖舛不宜如此然
後知德之動天不俟終日矣若因開元二蝕曲變交限而從之則差
者益多自開元治曆史官每歲較節氣中晷因檢加時小餘雖大數
有常然亦與時推移每歲不等晷變而長則日行黃道南晷變而短
則日行黃道北行而南則陰曆之交也或失行而北則陽曆之交也
或失日在黃道之中且猶有變況月行九道乎杜預云日月動物雖
行度有大量不能不小有盈縮故有雖交會而不蝕者或有頻交而
蝕者是也故較曆必稽古史虧蝕深淺加時朓朒陰陽其數相叶者
反覆相求由曆數之中以合辰象之變觀辰象之變反求曆數之中
類其所同而中可知矣辨其所異而變可知矣其循度則合于曆失

奏議卷二百七十九　二十八

行則合于占占道順成常執中以追變曆道逆數常執中以俟變知
此之說者天道如視諸掌略例曰舊曆考月蝕淺深皆自張子信所
傳云積候所得而未曉其然也以圓儀度日月之徑乃以月徑之半
減入交初限一度半餘爲闇虛半徑以月去黃道每度差數令二徑
相掩以驗蝕分以所入日遲疾乘徑爲泛所用刻數大率去交不及
三度即月行沒在闇虛皆入既限又半日月之徑減春分入交初限
相去度數餘爲斜射所差乃考差數以立既限而優游進退於二度
中閒亦令二徑相掩以知日蝕分數月徑踰既限之南則雖在陰曆
而所虧類同外道斜望使然也既限之外應向外蝕外道交分準用
此例以較古今日蝕四十三事月蝕九十九事課皆第一使日蝕皆
不可以常數求則無以稽曆數之疏密若皆可以常數求則無以知
政教之休咎今更設考日蝕或限術得常則合于數又日月交會大

小相若而月在日下。自京師斜射而望之。假中國食既。則南方戴日之下所虧纔半。月外反觀。則交而不蝕。步九服日晷以定蝕分晨昏漏刻與地偕變。則宇宙雖廣。可以一術齊之矣。其十二次星譚曰。歲星自商周迄春秋之季。率百二十餘年而超一次。戰國後其行寖急。至漢尚微差。及哀平間。餘勢乃盡。更八十四年而超一次。因以為常。此其與餘星異也。姬氏出自靈威仰之精。受木行正氣。歲星主農祥。后稷憑焉。故周人常閱其禨祥而觀善敗。其始王也。次于鶉火。以達天黿。及其衰也。淫于玄枵。以害鳥帑。其後羣雄力爭。禮樂隕壞。而徙衡攻守之術興。故歲星常贏行於上。而侯王不寧於下。則不縮失行之勢。宜極於火運之躔。理數然也。開元十二年正月庚午。歲星在進賢東北尺三寸。直軫十二度。於麟德曆在軫十五度。推而上之。至漢河平二年。其十月下旬。歲星在軒轅南耑大星西北尺所。麟德曆在

張二度。直軒轅大星。上下相距七百五十年。考其行度。猶未甚盈縮。則哀平後不復每歲漸差也。又上百二十年。至孝景中元三年五月。星在東井鉞。麟德曆在參三度。又上六十年。得漢元年十月五星聚于東井。從歲星也。於秦正歲在乙未。夏正當在甲午。麟德曆白露八日。歲星留觜觿一度。明年立夏。伏于參。由差行未盡。而以常數求之使然也。又上二百七十一年。至哀公十七年。歲在鶉火。麟德曆初見在輿鬼二度。立冬九日。留星三度。明年啓蟄十日。退至柳五度。猶不及鶉火。又上百七十八年。至僖公五年。歲星當在大火。麟德曆初見在張八度。明年伏于翼十六度。定在鶉火。差三次矣。哀公以後。差行漸遲。相去猶近。哀公以前。率常行遲。而舊曆猶用急率。不知合變。故所差彌多。武王革命。歲星亦在大火。而麟德曆在東壁三度。則唐虞已上。所差周天矣。太初三統曆。歲星十二周天超一次。推商周間事

大抵皆合。驗開元注記。差九十餘度。蓋不知歲星後率故也。皇極麟德曆七周天超一次。以推漢魏間事。尚未差。上驗春秋所載。亦差九十餘度。蓋不知歲星前率故也。天保天和曆得二率之中。故上合於春秋。下猶密於記注。以推永平黃初間事。遠者或差三十餘度。蓋不知戰國後歲星變行故也。自漢元始四年。距開元十二年。凡七十二甲子。上距隱公六年。亦十二甲子。而二曆相合於其中。或差三次於古。或差三次於今。其兩合於古今者。中間亦乖。欲一術以求之。則不可得也。開元曆歲星前率三百九十八日。餘二千二百一十九。秒九十三。自哀公二十年丙寅後。每加度餘一分。盡四百三十九合。次合乃加秒十三而止。凡三百九十八日。餘二千六百五十九。秒六。而與日合。是為歲星後率。自此因以為常。入漢元始六年也。歲星差合。術曰。置哀公二十年冬至合餘。加入差已來中積分。以前率約之。為入差

合數。不盡者。如曆術入之。反求冬至後合日。乃副列入差合數。增下位一等。乘而半之。盈大衍通法為日。不盡為日餘。以加合日。即差合所在也。求歲星差行徑術。以後終率約上元以來中積分。亦得所未盡者。稽其實行。當從元始六年置差步之。則前後相距。間不容髮。而上元之首。無忽微空積矣。成湯伐桀。歲在壬戌。開元曆星與日合于角。次于氐十度而後退行。其明年。湯始建國為元祀。順行與日合于房。所以紀商人之命也。後六百一算。至紂六祀。周文王初禴于畢。十二祀。歲在己卯。星在鶉火。武王嗣位。克商之年。進及輿鬼。而退守東井。明年。周始革命。順行與、合于柳。進留于張。考其分野。則分陝之間。與三監封域之際也。成王三年。歲在丙午。星在大火。唐叔始封。故國語曰。晉之始封。歲在大火。春秋傳。僖公五年。歲在大火。晉公子重耳自蒲奔狄。十六年。歲在壽星。適齊過衞。野人與之塊。子犯曰。天賜也。

天事必象。歲及鶉火。必有此乎。復于壽星。必獲諸侯。二十三年。歲星在胃昴。秦伯納晉文公。董因曰。歲在大梁。將集天行。元年實沈之星。晉人是居。君之行也。歲在大火。閼伯之星也。是謂大辰。辰以善成。后稷是相。唐叔以封。且以辰出而以參入。皆晉祥也。二十七年。歲在鶉火。晉侯伐衛。取五鹿。敗楚師于城濮。始獲諸侯。歲適及壽星。皆與開元曆合。襄公十八年。歲星在陬訾之口。開元曆大寒三日。星與日合在危三度。遂順行至營室八度。其明年。鄭子蟜卒。將葬。公孫子羽與裨竈晨會事焉。過伯有氏。其門上生莠。子羽曰。其莠猶在乎。於是歲在降婁中。而曙。裨竈指之曰。猶可以終歲。歲不及此次也。開元曆歲星在奎。奎。降婁也。麟德曆在危。危。玄枵也。二十八年春。無冰。梓慎曰。歲在星紀。而淫於玄枵。裨竈曰。歲棄其次於旅於明年之次。以害鳥帑。周楚惡之。開元曆歲星至南斗十七度。而退守西建間。復順行與

日合于牛初。應在星紀。而盈行進及虛宿。故曰淫留玄枵。二年至三十年。開元曆歲星順行至營室十度。留。距子蟜之卒一終矣。其年八月。鄭人殺良霄。故曰及其亡也。歲在陬訾之口。其明年乃及降婁。昭公八年十一月。楚滅陳。史趙曰。未也。陳。顓頊之族也。歲在鶉火。是以卒滅。今在析木之津。猶將復由。開元曆在箕八度。析木津也。十年春。進及婺女初。在玄枵之維首。傳曰。正月有星出于婺女。裨竈曰。今茲歲在顓頊之墟。是歲與日合于危。其明年進及營室。復得豕韋之次。景王問萇弘曰。今茲諸侯何實吉。何實凶。對曰。蔡凶。此蔡侯般弒其君之歲。歲在豕韋。弗過此矣。楚將有之。歲及大梁。蔡復。楚凶。至十三年。歲星在昴畢。而楚弒靈王。陳蔡復封。初。昭公九年。陳災。裨竈曰。後五年陳將復封。歲五及鶉火。而後陳卒亡。自陳災五年。而歲在大梁。陳復建國。哀公十七年。五及鶉火。而楚滅陳。是年歲星與日合在張

六度。昭公三十一年夏。吳伐越。始用師於越也。史墨曰。越得歲而吳伐之。必受其凶。是歲星與日合于南斗二度。昔僖公六年。歲陰在卯。而星在析木。昭公三十二年。亦歲陰在卯。而星紀。故三統曆因以爲超次之率。考其實。猶百二十餘年。近代諸曆欲以八十四年齊之。此其所惑也。後三十八年。而越滅吳。星三及斗牛。已入差合二年矣。夫五事感於中。而五行之祥應于下。五緯之變彰于上。若聲發而響和。形動而影隨。故王者失典刑之正。則星辰爲之亂行。汩彝倫之序。則天事爲之無象。當其亂行無象。又可以曆紀齊乎。故襄公二十八年。歲在星紀。淫于玄枵。至三十年八月。始及陬訾之口。超次而前。二年守之。漢元鼎中。太白入于天苑。失行在黃道南三十餘度。閒歲。武帝北巡守。登單于臺。勒兵十八萬騎。又誅大宛。馬大死軍中。晉咸寧四年九月。太白當見不見。占曰。是謂失舍。不有破軍。必有亡國。時將伐吳

明年三月兵出。太白始夕見西方。而吳亡。永寧元年正月至閏月。五星經天。縱橫無常。永興二年四月丙子。太白犯狼星。失行在黃道南四十餘度。永嘉三年正月庚子。熒惑犯紫微。皆天變所未有也。終以二帝蒙禍。天下大亂。後魏神瑞二年十二月。熒惑在瓠瓜星中。一夕忽亡。不知所在。崔浩以日辰推之。曰。庚午之夕。辛未之朝。天有陰雲。熒惑之亡。在此二日。庚午辛未。皆主秦。辛爲西夷。今姚興據咸陽。是熒惑入秦矣。其後熒惑果出東井。留守盤旋。秦中大旱。赤地。昆明水竭。明年。姚興死。二子交兵。三年國滅。齊永明九年八月十四日。火星應退在昴三度。先曆在畢。二十一日始逆行北轉。垂及立冬。形色彌盛。魏永平四年八月癸未。熒惑在氐。夕伏西方。亦先期五十餘日。雖時曆疏闊。不宜若此。隋大業九年五月丁丑。熒惑逆行入南斗。色赤如血。大如北斗器。光芒震耀。長七八尺。於斗中句巳而行。亦天變所未

有也。後楊玄感反。天下大亂。故五星皆逆伏見之効。表裏盈縮之行皆係之於時。而象之於政。政小失則小變。事微而象微。事章而象章。已示吉凶之象。則又變行。襲其常度。不然。則皇天何以陰騭下民。警悟人主哉。近代筭者昧於象。占者迷於數。觀五星失行。皆謂之曆舛。雖七曜循軌。猶或謂之天災。終以數象相蒙。而兩喪其實。故較曆必稽古今注記。入氣均而行度齊。上下相距。反覆相求。苟獨異於常。則失行可知矣。凡二星相近。多為之失行。三星以上。失度彌甚。天竺曆以九執之情。皆有所好惡。遇其所好之星。則趣之行疾。捨之行遲。張子信曆辰星應見不見術。晨夕去日前後四十六度內。十八度外。有木火土金一星者見。無則不見。張胄玄曆。朔望在交限。有星伏在日下。木土去見十日外。火去見四十日外。金去見二十二日外者。並不加減差。皆精氣相感使然。夫日月所以著尊卑不易之象。五星所以示政教從時之義。故日月之失行也。微而少。五行之失行也。著而多。今畧考常數。以課疏密。畧例曰。其入氣加減。亦自張子信始。後人莫不遵用之。原始要終。多有不叶。今較麟德曆熒惑太白見伏。行度過與不及。熒惑凡四十八事。太白二十一事。餘星所差盡細。不足考。且盈縮之行。宜與四象潛合。而二十四氣加減不均。更推易數而正之。又各立歲差。以究五精運周二十八舍之變。較史官所記歲星二十七事。熒惑二十八事。鎮星二十一事。太白二十二事。辰星二十四事。開元曆課皆第一云。

歷代名臣奏議卷之二百八十

律曆

周世宗即位。外伐僭叛。內脩法度。端明殿學士王朴通於曆數。乃詔朴撰定歲餘。朴奏曰。臣聞聖人之作也。在乎知天之變者也。人情之動。則可以言知之。天道之動。則當以數知之。數之為用也。聖人以之觀天道焉。歲月日時由斯而成。陰陽寒暑由斯而節。四方之政由斯而行。夫為國家者履端立極。必體其元。布政考績。必因其歲。禮動樂舉。必正其朔。三農百工。必順其時。五刑九伐。必順其氣。庶務有為。必從其日月。是以聖人受命。必治曆數。故五紀有常度。庶徵有常應。正朔行之於天下也。自唐之季。凡歷數朝。亂日失天。垂將百載。天之曆數。汨陳而已。陛下順考古道。寅畏上天。咨詢庶官。振舉墜典。臣雖非能者。敢不奉詔。乃包萬象以為法。齊七政以立元。測圭箭以候氣。審朓朒以定朔。明九道以步月。校遲疾以推星。考黃道之邪正。辨天勢之昇降。而交蝕詳焉。夫立天之道曰陰與陽。陰陽各有數。合則化成矣。陽之策二十八。陰之策二十四。奇偶相命。兩陽三陰。同得七十二。同則陰陽之數合。七十二者。化成之數也。化成則謂之五行之數。五行之得朞數。過之者謂之氣盈。不及者謂之朔虛。至於應變分用。無所不通。故以七十二為經法。經者常用之法也。百者數之節也。隨法進退。不失舊位。故謂之通法。以通法進經法。得七千二百。謂之統法。自元入經。先用此法。統曆之諸法也。以通法進統法。得七十二萬。氣朔之下。數分必盡。謂之全率。以通法進全率。得七千二百萬。謂之大率。而元紀生焉。元者歲月日時皆甲子。日月五星合在子。當盈縮先後之中。所謂七政齊矣。古者植圭於陽城。以其近洛也。蓋尚慊其中。乃在洛之東偏。開元十二年。遣使天下候影。南距林邑。北距橫野。中得後儀之岳臺應南北弦居地之中。大周建國定都於汴。樹圭置箭測岳臺晷漏以為中數。晷漏正則日之所至氣之所應得之矣。日月皆有盈縮。日盈月縮則後中而朔。月盈日縮則先中而朔。自古朓朒之法。率皆平行之數。入曆既有前次。而又衰稍不倫。皇極舊術則迂迴而難用。降及諸曆則疏遠而多失。今以月離朓朒隨曆校定。日躔朓朒臨用加減。所得者入離定日也。一日之中。分為九限。每限損益衰稍有倫。朓朒之法。可謂審矣。赤道者天之紘帶也。其勢圜而平。紀宿度之常數焉。黃道者日軌也。其半在赤道內。半在赤道外。去極二十四度。當與赤道近。則其勢斜。當與赤道遠。則其勢直。當斜則日行宜遲。當直則日行宜速。故二分前後加其度。二至前後減其度。九道者月軌也。其半在黃道內。半在黃道外。去極遠六度。出黃道謂之正交。入黃道謂之中交。若正交在秋分之宿。中交在春分之宿。則比黃道益斜。若正交在春分之宿。中交在秋分之宿。則比黃道反直。若正交中交在二至之宿。則其勢差斜。故校去二至二分遠近以考斜正。乃得加減之數。自古雖有九道之說。蓋亦知而未詳。徒有祖述之文。而無推步之用。今以黃道一周。分為八節。一節之中。分為九道。盡七十二道。而使日月無所隱其斜正之勢焉。九道之法。可謂明矣。星之行也。近日而疾。遠日而遲。去日極遠。勢盡而留。自古諸曆分段失實。隆降無準。今日行分尚多。次日便留。自留而退。惟用平行。仍以入段行度為入曆之數。皆非本理。遂至乖戾。今校逐日行分積以為變段。然後自疾而漸遲。勢盡而留。自留而行。亦積微而後多。別立諸段變曆。以推變差。俾諸段變差際會相合。星之遲疾可得而知之矣。自古相傳。皆謂去交十五度以下則日月有蝕。殊不知日月之相掩與闇虛之所射。其理有異。今以日月徑度之大小。校去交之遠近。以黃道之斜正。天勢之昇降。度仰視旁視之分數。則交虧得其實矣。臣考前世。無食神首尾之文。近自司天卜祝小術。不能舉其大體。遂為等接之法。蓋從假用以求徑捷。於是乎交有逆行之數。後學者不能詳知。因言曆有九曜。以為注曆之常式。今並削而去之。謹以步日步月步星步發斂為四篇。合為曆經一卷。曆十一卷。草三卷。顯德三年七政細行曆一卷。以為欽天曆。昔在帝堯欽若昊天。陛下考曆象日月星辰。唐堯之道也。天道玄遠。非微臣之所盡知。世宗嘉之。詔司天監用之。

宋太祖乾德中。以雅樂聲高。詔有司重加考正。時判太常寺和峴上言曰。古聖設法。先立尺寸。作為律呂。三分損益。上下相生。取合真者。謂之形器。但以尺寸長短非書可傳。故累秬黍求為準的。後代試之。或不符會。西京銅望臬可校古法。即今司天臺影表銅臬下石尺是也。及以王朴所定比校。短於石尺四分。則聲樂之高。蓋由於此。況影表測於天地。則管律可以準繩。上乃令依古法以造新尺。并黃鍾九寸之管。命工人校其聲。果下於朴所定管一律。又內出上黨羊頭山秬黍累尺校律。亦相符合。遂下尚書省集官詳定。眾議僉同。由是重造十二律管。自此雅音和暢。

太宗雍熙元年四月。布衣趙垂慶上書言本朝當越五代而上承唐統為金德。若梁繼唐。傳後唐。至本朝亦合為金德。矧自國初符瑞色白者不可勝紀。皆金德之應也。望改正朔。易車旗服色。以承天統。事下尚書省集議。常侍徐鉉與百官奏議曰。五運相承。國家大事。著於前載。具有明文。頃以唐末喪亂。朱梁篡弑。莊宗早編屬籍。親雪國讎。中興唐祚。重新土運。以梁室比羿浞王莽。不為正統。自後數姓相傳。晉以金。漢以水。周以木。天造有宋。運膺火德。況國初祀赤帝為感生帝于今二十五年豈可輕議改易又去梁至周不合迭居五運欲國繼唐統爲金德且五運迭遷親承曆數質文相次間不容髮豈可越數姓之上繼百年之運此不可之甚也按唐書天寶九載崔昌獻議自魏晉至周隋皆不得爲正欲唐遠繼漢統立周漢子孫爲王者後備三恪之禮是時朝議是非相半集賢院學士衛包上言符同李林甫遂行其事至十二載林甫卒復以魏周隋之後爲三恪崔昌衛包由是遠貶此又前載之甚明也伏請祇守舊章以承天祐從之

端拱二年四月己未翰林祗候張玭夜直禁中太宗手詔曰覽乾元曆細行此夕熒惑當退軫宿乃順行今止到角宿即順行得非曆差否奏曰今夕一鼓占熒惑在軫末角初順行也據曆法今月甲寅至軫十六度乙卯順行驗天差二度臣占熒惑明潤軌道爲前歲逆出太微垣按曆法差疾者八日此皆上天祐德之應非曆法之可測也

至道二年屯田員外郎呂奉天上言按經史年曆自漢魏以降雖有編聯周秦以前多無甲子太史公司馬遷雖言歲次詳求朔閏則與經傳都不符合乃言周武王元年歲在乙酉唐兵部尚書王起撰五位圖言周桓王十年歲在甲子四月八日佛生常星不見又言孔子生於周靈王庚戌之歲卒於周悼王四十一年壬戌之歲皆非是也馬遷乃古之良史王起又近世名儒後人因循莫敢改易臣竊以史氏凡編一年則有一十二月月有晦朔氣閏則雖與歲次合同苟不合同何名歲次本朝文教聿興禮樂咸備惟此一事久未刊詳臣探索百家用心十載乃知唐堯即位之年歲在丙子迄太平興國元年亦在丙子凡三千三百一年其虞夏之間未有甲子可證成湯既沒太甲元年始有二月乙丑朔旦冬至伊尹祀于先王至武王伐商之年正月辛卯朔二十有八日戊午二月五日甲子昧爽又康王十二年六月戊辰朔三日庚午朏王命作册畢自堯即位年距春秋魯隱公九年凡一千六百七年從隱公元年距今至道二年凡一千七百一十五年從太甲元年距今至道二年凡二千七百三十二年從魯莊公七年四月辛卯夜常星不見距今至道二年凡一千六百八十一年從周靈王二十年孔子生其年九月庚戌十月庚辰兩朔頻食距今至道二年凡一千五百四十五年從魯哀公十六年四月乙丑孔子卒距今至道二年凡一千四百七十二年以上並據經傳正文用古曆推校無不符合乃知史記及五位圖所編之年殊爲闕畧諸如此事觸類甚多若盡披陳恐煩聖覽臣耽研既久引證尤明起商王小甲七年二月甲申朔旦冬至自此之後每七十六年一得朔旦冬至此乃古曆一蔀每蔀積月九百四十積日二萬七千七百五十九率以爲常直至春秋魯僖公五年正月辛亥朔旦冬至了無差爽

用此爲法以推經傳縱有小增減抑又經傳之誤皆可以發明也古曆到齊梁以來或差一日更用近曆校課亦得符合伏望聖慈許臣撰集不出百日其書必成儻有可觀願藏祕府詔許之書終不就又司天冬官正楊文鎰上言新曆甲子請以百二十年事下有司以其無所依據議寢不行太宗曰支干相承雖止於六十儻冊甲子成上壽之數使期頤之人得見所生之年不亦善乎遂詔新曆甲子所紀百二十歲

真宗大中祥符三年開封府功曹參軍張君房上言自唐室下衰土德隤圯朱梁氏强稱金統而莊宗旋復舊邦則朱梁氏不入正統明矣晉氏又復稱金蓋謂乘于唐氏殊不知李昪建國于江南耳漢家二主共止三年絶晉而興是爲不德周廣順革命二主九年終于顯德以上三朝七主共止二十四年行運之間陰隱而難續伏自太祖

承周木德而王。當於火行。上繫于商。開國在宋。自是三朝迄今以爲烝矣。愚臣詳而辨之若可疑者。太祖禪周之歲歲在庚申。夫庚者金也。申亦金位。納音是木。蓋周氏稱木爲二金所勝之象也。太宗登極之後詔開金明池於金方之上。此誰啓之乃天之靈符也。陛下履極當彊圉之歲。握符在作噩之春。適宗道之隆興金天之正氣。臣試以瑞應言之。則當年冊徒貢白鹿。姑蘇進白龜。條支之雀來。穎川之雉至。臣又聞當封禪之時魯郊貢白兔。鄆上得金龜。皆金符之至驗也。顧以臣章下三事大臣參定其事。疏奏不報。

天禧四年光禄寺丞謝絳上書曰。臣按古誌凡帝王之興必推五行之盛德。所以配天地而符陰陽也。故神農氏以火德。聖祖以土德。夏以木德。商以金德。周以火德。自漢之興主火德者以謂承堯之後。且漢堯之裔也。五帝之大莫大於堯。漢能回之。是不墜其緒而善繼其

盛德也。國家膺開光之慶。執敦厚之德。宜以土瑞而王天下。然其推終始傳承周之木德。而大當其次。且朱梁不預正統者。謂莊宗復興于後。自石晉漢氏以及于周。則李昇建國于江左。而唐祚未絕。是三代者亦不得正其統矣。昔者秦祚促而德暴。不入正統。考諸五代之際。亦是類矣。國家誠能下黜五代。紹唐之土德以繼聖祖。亦猶漢之黜秦興周之火德以繼堯者也。夫五行定位。土德居中。國家飛運于宋。作京于汴。誠萬國之中區矣。傳曰。土爲羣物主。故曰后土。洪範曰。土爰稼穡。稼穡作甘。方今四海給足。嘉生蕃衍。邇年京師甘露下。泰山醴泉湧。作甘之兆斯亦見矣。矧靈木異卉資生於土。千品萬類。不可勝道。非土德之驗乎。臣又聞之。太祖生于洛邑。而胞絡惟黄。鴻圖既建。五緯聚於奎躔。而鎮星是主。及陛下升中之次。日抱黄珥。朝祀于太清宮。有星曰含譽。其色黄而潤澤。斯皆受命有表。盛德攸屬。天意人事。響效之大者。則土德之符在矣。是故天心之在茲。陛下拒而罔受。民意之若是。陛下讓而弗答。氣應未宣。河決遂潰。豈不神哉。然則天淵之勃沴。水德之淫患。考六府之應。鎮驗五行之勝尅。亦宜興土之運。禦時之灾。伏望順考符應。詳習法度。惟陛下時而行之。幸甚。

大理寺丞董行父又上言曰。在昔泰昊以萬物生於東。至仁體乎木。故德始於木。木以生火。神農受之爲火德。火以生土。黄帝受之爲土德。土以生金。少昊受之爲金德。金以生水。顓頊受之爲水德。水以生木。高辛受之爲木德。木以生火。唐堯受之爲火德。火以生土。虞舜傳之爲土德。土以生金。夏爲金德。金以生水。商爲水德。水以生木。周爲木德。木以生火。漢應圖讖爲火德。火以生土。唐受曆運爲土德。陛下紹天之統。受天之命。固當上繼唐祚。以金爲德。顯黄帝之嫡緒。彰聖祖之丕烈。臣又按聖祖先降於癸酉。太祖受禪於庚申。陛下即位於

丁酉。天書下降於戊申。庚金也。申酉皆金也。天之體也。陛下紹唐漢之運。繼黄帝之後。三世變道。應天之統。正金之德。斯又順也。詔兩制詳議。既而獻議曰。竊詳謝絳所述。以聖祖得瑞。宜承土德。且引漢承堯緒爲火德之比。雖班彪叙漢祖之興有五。其一曰帝堯之苗裔。及序承正統。乃越秦而繼周。非用堯之行。今國家或用土德。即當越唐上承於隋。彌以非順矣。其五德傳襲之序。又據董行父請越五代。紹唐爲金德。若其度越累世。上承百代之統。則晉漢洎周。咸帝中夏。太祖實受終於周室。而陟于元后。豈可弗遵傳繼之序。續於遐邈之統。三聖臨御。六十餘載。登封告成。昭姓紀號。率循火行之運。以輝炎靈之曜。茲事體大。非容輕議。矧雍熙中徐鉉等議之詳矣。其謝絳董行父等所請。難以施行。詔可。

仁宗初。馮元等上新脩景祐廣樂記。時鄉保信阮逸胡瑗等奏造鍾

律。詔翰林學士丁度、知制誥胥偃、右司諫高若訥、韓琦取保信、逸、瑗等鐘律詳考得失。度等上議曰：保信所製尺用上黨秬黍圓者，一黍之長，累而成尺。律管一，據尺裁九十黍之長，空徑三分，空圍九分，容秬黍千二百。遂用黍長為分，再累成尺，校保信尺律不同，其龠合升斗深闊推以算法，類皆差舛，不合周漢量法。逸、瑗所製，亦上黨秬黍中者，累廣求尺，製黃鍾之律。今用再累成尺，比逸、瑗所制又復不同。至於律管、龠、合、升、斗、斛、豆、區、鬴，亦率類是。蓋黍有圓長大小，而保信所用者圓黍，又首尾相銜，逸等止用大者，故再考之即不同。尺既有差，故難以定鍾、磬。謹詳古今之制，自晉至隋，累黍之法，但求尺裁管，不以權量累黍校，故歷代黃鍾之管容黍之數不同。惟後周掘地得古玉斗，據斗造律，兼制權量，亦不同周漢制度。故漢志有備數、和聲、審度、量權衡之說，志起於黃鍾。今欲數器之制，參互無失，則班志

積分之法為近。逸等以大黍累尺，小黍實龠，自戾本法。保信黍尺以長為分，雖合後魏公孫崇所說，然當時已不施用。況保信今尺以圓黍累之，及首尾相銜，有與實龠之黍再累成尺不同，其量器分寸既不合古，即權衡之法不可獨用。詔志羅之。又詔丁度等詳定太府寺并保信、逸、瑗所制尺。度等言：尺度之興尚矣。周官璧羨以起度，廣徑八寸，袤一尺。禮記布手為尺。淮南子十二粟為一寸。孫子十釐為分，十分為寸。雖存異說，莫可適從。漢志元始中召天下通知鍾律者百餘人，使劉歆典領之。是時周滅二百餘年，古之律度，當有考者。以歆之博貫藝文，曉達曆算，有所制作，宜不凡近。其審度之法云：一黍之廣為分，十分為寸，十寸為尺。先儒訓解經籍，多引以為義。歷世祖襲著之定法。然而歲有豐儉，地有磽肥，就令一歲之中，一境之內，取以校驗亦復不齊。是蓋天物之生，理難均一。古之立法，存其大槩爾。故前代

制尺，非特累黍，必求古雅之器以雜校，焉晉泰始十年荀勗等校定尺度，以調鍾律，是為晉之前尺。勗等以古物七品勘之：一曰姑洗玉律，二曰小呂玉律，三曰西京銅望臬，四曰金錯望臬，五曰銅斛，六曰古錢，七曰建武銅尺。當時以勗尺揆校古器，與本銘尺寸無差。前史稱其用意精密。隋志所載諸代尺度十有五等，然以晉之前尺為本，以其與姬周之尺、劉歆銅斛尺、建武銅尺相合。竊惟周漢二代，享年永久，聖賢制作，可取則焉。而隋氏銷毀金石，典正之物，罕復存者。夫古物之有分寸，明著史籍，可以酬驗者，惟有法錢而已。周之圜法，歷載曠遠，莫得而詳。秦之半兩，實重八銖。漢初四銖，其文亦曰半兩。孝武之世，始行五銖，下暨隋朝，多以五銖為號。既歷代尺度屢改，故大小輕重鮮有同者。惟劉歆置銅斛，世之所鑄錯刀，并大泉五十，王莽天鳳元年改鑄貨布、貨泉之類，不聞後世復有兩者。臣等檢詳漢志

通典、唐六典云：大泉五十，重十二銖，徑一寸二分。錯刀環如大泉，身形如刀，長二寸。貨布重二十五銖，長二寸五分，廣一寸，首長八分有奇，廣八分，足股長八分，間廣二分，圍好徑二分半。貨泉重五銖，徑一寸。今以大泉、錯刀、貨布、貨泉四物相參校，分寸正同，或有大小輕重與本志微差者，蓋當時盜鑄既多，不必皆中法度，但當校其首足肉好長廣分寸皆合正史者用之，則銅斛之尺從可知矣。況經籍制度皆起周世，以劉歆術業之博，祖沖之算數之妙，荀勗揆校之詳密，校之既合周尺，則最為可法。兼詳隋牛弘等議，稱後周太祖敕蘇綽造鐵尺，與宋尺同，以調中律，以均田度地。唐祖孝孫云：隋平陳之後，廢周玉尺，用此鐵尺律，然比晉前尺長六分四釐。今司天監影表尺，和峴所謂西京銅望臬者，蓋以其洛都舊物也。今以貨布、錯刀、貨泉、大泉等校之，則景表尺長六分有奇，略合宋周隋之尺。由此論之，銅斛

與貨布等尺寸昭然可驗有唐享國三百年其間制作法度雖未逮周漢然亦可謂治安之世矣今朝廷必求尺之中當依漢錢分寸若以為太祖膺圖受禪創制垂法嘗詔和峴等用影表尺與典脩金石七十年間薦之郊廟稽合唐制以示詒謀則可且依影表舊尺俟有妙達鍾律之學者俾考正之以從周漢之制王朴律準尺比漢錢尺寸長二分有奇比景表尺短四分既前代未嘗施用復經太祖朝更易其逸瑗保信及照所用太府寺等尺其制彌長出古遠甚又逸進周禮度量法議欲且鑄嘉量然後取尺度權衡其說疎舛不可依用謹考舊文再造影表尺一校漢錢尺二并大泉錯刀貨布貨泉總十七枚上進詔度等以錢尺影表尺各造律管比驗逸瑗并太常新舊鐘磬考定音之高下以聞度等言前承詔考太常等四尺定可用者止按典故及以漢志古錢分寸參校影表尺略合宋周隋之尺謂宜

準影表尺施用今被旨造律管驗音高下非素所習乞別詔曉音者總領較定詔乃罷之而若訥卒用漢貨泉度尺寸依隋書定尺十五種上之藏于太常寺

時朝臣宗祁田況薦益州進士房庶曉音祁上其樂書補亡三卷召詣闕庶自言曰嘗得古本漢志云度起於黃鍾之長以子穀秬黍中一黍之起積一千二百黍之廣度之九十分黃鍾之長一為一分今文脫之起積一千二百黍八字故自前世以來累黍為尺以制律是律生於尺尺非起於黃鍾也且漢志一為一分者蓋九十分之一後儒誤以一黍為分其法非是當以秬黍中者一千二百實管中黍盡得九十分為黃鍾之長九寸加一以為尺則律定矣直秘閣范鎮是之乃為言曰照以縱黍累尺管空徑三分容黍千七百三十瑗以橫黍累尺管容黍一千二百而空徑三分四釐六毫是皆以尺生律不合古法今庶所言實千二百黍於管以為黃鍾之長就取三分以為空徑則無容受不合之差校前二說為是蓋累黍為尺始失之於隋書當時議者以其容受不合棄而不用及隋平陳得古樂器高祖聞而歎曰華夏舊聲也遂傳用之至唐祖孝孫張文收號稱知音亦不能更造尺律止治隋之古樂制定聲器朝廷久以鍾律未正屢下詔書博訪羣議冀有所獲今庶所言以律生尺誠眾論所不及請如其法試造尺律更以古器參考當得其真乃詔王洙與鎮同於脩制所如庶說造律尺龠律徑三分圍九分長九十分龠徑九分深一寸尺起黃鍾之長加十分而律容千二百黍初庶言太常樂高古樂五律比律成才下三律以為今所用黍非古所謂一稃二米黍也尺比橫黍所累者長一寸四分庶又言古有五音而今無正徵音國家以火德王徵屬火不宜闕今以五行旋相生法得徵音又言尚書同律度

量衡所以齊一風俗今太常教坊鈞容及天下州縣各自為律非書同律之義且古者帝王巡狩方岳必考禮樂同異以行誅賞謂宜頒格律自京師及州縣毋容輒異有擅高下者論之帝召輔臣觀庶所進律尺龠又令庶自陳其法因問律呂旋相為宮事令撰圖以進其說以五正二變配五音迭相為主衍之成八十四調舊以宮徵商羽角五音次第配七聲然後加變宮變徵二聲以足其數推以旋相生之法謂五行相戾非是當改變徵為變羽易變為閏隨音加之則十二月各以其律為宮而五行相生終始無窮詔以其圖送詳定所庶又論吹律以聽軍聲者謂以五行逆順可以知吉凶先儒之說略矣

是時瑗逸制樂有定議乃補庶試秘書省校書郎遣之

慶曆四年范鎮上書曰陛下制樂以事天地宗廟以揚祖宗之休茲盛德之事也然自下詔以來及今三年有司之論紛然未決蓋由不

議其本而爭其末也。切惟樂者。和氣也。發和氣者聲音也。聲音之生。生於無形。故古人以有形之物傳其法。俾後人參考之。然後無形之聲音得而和氣可道也。有形者。秬黍也。律也。尺也。龠也。鬴也。斛也。筭數也。權衡也。鍾也。磬也。是十者必相合而不相戾。然後為得。今皆相戾而不相合。則為非是矣。有形之物非是。而欲求無形之聲音和。安可得哉。謹條十者非是之驗。惟裁擇焉。按詩誕降嘉種。維秬維秠。誕降者天降之也。許慎云。秬一稃二米。又云。一秬二米。後漢任城縣產秬黍三斛八斗。實皆二米。史官載之以為嘉瑞。又古人以秬黍為酒者。謂之秬鬯。宗廟降神惟用一尊。諸侯有功。惟賜一卣。以明天降之物。世不常有而可貴也。今秬黍取之民間者。動至數百斛。秠皆一米。河東之人謂之黑米。設有真黍。以為取數至多。不敢送官。此秬黍為非是一也。又按先儒皆言律空徑三分。圍九分。長九十分。容千二百

黍。積實八百一十分。今律空徑三分四氂六毫。圍十分三氂八毫。是圍九分外大其一分三氂八毫。而后容千二百黍。除其圍廣。則其長止七十六分二氂矣。說者謂四氂六毫為方分。古者以竹為律。竹形本圓。而今以方分置筭。此律之為非是二也。又按漢書分寸尺丈引本起黃鍾之長。又云。九十分黃鍾之長者。據千二百黍而言也。千二百黍之施於量。則曰黃鍾之龠。施於權衡。則曰黃鍾之重。施於尺。則曰黃鍾之長。今遺千二百之數。而以百黍為尺。又不起於黃鍾。此尺之為非是三也。又按漢書言龠其狀似爵。謂爵琖其體正圓。故龠當圓徑九分。深十分。容千二百黍。積實八百一十分。與律分正同。今龠乃方一寸。深八分一氂。容千二百黍。是亦以方分置筭者。此龠之非是四也。又按周禮鬴法。方尺。圓其外。深尺。容六斗四升。方尺者。八寸之尺也。深尺者。十寸之尺也。何以知尺有八寸十寸之別。按周

禮璧羡度尺好三寸以為尺。璧羡之制。長十寸。廣八寸。同謂之度尺。以為尺。則八寸十寸俱為尺矣。又王制云。古者以周尺八尺為步。今以六尺四寸為步。八八六四。八寸之尺也。六尺四寸者。十寸之尺也。同謂之周尺者。是周用八寸十寸尺明矣。故知八寸尺為鬴之方。十寸尺為鬴之深。而容六斗四升。千二百八十龠也。積實一百三萬六千八百分。今鬴方尺。積十寸。此鬴之非是五也。又按漢書斛法方尺。圓其外。容十斗。旁有庣焉。當隋時漢斛尚在。故隋書載其銘曰。審律嘉量。斛方尺。圓其外。庣旁九氂五毫。冪百六十二寸。深尺。容　斛。今斛方尺。深一尺六寸二分。此斛之非是六也。又按筭法圓分謂之徑圍。方分謂之方斜。所謂徑三圍九。方五斜七是也。今圓分而以方法筭之。此筭數非是七也。又按權衡者。起千二百黍而立法也。周之鬴其重一鈞。聲中黃鍾。漢之斛其重二鈞。聲中黃鍾。鬴斛之制。有容受。有尺寸。又取其輕重者。欲見薄厚之法。以考

其聲也。今黍之輕重未真。此權衡為非是八也。又按鳧氏為鍾。大鍾十分其鼓間。以其一為之厚。小鍾十分其鉦間。以其一為之厚。今無大小薄厚。而一以黃鍾為率。此鍾之非是九也。又按磬氏為磬。倨句一矩有半。其博為一。股為二。鼓為三。蓋各以其律之長短為法也。今亦以黃鍾為率。而無長短厚薄之別。此磬之非是十也。前此者皆有形之物也。可見者也。使其一不合。則未可以為法。況十者之皆相戾乎。臣固知其無形之聲音不可得而和也。請以臣章下有司。問黍之二米與一米孰是。律之空徑三分與三分四氂六毫孰是。律之起尺與尺之起律孰是。龠之圓制與方制孰是。鬴之方尺圓其外深尺與方尺孰是。斛之方尺圓其外庣旁九氂五毫與方尺六寸二分孰是。筭數之圓分與方分孰是。權衡之重以二米秬黍與一米孰是。鍾磬依古法有大小輕重長短薄厚而中律孰是。是不是定。然後制龠合升斗鬴斛以校其容受。容

必合然後下詔以求真黍真黍至然後可以為量為鍾磬量與鍾磬合於律然後可以為樂也今尺律本末未定而詳定脩制二局工作之費無慮千萬計矣此議者所以云云也然議者不言有司論議依違不決而顧謂作樂為過舉又言當今宜先政令而禮樂非所急此臣之所大惑也儻使有司合禮樂之論是其所是非其所非陛下親臨決之顧於政令不已大乎昔漢儒議鹽鐵後世傳鹽鐵論方今定雅樂以求廢墜之法而有司論議不著盛德之事後世將何考焉願令有司人人各以經史論議條上合為一書則孰敢不自竭盡以副陛下之意如以臣議為然伏請權罷詳定脩制二局俟真黍至然後為樂則必至當而無事於浮費也詔送詳定所

慶曆中翰林學士宋祁論以尺定律奏曰臣聞樂主於音音生於律律定於尺尺成於黍得黍不真尺固不定尺無準律亦自差而望

聲調是南舟沂燕北轅走越愈亟遠也故尺短則律從而短尺長則律從而長短者聲清益上長者聲濁益下清濁不得其中而至樂遁矣古者神瞽考中聲而量之以為之律所以立均出度也黃帝命伶倫斷竹長三寸九分吹之以為黃鍾之宮然後制十二律以上下求而聽鳳鳴司馬遷黃鍾之律長八寸七分之一太簇七寸七分之二林鍾五寸七分之三應鍾四寸三分之二班固司馬彪說黃鍾長九寸聲最濁太簇長八寸林鍾長六寸應鍾長四寸七分四釐強聲最清鄭衆鄭玄杜夔荀勗等所論尺有增損而黃鍾之宮要以九寸為定始勗當武帝泰始中校太樂八音不和知後漢至魏尺長於古四分有餘勗乃部署作部劉恭依周禮制尺所謂古尺也以古尺更鑄銅律調叶聲韻後汲郡盜發六國時魏襄王冢得古周時玉律及鍾磬與新律聲韻闇同于時郡國或得漢時故鍾吹勗律以合之其[illegible]

皆應時人稱為精密惟散騎侍郎陳留阮咸譏其聲高聲高則悲非興國之音必古今尺有長短所致也武帝以勗律與周漢器合遂施用之後始平掘地得古銅尺歲久欲腐不知所出何代果長勗尺四分時人咸服其妙而莫能措意焉爰至千載之下推百代之法度數既合聲韻又諧亦可謂密切而有證也而時人掘地之一尺破周漢之二器亦近是貴耳賤目也隋時始用水尺律而定律呂鑄壞前代金石以息物議大業中更造用梁表律調八音之器比之前代最為合古惜其制度文議說於江都無關焉耳是時有十五等一周尺二晉田父玉尺三梁表尺四漢官尺五魏尺六晉後尺七後魏前尺八中尺九後尺十東後魏尺十一蔡邕銅籥尺十二宋氏尺十三萬寶常水尺十四雜尺十五梁朝俗間尺後周時達奚震等議獨以鐵尺為允即十二宋氏尺也其說曰今以上黨羊頭山黍依漢書律歷志

度之若以大者稠累依數滿尺實於黃鍾之律須撼乃容若以中者累尺雖復小稀實於黃鍾不動而滿計此二事之殊良由消息未善其於鐵尺終有一會且上黨之黍有異他鄉其色異烏其形圓重用之為量定不徒然正以時有水旱之殊地有肥瘠之異取黍大小未必得中案許慎解字黍體大本異於常疑今之大者正是其中累百滿尺非是會古實籥之外裁剩餘此恐圍徑或差造律未妙就如撼動取滿論理亦通今勘周漢古錢大小有合宋氏渾儀尺度無外古者黃金方寸重一斤今鑄金校驗鐵尺為近未及詳定會高祖受命而止唐貞觀中又詔張文收鑄銅斛秤尺咸得其數詔以其副藏於樂署至武后時為太常卿用為奇玩以律與古玉尺玉斗升合獻焉開元中將考宗廟樂有司奏請出之敕惟以銅管付太常已其九管國朝金石傳自周代世宗常詔王朴累黍定尺以為律管管既不便

作準之尺寸今具在而當時實錄不論秬黍未知何用即加訓定且五代離亂古器蕩然雖欲制作靡所緣憑時無神瞽孰敢取中獨非莫知獨是莫曉工于音者不能言義工于書者不能察聲信乎音聲之難不可以言曉者也故曰知之者欲教而無從心達者體之而無師方今去聖既遠知音又寡但取秬黍調叶八音屬者太常臣燕肅以律準尺之三分欲爲十二律管而黃鍾九寸遂不得聲逈廣空還乃與律應雖管内均厚未甚如法然深疑今尺比古差短太常鍾石遂及於清派至法部轉用高急臣以爲宜求索上黨秬黍如遼奚袁之言選其精圓累定分寸尺定求管得管求聲以所管之聲合周時之準苟高下符會清濁無差即可遂爲定法頒布方國是以示陛下同律度量權衡之制脫有與準未合即乞旋知音別用新管參考中聲檢攝羣音制定雅樂庶乎正歷代之謬紕亦何憚焉

元世祖至元十三年命郭守敬與王恂率南北日官分掌測驗推於下命張文謙與樞密張易爲之主領裁奏於上左丞許衡參預其事郭守敬首言曆之本在於測驗而測驗之器莫先儀表今司天渾儀宋皇祐中汴京所造不與此處天度相符比量南北二極約差四度表石年深亦復欹側守敬乃盡考其失而移置之又奏唐一行開元間令南宮說天下測景書中見者凡十三處今疆宇比唐尤大若不遠方測驗日月交食分數時刻不同晝夜長短不同日月星辰去天高下不同即目測驗人少可先南北立表取直測景帝可其奏

十七年新曆告成郭守敬與諸臣同上奏曰臣等竊聞帝王之事莫重於曆自黃帝迎日推筴帝堯以閏月定四時成歲舜在璇璣玉衡以齊七政爰及三代曆無定法周秦之閒閏餘乖次西漢造三統曆百二十年而後是非始定東漢造四分曆七十餘年而儀式方備又百二十一年劉洪造乾象曆始悟月行有遲速又百八十年姜岌造三紀甲子曆始悟以月食衝檢日宿度所在又五十七年何承天造元嘉曆始悟以朔望及弦皆定大小餘又六十五年祖沖之造大明曆始悟太陽有歲差之數極星去不動處一度餘又五十二年張子信始悟日月交道有表裏五星有遲疾留逆又三十三年劉焯造皇極曆始悟日行有盈縮又三十五年傅仁均造戊寅元曆頓除舊儀始用定朔又四十六年李淳風造麟德曆以古曆章蔀元首分度不齊始爲總法用進朔以避晦晨月見又六十三年一行造大衍曆始以朔有四大三小定九服交食之異又九十四年徐昂造宣明曆始悟日食有氣刻時三差又百三十六年姚舜輔造紀元曆始悟食甚泛餘差數以上計千一百八十二年曆經七十改其創法者十有三家自是又百七十四年聖朝尊命臣等改治新曆臣等用創造簡儀

高表憑其測實數所考正者凡七事一曰冬至自丙子年立冬後依每日測到晷景逐日取對冬至前後日差同者爲準得丁丑年冬至在戊戌日夜半後八刻半又定丁丑夏至在庚子日夜半後七十刻又定戊寅冬至在癸卯日夜半後三十三刻己卯冬至在戊申日夜半後五十七刻庚辰冬至在癸丑日夜半後八十一刻各減大明曆十八刻遠近相符前後應準二曰歲餘自大明曆以來凡測景驗氣得冬至時刻真數者有六用以相距各得其時合用歲餘今考驗四年相符不差仍自宋大明壬寅年距至今日八百一十年每歲合得三百六十五日二十四刻二十五分其二十五分爲今曆歲餘合用之數三曰日躔用至元丁丑四月癸酉望月食既推求日躔得冬至日躔赤道箕宿十度黃道箕九度有奇仍憑每日測到太陽躔度或憑星測月或憑月測日或徑憑星度測日立術推算起自丁丑正月

至己卯十二月，凡三年，共得一百三十四事，皆躔於箕，與日食相符。四曰月離。自丁丑以来至今，憑每日測到逐時太陰行度推算，變從黃道求入轉極遲疾并平行處，前後凡十三轉，計五十一事，內除去不真的外，有三十事，得大明曆入轉後天。又因考驗交食，加大明曆三十刻，與天道合。五曰入交。自丁丑五月以来，憑每日測到太陰去極度數，比擬黃道去極度，得月道交於黃道，共得八事。仍依日食法度推求，皆有食分，得入交時刻，與大明曆所差不多。六曰二十八宿距度。自漢太初曆以来，距度不同，互有損益。大明曆則於度下餘分，附以太半少，皆私意牽就，未嘗實測其數。今新儀皆細刻周天度分，每度為三十六分，以距線代管窺，宿度餘分並依實測，不以私意牽就。七曰日出入晝夜刻。大明曆日出入晝夜刻，皆據汴京為準，其刻數與大都不同。今更以本方北極出地高下，黃道出入內外度，立術推求每日日出入晝夜刻，得夏至極長，日出寅正二刻，日入戌初二刻，晝六十二刻，夜三十八刻；冬至極短，日出辰初二刻，日入申正二刻，晝三十八刻，夜六十二刻，永為定式。所創法凡五事：一曰太陽盈縮。用四正定氣立為升降限，依立招差求得每日行分初末極差積度，比古為密。二曰月行遲疾。古曆皆用二十八限，今以萬分日之八百二十分為一限，凡析為三百三十六限，依垛疊招差求得轉分進退，其遲疾度數逐時不同，蓋前所未有。三曰黃赤道差。舊法以一百一度相減相乘。今依算術勾股弧矢方圓斜直所容，求到度率積差，率與天道實為密合。四曰黃赤道內外度。據累年實測，內外極度二十三度九十分，以圓容方直矢接勾股為法，求每日去極，與所測相符。五曰白道交周。舊法黃道變推白道，以斜求斜，今用立渾比量，得月與赤道正交，距春秋二正黃赤道正交一十四度六十六分，擬以為法。推逐月每交二十八宿度分，於理為盡。

處士楊恭懿進奏曰：臣等偏考自漢以来曆書四十餘家，精思推算，舊儀難用，而新者未備，故日行盈縮，月行遲疾，五行周天，其詳皆未精察。今權以新儀木表與舊儀所測相較，得今歲冬至晷景及日躔所在與列舍分度之差，大都北極之高下，晝夜刻長短，參以古制，創立新法，推算成辛巳曆。雖或未精，然比之前改曆者，附會元曆，更日立法，全踵故習，顧亦無愧。然必每歲測驗修改，積三十年，庶盡其法。可使如三代日官，世專其職，測驗良久，無改歲之事矣。又合朔議曰：日行歷四時一周，謂之一歲；月逾一周，復與日合，謂之一月。言一月之始，日月相合，故謂合朔。自秦廢曆紀，漢太初止用平朔法，大小相間，或有二大者，故日食多在晦日，或二日。測驗時刻亦鮮中。宋何承天測驗四十餘年，進元嘉曆，始以月行遲速定小餘，以正朔望，使食必在朔。名定朔法，有三大二小。時以異舊法罷之。梁虞劌造大同曆，隋劉焯造皇極曆，皆用定朔，為時所阻。唐傅仁均造戊寅曆，定朔始得行。貞觀十九年四月頻大。人皆異之，竟改從平朔。李淳風造麟德曆，雖不用平朔，遇四大則避人言，以平朔間之。又希合當世，為進朔法，使無元日之食。至一行造大衍曆，謂天事誠密，四大二小，何傷。誠為確論。然亦循常不改。臣等更造新曆，一依前賢定論，推算皆改從實。今十九年曆，自八月後四月併大，實日月合朔之數也。

世祖時，東平　布衣趙天麟上策論同制度疏曰：臣聞四海若一堂之上，聖王無二上之尊。頒法制以為先，俾和同之咸若。昔有虞之巡狩，覲國君於四方，先之以協時月正日，次之以同律度量衡，迨及舊周之時，立司市以平物價，至於炎漢之世，命張蒼以定章程。究而言之，由来尚矣。粵自曹劉鼎峙，南北瓜分，前乎此則七雄之疆域參差後乎此則五季之風靡擾攘欲其同也不亦難乎古制猶存前書備載今國家堯天蕩蕩禹跡茫茫民莫非其臣也尺地莫非其有也然其曹奢魏褊燮急齊舒皆風土之漸靡習俗之常然欲移易亦非他得乎中而止矣若夫方方異政縣縣殊俗不為一漸何成盛化且天為繩而貴直地為準而貴平東方之神其名句芒執規司春南方之神其名祝融執衡司夏西方之神其名蓐收執矩司秋北方之神其名玄冥執權司冬由此觀之準繩規矩權衡所以為六合之司職也臣考虞夏商周之法不可得而詳矣惟劉歆之義載在班書最為詳悉臣試條之一曰備數二曰和聲三曰審度四曰嘉量五曰權衡參伍以變錯綜其數稽之於古今效之於氣物和之於心耳著之於經傳咸得其實靡不協同所謂備數者制器規圓矩方權重衡平準繩嘉量而不失故紀於一協於十長於百大於千衍於萬也所謂和聲者律呂以成之支干以該之故中於宮觸於角祉於徵章於商宇於羽也所謂審度者以子穀秬黍之中者一黍之廣度之九十分黃鍾之長為一分自分而上十為差率故別於分忖於寸蒦於尺張於丈信於引也所謂嘉量者本起於黃鍾之龠以子穀秬黍之中者千有二百粒可實其龠自龠而上十為差率故躍於龠合於合登於升聚於斗角於斛也所謂權衡者亦起於黃鍾之龠每龠二十銖二十四銖成兩十六兩成斤三十斤成鈞四鈞成石故始於銖兩於兩明於斤均於鈞終於石也臣又以劉歆之法三十餘斤為一斗今則不可復也然其理有可從方今數已宣於天下曆已戢於太史樂已總於太常聲已協於協律其所以雖有未定雖定而未齊一者度量衡而已矣臣居山東但見山東數郡或隔一鎮或間一河其度之長短量之多寡衡之輕重已皆不相同矣則何以示四海一家之平

制哉伏望陛下詔令都省昭立制度採劉歆之說監其可否定其高低既約黍粒之多寡勻長為一尺復約黍粒之多寡平重為一斤外但約今法以十有二斤為斗五斗為斛兩斛為石石重百二十斤水平為槩用銅則為三者既定須付行省散於隨路以為各路之的可也截自今行之後違者有司治其罪庶乎自南自北知制度之昭彰于外于中等貨財之出納聖人嘗謂謹權量四方之政行焉豈之謂也

歷代名臣奏議卷之二百八十

歷代名臣奏議卷之二百八十一

諡號

漢哀帝時郎中令冷褒黃門郎段猶等奏言定陶共皇太后共皇后
皆不宜復引定陶蕃國之名以冠大號車馬衣服宜皆稱皇之意置
吏二千石以下各供厥職又宜為共皇立廟京師上復下其議有司
皆以為宜如褒猶言師丹議獨曰聖王制禮取法於天地故尊卑之
禮明則人倫之序正人倫之序正則乾坤得其位而陰陽順其節人
主與萬民俱蒙祐福尊卑者所以正天地之位不可亂也今定陶共
皇太后共皇后以定陶共為號者母從子妻從夫之義也欲立官置
吏車服與太皇太后並非所以明尊無二上之義也定陶共皇號
諡已前定義不得復改禮父為士子為天子祭以天子其尸服以士
子無爵父之義尊父母也為人後者為之子故為所後服斬衰三年
而降其父母期明尊本祖而重正統也孝成皇帝聖恩深遠故為共
王立後奉承祭祀令共皇長為一國太祖萬世不毀恩義已備陛下
既繼體先帝持重大宗承宗廟天地社稷之祀義不得復奉定陶共
皇祭入其廟今欲立廟於京師而使臣下祭之是無主也又親盡當
毀空去一國太祖不墮之祀而就無主當毀不正之禮非所以尊厚
共皇也

東漢沖帝時有司奏言孝順皇帝弘秉聖哲龍興統業稽乾則古欽
奉鴻烈寬裕晏晏宣恩以極躬自菲薄以崇玄默遺詔貽約顧念萬
國衣無製新玩好不飾塋陵損狹不起寢廟遵履前制敬勅慎終有
始有卒孝經曰愛敬盡於事親而德教加於百姓詩云敬慎威儀惟
民之則臣請上尊號曰敬宗廟天子世世獻奉藏主祫祭進武德之
舞如祖宗故事露布奏可

靈帝熹平四年小黃門趙祐議郎卑整上言春秋之義母以子貴隆
漢盛典尊崇母氏凡在外戚莫不加寵今沖帝母虞大家質帝母陳
夫人皆誕生聖皇而未有稱號夫臣子雖賤尚有追贈之典況二母
尚在而不蒙崇顯之次無以述遵先世垂示後世也帝感其言乃拜虞
大家為憲陵貴人陳夫人為渤海孝王妃

蜀先主章武二年追諡皇思夫人遷葬於蜀未至而先主殂隕丞相
諸葛亮上言皇思夫人履行脩仁淑慎其身大行皇帝昔在上將嬪
配作合載育聖躬大命不融大行皇帝存時篤義垂恩念皇思夫人
神柩在遠飄飄特遣使者奉迎會大行皇帝崩今皇思夫人神柩以
到又梓宮在道園陵將成安厝有期臣輒與太常臣賴恭等議禮記
曰立愛自親始教民孝也立敬自長始教民順也不忘其親所由生
也春秋之義母以子貴昔高皇帝追尊太上昭靈夫人為昭靈皇后
孝和皇帝改葬其母梁貴人尊號曰恭懷皇后孝愍皇帝亦改葬其
母王夫人尊號曰靈懷皇后今皇思夫人宜有尊號以慰寒泉之思
輒與恭等案諡法宜曰昭烈皇后詩曰穀則異室死則同穴禮云上古無合
葬中古後因時方有故昭烈皇后宜與大行皇帝合葬臣請太尉告宗廟布露
天下具禮儀別奏制曰可

魏明帝即位詔曰尊嚴祖考所以崇孝表行也追本敬始所以篤教
流化也是以成湯文武實造商周詩書之義追尊稷契歌頌有娀姜
嫄之事明盛德之源流受命所由興也自我魏室之承天序既發迹
於高皇太皇帝而功隆於武皇文皇帝至於高皇之父處士君潛脩
德讓行動神明斯乃乾坤所福饗光靈所從來也而精神幽遠號稱
罔記非所謂崇孝重本也其令公卿已下會議號諡東亭侯劉勝議
曰聖帝孝孫之欲褒崇先祖誠無量已然親疏之數遠近之降蓋有

禮紀。所以割斷私情。克成公法。爲萬世式也。周王所以上祖后稷。自以其佐唐有功。名在祀典故也。至於漢氏之初。追謚之義。不過其父。上比周室。則大魏發迹自高皇始。下論漢氏。則追謚之禮不及其祖。此誠往代之成法。當今之明義也。陛下孝思中發。誠無已已。然君舉必書。將以愼於禮制也。以爲追尊之義。宜齊高皇而已。尚書衛臻與曄議同。事遂施行。

明帝悼后崩。議書銘旌。或欲去姓而書魏。或欲兩書。尚書令侍中司馬孚。以爲經典正義。皆不應書。凡帝王。皆因本國之名以爲天下之號。而與往代相別耳。非爲擇美名以自光也。天稱皇天。則帝稱皇帝。地稱后土。則后稱皇后。此乃所以同天地之大號。流無二之尊名。不待稱國號以自表。不俟稱氏族以自彰。是以春秋隱公三年。經曰三月庚戌天王崩。尊而稱天。不曰周王者。所以殊乎列國之君也。八月庚辰宋公和卒。書國稱名。所以異乎天王也。襄公十五年。經曰劉夏逆王后于齊。不云逆周王后姜氏者。所以異乎列國之夫人也。至乎列國則曰夫人姜氏至自齊。又曰紀伯姬卒。書國稱姓。此所以異乎天王后也。由此攷之。尊稱皇帝。赫赫無二。何待於魏乎。尊稱皇后。彰以謚號。何待於姓乎。議者欲書魏者。此以天皇之尊。同於往古列國之君也。或欲書姓者。此以天皇之后。同於往古之夫人也。乖經典之大義。異乎聖人之明制。非所以垂訓將來。爲萬世不易之式者也。遂從孚議。

明帝時。有司奏請追謚文昭甄皇后。使司空王朗持節奉策。以太牢告祠于陵。又別立寢廟。三公奏曰。蓋孝敬之道。篤乎其親。乃四海所以承化。天地所以明察。是謂生則致其養。歿則光其靈。誦述以盡其美。宣揚以顯其名者也。今陛下以聖懿之德。紹承洪業。至孝烝烝。通於神明。遭離殷憂。每勞謙讓。先帝遷神山陵。大禮既備。至於先后未有顯謚。伏惟先后恭讓著於幽微。至行顯於不言。化流邦國。德侔二南。故能膺神靈嘉祥。爲大魏世妃。雖夙年登遐。萬載之後。永播融烈。后妃之功。莫得而尚也。案謚法。聖聞周達曰昭。德明有功曰昭。昭者光明之至。盛久而不昧者也。宜上尊謚曰文昭皇后。

明帝青龍中。散騎常侍王肅上疏曰。昔唐禪虞。虞禪夏。皆終三年之喪。然後踐天子之尊。是以帝號無虧。君禮猶存。今山陽公承順天命。允答民望。進禪大魏。退處賓位。公之奉魏。不敢不盡節。魏之待公優崇而不臣。旣至其薨。櫬斂之制。輿徒之飾。皆同之於王者。是故遠近歸仁。以爲盛美。且漢總帝皇之號。號曰皇帝。有別稱帝。無別稱皇。則皇是其差輕者也。故當高祖之時。土無二王。其父見在。而使稱皇。明非二王之嫌也。況今以贈終。可使稱皇以配其謚。明帝不從。

東晉哀帝卽位。欲尊崇章皇太妃。尚書江虨議曰。虞舜體仁孝之性。盡事親之禮。貴爲天王。富有四海。而瞽叟無立錐之地。一級之爵。蒸蒸之心。昊天罔極。寧當忍父卑賤。不以徽號顯之。豈不以子無爵父之道。理窮義屈。靡所厝情者哉。春秋經曰。紀季姜歸于京師。傳曰。父母之於子。雖爲天王后。猶曰吾季姜。言子尊不加父母也。或以爲子尊不加父母。則武王何以追王太王王季文王乎。周之三王。德配天地。王跡之興。自此始也。是以武王仰尋前緒。遂奉天命。追崇祖考。明不以子尊加父母也。按禮。幼不誄長。賤不誄貴。幼賤猶不表彰尊貴。況敢錫之以榮命邪。漢祖感家令之言而尊太公。荀悅以爲孝莫大於嚴父。而以子貴加之父母。家令之言過矣。爰逮孝章。求上賈貴人以尊號。而厚其金寶幣帛。非子道之不至也。蓋聖典不可踰也。當春秋之時。庶子承國。其母得爲夫人。不審直子命母邪。故當告於宗祧。以先君之命命之邪。竊見詔書：當臨軒拜授貴人爲皇太妃。今稱皇帝冊命命貴人。斯則子爵母也。貴人北面拜受，斯則母臣子也。天尊地卑，名位定矣；母貴子賤，人倫序矣。雖欲加崇貴人，而實卑之；雖顯明國典，而實廢之。且人主舉動，史必書之。如當載之方策，以示後世，無乃不順乎。竊謂應告顯宗之廟，稱貴人仁淑之至，宜加殊禮，以酬鞠育之惠，奉先靈之命，事不在己。妃后雖是配君之名，然自后以下有夫人九嬪，無稱妃焉。桓公謂宜進太夫人，非不允也。如以夫人爲少，可言皇太夫人。皇，君也。君太夫人，於名順矣。

武帝太元中，欲追崇庶祖母宣太后，議者或謂宜配食中宗。時臧燾爲明教議曰：陽秋之義，母以子貴，故仲子成風，咸稱夫人。經云考仲子之宮。若配食惠廟，則宮無緣別築。前漢孝文、孝昭太后，並繫子爲號，祭於寢園，不配於高祖、孝武之廟。後漢和帝之母曰恭懷皇后，安帝祖母曰恭愍皇后，雖不繫子爲號，亦祭於陵寢，不配章、安二帝。此則二漢雖有太后、皇后之異，至於並不配食，義同陽秋。唯光武追廢呂后，故以薄后配高祖廟；又衛后既廢，霍光追尊李夫人爲皇后，配孝武廟。此非母以子貴之例，直以高、武二廟無配故耳。夫漢立寢於陵，自是晉制所異，謂宜遠准陽秋考宮之義，近摹二漢不配之典，尊號既正，則罔極之情申；別建寢廟，則嚴禰之義顯；繫子爲稱，兼明母貴之所由。一舉而允三義，固哲王之高致也。

南齊武帝時，步兵校尉王慈以朝堂諱榜非古舊制，上表曰：夫帝后之德，綱緯天地；君人之亮，輝聯日月。至於名族不著，昭自方策，號諡率宣，載伊篇籍。所以魏臣據中以建議，晉主依經以下詔。朝堂榜誌，諱字懸露，義非綿古，事殷中世。空失資敬之情，徒乖嚴配之道。若乃式功鼎臣，贊庸元吏，或以勳崇，或由姓表。故孔悝見銘，謂標叔舅；子孟應圖，稱題霍氏。豈以處一之重，列尊名以止仁；無二之貴，賓冲文而止敬。昔東平即世，孝章巡宮而灑泣；新野云終，和熹見似而流涕。感循舊類，尚或深心，況觀徽跡，能無惻隱。今扃禁嶔邃，動延賓使，鑾駕紆覽，四時臨圖，豈不重增聖慮，用感宸衷。愚謂空標簡第，無益於匪躬；直日朝堂，寧虧於夕惕。伏惟陛下保合萬國，齊聖群生，當刪前基之弊軌，啓皇齊之孚則。詔付外詳議。

後魏孝明帝正光五年，侍中甄琛卒，太常議諡文穆。吏部郎袁翻奏曰：案禮，諡者，行之迹也；號者，功之表也；車服者，位之章也。是以大行受大名，細行受細名。行生於己，名生於人。故闔棺然後定諡，皆累其生時美惡，所以爲將來勸戒，身雖死，使名常存也。凡薨亡者，屬所即言大鴻臚，移本郡大中正，條其行迹功過，承中正移言公府，下太常部博士評議，爲諡列上。諡不應法者，博士坐如選舉不以實論。若行狀失實，中正坐如博士。自古帝王莫不殷勤重慎，以爲褒貶之實也。今之行狀，皆出自其家，任其臣子自言君父之行，無復是非之事。臣子之欲光揚君父，但苦迹之不高，行之不美，是以極辭肆意，無復限量。觀其狀也，則周孔聯鑣，伊顏接衽；論其諡也，雖窮文盡武，罔或加焉。然今之博士與古不同，唯知依其行狀，又先問其家人之意，臣子所求，便爲議上。都不復斟酌與奪，商量是非，致號諡之加，與汎階莫異，專以極美爲稱，無復貶降之名。禮官之失，一至於此。案甄司徒行狀，至德與聖人齊蹤，鴻名共大賢比迹，文穆之諡，何足加焉。但比來贈諡，於例普重，如甄琛之流，無不復諡，謂宜依諡法慈惠愛民曰孝，宜諡曰孝穆公。自今已後，明勅太常、司徒，有行狀如此，言辭流宕，無復節限者，悉請裁量，不聽爲受。必准人立諡，不得甚加優越。復仍蹤前來之失者，付法司科罪。從之。

莊帝追尊兄彭城王爲孝宣皇帝尚書令拓跋彧面諫曰陛下中興意欲
憲章前古作而不法後世何觀歷尋書籍未有其事願割友于之情使名
器無爽帝不從及神主入廟復勑百官悉陪從一依乘輿之式彧上表以
爲爰自中古迄於下葉崇尚君親褒明功懿乃有皇號終無帝名今若去
帝直留皇名求之古義少有依準

唐太宗初即位謂侍臣曰准禮名終爲諱之前古帝王亦不生諱其名故
周文王名昌周詩云克昌厥後春秋時魯莊公名同十六年經云齊侯宋
公同盟于幽惟近代諸帝皆妄爲節制特令生避其諱理非通允宜有改
張因詔曰依禮二名義不偏諱尼甫達聖非無前指近世以來曲爲節制
兩字兼避廢闕已多率意而行有違經誥今宜依據禮典務從簡約仰效
先哲垂法將來其官號人名及公私文籍有世及民兩字不連讀並不須避

睿宗時改葬故太子重俊有詔加謚又詔雪李多祚等罪議贈官太府少
卿兼通事舍人韋湊上言王者發號出令必法天道善善著惡惡明也賞
罰所不加則考行立謚以褒貶之臣議其君子議其父曰靈曰厲者不敢
以私亂公也臣伏見故太子與多祚等擁北軍犯宸居破扉斬關兵指黃
屋騎騰紫微和帝御玄武門親諭逆順太子據鞍自若督衆不止逆黨悔
非回兵執賊多祚伏誅太子乃遁去明日帝見群臣涕數行下曰幾不與
公等相見其爲危甚矣臣子之禮過位必趨蹙路馬芻有誅昔漢成帝爲
太子行不敢絶馳道秦師免胄過周北門王孫滿策其必敗推此則太子
稱兵宮中爲悖已甚以輕三思父子而嘉之乎則弄兵討逆以安君父可
也因欲自立則是爲逆又安可褒此時韋氏逆未明義未絶於太子母也
子無廢母之理非中宗命廢之則又劫父廢母且君或不君臣安可不臣
父或不父子安可不子晉太子申生謚曰恭漢太子據謚曰戾今太子乃
謚節閔臣所未諭願與議謚者執於御前使臣言非耶甘鼎鑊之誅申大

義示天下臣言是耶咸愛永釋不復異議如曰未然奈何使後世亂臣賊
子資以爲辭宜易謚以令經禮多祚等罪云免而不云雪帝韙然引內閤
中勞曰誠如卿言業已爾奈何湊曰太子實逆不可以褒請宮行以謚時大
臣亦重改唯罷多祚等贈

德宗即位禮儀使顏真卿請復七聖謚號狀曰謹按禮記曰先王謚以尊
名節以一惠故行出於已而名生於人使夫善者勸而惡者懼也虞夏之
質殷周之文至矣而禹湯文武之君咸以一字爲謚言文則不稱武言武
則不稱文豈聖德所不優乎蓋群臣稱其至者是以子不得議父臣不得
議君天子崩則臣下制謚於南郊明受之於天也諸侯薨則太子赴告於
天子明受之於君也至於周室卑矣褒散謚始以兩字爲重或以虛美
爲榮漢承秦獘國餘艱危而周之君臣易名事歸惡謚少不以爲悲多不以
爲褒雖褒美所歸可一言而蓋矣魏晉以降蓋不足徵聖唐欽明憲章周
漢爰初創業順考古道高祖謚太武用漢制太宗謚曰文行周道也名正
理順無之窮上元中政在宮壼亂名改作始建神堯文武大聖之號蓋
非高宗之所獲已洎玄宗之末姦臣竊柄衍言而亂舊法輕議以改濫名
遂廣累聖之謚有加至十一字者皇帝則悉有大聖之號皇后則皆有順
聖之名使言之者惑於今行之者異於古非舊制也其後敕門下罷已之
詔敘高祖已下累聖悉用舊謚則玄宗悔既往之失亦以明矣寳應中二
聖山陵有司議謚事不師古變而行權去古質而尚浮華擯舊名而廣新
謚謂一字不足以彰恵迹十倍於古焉而累聖謚名悉以字多者爲定是
廢高祖太宗之令望曰爱君今制謚非古人皆知之有司因循其事而無
敢言者假使當今守之而不改後人議之以爲非所失豈不大哉何者臣
子之於君父莫不欲廣其美稱先王制禮不敢踰也故至敬無文至文尚
質質之數極於一堯舜之美是以彰矣文之數極於二孝文孝景之德亦

以明矣。質則近古，文則近今。此高祖太宗所以更用其法，後王所宜守之法也。非天下之至聖，其孰能定之？此天皇所以興聖主而正鴻名，太宗所以待孝孫而脩廢典。微臣所以守經義而崇聖朝，陛下宜奉天心，繼先太宗之志，使子孫蒙其法而萬代守之。此天下之能事也。臣愚以為高祖已下累聖謚號，悉宜取初謚為定。謹按舊制，宜上高祖為太武皇帝，太宗為文皇帝，高宗為天皇大帝，中宗為孝和皇帝，睿宗為真聖皇帝。其三聖謚名字數太廣，有逾古制，臣愚請擇其美稱而正之。謹按謚法，兼德不回曰孝，照臨四方曰明，宜上玄宗為孝明皇帝。又按謚法，聖善周聞曰宣，宜上肅宗為孝宣皇帝，仍准漢魏及國朝故事，於尚書省議定奏御。夫文弊則救之以質，至敬也；名濫而歸之於正，至明也；祖作之而孫述之，至孝也。三者備矣，然後能立天下之大本，正天下之大名，建天下之大業，能事畢矣。伏惟陛下詳擇。

翰林學士陸贄上奏曰：右，蕭寧奉宣聖旨，往年百官請上尊號曰聖神文武皇帝。今緣經此寇難，諸事並宜改變，眾議欲得於朕舊號之中更加一兩字，卿宜商量事體穩便可否者。伏以睿德神功，參天配地，巍巍蕩蕩，無得而名。臣子之心，務崇美號，雖或增累盈百，猶恐稱述未周。陛下既越常情，俯稽至理，思衷未諭，安敢不言？竊以尊號之興，本非古制，行於安泰之日，已累謙沖，襲乎喪亂之時，尤傷事體。今者鑾輿播越，未復宮闈，宗祏震驚，尚愆禋祀，中區多梗，大憝猶存，此乃人情向背之秋，天意去就之際。陛下誠宜深自懲勵，以收攬群心，痛自貶損，以荅謝靈譴，豈可近從末議，重益美名？既虧追咎之誠，必累中興之業，以臣庸蔽，未見其宜，乞更詳思，不為宂孽所棄，此臣之至願也。

贄又上奏曰：右，蕭寧奉宣聖旨，卿所商量加尊號事，雖則理體甚切，然時運必須小有改變，亦不可執滯不信。卿宜為朕更審思量，應亦無妨者。臣聞德合天者謂之皇，德合地者謂之帝，德合人者謂之王。父天母地，以養人理物，各有其宜者謂之天子。是皆至尊之殊號，極

美之大名。雖欲變更，無踰於此。故伏羲、神農、黃帝、堯、舜，自生人已來，君德之最神聖者，天下尊之，美之亦已至矣，而其循以為號者，或曰皇，或曰帝，唯日一字，且猶不兼。禹、湯繼興，莫匪大聖，尚自菲薄，降號為王。嬴秦德衰於殷周，而名竊於羲皞，兼皇與帝，始總稱之，流及後代，昏僻之君，乃有聖劉天元之號。是知人主輕重，不在名稱，崇其號無補於徽猷，損其名不傷於德美，然而損之有謙光稽古之善，崇之獲矜能納諂之譏，得失不侔，居然可辨。況今時遭屯否，事屬艱難，尤宜懼思以自貶抑，必也俯稽術數，須有變更，與其增美稱而失人心，不若黜舊號以祇天戒。天時人事，理必相扶，人既好謙，天亦助順。陛下誠能斷自宸衷，渙發德音，降引咎名，深自剋責，惟謙與順，一舉而二美從之，外可以收物情，內可以應玄運，上可以高德於曩古，下可以垂法於無窮，興廢典，矯舊失，至明也；損虛飾，收美利，大智也。前聖之所以永保鴻名，常為稱首者，達於茲義而已矣。陛下何惜而不崇，反欲加冗號以受實患哉？玄元之德經曰：王侯自謂孤寡不穀，以賤為本也。周襄王遭亂，出居于鄭，告於諸侯曰：不穀不德，鄙在鄭地。春秋禮之，以其能降名也。漢光武詔令上書者不得言聖，史冊稱之，以其能損己也。臣願以賤微獲承訪議，伊尹恥其君不如堯舜，臣亦恥之，是以誠發於中，不復防慮忌諱。赦其愚而鑒其理，惟明主行焉。

憲宗時，國子博士韓愈請上尊號表曰：臣某言：臣得所管國子、太學、廣文、四門及書、算、律等七館學士沈周等二百人狀稱：身雖賤微，然皆以選擇，得備學生，讀六藝之文，脩先王之道，粗有知識，皆由上恩。天子聲齊乾坤，出入神聖，經營乎無為之業，游息乎混元之宮，不誅於庭，不戰於野，坐收冀部，旋定幽都，析木天街，星宿清潤，北嶽醫閭鬼神受職，地弥天區，界軼海外，舜之十有二州，周之七百餘國，章亥

所歩。禹契所書。四面輻輳。各脩貢職。西戎之首。北虜之渠。沮威懷德。失據狼狽。收其種落。逃遁遠去。來獻羊馬。千里不絕。功既如此。德又如彼。爰初嗣位。首去妖孽。隨所領衍應時清寧。哀天下之鰥寡。釋四海之鬱結。左右前後。莫匪俊良。小大之材。咸盡其用。無所誅詰。一和以仁。由是五穀豐登。百瑞時見。六府三事。惟序惟歌。昔者媧皇殺黑龍以濟冀州。堯誅九嬰以定下土。迎兵刻力。僅就厥功。以方吾君。一何遠也。堯之在位七十餘載。戎飾咨嗟。以致平治。孔子之聖。自去三年有成。今自嗣位以來。歲有餘矣。臻此功德。何其捷哉。宜鄙傳命。未遑以諭以非常之功。襲尋常之號。以冠古之美。屈守文之名。臣子之誠。闕而不奏。天號人稱。不滿事實。斯亦縉紳先生之過也。謂臣官居師長。不言。謂河。考其所陳中於義理。天人合願。不謀而同。群臣之愚所敢隱蔽。輒冒死以聞。伏乞天恩特允誠志。令公卿大夫得竭思慮取正於經。以定大號。有司備禮擇日以須。天下幸甚。

憲宗崩。淮南李夷簡上言。大行皇帝功高宜稱祖。稱宗下其議。博士王彥威奏曰。古者始封為太祖。由太祖而降。則又祖有功。宗有德。故夏人祖顓頊而宗禹。商人祖契而宗湯。周人祖文王而宗武王。魏晉而下。務欲推美。自始祖外。並建列祖之議。叔世亂典。不可以為訓。唐本周禮。以景皇帝為太祖。神堯而宗太宗。自高宗後咸稱宗。以為成法。不然。太宗致升平。玄宗清內難。肅宗收復兩都。皆撥亂反正。猶不稱祖。今當本三代之制。黜魏晉亂法。大行廟號宜稱宗。制可。

穆宗時。白居易上號曰。臣某等言。今月二十四日臣等已陳表章。請上尊號。懇誠雖懇。聖鑒未迴。踖地跼天。不勝大願。臣等誠惶誠恐頓首頓首。臣聞大道者無求於物。物尊而不辭。至公者非欲其名。名生而不辭。不辭故與天合德。不辭故率土歸心。斯所謂應乎天而順乎人者也。伏惟皇帝陛下。嗣興一德。統牧萬方。致時俗之和平。納生靈於富壽。金章已傳。銷七十載之厲階。玉燭方調。然一千年之聖運。天人合應。書軌混同。而鴻名未加。盛典猶缺。華夷失望。史策無光。此誠君上之謙。然亦臣下之罪也。今臣所以上稽天意。下酌人情。再瀆皇明。重陳丹懇。臣謹按書曰。思作睿。睿作聖。又曰。乃聖乃神。乃武乃文。經曰。明王以孝治天下。凡此五者。歷觀列辟。雖甚盛德。莫能兼之。伏以陛下自即大位。及此二年。無巾車汗馬之勞。而坐平銳冀。無亡弓遺鏃之費。而立定幽燕。仁和一薰。獷驁盡化。可不謂睿文乎。削平天下。震耀八荒。北虜承嫁以稟命。西戎乞盟而納款。威靈四及。奔走來賓。可不謂神武乎。陛下以萬乘之尊。四海之富。侍養長樂。道光化成。推而置之。可塞天地。可不謂孝德乎。故臣等敢冒死稽首上尊號曰睿文神武孝德。伏惟陛下略撝謙之小節。弘祖宗之大猷。惟十一聖

在天。豈忘繼其志。以億兆人為子。當思阻其心。將廻宸衷。俯受徽號。在玄功不為主宰。於盛德有所形容。煥乎大猷。垂裕無極。此實天下之幸。甚非獨臣之幸也。臣等無任誠願懇禱之至。

宋太宗端拱二年。翰林學士宋白等奏曰。臣等奉宰臣傳聖旨。以近降御劄。省去尊號。今欲只稱帝字。令臣等商量者。臣聆睿旨。仰測天心。見陛下謙尊之誠。善下之意。寅畏天命。超越古先。固無得而稱也。然則皇帝二字。與策俱然。數千百年。沿襲不改。蓋如天之有地。日之有月。二儀成象。兩曜麗明。不可斯須而去之。聖意以為非從上古。起自嬴秦。鄙其兼名。欲歸一字。然肇乎前漢。至近朝。唯此尊名不欲去者何哉。蓋天下行之已久。人臣呼之已熟。方今萬世一統。四海為家。上馬精研。蠻夷來服。民物豐阜。前代無雙。至於徽號之稱。增加即可。唯此至尊之字。減損實難。況古今異宜。質文互變。一定之制。

十載不刊。與其改作而誅，新昌若因俗而仍舊。臣等職塵內禁，上事明庭。凡在討論，未嘗請免，如此大事，不敢輕言。誓竭微軀，各以死請。泰山可轉，此志不移。冒犯冕旒，甘當鼎鑊。

直集賢院王皞上奏曰：謚者，行之表也。善行有善謚，惡行有惡謚。蓋聞謚知行，以為勸戒。六典：太常博士掌王公以下擬謚，皆跡其功德為之褒貶。近者臣僚薨卒，雖官該擬謚，其家自知父子別無善政，慮定謚之際，斥其繆戾，皆不請謚。竊惟謚法，自周公以來，垂為不刊之典。蓋以彰善癉惡，激濁揚清，使其身沒之後，是非較然，用為勸戒。今若任其遷避，則為惡者肆志而不悛。乞自今後，不必候其請謚，並令有司舉行。如此，則隱慝無行之人，有所沮勸。若須行狀中乞，方行擬謚，考詳方冊，別無明證。惟衛公叔文子卒，其子戌請謚，臣謂春秋之時，禮壞樂崩，公叔也卒，有司不能明舉舊典，故至將葬，始請謚於君。且周制，太史掌小喪賜謚，小史掌卿大夫之家賜謚讀誄，以此知有司之職，自當舉行明矣。詔下有司詳定，如皞請焉。

仁宗寶元元年，右司諫、供諫職韓琦上奏曰：臣竊以陛下至德合天地，至仁越堯舜，雖徽號累百，亦無得而稱焉。蓋以三載一郊，陛下報本之際，臣子之心，無以歸美君上，故恭薦盛名，以達惓惓之意。緣近年以來，天地之變，比比而發，陛下亦嘗虛懷以來讜言，平刑以降罪戾。今者圜丘展祀，所宜責躬引咎，仰答天戒。其所加尊號，欲望不賜恩可。如陛下已有聖意謙遜，不從冀者，且降御劄中諭宰府，具述衷衷，便斷來表，若候章表五上，方示推挹，此乃從來俞允之例，似未協宜。此事動于典策，望聖明熟慮之。

慶曆四年，翰林學士王堯臣等上奏曰：章獻明肅盛烈王功，乘一德奇。然謚告於廟，冊藏於陵，無容追減。章惠擁祐帝躬，並均顧復，故景祐中贈保慶之冊，義專繫子，禮須別祠，章穆升祔，歲月已深，奉薦三室，先後已定。若再議升降，則情有重輕，請如舊制。中書門下覆議成憲，本前文考之意，配食一體，二后之宜，奉承無私，陛下之孝，請如禮官及學士議，案祥符詔繫章聖特旨，位敘先後，乞聖制定數，昭示無窮。詔依所議。

嘉祐四年，知制誥劉敞上奏曰：臣伏見宰臣率文武百官詣東上閤門拜表，乞加上尊號，今月十一日准批答不允。此誠見陛下恭讓持滿，惡盈好謙之意。且陛下自寶元以來，不復加徽號，近二十餘年矣。沖遜之德，上通於天，下信於民。此上天所以保佑聖躬，受福無疆；萬民所以戴愛聖政，日新一日者也。今實不須稍增數字，示人自滿。臣願陛下固執[illegible]，群臣雖十上表，堅讓勿受，以益明積年沖遜之實，必大得天人之佑。且陛下尊號既已云體天法道欽文聰武聖神孝德，盡善極美矣。復加大仁，不足增光。而曰至治，則有若自矜。今百姓多困，倉廩不實，風俗未清，賢不肖混淆，獄訟繁多，盜賊群輩，水旱繼有，四夷雖粗定，然本以重賂厚利羈縻而服之，非畏威慕義者也。未可謂至治。然則讓而不居，於聖德彌高矣。今群臣皆以加上徽號為請，而臣獨望陛下固辭徽號為願。其心則同，欲尊君，尚欲愛君。然望陛下裁之，聖慮參之，美志斷而行之，則有高世之名，與道同符，豈數字可盡哉。

敞又上奏曰：臣近上封事，欲望陛下堅讓尊號，今已兩奉批答不允。願陛下遂執此意，斷在不疑。且陛下不加尊號已二十年，謙沖之德，赫絕前古，簡在上帝，人臣歸心矣。已二十年行之，一旦改之，於義不可。蓋推善歸美，以尊君父者，臣子之常節也。讓德惡盈，以保天下者，聖人之至道也。臣謂陛下永執至道，以當天心，必有一謙四益之報增加數字，未足發揚光輝，實恐反累陛下二十年略外之美。又入今歲已來，頗有災異，日食地震，雨雹大雪，飛蝗涌水，傷害廣遠。以理論之，陛下寅畏天命，正當深自抑損，豈可於此時加上尊號。昔伊尹戒商王曰：有言逆於汝心，必求諸道；有言遜于汝志，必求諸非道。今臣此言，逆於心者也；而群臣之請，遜于志者也。誠望陛下求諸道而已。

敞又上奏曰：臣所貢愚忠，欲望陛下辭不受所加尊號，似未蒙采納。臣豈敢沮衆人之意，豈敢損主上之美？實以謂崇陛下之稱號，不如明陛下之謙讓；徇臣子歸美報上之心，不如廣君父克己畏天之道。此事至重至大，在陛下力能行之，不當復詢左右之臣。今群臣已上五表，聽之則頓失二十年謙遜之美；不聽則合於嚴恭寅畏持盈克讓之義，示命四方，無以窺聖德之淺深。臣雖狂暗，竊重慎此舉，不敢不再三陳聞。

仁宗時，知禮院韓維上奏曰：司徒、侍中杜公，剛重不倚，明果而斷，事君之直節，有保民之大德。爰初服官，以及謝政，職無大小，事無劇易，必極其力，不為苟然。任提點刑獄，屢決疑獄，人以不冤；治詮審官，法明選公；吏至謝賕，不受關封，號難治，為尹者類以擊斷無壅為整。至公居之，乃以其餘力惠綏民人，歲向歌之。在二府，引義獻納，有大臣風采。私謁幸恩，法所不可者，一切裁罷，聞人少善，稱道如不及。至論國事有所與，直雖平生厚善，未為毫髮假借，故其進而相也，天子恨其用之晚；退而老也，士大夫惜其去之速。公雖家居，上尊禮焉，比歲三遷其官，爵至封國，為公。賜予勞問之使，歲月不絕。嗚呼！可謂善始令終者矣。謹按謚法：清白守正曰正，文知質有成曰獻。惟公所以當大任，享大名，始終尊榮，人無間言者，亦其樹立所從來遠。始諸父與公分財，所得錢萬，悉推不受，以予昆弟之貧者，及富貴，無聲樂妾御之好，居處被服如始仕。惟其治身報國之不足，是以為憂。故其德業所就章章如此。謚曰正獻，不亦宜哉。

維又上奏曰：贈太師兼侍中陳執中，舉得以公卿子遭世承平，因緣一時之言，遂至貴顯。皇祐之末，天子以後宮之喪，問所以葬祭之禮，執中位為上相，不能總率群司，考正儀典，以承答天問，知治喪皇儀非嬪御之禮，追册位於宮闈，有嫌建廟用樂，踰祖宗舊制，執中白而行之，曾不愧憚，遂使聖朝大典著非禮之舉，此不忠之大者。閨門之內，禮分不明，夫人正室，疏薄自絀，燕妾賤人，悍逸不制，醜聲流布，行路共知，此又治家無足言者。夫宰相所當秉道率禮，以弼天子，正身齊家，以儀百官。執中不務出此，而方杜門深居，謝絕賓客，曰我無私也，我不黨也。豈不陋哉。謹按謚法：寵祿光大曰榮，不勤成名曰靈。執中出入將相，以一品就第，可謂寵祿光大矣；得位行政，不為不達，死之日，賢士大夫無述焉，可謂不勤成名矣。請合二法，謚曰榮靈。

維又上奏曰：臣聞尊卑親疏，賢不肖之辨，所以立人倫也；禮者，所以維持人倫，使不斁敗之具也。朝廷之位，廟寢之制，車服之數，金石俎豆之容，皆有章也。章不明則尊卑親疏、賢不肖紛亂，而人倫斁矣。故有天下者，不可不先禮也。竊見國家受命百年，於郊廟之位尚有未正，朝廷之儀尚有未尊，祭祀婚葬車服之等尚多不備。所以然者，患在棄禮而任人情也。夫禮所以撙節人情，使一於正。今任人情而廢禮，是以民俗無羞惡之風，士大夫寡廉遜之節。禮制雖繁而下不率，法禁滋密而姦不勝。蓋有當先而後，宜興而廢者矣。伏惟宋至陛下，比之於周，成康之世也。方當修起廢墜，興造禮樂，以成一家之制。興章之有失者，此臣所以不得默也。臣聞溫成之喪，陛下疑所以處中，夜命就治相陳執中第問之，明日遂發喪而下禮之大不可者有四：

夫皇儀敗者，先帝先后之所嘗治喪也。雖宮禁給使之人，知其不當變之，而變之矣，不可一也。皇后者，上配宸極，天下之母也，位號至重，豈容褻瀆？中官在上，而發册殿廷，以后禮送之，不可二也。禁之內，大祀用樂者備而不作，祀者非天地日月，則宗廟社稷也，樂而殺厭其禮，不可三也。殿而不廟，不備四時之享者，奉孝惠皇后之禮也。孝惠皇后者，非太宗之正配也，猶以為未之，而立廟用樂，遂與祖宗等，不可四也。別廟四后，章惠皇后不立忌日久矣，緣此而立之，事已施行，賴陛下聖明，采諫者之言而復止。不然，此又不可一也。臣伏思溫成皇后雖追册位號，其實陛下之後宮也。今以尊奉後宮，而瀆臣主之分，殺天地之祀，僭祖宗之禮，切計此非陛下本意。何以言之？臣伏見陛下謙儉寅畏，謹於事神，篤於奉先，祠享常禮之外，過自抑損，以極孝恭，不宜有此。蓋當時臣下莫為陛下正言者，陳執中位居師長，曾無一言之補，失為國謀事，而至於瀆臣主之分，僭祖宗之禮，可謂乖戾矣。生既竊陛下之爵位以厭其欲，若死又得美謚以成其志，是執中終始獲幸，而獨留非理之名，使後世有以議陛下也。臣不勝憤懣，謹因其家請謚，責其大節之失，加以榮靈之謚，言其寵祿則厚，而令名不立也。其義欲使天下知為臣當盡忠，事君當以禮，又使阿諛竊位之臣，知生雖苟一時之榮，而死不免萬世之戮。不然，議溢名於朽之骨，臣何獨為此區區也？且謚者，周公所作萬世之公法也。臣之所言，天下之公議也。陛下寵待大臣亦已至矣，而使有司得以萬世之公法、天下之公議貶之，亦天下之至公也。伏惟陛下幸聽臣言，以成天下至公之法，豈不大哉！臣備位禮官，凡儀典之遺闕，得以討論，又大臣之薨卒者，得秉筆為議，以美惡謚之，皆臣之職也。義有所在，不忍緘默。

維又上奏曰：臣近與孫抃等議故太師、侍中陳執中之謚，論有異同，遂具狀申中書門下。臣以謂朝廷且將下有司使議，執中所以得謚恭之狀，然後決其是非，遽聞降敕考功，以恭字為定。臣伏思之，不勝惶惑。臣以榮靈謚執中者，正謂責其廢禮不恭，失為臣之節，而朝廷遂用恭法，此臣不得不惑也。臣聞孟子曰：責難於君謂之恭，謂以難行之道進於君而勉之也。孔子曰：恭近於禮，遠恥辱也。蓋禮之意，非恭不立，而恭不近禮，適足以招恥辱也。書曰：官師相規，工執藝事以諫。其或不恭，邦有常刑。此言治古之世，自公卿大夫以至百工，各以其職諫，有不如此，謂之不恭也。執中備位宰相，遭遇明主，以仁恕臨下，賦事行政，惟大臣是咨，惟古訓是式，前代人君之所難，陛下皆易之。此誠人人自竭盡之秋，而執中內懷阿倚，苟援不正之說，僭瀆大禮，尚不能成明主之易，可謂責難乎？陛下中宮在上，而妃嬪之殁，治喪發册，近在殿中，此雖宮省使令之人，猶知其不可，執中尚不能及使令之所知，可謂近禮乎？有司上孝惠祠殿之比，不享不樂，罷斥其議，而遂僭祖宗之制，執中表帥群司，縱不能遠復治古，各以職諫，而首自亂禮，此又常刑之所不赦也。且恭之法曰：不懈于位。夫位以宅才，才以治事，苟事之不治，雖脩潔其衣冠，莊嚴其色辭，終日危坐，無少懈之容，何益哉？執中犯不恭者三，而顧以恭為謚，如此則是謚法可廢，而官守無用也。夫設法而至于可廢，命官而同於無用，臣愚不識朝廷處此，於義何當？伏望陛下亟詔有司，格敕未行，復令禮官得盡謚恭之說，然後非以臣議下尚書都省，集百官參定。臣論有少屈，退伏妄言之誅，誠無所恨。

維又上奏曰：臣近兩上章，論故太師、侍中陳執中不當謚恭事，至今未蒙朝廷俞允。竊聞敕在考功，有司以不應常法，未即奉行，故臣敢復進其惡說。臣聞聖人治天下所以得人而用之其大法有五。士之處也則教育之。其將進也則辨論之。其已仕也則校其功罪而升黜之。既沒也又作史以紀其善惡制謚以著其賢不肖。所以教育獎勸得懼者如此。故士之爲善也固。其遠惡也力。在上者總其才而用之。此天下之所以治也。後世苟簡教育辨論之法既蕩然矣。作史制謚止以備官而不責其實。至於升黜則非有成可考。或舉或廢各因其時。在上者方患才之難得官之不備。不知所以教育獎勸得懼之法不立也。臣請以執中一事明之。夫執中學問之不講義理之不達。而遂至貴顯。此教育辨論已廢之驗也。既位宰相首亂國典。瀆尊卑親疎之義。而優游壽寵以一品自終。此升黜不行之効也。今一臣區區欲加公議於已然之後。而同僚不以爲得朝廷不以爲善。徑黜其論不少加參考。此又備官而不責其實也。所未知者。但史官耳。若史官又廢其守。則是聖人之法都盡矣。方今風俗頹靡。百職隳情。謂宜力加振肅。以消因循之弊。而乃奪有司之職。使不盡其法。退至公之論。使不極其理。臣恐非朝廷之福也。伏惟陛下觀聖人制法之意。鑒後世苟簡之弊。察當今之所宜。急使有司不失其職。公論得有所立。非臣之幸。實天下幸甚。

知太常禮院司馬光上奏曰。臣等伏覩故贈太師中書令夏竦。以舊在東宮。特賜謚文正。臣聞大戴禮曰。謚者行之迹也。行出於已。名生於人。所以勸善沮惡不可私也。臣等叨預禮官。謚有得失職有當言不敢隱嘿。謹按令文諸謚王公及職事官三品以上皆錄行狀申省議定奏聞。所以重名實示至公也。陛下聖德涵容。如天如地。哀憫舊臣恩厚無已。知竦平生不協衆望。不欲委之有司。槩以公議。且將掩覆其短推見所長。故定謚於中而後宣示于外。臣等謂徑宜擇中流之謚。使與行實粗相應者取以賜之。亦非羣臣所敢議也。今乃謚以文正二者謚之至美無以復加。雖以周公之才不可兼取。況如竦者豈易克當。所謂名與實爽謚與行違傳之永久何以爲法。伏以陛下齊聖聰明。獨見微遠。如竦所爲豈不素聞。廼欲以恩澤之私强加美謚。雖朝士大夫畏竦子孫居美仕不敢顯言。四方之人耳目炳然豈可掩蔽。必曰夏竦之爲如是而謚文正。非以謚爲公器也。蓋出於天子之恩耳。此其譏評國家之失豈云細哉。臣等所以夙夜區區不敢避誅戮之辜報讎之禍。狂僭妄言。正爲此耳。伏乞陛下留神幸察。改賜一謚。庶協中外之論。以爲萬世之法。

光又上奏曰。臣等近以故贈太師中書令夏竦賜謚文正。輒有奏陳乞賜改定。至今未奉俞旨。臣竊以凡爲人臣受禄不必多。受位不必高。苟當官不言。則刑戮之人也。是以夙夜惶懼。不敢默默。伏惟陛下不以鄙賤而忽其言。臣等切迹謚法本意。所謂道德博聞曰文者。非聞見雜博之謂也。蓋以所行所學不離於道德也。靖共其位曰正者非柔懦苟媮之謂也。蓋詩云靖共爾位。好是正直也。今竦奢侈無度。聚歛無厭。內則不能制義於閨門。外則不能立效於邊鄙。言不副行。貌不應心。語其道德則貪淫矣。語其正直則回邪矣。此皆天下所共聞。非臣等所敢誣加也。陛下乃以文正謚之。臣等輒思未達大體。不知復以何論待天下之正人良士哉。且陛下所以念竦如此之厚者。以竦嘗爲東宮之臣故也。向者東宮之臣死而得謚者非一。陛下未嘗親有所定。至於竦獨不然。豈非知竦所爲不合衆心邪。陛下豈以竦爲正直無疑。則何不委之有司。付以公議。然則陛下掩覆其短違所以彰之也。陛下念竦不已。則莫若厚撫其家。至於謚者先王所以勸善沮惡。非供恩澤之具也。議者將以謚爲虛名。何害借人。臣等請試言其實。凡國家所以馭臣下者。不過禍福榮辱而已。為善者生享其福。死受其榮。為不善者生遇其禍。死蒙其辱。天下雖欲不治。安可得也。如有不令之臣。生則盜其祿位。死則盜其榮名。善者不知所勸。惡者不知所懼。臧否顛倒。不可復振。此其為害。可勝道哉。虞書曰。兢兢業業。一日二日萬幾。孔安國傳曰。言當戒懼萬事之微。夫事之方微。治之易絕。及其既著。誰得治之。況天下之人皆知竦為大邪。陛下諱謚之以正。此不足以掩竦之惡。而適足以傷國家之至公耳。且謚法所以信於後人者。為其善善惡惡無私也。今以一臣之故而敗之。使忠良雋傑之士蒙美謚者。後世皆疑之。則謚法將安用哉。臣等所以冒犯天顏。區區不已。與人父子為怨者。誠惜國家勸沮大法。不可因循虧廢也。伏惟陛下憐察。少加采擇。特依前奏所陳。改賜竦謚。天下幸甚。

歷代名臣奏議卷之二百八十一

歷代名臣奏議卷之二百八十二

謚號

宋英宗治平二年。中書請議濮安懿王尊號。翰林學士王珪等上狀曰。臣等參詳國朝崇奉尊屬故事。今濮安懿王於仁宗皇帝其屬為兄。於皇帝合稱皇伯而不名。宰相韓琦奏言。按儀禮為人後者為其父母報。及按令文與五服年月敕。並云為人後者為其所後父母斬衰三年。為其所生父母齊衰期。則出繼之子於所繼所生皆稱父母。又漢宣帝光武皆稱其父為皇考。今王珪等議稱皇伯。於典禮未見明有引據。請下尚書省集三省御史臺官定議。有詔集議以聞。時翰林學士知太常寺范鎮上奏曰。竊以為父母天下莫隆焉。至于繼大宗則殺其服何也。太宗之統不可絕。而父母有嫡長之奉也。視其服紀之隆殺。而知聖人制禮之意也。知名之不可以貳也。名也者天下之辨也。所以別嫌明微。而不可以不慎也。為父母報云者。記禮者之文。其勢然也。不可云為伯叔報也。律令亦猶是也。漢宣於昭帝為孫。光武於平帝為祖。容可以稱其父為皇考。然議者咸以為非何也。謂其以小宗而合大宗之統也。陛下既稱仁宗皇帝為皇考。又欲稱濮安懿王為皇考。則是兩統而又二父。又重於漢之失也。非所以嚴宗廟也。非聖人制禮之意也。爾雅父之昆弟先生為世父。後生為叔父。國朝之制。伯叔兄弟子姪加皇字。今濮安懿王於仁宗皇帝為先生。則陛下亦宜依爾雅及國朝故事。稱皇伯而不名。如前議為便。至於漢之稱皇考。稱帝稱皇。立寢廟。序昭穆。皆非陛下聖明之所法。今以儀禮及漢諸儒論議。魏明帝詔凡五篇。其間議有是非。事有當否。惟陛下裁處之。大抵祖儀禮者為合乎禮經也。

時知制誥判禮部宋敏求等亦上奏曰。臣等謹按敕。又稱儀禮為人後者為其父母報。傳曰。何以期也。不貳斬也。何以不貳斬也。特重於大宗者。降其小宗也。為人後者孰後。後大宗也。曷為後大宗。大宗者尊正統也。疏曰。此謂其子後人。反來為父母在者。欲其厚於所後。薄於本親。抑之故次在孫後也。儀禮謂本親亦曰父母。盡追本其所自出。若不明言父母。則無辨別。亦無以為言也。勅又曰。今文與五服年月勅皆曰為人後者為其所後父斬衰三年。為人後者為其父母齊衰期。即出繼之子。於所生皆稱父母。謹按令文五服年月皆出於儀禮也。勅又曰漢宣帝光武皆稱其父為皇考。謹按宣帝乃武帝之曾孫。嗣昭帝後。實孝昭孫屬也。以其父為悼皇考宜也。光武起於民間中興漢祚。而推以世數。上繼元帝。固非元帝親命為子。以南頓君為皇考宜也。陛下既為仁宗皇帝親立為子矣。仁宗乃陛下之皇考也。今若又以皇考之名加於濮安懿王。臣等以為甚非禮之不貳斬也。尊無二上之義也。勅又曰。議稱皇伯。於典禮未見明有引據。臣等謹按出繼之君。稱本生為皇伯叔。則前世未聞也。漢安帝紀載清河王薨。但不名爾。此范曄特變常例也。至於袁宏紀則亦名之。安帝即位清河王尚在。當時別無殊禮。按本朝真宗謂秦王為皇叔。仁宗謂楚王昭成太子並為皇伯。是則皇伯叔之名。在本朝稱之久矣。蓋遵用舊文有所自也。或以謂可加為皇伯父者。謹按荀子與史記並載周公自稱我文王之為子。武王之為弟。成王之為叔父。詩魯頌王曰叔父。建爾元子。俾侯于魯。箋曰。叔父謂周公也。成王告周公曰。叔父。我立汝首子使為君於魯。謂欲封伯禽也。是詩人追述成王封伯禽時。周公尚在。故稱叔父者。是生稱之辭。既沒則未有稱為叔父者。又經書稱伯父叔父。同姓之臣也。前代帝王多不通親屬。冠於爵位之上。西晉則封皇從伯父望為義陽王。皇叔父幹為平原王。亦生之稱。又或謂皇伯考者。謹按父與考存沒之稱。考者成也。言其德行之成。祖與考有君德而成之也。晉武帝稱景帝。明皇稱中宗。本朝真宗稱太祖。皆曰皇伯考。是興王業履尊位乃可稱伯考也。又或謂可依漢宣帝故事稱親。史皇孫。如淳曰。親謂父也。謹按禮大傳曰。親者屬也。王制注曰。周制太祖及文王武王二祧與親廟四。是自始祖至父皆稱親。漢宣為昭帝孫屬。仍得以悼皇考為親。與上皇考義同。蓋親者父也。皇考也。不可以稱也。臣等謂今來褒崇濮安懿王。宜如兩制禮官所議。以示萬世至公之法。

初執政請集百官議。意朝士必有希合。既而議者多是王珪。羣言洶洶。有旨權罷集議。侍御史知雜事呂誨上疏曰。臣伏覩近降勑命下尚書省集三省御史臺定議濮安懿王稱皇伯。不合典禮。未見明有引據。續准手詔以論議不一。權罷集議。當令有司博求典故。庶合禮經者。臣切以朝廷既知議論不一。當辨正是非。參合衆意。明所適從。豈可事未有定。遽罷三省集議。還付所司。詔命反復。非所以示至公於天下也。臣徇愚見。敢以上聞。臣謹按儀禮為人後者為其父母報。蓋為大宗後。當為大宗斬。還為小宗周。不貳斬。明於彼而判於此也。又按令文與五服年月勅。出繼之子於所繼所生皆稱父母。稱父母者。所以別其本正於後也。在屬籍當行除附。斯令之意又可明也。如漢宣光武皆稱父為皇考者。二帝上承本宗。皆非旁繼於公事體略不相類。據王珪等議濮安懿王於仁宗皇帝。其屬為兄。於皇帝合稱皇伯而不名。於禮得矣。及引元佐元儼稱皇叔皇兄之類。皆本朝典禮。安得謂之無據。臣切原敕意直欲加濮安懿王為皇考。與仁廟同稱。如是則尊有二上。而服有二斬。禮律之文。皆所禁矣。臣恭以陛下鱗躍藩邸。入繼大統。南面尊臨。皆先帝之德也。俯終祥禫。尚未違廟謁遽有斯議搢紳之士皆未以為然方陛下躬勤孝養上奉慈闈承顏猶懼其不足矧復顧私恩别親疎而忘大義哉就如有司循情酌禮以濮安懿王為考仙遊為妣示於中外得為安乎臣切謂兹事非出清衷必佞臣苟悦聖情二三輔臣不能為陛下開陳正論又將啓其間隙違背禮義惑亂人情忘先帝之眷倚陷陛下於非正得謂之忠乎臣伏望陛下開廣聖慮精勤孝治不作無益以害至公既罷三省集議當别降詔旨以王珪等議為定以前後所獻不一之論盡降出外辨正是非明其罪罰寘之於法可以渙釋群疑杜絶邪論不然何以明陛下之無私判中外之深惑傳之永久所損不細臣備員臺憲敢不盡言唯冀睿哲斷之於中早賜施行以息浮議

誨以樞府大臣宜同定論典禮是非又上疏曰臣竊以國朝承五代餘弊文武之政二府分領任重體均其實一矣然而軍國大事皆得合議今議崇奉濮王此事體至大者始欲集三省合議而終不謀於樞府臣所未諭兩制及臺諫官論列者半年外臣抗疏言者不一而樞府大臣恬然自安如不聞知託無一言以正朝廷典禮豈所謂以道事君固如是耶今佞人進説惑亂宸聽中書遂非執守邪論當有以發明經義解釋羣疑臣欲乞中旨下樞密院及後來進任兩制臣寮同共詳定典禮以正是非久而不決非所以示至公於天下也

侍御史趙瞻上奏曰臣伏見比下兩制儒臣會議濮安懿王稱親以仁宗皇帝早年鞠養陛下于宫掖遂於往歲下明詔以陛下為皇子嗣承顧命柩前即位故用為人後者為子之義特重大宗典禮甚明則濮王實仁宗之兄於陛下尊行為伯昭然無疑而議者復稱禮辨所生所養猶有父母之文以為論難明知禮無兩父貳斬之義乃取文辭一字以亂正典且如文有夫婦出母去已非婦出不為母不書其名將何以攷又稱漢宣光武追尊父為皇考且執不知宣與光武遠繼祖世不為昭元之子安傅為義詿誤聖朝昔漢董宏阿附丁傅開發邪議師丹守正終折僭號至魏明帝救戒公卿則曰敢為佞邪導諛時君謬考為皇稱妣為后則股肱大臣誅之無赦今夫為臣而自為董宏之行復待陛下不以魏明之賢上負先帝下背所學詭引文辭諷為詔意遂下三省臺官集議朝廷正士莫不發憤欲建正論今且復頒手詔以為論議不一權罷此會仍俾有司博求典故臣愚聞命切謂未允且衆議未上安知不一國家議事本擇僉謀委一有司孰若多士典章沿革莫不講聞今云博求豈復如此蓋由邪説直塞群言不思據經自欲作古存著未定之意沮格前議之端中外讙驚指名有在邀嚮如此心迹可察伏乞陛下昭示不一之議逆詰立異之黨如彼於禮經為是即可施行或臣與前議為非請從誅竄況國之策命不當因循朝之縉紳豈乏學問願敕建議之者使與臣等對辨邪正一定以慰天下之望

監察御史裏行吕大防上奏曰臣伏見自古人君臨御之始施為舉措必有以厭服天下之心者或以至公大義或以深仁厚德非此二者不足以得天下之心漢高祖除秦苛法與民更始者深仁厚德也光武非平帝之親以天下思劉氏乃追繼元帝之後不極尊其父祖者至公大義也至如太祖皇帝始即位則除五代之苛酷禁從兵之巷市太宗皇帝始即位則親試天下士補美官者數百人真宗皇帝始即位則放天下逋負數十萬緡仁宗皇帝景祐親政之初則亦用考士補官之法四聖相繼率用此法者蓋知天下之心不可以智巧得而可以公義結也伏自陛下臨御以來除禪之始天下之人顒顒觀望乃陛下結天下人心之日而大臣曾不思慮者欲加濮安懿王

非正之號。以惑天下之觀聽。有識之士。遠近驚歎。以為大臣上負先帝顧託。而導人君於非義。臣已累狀奏陳。備其本末。未蒙施行。臣非不知阿順陛下聖意。乃為自安之計。然臣荷陛下非次拔擢。置于言路。親加訓獎。形于誥諭。臣若不極于誠。使陛下由此失天下之心。臣復何顏以事陛下。伏惟少留聖意。以社稷為計。以天下人心為念。以四聖親政之始。皆有以得天下之心為法。特頒手詔。出自聖斷。濮安懿王典禮。以兩制禮官之議為定。則陛下以至公大義結天下人心。自今日始矣。

大防又上奏曰。臣等累具封章為濮安懿王典禮。乞依兩制臣寮定議。伏覩手詔再下禮官詳求典故。切知太常禮院已具典故奏陳。臣等於今月二十一日同到中書咨議。執政臣寮皆稱禮官奏狀留中不下。兼臣等曾親奉德音。且候禮官檢討。至今多日。未聞施行。伏緣

陛下臨御之初。敦叙皇族。自燕王已下。各加恩禮。更封進國。恩榮無至。況濮安懿王於陛下有顧復之恩。封國優崇。宜極人臣之典。而不宜在諸王後矣。特以大臣立議太過。禮不時舉。致物論不同。中外驚歎。遂使追崇之禮。至今闕然。仰虧陛下孝思之義。而未厭四方顒顒之望。非所以榮親而廣盛德也。臣等愚陋。以為濮安懿王典禮。抑禮而不舉。不若屈情而亟行。伏乞禮官所奏典故。早下有司施行。如禮將使安懿如在之靈。樂於陛下之中禮。八廟降觀之饗。喜於陛下之至公。顒顒之望。四海如一。

治平三年。時濮議久不決。臺諫交章論琦。上以皇太后不悅。內出手詔切責琦等。且緩其事。太后復出手書曰。吾近聞群臣議請皇帝封崇濮安懿王。至今多日未見施行。吾再閱前史。乃知自有故事。濮安懿王譙國太夫人王氏。襄國太夫人韓氏。仙遊縣君任氏。可令皇帝稱親。仍尊濮安懿王為濮安懿皇。王氏韓氏任氏。並稱后。詔曰。朕面奉皇太后慈旨。篤議安懿濮王典禮。久未施行。已降手書付中書。濮安懿王譙國夫人王氏。襄國夫人韓氏。仙遊縣君任氏。令朕稱親。仍尊濮安懿王為濮安懿皇。王氏韓氏任氏並稱后。朕以方承大統。懼德不勝。稱親之禮。謹遵慈訓。追崇之典。豈易克當。且欲以塋為園。即置吏卒守衛。即園立廟。俾王子孫主奉祠事。皇太后諒茲誠懇。即賜允從。宜令中書門下依此施行。中書劄子奉聖旨。宗朴候服闋與除節度觀察留後。主奉濮王祠事。改封濮國公。時判太常歐陽脩上奏曰。臣伏覩降敕下太常禮院。濮安懿王皇帝稱親。臣忝預禮司。晚夕惟慮義有未安。不敢自嘿。切以稱親之說。蓋用漢宣帝時有司奏請史皇孫故事。謹按皇孫即宣帝所生之父。宣帝為昭帝後。是以兄孫遇繼祖統。於漢家無貳考之嫌。史皇孫初無爵謚。有司奏請之始。故

且稱親。其後既已立謚。秪稱悼園。然則親字非所以為稱謂。且陛下以聖明之德。仁宗皇帝拔自旁支。入繼大統。雖天下之人三尺童子。皆知陛下濮王所生。今但建立園廟。以王子承祀。是於安懿王無絕父之義。於仁宗皇帝無兩考之嫌。可謂兼得之矣。其親字既稱謂難立。且義理不安。伏乞更不施行。

呂誨等上奏曰。臣等伏聞手詔節文稱親之禮。謹遵慈訓。追崇之典豈易克當。固已見陛下守義徇公謹重之至也。然稱親之禮。殊未為安。群口紛紜。不勝嗟憤。臣等切詳皇太后手書稱親之意。蓋用漢宣故事。欲行於今。乃與中書門下元建皇考之議大體相依。此不免為兩統二父之失。所以議者宣然皆謂母后手書。非出慈壽之本意。皆建議之臣眩惑交結成就其謀。欲自掩其惡而杜塞言者之口也。臣觀陛下繼明之始與漢宣故事不同。宣帝之時為有司所奏禮為

人後者為之子。請謹視孝昭所為。未有卻命大宗正統之母。追稱小宗所生為親者也。錯亂禮法矣。其本意若欲准漢宣故事。以濮王為親。則襄國已降自當為母。於皇太后豈得安哉。恭惟陛下親受仁宗詔令而為之子。故先帝遺詔。誕告萬方。謂陛下為皇太子即皇帝位。四夷諸夏。莫不共聞。今乃復稱濮王為親。則先帝治命之詔不行。而陛下繼體之義不一。況太后與政府大臣並受先帝顧託。言猶在耳。永昭陵土未乾。止因一二姦臣之謀。遂忘而弗顧。陷兩宮於有過之地。使四方夷狄咸先帝之遺詔。疑陛下之過舉。移謳歌欣戴之心為忠憤不平之氣。可不痛哉。萬一讒慝姦民以有先帝遺詔為問。則執政之臣其將何辭對之。然則稱親之禮。豈宜輕用。首議之臣。安得不誅。臣等待罪于家。屢蒙詔旨促令供職。而跼蹐未敢承命者。以此故也。若必使臣等就職。則當合班廷爭。以救朝廷之失。雖陛下容納直言。為天下所聞。而臣等不能早悟明主之罪益深。益重矣。豈可復居言路為耳目之臣哉。臣等之心。有死無二。伏望陛下留神聽納。天下幸甚。

誨等又上奏曰。臣伏覩六月中敎下議濮王典禮。引漢宣光二帝稱考故事。今月二十三日。詔不敢當皇太后追尊父皇母后之禮。且欲以塋為園。立廟俾王子孫以奉祠事。臣愚以為今日與漢宣事體不同。當時太子與皇孫俱死於外。因其地葬之。故曰戾園。悼園。即位後八年。有司言父為士。子為天子。祭以天子。悼園宜稱尊號曰皇考。五廟因園為寢。後議者以父為士。子為天子。祭以天子者。乃謂堯舜禹湯周文漢高受命之君。非所謂繼統為後者。考廟悼園宜毀勿修。從其請令濮王陪葬[illegible]陵。子孫之序。奉邑守衛皆已嚴具。必欲別起園寢。增廣制度。當須改卜。易其靈寢。不惟[illegible]陵隔祀。亦與濮王分別顧其典禮疑有未安。漢悼皇止一子。是為宣帝。雖承大宗。不可絕小宗之祀。故建立寢廟。不為過矣。議者猶曰考廟悼園宜毀勿脩。蓋禮不踰閑而當專意於昭帝也。況濮王嗣續衆多。奉祀有闕。陛下不專意於仁廟而復顧於私親。示諸天下。其如公議何。臣切原二說之意。盡出首議之臣。全襲定陶之事。遂追哀帝之迹。向言權臣人皆竊笑。今日且欲諱其取信衆議。接下猶致遠之論。詭示今何可久也。陛下獨不念先帝恩德。七廟威靈。陟降在庭。禍福所繫。臣雖甚愚。內實寒心。伏望聖慈克崇孝道。無惑邪說。亂典章。俯順人心。仰答天意。其園廟指揮特行追罷。首議之臣不可寬宥。慰安中外。最為急務。臣繳納綸誥擅去官守之罪。未敢苟避。冀其黜謫。

英宗時。韓琦上尊號冊文曰。臣等聞天道育萬物而不責其報。故飛走之機必時而有薦者。以知其本也。君德被萬物而不有其名。然臣辟之衆必崇而有號者。以獻其誠也。故報雖不責焉而知其本者天必享。名雖不有號。而獻其誠者君不違。是以上下之情通而古今不能以易也。恭惟皇帝陛下自然之情得堯之仁。不聞而式。綜文之聖。經[illegible]行而無不備。據六藝而無不達。尊在宗邸德充而晦。今闕其過四海係心。譬夫大明將升。光氣前發。萬目瞻望。不可踰越。及乎膺受聖託。纂隆皇緒。信慤三祀。動謹先法。奉養長樂。孝惟克諧。內嚴宮闈而細大必備。外正紀綱而類墮皆舉。攬威柄以歸己。幹神化而獨運下暨鰥寡。悉安其生。至于昆蟲。莫不被澤。其九族之睦也。俾先乎知遵其百揆之敘也。奉精乎任人。若夫延見近臣。咨訪不倦。有虞之好問也。抑損浮費。用度日約。大禹之克儉也。緝熙光明。而德行以顯。周成之保邦也。綜核名實。而賞罰必信。漢宣之圖治也。并會衆美。嗣興太平。故自舟車所通。日月所照。皆奉順教[illegible]無敢弗虔。固足以恢四

聖之闕休。極百王之盛節者矣。廼者肇禋吉土、始見清廟、祭而受福
廖將遠下。下之報上、安可無述。臣等所以合中外之志、叩閽屢瀆、請
上丕稱、以形容於萬一。而陛下持易之謙、執道之契、德貫三儀、而不
自滿、功偕八世、而無所矜、冲然弗居。可詔不下。自是輿情鬱邑、累相
責諭、以謂睿聖之烈、赫赫如此、而不能發揚而增大之、是不若飛走
知本之莭也。今三朝之吉、萬玉來會。重譯有貢、八音在庭、臣等幸於
此時、冀畢前懇、封奏五上、莫匪傾竭。陛下猶敦諭數四。不得已而俞
之。夫道濟群生而不言所利、體乾也。躬享大命、而若固有之、膺歷也。
化成天下而輝光日新、文也。守在四夷而兵革不試、武也。日用而百
姓不知、聖也。親寧而萬國以懽、孝也。臣等不勝大願、謹奉玉冊玉寶
上尊號曰體乾膺歷文武聖孝皇帝。伏惟陛下、無前之蹟、本忘其名。
徇衆之欲、勉而是承、斯亦踵祖宗之舊、而慰率虞夏之情、惟待其盈

以守其成、壽考萬年、以安以榮。臣某等誠懽誠忭、頓首頓首、謹言。
時百官上尊號。知諫院司馬光上奏曰。臣聞謙德之美、尊而益光。施
之神人、無不悅順。竊見陛下將有事于南郊、群臣循襲故事、請上尊
號、以陛下睿智聰明、徽柔懿恭、享茲美名。云何不可。正以屬者春雨
為災、五稼漂沒。編戶失業、呼嗟之聲盈於道路。迄今未息。陛下當此
之際、正宜深自抑損、以承答天譴、慰釋衆心。況尊號非古、近出有唐。
陛下受而有之、不足以褒大聖功。推而不居、足以發揮盛德。所有群
臣上尊號表、伏乞陛下拒而勿受、仍令更不得上表。此亦區區微誠、
欲裨益萬分之一也。
光又上奏曰。臣聞王者父天母地、子育黎元。嚴恭鬼神、畏憫災異。故
能安靖國家、饗有多福。自生民以來不易之道也。天雖至高、視聽甚
邇。朝夕不離王者左右、福吉逆凶、應若影響。此乃詩書所載、聖人所

言。豈可謂之漠然無知而簡忽不顧哉。臣伏見陛下踐祚已來、太陽
侵色、中有黑子、大風晝晦、冬溫無冰、連年大水、漂沒廬田。以至今歲
災異尤甚。彗星彰見、光炎隆盛、朝東暮西、逾月乃滅。飛蝗害稼、日有
食之。加之陝西河東夏秋乏雨、禾既不收、麥仍未種。婦子恓惶、流離
滿路。西戎內侮、邊鄙未安。當此之際、群臣宜勸導陛下以祇畏天命、
勤恤民隱、克己謙約、博求至言、以消復變咎、追致善祥。而朝廷晏然。
曾不為意。或以為自有常數、非關人事。或以為景星嘉瑞、更當有福。
今者又有佞臣建議、請上尊號。其為欺蔽上天、罔誣海內、孰甚於此。
是使上帝鬼神怫鬱不懌、自拜郊以來、陛下嬰此疾疢、久而未愈。此
皆群臣諂諛之罪。陛下豈得不寤而深思哉。臣不勝區區。忘生觸
死。伏望陛下自以聖意止群臣所上表章、却尊號而勿受、更下詔書
深自咎責、咨諏四方、廣開言路。此所以事天養民、轉災為福之道。俟

聖體康復、政化流通、天時豐穰、人心悅豫、然後推崇徽稱、何晚之有。
如此、庶幾上帝收還威怒、福祿大來、聖躬和平、勿藥有喜。群生百姓
莫不幸甚。況陛下嚮者郊禮之前、辭尊號不受、天下稱誦盛德、至今
未已。然則是棄虛名而得實名。捨虛美而取實美也。於陛下何損焉。
臣荷國大恩、承乏侍從、誠見近日群臣皆以言為諱。入則拜手稽首
請加鴻名、出則錯立族談、腹非竊笑、終無一人為陛下正言其不可
者。臣竊痛之。是敢妄進狂瞽。惟聖明采察。
翰林學士王珪上仁宗謚號議曰。臣謹按曾子問曰、賤不誄貴、幼不
誄長、禮也。唯天子稱天以誄之。春秋公羊說讀誄制謚於南郊、若云
受之於天然。乾興元年夏、既定真宗皇帝謚、其秋始告天於圜丘。史
臣以為天子之謚當集中書門下御史臺五品以上、尚書省四品以
上。諸司三品以上於南郊告天議定、然後連奏以聞。近制惟詞臣撰

議。即降詔命。庶僚不得參聞。頗違稱天之義。臣今擬上先帝尊謚。欲望明詔有司稽詳舊典。先之郊。而後下臣之議。庶先帝之茂德休烈。有以信萬世之傳。臣謹議。

珪又上議曰。臣伏奉勅命。以七月二十九日集官於南郊壇告天。請到大行皇帝謚曰神文聖武明孝皇帝。差臣撰謚議及廟號文者。臣謹上議曰。臣聞元精磅礴。濟萬物而不昭其迹者。薦名曰天。至德汪洋。濩萬世而不有其功者。建謚于帝。伏思在昔帝王。生膺大名。終紀大行。使金聲而玉振之。以詔庫無窮之聞者。帝莫盛於堯舜。王莫隆於禹湯也。蓋易名之典。下不得誄上。古者將爲至尊之謚。必質于郊然後定之。茲所以推天下之至一。奉明天下之至公。雖天子不得以自專也。洪惟大行皇帝。躬上主之姿。承累聖之序。流大漢之豈弟。復放勛之欽明。包富有之業。而能守以約。攬泰定之埶。而弗恃以安。固

睿。邈然馳覬所未形。俛然積思所不及。謂天命之匪易。迺嚴恭戒懼。庶以答靈心之顧。謂民懷之靡常。迺涵容煦沐。庶以陶善類之歸。知括萬慮而不可贖。思滲四垠而不可形。如兩儀之無不燾載。如三辰之無不臨燭。于時脩廢官。繼絶世。禮高年。勸力穡。減常賦。抑末游。虚己以還豪畯之材。降志以從忠直之諫。振立賞罰而權衡之。章明典禮而黼黻之。宥恕刑獄而蕩滌之。惡哀困窮而衣食之。人情莫不欲逸。愛其力而不勞。人情莫不欲壽。輔其生而不傷。群公庶尹。罔弗夷正。相與謀王之朝。殊鄰絶區。罔弗德寧。相與慕王之境。父父子子。兄兄弟弟。罔弗順祇。相與立王之塗。蓋仁政之施。沛然其若是。莫之能禦也。矧復耕籍於千畝之田。祫祭於先王之廟。報天之誠篤。則入奠于圜丘。嚴父之志盡。則再侑於明堂。宗室既蕃。則廣諸分王之愛。邦統未昭。則豫有主器之屬。下識樂之詔。以考鍾石之和。置寫書之官。以綴經墳之學。延英敷席。圖講藝也。凝擬祕宇。賓味道也。藻思粹發。窮聖作也。飛毫灑落。肆天縱也。知聲色之靡。伐於德義。於是乎屏燕飲之娛。知雉兔之穫。殫於精神。於是乎絶盤游之欲。念組織之難。則卻服御之華。念土木之費。則損宮室之麗。西羌阻命。不欲久戎勞師。而遂納玉關之誓。南蠻肆姦。不欲深入薄竄。而自致藳街之戮。時則有喻沙軼漢。卓犖之貢。委應圖合諜。汾滴之瑞。叢。四十二年于茲。可謂海內大治矣。竊迹羲黄之前。虞虖莫索其詳。自詩書之載。撰厥所歷。邦釁上烝。仙鼎已成。不返荆山之御。玉衣雖在。空陳渭水之遊。嘉原既新。同軌迫至。下華蓋於北極。引龍輴之西巡。此萬國所以摧心。三靈爲之變色。有司錄是。飭舊典。冊丕稱。皇哉。鑠虖。幾有以綏王靈而炳帝烈也。謹按謚法。一民無爲曰神。經緯天地曰文。通達先知曰

聖。保大定功曰武。照臨四方曰明。慈惠愛親曰孝。若乃群生嗑嗑。鼓之舞之。不知至化之所自然。非至神虖。制作禮樂。際天接地。煥然而大備。非至文虖。永惟宗廟之奉。實發先識。以建大本。非至聖虖。戴白之老。不識兵革之警。非至武虖。還末荒昧之情。格于聰明。而無所遺。非至明虖。惇序九族。以述夫祖先之志。非至孝虖。粤廟號之建尚矣。維其歷古聖賢之君。莫不極所以尊明令顯之稱。又或至于代相襲之。夫仁者。聖人之盛德。豈獨未有以當之邪。抑當時鴻儒鉅學。乃略於稽求。將天之所啓。期以克配大行之廟虖。詩云。維天之命。於穆不已。此之謂歟。惟功以創業爲祖。德以守成爲宗。皆尊尊之大誼也。大行皇帝尊謚。宜天錫之曰神文聖武明孝皇帝。廟曰仁宗。臣謹議。

神宗熙寧元年。翰林學士司馬光上奏曰。臣今月十七日。准内降曾公亮等上尊號第三表。檢會舊例。合降不允批答。已具牓子審取聖

旨去詭。臣竊惟上尊號之禮非先王令典。起於唐武后中宗之世。遂為故事。因循至今。伏見太祖開寶九年。羣臣上尊號有一統太平字。太祖以燕晉未平。卻而不受。以是見聖人之志尚無其實。終不肯有其名也。太宗端拱二年。詔曰。前所加尊號盡從省去。且曰。以理言之。皇帝二字亦未可兼稱。朕欲稱王。但不可與諸子同耳。羣臣懇請。乃受法天崇道四字而已。其後終身遂不復增益。先帝治平二年。辭尊號不受。天下莫不稱頌聖德。不幸次年有諂諛之臣。建言國家與契丹常有往來書。彼有尊號。中國獨無。足為深恥。於是羣臣復以非時上尊號。論者甚為朝廷惜之。昔漢文帝遺單于書以尺一牘。單于荅以尺二寸牘。自稱天地所生日月所置匈奴大單于。未聞文帝復為勝大之名以加之也。學者至今稱文帝謙德之美。未嘗以為可恥也。此乃不識大體之言。誠不足信耳。今羣臣以故事上尊號。臣愚以為陛下聰明睿智。雖享有鴻名。然踐祚未久。又在亮陰之中。考之事體。似未宜受。陛下誠能斷以聖意。推而不居。既不允所請。仍令更不得上表。則頌歎之聲將洋溢四海。此所謂一讓四益。可以捨虛名而得實譽者也。伏望陛下更加詳擇。

二年。判太常寺韓維上言曰。臣昨日伏覩中書劄子下禮院。以四月一日拜表上尊號。夫尊號者。非起於治古。而生於後世人君之侈乎。平居為之。已累謙德。施於寅畏請禳之日。實於義理有害。何則。此年地震徧天下。而河北尤為已甚。自前史故老傳罕有若此之異。加以冬無宿雪。春無嘉雨。寒暑晦明。反理失節。今茲河北地震尚未止。流民尚未復。畿甸諸道尚未有得雨處。而都下風霾日夕發作。乃欲以此時褒頌功德。崇上尊號。臣竊以為非其時矣。且陛下憂懼旱暵。徧禱於天地廟社之司。計其祝文。必須引咎謝譴。嘉應未荅。而遽舉推崇之禮。雖陛下沖挹未必當之。然而事理相反。有異誠一。恐不足以動天消變。假使此事是聖意切所欲得。猶當痛自損抑以荅天戒。況陛下纂皇帝而稱之。尚何顧此數字之美乎。伏望聖慈深思災變之大務。以至誠為本。亟出手詔。推而勿受。臣愚竊但知有益人君則為之。不識忌諱。惟陛下寬其言而取其意。則天下幸甚。

神宗時。知禮儀事蘇頌論前代帝王追尊本親號曰。漢宣繼昭帝即位。詔議故皇太子號諡園邑。有司奏請故皇太子宜諡曰戾。史良娣曰戾夫人。置守冢三十家。園置長丞。親史皇孫諡曰悼。親謂父也。母曰悼后。比諸侯王。漢諸侯王母夫人皆曰后。園置奉邑三百家。後八歲。有司復請悼園宜稱尊號曰皇考。立廟。因園為寢。以時薦享。戾夫人曰戾后。皆益奉園民。光武中興。上承元帝。建武二年。以皇祖皇考墓為昌陵（後改曰章陵）。置陵令守視（皇祖考不加尊稱考例舊稱南頓君）。至十九年。尊宣帝為中宗。始祠昭帝元帝於太廟（前此十一帝主皆納高廟）。成帝哀帝平帝於長安。舂陵節侯以下四世於章陵（節侯光武之高祖）。東晉元帝由琅邪繼統。即位之後。以父恭王無他子。立皇子裒為琅邪王。奉恭王祀。其後王薨。琅邪皆更立王。終晉王世。前代帝王自諸侯入奉大統。尊其本親不失禮者三帝也。宣光於其父祖。惟塋墓置園邑令丞。所以異於諸侯者。而不加尊稱。不封國邑。尊本恭親之義也。（不加尊稱尊正統也不封國邑子無爵父之義也文卑不著其義可推也此見於師丹議）其曰親曰皇祖曰皇考者。有司之失也。何以言之。父祖之尊。不容改更稱謂。但以上承大宗。不得復顧其私恩。故服有降。尊而名無異稱。儀禮喪服傳。齊衰期。為人後者為其父母。師丹議亦曰。降其父母期。所以云者。取其別於他親。於義無嫌也。今不曰恭而曰親。而與九族旁宗尊卑無所別異。於義安乎。不別加稱謂。直曰史皇孫。則中外無嫌。尊卑之義自見也。至若皇祖皇考之稱。是天子諸侯大夫士奉祭祀之文。禮記祭法曰：王立七廟，一壇一墠，曰考廟，曰王考廟，曰皇考廟，曰顯考廟，曰祖考廟。鄭康成云：王、皇皆君也。顯，明也。祖，始也。名先人以君明始者，所以尊本之意也。若是，則豈可稱於羣臣論議之間乎？故宣帝詔直曰故皇太子，是也。然則考與父豈有別乎？禮記曰：生曰父母，死曰考妣。郭璞注爾雅不及此義，然則修者當從禮記為正。白虎通曰：父，矩也，以度教子者也。考，成也，言有成德也。廣雅云：母，牧也，言育養子也。妣，媲也，匹於父也。曰教曰養，親之之辭也；曰成德曰匹父，尊之之辭也。故禮有世父母、叔父母之文，而無世考妣、叔考妣之說，此其所以別也。宣光之世，議者不能推本此意，以開導時主，使盡禮意，故曰有司之失也。晉元帝雖越在江介，而能定其大義，不失統紀者，以當時諸儒若賀循輩非一，皆有禮學，國爵詳正本末，不違越於先代，不致譏於後世，識有由也。先帝紹位之始，深惟其故，追貴宗室

諸王，獨國爵濮安懿王無所加進，崇奉之禮，不過置園陵，立國廟而已。此合乎宣光尊本恭親之美也。初議稱親，後亦罷寢，將封王之子為濮公，使世世奉祀，以正其國統。此又德過於二帝，區區晉室，不足擬倫也。光武為皇祖廟君立後，使世使羣臣郡國奉祀，此所用謂無主不正之禮是也。哀安桓尊其父祖為皇，而使王子孫奉祀，此失禮之大者也。其尊曰皇者，禮如天子，天子不敢臣之，高祖之於太上皇是也。今使諸侯卑臣奉祀，神不歆非類，皇豈得享之哉？故三代所以尊王者後，特以不臣，得用其國之儀物服色祀其先王者，為此也。唐立孝敬皇帝、奉天皇帝廟京師，皆有司行事，追尊讓皇帝，以其子孫為嗣王奉祀事，亦因循前代之失也。今欲因改封故王，議追尊之禮，莫若增陵廟以奉園之戶，加本國以嗣王之名，既合於古義，又不違先帝之本意也。先帝不追尊仙遊縣君，益見聖慮之深遠也。明帝詔曰：哀帝以外藩援立，而董宏等稱引亡秦，惑誤時朝，既尊恭皇，立廟京都，又寵藩妾，使比長信，僭差無度，人神弗祐。其令公卿有司議以前世行事為戒。是哀帝一失禮，不請後來，本欲尊親，反彰重過，如光豈得為孝乎？東晉孝武帝太元中，崇進所生母為太妃，范甯亦曰：子不得爵命其母。是太子嫌必已正名，字可無疑。今議尊崇，請許其所生宗室子援羣臣封育母之例，請加封號，朝廷以誕育先帝之故，優詔褒述，特進大國。既緣宗室之請，則不失正禮；推以先帝私親，則其他宗室不敢為比，亦可以成先帝之志也。

鄭獬上奏曰：臣伏知梁泉縣令范亦顏者上書，欲振前議，追尊濮安懿王。士大夫得其書而讀之，莫不愕駭而痛疾之。臣可無言乎？亦顏謂詖者言，英宗皇帝不五年升天，興孽在安懿王稱尊，此仁宗之神靈譴之也。詖者未嘗有此語，特出於亦顏私意，其謗誣先皇帝以及仁宗，大逆不道，於法不赦。司馬光為中丞，自以才選，呂誨等復遷，緣於赦令，亦顏乃謂陛下挈維議者以暴揚先帝之過，而自取美名，缺於子道，雖羲皇不可以補完。亦顏既謗誣先皇帝以及仁宗，又毀陛下以不孝，其可勝誅哉！亦顏謂天子得議禮者，豈謂天子不計曲直，便可制禮乎？是亦中文理而已。以堯舜之聖，猶曰稽古，不聞率私意而

為禮也。其言舜禹之郊，湯武之追王，成王賜魯以天子禮樂，帝合譯庚，非與尊濮安懿王之事相類。孔子之貶魯雉門兩觀、宗廟丹楹，不獨斥郊禘也。奚高鄙之不知經，亦顏欲尊濮安懿王為濮安懿皇帝，以明非天下之帝，則大宋已帝天下，又安有濮國之帝乎？凡亦顏云云，皆變皂為白，真偽易言，皆祖宗之本統，破聖王之大法。孔子稱言偽而辯者，其亦顏也哉！臣聞曩日之議也，獨歐陽脩唱其端，大臣違附之，其下引脰而陰相和者又數人。於時號之於朝廷，則朝廷之臣以為非；號之於衢路，則衢路之民以為非；號之於國邑，則國邑之人以為非；至于海隅蟲獸，卑不如其能言，亦必以為非矣。賴忠蓋之臣心下外觀，疊章累疏，力抗姦言。於是大本正而天下之論息，天下始曬然以為朝廷之清明矣。今亦顏又欲遂前議，再惑亂朝廷，臣雖知陛下必不信，然其端已唱矣，不可不勦絕之。先帝之初，得脩言，亦不

敢覬聽故俾近臣議議者為不可於是輟止之是先帝未嘗過舉也設以為過而輟止之是成湯之美行也烏足為說哉亦頗乃欲飾非於先帝歸過於陛下阿附於宰相眩亂於愚俗臣聞造作姦言破律亂常者必誅請付有司以治其罪臣不勝憤懣

哲宗初畢仲游上言曰王者之興必有其德王者之數必有五行王者之起必有其地故有道德之號有五行之稱有地之名聖人王天下則三者不待求而有之矣後世淺聞鮮學強以謂三皇之德有餘五帝之德不足故曰少昊以前天下之號象其德顓頊以來天下之號因其名是以伏而化之謂之伏犧神而化之謂之神農得其中和謂之黃帝是象其德之號也若顓頊以高陽為氏帝嚳以高辛為氏堯以陶唐為氏則因其名之號也殊不知三皇之起必有其地有地則必有名五帝之興必有其德有德則必有號傳其德不傳其地遠而略也傳其德傳其地者近而詳也以其遠近詳略故少昊之起既以德為天下之號而又或稱窮桑者則尚傳其地之驗也不然以道之中始而為顓頊以異善傳聖而為堯以仁盛聖明而為舜是豈非德之號哉先儒之妄可見矣如五行之相承則伏犧以木炎帝以火黃帝以土少昊以金顓頊以水推而至於萬世未有免於五行之數也若夫三代之正王者所以新民而變制也故夏以十三月為正平旦而為朔商以十二月為正雞鳴而為朔周以十一月為正夜半而為朔故三正三朔之相更如春夏秋冬之相易也然古今學者之說不至於太過則失於不及其太過者以謂車服旌旗章繪贄必更有所尚夏尚白商尚黑而周尚赤蓋象其萌芽之變也其不及者則謂天地四時生殺終始雖一日而不可易易則生殺失其常而終始亂其序是以三代之正未嘗相變也故信其說之太過而謂色更有所尚則周官車服之制旗有大白冠有緇布稱物為色烏在其赤之尚也若信其說之不及而謂三代未嘗相變則秦又以十月為正矣三代果不變秦焉取而更之也故孔子曰行夏之時言其夏則與周之不同明矣是以三王之興不能用一正而尚白尚黑尚赤之謬亦不可取

哲宗元祐元年門下侍郎司馬光上奏曰臣伏見充媛董氏薨追贈婉儀又贈淑妃陛下親為之輟朝掛服羣臣進名奉慰又命有司為之定謚及行策禮於葬日仍給鹵簿外廷之議皆以為董氏名秩本微病亟之日方拜充媛今送終之禮太為崇重臣按古者婦人無謚近世惟皇后有謚及有追加策命者妃嬪以下未之有也鹵簿本以賞軍功未嘗施於婦人唯唐平陽公主有舉兵佐高祖定天下之功方給鼓吹後至中宗時韋后建議始令妃主葬日皆給鼓吹非明王之令典不足法也臣愚伏念陛下恭儉寡欲近歲以來後宮之寵絕無大盛過分著聞於外者此四方之人所以皆嗟頌歸仰聖德也不意今茲以既沒之董氏而有司諂曲妄崇虛飾以褻紊制度瀆慢名器使天下之人疑陛下隆於女寵甚非所以光益聖德也況禮數既崇則凡喪事所須用度必廣今明堂大禮新畢帑藏空虛賦歛日滋元元愁苦誠不宜更崇大後宮之喪以橫增煩費夫亡者雖加之虛名盛飾豈能復知而足以仰累聖德臣竊惜之伏望陛下特詔有司悉罷議謚及策禮事其葬日更不給鹵簿凡喪事所須務從減損不必盡一品之禮以明陛下薄於女寵而厚於元元也

八年禮部侍郎范祖禹上奏曰右臣伏聞大行太皇太后擬謚曰宣仁聖烈臣恭以先太皇太后極功全德保佑皇家光越前人逴映千古雖究盡謚法不足以形容盛美上副陛下孝思欲報罔極之意臣

竊懷愚見，不敢不言。謹按謚法：聰明睿智曰獻，若以獻字易烈字，則功烈可從而知。又明肅太后上二字曰章獻，慈聖太后下二字曰光獻。今謚先太皇太后下二字若曰聖獻，則於稱號尤美。伏望聖慈更與大臣詳酌，以慰答神人之望。

徽宗時，御史中丞錢遹言：元祐皇后得罪先朝，時告宗廟，天下莫不知。哲宗上賓，太母聽政，當國大臣盡欲變亂紹聖之事，以逞私欲，因一布衣何大正狂言，復還廢后位號。當時物議固已洶洶，乃至疎逖小臣詣闕上書，忠義激切，則天下公議從可知矣。今朝廷既已貶削忠彥等，及追褫大正恩，則元祐皇后義非所安。孔子曰：必也正名乎。名不正則言不順。夫在先朝則曰后，今日則謂之元祐皇后，於名為不正。先朝廢而陛下復，於事為不順。考之典禮，則古昔所無；稽之本朝，則故實未有。詢之師言，則大以為不然。況既為先朝所廢，則宗廟祭告、歲時薦饗，人事有嫌疑之迹，神靈萌厭斁之心，萬世之後，配祔將安所施？宜蚤正厥事，斷以大義，無牽於流俗非正之論，以累聖朝。明日，又言：典禮所在，實朝廷治亂之所係，雖人主之尊不得而擅。又況區區臣下，敢輒變易者哉。元祐皇后得罪先朝，廢處瑤華，制誥一頒，天下無間然者。並后匹嫡，春秋譏之，豈宜明盛之朝而循衰世非禮之事。於是尚書右僕射京、門下侍郎將、中書侍郎、尚書左丞挺之、右丞商英言：元祐皇后再復位號，考之典禮，將來宗廟不可從享，陵寢不可配祔，揆諸禮制，皆所未安。請如紹聖三年九月詔書旨。后由是復廢。

翰林學士王覿上欽聖憲肅皇后謚議曰：臣聞古之欲明明德於天下者，先治其國；欲治其國，必先齊其家。故帝舜之所以帝，始於嬀汭之嬪；文王之所以王，本於關雎之化。蓋身脩而後家齊，家齊而後國治，國治而後天下平者，王道本末之序也。恭惟大行皇太后，生于慶門，世濟勳德，在父母家已能躬儉好禮，不以公卿之閥驕其心。方神宗皇帝龍潛潁邸，天作之合，共遵詩禮之訓，交脩子婦之職。及帝梴乾符，御大寶，憲章一祖四宗，維國之具，稽考二帝三代善俗之道，登延儒髦，崇尚經術，以隆萬世之業。后亦正坤儀，講內治，上以奉慶壽崇慶之懽，下以廣兔罝麟趾之實，恭承明祀，述宣陰教，以為六宮之率。故神考之休德盛烈，澤於無窮，慈德之徽音茂實，光于不朽。此家齊國治而天下平之顯效也。承天儷極十有九年，饗東朝之養十有七載，率履不越，謙尊而光。於求賢則懷輔佐之志，於鞠子則推均一之愛。服御簡素，不玩珠玉，鑒觀圖書，增益自得，深戒私謁，未嘗以親屬干朝廷。神宗每訪家事，終無所言。幾務未決，或以試之，從容析理，多出常情之表。遇待日隆，文簡盛族，支派蕃衍，纖芥偶聞，切責隨至。於是有戒慎恐懼之福，無驕奢傲慢之咎。每歲推恩，宗黨法有定數，以次及之，間或偏厚。哲宗繼統之初，崇慶預政之際，稗益宏多，中外陰受其賜。哲宗富於春秋，不憚未幾，遽至大漸，弗及憑玉几見羣臣，人情恟懼，神器震搖，獨仗大義，靜重自若，道揚末命，援立仁聖，措天下於泰山之安。其守正不惑有如此者。皇帝踐阼，權宜同政，御後殿，近制也，辭之而弗處；避家諱，常禮也，戒之而毋諱。事無易難，克己不吝，心無遠近，惟善是從。曾未期年之間，懇申退託之命，皇帝泣涕祈懇，至于累旬，確乎不從，遂復明辟，其委遠利勢有如此者。還政數事，褒崇外氏，宗回、宗良議皆寵以異數，詔旨欲寘，堅持不下。帝雖屢請，慈意莫回。後不得已，纔聽易鎮，其忍盈防患有如此者。不豫之日，皇帝衣不解帶，藥必親嘗，祈恩多方，禱福羣望，疾稍間，所語者軍國遠慮而已，言不及它。固宜享萬世無疆之休，而遽棄大養，因山有期。

晤行以禮。臣竊嘗攟風雅於古詩，考紀傳於前史，有后妃之德者，或無遭變之功；有遭變之功者，或致專威之誚。至於功德兼隆，始終無玷，奇偉倜儻，未有大行太皇后之全也。然則雖欲形容，詎能髣髴？惟是孚於詔令，頌於士民，巍巍乎其著明者，乃獲粗陳其梗槩焉。若夫精微妙密，則何能名之。有謹按謚法，敬事節用曰欽，威儀悉備曰欽，通達先知曰聖，揚善賦謀曰聖，刑政四方曰憲，聖能法天曰憲，剛德克就曰肅，執心決斷曰肅。不加飾於簪珥，惟致美於褘褕，升降進退，皆有法度，左右觀信，孚見惰容，可謂敬事節用矣，可謂威儀悉備矣。坐鎮危疑，洞察情偽，於天人相與之際，有蓍龜先見之明，其動也時，能斷大事，可謂通達先知矣，可謂揚善賦謀矣，毋儀三世，兢慎終身，淵默尊嚴，嬪御自化，海隅蒼生，風靡誠服，可謂刑政四方矣，可謂聖能法天矣，內健外順，好謀而成，以天下之大公，任天下之重責，力安宗社，澤及生靈，可謂剛德克就矣，可謂執心決斷矣。擅是衆美，集為大成，質諸鬼神而無疑，較乎天地而無愧，斯是以張盛典垂鴻名，丕有烈光，以詔後世。

欽宗時，起居郎胡安國上奏曰：臣昨列職經筵，專以春秋進讀，緣春秋正文有淵聖御名，方具奏劄，未及進稟，得罪去國，後聞禮官建議，乞以它字易之，定讀為威，其經傳本字即不改易，事已施行。臣今奉旨纂脩，於經傳本字既有詔令可遵，即未委臣所纂脩出於己見，援引他經子史有犯淵聖御名者，亦許依本字書寫，或當還避，有此疑惑。臣聞古者不以名為諱，堯典稱有鰥在下曰虞舜，則堯舜者固二帝之名，而堯典乃虞氏史官所作，直載其君之名而不避也。周人以謚易名，於是有諱禮，然臨文不諱，編名不諱，二名不偏諱，載在禮律。其義明白。孔子作春秋，凡書周魯事雖婉其文，至以名諱，並依本字。若襄王名鄭，而書衛侯鄭；匡王名班，而書曹伯班；簡王名夷，而書晉侯夷；恭王名句，而書晉士匄；莊公名同，而書同盟于幽；僖公名申，而書戊申朔；敬王名午，而書陳侯午；定公名宋，而書宋仲幾是也。按春秋書成，當恭王之朝，哀公之世，句乃恭王之名也，蔣即三世之祧也，宋即哀公之考也，午即皇考之廟諱也。而筆削之際，並無回避。春秋為尊君父而作，仲尼豈不恭者，書法如此，義亦可知。自漢以來，此義不行，臣子習為諂諛，而不知恭順之實，則有易人之名以徼為通者，易人之姓以莊為嚴者，易甲乙之紀以丙為景者，易郡縣之號以避諱為青溪者，又其甚，則有父名晉肅，而子不敢應進士舉者，忌諱既繁，名實愈亂。本朝沿襲漢唐故事，未暇盡革。恭惟陛下天縱聰明，既尊春秋之書，以新聖德，宜用春秋之法，以斷政事，凡所施設，動以春秋從事，即有撥亂反正之功。臣所纂脩繕寫進本，援引他經子史之類，欲乞應犯聖朝廟諱不可還避者，依太常博士王哲所進春秋解例，並依監本空缺點畫，於淵聖御名亦不改易本字，覆以黃紙，庶幾名實不亂，上遵春秋之法，亦以消臣子諂諛之端，尚孟軻氏敬王之義，明恭順之實。

高宗時，黃次山上奏曰：恭惟道君太上皇帝，躬仁厚之資，履明昌之運，自初即位，則收召耆俊，開訪落之基，既倦于勤，則祖述唐虞，決內禪之策，在宥天下二十六年，揆厥所元，訖其昇付，豈不善始善終哉。若乃玩心神明，儲精突奧，號令溫雅，儷古有光，端定刑法，與民更始，養生葬死，將使之無憾，既富而教，思底於有成，戴白垂髫，含飴擊壤，物衆地大，治久變生，雖天步方艱，而人心益固，天未絕晉，肇于勃興，民之戴商，景命有僕，謚奏諱聞，而中外遐邇，號慟悄絕，不啻若喪其妣親。此豈人力也哉。蓋有以得乎天矣。詩詠君德，樂舞后功，異經同

音明盛德之所隆也歷選勳華至于文武繼昭夏崇謚號豈獨七十
有二君垂世行遠今烏敢已夫惟稽古之君煥其可述者文也與子
之志斷以不疑者聖也昭天溥象其仁無所不及備道全美其德無
所不該制禮作樂極三王之顯繼體守文盡天子之孝經曰文王徽
柔懿恭懷保小民蓋惠于宗公者思齋之所謂徽也浸以光大者揚
雄之所謂懿也文王之美徽妙元通不可得而名思齋之所以聖者
幾是矣憂患作易用晦而明嗣武受之克昌厥後對越在上作周匹
休配三宗無逸之稱揔七世景炎之緒探樂天之至德惕清廟之幽
光不勝冒昧擬上尊謚曰文聖仁德純孝皇帝廟號徽宗
監察御史周必大上議曰臣聞舉曠古所無之事者不可泥歷代已
陳之迹昔堯之禪舜固美矣然猶在既老之後未有春秋鼎盛視聽
方彊中外無事而能脫屣萬乘親授嗣聖爲萬世法如太上皇帝者
也陛下欲加上尊號致推崇之誼誠未爲過然德之盛者言雖多而
不能盡況區區數字乎今天下之所傳誦者太上難名之德也天下
之所願欲者太上無疆之壽也日者既合二美而名宮矣因而用之
其說蓋有三焉不失熙寧却尊號之詔又有以稱陛下尊太上之心
一也語簡而所該者備誠至而請祝者大二也即所居而播鴻名自
我作古三也一舉而三美從豈不增光太上巍巍之德而盡陛下事
親之孝乎太上皇帝伏請上尊號曰太上德壽皇帝太上皇后伏請
上尊號曰太上德壽皇后仍俟來秋奉上冊寶庶幾聲容文物得以
備焉
翰林學士綦崇禮上議曰臣聞聖人之應世方其紬身以退藏於密
則靜而無爲晦而不彰欲道德於一己謝功名於當代民無得而稱
焉及乎遭天下之變履天下之危智士失圖勇夫袖手當斯時也洶

洶者待我而後定岌岌者待我而後安則感焉而不得不爲之應遑
焉而不得不爲之動於是起而赴之不煩指麾未動聲色而天地之
位奠日月之翳銷神器丕基既僨而復興皇綱帝紀將絕而復續所
謂變而克正危而克扶者收功於俄頃之間而垂裕有無窮之聞非
天下之至聖其孰能與於此鴻惟昭慈獻烈皇后躬淑順之資蘊神
明之智起家而儷宸極若固有之釋位而避宮闈無可愧者進退不
失其正造次不違於仁此聖人之至德也逮其遭變履危從權濟難
天意所屬人望如歸挈祖宗之統而親授聖皇除城社之妖而再還
明辟雍容房闥計安邦家倉卒一時利澤萬世此聖人之極功也雖
德與功咸本於聖而容官累行乃獨闕焉宜乎上心以爲未足而群
工有司得以追議也夫升高而望天地不能窮其大當午而瞻日月
不能極其明由盛德全功而觀聖人亦烏得而盡名之前日議者以
明德有功曰昭視民如子曰慈聰明睿知曰獻安民有功曰烈節是
四慈爲應謚法先后之美固兼有矣雖然昭既主功慈既主民而又
以烈配不幾於重複而言若有所未至者歟是則無待於烈而有闕
於聖烝嘗之際稱謂之間恐未足以對越神靈而下袪衆惑雖更議
無嫌也維我皇朝母后之懿由漢以來蓋未之有慈聖光獻皇后援
立英祖傳序裕陵再御簾帷退安大養宣仁聖烈皇后擁祐哲宗始
終九載元祐之政至今稱仁欽聖憲肅皇后當元符末命定策宮中
扶翊上皇決於獨斷三后繼踵如相授受是以徽稱咸主夫聖主昭
慈獻烈皇后逮事宣仁欽聖率循婦道取法母儀丁時之難再安社
稷功齊德並力則倍之校美于義實同至聖然則鴻名顯號極其推
崇雖舍是而有稱焉臣知天下後世臣子之心爲未厭也竊嘗考之
上古之時人道未立穴居而野處飲血而茹毛蓋未有會歡如也聖

人者出因時之宜而致其利。使人知所生養而無不足之患。於是得自別於夷狄禽獸之群。而三綱五常之道興焉。易之繫辭曰。備物致用。立成器以為天下利。莫大乎聖人。言聖人之功其大如此。雖然。聖人豈區區有心於造為者哉。時適至是不得不然。是故由其血食而為之作罔罟。由其粒食而為之作耒耜。以有無之不齊則合之以市易。以往來之不通則濟之以舟楫。至於服牛乘馬重門擊柝臼杵弧矢宮室書契之用。凡一物之設。一器之制。取給天下之求而已。不自為也。後世之亂。故有甚於民無生養之初。而聖人之功固有出而救之如古昔之為天下利者。由是推之。則先后之聖可得而形容矣。當其失位而退處。視邦家之討何所容心。及夫時移而事變。應臣民之求。良非得已。於是時也。轉盼之際。呼吸之間。存亡禍福所不可測。乃以柔弱之身。立危疑之地。重安龜鼎。再扶尊極。使祖宗舊物永有所

傳。聖人大寶永有所定。天下神器永有所歸。元元之民還戴吾宋。而弗淪於夷狄禽獸之域。然則備是物成是器以為利天下。方諸罔罟耒耜之作。不亦甚大矣哉。由所建立要其成功。雖以母后之聖而上追犧農可也。彼塗山興夏。文母造周。內助稱賢。夫何足道。按謚法備物成器曰聖。今群工有司之議。更出于此。臣愚知不足以合天下之公願。而仰奧孝心追報之萬一也。昭慈獻烈皇后尊謚請以祖宗之命改號曰昭慈聖獻皇后。

孝宗時議高宗廟號。太常少卿尤袤與禮官定號高宗。洪適獨請號世祖。袤率禮官顏師魯鄭僑上奏曰。宗廟之制。祖有功。宗有德。藝祖規創大業。為宋太祖。太宗混一區夏。為宋太宗。自真宗至欽宗。聖聖相傳。廟制一定。萬世不易。在禮子為父屈。示有尊也。太上親為徽宗子。子為祖。而父為宗。失昭穆之序。議者不過以漢光武為比。光武以長沙王後。布衣崛起。不與哀平相繼。其稱無嫌。太上中興。雖同光武。然實繼徽宗正統。以子繼父。非光武比。將來祔廟在徽宗下。而稱祖。恐在天之靈有所不安。詔群臣集議。袤復上議如初。適論遂屈。

衛涇上繳裴良士乞父謚奏曰。臣聞傳曰。惟名與器不可以假人。禮曰。謚以尊名。君子恥名之浮於行。蓋士大夫盡忠竭節於國家者。生則有爵祿以榮其身。死則有褒謚以傳於世。所以示激勸之公。非以徇人情之私也。苟生無節行之顯著。已叨榮祿。既沒之後。聲迹湮晦。乃妄有攀援。徼幸寵名。則朝廷典法殆成虛文。將無以昭示激勸。而為善者怠矣。裴希稷者。臣不知其何如人。徒聞以貲起家。甲於京邑。中興記錄無所登載。據其子良士陳述。不過泛舉制詞數語。便謂曾有戰功。又稱嘗蒙高宗皇帝召到。詢及邊事。數陳韜略。亦無實迹之可考。不惟法不該謚。且不知所以易其名者。又輒引姚興為比。臣照

得姚興當紹興之末。與逆虜力戰。死節著在國史。已經贈官立廟。非因趙善堅論奏再與賜謚。希稷可謂擬非其倫。蓋朝廷比年以來。褒表忠義。如岳飛劉光世等追贈王爵。中外有志功名之士。聞風興起。誠以理義人心之所同。固易於感發也。今若以裴希稷姚興例得謚典。駑驥同皁。薰蕕共器。凡前日所以褒表之意。人反得而輕視之矣。事體所繫。顧不重歟。兼臣備數奉常。竊見裴良士。累經禮部陳詞。下本寺勘當。臣以衆議不與。不敢保明。即具節次難以施行因依申省。案牘具在。今良士直以劄子要求特旨。是以有司職守為可廢。而朝廷之尊為可欺也。臣居本職。既謂不可。僭濫輒事。遂與書行。前後自相背馳。臣實無所逃罪。是敢不避誅斥。冒昧以聞。伏望聖慈將裴希稷賜謚指揮特與寢罷。庶叶公論。存臣守官之義。得以少安。不勝幸甚。

寧宗時,涇上太皇太后謚議曰:臣聞論母后之極致者,莫大乎盡事尊之孝,而饗重闈之養,備姆道之純。全者莫難乎閔親傳之盛,而兼擁右之功。故禮義致化,周詩所以著二南之本;光大含弘,羲易所以贊重坤之象。蓋后妃之德,始於閨門,刑於邦家,垂於來裔,其體則一,而其用有三:承順於上,則欲殫其婦道之勤;儆戒於中,則欲觀其內則之助;保艾爾後,則欲求其孫謀之詒。三者備而後二南無餘蘊,坤道無遺功矣。書契以來,位配於方祇,禮崇於東朝,爲國壽母,就安長樂者,倘代無之。至於原始要終,善并美具,則在昔盛時,未有致焉。故養莫嚴於舅姑,而或罕全乎逮事之敬;慶莫長於祚嗣,而或莫遂乎含飴之樂。二妃嬪于有虞,覯逢授受之舉矣,而堯父非一門之美;大任媚于周姜,嘗爲京室之婦矣,而文孫不垂世而隆。夫惟天功斬於渾全,人道難乎具備。瞽綏旅系四世,祖孫全者有幾?矧夫塗山沙麓之興,大明思齊之作。以言乎奉親,則克共孝敬於三朝之上;以言乎齊家,則輔佐憂勤於三紀之久;以言乎蔭佑,則翊扶神器於再傳之際。皇乎休哉!兼而全之,未有如太皇之盛者也。恭惟大行太皇太后,端靖而誠莊,淑聖而柔令。惠問光於彤管,慈儀冠乎六宮。遊娛之事,希從圖史之箴;自警綝纚,是則蘋藻必躬。化始閨闈,風行邦國。有應退之節,有徽嘉之行;述其垂髫之初,體相多異,則有以著俔天之表;受冊之夕,日華宣明,則有以彰天作之合。母育累朝,壽盈七袠,彌禁衍於六字,瑶冊侈乎四上。尊崇之養,康寧之福,奚乎不可尚已。若乃發揚其鮮儷之休,推美其難名之懿,則若此之類,殆未能髣髴其萬一焉。伊昔思陵康強暇豫,克巽大位,無愧陶唐。重華協帝,晨昏定省,共爲子職,衍過曾閔。時惟太皇克脩壼職,雞鳴問安,而喜憂有常。盥櫛佐餕,而旨甘必進。紀千秋之節,則每從於鳳輦;上萬歲之觴,則克悅於龍顏。若既樂聖嗣之無違,永壽益喜椒塗之盡愛。於是五日一朝之禮,風雨弗渝;兩宮九閏之餘,毫釐無間。及乎飭華厭代,慈福永年,傳歸於子,已居太母之尊。忠媚諸姑,猶執寢門之敬。以至疾視湯液,喪執衰麻,始終之際,無遺恨焉。此則送往事居,婦道貽矣。洪惟阜陵,朝聽夕訪,如湯日新;履華衣綈,如禹服菲;邱孤逮鰥,如文懷保。時惟太皇,基迹潛邸,謹襌處嚴內外,脫替之誡,形於誕告,有以相勵精之勤;損常儀裁,妄費三澣之衣,數年不易,有以佐克己之儉;遵傷生之戒,推不忍之心,日膳一羊,止章懇免,有以廣愛物之仁。是以人倫既正,朝廷既治,隆乾淳熙之路,溥海仰宵旰之誠。二十八年之間,嘗宁無聲色之迹。逮夫贊乾剛之斷,俟震子之策,相與齊戒於揖遜,而不以脫屣爲太遽;奉承高蹈於希夷,而不以澹泊爲難能。三聖相授,千古同符。此則自家刑國,內助著矣。紹熙五禩,烈祖奄棄而遐升,光廟榮然而在疚。慈皇獨斷於心,憲聖協謀於內。時惟太皇,一德一心,是翊是保。神孫御極,式遵慈訓,不絿不競,無偏無詖。皇嗣既立,賓善肇開,緑車娛侍,聖情懌愉,風流篤厚,衣食滋殖。暨至邊陲有警,供億浩穰,出私帑錢,給戰士費;其視衣大練衣,無闕之政,心殆有過焉。此則垂休罔極,而詒謀遠矣。是以初定長秋之序,則稟命於庭闈;再舉鴻名之典,則歸遵於儀範;求原內禪之助,則極言其保右。斯三者,緜漢歷唐,曾未前聞。惟皇天佑于我家,惟我宋代有賢后,是以大行太皇太后,全前世之所未能全,備昔人之所未能備。易詩所載,二南重坤之德,聖人復起,不可有加矣。揆厥始初,序冠四妃;歲踰一紀,和平逮下。乂而始正位號,則關雎之樂得淑女也;派分江左,胄本高華,而述其世緒,慊然形於抑損,則葛覃之不忘母家也;外門之無私謁也,蹈和率禮。夫豈一端哉?盛德至善,則彷于前三者矣。春朝介壽,將舉

縟儀。怨馳馭之上賓。痛仙游之莫返。因山有制。先遠告期。皇上適紹
祖武。躬執通喪。申詔禮官。稽經諏律。節惠易名。統於所尊。率循彝典。
謹按謚法。婦德均一曰成。夙夜警戒曰成。能執婦道曰肅。因嚴敎敬
曰肅。夫徽音懿鑠。演迤四世。垂範作則。與宋無疆。非成之大乎。飭正
宮壼。暢陰教。上惠于宗公。下庇於雲仍。非肅之至乎。竊惟繪畫日
月。形容天地。摸擬有限。而德美無窮。揚厲鋪張。姑述臣子之職而已。
大行太皇太后。宜以宗廟之命。錫之曰成肅皇后。
涇又上奏曰。臣仰惟聖朝加惠臣下。寵榮終始。生有爵秩。既顯其身。
沒有易名。俾垂不朽。至於勳德節義。聲實彰著。不以官品。亦特命謚。
其紹德立國。雖無官爵。聽所屬奏賜。著為定令。以詔來世。如邵康節
之在元祐。徐節孝之在政和是也。二臣官不過學秩幕屬。而特得
賜謚者。以其學術重於時。孝行推於鄉。名位雖卑。道尊德隆。貴視品
秩。所以崇儒學。奬操行。厲風俗也。臣竊見故承事郎右文殿修撰張
栻。魏國忠獻公浚之子。家本廣漢。隨父出蜀。因居潭州。師事南嶽胡
氏。盡傳伊洛之秘。遂以其道鳴於西南。著書立言。開迪後進。四方士
子皆宗師之。其學雖本於仁義誠敬。而造理精微。遇事貽徹。更歷內
外。治民訓兵。理財聽訟。所至有績可紀。超出諸儒之右。隆興初。始以
軍事入奏。首勸孝宗皇帝以明義復讎。正名絕虜。孝宗異其言。而君
臣之契合。凡奏對開陳。忠義憤激。未嘗不以讎恥未雪。不共戴天為
憂。此宜其銳意用兵。輕舉躁動。而時宰有以恢復為已任者。請虜衰
弱可圖。遽遣使欲開兵隙。栻又獨為上言。兵弱財匱。官吏諂諛。未
有必勝之形。而必勝之形。當在早正素定之時。不在決機兩陣之日。
又引諸葛亮、景延廣為喻。在辨名實之分。無令小人投隙以售其姦。上
為歎息褒諭。以為前所未聞。及詔以知閤門事張說僉書樞密院事。

栻為講官。初無言責。夜入手疏。極言不可。且詣宰相質之。宰相慚憤
不堪。上獨不以為忤。親劄疏尾。使宰相諭旨。栻復再奏。上意感悟。命
已中寢。宰相實陰附說。出知袁州。申說前命。言雖不盡用。說竟以罪
謫。使開禧丙寅權姦擅朝。妄起邊釁之時。有如栻者鑒機識變。守正
不阿。沮其萌芽。則朝廷必不致有過舉矣。緬懷忠賢。百世可師。孝宗
皇帝重其儒學。固已引為勸講。擢貳宰司。讒者忌嫉。寵眷不衰。連帥
二藩。有意召用。而栻不幸沒於盛年。位不克究。然而學者至今尊其
道德。相與私號為南軒先生。官未及謚。其家既不敢自有請。門人弟
子又無通顯於朝者為之請。士論湮鬱。三十餘年。暨臣到任。列詞陳
乞。臣今將去郡。若又隱嘿不為一言。則是上無以昭聖朝崇儒重道
之公。下無以慰遠方尊師尚友之義。濫居所屬。為吏曠職甚矣。臣愚。
謂宜下之太常。使博士狀其行。苟應得謚。錫以美名。使天下後世知
儒學節義之貴。過於品秩。於以激勸。誠非小補。

袁說友擬大行至尊壽皇聖帝謚號議曰。比準尚書吏部牒。准坐都
省劄子。今月十七日。令赴尚書省集議大行至尊壽皇聖帝謚號具
議狀。或各為之。或並為之議。某竊惟基厚者勢隆。位尊者名顯。載攷
三代而下。垂光錫祚。赫奕蕃衍。功德隆厚。孫久彌昌。未有如我宋之
盛也。故廟號稱美。極其尊崇。蓋粲歷代之陳言。肇新臣民之耳目。萬
世無極。四方歸尊。至若功高德大。巍巍蕩蕩而無能名。一字不足稱
揚。群臣無得名議。則太祖太宗高宗之廟號。實用萬古同尊之稱焉。
太祖皇帝開基立極。太宗皇帝繼志述事。高宗皇帝撥亂中興。功高
無紀極。德大無比儗。曰太曰高。以萬古同尊之稱。見難於形容之意。
今來恭議大行　至尊壽皇聖帝廟號。其獲以從列與聞其間。敢以愚
言上。俾來議考之古昔。曰太曰高曰世曰中。此四者實萬古同尊之

稱出於謚法之外也。曰太。曰高。謂功高德大。而莫能形容也。曰世一字則與太字高字並行。蓋言祖功宗德已盛於前。而繼統之君復能以功德世之於後。故必以世字稱焉。古人有言曰。世世脩德。蓋能世其美也。世世獻于廟。蓋能世其祀也。天子之子曰世子。世天下而為天子也。諸侯之國曰世爵。世其國而有其爵也。卿卿而曰世祿。官族而曰世功。雖尊卑事體之不同。而世之為言其意則一。歷稽往代。以世為廟號者。必其功德彰顯。克紹祖宗。臣民難以立名。不容與列廟等。西漢武帝為世宗。廟當時之詔則謂功德茂盛。不能盡宣。東漢光武為世祖。廟後世之釋則謂祖功宗德而能中興。於此見世之為號。既以當時功德之難名。且以祖功宗德之有繼。是故皆以世稱焉。下至唐太宗。猶且因諱遷就。以全其名。周世宗亦且侈大武功以尊其號。豈非一代之主。皆合以世字同尊之稱。以嚴其廟。有不可已者。方今曰太曰高之號既見於前矣。則世宗之稱。可使後有闕文乎。恭惟大行至尊壽皇聖帝神聖睿文。聰明英斷。有大有為之志。有君天下之德。在位二十七年。篤志慈闈。定省無闕。高宗上賓。終喪三年。孝於事親者極至也。水旱變異。則發政施仁。求言引咎。誠感格。誠於事天者極至也。春秋漸高。倦勤萬機。靜處北宮。怡神澹泊。是以付託為重。不以天下為樂也。蠲征省賦。蠲者什五。內帑儲偫。以助經常。是以民生為重。不以天下自奉也。恩被公族。義形閨門。總攬權綱。無有私謁。齊家如是其謹也。除授合人望。黜陟當功罪。羣下遵職。趨事赴功。官人如是其嚴也。夙興視朝。日昃訪問。夕召儒臣講論幾務。勤政有如此者。食菲衣綈。不事華靡。臺囿無增。下無橫賜。儉節有如此者。刑貴不殺。而比於死者。悉議減貸。天下感壽皇之仁。綱理萬事。動中機會。而歎邪莫能遁。天下服壽皇之明。是以六府順序。百嘉暢遂。銷鋒

灌燧。天下無犬吠之驚。被戈綏馬。夷狄有鄉化之意。援提能言之童。無不知戴。豚魚含氣之類。無不均育。聖躬不豫。而天下之人顒顒大請命以祈萬壽。弁遐之日。而天下之人哀痛激切。如喪考妣。功大德盛。追迹祖武。如天地覆載。莫測帝力。如日月盤礴。弗探底止。雖欲多言擬稱。不可得也。不識何所謚號。而能盡形容乎。求其說於一字之微。則恐得此失彼。涅一言以千百求以稱美。或以狹小也。夫惟上以紹太祖太宗創守之規。中以繼列聖盈成之業。終以慰高宗付託之重。克世前人之績。對越在天之靈。功德盛大。角濟登茲。豈非祖有功宗有德。而大行至尊壽皇聖帝又能以功德世之乎。其輒貢愚議。敢恭擬大行至尊壽皇聖帝廟號曰世宗。既以見祖功宗德垂於前。而孫謀之有繼。又以見大行至尊壽皇聖帝功德著於後。而紹述之無愧。總括衆美於無得而言之中。全備功德於世世相承之際。雖曰前代已用之字。實與曰太曰高並稱。是足為一代非常之主之謚。不避之議。惟朝廷審擇焉。

理宗時。牟子才上奏曰。臣聞謚者。行之表也。自周公以來。尚為不刊之典。蓋以明是非。別邪正。而示懲勸也。考之周制。太史掌卜喪賜謚。小史掌卿大夫之家賜謚讀誄。夫曰賜曰讀。出於有司之舉行明矣。乃若公叔文子卒。其子戍請謚者。蓋春秋時周禮盡廢。有司不知舉行舊典。禮經故不免於戍之請。然非成周之初意也。夫定於太常。覆於考功。集議於尚書省。我國家禮亦宜之。初何待於子若孫陳請耶。竊見近年有官品人品俱不應謚者。紛然以請。至殁轉要官以必遂其志。遂使國家節惠之典。幾為冗用贅疣之物。此何以彰善癉惡。激濁揚清哉。臣愚欲望陛下推行周制。詔有司自今官品合該擬謚。及一節一行有關於國家法應節惠者。有司以舉行之。不必候本家陳

請使為惡者無所遁避以伸國家懲惡之公而徒循祿無聞之人知所懲勸不敢妄有所陳以索公朝褒貶之實此非小補也臣丁未歲備數博士嘗衷攷國朝盛時及中興以來節行應謚者尚多有之而子孫湮微無力控請有識之士每為慨嘆方欲申明而行之會去國不果今茲待罪儀曹不敢復有所隱伏乞聖慈下都省公議而行之公道幸甚

遼興宗時翰林都林牙兼脩國史蕭韓家奴上疏曰臣聞先世遙輦可汗洼之後國祚中絕自夷離堇雅里立阻午大位始定然上世俗朴未有尊稱臣以為三皇禮文未備正與遙輦氏同後世之君以禮樂治天下而崇本追遠之義興焉近者唐高祖創立先廟尊四世為帝昔我太祖代遙輦即位乃製文字脩禮法建天皇帝名號制宮室以示威服興利除害混一海內厥後累聖相承自夷離堇湖烈以下

大號未加天皇帝之考夷離堇的魯猶以名呼臣以為宜依唐典追崇四祖為皇帝則陛下弘業有光墜典復舉矣疏奏帝納之

金熙宗時翰林待制兼右諫議大夫程寀上奏曰臣伏讀唐史追尊高祖以下謚號或加至十八字前宋大中祥符間亦加至十六字亡遼因之近陛下亦受崇天體道欽明文武聖德十字臣竊謂人臣以歸美報上為忠天子以追崇祖考為孝太祖武元皇帝受命開基八年之間奄有天下功德茂盛振古無前止謚武元二字理或未安何以示將來臣願詔有司定議謚號庶幾上慰祖宗在天之靈使耿光丕烈傳於無窮

時文武百僚太師宗磐等上廟號謚議曰國家肇造區夏西征弗庭太祖武元皇帝受命撥亂光啓大業太宗文烈皇帝繼志卒伐奮張皇威原其積德累功所由來者遠矣且禮多為貴固前籍之美談厚德流光實本朝之先務伏惟皇九代祖郡君人之量挺御世之姿虞舜生嬀遷於負夏太王避狄邑此岐山聖燒來歸天原肇發皇八代祖皇七代祖承家襲慶裕後垂芳不求赫赫之名終大振振之族皇六代祖徙居得吉播種是勤去暴露獲棟宇之安釋負戴興車輿之利皇五代祖孛堇雄姿邁世美略濟時成百里日辟之功戎車既飭著五教在寬之訓人紀肇脩皇高祖太師質自天成德為民望兼精騎射性無不權始置官師歸者益衆皇曾祖太師威稜震遠機警絕人雅善運籌未嘗秉甲臨敵愈奮應變若神皇曾叔祖太師機獨運心公無私物四方聳動諸部歸懷德威兩隆風俗大定皇伯祖太師友于盡愛國爾惟忠謀必同然舉無不濟累代祖妣婦道警戒主業艱難俱殫內助之勞是著始基之漸是宜采群臣之僉議酌故事以遵行歟帝于郊稱天以誄謹按謚法布義行剛曰景主義行德曰元

保民耆艾曰明溫柔聖善曰懿請上皇九代祖尊謚曰景元皇帝廟號始祖妣曰明懿皇后中和純備曰德道德純一曰思請上皇八代祖尊謚曰德皇帝妣曰思皇后好和不爭曰安好廉自克曰節請上皇七代祖尊謚曰安皇帝妣曰節皇后安民治古曰定明德有勞曰昭尊賢讓善曰恭柔德好衆曰靖請上皇六代祖尊謚曰定昭皇帝廟號獻祖妣曰恭靖皇后愛民立政曰成辟土有德曰襄強毅執政曰威慈仁和民曰順請上皇五代祖孛堇尊謚曰成襄皇帝廟號昭祖妣曰威順皇后愛民好與曰惠辟土兼國曰桓明德有勞曰昭執心斷決曰肅請上皇高祖太師尊謚曰惠桓皇帝廟號景祖妣曰昭肅皇后大而化之曰聖剛德克就曰肅思慮深遠曰翼一德不懈曰簡請上皇曾祖太師尊謚曰聖肅皇帝廟號世祖妣曰翼簡皇后中情見貌曰穆博聞多能曰憲柔德好衆曰靜聖善周聞曰宣請上皇

魯叔祖太師尊謚曰穆憲皇帝，廟號肅宗，妣曰靜宣皇后。慈愛忘勞曰孝，執事有制曰平，清白守節曰貞，愛民好與曰惠。請上皇曾叔祖太師尊謚曰孝平皇帝，廟號曰穆宗，妣曰貞惠皇后。愛民長悌曰恭，一德不懈曰簡，夙夜恭事曰敬，小心畏忌曰僖。請上皇伯祖太師尊謚曰恭簡皇帝，廟號康宗，妣曰敬僖皇后。仍請以始祖景元皇帝、景祖惠桓皇帝、世祖聖肅皇帝、太祖武元皇帝、太宗文烈皇帝為永永不祧之廟，須廟室告成，涓日備物，奉上寶冊，藏于天府，施之罔極。

元仁宗語近臣曰：朕聞前代皆有太上皇之號，今皇太子且長，可居大位，朕欲為太上皇，與若等游觀西山以終天年。御史中丞蠻子、翰林學士明里董阿皆稱善。殿中侍御史月魯帖木兒獨起拜曰：臣聞昔之所謂太上皇，若唐玄宗、宋徽宗，皆當禍亂，不得已而為之者也。願陛下正大位以保萬世無疆之業，前代虛名何足慕哉。帝善其對。

文宗欲加號太后曰太皇太后，命朝臣議之。吏部員外郎自當獨曰：太后稱太皇太后，於典禮不合。衆皆曰：英宗時何以加皇太后號曰太皇太后？自當曰：英宗孫也，今上子也。太皇太后之號，孫可以稱之，子不可以稱之也。議遂定。

歷代名臣奏議卷之二百八十二

歷代名臣奏議卷之二百八十三

褒贈

漢成帝時，梅福以為宜建三統，封孔子之世以為殷後，乃上書曰：臣聞不在其位，不謀其政，政者職也。位卑而言高者罪也。越職觸罪，危言世患，雖伏質橫分，臣之願也。守職不言，沒齒身全，死之日，尸未腐而名滅，雖有景公之位，伏櫪千駟，臣不貪也。故願一登文石之陛，涉赤墀之塗，當戶牖之法坐，盡平生之愚慮，亡益於時，有遺於世，此臣寢所以不安，食所以忘味也。願陛下深省臣言。臣聞存人所以自立也，壅人所以自塞也。善惡之報，各如其事。昔者秦滅二周，夷六國，隱士不顯，佚民不舉，絕三統，滅天道，是以身危子殺，厥孫不嗣，所謂壅人以自塞者也。故武王克殷，未下車，存五帝之後，封殷於宋，紹夏於杞，明著三統，示不獨有也。是以姬姓半天下，遷廟之主，流出於戶，所謂存人以自立者也。今成湯不祀，殷人亡後，陛下繼嗣久微，殆為此也。春秋經曰：宋殺其大夫。穀梁傳曰：其不稱名姓，以其在祖位，尊之也。此言孔子故殷後也，雖不正統，封其子孫以為殷後，禮亦宜之。何者？諸侯奪宗，聖庶奪適。傳曰：賢者子孫宜有土，而況聖人，又殷之後哉！昔成王以諸侯禮葬周公，而皇天動威，雷風著災。今仲尼之廟不出闕里，孔氏子孫不免編戶，以聖人而歆匹夫之祀，非皇天之意也。今陛下誠能據仲尼之素功，以封其子孫，則國家必獲其福，又陛下之名與天亡極。何者？追聖人素功，封其子孫，未有法也。後聖必以為則，不滅之名，可不勉哉！

谷永上疏曰：臣聞聖主尊師傅，褒賢雋，顯有功，生則致其爵祿，死則異其禮謚。昔周公薨，成王葬以變禮，而當天心。公叔文子卒，衛侯加以美謚，著為後法。近事大司空朱邑、右扶風翁歸德茂夭年，孝宣皇帝愍明厚賜贊命之臣靡不激揚聞內侍鄭寬中有顏子之美質包商偃之文學嚴然總五經之眇論立師傅之顯位入則鄉唐虞之閎道王法納乎聖聽出則參冢宰之重職功列施乎政事退食自公私門不開散賜九族田畝不益德配周召忠合羔羊未得登司徒有家臣辛然早終尤可悼痛臣愚以為宜加其葬禮賜之令謚以章尊師褒賢顯功之德上乃贈寬中甚厚

蜀後主時習隆乞立諸葛亮廟表曰臣聞周人懷召伯之德甘棠為之不伐越王思范蠡之功鑄金以存其像自漢興已來小善小德而圖形立廟者多矣況亮德範遐邇勳蓋季世興王室之不壞實斯人之是賴而烝嘗止於私門廟像闕而莫立使百姓巷祭戎夷野祀非所以存德念功述追在昔者也今若盡順民心則瀆而無典建之京師又偪宗廟此聖懷所以懷疑也臣愚以為宜因近其墓立之於沔

陽使所親屬以時賜祭凡其臣故吏欲奉祠者皆限至廟斷其私祀以崇正禮

晉武帝太康中議郎段灼上䟽追理鄧艾曰故征西將軍鄧艾心懷至忠而荷反逆之名平定巴蜀而受三族之誅臣竊悼之惜哉言艾之反也以艾性剛急矜功伐善而不能恊同朋類輕犯雅俗失君子之心故莫肯理之臣敢昧死言艾所以不反之狀艾本屯田掌犢人宣皇帝拔之於農吏之中顯之於宰府之職處內外之官據文武之任所在輙有名績固之以明宣皇帝之知人矣會值洮西之役官兵失利刺史王經困於圍城之中當尒之時二州危懼隴右懔懔幾非國家之有也先帝以為深憂重慮思惟可以安邊殺敵莫賢於艾故授之以兵馬解狄道之圍圍解留屯上邽承官軍大敗之後士卒破膽將吏無氣倉庫空虛器械殫盡艾欲積穀彊兵以待有事是歲少雨又為區種之法手執耒耜率先將士所統萬數而身不離僕虜之勞親執士卒之役故落門段谷之戰能以少擊多摧破彊賊斬首萬計遂委艾以廟勝成圖指授長策艾受命忘身龍驤麟振前無堅敵蜀地阻險山高谷深而艾步乘不滿二萬束馬懸車自投死地勇氣凌雲將士乘勢故能使劉禪震怖君臣面縛軍不踰時而巴蜀蕩定此又固足以彰先帝之善任矣艾功名已成亦當書之竹帛傳祚萬世七十老公復何所求哉艾以禪初降遠郡未附矯令承制權安社稷雖違常科有合古義原心定罪事可詳論故鎮西將軍鍾會有吞天下之心恐艾威名知必不同因其疑似構成其事艾被詔書即遣強兵束身就縛不敢顧望誠自知奉見先帝必無當死之理也會受誅之後艾參佐官屬部曲將吏愚戇相聚自共追艾破壞檻車解其囚執艾在困地是以狼狽失據夫反非小事若懷惡心即當謀及豪

傑然後乃能興動大衆未聞艾有腹心一人臨死口無惡言獨受腹背之誅豈不哀哉故見之者垂涕聞之者歎息此賈誼所以慷慨於漢文天下之事可為痛哭者良有以也陛下龍興闡弘大度受誅之家不拘叙用聽艾立後祭祀不絕昔秦人憐白起之無罪吳人傷子胥之冤酷皆為之立祠天下之人為艾悼心痛恨亦由是也謂可聽艾門生故吏收艾屍柩歸葬舊墓還其田宅以平蜀之功繼封其後使艾闔棺定謚死無所恨赦冤魂於黃泉收信義於後世則天下徇名之士思立功之臣必投湯火樂為陛下死矣帝省表甚嘉其意

惠帝時趙王倫誅解系并戮其妻子後齊王冏起義時以裴解為冤首倫秀既誅冏乃奏曰臣聞興微繼絕聖王之高政貶惡嘉善春秋之美談是以武王封比干之墓表商容之閭誠幽明之故有以相通也孫秀逆亂滅佐命之國誅骨鯁之臣以斲喪王室肆其虐戾功臣

之後多見泯滅至如張華裴頠各以見憚取誅於時系結同以羔羊被害歐陽建等無罪而死百姓憐之陛下更日月之光照希惟新之明命然此等未蒙恩理昔欒郤降在皁隸而春秋傳其人幽王絕功臣之後棄賢者子孫而詩人以為刺臣備忝右職思竭股肱獻納愚誠若合聖意可群官通議八坐議以系等清公正直為奸邪所疾無罪橫戮冤痛已甚如大司馬所啟彰明枉直顯宣當否使冤魂無愧無恨為恩大矣永寧二年追贈光祿大夫改葬加弔祭焉

蕩陰之役侍中嵇紹為亂兵所害征虜將軍司馬王接議曰夫謀人之軍軍敗則死之謀人之國國危則亡之古之道也蕩陰之役百官奔北唯嵇紹守職以遇不道可謂臣矣又可稱痛矣今山東方欲大舉宜明高節以號令天下依春秋褒三累之義加紹致命之賞則遐邇向風莫敢不爾矣朝廷從之

東晉元帝時周札一門五侯王敦憚之遣參軍賀鸞盡掩殺札兄弟及敦死札等故吏並詣闕訟周氏之冤宜加贈謚事下八坐尚書卞壼議以札石頭之役開門延寇遂使賊敦恣亂札之責也追贈意所未安懋莚兄弟宜復本位司徒王導議以札在石頭忠存社稷義在亡身至於往年之事自臣等有識以上與札情豈有異此言實貫於聖鑒論者見姦逆既彰便欲徵往年已有不臣之漸即復使尒要當時眾所未悟其姦萌札與臣等便以身許國死而後已札亦尋取梟夷朝廷檄命既下大事既定便正以為逆黨邪正失所進退無據誠國體所宜深惜臣謂宜與周顗戴若思等同例尚書令郗鑒議曰夫褒貶臧否宜令體明例通今周戴以死節復位周札以開門同例事異賞均意所疑惑如司徒議謂往年之事自有識以上皆與札不異此為邪正坦然有在昔宋文失禮華樂譏不臣之罰齊靈嬖孽高厚

有從昏之戮以古況今譙王周戴宜受若此之責何加贈復位之有乎今據已顯復則札宜貶責明矣導重議曰省令君議必札之開門與譙王周戴異今札開門直出風言竟實事邪便以風言定褒貶意莫若原情考徵也論者謂札知隗協亂政信敦匡救苟匡救信安使隗即所謂流四凶族以隆人主巍巍之功耳如此札所以忠於社稷也後敦悖謬出所不圖札亦闔門不同以此滅族是其死於為義也夫信敦當時之匡救不圖將來之大逆惡隗協之亂政不失為臣之貞節者于時朝士豈惟周札邪若盡謂不忠懼有誣乎譙王周戴各以死衛國斯亦人臣之節也但所見有同異然期之於必忠故宜申明耳即如今君議宋華齊高其在隗協矣昔子糾之難召忽死之管仲不死若以死為賢則管仲當貶若以不死為賢則召忽死為失先典何以兩通之明為忠之情同也死雖是忠之一節亦不必為忠皆當死也漢祖遺約非劉氏不王非功臣不侯違命天下共誅之後呂后侯諸呂周勃從之王陵廷爭可不謂忠乎周勃誅呂尊文安漢社稷忠莫尚焉則王陵又何足言而前史兩為美談固知死與不死爭與不爭苟原情盡意不可定於一槩也且札闔棺定謚違逆黨順受戮凶邪不負忠義明矣鑒又駁不同而朝廷竟從導議

成帝時蘇峻之難光祿大夫散騎常侍卞壼率勵散衆及左右吏數百人與賊苦戰死之二子眕盱見父沒相隨赴賊同時見害峻平朝議贈壼左光祿大夫加散騎常侍尚書郎弘訥議以為死事之臣古今所重卞令忠貞之節當書於竹帛今之封贈實未副眾望謂宜加鼎司之號以旌忠烈之勳司徒王導見議進贈驃騎將軍加侍中訥重議曰夫事親莫大於孝事君莫尚於忠唯孝也故能盡敬竭誠唯忠也故能見危授命此在人之大節臣子之極行也案壼委質三朝

盡規翼亮遺世險難存亡以之受顧託之重居端右之任擁衛至尊
則有保傅之恩正色在朝則有匪躬之節賊峻造逆戮力致討身當
矢鏑再對賊鋒父子并命可謂破家為國守死勤事昔許男疾終猶
蒙二等之贈況壼伏節國難者乎夫賞疑從重況在不疑可贈上準
許穆下同嵇紹則允合典謨克厭衆望於是改贈壼侍中驃騎將軍
開府儀同三司諡曰忠貞祠以太牢贈世子眕散騎侍郎眕弟盱奉
車都尉母裴氏撫二子屍哭曰父為忠臣汝為孝子夫何恨乎徵士
翟湯聞之歎曰父死於君子死於父忠孝之道萃于一門咸康六年
成帝追思壼下詔曰壼立朝忠恪喪身死寇所封懸遠租秩薄少妻
息不贍以為慨然可給實口廩其後盜發壼墓屍僵鬢髮蒼白面如
生兩手悉拳爪甲穿達手背安帝詔給錢十萬以脩塋兆

東陽許孜郡察孝廉不起布褐終身年八十餘卒于家邑人號其居為孝

順里咸康中太守張虞上疏曰臣聞聖賢明訓存乎舉善褒貶所興
不遠千載謹按所領吳寧縣故人許孜至性孝友立節清峻與物
恭讓言行不貳當其奉師則在三之義盡及其喪親實古今之所難
咸稱殊類致感猛獸犯害雖臣不及見然備聞斯語竊謂蔡順董黯
無以過之孜沒積年其子尚在性行純慤今亦家於墓側臣以為孜
之履操世所希逮宜標其令跡甄其後嗣以醇既往以獎方來陽秋
傳曰善善及其子孫臣不達大體請臺量議疏奏詔旌表門閭蠲復
其子孫

穆帝永和十二年殷浩卒後將改葬其故吏顧悅之上疏訟浩曰伏
見故中軍將軍揚州刺史殷浩體德沉粹識理淹長風流雅勝聲蓋
當時再臨神州萬里肅清勳績茂著聖朝欽嘉遂授分陝推轂之任
戎旗既建出鎮壽陽驅其豺狼翦其荊棘收羅向義廣開屯田沐雨
櫛風等勤臣僕仰憑皇威群醜革面進軍河洛脩復園陵不虞之釁中路
猖獗遂令為山之功崩於垂成忠款之志於是而廢既受削黜自擯山海
杜門終身與世兩絕可謂克己復禮窮而無怨者也尋浩所犯蓋負敗之
常科非即情之永責論其名德深誠則如彼察其補過罪已則如此豈可
棄而不恕法有餘冤方今宅兆已成埏隧已開懸棺而窆禮同庶人存亡
有非命之分九泉無自訴之期仰感三良昊天罔極若使明詔爰發旌我
善人崇復本官遠彰幽昧斯則國家威恩有兼濟之美死而可作無負心
之恨疏奏詔追復浩本官

武帝初吉挹為魏興太守苻堅將韋鍾攻魏興挹屢敗之後賊衆繼至
挹力不能支城陷被執不屈而死車騎將軍桓沖上言曰故輕車將軍魏
興挹祖朗西臺傾覆隕身守節挹世篤忠孝乃心本朝臣亡兄溫昔伐
咸陽軍次灞水挹攜將二子單馬來奔錄其此誠仍加優授自新野太守

轉在魏興父喪去任委以邊戎鎮埸歸懷著稱所蒞前年狡氐縱逸浮河
而下挹孤城獨立衆無一旅外摧凶鋭內固津要虜賊舟船俘馘千計而
賊并力攻圍經歷時月會襄陽失守邊情沮喪加衆寡勢殊以至陷沒挹
辭氣慷慨志在不辱杖刃推戈期之以隕將吏持守用不即斃遂乃杜口
無言絕粒而死挹參軍史穎近於賊中得還齎挹臨終手疏并具說意狀
挹之忠志猶在可錄若蒙天施垂曲宥之恩則榮加枯朽惠隆泉壤矣帝
嘉之追贈益州刺史

武帝太元中封羊祜兄玄孫之子法興為鉅平侯邑五千戶以桓玄黨誅
國除尚書祠部郎荀伯子上表訟之曰臣聞咎繇無嗣臧文以為深嘆伯
氏奪邑管仲所以稱仁功高可百世不泯濫賞無得崇朝故太傅鉅平侯
羊祜明德通賢國之宗主勳參佐命功成平吳而後嗣闕然烝嘗莫寄漢
以蕭何元功故絕世輒繼愚謂鉅平之封宜同酇國故太尉廣陵公準

黨翼賊倫，禍加淮南，因逆為利，竊饗大邦。值西朝政刑失裁，中興因而不奪。今王道維新，豈可不大判臧否。謂廣陵國宜在削除。故太保衛瓘本爵菑陽縣公，既被橫害，乃進茅土，始贈蘭陵，又轉江夏。中朝名臣，多非理終，瓘功德無殊，而獨受偏賞，謂宜罷其郡封，復邑菑陽，則與奪有倫，善惡分矣。竟寢不報。

王敦之難，刁協死。敦平，周顗、戴若思等皆被顯贈，惟協以出奔不在其例。咸康中，協子彝上疏訟之。在位者多以明帝之世褒貶已定，非所得更議。且協不能抗節隕身，乃出奔遇害，不可復其官爵也。丹陽尹殷融議曰：王敦惡逆，罪不容誅，則協之善亦不容賞。若以忠非良圖，謀事失算，以此為責者，蓋此於譏議之間耳。即凶殘之誅，以為國刑，將何以沮勸乎？當敦專逼之時，慶賞威刑專自己出，是以元帝慮深崇本，以協為比，事由國計，蓋不為私。昔孔寧、儀行父從君於昏，楚復其位者，君之黨故也。況協之比君在於義順，宜中興四佐，位為朝首，于時事窮計屈，奉命違寇，非謂逃刑，謂宜顯贈，以明忠義。

恭帝時，傅亮代宋國公劉裕作《求加贈劉穆之表》曰：臣聞崇賢旌善，王化所先，念功簡勞，義深追遠。故司勳秉策，在勤必記；德之休明，沒而彌著。故尚書左僕射前將軍臣劉穆之，爰自布衣，協佐義始，內竭謀猷，外勤庶務，密勿軍國，心力俱盡。及登庸朝右，尹司京畿，敷贊百揆，翼新大猷。頃戎車遠役，居中作捍，撫寧之勳，實洽朝野，識量局致，棟幹之器也。方宣讚盛化，緝隆聖世，志績未究，遠邇悼心。皇恩褒述，班同三事，榮哀既備，寵靈已泰。臣伏思尋自義熙草創，艱患未弭，外虞既殷，內難亦荐，時屯世故，靡有寧歲。臣以寡乏，負荷國重，實賴穆之匡翼之勳，豈唯讜言嘉謀，溢于民聽。若乃忠規遠畫，潛慮帷幄，造膝詭辭，莫見其際，事隔於皇朝，功隱於視聽者，不可稱記。所以陳力一紀，遂克有成，出征入輔，幸不辱命。微夫人之左右，未有寧濟。其事者履謙居寡，守之彌固，每議及封爵，輒深自抑絕，所以勳高當年，而茅土弗及。撫事永念，胡寧可昧。謂宜加贈正司，追甄土宇，俾忠貞之烈，不泯於身後，大賚所及，永秩於善人。臣契闊屯夷，旋觀終始，金蘭之分，義深情感，是以獻其乃懷，布之朝聽。所啟上合，請付外詳議。

齊高帝建元初，故宋建平王景素秀才劉璡上書曰：臣聞曾子孝於其親，而沈乎水；介生忠於其主，而焚於火。何則？仁也不必可依，信也不必可恃。昔者墨翟議雲梯於荊臺之下，宋人逐之；處叔為衛軍隱難於晉公子，殪之；李牧北逝強胡之旗，南拒全秦之卒，趙君不圖其功，賜以利劍；陳蕃白首固義，忘生事主，漢靈不明其忠，卒被刑戮。彼數子者，皆身栖青雲之上，而困於泥塵之裏，誠以危行不容於衰世，孤立聚尤於眾人，加讒諂蛆蠹其中，謗隙蜂飛而至故也。臣聞浸潤之行，骨肉離絕，疑似一至，君臣易心。此中山所以歔欷，奏樂盂博所以慷慨，囊頭者也。臣每惟故舉將宋建平王之禍，悲徹骨髓，氣殞霜霰，本旌罪啟，違人神，收物生罪，尚宥死，冤必申，臣誠不忍王之負謗而不雪，故敢明言其理。臣聞孝弟為志者，不以犯上，曾子不逆薪而爨，知其不為暴也；秦仁獲麑，知其可為傅也。臣聞王之事獻太妃也，朝夕不違養，甘苦不見色，帳下進珍饌，太妃未食，王投箸輟飯；太妃起居有不安，王傍行蓬疑。臣聞求忠臣者於孝子之門，安有孝如王而不忠者乎？其可明一也。泰始元徽中，主公貴人，無謟景寧陵者，王獨杜情而行，不以趨時捨義。出鎮入朝，必俛拜陵所，王尚不棄先君，豈背今君乎？其可明二也。王博聞而容眾，與諫而愛士，與人言呴呴若有傷，聞人之善，譽而進之，見人之惡，掩而誨之。李蔚之蓬盧之寒素也，王[illegible]而訓之；何季穆等宣簡王之舅也，王提挈以升之。王屈己以厚天下之士，尚不欲傷一人之心，何乃覩戚圖相，菹膾其身。其可明三也。臣昔以法曹參軍奉訊於聽朝之末，王每斷獄降聲和顏色，以待士女之訟，時見夏伯以童子縲紲，王愴然改貌，用不加刑。

徐州嘗歲飢。王散秩粟俸帛以繼民之乏。竭理冤疑。減息繇務。所在皆有愛於民。臣聞善人國之紀也。安有仁於民庶而危其宗國者乎。其可明四也。王脩身潔行。言無近雜。內去聲酌之娛。外絕田弋之好。每所臨踐。未加穿築。直衛不繁。第宅無改。荊州高齋。刻楹柏構。王廢而不處。昔朝廷欲賜王東陵甲第。又辭而不當。兩宮所遺珍玩。塵於笥篋。無他嬖私。不耽內寵。姬嬙數人。皆韶令所賜。王身食不踰一肉。器用瓦素。時有獻鏤玉器。王顧謂何昌寓曰。我持此安所用哉。乃謝而反之。王恭已蹈義若此。其可明五也。王之在荊州也。時獻太妃初薨。宋明帝新棄天下。京畿諸王又相繼非命。王乃徵入為太宰。荊下人士並勸勿下。王謂為臣而違先皇之命。不忠。為子不奉親之冤。不孝。於是棄西州之重。而匍伏北闕。王若志欲倔強。便應高枕江漢。何為屈折而受制於人乎。其可明六也。王名高海內。義重太山。若幼懷佞

士庶暴德。故從昏者忌明。同枉者醜正。搦弦為鉤。張一作百。行坐歎嗟。皆生風塵。會王季符負罪流謫。事會讒人之心。權醜相扇。鴟梟奮翼。王雖遭愍離凶。而誠分彌款。嚴情中手揮席。滿袁虞玩之衛使歸旋。世子入質京邑。續解徐州。請身東第。後求會稽。降階外撫。虞玩殷煥。實為詮譯。誠心殷勤。備留聖聽。王若俯張跂扈。倚事若斯。其可明七也。自是以後。日同殊論。蒼梧之衰德既彰。群小之姦慝彌廣。下盈其毒。上不可依。時長王並見誅鋤。公卿如蹈虎尾。群人翕翕。莫不注仰於王。厢閣諸人。同謀異志。王心不從。制忠不背。李執周天賜而許之。以距王宜興等。遣司馬孫謙歸款朝廷。王若欲擬非覬。寧當如此乎。其可明八也。又是年五月以後。道路皆謂阮佃夫等欲潛圖宮禁。因兵北襲。而黃回高道慶等傳播其事。武人驍亂。更相恐脅。至六月而京師徵賦車徒。將講眾北壘。都鄙疑駭。僉言竊作。垣祇祖因民情

囂蕩。揚聲北奔。紿辭惑衆。侵亂紀綱。會州人自都還投門。已附。疑不知瑩中安否。王既素籍異論。謂為信然。收率疲弱。志在投散。衆咸往懷俎恐遲後。何圖兵以順出。翻為逆動乎。夫往來之人。讙譁幻惑。皆出輦轂。非從徐州起也。且臺以六月晦夜無何呼北兵以至。皆登陴抽刃。而來方七月朔猶緩滯從容。其晚聞京都變亂。始乃鳩兵簡甲耳。王豈先造禍哉。其可明九也。王聞京室有難。坐不安。食不甘。言及太后未嘗不交巾掩涕。又臨危之際。撫檻而嘆曰。吾恐三才於斯絕矣。茲豈不誠在本朝。以天下為憂乎。自非深忠遠鑒。孰能身赴之不恤。獨眷眷國家安危哉。其可明十也。夫王起兵之日。止在匡救咎難。放殛姦盜。非他故也。請較言之。當時君臣之道。治亂云何。楊運長阮佃夫為有罪邪。為無罪邪。若其無罪。何故為戮。若其有罪。討之何辜。王豈不知君親之無將乎。傾以救火之家。豈遑先白丈人。非不恭也。

徒以運屬陵替。智力無所用之。雖跌傾覆。此乃時也。豈謂反乎。果然今日王亡。明日宋亡。王何負於社稷。何愧於天下哉。臣聞武王克商。未及下車而封王子之墓。漢高定天下。過大梁。嘯燕代脩信陵之祀。存孥諸之裔。晉世受命。亦追王陵之冤。而詔其孫為郎。夫比干殷辛之罪人也。無忌魏之疑臣也。樂毅燕之逃將也。老雲齊之賊。而晉害也。遙逢聖明之君。革運創制。昭功誠湯繼怨。諸議天下之善也。或殊世而相明。故四賢咸濟其令問。三后馳光於萬葉。君子榮其輝。小人服其義。今陛下尊英雄之高軌。振逸世之奇聲。尚至仍衰世之異議。以掩賢人之名哉。若王之中外不明。終始蹈德。臣懼方今之人不復為善矣。且世之興衰。何代無有。今齊苗裔。為世之後。其能無訪隆乎。苟前良可廢。何以勸後之能者。伏願上同周漢西晉之如彼。下為来胤垂範之如此。儻能降明詔。暢柱道。便往王得洗訴讒。褒寘魂賜以

王禮反葬則民之從義猶若回風之卷草也臣聞鶴鳴華埏則降陰吐雨騰蛇聳躍而洸雲鬱冥但傷臣言輕落毛身如横芥神高聽邈終焉莫省直欲内不負心庶將來知王之意耳

明帝建武中任昉代范雲作表求立太宰竟陵王子良碑曰臣雲言源夫存樹風猷没著徽烈既絶故老之口必資不刊之書而藏諸名山則陵谷遷貿府之延閣則青緗落簡然則配天之迹存乎泗水之上素王之道紀於沂川之側由是崇師之義擬迹於西河尊主之情致之於堯禹故精廬妄啓必窮鐫勒之盛君長一城亦盡刊刻之美況乎甄陶周召孕育伊顔故太宰竟陵文宣王臣某與存與亡則義形社稷嚴天配帝則周公其人體國端朝出藩入守進思必告之道退無苟利之專五教以倫百揆時序若夫一言一行盛德之風琴書藝業述作之茂道非兼濟事止樂善亦無得而稱焉人之云亡忽移歲序鵷鴻東徙松檟成行六府臣僚三藩士女人蓄油素家懷鉛筆瞻彼景山徒然望慕昔晉氏初禁立碑魏舒之亡亦從班列而既略既泯故首冒嚴科爲之者竟免刑戮置之者反蒙嘉歎至於道被如仁功參微管本宜在常均之外故太宰淵丞相嶷親賢並軌即爲成規乞依二公前例賜許刊立寧容使長想九原樵蘇罔識其禁騂犁長陵輶軒不知所適臣里閈孤賤才無可甄值齊綱之弘地廣容之禁策名委質忽焉二紀處先犬馬厚恩不荅而獘帷毀蓋未著螻蟻珠襦玉匣遽飾幽泉陛下弘獎名教不隔微物使臣得騁奔南浦長號北陵既曲逢前施實仰覬後澤倘録杜預山頂之言庶存馬駿必拜之感臨表悲懼言不自宣

後魏孝文帝太和中著作佐郎成淹上表曰臣聞經疆啓宇實良將之功褒德酬庸乃聖王之務昔姜公杖鉞開隆周之基韓生秉旄興

鴻溪之業故能賞超當時名垂前史若閫外功成而流言内作人主猜疑良將懷懼樂毅所以背燕章邯所以奔楚至如鄧艾懷忠矯命寧國赤心皎然幽顯同見而横受屠戮良可悲哀及上治伐吴晉不顧命萬里浮江應機直指使孫皓君臣輿櫬入洛大功亦舉讒書驟至内外唱和貝錦將成微晉武之鑒亦幾於顛沛矣每覽其事常爲痛心聖主明君宜深察臣伏見故征南大將軍開府儀同三司青州刺史濟南王慕容白曜祖父相資世酋東裔值皇運廓被委節臣妾白曜生長王國欽服道教爵列上階位登帝伯去天安初江陰夷楚敢拒王命三方阻兵連城岳峙海岱蒼生翹首拯援聖朝乃眷南顧思救荒黎大議廟堂顯舉元將百寮同音僉曰惟允遂推穀委誠授以專征之任擁兵十萬杖鉞一方威陵河濟則淮徐震懼師出無藩而申纂授首濟北太原同時消潰麇溝垣苗相尋奔走及回麾東扼道固銜璧盤陽梁鄒肉袒請命于時東陽未平人懷去就沈文靜高崇仞壘衆不朝肩擅邀服崔僧祐蓋次陽陳顯達連兵淮海來陸鋒起揚旌而至規援青齊士民怡惱莫不南顧時兵役既久咸有歸心而白曜外宣皇風内盡方略身擐甲冑與士卒同安撫初附示以恩厚三軍懷挾纊之温新民欣來蘇之澤遂使僧祐擁建弭旆効順軍門文靜崇仞棄城竄海次陽顯達望塵南奔聲震江吴風偃荆漢及青州尅平文秀面縛海波清静三齊克定遂被東南永爲國有使天府納六州之貢濟泗息烽警之虞開岱宗封禪之路闢山川望秩之序斯誠宗廟之靈神筭所授然抑亦白曜與有力矣及氛翳既靜爵命亦隆榮燭當時聲譽日遠而民惡其上妄生尤隙因其功高流言惑聽巧僞亂真朱紫難辨傷哉未寤合門屠戮鴻勳盛德蔑尔無聞有識之徒能不悽愴臣謂白曜策名王庭寵爵榮授歷司出内世

載忠義衆戮啓蕃析衝社稷國報讎乎復城十二年勤於戎旅之際
契闊於矢石之間終始無二危忘存靜亂及方難既夷身膺高賞受胙
河山與國昇降六十之年寵靈已極觀其立功足明機運豈容僥倖
更邀非望者乎且於時國家士馬屯積京南瑯州連鎮勢侔雲屯主
將驍雄按鉀在所莫不殉忠死難効節奉時民之不可生皆白曜足
知之矣況潜逆阻兵營悖厭亂加以王師仍舉州郡牢聚齊民勞苦
神膽俱喪亡爐之衆不可與圖存離敗之民不可與語勇哉白曜果
務習戎體閑兵勢寧不知士民之不可藉將士之不同已擁強兵之
勢因塗炭之民而欲立非常之事此愚夫之所弗為也料此推之事
可知矣伏惟陛下聖鑒自天仁孝宰世風冠宇宙道超百王開國以
來諸有罪犯極刑不得斂骨者悉聽收葬大造之恩振古未有而白
曜人舊功高嬰禍淪覆名滅國除爵命無紹天下衆庶咸共哀謗方

之餘流應有差異類陛下揚日月之光明勲臣之績垂天地之施恕
僵屍之魂使合裕定謚殁有餘榮選其宗近才堪驅策錫以微爵繼
其絕祀進可以獎勸將來退可以顯國恩澤使存者荷莫大之恩死
消六骨肉之惠豈不美哉仰惟聖明霈然昭覽狂瞽之言伏待刑憲

高祖覽表嘉愍之

唐太宗貞觀十一年行幸過漢太尉楊震墓傷其以忠非命親為文以
祭之僕射房玄齡進曰楊震雖當夭枉數百年後方遇聖君停輿駐
蹕親降神作此文可謂雖死猶生沒而不朽使伯起有靈當欣躍於
九泉之下矣伏讀天文且感且慰凡百君子可不激勵名節知為善
之效乎

玄宗天寶末張巡死節睢陽人媢其功以為降賊肅宗未及知進士
李翰傳巡功狀表上言曰臣聞聖主褒死難之士養死事之孤或親

推轂車或追建邑封厚死以慰生撫存以答亡君不遺於臣臣亦不
背其君也自逆胡構亂據睢陽引幽朔以吞河南故御史中丞贈揚
州大都督張巡忠誼奮發率烏合守雍丘潰賊心腹及魯炅棄甲宛
葉哥舒翰敗績潼關賊遂盜神器鴟峙二京南臨漢江西逼岐雍羣
帥列城望風出奔巡守孤城不為却賊欲繞出巡後以擾江淮巡退
軍睢陽扼東南咽領自春說冬大戰數十小戰數百以弱制強出奇
無窮殺賊兇醜凡十餘萬賊不敢越睢陽取江淮江淮以完巡之力
也城孤糧盡外救不至猶奮羸起病摧鋒陷堅三軍殷膺而食知死
不叛城陷見執卒無撓詞慢叱兇逆精貫白日雖古忠烈無以加焉
議者罪巡以食人愚巡以守死臣竊痛之夫忠者臣之教恕者法之
情巡握節而死非虧教也析骸以爨非本情也春秋以功覆過書赦
過宥刑易遏惡揚善為國者錄用棄瑕今者乃欲議巡之罪是廢

教絀節不以功掩過不以刑恕情善可遏惡可揚錄而用棄非所
以獎人倫明勸戒也且祿山背德大臣將相比肩從賊巡官不朝宴
不坐無一伍之士一節之權走奮身死節以勤義旅不謂忠乎以數
千卒摧撓賊鋒若無巡則無睢陽無睢陽則無江淮有如賊因江淮
之資兵廣而財積根結盤據西向以拒雖終殲滅其曠日持久必矣
今陝鄢一戰犬羊駭北王師震其西巡扼其東此天使巡捍江淮以
待陛下師至而巡死不謂功乎古者列國侵伐猶分災救患諸將同
受國恩奉辭伐罪巡固守亦待外援援不至而食盡食盡而及人則
巡之情可求矣假巡守城之初已計食人損數百衆以全天下臣尚
謂功過相掩況非素志乎夫子制春秋明褒貶齊桓公將封禪略不
書晉文公召王河陽書而諱之巡蔽之罪輕於僭禪興復之功重
於糾合今巡子亞夫雖得官不免飢寒江淮既巡所保戶口充完宜

割百戶俾食其子且殭死為厲有所歸則不為災巡身首分裂將士骸骼不掩宜於睢陽相擇高原起大冢招魂而葬旌善之義也臣少與巡游哀巡死難不覩休明唯令名其榮祿也若不時紀錄月日寖悠或掩而不傳或傳而不實巡生死不遇誠可悲悼謹撰傳一篇昧死上儻得列于史官死骨不朽帝縣是感悟而巡之節白於世義士多之。

德宗時中書侍郎同中書門下平章事陸贄奏曰。右田緒使節度隨軍劉膺送書與臣具書意緣奉進止令為其亡父承嗣撰遺愛碑文。故送前件馬絹等以申情貺臣先奉恩旨令撰碑文于今半年竟未綴緝良以勸戒之道忠義攸先褒貶之詞春秋所重爵位有僥倖而致。名稱非詐力可求將使循軌轍者畏昭憲而莫踰恬姦妄者顧清議而知恥。仲尼脩春秋而亂臣賊子懼蓋必討之以武劓之以刑誠褒貶苟明。亦足助理。田承嗣阻兵犯命雖惡不為竟逭天誅全歸土壤。此乃先朝所愧恨義士所惋嗟。今田緒尚干宸嚴請頌遺愛儻臣溢竭實憤於心謬承恩光備位台輔。既未能滅除姦慝匡益大猷而又飾其愧詞以贊兇德納彼重賂。以襲貪風情所未安事固難强。是以屢嘗執翰。不能措詞輒設所操太息而止緣承聖誨姑務懷柔。昨見田緒使人。臣亦婉為報答。但告云所為碑頌皆奉德音。既異私情難承厚貺。俟稍休暇續當撰成。既無拒絕之言計亦不至疑阻其來書謹封進所送馬及絹等。令劉膺便領却迴說不敢不奏。

貞元中。咸陽人或上言見白起云請為國家扞禦西陲既而吐蕃入寇。邊將敗之上以為信然。欲於京城立廟。贈司徒李泌曰。今將帥立功而陛下褒賞白起臣恐邊臣解體矣且立廟祈禱將長巫風。今杜郵有舊祠請詔葺之。則不至驚人耳目矣且起列國之將贈三公太重。贈兵部尚書可也。從之。

宣宗大中初。上與宰相論元和循吏孰為第一周墀曰。臣嘗守土江西。聞觀察使韋丹功德被於八州沒四十年老稚歌思。如丹尚存。上即詔史館脩撰杜牧撰丹遺愛碑。仍擢其子宙為御史。

宋仁宗康定元年。知長垣縣蘇舜欽上疏曰。臣近到闕聞黃德和以退軍。及妄奏劉平石元孫叛逆。朝廷已從軍法處分然劉平石元孫以血戰陷沒死於賊手。初朝廷未能辯明。即時以兵卒監圍其第及德和既亡伏辜。二族未霑恩澤遷延累日人頗疑惑古者舍爵策勳貴其速也。此雖敗衄。是亦勤勞於時。伏望陛下斷自睿意詔有司於西郊備禮致祭。陛下出次。素服西向舉哀故禮古軍有憂則素服哭於庫門之外。赴車不載櫜韔。蓋古者之義也。伏願即日降明追贈賻其家族。爵其子弟使死者有知豈無冥助生者懷感必當盡忠烈士義夫聞之震激。人人思為陛下用也。劉平子弟臣雖不識聞其頗知邊事。用敵西寇必有成功。況國恥家讎異於他將則兵用子胥唐拜田布。即其義也。

至和二年知制誥劉敞奏曰。臣等據祠部員外郎直集賢院祖無擇奏。伏見至聖文宣王四十七代孫孔宗愿襲封文宣公。乃是其人未死已賜謚矣。臣竊觀前史孔子之後襲封者衆。在漢魏則曰褒成褒聖。宗聖。在晉宋亦曰奉聖。後魏曰崇聖。北齊曰恭聖。後周及隋封以鄒國唐初曰褒聖。或為君或為侯。為公為大夫使奉祭祀。唯漢平帝追謚孔子為褒成宣尼公。遂以均為褒成君。至唐開元二十七年。追謚為文宣王。又以其後為文宣公是皆以祖之美謚而加後嗣生而謚之。不經甚矣欲乞明詔有司詳求古訓或封以小國。或取尊儒褒聖之義。別定美號。加于封爵著于令式使千古之下無以加於我朝之盛典也。右奉聖旨送兩制詳議者。臣等謹按漢元帝初元元年，以師孔霸為關內侯，食邑八百戶，號褒成君。霸上書求奉孔子祭祀。元帝下詔曰：其令師褒成君關內侯霸以所食八百戶祀孔子。及霸卒，子福嗣；福卒，子房嗣；房卒，子莽嗣。皆稱褒成君。至平帝元始二年，始更以二千戶封莽為褒成侯，而追謚孔子曰褒成宣尼公。以此觀之，則褒成者國也，宣尼者謚也，公侯者爵也。褒成宣尼公者，猶曰河間獻王云爾。蓋推宣尼以為褒成祖，非用褒成以為宣尼謚也。唐世不深察此義，以褒成為夫子之謚，因疑霸等號封褒成者皆襲其祖之舊耳。故遂封夫子文宣王，而爵其後文宣公。考校本末，甚失事理。因循承襲，至今不改。先帝既封泰山，親祠闕里，又加文宣以至聖之號，則人倫之極致，盛德之顯名，盡在此矣。尤非其子孫臣庶所宜襲處而稱之者也。臣等以謂無擇議是可用。其文宣王四十七代孫孔

宗愿，伏乞改賜爵，合若褒成、奉聖之比，上足以尊顯先聖有不可階之勢，下不失優異孔氏，使得守繼世之業，改唐之失，法漢之舊。傳曰：必也正名。又曰：稽古立事，可以永年。此類之謂也。

嘉祐七年，知諫院司馬光上論后妃封贈劄子曰：臣伏聞學士院新定後宮封贈父祖制度，皇后與妃皆贈三代。臣竊以為不可。夫禮之所慎，在於尊卑之分別，嫌明微。故國君沐粱，大夫沐稷，士沐粱，蓋以大夫貴近於君，故推而遠之，以防僭偪之端。士賤遠於君，雖與之同物無所嫌也。況后妃之際，實治亂之本，聖人於此尤兢兢焉。皇后敵體至尊，母儀四海，六宮之內，無與等夷。妃品秩雖貴，而於后猶為女君。今封贈之典，混而為一，臣實懼焉。雖陛下聖明，宮壼之政，貴賤有倫，必無僭偪之憂，然非所以別嫌疑、防萌兆、垂法度、示子孫也。昔漢文帝幸郎署，慎夫人與皇后同坐。中郎將袁盎引却慎夫人席，曰：且陛下既以立后，慎夫人乃妾，妾主豈可同坐哉。文帝善其言。彼少頃同席，盎猶以為不可，而犯顏力爭。況著之典策，以為百世之法乎。臣謹按天聖中遇南郊大禮，皇太后追贈三代，太妃止贈二代。然則妃贈三代，乃近歲之失，不可以不正也。議者或謂外廷之臣，凡入兩府者皆贈三代，妃正一品，禮不可以後之。臣竊以為不然。聖王制禮，內外異宜，不可均一。自宰相樞密副使，名秩雖殊，而比肩為臣，共同職業，俱贈二代，不足為嫌。皇后與妃，位次相亞，而有妾主之分，以此尤宜分別名器，使之著明，以防後世之有僭差，亦可因奪減裂苟然而已也。臣愚欲望陛下特降聖旨，改定新制，自今後唯皇后得贈三代，自妃以下皆不過二代。若以外廷之臣封贈太優，則乞自今後唯宰相樞密使得贈三代，自參知政事以下止於二代，庶幾得禮之宜。

八年，光又乞罷進奏補外親劄子曰：臣竊見舊日轉運使、提點刑獄

知州軍等各進親屬，隨進奉至京師。朝廷不問官職高下，親屬遠近，一例推恩，乃至班行幕職，權知州軍，或所遣之人不係親屬，皆亦應齎郎，及差使殿侍。此蓋國初承五代姑息藩鎮之弊，故有此例。後來人主嗣位之初，大臣因循故事，不能革正。然以理推之，國家爵祿，本待賢才及有功效之人。今使此等無故受官，誠為太濫。況近日官吏繁冗，十倍於國初之時，朝廷深知其弊，所以數年前別定條例，減省諸色奏蔭之數。若進奏之人皆得一官，則併又增數百入仕之人。向來減省蔭奏，要為虛設。今縱不能盡罷此等恩澤，其進奏人若係五服內親者，或乞等授一官，其五服外親及不係親屬者，並量賜金帛罷去，庶幾少救濫官之失。

光又乞矜恤陳洙遺孤狀曰：右臣竊見殿中侍御史裏行陳洙，資性愨果，憂公忘私，稟命不永，奄棄聖世，垂沒之際，猶上章奏，搢紳之倫

靡不嗟惜。宜有旌嘉。異於諸臣。家素貧之，孫遺頗艱歸葬閩越，道塗險遠。伏望朝廷特賜矜憫。依監察御史裹行張宗誼例，除子男一人官，及乞降朝旨下備信建三州。候洙喪柩至彼差人防護津送前去，亦足以示朝廷褒直勸忠終始之恩也。

知湖州胡宿乞爲晉太傅謝安置守冢禁樵採表曰：春秋之記，太上立德，其次立功，謂之不朽。聖人之制，能禦大災、能捍大患，則必見祭。至於封表閭墓，禁止樵蘇，尋所來而寔繁。蓋難得而踪舉。雖聖賢相去事業有間，迹其大指，所以褒德旌功而已。竊見晉大傅謚文靖公謝安，挺生江表，忠存王室，甫從衡門，未褫韋帶，已積台輔之器，便繫蒼黔之心。及起東山，相簡文帝，摧桓溫九五之逼，破符堅百萬之衆。名蓋當世，功濟諸華，號文武之儒，今爲風流之稱。昔張文規所撰吳興錄稱安冢在長城縣南六十五里，初葬建康之梅山，爲陳始興王

叔陵發其冢。裔孫夷吾爲長城令，徙於縣南三鵶崗，接長城即今長興縣。臣昨受詔除出泰州任。到官之日，遂移本縣訪墳栢所存，據大理寺丞知縣事裴大亮狀，於縣南萬安鄉三鵶崗訪得安冢廢地十畝有畸。古老相傳謂之謝墓田。路去縣與吳興錄所載畧同。墓旁杜戶十六歲時祭拜。舊有叢祠，不堪其陋。臣量破公省錢，委大亮移置佳處，兼建祠堂。凡屋十二達，工徒塑其像，冠服儀衛，悉用當時之制。然祠墓荒僻，人迹罕至。若無給復之守，恐罹樵牧之患。昔信陵濁世之公子，漢初常守冢之給。介推霸者之陪隸，晉復啓環山之封。況如安者，高德卓然。雖人隔本朝，功訖前世，穆然清風，猶在庶物。臣每見郊丘所肆赦，前代忠烈立廟所存，莫不申飭長吏嚴加虔奉。欲乞聖慈特降宸旨於安冢旁申禁樵採，給復五家，以備洒掃守護之役。勅州縣官吏歲時祠祭，以明聖朝紀元功發育德之意。

歷代名臣奏議卷之二百八十三

歷代名臣奏議卷之二百八十四

褒贈

宋仁宗時。包拯上疏曰。臣竊觀太宗皇帝實録。載禮部侍郎王明傳言。明之節義端勁。功烈卓偉。其始卒樹立。冠於皇朝名臣。當太祖太宗時。戡靖亂略。剗削僭僞。駕馭英傑。撫定區夏。而明感會風雲之際。周旋金革之間。勤餉王師。生擒僞將。卒能下嶺表。平江南。繼成大功。論籍第一。臣每見其事迹。想其風采。然歎惜明才未盡施而死於太平。位未極顯。而恩不加謚。名爛史牒。德晦泉壤。臣素欲表聞於朝。乞申褒勸。今忝遣寄。復睹明之曾孫蜀州防禦推官臨。所著家傳國書之外。補完遺實。刊人及物。咸足稱紀。恭惟陛下奉艱難之業。懷忠力之臣。宜渥寵靈。下慰幽魄。至如楊億馮元官與明等。或以文詞侍從於先帝。或以經文勸講於東宮。而皆崇以徽章。追賜美謚。矧明佐祖宗之休運。無竹帛之異勳。既不霑贈爵之榮。又未及易名之典。使傑然大節。没有遺恨。仰祈聖慈。特賜德音。降付禮官。俾定謚法。庶發明於茂烈。足垂勸於將來。

神宗時。韓琦上奏曰。臣讀唐史。見魏元成之輔太宗。能盡忠切諫。卒致貞觀之治。所以後代欲治之主。知納諫為先。是其功不止一時。而實及百世也。其裔孫乃夷民伍。又本家見執前来州縣判憑。得免差役。今乃一刺義勇。已充銜門。真可憐憫。欲乞朝廷特與家長道巖一官。仍免本戶差役。庶使為臣者聞異代忠賢之後。猶蒙獎録。則今日能忠於朝廷者。誠有所勸也。兼臣據魏道巖賫到遠祖處哲洛官誥二道。處哲乃元成之孫。洛乃重孫。今道巖等鄉里在臣官下。既再有叙陳。合具敷奏。

張方平上言曰。臣奉勑撰故相陳執中神道碑銘。今已繕寫上進。執中器資毅重。有大臣風節。陛下察舉。再登元宰。直清公正。始終不渝。薨謝之日。恩禮隆至。昨者有司定謚。甚駭天下聽聞。臣聞古為謚法。節以一惠。蓋君子成人之美。不成人之惡。責人之備。於義已甚。若又捨其所長。而專揚其短。則是朝廷之內。士無行義之全。君臣之際。恩無始終之篤。春秋傳曰。太平之君子。樂道人之善。夫禮讓之隆。人相稱善。此太平之風。教化之美也。昔魯哀公問孔子。近世人君孰賢。孔子對曰。丘未之見也。抑有衛靈公乎。公曰。吾聞其閨門之內無別。而子以為賢何也。孔子曰。臣語其朝廷行事。不論其私家之際也。蓋聖人之是非如此。斯可謂不成人之惡者矣。臣竊惟陛下勵精獨理。以凝庶績。朝廷推公存恕以求治。執中在相位。無交黨。毅然正色。匪躬之故。干進好名者忌之。當議論之際。憎愛搏嗜。毗而不周。加之以惡名。古志有之。下陵則上替者。積衰之漸。不可長也。臣今所論著執中事迹。皆實録。乞更付中書看詳。有所未安。不妨改定。免致降付本案。刊立之後。復招毀詆。重貽執中之累。亦以上全陛下君臣之終始。下成國家風俗之和。

哲宗時。侍御史劉摯乞褒贈呂誨上言曰。臣伏以辨大姦而救未萌。人臣之先識。褒遺忠而發潛德。國家之令典。臣嘗觀熙寧之初。王安石以道義文學起而輔政。先帝舉天下聽之。天下士民亦罔不指期以望太平。上下向之。無異辭。當此之時。故諫議大夫呂誨為御史中丞。獨以為不然。屢有奏論其罪。言安石居廟堂。天下必無安靜之理。又曰誤天下蒼生必此人。誨坐是貶官于外。未幾亡殁。其後安石與其朋黨變亂祖宗法度。專以聚斂為事。顛倒邪正。進退失其當。廢民之所同欲。興民之所同害。敗罔朝廷。天下被其患者十七八年。其間雖有踵事增虐之人。然要之權輿造端。實自安石始。四海困擾。皆如誨言。誨可謂有前知之明矣。誨名臣之後。為人忠信剛正。立朝行己。有古人之節。大臣之風。在言路前後三黜。皆以擊姦邪。忤權勢。最後尤以直道大義為公論所高誚之死於散地在熙寧四年官至侍從而朝廷未嘗有所贈卹誨之子今在生事微薄有子皆碌碌小官恭惟陛下臨御以來慈綏生民修完庶政以成就先帝求治本指昭顯于世而開獎言者孜孜聽納凡臣子在前日輸忠獻直嘗有一言于朝者莫不收拾褒用之而誨不幸既亡不見遇於今日此天下有志之士所以歎惜而不能已臣不勝愚慮欲望聖慈嘉誨之有識敢言不獲用利不得及于世哀其志節特賜褒贈及賜諡以表顯之錄其諸孫稍賜任使非獨以慰幽壤蓋亦以勸天下之忠義而愧人臣之為姦諛者非小補也

擊又上言曰臣等聞有功而不見知則無以勸天下之忠有德而不及報則無以勸天下之義忠義息心誰與為國此自古明君賢主所以不敢一日忘於此雖微必錄雖久必伸以為天下萬世忠義之勸

也伏見故贈尚書令忠獻公韓琦當仁宗春秋高儲嗣未立琦位輔相自任憂責遺身忘家觸嫌疑而犯忌諱請建大本累年之間其言不可勝記又嘗挾孔光傳進面指漢成帝立弟之子定陶王為太子事卒能感動仁祖天心開悟英祖遂自宗藩立為皇子曾未踰年纂紹大統使琦猶豫畏縮如眾人以全軀保妻子為計遷延歲月之間安危大策蓋未可知此琦之功萬世之功也恭惟英宗皇帝出潛膺籙乃天之所命必開佑無窮顧人臣何功之有哉而聖人以謂天命必假人以發之故推功臣下然則固當考是非較難易以彰其實乃可以示天下信後世也琦與同時在位者歿既久矣乃有貪功徼幸之人出而攘之元豐三年故參知政事王堯臣子同老上書言其父至和中與三四執政請立皇嗣大議已嘗定矣願發明先臣忠烈書既入朝廷疑之有所詢考卒無明證確論可以信天下者朝廷於是行疑賞於卒歿詔下之日公卿士大夫之知當時事者莫不謂朝廷過舉於時史官阿意迎合又諱其事書之公論為之憤鬱今者伏遇編脩先帝一朝大典及纂述[illegible]臣以立傳臣等以謂不可不明辨直書傳信後世謹疏列九事以[illegible]是非援同老繳進家藏之文謂是堯臣議建儲日預撰詔草嘗懷之而進意俟仁祖開允即宣之以定其事今詔草非得於禁省而出於同老則其有無真偽猶未可知借令有之緣堯臣復懷之而退乃[illegible]未嘗得請議已格矣詔草雖在何功之有果有已定之旨則此詔固[illegible]之矣不應懷而歸也然則至和之間大議未定此可明者一也按元豐詔書褒諸臣之功曰中外縉紳近臣莫有知者臣等竊觀英祖即位踰年范鎮行當遷官制辭云往在至和之中嘗司冢宰之任[illegible]陳計策請建國儲逮茲纘承乃出緒論則是當時縉紳近臣非不知鎮等有建儲之請而朝廷亦非不知

報其德矣但不聞大本已有所屬也故鎮自為辭官表云臣嘉祐中雖嘗從論建儲之事仁宗尚祕其請其於陛下如在茫昧杳冥之中未見形象安得如韓琦等後來功效之深切著明也鎮自言止曾從議則明是當時所請別無主名又云尚祕其請則是仁祖未有允意至和之間大議未定此可明者二也今攘功者之言曰至和三年四月已有定議臣等按諫官范鎮其年五月初乞預建儲副以安國本比至十月凡十九疏言皆感切不見聽用遂待罪乞郡又兩移書執政責其不恤國計若四月已有定議則何至使鎮半年間懇懇如此安得不略形已定之意止鎮再三之瀆至和之間大議未定此可明者三也御史中丞包拯言方今大務惟根本一事而猶豫不決惟祈聖心開悟斷而行之按拯此疏在嘉祐三年閏十二月則至和之間大議未定可明者四也仁祖末年一日降出諫官司馬光及知江州

呂誨請建儲章疏琦屢以光奏進説懇請甚力遂定大策故參知政事歐陽脩論光云自仁宗至和服藥之後群臣便以皇嗣為言五六年間言者雖多而未有定議最後光以諫官極論其事敷陳激切感動主聽仁宗遂決不疑考脩此言則至和之間大議未定可明者五也按諫官王陶乞仁宗遣親信中人就第督宗實赴宗正寺供職其疏云前日未命宗實人人上言早建儲嗣今日與一宗正寺差遣人人觀望陛下風旨不復肯言何哉非前日人忠今日人不忠也蓋前日未有主名泛為公言而陛下不疑也以此考之堯臣之時決未敢有所主名至和之間大議未定可明者六也堯臣輩言因樞府闕官乞召韓琦充樞密使以琦忠義必能當此重事此則不攻自破之語也既云上意已定又云謂無疑矣國當乘時決策成之於手何必引琦使成之夫冒嫉著之情見他人所就尚且奪之況功在其手可成

於呼吸俛仰之間而乃肯以屬人乎至和之間大議未定可明者七也琦自入為樞密使即有建儲之議及為宰相曲謝之日首進劄子乞擇宗室為嗣其畧曰如陛下已得其人則望宣示中書樞密院使奉而行之以慰中外按琦為宰相去堯臣輩未甚遠倘前日已有定計則因琦進言必有宣示何緣尚歷數年請者百計而不聞一言哉至和之間大議未定可明者八也嘉祐末琦請愈切一日仁祖發言曰朕有意多時但未得其人因問琦宗室中誰可琦曰宗室不與外人接臣等何由知其人此在陛下聖擇耳仁祖曰宮中嘗養二子小者近不慧其大者今三十歲矣琦曰其一人既陛下知其不慧更不須論蓋琦之意欲專屬英宗也自此仁祖意有定歐陽脩時與琦同坐退而書之今其家親筆具在至和之間大議未定可明者九也大凡自皇祐至於嘉祐中間臣子以皇嗣為請者莫知其數不可盡也如堯臣輩在輔弼之地以此開導亦其宜也但其議紛紛終無敢有所主名而請之者直至嘉祐六年十月琦輩進説於是英宗之名為子之策始定於君臣都俞之間矣臣等載惟人臣之於廟社大計以言之為難乎以成之為難乎以屬人為難乎以己任為難乎人為其易琦為其難廟社之功不可忘也同老上私藏之虛文徼天下之實功同時之人又助其懷是可歎也琦挺身危疑援立聖嗣以為宗廟社稷計非以自為計也非以為子孫計也天下知之亦可不知亦可於琦誠心足以貫天地列神明者無所加損而所惜者朝廷信賞可以奇謀取而不中於懲勸之義忠賢勳烈可以單辭奪而輕變於存亡之間使真忠失意於九泉公議乖望於四海至如歐陽脩以英偉之才忠諒之節與琦協心決定大策其助最力皆勳効顯著天下共知二人既歿衆從其後揖而有之豈不惜哉伏望聖慈特賜下詔辨

正是非褒顯琦及一時同列之功使之明白以慰士大夫之心仍乞以臣等章付實錄院照會考正以成信史詔之當世而無疑垂之將來而不謬非臣等之幸天下之幸

門下侍郎司馬光上奏曰臣伏覩祕書少監劉攽等奏故祕書丞劉恕同編脩資治通鑑功力最多比及書成編脩屬官皆蒙甄錄惟恕身亡其家獨未霑恩門戶單露子孫並無人食祿乞依黄鑑梅堯臣例官其一子臣往歲初受敕編脩資治通鑑首先奏舉恕同脩恕博聞強記尤精史學舉世少及臣脩上件書其討論編次多出於恕至於十國五代之際羣雄競逐九土分裂傳記訛謬簡編缺落歲月交互事迹差舛非恕精博他人莫能整治所以攽等衆共推先以為功力最多不幸早夭不見書成未死之前未嘗一日捨書不脩今書成奏御臣等皆蒙天恩襃賞甚厚獨恕一人不得霑賞頓降為編戶良可

矜憫欲乞如效等所奏用黄鑑梅堯臣例除一子官使其平生苦心
竭力不爲虚設
知樞密院事孫固等上奏曰臣等伏見故太子中允直集賢院石介
在仁宗朝以文學行義名重一時經術博深議論堅正以扶持名教爲
已任嘗與孫復胡瑗爲國子監直講教養人才士風丕變故至今論
學校者稱慶曆之風然介志氣剛大不肯枉道以阿世而喜於分別
邪正嫉惡太明以此忤權貴取怨擠逐傾陷至其死尤不已天下皆
冤之其於誣謗雖已明而歷年浸久無復爲言之者今聞其子編于
民籍寒無生業日有飢寒之苦士議歎惜以謂盛朝尚賢不應使名
臣之後零落至于此極也臣等不勝拳拳欲望聖慈特詔有司錄介
之後以予若孫一人賜以一命使獲薄祿不墜厥世以副聖朝褒獎
善人之意而爲天下守忠義者之勸

給事中范祖禹乞優恤司馬康家劄子曰臣等伏見直集賢院提舉
西京嵩山崇福宮司馬康操履端方學問深遠士大夫共推其賢以
爲能繼其父陛下采於人望置在經筵所補實多近擢諫職未克就
命亦以疾病遂至亡殁唯有一子承奉郎植纔十二歲二女幼稚家
世清貧一旦遭喪已見窘乏伏望聖慈特優賜賻贈以恤忠賢之後
仍乞多差廂軍兵士津送本家一行并差汴河坐船及兵梢載送行
李華晁至西京候有葬期乞下合屬去處應副
殿中侍御史吕陶上奏曰臣伏見故樞密直學事知渭州劉庠志趣
高遠有古人之風論議堅正知大臣之體治平中曾任御史多所建
明號爲稱職當是時英宗皇帝富有春秋一旦不豫中外臣僚不敢
以東宮之議爲獻獨庠拜疏乞早建儲貳神宗皇帝遂繼大統雖天
命與子神器有歸未假人言而後定臣子固不當掠以爲功惟其憂
國之心能慮大事忠義之節貫於金石而晦嘿不言人無知者一朝
奔走四方運蹇流落以至老死邊郡捐館之日私無餘積士論惜之
臣嘗奏事薦前蒙聞德音嗟庠之死伏望聖慈垂憫舊物録庠之大
節褒庠之至廉特推異恩以慰存歿
劉安世上奏曰臣伏見故諫議大夫天章閣待制齊恢清德懿行有
聞於時英宗東拔置之東宮神考登極遂列侍從擢用未幾奄至淪
謝搢紳之士莫不惜之而又三子繼亡門緒衰替臣竊惟先帝攀附
之臣如孫固邵亢韓維陳薦孫永等諸人子孫前後例蒙推恩仍有
已任館閣省寺者獨恢未及有是命伏望聖慈念恢遭遇先朝不
幸早卒訪求其後量加獎進庶有以稱陛下追遠恤舊之意豈勝幸
甚
徽宗時趙鼎臣上奏曰本州管下會稽縣有夏禹之廟去郡城十里

載在祀典千有餘年祠旁有僧寺一所掌廟之管鑰及其埽除基趾
勝絶室宇具備荏無勅額止曰大禹之寺因循相承有失奏請恭以
朝廷方復禹績疆理天下會稽乃禹之所至圖諜具存神靈憑依不
與他比雖守吏承詔祭饗以時齊民畏威祈報以禮而主守不專護
治不嚴未足以稱國家崇明祀奉禹功之意今來欲乞朝廷詳酌依
崇寧二年十一月二十四日已降指揮將賜本寺一勅額歲許度僧
一人使之承續洒掃世掌廟事凡祠宇之修繕草木之封殖責以歲
時毋敢有壞郡守縣令時至而謹察之有不如令必罪主者庶幾廟
貌嚴飭明靈顧懷下以慰一方歸嚮之誠仰以祝聖壽延長之慶臣
等不勝至願
李復上奏曰臣按孫路治平初以進士擢第歷官中外四十餘年遠
識守義昔通判河州承景思立敗衄之後經輯蕃漢人情懷附後通

判蘭州夏賊攻圍抗賊堅守終能保完城壘紹聖間爲環慶經畧傳
進築橫山興平寨闢土廣屯皆據要害又招納到強酋李訛哆詢考
虜情皆得要領元符初移帥熙河築會川等城直通涇原前後措置
實而不華不敢虛飾以爲身計能愛惜民力臣近以朝廷講究邊
事知路鮮有及者曾具論奏今被詔旨令赴闕奏事然路雖已得病
以久懷邊事本末乃欲力疾造朝一陳所蘊期有補於朝廷西洛士
夫皆深歎仰不幸瞑目賫志歸於泉下平生清白自持家貧子幼衆
共傷惻伏望朝廷優推贈典例外官一子或孫特給賻卹俟將來舉
葬令所在州縣量行應副庶使天下知朝廷不忘有功以爲來者之
勸

欽宗靖康元年御史中丞呂好問上奏曰臣聞之孔子曰示之以好
惡而民知禁書曰王播告之脩不匿厥指夫惟不匿厥指則莫若明

示好惡使民知禁而自從也所謂好惡者賞善而罰惡勿任己之私
意而已矣臣竊見朝廷近日用人賢不肖雜進所以好惡不分是非
不別臣謂陛下宜先推明以示四方潛德隱惡各有所處以定民志
有不可緩者元符之末多士盈朝故司諫陳瓘江公望正言張廷堅
任伯雨殿中侍御史龔夬等皆以忠直自奮知無不言捐軀徇國不
顧妻子其後蔡京趙挺之等得志肯加擠陷意欲使之必死不遺餘力
巧發奇中衆爲寒心賴太上皇仁慈力爲保全得免誅戮死二之後
妻子窮困至今未復今京畧正典刑而此數人尚在貶籍子孫凍餒
人皆憐憫獨陳瓘已贈諫議大夫任伯雨一子得官外江公望張廷
堅龔夬等並未昭敘非所以示好惡而不匿厥旨也伏望陛下特降
睿旨將公望等並行褒贈仍各官其子孫周卹其家使天下後世爲
善報國者知所勸勉而姦雄鉅惡常有畏懼此誠所宜先也

高宗時直秘閣俞汝礪上疏曰嘗謂忠臣義士如玉鎮大寶雖然雜
於羣玉之府人莫知其所以爲玉也及夫祭祀則陳之大朝會則陳
之神鼎玉磬停儲粹清肅然有威神姦紲僭亂寵靈社稷之氣忠義
之士亦猶是也方無事時世人殆未有以名之也及遭變故臨大事
蹈不測持義明甚截然不亂姦夫盜子望之失氣而宗廟社稷亟增
泰山九鼎之重故爲天下者雖有高城巨浸以爲之防粟糧漕庾以
爲之備良夫選卒以爲之職而微忠臣義士以爲之守是委社稷而
付之敵也故曰忠臣義士朝廷之玉鎮大寶也臣竊念之自靖康建
炎而來將帥守宰義人烈婦豈無捐軀徇國抱患觸諱負傑異之操
如古人乎若不及時早加褒擢使忠魂埃滅義骨冰斷歲月荒老無
所討正此有志之士所以濡涕而切嘆也伏願陛下申詔從臣每自
靖康而來蒙患死難暴人耳目較然不欺者書之爲死節之士復撫

近日明詔之所蒐訪周行之所論薦者書之爲守節之士議者以爲
靖康而來閱幾歲所矣何以研覈而論著之臣謂孔子立乎哀定之
間而書乎隱公桓公之世至於宋史則上括魏朝隋書則遠包梁代
是蓋詢搢紳記錄之所傳訪父老年月之所接信以傳信疑以傳疑
而君子猶將取之也臣謂今之史官是宜考郡縣之計書採史官之
異說賞文士之紀述參本家之行狀則邊鄙老卒尚無知段太尉之
忠者乎書生詞人豈無記高愍女之烈者乎拾甲子年事豈無知李
新聲之義者乎于以摭十一於千百振已沉之幽僨亦足以討舊惡
懲不軌建宏規立大範也此正太史之列而又何疑哉漢高祖制詔
御史長沙王忠其定著令建元初永寧之末復徘徊引卻不敢輒正
號位者何也世之議者乃謂當操之時炎綿雖亡劉備猶在故操有
所畏避而未敢自今觀之操之擁諸豈知畏孫劉者哉特畏李周陳

蕃李寳光彦孔聦神明精爽凜凜尚在。有以陰猝其腔而誅之耳。孫
劉曷足畏哉。忠義之效如此。頗詔史臣時加記録。庶幾彰國家臨危
有伏節之士。勵世有消萌之術。天聖中有顏似賢者。唐魯公真卿之
裔孫。部使者以其名聞。仁宗皇帝曰忠臣之後也。其官之。夫唐德
宗投真卿於希烈虎皻猛沸之口。如棄墜甑。無復顧惜。而我仁宗多
真卿之義。乃官其孫於數百年之後。則仁宗之消萌壓難。其意亦微
矣。
章誼上論桑成死事疏曰。臣竊見今年三月五日。勑荊湖南路提刑
司保明到借補保義郎權衡州茶陵縣武尉桑成領兵迎殺群盜羅
閙十等。被賊圍掩陷陣。聖旨桑成特贈保義郎。與一子補甲頭。切詳
桑成既已贈官。其子又蒙補授。則死事之狀。蓋明白矣。然臣觀軍功八
資之法。甲頭僅出齊民一等。謂之疏爵則非品。謂之頒禄則無俸。其

為名目蓋為最下者也。兼桑成本是借官。又為權尉。乃能守職以死。
此人情之所甚難也。前人殺身為人之所甚難。後嗣沒賞得時之所
最下。臣謂不足以為死事之勸也。近世夷狄內侵。盜賊竊發。逃避之
人多。死事之官少。今逃避之官。朝廷未嘗顯戮。其重者不過停罷編
置。其輕者止於罰金降官。既更赦宥。則安榮自若矣。至於死事之人。
肝腦塗地。身首異處。父母妻子終天永訣。或貧不能自存者。又復飢
寒以死。則其酷有甚於劉誅之罰矣。陛下若不重恤其孤。優與官職。
則走而生者為得計。戰而死者為失策。豈社稷之福哉。今論一桑成
不足為時重輕。臣區區及此者。誠恐天下戰守之人。默以桑成為戒。
無復死難之志耳。伏幸聖旨裁察。不勝幸甚。
起居舍人汪藻上奏曰。臣以愚戇無似。世受國厚恩。竊屢從班常思
補報。輒進狂瞽。上塵聖聰。退就重誅。無所伏竄。臣比奉宰執宣諭聖

旨以張俊艱難以來功冠諸將。小心恭順。終始一節。其子子正子顏
並除待制。子仁除集英殿脩撰。繼讀除目。乃知陛下身濟大業。不忘
舊勲。所以推寵其子孫。無所不用其至。臣已即日奉承威命。且以所
被旨意載之制書。使天下後世知陛下此舉非故以名器假人。所為
然者。正以褒有禮與元勲而已。然臣又讀別降指揮。自今功臣子孫
序遷當至侍從。並令久任在京宮觀。永為定法。臣退而伏念。有大不
可。且陛下所以寘子正子顏於法從者。凡以為俊而已。今乃泛言功
臣子孫。開以序遷之路。然則簪筆持橐之列。自今遂可以累日積久
得之。臣竊計內外將家子孫亡慮二十人。今其任職事官者。姑以兩歲一遷
為率。自寺監丞為郎。自郎為少卿。更少遷延則為卿。不過三四遷而
極矣。帶職之人。自直秘閣而升內閣。自內閣而為脩撰。更少遷延則
為殿撰。亦不過三四遷而極矣。五年之外。十年之內。此二十人者皆
坐致西、清次對之官。不唯輕用高爵。使人人有覬覦之心。且與陛下
甄異元功之意。似不為稱。恭惟陛下厲精圖治。觸事抑損。業業乾乾。
動以祖宗為法。而太祖皇帝之世。所與開國創業及南征西伐諸大
功臣。如曹彬潘美王審琦石守信王全斌慕容延釗之徒。其子若孫
用不過諸司使。惟彬之子璨瑋以功名自奮。審琦之子承衍。守信之
子保吉以聯姻帝室。皆為節度使。初不聞有序遷侍從之例。今指揮
一出。使十年之間。清禁嚴閣之地。類皆將種。實非朝廷昭示天下之
美觀。欲望聖慈不以臣人微言拙。特賜留聽。采悍反汗小嫌。收還前
詔。上以遵太祖之成憲。下以慎國家之名器。下以合一時之公言。臣
不勝惓惓憂國之至。
趙元鎮上奏曰。臣伏見故右奉直大夫提舉江州太平觀邵伯温康
節先生雍之子。伯温自少出入富弼司馬光呂公著韓絳韓維范純

仁之門。程頤范祖禹深知之。元祐初。伯溫為布衣。韓維以十科薦。可備講讀。後以經明行修命官。維又薦學官。范祖禹薦於經筵。司馬光卒。其子康亦亡。乃特差伯溫西京教授。俾教其孫植。因以經紀光家事。紹聖初。章惇作相。意欲用伯溫。伯溫安於莞庫。澹如也。元符末。以上書得罪。名書黨籍。坐廢者四十年。靖康初召用。一時名士諫議大夫呂好問薦為諫官。宰相吳敏欲以東宮官處之。時戎事方興。不果用。建炎初除利州路轉運判官。遂請宮祠以卒。臣官學關陝二十年。接其議論。熟其為人。嘗歎其不可企及也。竊惟陛下褒賢念舊。凡黨籍上書人皆被優恤。況伯溫大賢之後。行義顯著。平生所學。迄不獲用。深為聖朝惜之。臣輒錄伯溫元符末所上書進呈。伏望聖慈特賜褒錄。優加追贈。以示寵光。豈獨伯溫九泉之榮。實為士夫名節之勸。臣不勝幸甚。

龍圖直學士知湖州汪藻上奏曰。伏見本州城東能仁院有唐顏真卿祠堂一所。謹按石刻。真卿以大曆七年自撫州除湖州刺史。逮今四百餘年。州人奉祠不衰。前此為湖州刺史者多矣。而此州獨拳拳於真卿者。豈非以忠義感人。有不能忘者耶。自艱難以來。州縣官吏日以乏興為憂。如真卿之祠。見謂不急。棟宇傾仆。將就泯滅。臣實惜之。竊謂方今多事之時。所以昭勸群論者。忠義為首。而名節暴白。莫如真卿。昔章聖皇帝東巡。嘉張巡許遠之節。至親幸其祠。所以旌異代之忠。示將來之訓。真卿風烈。誠不在巡遠之下。幸車駕駐蹕臨安。真卿之祠適在旁郡。若不特加崇奬。恐無以慰邦人之思。欲望聖慈量給度牒拾餘道付臣。市材葺治。顯遺直之魂。激懦夫之氣。誠非小補。

樞密行府參謀鄭剛中上奏曰。臣訪聞故文林郎前原州彭陽縣令李喆。建炎四年原州陷沒。移治界上。偽彭陽縣令執以獻虜。虜三予官。三辭。兵後指為歸附。轉儒林郎。喆持牒自言曰。初因捕獲。不敢受歸附之賞。封還之。劉麟聞其名。委京兆府以禮津致。終拒弗起。臣入陝西。或謂喆無恙。至原州訪之。則喆於今年六月已死。遺孤尚幼。生理蕭然。志節分明。眾所嗟憫。伏望聖旨將喆特賜褒贈。錄用其後。庶幾存沒感恩。尚知忠義之有報也。

剛中又上奏曰。臣初入陝西。即訪問高行之士。有奉議郎原州通判米璞。朝請郎前知隴州劉化源。奉議郎前僉書博州判官廳公事劉長孺。三人眾口一辭。謂璞當廢齊亂常。群偽爭進之日。杜門謝病。終不受汙。關陝之人見璞。則知有朝廷。今雖童稚能道之。化源守隴。孤城既陷。虜守視之。求得死。驅入河北。竄跡蔬果。隱民間十年。卒不屈辱以歸。長孺當逆豫僭叛之日。嘗致書備陳祖宗德澤。勸其轉禍為福。豫怒毀除告牒。囚之百日。後復起之以官。長孺堅臥自若也。三人皆本貫耀州。業儒登科。亂離以來。臣不瞻而高風善行。藹然有聞。臣於本州津致前來。親加勞問。而璞苦風痺。足跛廢。化源等已老。步履亦艱。雖作聖旨行下發赴行在。緣以老病。各不能就道。伏望聖慈憐其陷沒之久。察其志節之高。特與除宮觀差遣。仍進官一二等。償其閑廢之日。使璞等優游祠祿。為鄉曲門戶之榮。實聖朝激厲風俗之道也。

宗正少卿史浩上奏曰。臣仰惟陛下天錫聖性。躬孝慈。襄因慶壽推錫類之恩。天下耄耋咸被爵邑。濩洽聖時。以樂餘景。甚大惠也。而有司奉行不體上意。拘以歲月之限。間有阻抑。使萬古曠澤而有不徧之累。臣甚惜之。夫子欲親榮其親。誰敢後。州縣對移。自為稽期。彼同井里。窺門牆。年適相若。而獨不被其澤。豈無向隅之歎乎。臣愚欲望聖慈特降睿旨應紹興二十九年正月一日慶壽恩合封祖父母諸州已具聞奏下部未施行者並乞從今年九月明堂大禮赦內該載放行所貴破有司拘礙之文全陛下罔極之報鴻恩溥博億載愈光不勝天下幸甚

武義大夫曹勛上書曰竊以連年征伐略無虛月凡功烈死事之輩泯沒無聞致孝子嫠婦無所旌顯昔太宗皇帝不忘勳臣猶次敘其列傳二百四家今建中興之功豈可不成一代之典人死留名賢愚所共而聖王之祀臣有五義欲乞令所在州縣有忠義報國當時功烈出衆所明知者許搢紳之儒作爲傳記經所屬投陳然後州府繳進當付史館并嚴戒所在常優給其子孫不惟仰昭聖澤下霑幽冥還可激勸方今死節之士

孝宗時胡寅上奏曰臣竊見陛下加惠元祐勳賢之族既昭雪其黨錮之冤又錄用其子孫以至公之義照臨百官風勵天下非爲利也凡預錄用者所宜激昂節行思不辱其父祖以稱陛下之意而乃桀黠僥倖犯義營私無所不至若范正國者是已謹按正國於故相忠宣公純仁爲季子自廣東轉運判官被召既至行闕即獲賜對褒稱甚美錫以章服與江東見闕漕臣異恩稠重皆以純仁之故在正國未有以堪之也既而畏江東漕事應辦之難請剌一郡畀祠廬則又以謂由監司爲太守失其故步處之不當遲回城外必欲陛獲要語人曰猶子直方尚得爲郎而正國反不如也奔走半歲經營甚力乃有今來除命公論籍籍咸不謂然以外臺耳目之寄舉勸列城非鮮廉寡恥者之所宜處也昔者純仁生存之時所得恩澤先及異姓次及疏貧比其薨謝子孫尚多未命也以是高其德今正國陳乞先世恩澤凡四資盡欲官其諸子之在襁褓者而親兄之子年長貧悴乃不及焉其行己處事如是亦可謂不肖子矣古者世祿而不世官祿以報功故其世可延官惟賢故其人當擇是二者不可相貿易如正國以其父純仁之故使有祿足矣而爲之擇官至于再至于三不惟其人而惟其世此公論之所以不平也夫陛下以義行而正國以利報倘其輕上施蔑大德乎此而不正餘風相傚亦非所以恤故家之門戶彰勳賢之遺烈也臣愚伏望聖慈詳酌別降指揮所有詞頭臣不敢撰行

趙汝愚上奏曰臣伏見通直郎宋南強之父汝爲初建炎間淪陷僞境忠節凜凜著于北方後間關來歸朝廷授以處州通判未及顯用會故相秦檜欲復遣過虜中汝爲義不肯屈遂棄妻子逃去變姓名爲趙復其區區之志雖竄伏狼狽猶冀國家克復境土以雪前日之恥也其後流落蜀道飢餓困苦十有餘年竟死于蜀崇葬于永康軍青城山時人未有知者至乾道改元朝廷嘉其忠義詔與一子恩澤南強遂得補官見任知南劍州沙縣頗著政績淳熙十三年正月九日已降指揮候任滿日赴都堂審察臣昨蒙恩自閩移蜀經由南劍之境屢得南強書備言其父汝爲平生忠義之節適逃危苦之狀又自言其方幼弱時與其父別音問隔絕竟不相聞以至于死雖蒙補官稍經祿仕緣官卑俸薄無力入蜀護葬其父讀之令人慨然念非朝廷特加矜恤則忠臣孝子志願莫伸伏望聖慈特賜指揮除南強一蜀郡差遣俾得盡其子道非惟上廣聖朝孝治之美亦足感厲天下忠義之氣其於風化實非小補

汝愚乞褒表孫松壽上奏曰臣仰惟聖上道隆德備恭默一心懋明孝治老老之澤敷錫滂流無有遠邇蒙被聖化民彝歸厚以行相高今其卓然者臣敢不推廣德意以所見聞之實表上姓名仰備采擇

臣竊見成都府郫縣朝議大夫致仕孫松壽，資稟純正，內行素飭。方其蚤歲奉事繼母，雖處空窮，必致隆壽，得其歡心，人服其難。自為小官至作郡守，率以忠信慈惠為主，不為赫赫之譽，治行皆可稱述。自嘉州除利路運判，當朝廷擢用之初，松壽齒殊未衰，挂冠勇退，雖親戚朋舊力挽不回，識者高之。家居幾二十年，常廬先壠，歲時薦享，追慕哀切。年垂八十，尚以其母之亡屬方童幼，乃議追服，斟酌情義，疏布慘戚，于今三年，見者無不敬而慕之。臣考其始終，一節不渝，咸有可觀。欲望聖明特賜褒表，以勵風俗，使知純德至行為世所重，多所感化，庶幾仰稱九重崇德廣孝之意。

光宗時，起居舍人兼中書舍人陳傅良上奏曰：臣竊觀近者贈岳霖煥章閣待制，與張某一子官，仰見公朝旌念舊臣，苟有勞烈，即錄其子孫，不愛重爵，以此勸士，天下知尊君親上之報不薄，而徇國者衆矣，幸甚。臣嘗論本朝聖聖相承，每遇大事，則有先見特立之臣奮不顧身，為國建事。臣不暇遠論，姑述宣和以來三朝所覩：在徽宗時則有傅察以死事為節義之功之首，高宗中興時則有宗澤以留行為翊戴之功之首，壽皇入繼大統時則有婁寅亮以建儲為定策之功之首。然而傳察贈典雖甚優渥，宗澤致仕亦頗通貴，而兩家子孫未蒙旌異，葉善錄職，令人於邑。至於寅亮，初以上虞縣丞敢建大議，高宗嘉納，擢為御史，其後時議不同，竟死小官，澤不及後，遂以乏祀。若以至和嘉祐故事言之，宜在褒崇之典，一切勿問，臣恐傷忠厚之風，塞敢言之路，上無以發明高宗至公之心，下無以對揚壽皇善繼之美。欲望聖慈以所以褒賞岳飛子孫之意，推及三家，以廣恩惠，以勸忠力。

秘書郎彭龜年上疏曰：臣等聞書曰：官師相規，工執藝事以諫。古者人臣各揚其職以輸忠於上如此。晉知悼子未葬，平公擊鍾而飲酒，宰夫杜蕢揚觶以罰師曠，蓋責其當言而不言也。臣等非材，忝員三館，乃仲夏辛卯有旨令舉暴書故事，置酒館中，恩至渥也，臣等豈不以拜賜為榮？屬以六月十三日知樞密院事胡晉臣卒于位，朝廷方議卹典未下。夫體大臣、禮羣臣，此陛下之本心也。羣臣若食陛下欽賜之榮，致虧陛下軫卹之體，豈不有媿於蕢哉？是以願有言焉。臣聞祖宗優待大臣，備極其禮，至於死生之際，尤為隆厚。端拱中，參書樞密院事楊守一卒，上親臨哭，送終之禮率加常數。咸平二年，樞密使曹彬病，上幸其第問之；踰月彬卒，臨其喪，哭之慟。未幾，樞密使楊礪卒，冒雨臨其喪，礪舍在委巷中，乘輿不能入，至步以進。景德三年，樞密使王繼英卒，上即臨哭，賜白金五千兩，還內臣護葬，併為葬其祖宗。寶元元年，同知樞密院事王博文卒，時上宴金明池，既歸而奏訃至，即輟駕臨奠。如此之類，不可殫舉。且景德中嘗詔鴻臚寺、入內內侍省、太常禮院：羣臣當賻贈者，關移不得過兩日。慶曆中，太常又議：天子臨喪，禮不可緩，若奏訃在未前，當日出；未後，次日出。其速如此。蓋君，父也；臣，子也，未有子喪而父不哀。君，元首也；臣，股肱也，未有股肱傷而元首不痛者。情之所鍾，政自應爾。臣等竊見胡晉臣卒已半月餘，而朝廷贈卹之典未下。陛下體貌大臣，無異祖宗，豈於死生乃不追卹？近者士㬎之卒，即日輟朝，未應聖心頓感遷異，人心惶惑，未免驚疑。得非大臣未敢以聞歟？抑太常不舉慶賀之議以告陛下乎？或鴻臚內省不能守景德之詔乎？不然，何以至此？夫贈卹之典不下，在晉臣無所損，所損者國體耳；晉臣無可憾，所可憾者累陛下盛德耳。況大臣在殯，而小臣燕樂；死者未贈卹，而生者蒙飲賜，其於傷國體、累盛德，尤不細也。臣聞仁宗因宰臣張知白卒，燕罷社燕，雷澥以毋憂去停時晏成裕知禮院亟言於上曰君臣之義哀樂所同。請罷春燕以表優卹。仁宗從之。此陛下家法也。搜考典故。以備討論。此三館士之職分也。臣等輙冒昧緣事以請。欲望聖慈詔大臣早議胡晉臣卹典。所有褒書。會乞照天聖罷杜燕故事施行。庶幾典禮之行。各當其宜。上可無愧於祖宗。下可免譏於天下。唯陛下留神垂聽。

知漳州朱熹上奏曰。臣猥以塵賤備員偏州。仰體聖明收用獎拔之意。思竭駑鈍。仰報萬分。故惟聽訟決獄之際。不敢不盡其愚。今幸踰年。自前人所些小曲直。粗得其情。猶有事在數十年之前。而其枉直之分。舉錯之重。或非州郡之所得爲者。則在臣之職不敢不具以聞。伏惟聖慈特垂聽察。臣伏見本州漳浦人故迪功郎高登。資稟忠義。氣節孤高。少遊太學。值靖康之禍。嘗與陳東詣闕上書。力陳六賊之罪。且言金人不可和狀。至紹興間廷對。力陳闕失。無所顧避。遭試官

忌其直。降爲下州文學。高宗皇帝嘉其忠而收之。調靜江府古縣令。是時秦檜當國。帥臣胡舜陟以其父嘗宰是邑。欲爲立祠以悅其意。而登獨持不可。舜陟欲以危法中之。召致獄官。鞫問訊掠。竟無罪狀可書。後爲潮州試官。又使諸生論直言不聞之可畏。策閩浙水沴之所由。檜聞益怒。以爲陰附趙鼎。削官徙容州以死。檜没之後。諸以口語爲檜所陷者。高宗皇帝深察其冤。巨細存亡。無不甄錄。而登以遠人下士。獨無爲言之者。至乾道間。近臣梁克家等始援紹興二十六年赦書以請。而有司拘文。廢格弗下。近歲守臣傅伯壽又嘗具奏如前。然今亦已踰年。未奉進止。是使登以抱恨没身垂五十年。而姓名猶在罪籍。未蒙昭洗。雖其孤忠自信。獨立不懼。精爽凜然。必不以此爲悔。而在聖朝伸冤雪枉。勸善懲惡之意。則議者猶竊恨焉。臣幸得蒙恩假守其鄉。目睹茲事。若又緘默不能具以上聞。則雖萬被戮不足償罪。是以敢冒言之。伏惟皇帝陛下御極以來。虛心克己。容納盡言。比以陰陽失和。申詔近臣。樂聞至論。草茅之士。雖有狂直過甚之言。始雖忤旨。終薄其罪。竊揆聖志。如登之忠直。宜在矜獎。欲望特發德音。復其官秩。量加褒錄。以慰九原。且使天下之欲爲忠義者知所勸慕。誠非小補。臣不量疏遠。干犯威嚴。無任震懼隕越之至。

寧宗時。熹爲煥章閣待制侍講。奏爲潭州創立晉譙王承及紹興死事臣廟。乞賜勅額。疏曰。臣前任知潭州日。伏準紹熙五年七月七日大赦內一項節文。歷代忠臣烈士祠廟損壞。令本州支係省錢修葺。竊見東晉王敦之亂。湘州刺史譙閔王司馬承起兵討賊。不克而死。紹興初。金賊犯順。通判潭州事孟彥卿、趙民彥督兵迎戰。臨陣遇害。城陷之日。將軍劉玠、兵官趙聿之巷戰罵賊。不克而死。此五人者皆以忠節没於王事。而從前未有廟貌。無可脩葺。無以仰稱聖朝褒顯

忠義之意。遂牒本州於城隍廟內創立祠堂。象五人者。并考譙王本傳并象其參佐數人立侍左右。各立位版。記其官職姓名。奉祀如法。方行考究。未及營表。而臣忽被誤恩。赴闕奏事。計其功力。不至甚多。本州必已起造了畢。欲望聖慈特詔有司賜之廟額。仍下本州照應施行。庶以慰答忠魂。爲天下萬世臣子之勸。臣不勝大願。

湖南安撫使真德秀奏曰。臣等竊惟人材之優劣。未易知也。平居暇日。勉自脩飾。夫誰弗能。至於事變之來。紛紜轇轕。呼吸之頃。安危係焉。乃能從容區畫。摧群兇陸梁之氣。成一方綏靖之功。則其材始有可稱者矣。臣所部武岡軍。近者有兵卒之變。原其始也。蓋以守臣司馬遵不善撫循。致此紛擾。臣具嘗劾奏以聞。奉旨罷免矣。遵雖去郡。然兇卒蔣宗等自知以軍伍之微。已嘗凌犯郡守。剽掠居民。戕殺保甲。罪在不赦。締交合黨。共謀日深。既脅取州郡文帖。爲諸營之長。且

以將領自稱，擅出文引，役使鄉兵，嘯聚無敢後。方其鼓衆倡亂之日，已劫鄉民三十餘家，臣許移文撫定之後，雖不復行劫，但以意諭富室，借犒軍之名，令輸錢於己，所積日富，氣燄愈張，包藏禍心，實有叵測。獨賴本軍簽判葉莫者，平時素以寬厚為兵民所信愛，自初變作，司馬遵託疾在告，莫能躬任撫諭之責，使將宗等不敢大肆其兇。臣等得報，亟令莫權攝郡事，且密授計策，使莫矚之，又能沉深弗露，外示撫柔，而中為規畫，以措置火政為名，選兵卒之可用者，團結什伍，更番守宿，區處既定，即以臣所下賞榜及借補文帖密示其中之可仗者數人，使為之備，於是群卒爭奮，遂梟將宗等三人之首於崇朝之頃，自餘兇黨，同時就縛，無一漏網，闔郡吏民，歡若更生。臣等竊見宣教郎、簽書武岡軍判官廳公事權軍事葉莫，學問該洽，操行潔脩，早登儒科，兩試邑令，始在善化，以和平為政，潭人稱之，繼在邵陽，脩復經界，迄今猶賴其利。及至武岡，適會闕守，攝承數月，政譽藹然，撫柔春陵，民被實惠。今茲又能殄除兇逆，衰惜國威，使軍律已壞而復脩，民情方搖而遽定，其事雖止一方，其利實及一路，其効雖止一時，其功可及百年。用敢合辭上干天聽，伏望聖慈將莫優加褒賞，仍賜拔擢，以風厲當世，使凡為國竭力為民除患者，知所勸勉，實天下幸甚。

金章宗泰和初，詔定功臣謚。先海陵將伐宋，太醫使祁宰上疏諫言甚激切，海陵怒，命戮於市。至是，尚書省掾李秉鈞上言：事有宜緩而急若輕而重者，名教是也。伏見故贈資政大夫祁宰，以忠言敢諫，慕義之古，與傷取心。世宗即位，贈之以官，陛下錄用其子，甚大惠也。雖武王封比干之墓，孔子譽夷齊之仁，何以異此。而有司拘文，以職非三品，不在議謚之例，臣竊疑之。古者，或至三品方得請謚，當時居官食厚祿者不為無人，皆畏罪淟涊，曾不敢申一喙，畫一策，以為社稷計，卒使立名死節之士，顧出於醫卜之流，亦可以少愧矣。臣以謂非常之人，當以非常之禮待之，乞詔有司，特賜謚以旌其忠，斯亦助名教之一端也。制曰可。

歷代名臣奏議卷之二百八十四

歷代名臣奏議卷之二百八十五

禮臣下

齊桓公設庭燎爲士之欲造見者。朞年而士不至。於是東野鄙人有以九九之術見者。桓公曰。九九何足以見乎。鄙人對曰。臣非以九九爲足以見也。臣聞主君設庭燎以待士。朞年而士不至。夫士之所以不至者。君天下賢君也。四方之士皆自以論而不及君。故不至也。夫九九薄能耳。而君猶禮之。況賢於九九乎。夫太山不辭壤石。江海不逆小流。所以成大也。詩云。先民有言。詢于芻蕘。言博謀也。桓公曰善。乃因禮之。朞月。四方之士相攜而並至。詩曰。自堂徂基。自羊徂牛。言以內及外。以小及大也。

魏文侯從中山奔命安邑。田子方後。太子擊遇之。下車而趨。子方坐乘如故。告太子曰。爲我請君。待我朝歌。太子不說。因謂子方曰。不識貧窮者驕人。富貴者驕人乎。子方曰。貧窮者驕人。富貴者安敢驕人。人主驕人而亡其國。吾未見以國待亡者也。大夫驕人而亡其家。吾未見以家待亡者也。貧窮者若不得意。納履而去。安往不得貧窮乎。貧窮者驕人。富貴者安敢驕人。太子及文侯道田子方之語。文侯歎曰。微吾子之故。吾安得聞賢人之言。吾下子方以行。得而友之。自吾友子方也。君臣益親。百姓益附。吾是以得友士之功。我欲伐中山。吾以武下樂羊。三年而中山爲獻於我。我是以得有武之功。吾所以不少進於此者。吾未見以智驕我者也。若得以智驕我者。豈不及古之人乎。

齊宣王見顏斶。曰。斶前。斶亦曰。王前。宣王不悅。左右曰。王。人君也。斶。人臣也。王曰斶前。斶亦曰王前。可乎。斶對曰。夫斶前爲慕勢。王前爲趨士。與使斶爲慕勢。不如使王前爲趨士。王忿然作色曰。王者貴乎。士貴乎。對曰。士貴耳。堯有九佐。舜有七友。禹有五丞。湯有三輔。自古及今而能虛成名於天下者無有。是以君王無羞亟問。不愧下學。是故成其道德。而揚功名於後世者。堯舜禹湯周文王是也。故曰無形者形之君也。無端者事之本也。夫上見其原。下通其流。至聖明學。何不吉之有哉。老子曰。雖貴必以賤爲本。雖高必以下爲基。是以侯王稱孤寡不穀。是其賤之本歟。非夫孤寡者。人之困賤下位也。而侯王以自謂。豈非下人而尊貴士歟。夫堯傳舜。舜傳禹。周成王任周公旦。而世世稱曰明主。是以明乎士之貴也。

漢孝文帝時。絳侯爲丞相。朝罷趨出。意甚得。上禮之恭。常目送之。中郎袁盎進曰。陛下以丞相何如人。上曰。社稷臣。盎曰。絳侯所謂功臣。非社稷臣。社稷臣主在與在。主亡與亡。方呂后時。諸呂用事。擅相王。劉氏不絕如帶。是時絳侯爲太尉。主兵柄。弗能正。呂后崩。大臣相與共畔諸呂。太尉主兵。適會其成功。所謂功臣。非社稷臣。丞相如有驕主色。陛下謙讓。臣主失禮。竊爲陛下不取也。後朝。上益莊。丞相益畏。

宣帝時。大將軍霍光薨後數月。御史大夫魏相上封事曰。聖王褒有德以懷四方。顯有功以勸百寮。是以朝廷尊榮。天下鄉風。國家承祖宗之業。制諸侯之重。新失大將軍。宜宣章盛德。以示天下。顯明功臣。以塡藩國。毋空大位。以塞爭權。所以安社稷。絕未萌也。車騎將軍張安世事孝武皇帝三十餘年。忠信謹厚。勤勞政事。夙夜不怠。與大將軍定策。天下受其福。國家重臣也。宜尊其位。以爲大將軍。毋令領光祿勳事。使專精神。憂念天下。思惟得失。安世子延壽重厚。可以爲光祿勳。領宿衛臣。後數日。竟拜安世爲大司馬車騎將軍。領尚書事。

扶陽節侯韋賢卒。長子弘有罪繫獄。家人矯賢令。以次子玄成爲後。玄成深知非賢雅意。卽陽狂不應召。大鴻臚奏狀。章下丞相御史。按驗玄友人侍郎章亦上疏言聖王貴以禮讓為國宜優養玄成勿枉其志使得自安衡門之下而丞相御史以玄成實不病劾奏之有詔勿劾引拜玄成不得已受爵帝高其節以為河南太守

元帝時長安士伍尊上書言臣少時為郡邸小吏竊見孝宣皇帝以皇曾孫在郡邸獄是時治獄使者丙吉見皇曾孫遭離無辜吉仁心感動涕泣悽惻選擇復作胡組養視皇孫吉常從臣尊日再侍卧庭上後遭條獄之詔吉扞拒大難不避嚴刑峻法既遭大赦吉謂守丞誰如皇孫不當在官使誰如移書京兆尹遣與胡組俱送京兆尹不受復還及組日滿當去皇孫思慕吉以私錢顧組令與郭徵卿並養數月乃遣組去後少內嗇夫白吉曰食皇孫亡詔令時吉得食米肉月月以給皇孫吉即時病輒使臣尊朝夕請問皇孫視省席蓐燥溼候伺組徵卿不得令晨夜去皇孫敖盪數奏甘毳食物所以擁全神

靈成育聖躬功德已亡量矣時豈豫知天下之福而徼其報哉誠其仁恩內結於心也雖介之推割肌以存君不足以比孝宣皇帝時臣上書言狀幸得下吉吉謙讓不敢自伐刪去臣辭專歸美於組徵卿組徵卿皆以受田宅賜錢吉封為博陽侯臣尊不得比組徵卿臣年老居貧死在旦暮欲終不言恐使有功不著吉子顯坐微文奪爵為關內侯臣愚以為宜復其爵邑以報先人功德

哀帝建平元年策免大司空高樂侯師丹為庶人罷歸尚書令唐林上疏曰竊見免大司空丹策書泰深痛切君子作文為賢者諱丹經為世儒宗德為國黃耇親傅聖躬位在三公所坐者微免爵太重識者咸以為宜復丹邑爵使奉朝請唯陛下裁之詔復賜丹爵關內侯

時王嘉坐薦梁相等迷國罔上不道下廷尉詔獄永信少府張猛等十人以為聖王斷獄必先原心定罪探意立情故死者不抱恨而入地生者不銜怨而受罪明主躬聖德重大臣刑辟廣延有司議欲使海內咸服嘉罪名雖應法聖主之於大臣在輿為下御坐則起疾病視之無數死則臨弔之廢宗廟之祭進之以禮退之以義誅之以行案嘉本以相等為罪罪惡雖著大臣括髮關械裸躬就笞非所以重國家褒宗廟也今春月寒氣錯繆霜露數降宜示天下以寬和臣等不知大義唯陛下察焉

後漢光武建武九年春祭遵卒於軍中詔大長秋謁者河南尹護喪事大司農給費博士范升上疏追稱遵曰臣聞先王崇政尊美屏惡昔高祖大聖深見遠慮班爵割地與下分功著錄勳臣頌其德美生則寵以殊禮奏事不名入門不趨死則疇其爵邑世無絕嗣丹書鐵券傳於無窮斯誠大漢厚下安人長久之德所以累世十餘歷載數百廢而復興絕而復續者也陛下以至德受命先明漢道襃序輔佐

封賞功臣同符祖宗征虜將軍潁陽侯遵不幸早薨陛下仁恩為之感傷遠迎河南惻怛之慟形於聖躬喪事用度仰給縣官重賜妻子不可勝數送死有以加生厚亡有以過存矯俗厲化卓如日月古者臣疾君視臣卒君弔德之厚者也陵遲已來久矣及至陛下復興斯禮羣下感動莫不自勵臣竊見遵脩行積善竭忠於國北平漁陽西拒隴蜀先登坻上深取略陽眾兵既退獨守衝難制御士心不越法度所在吏人不知有軍清名聞於海內廉白著於當世所得賞賜輒盡與吏士身無奇衣家無私財同產兄午以遵無子娶妾送之遵乃使人逆而不受自以身任於國不敢圖生慮繼嗣之計臨死遺誡牛車載喪薄葬洛陽問以家事終無所言任重道遠死而後已遵為將軍取士皆用儒術對酒設樂必雅歌投壺又建為孔子立後奏置五經大夫雖在軍旅不忘俎豆可謂好禮悅樂守死善道者也禮生有

爵死有謚。爵以殊尊卑，謚以明善惡。臣愚以爲宜因遵覽，論叙衆功，詳案謚法，以禮成之。顯章國家篤古之制，爲後嗣法。

光武時，徵周黨爲議郎，以病去職，遂將妻子居黽池。復被徵，不得已乃著短布單衣，穀皮綃頭，待見尚書。及光武引見，黨伏而不謁，自陳願守所志，帝乃許焉。博士范升奏曰：臣聞堯不須許由、巢父而建號天下，周不待伯夷、叔齊而王道以成。伏見太原周黨、東海王良、山陽王成等，蒙受厚恩，使者三聘，乃肯就車。及陛見帝廷，黨不以禮屈，伏而不謁，偃蹇驕悍，同時俱逝。黨等文不能演義，武不能死君，釣采華名，庶幾三公之位。臣願與坐雲臺之下，考試圖國之道。不如臣言，伏虚妄之罪。而敢私竊虚名，誇上求高，皆大不敬。書奏，天子以示公卿。詔曰：自古明王聖主必有不賓之士。伯夷、叔齊不食周粟，太原周黨不受朕禄，亦各有志焉。其賜帛四十匹。黨遂隱居黽池，著書上下篇而終。邑人賢而祠之。

馬援前在交趾，常餌薏苡實，用能輕身省慾，以勝瘴氣。南方薏苡實大，援欲爲種，軍還，載之一車。時人以爲南土珍怪，權貴皆望之。援時方有寵，故莫以聞。及卒後，有上書譖之者，以爲前所載還皆明珠文犀。馬武與於陵侯侯昱等皆以章言其狀。光武怒，援妻孥惶懼，不敢以喪還舊塋，裁買城西數畝地，槀葬而已。（槀，猶權葬也）賓客故人莫敢弔。時前雲陽令同郡朱勃詣闕上書曰：臣聞王德聖政，不忘人之功，採其一善，不求備於衆。故高祖赦蒯通而以王禮葬田横，大臣曠然，咸不自疑矣。大將在外，讒言在内，微過輒記，大功不計，誠爲國之所慎也。故章邯畏口而奔楚，（章邯爲秦將，畏趙高讒，遂將兵降項羽。）燕將據聊而不下。（燕將攻下聊城，人或讒之於燕，燕將懼誅，因保守聊城，不敢歸。）豈其甘心末規哉？悼巧言之傷類也。（末規，猶下計也。）竊見故伏波將軍新息侯馬援，拔自西州，欽慕聖義，間關險難，觸冒萬死，孤立群貴之間，傍無一言之佐，馳深淵，入虎口，豈顧計哉。（謂援從隗囂也。）寧自知當要十郡之使，徼封侯之福邪？八年，車駕西討隗囂，國計狐疑，衆營未集，援建宜進之策，卒破西州。及吴漢下隴，冀路斷隔，唯獨狄道爲國堅守，士民飢困，寄命漏刻。援奉詔西使，鎮慰邊衆，乃招集豪傑，曉誘羌戎，謀如涌泉，勢如轉規，遂救倒懸之急，存幾亡之城，兵全師進，因糧敵人，隴冀略平，而獨守空郡，（守音式救反。）兵動有功，師進輒克。誅鋤先零，緣入山谷，猛怒力戰，飛矢貫脛。又出征交阯，土多瘴氣，援與妻子生訣，無悔吝之心，遂斬滅徵側，克平一州。間復南討，立陷臨鄉，師已有業，未竟而死。吏士雖疫，援不獨存。夫戰或以久而立功，或以速而致敗；深入未必爲得，不進未必爲非。人情豈樂久屯絶地，不生歸哉？惟援得事朝廷二十二年，北出塞漠，南度江海，觸冒害氣，僵死軍事，名滅爵絶，國土不傳。海内不知其過，衆庶未聞其毁，卒

遇三夫之言，横被誣罔之讒，家屬杜門，葬不歸墓，怨隙並興，宗親怖慄，死者不能自列，生者莫爲之訟，臣竊傷之。夫明主醲於用賞，約於用刑。高祖嘗與陳平金四萬斤，以間楚軍，不問出入所爲，豈復疑以錢穀間哉？夫操孔父之忠而不能自免於讒，此鄒陽之所悲也。（魯聽季孫之說而逐孔子。）詩云：取彼讒人，投畀豺虎，豺虎不食，投畀有北，有北不受，投畀有昊。此言欲令上天而平其惡。惟陛下留思豎儒之言，無使功臣懷恨黄泉。臣聞春秋之義，罪以功除。（公羊傳曰：夏，滅項。孰滅之？齊滅之。曷爲不言齊滅？爲桓公諱也。以桓公嘗有繼絶存亡之功，故君子爲之諱也。）聖王之祀，臣有五義。（禮記曰：夫聖王之制祀也，法施於人則祀之，以死勤事則祀之，以勞定國則祀之，能捍大患則祀之。）若援，所謂以死勤事者也。願下公卿平援功罪，宜絶宜續，以厭海内之望。臣年已六十，常伏田里，竊感欒布哭彭越之義，（前書曰：彭越爲梁王，欒布爲梁大夫，使於齊。越以謀反梟首洛陽，詔有收視者輒捕之。布使還，奏事越頭下，祠而哭之。）冒陳悲憤，戰慄闕庭。

陳元以父任辟司空府。時大司農江馮上言，宜令司隸校尉督察三公。事下三府。元上疏曰：臣聞師臣者帝，賓臣者霸。故武王以太公爲師，齊桓以夷吾爲仲父，孔子曰：百官總己聽於冢宰。近則高帝優相國之禮，太宗假宰輔之權。及亡新王莽遭漢中衰，專操國柄，以偷天下，況以自喻，不信群臣，奪公輔之任，損宰相之威，以刺舉爲明，徼訐爲直，至乃陪僕告其君長，子弟變其父兄，罔密法峻，大臣無所措手足。然不能禁董忠之謀，身爲世戮。故人君患在自驕，不患驕臣；失在自任，不在任人。是以文王有日昃之勞，周公執吐握之恭，不聞其崇刺舉，務督察也。方今四方尚擾，天下未一，百姓觀聽，咸張耳目。陛下宜脩文武之聖典，襲祖宗之遺德，勞心下士，屈節待賢，誠不宜使有司察公輔之名。帝從之。

安帝以陳忠爲尚書。時三府任輕，機事專委尚書，而災眚變咎，輒切免公台。忠以爲非國舊體，上疏諫曰：臣聞君使臣以禮，臣事君以忠。故三公稱曰冢宰，王者待以殊敬，在輿爲下，御坐爲起，入則參對而議政事，出則監察而董是非。漢典舊事，丞相所請，靡有不聽。今之三公，雖當其名，而無其實，選舉誅賞，一由尚書。尚書見任，重於三公，陵遲以來，其漸久矣。臣忠心常獨不安。是故臨事戰懼，不敢究竟。所有興造，又不敢希意，后條以諺乎典而譖讒，日聞罪足曷死。近以地震策免司空陳褒，今者災異，復欲切讓三公。昔孝成皇帝以妖星守心，移咎丞相，卒不蒙上天之福，徒乖宋景之誠。故知是非之分，較然有歸矣。又尚書決事，多違故典，罪法無例，詆欺爲先，文慘言醜，有乖章憲。宜責求其意，割而勿聽。上順國典，下防威福，置方員於規矩，審輕重於衡石，誠國家之典，萬世之法也。忠意常在褒崇大臣，待下以禮。其九卿有疾，使者臨問，加賜錢帛，皆忠所建。

桓帝時，有詔公車徵楊秉及處士韋著，二人各稱疾不至。有司劾秉、著大不敬，請下所屬正其罪。尚書令周景與尚書邊韶議奏：秉儒學侍講，常在謙虛；著隱居行義，以退讓爲節。俱徵不至，誠違側席之望，然逶迤退食，足抑苟進之風。夫明王之世，必有不召之臣，聖朝弘養，宜用優游之禮。可告在所屬，喻以朝廷恩意。如遂不至，詳議賞罰。於是重徵，乃到，拜太常。

吳孫權時，周胤爲都鄉侯，以罪徙廬陵郡。諸葛瑾、步騭連名上疏曰：故將軍周瑜子胤，昔蒙粉飾，受封爲將，不能養之以福，思立功効，至縱情欲，招速罪辟。臣竊以瑜昔見寵任，入作心膂，出爲爪牙，銜命出征，身當矢石，盡節用命，視死如歸，故能摧曹操於烏林，走曹仁於郢都，揚國威德，華夏是震，蠢爾蠻荊，莫不賓服。雖周之方叔，漢之信、布，誠無以尚也。夫折衝扞難之臣，自古帝王莫不貴重，故漢高帝封爵

之誓曰：使黃河如帶，泰山如礪，國以永存，爰及苗裔。申以丹書，重以盟詛，藏于宗廟，傳于無窮，欲使功臣之後，世世相踵，非徒子孫，乃關苗裔，報德明功，勤勤懇懇，如此之至，欲以勸戒後人，用命之臣，死而無悔也。況於瑜身沒未久，而其子胤降爲匹夫，益可悼傷。竊惟陛下欽明稽古，隆於興繼，爲胤歸訴，乞匄餘罪，還兵復爵，使失旦之雞，復得一鳴，抱罪之臣，展其後效。權答曰：腹心舊勳，與孤協事，公瑾有之，誠所不忘。昔胤年少，初無功勞，橫受精兵，爵以侯將，蓋念公瑾以及於胤也。而胤恃此，酗淫自恣，前後告諭，曾無悛改。孤於公瑾，義猶二君，樂胤成就，豈有已哉？迫胤罪惡，未宜便還，且欲苦之，使自知耳。今二君勤勤，援引漢高河山之誓，孤用恧然。雖德非其疇，猶欲庶幾，事亦如耳。故未順旨。以公瑾之子，而二君在中間，苟使能改，亦何患乎！瑾、騭表比上，朱然及全琮亦俱陳乞，權乃許之。

晉惠帝時河間王顒表立成都王穎為太弟為王浚所破挾天子還洛陽從南將軍范陽王虓與東平王楙鎮東將軍周馥等上言曰自愍懷被害皇儲不建委重前相輒失臣節是以前年太宰與臣永為社稷之貳不可久空所以共啓成都王穎以為國副受重之後而弗克負荷小人勿用而以為腹心骨肉宜敦而猜佻荐至險詖宜遠而讒說殄行此皆臣等不聰不明失所宗賴遂令陛下謬於降授雖戮臣等不足以謝天下今大駕還宮文武空曠制度荒破靡有孑遺臣等雖劣足匡王室而道路之言謂張方與臣等不同既惜所在興異又以太宰惇德允元著於具瞻每當義節輒為社稷宗盟之先張方受其指教為國効節昔年之舉有死無貳此太宰之良將陛下之忠臣但以受性強毅不達變通遂守前志已致紛紜然退思惟既是其不易之節且應事翻之後為天下所罪欲來即西遂耳原其本事實

無深責臣聞先代明主未嘗不全護功臣令福流子孫自中間以來陛下功臣初無全者非獨人才皆劣其於取禍實由朝廷策之失宜不相容恕以一旦之咎喪其積年之勳既違周禮議功之典且使天下之人莫敢復為陛下致節者臣等此言豈獨為一張方實為社稷遠計欲令功臣長守富貴臣愚以為宜委太宰以關右之任一方事重及自州郡已下選舉授任一皆仰成若朝之大事廢興損益每輒疇諮此則二伯述職周召分陝之義陛下復行於今時遣方還郡令群后申志時定王室所加方官悉如舊如此則忠臣義士有勤功臣必全矣司徒戎異姓之賢司空越公族之望並忠國愛主小心翼翼宜幹機事委以朝政安北將軍王浚佐命之胤率身履道忠亮清正遠近所推如今日之大舉實有定社稷之勳此是臣等所以嘆息歸高也浚宜特崇重之以副群望遂撫幽朔長為北藩臣等竭力捍城藩屏皇家陛下垂拱而四海自正則四祖之業必隆於今日月之暉昧而復曜乞垂三思察臣所言

成帝咸康四年帝臨軒遣使拜太傅太尉司空儀注太樂宿懸於殿庭門下奏非祭祀宴饗則無設樂之制太常蔡謨議曰凡敬其事則備其禮禮備則制有樂樂者所以敬事而明義為耳目之娛故冠亦用之不惟宴饗宴饗之有樂亦所以敬賓也故郤至使楚楚子饗之郤至辭曰不忘先君之好貺之以大禮重之以備樂寡辭也則宴樂之意可知矣公侯大臣人君所重故御坐為起在輿為下言稱伯舅傳曰國卿君之貳也是以命使之日御親臨軒百僚陪列此即敬事之意也古者天王饗下國之使及命將帥遣使臣皆有樂故詩序曰皇皇者華君遣使臣也又曰采薇以遣之出車以勞還杕杜以勤歸皆作樂而歌之今命大使拜輔相比於下國之臣輕重殊矣輕誠

有之重亦宜然故謂臨軒遣使宜有金石之樂議奏從焉

唐太宗貞觀中特進魏徵上疏曰臣聞君為元首臣作股肱齊契同心合而成體體或不備未有成人然則首雖尊極必資手足以成體君雖明哲必藉股肱以致理故禮云人以君為心君以人為體心莊則體舒心肅則容敬書云元首明哉股肱良哉庶事康哉元首叢脞哉股肱惰哉萬事墮哉然則委棄股肱獨任胸臆具體成理非所聞也夫君臣相遇自古為難以石投水千載一合以水投石無時不有其能開至公之道申天下之用內盡心膂外竭股肱和若鹽梅固同金石者非惟高位厚秩在於禮之而已昔周文王遊於鳳凰之墟襪系解顧左右莫可使者乃自結之豈周文之朝盡為俊乂聖明之代獨無君子哉但知與不知禮與不禮耳是以伊尹有莘之媵臣韓信項氏之亡命殷湯致禮定王業於南巢漢祖登壇成帝功於垓下若

夏桀不棄於伊尹項羽垂恩於韓信寧肯敗已成之國為滅亡之虜乎又微子骨肉也受茅土於宋箕子良臣也陳洪範於周仲尼稱其仁莫有非之者禮記稱魯穆公問於子思曰為舊君反服古歟子思曰古之君子進人以禮退人以禮故有舊君反服之禮也今之君子進人若將加諸膝退人若將墜諸泉無為戎首不亦善乎又何反服之有齊景公問於晏子曰忠臣之事君如之何晏子對曰有難不死出亡不送公曰裂地以封之疏爵以待之有難不死出亡不送何也晏子曰言而見用終身無難臣何死焉諫而見納終身不亡臣何送焉若言不見用有難而死是妄死也諫不見納出亡而送是詐忠也春秋左氏傳曰崔杼弒齊莊公晏子立於崔氏之門外其人曰死乎曰獨吾君也乎哉吾死也曰行乎曰吾罪也乎哉吾亡也故君為社稷死則死之為社稷亡則亡之若為己死為己亡非其親暱誰任之

門啟而入枕尸股而哭興三踴而出孟子曰君視臣如手足臣視君如腹心君視臣如犬馬臣視君如國人君視臣如糞土臣視君如寇讎雖臣之事君無有二志至於去就之節當緣恩之薄厚然則為人主者安可以無禮於下哉竊觀在朝群臣當樞機之寄者或地隣秦晉或業與經綸並立事立功皆一時之選處之衡軸為任重矣任之雖重信之未篤信之未篤則人或自疑人或自疑則心懷苟且心懷苟且則節義不立節義不立則名教不興名教不興而可與固太平之基保七百之祚未之有也又聞國家重惜功臣不念舊惡方之前聖一無所間然但寬於大事急於小罪臨時責怒未免愛憎之心不可以為政君嚴其禁臣或犯之況上啟其源下必有甚川壅而潰其傷必多欲使凡百黎元何所措其手足此則君開一源下生百端百端之變無有不亂者也禮記曰愛而知其惡憎而知其善若憎而不知

其善則為善者必懼愛而不知其惡則為惡者實繁詩曰君子如怒亂庶遄沮然則古人之震怒將以懲惡當今之威罰足以長奸此非堯舜之心也非禹湯之事也書曰撫我則后虐我則讎孫卿子曰君舟也人水也水所以載舟亦所以覆舟孔子曰魚失水則死水失魚猶為水也故堯舜戰戰慄慄日慎一日安可不深思之乎安可不熟慮之乎夫委大臣以大體責小臣以小事為國之常也為理之道也今委之以職則重大臣而輕小臣至於有事則信小臣而疑大臣信其所輕疑其所重將求至理豈可得乎又政貴有恒不求屢易今或責小臣以大體或責大臣以小事小臣乘非其據大臣失其所守大臣或以小過獲罪小臣或以大體受罰職非其位罰非其辜欲其無私求其盡力不亦難乎小臣不可委以大事大臣不可責以小罪任以大官求其細過刀筆之吏順旨承風舞文弄法曲成其罪自陳也

則以為心不伏辜不言也則以為所犯皆實進退惟谷莫能自明莫能自明則苟求免禍大臣苟免則譎詐萌生譎詐萌生則矯偽成俗矯偽成俗則不可以臻至理矣又委任大臣欲其盡力每官有所避忌不言則為不盡力若舉得其人何嫌於故舊若舉非其任何貴於疎遠待之不盡誠信何以責其忠恕哉臣雖或有失之君亦未為得也夫上之不信於下必以為下無可信矣若必下無可信則上亦有可疑矣禮云上人疑則百姓惑下難知則君長勞上下相疑則不可以言至理矣當今群臣之內遠在一方流言三至而不投杼者臣竊思度未見其人夫以四海之廣士庶之衆豈無一二可信之哉蓋信之則無不可疑之則無可信者豈獨臣之過乎夫以一介庸夫結為交友以身相許死且不渝況君臣契合寄同魚水若君為堯舜則臣為稷契豈有遇小事則變志見小利則易心哉此雖下之立忠未能

明著亦由上懷不信，待之過薄之所致也。此豈君使臣以禮，臣事君以忠乎。以陛下之聖明，以當今之功業，誠能博求時俊，上下同心，則三皇可追而四，五帝可俯而六，夏殷周漢，夫何足數。

徵又上疏曰：國基於德禮，保於誠信。誠信立則下無二心，德禮形則遠者來格。故德禮誠信，國之大綱，不可斯須廢也。傳曰：君使臣以禮，臣事君以忠。自古皆有死，人無信不立。又曰：同言而信，信在言前；同令而行，誠在令後。然則言而不行，言不信也；令不而從，令無誠也。不信之言，不誠之令，君子不為也。自王道休明，綿十餘載，倉廩愈積，土地益廣，然而道德不日博，仁義不日厚，何哉？由待下之情未盡誠信，雖有善始之勤，而無克終之美。故便佞之徒得肆其巧，謂同心為朋黨，告訐為至公，強直為擅權，忠讜為誹謗。謂之朋黨，雖忠信可疑；謂之至公，雖矯偽無咎。強直者畏擅權而不得盡其力，忠讜者慮誹謗

而不敢與之爭。熒惑視聽，鬱於大道，妨化損德，今將致治，則委之君子；得失或訪諸小人。是譽毀常在小人，而督責常加君子也。夫中智之人，豈無小慧？然慮不及遠，雖使竭力盡誠，猶未免傾敗，況內懷奸利，承顏順旨乎？故孔子曰：君子而不仁者有矣，未有小人而仁者。然則君子不能無小惡，惡不積，不害於正；小人時有小善，善不積，不足為忠。今謂之善人矣，復慮其不信，何異立直木而疑其影之曲乎？故上不信則無以使下，下不信則無以事上，信之為義大矣哉。昔齊桓公問管仲曰：吾欲使酒腐於爵，肉腐於俎，得無害霸乎？曰：不能知人，害霸也；知而不能用，害霸也；用而不能信，害霸也；任而不能信，害霸也；既信而又使小人參之，害霸也。晉中行穆伯攻鼓，經年而不能下。鼓之嗇夫間倫知之，請無疲士大夫而鼓可得。穆伯不應。左右曰：不折一戟，不傷一卒，而鼓可得，君奚為不取？穆伯曰：間倫之為人也，佞而不仁。若使間倫下之，吾不可以不賞；若賞之，是賞佞人也。佞人得志，是使晉國捨仁而為佞。雖得鼓，安用之？夫穆伯列國大夫，管仲霸者之佐，猶慎於信任，遠避佞人，況陛下之上聖乎？若欲令君子小人是非不雜，必懷之以德，待之以信，厲之以義，節之以禮，然後善善而惡惡，審罰而明賞，無為而化，何遠之有？善善而不能進，惡惡而不能去，罰不及有罪，賞不加有功，則危亡之期或未可保。上賜手詔褒美曰：昔晉武帝平吳之後，志意驕怠，何曾位極台司，不能直諫，乃私語子孫，自矜明智，此不忠之大者也。得公之諫，朕知過矣，當置之几案，以比弦韋。

徵嘗詣朝堂抗表讓左光祿大夫，附崔確奏稱：臣在隋朝，備經喪亂，如臣流輩，死亡略盡，臣得奉太平，又特蒙拔擢，恩澤既深，唯思報效。但臣先有眼疾，比加風痰，轉加增劇，天纔陰晦，數步之外全不見人。

倉卒轉動，即覺心識悶亂。方今天下無事，英彥如林，無容痼疾之人久在樞近，非但不可更加二品，仍乞解侍中之職，授臣一二品散官，不離左右，足申愚見，拾遺補闕，非敢虛飾，此實臣志。願太宗令崔敦禮謂之曰：國之安危，資於輔弼，得其人則日隆日化，失其人則敗不旋踵。公寬以接下，忠以奉上，朕每有乖僻，公未嘗不言，社稷安危，唯公是寄。假使公全無兩目，猶當舁公置於左右，朝夕諮詢，況公所患非重，使欲拂衣高蹈，匪獨乖於朕意，僉議以為未可。

時或告大將軍薛萬均平高昌日，與高昌婦女有私，敕大理卿孫伏伽推鞫，萬均不服，內出高昌婦女對問。魏徵諫曰：萬均兄弟誠效登著，姦私之事，虛實難明，若罪狀顯然，錄付伏伽自了，若事無指約，萬均必是有辭，遣大將軍與破亡婦女對辯，姦穢辭說，不伏，聽者必疑。臣聞君使臣以禮，臣事君以忠，賞則所得者輕，虛則所失者重。故秦

穆公賞盜馬之酒。楚莊王赦絕纓之客。且楚莊秦穆並夷狄之諸侯。列名五伯。垂芳千祀。況陛下以萬乘之主。道高堯舜。作之不法。何以示遠。帝納其言而罷焉。帝謂侍臣曰。狄人殺衛懿公。盡食其肉。獨留其肝。懿公之臣弘演呼天大哭。自出其肝。而納懿公之肝於其腹中。今覓此人而不可得。魏徵對曰。昔豫讓為智伯報讎。欲刺趙襄子。襄子執而獲之。謂之曰。子昔事范中行氏乎。智伯盡滅之。子乃委質智伯。不為報讎。今即為智伯報讎。何也。讓曰。臣昔事范中行。范中行以衆人遇我。我以衆人報之。智伯以國士遇我。我以國士報之。在君禮之而已。亦何謂無人焉。

諫議大夫張玄素少嘗為刑部令史。帝對朝臣問之。曰云云。諫議大夫褚遂良上疏諫曰。臣聞君子不失言於人。聖主不戲言於臣。言則史書之。禮成之樂歌之。居上能禮其臣。臣始能盡力以奉其上。近代宋孝武輕言肆口。侮弄朝臣。攻其門戶。乃至狼狽。良史書之以為非。是陛下非見問張玄素

云隋任何官。奏云縣尉。又問未為縣尉已前。奏云流外。又問在何曹司。玄素將出閣門。殆不能移步。精爽頓盡。色類死灰。朝臣見之。多所驚怪。大唐創曆。任官以才。卜祝庸保。量能使用。陛下禮重玄素。頻年任使。擢授三品。翼贊皇儲。自不可更對群臣。窮其門戶。棄昔日之殊恩。成一朝之愧恥。人君之御臣下也。禮義以導之。惠澤以驅之。使其負戴玄天。罄竭臣節。猶恐德禮不加。人不自勵。若無故忽略。使其羞慙。鬱結於懷。衷心靡樂。責其伏節死義。其可得乎。

房玄齡嘗以微譴歸第。遂良諫曰。玄齡翼贊聖功。冒死决策。選賢立政。勤力為多。自非罪在不赦。不可遐棄。若以其長老。亦當退之以禮。上然之。因幸芙蓉園。遂過其第。載與還宮。

張公謹卒。上聞而嗟悼。出次發哀。有司奏言。准陰陽書。日在辰不可哭泣。此亦流俗所傳。上曰。君臣之義。同於父子。情發於衷。安避日辰。遂泣之。

玄宗開元中。廣州都督裴伷先下獄。上與宰相議其罪。張嘉貞請杖之。張說曰。刑不上大夫。為其近君。且所以養廉恥也。蓋士可殺不可辱。臣嚮巡北邊。聞姜皎杖於朝堂。皎官登三品。亦有微功。奈何以皁隸待之。事往不可追。豈宜復蹈前失。上深然之。

時禮部尚書蘇頲卒。帝猶視朝。起居舍人韋述上疏曰。貞觀永徽時。大臣薨輒罷朝舉哀。成終始恩。上有旌賢錄舊之德。下有生榮死哀之義。昔首知悼子卒。平公宴樂。杜蕢一言而悟。春秋載之。故禮部尚書頲累葉輔弼。奉事先陛二十餘年。今奄忽不還。邦人痛嗟。帷蓋之舊。股肱之戚。宜節廢朝。明君臣之誼。帝曰。固朕意也。即日帳次哭洛城南門。不朝。詔贈右丞相。謚曰文憲。葬日帝游咸宜宮。將獵。聞之。曰。頲且葬。我忍自娛哉。半道而還。

德宗在奉天。聞段秀實為賊所害。七日不朝。宰相以為方多難時。不宜墮萬機。天下其謂何。太常博士陳京曰。丞相之言非也。夫褒大節。邮賢臣。天下所以安。況卓卓特異者乎。帝曰善。

宋太宗淳化二年。左正言謝泌上奏曰。臣竊見王禹偁上言。請自今宰相樞密並不得於本廳接見賓客。以防請託。有詔從之。仍令御史臺宣布中外。臣以為如此。是疑大臣以私也。書云。任賢勿貳。去邪勿疑。張說謂姚元崇外則踈而接物。內則謹以事君。此真得大臣之體。今天下至廣。萬機至繁。陛下以聰明寄於輔臣。苟非接見羣官。何以盡知外事。若令都堂候見。則羣官請見咨事無時。是大臣常須候百執事於政事堂。無解衣之暇。古人有言曰。疑則勿用。用則勿疑。若政在大夫。祿去公室。國祚衰季。強臣擅權。當此之時。乃可為慮。今日陛下鞭撻宇宙。總攬豪傑。朝廷有至公之士。方面無姑息之臣。禮樂征伐自天子出。書曰。無偏無黨。王道蕩蕩。今日之謂也。奈何疑執政之臣為衰世之事乎。昔孔光不言溫室中木。顧雍封侯三日。家人不知。謝安石對客圍碁。捷書至而客不覺。大臣當謹密如此。雖妻子猶不得聞。況他人乎。使非其人。當斥而去之。既得其人。任之以政。又何疑也。設若杜

公堂謁見之禮豈無私室乎。塞相府請託之漸豈無他徑乎。此非陛下持赤心以待大臣大臣展四體以報陛下之道也。王禹偁識量庸淺昧於大體妄率胷臆以蔽聰明狂躁之言不可行用。上覽之嘉歎即遣還前詔。

仁宗天聖二年左正言劉隨乞優禮李允則晁迥狀曰。臣伏覩近降除書以客省使康州防禦使李允則特授寧州防禦使仍放朝謝與假將治行。恩加勳舊事出非常。允居將帥之臣各勵公忠之節。竊以李允則素懷韜畧動有機權屢委邊防務期安輯未嘗邀功以生事無縱敵而失謀雖古之名將無以加矣。是以行命之日中外皆喜必若制置軍馬經略亭鄣樞近大臣成筭之外若召而賜對詢以方畧則老將諳練必有所長。臣又伏見太子少保致仕晁迥端莊植性冲澹自居歷任三朝垂五十載。徊翔兩制踰二十年先帝寵遇便蕃講求典禮議論詳正無不參預。加以繼司文柄時謂得人。今之臺閣清流州郡循吏過之論辨所以居多。近者引年致政。斯為近禮豈常五行蓋無闕為文苑指為宗師朝野推為君子有茲儒雅之望未行優異之恩臣亦願兩宮聖慈特同允則近例。賜以全俸豐其燕居其或朝廷將行大禮時議大政宰司裁成之外特開延英訪以經史耆儒詳練必有可觀。每遇萬機餘閒溫凊得所詳延二老賜之從容俾說往古治亂之因。國初經制之務。如此則文事武備盡美於昌朝。養老乞言有光於古昔尊禮宿舊益厚於時風傳示方來用光史冊。臣以為文武班中功名雅望終始一致。以至高年者唯此二人。允謂時賢恐須旌別。

景祐二年御史中丞杜衍上奏曰。臣聞三公之官至重所以經邦。萬事之統實繫貴乎燮理。誠明主躬親庶政體貌大臣常於進見之間。俾盡論思之道。蓋君臣相遇則可致時雍。上下不交則謂之否塞。固在倚毗丞弼詢訪獻謀使下情必通上澤無壅。斯有國有家之大務也。臣伏見中書樞密院之官是皆選自宸衷委之柄用領三事之職。

佐萬機之劇古所謂坐而論道者也。今乃每遇剛辰得親丹扆外朝始罷延英次對中覆奉行秖循常務以天下之大民事之艱恐非數刻之中可盡研幾之理欲望聖慈當清閒之燕退召兩府臣僚賜坐便殿俾其極獻替之說酌古今之宜究治亂之源達幽隱之意上以成好問之裕下以申納忠之誠。明良之歌上下同體是故平時而論可明其體要之變臨事而辨或近乎遊說之嫌以虞舜之明而云好察邇言以漢文之遠亦曰無甚高論此實通國體用衆智之大端也。至於米鹽之細務叢脞之末節此特有司之職耳。不當取決於宸斷宣詔所司科簡之庶其正大小之分。建權義之中延納訏謨開益聖智提綱總要叶大德之不官。遊膝虛懷明為善之最樂。臣猥以庸望輙罄愚衷干冒威嚴隕越無地。

皇祐三年知諫院吳奎上奏曰。臣伏以國家謹禮法以維君子明威罰以御小人。君子所顧者禮法也。小人所畏者威罰也。緣文武二選為士大夫。是皆君子之地也。儻不以禮法待之即是廢名器而輕爵祿也。七十而致仕載之禮經臣下引年而自陳分之常也。君上推恩而固留權之至也。自三代以來雖衰微之世未有不謹斯禮以塞貪冒養廉隅也。近者光祿卿句希仲吏部郎中直昭文館陸軫等並以年高特與分司祇欲風動羣倫而在位殊未有引去者乞早以臣前所奏施行。

至和二年知諫院范鎮上奏曰。臣伏覩御史臺告報百官立班郊迎宰相文彥博富弼著誠隆禮也與未隆之以虛禮孰若推之以至誠任之以實權自陛下用文彥博富弼為宰相中外皆謂得人然近日有詔兩制臣僚不得詣宰相居第百官不得間見宰相是不推之以誠不任之以權而以郊迎虛禮待之也。伏乞罷百官郊迎而令兩制百官復得就第見執政以訪天下之事而以達陛下之聰明則御大臣之術兩得之矣。

嘉祐元年右司諫馬遵上奏曰。臣伏覩近制兩省兩制官非公事不得與執政二臣相見及臺諫往來。兩地大臣非休假不得接見賓客。徒彰陛下有疑臣下之名。而實無益於事。已曾論列。未奉指揮。臣歷觀前代。以及漢唐之盛。小大之臣。往來相見。並不曾有禁止之文。唯唐德宗之時。朝政多僻。臣僚或過從。多令金吾伺察密奏。故宰相不得於私第見客。徒示猜嫌。無補奉天之難。及憲宗英斷。不疑委任裴度。遂除其禁。得延英俊。卒立淮西之功。乃知馭臣之體。在於明聽斷。而不在於設防也。陛下聖明。必照此理。若謂新制已行。未欲便改。臣請以先朝故事言之。淳化二年。用右司諫王禹偁奏請。令兩府大臣不得於本廳見客。以防請託。時有左正言謝泌上疏極陳其不可。太宗覽奏。即追前詔。並令如舊。乃知事苟未便。何憚而不改耶。切緣此事本為大臣。若非陛下特賜指揮中書。避嫌重於奏覆。伏乞早賜聖斷。以釋中外之疑。

遵又上奏曰。臣聞推隆耆年。則民德歸厚。崇勵高節。則薄夫以敦。此前

籍之通規。而先王之達禮也。竊見皇祐中。明堂大赦。曾名兩府舊臣杜衍任布等陪位。雖各以辭疾不預侍祠之列。陛下降詔禮遣。使軺賜予備厚。復恩其子孫。榮異禮。照耀一時。陛下優賢養老之意。白於天下。而人知勸矣。今杜衍且八十。德望愈隆。使古禮復行。當在更老之位。至如近侍致政而歸者。張昷之之公直。劉夔之清方。如此等皆謂良士。今陛下享壽安之福。行恭謝之儀。凡在高年。正宜加禮。臣愚欲乞聖慈指揮中書。候將來大慶禮畢。檢會明堂恩例。特賜施行。使衍等黃髮。復見太平之事。書之史冊。足為美談。庶幾冒榮越禮之人睹而知愧。化薄歸厚。或出此塗。

七年。知諫院司馬光上奏曰。臣聞古之聖王。所以禮黃髮屬任以政者。蓋以其更歷天下之事。練習為治之體故也。昔鬻熊年九十見文王。文王曰。老矣。鬻熊曰。君若使臣捕虎逐麋。臣已老矣。使臣坐而策國事。臣年尚少也。近歲以來。大臣高年者皆不敢自安其位。言事者。又欲以擊搏大臣為名。從而攻之。此豈為臣盡忠至公之道哉。凡言事者皆為國家進賢退不肖。使其人無可取。雖少壯何為。果有益於時。雖老何傷也。臣竊見樞密副使張昇屢以老疾辭位。臣平生與昇迹不相接。無絲毫恩分。然竊聞其為人忠謹清直。不可干以私。臣不敢上避聖主之疑。下畏世俗之謗。隱忠不言以利其身。伏望陛下深念宥密之地。不可任非其人。先以聖意揣度。若未能得賢於昇者。則使昇且居其位。於事亦未有曠廢也。若昇必不可留。則願陛下慎選德望材略為眾所服。知王體曉兵略者以代之。不可以不擇其人之可否。使猶資累敘而為之也。

光又上奏曰。臣等伏見朝廷擢以福州處士陳烈好學篤行。動遵禮法。樂道養志。名聞京師。故舉之閭閻之中。以為學官。烈辭讓未至。今

聞福建路提刑王陶。奏據福州勘到烈為妻林氏疾病廢罷。遣歸其家。十年不視。陶因言烈貪污險詐。行無細完。乞盡追奪前後所受恩命。臣等素不識烈。不知其人果為如何。惟見國家常患士人不脩名檢。故舉烈等以獎勵風俗。若烈平生操守出於誠實。雖有底滯迂闊之行。不能合於中道。猶為守節之士。亦當保而全之。豈可毀壞挫辱疾之如讎。書曰。不協于極。不罹于咎。皇則受之。古人所以禮九九市駿骨。蓋以此也。若其內懷姦惡。虧敗名教。外飾詐偽。沽釣聲利。則朝廷擢者以為有道之士。不次用之。今乃醜行布於四方。其為累也亦不細矣。其始者薦舉之人。安可置其罪而不問。臣等欲望陛下委鄰路監司再行體量本人平生事迹善惡虛實。或選差公正官吏通儒術識大體者。覆勘前件公事。若情理不至深重。止於夫妻不相安諧。則使之離絕而已。滌洗其過。庶幾復伸眉於後。又使四方節行之士

不憂横辱，得以安恬於閭里。若實有醜惡之迹，敗亂名教，則當嚴賜刑誅，并治舉者之罪，以明至公。

先又奏曰：臣聞聖主之教，尚忠厚而貴愷悌。故詩有鹿鳴、伐木，既醉行葦，美宴好之相樂，刺乾餱之失德。禮有幣帛饔餼，行於邦國；贊獻飲酒，施於鄉黨。是以風俗純和，協氣流通。漢景帝詔曰：吏受所監臨以飲食免，重，其更議著令。丞相廷尉議曰：吏及諸有秩受其官屬所監所治所行所將飲食，計償費，勿論。卓茂爲密令，民有言部亭長受其米肉遺者，茂曰：凡人所以貴於禽獸者，以有仁愛也。鄉里饋遺，此乃人道所以相親，汝獨不欲修之，寧能高飛遠走，不在人間邪？民曰：然則律何故禁之？茂曰：律設大法，禮順人情。今我以禮教汝，汝必無怨惡；以律治汝，汝一門之内，小可刑，大者可殺也。近歲以来，中外有司喜以微文刺舉苛細，至於宴飲相從，酒食相饋，皆集累成過，誣以峻法。嚮聞知鎮戎軍曹脩受鄰州所送公用酒，已而自首，法官處以贓罪。陝西都轉運使彭思永奏，樞密院劄子貴漸起請，除舊例送酒食外，不得買置金帛作土風贈遺，并省司參詳，今後以公使錢買置珍異等物，及見錢送與人者，並從違制定斷，其收受人坐贓論。其有公使錢人受還答之物入己，准盜論。今曹脩因陳首，雖免書罰，尚負贓名，使人疑惑。乞明立條約，朝廷命有司參議，至今未決。臣竊詳舊條之意，明許以酒食相遺，其有公使錢人受還答之物，正謂珍異見錢。今曹脩所受止於樽酒，隨而自首，已爲刻薄，法官又以贓罪加之，剖析一條以爲二事，不察人情，不顧大體。若朝廷因之，遂爲著令，臣恐忠厚之俗益衰，媮薄之風遂長，百司庶尹無所措其手足，虧損聖朝堂堂之化，非細故也。臣今所言，非爲曹脩除雪贓名，欲望朝廷申明舊條，應以公使錢及財物贈遺人及受者，各坐贓論；其監臨之

官受所監臨，或因使於使所及經過處受取者，並准律文處分。即贈遺人而受其還答入己者，准盜論，並須贓滿五疋以上，方得科罪。其不滿五疋，及以飲食之物相饋餉者，皆勿論。如此，則人情有以相接，貪吏不能爲姦，有司有所循守矣。

仁宗時，傅堯俞上奏曰：臣聞君之視臣如手足，則臣視君如腹心；然則上之待下也既重，下之報上者必深，此古今之通義，而人情所必然也。如武臣者，尤資駕馭，雖有典刑，可以威制；若使臨利害而無變，蹈鋒刃而不悔者，臣謂非得其心未易論也。況威武之人，頗或寬弛，而勇鷙之性，非可遽懷。朝廷狃於無患，恬於用文，武臣職任，頗侵奪之甚，沮其心，不能無怨。方今災異浸多，民力困竭，臣恐文治不常獨崇。其他事權未敢論列，如提點刑獄，實爲要任，文吏不盡稱職，武臣不皆曠官。一旦不擇能否，獨罷武列。近又聞臣僚上言，乞差文臣知鼎州事，臣竊觀之，未見其便。望陛下以職任還之，稍加禮遇，但精於選擇，必得材實，事或疏闕，不容苟貸，無狀被黜，其心自甘。如此，則畏威戴恩，緩急可使。幸陛下不以孤臣棄其言也。至於武舉，亦宜脩復。今入仕之門雜而多者，無如此時，何惜不以十數人恩澤寵四方跅弛不羈之材。苟行之有常，取之有法，亦可以得士；且誘人學兵，惟陛下留意。

河南府通判謝絳上論曰：唐室麗正史官之局，並在大明、華清宫内。太宗皇帝肇脩三館，更立秘閣于昇龍門左，親爲飛白書額，作賛刻石閣下。景德中，圖書寖廣，真宗皇帝益以内帑，仍庫二聖數嘗臨幸，親加勞問，適宿廣内者，有不時之召，人人力道術，究藝文，知天子尊禮甚勤，而名臣高位繇此其選也。往者遭遇延燔，未遑中葺，或引兩省故事，别建外館，直舍卑陋，民櫚叢接，太官衛尉，供億澁削，虧體傷

風。莫益為甚。陛下未嘗迂翠華。降玉趾。寥寥丹府。不聞輿馬之音。曠有日矣。議者以謂慕道不篤於古。待士少損於前。士無延訪之勤。而因循相尚。不自激策。文雅漸弊。竊為聖朝惜之。願開內館。以恢景德之制。詔可。

陝西經略使范仲淹等奏曰。臣竊見勅旨下陝西省罷同解軋糴等九州軍公使錢共一千八百貫文。切以國家逐處置公使錢者。蓋為士大夫出入。及使命往還。有行役之勞。故令郡國饋以酒食。或加宴勞。蓋養賢之禮。不可廢也。謹按周禮地官。有遺人掌郊里之委積。以待賓客。野鄙之委積。以待羇旅。凡國野之道。十里有廬。廬有飲食。三十里有宿。宿有路室。路室有委。五十里有市。市有候館。候館有積。凡委積之事。巡而比之。以時頒之。此則三王之世。已有廚傳之禮。何獨

聖朝顧小利而亡大體。且今贍民兵一名。歲不下百貫。今減省得公用錢一千八百貫。只養得兵士一十八人。以一十八人之資。廢十餘郡之禮。是朝廷未思之甚也。況今來逐州使命之外。各有軍營。每年春後邊兵歇泊。動經半年。軍中人員並無宴犒之具。雖條貫有旬設之名。逐州每月一次。聚行軍員各給得錢壹百文。已來官務薄酒二升。既無公用。更不赴筵。亦不張樂。豈朝廷宴享將校之意。州郡削弱道路咨嗟。當全盛之朝。豈宜如此。或謂有公使錢處收買食物擾擾戶民。殊不知郡守得人。自能約束。如非其人。更出己俸買物虧民愈甚。是見其小而不思其大也。伏望聖慈速降指揮。下陝西河北河東路轉運司。昨來經減廢公用錢處。並令依舊。庶協典禮。稍息物論。況

朝廷用武之際。於此一事。尤宜照管。臣等久在邊任。深知此事。近貳樞廷。豈當緘默。

知諫院包拯上疏曰。伏以人臣之義。七十致仕。著在禮經。早為明訓。

所以優假老成。遂其安逸。既不違達尊之敬。且開知足之端。歷代所欽。治宜敦切。本朝典故。凡所重之。凡曰引年。莫非近世。推之半祿。待以優恩。其於敦勸之方。可謂至乎其至也。然而近歲寖成弊風。搢紳之間。貪冒相尚。但顧子孫之計。殊懲羞恥之心。馳末景於桑榆。負厚顏於鐘漏。不知其過。自以為得。誠非朝廷所以待士大夫之意。又非士大夫所以遵禮義之常也。臣思及此。悚然汗下。伏望特降指揮。御史臺。將文武班簿撿會。應臣僚年及七十並令臺牒諷其致仕。如牒舉後三兩日內未見抗章祈請。乞自朝廷降令致仕。所貴稍遏躁營之辭。頗敦廉恥之風。

御史中丞賈昌朝上奏曰。臣伏見護國軍節度使兼侍中張耆赴河陽。武勝軍節度使高化赴相州。乞免衙辭。河陽節度使楊崇勳復平章事。乞免衙謝。兼聞上件官等並乞只於後殿見謝辭者。按近制臣僚見謝辭。並合在前殿。仍詣正衙。除假故外。若事急速。或許於後殿。或免過正衙。並繫臨時特旨。耆等位為節制。久去朝闕。辭見不由前殿。出入不詣正衙。或扶以拜君。或揖而受賜。既稱衰病。且冒寵榮。雖

聖上眷待老臣。特推異數。猶宜避免。以示恪恭。豈可輒上奏封。自求優便。今國家外扞邊寇。方仗武臣。所宜並示恩威。不可專用姑息。仍恐文武臣寮。自此更輕慢朝廷之儀。

歷代名臣奏議卷之二百八十五

歷代名臣奏議卷之二百八十六

禮臣下

宋英宗治平二年監察御史裏行呂大防上奏曰。臣伏覩前古至治之世。君臣相與之際。必以至誠而無虛飾。故光武能以赤心置人腹中而取天下。唐太宗納魏鄭公之言。不事形迹。而開忠言之路。竊見陛下待遇臣下。禮數太隆。雖使臣以禮。聖人之所重。然禮既過厚。則誠有所不通。至如富弼病足不能侍從。請解機務章十餘上。凡幾及一年。乃許。非懇至。至以牛馬自比。而陛下不納。張昇年幾八十。體力已衰。聰明已耗。樞密之務。紛然不舉。昇哀乞骸骨。而陛下不從。吳奎有三年之喪。自古人君不呼其門。而陛下召其子而呼之者再。遣使而召之者又再。程戡辭老不能當邊事。至恐死塞上。免以屍柩還家為請。而陛下不從。外間物議衆皆以為不當。然而臣亦以為過矣。弼賢臣也。陛下特用其人。不止於今日。使其病時得休於外。則不病之日為報陛下深矣。奎才臣也。陛下將用其人。亦不止於今。使其服喪之日。得盡其孝於所親。則服除之日必能盡忠於陛下矣。昇與戡既老矣。又皆哀請而求去矣。陛下欲盡君臣之分。則皆與之閒務。使盡其餘年。如此。非獨弼奎昇戡之幸。抑使中外羣臣皆知陛下優待大臣。進退以禮。亦何必過為虛飾。曲事形迹。使四人者之誠不得通於陛下哉。伏惟留神財幸。

侍御史趙瞻上奏曰。臣伏聞國有大政。必諮故老。君所共事。必任舊人。是皆書傳據援。歷代所尚。至若田千秋乘小車入殿。蔡義用兩吏持行。斯漢史所最著者焉。然於武昭之朝。遇臣誠厚。而若千秋及義。則後世終不稱此為賢。蓋於進退之分有所闕然也。陛下自即大位。已再周星。將相大臣。無不獲禮。如張昇程戡屢上章疏。情皆懇到。諫臣臺司。亦嘗論列。陛下皆未聽從。此乃復見大漢之盛事矣。然聖君之恩遇為已厚矣。二臣之誠禮為已備矣。天下臣子亦莫不知之矣。今機務浩繁。邊防要重。而陛下猶固留之。非欲用之。蓋欲用名位寵祿以榮之。亦褒耆者。戡昇揚歷事任。卒著聲迹。帥府憲臺。風望甚壯。國家得人。足備書錄。今乃於筋力衰朽之時。當內外將相之任。未即引退。豈無虛曠。使天下士大夫之論不以為是。本欲榮之。終為陷辱。是陛下待賢者之意未深。而為老成之患非至也。今之臣僚上書求去。或亦聊塞物議。未能盡是本心。士論之疑。誰可曉也。然則陛下獨有推恩之美。而戡昇難逃持祿之迹。惟陛下全二臣始終之善。辨天下指目之謗。遂其勤請。成其令名。實亦戡昇之幸。莫大于此。

三年翰林學士承旨張方平上言曰。臣聞君尊臣卑。人倫大義。所以立朝廷之體。定上下之分。不易之道也。故君前臣名。著自上古。陛下

紹膺寶命。光宅萬邦。降意虛懷。優遇群下。小大之臣進對。率稱其官。此乃等夷相推。民吏奉上之言。非所以正尊極而隆堂陛。明王制而崇主威也。孔子曰。必也正名乎。名不正則言不順。言不順則事不成。以至禮樂不興。刑罰不中。眞宗嗣立之始。厚待先朝宰臣呂端李沆。初不呼名。二臣上表固辭。尋如常禮。陛下歷數在躬。及茲四年。君臣之際。尊卑之分。別嫌明微。在乎言動。願陛下總攬權綱。威恩並用。呼官過禮。乞從寢削。曰公曰卿。足正名分。長轡遠馭。使無遺力。則百職並循。庶務以濟。此遠者大者之體也。

神宗熙寧二年翰林學士呂公著上奏曰。臣竊以古之仕者七十而致仕。雖有不得謝者。然年至而去。實禮之常制。蓋當其壯也。既竭勤瘁以任其事。故及其老也。則使之優逸以終其身。此君上之至恩。而臣下之極榮也。然自本朝以來。凡致仕者。雖例改官資。或推恩子孫。

年及而願退者常少。議者以疲癃老疾之人。其精神筋力不足以任職。則或至於蠹政而害民。故著令應年及而不退者。自知州以下皆降為監當。然比年以來致仕者亦不加多矣。昔為守倅而今董務。雖至愚之人。豈不以為辱。然所以被辱而不去者。亦由朝廷立法有以致之。何則。古之為仕者終身食其地。今之致政者即日奪其廩。古之仕者不出鄉里。今則有奔走南北之勞。古之仕者常處其職。今則有罷官待次之費。致自非貪吏及素有經產。則其祿已常苦不足。一日歸老。則妻子不免凍餒。是以雖廉潔之士。猶或隱忍而不能引去。議者不推其本。則曰此皆無恥之人。豈思所以重辱之。此朝廷之恩所以愈薄。而臣下之節所以益壞也。臣愚欲乞應文武官致仕。非因過犯及因體量者。並依外任官例與給四分俸錢。歲時州郡量致酒粟之問。如此。則自非無恥之甚者。莫不感抱恩德而爭自引去矣。朝廷

優之如此。而猶不能去。則雖重辱之。亦不為甚過也。或曰。今國用方患不足。則吏祿豈宜有增。臣切以為今日所議。正為年及而不退者彼若年及而不退。則其祿故未嘗絕。如自此人多引去。則今之去而受祿者。乃向之不去而居官者也。臣所論者。其實國無所費。而足以全遇下之恩。臣無重辱。而足以去瘝官之弊。伏惟陛下方以至仁厚德風化天下。則於優養耆老。固所先務。伏乞詳酌施行。

時宰相呂大防以旱乞罷位。右諫議大夫梁燾上奏曰。臣伏見陛下眷遇大臣。極其恩禮。不忍聞其過惡。輕奪其位。使傷其進退之名。所以委曲覆容。真有天地之賜。為大臣者。尙以副陛下之深仁乎。祖宗之時。宰相率二三年以禮去。今之宰相率二三年以罪去。禮去者。顧義重。雖有功而必去。罪去者。顧利重。非有罪則不去。以禮去者可以復用。以罪去者不可以再。蓋祖宗之大臣。皆以名節自重。一舉動必存大體。必副人望。不敢專寵祿以自愛。不敢挾權勢以自強。且恩以得罪為憂。以妨賢為懼。故率三二年自引避位。朝廷褒眷。自有恩數。其優者為使相。其次猶超進數官為大學士。其去位也。名益重。望益高。眷益厚。一旦復用。則中外之民莫不以為宜。皆為朝廷喜之。此所以朝廷重也。其間亦時有貪鄙之人。當去而不去。以固位戀祿。清議已不容矣。以之招致人言。暴著過惡。徒而竄遺之。始不過一諫官一御史論之。則已不能安矣。如臺諫合攻連擊者甚少。一有之。則終身不得復用。故以禮去者多。以罪去者少。大臣既以法。小臣從而廉。士大夫化之。皆磨礪振潔以節操相高。風俗純美由此道也。比年以來。大臣皆以竊祿偷安為計。寖以成風。雖有大過。猶巧自掩蓋。恐其失位。一二人言之不知去。臺諫官共言之又不肯去。至於紛紛不已。上不能止其言。竟出其章疏。然後請退。聖恩因而聽之。公議為之鄙薄。

私交為之嘆惜。喪其節守。敗其名譽。冒其過咎。終以疏絕。朝廷雖以乏人而欲用之。疑其姦心之不測。畏其清議之不容。卒不敢用。必用其以次者。安得人才衆多而為用乎。朝廷將無人而用矣。此不可不思也。祖宗之時。輔相之材非不多也。然而進者必以其賢。退者必以其禮。去而復來。所以用之有得也。今輔相之材亦不多也。然而進之不必以其賢。退之必以其罪。去而不可來。所以用之不足也。臣近嘗建言乞陛下許呂大防以自請罷去相位者。正為其如此。若陛下許大防令以禮去。不惟大防得其進退之道。且掩覆其罪狀。不為言者之所指摘。亦為公議之所不容。使之養望於外。它日用之。人必無敢議者。設有議者。其跡以無罪而去。陛下主張之。無累知人之明矣。是於大防真有天地之賜。足稱陛下眷禮之本意也。非獨以安大防也。又以示後來之人。皆思以禮去位。尙漸以名節自重。如祖宗之大臣

也。朝廷由是尊矣。伏望聖慈以安危為計以治亂為念以養大臣之
譽望為意。以勵精搢紳之廉隅為術保完大防今日之去存全大防
它日之用。兢謝旱烈之災銷厭愁怨之氣。上敬天道下順民心中不
失君臣之恩。一舉而三善得豈不美歟。伏惟聖神采納。天下幸甚。
同知太常禮院劉攽上奏曰。臣等議以謂侍從之臣見於天子應對
顧問講論古事不可安坐自若避席立語乃是常禮。今公著等自以
傳先王之道求異其禮是大不然。何以明之。凡九經章句之說出於
近世諸儒訓故委瑣未必皆合於聖人侍讀之職傳道章句之學耳。
是使與舊史諸子雜陳於前而明主一采擇之然朝廷班制猶以侍
講居侍讀之下。祖宗建官之本意其可知也。今忘其章句之細而自
謂道德備已。不察侍從之實而求以師賓見異。不亦繆乎。議者又謂
天禧之時侍者講者皆坐。天聖之後皆立。至今侍者得坐而講者立。

以謂有司之失。臣等以謂侍從之臣預於閒燕坐立不同人主可以
尊之不可計校前後歸過有司至於人臣求自殊異取必於上。則為
不可。昔仲尼正假馬之名而拜下違衆。曰事君盡禮人以為諂也。今
人主之待侍臣自始見以及畢講皆賜之坐而從容焉。上意優厚亦
以至矣。不可復以暫立為歉。如公著等議臣等以為不可許。
張方平上奏曰。臣讀春秋傳晉叔向被囚時祁奚老矣。聞之乘馹而見
執政韓起為言叔向謀而寡過惠訓不倦宜蒙寬宥之意。起與之同
乘以言諸公而免之。祁奚不見叔向而歸。蓋祁奚之言為國非私叔
向也。今日傳聞有使者追蘇軾過南京當屬吏臣不詳知軾之所坐
而早嘗識其為人。起遠方孤生遭遇盛明之世。然其文學實天下之
奇才。尚舉制策高等而猶碌碌無以異於流輩。陛下振拔特加眷獎
由是材譽益著。軾自謂見知明主。亦慨然有報上之心。但其性資疏

率闊於慎重。出位多言以速尤悔。頃年以來聞軾屢有封章特為陛
下優容。四方聞之莫不感嘆聖明寬大之德而尤軾僭易輕發之性。
今其得罪必緣故態。但陛下於四海生靈譬如天之無不覆冒。如地
之無不持載。如四時之無不化育。於一蘇軾豈所好惡。伏惟英聖之
主。方立非常之功。固在廣收材能使之以器。若不棄瑕含垢則人才
有可惜者。昔季布親窘高祖夏侯勝誹謗世宗鮑永不從光武陳琳
毀詆魏武。魏成謀危太宗。此五臣者罪至大而不可赦者也。遭遇明
主皆為曲法而全之卒為忠臣有補於世。自夫子刪詩取諸諷刺以
為言之者無罪聞之者足以戒。故詩人之作其甚者以至指斥當世
之事語涉謗黷不恭亦未聞見收而下獄也。唐韓愈上疏憲宗以為
人主事佛則壽促。此言最不順。憲宗怒而罪之。其後思之曰。愈亦是
愛我。今軾但以文辭為罪。非有過惡臣恐付之狴犴罪有不測。惟陛

下聖度免其禁繫以全始終之賜。雖重加譴謫敢不甘心。臣自念朽
質已荷異恩今伏在田廬無復消埃之補竊慕祁奚雖老猶不忘公
室而申請叔向之義。僭越上言。自干鼎鉞不任惶懼待罪之至。
知審刑院蘇頌上論相無擇疏曰。臣聞古者命夫命婦不親坐獄蓋
不使始嘗貴者與徒隸辯訟所以養廉恥而崇禮節也。賈誼曰。廉恥
禮節以治君子故有賜死而無僇辱。是以黥劓之刑不及大夫。以其
離主上不遠也。又曰。古者大臣有坐不廉而廢。不曰不廉曰簠簋不
飾。坐汙穢淫亂者不曰汙穢曰帷薄不脩。坐罷軟不勝者不曰罷軟
曰下官不職。故貴大臣定有其罪猶未斥然正以諱之尚遷就而為之
諱也。古之所以待士大夫以禮義　此之重也。國朝推鞫之制命
官犯贓罪亦先勘干連人證驗分明。方得追攝其餘有犯如事狀明
白三次非抗即勒令參對。是一命以上犯罪與庶民有等差。若其職

列眞近。上嘗所加禮以待之者。誠宜寬其縲緤以存事體也。近聞龍圖閣學士祖無擇。昨知杭州日。有不公等事發。已降勑命就秀州置院推劾。仍差內臣押伴往彼。竊以無擇郡政因循。自始物議。固當窮治以警具官。然以遭遇三朝。擢在近列。出與藩服。案轄一道。歷郡未久。一旦有罪。便與嘗所統臨羣吏辭對曲直。不唯彼處吏民聽望不足。抑於朝廷事體頗有虧損。嘗聞祥符中。樞密直學士邊肅知鎮州日。以公費錢貿易規利。又令部吏強市民羊及買女使。王嗣宗以其事聞。眞宗皇帝以肅居近職。不欲屬吏。特命劉綜任中正。以嗣宗奏示之。肅即引伏。遂坐貶官。嘉祐中。觀文殿學士孫沔知杭州日。在任不法。諫官御史交章論列。仁宗皇帝止令本路體量得實而黜之。翰林侍讀學士呂溱知成德軍日。侵用公使錢。本路追劾。當時不令溱就鞫。直行責降。今無擇所犯。未甚於此三人者。仍該今來德音。自非贓汙。畫當原減。而不候取問。便令赴彼對獄。其為頓辱甚矣。況已有御史章奏。制院可以依憑根究。不必親令即訊。然後當罪也。臣等欲望聖慈以無擇職在近列。嘗為本路案轄之官。特許免赴秀州制勘。只令淮南州郡聽候指揮。俟彼獄具日。朝廷據案就問引伏。即依例責降。如其拒抗。自有常法。如此。足以彰聖治之朝。待遇臣下進退以禮。免令州郡長吏屢被困辱。在於朝體。抑有裨助也。

知杭州鄭獬亦上奏曰。臣竊觀漢有天下。習秦之弊。自宰相而下有罪皆繫之獄。文帝時賈生嘆惜而言之。自後文帝養臣下有節。本朝優寵近臣。雖有罪而就獄者亦鮮。近時如孫沔呂溱。亦止於削官。未嘗就獄。今龍圖閣學士諫大夫祖無擇因御史言治杭州時事。詔令就秀州獄。臣嘗見制獄中文移。及所出左證之人。問之。願知其大槩。無擇之所犯。大者止以娼人薛希濤及屯田員外郎中任浩等請鑄鐘事。臣熟究希濤事。皆云無之。證左甚明。就使有此。朝廷不容。不過重削官而已。請託鑄鐘事。無擇亦不知。任浩等受賂。其餘請射屋地。給賣祠部。及酒曆。予富民錢出息以助公帑。造介亭等事。此皆前后知杭州者常為之。孫沔時。人請地至多。或連山林以予之。造中和堂雙門。號為雄特。梅摯造有美堂。蔡襄造儘忠堂。沈遘率民造南塔。土木之費。豈特一介亭比。賣祠部取贏錢以資寒士。此處處皆然。給酒曆至今猶有請者。至於稱曾祐受賂至萬餘緡。臣見轉運司榜通衢。募人告祐事。卒無告者。惟造書廚不還十數緡而已。不聞納賂者至萬餘緡。無擇所犯。蓋如此。若陛下用御史言。小則黜官。大則嚴為民。皆可也。乃令數千里冒寒雪馳驛就獄。無擇官為諫大夫。職為龍圖閣學士。兼一路鈐轄。可謂貴臣矣。一日猝就獄。手累囚斷頭辯訊問。供荅晝夜不得休息。亦嘗臥病。不許養疾。至今五六十日。獄猶未荅。如聞至京師追其家人以為證驗。無擇孤老一身。既無正室。又無子弟。室家之內。止有數婢妾之京師。今若被追而來。則是破其家矣。罪不至誅而破其一家。其如公議何。無擇之未就獄。嘗寄僧舍。隨行惟一僕一指使。家又素貧。資用罄竭。常將銀唾壺一隻質錢。秀民畏恐。皆不敢留質。日就僧寺假貸數百錢以供朝夕。或有給者為之具餟。獄因見之。皆為號泣。士大夫及庶民聞之。亦為感慟涕下。杭民相率或就浮圖設齋。以祈福祥。亦嘗詣臣投訴。臣已具事狀馳奏。誠使無擇有大惡。雖在縲係笞掠。亦天下所共嫉。然其所坐不至於此。所以人心未能厭伏。賈誼有言。人主之尊如堂。羣臣如陛。衆庶如地。堂高則難攀。卑則易陵。今無擇僇辱。陛廉隳矣。陛下得不念易陵之漸乎。今制獄所以稽留者。以無擇所坐與言者不同。故翻覆根究。吹毛不已。務欲合御史之言。鞭笞之下。何求而不得。實恐獄成有鍛鍊之咎非所以盡獄情者也。臣欲乞聖慈特賜省察，出無擇，令在外供答。無擇屈辱既久，豈有拒抗，惟恐不早得罪去，亦至其賤。惓惓陛下據其所犯，雖重黜之，無擇何辭。如此則處無擇亦有禮矣。無擇無子孫，無強有力弟姪，身在檻穽，不見天日，誰肯為言者。臣不惟痛傷無擇一身之辱，而實念陛廉之廢，非所以尊朝廷、厲臣下、示衆庶也。豈敢誣罔陛下，私為無擇營救，干冒旒扆，無任激切俟罪。

哲宗元祐元年，御史中丞劉摯上言曰：臣近見詔書，以季秋大饗，召南京太子太保致仕張方平赴闕陪侍。今聞方平已有辭免者。臣謹按方平盛德元老，其學誼志蘊，極高明而盡精微。在仁宗時以文學論議居風憲侍從之任，啟沃獻替，風采凜然，而尤蒙英祖之知、神考之遇。熙寧初擢為參知政事，未及旬朔，以家難去位，除服還朝，而王安石秉政矣。方平論既不合，又剛方不肯少屈，於是去國在外，以至退老。平生之才，曾未少施，天下所惜。自陛下臨政以來，收進耆舊，凡名德之老皆在朝廷，出入陟降，有以敦風俗而重廟社，化姦慝而鎮夷狄，中外翕然，復見祖宗人物之盛，豈不休哉。而於此時獨遺方平，未見及之，士大夫竊以為疑焉。臣竊惟國家每遇郊饗大事，必召舊人故老，使來侍祠，乃君臣之間至恩盛典。然徒來此舉，故事備禮一詔之，故其人亦備禮一辭之，少有至者。上下恩意識裂，施之虛文而已。今聖上春秋鼎盛，太母簾闈施政。於斯時也，惟患舊德之不盡集於朝也。況陛下初展帝饗，而方平天下之大老，臣愚欲望聖慈特遣中使稍加禮數，上以大禮陪位諭之，則方平不應不至。既至，召見賜之延問，聞其議論，考其志識，或有可用，則留之朝廷以自輔翼，亦不必嬰以職事。若其無足以當聖心，則祠事既畢，以禮遣歸而已。亦自可以成就陛下貪賢貴舊、渴見老成之意。臣不勝震越。

摯又上言曰：臣伏見陛下降詔，遣使召太師文彥博赴闕。惟彥博以勳名之重，翊亮四朝，可謂社稷元臣，宜乎陛下思見其人而加禮起之，甚盛事也。臣竊觀自古以來，莫不貴德而尚齒。然宗工大老遇之必以禮，處之必以道。故或尊之以為師保，或養之以為三老五更，或使之朔望一朝，或間趨朝廷，平章重事，或有大政，就而咨決，考於前載，故事具存。今彥博之來，在聖謀神慮，必有以處之。將一見其儀形而已耶？又將有所咨訪耶？將留之朝廷以自輔耶？又特任之以政耶？今外議但見宰相虛位，又未除人，皆以謂陛下必將以三省長官命彥博矣。雖臣愚意亦不免出於此。然臣謂誠若議者所料，付以三省之政，緣有官則有職，有職則有事。四海之大，萬務之繁，大小無所不總，日夕裁決，朝會陟降，殆恐非八十餘年老臣之聰明筋力所能宜也。有職事則不能無得失，使任其責則傷恩，釋而不問則廢法。又非所以養元勳而尊舊老也。彥博雖老矣，然忠厚敦大，足以慰士大夫心；其氣略足以彈壓強悍，其威望足以鎮服夷狄，誠宜今日優游佐佑，以為朝廷重。古之人以老成有過於典刑，蓋為是也。臣欲望聖慈詔彥博以本官朝朔望，遇有軍國大事，特賜宣召，詢以籌策，不須以官政嬰之。夫以三師之尊，獨承天子清問，獻納以決大議，而不勞以事，此陛下之所以尊禮舊德者至矣。不親於權以進強君道，不叛於職以休養老境，而無累於出處之際，此亦臣子之可以蒙而安也。恩協義稱，無以易此。伏望決自聖心，使天下無異辭。臣不勝區區。

摯又上言曰：臣伏覩制命，以布衣程頤為通直郎、崇政殿說書者。恭以尊儒重道，褒舉遺逸，使天下歸心，固聖朝之所宜為也。然臣竊惟進退者，臣子之大節；爵祿者，天下之公器。進退不失其義，則人道立；爵祿不輕所與，則士心勸。二者蓋不可不慎也。始頤以節行自守，不緊意於仕也。陛下高其風。故以州推官西京教授起之。頤既力辭。從而赴召。而陛下又以宣德郎秘書省校書郎待之。頤既至。未即受命。而陛下又賜之延對。官之以通籍。置之於經筵。蓋頤之遜避不已。而陛下恩命每有加焉。臣恐頤於出處辭受之際。義有難安者也。孔子曰。如有所譽。其有所試矣。孟子曰。仕有時乎為貧。辭尊居卑。辭富居貧。頤好學求志。有君子之行。遭際盛世。其心豈徒欲以聲名自售哉。固願有所就也。頤親老家貧。兄顥有賢。仕官不達而死。在頤之義。當仕也。為貧而仕。則若孟子所謂居卑者可也。今有譽而不試。每辭而加進。臣於是知頤之不敢受也。若夫紛紛之論。致疑於頤者。非獨如臣之言也。直以謂自古以來。先生處士。皆盜虛名。無益於用。若頤者。特以迂闊之學。邀君索價而已。天下節義之士。樂道不出。如頤等輩。蓋亦不少。彼無所援乎上。故不聞爾。又以謂頤辭免爵命之言。自前

朝召舉布衣故事具存。是頤之志。欲為种放常秩而亟欲得臺諫侍從者爾。臣固知論者之或過也。然而是非疑似。陛下亦不可以不察也。聖人自有中道。過之則偏矣。天下自有常理。背之則亂。伏望陛下審真偽。重名器。聞頤方辭恩制。乞降指揮。依頤所乞。成就其節。止授以初命之官。既使得以祿養其親。又使受之有義。免於似是之謗。而後日見其可用。進擢蓋未晚也。於陛下尊德舉遺之道。無過不及者。不亦休哉。又聞頤有所建請數事。如欲令經筵侍臣坐講之類。又有非所宜言者。衆傳以為笑。不知有是事乎。唯望速降聖旨。依頤辭免。但命之以初官。試之以西京教授。庶幾成頤之志。完頤之節。以息羣議。而亦不害異日擢用也。夫廉恥不立於天下也久矣。今幸有一人焉。若授受不當於義。則使天下靡然。益不以廉隅為事。豈不重哉。

門下侍郎司馬光上奏曰。臣伏見皇祐二年。陛下親祀明堂。曾召前兩府杜衍任布二人陪位。及禮畢。陛下推恩特賜衍布子男各一人進士出身。今陛下再舉希闊之典。亦嘗召前宰相龐籍陪位。臣竊以籍歸守西邊。宣力實多。懷柔凶渠。復歸皇化。其在宰府。屬蠻寇憑陵。震驚二廣。翼贊聖謀。廓清醜類。及告老之年。精力猶壯。堅辭榮祿。去位家居。實朝家之碩臣。方今之耆俊。遭茲盛禮。伏望陛下用杜衍任布前例。特推恩於籍子男一人。以慰其心。足以示養老優賢。增聖政之美。

侍御史王巖叟上奏曰。臣伏覩近降聖旨。令隔截門下中書兩省。諫官別開門出入。不得與給事中中書舍人相通傳聞之。初臣不敢以為信。蓋既之同省。豈有異戶而出不相見之理。及觀敕。乃是信然。臣愚不諳朝廷此舉之意。若以謂欲絕漏泄之弊。則臣以謂漏泄在人不在門戶。門戶之禁素已甚嚴。今更加申敕足矣。何必以隔異

門牆為事哉。所隔異者乃二三諫官而已。諫官為陛下耳目。陛下每不惜推赤心以與之。奈何於其所舍反若置疑也。倘其人為可疑也。則斥而遠之。使勿居其地。為可親也。則宜與之無間者也。陛下不與諫臣為密。而與誰為密乎。臣固知陛下無此意。然事行則終累陛下耳。自古置諫臣。以能彌縫朝廷之闕。使不見乎外為美。故彌縫不厭早。早則為功易。而所全者多矣。且朝廷之事。終能使諫臣不知乎。禁之雖嚴。不過緩一二日。終當聞耳。苟有所未善。能禁其勿言乎。既不能使之不知。又不能使之勿言。則不若令早知而論之為有補也。臣以謂廟堂之上。精慮而審發。政令一出。天下無可得而議。此乃所以為密也。今外人皆云。非所以嚴衛敕院也。乃欲以限隔諫官。使不聞省中事。此聲流傳。恐非朝廷美事。臣竊為陛下惜之。伏以陛下誠心好諫。而樂聞有過。故一言一動。天下莫不歌美。以為中理。不可誤信

此事使天下有疑於聖德也。伏望爲國家愛惜大體，以慰衆心，特罷隔截兩省指揮，且令仍舊。幸甚。

五年，給事中范祖禹上奏曰：臣等伏見元祐元年九月，司馬光薨。十月，降聖旨，勘會司馬康將來在陝州夏縣墳所，仰河南府常與照管本家骨肉及園宅等。至十一月，又降聖旨，司馬光置到西京第宅園池及賜書，令司馬康常切照管，不得破動。今司馬康身亡，子植纔十三歲，本家徙陝州夏縣營葬，却歸西京居住。先有三班借職温景純係司馬康居父喪日奏留本宅管勾理監當資任，合至元祐六年十月任滿。緣康妻子孤幼，今來居喪營葬，更不比康存日，欲乞特再降聖旨下河南府，令常與照管本家骨肉及園宅等，并再降指揮，所有西京第宅園池及賜書，令本家常切照管，不得破動。及乞候温景純滿日，特再差管勾一次，與理監當資任。仍乞下西京，帖付温景純照會。

昔唐憲宗時，魏徵子孫典宅於人，淄青節度使李師道進絹請贖之。翰林學士白居易上言：太宗嘗輟殿材爲魏徵起堂，今其子孫貧乏，自可官中爲之收贖，不宜令師道掠美。憲宗深然之。然則褒恤名臣之後，貴其施之於上也。今司馬光父子忠賢，百姓追思不忘，而妻子孤幼，已蒙聖恩優恤備至，其第宅及賜書，本家必當保守。更乞降一指揮，并留一使臣再任，則其家始終受賜，皆出朝廷。伏望聖慈特賜矜察。

祖禹又上乞留文彥博劄子曰：臣伏聞陛下已許文彥博求退，降詔俟至中春，議從所欲者。彥博年八十五，爵位已極，唯是得解重任，歸休私第，乃其幸也。陛下憫其過老，以其累請而從之，爲彥博身計私計，則可謂美矣。若爲朝廷計，則臣請試言之。彥博爲相四十餘年，歷事四朝。仁宗時平貝州之亂，名聞夷狄；英宗、神宗時爲樞密相八九年。先帝已加優禮，許其致仕。陛下嗣位，復召而起之，蓋藉其威名宿望，以爲朝廷之重也。京師及四方軍民久服彥博之名，以爲在朝廷則朝廷必重。向若陛下不復召之，則亦已矣。今既起之，則不可使輕去朝廷。彥博雖老，精力尚强，臥置京師，足以爲重；外則西北二虜必懷畏憚。未以四海之大，若常無事，則人人皆可爲大臣矣。豈無萬一非常之虞哉。彥博在朝，非謂日月有用，蓋備緩急或有時而用之耳。當先帝之時，足以容彥博閑退。今二聖垂簾委政大臣，尤宜得老成之人，以服天下之心。詩曰：雖無老成人，尚有典刑。言老成之人重於國之典法也。蓋以其經歷既多，但問以累朝之事，所知尤勝他人。況其別有所補哉。今舊老唯彥博一人，若去則其餘在朝者皆是後進，無復前輩矣。老者任用之日不久，國家所宜重惜。臣自聞陛下許彥博之去，朝夕思慮，竊謂陛下若欲彥博更得優逸，但聽其解軍國重

事，以太師就第，留之京師，以備訪問，不必再除致仕。朝廷有貴老尊賢之美，足以繫屬天下人心，所得實多。陛下進退元老，臣不當預論議。然臣職在侍從，苟有益於國，不敢不言。惟陛下深留聖思，更賜裁擇。

祖禹又上言曰：右臣近準樞密院録白高陽關路兵馬鈐轄兼河北第六將楊永節爲母亡乞解官行服，續據本路都總管司奏乞不許本官解官行服，所貴得人協力勾當。奉聖旨，依高陽關路總管司所奏者。臣檢會元祐編勅，諸武臣丁憂者，若係小使臣及元是軍班換授，并見任管軍，或充緣邊路分總管鈐轄都監、知州縣城都監寨主、都同巡檢，雖係大使臣，並不解官。其乞解官行服者，除緣邊任使奏候朝旨外，餘並聽。臣竊以小使臣不解官行服，已損孝治之風，朝廷恤小官，非係祿無以養，不得已而未之改耳。自大使臣以上，官既升

朝祿亦足養而緣邊仕使亦不解官。其乞行服者又須奏候朝旨。帥臣因而奏留。朝廷重違其請。循例奪服。唯狄詠是狄青之子。帥臣爲之奏請特許解官。當今緣邊無異內地。帥臣遭喪者無不解官。自餘將領寄任輕於帥臣。非有金革之事。而無故奪其喪服。全無義理。若言藉才。則方今武臣常患員多。豈至無人可使。若恤其貧。則在內地者均是人也。何獨於緣邊恤之。若以解官爲優恩。必待如狄青之子然後許之。則父母之喪無貴賤一也。古者庶人有喪。三年不從征役。豈可仕至升朝以上。而不使執親之喪。臣愚欲乞今後大使臣以上丁憂者。雖係緣邊任使。並解官行服。如遇有邊事。即許本路奏留。繫自朝廷指揮。庶使武臣皆知禮法。有益風教。而緩急藉才。亦不失金革從權之制。如以臣言爲然。乞下有司備立

貼黃。臣竊以奪服之禮。本非古典。祖宗時文武官尚少。故因襲前代權制。不許解官。今承平日久。吏員益多。宜使人知禮教。或遇

有邊事。藉武臣宣力。則奪其喪服。無所不可。

七年十月日。龍圖閣學士左朝奉郎守兵部尚書蘇軾狀奏。右臣等竊聞仁宗朝。趙元昊寇延州。危急。環慶將官劉平以孤軍來援。衆寡不敵。姦臣不救。平遂戰歿。竟罵賊不食而死。詔贈侍中。賜大第。官其諸子。慶孫、貽孫、宜孫、昌孫、孝孫、保孫、季孫等七人。諸子頗有異材。而皆不壽。卒無顯者。家事狼狽。賜第易主。獨季孫仕至文思副使。年至六十。篤志好學。博通史傳。工詩能文。輕利重害。練達軍政。至於忠義勇烈。識者以爲有平之風。性好異書古文石刻。仕官四十餘年。所得祿賜。盡於藏書之費。近蒙朝廷擢知隰州。今年五月卒於官所。家無甔石。妻子寒餓。行路傷嗟。今者寄食晉州。旅櫬無歸。臣等實與季孫相知。既哀其才氣如此。死未半年。而妻子流落。又哀其父平以忠義死事。聲迹相接四十年間。而子孫淪替。不蒙收録。豈朝廷之意哉。今執政侍從多知季孫者。如加訪問。必得其實。欲望朝廷特詔有司優與賻贈。以振其妻子朝夕飢寒之憂。亦使人知忠義死事之子孫。雖跨歷歲月。朝廷猶賜存卹。於勸獎之道。不爲小補。季孫之子三班借職璨。見在京師。乞早賜指揮

哲宗時。軾又上奏曰。臣近奉聖旨。撰賜文彥博呂公著。今後入朝免拜詔書。今又准內降指揮。撰不允彥博辭避免拜批答。臣謹按禮經。八十拜君命。一坐再至。所謂拜君命者。傳命而拜。非朝見也。然且不免。周天子賜齊威公胙曰。伯舅耋老。無下拜。公曰。天威不違顏咫尺。下拜登受。所謂無下拜者。拜於堂上。非不拜也。然且不敢鏗緜以足疾乘車就坐。疑若不拜。然亦無明文。君前乘車。豈足爲法。而馬燧迨奐不拜。蓋是臨時優禮。無令後遂不復拜之文。祖宗舊例。如呂端

之流。以老病進對。亦止於臨時傳宣不拜。今來彥博公著今後免拜指麾。自是朝廷優賢貴老。度越古今。無可議者。但是臣有司。合守典禮。兼恐彥博公著終不敢當。以臣愚見。不若允其所請。若聖恩優閔老臣。眷眷不已。遇其朝見間。或傳宣不拜。是以爲非常之恩。臣忝備侍從。懷有所見。不敢不盡。所有不允批答。臣未敢撰

軾爲翰林學士。上論張方平奏曰。臣伏見太子太保致仕張方平。以高才絕識。博學雄文。出入中外四十餘年。號稱名臣。仁宗皇帝眷遇至重。特以受性剛簡。論高寡合。故齟齬於世。然趙元昊反。西方用兵累歲不解。公私疲極。方平首建和戎之策。仁宗從之。民以息肩。書之國史。又於熙寧之初。首論王安石不可用。及新法之行。方平皆逆陳其害。大節如此。其餘政事文學。有補於世。未易悉數。神宗皇帝知人之明。擢爲執政。會丁憂服除。爲安石等不悅。而方平亦不爲少屈。故

望聖慈舉行故事。凡六尚書及翰林端明殿學士以上職任并新任與曾任宰相執政官若自外除授或被召應赴行在者並令尚書省日下報學士院預降詔書以示待遇之禮且使外任近臣有所取信以離其官守。仰稱陛下任賢使能之意。

高宗時張浚奏曰臣聞祖宗時優待臺諫之意欲以正紀綱補闕失。實天下國家休戚所係不可忽也。然祖宗施行賞罰必務覈實每有臣寮章疏論人。在外則必委監司體究其大者遣使馳驛審驗。在內則必稽考公案研窮取問然後施行賞罰繼有不實置言者而不問此祖宗優待臺諫許風聞言事之本意也。故當時臺諫所言無非事實未嘗挾權陰私以快己意亦未嘗猥屑言辭致傷國體不過論某事為是某事為非某為君子某為小人某為政有稱某為政無狀而已。自崇觀以來大臣各立朋黨援引臺諫去其異己者每有章疏朝廷不論虛實。一切施行以無為有。以是為非致有造不根之謗綴濫媟之辭士大夫平生立身。一遭點污遂為廢人。況其間報宿怨陷正人。情意百端難以立辨此最傷和氣敗風俗害教化之大者。今陛下選用賢才任嚴臺諫以革前弊臣愚欲望除二府大臣每有臣僚章疏。自合即日引去外餘乞體究指實然後施行至如事屬陰私別無跡狀皆寢而不問。庶幾風俗漸厚更乞睿察。

浚又上奏曰。臣聞孟子之言所謂故國者非謂有喬木之謂也有世臣之謂也王無親臣矣臣以為大臣用捨進退天下所視以為重輕。古之人君必待以禮貌掩其過失非區區私之也。謂不如是則朝廷不尊。人望不孚天下不服其用意蓋甚深也。後世貪利急仕之徒專務指摘詆謗攘求為速進其自謀則至矣。使大臣不韙之聲悉暴露於天下而啓敵人輕視朝廷之心茲豈有國家者之利乎臣仰惟陛下天資神武。知略絕越是必欲慨然有為於天下。異時江淮之間非並用大臣則不能以鎮撫中原之地。非列置大臣則不能以彈壓當平日無事遇之以禮結之以恩殆未可一日忘也臣竊見廣東西路及虔吉之間寇盜間作今已數年。謂宜以大臣判虔州。兼廣西路探訪使判潭州。兼湖襄探訪使。各許置親兵將佐明下詔書宣示置使之意民情利病得以上聞盜賊竊發得以處置異時福建兩浙皆大臣總安撫使事陛下進而有為可以忘南顧之憂矣。伏望聖慈出自睿斷詳處施行。

浚又上奏曰。先王制祿以代其耕用意深矣。蓋倉廩實而知禮節衣食足而知榮辱非特百姓為然今使委質而事人者仰無以事父母俯無以育妻子且不有多寡之數厚薄之差以激勸勤勞獎勵才智何以風動在位使自立於無過之地耶。夫合天下之衆而君之欲舉得其歡心。亦在乎本人情而為之制耳。過制則紀綱亂。不及則人心離。是二者其失均也。嗚呼。仕官不為利祿計者鮮矣。儻夷齊之擇人人為之。則天下之士盡為山林之遊。人主安得而役使之乎。至於左右近習又宜深察而熟究者彼其生長富貴奉養有素日用不給何以責廉將自營其私耶則有侵漁細民之嫌而怨謗日益生將受遺於人耶則有請求納賄之罪而國體日益損。臣謂不若省其身優其俸然後責之以善則其從之也輕茲有天下國家之大計。人主不可忽也。

權尚書禮部侍郎鄭剛中上奏曰。臣嘗謂靜退廉恥百吏之所當勉。然中人為善之心非聖人養成之無以自進故善治天下者制禮立法崇良禁惡。未嘗不有勸沮之意焉。臣伏聞祖宗舊制選人關陞令錄滿六考致仕與初等職官遇大禮許其封贈即滿六考而有贓罪

不復用。今已退老南都，以患眼不出，灰心槁形，與世相忘。臣竊以為國之元老，歷事四朝，耆期稱道，為天下所服者，獨文彥博與方平、范鎮三人而已。今彥博在廷，鎮亦復用，方平雖老壯，閉門難以召致，猶當加恩勞問，表異其人，以示二聖貴老尊賢之義。今獨置而不問，有識共疑，以為闕典。願因大禮之後，以向者召陪祠不至，特出聖意，少加恩禮，或遣使就問國事，觀其所論，必有過人。臣忝備禁近，不敢自外，昧冒陳列，戰越待罪。

殿中侍御史呂陶奏曰：臣聞三公者，上應台階，下同元首，表正萬邦，儀刑四海，不必備其官，不可名以職。委任之重，則以論道經邦、燮和陰陽為事；體貌之隆，則御坐為起，在輿為下。非若六卿庶尹分曹治事，而各有常責也。漢世以來然尊因革，與古不同，乃以丞相兼三公之事。至成帝時，始從何武之議，特置此官。光武中興，孝明繼治，皆能勵精以親庶政，然而不知稽古建官之本意，不明道揆法守之異宜，乃以吏事課覈三公，其人或失，而其禮稍薄，甚者有至罪斥詰辱之累。君臣始終，安得不戒。今太師文彥博弼亮四世，位冠一品，才業推高於朝廷，威名取敬於夷狄。陛下接見儀刑，特降褒召，給供饋，許肩舁息數，優寵前代莫擬，深合古先聖人尊崇元老之義。有大論議，詢之而後定可也；有大措置，審之而後行可也。經筵講道，接之則師氣嚴矣；廣使在廷望之，則國體重矣。若乃居以一官，責以庶事，則臣愚猶以為未安。蓋三省之務，參總萬目，臣至於命令機權，細至於簿書期會，紛纜叢雜，日交於前，而丞輔之職，無所不統，一有闕失，責亦隨之。雖彥博康寧強健，材力裕然，獨若閑暇，而年過八十，無預齋登，豈可處之以勞，惟宜待之以佚。且古之養老，或祝噎祝鯁，居其前後，豈為所養之人皆至衰耄而設之。蓋情之所恤者深，則禮之所加者隆，

安可因其康壯，則必煩以事哉。恭惟先帝考古作法，更新官制，以三省大臣執國之柄，釐治萬務，惟師傅之官，久虛其位，幸而有一人焉，以四世輔弼之舊，遂居此職，則固宜以論道經邦責之，不必累以官事。庶幾上顯朝廷褒崇勳德之意，下副四海具瞻之心。臣待罪言路，不敢以輕賤自默，惟陛下恕其狂瞽而裁之以義。

徽宗時，陳瓘上奏曰：臣伏覩近降聖旨，六曹尚書獨員上殿，及文臣帶一路兵鈐及監司職任者，朝辭日並須上殿指揮，更不施行。臣竊惟尚書之職，其選甚高，自行官制以來，多自此官而除執政，朝廷所以待之，可謂厚矣。元豐之末，始有不得獨員上殿之法。紹聖之初，尋即改正，所以示優禮而去疑貳也。今復罷此指揮，其故何哉？監司當一路之寄，兵鈐受方面之託，以人主之好惡達于遠方，未使一對，請究何由面稟聖訓？況先朝之法，行之已久，前無大害，未必輕改。臣今欲乞六曹尚書許獨員上殿，及文臣帶一路兵鈐及監司職任者，朝辭日並須上殿，皆依舊施行。

高宗紹興二年，吏部侍郎綦崇禮上奏曰：臣聞君使臣以禮，臣事君以忠。君之視臣如手足，則臣事君如腹心，施報之道，在古如此。方今國步艱難，需人共濟，正陛下任賢使能，以圖中興之時。收用人材，誠急先務。然於號召之際，或不能致欽盡禮以待之，所謂真賢實能，將眷懷而去；彼肯就者，非誘於利祿，則迫以威刑，欲其盡忠以為腹心之用，未可得也。臣伏見祖宗舊制，凡在外除授內任及被召臣寮君學士以上職任，及新舊宰執，必降詔書，以為赴闕之信。至其下則或尚書省給劄，吏部給符，以聖旨行下，照會催促而已。所以別等威，示眷禮於貴近之臣也。自興兵以來，急於除用，降詔之禮，一切盡廢，乃或有如敵邀迎，當重寘典憲之令矣。然豈所以待賢能之道哉？臣愚欲

者止以本官致仕遇大禮無復封贈之榮何以崇長禁戒成就中人而俾之為善也。自舊法變廢選人致仕不得陞朝而此道亡矣何以言之。郡邑之吏既粗更考第其榮親之念又不能一日忘前有致仕陞朝之路。則性資靜退之人。便可恬然自守謹俟掛冠而去寧復干求徼倖為得已不已之事乎。有如鄙賤饕竊不自愛重則致仕之法繩於彼陞朝之念動於中審較重輕必知顧惜。所謂崇長禁戒成就中人為善之道。莫大乎此。朝廷斬此一官之後。念親求進者熟計資品往往欲躋而未能。日暮塗遠者望絕朝路有至自棄而貪墨其傷多矣。臣愚敢望聖慈下有司講明舊制應關陞令錄滿六考無贓罪致仕者與通直郎。遇大禮得封贈如法。上可以崇長廉靜之風。下可以禁戒貪躁之吏是於朝廷之虛名雖略有所費而於陛下之風化誠有補焉陸贄有言立國惟義與權誘人惟名與利惟陛下幸察。

右正言陳淵經筵進故事曰。前漢書汲黯傳。大將軍青侍中。上踞廁視之。丞相弘宴見。上或時不冠。至如見黯。不冠不見也。上嘗坐武帳。黯前奏事。上不冠。望見黯。避帷中。使人可其奏。其見敬禮如此。

臣聞汲黯在朝。淮南王憚而寢謀。世謂黯之忠知無不言。言無不盡。故諸侯將叛畏之而不敢發。黯於是為有功於漢矣。臣竊以謂黯之忠古今鮮儷。然使武帝棄而不用。黯言何所發哉。淮南寢謀。雖曰憚黯亦武帝用之之功也。何以言之。方武帝欲崇儒術以興禮樂。則用公孫弘為丞相。欲定律令以振紀綱。則用張湯為御史大夫。欲攘夷狄以強中國。則用衛青為大將軍。丞相固上所親信。御史大夫尤為用事。天下重之。而吾大將軍貴寵無二。公卿以下皆卑奉之。而黯嘗廷詰弘以為齊人多詐。始與人建議。後皆倍之。又責湯不能安國富民。何空取高帝約束紛更之為。又或說黯以為大將軍尊重。不可不拜黯曰。使大將軍有揖客。反不重耶。黯之正直不撓如此。以故朝廷一時貴臣莫不憚之。蓋不特如是而已。武帝招延士大夫常若不足。然性嚴峻。或小有犯法。或欺罔。輒按誅之。無所寬假。當時在位。誰不惴恐。而黯面折廷諍。終無所屈。嘗謂武帝陛下內多欲而外施仁義。奈何欲效唐虞之治。帝為之變色罷朝。且以黯為戇。又以為愚。又以為不學。若不能堪者。至其與嚴助論黯。則必以社稷之臣目之。此固武帝之所甚重而深與之也。故史載武帝之待遇黯。曰大將軍侍中。上踞廁視之。丞相宴見。上或時不冠。至如汲黯。見上不冠不見也。蓋武帝之欽禮黯其過於丞相大將軍如此。則凡為將相大臣者安得而不憚。故淮南憚黯。由將相大臣憚之也。將相大臣憚黯。由武帝欽禮之也。然則淮南寢謀。非武帝之功而何。臣又聞人主據天下之利勢。生殺予奪。唯我所欲。其誰敢抗之。以其莫敢抗也。泰然居於民上

無所畏忌。則賢者懼禍。亦將遠引深藏。不復為世用矣。賢者不為世用。而讒諂面諛之人得志。其不及於危亂者無是道也。故如武帝之好兵喜殺。窮奢極侈。實無足取。至其欽禮汲黯。以絕未萌之禍。後世不可不法也。祖宗之設臺諫官。所以崇獎之者無所不至。亦近於此。雖無汲黯。其誰敢不憚。使常得其人。又不亟除而輕去之。臣知姦雄自茲屏息矣。蘇軾有言曰。姦雄之始。以臺諫折之而有餘。及其盛也。以干戈取之而不足。故崇獎臺諫。莫尚於祖宗之法。惟陛下念之。

淵又上論宰執不和奏狀曰。右臣近聞宰相秦檜與參知政事李光因御前奏對互有異同。不知所爭何事。而外議紛紛。以為大臣不和有累國體。臣身在闕門之外。得之傳聞。恐非其實。以此累日未敢論列。今又聞檜以疾在告。光亦乞去。則是大臣果有不和之迹矣。臣職在諫省。豈可不言。臣聞舜命九官。濟濟相遜。和之至也。眾賢和於朝

則萬物和於野。故簫韶九成。而鳳凰來儀。擊石拊石。而百獸率舞。夫功成作樂。寫人心之和而已。樂作而物應。其理固然。然所以感之。則出於人心而非樂也。子思子曰。喜怒哀樂之未發謂之中。發而皆中節謂之和。致中和。天地位焉。萬物育焉。夫中者和之隱於心。而和者中之見於外者也。此内外之符也。通天下一氣耳。動於此。應於彼。間不容髮矣。致之有道。則天地安得而不位。萬物安得而不育。茲其所以為舜之時乎。且中無常位。以偏而後見。中足以召和。而偏亦足以生乖。和氣致祥。乖氣致異。各以類應。而國之安危繫之。蓋自古及今。未有朝廷不和。而能有為於天下者也。今陛下躬行孝弟。而遠人請盟。不以兵車。而疆土自復。臣雖愚惛。亦知其所自矣。而朝廷之上。一二大臣。陛下所與同心協謀。以終中興之功者。方且各持偏見。不能共和。以濟國事。臣未見其可也。且光與檜爭。其事之小大緩急。臣固

不得而知之也。然事小而緩。亦當退而合議。進而聽旨。都俞之間。一言可喻。何至廟堂之上。聲色俱厲。取笑四方乎。昔光為小官。已能力抗朱沖及陽朔之貶。一時稱之。逮守宣城。譽望尤著。然其性素剛。不能下人。屢進屢退。皆緣難合。而檜亦喜其為人。引與共事。光又謂檜臨難嘗有不奪之節。欣然肯來。惟上所用。亦既踰年矣。今者不顧往日之契。而驟起異同之論。事之輕重有不及慮。而分之上下有不暇恤。則其意必有在矣。恐非一朝夕之積也。必欲其再合。宜非他人所得與者。在陛下訓諭之如何耳。若復丁寧告戒。以今日之所當務者。使之忘私以徇公。宜若可合。而猶或不能無芥蒂於胸中。則其不能相與久處也可見矣。縱復可以久處。其不能降氣以相從。協力以濟務。又可見矣。夫事有是非。理有曲直。非獨二人者自知之。陛下固已深知之矣。大臣去就。固自有義。進退之際。惟明主裁之。

進士唐文若分教潼川府。給事中勾濤薦自代。詔赴行在所。既至。而濤出不得見。文若奏書闕下。略曰。昔漢高慢士。四皓去之。而西鄙少廉恥之人。光武禮賢。嚴光友之。而東都多節義之士。陛下屈萬乘之尊。駐蹕東南。為宮將歸。五路初復。正宜市朽骨。式怒蛙。以來豪傑。與之共治。寧遽惜此數刻之對耶。書奏。翌日召對便殿。高宗大悅。

殿中侍御史張守上奏曰。臣仰惟陛下勤恤民隱。戒勅貪吏。至誠惻怛。内外具孚。德至渥也。國家自真宗皇帝復圭田之制。養廉息貪。民用不擾。伏覩建炎元年六月之詔。並權住罷。議者之意。必謂國步方艱。用度未給。然計其所得數亦不多。無益邦儲。有傷國體。竊惟仁宗皇帝朝。固嘗議罷。范仲淹歷陳其不可。慶曆之詔。約為等差。行之至今。未見其害。又況州縣小官。俸有常格。比年以來。物價騰貴。數倍曩時。多藉職田。仰事俯育。一旦奪之。則在官者必紕法以蠹民。得替待

闕者亦必犯義以奸利。清白之吏。恐致損節。殆非所以厚風俗。興廉恥。致富強也。事雖至微。為害甚廣。伏望聖慈依舊給還。庶幾仰稱陛下養廉愛民之意。

孝宗乾道六年。周必大上言曰。臣觀漢詔有言。吏所以治民也。能盡其治則民賴之。故重其祿。所以為民也。今治民之吏。莫切於縣令。而祿至薄。往往墮中人於貪吏之域。非古誼也。按紹興令。外縣知縣。供給不得過十五貫。仰事俯育。何以糊口。於是撰造名色。並緣增加。前後相承。其數反多。自非慕披裘掛魚之廉。安飯疏飲水之儉。則或懼違衆。或樂用例。罕有能自立者。一旦偶因他事。為猾胥姦吏所持。方且低首下心。冀幸苟免。望其抑豪強。戢吏姦。革蠹弊。斯亦難矣。臣伏見近制。堂除知縣。許支供給錢四十千。於戲。邑有大小。任責則均。且以郡守言之。有堂除。有部闕。有大藩。有小郡。供給之數。皆為一等。豈於

令宰而獨不然。臣愚欲望聖慈，送重脩勑令所將天下知縣縣令供給斟酌近制，增其所當得，而禁其所不當得。既有以養其廉，斯可以責其清，庶幾人盡其治，少副陛下爲民之意。

光宗紹熙四年，起居舍人兼中書舍人陳傅良上劄子曰：臣聞人主無職事，以愛惜人才爲職事。夫愛惜人才，徒貴之以爵位，不若養其聲望。聲望之爲美，徒榮之以恩寵，不若全其操履之爲大。凡立乎人之本朝，爵位隆而聲望汚，恩寵盛而操履闕，此公論所甚不與也。公論不與，將爲庸人，則是貴之者適所以賤之，榮之者適所以辱之也。恭惟祖宗承五代之後，士風極衰，而一旦作興之，至過漢唐而無愧三代。無他道也，養其聲望，全其操履而已。在仁宗時，范仲淹、歐陽脩、余靖、尹洙之徒，嘗以論大臣除授不當去國矣。已而仲淹、脩等之賢，果信於天下，爲時名臣。向使當時不明諸臣去就之誼而苟留兩存之，則雖仲淹、脩不能暴白於世，而况不如仲淹、脩者乎。在神宗時，司馬光、吕公著、蘇軾之徒，亦嘗以爭新法去國矣。已而光、公著等之賢，果信於天下，爲時名臣。向使當時不明諸臣去就之誼而苟留兩存之，則雖光、公著等不能暴白於世，而况不如光、公著者乎。由是觀之，愛惜人才，必如是而後可。不然，將淪胥而爲庸人。夫庸人者，世所棄，何鄉而立？有臣如此，國家何賴焉，則亦非上之人之利也。以臣所見，近代人主覆護臣子，容忍不棄，未有如陛下者。然以爲愛惜人才，則未也。既曰覆護之，而不謂之愛惜之者，何也？眷之於爵位恩寵之間，而不務明其去就之誼故也。比若有以臺官察朝士者矣，陛下皆出之，出之誠是也，俄而並召兼用爲卿將，孰是孰非耶？有以後省官駁從班者矣，而陛下爲罷給事中，罷之可也，已而並除職名，一去爲郡，一除爲王府官，然則是均有罪耳。有以諫官疏大臣者矣，而陛下欲並

用之，大臣乞去不得請，諫官乞去又不得請，然則是俱賢耳。雖然，賢否混殽，何以爲國？猶可解者，則皆士大夫也。至如臣繳論官詞，稽嘗不度，疎峻論奏内侍不當爲知省官，雖蒙陛下納臣之章，不行詞不賦禄，既而其人至今出入禁闥，與見任無異，近復有旨令兼他官，則中書後省與黄門相持而不决，號令自今可廢，此尤不可曉者。臣故曰陛下可謂覆護群臣者矣，而非愛惜人才之謂也。臣不勝拳拳，欲望陛下務明人臣去就之誼。陛下誠以愛惜人才爲職，而明其去就之誼，請自不肖臣始。若以臣爲可備使令，則當去内侍；以臣爲不足備使令，則當去臣。臣之誼明，則群臣亦各務明誼；群臣各務明誼，而後聲望不汚，操履無闕；群臣之聲望不汚，操履無闕，是不謂國有人乎？然後陛下可以委任而責成，則亦非臣之私便也。

寧宗慶元元年，大府寺丞吕祖儉上奏曰：臣恭惟國家禍變，固在靖康，而亂所從生，實自宣和之御筆。夫黜陟廢置，驟從中出，而不從外庭，是誠可以快意自便，然宣和因是而成禍本者，蓋始因姦臣藉此以鎮壓群議，復因左右假此以盜竊威權，由是忠直者獲罪，順從者得親，言莫予違，而一言喪邦之禍，至不旋踵矣。若吴幵、莫儔之徒，與虜爲市，竊任人心，則又靖康覆轍也。陛下始政清明，講學不倦，登用忠直，天下蓋將日望維新之政。今日月曾幾何，人之觀聽，寖爲浸異也。首相之去，豈爲無罪？中旨直下，無復體貌，固非所以重股肱。講席之臣，所謂耆艾者，片紙罷遣，視爲常事；所謂舊學者，論及近倖，去之靡疑。至或臺諫之官，或一旦而並遷，或以闕守而補外，御筆行下，復覺忽忽。近者次相亟辭，雖因論列，然其陳竭忠力，未爲不多，而從臣繼有閒隙者，則與郡之旨曾無留難。仰惟陛下始欲威福操柄不假諸人，庶可昭示總攬之意。然宣和深弊，則已莫不懷憂，蓋以陛下既

疑外廷則腹心之謀耳目之用不容無所寄託左右前後邇近情親巧伺意指固皆以順從為正然其間豈無其人所說偶合聖心黜陟廢置因而時得關預恬恃恩寵招勢弄權旁若無人殆無顧忌若使其氣燄增長而威福集於私門則觀望趨附者浸多將公盡忠者浸寡臣深恐陛下不得盡聞事理之真實將孰與維持宗社哉伏望陛下鑒觀治體或在宣和黜陟廢置益務審重體貌大臣以尊朝廷容養忠直以壯士氣有言逆于聖心未宜遽罪有言遜于聖志未宜遽褒凡左右前後過有將順過有激發則又願推原初念初政尤未易遽從法仁祖之規模用公議為予奪庶幾忠良者獲用順從者自戢而左右前後守其常分亦得保全寵祿將見國勢日以尊強實政日以脩舉雖有變故菑害亦有所恃而不危矣臣志在愛君不遑他恤惟陛下財赦

金宣宗貞祐初丞相高琪立法職官有犯皆的決右司諫許古及左司諫抹撚胡魯剌上言曰禮義廉恥以治君子刑罰威獄以治小人此萬世不易論也近者朝廷急於求治有司奏請從權立法職官有犯應贖者亦多的決夫爵祿所以馭貴也貴不免辱則卑賤者又何加焉車駕所駐非同征行而凡科徵小過皆以軍期罪之不已甚乎陛下仁恕決非本心殆有司不思寬靜可以措安而專事督責故耳且官皆朝廷遴選多由文行武功閥閱而進乃與凡庶等則享爵祿者亦不足為榮矣抑又有大可慮者為上者將曰官猶不免民復何辭則苛暴之政日行為下者將曰彼既亦然吾復何恥則侵犯之心滋肆其弊豈勝言哉伏願依元年赦恩刑不上大夫之文削此一切之法幸甚

元世祖時東平布衣趙天麟上策曰臣聞大易有云天尊地卑乾坤定矣卑高以陳貴賤位矣夫有國之諸侯有家之大夫猶不可闕況於有天下者哉是以本乎天者親上本乎地者親下上有常尊下有常卑如此而已昔者聖人之立法也君以御臣臣以臨民民非君而難安君非臣而孰輔方今內外諸官或班行於玉筍之中或宣化於黃麻之下或為四海之繩墨或為一方之表儀皆國家之所以委治者也皆陛下之所以仰成者也疑而勿用用而勿疑苟其欲用則詢於左右暨諸大夫暨國人以盡其誠設其誤用而罪著則或降之下職或屏之遠方或黜之而不齒或賜之以自裁皆可也今國家立統以來百官犯罪上自宰輔下及守令決付之理官而例於小民以鞠訊之有械繫之於市井者有鞭笞之於官署者有梟其首以徼戒遐邇者有臨其軀以薰蒸天地者甚非尊上卑下崇禮厚俗之方也古人有言曰人主之尊如堂群臣如陛眾庶如地故陛九級上廉遠地

則堂高陛亡級廉近地則堂卑是以黥劓之罪不及大夫君令與眾庶同黥劓髡刖笞傌棄市之法然則堂不亡陛乎夫卑賤者習知尊貴者之一旦吾亦乃可以加此也非所以習天下也臣自年十五六時讀漢書至此未嘗不三復其文也此蓋係風俗之盛衰邦本之厚薄官吏之廉否天下之治亂非細事也或者以為有罪之人與眾棄之何足以恤以臣意意之彼但得其末節而不得其本者也臣達此議豈欲恤夫有罪之人哉但謂王政之大端也夫中人之心禮之則無地自容而為善之心興矣辱之則自暴自棄而廉恥之維缺矣以不廉無恥之人豈能興化不能興化則害非一端民心不和天災上應水旱相因下民困苦將何為哉伏望陛下載審方今之務定為悠久之規精選賢能處任居職凡百官有重罪而過誤則量等流之凡大夫以上有罪者未宜令卒隸詈辱之凡大夫以上有死罪者亦宜

加刑。但聽其自裁可也。如此。則官廉民化之政成。而乾坤之分定矣。

文宗至順二年。河南河北道廉訪副使僧家奴言。自古求忠臣必於孝子之門。今官於朝者。十年不省覲者有之。非無思親之心。實由朝廷無給假省親之制。而有擅離官次之禁。古律。諸職官父母在三百里。於三年聽一給定省假二十日。無父母者。五年聽一給拜墓假十日。以此推之。父母在三百里以至萬里。宜計道里遠近。定立假期。其應省覲匿而不省覲者。坐以罪。若詐冒假規避。以掩其罪。與詐奔喪者同科。御史臺臣以聞。命中書省禮部刑部及翰林集賢奎章閣議之。

順帝時。御史臺臣言。故右丞相脫脫。有大臣之體。向在中書。政務俱舉。深懼滿盈。自求引退。加封鄭王。固辭不受。再秉鈞軸。克濟艱危。既軍征進。平徐州。敗六合。大功垂成。浮言構難。奉詔謝兵。貶死以沒。已蒙錄用其子。還所籍田宅。更乞憫其勳舊。還其所授宣命。從之。

歷代名臣奏議卷之二百八十六

歷代名臣奏議卷之二百八十七

巡幸

魯莊公二十三年。公如齊觀社。非禮也。曹劌諫曰。不可。夫禮所以整民也。故會以訓上下之則。制財用之節。朝以正班爵之義。率長幼之序。征伐以討其不然。諸侯有王。王有巡守。以大習之。非是君不舉矣。君舉必書。書而不法。後嗣何觀。

漢元帝幸甘泉郊泰畤。禮畢。因留射獵。薛廣德上書曰。竊見關東困極。人民流離。陛下日撞亡秦之鐘。聽鄭衛之樂。臣誠悼之。今士卒暴露。從官勞倦。願陛下亟反宮。思與百姓同憂樂。天下幸甚。上即日還。

東漢明帝永平四年春。車駕近出。觀覽城第。尋聞當遂校獵河內。東平王蒼上書諫曰。臣聞時令盛春。農事不聚眾興功。傳曰。田獵不宿。食飲不享。出入不節。則木不曲直。此失春令者也。臣知車駕今出。事從約省。所過吏人諷誦甘棠之德。雖然。動不以禮。非所以示四方也。惟陛下因行田野。循視稼穡。消搖仿佯。弭節而旋。至秋冬。乃振威靈。整法駕。備周衛。設羽旄。詩云。抑抑威儀。惟德之隅。臣不勝憤懣。伏自手書。乞詣行在所。極陳至誠。帝覽奏。即還宮。

桓帝延熹六年。車駕幸廣城校獵。光祿勳陳蕃上疏諫曰。臣聞人君有事於苑囿。唯仲秋西郊。順時講武。殺禽助祭。以敦孝敬。如或違此。則為肆縱。故皋陶戒舜無教逸遊。周公戒成王無盤于遊田。虞舜成王猶有此戒。況德不及二主者乎。夫安平之時。尚宜有節。況當今之世。有三空之厄哉。田野空。朝廷空。倉庫空。是謂三空。加兵戎未戢。四方離散。是陛下焦心毀顏。坐以待旦之時也。豈宜揚旗曜武。騁心輿馬之觀乎。又前秋多雨。民始種麥。今失其勸種之時。而令給驅禽除路之役。非賢聖恤民之意也。齊景公欲觀於海。放于琅邪。晏子為陳

百姓惡聞旌旗輿馬之音舉手頻眉之感景公為之不行周穆王欲肆車轍馬跡祭公謀父為誦祈招之詩以止其心誠惡逸遊之害人也書奏不納

後魏孝文帝車駕將水路幸鄴已詔都水回營構之材以造舟檝御史中尉高道悅表諫曰臣聞博納輿言君上之盛務規箴匡正臣下之誠節是以置鼓設謗爰自曩日虛襟博聽義屬今辰臣既隸魯濫蒙榮貫司兼獻弼職當然否佩遇恩華類陳聞見竊以都作營構之材錢別科擬素有定所工治已訖回付都水用造舟艦闕永固居宇之功作暫時遊嬉之用損耗殊倍終為棄物臣子來之誠本期營起今乃脩繕舟檝更為非務公私回惶僉深怪愕又欲御泛龍舟經由石濟其泌河挽道久已荒蕪舟檝之人素不便習若欲委棹正流深薄之危若令共慎若欲挽牽取進授衣之月躶形水陸恐乖視人若子之義且鄴洛相望陸路平直時乘沃若往來匪難更乃捨周道之安即涉川之殆此乃愚智等慮朝野俱惑進退伏思不見其可又從駕群寮聽將妻累舟檝之間更無限隔士女雜亂內外不分當今景御休明惟新式度裁禮調風軌物寰宇竊惟斯舉或損洪猷矣溥天順則之望又氐胡犯順未恭西道偏戎旗胄仍襲南寇對接近畿蠻民隸客每造不軌閑覦閒隙或生慮外愚謂應妙選懿親撫寧後事令姦回息覬覦之望遐寇絕闚疆之心臣稟性愚直知而無隱區區丹志冒昧以聞

宣武帝時車駕將幸鄴司徒左長史李平上表諫曰伏見已丑詔書雲軒鑾輅行幸有期鳳服龍驂赴駕近日將欲講武淇陽大習鄴魏馳驥騤於綠竹之區騁騂騏於漳滏之壤斯誠幽顯同忻人靈共悅臣之愚管竊有惑焉何者嵩京創構洛邑俶營雖年跨十稔根基未就代民至洛始欲向盡資產罄於遷移牛畜斃於輦運陵太行之險越長津之難辛勤備經得達京闕富者猶損太半貧者可以意知兼歷歲從戎不遑啟處自景明已來差得休息事農者未積二年之儲築室者裁有數間之屋莫不肆力伊瀍人急其務寔宜安靜新人勸其稼穡令國有九年之糧家有水旱之備若乘之以羈紲則所廢多矣一夫從役舉家失業今復秋稼盈田禾菽遍野鑾駕所幸騰踐必殷未若端拱中天坐招四海耀武嵩原禮射伊洛亡馬無跋涉之勞兆民有康哉之詠豈不美歟

唐太宗貞觀七年上將幸九成宮散騎常侍姚思廉進諫曰陛下高居紫極寧濟蒼生應須以欲從人不可以人從欲然則離宮遊幸此秦皇漢武之事故非堯舜禹湯之所為也言甚切至太宗諭之曰朕有氣疾熱便頓劇故非情好遊幸甚嘉卿意因賜帛五十段

十一年太宗東巡狩將入洛次於顯仁宮宮苑官司多被責罰侍中魏徵進曰陛下今幸洛州為是舊征行處庶其安定故欲加恩故老城郭之民未蒙德惠官司苑監多及罪辜或以供奉之物不精又以不為獻食此則不思止足志在奢靡既乖行幸本心何以副百姓所望隋主先命在下多作獻食獻食不多則有威罰上之所好下必有甚競為無限遂至滅亡此非載籍所聞陛下目所親見為其無道故天命陛下代之當戰戰慄慄每事省約參踪盛列昭訓子孫柰何今日欲在人之下陛下若以為足今日不啻足矣若以為不足萬倍於此亦不足也太宗大驚曰非公朕不聞此言自今已後庶幾無如此事

太宗幸洛陽宮泛舟于積翠池顧謂侍臣曰此宮苑臺沼是煬帝所為驅役生人窮此雕麗復不能守此一都以萬人為慮好行幸不息人所不堪昔詩人云何日不行何草不黃大東小東杼軸其空正謂此也遂使天下怨叛身死國滅今其宮苑盡為我有隋氏傾覆者豈惟其君無道亦由股肱無良如

宇文述虞世基裴蘊之徒居高官食厚祿受人委任惟行諂佞蔽塞聰明欲令其國無危亡理不可得也司空長孫無忌奏言隋氏之亡其君則杜塞忠讜之言臣則苟欲自全有過初不糾舉寇盜滋蔓亦不實陳據此即不惟天道實由君臣不相匡弼太宗曰朕與卿等承其餘弊惟須弘道移風使萬代永賴矣。

十四年上幸同州沙苑親格猛獸復晨出夜還特進魏徵奏曰臣聞書美文王不敢盤于遊畋傳述虞箴稱夷羿以為誡昔漢文臨霸坂馳下袁盎攬轡曰聖主不乘危不徼幸今陛下騁六飛馳不測之山如有馬驚車覆陛下縱欲自輕奈高廟何孝武好格猛獸相如進諫曰力稱烏獲捷言慶忌人誠有之獸亦宜然卒遇逸材之獸駭不存之地雖烏獲逢蒙之技不得用而枯木朽株盡為難矣雖萬全而無患然本非天子所宜近也孝元郊泰畤因留射獵薛廣德奏稱竊見關東困極百姓離災今日撞亡秦之鐘歌鄭衛之樂士

卒暴露從官勞倦如安宗廟社稷何馮河暴虎未之比也臣竊思此數帝心豈木石獨不好馳騁之樂而割情屈已從臣下之言者志存為國不為身也臣伏聞車駕近出親格猛獸晨出夜還以萬乘之尊闇行荒野踐深林涉豐草甚非萬全之計願陛下割私情之娛罷格獸之樂上為宗廟社稷下慰群寮兆庶太宗曰昨日之事偶屬塵昏非故然也自今深用為戒。

太宗嘗校獵同州時秋斂未訖咸陽丞劉仁軌諫曰今茲澍澤霑足百穀盛茂收纔十二常日贊調已有所妨又供獵事繕橋治道役雖簡省猶不損數萬少延一旬使場圃畢勞陛下六飛徐驅公私交泰璽書褒納。

玄宗開元五年帝幸東都國子祭酒褚無量上言昔虞舜之狩秩山川徧群神漢孝景祠黃帝橋山孝武祠舜九疑高祖過魏祭信陵君墓過趙封樂毅後孝章祠桓譚冢願陛下所過名山大川丘陵墳衍古帝王賢臣在祀典者並詔致祭修古受命之君必興滅繼絕崇德報功故存人之國大於救人之災立人之後重於封人之墓願到東都收叙唐初逮今功臣世絕者雖在支庶咸得承襲帝納其言。

十三年帝東封泰山道中數馳射為樂太子左庶子吳兢諫曰方登岱告成不當逐狡獸使有垂堂之危朽株之殆帝納之。

玄宗將西幸已復有旨與宰相云西幸有日般運已去仍聞京畿百姓猶有未安儻來歲非熟下人無向朕雖至彼復有何情欲延期至來冬待看穀麥卿等商度以為何似時張九齡等具奏曰洛陽城闕雖曰皇都至於宮苑之間制度本狹然風土氣候不甚宜人陛下以萬姓為心萬姓以陛下為命億兆所繫誠在聖躬聖躬若安倚顧小小陛下遂當行動今所降德音有利於人朕何顧惜發言惻隱感動神祇臣等幸聞至言不覺承聽聖恩愛育遂及於此又勅臣等商量進來者湛恩至德焉可使朝臣不知聖君鴻名未可令史官無述臣望宣聖

旨改用來年十月幸西京仍望具將本狀編示朝列并宣付史官。

玄宗將幸東都而太廟屋自壞帝問宰相宋璟蘇頲同對曰三年之喪未終不可以行幸壞壓之變天所以示教戒陛下宜停東巡脩德以荅至譴帝以問姚崇對曰臣聞隋取苻堅故殿以營廟而唐因之且山有朽壞乃崩況木積年而木自當蠹乎但壞與行會不緣行而壞且陛下以關中無年輸餉告勞因以幸東都所以為人不為己也百司已戒供擬既具請車駕如行期舊廟難復完盡奉神主舍太極殿更作新廟申奉誠大孝之德也帝曰卿言正契朕意賜絹二百匹詔所司如崇言天子遂東。

玄宗自東都還李林甫牛仙客知上厭巡幸乃增近道粟賦及和糴以實關中數年蓄積稍豐上謂高力士曰朕不出長安近十年天下無事朕欲悉以政事委林甫何如對曰天子巡狩古之制也且天下

大柄不可假人。彼威勢既成，雖復敕議之者，上不悅。力士頓首謝罪，上意乃解。力士自是亦不敢深言天下事矣。

肅宗時，史思明陷洛陽，有詔幸東京，將親征。考功郎中知制誥蘇源明上疏曰：霪雨積時，道路方梗，甚不可一也。自春大旱，秋苗耗半，斂穫未畢，先之以清道之役，申之以供頓之苦，甚不可二也。每立殿廊，見旌旗之下餓夫執殳，仆于行間，目見二三，市井餒殍，求食死于路，旁目見四五，甚不可三也。姦夫盜兒，連構接棟，磨礪以須陛下之出。御史大夫必不能遂清禁止，甚不可四也。聖皇巡蜀之初，都內財貨，吏民資產，糜散于道路之手，至有棄馬馱驢入宣政紫宸者，况陛下初有四海，威制不及曩時遠矣。今茲東狩，殆賊臣誘掖陛下而已。詩曰：三星在霤，謂危亡在於須臾。臣不勝嗚咽，爲陛下痛之。願速罷幸，不然，窮毗樂禍，已扼腕於下，甚不可五也。方今河洛驛騷，江湖叛渙，詩

曰：中原有菽，庶民采之。彼思明楚元，皆采菽之人也。陛下何遽輕萬乘而速成之耶。甚不可六也。大河南北，舉爲寇盜，王公以下，稟稍匱絕，將士糧賜，僅支日月，而中官宂食不減往年，梨園雜伎愈盛，今日陛下未得穆然高枕，殆繇此也。自非中書指使太常正樂外，餘一切放歸，給長牒勿事，須五六年後隨事蠲省，今聚而仰給，甚不可七也。李光弼技河陽，王思禮下晉原，衛伯玉拂扈，若過折支，不日可至。御史大夫王玄志壓巫閭，臨幽都，汝州刺史田南金踰關口，過二室，鄧景山凌淮泗，懍然而西，狂賊失勢，蹙于緱山之下，北不敢逾孟津，東不敢過鞏子，計日反接而至矣。陛下不坐而受之，乃欲親征，徇一朝之忿，甚不可八也。王者之於天地神祇，享之以牲幣而已。記曰：不祈方士。彼淫巫愚祝，安有闡說，甚不可九也。天子順動，人皆幸之之謂幸，人皆病之之謂不幸。臣等屢拂視聽，聯伏赤墀之下，頓顙流涕而出。雖陛下優容貸罪，凡百之臣，必昌言于朝，萬口謗于外，甚不可十也。臣聞子不諍於父，不孝也；臣不諍於君，不忠也。不孝不忠，爲苟榮冒祿，囹圄之物不若也。臣雖至賤，不能委身囹圄之中，將使樵夫冶而笑之。帝嘉其切直，遂罷東幸。

德宗時，翰林學士陸贄奏：言者先須勅旨已定行期，所司供承，亦聞粗備。但以霖潦方甚，道路阻艱，衆情同憂，莫敢論奏。今發日漸逼，陰雲尚繁，小大嗷嗷，愁懼轉甚。臣雖闇鈍，亦竊揣量，豈不知元惡初平，餘氛未殄，乃是逆順將分之際，吉凶多變之時，須速鎮安，理宜促駕，向使霖潦爲害，人功可施，其備禦由於智能，其役用止於煩費，其所患不及於性命，其可憂但在於人臣，則當公私罄財，上下竭力，務寧大業，寧恤暫勞。各應叶奉聖規，安敢復忤成命。良以褒斜峻阻，素號畏途，緣側逕於巔巖，綴危棧於絕壁，或百里之內，懸險且千，或一程

之中，涉水數四，若遇積雨，滯浸羣峯，澍流巨石，崩奔剝毀，棧絕深谷潺湲，往來不通，悉非功力之所支，籌略之所過。斯須之頃，跬步之間，倉黃遘殃，皆不可測。匹夫單騎，尚且過防，况萬乘時行，千官景從，而可以蹈不存之險，冒無禦之災乎。如或磴路深崩，閣道淪圮，環衛之儀少闕，屬車之馬微驚，縱有億徒，何所爲用。陛下欲無駭慮，其可得乎。又或霖滯更深，谿澗皆溢，逕路既絕，傳送無由，連山萬重，進退不可，一日乏食，將如之何。陛下欲無軫憂，固亦難矣。人主舉措，宜圖萬全，必先事以防危，不臨危而求幸。幸而獲濟，貽媿已深，不幸罹災，追悔何及。孔子曰：欲速則不達。誠哉是言。臣今非敢阻陛下欲速之情，但願以不達爲慮耳。儻迴睿旨，少俟開晴，則發期雖延，涉路無滯，不疾而速，允叶乾行，知幾其神，是謂天鑒。竊聞羣議，輒以上陳，懷懷懇誠，當冀昭納。

敬宗欲幸東都諫者甚衆上皆不聽已使按脩宮闕裴度從容言曰國家本設兩都以備巡幸然自多難以來宮闕營壘百司廨舍率已荒弛陛下儻欲行幸宜命有司徐加完葺然後可往上曰從來言事者皆謂不當往如卿所言不往亦可乃敕罷脩

宋真宗大中祥符四年將祀汾陰是時大旱京師近郡穀價踊貴龍圖閣待制孫奭上疏諫曰先王卜征五年歲習其祥祥習則行不習則增脩德而改卜陛下始畢東封更議西幸殆非先王卜征五年慎重之意其不可一也夫汾陰后土事不經見昔漢武帝將封禪故先封中嶽祠汾陰始巡幸郡縣遂有事於泰山今陛下既已登封復欲幸汾陰其不可二也古者圜丘方澤所以郊祀天地今南北郊是也漢初承秦唯立五畤以祀天而后土無祀故武帝立祠於汾陰自元成以來從公卿之議遷徙汾陰后土於北郊後之王者多不祀汾陰

今陛下已建北郊乃舍之而遠祀汾陰其不可三也西漢都雍去汾陰至近今陛下經重關越險阻輕棄京師根本而慕西漢之虚名其不可四也河東唐王業之所起也唐又都雍故明皇間幸河東因祠后土聖朝之興事與唐異而陛下無故欲祀汾陰其不可五也昔者周宣王遇災而懼故詩人美其中興以為賢主比年以來水旱相繼陛下宜側身脩德以荅天譴豈宜下徇姦回遠勞民庶盤游不已忘社稷之大計其不可六也夫雷以二月啓蟄八月收聲育養萬物失時則為異今震雷在冬為異尤甚此天意丁寧以戒陛下而反未悟殆失天意其不可七也夫民神之主也是以聖王先成民而後致力於神今國家土木之功累年未息水旱洊臻饑饉居多乃欲勞民事神神其享之乎此其不可八也陛下必欲為此者不過效漢武帝唐明皇巡幸所至刻石頌功以崇虚名誇示後世爾陛下天資聖明當慕二帝三王何為下襲漢唐之虚名其不可九也唐明皇以嬖寵姦邪内外交害身播國屯兵交闕下亡亂之迹如此由狃於承平肆行非義稔致禍敗今議者引開元故事以為盛烈乃欲倡導陛下而為之臣切為陛下不取此其不可十也臣言不逮意陛下以臣言為可取願少賜清閒以畢臣說帝遣内侍皇甫繼明就問又上疏曰陛下將幸汾陰而京師民心弗寧江淮之衆困於調發理須鎮安而矜存之况土木之功未息而奪攘之盗公行外國治兵不遠邊境使者雖至寧可保其心乎昔陳勝起於徭戍黄巢出於凶饑隋煬帝勤遠畧而唐高祖興於晉陽晉少主惑小人而耶律德光長驅中國陛下俯從姦佞遠棄京師涉仍歲荐饑之墟脩違經久廢之祠不念民疲不恤邊患安知今日戍卒無陳勝饑民無黄巢英雄將無窺伺於肘腋外敵將無覬覦於邊陲乎先帝嘗議封禪寅畏天災尋詔停寢今姦

臣乃贊陛下力行東封以為繼成先志先帝嘗欲北平幽朔西取繼遷大勲未集用付陛下則羣臣未嘗獻一謀畫一策以佐陛下繼先帝之志者反務卑辭重幣求和於契丹蹙國縻爵姑息於繼遷曾不思主辱臣死為可戒誣下罔上為可羞撰造祥瑞假託鬼神纔畢東封便議西幸輕勞車駕虐害饑民冀其無事往還便謂成大勲績是陛下以祖宗艱難之業為姦邪僥倖之資臣所以長嘆而痛哭也夫天地神祇聰明正直作善降之百祥作不善降之百殃未聞專事籩豆簠簋可邀福祥春秋傳曰國之將興聽於民將亡聽於神愚臣非敢妄議惟陛下終賜裁擇

七年奭又上疏曰陛下封泰山祀汾陰躬謁陵寢今又將祠于太清宫外議籍籍以謂陛下事事慕效唐明皇豈以明皇為令德之主耶甚不然也明皇禍敗之迹有足為深戒者非獨臣能知之近臣不言

者此懷姦以事陛下也明皇之無道亦無敢言者及奔至馬嵬軍士已誅楊國忠請矯詔之罪乃始諭以識理不明寄任失所當時雖有罪已之言覺寤已晚何所及也臣願陛下早自覺寤抑損虛華斥遠邪佞罷興土木永鑒危亂之迹無為明皇不及之悔此天下之幸社稷之福也

真宗時翰林學士李迪上言陛下東封時敕所過毋伐木除道即驛舍或州治為行宮裁令加塗墍而已及幸汾亳土木之役過往時幾百倍今蝗旱之災殆天意所以儆陛下也帝深然之

哲宗時監察御史陳次升奏曰臣伏聞有旨今月二十日幸金明池者臣竊觀孟子之言曰吾王不遊吾何以休吾王不豫吾何以助一遊一豫為諸侯度則知天子遊幸與民同樂適天下無事之時也今聞聖駕幸金明池有旨不過御橋是以主器至重社稷所繫其出入

起居兢慎如此實天下之福也臣竊觀與識以所造龍舟窮極工巧華麗尤甚陛下必須乘御以臣愚見乘船危乘橋安陛下尚不乘橋豈肯乘船耶雖然陛下若不乘船臣先事而言亦無所害萬一有之可為未然之戒臣安可以緘默傳有之曰千金之子不垂堂百金之子不倚衡聖主不乘危不徼倖又曰乘船危聖主不乘危伏願陛下念之哉

徽宗政和後多微行曹輔時為秘書省正字上疏曰陛下厭居法宮時乘小輿出入廛陌之中郊垧之外極遊樂而後反道塗之言始猶有忌今乃談以為常某日由某路適某所某時而歸又云輿飾可辨而避臣不意陛下當宗廟社稷付託之重玩安忽危一至於此夫君與民本以人合合則為腹心離則為楚越畔服之際在於斯須甚可畏也昔者仁祖視民如子惘然惟恐其或傷一旦宮闈不禁衛士輒踰禁城幾觸寶瑟荷天之休帝躬保佑細語有之盜憎主人主人何負於盜哉況今革冗負斥濫奪苦浮屠誅胥吏蚩蚩之民豈能一一引咎安分萬一當乘輿不戒之初一夫不逞包藏禍心發蠭蠆之毒奮獸窮之計雖神靈垂護然亦損威傷重矣又況有臣子不忍言者可不戒哉臣願陛下深居高拱淵默雷聲臨之以穹昊至高之勢行之以日月有常之度及其出也太史擇日有司除道三衛百官以前以後若曰省煩約費以便公私則臨時降旨存所不可闕損所未嘗用雖非祖宗舊制比諸微服晦迹不同臣庶堂陛陵夷民生姦望不猶愈乎

高宗建炎初將駐蹕建康車駕詣神主船燒香畢次幸普照寺尚書右丞許景衡上奏曰臣竊惟陛下巡幸恭迎太祖太宗神主載之前舟有司嚴奉如在太廟而陛下未敢升舟燒香者誠以非時瀆神恐

失禮也意者當俟駐蹕恭行奉安之儀然後禮文為稱今來道出淮泗方詣神主枉駕佛祠臣深恐天下議者以陛下緣致恭於僧伽歉神靈於宗廟不獨誠意有所未專而於禮文亦未為得也若以為行幸祈福耶則天子之行風伯清塵雨師洒道天地神明所共扶持豈若商旅細民每過淮泗則徼福塔廟耶又況祖宗巡幸並無臨佛祠款浮屠故事唯章聖皇帝東封道過睢陽見張巡許遠廟為之嘆賞表其忠義之節以為臣下之勸而已於此有以見帝王一嚬一笑豈無謂而發哉臣愚欲望聖明一意奉先之孝謹守祖宗之制無惑乎議者之謂而為有識者之所非也臣不勝拳拳竭忠愛君之至所有臨幸普照寺塔下燒香指揮伏乞特賜寢罷

紹興三十一年權吏部侍郎汪應辰上言曰臣伏見漢章帝幸河內詔曰精騎輕行無他輜重不得輒修道橋遠離城郭遣吏逢迎刺探

起居出入前後以為煩擾勤務省約但患不能脫粟糲飲耳又南幸詔曰所經道上郡縣無得設儲跱命司空自將送支柱橋梁有道使奉迎搽知起居二千石當坐又見唐太宗脩洛陽宮以備巡幸張元素極諫太宗謂房玄齡曰元素所言有理宜即罷役後日或以事至雖露居亦無傷也夫以章帝太宗當安平無事之時而行幸之際務從簡嗇至於如此恭惟陛下清心約已無所嗜好仁民愛物惟恐傷之比以虜人敗盟將士冒犯矢石之故寢不安席食不甘味為之避殿減膳今將親御戎輅大巡六師而臣竊聞沿路州縣自詔令下即已預為之備供辦之物名色猥衆其未必它日所當用者十居七八往往裒斂賒貸於民而胥吏又得寅緣以濟其貪至於填塞田畝毀撤廬舍以開廣道路甚非所以仰稱聖德欲望明降詔旨嚴行禁約有不奉承者坐之以示陛下恭儉仁厚與夫今日行幸之本意天下幸甚

孝宗時羅願奏曰臣聞帝王之出必嚴扈從故有大駕法駕千乘萬騎煩而不可省所以示尊嚴竦觀懼也陛下留心典禮出入有節自郊祀孟享之外惟德壽宮溫清之奉一月屢出兩宮相距不遠既不欲數蹕煩民往往駕輿行者未止而扈從之人積習生常恬然不戒至於已事還宮左右禁旅喘汗而相見小黃門諠哄於馬上此何為者也天下又安君臣簡易不過於觀美為不足今北有強敵方窺伺人誠不可以不戒又每春游豫與民同樂雖亦頗陳禁旅然鑾輿不御以萬乘之尊幅巾匹馬雜於扈騎之中繞出湖山數十里夾道觀者密近天威臣子之心不能不懼又毬馬之設雖以閑習武事然皆昧爽期入宮掖奔突馳驟揮霍紛紜雖武將胡人素精此技有如萬分一馬不受鞚手不應節跬步之間尚以相及願明詔有司出入之蹕申嚴扈從奏其尤不肅者謹游豫之防省毬馬之會陛下安則九廟安矣

理宗時牟子才上奏曰臣恭覩旨揮車駕以十月三日詣西太乙行款謁恭謝之禮臣切謂自漢武帝始祠太乙其後或隨太乙所在築室迎祠大率皆因方士雜引道經星曆之學而為之比者國家以五福太乙臨蜀分乃建西太乙於西湖之濱以為禬祈之地雖厥有故事然是役也土木鉅麗一時囊封匭奏已交言其非而或者又切議陛下他日必因款謁而為湖山游幸之舉今宗祀禮成親行恭謝陛下蓋將敬休神天禔福庶民夫豈以觀游為意然道塗之言皆謂有司飭橋梁除道路辦供給過為勞擾又傳是日欲張水嬉陳樂伎萬一果出於此豈不實或者游幸之說而有失陛下敬天愛民之初意乎逢迎者之論不過謂祖宗嘗屢詣西太乙而南渡以來亦有湖山之幸臣以為此承平時事今邊警未清事大單屈為何如時豈可盡循承平之盛觀以啓豐亨豫大之心乎恭惟陛下踐阼之始一款圜丘其後未嘗輕出郊也三十年間嚴恭寅畏動無過舉則今日之出臣尤以為不可不謹況乘輿出郊非它時比臣之隱憂又有在於言之外者陛下其可不為宗廟社稷深長思乎臣非不知聖意已定未易挽回觸忤威顏必取誅斥而區區忠愛不能自已用敢親書此奏昧死以聞伏惟陛下察臣愚衷深入宸慮自以其意特召大臣詳議其事明詔有司亟止此行庶幾舉動合宜青史書之可為萬世法而疑慮潛消宗廟社稷幸甚

子才又上奏曰臣比者西太乙指揮初下之時嘗密告陛下乞自以聖意明詔有司亟止此行蓋區區忠愛之志欲救正於未然乃量淺薄未能感動繼聞諸臣陸續亦有奏疏是公議不謀而同非臣一人

之私言也二十四日伏覩內批陛下非不敬悟此意而欵謁之行終未即止是猶以臣等之言為未然也其曰為國祈祥初無其它臨幸去處此意固甚明白但湖山嬉游歌舞之地民厭蕩產於此上夫溺志於此堂堂人主存一敬心隨寓皆福初無分於東西也又何必親出郊以勞千乘萬騎而啓諸人游幸之疑乎其曰應千排辦禮文務從簡約此意固亦甚善但乘輿出郊十里而遠所至除道斫木毀室寧免勞民與其省約於道塗之間曷若動循禮義謹重一出之為安且違乎陛下之意不過曰畿輔之盜近已肅清及今一出亦未為過不思淮甸未定蜀園未解並邊赤子殞命鋒鏑者不知幾千萬億陛下苟念及此切念聖心未嘗不淒然感頓也又不過曰百穀順成在在豐稔及今一出亦未為過抑不思湖湘襄蜀皆以旱告赤地千里民無宿儲公私之積良可哀痛陛下苟念及此切料聖意未嘗不慨然動心也又不過曰禋享太宮陰雲閟雨宗祀世室晧魄當空天地祖宗眷佑昭垂也今以冬享行恭謝欵謁之禮亦未為過抑不思景星慶雲非福我者也淒風苦雨殆儆予者也敬肆之念一分治忽之幾攸係前日畏威夙夜不敢荒寧是以有佑順之眷今以一晴霽之故遂謂之得天而肆以繼之庸詎知眷顧可長保乎陛下識見超邁遠覽古今其亦知臨幸之為害乎東轍亡周驪山覆秦此遠幸也華林畢罷梨園衰唐此近幸也今陛下鳴鑾蹕於湖山間亦隣乎近幸矣安知近幸不已它日不轉而為遠幸耶又有一說於聖躬頗有關係宣和間車駕時出正字曹輔諫曰萬一乘輿既駕之初一夫不逞發蜂蠆之微逞窮猷之計雖皇天后土宗廟靈神亟垂護佑然亦傷威損重又況有臣子不忍言者此所謂胡虜起於轂下也可不戒哉臣讀史至此未嘗不痛恨於當時而深哀輔之忠今陛下仁慈

亙國君民一心萬無如輔所言亦有不容不慮者四郊多壘將多艱危賊臣之孽嗣竄於舊海弄兵之餘黨伏於近畿禁衛何所而偽符得入宮闈何地而妖訛相恐重以連歲土木民怨載塗則曹輔之言臣以為未宜忽之也此一身之慮也又當為子孫萬世之慮作法於涼其弊猶貪作法於貪其弊若何今陛下臨幸西宮柰與一出遂為故事傳之後世又則習為常矣以陛下聖明閱歷既久艱難備知游幸之樂猶不能自制忠讜之論猶不能盡容後世子孫豈能皆賢臣恐必有以今日藉口而窮靡麗極盤遊於湖山之間而又有甚焉者矣方是之時國力困於供億民力疲於土木忠臣議士死於諫諍未必非陛下今日之舉有以啓之古之人君抑情制欲以為子孫貽謀之慮陛下不此之意獨柰何開而縱之乎陛下一幸西宮而開子孫奢縱之禍亦豈忍其至此也陛下試於燕閒之際超然遠覽撫然深思自一身之慮及子孫之慮以及天下國家之慮籌惟利害亟罷此行所抑者甚微而所存者甚大苟狃於左右逢迎之說玩細娛而忘大慮臣未知其可也臣又按漢史武帝元鼎五年立泰畤於甘泉親祠太乙武帝即位至此幾三十年而有此舉措蓋其學不足以明理理不足以制欲無足怪者陛下講學于今三十餘年此乃聖德成就之日所當同符堯舜而方欲效武帝親祠太乙之舉臣竊惜之始武帝既祠太乙遂下詔偁揚以為望見太乙若景光十有二通心修然其後益封太山祠后土幸建章巡海上作甘泉通天臺靡殆無虛歲蓋其侈心一萌不能自止可不懼哉且祠太乙所以致福而臣以漢史考之其初祠太乙之年日有食之自是旱蝗河決蛇鬪無歲無有而南越之叛匈奴之寇方在是年至於東方盜起巫蠱禍作下又相尋所謂福者乃如此武帝晚年始悟下詔以為平生所為狂悖嗚呼

亦已晚矣。武帝自謂其所爲狂悖。陛下試觀其所爲。豈不眞狂悖可笑。而奈何欲效之乎。武帝猶知所悔。而陛下豈甘在武帝下乎。豈必既晚而後悔乎。晚而悔之。豈有及乎。故臣願陛下以三十年講學之功。同符堯舜。而不願陛下與漢武比也。臣既效啓沃之忠。敢忘迂叟之議。用敢直前繳奏。以聞。欲望陛下痛察臣衷。改降指揮。特寢前命。以弭人言。夫從諫者。帝王之盛德。陛下欲駕幸西宮而止以人言。屈己從人之美。度越古今。其愈於執迷不復。使後之執筆而議者皆得以歸咎於今日遠矣。惟陛下亟圖之。

貼黃。祥符間。王欽若等建議封泰山。祠汾陰。是時王旦方相眞宗。心憚之。曰。王旦得無不可。欽若曰。臣得以聖意諭旦。宜無不可。旦既黽而從之。其後天書之事。不復異議。議者非之。今日之事。臣切料陛下必無畏相之心。而二三大臣相與逢迎。亦必不待諭而後從也。然則亦何賴焉。孟子曰。逢君之惡。其罪大。二三大臣尚可以王旦藉口乎。臣以爲非陛下毅然以理制欲。自止此行。則二三大臣決不能力陳正義。以回聖意也。

太學生劉黻上諫游幸疏曰。天下有道。人主以憂勤而忘逸樂。天下無道。人主以逸樂而忘憂勤。自昔國家乂安。四夷賓服。享國日久。侈心漸生。若漢武帝之鼎于震聾而有千門萬戶之觀。唐明皇之北邊無事。而有驪山溫泉之幸。至於隋之煬帝。陳之後主。危亡日迫。遊觀無度。不足效也。堯舜禹湯文武之兢業祗懼。終始憂勤。無逸言遊畋則不敢。日昃則不暇食。曷嘗借祈禳之說。以事遊觀之適。比年以來。以幸爲利。以玩爲常。未免有輕視世故。眇忽天下之心。罪于未嘗震聾而有武帝多欲之費耗。北邊未嘗無事而有明皇宴安之鴆毒。陛下春秋尚少。貽謀垂憲之機。悉在陛下。作而不法。後嗣何觀。自十數年間。創龍翔。創集慶。創西太乙。而又示之以遊幸。導之以禱祠。蠱之以虛誕不經之說。孔子曰。少成若天性。習慣如自然。積久毋改。孰牢不可破。誰得而正之。且西太乙之役。佞者進曰。太乙所臨分野則爲福。近歲自吳移蜀。信如祈禳之說。西北坤維按堵可也。今五六十州。安全者不能十數。敗降者相繼。福何在耶。武帝祠太乙於長安。至晚年以虛耗受禍。而後悔方士之繆。雖其悔之弗早。猶愈於終不知悔者也。大凡人主。不能無過。脫有過言過行。宰執侍從當言之。給舍臺諫當言之。搢紳士大夫當言之。皆所以納君於當道者也。今陛下未爲不知道。未爲不受人言。宰執以下。希寵而不言。與夫言之而不力。皆非所以愛陛下也。其心豈以此爲當而不必言哉。直以陛下爲不足以望堯舜禹湯文武之主。而以漢武明皇待陛下也。

金熙宗時。翰林待制兼右諫議大夫程寀上奏曰。古者天子皆有巡狩。無非事者。或省察風俗。或審理冤獄。或問民疾苦。以布宣德澤。皆巡狩之名也。國家肇興。誠恐郡國新民。逐末棄本。習舊染之汙。奢侈詐僞。或有不明之獄。僭濫之刑。或役無時。四民失業。今鑾輅省方。將憲古行事。臣願天心洞照。委之長貳。釐正風俗。或置匭匣以申冤枉。或遣使郡國問民無告。如古巡狩之事。昔漢昭帝問疾苦。求民瘼。如此。則和氣宣通。天下丕平。可坐而待也。

世宗將幸金蓮川。有司具辦。薛王府掾梁襄上疏極諫曰。金蓮川在重山之北。地積陰冷。五穀不殖。郡縣難建。蓋自古極邊荒棄之壤也。氣候殊異。中夏降霜。一日之間。寒暑交至。特與上京中都不同。尤非聖躬將攝之所。凡奉養之具。無不遠勞飛輓。越山踰嶮。其費數倍。至於頓舍之處。軍騎闐塞。主客不分。馬牛風逸。以鮮牧臧獲遁逃而莫得。奪攘蹂躪。未易禁止。公卿百官衛士富者車帳僅容。貧者穴居露處。輿臺皁隸。未免困踣。飢不得食。寒不得衣。一夫致疾。染及衆人。矢傷無辜。何異刃殺。此特細故耳。更有大於此者。臣聞高城峻池。深居邃禁。帝王之藩籬也。壯士健馬。堅甲利兵。帝王之爪牙也。今行宮之所。非有高殿廣宇城池之固。是廢其藩籬也。掛甲常坐之馬。日暴雨蝕。臣知其必羸瘠矣。禦侮待用之軍。穴居野處。冷咲寒眠。臣知其必疲瘵矣。衛宮周廬。才容數人。一旦霖潦積旬。衣甲弓刀。露濕𥿦脆。豈堪爲用。是失其爪牙也。秋杪將歸。人已疲矣。馬已弱矣。褁粮已空。楮衣已弊。猶且遠幸松林。以從畋獵。行於不測之地。往來之間。動踰旬月。轉輸移徙之勞。更倍於前矣。以陛下神武善騎射。舉世莫及。若夫銜橛之變。猛摯之虞。姑置勿論。設於行獵之際。烈風暴至。塵埃漲天。宿霧四塞。跬步不辨。以致翠華有崎嶇之避。霙城之遂。百官狼狽於道途。衛士參錯於隊伍。當此宸衷。寧無或悔。夫袖龍不可以失所。人主不可以輕行。良謂此也。所次之宮。草略尤甚。殿宇周垣。唯用氊布。押宿之官。上番之士。終日驅馳。加之飢渴。已不勝倦。更使徹曙巡警。露坐不眠。精神有限。何以克堪。雖陛下悅以使人。勞而不怨。豈若不勞之爲愈也。故君人者。不可恃人無異謀。要在處已於無憂患之域也。燕都地處雄要。北倚山險。南壓區夏。若坐堂隍。俯視庭宇。本地所生人馬勇勁。亡遼雖小。止以得燕。故能控制南北。坐致宋幣。燕蓋京都之選首也。況今又有宮闕井邑之繁麗。倉府武庫之充實。百官家屬。皆處其內。非同曩日之陪京也。居庸古北松亭榆林等關。東西千里。山峻相連。近在都畿。易於據守。皇天本以限中外。開大金萬世之基而設也。奈何無事之日。越居草萊。輕不貲之聖躬。愛沙磧之微涼。忽祖宗之大業。此臣所惜也。又行幸所過。山徑阻脩。林谷晻靄。上有懸崖。下多深壑。垂堂之戒。不可不思。臣聞漢唐離宮。去長安才百許

里。然武帝幸甘泉。遂中江充之姦。太宗居九成。幾致結社之變。太康畋於洛汭。后羿拒河而失邦。魏帝拜陵近郊。司馬懿竊權而篡國。隋煬海陵。雖惡德貫盈。人誰敢議。止以離棄宮闕。遠事巡征。其禍遂速。皆可爲殷鑒也。臣嘗論之。安民濟衆。唐虞猶難之。而今日之民。賴陛下之英武。無兵革之憂。賴陛下之聖明。無官吏之虐。賴陛下之寬仁。無刑罰之枉。賴陛下之節儉。無賦歛之繁。可謂能安濟矣。而遊畋納涼之幾。出於富貴之餘。靜而思動。非如衣食切身。有不可去者。罷之至易耳。唐太宗將行關南。畏魏徵而停。漢文帝欲馳霸陵。袁盎諫而還。二近陛下能行唐虞之難。行尚未能罷中主之易罷。臣所未諭也。且燕京之涼。非濟南之比。陛下牧濟南日。每遇炎蒸。未離府署。今九重之內。臺榭高明。宴安穆清。何暑得到。議者謂陛下北幸久矣。每歲隨駕大小。前歌後舞而歸。今茲再出。寧有還不可乎。臣愚以爲患生於不戒者多矣。西漢崇用外戚。高有王莽之禍。梁武好納叛降。而有侯景之變。今者累歲北幸。狃於無虞。往而不止。臣甚懼焉。夫事知其不可。猶冒爲之。則有後難必矣。議者又謂往年遼國之君。春水秋山。冬夏捺鉢。舊人猶喜談之。以爲眞得快樂之趣。陛下效之耳。臣愚以謂三代之政。今有不可行者。況遼之過舉哉。且本朝與遼室異。遼之基業根本在山北之臨潢。臣知其所遊不過臨潢之旁。亦無重山之隔。冬猶處於燕京。契丹之人。以逐水草牧畜爲業。穹廬爲居。遷徙無常。又壤地褊小。儀物殊簡。輜重不多。然隔三五歲方能一行。非歲歲皆如此也。我本朝皇業根本在山南之燕。豈可捨燕而之山北乎。上京之人。棟宇是居。不便遷徙。古今幅員萬里。惟奉一君。承平日久。制度殊異。文物增廣。輜重浩穰。隨駕生聚。殆逾於百萬。如何歲歲而行。以一身之樂。歲使百萬之人困於役。傷於財。不得其所。陛下其忍之

歟。臣又聞陛下於合圍之際，麋鹿充牣圍中，大而壯者才取數十以奉宗廟，餘皆縱之，不欲多殺，是陛下恩及於禽獸，未及於隨駕衆多之臣庶也。議者謂前世守文之主，生長深宮，畏見風日，彎弧上馬，皆所不能，志氣銷懦，筋力拘柔，臨難戰懼，束手就亡。陛下監其如此，不憚勤身，遠幸金蓮，至於松漠，名為坐夏打圍，實欲服勞講武，臣愚以為戰不可忘，畋獵不可廢，宴安鴆毒亦不可懷。然事貴適中，不可過當。今過防驕惰之患，先蹈萬有一危之途，何異無病而服藥也。況欲習武不必度關，涉易、雄、保、順、薊之境，地廣又平，且在邦域之中，獵田以時，誰曰不可。伏乞陛下發如綸之旨，回北轅之車，塞雞鳴之路，安處中都，不復北幸，則宗社無疆之休，天下莫大之願也。方今海內安治，朝廷尊嚴，聖人作事，固臣下將順之時，而臣以螻蟻之命，進危切之言，仰犯雷霆之威，陷於史議，小則名位削除，大則身首分磔，其為身計，豈不愚謬。惟陛下深思博慮，不以人廢言，以宗廟天下為心，俯垂聽納，則小臣素願遂獲，雖死猶生，他非所覬望也。世宗納之，遂為罷行。

章宗明昌四年，將幸景明宮，御史中丞董師中及侍御史賈鉉語書侍御史粘割遵古諫，以謂勞人費財，蓋其小者，變生不虞，所繫非輕。聖人法天地，以順動，故萬舉萬全。今邊鄙不馴，反側無定，必里哥孛瓦貪暴強悍，深可為慮。陛下若問諸左右，必有容悅而言者，謂堂堂大國，何彼之恤，蠭蠆有毒，患起所忽。今都邑壯麗，內外苑囿，足以優佚皇情，近畿山川，飛走充牣，足以閱習武事，何必千車萬騎，草居霜宿，遠介邊陲，遠煩偵候，以冒不測之悔哉。上不納，師中等又上疏曰：近年水旱為沴，明詔罪己求言，罷不急之役，省無名之費，天下欣幸。今方春東作，而亟遣有司修建行宮，揆之於事，似為不急。況西北二京臨潢諸路，比歲不登，加以民有養馬簽軍挑壕之役，財力大困，流移未復，米價甚貴，若鑾從至彼，又必增價，日糴升合者，口以萬數，舊籍北京等路商販給之，倘以物貴，或不時至，則飢餓之徒，將復有如曩歲殺太尉馬毀太府瓜菓出忽怨言，起而為亂者矣。書曰：民情大可見，小人難保。況南北兩屬部數十年，捍邊者今為必里哥孛瓦誘脇，傾族隨去，邊境搖蕩，如此可虞。若從之，而往豈聖人萬舉萬全之道哉。迺者太白晝見，京師地震，又北方有赤色，遲明始散。天之示象，冀有以警悟聖意，脩德銷變，矧夫逸遊古人所戒，遠自周、秦，近逮隋、唐與遼，皆以是生釁，可不慎哉，可不□□哉。

泰和二年，將幸長樂川，刑部尚書李愈切諫，曰：方今戍卒貧弱，百姓騷然。三又元近北陲，恒防外患，燕閑之□□和宮在兩山間，地形狹隘，雨潦遄集，固不若北宮池臺之勝，優游閒適也。上不從，夏四月，愈復諫曰：北部侵我舊疆，千有餘里，不謀雪恥，復欲北幸，一旦有警，臣恐丞相襄、樞密副使閣母等不足恃也。況皇嗣未立，群心未定，豈可遠事逸游哉。上異其言。

元世祖時，趙天麟上策曰：臣聞先王之□臨制也，馬上得之，而不以馬上治之，順天取之，而又以順天守之。□□其四邊有警，中夏未寧，方方興僕后之心，在在冀更生之日，有天□之□之濟世，不得已而用兵，事在合宜，心非自豫，造乎荊榛絕祇，烽火□□光，安不忘危，因時講武，故春夏秋冬之事，有蒐苗獮狩之名，轅置旌□以為門，褐纏質以為槷，前禽遂失，即鹿由虞，不常陳厲飾之文，氣□□三鼓，戴聖紀合圍之戒，禮用三驅，且根旅芟舍，治兵大閱，于以順□□長而習威儀，于以辨號名而讀書契，表田菜而是務，防戰事之不虞，豈耽嗜云乎哉，亦舉儀而已矣。今國家起統于玄冥之域，習俗于□矢之中，在潛龍之時，而派天濆之尊，馳志於斯，猶為未可。況飛龍之後，而承大器之重，存情于此，云何自輕。國家每春日載陽，乘輿北邁，金風薦爽，大駕南迴，因田事以選車徒，采珍異以供食膳，臣以太甚。敢罄愚衷，庶陛下之思之。頃歲兩蒐而不廢。夫弥旬延月，出伏從鸞，盖細柳之龍，臺接長楊之館。霓旌蔽日，靁鼓震天，九重之兵衛森森，萬乘之儀鑾凜凜。馳驅迅速，回互騰驤，天馬紛飛，斜衝橫騖。加之以崇岡峻阜，積藪長林，路不但於千盤，坂或同於九折。竊以千金之子，坐不垂堂。今陛下富無倫，貴無敵，豈宜類冒此險哉。夫敦弓洪矢，長戟利戈，窮山澤以設罝罘，合周圍而縱鷹犬。雲霄杳漠，無可逃之捷禽；陵谷交雜，無得逃之鷙獸。莫不摧翎御羽，絓角羈蹄，蹴血流於荒蕪，號脅慟於人耳。竊以君子見其生而不忍見其死，謂俟家獻肆而行仁術。今陛下稟聖人之資，居聖人之位，貴洽好生之德，用推不忍之心，豈宜屢為此事哉。文王不敢盤於遊畋，周公美之。漢文日射狐兔，賈山悼之。至於俎豆之實，固當親射；庖廚之舉，則有司存。伏望陛下遊神太素，端扆施仁，常存愛物之心，簡夫遊畋之事。華延弥旬之例，戒光武夜歸之失。廣德被動植之物，湯羅寬鳥獸之生。如此，則承恩聿致於吉祥，聞樂因之而率舞。使有知之民，傾心感戴，若服之國，竭化來賓。且如廣廈之下，細旃之上，公卿在後，保傅居前，談論治道，以調化機，討公論以和玉燭，周旋揖讓，不其樂哉。又何須親勞輿馭，逞雄心於兵馬之間，屈犯塵埃，取微樂於衡麋之上。故曰：好動不及好靜，有為不若無為。斯天下之想聞，乃聖王之大道也。

御史大夫脫脫扈從上都，還至雞鳴山之渾河，帝將畋于保安州，馬蹶。脫脫諫曰：古者帝王端居九重之上，日與大臣宿儒講求治道，至於飛鷹走狗，非其事也。帝納其言。

世祖車駕巡幸上都，監察御史崔敬上疏曰：太祖以上都為清暑之地，車駕行幸，歲以為常。閣有大安，殿有鴻禧，睿思所以保養聖躬，適起居之宜，存畏敬之心也。今失剌斡耳朵思乃先皇所以備宴游，非常時臨御之所。今陛下方以孝治天下，屢降德音，祗行宗廟親祀之禮，雖動植無知，罔不歡悅。而國家多故，天道變更，臣備員風紀，以言為職，願大駕還大內，居深宮，嚴宿衛，與宰臣謀治道，萬機之暇，則命經筵進講，究古今盛衰之由，緝熙聖學，乃宗廟之福也。

成宗元貞二年，監察御史李元禮上諫幸五臺疏曰：臣聞古人有言曰：天下之得失，生民之利害，社稷之大計，惟所見聞而不繫職司者，宰相得行之，諫官得言之。今朝廷雖不設諫官，監察御史職當言路，即諫官也。烏可坐視得失而無一言以裨益聖治萬分之一哉。伏見五臺剏建寺宇，土木既興，工匠夫役不下數萬人，附近數路州縣供億頓重，男不暇耕，女不暇織，百物踊貴，民將有不聊生者矣。又聞太后親臨五臺，布施金幣，廣資福利，其不可行者有五。何則？時當盛夏，禾稼方茂，百姓歲計全仰秋成。扈從經過，千乘萬騎，不無蹂躪。其不可一也。太后春秋已高，親勞聖體，往復暑途，數千里山川險惡，不避風日，輕冒霧露，萬一調養失宜，悔之無及。其不可二也。陛下即位以來，遵守祖宗成憲，正當兢業持盈之日，凡上舉動，必書簡冊，以貽萬世之則，書而不法，將焉用之。其不可三也。夫財不天來，皆出於民。今朝廷費用，百倍昔時，而又勞民傷財，以奉土木，其不可四也。佛者本西方聖人，以慈悲方便為教，不與物競，雖窮天下之珍玩供養，不為喜，雖無一物為獻，亦不為怒。今太后為國家為蒼生崇奉祈福，福未獲受，而先勞聖體，聖天子曠定省之禮，軫思親之懷，其不可五也。伏願中途回轅，端居深宮，儉以養德，靜以頤神，上以循先皇后之懿範，次以盡聖天子之孝心。下以慰元元之望。如此則不待祈福而福自至矣。臣元禮謬當言路。不避僭越而惓惓不已者。誠以臣子愛君之心切。冀其一悟聖聰。與其受不言之責。寧獲敢言之罪。天下幸甚。

武宗初即位上都。即巡狩三不剌之地。翰林學士王士用上奏曰。先帝新棄天下。陛下巡狩不以時還。無以慰安元元。宜輙還京師。且臣聞人君猶北辰然。居其所而衆星拱之。不在勤遠畧也。帝悟。即日可其奏。

文宗幸護國仁王寺。泛舟玉泉。監察御史蓋苗進曰。今頻年不登。邉隔不寧。政當恐懼脩省。何暇逸游。以臨不測之淵乎。帝嘉納之。賜以對衣上尊。即日還宮。

帝時車駕將田于柳林。御史臺臣諫曰。陛下春秋鼎盛。宜思文皇付托之重。致天下於隆平。況今赤縣之民。供給繁勞。農務方興。而馳騁冰雪之地。倘有銜橛之變。奈宗廟社稷何。

歷代名臣奏議卷之二百八十八

外戚

漢高后立諸呂為三王。擅權用事。朱虛侯劉章年二十。有氣力。忿劉氏不得職。嘗入侍高后燕飲。高后令章為酒吏。章自請曰。臣將種也。請得以軍法行酒。高后曰可。酒酣。章進飲歌舞。已而曰。請為太后言耕田歌。高后兒子畜之。笑曰。顧而父知田耳。若生而為王子。安知田乎。章曰。臣知之。太后曰。試為我言田。章曰。深耕穊種。立苗欲疏。非其種者。鉏而去之。呂后默然。

惠帝崩。太后稱制。議欲立諸呂為王。問右丞相王陵。王陵曰。高帝刑白馬盟曰。非劉氏而王。天下共擊之。今王呂氏。非約也。太后不悅。問左丞相陳平、絳侯周勃。勃等對曰。高帝定天下。王子弟。今太后稱制。王昆弟諸呂。無所不可。太后喜。罷朝。王陵讓陳平、絳侯曰。始與高帝啑血盟。諸君不在邪。今高帝崩。太后女主。欲王呂氏。諸君縱欲阿意背約。何面目見高帝地下。陳平、絳侯曰。於今面折廷爭。臣不如君。夫全社稷。定劉氏之後。君亦不如臣。王陵無以應之。

宣帝即位。霍光薨。封光兄孫山、雲皆為列侯。以光子禹為大司馬。霍氏諸壻親屬頗出補吏。山陽太守張敞上封事曰。臣聞公子季友有功於魯。大夫趙衰有功於晉。大夫田完有功於齊。皆疇其官邑。延及子孫。終後田氏篡齊。趙氏分晉。季氏專魯。故仲尼作春秋。迹盛衰。譏世卿最甚。迺者大將軍決大計。安宗廟。定天下。功亦不細矣。夫周公七年耳。大將軍二十歲。海內之命。斷於掌握。方其隆時。感動天地。侵迫陰陽。月朓日蝕。晝冥宵光。地大震裂。火生地中。天文失度。祆祥變怪。不可勝記。皆陰類盛長。臣下顓制之所生也。朝臣宜有明言曰。陛下襃寵故大將軍以報功德。足矣。間者輔臣顓政。貴戚太盛。君臣之務不明。請罷霍氏三侯皆就第。及衛將軍張安世宜賜几杖歸休。時存問召見。以列侯為天子師。明詔以恩。不聽。羣臣以義固爭而後許。天下必以陛下為不忘功德。而朝臣為知禮。霍氏世世無所患苦。今朝廷不聞直聲。而令明詔自親其文。非策之得者也。今兩侯以出。人情不相遠。以臣心度之。大司馬及其枝屬必有畏懼之心。夫近臣自危。非完計也。臣敞願於廣朝白發其端。直守遠郡。其路無由。夫心之精微。口不能言也。言之微眇。書不能文也。故伊尹五就桀。五就湯。蕭相國薦淮陰累歲乃得通。況乎千里之外。因書文諭事指哉。唯陛下省察。上甚善其計。然不召也。後禹山等謀不軌。事覺。禹要斬。夫人顯及諸女昆弟皆棄市。與霍氏相連坐誅滅者數十家。皇后霍氏廢處昭臺宮。封告者皆為列侯。初霍氏奢侈。茂陵徐福曰。霍氏必亡。夫奢則不遜。不遜必侮上。侮上者。逆道也。霍氏秉權日久。天下害之。而又行以逆道。不亡何待。乃上疏言霍氏太盛。陛下即愛厚之。宜以時抑制。無使至亡。書三上。輒報聞。至是人為徐福上書曰。臣聞客有過主人者。見其竈直突。傍有積薪。客謂主人更為曲突。遠徙其薪。不者且有火患。主人不應。俄而失火。鄰里共救之。幸而得息。於是殺牛置酒。謝其鄰人。灼爛者在於上行。餘各以功次坐。而不錄言曲突者。人謂主人曰。鄉使聽客之言。不費牛酒。終亡火患。今論功而請賓。曲突徙薪無恩澤。焦頭爛額為上客耶。主人乃寤而請之。今茂陵徐福數上書言霍氏且有變。宜防絕之。鄉使福說得行。則國無裂土出爵之費。臣無逆亂誅滅之敗。往事既已。而福獨不蒙其功。唯陛下察之。

宣帝思報大將軍霍光德。乃封光兄孫山為樂平侯。使以奉車都尉領尚書事。魏相因許廣漢奏封事言。春秋譏世卿。惡宋三世為大夫。及魯季孫之專權。皆危亂國家。自後元以來。祿去王室。政由冢宰。今

光死。子復為右將軍。兄子秉樞機。昆弟諸壻據權勢。在兵官。夫人顯及諸女皆通籍長信宮。或夜詔門出入。驕奢放縱。恐寖不制。宜有以損奪其權。破散陰謀。以固萬世之基。全功臣之世。

成帝時。王鳳專政。災異寖甚。劉向以宗室遺老。遂上封事諫曰。臣聞人君莫不欲安。然而常危。莫不欲存。然而常亡。失御臣之術也。夫大臣操權柄。持國政。未有不為害者也。昔晉有六卿。齊有田崔。衛有孫甯。魯有季孟。常掌國事。世執朝柄。然後田氏取齊。六卿分晉。崔杼弒其君光。孫林父甯殖出其君衎。弒其君剽。季氏八佾舞於庭。三家者以雍徹。並專國政。卒逐昭公。周大夫尹氏筦朝事。濁亂王室。子朝子猛更立。連年乃定。故經曰。王室亂。又曰。尹氏殺王子克。甚之也。春秋舉成敗。錄禍福。如此類甚衆。皆陰盛而陽微。下失臣道之所致也。故書曰。臣之有作威作福。害于而家。凶于而國。孔子曰。祿去公室。政逮大夫。危亡之兆。秦昭王舅穰侯及涇陽葉陽君專國擅執。上假太后之威。三人者權重於昭王。家富於秦國。國甚危殆。賴寤范睢言而秦復存。二世委任趙高。專權自恣。壅蔽大臣。終有閻樂望夷之禍。秦遂以亡。近事不遠。即漢所代也。漢興。諸呂無道。擅相尊王。呂產呂祿席太后之寵。據將相之位。兼南北軍之衆。擁梁趙王之尊。驕盈無厭。欲危劉氏。賴忠正大臣絳侯朱虛侯等竭誠盡節以誅滅之。然後劉氏復安。今王氏一姓乘朱輪華轂者二十三人。青紫貂蟬充盈幄內。魚鱗左右。大將軍秉事用權。五侯驕奢僭盛。並作威福。擊斷自恣。行汙而寄治。身私而託公。依東宮之尊。假甥舅之親。以為威重。尚書九卿州牧郡守皆出其門。筦執樞機。朋黨比周。稱譽者登進。忤恨者誅傷。游談者助之說。執政者為之言。排擯宗室。孤弱公族。其有智能者。尤非毀而不進。遠絕宗室之任。不令得給事朝省。恐其與己分權。數稱燕王

爲主以疑上心避諱呂霍而弗肯稱內有管蔡之萌外假周公之論兄弟據重宗族磐互歷上古至秦漢外戚僭貴未有如王氏者也雖周皇甫秦穰侯漢武安呂霍上官之屬皆不及也物盛必有非常之變先見爲其人微象孝昭帝時冠石立於泰山仆柳起於上林而孝宣即位今王氏先祖墳墓在濟南者其梓樹生枝葉扶疏出屋根垂地中雖立石起柳無以過此之明也事勢不兩大王氏與劉氏亦且不並立如下有泰山之安則上有累卵之危陛下爲人子孫守持宗廟而令國祚移於外親降爲皂隸縱不爲身奈宗廟何婦人內夫家外父母家此亦非太后之福也孝宣皇帝不與舅平昌侯權所以全安之也夫明者起福於無形銷患於未然宜發明詔吐德音援近宗室親而納信黜遠外戚毋授以政皆罷令就第以則效先帝之所行厚安外戚全其宗族誠東宮之意外家之福也王氏永存保其爵祿劉氏長安不失社稷所以褒睦外內之姓子子孫孫無疆之計也如不行此策田氏復見於今六卿必起於漢爲後嗣憂昭昭甚明不可不深圖不可不蚤慮易曰君不密則失臣臣不密則失身幾事不密則害成惟陛下深留聖思審固幾密覽往來之戒以折中取信居萬安之實用保宗廟久承皇太后天下幸甚

哀帝少在國見成帝委政外家王氏僭盛常內邑邑即位多欲有所匡正封拜丁傅奪王氏權師丹自以師傅居三公位得信於上上書言古者諒闇不言聽於冢宰三年無改於父之道前大行尸柩在堂而官爵臣等以及親屬赫然皆貴封舅爲陽安侯皇后尊號未定豫封父爲孔鄉侯出侍中王邑射聲校尉王邯等詔書比下變動政事卒暴無漸臣縱不能明陳大義復曾不能牢讓爵位相隨空受封侯增益陛下之過間者郡國多地動水出流殺人民日月不明五星失行此皆舉錯失中號令不定法度失理陰陽溷濁之應也臣伏惟人情無子年雖六七十猶博取而廣求孝成皇帝深見天命燭知至德以壯年克己立陛下爲嗣先帝暴棄天下而陛下繼體四海安寧百姓不懼此先帝聖德當合天人之功也臣聞天威不違顏咫尺願陛下深思先帝所以建立陛下之意且克己躬行以觀群下之從化天下者陛下之家也肺附何患不富貴不宜倉卒先帝不量臣愚以爲太傅陛下以臣託師傅故亡功德而備鼎足封大國加賜黃金位爲三公職在左右不能盡忠補過而令庶人竊議災異數見此臣之大罪也臣不敢言乞骸骨歸於海濱恐嫌於僞誠慚負重責義不得不盡死書數十上多切直之言

哀帝少而聞知王氏驕盛心不能善以初立故優之後月餘司隸校尉解光奏曲陽侯根宗重身尊三世據權五將秉政天下輻湊自效

根行貪邪臧累鉅萬縱横恣意大治室第第中起土山立兩市殿上赤墀戶青瑣遊觀射獵使奴從者被甲持弓弩陳爲步兵止宿離宮水衡供張發民治道百姓苦其役內懷姦邪欲筦朝政推親近吏主簿張業以爲尚書蔽上壅下內塞王路外交藩臣驕奢僭上壞亂制度案根骨肉至親社稷大臣先帝棄天下根不悲哀思慕山陵未成公聘取故掖庭女樂五官殷嚴王飛君等置酒歌舞捐忘先帝厚恩背臣子義及根兄子成都侯況幸得以外親繼父爲列侯侍中不思報厚恩亦聘取故掖庭貴人以爲妻皆無人臣禮大不敬不道於是天子曰先帝遇根況父子至厚也今乃背恩忘義以根嘗建社稷之策遣就國免況爲庶人歸故郡

哀帝欲封祖母傅太后從弟商鄭崇諫曰孝成皇帝封親舅五侯天爲赤黃晝昏日中有黑氣今祖母從昆弟二人已侯孔鄉侯皇后父

高武侯以三公封尚有因緣今無故欲復封商壞亂制度逆天人心非傅氏之福也臣聞師曰逆陽者厥極弱逆陰者厥極凶短折犯人者有亂亡之患犯神者有疾夭之禍故周公著戒曰惟王不知艱難唯耽樂是從時亦罔有克壽故衰世之君夭折蚤沒此皆犯陰之害也臣願以身命當國咎

哀帝時鮑宣上書諫曰竊見孝成皇帝時外親持權人人牽引所私以充塞朝廷妨賢人路濁亂天下奢泰亡度窮困百姓是以日蝕且十彗星四起危亡之徵陛下所親見也今柰何反覆劇於前乎朝臣亡有大儒骨鯁白首耆艾魁壘之士論議通古今喟然動衆心憂國如飢渴者臣未見也敦外親小童及幸臣董賢等在公門省戶下陛下欲與此共承天地安海內甚難今世俗謂不智者為能謂智者為不能昔堯放四罪而天下服今除一吏而衆皆惑古刑人尚服今賞

人反惑請寄為姦群小日進國家空虛用度不足民流亡去城郭盜賊並起吏為殘賊歲增於前凡民有七亡陰陽不和水旱為災一亡也縣官重責更賦租稅二亡也貪吏並公受取不已三亡也豪強大姓蠶食亡厭四亡也苛吏繇役失農桑時五亡也部落鼓鳴男女遮迣六亡也盜賊劫略取民財物七亡也七亡尚可又有七死酷吏毆殺一死也治獄深刻二死也冤陷亡辜三死也盜賊橫發四死也怨讎相殘五死也歲惡飢餓六死也時氣疾疫七死也民有七亡而無一得欲望國安誠難民有七死而無一生欲望刑措誠難此非公卿守相貪殘成化之所致耶群臣幸得居尊官食重祿豈有肯加惻隱於細民助陛下流教化者邪志但在營私家稱賓客為姦利而已以苟容曲從為賢以拱默尸祿為智謂如臣宣等為愚陛下擢臣巖穴誠冀有益毫毛豈徒欲使臣美食大官重高門之地哉天下乃皇天之天下也陛下上為皇天子下為黎庶父母為天牧養元元視之當如一合尸鳩之詩今貧民菜食不厭衣又穿空父子夫婦不能相保誠可為酸鼻陛下不救將安所歸命乎柰何獨私養外親與幸臣董賢多賞賜以大萬數使奴從賓客漿酒霍肉蒼頭廬兒皆用致富非天意也及汝昌侯傅商亡功而封夫官爵非陛下之官爵乃天下之官爵也陛下取非其官官非其人而望天悅民服豈不難哉方陽侯孫寵宜陵侯息夫躬辯足以移衆彊可用獨立姦人之雄或世尤劇者也宜以時罷退及外親幼童未通經術者皆宜令休就師傅急徵故大司馬傅喜使領外親故大司空何武師丹故丞相孔光故左將軍彭宣經皆更博士位皆歷三公智謀威信可與建教化圖安危龔勝為司直郡國皆慎選舉三輔委輸官不敢為姦可大委任也陛下前以小不忍退武等海內失望陛下尚能容亡功德者甚衆曾不能忍

武等邪治天下者當用天下之心為心不得自專快意而已也上之皇天見譴下之黎庶怨恨次有諫爭之臣陛下苟欲自薄而厚惡臣天下猶不聽也臣雖愚戇獨不知多受祿賜美食大官廣田宅厚妻子不與惡人結仇怨以安身邪誠迫大義官以諫爭為職不敢不竭愚惟陛下少留神明覽五經之文原聖人之至意深思天地之戒臣宣吶鈍於辭不勝惓惓盡死而已

平帝時中屠剛仕郡功曹時王莽專政朝多猜忌遂隔絕帝外家馮衛二族不得交宮剛常疾之及舉賢良方正因對策曰臣聞王事失則神祇怨怒姦邪亂政故陰陽謬錯此天所以譴告王者欲令失道之君曠然覺悟懷邪之臣懼然自刻者也今朝廷不考功校德而虛納毀譽數下詔書張設重法抑斷誹謗禁割論議罪之重者乃至腰斬傷忠臣之情挫直士之銳殆乖建進善之旌縣敢諫之鼓闢四門

之路。明四目之義也。臣聞成王幼少。周公攝政。聽言下賢。均權布寵無舊無新。唯仁是親。動順天地。舉措不失。然近則召公不悅。遠則四國流言。夫子毋之性。天道至親。今聖主幼少。始免襁褓。即位以來。至親分離。外戚杜隔。恩不得通。且漢家之制。雖任英賢。猶援姻戚。親疏相錯。杜塞閒隙。誠所以安宗廟重社稷也。今馮衛無罪久廢不錄。或處窮僻。不若民庶。誠非慈愛忠孝承上之意。夫爲人後者自有正義。至尊至卑。其埶不嫌。是以人無賢愚。莫不爲怨。姦臣賊子。以之爲便。不諱之變。誠難其慮。今之保傅。非古之周公。周公至聖。猶尚有累。何況事失其衷。不合天心者哉。昔周公先遣伯禽守封於魯。以義割恩。寵不加後。故配天郊祀。三十餘世。霍光秉政。輔翼少主。修善進士。名爲忠直。而尊其宗黨。權抑外戚。結貴據權。至堅至固。終沒之後。受禍滅門。方今師傅皆以伊周之位。據賢保之任。以此思化。則功何不至。

不思其危。則禍何不到。損益之際。孔父攸歎。持滿之戒。老氏所慎。蓋功冠天下者不安。威震人主者不全。今承衰亂之後。繼重敝之世。公家屈竭。賦斂重數。苛吏奪其時。貪夫侵其財。百姓困乏。疾疫夭命。盜賊群輩。且以萬數。軍行衆止。竊號自立。攻犯京師。燔燒縣邑。至乃訛言。積弩入宮。宿衛驚懼。自漢興以來。誠未有也。國家微弱。姦謀不禁。六極之效。危於累卵。王者承天順地。典爵主刑。不敢以天官私其宗。不敢以天罰輕其親。陛下宜遂聖明之德。昭然覺悟。遠述帝王之迹。近遵孝文之業。差五品之屬。納至親之序。亟遣使者徵中山太后。置之別宮。令時朝見。又召馮衛二族。裁與冗職。使得執戟親奉宿衛。以防未然之符。以抑患禍之端。上安社稷。下全保傅。內和親戚。外絕邪謀。

東漢光武時。蔡茂爲廣漢太守。時陰氏賓客在廣漢郡界。多犯吏禁。輙糾案無所回避。會洛陽令董宣舉糾湖陽公主。帝始怒收宣。既而赦之。茂旨宣剛正。欲令朝廷禁制貴戚。乃上書曰。臣聞興化致教。必由進善。康國寧人。莫大理惡。頃者貴戚椒房之家。數因恩勢。干犯吏禁。殺人不死。傷人不論。臣恐繩墨棄而不用。斧斤廢而不舉。近湖陽公主奴殺人西市。而與主共輿。出入宮省。逋罪積日。冤魂不報。洛陽令董宣直道不顧。干主討姦。陛下不先澄審。召欲加箠。當宣受怒之初。京師側耳。及其蒙宥。天下拭目。今者外戚憍逸。賓客放濫。宜勑有司案理姦罪。使執平之吏求中其用。以厭遠近不緝之情。光武納之。

章帝初立。以明德太后故。尊崇舅氏。馬廖兄弟並居職任。廖等傾身交結。冠蓋之士爭赴趣之。司空第五倫以后族過盛。欲令朝廷抑損其權。上疏曰。臣聞忠不隱諱。直不避害。不勝愚狷。昧死自表。書曰。臣無作威作福。其害于而家。凶于而國。傳曰。大夫無境外之交。束脩之饋。

近代先烈皇后雖友愛天至。而卒使陰就歸國。徙廢陰興賓客。其後梁竇之家。互有非法。明帝即位。竟多誅之。自是洛中無復權戚。書記請託。一皆斷絕。又譬諸外戚曰。苦身待士。不如爲國。戴盆望天。事不兩施。臣常刻著五藏。書諸紳帶。而今之議者。復以馬氏爲言。竊聞衛尉廖以布三千匹。城門校尉防以錢三百萬。私贍三輔衣冠。知與不知。莫不畢給。又聞臘日亦遺其在洛中者錢各五千。越騎校尉光。臘用羊三百頭。米四百斛。肉五千斤。臣愚以不應經義。惶恐不敢以不聞。陛下情欲厚之。亦宜所以安之。臣今言此。誠欲上忠陛下。下全后家。裁蒙省察。及馬防爲車騎將軍。當出征西羌。倫又上疏曰。臣愚以爲貴戚可封侯以富之。不當職事以任之。何者。繩以法則傷恩。私以親則違憲。伏聞馬防今當西征。臣以太后恩仁。陛下至孝。恐卒有纖介。難爲意愛。聞防請杜篤爲從事中郎。多賜財帛。篤在鄉里所廢。客君美陽女弟為馬氏妻恃此交通在所縣令若其不法收繫論之今來防所議者咸致疑怪況乃以為從事將恐議及朝廷今宜為選賢能以輔助之不可復令防自請人有損事望苟有所懷敢不自聞及諸馬得罪歸國而竇氏始貴倫復上疏曰臣得以空虛之質當輔弼之任素性驚怯位尊爵重抱迫大義思自策厲雖遭百死不敢擇地又況親遇危言之世哉今承百王之敝人尚文巧咸趨邪路莫能守正伏見虎賁中郎將竇憲椒房之親典司禁兵出入省闥年盛志美卑讓樂善此誠其好士交結之方然諸出入貴戚者類多瑕舋禁錮之人尤少守約安貧之節士大夫無志之徒更相販賣雲集其門眾煦飄山聚蚊成雷蓋驕佚所從生也三輔論議者至云以貴戚廢錮當復以貴戚浣濯之猶解酲當以酒也詖險趨埶之徒誠不可親近臣愚願陛下中宮嚴勅憲等閉門自守無妄交通士大夫防其未萌慮於無形令憲永保福祿君臣交歡無纖介之隙此臣之至所願也

元和三年太尉鄭弘病篤上書曰竇憲姦惡貫天達地海內疑惑謂憲何術以迷主上近日王氏之禍晻然可見陛下處天子之尊保萬世之祚而信讒佞之臣不計存亡之機臣雖命在晷刻死不忘忠願陛下誅四凶之罪以厭人鬼憤結之望

和帝永元二年以竇憲為車騎將軍詔使者為憲弟篤景並起邸第興造勞役百姓愁苦侍御史何敞上疏諫曰臣聞匈奴之為桀逆久矣平城之圍慢書之恥此二辱者臣子所為捐軀而必死高祖呂后忍怒還忿舍而不誅伏惟皇太后秉文母之操陛下履晏晏之姿匈奴無逆節之罪漢朝無可慙之恥而盛春東作興動大役元元怨恨咸懷不悅而猥復為衛尉篤奉車都尉景繕修館第彌街絕里臣雖斗筲之人誠竊懷怪以為篤景親近貴臣當為百僚表儀今眾軍在道朝廷焦脣百姓愁苦縣官無用而遽起大第崇飾玩好非所以垂令德示無窮也宜且罷工匠專憂北邊恤人之困書奏不省後拜為尚書復上封事曰夫忠臣憂世犯主嚴顏譏刺貴臣至以殺身滅家而猶為之者何邪君臣義重有不得已也臣伏見往事國之危亂家之將凶皆有所由較然易知昔鄭武姜之幸叔段衛莊公之寵州吁愛而不教終至凶戾由是觀之愛子若此猶飢而食之以毒適所以害之也伏見大將軍竇憲始遭大憂公卿比奏欲令典幹國事憲深執謙退固辭盛位懇懇勤勤言以深至天下聞之莫不說喜今踰年無幾大禮未終卒然中改兄弟專朝憲秉三軍之重篤景總宮衛之權而虐用百姓奢侈僭偪誅戮無罪肆心自快今者論議洶洶咸謂叔段州吁復生於漢臣觀公卿懷持兩端不肯極言者以為憲等若有匪懈之志則已受吉甫褒申伯之功如憲等陷於罪辜則自取陳平周勃順呂后之權終不以憲等吉凶為憂也臣敞區區誠欲計策兩安絕其綿綿塞其涓涓上不欲令皇太后損文母之號陛下有誓泉之譏下使憲等得長保其福祐然臧獲之謀上安主父下存主母猶不免於嚴怒臣伏惟累祖蒙恩至臣八世復以愚陋旬年之間歷顯位備機近每念厚德忽然忘生雖知言必夷滅而冒死自盡者誠不忍目見其禍而懷默苟全駙馬都尉瓌雖在弱冠有不隱之忠比請退身願抑家權可與參謀聽順其意成宗廟至計竇氏之福

時樂恢為尚書僕射見憲兄弟放縱亦上疏諫曰臣聞百王之失皆由權移於下大臣持國常以勢盛為咎伏念先帝聖德未永早棄萬國陛下富於春秋纂承大業諸舅不宜幹正王室以示天下之私經曰天地乖互眾物夭傷君臣失序萬人受殃政失不救其極不測方今之宜上以義自割下以謙自引四舅可長保爵土之榮皇太后永無慙

負宗廟之憂。誠策之上者也。

四年。大將軍竇憲誅。河南尹張酺上疏曰。方憲等寵貴。群臣阿附唯恐不及。今嚴威既行。皆言當死。不復顧其前後。臣伏見夏陽侯瓌每存忠善。捡敕賓客未嘗犯法。臣聞王政骨肉之刑有三宥之義。過厚不過薄。宜加貸宥以崇厚德。帝感其言。瓌遂得全。

安帝始親政事。追感祖母宋貴人。悉封其家。又元舅耿寶及皇后兄弟閻顯等並用威權。尚書翟酺上疏諫曰。臣聞。微子佯狂而去殷。叔孫通背秦而歸漢。彼非自疎其君。時不可也。臣荷殊絕之恩。蒙值不諱之政。豈敢雷同受寵。而以戴天履地。伏惟陛下應天履祚。歷值中興。當建太平之功。而未聞致化之道。蓋遠者難明。請以近事徵之。昔竇、鄧之寵。傾動四方。兼官兼綬。盈金積貨。至使議弄神器。改更社稷。豈不以埶尊威廣。以致斯患乎。及其破壞。頭顙墮地。願為孤豚。豈可

得哉。夫致貴無漸失必暴。受爵非道殃必疾。今外戚寵幸。功均造化。漢元以來。未有等比。陛下誠仁恩周洽。以親九族。然祿去公室。政移私門。覆車重尋。寧無摧折。而朝臣在位。莫肯正議。翕翕訿訿。更相佐附。臣恐威權外假。歸之良難。虎翼一奮。卒不可制。故孔子曰。吐珠於澤。誰能不含。老子稱。國之利器。不可以示人。此最安危之極戒。社稷之深計也。夫儉德之恭。政存約節。故文帝愛百金於露臺。飾帷帳於皁囊。或有譏其儉者。上曰。朕為天下守財耳。豈得妄用之哉。至倉穀腐而不可食。錢貫朽而不可校。今自初政已來。日月未久。費用賞賜已不可算。斂天下之財。積無功之家。帑藏單盡。民物彫傷。卒有不虞。復當重賦百姓。怨叛既生。危亂可待也。昔成王之政。周公在前。邵公在後。畢公在左。史佚在右。四子挾而維之。目見正容。耳聞正言。一日即位。天下曠然。言其法度素定也。今陛下有成王之尊。而無數子之佐。雖欲崇雍熙。致太平。其可得乎。自去年已來。災譴頻數。地坼天崩。高岸為谷。脩身恐懼。則轉禍為福。輕慢天戒。則其害彌深。願陛下親自勞恤。研精致思。勉求忠貞之臣。誅遠佞諂之黨。損玉堂之盛。尊天爵之重。割情欲之歡。罷宴私之好。帝王圖籍。陳列左右。心存亡國所以失之鑒。觀興王所以得之。庶災害可息。豐年可招矣。奏書不省。而外戚寵臣咸畏惡之。

永初中。鄧太后兄大將軍騭以母憂上書乞身。太后不欲許。以問班昭。昭因上疏曰。伏惟皇太后陛下躬盛德之美。隆唐虞之政。闢四門而開四聰。采狂夫之瞽言。納芻蕘之謀慮。妾昭得以愚朽身當盛明。敢不披露肝膽以效萬一。妾聞謙讓之風。德莫大焉。故典墳述美。神祇降福。昔夷齊去國。天下服其廉高。太伯違邠。孔子稱為三讓。所以光昭令德。揚名于後者也。論語曰。能以禮讓為國。於從政乎何有。由是言之。推讓之誠。其致遠矣。今四舅深執忠孝。引身自退。而以方垂

未靜。拒而不許。如後有毫毛加於今日。誠恐推讓之名不可再得。緣見遠及。故敢昧死竭其愚情。自知言不足采。以示蟲蟻之赤心。太后從而許之。於是騭等各還里第焉。

質帝本初元年。盡封梁冀萬三千戶。又封其子弟及宦者劉廣等皆為列侯。太尉杜喬諫曰。陛下即位。不急忠賢之禮。而先左右之封。梁氏一門。宦者微孽。並帶無功之綬。裂勞臣之土。其為乖濫。胡可勝言。苟遂斯道。豈伊傷政為亂而已。喪身亡國。可不慎哉。

桓帝元嘉中。郎中汝南袁著年十九。見梁冀凶縱。不勝其憤。乃詣闕上書曰。臣聞仲尼歎鳳鳥不至。河不出圖。自傷卑賤不能致也。今陛下居得致之位。又有能致之資。而和氣未應。賢愚失序者。埶分權臣。上下壅隔之故也。夫四時之運。功成則退。高爵厚寵。鮮不致災。今大

將軍位極功成。可爲至戒。宜遵懸車之禮。高枕頤神。傳曰。木實繁者披枝。害心。若不抑損權盛。將無以全其身矣。左右闇臣言將側目切齒。臣特以童蒙見拔。故敢忘忌諱。昔舜禹相戒。無若丹朱。周公戒成王。無如殷王紂。願除誹謗之罪。以開天下之口。

晉武帝太康中。遷裴頠爲尚書左僕射侍中。俄而使領專任門下事。固讓不聽。頠上言賈模適亡。復以臣代。崇外戚之望。彰偏私之舉。后族何嘗有能自保。皆知重親無脫者也。然漢二十四帝。惟孝文光武明帝不重外戚。皆保其宗。豈將獨賢。實以安理。故也。昔穆叔不拜越禮之饗。臣亦不敢聞殊常之詔。又表云。咎繇謨虞。伊尹相商。呂望翊周。蕭張佐漢。咸播功化。光格四極。暨于繼體。咎單傅說。祖己樊仲。亦隆中興。或明揚側陋。或起自庶族。豈非尚德之舉。以臻斯美哉。歷觀近世。不能慕遠。溺於近情。多任后親。以致不靜。昔疎廣戒太子以舅氏爲官屬。前世以爲知禮。況朝廷何取於外戚。正復才均。尚當先其疎者。以明至公。漢世不用馮野王。即其事也。

東晉明帝即位。以明穆皇后兄庾亮爲中書監。上疏讓曰。臣凡鄙固陋。少無殊操。昔以中州多故。舊邦喪亂。隨侍先臣。遠庇有道。爰容逃難。求食而已。不悟徼時之福。遭遇嘉運。先帝龍興。垂異常之顧。既眷同國士。又申以婚姻。遂階親寵。累忝非服。弱冠濯纓。沐浴芳風。頻煩省闥。出總六軍。十餘年間。位超先達。無勞受遇。無與臣比。小人祿薄。福過災生。止足之分。臣所宜守。而偷榮昧進。日爾一日。謗讟既集。上塵聖朝。始欲自聞。而先帝登遐。區區微誠。竟未上達。陛下踐阼。聖政惟新。宰輔賢明。庶僚咸允。康哉之歌。實存于至公。而國恩不已。復以臣領中書。臣領中書。則示天下以私矣。何者。臣於陛下。后之兄也。姻婭之嫌。與骨肉中表不同。雖太上至公。聖德無私。然世之喪道。有自來矣。悠悠六合。皆私其姻。人皆有私。則天下無公矣。是以前後二漢咸以抑后黨安。進婚族危。向使西京七族。東京六姓。皆非姻族。各以平進。縱不悉全。決不盡敗。今之盡敗。更由姻昵。臣歷觀庶姓在世。無黨於朝。無援於時。植根之本輕也。薄也。苟無大瑕。猶或見容。至於外戚。憑託天地。連勢四時。根援扶疎。重矣大矣。而或居權寵。四海側目。事有不允。罪不容誅。身既招殃。國爲之敝。其故何耶。由姻媾之私。群情之所不能免。是以疏附則信。姻進則疑。疑積於百姓之心。則禍成於重闈之內矣。此皆往代成鑒。可爲寒心者也。夫萬物之所不通。聖賢因而不奪。冒親以求一寸之用。未若防嫌以明至公。今以臣之才兼如此之嫌。而使內處心膂。外總兵權。以此求治。未之聞也。以此招禍。可立待也。雖陛下二相明其愚款。朝士百僚頗識其情。天下之人。安可門到戶說。使皆坦然邪。夫富貴榮寵。臣所不能忘也。刑罰貧賤臣所不能甘也。今恭命則愈。違命則苦。臣雖不達。何事背時違上。自貽患責邪。實仰覽殷鑒。量己知弊。身不足惜。爲國取悔。是以悾悾屢陳。丹款而微誠淺薄。未垂察諒。憂惶屏營。不知所措。願陛下垂天地之鑒。察臣之愚。則臣雖死之日。猶生之年矣。疏奏。帝納其言而止。

成帝時。蘇峻平。護軍將軍庾亮上疏曰。臣凡鄙小人。才不經世。階緣戚屬。累忝非服。叨竊彌重。謗議彌興。皇家多難。未敢告退。遂隨展轉。便煩顧任。先帝不豫。臣參侍醫藥。登遐顧命。又豫聞後事。豈云德授。蓋以親也。臣知其不可。而不敢逃命。實以田夫之交。猶有寄託。況君臣之道。義貫自然。哀悲眷戀。不敢違距。且先帝謬顧。情同布衣。既今恩重命輕。遂感遇忘身。加以陛下初在諒闇。先后親覽萬機。宣通外內。臣當其地。是以激節驅馳。不敢依違。雖知無補。志以死報。而才下位高。知進忘退。乘寵驕盈。漸不自覺。進不能撫寧外內。退不能推賢宗長。遂使四海側心。誇議沸騰。祖約蘇峻不堪其憤。縱肆兇逆。事由臣發。社稷傾覆。宗廟虛廢。先后以憂逼登遐。陛下旰食踰年。四海哀惶。肝腦塗地。臣之招也。臣之罪也。朝廷寸斬之。屠戮之。不足以謝祖宗七廟之靈。臣灰身滅族。不足以塞四海之責。臣負國家。其罪莫大。實天所不覆。地所不載。陛下矜而不誅。有司縱而不戮。自古及今。豈有不孝不忠如臣之甚。不能伏劍北闕。偷存視息。雖生之日。亦猶死之年。朝廷復何理齒臣於人次。臣亦何顏自次於人理。臣欲自投草澤思愆之心也。而明詔謂之獨善其身。聖旨不垂矜察。所以重其罪也。願陛下覽先朝謬授之失。雖垂寬宥。全其首領。猶宜棄之。任其自存自沒。則天下粗知勸戒之綱矣。

隋文帝仁壽二年。兵部尚書柳述尚蘭陵公主。怙寵使氣。帝問符璽直長韋雲起以外間不便事。述時侍側。雲起曰。柳述驕豪。未嘗經事。

兵機重要。非其所堪。臣恐物議以為陛下官不擇賢。專私所愛。斯亦不便之大者。帝甚然之。

唐太宗貞觀七年。蜀王妃父楊譽在省競婢。都官郎中薛仁方留身勘問。未及予奪。其子為千牛。於殿庭陳訴云。五品以上。非反逆。不合留身。以是國親。故生節目。不肯決斷。淹留歲月。太宗聞之。怒曰。知是我親戚。故作如此艱難。即令杖仁方一百。解所任官。魏徵進曰。城狐社鼠皆微物。為其有所憑恃。故除之猶不易。況世家貴戚。舊號難理。漢晉以來。不能禁禦。武德之中。以多驕縱。陛下登極。方始肅條。仁方既是職司。能為國家守法。豈可枉加刑罰。以成外戚之私乎。此源一開。萬端爭起。後必悔之。將無所及。自古能禁斷此事。惟陛下一人。備豫不虞。為國常道。豈可以水未橫流。便欲自毀隄防。臣竊思度。未見其可。太宗曰。誠如公言。向者不思。然仁方輒禁不言。頗是專擅。雖不合重罪。宜少加懲肅。乃令杖二十而赦之。

武后已持政。稍自肆。於是武承嗣請立七廟。追王其先。中書令裴炎諫曰。太后天下母。以盛德臨朝。宜存至公。不容追王祖考。示自私。且獨不見呂氏事乎。后曰。呂氏之王。權屬生人。今追崇先世。在亡迹異。安得同哉。炎曰。蔓草難圖。漸不可長。后不悅而罷。

中宗神龍元年。立韋氏為后。贈后父玄貞上洛王。左拾遺賈虛己上疏曰。異姓不王。古今通制。今中興之始。萬姓仰觀。而先王后族。非所以廣德美於天下也。且先朝贈后父太原王。殷鑒不遠。須防其漸。

玄宗開元中。皇后父王仁皎卒。將葬。用昭成皇后家竇孝諶故事。墳高五丈一尺。侍中宋璟等請如著令。帝已然可。明日復詔如孝諶者。璟還詔曰。儉德之恭。侈惡之大也。僭禮厚葬。前世所誡。故古墓而不墳。人子於哀迷。則未皇以禮自制。故聖人制齊斬緦免。衣衾棺槨。各

有度數。雖有賢者。斷其私懷。般皆務奢。獨能以儉。所謂至德要道者。中宮若謂孝諶踰制。初無非者。一切之令。固不足以法。貞觀時。嫁長樂公主。魏徵謂不可加長公主。太宗欣納。而文德皇后降使厚謝。韋庶人追王其父。擅作酆陵。而禍不旋踵。國家知人情無窮。故為制度。不因人以搖動。不變法以愛憎。比來人間競務靡葬。今以后父重戚。不憂乏用。高冢大寢。不畏無人。有事官給。一朝可就。而區區屢聞者。欲成朝廷之政。中宮之美爾。儻中宮情不可奪。請准令一品陪陵墳四丈。差合所宜。帝曰。朕常欲正身紀綱天下。於后容有私邪。然人所難言。公等乃能之。即可其奏。又遣使賚綵絹四百匹。

憲宗時。宰臣延英奏事畢。因言及前古外戚專寵害政。上曰。朕每以此為監。外戚不惟止於無權。未嘗假其顏色。正為此也。宰臣李絳等曰。鑒往古之失。立當今之制。事光千古。道冠百王。今妃后家外戚之

勢。向外都不知有袛畏恭慎。常恐有違。至於職位賜與賓客聚會。豈惟無敢踰制。實亦不逺常人。所以自陛下臨御已來。后族戚里之家無一人有犯法懲責。蓋制於未然之所致也。上甚悅曰。今豈得如此乎。若有踰越。朕必寛捨此。却是安全外戚之道也。宰臣陳賀曰。陛下抑御外戚之道。從古帝王無及。今者聖旨引遠曆政先照。可垂萬代之法也。

文宗開成三年。以郭旼為邠寧節度使。上問柳公權以外議。對曰。郭旼除邠寧。外間頗以為疑。上曰。旼尚父之姪。太后叔父。自金吾作小鎮。外間何尤焉。對曰。非謂旼不應為節度使也。聞陛下近取旼二女入宮。有之乎。上曰然。入參太皇太后耳。公權曰。外間不知。皆云旼納女後宮。故得方鎮。上曰。然則柰何。對曰。獨有自南内遣歸其家。則外議自息矣。上即日從之。

歷代名臣奏議卷之二百八十八

歷代名臣奏議卷之二百八十九

外戚

宋仁宗天聖七年群牧判官龐籍上奏曰。帝王行法。必從近始。使左右貴戚畏而不犯。犯而不捨。則天下孰敢輕重哉。夫左右之臣貴寵之戚。出入禁闥綢繆寵遇。凡常之見。所望惟恩。望恩不已。驕怨漸積。諸葛亮所謂寵之以位。位極則賤。順之以恩。恩竭則慢。夫有賤位之心。繼以慢恩之意。未有不猖蹶踰檢縱肆無憚者矣。過惡既盈。然後寘之文法。此前代之亡身覆族者皆由驕之大過。制之不早故也。所謂將欲福之。適是禍之。不若以義而斷其恩。以法而制其漸。知有過不捨。則大過不生矣。知無故不賞。則僥望自息矣。諸葛亮所謂威之以法。法行則知恩。限之以爵。爵加則知榮。是也。使其操履自守。常有懼禍之心。寵渥所被。必懷感恩之意。永保元吉。與國同休。豈非王者待左右親戚之至仁乎。孰若養成癰疽。使至決潰也。臣頃為開封府兵曹參軍。伏見王世融因毆本府客司軍將仇保。法當贖銅。特勅勒任。且仇保京府一走吏耳。世融貴戚之子也。陛下責其橫恣。越法停官。此實國家用法之至當。而保全戚里之深心也。若陛下制馭左右貴戚。皆如世融。則何患法不行。而人不畏乎。況此數年事耳。固未忘於聖心。近聞作坊料物庫監官連宮掖之戚。侵盜官物。事發而逃。三司案捕之。次降旨不令窮究。此非臣本職。得自風傳。萬一有之。未為美事。陛下何不使推窮其事。付之於法。俟其知過。後或因赦文稍加收敘。或以衣食豢養。不使任職。若因而悛改。是陛下再造其身也。此乃公法不屈私恩。亦隆臣切感聖斷異於曩時也。計過則此重而彼輕也。論屬則彼親而此疎也。議罪則彼加法而此貸刑也。臣恐中外有或效之者。繩之以法。是同罪異罰矣。因而寛之。是法憲廢矣。昔漢武時。隆慮公主病。因以金千斤錢千萬為子昭平君豫贖死罪。上許之。隆慮公主卒。昭平君驕醉殺人。廷尉請論。武帝曰。法令者先帝所造也。用弟故而誣先帝之法。吾何面目入高廟乎。又下負萬民。乃可其奏。哀不能自止。且隆慮帝妹也。昭平帝婿也。復已許其贖死。而終不貸貰者。蓋食言之恥小。而廢法之失大也。故臣願陛下謹法制。以齊中外也。

景祐三年。右司諫供諫職韓琦上奏曰。臣歷觀方冊。槩見后黨。率從憑藉。罕務檢修。是故抑其勢則獲安。縱其欲則招禍。矧屬聖神御宇。慈孝及親。既務全恩。誠宜杜漸。臣竊以新授成州防禦使楊景宗起於寒悴。本無勳績。特緣戚里。遂冒貴階。荐警盜於列城。復總戎於要地。肆情犯法。所在奏論。矜貸實多。豪暴無改。近者莊惠皇太后上僊。乘驛歸闕。所宜哀號夙夜。以極追懷。而乃未及解驂。遽思廣第。丁謂故宅。昔已賜給。制度宏壯。宇室延袤。都輦之下。鮮克倫比。況乎左右民舍已從安處。一旦驟令移徙。不容尋卜所居。遂至罷擊閭閻。驚驅老幼。悉令暴露。咸使悲嗟。復近於殿廷。恣其忿詬。輒成喧厲。必達上聰。恭惟密禁至嚴。清光甚邇。臣下所履。跼蹐為常。在於宮掖之間。猶無畏忌。使之州郡之內。孰遏侵陵。苟不舉劾其非。誡勉於後。是使無知之性。居職任浸為小過。謂親寵而不問。稔成巨愆。豈憲律之當捨。是則有漸而故滋其蔓。推恩而不保其終。徒惻上仁。足傷醲化。臣欲乞詔下有司。明按其罪。或屈法以俾之嚮善。或中罰以懲其不恭。盡繫宸衷。少塞輿議。臣猥參諫職。但聲所聞。固不敢乘隙以傾人。相時而言事。蓋欲陛下全外族而隆孝治。存國體也。

慶曆四年。右司諫供諫職余靖上奏曰。臣竊聞已降敕命。差職方員外郎張堯佐提點府界諸縣鎮公事。外議皆言堯佐識見淺近。依託

後宮嬪嬙之勢。已得內降指揮改賜章服。又從內批與省府差遣。大臣依違不能堅執。遂與府界提點。伏惟陛下損節浮費。救減後宮。絕斜封之官。無私謁之寵。此皆日來親行至美之事。安得更使人言藉藉如此。臣深為陛下惜之。大凡嬪御親姻。但多與財帛。足表恩意。至如堯佐進士出身。自當隨其才望。與之差遣。何必躐等待之。以騰物議。府界提點比省府判官。固是降等。其如呂公弼亦是辭三司判官就此差遣。未及半年。早已遷陟。議者不論其才。但言是故相之子。所以進用太速。將來堯佐若循此例昇進。外議亦只謂是斜封私謁之類。竊恐上累聖德。若陛下必欲愛之。不若與有職田一近郡。正以表陛下屈己從人之德。於堯佐資序。亦無所損也。

八年。殿中侍御史何郯上奏曰。臣伏覩近日后族戚里非次改官猶多。朝廷爵賞。本以寵待勞臣。非素有勳績。即須循年考。今橫恩過寵。輕授無度。竊恐近戚之家。迭相攀援。人懷異望。若各從所求。即是名器高下。皆以恩授。陛下至公在御。凡一爵賞。皆循典制。推此恩澤。必是近歲戚姻入內有所干求。聖心念親親之故。不欲拒絕。所以致冒賞貪進之人衆。而煩瀆聖聽。況舊有條約。后妃親命婦不許因入內投進文字。求內批旨揮差遣及非次改轉恩澤。如有內批指揮。即令樞密院進呈。具此條貫執奏。不得輒便施行。朝廷著令。如此明白。臣下尚不遵此。若從而遂之。即是啓僥倖之門。塞公平之路。此風寖行。為害不細。伏望聖慈以義斷恩。特賜指揮。其近戚干求非次改轉恩澤。一切止絕。所貴重惜爵秩。以允公議。

皇祐元年。郯又奏曰。臣伏聞祖宗與故宗室姻戚。未嘗委之典禁兵及任要官。近年因李昭亮授管幹殿前馬步軍都指揮使公事。郭承祐相繼被用。遂成此例。緣自先朝至今。宗室諸院尚未有預領民事

者今以兵權付之近戚竊恐競相扳援漸干國政至公任使雖無親踈然於防微杜漸之道固為遠慮伏望詔中書門下樞密院稽求列聖故事自今與宗室連姻臣僚更不得除授典掌侍衛及樞要之任仍立為永制以絕後來非異之人

三年鄭出知漢州又奏曰臣伏見三司使禮部侍郎張堯佐慶曆三年冬從開州來是時猶作南宮散郎自頃至今不五六年間遂歷盡委近遍尹京邑乃司計籍緣堯佐雖由進士登第歷官無他過然驟被寵用人情皆以止緣後宮之親非復以才能許之況三司使位望任使為二府之亞跬步便至今堯佐充三司使已踰年若大饗訖事衆議謂陛下以酬勞為名必當進用堯佐在兩府果如衆議命行之日言事之臣必以死爭當是之時陛下欲決用堯佐則當黜言者聽用言者即須罷堯佐酌之兩塗必難並立然用堯佐而黜言者則累

德聽言者而罷堯佐則傷恩累德則損歸聖躬傷恩則怨起近戚欲聖躬無所損外戚無所怨莫如富貴堯佐而不假之以權如李用和處之正得宜也前古近戚成敗之間其鑒不遠崇寵適當則不免禍欲抑損得所則必能安全禍欲安全不唯其家繫之抑亦國隨而興衰也此書傳所載不可悉數陛下聰明固宜監觀往事以為社稷之計前歲陛下備禮冊命貴妃外廷紛紜已有物議然臣當時未嘗論列者蓋以天子列嬪妃之位明有典章若不干預政事置亦無害今用堯佐至三司使已是預政事況於進處二府則天下之議當以為如何堯佐進用與否固亦未測陛下之意然而已進用而後言縱能追罷其人臣須發直名於陛下已損盛德固莫若先事而言冀陛下審處其事使無過差則君臣上下之道兩得之矣臣以言責在陛下左右周旋四五年但事干朝廷大體及大姦大惡無不論列蒙陛下多賜采納今以親老方將外補唯於堯佐一事心知不可而遂不達一言貽異時臣負懷情不盡之責故於將行不敢默默而復布腹心焉伏望陛下幸採臣章俯從公議不徇一時之寵以全千古之名則鉄●盡南山之竹不足載德美之盛與夫寵一人而失天下之心者不可同日而語也

皇祐間知諫院錢彥遠上奏曰臣風聞閤門使李璋欲除軍中職名竊以李璋本由戚屬恩澤入官三五年間坐躋顯仕未歷邊防經歷事任加以人才懦弱別無勲勞委之師旅未協公議安危之本所繫非輕且諸將有久戍沙漠早立勲績者及外戚貴屬在李璋上者引李璋為比乞軍中職名則朝廷何以拒之與之則恩賞失宜不與之則中心觖望可否之際措置頗艱且李璋既主兵馬即須出臨疆埸素無韜略之蘊訓練之嚴萬一飭屬小出斯人何以捍禦本謂愛之

實害之也或朝廷以李璋戚屬可加恩禮不若俟其少有勲勞擢進官資則事體兩全名實相副欲乞出自聖意特賜寢罷李璋管軍指揮庶合中外公議

知諫院包拯上奏曰臣伏覩陛下即位僅三十年奉承祖宗謨訓未有反道敗德之事陛下固知之乃五六年超擢張堯佐群臣皆切議于下然而迹其過不在陛下在女謁近習及執政大臣也何以言之蓋女謁近習動伺陛下之所為知陛下繼嗣未立而有所私冀不揣有趨向而附結之執政大臣不思規陛下以大義乃從諛順指高官要職惟恐堯佐不滿其意使陛下有私昵後宮之過也此豈愛君之心哉且以本朝故事言之昭憲皇太后誕生祖宗有基命之烈其諸弟杜審肇審瓊老纔有得一節度使者雷有終以工部侍郎討平西川得宣徽使李至於先朝有東宮之舊自工部尚書參知政事才用

為武勝軍節度使。錢若水任樞密副使。李士衡以尚書左丞為三司使。以及陛下之朝。李維為翰林學士承旨刑部尚書。陳堯咨為翰林學士知開封府。並止授觀察使。夏竦立兩府自三司使戶部尚書止得徽節度使。後二年。方加宣徽使。鄭戩亦曾任樞密副使以資政殿大學士知并州。後方加宣徽使。又一年。乃除節度使。今堯佐謂之親則孰若杜審肇兄弟乎。謂之賢而功孰若雷有終李至錢若水乎。而宣徽節度使并以與之。若非內外協應蒙惑擾亂。寧至此哉。堯佐叨授如此。懸盡不知。真清朝之穢污白晝之魑魅也。況下制之日。陽精閼塞。氛霧繾起。天道固於人事不遠。伏望陛下斷以大義。稍割愛情。追寢堯佐過越之恩。必不得已。宣徽節度使擇與其一。仍罷群牧制置使之命。俾之外郡以安全之。如此。則仰合天意。俯順人情。而重新盛德矣。

拯又奏曰。臣等伏見張堯佐除授宣徽南院使。制命復下。物議騰沸。況臣等以言為職。豈敢私自顧慮各為身謀哉。直以趣告再行。若因守前議。復乞追奪。於朝廷事體。亦似未安。所以進退惶惑。不即論列。雖然事體有必須裁制者。不可不深察。臣等不得不極陳也。張堯佐怙恩寵之厚。僥求覬望。不知紀極。始欲得宣徽使。今既行前命付與之矣。雖出領外鎮。將來必求入覲。即圖本院供職。以至安相重任名器之大者。盡可皆緣恩私無求而不獲。必快己欲以熏灼天下。此不可不深察也。伏望思已然之失。為杜漸之制。特降詔旨。申敕中書門下。諭以堯佐比緣恩私。不次超擢。享此名位。已為過越。將來更不令覬使相之任。及不許本院供職。仍趣赴河陽任所。庶幾壓塞人情。防杜間隙。臣等不勝為國納忠激切之至。

拯又奏曰。臣等伏以陛下凡事克己。鮮有過舉。止於堯佐寵甚不無眾口交非。若厭物情。理須裁抑。然自去冬力爭此事。幸賜開納。天下皆仰聖度能虛懷而徇諫也。今來重申前命。所以不即論列乞行追奪者。蓋為朝廷曲全事體爾。其如大恩不可頻假。群心不可固違。假之頻。則損威。違之固。則兆亂。伏望以國家至計為念。檢會臣等前後劄子。必賜施行。不勝懇激之極。

御史中丞王舉正上奏曰。臣伏覩張堯佐優異之恩。無有其比。竊以堯佐素乏材能。徒以寅緣後宮。僥倖驟進。國家計府須材。以辦經費。堯佐猥尸其職。中外咸謂非據。近者臺諫繼有論列。陛下雖罷其任使。而復加崇寵。轉踰于前。併授四使。又賜二子科名。賢愚一詞。無不嗟駭。夫爵賞名數。天下之公器。不當以後宮疏戚庸常之材。過授寵渥。使忠臣義士無所激勸。且堯佐居職。物論紛紜。固當引分辭避。而畏然恃賴。曾無一言自陳。叨竊居位。日覬大用。及異恩既出。復託以

假告未祇受。其意尚若不足。繼有邀求。不虞君命。莫甚於此者。昔漢元帝時。馮野王以昭儀之兄在位多舉其行能。帝曰。吾用野王。後世必謂我私後宮親戚。本朝太宗皇帝孫妃之父止授南班散秩。蓋保全後宮戚屬。不令事勢僭盛以取顛覆。伏望陛下遠鑒前古美事。近守太宗皇帝聖範。追取堯佐新命。除與一郡。以熄中外之議。伏以陛下自臨馭以來。孜孜勤勵無有失德。今忽行此事。有損聖明。若濫賞必行。則朝綱威柄。由此隳紊。四方駭任人之失。二鄙萌輕國之心。臣方叨司憲。適覩除命。事干國體。不敢緘默。望聖慈開納。速降指揮。或臣言之不行。即乞罷臣憲司。出補遠郡。

舉正又奏曰。臣近以張堯佐再除宣徽使。三嘗論奏。且人君御天下。惟爵賞為大公。受授非當。則天下竊議。堯佐本常才。但以寅緣後宮。叨遷非次。自去年冬。罷三司使。除宣徽使。制命方出。中外莫不駭聽。

甚時臣與諫官御史至留班欲廷議而爭之尋罷宣徽使尚忝節度名品今四方多虞災異數見若非獎擢有功任用賢良則何以上答天戒下慰民望哉堯佐自罷宣徽使方逾半年端坐京師以尸厚祿今復授之益增鄙誚此乃執政不念祖宗基業之重順爾固寵不能執奏制命既行有損聖德若陛下不納臣盡忠愛君之請必行堯佐濫賞竊位之典即乞黜臣以誡不識忌諱愚直之人

殿中丞同知禮院司馬光上奏曰臣聞明主勞心力以求諫和顏色而受之士猶畏懦而不敢進況震之以威壓之以重而望忠臣之至直言之入難矣臣之不忠言之不直而天下不安萬事治者未之有也臣竊見臺諫官屢以張堯佐事上言而陛下執之益堅拒之益固前日臺諫官等守閤請對陛下卻而不內中外之人莫不駭愕以為異事昔漢元帝欲用馮昭儀兄野王為御史大夫既而疑曰吾恐後

世謂吾私於後宮遂不用今堯佐有野王之嫌而無其才陛下不次用之數年間自散郎至宣徽使彼雖實有可稱天下之人安可家至戶曉使謂陛下不私後宮哉抑又聞之人有種木而甚愛之者盛夏日方中而灌之木不旋踵而萎種而愛之非不勤也然灌之不以其時適所以敗之也今陛下貴用堯佐適過其分天下已側目扼腕而疾之又復摧折忠諫以重其罪是正日中而灌木也臣竊為堯佐寒心而陛下獨不為之深思遠慮哉非獨如是而已前者臺諫官不得對之日陰霧冥冥跬步相失寒氷著木終日不解臣謹按洪範五行傳聽之不聰是謂不謀厥咎急厥罰常寒又按京房書謂之蒙氣此皆陰氣太盛壅蔽陽明上下否塞疑惑不決之象天意昭然有如教語行道之人皆知其異陛下純孝嚴恭天命容納直言深明得失此非臣之諫乃天下所共知也獨柰何以堯佐之故忽天戒而不顧人言而不從輕祖宗之爵祿違古今之明鑒著之簡策使天下之人有以議聖德之萬一或累於光融高大之美此臣所以日夜痛心疾首寢不能安食不能飽深為陛下重惜者也臣聞臣之事君猶子事父也豈有父獲大謗於外而子不以告且不諫哉惟陛下亟召諫臣使竭其所聞采納其言而慰安其意以厭上天之心解外廷之惑闢忠讜之路塞寵倖之門則天下歡然歌頌盛德豈有窮哉昔漢明帝作德陽殿鍾離意諫即時罷之後乃復作殿成謂群臣曰鍾離尚書在此殿不成矣然明帝非不欲為殿也所以屈意罷之者欲全諫臣之節而開直言之端也今臺諫官前後言堯佐者數矣陛下曾不留神省察少為裁減以慰其心夫人主所欲為人臣豈能強變之哉顧自今以往事復有大於堯佐者在列之臣喋喋拱手視之而已矣此非朝廷之福也不然群臣猶朽木陛下猶雷電安可以力校哉惟陛

下察之而已矣

光又論李瑋知衛州狀曰右臣竊聞駙馬都尉李瑋出知衛州兗國公主入居禁中瑋所生母楊氏歸瑋兄璋之宅其公主宅祗應人等悉令散遣外議籍籍無不怪愕伏以陛下始者追念章懿太后選瑋使之尚主欲以申固姻戚富貴其家今以公主之故使李氏母子離析家事流落大小憂懼殆不聊生豈始所以結婚之意哉近者章懿太后忌日陛下閱篋中之故物思平生之居處獨能無雨露之感悽愴之心乎臣愚以為陛下宜且留李瑋在京師其公主宅祗應人等除作過者遠加竄逐出外其餘並令如舊儲偫什物皆按堵不移以俟歲月之間徐以義理曉諭公主庶幾回意易慮率德遵禮復歸本宅則中外之情無不釋然不然公主必無復歸李氏之志者則今日致此衆議紛紜煩瀆聖聽皆由公主縱恣胸臆無所畏憚數違君父

之命。陵蔑夫家。豈可使李瑋獨蒙斥逐出外。而公主爵邑請受全無駈擯。非所以示天下至公之道也。

嘉祐元年。知諫院范鎮上奏曰。臣伏見駙馬都尉李瑋家指使小底已及四五十人。至今不住傳宣差送。又門下出入舉人皆豪室子弟僥倖無賴者。又修建主第功役過甚。伏以陛下只有公主一人。其駙馬所宜愛之。納之於善。不可陷之於不善。今李瑋年少。正當向學。而多使僥倖無賴之人在其左右。修建居室。復大僭侈。非所謂納之於善也。欲乞指揮約定指使小底人數量留外。其餘人放令逐便。所有出入舉人。亦宜慎選。免致將來僥求恩澤。別招人言。仍定居室之制。以防僭侈之萌。此皆愛惜李瑋之事。伏惟必賜施行。

四年。江休復上奏曰。臣伏見陛下躬親大祫之禮。裸見祖宗之靈。所以崇祖妣之恩。識昭穆之敘。凡在宗屬。莫不助祭。至於配祔之聖母后之家。年祀浸深。子孫替墜。薦奠之際。其何以慰神靈之想哉。臣竊見漢章帝詔曰。四時陵廟無人助祭先后者。朕甚傷之。此肅宗所以發德音也。今駿奔在廟者不過一二近戚。至於杜賀之家。未待之族。興微紹絕。未有聞焉。唐開元初。除昭成皇后四從叔太子洗馬。仍令檢校本宗子弟。此亦前代之令典也。昭憲皇太后誕育二聖。爲一代姜任。今子弟失序。宅宇蕩析。唐挺直言尚猶贖第還付其家。矧先后之近屬乎。臣謂宜因祫享大慶。應先后之家子孫替墜者。糾合皆賢。隨材擢敘。量其厚薄遞加恩恤。臣苟有所見。不敢緘默。

五年。知制誥楊畋上奏曰。臣竊覩祖宗故事。郭進戍西山。董遵誨姚內斌守環慶。與彊寇對壘十餘年。未嘗有轉官之寵。蓋謹重名器。必須平寇難靜邊陲。然後俾之遷授。今李瑜等無尺寸裨補之功。特以外戚故除之。臣恐天下謂陛下忽祖宗謹重名器之訓。開親戚僥倖

之門。由緣私恩。輕用王爵。後有扞寇立功者。復以何官而賞之。是以不敢命詞。

七年。御史中丞王疇上奏曰。臣聞爲國之要。號令必信。賞罰必當。而後治。若號令雖具而不行。爵賞雖行而不中。欲求貴倖斂縮。紀綱振舉。不可得已。近制武臣刺史以上。非有功不得遷。此實陛下謹守祖宗故事。欲使爵賞之柄不濫而不私也。今劉永年特以章獻太后姪過推恩澤。使餘人不得援例。抑以條例爲不足守。而朝廷可以自作而自廢邪。法令因公於一人而作之。又私於一人而廢之。何以取信於天下。苟謂永年久次而當遷。則刺史以上豈更無一人歲月稍深於永年者。今日指揮但使孤寒之人隔在恩外。不得與永年爲比。豈至公之意乎。

英宗治平元年。知諫院司馬光上奏曰。臣竊聞陛下欲加曹佾使相。皇太后再三不許。又聞有聖旨令皇后本家分析親的骨肉聞奏。亦與推恩。臣愚以爲皇太后既深執謙遜。抑損外親。則后族亦恐未宜褒進。伏望陛下宣諭兩府。后族恩澤並未可施行。且俟他時徐議其事。一則示人子恭孝之心。不敢使后族先於母黨。二則示人君即政之初。不可以爵祿待賢之具獨私椒房之親。其於聖德益有光榮。

神宗時。知諫院楊繪上奏曰。臣竊以人主之於恩命。不可不謹其源。其源一開。攀援其例者。數十年猶氾濫而不可止矣。向氏之宗。於陛下爲后族也。高氏之宗。於陛下爲母族也。曹氏之宗。於陛下爲祖母族也。伏覩差防禦使向傳範知澶州。未行間。外皆傳向傳範營廉車之命。干東平之守。臣獨不信之。未幾。果有改差。雖不轉觀察使。果知鄆州兼一路安撫使之任。臣誠不諳國朝典故。然耳目所接。近制未嘗有防禦使知鄆州者。亦罕記有防禦使兼一路安撫使者。如果無

之。則是爲不次之恩矣。陛下始即位一年而后族中已有不次爲雄職者。若更五七年。不惟向氏之宗而已矣。設高氏之宗有至防禦使者。攀今日之例而乞之。陛下其得不從乎。或不從之。是厚於后族而不厚於母族矣。曹氏之宗有至防禦使者。攀今日之例而乞之。則陛下又不可以不從也。如此。則天下如鄆州者凡幾郡。兼安撫使凡幾州而可以爲外戚之地乎。外戚之任皆據要藩於理得爲便乎。若曰傳範之用自以才者。則他人何肯自謂不才乎。臣忝諫職。其敢畏避而不言也。伏乞陛下謹其源。塞其例。勿徇一時之易而難於五七載之後。幸甚。

哲宗元祐四年。中書舍人曾肇上奏曰。臣伏覩內降指揮皇太妃親屬滑州韋城縣百姓侯偁昨因斷撲酒務少欠下官中課利并本息錢等。認納前界少欠錢。可與均作七年送納。所有已拘收抵當契書子利等並特先次給於本人。餘人不得援例。仍與免差人監催。臣竊伏思皇帝陛下、太皇太后陛下以百姓侯偁是皇太妃親屬之故。特爲寬展納錢年限。給還契書子利等。在於縣官事至爲末。然此令既行。竊恐因緣戚屬轉相扳援。日月積累。寖紊朝政。長干請之風。開僥倖之路。故先王立事必慮其敝。忠臣事君常諫其漸。蓋以此也。況皇太妃位號隆重。海內承仰。必不肯以私親小故。侵隳紀綱。塵玷德美。蓋是迫於人情有不得已者。然臣竊謂皇太妃儻哀彼困窮。予之金帛可也。恐不足以上煩詔令。啓此倖門。使天下聞之。有以窺測。此臣尤爲皇太妃愛惜事體也。伏望聖慈詳思臣言。如萬有一得。宜及指揮未出。猶可追還。庶使道路之人。無所竊議。增廣宮闈盛德。所裨不細。傳曰。君子之愛人也以德。細人之愛人也以姑息。臣心無他。竊抱惓惓愛君之忠。不敢爲姑息而已。唯聖明照察幸甚。

諫議大夫范祖禹上奏曰。臣竊聞韓嘉彥已選尚公主。此先帝遺意而陛下成之。韓琦勲在王室。其子尚主。天下之人誰曰不宜。此於太皇太后陛下爲至慈。在皇帝陛下爲至孝。然臣伏見國朝以來。祖宗諸公主婚姻之家。皆無預政事者。今嘉彥已選定。宣繫而忠彥執政。此非祖宗故事。不可爲子孫法。使後世姻戚預政。自陛下始。臣竊惜之。陛下一言一動。當以祖宗爲法。況執政繫安危治亂。最爲大事。一開此例。後不可止。陛下自聽政以來。於親戚無毫髮之私。天下之人無不服陛下之至公。今獨於韓琦如此。非以報功也。陛下念琦之功。富貴其家可也。至於執政。必選天下之望。不可專以勲舊。如是。趙普曹彬子孫。何嘗執政。豈是祖宗不念功乎。自用忠彥以來。外議籍籍。至今未已。今國家既與之爲婚。罷之有名。陛下欲富貴之。但使魯歷執政。與之前執政官。無所不可。若必待其有過。然後黜之。則已傷恩。是欲厚韓琦之家。反薄之也。不若保全忠彥。無使至於滿盈顛覆。臣今已蒙除新職。罷言職。不當更論執政。然臣前上殿已嘗面論。今又變祖宗故事。所繫甚大。雖欲去職。不敢不爲陛下一言。臣與忠彥是親素無嫌隙。但不忍上負陛下任使。不欲陛下有所不知耳。今在朝廷之人。多出於韓琦之門。雖忠彥不愜人望。以琦之故。皆莫肯言。亦乞陛下知察祖宗以來無彊族根據朝廷。今忠彥執政。弟尚公主。恐權戚大甚。宜防其漸。

紹聖元年。吏部侍郎彭汝礪上奏曰。臣聞治國者自家始。治家者自夫婦始。夫夫婦婦。天地之道也。陰陽之義也。夫婦之分不正。欲其家治。家之政不行。欲其國治。未之有也。周之王姬下嫁於諸侯。車服不係其夫。猶執婦道以成肅雝之德。詩人美之曰。曷不肅雝。王姬之車。言王姬車服之盛。宜以貴驕人。而猶執婦道。乃所以爲美也。其事在下然本乃在乎上故其詩曰平王之孫齊侯之子惟有平德故其人化之而有所不能踰惟有齊德故其人畏之而有所不敢違周之盛蓋始乎此夫夫婦婦父父子子君君臣臣其義一也今嘉彥以不能下長公主而廢是婦得以勝夫矣婦得以勝夫是子可以勝父臣可以勝君其源一開其流有至於不可塞此不可不慎比聞朝廷無故而除三團練今又以私事而竄一都尉人人皆以為政在房闈矣賞罰天之命也故雖朝廷之大人君之尊有不得而專之者天命何在至公而已詩曰無曰高高在上陟降厥士日監在茲事至微者天猶監之況其大者乎此不可不畏或曰皇帝陛下仁孝深至出於天性內思所以致皇太妃之敬外思所以致長公主之愛故有此行遣臣聞以其道事其親之謂孝以其義而愛其骨肉之謂仁今使婦得以蒙其孝則人倫誖於上風俗壞於下必非皇太妃所欲為者也今雖能逐一嘉

彥然使謗議歸於朝廷譏誚行於後世所謂愛之適所以傷之也夫婦之情貴賤一也故雖有朝夕之小隙實未傷終身之大愛此惟陛下有以矜而察之而已夫天下至大一安一危指顧之間而已今陛下欲拂於親而安行之大臣不敢拂陛下而順承之如此而欲安天下國家未之有也惟陛下慎之毋忽

元符三年御史中丞豐稷上欽聖皇后疏曰臣竊觀自古母后臨朝危社稷亂天下載在史冊可考而知手書還政未有如聖母退抑謙遜之盛德可為萬世法諫官陳瓘何從而知尚與政事臣嘗具奏非宮省親近之臣即外戚招權者妄傳於外臣今外則惟聞向宗回宗良輩妄作欺惑於人內則惟聞張琳裴彥臣等凶諂焰熾翰林學士承旨蔡京交通其間宮禁預政之言中外喧傳人誰不知諫官陳瓘不勝哀憤獨先抗章冀開寤二聖之心臣愚欲乞戒飭外家竄逐琳等黜京於外聖母燕處宮闈清心養性小大之事不聞厝慮安享聖子晨昏之奉四海之養恬澹無為以永萬壽兩宮和樂朝廷清明非特援立功德輝映古今抑亦合易之謙卦天道虧盈益謙鬼神害盈福謙之義坐致五福流衍於無窮豈不至善至美乎臣自疏遠伏遇垂簾拔擢至此不敢緘默孤負明恩惓惓愚誠伏乞俯垂聽察

哲宗時陳次升上奏曰臣竊聞以堆垛場賜孟在為宅者恭惟皇后配儷宸極母儀天下賜父之第孰曰不宜然堆垛場密通宮禁其方在東其卦屬震東方青龍之宅也震長子位也常人之家猶忌侵犯況國家社稷之重乎兼聖嗣未立長子之位臣庶居之尤非所宜熙寧間欲就彼建東西府日者言其不便先帝罷之今若賜在為宅則在之宅居其東禁城居其西以尊卑言之則未順以陰陽言之則失宜況祖宗以來所賜戚里第未有如此近者亦防微杜漸之意也伏

望聖慈別賜在宅先來所賜堆垛場指揮乞行追寢

徽宗即位初右正言陳瓘上奏曰臣聞知幾而預戒則君無過舉先事而早諫則臣無智名君明臣良上下兩得治道所以隆也臣以駑散之材冒處言職適遭明聖之主竊慕良臣之義事有臨機不當默者安可有待不早言乎宋有天下一百四十一年矣太平之久堯舜三代乃至漢唐皆不及也譬如安樂之人年過百歲猶當兢兢畏慎護養元氣無使疾恙乘間而入則愈老愈健永保康寧之福矣祖宗以聖繼聖古無有也母后繼有聖德亦古無有也天覆地載一健一順萬物生成各遂其性至神考而治道益隆至皇太后而家道益光可謂盛之極矣盛必有衰安可不預戒乎漢之衰也以外家太盛人不敢言以至亡國陛下守祖宗之成法監衰漢之覆轍宋德方隆內外無患然以臣所聞宜預戒者有一事焉恐陛下未知也恐皇太后

未知也。向宗良兄弟。交通賓客。漏泄機密。陛下知乎。皇太后知乎。皇太后功隆德備。拾于皇天。陛下極天下養。未足以報。維使我宋固萬年不拔之基。外家享與國無窮之福。然後足以為報。漢唐母后稱制有至終身。或欲威福之柄。外出于己。或因左右之請。貪戀權勢。惟我皇太后恬寂。足以外戚福。嚴明足以戢左右。不待祔廟。果於還政。事光前古。名垂後世。陛下所以報皇太后者。宜如何哉。臣恐假借外家不足以為報也。廼者還政以前。陛下欲除向宗良等開府儀同三司將鎮學士院矣。而皇太后詔寢此命。中外傳聞。咨嗟歎仰。知皇太后以撝謙為德。而陛下以養志為孝也。漢章帝欲加恩三舅。馬后曰。吾觀富貴之家。祿位重疊。猶再實之木。其根必傷。何必營外家之封遺慈母之拳拳。至孝之行。安親為主。此吾家之事。故得專之。吾當含飴弄孫。不能復關政矣。於是章帝不封其舅。今皇太后盛德全備。與天

同功。非馬后之比。臣之所言。但欲有補於外家而已。想亦皇太后之所樂聞也。若不達聖母之心。而自為猜嫌之慮。當言不言。臣所不忍臣謂馬后之所以詔其子。章帝之所以順其親。內慈外孝。兩得之矣陛下及皇太后前日之事。謙讓養志。正與此同。天下之所以服也。漢哀帝之初。急封諸舅。孔光諫曰。天下者陛下之家也。肺腑何患不富貴。不宜倉猝若是。其不久長矣。帝以逼於傅太后。不能從也。今皇太后詔寢成命。不待孔光之言。陛下恭稟慈訓。遂無倉猝之舉。此乃前古難行之事。於今見之。皇太后之聖德。可勝言乎。陛下所以報皇太后者。宜如何哉。臣恐假借外家。不足以為報也。陛下雖受天眷命。膺數在躬。然而力排異議。獨定大策者。皇太后也。孰有功於陛下者。天又皇太后而已。天道公而不私。陛下之所以報六者。宜如何哉。皇太后爲而不恃。功成不居。陛下之所以報皇太后者。宜如何哉。陛下以

道制情。無一毫之私。則可以服人之心。服人之心。則可以得天之心。得天之心。則可以合皇太后之意矣。神考之所以報慈聖者用此道也。治平之末。韓琦為相。中外協心。定策求為易。前日之事。章獻秉政首唱異議。定策為難。然則皇太后之功比之慈聖。又為光矣。陛下之所以報皇太后者。宜如何哉。唐之衰也。天以定策之功付于矜伐之臣於是責報不已。而有負心門生之語。王道之強弱。可見於此矣。今者功出聖母。國本既正。唯陛下求恩所以圖報而已。大公之報。報之上也。假借外家。豈足以為報乎。宗良兄弟。恃倚國恩。憑藉慈蔭。今有日前之禁戒。不念倚伏之可畏。所與游者。連及侍從。希寵之士。競出其門。裴彥臣無甚幹才。但能交通內外。漏泄機密。遂使物議。籍籍或者以謂萬幾之事。黜陟差除。皇太后至今與也。良由中外關通。未有禁戒。故好事之人。得以溢傳耳。若非皇太后明諭聖意。嚴加約束。則籍

籍之口。未易塞也。仁宗篤於舅家。尤以李璋為賢。詔璋舉官為將領。璋言家有賓客之禁。無以知士人之賢否。仁宗特許璋見賓客。而命日抄所見賓客名氏以聞。蓋仁宗之所以保全外家者。委曲周旋至於如此。神宗敬厚曹佾。加以王爵。然而佾口不敢薦一人。佾門不敢接一士。日飲醇酒以自娛樂而已。神考所以厚佾而無厭者。以其得外戚之體也。宣仁聖烈皇后。戒訓外家。尤爲切至。紹聖時利口之徒譏及門戶。然而高氏之族。終獲免者。則亦宣仁訓戒之明効也。皇太后功德之大。光於前人。念保持之艱。爲無疆之慮。事戒其漸。正在今日。老子曰。為之其未有也。治之其未亂也。凡未有之事。今雖無之。後或漸有。既有而後圖。不如未有而先戒也。漢之馬廖。章帝之舅也。傾身交結。冠蓋之士。爭趨赴之。遂至於私贍三輔。第五倫之所言者是也。今雖未有此事。安可以不戒其漸乎。王氏依東宮之尊。假甥舅之

親以爲威重。內外要官皆出其門。推譽者登進。忤恨者誅傷。劉向之所言者是也。今雖未有此事。安可以不戒其漸乎。杜欽谷永自託於外戚。專攻人主之身。而無一言敢及王鳳。遇有災變。則返推天異歸之他人。以爲外戚之地。懷二心之士如欽永者。何代無之。今雖未有此事。安可以不戒其漸乎。成帝之時。外家子弟據勢滿朝。成帝欲以劉歆爲中常侍。臨欲拜官。而左右奏曰。未白大將軍。未肯奉詔。帝雖堅執。終不能奪。由是朝廷之事。只由外家。不由成帝。今雖未有此事。安可以不戒其漸乎。王音王根奢僭不法。天子怒之。於是兄弟欲自黥劓以謝太后。封后之日。黃霧四塞。諫大夫楊興等以王氏爲言。於是大將軍惶懼。乞骸辭職。然而外家強盛。故人主之威終不得行。今雖未有此事。安可不以戒其漸乎。神考有言曰。荒墜顛危。可見前車之失。亂賊姦宄。厥有履霜之漸。臣愚以謂欲見前車之失。則往古之

事不可以不考。欲辨履霜之漸。則方今之事不可以不戒。老子曰。合抱之木。生於毫末。九層之臺。起於累土。事之有漸者無不然也。漢之王商王章皆當時之賢臣。因爲王鳳所惡。一則死于暗昧之過。一則死于縲紲之中。當此之時。外家之勢。已如合抱之木。九層之臺。豈一手之所能拔。豈一鍤之所能平哉。商等區區可憐而諫諍後時戒之不早。何益於事。今臣所論。乃在於累土毫末之初。遏萌杜漸。何難之有。在陛下從容之請。皇太后一言之詔而已。自古戚里侵權。便爲衰世之象。外家干政。即是亡國之本。亦如州縣之政。只要權出於一。若使守令之家子弟親戚。交通賓客。關節無禁。如此則姦人鼓舞。良民咨嗟。此亦陛下及皇太后之所不取也。以小喻大。有以異乎。臣願陛下採芻蕘之言。念老子之說。遵神考之訓。答太母之心。以臣此疏達于慈闈。若蒙皇太后察臣愚直。以慈衛之。則自今日以往。憂國亡身之

士皆欲竭忠自効而無所畏矣。臣下盡樂告之忠。朝廷有不諱之美。善察如虞舜。不吝如成湯。聖德日躋。治道日隆。我宋國祚萬年不拔之基。外家享與國無疆之福。豈特賤臣一身之幸乎。如其不然。則臣有僭易妄言之罪。罷黜投竄。理不可逃。在陛下命之而已。臣以孤遠寒賤之迹。誤蒙陛下過有拔擢。責臣不輕。眷臣方厚。臣是以及時而言。先事而諫。豈敢以身之不肖而自廢其所當言乎。孔子曰。君子不以言舉人。不以人廢言。臣雖不肖。而區區之言有益於朝廷。有補於外家。若不以臣之不肖而取臣之言。則忠言由此而益進。若以臣之不肖而發臣之言。則諂言由此而交入。聽言忽之基也。信讒亂之本也。國家治亂之幾。在此一舉。臣一身螻蟻之命。安危生死。豈足道哉。臣不勝惶懼待罪之至。

右正言鄒浩上奏曰。臣伏見陛下即位之初。皇太后權同聽政。所以

協濟艱難。爲宗廟社稷無窮之計。本朝故事。惟慈聖光獻皇后垂簾之日。與章獻明肅皇后宣仁聖烈皇后事體稍異。然猶久之方始復辟。今皇太后乃深自退託。不敢引三后爲比。初降手書。期以祔廟禮畢。不復與政。既又不俟祔廟。亟踐初言。自古以來。方冊所載。母后之美。未有如皇太后功德如此之盛者也。易曰。進退不失其正者。其唯聖人乎。皇太后可謂不失其正矣。普天之下。雖三尺童子尚知歌舞稱頌。況忠義有識之士哉。陛下天性仁孝。思所以報功德者甚切。是以向宗回等。以次超擢。莫不曲盡其厚。雖非陛下以此爲私。而宮禁之間。所以奉皇太后之歡心者無所不至。蓋可推此而知也。今士大夫或不深惟陛下厚待母族之意。往往奔走其門。務相交結。甚者陰使腹心密致誠欵。以欲因緣勢力。以爲進身固位之地。一時公議頗亦疑之。然臣聞暮來向族子弟所爲稍有不善。皇太后必遣使切責。

以此人人畏懼。唯務寡過。而向宗回等又素以脩飾見稱于時。縱使士大夫切於自謀決不為之改操。但恐向族子弟至多。其間豈無思慮不審之人。萬一為士大夫所誤。不能遠嫌以勤公議。臣寮有以聞者。不知陛下何以處之。若不行。則無以正祖宗之法度。若行之。則無以慰慈闈之至念。不惟陛下難處。在皇太后處之亦甚難也。且陛下之立也。大臣固有異議者。賴皇太后以宗廟社稷為心。斷然不摇。大計以定。而陛下既立之後。天地協應。人心自歸。六合之間。盡為和氣。故雖蠻夷戎狄。遠在聲教之外。亦莫不稽首面內。幸不世出之遭遇。是則皇太后之功德。又孰得而形容之邪。功德如此。皇太后乃委而弗居。深自退託。雖帝堯之克遜。大禹之不伐。何以復加。方且含飴弄孫。尊享太平之福。與陛下同之。如天長地久。安可使難處之事。輙有聞於天下乎。臣愚伏願陛下於從容省侍之際。密以此事稟皇太后

乞自皇太后密加覺察。若外議無實則已。果有其實。乞自皇太后密加訓敕。以杜其漸。庶幾外則不廢祖宗之法度。內則不動慈闈之至念。使天下咸仰陛下奉親之聖孝。咸仰皇太后立子之功德。永永萬年無有窮已。而向族子弟保其令名。亦有無窮之顯。豈不美歟。臣昨以罪遠竄。分死瘴鄉。蒙恩生還。復以舊職。實在陛下即位之初。皇太后垂簾之日。今身體髮膚。皆陛下皇太后之所再造。所以圖報大恩。尤非其餘臣寮之比。若於此時有所見聞。噤不啓口。至它日臣寮有奮不顧身而言者。然後亦從而言之。則臣之罪大矣。敢不豫以奏陳。伏望聖慈赦其狂妄。而納其愚忠。不勝幸甚。不勝幸甚。

大觀二年。御史中丞吳執中上疏曰。臣竊惟祖宗垂訓。百有餘年。戚里宗屬。不以與政。非待之薄。遇之不厚也。其憂深慮遠。可謂至矣。養之以豐禄高爵。而不使之招權擅事。從容進退。以永保其安榮。誠所以尊之。不薄也。乃者陛下降德音。下明詔。追述戚畹成前世禍亂之失。俾自今勿復援韓忠彥例。以戚里宗屬為三省執政官。世世守之。著為甲令。布之天下。孰不以為至當。繼嘗以鄭居中同知樞密院事。而後宮恐懼。知詔旨之不可違也。懇請罷免。陛下以其陳義堅慤。終不可奪。即以居中為中太一宮使。詔書傳播。聞者欣欣。有以見陛下正家以治天下之效也。曾未半歲。乃復以前命擢用居中。自此中外未免疑矣。臣竊為陛下惜之。陛下手詔。當與典謨並傳。示萬世。而遽自改易。以開他日外戚任事之端。非所宜也。後宮承陛下適化。乃能推遠權勢。以祖宗典則。屢陳義懇請。居中儒者也。不知出此。偃然居位。曾莫之避。獨不愧於心乎。祖宗遺訓者之金石。陛下明詔。炳如日星。衆目所視。不可掩也。為居中計者。宜深自警懼。以遠嫌疑。優游祠宮。涵泳聖世。坐享寵禄。長無憂虞。世豈復有居中比者。伏願陛下勉

徇公論。申明丁亥二月詔旨。罷居中政事。俾復以宮使奉朝請。示萬世以釋群疑。臣不勝幸甚。

高宗時。后父邢煥除徽猷閣待制。太后兄子孟忠厚顯謨閣直學士。侍讀衛膚敏言非祖宗法。煥尋換武職。忠厚自若。俄還膚敏中書舍人。膚敏懇奏曰。昔司馬光論張方平不當參知政事。自御史中丞遷翰林學士。光言以臣為是。則方平當罷。以臣為非。則臣當貶。今兩無所問而遷臣。臣所未諭。臣雖不肖。願附於司馬光。又言事母后莫若孝。待戚屬莫若恩。勸臣下莫若賞。今陛下順太母以非法。非所謂孝。與忠厚以非分。非所謂恩。不用臣言而遷其官。非所謂賞。一舉而三失矣。帝命宰相諭膚敏曰。朝廷以次遷官。非因論事也。膚敏猶不拜。

翰林學士汪藻上奏曰。臣近准中書省遞到錄黃一道。三省同奉聖旨。邢煥係朕之后父。即令換武職。忠厚係隆祐太后之親。兼前朝非

后父亦有任文臣者。宜體朕優奉太后之意。書讀行下者。右臣聞人主之政。公與私不並行。恩與法不兩立。以公滅私。以法奪恩者。治。以私害公。以恩撓法者。亂。茲古今不易之道也。陛下以邢煥為中宮之父。易文資從武。中外之人莫不以為當。而稱贊聖德不已者。以其出於公法也。至以孟忠厚為係隆祐太后之親。令依舊文資。中外之人。鬨然不息。致臣僚交章論奏。雖煩聖訓諄諄誨諭。終莫能弭者。以其出於私恩也。昔漢明帝馬后為章帝之母。帝欲封其家。太后屢辭不許。帝壹請曰。漢興。舅氏之封侯。猶皇子之為王也。太后誠存謙虛。奈何令臣獨不加恩三舅乎。其言可謂切至。而后終不從。至數年僅許封關內侯而已。彼外戚封侯。漢法也。而明德拳拳如此。豈不以婦人內夫家外父母。審宗族太寵。非己之福耶。故自古欲觀母后之賢否者無他。在於能遠外家之寵與不能耳。隆祐太后盛德著聞天下。三

十年于茲矣。今一旦以忠厚之故。使陛下屈公法而隆私恩。臣恐海內之人。非特得以議陛下。而於隆祐亦不能無疑。非所以成隆祐遠嫌之德。而全陛下孝養之誠也。此事所係非輕。臣不敢緘默。伏乞睿慈檢會以前臣僚章疏。詳加省覽。早賜施行。所有邢煥孟忠厚書讀行下指揮。臣未敢施行。謹錄奏聞。

御史中丞廖剛上奏曰。臣聞王制曰。爵人於朝。與士共之。傳說曰。監于先王成憲。其永無愆。夫爵人於朝而稽之於士夫。或非公論。稽之於先王。或非舊制。則議者必以為過舉。可不謹哉。臣伏見近日戚里除授。每加優異。往往不用祖宗故事。豈以比年以來。外族凋疎。於是深軫聖慈。務極恩意而然歟。此固陛下睦姻之厚德也。然而德陛下之賜者甚寡。而不以為然者。天下皆是。此不可不知也。前日孟忠厚以郡王出守鎮江。今潘正夫又以駙馬都尉除開府儀同三司。是已。歷考祖宗朝駙馬都尉。惟石保吉以屢歷外任。嘗著成效於行營。乃於晚年纔得使相。自餘皆無此除。如以郡王出守。則未之有也。忠厚正夫。儻於艱難時嘗有勳勞在人耳目。則越常制而寵異之。其誰曰不然。今徒以存撫之故。而廢祖宗之法。以啓僥倖於後人。無怪乎興議之未孚也。然開府者既已數告大庭。日傳千里矣。分符者又已就郡。臣亦嘗以為請。蒙陛下寵臣道其所以矣。臣之區區固知其無及於事。然執法臣之職也。陛下嘗謂臣祖宗之法不可輒改。臣以謂上行法。則下知所從。上廢法。則下亦莫之守矣。臣願陛下特降處分。孟忠厚潘正夫差除係一時特恩。後人不得援例。仍自今除授有非祖宗舊制。並許給舍臺諫論駁。當不憚改。如此。庶幾倖門杜絕。而天下皆知陛下如天之無心也。

武義大夫曹勛上書曰。臣竊以理王御極。總攬人群。股肱之政。固賴

英賢。其左右任使。必援姻戚以居肺腑。使之親踈相錯。杜塞姦邪。周漢之法。雖不可全用。而加恩戚屬。俾典宿衛。似猶勝四海之人。且子母之性。天道至親。母以子貴。自古皆爾。陛下即位以來。至親分離。外戚杜隔。使恩禮不得兼亶。非所以安宗廟重社稷。宣德澤。尊至親也。今母后之屬。久廢不錄。散在遐遠。不得日望清光。誠非慈愛承上之意。況離亂日久。人肆異謀。威令不行。叛逆僭號。至或託言。儉行[illegible][illegible]宿衛。此誠可慮。儻追召一二姻戚。任以散官。使奉朝請。防未然之事。察群下之端。為陛下肘腋之親。豈不恩禮兩全。聖孝俱至哉。伏望斷自聖心幸甚。

孝宗時。左司諫陳良祐言。陛下躬行節儉。弗殖貨利。或者託肺腑之親。為市井之行。以公侯之貴。牟商賈之利。占田疇。擅山澤。甚者發舶舟。招蕃賈。貿易寶貨。麋費金錢。或假德壽。或託椒房。犯法干禁。專利

無厭。非所以維持紀綱。保全戚畹。願嚴戒敕。苟能改過。富貴可保。如其不悛。以義斷恩。

理宗時。劉克莊進故事曰。乾德四年。上宴紫雲樓。謂趙普等曰。下愚之民。不分菽麥。若藩侯不爲撫養。務行苛虐。朕斷不容之。紹興二十五年。御批孟忠厚宮觀奉朝請。魏良臣奏忠厚戚里中家賢。上曰。朕深不欲以外戚任朝廷之事。萬一有過。治之則傷恩。釋之則廢法。但可加以爵祿奉祠。

臣恭惟藝祖皇帝以神武削平僭僞。六合一家。乃漢祖思猛士守四方之日。而乾德之宴。顧以藩侯不能撫養愚民爲憂。識者謂本朝國祚靈長。民心固結。皆紫雲樓數語有以基之。陛下視邦選侯尤不輕。畀偏州小壘。亦必朝辭。豈不欲得良二千石與之共理乎。朝家調守。未過兩塗。一曰才望。二曰資格。如眞當得歟。不謂宜。苟

二者之俱無。忽一朝而濫予。游談聚議。寧免紛紛。曰某戚畹家也。曰某貴介子也。纔齒仕版。即登鵷序。甫踰弱冠。已佩虎符。至有大爲代者。昔人以四十專城爲榮。今不待四十矣。雖重侯累將。子孫固多英妙。然牧人御衆之任。必屬老成。臣嘗爲郎銓部。見年未三十人不許注三萬貫場務。郡寄重於場務多矣。柰何以千里之赤子付之四姓之小侯乎。士大夫除在朝清望官外。必三考宰邑。兩任佐州。歲月推移。蒼顏白髮。乃敢請麾。幸而得之。率三數人共守一闕。遼指瓜熟。如俟河清。凡江浙近裏稍可屈指之郡。皆以待近臣之均佚。名流之補外。庶僚之賢勞者。今多以處左戚。顯開世胄爭趨便安。寒門素族甘就遐遠。風憲紀綱之地。間有論執。除擢臨遣之際。中難幹回。臣謂乾德四年之詔。萬世人主擇藩侯之法也。紹興二十五年之詔。萬世人主待外戚之法也。陛下各書一通。置之座右。則岳牧之選。不及私昵。戚畹之恩。有所限止矣。臣謂陛下天性至仁。已予者不可奪。繼是勿予。可也。已遣者不可返。繼是勿遣。可也。許大臣爭執。有司論駁。可也。昔者栗竦番橋。盡列膴仕。而周衰。許史丁傅。稍有聲聞。而漢微。獨本朝戚畹。謙下損抑。異於前代。蓋祖宗但賦以祿。而不任以事。乃所以深愛之也。豈必使之與寒士爭進哉。惟陛下垂聽。

歷代名臣奏議卷之二百八十九

歷代名臣奏議卷之二百九十

寵倖

漢文帝時大中大夫鄧通方隆愛幸丞相申屠嘉入朝而通居上傍有怠慢之禮丞相奏事畢因言曰陛下愛幸羣臣則富貴之至於朝廷之禮不可以不肅

武帝元光五年上嘗置酒竇太主家主見所幸賣珠兒董偃上使之侍飲常從游戲馳逐觀雞鞠角狗馬上大歡樂之因為主置酒宣室使謁者引內偃中郎東方朔辟戟而前曰董偃有斬罪三安得入乎上曰何也朔曰偃以人臣私侍公主一也敗男女之化亂婚姻之禮傷王制二也陛下富於春秋方積思於六經而偃以靡麗奢侈極耳目之欲乃國家之大賊人主之大蜮三也上默然良久曰吾業已設飲後而自改朔曰不可夫宣室者先帝之正處也非法度之政不得

入焉淫亂之漸其變為簒上曰善詔更置酒北宮引偃從東司馬門入賜朔黃金三十斤偃寵由是日衰

哀帝時息夫躬孫寵等因中常侍宋弘上書告東平王雲謀逆躬寵為吏二千石時侍中董賢愛幸於上上欲侯之傅嘉勸上因東平事以封賢宋弘更言因董賢以聞欲以其功侯之皆先賜爵關內侯頃之欲封賢等上心憚王嘉乃先使皇后父孔鄉侯傅晏持詔書視丞相御史於是嘉與御史大夫賈延上封事言竊見董賢等三人始賜爵衆庶匈匈咸曰賢貴其餘蒙恩至今流言未解陛下仁恩於賢等不已宜暴賢等本奏語言延問公卿大夫博士議郎考合古今明正其義然後乃加爵土不然恐大失衆心海內引領而議暴平其事必有言當封者在陛下所從天下雖不說咎有所分不獨在陛下前定陵侯淳于長初封其事亦議大司農谷永以長當封衆人歸咎於永先帝不獨蒙其譏臣嘉等材駑不稱死有餘責知順指不迕可得容身須臾所以不敢者思報厚恩也上感其言而止

時帝愛幸侍中董賢至封高安侯後數月日食舉直言丞相王嘉因奏封事曰臣聞咎繇戒帝舜曰亡敖佚欲有國兢兢業業一日二日萬機箕子戒武王曰臣無有作威作福亡有玉食臣之有作威作福玉食害于而家凶于而國人用側頗辟民用僭慝言如此則逆尊卑之序亂陰陽之統而害及王者其國極危國人傾仄不正民用僭差不壹此君不由法度上下失序之敗也武王躬履此道隆至成康自是以後縱心恣欲法度陵遲至於臣弒君子弒父父子至親失禮患生何況異姓之臣孔子曰道千乘之國敬事而信節用而愛人使民以時孝文皇帝備行此道海內蒙恩為漢太宗孝宣皇帝賞罰信明施與有節記人之功忽於小過以致治平孝元皇帝奉承大業溫恭

少欲都內錢四十萬萬水衡錢二十五萬萬少府錢十八萬萬嘗幸上林後宮馮貴人從臨獸圈猛獸驚出貴人前當之元帝嘉美其義賜錢五萬掖庭見親有加賞賜屬其人勿衆謝示平惡偏重失人心賞賜節約是時外戚貲千萬者少耳故少府水衡見錢多也雖遭初元永光凶年饑饉加有西羌之變外奉師旅內振貧民終無傾危之憂以府臧內充實也孝成皇帝時諫臣多言燕出之害及女寵專愛耽於酒色損德傷年其言甚切然終不怨怒也寵臣淳于長張放史育育數貶退家貲不滿千萬放斥逐就國長榜死於獄不以私愛害公義故雖多內譏朝廷安平傳業陛下陛下在國之時好詩書上儉節徵來所過道上稱誦德美此天下所以回心也初即位易帷帳去錦繡乘輿席緣綈繒而已共皇寢廟比比當作憂閔元元惟用度不足以義割恩輒且止息今始作治而駙馬都尉董賢亦起官寺上林

中丈為賢治大第開門鄉北闕引王渠灌園池使者護作賞賜吏卒甚於治宗廟賢母病長安廚給祠具道中過者皆飲食為賢治器器成奏御乃行或物好特賜其工自貢獻宗廟三宮猶不至此賢家有賓婚及見親諸官並共賜及倉頭奴婢人十萬錢使者護視發取市物百賈震動道路讙譁群臣惶惑詔書罷苑而以賜賢二千餘頃均田之制從此墮壞奢僭放縱變亂陰陽災異衆多百姓訛言持籌相驚被髮徒跣而走乘馬者馳天惑其意不能自止或以為籌者策失之戒也陛下素仁智慎事今而有此大譏孔子曰危而不持顛而不扶則將安用彼相矣臣嘉幸得備位竊內悲傷不能通愚忠之信身死有益於國不敢自惜唯陛下慎己之所獨鄉察衆人之所共疑往者寵臣鄧通韓嫣驕貴失度逸豫無厭小人不勝情欲卒陷罪辜亂國亡軀不終其祿所謂愛之適足以害之者也宜深監前世以節賢

寵全安其命於是上寖不說而愈愛賢不能自勝會祖母傅太后薨上因託傅太后遺詔令成帝母王太后下丞相御史益封賢二千戶及賜孔鄉侯汝昌侯陽新侯國嘉封還詔書因奏封事諫上及太后曰臣聞爵祿土地天之有也書曰天命有德五服五章哉王者代天爵人尤宜慎之裂地而封不得其宜則衆庶不服感動陰陽其害疾自深今聖體久不平此臣嘉所內懼也高安侯賢佞幸之臣陛下傾爵位以貴之單貨財以富之損至尊以寵之主威已黜府藏已竭唯恐不足財皆民力所為孝文皇帝欲起露臺重百金之費克己不作今賢散公賦以施私惠一家至受千金往古以來貴臣未嘗有此流聞四方皆同怨之里諺曰千人所指無病而死臣常為之寒心今太皇太后以永信太后遺詔詔丞相御史益賢戶賜三侯國臣嘉竊惑山崩地動日食於三朝皆陰侵陽之戒也前賢已再封晏商再易邑業緣私橫求恩已過厚求索自恣不知厭足甚傷尊尊之義不可以示天下為害痛矣臣驕侵罔陰陽失節氣感相動害及身體陛下寢疾久不平繼嗣未立宜思正萬事順天人之心以求福祐奈何輕身肆意不念高祖之勤苦垂立制度欲傳之於無窮孝經曰天子有爭臣七人雖無道不失其天下臣謹封上詔書不敢露見非愛死而不自法恐天下聞之故不敢自劾愚戇數犯忌諱唯陛下省察

哀帝時置酒麒麟殿上在酒所從容視董賢笑曰吾欲法堯禪舜何如中常侍王閎進曰天下乃高皇帝天下非陛下之有也陛下承宗廟當傳子孫於無窮統業至重天子無戲言上默然左右遣閎出閎遂上書曰昔文帝幸鄧通不過中大夫武帝幸韓嫣賞賜而已皆不在大位今董賢無功封侯列備鼎足橫蒙賞賜空竭帑藏讙譁道路不當天心上不從亦不罪也

哀帝發武庫兵送董賢及上乳母王阿舍執金吾毋將隆奏言武庫兵器天下公用國家武備繕治造作皆度大司農錢大司農錢自乘輿不以給共養共養勞賜一出少府蓋不以本藏給末用不以民力供浮費別公私視正路也古者諸侯方伯得專征伐乃賜斧鉞漢家邊吏職在距寇亦賜武庫兵皆任其事然後蒙之春秋之誼家不藏甲所以抑臣威損私力也今賢等便僻弄臣私恩微妾而以天下公用給其私門契國威器共其家備民力分於弄臣武兵設於微妾建立非宜以廣驕僭非所以示四方也孔子曰奚取於三家之堂臣請收還武庫

東漢安帝建光元年帝乳母王聖因保養之勤緣恩放恣聖子女伯榮出入宮掖傳通姦賂司徒楊震上疏曰臣聞政以得賢為本理以去穢為務是以唐虞俊乂在官四凶流放天下咸服以致雍熙方今

九德未事嬖倖充斥阿母王聖出自賤微得遭千載奉養聖躬雖有
推燥居濕之勤前後賞惠過報勞苦而無厭之心不知紀極外交屬
託擾亂天下損辱清朝塵黷日月書誡牝雞晨鳴詩刺哲婦喪國昔
鄭莊公從母氏之欲恣驕弟之情幾至危國然後加討春秋貶之以
為失教夫女子小人近之喜遠之怨實為難養易曰無攸遂在中饋
言婦人不得與於政事也宜速出阿母令居外舍斷絕伯榮莫使往
來令恩德兩隆上下俱美惟陛下絕婉孌之私割不忍之心留神萬
機誡慎拜爵減省獻御損節徵發令野無鶴鳴之歎朝無小明之悔
大東不興於今勞止不怨於下擬蹤往古比德哲王豈不休哉奏御
帝以示阿母等內倖皆懷忿恚而伯榮驕淫尤甚與故朝陽侯劉護
從兄瓌交通瓌遂以為妻得襲護爵位至侍中震深疾之震復詣闕
上疏曰臣聞高祖與羣臣約非功臣不得封故經制父死子繼兄亡

弟及以防篡也伏見詔書封故朝陽侯劉護再從兄瓌襲護爵為侯
護同產弟威今猶見在臣聞天子專封封有功諸侯專爵爵有德今
瓌無他功行但以配阿母女一時之間既位侍中又至封侯不稽舊
制不合經義行人諠譁百姓不安陛下宜覽鏡既往順帝之則
安帝詔遣使者大為阿母脩第震為太尉上疏曰臣聞古者九年耕
必有三年之儲故堯遭洪水人無菜色臣伏念方今災害發起彌彌
滋甚百姓空虛不能自贍重以螟蝗羌虜鈔掠三邊震擾戰鬬之役
至今未息兵甲軍糧不能復給大司農帑藏匱乏殆非社稷安寧之
時伏見詔書為阿母興起津城門內第舍合兩為一連里竟街雕修
繕飾窮極巧伎今盛夏土王而攻山採石其大匠左校別部將作合
數十處轉相迫促為費巨億周廣謝惲兄弟與國無肺腑枝葉之屬
依倚近倖姦佞之人與樊豐王永等分威共權屬託州郡傾動大臣

宰司辟召承望旨意招來海內貪汙之人受其貨賂至有臧錮棄世
之徒復得見用白黑溷淆清濁同源天下讙譁咸曰財貨上流濁朝
結譏臣聞師言上之所取財盡則怨力盡則叛怨叛之人不可復使
故曰百姓不足君誰與足惟陛下度之
順帝以乳母宋娥有議立功封為山陽君邑五千戶又封大將軍梁
商子冀襄邑侯尚書令左雄上封事曰夫裂土封侯王制所重高皇
帝約非劉氏不王非有功不侯孝安皇帝封江京王聖等遂致地震
之異永建二年封陰謀之功又有日食之變數術之士咸歸咎於封
爵今青州饑虛盜賊未息民有乏絕上求稟貸陛下乾乾勞思以濟
民為務宜循古法寧靜無為以求天意以消災異誠不宜追錄小恩
虧失大典帝不聽雄復諫曰臣聞人君莫不好忠正而惡讒諛然而
歷世之患莫不以忠正得罪讒諛蒙倖者蓋聽忠難從諛易也夫刑

罪人情之所甚惡貴寵人情之所甚欲是以時俗為忠者少而習諛
者多故令人主數聞其美稀知其過迷而不悟至於危亡臣伏見詔
書顧念阿母舊德宿恩欲特加顯賞案尚書故事無乳母爵邑之制
唯先帝時阿母王聖為野王君聖造生讒賊廢立之禍生為天下所
咀嚼死為海內所歡快桀紂貴為天子而庸僕羞與為比者以其無
義也夷齊賤為匹夫而王侯爭與為伍者以其有德也今阿母躬蹈
約儉以身率下羣僚蒸庶莫不向風而與王聖並同爵號懼違本操
失其常願臣愚以為凡人之心理不相遠其所不安古今一也百姓
深懲王聖傾覆之禍民萌之命危於累卵常懼時世復有此類怵惕
之念未離於心恐懼之言未絕於口乞如前議歲以千萬給奉阿母
內足以盡恩愛之歡外可不為吏民所怪梁冀之封事非機急宜過
災厄之運然後平議可否會復有地震緱氏山崩之異雄復上疏諫

曰。先帝封野王君。漢陽地震。今封山陽君。而京城復震。專政在陰。其災尤大。臣前後瞽言。封爵至重。王者可私人以財。不可以官。宜還阿母之封。以塞災異。今冀已高讓。山陽君亦宜崇其本節。雄言數切至。娥亦畏懼辭讓。而帝戀戀不能已。卒封之。

梁太后臨朝。皇甫規舉賢良方正。對策曰。伏惟孝順皇帝初勤王政。紀綱四方。幾以獲安。後遭姦偽。威分近習。畜貨聚馬。戲譴是聞。又因緣嬖倖。受賂賣爵。輕使賓客。交錯其間。天下擾擾。從亂如歸。故每有征戰。鮮不挫傷。官民並竭。上下窮虛。臣在關西。竊聽風聲。未聞國家有所先後。而威福之來。咸歸權倖。陛下體兼乾坤。聰哲純茂。攝政之初。拔用忠貞。其餘維綱。多所改正。遠近翕然。望見太平。而地震之後。霧氣白濁。日月不光。旱魃為虐。大賊從橫。流血丹野。庶品不安。譴誡累至。殆以姦臣權重之所致也。其常侍尤無狀者。亟使黜遣。披埽凶黨。收入財賂。以塞痛怨。以荅天誡。今大將軍梁冀。河南尹不疑。處周召之任。為社稷之鎮。加與王室世為姻族。今日立號雖尊可也。實宜增脩謙節。輔以儒術。省去遊娛不急之務。割減廬第無益之飾。夫君者舟也。人者水也。羣臣乘舟者也。將軍兄弟操楫者也。若平志畢力。以度元元。所謂福也。如其怠弛。將淪波濤。可不慎乎。夫德不稱祿。猶鑿墉之趾。以益其高。豈量力審功安固之道哉。凡諸宿猾酒徒戲客。皆耳納邪聲。口出諂言。甘心逸遊。唱造不義。亦宜貶斥。以懲不軌。令冀等深思得賢之福。失人之累。又在位素餐。尚書怠職。有司依違。莫肯糾察。故使陛下專受諂諛之言。不聞戶牖之外。臣誠知阿諛有福。深言近禍。豈敢隱心以避誅責乎。臣生長邊遠。希涉紫庭。怖慴失守。言不盡心。

桓帝時。太尉楊秉奏中常侍侯覽弟參曰。臣案國舊典。宦豎之官。本在給使省闥。司昏守夜。而今猥受過寵。執政操權。其阿諛取容者。則因公褒舉。以報私惠。有忤逆於心者。必求事中傷。肆其凶忿。居法王公。富擬國家。飲食極肴膳。僕妾盈紈素。雖季氏專魯。穰侯擅秦。何以尚茲。案中常侍侯覽弟參。貪殘元惡。自取禍滅。覽顧知釁重。必有自疑之意。臣愚以為不宜復見親近。昔懿公刑邴歜之父。奪閻職之妻。而使二人參乘。卒有竹中之難。春秋書之。以為至戒。蓋鄭詹來而國亂。四佞放而衆服。以此觀之。容可近乎。覽宜亟屏斥。投畀有虎。若斯之人。非恩所宥。請免官送歸本郡。書奏。尚書召對秉掾屬曰。公府外職。而奏劾近官。經典漢制。有故事乎。秉使對曰。春秋趙鞅以晉陽之甲。逐君側之惡。傳曰。除君之惡。唯力是視。鄧通懈慢。申屠嘉召通詰責。文帝從而請之。漢世故事。三公之職。無所不統。尚書不能詰。帝不得已。竟免覽官而削參國。

靈帝時。中常侍呂強上疏曰。臣聞諸侯上象四七。下裂王土。高祖重約。非功臣不侯。所以重天爵。明勸戒也。伏聞中常侍曹節王甫張讓等。及侍中許相。並為列侯。節等宦官祐薄。品卑人賤。讒諂媚主。佞邪徼寵。放毒人物。疾妒忠良。有趙高之禍。未被轘裂之誅。掩朝廷之明。成私樹之黨。而陛下不悟。妄授茅土。開國承家。小人是用。又并及家人。重金兼紫。相繼為蕃輔。受國重恩。不念爾祖。述修厥德。而交結邪黨。下比羣佞。陛下惑其瑣才。特蒙恩澤。又授位乖越。賢才不升。素餐私倖。必加榮擢。陰陽乖剌。稼穡荒疏。人用不康。罔不由茲。臣誠知封事已行。言之無逮。所以冒死干觸陳愚忠者。實願陛下損改既謬。從此一止。臣又聞後宮采女數千餘人。衣食之費。日數百金。比穀雖賤。而戶有飢色。案法當貴。而今更賤者。由賦發繁數。以解縣官。寒不敢衣。飢不敢食。民有斯戹。而莫之恤。宮女無用。填積後庭。天下雖復盡力耕桑猶不能供。昔楚女悲愁，則西宮致災；況終年積聚，豈無憂怨乎。夫天生烝民，立君以牧之。君道得，則民戴之如父母，仰之如日月。雖時有征稅，猶望其仁恩之惠。易曰：悅以使民，民忘其勞；悅以犯難，民忘其死。儲君副主，宜諷誦斯言；南面當國，宜履行其事。又承詔書，當於河間故國起解瀆之館。陛下龍飛即位，雖從藩國，然處九天之高，豈宜有顧戀之意。且河間疏遠，解瀆邈絕，而當勞民單力，未見其便。又今外戚四姓貴倖之家，及中官公族無功德者，造起館舍，凡有萬數，樓閣連接，丹青素堊，雕刻之飾，不可單言。喪葬踰制，奢麗過禮，競相放效，莫肯矯拂。穀梁傳曰：財盡則怨，力盡則懟。尸子曰：君如杅，民如水，杅方則水方，杅圓則水圓。上之化下，猶風之靡草。今上無去奢之儉，下有縱欲之敝，至使禽獸食民之甘，土木衣民之帛。昔師曠諫晉平公曰：梁柱衣繡，民無褐衣；池有棄酒，士有渴死；廄馬秣粟，民有飢色。近臣不敢諫，遠臣不得暢。此之謂也。又聞前召議郎蔡邕對問於金商門，而令中常侍曹節、王甫等以詔書喻旨。邕不敢懷道迷國，而切言極對，毀刺貴臣，譏呵豎宦。陛下不密其言，至令宣露，群邪項領，膏脣拭舌，競欲咀嚼，造作飛條。陛下回受誹謗，致邕刑罪，室家徙放，老幼流離，豈不負忠臣哉。今群臣以邕為戒，上畏不測之難，下懼劍客之害，臣知朝廷不復得聞忠言矣。故太尉段熲，武勇冠世，習於邊事，垂髮服戎，功成皓首，歷事二主，勳烈獨昭。陛下既已式序位，登台司，而為司隸校尉陽球所見誣脅，一身既斃，而妻子遠播。天下惆悵，功臣失望。宜徵邕更授任，反熲家屬，則忠貞路開，眾怨以弭矣。

靈帝以張讓、趙忠等十二人為中常侍，封侯貴寵，父兄子弟布列州郡，所在貪殘，黃巾既作，盜賊糜沸。郎中中山張鈞上書曰：竊惟張角所以能興兵作亂，萬人所以樂附之者，其源皆由十常侍多放父兄子弟、婚親、賓客典據州郡，辜推財利，侵掠百姓。百姓之冤，無所告訴，故謀議不軌，聚為盜賊。宜斬十常侍，縣頭南郊，以謝百姓，又遣使者布告天下，可不須師旅，而大寇自消。

隋文帝仁壽二年，大理卿梁毗見楊素專權，恐為國患，乃上封事曰：臣聞臣無有作威作福，其害于而家，凶于而國。今楊素幸遇愈重，權勢日隆，所私皆非忠讜，所進咸是親戚，子弟布列，兼州連縣。天下無事，容息異圖；四海有虞，必為禍始。陛下若以素為阿衡，臣恐其心未必伊尹也。伏願揆鑒古今，量為處置，俾洪基永固，率土幸甚。書奏，帝大怒，收毗繫獄，親詰之。毗極言素擅寵弄權，殺戮無道；又太子及蜀王罪廢之日，百寮無不震悚，惟素揚眉奮肘，喜見容色，利國家有事以為身幸。帝乃釋之。

唐中宗景龍元年，蕭至忠上疏曰：恩倖者止可富之金帛，不可以公器為私用。今列位已廣，干求未厭，陛下數降不貲之澤，近戚有無涯之請，賣官鬻法，公違憲章，徒忝官曹，無益時用。上不聽。

玄宗開元十九年，開府儀同三司王毛仲以嚴察幹力有寵，與龍武將軍葛福順為婚。吏部侍郎齊澣言於上曰：福順典禁兵，不宜與毛仲為婚。且毛仲小人，寵過生姦，不早為之所，恐成後患。上然其言。澣曰：君不密則失臣，願陛下密之。既以語大理丞麻察，察遽奏之。上怒，制澣、察交構將相，離間君臣，皆貶嶺南。

憲宗時以吐突承璀討王承宗，議者皆言古無以宦人統師者。翰林學士知制誥李絳當制書固爭，帝不能奪，止詔罕相授，敕承璀界無功還，加開府儀同三司。絳奏曰：承璀喪師，當抵罪，今寵以崇秩，後有奔軍之將，踰利干賞，陛下何以處之。帝怒，絳謝曰：陛下憐臣愚，處之腹心之地。而惜身不言。乃臣負陛下。若上犯聖顏。旁忤貴倖。因而獲罪。乃陛下負臣。於是帝動容曰。卿昔朕以人所難言者。疾風知勁草。卿當之矣。

宋仁宗時。後宮周氏董氏生公主。諸閤女御多遷擢。知諫院范師道上疏曰。禮以制情。義以奪愛。常人之所難。惟聰明睿哲之主。然後能之。近以宮人數多而出之。此盛德事也。然而事有繫風化治亂之大。而未以留意。臣敢爲陛下言之。竊聞諸閤女御以周董育公主。御寶白制。並爲才人。不自中書出誥。而掖庭覬覦遷拜者甚多。周董之遷可矣。女御何名而遷乎。才人品秩既高。古有定員。唐制止七人而已。祖宗朝宮閤給侍。不過二三百。居五品之列者無幾。若使諸閤皆遷。則不復更有員數矣。外人不能詳知。止謂陛下於寵幸太過。恩澤不節耳。夫婦人女子。與小人之性同。寵幸太過則瀆慢之心生。恩澤不節則無厭之怨起。御之不可不以其道也。且用度太煩。須索大廣。一才人之奉。月直中戶百家之賦。歲時賜與不在焉。況誥命之出不自有司。豈盛時之事耶。恐斜封墨敕復見於今日矣。

理宗寶祐三年。兵部侍郎兼中書舍人牟子才。繳吳子聰閤門事奏曰。臣聞官不及私昵。爵罔及惡德。所以重其官也。閤門掌朝儀之事。客省四方館掌四方賓客之事。是爲華要。權均侍從。舊來多用戚畹世族。娃行淵均者居之。今天筆除授。乃屬之吳子聰。臣考子聰實傔既非戚畹。又非世族。特以宮媼族子。貫緣姻婭。冒得此職。不厭公論甚矣。況子聰雖猥雜厮下。而稔惡實深。方其憑依城社之時。蓋有蠹灼宇宙之勢。凡所以交通關節。轉輸貨賂。干撓府縣。濁亂政經者。無所不爲。至以爵祿爲市。而一種無恥之縉紳。湊薄其門。往往而售。此皆公議所切齒。非臣之私言也。緣自比歲稍失憑依。而蹤跡尚存。氣脉未斷。陛下奈何加之寵光。是崇是長。使復出爲惡乎。昔隆興初。龍大淵知閤門事。曾覿權知閤門事。中書舍人張震。周必大疊繳其命。由是二人遂罷。其後再除。旋寢。二人繼斥于外。天下以是誦孝宗之明。然二人者。皆孝宗潛邸之舊。非子聰比也。欲望陛下以孝宗之法。特降睿旨罷子聰知閤事。是亦官不及私昵。爵罔及惡德之義。臣待罪西掖。職分所關。公論不容自難隱默。所有錄黃。臣未敢書行。

子才又上奏曰。伏准宮苑使麥欽傳奉聖旨宣諭臣。吳子聰之除。已一月矣。今日方行繳奏。子聰舊元爲知閤門事。在三年前。此番乃歸舊班。想是未曾稽考。可與書行。仍具聞奏。臣伏讀聖訓。不勝皇懼。臣照得吳子聰除知閤門事。乃十一日御筆也。今月二日黃甫過臣書行。自祖宗以來給舍守百刻條限。今回遲凡二十餘日而後至。大有可疑。臣竊意其必延引日月。以待子聰之供職。使臣不得而繳之。今子聰朝供職。而錄黃暮下。則子聰之計行矣。給舍紀綱之地。所以爲國家憑藉扶持者在是。乃使此輩得以行私計於其間。或遲或速。一惟其意。則紀綱掃地矣。況子聰係既供職而後書黃。若人人如此事事如此。則何用給舍爲哉。臣昨具申都省。乞契勘施行。正欲治其稽遲之罪。以振紀綱。非是臣稽延二十餘日於其供職之後方行繳奏也。子聰舊雖除知閤。一時給舍輕於放行。遂使子聰謂恩寵爲可憑肆然無忌。輕視陛下之給舍。輒紊祖宗之成憲。今豈無他職可以處之。而再此洿玷是知閤之職。必子聰而後可。何乏材如是耶。陛下舍己從人。如堯從諫弗咈。如湯近者臺臣論列。陛下一一從行。略無遲莫。獨於此人。乃爲委曲遷就。殆非舍己從人。從諫弗咈之義。臣若奉明詔。則臣負中外之責。若不開陳。則大臣受中外之責。陛下若不俯從。則懲貪黷挈附之徒。聲生勢長。遂滋中外之紛紛也。欲望陛下以堯湯之心為心。亟賜從行。不致私情愈熾。公道湮微。紀綱大壞。天下幸甚。所有録黄臣未敢書行。謹同前奏再以奏聞。

歷代名臣奏議卷之二百九十

歷代名臣奏議卷之二百九十一

近習

齊桓公問於管仲曰。國何患。管仲對曰。患夫社鼠。桓公曰。何謂社鼠。管仲對曰。夫社束木而塗之。鼠因往託焉。燻之則恐燒其木。灌之則恐敗其塗。此鼠所以不可得殺者。以社故也。夫國亦有社鼠。人主左右是也。內則蔽善惡於君上。外則賣權重於百姓。不誅之則為亂。誅之則為人主所察。據腹而有之。此亦國之社鼠也。人有酤酒者。為器甚潔清。置表甚長。而酒酸不售。問之里人其故。里人云。公之狗猛。人挈器而入。且酤公酒。狗迎而噬之。此酒所以酸不售之故也。夫國亦有猛狗。用事者也。有道術之士。欲明萬乘之主。而用事者迎而齕之。此亦國之猛狗也。左右為社鼠。用事者為猛狗。則道術之士不得用矣。此治國之所患也。

漢文帝出。宦者趙談參乘。中郎袁盎伏車前曰。臣聞天子所與共六尺輿者。皆天下豪英。今漢雖乏人。陛下獨奈何與刀鋸餘人共載。於是上笑。下談。

元帝初元中。以石顯為中書令。委以政事。前將軍蕭望之及光祿大夫周堪宗正劉更生皆給事中。望之領尚書事。知顯專權邪辟。建白以為尚書百官之本。國家樞機。宜以通明公正處之。武帝游宴後庭。故用宦者。非古制也。宜罷中書宦官。應古不近刑人。

東漢順帝委縱宦官。有識危心。御史張綱常感激慨然嘆曰。穢惡滿朝。不能奮身出命埽國家之難。雖生吾不願也。退而上書曰。詩曰。不愆不忘。率由舊章。尋大漢初隆及中興之世。文明二帝德化尤盛。觀其理為易循易見。但恭儉守節。約身尚德而已。中官常侍不過兩人。

近倖貴賜纔溢數金惜費重人故家給人足夷狄聞中國優富任信道德所以姦謀自消而和氣感應而頃者以來不遵舊典無功小人皆有官爵富之驕之而復害之非重人重器承天順道者也伏願陛下少留聖恩割損左右以奉天心

時中常侍張防特用權勢每請託受取司隸校尉虞詡輒案之而屢寢不報詡不勝其憤乃自繫廷尉奏言曰昔孝安皇帝任用樊豐遂交亂嫡統幾亡社稷今者張防復弄威柄國家之禍將重至矣臣不忍與防同朝謹自繫以聞無令臣襲楊震之跡書奏防流涕訴帝詡坐論輸左校宦者孫程張賢等知詡以忠獲罪乃相率奏乞見程曰陛下始與臣等造事之時常疾姦臣知其傾國今者即位而復自為何以非先帝乎司隸校尉虞詡為陛下盡忠而更被拘繫常侍張防臧罪明正反搆忠良今客星守羽林其占宮中有姦臣宜急收防送獄以塞天變下詔出詡還假印綬

朱穆為冀州刺史宦者趙忠喪父歸葬安平僭為璵璠玉匣偶人穆聞之下郡案驗吏畏其嚴明遂發墓剖棺陳尸出之而收其家屬帝聞大怒徵穆詣廷尉輸作左校太學書生劉陶等數千人詣闕上書訟穆曰伏見施刑徒朱穆處公憂國拜州之日志清姦惡誠以常侍貴寵父子兄弟布在州郡競為虎狼噬食小人故穆張理天綱補綴漏目羅取殘禍以塞天意由是內官咸共恚疾謗讟煩興讒隙仍作極其刑謫輸作左校天下有識皆以穆同勤禹稷而被共鯀之戾若死者有知則唐帝怒於崇山重華忿於蒼墓矣當今中官近習竊持國柄手握王爵口含天憲運賞則使餓隸富於季孫呼噏則令伊顏化為桀跖而穆獨亢然不顧身害非惡榮而好辱惡生而好死也徒感王綱之不攝懼天綱之久失故竭心懷憂為上深計臣願黥首繫趾代穆校作帝覽其奏乃赦之

桓帝延熹六年尚書朱穆上疏曰案漢故事中常侍參選士人建武以後乃悉用宦者自延平以來浸益貴盛假貂璫之飾處常伯之任天朝政事一更其手權傾海內寵貴無極子弟親戚並荷榮任故放濫驕溢莫能禁禦凶狡無行之徒媚以求官恃勢怙寵之輩漁食百姓窮破天下空竭小人愚臣以為可悉罷省遵復往初率由舊章更選海內清淳之士明達國體者以補其處即陛下可為堯舜之君眾僚皆為稷契之臣兆黎蒙被聖化矣穆後復口陳曰臣聞漢家舊典置侍中中常侍各一人省尚書事黃門侍郎一人傳發書奏皆用姓族自和熹太后以女主稱制不接公卿乃以閹人為常侍小黃門通命兩宮自此以來權傾人主窮困天下宜皆罷遣博選耆儒宿德與參政事帝怒不應

八年以李膺為司隸校尉時小黃門張讓弟朔為野王令貪殘無道畏膺威嚴逃還京師匿於兄家合柱中膺率吏卒破柱取朔付獄受辭畢即殺之讓訴冤帝召膺詰之對曰昔仲尼為魯司寇七日而誅少正卯今臣到官已積一旬私懼以稽留為愆不意獲速疾之罪誠自知釁責死不旋踵乞留五日尅殄元惡退就鼎鑊始生之願也帝顧讓曰汝弟之罪司隸何愆自此諸宦官皆鞠躬屏氣休沐不敢出宮省帝問其故並叩頭泣曰畏李校尉

太尉楊秉上奏曰臣案舊典宦官本在給使省闥司昏守夜而今猥受過寵執政操權中常侍侯覽弟參貪殘元惡自取禍滅覽知釁重必有自疑之意臣愚以為覽宜急屏斥遂歸本郡

桓帝時國政多失內官專寵李膺杜密等為黨事考逮城門校尉竇武上疏諫曰臣聞明主不諱譏刺之言以探幽暗之實忠臣不卹諫

爭之患以暢萬端之事是以君臣並熙名奮百世臣幸得遭盛明之世逢文武之化豈敢懷祿逃罪不竭其誠陛下初從藩國爰登聖祚天下逸豫謂當中興自即位以來未聞善政梁孫寇鄧雖或誅滅而常侍黃門續爲禍虐欺罔陛下競行譎詐自造制度妄爵非人朝政日衰姦臣日彊伏尋西京放恣王氏佞臣執政終喪天下今不慮前事之失復循覆車之軌臣恐二世之難必將復及趙高之變不朝則夕近者姦臣牢脩造設黨議遂收前司隸校尉李膺太僕杜密御史中丞陳翔太尉掾范滂等逮考連及數百人曠年拘錄事無效驗臣惟膺等建忠抗節志經王室此誠陛下稷契伊呂之佐而虛爲姦臣賊子之所誣枉天下寒心海內失望惟陛下留神澄省時見理出以厭人鬼喁喁之心臣聞古之明君必須賢佐以成政道今臺閣近臣尚書令陳蕃僕射胡廣尚書朱寓荀緄劉祐魏朗劉矩尹勳等皆國

之貞士朝之良佐尚書郎張陵嬀皓苑康楊喬邊韶戴恢等文質彬彬明達國典內外之職羣才並列而陛下委任近習專樹饕餮外典州郡內幹心膂宜以次貶黜案罪糾罰抑奪宦官欺國之封案其無狀誣罔之罪信任忠良平決臧否使邪正毀譽各得其所寶愛天官唯善是授如此咎徵可消天應可待間者有嘉禾芝草黃龍之見夫瑞生必於嘉士福至實由善人在德爲瑞無德爲災陛下所行不合天意不宜稱慶

時小黃門趙津南陽大猾張汎等奉事中官乘埶犯法太原太守劉瓆南陽太守成瑨考案其罪雖經赦令而並竟考殺之宦官怨恚有司承旨遂奏瓆瑨罪當棄市又山陽太守翟超沒入中常侍侯覽財產東海相黃浮誅殺下邳令徐宣超浮並坐髡鉗輸作左校太尉陳蕃上疏曰臣聞齊桓修霸務爲內政春秋於魯小惡必書宜先自整勑後以及人今寇賊在外四支之疾內政不理心腹之患臣寢不能寐食不能飽實憂左右日親忠言以疏內患漸積外難方深陛下超從列侯繼承天位小家畜產百萬之資子孫尚恥愧失其先業況乃產兼天下受之先帝而欲懈怠以自輕忽乎誠不愛己不當念先帝得之勤苦邪前梁氏五侯毒徧海內天啓聖意收而戮之天下之議冀當小平明鑒未遠覆車如昨而近習之權復相扇結小黃門趙津大猾張汎等肆行貪虐姦媚左右前太原太守劉瓆南陽太守成瑨糾而戮之雖言赦後不當誅殺原其誠心在乎去惡至於陛下有何悁悁而小人道長熒惑聖聽遂使天威爲之發怒如加刑讁已爲過甚況乃重罰令伏歐刀乎又前山陽太守翟超東海相黃浮奉公不撓疾惡如讎超沒侯覽財物浮誅徐宣之罪至蒙刑坐不逢赦恕覽之從橫沒財已幸宣犯釁過死有餘辜昔丞相申屠嘉召責鄧通洛

陽令董宣折辱公主而文帝從而請之光武加以重賞未聞二臣有專命之誅而今左右羣豎惡傷黨類妄相交構致此刑譴聞臣是言當復號訴陛下深宜割塞近習豫政之源引納尚書朝省之事公卿大臣五日一朝簡練清高斥黜佞邪如是天和於上地洽於下休徵符瑞豈遠乎哉陛下雖厭毒臣言凡人主有自勉強敢以死陳

靈帝建寧元年竇太后臨朝竇武白太后曰故事黃門常侍但當給事省內門戶主近署財物耳今乃使與政事任重權子弟布列專爲貪暴天下匈匈正以此故宜悉誅廢以清朝廷太后曰故事世有宦官但當誅其有罪者豈可盡廢耶

時陳蕃爲太傅志誅宦官會竇武亦有謀蕃自以既從人望而德於太后必謂其志可申乃先上疏曰臣聞言不直而行不正則爲欺乎天而負乎人危言極意則羣凶側目禍不旋踵鈞此二者臣寧得禍

不敢欺天也。今京師囂囂。道路諠譁。言侯覽曹節公乘昕王甫鄭颯等與趙夫人。諸女尚書並亂天下。附從者升進。忤逆者中傷。方今一朝群臣。如河中木耳。泛泛東西。耽祿畏害。陛下前始攝位。順天行誅蘇康管霸並伏其辜。是時天地清明。人鬼歡喜。奈何數月復縱左右。元惡大姦莫此之甚。今不急誅。必生變亂。傾危社稷。其禍難量。願出臣章宣示左右。并令天下諸姦知臣疾之。太后不納。朝廷聞者莫不震恐。

光和元年。封中常侍呂強為都鄉侯。不受。因上疏曰。宦官品卑人賤。妄授茅土。開國承家。小人是用。陰陽乖剌。罔不由茲。采女數千。衣食之費。日數百金。終年積聚。豈無愛怨。蔡邕對問。毀刺貴臣。譏呵宦官。陛下不密其言。令群邪咀嚼。致邕刑罪。今群臣皆以邕為戒。臣知朝廷不復得聞忠言矣。段熲武勇冠世。勳烈獨昭。一身既斃。而妻子遠

播。天下惆悵。功臣失望。宜徵邕授任。反熲家屬。則忠貞路開。衆怨弭矣。帝知其忠而不能用。

中平元年。郎中張鈞上書曰。張角所以能興兵作亂。萬民所以樂附之者。其源皆由十常侍宗親賓客典據州郡。辜榷財利。侵掠百姓。百姓冤無所訴。故聚為盜賊。宜斬十常侍。縣頭南郊。以謝百姓。遣使者布告天下。可不須師旅而大寇自消。帝怒鈞曰。此真狂子也。十常侍固當有一人善者不。御史遂誣奏鈞學黃巾道。收掠死獄中。

靈帝時。傅燮為護軍司馬。素疾中官。因上疏曰。臣聞天下之禍不由於外。皆興於內。是故虞舜升朝。先除四凶。然後用十六相。明惡人不去。則善人無由進也。臣之所懼。在於治水不自其源。末流彌增其廣耳。陛下仁德寬容。多所不忍。故閹竪弄權。忠臣不進。何者。夫邪正之人。不宜共國。亦猶冰炭不可同器。彼知正人之功顯而危亡之兆見。皆將巧辭飾說。共長虛偽。夫孝子疑於屢至。市虎成於三夫。若不詳察真偽。忠臣將復有杜郵之戮矣。陛下宜思虞舜四罪之舉。速行讒佞放殛之誅。則善人思進。姦宄自息。臣聞忠臣之事君。猶孝子之事父焉。得不盡其情。使臣身備鈇鉞之戮。陛下少用其言。國之福也。

魏齊王正始八年。尚書何晏奏曰。善為國者。必先治其身。治其身者慎其所習。所習正。則其身正。其身正。則不令而行。所習不正。則其身不正。其身不正。則雖令不從。是故為人君者。所與游必擇正人。所觀覽必察正象。放鄭聲而弗聽。遠佞人而弗近。然後邪心不生。而正道可弘也。季末闇主。不知損益。斥遠君子。引近小人。忠良疏遠。便辟褻狎。亂生近暱。譬之社鼠。考其昏明。所積以然。故聖賢諄諄以為至慮。舜戒禹曰。鄰哉鄰哉。言慎所近也。周公戒成王曰。其朋其朋。言慎所與也。詩云。一人有慶。兆民賴之。可自今以後。御幸式乾殿及游豫後

園。皆大臣侍從。因從容戲宴。兼省文書。詢謀政事。講論經義。為萬世法。

吳烏程侯時。何定弄權。閹官預政。大將軍陸抗上疏曰。臣聞開國承家。小人勿用。靖譖庸回。唐書攸戒。是以雅人所以怨刺。仲尼所以歎息也。春秋已來。爰及秦漢。傾覆之釁。未有不由斯者也。小人不明理道。所見既淺。雖使竭情盡節。猶不足任。況其姦心素篤。而憎愛移易哉。苟患失之。無所不至。今委以聰明之任。假以專制之威。而冀雍熙之聲作。肅清之化立。不可得也。方今見吏殊才雖少。然或冠冕之胄少漸道教。或清苦自立。資通足用。可隨才授職。抑黜群小。然後俗化可清。庶政無穢也。

漢主劉聰時。韋閹用事。殺尚書王琰等。太宰劉易。大將軍劉敷。御史大夫陳元達。金紫光祿大夫王延等詣闕諫曰。臣聞善人者。乾坤之

紀政教之本也。邪佞者宇宙之螟螣，王化之蠹賊也。故文王以多士基周，桓靈以羣閹亡漢。國之興亡，未有不由此也。自古明王之世，未嘗有宦者與政。武、元、安、順，豈足為故事乎？今王沉等乃處常伯之位，握生死予奪於中，執傾海內，愛憎任之，矯弄詔旨，欺誑日月，內諂陛下，外佞相國，威權之重，倖於人主矣。王公見之駭目，卿宰望塵下車，銓衡迫之。選舉不復以實，士以屬舉，政以賄成，多樹姦徒，殘毒忠善。知王琰等忠臣必盡節於陛下，懼其姦萌發露，陷之極刑。陛下不垂三察，猥加誅戮，怨感穹蒼，痛入九泉。四海悲惋，賢愚傷懼。沉等皆刀鋸之餘，背恩忘義之類，豈能如士人君子，感恩展效以答乾澤也？陛下何故親近之？何故貴任之？昔齊桓公任易牙而亂，蜀懷委黃皓而滅，此皆覆車於前，殷鑒不遠。比年地震日蝕，雨血火災，皆沉等之由。願陛下割翦凶醜與政之流，引尚書、御史朝省萬機，相國與公卿五日一入會議政事，使大臣得極其言，忠臣得逞其意，則衆災自弭，和氣呈祥。今遺晉未殄，巴蜀未賓，石勒潛有跨趙魏之志，曹嶷密有王全齊之心，而復以沉等助亂大政，陛下心腹四支，何處無患？復誅巫咸，戮扁鵲，臣恐遂成桓侯膏肓之疾，後雖欲療之，其如病何？請免沉等官，付有司定罪。

唐太宗貞觀十年，謂侍臣曰：太子師保，古難其選。成王幼小，以周、召為保傅，左右皆賢，足以長仁致化，稱為聖主。及秦之胡亥，始皇所愛，趙高作傅，教以刑法，及其篡也，誅功臣，殺親戚，酷烈不已，旋踵亦亡。以此而言，人之善惡，誠由近習。朕弱冠交遊，唯柴紹、竇誕。然則誕等為人，既非三益。及朕居寶位，經理天下，雖不及堯舜之明，庶免乎孫皓、高緯之暴。以此言之，復不由染，何也？魏徵對曰：中人可與為善，亦可與為惡。然上智之人自無所染。陛下受命自天，平定寇亂，救兆人

之命，旋致昇平，豈紹、誕之徒能累聖德？但傳去放鄭聲，遠佞人，近習之間，尤宜深慎。太宗稱善。

太宗時，閹豎使還，妄有所奏，發，太宗甚怒。魏徵進諫曰：閹豎雖微，狎近左右，時有言語，輕而易信，浸潤之譖，為患特深。以今日之明，必無所慮，為子孫教，不可不杜絕其原。太宗笑曰：非公，朕安得聞此言？

德宗時，蕭復上言曰：宦官為監軍，恃恩縱橫，此屬但應掌宮掖之事，不宜委以兵權國政。上不悅。

憲宗元和五年，河南尹房式有不法事，東臺監察御史元稹奏攝之，擅令停務。朝廷以為不可，罰俸召還。至敷水驛，有內侍後至，破驛門入，擊稹傷面。上復引稹前過，貶之。李絳、崔群言稹無罪。白居易言：中使陵辱朝士，中使不問而稹先貶，恐自今中使出外益暴橫，人無敢言者。又稹為御史，多所舉奏，不避權勢，切齒者衆，恐自今無人肯為陛下當官執法，有大姦猾，陛下無從得知。上不聽。

六年，出知內侍省事吐突承璀為淮南監軍。上問李絳曰：朕出承璀何如？對曰：外人不意陛下遽能如是。上曰：此家奴耳，鄉以其驅使之久，故假以恩私。若有違犯，朕去之輕如一毛耳。

憲宗時，任宦人為館驛使，恃恩倨傲，宰相李吉甫奏罷之。會伐蔡，復以中人領使。左補闕裴潾諫曰：凡驛有官專尸之，畿內以京兆尹，適有觀察使、刺史相監臨，臺又御史為之使，以察過闕，猶有不職，則宜明科條督責之，誰不惕懼？若復以宮闈臣領之，則內人而及外事，職分亂矣。夫事不善誠於初，體有非，不必大。方開太平，澄本正末，宜塞僥倖之源，出位之漸。

翰林學士李絳極論宦官權倖侵害政事，構毀忠政，詞惑聖聰。上曰：此輩從古而有，非朕特置。已其何敢詞惑構毀，朕豈用其言哉？絳對

曰陛下不信試取聖意素所惡之事假以上旨為惡問之即為不顧事實好惡便隨順聖心而言此豈忠信所為實傾邪也中人太怯唯在財利若趨邪行賄者雖事類驕踞智如豺狼而因便陳啓悉謂賢才若守正不通者雖行同顏閔理等龔黃因事中傷譖為貪冒不知仁義不分邪正此其天性也臣不敢言聖意知其如此遂其喜怒蓋以常在左右積於狎習能用傾巧之智搆成疑似之端上聞而怒之因而信之卻謂之為公也如此事狀備載史言巧拙為真今古同病上曰此等是朕家豈有信其毀譖如有此事卿等一一奏論朕當處置勿希朕旨

宣宗大中八年有敕使過陝右怒餅黑鞭驛吏見血高少逸以聞上責敕使謫配恭陵其後上召翰林學士韋澳屏左右問之曰近日內侍權勢如何對曰陛下威斷非前朝之比上閉目搖首曰全未全未尚畏之在卿將安出對曰若與外廷議之恐有太和之變不若就其中擇有才識者與之謀上曰此乃末策朕已試之矣自衣緋已下皆感恩纔衣紫則相與為一矣上又與令狐綯謀盡誅宦官綯恐濫及無辜密奏曰但有罪勿捨有闕勿補自然漸耗至於盡矣

僖宗時黃頭將郭琪夜燒營剽城邑帝與田令孜保東城自守羣臣不得見左拾遺孟昭圖請對不召因上疏極陳君與臣一體相成安則同寧危則共難昔日西幸不告南司故宰相御史中丞京兆尹悉碎于賊唯兩軍中尉以扈乘輿得全今百官之在者率冒重險出百死者也昨黃頭亂火照前殿陛下惟與令孜閉城自守不召宰相不謀羣臣欲入不得求對不許且天下者高祖太宗之天下非北司之天下陛下固九州天子非北司之天子北司豈悉忠於南司廷臣豈無用於敕使文宗時宮中災左右巡使不到皆被顯責安有天子播越而宰相無所豫羣司百官棄若路人已事誠不足諮而來者冀可追也疏入令孜匿不奏

昭宗龍紀元年宦者楊復恭常乘肩輿至太極殿是日上與宰相言及四方反者孔緯曰陛下左右有將反者況四方乎上矍然問之緯指復恭曰復恭陛下家奴乃肩輿造前殿多養壯士為假子使典禁兵或為方鎮非反而何復恭曰子壯士欲以收士心衛國家豈反邪上曰然則何不使姓李而姓楊乎復恭無以對

天復元年上悉以軍國事委崔胤宦官側目胤欲盡除之韓偓曰事禁太甚此輩亦不可全無恐其黨迫切更生他變胤不從上獨召偓問之對曰東內之難敕使誰非同惡處之當在正旦今已失其時矣上曰當是時卿何不為崔胤言之對曰陛下詔書云四家之外餘無所問夫人主所重莫大於信既下此詔則守之宜堅若復戮一人則人人懼死矣然後來所去已為不少此其所以恟恟不安也今不若擇其尤無良者數人明示其罪寘之於法然後撫諭其餘擇其忠厚者使為之長有善則奬有罪則懲則咸自安矣此曹在公私者以萬數豈可盡誅邪夫帝王之道當以重厚鎮之公正御之至於瑣細機巧此機生則彼機應矣終不能成大功所謂理絲而棼之者也況今朝廷之權散在四方苟能先收此權則事無不可為者矣上深以為然

宋仁宗慶曆元年右正言孫沔上奏曰臣竊聞內侍別立主司中官自通禁省有唐四品不過於典制五局無置於令丞所以分中闈之政不使挾外庭之議如此儉節尚至侵陵故聖宋以來申制斯在太宗著令式之文真皇述箴規之訓能詔近習各守行薦豈令輕干國柄竊弄天機一言成於毀譽三事出於吹噓所繫安危尤加約束是

以先朝秦翰等數人履行端謹節義深厚心皆好善意不害人出則捴邊方之寄歸則守內庭之職俾之無領亦不侵官止守伇名終無殊命今聞欲以都知押班之資外干閤門引進之上隳國家之舊典起宦寺之威權況內殿起居則別班外朝集會則不預安用異數竊據橫行蓋因幹當局務之間多與文武官員同事爭列名銜自尊位號遂欲改革品秩僥冀寵榮誰啓厲階輙敗經制今邊陲用武賞罰是先遴揀官資尚難激勸豈宜閹寺之人更居侯伯之上竊恐將帥之臣恥居其下策勳之際不重此官大紊紀綱事亦非細伏望陛下守祖宗之規式戒左右之權倖則朝廷之福天下之幸也所有先降劄子下閤門重定都知押班立次乞更不施行

知諫院張方平上奏曰臣昨聞重定二省都知押班等著在閤門使之上物議雜起深以為非當時有司無人論執苟從其請既已失之

今又聞二省陳乞奏授子孫恩澤於常秩上更加一等此事若行不唯遠越祖宗法度曠紊朝廷典章必致陛下有私近習之名大臣有阿親倖之醜內侍有恣橫之議諫官御史有隱默之尤且都知押班地處親近宜為朝廷愛惜事體動循軌度孜孜徇公如此僥求何以示外易曰履霜堅冰至言當戒其漸也漢之事臣嘗為陛下言之矣伏望聖斷深賜察納其都知押班奏蔭恩例伏乞一仍舊制

方平又上宦者論曰臣聞三代之制凡在君側皆卿大夫士夏商之世未聞有宦者周官雖有閽人之職止乎掌王宮中門之禁幾出入時啓閉掃門庭而已非所以預政令摠權務者也周道衰微官紀紊亂而寺人巷伯稍見乎詩傳至于秦漢列為近職然惟燕親密之地首閽左右之任宣受詔命偕從輿輦自諸常侍謁者之職多為士人儒者之選自武帝臨御長久留連盤娛數燕遊乎後庭頗疎隔乎朝士故請奏楗事多由宦者而始得政矣遂為兩京衰敝之基焉東漢自孝安之後繼以女主臨朝陰勢相乘中官遂大專斷國命擎握衡軸賢才死於鉤黨黎民弊於塗炭三綱錯亂四海攜離害徧生靈毒滿區夏而桓帝乃始比超悺於伊旦靈帝方更指讓忠為翁母書傳所載覆亡之迹未若桓靈之際也唐太宗定制內省官階不得逾四品而其數不及百員但分掌五局及在閤門守禦黃衣廩食而已後明皇續御崇重宦臣乃至爵為國公門施棨戟中官之數遂及三千則有銜命四方監軍諸道宣傳密旨主當要務詣一郡至一軍誅索貨賄必千萬計擾動天下紊亂朝經內則思藝為林甫之腹心外則璆琳為祿山之耳目以至養成禍變傾覆基祚于後肅宗有輔國之逼而不得全父子孝慈之性代宗為元振所制而不能庇將相股肱之臣德宗自山南蒙塵而還不欲武臣典親兵乃置兩中尉分掌左

右神策天威等軍而委宦者主之由是禁衛兵權之重悉歸於中官矣蘭錡將臣藩嶽戎帥自其蓄育由之遣置威福之柄非復天子所執元和神武之功猶不書葬昭愍童昏之亂宜難自全士良虎視於太和之朝令孜鴟張於乾符之後逮其季世王室如燬南北朋比中外乖疑內則陰邪惡類秉樞機外則險賊姦人居相位爭權交噬剝骨相復故崔昌遐輦連結彊帥鄉導全忠本為自援之謀遂成移國之禍是非一朝一夕之故所由來者漸矣或曰三代而下一統承平之治國惟漢唐焉而其顛覆衰敗之禍同由此迹歷世則不然何歟臣對曰是惟一統承平之治國而後同此禍也何歟曰夫為國者不在外難必有內憂自非聖人孰能戒慎乎無患憂惕於既安當其一統為大無艱虞之急承平久治有驕汰之志厭勤惟懈逸欲是尋戲務密歡褻之近習大臣從容而議存大體而略細故險人窺伺其隙

秉機會而竊事權，故弊橫於甚微，患生乎所忽。此漢唐之所以亂也。夫魏氏至于江左，權事外擾，朝廷多虞，雖有暴慢之君，荒殘淫辟，危辱幾滅，勢不得長，嬖倖奸孽，旋亦夷殄。故上權之墜于下也，無滋蔓深固之勢。抑時有緩急，其間不足容乎因循之暇爾。臣故曰：是惟一統承平之治國乃同此禍也。噫，弊之來也既久矣。其亦奈何，姑可取戒乎漢桓靈之事，勿使預乎刑獄，以免其誣染善良之虐乎。姑可取戒乎唐明皇之事，勿使銜命出使，以削其怖動郡縣之威乎。姑可取戒乎爾代德之事，勿使侵盜軍旅，以收其把握天下之柄乎。是三者不失，則人君之所以據閫御世，士大夫之所以輸忠事主，烝民之所以宅生託命，可以保全而不陷于非道矣。

三年，知諫院歐陽脩上疏曰：臣伏見內官馮承用，近因過失，為臣寮論奏，陛下親發睿斷，不私小人，聽納羣言，遂去左右，中外之士，莫不相慶。然初聞朝議，將與外任，至今多日，未見指揮。近日外面傳言，却得教坊勾當，留在京師。竊以方今內外臣寮，若有罪犯，便須勘劾，依法行遣。今承用本因有過，超轉官資，只與外任，尚為優幸。若更遷留不遣，則使今後伏事陛下左右者，恣為過惡，無以戒勸。承用從來過犯甚衆，人皆畏懼，不敢明言。自其罷却入內，已來舊跡，漸多彰露，內庭之事，臣不細知，外邊作過，頗有實狀。今若未行遠黜，則言事臣寮不免再有論奏，勾連獄訟，生事轉多。其馮承用伏乞早與一外任閑慢差遣，便令出京，可以戒勵後人，外弭物論。

皇祐元年，侍御史何郯上奏曰：臣伏聞近日入內內侍省都知職次有闕，例當遞遷，緣此職任，日夕在陛下左右，最為親近，所宜遴選擇循謹無過之人充選。其有罪累降出之流，不可復議除授，況朝廷近日申明內臣條約，曾經落職，更不許充入內內侍省都知等職次，自

再立此條約，今方第一次遷改，切宜遵行，以明命令之信。其或自弃定制，除授失當，竊恐命行之後，羣情不允，必致人言，煩黷聖聽。臣所以先事論列，若欲冀朝廷採擇。凡一爵賞，無有過差，以厭人心。伏望聖慈特賜宣諭中書樞密院大臣，今來遞年入內內侍省都知等職次，並令依近日申明條貫施行，其過犯曾經落職內臣，不在進擬之限，所貴遴擇親侍，預選必慮。

歷代名臣奏議卷之二百九十一

歷代名臣奏議卷之二百九十二

近習

宋仁宗皇祐元年知制誥胡宿上奏曰臣聞昔者葛懷敏先任入內內侍省副都知管幹皇城司公事宿衛不謹致逆徒竊發震驚宮闈嚮非示廟社稷之重陛下秉輿幾殆及逆徒既獲又不生致覩滅姦人之口天下之議罪在懷敏楊景宗二人而已臣每念此事痛心扼腕陛下仁聖不忍加重誅止解內職令居外任今因奏事忽有此命若再復內侍名職且赴本任是不久將復入內侍省之漸也若再居內省則宿衛之變復未可知無條制內臣都知副都知之職有過降充外任更不許再居舊職所以防一切之微識源遠之法制也伏望陛下令有司檢詳舊制追寢今命法制一壞復之良難有此違礙臣不敢草制其中書送到詞頭一道臣輒封還

五年權御史中丞孫抃上奏曰臣伏聞內降詔旨付中書除授入內都知王守忠充節度使臣初聆此言驚駭未信何也自陛下臨御以來三十年矣其聖意卓然高邁前古者有三舅家之親頗循法度中宮近戚亦自欽職內侍貴人不敢踰越此皆前世所難之事而陛下誠飭訓勵鮮有妄干天下大賢正人歌頌宸衷皆謂周成康漢文景不能如是是故雖夷狄外擾蝗旱內作而元元晏然不失太平乃陛下數事感天地信生靈使之然今一旦以統帥之官付中貴豈陛下之心哉臣謹按唐制大總管大都督之職帶使持節則謂之節度使所以尊嚴將領專制軍事安危成敗一以繫焉豈宜中官得處其任太宗朝王繼恩平劒南有大功朝廷議其賞止進順州防禦使乃別立宣政之號以寵之陛下若以守忠勤舊歲久則富祿之安佚之獎慰之可也獨不當假大官稱以踰祖宗之法以損陛下聖明臣謂此議必不可行外取天下四夷之笑伏乞聖斷於制敕未降已前特賜寢罷

至和元年知制誥劉敞奏曰臣今月二十二日當制送到詞頭內園使綿州防禦使入內內侍省押班石全彬除利州觀察使充入內內侍省副都知者臣伏見今月十九日已有制旨除全彬宮苑使利州觀察使既出聖衷又參廟論未能三日復換此命朝令夕改古人所非若因全彬自陳探其不滿之意曲徇所求以悅其心便是朝廷恩典本無定制唯繫官臣臨時徼乞宣布天下必以為惑傳示後世必以為笑何則陛下賞罰當信天下當教後世不知全彬功勤凡有幾何昨者嶺外之行已曾受賞今來溫成葬畢賞又不薄不知饜足愈求遷進朝廷亦當愛惜事體無宜輕改成命全彬閹闥之臣尚如此姑息萬一復有權勢重於全彬者如何待之臣雖鄙賤實惜此體不敢輒撰詔詞恐累聖德其元送到詞頭臣已封還中書

知諫院范鎮上奏曰臣九月中上言外議皆謂石全彬等緣溫成葬事妄冀恩澤陛下上顧月入南斗之戒重謹爵祿不可輕授是時陛下面諭臣本無此議又云若與此輩轉官是幸朝廷之禍也臣退而竊喜陛下之言至明至聖又以為外議不足聽也比自臣接伴回至雄莫間道路傳聞石全彬自作坊使轉宮苑使自綿州防禦使轉利州觀察使其餘幹當使臣例轉兩資臣惟天子之言豈有不信臣下者如此必全彬等日夕求請陛下重違拒之大臣又不為陛下執奏使天下之人有以議陛下者章獻皇太后輔佐陛下章懿皇太后輔佐陛下臨御天下章惠皇后保護陛下三太后皆有母道於陛下其葬之日監護之臣遷拜未嘗如此之寵也賜與未嘗如此之多也使天下之人議陛下篤溫成之愛而有輕三后之心實由全彬輩之冐

濫也。緣大臣之不執奏也。本朝觀察使未有緣謗黷而輕換者。臣爲諫官。若不論奏。是臣負陛下責任之意。乞以臣章下中書樞密參詳。以臣言爲非。乞罷臣職。放歸田里。使免尸素之咎。以臣言爲是。乞追還全彬誥敕。以塞衆議。

二年。殿中侍御史趙抃等上奏曰。臣等竊聞內臣閻士良已得旨押帶御器械。伏覩前年中。郭申錫上言。內臣舊制。須經邊任五年。又帶御器械五年。仍限五十歲已上。及歷任無贓私罪。方預選充押班。蓋尋聞陛下聽納中外傳播。以爲得宜。蓋欲得老成謹畏無過之人在陛下左右。聞下樞密院常令執守施行。今來詔墨未乾。已聞除士良帶御器械。竊以御帶職名。將來多是承例敘遷押班。須是自御帶之任。使須選老成謹畏無過之人。况士良爲性狡獪。自來與中外大臣交相結托。久在河北。張皇事勢。天下具知。及歷任曾有贓罪至徒。今

來密院殊無執守。前條著令。所有士良新命。乞賜寢罷。別擇善良以懲勸陛下左右之人。

嘉祐三年。殿中侍御史呂誨上奏曰。臣伏自設官制祿以待其合用爲賞勸。過是則非所以公於天下也。竊見近日除管幹御藥院入內供奉劉保臣、王保寧、鄧保壽、王世寧四人遙郡團練刺史。傳聞中外。駭動人聽。臣輒以國朝故事言之。高品黃門三十年。供奉官十年一轉。蓋不使此輩坐而竊祿。如咸平中。洛苑使入內內都知秦翰與雷有終討王均之亂。既而有功。授以內園使恩州刺史。即不知保臣等立何勞效。與秦翰恩賞一同。只是攀援暗轉無名之例。伏乞追還成命。特與平轉。屬邊疆多事之際。恐因此內臣無功進秩。掌兵授律者不肯用命。鶴有乘軒。衛人無戰意。斯有國者爲之深誡。惟聖斷無以私昵害天下之至公。乃臣拳拳之望也。

五年。誨又上奏曰。臣伏聞寶元前諸閤分內品之類。不過一二十人。比來增及數倍。除身分俸外。更請本閤料錢。四時衣服。又破三司折食價錢。冗費甚多。緣此歷天章閣後苑內東御藥院。最爲優厚。或因監督工作。一切小勞。便理績效。得聖旨盡下則超資躐等。謂之暗轉。自內品供奉。不數年間。授諸司使遙領刺史防團之任。向時石全育何承用盧昭序張茂則馮承用之類。其名甚多。不可殫舉。既與之暗轉。則俸祿隨而增洽。如此濫恩。非特亂先朝之典制。較之前古亦未之聞也。如前班武臣更歷外任。及沿邊立顯功著效者。未有酬賞若是之速焉。竊以國家設爵均祿。礪才能顯其進用。以成大業。豈特爲內官假貸而貫天下之怨言。謂主上恩厚於私昵。甚爲朝廷惜之。臣即不知祖宗之制度。何緣而廢。至當陛下即位之初。太后臨朝。制命出於帷幄。威福假於內官。斜封墨敕。授之匪人。故外廷鮮得聞知。疑暗

轉之例。自茲而始。暨明道而後。陛下躬覽萬機。比司之弊。不聞剗革。奈何復使盛於前也。然宣命降於內省。遷擢誥敕亦關於兩府。蓋自來上下循持蔽而不言。以陛下爵祿爲私恩。交結貴侍。因緣致身於近輔者比比有之。以是積弊寖久。陛下無由而知。蠹公害器莫甚於此。都城之下。高門大第。寶貨充積。富貴窮極。皆侍臣之所有也。傾府庫之貨財。竭生靈之膏血。以資無功。何所取益。臣恐神人怨怒。非朝廷之福也。設若保臣等出居外任。薄立勞效。陛下復以何官待之。臣竊謂先帝賞秦翰討賊之功。宜守之爲例。則小人覬覦之心自息。伏乞旨揮入內內侍省檢會諸閤分寶元以前人數。比類今日。如員數過多。即行減省。及管幹天章閣後苑內東門御藥院各限定人數。或與三年一替。從令入內內侍省將印紙曆子具有無公過事件批書。如因勞效得旨酬賞。務即時與敘遷。送中書出給誥敕。所貴內侍

省與樞密院中書相關不敢蔽欺得以盡公其賠轉俸給一切非例伏乞裁罷仍追寢劉保信前命止與平轉俾中外臣寮陞進均一實有所勸天下大幸

六年知諫院司馬光上奏曰臣等伏以祖宗開基之始人心未安恐有大姦陰謀無狀所以躬自選擇左右親信之人使之周流民間密行伺察當是之時萬一有挾私誣枉者則鈇鉞隨之是以此屬皆知畏莫敢為非今海内承平已踰百年上下相安固無異望世變風移宜有釐革而因循舊貫更成大弊乃至帝室姻親諸司倉庫悉被此屬量其過失廣作威福私受貨賂所愛則雖有大惡掩而不問所憎則舉動言語皆被掋摭臣等嘗病國家擇天下英材以為公卿大夫而猶不可信顧任此厮役小人以為耳目豈足恃哉今乃妄執平民加之死罪使之幽繫囹圄橫罹楚毒而不自誣服僅能辨明若更

不聽有司詰問元初巡察之人小加懲誡臣恐此屬無復畏憚愈加恣橫使京師吏民無所措手足豈合祖宗意哉

光又論押班須年五十䟽曰臣伏見朝廷近除帶御器械蘇安静充内侍省押班臣竊聞國家舊制兩省押班須年五十以上方得為之安静年未五十特蒙擢用臣恐今後内臣求進者援以為例迴有年齒極少遂居衆首國之舊章因此隳壞竊為朝廷重之伏望陛下追寢安静前命以存典法

仁宗時監察御史裏行包拯論内臣奏曰臣伏覩先朝實錄竊見真宗皇帝因對輔臣言及前代内臣恃恩恣橫蠹政害物朕常深以為戒至於班秩賜與不使過分有過未嘗矜貸此輩常亦畏懼王旦等對曰先代事跡昭然足以為龜鑑而聖慮言及於此實社稷之福也竊見近年以來内臣祿秩權任優崇稍過恐非所以保全之也以陛下英明神斷有罪必罰此輩或不敢為大過然在制之於漸庶免貽患於後伏願陛下佩服先帝之言以為格訓凡事更加裁抑則天下幸甚

監察御史傅堯俞上奏曰竊聞近日内降指揮樞密院除何誠用帶御器械蓋有臣僚上言遂謂誠用事有不便諫臣納忠天高聽卑遽行追寢上下之分交得中外之心相慶然臣猶有所未諭者伏以内降之名古今以為非是陛下不窒其源乃制防檢付之有司既而輙復違之須人言而後止在納諫之美則曠古無至於剛一之德未為增益伏望自此凡左右敢以私事干陛下者乞從睿斷根逐嚴加貶責果陛下所欲進用者不必從中降旨於視朝之際與大臣公議可則行之不可則罷之不使如誠用事數暴於人聽則陛下日月之明無毫分之累矣臣孤拙無狀荷陛下任使思以塵露粗禆海嶽幸不以人廢其言深留聖慮則不勝幸甚

堯俞彈李允恭不合補孫永言為入内黄門奏曰伏聞入内都知李允恭奏男供備庫副使堯佐之子永言為入内黄門竊聞内臣許養子一人而初補入内都知亦無恩典允恭既不合薦孫堯佐亦未當養子一旦破條越例事出非次此命一行必有相援而進者則陛下之成法遂廢矣凡因事以啓僥倖為易置防以限恩澤則難官貴之弊近方祖革徼倖之塗膠固拘礙未能剗除者甚多其已行之法惟陛下持之如金石勿遽轉移則天下幸甚永言新命乞行追寢允恭久侍左右條例非不詳知公違制敕亦望特行勘責况内侍省條例甚明而永言違碍非一不敢俱陳以煩聖聽伏乞指揮子細勘會允致蒙蔽

堯俞又上奏曰今月二十日有奏狀二封一狀論列入内都知李允恭不合奏孫永言充入内黄門一狀論列朱顥士不合干求内降内

侍省不合不執奏取勘顏士。都水監不合迎合權要保舉顏士。至今未蒙降出施行。臣徘徊顧望，駁歎累日。方今內外百司涵濡愚惡，盡誠以報陛下者尠，阿私以負陛下者多。事不公當而能達於憲官者纔十之一二，理或隱微，不敢以煩陛下者，又十有八九。如允恭之公違制勅，顏士等徼求私徇，罪甚明白，公議不容，臣忠憤所激，不顧權倖，謂陛下欣然收採，朝奏暮出，議法於繩墨之外，以整齊綱紀，而方留中不下，殊未垂納，此非陛下至公之道，且何以風厲百僚？臣官為法吏，職有言責，守官舉職，豈敢顧望中止？伏冀陛下憐臣愚戇，并前狀付外施行。儻臣狂妄可誅，雖百死無憾。

堯俞又上奏曰：臣近累狀奏彈勾當汴口朱顏士，雖蒙追罷差遣，其顏士不合干求內降，內侍省並不依條執奏，取勘顏士。都水監附阿權倖，保舉顏士。尚未曾勘責，及入內副都知李允恭不合奏男堯佐

之子永言充入內黃門。緣內侍只許養子一人，而初授都知，別無恩典，有堯佐則允恭不合薦孫，允恭在則堯佐未當養子。已蒙寢罷，進退違戾，事狀明白。御史中丞王疇亦有劄子論列，皆不蒙降出。臣愚賤亡狀，未能感動天聽，惝懼之極，不知所處。獨念陛下造為法令，以維持綱紀，倖臣壞之，執政既徇而曲從，法官論之，陛下又寢而中止。是法令伸於四海而屈於朝廷，請求禁於跡外而行於近密。上之所為，必有甚焉者，將何以揭示後來，取信天下？陛下之法，初未動搖，無狀若尚敢干犯，儻犯而容之，則誰與共守？臣恐綱紀之紊，或基於此。絕其綿綿，不可不慮。臣雖孤外，竊料陛下至公之心，但慈恕有不忍耳。人言既切，必將施行，然悠悠之語，謂臣與王疇劄子奏狀皆不經睿覽，雖此事決無，而物聽已駭。伏望陛下以臣三狀并王疇劄子並付所司依法行遣，庶幾少塞疑議，以正刑典。

堯俞又上奏曰：臣近三狀論列李允恭、朱顏士等，皆蒙留中，遂於今月初五日具劄子乞以臣前狀并御史中丞王疇劄子付外，尋於垂拱殿進呈。臣親奉德音，未以臣言為非。是樞密院輒復不行，衆口籍籍，皆謂李允恭嘗押張昇入樞密院視事，昇深德之，力為保庇，仍風聞樞密院勘會李永言係條貫前擅舉人數以上，或聖聰且條貫前私身甚衆，何獨永言特被收採？權倖阿私，共壞成法，此而不問，使臣何言？況陛下左右使令非一，其供奉勤勞，未當更有厚薄，非分之恩，獨行於允恭。今殿前都帥李璋、內侍何誠用俱以因緣內降，曾經勘責，已著之令，獨移於顏士。陛下知不忍於數人，而不知失天下均平之望。臣實區區為陛下痛惜。陛下果以臣言為是，則亟施行，倘以為非，則何惜一介之賤，不加竄逐，以快權倖之心？臣亦無顏出入外廷，以視朝列。此狀不出，臣且再趨軒陛，重煩天聽，脊重誅而後已。

堯俞再乞追李永言恩命奏曰：臣近具劄子乞罷內侍押班李允恭孫永言恩命，崇政殿進呈，日蒙宣諭已行追奪，既而傳聞有指揮不與請受，及他人不得援例。臣雖至愚，實所未曉。豈有近倖恃恩破條干法，天子俯從公議，許令追削，而樞密必循人情，曲為庇護？此事浸行，害政非細。臣非不知頻瀆聖聰，當速罪戾，又與允恭素無嫌隙，但愛惜陛下成憲，為國家久遠計耳。臣未知不支請受是何等法？臣言不已，豈但為月費數千錢哉？設百官有未合任子者，間或陳請濫膺官賞，而臺臣諫列相繼奏論，權罷俸給，可得已乎？今條格具存，允恭力能破之，方復區區使他人不得援例，何遽知後日無力如允恭者？臣未信其能守也。借能守之，是勅可破而例不可援，於上下重輕之分，得無悖哉？況押班乃內侍長，當堅守法令，以表省內，而身犯之，樞密院同執政大臣，當整齊綱紀以刑天下，而公壞之。伏望陛下先奪

永言之官。然後議允恭與樞密院之責。則天下洗然無有蒙蔽。此事一行。萬務皆理。儻如是。孤賤臣雖百死猶生也。干冒天威。無任戰汗之至。

堯俞又上奏曰。臣近有狀乞追李允恭孫永言恩命。及奪供奉官趙繼寵差遣。皆不蒙降出。事權膠固。孤力難移。早夜顧思。措身無所。臣伏念倖人徼寵。破壞常法。樞密院苟徇人情。恐其求請。致臣區區屢煩睿聰。然臣所以不避誅遣而喋喋不已者。冀陛下矜憐。特加收採。防杜微漸。緝正綱紀。臣若顧避。便不復言。日往月來。浸以增甚。不知於朝廷損乎益乎。凡事止於孽芽。差易爲力。謂小無害。積悔將深。昨李永言若即正典刑。繼寵者豈敢妄有覬倖。今此二人。黨不追奪。則兩省內侍攀援趨競。各生意於繩墨之外矣。義官重禄。舉歸私謁。明勑著令。舉爲空文。惟陛下留神念之。此豈爲政之體。今朝廷闕失。獨

賴臺諫官數人。故陛下時有所聞。塞此一塗。聰明何寄。臣請其言可聽。願陛下奮然行之。有不能容。不若明加竄黜。忠義之士。猶有不顧而言者。如其是非置而不辨。章奏入而不下。使默默以食息。悠悠於圜牢。則有志者豈肯爲陛下安職業而久留哉。是不徒孤臣之羞。固亦非陛下之福。至於今後依先降條貫。餘人不得援例。如此指揮最爲深弊。臣雖亦狀。不願數聞。陛下豈不惡之。但未之思耳。伏乞將臣前後論列李永言文字及趙繼寵兩狀付外。早賜盡法施行。

堯俞又上奏曰。臣近累狀乞追李允恭孫永言恩命。奪供奉官趙繼寵差遣。皆不蒙降出。忠義之言日切。而陛下不亮。權倖之交日深。而陛下不察。臣晝夜以思。感憤無極。自夏涉冬。僅踰百日。如朱穎士而壞條干法者三事。況其間又有臣所不知者乎。若惟務因循。則內侍省條貫將盡廢矣。不徒紊亂綱紀。且起不均之怨。日以增多。爲害非小。穎士以赦令原免。猶復有名。繼寵永言須當辨正。夫用孤危攻近倖。昔以爲難。矧二人若挾中外之助乎。臣所以屢沮而不休者。無他。以爲古人之誠。可貫金石。而臣以懇確之心。卞公叡之主。豈慮於終不見亮者哉。且前置利紛沸鼎。猶有延首奮身而不顧。以犯天子之顏者。今陛下至明至恕。容納直言。雖甚震怒。勢不過斥逐。臣何憚何惜。敢願望以負陛下。輒再煩天聰。以期必賜採聽。伏望以臣前後文字付外。盡法施行。臣不勝懇惻之至。

堯俞又上奏曰。臣累狀乞追李永言恩澤。奪趙繼寵差遣。終未蒙降出。近聞鄭貽緒者將十數年前事援繼寵例。又約當後苑。人言未已。倖進相仍。事聞搢紳。莫不驚駭。因緣攀引。殊無已時。豈有爲法馭下。而執政不用。設官使言而陛下不聽。如此。是條禁不須置。而御史可以廢也。臣非不知掇拾細微。聊以供職。上不違陛下。下不忤貴臣。可

以無患害而遠富貴。恐臣今日所得未多。陛下異時爲悔已甚。故獨區區顧恩而不能自已者也。張昇廢陛下之法。恃倖臣之援。蔑視言者。謂如無人。且昇者嘗任御史。歷知雜事。遂爲中執法。當日謂陛下者云何。而今乃所爲如是。陛下略加省察。可以見其心矣。伏望聖慈出臣前後論列文字。依條施行。不然。誅臣以快權倖。臣忠憤所激。言不能文。惟陛下留神裁處。

英宗即位。殿中侍御史司馬光等論張茂則劄子曰。臣等竊聞祖宗舊制。內臣年未五十。不得充內侍省押班。近除張茂則。年方四十八。今陛下踐祚之初。尤宜謹守祖宗法度。以御左右之臣。示天下至公。若茂則果有才幹可用。雖更留此闕二年。俟其年歲然後授之。又何晚也。臣恐茂則一開此例。則內臣攀援求進者多。盡一之法。從此隳壞。人人相效。不可禁止。不若正之於事初也。臣等區區所爲國家重

僭在此而已。

治平元年，光知諫院，論任守忠疏曰。臣竊聞入內內侍省都都知任守忠擅取奉宸庫金珠數萬兩獻遺中宮。自以為功。仍受中宮賞賜。外議籍籍。無不駭愕。伏以守忠從來罪惡極多。不可遽數。陛下體元繼統。聖政方新。守忠曾無畏憚。益恣巧諂。公取官物。自眩私恩。贊導樹房。首為侈靡。既求權寵。又分厚利。姦邪之臣無大於此。伏望陛下特發神斷。以守忠付所司窮治所犯。明正典刑以示天下

光又論任守忠疏曰。臣近曾上言任守忠姦邪事迹。乞正典刑。未聞施行。臣案守忠懷姦罔上。謟佞貪惏。竊弄權柄。固非一日。專為讒慝。交構兩宮。狡詐反覆。陛下所知。若非先帝聖明。皇太后仁慈。則社稷可憂。天位不安。今又盜取庫物。曲求容媚。教中宮為不順。陷陛下為不義。此而不誅。典刑安用。據守忠罪惡。臣久合奏陳。但以陛下踐祚之初。天威未振。欲望陛下親發英斷。戮此大姦。使內外之臣莫不震肅。今聖恩容貸已及歲餘。外議皆言守忠以謟佞之故。受陛下寵遇過於先帝之時。臣備位諫官。不敢塞默。守忠職在宮禁。久專威福。若不早除。恐別生事。伏望陛下如臣前奏。速以守忠付所司窮治所犯。肆之市朝。以副天下之望。

光又論任守忠第三疏曰。臣近者兩次上言任守忠姦邪事迹。乞正典刑。至今未聞施行。臣迫於忠懇。不能自已。竊見守忠早以小臣獲事先帝。辛蒙獎拔。榮祿俱極。日侍左右。不能以忠言正道補益萬分。專以詼諧謟諛苟求悅媚。其罪一也。總領近侍。委之差遣。而陵忽同列。與奪自恣。附己則愛悅。逆意則憎疾。援引親黨。排抑孤寒。任情徇私。略無顧避。其罪二也。從來所受俸祿賞賜。亦為不少。而賦性貪惏。老而益甚。盜竊官物。受納貨賂。金帛珍玩。溢於私家。第宅產業。甲於京師。聚斂之心。曾無紀極。其罪三也。交結朋黨。專權擅勢。縱逞胷臆。妄行威福。所愛者雖有大罪。掩蓋不言。所惡者小有瑕疵。糾摘成事。使宮禁之內。側足屏息。畏憚守忠。無以為比。其罪四也。濮王之薨。守忠監護葬事。賣弄國恩。輕蔑皇族。乘其有喪。巧奪財物。所得甚多。終不滿意。遂誣長子宗懿以為不孝。使被譴謫。感憤成疾。以至沒身。不能自雪。其罪五也。先帝以春秋寖高。未有繼嗣。深思宗廟生民之重。斷意聖明。固非一日。而守忠陰蓄姦心。沮壞大策。深忌國家立長立賢。自欲於倉猝之際居中建議。擇幼弱昏懦之君。以邀大利。如有唐之季。定策國老。門生天子。賴先帝聰明。卓然遠覽。斷志不疑。不然。則太平之業幾墜於地。其罪六也。及陛下既為皇子。守忠內懷憂懼。日於先帝之前離間百端。瞞絕內外。進對甚希。使先帝為陛下之父。不得施為父之恩。陛下為先帝之子。不得展為子之親。其罪七也。及先

帝晏駕。陛下纘統。不幸遇疾。皇太后權同聽政。守忠乘此之際。大逞姦謀。關伺語言。撰造事迹。往來革面。進退異辭。使皇太后以文母之慈。不免投杼之疑。陛下以曾閔之孝。幾有負恩之謗。交構兩宮。遂成深隙。計其陰謀。無所不至。賴皇太后聰明。確堅執義。不可傾移。不然禍變之興。豈可具道。其罪八也。及聖體既安。皇太后恭還大政。守忠不勸導陛下以勤修子道。承顏順意。報答盛德。恢廣令譽。而相時隨勢。翻異炎涼。欲詐輸新忠。以巧遮舊惡。用昔時讒陛下之計。為今日讒皇太后之辭。雖陛下未必聽受。而使皇太后聞之。不能不以介意。終日涕泣。悒怏成疾。守忠但欲左右反覆。自為身謀。並不顧天下之人。議陛下之善惡。其罪九也。皇后正位尚新。天下僕觀令德。守忠輒為皇后畫策。並不稟聞皇太后。矯傳教旨。開祖宗寶藏。擅取金珠數萬兩以獻皇后。既取悅一時。又坐享厚賜。逆婦姑之禮。開驕侈之源。

使皇后受其惡名而已身收其重利為臣姦邪孰甚於此其罪十也。守忠有大罪十皆陛下所親見衆人所共知其餘欺謾為姦恣橫不法事類繁多不可勝言誠國之大賊人之巨蠹伏望陛下盡放守忠之罪明示四方斬於都市以懲姦慝。

光論内侍差遣跡曰臣鄉時上殿伏見陛下宣諭以内臣差遣並一切委之都知司臣當時已嘗奏陳以為非便今入内内侍省都都知任守忠恃此權勢背公立私奉之者坐獲進擢忤之者立致排擯威福之柄盡在其手遂使宫禁之中畏憚其人過於人主罪盈惡積幸賴陛下神斷已斥而去之然憹不收還威福之柄則是去一守忠生一守忠終無益也臣愚伏望陛下自今日已後除内臣常程差遣依舊令都知司定差外其勾當御藥院内東門龍圖天章閣後苑化成殿延福宮等處及非時差管勾裏外要切公事之人並乞陛下親加

選擇試之以事觀其為人忠謹有功者則加賞拔姦邪不職者則加貶退不必一一勘會資序檢尋體例如此則誰不懷德畏威輸忠竭力豈獨内臣而已雖外朝之臣亦可用此道而治也。

侍御史呂誨上奏曰臣恭以聖朝承五代凋弊之餘祖宗外平諸國珠寶委積皆歸於内府非國有大事旌賞勳勞未嘗有一毫輕費其籍秘嚴雖大臣及主計者莫得知其詳實有以知神武英謀所存之深遠也先帝恭儉節用于天下然自至和中服藥而後府庫不嚴宦官專恣用之一分而擦取百倍中外聞之莫不痛惜臣近聞外議内臣任守忠以奉宸庫明珠三萬兩黄金一萬兩奉於中宮守忠自邀酬奬仍固恩寵果如是陛下得不念祖宗艱難貯積之意哉矧亮陰中玩好侈靡有損而無益議論如此甚玷中宮之盛德之見宦者之狡計姦惡斯露衆所不容矣設使小人得計窺伺陛下之間隙動為容悅則何所不至臣欲乞今後奉宸諸庫宜謹其出入不使小人窺覦將備國家緩急以濟大事惟聖明留念。

神宗即位御史中丞司馬光論御藥院王中正乞盡罷寄資令補外官狀曰臣伏見陛下前者盡罷寄資内臣高居簡等令補外官中外欣然無不稱頌聖德尋聞復留陳承禮劉有方二人又以王中正幹當御藥院衆頗失望臣竊惟祖宗之意以御藥一職最為親密過供奉官以上輒令罷去者適以防微杜漸詒謀萬世憂深思遠誠自古帝王之所不及子孫所宜謹守不可失墜者也近歲以來左右之臣頗戀權勢又貪祿位遂求閤理資序豫支俸給名曰寄資以欺誑外人此豈祖宗之意耶今陛下欲振舉紀綱一新治道必當革去久弊一遵正法夫法如隄防常應全固適得無患一有蟻壞泄之則漸致潰敗不可復救近習之臣朝夕在側因緣祈恩無有窮極不以祖宗

舊法制之恐陛下他日亦將厭之也況王中正素聞姦猾頗好招權今屬之要職是生一居簡也伏望陛下依前降旨揮盡罷寄資者令補外官以成聖德之美別擇内侍奉以下樸直廉謹者使幹當御藥院以存祖宗之法。

光又論王中正及不當令内臣采訪外事狀曰臣竊聞陛下好令内臣采訪外事及問以羣臣能否臣愚竊以為非宜陛下内有兩府兩制臺諫外有提轉牧守皆腹心耳目股肱之臣也陛下誠能精擇其人使之各舉其職薦舉賢能糾按姦慝論政事得失述民間利害皆令列於奏牘明白啓陳其有尸祿偷安及挾欺罔者小則罪黜大則誅竄誰敢不盡公竭誠以承休德如此則天下之事猶一堂之上陛下何患於不知哉今若深處九重之内詢於近習之臣采道聽塗說之言納曲射附耳之奏不驗虛實即行賞罰臣恐讒邪得以逞其愛

憎而陛下為之受其譏謗也近聞王中正差往陝西幹當公事有知涇州劉渙等曲加諂奉鄜延路鈐轄吳舜臣違失其意俄而渙等進擢舜臣降黜衆人皆言中正所為蕃戎如此則是中正弄權已有其驗今陛下又置之肘腋委以腹心臣恐天下之人將重足接迹而畏之輿金輦璧而奉之矣外議又言山陵禮畢韓琦必求引退兩府當有遷臣竊慮兩制以上萬一有無廉恥之人或陰結此屬以求進用者夫以堯之聰明詢于四岳衆言僉同然後用人猶失之於鯀況可決於近習之口乎凡公忠正直之士必不肯借譽左右以求自售齊威王所以賞即墨大夫而烹阿大夫正謂此也昔漢唐之衰宦官所以壞亂紀綱傾覆國家者皆由人主與之謀議帷幄進退羣臣故也此乃治亂安危之本未可不察伏望聖慈詳思臣言凡欲知天下之事當詢訪外廷之臣其王中正不可令幹當御藥院或姦佞之臣豫

設機謀以經營兩府者必不可用則天下幸甚

光又論高居簡狀曰臣聞古人有言堂上不糞則郊草不瞻曠芸言近者不治則不暇及遠也竊見幹當御藥院高居簡性資姦回工讒善佞久處近職罪惡甚多臣謹按祖宗舊制幹當御藥院官至內殿崇班以上即須出外蓋以日月寖久官資稍高則防其憑恃威靈竊弄權柄遂監漢唐之禍漸為子孫之憂故也陛下即位之初內臣以覃恩遷官者盡補外職獨留御藥院四人天下皆以此一事識陛下之失況居簡於衆人之中最為狡猾而陛下特加寵信待以腹心中外指目大玷聖德臣職在繩糾不敢不言伏望聖慈遵祖宗令典應幹當御藥院官至崇班以上者盡授以向外差遣其高居簡乞遠加竄逐以解天下之惑

光又論高居簡狀曰臣近曾上言幹當御藥院高居簡工讒善佞乞遠加竄逐未蒙施行昔周公以立政戒成王至虎賁綴衣趣馬小尹左右攜僕百司庶府亦皆擇人穆王命伯冏為太僕正曰昔在文武侍御僕從罔匪正人又曰簡乃僚無以巧言令色便辟側媚其惟吉士僕臣正厥后克正僕臣諛厥后自聖自古聖帝明王雖左右小臣未嘗不謹擇端良之人以自防逸豫之生也況陛下嗣膺寶命聖德惟新善惡興衰於此乎分而使讒佞如居簡旦夕常在左右又寵信之此乃異日禍亂之根腹心之疾也臣職在去邪不敢不再三上言伏望聖明依祖宗舊制應幹當御藥院官崇班以上者並令出外其高居簡仍乞遠加竄逐

光又論曰臣昨日前上殿言幹當御藥院高居簡自先帝時竊弄權柄陛下復寵而信之大為聖德之累乞治其罪陛下許臣送樞密院施行至今未聞有旨揮不知居簡以何道結陛下能如此之深也居

簡所能止於讒佞佞者不過巧言令色希意迎合悅人主之欲以市其權使人主溺於荒宴而不自知也讒者不過離人君臣間人骨肉惑人主之心以固其恩使人主陷於傾危而不自悟也有是二者不可不察向使陛下即位歲久功業已成而有讒佞之臣始得弄權天下有識者猶當寒心何則知其必為禍亂之階也況今初承大統當銳精求治之時而還留居簡於左右仍加寵信根蔕已牢則異日之憂可勝道哉此臣所以不避死亡而必需力爭者也或聞陛下欲待居簡自求引退然後遣去臣誠戇愚未曉所謂若國之大臣耆年有德聞望素高一旦偶有小失未為外人所知陛下務存終始使自引去以全其名則可矣其挾姦作惡者猶宜明正刑書況居簡閭閻小臣罪惡盈積所宜肆諸市朝宣示四方以戒憸人而尚足為之隱乎且居簡姦邪播聞遠近陛下今日雖為之隱天下耳目庸可蔽乎凡

居簡所以能爲惡者以其自託宮禁辟如狐鼠依憑城社被唯恐離去左右豈肯自陳求退乎伏望陛下盡出羣臣前後所言居簡事狀送居簡赴所司明治其罪以彰至公之道

知諫院楊繪論不當差王中正等往外幹事狀曰臣謹按春秋君之始年變一年而謂之元年者欲其善於始也變一月而謂之正月者欲其正於始也恭惟陛下肇升大寶祈布大令天下之民傾耳拭目以觀發乎聖功睿業實所謂善之於始正之於始之時也凡百注措可不謹諸近聞差幹當御藥院王中正往陝西幹事續又差勾當御藥院李舜舉繼往未幾又差押班王昭明繼往御藥院押班最爲親近之職祖宗已來差出甚少外之官吏苟奉上所親近之人不唯擾民抑甚駭物今乃旬日之中差御藥院二人押班者一人接跡而行陛下以此輩爲腹心乎則館閣臺省之臣乃朝廷所養以待用者豈無一人可爲腹心而必用此輩乎臣近又聞冬至節假百官頗循舊例遊相國寺聞有小黃門隨而抄劄姓名臣不審陛下以之爲耳目而使之然乎抑此輩自欲以媚於上乎如陛下使之然則非前旒蔽明人主不窺私之義也若其自媚於上則蔽陛下之聰明其可量哉臣切意陛下之所爲冀居堯舜之上而反有不鑑漢唐之季臣竊惑之伏乞委腹心耳目之任於世之賢者無俾宦者之權從此漸盛乃所以爲善之於始正之於始之術也

熙寧元年右正言孫覺乞定著內臣員數年未四十不得入諸閤閣狀曰臣風聞日近行遣內臣白茂先事始茂先所坐宜在誅戮之科貸以不死聖恩甚厚然內臣出入宮闈宜在防限臣聞先帝時後宮甚肅內臣出入皆更相戒飭悚慄祇畏在仁宗朝入內內臣亦嘗限年年未四十者不得入諸閤閣臣謂因此事定著員數仍以年爲限

隔便使重爲保任自非通詔令之處一切減損蓋宮省之內不可以不清而防微杜漸亦宜及其未然

九年侍御史周尹等論遣李憲措置邊事狀曰臣等伏見朝廷以熙河路鬼章爲寇遣內侍省押班李憲往以秦鳳熙河路計議措置邊事司爲名中外之論皆謂憲雖名計議措置邊事而軍前諸將皆受憲節制其實大帥然自詩書已降迄于秦漢魏晉周隋上下數千載間不聞有以中人爲將帥者此其故何也勢有所未便也蓋有功則負恃驕恣陵轢公卿何所忌憚無功則挫損國威傳笑四夷非細事也唐自肅宗以前未嘗以將帥屬中人至明皇承平日久志大事奢稍委近習督安南蠻渠梅叔鸞叛而楊思勗請行遂許之然猶以宗楚客爲大都護及覃行章亂黔中始以思勗爲招討使雖有擒滅醜虜之功而唐之禍萌於此矣及代宗用魚朝恩拒史思明討僕固瑒而恃功擅命幾危社稷倚元載除之寒心者數月以程元振判元帥行軍司馬權震天下元勳故老皆見斥逐洎犬戎內侵棄天下兵無隻輪入關者此皆已然之效也至憲宗時王承宗叛以吐突承璀爲行營招討處置使諫官李鄘許孟容呂元膺段平仲白居易等衆對延英謂古無中人位大帥恐爲四方笑乃更爲招討宣慰使而承璀卒以無功輕謀弊賦得罪及後世區區蹤其故迹而唐之禍有不可勝言者其源蓋起於開元也今陛下更易百度未嘗不以先王爲法忽降詔命以中人爲帥搢紳士大夫皆莫知所謂夫以陛下之仁聖神武駕馭豪傑雖憲百輩臣等知其無能爲也然陛下獨不長念卻慮爲萬世計乎使後世襲沿故迹狃以爲常進用中人常據兵柄則天下之患又將有不可勝言者矣陛下其忍襲開元故迹而忘天下之患乎方今雖乏人然文武之士布滿中外豈無一人可以任陛下遣

事惡出入近密符國寵祿詔下之日大臣不敢言小臣不敢議臣等代匱憲府以言為職故敢盡其狂愚

尹等又論遣李憲狀曰臣等於十九日奏為用李憲專措置洮河事宜乞寢成命至今未蒙施行臣等重念古者奄人以典司內事而已雖漢唐之始亦未聞任事至後世始以政機兵柄假於所私而漢唐自是衰矣陛下議事造法遠取於三代以漢唐之盛為不足道而肯安襲已敝之法重回既成之命臣等備數憲府終未敢安也惟奄人柔媚非深長計慮也左右便辟以逆人君之嗜好作為陛下既數假寵於憲則其類莫不畏向而服從之而其情日自侈大憲功益高賞不可不進及其盛而抑之則其中必不自滿矣以柔媚之性自習於侈大挾不自厭滿之心得所信向服從之類以事陛下於中此不可不戒也臣等知陛下聖智神武以犬馬用憲羈紲銜勒必無狂逸奔

踶之憂而臣等區區誠為過計然反復思念自古未有以兵寄奄人而不亂者夫天下之事忽於其始則其終也必有害陛下以一方事宜屬之憲後執以為例則兵權必歸焉陛下以薛昌朝役於憲人習以為常則士大夫必見摧傷矣此必然之效也惟陛下深念之設臣等以謂鬼章之患小用憲之患大憲功不成其禍小有成其禍大昔漢唐及藝祖皆以兵定天下方其初中國瓜析為八九世方乏才人不知學而祖宗震起於攙搶擾攘之中所以安寧者亦自多士而已未聞此屬有與焉今鬼章狗偷鼠盜非可畏之與國也祖宗恩德底覆之久陛下作成人才之盛非無可用之忠臣也陛下何重於憲而忽忘天下之士急功臣之心兆後世之患哉陛下神明淵奧非羣臣所能窺測然臣等於此日夜念之至熟而無疑者也陛下謀于心臣等謀於眾人陛下欲權一時臣等為萬世計惟少屈意聽納早賜旨揮寢罷以安物論

監察御史裏行蔡承禧論遣李憲措置邊事狀曰臣伏覩詔除內侍省押班李憲充秦鳳路計議措置邊事其一路將領皆取憲約束臣等伏見藝祖之朝中官不過給使太宗使以黃衫給事禁中方是之時四方可謂多事不以不稱之才以天下士民罔不服從以之興大統傳後世逮唐之晚乃以吐突承璀為招討處置而侍從之官論奏不已憲宗屈天下之議而用之終以無功而罷蓋一方之警欲以授一路為難以天下之力治一小警為至易此理順故也理順則無遠而不從理屈則雖近而不服熙州小警大不過覬幸朝廷之爵祿歲時之賜與小不過欲以劫掠本界倉廩牛馬況封疆之臣所聚者一路之勇所用者一路之智也彼夙夜砥礪欲以捐軀命而承德意乃使潛氣屏息以順適奄尹之指令乎臣等又聞名言茲在茲苟有茲事

必在茲義今雖委曲傅就更為計議措置之名其實使一路將領出於指麾乃是行招討經畧之職欲以厚誣議者安可得乎況今天下之廣士民之衆豈無一憲輩而顧必用之何示天下以不廣哉伏望朝廷鑒藝祖太宗之所以裁抑中人業成若此念唐憲宗所以崇用之而功卒無成之若彼明所與以稱所施天下幸甚

承禧又論遣李憲措置邊事狀曰臣近章疏論列李憲不合充秦鳳路計議措置邊事悉陳區區之愚陛下赦其狂瞽開納聽受至今未奉旨揮寢罷臣自度智謀愚下訥於辭說不足上回宸慮此事實繫國體重輕貽訓將來未可遂已臣語直辭拙言不達意而憲以敏給辯慧能當陛下之意臣進見開陳有時不能盡事情萬一而憲朝夕得侍清光諱復巧說臣孤立無蜉蝣蠛子之助而憲內外之人覩望稱羨以為才能攷不必敵而臣獨冒萬死拂上旨惓惓若此者豈為

臣一身之計。重念祖宗基業之難。而臣荷陛下識擢獎借使之盡言。不忍緘默自同衆人。惟陛下留神而熟思之。

承禧又論遣李憲措置邊事第三狀曰：臣自聞詔除內侍省押班李憲充秦鳳熙河計議措置邊事。臣兩有論列。未奉聖旨指揮。臣竊以陛下通知古今。明曉治體。非不知中人之出為害政。中人之柄兵不可示後世。而必欲使之者。非以其便敏能達於旨令歟。非捷給能有以應對歟。非以在熙河嘗經行伍之間乎。此聖意孜孜求於用之。欲以救生民一時之患。而忘其可慮之遠者。臣故仰服陛下垂意於一世之功矣。然而便捷似才。捷給似智。又嘗經行伍。必以為有功。臣請言便捷之害於政者。夫中人之出。務於集事而不度事之深淺。一禀以東下為能。既居兩路經略使之間。則必以陛下之威氣使兩路經略使不敢議其可否。縱事有未便。則無敢言者矣。無敢言者。則雖有

害於邊防。陛下無由而聞矣。臣請言捷給之害於事者。陛下深居法宮之中。羣臣進見以時。而憲以親侍陛下。言之親莫如憲。日侍左右。莫如憲。其為固已易於信從。而又嘗歷熙河。其性慧巧。必能有以投陛下之意。其所言邊防有害。則陛下雖聖明悉知之乎。憲之處熙河。謂之有功也。豈憲之獨能然哉。上有大帥。下有偏裨。熙河軍吏以陛下俾親信之出也。有功必推憲。其無功敢議憲以聞上乎。故憲能累積以至此。豈憲之必能然哉。而以陛下之明聖。必有以照亮。而未肯遽易者。豈非出此乎。臣有一言。望陛下少垂清慮。復之熟之。陛下令命諸路之帥都副總管。以為可以任邊。以令差將官正副七十餘人。以為可以將領矣。至於小郡列堡。而以才武名者不可勝數。小有事宜。豈無一人可任者。至以中人為專帥而臨制兩路。雖曰計議。又帶措置之名。四夷聞之。豈不輕視中國乎。況今秦鳳熙河之凋弊。帶俸自已難給。而又一二十旨揮之兵以食之。鬼章者如聞潛已遁去。臣恐憲慮無功。又別生邊事以邀覬。伏望聖慮特回。德音以慰安中外天下幸甚。凡今得侍左右皆有以將順。而臣獨仰拂宸旨。豈臣之所欲哉。惟陛下思之。干冒宸旒。不勝萬死。

十年。監察御史裏行彭汝礪奏曰：臣昔者論不當付寺人以兵。陛下以為非是。及李憲師出。果獲鬼章。自洮以西。遂爭無事。而臣言絀矣。臣之言非以憲為不足以成功。其慮亦不在憲。故臣言曰絀。於疑猶信。天下之事固有趣時而為之者。然其大綱亦不可以一槩言也。今以周官觀之。考其數蓋不及百人。而所事亦略可見。以今視之。其多少輕重何如也。蓋古者因民之有是疾。故擇而任焉。非以使令之故。刑無罪之人而為之也。彼其類非無聰明賢智。無故使以刑徒其身。廢絕其類。至踰千百焉。此非先王以仁愛人之道也。古人惟酒漿醯

醢司服守祧而已。其它莫與焉。今以一道之權與之。此非先王以義制事之意也。憲辟薛昌朝不聽。切齒扼腕以為腐儒所賣。自是不復回顧士人矣。張茂則以河事頡頏作氣。官屬罕見其面。雖達官大吏。俛首不敢與抗。而姦詐之人稍復趨附。以僥倖萬一之利。陛下以是觀之。使其有可以輕士人之勢。其心如何。比朝廷比年之役。其最貽陛下憂者。洮西關蜀。其最繁議論者。惟濬川之役。今日之役最為大者。洮河之役。數者皆在寺人。是陛下所愛養尊寵之。士大夫無一可屬任者也。且彼其初非無敏健精悍可用之力。及稍任事者。則窺覦玩弄。藉蹈士大夫矣。詩曰：商鑒不遠。在夏后之世。陛下試取漢唐以來宦官之事觀之。亦足以知矣。自古人君方其無事之時。未見其害。則士大夫之言為不足信。亦莫之聽也。及其禍亂並作。本末顛沛。至於無可奈何而後已。自古及今。蓋非一二也。惟陛下為宗社計之。不

勝章甚。

哲宗元祐五年。御史中丞梁燾論陳衍採訪外事狀曰。臣風聞中貴陳衍採訪外事。密奏兩宮。衍近來頗自表異。凌押羣輩。氣岸不遜。臣以謂兩宮聖明。輔陛下施為。有宰執。論事得失有臺諫。百司各守其職。循名責實。則事無廢弛。豈可使閹尹賤隸上玷聰明。若此人言為可信。有傷聖德。漸不可長。

八年十一月。翰林學士兼侍講范祖禹論宦官劄子曰。臣聞書曰。與治同道罔不興。與亂同事罔不亡。漢有天下四百年。唐有天下三百年。及其亡也。皆由宦官。相去五百餘年。如循一軌。蓋與亂同事。未有不亡者也。漢自元帝任用石顯。委以政事。殺蕭望之、周堪而廢劉向等。漢之基業壞於元帝。東漢鄧后臨朝。中官用事。手握王爵。口含天憲。順帝以後五侯專朝。桓帝、靈帝之時。十常侍擅天下。子弟親黨。割剝百姓。毒流四海。附之者寵及三族。違之者滅及五宗。大考黨獄。戕殘天下名士。於是黃巾賊起。朝野崩離。及袁紹誅宦官。獻帝奔播困餓。而曹操因之以基漢。唐自明皇使高力士省決章奏。宦官始盛。李林甫、楊國忠等皆因力士以進。唐亡之禍。基於開元。肅宗任李輔國末年寢疾。輔國以兵劫遷明皇於西內。殺張皇后及二王。明皇以憂崩。肅宗以駭沒。貴為天子。上不保其父。中不保其身。下不保其妻子。由用輔國一人而已。代宗用程元振。功臣畏讒。吐蕃寇陷京師。播遷于陝。德宗用宦官。分領神策禁兵。其後天子由其所立。唐室終以此亡。憲宗服金丹躁怒。為陳弘志所弒。敬宗為劉克明所弒。文宗欲討憲宗之賊。謀泄。仇士良殺四宰相及朝臣。滅其族。流血成渠。朝廷半空。文宗憂憤以至于沒。武宗以後。皆由宦官所立。僖宗呼田令孜為父。天下大亂。黃巢賊起。播遷于蜀。又幸興元。楊復恭自稱定策國老。

呼昭宗為負心門生天子。劉季述等廢昭宗於東內。韓全誨等劫昭宗幸鳳翔。於是崔胤誅中官。而朱全忠劫遷昭宗。遂弒之。因以篡唐。觀漢唐亡國之禍。其酷如此。後之人主豈可不以為刻肌刻骨之戒哉。太宗時。王繼恩有平蜀之功。中書欲除宣徽使。太宗曰。朕讀前代書史。不欲宦官預政事。宣徽使。執政之漸也。宰相懇言繼恩有大功。非此不足為賞。太宗切責宰相等。乃命學士別立宣政使之目以授繼恩。布衣韓拱辰詣檢院上言。繼恩功大賞薄。太宗大怒。以拱辰妖言惑衆。杖脊黥面。配流崖州。太宗可謂深鑒前古而塞禍亂之源矣。英宗服藥。任守忠往來交構兩宮。致慈聖太后與英宗不相悅。言者劾奏其罪。貶蘄州安置。盡逐其黨。然後慈聖、英宗母子如初。宮省清肅。至熙寧元豐間。內臣之中李憲、王中正、宋用臣三人者。最為桀驁。憲總兵熙河。兼領三路。中正總兵河東。兼領四路。其權勢震動內外。自陝以西人不敢斥言憲名。中正口敕募兵。州郡不敢違。師徒凍餓奔潰。死亡最甚。憲陳再舉之策。以誘夏賊。致永洛陷沒。在熙河措置不法。用臣興土木之役。無時休息。擁舟船。置堆垛。網市井之微利。奪細民之衣食。專事刻剝。為國斂怨。此三人者。雖加誅戮。未足以謝萬姓。朝廷止從寬典。量加廢黜。唯憲獨死。中正、用臣猶存。陛下近召內臣十人。續又召數人。而李憲、王中正之子皆在其中。又除押班二人。帶御器械一人。中外無不駭愕。既而聞二人以執政言其有過先罷。三人以舍人徹詞頭且輟然前來指揮。首還故事。又李憲、王中正之子既得入侍。則中正、用臣亦將進用。人心不得不憂。故臣敢極言之。陛下與太皇太后同聽政之初。外逐蔡確、章惇、呂惠卿等及羣小人。故朝廷肅清。內逐李憲、王中正、宋用臣等及羣小人。故宮禁肅清。內外皆無凶人。故天下安靜。臣歷觀近古內外肅清。未有如今日也。祖宗法度所以維持後世不可輕變陛下奈何先自壞之陛下所以享南面之尊業已成之業四方萬里奔走而聽命者以朝廷公正天下心服也陛下何不慎守法度規矩增修德政使過於垂簾之時然後不失天下之望今未及進一賢行一善先驟用中官如此之感四方聞之必以為政出宫掖無復綱紀如衰季之世豈不大失人心哉夫人心一失欲復收之甚難陛下若作一二事使中外悅服四方竦動則他日所為有順流之易以心先信故也若作一二事使中外憂疑四方解體他日雖有義意人已不信在前豈得使心服乎如此而望德業之光名譽之隆非臣之所知也今中官止是陛下左右給事使令臣雖至愚亦知其必未有害政之事然欲治外者必先治内欲治遠者必先治近是以明王慎選左右壬人堯舜畏之佞人孔子遠之恐其有損而不自覺也昔唐之時仇士良教其黨曰天子不可令閑

常宜以奢靡娛其耳目使日新月盛無暇更及他事則吾輩可以得志慎勿使之讀書親近儒生彼見前代興亡心知憂懼則吾輩疏斥矣士良以此固其權寵故能專恣二十餘年夫漢唐之事當今必無然以先帝天資英睿聖學高明可謂不世出之主而内外為小人所悮外興師旅内興百役先帝未嘗享太平之樂終以憂勤損壽凡不便民之事皆羣小所為而使先帝受天下之謗臣常痛之故不願陛下復近小人蓋以此也陛下誠能聽臣之言悉追罷除用内臣指揮未到者別與差遣已入者復换外官則中外之人稱誦聖德萬口一辭以為至美乃可以解衆庶之惑洗陛下之謗此如反掌之易何難而不為哉自聞近日兩次指揮以來外議洶洶皆云大臣不能爭執臨陛下於過舉臺諫之臣又皆畏避中人莫敢一言但恐陛下未之知耳若使知之必不為也臣侍經筵八年首望一日歲望一歲期陛下為令德之主唯恐有纖毫之失故不避遠嫌數進苦切之言陛下每留睿聽以臣愚直見知臣亦不量微力竊以獻納自任今茲事體實繫朝政汙隆人情去就臣義均休戚榮辱不忍默默坐視故冒萬死而獻其忠唯陛下裁察

歷代名臣奏議卷之二百九十二

歷代名臣奏議卷之二百九十三

近習

宋徽宗時陳次升彈裴彥臣疏曰：臣竊惟人之無禮於君者，臣子惡之，如鷹鸇之逐鳥雀。況身居言責，其可默乎。臣訪聞今月十三日御藥閤守懃在御前呈進文字，內臣裴彥臣對君上用手敲守懃幞頭，高聲道莫錯斬人，莫錯斬人。顯是不敬，無人臣之禮，罪不可赦，安可置而不問。陛下縱不以身之安危為念，其如社稷何，其如天下何，其如公議何。昔漢唐之間，閹官秉國柄，制國命者，其始於陵慢，其終至於跋扈而不可制。今日彥臣悖悍如此，豈可忽之而不慮後日之患乎。伏望聖慈特出睿斷，明正典刑，以為宮禁之戒。

次升又奏曰：臣伏見本臺今月十四日據御藥閤守懃狀論內臣裴彥臣對君上高聲爭事，已具申奏乞行根治，未聞施行者。竊以宮殿之中，理當恭肅，敢有聲徹御所者，在法不容。況對君上高聲肆忿，而無人臣之禮者乎。夫人主之尊如堂，堂高則難攀，卑則易陵。彥臣累於陛下之前，如守懃所陳，顯屬不敬，而有凌上之心。若不明正典刑，以懲其惡，益無畏憚，倚所為而不可易。曰履霜堅冰至，蓋言漸也。詩曰肇允彼桃蟲，拚飛維鳥。言事起於至微，儻不防閑，及其成也，終至於不可制。陛下當以古人之言為戒，社稷之重為心，除之於未萌，消患於未然，毋使滋蔓，以至於難圖，後悔無及矣。伏望聖慈特降守懃狀詞，付有司考究虛實，因依施行。

次升論劉瑗疏曰：臣訪聞陛下在潛邸日，祭知都門親事官有勞，遂援故例奏留占役使。此事之小者也，非有紀分難行之理乎紊朝廷。而管勾官劉瑗怒其恩非己出，乃誣奏都監使臣為之干請，置之於罪。又朝旨嚴宗室門令，限都監出入，瑗乃揭牓府第，扃鑰中門，過為防守。若踈掐宗親友之恩，視萬乘之貴介弟如無有也。按瑗乃本府之管勾官耳，牽一府之人奉事陛下，反敢挾令作威，若踈其所親，用情作悻，以較其所事。途人聞之，莫不扼腕憤懣。逮陛下誕受天命，入奉累神宗廟，瑗宜自知罪咎，恐懼引去，尚敢偃然無所忌憚，握要務受恩施行，彷徉於陛下之左右。雖陛下天地德量，容恐不誅，其如社稷何，其如公議何。昔晉文公為公子，過曹、衛、鄭，三國之君皆不為禮焉。及文公既入而主夏盟，伐曹與衛，春秋謂其伐無禮，而不譏其修舊怨。夫伐不失刑，禮以立政，此文公所以霸也。今瑗以平昔悖悍陵轢之迹，猶朝夕親近而領方藥之政，臣未敢謂其無包藏姦惡之心也。臣聞而不言，使陛下之失刑政，此臣之大罪也。又聞英宗之立，非內侍都知任守忠意，因循遲久，未加斥逐，交構百端，幾間兩宮。大臣當時諫臣論奏，以節度副使安置。由是光獻得以備其慈，英宗得以全其孝。觀瑗前日之迹，陛下之立豈瑗所欲。既懷疑忌，心不自安，焉能保其無它耶。雖今日聖德巍巍，宮殿清肅，必無可間之隙。然小人姦險，操心之危，慮患之深，造事非一端可料，安得不思患而豫防之也。伏望聖衷特正瑗之典刑，以慰中外。

次升又奏曰：臣近彈奏劉瑗充潛邸管勾官日，誣奏都監干乞留親事官及扃鑰府門，過為防守，顯有凌轢之迹，乞正典刑，未蒙施行。須至再瀆天聽者，竊惟陛下聖德淵懿，出於天縱，頃居潛邸，御下以公，事上以信，中外之人，莫不傳聞。瑗為本府管勾官，知之尤為至詳，輒敢陵轢，不存上下之分。且如奏留親事官，為其有勞也，瑗怒其恩不自己出，乃誣奏以受都監干請之私例，而奏之非有欺也，瑗以謂不當留，是誣所奏以欺朝廷，頗玷聖德。又府門啓閉自有時限，瑗乃揭牓府第，過為扃鑰，待陛下如何人耶。瑗之悍悖，不忠所事如此，宜即誅夷。今陛下入承大統。遹厚授恩。施寘左右。恬不防閑。雖聖度包荒。憫瑗昔為宮僚之舊。未忍加誅。陛下恩德如此。何負於瑗。瑗之負陛下實多。亦當以社稷為念。較其孰輕孰重。斷以大義。不可循以私恩。孔子曰。小不忍以致大亂。此言宜以為戒。無聞瑗自懷疑懼。屢嘗請去。小人之心。疑懼既生。防患之慮。何所不至。竊恐別至生事。若不早正典刑。是陛下為瑗屈公義而撓法也。法者天下之所公共。天子不得而私。昔漢昭平君隆慮公主之子也。醉殺主傅。廷尉請論。武帝曰。吾弟有是一子。以死屬我。為之涕泣。良久曰。法令先帝所造也。用弟故誣先帝之法。吾何面而入高廟乎。又下負萬民。夫昭平君帝者之親。尚不敢以私撓法。瑗犁條隨龍之人。其待遇之恩。豈宜過於帝者之親乎。兼聞當時更有內臣一名。同瑗誣奏都監千請留親事官。臣不記姓名。亦乞勘會詣實。一就重行黜責。

次升論內侍李偁疏曰。臣竊聞陛下頃居潛邸。恪宗厚天倫之愛。急遇甚渥。陛下忠信恭敬。未嘗以毫髮之私上千朝廷。實以本府都門親事官晨昏啓閉甚勞。援例奏留。實占後使。非有它也。其事至微。有何犯分。臣寮之家。尚許指名奏人隨行。況天子之貴。介弟豈有不可者乎。御藥李偁輒敢凌侮悖慢。誣奏都監千請。但不明言陛下受請求耳。今陛下纘承祖宗之業。位乎天位。豈偁所欲。偁猶領職禁中。給事左右。忠臣良士。莫不扼腕。日夕為憂。竊謂古之刑人不在君側。著蓋防患於未然。慮禍於不測。今日安可恬然不以為慮。況偁凌侮之迹甚著。疑忌之心必生。心既不安。慮患必審。若不早正典刑。宮禁之中。恐開釁端。如前日任守忠之事尒。伏望聖慈體英宗之果斷。早賜施行。以清宮禁。以防後患。實天下之福也。

次升又奏曰。臣近彈劾御藥李偁。并奏陛下潛邸都監千請乞留都門覲事官事。乞正典刑。不蒙施行者。臣竊惟陛下之意。必以偁給事宮禁。日在左右。不忍加罪。所以示恩私也。雖然。恩固可行。亦有時而不可行。恩重於義。則恩不可以廢義。義重於恩。則當捨恩而從義。偁前日既有凌侮之迹。今日必生疑忌之心。前日已嘗犯分。今日寧保其無反側乎。陛下宜察其姦謀。酌其情犯。斷之以義。不可牽於私恩。乃可以為宗廟無窮之計。孔子曰。小不忍以致大亂。此言當以為戒。伏望聖慈檢會臣前奏。早賜施行。無貽後日之悔。

左司諫江公望乞遠便嬖疏曰。臣讀孟軻之書。至戴不勝。曰。子謂薛居州善士也。使之居於王所。在王所者長幼尊卑皆薛居州也。王誰與為不善。在王所者長幼尊卑皆非薛居州也。王誰與為善。一薛居州。獨如宋王何。乃知成人君之善。非一人之力也。周公作立政。戒成王。雖綴衣趣馬左右攜僕。必以吉士。乃知左右前後雖便嬖近習。亦

惟其人也。人君位尊勢隆。惟左右大臣日一見。有事則公言之。諫官御史月對不過三四。有事則昌言之。天下之士獲登文陛以望清光者。萬無一二焉。戰栗惶怖。言若不出諸口。矧能劇談天下利病哉。與陛下朝暮起居從事。莫非左右前後便嬖近習之人。一不審所擇。則憸佞柔媚。彙進於君側。承風順指。悅意便情。有所不欲。欲無不得。有所不聞。聞無不盡。朝餌夕諂。日浸月潤。切於身則蠹性命之情。延於外則移朝廷之政。唐宦者仇士良嘗語其輩。人君不可令閑暇。暇必觀書見儒臣。而又納諫。智深慮遠。減玩好。省游幸。吾屬恩且薄矣。莫若以財貨鷹馬毬獵聲色蠱其心。極侈靡。使悅不得息。則必斥經術。暗外事。萬幾在於我矣。此尤見便嬖近習其不擇之害。有至於士良。臣望陛下紬思孟軻之言。以求多士之助。佩周公之訓戒。雖攜僕必惟其人。觀士良與其輩計。參驗朝夕從事便嬖近習之忠佞。如是則

貨財鷹馬毬獵聲色之欲。遑蔽於心。左右前後。既無逢迎之人。朝夕從事莫匪端人善士。雖欲為之。不可得已。夫言不及大而論小。事不該遠而涉邇。非所當及也。然小者大之基。邇者遠之積。知微之君。尤所當戒。陛下思之毋忽。

欽宗靖康元年。延英殿說書楊時論不可復近奄人狀曰。臣竊考自古奄人用事。未有無後患者。漢唐之末是也。漢之竇武何進。以肺腑之親。因天下忿怒。收攬英豪。如李膺陳蕃輩。共起而除之。卒不勝。皆斬頸受戮。唐之昭宗。信狎宦者。至有東宮之幽。其為歷世之禍大矣。國家用童貫擁兵。為國生事。二十餘年。覆軍殺將。朝廷不得聞。中外耗竭。而貫之私藏。厚積不可以千萬計。人怨神怒。馴致今日。陛下之所親見也。臨御之初。謂宜屏去此曹。使與輿臺皂隸服掃除之役而已。不可復近。比聞防城所仍用奄人提舉。授以兵柄。此覆車之轍。不

可蹈也。使氣焰一熾。則後不可制矣。恩倖持權貪寵。得志忘上。望晚雖悔悟。而追救不及。不可不鑒也。

時又上疏曰。臣竊見自古奄人用事。未有無禍者。漢唐之末是也。比年以來此曹氣焰尤盛。皆緣蔡京王黼輩首為亂階。關通交結。假以重權。使相應援。僥倖之門一開。至不可遏。童貫遷兵權於外。梁師成擅大柄於內。陶鑄搢紳垂二十年。其餘恩倖持權肆為貪暴。故人怨神怒。馴致喪邦。原其禍根。皆蔡京王黼輩為之也。陛下即位。天下嚮應。異時之為惡者。碎於國人之手。投哀請命。乞寄官資。不煩斧鉞而陰自消伏。似非人為。實出天意。此宗社之福。生靈之幸也。人無賢愚莫不稱慶。比聞外廷之臣。有懷姦患失。務為身謀。而不為國家遠慮者。復效京黼輩所為。陰謀交結。漸令用事。以陛下之英明。斷又嘗親見其弊。宜無有此。然臣竊有疑焉。伏見梁平李穀之徒。皆持權自

者。氣焰復熾。未識陛下亦嘗察其所以然否乎。臣謹按梁平嘗為大理寺開封府承受。結為陰獄。殺無罪之人不可數計。罪盈惡貫。人所切齒。陛下之所知。今復處之御藥院。果何意耶。李穀嘗管幹京城監造軍器。為欺侵蠹。無所不至。近與復濠之役。調夫數萬。減尅口食。殘害百端。役夫至於殍踣逃亡。亦不可勝計。近在國門之外。陛下其亦聞之乎。至於直下元豐庫取珠子及逐親事官於開封府處所之類。並不經由三省。外議亦以為皆宦官為之。故態漸長。使陛下受疑於天下。所繫豈小哉。臣謂省臺寺監百執事者。初不乏人。何苦信用此曹。蹈覆車而履其轍也。如邵成章輩。人或稱之以為稍賢於其徒。然此曹雖賢。亦不可用。但使之服掃除。通詔令可也。蓋外廷姦臣一見其用事。則向風觀望。陰以為肘腋腹心之託。內外相應。馴致禍災。非特不利於國。亦非所以利此曹也。大抵此類善伺人意。巧為便佞。浸

潤膚受。尤難隄防。自非監古視今以為深戒。日多漸漬。未有不為所惑者。禍亂之機。發於至微。漸不可長。拳石之多。積而為丘山。不可不謹也。宦女之禍。古人所戒。著在方冊。非臣私言。謹取五代史書宦者傳繕寫進呈。伏望燕閒之際。一賜覽觀。永為龜鑑。天下幸甚。

右司諫陳公輔論宦人蠱惑人主狀曰。臣聞宦寺之亡人國家。其來已久。漢自和帝後。中官始盛。至靈獻之時極矣。設袁紹誅常侍以逞志。然曹操因之。漢遂以亡。唐自明皇後。中官始盛。至僖昭宗時極矣。故崔胤血軍容以甘心。然朱溫因之。唐遂以亡。大抵假威柄于外。以內擬姦人。則大臣愈專。主權愈卑。肆灼火攻。蠹盡木燒。漢唐之亡皆由此輩。豈不哀哉。恭惟本朝。祖宗積德深厚。其歷年之長。固非漢唐可比。比年以來。國家承平。宮廷使令。日益增廣。加以財用富足。而横恩濫賞。及閹寺。故宦官由之而盛。竊弄威權。恣為姦狀。雖朝士

大夫憤疾之甚曾無以震之乃緣士庶伏閤獻書因而誼譁遂逞積年之忿殺害宦官二三十人不由朝廷命令不假威柄于人使此曹無所肆怨而氣勢稍衰與漢唐異矣此何以致其然耶實天祐我宋以延宗社無疆之福也陛下今日固當上承天意下順人欲因而摧抑此輩不使復振臣竊聞近來稍稍復用事如盧公裔王若沖邵成章之徒是已臣仰惟陛下臨御以來崇尚儉約聲色狗馬畋游玩好一切屏絕此曹將無所肆其巧然大率宦人蠱惑人主決非一端唐仇士良謂人主不可使閒暇閒暇則觀書近儒臣故我曹不得進用而恩澤始衰本朝楊戩亦戒其徒曰汝輩不可令天子罷修造我所得恩澤及財物皆緣修造陛下觀此輩用心果可不防哉臣區區之心望陛下鑒唐之亡因今日之天意專以此輩為戒無使其乘間伺隙以移陛下聰明也至於進退人才尤不宜與之謀孔子不主癰疽

孟子不畏臧倉賢人君子決不肯因嬖倖以圖富貴其所以附麗以進者貪饕無耻巇險逞欲之小人故前日蔡京王黼王安中等專倚此曹為重此天下所共知伏惟陛下留神於此日夜念之無忘小臣之言實宗廟社稷之福而天下之幸也

御史中丞許翰上言曰臣竊考觀載籍自春秋以來國家亡大世祚綿永者惟漢與唐至於我宋方建萬世之統此近古之三代也漢唐亂亡皆坐內侍為我宋鑑可謂明矣是以不可不察漢唐之季世平積久人主不憂敵國外患而安於佚樂不親法家拂士而昵於近習於是奸宄得乘其間興宮室池苑壯麗之觀鼓妖冶靡曼傾惑之色以蔽其明為讒諂導諛險詖之辭奏鄙褻淫放鄭衛之音以亂其聰諱避危亡之言緣飾隆平之事使之燕安豫怠廣侈無憂以壞其志而後扶輿戲敵以導之喜忿懟恥辱以導之怒祈求要請以導之擾私相竊語一顰一笑皆能陰陽人主之意使國家威福潛移於是太阿之柄始倒持於下矣其漸至此則各隨其世事勢之流相激生變為亂不同同歸於亡東漢祖尚名節士大夫各持清議以爭之故其季殺戮忠良禁錮賢雋袁紹乘天下之忿起而誅之而後漢亡唐北司本兵權重東漢而士大夫莫與之敵是以世無黨錮之禍而惟閹之隸勢陵人主幽辱廢置無不如意朱溫乘天下之怨起而誅之而後唐亡本朝北司之盛殆過漢唐學士大夫凜凜久矣前日緣太學生伏闕論事數萬之衆不約而從發憤讙呼若天導之使北司之勢不誅而自折則袁紹不復施其謀而朱溫無所加其暴此所謂宗廟之靈社稷之福也書曰天視自我民視天聽自我民聽民之所欲天必從之是故上酌民言則下天上施陛下於何容心亦憲天而已矣凡退聽者無所歸怨而國制大定是乘一時之變而建萬世之利也

而議者猶或非之夫前日但緣務專國是不酌民言鬱其忿慾以至於此漢唐之季變生豪傑其禍至於不可復救今國家徒以赤子啼號赴訴其枉一言撫之而萬姓返室懷仁歸德豈不賢於前世萬萬也哉此臣之所以為陛下賀也臣竊過計但慮事定之後邪說搖奪哀祈感動法不終守是以敢申言之謹按周官宦寺皆隸冢宰惟內小臣上士四人鄭康成以為異其賢者餘不過僅數十人未有登于下士者也是以內侍之禍不產於三代之前使國家能按今日之法而世守之則內侍得以保身延祀不罹誅殺於下而國家因之垂化定治不憂禍亂於上內外休寧不亦懿乎故願下臣章於內省揭示成憲永戒前非天下幸甚

李光乞不用內臣管軍劄子曰臣歷觀自古進用奄人未有不致危亂者而兵權尤甚夙沙衛殿齊師殖綽郭最曰子殿國師齊之辱也

區區諸侯之師使奄人臨之猶以為辱況天子之師乎自童貫秉軍政二十年將士零落殆盡開邊生事取笑四夷旋致今日之禍陛下躬履憂危亦可以鑒矣而譚稹梁方平輩皆久握兵柄喪師辱國臣謂陛下更易弊事當如拯救焚溺訪聞二人復管勾城壁事豈倉猝之際士大夫果無足委任者乎雖差傅墨卿王寓等提領緣此曹用事日久將士習熟但知中官不畏從官況虜人壓境朝廷舉措細大必關非所以壯軍威而增士氣也伏望陛下出自睿斷早賜斥逐所有四城壁等事乞下行營使司專委從官添差文武臣寮同共管勾

光論梁師成劄子曰臣伏覩虜騎內寇需索犒軍金銀陛下以宗社生靈為重屈意求和上自乘輿服御宗廟器皿下至民間首飾之物拘收殆盡大臣戚里之家不免直取獨未聞宦官能體陛下憂勞之意者近年以來宦官用事或殖貨利或治宮室或開拓邊境或進退

臣寮皆能竊弄威權以厚自封殖此陛下耳目所及亦不復縷陳其專權擅勢桀黠尤甚者莫如梁師成師成用事日久飾作威福計其家貲無與為比當此危急之時獨不在直取之數臣切惑之臣謹按師成出入禁掖踰二十年罪惡貫盈不可悉數方蔡京王黼相繼用事罔網聰壞賄賂公行姦邪朋附而為之用忠賢擯斥而不得進師成與之締交關通表裏蒙蔽引用浮薄布滿中外依憑城社玷辱聖朝以至海內怨嗟養成今日之患迹其罪惡久合誅夷方陛下踐祚之初聖政日新一時儉人咸知退縮而師成偃然居中執政大臣憲其狡獪多計恐一旦復得進用莫敢動搖伏望陛下斷自淵衷以師成付有司籍其家貲窮究姦慝以正刑典因以風厲黨與庶有懲革實天下幸甚

高宗時左正言鄧肅上疏曰臣近准尚書省劄子奉聖旨令送臣寮所論二章付門下後省其一章論臺諫之職不可觀望其二章論臣官之盛不可不戒臣竊鼓舞以為中興之道正在此也恭惟陛下臨御以來所用黃門比之上皇僅百之一比之淵聖僅十之一是陛下於北司蓋未嘗不戒也然小人無知尚有敢循舊轍者陛下既責臣以言臣敢默默乎臣於初十日侍班殿下有肩輿而至横門者羣臣吐舌莫敢誰何嘗試遣人詢之曰內臣陳良弼也臣切謂百官下馬外門徒步而入雖雨作塗潦滅足沒脛未嘗敢以為勞蓋君臣之分不敢廢也良弼何人敢爾驕僭雖宣和以前宦官最盛不聞童貫梁師成等敢用肩輿輒入横門者今良弼之寵方之童貫等無萬分之一便敢輕視朝廷失禮如此傳之天下有損聖德臣竊痛之或曰良弼病矣不能徒步臣以為不然豈有不能徒步於横門之外而能徒步於横門之內者乎又曰汴河久涸運漕不至良弼一出則黃流瀰

漫一時之功亦不可闕也臣又以為不然若恃微功便忘分義則趙普之流當乘肩輿以登太祖之庭矣或者又曰恐得聖旨然後敢爾臣又對之曰此決無是理也朝拜之儀定於太祖陛下孝德上追虞舜豈忍以一黃門之故輕變祖宗之法乎臣愚伏望聖慈明正典刑以示懲戒不惟消患於未然亦所以弭天下之謗也惟陛下留神

趙元鎮乞抑內侍奏曰臣前日奏事殿中伏奉聖訓以言官張致遠論列士大夫有陰結內侍者陛下既駭且怒以謂此風寖不可長宣政之禍流毒至今不可不戒宜降詔開諭申命有司立法禁止臣待罪宰輔親承玉音仰見陛下不惑於甘言無狃於近習洞鑒覆車之迹灼知滋蔓之端好惡一分邪正自辨帝王盛德事也雖然小人無他志在進取不復顧藉至於壞風俗紊紀綱啓讒佞之風塞公正之路以及於喪國亡家之禍皆所不卹茲宜可畏歟今雖有所斥逐而

潛形秘跡，人莫得知，物論所譏，聖心未晤者，臣不知其有無，而亦不能保其必無也。臣願陛下力懲而亟革之，與其沮遏波流，孰若絕去根本之為愈。臣嘗見齊威王封即墨大夫故事，及本朝歐陽脩奏跡仁宗皇帝，其議論事跡皆可稽考，謹錄在前，用見臣區區將順之意，亦因以獻規於陛下，伏幸寬仁察斯忠懇。

孝宗時，吏部侍郎李椿乞裁抑中貴，奏曰：臣聞憂先於事，故能無憂；事至而憂，無救於事。臣私憂過計，願先事而憂之，庶幾乎無憂也。官者論曰：宦者四星，在皇位之側，蓋中門之禁，女宮之戒，審門閭，謹房室，不可無也。故宦人之在王朝，其來舊矣。臣伏覩熙寧五年詔書節文：前後省內臣轉至承制、崇班、內常侍，許進一子與下班殿侍、三班差使；內侍省東西頭供奉官、殿頭，許進一子與下班殿侍、諸班內品。更不許進入內內侍省所管諸班內品，每年通許進五人，餘悉仍舊。

內供奉官已下至黃門，如願進外官者，比內侍省遞加一等推恩。其內臣諸司使副，令該奏兒男充前班者，今後更不進內臣。時上諭樞密院曰：方今宦者數已多，而隸省者又不入內，空絕人之世，仁政所不取。且獨不可用三班使臣以代其職事乎？臣以此仰見祖宗好生之德，不惜加等推恩，以全人之生世，德至渥也。臣不識今尚守此法與否，但見中官比之陛下初即位時，人數漸多，其勢頗盛。臣又見近年有中官失火者，蠶室中燒死小兒，可見宮刑之室，宦官之家皆有之。臣又聞蠶室中小兒十不得四五，少得生全者，豈稱祖宗好生之德？臣慮陛下所未聞也。切緣自古宦官之盛衰，繫有國之興亡。臣不敢遠引漢唐之禍，切見宣和之末，童貫等罪惡貫盈，軍民怨入骨髓，京師百姓群起而攻宦官，殺之者不可勝數，旋致靖康之禍。建炎間，王淵交結宦官，不卹軍士，遂激成苗劉之變，逐軍士求康履殺之，併及其黨，遂致明受之變。前轍不遠，言之痛心。蓋宦者體膚既毀，性情柔惡，猜疑驕妬，不期然而然。其間雖有忠直之人，亦多衆所不容。所以互相視效，憑恃浸潤，交結受賄，以資相高，專用過厚，以陵蔽饒侵漁百姓，興建第宅，連亘街陌。始則人畏之，極則人惡之。畏且惡，以致群起而攻之，上貽國家之憂。仰惟陛下神聖在上，宦者雖漸盛，人雖畏之，未甚惡也。於此時有以裁制之，不至于極，則永無前日之患，於宦者亦保富貴，與國長久，此臣所以欲先事而憂者也。裁制之道，臣願出於聖斷，官置蠶室，選精於其事者掌之，應進子者，申奏并保乳入之，俟平復，賜其家。如或不育，願再進者聽之；再進不育，是上天不許也，即聽進外官以為後，以絕陰闇傷生之害。其委付差使，門禁宮戒之外，毋使干預人材政事，嚴禁士大夫及兵將官與之交通者，稱遵太祖皇帝之制，官品高則外補。易曰：君子思不出其位。謂艮為閽

寺也。閽者止於門，寺者止於巷。聖人之戒深切著明，不可不察也。臣非不知言出禍生，臣自念荷陛下恩遇特異，不知所報，故惟有忘身徇國，庶幾萬分之一。如臣言可採，乞出於睿旨施行。

秘書少監趙汝愚乞罷陳源添差總管奏曰：臣先準中書門下省送到錄黃一道，承樞密院關，十一月十八日奉聖旨，恭奉太上皇帝聖旨，提舉德壽宮陳源為應奉有勞，可特與遙郡上轉行兩官。臣伏覩陛下天性仁孝，欽承太上德訓，兢兢業業，惟恐不至，故臣仰遵聖意，即已書讀了當。然當時實不知陳源別有兼職，今再准錄到告詞，其後擬稱陳源可特授永州防禦使，依前右武大夫，特添差兩浙西路馬步軍副總管，臨安府駐劄，提舉德壽宮。臣竊惟陳源係內侍，而得參預一路軍政，臣不知其始自何年除授，然其事體重害，漸不可長，要非太上建炎詔書之意。臣請為陛下誦之。臣嘗讀建炎三年詔書

自崇寧以來內侍用事循習至今理宜痛革自今內侍不許與主管兵官交通假貸饋遺借役禁兵當是時內侍與兵官交通借役禁兵且猶不可今乃假以一路捷戎之任臣恐非太上所以防微杜漸之意也臣伏思神宗皇帝時始令王中正李憲稍預邊事是時朝廷法度峻整若無甚害而卒之貫緣攀援竟成童貫開邊之禍靖康之變至今言之使人心折陛下安可視今日若無甚害而遂忘前日之戒耶臣愚欲望聖慈特降指揮除遵依太上皇帝聖旨與轉行兩官外所有添差兩浙西路馬步軍副總管職事特與解罷以為萬世子孫無窮之法以成太上建炎詔書之意宗社幸甚

光宗即位楊萬里召為秘書監入對曰古之帝王固有知以一己攬其權不知臣下竊其權大臣竊之則權在大臣大將竊之則權在大將外戚竊之則權在外戚近習竊之則權在近習竊權之最難防者其惟近習乎非敢公竊也私竊之也始於私竊其終必至於公竊而後已可不懼哉

寧宗慶元元年太府寺丞呂祖儉奏曰臣恭惟本朝立國之規模所以上接乎唐虞三代之統紀而遠過漢唐者非假夫强大威力也非資夫權謀術數也獨恃夫君子以為固而已然君子之能為固豈有他哉亦以其議論氣節可以培根本而支變故也國家中興適追慶曆元祐之言論風旨固有以開紹興之正論然自秦檜用事導諛成俗近歲安靜和平之說復壞人心議論氣節或幾乎息而立國規模終不可忘紹熙五載夏秋之交海內皇皇天未悔禍小大之臣盡誠勤力大明繼照危而復安則陛下固已親見所恃以為固者而下改元之詔矣始政清明登用忠直天下之心蓋將日望維新之政今日月曾幾何而人之觀聽則有異焉講席之臣或閔其耆艾而使之歸或因其論事而許之去臺諫之官或以舊學有勞而優遷或以繁難闕守而補外中批屢下旨意難明想謂陛下之心祗欲昭示獨斷以防蔽欺而不知我之操柄則已潛有所移矣夫外廷與內廷之勢殊而君子與小人之情異左右前後之人地近情親巧於伺候外示畏謹陽若無他默陟廢置間得關預時獻微益或可施行雖威福權柄如自上出而盜竊賣弄則益難知彼外廷之欲盡言者則共指為矯激外廷之欲論事者則共指為過當由是列于庶位者類多違避事鮮克分明斟酌調娛務為得體議論氣節日就消衰常時既難盡其心緩急必將失所恃天下大物也設官分職所以維持也聽外廷以為公恃君子以為固然後能守而無失若延暨近暬御所知不遠寧免循私非使人主不信外廷則無由可以擅寵矧今國勢甫定人心猶搖歲事有饑饉之憂夷狄有窺伺之迹信任君子猶懼弗濟儻或失職又將畸依伏望陛下監觀本朝立國之規模惟念總攬權綱之要道外廷情實固宜致察內廷姦欺尤當深防絕去私邪之門使得自保寵祿闢開公正之路使得展布腹心夫然後朝廷尊安君子遂志議論氣節足以圖回實政强壯本朝而可馴致慶曆元祐之治矣臣志在愛君不遑他恤惟陛下裁赦

理宗即位國子祭酒喬行簡上疏曰向者陛下內廷舉動皆有稟承小人縱有蠱惑干求之心猶有所忌憚而不敢發今者安能保小人之不萌是心陛下又安能保聖心之不無少肆陛下為天下君當懋建皇極一循大公不應私徇小人為其所誤凡為此者皆戚畹肺肝之親與近習貴幸之臣奔走使令之輩外取貨財內壞綱紀上以罔人君之聰明來天下之怨謗下以撓官府之公道亂民間之曲直縱而不已其勢必至於假采聽之言而傷動善類設眾人之譽而進拔詭

人。惜納忠效勤之意。而售其陰險巧佞之姦。日積月累。氣勢益張。人主之威。權將為所竊弄而不自知矣。陛下衰絰在身。飭當敬戒宮庭之間。既無所嚴憚。嬪御之人。又視昔衆多。以春秋方富之年。居聲色易縱之地。萬一於此不能自制。必於盛德大有虧損。願陛下常加警省。

景定四年。禮部侍郎牟子才論董宋臣不當除押班奏曰。臣十年憂患。分老山林。蒙陛下收召。復寘諸禁近之列。常恨靡捐未足裨報。今既數月矣。不敢出位有所敷陳者。蓋以陛下自更化瑟。內撫外寧。衆正咸集。羣憸屏除。而又穡事告登。文治具舉。靖共爾位。臣之分也。近日以來。在廷之臣。學校之士。乃以內臣之復用。連章公車。紛紛未止。臣意陛下之用此人。不過念其平日給事之勞。拔拭而用之耳。而諸臣深憂思慮。則以其前轍之可監。而慮其舊態之復作。謂今寵以押班之任。而日在陛下左右。譬如木之有蠹。蠹在中而木不覺其腐。禾之有虫。虫在心而禾不覺其槁。雖陛下諄諄開諭。而學士大夫之惑終不可解也。臣靜觀數日間。諸臣或以此而決去就者。陛下宜召而復留之。大臣為國家大體計。為保固局面計。為愛惜諸賢計。所以扶持而安全之者。無不盡心焉。竊意一堂都俞之際。必有深長之思。果斷之決。使天下無可復議。朝廷庶可奠安。而老臣又何所容其喙。然竚乎有聞而猶未也。但聞諸臣欲去者猶未肯留。已留者猶未忘去。而興議之偏責於在位者略不少恕焉。臣謂陛下昭昭聖明如此。大臣孜孜啓沃如此。其於此事轉旋闔闢。蓋亦甚易。徼臣愚見。不無望於陛下早有以處此。庶幾一枰全安。而無奕子動揺之虞。風休雨止。而有安恬泰定之勢。此宗社之幸。生靈之福也。臣甫出擭穽。非不欲懲羹吹虀。保全末路。深恐上負明主。下負夙心。用敢冒昧一言。惟陛下幸赦。

五年。子才為給事中。繳李忠輔奏曰。臣伏觀臺臣論列閤長李忠輔。奉御筆李忠輔降兩官降罷。臣有以見聖慮深遠。天斷奮發。蓋將昭天公而弭後患也。臣惟成周之制。閽人守中門之禁。寺人掌女宮之戒。未嘗畀以事權。所以遏其蠹政害事之漸。自漢以來。恭顯之用事專恣。朝臣之側目畏憚。亦既任以機要。又何以禁其長禍流毒之慘。此防微杜漸者之所當深慮。蓋內轄一司。自來止以小璫為之。取其服勤恭謹。易以禁制。又以三年為任。不使之日增月益。聲生氣長。以貽害無窮。惟董宋臣自小璫至於大官。二十年間。皆兼領此職。權傾中外。恣為姦利。至今得罪公論。故每有除授。人言交攻。忠輔乃其所薦。根株此局。以為依憑。凡其奸犯科條。誣上行私之事。皆出其所教。而忠輔新進。氣鋭。為術轉深。為害愈烈。大作威福。動稱聖旨。呼潛兩司。奉行惟謹。其妄生羅織。使人破家蕩產。往往死於非命。權則歸己。怨則歸君。而甚者窺覘中詗。揣摩容報。曲為恩倖之地。陛下灼見其奸。奪其內轄職事。遂降旨揮。內轄以三年為任。立為定制。又以臺臣之言降官放罷。天下莫不仰陛下之明斷。但觀臺臣所論。則忠輔處心積慮。傾險反覆可畏。又有甚於前之所陳。使罰止於此。安知其不復出為惡耶。且宋臣未嘗不罷也。而又復用。未嘗不退也。而又復進。使其不死。禍且不歇。抑亦可以為監矣。比者城中鬱攸。既始於宋臣之屋。城外煙熖。亦發於忠輔之家。今陛下施行忠輔。而宋臣遂死於數日之間。意者惟天惟祖宗望陛下盡取二十年禍根亂本一掃而空之。雖宋臣死。灰無復然之慮。而忠輔則虎兕有出柙之憂。儻陛下盡行臺臣所已屏斥之言。以絶其根。實惟天惟祖宗之意。而陛下子孫萬世無疆之福也。所有將來錄黃。係經臣書讀。用敢冒昧先具奏

闕

金哀宗時，近侍干預朝政。翰林直學士兼左司郎中斜卯愛實議曰：今近侍權太重，將相大臣不敢與之相抗。自古僕御之臣不過供給指使而已。雖名僕臣，亦必選擇正人。今不論賢否，惟以世冑或吏員為之。夫給使令之材，使預社稷大計，此輩果何所知乎。

歷代名臣奏議卷之二百九十三

歷代名臣奏議卷之二百九十四

封禪

齊桓公既霸，會諸侯於葵丘而欲封禪。管仲曰：古者封泰山禪梁父者七十二家，而夷吾所記者十有二焉。昔無懷氏（古之王者，在伏羲之前。）封泰山，禪云云（云云，山名，在梁父東。）。虙羲封泰山，禪云云。神農封泰山，禪云云。炎帝封泰山，禪云云。黃帝封泰山，禪亭亭（亭亭，山名，在鉅平。又曰在牟陰。）。顓頊封泰山，禪云云。帝俈封泰山，禪云云。堯封泰山，禪云云。舜封泰山，禪云云。禹封泰山，禪會稽。湯封泰山，禪云云。周成王封泰山，禪社首（社首，山名，在博縣。又曰在鉅平南十三里。）。皆受命然後得封禪。桓公曰：寡人北伐山戎，過孤竹；西伐大夏，涉流沙，束馬懸車，上卑耳之山（謂將上山，纏束其馬，懸鉤其車也。卑耳，即齊語所謂辟耳。）；南伐至召陵，登熊耳山以望江漢。兵車之會三，而乘車之會六，九合諸侯，一匡天下，諸侯莫違。我昔三代受命，亦何以異乎？於是管仲睹桓公不可窮以辭，因設之以事曰：古之封禪，鄗上之黍，北里之禾（鄗音皓。鄗上，山也。又曰鄗上北里，皆地名。），所以為盛；江淮之間，一茅三脊（所謂靈茅也。），所以為藉也。東海致比目之魚（魚各有一目，不比不行，其名曰鰈。），西海致比翼之鳥（鳥各有一翼，不比不飛，其名曰鶼鶼。），然後物有不召而自至者十有五焉。今鳳皇麒麟不來，嘉穀不生，而蓬蒿藜莠茂，鴟梟數至，而欲封禪，毋乃不可乎？於是桓公乃止。

漢武帝時，議欲放古巡狩封禪之事，諸儒對者五十餘人，未能有所定。先是司馬相如病死，有遺書頌功德，言符瑞，足以封泰山。上奇其書，以問兒寬，寬對曰：陛下躬發聖德，統楫（楫與輯同）羣元，宗祀天地，薦禮百神，精神所鄉，徵兆必報，天地並應，符瑞昭明，其封泰山，禪梁父，昭姓考瑞，帝王之盛節也。然享薦之義不著于經。以為封禪告成。合祛於天地神祇。祇戒精專以接神明。總百官之職。各稱事宜而為之節文。惟聖主所由。制定其當。非群臣之所能列。今將舉大事。優游數年。使群臣得人自盡。終莫能成。惟天子建中和之極。兼總條貫。金聲而玉振之。以順成天慶。垂萬世之基。然之。

東漢光武建武三十年。張純上奏曰。自古受命而帝。治世之隆。必有封禪。以告成功焉。樂動聲儀曰。以雅治之風。成於頌。有周之盛。成康之間。郊配封禪。皆可見也。書曰。歲二月東巡狩至于岱宗。則封禪之義也。臣伏見陛下受中興之命。平海內之亂。脩復祖宗。撫存萬姓。天下曠然。咸蒙更生。恩德雲行。惠澤雨施。黎元安寧。夷狄慕義。詩云。受天之祜。四方來賀。今攝提之歲。倉龍甲寅。德在東宮。宜及嘉時。遵唐帝之典。繼孝武之業。以二月東巡狩。封于岱宗。明中興。勒功勳。復祖統。報天神。禪梁父。祀地祇。傳祚子孫。萬世之基也。中元元年。帝乃東巡岱宗。以純視御史大夫。從。并上元封舊儀及刻石文。

太尉趙憙上奏曰。自古帝王每世之隆。未嘗不封禪。陛下聖德洋溢。順天行誅。撥亂中興。作民父母。脩復宗廟。救萬姓命。黎庶賴福。海內清平。功成治定。群司禮官咸以為宜登封告成。為民報德。百王所同。當仁不讓。宜登封岱宗。正三雍之禮。以明靈契。望秩群神。以承天心也。

中元元年。上至泰山。有司復奏河雒圖記表章赤漢九世尤著明者。前後凡三十六事。與博士李充等議以為殷統未絕。黎庶繼命。高宗久勞。猶為中興。武王因父受命之列。據三代郊天。因孔子甚美其功。後世謂之聖王。漢統中絕。王莽盜位。一民莫非其臣。尺土靡不其有。宗廟不祀。十有八年。陛下無十室之資。奮振於匹夫。除殘去賊。興復祖宗。集就天下。海內治平。夷狄慕義。功德盛於高宗宣王。宜封禪為百姓祈福。請親定刻石紀號文。太常奏儀制。

魏明帝時。中護軍蔣濟奏曰。夫帝王大禮。巡狩為先。昭祖揚禰。封禪為首。是以自古革命受符。未有不蹈梁父。登泰山。刊無竟之名。紀天人之際者也。故司馬相如謂有文以來。七十二君。或從所繇於前。謹遺跡於後。太史公曰。主上有聖明而不宣布。有司之過也。然則元功懿德。不刊山梁之石。無以顯帝王之功。布生民不朽之觀也。語曰。當君而嘆堯舜之美。譬猶人子對厥所生譽他人之父。今大魏振百王之弊亂。拯流遁之艱危。接千載之衰緒。繼百世之廢。治自武文至于聖躬。所以參成天地之道。綱維人神之化。上天報應。嘉瑞顯祥。以比往古。其優衍豐隆。無所取喻。至於歷世迄今。未發大禮。雖志在掃盡殘盜。蕩滌餘穢。未遑斯事。若爾三苗堀彊於江海。大舜當廢東巡之儀。徐夷跳梁於淮泗。周成當止岱嶽之禮也。且昔歲破吳虜於江漢。今茲屠蜀賊於隴右。其震蕩內潰。在不復淹。就當探其窟穴。無累於封禪之事也。此儀久廢。非倉卒所定。宜下公卿廣纂其禮。卜年考時。昭告上帝。以副天下之望。臣待罪軍旅。不勝大願。冒死以聞。詔曰。聞濟斯言。使吾汗出流足。自開闢以來。封禪者七十餘君爾。故太史公曰。雖有受命之君。而功有不洽。是以中間曠遠者千有餘年。近數百載。其儀闕不可得記。吾何德之修。敢庶茲乎。濟豈謂世無管仲以吾有桓公登泰山之志乎。吾不敢欺天也。濟之所言。華則華矣。非助我者也。公卿侍中尚書常侍省之而已。勿復有所議。亦不須答詔也。

晉武帝平吳。混一區宇。太康元年九月庚寅。尚書令衛瓘。左僕射山濤。魏舒。尚書劉寔。張華等上奏曰。聖德隆茂。光被四表。諸夏乂清。幽荒，率從神策，廟筭席捲，吳越孫皓稽顙，六合為家，巍巍之功，格于天地，宜同古典，勒封東嶽。告三府太常為儀制。瓘等又奏：臣聞肇自生民，則有后辟，載祀之數，莫之能紀。立德濟世，揮揚仁風，以登封泰山者，七十有四家。其諡號可知者，十有四焉。沈淪寂寞，曾無遺聲者，不可勝記。自黃帝以前，古傳昧略。唐虞以來，典謨炳著。三王代興，體業繼踵，周道既沒，秦氏承之。至于漢魏，而質文未復，大晉之德，始自重黎，實佐顓頊，至于夏商，世序天地。其在于周，不失其緒。金德將升，世濟明聖，外平蜀漢，海內歸心。武功之盛，實由文德。至于陛下，受命踐祚，弘建大業。羣生仰流，唯獨江湖沅湘之表，凶桀負固，歷代不賓。神謀獨斷，命將出討。兵威暫加，數旬蕩定。羈其鯨鯢，赦其罪逆，雲覆雨施，八方來同，聲教所被，達于四極。雖黃軒之征，大禹遠略，周之奕世，何以尚今。若夫玄石素文，底號前載，象以姓表，言以事告，河圖洛書

之徵。不是過也。以騶虞麟趾，衆瑞並臻，昔夏殷以丕崇為祥，周武以鳥魚為美，咸曰休哉。然符瑞之應，備物之盛，未有若今之富者也。宜宣大典，禮中嶽，封泰山，禪梁父，發德號，明至尊，享天休，篤黎庶，勒千載之表，播流後之聲，俾百代之下，莫不興起。斯帝三之盛業，天人之至望也。詔曰：今逋寇雖殄，外則障塞有警，內則民黎未康，此盛德之事，所未議也。瓘等又奏：今東漸于海，西被流沙，大漠之陰，日南北戶，莫不通屬，茫茫禹跡，今實過之，則天人之道已周，巍巍之功已著，宜有事梁父，修禮地祇，登封泰山，致誠上帝，以答人神之願。乞如前奏。詔曰：今陰陽未和，政刑未當，百姓未得其所，豈可以勒功告成邪。瓘又奏：臣聞處帝王之位者，必有曆運之期，天命之應，濟生民之大功者，必有盛德之容，告成之典。無不可誣，有不可讓，自古道也。而明詔謙沖，屢辭其禮，雖盛德攸在，推而未居，夫三公職典天地，實掌民

物，國之大事，取譏於此。漢氏封禪，非是官也，不在其事。臣等前奏，蓋陳祖考之功。天命又應，陛下之德，合同四海，述古考今，宜脩此禮。至於魁定盛，月須五府上議，然後奏聞，請寫詔及奏如前，下議。詔曰：雖蕩清江表，皆臨事者之勞，何足以告成。方望羣后，思隆大化，以寧區夏，百姓獲乂，與之休息，斯誠日夜之望，無所復下諸府矣，勿復為煩。瓘等又奏：臣聞唐虞二代，濟世弘功之君，莫不仰答天心，俯協民志，登介丘，履梁父，未有辭焉者，蓋不可讓也。今陛下勳高百王，德無與二，茂績宏規，巍巍之業，固非臣等所能究論。而聖旨勞謙，屢自抑損，時至弗應，推美不居，闕皇代之上儀，塞神祇之款望，使大晉之典，謙不同風於三五。臣等誠不敢奉詔，請如前奏施行。詔曰：方當共弘治道，以康庶績，且俟他年，無復紛紜也。

宋孝武帝大明元年十一月戊申，太宰江夏王義恭上表曰：惟皇天

崇稱大道，始行揖讓，迄于有晉，雖聿脩前緒，而跡淪言廢，茂記於竹帛者，焉可單書。紹紀雖建，徽號流風，聲被絲管，自無懷以來，可傳而不朽者，七十有四君。閒仁厚而道減，鮮義而德宣，鍾律之先，曠世綿絕，難得而聞。丘索著明者，尚有遺炳。故易稱先天弗違，後天奉時。焉陶唐姚姒商姬之表，莫不由斯道也。是以風化大洽，光熙于後矣。漢二帝亦躡景則，因百姓之心，聽輿人之頌，龍駕帝服，鏤玉梁甫，昌言明稱，告成上靈，況大宋表祥唐虞，受終素德，山龍啟符，金玉顯瑞，異采騰於軫墟，紫烟韜於邦甸，鍚冕兆九五之徵，文豹赴天曆之會。誕二祖之幽慶，聖后之寘休，道邁軒堯，惠深亭毒，而猶執沖約，未言封禪之事，四海竊以恧焉。臣聞惟皇配極，帝祀天，故能上稽乾式，熙臨黔首，協和穹昊，齊茲多福。高祖武皇帝明並日月，光振八區，拯已溺之晉，濟橫流之世，撥亂寧民，應天受命，鴻徽洽于海表，威稜震乎

沙外太祖文皇帝體聖履仁述業興禮正樂頌作象曆明達通於神
祇玄澤被乎上下仁孝命世叡武英挺道運屯否三才湮滅迺龍飛
五洲鳳翔九江身先八百之期斷出人鬼之表慶烟應高牙之建鳳
躍符發迹之辰覩翦凶逆殄清昏墟天地革始夫婦更造豈與彼承
業纘緒拯復禹迹章一其軌書同異文者同年而議哉令龍麟已至
鳳皇已儀比孝已實瑞茅已茂雕氣降霧於宮樹珍露呈味於禁林
嘉禾積穗於殿甍連理合榦於園籞皆耀質離宮植根蘭圃至夫霜
毫玄文叢翮赬羽泉河山岳之瑞草木金石之祥方織縹塗之謁抗
驛絕祖之奏彪炳雜沓粤不可勝言太平之應茲焉富矣宜其從天
人之誠遵先王之則備萬乘整法駕修封泰山瘞玉岱趾廷喬松於
東序詔韓岐於西廂麾天閽使啓關謁紫宮朝太乙奏鈞天詠雲門
贊揚幽奧超聲前古豈不盛哉伏願時命宗伯具茲典度詔曰太宰
表如此昔之盛王永保鴻名常爲稱首由斯道矣朕遭家多難入纂
絕業德薄勲淺鑿瑕翦愧頃麟鳳表禎方來荐瑞雖符祥顯見惡乎
猶深應仰述先志拓清中寓禮祇謁神朕將試哉
四年六月辛亥有司奏曰臣聞崇號建極必觀俗以樹教正位居體
必採世以立言是以重代列聖盛肉厥道玄勳上烈懿章未分鴻光
委緒歇而圖蔵若其顯謚勝軌則系纓聲實微器聞聽爰洎媯漢咸
流尚存遺芬餘榮綿映絕纚雖年絕世祀代革精華可得騰金綠奏
玉潤鏤迹以燻今鐫德以麗遠而四望煙燎之禮日觀紀修封之
容豈非神明之業難崇功基之迹易泯自茲以降訖于季末莫不欲
英弘徽位詳圖洪聲豈徒深默修文淵幽即世而已謀以騰非虛奏
書丞安壇擊雨怒神淳靡復樹安得紫壇肅祇竹宮載祈散大揆郊
漾呈符歷寶歸初基膺靈命曆總振紀維功濟淪象玄浸紛流華浪

幽潤規存永馭思詳樹遠太祖文皇帝以啓邁泰運景望震凝采榮
調風集禮宣度祖宗相映軌迹重暉聖上韞籙蕃河竚翔衡漢金波
掩照華耀停明運動時來躍飛風舉澄氛海岱開業中區歇神還靈
頹天重耀儲正凝位於兼明豕鐵蕃華於元列故以祥映昌基繁發
篆素重以班朝待典飾令詳儀纂綜淪蕪撥騰委逸奏玉郊宮種珪
元時景集天廟脉壤祥農節至昕陽川丘夙禮綱維廵駐表綏中甸
史流其詠民挹其風於是涵迹視陰振聲感響歷代之渠訛（缺）望內
安侯之畏賢王入侍殊生詭氣奉俗還鄉羽族卉儀悚音華狀遠帝
絕書權光弛燭天岱發靈宗河開寶崇丘淪鼎淑來泗淵雲呈王藏
搞讌（缺）漢并角即音栖翔禁籞衮甲霜昧翔舞川肆禁泉流鏡復昭
河源故以汶沸外關雲蒸內澤若其雪趾青毳玄文朱綠日月郊甸
擇木弄音重以榮露騰軒蕭雲掩閣鍋鞭孳萌移華淵禁山興竚衡
雲鶴練翼海鰈泳流江茅吐蔭挾書之列仰筆以飾辭濟代之蕃嶽
邑以待禮豈非神總氣昌物瑞雲照蒲軒龜軫（缺）泉淳芳太宰江夏
王臣義恭咀道遵英栖奇麗古該潤圖史施詳閱載表以功懋往初
德耀失昊升文中岱登牒天關耀冠榮名摛振聲號而道謙稱首禮
以虛挹將使玄祇鉄觀幽瑞乖期梁甫無盛德之容介丘靡升闡之
響加窮泉之野獻八代之馴交木之鄉無絕命之牲爾靈重表珍符
兼既伏惟陛下謨詳淵載行屬休章依徵聖靈潤色聲業諏辰稽古
蕭齊謦列儒僚展采禮官捐儀懸搬動符洪鍾嫉節陽路整衛正途
清禁於是績環珮端玉藻鳴鳳竚律騰駕流文闡絲比象之容昭明
紀數之服微烨天陣容燕神行翠蓋懷陰羽華列照乃詔聯事賓祭
貢客贊儀金支宿縣鏞石潤響命五神以衬列門九關以集靈警衛
兵而開雲先雨祇以洒路霞旌唯闢烟起成宮臺冠丹光壇浮素靈

尒乃臨中壇備盛禮天降祥錫壽國皇根谷動神音山傳稱響然後辨年問老陳詩觀俗歸嘉告神奉遺清廟光美之盛彰乎萬古淵祥之烈溢乎無窮豈不盛歟臣等生接昌辰爾懋明世承教管聞未足言道且章志湮微代往淪絕捐採遺文辯明訓詁

梁武帝天監八年時有請封會稽禪國山者帝命諸儒草封禪儀欲行之著作佐郎許懋建議曰舜柴岱宗是為巡狩而鄭引孝經鉤命決云封于泰山考績柴燎禪乎梁父刻石紀號此緯書之曲說非正經之通議也如管夷吾所說七十二君燧人之前世質民淳安得泥金檢玉結繩而治安得鐫文告成妄亦甚矣若聖主不須封禪若凡主不應封禪秦始皇嘗封泰山孫皓嘗封國山皆由主好名於上而臣阿旨於下非盛德之事不足為法也上嘉納之

北齊文宣帝天保五年正月制詔問升中紀號秀州長史樊孝謙對曰臣聞巡嶽之禮勒在虞書省方之義著於易象往帝前王匪唯一姓封金刋玉億有餘人仲尼之觀梁甫不能盡識夷吾之對齊桓所存未幾然盛德之事必待太平苟非其人更貽靈譴秦皇無道致雨風之災漢武奢淫有奉車之害及文叔受命炎精更輝四海安流天下輯睦錫賜騎士馬駕鼓車乃用張純之文始從伯陽之說至於魏晉雖各有君量德而處莫能擬議蔣濟上言於前徒織紙墨袁准發論於後終未施行世歷三朝年將十紀啓聖之期茲為昌會然白水德不競函谷封塗天馬息歌苞茅絕貢我太祖抆寶雞之瑞握鳳皇之書體一德以匡朝屈三分而事主蕩此妖寇易如沃雪但昌既受命發乃行誅雖太白出高中國宜戰置之度外望其遷善伏惟陛下以神武之姿天縱之畧馬多冀北將異山西涼風至白露下北上太行東臨碣石方欲吞巴蜀而掃崤函苑長洲而池江漢復恐迎風從矢是交共焚按此六軍未申九伐夫周發牙璋漢馳竹使義在濟民非聞好戰至如投鼠忌器之說蓋是常談文德懷遠之言豈識權道今三臺令子六郡良家蓄銳須時裹糧待詔未若龍驤虎眼先收隴右之民電轉雷驚因取荊南之地昔秦舉長平金精食昴楚攻鉅鹿枉矢霄流況我威靈能無協讚但使彼之百姓一覩六軍似見周王若逢司隸然後除其苛令與其約法振旅而還止戈為武摽金南海勒石東山紀天地之奇功被風聲於千載若令馬兒不死子陽尚存便欲案明堂之圖草射牛之禮比德論功多慙往列升中告禪臣用有疑

唐太宗貞觀初羣臣表請封禪上曰卿輩皆以封禪為帝王盛事朕意不然若天下乂安家給人足雖不封禪庸何傷乎昔秦始皇封禪而漢文帝不封禪後世豈以文帝不及始皇邪且事天掃地而祭何必登泰山之巓封數尺之土然後可以展其誠敬乎

太宗謂房玄齡等曰封禪是帝王盛事比來請者不絕公等以為何如魏徵對曰帝王在德不在封禪自喪亂已來近泰山州縣彫殘最甚若車駕既行不能全無使役此便是因封禪而勞役百姓太宗曰封禪之事不自取功績歸之於天辭如玄齡等功臣雖有益於國能自謙讓歸之於朕豈似不言而欲自取今向泰山功歸於天有似於此然朕意常以嵩高既是中岳何謝泰山公等評議

六年匈奴克平遠夷入貢符瑞日至年穀頻登岳牧等屢請封禪羣臣又稱述功德以為時不可失今日行之臣等猶謂其晚惟魏徵以為不可帝曰朕欲得卿直言之勿有所隱朕功不高耶曰功高矣德未厚耶曰德厚矣華夏未理耶曰理矣遠夷不慕義耶曰慕義矣嘉瑞不至耶曰至矣年穀不登耶曰登矣然則何為不可徵對曰陛下

功高矣。人未懷惠。德厚矣。澤未滂流。華夏安矣。未足以供事。遠夷慕矣。無以供其求。符瑞雖臻。而罻羅猶密。積歲豐稔。而倉廩尚虛。此臣所以竊爲未可。臣未能遠譬。且借近喻於人。今有人十年長患疼痛不能任持。療理且愈。皮骨僅存。便欲負米一石。日行百里。必不可得。隋氏之亂。非只十年。陛下爲之良醫。除其疾苦。雖已乂安。未盡充實。告成天地。臣竊有疑。且陛下東封。萬國咸萃。要荒之外。莫不奔馳。今自伊洛之東。暨乎海岱。萑莽巨澤。茫茫千里。人煙斷絶。雞犬不聞。道路蕭條。進退艱阻。寧可引彼戎狄。示以虛弱。竭財以賞。未厭遠人之望。加年給復。不償百姓之勞。或遇水旱之災。風雨之變。庸夫邪議。悔不可追。豈獨臣之誠懇。亦有輿人之論。帝稱善。於是乃止。

太宗已平突厥。年穀屢豐。羣臣請封泰山。太宗初頗非之。已而遣中書侍郎杜正倫行泰山上七十二君壇迹。以是歲兩河大水而止。其後羣臣言封禪者多。乃命秘書少監顔師古諫議大夫朱子奢等集當時名儒博士雜議。不能決。於是左僕射房玄齡特進魏徵中書令楊師道博採衆議奏上之。其議曰。爲壇於泰山下。祀昊天上帝。壇之廣十二丈。高丈二尺。玉牒長一尺三寸。廣厚五寸。玉檢如之。厚減三寸。其印齒如璽。纏以金繩五周。玉策四。皆長一尺三寸。廣寸五分。厚五分。每策皆五簡。聯以金。昊天上帝配以太祖。皇地祇配以高祖。已祀而歸格于廟。盛以金匱。匱高六寸。廣足容之。制如表函。纏以金繩。封以金泥。印以受命之璽。而玉牒藏于山上。以方石三枚爲再累。纏以金繩。封以石泥。印以受命之璽。其山上之圓壇。土以五色。高九尺。廣五丈。四面爲一階。天子升自南階而封玉牒。已封而加以土。築爲封。高一丈二尺。廣二丈。其禪社首亦如之。其石檢封以受命璽。而玉檢别製璽方一寸二分。文如受命璽。以石距非經不用。又爲告至壇

方八十一尺。高三尺。四出陛。以燔柴告至。望秩羣神。遂著于禮。

高宗將封嵩山。詔諸儒議射牲事。太常博士裴守真奏。古者郊祀天地。天子自射牲。漢武帝封泰山。令侍中儒者射之。帝不親也。今按禮前明十五刻宰人鸞刀割牲。質明行事。毛血已具。天子至奠玉酌獻而已。今若前祀一日射牲。則早於事。及日則晚不逮事。漢又天子不親。古今異宜。恐不可行。是時破陣慶善二樂舞入。帝常立以視。須樂闋乃坐。守真并言二舞誠祖宗盛德。然古無天子立觀者。化有詔庭。孰非厥功。不應致舞别申嚴奉。詔可。

玄宗開元中。將封禪。詔有司講求典儀。舊制盥手洗爵。皆侍中主之。詔祀天神太祝主之。四門助教施敬本上言曰。周制大宗伯鬱人下士二人掌祼事。漢無鬱人。用近臣。漢世侍中微甚。籍孺閎孺等幸臣爲之。後漢邵閎自侍中遷步兵校尉秩千石。其職省起居執虎子。蓋褻臣也。今侍中位宰相。非鬱人比。祝若薦主人意於神。非賤職也。古二君相見。卿爲上儐。況天人之際哉。周太祝下大夫二。上士四。下大夫今郎中太常丞之比。上士員外郎博士之比。漢太祝令秩六百石。今太祝乃下士。以下士接天。以大臣奉天子。輕重不倫。非禮也。舊制謁者引太尉升壇。謁者位下。升壇禮重。漢尚書御史屬有謁者僕射一秩六百石。銅印青綬。謁者三十五。以郎中滿歲稱給事中。未滿歲稱謁者。光祿勳屬有謁者掌賓贊員七十。秩比六百石。則古謁者名秩差異等。今謁者班微。猶空名。忘實事。非所以事天也。帝詔中書令張說引敬本熟悉其議。

十三年十一月。封泰山。上備法駕至山足。御馬登山。與宰相及祠官俱登。問禮部侍郎賀知章曰。前代玉牒之文。何故秘之。對曰。或密求神仙。故不欲人見。上曰。朕爲蒼生祈福耳。乃出玉牒宣示羣臣。

宋太祖時孫堪上書曰。聖宋受天眷命。皇帝保綏萬邦。治定德隆。道治遠同。由是聖時著茲。及公卿臣庶僉與拜章稽顙仰道封禪。而皇帝遜讓厚損。罔迪俞允。詔聞率土。而神人胥慊。草萊賤臣堪謹俯酌羣懇上稽古訓。昧死作封禪書一篇。雖不足以敷衍洪烈。啓迪盛猷。庶發揮下誠。贊揚能事。臣之志也。其文曰。邈乎天地權輿。絪緼混茫。分蒼判黃。品物甫萌。於是庶類之宗。膠轕旁充。嗜欲之牴。沸濩交爭。充不已必荒。爭不息必傷。荒則從伏作而顛氣亡。傷則從暴殄而生類殃。惟天地也能品物之生。罔克異類之底寧。能烝庶之昌。罔克彝倫之自章。越乃歷選列辟。輔其宏綱。易曰。后以財成天地之道。輔相天地之宜。裁成之猷。罔蔑然後命無忝也。輔相之範。克篤然後功業成也。丕命元功。允著既從。於是有登封以助高焉。有封禪以報厚焉。稽厥靡他。所以告駿命也。所以告懋功也。所以鑒後嗣也。所以答靈祉也。苟非至德庬鴻。淳化沕潏。同符天休。合節地宜。寔擬議之敢乎。惟皇上帝厥靈孔爍。匪諄諄其令。而晰晰其符。故當命者備嘉瑞。遠心若極妖災。肇自生民君宇內以敷治者。雖皇王殊厥謚。遠邇異厥祚。稽所以克荷景命。允簡帝心者。罔不曰仁義禮樂而已。是以二帝之懿。三王之輝。雖禪代有殊。質文相貿。罔不恢淳仁以懷物。廓正義以幹邦。貫大禮以脩上下之宜。盈至樂以結士民之愛。然後風聲踵武。獲參兩儀。逖遠心之妖。萃當命之瑞。然周既逝。又駁古昔。握圖啓極者。鮮不峻慘酷以繩衆。瀆威武以懾遠。奮煩譎以立憲。任巧銳以周行。故仁義之休。禮樂之澍。稍芽於兩漢。驟委於魏晉。凋落於齊梁。枯槁於周隋。暫斷於巨唐。尋剥於五代。其末醇而復也如是。然猶有乘小康而侈盛禮。據淺惠而冒洪威。相如頌於前。班固贊於後。吁尋之徽慶于世宗。宣開之祉。燿于光武。稽其所以克勤濟衆。闡憲執物。

垂諸聖世。胡其相萬歟。大宋之道。昭晰前古。盛德宏功。眷熙日駁。始則伸九伐。平多壘。建王業也。後則緝庶政。諧萬邦。舉彝倫也。是故黃鉞初指。則獷者革。慝者沈。龍厥所以昭武王也。洪恩漸被。則梗斯起昧斯輝。惟天所以繆唐堯也。洎皇帝誕纘丕圖。繼陟元后。雨露之所豐濡。日月之所委燭。靡不偃息休光。絲綸至澤。曄曄煌煌。雖幽必彰。汪汪洋洋。無遠弗滂。猶復懼古典之未敷。叔弊之未袪。由是訓罰戮於古刑寖慘酷也。偃鐵戟於靈臺。蕩武威也。篤憲章於簡易。滌煩譎也。起俊乂於鄉遂。剗巧僞也。於是刑清而民和。兵偃而道盛。隆憲簡而俗益醇。賢進而官益舉。至則樹仁義之根。而復植之。振禮樂之緒而再暢之。俾九有之黎。饜飫乎淳仁之濡。栖遲于正義之衽。休暢乎大禮之緒。郁穆乎正樂之統。至若梟瞷雕給之俗。裸袒文身之羣。雖古昔之所不臣。舟車之所罕通。相與稽首闕庭。執贄請吏。故大化流也浸濫乎郊甸。汗漫乎要荒。滌蕩乎戎狄。浮沉乎震載。遐考在昔舜之堯禹之舜相襲也。湯之禹文之湯未百世也。前憲赫曦易馴也。餘德渺漭易沿也。遺氓敦惠易綏也。然而流殛之罰勞於舜。拜言之屈勤於禹。昧爽之坐役於湯。日昃之思瘁於文。然後舜啓無爲之治。禹成無間之譽。湯闡來蘇之望。武致盡美之聲。曷若聖宋宅千古之下風提千古之弛綱。使淳源清流。解紐復繼。化一變而仁義醇。道一友而禮樂同。乃俾帝之淳。王之方。民乎翱翔。前之慘。往之頑。民乎遂遷由是上帝時諶。祥符屢彰。既而乾之精。坤之形。相與絡繹。入區薦珍郊靈。故在上則星緯儲休。慶雲章輝。甘露榮光。霧散雨霏。在下則靈芝林峙。醴泉波委。羽毛鱗介。更誕厥美。咸瑞牒之所闕。標前史之所罕聞。炳爛簡編。卓出古議。則陟俗宗之崇高。展勤成之呈儀。時乎時乎。斯厥時乎。而皇帝茂謙德之遐芳。損盛業之景炎。稽于衆誠。求之果行。徽諸冊牘，非謨明之所存者也。古語曰：昭德以錫符，奉符以行事。是故續勘叜舉斯之大也。德至弗圖，慢之甚也。聖王罔從欺而動，靡甘慢而守。宜乎抑厚壞之瑣節，奉皇穹之龍靈，蒇事蔡條，詳禮宗伯，鳴鸞五輅，揚旆九旗，寅亮遐躅，崇配黄軒，俾嘉聲隆竇於萬世，王猷翕鑠於一時。其不休歟！臣生長蓬蒿，無位朝廷，不宜越次僭擬議文。愚然以惠迪典謨，沐浴大賚，仰酌遠古，參倫聖世，知有未作，焉是敢首陳列辟受命之猷，次叙二帝三王雍容之盛，繼漢道晉隋唐因循之治。然後知鼓祥風，振穎基，裁成輔相，非睿聖疇能煥發闡揚，格斯文之昭著乎。恭以頌聲之閒，本諸木鐸，先民遺範，詢于芻蕘，則常禍之閒，有其志者諒可伸也。故敢奮抉愚忠，述贊典符，然後路彝遐玄。俯伏俟罪，惟聖人不以人廢言，臣之懇也。

歷代名臣奏議卷之二百九十四

歷代名臣奏議卷之二百九十五

災祥

殷帝太戊立，伊陟為相。（陟，伊尹之子。）亳有祥桑穀共生於朝，一暮大拱。（祥，妖怪也。二木合生，不恭之罰。鄭玄曰：兩手搤之曰拱。）帝懼，問伊陟。陟曰：臣聞妖不勝德，帝之政其有闕與？帝其修德。太戊從之。是時史請卜之湯廟，卜者曰：吾聞之，祥者福之先者也，見祥而為不善則福不生；殃者禍之先者也，見殃而能為善則禍不至。於是乃早朝而晏退，問疾弔喪，三日而桑穀自亡。

周幽王二年，西周三川皆震。（涇、渭、洛也。）伯陽甫曰：周將亡矣。（伯陽父，周柱下史老子也。）夫天地之氣，不失其序；若過其序，民亂之也。（過，失也。言民不致所王者也。）陽伏而不能出，陰迫而不能蒸，（蒸，升也。）於是有地震。今三川實震，是陽失其所而填陰也。（陽為陰所鎮笮也。）陽失而在陰，（在陰下也。）原必塞；原塞，國必亡。夫水土演而民用也，（水土氣通為演。演，猶潤也。演則生物，民得用之。）土無所演，民乏財用，不亡何待？昔伊洛竭而夏亡，河竭而商亡。今周德若二代之季矣，其川原又塞，塞必竭。夫國必依山川，山崩川竭，亡國之徵也。川竭必山崩。若國亡不過十年，數之紀也。夫天之所棄，不過其紀。是歲也，三川竭，岐山崩。十一年，幽王乃滅，周乃東遷。

晉平公問於士文伯曰：詩所謂彼日而食，于何不臧者，何也？對曰：不善政之謂也。國無政，不用善，則自取謫于日月之災，故政不可不慎也。務三而已：一曰擇人，二曰因民，三曰從時。

平公以石言于魏榆，問於師曠曰：石何故言？對曰：石不能言，或馮焉。不然，民聽濫也。抑臣又聞之曰：作事不時，怨讟動于民，則有非言之物而言。今宮室崇侈，民力彫盡，怨讟並作，莫保其性，石言不亦宜乎。

齊景公時，彗星見，景公坐柏寢，嘆曰：堂堂誰有此乎？（[illegible]曰：景公自恐德薄，不能久事齊國。故 雜有此也 曰。群臣皆諫。晏子笑。公怒。晏子曰。臣笑群臣諛甚。景公曰。彗星出東北。當齊分野。寡人以為憂。晏子曰。君高臺深池。賦斂如弗得。刑罰恐弗勝。茀星將出。彗星何懼乎。公曰。可禳否。晏子曰。使神可祝而來。亦可禳而去也。百姓苦怨以萬數。而君令一人禳之。安能勝衆口乎。是時景公好治宮室。聚狗馬。奢侈。厚賦重刑。故晏子以此諫之。公使祝禳之。晏子曰。無益也。秖取誣焉。天道不諂。不貳其命。若之何禳之也。且天之有彗。以除穢也。君無穢德。又何禳焉。若德之穢。禳之何損。詩云。惟此文王。小心翼翼。昭事上帝。聿懷多福。厥德不回。以受方國。君無違德。方國將至。何患於彗。詩曰。我無所監。夏后及商。用亂之故。民卒流亡。若德之回亂。民將流亡。祝史之為。無能補也。公說。乃止。

齊太旱。景公召群臣問曰。天不雨久矣。民且有飢色。吾使人卜之。祟

在高山廣水。寡人欲少賦斂以祠靈山。可乎。群臣莫對。晏子進曰。不可。祠此無益也。夫靈山固以石為身。以草木為髮。天久不雨。髮將焦。身將熱。彼獨不欲雨乎。祠之無益。景公曰。不然。吾欲祠河伯。可乎。晏子曰。不可。祠此無益也。夫河伯以水為國。以魚鼈為民。天久不雨。水泉將下。百川將竭。國將亡。民將滅矣。彼獨不欲雨乎。祠之何益。景公曰。今為之柰何。晏子曰。君誠避宮殿暴露。與靈山河伯共憂。其幸而雨乎。於是景公出野暴露三日。天果大雨。民盡得種樹。景公曰。善哉晏子之言。可無用乎。其惟有德也。

宋景公時。熒惑在心。懼。召子韋而問曰。熒惑在心。何也。子韋曰。熒惑天罰也。心。宋分野也。禍當君身。雖然。可移於宰相。公曰。宰相所使治國也。而移死焉。不祥。寡人請自當也。子韋曰。可移於民。公曰。民死。將誰君乎。寧獨死耳。子韋曰。可移於歲。公曰。歲饑民必死。為人君欲殺其民以自活。其誰以我為君乎。是寡人之命固盡矣。子無復言矣。子韋還走。北面再拜曰。臣敢賀君。天之處高而聽卑。君有仁人之言三。天必三賞君。今夕星必徙舍。君延壽二十一歲。公曰。子何以知之。對曰。君有三善。故三賞。星必三舍。舍行七星。星當一年。三七二十一。故曰延壽二十一年。臣請伏於陛下以伺之。星不徙。臣請死之。公曰。可。是夕也。星三徙舍。

魏文侯御廩災。文侯素服辟正殿五日。群臣皆素服而弔。公子成父獨不弔。文侯復殿。公子成父趨而入賀曰。甚大善矣。夫御廩之災也。文侯作色不悅曰。夫御廩者。寡人寶之所藏也。今火災。寡人素服辟正殿。群臣皆素服而弔。至於子大夫而不弔。今已復殿矣。猶入賀。何為。公子成父曰。臣聞之。天子藏於四海之內。諸侯藏於境內。大夫藏於其家。士庶人藏於篋櫝。非其所藏者。不有天災。必有人患。今幸無

人患。乃有天災。不亦善乎。文侯喟然歎曰。善。

漢武帝建元六年。六月丁酉。遼東高廟災。四月壬子。高園便殿火。董仲舒對曰。春秋之道。舉往以明來。是故天下有物。視春秋所舉與同比者。精微眇以存其意。通倫類以貫其理。天地之變。國家之事。粲然皆見。亡所疑矣。按春秋魯定公哀公時。季氏之惡已孰。而孔子之聖方盛。夫以盛聖而易孰惡季孫。雖重。魯君雖輕。其勢可成也。故定公二年五月。兩觀災。兩觀。僭禮之物。天災之者。若曰。僭禮之臣可以去。已見罪徵而後告可去。此天意也。定公不知省。至哀公三年五月。桓宮釐宮災。二者同事。所為一也。若曰。燔貴而去不義云爾。哀公未能見。故四年六月。亳社災。兩觀桓釐廟亳社。四者皆不當立。天皆燔其不當立者以示魯。欲其去亂臣而用聖人也。季氏亡道久矣。前是天不見災者。魯未有賢聖臣。雖欲去季孫。其力不能。昭公是也。至

定哀迺見之。其時可也。不時不見。天之道也。今高廟不當居遼東。高園殿不當居陵旁。於禮亦不當立。與魯所災同。其不當立久矣。至於陛下時天迺災之者。殆亦其時可也。昔秦受亡周之敝。而亡以化之。漢受亡秦之敝。又亡以化之。夫繼二敝之後。承其下流。兼受其猥。難治甚矣。又多兄弟親戚骨肉之連。驕揚奢侈恣睢者衆。所謂重難之時者也。陛下正當大敝之後。又遭重難之時。甚可憂也。故天災若語陛下。當今之世。雖敝而重難。非以太平至公。不能治也。視親戚貴屬在諸侯遠正最甚者。忍而誅之。如吾燔遼東高廟迺可。視近臣在國中處旁仄及貴不正者。忍而誅之。如吾燔高園殿迺可云爾。在外而不正者。雖貴如高廟。猶災燔之。況諸侯乎。在內而不正者。雖貴如高園殿。猶燔災之。況大臣乎。此天意也。罪在外者天災外。罪在內者天災內。燔甚罪當重。燔簡罪當輕。承天意之道也。

宣帝時。大將軍霍光薨。兄子山領尚書。親屬皆宿衛內侍。地節三年夏。京師雨雹。東海蕭望之上疏。願賜清閒之宴。口陳災異之意。帝下少府宋畸問狀。無有所諱。望之奏曰。臣以為春秋昭公三年大雨雹。是時季氏專權。卒逐昭公。鄉（音向）使魯君察於天變。宜亡此害。今陛下以聖德居位。思政求賢。堯舜之用心也。然而善祥未臻。陰陽不和。是大臣任政。一姓擅勢之所致也。附枝大者賊本心。私家盛者公室危。唯明主躬萬機。選同姓。舉賢材。以為腹心。與參政謀。令公卿大臣朝見奏事。明陳其職。以考功能。如是則庶事理。公道立。姦邪塞。私權廢矣。奏對。天子拜望之為謁者。

元帝時。地震。弘恭石顯許史子弟侍中諸曹。皆側目於蕭望之等。劉向懼焉。乃使其外親上變事。言竊聞故前將軍蕭望之等。皆忠正無私。欲致大治。忤於貴戚尚書。今道路人聞望之等復進。以為且復見毀讒。必曰嘗有過之臣不宜復用。是大不然。臣聞春秋地震。為在位執政太盛也。不為三獨夫動。亦已明矣。（謂蕭望之周堪及向。獨夫猶言匹夫也。）且往者高皇帝時。季布有罪。至於夷滅。後赦以為將軍。高后孝文之間。卒為名臣。孝武帝時。兒寬有重罪繫。按道侯韓說諫曰。（說讀曰悅）前吾丘壽王死。陛下至今恨之。今殺寬。後將復大恨矣。上感其言。遂貰寬。復用之。位至御史大夫。御史大夫未有及寬者也。又董仲舒坐私為災異書。主父偃取奏之。下吏。罪至不道。幸蒙不誅。復為太中大夫。膠西相。以老病免歸。漢有所欲興。常有詔問。仲舒為世儒宗。定議有益天下。孝宣皇帝時。夏侯勝坐誹謗繫獄三年。免為庶人。宣帝復用勝。至長信少府太子太傅。名敢直言。天下美之。若乃群臣。多此比類。難一二記。有過之臣。無負國家。有益天下。此四臣者。足以觀矣。前弘恭奏望之等獄決。三月。地大震。恭移病出。後復視事。天陰雨雪。由是言之。地動

殆為恭等。臣愚以為宜退恭顯。以章蔽善之罰。進望之等。以通賢者之路。如此。太平之門開。災異之原塞矣。

永光元年。劉向見周堪張猛在位。幾（音冀）已得復進。懼其傾危。乃上封事曰。臣前幸得以骨肉備九卿。奉法不謹。乃復蒙恩。竊見災異並起。天地失常。徵表為國。欲終不言。念忠臣雖在甽畝。猶不忘君。惓惓之義也。況重以骨肉之親。又加以舊恩未報乎。欲竭愚誠。又恐越職。然惟二恩未報。忠臣之義。一攄愚意。退就農畝。死無所恨。臣聞舜命九官。濟濟相讓。和之至也。衆賢和於朝。則萬物和於野。故簫韶九成。而鳳皇來儀。擊石拊石。而百獸率舞。四海之內。靡不和寧。及至周文。開基西郊。雜遝衆賢。罔不肅和。崇推讓之風。以銷分爭之訟。文王既沒。周公思慕。歌詠文王之德。其詩曰。於穆清廟。肅雍顯相。濟濟多士。秉文之德。當此之時。武王周公繼政。朝臣和於內。萬國驩於外。故盡得

其驩心。以事其先祖。其詩曰。有來雍雍。至止肅肅。相維辟公。天子穆穆。言四方皆以和來也。諸侯和於下。天應報於上。故周頌曰。降福穰穰。又曰。飴我釐麰。釐麰麥也。始自天降。此皆以和致和。獲天助也。下至幽厲之際。朝廷不和。轉相非怨。詩人疾而憂之曰。民之無良。相怨一方。衆小在位而從邪議。歙歙相是而背君子。故其詩曰。歙歙訿訿。亦孔之哀。謀之旣臧。則具是違。謀之不臧。則具是依。君子獨處守正。不橈衆枉。勉強以從王事。則見憎毒讒愬。故其詩曰。密勿從事。不敢告勞。無罪無辜。讒口嗸嗸。當是之時。日月薄蝕而無光。其詩曰。朔日辛卯。日有蝕之。亦孔之醜。又曰。彼月而微。此日而微。今此下民。亦孔之哀。又曰。日月鞠凶。不用其行。四國無政。不用其良。天變見於上。地變動於下。水泉沸騰。山谷易處。其詩曰。百川沸騰。山冢卒崩。高岸為谷。深谷為陵。哀今之人。胡憯莫懲。霜降失節。不以其時。其詩曰。正月繁霜。我心憂傷。民之訛言。亦孔之將。言民以是為非。甚衆大也。此皆不和。賢不肖易位之所致也。自此之後。天下大亂。篡殺殃禍並作。厲王奔彘。幽王見殺。至乎平王末年。魯隱之始卽位也。周大夫祭伯乖離不和。出奔於魯。而春秋為諱。不言來奔。傷其禍殃自此始也。是後尹氏世卿而專恣。諸侯背叛而不朝。周室卑微。二百四十二年之間。日食三十六。地震五。山陵崩陁二。彗星三見。夜常星不見。夜中星隕如雨一。火災十四。長狄入三國。五石隕墜。六鶂退飛。多麋。有蜮蜚。鸜鵒來巢者。皆一見。晝冥晦。雨木冰。李梅冬實。七月霜降。草木不死。八月殺菽。大雨雹。雨雪雷霆失序相乘。水旱饑蝝螽螟蠭午並起。當是時。禍亂輒應。弒君三十六。亡國五十二。諸侯奔走。不得保其社稷者。不可勝數也。周室多禍。晉敗其師於貿戎。伐其郊。鄭傷桓王。戎執其使。衞侯朔召不往。齊逆命而助朔。五大夫爭權。三君更立。莫能正理。遂

至陵夷不能復興。由此觀之。和氣致祥。乖氣致異。祥多者其國安。異衆者其國危。天地之常經。古今之通義也。今陛下開三代之業。招文學之士。優游寬容。使得並進。今賢不肖渾殽。白黑不分。邪正雜糅。忠讒並進。章交公車。人滿北軍。朝臣舛午。膠戾乖剌。更相讒愬。轉相是非。傳授增加。文書紛糾。前後錯繆。毀譽渾亂。所以營惑耳目。感移心意。不可勝載。分曹為黨。往往群朋。將同心以陷正臣。正臣進者。治之表也。正臣陷者。亂之機也。乘治亂之機。未知孰任。而災異數見。此臣所以寒心者也。夫乘權藉勢之人。子弟鱗集於朝。羽翼陰附者衆。輻湊於前。毀譽將必用。以終乖離之咎。是以日月無光。雪霜夏隕。海水沸出。陵谷易處。列星失行。皆怨氣之所致也。夫遵衰周之軌跡。循詩人之所刺。而欲以成太平。致雅頌。猶卻行而求及前人也。初元以來六年矣。案春秋六年之中。災異未有稠如今者也。夫有春秋之異。無孔子之救。猶不能解紛。況甚於春秋乎。原其所以然者。讒邪並進也。讒邪之所以並進者。由上多疑心。旣已用賢人而行善政。如或譖之。則賢人退而善政還。夫執狐疑之心者。來讒賊之口。持不斷之意者。開群枉之門。讒邪進則衆賢退。群枉盛則正士消。故易有否泰。小人道長。君子道消。君子道消。則政日亂。故為否。否者閉而亂也。君子道長。小人道消。小人道消。則政日治。故為泰。泰者通而治也。詩又云。雨雪麃麃。見晛聿消。與易同義。昔者鯀共工驩兜與舜禹雜處堯朝。周公與管蔡並居周位。當是時。迭進相毀。流言相謗。豈可勝道哉。帝堯成王能賢舜禹周公而消共工管蔡。故以大治。榮華至今。孔子與季孟偕仕於魯。李斯與叔孫俱宦於秦。定公始皇賢季孟李斯而消孔子叔孫。故以大亂。汙辱至今。故治亂榮辱之端。在所信任。信任旣賢。在於堅固而不移。詩云。我心匪石。不可轉也。言守善篤也。易曰。渙汗

其大號言號令如汗。汗出而不反者也。今出善令未能踰時而反。是反汗也。用賢未能三旬而退。是轉石也。論語曰。見不善如探湯。今二府奏佞讇不當在位。歷年而不去。故出令則如反汗。用賢則如轉石。去佞則如拔山。如此望陰陽之調。不亦難乎。是以群小窺見間隙。緣飾文字。巧言醜詆。流言飛文。譁於民間。故詩云。憂心悄悄。慍于群小。小人成群。誠足慍也。昔孔子與顔淵子貢更相稱譽。不為朋黨。禹稷與咎陶傳相汲引。不為比周。何則。忠於為國。無邪心也。故賢人在上位。則引其類而聚之於朝。易曰。飛龍在天。大人聚也。在下位。則思與其類俱進。易曰。拔茅連茹。以其彙征吉。在上則引其類。在下則推其類。故湯用伊尹。不仁者遠。而衆賢至。類相致也。今佞邪與賢臣並在交戟之內。合黨共謀。違善依惡。歙歙訿訿。數設危險之言。欲以傾移主上。如忽然用之。此天地之所以先戒。災異之所以重至者也。自古明聖未有無誅而治者也。故舜有四放之罰。而孔子有兩觀之誅。然後聖化可得而行也。今以陛下明知。誠深思天地之心。迹察兩觀之誅。覽否泰之卦。觀雨雪之詩。歷周唐之所進以為法。原秦魯之所諱以為戒。考祥應之福。省災異之禍。以揆當世之變。放遠邪佞之黨。壞散險詖之聚。杜閉群枉之門。廣開衆正之路。決斷狐疑。分別猶豫。使是非炳然可知。則百異消滅。而衆祥並至。太平之基。萬世之利也。臣幸得託肺附。誠見陰陽不調。不敢不通所聞。竊推春秋災異。以救今事一二。條其所以不宜宣泄。

元帝因日蝕地震之變。問匡衡以政治得失。衡上疏曰。臣聞五帝不同樂。三王各異教。民俗殊務。所遇之時異也。陛下躬聖德。開太平之路。閔愚吏民觸法抵禁。比年大赦。使百姓得改行自新。天下幸甚。臣竊見大赦之後。姦邪不為衰止。今日大赦。明日犯法。相隨入獄。此殆導之未得其務也。蓋保民者陳之以德義。示之以好惡。觀其失而制其宜。故動之而和。綏之而安。今天下俗貪財賤義。好聲色。上侈靡。廉恥之節薄。淫辟之意縱。綱紀失序。疏者踰內。親戚之恩薄。婚姻之黨隆。苟合徼幸。以身設利。不改其原。雖歲赦之。刑猶難使錯而不用也。臣愚以為宜壹曠然大變其俗。孔子曰。能以禮讓為國乎。何有。朝廷者。天下之楨幹也。公卿大夫相與循禮恭讓。則民不爭。好仁樂施。則下不暴。上義高節。則民興行。寬柔和惠。則衆相愛。四者明王之所以不嚴而成化也。何者。朝有變色之言。則下有爭鬭之患。上有自專之士。則下有不讓之人。上有克勝之佐。則下有傷害之心。上有好利之臣。則下有盜竊之民。此其本也。今俗吏之治。皆不本禮讓。而上克暴。或忮害好陷人於罪。貪財而慕勢。故犯法者衆。姦邪不止。雖嚴刑峻法。猶不為變。此非其天性。有由然也。臣竊考國風之詩。周南召南被賢聖之化深。故篤於行而廉於色。鄭伯好勇而國人暴虎。秦穆貴信而士多從死。陳夫人好巫而民淫祀。晉侯好儉而民畜聚。太王躬仁。邠國貴恕。由此觀之。治天下者審所上而已。今之偽薄忮害。不讓極矣。臣聞教化之流。非家至而人說之也。賢者在位。能者布職。朝廷崇禮。百僚敬讓。道德之行。由內及外。自近者始。然後民知所法。遷善日進而不自知。是以百姓安。而陰陽和。神靈應。而嘉祥見。詩曰。商邑翼翼。四方之極。壽考且寧。以保我後生。此成湯所以建至治。保子孫。化異俗而懷鬼方也。今長安天子之都。親承聖化。然其習俗無以異於遠方。郡國來者無所法則。或見侈靡而放效之。此教化之原本。風俗之樞機。宜先正者也。臣聞天人之際。精祲有以相盪。善惡有以相推。事作乎下者。象動乎上。陰陽之理。各應其感。陰變則靜者動。陽蔽則明者晻。水旱之災。隨類而至。今關東連年飢饉。百姓困乏。或至相食。

此皆生於賦斂多民所共者大而吏安集之不擾之效也陛下祗畏天戒哀閔元元大自減損省甘泉建章宮衛罷珠崖偃武行文將欲度唐虞之隆絕殷周之衰也諸見罷珠崖詔書者莫不欣欣人自以將見太平也宜遂減宮室之度省靡麗之飾考制度脩外內近忠正遠巧佞放鄭衛進雅頌舉異材開直言任溫良之人退刻薄之吏顯絜白之士昭無欲之路覽六藝之意察上世之務明自然之道博和睦之化以崇至仁匡失俗易民視令海內昭然咸見本朝之所貴道德弘於京師淑問揚乎疆外然後大化可成禮讓可興也上說其言遷衡為光祿大夫太子太傅

初元元年翼奉上封事曰臣聞之於師曰天地設位懸日月布星辰分陰陽定四時列五行以視聖人名之曰道聖人見道然後知王治之象故畫州土建君臣立律曆陳成敗以視賢者名之曰經賢者見

經然後知人道之務則詩書易春秋禮樂是也易有陰陽詩有五際春秋有災異皆列終始推得失考天心以言王道之安危至秦乃不說傷之以法是以大道不通至於滅亡今陛下明聖深懷要道燭臨萬方布德流惠靡有闕遺罷省不急之用振救困貧賦醫藥賜棺錢恩澤甚厚又舉直言求過失盛德純備天下幸甚臣奉竊學齊詩聞五際之要十月之交篇知日蝕地震之效昭然可明猶巢居知風穴處知雨亦不足多適所習耳臣聞人氣內逆則感動天地天變見於星氣日蝕地變見於奇物震動所以然者陽用其精陰用其形猶人之有五藏六體五藏象天六體象地故藏病則氣色發於面體病則欠伸動於貌今年太陰建於甲戌律以庚寅初用事歷以甲午從春歷中甲庚律得參陽性中仁義情得公正貞廉百年之精歲也正以精歲本首王位日臨中時接律而地大震其後連月久陰雖有大令猶不能復陰氣盛矣古者朝廷必有同姓以明親親必有異姓以明賢賢此聖王之所以大通天下也同姓親而易進異姓疏而難通故同姓一異姓五乃為平均今左右亡同姓獨以舅后之家為親異姓之臣又疏二后之黨滿朝非特處位執尤奢僭過度呂霍上官足以卜之甚非愛人之道又非後嗣之長策也陰氣之盛不亦宜乎臣又聞未央建章甘泉宮才人各以百數皆不得天性若杜陵園其已御見者臣子不敢有言雖然太皇太后之事也及諸侯王園與其後宮宜為設員出其過制者此損陰氣應天救邪之道也今異至不應災將隨之其法大水極陰生陽反為大旱甚則有火災春秋宋伯姬是矣唯陛下財察明年夏四月孝武園白鶴館災奉自以為中又上疏曰臣前上五際地震之效曰極陰生陽恐有火災不合明聽未見省答臣竊內不自信今白鶴館以四月乙未時加於卯月宿亢災與前地

震同法臣奉迺深知道之可信也不勝拳拳願復賜閒卒其終始上復延問以得失奉以為祭天地於雲陽汾陰及諸寢廟不以親疏迭毀皆煩費違古制又宮室苑囿奢泰難供以故民困國虛亡累年之畜所繇來久不改其本難以末正迺上疏曰臣聞昔者盤庚改邑以興殷道聖人美之竊聞漢德隆盛在於孝文皇帝躬行節儉外省繇役其時未有甘泉建章及上林中諸離宮館也未央宮又無高門武臺麒麟鳳皇白虎玉堂金華之殿獨有前殿曲臺漸臺宣室溫室承明耳孝文欲作一臺度用百金重民之財廢而不為其積土基至今猶存又下遺詔不起山墳故其時天下大和百姓洽足德流後嗣如令處於當今因此制度必不能成功名天道有常王道亡常亡常者所以應有常也必有非常之主然後能立非常之功臣願陛下徙都於成周左據成皋右阻黽池前鄉崧高後介大河建滎陽扶河東南

北千里以為關。而入敖倉地方百里者八九。是以自娛。東厭諸侯之權。西遠羌胡之難。陛下共己亡為。按成周之居。兼盤庚之德。萬歲之後。長為高宗。漢家郊兆寢廟祭祀之禮多不應古。臣奉誠難亶居而改作。故願陛下遷都正本。衆制皆定。亡復繕治宮館不急之費。歲可餘一年之畜。臣聞三代之祖積德以王。然皆不過數百年而絕。周至成王。有上賢之材。因文武之業。以周召為輔。有司各敬其事。在位莫非其人。天下甫二世耳。然周公猶作詩書深戒成王。以恐失天下。書則曰。王毋若殷王紂。其詩則曰。殷之未喪師。克配上帝。宜監于殷。駿命不易。今漢初取天下。起於豐沛。以兵征伐。德化未洽。後世奢侈。國家之費當數代之用。非直費財。又乃費士。孝武之世。暴骨四夷。不可勝數。有天下雖未久。至於陛下。八世九主矣。雖有成王之明。然亡周召之佐。今東方連年饑饉。加之以疾疫。百姓菜色。或至相食。地比震

動。天氣溷濁。日光侵奪。繇此言之。執國政者豈可以不懷怵惕而戒萬分之一乎。故臣願陛下因天變而徙都。所謂與天下更始者也。天道終而復始。窮則反本。故能延長而亡窮也。今漢道未終。陛下本而始之。於以永世延祚。不亦優乎。如因丙子之孟夏。順太陰以東行。到後七年之明歲。必有五年之餘蓄。然後大行考室之禮。雖周之隆盛。亡以加此。唯陛下留神詳察萬世之策。書奏。天子異其意。

成帝建始三年冬。日食地震同日俱發。詔舉方正直言極諫之士。太常陽城侯劉慶忌舉太常丞谷永待詔公車。永對曰。陛下秉至聖之純德。懼天地之戒異。飭身修政。納問公卿。又下明詔。帥舉直言。燕見紬繹。以求咎愆。使臣等得造明朝。承聖問。臣材朽學淺。不通政事。竊聞明王即位。正五事。建大中。以承天心。則庶徵序於下。日月理於上。如人君淫溺後宮。盤樂游田。五事失於躬。大中之道不立。則咎徵降而六極至。凡災異之發。各象過失。以類告人。乃十二月朔戊申日食婺女之分。地震蕭牆之內。二者同日俱發。以丁寧陛下。厥咎不遠。宜厚求諸身。意豈陛下志在閨門。未卹政事。不慎舉錯。婁失中與。內寵大盛。女不遵道。嫉妒專上。妨繼嗣與。古之王者廢五事之中。失夫婦之紀。妻妾得意。謁行於內。埶行於外。至覆傾國家。或亂陰陽。昔褒姒用國。宗周以喪。閻妻驕扇。日以不臧。此其効也。經曰。皇極皇建其有極。傳曰。皇之不極。是謂不建。時則有日月亂行。陛下踐至尊之祚為天下主。奉帝王之職。以統群生。方內之治亂。在陛下所執。誠留意於正身。勉强於力行。損燕私之閒。以勞天下。放去淫溺之樂。罷歸倡優之笑。絕却不享之儀。慎節游田之虞。起居有常。循禮而動。躬親政事。致行無倦。安服若性。經曰。繼自今嗣王。其毋淫于酒。毋逸于游田。惟正之共。未有身治正而臣下邪者也。夫妻之際。王事綱紀。安危之機。

聖王所致慎也。昔舜飭正二女以崇至德。楚莊忍絕丹姬以成伯功。幽王惑於褒姒。周德降亡。魯桓脅於齊女。社稷以傾。誠修後宮之路。明尊卑之序。貴者不得嫉妒專寵。以絕驕嫚之端。抑褒閻之亂。賤者咸得秩進。各得厥職。以廣繼嗣之統。息白華之怨。後宮親屬饒之以財。勿與政事。以遠皇父之類。損妻黨之權。未有閨門治而天下亂者也。治遠自近始。習善在左右。昔龍筦納言而帝命惟允。四輔既備成王靡有過事。誠敕正左右齊栗之臣。戴金貂之飾。執常伯之職者。皆使學先王之道。知君臣之義。濟濟謹乎。無敖戲驕恣之過。則左右肅艾。群僚仰法。化流四方。經曰。亦惟先正克左右。未有左右正而百官枉者也。治天下者尊賢考功則治。簡賢違功則亂。誠審思治人之術。歡樂得賢之福。論材選士。必試於職。明度量以程能。考功實以定德。無用比周之虛譽。毋聽浸潤之譖愬。則抱功修職之吏。無蔽傷之憂。

比周邪僞之徒不得即工。小人日銷。俊乂日隆。經曰。三載考績。三考黜陟幽明。又曰。九德咸事。俊乂在官。未有功賞得於前。衆賢布於官而不治者也。堯遭洪水之災。天下分絕為十二州。制遠之道微。而無乖畔之難者。德厚恩深。無怨於下也。秦居平土。一夫大呼而海內崩析者。刑罰深酷。吏行殘賊也。夫違天害德。為上取怨於下。莫甚乎殘賊之吏。誠放退殘賊酷暴之吏。錮廢勿用。益用溫良上德之士。以親萬姓。平刑釋寃。以理民命。務省繇役。毋奪民時。薄收賦稅。毋殫民財。使天下黎元咸安家樂業。不苦踰時之役。不患苛暴之政。不疾酷烈之吏。雖有唐堯之大災。民無離上之心。經曰。懷保小人。惠于鰥寡。未有德厚吏良而民畔者也。臣聞災異。皇天所以譴告人君過失。猶嚴父之明誡。畏懼敬改。則禍銷福降。忽然簡易。則咎罰不除。經曰。饗用五福。畏用六極。傳曰。六沴作見。若不共御。六罰既侵。六極其下。今三年之間。災異鋒起。小大畢具。所行不享上帝。上帝不豫。炳然甚著。不求之身。無所改正。疏舉廣謀。又不用其言。是循不享之迹。無謝過之實也。天責愈深。此五者。王事之綱紀。南面之急務。唯陛下留神。對奏。天子異焉。特召見永。永又奏曰。臣前幸得條對災異之效。禍亂所極。言關於聖聰。書陳於前。陛下委棄不納。而更使方正對策。背可懼之大異。問不急之常論。廢承天之至言。角無用之虛文。欲末殺災異。滿讕誣天。是故皇天勃然發怒。甲乙之間。暴風三溱。拔樹折木。此天至明不可欺之效也。上復問永。永對曰。日食婺女九度。占在皇后。地震蕭牆之內。咎在貴妾。二者俱發。明同事異人。共掩制陽。將害繼嗣也。亶日食。則妾不見。亶地震。則后不見。異日而發。則似殊事。亡故動變。則恐不知。是月后妾當有失節之郵。故天因此兩見其變。若曰。違失婦道。隔遠衆妾。妨絕繼嗣者。此二人也。

永始二年二月晦。日有食之。永以京房易占對曰。元年九月日蝕。酒亡節之所致也。獨使京師知之。四國不見者。若曰。湛湎于酒。君臣不別。禍在內也。今年日食。賦斂不得度。民愁怨之所致也。所以使四方皆見。京師陰蔽者。若曰。人君好治宮室。大營墳墓。賦斂茲重。而百姓屈竭。禍在外也。

永遷涼州刺史。奏事京師訖。當之部。時有黑龍見東萊。上使尚書問永。受所欲言。永對曰。臣聞王天下有國家者。患在上有危亡之事。而危亡之言不得上聞。如使危亡之言輒上聞。則商周不易姓而迭興。三正不變改而更用。夏商之將亡也。行道之人皆知之。晏然自以若天有日。莫能危。是故惡日廣而不自知。大命傾而不寤。易曰。危者有其安者也。亡者保其存者也。陛下誠垂寬明之聽。無忌諱之誅。使芻蕘之臣得盡所聞於前。不懼於後患。直言之路開。則四方衆賢不遠千里。輻湊陳忠。群臣之上願。社稷之長福也。漢家行夏正。夏正色黑。黑龍同姓之象也。龍陽德。由小之大。故為王者瑞應。未知同姓有見本朝無繼嗣之慶。多危殆之隙。欲因擾亂舉兵而起者邪。將動心冀為後者。殘賊不仁。若廣陵昌邑之類。臣愚不能處也。元年九月黑龍見。其晦。日有食之。今年二月己未夜星隕。乙酉日有食之。六月之間。大異四發。二而同月。三代之末。春秋之亂。未嘗有也。臣聞三代所以隕社稷喪宗廟者。皆由婦人與群惡沈湎於酒。書曰。乃用婦人之言。自絕于天。四方之逋逃多罪。是宗是長。是信是使。詩云。燎之方陽。寧或滅之。赫赫宗周。褒姒威之。易曰。濡其首。有孚失是。秦所以二世十六年而亡者。養生泰奢。奉終泰厚也。二者陛下兼而有之。臣請略陳其效。易曰。在中饋。無攸遂。言婦人不得與事也。詩曰。懿厥哲婦。為梟為鴟。匪降自天。生自婦人。建始河平之際。許班之貴。傾動前朝。熏灼四方。賞賜無量。空虛內藏。女寵至極。不可上矣。今之後起。天所不饗。什倍于前。廢先帝法度。聽用其言。官秩不當。縱釋王誅。驕其親屬。假之威權。縱橫亂政。刺舉之吏。莫敢奉憲。又以掖庭獄大爲亂阱。榜箠瘠於炮烙。絕滅人命。主爲趙李報德復怨。反除白罪。建治正吏。多繫無辜。掠立迫恐。至爲人起責。分利受謝。生入死出者。不可勝數。是以日食再既。以昭其辜。王者必先自絕。然後天絕之。陛下棄萬乘之至貴。樂家人之賤事。厭高美之尊號。好匹夫之卑字。崇聚僄輕無義小人以爲私客。數離深宮之固。挺身晨夜與群小相隨。烏集雜會。飲醉吏民之家。亂服共坐。流湎媟嫚。溷殽無別。閔免遁樂。晝夜在路。典門戶奉宿衛之臣。執干戈而守空宮。公卿百僚不知陛下所在。積數年矣。王者以民爲基。民以財爲本。財竭則下畔。下畔則上亡。是以明王愛養基本。不敢窮極。使民如承大祭。今陛下輕奪民財。不愛民力。聽

邪臣之計。去高敞初陵。捐十年功緒。改作昌陵。反天地之性。因下爲高。積土爲山。發徒起邑。並治宮館。大興繇役。重增賦斂。徵發如雨。役百乾谿。費疑（音擬）驪山。靡敝天下。五年不成而後反。故又廣盱營表。發人冢墓。斷截骸骨。暴揚尸柩。百姓財竭力盡。愁恨感天。災異屢降。饑饉仍臻。流散冗食。餧死於道。以百萬數。公家無一年之畜。百姓無旬日之儲。上下俱匱。無以相救。詩云。殷監不遠。在夏后之世。願陛下追觀夏商周秦所以失之。以鏡考已行。有不合者。臣當伏妄言之誅。漢興九世。百九十餘載。繼體之主七。皆承天順道。遵先祖法度。或以中興。或以治安。至於陛下。獨違道縱欲。輕身妄行。當盛壯之隆。無繼嗣之福。有危亡之憂。積失君道。不合天意。亦已多矣。爲人後嗣。守人功業。如此。豈不負哉。方今社稷宗廟禍福安危之機在於陛下。陛下誠肎發明聖之德。昭然遠寤。畏此上天之威怒。深懼危亡之徵兆。蕩滌邪辟之惡志。厲精致政。專心反道。絕群小之私客。免不正之詔除。悉罷北宮私奴車馬媠出之具。克己復禮。毋貳微行出飲之過。以防迫切之禍。深惟日食再既之意。抑損椒房玉堂之盛寵。毋聽後宮之請謁。除掖庭之亂獄。出炮烙之陷穽。誅戮佞邪之臣及左右執左道以事上者。以塞天下之望。且寢初陵之作。止諸繕治宮室。闕更減賦。盡休力役。存卹振救困乏之人。以弭遠方。厲崇忠直。放退殘賊無使素餐之吏。久尸厚祿。以次貫行。固執無違。夙夜孳孳。婁省無怠。舊愆畢改。新德既章。纖介之邪不復載心。則赫赫大異庶幾可銷。天命去就庶幾可復。社稷宗廟庶幾可保。唯陛下留神反覆。熟省臣言。臣幸得備邊部之吏。不知本朝失得。瞽言觸忌諱。罪當萬死。

元延元年。永爲北地太守。時災異尤數。當之官。上使衛尉淳于長受永所欲言。永對曰。臣永幸得以愚朽之材爲太中大夫。備拾遺之臣。

從朝者之後。進不能盡思納忠。輔宣聖德。退無被堅執銳。討不義之功。猥蒙厚恩。仍遷至北地太守。絕命隕首。身膏野草。不足以報塞萬分。陛下聖德寬仁。不遺易忘之臣。垂周文之聽。下及芻蕘之愚。有詔使衛尉受臣永所欲言。臣聞事君之義。有言責者盡其忠。有官守者修其職。臣永幸得免於言責之辜。有官守之任。當畢力遵職。養綏百姓而已。不宜復關得失之辭。忠臣之於上。志在過厚。是故遠不違君。死不忘國。昔史魚既沒。餘忠未訖。委柩後寢。以尸達誠。汲黯身外思內。發憤舒憂。遺言李息。經曰。雖爾身在外。乃心無不在王室。臣永幸得給事中。出入三年。雖執干戈守邊陲。思慕之心常存于省闥。是以敢越郡吏之職。陳累年之憂。臣聞天生蒸民。不能相治。爲立王者以統理之。方制海內。非爲天子。列土封疆。非爲諸侯。皆以爲民也。垂三統。列三正。去無道。開有德。不私一姓。明天下迺天下之天下。非一人

之天下也王者躬行道德承順天地博愛仁恕恩及行葦籍税取民不過常法宮室車服不踰制度事節財足黎庶和睦則卦氣理効五徵時序百姓壽考庶草蕃滋符瑞並降以昭保右失道妄行逆天暴物窮奢極欲湛湎荒淫婦言是從誅逐仁賢離逖骨肉群小用事峻刑重賦百姓愁怨則卦氣悖亂咎徵著郵上天震怒災異屢降日月薄食五星失行山崩川潰水泉踊出妖孽並見茀星耀光饑饉荐臻百姓短折萬物夭傷終不改寤惡洽變備不復譴告更命有德詩云乃眷西顧此惟予宅夫去惡奪弱遷命賢聖天地之常經百王之所同也加以功德有厚薄期質有脩短時世有中季天道有盛衰陛下承八世之功業當陽數之標季涉三七之節紀遭無妄之卦運直百六之灾阸三難異科雜焉同會建始元年以來二十載間群災大異交錯鋒起多於春秋所書八世著紀久不塞除重以今年正月己亥

朔日有食之三朝之會四月丁酉四方衆星白晝流隕七月辛未彗星横天乘三難之際會畜衆多之災異因之以饑饉接之以不贍彗星極異也七精所生流隕之應出於饑變之後兵亂作矣厥期不久隆德積善懼不克濟内則為深宮後庭將有驕臣悍妾醉酒狂悖卒起之敗北宮苑囿街巷之中平安之家幽閒之處徵舒崔杼之亂外則為諸夏下土將有樊並蘇令陳勝項梁奮臂之禍内亂朝暮日戒諸夏舉兵以火角為期安危之分界宗廟之至憂臣永所以破膽寒心豫言之累年下有其萌然後變見于上可不致慎禍起細微姦生所易願陛下正君臣之義無復與群小媟黷燕飲中黄門後庭素驕慢不謹嘗以醉酒失臣禮者悉出勿留勤三綱之嚴修後宮之政抑遠驕妒之寵崇近婉順之行加惠失志之人懷柔怨恨之心保至尊之重秉帝王之威朝覲法出而後駕陳兵清道而後行無復輕身獨

出飲食臣妾之家三者既除内亂之路塞矣諸夏舉兵萌在民饑饉而吏不卹興於百姓困而賦斂重發於下怨離而上不知易曰屯其膏小貞吉大貞凶傳曰饑而不損茲謂泰厥災水厥咎亡訞辭曰關動牡飛辟為無道臣為非厥咎亂臣謀篡王者遭衰難之世有饑饉之災不損用而大自潤故凶百姓困貧無以共求愁悲怨恨故水城關守國之固固將去焉故牡飛往年郡國二十一傷於水災禾黍不入今年蠶麥咸惡百川沸騰江河溢決大水泛濫郡國五十有餘比年喪稼時過無宿麥百姓失業流散群輩守關大異較炳如彼水災浩浩黎庶窮困如此宜損常税小自潤之時而有司奏請加賦甚繆經義逆於民心布怨趨禍之道也牡飛之狀殆為此發古者穀不登虧膳災屢至損服凶年不塈塗明王之制也詩云凡民有喪扶服救之論語曰百姓不足君孰予足臣願陛下勿許加賦之奏益減大官

導官中御府均官掌畜廩犧用度止尚方織室京師郡國工服官發輸造作以助大司農流恩廣施振贍困乏開關梁内流民恣所欲之以救其急立春遣使者循行風俗宣布聖德存卹孤寡問民所苦勞二千石敕勸耕桑毋奪農時以慰綏元元之心防塞大姦之隙諸夏之亂庶幾可息臣聞上主可與為善而不可與為惡下主可與為惡而不可與為善陛下天然之性疏通聰敏上主之姿也少省愚臣之言感寤三難深畏大異定心為善捐忘邪志毋貳舊愆厲精致政至誠應天則積異塞於上禍亂伏於下何憂患之有竊恐陛下公志未專私好頗存尚愛群小不肯為耳對奏天子甚感其言

成帝因日蝕地震之變詔舉賢良方正能直言士合陽侯梁放舉武庫令杜欽欽上對曰陛下畏天命悼變異延見公卿舉直言之士將以求天心迹得失也臣愚不足以奉大對臣聞日蝕地震陽微陰盛

也。臣者君之陰也，子者父之陰也，妻者夫之陰也，夷狄者中國之陰也。春秋日蝕三十六，地震五，或夷狄侵中國，或政權在臣下，或婦乘夫，或臣子背君父，事雖不同，其類一也。臣竊觀之事，以考變異，則本朝大臣無不自安之人，外戚親屬無乖剌之心，關東諸侯無強大之國，三垂蠻夷無逆理之節，殆為後宮。何以言之？日以戊申蝕，時加未。戊未，土也。土者，中宮之部也。其夜地震未央宮殿中，此必適妾將有爭寵相害而為患者，惟陛下深戒之。變感以類相應，人事失於下，變象見於上。能應之以德，則異咎消亡；不能應之以善，則禍敗至。高宗遭雊雉之戒，飭己正事，享百年之壽，殷道復興，要在所以應之。應之非誠不立，非信不行。宋景公，小國之諸侯耳，有不忍移禍之誠，出人君之言三，熒惑為之退舍。以陛下聖明，內推至誠，深思天變，何應而不感？何搖而不動？孔子曰：仁遠乎哉！惟陛下正后妾，抑女寵，防奢泰，去佚游，躬節儉，親萬事，數御安車，由輦道親二宮之饗饍，致晨昏之定省。如此，即堯舜不足與比隆，咎異何足消滅！如不留聽於庶事，不論材而授位，殫天下之財以奉淫侈，匱萬姓之力以從耳目，近諂諛之人而遠公方，信讒賊之臣以誅忠良，賢俊失在巖穴，大臣怨於不以，雖無變異，社稷之憂也。天下至大，萬事至衆，祖業至重，誠不可以逸豫為，不可以奢泰持也。惟陛下忍無益之欲，以全衆庶之命。

鴻嘉二年三月，博士行大射禮，有飛雉集于庭，歷階登堂而雊。又集太常、宗正、丞相、御史大夫、大司馬車騎將軍之府，又集未央宮承明殿屋上。時大司馬車騎將軍王音、待詔寵等上言：天地之氣，以類相應（師古曰：以經術待詔，其人名寵，不記姓也），譴告人君，甚微而著。雉者聽察，先聞雷聲，故月令以紀氣。經載高宗雊雉之異，以明轉禍為福之驗。今雉以博士行禮之日，大衆聚會，飛集於庭，歷階登堂，萬衆睢睢（呼惟反），驚怪連日，經歷三公之府、太常、宗正典宗廟骨肉之官，然後入宮。其宿留告曉人，具備深切（宿音先就反，留力救反），雖人道相戒，何以過是！後帝使中常侍鼂閎詔音曰：聞捕得雉，毛羽頗摧折，類拘執者，得無人為之？音復對曰：陛下安得亡國之語！不知誰主為佞讇之計，誣亂聖德如此者！左右阿諛甚衆，不待臣音復讇而足。公卿以下，保位自守，莫有正言。如令陛下覺寤，懼大禍且至身，深責臣下，繩以聖法，臣音當先受誅，豈有以自解哉！今即位十五年，繼嗣不立，日日駕車而出，泆行流聞，海內傳之，甚於京師。外有微行之害，內有疾病之憂，皇天數見災異，欲人變更，終已不改。天尚不能感動陛下，臣子何望！獨有極言待死，命在朝暮而已。如有不然，老母安得處所，尚何皇太后之有！高祖天下當以誰屬乎（師古曰：不然者，謂不如所諫而自修政也。老母，帝之母，即太后也。言帝不自修政，則國家危亡，太后不知處所，高祖天下無所付屬也。屬之欲反）！宜謀於賢知，克己復禮，以求天意，繼嗣可立，災變尚可銷也。

定陶共王來朝，太后與上承先帝意，遇王甚厚。大將軍王鳳心不便共王在京師，會日蝕，鳳因言：日食，陰盛之象，為非常異。定陶王雖親，於禮當奉藩在國，今留侍京師，詭正非常，故天見戒，宜遣王之國。上不得已而許之。京兆尹王章素剛直敢言，遂奏封事，言日蝕之咎。天子召見章，延問以事。章對曰：天道聰明，佑善而災惡，以瑞異為符效。今陛下以未有繼嗣，引近定陶王，所以承宗廟，重社稷，上順天心，下安百姓，此正義善事，當有祥瑞，何故致災異？災異之發，為大臣顓政者也。今聞大將軍猥歸日蝕之咎於定陶王，建遣之國，苟欲使天子孤立於上，顓擅朝事，以便其私，非忠臣也。且日蝕，陰侵陽，臣顓君之咎。今政事大小皆自鳳出，天子曾不壹舉手，鳳不內省責，反歸咎善人，推遠定陶王。且鳳誣罔不忠，非一事也。前丞相樂昌侯商本以先

帝外屬內行篤有威重位歷將相國家柱石臣也其人守正不肯詘
節隨鳳委曲卒用閨門之事爲鳳所罷身以憂死衆庶愍之又鳳知
其小婦弟張美人已嘗適人於禮不宜配御至尊託以爲宜子納之
後宮苟以私其妻弟聞張美人未嘗任身就館也且羌胡尚殺首子
以盪腸正世況於天子而近已出之女也此三者皆大事陛下所自
見足以知其餘及他所不見者鳳不可令久典事宜退使就第選忠
賢以代之自鳳之白罷商遣定陶王也上不能平及聞章言乃感寤
納之謂章曰微京兆尹直言吾不聞社稷計
王鳳專政災異寖甚中壘校尉劉向上奏曰臣聞伯禹戒帝舜毋若
丹朱傲周公戒成王毋若殷王紂詩曰殷監不遠在夏后之世亦言
湯以紂爲戒也聖帝明王常以敗亂自戒不諱廢興故臣敢極陳其
愚惟陛下留神察焉謹按春秋二百四十二年日蝕三十六襄公尤

數率三歲五月有奇而一食漢興訖竟寧孝景帝尤數率三歲一月
而一食臣向前數言日當食今當三年比食自建始以來二十歲間
而食率二歲六月而一發古今罕有異有小大希稠占有舒疾緩急
而聖人所以斷疑也易曰觀乎天文以察時變昔孔子對魯哀公並
言夏桀殷紂暴虐天下故歷失則攝提失方孟陬無紀此皆易姓之
變也秦始皇之末至二世時日月薄食山陵淪亡辰星出於四孟太
白經天而行無雲而雷枉矢夜光熒惑襲月孽火燒宮野禽戲廷
都門內崩長人見臨洮石隕于東郡星孛大角大角以亡觀孔子之言考
暴秦之異天命信可畏也及項籍之敗亦孛大角漢之入秦五星聚
于東井得天下之象也孝惠時有雨血日食於衝滅光星見之異孝
昭時有泰山臥石自立上林僵柳復起大星如月西行衆星隨之此
爲特異孝宣興起之表天狗夾漢而西久陰不雨者二十餘日昌邑

不終之異也皆著於漢紀觀秦漢之易世覽惠昭之無後察昌邑之
不終視孝宣之紹起天之去就豈不昭昭然哉高宗成王亦有雊雉
拔木之變能思其故故高宗有百年之福成王有復風之報神明之
應應若景嚮世所同聞也臣幸得託末屬誠見陛下有寬明之德冀
銷大異而興高宗成王之聲以崇劉氏故豤豤數奸死亡之誅今日
食尤屢星孛東井攝提炎及紫宮有識長老莫不震動此變之大者
也其事難一二記故易曰書不盡言言不盡意是以設卦指文而復
說義書曰伻來以圖天文難以相曉臣雖圖上猶須口說然後可知
願賜清燕之閒指圖陳狀上輒入之然終不能用也
哀帝即位召李尋待詔黃門使侍中衛尉傅喜問尋曰閒者水出地
動日月失度星辰亂行災異仍重極言無有所諱尋對曰陛下聖德
尊天敬地畏命重民悼懼變異不忘疏賤之臣幸使重臣臨問竊見

陛下新即位開大明除忌諱博延名士靡不並進臣尋位卑術淺過
隨衆賢待詔食太官衣御府久汙玉堂之署比得召見亡以自效復
特見延問至誠自以逢不世出之命願竭愚心不敢有所避庶幾萬
分有一可采唯棄須臾之間宿留瞽言考之文理稽之五經揆之聖
意以參天心夫變異之來各應象而至謹條陳所聞易曰縣象著明
莫大乎日夫日者衆陽之長輝光所燭萬里同晷人君之表也故日
將旦清風發羣陰伏君以臨朝不牽於色日初出炎以陽君登朝佞
不行忠直進不蔽障日中輝光君德盛明大臣奉公日將入專以一
君就房有常節君不修道則日失其度晻昧亡光各有云爲其於東
方作日初出時陰雲邪氣起者法爲牽於女謁有所畏難日出後爲
近臣亂政日中爲大臣欺誣日且入爲妻妾役使所營閒者日尤不
精光明侵奪失色邪氣珥蜺數作本起於晨相連至昬其日出後至

日中間差。爾小臣不知內事。竊以日視陛下志操。衰於始初多矣。其咎恐有以守正直言而得罪者。傷嗣害世。不可不慎也。惟陛下執乾剛之德。強志守度。毋聽女謁邪臣之態。諸保阿乳母甘言悲詞之託。斷而勿聽。勉強大誼。絕小不忍。良有不得已。可賜以貨財。不可私以官位。誠皇天之禁也。日失其光。則星辰放流。陽不能制陰。陰桀得作。間者太白正晝經天。宜隆德克躬。以執不軌。臣聞月者眾陰之長。消息見伏。百里為品。千里立表。萬里連紀。妃后大臣諸侯之象也。朔晦正終始。弦為繩墨。望成君德。春夏南。秋冬北。間者月數以春夏與日同道。過軒轅上后。受氣入太微帝廷。揚輝光。犯上將近臣。列星皆失色。厭厭如滅。此為母后預政亂朝。陰陽俱傷。兩不相便。外臣不知朝事。竊信天文。即如此。近臣已不足仗矣。屋大柱小。可為寒心。唯陛下親求賢士。無強所惡。以崇社稷。尊強本朝。臣聞五星者五行之精。五帝司命。應王者號令。為之節度。歲星主歲事。為統首。號令所紀。今失度而盛。此君指意欲有所為。未得其節也。又填星不避歲星者。后帝共政。相留於奎婁。當以義斷之。熒惑往來無常。周歷兩宮。作態低仰。（音昂）入天門。上明堂。貫尾亂宮。太白發越犯庫。兵寇之應也。貫黃龍。入帝庭。當門而出。隨熒惑入天門。至房而分。欲與熒惑為患。不敢當明堂之精。此陛下神靈。故禍亂不成也。熒惑厥弛。佞巧依執。微言毀譽。進類蔽善。太白出端門。臣有不臣者。火入室。金上堂。不以時解。其憂凶。填歲相守。又主內亂。宜察蕭牆之內。毋忽親疏之微。誅放佞人。防絕萌牙。以蕩滌濁濊。消散積惡。毋使得成禍亂。辰星主正四時。當效於四仲。四時失序。則辰星作異。今出於歲首之孟。天所以譴告陛下也。政急則出早。政緩則出晚。政絕不行。則伏不見而為彗茀。四孟皆出。為易王命。四季皆出。星家所諱。今幸獨出寅孟之月。蓋皇天所

以篤右陛下也。宜深自改。治國故不可以威戚。欲速則不達。經曰。三載考績。三考黜陟。加以號令不順四時。既往不咎。來事之師也。間者春三月治大獄。時賊陰立逆。恐歲小收。季夏舉兵法。時寒氣應。恐後有霜雹之災。秋月行封爵。其月土溼奧。恐後有雷雹之變。夫以喜怒賞罰而不顧時禁。雖有堯舜之心。猶不能致和。善言天者必有效於人。設上農夫而欲冬田。肉袒深耕。汗出種之。然猶不生者。非人心不至。天時不得也。易曰。時止則止。時行則行。動靜不失其時。其道光明。書曰。敬授民時。故古之王者尊天地。重陰陽。敬四時。嚴月令。順之以善政。則和氣可立致。猶枹鼓之相應也。今朝廷忽於時月之令。諸侍中尚書近臣宜皆令通知月令之意。設群下請事。若陛下出令有謬於時者。當知爭之。以順時氣。臣聞五行以水為本。其星玄武婺女。天地所紀。終始所生。水為準平。王道公正修明。則百川理。落脈通。（古落。當絡等）偏黨失綱。則涌溢為敗。書云。水曰潤下。陰動而卑。不失其道。天下有道。則河出圖。洛出書。故河洛決溢。所為最大。今汝潁畎澮皆川水漂涌。與雨水並為民害。此詩所謂爗爗震電。不寧不令。百川沸騰者也。其咎在於皇甫卿士之屬。唯陛下留意詩人之言。少抑外親大臣。臣聞地道柔靜。陰之常義也。地有上中下。其上位震。應妃后不順。中位應大臣作亂。下位應庶民離畔。震或於其國。國君之咎也。四方中央連國歷州俱動者。其異最大。間者關東地數震。五星作異。亦未大逆。宜務崇陽抑陰。以救其咎。固志建威。閉絕私路。拔進英雋。退不任職。以彊本朝。夫本強則精神折衝。本弱則招殃致凶。為邪謀所陵。聞往者淮南王作謀之時。其所難者獨有汲黯。以為公孫弘不足言也。弘。漢之名相。於今無比。而尚見輕。何況亡弘之屬乎。故曰。朝廷無人。則為賊亂所輕。其道自然也。天下未聞陛下奇策固守之臣也。語曰。何

以知朝廷之衰。人人自賢。不務於通人。故世陵夷。馬不伏櫪。不可以趨道。士不素養。不可以重國。詩曰。濟濟多士。文王以寧。孔子曰。十室之邑。必有忠信。非虛言也。陛下秉四海之衆。曾亡柱幹之固。守聞於四境。殆開之不廣。取之不明。勸之不篤。傳曰。士之美者善養禾。君之明者善養士。中人皆可使為君子。詔書進賢良。赦小過。無求備。以博聚英雋。如近世貢禹。以言事忠切蒙尊榮。當此之時。士厲身立名者多。禹死之後。日日以衰。及京兆尹王章坐言事誅滅。智者結舌。邪僞並興。外戚顓命。君臣隔塞。至絕繼嗣。女宮作亂。此行事之敗。誠可畏而悲也。本在積任母后之家。非一日之漸。往者不可及。來者猶可追也。先帝大聖。深見天意昭然。使陛下奉承天統。欲矯正之也。宜少抑外親。選練左右。舉有德行道術通明之士充備天官。然後可以輔聖德。保帝位。承太宗。下至郎吏從官。行能亡以異。又不通一藝。及博士

無文雅者。宜皆使就南畝。以視天下。明朝廷皆賢材君子。於以重朝尊君。滅凶致安。此其本也。臣自知所言害身不辟死亡之誅。唯財留神。反覆愚臣之言。

哀帝與宜陵侯息夫躬議事。躬因言往年熒惑守心。太白高而芒光。角星茀於河鼓。其法為有兵亂。是後訛言行詔籌。經歷郡國。天下騷動。恐有非常之變。可遣大將軍行邊兵。敕武備。斬一郡守以立威。震四夷。因以厭應變異。上然之。以問丞相。丞相王嘉對曰。臣聞動民以行不以言。應天以實不以文。下民微細。猶不可詐。況於上天神明而可欺哉。天之見異。所以敕戒人君。欲令覺悟反正。推誠行善。民心說而天意得矣。辯士見一端。或妄以意傅着星歷。（傅音附着治略反）虛造匈奴烏孫西羌之難。謀動干戈。設為權變。非應天之道也。守相有罪。車馳詣闕。交臂就死。恐懼如此。而談說者云動安之危。辯口快耳。其實未

可從。夫議政者。苦其諂諛傾險辯慧深刻也。諂諛則主德毀。傾險則下怨恨。辯慧則破正道。深刻則傷恩惠。昔秦穆公不從百里奚蹇叔之言。以敗其師。悔過自責。疾詿誤之臣。思黃髮之言。名垂於後世。唯陛下觀覽古戒。反覆參考。無以先入之語為主。上不聽。

哀帝以郡國地震。民訛言行籌。又正月朔日蝕。乃徵孔光。光讓寵息夫躬罷侍中諸曹黃門郎。鮑宣上書言陛下父事天。母事地。子養黎民。即位已來。父虧明。母震動。子訛言相驚恐。今日蝕於三始。誠可畏懼。小民正月朔日尚恐毀敗器物。何況於日虧乎。陛下深內自責。避正殿。舉直言。求過失。罷退外親及旁仄素餐之人。徵拜孔光為光祿大夫。發覺孫寵息夫躬過惡。免官遣就國。衆庶歙然。莫不說喜。天人同心。人心說則天意解矣。乃二月丙戌。白虹虷日。連陰不雨。此天有憂結未解。民有怨望未塞者也。侍中駙馬都尉董賢本無葭莩之親。

但以令色諛言自進。賞賜亡度。竭盡府藏。并合三第尚以為小。復壞暴室。賢父子坐使天子使者將作治第。行夜吏卒皆得賞賜。上冢有會。輒太官為供。海內貢獻當養一君。今反盡之賢家。豈天意與民意耶。天不可久負。厚之如此。反所以害之也。誠欲哀賢。宜為謝過天地。解讎海內。免遣就國。收乘輿器物還之縣官。如此可以父子終其性命。不者。海內之所仇。未有得久安者也。孫寵息夫躬不宜居國。可皆免以視天下。復徵何武師丹彭宣傅喜。曠然使民易視。以應天心。建立大政。以興太平之端。高門去省戶數十步。求見出入。二年未省。欲使海瀕仄陋自通。遠矣。願賜數刻之閒。極竭毣毣之思。退入三泉。死亡所恨。上感大異。納宣言。徵何武彭宣。旬月皆復為三公。

元壽元年。正月朔。上以皇后父孔鄉侯傅晏為大司馬衛將軍。而帝舅陽安侯丁明為大司馬驃騎將軍。臨拜。日食。詔舉方正直言。扶陽

侯章育舉杜鄴方正。鄴對曰。臣聞禽息憂國碎首不恨。卞和獻寶刖足願之。臣章得奉直言之詔。無二者之危。敢不極陳。臣聞陽尊陰卑。卑者隨尊。尊者兼卑。天之道也。是以男雖賤各爲其家陽。女雖貴猶爲其國陰。故禮明三從之義。雖有文母之德必繫於子。春秋不書紀侯之母。陰義殺也。昔鄭伯從姜氏之欲。終有叔段篡國之禍。周襄王内迫惠后之難。而遭居鄭之危。漢興。呂太后權私親屬。又以外孫爲孝惠后。是時繼嗣不明。凡事多晻。晝昏冬雷之變。不可勝載。竊見陛下行不偏之政。每事約儉。非禮不動。誠欲正身與天下更始也。然嘉瑞未應。而日食地震。民訛言行籌。傳相驚恐。案春秋災異。以指象爲言語。故在於得一類而達之也。日食明陽爲陰所臨。坤卦乘離。明夷之象也。坤以法地。爲土爲母。以安靜爲德。震不陰之效也。占象甚明。臣敢不直言其事。昔曾子問從令之義。孔子曰。是何言與。善閔子騫

守禮不苟從親。所行無非理者。故無可間也。前大司馬新都侯莽。伏弟家。以詔策決復遣就國。高昌侯宏去藩自絕。猶受封土。制書。侍中駙馬都尉遷不忠巧佞。免歸故郡。間未旬月則有詔還。大臣奏正其罰。卒不得遣。而反兼官奉使。顯寵過故。及陽信侯業皆緣私君國。非功義所止。諸外家昆弟無賢不肖。並侍帷幄。布在列位。或典兵衛。或將軍屯。寵意並於一家。積貴之勢。世所希見所希聞也。至乃並置大司馬將軍之官。皇甫雖盛。三桓雖隆。魯爲作三軍。無以甚此。當拜之日。晻然日食。不在前後。臨事而發者。明陛下謙遜無專。承指非一。所言輒聽。所欲輒隨。有罪惡者不坐辜罰。無功能者畢受官爵。流漸積猥。正尤在是。欲令昭昭以覺聖朝。昔詩人所刺。春秋所譏。指象如此。殆不在它。由後視前。忿邑非之。逮身所行。不自鏡見。則以爲可。計之過者。疏賤獨偏見。疑內亦有此類。天變不空。保右世主如此之至。奈何不應。臣聞野雞著怪。高宗深動。大風暴過。成王怛然。願陛下加致精神。思承始初。事稽諸古。以厭下心。則黎庶羣生。無不說喜。上帝百神收還威怒。禎祥福祿何嫌不報。

哀帝以日蝕後十餘日傅太后崩。乃徵孔光。詣公車問日蝕事。光對曰。臣聞日者衆陽之宗。人君之表。至尊之象。君德衰微。陰道盛彊。侵蔽陽明。則日蝕應之。書曰。羞用五事。建用皇極。如貌言視聽思失。大中之道不立。則咎徵薦臻。六極屢降。皇之不極。是爲大中不立。其傳曰。時則有日月亂行。謂朓側匿。甚則薄蝕是也。又曰。六沴之作。歲之朝曰三朝。其應至重。迺正月辛丑朔。日有蝕之。變見三朝之會。上天聰明。苟無其事。變不虛生。書曰。惟先假王正厥事。言異變之來。起事有不正也。臣聞師曰。天右與王者。故災異數見。以譴告之。欲其改更。若不畏懼。有以塞除。而輕忽簡誣。則凶罰加焉。其至可必。詩曰。敬之

敬之。天惟顯思。命不易哉。又曰。畏天之威。于時保之。皆謂不懼者凶。懼之則吉也。陛下聖德聰明。兢兢業業。承順天戒。敬畏變異。勤心虛己。延見群臣。思求其故。然後敕躬自約。總正萬事。放遠讒說之黨。援納斷斷之介。退去貪殘之徒。進用賢良之吏。平刑罰。薄賦斂。恩澤加於百姓。誠爲政之大本。應變之至務也。天下幸甚。書曰。天旣付命正厥德。言正德以順天也。又曰。天棐諶辭。言有誠道。天輔之也。明承順天道。在於崇德博施。加精致誠。孳孳而已。俗之祈禳小數。終無益於應天塞異。銷禍興福。較然甚明。無可疑惑。書奏。上說。賜光束帛。拜爲光祿大夫。秩中二千石。給事中。位次。

歷代名臣奏議卷之二百九十五

災祥

東漢光武以二千石長吏多不勝任。有纖微之過者。必見斥罷。交易紛擾。百姓不寧。六年有日食之異。昭城侯朱浮上疏曰。臣聞日者衆陽之所宗。君上之位也。凡居官治民。據郡典縣。皆為陽為上。為尊為長。若陽上不明。尊長不足。則干動三光。垂示王者。五典紀國家之政。鴻範別災異之文。皆宣明天道。以徵來事者也。陛下哀愍海內新離禍毒。保宥生人。使得蘇息。而今牧人之吏多未稱職。小違理實。輒見斥罷。豈不粲然黑白分明哉。然以堯舜之盛。猶加三考。大漢之興。亦累功效。吏皆積久。養老於官。至名子孫。因為氏姓。當時吏職。何能悉理。論議之徒。豈不諠譁。蓋以為天地之功不可倉卒。艱難之業當累日也。而閒者守宰數見換易。迎新相代。疲勞道路。尋其視事日淺。未足昭見其職。既加嚴切。人不自保。各相顧望。無自安之心。有司或因睚眦以騁私怨。苟求長短。求媚上意。二千石及長吏迫於舉劾。懼於刺譏。故爭飾詐偽。以希虛譽。斯皆群陽騷動。日月失行之應。夫物暴長者必夭折。功卒成者必亟壞。如摧長久之業。而造速成之功。非陛下之福也。天下非一時之用也。海內非一旦之功也。願陛下遊意於經年之外。望化於一世之後。天下幸甚。

建武六年。徵鄭興為太中大夫。明年三月晦。日食。興因上疏曰。春秋以天反時為災。地反物為妖。人反德為亂。亂則妖災生。往年以來。謫咎連見。意者執事頗有缺焉。按春秋昭公十七年夏六月甲戌朔。日有食之。傳曰。日過分而未至。三辰有災。於是百官降物。君不舉。避移時。樂奏鼓。祝用幣。史用辭。今孟夏純乾用事。陰氣未作。其災尤重。夫國無善政。則謫見日月。變咎之來。不可不慎。其要在因人之心。擇人處

位也。堯知鯀不可用而用之者。屈己之明。因人之心也。齊桓反政而相管仲。晉文歸國而任郤縠者。是不私其私。擇人處位也。今公卿大夫多舉漁陽太守郭伋可大司空者。而不以時定。道路流言。咸曰朝廷欲用功臣。功臣用則人位謬矣。願陛下上思唐虞。下覽齊晉。以成屈己從衆之德。以濟群臣讓善之功。夫日月交會數應在朔。而頃年日食每多在晦。先時而合。皆月行疾也。日君象而月臣象。君亢急則臣下促迫。故行疾也。今年正月繁霜。自爾以來。率多寒日。此亦急咎之罰。天於賢聖之君。猶慈父之於孝子也。丁寧申戒。欲其反政。故災變仍見。此乃國之福也。今陛下高明而群臣惶促。宜留思柔剋之政。垂意洪範之法。博採廣謀。納群下之策。書奏。多有所納。

八年。鄭國大水。杜林上疏曰。臣聞先王無曰適明聖用而治。見惡如農夫之務去草焉。芟夷蘊崇之。絕其本根。勿使能殖。畏其易也。古今通道。傳其法於有根。狼子野心。奔馬善驚。成王深知其終卒之患。故以殷民六族分伯禽。七族分康叔。懷姓九宗分唐叔。檢押其姦宄。又遷其餘於成周。舊地雜俗。旦夕拘錄。所以挫其強御之力。詘其驕恣之節也。及漢初興。上稽舊章。合符重規。徙齊諸田。楚昭屈景。燕趙韓魏之後。以稍弱六國強宗。邑里無營利之家。野澤無兼并之民。萬里之統。海內賴安。後輒因衰麤之痛。脅以送終之義。故遂相率而陪園陵。無反顧之心。追即往法。政皆神道設教。強幹弱枝。本支百世之要也。是皆以永享康寧之福。無怵惕之憂。繼嗣承業。恭己而治。蓋此助也。其被災害民。輕薄無累重者。兩府遣吏護送饒穀之郡。或懼死亡。卒為傭賃。亦所以消散其口。救贍全其性命也。昔魯隱有賢行。將致國於桓公。乃留連貪位。不能早退。況草創兵長。卒無德能。直以擾亂。乘時擅權。作威玉食。狃猱之意。徼幸之望。曼延無足。張步之計是也。

小民負縣官不過身死。負兵家滅門殄世。陛下昭然獨見成敗之端。或屬諸侯官府。元元少得舉首仰視。而尚遺脱。二千石失制御之道。令得復昌熾從横。比年大雨。水潦暴長。涌泉盈溢。災壞城郭官寺吏民廬舍。潰從離處。潰成坑坎。臣聞水陰類也。易卦地上有水比。言性不用害。故曰樂也。而猥相毁墊淪失常。敗百姓安居。殆陰下相為蠹賊。有小大勝負不齊。均不得其所。侵陵之象也。詩云畏天之威。于時保之。唯陛下留神明察。往來懼思。天下幸甚。

明帝性褊察。好以耳目隱發為明。朝廷莫不悚慄。争為嚴切以避誅責。會連有變異。尚書僕射鍾離意上疏曰。伏惟陛下躬行孝道。修明經術。郊祀天地。畏敬鬼神。憂恤黎元。勞心不怠。而天氣未和。日月不明。水泉涌溢。寒暑違節者。咎在群臣不能宣化理職。而以苛刻為俗。吏殺良人。繼踵不絶。百官無相親之心。吏人無雍雍之志。至於骨肉相

殘毒害彌深。感逆和氣以致天災。百姓可以德勝。難以力服。先王要道。民用和睦。故能致天下和平。災害不生。禍亂不作。鹿鳴之詩必言宴樂者。以人神之心洽然後天氣和也。願陛下垂聖德揆萬機。詔有司。慎人命。緩刑罰。順時氣以調陰陽。垂之無極。帝雖不能用。然知其至誠。亦以此故。不得久留。出為魯相。

章帝即位。徵馬嚴拜御史中丞。其冬有日食之災。嚴上封事曰。臣聞日者衆陽之長。食者陰侵之徵。書曰。無曠庶官。天工人其代之。言王者代天官人也。故考績黜陟以明褒貶。無功不黜。則陰盛陵陽。臣伏見方今刺史太守專州典郡。不務奉事盡心為國。而司察偏阿。取與自己。同則舉為尤異。異則中以刑法。不即垂頭塞耳。採求財賂。今益州刺史朱酺、揚州刺史倪説、涼州刺史尹業等。每行考事。輙有物故。又選舉不實。曾無貶坐。是使臣下得作威福也。故事。州部所舉上奏。司直察能否以徵虚實。今宜加防檢。式遵前制。舊丞相御史親治職事。唯丙吉以年老優游。不案吏罪。於是宰相習為常俗。更共罔養以崇虚名。或未曉其職。便復遷徙。誠非建官賦禄之意。宜勅正百司。各責以事。州郡所舉。必得其人。若不如言。裁以法令。傳曰。上德以寛服民。其次莫如猛。故火烈。則人望而畏之。水懦。則人狎而翫之。為政者寛以濟猛。猛以濟寛。如此。緩御有體。災眚消矣。

建初元年。大旱穀貴。帝召鮑昱問曰。旱既太甚。將何以消復災眚。對曰。臣聞聖人理國。三年有成。今陛下始踐天位。刑政未著。如有失得。何能致異。但臣前在汝南。典理楚事。繫者千餘人。恐未能盡當其罪。先帝詔言大獄一起。冤者過半。又諸徙者骨肉離分。孤魂不祀。一人呼嗟。王政為虧。宜一切還諸徙家屬。蠲除禁錮。興滅繼絶。死生獲所。如此。和氣可致。帝納其言。

時校書郎楊終亦上疏曰。臣聞善善及子孫。惡惡止其身。百王常典。不易之道也。秦政酷烈。違忤天心。一人有罪。延及三族。高祖平亂。約法三章。太宗至仁。除去收孥。萬姓廓然。蒙被更生。澤及昆蟲。功垂萬世。陛下聖明。德被四表。今以比年久旱。災疫未息。躬自菲薄。廣訪失得。三代之隆。無以加焉。臣竊按春秋水旱之變。皆應暴急。惠不下流。自永平以來。仍連大獄。有司窮考。轉相牽引。掠考冤濫。家屬徙邊。加以北征匈奴。西開三十六國。頻年服役。轉輸煩費。又遠屯伊吾樓蘭車師戊己。民懷土思。怨結邊域。傳曰。安土重居。謂之衆庶。昔殷民近遷洛邑。且猶怨望。何況去中土之肥饒。寄不毛之荒極乎。且南方暑濕。瘴毒互生。愁困之民。足以感動天地。移變陰陽矣。陛下留念省察。以濟元元。

和帝永元四年。丁鴻代袁安為司徒。是時竇太后臨政。竇憲兄弟各

擅威權。鴻因日食上封事曰。臣聞日者陽精。守實不虧。君之象也。月者陰精。盈毀有常。臣之表也。故日食者。臣乘君。陰陵陽。月滿不虧。下驕盈也。昔周室衰季。皇甫之屬。專權於外。黨類強盛。侵奪主勢。則日月薄食。故詩曰。十月之交。朔日辛卯。日有食之。亦孔之醜。春秋日食二十六。弒君三十二。變不空生。各以類應。夫威柄不以放下。利器不以假人。覽觀往古。近察漢興。傾危之禍。靡不由之。是以三桓專魯。田氏擅齊。六卿分晉。諸呂握權。統嗣幾移。哀平之末。廟不血食。故雖有周公之親而無其德。不得行其埶也。今大將軍雖欲勅身自約。不敢僭差。而天下遠近。懼怖承旨。刺史二千石初除。謁辭求通。待報雖奉符璽受臺勑。不敢便去。久者至十數日。背王室。向私門。此乃上威損。下權盛也。人道悖於下。効驗見於天。雖有隱謀。神照其情。垂象見戒。以告人君。間者月滿先節。過望不虧。此臣驕溢背君。專功獨行也。陛下

未深覺悟。故天重見戒。誠宜畏懼以防其禍。詩云。敬天之怒。不敢戲豫。若勅政責躬。杜漸防萌。則凶妖銷滅。害除福湊矣。夫壞崖破巖之水。源自涓涓。干雲蔽日之木。起於蔥青。禁微則易。救末者難。人莫不忽於微細。以致其大。恩不忍誨。義不忍割。去事之後。未然之明鏡也。臣愚以為左官外附之臣。依託權門。傾覆謟諛以求容媚者。宜行一切之誅。間者大將軍再出。威振州郡。莫不賦斂吏人。遣使貢獻。大將軍雖不受。而物不還主。部署之吏。無所畏憚。縱行非法。不伏罪辜。故海內貪猾。競為姦吏。小民吁嗟。怨氣滿腹。臣聞天不可以不剛。不剛則三光不明。王不可以不彊。不彊則宰牧縱橫。宜因大變。改政匡失。以塞天意。

六年旱久。祈雨不應。司空張奮上表曰。比年不登。人用飢匱。今復久旱。秋稼未立。陽氣垂盡。歲月迫促。夫國以民為本。以穀為命。政之急務。憂之重者也。臣蒙恩尤深。受職過任。夙夜憂懼。章奏不能敘心。願對中常侍疏奏。即時引見。復口陳時政之宜。明日。帝召太尉司徒幸洛陽獄。錄囚徒。收洛陽令陳歆。即大雨三日。

和帝時。策問陰陽不和。或水或旱。方正鬱林養奮對曰。天有陰陽。陰陽有四時。四時有政令。春夏則予惠布施寬仁。秋冬則剛猛盛威行刑。賞罰殺生。各應其時。則陰陽和。四時調。風雨時。五穀升。今則不然。長吏多不奉行時令。為政舉事。干逆天氣。上不卹下。下不忠上。百姓困乏而不卹。哀衆怨鬱積。故陰陽不和。風雨不時。災害緣類。水者陰盛。小人居位。依公營私。讒言誦上。雨漫溢者。五穀有不升。而賦稅不為減。百姓虛竭。家有愁心也。

安帝永初初。連年水旱災異。郡國多被飢困。尚書郎樊準上疏曰。臣聞傳曰。飢而不損茲曰大。厥災水。春秋穀梁傳曰。五穀不登謂之大

侵。大侵之禮。備而不製。群臣禱而不祠。由是言之。調和陰陽。寔在節儉。朝廷雖勞心元元。事從省約。而在職之吏。尚未奉承。夫建化致理。由近及遠。故詩曰。京師翼翼。四方是則。今可先令太官尚方考功上林池籞諸官。實減無事之物。五府調省中都官吏京師作者。如此則化及四方。人勞省息。伏見被災之郡。百姓凋殘。恐非賑給所能勝贍。雖有其名。終無其實。可依征和元年故事。遣使持節慰安。尤困乏者。徙置荊揚熟郡。既省轉運之費。且令百姓各安其所。今雖有西屯之役。宜先東州之急。如遣使者與二千石隨事消息。悉留富人守其舊土。轉尤貧者過所衣食。誠父母之計也。願以臣言下公卿平議。

元初六年。司空李郃上書曰。陛下祗畏天威。懼天變。克己責躬。博訪群下。咎皆在臣。力小任重。招致咎徵。去二月京師地震。今月戊午日蝕。夫至尊莫過乎天。天之變莫大乎日蝕。地之戒莫重乎震動。今一

歲之中天異兩見日蝕之變既為尤深地動之戒搖宮最醜日者陽精君之象也戊者土主任在中宮午者火德漢之所承地道安靜法當坤陽今乃專恣搖動宮闕禍在蕭墻之內臣恐宮中必有陰謀其陽下圖其上造為逆也災變終不虛生推原二異日辰行度甚為較明譬猶指掌宜察宮闈之內如有所疑急摧破其謀無令得成修政恐懼以荅天意十月辛卯日有蝕之周家所忌乃為亡徵是時妃后用事七子朝令戊午之災近相似類宜貶退諸后兄弟群從內外之寵求賢良徵逸士下德令施恩惠澤及山海上深納其言

延光元年河西大雨雹大者如斗詔有道術之士極陳變眚帝召孔季彥親問其故對曰此皆陰乘陽之徵也今貴臣擅權母后黨盛陛下宜脩聖德慮此二者帝默然左右皆惡之

四年馬融上書曰伏讀詔書陛下深惟禹湯罪己之義歸咎自責寅

畏天戒詳延百僚博問公卿知變所自審得厥故脩復往術以荅天命臣子遠近莫不延頸企踵苟有隙空一介之知事願自效貢納聖聽臣伏見日蝕之占自昔典籍十月之交春秋傳記漢注所載史官占候群臣密對陛下所觀覽左右所諷誦可謂詳悉備矣雖復廣問限在前志無以復加乃者蕭氣干參臣前得款朴之人後三年二月對策北宮端門以為參者西方之位其於分野并州是也殆謂西戎北狄其後種羌叛戾烏桓犯上郡并涼動兵驗略效今復見大異申誠重諱於此二城海內莫見三月一日合辰在婁婁又西方之宿聚占顯明者羌及烏桓有悔過之辭將吏策勳之名臣恐受任典牧者苟脆目前皆粗圖身一時之權不顧為國百世之利論者美近功忽其遠則各相不大疾病伏惟天象不虛老子曰圖難於其易也為大於其細也消災復異宜在於今日詩曰日月告凶不用其行四國無

政不用其良傳曰國無政不用善則自取謫于日月之災故政不可不慎也務三而已一曰擇人二曰安民三曰從時臣融伏惟方今有道之世漢典設張侯甸采衛司民之吏案繩循墨雖有殿最所差無幾其陷罪辟身自取禍百姓未被其大傷至邊郡牧御失和吉之與凶敗之與成優劣相懸不誠不可審擇其人上以應天變下以安民隸竊見列將子孫生長京師食仰租奉不知稼穡之艱又希遭阨困故能果毅輕財施與不孤以獲死生之用此其所長也不拘法禁奢泰無度功勞足以宣威踰濫足以傷化此其所短也州郡之士出自貧苦長於檢押雖專賞罰不敢越溢此其所長也拘文守法遭遇非常狐疑無斷畏首畏尾威恩纖薄外內離心士卒不附此其所短也必得將兼有二長之才無二短之累參以吏事任以兵法有此數姿然後能折衝厭難致其功實轉災為福孔子曰十室之邑必有忠信

如丘者焉以天下之大四海之衆云無若人臣以為誣矣宜特選詳譽審得其真鎮守二方以應用良擇人之義以塞大異也

安帝嘗數遣黃門常侍及中使伯榮往來甘陵伯榮負寵驕蹇所經郡國莫不迎為禮謁又霖雨積時河水涌溢百姓騷動尚書僕射陳忠上疏曰臣聞位非其人則庶事不敘庶事不敘則政有得失政有得失則感動陰陽妖變為應陛下每引災自厚不責臣司臣司狃恩莫以為負故天心未得隔并屢臻青冀之域淫雨漏河徐岱之濱海水盆溢兗豫蝗蝝滋生荊揚稻收儉薄并涼二州羌戎叛戾加以百姓不足府帑虛匱自西徂東杼柚將空臣聞洪範五事一曰貌貌以恭恭作肅貌傷則狂而致常雨春秋大水皆以君上威儀不穆臨莅不嚴臣下輕慢貴倖擅權陰氣盛彊陽不能禁故為淫雨陛下以不得親奉孝德皇園廟比遣中使致敬甘陵朱軒軿馬相望道路可謂

孝至矣然臣竊聞使者所過威權翕赫震動郡縣王侯二千石至為伯榮獨拜車下儀體上僭侔於人主長吏惶怖譴責或邪諂自媚發人修道繕理亭傳多設儲跱徵役無度老弱相隨動有萬計賂遺僕從人數百匹頓踣呼嗟莫不叩心河間託叔父之屬清河有陵廟之尊及剖符大臣皆猥為伯榮屈節車下不問必以陛下欲其然也伯榮之威重於陛下陛下之柄在於臣妾水災之發必起於此昔韓嫣託副車之乘受馳視之使江都誤為一拜而嫣受歐刀之誅臣願明主嚴天元之尊正乾剛之位職事巨細皆任賢能不宜復令女使干錯萬機重察左右得無石顯泄漏之姦尚書納言得無趙昌譖崇之詐公卿大臣得無朱博阿傅之援外屬近戚得無王鳳害商之謀若國政一由帝命王事每決於己則下不得偪上臣不得干君常雨大水必當霽止四方眾異不能為害書奏不省

中常侍樊豐侍中謝惲等詐作詔書調發司農錢穀大匠見徒材木各起家舍園池廬觀役費無數太尉楊震因地震上疏曰臣蒙恩備台輔不能奉宣政化調和陰陽去年十一月京師地動臣聞師言地者陰精當安靜承陽而今動搖者陰道盛也其日戊辰三者皆土位在中宮此中臣近官盛於持權用事之象也臣伏惟陛下以邊境未寧躬自菲薄宮殿垣屋傾倚支柱而已無所興造欲令遠近咸知政化之清流商邑之翼翼也而親近倖臣未崇斷金驕溢踰法多請徒士盛修第舍賣弄□福道路讙譁眾所聞見地動之變近在城郭殆為此發又冬無宿雪春節未雨百僚燋心而繕修不止誠致旱之徵也書曰僭恆暘若臣無作威作福玉食惟陛下奮乾剛之德棄驕奢之臣以掩訞言之口奉承皇天之戒無令威福久移於下

延光四年冬京都大疫明年太史令張衡上封事曰臣竊見京師為宮無所及民多病死死有滅戶人人恐懼朝廷燋心以為至憂臣官在於考變禳災思任防救未知所由夙夜征營臣聞國之大事在祀祀莫大於郊天奉祖方今道路流言僉曰孝安皇帝南巡路崩從駕左右行慝之臣欲徵諸國王子故不發喪衣車還宮偽遣大臣並禱請命臣處外官不知其審然尊靈見罔豈能無怨且凡夫私小有不蠲猶為譴謫況以大穢用禮郊廟孔子曰曾謂泰山不如林放乎天地明察降禍見災乃其理也又聞者有司正以冬至之後奏開恭陵神道陛下至孝不忍距逆或發冢移尸月令仲冬土事無作慎無發蓋及起大眾以固而閉地氣上泄是謂發天地之房諸蟄則死民必疾疫又隨以喪厲氣未息恐其殆此二年欲使知過改悔五行傳曰六沴作見若時共禦帝用不差神則不怒萬福乃降用章于下臣愚以為可使公卿處議所以陳術改過取媚神祇自求多福也

順帝陽嘉二年有地動山崩火災之異公卿舉李固對策詔又特問當世之敝為政所宜固對曰臣聞王者父天母地寶有山川王道得則陰陽和穆政化乖則崩震為災斯皆關之天心效於成事者也夫化以職成官由能理古之進者有德有命今之進者唯財與力伏聞詔書務求寬博疾惡嚴暴而今長吏多殺伐致聲名者必加遷賞其存寬和無黨援者輒見斥逐是以淳厚之風不宣彫薄之俗未革雖繁刑重禁何能有益前孝安皇帝變亂舊典封爵阿母因造妖孽使樊豐之徒乘權放恣侵奪主威改亂嫡嗣至令聖躬狼狽親遇其艱既拔自困殆龍興即位天下喁喁屬望風政積敝之後易致中興誠當沛然思惟善道而論者猶云方今之事復同於前臣伏從山草痛心傷臆實以漢興以來三百餘年賢聖相繼十有八主豈無阿乳之恩豈忘貴爵之寵然上畏天威俯案經典知義不可故不封也今之阿母

雖有大功勤謹之德。但加賞賜。足以酬其勞苦。至於裂土開國。實乖舊典。聞阿母體性謙虛。必有遜讓。陛下宜許其辭國之高。使成萬安之福。夫后妃之家。所以少完全者。豈天性當然。但以爵位尊顯。專總權柄。天道惡盈。不知自損。故至顛仆。先帝寵遇閻氏。位號太疾。故其受禍曾不旋時。老子曰。其進銳者其退速也。今梁氏戚為椒房。禮所不臣。尊以高爵。尚可然也。而子弟群從。榮顯兼加。永平建初故事。殆不如此。宜令步兵校尉冀及諸侍中。還居黃門之官。使權去外戚。政歸國家。豈不休乎。又詔書所以禁侍中尚書中臣子弟不得為吏察孝廉者。以其秉威權。容請託故也。而中常侍在日月之側。聲執振天下。子弟祿任。曾無限極。雖外託謙默。不干州郡。而諂偽之徒。望風振舉。今可為設常禁。同之中臣。昔館陶公主為子求郎。明帝不許。賜錢千萬。所以輕厚賜重薄位者。為官人失才。害及百姓也。竊聞長水司

馬武宣開陽城門候羊迪等。無他功德。初拜便真。此雖小失。而漸壞舊章。先聖法度。所宜堅守。故政教一跌。百年不復。詩云。上帝板板。下民卒癉。刺周王變祖法度。故使下民將盡病也。今陛下之有尚書。猶天之有北斗也。斗為天喉舌。尚書亦為陛下喉舌。斗斟酌元氣。運乎四時。尚書出納王命。賦政四海。權尊執重。責之所歸。若不平心。災眚必至。誠宜審擇其人。以毗聖政。今與陛下共理天下者。外則公卿尚書。內則常侍黃門。譬猶一門之內。一家之事。安則共其福慶。危則通其禍敗。刺史二千石。外統職事。內受法則。夫表曲者景必邪。源清者流必潔。猶叩樹本。百枝皆動也。周頌曰。薄言振之。莫不震疊。此言動之於內。而應於外者也。由此言之。本朝號令。豈可蹉跌。閒隙一開。則邪人動心。利競暫啓。則仁義道塞。刑罰不能復禁。化導以之寢壞。此天下之紀綱。當今之急務。陛下宜開石室。陳圖書。招會群儒。引問失得。指擿變象。以求天意。其言有中理。即時施行。顯拔其人。以表能者。則聖聽日有所聞。忠臣盡其所知。又宜罷退宦官。去其權重。裁置常侍二人。方直有德者。省事左右。小黃門五人。才智閑雅者。給事殿中。如此。則論者厭塞。升平可致也。臣所以敢陳愚瞽。冒昧自聞者。儻或皇天欲令微臣覺悟陛下。陛下宜熟察臣言。憐赦臣死。

順帝以災異。公車徵郎顗。顗乃詣闕拜章曰。臣聞天垂妖象。地見災符。所以譴告人主。責躬修德。使正機平衡。流化興政也。易內傳曰。凡災異所生。各以其政。變之則除。消之亦除。伏惟陛下躬日昃之聽。溫三省之勤。思過念咎。務消祇悔。方今時俗奢佚。淺恩薄義。夫救奢必於儉約。拯薄無若敦厚。安上理人。莫善於禮。修禮遵約。蓋惟上興。革文變薄。事不在下。故周南之德。關雎政本。本立道生。風行草從。澄其源者流清。溷其本者末濁。天地之道。其猶鼓籥。以虛為德。自近及遠

者也。伏見往年以來。園陵數災。炎光熾猛。驚動神靈。易天人應曰。君子不思遵利。茲謂無澤。厥災孽火燒其宮。又曰。君高臺府。犯陰侵陽。厥災火。又曰。上不儉。下不節。災火並作。燒君室。自頃繕理西苑。修復太學。宮殿官府。多所搆飾。昔盤庚遷殷。去奢即儉。夏后卑室。盡力致美。又魯人為長府。閔子曰。仍舊貫。何必改作。臣愚以為諸所繕修。事可省減。稟卹貧人。賑贍孤寡。此天之意也。人之慶也。仁之本也。儉之要也。焉有應天養人。為仁為儉。而不降福者哉。土者地祇。陰性沉靜。宜以施化之時。敬而勿擾。竊見正月以來。陰闇連日。易內傳曰。久陰不雨。亂氣也。蒙之比也。蒙者。君臣上下相冒亂也。又曰。欲德不用。厥異常陰。夫賢者化之本。雲者雨之具也。得賢而不用。猶久陰而不雨也。又頃前數日。寒過其節。冰既解釋。還復凝合。夫寒往則暑來。暑往則寒來。此言日月相推。寒暑相避。以成物也。今立春之後。火卦用事。

當溫而寒。違反時節。由功賞不至。而刑罰必加也。宜須立秋。順氣行罰。臣伏案飛候。參察衆政。以為立夏之後。當有震裂涌水之害。又比熒惑失度。盈縮往來。涉歷輿鬼。環繞軒轅。火精南方。夏之政也。政有失禮。不從夏令。則熒惑失行。正月三日至乎九日。三公卦。三公上應台階。下同元首。政失其道。則寒陰反節。節彼南山。詠自周詩。股肱良哉。著於虞典。而今之在位。競託高虛。納累鍾之奉。忘天下之憂。棲遲偃仰。寢疾自逸。被策文。得賜錢。即復起矣。何疾之易而愈之速。以此消伏災眚。興致升平。其可得乎。今選舉牧守。委任三府。長吏不良。既咎州郡。州郡有失。豈得不歸責舉者。而陛下崇之彌優。自下慢事愈甚。所謂大網疏。小網數。三公非臣之仇。臣非狂夫之作。所以發憤忘食。懇懇不已者。誠念朝廷欲致興平。非不能面譽也。臣生長草野。不曉禁忌。披露肝膽。書不擇言。伏鑕鼎鑊。死不敢恨。謹詣闕奉章。伏待

重誅。書奏。帝復使對尚書。顗對曰。臣聞明王聖主。好聞其過。忠臣孝子。言無隱情。臣備生人倫。視聽之類。而稟性愚戇。不識忌諱。故出忘命。懇懇重言。誠欲陛下修乾坤之德。開日月之明。披圖籍。案經典。覽帝王之務。識先後之政。如有闕遺。退而自改。本文武之業。擬堯舜之道。攘災延慶。號令天下。此誠臣顗區區之願。夙夜夢寤。盡心所計。謹條序前章。暢其旨趣。條便宜七事。且如狀對。其一曰。陵園至重。聖神攸馮。而災火炎赫。迫近寢殿。魂而有靈。猶將驚動。尋宮殿官府。近始永平。歲時未即。便更修造。又西苑之設。禽畜是處。離房別觀。本不常居。而皆當務精土木。營建無已。消功單賄。巨億為計。易內傳曰。人君者奢侈。多飾宮室。其時旱。其災火。是故魯僖遭旱。修政自勑。下鍾鼓之縣。休繕治之官。雖則不寧。而時雨自降。由此言之。天之應人。敏於景響。今月十七日戊午。徵日也。日加申。風從寅來。丑時而止。丑寅申

皆徵也。不有火災。必當為旱。願陛下校計繕修之費。永念百姓之勞。罷將作之官。減彫文之飾。損庖廚之饌。退宴私之樂。易中孚傳曰。陽感天不旋日。如是。則景雲降集。眚沴息矣。其二曰。去年已來。兌卦用事。類多不効。易傳曰。有貌無實。佞人也。有實無貌。道人也。寒溫為實。清濁為貌。今三公皆令色足恭。外厲內荏。以虛事上。無佐國之實。故清濁效而寒溫不效也。是以陰寒侵犯。消息。占曰。日乘則有妖風。日蒙則有地裂。如是三年。則致日食。陰侵其陽。漸積所致。立春前後溫氣應節者。詔令寬也。其後復寒者。無寬之實也。夫十室之邑。必有忠信。率土之人。豈無真賢。未聞朝廷有所賞拔。非所以求善贊務。弘濟元元。宜採納良臣。以助聖化。其三曰。臣聞天道不遠。三五復反。今年少陽之歲。法當乘起。恐後年已往。將遂驚動。涉歷天門。災成戊巳。今春當旱。夏必有水。臣以六日七分候之可知。夫災眚之來。緣類而應。

行有玷缺。則氣逆于天。精感變出。以戒人君。王者之義。時有不登。則損樂徹膳。數年以來。穀收稍減。家貧戶饉。歲不如昔。百姓不足。君誰與足。水旱之災。雖尚未至。然君子遠覽。防微慮萌。老子曰。人之飢也。以其上食稅之多也。故孝文皇帝綈袍革舄。木器無文。約身薄賦。時致升平。今陛下聖德中興。宜遵前典。惟節惟約。天下幸甚。易曰。天道無親。常與善人。是故高宗以享福。宋景以延年。其四曰。臣竊見皇子未立。儲宮無主。仰觀天文。太子不明。熒惑以去年春分後十六日在婁五度。推步三統。熒惑今當在翼九度。今反在柳三度。則不及五十餘度。去年八月二十四日戊辰。熒惑歷輿鬼東入軒轅。出后星北。東去四度。北旋復還。軒轅者。後宮也。熒惑者。至陽之精也。天之使也。而出入軒轅。繞還往來。易曰。天垂象。見吉凶。其意昭然可見矣。禮。天子一娶九女。嫡媵畢具。今宮人侍御。動以千計。或生而幽隔。人道不通。

鬱積之氣上感皇天故遣熒惑入軒轅理人倫垂象見異以悟主上昔武王下車出傾宮之女表商容之閭以理人倫以表賢德故天授以聖子成王是也今陛下多積宮人以違天意故皇胤多夭嗣體莫寄詩云敬天之怒不敢戲豫方今之福莫若廣嗣廣嗣之術可不深思宜簡出宮女恣其姻嫁則天自降福子孫千億惟陛下丁寧再三留神於此左右貴倖亦宜惟臣之言以悟陛下蓋善言古者合於今善言天者合於人願訪問百僚有違臣言者臣當受苟言之罪其五曰臣竊見去年閏十月十七日己丑夜有白氣從西方天苑趨左足入玉井數日乃滅春秋曰有星孛于大辰大辰者何大火也大火為大辰罰又為大辰北極亦為大辰所以孛一宿而連三宿者言北辰王者之宮也凡中宮無節政教亂逆威武衰微則此三星以應之也罰者白虎其宿主兵其國趙魏變見西方亦應三輔凡金氣為變發在秋節臣恐立秋以後趙魏關西將有羌寇畔戾之患宜豫宣告諸郡使敬授人時輕徭役薄賦斂勿妄繕起堅倉獄備守衛回選賢能以鎮撫之金精之變責歸上司宜以五月丙午遣太尉服干戚建井旟書玉板之策引白氣之異於西郊責躬求愆謝咎皇天消滅妖氣蓋以火勝金轉禍為福也其六曰臣竊見今月十四日乙卯巳時白虹貫日凡日傍氣色白而純者名為虹貫日中者侵太陽也見於春者政變常也方今中官外司各各考事其所考者或非急務又恭陵火災主名未立多所收捕備經考毒尋火為天戒以悟人君可順而不可違可敬而不可慢陛下宜恭己內省以備後災凡諸考案并須立秋又易傳曰公能其事序賢進士後必有喜反之則白虹貫日以甲乙見者則譴在中台自司徒居位陰陽多謬久無虛已進賢之策天下興議異人同咨且立春以來金氣再見金能勝木必有兵氣宜

黜司徒以應天意陛下不早攘之將負臣言遺患百姓其七曰臣伏惟漢興以來三百三十九歲於詩三基高祖起亥仲二年今在戌仲十年詩氾歷樞曰卯酉為革政午亥為革命神在天門出入候聽言神在戌亥司候帝王興衰得失厥善則昌厥惡則亡於易雄雌秘歷今值困乏凡九二困者衆小人欲共困害君子也經曰困而不失其所其唯君子乎唯獨賢聖之君遭困遇險能致命遂志不去其道陛下乃者潛龍養德幽隱屈厄即位之元紫宮驚動歷運之會時氣已應然猶恐妖祥未盡君子思患而豫防之臣以為戊仲已竟來年入季文帝改法除肉刑之罪至今適三百載宜因斯際大蠲法令官名稱號輿服器械事有所更變大為小去奢就儉機衡之政除煩為簡改元更始招求幽隱舉方正徵有道博採異謀開不諱之路臣陳引際會恐犯忌諱書不盡言未敢究暢臺詰顗曰對云白虹貫日政變常也朝廷率由舊章何所變易而言變常又言當大蠲法令革易官號或云變常以致災或改舊以除異何也又陽嘉初建復欲改元據何經典其以實對顗對曰方春東作布德之元陽氣開發養導萬物王者因天視聽奉順時氣宜務崇溫柔遵其行令而今立春之後考事不息秋冬之政行乎春夏故白虹春見掩蔽日曜凡邪氣乘陽則虹蜺在日斯皆臣下執事刻急所致殆非朝廷優寬之本此其變常之咎也又今選舉皆歸三司非有周召之才而當則哲之重每有選用輒參之掾屬公府門巷賓客填集送去迎來財貨無已其當遷者競相薦謁各遣子弟充塞道路開長姦門興致浮偽非所謂率由舊章也尚書職在機衡宮禁嚴密私曲之意羌不得通偏黨之恩或無所用選舉之任不如還在機密臣誠愚戇不知折中斯固遠近之論當今之宜又孔氏曰漢三百載計歷改憲三百四歲為一德五德千五

百二十歲五行更用王者隨天譬猶自春徂夏改青服絳者也自文帝省刑適三百年而輕微之禁漸已殷積王者之法譬猶江河當使易避而難犯也故易曰易則易知簡則易從易簡而天下之理得矣今去奢即儉以先天下改易名號隨事稱謂易曰君子之道或出或處同歸殊塗一致百慮是知變常而善可以除災變常而惡必致於異今年仲竟來年入季仲終季始歷運變改故可改元所以順天道也臣顗愚蔽不足以荅聖問顗又上書薦黃瓊李固并陳消災之術曰臣前對七事要政急務宜於今者所當施用誠知愚淺不合聖聽人賤言廢當受誅罰征營惶怖靡知厝身臣聞刳舟剡楫將欲濟江海也聘賢選佐將以安天下也昔唐堯在上群龍為用文武創德周召作輔是以能建天地之功增日月之耀者也詩云赫赫王命仲山甫將之邦國若否仲山甫明之宣王是賴以致雍熙陛下踐祚以來

勤心眾政而三九之位未見其人是以災害屢臻四國未寧臣考之國典驗之聞見莫不以得賢為功失士為敗且賢者出處翔而後集爵以德進則其情不苟然後使君子恥貧賤而樂富貴矣若有德不報有言不酬來無所樂進無所趨則皆懷歸藪澤修其故志矣夫求賢者上以承天下以為人不用之則逆天統違人望逆天統則災眚降違人望則化不行災眚降則下呼嗟化不行則君道虧四始之缺五際之厄其咎如此豈可不剛健篤實矜矜慄慄以守天功盛德大業乎臣見光祿大夫江夏黃瓊耽道樂術清亮自然被褐懷寶含味經籍又果於從政明達變復朝廷前加優寵賓于上位瓊入朝日淺謀謨未就因以喪病致命遂志老子曰大音希聲大器晚成善人為國三年乃立天下莫不嘉朝廷有此良人而復怪其不時還任陛下宜隆崇之恩極養賢之禮徵反京師以慰天下又處士漢中李固年

四十通游夏之藝履顏閔之仁絜白之節情同皦日忠貞之操好是正直卓冠古人當世莫及元精所生王之佐臣天之生固必為聖漢宜蒙特徵以示四方夫有出倫之才不應限以官次昔顏子十八天下歸仁子奇稚齒化阿有聲若還瓊徵固任以時政伊尹傅說不足為比則可垂景光致休祥矣臣顗明不知人伏聽眾言百姓所歸臧否共歎顗訊問百僚咸其名行有一不合則臣為欺國惟留聖神不以人廢言謹復條便宜四事附奏於左其一曰孔子作春秋書正月者敬歲之始也王者則天之象因時之序宜開發德號爵賢命士流寬大之澤垂仁厚之德順助元氣含養庶類如此則天文昭爛星辰顯列五緯循軌四時和睦不則太陽不光天地溷濁時氣錯逆霾霧蔽日自立春以來累經旬朔未見仁德有所施布但聞罪罰考掠之聲夫天之應人疾於景響而自從入歲常有蒙氣月不舒光日不宣曜

日者太陽以象人君政變於下日應於天清濁之占隨政抑揚天之見異事無虛作豈獨陛下倦於萬機帷幄之政有所闕歟何天戒之數見也臣願陛下發揚乾剛援引賢能勤求機衡之寄以獲斷金之利臣之所陳輒以太陽為先者明其不可久闇急當改正其異雖微其事甚重臣言雖約其旨甚廣惟陛下乃眷臣章深留明思其二曰孔子曰雷之始發大壯始君弱臣彊從解起今月九日至十四日大壯用事消息之卦也於此六日之中雷當發聲發聲則歲氣和王道興也易曰雷出地奮豫先王以作樂崇德殷薦之上帝雷者所以開發萌芽辟陰除害萬物須雷而解資雨而潤故經曰雷以動之雨以潤之王者崇寬大順春令則雷應節不則發動於冬當震反潛故易傳曰當雷不雷太陽弱也今蒙氣不除日月變色則其效也天網恢恢疏而不失隨時進退應政得失大人者與天地合其德與日月合

其明璇璣動作與天相應雷者號令其德生養號令殆廢當生而殺則雷反作其時無歲陛下若欲除災昭祉順天致和宜察臣下尤酷害者亟加斥黜以安黎元則大皓悅和雷聲乃發其三曰去年十月二十日癸亥太白與歲星合於房心太白在北歲星在南相離數寸光芒交接房心者天帝明堂布政之宮孝經鉤命決曰歲星守心年穀豐尚書洪範記曰月行中道移節應期德厚受福重華留之重華者謂歲星在心也今太白從之交合明堂金木相賊而反同合此以陰陵陽臣下專權之異也房心東方其國主宋石氏經曰歲星出左有年出右無年今金木俱東歲星在南是為出右恐年穀不成宋人飢也陛下宜審詳明堂布政之務然後妖異可消五緯順序矣其四曰易傳曰陽無德則旱陰僭陽亦旱陽無德者人君恩澤不施於人也陰僭陽者祿去公室臣下專權也自冬涉春訖無嘉澤數有西風反逆時節朝廷勞心廣為禱祈薦祭山川暴龍移市臣聞皇天感物不為偽動災變應人要在責己若令雨可請降水可禳止則歲無隔并太平可待然而災害不息者患不在此也立春以來未見朝廷賞錄有功表顯有德存問孤寡賑恤貧弱而但見洛陽都官奔車東西收繫纖介牢獄充盈臣聞恭陵火燹比有光曜明此天災非人之咎丁丑大風掩蔽天地風者號令天之威怒皆所以感悟人君忠厚之戒又連月無雨將害宿麥若一穀不登則飢者十三四矣陛下誠宜廣被恩澤貸贍元元昔堯遭九年之水人有十年之蓄者簡稅防災為其方也願陛下早宣德澤以應天功若臣言不用朝政不改者夏之後乃有澍雨於今之際未可望也若政變於朝而天不雨則臣為誣上愚不知量分當鼎鑊書奏特詔拜郎中辭病不就

陽嘉三年河南三輔大旱五穀災傷天子親自露坐請雨又禱祀名山大澤以尚書周舉才學優深特下策問曰朕以不德仰承三統夙興夜寐思協大中頃年以來旱災屢應稼穡焦枯民食困乏五品不訓王澤未流群司素餐據非其位審所貶黜變復之徵厥効何由分別具對勿有所諱舉對曰臣聞天尊地卑乾坤以定易稱二儀交構乃生萬物萬物之中以人為貴故聖人養之以君成之以化順四時之宜適陰陽之和使男女婚娶不過其時包之以仁恩導之以德教示之以災異訓之以嘉祥此先聖承乾養物之始也夫陰陽閉隔則二氣否塞二氣否塞則人物不昌人物不昌則風雨不時風雨不時則水旱成災陛下處唐虞之位未行堯舜之政近廢文帝光武之法而循亡秦奢侈之欲內積怨女外有曠夫今皇嗣不興東宮未立傷和逆理斷絕人倫之所致也非但陛下行此而已豎宦之人亦復虛以形埶威侮良家取女閉之至有白首歿無配偶逆於天心昔武王入殷出傾宮之女成湯遭災以六事剋己魯僖遇旱而自責祈雨皆以精誠轉禍為福自枯旱以來彌歷年歲未聞陛下改過之効徒勞至尊暴露風塵誠無益也又下州郡祈神致請昔齊有大旱景公欲祀河伯晏子諫曰不可夫河伯以水為城國魚鼈為民庶水盡魚枯豈不欲雨自是不能致也陛下所行但務其華不尋其實猶緣木求魚卻行求前誠宜推信革政崇道變惑出後宮不御之女理天下冤枉之獄除太官重膳之費夫五品不訓責在司徒有非其位宜急黜斥臣自藩外擢典納言學薄智淺不足以對易傳曰陽感天不旋日惟陛下留神裁察因召見舉及尚書令成翊世僕射黃瓊問以得失舉等並對以為宜慎官人去斥貪汙離遠佞邪循文帝之儉尊孝明之教則時雨必應帝曰百官貪汙佞邪者為誰乎舉獨對曰臣從下州超備機密不足以別群臣然公卿大臣數有直言者忠貞也阿諛

苟容者，佞邪也。司徒視事六年，未聞有忠言異謀，愚心在此。其後以事免。司徒劉崎遷舉司隸校尉。

舉爲諫議大夫。時帝召於顯親殿，問以變眚。舉對曰：陛下初立，遵脩舊典，興化致政，遠近肅然。頃年以來，稍違於前，朝多寵倖，祿不序德。觀天察人，準今方古，誠可危懼。書曰：僭恒暘若。夫僭差無度，則言不從而下不正；陽無制，則上擾下竭。宜密嚴敕州郡，察彊宗大姦，以時禽討。

順帝時大旱。尚書僕射黃瓊上疏曰：昔魯僖遇旱，以六事自讓，躬節儉，閉女謁，放讒佞者十三人，誅稅民受貨者九人，退舍南郊，天立大雨。今亦宜顧省政事，有所損闕，務存質儉，以易民聽。尚方御府息除煩費。明敕近臣，使遵法度，如有不移，示以好惡。數見公卿，引納儒士，訪以政化，使陳得失。又因徒尚積，多致死亡，亦足以感傷和氣，招降

災旱。若改敝從善，擇用嘉謀，則災消福至矣。

太史令張衡以政事漸損，權移於下，因上疏陳事曰：伏惟陛下宣哲克明，繼體承天，中遭傾覆，龍德泥蟠。今乘雲高躋，磐桓天位，誠所謂將隆大位，必先倥偬之也。親履艱難者知下情，備經險易者達物僞。故能一貫萬機，靡所疑惑，百揆允當，庶績咸熙，宜獲福祉神祇，受譽黎庶。而陰陽未和，災眚屢見，神明幽遠，冥鑒在茲。福仁禍淫，景響而應，因德降休，乘失致咎，天道雖遠，吉凶可見，近世鄭蔡江樊周廣王聖，皆爲效矣。故恭儉畏忌，必蒙祉祚；奢淫諂慢，鮮不夷戮。前事不忘，後事之師也。夫情勝其性，流遁忘反，豈唯不肖，中才皆然。苟非大賢，不能見得思義，故積惡成釁，罪不可解也。向使能瞻前顧後，援鏡自戒，則何陷於凶患乎？貴寵之臣，衆所屬仰，其有愆尤，上下知之。褒美譏惡，有心皆同，故怨讟溢乎四海，神明降其禍辟也。頃年雨常不足，思求所失，則洪範所謂僭恒暘若者也。懼群臣奢侈，昏踰典式，自下逼上，用速咎徵。又前年京師地震土裂，裂者威分，震者人擾也。君以靜唱，臣以動和，威自上出，不趣於下，禮之政也。竊懼聖思厭倦，制不專己，恩不忍割，與衆共威。威不可分，德不可共。洪範曰：臣有作威作福玉食，害于而家，凶于而國。天鑒孔明，雖疏不失。災異示人，前後數矣，而未見所革，以復往悔。自非聖人，不能無過。願陛下思惟所以稽古率舊，勿令刑德八柄不由天子。若恩從上下，事依禮制，禮制脩則奢僭息，事合宜則無凶咎。然後神望允塞，災消不至矣。

桓帝延熹間，火災。陳蕃、劉智茂上疏諫曰：古之火皆君弱臣強，極陰之變也。前始春而獄刑慘，故火不炎上。前入春節，連寒木冰，暴風折樹。又八九州郡並言隕霜殺菽。春秋晉執季孫行父，木爲之冰。夫氣弘則景星見，化錯則五星開日月蝕。災爲已然，異爲方來，恐卒有變，

必於三朝。唯善政可以已之。願察臣前言，不棄愚忠，則元元幸甚。書奏不省。

太史令上言客星經帝坐。帝密以問侍中爰延，延因上封事曰：臣聞天子尊無爲上，故天以爲子，位臨臣庶，威重四海。動靜以禮，則星辰順序；意有邪僻，則晷度錯違。陛下以河南尹鄧萬有龍潛之舊，封爲通侯，恩重公卿，惠豐宗室。加頃引見，與之對博，上下媟黷，有虧尊嚴。臣聞之，帝左右者，所以咨政德也。故周公戒成王曰：其朋其朋，言慎所與也。昔宋閔公與彊臣共博，列婦人於側，積此無禮，以致大災。武帝與幸臣李延年、韓嫣同卧起，尊爵重賜，情欲無厭，遂生驕淫之心，行不義之事，卒延年被戮，嫣伏其辜。夫愛之則不覺其過，惡之則不知其善，所以事多放濫，物情生怨。故主者賞人，必酬其功；爵人，以甄其德。善人同處，則日聞嘉訓；惡人從游，則日生邪情。孔子曰：益者三

友損者三友邪臣惑君亂妾危主以非所言則悅於耳以非所行則翫於目故令人君不能遠之仲尼曰唯女子與小人爲難養近之則不遜遠之則怨蓋聖人之明戒也昔光武皇帝與嚴光俱寢上天之異其夕即見夫以光武之聖德嚴光之高賢君臣合道尚降此變豈況陛下今所親幸以賤爲貴以卑爲尊哉惟陛下遠讒諛之人納謇謇之士除左右之權寤宦官之敎使積善日熙佞惡消殄則乾災可除帝省其奏

時宦官專朝政刑暴濫又比失皇子災異尤數延熹九年襄楷自家詣闕上疏曰臣聞皇天不言以文象設敎堯舜雖聖必歷象日月星辰察五緯所在故能享百年之壽爲萬世之法臣切見去歲五月熒惑入太微犯帝座出端門不軌常道其閏月庚辰太白入房犯心小星震動中耀中耀天王也傍小星者天王子也夫太微天廷五帝之坐而金火罰星揚光其中於占天子凶又俱入房心法無繼嗣今年歲星久守太微逆行西至掖門還切執法歲爲木精好生惡殺而淹留不去者咎在仁德不修誅罰太酷前七年十二月熒惑與歲星俱入軒轅逆行四十餘日而鄧皇后誅其冬大寒殺鳥獸害魚鼈城傍竹柏之葉有傷枯者臣聞於師曰柏傷竹枯不出三年天子當之今洛陽城中人夜無故叫呼云有火光人聲正讙於占亦與竹柏枯同自春夏以來連有霜雹及大雨雷而臣作威作福刑罰急刻之所感也太原太守劉瓆南陽太守成瑨志除姦邪其所誅翦皆合人望而陛下受閹豎之譖乃遠加考逮三公上書乞哀瓆等不見採察而嚴被譴讓憂國之臣將遂杜口矣臣聞殺無罪誅賢者禍及三世自陛下即位以來頻行誅罰梁寇孫鄧並見族滅其從坐者又非其數李雲上書明主所不當諱杜衆乞死諒以感悟聖朝曾無赦宥而并被

殘戮天下之人咸知其冤漢興以來未有拒諫誅賢用刑太深如今者也永平舊典諸當重論皆須冬獄先請後刑所以重人命也頃數十歲以來州郡翫習又欲避請讞之煩輒託疾病多死牢獄長吏殺生自己死者多非其罪魂神冤結無所歸訴淫厲疾疫皆此而起昔文王一妻誕致十子今宮女數千未聞慶育宜修德省刑以廣螽斯之祚又七年六月十三日河內野王山上有龍死長可數十丈扶風有星隕爲石聲聞三郡夫龍形狀不一小大無常故周易況之大人帝王以爲符瑞或聞河內龍死諱以爲蛇夫龍能變化蛇亦有神皆不當死昔秦之將衰華山神操璧以授鄭客曰今年祖龍死始皇逃之死於沙丘王莽天鳳二年訛言黃山宮有死龍之異後漢誅莽光武復興虛言猶然況於實邪夫星辰麗天猶萬國之附王者也下將畔上故星亦畔天石者安類墜者失埶春秋五石隕宋其後襄公爲楚所執秦之亡也石隕東郡今隕扶風與先帝園陵相近不有大喪必有畔逆案春秋以來及古帝王未有河清及學門自壞者也臣以河者諸侯位也清者屬陽濁者屬陰河當濁而反清者陰欲爲陽諸侯欲爲帝也太學天子敎化之宮其門無故自壞者言文德將喪敎化廢也京房易傳曰河水清天下平今天垂異地吐妖人癘疫三者並時而有河清猶春秋麟不當見而見孔子書之以爲異也臣前上琅邪宮崇受干吉神書不合明聽臣聞布穀鳴於孟夏蟋蟀吟於始秋物有微而志信人有賤而言忠臣雖至賤誠願賜清閒極盡所言書奏不省十餘日復上書曰臣伏見太白北入數日復出東方其占當有大兵中國弱四夷彊臣又推步熒惑今當出而潛必有陰謀皆由獄多冤結忠臣被戮德星所以久守執法亦爲此也陛下宜承天意理察冤獄爲劉瓆成瑨虧除罪辟追錄李雲杜衆等子孫夫天子

事天不孝。則日食星鬬。比年日食於正朔。三光不明。五緯錯戾。前者宮崇所獻神書。專以奉天地順五行為本。亦有興國廣嗣之術。其文易曉。參同經典。而順帝不行。故國胤不興。孝沖孝質頻世短祚。臣又聞之。得主所好。自非正道。神為生虐。故周衰。諸侯以力征相尚。於是夏育申休宋萬彭生任鄙之徒。生於其時。殷紂好色。妲己是出。葉公好龍。真龍游廷。今黃門常侍。天刑之人。陛下愛待。兼倍常寵。係嗣未兆。豈不為此。天官宦者星不在紫宮而在天市。明當給使主市里也。今乃反處常伯之位。實非天意。又聞宮中立黃老浮屠之祠。此道清虛。貴尚無為。好生惡殺。省慾去奢。今陛下嗜欲不去。殺罰過理。既乖其道。豈獲其祚哉。或言老子入夷狄為浮屠。浮屠不三宿桑下。不欲久生恩愛。精之至也。天神遺以好女。浮屠曰。此但革囊盛血。遂不眄之。其守一如此。乃能成道。今陛下婬女豔婦。極天下之麗。甘肥飲美。

殫天下之味。柰何欲如黃老乎。書上。即召詣尚書問狀。楷曰。臣聞古者本無宦臣。武帝末。春秋高。數游後宮。始置之耳。後稍見任。至於順帝。遂益繁熾。今陛下爵之十倍於前。至今無繼嗣者。豈獨好之而使之然乎。尚書上其對。詔下有司處正。

楊秉為侍中尚書。帝時微行。私過幸河南尹梁胤府舍。是日大風拔樹晝昏。秉因上疏諫曰。臣聞瑞由德至。災應事生。傳曰。禍福無門。唯人所召。天不言語。以災異譴告。是以孔子迅雷風烈。必有變動。詩云。敬天之威。不敢驅馳。王者至尊。出入有常。警蹕而行。靜室而止。自非郊廟之事。則鑾旗不駕。故詩稱自郊徂宮。易曰王假有廟。致孝享也。諸侯如臣之家。春秋尚列其誡。況以先王法服而私出槃游。降亂尊卑。等威無序。侍衛守空宮。璽委女妾。設有非常之變。任章之謀。上負先帝。下悔靡及。臣弈世受恩。得備納言。又以薄學充在講勸。特蒙

哀識。見照日月。恩重命輕。義使士死。敢憚摧折。略陳其愚。

時連歲饑荒。災異數見。劉陶時游太學。上疏曰。臣聞人非天地無以生。天地非人無以為靈。是故帝非人不立。人非帝不寧。夫天之與帝。帝之與人。猶頭之與足。相須而行也。伏惟陛下年隆德茂。中天稱號。襲常存之慶。循不易之制。目不視鳴條之事。耳不聞檀車之聲。天災不有痛於肌膚。震食不即損於聖體。故蔑三光之謬。輕上天之怒。伏念高祖之起。始自布衣。拾暴秦之敝。追亡周之鹿。合散扶傷。克成帝業。功既顯矣。勤亦至矣。流福遺祚。至於陛下。陛下既不能增明烈考之軌。而忽高祖之勤。妄假利器。委授國柄。使群醜刑隸。芟刈小民。彫敝諸夏。虐流遠近。故天降眾異。以戒陛下。陛下不悟。而競令虎豹窟於麑場。豺狼乳於春囿。斯豈唐咨禹稷。益典朕虞。議物賦土蒸民之意哉。又令牧守長吏。上下交競。封豕長蛇。蠶食天下。貨殖者為窮冤

之魂。貧餒者為飢寒之鬼。高門獲東觀之辜。豐室羅妖叛之罪。死者悲於窀穸。生者戚於朝野。是愚臣所為咨嗟長懷歎息也。且秦之將亡。正諫者誅。諛進者賞。嘉言結於忠舌。國命出於讒口。擅閻樂於咸陽。授趙高以車府。權去已而不知。威離身而不顧。古今一揆。成敗同埶。願陛下遠覽強秦之傾。近察哀平之變。得失昭然。禍福可見。臣又聞危非仁不扶。亂非智不救。故武丁得傅說。以消鼎雉之災。周宣用申甫。以濟夷厲之荒。竊見故冀州刺史南陽朱穆。前烏桓校尉臣同郡李膺。皆履正清平。貞高絕俗。穆前在冀州。奉憲操平。摧破奸黨。掃清萬里。膺歷典牧守。正身率下。及掌戎馬。威揚朔北。斯實中興之良佐。國家之柱臣也。宜還本朝。挾輔王室。上齊七曜。下鎮萬國。臣敢吐不時之義於諱言之朝。猶冰霜見日。必至消滅。臣始悲天下之可悲。今天下亦悲臣之愚惑也。

永康元年。徵皇甫規為尚書。其夏日食。詔公卿舉賢良方正。下問得失。規對曰。天之於王者。如君之於臣。父之於子也。誡以災妖。使從福祥。陛下八年之中。三斷大獄。一除內嬖。再誅外臣。而災猶見。人情未安者。殆賢愚進退。威刑所加。有非其理也。前太尉陳蕃劉矩。忠謀高世。廢在里巷。劉祐馮緄趙典尹勳。正直多怨。流放家門。李膺王暢孔翊。絜身守禮。終無宰相之階。至於鉤黨之釁。事起無端。虐賢傷善。哀及無辜。今興改善政。易於覆手。而群臣杜口。鑒畏前害。互相瞻顧。莫肯正言。伏願陛下暫留聖明。容受謇直。則前責可弭。後福必降。對奏不省。

歷代名臣奏議卷之二百九十六

歷代名臣奏議卷之二百九十七

災祥

漢靈帝建寧二年。青蛇見御坐軒前。又大風雨雹霹靂拔樹。詔使百僚各言災應。大司農張奐上疏曰。臣聞風為號令。動物通氣。木生於火。相須乃明。蛇能屈伸。配龍騰蟄。順至為休徵。逆來為殃咎。陰氣專用。則凝精為雹。故大將軍竇武。太傅陳蕃。或志寧社稷。或方直不回。前以讒勝。並伏誅戮。海內默默。人懷震憤。昔周公葬不如禮。天乃動威。今武蕃忠貞。未被明宥。災眚之來。皆為此也。宜急為改葬。徙還家屬。其從坐禁錮。一切蠲除。又皇太后雖居南宮。而恩禮不接。朝臣莫言。遠近失望。宜思大義顧復之報。天子深納奐言。

謝弼亦上封事曰。臣聞和氣應於有德。妖異生乎失政。上天告譴。則王者思其愆。政道或虧。則姦臣當其罰。夫蛇者。陰氣所生。鱗者。甲兵之符也。鴻範傳曰。厥極弱。時則有蛇龍之孽。又熒惑守亢。裴回不去。法有近臣謀亂。發於左右。不知陛下所與從容帷幄之內。親信者為誰。宜急斥黜。以消天戒。臣又聞惟虺惟蛇。女子之祥。伏惟皇太后定策宮闈。援立聖明。書云。父子兄弟。罪不相及。竇氏之誅。豈宜咎延太后。幽隔空宮。愁感天心。如有霧露之疾。陛下當何面目以見天下。昔周襄不能敬事其母。戎狄遂至交侵。孝和皇帝不絕竇后之恩。前世以為美談。禮為人後者為之子。今以桓帝為父。豈得不以太后為母哉。援神契曰。天子行孝。四夷和平。方今邊境日蹙。兵革蜂起。自非孝道。何以濟之。願陛下仰慕有虞烝烝之化。俯思凱風慰母之念。臣又聞爵賞之設。必酬庸勳。開國承家。小人勿用。功臣久外。未蒙爵秩。阿母寵私。乃享大封。大風雨雹。亦由於茲。又故太傅陳蕃勤身王室。夙夜匪懈。而見陷群邪。一旦誅滅。其為酷濫。駭動天下。而門生故吏。並離從錮蓄身已往。人百何贖。宜還其家屬。解除禁綱。夫台宰重器。國命所寄。今之四公。惟司空劉寵斷斷守善。餘皆素餐致寇之人。（四公。謂劉矩爲太尉。許訓爲司徒。胡廣爲太傅。及寵也。）必有折足覆餗之凶。可因災異並加罷黜。徵故司空王暢、長樂少府李膺並居政事。庶災變可消。國祚惟永。臣山藪頑闇。未達國典。策曰無有所隱。敢不盡愚。用忘忌諱。伏惟陛下裁其誅罰。

熹平元年。青蛇見御坐。帝以問少府光祿勳楊賜。賜上封事曰。臣聞和氣致祥。乖氣致災。休徵則五福應。咎徵則六極至。夫善不妄來。災不空發。王者心有所惟。意有所想。雖未形顏色。而五星以之推移。陰陽爲其變度。以此而觀。天之與人。豈不符哉。尚書曰。天齊乎人。假我一日。是其明徵也。夫皇極不建。則有蛇龍之孽。詩云。惟虺惟蛇。女子之祥。故春秋兩蛇鬬於鄭門。昭公殆以女敗。康王一朝晏起。關雎見幾而作。夫女謁行則讒夫昌。讒夫昌則苞苴通。故殷湯以之自戒。終濟亢旱之災。惟陛下思乾剛之道。別內外之宜。崇帝乙之制。受元吉之祉。抑皇甫之權。割豔妻之愛。則蛇變可消。禎祥立應。殷戊、宋景。其事甚明。

光和元年。虹蜺晝降嘉德殿前。帝惡之。引賜及議郎蔡邕等入金商門崇德署。使中常侍曹節、王甫問以祥異禍福所在。賜仰天歎謂節等曰。吾每讀張禹傳。未嘗不憤恚歎息。既不能竭忠盡情。極言其要。而反留意少子。乞還女壻。朱雲欲得尚方斬馬劍以理之。固其宜也。吾以微薄之學。充先師之末。累世見寵。無以報國。猥當大問。死而後已。乃書對曰。臣聞之經傳。或得神以昌。或得神以亡。國家休明。則鑒其德。邪辟昏亂。則視其禍。今殿前之氣。應爲虹蜺。皆妖邪所生。不正之象。詩人所謂蝃蝀者也。於中孚經曰。蜺之比無德。以色親。方今內

多嬖倖。外任小臣。上下並怨。謹譁盈路。是以災異屢見。前後丁寧。今復投蜺。可謂孰矣。案春秋讖曰。天投蜺。天下怨。海內亂。加四百之期亦復垂及。昔虹貫牛山。管仲諫桓公無近妃宮。易曰。天垂象。見吉凶。聖人則之。今妾媵嬖人、閹尹之徒。共專國政。欺罔日月。又鴻都門下。招會群小。造作賦說。以蟲篆小技。見寵於時。如驩兜、共工。更相薦說。旬月之間。並各拔擢。樂松處常伯。任芝居納言。郤儉、梁鵠俱以便辟之性。佞辯之心。各受封爵不次之寵。而令搢紳之徒委伏畎畝。口誦堯舜之言。身蹈絕俗之行。棄捐溝壑。不見逮及。冠履倒易。陵谷代處。從小人之邪意。順無知之私欲。不念板蕩之作。虺蜴之誡。殆哉之危。莫過於今。幸賴皇天垂象譴告。周書曰。天子見怪則修德。諸侯見怪則修政。卿大夫見怪則修職。士庶人見怪則修身。惟陛下慎經典之誡。圖變復之道。斥遠佞巧之臣。速徵鶴鳴之士。內親張仲。外任山甫。斷絕尺一。抑止槃遊。留思庶政。無敢怠遑。冀上天還威。衆變可弭。老臣過受師傅之任。數蒙寵異之恩。豈敢愛惜垂沒之年。而不盡其慺慺之心哉。

張文上論災異疏曰。春秋義曰。蝗者貪擾之氣所生。天意若曰。貪狼之人。蠶食百姓。若蝗食禾稼而擾萬民。獸齧人者。象暴政若獸而齧人。京房易傳曰。小人不義而反尊榮。則虎食人。辟歷殺人。亦象暴政妄有喜怒。政以賄成。刑放於寵。推類叙意。探指求原。皆象群下貪狼威教妄施。或苦蝗蟲。宜勑正衆邪。清審選舉。退屏貪暴。魯僖公小國諸侯。勑政脩己。斥退邪臣。尚獲其報。六月甚雨之應。豈況萬乘之主。脩善求賢。宜舉敦朴。以輔善政。陛下體堯舜之聖。秉獨見之明。恢太平之業。敦經好學。流布遠近。可留須臾神慮。則可致太平。招休徵矣。

靈帝特詔問曰。比災變互生。未知厥咎。朝廷焦心。載懷恐懼。每訪群

公卿士庶開忠言而各存括囊莫肯盡心議郎蔡邕經學深奧故密特稽問宜披露失得指陳政要勿有依違自生疑諱具對經術以皂囊封上邕對曰臣伏惟陛下聖德允明深悼災咎褒臣末學特垂訪及非臣螻蟻所能堪副斯誠輸寫肝膽出命之秋豈可以顧患避害使陛下不聞至戒哉臣伏思諸異皆亡國之怪也天於大漢殷勤不已故屢出祅變以當譴責欲令人君感悟改危即安今災眚之發不於他所遠則門垣近在寺署其為監戒可謂至切蜺墮雞化皆婦人干政之所致也前者乳母趙嬈貴重天下生則貲藏侔於天府死則丘墓踰於園陵兩子受封兄弟典郡續以永樂門史霍玉依阻城社又為姦邪今者道路紛紛復云有程大人者察其風聲將為國患宜高為隄防明設禁令深惟趙霍以為至戒今聖意勤勤思明邪正而聞太尉張顥為玉所進光祿勳姓璋有名貪濁又長水校尉趙玹屯騎校尉蓋升並叨時幸榮富優足宜念小人在位之咎退思引身避賢之福伏見廷尉郭禧純厚老成光祿大夫橋玄聰達方直故太尉劉寵忠實守正並宜為謀主數見訪問夫宰相大臣君之四體委任責成優劣已分不宜聽納小吏雕琢大臣也又尚方工技之作鴻都篇賦之文可且消息以示惟憂詩云畏天之怒不敢戲豫天戒誠不可戲也宰府孝廉士之高選近者以辟召不慎切責三公而今並以小文超取選舉開請託之門違明王之典衆心不厭莫之敢言臣願陛下忍而絕之思惟萬機以荅天望聖朝既自約厲左右近臣亦宜從化人自抑損以塞咎戒則天道虧滿鬼神福謙矣臣以愚贛感激忘身敢觸忌諱手書具對夫君臣不密上有漏言之戒下有失身之禍願寢臣表無使盡忠之吏受怨姦仇章奏帝覽而歎息

邕又應詔上災異疏曰詔問踐祚以來災眚屢見頻歲日蝕地動風雨不時疫癘流行勁風折樹河雒盛溢臣聞陽微則日蝕陰盛則地震思亂則風貌失則雨視闇則疾簡宗廟則水不潤下川流滿溢明君臣正上下抑陰尊陽修五事於聖躬致精慮於災禦其救之也

是年六月丁丑有黑氣墮北宮溫明殿東庭中黑如車蓋起奮迅身五色有頭體長十餘丈形貌似龍上問邕邕對曰所謂天投蜺者也不見足尾不得稱龍易傳曰蜺之比無德以色親也潛潭巴曰虹出后妃陰脅王者又曰五色迭至照于宮殿有兵革之事演孔圖曰天子外苦兵威內奪臣無忠則天投蜺變不空生占不空言意者陛下樞機之內衽席之上獨有以色見進陵尊踰制以昭變象若羣臣有所毁譽聖意低迴未知誰是兵戎未息威權浸移忠言不聞則虹蜺所在生也抑內寵任中正決毁譽分直邪各得其所勤守衛整武備威權之機不以假人則其救也

時頻有雷霆疾風傷樹拔木地震隕雹蝗蟲之害又鮮卑犯境役賦及民六年七月制書引咎誥羣臣各陳政要所當施行邕上封事曰臣伏讀聖旨雖周成遇風訊諸執事宣王遭旱密勿祗畏無以或加臣聞天降災異緣象而至辟歷數發殆刑誅繁多之所生也風者天之號令所以教人也夫昭事上帝則自懷多福宗廟致敬則鬼神以著國之大事實先祀典天子聖躬所當恭事臣自在宰府及備朱衣迎氣五郊而車駕稀出四時致敬屢委有司雖有解除猶為疏廢故皇天不悅顯此諸異鴻範傳曰政悖德隱厥風發屋折木坤為地道易稱安貞陰氣憤盛則當靜反動法為下叛矣權不在上則雹傷物政有苛暴則虎狼食人貪利傷民則蝗蟲損稼去六月二十八日太白與月相迫兵事惡之鮮卑犯塞所從來遠今之出師未見其利上違天文下逆人事誠當博覽衆議從其安者臣不勝憤滿謹條宜所

施行七事表左。

一。明堂月令，天子以四立及季夏之節迎五帝於郊，所以導致神氣，祈福豐年。清廟祭祀，追往孝敬，養老辟雍，示人禮化，皆帝者之大業，祖宗所祗奉也。而有司數以蕃國疏喪，宮內產生，及吏卒小汙，屢生忌故。竊見南郊齋戒，未嘗有廢，至於他祀，輒興異議。豈南郊卑而他祀尊哉。孝元皇帝策書曰：禮之至敬，莫重於祭，所以竭心親奉，以致肅祗者也。又元和故事，復申先典。前後制書，推心懇惻。而近者以來，更任太史。忘禮敬之大，任禁忌之書，拘信小故，以虧大典。禮，妻妾產者，齋則不入側室之門，無廢祭之文也。所謂宮中有卒，三月不祭者，謂士庶人數堵之室，共處其中耳，豈謂皇居之曠，臣妾之衆哉。自今齋制宜如故，庶答風霆災妖之異。

一。臣聞國之將興，至言數聞，內知己政，外見人情。是故先帝雖有聖明之姿，而猶廣求得失。又因災異，援引幽隱，重賢良方正敦朴有道之選，危言極諫不絕於朝。陛下親政以來，頻年災異，而未聞特舉選博之旨。誠當思省述脩舊事，使抱忠之臣展其狂直，以解易傳政悖德隱之言。

一。夫求賢之道未必一塗，或以德顯，或以言揚。頃者立朝之士，曾不以忠信見賞，恆被謗訕之誅，遂使群下結口，莫圖正辭。郎中張文前獨盡狂言，聖聽納受，以責三司，臣子曠然，衆庶解悅。臣愚以為宜擢文右職，以勸忠謇，宣聲海內，博開政路。

一。夫司隸校尉、諸州刺史所以督察姦枉，分別白黑者也。伏見幽州刺史楊憙、益州刺史龐芝、涼州刺史劉虔，各有奉公疾姦之心。憙等所糾，其效尤多。餘皆枉橈，不能稱職。或有抱罪懷瑕，與

下同疾，綱網弛縱，莫相舉察，公府臺閣亦復默然。五年制書，議遣八使，又令三公謠言奏事。是時奉公者欣然得志，邪枉者憂悸失色。未詳斯議，所因寢息。昔劉向奏曰：夫執狐疑之計者，開群枉之門；養不斷之慮者，來讒邪之口。今始聞善政，旋復變易，足令海內測度朝政。宜追定八使，糾舉非法，更選忠清，平章賞罰。三公歲盡，差其殿最，使吏知奉公之福，營私之禍，則衆災之原庶可塞矣。

一。臣聞古者取士，必使諸侯歲貢。孝武之世，郡舉孝廉，又有賢良文學之選，於是名臣輩出，文武並興。漢之得人，數路而已。夫書畫辭賦，才之小者，匡國理政，未有其能。陛下即位之初，先涉經術，聽政餘日，觀省篇章，聊以游意，當代博弈，非以教化取士之本。而諸生競利，作者鼎沸。其高者頗引經訓風喻之言，下則連偶俗語，有類俳優；或竊成文，虛冒名氏。臣每受詔於盛化門，差次錄第，其未及者，亦復隨輩皆見拜擢。既加之恩，難復收改，但守奉祿，於義已弘，不可復使理人及仕州郡。昔孝宣會諸儒於石渠，章帝集學士於白虎，通經釋義，其事優大，文武之道，所宜從之。若乃小能小善，雖有可觀，孔子以為致遠則泥，君子故當志其大者。

一。墨綬長吏，職典理人，皆當以惠利為績，日月為勞。褒責之科，所宜分明。而今在任無復能省，及其還者，多召拜議郎、郎中。若器用優美，不宜處之冗散。如有釁故，自當極其刑誅。豈有伏罪懼考，反求遷轉，更相放效，臧否無章。先帝舊典，未嘗有此，可皆斷絕，以覈真偽。

一。伏見前一切以宣陵孝子者為太子舍人。臣聞孝文皇帝制喪

服三十六日。雖繼體之君，父子至親，公卿列臣受恩之重，皆屈情從制，不敢踰越。今虛偽小人，本非骨肉，既無幸私之恩，又無祿仕之實，惻隱思慕，情何緣生？而群聚山陵，假名稱孝，行不隱心，義無所依，至有姦軌之人通容其中。桓思皇后祖載之時，東郡有盜人妻者亡在孝中，本縣追捕，乃伏其辜。虛偽雜穢，難得勝言。又前至得拜，後輩被遣，或經年陵次，以暫歸見漏，或以人自代，亦蒙寵榮，爭訟怨恨，凶凶道路。太子官屬，宜搜選令德，豈有但取丘墓凶醜之人？其為不祥，莫與大焉。宜遣歸田里，以明詐偽。

光和元年，有日食之異，尚書盧植上封事諫曰：臣聞五行傳曰：晦而月見謂之朓，王侯其舒。此謂君政舒緩，故日食晦也。春秋傳曰：天子避位移時。言其相掩，不過移時。而間者日食自巳過午，既食之後，雲

霧晻曖。比年地震，彗孛互見。臣聞漢以火德，化當寬明。近色信讒，忌之甚者，如火畏水故也。案今年之變，皆陽失陰侵，消禦災凶，宜有其道。謹略陳八事：一曰用良，二曰原禁，三曰禦癘，四曰備寇，五曰修禮，六曰遵堯，七曰御下，八曰散利。用良者，宜使州郡覈舉賢良，隨方委用，責求選舉。原禁者，凡諸黨錮，多非其罪，可加赦恕，申宥回枉。禦癘者，宋后家屬，並以無辜委骸橫尸，不得收葬，疫癘之來，皆由於此。宜勑收拾，以安遊魂。備寇者，侯王之家，賦稅減削，愁窮思亂，必致非常，宜使給足，以防未然。修禮者，應徵有道之人，若鄭玄之徒，陳明洪範，攘服災咎。遵堯者，今郡守刺史一月數遷，宜依黜陟，以章能否，縱不九載，可滿三歲。御下者，請謁希爵，一宜禁塞，遷舉之事，責成主者。散利者，天子之體，理無私積，宜弘大務，蠲略細微。

時連有災異，郎中梁人審忠以為朱瑀等罪惡所感，乃上書曰：臣聞理國得賢則安，失賢則危。故舜有臣五人而天下理，湯舉伊尹，不仁者遠。陛下即位之初，未能萬機，皇太后念在撫育，權時攝政，故中常侍蘇康、管霸應時誅殄。太傅陳蕃、大將軍竇武考其黨與，志清朝政。華容侯朱瑀知事覺露，禍及其身，遂興造逆謀，作亂王室，撞蹋省闥，執奪璽綬，迫脅陛下，聚會群臣，離間骨肉母子之恩，遂誅蕃、武及尹勳等。因共割裂城社，自相封賞，父子兄弟被蒙尊榮，素所親厚布在州郡，或登九列，或據三司。不惟祿重位尊之責，而苟營私門，多蓄財貨，繕修第舍，連里竟巷。盜取御水，以作魚釣，車馬服玩，擬於天家。群公卿士，杜口吞聲，莫敢有言。州牧郡守，承順風旨，辟召選舉，釋賢取愚。故蟲蝗為之生，夷寇為之起。天意憤盈，積十餘年。故頻歲日食於上，地震於下，所以譴戒人主，欲令覺悟，誅鉏無狀。昔高宗以雉雊之變，故獲中興之功。近者神祇啟悟陛下，發赫斯之怒，故王甫父子應

時馘截，路人士女莫不稱善，若除父母之讎。誠怪陛下復忍孽臣之類，不悉殄滅。昔秦信趙高，以危其國；吳使刑人，身遘其禍。虞公抱寶牽馬，魯昭見逐乾侯，以不用宮之奇、子家駒，以至滅辱。今以不忍之恩，赦夷族之罪，姦謀一成，悔亦何及！臣為郎十五年，皆耳目聞見，瑀之所為，誠皇天所不復赦。願陛下留漏刻之聽，裁省臣表，埽滅醜類，以答天怒。與瑀考驗，有不如言，願受湯鑊之誅，妻子并徙，以絕妄言之路。

魏明帝太和中，散騎常侍高堂隆奏：時風不至，而有休廢之氣，必有司不勤職事以失天常也。詔書謙虛引咎，博諮異同。光祿勳和洽上奏：以為民稀耕少，浮食者多。國以民為本，民以穀為命。故費一時之農，則失育命之本。是以先王務蠲煩費，以專耕農。自春夏以來，民窮於役，農業有廢，百姓囂然，時風不至，未必不由此也。消復之術，莫大

於節儉太祖建立洪業奉師徒之費供軍賞之用莫士豐於資食儉府衍於穀帛由不飾無用之宮絕浮華之費方今之要固在息倉煩之役損除他餘之務以為軍戎之儲三邊守禦宜在備豫料賊虛實蓄士養衆算廟勝之策明攻取之謀詳詢衆庶以求厥中若謀不素定輕弱小敵軍入數舉舉而無庸所謂悅武無震古人之誡也

青龍中崇華殿災詔問侍中高堂隆此何咎於禮寧有祈禳之義乎隆對曰夫災變之發皆所以明教誡也惟率禮脩德可以勝之易傳曰上不儉下不節孽火燒其室又曰君高其臺天火為災此人君苟飾宮室不知百姓空竭故天應之以旱火從高殿起也上天降鑒故譴告陛下陛下宜增崇人道以答天意昔大戊有桑穀生於朝武丁有雊雉登於鼎皆聞災恐懼側身脩德三年之後遠夷朝貢故號曰中宗高宗此則前代之明鑒也今案舊占災火之發皆以臺榭宮室

為誡然今宮室之所以充廣者實由宮人猥多之故宜簡擇留其淑懿如周之制罷省其餘此則祖己之所以訓高宗高宗之所以享遠號也詔又問隆吾聞漢武帝時柏梁災而大起宮殿以厭之其義云何隆對曰臣聞西京柏梁既災越巫陳方建章是經以厭火祥乃夷越之巫所為非聖賢之明訓也五行志曰柏梁災其後有江充巫蠱衛太子事如志之言越巫建章無所厭也孔子曰災者脩類應行精祲相感以戒人君是以聖主覩災責躬退而脩德以消復之今宜罷散民役宮室之制務從約節內足以待風雨外足以講禮儀清埽所災之處不敢於此有所立作萐莆嘉禾必生此地以報陛下虔恭之德豈可疲民之力竭民之財實非所以致符瑞而懷遠人也

凌霄闕成鵲巢其上帝以問隆隆對曰詩云維鵲有巢維鳩居之今興宮室起凌霄闕而鵲巢之此宮室未成身不得居之象也天意若曰宮室未成將有他姓制御之斯乃上天之戒也夫天道無親惟與善人不可不深防不可不深慮夏商之季皆繼體也不欽承上天之明命惟讒諂是從廢德適欲故其亡也忽焉太戊武丁覩災竦懼祗承天戒故其興也勃焉今若休罷百役儉以足用增崇德政動遵帝則除普天之所患興兆民之所利三王可四五帝可六豈惟殷宗轉禍為福而已哉臣備腹心苟可以繁祉聖躬以安社稷臣雖灰身破族猶生之年也豈憚忤逆之災而令陛下不聞至言乎於是帝改容動色

時有星孛于大辰隆又上疏曰凡帝王徙都立邑皆先定天地社稷之位敬恭以奉之將營宮室則宗廟為先廐庫為次居室為後今圜丘方澤南北郊明堂社稷神位未定宗廟之制又未如禮而崇飾居室士民失業外人咸云宮人之用與興戎軍國之費所盡略齊民不

堪命皆有怨怒書曰天聰明自我民聰明天明畏自我民明威與人作頌則嚮以五福民怒吁嗟則威以六極言天之賞罰隨民言順民心也是以臨政務在安民為先然後稽古之化格于上下自古及今未嘗不然也夫采椽卑宮唐虞大禹之所以垂皇風也玉臺瓊室夏癸商辛之所以犯昊天也今之宮室實違禮度乃更建立九龍華飾過前天彗章灼始起於房心犯帝坐而干紫微此乃皇天子愛陛下是以發教戒之象始卒皆於尊位殷勤鄭重欲必覺寤陛下斯乃慈父懇切之訓宜崇孝子祗聳之禮以率先天下以昭示後昆不宜有忽以重天怒

帝初治宮室發美女以充後庭數出入弋獵秋大雨震電多殺鳥雀將作大匠楊阜上疏曰臣聞明主在上群下盡辭堯舜聖德求非索諫大禹勤功務卑宮室成湯遭旱歸咎責己周文刑於寡妻以御家

邦。漢文躬行節儉，身衣弋綈，此皆能昭令問，貽厥孫謀者也。伏惟陛下承武皇帝開拓之大業，守文皇帝克終之元緒，誠宜思齊往古聖賢之善治，總觀季世放濫之惡政。所謂善治者，務儉約，重民力也；所謂惡政者，從心恣欲，觸情而發也。惟陛下稽古世代之初所以明赫，及季世所以衰弱至于泯滅，近覽漢末之變，足以動心誡懼矣。曩使桓靈不廢高祖之法，文景之恭儉，太祖雖有神武，於何所施其能邪？而陛下何由處斯尊哉？今吳蜀未定，軍旅在外，願陛下動則三思，慮而後行，重慎出入，以往鑒來，言之若輕，成敗甚重。頃者天雨，又多卒暴，雷電非常，至殺鳥雀。天地神明，以王者爲子也，政有不當，則見災譴。克己內訟，聖人所記。惟陛下慮患無形之外，慎明纖微之初，法漢孝文出惠帝宮人，令得自嫁，頃所調送小女，遠聞不令，宜爲後圖。諸所繕治，務從約節。書曰：九族既睦，協和萬國，事思厥宜，以從中道，精

心計謀，省息費用，吳蜀既定，爾乃上安下樂，九親熙熙，如此以往，祖考心歡，堯舜其猶病諸。今宜開大信於天下，以安衆庶，以示遠人。

齊王即位，曹爽專政，嘗有日食之變，詔羣臣問得失，太尉蔣濟上疏曰：昔大舜佐治，戒在比周；周公輔政，慎於其朋。齊侯問災，晏嬰對以布惠；魯君問異，臧孫答以緩役。應天塞變，乃實人事。今二賊未滅，將士暴露已數十年，男女怨曠，百姓貧苦。夫爲國法度，惟命世大才，乃能張其綱維以垂于後，豈中下之吏所宜改易哉？終無益於治，適足傷民，望宜使文武之臣各守其職，率以清平，則和氣祥瑞可感而致也。

吳大帝時，步騭上疏曰：天子父天母地，故宮室百官，動法列宿，若施政令，欽順時節，官得其人，則陰陽和平，七曜循度。至於今日，官寮多闕，雖有大臣，復不信任，如此天地焉得無變？故頻年枯旱，亢陽之應也。又嘉禾六年五月十四日，赤烏二年正月一日及二十七日，地皆震動。地陰類，臣之象，陰氣盛故動，臣下專政之故也。夫天地見異，所以警悟人主，可不深思其意哉！

西晉武帝泰始四年，以傅玄爲御史中丞。時頗有水旱之災，玄上疏曰：臣聞聖帝明王受命，天時未必無災，是以堯有九年之水，湯有七年之旱，惟能濟之以人事耳。故洪水滔天而免沉溺，野無生草而不困匱。伏惟陛下聖德欽明，時小水旱，人未大饑，下祇畏之詔，求極諫之言，同禹湯之罪己，侔周文之夕惕。臣伏惟善，上便宜五事。其一曰：耕夫務多種而旱暵不熟，徒喪功力而無收。又舊兵持官牛者，官得六分，士得四分；自持私牛者，與官中分，施行來久，衆心安之。今一朝減持官牛者，官得八分，士得二分；持私牛及無牛者，官得七分，士得三分，人失其所，必不懽樂。臣愚以爲宜佃兵持官牛者與四分，持私

牛與官中分，則天下兵作懽然，悅樂愛惜成穀，無有損棄之憂。其二曰：以二千石雖奉務農之詔，猶不勤心以盡地利。昔漢氏以墾田不實，徵殺二千石以十數。臣愚以爲宜申漢氏舊典，以警戒天下郡縣，皆以死刑督之。其三曰：以魏初未留意於水事，先帝統百揆，分河堤爲四部，并本凡五謁者，以水功至大，與農事並興，非一人所周故也。今謁者一人之力，行天下諸水，無時得遍。伏見河堤謁者車誼不知水勢，轉爲他職，更選知水者代之。可分爲五部，使各精其方宜。其四曰：古以步百爲畝，今以二百四十步爲一畝，所覺過倍。近魏初課田，不務多其頃畝，但務修其功力，故白田收至十餘斛，水田收數十斛。自頃以來，日增田頃畝之課，而田兵益甚，功不能修理，至畝數斛已還，或不足以償種。非與曩時異天地，横遇災害也，其病正在於務多頃畝而功不修耳。竊見河堤謁者石恢甚精練水事及田事，知其利害，乞中

書召恢。委曲問其得失。必有所裨益。其五曰。臣以為胡夷獸心。不與華同。鮮卑最甚。本鄧艾苟欲取一時之利。不慮後患。使鮮卑數萬散居人間。此必為害之勢也。秦州刺史胡烈。素有恩信於西方。今烈往諸胡雖已無惡。必且消弭。然獸心難保。不必其可久安也。若後有動釁。烈計能制之。惟恐胡虜適困於討擊。便能東入安定。西赴武威。外名為降。可動復動。此二郡非烈所制。則惡胡東西有窟穴浮游之地。故復為患。無以禁之也。宜更置一郡於高平川。因安定西州都尉募樂徙民。重其復除以充之。以通北道。漸以實邊。詳議此二郡及新置郡。皆使并屬秦州。令烈得專御邊之宜。詔曰。得所陳便宜。言農事得失。及水官興廢。又安邊御胡。政事寬猛之宜。申省周備。一二具之。此誠為國大本。當今急務也。如所論皆善。深知乃心。廣思諸宜。動靜以聞也。

太康五年正月癸卯。二龍見於武庫井中。帝見龍有喜色。百僚將賀。劉毅獨表曰。昔龍降夏庭。禍發周室。龍見鄭門。子產不賀。武帝答曰。朕德政未修。未有以膺受嘉祥。遂不賀也。衛將軍司馬孫楚亦上言曰。頃聞武庫井中有二龍。群臣或有謂之禎祥而稱賀者。或有謂之非祥無所賀者。可謂楚既失之。而齊亦未為得也。夫龍或俯潛于重泉。或仰攀于雲漢。游乎蒼昊。而今蟠于坎井。同於蛙蝦者。豈獨管庫之士或有隱伏。廝役之賢沒於行伍。故龍見光景。有所感悟。願陛下赦小過。舉賢才。垂夢於傅巖。望想於渭濱。修學官。起淹滯。申命公卿。舉獨行君子可惇風厲俗者。又舉亮拔秀異之才可以撥煩理難矯世抗言者。無繫世族。必先逸賤。夫戰勝攻取之勢。并兼混一之威。五伯之事。韓白之功耳。至於制禮作樂。闡揚道化。甫是士人出筋力之秋也。伏願陛下擇狂夫之言。

帝詔賢良方正直言於東堂。策問曰。頃日食正陽。水旱為災。將何所脩以變大眚。及法令有不宜於今。為公私所患苦者。皆何事。凡平世在於得才。得才者亦借耳目以聽察。若有文武器能。有益於時務而未見申敘者。各舉其人。及有負俗謗議。宜先洗濯者。亦各言之。摯虞上奏曰。臣聞古之聖明。原始以要終。體本以正末。故憂法度之不當。而不憂人物之失所。憂人物之失所。而不憂災害之流行。誠以法得於此。則物理於彼。人和於下。則災消於上。其有日月之眚。水旱之災。則反聽內視。求其所由。遠觀諸物。近驗諸身。耳目聽察。豈或有蔽其聰明者乎。動心出令。豈或有傾其常正者乎。大官大職。豈或有授非其人者乎。賞罰黜陟。豈或有不得其所者乎。河濱山巖。豈或有懷道釣築而未感於夢兆者乎。方外遐裔。豈或有命世傑出而未蒙膏澤者乎。推此類也。以求其故。詢事考言。以盡其實。則天人之情可得而見。

咎徵之至可得而救也。若推之於物則無忤。求之於身則無尤。萬物理順。內外咸宜。祝史正辭。言不負誠。而日月錯行。夭癘不戒。此則陰陽之事。非吉凶所在也。期運度數。自然之分。固非人事所能供御。其亦振廩散滯。貶食省用而已矣。是故誠遇期運。則雖陶唐殷湯有所不變。苟非期運。則宋衛之君。諸侯之相。猶能有感。唯陛下審其所由以盡其理。則天下幸甚。臣生長蓽門。不逮異物。雖有賢才。所未接識。不敢瞽言妄舉。無以疇答聖問。

東晉元帝即位。時陰陽錯繆。刑獄繁興。著作佐郎郭璞上疏曰。臣聞春秋之義。貴元慎始。故分至啟閉以觀雲物。所以顯天人之統。存休咎之徵。臣不揆淺見。輒依歲首粗有所占。卦得解之既濟。按爻論思。方涉春木王龍德之時。而為廢水之氣來見乘加。升陽未布。隆陰仍積。坎為法象。刑獄所麗。變坎加離。厥象不燭。以義推之。皆為刑獄殷

繫理有壅滯又去年十二月二十九日太白蝕月月者屬坎群陰之
府所以照察幽情以佐太陽者也太白金行之星而來犯之天意若
曰刑理失中自壞其所以為法者也臣術學庸近不綜內事卦理所
及敢不盡言又去秋以來沈雨跨年雖為金家涉火之祥然亦是刑
獄充溢怨歎之氣所致往建興四年十二月中行丞相令史淳于伯
刑於市而血逆流長摽伯者小人雖罪在未允何足感動靈變致若
斯之怪邪明皇天所以保祐金家子愛陛下屢見災異殷勤無已陛
下宜側身思懼以應靈譴皇極之謫事不虛降不然恐將來必有愆
陽苦雨之災崩震薄蝕之變狂狡蠢戾之妖以益陛下旰食之勞也
臣謹尋按舊經尚書有五事供御之術京房易傳有消復之救所以
緣咎而致慶因異而邁政故木不生庭太戊無以隆雉不鳴鼎武丁
不為宗夫寅畏者所以饗福怠傲者所以招患此自然之符應不可

不察也按解卦繇云君子以赦過宥罪既濟云思患而豫防之臣愚
以為宜發哀矜之詔引在予之責蕩除瑕釁贊陽布惠使幽斃之人
應蒼生以悅育否滯之氣隨谷風而紓散此亦寄時事以制用藉開
塞而曲成者也臣竊觀陛下貞明仁恕體之自然天假其祚奄有區
夏啓重光於已昧廓四祖之遐武祥靈表瑞人鬼獻謀應天順時殆
不尚此然陛下即位以來中興之化未闡雖躬綜萬機勞逾日昃玄
澤未加於群生聲教未被乎宇宙臣主未寧於上黔細未輯於下鴻
鴈之詠不興康哉之歌不作者何也伏道之情未著而任刑之風先
彰經國之略未振而軌物之迹屢遷夫法令不一則人情惑職次數
改則覬覦生官方不審則秕政作懲勸不明則善惡渾此有國者之
所慎也臣竊為陛下惜之夫以區區之曹參猶能遵蓋公之一言倚
清靖以鎮俗寄市獄以容非德音不忘流詠于今漢之中宗聰悟獨

斷可謂令主然厲意刑名用虧純德老子以禮為忠信之薄況刑又
是禮之糟粕者乎夫無為而為之不宰以宰之固陛下之所體者也
恥其君不為堯舜者亦豈惟古人是以敢肆狂瞽不隱其懷若臣言
可採或所以為塵露之益若不足採所以廣聽納之門願陛下少留
神鑒賜察臣言疏奏優詔報之其後日有黑氣璞復上疏曰臣以頑
昧近者冒陳所見陛下不遺狂言事蒙御省伏讀聖詔歡懼交戰臣
前云升陽未布隆陰仍積坎為法家刑獄所麗變坎加離厥象不燭
疑將來必有薄蝕之變也此月四日日出山六七丈精光潛暗而色
都赤中有異物大如雞子又有青黑之氣共相薄擊良久乃解按時
在歲首純陽之月日在癸亥全陰之位而有此異殆元首供御之義
不顯消復之理不著之所致也計去臣所陳未及一月而便有此變
益明皇天留情陛下懇懇之至也往年歲末太白蝕月今在歲始日

有咎謫曾未數旬大眚再見日月告釁見懼時人無曰天高其鑒不
遠故宋景言善熒惑退次光武寧亂呼沱結冰此明天人之懸符有
若形影之相應應之以德則休祥臻酬之以怠則咎徵作陛下宜恭
承靈譴敬天之怒施沛然之恩諧玄同之化上所以允塞天意下所
以弭息群謗臣聞人之多幸國之不幸赦不宜數實如聖旨臣愚以
為子產知鑄刑書非政之善然不得不作者須以救弊故也今之宜
赦理亦如之隨時之宜亦聖人所善者此國家大信之要誠非微臣
所得干豫今聖朝明哲思弘謀猷方闢四門以亮采訪輿誦於群心
況臣蒙珥筆朝末而可不竭誠盡規哉
太興二年大旱詔求讜言直諫之士著作佐郎虞預上書曰大晉受
命于今五十餘載自元康以來王德始闕戎狄及於中國宗廟焚為
灰燼千里無煙爨之氣華夏無冠帶之人自天地開闢書籍所載大

亂之極未有若茲者也陛下以聖德先覺超然遠鑒作鎮東南聲教遐被上天眷顧人神贊謀雖云中興其實受命少康宣王誠未足喻南風之歌可著而陵遲之俗未改者何也臣愚謂為國之要在於得才得才之術在於抽引苟其可用讎賤必舉高宗文王思佐發夢拔巖徒以為相載釣老而師之下至列國亦有斯事故燕重郭隗而三士競至魏式干木而秦兵退舍今天下雖弊人士雖寡十室之邑必有忠信世不乏驥求則可致而東帛未賁於丘園蒲輪頓轂而不駕所以大化不洽而雍熙有闕者也

成帝咸和初夏旱詔衆官各陳致雨之意虞預上議曰臣聞天道貴信地道貴誠誠信者蓋二儀所以生植萬物人君所以保乂黎蒸是以殺伐擬於震電推恩象於雲雨刑罰在於必信慶賞貴於平均臣聞間者以來刑獄轉繁多力者則廣牽連逮以稽年月無援者則嚴其檟楚期於入重是以百姓嗷然感傷和氣臣愚以為輕刑耐罪宜速決遣殊死重囚重加以請寬徭息役務遵節儉砥礪朝臣使各知禁蓋老牛不犧禮有常制而自頃衆官拜授祖贈轉相夸尚屠殺牛犢動有十數醉酒流湎無復限度傷財敗俗所虧不少昔殷宗脩德以消桑穀之異宋景善言以退熒惑之變楚國無災莊王是懼盛德之君未嘗無眚應以信順天祐乃隆臣學見淺闇言不足採

哀帝隆和元年詔曰天文失度太史雖有禳祈之事猶釁眚屢彰今欲依鴻祀之制於太極殿前庭親執虔肅尚書左丞孔嚴諫曰鴻祀雖出尚書大傳先儒所不究歷代莫之興承天接神豈可以疑殆行事乎天道無親唯德是輔陛下祗順恭敬留心兆庶可以消災復異皆已蹈而行之德合神明丘禱久矣豈須屈萬乘之尊脩雜祀之事君舉必書可不慎歟太常江逌亦上疏諫曰臣尋史漢舊事藝文志

劉向五行傳洪祀出於其中然自前代以來莫有用者又其文惟說為祀而不載儀注此蓋久遠不行之事非常人所參校按漢儀天子所親之祠惟宗廟而已祭天於雲陽祭地於汾陰在於別宮遙拜不詣壇所其餘群祀之所必在幽靜是以圓立方澤列於郊野今若於承明之庭正殿之前設群神之坐行躬親之禮準之舊典有乖常式臣聞妖眚之發所以鑒悟時主故寅畏上通則宋災退度德禮增修則殷道以隆此往代之成驗不易之定理頃者星辰頻有變異陛下祗戒之誠達於天人在予之懼忘寢與食仰虔玄象俯凝庶政嘉祥之應實在今日而猶乾乾夕惕思廣茲道誠實聖懷殷勤之至然洪祀有書無儀不行於世詢訪時學莫識其禮且其文曰洪祀大祀也陽曰神陰曰靈舉國相率而行祀順四時之序無令過差今按文而言皆漫而無適不可得詳若不詳而修其失不小帝不納逌又上疏曰臣謹更思尋參之時事今強戎據於關雍桀狄縱於河朔封豕四逸虔劉神州長旌不卷鉦鼓日戒兵疲人困歲無休已人事弊於下則七曜錯於上災沴之作固其宜然又頃者以來無乃大異彼月之蝕義見詩人星辰莫同載於五行故洪範不以為沴陛下今以晷度之失同之六沴引其輕變方之重眚求己篤於禹湯憂勤踰乎日昃將修大祀以禮神祇傳曰外順天地時氣而祭其鬼神然則神必有號祀必有義按洪祀之文惟神靈大略而無所祭之名稱舉國行祀而無貴賤之阻有赤黍之盛而無牲醴之奠儀法所用闕略非一若率文而行則舉義皆闕有所施補則不統其源漢侍中盧植時之達學受法不究則不敢厝心誠以五行深遠神道幽昧探賾之求難以常思錯綜之理不可一數臣非至精孰能與此

漢末劉聰時東宮鬼哭赤虹經天南有一岐三日並照各有兩珥五

色甚鮮。客星歷紫宮。入於天獄而滅。太史令康相言於聰曰。虵虹見彌天。一岐南徹。三日並照。客星入紫宮。此皆大異。其徵不遠也。今虹達東西者。許洛以南不可圖也。一岐南徹者。李氏當仍跨巴蜀。司馬叡終據全吳之象。天下其三分乎。月為胡王。皇漢雖苞括二京。龍騰九五。然世雄燕代。肇基北朔。太陰之變。其在漢域乎。漢既據中原。歷命所屬。紫宮之異。亦不在他。此之深重。胡可盡言。石勒鴟視趙魏。曹嶷狼顧東齊。鮮卑之衆。星布燕代。齊代燕趙。皆有將大之氣。願陛下以東夏為慮。勿顧西南。吳蜀之不能北侵。猶大漢之不能南向也。今京師寡弱。勒衆精盛。若盡趙魏之銳。率燕代之突騎。自上黨而來。曹嶷率三齊之衆以繼之。陛下將何以抗之。紫宮之變。何必不在此乎。願陛下早為之所。無使兆人生心。陛下誠能發詔。外以遠追秦皇漢武循海之事。內為高帝圖楚之計。無不尅矣。聰覽之不悅。

劉曜夜夢三人。金面丹脣。東向逡巡。不言而退。曜拜而履其跡。旦。召公卿已下議之。朝臣咸賀以為吉祥。惟太史令任義進曰。三者。歷運統之極也。東為震位。王者之始次也。金為兌位。物衰落也。脣丹不言。事之畢也。逡巡揖讓。退舍之道也。為之拜者。屈伏於人也。履跡而行。慎不出疆也。東井。秦分也。五車。趙分也。秦兵必暴起。亡主喪師。留敗趙地。遠至三年。近七百日。其應不遠。願陛下思而防之。

時終南山崩。長安人劉終於崩所得白玉。獻於劉曜。方一尺。有文字曰。皇亡皇亡敗趙昌。井水竭。構五梁。咢酉小衰困嚻喪。嗚呼嗚呼。赤牛奮靷其盡乎。時群臣咸賀以為勒滅之徵。曜大悅。齋七日而後受之太廟。大赦境內。以終為奉瑞大夫。中書監劉均進曰。臣聞國主山川。故山崩川竭。君為之不舉。終南。京師之鎮。國之所瞻。無故而崩。其凶焉可極言。昔三代之季。其災也如是。今朝臣皆言祥瑞。臣獨言其非。誠上忤聖旨。下違衆議。然臣不達大理。竊所未同。何則。玉之於山石也。猶君之於臣下。山崩石壞。象國傾人亂。皇亡皇亡敗趙昌者。此言皇室將為趙所敗。趙因之而昌。今大趙都於秦雍。而勒跨全趙之地。趙昌之應。當在石勒。不在我也。井水竭構五梁者。井。謂東井。秦之分也。五。謂五車。梁。謂大梁。五車大梁。趙之分也。此言秦將竭滅。以構成趙也。咢者。歲之次名作咢也。言歲馭作咢酉之年。當有敗軍殺將之事。困。謂困敦。歲在子之年名。玄囂亦在子之次。言歲馭於子。國當喪亡。赤牛奮靷。謂赤奮若在丑之歲名也。牛謂牽牛。東北維之宿。丑之分也。言歲在於丑。當滅亡盡。無復遺也。此其誡悟蒸蒸。欲陛下脩德化以禳之。縱為嘉祥。尚願陛下夕惕以答之。書曰。雖休勿休。願陛下追蹤周旦盟津之美。捐虢公夢廟之凶。謹歸沐浴以待妖言之誅。曜憮然改容。御史劾均狂言瞽說。誣罔祥瑞。請依大不敬論。曜曰。

此之災瑞。誠不可知。深戒朕之不德。朕收其忠惠多矣。何罪之有乎。

秦主苻堅時。太史令張孟言於堅曰。彗起尾箕。而埽東井。此燕滅秦之象。勸堅誅慕容暐及其子弟。堅不納。更以暐為尚書。苻融聞之。上䟽諫曰。臣聞東胡在燕。歷數彌久。逮于石亂。遂據華夏。跨有六州。南面稱帝。陛下爰命六師。大舉征討。勞卒頻年。勤而後獲。本非慕義懷德歸化。而今父子兄弟列官滿朝。執權履職。勢傾勞舊。陛下親而幸之。臣愚以為猛獸不可養。狼子野心。往年星異災起於燕。願少留意以思天戒。臣據可言之地。不容嘿已。詩曰。兄弟急難。朋友好合。昔劉向以肺腑之親。尚能極言。況於臣乎。堅報之曰。汝為德未充而懷是非。立善未稱而名過其實。詩云。德輶如毛。民鮮克舉。君子處高。戒懼傾敗。可不務乎。今四海事曠。兆庶未寧。黎元應撫。夷狄應和。方將混六合以一家。同有形於赤子。汝其息之。勿懷耿介。夫天道助順。脩德則穰災省求諸己，何懼外患乎。

符生時，長安大風，發屋拔樹，行人顛頓，宮中奔擾，或稱賊至，宮門晝閉五日乃止。生推告賊者殺之，刳而出其心。左光祿大夫強平諫曰：元正盛旦，日有蝕之，正陽神[illegible]，昏風大起，兼水旱不時，獸災未息，此皆由陛下不勉強於政事，乖戾和氣所致也。願陛下務養元元，平章百姓，棄纖介之嫌，含山嶽之過，敦敬宗廟，愛禮公卿，去秋霜之威，垂三春之澤，則姦回寢止，妖孽自消，乾靈祇祐，皇家永保無窮之美矣。

宋文帝元嘉二年，范泰表賀元正并陳旱災曰：元正改律，品物惟新，陛下藉日新以畜德，仰乾元以履祚，吉祥集室，百福來庭，頃旱魃為虐，亢陽愆度，通川燥流，異井同竭，老弱不堪遠汲，貧寡單於負水，租輸既重，賦稅無降，百姓怨咨。臣年過七十，未見此旱，陰陽并隔，則和氣不交，豈惟凶荒，必生疵疫，其為憂虞，不可備序。雩禜之典，以誠會

事，巫祝常祈，罕能有感，上天之譴，不可不察。漢東海枉殺孝婦，亢旱三年，及祭其墓，澍雨立降，歲以有年，是以衛人伐邢，師興而雨。伏願陛下式遵遠猷，思隆高構，推忠恕之愛，矜冤枉之獄，游心下民之瘼，曆思幽冥之紀，令謗木豎闕，諫鼓鳴朝，察芻牧之言，總統御之要，如此則苞桑可繫，危殆無兆，斯而災害不消，未之有也。故夏禹引百姓之罪，殷湯甘萬方之過，太戊資桑穀以進德，宋景藉熒惑以脩善，斯皆因敗以轉成，往事之昭晰也。循末俗者難為風，就正路者易為雅，臣疾患日篤，夕不謀朝，會及歲慶，得一聞達，微誠少亮，無恨泉壤，永違聖顏，拜表悲咽。

三年秋旱蝗，泰又上表曰：陛下昧旦丕顯，求民之瘼，明斷庶獄，無倦政事，理出群心，澤謠民口，百姓翕然，皆自以為遇其時也。災變雖小，要有以致之，守宰之失，臣所不能究，上天之譴，臣所不敢誣。有蝗之處，縣官多課民捕之，無益於枯苗，有傷於殺害。臣聞桑穀時亡，無假斤斧；楚昭仁愛，不禜自瘳；卓茂去無知之蝗，宋均囚有異之虎，蝗生有由，非所宜殺。石不能言，星不自隕，春秋之旨，所宜詳察。禮，婦人有三從之義，而無自專之道。周書，父子兄弟，罪不相及，女人被宥，由來上矣。謝晦婦女，猶在尚方，始貴後賤，物情之所甚苦。匹婦一室，亦能有所感激，臣於謝氏，不容有情，蒙國重恩，寢處思報，伏度聖心，已當有在。禮，春夏教詩，無一而闕也。臣近侍坐，聞立學當在入年，陛下經略粗建，意存民食，入年則農功興，農功興則田野闢，入秋治庠序，入冬集遠生，二塗並行，事不相害。夫事多以淹稽為戒，不遠為患，任臣學官，竟無微績，徒墜天施，無情自處，臣之區區，不望目覩盛化，竊慕子囊城郢之心，庶免荀偃不瞑之恨。臣比陳愚見，便是都無可採，徒煩天聽，愧怍反側。書奏，上乃原謝晦婦女。

時旱災未已，加以疾疫，泰又上表曰：頃亢旱歷時，疾疫未已，方之常災，實為過差。古以為王澤不流之徵，陛下昧旦臨朝，無懈治道，躬自菲薄，勞心民庶，以理而言，不應致此，意以為上天之於賢君，正自殷勤無已，陛下同規禹湯，引百姓之過，言動于心，道敷自遠，桑穀生朝而殞，熒惑犯心而退，非唯消災弭患，乃所以大啟聖明，靈雨立降，百姓改瞻，應感之來，有同影響。陛下近當仰推天意，俯察人謀，升平之化，尚存舊典，顧思與不思，行與不行耳。大宋雖揖讓受終，未積有虞之道，先帝登遐之日，便是道消之初，至乃嗣主被殺，哲藩嬰禍，九服徘徊，有心喪氣，佐命託孤之臣，俄為戎首，天下蕩蕩，王道已淪，自非神英撥亂反正，則宗社非復宋有，革命之與隨時，其義尤大，是以古今異用，循方必壅，大道隱於小成，欲速或未必達，深根固蒂之術，未洽於愚心，是用猖狂妄作，而不能緘默者也。臣既頑且鄙，不達治宜。

加之以為疾。重之以悕懼。言或非言。而復不能無言。陛下録其一毫之識。則臣不知厝身之所。

歷代名臣奏議卷之二百九十七

歷代名臣奏議卷之二百九十八

灾祥

齊武帝始親政。水旱不時。車騎將軍竟陵王子良密啓曰。臣思水潦成患。良田沃壤變為汙澤。農政告祥。因高肆務。播植既周。繼以旱虐。黔庶呼嗟。相視褫氣。夫國資於民。民資於食。匪食匪民。何以能政。臣每一念此。寢不便席。本始中。郡國大旱。宣帝下詔除民租。今聞所在逋餘尚多。守宰嚴期。兼夜課切。新稅力尚無從。故調於何取給。政當相驅為盜耳。愚謂逋租宜皆原除。少降停恩。微紓民命。自宋道無章。王風陵替。竊官假號。駢門連室。今左民所檢。動以萬數。漸漬之來。非復始適。一朝洗正。理致沸騰。小人之心。罔思前咎。申之以威。反怨後罰。獸窮則觸。事在匪輕。齊有天下日淺。恩洽未布。一方或飢。當加優養。愚謂自可依源削除。未宜便充猥役。且部曹檢校。誠存精密。令史奸黠。鮮不容情。情既有私。理或枉謬。耳目有限。群狡無極。變易是非。居然可見。詳而後取。於事未遲。明詔深矜獄圄。恩文累墜。今科網嚴重。稱為峻察。負罪離愆。充積竿戶。暑時鬱蒸。加以金鐵。聚憂之氣。足感天和。民之多怨。非國福矣。頃土木之務。甚為殷廣。雖役未及民。勤費已積。炎旱致災。或由於此。皇明載遠。書軌未一。緣淮帶江。數州地耳。以魏方漢。猶一郡之譬。以今比古。復為遠矣。何得不愛其民。緩其政。救其危。存其命哉。湘區奧密。蠻寇熾強。如聞南師未能挫戮。百姓齊民。積年塗炭。疽食侵淫。邊虞方重。交州夐絕一垂。實惟荒服。恃遠後賓。固亦恒事。自青德啓運。款關受職。置之度外。不足絓言。今縣軍遠伐。經途萬里。眾寡事殊。客主勢異。以逸待勞。全勝難必。又緣道調兵。以足軍力。民丁烏合。事乖習銳。廣州積歲無年。越州兵糧素乏。加以發借。必致恇擾。愚謂叔獻所請。不宜聽從。取亂侮亡。更俟後會。雖緣歲月，必有可僉之理。差息發動費役之勞。劉楷見中以助湖中，底力既畢，蟻寇自服。

後魏孝文帝太和二十年七月，以久旱不雨，輟膳三旦。百寮詣闕，引在中書省。帝在崇虛樓，遣舍人問曰：朕知卿等至，不獲相見，卿何為而來？揚州大中正王肅對曰：伏承陛下輟膳已經三旦，群臣焦怖，不敢自寧。臣聞堯水湯旱，自然之數，須聖人以濟世，不由聖以致災。是以國儲九年，以禦九年之變。臣又聞至於八月不雨，然後君不舉膳。昨四郊之外，已蒙滂澍，唯京城之內，微為少澤。蒸民未闕一餐，陛下輟膳三日，臣庶惶惶，無復情地。帝遣舍人答曰：昔堯水湯旱，賴聖人以濟民，朕雖居群黎之上，道謝前王，今日之旱，無以救恤，應待立秋，克躬自咎。但此月十日已來，炎熱焦酷，人物同悴，而連雲蔽日，高風蕭條，雖不食數朝，猶自無感。朕誠心未至之所致也。肅曰：臣聞聖人與凡同者五常，異者神明。昔姑射之神，不食五穀，臣常謂矯。今見陛下，始知其驗。且陛下自輟膳以來，若天全無應，臣亦謂上天無知，陛下無感。一昨之前，外有滂澤，此有密雲，臣即謂天有知，陛下有感矣。復遣舍人答曰：昨內外貴賤咸云四郊有雨，朕恐此輩皆勉勸之辭。三覆之慎，必欲使信而有徵。比當遣人往行，若果雨也，便命太官欲然進膳，豈可以近郊之內而慷慨要天乎？若其無也，朕之無感，安用朕身以擾民庶？朕志確然，死而後已。是夜澍雨大降。

宣武帝正始元年夏五月，有典事史元顯獻四足四翼雞，詔散騎侍郎趙邕以問太常卿崔光。光表答曰：臣謹按漢書五行志，宣帝黃龍元年，未央殿路軨中雌雞化為雄，毛變而不鳴，不將無距。元帝初元中，丞相府史家雌雞伏子，漸化為雄，冠距鳴將。永光中，有獻雄雞生角。劉向以為雞者小畜，主司時起居，小臣執事為政之象也。言小臣將秉君之威，以害政事，猶石顯也。竟寧元年，石顯伏辜，此其效也。靈帝光和元年，南宮寺雌雞欲化為雄，一身毛皆似雄，但頭冠尚未變。詔以問議郎蔡邕，邕對曰：貌之不恭，則有雞禍。臣竊推之，頭為元首，人君之象也。今雞一身已變，未至於頭，而上知之，是將有其事而不遂成之象也。若應之不精，政無所改，頭冠或成，為患滋大。是後張角作亂，稱黃巾賊，遂破壞四方，疲於賦役，民多叛者。上不改政，遂至天下大亂。今之雞狀，雖與漢不同，而其應頗相類矣。向、邕並博達之士，考物驗事，信而有證，誠可畏也。臣以邕言推之，翅足眾多，亦群下相扇助之象；雛而未大，腳羽差小，亦其勢尚微，易制御也。臣聞災異之見，皆所以示吉凶。明君睹之而懼，乃能招福；闇主視之彌慢，所用致禍。詩書春秋秦漢之事多矣，此陛下所觀者也。今或有自賤而貴，關預政事，殆亦前代君房之匹比者。南境死亡千計，白骨橫野，存有酷恨之痛，殁為怨傷之魂。義陽屯師，盛夏未返；荊蠻狡猾，征人淹次；東州轉輸，往多無還。百姓困窮，絞縊以殞。北方霜降，蠶婦輟事。群生憔悴，莫甚於今。此亦賈誼哭歎，谷永切諫之時。司寇行戮，君為之不舉。陛下為民父母，所宜矜恤。國重戎戰，用兵猶火，內外怨弊，易以亂離。陛下縱欲忽天下，豈不仰念太祖取之艱難，先帝經營劬勞也。誠願陛下留聰明之鑒，警天地之意，禮處左右，節其貴越。往者鄧通、董賢之盛，愛之正所以害之。又躬饗加牢，宴宗戚，闕時應親禋郊廟，延敬諸父，檢訪四方，務加休息，爰發慈旨，撫賑貧瘼，簡費山池，減撤聲飲，晝存政道，夜以安身，博采芻蕘，進賢黜佞，則兆庶幸甚，妖弭慶進，禎祥集矣。帝覽之大悅。

光為撫軍將軍時，又上奏曰：去二十八日，有物出于太極之西序，敕以示臣。臣按其形，即莊子所謂蒸成菌者也。又云：朝菌不終晦朔。

門周所稱磨蘗斧而伐朝菌皆指言蒸氣鬱長非有根種柔脆之質
凋殞速易不延旬月無擬斧斤又多生墟落穢濕之地罕起殿堂高
華之所今棟宇崇麗墻築工密糞朽弗加沾濡不及而蒸菌欻構厥
狀扶疎誠足異也夫野木生朝野鳥入廟古人以為敗亡之象然懼
災修德者咸致休慶所謂家利而怪先國興而妖豫是故桑穀拱庭
太戊以昌雊雉集鼎武丁用熙自比鴟鵲巢于廟殿梟鵬鳴於宮寢
菌生賓階軒坐之正詳諸往記信可為誡臣南西未靜兵革不息郊
甸之內大旱踰時民勞物悴莫此之甚承天子育者所宜矜恤伏願
陛下追殷二宗感變之意側身聳誠惟新聖道節夜飲之忻强朝御
之膳養方富之年保金玉之性則魏祚可以永隆皇壽等於山岳矣
孝明帝正光二年崔光為司徒侍中時獲禿鶖鳥於宮內詔以示光
光表曰蒙示所得大鳥此即詩所謂有鶖在梁解云禿鶖也貪惡之

鳥野澤所育不應入殿庭昔魏氏黃初中有鵜鶘集于靈芝池文帝
下詔以曹恭公遠君子近小人博求賢俊太尉華歆由此遜位而讓
管寧者也臣聞野物入舍古人以為不善是以張臶惡鵂賈誼忌鵩
鵜鶘暫集而去前王猶為至誡況今親入宮禁為人所獲方被畜養
晏然不以為懼準諸往義信有殊矣且饕餮之禽必資魚肉菽麥稻
粱時或餐啄一食之費容過斤鎰今春夏陽旱穀糴稍貴窮窘之家
時有菜色陛下為民父母撫之如傷豈可棄人養鳥留意於醜形惡
聲哉衛侯好鶴曹伯愛雁身死國滅可為寒心陛下學通春秋親覽
前事何得口詠其言行違其道誠願遠師殷宗近法魏祖修德延賢
消災集慶放無用之物委之川澤取樂琴書頤養神性帝覽之大悅
孝武帝永熙中有風雹之變詔訪讜言瀛州刺史王棣上疏曰伏奉
詔書以風雹厲威上動天睠訪讜辭於百辟詔興誦於四海宸衷緬

切恪在絲綸祇承競感忘焉寢膺伏惟陛下啓籙應期馭育萬物承
綴旒之艱運纂纖絲之危緒忘餐日昃求衣未明俾上帝下臨悠茲
黍蓼永濟濤壑而滄浪降戾作害中秋上帝照臨戒不虛變竊惟風
為號令皇天所以示威雹者氣激陰陽有所交爭殆行令殊節舒急
失中之所致也昔澍雨千里寔緣散祀之誠災精三舍寧非善言之
力謹不空發微豈謬應誰謂蓋高實符人事伏願陛下留心曲覽垂
神遠察禮賢登士博舉審官推冲滯抑振窮省役使夫溺水沒川之
彥畢居朝右儀表丹青之位未或虛加圜土絕五毒之民接日息千
門之費巖巖廊署無不遇之士忪忪惸獨荷酒帛之恩則物見昭蘇
人知休泰徐奏薰風之曲無論鴻鴈之歌豈不天人幸甚鬼神咸忭
唐太宗貞觀六年帝謂侍臣曰朕比見衆議以祥瑞為美事頻有賀表如朕
本心但使天下太平家給人足雖無祥瑞亦可比德於堯舜若百姓不足夷

狄內侵縱有芝草遍街衢鳳凰巢苑囿亦何異於桀紂嘗聞石勒時有郡吏
燃連理木煮白雉肉喫豈得稱為明主邪又隋文帝深愛祥瑞遣秘書監王
劭著衣冠在朝堂對考使焚香以讀皇隋感瑞經舊嘗見傳說此事實以為
可笑夫為人君當須至公理天下以得萬國之歡心昔堯舜在上百姓敬之
如天地愛之如父母動作興事人皆樂之發號施令人皆悅之此是大祥瑞
也自此以後諸州所有祥瑞並不用申奏群臣皆曰誠如聖旨
八年隴右山崩大蛇屢見山東及江淮多大水太宗問侍臣秘
書監虞世南對曰春秋時梁山崩晉侯召伯宗而問焉對曰國主山
川故山崩川竭君為之不舉樂降服乘縵而祝幣以禮焉梁山晉
所主也晉侯從之故得無害漢文帝元年齊楚地二十九山同日崩
大水出令郡國無來獻施惠於天下遠近歡洽亦不為災後漢靈
帝時青蛇見御坐晉惠帝時大蛇長三百步見齊地經市入朝中案

蛇宜在草野而入市朝所以為怪耳。今蛇見山澤。蓋深山大澤必有龍蛇。亦不足怪。又山東足雨雖則其常。然陰潛過久。恐有冤獄。宜斷省繫囚。庶或當天意。且妖不勝德。唯脩德可以銷變。太宗以為然。因遣使者賑恤饑餒。申理獄訟。多所原宥。

時有彗星見于南方。長六尺。經百餘日乃滅。太宗謂侍臣曰。天見彗星。由朕之不德。政有虧失。是何妖也。世南對曰。昔齊景公時。有彗星見。公問晏子。晏子對曰。公穿池沼畏不深。起臺榭畏不高。行刑罰畏不重。是以天見彗星。為公誡耳。景公懼而脩德。後十三日而星沒。陛下若德政不脩。雖麟鳳數見。終是無益。但使朝無闕政。百姓安樂。雖有災變。何損於德。願陛下勿以功高古人而自矜大。勿以太平漸久而自驕逸。若能慎終如始。彗星雖見。未足為憂。太宗曰。吾之理國。良無景公之過。但朕年十八。便為經綸王業。北剪劉武周。西平薛舉。東

擒竇建德王世充。二十四而天下定。二十九而居大位。四夷降服。海內乂安。自謂古來英雄撥亂之主無見及者。頗有自矜之意。此吾之過也。上天見變。良為是乎。秦始皇平六國。隋煬帝富有四海。既驕且逸。一朝而敗。吾亦何得自驕也。言念於此。不覺惕惕而震懼。魏徵進曰。臣聞自古帝王未有無災變者。但能脩德。災變自消。陛下因有天變。遂能誡懼。反覆思量。深自尅責。雖有此變。必不為災也。

十一年。大雨穀水溢。衝洛城門。入洛陽宮。平地五尺。毀宮寺十九所。漂七百餘家。太宗謂侍臣曰。朕之不德。皇天降災。將由視聽弗明。刑罰失度。遂使陰陽舛謬。雨水乖常。矜物罪己。載懷憂惕。朕又何情獨甘滋味。可令尚食斷肉。進蔬食。文武百官各上封事。極言得失。中書侍郎岑文本上封事曰。臣聞開撥亂之業。其功既難。守已成之基。其道不易。故居安思危。所以定其業也。有始有卒。所以崇其基也。今雖

億兆乂安。邊隅寧謐。既承喪亂之後。又接凋弊之餘。戶口減損尚多。田疇墾闢猶少。覆燾之恩著矣。而瘡痍未復。德教之風被矣。而資產屢空。是以古人譬之種樹。年紀綿遠。則枝葉扶踈。若種之日淺。根本未固。雖壅之以黑壤。暖之以春日。一人搖之。必致槁枯。今日之百姓。頗類於此。常加含養。則日就滋息。暫有征役。則隨日凋耗。凋耗既甚。則人不聊生。人不聊生。則怨氣充塞。怨氣充塞。則離叛之心生矣。故帝舜曰。可愛非君。可畏非民。孔安國曰。人以君為命。故可愛。君失道。人叛之。故可畏。仲尼曰。君猶舟也。人猶水也。水所以載舟。亦所以覆舟。是以古人云。哲王雖休勿休。日慎一日。良為此也。伏惟陛下覽古今之事。察安危之機。上以社稷為重。下以億兆為念。明選舉。慎刑賞。進賢才。退不肖。聞過即改。從諫如流。為善在於不疑。出令期於必信。頤神養性。省畋獵之娛。去奢從儉。減工役之費。務靜方內。而不求闢

土。載櫜弓矢。而無忘武備。凡此數者。雖為國之常道。陛下所常行。臣之愚昧。唯願陛下思而不怠。則至道之美。與三五比隆。億載之祚。與天地長久。雖使桑穀為妖。龍蛇作孽。雉雊於鼎耳。石言於晉地。猶當轉禍為福。變災為祥。況雨水之患。陰陽常理。豈可謂天譴而繫聖心哉。臣聞古人有言。農夫勞而君子養焉。愚者言而知者擇焉。輒陳狂瞽。伏待斧鉞。帝深納其言。

太宗時。飛雉數集宮中。帝問是何祥也。褚遂良曰。昔秦文公時。有侲子化為雉。雌鳴陳倉。雄鳴南陽。侲子曰。得雄者王。得雌者霸。文公遂雄諸侯。始為寶雞祠。漢光武得其雄。起南陽。有四海。陛下本封秦。故雄雌並見以告明德。帝悅曰。人之立身。不可以無學。遂良所謂多識君子哉。

高宗時。晉州地震不息。帝問侍中張行成。對曰。天陽也。君象。地陰也

臣象君宜動臣宜靜今靜者傾動恐女謁用事大臣陰謀又諸
主參承起居或伺間隙宜明設防閑且晉陛下本封應不虛發
深思以杜未萌帝然之

時隕石十八于馮翊高宗問曰此何祥也朕欲悔往脩來以自戒者
何太傅于志寧對曰春秋隕石于宋五內史過曰是陰陽之事非吉
凶所生物固有自然非一繫人事雖然陛下無災而戒不害為福也

武后延載元年以杜景佺為檢校鳳閣侍郎同鳳閣鸞臺平章事時
后嘗季秋出梨華示宰相以為祥衆賀曰陛下德被草木故秋再華
周家仁及行葦之比景佺獨曰陰陽不相奪倫瀆即為災故曰冬無
愆陽夏無伏陰春無淒風秋無苦雨今草木黄落而木復華瀆陰陽
也竊恐陛下布德施令有所虧紊臣位宰相助天治物治而不和臣
之咎也頓首請罪后曰真宰相

久視二年三月大雨雪鳳閣侍郎蘇味道等以為瑞率群臣入賀監
察御史王求禮讓曰宰相燮和陰陽而季春雨雪乃災也果以為瑞
則冬月雷渠為瑞雷邪味道不從既賀者入求禮即厲言于朝曰今
陽氣僨升而陰沴激射此天災也主荒臣佞寒暑失序戎狄亂華盜
賊繁興正官少偽官多百司非賄不入使天有瑞何感而來哉群臣
震恐后為罷朝

中宗神龍元年大水詔文武九品以上官直言極諫右衛騎曹參軍宋
務光上書曰后王樂聞過罔不興拒諫罔不亂樂聞過則下情通下情
通則政無缺此所以興也拒諫則群議壅群議壅則上孤立此所以亂
也臣嘗觀天人相與之際有感必應其間甚密是以教失於此變生於
彼易曰天垂象見吉凶聖人象之竊見自夏以來水氣勃戾天下多罹
其災洛水暴漲漂損百姓傳曰簡宗廟廢祠祀則水不潤下夫主者即

位必郊祀天地嚴配祖宗自陛下御極郊廟山川不時薦見又水者
陰類臣妾之道氣盛則水泉溢噴虹蜺紛錯著雨滯霖陰勝之沴也
後廷近習或有離中饋之職以干外政願深思天變杜絕其萌又自
春及夏牛多病死疫氣浸淫傳曰思之不睿時則有牛禍意者萬機
之事陛下未躬親乎晁錯曰五帝其臣不及則自親之今朝廷賢佐
雖多然莫能仰陛下清光願勤思法宮凝就大化以萬方為念不以
聲色為娛以百姓為憂不以犬馬為樂臣聞三五之君不能免陽九
顧備禦有素乎人耳災興細微安之不怪及禍變已成駭而圖之猶水
決治防病困求藥雖復僶俛焉何救哉夫塞變應天實繫人事今霖
雨即閉坊門豈一坊一市能感發天道哉必不然矣故里人呼坊門
為宰相謂能節宣風雨天工人代乃為虛設又數年以來公私乏竭
戶口減耗家無接新之儲國乏俟荒之蓄陛下近觀朝市則以為既
庶且富試踐閭陌則百姓衣馬牛之衣食犬彘之食十室而九丁壯
盡於邊塞孀孤轉於溝壑猛吏奮毒急政破資馬困斯佚人窮斯詐
起為姦盜從而刑之良可歎也今人貧而奢不息法設而偽不止長
吏貪冒選舉以私稼穡之人少商旅之人衆願坦然更化以身先之
凋殘之後緩其力役久弊之極訓以敦厖十年之外生聚方足臣聞
太子者君之貳國之本所以守器承祧養民贊業願擇賢能早建儲
副安社稷慰黎元姻戚之間謗議所集積疑成患憑寵生災變之適
以害之也如武三思等誠不宜任以機要國家利器庸可久假於人
秘書監鄭普思國子祭酒葉靜能挾小道淺術列朱紫臥銀黃瀆國
經悖天道書曰制治於未亂保邦於未危此誠治亂安危之秋也願
陛下遠佞人親有德乳保之母妃主之家以時接見無令媟黷

景龍二年武平一上表曰臣緣脩起居注太史監每季有牒臣伏見

從去歲以來屢有災異熒惑入羽林太白再經天太陽虧月犯大角臣伏按舊史天文志咸非休吉之感或爲咎徵之兆臣聞災不妄生變不虛設象見於上人應於下其理昭彰有如影響陛下嗣膺鴻業寅畏上玄故皇天不言以災告譴誡詩曰敬天之怒不敢戲豫又曰惟此文王小心翼翼昭事上帝聿懷多福臣伏見陛下孝愛因心敦崇戚族澤濡后氏恩洽外家位以慈周榮因惠假臣當宗親階越三等家有數侯既忝國姻復叨枝屬米輪華轂金牓瑤囊過東漢之梁鄧邁西京之許史光輝煌煌古今所絶誠陛下莊於親寵降於慈覺臣未息讓謙深近覽鹽恩彌崇而議彌積位逾厚而釁逾積臣又聞月滿必虧日盈則蝕春秋有交朔之璪星律有輪環之次時不再來榮難久藉昔永淳之後藩維搆孽王室多難先聖考運從權時居寶曆臣諸房等地帯宗子爵列扞城竊祿疏封屢迴星紀今皇明復辟璽

致惟新自合恭守國廬還承雨露庇影樹房之末階親槐里之餘今乃再假寵靈曝貽獎渥姻從日茂爵封如初但見昇崇無聞損降高班厚位遂至極以此或陰氣僭陽乾文告變且頃年以來河洛泛溢東都西京俱有水潦蓋以陰氣太盛所致昔王家驕貴梅福上書竇氏專權丁鴻進諫臣伏思古來后妃之始自呂霍上官閻董之氏皆以恩寵過深驕盈過溢一朝傾覆竟無噍類易曰不遠而復又曰鼎折足覆公餗伏願思抑損之宜運長遠之策或令安車就第剖符臨州遠之以機權錫之以閑逸上恭乾乾之惕下全親親之道則肅彰國圖殷鑒後葉臣疊招酷罰得斃苦壞聖心不棄窮機備官史冊哀緒莫申餘陰無幾精魂屢竭昭恤末流如將有補明時不矜荒殆伏乞假名外郡遂禮私庭冀存識爽少訓頑冒臣瞻先視漏豈復支久既因災告誠忝宗國俯採殘骸退深殞越

玄宗開元初大旱關中飢詔求直言禮部侍郎張廷珪上疏曰古有多難興國殷憂啓聖蓋事危則志銳情苦則慮深故能轉禍爲福也景龍先天間凶黨構亂陛下神武一汛掃氛垢日月所燭無不濡澤明明上帝宜錫介福而頃陰陽愆候九穀失稔關輔尤劇臣思天意殆以陛下春秋鼎盛不崇朝有大功輕堯舜而不法思秦漢以自高故昭見咎異欲日慎一日永保大和是皇天於陛下睠顧深矣陛下得不奉若休旨而寅畏哉誠願約心削志考前王之書敦素樸之道登端士放佞人屏後宮減外廄場無蹴鞠之玩野絶從禽之樂促遠境罷邊戍矜恤惸獨薄徭賦去淫巧捐珠璧不見可欲使心不亂或謂天戒不足畏而上帝馮怒風雨迷錯荒饉日甚則無以濟下矣或謂人窮不足恤而億兆攜離怨苦昏墊則無以奉上矣斯安危所繫禍福之原奈何不察今受命伊始華夷百姓清耳以聽刮目以視冀

有司見何遽孤其望哉

開元四年山東大蝗民祭且拜坐視食苗不敢捕紫微令姚崇奏曰詩云秉彼蟊賊付畀炎火漢光武詔曰勉順時政勸督農桑去彼螟蜮以及蟊賊此除蝗誼也且蝗畏人易驅又田皆有主使自救其地必不憚勤請夜設火坎其旁且焚且瘞乃可盡古有討除不勝者特人不用命耳乃出御史爲捕蝗使分道殺蝗汴州刺史倪若水上言除天災者當以德昔劉聰除蝗不克而害愈甚拒御史不應命崇移書誚之曰聰僞主德不勝妖今妖不勝德古者良守蝗避其境謂脩德可免彼將無德致然乎今坐視食苗忍而不救因以無年刺史其謂何若水懼乃縱捕得蝗十四萬石時議者喧譁帝復以問崇對曰庸儒泥文不變事固有違經而合道反道而適權者昔魏世山東蝗小忍不除至人相食後秦有蝗草木皆盡牛馬至相噉毛今飛蝗所

在充滿。加復蓄息。且河南河北家無宿藏。一不獲則流離安危繫之。且討蝗縱不能盡。不愈於養以遺患乎。帝然之。宰相姚崇遣使分道捕蝗。諫議大夫韓思復上言曰。夾河州縣飛蝗所至苗輒盡。今游食至洛。使者往來不敢顯言。且天災流行。庸可盡瘞。望陛下悔過責躬。損不急之務。任至公之人。持此誠實。以荅譴咎。其驅蝗使一切宜罷。玄宗然之。

五年。帝將幸東都而太廟壞。姚崇建言。廟本苻堅故殿。不宜罷行。國子祭酒舒國公褚無量鄙其言以為不足聽。乃上疏曰。王者陰盛陽微則先祖見變。今後宮非御幸者宜悉出之。以應變異。舉畯良。擯奢靡。輕賦慎刑。納諫爭。察諂諛。繼絶世。則天人和會。災異訖息。帝是崇語。車駕遂東。

七年。日食。帝素服候變。錄囚。多所縱遣。賑卹災患。罷不急之務。侍中

宋璟曰。陛下降德音。恤人隱。末宥輕繫。惟流死不免。此古所以慎赦也。恐議者直以月蝕修刑。日蝕修德。或言分野之變。與有揣合。臣以謂君子道長。小人道銷。止女謁。放讒夫。此所謂修德也。囹圄不擾。兵甲不黷。官不苛治。軍不輕進。此所謂修刑也。陛下常以為念。雖有謫食將轉而為福。又何患乎。且君子恥言浮於行。願動天以誠。無事空文。帝嘉納。

十四年六月大風。詔群臣陳得失。太子左庶子吳兢上疏曰。自春以來。亢陽不雨。乃六月戊午。大風拔樹。壞居人廬舍。傳曰。敬德不用。厥災旱。上下蔽隔。庶位踰節。陰侵於陽。則旱災應。又曰。政悖德隱。厥風發屋壞木。風。陰類。大臣之象。恐陛下左右有姦臣擅權。懷謀上之心。臣聞百王之失。皆由權移於下。故曰。人主與人權。猶倒持太阿授之以柄。夫天降災異。欲人主感悟。願深察天變。杜絶其萌。且陛下承天后和帝之亂。府庫未充。冗員尚繁。戶口流散。法出多門。賕謁大行。趨競彌廣。此弊未革。實陛下庶政之闕也。臣不勝惓惓。願斥群小。不為慢游。出不御之女。減不急之馬。明選舉。慎刑罰。杜僥倖。存至公。雖有旱風之變。不足累聖德矣。

代宗時。朱泚軍中貓鼠同乳。表其瑞。詔示宰相。常袞率群臣賀。中書舍人崔祐甫獨曰。可弔不可賀。詔使問狀。對曰。臣聞禮迎貓為其食田鼠。以其為人害。雖細必錄。今貓受畜於人。不能食鼠。而反乳之。無乃失其性耶。貓職不修。其應若曰。法吏有不觸邪。疆吏有不扞敵。臣愚以為當命有司察貪吏。戒邊候。勤徼巡。則貓能致功。鼠不為害。帝異其言。

德宗貞元十九年。大旱。中書舍人權德輿因陳闕政曰。陛下齋心減膳。閔惻元元。告于宗廟。禱諸天地。一物可祈。必致其禮。一士有請。必

聽其言。憂人之心。可謂至已。臣聞銷天災者修政術。感人心者流惠澤。和氣洽則祥應至矣。畿甸之內。大率赤地而無所望。轉徙之人。斃踣道路。慮種麥時種不得下。宜詔在所裁留經用。以種貸民。今茲租賦及宿逋遠貸。一切蠲除。脫不蠲除。亦無可斂之理。不如先事圖之。則恩歸於上矣。

給事中許孟容亦因旱上疏曰。陛下齋居損膳。具牲玉。走群望。而天意未荅。豈豐歟有它。陰陽適然乎。竊惟天人交感之際。繫教令順民與否。今戶部錢非度支歲計。本備緩急。若取一百萬緡代京兆一歲賦。則京圻無流亡。振災為福。又應省察流移。徵防當還未還。役作禁錮當釋未釋。負逋饋送當免免之。沉滯鬱抑當伸伸之。以順人奉天。若是而神弗祐。歲弗稔。未之聞也。

穆宗嘗問禮部尚書韋綬所以振災邀福者。綬以對曰。宋景公以善言

退法星三舍。漢文除秘祝，救有司祭而不祈。此二君皆受自至之福，書美前史。如失德以却災，媚神以丐助，神而有知，且因以譴也。時帝不德，故託諷焉。

文宗太和六年大旱，詔詢所以致雨者。司門員外郎李中敏上言曰：雨不時降，夏陽驕愆，苗欲槁枯。陛下憂勤，降德音，俾下得盡言。臣聞昔東海誤殺一孝婦，大旱三年。臣頃爲御史，臺推因華封儒殺良家子三人，陛下赦封儒死。然三人者，亦陛下赤子也。神策士李秀殺平民，法當死，以禁衛刑止流。宋申錫位宰相，生平饋致一不受，其道勁正，姦人忌之，陷不測之辜，獄不參驗，銜恨而沒，天下士皆指目鄭注。臣知數冤必列訴上帝，天之降災，殆有由然。漢武帝國用空竭，桑弘羊興筦榷之利，然卜式請烹以致雨。況申錫之枉，天下知之，何惜斬一注以快忠臣之冤，則天且雨矣。帝不省。

懿宗時，羅隱上疏曰：歲貢賤臣隱，既以文不得意，且抱犬馬之疾于長安。夏五月，京畿旱。癸巳日，聞詔大京兆用器，求鑪香蒲蕭絳幡等致於坊市門，將所以用舊法而召雨也。臣蹶起病榻間，以爲明天子憂人，雖舜禹不如是之勤，幸甚幸甚。臣又聞水旱與天地同出，苟時或然，不可以倉卒除去。今秦地旱已逾月矣，而陛下禱祠亦已頻矣。天之高，地之厚，五嶽之綿亘，四瀆之宏遠，陛下命百執事啓祈，外何嘗不以心祝之，雖莖槁苗乾，而百姓不怨嗟者，其感陛下之誠深也。今以蒲蕭輩爲請者，豈陛下謂其靈於嶽瀆者乎？夫嶽瀆視陛下之公輔列，陛下之土田。苟陛下憂，則嶽瀆亦宜憂；受祭擾封者尚未能爲陛下出力，彼蒲蕭輩復何以動天？臣爲陛下不取也。臣又聞天之有雨澤，猶陛下有渥恩。雨澤可以委曲干之，則陛下渥恩亦可以委曲干之矣。臣聞天子有左右史，將所以記事記言，然後付太史氏。臣必恐其得以容易編牘，今冒死請追癸巳日詔。苟若陛下落十六聖之教訓，雖五種栖野，而百姓不暇報，豈蒲蕭輩之所及乎。昔殷湯之代，民不以旱爲災，仁聖之君在上也。今旱未及殷代，而陛下憂已過矣。臣請因旱以賀萬姓，俾其知陛下心。

蜀主王建時，李安道上災異疏曰：倉廩者國之本，糧食者人之命。固其本則邦寧，重其命則人富。今粒食中皆生蟀蠹，切疑在位貪鄙，奪民農時，戕害人命，故天生災異以爲警告。又蟲皆曳米而行，恐邊鄙不寧，干戈忽起，饋挽相繼，人不堪命。伏願少精聖慮，與大臣恐懼修省，以消災異。

後漢隱帝時，宮中大風，發屋拔木，吹鄭門扉起十餘步而落。帝召司天監趙延義，問以禳祈之術。對曰：臣之職在天文時日，祈禳非所習也。然王者欲弭災異，莫如修德。帝曰：何謂修德？對曰：請讀貞觀政要而法之。

宋太宗雍熙六年，右補闕知睦州田錫應詔論火災疏曰：臣伏念臣才謀不逮於古人，職次忝居於諫省，敢不常思補報，用荅休明。六年九月十三日，詣閤上書，昧死言事。陛下於是下御札，俾人直諫，降敕書獎。臣敢言七年十二月十二日又拜上奏疏，入遞而不知達與未達，直言雖求用而不知行與未行。今日陛下有所與，方渴聞至言，有所爲，方切待直諫，引咎自戒，修德彌新。臣謂貴在近臣而不在聖躬，罪在臣輩而不在陛下。日近陛下有朝令夕改之事，由制敕所行，時有未當而無人封駁者，給事中之過也。給事中若任得其人，制敕若許之封駁，則所下之敕無不當，所行之事無不精，事無不精則爲典彝，敕無不當則編爲格式，豈有朝令夕改之弊，豈有不精不當之虞也。臣所以謂責在近臣而不在聖躬也。臣又見陛下有捨近謀遠之事由言動所為未合至理而無人敢諫諍者是左右拾遺補闕之過也。今遺補是侍從之臣而不得在左右。職分當獻替之事而未有上封章。自此國家舉事有不便於時遺補不敢諫，朝廷法令有不合於道遺補不敢言。加以時久昇平，天下混一，致陛下謂昇平自得，資陛下以功業自多。日還月移，浸成聖性，左取右奉，無非睿謀。所以陛下出一言，乃以謂湯武可偕；陛下行一事，乃以謂堯舜可繼。自纘大位，于今九年，四方未寧，萬國雖靜，然刑罰未甚措，水旱未堪調。陛下謂之太平，誰敢不謂之太平；陛下謂之至理，誰敢不謂之至理。方欲為民求福，報天之功，有事於太山，展禮於上帝。人謀雖克，天意未從。天子禁中，將覺悟於英主；詔下海內，遂布告於與人。近臣聞陛下悉悟之言，寧不傷厲；諫官聞陛下憂勤之詔，誰不彷徨。臣所以謂過在近臣，不在聖躬；罪在諫官，不在陛下。臣死罪死罪。然臣兩度上疏，而

陛下不用一二。今臣在外，而陛下委之以分憂，碌碌隨衆，憂曉[illegible]之靡暇，皇皇有志，患諫諍之未能。今幸天啓聖心，神贊皇運，感陛下虛佇待犯顏之諫，致陛下專精求逆耳之言，臣是以再罄愚衷，復伸鄙見。臣所謂陛下有朝令夕改者，試舉其一二以明之：置而尋廢者，京師；禁而不嚴者，車服也。臣所謂陛下有捨近謀遠者，試舉其一二以明之：宰相不得用人，而委員郎差遣；近臣專受責，而求令錄封章也。自此章奏必多，聽用必廣；聽用既廣，則條制必繁；條制既繁，則依從者少；既依從者少，則是法令不行。法令不行，則由規畫不當。有如前年敕下，令鄰近州府互差司理判官；至今年敕下，却令本州仍舊差置。又如前年敕下，應征科官吏限前得了，即與超陞；限外未了，即當降黜。即不以縣有大小之分，稅有難易之征，土田沃瘠之不同，歲時豐儉之不等，風俗勤惰之各異，官吏能否之各殊，而一槩以程限所拘，一例以陞降為定。自後未聞限外欠者降一官，限前了者陞一人，此無乃垂之空言，示之寡信。乞今後凡有所奏，或有所陳，幸陛下深而審之，令大臣議而行之。蓋臣下言之則謂封章，陛下行之則出為法令。法令可簡而不可使繁，制度可永而不可屢變。變易不定，是彰思慮之不精；繁多難循，是令手足之無措也。尚書曰「臨下以簡」，又曰「得師者王」。今宰臣若賢，願陛下信而用之；宰臣非賢，願陛下擇可用而任之。何以置之為具臣，而疑之若衆人也。百官若舉其職，願陛下聽而用之；百官未稱其職，願陛下量其才而用之。何以置之為備員，而待之若冗秩也。臣謂百職若舉，則萬事從而自理；百官未備，則萬務從而亦壅。必若任而疑之，則上下非一心；疑而用之，則君臣非一體。何則？疑能生讒，謗能生疑。疑從謗生，則父子之道或偶虧於慈孝；謗因疑起，則君臣之際或變成於怨尤。魏文侯覽謗書，陛下固當知

之。今孫楚有辨謗論，陛下時宜覽之。若然，則保得臣下始終，全得君上恩信，方謂君為元首，臣作股肱。

端拱二年，錫知制誥，論旱災疏曰：臣今春敕差在太一宮用青詞文設醮行祈雨者。竊以時雨愆亢，聖慮焦勞，自秋涉冬，諸寺及廟雖徧祠禱，未彰感通，以至陛下親降乘輿，躬詣諸廟寺觀，有以見仁主憂民之旨，聖人卹物之心。雖災沴流行，何代蔑有，而帑廩儲積，可備不虞。然自今歲以來，天見星祅，秋深雷震，繼以旱暵之沴，可虞饑饉之災。此實陰陽失和，調燮倒置，上侵下之職而燭理未盡，下知上之失而規過未能，所以成茲咎證，彰乎降鑒。或天文示變，或沴氣生祅。昨陛下以天垂譴告之文，御樓行赦，德音朝發，祅星夕消，天不言而感報昭彰，神幽贊而應荅遄速。今以粟麥未種，甘雨未降，人心不寧，衆望已失，或聞小小寇盜，聚散靡常，嗷嗷黎蒸，憂畏實甚。愆陽既盈於

寒沍厥疾乃生於癘疵民或流亡穀必翔貴尚賴陛下聖德宗廟歷靈蠢尔獯戎驕邊稍息恵然諸國底貢文脩不然人心一搖盜計斯得何以靜瀆池弄兵之醜聚何以禦朔馬南牧之奔衝惟是秋冬久無雪雨此乃天意尚欲垂戒聖心諒亦深悉章刑繁之間尚未平允法令之設尚爾煩苛或力役未息科斂或奢靡未盡撙節言路雖啓謇諤者未必一一聽從王道雖行艱苦者未必人人受賜或刑賞過於常理或喜怒失於厥中嘉言納忠見破於横議任賢待下或難於至誠若然則雖旰食勞懷宵衣軫念致致萬務適足勞於聖躬冀冀小心尚未臻於至化今舉大略上犯宸嚴禮曰王言如絲其出如綸書曰謹乃出令令出惟行今朝廷所言或異於是謀始稍虧於審議令出無愧於改更以是知急速機務寧無錯行臣之愚衷豈敢近於誅戮庶之遭遇安忍負於聖明是以因事上言庶裨萬一伏望陛下

奏議卷之三百九十八　十八

因此時旱更降詔書引咎責躬以荅天戒進德畢慶以安民心蠲減征徭簡約科禁搜察淹滯登進才良猛士守方無使黜賢召怨朝臣典郡亟宜選廉任能或旌別勤勞或省閱淳泛振廩通貨以救饑殍加估收儲以備闕乏蕃戎蹂踐之處士庶陷殁之家哀亡卹存憫其餘苦掩骼置冢慰彼沉寃閭里再命於復除孤寡量優其給賜儉約奉己以合禮謹靜息民以安邊詳延忠鯁之臣詢究災祥之理弭災求理正在此時變沴致祥屬當今日若旱沴不已歲歉相仍盜聚萑蒲伺隙而動狄乘饑塞輦災爲虞是則國家之慮實深朝廷之憂非淺也

太保兼侍中趙普上奏曰臣昨覩御批劄子云所謂彗星謫見引證古今莫知所措自旦及暮寔不遑寧每以恤寡矜孤卿等應知朕意又云千思萬慮莫測其由者臣等伏捧直辭同承聖旨兢惶戰懼咎不勝任其間老臣早負深過三十年之重倍但愧叨塵一千載之明君將何輔弼謬列三台之首慙無一日之長自知政術踈遺寧免祆星謫見撓至尊之懷抱皆臣下之作爲耶繇蒙蔽聰明隱藏苦疾被屈者無由披訴偷安者不敢指陳雖衆議以明知奈皇情而莫測隱蔽之咎惟臣最多甘俟嚴誅仰期得罪今則人心頗欝上象仍差起狂夫思亂之謀生醜虜犯邊之計天時人事不比尋常惟有今年倍須保護伏審陛下初知妖異親諭德音便欲徧與軍民優加賞賜發此一言之善須增萬福之祥然而惠物之心必有變災之望纔經旬朔似有改移竊聞司天臺內妄陳邪佞之言深惑聖明之德假云妖災今滅契丹臣竊慮俱是諂諛未明真僞乞加詢問須見實情乞問司天臺內所有前件奏陳未委按何經典臣今將所按經典逐件進呈伏望陛下親賜看詳便知可否臣聞五星二十八宿至於五嶽四

奏議卷之三百九十八　十九

瀆皆居中國不在四夷而又尚書萬方有罪罪在朕躬豈可謂契丹封疆不屬萬方之數臣今老邁豈會陰陽惟將正理參詳復以前書證驗三墳五典必可依憑今録到故事五件謹具分析如後

一按漢書天文志及諸書云歲星辰見東方行疾則不見遲則變爲祆星石氏云爲攙搶爲棓音捧又曰彗星者所謂掃星也其本類星其末類彗也小者數寸長者或竟天彗狀如篲亦爲孛孛然或如紛絮形狀雖異其殃一也皆是逆亂凶悖非常惡氣之所生也見則爲兵爲喪除舊布新之狀不有大亂必有大兵天下合謀暗閉不明破軍流血死人如麻哭聲徧天下干戈並出四夷來侵餘災不盡爲水旱飢疫凶惡之事不可具載又云凡關天象變異下方必災殃如人臟腑生疾必先形於面色象不虛發惟聖德可以消除

一。按左傳云。齊有彗星。齊侯使禳之。晏子曰。無益也。祇取誣焉。天道不諂。不貳其命。若之何禳之。且天之有彗。以除穢也。君無穢德。又何禳焉。若德之穢。禳之無益。詩曰。惟此文王。小心翼翼。昭事上帝。聿懷多福。厥德不回。以受方國。君無違德。方國將至。何患於彗。詩曰。我無所監。夏后及商。用亂之故。民卒流亡。若德回亂。民將流亡。祝史之為。無能補也。公說。乃止。其後齊國果有田氏篡奪之禍。

一。按晉書天文志。魏文帝黃初六年。五月壬戌。熒惑入太微。又按蜀志先主傳。明帝問黃權曰。天下三分鼎立。何地為正。對曰。當驗天文。即可知也。往者熒惑守心。而魏文帝殂。吳蜀無事。此其驗也。

一。按梁書。武帝大通元年。熒惑犯南斗。武帝跣足下殿走。以厭之。是年。後魏孝明帝殂。武帝嘆曰。索虜亦應天道。

一。按唐書云。高宗總章元年四月。有彗見於五車。上避正殿。減常膳。令內外五品已上上封事。及言得失。許敬宗上言。雖孛而光芒小。此非國眚。不足上勞聖慮。請御正殿。復常膳。高宗不從。敬宗又曰。星孛而東北。王師問罪。此高麗將滅之證。上曰。我為萬國之主。豈得推過於小蕃哉。二十日而星滅。

臣今撿尋故事。聞達宸聰。抑將師古之文。聊證順情之說。伏望陛下勤求理道。獨出前王。雖然彗星呈祆。自有皇天輔德。臣所願者。除舊布新之事。專乞陛下親行。變災為福之祥。乃為陛下已有。如此則商高宗之桑楮。遂至中興。周武王之資財。須行大賚。伏望陛下恭承天戒。大慰物情。明施曠蕩之恩。更保延長之祚。蓋緣允闢世事。否泰相隨。倚伏盈虛。豈能常定。聖朝開國。已三十年。國富兵彊。近古無比。諸方僭偽。並受驅除。無一國不亡。無一人敢敵。可謂難建宇宙。震懾華夷。若非聖德神功。何以當茲盛事。又聞物忌太盛。前聖不欲恣情。今則垂象頻差。兆民未泰。爭戰勞役。寧有了期。雖哲后修行本意。固無於斷闕。而群生造業。隨緣應有於感。於儻時運以相逢。於聖賢而不免。堯水湯旱。乃是明時。臣又竊聞陛下自覩星文。深勞帝念。轉積動天之德。思覃及物之恩。則知多難興王。但傳聞於往昔。殷憂啟聖。方式見於今。可謂何福不生。何災不滅。臣今更有誠懇。思達冕旒。仍須面具敷陳。不敢形于翰墨。伏恨言詞蹇澁。氣力衰羸。步履猶艱。未任拜跪。自從發動。多有風虛。如或一息不來。便憂一詞難措。以茲情抱。惟有感傷。乞於閑暇之時。伏望略賜宣喚。責將微細。皆具奏聞。兼緣臣自知久負過愆。因此合專陳首。伏以臣謬將鄙陋。虛受恩榮。既不能致主安民。又不能除奸殄寇。叨據秉鈞之任。忽招如彗之祆。方抱恥於朝廷。實難安於祿位。伏見前代。每逢天變。必先冊免三公。今遇盛時。乞行嚴憲。明加黜責。用激忠良。

真宗咸平二年。京西轉運副使朱台符應詔論彗星見疏曰。臣伏准詔令內外文武臣。並直言極諫。密疏以聞。此乃陛下祗畏上穹。憂勤庶政。懼一物之失所。俾下情之盡達。廣視遠聽。求治深切之旨也。臣雖不佞。奉明詔。承德音。有所蘊蓄。豈敢緘默而不言乎。臣聞皇天無親。王者無私。上下合符。有如影響。若王政缺於下。則天譴見於上。自然之理也。切惟陛下受先帝之顧命。膺兆民之樂推。大孝彰聞。小心畏謹。動遵禮法。不愆舊章。所宜得天。必獲嘉應。而踐阼以來。三年之內。彗星一見。時雨再愆者。豈非凶醜未盡服。政令未盡順。天所以示茲警戒也。夫災變之來。必以類應。故彗星見者。兵之象也。時雨愆者。澤未流也。何以知其然。今北虜未賓。西羌作梗。荊蠻有猖狂之氣。

江淛多飢饉之民。慮其來犯邊。臨變為賊盜。蜂屯蟻聚之衆。擯使討平。鼠竊狗偷之群。亦勞逮捕。此彗星之所以見也。陛下即位肆赦。臨朝聽政。覃恩而宥罪。施息而及物。然未蠲免殘租。許行榷利。山海之貨。悉歸於上。酒稅之饒不流于下。元元之民。未盡蒙渥澤。此時雨之所以愆也。陛下宜深惟二者之所以然。設備以禦之。修政以厭之。不然。則事有可慮者。琴瑟不調者。必更絃而改張之。聖朝享國四十年。括地一萬里。經啓非不久。統御非不衆。而治或未至。政或有闕。意者法術制度尚有可改而更張者乎。臣雖不敏。輒敢條奏其事。陛下垂意而覽。臣聞農者國之本也。其利在粟多。兵者國之命也。其功在戰勝。此二者存亡所繫也。方今之患。在農少而粟不多。兵多而戰未勝。農少則田或未墾。兵多則用常不足。故儲蓄空虛。而聚斂煩急矣。民財盡歸於國。國用盡入於軍。所以民困而國貧也。夫周公之制。用積九年。此堯舜水旱而民所以無飢色也。今郡國闕三月之糧。貧民無終歲之食。稼不一熟。則有飢死之者。軍儲自贍不足。何暇賑貸之乎。且地方百里。每畝取粟一斛。歲計得粟五百四十萬斛。今甸服之內。凡方百里者百所。曾不能供足軍食。而區區運粮於江淮間。終歲所得。不過百里之出者。由是而論者。以見農政之不修也。臣愚以謂陛下宜詔三事大臣。輔相天地。燮和陰陽。使風雨弗迷。水旱不作。富傜役以寬其力。勸游惰以增其粮。男悉心於畎畝。女盡力於蠶桑。種必刈穫。養必紡績。不出數年。自然家有餘食。而人有兼衣。賈誼有言曰。積貯者。天下之大命也。苟粟多而財有餘。何為而不成。以攻則克。以守則固。以戰則勝。懷敵附遠。何招而不至。今驅民而歸之農。皆著於本土。使天下各食其力。求拔游手之民。轉而歸南畝。則人樂其所矣。此農政之修也。國家養兵百萬。士馬精強。器甲堅利。可謂無敵於天

下矣。然自距馬失律以還。夏廷逆命之後。軍聲不震。廟勝無聞。一紀于茲。家恥未雪。何者。將帥弗用命。而委任不專也。卒既驕惰而不習知邊事也。有以見軍政之不修也。夫將帥者。主之爪牙。登壇授鉞。鑿門推轂。閫外之事。將軍裁之。所以克敵而制勝也。近代動相牽制。不許便宜。兵以奇勝。而節制於陣圖。事惟變適。而指蹤以宣命。勇敢無所施。智謀無所用。是以動而奔北也。孫武曰。不知軍之可以進而謂之進。不知軍之可以退而謂之退。是則縻軍。此之謂也。臣愚以謂疑則勿用。用則勿疑。謹擇其人。專委其任。有功者寵以爵位。有罪者威以斧鉞。明示刑賞。斷在必行。孰敢不用命哉。古者井田之法。兵則民也。民則兵也。出則戰。入則耕。人各自供。官無所贍。今農人不知戰。戰士不知農。離為二途。絕不相用。臣愚以為古制不可全取。宜參驗當今便利。酌中而漸制之。況江淛舊有義軍。秦隴見屯強壯。執柯取則。其事可行。以天下土地之饒。士民之衆。各于郡縣量置義軍。本户略與復除。歲時少加賞賜。動則就便召發。靜則任從營養。陛下於王畿千里之內。畜兵十萬以制之。天下孰敢動搖哉。州縣本城。隨宜定額。濫剩者不令招置。老病者盡放歸休。果行此道。則天下之兵減太半矣。緣邊人物。氣稟崆峒。便於弓馬。勇於鬭戰。蓋天性也。措置之術。如上所陳。妙選有文武才略之士為吏以統之。仍以厚利召募願為正軍者。隨郡大小。差厥數以備城守。止於趙魏之間。少屯王師以藁其後。亦足減戍卒之太半矣。且耕且戰。足食足兵。削調斂之煩苛。免飛輓之勞苦。此軍政之修也。臣愚以為不任人。無以安邊。不安邊。無以省兵。無以惜費。不惜費。無以寬民。不寬民。無以致治。捨此數事。雖有智者不能為陛下計之矣。刺史縣令。親民之官。有民人焉。有社稷焉。蓋三代之諸侯也。故漢宣帝曰。與我共治者。其惟良二千石乎。光武亦

曰。郎官上應列宿。出宰百里。苟非其人。民受其弊。誠重之也。頃者不除刺史。止以知州代之。其差委也。上自僕射尚書。下至京官奉職。率多輕受。未盡當任。權不足以威吏民。祿不足以惠貧乏。皆苟且。事出因循。意者國家以刺史之官為武夫之任。有支賜公使之費。奏薦僧尼之例。重難其事而不以授人乎。孔子曰。名不正。則言不順。言不順。則事不成。今文武登朝官。諸司使副。不啻千餘員。代不乏才。豈無循吏。但未選任之耳。臣愚以謂宜詔執事精練名實。明揚俊賢。各以撿校官出為刺史。但不得支賜公使奏薦僧尼。其縣令乃子男之任。與民最親切者也。通來除授。率多冗徒。諸司吏人。分據大邑。識暗則莫能燭理。祿微則鮮克持廉。州縣之職。大抵相類。欲其盡誠於奉上。極力於字民。其可得乎。臣愚以謂宜詔有位舉爾所知。申命銓司。惟才是擇。諸司吏人。不得擬大縣。不得為長吏。凡牧宰者復俸戶增其

月入。受空土為其職田。俾其衣食足以卹家。車服足以示衆。專其任以勸效。委其權以行事。漸崇教導。專務勸課。每歲久。用令文考課之法。以戶口增減。墾田多少。定其殿最而黜陟焉。如是則人民受利矣。簡易者事不煩。節儉者財有餘。今建置之過也。官吏森羅於郡邑。差命之煩也。使者旁午於道路。廩祿之費。耗驛券之供給。何可勝數。無名之賞賜。不急之造作。亦無限量。土木窮其麗。工巧極其淫。他費百端。動計千萬。故兩稅之外。悉取山海之貨。酒榷之饒。而用猶不足也。加以教化未甚明。租賦未甚均。刑獄未甚簡。藩籬之倚未甚固。帷幄之謀未甚臧。法有滋章之條。吏無惻隱之實。其餘背理傷道。便文自營。非為公家忠計者。不可一二徧舉也。陛下亟宜詔問大臣以當世之務。如上所陳。蕩沐而擲治之。瞑眩而針砭之。使百度正。彝倫敘。生靈泰。社稷安。上下協和。章程明審。建皇極之道。立太平之基。陛下坐九重。負斧扆。南面而聽斷。端拱而無為。垂子孫之貽謀。光祖宗之大業。豈不休哉。臣愚以為當今之急。莫若修兵農之政。擇牧宰之官。節軍國之用。弛筦榷之利。稽古以行道。隨時而立法。易權宜之制。定久長之策。陛下撫一統之運。居萬方之尊。號令必行。禁止必舉。蓋數者易如反掌耳。傳曰。雖有鎡基。不如待時。雖有智慧。不如乘勢。今誠陛下立聖功之時。興王道之勢。矧陛下躬臨大寶。已三年矣。今之天下。古之天下也。今之人民。古之人民也。歷代陳跡。簡冊具存。三王已前遠而難見。魏晉而下。陋不足數。陛下自視當今事勢。何如漢唐之盛時哉。有土者不可以言貧。有民者不可以言弱。以陛下神聖聰明。資之以天下之大。而未能比隆於漢唐。竊為陛下惜之。伏惟陛下全王業之艱難。握帝圖之宏遠。誕布惟新之政。博求無隱之言。臣備位周行。宣風外計。管穴之見。曷窺於高明。芻蕘之言。願預於詢採。臣又念

御札云。善者必加甄賞。短者亦為優容。臣不閑忌諱。輒進狂瞽。理誠短矣。幸陛下優容之。

是年知黃州王禹偁上奏曰。臣際會昌辰。忝冒通籍。況在分憂之任。豈忘報祿之心。凡有見聞。皆合論奏。然而言關災異。事涉機宜。苟非不諱之朝。即恐犯時之忌。今者不避逆耳。用明臣躬。仰冀聖恩。稍寬死罪。臣本州去年十一月城南長圻村。兩虎夜鬬。一虎死。食之殆半。當時即欲密奏。便值鑾駕北征。既非吉祥。頗聞行在。臣但只隄防盜賊。撫恤軍民而已。又今年六月十三日十四日夜。群雞忽鳴。至今時復夜鳴未止。又十月十三日。雷聲自西北起。與盛夏無殊。臣伏讀洪範五行傳。及春秋災異。史記天官書。兩漢五行天文志等。以此詳校。虎者毛蟲。屬金。金失其性。則有毛蟲之祅。又云。虎相食者其地當大饑。雞者羽蟲。屬火。火失其性。則有羽蟲之祅。又云。雞夜鳴主兵革。昔

人聞雞夜鳴是矣。雷者震也。屬木。木失其性。則有冬雷之祆。又云。發雷之地。饑饉。此皆得於儒學。不在禁書。然事有數年而後應者。亦有終不應者。要在臣下無隱。帝王盡知。或修德以荅天心。或設備以防時難。故詩曰。畏天之怒。不敢戲豫。易曰。觀乎天文。以察時變。只如咸平元年彗星出。呂端等請臣作避位表。臣具言星見虛危齊分。請於青齊間設備以應天戒。端等俱以為然。亦不知自後作何措置。臣緣不在司言之地。不敢侵官。去年胡虜犯邊。果入齊地。是天以文象告人。人不自知備也。端雖物故。李沆已下。皆見臣言。今黃州有此災祥。不能依前寢默。雖祆不勝德。終無累於聖明。而遇事敢言。亦粗申於忠鯁。今年禾小稔。目下無虞。然恐應在他時。即合先有制置。伏望陛下恕臣拙直。察臣愚衷。于淮甸之間。防饑荒之事。假令災祥不驗。猶勝臨事無備矣。臣又念古之循吏政感神靈。宋均猛虎渡江。臣則有虎相食唱。魯恭雉馴桑下。臣則有群雞夜鳴。百里嵩甘雨隨車。臣則有冬雷暴作。此皆臣代人無狀。布政少和。合寘常刑。亦當自劾。又慮他人陳奏。臣則有昧藏之愆。冒犯聖慈。無任僭越。

六年。侍御史知雜事田錫上奏曰。臣伏覩去秋以來。霖雨作沴。近歲諸處水潦為災。雖聞檢覆蠲免租稅。又聞相度低下。開決溝渠。雖憂恤之心似有所濟。而利害之半莫知適從。古者不奪農時。慮妨營種。或遇歉歲。即念困窮。故有賑貸糧儲。除放徭役。免令凋瘵。不至流亡。今國家為少闕軍兵防備邊戍。遂於曹單宋亳陳蔡汝潁之間。點集鄉村揀選強壯。得五七萬人。訪聞始降宣命指揮。只令在本城防守。及至奏聞都數。即並抽赴京師。昨近臣何以商量。如此失信。令下民皆懷怨望。豈得無詞。況陛下常好讀書。有儒臣時得侍講。春秋謂君命無二。又曰。信不由中。諫在聖聰。盡達微旨。豈有命令既宣於群下。

而誠信不由於厥中。若治外國差人在京探事。事無鉅細。境外既必盡知。知而圖謀邊上。未得安靜。其所謀者。謂古者以民為邦本。食為民天。今國家取丁壯為兵。以失邦本。以災傷去食。寧有民天。糧儲何止無餘。邊備亦恐不濟。以此得計。以此乘時。此外國所謀之小者也。其所謀之大者。以關西去年秋稼不登。京東今歲春種已失。國家營救之不暇。廟堂圖慮之未精。欲以新集未慣之兵。授非材無勇之將。僥倖求勝。輕敵寡謀。此外國所謀之大者也。加以自春以來。多陰少晴。每遇朔風。其來數日不定。變陽春和平之令。為邊塞動靜之占。臣不曉古書。不知兵畧。但以經史所言之事。求災祥可見之證。以愚意裁量。望聖慈採納。雖兵者凶器。不得已而用之。民為邦本。不得已而取之。今五七萬人並離農畝。日近更差使臣點數。豈無物議憂虞。以災沴之餘。寇盜若起。適足為戎狄之利。有勞宵旰之懷。茲災傷乃是虛名。行賑貸且非實事。斯乃今日之務寬慮。而非時之患可憂也。臣謂非十年不足以聚蓄財貨。非廿年不足以生育黎元。二十年間。治之得其宜。則無虞。治之失其宜。則有患。非二十年尚未能蓄聚財貨。生育黎元。況臨事欲制置乎。望陛下思今日之急務。慮非時之所憂。示信以結之。善謀以成之。若信不由中。事出慮外。必恐國家多難。自今日始。臣受先朝拔擢。不敢不言。臣受陛下指揮。不敢不奏。

景德三年。右正言京東轉運使張知白上奏曰。臣伏覩司天監奏周伯星現。請宣付史館。群臣詣闕稱賀者。臣聞人君之德。可以動天。至仁積於中。則休氣應於外。祥瑞之出。皆有所因。謂感應之攸致。非徒然爾。故天人相與之際。其道甚大。頃者河朔之間。連年地震。陛下知上天之垂戒。考前王之格言。以為陰氣過盛。則積而當然。地者其道卑柔。其體安靜。今動而不正。誠有所謂。且念國家開朔已來。基業洪

大平戎之役皆不得已而用之。然而太平興國至咸平而來三十年
內邊防多虞。華戎之人。幾殞百萬。兵者其義主殺。殺者其事屬陰。陰
氣之盛。不亦宜乎。復念致治之源。惟息兵為大務。前年北胡之來議
欲通好。陛下不矜兵力之強。不恃邦威之盛。姑以安民在念。惡殺為
事。不阻其誠。許以盟約。由是動植遂其生全。億兆知其休息。然後發
德音。施惠澤。賑貧民。省冤獄。數求時病。精選良吏。側身思道。引咎於
己。益兢兢焉。翼翼焉。思答天譴。得不感群心。招和氣哉。故未踰期年
有是福應。所謂德動於天而辰象昭瑞也。昔桑穀共生於朝。七日大
拱。大戊修仁。桑穀遂枯。祆不勝德。見驗久矣。今陛下修德可謂至矣。
非獨弭祆災。復能致瑞應。斯實我朝之盛美。邁前代遠矣。然而皇王
之道。在乎戒謹。休祥薦至而謙德愈隆。不恃太平之基而驕盈不矜
大寶之位而荒怠。懼亂者治必興焉。思危者安必久焉。斯前代之明

鑒也。古之君天下也。患不恤黎元之疾苦。患不知軍旅之勤勞。患奢
侈畋遊之無度。患聲樂之不節。患政事之不勤。患壅蔽之不除。患諫
諍之不納。今陛下薄賦斂。省徭役。勸農桑。務蓄積。恤黎元之疾苦矣
優恩撫士。厚賞懋功。解衣哺食。推心置腹。知軍旅之勤勞矣。宮室臺
榭未以奇衺害工。服御乘輿不以雕飾過制。所貴惟穀帛。所寶惟賢
才。絕侈靡之風矣。弋獵之娛。棄捐而不顧。禽荒之戒。祗畏而無忘。澤
被蟲魚。仁及鳥獸。去畋遊之暴矣。樂府新聲。圖伶妙伎。存而勿廢。用
之有時。善遠於聲樂矣。觀書乙夜。求衣未明。躬決萬機。將周十稔。雖
隆暑沍寒無怠於一日。雖飄風暴雨。不廢於崇朝。克勤於政事矣。明
四目。達四聰。辨曉邪。杜權倖。使下情上達。決壅蔽之方。已流聞於天
下矣。廷直臣。啓言路。詢求讜議。樂聞上失。納諫之規。固超絕於百代
矣。斯不亦天下幸甚。陛下誠能實茲數事。雖休勿休。則瑞星不出。臣

亦賀鴻祚無窮。而青史有光矣。苟異於是。則瑞星雖出。臣亦不敢同
衆人之賀矣。夫善言古者必有證於今。善言天者必有證於人。自古
以還。伏富強之基。居隆盛之運。怠於政事。以啓危亂者。不可勝紀。況
今西北兩隅。雖罷征戰之役。然而比夫古者。屈膝稱臣。款塞內附。則
亦事異而體殊矣。得不虞哉。臣以謂一星為瑞。善則善矣。君倚之而
責承平之效。則慮群心小弛。而警備之方因而不謹矣。恭惟聖德之
大。無不周知。臣聞三才者。人居其中。乃天地之和氣。人心和。則陰陽
和。陰陽和。則日月星辰咸順其晷。雪霜風雨不失其時。則知陛下一
言之善。必上動於天心。一事之美。必上關於天道。人君言動視聽。必
上法於天。法天之義。誠深矣大矣。臣雖懵昧。然稽之於大易。粗知之
矣。夫乾之體。六陽備焉。乾之用。萬物生焉。人君之象也。非聖人孰能
行之。孔子稱其象曰。天行健。君子以自強不息。蓋天之運行其道不

心。終古如一。未常懈倦。苟息於一息。差於一刻。則六氣大紊。萬物咸
病。王者之道。亦當如是。今陛下法天之義亦已至矣。行健之德無不
備矣。復能念此乾元終始不易。則萬方受無疆之賜。萬乘享無窮之
休。臣愚陋無取。涉道誠淺。然佩名教。服儒素。考之方策。得之師傅。知
君親之義至重。諂道之要至大。故不敢避刑辟。愛身名。默而自守。狂
夫之詞。聖人擇之。或足以補朝廷之謀。開諫諍之路。伏冀天慈收一
益於萬分之中。則臣不勝至幸。

大中祥符元年。龍圖閣待制戚綸上奏曰。臣伏覩詔書。受天書者。臣
謹按稽載籍。歷考秘文。仰惟帝德之厖鴻。握乾符而臨御。見天人之
相接。驗靈鑒之垂祥。然未覩昭晰炳煥若今之明著者也。伏惟陛下
道掩百王。功高三古。躅二聖之丕業。啓萬世之鴻基。蒸蒸之孝日躋
翼翼之心無怠。勤行企道。恭默思元。寬仁為布政之規。慮徐示固身

之寶巍巍盛德不可形容亹亹令猷固難擬議武王齋戒而見丹書之言漢武虔祈遂啓竹宮之拜雖是上天即降瑞牒爰臻遐裔奕葉之祥昭示臨民之戒於鑠景命寔九齡之足徵諒淵休伊七百之何筭臣叨逢景運獲睹嘉祥為太平之民已知大幸遇希世之事實繁前聞敢載伸言誠由過慮萬一有補是為愛君竊以流俗之人古今一揆恐託國朝之嘉瑞寖生幻惑之狂圖或詐託於神靈或僞形於木石妄陳符瑞廣述禨祥以人鬼之妖詞亂天書之真旨少君欒大之事往往有之伏望陛下端守元符凝神正道參內境修身之要資五千致治之言建皇極以御人寰寶大和而延聖筭仰荅天貺俯慰蒸黎

三年龍圖閣待制孫奭上奏曰臣聞五載巡狩虞書常典觀民設教犧易明文何須紫氣黃雲始能封嶽嘉禾異草然後省方今乃野鵰山鹿並形奏簡秋旱冬雷率皆稱賀將以欺上天則上天不可欺將以愚下民則下民不可愚將以惑後世則後世必不信腹非竊笑有識盡然上玷皇明不為細也

天禧三年奭知河陽上奏曰臣伏見朱能者姦險小人偶塵廉使驟為侯伯皆由妄言祥瑞而陛下崇信之以至屈至尊以迎拜歸祕殿以奉安中外臣僚及黎庶靡不痛心疾首不敢直言臣所以不避死亡之誅敢言之者誠以佩荷國恩思報萬一聽之罪之惟在聖斷昔漢文成將軍以帛書飯牛陽言牛腹有奇書殺視得書天子識其手跡而斬之後有五利將軍妄言方多不讎坐誅漢武以能誅文成五利前史謂之雄才先帝時有侯莫陳利用者始以方術暴得寵用一旦發其姦誅于鄭州至今輿誦謂之英斷唐明皇得靈寶符上清護國經寶勝等皆王鉷田同秀所為明皇不能顯戮怵于邪說自謂德實動天神必福我夫老君聖人也儻實降語固不妄言今按唐史自安史亂離乘輿播越兩都盪覆四海沸騰豈天下太平乎明皇雖僅得歸闕復為李輔國劫遷西內卒以餒終此豈聖壽無疆長生久視乎夫明皇以睿哲之資處高明之位禍患猥至曾不聞知良由在位多年驕亢成性謂人莫己若謂諫不足聽心玩居常之安耳熟導諛之說復又內惑寵嬖外任姦回曲奉鬼神過崇妖妄今日見老君于閣上明日見老君于山中大臣尸祿以將迎端士畏威而緘默既惑左道即紊政經民心用離寖不復振及至祿山兆亂輔國劫遷老君寧肯禦兵寶符安能排難身危名辱貽愧包羞大命既傾前功併棄今朱能所為頗似王鉷等事願陛下遠思漢武之雄才近法先帝之英斷中鑒明皇之召禍庶幾災害不生禍亂不作享萬世無疆之休

時宮禁火災左僕射王旦馳入帝曰兩朝所積朕不妄費一朝殆盡誠可惜也旦對曰陛下富有天下財帛不足憂所慮者政令賞罰之不當臣備位宰府天災如此臣當罷免

歷代名臣奏議卷之二百九十八

災祥

宋仁宗天聖五年右司諫劉隨上奏曰臣聞天地定位陰陽運行二氣至和萬物資始且上天不言不能自治遂生聖人以治之聖人至尊不能獨治遂求賢明以佐之蓋聖人推誠以御下賢臣盡忠以事上刑罰當其罪爵賞合其宜賦役均平暴横不作天地之間無一夫不獲無一物失所則至和之氣爲豐年爲祥瑞爲安寧爲壽考其或刑不當罪賞不當功勞役不時賦歛無壑君子在下而未見進用小人在位而未聞屏黜侵壞綱紀怨讟並興有一於兹足傷和氣氣或繆戾則爲凶年爲水旱爲災沴爲疾疫自古常然甚猶影響今則兩宫明聖信任大臣一日萬幾宵衣旰食刑必審謹恩無偏私誠宜歲必豐穰物無疵癘而乃去年大水包山襄陵墊溺居民傷害禾稼今

年經夏時雨甚愆旱苗欲乾晚田未種兼聞磁州大水損壞城池仍知河北數州蟲蝗作孽繆戾若此必有其由竊慮執政大臣措置失所遷除之際或異至公聽受之間或容獻佞或崇不急之務或縱詭隨之情循默自安彌縫或爽又慮允闈百執官守因循事有依違或公行請託侵剥及於苛細喜怒由於愛憎刑獄之中不無冤枉賦役之內豈盡公平或慮諸路使車州郡守長縱侵漁之吏刻剥下民聽狡獪之胥翻覆事實或支移折變有所不均或配率料須不從出產以容姦爲大體以受欺爲吉人贓濫之徒善承迎而無失清廉之士疎取奉以致嫌則有互掩瑕疵指爲和睦巧詞詭詐目爲能官詢求若訪於吏人善惡遂乖於審實是以紀綱失序冤訴不伸如此之徒十常五六積其湮鬱有傷至和水旱蟲螟殆因此作臣賦性愚昧備位諫官參校古書比方時事上塵聽覽伏竊兢惶伏乞將臣此言宣示兩地究其事類何者改更拾遺補闕臣之職業

六年隨又論星變疏曰臣聞在天成象在地成形上自帝王降及輔相宰制萬物感應天文是以政教紊於下則躔次變於上自古聖帝明王兢兢業業不敢私縱者畏天命也若政有失而不改天垂戒而不懼者危亡之道也近者天象變異驚駭群情避殿曲赦深叶古典臣雖不知星緯之術備覩史策之文竊見於天警誡人主伏自兩宫臨御于兹七年體貌大臣延納直亮觸鱗犯諱者未嘗加罪巧言令色者必察其非恭儉仁慈動遵典禮故得上下無壅華夷乂安闕政無聞咎將安在臣晝夜思慮疑者二焉切慮邪佞小人急圖富貴窺其資望求得陞遷致有潛結姦雄密爲表裏謀傾陷於端士期進用於明時不思撓敗國家且務致身榮達稍萌凶慝亦動星辰前史稱太白食昴白虹貫日者皆古人精思密謀之驗也惟望聖慈深加審

察邪謀不入災異自消無慮三聖在天百孫繁衍定王之外封冊未行雜於庶寮之間班在駙馬之下北使每至無以威示遠方聖祖貽謀實欲本支茂盛因循歲久未舉典章百官固有嗟嘆三聖豈無動念伏望聖慈於皇族中選其賢明依唐朝故事封嗣王郡王三五人以應祖宗之意用固盤石之基其次選用大臣必從公議古者詢於卿士謀及庶民審重之至也至於才高位下公議所歸或因例合遷久未陞奬者亦乞申命兩府次第舉行昔者宋景善言袄星乃退商湯自責化爲豐年而况太后聖明皇帝慈儉上天變異不足憂虞臣職在諫垣殊無器識敢陳狂瞽不避靈誅

貼黄臣伏見唐堯至聖有四凶在朝大舜繼明方乃誅逐是知小人君子自古並生君子多則小人衰而天下治小人多則君子衰而天下危自古離亂甚多太平甚少其故何也蓋佞言似忠

謀身巧計。是以小人多獲進用。直言正色。邪佞憎嫉。是以君子多過譏謗。此乃邪正各異。故相憎也。失於防察。禁制漸難。故書曰。爲君難。爲臣不易也。今兩宮明聖。君子道行。小人之心。皆不遂志。多方求進。或受貨財。依附姦邪。上惑天聽。伏乞聖慈特加防察。

七年。玉清昭應宮災。太廟齋郎蘇舜欽上疏曰。臣聞烈士不避鈇鉞而進諫。明君不諱過失而納忠。是以懷策者必吐上前。蓄寬者無至腹誹。則上下之情不鬱。教令之出。悦隨。然言之之難。不如容之之難。容之之難。不如行之之難。有能言之則必容之。容之則必行之。如此前欲治之主。三代之迹也。願陛下留意焉。臣伏覩今歲自春徂夏。霖雨陰晦。未嘗少止。農田被菑者幾於十九。民情嗷騷。如昏墊焉。臣以謂近位之失人。政令之多過。賞罰弗公之所速也。天之降災。欲悟陛下。陛下遂謂刑獄濫寬之致。故肆赦天下以救之。殊不念如此則殺人者不死。傷人者不抵罪。其爲濫寬。則又加甚。古者決斷滯訟。以平水旱。不用赦也。故赦下之後。陰霾及今。前志曰。積寬生陰。積陰生陽。陽生則火災見焉。乘夏之氣發洩於玉清宮。震雨雜下。烈熖四起。樓觀萬疊。數刻而盡。誠非慢於禦備。乃上天之深戒也。陛下當降服減膳。避正寢。責躬罪己。下哀痛之詔。罷非業之作。拯失職之民。在輔弼無裨國體者去之。居左右竊弄威權者去之。精心念政刑之失。虛懷收芻蕘之言。庶幾變災。以答天意。辰浹之間。不聞有此告諭。竊知陛下將計工役。再謀興修。都下之人。聞者駭惑。往往聚首橫議。咸謂非宜。皆曰。章聖皇帝勤儉十餘年。天下富庶。帑府流衍。無所貯藏。乃作斯宮。及其畢功。而海内爲之虛竭。陛下即位未及十年。數歲連遭水澇。雖征賦咸入。而百姓頗甚困乏。若大興土木之功。則費用不知紀極。財

貨耗于内。征役勞于下。内耗下勞。何以濟矣。況天災之。已爲之。是欲競天。無省己之意。逆天不祥。安已難任。欲祈厚貺。其可得乎。豈天譴告而陛下弗寤邪。豈知而固爲之邪。豈再造祈天之祐邪。臣不得反覆而量也。今爲陛下計者。莫若采吉士。去佞人。姑務修德以勤至治。使百姓足給而寬其征稅。則可以謝天意而安民情矣。夫賢君見變能修道以除凶。亂君無象天不譴告。今幸得天一見之變。是陛下修道之日。豈宜怨哉。昔漢宣帝三年。茂陵白鶴館災。下詔曰。迺者火災降於孝武園館。朕戰栗恐懼。不燭變異。罪在朕躬。群有司又不肯極言朕過。以至于斯。將何寤焉。夫茂陵不及上都也。鶴館不大此宮也。彼尚降詔四方以求己過。是知古帝王急治如此。夫火不炎上之罰。正爲是焉。臣謹按前漢五行志云。賢佞分别。官人有敍。帥由舊章。禮重功勳。如此則火得其性矣。若信道不篤。或耀虛僞。讒夫昌。邪勝正。則火失其性矣。自上而降。及濫炎妄起。燔宗廟。燒宮室。雖興師而不能救。故魯成公三年。新宮災。劉向謂成公信三桓子孫之讒。逐父臣之應。襄公九年春。宋災。劉向謂宋公聽讒。逐其大夫華弱奔魯之應也。今宮災豈得亦有是乎。願陛下恭默而内省之。省而既知之。願陛下悔過而追革之。罷再造之勞役。行古先之典法。非惟大光基構。亦天下之幸甚也。臣愚妄之言。不足益國體之萬一。陛下苟容而行之。三代兩漢之風。指顧而可致也。

景祐五年。河東地震。舜欽詣匭上疏曰。臣昨初到京師。聞河東地大震裂。涌水壞屋廬城堞。殺民畜幾十萬。歷旬不止。臣始聞惶駭疑惑。竊思自編策所紀。前代衰微喪亂之世。亦未嘗有此大變。方今四聖接統。内外平寧。戎夷交歡。兵革偃息。固與夫衰微喪亂之際頗異。是何災變之作。返過之邪。且妖祥之興。神實尸之。各以類告。未嘗妄也。

臣以謂必無是事是亦傳言之濫耳歷問一二朝士皆曰有之因退思念天人之應古今之鑒大可恐懼此朝廷政教昏迷下受其弊積陰鬱不和之氣上動於天天於是為下變異以警戒之使君人者回心省脩翻然向道則民安而災息是故古之王者逢天地之變則必避正寢撤樂省饌詢訪正議考求失德而更去之蓋以上帝聰明所作必驗苟弗知懼則非常之孽隨之今此異既告豈徒然哉則王者豈常安於逸豫信任近狎而不省政事乎廟堂之上執事者豈有非賢才或專威福而侵君者乎其所施設之迹豈有不便於民者乎深宮之中豈有陰慝不謹或以媚道濫進者乎四外之表豈有竊萌肯盟犯順之心者乎念自從遠方來未知近事心雖疑而口不敢道宮禁夷狄之事固未可知朝廷已然之失則聽輿論而有聞焉只評朝廷知此大異殊不脩補闕政以厭天戒而安民心默然不恠如平常

無事時諫官御史亦不聞逆牘白見鋪陳災害之端以開上心然民情洶洶聚首橫議咸有憂虞之色豈時與古不同今朝不宜倣古以為事耶又念有天下者未有鑒古而亂棄古而治也豈上位者務在鎮靜不須與民同憂耶則又民為邦本矣有本搖而枝葉不動者豈或恐瞶不當憂而憂耶則地之震夫之所為也民雖愚夫豈愚哉又復思之不覺驚怛流汗自以世受君祿身蓄國命涵濡惠澤以長此軀便欲盡吐肝膽以拜封奏又聆見范仲淹以剛直忤姦臣棄罷中傷言不用而身竄謫斯亦可悲也是時降詔天下未許越職言事臣今尚務徽切不避權右必恐橫遭傷害無補於時因自悲嗟不知所措臥而孟春之初雷電暴作臣以謂國家之失衆臣無有為陛下言者唯天丁寧以告陛下也陛下極聖至明其肯忽之果能露發明詔許臣寮皆得獻言臣初聞之踴躍欣抃又謂雖有災異陛下賜講求嘉言華去時弊故可變化而召善祥也旬餘日來聞頗有言事者其間豈無切中時病而絕不聞朝廷從而行之是亦示虛言而不根實効也臣聞唯誠可以應上天唯實可以安下民今應天不以誠安民不以實徒布空文增人太息耳將何以謝神靈而救災亂也豈大臣蒙塞天聽不為陛下行之豈言事者迂闊無所取不足行也此則未可知今臣竊見綱紀隳敗政化闕失其事甚衆不可縷舉謹條大者二事詣匭以聞伏望陛下少賜觀覽苟有所采乞斷自睿意即時行焉言或狂瞽乞付臣斧鑕以非所宜言罪之一曰正心夫治國如治家治家者先脩於己脩己者先正於心心正則神明集而萬務理也今則民間喧傳陛下數年已來多引俳優賤人於深宮之中燕褻語節賜予過度燕樂無節則志荒蕩賜予過度則心侈泰志荒蕩則政事不親心侈泰則用度不足臣竊覩國史見祖宗逐日視朝所具方嚴

猶坐於後苑門上有白事者立得召對委曲詢訪少善必納真宗末年不豫始闕日視事今陛下春秋鼎盛實宵衣旰食求治之秋而乃隔日御殿此政事不親之効也今又府庫匱竭民鮮蓋藏誅斂科率殆無虛日三司計度經費二十倍於祖宗時此用度不足明矣政事不親而用度不足斯大可憂也伏望陛下脩己以御人洗心而鑒物勤於聽斷舍其燕安放棄優諧近習之纖人親近剛明鯁正之良士因此災變以思永圖効祖宗之勤勞惜社稷之廣大則天下之幸甚也二曰擇賢夫明主勞於求賢而逸於任使然盈庭之士不須盡擇在擇一二輔臣及御史諫官而已今陛下用人似不慎擇如王隨自吏部侍郎轉門下侍郎平章事超越十資復為上相此乃非常之恩必待非常之才而王隨虛庸邪謟非輔相之器降麻之後物論沸騰故疾纏其身災仍於國此亦天意愛惜我朝陛下必鑒之又石中立

須在朝行以訐諧自任士人或有冥集必置席開讌其言語以資笑
懷今處之近輔不聞嘉謀物望甚輕人情所怨使災害屢降而朝廷
不寧蓋近臣多非才者陛下左右尚如此天下官吏可知也實恐匈
奴輕笑中國伏望即時罷免別建賢才臣又竊見方今以張觀為御
史中丞高若訥為司諫此二人者皆登高第本望以詞華進用素復
溫和軟懦無剛鯁敢言之才斯皆執政引拔建置欲其慎默不敢舉
摘其私時有所言必暗相關說旁人窺之甚可笑也故御史諫官之
任臣欲陛下親擇之不令出執政門下臺諫官既得其人則近臣不
敢為過乃馭下之策也臣以謂陛下身既勤儉輔弼臺諫又皆得人
則天下何憂不治而災異何由而生伏望陛下少留意焉非有難也
臣不勝區區之至
時玉清昭應宮災繫守衛者御史獄御史中丞王曙恐朝廷議修復

上言昔魯桓僖宮災孔子以為桓僖親盡當毀者也遼東高廟及高
園便殿災董仲舒以為高廟不當居陵旁故災魏崇華殿災高堂隆
以臺榭宮室為戒宜罷之勿治文帝不聽明年復災今所建宮非應
經義災變之來若有警者願除其地罷諸禱祠以應天變仁宗感悟
遂減守衛者罪已而詔以不復繕脩諭天下
滕宗諒還殿中丞會禁中火詔劾火所從起宗諒上疏諫曰伏見掖
庭遺燼延熾宮闥雖沿人事實繫天時詔書亟下引咎滌瑕中外莫
不感動然而詔獄未釋鞫訊尚嚴恐違上天垂戒之意累兩宮好生
之德且婦人柔弱箠楚之下何求不可萬一懷冤足累和氣祥符中
宮掖火先帝嘗索其類寘之法矣若防患以刑而止豈復有今日之
虞哉況變警之來近在禁掖誠願修政以禳之思患以防之凡逮繫
者特從原免庶災變可銷而福祥來格也疏奏仁宗為罷詔獄

知諫院包拯言戒興作疏曰臣伏見十一月初二日夜上清宮火謹按
春秋傳例曰人火曰火天火曰災漢書五行志曰人火天火同為災
異皆以朝廷政令參驗得失而勸戒焉說者曰賢佞分別官人有序
則火得其性若信道不篤惑耀虛偽則火失其性自上而降濫焰妄
起是為火不炎上今上清宮者乃祖宗修建以崇無為之德今火焰
之者豈焚修之人不務精潔以副陛下嚴奉之旨乎不然其天意垂
誡於陛下乎固宜勵精治道謹修人事以答天變可也風聞道路云
陛下存留遺燼似有繕脩之意未辨虛實咸懷危懼況天下多事調
發旁午帑藏未實邊鄙未寧豈可先不急之務重無名之費哉且宮
觀之興自於唐室非古制也若謂先聖真容理當欽奉則景靈宮會
靈觀殿宇宏壯可以奉安願陛下推仁慈之德念疲敝之俗且務安
之之理豈忍重困之也然外議紛紜頗甚惑眾欲乞特降詔告諭以

安衆心
拯又論日食疏曰臣伏見四月旦日當薄蝕陛下特降德音疏決庶
獄飭身修政以應天變此誠古之聖后明辟克謹天戒之至意也臣
聞漢書云災莫大乎天災之變莫大乎日蝕蓋日者陽之精人
君之象也君道虧為陰所乘故蝕日者德也月者刑也故聖王日蝕
修德月蝕修刑詩云彼月而蝕則惟其常此日而蝕于何不臧說者
云月蝕非常比之日蝕固常也日蝕則不臧矣然正陽之月法尤忌
之由是有伐鼓用幣之事故人君或遭災變必避殿徹膳克己責躬
明君臣正上下延納衆議以輔不逮如是之至也今正陽之月既然
日蝕而又充陽益甚火災繼作害孰大焉得非上天有以丁寧垂誡
於陛下耶伏望陛下奮乾剛之至惠畏天地之大異發號施令審思
乎利害賞德罰罪無間於疎昵聽斷不惑勤儉為先抑陰尊陽防微

杜漸然後日御便殿博延公卿詢訪直言講求古道勵精為治以答天戒如此則積異消於上屬階絶於下足以導迎善氣馴致太平惟陛下留神省察

拯又論星變疏曰臣竊見歲星逆犯房宿近鈎鈐之位于今月餘未順按天官云房四宿為明堂天子布政之宫亦曰四輔股肱將相位也北二小星曰鈎鈐房之鈐鍵天之管籥主閉鍵天心其房心於辰在卯主豫州宋之分野夫五星者五帝司命應王者號令為之節度歲主歲事為其統首好生惡殺安靜中度則吉變色亂行則不為福或有凌犯淹留不去咎在仁德未修誅罰未當若犯房宿亦責在將相之不稱職者伏況國家盛德在火歲火二曜俱為福星房心又是宋之分野今歲德失度逆守于房復近鈎鍵之次徘徊未退本意亦謂人君指意欲有所為而未得其節也乃上天之意所以篤佑聖宋

丁寧陛下如是之至夫變異之來各象過失以譴告人主猶嚴父之明戒可不舋畏恐懼乎古之明王必正五事建大中以承天心能應以德則咎息不能應以善則災至要在所以應之應之之速非誠不立非信不行伏望陛下奮精剛之德挺獨斷之明內推至誠深思天戒以天下至大祖業至重不可謂承平無事而可以佚豫為治外則邊防之大戎狄可憂內則機務之煩紀律不振況今政失於寬而敎在姑息官弛於苟簡近下詔命澄汰流品而才者未之進不才者未之退蓋有司務在因循憚於甄選爾凡方內治亂在陛下所任經曰亦惟先正克左右未有左右正而百官枉者也中外臣僚其有老懦貪殘奇刻姦佞不當居職者宜以時廢退盗選溫良惇厚之士寘之於位令海內昭然知本朝之所貴豈不休哉然後掖庭之中簡去幽曠宮壁之內裁抑重任發號施令在乎必行賞德罰罪在乎不濫振

舉綱目杜絶萌漸如此則災異消於上禍難息於下五緯循軌四時和順召天地之協氣致邦家於永寧願陛下力行而已臣本以孤危不知忌諱惟陛下不以位疎言賤留神省察則天下蒙幸

拯又上謹天誡疏曰臣竊見近者太白犯月於箕尾之分熒惑犯鎮星於虛危之分而又冬雷震發雨木成冰博詢前聞固不虛發臣謹按歷代五行志曰太白犯月月犯太白熒惑犯鎮星皆外寇之兆雨木成冰者說者謂上陽施不下通下陰施不上達故雨木為之冰冰者陰之盛木者少陽貴臣卿大夫之象亦曰木冰為木介介者甲兵之象又曰冬雷者所發之地主兵謹雷以二月出八月入也今季冬而震雷雨雹者陽不閉藏而發泄皆失節之異夫月者太陰之長后妃大臣諸侯之象亦主夷狄鎮星所管宋衛陳鄭之分若金火陵犯固不為福況又箕尾屬燕虛危屬齊設或內非其應則北虜之患山

東之憂亦須大為之防且頃歲有星孛之異近復有巨嵎之震不可忽也今四方災旱流亡未復雖遣使綏撫貸粟賑給而上下困竭濟卹彼艱此乃天意篤右聖宋丁寧陛下如是之至也書曰曆象日月星辰此言王者當仰視天文俯察地理觀日月消息候星辰躔次揆山川變動參人民謠俗以考休咎若見災異則退而責躬恐懼修德以應之有不可救者則蓄備以待之故宗社享無疆之福伏望陛下省災異之來驗休祥之應謹奉上天之戒以揆當時之務外則幅員之廣戎狄寇盜之可虞內則機政之繁號令賞罰之未信固宜進擢賢傑振張紀律廣闢衆正之路屏絶群枉之門斥逐姦纖眷重聽納近自宮禁遠及邊陲杜漸防微中外協濟如此則庶幾後患可弭惟聖度裁處

拯又論地震疏曰臣近聞登州地震山摧今又鎮陽雄州五月朔日

地震北京貝州諸處蝗蝻蟲生皆天地先意示變必不虛發也謹按
漢五行志曰地之戒莫重於震動謂地者陰也法當安靜今乃越陰
之職專陽之政其異孰甚焉又夷狄者中國之陰也今震於陰長之
月臣恐四夷有謀中國者且雄州控扼北鄙登州密邇東夷今繼以
地震山摧不可不深思而預備之也頃歲并代地震尋以昊賊拒命
近者廣南英連等州亦震而蠻寇內侵皆必然已應之兆耳臣近曾
上言沿邊將帥尤在得人乞委執政大臣精選素習邊事之人以為
守將俾訓練卒伍廣為積聚以大警備之不然懼貽陛下之深憂也
況災變之作未有無其應者惟陛下特留聖意
拯為戶部判官時上疏曰臣竊見冬春以來天下旱乾為虐而陛下
避殿徹膳累下詔書勤求直言疏理刑獄寬省民力雖古之聖帝明
王責躬罪己無此之甚焉故詔音所至甘澤隨降和氣應於上民心悅

於下天意聖德若合符契當上穹眷佑之如是則陛下尤宜勵精求
治以答殊貺臣聞法令者人主之大柄而國家治亂安危之所繫焉
不可不慎緣近歲以來賞罰之典或尚因循且人知法令之不足信
則賞罰何以沮勸乎昔唐文宗問宰臣李石天下何以易治李石對
以朝廷法令行則易治誠哉治道之要無大於此伏望陛下臨決大
政信任正人賞者必當其功不可以恩進罰者必當其罪不可以幸
免邪佞者雖近必黜忠直者雖遠必收法令既行紀律自正則無不
治之國無不化之民在陛下力行而已亢旱之災天之常數固不足
貽陛下深慮惟陛下留神省察
天聖中天下水旱蝗起河決滑州通判常州謝絳上疏曰去年京師
大水敗民廬舍河渠暴溢幾冒城郭今年苦旱百姓疫死田穀焦槁
秋成絕望此皆天異也按洪範京房易傳皆以為簡祭祀逆天時則

水不潤下政令逆時水失其性則壞國邑傷稼穡獄事有知誅罰絕
理則大水殺人欲德不用茲謂張厥災荒上下皆蔽茲謂隔其咎旱
天道指類示戒大要如此陛下夙夜勤苦思有以上塞時變固宜策
告殃咎變更理化下罪己之詔脩順時之令宣群言以導壅斥近倖
以損陰而聖心優柔重在改作號令所發未聞有以當天心者夫風
雨寒暑之於天時為大信也信不及於物澤不究於下則水旱為沴
近日制命有信宿輒改適行遽止而欲風雨以信其可得乎天下之
廣萬機之眾不出房闥豈能盡知所在廷之臣未聞被數刻之召吐
片言之善朝夕左右非恩澤即倖佞上下皆蔽其應不虛昔兩漢日
食地震水旱之變則策免三公以示戒懼陛下進用丞弼極一時之
選而政道未茂天時未順豈大臣輔佐不明邪陛下信任不篤邪必
若使之宜推心責成以極其效謂之不然則更選賢者況未奸邪者

易進守道者數窮政出多門俗喜由徑聖心固欲盡待天下之賢能
分職受業而宰相方考資進吏無敢建白欲德不用之應又可驗矣
今陽驕莫解蟲孽漸熾河水妄行循依違之迹行尋常之政臣恐不
足回靈意塞至戒古者穀不登則虧膳災屢至則降服凶年不塗塈
願下詔引咎損大官之膳避路寢之朝許士大夫斥諱上聞譏切時
病罷不急之役省無名之斂勿崇私恩更進直道宣德流化以休息
天下至誠動乎上天惠浹乎下豈有時澤之艱哉仁宗嘉納之
絳又上言蝗亘田野坌入郛郭跳擲官寺井堰皆滿魯三書螟穀梁
以為哀公用田賦虐取於民朝廷斂弛之法近於廉平以臣愚所聞
似吏不甚稱而召其變耳今典城牧民有顯方面之勢才者掠功取
名以嚴急為術或辯偽無實數蒙奬錄愚者期會簿書畏首與尾二
者政殊而同歸於弊夫為國在養民養民在擇吏吏循則民安氣和

尙未息願先取大州邑數十百詔公卿以下舉任州守者使得自辟屬縣令長務求術略不限資考然後寬以約束許便宜從事朞年條上理狀或徙或留必有功化風迹異乎有司以資而任之者焉漢時詔問京房災異可息之術房對以考功課吏臣願陛下博訪理官除煩苛之命申敕計臣損聚斂之役勿起大獄勿用躁人務靜安守淵默傳曰大侵之禮百官備而不制言省事也如此而沴氣不弭嘉休不至是靈意譎譎而聖言罔惑歟

景祐四年太安殿柱生芝草詔群臣就觀監察御史鞠詠上言曰陛下新即位河決未塞霖雨害稼宜思所以應災變臣願陛下以援進忠良退斥邪佞爲國寶以訓勸兵農豐積倉廩爲天瑞草木之怪何足尚哉

右司諫韓琦上奏曰臣近聞西京南京及畿內諸縣遣使疏決刑獄令

奏議卷之二百九十九　十三

明池等亦設齋醮此必司曆者陳垂象之變以獻于上使陛下聖懷欽翼勤懇如是雖古先哲王覩之感悟飭身正事無以過也臣去歲中不曉禁忌嘗進狂瞽以謂上穹譴告惟增修德政可以除患而致福若禮神寓過即伸禳謝殆非方冊所載消伏災眚之義前奏粗悉不敢煩述今又聞金芝產於化成殿柱詔近列咸觀嘉事臣竊以春秋之法但紀災異至于祥瑞略而不書豈不以君人者聞瑞慶則意安覩災符則心懼意之安則其政怠心之懼則其德修聖人垂誡之深其旨斯在臣愚伏望陛下開發聖慮特以天戒爲重於政教之闕思所未至隨其變以應之亦猶日食修德月食修刑之理是也至如珍祥奇瑞雖陛下仁聖所感亦望日謹一日以雖休勿休爲念則穹昊垂貺者陛下寅畏之心生靈遂宜浸陛下慈惠之澤自然家給人足時和年豐兹獲上瑞之報豈不盛歟

琦又上奏曰臣聞動民以行不以言應天以實不以文先儒之讜議也故宋景公以熒惑守心不忍移臣庶之咎子韋稱君有至德之言熒惑必徙三舍此則以實應天之效也唐明皇以太陽虧蝕述令赦徒隸之人宋璟謂可以至誠動天不在德音頻降此則以文應天之弊也載籍所記前範至詳不敢煩陳粗此槩舉臣伏覩近者興國寺災延及開先祖殿不踰數刻但有遺燼伏覩垂象或失經行蓋人事之已形致天災之嗣發其猶影響諒非徒然當是時臣請陛下宜虔守以求讜言側身以修庶政有功則賞以絕其徼幸之路有罪則罰以清其姦慝之原旌別賢愚撙節財用抑宴私過度之樂休營造不急之務決獄使之無濫出令斷於必行斯以念祖業之艱難答天意之警悟也而陛下眷三京以肆赦宥走群望以罄詞祝中自禁掖外及觀寺並設齋醮逮越晦朔今北道數郡繼以地震上聞即命使詔

奏議卷之二百九十九　十四

就崇法供列兹近塞俯接殊邦豈無間諜之人往道祈禳之事徒彰自恐或謂無謀雖陛下欽順皇天之誠可謂至矣其於銷伏災眚之道則猶未焉夫弛刑網以貸頑悖之民損國貨以奉游惰之輩將欲乃丕覩感靈心是猶卻行以求前揚湯而止沸無益之驗信昭然矣臣苟隱情惜己不能獻忠盡言使陛下常以禋縉黃蒼牲幣爲脩德除患之本則臣豈不上負陛下懼災思政之意哉謹按五行傳曰火南方揚光輝爲明者也其於王者南面嚮明而治賢佞分明官人有序率由舊章愛重功勳則火得其性若乃信道不篤或耀虛僞讒夫昌邪勝正則火失其性自上而降乃濫炎妄起焚宗廟燒宮館雖興師衆不能救也此臣前所謂宜辨賢諂明賞罰謹命令戒奢逸者由此而言也曷有流化興政之若是而天不降福者哉且地震者說者以謂天陽也地陰也陽君象陰臣象君宜轉動臣宜安靜乃女謁用

事臣下專政之應。此乃飭宮壼稟戒臣鄰奉法。以當斯變。又夷狄者亦中國之陰也。今震在北。或恐上天致戒。謹告俾思孽虜之為患乎。亦望自今而後務在嚴勵守臣。咨修兵備。審擇才謀之帥。悉去懦弱之士。明軍法以警驕惰之卒。豐廩實以增儲峙之具。或曰今虜狄守盟誓約甚固。奉朝廷有禮。初無釁隙。保不驗動。未可生事以疑戎心。此寬陛下宵旰之憂可也。為國計則疏矣。臣辭意狂鄙。不識禁忌。儻陛下聽斷之暇。一紆睿覽。采而行之。少助萬分之一。則臣退就鈇鑕死無所恨。

琦又論星變疏曰。臣近者竊聞星變數見。輒貢瞽見。備言禳謝之理。始將百日。不賜妄言之誅。是陛下知臣所陳歸於朴忠而非妄上好訕也。然臣意有所未盡。更思竭愚區區鄙誠。萬一開悟。臣近日又聞大慶殿及諸處復建道場。及分遣中使徧詣名山福地以致精禱。臣以謂陛下循從常禮。不得已而為之。是亦違寅亮之深旨也。臣竊以天垂祅象。地見災異。前世之君。觀之感悟。以為祈禳之法。則必徹樂減膳。修德理刑。大則至有下詔以求讜言。側身以避正寢。是以天意悅豫。轉禍為福。臣願陛下法而行之。復恐此後宮中或有宴飲之事。欲望比於常時稍用減節。不獨仰奉於天戒。斯實上安於聖躬。臣子之心。所以昧萬死而獻言者正為是也。且大慶殿者國之路寢。朝之法宮。陛下非行大禮被法服則未嘗臨御。臣下非大慶會則不能一至於庭。豈容僧道凡庸之人。繼日累月喧雜于上。非所謂正法度而尊威神也。昔高宗立皇太子。將會命婦於宣政殿。博士袁利貞曰。前殿正寢。非命婦宴會之地。望請命婦會于別殿。冀可備極恩私。帝納之。即命移于麟德殿。臣亦望今後凡有道場設醮之類。並於別所安置。臣覼縷求諫之朝。復在可言之職。宜推無隱。思所為報。願陛下特

霽天威。一加詳納。天下幸甚。

琦又論星變地震冬無積雪疏曰。臣旬日前竊聞民間傳言。星躔示變。及京師曾有地震之異。亦聞朝廷建置道場。臣自忝諫職。數因災變陳事。意謂陛下粗記臣言。故遷延未敢更獻愚瞽。數日來又聞河東忻州地震連日。大壞官私舍宇。傷損人命。臣慮陛下近歲以來頻有災異。而常事待之。即未是多掛聖念。但齋醮道場而已。臣是以不敢無言。更思云補。臣聞以實應天。則天必報以德。勝妖則妖自息。今上穹頻頻譴見。以感陛下。蓋欲認變而懼。增修德政。則將轉禍而為福。豈其虛發哉。若陛下以為無足可懼。不思致悟之理。或上天倦而臣恐則默而為禍矣。今躔次之變。知星者必具言其事。至于地震之理。稽于舊史。則大臣專政。後宮用事。陽不足而陰有餘之應也。今朝廷凡百行事皆由政府。陛下雖知其是非而不加聖斷。亦大臣專政之應。後宮之事非外臣所知。亦望禁其太盛。以答天變。臣願陛下每觀災異。先詳其理而應之。然後省身之所未思。而思政之所未至。夫崇儉約以訓九族。而純德變於天下。節宴游以謹萬機。而勤政率於天下。亦脩身之大略也。輔弼得人。而庶務協其序。賞罰得中。而二柄歸於上。選陰廣備。而將帥擇其材。亦修政之大略也。陛下若舉其要而行之。則上天豈不降福而何災沴乎。況陛下首相久病。高臥私室。僅禮上章。無堅退之意。安祿固位。上不分聖憂。下不畏人言。假令病愈而出。則中書之事必更無倫理。蓋才短識暗而然也。陛下豈不思求才而代之。使修正紀綱。亦禳謝之一端也。又今冬以來尚無積雪。旬浹之間將及春序。不惟已覺愆旱。兼恐人民疾疫。欲望陛下躬行精禱。庶獲嘉應。今舉朝之人皆以不言為利。無一人為陛下切直而言者。臣非不知直言為患。然遷任之初。不欲碌碌雷同眾人。故昧死

詔列。不顧鼎鑊之罪。塍望少采狂愚。天下幸甚。

琦又論衆星流散月入南斗疏曰。臣竊聞近日司天監上言。占見衆星流散。又奏月入南斗中。臣職在諫列。得於側聞。不敢隱情。借已容默於位。竊願輸盡愚瞽。有補萬分之一焉。臣聞人事失于下。則天變發于上。惟明聖之君。覩之感悟。責躬修德。所以除患而福至。是猶影響相應之速也。而朝廷自去年秋熒惑失度。及太平興國寺災。乃命疏理繫囚。自大慶殿至諸寺觀。並集僧道以為禳謝之法。繼之以地震北郡。遣使興建道場。近者又聞太陰失行。復詔三京減降罪人。於金明池等處亦設齋醮。臣屢上封奏。極言無益。所期庸妄之說。少開聖聰。而前月中杭州又奏有大風雨。悉壞官司廬舍。復有獻謀于陛下者。乃降敕本郡崇佛事以禳之。外方有識之士。必有非笑者焉。陛下若以災異數見。非政教之失。但可竭財以奉僧道。寬禁以貸罪惡。是謂天戒可脅。靈心必回。則今日

之譴見。又何從而致哉。今天之譴告。孜孜不已者。得非陛下未達警悟之意耶。夫赦者前賢以為偏枯之物。非明世之所行也。苟行之。則小人之幸而君子不幸矣。又金銀錢帛。出自蒼生膏血。取之以供國之用。尚宜撙節。又況枉費以資游惰之僧道乎。以陛下之聰明睿智。諒久知其不可。今若再舉禳災之術。復踵前獘。適是誤陛下也。臣不敢妄究星緯。但取前史所載。開陳其端。夫月為太陰之精。刑罰之義。列之朝廷。諸侯大臣之象也。故大臣用事。兵刑失理。則月行乍南乍北。又南斗者丞相太宰之位。主褒賢進士。選授爵祿。若小流星百數。四面行。衆庶流移之象也。今天之所戒者。恐宰輔之任未副聖心。褒賢授祿或失其宜。故太陰罰斗以應之。夫代天當軸之臣。未副聖心。則政教浸隳矣。政教浸隳。則陰陽失和。而水旱移時。水旱移時。則衆庶流移之志亦從而至矣。漢史曰。宰相上佐天子。燮理陰陽。載記曰。近臣守和。言近臣調和君事者也。今

聞政府議事未甚和協。互執所見。或有違之。即如近斷一大刑名。此特有司之事。又復別旨議定。於理明白。而猶固執紛競。上煩聖斷。豈大臣之體哉。廟堂之上。論道之際。必有甚於此者。固非下臣所知矣。如此而望陰陽調。君事和。政不失于下。變不形于上。其可得乎。方今之宜。莫若注意賢宰。協輔朝政。使其同心一意。推用所長。然後賞罰二柄。更思其中。謂名器不可輕授也。則賞不加於無功。謂紀綱不可寖弛也。則刑必行於有罪。知財貨之有限也。則量用度而裁減之。知軍旅之久惰也。則明號令而約束之。一令之出。必信於人。一言可嘉。必用其計。盡平僥倖之路。精辨愛憎之言。推此以斷天下之務。則陛下高居穆清。垂拱而治。太平之基既隆且固矣。雖有象緯之變。流行之災。自當易而為嘉祥。散而為和氣矣。芻蕘賤言。不曉禁忌。思有報効父甄擢之遇。非敢訐上而取直也。唯陛下熟察之。

琦又論石龜疏曰。臣聞通利軍奏衛縣民得石龜一。其上鐫刻讖文。略云道士趙永昌於顯慶元年鐫記。後至三百六十五年出現。時有聖君治世。皇后劉氏。今有聖子紹位。觀其文字鄙俗。固不能上惑天聽。臣竊計唐高宗顯慶元年至國朝天禧四年。方及三百六十五年。蓋是當年造偽人妄求恩倖。有此刊刻。後恐事迹彰敗。是故隱而不言。至今又經一十八年。方為縣民所獲。即於讖文自已乖謬。陛下至明至聖。固已洞鑒其妄。即緣却降下本處軍。嘖庫收附。乃是未詳真偽。猶示秘藏。臣恐中外聞知。有以來欺詐之漸。欲乞特降聖旨下本軍。令知軍當面毀弃訖奏。所貴偽端不起。群聽無疑。臣以其事雖小而於體大。故敢上言。

琦答詔論地震春雷之異疏曰。臣伏聞陛下以災變頻數。已降詔勅。求讜言。此乃陛下警悟天戒。憂勞聖心。普率之間。不勝至幸。臣備

位諫列近因災變之發累上密封。既愚且忠無致畏避事須明白未見裁納。臣慮應詔而言者雖不即加之罪。而言者亦不用其說。則是與詔意相戾。而於朝政何益哉。臣欲望陛下應有臣寮應詔上言。一一親垂聖覽。事如可行。即望早加聖斷。或所見非是。及辭涉詆訐。亦望寬而不問。庶成陛下引咎思政之德。以荅上穹順道為福之應。臣前數有所陳述。伏惟陛下以一臣之言。所見褊淺。未能符合聖意。臣愚不勝忠憤。彌貢狂直。更不敢廣有引援。煩瀆上聽。但直述當今未便陛下可行者。凡十事。具列狀。實封進納。又詔書以謂或政教未臻於理。刑獄靡協于中。在位有壅蔽之人。效官有貪墨之吏。仰諫官御史搢紳百寮。密疏以言。臣竊以四海至廣。非一人耳目所能徧接。若只許在朝臣寮論奏。實恐言路未廣。臣欲乞頒示天下。亦許所在官吏依詔言事。附遞聞奏。

琦又上別狀曰。臣伏聞降御札求讜言。輒有狂鄙之見。不敢文飾上瀆聖覽。謹直述其事條列如右。

一。政府大臣。乞選用忠正有才識之人。則紀綱自正。陛下仰成而無憂。如有不堪其任者。望早加聖斷。皆從免罷。使時政日新。天下咸悅。

一。賞罰二柄。本君上執之以馭天下。若無功者受賞。有罪者不罰。是猶寒暑相違。而望歲功之可成也。臣欲乞凡行賞罰。務協中道。或陛下聽斷之際。知其可賞則賞之。知其可罪則罪之。使畏愛出於宸衷。無令國之二柄專為臣下所持。而任其威福。

。近日戚里之家。多因入內之際。或無功而望遷轉。或無能而求錫賚。唯圖僥倖。殊無厭足。況莊獻太后朝。尚曾懲戒。豈陛下睿明當宁而不抑其奔競。欲望特降詔諭。嚴行止絕。如有違犯重加貶責。

一。今之國用不足者。殺在於浮費不節。所入者有限。而所出者無涯。遂令內外帑廩。皆未充贍。臣欲望凡百用度。務令儉約。及乞差公正才識近臣。與三司詳定。減省冗費。

一。自茶法改更以來。連年將銀絹配率河北人戶。坐此困竭。明出卻內庫物帛。措虧卻舊額課利。欲望選差公正近臣。參定酌中之法。以濟經用。

一。朝廷備禦之急。唯在西北二邊。其。知牧守將帥。多非其材。而士卒訓練未至修整。亦望密諭兩府大臣。常切體量二邊牧守將帥。不堪其任者易之。更用才略武幹之人。以壯國威。御兵之法。務從嚴整。無令益其驕惰。

一。竊以陛下萬機之暇。當有宴飲之樂。所以寬憂勞而懸壽祿也。

然頻數則有妨政事。無益聖躬。亦望節之有度。則天下幸甚。

一。宮掖之間安御之眾。豈無繁冗。從在幽閉。望選其無用之人放令出外。以消陰盛之變。

一。臣寮中有以言獲罪貶責者。若必本獻忠。非挾邪近許之人。欲望復其職任。使言路彌廣。人思盡誠。

一。消變之法。惟修德以禳之。則天道感應。自古皆然。若齋醮道場實不可恃以求福。亦望特賜開悟。更思節減。

大常丞同修起居注判三司鹽鐵勾院直史館葉清臣。以京師地震上疏曰。天以陽動。君之道也。地以陰靜。臣之道也。天動地靜。主尊臣卑。易此則亂。地為之震。乃十二月二日丙夜。京師地震。移刻而止。定襄同日震。至五日不止。壞廬寺殺人畜。凡十一之六。大河之東。彌千五百里而及。都下識大異也。屬者熒惑犯南斗。治曆者相顧而駭。陛下[illegible]

勤厥政方夏霖窒而一歲之中災變仍見必有下失民望上戾天意者故垂戒以啓迪清衷而陛下泰然不以爲異徒使内侍走四方洛佛事修道科非所謂消復之實也頃范仲淹余靖以言事被黜天下之人齰舌不敢議朝政者行將二年願陛下深自咎責許延忠直敢言之士庶幾明威降鑒而善應來集也

康定元年清臣爲右正言知制誥上奏曰臣聞王者上承天之所爲而下以正其所爲君政有治亂天應有災祥蓋天人相與之際繫君德之感通奉天子民義實一體昌治之世未必無災欲治之主能以德應則變災爲福衰亂之世未必無祥庸暗之主德不能堪則反祥爲妖故治亂災祥不可常在德之厚薄耳仲尼脩春秋記災異之大者日食地震爲先班固述漢史記日食之對則變見三朝爲尤異者今月正元日日有食之不幸昌治之辰遂有尤異之變豈合朔之會

適當然耶意上天譴告有所屬耶伏惟陛下纘隆慶基謹守先訓兢兢業業十八年于茲四方底寧萬物咸遂百工脩輔衆績咸熙信治世矣然而天變如是之大必有申警以啓聖神臣嘗學舊史歷考前志日陽德也君道也月陰德也臣道也薄食必於朔望日月之交會也會而不食陽勝陰也其在詩曰彼月而食則惟其常此日而食于何不臧是則陽德君道或有所虧則日爲之食又曰敬天之怒毋敢戲豫敬天之渝毋敢馳驅是則天變於上君變於下恬不爲變其禍滋甚臣謂推策之初逆知當食陛下宜出次徹膳伐鼓用幣百官守司爲營救之禮庶幾天悔其咎陰不爲眚今謫已見食不可追則當亟下責躬之詔開敢諫之路使講求陰所以勝陽所以虧之理後增其所虧損其所勝猶冀萬一可厭天戒其在易曰君子終日乾乾夕惕若厲無咎凡言無者言本有咎以能補過故得無咎然習常苟諛之

人然曰此常數也不足以爲盛德之累苟内朝左右之臣以此安聖慮外廷進對之臣以此紓官責臣恐非敬天之怒亦失補過之義前歲河東地震頻年太白晝見考占辨應稍稍著驗今爲此變豈容發耶伏惟陛下深思災異之大博咨政教之闕舉賢良方正能直言極諫之士待以無諱使之極言言或切至采而行之此之謂能以德勝妖變災爲福者臣幸以譾薄親逢盛旦職在詞掖官居諫省聞有得敢不罄竭明者之擇庶可録焉天下幸甚

景祐四年侍御史知雜事龐籍上奏曰臣聞應天以實不以文動人以行不以言所以天意順感而人心悦隨也伏惟陛下躬仁聖之至德紹積累之慶茲者嘉式應文武並用邊隅不聳年穀屢登然而秋冬以來雷雪不時流星爲異今又地震并忻之郡傷殞人命甚可駭也推本天戒必有厥由以陛下恭儉寅畏動遵軌範宜乎當招致災

眚臣竊思之恐在時政有所差失人情有所壅蔽也將欲應乎天而動乎人必當求其實而篤其行誠在陛下與執政之臣力行之也方行之道莫若先正其綱紀恭以祖宗乘業典刑具在守而勿失可臻至治將外制四海當首自京師故三聖以來因事立制凡百司務皆著條教所以禁踰越塞僥倖也向來或因一時爲例而破之或因臣下營私而廢之法既動搖政或隳紊而欲訓齊諸司規表天下難矣故要在執政大臣持守之也持守之者要在以身律人先國後家以求賢之意爲急以子孫之計爲末至公既立誰敢爲私然後可以守畫一之法使無踰越塞私謁之路使無僥倖施恩必平不以勢地爲異罰罪必當不以惠姦爲寬國之紀綱此實至要在力行之而已至於前代因天地之異莫不廣求厥理而消復之下罪己之詔開直言之路人情暢於下則天理順於上此誠今之切務未聞朝廷行之恐

但用釋道齋醮之文無所益也臣迹孤地寒材駑識闇上賴陛下天地父母之恩獲立忠義之地敢冒天威輒陳愚悃者亦犬馬之思報也惟陛下矜憐而察之

寶元元年守尚書刑部員外郎直史館同知太常禮院宋祁上疏曰

臣聞王者父事天母事地察政合而祥至道失而咎臻自然之應也然至亂之世不能絕祥甚治之代不能無咎辟君以祥自泰故益僨而趣亡賢主以咎脩德故愈畏而蒙祉則祥無必慶咎無固凶覩嚮伏之如何耳臣伏見頃歲以來災眚數見依類託寓異占同符天本視法而尊乃有騷離流星之變地當安固而靜乃有都國震動之占陛下奉承郊丘歲豐月潔當蒙介福翻致大異何哉得非事有召奸法有階隙天於宋室譴誘存顧先幾豫慮以啓聖心欲陛下据易圖難緣微警著奮揚剛德固執主威厭銷未萌以先丕業也臣伏讀前史五行志以驗于今累威重譴不可不察若乃群星流散則民人蕩析之象也月行黃道地震州邑則邊戎窺閒臣下擅恣后妃將感年穀且飢之兆也去年火災興國寺浮屠延燔藝祖神殿已而盜壞宗朝鉶器者再則神不昭格之意也自昔災異之發遠者十數年近者三四年隨方輒應類無虛已陛下何不暫槩清慮推求其端方今典刑設張上下褆穆而臣便論危事必難取信然陛下試一念之假有蕩析以何策固安假有飢空以何理振救脫致窺閒司任之將謂誰儻令擅恣何防之奸有幾災異不驗國之福也苟使遂驗則陛下禦之之慮得不素具於懷中哉然請先言其要臣聞君以操柄為重臣以奉命為恭柄捨之則重者反輕命竊之則恭者更僭伏惟陛下念爵賞之典刑罰之權雖覽群言一決宸慮無委成假借以開貴近擅制之私書稱惟辟作福惟辟作威夫威福者天子之所以固大寶

制兆人之術臣有作福作威則害于而家凶于而國古之王者亦何能使刑戮當罪賞皆值功恐要之事出于主則納忠者有歸政出於臣則樹私者必搆傳曰倒持太阿言柄之不可失也又曰吐珠必含言失之不可收也若夫後宮戚里祈恩丐賞者日月不乏陛下且當斷而不聽以示至公內省黃門給事左右亦宜敕加訓戒使思不出位此皆助陽抑陰之術也臣聞伯爲三王之長逢辜引慝宣王成周之良思患側身故能感徹神祇叔還戚怒回沴氣為太和化已衰為中興陛下覽照今古至詳至熟今變眚日著中外暴聞而罪己之問不形於詔書思患之謀不留於詢逮奚遠天戒虛而未答踰時越月群下默然間者但引緇黃晨齋夕唄備不經之細祀塞可懼之大變人且未信天胡可欺臣誠至愚竊恐銷伏之間未為得計也伏望陛下不以災之未應遂為宴安不以歲之屢豐便忘荒饉普詔百執各貢所懷庶幾天下條貫粲然先見臣無任瞽狂待罪之至

祕書省著作佐郎通判睦州張方平上疏曰臣伏覩丙午詔書以星文流變坤載震搖先春而雷衆異間作陛下惕然戒懼思所以當天意爰下明詔誕告庶官凡上躬之闕遺政刑之闕失阿枉之黨蒙罔為姦咸使密疏以言悉心無隱約之親覽靡及有司臣伏覩詔書悵然感慨遠惟祖宗造基立法之勤先帝持盈垂裕之意勅天之命撫此下人無疆惟休亦無疆惟恤陛下天資神智英叡聰明紹隆基圖恭承帝事治民祗畏罔自暇逸嚮若僕臣皆正股肱惟良協心弼違將順其失陛下可以高揖成康之上徐步唐虞之域惜乎人主有仁明之德人臣乏輔翼之材因循蔽欺偷取一切治而無法弊不謀救沴氣成象變咎薦臻遑遑焉獨貽憂於陛下也臣愚孤遠學識疏陋猥逢詔音諭于蜀萇謹稽探天人之情參合古今之論上原歌罰之

本下陳致治之方儻日月之明照此心之忠義斧鑕之下免報雖於權強是由陛下至明豈獨微臣受賜惟陛下留神察臣狂言臣伏思詔書曰星文流變者臣鄙儒不通天官之學謹按前志說春秋星隕如雨為王者失勢臣下專恣之應況紫垣太微上帝之座天子之庭列星布位近臣之象流移失次乃通臣不恭其職相朋附下懷貳苟容不忠王室之咎也坤載震搖者臣竊考載籍歷世以還地震之異未有若今茲之甚者謹按前志陽伏而不能出陰迫而不能升於是有地震茲謂不陰矣坤為陰體臣道也妻道也夷狄之道也陽薄於陰而不能勝制乘而震且定襄之地直王城西北正在乾位君德所在天之警告矣豈虛發乎春雷震者臣謹按前志雷當以二月出其卦曰豫言萬物因雷出地皆悅豫也以八月入其卦曰歸妹言雷復入地則孕育根荄保藏蟄蟲雷本陽氣有人君之象故先時而聲猶

陽不閉藏發泄無度也又正月以來白蒙少光輒或數日不解臣謹按前志蒙如塵其蒙先大溫已蒙日不見行善不請於上茲謂作福蒙微而風解復蒙下專刑茲謂分威蒙濁奪日光公不任職茲謂不出蒙一溫一寒風揚塵知佞厚之茲謂蔽此蒙大略也臣聞上天無言示人以象人君消躬應天以實是故考政者必求於天瑞弭災者必推於人事天人之際其應甚明臣謹按春秋之義舉往以明來觀著而思微天地之變國家之事粲然皆見無所疑矣故夫星隕而隕地震而裂先春而雷日蒙不解其咎皆由乎陽德舒緩陰道專縱下為阿比以蔽聰明者也臣愚不達道敢因四變推明七事臣聞之書曰無敢伏小人之攸箴蓋言明王求理不遺下言也臣議雖鄙竊以為今世之切務治道之至要無尚此矣陛下幸加惠不以臣之疏遠而廢其言天下幸甚何謂七事其一曰審機事二曰用威斷三曰廣

言路四曰重圖任五曰正有司六曰信命令七曰示戒懼何謂審機事臣聞之易曰君不密則失臣臣不密則失身機事不密則害成故春秋之義譏君之漏言是以人臣遺辟而對詭辭而出人君明以察之斷以行之慎之至也韓子云事以密成語以泄敗臣比見群下之言事者深言切論陛下或播之於左右奏章密疏陛下多付之於有司凡國之庶政得失之跡莫不繫乎二府者故諸臣下之言其有指摘時病及諸治亂者則用事之臣必所不悅而陛下更暴其言而露其章緣是而蒙譴者有之矣此豈陛下體貌大臣篤其誠於勿貳疏外群下忽其言之未然大臣固不可以忌疑下言固未可以輕信然亦在深思其意旨徐察其情僞稽諸理道辨其威否言苟可行自當聽納言之不善置而勿揚使下竭其忠勤所見則姦謀僻行不萌乎下嘉猷正論日聞于上致理之要何以先此今清問之對封奏之事

開言為怨府瀆輸為禍胎沮忠義之言成忌克之俗倖後害孰敢獻納下情壅隔國之大禍也臣深願陛下先務此道以為立政之本凡臣下入告之議宜斷在聖心清問之言姑慎於外泄念大易失臣之譏防春秋漏言之譏則天下有心之人皆為陛下用也其二曰用威斷何謂也臣聞書洪範曰惟辟作福惟辟作威臣無有作福作威臣之有作福作威害于而家凶于而國故春秋之義譏鄭忽之弱以其挈於權臣也君人之柄惟賞與罰信賞必罰惟斷而已故乾體以剛天行以健故能中正無邪運用不息人君之德配乾而法天者蓋取乎剛且健也以陛下之英明溫獻而濟之以斷天下不足治也往年莊獻晏駕陛下親政革弊去蠹拔材賞忠斷自淵衷不撓于下與刑立正區極一新天下翕然皆謂陛下天機如藝祖神略如太宗萬世一時無窮之福也今者道路之言皆謂陛下寬厚數恕微柔廣密

事存大體動循一例臣竊惑之此蓋怙權之臣擭取邦柄故說陛下
以為人主之孝莫大於奉先志守成規式祖宗之所以建基圖貽謀
訓燕如日星信如四時雖百世其可易諸至于撫紀律明賞罰用正
人去邪慝治不忘亂安不忘危以和其民人而保其宗廟此孝之大
也且政由俗革彼此一時事體權宜各有云設或迹存而理異或法
久而姦生必踐而行以為無改於祖宗之道尚安足以為孝乎易曰
窮則變變則通通則久故復而不厭久而不弊之謂道違常守故非
聖人之事因時損益乃建治之理昔先王之作爵祿賞罰臨事而
制宜是以為天下之主見勞授賞則衆譽不能進無功見惡行誅則
衆譏不能退無罪若政無大小人無大小弛張用捨一取諸例是爵
祿賞罰不在人主而在簿書也予奪之柄於陛下何有一吏持簿書
按例而足矣此蓋用事之臣自謀之慮不才而例進者將恩在己才

而例退者歸怨于君人主欲賞拔忠良擢用才俊而用事之臣不悅
者輒曰於例不可用事之臣援引親舊妄援謬庸而人主欲詰其故
輒曰於例宜然以致今茲臺閣混淆賢愚糅雜典刑都弛名器益輕
于後執時柄者便於引例之說終無發明之言臣嘗讀漢書至晁錯
之事惟錯謀策宏遠達於權義有致主經世之志戮於姦讒之口而
史氏不能襃其忠更譏以變古易常之說臣竊憤厲痛忠臣之難為
也臣又讀晉書至何曾之事譏其子曰吾每進見未嘗聞經國遠圖
但道平生常語此非貽謀之道及身而已且曾為上公圖之不建誰
任其咎而史氏不能貶其罪更美以知幾先識之善臣竊惋悼痛歎
臣之誤國也嗟乎忠諫之無報淑慝之不顯其已久矣又可獨長嘆
於茲乎臣愚伏願以陛下奮乾威發天斷裁正無不忍之愛采拔周[illegible]
賤之隔大稽諸古之小康于今使天下之耳目常新萬務之本原必正

無曰引例合義而已帝王之制不亦光太平其三曰廣言路何謂也
臣聞書美堯之德曰詢于衆春秋之義大君命譏大夫之專者今天
下之士不思結知於人主思見知於貴臣願歸恩於強臣不願受恩
於人主何歟得強貴之心者身不涉危而長保富貴蒙陛下之過者
立未及安而已罹禍咎今夫大臣有所薦論陛下重違其意或勉從
之陛下之有眷退者而大臣獨不能以陛下之故姑收其用必排而
去之何陛下之待諸推厚而貴臣之待陛下薄也而又多逐善人指
為鉤黨使陛下腹心無所寄耳目無所託姦無所發惡無所彰九重
之深漸成孤立陛下天縱將聖知幾其神此理甚明豈其不悟昔漢
魏相白去尚書副封以防壅蔽而宣帝得以知禍變之微為漢明主
唐太宗躬勤政理明於聽受著司馬式云其無門籍人有論奏者皆
令監門司馬引對不許關礙又制大臣入論事輒令諫官隨入或對

問之言有嚮理道即從而靜之此唐文皇致太平之跡也至代宗時
元載為相邪慝不法懼為人言因議凡群臣奏事皆先關諸司長官
關白宰相而後得上聞時顏真卿奏疏曰往日李林甫欺君擅權姦
驕用事群下指言者率皆因事陰中傷之猶不敢顯為條約以絕言
路以為元載之惡過於林甫也惟在陛下開延讜直虛心接納無限
卑遠苟達勝而有益雖犯顏而必恕以通天下之志以成天下之務
其惟廣言路乎其四曰重圖任何謂也臣聞書曰鄰哉臣哉此帝堯
所歎以為與己密近之臣必有德也又曰欽四鄰此帝舜所數以為
在己左右前後之臣必正人也故春秋之義以為天子之宰通于天
下重之至也夫國之所謂大臣者莫尊乎宰相君為元首宰相乃其
股肱動靜休戚義猶一體宰相之職朝夕王所論道官材圖議天下
之政者也安有居宰輔之位而足不至王庭面不見旒扆言不聞君

聽者乎。大臣疾病，君為之憂，輟上醫治療，內使就問，數賜告加恩，意禮厚矣。若其偃息臥家，遂罷其朝謁，積時彌歲，則未之有也。伏以合司為具瞻之地，廟堂非養疾之所。朝廷之儀不可慢，社稷之重不可輕。況今災異荐作，人心恟懼，安危所繫，實在柄臣。伏願陛下為宗社之大計，略恩禮之小節，高選德望，考慎厥相，應譴告於上穹，示大公於天下。臣自災異之作，陛下憂勞譴畏，詔降德音，舉諸闕政，致誠罪己。而元臣當國，莫肯任咎，苟安寵祿，以妨賢路，禮義廉恥，何以訓下。自餘三事任政之臣，忠邪材智，深淺必料，陛下知臣之明，悉存乎聖慮矣。其五曰正有司。何謂也。臣聞夫子曰：必也正名乎。春秋之義，君不尸小事，臣不專大名。故尊者主要，卑者位勞，所以正位分，明堂陛也。人君逸於任使，垂拱而治。三公論政，九卿分職，群有司各事其事，故端本而影直，振領而襟整，眾務百職，各安其局。今夫津官亭

奏議卷之二百九十九　二九

使之命之微，米鹽貨利毫秒之細，莫不關決衡石，煩瀆天衷，三公不脩其職，而猥侵群有司之事。群有司苟諉期課，莫安所守，上下姑息，習以為常，偷慢懷安，風俗益弊。臣愚以為方今國體所繫，政府而下分職之重，臺省備矣，而豸冠乏匪躬之士，蒲規解替否之言，當衡鑑者循資格而無賢愚之別，絕勸賞澄清之義，運計籌者襲空薄而責錐刀之末，無斂散輕重之權，政失其本，事忘其舊，其所召弊，由來漸矣。臣愚伏願陛下少運神智，詳思世務，諸如此弊，宜有興改，撮其機要，謹其關柅，莫若擇任三吏，切摩治本，使夫總百揆者，則謀用庶官之長，列庶長者，則各選眾職之任，付之柄而責其効，盡其才而要其成，官守典司，無相侵紊，行務厥職，必正于罰。如此，則陛下優游太紫之上，執賞罰之柄，而群下莫敢不奔走其職，庶務肅然而理矣。其六曰信命令。何謂也。臣聞書曰：慎乃出令，令出惟行。夫命令者，以簡為重，以信為本，簡則易從，信則必行，易從則不犯，必行則可久，此之謂為國之要，為政之經。臣比見朝廷出令，或尋即衍改，或俄復停廢，吏易之而奉行不固，民忽之而苟慢多違，揆大體而論之，非官政之深者。夫濫彰召乎巧詆，文煩所以法輕。今條令重疊盈乎几閣，日明習者，不能徧覩，況郡縣承用者乎。陪愚惑於正槀，羅元元之不逮，莫咎由乎格令之煩多而不信，故姦吏因緣而為市也。臣請今後凡諸臣有請改釐條制，宜復勘會，益加詳慎，無稽之言勿聽，弗詢之謀勿庸，俾萬姓咸曰：大哉王言。又曰：一哉王心。自然民無疑訴之端，吏息倖文之巧。祥刑善制，咸中有慶矣。其七曰示戒懼。何謂也。臣聞書曰：惟天降災祥在德，而吉凶不僭在人。是故或無災以傾其邦，或有災以興其國。無災者驕怠所以起，有災者戒懼所由生。故堯湯遭水旱之期，中高有桑雉之異。一則以有備而無患，一則以脩德而弭妖。今茲

奏議卷之二百九十九　三十

之變，亦在陛下惟德之脩而已。承弼之臣，戒其權重者；侍從之臣，戒其阿諛者；帷幄密近之任，戒其用事之勢；掖庭嬪御之嬖，戒其燕溺之惑；服羞戒其過制；優戲戒其蕩心；齋用無小，侈費無微，念四方惟正之供，憫小人作業之勞，至于邊防之守，兵食之備，器械之用，將帥之材。臣謂宜皆存乎聖慮矣。故臣曰：惟備之戒。此其槩矣。夫脩省之方，惕厲之意，雖陛下兢兢夙夜，不忘于懷，然天下之人莫之知也。按春秋左氏傳，晉梁山崩，晉侯召伯宗而問焉，對曰：山崩川竭，君為之不舉，降服乘縵，徹樂出次，祝幣史辭以禮焉。今辰謫之異，衆變重累，何啻乎山川之災。臣愚以謂陛下宜於常禮有所降損，齋居澄慮，深思天意，揆陰陽之道，察政教之闕。其在陛下者，臣願陛下勿恡其失，必易其度。其在臣下者，臣願陛下內斷於心，明正其罰，俾彝倫咸敘，以邀天之福，則七世之廟傳裕於無窮，烝民之生，率同於慶賴矣。臣

並早而言高有陵越之尤逆蹤而意忠有激訐之咎但使臣言一經
聖覽微悟主心幸以消塵於國家而有補則雖鼎鑊捐軀命而不辭
下冒天威臣無任激切待罪之至
方平請因郊廟致誠以謝災異疏曰伏以禮行于郊乃陛下所以恭
事天地嚴配祖宗而對越百神者也故非多儀備物之為貴在乎外
致精虔內盡誠志而已自景祐五年郊禮之後災異繼作三辰失次
于上五行作沴于下水旱流災于內夷狄侵寇于外臣伏思陛下自
攬寶圖其難其慎恭儉之德率已無懈愷悌之化視民如傷宜乎三
靈降休萬國戴仰而天人之際未為順敘者蓋由左右中外百司庶
職不能協心戮力輸誠徇公上承聖猷以臻至治臣聞禹湯罪己其
興也勃焉禮曰陽感天不旋日陽者君也言人君若發心致誠上感
於天其為響答速不逾日臣願陛下惟災異之來其必有以因時郊

祀齋居穆清上思祖宗付授基業之重下思生民託命顓慶之意遠
思前代邦家興亡之故近思朝廷紀綱得失之體內思宮禁帷幄左
右之蔽外思戎狄邊疆侵軼之患總此六思深存遠念晝則思之於
匕筯夜則思之於几席至于入廟與祖宗相見登壇與神祇相接因
齋潔之薦發精虔之誠引咎在躬祈天永命以示陛下知上天告戒
丁寧之意庶乎上天知陛下寅畏脩省之心則感應之來必不旋日
勃興之福不獨在乎禹湯竊惟宸衷明發攸憲悉隨所見豈能忖度
緣臣職亦類諫志存裨益近慮所及期必上達而已
慶曆六年方平為翰林學士權御史中丞又上奏曰臣伏見諸路地
震自荊湖川峽山東河北陝西至于嶺表稍繼未已比者忻州地震
之後兵難及今適當此際登萊山崖摧圮災異所示恐不徒然歷考
前志之言蓋地主陰陰者臣道也民也夷狄也推之今日凡任內外

之臣即無權強之臣則今事之可憂者外備戎夷而內撫民庶西北
二虜朝廷以為大患故於守禦專為用心至如湖湘之間蠻猺作梗
一方塗炭七年未解近日衡寮稍及嶺外如或不即平殄事亦不可
輕忽而又南海交阯氣燄漸張路接邕容頗連溪峒南方之事理須
經畧昔唐室之盛屢有中原之難蕃戎再入京城而王室尋復寧定
至懿宗時安南都護李琢失於撫御蠻寇侵擾遂致用兵度支困於
饋食方鎮疲於更戍因而有徐州龐勛倒戈之變天下緣此以至危
亂則知事常起於細微禍常成於所忽也至如京東西兩路中國根
幹畿甸屏蔽緩急所資常須安靜以鎮天下然每患寇賊淵藪其中
所幸歲得豐穰必不大至連結若因之以邊警加之以飢饉法不勝
於姦宄亂必始於鄉閭何以言之自慶曆初遣朝臣分往京東西路
等招刺強壯弓手宣毅軍賊又聽其傭人自代于時臣知諫院固乞

此事朝議已行不為停罷今民力所以大困國用所以一空蓋由此一
舉之失也其諸州宣毅悉聚游惰不逞之民非有材力技勇之所揀
選也後緣光化軍賊竊發朝廷條約失體姑息過當如養驕子轄生
怨懟臣比在審刑諸州奏到宣毅兵士文案無月不有大則謀官吏
劫倉庫小則誘欲劫民戶入山林多至三五十人少亦一二十數以
告賞之科重故有誘輒被告發間雖教閱乃同兒戲無益軍需坐竭
官私不征不役居惟念亂既乘釁隙必有應響之勢此其亂階一也
初定強壯已屢經教閱槍刀弓弩各常學習及後招刺之時既聽傭
人充代而其強壯本身並無身力例各不勤農業遂樂情游攪擾里
閭侵凌細弱趨坑冶以逐末販鹽茶而冒禁僥緣凶歉搖扇流民結
為盜賊必先此類唐之黃巢由此起者此其亂階二也又京東西之
民多信妖術凡小村落輒立社祠妄崇淫鬼惑於禍福往往奔湊相

從聚斂遞相蔽匿。官不得知。惟知畏神。不復憚法。寢使滋蔓。恐益成俗。漢中平元年。黃巾賊天下同日起。凡三十六萬。殺各有部帥。由積妖而成也。晉盧循葷。乃歷代常有此事。此其亂階三也。所謂地震之異。儻在民與蠻夷。此其最可慮者。澤州劉渙清素士也。恐非應務之才。邑桂長吏。尤宜推擇才略。宣發兄兵。漸謀消汰之術。民之先在孫壯籍者。其干法冒禁。謂須別立峻防。頗聞民間猶多。當時所教兵伏。亦合嚴降約束。收納入官。村落神祠所在毀拆。密加察捕。民之習妖者。此亦思患豫防之大略。伏冀採納施行。

劉敞上奏曰。臣竊聞朝議以元旦合朔。欲自二十一日避正殿。臣以謂天明雖有可畏之道。然亦當稽古率禮。然後為允。按三代之典。日食無預避之事。左氏傳稱避移時。曾子問諸侯入門不得行禮者。日食居其一。此皆覩有變而戒。非豫備也。先王制禮。過之者猶不及。其制法。先時者與不及時者均貴得中而已。漢唐素服寢兵。卻朝會。不視事。及求直言。大率皆在合朔之辰。今未有先時旬日者也。兆憂太過。春秋所譏。今虜使入朝。遠方觀禮。舉措失中。或輕為所覘。伏乞詳求舊典。折衷於禮。

歷代名臣奏議卷之二百九十九

歷代名臣奏議卷之三百

災祥

宋仁宗皇祐四年。劉敞論天久不雨疏曰。臣伏以古今之通義。主逸而臣勞。陛下親聽萬機。日昃不倦。與群臣等勤矣。今又聞以天久不雨之故。降服。徹膳。躬自暴露。夜輒升壇禱祠。達旦不寐。此則聖躬之勞過於群臣。群臣實未有及陛下者也。臣竊聞之。未勝其憂。且水旱之數。未可前測。設復彌月連旬不如聖意。陛下何能專以萬乘之體為群臣代勞哉。如令萬一冒風寒霜露之苦。有所不怡。陛下當使誰受其責。而宗廟社稷之憂。獨在陛下。陛下不可不自愛也。詩書百家聖賢精論。皆曰人者天地之心。人和。則天地之和至矣。近者大赦恩及四海。解宿逋。裁減常稅。宥過除罪。與之自新。德厚如此。和氣宜應。而愆亢尤甚者。臣之愚竊意今日政事所褒進。所刑罰。所施舍。所廢置。猶有未合人心。不當天意者。故令陰陽否隔也。陛下誠少加聖恩於問正直。日新其德。則和氣可致。時雨可望。何必降服撤膳。躬自暴露。涉風寒霜霧之險。增宗廟社稷之憂。非計之安者也。陛下視群臣百姓如子。群臣百姓望陛下如父。父以子將失所之故。深自克責。不避災疾。而子方晏然自若。不可謂孝。臣雖賤。切不勝犬馬之心。又以謂救旱之術在彼不在此。故敢冒昧陳聞。惟陛下裁幸。

至和元年。敞知制誥。又上奏曰。臣前月十一日延和殿奏公事。因論吳充馮京講官本末。面蒙宣諭云。中書怒其太直。不與含容。臣其時曾奏言若如是。則大臣蔽君之明。專君之權。而擅作威福也。必恐感動陰陽。有地震日食風霧之異。今臣竊聞鎮戎軍地震一夕三發。去臣所言五日之內爾。又京師雪後昏霧累日。復多風埃。太陽黃濁。此皆變異之可戒懼者也。臣所以先知必然者。按五行志云。事雖正專之必震。況其不正乎。又尚書洪範，蒙恒風若；而京房易傳，臣之蔽君則蒙氣起。以此數者合之，必知有異也。然皇天保祐陛下至深至厚，以災異隨事輒應，欲望陛下覩變自戒，永綏四方也。不可不思，不可不憂。今陛下推誠委信大臣，而大臣依勢作威，政事不平，如此甚衆。在外畏憚已非常時，陛下宜深究天地之意，收攬威權，無使聰明蔽塞，詔令不行，則足以消伏災異矣。臣前已奏陳，故敢再述所聞，特乞留中詳加省覽。

二年，故論水旱之本疏曰：臣伏見城中近日流民衆多，皆扶老攜幼，無復生意。問其所從來，或云久旱，耕種失業；或云河溢，田廬蕩盡。竊聞聖慈憫其如此，多方救濟，此誠陛下為民父母之意，足以感動群心。臣猶謂但可寬目前之急而已，非救本之術也。譬如良醫療病，必先審其病源，病源不除，饘食無益。今百姓之病已可見矣，父子兄弟

不能相保，鰥寡孤獨不能自存，彊者流轉，弱者死亡。所以致此者，其源在水旱也；所以致水旱者，其本在陰陽不和也；所以致陰陽不和者，其端在人事不修也。然則三公之職主和陰陽，而議臣之任主明天人。陛下何不責三公以其職，使之陳陰陽不和之理；詢議臣以其學，使之述天人相與之際；參之聖心，以觀今日政事。若陛下所委任皆已得人，所施為皆已應天，則水旱者蓋無妄之災，不足憂矣。若天人之際少有不合，豈得安然坐視其病，不知其源，不思救之哉。臣言似迂，其理實切。今群臣為陛下謀者，不過責粥糶米，名為救濟，其實亦欲欺聰明，自解免而已，非謀國之體也。又今天氣當暑反寒，率多常風，雨澤愆候，秋成不可必。願陛下速思所以救其本者，召致和氣，無令聖心重增焦勞，則天下幸甚。

嘉祐四年，又上奏曰：臣伏以聖王所甚畏事者莫如天，所甚聽用者莫如民。是故觀天意於災祥，察民情於謡俗，因災祥以求治之得失，原謡俗以知政之善否，誠少留意，則皆粲然矣。前古賢智之君莫不循此以導其下，忠信之臣莫不緣此以諷其上，上下相飭，而自天祐之。竊見朝廷每有吉應佳瑞，則公卿稱賀；至於災異非常可懼之事，則寂然莫有言者。雖歸美將順，臣子之常操，而於儆戒吁俞，理似未盡。陛下復不自延問以求天意，恐非所謂小心翼翼，昭事上帝，聿懷多福者也。臣愚以謂五經災異之說最深最切，設四方所上奇物怪變、妖孽沴瘥有非常可疑者，宜使儒學之臣據經義傳時事以言。若其言是，可以當天意；若其言非，足以廣聖聰。如近日雨雪暴寒，人有凍死者，此亦災變之一端矣。惟聰明睿智，憂深思遠，順時候微，不可不慮也。臣忝近列，愚不能通古今，竊覩前世商高宗、周成王畏天威，享福祚之益，誠願陛下留意於此。不勝區區。

康定元年，知諫院富弼上奏曰：臣學術空昧，才識庸懦，謬蒙選擢，充職諫垣，苟有見聞，安敢緘默。伏以日者君之象，日食則人君恐懼循省，損膳徹樂，衣素服，避正殿，求萬務所失，許百寮上封事言。於常時已謂非吉，況在歲旦，尤為深災。今月一日午後，伏覩太陽虧缺，深所觀仰，稽諸前籍，可謂大異。臣竊聞戎使在館，欲取今日御宴。若用常禮盛饌作樂，是重夷狄而忽天譴，殊無恐懼之心，臣甚為陛下不取也。假令臣子有過，陛下未欲加責，且示戒勵，而絕無憂悔，怠惰如故，怒之之意當何如也。天之留意於陛下，亦猶是焉。伏望陛下出自聖慮，罷此宴會。或恐定制不可遽已，即宜令戎使就館，別日遣近臣押賜御筵。更慮戎使已入，難於中輟，即今之會秖且徹樂，亦無可妨，不可謂之猥皇，亦不謂之輕易。天文謫見，萬姓皆觀，衆會徹樂，不出內庭，非猥皇也。救天之災，惟恐不速；感天之意，不可不深。觀變側身，宜

不旋踵。非輕易也。如此。則上可以祇警天戒。下可以慰誂人心。亦使戎人見陛下脩德禳災。傳聞外夷。是為鉅義。借道法事一切不用。此外更乞陛下夙夜戒懼。以塞變異。則聖躬無疆之慶。亦宗社無疆之休。臣不勝大願。昨日申末時。臣赴館宿於街衢。間見此蝕。食過夜投進文字不及。伏望聖慈恕此怱迫之罪。

龍圖閣直學士知耀州趙師民上疏曰。近覩太陽食于正朔。此雖陰陽之事。亦應是天意欲以感動聖心。臣非瞽史。不知天道。但率愚意言之。其月在亥。亥為水。水為正陰。其日在丙。丙為正陽。月掩日。陰侵陽。下蔑上之象也。詩曰。十月之交。朔日辛卯。又曰彼月而微。此日而微。謂以陰奸陽。失其叙也。又曰。百川沸騰。山冢崒崩。高岸為谷。深谷為陵。謂下陵上。侵其權也。又曰。皇父卿士。番維司徒。家伯維宰。仲允膳夫。棸子內史。蹶維趣馬。楀維師氏。謂大小之臣有不得其人者也。

宗周之間。時王失德。今而引喻。蓋事有所譬。固當不諱。凡天之示象由人君有失。不然。則下蔑其上。古人君之失。不過暴虐怠慢。奢侈縱放。不師古始。捨是何失道之有。今聖心慈仁恭勤。儉約自檢。動循典禮。如此。自非下蒙上。邪撓正。使主恩不下究。而誰之咎歟。望陛下朝夕咨于丞弼心膂之臣。洎左右近侍耳目之官。其忠而純者。與之慎柬內外百執事及州縣牧宰。使主恩究于下。不為群邪所蔽塞。則億兆之幸也。

慶曆元年。右正言直諫院孫沔上奏曰。臣竊見經春已來時令失序。沉陰不雨。蒙氣連宵。日景青昏。天光慘翳。按漢書所述洪範云。皇之不極。厥咎常陰。必有下人竊議上者。臣晝夜思之。莫知所以。天道雖遠。災祥不欺。人心至微。氣類必感。豈有變異昭著而終久無患者也。伏惟陛下至明至聖。察之謹之。臣職當言事。心所有疑。不敢自隱。蓋愚者之盡慮也。臣又聞臣者君之陰。婦者夫之陰。邪者正之陰。若臣迫於君。婦陵於夫。邪害於正。則有陰蒙之眚。蓋人事動於下。則天變見于上矣。今氣象如是。在陛下尊精勵意。察事求端。思所以致感之因。行所以消復之道。以荅上穹降鑒之兆。則天下幸甚。以諒陛下以喪子感傷。宸心悲欝。又將廣嗣是念。仇瘉為意。每於庭墀之下。頻聞珠玉之音。是沖和未融而結蓄未解也。伏望全神省思。養𠲎加膳。優游適性。燕靜端居。節嗜欲之情。戒寵嬖之盛。鐏俎之間。衽席之上。無俾過度。葦盡防微。保聖德於康寧。發純剛之斷。決察姦謀於臣下。嚴左右於禁中。若百事先覺。則萬福來同。庶可以克謹天戒。永綏國家者也。

二年。右正言歐陽脩論澧州瑞木疏曰。臣近聞澧州進瑞木。成文有太平之道四字。其知州馮載本是武人。不識事體。便為祥瑞以媚朝

廷。臣謂前世號稱太平者。須是四海晏然。萬物得所。方今西羌叛逆未平之患在前。北虜驕悖藏伏之禍在後。一患未滅。一患已萌。加以西則瀘戎。南則湖嶺。凡與四夷連接。無一處無事。而又內則百姓困弊。盜賊縱橫。昨京西陝西出兵八九千人。捕數百之盜。不能一時翦滅。只是僅能潰散。然卻於別處結集。今張海雖死。而達州軍賊已劫百人。又殺使臣。其勢不小。興州又奏八九十人。州縣惶惶。何以存濟。以臣視之。乃是四海騷然。萬物失所。實未見太平之象。臣聞天道貴信。示人不欺。臣不敢遠引他事。只以今年內事驗之。昨夏秋之間太白經天。累月不滅。金木相掩。近在端門。考於星占。皆是天下大兵將起之象。豈有纔出大兵之象。又出太平之字。一歲之內。前後頓殊。豈非星象嚴天異不虛出。凡於戒懼。常合修省。而草木萬類變化無常。不可信憑。漸生懈怠。臣又思若使木文不然。實是天生。則亦有深意。

益其文必曰太平之道者。其意可推也。夫自古帝王致太平。皆自有道。得其道則太平。失其道則危亂。臣覩方今但見其失。未見其得也。頃陛下憂勤萬務。聚賢納善。常如近日。不生逸豫。則三二歲間漸期修理。若以前賊張海等少衰。便謂後無。不足憂。以近京得雪。便謂天下大豐熟。見北虜未來。便謂必無事。見西賊通使。便謂可罷兵。指望太平漸漸安逸。則此瑞木乃悞人事之妖木耳。臣見今年曾進芝草者。今又進瑞木。竊慮四海相倣。爭造妖妄。其所進瑞木伏乞更不宣示臣寮。仍乞速詔天下州軍。告以興兵累年。四海困弊。方當責己憂勞之際。凡有奇禽異獸草木之類。並不得進獻。所以彰示聖德。感勵臣民。

至和三年。脩為翰林學士。上奏曰。臣伏覩近降詔書。以雨水為災。許中外臣寮上封言事。有以見陛下畏天愛人。恐懼修省之意。臣竊以雨水為患。自古有之。然未有水入國門。大臣奔走。渰浸社稷。破壞都城者。此蓋天地之大變也。至於王城京邑。浩如陂湖。衢路奔逃。號呼晝夜。人畜死者不知其數。其幸免者。屋宇摧塌。無以容身。縛栰露居。上雨下水。纍纍老幼。狼藉於天街之中。又聞城外墳冢亦被浸注。棺櫬浮出。骸骨漂流。此皆聞之可傷。見之可憫。生者不安其室。死者不得其葬。此亦近世水災。未有若斯之甚者。此外四方奏報。無日不來。或云閉塞城門。或云衝破市邑。或云河口決千百步闊。或云水頭高三四丈餘。道路隔絕。田苗蕩盡。是則大川小水皆出為災。遠方近畿。無不被害。此陛下所以警懼隱惻。至仁之心。廣為諮詢。冀以消復。竊以天人之際。影響不差。未有不召而自至之災。亦未有已出而無應之變。其變既大。則其憂亦深。臣愚謂非小小有為可以塞此大異也。必當思宗廟社稷之重。察安危禍福之機。追已往之闕失。防未萌之患害。如此等事。不過一二而已。自古人君。必有儲嗣。所以承宗社之重而不可闕者也。陛下臨御三十餘年。而儲嗣未立。此久闕之典也。近聞臣寮多以此事為言。大臣亦嘗進議。陛下聖意久而未決。而庸臣愚士知小忠而不知大體者。因以為異事。遂生嫌疑之論。此不思之甚也。且自古帝王有子至三二十人者。其材高年長。羅列於朝者亦衆。而為其君父。莫不皆享無窮之安。豈有所嫌而斥其子耶。若陛下鄂王豫王皆在至今。則儲宮之建久矣。世之庸人。偶見陛下久無皇子。忽聞此議。遂以云爾。且禮曰。一人元良。萬國以正。蓋謂定天下之根本。上承宗廟之重。亦所以絕臣下之邪謀。自古儲副。所以安人主也。若果如庸人嫌疑之論。是常無儲嗣則人主安。有儲嗣則人主危。此臣所謂不思之甚也。臣又見自古帝王建立儲副。既以承宗廟之重。又以為國家美慶之事。故每立太子。則不敢專享其美。必大

赦天下。凡為人父後者。皆被恩澤。所以與天下同其慶喜。然則非惡事也。漢文帝初即位之明年。群臣再三請立太子。文帝再三謙遜而後從之。當時群臣不自疑而敢請。漢文帝亦不疑其臣有二心者。臣主之情通故也。五代之主。或出武人。或出夷狄。如後唐明宗。尤惡人言太子事。群臣莫敢正言。有何澤者嘗上書乞立太子。明宗大怒。謂其子從榮曰。群臣欲以汝為天子。我將歸老於河東。由是臣下更不敢言。然而漢文帝立太子之後。享國長久。為漢太宗。是則何害為明主也。後唐明宗儲嗣不早定。而秦王從榮後以舉兵窺覬陷于大禍。後唐遂亂。此前世之事也。況聞臣寮所請。但欲擇宗室為皇子爾。未即以為儲貳也。伏惟陛下仁聖聰明。洞鑒今古。必謂此事國家大計。當謹重而不可輕發。所以遲之耳。非惡人言而不欲為也。然朝廷大議。中外已聞。不宜久而不決。朕自春首以來。陛下服藥于內。大臣早

夜不敢歸家。飲食醫藥，侍于左右。如人子之侍父。自古君臣，未有若此之親者也。下至群臣士庶，婦女嬰孩，晝夜禱祈，填咽道路。發於至誠，不可禁止。以此見臣民盡忠，蒙陛下之德厚，受陛下之恩深，故屬陛下之慮遠也。今之所請，天下臣民所以為愛君計也。陛下何疑而不從乎。中外之臣既喜陛下聖躬康復，又見皇子出入宮中，朝夕問安，侍膳于左右，然後文武群臣，奉衣章為陛下賀，辭人墨客稱述本支之盛，為陛下歌之頌之，豈不美哉。伏願陛下出於聖斷，擇宗室之賢者，依古禮文，且以為子，未用立為儲也。既可以徐察其賢否，亦可以係皇子之生。臣又見樞密使狄青出自行伍，遂掌樞密。始初議者以為不可，今三四年間，外未見過失，而不幸有得軍情之名。且武臣掌國機密，而得軍情，豈是國家之利。臣前有封奏，其說甚詳，具述青未是奇材，但於今世將率中稍可稱耳。雖其心不為惡，不幸為軍士

所喜，深恐因此陷青以禍，而為國家生事。欲乞且罷青樞密務，任以一州。既以保全青，亦為國家消未萌之患。蓋緣軍中士卒及閭巷人民，以至士大夫間，未有不以此事為言者。惟陛下未知之耳。臣之前奏，乞留中而出自聖斷，若陛下猶以臣言為疑，乞出臣前奏，使執政大臣公議。此二者當今之急務也。凡所謂五行災異之學，臣雖不能知，然其大意可推而見也。五行傳曰：簡宗廟則水為災。陛下嚴奉祭祀，可謂至矣。惟未立儲貳，易曰：主器莫若長子，殆此之警戒乎。至於水者陰也，兵亦陰也，武臣亦陰也。此推類而易見者。天之譴告，苟不虛發，惟陛下深思而早決，庶幾可以消弭災患，而轉為福應也。臣伏覩詔書曰：悉心以陳，無有所諱。故臣敢及之。若其他時政之失，必有群臣應詔為陛下言。臣言狂計愚，惟陛下裁擇。

嘉祐元年，脩又上奏曰：臣伏覩近降手詔，以水災為變，上軫聖憂，厭

一人形罪己之言，宣百辟無遑安之意，而應詔言事者猶少，亦未聞有所施行。豈言者不足採歟，將遂無人言也。豈有言不能用歟，然則上有詔而下不言，下有言而上不用，皆空文也。臣聞語曰：應天以實不以文，動民以行不以言。臣近有實封應詔，稱謂水入國門，大臣奔走，淹浸社稷，破壞都城，此天地之大變也。恐非小有所為可以消弭。因為陛下陳一二大計，而言狂計愚，不足以感動聰覽。臣日夜思惟方今之弊，紀綱之壞，非一日；政事之失，非一端。水災至大，天譴至深，亦非一事之所致。災譴如此，而禍患所應者，又非一言而可弭。是則已往而當救之弊甚衆，未來而可憂之患無涯，亦非獨責二三大臣所能取濟。況自古天下之治，必與衆賢共之也。詩曰：濟濟多士，文王以寧。書載堯舜之朝，一時同列者夔龍稷契之徒二十餘人。此特其大者耳。其百工在位，莫不皆賢也。今欲救大弊，弭大患，如臣前

所陳一二大計，既未果為，而又不思衆賢以濟庶務，則天變何以塞，人事何以修。故臣復敢進用賢之說也。臣材識愚暗，不能知人，然衆人所知者，臣亦知之。伏見龍圖閣直學士知池州包拯，清節美行，著自貧賤，讜言正論，聞于朝廷。自列侍從，良多補益。方今天災人事非賢罔乂之時，拯以小故棄之遐遠，此議者之所惜也。祠部員外郎直史館知襄州張瓌，靜默端直，外柔內剛，學問通達，似不能言者，至其見義必為，可謂仁者之勇。此朝廷之臣，非州郡之才也。祠部員外郎崇文院檢討呂公著，故相夷簡之子，清靜寡欲，生長富貴，而淡於榮利，識慮深遠，文學優長，皆可過人，而喜自晦默。此左右顧問之臣也。太常博士群牧判官王安石，學問文章，知名當世，守道不苟，自重其身，論議通明，兼時才之用，所謂無施不可者。凡此四臣，皆難得之士也。拯以小過棄之，其三人者，進退與衆人無異。此皆為世所知者，今

如此。臣故知天下之廣。賢材淪沒於無聞者不少也。此四臣者名迹已著。伏乞更廣詢採。亟加進擢。置之左右。必有裨補。凡臣所言。皆乃願陛下聽其言用其才。以濟時艱爾。非為其人私計也。若量需恩澤稍隆差遣之類。適足以為其人累耳。亦非臣薦賢報國之本心也。臣伏見近年變異。非止水災。譴告丁寧。無所不有。董仲舒曰。國家將有失道之敗。而天乃先出災害以譴告之。不知自省。又出怪異以警懼之。尚不知變。而傷敗乃至。斯言極矣。伏惟陛下切詔大臣。深圖治亂。廣引賢俊。與共謀議。未有衆賢並進而天下不治者。此亦救災弭患一端之大者。臣又竊見京東京西。皆有災傷。並當存卹。而獨河北遣使安撫。兩路遂不差人。或云就委轉運使。此則但虛為行遣爾。兩路運司。只見河北遣使。便認朝廷之意有所輕重。以謂不遣使路分。非朝廷優卹之急者。兼又放稅賑救。皆耗運司用物。於彼不便。兼又運

使未必皆得人。其材未必能救災卹患。又其一司。自有常行職事。又豈能專意撫綏。故臣以為虛作行遣爾。伏乞各差一使於此兩路安撫。雖未能大段有物賑濟。至於興利除害。臨時措置。更易官吏。詢求疾苦。事既專一。必有所得。與就委運司。其利百倍也。又聞兩浙大旱。赤地千里。國家運米。仰在東南。今年災傷。若不賑濟。則來年不惟民饑。國家之物。自亦闕供。此不可不留心也。竊以三司。今歲京師糴米。已有二年准備。外有三百五十萬餘碩未漕之物。今年東南既旱。則來年少納上供。此未漕之米誠不可不惜。然少輟以濟急時。亦未有所闕。欲下三司勘會。若實如臣所聞。則乞量輟五七十萬碩給與兩浙一路。令及時賑救一十三州。只作借貸。他時歲熟。不妨還官。然所利甚大。此非弭災之術。亦救災之一端也。臣愚狂妄。伏望聖慈特賜裁擇。

慶曆三年。知制誥田況上奏曰。臣竊見比來災咎頻仍。蝗潦繼作。陛下責躬引咎。不遑寧處。以至躬祈道佛。並走群望。冀祓之意。可謂至矣。求當世之弊。驗致災之由。其實役斂重而民愁。和氣傷而為沴。役斂之重。由國計之日窘。國計之日窘。由冗兵之日蕃。今天下兵已踰百萬。比先朝幾三倍矣。自古以來。坐費衣食養兵之冗。未有如今日者。雖欲斂不重。民不愁。和氣不傷。災沴不作。不可得也。昔董仲舒劉向以謂春秋所書螽螟之災。皆政貪賦重之所致。今陝西河北河東三路。民力凋弊。人共知之。臣不復言矣。且以江淮之間言之。今江淮穀麥已登矣。而責民輸錢數斗之費。不供一斗之價。物遂大賤。而農傷。絹已輸矣。民間貿易無餘。而暴令復下。又配市之。織紝之家。寒不庇體。而利盡歸于富賈。累年已來。刻剝不已。民間泉貨已匱竭。其外百科調。峻法爭利。不可勝計。便聞東南之民。大率中產已下。往往絕

食。民之愁窘。致傷和氣如此。而未聞陛下與兩府大臣議所以救之之術。乃欲以一爐香數祝版上塞譴咎。此臣所以不得已而言也。夫國之所養之兵。其上者戰。其下者役。苟不能堪此。則為冗食。今諸路宣義廣捷等軍。其間孱弱者甚衆。大不堪戰。小不堪役。逐處唯欲廣募邀其賞格。豈復顧國家之利害哉。宜分遣幹臣選揀諸路宣義廣捷等軍。其不堪戰者並降為廂軍。廂軍之不堪役者並放停。議者必曰兵驕日久。一旦遽加澄汰。則恐立致亂。此慮事者之疎也。且孱弱之兵。既不堪戰。則勇強者恥與為伍。去年韓琦汰邊兵萬餘人。豈聞有為亂者。今天下財用不足以贍冗食之兵。尚或顧惜細故而不思救弊之原。臣切憂之。惟陛下裁擇。

諫官孫甫論赤雪地震疏曰。臣聞洪範五行及前代變驗曰。赤雪者。赤眚也。人君舒緩之應。舒緩則政事弛。賞罰差。百官廢職。所以召亂

也。晉太康中河陰降赤雪。時武帝怠於政事，荒宴後宮，每見臣下，多道常事，不及經國遠圖，故招赤眚之怪，終致晉亂。地震者陰之盛也。陰之象，臣也，後宮也，戎狄也。三者不可過盛，則陰為變而動矣。并州趙分。地震六七年，每震則有聲如雷，前代地震未有如此者也。惟唐高宗本封于晉，及即位，晉州經歲地震，宰相張行成言恐女謁用事，大臣陰謀，宜制於未萌。其後武昭儀專恣，幾移唐祚。天地災變，罔不虛應。陛下救舒緩之失，莫若自主威福，時出英斷，以懾奸邪，以肅天下。救陰盛之變，莫若外謹戎備，內制後宮。謹戎備則切責大臣，使之預圖兵防，熟計成敗；制後宮則凡掖庭非典掌御幸，盡出之，以省浮費，且裁節其恩，使無過分。此應天之實也。

甫又上奏曰：臣竊見景福內宮，祖宗積經費之餘，以備非常之用。近歲諸路物帛多入內庫，中外盡疑宮中之私費。唐置瓊林、大盈二庫，專供燕(宴)後，楊炎、陸贄請罷之。今日景福之積，頗類唐之二庫。後宮之數，臣雖不知，但聞三司計內侵者千餘人，又有私身，當不啻數千人矣。臣近聞染院計置染綾羅甚急，以備宮中支用，言至藏庫所積紅羅，去冬已絕，他物稱此，則浮費可知也。陛下省之，亦可感動人心，以消災譴。張修嬪寵恣市恩，禍漸以萌。夫后者匹嫡也，其餘婢妾稟貴賤有等，用物不宜過僭。昔古寵女色，初不制而後不能制者，其禍不可悔。

知諫院蔡襄、余靖上奏曰：臣等伏見自春至今，四方亢旱，日蝕地震，變異相仍，有以見上天垂意於陛下至深至厚。臣不知陛下何以報天戒之貺乎。臣聞古之人君遇一災異，循省修德，或以六事自責，或避正殿不居，或減膳徹樂，或遣使巡察，求直言於朝，究愁苦於下，於是轉災為福者有之矣。若天之戒告而不懼，民之冤隱而不救，飢旱之會，其變不可量也。伏望陛下避殿減膳，以自修省，仍降詔書，戒敕百官，各舉厥職，遣使天下，求訪闕失。或有官吏貪殘而不糾，刑獄冤枉而不治，賦斂繁數而不均，徭役頻仍而不息，孤獨無所養，流散無所歸，朝廷之恩不逮於下，下民之情不達於上，皆得條奏而施行之。伏惟陛下鑒前王戒畏之理，觀當世安危之勢，留意而行，天下幸甚。

襄等又奏曰：臣等近以亢旱，請行自古帝王消弭災譴之術，避殿減膳，發詔書，遣使者，上以答天戒，下以慰民心，數日顒然，德音未降。臣聞天地之氣與人相通，陰陽不和，本自人召。今若不修人事，則無以回天意而召至和。伏自兵興累年，天下困弊，外有三邊百萬仰給之養，內有四海億兆愁苦之人。方此公私匱乏之時，必無拯救災傷之力，將來流亡必眾，盜賊必多，患至後思，恐無所及。況朝夕以來，祈禱未應，人心如涸，天意益高。陛下為蒼生憂念非不勤，臣等為國思慮無不至。凡人有可為者，皆勉而為之，以救災害。況避殿減膳，發詔遣使，此乃典冊常行之故事，帝王修省之盛美。伏望陛下早賜施行，苟能下悅人心，自可上消天譴。

四年，襄等又奏曰：臣等伏覩陛下以災變屢見，飛蝗為殃，責躬引過，祈于天地宗廟社稷，不令殃及萬方。臣伏念災變之來，寔由人事政治闕失，感動天地。故古之人君或遇災異，則避正殿，徹常膳，深自刻責，思所以致之之咎，改之之理，以至冊免三公者有之，詔求直言者有之，此皆消災異召和氣之道也。方今天下之勢至危矣，夷狄驕恣，陵脅中國，盜賊縱橫，驚劫郡縣，養兵至冗，擇將不精，配率頻繁，公私匱乏，內外之官務為辦事而少矜恤之心，天下之民急於供應而有流離之苦，治道如此，未聞救之之術。臣等伏見數年以來，天戒屢至。

朝廷雖有警懼之意。然而因循舊弊。未甚改更。今日災變頻數。蓋天意必欲朝廷大修人事以救其患。乃可變危爲安也。救患之方。莫若原其致災之本。致災之本由君臣上下之闕失也。闕失之事。臣等敢次第而言之。陛下不專聽斷。不攬威權。使號令不信於人。恩澤不及於下。此陛下之失也。持天下之柄。司生民之命。無嘉謀異議以救時弊。不盡忠竭節以副任用。此大臣之過也。朝有闕失而不能救。民有疾苦而不能達。陛下寬仁少斷而不能規。大臣循默避事而不能斥。百官邪正並進而不能辨。四夷交構內侵而不能謀。有顧避之心。無力諍之節。此臣等之罪也。今陛下既有引過之言。達於天地神祇矣。伏乞陛下必踐其言。必行其實。踐言行實之要。莫若專聽斷。攬威權。號令信於人。恩澤及於下。則災異消而和氣應矣。其大臣不舉職之過。伏乞陛下以致變之由。赫然督責之。若督責之又無近効。則用災

異册免三公故事而去之。別求能賢以救大患。如臣等蒙陛下非次選擢。不能稱職。尚致陛下有如此之失。大臣有如是之過。臣等負罪至深。伏乞朝廷遠加竄逐。求方正材識之人。俾居諫職。必能裨贊朝綱。上副聖選。臣等謹具狀待罪以聞。

衰等又奏曰。臣等伏見陛下以災變屢見。飛蝗爲孽。引咎責躬。告于天地廟社。臣等伏念致災之本。由君臣上下之闕失。列其事而言之。終以自劾。乞朝廷遠加竄逐。別求方正才識之士。俾居諫職。臣等待罪于今七日。曾不得報。憂媿益深。不知所措。竊以今天下之勢。外有羌戎結連侵脅之憂。內有邊陲守禦戰爭之苦。兵冗財竭。賦歛暴興。生民膏血。掊取無極。譬如投石入井。到底乃止。不幸有旱澇飢荒之變。盜賊乘時而起。將何以禦。今日視前一二年。國用民力固不如矣。後且因循。無有更改救弊之術。後一二年遠視今日。又可知矣。非獨不如今日。其患至大。縱有知者。不能爲謀。臣等以諫名官。見天下之勢至危如此。既不能開廣陛下恩信以固民心。又不能糾正大臣闕失以救時弊。是致災異頻數。中外恐懼。臣等上負陛下選擇之恩。下負生靈困苦之望。憂慮終日。譏責滿身。尚何顏面入出朝中。臣等罪咎實深。伏乞朝廷必加竄逐。以謝天下。

京師旱。知諫院王素請帝禱於郊。帝曰。太史言月二日當雨。今將以旦日出禱。素曰。臣非太史。然度是日必不雨。帝問故。曰。陛下知其且雨而禱之。應天不以誠。故臣知不雨。帝曰。然則明日詣醴泉觀。素曰。醴泉之近。猶外朝耳。豈憚暑不遠出邪。帝悚然。更詔詣西太一宮。素官故不在屬車間。命素扈從。日甚熾。埃氛翳空。比輿駕還。未薄城。天大雷電而雨。

參知政事范仲淹奏災異後合行四事疏曰。臣近日屢聞德音。以災

異數見。畏天罪己。此實聖帝明王至仁之體也。天下幸甚幸甚。昨日宰臣等再奉聖旨。不須謝過。但自行事。此又濟時責實之要也。臣等敢不惶恐思竭誠志。以副宵旰之意。臣觀自古國家皆有災異。但盛德善政及於天下。人不敢怨叛。則雖有災異而無禍變也。如其德衰政暴。兆民怨叛。故災異之出。多成禍變也。陛下今既畏天之戒。上憂宗社。下憂生靈。固已得堯湯之心矣。如更行堯湯之事。使天下受賜。其有災異。適足增陛下之盛德。臣待罪輔臣。經年無狀。四方多事。未敢引退。恐負君親擢用之意。臣竊觀自祥符年後。以至今日。火不災上之災已十數度。又累有地震之異。今夏蝗。秋潦。人多妖言。雖陛下修德罪己。自可以動天地。感鬼神。而念及生民。若不違虞。臣請行此數事。以助陛下救生民之萬一。惟聖心裁擇。

一。委天下按察使省視官吏。老耄者罷之。貪濁者劾之。昏懦者逐

之是能去謬吏而紏慢政也至於激勸善政之術即未著明其
官吏中有畏上位之威希意望進或矯修廉節而爭為猛政求
集事之名者務為暴斂求盡公之稱者專用深文政尚虛聲人
受實弊資産竭於科率舉動觸於刑憲生民困苦善人嗟痛此
天下怨叛之本也秦以天下怨叛而亡漢以救秦之弊而興臣
請詔諸路按察官除常程糾察舉薦外於轄下知州知縣縣令
中別選潔己愛民顯有善政得百姓心如倚父母者各具有的
實事狀舉三兩人特與改官再任或陞陟委用如此則天下官
吏知陛下憂赤子之心各務愛民求理不為苛政足以息生民
之怨叛也如所舉不實仰御史臺彈奏當議重行貶黜令別選
呈磨時選刺史縣令條目便乞約附施行
一天下官吏明幹者絕少愚暗者至多民訟不能辯吏奸不能防

聽斷十事差失者五六轉運使提點刑獄但采其虛聲豈能遍
閱其實故刑罰不中日有枉濫其奏按于朝廷者千百事中一
二事耳其奏到按牘下審刑大理寺又只據案文不察情實惟
務盡法豈恤非辜或無正條則引謬例一斷之後雖冤莫伸或
能理雪百無一二其間死生榮辱傷人之情實損和氣者多矣
古者一刑不當而三年大旱著於史策以戒來代非虛言也況
天下枉濫之法寧不召災沴之應耶臣請詔天下按察官專切
體量州縣長吏及刑獄法官有用法枉曲侵害良善者具事狀
奏聞候到朝廷詳其情理別行降黜其審刑大理寺乞選輔臣
一員兼領以慎重天下之法令檢尋自來斷案及舊例削其謬
誤可存留者著為例冊
一今諸道常平倉司農寺管轄官小權輕主張不逮逐處提點刑

獄多不舉職盡被州府借出常平倉錢本使用致不能及時聚
糴每有災沴及其遣使安撫雖民每請發而倉廩空虛無所振
發徒有安撫之名且無救恤之實又國家養民之政本尚務農
困民之利而利之則朝廷不勞心而民自養之矣臣請選輔臣
一員兼領司農寺力主天下常平倉使時聚糴以防災沴并詔
諸路提點刑獄今後得替上殿並先進呈本路常平倉斛斗數
目方得別奏公事移任者亦須依此發奏後方得起離仰司農
寺常切糾舉及委輔臣等速定勸農賞罰條約頒行天下
一天下茶鹽出於山海是天地之利以養萬民也近古以來官禁
其源人多犯法今又絕商旅之路官自行販困于運置其民庶
私販者徒流兵稍盜取者絞配歲有千萬人罹此刑禍是有司
與民爭利作為此制皆非先王之法也及以官販之利較其商

旅則增息非多而囿護之弊未能革者俟陛下之睿斷爾臣請
詔天下茶鹽之法盡使行商以去苛刻之刑以息運置之勞以
取長久之利此亦助陛下修德省刑之萬一也
仲淹奏乞災異後合行疏決刑獄等六事疏曰臣今早親聞德音謂
復有災異當修德以及民并詔臣等謹省刑法此實見聖人憂畏之
心合於天意臣今條奏數事皆陛下增修明德之要一乞齋誠發誠特
降詔命明言災變屢見敢不罪己祗畏以告中外群臣同心修省二乞
遣使四方疏決刑獄非害人者悉從減降三乞詔天下州縣長吏詢問
民間孤獨不能存活者特行賑卹四乞詔逐處籍出陣亡之家察其寡
弱別加存養五乞邊陲之民被戎狄驅虜者量支官物贖還本家六乞詔
諸處災傷已該赦恩除放者官司更不得催理違者官吏科違制之
罪遇赦不原仍差近臣置司與奪陛下力行此數事下悅民心上答

天戒。昔商中宗桑穀共生於朝。懼而修德。撫綏百姓。三年而歸者十六國。號為中興。陛下今日因災修德。則福及兆人。道光千載。天下幸甚。

五年。御史李京上奏曰。臣伏以陛下因天之戒。恐懼修省。避正殿。減常膳。故精意感格。日當食而陰雲蔽虧。雖商大戊之桑楮並生。宋景公之熒惑退舍。無以異也。然臣區區竊有疑者。自寶元初。定襄地震壞城郭。覆廬舍。壓死者數萬人。殆今十年。震動不已。豈非西北二虜有窺中國之意乎。二月雷發聲。在易為豫。言萬物出地皆悅豫也。八月收聲。在易為歸妹。言雷復入地避群陰之害也。今孟夏雷未發聲豈非號令之不信乎。願陛下敕邊臣。備夷狄。戒輔臣。謹出命。以厭禍於未形。又尚美人棄外館多年。比聞復召入。必有假媚道以蠱惑天意者。宜亟絕之。茍繼宗嬪御子弟。乃緣恩私為府界提點。宜割帷薄

之愛。重名器之分。庶幾不累聖政。

六年。京東兩河地震。登萊尤甚。胡宿通陰陽五行災異之學。乃上疏曰。明年丁亥歲之刑德皆在北宮。陰生於午而極於亥。然陰猶強而未即伏。陽猶微而不能勝。此所以震也。是謂龍戰之會。其位在乾。若西北二邊不動。恐有內盜起於河朔。又登萊視京師為東北少陽之位。今二州置金坑。多聚民鑿山谷。陽氣耗洩。故陰乘而動。宜即禁止以寧地道。

七年。知潤州錢彥遠上奏曰。臣伏覩兩浙轉運司牒錄三月十九日詔敕節文。以今春大旱。應中外文武臣寮並許實封言當世切務者。竊念臣近以直言極諫登科。恩擢不次。敢自緘默。苟養資格。謹條方今急政要事。水旱原本。少盡千慮之得。臣聞天地有常數。陰陽有常度。當進退盈虛之際。兩適均等。則氣和。氣和則風雨時。風雨時則萬物育矣。然陰盛則水。陽盛則旱。二者自然之理。故陽主德。陰主刑。德不可以獨任。德過則弛。刑不可以專任。刑過則慘。天之愛物甚矣。春夏生之。必秋冬以節之。所以相為表裏而成歲功。求其端。正其本。繫人之事。故在易之泰曰。后以裁成天地之道。輔相天地之宜。言泰極則安而無節。無節則過。其害猶不及也。惟元后輔相而裁成之。在春秋魯僖公之三年春王三月夏四月兩書不雨者。以僖公能克己求過。放佞臣。理冤獄。精神感天。不雩而雨。故顯書不雨以旌之。此聖人精微極致。謂天人相與。應如影響。俾人君戒之謹之之旨也。伏自陛下即位二十餘載。內無聲色之娛。外無畋漁之逸。外戚近侍。循循守法。未有專權之失。前歲地震。起雄霸滄登。旁及荊湖。幅員數千里。雖往時定襄之異。未有大於此者。今復大旱。以臣愚料之。非他也。蓋天警陛下爾。誠以國家備寇之術未盡要。牧民之吏未盡良。天下之民未

盡安。上天垂意陛下。欲因而大治。故先出災異告焉。陛下知天戒所在。因而修之。則宗廟社稷之鉅福。茍簡忽大事。規規求丕用之言。唯減常膳。避正殿。臣愚謂非應天以實不以文之意。臣願為陛下別白明之。臣前所謂禦寇之術未盡要者。夫西北二虜者。我之堅敵。天性驁悍。以戰為生業。非可與以首爭首校一旦之命。且古之所謂夷狄。言語衣服殊於華夏。其來不過驅略老弱畜產。故詩曰。薄伐玁狁。至于太原。逐去則止。今北戎據幽燕山後諸鎮。元昊盜靈武銀夏。皆我之州郡。其衣冠車服。子女玉帛。與漢同欲。加以日夜伺我間隙。收我亡叛。迹其深心。非止毆略畜產而已。往時元昊負固不服。朝廷責戰甚速。出入五載。邊臣未有斬首虜者。而天下已騷然困矣。下及牛馬諸畜皆殘剟羅極。他物可知。暨納款錫命。亦朝廷不得已而為之。紓一時之患可也。我當按所蓄威。節財畜用。講過救失。論長短利害以

困虜。而臣見自元昊之時上下安然。器械城壁浸葺稍緩。主兵之官備邊長吏皆以次補用。不復銓擇。士大夫高冠侈服。耻言軍旅。臣懼一旦北虜負恩。乘利送死。西結元昊兩道並來。則國家之力未易支也。臣嘗中夜以思。寒心疾首。臣懼如景祐康定中待元昊之謀。則殆矣。北虜土地廣。甲兵壯。凶黨多。非元昊比也。臣願陛下無輕待虜。寧不預備。不可應辦。此陛下宜深留意。而又湖廣一道蠻獠繹騷。聞其戕害劫掠生民流離。調發督斂。軍須百出。而置之不問。但責一二儒生。非有奇蘊秘略。但能治文書辦期會。深可歎也。亦用兵三年。未聞尺寸之效。歲月持久。其憂不細。惟陛下以此三方之急。因天戒之明。命大臣講長久之計。以安元元性命。天下幸甚。臣前所謂牧民之吏宜求良者。以凡生民之命。舒慘休戚繫之刺史縣令。雖遠近閑要有郡縣大小。然耕田鑿井出租稅。皆陛下赤子。苟守吏之失。則一方受弊。旦夕利害切於身。飢寒偏於內。彼不起為盜賊。則當危苦愁厄而死。危苦愁厄之氣。所以致水旱。臣伏見江淮諸郡地近京輔。皆國家之外府。而守吏年七十者十率三四。往往耳目昏惑。神用耗竭。罷癃俯傴。唯以圭田稍食為意。縱有心力克壯者。則倚其年齒陵轢吏民。夫長吏執千里之柄。而昏惑耗竭。則必輸其柄於下吏。下吏操刺史之威。而毆良民。亡所不至。甚於長吏之自貪也。江淮一方計之。尚或如此。況天下僻左之地乎。況縣令之猥眾乎。臣願陛下悉按其門閥功狀。命之納祿致仕。優賜子弟官秩。俾之自養。精擇天下長吏。此根本之論也。議者將云國家患養老臣不當如此。謂之曰。古之養老盡賜珍膳財帛。豈任之以政事。且陛下胡忍此老耄百十輩而不忍天下千萬人受其弊。願陛下思之。臣前所謂天下之民未盡安者。臣聞隋唐之制。有賦租庸調四者之入。自楊炎變兩稅法。天下稱便。自五代迄今。斂名雜出。兩稅之法漸弊。民已竭力供矣。加以非時配率。和市舉放。利盡歸官。而主計之司不復設輕重均輸之法。乘用兵之急。唯督取諸路緡錢之用。遠濟經費。至專遣內使四出趣迫郡國。承望風旨。竭取乃已。殊不知錢者以通流移用。則利入公上。民得資販。今四方之錢月取歲輸。一去不復。故天下之民嗸嗸。商賈失業。酒榷商算。課入益虧。此蓋專取緡錢之過。平日已竟嚚苦不足。況能禦水旱。在先朝時常患其若此。有三說之法。俾商人入粟邊郡。而受鹽茗雜物於內郡。邊食不復給緡錢。則天下之貨通矣。其三說之法。副在有司。朝廷肆事先帝諸臣皆能言之。陛下舉而行之。然後詔主計者謹利害輕重之術。不許專取緡錢於諸路。俾百姓息肩。易曰。何以聚人曰財。所以感人心而天下和平矣。再念臣身遠慮淺。實緣陛下詔旨而言之。故安危之語無所隱避。伏願陛下不以人廢言。不以治忘亂。降意才俊。謹明賞罰。庶幾災異消釋。導迎善氣。天下幸甚。

宋庠上奏曰。臣伏覩聖旨以星文垂見。特開寺觀三日。令臣僚為民祈福。仍許士庶燒香者。伏玩沖旨。頗見聖心因星次之匪常。答神理之申戒。特使祈請以示禳除。然珍宇大門。都人駢集。群優雜伎。列肆賈區。遂移清靜之場。翻為遊玩之所。閭里喧會。旦暮奔馳。甚不副陛下側身修德之本意也。臣聞詩曰。恭天之怒。不敢戲豫。恭天之渝。不敢馳驅。今都下以燒香為名。士女填咽。可謂戲豫矣。百司以祈福為名。車馬邀遊。可謂馳驅矣。若令鑒觀在下。氣焰為災。以此薦天。恐貽不虔。臣伏乞今後或祗若天意。只令宰臣以下恭款祠庭。齋心祈祝。更不令士庶喧譁寺觀。庶可銷除後咎。申達至誠。

殿中侍御史梅摯以時有災異。引洪範上變戒曰。王省惟歲。謂王總群吏。如歲四時。有不順。則省其職。今日食于春。地震于夏。雨水于秋。

一歲而變及三時。此天意以陛下省職未至，而丁寧戒告也。伊洛暴漲，漂廬舍。海水入台州，殺人民。浙江潰防，黃河溢埽，所謂水不潤下。陛下宜責躬脩德，以回上帝之眷佑。陰不勝陽，則災異衰止，而盛德日起矣。

皇祐元年。昭文館大學士中書門下平章事文彥博等上奏曰：臣等各以非才忝居大任，不能裨補聖政，燮和陰陽，以致星文屢有變異，下謬人事，上貽聖憂。陛下尚示包容，未賜罷免，責以來效，使之極言。詔旨丁寧，睿恩寬大，跪受伏讀，兢慙失圖。恭以陛下堯舜用心，禹湯罪己。欽若天戒，增修聖政，弭災召和，宜集休應。聖詔曰：德政闕修，刑賞差濫。臣以謂刑不為貴近而屈，賞不可僥倖而求，則無差濫矣。刑賞不濫，則德政自脩。又曰：人有冤滯而無控雪之路，民已匱困而無寬恤之實。臣以謂人有冤滯，必由郡縣及按察之司節級陳訴。若猶

未伸，又許撾鼓抽訴，固無壅遏之理。然更須州縣官吏常得其人，為之伸理，則民絕冤滯矣。今冗費無藝，國用窘乏，彼歲一不登，下民艱食。雖欲恤之，而力不足也。若減不急之務，罷無功之賞，及兵籍官吏之浮冗者稍澄汰之，則庶幾國用不乏，則可以有恤民之實矣。又曰：官局具設，而職務或弛，典章備存，而紀綱不振。臣以謂為官擇人，不使僥倖者求而得之。久於其任，考其殿最而升黜之，無使屢遷速易。不為苟簡之政，則職務無敢廢弛。祖宗之法，備在典冊，舉而行之，似若甚易，但不為權倖所撓，則為至難。苟上下一意，守茲典章，堅如金石，行此號令，信如四時，則綱紀振矣。又曰：科役煩重，肆成暴刻，軍政簡惰，而莫為經制。臣以謂前之所陳，減不急之務，罷無功之賞，澄汰兵吏之冗，則國用不乏。國用不乏，則可以省科役之煩重。州郡官吏常得其人，雖有科役，亦不至於暴刻矣。慎擇將帥，稍假威權，撫馭士

卒，不務姑息，勿使貴臣驕將撓於其間，則軍政自肅而有經制矣。又曰：敕令輕出，有所未安，賢智在下，遺而弗舉。臣以謂令出惟行，慎乎始出。出而不慎，故行之未安。近歲以來，茲弊頗甚，由議臣輕建言，而須必行。行之無効，而終無責，或雖有嘉謀而事無近効，人之多言，橫為沮議。朝廷不能持之，最多中變。條約才下，尋又改易，與類尤繁。察賢任官，宰相之職。宰相不能悉知其人，但當慎擇其省長官及州縣大吏，使如近制各舉所知，庶幾無遺才矣。又曰：□□妄求，而不抑止，今之所患。臣等竊日議之矣。又曰：恩澤壅而不流。臣以謂朝廷推恩，非不下究，然恐郡縣之吏，不稱朝廷之意，或違負之，物合除而未除，流竄之人可釋而不釋。如此類者，更宜申明。聖詔曰：將此十二條於軍國庶務中推求實事，有合更張振舉者，悉具條上，朕當悉心詳究，即議施行。有以見陛下求治之心勤切之至。所恨臣等空疏，不能上副好問。雖然，敢

不罄竭愚短，粗有所裨。然今所陳，舉其大略。蓋慮繁詞，終成虛語。徒煩睿覽，無補大猷。臣等欲將十二條事目，舉一兩條細述合更張振舉事件，逐時面奏，委曲敷陳。所冀言之必行，行之必當，斯亦舜禹臯陶吁謨都俞之義也。臣等不揣區區。聖詔曰：德政闕修，刑賞差濫。臣等近奏以謂刑不為貴近所屈，賞不為僥倖所求，則無濫矣。臣等請略舉一端。如往年蘇舜欽、劉巽以進奏院賣神紙用官錢，即皆坐除名。去年曾奭、宋永宗賣神紙用官錢，其罰當與舜欽、巽均，而曾奭等止停見任。近日史昭文等以不覺察手下人吏取受稍場錢物，衝替未得與差遣。葢有監稍場官閣繼隆等，抑為昭文所發，亦是不覺察專典取受，一例衝替。而昭文即時抑令與差遣，其同事馮經亦連茹舉復。而繼隆等衝替如故。此蓋昭文曾薦華以親近而從輕罰，舜欽、繼隆等以疎遠而受重責。又去年親事官作過，皇城司官吏當坐[illegible]

責然皆是近臣貴戚。止於降秩補外，才逾年即皆復職，或更遷官。往年張沔以保州及李畋事降黜，纔經大赦，至今未復舊職。言體則皇城司事為重，議罪則張沔等輩為輕。升擢廢棄，理似未均，不惟刑罰失平，實恐貴倖壞法。臣等以謂今後用法理當振舉，更務均平，賞典之濫，則如近日司天監周琮、李用晦止以選課日辰便乞轉官任子。醫官別無勞績，妄乞額外轉遷。如馮琦、潘象、蘇惟和、沈遇明之輩，類陛下聖斷皆與裁抑。然未悉如先朝之制，及前後條貫，更欲申明遵守。聖詔曰：人有冤滯而無控雪之路。臣等謂人有冤滯，必由郡縣按察之官節級陳訴。若未申雪，又許檢鼓院撾訴，計無壅遏之理。今欲更敕約轉運司、提刑司，凡有理訴，並令子細究詳。如事理稍涉冤枉，即選官就近覆勘，勿令煩擾淹延，免致貧窮無資不能詣闕者抑而無告。聖詔曰：民已困匱而無寬恤之實。又曰：科役煩重，肆成暴刻。臣等以謂國用窘則科役煩，科役煩則民困匱，民力既困，國用自乏。雖欲恤民，不可得已。臣等請言其國用窘乏之由。恭惟祖宗以來，置兵與吏，及賞賚賜予，皆有定制，量入以出，故財不屈乏。自康定用兵之後，添募新兵幾四十萬，數年以來，雖逃亡減廢之後，猶不減三十餘萬。每歲所費衣糧錢物等共約三千萬貫匹兩石，束賞賚之數不在焉。然自慶曆二年後，來添給二虜金帛，每歲共四十餘萬匹兩，加以頻遭水旱，復除租賦，則國用不得不窘。故國用窘則科役煩，科役煩則民力困。今將恤民之困窮，寬民之科役，正在省冗費而已。省冗費之大者在減冗兵。臣等已嘗奏述，欲於今冬別立揀兵之格，密降付逐路轉運使，候至春首，依常年例，計會帥臣同共依新格揀選老弱，以減冗費。其次則罷不急之土木，停無功之賜予，抑僥倖之求請，省員外之冗官，衣服用度務從敦質，多方節約，諸事簡儉，年歲之間，漸

期足用。國用既足，則科役不煩，則是恤民之實矣。聖詔曰：官局具設，而職務或弛；典章備存，而綱紀不振。臣等以謂官得其人，職務自舉。選才任官，正是臣等之責。若官須擇人，不甚拘以資，他事須責實，當時校其殿最，三載考績，必行黜陟。百官脩飭，孰敢懈弛。臣等請略舉其弊。只如省府之官及外計之任，近歲以來遷改頗速，有如假道，豈暇舉職，所以務為一切苟簡之政，而職業不得不弛。臣等欲乞更頒詔敕，約束中外之官，必須二年之外，方許遷替，考其殿最而升降之。若特敕擢才，則不在茲限。所謂典章者，朝廷之大法，祖宗之舊制，舉而行之，執而用之，豈有綱紀不振哉。蓋近歲已來，緣貴倖之臣屢大法，壞舊制者多矣。臣等略舉其尤者。祖宗之制，官有定員，今員外而置官者多矣，如勾當皇城軍頭司及醫官使副之比是矣。又俸祿之法，各有定制等級，賦與固不可差。今則有任觀察使而請留後俸者，如此之類，其徒寔繁。臣等欲乞今後更不溢舊額而置官，逾本官而受俸。一守祖宗舊制，不為貴倖所侵，則綱紀振矣。乞特頒一詔教處分。聖詔曰：軍政簡墮而莫為經制。臣等嘗謂慎擇將帥，不務姑息，勿使貴臣驕將害之，軍政自肅矣。聖詔曰：教令輕出，有所未安。臣等嘗謂慎乃出令，令出惟行，若輕出之，必有未允，則數易屢改，此為政之大弊。若近日錢令鹽法為弊不細，而建言者謀之不臧，未嘗有責，此所以致輕改作而易受弊也。往年建言諸州招刺義軍，去歲却揀配諸軍。人心騷然，其始不能詳慎，致不數年便有改易。臣略舉此數條，蓋事之稍大者。聖詔曰：賢智在下，遺而弗舉。臣等嘗謂舉賢擇才，輔臣之職。輔臣不能悉知衆才，惟當慎擇臺省長官、州郡大吏，使如近制，各舉所知，庶幾無遺才矣。然臣等敢不益勤葢愚，博求才智，將期得士之美，上副任賢之心。聖詔曰：姦倖妄求而不抑。臣等以謂近臣

責成醫工卜祝及諸司人吏因緣請託妄述微勞希求內降如此之類盡守條制一切裁抑則官邪之路可以漸塞聖詔曰惠澤旋壅而不流臣等嘗謂凡有推恩靡不下究猶恐州郡之吏不稱朝廷之意或逋負之物當除而未除流竄之人可釋而不釋臣等欲乞應經前年大赦合放負欠物色如省司以未見保明文字州郡以未受朝省指揮至今尚行催理者速令勘會依赦蠲除編配之人除屬揀選路分外有已經量移情理輕者令具元犯奏聞看詳依赦釋放

三年知諫院吳奎上奏曰臣竊見近歲以來水不潤下盜賊橫起皆陰嚴所致陛下寅畏天命宜格善祥而反應以災沴其故何哉夫帝王之美莫大乎進賢退不肖賢者進則君子各以類升而陽勝陽勝而善祥可致也不肖者退則小人各以類伏而陰虧陰虧而災沴可銷也今天下之人皆謂之賢陛下亦知其賢然不能進天下之人皆謂之不肖陛下亦知其不肖然不能退重以內寵驕恣近習回撓夷狄桀驁奸邪交傷陰盛如此寧不致大異哉且朝廷之過常在乎無事之時因循而不為有事之後顛沛而失錯中外臣僚平時建一策舉一官雖有可取皆沮抑而不行又從而媒櫱謂之生事如河北河東盜賊行路之人皆已傳布大臣不以為事至執通判傷死捻然後倉皇於數路之間移易官守立重賞以募之不亦晚乎事將有大於此者將如之何幸陛下留意

歷代名臣奏議卷之三百

歷代名臣奏議卷之三百一

災祥

宋仁宗至和二年侍御史趙抃上言曰臣伏見自去年五月已來妖星遂見僅及周稔至今光耀未退此谷永所謂馳騁驂駕芒炎長短所歷奸犯其為譴變甚可畏也又去冬連今春京東西路及陝右川蜀諸郡旱暵不雨麥苗焦死民既艱食寇攘必興此京房所謂欲德不用茲謂張厥災荒其為災沴復可懼也通來岷嵋山谷驚裂有聲他郡數處地亦震動此伯陽所謂陽伏而不能出陰迫而不能升蓋土失其性其為災異益可駭也夫燮調陰陽者三公之職天戒若曰陛下左右輔弼當得忠賢剛正之人為之乃可以召至和之氣消未萌之變不然何以妖星譴變也旱暵災沴也地震祥異也三者咎譽鑿明如是之著耶臣愚伏望陛下謹天之戒應天以實取天下公議與天下瞻望之所謂賢人君子者俾之使居廟堂之上責以三公四輔之事業委注而仰成之若然則陰陽以和災異以消朝廷清明夷狄畏服太平之風可翹足引領而待之也臣朝夕思慮載惟擇賢命相繫國家休戚治亂之本伏願陛下慎重之然後發聖斷力行而不疑則宗廟社稷之福天下生靈之幸

起居舍人知諫院范鎮上奏曰臣伏見去冬多南風今春多西北風乍寒乍暑欲雨不雨又有黑氣蔽日此皆人事之所感動也黑氣陰也小人也日陽也君象也黑氣蔽日者陰侵陽小人惑君也欲雨不雨者政事不決也陳執中為相不病而家居者百日矣陛下以御史之言決一婢死而欲退宰相為是即乞速退執中以解天意以御史之言為非亦乞勅執中起視事無使天意久不決也寒暑者賞罰也乍寒乍暑者未當賞而賞當罰而不罰也鄧保吉有過於法不當為

内侍都知鄧宣言不歷邊任。於法不當爲内侍押班。未幾而又改官。
石全斌不當爲觀察使。未幾而又爲内侍副都知。其餘攀緣改遷者
不應法律。是不當賞而賞也。陛下有旨未應法律賞罰聽中書樞密
大臣執奏。而中書樞密大臣不執奏。是當罰而不罰也。冬而多南風
春而多西北風。皆逆氣也。風主號令。主思慮。陛下思慮若有爲小人
所惑而號令數變易也。天變之發。或發於未然之前。或發於已然之
後。皆所以覺悟人君也。人君修人事以應天變。則災異可爲福祥也。
陛下如欲應黑氣蔽日之變。莫若遠小人而近君子。莫若黜小人之
言而用君子之言。陛下如欲應乍寒乍暑之變。莫若速還鄧保吉等
過恩。而明正中書樞密大臣之罪也。陛下如欲應欲雨不雨之變。莫
若速定陳執中進退之勢。以決中外之惑也。陛下如欲應冬多南風
春多西北風之變。莫若精其思慮而不數號令也。凡此皆古聖賢通

天人之術。著乎經史。使後世爲人君者視之以奉天。爲人臣者法之
以事君者也。非臣之臆說也。陛下無以臣非才。廢臣所陳先聖賢之
言。則臣之幸也。非特臣之幸也。天下之幸也。社稷之福也。惟妖星之
變。及今一年。臣消息所未至也。今春諸路無麥苗。禾種不入。而山東
尤甚。山東盜所起處。萬一盜起。陛下將何以待之。妖星之變。殆恐爲
此。臣所以居言責之地而不得默默也。臣四歲而亡父。七歲而亡母。
今食陛下之禄。父母之養爲不及也。所可爲者。合忠孝一意以事陛
下耳。若於此時畏避而不盡言。則臣負不忠不孝之罪於陛下也。
鎮又上奏曰。今月二十三日秋分。雷乃收聲。二十四日雷大震大雨
雹。雷當收聲而反大震者。號令之不時也。雹。不和之氣自上而下。下
而害物者也。以況上興不急之務以用於下。如雹之害物也。近歲以
來。修集禧觀醴泉觀開先殿以主第。糜費以鉅萬計。尚未訖役。又聞

乖拱殿一棟折。太廟一柱損。有司建議。舉欲新之。夫一棟折修一棟。
一柱損修一柱。事理然也。若緣一棟而易一殿。一柱而更一廟。非惟
人情不厭。兼恐甚傷天理。近者陝西旱飢。河東薄稔。科操材木。不勝
其勞。此所謂號令不時自上而害物之政也。天變所以作也。古人於
承平無事時。尚猶戒土木之費。況今國用不足。民力凋弊。豈可爲此
不急以重困之。臣竊惟念以一棟易一殿。一柱易一廟。似非恭儉之
主所爲。蓋左右近習計此以圖僥倖。大臣不略建一言。誤陛下至此
耳。伏乞差官重檢計合修換處。量加功役。其餘一切停罷。上以應天
變。中以惜國用。下以愛民力。顧不益聖德耶。昔漢文帝惜十家之産。
罷露臺。史冊書之。至今爲美。陛下如能愛數萬家之産以罷此兩役。
則其美過漢文帝遠甚。臣不勝大幸。
金君卿上奏曰。臣伏讀六月三十日詔書節文。以大水爲沴。應中外

臣寮上實封言時政闕失。無有所諱。遠方小臣。不能詳知國體。惟陛
下赦臣進越之罪。留神財擇。幸甚幸甚。臣謹按五行傳。宗廟廢祭祀。
則水不潤下。伏惟皇帝陛下仁孝之心。格于神明。時享月薦。嘗蒸靡有
懈。咎譴之來。不應緣此。然臣之愚慮。參考經傳。殆宗廟主器。社稷本
根之重。陛下或未之思爾。竊惟古先哲王。雖已大治之後。不能無災
異。惟恐懼脩省。思所未至。爲所未爲。以應天心。則災異自然而消弭。
臣不敢遠引他說。試取兩漢近事以明之。若孝景孝成光武孝章之
世。冬雷雹雨日蝕星隕地震川竭之變。所繇早定封建。固國根本。然
後災變消復。享國長久。陛下睿謀英斷。度高前古。豈特周旋孝景孝
章之間哉。然比歲已來。日月薄蝕。地震河決。天之告戒。不爲不至。陛
下惻然引咎歸己。故常避正殿。損常膳。節服御。釋繫囚。以圖消伏。天
變不回。水沴仍作。故臣愚以爲宜詢訪故事。惠宗廟主器社稷根本

之重以謹天戒。臣又閱漢書五行志曰。地上有水比。言性不相害。故
曰比。樂也。而相毀塹淪失之象。又易曰。君不密則失臣。臣不密則失
身。幾事不密則害成。今朝廷大政。言未出口則已宣傳于道上矣。竊
陛下超然遠慮。奮乾剛之斷。詔股肱大臣早定封建之議。群小之人。
無得預聞。不然。臣恐陰下相爲蠹賊。侵陵之禍萌於今日矣。詩曰。畏
天之威。于時保之。惟陛下垂精留意。天下幸甚幸甚。
嘉祐二年。齊唐論麒麟疏曰。臣竊見交趾所進麒麟二頭。臣得之道
路。圖寫其形。大抵牛身象耳。狗足魚鱗。臣謹按爾雅釋獸。麐身牛尾
一角。郭璞注謂春秋所獲麟也。又云麐大麃牛尾。一角。即漢武郊雍
所獲麟也。又云。騏如馬。一角。不角者騏。即元康中九真郡所貢也。又
唐龍朔三年。麟見于介山。又聖朝太平興國九年。嵐州獻獸一角。似
鹿無斑。角端有肉。性甚馴善。當時以爲祥麟。上表稱賀。臣以前典觀

之。則麒如馬狀。麟似鹿形。況麟鳳四靈。國家大瑞。天下稱賀。青史具
書。故唐改元年。漢名書閣。太平之瑞。莫大於斯。臣切聞此獸頗與書
史所聞不同。間以擡車與象相觸。所食草木皆中國所無。萬一非是
祥麟。海外別有名目。即朝廷殆爲蠻夷所詐。又交趾以進麟爲名。私
齎行貨不少。經過州縣。津送之後。動數千人。以至京師。民間之費不
下百萬。嶺表之民。例皆貧弱。典賣産業以給公費。儻愿圖合驗爲瑞
聖朝。則固不憚民勞以成一代之盛事。果非瑞物。則豈可以無名之
怪獸而困一路之生靈哉。伏惟陛下居尊御極垂四十年。焦勞萬機
愛惜黔首。誠願日謹一日。雖休勿休。勿以所役細微。則武王有旅獒
之戒。勿以綏懷遠俗。則文帝有却馬之言。昔西漢因鶡雀飛入府舍
遂爲瑞鳥。隋文帝好祥瑞。有野雀集于宮掖。因改儀鸞之殿。取笑當
世。貽羞史策。以斯爲鑒。固宜審諦。伏乞陛下延訪博物之臣。徧考諸

圖所載。確有符驗。方可進呈。若果非真。即宜罷黜。以寬一方百姓之
弊。臣素以寡聞。昧於通識。進言不用。默守常職。儻一辭有補於崇聽。
一舉少全於疲瘵。則退甘鼎鑊。萬死無逃。臣不勝區區越職言事。俯
伏待罪。
四年。日食三朝。秘閣校理吳及上言曰。日食者陰侵陽之戒。在人事
則臣陵君。妻乘夫。四夷侵中國。今大臣無姑息之政。非所謂臣陵君。
失在陛下淵嘿臨朝。使陰邪未盡屏也。后妃無權橫之家。非所謂妻
乘夫矣。在左右親倖縱弛節也。驕揚無厭。非所謂四夷侵中國矣。
在將帥非其人。爲敵所輕也。
六年。京師大水。知諫院楊畋上言。洪範五行傳。簡宗廟則水不潤下。
又曰。聽之不聰。厥罰常水。去年夏秋之交。久雨傷稼。澶州河決。東南
數路大水爲沴。陛下臨御以來。容受直諫。非聽之不聰也。以孝事親

非簡於宗廟也。然而災異數見。臣愚殆以爲萬幾之聽。豈有失於審
者。七廟之享。必有失於順者。惟陛下積思而矯正之。乃下其章禮官。
并兩制考議。
判禮部司馬光論日食遇陰雲不見乞不稱賀狀曰。臣伏覩近世以
來。每有日食之變。曆官皆先具月日時刻及所食分數奏聞。至日或爲
陰雲所蔽。或所食不滿分數。公卿百官皆奉表稱賀。以爲大慶。臣愚
以爲日之所照。周徧華夷。雲之所蔽。至爲近狹。今若太陽實虧而有
浮雲翳塞。雖京師不見。四方必有見者。此乃天戒至深。不可不察。臣
聞漢成帝永始元年九月晦有食之。四方不見。京師見。谷永以爲沉
湎于酒。禍在内也。二年二月晦有食之。四方見。京師不見。谷永以爲
百姓屈竭。禍在外也。臣愚以爲永之所言。似未協天意。夫四方不見
京師見者。禍尚淺也。四方見京師不見者。禍浸深也。日者人君之象

天意若曰。人君為陰邪所蔽。災患明著。天下皆知其憂危。而朝廷獨不知也。由是言之。人主尤宜側身戒懼。憂念社稷。而群臣乃始相率稱賀。豈得不謂之上下相蒙。誣罔天聽哉。又所食不滿分數。治曆官術數之不精。當治其罪。亦非所以為賀也。伏望陛下明勅有司。若六月一日更有日食之異。或四方見。京師不見。或所食不滿分數。皆不得奉表稱賀。以重畏天之怒。則天下幸甚。臣職在禮部。掌群臣慶賀章表。不敢不言。

英宗即位。光為殿中侍御史。上體量京西陝西災傷疏曰。臣竊聞京西陝西兩路。自夏末以來。殊少雨澤。秋田豐稔者。所收不過五分。枯旱之處。所得尤薄。而官司或務為聚斂。民有訴旱者。不肯受接。道塗嗷嗷。頗多怨讟。已有流移就食他方者。況此兩路。昨來供應山陵。百姓最為勞苦。朝廷尤宜優恤。伏望特降詔旨下兩路。體量。應有災傷之處。倍加存撫。寬其租稅。敢有抑塞旱狀不為收接者。嚴加譴責。庶使困窮之民。有所赴訴。

治平元年。光知諫院。乞車駕早出祈雨劄子曰。臣伏見權御史中丞王疇等建言。乞陛下循真宗故事。幸諸寺觀祈雨。朝廷雖從其所請而講議遷延。已踰旬浹。至今車駕未出。眾論孤疑。皆云事恐中輟。臣愚竊以陛下踐祚已踰朞年。京城百姓未聞屬車之音。重以鄉者聖體不安。遠方之人。妄造事端。訛言未息。若聞車駕一出。則遠近釋然莫不悅喜。況今春少雨。麥田枯旱。禾種未入。倉廩虛竭。閭里飢愁。陛下為民父母。當與之同其憂勞。祈禱群神。豈可晏然視之。不以疚懷。況詔命已降。流聞四方。若復遷延。久而不出。則道路之人。愈增猜惑。不若歸時初無此議也。且王者以四海為家。故稱乘輿。或稱行在。今車駕數出。遊在京城之內。亦何必拘瞽史之言。選揀時日。而忘萬民朝夕之急。殆非成湯桑林。周宣雲漢之意也。臣愚伏望陛下斷自聖志。於一兩日之間。車駕早出。為民祈雨。以副中外喁喁之望。

二年二月。知磁州程珦上奏曰。臣伏覩詔敕。以年來水潦為沴。八月庚寅大雨。應中外臣寮。並許上實封言時政闕失及當世利病。此蓋皇帝陛下承祖宗大業。嚴恭天命。祇畏警懼之深也。天下士民。欽聞德音。苟有知見。孰不願披忠瀝懇。上達天聽。臣雖至愚。官為省郎。職分郡寄。敢不竭其區區之誠。以應明詔。惟陛下寬其狂易之誅。賜之省覽。則天下幸甚。臣聞水旱之沴。由陰陽之不和。陰陽不和。繫政事之所致。是以自昔明王。或遇災變。則必警懼以省躬之過。思政之闕。廣延眾論。求所以當天心。致和氣。故能消弭變異。長保隆平。昔在商王中宗之時。有桑穀之祥。高宗之時。有鳴雉之異。二王以為懼而脩政行德。遂致王道復興。皆為商宗。百世之下。頌其聖明。今陛下嗣位

之初。比年陰沴。聖心驚畏。特下明詔。以求政之闕。誠聖明之為也。然臣觀近古以來。引咎之詔。自新之言。亦世有之。其如人君不由於至誠。天下徒以為虛語。豈復有如商之二宗。興王道於既衰者乎。臣願陛下因此天戒。奮興善治。思商宗之休實。鑒後代之虛飾。不獨消復災沴於今日。將永保丕基於無窮。伏觀詔旨。時政闕失。當世利病。可以佐元元者。悉心以陳。毋有所諱。臣竊惟天下之勢。所甚急者。在安危治亂之機。若夫指一政之闕失。陳一事之利病。徒為小補。不足以救當世之弊。而副陛下勤求之意也。所謂安危治亂之機。臣請條其大端。所謂安且治者。朝廷有綱紀。維持總攝百職。庶務天下之治。如網之有綱。裘之有領。舉之而有條。委之而不紊也。郡縣之官。得人而職修。惠養有道。朝廷政化。宣達于下也。百姓安業。衣食足而有常心。知孝悌忠信之教。率之易從。勞之不怨。心附於上。固而不可搖也。代

行政肅。無姦宄盜賊之患。設有之，不足為慮。蓋有殘賊之備而無饑饉之虞也。民心和而陰陽順，無水旱蟲螟之人，有之不能為害。蓋倉廩實，府庫充，官用給於上，民食足於下也。武備修而威靈振，蠻夷戎狄無敢不服。雖有之，不足為憂。蓋甲兵利而儲備豐，將善謀而士素練也。此六者所謂安且治者。今之事一皆反是。朝廷紀綱弛慢離散，莫可總攝，本原如此，治將安出？郡縣之官，選不以道，更易之數，雖時謂才者，尚莫能稱其職，況庸常者乎？循常苟安，寖以成俗，舉世以為當然。政治所以亂，生民困苦。朝廷雖有德澤，孰能宣布以達於下？所與共理者如此，天下可知矣。百姓窮蹙，日以加甚，而徭繁賦重，剝削之不息。天下戶口雖衆，而自足者益寡。司牧者治其事爾，非有師保左右之也。其善惡勤惰，趨利避害，或昧而反之，不從其自然，而困之陷之之道，又非一塗。人用無聊，苟度歲月，驅之於治則難，格率之於惡則易。搖民惟邦本，本根如是，邦國奈何？民無生業，極困則惡生，民不漸善教，思利則志動，乘間隙則萌姦宄，遇凍殍則為盜賊。今幸無大故，尚爾苟安；設或遇大饑饉，有大勞役，姦雄一呼，所在必應。以今無事之時，尚恐力不能制，況勞擾多事之際乎？天下安危，實繫於此。保民之道，以食為本。今自京師至于天下，計平時之用，率無三年之蓄。民困空匱，又甚焉。以萬室之邑觀之，有厚蓄者百無二三，困衣食者十居六七。總而較之，天下虛竭可知矣。豐年樂歲，饑寒見於道路。一穀不稔，便致流轉。卒有方數千里，連數年之水旱，不知何以待之。姦盜鋒起於內，夷狄乘隙於外，雖欲為之，未如何矣。戎狄彊盛，古未有此。歲輸金帛以修好，而好不可恃；窮天下之力以養兵，而兵不足用。尚幸二虜無謀，厭小欲而忘大利，故我得以紓朝夕之急。若其連衡而來，則必興數十萬之衆，宿於邊境，饋餉不繼，財用不充，將何

以濟乎？驕惰之兵，縱無奔潰之患，曠日持久，終有消竭之虞。又況征斂興廢而民人轉亡，饑饉愁怨而姦雄競起，事至於此，興衰可知。以此觀之，天下之勢，安乎危乎？凡此數端，皆有危亡之虞，而未至於是者，不識朝廷制置能使之然耶，抑天幸而偶然耶？幸然之事，其可常乎？先皇帝至仁格天地，保持之以至於今。歷時既久，言者既多，朝廷遂以為果不足憂也，可以常然，姑維持之而已。雖聞至深至切之言，不為動也。嗚呼！貽天下之患，必由於是乎？今天下尚無事，朝廷宜急思所以救時之道。不然，臣恐因循歲月，前之所陳者一事舂則為之晚矣。中人之家，有百金之產，子孫保守，未敢不念。陛下承祖宗大業，豈不懼乎？今言當世之務者，必曰所先寬賦役也，勸農桑也，實倉廩也，備災害也，修武備也，明教化也。此誠要務，然猶未知其本也。臣以為所尤先者有三焉，請為陛下陳之：一曰立志，二曰責任，三曰求賢。今雖納嘉謀，陳善算，非君志先定，其能聽而用之乎？君欲用之，非責任宰輔，其孰承而行之乎？君相協心，非賢者任職，其能施於天下乎？三者，本也；衛於事者，用也。有本不患無其用。三者之中，復以立志為本。君志立而天下治矣。所謂立志者，至誠一心，以道自任，以聖人之訓為可必信，以先王之治為可必行，不狃滯於近規，不還惑於衆口，必期致天下三代之世，此之謂也。夫以一夫之身，立志不篤，則不能自修。況天下之大，非體乾剛健，其能治乎？自昔人君孰不欲天下之治，然而或欲為而不知所措，或始銳而不克其終，或安於積久之弊而不能改為，或惑於衆多之論而莫知適用，此皆立志不堅故也。臣觀朝廷每有善政，鮮克堅守，或行之而天下不從，請舉近年一二事以明之。朝廷以今之任人未嘗選擇，一用薦舉之定式，患所舉不得其人也，故詔以飭之，非不丁寧，然而當任者如弗聞也。陛下以為

自後所察果得其人乎曾少異於舊乎又以守令數易之害治也詔廉察之官舉其有善政者俾之再任于今未聞應詔者豈天下守令無一人有善政耶苟誠無之朝廷負生民不已甚乎且以為善政行之何不使天下奉承以見其效若曰非不欲必行也柰天下不從何如此則是政令不行矣將如天下何此亦在陛下而已苟陛下之志先立奮其英斷以必行之雖彊大諸侯跋扈藩鎮亦將震慴莫敢違也況郡縣之吏乎故臣願陛下以立志為先如臣前所陳法先王之治稽經典之訓篤信而力行之救天下深沉固結之弊為生民長久治安之計勿以變舊為難勿以衆口為惑則三代之治可望於今日也若曰人君所為不可以易易而或失其害則大臣以為不然稽古而行非為易也歷觀前史自古以來豈有法先王稽訓典將大有為而致敗亂者乎惟動不師古苟安歲月卒至危亡者則多矣事機昭

然無可疑也願陛下不以臣之疎賤而易其言則天下幸甚所謂責任者夫以海宇之廣億兆之衆一人不可以獨治必賴輔弼之賢然後能成天下之務自古聖王未有不以求任輔相為先者也在商王高宗之初未得其人則恭默不言蓋事無當先者也及其得說而命之則曰濟川作舟楫歲旱作霖雨和羹為鹽梅其相須倚之如是此聖人任輔相之道也夫圖任之道以謹擇為本擇之謹由知之明知之明故信之篤信之篤故任之專任之專故禮之厚而責之重擇之謹則必得其賢知之明則仰成而不疑信之篤則人致其誠任之專則得盡其才禮之厚則體貌尊而其勢重責之重則自任切而功有成是故推誠任之待以師傅之禮坐而論道責之以天下治陰陽和故當之者自知禮尊而任專責深而勢重則挺然以天下為己任故能稱其職也雖有姦諛巧佞知其交深而不可間勢重而不可搖亦將見息其邪謀歸附於正矣後之任相者異於是其始也擇之不謹故知之不明知之不明故信之不篤信之不篤故任之不專任之不專故禮之不厚而責之不重矣擇不謹則不得其人知不明則用之猶豫信不篤則人懷疑慮任不專則不得盡其能禮不厚則其勢輕而易搖責不重則不稱其職是故任之不盡其誠待之不以其禮僕僕趨走若吏史然文案紛冗下行有司之事當之者皆知交不深而其勢輕動懷顧忌不肯自盡上懼君心之疑下慮群議之奪故蓄縮而不敢有為苟循常以圖自安爾君子弗願處也姦邪之人亦知其易搖日伺間隙如是其能自任以天下之重乎若曰非任之難知之惟難且何以知其賢而任之或失其人治亂所繫此人君所以難之也臣以為知人誠難亦繫取之之道如何爾皋陶為帝謨曰在知人禹吁而難之及其陳九德載采采則曰庶可績蓋詢行考實人焉廋

哉歷觀前史自古已來豈有履道之士孝聞於家行著於鄉從於朝廷節見於事為其言合聖人之道其履蹈經典之訓及用之於朝反致敗亂者乎用是而求其有差乎若乃人君以為賢而用之卒敗於事者古亦多矣稽迹其由蓋取之不以其道也大率一言一事合於己心則謂之才而用之曾不循核本末稽考名實如前之云傷民害政不亦宜乎四海之大未始乏賢誠能廣揚側陋至誠降禮意之以道雖皋夔伊周之比亦可必有賢德志道之士皆可得而用也願陛下如臣前所陳既堅求治之志則以責任宰輔為先待之盡其禮任之盡其誠責之盡其職不患其不為患其不能為不患其不能為患其不得為蓋不為者可責之必為不能為者可勉而終為惟不得為則已矣所謂不得為者君臣之志不通懷顧忌而不自盡此由失待任之道也今執政大臣皆先朝之選天下重望陛下責任之而

巳。臣願陛下延召宰執從容訪問今天下之事爲安爲危爲治爲亂當維持以度歲月乎。當有爲以救其弊乎。如曰當爲則願示之以必爲之意。詢之以所爲之政。審慮之。力行之時不可後。事不可緩也。如曰非不爲也患不能也則天下之廣豈無賢德可以禮同朝廷之上。豈無英髦可以討論。有先王之政。可以考觀。有經典之訓可以取則。道豈遠哉不求爾。使君相協心。勤求力爲之而已。如曰無妄爲也姑守常而已則在陛下深思而明辨之唐文宗之時天下漸衰。天下將亂。而牛僧孺欺以爲治矣。史冊書之。可爲明鑒。今陛下至明執政忠良。無是事也。伏願陛下不以臣之疏賤而易其言則天下幸甚。所謂求賢者夫古之聖王所以能致天下之治無他術也。朝廷至於天下公卿大夫百職群寮皆稱其任而已。何以得稱其任。賢者在位。能者在職而已。何以得賢能而任之。求之有道而已。雖天下常用易得之

物。未有不求而得者也。金生於山。木生於林。非匠者採伐不登於用。況賢能之士。傑出群類。非若山林之物。廣生而無極也。非人君搜擇之有道。其何得而用乎。自昔邦家張官置吏未嘗不取士也。顧取之之道如何爾。今取士之弊議者亦多矣。臣不暇條析而言大槩。投名自薦。記誦聲律非求賢之道爾。求不以道則得非其賢。間或得其才。適由偶幸。非知其才而取之也。朝廷選任盡自其中。曾不虞賢俊之棄遺于下也。果天下無遺賢耶。抑雖有之吾姑守法於上不足以爲意耶。將科舉所得之賢已足自治而不乏耶。臣以爲致天下今日之弊蓋由此也。以今選舉之科。用今進任之法。而欲得天下之賢與天下之治。其猶北轅適越不亦遠乎。臣願陛下如臣前所陳。既立求治之志。又思責任之道。則以求賢爲先。苟不先得賢。則雖陛下焦心勞思將安所施。誠得天下之賢置之朝廷則端拱無爲而天下治矣。然

所謂勞於求賢逸於得人也。歷觀前史自古以來稱治之君有不以求賢爲事者乎。有規規守常以資任人而能致大治者乎。有國家之興不由得人者乎。由此言之。用賢之驗亦其甚明。若曰非不欲賢也病求之之難也。臣以爲不然。夫以人主之勢。心有所嚮。天下風靡景從。設若珍禽異獸瓌寶奇玩之物。雖遐方殊域之所有。深山大海之所生。志所欲者。無不可致。蓋上心所好。奉之以天下之力也。若使存好賢之心如是則何巖穴之幽不可求。何山林之深不可致。所患好之不篤爾。夫人君用賢。亦賴公卿大臣推援薦達之力。今朝廷未嘗求賢。公卿大臣亦不以求賢取士爲意。相先引譽。世所罕聞。訪道求師。貴達所恥。夫舉以爲任已可也。士將安補。今世無賢。求之何益。夫以周公之聖。其自任之矣。尚汲汲求賢以自輔也。以其聖且好賢與知人之明。宜天下之賢皆爲之用。莫有遺也。尚乃日不暇給。恐失天下之士。後之人其才不及周公

而自謂足矣。不求賢以自輔也。以其不求。且知之不明。宜賢者在下之多也。乃曰天下無賢矣。噫。倚其用意與周公異也。欲其助皇明燭幽隱不可得也。然亦係上之所爲而已。陛下誠能專心致志孜孜不倦以求賢爲事。常恐天下有遺棄之才。朝廷之上。推賢援能者登進之。蔽賢自任者疏遠之。自然天下嚮風。自下及上。孰不以相先爲善行。薦達爲急務。搜拔既廣。雖小才片善。無所隱晦。如此則士益貴而守益堅。廉恥格而風教厚矣。得天下之賢。則天下之治不足道也。今世人情淺近。積習成俗。朝廷進人。爲循常法。則雖千百而取。群伍而用。庸惡混雜。曾不以爲非。設或拔一賢。一善出於不次。則求摭小差。衆議蠭沸。如真廟擢种放。先朝擢范仲淹是也。設非君心篤信。寧免疑惑。自爲過。此所以非常之舉曠久不行也。伏見近日陛下不由言薦。擢范純仁置之言路。在今世爲非常之舉。純仁名臣之子。有才名。在位多言

其能陛下擢之當也然臣願陛下自信勿疑純仁果賢則陛下知人之明也如用之而無顯效則亦曰吾勞心任人雖未得其效亦無愧於天下矣設或大敗厥職則亦曰吾之失也當益務選擇期於得人爾蓋拔十得五才不可勝用求賢而失尚愈於不求誠持是心何患不得賢也方陛下用純仁識者皆喜臣獨憂之何者陛下始奮英斷拔一人誠恐或有差失遂抑聖心以為專守常制可以無過不復以簡擢為意則天下將何望焉此在陛下自信勿疑而已願陛下不以臣之疏賤而易其言天下幸甚臣前所陳三者治天下之本也臣非不知有興利除害之方安國濟民之術邊境備禦之策教化根本之論可以為陛下陳之顧三者不先徒虛言爾三者既行不患為無術也願陛下以社稷為心生民為念鑒苟安之弊思永世之策賜之省覽察其深誠萬一有毫髮之補於聖明臣雖被妄言之誅無所悔恨

昔賈誼為漢文言治亂漢文不能用者百世之下為譏病陛下勿使後之視今猶今之視昔則天下不勝幸甚狂瞽之言惟聖明裁恕

知諫院兼侍御史知雜事呂誨上奏曰臣伏覩詔音責躬引咎傳訪群臣有以見聖德之至矣臣聞陰陽和則風雨時王道正則百川理五事不修則物不遂性災沴繇茲而生矣斯政化通於天地見效可信者天以變異告戒人君者欲恐懼修省振起頹弛如其怠荒不新厥德外無保民之慮中無應變之實則咎罰薦臻危亡及之甚可畏也方秋令向深氛滲當息而霖雨驟驚泉源湧溢蕩覆廬舍墊溺民命京師訛言幾至生亂誠異常之變矣陛下即位之初事無過舉災沴遽作殆人情久鬱怨愁之氣積陰而成天意憂陛下之深以是譴告不可不求其原也臣謹按洪範曰肅時雨若狂常雨若肅者貌之恭狂者事之妄居上則言動必謹謀慮必審號令必信賞罰必當一有其妄咎證斯應五行志曰簡宗廟廢祭祀水不潤下水者北方萬物終藏之地神道居陰尚乎安靜虔恭廟祭所以昭孝道也絕者濮安懿王一事始議或將與仁廟比崇終罷追封不及燕王之例禮失中而孝不足是亦幾乎慢也京房傳曰飢而不損謂泰厥災水謂下民饑饉上宜減損去冬及春許穎等郡大荒上方多不急之用後苑有淫巧之工宜裁減以崇儉約量入制用正在今日也又曰避遁有德厥災水蓋以有德之人壅遏而不用也今則官不試職名不副實賢不肖溷淆於下而況前席詳延無非藩邸之舊請塗進用皆出權臣之門忠良之人寧無解體古者以功舉賢則萬化成而瑞應著以毀譽取人故功業廢而災異至斯皆前世已驗之明者陛下當翼翼脩思道救其失庶幾消復之理也然陛下側身恐懼祇悔誠深方注意輔臣代天理物陰陽不順風雨不時災變於下致時政之闕失咎將安歸臣備員風憲無補聰明彌綸之頹弛時政之闕失職臣之務罪在不赦詔命既下著位之臣莫不輸忠畢慮仰副諮詢惟陛下省覽無倦言或可用克己行之日謹一日惟新盛德更張治具隱卹民瘼咸名和氣必塞災變如曰休咎數也治亂勢也四輔俱賢百工皆舉不責人事委之天理臣恐天心未應沴氣還復人情動搖邦國傾矣愚臣之言不識忌諱惟聖明加察焉

監察御史裏行呂大防應詔論水災疏曰臣伏覩乙未詔書以水潦之變責躬恤物延問得失為湯之引咎漢文之恭己不過是也臣伏覩自古人君之失德必皆有嗜好偏篤難改之行以害政事或好征伐或好田獵或好聲名或好行幸或好治宮室故臣下之言不可入而君上之過終莫能改則天為出變異以警懼之如漢文帝之賢唐太宗之明皆不免此累伏惟陛下纂承大統三年于茲勤修庶務好賢

棄物玩賦後宮之冗眾不急之費早朝晏罷曰謹一日於前數者曾無一焉而天變之大如此之甚臣竊思殆非出於陛下之聖躬而率由政事之失臣得為陛下詳布其說蓋以天之告人不能諄諄然而常以象類示今雨水之患至入宮城壞廬舍殺人而害物此陰勝陽之診也以人事而言君弱臣彊陰勝也夷狄謀中國盜賊害平民亦陰勝也臣雖愚昧蒙陛下非次拔擢日夕為陛下講求思慮當今之弊與今日之所宜無出八事之大一曰主恩不立二曰臣權太盛三曰邪議干正四曰私恩害公五曰夷狄連謀六曰盜賊恣行七曰群情失職八曰刑法失平何謂主恩不立陛下自即位以來所與日相見者兩府之臣七八人時與之相見少接其語言者兩制主判之臣經筵侍從諫官御史等又數十人陛下之臣五日一謁於廷下四五百人而所與相見接其語言日纔一二如此則何以通君臣之情哉至如館閣省府之官皆陛下選擇養育以進用之人而有平生未嘗識陛下之龍顏者此臣所未諭也竊料陛下非憚其勞而不見特以故事如此不能遽改而已唐之制有待制本朝建隆乾德咸平天聖皆常行之又祖宗臨御往往非次宣名臣察訪以政事或行幸書林接見儒臣臣愚以為宜復轉對之制及許轉運判官辭見并擢發遣三司判官授差遣及委審官擇大郡自來選差知州人並令上殿仍乞非時宣名臣寮以問政事雖臣之情達則主恩立矣何謂臣權太盛進退百執事皆由宰司進擬而陛下直可其奏者十則十百則百故中外之臣有被任使當進擢惟知出執政之門而罕有歸恩於陛下士大夫相語以得官為經營有力以失職為某人不喜如此則望言力盡忠者臣豈易得哉臣愚以為小官冗職不必煩陛下揀擇至於修起居注集賢史館修撰天章閣侍講三司副使此四五職名僅

及十員皆進用兩制之門陛下苟不以留意則庸人下才依託干請緣此而進遂為陛下侍從之臣一旦有緩急須將帥之才則常患無人退之則無名進之則無補置而不用則位高祿重陛下試觀今日兩制之臣如此者有幾即可見其實所取者不謹選也陛下何不徧接識凡今館閣省府之臣皆察其可用者記之于籍間復參問近輔左右之臣以驗其實乃與大臣議其人堪其官任某事候如修注修撰侍講副使共須十員則采察二十人以待之遇一官闕陛下名而授之則恩自陛下出矣無經營馳騁之患矣至如其他進擬有不合陛下意者當退而改之如此則臣權不盛矣何謂邪議干正昨者朝廷參議濮安懿王典禮衣冠草野之士無賢不肖上至陛下左右侍從素所取信之臣皆以為出繼帝統大義甚重不宜復顧私親追崇之禮當據禮經而兩漢衰世故事不可援用然一二姦人內希陛下追懷之意外協大臣不正之議而復結濮宮諸賓人之歡遂不顧公議妄進邪說以白為黑以是為非惑亂聖聽中外切齒臣愚以為應因濮安懿王論奏文字一切付外委未嘗預議近臣覆定可否宣示四方則陰邪之人不敢干正矣何謂私恩害公自古人君即位無不有攀附故舊之臣然賢智之君待故舊之意恩寵甚重而至於議政事論國體則必與天下之才共之漢文帝不訪宋昌而用賈誼袁盎以議當世之政不屬景帝以張武而謂周亞夫為可用唐太宗之論人物薄高士廉唐儉而引重劉洎馬周其用王珪魏徵也皆仇敵之餘豈嘗計其新舊親疏哉陛下比日以來數引見藩邸之臣恩禮甚厚外人不知皆以為陛下與之議政事論人物誠如此則害聖德多矣緣此等人材至下止可待以恩澤不宜置之顯路則私恩雖厚不害公議矣何謂夷狄連謀元昊晚年君臣相疑而父子結隙謀臣姓

士往往被誅。又累為唃氏所敗。遂有休兵願和之意。而疆臣急於進取，沮其成功。議和之初，許與大凉歲遺金帛之直，盖三十萬緡。戍邊之兵不能大減。比之寶元以前，戍兵增五六萬，而歲費約二百餘萬。故關中民力之困，而內帑泄於二虜，而益虛。今諒祚少年繼襲，多招亡命，與之為謀，有窺關輔、劍南之意。不獲其意，則又邀朝廷乞增賜予而後已。頗聞近歲與北虜交通，人使旁午。狄人則利羌之賂，羌則恃狄之援，唇齒相依，掎角為寇。其可不早為計耶？臣愚以為擇將帥，增參佐，則邊備可講。置都護，結唃氏，則分諒祚之勢，絕劍南之患。寬禁約，撫屬羌，則防落漸備。久任堡障之戍，得自為政，則夷狄見畏矣。何謂盜賊恣行？今京東之民，日夕為盜之家，往往不敢申舉者，盖官不能得盜，復能為害於申舉之家，是盜之威勢，常大於官司矣。久而不禁，則乜聚歸集，以覆州縣，如反掌耳。臣愚以為多盜之邑，令監司

舉縣尉，別為改官之格以激勸之，以捕盜殿最以課監司守令，則盜賊消矣。何謂群情失職？今審官所差知州、通判，得替而赴闕，久而後差，常在一年半之後；而待次者，又常及一百人。知縣、監當者，略同其比。是常參之官不釐務，而請俸者，常及其半。其弊盖由每歲流內轉官之類，僅及百人，其上簿而待選者，又數百人。凡諸銓未還者，常及三年而後得。此盖法之敝也。臣愚以為改磨勘之法，量入流之數，則群情不失矣。何謂刑罰失所？今大理審刑部，乃天下所觀定法之地。用法不當，立比不一，莫甚於此。盖法官銓擇殊為滅裂。臣愚以為更法官之法，則刑罰得中矣。

鄭獬論臣寮極言得失疏曰：臣伏見詔書，以京師大雨為沴，廣詢者衆，許中外臣寮極言得失者，茲實陛下側身求過，思有以消復之天義。懇懇至於魚蟲草木莫不感動，況於能言者哉！臣竊伏思，今陛下發詔以求忠言，將欲用之耶？將欲因災異舉故事而藻飾之耶？苟欲藻飾之，則固無可議者。必欲用之，則臣願陳其方。臣觀前世之君，因怯變而求諫者甚衆，書之史冊，張以為美事。及考其實，則能用其言而載於行事者，盖亦鮮矣。徒使後世覩詔以為帝王之值災異者，於此空言而足矣。曷足謂之罪己修德者耶？今詔旨一發，天下忠義之士必有極其所蘊以薦諸朝者。此當有益於治道，不為妄作。然而疊章累疏，繁委而並集，則陛下果能環復而究覽之耶？計陛下一日萬機，必未能然爾，而將欲如平時章疏事關漾容者則留中不出，事繫政體者則下中書，事屬兵要者則下樞密院，兩府覆奏，則又下群有司及郡邑，至於無所行而后止。如此則是有求諫之名，而無求諫之實，與前世之為空言者等耳。臣竊謂陛下萬幾之繁，既未能遍覽，則宜選置官屬，令專掌今之群臣所上章疏，日許兩府及近臣番休更

直，便殿賜坐，與之從容條陳講貫。其可者則熟究而行之，不可則罷之。有疑焉則廣詢而后決之。群言得而衆事舉，此應天之實也。夫下之為言也甚難，而上之聽者常忽焉。自非忠憤激於心，則孰肯隳肝膽而冒忌諱者哉？古之能建立功業者，未嘗不好諫也。好之者繇其能褒進而招徠之也。太祖、太宗時，言事者多被甄賞。自近年以來，益事寥闊。仁宗寬仁最能容直言，而亦不能甄賞也。願陛下采群臣之章疏，如其宏謀偉論可施於當世者，則召見之，與之共議，不惟質其言，且以觀其材。大者擢之以職任，次者加賜金帛，無取焉報罷之。如此則陛下下詔有實言，得言有實用，且使史冊書之，以為某年大水，詔求直言，用某人言，行某事，以絀夫前世之為空言者，則無令陛下下詔書藏於有司，復為數幅空紙而已。惟乞陛下斷而行之，則臣不勝大願。

時大雨霖。災異數見。論者歸咎濮議。李清臣廷對奏曰。天地之大譬如人一身。腹心肺腑有所攻塞。則五官為之不寧。民人生聚。天地之腹心肺腑也。日月星辰。天地之五官也。善止天地之異者。不止其異。止民之疾痛而已。

進士范百祿對策曰。簡宗廟廢祭祀。則水不潤下。昔漢哀尊共皇。河南潁川大水。孝安尊德皇。京師郡國二十九大水。蓋大宗隆。小宗殺。宗廟重。私祀輕。今宜殺而隆。宜輕而重。是悖先王之禮。禮一悖。則人心失而天意睽。變異所由起也。

龍圖閣直學士呂公著上奏曰。臣聞水旱之災。雖聖人在上。不能免也。然聖人在上。雖有水旱。而終不為害者。遇災而恐懼。見異而修德。夙夜自省。以荅天戒。故災可以轉而為福。危可以從而為安。後世人君不知禍福無常。而謂天命為已有。不知人情可畏。而謂力可以制

之。災害既作矣。猶不自知其非也。乃引堯湯水旱以為比。而不知疇咨自責之獲終吉也。故人心不從。天命不祐。災害不已。怪異隨之。怪異不已。傷敗隨之。由是觀之。水旱之災。未能使必無於世。而其終可以安危存亡者。在懼與不懼耳。伏惟陛下莅政已來。日孳孳於庶事。然累歲旱沴。人多疫疾。又近者大雨為沴。下民昏墊。陛下撤宴損膳。下毋諱之詔。開直言之路。將克己自新。以求天意。然臣愚獨以為此皆常事。猶未足以弭大災也。唯當兢兢業業。以求己過。自奉先養親以至於任官使人。求賢納諫。愛民節用。無不物物而思之。行所未行補其闕謬。以謝天心。以順人意。則社稷幸甚。

三年。翰林學士承旨張方平上言曰。臣自到闕。伏見陛下以垂象之變。避正殿。減膳。降服。恤刑。罷宴。徹聲樂。弛力役。所以修省荅天戒者甚至。竊聞退就宮閣。尤為憂勞。至以聖躬為民祈請。臣深惟陛下以上聖之資。自在藩邸。其稽古好德。令聞風著於四方。繼天纂統。越今四年。始初清明。厲精求治。然未聞有以修明紀律。震耀威靈。以究安危治亂根本之議也。前史推彗星之占。率以為除舊布新之象。中外之因循久矣。官失其守。事忘其舊。綱目頹紊。憲章隳弛。其或者儻將以是為告。先賢以為政譬之鼓琴瑟。不調甚者。必當解而更張之。竊觀朝政。殊未逮及此。晉書紀何曾侍武帝退而告其子曰。吾每對見。未嘗聞經國遠圖。惟說平生常事。非貽厥孫謀之兆也。及身而已。後嗣其殆乎。後天下亂。危果如其言。今夫萬機庶政。屬在兩府。願陛下以燕暇之時。就清閒之處。延召執政之臣。從容賜坐。垂意訪逮。各使悉心陳治道之要。以陛下之明。而參擇其言。舉其可施行者。以興數舉廢。採時急務。匪惟修人事。抑以承天意。又比來災眚。聞作率由陰沴。夫陰也者。臣道也。妻道也。夷狄之道也。庶民之象也。陛下推是

而求之。則天意可見。而消復之道得矣。惟陛下留神幸察。

知諫院傅堯俞上奏曰。臣伏讀舊史。見前世已然之效。國家將有失道之敗。而天迺先出災害以譴告之。不知自省。又出怪異以警懼之。尚不知變。而傷敗乃至。今陛下操有為之心。以恭儉求治。而大雨壞廬舍。殺人極衆。水入宗廟。冒宮闕。其譴告警懼丁寧切至之如是者何哉。臣伏思其所以然之故。蓋有所得。傳曰。簡宗廟。逆天時。則水不潤下。昔至和大水。當時議者亦以為簡宗廟之罰。先帝納諫。事即施行。今陛下受天下於先帝。而昭陵之土未乾。執政之臣導陛下以非義。將以濮安懿王為皇考。於仁宗之廟。簡孰甚焉。是以大失人心。上干天譴。事重於昔。故害亦過之。陛下儻不感悟。臣恐大異仍至。更有甚於此者。陛下縱不能盡逐執政。猶當黜首議之人。以謝上下。此固天道。抑亦有人事焉。夫兩日之雨。京師之患如此。陛下謂人事修乎

廢乎。賴天之靈而始為謹懼。儻更一日未止者。豈無傷敗之憂。陛下得不為之寒心哉。臣愚願陛下取禮官兩制之議。遂定濮王封冊。黜歐陽修以暴其所以誤陛下者。使天下較然知此意不出於陛下。然後進修子道。通廣言路。切責三公。以圖後效。重黜水官以懲不職。庶幾可以厭塞人情。消弭他變。此所謂應天以實不以文。動民以行不以言者也。若謂降詔責躬。許有位悉陳得失。便為於事已足。恐至則陽然知畏。事緩則置而不思。讜正之言。一切不入。於天人之際。適足有所激耳。求福則未之聞也。況公議鬱而不伸。乃復區區以求直言。臣恐天下不以朝廷為至誠也。方今佞邪之臣衆。將有以天時常數上惑聖聰。甚者又將有堯湯水旱之說。願陛下深拒絕之。勿使此曹重誤天下。此繫國家安危成敗。幸陛下留神毋忽。

堯俞為右司諫上奏曰。臣伏見霖雨踰月。漸愆秋望。郡國奏報水害已多。都下細民艱窘尤甚。陛下臨朝咨訪。屢軫睿意。臣雖甚愚。官有言責。既不能通天下之志以開廣聰明。又不能博貫六經求消弭時災之術。夙負廪祿。罪在無赦。雖然。輒效愚悃。惟陛下留意。臣聞和氣致祥。乖氣致異。祥異之至。固不徒然。陛下自親擥萬機。恭儉求治。宜享慶雲醴泉之應。乃得旱虐雨淫之沴。天人之際。不得乖剌至此。臣謂天當大有之世。其所以責望於陛下者至深至重。故於即位已來。屢三為異以警動之。又懼處隱微僻之處有所忽者。故用災譴以告戒陛下。不然。遠方之人寃失職者衆。愁痛憤疾聚為乖氣。至於夷狄中國之陰也。陰盛頗劇。良可為虞。大河之防。亦宜預慮。伏願亟降德音。引過自予。極懇惻憯怛之語以感動人心。致恐懼修省之誠以祗答天意。然後虛懷採納。特詔百官言事。庶幾朝廷闕失與四方幽隱悉獲上達。陛下詳擇於其間。將有所得。況因災異以求直言。蓋古盛德之所為也。

堯俞又上奏曰。臣伏見今歲已來。既旱而水。災異仍發。臣竊異之。臣頃嘗有狀乞陛下下罪己之詔。令百官言事。求所以消弭之術。逮今未蒙收採。誠恐陛下歸之數而已矣。夫天人相與之際。戒懼積復之說。豈為欺於後世。就使為欺。不猶愈於為數者哉。伏望以臣前狀速賜施行。必有為陛下道其所以然者。雖然。臣亦嘗有所言矣。今復有得不敢自默。數干天聽。實冀粗有裨補。然後雖誅死竄殛。無所憾焉。臣竊謂今乾剛未奮。陽明未融。蓋亦致異之一端也。天之譴告懇懇著其殆以此。臣謹以見事明之。臣近言審刑院大理寺違法以罔上。此豈區區彈劾事。臣前奏所謂方今事體無大於此。何則。陛下高居深念。使人不敢欺。則萬事自舉。苟可欺也。何所不至。臣謂陛下朝得臣言。暮行威罰。而遷延浸久。頗若常務。權大理少卿賈壽雖非罪首。實有闌通。未聞劾問。遽擢為提點刑獄。是豈嫉惡姦猾開廣言路之旨乎。臣雖至愚。豈不知撫拾小碎可以取容倖進。觸犯衆怒非安身之術。其盡悃愊以深言者。欲上副陛下求治之意。以整齊權綱。陛下儻不以為然。臣亦安事於貽患招悔者乎。臣又聞法官復有事狀之說。竊恐此語亦曾上聞。蓋重為欺耳。凡斷案微有情節不圓。乃以事狀改正。安有出入人罪已經奏斷。可用事狀修改。苟如是。何用不許舉覺條貫。若果有此說。乞陛下取許入事狀改正及不在舉覺兩道全條。特賜親覽。則是非即判。臣與盧士宗輩素無嫌隙。誠嫉其舞文挾詐而虧損陛下德聲。陛下儻亮臣孤忠。奮然獨斷。則天日剛明。可以變積陰之沴。朝廷肅正。可以杜群枉之萌。

歷代名臣奏議卷之三百一

災祥

宋神宗熙寧元年翰林學士呂公著請因淫雨地震疏曰臣伏見夏秋之交淫雨爲沴廼甲申地震京師天威不遠譴告甚明此誠陛下抑畏修省之時也臣竊考自昔人君每有變異或因恐懼而致福或以簡誣而致敗蓋古之王者知禍福無不自己故側身修行以求消復則天之應也敏若影響此所謂恐懼以致福者也至於後世乃以爲天地災眚皆有常數或專修外事或歸過於下則是坐視天災無復自飭此所謂簡誣以致敗者也恭惟陛下以聖德在位將興太平然而災害重仍殆有以警懼陛下臣愚以爲必須歷考庶事正所未正則災可轉而爲福書曰惟德動天無遠弗屆言至誠之道修於己則足以感神人也又曰天聰明自我民聰明君能感人然後可以動天也蓋人之情僞最爲難知上雖以至誠待下猶恐有不應者是以古之王者臨朝接物莫不以此爲大務故衆多之臣皆思盡誠以應之而不敢挾機以事其君國耳忘家公耳忘身上下如一至誠無間如此而天意弗豫變異不消者未之有也在易之咸曰君子以虛受人夫衆人之言不一而至當之論難見君子者能不自用而欲令天下之公議猶恐未能盡天下之善也然而論議者固有其言不正而可喜其理似是而實非者不幸而先入之則後雖有至當之論亦難於必受也是以古之王者去偏聽獨任之弊而不主先入之語故能慮無遺策而不爲邪說所亂昔顏淵問爲邦孔子曰遠佞人蓋佞人之在君側也先意承旨惟恐不合於君則其勢必久而愈親賢者之在君側也直言正行惟恐不合於義則其勢必久而愈疎此孔子所以欲遠之書曰常厥德保厥位厥德靡常九有以亡言天子者臣下所

稟令不常其德則人無所錯手足是以古之王者思爲可久之德而事不輕發方其令之未出也無所不謹則令之既出也無所不行書曰三載考績三考黜陟幽明夫以堯舜之聰明其於群臣之能否必至於三考九載而後黜之者蓋以知人至難而功用復不可遽見若徒以一事之得失一人之毀譽不待乎久不究其他固以定臣之賢不肖而進退之則所褒未必盡當所褒未當則復有更易更易既多則人懷苟且之心而世無安治之實矣昔商宗遭鼎雉之異而祖己訓諸王曰惟先格王正厥事蓋災變之來固不虛發而天意所指豈亦難知惟王者能因事修飭以答明戒則精祲之交變有不違然自漢儒以來言災異者殆穿鑿經意附會時政人君若聽其所言專備一事則非災變所爲起則得不違天心乎臣是以竊慕祖己之義不敢爲漢臣之說伏望陛下留聖意未行者勉而行之既行者勉而終之則天下幸甚

八年公著提舉太乙宮論彗星疏曰臣伏覩今月十三日詔書許中外臣寮言朝政闕失者臣世受國厚恩陛下涖政之初首被選擢自外藩召入給事左右日以口陳手奏屢進愚忠頗蒙採納今雖蹤跡疏外其於愛君憂國惓惓之心未嘗敢忘伏見陛下祗畏天戒焦勞懇惻實天下幸甚臣聞晏子曰天之有彗以除穢也考之傳記皆爲除舊布新之象蓋皇天動威固不虛發意者陛下之仁恩德澤猶未有於天下而政令施設所以厲民者衆乎何其譴告之明也陛下既有恐懼修省之言必當有除穢布新之實然後可以應天動民消伏變異伏惟陛下留神幸察臣竊觀陛下自即位以來早朝晏罷勵精庶務其規模蓋已遠矣固將致堯舜三代之治以光太祖之業豈特區區守文之主哉然臨朝願治爲日已久在廷之士且衆庶而不

和。中立敢言者惟讒而放逐。阿諛附勢者引類而升進。其外則郡縣煩擾。民不安業。畎畝愁歎。上干和氣。携老挈幼流離道路。官倉庫廩。所在闕乏。又無以廣賑濟。至於骨肉相食。轉死於溝壑者多矣。上下相蒙。左右前後莫敢正言者。陛下有欲治之心。而無致治之實者。何哉。殆任事之臣負陛下之高志也。何以言之。邪正賢不肖盖素定也。今則不然。前日舉之以為天下之至賢。後日逐之以為天下之極惡。前後紛紛。玷黷聖慮者盖不一矣。其於人才既反覆而不常。則於政事亦乖戾而不審。斷可知也。陛下獨不察乎。況如一二人者。方其未進用之前。天下固知其姦邪小人也。但取其一時附會。故極力推進。此所以終累陛下則哲之明者也。自昔人君委任而責成者盖有之矣。如齊之桓公是也。為其勞於求賢。而逸於任使也。今則不然。水旱不時。人民困乏。則無以分陛下焦勞。戎狄桀驁。疆場有事。則陛下不免於旰食。又況加之以天變地震之異乎。未見陛下任人之得也。古之為政而初不順於民者亦有之矣。鄭之子産是也。子産之為政也。一年而輿人誦之曰。孰殺子産。吾其與之。三年又誦之曰。子産而死。誰其嗣之。今陛下垂拱仰成。七年于茲矣。輿人之誦。亦未異於七年之前也。陛下雖慮亦及此。而終未惕然者。殆左右之臣蒙蔽陛下。使天下之事不得聞也。臣伏思陛下自即尊位以來。上奉兩宮。仁孝篤至。下逮諸王。累朝貴主。無不極於恩禮。春秋方富。而無聲色之過。孝友恭儉。發自天性。宮中之事。人無閒言。而德澤獨不被於民者何哉。臣聞安危在出令。治亂在所任。故皋陶戒舜曰。在知人。在安民。願陛下以知人安民為先。除舊布新以答天戒。則轉災為福。不旋踵而應矣。臣昨者朝廷嘗蒙訪逮。當時議者謂祖宗制度不可少變。朝廷用人必循資級。臣固曰不然。何則。興滯補弊者。乃人主之先務。任賢使

能。亦不宜專較歲月。但一出於至公。當則可爾。臣今所言。亦非謂今日法令皆不可行也。陛下誠能開廣聰明。延納正直。公聽並盡天下之議。事之善者固當存之。其未善者則當損之。苟為非便。不為已行而憚改。言有可取。不以異議而見廢。如此則不勞陛下神明。不驚眾人耳目。而庶事條理。百姓安定。然後可以足兵食。禦外侮矣。臣伏自去國六年。未嘗有一言仰達聖聰。至於私居接人。亦未嘗輕議時政。今日所以輒進愚悃者。誠恐陛下不於此時感悟。則後日雖欲改為。非奇謀高策亦未易為也

程頤代呂公著應詔疏曰。伏覩今月十三日詔勑。以彗出東方。許中外臣寮直言朝廷闕失。臣自言事得罪。久去朝廷。無所補報。逕就閑冗。尚敢區區以言自進者。誠見陛下寅畏天命。有恐懼修省之意。草萊之人。尚思效其忠懇。況臣世荷國恩。久叅侍從。雖罪釁之餘。敢不竭其愚誠以應明詔。臣伏覩前史所載。彗之為變多矣。鮮有無其應者。盖上天之意。非徒然也。今陛下既有警畏之心。當思消弭之道。且以今日之變。孰為而來。書曰。天視自我民視。天聽自我民聽。豈非政之所致歟。如曰非政之由。則絲為誣矣。臣復何言。詔之所求。亦為虛設。若以為政之所致。則改以順天。在陛下而已。晏子所謂可祝而來。亦可禳而去也。傳曰。天之有彗。以除穢也。又曰。所以除舊布新。臣願陛下祗若天戒。思當除者何事。而當新者何道。如曰舊政既善。無所可除。則天為誣矣。臣復何言。若以為當求自新。則在陛下思之而已。自非大無道之世。何嘗不遇災而懼。然而能自新者盖寡。大率蔽於所欲。惑於所任。明不足以自辨也。視是而為非。以邪而為正。敗亡至而不寤。天亦不能戒也。豈其惡存而好亡。惽治而喜亂哉。亦惑而不能辨爾。臣以為辨之非艱。顧不得其道也。誠能省已之存心。考已之

任人。察己之為政。思己之自處。然後質之人言。何惑之不可辨哉。能辨其惑。則知所以應天自新之道矣。臣請為陛下辨之。所謂察己之存心者。人君因億兆以為尊。其撫之治之之道。當盡其至誠惻怛之心。視之如傷。動敢不慎。兢兢然惟懼一政之不順於天。一事之不合於理。如此。王者之公心也。若乃恃所據之勢。肆求欲之心。以嚴法令舉條綱為可喜。以富國家强兵甲為自得。銳於作為。快於自任。貪惑至於如此。迷錯豈能自知。若是者。以天下徇其私欲者也。勤身勞力。適足以致貪敗。夙興夜寐。適足以招後悔。以是心而致善治者。未之聞也。願陛下內省於心。有近於是者乎。苟有之。則天之所戒也。當改而自新者也。所謂考己之任人者。謂夫王者之取人。以天下之公而不以己。求其見正而不求其從欲。逆心者求諸道。巽志者察其非。而致敬焉。懼或失也。此王者任人之公也。若乃喜同而惡異。偏信以害

明。謂彼所言者吾之所大欲也。悅而望之。信而惑之。至於甚惡而不察。恣欺而不悟。推是而往。鹿可以為馬矣。願陛下考己之任人。有近於是者乎。苟有之。則天之所戒也。當改而自新者也。方陛下思治之初。未有所偏主。好惡取舍。一以公議。天下謂之賢。陛下從而賢之者衆矣。進之於朝亦多矣。及乎既有為也。皆以不合而去之。更用後來之人。皆昔未嘗以為賢者也。然後議論無違。始之所賢者皆愚。始之未嘗賢者皆賢。此為天下之公乎。已意之私乎。自論議無違之後。逆耳拂心之言亦罕聞矣。夫以居至尊之位。負出世之資。而不聞拂逆之言。可懼之大者也。知人之難。雖至明不能無失。然至於朝食則為不世之賢。暮除則有無窮之罪。顛錯亦已甚矣。在任人之道。當改亦明矣。所謂察己之為政者。為政之道。以順民心為本。以厚民生為本。以安而不擾為本。陛下以今日之事。方於即位之初。民心為歡悅乎。為愁怨乎。民生為阜足乎。為窮困乎。政令為安之乎。為擾之乎。億兆之口。非不能言也。顧恐察之不審爾。苟有不察。則天之所戒也。當改而自新者也。所謂思己之自處者。聖人謂亡者保其存者也。亂者有其治者也。陛下必不以斯言為妄。自古以來。倘嘗有以危亡為憂而至危亡者乎。惟其自謂治安而危亡卒至者則多矣。不識陛下平日自處。以天下為如何。聖心所自知也。苟有憂危恐懼之心。常慮所任者非其人。所由者非其道。唯恐不聞天下之言。如此。則聖王保天下之心也。上帝其鑒之矣。或以為已安且治。所任者當矣。所為者至矣。天下之言不足恤矣。如此。則天之所戒也。當改而自新者也。所謂質之人言者。當有其方。欲詢之於衆人乎。衆人之言可使同也。欲訪之下民乎。下民之言亦可為也。察之以一人之心。而蔽之以衆人之智。其可勝乎。是不足以辨惑。而足以固其蔽爾。臣以為在外一二老臣。

事先朝數十年。久當大任。天下共知其非欺妄人也。知其非覆敗邦家者也。臣願陛下禮而問之。宜可信也。及天下所謂賢人君子。陛下聞之於有為之前。而不在今日利害之間者。亦可訪也。以是數者參攷之。則所當改者何事。所當新者何道。固可見矣。天下之人一聞詔音。莫不鼓舞相慶。謂陛下必能上應天心。召迎和氣。臣以為唯至誠可以動天。在陛下誠意而已。昔在商王中宗之時。有桑穀之祥。高宗之時。有雊雉之異。二王以為懼而修政。遂致王道復興。皆為商宗。百世之下。頌其聖明。近世已來。引咎之詔。自新之言。亦常有之。儻人君不由於至誠。則天下徒以為虛語。其能感天心。弭災變乎。臣願陛下因此天戒。奮然改為。思商宗之休實。鑑後代之虛飾。不獨消復災沴於今日。將永保丕基於無窮。天下幸甚。

熙寧元年。殿中侍御史裏行錢顗上奏曰。臣伏以今月甲申至辛卯

京師連日地震者五。竊觀人事以考變異。皆陰盛陽微之象也。故易傳曰。凡災異所生。各以其政。變之則除。消之亦除。古之王者。或因天地譴告。則必責躬修德。祇畏兢懼。思所以致之之咎。務所以改之之理。日新庶政。以答天變。故詩曰。惟此文王。小心翼翼。昭事上帝。聿懷多福。此之謂矣。臣竊思國家以來。災變不一。日月薄食。星辰陵犯。天雨毛。雹害稼。始則蝗旱作孽。終則秋霖爲沴。河北諸郡。大河決潰。地復震裂。廬舍摧塌。人民墊溺。以萬數。其餘百川涌溢。天下被水患者。十有五六。殊可駭愕。雖春秋所記災異。未有若此之甚也。陛下臨御未久。精心萬機。以至德深仁。愛育元元。躬有日昃之勞。而無暇豫之樂。然猶嘉氣尚凝。陰陽繆戾。豈廟堂之燮理有非其人乎。天下郡縣。刑獄有所冤濫者乎。深宮之中。女謁有過盛者乎。左右近習有竊弄威權者乎。三陲蠻夷兵革有所陰謀者乎。中外羣臣有潛懷不順

者乎。讒人昌而下情有不通者乎。土木盛而興不急之役者乎。號令數易。而賞罰有所不當者乎。賦役重困。而民心有所愁嘆者乎。水災地震。二者應驗尤急。豈非陰盛陽微之極也。伏望陛下深思遠慮。以杜未萌。陛下無謂堯湯水旱爲天數也。日月之食爲三辰之行也。彼箕子之陳洪範。劉向之傳五行。皆非空言也。要在應之以誠。感之以德。宋景公小國之諸侯爾。有不忍移過之言。熒惑爲之退舍。況陛下之聖明。其肯忽之哉。臣願陛下詢求至言。矯革前弊。密推至誠。以應天變。何災之不除。何福之不至也。臣叨居言職。不敢緘默。

翰林學士鄭獬上奏曰。去歲自京師而至于海隅。地皆震。今歲自京師而北至于朔方。又大震。迄今不已。城郭陷入地。民廬悉摧仆。長河決溢。灌深冀間。蓋豈細故哉。地震者陰盛而迫於陽。其發必有所肇而不爲虛應。考之古而驗于今。似可究其涯略。漢和帝永元二年。郡國十三震。說者謂竇太后由房闥而制天下。今二宮非竇氏之比。則不爲宮闥發也。建光元年。郡國三十五震。或地拆裂壞城郭。說者謂中常侍江京樊豐擅天子權。今內省非江京樊豐之比。則不爲寺人發也。晉元帝太興元年震。說者謂王敦擁兵陵上。哀帝興寧二年震。說者謂桓溫跋扈顓朝。今大臣非王敦桓溫之比。則不爲執政者發也。是數者無所當。則殆將有兵禍乎。光武時。郡國四十二震。而武溪蠻反。晉成帝時。豫州震而蘇峻亂。近者仁宗時。忻代間大震。而元昊不庭。用此以較之。則非兵而何。臣之所憂。不在河北而在陝西。何者。河北雖被災。而南方大稔。流離之民。相挈而南。亦可就穀。此惟煩朝廷戒敕所在。務爲存恤。不令餓死於草莽。則無慮矣。至於陝西則自城綏以來。至今兩議不決。首尾一年。凡自京師所餉緡金。已費四百萬。至於發卒乘器甲轉芻糧。雜出於民者。尚不在此數。即不知國家

以四百萬緡金而與羌人爭何事耶。雖得一綏州。而所費如此。其利害亦槩可見矣。事不早決。倘止於此。則將見國力殫于內。民財屈於外。怨讟並起。姦人搖之。其將柰何。此不可不深慮也。如聞羌人率其螻蟻之衆。窺我境上。料其裹糧畜牧。必未能久駐。殆將遁矣。然而數出兵而無所攻取者。此所以困我。彼來則我不可不應。兵師既發。糧芻既集。彼復解而去。異時則又來。使我奔走爲備之不暇。此正墮其術內也。則朝廷亦宜破其姦謀。以靜自守。不爲之動。彼無所得而退。我無所失而守。若是者。彼來雖數。而我備有餘也。夫世之治久而之亂。不過百年。世之亂久而之治。亦不過百年。此大勢也。本朝自藝祖平定四方已來。將百年矣。治亂之際。正在陛下。臣以爲治今之難。難於祖宗之時。何則。自安史之亂。至於五代之末。四方之强諸侯已該。其立者。皆孱子弱孫。勢與數俱窮。故太祖太宗一起而掃刈之。若去

昔草昧易於力也至于真宗仁宗之初民已離兵革喜見太平故收功報成垂拱而天下治亦其易也今陛下非開基之日過已盛之時萬事浸以衰弊此所以難於為力而甚於祖宗之時也則豈得不深思遠慮講求所以致治之術乃欲以玩夷狄取武功苟有差跌則遂成衰亂之勢可不慎哉如羌人引衆而適則陛下斷之正論早與通好涵養生靈俾之安處則天災自息雖曰有震搖亦不能以勝我矣

宰相富弼上奏曰臣伏見近歲以來災異頻數天文變於上地理震於下人情恐懼物論紛紜臣被詔至都復用為相雖家給假治疾未遑朝見而坐於私室如在冰淵況蒙累遣使臣促令陛對驚惶隕越寢食不安然偶於災異之間或聞有說者不近正道臣甚憂之此侫入見日面具開陳又恐差緩蓋救患不可不急施惠不可後時臣夙夜揣摩事無大於此者今遽以狂瞽上瀆冕旒切望聖慈更賜裁擇

伏聞陛下自始即位躬親萬機每有災變形于色孜孜詢訪以求闕失此真得修講朝政答謝天譴之道也然臣竊知累有人奏請凡百災變皆繫時數不由人事者不知有之乎若誠有之此乃姦人諂佞之說上惑聖聰臣所謂不近正道者也陛下明睿英哲必不信納又慮姦人口才捷給飾以甘辭致陛下或時信之信則弭災救患答謝天譴之意有時而怠怠則虧陛下之德損陛下之政不為宗社生民之福無甚於此焉臣上所云天變地震此天下皆知之皆見之大可懼者也昔仲尼作春秋不書祥瑞而獨書災異者蓋欲以警戒人君使恐懼修德以應天地之變不聞以災異歸之於時數也至西漢董仲舒傳仲尼春秋之學對武帝策曰臣觀天人相與之際甚可畏也國家將有失道之敗天乃出災害以譴告之不知自省又出怪異以警懼之尚不知變而傷敗乃至董仲舒為西漢群儒之首所陳災異請盡由朝政而致豈虛語哉亦不聞以災害怪異歸之於時數也夫上天之變幽眇高邈下民或有不見而不知者若數路地震之異河北特甚則人皆見之而親被其害不可悔也因而人民流散捨棄墳墓骨肉而適他土去如鳥獸茫茫不知所止饑凍病疾死於道路者不少甚可痛惜也孟子對梁惠王曰塗有餓莩而不知發人死則曰非我也歲也是何異於刺人而殺之曰非我也兵也王無罪歲斯天下之民至焉孟子獨得聖人之道為最深而勸梁惠王專尚仁政不可罪歲是亦足以為後世法陛下宜深信而行之可以回災異為嘉祥變禍患為純嘏致宗社生民之福豈有窮也其姦人厭德損政諂佞不正之語必不可令眩惑於其間也又臣少時讀書頗嘗探尋天人之理竊怪有唐韓愈柳宗元劉禹錫三子談天皆不得其要臣今試陳其梗槩夫太極既判遂生兩儀形而上者曰天形而下者曰

地天地之間蓋載者曰萬物萬物至衆不出乎動與植而已植物不靈不能有所運用造作惟動物惟有命比植物為靈然亦不能為善惡知喜怒獨夫人又動而有靈者也可以為善可以為惡者是人自為者也自為善自為惡者皆小為天地亦隨而應之以禍以福故書曰作善降之百祥作不善降之百殃易曰作善之家必有餘慶作不善之家必有餘殃蓋祥與殃祇及其人與家者也夫所謂可以喜可以怒者非人之喜怒也天下人之喜怒天下人之喜怒實繫乎帝王之所為而然也帝王所為之政和則天下人喜人喜則其心亦和和氣既生充于上下天地自然以和氣應之天地氣和則陰陽順百穀成衣食自豐夭橫不作故民躋富壽常懷樂康雖欲使之為亂而叛去必不可得也若帝王之政不和則天下之人不喜不喜則悲愁怨怒心亦不和不和之氣既生天地自然以不和之氣應之天地之

氣不和則陰陽不順百穀不成衣食不豐夭橫並作故民皆窮困離散父母兄弟妻子不能相保其不思為亂而叛去者未之有也天下之喜怒所以能感動天地致禍於國家如此之可必者何也本緣天地萬物通是一氣所生無有纖間惟是氣之清者為天氣之濁者為地清濁之餘氣散於天地之間是為萬物萬物之最靈者為人以此觀之天地萬物同為一類則最靈之人豈不能以衆善衆怒之氣感動天地而致福致禍於國家者乎是故先聖以萬物中獨以人配天地謂之三才是知人者與天地本同而末異體均而氣通不可輕視虛用之也為帝王者宜先以仁政調和人心使之安樂自固而不叛去以為國家永永之福捨此而望天地順成天下無事決不可得也尚書洪範九疇八曰庶徵謂人君行肅乂哲謀聖五善道則雨暘燠寒風五氣時而為其休證乃百穀用成俊民用章家用平康也人君

行狂僭豫急蒙五惡道則雨暘燠寒風五氣常而為其咎證乃百穀用不成俊民用微家用不寧也夫雨暘燠寒風雖先後說之實則一也然而可以為休可以為咎者只繫乎人君為善為惡而遂分也洪範者二帝三王所行之常道也後之君人者常信而師尚之不可謂陳迹不信用也信之則為福不信則為禍書又曰天視自我民視天聽自我民聽又曰天聰明自我民聰明天明畏自我民明威夫天本無心無耳目亦無喜怒愛威作書者假視聽聰明以為之說故易曰聖人以神道設教者是也其實只緣天地人本是一氣善惡動靜必然相應合若符契間不容髮無謂天人形體隔絕至遠便謂兩不相干而不以為信也氣既相貫氣動則應人有喜怒天應如響亦猶冬至一陽生夏至一陰生其氣眇然人不可得而見惟以葭灰驗之無不刻期以應天下人喜怒之氣能感動天地之氣亦皆刻期而應也是

故治天下者宜以仁政悅民心和民氣使其氣自通於天地日星山澤又皆有神靈主之則必能黙祐君人者所為善惡及人之善惡助其自然之氣降福降禍豈不尤甚耶豈不尤可懼耶以此益見天地災變不可盡歸之於時數而不修人事以應之然可以歸之時數者故時亦有焉獨堯水湯旱是也夫堯湯之為君必不使人心有不和之氣以感動天地而致其水旱也蓋堯湯大聖人其佐亦賢上下協心戮力無一夫不獲無一物失所故其水旱不得已可以歸之於時數也然雖有水旱之災而不聞有重役橫斂勞民驚衆之事亦不聞有流移播散凍餒死亡於道之人惟聞常有九年之蓄民無菜色而天下奉堯湯亦如無水旱之時愛之如父母敬之如神明人心熙熙和氣不減乃是雖遭水旱而民不被其害國不憂其危也自秦漢以降則不然凡有災變恠異皆由時君世主不能舉直錯枉用賢退

不肖復有不能行善道施仁政悅民心和民氣此其以人事致天地災異必然之理也必不可歸之於時數也災異既作又不能恐懼修省行消復之道坐視蒼生赤子弃墳墓離鄉土父母妻子兄弟奔逃播徙不能相保守往往君自君臣自臣民自民不相為恤而不加救拯民既如此被其害而不悲愁怨怒以思為亂者鮮矣民既怨怒思亂而國不危者又鮮矣彼既上下乖戾不能同心協力以致災變害民而危亡其國乃妄欲比堯湯水旱以己之所致災異歸於時數是欺天欺民之甚也胡可信耶天地者至大至厚至靜不可動搖之物也古今固亦有震動之時隨其所震大小遠近必災患以應之然未嘗聞數路皆震也震且不一有日或十數震者也又不一日而止有至今踰半年尚震而未止者也是豈不為大災害耶大恠異耶此陛下正當窮究致震之由推至誠行至德思所以厭塞其變以謝天之

諫告焉不然則恐董仲舒所謂傷敗乃至者必將不能免也陛下即位未久而天下但聞聖德勤儉恭孝不聞有過此變非由陛下而致然陛下若不爲祖宗任其事則天地之變誰復可以任之哉陛下既任其事則固宜兢兢業業夙夜憂勤登用正人興行正道思與天地合其德而濟之以不懈使天下皆知陛下恐懼修省視民如傷悅其心和其氣則天地之氣亦和而應之苟如此何患災異之不息人民之不安乎其姦人謀身害國罪在殺無赦其所說願陛下絕之不復留於心術而稍有所惑其爲宗社之福非家之慶必不出乎此也若陛下萬一惑其所說以災異歸於時數而聖懷坦然不以爲懼有司之不職者不加擇政事之不平者不加治萬民窮困失所者不加䘏天下人心必益愁怨而不喜則陰陽之氣何由而和天地之變何由而息也大凡姦佞之人阿諛巧詐善移人主之意其說雖目前可喜而終無益於世其大指已達者不過欲持身固祿未達者不過欲希進厚己而都不以生靈禍福國家安危爲念也是可謂大忍人也大姦邪也夫違天賊民背公弃理臣故曰罪在殺者也此須陛下詳觀其語熟察其意復以其人前後所爲而參考之則邪正自見必不能逃聖鑒矣臣蒙陛下召作宰相以疾尚未能一對天表而不避忤犯輒敢懇懇如此之切者何哉蓋觀今災變不與常等實恐姦人以脂韋善柔之說移陛下憂勞之志安陛下克責之心而致陛下不專心於救患䘏災以悞陛下至大之事也惟聖慈深賜裁察非臣之幸乃天下之幸宗廟社稷之幸

二年弼又上奏曰臣於今月一日率百寮拜第二表上陛下尊號及請聽樂今日早蒙降第二批答所上尊號不允已斷來章在庭數千人無不相顧釋歎謂古之帝王雖甚盛德者無以過之陛下即位未久萬方歌頌者不可勝道今又作此一事人益悅服苟義利之德相繼不絕自中及外由士大夫以至黔庶轉相告報則何憂乎天地災變不息臣審而極欣抃賀陛下非常之美也然聽樂批答不許而未有斷章指揮臣切慮聖慈未欲遽拂群情更容上一二表而止又慮陛下肯服除常典不得已且從衆請此臣所以更竭愚管切有所陳也初二日臣與曾公亮已下共聞宣諭以久旱未雨尚欲避殿自責臣退而慚惕無地容身然臣雖萬千其數憂懼以及於死終不若陛下一人內發至誠側身修省則立可以感動上下神祇也昔周成王不知周公之聖天大雷電以風拔木偃禾王悟出郊即時天雨反風歲則大熟宋景公時熒惑守心公有三善辭熒惑亦即時退度是知人君修德消變天應如響只恐誠意有所未至耳伏自去秋以來災變特異人情恐駭于今不寧在於尋常譴告尚須損膳徹樂豈於今來反欲於降聖節日令百寮稱觴上壽而有聽樂作歡之理哉聖意以北使在館且欲循用常禮臣謂當此之際正是陛下以中國之大天子之尊推行至德以彰示夷狄之時也臣見仁廟康定元年日食正旦在日者之說最爲不祥臣時作諫官曾上章乞避殿撤樂以應天變其賀正北使只令就館宴設而參知政事宋庠力勸仁宗未納臣議臣別日面奏云北朝廷已卻遣人使虜恐虜庭舉行此禮則大爲中國之羞也久之奉使者回果云是日虜主傳宣日蝕皇帝不聽樂只令就館宴南使仁宗思臣前奏深以爲悔然事已不及矣今來聽樂之請伏望陛下亦如尊號拒而不從并聖節上壽亦乞權罷則上可以答復天譴下可以慰悅人望陛下至誠至德孰曰不能感動天地亦所以使夷狄知中國天子所爲與尋常相遠萬萬也

弼又上奏曰臣今日與曾公亮以下議於十五日拜表陛下御正殿

聽樂復膳。此實臣子之至意也。臣等不可不請。陛下不可不從。然竊覩陛下近日戒懼。謙損深自刻責。雖古之聖帝明王無以過此。陛下答上天不可謂不至。上天報應陛下不可謂不速矣。避殿減膳徹樂此三大事。誠合典禮。然陛下濬發之至。惟於誕日特罷稱觴。最為至切者。蓋此事諂佞易為進說。上下易為取惑。而陛下聰哲英悟。斷然不疑。促降詔書。即日宣布。獨此一事所以遂能感動天地。當日得雨。幽靈降格。如在目前。聖意天心。合如影響。人情欣悅。和氣頓生。列今戎使目覩中國異事。尤為陛下非常之慶也。然臣之極為喜者又甚於此。何哉。緣累年災變實為至多。地震朔方益可驚駭。時覽奏報至今未已。天有常道。必不虛發。臣大為朝廷憂之。今陛下一發至誠。行所難行之事。上天立有報答。明白卓越。昭示天下。迺知天意尊尊未厭宋德。更俟陛下恐懼修省常若不及。遠離奸佞。親近忠良。恭畏上天。始終不改。即災異可弭而太平可致也。此臣所以為極喜又甚者也。伏願陛下未以今日雨澤為喜。當以累年災變為懼。兢兢業業。日謹一日。凡百舉動當為義理之所存。對接上天近若咫尺。祇畏惕厲。夙夜無怠。如誕日甘澤之應者。自此必常有焉。苟異於斯。漸生逸豫。則天意人事實未可知。蓋修德致雨其速如此。萬一於德有損。其災應豈有緩耶。惟陛下念之不忘。適天下之幸也。今上表所請。或令再三而允。所貴始末相應也。

弼又上奏曰。臣於今月十四日因具劄子奏。欲上表請陛下聽樂復膳。還御正寢。因進愚慮乞陛下未以今日感應為喜。而當以累年災變為懼。益脩聖德。以答天意。十五日晚。夜漏上後。伏蒙陛下特賜內降一封。親灑宸翰。密布淵旨。捧讀之次。驚喜交極。其略曰。置之枕席。銘諸肺腑。終老是戒。夫狂瞽之見。何足當聖意如此之厚。昔漢文帝

集上書囊為殿帷。唐明皇寫無逸圖置於內殿。憲宗以自古君臣善惡事迹畫於屏風。施諸便殿。臣校之今日陛下過於三主遠甚。何也。上書囊乃天下議論所聚。無逸篇乃周公之辭。屏風畫君臣事迹廼古先衆戒所聚。今陛下只以臣一妄庸人所說而遽已置之枕席。是所謂市骨始隗之意。若果有真賢出而為朝廷謀謨天下之事。則陛下待之將如何耶。臣故曰。陛下過三主遠甚者此也。又曰。更須允不替今日之志。則天災不難弭。太平可立俟也。此臣尤所惕懼戰汗達旦不寐。終日不食。臣本何人。徒荷陛下誤聽。將以大病。臣前在政府。氣壯志銳。尚何所補。今者耳病。氣志凋耗。陛下復何望焉。然臣不敢不勉。惟曰力疾少副陛下所以用之之意。第恐才業空疏。尚不能逐目前之務。況營致治乎。又況弭天災。立太平乎。惟是圖報之心。死而後已。豈有替於今日哉。然臣向者已嘗為陛下粗陳其一二。臣只能舉朝廷得失告諸陛下而止矣。必欲變禍為福。反災為祥。須在陛下信納主張而力行。修至德而盡至誠。則方能感動天地。招來善應。書曰。皇天無親。惟德是輔。民心無常。惟惠之懷。又曰。民罔常懷。懷于有仁。鬼神無常享。享于克誠。陛下上事天。下安民。修至德。推至誠。此皆必然日行之事。未可斯須而離也。離之則弭天災致太平也遠矣。又不必於遠。董仲舒所謂天出災害而不知省。出怪異而不知變。傷敗迺至者。臣恐必將有焉。更望陛下憂勤萬幾。夙夜不懈。皇天鑒于上。生民應於下。則陛下可眞枕而卧。垂衣而治矣。犬馬之懇。筆舌難盡。

八年。弼為使相致仕。應詔論彗星疏曰。臣伏念向緣衰疾。加之年已及耄。不能奔走職事。遂求致政。伏蒙聖慈俯從愚懇。退處衡茅之下。杜門自守。屏絕私務。朝夕待盡而已。近日忽聞特宣大赦。出於非常。

又聞別降手詔許中外臣寮直言朝政闕失洛城士庶歡呼鼓舞盈乎道路聲徹幽遠推是而往則天下之人無不感動矣臣伏覽赦詔二文始以彗星東出昭示譴告陛下仰觀天變恐懼疚懷濬發德音恩霈寰海臣固知一出聖斷必無左右之助也臣再詳陛下手詔乃陛下親筆非學士所作以天一比年災異如山摧地震旱蝗之類前後包括一一歸咎於己辭旨哀痛深切明白忠義之士讀之莫不感泣而又避正殿減常膳設齋醮罷侍御前代帝王禳災罪己之法陛下盡行之矣所以上天降鑒知陛下發於至誠故星變不旋踵而滅臣溫衣飽食坐享安佚災禍之至殊無干及一見聖詔驟發即日感動天地譴異消伏速如影響臣尚能踴躍欣蹈不知紀極彼天下之人身被災害家罹荼毒流落破散不能相保者其為歡喜感戴當何如也人心既喜和氣充塞則天意不得不早回天災不得不

遄息此理固然也臣竊知去年久旱陛下曾降手詔許臣寮上封論事人方喜悅自候朝廷施設而不知何人者上累聖德遂成反汗於是天下大失所望臣近於三月中仰荅聖問略曾引及今天變益大詔命益切陛下萬必不復蹈前車之誤況云朝政闕失朕將虛心以改此足見聖意畏天愛民其已至矣然臣竊聞外議皆云天下弊病甚眾官家多應不知人人咸願條列達于天聽冀幸有所剗革還已大發聖詔許其開陳忠憤者必能不避誅戮仰竭肝膽悉以上聞也臣願陛下盡取群奏不遺疏賤萬幾之暇一一親閱擇其衆說所合者斷在不惑力賜施行踐虛心以改之辭應天文尤大之變使澤及普率慈若置郵則人心悅天道順天人相應豈致和平國家享無疆之休者正在此時也豈復有災眚出見而上駭聖慮哉萬一姦詐互入寖聽少惑俾夫忠告為妄說恩詔為空文利澤不出於上人心復愁于下則天將曰是以虛辭答我逆無實效必回今日之喜為異日之怒災變之作當又甚於前日之彗者矣但以近事證之此乃必然之理非臣輒敢狂率也惟望陛下深賜裁察為宗廟社稷生靈之計不勝天下大幸

弼又上奏曰臣未致仕前雖有舊病筋力粗可驅策尚不能從官今致仕已數年衰老益甚退伏草野未嘗與人相接榮辱禍福都不干預而輒敢以狂瞽之說妄陳天聽者實見陛下仰觀星變恐懼修省若不自容也又聞天下生民窮困已甚無所伸訴恐成嘯聚為腹心之患也亦慮手詔或致中廢天譴未息則後來別生災害也臣所以不顧身之老病而強作此奏庶幾有所補助而報陛下大恩之萬一也緣臣閑居終日與野老相見民間弊病盈塞耳目皆是實事然所說者尚未盡一二伏乞聖慈略賜省覽而少留聖意焉臣又輒敢煩

陛下親閱群奏者若委臣寮置局必恐不能上體聖意憂勞之切群奏中利害有所不盡亦恐所委臣寮更存顧望尚或隱蔽或陳巧說妄有沮難則誤聖君畏天愛民不吝改悔之意也臣固無他腸所憂者如此惟望陛下特賜矜察幸甚

熙寧二年右正言供諫職孫覺上奏曰臣竊見朝廷自今歲以來西方有年大河北流二邊不警上下驩焉相慶以為陛下側躬修德任賢去邪興滯補弊於萬事之先故上天報之以德而動如聖意發祥薦祉皇子挺生此固宗社無窮之休朝廷莫大之福然臣竊聞楚莊王天不見妖地不出孽則禱於山川曰天其忘余歟此能求過於天安不忘危故能成霸功臣觀朝廷之上未可謂皆賢四方幽隱未可謂無事號令施為未可謂盡當北狄西羌未可謂受賜鰥寡孤獨未可謂有養陛下中天地而立盡有四海之廣治教政刑粗略如此天

之報。既乃如拯治之時。此豈所謂飢者易為食、渴者易為飲歟。人情既爾。天意亦猶是耶。恐諂諛之人。進容悅之論。淺聞之士。伐太平之功。陛下如信而矜之。則臣憂天幸不可以為常。禍故多藏於隱微。而發於人之所忽也。伏願陛下安不忘危。存不忘亡。日新盛德。而勤儉過於平時。損宴游。畫浮費。不迩聲色。不殖貨利。若楚莊無災以為戒懼。垂法後嗣。傳之無窮。則華夷蠻貊、草木昆蟲。莫不幸甚。

昭文相曾公亮上奏曰。臣准降到建州崇安縣草澤楊緯進狀。稱今年三月。所居之西空中有黄龍蜿蜒於晦冥之間。於其下獲一瑞木。厥狀猶龍。至七月風雨晦冥如初。復有飛龍騰驤。見木龍之尾翼連足在焉。畫到圖一面。乞宣取。奉聖旨。下指揮福建轉運使令指揮建州。於楊緯本家取索上件所陳木龍看驗。若實非偽造。如所圖樣。即差齎擎赴闕進呈。並圖樣降下。臣等竊詳南方山木偶類鳥獸狀者

頗多。不足以異。伏覩真宗至道三年詔書節文。以刑清俗阜為嘉祥。以歲稔時和為上瑞。至於毛羽表異、草木效靈。豈涼德之所堪。亦前聖之不取。諸州今後不得以珍禽奇獸及諸瑞物等來獻。又覩仁宗慶曆四年詔曰。諸珍禽奇獸及諸瑞物等。不得進獻。臣等欲望踐行累詔。更不宣取。

知華州呂大防上奏曰。臣今月某日中使馮宗道至。伏奉聖旨。令臣照管山摧處見存人戶。以次存恤施行。次第開奏訖。臣累日以來。伏思聖慮深遠。憂及遠民。以致疲病矜寡。皆有恩意。雖堯舜用心。宜不過此。然臣之愚忠有私憂者三。過計者一。輒敢條列如左。

一。山變之地。當谷起嶺。山高者五十餘步。臣謹按十月之詩曰。燁燁震電。不寧不令。百川沸騰。山冢崒崩。高岸為谷。深谷為陵。哀今之人。胡憯莫懲。水之為患。至於懷襄。而山之傾摧。固亦其理然。詩人猶以為大變。哀其時人不懲其禍。今不震電而驚。不因水而摧。不圮於其下。而徙之於遠。岸之高者不止於為谷。谷之深者不止於為陵。方之詩人所紀。尤為奇怪。唐世亦有新豐赤水山阜移涌之變。方武氏悖亂。固不足論。方今聖治日新。厲精庶政。災沴之作。尤為可駭。此臣所憂者一也。

一。山變之地。有大石自立。高四丈。周一百七十餘尺。臣謹按漢昭帝時。泰山有大石自立。高丈五尺。大四十八圍。說者以為石陰類。小人將起之象。觀今之變。則過於前史所載。此臣所以私憂者二也。

一。數年以來。人情洶洶。皆言有陽九之會。臣謹按班固曆志所述。經歲四千五百六十。災歲五十七。推數者取以為據。臣以為天命難知。孔子罕言。固非衆人之所能知。然閭巷之民。無所忌憚。

竊語相傳。謂之必有。竊恐姦猾小人。乘此天地之變。人情不安之際。狂圖妄作。儌倖萬一。此臣之所私憂者三也。

一。三路京東。人情豪悍。最宜防備。臣伏覩三路緣邊則有城池兵械。作守待之具。至於內地州郡。守具素闕。將帥之臣。未至選擇。三路京東守臣。密付方略。以備戎狄為名。令葺治城池。講葺守備。其州縣政事。但涉撓動人情者。一切緩之。以待他日。庶使姦猾好亂之人。無所窺其隙。萬一如有緩急。亦吾有以待其變矣。此臣之所過計者四也。

右謹具如前。臣伏聞畏天之威。于時保之。此先王之所以興也。我生不有命在天。此後王之所以壞也。太戊有桑穀之祥。其書曰。伊陟贊于巫咸。作咸乂四篇。太戊贊于伊陟。作伊陟原命。高宗有鼎雉之異。其書曰。惟先格王。正厥事。桑穀共生。飛鳥之集。未為大異。然君臣相

勤戒至於數四屢[illegible]修政事以應之豈古明王祇畏之道當如此乎伏惟聖神明鑒洞察古今不待瞽狂之言乃極事理之要惟乞仰承天威俯酌時變為社稷至計天下幸甚

七年司馬光應詔言朝政闕失狀曰右臣准西京牒准三月三十日詔敕朕涉道日淺晻于致治政失厥中以干陰陽之和乃自冬迄春旱暵為虐四海之内被災者廣間詔有司損常膳避正殿冀以塞責消變歷日滋久未蒙休應嗷嗷下民大命近止中夜以興震悸靡寧永惟其咎未知攸出意者朕之聽納不得於理歟獄訟非其情歟賦斂失其節歟忠謀讜言鬱於上聞而阿諛壅蔽以成其私者衆歟何嘉氣之久不效也應中外文武臣寮並許實封直言朝政闕失朕將親覽考求其當以輔政理三事大夫務悉心交儆成朕志焉臣伏讀詔書喜極以泣昔成湯以六事自責今陛下以四事求諫聖人所為

異世同符凡詔書所言皆即日之深患陛下既已知之群臣夫復何云曾子曰尊其所聞則高明矣行其所知則光大矣陛下誠知其如是復能斷志無疑不為左右所移則安知今日之災沴不如大戊之桑穀高宗之雊雉成王之雷風宣王之旱魃更為宗廟生民之福乎然自詔下以來臣不知中外之臣亦有以當今之急務生民之疾苦力為陛下別白言之者乎蓋必有之矣而臣未得聞也臣竊不自揆伏念父子受國厚恩備位侍從曩在朝廷屢以狂瞽塵瀆聖聰間以衰疾自求閑官不敢復預國家之議四年於茲矣幸遇陛下發不世之詔問以朝政闕失斯實千載一時古人雖在畎畝猶不忘君況居位食祿者乎是以不敢畏當塗避衆怒愛微軀保妻子心知時事之可憂而寒噤不言也竊觀陛下英睿之性希世少倫即位以來銳精求治耻為繼體守文之常主高欲慕堯舜之隆下不失漢唐之盛擢

俊傑之才使之執政言無不聽計無不從所譽者超遷所毀者斥退垂衣拱手聽其所為推心置腹人莫能間雖齊桓公之任管仲蜀先主之任諸葛亮殆不及也執政者亦委心竭力以副陛下之欲耻為碌碌守法循故事之臣每以周公自任是宜百度交正四民豐樂頌聲旁洽嘉瑞沓至乃其效也然六年之間百度紛擾四民失業怨憤之聲所不忍聞災異之大古今罕比其故何哉豈非執政之臣所以輔陛下者未得其道歟所謂未得其道者在於好人同己而惡人異己是也陛下既全以威福之柄授之使之制作新法以利天下是宜與衆共之捨短取長以求盡善而獨任己意惡人攻難群臣有與之同者則擢用不次與之異者則禍辱隨之人之情誰肯棄福而取禍去榮而就辱於是天下之士躁於富貴者翕然附之爭勸陛下益加委信順從其言嚴斷刑罰以絕異議如是者往往立取美官比年以

來中外執事權者皆此屬矣其懷忠直守廉恥者皆擯斥廢棄或罹罪譴無所容立至於臺諫之官天子耳目所以規朝政之闕失糾大臣之專恣此陛下所當自擇而亦使執政擇之彼專用其所親愛之人或小有違忤即加貶逐以懲後來必得佞諛之尤者然後使為之如是則政事之愆謬群臣之姦詐下民之疾苦遠方之冤抑陛下何從得聞見之乎又奉使詢訪利害於四方者亦其所親愛之人皆先稟其意指憑其氣勢以驅迫州縣之吏善惡繫其筆端升黜由其脣吻州縣之吏承迎奉順之不贍何暇與之講利害立同異或其入奏則云州縣守宰咸以為便經久可行陛下但見其文書粲然可觀以謂法之至善詢謀僉同豈知其在外之所為哉或者更增為條目務求新巧互陳利病各事改張使畫一之法日殊月異久而不定吏民莫知所從蓋由觀故則無功出奇則有賞彼皆進身之私計非有益

國使民之言也。又令使者督責所在監司。監司督責州縣。上下相驅。競為苛刻。奉行新法。稍不盡力。則謂之非才不職。及沮壞新法立行停替。或未熟新法。誤有違犯。皆不理赦降去官。與犯贓者罪同。而重於犯私罪者。州縣之吏。唯奉行文書救免罪戾之不暇。民事不復留心矣。又潛遣邏卒聽市道之人謗議者。執而刑之。又出牓立賞。募人告捕誹謗朝政者。臣不知自古聖帝明王之政。固如是耶。昔堯稽于衆。舍己從人。舜戒群臣予違汝弼。汝無面從。退有後言。此其所以為帝王稱首者也。秦惡聞其過。殺直諫之士。禁偶語之人。及其禍敗。行道之人皆知之。而已獨不知。此所以為萬世戒者也。子產相鄭。鄭人游于鄉校以論執政。然明請毀之。子產曰。何為。夫人朝夕退而游焉以議執政之善否。其所善者吾則行之。其所惡者吾則改之。是吾師也。若之何毀之。我聞忠善以損怨。不聞作威以防怨。豈不遽止。然猶

防川。大決所犯。傷人必多。吾不克救也。不如小決使道。不如吾聞而藥之也。何今之執政。異於古之執政乎。齊景公謂梁丘據曰。惟據與我和夫。晏子對曰。據亦同也。焉得為和。和如羹焉。水火醯醢鹽梅以烹魚肉。宰夫和之。齊之以味。濟其不及。以洩其過。君子食之以平其心。君臣亦然。君所謂可而有否焉。臣獻其否以成其可。君所謂否而有可焉。臣獻其可以去其否。是以政平而不干。民無爭心。今據不然。君所謂可。據亦曰可。君所謂否。據亦曰否。若以水濟水。誰能食之。今朝廷之臣。對揚啓沃。亦有異於梁丘據者乎。衛君言計非是。而群臣和者如出一口。子思曰。以吾觀衛。所謂君不君。臣不臣者也。人主自臧。則衆謀不進。事是而臧之。猶卻衆謀。況和非以長惡乎。夫不察事之是非而悅人贊己。闇莫甚焉。不度理之所在而阿諛求容。諂莫甚焉。君闇臣諂。以在民上。民不與也。若此不已。國無類矣。子思言於衛

侯曰。君之國事將日非矣。君出言自以為是。而卿大夫莫敢矯其非。卿大夫出言自以為是。而士庶人莫敢矯其非。君臣既自賢矣。而群下同聲賢之。賢之則順而有福。矯之則逆而有禍。如此則善安從生。今執政主新法。群下同聲賢之。有以異於衛國之政乎。是以士大夫憤懣鬱結。視屋竊歎。而口不敢言。庶人飢寒憔悴。怨嗟號泣。而無所控告。此則陛下所謂忠謀讜言鬱於上聞。而阿諛壅蔽以成其私者也。苟忠讜退伏。阿諛滿側。而望百度之正。四民之樂。頌聲之洽。嘉瑞之臻。固亦難矣。方今朝之闕政。其大者有六而已。一曰廣散青苗錢。使民負債日重。而縣官實無所得。二曰免上戶之役。歛下戶之錢。以養浮浪之人。三曰置市易。與細民爭利。而實耗散。四曰中國未治。而侵擾四夷。得少失多。五曰結保甲教習凶器。以疲擾農民。六曰信狂狡之人。妄興水利。勞民費財。若其他瑣瑣米鹽之事。皆不足為陛下

道也。捨其大而言其細。捨其急而言其緩。外有獻替之迹。內懷附會之心。是姦邪之尤者。臣不敢為也。凡此六者之為害。人無貴賤愚智莫不知之。乃至陛下左右前後之臣。自譽新法之善者。其心亦知其不可。但欲希合聖心。附會執政。盜貴富耳。一旦陛下之意移。則彼之所言亦異矣。臣今不敢復費簡札。敘利害以煩聖聽。但願陛下勿詢阿諛之黨。勿徇權臣之意。斷志罷之。必有能為陛下言其詳者矣。此六者之中。青苗免役錢為害尤大。夫力者民之所生而有也。穀帛者民可耕桑而得也。至於錢者。縣官之所鑄。民不得私為也。自未行新法之時。民間之錢固已少矣。富商大賈藏鏹者或有之。彼農民之富者不過占田稍廣。積穀稍多。室屋修完。耕牛不假而已。未嘗有積錢巨萬於家者也。其貧者藍縷不蔽形。糟糠不充腹。秋指夏熟。夏望秋成。或為人耕種。資采拾以為生。亦有未嘗識錢者矣。是以古之用民

各因其所有而取之。農民之役，不過出力；稅不過穀帛。及唐末兵興，始有稅錢者。故白居易譏之曰：私家無錢鑪，平地無銅山。言責民以所無也。今有司為法則不然。無問市井田野之民，由中及外，自朝至暮，唯錢是求。農民值豐歲，賤糶其所收之穀以輸官，比常歲之價，或三分減二。於斗斛之數，或十分加一，以求售於人。若值凶年，無穀可糶，吏責其錢不已，欲賣田則家家賣田，欲賣屋則家家賣屋，欲賣牛則家家賣牛。無由可售，不免伐桑棗，撤屋材，賣其薪，或殺牛賣其肉，得錢以輸官。一年如此，明年將何以為生乎？故自行新法以來，農民尤被其患。蓋省天下之本，農既失業，餘民安所取食哉？今貨益重，物益輕，年雖豐穀不甚貴，而民倍困，為國計者，豈可不少思其故哉？此皆歛錢之咎也。北盡塞表，東被海涯，南踰江淮，西及邛蜀，自去歲秋冬絕少雨雪，井泉溪澗，往往涸竭，二麥無收，民已絕望。孟夏過半，秋種未入，中戶

以下，大抵乏食，採木實草根以延朝夕。若又如是數月，將如何哉？當此之際，而州縣之吏督迫青苗助役錢，不敢少緩。鞭笞縲紲，唯恐不迨。婦子皇皇，如在湯火之中，號泣呼天，無復生望。臣恐鳥窮則啄，獸窮則攫，民困窮已極，而無人救恤，羸者不轉死溝壑，壯者不聚為盜賊，將何之矣？若東西南北所在嘯聚，連群結黨，日滋月曼，彌漫山澤，蹈藉城邑，州縣不能禁，官軍不能討，當是時，方議除去新法，將奚益哉？綠林、赤眉、黃巾、黑山之徒，自何而有？皆疲於賦歛，復值饑饉，窮困無聊之民耳。此乃宗廟社稷之憂，而廟堂之上方晏然自得，以為太平之業八九已成，此臣所為痛心疾首，晝則忘食，夜則忘寢，不避死亡，欲默不能者也。易復之初六曰：不遠復，無祗悔，元吉。言過而能改，雖悔不大也。其上九曰：迷復，凶，有災眚，用行師，終有大敗，以其國君凶，至于十年不克征。言迷而不復，凶自有災，於君道尤不利也。昔秦

繆公敗於殽，作秦誓曰：唯古之謀人，則曰未就予忌；唯今之謀人，姑將以為親。雖則云然，尚猷詢茲黃髮，則罔所愆。蓋悔棄老成之遠慮，用利口之淺謀，以取覆敗，而思補其過也。故能終雪前恥，霸西戎。漢武帝征伐四夷，中國虛耗，賊盜群起，及喪貳師之軍，乃下哀痛之詔曰：曩者以縛馬書徧示丞相御史二千石諸大夫郎為文學者，皆以虜自縛其馬，不祥甚哉。公車方士太史太卜皆以為吉。今計謀卦兆皆反繆。蓋始寤公卿方士之謠諛，對不以誠，致誤國事，有悔于心也。故禁苛暴，止擅賦，力本農，天下復安。自國家行新法以來，天下之人，心祈口禱，唯冀陛下之覺悟而拯救其失，以蘇疲民，如望上天之膏澤，日復一日，以至于今。及今改之，猶可救也。過是則民力屈竭，一旦渙然離散，乃始勞心安集，豈不難哉？竊觀陛下詔書，畏天災，深自咎責，丁寧懇惻，以求至言，是陛下已知前日之失，而欲有所改為

也。若徒為之空文，而於新法無所變更，是猶臨鼎哀魚之爛而益薪不已，將何補哉？陛下誠能垂日月之明，奮乾剛之斷，放逐阿諛，勿使壅蔽，自擇忠讜，為臺諫官，收還威福之柄，悉從己出，詔天下青苗錢勿復散，其見在民間逋欠者，計從初官本，分作數年催納，更不收利息。其免役錢盡除放，差役並依舊法。罷市易務，其所積貨物，依元買價出賣，所欠官錢亦除利從本。罷拓土闢境之兵，先早安中國，然後征伐四夷。罷保甲教閱，使力田服穡。所興修水利，委州縣相度，尤利少害多者悉罷之。如此則中外讙呼，上下感悅，和氣薰蒸，雨必霑洽矣。彼阿諛之人，附會執政者，皆緣新法以得富貴，若陛下以為非而捨之，彼如魚之失水，必力爭固執而不肯移，願陛下勿問之也。臣竊聞陛下以旱暵之故，避殿撤膳，其焦勞至矣，而民終不預其澤，不若罷此六者，立有溥博之德及於四海也。又聞京師近雖獲雨，而畿甸

之外旱氣如故。王者以四海為家無有遠近皆陛下之赤子。願陛下雖徇群臣之請御正殿復常膳猶應兢兢業業。憂勞四方。不遽自寬以為無復災也。又諸州縣奏雨。往往止欲解陛下之焦勞。一寸則云三寸。三寸則云一尺。多不以其實。不可不察也。又聞青苗之法。災傷及分則倚閣。其間官吏不仁者至有抑遏百姓止放四分以下稅。此尤可罪者也。臣在冗散之地。若朝廷小小得失。臣固不敢預聞。今坐視百姓困於新法如此。將為朝廷深憂。而陛下曾不知之。又今年以來。臣衰疾寖增。恐萬一溘先朝露。齎懷忠不盡之情。長抱恨於黃泉。是以冒死一為陛下言之。儻陛下猶棄忽而不之信。此則天也。臣不敢復言矣。干冒宸扆。臣無任懇切惶懼之至。

歷代名臣奏議卷之三百二

歷代名臣奏議卷之三百三

災祥

宋神宗元豐三年。直舍人院呂大防上奏曰。臣伏覩七月二十六日手詔。以彗出西方。責躬引咎。敷求讜言。以匡厥事。臣伏讀感歎。以為天道難知。不可隱度。今聖心恐畏。退託損抑。有以見不諱之朝。度越前古。臣愚不肖。雖吏守外藩。不敢不布肝膈。少裨萬一。伏惟神明聿察。臣竊以為方今政事之急。謾為三說九宜。上冒天聽。一曰治本。二曰緩末。三曰納言。治本之宜有三。一宜養民。漢之傳國至昭帝而六世。藩臣之變。外戚之禍。數矣。唐之傳國至明皇而六世。如漢之變而又有巨盜之患。今大宋之臨御。而陛下之繼統。世數與漢唐同。而曾無一方之患。其得人心可見矣。苟非累聖德澤涵養深厚。視之如傷。愛之如子。則何以固結其心若此。伏自陛下布行新政以來。參酌古今。著為良法。便民者為不少矣。而民情戚戚。不以為安。推原其端。蓋緣朝廷措置大率急於公家而後於民事。竊觀先王之政。上之憂下也深。則下之報上也厚。故其詩曰。駿發爾私。終三十里。上憂下之詩也。雨我公田。遂及我私。下報上之詩也。上下之情。其相親如此。則怨惡不順何由生乎其間哉。故馬周之對太宗。以為貞觀初匹絹易斗米而人不怨者。知陛下憂之也。五六年來。絹易穀十數斛而民怨者。知陛下不憂之也。此言極要。願同今日之意。臣試舉其一二。免役錢本率衆以給庸。公家無所利其入。今所在撮積至有一縣之人出者半。而取之不已。遇水旱。未嘗有所蠲減。貧下未嘗有所貸免。此民情戚戚之一也。市易本以抑兼并。便衆業。而公利在其間。民有艱急。責之期。方之他取於富室。則無倍稱之息。然吏或不良。乘民之急而掊刻無已。徒欲收贏取賞。而不顧事體之宜與法令之本意誘陷無賴子弟以贖産者有之。予民者高其物估以巧取息者有之。一物朝貴賣而夕賤買者有之。此民情戚戚之一也。保甲者先王什伍教民之法也。不專爲兵而已。今有司惟以坐作進退射藝精粗爲急而不問推行考察姦盜去惡獎善之意。而又富者逸而貧者勞。或遇饑饉則將有流散不可號召之虞。此民情戚戚之一也。凡此特法令之未備。或吏奉法不謹之過。以陛下之聖明而修正之宜無難者。二宜教士。舜九德。文王作人。周公三物。皆爲先王教士之實。今聞以才選者矣。未聞以德進也。聞以文詞選者矣。未聞以行進也。臣竊以非大變其法則終不能得教士之實。其變法謂何。責之郡縣監司保任其才行以升於尚書。各試其所知而命之。則士勸於善而不專以文辭設科則士業崇本。凡此一改法令則天下從之矣。以陛下之聖明而修正之。不五六年必收其效。三宜重穀。自古國家之患未

有不緣民飢而起也。今縣官積錢所在貫朽。而倉廩至無半歲之實誠可憂也。蓋自常平之法行。而群司各計其利。故轉運司唯有租稅征科之入而已。其歲入既不足以充費。故於儲蓄之計雖欲賤糴而不暇爲也。常平雖有折納斂糴之法。而吏多不能推行。萬一水旱方千里則積鏹之饒將無用。而民之强者衆而爲盜。弱者流離溝壑而無以救矣。臣近嘗上乘歲豐積穀之議。頗合事機而亦可行於久遠伏望財察。凡此特法令之未備。或吏奉法不謹之過。以陛下之聖明而修正之宜無難者。緩末之宜有二。一宜緩治夷狄。中國本也。夷狄末也。先王之政內諸夏而外夷狄。夷狄之國聲教所暨。故舜之命官。猾夏者治之。然則不爲中國患者王者不治也。議者謂夷狄之地可闢而郡縣之。夷狄之人可冠帶而賦役之。竊謂過矣。以四海九州之廣。而欲涉漢不毛之地以爲富。以兆民多士之盛而欲左衽鴂舌之人以爲衆。徒見有糜敝耗蠹而未見其可也。雖有前代喪失之地。苟非民情來附。未足以用衆。二宜緩治兵。兵者先王所治而非所以爲先也。衛君問陳於孔子。而孔子答以俎豆之事。蓋禮教有所未修而先之以軍旅之事則語道非其序也。今刑政雖講而未可謂盡中。禮樂雖修而未可謂盡善。教化雖布而未可謂盡行。然則今日之政宜有急於兵者焉。凡此非可廢之事。特在陛下施爲之有先後而已。以陛下之聖明留意而備別之宜無不得其序者。納言之宜有四。一宜廣言路。古者群臣人人得諫。故曰工執藝事以諫。工尚諫則餘可知矣。所謂爭臣七人者在位皆諫。諫而又當必爭者有七人而後可。今陛下虛心待下。未嘗大聲以色。而諫者未始有聞於天下。諫而必爭者未始見其人。方唐太宗之時當亡隋之後。人物寡少而諫者滿朝。今陛下承累世文明之盛而遂使史筆無書諫諍之事。亦可謂闕典矣。二

宜寬侵官之罰。凡人臣之居外見不便於民有害於政者大者闢諸朝。小者以其職而行之是也。今一切禁止。不使相侵則朝廷必有不聞之事。而民庶必有失職之苦矣。三宜恕誹謗之罪。自古有爲之君更制天下之事。未有不被毀訾於世者。以盤庚之明周公之聖而不免。況其下者哉。蓋衆人皆常情。未達義理。樂因循而憚改作。改作之始未見其利而翕然非之。聖人於此特恕其無知而寬之可也。豈足以與之較量長短是非哉。故漢文深知其意直除其罪以容之而已。苟設峻令以防之。非不遽止。然愚庸之情不自知語言之過而罪其上矣。四宜容異同之論。古者袞服之飾必以黼者取其兩己相背而能成政也。兩己相背至銘諸躬而日服之以爲監。有以見人君御臣之深戒。在於喜同而惡異也。舜伐三苗禹以爲可。益以爲不可。然不害並爲九官。周公相成王。召公不悅。然不害同爲十亂。洪範謀及卿

士則三公之論有不用焉周官詢及萬民則鄉士之謀有不取焉夫然後可以通達衆志輔成大業苟取其所同而捨其所異則晏子所謂以水濟水孰能食之者也非特如此而已苟欲其同則必有談謾詐欺以附同者矣苟惡其異則必有詭隨面從以免異者矣使人臣皆懷詐諼詭隨以事上殆非朝廷之利也竊聞議者必使廷臣無異論乃謂之一道德爲此說者似不思也夫一道德以同俗者蓋謂典常之教不可不同也今以政之殊有可有不可有宜有不宜有損有益而必一而同之恐非聖人之意也所惡異論者豈非以其沮議害事而惡之邪苟導之使言而擇之在我則雖有沮議害事之言在吾所弃固不能爲患也凡此無難改之勢而有速應之實蓋在陛下爲之而已如前所陳蓋陛下政事之形容於外者臣得以揣度而陳之至如陛下聖性之淵微君德之崇厚惟幾以成天下之務惟深以達天下之志臣之愚陋莫得而測焉伏惟仰觀天心旁考古義詘奇論而用中道則天下幸甚

宮邸教授呂大鈞上奏曰臣伏讀詔書寅畏天變引過罪己歎求美言以新盛德誠意惻怛發於心畫自足以消變除慝況諫行言聽膏澤逮下必將感召和氣遂爲嘉祥臣愚恨無精識奧學啓牖天聰徒有淺聞近見二事或可以少裨萬一伏惟聖主留神財察幸甚臣聞詩書所稱古先哲王雖清明在躬俊乂在官猶孳孳不倦延禮臣下講求至道之要而推行之夫至道之要莫切於堯舜之言其言曰人心惟危道心惟微此言至簡至要古之人君莫能盡行故常爲中材之所忽而獨上聖能勤行者也然則人心者人君之所日用持出以應萬務者也其神恍惚其出入無時其作於中而見於外也邪正紛紛頃刻萬變其危如是安得不日夜存養寧息使之感物應變無所差失乎道心者人心之所默識躬行以立大本者也凡有生之民無衆寡小大無彼我莫不體之以爲吾心就其間涵容存養以生吾誠其道淺昧難以言諭唯志信默會庶幾近之稍或不明則離而不一其微如是安得不開暇燕處求索推明克己體物常使純一則仁義禮智油然根於中睟然見於外然後爲得乎故言動之所發政令之所加始出於善而其終常流爲不善凡此者皆人心不安而易變故也誠意之所存行義之所顧始若充盡其終常至於天下不爲一家中國不爲一人凡此者皆道心不明而易失故也由是言之此二心者非有一物也特體用之殊耳使人心一於道心則自不危矣使道心一於人心則自不微矣今乘陛下勵精反己之時謂宜博延德義之士儲精垂思相與講求至道之實使浩然之氣充塞天地則何患濬哲不告而明德不暢乎此臣之所謂淺聞者此也臣又聞天下衆人言謂陛下躬勤庶政日不遑暇而有司奉行多不盡理陛下遠略方外軍政修舉而將帥出征多不諭旨陛下奬勸人材求拔倚注而或不得其人陛下優假言事之臣未嘗深譴而近日內外望風畏慴莫敢有言青苗免役所以寬民力而下戶凋瘵日甚常平儲峙錢穀所以足國用而有司經費日窘訓齊保甲所以禁暴而盜賊如故增置官局所以革弊而文書益煩異時歲饑糴貴小民常取倍息之責亦能自給今年豐官出輕貸而束手受困異時富商大賈豪爭細民而不甚爲苦今市易均輸平準而負益深凡此皆臣之近見者也然推見無本而求之豈有他哉唯知道心之實則見此時之弊矣傳曰唯道集虛陛下既明發德音盡心待物則道豈難知哉古人謂顧力行何如者此在陛下一動心之間耳可不深念之乎

館閣校勘邢恕亦上奏曰臣恭惟皇帝陛下實天祚宋誕生明聖有

起卓絶異之姿。受自毓德宮闈。仁心仁聞。載在群口。及初嗣位。動率禮法。承順兩宮。左右就養。發於誠孝。遠近內外。凡厥臣庶。莫不矜式。太皇太后厭世。陛下號慟泣血。百僚在位。不覺隕涕。入臨而出。轉以相告。有識咨嗟。長老嘆息。山陵復土。外雖變禮從吉。而陛下悲哀未息。宮中實服三年。夙夜念治。躬親政事。小大之臣。咸各率職。十有四年。未嘗一日少懈。後宮燕游。聲色嗜好。無所聞。園囿弋獵。與馬馳騁。無所幸。方且關闢乎乾坤。而步驟乎帝皇。其視天下如一家。中國如一人。其設心操術。豈待問哉。仍年以來。威柄自出。惟所指頤。莫不服從。嘗未謦欬。莫不響應。赫赫巍巍。朝廷益尊。四方萬里。盜賊消戢。閭里安堵。陛下誠因此美。即此善。據此勢。藉此時。以之上當天心。則可使寒暑乎。風雨時。三光軌度。以之下順地理。則可使五穀熟。庶草蕃。山川晏寧。至于景星出。卿雲見。甘露降。醴泉涌。鳳凰麒麟可使皆在

郊藪。天人之際。其形氣有以相通。其變動有以相感。格之以誠。應之以實。審與道俱。則其吝猶影響。其合猶符節也。如此則何災不可消。何異不可去。若夫祈禳小數。豈足道哉。昔宋景公一諸侯耳。出君人之言三。熒惑爲之退舍。況於陛下之仁聖智勇。履席南面之勢。不出殿堂之上。而廣制海內。尺地莫非其有。一民莫非其臣者哉。以誠感天。曾不移刻。以德退星。曾不旋踵。此臣所以殫志畢慮。不量其愚。不避見嫉之嫌。而顛畢其惓惓也。伏惟陛下留神加察焉。疏遠小臣。未嘗得日望清光。奉承德音也。然而聞從公卿大夫之後。竊聽於進見下風者。皆以謂陛下才高天下。智出物表。既妙思六經。而多識前載。旁羅百氏。與章制度。律令勅式。靡不淹洽。工作器械。算數米鹽。無不精審。神機天辨。變化無窮。退而鮮不自失。夫人心畏怯。則智勇皆奪。雖朝暮禁闥。傍降殿陛。密近親習之臣。猶且跛踖愧恐。唯諾聽從之不暇。無能有所開發建明以補助萬一。況乎單賤。鄙遠之人乎。雖天之高。不可階而升。日月之可仰。無得而踰。性與天道。不可得而聞。然匹夫匹婦之於聖人。有所與知。亦有不獲自盡。民主罔與成功。以大舜之智。而自耕稼陶漁以至於爲帝。無非取人以爲善。以孔子之聖。而獄訟文辭可與人共之者。不獨有焉。則所謂聖智者。爲肯捨衆人之所智。而咸蓋衆心之所知哉。衆人所見。而有以處之。使各效其長。群心所知。而有以擇之。使必從其是。竭天下之力。盡天下之思慮。然猶有所不及。而後聖人奮其智能。則所以待之者盡矣。其所得者博矣。其所守者約矣。已而有迹其長。總其是。則天下之人莫不興起。爲之於其才力之所不給。計之於其思慮之所不獲。則天下之人莫不厭服。何必耗血氣。疲精神。一切親事於法宮之中。然後爲得哉。臣竊仰陛下之天德。常若太高而或不下接。朝廷之舉事。常若太遠而誅

之。常患不悖。雖陛下之聰明睿知。百舉百中。而愚者千慮之一。猶恐有所遺也。況或纖於關漏。略於彌縫。而汗渙已施。機張已發。則誰敢出身試臨不測。而輕議於既往哉。且夫履四海之盛位。籍五世之極治。又有冠古之籍。絶俗之事。此乃全盛光大之時。君子之所以尚消息盈虛也。愚者陛下或有而矜之。所謂日中則昃。月盈則食。盛衰損益之機。其在是矣。故易之明夷以涖衆。既濟思患而預防。此古先哲王所以安而不忘危。存而不忘亡。治而不忘亂。日新厥德。以祈天永命也。昔唐太宗自負其文武材略。以爲自兼將相。然不如帝王自有體。下兼將相。不足爲能。不若漢高祖豁達。面諭群臣吾不如子房蕭何韓信也。方是時。彗星亦嘗變見。而太宗悟焉。曰。吾自謂三王以來撥亂之主莫吾若。故負而矜之。輕天下士。上天見變。其謂是乎。夫謂古人爲莫吾若。而輕時人。則上下之情不通。而無所不至。惟太宗爲

能知懼。而又有魏徵、王珪、劉洎、馬周之徒。更成迭諫。然後貞觀之治。庶幾三代之風。而甚亦不能爲災。何況陛下盛德至誠。避殿損膳。添自引咎以來。讜言放出宮人以防隔。虛心克己。效於事實。豈特太宗之比哉。乎以收視反聽。澹然與神明俱。而默與造化爲友。端拱無營。優游自得。付物以能。委任責成。情僞之變。事物之來。有道以揆。有節以察。不勞而成。不動而化。無事堯舜之名。永保喬松之壽。上以奉寧七廟。慰釋皇太后之心。以幸惠群臣。而錫爲蒼生福。則何變異之足憂哉。抑臣又聞。惟德動天。無遠勿屆。而天地之大德曰生。董仲舒亦曰刑主殺。德主生。則脩德者莫若好生也。朝廷近歲屢起詔獄。添識遠見之士。竊量陛下聖意之過。欲大畏民志。究盡事實。及至使毀親。決時亦有所縱舍。郡府奏讞。大辟類率從生。非必專欲求殺也。然而治獄之吏。與法之官。但見迫蹙不給。恐不能莅安意朝廷使私自

營。莫徵盡力循公之名。而規闊略縱出之責。則必至於滋蔓刻核。兵出盡鍛。則失入有之。及至上奏請決。鍛鍊已成。文致已白。四人雖有懷辭抑而不得伸。朝廷雖欲加寬厚而無所施。則是豈國家之意哉。臺寺深嚴。蚤於事守。相關焉知其詳。然法者。設於有罪。而使惡人知畏也。人無罪者或不自保。而善人亦懼矣。此臣所以疑也。臣知京師玩習久安。大抵懈弛。而獄者貴近狃於恩幸。未知畏法。方陛下勵精爲治。有以警過訓齊之。誠是也。然而矯枉者貴直。矯枉過直。則是曲而已。孟子曰。今之與楊墨議者。如追放豚。既入其苙。又從而招之。誠使百司自此莫不飭厲。而貴近益遵約束。然且求之不已。則是亦過直而招之之類也。書曰。寬而有制。從容以和。在易之節曰。苦節不可貞。先王之所以綏撫群下。未嘗無制也。然必寬之。使起功有餘地。從容而不迫遽。故和樂而無憔悴。節之爲義。君子所以制數度。議德行。

然至於已甚過中。苦而不甘。不可以通行持久矣。其所以爲正。是故先王議道自己。制法以民也。誠以陛下天縱之才。日躋之德。慮靡不周。而志罔或倦。舉以程能課事而厚望之於群臣。磨以歲月。則鮮不破漏傾覆矣。其所操持。行義有跌於繩墨之間。而譴訶有軼於度量之表矣。易曰。窮則變。變則通。詩曰。四牡騑騑。六轡如馳。臣意陛下洞達事機。時措之宜。必有以變而通之。如王良造父御馬。緩急控縱。而歸和平。固已得之於精神之會。心術之微。然臣直以耳目所接言之。不能無過計也。獄吏法官制在陛下。視以好惡。惟所寬嚴。易若覆手。至于興甲兵之大。投民於鋒鏑之間。措之矢石之下。以其死爭。一跌而不振。則雖有仁智之心。不能救患於已然。而消禍於既往。是故帝王之師。必出於萬全。攻不必取。不苟勞衆。戰不必勝。不苟接刃。蓋以養國威。全人命也。近者瀘南之舉。師出不爲無名。以陛下之威武。將

吏鼓勇。軍士思奮。校之以討若老成人之策孺子。角其有餘不足。若孟賁拉侏儒。機馳鋒接。萬全必勝。而獨克然。臣得之傳聞。不知是否。以謂蠻徼山林阻險。道路狹隘。溪澗隔絕。吏士羊腸魚貫。不輕得進。地饒瘴疫。令人頭痛身熱。嘔泄霍亂。而中州之人。不服習其水土。使蠻稍徙避。聞大兵將至。則逃遁而不出。旅距而不可入。曠日引久。留而不決。士卒暴露。疾病死亡者衆。而饋餉或不給。師老械敝。浸成遷延。不然。逆類醜徒。上下救死。爲首尾之勢。旁近種落。相與唱和。有蚤蠶之援。舉能踰之士而輕用其鋒。以與猿狙之民角逐於崎嶇偪束滀淖翳薈之間。以幸頃刻之勝。厮養下卒有一不備於行間。雖能梟戮其首領。繫縶其徒黨。猶不若多算遠御以全制其弊也。如師老而歸。蠻或連結諸種。呼嘯並出。蜀地狹而人稠。雖過穴熟食猶不足。比歲錢積於官市。用少而益貴。米不加多而益賤。則衆人困矣。蜀之所

侍以界限蠻夷者山林也今承平日久而虞衡之官廢時禁不講界上之民私相交易往來往往有微徑潛通道路故號爲險狹者今率行牛排木故可以爲障塞者今皆盡行斤斧不幸而歲饑食不足錢不可以多得本末俱困山林之阻故不設備偶有姦民鄉導外寇表裏俱發郡縣又闕守備則唐之南詔前世之拓順豈可以其無能哉古有言兵者凶器一方有急爲而皆從今蜀雖號富饒爲朝廷外府以內外輕重較之則手足標末也五路天下之腹心根本也河北陝西河東又皆控帶戎虜率計義勇保甲籍勝兵不減七八十萬然則三路尤爲天下之捍蔽祖宗寬假邊民稅或不及分河北特弛鹽禁誠知天下有急三路冣揹其重三路不可動搖則天下之勢常安而他皆坐受其利故切封疆捍壁壘輓芻奉饟數履危難之地者則急其力而緩其財守墳墓安鄉里不識戰鬬之事未知死亡之憂者則急

其財而緩其力利害之相權勞逸之相均勇怯強弱之相資多寡有無之相濟蓋未有無責而獨得者也祖宗初定天下所以任戰者皆黥面之兵固未有義勇保甲也猶且恤之若此況今日乎誠宜先擇三路之守令優爲勸獎之法稍稱職者且使任俾得以拊循其民即安田里因其暇日隸習戰守損其逋負寬其力役平居無追須勞苦之歎則緩急可責其效死果得民兵之實則西北之虜且畏威矣民誠效死虜誠畏威則邊鄙不聳兵刃不頓不過几席之上樽俎之間可以控四夷因其亂亡之時踐其機投其隙鼓之以道德征之以仁義誘之以恩信則可簞食壺漿以迎王師扶老攜幼以歸聖德鞭撻不施況血刃乎方天變之來陛下過意貶損抑有以反求諸身又有以固結其民酌輕重之宜謹先後之施則夏遼異黨蠻貊荒忽可使歸命向化矧惟宮殿之內左右密勿常從宿衛之臣乎至若推廣豢

類而備舉恩澤之政以導迎善氣唯陛下所擇非小臣所得一二言也臣屬近在輦轂之下首聞詔旨猥先衆人而言陛下赦僭不誅使能言之士得以繼進則四海九州之博內外臣民之衆方九德咸事之時安知不有指陳世故極於天人之分達於古今之宜足以上啓聖心抑塞星變者哉則是臣於國猶爲有補也

神宗時承議郎王安禮上奏曰臣聞和氣致祥乖氣致異人事失於下變象見於上能應之以德則咎異消忽而不戒則禍敗至蓋天以君爲子愛之顧之可謂至矣政一弗迪則垂象譴告將欲人君悔過遷非慎微省事以自全安也自昔言災異者皆不出此迺者彗出西方異之甚者陛下恐懼祗畏避宮省膳延下明詔敷求直言乾道昭然今則消復臣聞無災而懼禍亦不萌患至而思咎將誰執當陛下思變責躬之日臣實不敢懷未信謗己之嫌恭惟陛下即位以來憂

勤庶政興起救廢總持權綱可謂欲治之主不世出矣存仁民愛物之心而澤不下究有溫恭好問之實而壅於上聞廣土衆民未躋既富萬方黎獻閭或稾征在位多素餐之譏比屋無圖空之頌是非雜糅賢不肖混淆民勞於室謫見于天臣竊思其由未知其實意者左右之臣不均不直謂忠者爲不忠謂不賢者爲賢朋黨比周讒慝蔽塞以惑陛下之聰明歟任職言事之臣附勢以亂情僞倚法以徇愛憎賞不及功罰不當罪而政事不得其平歟乘權附利之臣不察惠養閭仁之意用力殫於溝瀆取利究於園夫兵民嗷嗷咸致愁嘆人不得安而失職歟凡此數者足以干陰陽之和致乖沴之氣天象之差幾在於此陛下慈仁孝友格于昊天外無狗馬玩好之求內無險詖私謁之事是陛下修之於上正之於朝廷而群臣懷之於私室伏願陛下察親近之行使無以濟其私杜群枉之門使得以歸於直省

不急之改作紓弗勝之力役凡可弛以利民者一切罷之則善言可以退舍美意可以延年復見於今日矣若夫貶損之舊章私褻之小數臣竊恐皆非陛下所以昭事上帝之意臣羈孤蠢愚旁無救助獨蒙陛下拔擢幸得待罪從臣常懼無以報稱故敢冒昧不避斧鉞之誅以先衆臣唯陛下留神裁擇不勝幸甚干冒天威臣俯伏俟命之至

張方平上論曰臣蒙恩在朝備員經歲無施補益每爲慚愧今被命守藩旦夕出國門適值陛下以垂象之變降御札發德音勑宰司率在廷之臣直言過失改修政事之未協于民者當陛下憂勞之際老臣不爲陛下開一言則忠義之語無復至於天聽上負知養沒有餘責敢以聞見少報重恩臣聞天尊地卑而君臣之分定君君臣臣而後國體正天下安故惟辟作福惟辟作威臣無有作福作威臣而有

作福作威其害于而家凶于而國蓋爲國之體猶權衡勢不可使有所偏重偏重之勢必成傾覆歷代成敗何不由此伏自近歲以來災異之作率由陰侵於陽陛下天縱聰明前言往事無不洞鑑不待臣說也今聖心所以吝天戒責躬變禮可謂精誠之至謂天蓋高其聽孔卑故不旋日而星變以隱感通昭荅足以明皇天眷佑我有宋之意至矣陛下應之以實固當踐所言今夫政事之未協于民者固有之矣大抵新法行已六年事之利害非一二可悉就中役法一事爲天下害實深累經更變竟無長策可以定其法議論日以紛擾公私日以勞敝夫人爲天地之心天地之變人心實爲之故和氣不應災害荐作蓋下令如流水之原取其順流之易也經六年而事功莫効顧其事必有未協于民者矣法既未協事資必改若猶憚改人將不堪憂患一成噬臍無及陛下承六世之業上有二宮家國大事願陛

下憂深而思遠寧用心於人情不可忍於社稷也憂患既成人臣各有去就之分家國之憂獨在聖人所以終日不離其輕重謂此也此臣所以爲陛下痛心疾首一夕而九興也況今習俗奔競偷數成風交黨相傾勢利相軋攻訐起於廟堂獄訟興於臺閣非所以昭聖化也毀譽移於好惡賞罰偏於愛憎非所以正王度也士大夫習尚如此有爲國家死節伏義臨難虞而不易其操者歟昔堯舜之爲君選于衆舉十六官而與皋夔稷契共治天下猶且明四目達四聰而後能協和萬邦雖大聖賢未有一人之心力而可以成天下之務也陛下臨御九年中外臣庶皆照臨之下其間必有知忠義不二心之臣簡在聖衷者矣願陛下召之左右從容訪逮譬之金石叩之則鳴人各有心激之則發吉人之辭寡吉人訥於言外若不足其中誠也利口捷給外若有餘其中僞也惟聖鑑精察之若夫淺等之以言而不能盡

者使陳之簡牘必有所効者矣前代明君莫不以是考于下故能廣視聽於扶同之外究得失於幾微之先攬其權綱執其柄鈐慮所以藏身之固思所以置器於安此惟獨決於神斷而後可非所以謀于人者也夫事有失於前者不可不悔患有在於後者不可不懼如救焚溺勢不可緩緩則無及於救矣魚不可脫於淵國之利器不可以假人涓涓可以潰堤熒熒至於燎原釁端厲階不可忽也臣之心惟願國家之善政美事陛下之盛德鴻烈高越百王之上流光萬世之下天之福祥休嘉之象生而咎證之象不生民之愁嘆怨咨之聲不作而頌聲作使兆民樂事勸功尊君親上欣戴安樂臣退就田里以至瞑目泉下猶知懷此幸願也老臣無狀爲陛下慮不敢不精爲陛下言不敢不盡亦惟陛下察此至誠俯垂省納實天下幸甚

監察御史裏行彭汝礪上奏曰臣竊惟書叙休咎之證時雨以肅常

則以狂，時寒以謀，常則以蒙，蓋各以類焉。然天難諶，命不可知，故先王亦正厥事而已。今年春亢陽，秋苦雨，陰陽之沴各至，其後復大水，冒郡邑，殺人畜，淹禾稼，流蕩廬舍。陛下咨嗟嘆息，憂形於色，爲出使勞徠安集之，則陛下之仁愛可謂至矣。然古以醫諭治國，欲知其身緩急爲病，發於手足而治於手足，其力雖勞，疾終不加損，求其本而治之，乇年之病可朝暮而定。陛下寬慈恭儉仁聖，宮闈嬪御非有過溢之寵，池臺林籞非有不時之游幸，母家后族畏法循理，非有僭侈如漢之外戚也。內外百官衆流聽命，非有擅威作福如唐之藩鎮也。蠻夷畏威，非有飛揚跋扈不可制者也。而天災仍重，宜必有在。臣知不足以知天變，言不足以中民病，願陛下財察之。夫豈刑政有不中歟？讒慝害吏戎未逖歟？陰邪之人用歟？亦其臣有所不稱歟？不然，何災傷之如此也？左右皆曰：禍福，數也。爲此言者，非愉則諛。今人君之事天，猶人臣之事君，其君有所與則附之，有所惡則畏之，威福之至，皆以爲命焉，則人事幾廢矣。書曰：洚水儆予。又曰：王司敬民。此先王所以恐懼修省之意，陛下察之。五經之學，皆陛下所自得，亦何俟臣言哉。

明州通判梁燾以久旱上書論時政曰：陛下日者閔雨，請惟政事之闕，惕然自責，丁卯發詔，癸酉而雨，是上天顧聽陛下之德言，而喜其有及民之意也。當四方仰雨十月之久，民刻於新法，嗷嗷如焦，而京師尤甚，閭閻細民罔不失職，智愚相視，日有大變之憂。陛下既惠以詔音，又施之行事，講除刻文，蠲損緡筭，一日之間，歡聲四起，距誕節三日而膏澤降，是天以雨壽陛下之萬年，感聖心於大寤，有以還其仁政也。然法令乖戾，爲毒於民者，所變纔能萬一，人心之不解，故天意亦未釋，而雨不再施。陛下亦以此爲戒而夙夜慮之乎？今陛下之所知

者常易事耳，法之爲害，豈特此耶？曰青苗錢也，助役錢也，方田也，保甲也，淤田也。兼是數者，而天下之民被其害。青苗之錢未及償，而責以免役；免役之錢未暇入，而重以淤田；淤田方下，而復有方田；方田未息，而迫以保甲。是徒擾百姓，使不得少休於聖澤。其爲害之實，雖一有言之者，必以下主吏，主吏妄報以無，是則從而信之，恬不復問，而反坐言者。雖間遣使循行，而苟且寵祿，巧爲妄誕，成就其事，至請遍行其法，上下相隱，習以成風。臣謂天下之患，不患禍亂之不可去，患朋黨蔽蒙之俗成，使上不得聞所當聞，故政日以敝，而禍亂卒至也。陛下可不深思其故乎。

哲宗元祐元年，梁燾爲右諫議大夫，上奏曰：臣竊聞華州奏鄭縣界小敷谷山摧損覆居民者。臣按春秋傳曰：國主山川。故山川之變，聖人以爲至戒而深懼。然變之來也，或考之人事而相符，或稽諸君德而不類，要之皆有天意，顧世主所以應天者何如耳。應之得其道，則轉禍而爲福；失其道，則反安而爲危。詩曰：百川沸騰，山冢崒崩，高岸爲谷，深谷爲陵。此人事相符之變也。然幽王曾不以爲卹，故詩人哀之曰：胡憯莫懲。書曰：湯湯洪水方割，蕩蕩懷山襄陵，浩浩滔天。此君德不類之變也。然帝堯自以爲戒，故命禹之辭曰：洚水儆予。臣竊伏思陛下即位以來，尊用耆哲，登崇雋良，納天下之善常若不及，革天下之弊惟恐不至，以百姓之心爲心，撫而念之，不啻父母之於赤子也。四海內外，物情人意和樂而舒徐，巍乎太平之象矣，宜乎美祥嘉瑞交至而迭應。今反有山摧之異者，何也？臣見天心之仁愛陛下，欲以萬祐聖治，日新又新，以盛無疆之休，故於未然深示警告，願陛下仰思天心而內自勵曰：予臨兆民，凜凜乎無不懼矣。豈尚有言動之際忽而不恭者乎？公言直道，固無間而上下交矣，豈尚有詖辭

邪說。反易是非。掐吾之明者乎。此人君子固並進而朝廷清矣。豈尚有不肖渾淆其間。亂吾之真者乎。天下固安矣。豈尚有宿蠹深弊遠而難燭。隱而不知。或欲改而復存。或已除而又作。動人之憂者乎。四疆固靜矣。豈尚有惜虛名而甘實弊。以養後患。未為至計者乎。爵賞不為不謹也。姑息以害公。僭差而紊正者。一能絕歟。刑賞不為不平也。當罪而縱。宜直而枉者。有不察歟。政令不為不明也。煩而寡要。輕出而易反。以惑民之聽者。審於思歟。力役不為不省也。用而不切。偏而弗均者。究之至歟。郡邑之治不為不飭也。任非其人。遏壬澤而不流。病吾民者。知之盡歟。仰願陛下因天之戒。凡此類者。益加意焉。臣愚不勝惓惓。昔梁山崩。晉侯以傳召伯宗。伯宗以重人之言告。而晉侯從之。以自責。春秋賢之。夫晉侯列國之君。而梁山一國之望耳。其變也猶能亟召賢者而謀之。況陛下有天下之大。華山又五嶽之崇

乎。其可不畏天之威。思所以應其變也。伏惟陛下鑒周之失。體堯之言。采晉之善。博資賢人之謀。修飭政事。以答天戒。社稷幸甚。天下幸甚。

六年。熹知鄭州上奏曰。臣聞日者。衆陽之長。人君之象也。以清明博照為德。而不容蔽虧侵掩之為患。一有此變。則君德傷矣。乃今春以來。蒙濁霧翳。不見清明之景者。踰六十日。間得一仰暘。槩則欣欣然快紫而人喜。今又食于五月之朔。為變亦已甚矣。詩曰。彼月而食。則維其常。此日而食。于何不臧。傳曰。月食非常也。比之日食猶為常也。日食則不臧矣。惡其主君之占。非太平之象也。臣竊為陛下憂之。亦以為陛下之賀也。自古衰亂之國。必有日食星辰之變。而日食為之冣。此臣所以憂也。自古明昌之君。逢災遇變。飭躬責畏。應天以誠。終回咎譴。不損為聖。此臣所以賀也。恭惟陛下以上帝眷命。早有天下。

並明文。無臨制四方。退託謙恭。無所專斷。言動中禮。不聞過舉。何其天鑒昭昭示戒。如警失道敗度之君。甚可畏也。或者陛下以盛妙之年。居崇高富貴之位。養心之道。猶未加焉。故天心垂以譴告。欲陛下飭躬責畏。應之以誠。則除災而集福矣。臣願陛下思所以銷變之理。而上悅天心。夫銷變之道。莫如修德。修德之要。莫如進學。進學之效。莫如專志。志苟於為善。則氣定性復。聰明日開。真積力久。為聖益聖。夫如是可以迎天地之貺。揚祖宗之休。災害不生。禍亂不作。蕩然高拱。坐擁吉隆之符矣。董仲舒有言曰。天之仁愛人君。欲止其亂。自非大亡道之世。天盡欲扶持而全安之。事在彊勉而已。彊勉學問則聞見博而智益明。彊勉行道則德日起而大有功。此皆可使還至而有效者也。詩曰。夙夜匪懈。書曰。懋哉懋哉。皆彊勉之謂也。陛下以堯舜之資。聖敬日躋。加以好學之志。當為太平有道之主。天之顧諟感應

純佑。豈止仲舒之所稱者。亦在陛下勉之不懈而已。夫帝王之學。當知其大者遠者。不在辭章析句。總攬纖微。藏蓰文章。滂沛議論。屑屑若儒臣之為也。所謂遠大者。豈繇要耶。臣謹獻其略。夫明主可以靈承上帝者。莫如敬。臣願陛下事天以敬。明主可以得四海之歡心者。莫如孝。臣願陛下奉親以孝。使群臣之喜樂盡。忠者莫如信。臣願陛下御臣以信。使百姓之家給人足者。莫如仁。臣願陛下養民以仁。使政事惟醇。不令而行者。莫如勤儉。臣願陛下治己以勤儉。使左右安寧。中外附豫者。莫如寬宏。臣願陛下容下以寬宏。敬天之事蓋多端也。非學無以究至誠之實。孝親之事蓋多端也。非學無以盡愛敬之力。信臣之事蓋多端也。非學無以辨邪正之情。仁民之事蓋多端也。非學無以達富壽之術。勤儉之事蓋多端也。非學無以適中道之用。寬宏之事蓋多端也。非學無以識敦大之體。惟其進學則盡之矣。伏

惟陛下屏遠聲色。親近書史。宮中清燕。日深記誦。退朝之餘。經筵之外。間召講讀侍臣。咨訪講議。不必務求多遠。常使日力有餘。暇而致精。樂而忘倦。日就月將。自成廣博。克勤于學。則德明而君道强。不勤于學。則德微而君道弱。君道之弱。雖無災異。是為懼畏。君道之强。雖有災異。可以銷伏。陛下誠能存畏天之心。發進學之志。天心聽之。悅然降福。蒙濁之咎。終無辰月之驗。薄食之變。必有雲雨之應。精意所感。吉符是隨。上寬太母憂勞保護之慈。下副中外欣戴瞻望之願。享國永年。比隆仁祖。此宗社之慶。臣民之幸也。臣天與朴忠。尚亦自竭。今不敢以在外踈遠。少怠愛君之誠。狂直之言。惟陛下財赦。

元祐二年。右司諫王覿上奏曰。臣聞書曰。惟吉凶不僭在人。惟天降災祥在德。夫人君之德。配乎天地。而協乎陰陽者也。故災祥之來。皆隨其德。古之人君每見災異。則退而自省。以修德焉。乃可以變災為

祥。轉禍為福。伏見去歲以來旱災屢作。今春涉夏。亢陽尤甚。陛下焦勞惻怛。精意祈禱。靡神不舉。而又傾倉廩之積。以賑飢。省土木之工以寬役。親錄囚徒。赦過宥罪。宜可以致雨矣。而雨猶未也。然則天意亦必有在矣。謹按洪範之五事。一曰貌。貌曰恭。恭作肅。見於休證則曰肅時雨若也。夫人君外既有恭莊以著於貌。內必有肅欽以生於心。然後施於政事。皆主於肅欽。則百官群吏四方萬里莫敢不肅。而天應之以時雨。此天人相與之際如影響也。恭惟陛下春夏以來。凡可以致雨者無所不講。而雨猶未應。意者肅欽之道或有所未備乎。陛下起居語默。多在深宮之中。非愚臣所得而見。其見於政事者臣得以言之也。夫中都之官。雍容養望者多。而紀綱浸隳。諸司之吏。驕慢玩法者眾。而鞭笞罕及。此京師官吏之不肅也。監司妄意朝廷厭於督責者。以苟簡為適時。郡縣妄意朝廷主於寬大者。以縱弛為得計。此監司郡縣之不肅也。國之凶人可誅竄以明國之刑者。或沮格於大臣之言。民之巨蠹可黜削以釋民之怨者。或稽留於典吏之手。此刑罰之不肅也。令出惟行弗惟反。今發號出令。或數日而追。或累月而變者。此號令之不肅也。廣西新州之役。以兵將邀功。無事受戮者千餘人。遠方之民。銜冤無訴矣。而久不正其罪。此軍政之不肅也。河北塘泊之險。以大河橫流漲為平陸者數百里。胡騎之來。將通行而無礙矣。而莫有任其實者。此邊吏之不肅也。凡政事之不肅者類如此。而求所謂時雨順之。不亦難哉。夫仁恩豈不可致雨。而肅欽乃可以致雨者。何耶。蓋肅然後仁恩可行也。朝廷不肅。則小人肆而下有受其弊者矣。政事不肅。則萬事隳而民不保其生矣。夫如是。且將亂之不暇。尚何仁恩之有。況可以感天心而致雨乎。惟肅欽然後政事修。而仁恩行。乃所以致雨之道也。然則言動之不可以不肅者。臣

願躬行之。政事之不可以不肅者。臣願深圖之。庶幾乎雨可致也。

三年。御史中丞蘇轍乞罷五月朔朝會劄子曰。臣伏見去冬無雪。今歲春夏時雨絕少。二麥不收。秋種未入。旱勢闊遠。歲事可憂。伏惟皇帝陛下。聖心焦勞。禱請備至。發倉粟。留上供米以救饑饉。苟可利民。無所愛惜。而天意未回。旱氣日甚。臣實憂之。竊惟古之明君遇災恐懼。內既竭其誠心。畜用勸分以濟民死。外必避殿減膳。廣求直言以答天意。今二聖既勤其內。而外事未修。五月之旦。將御文德朝群臣。臣恐九重之深憂懼之實。民莫得知。徒見陛下晏然坐朝。臨御大衆。民愚無知。或謂陛下不畏天災。不卹民病。人心一疑。天意弗順。以此救旱。所損大矣。臣愚伏願陛下舉行祖宗故事。明詔有司罷朔會。避正殿。損常膳。令百官吏民皆得上封事。指陳時政闕失。如此施行。雖未得雨。而人知陛下寅畏天戒。不吝改過。群情悅服。神亦將助。以此

被旱。非小補也。近日執政大臣雖嘗奏乞解罷職任以荅天變。而所請未力。無益於事。今若陛下旣自引咎。則大臣勢難獨止。雖未可遽從若且例降一官。竢得雨而復。君臣協心。災庶可止。臣備位禁林。心有所見。不敢緘嘿。或加采納。乞不出臣此章。只作聖意行下。於體尤便。

轍為戶部侍郎。論陰雪劄子曰。臣伏見自去冬至今。陰雪繼作。罷民凍餒。困斃道路。聖心憂勞。何所不至。蓋嘗命有司發內庫之錢。出司農之粟。竭大府之炭以濟其急矣。猶以為未也。則釋奸獄。罷夫役。凡可以惠民之事無不為矣。而天意不順。雨雪如故。臣竊惑之。臣嘗觀先儒論五行之說。以為聽之不聰。是謂不謀。厥咎急。厥罰常寒。故周之末世。舒緩微弱。政在臣下。則天應之以燠煖。秦之末世。峻刑暴斂。海內重足而立。則天應之以寒慄。是以周亡無寒歲。秦滅無燠年。信

如此言。則朝廷之政。今豈失於急歟。竊惟二聖臨御以來。革敝去煩。施惠已責。凡所措置。雖未盡得。而民獲其所欲者多矣。苟以為急。雖三尺童子不信也。然則陰雪之應。其咎安在。臣聞商高宗雉雊於鼎。其臣祖己告之曰。惟先格王。正厥事。夫所謂正厥事者無常事也。惟因其非而正之耳。故臣竊推之古事。以為天大雷電以風。而成王應之以逆周公。衛國大旱。而文公應之以伐邢。夫親任三公。非所以止風。而興師伐人。非所以致雨。彼既為之不疑。而天亦報之如響者。誠得其時。當其事耳。臣竊惟近者天地之變。常半歲苦旱。半歲苦陰。陰陽之氣。一有過差。浸淫爛熳而不能反。今雨雪既甚。久而不止。則春夏之際。又將復旱。此其類似有以致之者。古之為政。德刑並用。寬猛相濟。使天下懷其惠而畏其威。民氣充塞。而天地從之。故陽不過而陰不忒。自頃以來。朝廷之政。專以容恱為先務。上下觀望。化而為一。

監司之臣。以不執有罪為賢。郡縣之官。以寬弛租賦。縱釋逋稅為優。至於省臺寺監。亦不聞有正身治事以辦集聞者也。何者。朝廷方兼容是非。以不事事為安靜。以不別白黑為寬大。是以至此極也。臣竊惟朝廷之意。其始蓋欲以寬治民耳。而不知姦臣猾吏乘其間以侵虐細民。其弊不可勝數。名雖近寬。而其實則虐也。陛下誠欲消復此變。宜詔敕大臣。使之守法度。立綱紀。信賞必罰。使群下凜然知有所畏。苟朝廷無偏甚不舉之政。則陰陽過差浸淫爛熳往而不反之氣宜可得而止也。不然。雖空府庫。竭倉廩。以賑貧窮。破囹圄。焚鞭朴。以緩罪戾。臣恐天地之意未易回也。臣待罪地官。以簿書米鹽為職。出位而言。罪在不赦。然陛下頃自疏外擢臣而用之。二年之間。致位於此。豈欲責臣齪齪以吏事自效而已哉。是以冒萬死獻言。惟陛下裁擇。

四年。御史中丞李常上奏曰。臣聞漢策曰。善言天者。必有證於人。善言古者。必有驗於今。臣學荒識淺。智慮不明。豈足以知天。烏足以考古。又況所謂善言者耶。雖然。誦詩書之文。服師友之訓。稽夫往昔。驗諸當今。以觀天人之際。若有可以言者。輒妄陳一二。干鈇鉞之誅。惟陛下裁擇。臣伏見今歲已來。日色無光。雷不時震。怒風屢發。甘澤弗降。上天示變。殆非偶然。質之前書。甚可畏也。易曰。垂象著明。莫大乎日。日者。君象也。照臨下土。暉曜所燭。無有不及。不容有所掩翳而光烈弗舒者也。震迅以時。發揚隱伏者。雷也。刑威之象也。不容於發生之辰。寂然收聲。使人無所懼憚也。鼓動萬物。幽微必達者。風也。號令之象也。不容狂怒輒發。蕩然無時。以抑止甘雨者也。雨之所及。膏潤恱懌。長養嘉穀。惠澤之象也。不容更越時序。枯槁百生。若無意於哀矜者也。臣自不雨以來。博行訪問。雨澤愆少。唯王畿獨甚。雖請禱備

至而嘉應未臻，沉陰欲雨，輒復隨起，霡霂微潤，尋復收霽。夫其或者將以此警懼陛下乎？且古之聖君不以災譴為患，患政刑有所不至耳。苟能恐懼省察，修明政刑，而災譴不弭者，未之有也。臣夙夜伏思陛下臨御以來，發政施仁，莫不本之先王，法乎至德，惟恐一物或失其所。聽言納善，從之如流，惟恐斂施未當，害及元元。宜乎和氣感召，風雨順理，以休百穀，以寬疲瘵矣。又自闕雨至今，陛下焦勞惻怛，發形言色，辯走群祀，致誠乎天地山川，及群小祀，親臨軒陛，以寬宥獄，命官四出，以察冤滯，然而終未獲應者，將政令之大者有所未盡歟？先儒謂心和則氣和，氣和則形和，形和則聲和，聲和則天地之和應矣。臣伏見今日政令之最大而設施未安，致人情不和者，役法是也。役法之大，溥及四海，窮遐遠徼，山農野叟，無不繫其利害休戚。今自改更以來，日見未便，戶部雖巧為損益，以求可行，猶朽木糞墻，本根

不善，終不能必當。四海之人，形聲靡和，嗸嗸莫訴，而陛下曾未之察也。執政大臣曾未之卹也。觀望百執事，鉗口奉行，曾未之告也。然則陛下之明有所蔽，而不徧照乎四國；災威刑見，玩而有所拂矣。號令差忒而設施失當矣。德澤不及乎黔黎，而欲時雨之應期，何可得耶。臣請詳言力役之為平民患，差與雇利病重輕之不同。夫耕農之人儻身常在野，而不見官府，入城市，天下之情所同願也。自租庸調法廢，版籍不明，差役寖弊。國朝因仍前代，雖加損益，不免就版籍隨重輕等第差科，然破家產，廢農業，非一日之積矣。熙寧中講知差法之弊，天下州鎮凡因色役害民之事，例皆裁減。如衙前主管廚庫承符散從手力充場案子接送之類也。就其不可減者，悉使召而賦錢乎民。平民隨力出錢，無事於公家，遂得以身常在野，不見官府，入城市，孰便於是耶？雖然，方是時奉令之臣取民過多，務於贏積，遂有輸錢不逮之歎，農民愈貧之憂，而

不聞其免徭役而專農業於家為病也。陛下即位之初，采納群言，念歲歲輸錢為非農人之事，又不供力役以為非古，遂一切罷之，復行差法。方詔旨初下，愚民未知被差之為害，臣於是時亦不能盡知，如此四遠之人，蓋嘗呼而相慶矣。行之既久，始覺其患有加於嚮日。何也？蓋差法之廢十有餘年，版籍愈更不明，宜重役者乾輕，宜輕役者反重，交相糾決，獄訟紛然，因緣為姦，公行賕賄。鄉寬戶多者，僅有休息之期；鄉狹戶寡者，頻年在役。況今無限田之制，上等極力之人，昔輸錢有歲百貫者，今止差為弓手，歲雇弓手一名以代身役，不過用錢三四十貫；中下人戶舊出錢不過三貫至二貫，而雇承符、散從、手力之類，不下三十貫。以是校之，勞逸苦樂，殊為不均，至相倍蓰矣。然則今所改法，徒能使上等人戶優便安閑，而第三第四等困苦日甚。詩云：哿矣富人，哀此惸獨。正謂是也。昔臣待罪戶部，嘗獻議曰：法無

新陳，便民者良法也。論無彼己，可久者確論也。既而典司邦憲，亦屢以此干冒聖聰。有司收格，曾莫之省。以臣料之，人情豈甚相遠哉？不過謂業已施行，憚於改易，殊不知茫茫四國，仰訴無由。蚩蚩微命，相顧受斃，聚為不和之氣，上動天鑒，豈國家之盛事耶？臣前所奏尚欲令富者輸錢，貧者出力，折衷二法而為書。今也博訪輿言，詳究民瘼，在上者既無寬剩之求，則下戶皆願出錢矣。而又四方風俗或不同，利害或不一，當差而願雇者有之。誠能使四方隨俗以為法，不以一偏之好惡示四方，官吏不得觀上所好惡而講法，其歸主於寬民便俗，上下均一，無有偏重而已。今示以一偏之意而為法，使四海沸騰，細民窮困，朝廷晏然不知慮。卿士大夫畏忌不敢言，況希合之人為監司與夫守令哉？持之不以介諸懷，使陛下致天怒於上，人怨於下，豈國家社稷計耶？臣謬司典憲，陛下許其言利害，言得失，復有所願

避而不言則臣上負朝廷下孤百姓罪不容誅矣伏望聖慈察天意之甚微特詔一二詳練民事臣寮使與賤臣就差庭二法取便百姓者修正之無牽新書無執舊說吾民以為善矣庶乎災變可消和氣可格天下幸甚天下幸甚

劉安世為愆亢乞徹樂損膳精誠祈禱狀曰臣伏見去冬以來頻愆時雪今春踰月愆亢愈甚詢之四方率多旱暵二麥已損荐飢可憂然而南畝之間苗未至槁近日得雨猶有可救方二聖子育黎庶垂意民事謂宜責躬修政以召和氣而禱祀之禮有所未舉賑救之目有所未行臣雖甚愚竊以為過昔堯有九年之水湯遇七年之旱而國無捐瘠之民者蓋備之有素而已宣王遇裁而懼側身修行欲銷去之故雲漢之詩曰不殄禋祀自郊徂宮上下奠瘞靡神不宗此前代聖帝明王所行之事陛下之所宜取法也伏望聖慈祗畏天變徹樂損膳精誠祈禱明敕大臣講求闕政申命中外審決留獄者路監司謹視所部凶荒州縣廣為賑濟之備或官廩有不充之處仍令勸誘富民納粟以助公上擇其尤者寵以閑官不急工役悉俾停罷庶幾人神和悅早致膏澤事有備豫民無流散

安世又乞舉禋祀荒政及求言卹刑狀曰臣近以時雨愆候旱勢闊遠嘗進狂瞽粗陳銷復之理又舉前代聖帝明王側身修行救災備患之事條列以聞乞賜採擇今已累日未覩施行臣聞田家之言以謂三冬得雪而中春無雨則猶不免於歲歉今內自畿縣外遠諸路率皆旱暵二麥已損磬熬下民將罹饑饉凡可以為之救助者安可緩也臣聞聖王為國必有九年之蓄故雖遇旱乾水溢之災民無菜色今歲一不登人且狼顧若有司不度事勢拘執故常必俟春夏之交方行祈禱之禮民已艱食旋為賑貸之計所謂大寒而後索衣裘亦無及矣伏望聖慈特垂軫惻禋祀之典救荒之政先事而講不必待時特責躬求言恤刑省役庶召和氣以致膏澤

安世為右正言上奏曰臣伏見陛下即位以來于今五載承天順地仁民愛物德澤洋溢施乎方外元元鼓舞歌頌不暇固宜陰陽順序風雨時若諸福協應百嘉蕃昌而歲比不登和氣湮鬱饑饉洊從災害頗衆今春及夏旱暵為虐京畿西路二麥失望農民嗷嗷且有菜色雖陛下惻然軫念靡神不宗疏決繫囚降從寬典而沛然之澤終未告足又陝西河北屢聞地震大星晝隕其光燭地旬月之間巨異仍出臣聞天人之際精祲有以相盪善惡有以相推事作乎下象動乎上陰陽之理各應其感陰變則靜者動陽蔽則明者晦水旱之災隨類而至此皆天心之仁愛人君而先出災異譴告警懼使之兢慎脩省而不至失道之敗也臣竊謂上天之體雖高而聽卑明主所應惡文而尚實與其為祈禳之小數不若圖銷復之大方臣願陛下夙夜祗畏側身修行特下明詔以示罪己又許中外臣民極言政事之闕失乎妥近臣考求其當以施有政庶幾下情不至壅塞其諸路災傷州縣流民所至並委守令多方賑濟無俾捐瘠申勅緣邊帥臣及捕盜官吏常切警備以戒不虞今日已前內外營造土木之役苟非要切並乞停罷分命監司按視留獄公卿輔弼同寅協恭以思天變開衆正之路塞群枉之門誠備災之善經應變之至務也昔宋景公小國之諸侯爾有不忍移禍之誠出人君之言三熒惑為之退舍陛下之明聖發於誠心精意感通何求弗獲臣待罪諫列日聞焦勞輒効愚忠庶裨萬一惟冀聖慈少賜採納不勝幸甚

中書舍人曾肇上奏曰臣伏見去年諸路災歉京西陝西人至相食冬間纔得嘉雪粟麥甚茂飢民嗷嗷待此以濟而雨不時應旱氣已

盛夌苗萎黄。勢將槁死。雖有收成之處。所得固已無多。若飢饉荐臻。
公私受弊。有不可言者。此正君臣側身畏懼憂恤百姓之時。而恬然
莫以為意。此非臣之所諭也。皇帝陛下太皇太后陛下。畏天愛民。海
内所知。豈忍生靈轉從溝壑。恐是上下蒙蔽。苟寬聖心。但云雨澤小
愆。未至害事。九重深遠。何由盡知。臣等承乏從官。不敢雷同隱默。敢
効小補。仰裨萬一。伏見已定今月十七日春宴。臣愚切謂天旱方作。民
食未充。乃於此時君臣相與飲食燕樂。恐無以消伏天災。導迎和氣。
伏望特賜德音。為罷春宴。使百姓咸知陛下之意。人心既悅。天意亦
順。必有膏澤應聲而至。猶足以救垂死之苗。獲豐登之望。蓋輟一日
之適。而成終歲之功。在於聖心。宜無難者。唯留神無忽。天下幸甚。

歷代名臣奏議卷之三百三

歷代名臣奏議卷之三百四

災祥

宋哲宗元祐四年。御史中丞傅堯俞上奏曰。臣伏覩旱勢太甚。為害
非輕。聖心焦勞。和氣未應。臣聞應天以實不以文。又聞萬方有罪。在
予一人。自古聖帝明王。莫不引咎自責。故以誠感格者多矣。是以凡
有災異。或減膳。不御正殿。思譴責躬。以消弭其變。不惟民被其福。而
上德益光。臣願陛下講尋故事。以致憂勤之意。擇日親出為人祈請。
及還。朝臣謹重嚴恪者分詣五嶽四瀆名山大川。精加祠禱。仍詔所
撰祝詞。深自刻責。務在感動人神。庶幾必有顯應。

右諫議大夫范純仁論消復陰沴疏曰。臣竊見去冬以來。寒雪過常。
今已中春。陰沴未解。商賈束手。不能營生。貧困之民。死者甚衆。聖心
憂勞。修德禳變。賑卹備至。祈禱精虔。尚猶未有消復之應。臣竊思之。
君子為陽。小人為陰。或慮朝廷之士君子少而小人多。因致陰氣過
盛。而陽不能勝也。伏望深詔三省。選用正人。在外者使復歸朝廷。在
京者移居要近。俾得聚會精神。講求政要。以裨聖治。所謂舉直措枉。
庶使民心悅服。自然協氣應誠。災異不作。

七年。簽書樞密院事王巖叟上奏曰。臣伏見去歲日食五月朔。今歲
月食三月望。且食之既。按十月之交詩曰。日月告凶。不用其行。四國
無政。不用其良。傳曰。國無政。不用善。則自取謫于日月之災。故政不
可不謹也。又曰。彼月而食。則維其常。此日而食。于何不臧。考吉凶之
言。則日月之食以為戒。考維常之語。則若專戒日食而不以月食為
可畏。蓋詩人之時事異於今。今方兩宮同聽天下之政。實日月並明
之道。俱不當有薄食之變也。臣竊惟皇帝陛下。以光明純粹之德。淵
默臨朝。太皇太后陛下。以仁義公恕之行。發而為政。蓋無一不當天

心者。然則何為謫見于月食之災。臣殆恐陰邪道長有以熒惑盛明。而聖心不以為疑。故天見變異以示警戒。此天心之仁愛陛下而欲全聖德之美也。消復之應宜在此時。願陛下用人之際則審邪正使必得其真。聽言之際則察是非使必歸於當。斥遠陰類深防蒙蔽之害以荅天意。臣愚不勝幸甚。

八年。春多雪。刑部侍郎豐稷上言曰。今嘉祥未臻。沴氣交作。豈應天之實未充。事天之禮未備。畏天之誠未孚歟。宮掖之臣有關預政事。如天聖之羅崇勲。江德明。治平之任守忠者歟。願陛下昭聖德。祗天戒。總正萬事。以消災變。

右正言鄒浩以京東大水上言曰。今頻年水異繼作。雖盈虛之數所不可逃。而消復之方尤宜致謹。書曰。惟先格王正厥事。不以為數之當然。此消復之實也。

紹聖元年。翰林學士范祖禹上畏天劄子曰。臣伏見今月一日日食不盡如鈎。見者駭懼。以為數十年來日食之異未有如此之甚者也。臣聞日食者陰侵陽臣侵君也。自古陰盛陽微小人浸長。虧損人君之明。則謫見于天。日為之食。陛下初御前殿聽政。月朔之日皇天見異以儆聖心。雖言語丁寧不過於此矣。陛下所宜恐懼修省以荅天戒。深思變異之來殆由人事有以感致之。務在安靜以寧人心。夫天人之際相去不遠。應如影響。不可不畏。能應之以德則災變而為福。異變而為祥。不能應之以德則重違天意。何由消弭。臣恐邪人佞臣欲寬陛下聖慮。或言日食自有定數。又云天道遠而難知。此乃小人誤國之言。非聖人畏天之意也。惟陛下留神省察。臣不勝灼怛憂國之至。

四年。陳并上奏曰。臣伏承詔書以彗星西見。大赦天下。許中外臣寮直言朝廷闕失。此陛下敬天愛民罪己好諫之至也。臣聞主聖臣直。臣備員江外山縣窮僻之地。心念朝廷。不敢隨衆唯唯。輒陳愚見。商書曰。惟吉凶不僣在人。惟天降災祥在德。天下之治安常以聽直言。近正人。公喜怒。消朋黨。明法度。節財用。謹興兵。不事游觀。不邇聲色。不急功利。不惑佛老。非獨治安也。榮莫大焉。天下之危亂常在於逆忠直。近纖佞。私好惡。縱朋黨。紊法度。費財用。好攻戰。事游觀。惑聲色。急功利。尚佛老。非特危亂也。辱莫甚焉。陛下稟堯舜聰明之資。聖德學問日益光明。求賢納諫聲聞中外。然進用之人。或緣不用已而執仇。或覩望大臣而陰助。或元祐持兩端竊位幸用之人。伺意希合。豈免偏私。臣昨聞傍朝堂不得附會言事。其熙寧元豐無問賢不肖其所行無問是不是。則目為同心。稍言非是。便相語以指斥先帝。則為乖背。中書舍人葉濤謂觀文殿學士安燾為無甚過。則以濤為非毁

職。知光州。權中書舍人沈銖以户部侍郎吳居厚為聚斂掊刻之人。繳還詞頭。則以銖為蹤羅織罰金。夫詞臣以言而被責。臣下又不得越職言事。臺諫為陛下耳目。官司以言而不言。則是言路壅塞。下情不通。利害不達。非太平之道也。乃者彗星見于西。按漢曆志。有掃除之象。又云。其災或短或長。内為後宮之害。外為諸夏之禍。又記齊景公彗星見而泣。晏子曰。君無德於國。穿池沼則欲深以廣。為臺榭則欲高且大也。賦斂如攘奪。誅戮如仇讎。彗星之出庸可懼也。是時孟皇后廢。天意驗於上。必當以人事驗於下。聖心恐懼。徹膳避殿。赦宥辜罪。求言悔過。中外聞之。率皆鼓舞。知陛下因變而增修其德。如周宣之側身修行而弭災。宋景公出人君之言而星退舍。真皇咸平間有妖星見營室北。詔令臣下極言得失。仁皇以彗出亦嘗下詔求諫。陛下今日所行。以周宣宋景為不足學。而稽祖宗之盛。言路開闢

聖政日新。忠臣義士。將接迹而出。遭際有道。誰惜危言。然臣聞諂諛軟熟之言易於聽。無益於治。忠鯁法度之言逆於耳。有補於時。譬如良藥雖苦口而利於病焉。臣不避斧鉞之誅。竊謂缺失其大有四。中宮廢居瑤華。嬖妾寵盛。一也。逐臣未見牽復。臣下互立朋黨。二也。百官趨時而迎合。臺諫觀望而不言。三也。廷臣好談兵。邊將喜攻戰。四也。所謂中宮廢居瑤華嬖妾寵盛者。臣試言之。陛下。日象也。皇后。月象也。日之與月。天地陰陽相資之理。而坤無以承乾。則無以母儀天下。一旦置之瑤華宮中。外議籍籍。且舜使堯女能盡婦道。文王以御始于寡妻。今閭巷賤夫。尚以出妻爲恥。況陛下爲天地神明之主。言而爲天下後世法。行而爲天下後世則。朝行乎一堂之上。暮傳之四方萬里之遠。夫婦之道。體合乾坤。理干風化。豈可容易廢黜。臣聞有過則誅。若無過惡。不過詰責。不已。不過放之別館。諄誨諭使之改悔。設有忤旨不遜猜妒。乃婦人之常情。今幽置瑤華外宮。以爲罪大也。則不寘之死。以爲罪小也。則不應終廢。且未聞別降詔選后。天下疑之。臣亦切以爲疑。慶曆中。仁皇欲廢郭皇后爲庶人。司諫范仲淹諫曰。后者所以長陰教而母萬國。不宜以過失輕廢。且人孰無過。陛下當諭后之失。放之別館。擇嬪妃老者侍之。俟其悔而復宮。書奏不納。明日又率其屬伏閤論列。上遣中貴人押往中書商量。宰相順旨。以漢唐有廢后故事。仲淹曰。上天資堯舜。相公柰何以前世弊法累盛德。御史中丞亦與宰相廷辨其非。仲淹以言事出。后廢瑤華宮。其後上嘗密召郭后。后欲宰相召百官立班受冊方拜命。今陛下規摹所期。直欲在堯舜之上。豈宜復用漢唐下衰之時已弊之故事耶。后決無大過也。自可再冊后。命復宮。以協天人之願。以正乾坤之位。以著日月之象。諒陛下非不知此。遲遲未肯召者。必左右毀之也。必

寵愛蔽之也。內則閹官嬖倖助言其非。外則百執事之人順以爲是。下不能躋上於唐虞之盛。而致陛下於有過之地。以漢唐之弊法同其稱。臣切爲陛下不取也。願陛下俯回天鑒。復正中宮之位。使後日史冊全美。天下幸甚。所謂逐臣未見牽復臣下互立朋黨者。臣試言之。陛下以妖星譴告。深自戒懼。大施曠蕩之恩。有罪之人。咸得自新。至於殺人情輕。尚獲全宥。滌濯收召。和氣來。柰何故逐之臣。尚未牽復。人情未順。天意亦乖。元祐名曰垂簾。其實陛下自總機務。事皆奏可然後得行。一時大臣。念嘗爲陛下左右輔相。雖趨嚮乖背。不爲無過。古人言投鼠忌器。元祐之改更爲形比。先帝。則今日有所行。亦不無形比。陛下理宜顧惜國體。乘此大霈。應遠竄舊臣。召還近地。漸復其職。天下皆知其過。陛下容而貸之。是增益陛下天德之大。內外諸臣不復分黨。此一舉而數善得也。臣元豐中擢進士第。元祐中實不蒙召用。今日亦不敢干進。故言之無嫌。蔡確之死。當時士大夫私曰。此太皇太后之意也。臣下無復敢言。今劉摯蘇軾之徒。放之嶺表瘴癘之地。呂大防死於半塗。范純仁置之遠地。其他棄逐紛紛。不可勝數。士大夫又曰。上意也。臣下又無復敢言。是過則稱君。善則稱己。非所謂忠也。夫人所學所守。各自有趨嚮。不能齊也。在朝廷用不用如何爾。舜之命禹。欲征有苗。益以爲不可。周公之東征。群臣異議。獨十夫以爲可。王恢韓安國之論征伐。張湯汲黯之同朝。封倫魏證之論法度。皆各有所見。人擇其可而用之。未聞加罪於異見之人。陛下天容地受。父生母育。無一民非王民也。無一臣非王臣也。雷霆之怒。不當於臣下計較。如天地之於萬物。溥施無私。父母之於子。有教無棄。此天下。陛下之天下。陛下之天下。乃祖宗之天下。前後用事大臣。乃藉利勢利器。恃爲己私。公肆喜怒。以得勝爲快。訕詘紛擾

自為朋黨非天下福也臣願陛下召還逐臣選用正人改法行事姑
務安靜朋黨既消則朝廷日尊人心既協則和氣日生天下幸甚所
謂百官趨時而迎合臺諫觀望而不言者臣試言之唐太宗有房杜
為相有王魏善諫近世如仁宗朝容納諫諍其甚切直者量行貶謫
近不過三兩月遠不過半年例行牽復或遂召用如此則忠臣肯言
義士感激無所顧忌所以得聞缺失保守太平陛下繼人主守成之
大業堯父舜子重規疊矩文經武緯聖作明述可謂已盛已盈矣已
盛者必善守已盈者必善持宜其憂勤兢畏以保無疆之休幸天誘
陛下之清衷輔養聖資有不言之敏德不怒之神威終之以禮樂無
以復加矣傳曰治天下之要莫若靜今用事言事之臣不求安靜以
酬恩怨為急百官之中少識廉恥貪愛爵祿務肥妻子者紛紛如也
其間尊君愛國以忠義名節自期千百之中無二三人且以近事言

之王安石為相門下客常不下數百人安石罷相則移之呂惠卿之
門惠卿貶黜則移之吳充王珪蔡確之門逮元祐則移之司馬光之
門光死則移之呂大防之門大防出則又移今日執政之門宰相意
在東則東意在西則西欲財利則財利欲邊事則邊事隨事變轉隨
口上落今之人材卑汙如此甚可恐也能言元祐之非能順執政之
意者薦之登對其次堂除不能言元祐之非不能順執政之意者送
歸吏部雖有忠臣義士無因得言無路得進近者所用言事官非執
政門人則其親故同里之人言人之善必視君相意旨之所必喜言
人之惡必視君相意旨之所必惡助恩賊仇至有章疏屢上不報而
不決去就或以不敢言而求他職或以親老不可言而求外補臺諫
削弱風憲不振良以所用非其人之所致也如侍御史董敦逸司諫
郭知章乃是元祐用事之人在元祐則不言元祐之非所以能安其

身逮紹聖之後爭言元祐所用所行無一事是乃獲安其身此兩面
之人操兩可之說非所謂一心事上者也鄉原之徒君子切齒而二
人偃然居之不自羞愧使陛下不聞過失助百官以報恩仇敦逸知
章負天下甚矣如皇后廢而未復逐臣久而未還聚斂之臣復進閹
官用事內降妨公臺榭修費民力殫窮邊帥生事士無廉恥釋老害
教朝綱未正法度未清役法未均水旱頻仍略不聞力言縱言之不
聽未見緣言事而出者低回苟祿以要大用今所力言者不過暴斥
垂簾之事多形瑣碎之言一切迎合亦未容全是也仁皇初即位嘗
詔內外不許言太后垂簾日事詔之大略曰太后保佑沖人十餘年
間四海安靜紀綱不亂今言事者多挾情迎合罔識遠圖靡循理體
今後不得輒有上言庶永先猷式敦教本此詔最為近厚紹聖以後
臣嘗觀陛下有詔謂垂簾時事及元祐大臣有一切勿問之語與仁

皇詔書意合然而進用之人既感日與仇人為敵欲其必死而後已
又希進干祿求媚取悅之人不言元祐之失則為背馳陛下雖有此
詔其實臣下不行陛下之詔意中書樞密今所謂執政官有六人而
閩人居其五先王之時取賢無方或取於漁鹽或取於耕築或取於
仇讎未聞止於取一路也中書侍郎許將元祐為翰林學士一日獨
班宣見明日除尚書右丞蔡確南行之日也今尚書右丞黃履在元
祐為御史中丞凡涉數年不知所救何哉所爭何事設言之不行則
亦不可已尋以己事為他人所攻罷職不知履何以自處或以先朝
嘗以善財利擢而今復用或以詞誥善罵而擢之要近如昨被責閹
官不唯牽復更加寵用此輩只宜備使令不當使預中書政事願陛
下察視多吉惟賢是用潛消朋黨悉為王臣招致直言虛心悔咎法
度求當無間新舊天下幸甚所謂達臣好談兵邊帥喜攻戰者臣試

言之今急功利之人多無遠慮但務以雪恥為名挑剔起事徑入築城士卒不得休息轉輸絡繹於道臣恐勤兵勞衆雖得所侵舊境遂田無所用之所可憂者在乎內地也莫易於取之莫難於守之芻粮器械積之府庫適為其所資也以臣所見不若繕備自治以待之其太盛不執之甚則戰戰之有名無有不勝其次候其少衰當自歸服如趙充國之屯田以不戰勝之也陛下自免西顧之憂有榮無辱然後選忠厚政事智敏老成之人為之帥則得民之心一可當百矣儒馬飢用無紀律雖驅而使之戰百不當一今鍾傳江外書生始為閭人李憲門客因緣得官素號輕浮今以一方重事委之又以館職誘之可攻可戰有進有退不能臨事而懼好謀而成不唯無功恐辱國命熙寧初富弼議事不合罷相去之日告先帝曰陛下二十年莫說用兵王安石五事書一曰和戎是皆天下安靖肥富而後可以言兵

也所謂莫說用兵者非不為兵備其意謂先帝熙寧初即位未久歷事未多天下未富未可輕用其民遠元豐間陝右五路進兵有靈武之不利永洛築城有徐禧之敗事先帝謂在廷輔臣曰作事如此之難邊奏警屢為泣下信乎邊事不可容易民之死生國之安危君之榮辱係焉不可不知也臣前謂太盛不執則戰戰之有名無有不勝此自挍禍也故取之易其次候其少衰自當歸服此前世驗也凡言禦西戎之策多以斷西北交結之勢漢武帝命衛霍屢空其巢穴列為張掖酒泉武威燉煌等郡魏晉以下赫連等互據西河涼州之地奄有靈夏唐開西域始復其地置都護節度僖宗以後例授功臣五代擾攘封李仁福為西平王我太祖經略四方未暇遠略故彝興尚世襲領節鉞至四世外繼遷叛盡據夏宥銀綏之地淳化中始納款歸服太宗易姓改名籍于宗正至道中復叛景德中又叛其子德明

尚孤幼又值契丹北和無以為援懼我朝廷併取乃堅上表以示臣服真宗慈仁寬量不惜靈夏數州之地遂以為定難軍賜以西平王號使當時乘其勢衰力敗有攻必取建州邑置靈武安西都護府擇帥之賢者且制且撫則沿邊鄜延環慶不復有今日之患其間元昊僭號遣楊守素入朝納旌節犯延州執劉平石元孫又入渭州界好水川殺葛懷敏輩臣以所見戎虜叛服往來不常正如虎豹之性不足怪也德明之衰弱可以攻取而不取元昊之僭可以問罪而不問所以養成其惡也今西戎謂之盛則有罪謂之衰則不臣宜選帥訓兵謹備斥堠俟之歲月彼當自屈服歸疆然後置都護府廣開營田足食足兵攻守兩得以永國家之利天下幸甚臣所陳四說賴陛下稍霽天威容納而行之負薪之賤或有廊廟之語陛下自視孰與成王賢且成王有周公召公為師召公奭為保又有閎散之徒朝夕講道

明義為欲致其君於堯舜之上身不比嬖佞纖巧之小人耳不聞近習小利之邪說目不覩爭地兵戰之危事聲色者不得惑游畋者不得作貨利者不得萌德已進矣尚猶有訪落之謀廟小毖之求助七月之陳王業公劉之戒民事無逸之戒盤游無諫不從無言不聽而召公尚有不悅憂王之意如此乃能君臣相濟上下維持以成太平今近臣則爭曰陛下聖德已成群臣皆所不及無用諫諍言事之臣又不過指斥一二差除小事與今日不得志之人於國家大利害天下之大本未嘗聞議論今左右倚為廟堂之柱石者為誰賴以為醫工之藥石者為誰為陛下之股肱耳目者為誰恭惟先皇帝德業茂盛播在四海陛下當思所以繼之之難不宜輕信偏聽容易持守詩書之所責備成王者謂文武之業難繼也仁宗皇帝所以享國四十餘年內外無事以能聽諫諍也唐陸贄好諫自謂上不負天子下不

負所學。言之爲利於國有補於君。臣雖死不恨。昔靈公冬寒鑿池。宛春諫之。左右謂鑿池天寒以春言罷役則是怨歸於公恩歸於春。靈公曰宛春有善寡人能用之春之善則寡人之善也。遂罷役。裴延齡佞人。帝欲相之。陽城等詣延英門論爭。伏閤不去。帝怒。左右懼不測。金吾將軍張萬福大言曰。國家有直臣。天下無憂矣。吾年今八十。與見盛事。臣學術蹇淺。言無文采。發於孤忠。言無忌諱。願陛下萬機之暇少賜省覽。幸而采擇。念祖宗艱難之業。除去四說之患。若稽先王之道以措之當時。非獨臣幸。實天下之幸。

元符中。刑部侍郎王覿上奏曰。臣聞之詩曰畏天之威。于時保之。故成湯以旱災而彰罪己之德。太戊以桑穀而享中宗之名。鼎雉致高宗之興。風禾致成王之聖。皆此道也。董仲舒對策漢廷亦曰國家將有失道之敗。天乃出災害以譴告之。不知自省。又出怪異以警懼之。尚不知變。傷敗乃至。此天心之仁愛人君而欲止其亂也。比者日官預言將有日食之異。陛下損常膳避正殿。畏災之意見於政事。以邀功嬖幸之閹吏投之遠方。以勞民蠹國之邊壘付之番將。而又赦過宥罪與民更始。斯足以慰人情而感天意矣。故正陽之朔。陰雲四布。初無日蝕之象。及有司觀渾儀驗晷刻之際。雲稍開而有覩焉。疑陛下之所以正厥事者雖已留神。而猶有闕歟。不然。何變異之未盡消耶。夫應天以實不以文。臣伏望陛下敬用五事。念休咎之所因。延見群臣訪安危之所繫。進端方直諒之士。拒讒佞傾邪之言。文德來遠以久四夷之安。脩德率下以廣九年之畜。務民力之彫弊而與之休息。愍風俗之澆薄而化以忠厚。如此類者。陛下深圖而力行之。則何止於消伏變異而已哉。太平之效。無疆之休。可以坐致也。干冒宸嚴退俟誅戮。

哲宗時侍御史劉摯上奏曰。臣伏見自入冬以來。並無雨雪。亢陽爲厲。被災甚廣。群情嗸嗸。驚憂四顧。考原經典。可謂大異。夫人之氣與天地陰陽之氣相爲出入流通而往來者也。人情和於下。則天道順於上。人事乖於此。則天變効於彼。是謂天人相與之際也。故聖人之事天也。知其在上不遠。應以類至。則凡祈禳消伏。以爲末節小數。而專修政事以應之。竊以陛下委國仰成。與之均休戚同榮辱者。不在三省樞密院執政之臣乎。今廟堂之上。大臣八人。情志乖睽。謀謨不一。無同心同德之節。有分曹懷貳之意。故議政之際。排抵依違。相激相閉。其語往往播在中外。所以政令壅隔而不下。文書稽滯而不行。官爵濫於無名而不應於典故。公道屈於貴近而獨施於疏遠。私邪朋比。上下隔并。況當皇帝陛下淵嘿諒闇之日。太皇太后陛下制出房闥之時。朝廷政權盡在大臣。而大臣不咸如此。故天下但聞頗僻之事。而不見和善之政。政不和。則人情不和。人情不和。則天地之氣繆沴而生此變也。書曰肅時雨若。五行傳以謂冬旱。政舒緩之所致也。今上下可謂不肅。朝廷之政可謂驕慢廢弛。號令可謂二三不振矣。古者災異水旱。咎在燮理陰陽之官。故策免三公以塞其譴。今來歲以窮盡。旱暵如此。宿麥在野無潤澤之入。春氣相乘有疵癘之變。生民一歲之大命。豈可不念之哉。又一月已來日青無光。風霾昏翳。考之占驗。皆非小變。而上之人恬不以爲怪。此中外之所以恐懼而不寧也。伏望聖慈深省上天儆告之意。俯察朝廷乖戾之變。特詔大臣修飭政事。凡賦斂之害人者。法令之未安者。大解而更張之。至於決獄訟之私枉。趣諸司之稽違。進忠良。退阿諛。通壅蔽。去疑貳。務以至誠寅奉上塞天譴。下救生民。則和氣之應。將不旋日而得之矣。臣不勝惓惓之心。

諫議大夫陳次升奏曰臣聞易曰天垂象見吉凶聖人象之又曰觀乎天文以察時變則知古之聖王嚴恭寅畏以順承天天示之以異則反身修行下責躬之詔求直言者有之冊免三公者有之恭惟陛下近因星變徹常膳遠聲色罷游宴此盛德之舉雖舜帝之惟幾文王之小心何以加諸然而責躬之詔未下無以顯聖德天下直言未求無以裨聖政臣竊觀經史所載以災異之來必緣人事人事正於下天意應於上書曰惟先格王正厥事蓋謂此也伏願陛下頒尺一之詔求天下直言上以昭聖明之聽納下以盡臣庶之愚忠如此則朝政闕失得達於冕旒之前人事何患乎不修人事修則天意得天意得則災異自消矣

次升又上奏曰臣觀書曰皇天無親惟德是輔詩曰皇天親有德享有道以此知有道德之君天必愛佑之時出災異以警戒之恭惟陛

下聖德隆盛朝廷清明今有此變異者豈非天之所愛佑以此警戒乎竊聞陛下謙冲退托下詔損常膳避正殿罷秋宴求直言此盛德之舉社稷之福也然考之故事先朝有遇星變必須恩以黜幽枉臣欲乞斷自聖衷施行庶使變異自消福祥日至不勝幸甚

徽宗即位鴻臚寺丞韓宗武上奏曰臣伏覩詔書以日食正陽之月天下臣庶得以實封言事臣退而伏思以謂人君敬畏天象法古盛德夫日食星變山崩涌泉天地所以警戒宜以人事察其幾微自古危亂之國豈其未危未亂必有事之先見者忠臣義士未嘗不發憤流涕道于當世之君事之微漸則人情所忽亂之既生又悔無所及臣竊惟近日之事亦有微漸而不可不察者夫大臣不畏公議私結朋黨小臣趨利附下遺忘朝廷國可危也人主怠於政事言路壅絕威柄下移怨讟上歸國可危也左右謀議無儒學輔拂之士守邊捍禦無扞城禦侮之臣國可危也開大境土外速邊患財用耗匱民力凋弊國可危也歲穀不登倉廩空虛民人流亡盜賊數起國可危也先帝踐祚之初母后共朝政出房闥委任大臣紹聖之後神考法度未及盡舉而根治朋黨追復私怨中外觀望言者同罪追貶竄逐流離道路正士廢黜耆老殲亡附下罔上相排擯以為進身捷徑縱有特立之士一二敢言者一身流放旋起大獄害及善類歸咎先帝虧損至德自侍從官至百執事非執政親黨不得進每一官闕輒闕不補豈以四海士人之富朝廷百官之衆乏如是耶侍從官職在獻納頃年以來未嘗有一敢言事者畏大臣為身謀耳竊受重禄被服冠帶出入禁省朝廷何賴焉文章號令衰於前朝劇藩重邊多非其人狂士獻說驟冠三軍進築生事不計國費虛增首級妄邀厚賞猥稱招降陷沒驍將羌人所過供帳犒設道路騷然自陝以西斗米數百

金泉法低昂無術以救重加困擾戎落不顧士馬疲弊夫關西天下之形勝也使民力內虛外遺邊患朝廷何以禦之邊境一搖陝右危矣河北山東天下之腹心也大河決溢飢饉相仍老幼扶攜散而之四方者不可勝數其餓殍填委溝壑者以百萬計或至父子相食州縣無以賑給坐視其死亡或以郡守非其人朝廷罷去後來者率皆以私意除用或不及前人尚何賴其拊百姓為朝廷究陳利害河事雖廢責之水官至今未見圖利安之策堪受其任者執政大臣無憂國忘家為萬世之慮豈人有腹心之疾得高枕而卧耶所恃以為安者北虜敦固盟好邊鄙不聳然豈中國可亡備耶易曰其亡其亡繫于包桑自商虢至伊陽六七百里山巖重複林木蔽密中間無郡縣城郭逃亡所聚不啻數千人萬一有桀惡者相扇而起其患豈小哉臣每見朝廷更革政令但人懷異意排去舊怨以立新黨徒為紛紛

未有講究治具建不拔之基為國家者也。國是未定，殆為此也。誠願明天子躬攬乾綱，收還威柄，公卿大臣圖畫政體當今所宜施行，因求賢知足以濟務者，隨才錄用，無間新舊，敷言奏功，考察名實，中外之任，更番迭處，使勳業著見，朝廷尊光，君臣同福，海內被澤，太平之烈，豈不偉哉。聖人以天下為度，聰明惠澤如日月雨露，顧不以小惠小察而自足也。安不忘危，治不忘亂，不以天位崇高、率天下無事而宴安也。以四海之內一夫失所為憂，不以侍御之好、鐘鼓之娛為樂也。大約人情泰然無患，久則放佚生焉。願陛下思大禹寸陰之戒，慕漢文惜百金之費，潛思留神，日謹一日，如太陽朝升，至於豐融，以照天下。誦帝堯知人之哲，稽洪範威福之正，仁祖惻怛至誠以結天下之心，神考勵精不息以舉天下之事，此陛下之所宜法也。臣在神宗皇帝時，屢蒙清閤，未嘗敢獻一言。今至白髮，非以僥倖美官厚祿，特以世受厚恩，誠惜當平治之世，不慮安危之機，而徒為此紛紛也。小臣謀國大體，罪當砧鑕，昧死以聞。

殿中侍御史陳師錫上奏曰：臣恭聞今月六日駕幸懿親宅蘇王位，觀芝草於龍德宮。聖人所居，明神相之，德氣覆之，發為禧祥，以表休應，宜屈萬乘以注清覩。臣伏見祖宗詔有司不得奏祥瑞，蓋慮道未備、德未盛，雖祥圖瑞牒溢于史館，可以為美，終未為善。唯賢者在位，能者在職，朝廷之祥瑞也；陰陽氣和，風雨時若，日月光華，星辰順度，天地之祥瑞也；百穀順成，萬民和樂，郡縣之祥瑞也；四夷安靖，五兵不試，邊境之祥瑞也。格此四瑞，仰賴陛下以道治心，以德為政而已。心以道治則明，政以德為則仁，故能感人心而天下和平。甘露降，醴泉出，麟鳳至，朱草生，理之自然，物之遂性耳。俗人乃謂之祥瑞也，稱頌歸美，以驕帝王之心，祖宗所以戒之。臣愚狂妄，或有小補，不避斧鉞之誅。嘗聞天聽，伏乞政事之暇，曲賜睿聽。臣不勝拳拳之至。

右正言陳瓘論熒惑在房心之間狀曰：臣近聞衆論火星之行頗失常度，歷氐犯房，今乃在房心之間。臣竊考歷代天文志，熒惑犯房，將相忍之；若房心之間，則天子之明堂也。臣雖不曉天文，然而房心兩位最為易見，恐太史占知，有所隱避，不敢盡奏，臣不可以無言也。臣伏聞仁宗之訓曰：國家雖無大異，亦當常自修警，況因謫見乎。自陛下即位以來，正陽之月日有食之，肆赦求言，所以圖消復也。而星變繼作，厥異甚大，安可以不思其故哉。董仲舒曰：國家將有失道之敗，而天乃先出災害以譴告之；不知自省，又出怪異以警懼之；尚不知變，而傷敗乃至。以此見天心之仁愛人君而欲止其亂也。陛下聖德日躋，切於致治，上法祖宗，內稟慈訓，孜孜勉勉，不敢遑暇，而日星之變重有譴告，非天心仁愛之深，何以得此。革否為泰，轉災為祥，在陛下一念之頃耳。臣聞

應天消變，不在文采，非祝禳之所能除也，非末術之所能去也。宋景公有仁人之言，而能使熒惑退舍者，非空言而已也，根於誠心而發於言也。咸平元年二月，彗出營室北，真宗謂宰相曰：其祥安在？呂端等言變在齊魯之分。真宗曰：朕以天下為憂，豈獨一方邪？其年十月，遂用李沆為宰相，王旦為參知政事。此二人者，天下之所謂賢也。舉天下之賢而用之，則可以解天下之憂。真宗消變之術，如此而已。臣願陛下用真宗消災之術，察朝廷未正之事，勿牽衆論，取決聖心，躬攬之初，大正厥事，當使所用所棄皆合人心，則合天心矣。漢元之時，蕭望之、周堪、張猛等與石顯、許、史之徒議論交戰，邪正未決。當此之時，有夏寒日青之變，而許、史之徒以為堪、猛用事之咎，於是勢孤者危，有力者勝。臣嘗以謂天下大器也，譬如一舟，舟平則安，舟偏則危。自紹聖以來，宰舟之人實右而虛左，舟勢不平，幾於傾覆，觀者膽落

亦已久矣。自陛下即位以來、好平惡偏、損諸右而進于左、十損一二。舟勢尚偏。臣願陛下察用偏同濟之人、採傍觀譫落之語、廣諏博訪而審其所以然也。且星文之變、昭示天下已數日矣。唯京師陰雨、見之寂晚、則是遠方之所已知、而陛下有未知也。幸而蒙蔽忽開、陰雲披剝、垂象粲然、警示陛下。天心仁愛、可見於此。傳曰。人之所欲、天必從之。決去姦佞、改用忠良、以合人心之所欲、天意得矣。臣故曰。革否為泰、轉災為祥、在陛下一念之頃耳。臣愚不知忌諱、唯陛下裁赦、幸甚。

貼黃。淳化二年、熒惑犯房、其年宰相呂蒙正、樞密使王顯、參知政事王沔、陳恕皆罷、而改用寇準等。太宗以是年大旱、遍近臣問時政得失。樞密直學士寇準對曰。天人之際、應若影響。大旱之證、蓋刑有所不平。頃者祖吉、王淮皆侮法受賕、吉既伏誅、家且

籍沒、而淮參知政事沔之弟、止杖于私室、仍領濠州定遠主簿。用法重輕如此、亢暵之咎、殆不虛發也。太宗大悟、明日見沔、切責之。是歲擢準樞密副使、徙同知樞密院事。今陛下左右之臣、在紹聖中負誣神考、醜毀宣仁、而不能奉承哲宗繼述之意、同心合謀、非一人也。願陛下躬攬之初、速正其罪、且無使有僥倖苟免之人、則用法輕重不至於不平矣。消弭天變、莫大乎此。臣願陛下以臣此語深加聖慮。晉書天文志曰。熒惑司天下群臣之過。臣竊聞仁祖嘗采前世災異有應者、編次為十二卷、御製序引、名曰洪範政鑒。遇有天變、則考其所因、以為修省之資。今其書必在禁中。臣願陛下法仁祖之寅畏、留意修省、以福天下。

瓘又進仁祖故事曰。帝謂輔臣曰。比臣僚有言星變者、且國家雖無天異、亦當常自儆警、況因謫見乎。夫天之譴告人君、使懼而脩德、亦猶人主知臣下之過、先以戒飭、使得自新、則不陷於咎惡、此天心之仁也。

臣瓘曰。仁祖於臣下之過、先以戒飭、而許其自新、此天德也。故天所譴告、終亦消復。書曰。惟先格王、正厥事。如斯而已矣。

瓘又論衛州進瑞麥狀曰。臣訪聞衛州近進瑞麥、有一莖數穗者。仁祖之時、眉州彭山縣嘗貢獻此瑞、仁祖曰。可謂真瑞矣。於是賜田夫束帶、以勸賞之。臣竊見近年以來、天下之俗爭言祥瑞、而農夫憔悴、畎畝空虛、大兵之後、邊民相食、河北流亡、至今未復。衛州亦河北之地、而有秀麥之瑞、是天以豐年之祥慰陛下之焦勞也。乞於所進呈之日、出於聖意、依仁祖故事、特降睿旨、庶使天下之民知陛下務農之意、益助和氣、以為永久生靈之福。

知成都路昌衡應詔上奏曰。頻年以來、西方用兵、致興大役、利源害政、佞臣蔽主。四者皆陰之過盛、自陜以西、民力傷殘、人不聊生。災異

之變、生於天地之不和、起於人心之怨望。故妖星出昊、大河橫決、秋雨霖淫、諸路饑饉、殍死道路、妻子棄捐、破析貲儲、以應星大之令。勤勞憔悴、多不生還、人心如此、而欲其無怨難矣。

筠州推官崔鶠應詔上書曰。臣聞諫爭之道、不激切不足以起人主意、激切則近訕謗。夫為人臣而有訕謗之名、此讒邪之論所以易乘、而世主所以不悟、天下所以卷舌吞聲而以言為戒也。臣嘗讀史、見漢劉陶、曹鸞、唐李少良之事、未嘗不掩卷興嗟、矯然有山林不反之意。比聞國家以日食之異、詢求直言、伏讀詔書、至所謂言之失中、朕不加罪、蓋陛下披至情、廓聖度、以來天下之言。如此而私秘所聞、不敢一吐、是臣子負陛下也。方今政令煩苛、民不堪擾、風俗險薄、法不能勝、未暇一二陳之、而特以判左右之忠邪為本。臣生於草萊、不識朝廷之士、特怪左右之人有指元祐之臣為姦黨者、必邪人也。使漢

之黨錮唐之牛李之禍將復見于今日甚可駭也夫毀譽者朝廷之公議故責授朱崖軍司戶司馬光左右以為姦而天下皆曰忠今宰相章惇左右以為忠而天下皆曰姦此何理也臣請略言姦人之迹夫乘時抵巇以盜富貴探微揣端以固權寵謂之姦可也包苴滿門私謁蹤路陰交不逞密結禁廷謂之姦可也以奇伎淫巧蕩上心以倡優女色敗君德獨操賞刑自報恩怨謂之姦可也蔽遮主聽排斥正人微言者坐以刺譏直諫者陷以指斥以杜天下之言掩滔天之罪謂之姦可也凡此數者光有之乎惇有之乎夫有其實者名隨之無其實而有其名誰肯信之傳曰謂狐為貍非特不知狐又不知貍是故以佞為忠必以忠為佞於是乎有繆賞濫罰賞繆罰濫佞人倘祥如此而國不亂未之有也光忠信直諒聞於華夷雖古名臣未能遠過而謂之姦是欺天下也至如惇狙詐凶險天下士大夫呼曰惇

賊貴極宰相人所具瞻以名呼之又指為賊豈非以其孤負主恩玩竊國柄忠臣痛憤義士不服故賊而名之指其實而號之以賊邪京師語曰大惇小惇殃及子孫謂惇與御史中丞安惇也小人譬之蝮蝎其凶忍害人根乎天性隨遇必發天下無事不過賊陷忠良破碎善類至緩急危疑之際必有反覆賣國跋扈不臣之心比年以來諫官不論得失御史不劾姦邪門下不駁詔令共持喑默以為得計昔李林甫竊相位十有九年海內怨痛而人主不知頃鄒浩以言事得罪大臣拱而觀之同列無一語者又從而擠之夫以股肱耳目治亂安危所係而一切若此陛下雖有堯舜之聰明將誰使言之誰使行之夫日者陽也食之者陰也四月正陽之月陽極盛陰極衰之時而陰干陽故其變為大惟陛下畏天威聽明命大運乾剛大明邪正毋違經義毋鬱民心則天意解矣若夫伐鼓用幣素服徹樂而無惰德

善政之實非所以應天也帝覽而善之

右正言任伯雨上奏曰臣伏覩陛下自臨御已來德澤屢下和氣充塞曰雨而雨曰暘而暘四海九州罔不豐年天心人意如合符節固宜乖氣異象消伏不作然去年四月朔今年正月朔莫夜赤氣起於北方光焰亘天又有黑氣在下漸衝西方散而為白咎證之來其異如此天心之愛陛下欲陛下有所恐懼戒慎也且正歲之始建寅之月其卦為泰年方改元時方孟春月居正首日為壬戌是陛下本命而赤氣起於莫夜之幽以一日言之日為陽夜為陰以四方言之東南為陽西北為陰以五色推之赤為陽黑與白為陰以事推之朝廷為陽宮禁為陰中國為陽夷狄為陰君子為陽小人為陰德為陽兵為陰今赤氣起於至陰之方又有黑氣下起此宮禁陰謀下干上之證也漸衝正西散而為白而白主兵此夷狄竊發之證也臣謹按前

漢五行志云視之不明是為不哲時則有赤眚赤祥又曰不明善惡親昵近習無功者受賞有罪者不殺時則有赤祥其說蓋出於洪範五事故唐世自大曆貞元寶曆間屢有赤氣之異唯文宗大和中為多是時宦官用事朋黨交結今日陛下以堯舜之資當千載盛明之時固非唐世衰末之比然天心愛陛下以災異為警戒不可不深思遠慮也臣伏願陛下收主柄抑臣下嚴勑宮禁以防慮幾微訓飭將帥以遏絕生事用忠良黜邪佞正名分懲奸惡事至必斷無以寬仁傷大義使陰邪小人無得生犯上之心則變異之起可轉為休祥矣臣疏賤小臣誤蒙陛下拔擢於衆人之後付以言責常恨殺身碎首未有補報若見災異畏罪不言不唯虛陛下聖神知遇孤負大恩抑恐有佞臣指為祥光瑞氣以欺聖聽使陛下忽天小心不得即日恐懼消變則臣之大罪膏斧鉞不足以謝言責伏惟陛下留神未聽天

下幸甚

貼黃稱臣所奏為言赤氣事按前漢五行志謂之赤眚乃災異之變唐世屢有此異史臣具載其狀亦謂之赤祥臣推考象類乃陽不制陰下干上之證

伯雨又上奏曰臣聞天人之交不啻影響災祥之來必有象類故格王先正厥事而聖人惟能畏天嘗聞修德以弭災未有祈禳而消變六經所載百世可知臣風聞近日內臣打量太一宮側欲建火星觀以禳赤氣之異臣始聞之深所不信亦既累日傳者益衆臣為諫官當救其源聞雖未詳敢不先事犬馬之心懷不能已竊以陛下躬道德生知之資膺天人共與之運然即位已來災異屢降蓋天之於人君猶父之於其子愛之深則教之至數有災異或者欲陛下戒懼以慎厥初歟陛下固宜小心修德克己正事謹按洪範以五事配五行

而說者謂視之不明是謂不哲時則有赤眚赤祥陛下當益廣聰明判別賢佞攬權綱以信賞罰專威福以殊功罪使皇明赫赫事至必斷則戾氣異象轉為休祥昔太戊有桑穀之妖高宗有鼎雉之異皆能寅畏克正厥事成中興之功延過歷之年蓋未聞勞人費財留心土木也若使修德之効不及祈禳則聖人六經何獨不載又若祈禳有感修德不應則無私上天乃可私禱人之所欲天必從之天豈厲民以求報哉陛下必若建此臣切妄計其費不下百萬矣陛下斂之有司耶則帑藏空虛經費不足取之有司必且不辦取之內庭耶則括刷內庭亦已迫矣河北一路物貴人饑前年至今流移滿道朝廷熟視無力可救與其捐所急以事無孰若回所用以恤所急如此則所費有名所惠成德人人鼓舞天下相慶皆以陛下損己便民道光前古人心說而天意得矣赤氣之異豈不轉而為祥哉臣伏願陛下遠稽格王仰測天意畏之以心慎之於事不泥世俗之論能去祈禳之役則人情自孚上穹昭眷矣

伯雨又上奏曰臣伏見今月初一日夜赤氣光半月果有皇太后上僊之禍其為災變亦已明矣今來亳州兖州河中府奏言因建置道場獲此祥應且赤氣所起天下皆見如何敢移易方位增添景象公肆欺誕以愚群聽竊以天人之際道固幽遠災祥之出殆不虛示豈佞夫纖人敗壞大體詭詞異說指災為祥以輕侮天命幻惑人主若縱而不治則姦誕相師此風不可滋長伏願陛下嚴賜黜責以戒百官

翰林學士曾肇論日食赤氣之變疏曰臣伏見陛下即位之初首罷後苑工巧之技放免京城末作之人數百家使得衣食其業又罷皇城司探報公事以省刑獄滋彰之敝又罷遠方收買明珠翠羽之類

宮室服玩逸侈過甚者屏而弗御數日之間內外歡呼震動都邑既又振拔滯淹申理無告流放竄逐皆得生還增耳目之官以廣視聽下不諱之詔以開言路仁心仁聞洋溢方外遠夷聞風咸知敬慕宜其上應天心和氣充塞災害消弭符瑞日臻而乃連年日食皆在正陽之月今歲正旦赤氣亘天變不虛生必有所自意者陛下簡儉清靜之化或衰於前而宮室服玩之侈聲色技巧之好或萌於心歟抑刑獄滋彰之敝復生而閭里有不安者歟不然則朝廷上下忠邪賢不肖未辨而政令賞罰有未當歟抑左右前後有阿諛壅蔽竊弄威福之人而四方萬里銜冤失職之民有不得伸者歟此宜陛下反復循察一日三省萬一有纖毫之失固當痛自克責改過不吝使皆無之猶須戒謹乎其所不覩恐懼乎其所不聞博延忠良使之交儆庶以答塞天變轉災為祥至於備邊鄙之虞防姦宄之發在於今日皆

不可鍼。然蕭墻之內，則所當先。未有腹心和而四支有疾，朝廷正而四遠不治者也。在昔太戊以桑拱、武丁以鼎雉，中興商邦。宣王以旱暵中興周室。天人相與之際，敏於影響。災異之來，未必不為福也。董仲舒所謂天心仁愛人君，欲止其亂，迺出災害以譴告之。不知自省，又出怪異以警懼之。尚不知變，而傷敗迺至。推此言之，今日之變，豈非天意欲以覺悟陛下，增益聖德，以為宗廟社稷無疆之福哉。此誠陛下正心誠意、恐懼修省之時也。若夫避殿損膳，寬宥縲繫，此特歷世相承以為文爾，非應天之實也。惟陛下不以臣言為狂妄，深思而力行之，天下幸甚。

左司諫江公望乞因日食命百官轉對狀曰：臣伏見神宗皇帝即位三月，即詔內外文武群臣直言時政。至十一月再下詔書，每遇起居日，輪百寮轉對。當是時日食來年正旦，故神宗寅畏天威，諮詢闕失，

以圖消伏，以廣聰明，甚盛之舉也。今連年日食，皆在正陽之月，考之前志，殆非小變。陛下去歲已嘗下詔求言，獨轉對之制闕而未講。臣愚伏望因茲薄蝕，特降德音，每遇起居日，輪百寮轉對，庶幾上處天戒之丁寧，下通人情之壅塞，以追先志，以廣昭一德。因之修舉故事，正在此時。伏乞留神詳察，速賜施行。

御史中丞王覿上奏曰：臣伏見今月十三日集禧觀災，是日雖大雨，久而後滅。其災頗異。陛下夜不俟旦，中敕攸司，於延福宮設醮謝咎，足見聖心欲以修人事、謹天變之盛意也。臣聞之，漢史曰：賢佞分別，官人有序，則火性得。讒夫昌，邪勝正，則火失其性，濫炎妄起，雖有師衆弗能救也。是謂火不炎上。又京房易傳曰：上不儉，下不節，盛火數起。故古先哲王見災而懼，則正厥事。今陛下既知天變之可畏，必行所以應天之實也。伏望更留聖意，而審慮之。賢佞果已分別乎？官人果不失序乎？讒夫果不昌乎？佞果不勝正乎？不儉不節者果已節儉乎？天變緣類而至，恐不虛發。惟有以正厥事，則變異可消，而美祥可召矣。

大觀四年，侍御史毛注上奏曰：臣恭覩陛下恐懼修省，小心翼翼，雖夏后之謹天戒、周王之畏天威，不能過也。以陛下憂勞若此，臣誤任言責，未知所以誅身之地。遂不自揆，仰瀆天聽，敢罄區區之愚。臣聞應天以實不以文，惟善政修於下，則天心應於上。如文飾浮言，非敢上進。謹列政事之為當今急務者四，冒昧以聞。一曰省邊事，二曰足財用，三曰收士心，四曰禁技巧。古人備邊之策，不過來則禦之，去則守，以謂得地不足以耕，得人不足以用。近年以來，邊臣貪功生事，不顧朝廷之害，惟僥倖一時之苟得。昔所入貢者，今必城為郡縣；昔所羈縻者，今盡納其土。雖進築之勞、轉輸之擾，殫內地之金帛以事窮荒

不可計之費，士卒傷殘不可勝數，而官吏冒賞莫知等級。今黔南已有處分。如夔路新邊之役，宜在裁省。廟堂謀謨，當亦先定，此省邊事宜在所先也。天下財賦無甚於今日，方平居無事之時，官軍俸廩多或不給，或倉卒以備不虞，則計將安出？執政大臣恬不為慮，此臣所未諭也。臣謂運鹽昔主於漕計，以助歲給，今則移於他司，則漕計如之何而不匱？常平昔積於郡縣以備凶荒，今則直使而盡輸於京師，則緩急以何移用？鈔法不更，則邊儲糴入終莫能平其價。臣願陛下亟詔一三大臣，選知財用之官，盡講復元豐舊制。若利柄昔主於漕司，錢物昔積於州縣者，宜悉還復，罷科買之擾，蠲不急之貢，使外計稍足，則朝廷泰然亡憂矣。古人禱雨有以士失職為辭，蓋天之視聽在民，而士特為民之秀。士或失職，宜其有招於天譴也。陛下修崇學校，迥絕前古，應士有三年之淹，而歲為之貢，可謂盡善盡美。士生斯

時實爲千載之遇宜失職非所患者然學校養士州有常額則額外之士無復預教養矣天下州郡士人之多者有至三五千人預教養者惟此之一歲之入貢多不過三四十人少止三五人補闕以備數者歲惟上此則自餘無可進之地其失職疑已甚矣如留貢餘三二分暫充科舉以待學外之士則士心翕然有歸而終不爲棄物和氣可報而至是亦應天之一也古人以用漆器爲之力諫者蓋防工技淫巧之漸也近年以來更增造作置局累年後苑工匠亦無虛日以至花石綱舡綿亘不絕作局則所需百出數郡爲之搔擾花石則虛張事勢一路莫敢誰何驅迫保伍牽挽舟舡道路怨嗟有傷和氣伏蒙已降睿旨造作罷局花石停運臣慮監作董造之官利於自私夤緣奏請尚或循舊臣願陛下斷以必行速賜禁止敢有違詔重行放黜以至後苑工匠製作與京城土木營造有不急之務者並宜權暫住罷惡勞喜逸人情之常抑末敦本亦聖政之所先人心悅則天意解矣臣夙夜自勵思所以圖釋任使之萬一而智識淺暗終莫能深達政事之原惟陛下赦其狂而加擇焉

政和七年尚書右丞許翰上奏曰謹攷諸經傳神降而明出則其數爲二其象爲火火象在天經星二緯星一所謂熒惑緯星也東方之心南方之咮經星也熒惑遲疾逆順伏見之不常故不可以紀時若心與咮則有定次有常時是以帝王取節焉然堯典所謂日永星火以正仲夏豳詩所謂七月流火九月授衣凡稱火者皆心星也昔蓋自陶唐以來以心爲火政之君矣何則均是火也而心爲大辰是以咮爲鶉火心爲大火大火之所以爲大者天以心爲明堂故也昔陶唐氏之火正閼伯居商丘祀大火故辰爲商星而我宋以珍光醇耀天明地德受命主之則明堂之政不可不謹於此大火以三月昏見於辰以九月伏於戌先王之火政視焉鄭以三月作火鑄刑器而士文伯知其將災周之三月今正月也大火未出而人作之則與次潦是以火出而災報之然則所謂出內火者謂大陶治非常火也又火之變於天地之間能革物氣以日新其在易象木上有火曰鼎鼎者取新之卦也明堂之頌曰我將我享維羊維牛維天其右之羊牛之享蓋鼎實也是故明堂與鼎相因而成象相待而成禮相須而爲國鎮矣鼎象木上有火是以先王四時以木變火焉而時各有所宜春所謂榆柳之木也棗杏之木也桑柘之木也柞楢之木也槐檀之木也火之變各以其時則物之新皆得天地之正氣而人食飲焉此疾厲之所以不作也昔晉之遷有持洛陽火渡江者也世世傳之其火不滅火色變青至唐氣不復熱則知火之新舊氣性必異審矣此火不可不變之驗也師曠侍食於晉平公曰飯勞薪所炊平公使人視之果車輞也則是木實變火之氣性火實變物之臭味亦審矣此木不可不擇所宜之效也伏願明詔有司四時必效古法各變其所宜木以爲國火而傳之臣庶若國有大陶冶則皆作於三月建辰之後而止於建戌以奉大辰之政而協景炎之運輔成明堂調鼎之治天下幸甚

翰又上奏曰臣聞天人之際精祲相蕩彙類相取無定方體惟所感變是以古先哲王深觀乎天道而均調以人事在易之復曰先王以至日閉關商旅不行后不省方商旅者陰也后者陽也日之始至陰壯陽微故使閉關商旅不行以遏陰氣而后不省方深存而致養其一以定陽德冬至者一歲之始也先王終歲之事稍相天道類悉如此而易不可以偏舉故於復首一見之而世得以類推焉凡陰陽五行之變本原於易而降在洪範散在太元惟深思知化之時能使道

通為一。其常竊原天地之數。考諸洪範而為之說曰。形凝於西而觀主於東。故木為貌。聲動於東而節成於西。故金為言。木生火。故貌可視也。金生水。故言可聽也。二之肰也。麗乎有方。比視遠之明也。一之虛也。通乎無方。比聽德之聰也。其證諸天也。一潛而寒。水氣之精也。二軋而燠。火氣之變也。三私而雨。木以水滋。仁之愛也。父子之道也。四辨而暘。金以火爍。義之制也。君臣之係也。肅以欽恭。乂以制從。哲以正厥明。謀以審厥聰。不恭以爾則恣行而狂。不從以乂則陵節而僭。不明以哲則豫而無稽。是故肅乂哲謀能使雨暘寒燠從時而不愆。狂僭豫急能使雨暘寒燠常久而無節也。思者風也。思在五行為土。而風以木氣在中。蓋地以五五相守。數之窮也。而天三變而通之。是以鼓舞之風發於大塊也。變五以三。故睿而通。妙三於一。故聖而化。聖人精一入乎無思。故能無不思也。思而亟勝則偝而為聖。其風

時。思而妄雜則亂而成蒙。其風常。思者君也。四德之所恃以成者也。土氣之濕。求或使之也。水潛於土。故聖以一妙而御中也。金氣之爍。火或使之也。火緼於金。故乂者慶賞刑威。唯二。折天下而成方者也。木之恭者。水本之也。火之明者。木資之也。水之聰者。金瑩之也。皆因而用之者也。恭之作肅。金斂之也。明之作哲。水斷之也。聰之作謀。土稽之也。皆制而成之者也。金土異。此天地之數所以成五位之節者也。是以其德重。因其道制而用之而成於自用。火克金而從。木克土而睿。金凝而作乂。土化而成聖也。是以聖人之相天也。木不足則用恭。木太過則撟肅。金太過則用從。金不足則撟乂。火不足則用明。火太過則撟哲。水不足則用聰。水太過則撟謀。土太過則用睿。土不足則撟聖。木沴則制天下之狂。金沴則禁天下之僭。火沴則飭諸豫。水沴則抑諸急。土沴則袪諸蒙也。其在周官有敘事。有救政。敘事所以治常也。救政所以御變也。何謂敘事。月令所載是也。又如春正月泰卦御之。太元之氣其首為羨為重為增為銳為達為交與人脩其畫贊之德以道其化。如秋七月否卦御之。太元之氣其首為常為度為永為昆為減為唫為守。聖人修其畫贊之德以受其福也。何謂救政。庶證所驗是也。又如木不足則聲尚角。色尚青。政尚仁。毋殺鱗虫。毋傷新物。赦小過。解久禁。以扶木氣。木在太元其類為鱗為新為赦為解故也。如金太過則聲尚徵。色尚赤。政尚禮。息亞風。戒猛政。警遏城之變。飭寇賊之防。以抑金氣。金在太元其類為亞祝為猛為遏為壞為寇為賊故也。歲時適平則有敘事。無救政。歲時有過不及。而敘事救政兼舉焉。古者王公坐而論道。燮理陰陽。寅亮天地。必有以深造乎此。其妙難知。而其麤則有司可得而陳者也。按易之傳。戊戌之歲泰卦御之。而正月又泰所御。皇帝作興明堂。以儀式刑文王之典。日

靖四方之義。紹脩古道。資取化源。肇自來歲戊戌正月之吉。號詔天下。以大振顯祖宗之烈光。是謂裁成天地之道。輔相天地之宜。以左右民。與泰合符。謂宜因此盡舉洪範太元之說。參諸易象。與時損益。定著月令。為萬世法。有司前期既具敘事。又具一氣救政義類所宜。告諸朝廷。朝廷以時相觀庶證。攷合師言。或創建新令。或申勑舊法。審則宜類。參乎元精。條列以上。誕布而下。使民由之以安以利。而由其所以然。必有以感移至神。導迎和氣。天下幸甚。

政和末歲旱。帝以為念。侍御史黃葆光上疏曰。陛下德足以動天。恩足以感人。撫具治事。常若不及。而不能感召和氣。臣所以不能無疑也。蓋人君有屈己逮下之心。而人臣無歸美報上之意者。能致陰陽之變。人君有慈惠惻怛之心。而人臣無將順欽承之意者。能致陰陽之變。陛下恭儉敦朴。以先天下。而太師蔡京侈大過制。非所以明君

臣之分。陛下以紹述為心。而京所行乃背元豐之法。蠻悍自專。不肯上承德意。太宰鄭居中。少宰余深依違畏避。不能任天下之責。此天氣下而地不應。大臣不能尚德以應陛下之所求者如此。

歷代名臣奏議卷之三百四

歷代名臣奏議卷之三百五

災祥

宋徽宗宣和元年。起居郎李綱論水災狀曰。臣伏覩陛下以積水暴集。漲浸民居。迫近都城。繫降御筆。分遣官吏。固護隄防。拯濟墊溺。仰見陛下聖慮焦勞。曲盡防患之理。然臣竊謂國家都汴。百有六十餘載。未嘗少有變故。今事起倉卒。遠邇驚懼。誠大異也。臣嘗躬詣郊外。竊見積水之來。自都城以西。漫焉巨浸。東距汴堤。停蓄深廣。湍悍峻激。東南而流。其勢未艾。以宗廟社稷之靈。雉堞防守之固。萬無他虞。然或淹緩旬時。因以風雨。有不可不慮者。此誠陛下寅畏天戒。博詢衆謀之時。而群臣竭智效力。捐軀報國之秋也。累日以來。傾耳以聽。缺然未聞。臣竊怪之。夫變異不虛發。必有感召之因。災害未易禦。必有消弭之策。周官於國危。則有大詢之禮。祖宗每遇災變。亦降詔求言。臣愚伏望陛下斷自淵衷。特詔在廷之臣。各具所見以聞。擇其可採者。非時賜對。特加驅策。施行其說。因衆智。協衆力。濟危圖安。上以答天地之戒。下以慰億兆之心。天下不勝幸甚。臣仰荷陛下天地父母之恩。親加識擢。得侍清光。常思奮不顧身。以徇國家之急。輒有己見急切利害事須面奏。伏望聖慈降旨閤門。許臣來日因侍立次直前奏事。庶幾得盡狂瞽。仰裨聖慮之萬一。

綱又論水災便宜六事狀。因臣近嘗奏請以水潦為患。乞賜燕閒敷陳利害。今月十四日崇政殿侍立。閤門傳旨令臣先退。惶懼戰慄。居家待罪。不敢供職。聖恩寬厚。未奉誅責。日夕惴恐。跼蹐無地。伏念臣愚戇。謏聞孤立寡與。惟知仰事陛下。以國家為心。比見積水暴集。逼過都城。私憂過計。輒貢狂瞽。情迫意切。言皆不倫。觸威意。犯隆旨。自干雷霆之威。死有餘罪。自非陛下恕其愚直。天地父母矜而憐之。誰後為臣言者臣竊以水旱之災雖堯湯有所不免惟聖人為能遇災而懼側身脩行博詢衆謀以銷去之故堯於洪水方割之時有疇咨之言湯於旱既太甚之日有六事之責皆能轉災以為福易沴以為和此古聖人之明驗也今者水患之來起於倉卒人心惶懼遠通震驚幸賴宗社之靈陛下睿筭之審屢降御筆處分疏導通駛勢漸退落雖畿甸旁近皆罹其災而都城無虞人意漸定然臣竊以謂水災既退之後朝廷未可以謂無事正宜講究利害增固隄防益念天戒益以脩省不可忽也臣愚慮不揆輒復妄發昧死上便宜六事一曰治其源二曰弱其勢三曰固河防四曰恤民隱五曰省煩費六曰廣儲蓄惟陛下留神幸察臣恭惟國家卜世定鼎舂都大梁平原沃野彌望千里非有高山峻嶺為之阻而都城以西京索交流陂澤相接自西徂東地勢傾下加以雨潦不能吞納則決溢東注俯灌都城其

勢然也為今之計莫若相視陂塘疏導京索增卑培薄固以隄防節以斗門旱則水有所泄雖經霖雨其勢不得接連而下可以為萬世之利此則治其源之策也臣竊觀自昔善捍水患者必為長隄以制其衝其意以謂以數仞之城而拒方至之水風濤之所鼓薄亦已危矣限以長隄殺其怒勢然後人力可施而城益堅今積水之來自都城之西浩如江湖東抵汴岸南阻新隄雖停蓄深廣而卒不能至城下者有隄以為之阻也由隄而行散漫湍激至都城之南則徑抵護龍河者無隄以為之阻也為今之計莫若距城數里之外因高地勢繚以長隄使雖有積水決溢之患循隄西瀉不能薄城可以禦一時之急此則弱其勢之策也國家都汴據大河之下流其所恃以為固者埽岸堅而法制嚴也比年以來玩習苟簡護衛之卒散於抽差備禦之備耗於轉易河濇隄防日朘月削恬不加恤如廣武埽其距清

汴纔百餘步去冬危殆屢矣其不決溢者特幸耳使夏秋之交來霖雨湍暴之勢果能保其無虞乎況以陂澤積水暴集之患猶可驚駭況大河之勢又可不為之深慮哉臣愚願擇深知河事者相地形因清汴使與大河相遠仍詔有司遵守法制存留兵卒儲積材料嚴有抽差轉易者必正典刑此則固河防之策也今茲積水之來衝白沙蕩中牟迫都城散漫畿甸之邑淹浸屋廬漂溺民畜損傷苗稼不可以數計今又決其南以注於陳蔡之郊決其北以注於相衛之境疏汴渠之下流於陳留則數千里之內悉被其患矣陛下惻怛憂勞降詔拯濟德意甚厚臣猶竊慮州縣監司未能悉意奉行也願詔諸路應被災傷地分今年秋並與蠲免水過之後安集民居借貸賑濟務令復業無使失所以副陛下之意此則恤民隱之策也臣竊惟去歲江淮汎溢東南之民悉皆流移賴陛下聖慈以六路上供米斛賑加

賑濟民得無死德至渥也然州縣蕭條邦廩匱乏迄今未復今畿甸旁近又有積水之患矣何以堪之臣愚願陛下斷自宸衷凡營繕工役花石綱運有可罷者權令減罷數年之間民力漸寬國用以足然後惟陛下之所命耳裕民豐財莫是為大臣所謂罷不急之務者此也臣又惟古者九年之蓄然後無旱乾水溢之患教化行習俗美而頌聲興是為太平治之至也祖宗以來舊有封樁米斛以千萬計所以為兵民之天宗社之本也比年以來工役寖多仰食者衆歲以侵耗遂致彈竭今國計所仰者獨東南六路轉輸歲額耳假使一方水旱歲額不登將胡以自給静以思之可為寒心臣愚願陛下明詔有司裁奪食者率歲豐登自朝廷多降糴本委彊幹官吏廣行收糴別項上供以充封樁之數歲歲如此及祖宗舊額而後止此朝廷之所優為何不留意而獨為懍懍也養兵足國莫是為急臣所謂廣國計

之儲者此也凡此六者皆當今之要務顧臣智識淺陋文字荒疎言不足以達意惟陛下財幸下臣章宰執議其可否如可採録望賜施行臣比者嘗獻愚計伏蒙聖慈寬假未賜斧鉞之誅輒復自竭冒昧天聽庶幾芻蕘之言有補萬一仰報盛德

貼黄臣伏以水患暴至失於隄防憑陵都城久未退息厥異甚大誠不可忽伏望陛下畏天戒固民心收士用嚴守衛以弭寧災害大慰天下之望避殿損膳告于天地宗廟社稷所以畏天戒也法禹湯之罪己以詔萬方親御六龍率群臣負土石以先士卒所以固民心也誅水官之不勝任者以正典刑擇材智而驅策之與共患難所以收士用也輟營繕花石之不急者併卒伍而部分之以備不虞所以嚴守衛也四者既具又在陛下備留中之誠感動天心如此而災害不弭和氣不臻未之聞也臣不勝惓惓惟陛下財察

徽宗次南都綱時為尚書右丞因召對曰臣昨任左史以狂妄論列水災蒙恩寬斧鉞之誅然臣當時所言以謂天地之變各以類應正為今日攻圍之兆夫災異變故譬猶一人之身病在五臟則發於氣色形於脉息善醫者能知之所以聖人觀變於天地而修其在我者故能制治保邦而無危亂之憂徽宗稱善

欽宗靖康元年左司諫陳公輔上奏曰臣聞陰盛則陽衰陰消則陽長此天地自然之理也四月純陽用事陰氣退聽之時又陛下誕生之月宜乎陽德方升昭明盛大陰所不能掩者自數日來天氣清寒日色微薄濃雲不開霪雨繼作其故何哉蓋陰有以蔽之也臣嘗原其所由謂夷狄之種耶然前日賊兵在外闉迫京城而日景晏溫清明自若今既欲講和姑稍稍適去恐咎不在夷狄也謂女謁之盛耶

然陛下即位未逾聲色後宮嬪御不過三二百人亦無位號隆重者此中外所共知恐咎不在女謁也以臣料之奸邪去之未盡而大臣不和百司苟玩皆陰盛之象此不可不知也自崇觀以來諫臣佞古務為夸誕之說媚悅人主未嘗有敢言災異者往往以臘月雷為瑞雷三月雪為瑞雪拜表稱賀作詩詠讃者有之矣災咎異雖治世不免此天所以警懼人君欲其修德以銷天變也豈可諱而不言哉臣今日區區首論及此蓋不敢復效諛佞之徒以欺陛下聰明也臣聞蔡京王黼童貫朱勔輩其為奸邪有不可勝言者天下之民思食其肉今雖各皆行遣然或處善地或全腰領其子孫親戚尚有未曾盡行竄殛田宅物産尚有未嘗盡行籍沒若是豈非奸邪去之未盡耶陛下謙虛退託以待臣寮而宰執忿爭上前無所畏避或詆毀同列或中傷善良豈非大臣不和耶陛下勤儉祗恪留心萬機群臣尚仍舊態未能服勤職事至有人主假日猶御便殿引對臣下而百官有司却作休務豈非百司苟玩耶臣願陛下將蔡京王黼童貫朱勔等數輩重行誅戮其子孫親戚並當流竄田宅物産並當籍沒以快天下之心則四海歡欣鼓舞自足以召和氣而陰霪寒濕之咎無有不殄矣然後下臣此章告諭大臣各務協心盡力以輔贊聖明絶其私心平其宿憾而百司庶府亦當察其奸邪怠惰不切奉公者特與懲戒如此則不至於君弱臣强君勞臣逸足以使陽德昭升陰氣消伏矣然此雖小變未足深憂臣必以是為言恐陛下忽此而不以為戒也又況蠶麥適時若陰雨不止不能無損亦不可不謂之災伏惟陛下少留神焉臣不勝幸甚

御史中丞呂好問上奏曰臣聞民間多言近日彗出寅位臣雖未嘗親覩要之天垂象所以示警戒于下也彗者除舊布新之謂若能恐

懼修德改革弊政退斥小人引用君子不惟可以弭災變轉禍爲福亦在於此矣昨崇寧大觀間彗星兩見太上皇恐懼改革之意見於當時詔令赦文可覆視也然而羣小滿朝閹官內助正人終不得用政事終不得改蔡京大惡也逐之未久而復召況肯逐小惡者乎張商英未爲甚賢也用之未久而已黜況肯用大賢乎黨籍雖毀而禁錮益牢言路雖開而箝塞益急罷諫官廢講筵使太上望不聞身之過差不念古之治亂是以天意震怒犬戎深寇黎庶驚惶遂傳位陛下陛下亦念之乎臣竊思之陛下即位以來躬行節儉視民如傷非有過咎形于多方而天變復見者陛下欲行善政多爲左右鐫改蓋今所用之人乃昔日之人也所施之政猶昔日之政也名爲進用賢者而賢者之言未得盡行名爲疎遠小人而小人之欲率皆如志又況陰害正道顯倡邪論欲復祖宗百年之成法而至今未能復欲去

蔡京紹述之姦說而至今未能去致使陛下仁政不得施于朝廷仁澤不得流于寰宇故上天昭告如是以此見天之愛陛下之深也書曰惟先格王正厥事幸陛下體天之意除舊布新以正其事則天下之願望陛下留意

王襄論彗星疏曰臣伏讀八月三日星文責躬詔書節文念將循舉故事而率皆已行深惟虛文不能應譴告之實臣愚無識竊所未諭臣聞天子父天而母地兄日而姊月皇天之愛聖主如慈父之愛賢子凡有譴見不虛發意者欲警悟陛下而增益其所未至者乎臣伏思陛下即位以來綿歷三時天下之民戴目傾耳如旱苗之得甘澤餓夫之望美食雖祖宗法度日形於詔旨而京貫規模未改於章程詔旨以謂循舉故事率皆已行臣恐皇天昭昭在上有所未孚也京貫用事二十餘年京變法度於內貫壞邊鄙於外王黼益之以至于今日今日之法度非祖宗之法度亦非熙豐之法度乃蔡京之規模也今日之邊鄙非祖宗之邊鄙亦非熙豐之邊鄙乃童貫之施設也陛下守蔡京之規模而不改遵童貫之施設而不除在廷之臣懷畏避而不敢輕言疎遠之人希榮利而不敢輒議而欲致休祥召和氣豈易能哉蔡京爲相恣爲紛更祖宗熙豐之法無一事不遭變改者凡所變改者未有不爲害者也若悉舉而具陳之雖窮年閱月有所未徧況於尺牘之間而能盡其萬分臣願試以今日之急務國家之大政四事言之夫養兵之制祖宗所以威天下者也東南運漕宣武因之以爲帝都者也財用之出所恃以爲國者也陝西五路今日以爲根本者也臣聞五代不綱兵疲將弱凡一遇敵無不奔潰故五十年間離亂相尋周世宗自斬宿將樊愛能等知藝祖神武俾治軍政藝祖悉汰老弱坐食之人選練精銳無前之衆當時中原不過數十

奏議卷之三百五　七

州禁旅之卒不過數萬人六七年間南取淮南北定三關謳歌者有歸遂有天下因襲前代之迹建京師於平土以謂非重兵不足以制四海也故皇城之内有諸班之兵京城之内有禁衛之兵京城之外列營猶數十里中夜則造朝入則奔趨營居西者必給東倉之米以遠其途負糧兩石不得雇代以閱其力諸班娶妻則太祖引視之諸軍支糧則太祖臨幸之諸班之妻盡取女子之長者欲其子孫魁傑世爲禁衛而不絕也太祖嘗謂雖京師有精兵數萬況天下乎其養之教之親之愛之然後嚴治以整齊之厚賞以激勸之加之深思遠慮爲後世子孫無窮之計至於府界諸邑輔郡縣鎮但係河路易致糧餉者無不屯兵三數千人重內制外如此其周密也及王安石爲相思復三代民兵設創教保甲而潛消禁旅臣元豐間往來京師道中京南自延嘉以北廢營壞壘三十餘里當時禁衛精兵不知幾千

萬人也。其後蔡京枉費軍儲闕乏。衣糧不充。則教閱之法弛。人無顧惜則姑息之心生。故弱者鬻食於市。強者負擔於路。髙俅壞之於內。童貫斃之於外。數十年間。不知其銷折幾何人。皇城諸班之地。今為殿閣池臺矣。京城廢營之地。今為苑籞甲第矣。郡縣之民佃空營地以自給者蓋千百計。富室大家髙養健僕數十以待暴客。陛下以萬乘之尊。威徧四海。而皇城之內無諸班以宿衛。京城之中少禁旅以鎮守。近畿輔郡兵將備禦。殆同戲事。一有邊警。則遠追閩越之人。盡舉淮浙之衆。此輩飲食異好。風土異宜。徃來萬里。載罹寒暑。雖未遇敵而疾病勞憊者十已四五。萬一南方鼠竊狗偷。如異日之警。則何以待之。借使無警。全然得歸。萬里之令豈可再致。是動天下之兵而困天下之衆也。此臣略言養兵非祖宗之法者也。臣聞王公設險以守其國。自古帝王之都皆可考矣。唯宣武之為都。獨自朱梁而始。晉

天福末就糧而遷焉。祖宗以謂非重兵不足以制天下也。故宿重兵以制之。以重兵非漕運不足以給餉也。故仰東南之運以養之。東南運漕取於六路。年額六百餘萬石。其實以為本者三。船也。倉也。鹽也。造船之法。六路之船以供江外之綱。淮南之船以供入汴之綱。常六千隻。以六千船運六百萬石。則一舟之運歲常千石。人船之力有餘故不勞而能辦。其後漸廢。至章惇為相。船秖四千。而撥東河之船運西河之石。每大石升船一舟輒壞。比及運畢。壞者過半。蔡京更改法度。廢為直達。此船法壞也。祖宗置真揚泗倉。名曰轉搬。六路綱運冬月不止。江水低下。運河髙淺。冬月潮小。水不登應。則閉閘而不通。故真州置倉以卸之。潮大放閘。則揚泗以次卸之。六路未至。則發運司收糴儲於倉中。加息充代而責其直。汴綱六千。丈近者而運之。故一年歲課應期而數。倉木鉅萬。皆美材也。京悉取之以供京師之營造。

中間雖修興起。曾不足以庇風雨。而發運司繼本又盡於無益之求矣。此倉法之壞也。臣竊觀蔡京之姦謀困民之大害。無甚於鹽法。考祖宗河北之鹽不榷。以利河北之民。河東自置鹽監。以便河東。東南收稅上供。委鹽六路以暗為六百萬石之本。又發運司因之以制諸綱。優重賞罰焉。故三邊充足。不資朝廷之應副。東南運漕常足六百萬石之歲額。蔡京欲取善治財物之功。且以供無益之費也。故盡取鹽利歸之中都。祖宗飛錢於三邊。蔡京收利於權貨。故中都豐足而三邊匱矣。西北之糧由是而空。西北之兵由是而不繕治。而河北之民驅其車牛。役其人丁。搬輦鹽貨。不得耕織者不知其破幾千百家。天下縣鎮趨賞避罰。巡門散鹽以及茶礬。吏緣誅求。搔擾百出者殆不可勝言。況有六路轉運司直供運漕之歲額。取之於民。今亦罄矣。天下章疏鉅萬。山積其間。果無一人言及此者。豈非國家遷事未息。

尚資鹽利以為用。未敢遽言之哉。然而祖宗熙豐之時。以至建中靖國之初。當時未收鹽利也。國用緣何而足。府庫緣何而充。豈非祖宗之經入法度有所未復。冗員浮費有所未減。於今日者。講求興復之。裁省抑免之。以代鹽利可也。必欲守鹽法不變。而求東南運漕如祖宗之盛。運漕不繼而求內外兵馬如祖宗之強。臣恐未可以歲月冀。此臣畧言運漕非祖宗之法者也。祖宗之時。外置轉運司以漕一路之賦。內置三司使以總天下之財。委任而責其成功耳。神宗皇帝聖文神武。將大有為。用財有式。節財有政。始分天下之財以為二司。轉運司獨用民常賦與州縣酒稅之課。其餘財利悉收於常平司。掌其發斂儲之以待非常之用。罷三司而為戶部。轉運之財則左曹隷焉。常平之財則右曹隷焉。當是時。雖一鎮一縣無不貫朽粟陳者。及蔡京用事。舉天下之財而盡用。諸路漕臣靡然從風。本路無以周給。而進羨

餘百姓常稅不納而急橫賦諸縣歲終無以塞責則令民取常平錢斛轉易而為二稅州郡視之而不敢禁常平知之而不敢劾上下蒙蔽以姑息苟且取急於一時貪汚之吏竄名詭冒猾胥頑民亦中分而有之斂取之時辭訴紛委常平之政殆將廢矣常平之財殆將竭矣雖欲求明健之吏為振舉之職天下詭冒之獄亦不勝其誅罰也編戶民財不勝其斂取也如此則常平之政雖云不廢而其實廢常平之財雖云未竭而其實竭天下貨財不知其失陷者幾千萬億尚何區區於青苗助役是非利害之辨此臣畧言財用非祖宗熙豐之法者也陝西秦鳳路祖宗開拓鞏州矣熙豐之時又闢熙河蘭會州以為熙河路阻河為界設為三關平土豐草可以耕牧甚美功也神宗皇帝時有獻青唐之策者神宗以為國家之外厭而不取也神宗皇帝得疊宕等州盡空三百里地而漢蕃兩不居之也蓋青唐之馬

最良而蓄食肉酥必得蜀茶而後生故熙豐時置茶馬司大率以茶一籠計費三千而易百千之馬歲以蜀茶易馬二萬匹以三十年為率則國用馬常四十萬矣中國之兵安得不強夷狄之勢安得不弱自湟鄯廓州之入中朝而茶司之本又盡於市珠玉國馬至今蓋無幾矣神宗皇帝之不建疊宕等州豈不以城之無利守之實難又且以賜忠順之蕃使耕牧於其間也疊宕之地既皆不毛而湟鄯諸州萬山埆瘠殆非人跡之所涉童貫仰國家之財悉兵民之力收復三州增築城寨又於熙豐所空之地建城而自以為功分屯兵將轉輸糧食弓箭手民兵五路之根本也每差戍守三月一易則必人市頭口負戴糧器械所需之物而趨焉路逢蕃寇則多致殺掠或得戍滿三數月間又當復往如此勞費無有已時而熙河包氏之兵最為忠順神宗皇帝特寵異之心一不滿勢必不為吾用此熙河之兵所以寡弱而不振四路之兵恐亦復然今之士夫見邊兵之凋弊則以謂未必勝於東兵見西馬之病瘠則以謂未必及於東馬蓋不見其強盛之時而獨見其衰弊之後耳陝西之財百萬為率常以七十萬獨供熙河而以三十萬供秦鳳涇原環慶鄜延永興軍路也熙河之財十常七八以供新邊之費則是童貫之新邊常困竭陝西之諸路陝西之諸路常煩朝廷之應副而貽患於天下之諸路矣自宣武之為京師恃河北河東陝西以為根本故祖宗之時優恤河北民則不擾賦兵則不出戍鹽則不拘榷也自蔡京竭其財權其鹽困其民疲其兵加以中間盜賊之蜂起今歲邊事之未寧河東河北之民方仰朝廷之援救不足恃之以為強而陝西兵將尚為朝廷緩急之用則陝西之為根本明矣陛下安得不顧惜其根本而封殖之臣料廷臣慮非不及於此自見兩貴黨人棄地之罪畏懼常瞻前却顧而不敢

言耳此臣略言邊防非祖宗之法度者也臣願陛下考覈臣言而詳思之則陛下今日政事果悉舉祖宗之故事乎果因循京貫之規模乎京貫之惡天下無不欲殺之者蓋以其姦賊生靈蠹害國家以至於今日也倘使京之鹽法不改貫尚有功於國行之數十年而不可易臣恐其大不然矣雖然常平之政不可廢有修弊救廢焉之以中制新邊之地不可棄在因事制宜轉敗而為成若夫養兵之制運漕之法又在謹審而力行之夫祖宗之法犬牙相制不可偏廢也如論養兵則于運漕如論運漕則于鹽法如論財賦則于常平如論邊防則于茶馬千條萬目豈易遽言廟堂之股肱朝廷之肺腑必有奇材大略能為陛下處之者非臣疎遠之敢竊議也昔仲山甫周之賢相耳詩人歌詠其功德以謂愛莫助之況聖君巍巍在上恭儉寡慾宵旰焦勞減珍味者七十品放宮女者六十人常御便坐不奏音樂雖

堯舜茅茨土階。夏禹卑宮菲食。不足過也。而臨御三時。治功未進。豈非有合周雅愛莫助之者乎。恭惟陛下以繼體守文之時。應創業垂統之運。當以太祖之神武英斷。戡定禍亂。仁宗之仁慈納諫。安養蒼生。神宗之聰明剛健。修舉百度。不可優游退託。日復一日。以緩事機也。天下之事。臣遲三時矣。昔禹惜寸陰。况當救焚援溺之時。而可以坐閱二十七旬乎。且自古君臣。必有道合德契。披肝膽以相照。雖骨肉之親。不可間也。故商高宗以傅說為旱歲之雨。劉先主以諸葛亮為如魚得水。蓋不如是。不足以有為也。書傳所載。少有兼將相之任者。漢高祖相蕭何而將韓信。則西楚不足滅矣。然薦韓信者蕭何也。唐太宗相房杜而將英衛。則天下不足平矣。然濟英衛者房杜也。陛下體此以觀之。則將相之任定。將相之任定。則廟堂敢措議於軍旅。將帥得注意於功名。廟堂之上運用天下。如身使臂。如臂使指。若杜

黄裳之平西蜀。李德裕之平河北。指縱發策。不離於樽俎而兩路平。今朝廷人材。豈無杜黄裳李德裕輩。至於條令之未便。官吏之貪污。斂求之違法。奉行之未善。此皆毛舉小小。監司郡守斥言可除之弊。何足以多繫聖慮哉。臣年老多病。待盡朝夕。祈欲一言而首丘耳。千冒冕旒。惟陛下留神。

侍御史李光論彗星劄子曰。臣聞易曰。天垂象。見吉凶。聖人象之。蓋觀乎天文。以驗得失者。誠聖王之先務也。臣伏見近者彗出寅艮間。躔度甚速。此變易之大者。或傳朝廷用陰陽家說。以分野言之。為虜人滅亡之証。此恐進諛之人以甘言諂辭媚悅陛下。陛下輕信其說。無復咎謝天譴之意。則厮損盛德。非宗廟生靈之福。臣聞孔子作春秋。不書祥瑞而書災異者。蓋欲警戒人君。使知恐懼脩省以應天變。不聞以災異歸之夷狄也。二百四十二年之間。彗星三見。禍亂類[illegible]

周室微弱。上下交怨。此皆人事之所感動也。天心仁愛人君。故出災異以譴告之。不聞天心仁愛夷狄。欲其脩省也。陛下萬一惑於邪說。凡天地變動。各以分野言之。則陛下之失。自今以往。誰復敢言。蓋天變之發。或發於未然之前。或發於已然之後。皆所以覺悟人君也。所謂應天變之術。豈有他哉。在於修人事而已。臣伏見陛下即位以來。凡所施為。無非仰合天心。下當人意者。勤儉憂勞。不聞有過。然舉措之間。安得每事皆當。亦當窮究致災之由。推至誠。行直道。政事之不中。不平者或未加治。萬民之失業窮困者或未加卹。姦邪之徒。熒惑主聽者或未加察。言路駸駸。復有壅隔之患。則陰陽之和何時而致。天地之變何時而息乎。臣所以居言責之地。而不能默默也。冒犯天威。臣無任激切恐懼之至。

高宗建炎二年。中書舍人滕康上奏曰。去歲郊祀前日食。而日官不

以聞。廷臣不以告。使陛下所以應天者未至。故逆臣敢萌不軌者。無先事之戒也。陛下即位。行再歲矣。惻怛愛民之政。徒為空言。而百姓不被其恩。哀痛責躬之詔不著事實。四方不以為信。忠佞並馳。而多士解體。刑賞失當。而三軍沮氣。臣願陛下取建炎初元以來所下詔書。所舉政事。熟思審度。得無一二不類臣言者乎。望參稽得失而嚴行之。上再三褒諭。稱其有諫臣風。

三年六月霪雨。詔求直言。中書舍人季陵上言曰。金人累歲侵軼。生靈塗炭。怨氣所積。災異之來。固不足怪。惟先格王正厥事。則在我者其可忽邪。臣觀廟堂無擅命之臣。惟將帥之權太盛。宮闈無女謁之私。惟宦寺之習未革。今將御擁兵自衛。浸成跋扈。苗劉竊發。勤王之師一至。凌轢官吏。莫敢誰何。此將帥之權太盛。有以干陽也。宦寺縱橫。上下共憤。卒碎賊手。可為戒矣。比聞復召藍珪黨與相賀。聞者切

蕭此官寺之習未革有以干陽也洪範休徵曰肅時雨若謀時寒若咎徵曰狂恒雨若急恒寒若自古天子之出必載廟主行示有尊也前日倉卒迎奉不能如禮既至錢塘置太廟於道宮薦享有闕留神御於河濟安奉後時不肅之咎臣意宗廟當之比年盜賊例許招安未幾再叛反墮其計忠臣之憤不雪赤子之冤莫報不謀之咎臣意盜賊當之道路之言謂鑾輿不久居此自臣聽處決無是事假或有之不幾於狂乎軍興以來既結保甲又改巡社既招弓手又募民兵民力竭矣而猶誅求焉不幾於急乎此皆陰道太盛所致帝嘉納之

御史中丞張守論災異所自劄子曰臣伏準詔旨以盛夏之月常寒久陰災異之來必有所自令侍從郎官以及臺諫條具闕失欲以應天變收人心召和氣仰見陛下畏天之威遇災而懼古帝王之用心也臣待罪憲府清閒所及敢不竭愚慮臣聞天心之愛人君自非大

無道之世則必出災變以譴告警懼之及其至誠修省則轉禍為福捷於影響傳曰禹湯罪己其興也勃焉蓋不特有罪己之言而有責己之實也陛下罪己之詔嘗數下矣而天未悔禍恐實有所未至爾倘能應天以實不以文則安知譴告警懼非誘掖陛下以啓中興之業乎臣於去秋嘗奏疏願陛下居處飲食動作享用每以二聖母后為念詞頗煩瀆頗簡聖聽冀不以一日南面之樂而忘萬里北狩之戚也勿謂九重之邃外莫得而聞也正心誠意日慎一日則何患天變之不弭人心之不固和氣之不至乎雖然高宗有鼎雉之祥祖己訓之曰惟先格王正厥事則事事欲其正也臣請為陛下畢其說常寒久陰陽微陰盛之證也臣者君之陰也夷狄者中國之陰也盜賊者元民之陰也方今朝廷不能制將將不能制兵强者恃寵有跋扈之風庸者擁衆為偷安之計遣師而出則必廣求官爵金幣而後啓行無功而還則又泛第首級勳勞而邀上賞虛張軍數而冒請給陵轢州縣而取犒賜小不如意肆為殺擄凡此則臣强也夷狄累年憑陵中夏連陷郡邑劇於破竹深入淮甸易於探囊止于山東儼然自肆涉此夏暑未有退期使吾選將厲兵固可襲取今則上下畏怯莫敢誰何凡此則夷狄强也狂寇潰卒蟻聚蜂屯大者數萬小者數千遠則星布于京西而不勝討近則鴟張於淮甸而無所憚或陰懷窺伺而邀求要地或陽就招納而公肆剽刼凡此則盜賊强也陽微陰盛斷可見矣是以紀綱未立號令不行人心動搖國勢危蹙而當長養之時積雨彌月寒氣不收宿麥壞於垂成禾稼傷於方茂物價翔貴商旅斷絶秋冬之間夷狄內嚮盜賊乘之於飢饉之餘其禍可勝言哉天時人事至此極矣陛下觀今日之勢與去年孰愈而朝廷之措置施設蓋與前日未有異也俟其如今春維揚之變而後言之則

雖斥逐大臣無救於禍臣又聞漢制災異策免三公故陳平曰宰相上佐天子理陰陽順四時下遂萬物之宜而御史大夫蕭望之謂日月少光咎在臣等宣帝以為意輕丞相天變之來宰相預任其責竊見某雖有勤王之功初無王佐之畧論其材能則辦一職而有餘論其器識則斡萬機而不足筭計見效曾未及於前日豈不殆哉唐張守珪破可突干有功明皇欲相之張九齡曰宰相代天理物不可以賞功乃止今某蓋以勤王入相不幾於賞功乎吳起與田文論功文不及者三朱買臣難公孫弘十策弘不得其一終之田文相魏公孫佐漢言宰相自有體也故黄霸長於治民及為丞相則功名損於治郡以人之才各有所極故也某人固未有顯過但經濟之畧未聞若以防秋在邇未宜罷免則臣愚以謂不若更擇文武全材海內推服公頋以為相者親擢而並用之庶幾叶謀共討各效所長彌縫其失

而正救其災。則天變亦可弭。和氣亦可召也。昔汲黯在朝而淮南寢謀。杜黄裳爲相而兩河剋復。蓋其威望鎮物。精神折衝。亦不必事事更張而臣下爲之凛畏。夷狄爲之竦讋。盜賊爲之退聽矣。伏願陛下内益嚴恭寅畏以修其德。外更選用輔弼以修其政。人事既盡。天心必歸。古人有云。未至而言。言固嘗爲虚。及其已至。又無所及。今日之事。實繫存亡。顧畏避不言之罪。清議不容。而觸迕權要之誅。聖明必貸。惟陛下留神。不以爲虚言。則天下幸甚。

守爲殿中侍御史。乞捕飛蝗劄子曰。臣訪聞京西京東飛蝗爲災。上至京師。下及淮甸。遠邇憂懼。恐失有秋。蓋以軍旅之後。必有凶年。言其殺傷之怨薄陰陽之和也。昔周宣王遇烖而懼。側身修行以致中興。天意若警陛下以隆中興之政。恭聞淳化三年六月飛蝗蔽天。從西南而去。太宗皇帝謂宰相曰。必恐害及田稼。朕憂心如擣。亟令人

馳詣所集處視之。是夕大雨尺餘。蝗盡殪。慶曆四年六月。仁宗皇帝謂輔臣曰。方歲旱而飛蝗滋甚。百姓何罪。朕默禱上帝。願歸咎于朕躬。章得象對曰。臣不能輔理宣化。以致災孽。而貽陛下憂。今聖言及此。必有上通天意之應。伏望聖慈仰體祖宗之德。下憫元元之災。勝妖以德。以弭天變。仍敕逐處監司守令檢詳條令。併力撲除。儻不失有年。庶幾軍興之時。國用民食不至甚困。天下幸甚。

四年。張浚乞修德選賢以消天變疏曰。臣竊惟國家不競。恚難存緣。夷虜憑陵。海宇騰沸。二聖久征於遠塞。皇輿未復於中原。而敵國交兵。方興未艾。郡邑半陷於戎手。黎元悉困於塗泥。自古禍亂所鍾。罕有若此之比。必欲旻穹悔禍。庶獲安。非君臣之間更相勉厲。痛心嘗膽。修德著誠。大誅姦邪。鎮革風俗。親君子。遠小人。去讒佞。屏聲色。簡嗜慾。崇節儉。則曷以上應天變。下懷民心。四海黔黎殊未有休息

之日。若昔黄帝遭蚩尤之亂。大禹罹洪水之災。然而卒能誅夷。終歸平治者。正以君臣上下苦心勞形。杜邪枉之門。闢公正之道。天人響應。遐邇協謀。故能平難化之寇。成不世之績。是知應非常之變。必當得非常之人。重念臣自叨殊遇。深荷眷知。雖事不辭難。而功無可紀。自知力小而任重。徒能志大以心勞。而況臣濫居政府以來。天文失執。風雨不時。夷狄交侵。盜賊多起。蚤夜自省。畏懼彌深。欲隆希世之大勳。必非微臣之可致。伏願皇帝陛下念宗廟社稷之重。憫邊陲黎庶之災。敕已清心。畏天念咎。然後選求賢哲。委付事功。假以歲月之期。漸圖興復之業。俾臣乞身而去。以畢餘生。庶免顛隮。仰負天地生成之賜。不勝至願。

浚爲觀文殿學士。上奏曰。臣聞太史推測天象。以來年正月之旦日有蝕之。臣竊惟天之愛人君。必示以災變。使之畏懼修省。勉求爲治。

人君修德畏天。則天心眷祐。享國無窮。如其怠忽。不省歸之。時數禍有不可勝言者矣。然而應天之道。在實不在文。當求之於心。考之於行。心有未至者勉之。行有不善者改之。如天之無不容。如天之無不公。如天之至誠無私而不失其信。則何憂乎治道之不興。何患乎賢才之不至哉。惟陛下留神毋忽。

紹興三十二年。浚奏飛蝗爲災狀曰。臣今月十一日午後舟行出國門。有飛蝗自北而南。其長數里。臣竊惟災異之起。必有所因。恭惟陛下即位之初。厲精求治。憂勞庶政。豈容有此。臣愚伏望聖慈益加欽畏。以答天心。抑天之愛陛下。殆將有以警勉于初。助成聖德。恢張皇業。更乞延見近臣。賜以清閒。咨問時政。必使滯恵寃。及軍民。臣愚不勝拳拳。

紹興元年。臨安火。延燒數千家。獻諫者謂非災異。殿中侍御史趙不

上言曰春秋定哀間數言大災說者謂孔子有德而魯不能用季孫有惡而不能去故天降之咎今朝廷之上有姦慝邪佞之人未逐乎百執事之間有朋附奔競之徒未汰乎搢紳有公忠宿望及抱道懷藝有猷有守之士未用乎在位之人畏人軋己方且蔽賢未聞推誠盡公旁招俊乂宜鑒定哀之失甄別邪正亟加進用

三年天旱地震詔群臣言事知溫州洪擬上奏曰法行公則人樂而氣和行之偏則人怨而氣乖試以小事論之比者監司守臣獻羨餘則黜之宣撫司獻則受之是行法止及疏遠也有自庶僚爲侍從者卧家視職未嘗入謝遂得美職而去若鼓院官務疾廢朝謁則斥罷之是行法止及冗賤也榷酤立法甚嚴犯者籍家財充賞大官勢家連營列障公行酤賣則不敢問是行法止及孤弱也小事如此推而極之則怨多而和氣傷矣

侍御史張大經以旱應詔上奏曰人心不和有以致旱民力竭而愁歎多軍士貧而怨嗟衆二者當今大弊州縣之間綃帛多折其估米粟過收其贏關市苛征榷酤峻禁中外兵帥多出貴倖之門營利自豐素色衆怨教閱滅裂軍容不整且近習甲第名園逾法踰制別墅列肆在在有之非賂遺何以濟欲願陛下疎斥憸腐抑絕倖門無意人主之職責成宰輔一提其綱則天下事有能辦之者

吏部侍郎廖剛論救旱劄子曰臣聞金穰水毀木饑火旱天數也雖堯湯在上水旱所不能免聖人惟不以天廢人故恐懼脩省必謂己德之愆所致如湯以六事自責是也夫以湯之爲君制事以義制心以禮檢身若不及而不吝於改過寧復有如是之闕失者哉凡以畏天之威罔敢怠豫而應之以誠如此是以雖有七年之旱後世不以爲天譴而皆歸之於數爲其所以應之者無不盡耳不然後世何獨私於湯哉比者連月不雨宸衷憂惻食息不忘中外所共知也臣竊陛下嘗試隱之於心如湯所慮六事之失者儻有之乎有之而未能改則是應天之實未至雖禱祠庶事之備亦曰文而已矣非所以動天也誠則至矣過則改矣將無遠之不格無災之不弭斯須之旱又奚患焉亦取法於湯而已區區狂瞽之說惟陛下裁擇

剛爲御史中丞又上奏曰臣竊惟旱暵之久聖心焦勞如臣輩備位言責固當有藥石之言上裨聖政之萬一而寡陋淺暗曾無以效其區區曷勝惶懼愧負之至然臣竊意陛下朝夕省念求所以致旱之由殆將無所不至臣亦安敢默默自已臣聞先儒之論曰五行土制水土功興則水氣壅閼其證爲旱邇來營造宮殿土木之役亦既經時然將以奉吾太母所不可已者姑且訖工臣不復敢言若乃運河淤澱二十餘年今者遽欲濬治自杭至秀凡百餘里工力以數十萬

計乃欲取辦於殘零病兵與道路之游手限以半月可不謂之使民疾乎畚鍤之事若責游手決不能辦其勢必科夫於人户名爲和顧游手因以救飢其實皆南畝之民也方茲久旱晨夜嗷嗷日待浸灌之澤有如時雨適至身拘於官不得反顧其私豈不害事而致怨乎臣謂天降災警正當恐懼脩省靜以待之而更興大役重擾吾民恐非所以應天也臣非不知開河之爲利今正非其時耳又有咈人心者數事請遂言之劉光世賜第漕司收買材植凡數十里外有以木柢至者不問大小長短盡數剳下不許賣外人已買者或留之而未償其直未售者或抑之而日損其價簰柢鱗次蔽壅河道其所使令倚勢控擾爲民害如此不急之役獨不可少緩乎此一事也察選冗員充滿郎肆類遣疑文百端沮抑且如沿海巡尉透漏私鹽滿三十斤並擬差注雖已參部必須下元任州縣再取保明坐此留滯者

皆是初來選人極多。如縣丞司法雖多不許破格差注。然如廣南州軍多是土人權攝動經年歲。蓋內地經任人往往不肯屑就。臣謂與其冒濫權攝。孰若期以一年。或三季許破格注授。庶使寒士無滯留之歎。此二事也。近日諸營寨強刺百姓充軍。已蒙聖旨禁戢。今稍革矣。然已刺者多鄉村良民。或負販小商。或單丁養父母之人。雖多與衣糧。非其所願。臣願特降睿旨。明赦將校等人強刺之罪。聽其放出給據。得歸農本。則鼓舞者多矣。此三事也。恭以陛下憂勞之極。至於不御葷肉。則凡可以順人心合天意。以召和氣而消災沴者。宜無不為。況此數事。頗關休戚。近在目前。惟聖慈加省幸甚。

中書舍人洪遵論禱雨恩所當戒劄子曰。臣竊見涉冬至今。累月不雨。人情嗸嗸。無以為命。陛下夕惕為治。孳孳在民。閔雨之心。形于夢寐。緇黃祈禱。靡神不宗。以至賑飢窮。決犴獄。止屠宰。出廩粟。大官供

膳蔬素幾旬。每對公卿大臣。焦勞憂畏見於睟表。左右從御。瞻顧動色。上天孔昭。若響若答。三日之霖。應誠濟至。中外相慶。歡喜欲舞。天下幸甚。昔成湯遭旱。以六事自責。蓋至七年而後已。春秋於魯僖公書三時不雨。以見其憂民之切。今陛下不忍百日之旱。濬發精誠求之於飲食言動之間。曾不淹晷而丕應如此。視成湯之七年。魯僖之三時。超然遠過。有盛德而無愧辭。生實難。萬世而遇大聖。吁其偉哉。臣立朝日淺。蒙陛下恩顧寵厚。不敢作為頌詩以飾大澤。獨有惓惓之意。願陛下日慎一日。雖休勿休。念萬機之間。其所當戒。有在賑飢決獄四端之外者。永思所以上當天心。下愜民情。如今日禱雨之誠。則治道光明。可以粃糠千古。尚何成湯魯僖之足云哉。臣愚無識。惟陛下留神。

遂為秘書省正字。乞禁奏祥瑞疏曰。臣聞春秋之作。以示萬世觀戒。上之日食雨雹隕星震電。下至多麋有蜚蟓生有螢之類。纖悉必載。獨祥瑞之事闕然不聞。豈二百四十二年間皆無可書之實。聖人垂教。以為無益故也。秦漢以來。世主往往憑藉以文太平。故此說浸盛。至若黃龍見于劉聰。蒼麟白鹿見于石虎。鳳凰騶虞見于王建之世。是秦時僭竊何瑞之有。而其導諛之臣。曾罔聞知。史冊班班。蓋有春秋深意。惟元魏世宗時。芝生太極殿。崔光舉莊周所謂氣蒸成菌指為不祥。其言忠切。可為後世龜鑑。恭惟陛下。聖謨天造。光啓中興。歲仍金穰。可謂上瑞。紹興初。蜀郡有以符瑞來上者。亟行削秩。四方聞之。莫不歌誦聖德。十餘年以來。權臣擅朝。矯誣瑞應。邪諂之徒。迎合朋附。藉此為進身計。臣不敢縷陳。如衢州之寶。碑則設心獻佞類於符命。贛州之木成天下太平字。鏤刻甚明。識者嗤笑。福州之竹實。則傳記所載。初非吉證。據是三者。槩可見矣。臣愚欲望睿慈專下明詔。

自今州縣無得輒奏祥瑞。其卓卓顯異不可泯者。上之禮部。庶幾洗滌澆風。化為忠厚。以稱陛下謙慎之本意。誠非小補。臣愚無識。惟陛下留聽。

歷代名臣奏議卷之三百五

歷代名臣奏議卷之三百六

災祥

宋高宗紹興六年。地震。秘書正字張嵲上奏曰。比年以來。賦斂繁重。征求百出。流移者擠溝壑。土著者失常業。地震之異。殆或為此。願深思變異之由。修政之闕。致民之安。

黄次山上奏曰。臣聞日食地震。陽微陰盛也。陰盛。則靜者動。陽微。則明者晦。推類言之。則妻者夫之陰也。子者父之陰也。四夷者中國之陰也。小人者君子之陰也。陛下春秋富盛。嬪嬙稀簡。帷幄之私。衍義未過。二年之間。大異重至。意者夷狄伺隙。而君子小人之際。尚煩聖慮乎。今承板蕩之餘。履顛沛之勢。財不足自富。兵不足自強。天下喁喁未絶望於中興者。徒以陛下克己自强。大臣同心事國。悔過求言。而善類稍進也。近日士論頗謂朝廷甘受佞人。而外欽正士。聲音之拒。禮貌之衰。有得之於言意之表者。此非陛下之福也。自古求治之君。當軸之臣。夫豈惡治安而樂危殆。薄君子而厚小人。然多不免焉者何也。君子難親。小人易狎也。願陛下以父兄為意。大臣為人主受言。厲謇諤之風。恢蕩蕩之德。遠浮論。近端方。搢紳之間。衆不可盡。其有公忠自奮。敢獻異同。不可狎而親者。宜隆寬褒直。俾充本朝。不宜盡聽其求高舉遠引。不留自助也。人主父天母地。子養元元。父尉明。母震動。子訛言相恐。古人猶懼。況食於三朝。震其國都。元元飢餓。自相魚肉。而不思消伏之計乎。惟陛下奮乾剛之威。大臣擴包荒之度。拔進英俊。以強本朝。此抑陰崇陽應變之至權也。震食之異。庶幾可銷。摽季之運。庶幾可復。夷狄之憂。庶幾可弭。陛下召臣千里。誠冀有補萬分。廢承天之至言。指米鹽之細故。求殺災異。熒惑聖聰。則非臣之忠也。故不敢不盡愚。

江西安撫制置大使李綱以地震應詔條陳八事狀曰。臣伏覩近降詔書。以地震求言。雖芻蕘之微。亦得上達。況臣嘗備近司。荷恩隆厚。受知特深。苟有所見。其敢隱默。輒罄狂瞽。冒塵天聰。伏望聖慈特賜睿覽。謹條具奏聞。

一。臣聞地道積陰。以靜為德。理不當動。動必有變。春秋二百四十二年間。地震五。聖人必謹而書之者。志變也。漢唐以來。或頻年震。或一年數震。變不虛發。其感召之因。皆有所自。可考而知。乃者六月乙巳。地震于駐蹕之所。陛下克謹天戒。降詔求言。誠得警懼修省之道。然臣聞應天以實不以文。天人一道。初無殊致。唯以至誠。可相感格。臨變而懼。變已則忘。有畏天之言。無畏天之實。皆不足以銷弭變故。導迎吉祥。凡以無至誠惻怛之意故也。夫夷狄。兵革。女子。小人。皆為陰類。願陛下致察於數者之間。每事致戒。則化災為祥何難之有。昔成湯遇旱。禱于桑林。以六事自警。而雨澤時至。天人之際。應若影響。不可誣也。臣願陛下以應詔上封事者。特加省覽。其言可採。降旨亟推行之。亦不必加賞。夫忠義之士。有愛君憂國之心者。但以言聽計行為志。豈待賞而後勸哉。至於草茅疏遠。不識忌諱。論議激訐。亦望容貸。以來直言。日慎一日。不以天地之變為出於偶然。如日月之蝕。既過則忘於修省。此乃所以為應天之實也。天下不勝幸甚。

一。臣竊聞諸道塗。車駕將有建康之幸。既降旨以趣營繕。又具例以勑百司。此誠甚盛之舉。然日俟一日。未聞下戒行之詔。豈猶有所疑而未決邪。夫建康在東南為形勝之地。在今日為不可不駐蹕之所。臣嘗條具奏聞屢矣。天時。地利。人事。皆當捨臨安而幸建康。比者地震。不在諸郡而在臨安。不在他所而在宮禁此無他天意欲陛下有所遷動避危以趨吉而已夫懷與安實敗名昔公子重耳安於齊子犯謀醉而遣之自齊適秦秦伯納諸晉遂成霸業今陛下久駐蹕臨安躊躇未遷無乃有安之之意邪不然天意何以丁寧告戒之若此此天時之不可不幸建康者一也臨安褊迫偏霸之地非用武之國又有海道不測之虞昔若建康襟帶江湖控引淮浙龍蟠虎踞自古稱為帝王天子之宅此地利之不可不幸建康者二也諸將重兵已皆分屯淮泗陛下時乘六龍躬率六師進臨建康則將士之氣百倍其勇號令賞罰皆出睿斷人人願戰前無堅敵與夫深居而遙制豈可同日而語哉此人事之不可不幸建康者三也臣願陛下斷自宸衷不貳不疑投龜而決早降詔旨以慰士民之心庶幾中興之運不日可致伏望留神幸察

一臣竊觀古之善治兵者必多其將之員數而少給之兵所以為臂指聯屬易相運動之術漢光武之二十八將是也又必重內輕外以為強本弱枝表裏相濟之術唐府衛之兵是也祖宗制兵每將不過五千人其不隸將者每指揮不過五百人有事則臨衍陣無事則歸營壘此得所謂多將員而少給兵之法盡也天下重兵於京畿足以制四方州郡之兵又設禁旅換衛王室此得所謂重內輕外之意海內平定幾二百年靡有兵革職此之故今陛下震皇武以圖恢復之烈蓋以重兵分隸諸大將多者至十數萬人平居已不能運掉而況於倉卒擾攘之際乎宿衛單弱初無正兵緩急何以衛宸極而禦外侮此臣之所以夙夜寒心者也雖陛下恩信足以結之威德足以服之手撝指顧莫不從令然立國之道當為長久之策恐不應如此臣愚伏願陛下常留聖意偏裨中有可用者親加識擢漸付以兵使自成頭項以備緩急驅策或收召舊人或選擇將士廣置禁旅更番宿衛使為天子正兵考漢唐之舊制遵祖宗之成憲務復前規銷弭後患以早致中興之功天下不勝幸甚

一臣聞兵法欲致人而不致於人此猶弈家之爭先法耳故善棊者之置子必能制於數路善兵者之禦敵必能禁其四出今諸將大兵列屯淮泗又以宰相督之可謂重矣敵人之勢亦必聚其犬羊以抗王師則京西一帶必有力不暇及之處願詔劉光世專事陳蔡岳飛專事唐鄧使敵人分兵以拒我則淮泗之力紓使不能分兵則乘間擣虛吾無遺策矣今劉光世軍已進合淝而岳飛大軍尚留武昌未進誠恐緩不及事坐困錢糧未見其可伏望聖慈特降詔旨督促其行庶幾不失機會今冬可無衝突之虞願加睿察

一臣聞行師用眾糧餉為先雖有堅甲利兵非粟無以戰雖有高城深池非粟無以守有國有家者無三年之蓄曰不足而況於月支日給乃旋為之計乎去歲旱災之廣綿地數千里穀斗有至千餘錢者常賦損於減放漕計困於轉輸常平義倉匱於賑濟公私孑然皆無儲蓄使今秋復繼之以水旱其何以堪所幸天道佑順雨暘時若遂成有年江浙閩廣悉皆登豐自今米價已減將來穡事告成粒米定須狼戾此誠朝廷廣糴儲蓄之秋也昔趙充國討先零嘗謂塞下糴四十萬斛賊豈敢動哉由是觀之國以兵為命兵以食為天何可少緩夫穀太賤則傷農乘登豐之歲以善價廣糴官有儲蓄而農不告病是行一事而兩利也朝廷近降糴本付轉運司限數收糴固為得策然轉運司

不過分降諸州諸州不過分降諸縣諸縣不過分配入戶强委之直而責其粟則是有和糴之名無和糴之實非計之得也臣愚伏望聖慈特降睿旨令諸路州郡以轉運司所分糴本專委官吏置場收糴其初即以善價取之民間量增分數嚴立約束使無邀阻糜費則人戶商旅自然樂輸數百萬斛不難辦也始時民間唯患交子恐難行用今朝廷既改交子之法以為關子即與見錢無異自可通行唯官告勑牒須勸誘上戶使之入納亦乞令州縣以勸誘到見錢付之糴場使之收糴庶幾革近年科糴之弊公私兩濟天下不勝幸甚

一臣竊見朝廷近年以來委辦州縣或製造器用或收買物色期限太嚴督責太峻州縣官吏不敢申明如期應命但欲塞責而不為長久之計遂使公私皆受其弊而卒無補於實用如福建

之刱海舟製造滅裂尋即損壞廣南之置耕牛道里遼遠率多斃踣此皆所費不貲無益於事不可不察也夫創造不精曷若買舟之可久遠致多斃曷若厚價以招來雖有所費蓋不得已如其不然所傷實多方朝廷用兵之際財賦窘迫豈可不計較愛惜而耗蠹於無用之地哉臣愚伏望聖慈特降睿旨今後朝廷拋降製造收買物色或期限太迫或土產非宜並許州縣申陳利害從長相度以聞朝廷更加審察而施行之庶幾公私兩便無虛費而有實利天下不勝幸甚

一臣竊見朝廷前此數年專以退避為策亦不責州郡以捍守又降詔旨許令保據山澤以自固城壁守具率皆不治循習既久往往以修城壁為生事建議官吏反受罪責如連南夫以守泉州城委官體究裴廩以修衢州城重加貶黜州郡望風畏縮無

敢復議修城者矣以偷惰苟且之習而重之以朝廷威令其誰敢復冒罪責而建長久之計乎臣恐自此州郡城壁壕塹頹毀湮塞不復修矣今與僭逆之寇壤地相接無數百里之遠而沿江表裏數十州郡朝廷所恃以為藩籬者蕩無城池可恃以守卒然賊馬驚近邊障封疆不知何以禦之此臣之所不能曉也臣愚伏望聖慈特降睿旨令朝廷熟議如捍禦之計非城池不可即乞降旨明告中外以昨來罪責官吏自緣搔擾非以修城之故應沿江州郡候今冬農隙許之漸次修築城池建置樓櫓之類朝廷特與應副庶幾自保之計既備進討之策可行天下不勝幸甚

一臣竊覩近降指揮禪林僧徒貧病不能貼納者充以常住代支續令拘收還納自非出自聖慈曲加矜恤何以及此然臣竊謂

僧徒中有財利者多是律僧營生與俗無異雖重取之何所不可其禪林中僧真實學道之人一缾一鉢隨時粥飯往往無餘今使之貼納非唯貧病無自而出亦有害其學道之心聖慈既加矜恤許令常住代納固已深慰物情伏望特降指揮委州縣體究實係貧病無可貼納之人令本寺常住代支更不拘收還納庶幾學道之流得以安心淨業此亦仁政之一端也伏乞睿察

綱又上奏曰臣聞和氣致祥乖氣致沴天人之際應若影響不可誣也政令和平合於民心天應以福雨暘時若而為豐歲此和氣致祥之符也政令乖戾咈於民心天應以災水旱極備而為凶年此乖氣致沴之符也豐凶之本乃在人主心術朝廷注措之間宗社之安危生靈之休戚繫焉可不懼乎前年江湖閩浙嘗苦大旱流移失業殍

踖相望。陛下軫慮之深。未遑暇食。親灑宸翰。勸誘賑濟。其所全活。不知其幾千萬人。至誠動天。報以休應。曰雨而雨。曰暘而暘。歲大豐穰。民以安樂。自經一稔之後。上下恬嬉。不復勤恤民隱。朝廷意民間之有蓄積。百色誅求。上供不以實數。而以虛額。和糴不以本錢。而以關子。絲蠶未生。已督供輸。禾穀未秀。已催裝發。州縣困於轉輸。文移急於星火。官吏愁歎。閭里怨咨。感動天心。旱災復作。江湖淮浙。所被甚廣。歲且艱食。人情驚疑。如居風濤洶洶靡定。然則陛下欲消弭災異。導迎吉祥。不必他求。但如前日之用心。自然感召和氣。休應立臻。則旱暵必復為豐年矣。昔周宣遇災而懼。側身脩行。欲銷去之。而王化復行。雲漢之詩是也。安知旱暵之災不為中興之資乎。願詔朝廷益修政事。凡所以賑救民災給足軍食者。早正素備。無待倉猝取具於臨時也。方今強虜憑陵。僭竊窺伺。屯兵淮澼以為控扼。欲進則未能。欲退則不可。閣口待哺於縣官

者數十萬人。平時運餉已極勞費。歲一不稔。將何以給之。夫今日之患。欲民力寬則軍食闕矣。欲軍儲裕則民財匱矣。二者如鐵炭之低昂。此首重則彼尾輕。非有術以權之。使斂不及民而軍食亦不可得而均也。孟子曰。無政事則財用不足。今屯兵之數不多於前時。而養兵之費十倍於往日。死生去來。無籍可稽。上功行賞。無實可考。轉資遷秩者動以萬計。廩祿之費又不知其幾何也。開端者不可復斂。放行者不可復收。日益月加。無時而已。天地之生財有時。人力之理財有限。而度量不立於其間。養兵之費有增無減。坐致耗屈。竭取於民。謂之有政事可乎。此臣之所以日夜為陛下寒心者也。夫政事立然後財用足。財用足然後軍食給。軍食給然後民力寬。民力寬然後天心格。天心格然後和氣可召而為豐年。此臣所以願陛下救今日之弊。以修政事為先也。臣仰察天時。俯揆人事。今日誠為危急存亡之秋。惟陛下念宗社生靈之重。圖為善後長久之策。留神邦本。天下幸甚。臣以衰病屢乞閒散。將歸山林。不勝憂國之情。輒復自竭。陳其大略。以瀆天聽。如聖心尚有所疑。願賜清問。得以展盡底蘊。為陛下詳言之。誓罄狂瞽。仰酬大恩。

高宗時左正言鄧肅上奏曰。臣伏覩十三日赤氣夜起。橫貫斗柄。士夫驚嘆。莫知所自。況職在言路者。又當如何。竊考自古天變。人主所以謝之者。不過避正殿。減常膳而已。陛下自登寶位。未嘗輙居正殿。而飲食菲薄。幾同臣下。其所以事天者。蓋亦無所不至矣。而天變若未息焉。其故何也。蓋嘗考康定元年十二月。京師大風晝冥。經刻是夜東南有黑氣。橫亘數丈。亦兵氣也黑殺氣也。用兵之時。豈免兵氣。迺於殺氣則為變尤大矣。然仁宗之時。朝廷無事。人物繁庶。其致治之道過於成康。是果天變不足慮乎。蓋仁宗皇帝應天以實而不

以文。此天變所以不能為災也。陛下切切願治之心。固無愧於祖宗矣。然風俗頹壞。爲日滋久。雖欲正之。未能遽革。故今日綱紀未肅。賞罰未信。叛臣未去。姦贓未滅。比之仁廟。猶有愧焉。此臣愚所以痛心疾首而不能自已也。臣愚欲望陛下下責己之詔。求切直之言。號令必行。無使壅遏。所以肅綱紀。功過並錄。以稽邪正。所以信賞罰。按僞籍以考張楚之臣。不使輙居侍從臺諫。則叛臣遠矣。驗刑書以責貪汚之吏。不使分布內外要職。則姦贓減矣。如是則陛下應天之實亦無愧於仁廟。雖有殺氣。亦不害四十餘年平治。況止於兵氣而已耶。蓋天心不遠。人心是已。有德於人。則無愧於天。不必於人心之外更求天也。五季之末。康澄嘗有言曰。為國家者有不足懼者五。有深可畏者六。陰陽不調不足懼。三辰失行不足懼。小人訛言不足懼。山崩川涸不足懼。蟊賊傷稼不足懼。賢人藏遁深可畏。四民遷業深可畏。

上下相循，深可畏。廉恥道喪，深可畏。毀譽亂真，深可畏。直言茂闇，深可畏。蓋天變不常，所以戒人君。儻能自慎，何足懼耶。人事不修，所以兆禍亂，苟不知戒，斯不亦可畏哉。陛下於其所可畏者，日加慎焉，則所謂不足懼者，又何能為陛下累乎。惟陛下察之。

陳長方代人上疏劄子曰：臣觀自古中興之君，未嘗不有災祥以警戒之，豈天之獨私於是耶。蓋亦愛之深耳。在商高宗則有鼎雉之異，在周宣王則有旱暵之虐。然二君遇災修省，故其功德由是以興。恭惟陛下念雨澤愆期，至誠惻怛，形于詔令，下至閭巷垂髫戴白之民，莫不歌詠盛德，謂陛下焦勞閔雨之心，商宗周宣蔑有加矣。然而方今年米一斗售千錢，尚且踊貴未已。萬一雨至後時，饑饉之患有所不免，流離之民聚為盜賊，勢不得不慮。臣愚欲望先勅有司經畫邦計，逆為之備。使備蓄素定，無至乏絕。近降詔書之外，凡一毫末未便於

民者，並令罷去，以成陛下中興之政。雖聖心焦勞，格于上下，必無雨澤後時之患。臣妄言之，蓋亦為國先慮，不勝區區而已。

監察御史龔茂良應詔上奏曰：水，至陰也。其占為女寵，為嬖倖，為小人專制。崇觀政和，小人道長，內則憸腐竊弄，外則姦回充斥。於是京城大水，以至金人犯闕。今進退一人，施行一事，命由中出，人心譁然，指為此輩。臣願先去腹心之疾，然後政事闕失可次第言矣。

樞密檢正尤袤上奏曰：天地之氣，宣通則和，壅遏則乖。人心舒暢則悅，抑鬱則憤。催科峻急而農民怨，關征苛察而商旅怨，差注留滯而士大夫有失職之怨，廩給朘削而士卒有不足之怨，奏讞不時報而久繫囚者怨，枉不獲伸而負累者怨，强暴殺人多特貸命，使已死者怨，有司買納不即酬價，負販者怨。人心抑鬱，所以感傷天和者，豈特一事而已。方今救荒之策，莫急於勸分，輸納既多，朝廷吝於推賞，

乞詔有司檢舉行之。

高宗以彗星見，詔求直言。吏部侍郎晏敦復上奏曰：昔康逕以賢士藏匿、四民遷業、上下相徇、廉恥道消、毀譽亂真、直言不聞為深可畏。臣嘗即其言考已然之事，多本於近習。及姦邪以巧佞轉移人主之意。其惡直醜正，則能使賢士藏匿。其造為事端，則能使四民遷業。其委曲彌縫，則能使上下相徇。其假寵竊權，簧鼓流俗，則能使廉恥道消。其誣人功罪，則能使毀譽亂真。其壅蔽聰明，則能使直言不聞。臣願防微杜漸，以助應天之實。

起居郎胡寅上奏曰：臣竊以雨暘順序，係乎政事。故漢明親決冤獄則甘雨應期，東海殺一孝婦，則三年大旱。此其大略也。不修人事而祈禱求福，非聖人之道，先王之政也。宣諭官以敷君德、求民瘼為職，乃以龍母五子求加封爵，其陋甚矣。又況封為夫人，爵稱侯伯，施之

於人，然後相稱。龍母五子，夫何物哉。舍彼介鱗，襲我冠裳，無乃反常失禮，為後世笑乎。伏望聖斷特賜寢罷，仍降指揮監司郡縣當以愛民為急。若政平訟理，民無愁歎，和氣所召，必有豐年，更不得陳乞廟額。崇修淫祀，以為不先勤民，獨致力於神者之戒。所有龍母五子封爵詞命，臣未敢撰行。

孝宗隆興中，起居郎胡銓應詔上奏曰：臣聞位卑而言高，罪也。立乎人之本朝而道不行，恥也。臣近奉聖旨，以秋陽亢旱，飛蝗在野，星變數見，朕心懼焉，意者政令多有所闕，賞罰或至不當，朕雖側身求應以實，卿等各思革正積弊，勿徇倖私，務塞災異之原，稱朕寅畏之意。臣伏奉聖訓，中夜以興，思所以對。欲遂言之，則懼位卑言高之罪。欲嘿而已，則又惡立乎人之本朝而道不行之恥。退自惟念，與其忍恥以生，曷若獲罪以死。況聖明在上，容受狂直，萬無獲譴以死之理。臣

何忌而不言。伏讀聖訓曰：秋陽亢旱，飛蝗在野，星變數見，朕心懼焉。臣有以見陛下遇災而懼，畏天戒之切也。謹按春秋，僖不雨書旱。夫旱亦不雨，奚又書旱。得非旱比不雨加甚乎。且春秋書旱，必於夏秋。不雨皆於春冬。周之夏秋，則建午建未建申皆其月也。是時天或不雨，則盛炎曝物，立致枯槁。故詩云：旱既太甚，赫赫炎炎。不雨雖無是酷，然甚者亦慕旱焉。如文二年自十二月不雨至于秋七月，十年十三年自正月不雨至于秋七月是也。雖皆歷夏抵秋，而不言旱者，蓋事起春冬，不可書旱，已書不雨，則不可中變言旱，故但提其月而總言之。欲人觀文，則知旱居其間，且見其災之久也。若不為災，經自不書，故經無書一時不雨者。不為災也。惟莊三十一年書冬不雨者，蓋譏莊公冬不雨猶不恤民力，明年春又城小穀也。其他不雨，必踰時而後書。為災之深淺，觀文則辨焉。云冬十月不雨，王正月不雨，夏四

月不雨，六月雨者，則見夏無麥而秋猶有救也。僖公二年云自十有二月不雨至于秋七月。文公二年自正月不雨至于秋七月者，文公十年十三年是一歲之望盡失也。七八月雖雨，已後時而無益，故畧而不書。不為災者但書時。莊三十一年為災輕者書首月。僖二年三年重者總始末而言。文二年十年十三年書法如此。正欲別為災之輕重，而傳云不雨不為災。夫萬物須雨而生，須雨而成。一時愆亢，猶有所損，况不雨有幾彌年者三。文公二年十年十三年安可謂不為災乎。穀梁謂一時不雨為閔雨，歷時不雨為不閔雨。且僖公果有志於民，則必不愛牲幣，懇請禱祈，經亦必書，如詩之雲漢以著其善。今但云不雨，則憂民之意於何見乎。陛下深閔秋陽亢旱，誠得春秋書不雨之微旨。然宣王憂旱之誠，不過禱于先祖以及山川鬼神，蓋祀典之正，非若今徼福于佛老氏為異端之教也。臣願陛下熟觀春秋不雨之旨，躬行周宣憂旱之誠，以應天可也。飛蝗在

野。臣又請以春秋明之。謹按魯隱五年書螟，釋蟲云：蟲食苗心曰螟，食葉曰螣，食節曰賊，食根曰蟊。李巡曰：食禾心曰螟，言其姦冥冥難知也。食禾葉者言其假貸無厭，故曰螣也。食節者言其貪狼，故曰賊也。食根者言稅取民貨財，故曰蟊也。孫炎曰：皆政貪所致，因以為名。郭璞以食鬽為名。陸機疏云舊說螟螣賊蟊一種蟲也，如言寇賊姦宄，內外言之耳。會義曰：穀，民之司命也。春秋書災異，雖螟之為害必詳而錄之，此亦重民命之至也。漢平帝時天下大蝗，河南二十餘縣皆被其災，獨不入密縣界。建初七年，鄭國蝗傷稼，犬牙緣界，獨不入中牟。今州縣吏貪墨殘民，去朝廷遠者萬里，近亦數百里，陛下不得而見也。愁嘆之聲，陛下不得而聞也。故天出災異，自淮以南，蝗飛蔽天，以告陛下爾守令之間，豈無一人知密縣中牟者乎。臣願陛下嚴戒監司守令，有貪墨殘民者必罰無赦，是應天以實也。星變數見，臣

又請以春秋明之。謹案魯文十四年有星孛入于北斗。劉向以為君臣亂於朝，政令虧於外，則上濁三光之精，五星羸縮，變色逆行，甚則為孛。北斗，人君象；孛星，亂臣類也。時中國既亂，夷狄並侵，兵革縱橫之應也。魯昭十七年有星孛于大辰，劉向以為時楚彊，宋衛陳鄭皆附之，此皆出孛流災所及之效也。魯哀十三年冬十一月有星孛于東方，董仲舒、劉向以為其後楚滅陳之應，是春秋星變皆以夷狄陵中國也。今年正月壬辰，其日歲旦，風從乾位來，風為號令，適號令不時之沴。戊午，雲陰盛陽微之沴。三月丙申日有背氣如仰瓦，其夜大雨雹。癸卯夜，月入太微。己酉日復有背氣。丁巳立夏，其日風從艮位來。五月癸卯夏至，風亦從艮位來，皆與正月壬辰同占。七月丙申，太白經天，法曰：晝見午上，星家謂去日四十七度，差遠，故見。臣謂不然。易曰：日中見斗，豈亦謂去日遠也。其夜月入氐。壬寅夜月掩壘壁陣

星。又流星出天市。癸卯夜月入羽林軍。乙巳白左有珥。丙午夜。流星出天市。巳星。癸丑夜流星出織女。又月犯井。丙辰夜流星出輦道。此皆春秋之所畏也。又如六月庚寅朔。日有食之。此又變之大者。臣謹案隱三年二月己巳。日有食之。其後戎執天子之使。莊二十五年六月辛未朔。日有食之。宿在畢。主邊兵夷狄象。後狄滅邢衛。二十六年十二月癸亥朔。日有食之。時戎侵曹。三十年九月庚午朔。日有食之。後狄滅邢。徐取舒。楚滅弦。僖五年九月戊申朔。日有食之。後楚伐鄭。狄滅溫。楚伐黃。十二年三月庚午朔。日有食之。時楚滅黃。狄侵衛鄭。十五年五月日有食之。後秦獲晉侯。楚敗徐于婁林。文元年二月癸亥。日有食之。晉滅江。楚滅六。文十五年六月辛丑朔。日又食之。楚滅舒蓼。宣八年七月甲子。日有食之既。楚莊遂彊。諸夏觀兵周室。十年四月丙辰。日有食之。後楚滅蕭。成十七年十二月丁巳朔。日有食之。後楚滅舒庸。襄二十四年。八月癸巳朔。日有食之。此食又既。象陽將絕。夷狄主上國之象也。子楚果從諸侯伐鄭。二十七年。十二月乙亥朔。日有食之。八年之間。日食七作。禍亂將重起。昭七年四月甲辰朔。日有食之。後楚滅陳。滅蔡。三十一年。十二月辛亥朔。日有食之。時吳滅徐。楚圍蔡。定十二年。十一月丙寅朔。日有食之。後楚滅頓。越敗吳。定十五年八月庚辰朔。日有食之。周室大壞。夷狄主諸夏之象也。明年。中國諸侯從楚圍蔡。以楚為京師。由是推之。日食皆為夷狄侵中國之應也。臣願陛下熟觀春秋書日食星變之旨。躬行宋景一言之善以應天可也。臣伏讀聖訓曰。意者政令多有所闕。賞罰或至不當。臣又有以見陛下遇災而懼。畏天戒之切。而修政事以恭御厥罰也。臣又請以春秋明之。謹按魯昭七年四月甲辰朔。日有食之。晉士文伯謂晉侯曰。不善政之謂也。國無政。不用善。則自取讁于日月之災。故

政不可不謹也。是天變之叢於政令之闕也明矣。魯莊三年。王使榮叔來錫桓公命。啖氏云。莊王寵篡逆以瀆三綱。不能法天正道。故去天字以貶之。斯言當矣。夫聖王礪世之術。惟賞罰而已。賞當功。則錫命一人而萬邦懷。若師之九二是也。若宜罰而賞。則寵一篡弒。而亂臣賊子迹接而起矣。然則去天字以貶之。以明賞罰天之公理也。是天變之叢於賞之不當也明矣。今政令之闕有十。監司牧守數易。一也。州縣差役不公。二也。孤寒困於舉將。三也。吏員太冗。四也。任子大濫。五也。朝令夕改。六也。衣服無章。七也。獄訟多寃。八也。酷吏殘民。九也。部胥阬塞衣冠。十也。至如賞罰不當。殆有甚焉。如近日宿州諸將。臣竊謂賞太重。罰太輕。昔大祖皇帝親征晉陽。北戎來援。太祖令何繼筠分精騎數千拒之石嶺關。斬首千餘級。其後遂平并州。其功可謂大矣。止拜建武軍節度而已。李漢超從太祖平李重進。關南之功亦大矣。及卒。太宗皇帝止贈太尉忠武軍節度而已。宿州之役。比之晉陽關南之功。未嘗九牛之一毛。而諸將超拜官爵。加繼筠漢超數等。有如平北虜。恢復中原。不知何以賞之。昔周世宗屢為劉旻所敗。遂大蒐將士。斬敗將何徽樊愛能等七十餘人。軍威大震。果敗旻于高平。取淮南。定三關。夫一日戮將七十。豈復有將可用。而世宗終能恢復如此。得非異懦者去。則勇敢者出耶。太祖初有天下。嘗謂唐莊宗姑息將士。朕則不然。惟有劒耳。諸將股栗。削平僭亂。捷如破竹。自靖康板蕩將四十年。國勢不競。日就委靡。豈有他哉。罰不必行。將不用命。近者宿州之敗。士死于敵。及為庸將所誤而死者數千人。積屍如丘。暴骸滿野。而誤國敗軍之將。方以宿州所得之金厚賂權貴。巧為辭說以自解。偃然安處善地而戮不加焉。籍沒不行。誅戮不加。上天見變。昭然明甚。臣願陛下信賞必罰。以太祖為法。號令將士。以五代為

戒斷然必行正心誠意以應天可也。臣伏請聖訓曰。朕雖側身求應以實。卿等各思華正積弊。勿徇倖私。務塞災異之原。稱朕寅畏之意臣又有以見陛下遇災而懼。災天戒之切而去華務實求直言以自警也。臣又請以春秋明之。謹案魯莊七年四月辛卯夜常星不見夜中星隕如雨。劉向以爲天垂象以視下。將欲人君防惡遠非以自全安也。如人君有賢明之材畏天威命若高宗謀祖己。成王泣金縢。改過修正。立信布德存亡繼絶。修廢舉逸。裁什一之稅。復三日之役。節用儉服以惠百姓。則諸侯懷德士民歸仁災消而福興矣。嗚呼。向之言可謂深切著明求應以實者也。人君如堂。人臣如陛。堂岌乎其高其情與下遠絶。固難以諭。陛隤乎其卑。其情與上遠絶。固難以通。豈上下之情不可合也。其患有十焉。上之患七。下之患三。愎諫以拒人。飾辭以文過。作威以臨下。恃智以御物。矜慧以取勝。自廣以狹人。恥

過而作非。君之患也。便僻。善柔。便佞。臣之患也。愎諫以拒人。晉惠是也。飾辭以文過。文皇是也。作威以臨下。漢宣是也。恃智以御物。德宗是也。矜慧以取勝。顯宗是也。自廣以狹人。漢武是也。恥過而作非。靈帝是也。人主有一于此。則便僻之臣進矣。善柔之臣逞矣。便佞之臣奮矣。如此而欲臣下各思華正積弊。勿徇倖私。是猶植曲木而望其影之直也。不亦難乎。自古聽言納諫莫如堯舜。惡直醜正莫如桀紂。堯舜闢四門明四目。達四聰。雖有共鯀不能塞也。桀紂戮諫臣梅伯。剖直臣比干。雖有關龍逄三人不能救也。秦二世以趙高爲腹心。劉項橫行而不得聞。漢成帝殺王章。王氏移鼎而不得聞。靈帝殺陳蕃。天下橫潰而不得聞。梁武信朱异。賊臣斬關而不得聞。隋煬帝信虞世基。李密稱帝而不得聞。唐明皇逐張九齡。安史胎禍而不得聞。陛下自即位以來。號召逐客時與臣同召者張燾辛次膺王大寶王十朋。今燾已去矣。次膺去矣。十朋去矣。大寶行又將去。惟臣在爾。今臣復以瞽言妄發。是臣又將去也。人臣上書不激切不能起人主意。激切即近訕謗。昔辛甲七十五諫。劉安世論胡宗愈至二十四章。諫者不厭其瀆。而聽者不厭其煩。今言一出而亟遷。疏朝奏而夕罷。言者不得盡其意。聞者莫不駭其遽。張震王十朋之去。搢紳士莫不扼腕結舌以言爲諱。而欲塞災異之源。稱寅畏之意。臣知其必不能也。臣願陛下熟觀春秋之旨。亟改前日之弊。推誠務實以應天可也。臣伏讀聖訓曰。劄與侍從臺諫兩省官照會。仍依今月十二日已降指揮各條具時政闕失聞奏。臣終有以見陛下至誠憂災。急聞時政闕失而惕厲以自改也。臣聞之詩曰。袞職有闕。惟仲山甫補之。傳曰。命百官官箴王闕。夫古之聖帝明王。袞職不云無闕而欲補其闕。王政不云無闕而欲箴其闕。大哉言乎。此亦陛下欲聞闕失之意也。臣終請以

春秋明之。謹案魯莊三十年九月庚午朔日有食之。明年三築臺。聖人書以惡之。謂其不畏天戒而勞民也。今天變屢見而土木之役踵相躡。怨讟嗷嗷。口衆我寡。臺諫不敢指陳。侍從不敢睥睨。陛下處蝸蛸蠖濩之中。必不能盡知也。陛下天資仁德。寧肯知而不戒耶。臣又聞道路之言。諸軍陰遣悍卒白晝於市井捉人。手執竹筵以度人長短。有及則者。即三數卒擁入軍中。謂之拖軍。怨憤之聲所不忍聞。村民相戒。不敢入市。輦轂之下。有此冤抑。況千萬里之外乎。臣又聞陛下即位之初大赦天下。文臣自承務郎以上各轉一官。斯言一傳。天下鼓舞。今乃以一人之言格二百員觀請。大夫轉行之命。夫議赦之日。知其太濫削之可也。勿許轉行可也。大赦既行。始以爲濫而格之失大信於天下。復有大於此者乎。傳曰。主聖臣直。語曰。邦有道危言危行。邦無道危行言遜。苟非主之聖。則臣不容直。非邦有道。則言不

敢危。惟陛下上法堯舜，留神財擇。

乾道間，銓以災異應詔上奏曰：臣聞主聖臣直。非主聖則臣何敢直，邦有道危言危行，非邦有道則言安敢危。臣八月一日伏准省劄，七月三十日三省同奉聖旨，政事不修，災異數見，江浙水澇，有害秋成，朕自八月一日避殿減膳，思所以應天之實，可令侍從、臺諫、卿監、郎官、館職疏陳闕失及當今急務，毋有所隱。臣伏讀聖訓，見陛下畏天憂民，聞過思治之切也。所謂政事不修，災異數見，是畏天之切也。謂江浙水澇，有害秋成，是憂民之切也。今臣等疏陳闕失，是聞過之切也。又及當今急務，是思治之切也。臣幸蒙大問，敢不上體陛下懇惻之意而索言之。臣聞春秋書雨雪水災，皆謂之大。何也？雨雪常也，以大然後爲害；水災常也，以大然後爲災。今江浙水澇，遠及襄漢，與春秋大水何異。推原厥咎，豈無所自哉。臣嘗攷漢董仲舒、劉向、鮑宣、谷

永之蹟，皆歸於宦官、女寵、小人、夷狄之盛。此四者，在廷之士類能言之。臣不暇遠引以瀆天聽。然聖明在上，必無此等。借曰有之，安得不致陰沴。臣願陛下監鍾離意之奏，如商湯之自責，覽仍叔之語，如周宣之側身，以恭禦厥罰可也。謹案食貨志，禹有九年之水，而國無捐瘠。墨子七患亦云禹有七年之水，而民不凍餓，何也？備先具也。今數路水潦，曾不逾時而穀已翔踊，民已流殍，國之無備甚矣。臣願亟詔遭水州軍多方賑䘏，使民被實惠，無至流移，亦救災憂民之先務也。臣聞袞職有闕，惟仲山甫補之。說詩者謂袞指君也，君職有闕，仲山甫能彌縫而補之，則補君職之闕者，大臣之事。今陛下不以責大臣，而令臣等疏陳闕失，是欲聞過之切也。臣嘗學詩至小雅六月，論闕詳矣。其大略云：小雅盡廢，則四夷交侵。臣每讀至此，未嘗不掩卷太息也。臣願陛下監鹿鳴和樂之缺，而待遇臣下盡誠；監四牡君臣之缺，而進退大臣以禮；監皇華忠信之缺，而遴擇使；監常 兄弟之缺，而敦睦大倫；監伐木朋友之缺，而肇修人紀；監天保福禄之缺，而寅畏天命；監采薇征伐之缺，而精選將帥；監出車功力之缺，而愛惜名器；監杕杜師衆之缺，而撫最軍實；監魚麗法度之缺，而謹守成憲；監南陔孝友之缺，而訓厲風俗；監白華廉恥之缺，而旌表孝廉；監華黍蓄積之缺，而撙節浮費。陛下所謂缺失者，尚有大於此者乎。當今急務，莫急於備邊。北有醜虜之患，西有川蜀之虞。醜虜之患，宜詔兩淮宣諭嚴爲守備，如趙充國圖先零之策。川蜀之虞，宜擇大臣有威望素爲吳璘信服者以送之。臣聞道路之言，皆謂今之大臣有威望素爲吳璘信服者，無出張浚，宜起浚帥長沙，或鎮荊襄，以遥制川蜀。臣聞沈介前在成都，爲吳璘斬倭五十四州之人，岌岌然有是乎。借曰有之，陛下亦安得高枕而臥也。臣竊聞虜人恐喝，我求索無厭。臣

謂今日和議有可爲痛哭者十。臣請爲陛下極言之。今日之患，兵費太廣，養兵之外，又增歲幣，民力益屈，何以堪之，可爲痛哭者一也。海泗唐鄧之人，不下數十百萬，一旦與之，是陛下無故驅數十百萬生靈置之死地，可爲痛哭者二也。海泗，今日之藩籬咽喉也，彼得海泗，且決吾藩籬，以瞰吾室，絕吾咽喉，以制吾命，則兩淮決不可保。兩淮不保，則大江決不可守。大江不守，則江浙決不可安，可爲痛哭者三也。中原謳吟思歸之人，日夜引領陛下拯溺救焚，如赤子之望慈父母也。一與虜和，則中原絕望，後悔無及，可爲痛哭者四也。自頃秦檜用事，力主和議，生民膏血，竭於虜廷之供億，朝廷威勢，屈於犬羊之詭詐，民愁盜起，莽述一變，殺數萬、郡國二十四同時大水。今和議雖未必成，民皆曰又將竭吾膏血以肥虜矣，歸正人嗷嗷然曰又將如秦檜時執我北還，以膏虜人之鈇鑕矣。兩淮之人嗷嗷然

曰又将如前日疲於虜使之往来而奔命不暇矣可為痛哭者五也秦檜力排不附和議之士九十餘人賢士大夫國之元老相踵引去檜末年遣張常先汪君錫綢羅張浚胡寅等三十七人欲竄海島賴上天悔禍檜即殞命而三十七人者幸脱虎口然趙鼎王庶李光鄭剛中曾開李彌遜常同魏矼高登吳元美楊煇吳師古等或死嶺海或死罪籍冤憤之氣徹天今日和議萬一或成則不附時議之士復蹈前日之禍必矣此可為痛哭者六也紹興戊午和議既成檜建遣路允迪等二三大臣往南京等州交割歸地一旦叛盟劫執允迪等遂下親征之詔虜復請和其反復如此檜猶不悟卒有逆亮之變驚動輦轂行朝居民一空竄匿不遠陛下不戒臣恐後車又將覆也此可為痛哭者七也頃者虜人移書盡取歸正之人檜一切還之如江西程師回趙良嗣等聚族數百人幾至謀變今虜必復如前日盡索

歸正人與之則必反側生變不與則虜决不肯但已夫反側生變則蕭墻之禍深虜决不肯但已則必別啓釁端卒有逆亮之謀陛下何以待之此可為痛哭者八也自檜當國二十年空竭國力海内乾耗迄今府庫無旬月之儲自此復和蠹國害民殆有甚焉者矣此可為痛哭者九也真宗皇帝時宰相李文靖公沆賢相也嘗謂王旦云我死公必為相切勿與北虜講和吾聞出則無敵國外患如是者國常亡若與虜和中國自此必多事矣旦殊不以為然既而遂和十餘年間祥瑞天書土木之役不息東封西祀海内乾耗旦始悔不用李文靖之言夫祖宗全盛之時尚以和議為不可况今日國勢委靡如此而復唱此議使上下解體士氣惰怯溺於懷安之酖毒國之老成如張浚張闡王大寶王十朋金安節黃中陳良翰相躡黜逐詩云雖無老成人尚有典刑韓愈云言老成人重於典刑也是可輕乎此可為痛哭者十也陛下乾剛獨斷如太祖皇帝臣願堅守和不可成之説力行其志自强不息則醜虜何足患哉天變水災亦當消縮不勞聖慮矣臣又聞真宗皇帝咸平元年正月甲申彗出營室北避殿減膳彗十有四日而滅夫真宗皇帝所以致彗滅之速其應天之實蓋在於心之精微而不止於避殿減膳而已也陛下聖訓謂避殿減膳恐所以應天之實臣願以咸平應天之實事事而思之懇懇而行之則民心悦而天意解矣

洪适以水災應詔上奏曰臣聞災變之發率多緣類而起漢儒一一牽合則有附會不經之失然理之當者亦不可因噎廢食而曲為之説臣謹按漢書五行傳云陰氣勝故其罰常雨水傷百穀姦軌並作魯莊公十一年秋大水董仲舒以為魯宋比年為乘丘鄑之戰百姓愁怨陰氣盛故二國俱水厥後水災皆歸之軍興民怨所致國家自

數載以来兵民死于戎事肝腦塗地者不鮮父母妻子啼號之聲未絶也陛下有兼愛南北之心而獯狄變詐干戈未可得而戢今水不潤下江湖逆溢田疇溝澮與河渠連而為一已秀之禾亦不得而穫下民嗸嗸未有生意官無積藏安得人人而飽之霖潦彌月勢猶未已陰氣可謂盛矣陛下畏天愛民至誠惻怛明詔廷臣使之盡言堯舜之用心也臣愚以謂陰勝陽之沴莫狄闚于外姦軌盜于内也今外之所以待夷狄者朝廷有潛算小臣不敢輕議而區區愚慮竊恐季孫之憂不在顓臾臣入對之始及輪進故事皆以歸正人為憂繼因晚召亦嘗奏陳仰動天聽矣數旬以来漸已萌芽臣幸因奉詔敢復詳言向之為美談者皆曰中原遺黎望王師之来則簞食壺漿願削左衽所以擁負而至又其思慕聖德之切者臣在江淮之間二年所聞殊異於是蓋山東仍年旱蝗耕者無所得食故扶老携幼南来偷

生。又聞趙王世隆之徒聚衆攻劉彼國指名蹤捕亦以荒歲故牽連親戚。相率來歸。其意蓋欲王師恢復。因得乘勢橫行。逞其所欲。上可以得官爵。次可以得金帛子女。不失歸其故鄉。既來之後。大失素望。更相嘆恨。而將帥所部。又役使罵辱。無以得其歡心。去夏買和仲以害府之令。驅其孥累數萬口。冒暑而來。絕海遇風。已葬魚腹。而歸人老稚數百同舟。蒸鬱相搏。疾病枕藉。死者不暇瘞埋。既抵所屯。雖計口給粟。不能充飢。愁怨之氣。上干陰陽之和。實在於此。初到京口。則掘山中草根以代蔬茹。數月之後。三五成群。掇拾棄菜敗蘆于市廛之間。其計無聊。尚以久處。此臣目擊耳聞者如此。其人之在山東。皆有室廬南畝。生生之具自若也。今父子數口雜于方丈之舍。上雨旁風。無以蔽障。甚者寢處于泥淖之中。以他人視之。不可一朝居也。雖使禽鳥。豈不思歸。欲歸無計。則姦軌之謀。不得已而作。今日誅甲。明

日誅乙。必草薙獸獮然後已。況通來北方已有招納之榜。又有詸誘之人。其黨聚於江浙兩域。散於淮甸諸郡。去帝城不遠。亦復有之。一呼相應。昧未艾也。或曰。叛者已治。是大不然。譬之急湍奔流。勢必赴壑。於其中間築土以拒之。終於衝軼橫潰而止耳。臣之管見。以謂其人赳赳可用。大勝江浙所募。若使人給家。是無飢寒逃走之患。樂補軍籍之缺。誠為大利。若其懷土不忘。則宜優其歸費。遣以舟楫。使之踰淮而去。則可以窒患於未萌。施恩於不報。怨氣可弭。天災可消。或曰。縱之使去。不若遷之別壤。以離其黨。是又不然。此輩捐丘壟棄墳墓。遠來歸我。亦招誘者誤之。今遷之別壤。居上者誰有仁民之心。官又無以贍之。客居窮處。速其死爾。是無罪而殺之也。可不念哉。當今陰盛之患。在外者猶可隨機而應。在內者莫急於此。蓋浙西非盜賊窟穴。雖流徙困瘁。必無弄兵之事。臣私憂過計。伏望聖鑒。曲賜采擇。

而區處之。至於譏切時政。毛舉小事。言而難行。徒以沽名。責直則臣所不敢。冒犯天威。臣不勝戰汗。

知湖州王十朋上奏曰。臣聞聖人以無難而畏。賢君以無災而懼。國多難而天有災。與天心仁愛人君。以災異而警懼之。欲其恐懼修省舉天下而措之安也。昔堯有九年之水。湯有七年之旱。周宣王外有四夷之交侵。內有太甚之旱。雖天災國難。有若不易支持者。然堯以帝。湯以王。宣王以中興者。豈非天以災難啟之。二三帝王能修德以應之耶。恭惟陛下即位以來。六年于茲矣。躬攬權綱。厲精政事。雖漢宣帝光武無以加。然天災流行。無歲無有。旱于夏。澇于秋。饑饉薦臻。疾疫繼作。去八月海溢于溫。死者以數萬計。今歲川蜀荊南赤地千里。近者天作淫雨。害于粢盛。江浙之間。被害尤甚。陛下遇災而懼。遣官分禱。疏決滯獄。減放房緡。詔咨大臣。歸過於己。可謂能恐懼修省

矣。臣來自遠。未知左右前後論思獻納之臣。亦嘗有以修德之說獻忠于陛下否乎。書曰。惟德動天。無遠弗屆。詩曰。皇天親有德。享有道。堯湯宣王之所以應天者。蓋在乎是。臣竊謂陛下宜法堯之盡道。湯之自責。宣王之側身修行。早夜孜孜。惕然自念曰。天道不遠。災異胡為而來哉。豈吾心有所未正。意有所未誠。欲明明德於天下者。有所未至乎。忠直者未用。諂諛者未去。有以害吾之治乎。聚斂之臣未斥。姦贓之吏未除。有以蠹吾之民乎。議法或失之深。用刑或失之過。有以傷吾之仁乎。旨酒之嗜。聲色之邇。狗馬馳騁之娛。有以累吾修身之德乎。責己以誠。應天以實。而無事乎虛文。孔子曰。丘之禱久矣。蓋言出入起居之間。罔不欽。顛沛造次之際。必於是。不在乎區區禱祈祭祀也。如是不惟可以弭災難於一時。古先帝王之治勳功業當復見於今日。孰謂災異非天所以開陛下耶。臣學識淺陋。惟陛下採擇。

汪應辰論災異劄子曰。臣伏見去歲冬溫無雪。近方立春而震雷雨雹。不三日間繼以大雪。謹按春秋魯隱公九年周三月癸酉。大雨震電。庚辰大雨雪。說者謂雷未可以出。電未可以見。雷電既已出見。則雪不當復降。八日之間再有大變。蓋微甚也。春秋二百四十二年變異重仍。唯此一事不復再見。況今者當冬溫無雪之後。既震雷又雨雹。又未及三日再有大變。則非特春秋所書之比也。詩曰。敬天之渝。又曰。畏天之威。伏望陛下精思熟慮。諏訪正論。俯省庶事。以盡敬畏之實。臣不勝惓惓。

歷代名臣奏議卷之三百六

歷代名臣奏議卷之三百七

災祥

宋孝宗淳熙四年。吏部侍郎周必大上奏曰。臣竊見陰雨已踰兩旬。甚妨收刈。陛下焦心勞思。德音屢下。決遣囚繫。蠲免房緡。申詔有司精加祈禱。而雨意未止。愈勤宸念。臣職在論思。恨無愚者之慮少裨萬一。輒以三事冒昧陳獻。伏聞太祖朝以久雨謂左右曰。後宮止三百餘人。當更放數十人。今禁中給使雖少。未知可用此祖故事否。此一事也。近歲員多闕少。到堂及到部官發遣艱滯。不知可詔三省及吏部刷具人數。隨宜措置撥遣否。此二事也。陛下裕民之心甚切。而州縣奉行多有不至。聞浙中諸郡見催積欠頗急。不知可降指揮少寬期限否。其餘更有寬恤事件。乞令三省及戶部日下條具取旨施行。此三事也。臣誠迂陋。然懷不自已。親書奏聞。或有可採。乞賜裁擇。庶幾人心懽悅。指期晴霽。

八年。朱熹上奏曰。臣竊惟皇帝陛下臨御以來。夙興夜寐。畏天恤民。誠敬寬仁。格于上下。宜其天心克享。民物阜安。而二十年之間。水旱盜賊。略無寧歲。邇者垂象差忒。識者寒心。饑饉連年。民多流殍。陛下側席興嘆。進賢退奸。分命朝臣。振廩出粟。凡所以奉承天意。憫恤人心者。無所不至。又宜若可以少回災沴。召致和平矣。而間者冬氣太溫。雷電震激。嗣歲之計。尚有可憂。臣誠愚昧。有不識其所以然者。竊推迹前事。以深求之。意者德之崇者有未至於天與。業之廣者有未及於地與。政之大者有未舉。而其小者無所繫與。刑之遠者或不當。而其近者或幸免與。君子或有未用。而小人或有未去與。大臣或失其職。而賤者或竊其柄與。直諒之言罕聞。而諂諛者衆與。德義之風未著。而汙賤者騁與。貨賂或上流。而恩澤不下究與。責人或已詳而反躬有未至歟。夫必有是數者，然後足以召災而致異。今以陛下之明聖，則豈有是哉。然而天心未豫，邦本動搖。宸慮雖深，旱氣未究。是則必有説矣。臣竊不自量，敢冒萬死，伏願陛下聽斷之餘，虛心靜慮，試以前數條者反之於身，驗之於事，而深自省焉。則淵默之中，無微不照。而凡此得失之端，孰有孰無，孰存孰改，皆無所遁其情矣。若猶以爲未也，則願渙發德音，布告中外。反躬引咎，以圖自新。内自臣工，外及黎庶，有能開寤聖心，指陳闕政者，無間疏賤，使咸得以自通。然後差擇近臣之通明正直者一二人，使各引其所知，有識敢言之士三數人，寓直殿門。凡四方之言有來上者，悉令省閱，擇其盡忠不隱者，日以聞于聰聽。則夫天人之際，譴告所繇，將有豁然畢陳於前者。然後兼總條貫，稽制臨決，畫爲科品，以次施行。使一日之間，雲消霧散。堯天舜日，廓然清明。則上帝鬼神，收還威怒；群黎百姓，無不蒙休矣。臣以孤遠，受恩過深，圖報無階，抵冒至此。惟陛下寬其斧鑕，留神財幸。

熹提舉浙東常平茶鹽公事。乞脩德政以弭天變狀曰：臣昨爲本路旱傷祈禱不應，累曾具奏及申尚書省，乞爲敷奏，早作防備。近準省劄，已蒙聖慈特從所請，支錢於明州置場糴米。而又伏覩陛下發自宸衷，特遣中使降香祈禱。臣有以見陛下畏天恤民之心，至深至切。不勝感激，願效愚忠。顧恨官有常守，無由瞻望清光，瀝竭血誠，庶裨萬一。不勝犬馬螻蟻區區之情。竊謂浙東累年之旱，譴告已深，今日之災，地分尤廣。非惟官府民間儲備已竭，而大衆之積亦已無餘。又當大禮年分，户部催督州縣積年欠負官物，其勢不容少緩。凡所以爲施舍賑恤之恩者，竊恐又必不能如去年之厚。臣竊不勝大懼。以爲此實安危治亂之機，非尋常小小災傷之比也。爲今之計，獨有斷自聖心，沛然發號，深以側身悔過之誠，解謝高穹，又以責躬求言之意，敷告下土。然後君臣相戒，痛自省改，以承皇天仁愛之心，庶幾精誠感通，轉禍爲福。其次則唯有盡出内庫之錢，以供大禮之費，爲收糴之本。而詔户部無得催理舊欠，詔諸路漕臣遵依條限，檢放税租，詔宰臣沙汰被災路分州軍監司守臣之無狀者，遴選賢能，責以荒政，庶幾猶足以下結民心，消其乘時作亂之意。如其不然，臣恐所當憂者不止於餓殍，而在於盜賊；蒙其害者不止於官吏，而上及於國家也。臣蒙恩至深，不知死所，敢冒鈇鉞，爲陛下言之，觸犯天威，恭俟夷滅。

十二年，地震，尚書吏部員外郎楊萬里應詔上奏曰：臣聞言有事於無事之時，不害其爲忠也；言無事於有事之時，其爲奸也大矣。昔者賈誼陳治安之策，有厝火積薪之喻，此文帝最盛時也。蘇洵獻審敵之策，有弊船深淵之喻，此仁宗最盛時也。西漢之文帝，我朝之仁宗，何君也。後世堯舜之君也。以後世堯舜之君，而二子有積薪弊船之喻，何也。臣故曰言有事於無事之時，不害其爲忠也。今則不然。南北和好踰二十年，一旦絶使，虜情不測。而或者曰：彼有五單于爭立之禍。又曰：彼有匈奴困於東胡，復困於柔然之禍。既而皆不驗。或者曰：彼將畏我。或者曰：彼不敢圖，使果畏我而不敢圖乎。道塗相傳，繕汴京之城池，開海州之漕渠，又於河南北簽民兵，增驛騎，製馬櫪，籍井泉，又收彼之海舟，入彼之内地，葺而新之。其意甚秘，其禁甚嚴，而吾之間諜不得以入。此何爲者耶。今夫千金之家，有巨盜焉，日夜摩厲以圖行劫而奪之貨。爲千金之子者，方且外户不閉，般樂飲酒，處之以坦然。夫有其備而樂之以坦然，可也；無其備而處之以坦然，可乎。而説者以爲畏我，且不敢圖我也。臣所謂言無事於有事之時者一也。或以謂虜胡北歸，可以爲中國之賀，臣以爲中國之憂正在此也。何也。昔者逆亮之南侵也。空國而盡銳於一舉。不知夫此胡乘其虛而奪之國。今此胡之北歸。蓋創於逆亮之空國而南侵也。是胡將欲南之。必固北之。北之者何。或者以身塡撫其巢。而以其維與增經營其南也。而說者以謂可以爲中國賀。臣所謂言無事於有事之時者二也。臣竊聞論者或謂緩急。淮不可守。則棄淮而守江。是不然。有淮而後有江也。淮苟無矣。安得而有江哉。吾果棄淮乎。虜以兵居之。居之而不去。近則通舂之鹽利爲彼所據。將無以給吾之財用。遠則吳蜀之形勢爲彼所裂。將無以通吾之脈絡。蓋昔者吳與魏力爭而得合肥。然後吳始安。李煜失滁揚二州。自此南唐始蹙。今曰棄淮而保江。既無淮矣。江可得而保乎。臣所謂言無事於有事之時者三也。陛下近日之舉。亦可觀矣。如曰舉邊帥。如曰舉都統。其說是也。其意未也。何也。今淮之東西凡十五郡。所謂守帥。不知陛下將使宰相擇

之乎。抑將使樞廷擇之乎。使宰相擇之。宰相未必爲樞廷慮也。使樞廷擇之。則除授不自己出也。一則不爲之慮。一則不自己出。緩急敗事。則皆曰非我也。陛下將責之誰乎。至於鄰統則令侍從勿以見任而必曰未顯者。是求他日之將才。而非求今日之將才也。舉者得以塞今日之責。受舉者得以逃今日之責。是上下相與爲媮而已。臣所謂言無事於有事之時者四也。且南北各有長技。若騎若射。北之長技也。若舟若步。南之長技也。今爲北之計者。尚收其海舟而繕治之。至於南之海舟。則不聞繕治焉。或曰吾舟素具也。或曰吾之舟雖未具。而恃於擾也。自紹興辛巳南北之戰。今幾年矣。當時山東之功。采石之功。不以騎也。不以射也。不以步也。舟焉而已。當時之舟。勝則勝矣。今幾年矣。素具之舟。其可復用乎。且夫斯民一日之擾。與社稷百世之安危。孰輕孰重也。易曰。除戎器。戒不虞。聖人豈不知其擾哉。夫固有大於擾者也。而曰素具。又曰恃於擾。臣所謂言無事於有事之時者五也。大抵天下之事有緩急。當周公相成王之時。其急在於膺戎狄。當宣王中興之時。其急在於伐玁狁。當今之時。陛下以爲何等時耶。金虜日逼。疆場日憂。而未聞防金虜者何策。保疆場者何道。但聞其日修某禮文也。某日進某書史也。是以鄉飲理軍。以干羽解圍也。臣所謂言無事於有事之時者六也。臣聞古者人君不能悟之。則天地能悟之。今也國家之事。虜情不測如此。而君臣上下處之如太平無事之時。是人不能悟之矣。故上天見異。相傳異時熒惑犯南斗。迺日鎮星犯端門。熒惑守羽林。臣書生不曉天文。未敢以爲必然也。至於王春正月。日青無光。若有兩日相摩者。茲不曰大異乎。然天猶恐陛下不信也。至於春日載陽。和氣播物。復有雨雪殺物者。茲不曰大異乎。然天猶恐陛下又不信也。迺五月庚寅。又有戊夜地震者。茲

又不曰大異乎。且夫天變在遠。臣子不敢奏也。不信可也。地震在外。州郡不敢聞也。不信可也。今也天變頻仍。地震輦轂。陛下豈得不信乎。信之矣。豈得不懼乎。臣聞匡衡云。陰變則靜者動。陽蔽則明者晦。易謂陽曰君也。德也。中國也。君子也。易謂陰曰臣也。兵刑也。夷狄也。女謁近習也。今也日而無光。春而雪寒。地而動搖。其爲陰之咎徵也昭昭矣。而君臣不聞警懼。朝廷不聞咨訪。人不能悟之。則天地能悟之。臣不知陛下於此悟乎。否乎。臣謹按國史本朝宣和五年十月。京師地震。未幾有粘罕寇汴京之役。紹興三年八月。行在所地震。未幾有金虜寇淮甸之役。宣和遇戒而恬不知懼。是以有靖康之禍。光堯知變而詔求直言。我是以有韓世忠劉光世之捷。此近事之驗也。不必遠稽之上古也。今或者謂天變不足畏。地震不足畏。陛下胡不引宣和紹興之事而觀之乎。臣所謂言無事於有事之時者七也。自頃年以來兩

淅嶺近。則先旱。江淮則又旱。湖廣則又旱。一方有旱。則民之流徙者相續。道殣者相枕。常平之積。名存而實亡。入粟之令。上行而下不應。靜而無事。尚未知所以振之救之。動而有事。將何仰以為資耶。昔者漢之伐匈奴。必實塞下之粟。伐先零。必糴湟中之粟。今也倉廩府庫非徒無餘也。且不足也。而或者以為無足慮。臣所謂言無事於有事之時者八也。古者足國裕民。惟食與貨。所謂貨者。今之錢幣是也。今之所謂錢者。富商巨賈。近習閹宦。權貴將相。皆盈室以藏之。列屋以居之。積而不洩。滯而不流。至於百姓。三軍之用。則惟破楮券爾。一旦緩急。破楮券可用乎。當是之時。萬一如唐涇原之師。因怒糲食蹴而覆之。出不遜語。遂起朱泚之亂。可不為寒心哉。臣之大憂。實在於此。而或者曰。楮券可以富國。臣所謂言無事於有事之時者九也。臣聞善為備者。備兵不若備糧。備糧不若備人。古者立國。必有可畏。非畏

其國也。畏其人也。故苻堅欲圖晉。而王猛以為不可。謂謝安桓沖。江左之望。是存晉者二人而已矣。異時名相如趙鼎張浚。名將如岳飛韓世忠。此金虜所憚也。近時劉珙可用。則蚤死。張栻可用。則沮死。萬一有緩急。不知可以督諸軍者何人。可以當一面者何人。而金人之所素憚者又何人耶。而或者謂今日文武之才。皆有其人。人之有才。用而後見。臣聞之。記曰。苟有車。必見其式。苟有言。必聞其聲。今曰有其人而未聞某人如古之名將。某人如古之名相。是有車而無式。有言而無聲也。且夫用而後見。非臨之以大安危。試之以大勝負。則莫見其用也。平居無以知其人之能否。必待大安危大勝負而後見焉。兒其成事幸矣。萬一見其敗事。悔何及耶。昔者謝玄之北禦苻堅。而郗超知其必勝。桓溫之西伐李勢。而劉惔知其必敗。蓋玄於履屐之間無不當其任。溫於蒱博不必得則不為。二子於平居無事之日。蓋必

有以察其小而後信其大也。豈必待用而後見也哉。而今之說者曰。文武之才。皆有其人。人之有才。用而後見。臣所謂言有事於無事之時者十也。願陛下超然遠覽。昭然遠悟。勿矜聖德之崇高。而諱其所未能。勿恃中國之生聚。而嚴其所未備。勿以天地之變異為適然。而法宣王之懼災。勿以臣下之苦言為逆耳。而體太宗之導諫。勿以女謁近習之害政為細故。而監漢唐季世致亂之由。勿以夷狄仇讎之包藏為無他。而懲宣政晚年受禍之酷。責大臣以通知邊事軍務。如富弼之請。勿以東西二府異其心。委大臣以薦進謀臣良將。如蕭何所奇。勿以文武兩途而殊其轍。勿使賂宦者而得旌節。如唐大曆之弊。勿使貨近幸而得招討。如梁段凝之敗。以重蜀之心而重荊襄。使東西形勢之相接。以保江之心而保兩淮。使表裏脣齒之相依。勿以海道為無虞。勿以大江為可恃。增屯聚糧。治艦扼險。君臣之所咨訪。

朝夕之所講求。姑置不急之務。專精備敵之策。平居無事。常若敵至。庶幾上可消於天變。下不墮於戎心。詩云。迨天之未陰雨。徹彼桑土。綢繆牖戶。若曰陰雨既至而後徹桑土。則伊尹周公孫武穰苴亦不能為矣。雖然。天下之事有本根有枝葉。如臣前之所陳者。皆枝葉而已。所謂本根。臣請誦之。臣嘗讀三國志。見杜恕上疏於魏明帝。臣以為深有當於人心者。如曰。陛下憂勞萬機。或親燈火。而庶事不康。又曰。今朝臣不自以為不能。以陛下為不任也。不自以為不知。以陛下為不問也。又曰。每有軍事。詔書常曰。誰當憂此者耶。吾當自憂耳。又曰。知其不盡力也。而代之憂其職。知其不能也。而教之治其事。恕之意蓋謂人主不可以自用。而人臣之不忠者。幸於人主之自用。人臣不可以不任責。而人臣之無能者。患於己之任責。細故小物。而人主自用之。人臣不任責。若未害也。至於軍事。而猶曰誰當憂此。吾當自憂

今日之事將無類此臣聞之易曰乾為君乾之道何道也代有終者坤也行水火山澤雷風之用者六子也乾何為哉君道亦然故孔子曰天何言哉四時行焉百物生焉自堯舜至於文武罔不行此道自六經至於語孟罔不講此言惟漢之晁錯以為不然爾其說曰人主不可以不知術數夫以孝景恭儉之資去成康不能以寸然德滅於孝文變生於七國錯實誤之也陛下之聖舍己如舜從諫如湯毋我如孔子無可無不可如漢高帝而太平未致中興未關夷狄寇讎若未有以備之者得無有如晁錯者惑聖聽而誤聖心者乎傳曰木水有本源陛下聖學高明惟恐其所以本源者臣昧死上愚言惟陛下裁擇

萬里又因旱上疏曰臣伏覩三省同奉聖旨政事不修旱暵為虐可令侍從臺諫兩省御監郎官館職疏陳闕失及當今急務無有所隱

臣仰惟聖主在上德政溥博和氣昭格頻年告豐乃五月以來上天不雨聖心焦然不遑朝夕親御沐禱于群望至惻怛也而亢陽為戾時雨未應誕布明詔疇咨在廷臣職在宰掾列在御監無以報國惟有盡言然臣久不聞聖世求言之詔而驟當聖主下詢之勤竊喜憂民之意足以轉災而為祥又竊歎求言之詔無乃似遲而猶隘也旱及兩月然後求言不曰遲乎上自侍從下止館職不曰隘乎臣請為陛下歷言致旱之由然後精講備旱之策臣聞天地之氣與人之氣貫通而為一者也是氣也常通而不隔則為豐穰為治安一有隔而不通則為水旱為危亂今歲之所以旱者何也是必有隔而不通者也易曰天道下濟而光明地道卑而上行記曰天氣下降地氣上騰皆言天地之氣相為升降然後相為貫通也今也陽亢於上而不下濟陰伏於下而不上行是必有戾氣隔於其間也然則孰為戾氣斯民歎息之聲此至微也而足以聞于皇天斯民愁恨之念此至隱也而足以達于上帝此戾氣之所從生而天地之氣所從隔也愛民如陛下憂民如陛下而安得愁恨歎息之事哉蓋上澤不下流下情不上通而已矣何謂上澤之不下流上有薄賦斂之君而民不被其深仁此臣所謂上澤之不下流也何謂下情之不上通陛下之耳目內寄之於臺諫而臺諫之情有所不盡達外寄之於監司而監司之情有所不盡聞此臣所謂下情之不上通也臣請先言民不受實惠之說陛下之於民田租之課所蠲者不知其幾酒稅之課所蠲者不知其幾茶鹽之課所蠲者不知其幾可謂上有薄賦斂之君矣然民之不受其實惠者何也奉行之人有以隔之也陛下蠲之版曹督之監司督之州縣督之則是蠲之者言也督之者意也蠲之者名也督之者實也言不掩意實不蓋名是困民也或曰此經常之費也不可得而

蠲也若曰經常之費不可得而蠲乎真宗之世嘗因蠲民之賦而出內藏之錢以賜三司以代所蠲矣大臣何不舉此故事以聞於陛下也或曰人主愛民人臣愛官故蠲之者未幾而督之者愈峻也且陛下之愛民令之則必行禁之則必止人臣安得以愛官之故而隔陛下及民之惠也或曰沈復之為秀州蓋嘗以獻羨餘而進自此而得樞密矣錢良臣之為總領蓋嘗以巧聚斂而進自此而至參政矣上之人設大官以誘之故下之聚斂者奔而趨之臣竊以為不然陛下之用二臣或以其才或以其一能也豈以其獻羨餘巧聚斂而用之哉雖然詩不云乎人之多言亦可畏也願陛下謹其用人之端而勿啓其愛官之源庶乎斯民蒙陛下之實惠也臣故曰上有薄賦斂之君而下不受其實惠者此也臣請次言民不被深仁之說陛下迩者御殿慮囚多從末減非不欽恤又推之於京畿輔郡罔不末減非

未能恤，又推之於天下郡縣，固不欲恤，可謂上有省刑罰之君矣。然民之不被其深仁者，何也？或曰：京畿縣令之獄非有訟也，邏者興之也；左帑藏官之獄，亦非有訟也，邏者興之也；淮南鄭露之獄，亦非有訟也，中人興之也。且夫京畿縣令之罪信有罪矣，怨之不可也；左帑監臨之官信有罪矣，怨之不可也。然下無吏民之訟，上無官長之劾，而邏者興之，則不可也。天下之事，惟公可以服人，惟正可以治人。所謂邏者，豈盡公正乎哉？周之監謗，秦之偶語，其端甚微，其禍甚大，皆此曹為之也。宜其人之不服也。至於鄭露之獄，其有罪無罪，臣不得而知也。但聞其發於中人鄧琬之請，人已不服矣。卒而陛下付之於淮西之監司，方有聞者，鞫之衆以無罪告，陛下赫然震怒，與鄧琬之誅。此齊威王烹左右者之舉也，人已大服矣。今又有貴戚近習曰鄭興裔者，為淮西之帥，再欲實鄭露之罪，以快中人之憤，以結中人之援，詔下再鞫，中外凜凜也。近日復聞鄭露者詣登聞而乞付廷尉，參此蓋恃陛下之明而自歸於君父，然今之所謂廷尉者，其如張釋之乎？其如徐有功乎？其能不諂附中人而昭洗無罪乎？中外凜凜也。漢黨錮之獄，唐甘露之禍，皆此曹為之也。可不杜其漸乎？臣故曰上有省刑罰之君，而下不被其深仁者，此也。臣請復言臺諫之情有不盡達之說。臣竊見臺臣蔣繼周言及軍中擬死二婦之事，其一軍婦也，其一民婦也。既而又聞繼周以言事失實，求罷所職，使其果以軍婦為民婦，是失實也。然臺諫言事，許以風聞，此祖宗之法，所以防姦雄隱伏不測之變也。既曰風聞，則豈能事事盡實也哉？今也以言一事失實而遽罷臺職，萬一他日有意外不測之姦，欲言則無其迹，不言則恐其患，而臺諫之臣懲於失實之罪，是豈可不為寒心哉？且以一民婦而失實，其罪微矣，未至於罷職也。罪不至於罷職而遽罷之，中

外相顧。或曰：繼周以觸天威而罷也。或曰：繼周以言近習而罷也。或曰：繼周以擊權貴而罷也。是三說者，初無是事也。而天下不可以戶曉也。無是事而有是說，皆非所以章陛下之聖德，而適以損聖德；非所以重天朝之國體，而適以傷國體。陛下受其名，繼周受其榮也。繼周受其榮，亦繼周受其屈也。陛下豈得而知之乎？臣故曰臺臣為陛下之耳目，而臺臣之情有不盡達者，此也。臣請復言監司之情有不盡聞之說。臣竊見浙東監司朱熹以言台州守臣唐仲友而畀祠祿，至今六年。朝廷藐然不省，亦廢然不用。天下屈之。或曰：熹之經學上祖孔孟，下師程顥、程頤，舉而用之，必有可觀。臣未論也。或曰：熹之才器大用之則應變，小用之則撥煩，置之散地，深有可惜。臣亦未論也。臣獨怪熹以監司而劾郡守，郡守廢而不用，監司亦廢而不用。以郡守為是乎，猶當伸監司以養其直也，不當廢監司也；以監司為是乎，則當廢郡守矣。今也熹與仲友兩廢而兩不用，臣不知此為賞耶？為罰耶？使仲友而無罪，仲友何不請詣廷尉以辨之？使熹而舉挾之不實，朝廷何不聲熹之罪以罰之？何直為此憒憒也？況於細民之寃而求白乎？臣故曰監司為陛下之耳目，而監司之情有不盡聞者，此也。由前之二說而推之，則上澤之不下流者非一端；由後之二說而推之，則下情之不上通者非一事。亦姑舉臣之所知者而已。抑又有可言者，臣聞能節用而後能愛人，能不傷財而後能不害民。故韓昭侯愛一敝袴以待有功，非愛弊袴也。一絲一縷，皆自寒女出也。小民絲粟十百之逋，官捕而督之，繫之鞭血流地，陛下不得而見也；號呼徹天，陛下不得而聞也。然則財之在官者，豈可妄用哉？如往歲之雪寒，如近日之火災，陛下皆發帑廩以賜軍民，雖不悅服者。至於史浩之賜金至以千計焉，更侯格之賜錢以買宅至以萬計焉。塗之人皆曰

此民之膏血也。是二人者何功而得此也。弱者嫉焉，強者憤焉，此亦召戾氣之一端也。臣聞聖人擇狂夫之言，且狂夫者喪心無知之人也，其言果何足取，而聖人擇焉者，將以來天下之嘉言也。側聞韓琦讀貞觀政要，至於太宗之導諫而恍從，陛下慕焉；讀陸贄奏議，至於德宗恥屈於正論，陛下譏焉。人誰不恃陛下之好諫而爭為狂言者。然自近年以來，如賈偉以妄言兵將而貶，自此外之小臣相戒而不敢言事矣；許知新以妄引指揮而黜，自此內之群臣相戒而不敢言事矣。是二事者必不出於陛下之意也，而中外大惑也，此亦召戾氣之一端也。雖然，臣前所言者皆非其大者也。臣聞洪範之五事，其一曰貌，曰恭，又曰恭作肅，又曰肅時雨若。蓋恭肅者謙而不自盈，卑而不自高之謂也，即易之天道下濟、記之天氣下降之理也。是以為時雨之證。故堯之聖不過於允恭，舜之聖不過於溫恭，商之中宗享國

五十九年而猶嚴恭以自度，衛之武公享壽百年而猶作抑之詩以自儆，皆肅時雨若之理也。陛下有睿聖不世之資，無聲色盤遊之過，而又春秋寖高，享國愈久，閱天下之義理愈多，威德外洽而無疆場之虞，政教內備而有屢豐之應。是以大臣仰其清光而莫望戴於將順而不敢於正救，臺諫知其無過之可指，事於借言而無事於拂鱗。是陛下有堯舜舍己從人之聖，而群臣無禹皋予違汝弼之忠。臣恐陛下忽心之易生而驕心之易至也，何以望肅時雨若之速應哉。今日之旱，天意或者以是儆陛下之心而進陛下之德乎。成湯遇旱而禱，不在於以身為犧，而在於六事自責之一語；宣王遇旱而懼，不在於靡神不舉，而在於側身修行之一事。臣之此言，聞者以為甚迂，而知之者以為甚大也。惟陛下毋忽，惟陛下毋忽。至於備旱之急務，則臣猶有四說焉：曰寬州縣，曰核積藏，曰信勸分之賞，曰賞捄荒之官。

所謂寬州縣者，非寬州縣也，所以寬吾民也。朝廷近時有拘催之官者，是代版曹而行督責之政也，此已失朝廷之體矣。古者錢穀之問不至廟堂，而陳平亦曰陛下問錢穀當責治粟內史。蓋古之治粟內史，即今之版曹也。版曹，有司也。有司峻急，則朝廷或解而寬之，朝廷所以統有司也。有司急矣，朝廷復自急焉，何以解有司之急哉。是上下俱行急政也，民何堪焉。況當旱歲而督逋益急，州縣將何出哉，出於旱荒之民而已。臣謂版曹逋欠之多如湖秀之類，因此大旱而蠲之以非常之恩，可乎。拘催所逋欠之數皆有名無實，無可催理之物，亦因此大旱而蠲之以非常之恩，可乎。所謂核積藏者，常平之粟是也。今天下常平之粟不許他用，其法至重也。然有至重之法而無不用之實，何也。州縣窮空，軍人待哺，不幸而省倉無粟，則不得不支常平之粟矣。故常平之粟往往徒有其數耳。今核之者，核其盈虛多寡，

而朝廷預為來歲救荒之備，不至於臨時而無所錯手是也。所謂信勸分之賞者，朝廷非無賞格也，常患於不信而已。如淳熙十一年吉州之旱，守臣趙師羿設賞以募富民，有鍾其姓者出粟萬石以輸之官，州聞之朝廷，至今無一級之爵。今江西又告旱矣，來歲富民之粟肯從官司之勸分乎。此可慮也。所謂賞捄荒之官者，如乾道江西之旱賞小官者四人，如淳熙浙西之旱併賞常平使者擢而登朝之類是也。是四說者，陛下皆嘗行之矣，而臣重及之者，所以望陛下之力行也。雖然，備旱之四說抑末矣，請備其本。臣一介小臣，蒙陛下不鄙夷其愚陋而垂請問焉，臣空臆盡言，不知忌諱，席槀私室以待天誅。

校書郎兼國史院編脩官羅點以天旱應詔上言曰：今時姦諛日甚，議論凡陋，無所可否，則曰得體；與世浮沉，則曰有量；衆皆默，己獨言，則曰沽名；衆皆濁，己獨清，則曰立異。此風不革，陛下雖欲大有為於

天下未見其可也。自旱暵爲虐。陛下禱祠赦宥罪。曾不足以感動。及朝求讜言多得討論矣。心所示昭然不誣。獨不知陛下之求言果欲用之否乎。如欲用之則願以所上封事反覆詳熟。當者審而後行。疑者咨而後決。如此則治象日著而亂萌自消矣。

孝宗時虞允文奏西蜀草木之妖。措置水旱盜賊之備疏曰。臣竊惟陛下四聰之聽。無遠不達。四方之憂雖微不置。盛德昭升。至誠默感。固足以易妖而爲祥。萃召而致休矣。豈獨全蜀之幸。天下之幸矣。臣照得今年二月間成都府旁近一帶有李實如菜瓜者。梨實如豆莢者。杏株發葉如紫莧者。棗株開花如牡丹狀者。皆木之孽也。或以爲應在盜賊及大水。蓋來樂而邛蜀盜作。延及旁郡。比來嘉眉瀘敘果有水蕩事。既小應而亟定。但春中彭漢懷安三郡雨雹異常。禾稼有傷。雖即已依條檢放。而今日之所當急者。諸郡倉廩多虛。未有備荒之備。臣先日具奏乞制置司度牒。已分給彭漢石泉等州。比又奏乞成都府路經總制司年額外。餘剩錢欲於邛蜀等州並行措置和糴。及下諸郡以常平司錢隨多寡之數糴義倉米。以爲一旦水旱不可猝辦之用。而夏中積雨。成都路往往漂壞堤堰。臣之寸心。日夜不勝皇皇。今仰憑陛下格天之德。雨暘順序。秋田當大熟。儲積之計可遂。而蜀憂寬矣。其次當略修兵備。日者臣與晁公武共議。擬差一提舉官。鄧安國前去成都府拘收本路係將不係將人。并行揀汰。團結隊伍。依大軍格法教習武藝。臣亦已應副衣甲之類。使聲勢稍張。則盜賊自息。人心亦安也。自古天旱流行。治世有所不免。而盜賊之禍不作於有備之國。臣之愚慮所以急急於此。至於積逋虛額之害。明知不可徵取而存之於案牘。適所以長吏奸者。亦已令總領所逐一開具。今剗劃繳進。乞自睿斷施行。所有青目之當損。箱弊之當去。凡爲民

蠹者見不任講求。須先經理餘財。使有羨功乃敢議及寬減。以副陛下軫念遠方之意。若守令不虔棄法害民。如邛州酋亂之地。臣已即按劾。亦已奏聖斷施行。繼今有貪惡不悛之吏。臣敢不仰遵睿訓。次第以聞。伏乞睿照。

知長沙王師愈上奏曰。臣聞天人之際本無二致。究觀人事。則天意可卜。辛巳之冬。逆亮敗盟。大舉入寇。自謂談笑可以渡江。未幾而天怒人怨。變生肘腋。竟自熒隕。明年陛下誕膺景命。嗣有丕圖。因知辛巳之役。天所以旮頓陛下。光啓中興。延我宋萬世無疆之休。蓋昭昭矣。而臣竊有疑者。伏自陛下即位以來。災異之作。無歲無之。始則飛蝗蔽天。災見於昆蟲。可謂微矣。次則虜人復敗盟。淮上流血。災生於夷狄。亦云遠矣。既而連年輔郡大水大旱。疾疫死徙者不知其幾。其爲災異也。駸駸乎大且近矣。又其甚者雷震於郊祀之旦。禍及於骨肉之親。益可懼矣。竊惟陛下備己任德。未嘗少懈。何上天眷顧於前而災異荐臻於後。或者以謂應天之實恐有所未盡善耳。不然何爲而若是也。昔商高宗因升鼎之雊。周宣王遭旱魃之虐。皆能側身脩行。爲商周中興之賢君。以是知災異者乃天心仁愛人君之深。亦人君恐懼致福之本也。陛下天縱聰明。遠過高宗宣王。誠能鑒其弭災之由。盡其應天之實。則商周中興之功不患難致也。

衛涇上奏曰。臣觀董仲舒告漢武帝曰。天人相與之際甚可畏也。又曰。國家將有失道之敗。迺先出災害以譴告之。又出怪異以警懼之。尚不知變。而傷敗迺至。以此見天心之仁愛人君而欲止其亂也。是知天人之際。其應若響。災異之來。良不虛發。自昔帝王未嘗無災異。惟睹變思懼。則災變自弭。轉禍爲福。未聞安於時數之適然而不思所以應天者也。仰惟陛下嚴恭寅畏。恪謹天戒。二十六年之間。兢業

之誠。有同一日。人君患不勤儉。陛下宵衣旰食。菲飲惡衣。勤儉根於天性。人君患不慈恕。陛下勤恤民隱。謙恭接下。慈恕本於至誠。宮室苑囿無所增崇。狗馬珍奇無所玩好。游心典籍。探賾道原。凡君德之所宜有者。陛下兼而全之矣。每遇災眚。側身修行。惟恐不至。陛下畏天之誠。眞得聖人之用心矣。竊見五月以來。愆暘爲沴。田苗就槁。川澤多枯。旱暵之災。所及浸廣。旣踰秋序。膏澤尚屯。寬恵屢施。禱祠幾徧。而旱氣盤結。卒未蠲除。雲油然而復收。雨將降而輒止。陛下焦勞於上。百姓嗷嗷於下。群臣左右。振顧駭愕。莫知所爲。道路傳聞。或云諸郡間亦得雨。而畿甸之内。獨爾愆期。此尤足以見天心愛君之仁。正陛下恐懼修省之日也。借曰君德全盡。無有闕遺。陛下亦安可以是自喜也。成湯至聖也。政之不節。使人之疾。苞苴之行。讒夫之昌。女謁之盛。宮室之營。豈皆所無有也。而桑林之禱。必舉此六事以自責。

蓋聖人畏天之深。爲民之切。躬自貶損。罪過歸身。出於此心之誠。非有所勉強不得已而然也。況夫庶事之間。容有未正。上澤壅格而不得下究。下情抑鬱而不能上通。天意人心。不甚相遠。以人求天。上下不交。則爲否矣。變異之見。非爲此乎。頃者都城喧傳。謂陛下内出詔音。求言自輔。人人踴躍。莫不思奮。側聽旬日。始命都省降旨言事。而責躬之詔。尚遲回而未下。陛下豈以是爲虛文。而所以應天者不在此耶。如近日避殿減膳。徹樂。奏告天地宗廟社稷。臣知陛下將次第而舉行之矣。臣竊惟仁宗皇帝在位四十二年。丕烈懿範。不易殫敍。求其所以致治之盛。莫若盡敬天之誠。信史昭垂。燦然可覩。慶曆四年旱。謂輔臣曰。方歲旱而飛蝗滋甚。百姓何罪。默禱上帝。願移災於朕躬。七年以久不雨。避殿減膳。下詔責躬。求直言。戒勵百官。罷免輔臣以答天戒。仁祖敬天爲民如此。其切。何災不弭。何福不臻。太平之

盛。冠古莫及。良有以也。臣願陛下遠監成湯。近法仁祖。謹思天變。駿發德音。布宣罪己之辭。益廣直言之路。陛下所以應天者至矣盡矣。爲陛下之臣而不能輔宣主德。實惠生民。所以傷和氣而致乖異者。宜如何自處也。然後嚴敕大臣執政侍從以下。及州縣之吏。更相警懼。思所以致旱之由。爲所以恤災之備。封章來上。虛心聽納。庶幾下情盡達。精意感通。上天降康。災沴銷釋。天下幸甚。臣充賦館職。恩許言事。既得面對。拳拳愛君憂國之誠。不能自已。敢無一言。先以開廣陛下之心。所有政事闕失及當今急務。續具條奏。臣冒犯天威。罪當萬死。

時集英殿修撰帥福建趙汝愚以地震乞降詔求言疏曰。臣不量鄙陋。輒有區區螻蟻之誠。冒瀆天聽。臣所治福州。五月初九日丑時地震。臣自夢中驚覺。悸懼不知所以。但覺所卧床榻動蕩。如船在波浪

中。窗戶棟梁。互相摩戛。皆雜然有聲。如是良久方定。臣詢問此方父老。皆言前此所未嘗有。臣實憂懼。因詢問得往來士大夫。稍聞江浙閩廣數路皆然。而本路漳州獨甚。時動止經涉五日方定。民居官舍。頗多摧陷。一時居民亦有被壓而致死者。臣已行下本州委自知通。多方賑救。外臣竊惟坤厚載物。本以安靜爲義。今耳目所接。綿亘數千里。同時俱震。此其爲變異非小。臣不敢遠引諸儒之說。繁文褻嚴。姑以目前庶事論之。今强敵在外。民力困窮。盜賊滋多。士卒貧悴。有志之士無不深憂。雖陛下盛德在躬。動天以實。然於政事之間。委任之際。亦豈無可議者。臣嘗讀國朝會要。伏見景祐熙寧及太上皇帝紹興中。皆嘗以地震下詔許群臣言事。豈非徇獨見之明者。不如盡衆人之智。方此弭災消變。尤宜引咎責躬。屈己從諫也。若聖意勿欲張皇顯言其故。則乞遵用祖宗故事。秖以手詔詢問闕失。或開天章

閤令輔臣條畫。以御迎陽門名侍從臺諫條對。或令中書門下頒告在廷之臣許直言過失。或密札賜舊德名臣。詢問機事。所冀誠意將達。群議畢陳。惟捨短而用長。斯轉禍而爲福。

汝愚又論客星出傳舍疏曰。臣聞之知星者曰。自今夏六月有客星出傳舍守之。既三月矣。臣謹按晉書天文志。傳舍九星在華蓋之上。近河。賓客之館。主胡人入中國。客星守之。備姦使。亦曰胡兵起。臣竊惟華蓋之上有傳舍。又曰賓客之館。若以人事參之。即今掖門之外閤門客省是其處也。臣聞閤門中有用事者。陛下委之招接北來人士。蹤跡甚秘。其間真偽相雜。固不可盡知。然竊聞之道路之言。或謂亦有姦細之人反用之爲間。而其人莫之寤者。臣始疑之。不以爲信。後徐以事考之。然亦有可信者。蓋西北豪傑之士。其資性與南方不同。彼忠純者極其忠純。其狡詐者亦極其狡詐。恐非常識淺慮所能窺測。故雖墮其計中而未必寤也。臣又聞陛下委以將帥之權。付之帷幄之任。奇謀秘畫。世莫得聞。然而不見其形。當視其影。使陛下用之。其人能爲陛下選擇將帥。訓齊士卒。俾中國隱然有不拔之勢。顧雖未能勤銘彝。然掃清塞北。有識之士。固自知其可任。今數年以來。將帥屢易。視所居官有同客寄。經營掊斂。惟恐或後。故軍職遷補。類不以公選。真才實能之士皆屈沉於下。無以自見。士卒嗟怨盈於道路。此非陛下撫之不勤。蓋爲之主帥者無以素服其心故爾。然則緩急之際。豈不深悟陛下委令之寄哉。今者不幸災異屢見。人情動搖。誠恐一旦狂狡外興。姦宄內應。蕭牆之事。可爲深憂。臣又伏思上天垂象。端不虛發。今昭然示戒。獨出於傳舍客館之間。若明告陛下於其處者。蓋是天心仁愛陛下。誠欲陛下聖心覺寤。庶幾改爲。猶銷鑠於未然也。不然。則楚莊王何以無災而致懼耶。臣世受國恩。義同休戚。惟望朝廷所行皆善政。所用皆忠臣。蓋決不敢肆爲讒說以陷害忠良。亦非敢賣直要名。爭權取寵。實以事關廟社。理切安危。故敢採諸輿議。瀝陳愚款。惟陛下鑒察。

袁說友應詔上言曰。臣今月九日恭承明詔。以雷震非時。淫雨爲災。陛下責己求言。命臺諫侍從各以朕躬過失朝政闕遺條疏以聞。俾之無有所隱。臣仰見陛下祗畏奉天。恐懼修省。思欲培厚聖德。講行仁政。上銷天變。下慰人心。雖湯以六事自責。宣王遇災而懼。殆不過此。誠宗廟社稷之休。四海蒼生之幸。臣叨綴從列。身逢不諱之朝。所願披瀝肺肝。盡言無隱。惟陛下財赦。臣聞之書曰。皇天無親。惟德是輔。又曰。惟天降災祥在德。又曰。咸有一德。克享天心。故修德者聖王應天之實。未有德不脩而能格天者也。又曰。天明畏自我民明威。又曰。天視自我民視。天聽自我民聽。又曰。天佑下民。作之君。作之師。故安民者聖王奉天之本。未有民不安而能事天者也。陛下嗣服之初。閱時未久。舉行初政。無斁聖懷。如五日一朝以隆孝治。恪意講學以基遠圖。收召人才。愛惜內帑。坐朝不倦。荒政修明。其於修德安民。次第而舉。宜若天意人事相爲助順。迺者天降災異。人心懼疑。方當十月之交。雷已歸地。而震電交作。大雨隨至。浹三晝夜。此蓋陽氣弗藏。陰出用事。考之古占。其在劉向五行傳。則曰冬大雨水而雷電。是陽不閉陰。出涉危難。其在李尋所占。則曰冬靁電。蓋喜怒賞罰不顧時禁。二人之占。上係君臨。下關民治。其親切如此。則今日之異。蓋必有致之者。以至熒惑犯心宿。弗循軌道。天目峯斷裂。山復移徙。中夜地震。都邑水災。又皆迫近帝城。悉非小異。陛下其將隱之於心。考之於事。豈無有上干和氣。下拂衆情者乎。豈無有施置未當。而德意未孚者乎。臣不敢旁舉遠引以事空言。敢以陛下所當修德而安民者撫其今可舉行凡八條。伏惟聖慈垂聽焉。臣所謂修德者有四。其一曰恭親太上皇帝安處壽康已逾三月。陛下定省之禮。風雨弗渝。孝誠之專。中外歎仰。而尚遂膝下未浹親歡。父子之意未孚。軍民之情猶鬱。雖陛下自知親意非外庭所得盡聞。然而相見之期或更遲遲。不惟浸疑觀聽。亦恐別起猜端。要當力圖調護之方。宛轉之策。陛下內有慈母可以日達誠意。外有伯祖元舅可以時道聖衷。庶幾委曲既深。或可一旦感悟。然日來傳壽康聖體微爽節宣。雖未敢信。然陛下既未一見。則凡慈父之意皆所未知。至於壽康宮中左右執侍。與凡供御百物。果能日應所需否。今本宮月得俸料與內帑月所貢獻者總不下數萬緡。未知職掌為誰。支用應副果愜太上聖意否。一或不然。則慈抱愈鬱。無以自娛。司馬光言於英宗皇帝曰。嚮者皇太后聽政之時。左右侍衛之人不敢不恪。求須之物無敢不備。既委去政柄。臣竊慮有無知小人。隨勢傾移。侍奉懈慢。供給有闕。則天下之責皆歸陛下。此不可不留意朝夕省察者也。臣願陛下於未得一見之前。尤當日戒宮中官屬等。俾之加意供侍。凡有聖意委曲順承。惟欲上悅慈顏。益保康樂。少有怠隋。必罰無赦。則兩宮安倖。親侍有期。孝道無闕矣。臣側聞已降指揮責以限日修整南內。陛下急欲還御正朝。密侍慈極。此蓋孝念之切。故為是圖。惟是大行之喪。今既在殯。陛下久留重華。以侍喪几。今若於發引之前。急還大內。則是三月侍喪。一朝遽捨。追念皇祖。情若未安。況壽康今已安處從勤。而陛下又數行問安之禮。若且留喪側。以俟發引。然後還內。情既可安。事亦為順。其二曰臣竊觀陛下布政之初。倚任大臣。塞聰蔽明。不以自用。深得帝王用人之先務。垂拱仰成之要道也。仁宗皇帝嘗諭諫官韓絳曰。朕固不憚自有處分。所慮未中於理而有司奉行。則其害已加於人。故每

欲先盡大臣之慮而後行之。大哉聖人之謨訓也。蓋人主處於深宮凡人才之高下。事情之當否。安得而盡知。故雖已聰明。任人以專。以朝廷為基本。以大臣為腹心。進退人才。廢置機務。寧屈獨斷。惟務循公。是以黜陟廢舉。動合衆望。其或慮權柄之下移。欲威福之自己。聽有偏闇。慮或不周。小有非宜。人情必惑。甚則左右乘間竊弄國權。主勢浸微。危亂立至。稽之方冊。可謂弗疑。臣願陛下念主勢之輕重。實係於朝廷。而權柄之下移。寔由於自用。上法仁皇之訓。深思獨斷之難。凡命令中出。少留聖慮。則陛下盡為君之體。而朝廷無失職之憂矣。其三曰臺諫者天子之耳目。凡論思獻納。箴規剴切。而繫於人主之耳者。則臺諫為尤重。故臺諫之一進一退。實係於人主取捨之公。端不可以私意逐言而進退之也。唐介為殿中侍御史。以論事而去。仁宗皇帝念之。復畀舊官。時論者謂天子優容言事之臣近世未有。豈非臺諫者上則示人主之好惡。下則係中外之觀瞻。一有少差。事關理亂。綱紀紛糾。邪正混淆。誠不可忽。臣願陛下念朝廷之綱紀。本於言責。而臺諫之用否。切於治功。取舍進退。重之難之。勿輕勿易。則紀綱立而邪正分。朝廷治而主勢重矣。其四曰。今歲水旱為災。民以饑饉。淮浙諸郡無不告歉。饑民流離。以相望。陛下日議賑䘏。捐金發粟。宦駿不斷。惟是朝廷樁管所積數目已少。版曹經常已乏。無可更繼。常平義倉。支撥殆盡。楮幣度牒。印賣已多。今去來歲麥熟之期尚踰半歲。接續賑濟。已無長策。臣竊觀仁宗皇帝景祐元年。以淮南歲饑。出內藏紬絹二十萬代充上供。慶曆四年。出內庫銀三萬下陝西糴穀麥以濟饑民。皇祐二年。以河朔水災。出內庫銀四十萬。紬絹六十萬。以助軍儲。是三者皆因歲歉。久捐內帑。仁宗之意。豈特以朝廷州縣之積已不足用。而上軫飢荒之念。蓋欲急以及民。故與之再三

而不惜也。陛下臨御以來。偷以足用。浮費盡蠲。竊聞内帑之儲。今已百倍於前。中外聞之。無不感歎。惟是目今賑濟日月尚長。所幸江西湖南皆得上熟。可以運米東下。以及淮浙。臣願陛下念淮浙饑民之甚衆。知公家事力之已竭。特法仁宗故事。多捐内庫金帛付之朝廷措置。糴米百萬斛。接續以充賑濟。陛下仁心仁聞。浹于億兆。生靈格天之德。孰大於此。臣所謂安民者有四。其一曰民户歲輸夏税。其間折錢者總曰折帛。當時立價既高。州縣浸復增數。積歲既久。民困重輸。今中産之家已爲希有。況於兼并者乎。比者臺臣嘗及蠲減折帛之價。側聞朝廷免議施行。此誠損上益下也。臣不敢再述。惟是丁錢一項。尤切於農民。蓋游手末作不在科丁之數。獨民不得幸免。頃歲各因守臣之請。有蠲有減。今所存第五等身丁。丁鹽綿綃四色皆有上供與州用之數。爲錢則當四十一萬餘緡。而上供者計一十一萬

耳。餘皆州郡自得支用也。臣竊謂此錢既切於農民。今水旱爲災。民方艱食。田家枵腹不保朝暮。若復征以官賦。何止太山之壓也。今若未能盡以蠲放。臣願陛下深念農民饑饉之迫。將來年第五等身丁并丁鹽兩色錢共四十一萬一千餘貫盡與除放。其今年未足之錢且令住催。上供者則户部別議對補。州用者則州郡隨宜措置。庶幾田家人人各受實惠。是以感召和氣矣。其二曰頃歲朝廷兩下蠲減房金之令。蓋欲取有餘以惠不足。細民受賜。誠爲弗輕。再減之後。今已八年。而有力之家。新刱房廊。悉皆高定賃直。以備將來裁減。都城新屋。尤倍他州。臣願陛下特降詔旨。應内外房賃已經再減之後。其新造賃屋不曾經減者。並照前來指揮。三分減一。則閭閻細民。歡聲洋溢。立可召和。無不均受厚恩矣。其三曰天下州縣税場。雖各有定額。而州郡利於贏餘。歲增其數。間有祖額素重。趁辦實難。場務横征。

商旅被害。貿易既艱。公私俱困。兩浙諸郡。其害尤甚。殆非細故也。嘉祐六年。仁宗皇帝詔三司取天下場務舊額裁減。別立新額。征税既寬。商賈被惠。今兩浙税額最重。而議者猶爲常事。多不以言。臣願陛下明詔兩浙轉運司。會本路各州縣干税務之額。取其所收最少年分之數。別立新額。明示商賈。使之收趁。上無厚征之數。下無横取之擾。庶幾商賈以寬。雖居者亦受其惠矣。其四曰國家刑辟之制。具存三尺。而近年監司郡守多有違戾棄法。悉由己意。刺配之罪。出於臨時。謂之特配。蓋一之法。視爲虚文。固有豁配相望于道。而以特配行者凡十五六。甚亡謂也。豈不重干和氣哉。臣願陛下申嚴見行條法。監司郡守毋得輒用特配之例。須情法相當。照條結録。而後可施行。内外臺常切覺察。亦是以全民生而召和氣也。臣仰惟陛下以天縱之資。膺付託之重。溫恭允塞。以誠意爲先。寅畏嚴恭。不敢以位爲

樂。中外愛戴。如出一辭。其於畏天之威。應天以實。必已躬行而身履之矣。然而自昔天災流行。固未嘗以絶夫人也。而況人主代天作子。以牧斯民。天之默示儆戒之心。在人主尤不可忽。漢董仲舒之告武帝曰。國家將有失道之敗。而天乃先出災異以譴告之。不知自省。又出怪異以警懼之。尚不知變。而傷敗廼至。於此見天心之仁愛人君而欲止其亂也。自非大亡道之世者。天盡欲扶持而全安之。陛下試觀仲舒之言。則知天之所以眷念人主者。其委曲綢繆如此。陛下繼統御極甫閲一時。而天變甚洪。昔所少見。感召之由雖未易知。然皇天譴告警懼之意。以冀陛下自省而知變者。其彰彰已如此。使陛下内發於畏心。外形於仁政。有闕必補。有善必遷。忠言必聽。不以切直而惡聞。長策必圖。不以難行而遽止。修德於己。而天變自銷。安民於下。而天意自悦。則仲舒謂天盡欲扶持而全安之者。真如桴鼓之應

矣。臣願陛下終始惟一。不替厥初。凡臣之所謂修德者。日進而不已。臣之所謂安民者。日行而不怠。則受天之祐而享鬼神之靈。宗社綿長。而端命于上帝。殆將與天亡極矣。又何災異之可言哉。詩曰。維此文王。小心翼翼。昭事上帝。聿懷多福。厥德不回。以受方國。惟陛下深思而力行焉。天下幸甚。

歷代名臣奏議卷之三百七

歷代名臣奏議卷之三百八

災祥

宋光宗紹熙二年春雷電交作。有旨訪時政闕失。殿中侍御史林大中以事多中出上疏曰。仲春雷電。災雪繼作。以類求之。則陰勝陽之明驗也。蓋男為陽而女為陰。君子為陽而小人為陰。當辨邪正。毋使小人得以間君子。當思正始之道。毋使女謁之得行。

太學博士彭龜年論雷雪之異疏曰。臣伏覩尚書省劄子。備奉聖旨云云。臣官為博士。不當越思。然自二月庚辰忽見此異。即嘗博考經史。推驗天人。徒積憂懼。不敢論奏。及見朝廷訪求讜直。已至館職。啓沃之論。當亦不少。舉而行之。天意自回。及今旬日。沴氣未散。辛卯之夕。狂風大作。已復為雪。逮至壬辰。日光已見。暖氣已效。而雪猶不止。陰盛侵陽。一至於是。聖心憂惻。必倍於前。臣履陛下之朝。食陛下之

祿。則安得不憂陛下之憂。憂而不告。是謂欺君。越職而言。亦為犯上。勿欺而犯。前訓具明。敢假便文之辭。以負事君之義。又況秦置博士。掌通古今。逮及漢朝。亦承疑問。然則參攄古今之事。以裨國家之闕。乃臣職分所當然也。臣謹先取經史所載雷雪之異。開列如后。

一。按春秋隱公九年三月癸酉。大雨震電。庚辰。大雨雪。公羊傳曰。大雨震電何以書。記異也。何異爾。不時也。庚辰大雨雪何以書。記異也。何異爾。俶甚也。何休注曰。此桓將怒而弑隱之象。胡安國傳曰。震電者陽精之發。雨雪者陰氣之凝。周三月。夏之正月也。雷未可以出。電未可以見。而大震電。此陽失節也。雷已出。電已見。則雪不當復降。而大雨雪。此陰氣縱也。夫陰陽運動。有常而無忒。凡失其度。人為感之也。今陽失節而陰氣縱。公子翬之讒兆矣。鍾巫之難萌矣。

一。按西漢書五行志隱公九年三月癸酉大雨震電庚辰大雨雪。大雨。雨水也。震雷也。劉歆以爲三月癸酉於歷數春分後一日。始震電之時也。當雨而不當大雨。大雨常雨之罰也。於始震電八日之間而大雨雪。常寒之罰也。劉向以爲周三月今正月也。當雨水雪雜雨雷電未可以發也。既已發也。則雪不當復降。皆失節故謂之異。

一。按晉書五行志吳孫亮太平二年甲寅天雨震電乙卯雪天寒。按劉向說此時不當大雨。常雨之罰也。於始震雷之明日而雪大寒。又常寒之罰也。劉向以爲既已震電則雪不當復降。皆失時之異也。天戒若曰爲君失時賊臣將起。先震電而後雪者。陰見間隙起而勝陽。逆之禍將成也。亮不悟。尋見廢。又元興三年正月甲申。霰雪又雷。雷霰同時。皆失節之應也。四月丙午。江陵雨雹是時安帝蒙塵。

右臣聞具在前。並是經史本文。別無刪潤。其中雖多忌諱之語。未嘗陳於盛大之時。然若不摭前世之機祥。何以助陛下之警懼。但天之降災本各有證。而證之在人。亦復不齊。雖執一條以盡天意。自春秋書魯隱公雷雪之變。說者以爲公子翬之應。繇茲以降。天變皆依據其說以驗其災。證雖不虛。意則未廣。質之聖訓。殆不如斯。書曰。天有顯道。厥類惟彰。故求天者必以類而推。又曰。惟先格王正厥事。設應天者必隨事而正。臣觀雷震而復雪。只由陰盛而侵陽。儻悉求陰盛之由。始可見陽微之變。臣嘗俯察近事。仰驗天災。得其大綱者有二。推其條目則有十三。何謂大綱有二。一曰陽德不修。二曰小人道長。三曰兵端有形。何謂陽德不修。臣聞天以剛。故能首出庶物。君以剛。故能宰制群動。而所謂剛者。非以獨擅威福不可沮撓之謂也。無所牽制之謂剛。無所眈惑之謂剛。無所回枉之謂剛。無所縱弛之謂剛。陛下自登大寶二年于茲。寬仁如湯。懿恭如文。而裁制事物。似少剛斷。得非於前數者有不足乎。臣近聞群臣以剛斷之說勸陛下者矣。臣不知其說果如何也。臣但見陛下近日臨決機務。自任太過。未免其間有得有失。如斥逐李黼。求由人言。此剛斷之得者也。大臣有罪。臺臣一章而徑罷。降黜建節。全臺論之而不回。此剛斷之失者也。夫大有剛健必本於明。中庸三德知先於勇。必知其賢。然後可任之勿貳。必知其邪。然後可去之不疑。是以先正司馬光曰。聞人之言而能別其是非故謂之聰。見人之行而能辨其邪正故謂之明。是非既辨。邪正既分。姦不能惑。佞不能移。故謂之剛。取是而捨非。誅邪而用正。確然無所畏。故謂之斷。然則所謂剛斷者。豈以獨擅威福不可沮抑之謂哉。此臣所謂陽德不修之目一也。國家崇獎臺諫。以爲耳目。政

恐人情下壅。姦軌內萌。若非剛正之臣。必重仇怨之慮。責之以言。尚恐顧望。既言復沮。誰復切摩。陛下優容直臣。固爲盛德。而諱忌鉗論尚有疑形。臣觀近日臺諫之言。稍稍不效。雖聽用固亦不少。然或不行。或訓飭。或宣諭而止者。亦不一事也。至於全臺彈擊。近時罕聞。假使發之之輕。亦當勉彊以受。所以存朝廷之綱紀。植抗直之風聲。垂裕之謀。莫便於此。豈可但欲令行不反。人不我違。深恐臺諫之輕。甚非國家之福。此臣所謂陽德不修之目二也。竊惟經筵講讀之官。實任古者保傅之責。所以程頤謂天下之重任。唯宰相與經筵。天下治亂繫宰相。君德成就在經筵。然其輔養聖躬之方。豈止講論數刻之久。故輪夜直。欲侍燕間。不獨共究義理之微。亦欲潛移逸豫之隙。竊聞近日宣召夜直。多在詰朝。臣不知燕嬪遊息之時。何以爲存養夜氣之道。陽明升則德性自用。陰濁盛則物欲必行。保護清明。孰如義

理。臣聞唐宦官仇士良嘗教其徒曰。天子不可令閑。常令以奢靡娛其耳目。使日新月盛。無暇及他事。則吾輩可以得志。切勿使親近儒生。彼見前代興亡。心知憂懼。則吾輩疎斥矣。是知小人陷君於惡。亦自有術。然則人主欲遠小人。安可不知。昔者禹惡旨酒而好善言。旨酒既踈。善言左迩。深思大禹之策。段反士良之謀。蓋此重則彼輕。此消則彼長。安可徒徇一日之樂。反易終身之憂。此臣所謂陽德不修之目三也。臣聞賤貨貴德。然後可以為天下。昭德塞違。然後可以臨百官。臣近得之道路。封樁下庫所藏寶器。陛下已宣取入內矣。藏之內府與藏之外府。本亦何間。但前朝所以並寘於外者。蓋有說焉。似聞象箄之類。則没入之器也。四圭有邸。則祀天之器也。此豈容寘內府哉。往者藏之外府。蓋崇貴德之義。賤塞違之訓。而陛下一旦納之宮中。其為損豈細也耶。至如封樁庫錢。始創之法。非軍事不得支用。

壽皇聖帝在位之時。間有宣取。蓋以閱武內庭。欲備犒賞。故寶以犒賞之數取之。非託以為名也。今陛下沿例以取。而人以為言者。蓋取之惟有此名。用之則無是實。昔者天子無私財。至漢雖有少府之藏已不敢侵大司農之費。政如今日州郡有軍資公使之別。公使而用軍資之錢。則為礙條法。陛下既為天下之主。豈可不以身率天下。內帑之費。不加裁損。而但取足於封樁乎。陛下雖曲從近臣之請。吏不敢撥。然前日陛下所以為此者。必以內帑錢乏故也。今若欲留封樁之錢。必須痛節內帑之費。費儻不節。錢必不繼。則陛下能保後日之不撥乎。萬一不免取撥。臣下又復執奏。則陛下能必從其請如今日乎。此臣所謂陽德不修之目四也。天子禁衛。上應天象。所以周防辟姦。蓋示名分尊嚴。若以式律言之。夜開宮殿及城門者。皆須墨勅魚符。其受勅人具錄所開之門。并出帳送中書門下。自監門衛士將軍以下。俱詣閤覆奏。既聽。即請合符開鏁。監門官司先嚴門仗。所開之門內外並立隊。燃炬火。對勘符合。然後開之。誠以王者所居。體當持重。祖宗立法。自有遠謀。竊聞近日水門之禁。啓閉不時。此非常開之門。尤當謹守其節。有何緩急。自弛隄防。臣聞仁宗朝。兗國公主深夜入宮。呂誨即奏劾公主宅使臣及皇城司經歷門戶管當人。乞行取勘。以謂宮鑰謹嚴。以時啓閉。蓋備非常。此而不禁。後有竊發。何以備禦。先臣憂國深遠如此。以公主君父之至親。非時入內。猶被按劾。況下於此者乎。此臣所謂陽德不修之目五也。何謂小人道長。臣觀今日之勢。正人與邪人較。則邪者必勝。朝臣與倖臣較則倖臣必勝。士大夫與吏人較。則吏人必勝。臣請得別白言之。夫事君當以道也。則曰不如隨俗。御事當以法也。則曰不如從例。士大夫固知俗不可以違道。例不可以違法。然卒之守道者困。隨俗者顯。徇

法者闕。用例者行。以至議論有是非。則非常勝是。事理有義利。則利常勝義。人情有公私。則私常勝公。細察閭閻之間。上至朝廷之際。往往皆然。不知世變何以至此。是宜上感於天變。殆非一人之所為。然陛下尊據崇高。宗主神民。則不得不自任其責。故曰。正人與邪人處則邪者必勝。此臣所謂小人道長之目一也。臣聞人君以法守天下。士大夫以法守官職。人君所為少出乎法。則士大夫悉力爭之。非為身也。為法也。非為法也。為國也。周胎一醫官耳。何致煩陛下破法而令其臣曰。一切違礙並免。夫既謂之違礙。則是法不可也。給舍執而爭之。是官當然也。而陛下不從其說。何周胎能使陛下屈法而給舍不能屈陛下守法。此門既啓。後孰窒之。故曰。朝臣與倖臣較。則倖臣必勝。此臣所謂小人道長之目二也。吏道之盛。無如今日。州縣之吏。止能制百姓。中都之吏。乃能制官員。臺省之吏。至能制朝廷州縣之

吏所以能制百姓者，與監司之吏通也。中都之吏所以能制官員者，與臺省之吏通也。臺省之吏所以能制朝廷者，與權倖通也。臣請得以近事明之。陛下為會計録所裁損者，特毫末耳。其間裁損之目，緣及省吏。事猶未行，即倡言于外曰：減諸軍雪寒錢。蓋欲藉此以動搖軍情，尔幸而事狀顯著，不能惑衆卒之心。怨謗之言上徹聖聰，俛聞陛下亦悔此舉。不知今日困匱如此，若不撙節，何以理財？小者如此，大者不復可議矣。故曰士大夫與吏人較，則吏人必勝。此臣所謂小人道長之目三也。何謂兵端有形？今日士大夫遊談族議，特慮北虜耳。北虜不足慮也。所可慮者，彼有邊鄙之警，則或恐有豪傑從中起耳。萬一有此，不特為彼之禍，亦將為我之禍也。蓋為彼禍者者必假我以為詞，當是之時，我將何以處之？則與北虜為敵，而吾亦無以處彼；攻之，則是為寇。雖除災而吾終不獲其利。此臣所謂兵端有

形之目一也。國家所以能自固於東南者，以有蜀耳。蜀之所以能自固者，以有劍外之兵耳。今劍外之兵，倘嘗如賈誼所謂脛大於腰，又苦跋盭，然亦無如之何也。為今之策，止有寬兩蜀之民，為彊本之計。而今日兩蜀事權，四分五裂。制置主民，總領主財，戎帥主兵，茶司主馬。兵不可闕食，馬不可無本，則總領不可無財，而制置司不可不恤其民，亦其勢然也。聞之蜀士，兩蜀之民，貧至骨矣。民貧既甚，禍亂易興。此臣所謂兵端有形之目二也。二廣鹽筴，其法屢更，大要不過官搬客販兩說。尔官搬，則利於廣西；客販，則利於廣東。廣東之鹽尋靠販入西路。今廣西既用官搬，則廣東之鹽以發泄不行，使朝廷催逼責鈔。任事者稍稍營財，禍將起矣。蓋廣東自來有私販之害，祖宗時江西客販未通，官鹽少至贛上。贛州諸縣並食廣東私鹽，朝廷甚費區處。今日淮鹽既通，固無向者之害。然而贛州僻遠諸縣如龍南安遠等處，食廣東私鹽如故。廣東摧鋒一軍，及大奚山一帶人皆以販鹽為活。官鹽既不流通，必歸罪於私販。萬一禁防稍密，盜賊便興。此臣所謂兵端有形之目三也。蜀之黎雅，廣之宜融，湖北之辰沅靖，便有戎獠之患。唯蜀之黎雅，朝廷留意鎮撫，諸戎又經敗衄，近頗安靖，不足深憂。如宜融南丹之族，辰沅羅鬼之族，皆嘗深入省地，搖動邉陲。而數州邉防，蹔甚苟簡，至空有寨栅之名，而無卒徒以守。倉卒有變，何以支吾。唐李絳謂受降城兵籍舊四百人，及天德交軍，止二十五人，器械止有一弓。以今縣之，往往如此。是豈可不慮哉？此臣所謂兵端有形之目四也。近日會子流通，勝於見錢，官私便之，似覺無欵。然杞人慮短，嘗竊憂之。夫會子不過數寸紙耳，而乃與衆貨埒權者，此無他，官司許作見錢入納，而市井兑便者稍衆也。有如緩急富人收兑便之鋪，私下無換易之地，則臣恐倉卒之際，未必不擾。近日明

州稍稍見矣。緣湖北會子，當來止於湖北京西界內行使。襄漢戍卒月得料錢，全靠客旅貿易。然其會子止到郢州便着兑換，而官司無以權之。總司入納，又止視市價，不同見錢，每一貫會子，止可作五百左右。會子既輕，商旅不行；商旅不行，軍人所得會子愈難變轉，而會子愈輕矣。諸軍洶洶，頗以為言。特未有征行求敵發耳。是豈可不預計哉？此臣所謂兵端有形之目五也。推是求之，特不止此，姑舉大者條列以上。仰惟陛下踐臨天位以來，五穀順成，四方無虞。仰觀乾象，俯察地理，災異絕少。而人情初不以為喜，今忽有此異，才數日耳，而人情莫不以為憂。不論賢愚，不問貴賤，各隨所見，推步陰陽。天動于上，人憂乎下，是何故也？得非志不足以勝氣乎？以臣觀今日之勢，政如衰弱之人，天和氣爍，左右顧忌，猶恐不免，忽遇風寒雨濕之變，便有所感觸。其為疾疢，豈不易耶？當是之時，猶不謹審服食，精調起居。

以為保養身體之藥。臣不知其可也。臣愚欲望陛下脩身以德。脩德以人。親近儒生以講治原。奬進君子以御小人。大明公道以正風俗。增重臺諫以彊朝廷。節用愛人以厚天下。選擇守令以起內治。博求將帥以固疆圉。然後天變可塞。人情可紓。保國寧家。政在今日。臣之區區猶有未盡。夫人君之道。莫先於修德。莫切於愛身。臣納忠於君。亦莫如修德愛身之為急。恭惟壽皇聖帝。勤勞天下。二十餘年。精神未衰。志氣尚彊。即以大位付之陛下。蓋欲親見聖子。身致太平。陛下既即大阼。四方之人莫不延頸舉踵。望陛下德業日新。名譽日隆。以仰荅壽皇聖帝付託之重。而道塗流言。皆謂陛下宮中宴飲稍失節度。其事信否。固未可知。然萬一有此。則於修德愛身之道無乃虧乎。夫酒之為物。傷性敗德。莫加於此。匹夫溺之。尚且足以殞身覆家。而況人主乎。側聞仁宗皇帝在御之日。災異屢臻。日食地震。江淮騰

溢。風雨害稼。司馬光奏疏以為燕飲過差所致。因乞悉罷宴飲以解皇天譴告之威。夫日食地震。江淮騰沸。風雨害稼。以陰陽感應之理推之。何預乎燕飲。而光直指以為言。蓋人君之身。上與天通。光之所言。即洪範庶證之微旨。然則臣之所謂以類而推。每事而正者。非臆說也。唯陛下念上天警戒之切。念祖宗創造之艱。念壽皇委寄之隆。念天下屬望之深。側身應災。改過不吝。人情天意。本不相遠。陛下今日儻能擇一二過舉之事。聳人耳目者。先與改圖。然後命兩府大臣悉更救政。内外聞之。孰不懽喜。如此。則何災不弭。何變不消。永保生民。丕享大福。臣命輕螻蟻。言涉乘輿。席藁待誅。不敢望赦。

龜年又上奏曰。臣伏讀詔書。喜至於泣。臣官為侍從。義則世臣。不能遇事而論。恩致勤詔旨之訪問。退揣私分。甘受重誅。儻復略舉細微而言。何以仰稱懇惻之意。謹昧萬死條列以上。唯陛下留神。臣聞雷者陽精之發。雪為陰氣之凝。雷震於驚蟄之前。陽已不固。雪作於震雷之後。陰又太彊。唯陰縱而不收。故陽微而受制。驗之古昔。具有證祥。春秋所書。晉漢所志。雖人事感召之類不一。而陰氣過盛之證則同。故自一家而言。則男為陽而女為陰。自一朝而言。則君為陽而臣為陰。自群臣而言。則君子為陽而小人為陰。自天下而言。則中國為陽而夷狄為陰。陰或侵陽。故為此變。志壹動氣。實在乎君。然欲弭災異之源。必致精微之察。儻惟人事少有不盡。是於天理猶未為純。宜殫聖心。廣求其類。故在內則陽教不可以不立。在外則君道不可以不明。言路不通。則小人或得以蔽欺。折衝無人。則夷狄必至於侵侮。何謂陽教不可以不立。夫姤卦以五陽之盛。猶畏一柔之毫。成湯無聲色之娛。尚有女謁之戒。私情難制。自古則然。儻有隙之可投。雖一毫而可畏。臣如崇飲。尤懼傷和。若禁門啓閉之不時。有緩急憂虞之

當慮。莫因警戒。少屈皇明。何謂君道不可以不明。夫賞必有功。罰必有罪。操此二柄。是為大君。若賞罰無所勸懲。則善惡何由分別。臣如近日廷臣之補外。多因中旨而徑除。若以為有罪而可懲。何不明言其過。若以為有材而可任。何不因事而除。惟舉直錯枉之道不能昭明。故乘間抵巇之徒竊以賣弄。遂使人各解體。士不盡心。苟且偷安。緩急難保。君臣之情如此。天人之際昭然。可不明示過功。公行黜陟。庶免賞刑之過。可召陰陽之和。何謂言路不通則小人得以蔽欺。竊惟臺諫之官。乃寄耳目之責。儻無事之不達。雖有姦而莫容。陛下聽受直言。超邁前古。質之近日之事。似有拒人之疑。蕭鷓巴節鉞之除。全臺論之而不聽。周昭遠刺之命。給舍繳之而不回。雖能申令出不反之威。然殊非改過不吝之道。恐致姦軌遂輕朝廷。私託橫行。公議漸廢。欲令沴氣之消弭。當務奸慝之掃除。盡塞私門。大開正路。何謂

折衝無人則夷狄必致於侵侮。近聞警報之至狄有它族之兵雖啓攻人之謀。未免懼我乘其後或於境上。略示疑形。可不審詳遽作煩擾。有兵不練。又復招兵。兵多不精重以蠹國。臣聞御敵之法莫若擇帥為先。苟得其人付以統御之寄。俾久其任。自為攻守之謀。一聽所為。無從中制。課之歲月必有成功。豈比今日泛然之圖。祗為諸將自潤之計。如此等事殆非一條。以次推求。敢擇大者以瀆陳。庶幾萬一之有補。臣尚有瞽見。上裨聖明。嘗以今日之災考之五行之傳。唯劉歆以為常寒之罰。在洪範是為聽之不謀。陛下既盡求言之誠。乃得應天之道。然嘗聞景祐之五載。止因雷震於春初。亟出明綸博求直諫。旨及聖躬之闕失。盡令百辟以箴規。今雖故事之循。尚有未盡之旨。止憂庶政。未及反躬。僅逮館臣。不能盡下。求之既已不廣。用之豈可不誠。蓋言不難。求其難在聽言。不難聽。難於必行。若不能行。徒文

無補。陛下自逐遺補之後。屢出言論之臣。雖皆假以它辭。擢之美職。人終以其忤上而去。故大率皆以盡言為懲。況茲明詔之頒。縱有偷古之責。事雖中綮。聲已四馳。伏願亟取封章之言。擇其剴切之論。重加闡獎。與之施行。以開天下疑沮之心。以答蒼穹仁愛之意。反禍為福。如響應聲。臣識淺言狂。命輕意切。俯伏私室。敬竢大刑。

三年。龜年為御史臺主簿。又上奏曰。臣聞四方有敗必先知之。此之謂民之父母矣。後世唯魏相稍識此意。條敕掾史按事郡國。令白四方異聞。或有逆賊風雨災變。郡不以上。相輒奏之。相與趙充國議擊匈奴。乃曰。今年計子弟殺父兄妻殺夫者凡二百二十二人。非小變也。夫風雨變異天之災。子弟惡逆人之變。天人變動而朝廷不聞。尚安足以圖治乎。今之州縣每遇災異。自非水旱。例不以上。頃年江湖閩浙。同日地震。唯建昌軍因言失火。併以上聞。前年福建江西間有地震去處。惟漳州守臣上章自劾。至於子弟惡逆。時亦有之。緣法中有守令量事貶降之文。用是例不舉按。是不可以為尋常而不問也。夫至和之氣感於人事。大順之治積於閨門。若天示警戒而上不聞。則德不修。人反天常而上不治。則政不舉。如此而欲求天下之治。不可得也。臣愚欲望聖慈明詔州縣。凡有災異而輒不以聞。有惡逆而匿不舉按者。令監司覺察。又令御史臺察監司之不舉按者。上之略加懲罰。庶幾上下警懼。各思有以消弭災變。感召至和。不勝幸甚。

紹熙中。監察御史虞儔上奏曰。臣聞警懼譴告。上天所以仁愛人君。側身修行。人君所以對越上天。稽之往古。驗之當今。精祲之交。殆若符契。近者太白經天。謫見垂象。六月不雨。咎證常暘。人皆以為憂。儆臣獨以為喜。何者。蓋知陛下道超象外。識照幾先。必能謹言行以動天地之大。修政事以導陰陽之和。於是焉轉禍而為福。撒沴而為祥

殆猶反手焉耳。未幾太白漸復常度。一雨遂蘇群槁。人皆以為喜。儆臣反以為憂。何者。蓋以人之常情。既得天時之助。必忘人事之修。謂天不怒。乃敢戲豫。謂天不渝。乃敢馳驅。於是焉患生於所忽。變起於不圖。可不為寒心哉。故明君見變。能修道以除凶。若其無象。是不譴告。傷敗所由而至也。然則當憂而喜。當喜而憂。臣非求異於眾人。抑亦具聞於往訓。書曰。惟上帝不常。作善降之百祥。作不善降之百殃。又曰。惟天無親。克敬惟親。又曰。天難諶。命靡常。又曰。皇天無親。惟德是輔。夫天不言。所以昭然示人者。不過日月星辰之象。雨暘休咎之證而已。人君承天意以從事。必即此而觀之。臣竊詳太白之應。志在晉史。雲漢之旱。詠於周詩。皆非小變也。陛下銷變之道。捷於桴鼓。況又自初即位。曰雨而雨。曰暘而暘。年穀順成。百姓和樂。天之眷顧。蓋不偶然。其必有以致之者矣。昔唐太宗既得天下。元年關中饑。二年

天下蝗。三年大水。方之陛下。固不可同日而語。然太宗因天之戒。勤撫其民。變饑饉爲豐穰。致貞觀之盛治。若陛下每存陟降左右之念。愈加悠久不息之誠。夫其申命用休。當與堯舜比隆矣。大抵天之於人君。其眷顧之既厚。則責望之必嚴。凡其念慮之萌。嚬笑之發。當宁焦勞之際。退朝宴樂之時。鑒觀在上。莫顯乎微。一或不至。則非天意。故天意所與。則三光全。寒暑平。風雨時。五穀熟。草木茂。天意所否。則爲災異。爲凶年。爲水旱。爲繆盭。爲疾疫。如響應聲。如影隨形。事之必至。理之固然者也。臣伏願陛下仰順天意。俯修人事。庶幾我之所以對越上天者。始終而無愧。天之所以仁愛我者。愈久而無窮。社稷之福。生靈之幸也。詩曰。惟此文王。小心翼翼。昭事上帝。聿懷多福。在陛下強勉之而已。

僑又應詔上封事曰。臣近奉聖旨。以陰陽不和。雷雪交作。可令侍從

臺諫兩省卿監郎官館職。各條具時政闕失聞奏。顧臣至愚極陋。待罪臺察。已逾一年。曾惟無所補報。日負憂責。今陛下虛心求言。以荅天變。若猶有所隱避。臣罪大矣。謹條具昧死上獻。

一。臣聞陽奮則爲雷。爲電。陰凝則爲雹。爲雪。方陰陽之相薄。則雷電皆至。及陽爲陰所勝。則雷止而雪作。魯隱公九年三月癸酉大雨震雷。至庚辰大雨雪。凡八日。劉向以爲周三月。今正月也。雷電未可以發。既發。則雪不當復降。皆失節也。故謂之異。吳太平二年三月甲寅。大雨震電。至乙卯大雨雪。纔二日耳。史臣以謂先震電而後雨雪。陰見間隙。起而勝陽。其後禍亂之應。有若符契。徃牒具載。可覆也。今正歲之始。建寅之月。三陽用事。於卦爲泰。自戊寅至庚辰。雷電雪雹俱作於三日之間。視魯則數。視吳則蹙。臣願陛下以往事之驗。爲方來之鑒。警懼修省。以荅上天仁愛之意。則災意塞於上。禍亂伏於下。在陛下一念之頃耳。

一。臣聞朝廷者。陽也。宮禁者。陰也。日星乎晝。月星乎夜。而寒暑成。天子理陽道。后治陰德。而後國家理。若宮禁之中。宴飲之不節。則非所以崇[illegible][illegible]。賜予之不省。則將至於空虛內藏。女謁行乎內。則勢行乎外。尤不可不防其微而杜其漸也。有一于此。則雷雪之變。乃上天之所以丁寧陛下之意也。不求之身。是無應天之實。天怒愈深矣。至於勳戚貴近。時有排當。倡優役藝。每至家宣引。水門啓閉。多不以時。豈所謂嚴等威。肅宸居哉。臣願陛下畏上天之威。謹正始之道。宗社幸甚。

一。臣聞君子者。陽也。小人者。陰也。自古君子小人。勢不兩立。君子在內。小人在外。於卦則爲泰。小人在內。君子在外。於卦則爲否。

今朝廷清明。多士濟濟。有官守者。修其職。有言責者。盡其忠。匪建寅之月。三陽在內。宜泰而否。何也。意者得無在外小人交結黨與。潛謀進用。如某人輩者歟。且將源源而來矣。啓大姦之隙。動上天之威。無足怪者。昔漢元即位之初。蕭望之周堪張猛等。與夫恭顯許史之徒。雜然並立於朝。是非相攻。邪正相激。當時日青之變。以爲堪猛用事之咎。未幾堪以病卒。猛自殺於公車。無乃與天意戾乎。漢業之衰。自是基矣。臣願陛下觀拔茅連茹之象以進君子。戒履霜堅冰之漸以防小人。毋使鴟鸞並棲。薰蕕共器。則天意解矣。

一。臣聞中國者。陽也。夷狄者。陰也。自古夷狄之強弱。常係中國之盛衰。今國家南渡甲子已逾一周。胡運將終。朝野咸意中原可復。近者邊報傳聞。信否雖未可知。第講和日久。邊備廢弛。意者

將有姦雄漸萌不肖之心窺伺間隙或恐僇恥未復而唇齒先寒矣侯景之事可為深慮臣願陛下明詔大臣遴選邊路帥臣俾之先事經理以備不虞

一臣聞人主進退臣下必曉然示人以勸沮之意故進一人而人皆以為當進退一人而人皆以為當退舜舉皋陶不仁者遠四罪而天下服用此道也若朝廷逐一人焉而使人疑莫逐一人焉而使人懼此何為者哉蓋自余端禮趙彥逾石宗昭徐元德之去而朝士大夫莫不疑且懼焉何者一旦遽然命從中出去者閔默莫測其端倪居者彷徨憂於讒毀日懷去計莫有固志臣恐自此無有為陛下興事造業者無有為陛下以身任怨者陛下孤立於上將何利焉臣願陛下守至正以照臨百官有善則進有過則退明示之以好惡以堅其事上之心與之共天位治天職以荅天變

一臣聞明主不惡切諫以博觀忠臣不避重誅以直諫言路之開社稷之福也蓋自楊萬里徐誼之徒去國之後朝士大夫多不敢竊議時政於心有所不然者不過相視太息而已此豈盛世氣象耶如萬里之輕率妄發暗觸忌諱誼之強聒不置似不安靜雖皆不能無過然其平日亦在能言之流中道棄之失古人市骨求駿之意矣夫敢言之氣作之尚不能起況沮之耶近又不知其說云何傳聞不審將謂朝廷以言罪人覆巢毀卵鳳為不至無乃與求言之旨戾乎惟陛下赦之漢世每有災異必詔賢良文學之士直言得失亦識得應天之實也

一臣聞之書曰天命有德五服五章哉又曰官不及私昵惟其能

爵罔及惡德惟其賢又傳曰爵人於朝與衆共之以言人君爵賞之施必賢與能而後足以上當天心下協人意近者朝廷侍從之選或以交結而得節鉞之重或以無功而授後省繳駮之職間不經由臺諫論列之言乃蒙宣諭不唯名器既輕遂使紀綱不立豈爵人於朝之義天命有德之意乎上天至明不虛見異臣願陛下奮發乾剛收回渙汗苟物論惟允則天變可回矣

一臣聞淳化二年大旱太宗延近臣問時政闕失樞密直學士寇準對曰天人之際應若影響大旱之證蓋刑有所不平頃者祖吉王淮皆侮法受贓吉既伏誅家且籍沒而淮以參知政事沔之弟止杖于私室用法輕重如此亢暵之咎不虛發也太宗大悟明日名沔切責之近者銓試代筆事覺有司觀望不特有官宗室不行推治至於與之干涉者則又故作遷延止將餘人具案奏斷用刑如此無乃不平怨讟交興有傷和氣臣願陛下特降睿旨令臨安府催追未到之人速具奏案一體施行以荅天變

起居舍人劉光祖上書曰臣近奉聖旨以陰陽繆盭雷霆非時淫雨為災朕心甚懼推尋厥咎未知其繇豈朕躬有過失朝政有闕遺可令臺諫侍從各條疏以聞無有所隱者臣猥以虛庸日侍左右詔旨所及敢不罄竭其愚誠伏念國家遭值厄運方昨者五六月之內人情離阻天理乖睽其時社稷已是傾危陛下之身危莫自保萬姓塗炭二宮受禍揆以事勢間不容髮上賴祖宗德澤未泯天命曆數有歸大器既傳中外遂定此陛下目所親見心所親憂固無俟於臣言也而陛下踐阼踰月洪水發于近畿天目之山湧裂而出者幾數百道陂塘決溢流屍千計蕩盡根頫者不知其幾陛下覩此災變憂懼

徽戒。亦嘗存於聖心否乎。明堂禋祀之前，日過熾而氣蒸，衆謂風霆雨雹之兆已見。而陛下潔誠寅畏，將事之夕，雨僅濡塵，足昭上天響答甚通。然羅點以股肱之良，前期一夕而卒。黄裳以保傅之忠，相踵不幸。皆非細故也。陛下臨御未幾，併奪兩賢之助。此於天命，尤所當思。何況禋祀之後，雨澇不已。稽夫告病，以爲稍不傷於旱者，則敗於水。不敗於水者，則害於雨。饑年愁苦，而半月以來，米價倍蓰。人不聊生。怨咨之聲，遠近如一。剽盜漸起，流離已多。方且雷發非時，震電駭異。雨既隨注，天復翳昏。雷雨暴風，兩晝三夕。陛下詔旨責躬，求聞闕失。僅得一日晴霽，仍寒氣驟至。連雨重陰，勢不少解。日甚一日。上天威怒，莫測端倪。陛下即是數事觀之，其爲憂惶儆戒，雖欲不存於聖心，不可得也。臣竊意陛下憂惶儆戒之念，未甚勤切。是以求言之初，天色頓開。已而謂陛下姑應故事。陰雨復作。繼晝連夜，凡七八日而

未止也。漢大儒董仲舒嘗曰。國家將有失道之敗，而天乃先出災害以譴告之。不知自省，又出怪異以警懼之。尚不知變，而傷敗乃至。以此見天心之仁愛人君而欲止其亂也。古今言災異最近理者，無若仲舒。仲舒之學，純於經而切於理。陛下所宜深味其言。然後見天心仁愛陛下之至，不可不因其譴告而自省也。臣不敢復引諸儒之說及它占書以瀆聖聽。請質諸六經以言之。易震卦曰。洊雷震，君子以恐懼修省。洊者其震不一也。言雷之震不一，必有其故。是以君子恐懼而修省焉。無妄之卦曰。天下雷行，物與無妄。言聞雷而懼，物物皆無妄念也。益卦曰。風雷益，君子以見善則遷，有過則改。言君子觀風雷之象，遷善改過以爲己之益也。書洪範九疇，論八庶徵。曰休徵者五。謂肅時雨若，乂時暘若，哲時燠若，謀時寒若，聖時風若。曰咎徵者五。謂狂常雨若，僭常暘若，豫常燠若，急常寒若，蒙常風若也。人君之

於貌言視聽思五者，苟惟能肅能乂，能哲能謀能聖，則五氣和而爲休徵。其或反之，爲狂爲僭爲豫爲急爲蒙，則五氣乖而爲咎徵。其感應之理，自然如此也。臣前所爲謹始五箴，[illegible]諸陛下，蓋慮是也。人之一身，本與天通。天人相與之際，可不畏哉。[illegible]金縢之篇，又載成王周公之事。王初惑於流言而疑公。時秋大熟，未穫，天大雷電以風，禾盡偃，大木斯拔，邦人大恐。及王悔過，啓書，以泣曰。今天動威以彰周公之德，不敢復有疑於公。天乃雨，反風。偃禾盡起。歲仍大熟。[illegible]之心，疑信周公，而天之所應，速於反掌。又以見天人之際，其道如此也。詩曰。天方薦瘥，喪亂孔多。民言無嘉，憯莫懲嗟。薦瘥，謂疾苦不一也。疾苦喪亂之多，而曾莫之懲，則可嗟也。又曰。爗爗震電，不寧不令。百川沸騰，山冢崒崩。高岸爲谷，深谷爲陵。哀今之人，胡憯莫懲。言天地之變異，乃爾胡爲而曾莫之懲，是令人之可哀也。又曰。旻天疾威，弗慮弗

圖。言天降災疾，威怒而弗慮圖，則亦喪敗而已矣。又曰。敬天之怒，無敢戲豫。敬天之渝，無敢馳驅。渝，變也。言天怒天變之不可不敬也。幽王厲王無道之君，故當時之卿士作詩以刺之。語多及於災異。謂其睹災異而不戒，是以爲幽厲也。春秋雖魯史，然皆孔子之書。其書日食地震，山崩星隕，晝冥晦，雨木冰，大雨雹，大雨震電，大水旱，饑螟螽，諸不一而足。皆所以示儆戒之意，使後世之君考之，彼遇災而不懼者，往往至於失國也。禮記曰。若有疾風迅雷甚雨，則必變。雖夜必興，衣服冠而坐。皆所以敬天之怒也。周禮保章氏之職，志星辰日月之變動，辨其吉凶。觀天下之妖祥，與夫水旱豐荒之祲象，察天地之氣象和或乖，以詔救政訪序事。詔救政者，謂預告其所當救之政。訪序事者，謂謀其事之所施先後之序也。凡茲六籍之言，足爲萬世之訓。今陛下當法易之恐懼修省，念無妄遷善而改過。當思書之敬用五事

以致休徵。及觀成王因天變而信周公。當誦周人災異之詩。鑒幽厲之失道。當畏春秋災異之書。懲衰世之失國。當如禮記中夜起而衣冠以敬上天之威怒。當體周官覘祲祥則講修政事以救之。如此乃可謂之應天以實而不以文也。本朝大儒歐陽脩曰。天人之際影響不差。未有不召而自至之災。亦未有已出而不應之變。此名言也。陛下可不念之乎。且陛下即位有大事三。父子之情久而猶未通。宫闈之擬久而猶未善。山陵之議久而猶未安。下多浮言。人鮮固志。然則休徵協氣何自而生。又况號令不常。群陰用事。風雷之變。所以見號令之不常也。淫雨之災。所以見群陰之用事也。何則。大臣之進退太輕。臺諫之用捨無定。此非號令不常之大者乎。進退大臣。用捨臺諫事從中出。頗傷急遽。此非群陰用事之著者乎。宜其天人之相應密若影響之不差。陛下無謂外人之妄言。試反求之於陛下之心亦必

自知其有所未安。但業已爲之而欲遂其事。是以雖有言者。一切拒而不受。臣請因陛下遇災而懼。諮訪闕失。爲陛下別白而言之。夫退留正。未爲非也。何必更易臺諫。擢黄度。可謂善也。未幾而出之何哉。其所以致陛下號令之不常者。實自群陰之用事故也。而陛下獨爲之隱諱。以爲大權當自己出。威柄不可下移。然則小人之謀甚意將以陰制今日之相臣而動搖之也。陛下所宜早悟。無使大臣懷疑畏之心。大臣懷疑畏之心。則四體不展。群議易搖。朝綱日隳。政令錯出。而國不可爲矣。今陛下有獨斷之意。乃是小人陰竊主權之梯媒。而陛下未知思也。且陛下以爲前日居皇即位。爲得已乎。爲不得已乎。大臣不得已而立陛下。爲社稷計也。陛下不得已而從大臣之決策。亦爲社稷計也。君臣俱爲社稷計。不知方今之社稷[illegible]已安乎。無乃猶未安乎。而陛下與大臣不圖其始而善其後。使天災[illegible]此臣恐陛下之君臣異時俱

無以辭天下後世之譏也。臣竊謂方今當禍變憂危之後。上下內外決能盡心相與扶持。再造家國。乃今不然。人各異趣。事乖始謀。身謀則急。國謀則緩。良可恨也。陛下試因臣言而静察之。且如陛下出令。苟見未可施行。大臣所當面奏。給舍所當封駁。臺諫所當論諍。侍從所當激止。今皆畏避形迹。不敢少忤陛下左右之臣。則又何賴於公卿大夫士哉。是非急身謀而緩國謀也哉。雖然。人臣肯以實告人主者誠少。陛下試思上皇深居九重。終不盡知大統已傳。大號已正。自太上皇后而下。皆務彌縫而蒙蔽之。至使陛下父子久不相見。是皆起於彌縫蒙蔽之故也。陛下於庶事苟不加察。則內外之臣彌縫蒙蔽陛下者亦如此爾。非人主聰明剛健能主張正論。能親君子遠小人。能別白是非。未易使人臣之盡言也。臣至愚之性。於事無所阿私。苟有所懷。當其可言。豈不復更事形迹。願陛下察臣之赤心。納臣之若

口。勿忘天災。一切與大臣審修其政。至如陛下孝敬在心。宫庭之內。屋漏之間。凡所躬行。有外人不得而知者。陛下毋使一毫有愧於天。可也。臣草奏之際。更爲陛下反覆思之。雷霆之怒。尔人妄詬上皇前日孝行之愆。然事既往矣。今日之責。付於陛下矣。陛下今日之孝心。恐亦有所未至。臣謂宜竭誠盡道。萬事於三宫。贖上皇既往之愆慝。烈祖在天之望。若是則雷變可得而消也。至若淫雨爲災。乃是群陰用事。陽氣微而君道弱之證。所宜專責之大臣。以朝廷之事。勿以左右近習參之。昭明紀綱。以正內治。選任牧守。以撫斯民。但使陽長則陰消。即能反剥而爲泰。事理明白。然可疑。臣數日來聞陛下數出寬恤之令。若軍若民若刑獄之淹[illegible]若宿衛之恩露。無不介意其間。如捐內帑錢以代亦子和買身丁之重賦。此最帝王盛德之舉。而曾未足以消彌天災。則陛下不可不知其故也。既知其故。而陛下之意

亦未決。書曰：今天其命哲，命吉凶，命歷年。斯言蓋憂天命之未知所終也。曰其者，蓋未可必之辭也。人主或哲或否，國家或吉或凶，運祚或短或長，皆未可以前知，則所謂憂之至也。陛下毋信諂諛之言，而乃歸之於時數，以怠其敬天之心，有災無災，其敬如一，則天命之休祥可得而必也。臣之拳拳，請以是塞明詔，千冒宸聰，伏惟留神省察，天下幸甚。

權戶部侍郎袁說友上奏曰：臣竊惟天人之際，自三代以來，已不勝其說矣。至漢董仲舒則曰：災異譴告，是天心之仁愛人君也。蓋天心君德，實同一體。災異譴告，所以時示儆戒，非惟亂世而治世亦然。人君苟能因災而修省，觀變而兢懼，事合其宜，政得其理，則天心昭格，帝祚靈長，有不待祈而自至者。考之古昔，成湯六事自責而造商，宣王側身修行而興周，其所感召，昭然不誣，可不信哉，可不畏哉。恭惟陛下神聖文武，有不世出之英姿，仁慈睿哲，有君天下之大德。俯視漢唐，識有餘矣。然而受列聖積累之祚，承光堯中興之業，膺壽皇付託之命，憂深遠慮，莫切於此，固有以奉天心，答天貺也。迺者熒惑失次，太白晝見，鎮星掩心，火星行都，地震亦廣，甚者太陽中天而黑子磨盪，黑祲亘天而赤氣乘之，旬月之間，變至五六，甚非所以安上而全下也。逮于望日，陛下肅駕乘輿，展禮慈極，都邑之內，耋老稚幼，瞻望翠華，無不鼓舞，變憂懼為和氣，易譁謗為歡聲，曾不信宿而瑞雪時至，又不兩日而太陽復明，以至群陰消伏，星執浸順，式以前日如彼，而今日如此，豈非災祥之機，關於陛下一舉動之頃耶。何其響應之速如此也。臣懷不自已，輒盡愚衷，深惟天意之難諶，端係人主之一念，經曰：高高在上，靡所聽聞，常使兢兢在心，罔敢失墜，自今以往，臣願陛下脩省戒警，愈久愈篤，堅志評慮，細大必謹，勤兩宮定省之奉，念萬務安危之機，任信大臣，開廣言路，撙節財用，日積而歲蓄，省覽章奏，朝入而暮報，皆君人之實德，治國之大本也。陛下天資英睿，即是數者而加之意，則天心喜悅，帝命眷顧，和氣致祥，何事不立，豈惟前日災異，倏然無之，而天道好還，必有助大業成大功者，豈不偉歟。臣本疎庸，誤被簡擢，以論思為職，用敢盡言不隱，以答天地之造。惟聖慈留神，苟臣言不悖於宸心，即聖德仰當於天意，干犯旒扆，隕越不勝。

寧宗即位，兑金國子祭酒兼侍講彭龜年上奏曰：臣伏覩詔書節文，以雷震非時，淫雨為災，推尋厥咎，未知其端，恐朕躬有過失，朝政有闕遺，令臺諫侍從各條疏以聞。臣官為侍從，職在論思，不待詔對而可言，況有詔書之罪己，儻有所隱，寧不負愚。臣不知陛下此詔果實事耶，抑止虛文耶。果為實事，則陛下即位之初嘗詔求直言矣，今四方之言已交公車，其間及陛下之過失，朝政之闕遺者必多有之，未聞略加採擇見之施行，則今日此詔，臣恐未免如前日之虛文爾。若以虛文事天，天豈可感乎。臣聞慶曆中災異數見，一時宰執嘗謝過上前，仁宗諭之曰：不須謝過，但自行事。時范仲淹為參知政事，退而條具應災四事以上，皇祐中又以星變內出手詔十二條，令中書門下樞密院於軍國庶務中推求實事有合更張振舉者悉具以聞，於是文彥博等請日舉兩條合更張振舉者，委曲面奏，所冀言之必行，行之必當，祖宗應天以實如此。臣謂陛下今日先當博採應詔之言，取其條上之事責之大臣，以次施行，如皇祐故事，則自可應天而消變。雖不為此舉，臣亦以為可也。劉敞嘗謂三公之職主和陰陽，譏臣之任主明天人。陛下當責三公以其職，使之陳陰陽不和之理，當責議臣以其學，使之明天人相與之際，此誠知治體之論也。陛下儻責實如此。則臣安敢以虛文應詔。陛下儻徒事虛文。則臣雖以實對。亦無益爾。是以臣先以責實望陛下。而後敢言焉。臣聞之宋祁曰。災異之發。政教之本。在朝廷君臣之間耳。其他瑣瑣細故。誠不足以當陰陽之不和。議天人之相與。今明詔所及。止於上躬過失。朝政闕遺。盡知當務之為急。臣敢據是二者參之災變。為陛下陳之。夫天之鼓舞萬物者。雷風也。君之鼓舞萬民者。號令也。天有雷風之變。乃為人君號令之應。雷為天地之動物。取為不測而難信者。然發以二月。收以八月。人事候之以為節。未嘗爽也。故萬物因之以動蟄而無病焉。若當收而發。則謬物多矣。陛下亦嘗因雷之非時而反求之號令之間乎。陛下與大臣恐不能辭其責。陛下自即位以來。好出御筆。陞黜之間。多為不測。若示人以聰明威斷者。其駭人心者固時有之。而動人心者亦不少矣。陛下抑思人君擅天下之利勢。一喜一怒。繫萬物休

戚。而使人不可得而測。則人其能自安乎。當人情求安之時。而反使之有不自安之意。殆非初政之美也。司馬光嘗告神宗皇帝曰。陛下好於禁中指揮外事。非公卿所薦舉。牧伯所糾劾。或非次遷官。或無故廢罷。外人疑駭。不知所從。夫公卿牧伯所糾劾。或謂之賢而不賢。或謂之有罪而無罪。皆有迹可見。責有所歸。故不敢大為欺罔。若姦臣密白陛下。令陛下自為聖意以行之。則威福集於私門。怨謗歸於陛下。此光體要疏中語也。陛下向在潛邸。固嘗愛此疏。豈今日乃忘之邪。陛下誠以光之言。平心熟誦。反而思之。則今日之舉。為是為非可以坐決矣。臣故以號令不測為陛下之過者此也。壽皇聖帝因山之舉。國之大事也。始卜稽山。大臣以為土薄。復卜赤山。太史又以為不吉。復令卜下宮。又以下宮為不可還也。日月已迫。而神穴未定。有司應辦。茫知所向。此非朝廷之過乎。太上皇移御之所。又國之大事也。至三易其處。使天下聞之。莫不疑惑。此又非朝廷之過乎。隨龍人推恩。陛下即阼之二日。固嘗有宣諭矣。已而大臣擬進。至于一再。必欲施行。陛下持之不下。臣嘗親聞玉音。謂朕尚未見父母。而先推恩隨龍人。孰為重。孰為輕。有識聞此訓也。莫不感歎陛下聖明。而大臣復請下之。使陛下誠心實德不孚於天下。此又非朝廷之過乎。惟廟議無一定之規。故出令有二三之惑。臣故以號令不信為二三大臣之責者此也。雷震不時。應或在是。孟冬之月。其陰過盛。而謂之陽月者。以陰盛則衰。陽當生爾。今乃淫雨為沴。蓋陰勝也。推之人事。則君弱臣彊。陰勝也。內侵外治。陰勝也。小人害君子。陰勝也。盜賊病平民。陰勝也。蠻夷猾中國。陰勝也。陛下受天明命。大臣雖有翊戴之勳。而威福之柄實在陛下。前日大臣敵一大吏。出一臺臣。而陛下覺之。罷大臣而進臺臣。人已服陛下之英斷。君弱臣彊之病。宜無有也。陛下

自在潛邸。不邇聲色。及登大位。親御宸翰。以聲色及酒為戒。既已無所耽溺。則亦無所牽制。內侵外治之患。宜無有也。唯是陛下思見太上。朝夕不忘。而中有間阻。絕不得通。求之愈切。閡之愈固。使陛下彷徨無策。經營南內。將有移御之意。若果如此。陛下念親可謂至矣。然於宗廟社稷之計。不審熟慮之否乎。此恐未免動陰勝之應也。天道雖遠。固未易知。人心匪遙。氣到自見。自古未有不召而自致之災。亦未有已出而不應之變。陛下固不可逆料以為不然。而不慮之也。推之已事。亦可監矣。陳瓘嘗謂承顏養志。當以大舜武王為法。入脩家人之禮。則恭順無缺。出治朝廷之事。則威柄不分。此乃大舜武王之所謂孝也。臣願陛下如瓘之言。以事其親。則內侵外治之患庶乎他日可以免矣。陛下踐祚之日。即以收召人物諭臣。及召命之出。莫非負天下物望者。今在朝之士。彬彬固多君子矣。然臣嘗密察縉紳之

間則多猜防顧忌之心無安舒閒雅之意蓋君臣之情未洽而邪正之路未分陛下信重君子之意未孚於人而睥睨小人之跡已見於外君子告陛下之言小人或得與聞而小人誤陛下之意君子或不能知正道恐消邪道恐長此亦未免動陰勝之應也當六七月之間淮浙大旱剽掠之徒所至蝟集今雖小弭然飢寒漸逼雖朝廷多方軫䘏而州縣在在無米失今不圖向後盜賊安保其不作此亦未免動陰勝之應也湖南蠻獠今年侵擾內地已費調護粗得平帖似聞虜人復求疵於言語文移之間我方內虞饑饉之迫豈可外有兵革之釁備禦之策亡如捕風此亦未免動陰勝之應也淫雨為災應或在是臣素無學術不善推步因災求類以爲所聞願陛下思所以致災之由求所以弭災之道事事責實不以虛文大要君臣之間各自反已則轉災爲福反沴爲祥直反掌之易耳惟陛下留神念之臣以使事在途輒因詔書驛置以聞言語狂妄甘俟顯戮

慶元中大旱下詔求言知贛州興國縣莊夏上封事曰君者陽也臣者君之陰也今威福下移此陰勝也積陰之極陽氣散亂而不收其弊為火災為旱蝗願陛下體陽剛之德使後宮戚里內省黃門思不出位此抑陰助陽之術也

權禮部侍郎兼侍講許奕亦應詔上言曰國家當以實意行實政活民于死不可責償于禱祠之間而已也蝗至都城然後下禮寺講酺祭孰非王土頃及境而懼偶不至輦下則終不以為災乎又曰權臣之誅也下至閭巷讙聲如雷蓋更化之初人有厚望久而無以相遠也此謗讟之所從生又曰內降非盛世事也王𤩽進狀不實而經營以求倖免裴仲何人驟為帶御器械時應詔者甚衆奕言最為剴切

國子博士張虙亦應詔上疏曰上天之心即我祖宗之心數年以來蓋有為祖宗所不敢為者凡祖宗之時議論舉而不遂已行而復寢始以人言而從終以國體而回者今皆處之以不疑矣凡祖宗長慮卻顧所以銷惡運遏亂原兢兢相與守之者皆變於目前利便快意之謀矣議者惟知衰弊之俗不可不振起也圮壞之風不可不整刷也抑不知振起整刷之術最難施於衰弊圮壞之後何者元氣已傷而不可再擾人心方蘇而不可驟動也且造楮初欲便民朝廷既以一切之政驟其聽復以一定之價迫之從郡縣之間遂騷然矣監司郡守老成遲鈍者悉屏而不用而取夫新進喜功名者為之見事則風生臨事則痛快事未果集而根本已撥國未有益而民生已困矣凡此皆有累於祖宗仁厚之德此旱勢之所以彌甚也

歷代名臣奏議卷之三百九

灾祥

宋寧宗嘉泰中著作佐郎知徽州事袁甫上奏曰。臣將指外服。不當出位言朝廷事。傳聞今月三日京城火災。延及宗廟三省臺部百司庶府。以至民居太半灰燼。奔避而死者數亦不少。此殆皇天震怒之極。國家殊常之災。四方聞者莫不駭懼。臣子苟懷愛君之念。正當度越拘攣。披瀝肝膽。感悟上心。挽回天意。今朝廷若止將失火之人梟首示衆。而陛下又不過避殿減膳。僅舉一二典故。止作常事施行。乃欲轉災為福。此必無之理也。且乖氣致異。蓋有積漸。敬天之怒。當謹幾微。陛下胡不思連年荒歉。民窮無告。流離餓莩。填委溝壑。天意怒矣。而陛下未悟。旱蝗示變。莫匪兵象。今夏水溢。三月不退。天意怒矣。而陛下又未悟。閩中江右寇暴相挻。章貢盱江叛卒繼擾。韃兵犯蜀。推我襄漢。草寇起衢。逼我畿甸。天意怒矣。而陛下又未悟。董仲舒有言。天出災害以譴告之。又出怪異以警懼之。尚不知變。而傷敗乃至。陛下歷觀數年以來。災害譴告有之矣。怪異警懼有之矣。天之於陛下。其仁愛切至如此。而陛下猶未之悟。今京城大災。可謂傷敗之證。天意震怒。至此已極。陛下不於此時深念致災之繇。亟思銷變之道。翻然悔悟。痛自克責。臣恐天怒益烈。甚可憂也。甚可畏也。臣聞變不虛生。緣事乃起。臣請言其所由起者。宮壼既正。嬪御復增。昵樂是從。虧損聖德。果天意耶。臨御以來。辯心顯望。未聞總攬。惟事仰成。果天意耶。國有忠賢。寔為元氣。摧敗困沮。生意幾絕。果天意耶。上下不交。以言為諱。鉗口結舌。相習成風。果天意耶。其他如姦贓之吏。充斥州縣。椎剝膏血。苞苴肆行。私室之積。過於公家。怨讟交興。災變遂作。天意人心。實同一機。產禍之胎。端在於此。昨者禁扄之火。中外固已驚異。今乃災及太廟。陛下念列祖宗。寧不哀痛。況迫近君門。是欲使陛下反躬修德也。延及三省。是欲使大臣戒懼悔過也。又及御史臺諫院。是欲使風憲之地。昭明公論也。又次及六部寺監庫務。是欲使衆朝之士。洗心滌慮也。上天震怒如是。猶未忍遽忘仁愛之意。故令陛下目擊心解。改絃易轍。儻尚謂鎮靜可以應變。毋乃愈重天怒乎。今日下詔罪己。陛下必所不憚。但應天當有實事。空言何足動人。却恐詔令之出。稍涉泛常。施行之間。無所聳動。四方百姓。必謂陛下當如是之災。而實未嘗知懼。上天之仁愛陛下者。於是有大觖望矣。事幾所在。間不容髮。上關宗社。臣實寒心。是用不量疏遠。罄竭愚衷。臣願陛下下哀痛之詔。盡革往愆。清心寡慾。躬親庶政。減嬪御以肅宮壼。進忠賢以重朝廷。排斥憸諛。獎扶讜直。誅鋤貪虐之吏。丕變苞苴之風。日與二三大臣。開示大公。屏絕私意。如此而天怒不回。災變復見。則雖碎臣之首以懲繆妄。臣不悔也。國家安危之機。正在今日。惟陛下亟圖之。

甫又上奏曰。臣仰惟陛下肆頒手札。繼發德音。以回祿挻災。近在京邑。側身引咎。博求直言。深見陛下祗畏天威。悔過修德之心。臣未奉詔之前。嘗於九月十九日首騰奏疏。上徹天聞。譴答謝明。謹莫若下詔罪己。今求言之詔果下矣。臣尚愛身忘國。不復盡吐肝膈。少效懇款。忠愛之義。以仰裨聖明之萬一。是臣大負陛下也。陛下縱不誅臣。天亦將誅臣矣。謹上封事。惟陛下垂聽焉。臣恭讀明詔至所謂痛哭流涕何以贖愆。不覺仰天泣下。知陛下真有此心。是以真有此言。決非緣飾於辭令者所能為也。且夫菑起都城。天意何在。蓋欲陛下因其所可見。察其所不可見耳。陛下深居蠖濩之宮。四方雖有危急之事。君門萬里。焉得盡知。左右之臣。雖知而不言。疏逖之臣。欲言而無路。所賴以丁寧告戒一悟聖心者。惟天而已矣。天譴寇盜縱橫。民罹殘虐。室廬丘墓往往爲墟。大傷孝子慈孫之心。此陛下所不見。故使陛下親見延燎太室。驚動神靈。俄頃之間化爲灰燼。雖欲不痛哭流涕。不可得也。天譴所在州縣水溢爲災。江湖城市恭爲巨浸。生生之具漂沒殆盡。此陛下所不見。故使陛下親見公宇焚蕩。居民蒐燬。梨大之厄變爲灰燼。雖欲不痛哭流涕。不可得也。天又譴頻年以來。干戈滿眼。老稚轉徙溝壑。壯者流散四方。亦陛下所不見。故使陛下親見都人避逃。號呼道路。上及朝士。離舍爲灰。骨肉棄遺。雖欲不痛哭流涕。不可得也。天又譴歲屢不登。餓殍盈野。公私之力。耗於賑荒。迄今饑民。氣息尚存。狀如鬼質。此陛下所不見。故使陛下親見都城微賤之家。悉仰贍給錢粟易竭。民飢無窮。其間死傷之人。卒致銜冤於地下。雖欲不痛哭流涕。不可得也。夫內之形證。即外之形證。外之氣象。即內之氣象。姦邪道諛之人。競欲以甘言佞辭。蔽陛下之耳目。而天心仁愛。特以氣象形證之彰彰者聞陛下之聰明。使陛下雖不日接四方萬里之事。而天威赫然。曾不越乎咫尺之間。嗚呼。何其眷陛下之深。而愛陛下之切也。然則陛下思所以悔己過答天心者。可無以踐痛哭流涕之言乎。且臣聞之。憤切之言激於事變。脩省之實決於力行。凡人一語之發。尚當表裏相符。矧哉王言。誕告萬方。不特人聞之。天亦聞之。而可不求所以實其言耶。陛下所謂痛哭流涕者。蓋一時憤激之辭。已而怠忽而忘之矣。今日求言之本旨。正欲以昭示修省之實。共圖銷弭之道。陛下對越上蒼。而發斯言。臣亦對越上蒼而爲陛下盡吐之。且陛下爲宗廟社稷生靈之主。必當以宗廟社稷生靈爲心。自臨御以迄于今凡八祺矣。陛下所恃以乂安海內者。蓋曰宰臣輔翼於下。真魚水相得之歡也。而宰臣所恃以鎮服人心者。蓋亦曰陛下照臨於上。真風

雲際會之辰也。然而中外多事。國步孔艱。宰臣之勤勞亦已至矣。三數年來積勞成疾。猶不避事。陛下正當深加體恤。以全君臣之誼可也。何爲高拱無營。自暇自逸。而獨使宰輔以有限之筋力當無窮之憂責歟。夫君相之間。其合也甚難。而其全也尤難。書曰。自周有終。相亦惟終。釋者曰。忠信爲周。忠信云者。不事形迹。純全無偽之謂也。陛下以忠信待宰臣。宰臣以忠信事陛下。向也謙沖退抑。而未遑親政。今也國事明習。而總攬萬幾。在我初無私意。而天下信其當然。是之謂忠信。是之謂全君臣之交。若夫臣有所顧而不得以自遂。君有所爲而不果於自奮。君臣苟避嫌疑。不用其情。而舉天下國家安危存亡之故。泛泛焉付之無可奈何。固已不能上當天心矣。及其患生於所忽。災起於非常。僅欲以區區之空言。掩天下之觀聽。吾誰欺。欺天乎。且陛下先以習安玩常之見入乎胸中。而或者從而附和之曰。今日之災。乃天數。非人事也。又曰。直言不得不求。非必盡聽也。又曰。他事不必改更。惟汲汲於營繕可也。曁乎土木畢興。輪奐復舊。陛下宴然處之。不思改絃易轍。今日素服避殿之心。復轉而爲平日荒耽酒色之心。今日減膳徹樂之心。復轉而爲平日般樂怠傲之心。今日求言修政之心。復轉而爲平日不親庶務之心。陛下既自處於無爲。乃朝夕督責大臣以有爲。而又適遭乎搶攘多故之秋。寇賊之未息。羽書之旁午。東淮尚煩區畫。西蜀更費隄防。殘虜求和。意猶叵測。使命輕遣。或貽後悔。叢此責任。憂慮萬端。陛下盡欲以委宰輔耶。臣恐非元首起股肱喜之義也。天下之命。寄於陛下。陛下之明。責於宰輔。宰輔又資於執政臺諫侍從百執事之人。等級相承。血脈相貫。必也陛下以奮厲興起之意。率先於上。然後精神之所運用。風采之所振發。機括一轉。群聽咸新。雷動風行。捷若影響。又何患人心之不説。天意

之不解乎。陛下若徒謂一時憤切之言形於紙上者足以回天心。不知修省之實關於政事者乃所以消天譴。則所謂痛哭流涕亦空言而已。虞書曰。后克艱厥后。孔子曰。為君難。蓋謂夫尊居九五。事繫貴鉅。非可以易心處也。若如陛下盡諉其事於人。而憂懼不切於己。則為君者何其甚易而不難耶。臣願陛下澄心定志深思痛省。今日之天下。乃祖宗之天下。立政當以天下而立。用人當以天下而用。行至公無私之大道。全保護宰相之大體。率厲群工。大明黜陟。變委靡衰弱之陋習。為懸薦振刷之宏規。斷自聖意。洒然與天下更新。如此。則宗廟社稷可使久安。天下人心可使咸悅。而皇天威怒庶其可回矣。不然。乾剛不振。政事不親。國勢朝綱日就萎薾。天意謂陛下為如何。謂宰臣為如何。日監在茲。凜凜乎甚可懼也。陛下以直言求臣。臣發於忠憤。不容緘默。位卑言高。罪當誅殛。惟陛下財幸。

嘉定中。有為秘書省正字上奏曰。臣猥以庸虛。誤蒙親擢。今茲召對。獲覩清光。臣竊惟陛下淵淵靜默與天契。念慮純一。上與天通。自臨御以至于今。凡幾更變故矣。而隨即消弭轉危為安。人以為天數之適然。而不知皆聖德格天之功。近者殘虜首開兵端。我師既出。虜兵旋退。人以為群臣禦侮之力。而不知皆天佑皇家之驗。夫以陛下積乎日畏天之誠。而天心又有啓佑陛下之實。固宜休祥畢至。災異盡除。而今乃陰陽未調。旱魃為虐。不亦深可懼歟。甚矣君天下者不可一日而無懼心也。懼心常存則妖不勝德。懼心或忘則德不勝妖。陛下如欲因天戒而回天心。讓亢陽而致甘澤。其道非他。惟當即陛下畏天之素心。愈加警懼而已。天理流行。隨寓著見。善格天者。要必事事知懼可也。賢才之用舍關天心之向背。今也端良者斥。諂諛者用。盡言者罰。緘默者賞。邪正易位。白黑不分。杜忠臣敢諫之門。孤上天生賢之意。是可懼也。民生之安危。判天命之去留。今也兵戈既興暴露日久。餽餉不繼。斂將及民。根本一虛。則岌岌焉有蕭墻之憂。國祚脩短。實決於此。是可懼也。廣謀從衆。乃合天心。今也陛下深居高拱。未盡下情。群臣奉行簿書筝接與議。獨運密謀之意勝。而虛心諮訪之意微。將恐天下迫切之情無由上聞。是可懼也。君臣一德。克享天心。今也一人憂勤於上。而群臣逸豫於下。外患未弭。內患方深。而熙熙焉無異平時。自謂雅量足以鎮浮。而不知宴安乃為鴆毒。是可懼也。法天行健。是謂君德。今也陛下恭儉有餘而剛斷不足。庸夫憸人。苟求富貴。而未聞大明黜陟以警動衆心。將帥交結而軍旅之政壞。州郡賄賂而節廉之風衰。此皆自貴近者化之。不改其原。流弊愈熾。是可懼也。若此五可懼者。特舉其大端耳。其他禍幾亂萌。未可悉數。其將何以答天譴召和氣哉。臣故曰。惟當積陛下畏天之素心。愈加戒懼而已。且臣聞古之上有戒懼之君。則下無可懼之事。懼心不存於我。則彼之大可懼者始見。此必然之理也。陛下誠能繼今以始。惕然內省。知畏天一念。乃我之所固有。初無俟乎外求。自方寸之清明。而推之於朝廷之清明。由宮闈之謹肅。而達於政令之謹肅。昭公道以破私意之痼鏑。擢正人以鍼邪說之膏肓。陛下以是率先於上。而股肱大臣又能公聽並觀。畢志竭忠以體君上之心。耳目之官喉舌之司。亦皆博采公論。盡吐忠赤。以掃積年之弊。下至群工百執事。無不精白一心。公爾忘私。以赴國家之急。將見天意回於上。災變弭於下。豈徒自治吾國而已。雖坐制外夷可也。何足懼哉。不然。精神移為怠昏。剛強銷為柔懦。君臣上下。不知懼而可懼之事衆矣。治亂存亡之勢。其本在此。惟陛下留神審察。

駕部員外郎李鳴復上奏曰。臣恭覩詔書。以丙戌之夕畫祿挺齋。信宿之間上及太室延噂民盧皇天動威孰大於此憑內外臣僚暨于士庶咸許直言指陳過失臣至愚極陋濫玷郎曹當天心赫然震怒之時陛下惕然修省之日立君之朝食君之祿不能竭千慮之愚以少裨聖聽不惟負陛下亦負所學臣觀今之進說者二獻諫於陛下者必歸其災於天數獻忠於陛下者必推其失於人事此其操心如冰炭之遼絕不待論也而推之人事者則又有緩急焉有小大焉因災及宗廟也而謂廟制之失禮因災及官府也而謂群有司之失職非不正也所以召是變者尤有急於此也憤將帥之不用命也而欲戮於社憤胥吏之不撫摩也而欲挩其職非不當也所以弭是變者尤有大於此也臣嘗讀書見其有曰惟天聰明惟聖時憲又曰惟天惠民惟辟奉天又曰惟尹躬暨湯咸有一德克享天心又曰昔先正保衡作我先王曰予弗克俾厥后為堯舜其心愧恥若撻于市一夫

不獲則曰時予之辜祐我烈祖格于皇天又曰我聞在昔成湯既受殷命時則有若伊尹格于皇天在太甲時則有若保衡在太戊時則有若伊陟臣扈格于上帝自昔有天下國家所以誕膺天命罔有天災未始不本於人君之脩德大臣之輔德也德惟一動罔不吉德二三動罔不凶論災祥而不原之人主不原之宰相尚得為知本哉臣不識忌諱竊伏妄謂今日所以致天變者在君相則今日所以回天意者亦當在君相陛下即位今八年矣裁成天地之道輔相天地之宜非陛下事乎舊勞于外陛下固已知稼穡之艱難留意講學陛下又已熟古今之理亂治國平天下之實所欠闕者特致知而未能力行得之於心而未能達之於政耳天下望陛下充其所未至陛下乃復壞其所已成聞諸道路外朝聽政之暇即嬉游宴飲之時經筵勸講之餘皆狎近嬪侍之日民死於飢不暇問死於水不暇問死於寇賊不暇問死於戎狄亦不暇問惟東淮之禍近在肘腋剥床及膚頗關聖慮未幾而元兇授首不謂外懼已去內蠱復生矣自夏四月雨至于秋七月輪遣百官昌謁群祀此何時也天怒未霽而人妖已生所以恐懼者安在外事祈禱而內懷耽樂所以修省者何若宮禁邃嚴之地人所不睹而天實睹之暗室隱微之所人所不聞而天實聞之陛下父天子民者也念慮若此何以當天心明詔謂朕德不修信乎其不修也宰相執持國柄二十餘載矣論道經邦燮理陰陽非宰相職乎先皇帝更化以來內撫外寧天下有泰和之風陛下臨御以來內阻外訌天下多急迫之態此非獨陛下不逮先帝宰相自視前日亦少減矣內緩不特引啓心沃心之至情安得相孚都堂不日吾貳公弘化之實意安能盡達列庶位者未必皆俊乂愛焉而莫知其惡也投散地者未必無真賢憎焉而莫知其善也私徑日闢公道日

消逢迎躁進之士每趨形附影於親要之門寡廉鮮恥之徒又索響求聲於廝役之賤除授以賄取不待領書已有責償之心薦舉以賄成未嘗挑選已動攫拏之志天下之財聚於請囑聚於苞苴聚於囊橐而陛下之赤子皆不聊生矣天命天討不聞國典之舉行天視天聽但覺人心之胥怨宰相代天理物者也民俗如此何以召和氣明詔謂朝政多闕信乎其多闕也故曰所以致天變者在君相欲修君德當正其本欲肅朝政當清其源本之不正而欲齊其末源之不清而欲潔其流天下無是理也何謂本人君之心是也唐明皇一人耳心乎厲精則開元以治心乎縱逸則天寶以亂此君一心其係乎天下治忽如此陛下始初清明志氣恬淡視古帝王事業若不難致苟能思前之所以得操之而欲其存戒今之所以失去之而欲其盡無安厭依若將隕于深淵之危無輕民事常若凜乎朽索之馭罔遊于

逸冒淫于樂。此念無時而不嚴。莫見乎隱。莫顯乎微。此心無地而不謹。立於無過之地。而常勵其有爲之志。以之正朝廷。以之正百官。又以之正萬民。推而至於四方遠近。將莫不一於正矣。是之謂脩君德。何謂肅朝廷。表儀之地是也。楊綰以儉素用。制下之日。聲樂之多者以減。騶從之盛者以省。第屋之華者以撤。一相之好尚。其足以轉移風俗如此。今之大臣。世司台鼎。身佩安危。如漢之韋平。不足多。進者能思乾淳之所以致理。而按爲成法。思嘉定之所以更化而不替初心。杜群枉之門。使無一隙之可投。闢衆正之路。使無一方之或壅。公論所予。從而予之。不以其疎而遂棄。公論所奪。從而奪之。不以其親而遂止。廉以勵貪。貪者可使之廉。正以率人。邪者可使之正。天下共由於大公至正之途。氣和則形和。形和則聲和。聲和則天地之和亦從而應矣。是之謂肅朝政。君德修於內。朝政肅於外。嘆息愁恨之聲

既息。陰陽乖異之變不消。陸未之信也。故曰。所以回天意者亦當在君相。雖然。臣猶有言焉。有一時之憂。有萬世之慮。憂及一時者事之已然。而指陳其迹。慮及萬世者事之未然。而逆探其理者也。蓋惟辟作威。惟辟作福。正也。權在天子。而宰相輔贊彌縫焉。正之正也。二帝之所以帝。三王之所以王是也。百官總己以聽冢宰。權也。權在宰相。而天子垂拱仰成焉。正之變也。伊尹之於商。姬旦之於周。霍光之於漢是也。權不在天子。不在宰相。而或流於女寵。或流於宦寺。變之變也。漢唐之季世是也。陛下春秋鼎盛。正親攬萬機之時。大臣功業光明。皆乃心王室之日。聖賢相逢。固無他慮。而婦有長舌。爲厲之階。識者殆輕憂焉。懼其進而不已。則並后匹嫡之事見矣。又進而不已。則斜封墨敕之害形矣。又進而不已。則柔佞回邪之小人倚勢作威。盤根錯節。而天下之患不可勝窮矣。坤之初六。一陰始生之卦也。而曰履

霸堅冰至。事雖未然。而理有必然。聖人憂夫辨之不早辨如此。陛下以直求言。臣不敢不以直對。對以直言。臣之職也。罪以直言。亦臣之分也。惟陛下與大臣熟圖之。臣不勝惓惓。

鎮江府通判蔣重珍以火災應詔上言曰。臣頃進本心外物界限之說。蓋欲陛下親攬大柄。不退託於人。盡破恩私。求無愧於己。儻以富貴之私視之。一言一動。不忘其私。則是以天下生靈社稷宗廟之事爲輕。而以一身富貴之所從來爲重。不惟上負天命。以先帝聖母至于公卿百執事之所以望陛下者。亦不如此也。昔周勃今日握璽授文帝。是夜即以宋昌領南北軍。霍光今年定策立宣帝。而明年稽首歸政。今臨御八年。未聞有所作爲。進退人才。興廢政事。天下皆曰此丞相意。一時恩怨。雖歸廟堂。異日治亂。實在陛下。焉有爲天之子。爲人之王。而自朝廷達於天下。皆言相而不言君哉。天之所以火宗廟。火

都城者。殆以此。臣所以痛心者。九廟至重。事如生存。而撤小塗大。不防於火之未至。宰相之居。華屋廣袤。而焦頭爛額。獨全於火之未然。亦足以見人心陷溺。知有權勢。不知有君父矣。他有變故。何所倚仗。陛下自視。不亦孤乎。昔史浩兩入相。才五月或九月。即罷。孝宗之報功寧有窮已。顧如此其亟何哉。保全功臣之道。可厚以富貴。不可久以權也。

著作郎吳泳上奏曰。京城之災。京城之所見也。四方有敗。陛下亦得而見之乎。夫慘莫慘於兵也。而連年不戢。則甚於火矣。酷莫酷於吏也。而頻歲橫征。則猛於火矣。閩之民困於盜。浙之民困於水。蜀之民困於兵。橫斂之原。旣不澄於上。包苴之根。又不絶於下。譬彼壞木。疾用無枝。而內涸之形見矣。

衛涇論火災疏曰。臣仰惟陛下寅畏天命。夙夜祗懼。曩者火失其性。

京邑屢菑。聖德消弭。荐歲寧謐。都民莫居上下相慶。廼者澁炎後變。上驚東朝。陛下責躬避殿減膳徹樂。不遑寧處。即日恭請太皇太后歸奉內庭。昏晨定省。日便娛養。不惟見陛下遇菑修省之意。又因事以昭明陛下篤孝之誠。益固太皇康寧之福。莫足以上當天心。下慰人望。恭惟國家以火德王天下。火得其性。則不為災。謹按春秋傳曰。凡火。人火曰火。天火曰災。故春秋書火者一。書災者十有一。皆紀異以書變也。竊見癸丑火作之夕。先有宸衷起不測。豈非災變之大乎。奏菑異者上天所以仁愛人君而警戒之也。昔楚莊王以天不見妖為懼。古人不以遇災而有諱。審以因變而知戒。臣愚欲望陛下睹天變之不虛。益思修省恐懼之。未至者以答上天仁愛之意。勿以目前隨宜區處為足以應變。勿以旬日之間損儀度為足以盡誠。方今四陽用事。憯陰苦寒。霖潦為沴。飛雹屢作。繁霜未止。無非天戒之可警可懼者也。惟聖心每以弭菑銷變為念。於一身之起居必致其肅。於宮闈之奉益思其未備。於宗廟之禮益盡其當敬。謹察政令之偏。廣訪水旱之病。清獄訟淹抂之失。戒郡邑掊尅之害。凡可以致災咎者。無一而不加戒懼。如此則天變可銷。而乖沴可轉為和平之福矣。臣不勝惓惓之忠。

涇又進故事曰。天聖五年秋七月。趙州言蝗自邢州南來。纔二頃餘。不食苗。上謂輔臣曰。但慮州郡所奏不實爾。其遣官按視。速捕瘞以聞。

臣聞天災流行。國家代有。或因災修政。而轉為天下之福。或諱災玩變。而遂貽斯民之害。蓋寅長警懼。不以災孽為諱。而每以民瘼為憂。則上下勤恤。而民被其仁矣。寘安縱弛。君姑務於掩覆。臣相從於諛悅。則有變莫省。而民無所愬矣。此休咎之異。治亂之所從

分也。是故唐太宗貞觀初年旱蝗適歲。米斗三錢。以其不諱災而勤於恤民也。漢武帝元光五年秋蝗。太初元年夏蝗。而卒致海內虛耗。以其遇災不懼而不知恤民也。仰惟仁宗皇帝畏天出於誠心。愛民形於實政。方旱蝗之為災。不以不害苗稼為幸。而深以州郡所奏不實為憂。大哉王言。恐懼修省。憂勤惻怛。可謂兩盡矣。夫人君之患莫大乎惡災異而不欲聞。人臣之患莫大乎蔽災異而不以聞。飛蝗之沴。害民之尤者也。寧言傷稼而思銷變之道。豈可謂不食苗而忘憂民之心乎。然人之常情。恐懼於一時者或怠忽於悠久。自古賢主猶不免。惟我仁宗畏天愛民。終始如一。異時因飛蝗為孽。責躬引過。祈于天地宗廟。宗令俠及萬方。而蔡襄為諫官。極論旱蝗之變。以謂邊陲守禦戰爭之苦。兵冗財竭。賦斂暴興。生民膏血。掠取無極。是致災異頻數矣。君臣上下。恐懼凜凜如此。此其上銷天變。內結人心。外弭邊患。所以基四十二年之治歟。側聞孝宗皇帝乾道元年。淮南漕臣姚岳言蝗自淮北飛渡。皆抱草木自死。仍封死蝗以進。詔鐫秩罷。姚岳以為侫邪之戒。仰見祖宗寅畏天變。杜絕諛論。前後若合符節。家法相承。垂裕萬世。臣又觀隆興初。蝗蟲為災。孝宗謂史臣胡銓曰。朕逐日禱天。蝗蟲遂滅。安可不至誠。銓奏曰。陛下行之不息。豈特滅蝗。虜亦不足慮。嗚呼。銷變格天之道。端在乎此。銓又能推廣聖意。及於敵國外患。昔益言於舜曰。惟德動天。無遠弗屆。銓之言近於是矣。臣愚惓惓願今日常以斯言為警。則弭災致祥。寧內服外。皆自一念推之耳。

涇又應詔上奏曰。臣一介疏遠。去歲十月嘗因輪對。獲望清光。三劄所陳。竊謂陛下踐祚以來。天意順從。所賜時若。總陲不聳。年穀豐登。天之所以愛陛下者既至。則所以望陛下者亦至。苟玩其所愛。不自

害循則天心之愛或有時不可恃而譴咎傷敗之來未必不基於此顧陛下以無災為懼飭躬勵行增修聖德垂神政事以答天貺陛下過聽首肯再三又堯舜文王皆大聖人猶兢兢業業小心翼翼至論仁皇敬天著洪範政鑒則陛下又曰此書參人事而言朕常置之座右退而誦歎陛下此心實堯舜文王之用心是宜休祥之應日臻災異無繇而至今者建寅之月震雷非時雨雹交作繼以大雪災變甚鉅咎證非虛由古及今罕所聞見春秋隱公九年三月癸酉大雨震電庚辰大雨雪晉愍帝建興元年十一月己巳大雨雹震電庚午大雪然自庚辰至癸酉相距八日之遠而雪作於仲冬亦足深怪曾未有當此之時雷雹霰雪繼作於一夕之頃者也雖災異之出足見天心愛君之仁而天人之際必有感召相因之理陛下睹變恐懼亟降明旨訪求時政之闕失臣雖愚陋固嘗先事而言屬咨詢下逮妄敢

知而不言言而不盡上負陛下虛懷納忠之意乎臣聞應天以實不以文動民以行不以言成湯禱旱以六事自責宣王遇災側身而脩行古之聖王必先引咎於己不欲歸過於人蓋將應乎天而動乎民固當求其實而篤其行也今陛下嚴恭寅畏克謹天戒恐懼修省不遑康寧視成湯宣王無間然矣臣誠不自揆請得一二條陳之幸陛下不以臣之愚而廢其言臣聞自古人主患不容受陛下每於臣僚奏對言雖訐直必務優容可謂有容受之量然受言之名甚美用言之效蔑聞毋乃聽納雖廣誠意不孚始說而終違面從而心拒軒陛之前應和酧酢容若有契於淵衷進對之臣亦自以為得上意退朝之暇寂不見於施行蓋有寘洩於小人而遂罹中傷者矣潜沮士氣陰長讒習莫甚於此言路尚壅此闕政一也臣聞自古人主患好自用陛下從善如流改過不吝可謂無自用之失然鯁亮之士難合諂

諛之徒易親豈非信任未明好惡易惑鯁亮者未必非忠也而終惡其忤已諂諛者無非為佞也而終喜其順已於是特立獨行則浸見疏斥而偷合苟容則次第進用矣沮壞忠善傷敗風俗端在乎是人材未振此闕政二也臣聞帝王以勤儉為德而不可以位為樂以聲色娛其耳目使日新月盛無暇更及他事蓋仇士良蠱其君之至計也臣進言及此陛下無不灼知竊聞萬機之餘宮中燕飲太頻聲樂競進六宮之奉非不備也而優伶雜畀之容市井詼諧之戲間被宣召雜陳于前道路所傳未足深信然所以致謗必有由也至於近屬之親姻戚之貴尤宜進見以時交接以禮然後恩義兩盡名分素嚴儻若數陪宴侍深入禁掖臣恐歡洽之餘浮費必廣眷寵之盛驕謁必行可不防其漸乎燕飲未節此闕政三也臣聞府庫金帛皆生民之膏血州縣之吏輒掊其丁壯饑其老弱銖銖寸寸而誅之幾無

聊生之民矣陛下勤恤幽隱每以民貧為念竊聞上方賜予太多用度浸廣緡錢之予過於貴近金帶之賜逮於微賤優伶之徒鮮衣靡服徜徉于道見者駭目假以犒軍之名移用封樁之積臣僚執奏僅存虛數聞者不能無疑也至於嗣邸后家土木競興蠹耗無藝帑府厭誅求之苦閭巷有愁歎之聲臣恐軍怨民窮其弊已久緩急之際卒成禍階可不慮其微乎賜予無度此闕政四也臣聞國以紀綱為本臺諫給舍所以壽紀綱之地命令之頒爵賞之施雖出於人主行於朝廷而給舍得以駁正臺諫得以論列是非可否一言而定夫是以姦邪知所凜畏而國體由此尊嚴今也侍從擢非其人節鉞畀非其人給舍駁正臺諫論列固其職也而違章累疏則沮格不行備禮請去則眷留甚力矣以其宣勞而陞之侍從表為甚過閔其降虜而罷之節鉞猶可諉也然祖宗愛護綱紀幽示聽從寧屈於所當與而必

倖言者之氣蓋國體所繫而於勢未順也然則紀綱浸撓國體漸替而姦邪生心矣紀綱不立此關政五也臣聞爵祿人主之操柄而名器不可以假人必愛惜謹重不輕於所予然後足以厲世而磨鈍與事而勸功今也正任之留務去節鉞一等歲進緣恩而授遙領之刺州在武列為寵盛至冒法而得一留務一遙刺若非所甚惜也然威憲既紊倖門方開群小爭趨扳援伺隙不能塞其源而何以遏其流乎平居罔功而爵厚祿一旦有事能效尺寸將何官以賞之乎唐以官爵賞功將軍告身纔易一醉其極必至於是名器浸輕此關政六也臣聞人君即位必有攀附之舊一時遭遇無不萌覬寵希榮之心然其識見至卑才品至下待之恩厚可也祿之優閑可也至於議政事論人物則當與天下之材共之陛下初踐有二三左右恃恩妄作自以為參陪密論薦進人材寡廉鮮耻之徒趍而附之賴陛下威斷

即從罷斥其尚存者宣對頻數出入無時採訪寧免於讒邪議論豈無於憎愛近日蹤跡頗已彰聞矣外廷之臣皆陛下所選擇豈盡不可親信奚必寄腹心於此曹乎豈其幸陛下之未覺藉而為此鼠竊之計乎誠恐潛弄威福養成姦蠹使倖漸肆此關政七也臣聞古之人君待臣下以禮而責臣下亦重惟其待以禮而後可以責之重傳所謂上設禮義廉耻以遇其臣而臣以節行報其上也國朝體貌大臣尤為優厚不以其有罪而廢禮也間者大臣去位一章而罷如棄土梗借曰臺諫之言不得不從則前日之抗言極論列名奏疏何追之以宣諭而果於拒人也從臣之丐去姑曰不允而與祠之命忽從中下雖寵以峻職而恩意則甚薄矣何以厲臣節而示衆庶乎近者一二職事官之補外悉以御筆莫測其故夫出處士大夫之所重也賢者曖昧而莫辨不肖者徼倖而苟免又何以養廉耻而示懲勸乎

遇臣不以禮而黜陟失明此關政八也臣聞逆虜之讎所必復疆埸之事終於不免顧有遲有速耳事不素備何以應猝陛下與二三大臣再歲于茲從容論道亦嘗講明之乎守禦之方孰緩孰急攻取之路孰先孰後亦有成謨定算矣乎至於將帥之臣尤當儲蓄雖武事非嘗試而後見而才否亦安可以不知何者有文武綏懷之道何者有沉雄攘卻之畧亦可援擇而收致之乎徼有一警而起之閫散之中者非貪殘無行即誕謾不實之流其人果孰可倚仗乎安有行義不信於平時而臨事能以使人者荊襄維揚皆號重鎮戚屬庸才素無望實居是任者果能當一面乎邊防之無備而將帥乏材此關政九也凡此九者臣固已條陳於前雖致災不專在是而皆今日之所當慮也抑臣猶有疑焉陛下降旨求言止於館職路誠未廣意者陛下急聞闕失故必自近始而人之欲進言者固無擇於疏賤也側

聞近有布衣言事不實勑令編置已而聽讀臣實疏遠未知其人何如所言何事此命之出識為未安使其有求於我欲加之罪猶有辭也一介草茅奮不顧身言涉過當原其用心亦欲效誠於君上耳設居無事之時尚可置而不問適茲災異之見正宜博通下情今求言之旨方行罪言之命繼出衆聽駭愕物情謂何竊議陛下以是警言者而非以勸言者也夫罪一狂士本不足深惜因一士而虧損求言之美意狂士反以得名乃為陛下惜耳若曰已從輕典則均為加罪又將焉擇儻陛下翻然悔悟卒從寬赦則疑謗不辯而自解矣何憚而不亟行之哉此理曉然尤聖明之所易察者也臣是以始終為陛下辯言之若夫五行之説臣雖未嘗深究然據經義而論則雷陽也雪陰也陽氣方升而陰制之此雪所以降也以象類而求則君也夫也君子也中國也皆陽也臣也婦也小人也夷狄也皆陰也臣迫於

君。婦陰於夫。小人害君子。夷狄謀中國。皆陰勝陽之證也。有一于此。臣願陛下熟之。復之。止之。絕之。制治於未亂。防患於未然。如前所陳。其切於聖躬者。臣願陛下省之於心。反之於身。勿恡其失。必易其度。其關於臣下者。臣願陛下詢之僉謀。斷之國人。務協于中。同歸于治。凡所建置。凡所施行。必上當於天意。下合於人心。人心悅而天意解。豈惟消弭災咎。亦將轉禍為祥。可以保和平之福。可以興太平之業。可以永祖宗無疆之慶矣。臣不勝拳拳憂國愛君之誠。冒犯天威。無所逃罪。惟陛下財擇。

嘉定二年。校書郎真德秀上奏曰。臣寒遠書生。至愚極陋。去夏四月。嘗因面對。冒貢瞽言。陛下不以為狂。俯賜嘉納。今者又獲進瞻天光。不以此時罄竭愚忠。裨萬分一。臣實有辜。臣聞董仲舒有言曰。國家將有失道之敗。天廼先出災害以譴告之。不自知省。又出怪異以警

懼之。尚不知變。而傷敗廼至。以此見天心之仁愛人君而欲止其亂也。竊惟漢儒之言天。未有深切著明如仲舒者。臣濫綴館職。獲觀太史所申。適日以來。災眚荐至。兩旬之間。暴風再起。三月丙申。都城雨雹。越八日癸卯。熒惑失次。行入太微。干犯執法。己酉之夕。留守掖門。譴告丁寧。可謂至矣。而蝗蝻餘孽。寖寖復生。陛下恭儉慈仁。對越無愧。而和氣未應。咎證遄臻。臣愚無知。未測其故。意者上天仁愛。昭示戒儆。欲使陛下君臣之間。思先格王所以正厥事者乎。臣敢條上四說。惟陛下財幸。一曰親正人。臣謹按漢初元二年正月暴風從西南來。翼奉以為左右邪臣之驗。延光二年三月。大風拔木。史臣以為親讒曲直不分之應。今陛下登崇耆哲。褒顯忠良。所謂讒邪。萬無此理。然臣竊聽眾論。或謂正人雖進用。而委任未盡專。小人雖退斥。而僥倖未盡塞。名雖好忠而實則喜佞。故諫爭之塗尚狹。忠鯁之氣未伸。此災異所緣而起也。臣願陛下親近端良。優容切直。知賢而任之。則勿貳。知邪而去之。則勿疑。然後政治可興。而天心可假矣。二曰抑近倖。臣聞之傳曰。陰氣之精。凝而為雹。故劉向以為陰脅陽之證。孔季彥以為陰乘陽之證。考諸前代。凡妾婦乘其夫。臣子倍君父。政權在臣下。夷狄侵中國。皆其事也。求之今日。固亡此患。然臣竊觀近者一二詔旨。或從中出。廷尉之官。不得守法。環列之職。驟畀非人。更化之朝。詎所宜有。意者左右近習之私。甘言悲辭之請。未能以盡絕之乎。夫陰邪之類長。則陽剛之道缺。致異之原。其或在是。臣願陛下遵仁祖之規。責大臣以杜術之事。深遏私情。大融公道。以潛消陰盛之譴。則升平可致矣。三曰除壅蔽。臣謹按漢天文志。熒惑南方為禮。為視。禮虧視失。則罰見之。又太微天庭。熒惑守之。為亂臣在廷之象。陛下恭默自將。動循典法。固無一不合乎禮矣。然心者萬事幾微或未盡察。

群情邪正或未盡知。故上天因之以示戒乎。夫視之不明。是謂不哲。洪範五事之證。昭然可攷。臣願陛下體重離之照。炳獨斷之明。察事幾於兆眹之先。燭物情於隱伏之際。使姦邪不能壅蔽。則火得其性而災害熄矣。四曰去貪殘。臣觀春秋桓公五年秋螽。說者謂貪虐取民之所致。漢光和元年蝗。蔡邕謂貪虐之所致。曩者權姦當國。寵賂日章。州郡監司。掊克取媚。愁苦之氣。干盭陰陽。餘毒遺殃。迨今未歇。比者固嘗遴監司之選。重贓吏之罰。而守令貪殘者尚多。苞苴餽遺者未戢。臣願陛下明詔大臣。推行臧否之令。申嚴賄賂之禁。庶幾民瘼可蘇。而天變可弭也。昔者成王悔過。天雨反風。景公一言。熒惑退舍。宣帝因雨雹而躬親萬機。太宗因旱蝗而益施仁政。致治之效。于令可觀。陛下誠能側身脩省於其上。大臣誠能同心燮理於其下。則轉異而祥。反掌間耳。抑臣復有獻焉。夫天人一理。感通無間。民氣舒

慘。則天心應之。三數年來生靈窮困。可謂極矣。淮民流離死者什九。僅存者饘粥弗給。既斃者無所葬藏。陛下軫恤之仁無往不至。而有司奉行未得其術。江淮之間。以人為一粒者猶自若也。欲望災沴之銷。其可得乎。側聞兩淮蹂躪之餘。種麥無幾。誠恐風傳過實。或誤宸聽。謂麥熟為可待。而不復廣為振捄之策。又聞廣南數州粒米狼戾。臣願斥內帑封樁之儲。及今收糴以濟其飢。是亦振捄之一端也。方今元元之命。寄於陛下。倒垂之急。近在目前。幸哀憐而亟救之。庶幾人心可回。則天意自解。不然則愁歎日滋。變異日熾。臣未知其所終也。意切言狂。罪當萬死。

三年。德秀因輪對上奏曰。臣恭惟陛下天資高明。克自抑畏。檢身約己。敬天愛民。有前代帝王所不及者。固宜至和之嬉。塞穹壤而歲比旱蝗。民以病告。喁喁之望。詎日後有秋。乃仲夏以來。常陰為沴。淫雨連

亘。閱月彌旬。間審開霽。旋復霧霪。湖水暴漲。溢入都城。細民失業。粒米翔貴。近畿州縣。被災者廣。或頹城郭。沒官寺。毀廬舍。溺人民。決壞堤防。浸漫田畝。平疇沃壤。浩如濤波。是非小變也。陛下亦嘗察其故乎。蓋自柄臣擅政。導諛成風。更化以還。餘習未殄。旱暵酷矣。或謂其不傷農。螟蝗熾矣。或謂其不傷稼。元元愁苦之狀。有閭巷知之。而士大夫不知者。士大夫知之。而廟堂不知者。況陛下深居九重。其能盡知之乎。下情不通。民隱莫訴。故作淫雨。京畿尤甚。將以感悟宸衷。亟圖惟新之政。天心仁愛。蓋可見矣。陛下惕然祗懼。禱祠賑卹。細大畢舉。休徵潛格。雲陰洞開。臣愚竊慮陛下狃於目前之應。不復推原致異之繇。天意靡常。尤足深懼。臣謹按春秋莊公十一年宋大水。董仲舒以為陰盛之所致。嘉祐水災。歐陽脩上疏曰。水陰也。兵亦陰也。脩之言蓋為當時發。若推其類言之。則宮庭嚴密之地。左右褻近之私。陰也。內而姦邪小人。外而夷狄盜賊。亦陰也。人君秉至陽之德。以御衆陰。故主道宣明。則陽暢陰伏。各由其序。而弗為災。否則陰盛而忤陽。咎徵之來。未有不緣類而著見者。天人相與之際。甚可畏也。陛下聖性淵然。固無便嬖女謁之累。然除授命令。間煩特旨。實緣請託。侵尋成憲。尚或有之。倖門既闢。奔湊日衆。豈所以杜幾微而窒萌漸乎。此陰沴所為而作也。更化之初。分別邪正。圖論嘗一定矣。衆正在廷。元氣充實。姦邪之黨。尚肆窺覦。一二年來。俊賢耆艾。引去相踵。甚而二三近臣之進退。倉猝遑遽。或不知所從來。於是善良之士。寖不自安。而窺伺者益衆矣。朝廷紀綱。寄於給舍。維持法守。政所當然。聞諸道途。頗猶有不得職者。紀綱一廢。何事不生。臣恐憸人非類。洋洋乎動心矣。此陰沴所為而作也。戎翟更成。既難遽恃。弄兵之徒。日益披猖。彼其嘯聚之始。非有跳梁不可制之勢也。使陛下帥守得人。監司得人。撲

其熖於未張。一巡尉力耳。柰何擁兵之帥。或萌玩寇之心。分土之臣。各啓倖功之念。養成癰疽。馴致決潰。乃始草薙而禽獮之。世豈有斃千萬人於干戈。而天不為之變者哉。或者幸其納降。曲意招誘。不知損威衰重。適啓姦心。二者蓋胥失矣。寇虐肆行。流毒甚慘。嗸嗸之衆。籲辜于天。此又陰沴所為而作也。抑臣聞之。澇於夏者。其秋必旱。陰盛之極。陽必生焉。漢儒之言。厥有深指。今陛下之田。既厄於水。設不幸七八月之間。雨弗時至。高田之稼。復壞于成。飢饉相仍。愁歎滋甚。豈獨峒丁適卒能為患哉。比者三衢之事。蓋可鑒已。陛下誠能念災變之可畏。思君道之當修。秉持乾剛。法象天德。闢公正之路。窒邪枉之蹊。使褻謁不干于朝。外言不納諸梱。以絕近倖侵權之端。尊信仁賢。容受忠讜。使正人端士得以行其志。而憸邪巧佞不得售其私。以抑小人道長之漸。淮甸創殘之餘。遴柬良牧守。以赤子之命。招輯流民。咸

俾奠居收瘞遺骸，勿令暴露。江湖之間寇竊方熾，申敕帥守戮力同心，仍遣王人銜命督護，整齊師律，激勵士心，以捍群盗方張之鋭，則積陰之沴庶乎其可銷，方來之患庶乎其可弭也。易之初六曰：履霜堅冰至。古之聖人於陰之將盛，不忘戒謹如此。今災異頻仍，證應甚著，陛下可不亟加聖心乎。臣以疎庸備數文館，睿恩拔擢，俾厠禁林，惓惓愚忠，冀吐露久矣。幸因進對，敢竭芻蕘之思，意切言狂，惟陛下裁赦。

四年，德秀為著作佐郎，上奏曰：臣聞知父母之心者可以知天心，知人君之道者可以知天道。蓋父母之於子也，鞠育而遂字之，仁也；教朴而激戒之，亦仁也。君之於臣也，爵賞以獎勸之，仁也；刑罰以聳厲之，亦仁也。天佑民而作之君，其愛之深，望之切，無異親之於子，君之於臣也。故君德無媿，則天為之喜，祥瑞生焉；君德有闕，則天示之譴，而災異形焉。災祥雖殊，所以勉其為善一也。天之愛君如此，為人君者其可不以天之心為心乎。臣伏觀近歲以來旱蝗頻仍，饑饉相踵，陛下嚴恭寅畏，不敢荒寧，憂閔元元，形於玉色。上天降康，遂以有年，亦足以觀感格之效矣。而比者乾度告愆，星文示異，妖疊見於清臺之奏。謂陛下躬行之未至與，則豐穰之應，何而致之？謂陛下躬行之已至與，則象緯之災又何為而數見也？天道幽遠，所難知。臣竊思之，意者皇天佑宋之心，欲陛下不以積年之憂為易忘，而以目前之喜為僅足，其愛之深，望之切，為何如耶。夫宮庭屋漏之邃，起居動作之微，一念方萌，天已洞見。陛下誠能守兢業之志，防慢易之私，孳孳服行，夙宵毋怠，則將不待善言之三，而有退舍之感矣。況今年雖告稔，民食僅充，然荐饑之餘，公私亦乏，如人久疾甫蘇，瘳而血氣未平，筋力猶憊，救敗扶傷，正須加意，朝廷之上未可遽忘矜卹之念也。

恭聞間者內庭屢藏醮事，固足以見陛下畏天之誠。然而修德行政者本也，禬禳祈請者末也。舉其末而遺其本，恐終不足以格天。矧今冬令已深，將雪復止，和氣尚鬱，嘉應未臻，此漢人所謂天有憂結未解，民有怨望未塞者也。臣愚不佞，伏望陛下體昊穹仁愛之意，思星文變動之繇，延訪近臣，勤求闕失，推行惠政，以活斯民，則愁歎銷於下，而休證格於上矣。詩曰：敬之敬之，天維顯思，命不易哉。惟陛下留神毋忽。

五年，德秀為軍器少監，上奏曰：臣比者恭覩御筆，以太廟因雷雨之後，鴟吻損動，明詔有司，避殿減膳，有以見陛下寅畏祇懼之心。然臣慱觀六經載籍之傳，下及秦漢以來史傳所志，自非甚無道之世，未聞震霆之警及於宗廟者。魯之展氏，人臣耳，己卯之異，春秋猶謹書之。蓋雷霆者上天至怒之威，宗廟者國家至嚴之地，以至怒之威而加諸至嚴之地，其為可畏也明矣。古先哲王遇非常之變異，則必應之以非常之德政，未嘗僅舉故事而已。今自避正朝、損常膳之外，咸字聞焉。或者固已妄議陛下務為應天之文，而不究其實矣。況禮文所存又有可議者乎。且震霆之作，孟秋之癸丑也，越旬有四日而恐懼修省之詔始頒；避殿減膳之舉，孟秋之丁卯也，甫二日群臣祈請之章已上。夫以踏故循常之文，非甚難舉者，然猶歷旬浹而後行，甫信宿而遽已，何其自責之約，而自恕之多乎。陛下節儉之誠出於天性，其在平日尚不以卑宮菲食為難，況於畏咸省咎之餘，少紓徐之，何所不可，而匆匆若是。借曰禮文之末，非所以格天，然文之不存，實於何有。今也誠意弗加，動皆勉強，苟塞已責，徒榦外觀，以此動人，猶且不可，而況於天乎。邇者孟秋之朔，流星示異，其占為兵憂，而上下恬然若不之聞，故相距才九日而震霆之變作。天示之以星象之飛流，

奏議卷之三百九

亦云切矣。而陛下不知戒。於是譬之以震霆。又加切焉。天於我國家欲扶持而全安之。其心至惓惓也。書曰。惟先格王。正厥事。臣願陛下内揆之一身。外察諸庶政。勉進君德。毋以恭安養逸爲心。博通下情。深求致異召和之本。庶幾善祥日應。咎徵日銷。惟天惟祖宗所以望陛下者寔在此。臣不勝愛君勤拳之心。

八年。知潼川府劉光祖上奏曰。臣伏覩手詔旨揮。以閔雨久而未應。聖心焦勞。凡百寬恩徧及中外。至於責躬省過。避殿減膳。御筆諄切。敷求讜言。悉許臣民指陳闕失。主憂如此。臣子何敢自安。臣自去國以來。偶因語言文字之間。自貽罪戾。其後蒙恩起廢。漸加擢用。以至付之藩閫。列之侍從。日思報稱。凡諸在外職事。不敢不竭愚忠。其所建明。悉荷開納。獨不敢妄論朝廷政事。不惟年衰昏塞。聞事不審。出位而言。且有沽譽干進之嫌。伏覩今日之詔。至切至深。爲人臣者豈

當避此而隱嘿。臣竊意天久不雨。陛下之所以求雨者無不至矣。特未思所以獲譴之由耳。陛下之所以獲譴於天者。女真乃吾不共戴天之讎。天亡此虜。遣死汴京。而陛下爲天之子。略不思所以圖之。是之謂天與不取。天與不取。是之謂弃天。未有爲天之子弃天而天不我怒者也。臣非勸陛下輕舉而妄動也。臣之區區。亦不過欲陛下因其來徙汴京。謝絶和好。謹守邊備而已。山東山西有相結集。欲共起而滅之者。陛下胡不因而用之乎。乃聞青齊蘭會來通不納。陛下何惜尺一之札。就以付之。藉令事成。雖土爲彼之有。其號名猶戴宋也。不猶愈於使犬羊雜衆攘取而有之邪。臣初得諸傳聞。未敢輕信。而臣察文字。依奏報行。有所謂黠虜垂亡。中原雲擾。豪傑求附。視吾國勢之強弱以爲無退。邊事方殷。義士鱗集。日夕思奮。視吾上意之激昂以爲盛衰。觀此言也。則是所傳聞者皆有之矣。而朝廷方且遲疑畏縮。俎豪傑之心。抑義士之氣。坐視赤子塗炭而不之救。且陛下爲中國衣冠之主。人歸我而我絶之。是之謂弃人。未有爲中國衣冠之主弃人。而人不怨者也。天怒人怨。災咎之生也固宜。而又有理之必然而事之易見者。列聖在天之靈。豈不眷其故都。二帝蒙塵之恥。豈不懷其憂憤。今也虜搶其巢穴而汚我汴京。思之而切齒可也。痛之而嘗膽可也。因其危而圖焉可也。尚復與之通使。使吾使人拜虜于祖宗昔日朝會之庭。奇乎。獨不念汴京者。二后執哭之地。乃百世不可忘之冤仇。今而忍忘之乎。人非木石。身復其處。能不爲之寒心乎。彼虜居之無一日寧。而我猶講好如昔。祖宗之所望於陛下者。必不如此也。陛下爲人子孫。而忘祖宗之憤。貽怒獲譴。職此之由。不然。以陛下在御日久。未嘗失德。畏天愛民而敬祖宗。莫如陛下。平時無禱不獲。今乃不然何哉。陛下試思今日之闕失。蓋無大於遣使也。今日之

責躬。宜無先於遣使也。臣故不敢以他事應詔。而直吐其狂愚。陛下不可以未雨而懼。既雨而忽也。天人祖宗當畏。而不畏。敗亡殘虜不當畏而畏之。臣不知其說也。抑臣又有一事。懷之七八年而不獲陳請。僭言之。憲聖慈烈皇后之大忌。十一月三日也。權臣侂胄專君無上。蔽不以聞。徒云郊祀國之大事。遂誤陛下不得過宫問疾。安否無自而知。其時禮部侍郎楊輔討論典故。入劄子於廟堂。乞改卜郊。而宰臣京鏜阿附權臣。只欲苟遂其事。從臣中又有恐喝群臣使不得言者。已而郊壇示警。暴風異常。纔向禮成。乃赴慈福宫聽遺誥。至今以初六日爲大忌也。且憲聖慈烈乃陛下之曾祖母。克相高宗。艱難再造。天報之以遐齡。而侂胄乃敢以陛下之曾祖妣有大勳烈。有高壽考。視之如畢喪。而遷就。可不憤乎。可不痛乎。壽成。陛下之祖母也。其時猶且敢涕而不敢言。此事天人共憤。獨陛下不知之耳。後十年。

尸賊臣於玉津園門夾道者三日。其事尤異。太皇太后上仙。以慶元五年十一月三日。賊臣之誅。則開禧三年。亦以十一月三日。而玉津園者。慈福園子也。園門乃南郊大路之側。豈非天誅之。憲聖慈烈誅之赫然而可驗者乎。臣在遠方。聞賊臣既戮。以爲改正大忌。乃更化第一事。不知何所疑憚。而七八年間無人及此。伏料陛下深居淵默。左右不以告。無緣知之。臣因陛下使人指陳闕失。因遂僭言及焉。乃臣素所鬱蓄于中者。陛下不聞則已。既聞之。當即日諭大臣付禮官告謝宗廟。改從本日。特一反掌耳。又何難乎。日月之食。人皆見之。及其更也。人皆仰之。臣將草奏。筮之於易。得風雷益。君子以見善則遷。有過則改。于是以輙陳大義。告陛下而不疑。伏惟聖慈財幸。

著作郎趙崇照因閔雨上奏曰。今日有更化之名。無更化之實。人才國之元氣。而忠鯁摧廢之士。死者未盡省録。存者未悉褒揚。言論國之風采。其間輸忠亡隱。有所規益者。豈惟獎激弗加。蓋亦罕見施用。媮安取容無所建明者。豈惟黜罰弗及。或乃遷階通顯。至若勉聖學以廣聰明。教儲貳以固根本。戒宰輔大臣同寅盡瘁以濟艱難。責侍從臺諫思職盡規以宣壅蔽。防左右近習竊弄之漸。察姦憸餘黨窺伺之萌。皆懇懇爲上言之。

歷代名臣奏議卷之三百十

災祥

宋寧宗嘉定十年。袁燮上奏曰。臣恭聞紹熙二年。仲春月朔。疾雷震驚。繼以大雪。光宗皇帝惕然祇懼。越六日。詔侍從臺諫兩省郎官館職各條具朝政闕失以聞。一時忠臣良士。獻言者甚衆。當世急務。莫不上達。可謂有應天之實矣。咎徵雖形。邦本自固。姦宄不作。疆埸不聳。豈非變災爲祥之明驗歟。今陛下寬仁恭儉。不敢荒寧。畏天之心亦已篤矣。迺正月二十四日。氣令甚燠。及夜過半。天大雷電發於都邑。二十六日霰集不止。通夕飛雪。積於平地。久而後消。夫雷乃發聲蟄虫啓户。著于月令之仲春。今先期而發。已非其時矣。雷陽也。中國亦陽也。雪陰也。夷狄亦陰也。當春而雪。未爲害也。而作於雷震之餘。陽已發舒而陰忽用事。不宜積而積。陰盛而陽微。有夷狄侵侮中國之象。豈小故哉。蓋自殘虜竄伏汴都。陛下不忍遽絶。仍與通好。群盜之歸附者。拒而不納。流民之逃死者。卻而不受。故此曹皆惟我是怨。而殘虜遂以我爲怯。糾合群怨。致死于我。侵犯王略。無時無之。陛下履至尊之位。而見輕於垂亡之虜。辱莫大焉。其可以不自奮發乎。虞書曰。元首起哉。起云者奮發之謂也。元首奮發。則國人莫不奮發矣。深懲既往之失。圖回日新之功。恢張紀綱。振起頹惰。以伸中國之威。以破夷狄之膽。此所謂奮發也。臣不暇遠引。姑以近代之事明之。逆亮之犯淮也。兵力甚强。自謂長江一葦忽可渡。我高宗皇帝曾不少慑。下詔親征。敷奏其勇而益内修政事。王繼先醫術之精。罕見其比。所以保衛聖躬者也。臺諫力排其姦而籍其家。貲劉婕妤寵冠後庭。中外所知也。一言款解。繼先則斥之。不旋踵。張去爲閹官之長。驕横久矣。亦以臺諫之言而投諸散地。此三事者。皆行於逆亮犯境之日。虜勢雖暴而聖斷赫然此國威所以復振而逆亮所以誅滅也人主之所爲不必屑屑於細故惟能舉二三大事足以聳動天下者發憤而力行之則尊居九重而威震六合反覆手之間爾雷霆之變人皆以爲陰盛陽微之故此乃皇天啓佑上聖欲以剛濟柔以威輔德而成以陽制陰之功也陛下其可不仰體天意歟光宗親遣此變數求讜言陛下必欲銷變致祥亦宜開忠直之路以通天下之情古者孟春之月遒人以木鐸徇于路官師相規工執藝事以諫求之如此之切蓋不如是無以聞已過而修闕政也天災固可畏然人君修省則有其象而無其應何也陰盛而陽微令也以陽而制陰蠹爾殘虜豈能抗衡於中國哉大明中天爝火自息臣不勝惓惓惟陛下留神

十一年變又上奏曰臣聞洪範之有庶徵古人所以明天人貫通之理也於休徵則曰哲時燠若於咎徵則曰豫常燠若何謂哲明於是

非之謂也何謂豫安於逸樂之謂也時者當其可之謂常者過於偏之謂人主明于是非有如黑白必能憂勤政治必能總攬權綱賢必任而不貳邪必去而勿疑利於民者必能興之害於民者必能除之和氣所感嘉祥必應此時燠所以順之也人君安於逸豫昏而不明窒而不通舒緩而不肅寬柔而無斷朝廷之政事不能自有所施設天下之人才不能自有所進退國無定論人有離心乖氣所召災患必作此常燠所以應之也天人一理隨感而應可不畏哉陛下臨政願治不爲不久而和氣有未充災異猶未弭去年久旱河流斷絶種麥未及多而田已揚塵不可復種矣人皆憂之曰他日其可接食乎祈雪未應人情皇皇又皆曰蝝蝗其將作乎蝝蝗其將熾乎常燠之爲害如此至於冬深雨則降矣而水猶未通雪亦作矣而移時即止是常燠之沴姦猶未歇也陛下早朝晚罷不徇于貨色不盤于遊田

無逸豫之失而有逸豫之災此豈可不推原其故歟以臣所見所謂逸豫非必貨色游田之謂當邊烽未熄戎事方殷之際而優游姑愉若四方無虞之日真才未必能用病弊未必能革浸淫焉日入於頽弊之域軍民愁怨無所赴愬茲非逸豫之所致歟病已深矣事已迫矣汲汲圖之猶懼不及又可悠悠乎以嘉祥之略應爲喜而以餘災之猶在爲懼肆頒明詔引咎責躬曰天下其許朕自新改絃易轍勇於必爲人主作興於上人臣震於下無敢驕奢無敢耽樂朝思夕慮翼贊明主同以宗社生靈爲憂何患乎災異之不消乎臣聞人主患無其志未患無其功竊觀陛下天資之粹美聖德之純茂足以冠群倫足以恢遠略所以每獲面對未嘗不陳二帝三王之道每侍經幄未嘗不進憂國愛君之言誠願陛下勿自菲薄悚張志氣卓乎如古大有爲之君今日常燠之災人皆以爲逸豫所致臣日夜憂思

不知所出何者逸豫之失人主之大戒也區區殘虜假息偷竊我有其備何患不克若因循縱弛無奮發之心而專以自守爲說守不能固浸微浸弱而遂至於通和則大事去矣無可言者矣堂堂天朝而委靡至此可不痛哉此臣所以惓惓而不自已也詩不云乎敬天之怒無敢戲豫惟陛下深思此言常以逸豫爲戒宗社幸甚生靈幸甚

寧宗時國子祭酒王介上奏曰羅日愿爲變是下人謀上也修好增幣而金人猶觖望是夷人亂華也內批數出是左右干政也諫官無故出省是小人間君子也皆謂之僭一僭已足以致災變而況兼有之哉

朱熹上災異劄子曰臣竊聞今月五日夜漏方下五六刻間鄰城之內忽有黑烟四塞草氣襲人咫尺之間不辨人物著於面目皆爲沙土臣雖不曾親見然親舊相訪見之者多驗之數人其說如一決非

虛妄。臣竊思惟。間者以來。災異數見。秋冬雷電。苦雨傷稼。山摧地隤。無所不有。皆為陰盛陽微之証。陛下雖嘗下責躬之詔。出敢諫之令。而天心未豫。復有此異。亦為陰聚包陽。不和而散之象。臣竊懼焉。而恐其未有敢以聞於聖聽者也。蓋嘗聞之。商中宗時有桑穀並生于朝。一暮大拱。中宗能用巫咸之言。恐懼修德。不敢荒寧。而商道復興。享國長久。至于七十有五年。高宗祭于成湯之廟。有飛雉升鼎耳而鳴。高宗能用祖己之言。克正厥事。不敢荒寧。而商用嘉靖。享國亦久。至于五十有九年。古之聖王遇災而懼。修德正事。故能變災為祥。其效如此。伏願陛下視以為法。克己自新。蚤夜思省。舉心動念出言行事之際。常若皇天上帝臨之在上。宗社神靈守之在旁。懔懔然不復敢使一毫私意萌於其間。以類譴告。而又申敕中外大小之臣。同寅協恭。日夕謀議。以求天意之所在而交修焉。則庶乎災害日去。而福祿日來矣。臣不勝惓惓愛君憂國之至。

理宗紹定四年。都城大火。尚右郎官吳潛上奏曰。臣願陛下齋戒修省。恐懼對越。菲衣惡食。必使國人信之。毋徒減膳而已。疏損聲色。必使天下孚之。毋徒徹樂而已。閹宦之竊弄威福者勿親。女寵之根萌禍患者勿昵。以暗室屋漏為尊嚴之區而必敬必戒。以恒舞酣歌為亂亡之宅而不淫不泆。使皇天后土知陛下有畏之之心。使三軍百姓知陛下有憂之之心。然後明詔二三大臣。和衷竭慮。力改絃轍。收召賢哲。選用忠良。貪殘者屏。回衺者斥。懷奸黨賊者誅。賈怨誤國者黜。毋並進君子小人以為包荒。毋兼容衺說正論以為皇極。以培國家一綫之脈。以救生民一旦之命。庶幾天意可回。天災可息。弭災為祥。易亂為治也。

端平元年。翰林學士知制誥真德秀上奏曰。臣伏覩太史奏。元日立

春。風起乾位。其占主兵。丁酉之夕。月犯太白。亦為兵象。或謂星文所主實在衛晉。以此仰寬聖憂。夫天道貴華賤夷。而本朝者中原正統之所在也。天之示戒。所以仁愛陛下。豈為區區胡羯計哉。況時方用兵。而占亦主兵。厥類甚明。可不深懼。漢王嘉有言。應天以實不以文。然則陛下所以仰荅天戒者。亦曰實而已矣。何謂實。本之於心。則為實意。修之於身。則為實德。推之於事。則為實政。有是三者。應天之道得矣。大學曰。所謂誠其意者。毋自欺也。夫為善而無實。是謂自欺。以之欺人。肺肝且不可隱。況天道神明而可欺乎。陛下親政以來。乾乾終日。脩身進德之誠。發政施仁之目。形之翰墨。播之詔令。無一非善。是宜昊穹昭格。休應狎至。而清臺占驗。乃若有未然者。皇皇后帝。厥監非遠。何以致是。意者應天之實。陛下猶有當盡者乎。夫毋不敬。思無邪。陛下所嘗筆之宥坐者也。動靜起居。真若神明之在上。然後為敬之實。聲色玩好。真若寇讎之必遠。然後為無邪之實。若敬焉而有以害之。正焉而有以汩之。則雖玉音之鏗鏘。時發於口。金書之焜煌。日接於目。皆虛文而非實也。用人聽言。陛下所嘗詔之百辟者也。登進賢能。不徒寵其身。必有以盡其材。然後為用人之實。開納忠讜。不徒容其直。必有以行其策。然後為聽言之實。若賢者固見禮。而所蘊未獲究。諫者固見容。而所陳不盡施。則雖夔龍之武。相接於廷。鳳皇之鳴日聞于耳。皆美觀而非實也。況名曰卹民。而凋瘵如故。未聞實惠之有加。名曰察吏。而汙濁如故。詎以實廉而自勵。至於財匱而弟聽幣輕而不行。師徒喪於蔣潰。舟楫壞於轉輸。凡若是者。皆未聞經理之實。戎狄豺狼。日伺吾隙。設有不幸。如古書所云。其將何以應之乎。天佑皇家。豫形警告。至惓惓也。伏惟陛下深體上天仁愛之意。凡其本之心。脩之身。推之於事者。必使無一非實。而去其所謂文具美

觀者上帝監臨必垂眷佑所以延洪國命銷弭兵氛當有潛格於冥冥之中者矣臣竢罪禁林蒙恩寂厚因人事以推天意常切隱憂故不敢避犯顏之誅僭陳苦口之戒仰祈叡察

廣東經畧安撫使崔與之上奏曰比年以變故層出盜賊跳梁雷電震驚星辰乖異皆非細故京城之災七年而兩見皆數萬戶生靈皆獲罪於天者百姓有過在予一人此陛下所當凜凜惟有求直言可以裨助君德感格天心又曰戚畹舊僚凡有絲髮夤緣者孰不乘間伺隙以求其所大欲近習之臣朝夕在側易於親昵而難於防閑司馬光謂內臣不可令其采訪外事及問以群臣能否蓋干預之門自此始也若謂其所言出於無心豈知愛惡之私因此而入其於聖德寧無玷乎

三年工部侍郎李心傳上奏曰臣聞大兵之後必有凶年蓋其殺戮

之多賦斂之重使斯民怨怒之氣上干陰陽之和至於此極也陛下所宜與諸大臣掃除亂政與民更始以為消惡運迎善祥之計而法敝未嘗更張民勞不加振德既無能改於其舊而殆有甚焉故帝德未至於罔愆朝綱或苦於多紊廉平之吏所在鮮見而貪利無恥敢於為惡之人挾敵興兵西面而起以求逞其所欲如此而望五福來備百穀用成是緣木而求魚也臣考致旱之由曰和糴增多而民怨曰流散無所歸而民怨曰檢稅不盡實而民怨曰籍貲不以罪而民怨凡此皆起於大兵之後而勢未有以消之故愈積而愈極也成湯聖主也而桑林之禱猶以六事自責陛下願治七年于茲災祥饑饉史不絕書其故何哉朝令夕改靡有常規則政不節矣行齎居送畧無罷日則使民疾矣陪都園廟工作甚殷則土木營矣潛邸女冠聲焰浸熾則女謁盛矣珎玩之獻罕聞郤絕則包苴行矣鯁切之言類多厭棄則讒夫昌矣此六事昔一或有焉猶足以致旱願亟降罪己之詔修六事以回天心群臣之中有獻聚斂剽竊之論以求進者必重黜之俾不得以上誣聖德則旱雖烈猶可弭也然民怨於內敵逼於外事窮勢迫何所不至陛下雖謀臣如雲猛將如雨亦不知所以為策矣帝從之

監察御史吳昌裔上奏曰臣聞天運常新而無窮人情循舊而難變陛下即位以來坐受春朝凡十二正朔矣天地變化歲月推移光景常新事會無極乃以更新之意嚮復還往昔之規撫虛老流光浸渝初志上怫下戾甚可惜也邇者十二月壬子雷甲寅晦雷越正月己未大雨雪辛酉又雪視魯隱八日之災倣甚八月韃寇蜀十月寇襄十一月圍黃視漢陽諸雄之禍為慘天變如此狄患如此此正陛下君臣濯舊而圖新之時也然臣仰窺聖德妄議朝政私竊有惑焉陛

下本心清明向也韜晦於逸欲今緝熙典學君德宜日新矣然妃后之閑妙麗交進王侯之邸錫賚頻煩則恭儉之德不加乎舊陛下八柄予奪向也牽制於權姦今乘批親裁君權宜作新矣然貂璫之長閹通外庭羽衣之嬖時干私謁則總攬之權不加乎舊州縣貪贓之根皆故相遺種也而時異事殊餘孽復起猶回護於舊惡而不衰天人乖異之證皆故王厲氣也而日邁月征烝嘗缺祀猶藏宿於舊怨而不釋舊染之俗皆與咸新也舊邦之命欲維新也今細微節目時有一新之功而大本大端脫然未變于舊是豈明德新民之極乎往者權臣三十年用人多出私意每欲用一私昵則必參以公議一人謂之滯過更化初無此弊也近日除授率乖素望往往蘭艾同進而不皆一色純正之人則除吏復循其舊往者權臣每臺諫一疏多出風論反意有所覆護則言又寢而不行謂之收起更化初無此弊也近

日臺諫率多浮沉。往往風采銷沮而常有危疑引去之意。則抗諫復
仍其舊。陳升之引閩人。呂頤浩引山東人。薦士而私其鄉黨與舊識
也。今著庭之官。督府之屬。左右互擬其一。何以兼攬天下之才。趙雄
多用蜀人。王淮多用浙人。選才而偏於御舊與故態也。今執政之召
說著之置東西並用其二。何以旁招四方之彥。夫使親舊而皆賢固
所當用也。鄉人而皆善固不當棄也。然陶陶日新曾幾何時而昭昭
然立的復爭舊武。此豈至公血誠之心哉。然則剥爛而復鼎否而新
亦在君相加之意而已。建炎四年正月雷雨再見。是為亢求過江之
應。高宗謂輔臣曰。朕與卿等宜共脩德以實應天。此陛下新德畏天
之法也。紹興辛巳正月雷雪交作。是為逆亮臨江之證。上十朔遣陳
康伯書曰。相公居燮調之任當進賢退不肖以弭天變。此宰相新國
正君之事也。臣願陛下濯去舊見以来天下之善。大臣改紀舊習以
公天下之聽。用人必惟其賢。毋使邪黨以乘間而錯起。聽言必從其是
毋使公論被厄而不伸。養君心之源。當戒謹危機以扶天理。清政本
之地。務力行好事以順人心。惜陰愛日。惟新是圖。如此而天怒不回。
民恫不懌夷狄盜賊不靡息。臣甘伏妄言之誅。

昌裔又論四陰之證狀曰。臣竊見立秋以來常陰為沴。先一日大雨
雹。越翼日暴風至。霖雨不止。至于旬時。蚕未壞於蚕成。晚稻傷於既
穎。豐穰之候轉而凶荒。將恐害于粢盛。無以供我軍實。又聞天目一
帶洪浸漂流。水冒近畿。是殆為兵為饑之證。占書曰。兩雹陰脅陽也。
霖雨陰干陽也。方金火之交。而厥罰常雨。此非陰盛陽微之故乎。夫
臣者君之陰也。妻者夫之陰也。小人者君子之陰也。夷狄者中國之
陰也。且自聖上攬權之後。固無昔日擅命之臣。惟威令積弱未能以
運掉三邊。紀綱浸頹未能以操制諸將。習強者方命。怙寵者玩威。蔑

功賞者多肆於誕謾。報軍書者輒輕於狎侮。偏裨擅離部伍而不知
有國法。士卒敢凌州縣而不知有朝廷。積是強形漸不可長。此非將
帥之權太盛乎。方國步艱難之日。正君心恐懼之時。而道路流言竊
議聖德。謂宮庭燕飲頗為過差。閤內妃嬪多於舊位號。知書近侍以奇
巧而移上意。私謁袞民以險陂而通外交。甚至外庭之除授或倚於
幽陰。節柄之請求輸通於中禁。牽於柔道。職是厲階。此非女寵之謁
太勝乎。端平人才之盛。藹然有小元祐之風。不一二年初意漸變。君
子則厭薄以為無益。小人則愛惜以為有才。三凶屬託以潛歸。二孽
僥覦而再起。不惟昔之所斥者復乘隙以求進。而今之所擢者亦旋
踵而得遷。旁蹊多門。自塞正路。此非舊人復用之漸乎。韃虜憑陵中
夏。蓋非殘金之比。初犯蜀口五郡為墟。繼犯荆襄十州如燬。將士征
行而不得卧。婦子流徙而不得歸。欲戰則寡事力之不強。欲和則慮
情欵之未實。又況唐鄧均陸之寇導之以和。江秦鞏松維之族誘之
以幹腹。內外受敵。殊可寒心。此非夷狄竊發之證乎。凡此四端。是皆
陰類事形於下。則變見於天。證象孔昭警戒甚至。陛下代天作子者
也。所宜昭德塞違以回渝怒之威。大臣佐理陰陽者也。所宜開誠布
公以消乖沴之氣。陽明勝則德性用。陰濁勝則物欲行。消長之機正
宜凜凜。今大昕坐朝間有特不視事之文。私第謁假或有時不入堂
之報。上有眈樂惱逸之漸。下無協恭和衷之風。在內則嬖御懷私以
為君心之蠹。在外則弟子寡謹以為朝政之累。游言噂沓寵賂彰聞。
欲以此銷爍群慝呼吸大和得乎。昔建炎三年六月陰雨不止高宗
罪己求言。宰執引咎求去。郎官以上皆許言朝政闕失。時中書舍人
季陵以三陰之說應詔。謂能制將帥為德之剛能抑宦寺為德之正。
御史中丞張守亦以三陰之說亢疏。願嚴恭寅畏以修其德。更選任

輔弼以修其政。上下動色。祇畏明威。卒扶炎精之光。以基中興之盛。皆自高宗君相一念抑畏中來也。臣愚欲望陛下仰繩祖訓。傾謹天明。遠聲色。戢宦寺。以清宅心之源。進忠良。屏憸回。以公用人之柄。宣明典章。以申御將之法。謹固封守。以嚴備敵之防。而二三大臣各一乃心。各和乃政。通宮中府中為一體。毋使陟罰之異同。合在邇在廷為一家。毋使細大之偏重。如此。君臣合德。中外革心。未有不轉災眚而休祥。易陰蒙而暘霽。天下事變。亦當陰消潛弭而不足憂矣。臣不勝拳拳。

嘉熙元年。火災。右司郎中趙必愿應詔上封事曰。開邊除禍之利。輩制而未行。激變棄城之戮。姑息而未舉。剗襲淪沒祖宗之基。業莫能保。淮蜀蹂躪。赤子之冤魂無所依。履畝之令下。而加以抑配。稱提之法嚴。而重以告訐。民無蓋藏。每有轉壑之憂。士不宿飽。常有思亂之志。

又曰。臺諫給舍骨鯁之論。莫容。左右便嬖浸潤之言易入。春夏常享瀾略於原廟之尊。節鉞隆恩殆勤於邸第之貴。又曰。必也正故相專國之罪。嚴貪夫徇貨之誅。思室鬼高明之瞰。免緇衹。後親貴。去木妖競治之釁。尚卑宮菲奢華。戒宮殿無度之燕酬。節內庭不急之營繕。

必愿為宗正少卿。因轉對上言曰。中才庸主。惟其無所知覺。故言不可入而敗亡隨之。陛下作敬天之圖。朝夕對越。謂宜天意可回。而熒惑失度。彗彼編災迫近禁門。幾燬左藏。烟埃方熄。白晝隕星。貫日之虹。脅陽之雹蟄。九層出陛下觀時察變何由致此。今日之事。動無良策。惟在側身修行。祈天永命而已。

淳祐五年。侍左郎官徐元杰進故事曰。高宗皇帝聖政。建炎四年正月庚申。上曰。昨雷聲頗厲。晉志以雷發非時為女主顓權。君弱臣強。四夷不制所致。朕與卿等宜共修德。以實應天。癸亥。上曰。昨日雷再發聲。今日方二月節。要之亦非時也。晉志所占無異。惟發頻者應速耳。

臣聞雷者陰陽交會而成聲。動於震宮之中。收於兌澤之後。時當發聲。則為天之號令。所以驚百蟄而榮萬物也。不當發而發。皆非時之災。陰抗乎陽之所致。夫天時人事。同一脈絡。有是氣。必有理。故於理微有不順。而氣之所應。殆逆從之矣。有如春陽方動之初。和氣猶未洽也。雷已驚遠而懼邇。此豈非天之所以仁愛人君。默寓其所謂扶持全安之道也歟。高宗皇帝建炎四年正月庚申。以雷聲頗厲而推晉志以明之。思文主之專擅。思君弱而臣強。思四夷之不制。惻然聖訓。詔告在廷。必曰。朕與卿等宜共修德以實應天。是蓋遇災知懼。切切於實德之交修。而不敢泛泛然以文具相蒙也。越三日而節應驚蟄矣。雷再發聲。聖心恐懼有加無已。又必

曰要之亦非時也。又謂與晉占無異。而申之以惟頻發應速之言。此豈非我烈祖克謹天戒之盛美乎。今陛下帝學時敏。聖敬日躋。法祖欽天。夙夜匪懈。乃者奮雷霆之斷。開日月之明。政化於是乎作新。家國於是乎齊治。華夷於是乎鎮服。未必有晉志所占之患。而聖心寅畏。宸札渙頒。以為雷發非時。朕心祇懼。避殿減膳。詔求直言。凡可以應天消變者。若不能以終日。蓋與烈祖所謂修實德以應天者同一軌轍。臣又何所容其喙。然臣聞之易曰。立天之道曰陰與陽。立地之道曰柔與剛。立人之道曰仁與義。蓋陰陽以氣言。天所以覆乎地也。故雷聲為天之號令。柔剛以質言。地所以承乎天也。故雷之出地者有時焉。仁義以德言乎。以見人為天地主。當自淵默雷聲者驗之。始知貫三極一道爾。故乾元為萬善之長。惟剛健而不息。所以包四德而為仁。坤順而承天之所為。惟敬以直

內而後義以方外德不孤矣。昔者君天下而立之極必曰定之以仁義中正而主靜。蓋主宰之道惟定而能靜則大中至正之理隨寓而無所轉移。故知仁主乎剛則寬而有制動而有勇。理足以勝欲公足以滅私。又必以姑息拘攣者為戒而不至蠱牽於小不忍之情而害大體之正矣。知義主乎敬則所由者漸。所辨者早。尊足以統卑。內足以攘外。又必以窺伺間隙者為慮陰有以消未形之患而合時措之宜矣。夫仁義立人之要道也。凡陰陽剛柔之氣皆莫不由是而兼統。自昔君臣上下所以交修其實德而不敢為應天之文具者蓋審諸此而已。不然則不足以制欲義不足以勝情則是陽為陰所抗。凡胥志所占之象皆陰類也。故曰陰叛於陽必戰。可不思哉。可不戒哉。

元杰又上奏曰。恭惟皇帝陛下貴為天子。心與天通。動一念應之徵有善不善休咎之證即緣而起。常若與天靈密相周旋。況顯而視聽言動之敬肆其有不關於慘舒之證者乎。故者元陽為沴陛下齋心屢禱有感必通。臣每侍清光。陛下不鄙臣愚必垂問雨之間。臣之所奏嘗及於天之所助者順。欲陛下驗之五事之間。臣音曰肅曾無難色。此宗社生靈之福也。臣聞天理與人事同一脈絡。五事與庶徵相為影響。視聽言貌皆主於思。而思必無邪。則事事皆敬。敬與不敬。休咎關焉。然則人主欲回咎徵而為休徵。勿求之於天。求之於己而已矣。昔禹湯之有天命皆原於罪己之一念。鯀湮洪水。禹乃嗣興。敘九疇而先五行。必次以五事之敬用。殷邦旱暵。湯閔焉雨。懼不敬以傷民命。惟急於六事之自責。夫六事之叢其責意者五事之觴。其敬與臣請先以五事明之。禹之意若曰。人主之耳目不可以偏寄也。故敬心常運於視聽之間。不使媟近得以為吾聰明之蔽。庶乎喜怒中節。

氣歩以是而準。寒燠其有不時者哉。人主之辭色至易以窺伺也。惟敬心常攝乎貌言之際。不使紛亂得以為吾肅乂之撓。庶乎形聲俱和燥濕以類而應。雨暘其有不時哉。不然。狂僭豫急之弗察。反休徵而為咎徵。一息間耳。此禹所以隨用而持敬。與成湯克享天心之主也。天之不雨何至此極。六事之失亂世之常也。湯平政而愛民。不逆聲色。不殖貨利。而又不吝於改過。亦何至民政之失節。讒夫之敢欺與。夫苞苴女謁宮室之動其欲。豈果有是當責之事哉。湯則不敢以自信也。惟其自信之不敢。故其自責之甚深。自責之念深則自欺之意泯。天高聽卑。宜為之動。桑林之雨。湯之真敬驗矣。且禹湯聖德之君也。自後世言之亦何以罪己為哉。然則人主非知有克己之學未足以進此。今陛下天姿沖粹。聖學高明。居皇極五位之中。而體洪範五事之敬。遇災知懼。欲銷咎之責己省德。未為文具。夫是以天心有潛格之應。歲事有中熟之占。是烏得不為今日喜。然臣之所喜今日也。臣之所慮亦今日也。乃者霄躔多愆。陰精頻蝕。江潮忽洶湧矣。堤岸仍潰決矣。水土之性亦於是而稍失。吁。天心之仁愛陛下。所以昭示譴告者在是。蓋不特雨澤愆期之一警也。況夫比歲以來。韃酋禍慘。吾之國勢屢警而忽定。固不可謂非備禦之力。然或者以為太乙福德久躔吳分。與天所以佑宋也。吁。天幸其可以常恃哉。國家陽九之會。遂在目前。靜察天時。敬修人事。寧深信而無其驗。毋忽視而稔其憂。臣惓惓然每勸陛下以敬用五事者。未但為閔雨發也。陛下果有所警悟。當深求克己之仁。特發罪己之勇。循大禹敬用之實。如成湯自責之忱。視聽之達於下者必公。貌言之出於上者必謹。民政之剩病必察。宮室之增崇必戒。以至塞貢獻之路。杜邪枉之門。使苞苴女謁之計不行。而讒諂面諛之人可遠矣。如此則聖心之主宰者愈定聖德之發彊者愈充天數之靡常者必回人事之可恃者必驗聖宋宗社億萬年靈長之休只在聖心眞積力久之敬而已不然五事之敬用或不能以持久則皇極之建用將恐流而為六極之弱何以銷未形之患哉臣不勝惓惓

六年正月朔日食詔求直言權兵部尚書淮東制置使李曾伯上奏曰臣一介非材四年分閫已試罔效當去尚留日懼瞭虞仰負隆委頃以冬防幸畢嘗於至後一日即上請代之奏恭蒙詔旨未賜俞允遂於十二月六日再陳愚悃僭進時才妄攄宸聽昭鑒必可其奏退而席槀俟命今復踰月矣星移物換歲序且更天高聽遠祀工莫測臣惴惴朝夕不遑寧處俯援螻蟻之分宜待鈇鉞之誅豈應苟犯不韙有所祈叩臣伏讀郎文恭誦奎畫仰惟陛下以元正日食方下求言之詔許中外臣子指陳得失消復咎眚臣有見陛下欽承天戒圖

惟治功闢不諱之門來忠直之告臣之求退適際斯時其敢不昧死以請臣拜手竊觀祖宗盛時康定庚辰正旦日食是歲元昊寇邊犯延州圍塞門安遠諸寨諸將畏避莫敢出朝廷憂之二月遂令韓琦安撫陝西尋命琦及范仲淹為經略招討使之副未幾再命仲淹兼知延州於是賊始懼而不敢犯攷之於此則是先朝用韓范代范雍經理西事實在此歲臣又觀皇祐己丑正旦亦有日食之異是年北虜聚兵近塞詔近臣陳備邊策葉清臣一疏亦及方面帥領之材以為不患無人患不能用因舉孫沔狄青諸臣其歲九月儂蠻始犯邕異時卒賴青沔等力以平嶺南又攷之於此則是先朝因天象以謹邊備圖帥材尤以是為重也所以有康定皇祐戒懼之實德遂以成慶曆嘉祐太平之極功實為陛下今日家法然則今日之事其所當為者固不一以臣職思其憂則莫切於守邊兵急於易帥明矣臣自

去夏以來蒙睿旨勉留盍數日以俟冬晚來此邊隙之暇謂可得代益春今頒矣若更張之議稍遲月日青草又生戎馬復入臣智慮已殫竭精力已摧頹事會無極利害多端恐不能制此劻勷徒誤國事誅竄何補用敢仰稽故實載瀝悃愫期以副陛下應天保邦之實意非但為臣區區之私而已伏望睿慈特賜宸斷宣諭大臣僉會前請趣此春氣未動早易閫寄特令臣放歸田里庶幾天心感格戎虜震懾于以寬宵旰之顧憂復祖宗之盛治實在斯舉天下幸甚

衢州通判牟子才亦以太陽交食應詔上奏曰臣伏覩淳祐五年十二月二十六日詔書以六年正月辛卯朔太陽交蝕應中外百職及學校草茅之士悉得指陳得失凡可以消弭咎眚導迎善氣各悉心以告者臣猥以虛庸蒙恩丞郡詔旨所及敢不罄竭其愚忠陛下自臨莅以來德澤屢下和氣充塞四海九州罔不豐懋天心人意若合

符節固宜乖氣異象消伏不作乃月正元日日蝕辛卯咎徵之來其異如此且歲在丙午則古今之否運也時方孟春則陽氣之始施也月紀建寅則陽爻之交泰也三春三朝則受朔之元辰也而日月交蝕交蝕於方晡之時以一日言之日為陽夜為陰以四方言之東南為陽西北為陰以人事推之君為陽臣為陰夫為陽婦為陰德為陽兵為陰君子為陽小人為陰今支干會于南離之方其蝕在申其纏在女此臣亢乎君婦敵乎夫小人加君子之徵也而尊者尤惡之臣嘗讀史至漢之季世見其災異狎至未嘗不痛恨於一時之諂君也正月己酉朔日有食之成帝元延元年也是歲祿去公室政在元舅王鳳以大司馬大將軍領尚書事崇譚音商相繼為政其氣燄足以蔽蒙三光日之所為蝕者此也谷永大儒涉三七之節紀直百六之災阨乘三難之際會見睹巨異意必有殊尤絕異之論警動上心以

發其勢今觀其跡不過曰皇后貴妾尊寵也不過曰中黃門後庭驕恣狂悖也又不過曰社宮苑囿將有夏崔之亂也諸夏下土將有樊蘇之變也其言迂緩不切有所附會而於竊權之王氏乃無一言及之史臣書曰專攻上身盡讖之也正月辛丑朔日有食之哀帝元壽元年也是時傅商鄭業以外親忝封邑孫寵息夫躬以姦辯寵侯封董賢以令色諛言蒙賜予五侯驕奢權震內外其烜赫足以掩蔽陽剛日之所為蝕者此也鮑宣儒生當父辟明母震動子訟言之時目覩大異忠憤所激思欲一吐胸中之鬱抑以救當時之失今考其書曰深內自責避正殿也曰舉直言求過失也曰罷退外親及旁仄素餐之人也曰何武師丹孔光彭宣可大委任也其言鯁亮明切無所顧忌而於貴幸之董賢深嫉焉史臣贊曰守死善道孟嘉之也夫災由天降變不虛生成哀漢季世之君也故當時封章後世錄實語多

及於災異蓋謂其睹災異而不戒是以為漢季世之君也今日咎異之來則與漢季世之君相符矣政事之失則與漢季世之君無異矣女寵之盛則與漢季世之君髣髴矣權姦挾跡黨與駢肩則視漢季世之君有加矣而陛下過戒而懼引咎責已導諫數恩則豈肯甘心於漢季世二君之下風哉臣嘉熙間待罪史館與聞討論之事嘗因輪對以大臣不公不和六事為陛下告陛下不以臣卑鄙面賜俞獎是陛下待微臣之恩深且厚也有君如此誰忍負之臣儻有重於言以諱為解焉謂自誣且誣吾君豈天台上昭布森列臣罪莫逃季因明詔之及列為十二條以獻陛下心志所期不敢妄自菲薄效谷永阿私時好以羞當世之士惟深思熟慮無聽盡言得從鮑宣游於地下則愚臣之願也其一曰敬心以澄治原心者天也上古聖人繼天立極惟用力於性命之原以酬酢天下之萬變人心惟危道心惟微惟精惟一允執厥中者堯之所以授舜舜之所以授禹也發於聲色臭味之氣者人心也根於仁義禮智之性者道心也平居暇日莊敬自持察一念之所從起求所以治之則清明純一無少間斷以之對越天地者此心也以之欽承祖宗者此心也以之臨朝見群臣者此心也以之經筵對儒生者此心也以之接嬪御貂璫者亦此心也所遇雖不同而所以為敬者未嘗不一也平居暇日矜肆誕忽不能察一念之所從起求所以治之則膠擾紛雜物欲滋長接嬪御貂璫之時未能如經筵對儒生之時矣經筵對儒生之時未能如臨朝見群臣之時矣臨朝見群臣之時又不能如對天地見祖宗之時矣所接既異而所以為敬亦隨而轉移也此無他敬肆之分也漢元帝臨朝之暇親近儒生可謂敬矣及退而處宮庭則鼓琴瑟吹洞簫自度曲已為侍中所窺此敬肆之見於一日者也唐玄宗即位之初延禮

文儒可謂勤矣及天寶末年溺於燕安女子小人內外交煽旋為開元之累此敬肆之見於終身者也方二君之耽樂也自謂深宮之中世無得而知者故自肆而不反不知宮庭屋漏顯如日月之照臨女子宦官熏如蛇蝎之在側未有隱而不彰久而不變者也陛下性資超卓學問緝熙固非漢唐二君所跂及然對越欽承之時如此而宮闈燕閒之時則如彼也臨朝親儒之時如此而嬪御媟狎之時則又如彼也發之於心術念慮之微而形之於四方萬里之遠臣願陛下念祖宗創業之艱思一身之關繫甚重鑒二君燕安之失退朝無事延訪名儒夜直禁中不時召對貂璫之干請者卻之嬪妃之御見者疏之使紛華盛麗不足以為吾之惑奇技淫巧不足以為吾之害則中外一致旦夕一心終始一節陛下所謂猶有愧者將仰不愧而俯不怍矣天怒寧有不回者乎其二曰清政本以重相權臣聞家

宰者者六卿而統百官。天子之相也。冢宰無職。六卿則分職矣。冢宰論道。六卿則行道矣。六卿異曹。百官異職。管攝之使皆歸于一。非宰相事耶。所以管攝之者。非每事而控制之也。自百而歸之六。自六而歸之一。所操者至簡也。國朝倣周制。改漢僕射為丞相。而沿唐舊制。自宰相下侵六曹之職。而三省始多事。自檢正都司之置。而三省愈多事。合二者而六曹輕矣。且以吏戶兩曹言之。吏部掌天下之選事也。而部闕盡歸於堂。堂闕不下於部。參選者不之吏部而之省府。日力困於應酬。工夫困於位置。國家大事。始置不問。而周旋親故。酬酢人情之念。憧憧往來。未免少分經體贊元之功。銓曹要地。反成虛設。此吏部之權輕。尚書之職廢。而中書之務所以不清也。戶部司天下之財賦者也。然國用房監之財。幹於宰相而不幹於戶部。朝廷之上所商者鹽筴。所括者田契。所問者錢穀。甚非古人置相之義。嗚呼。版曹所掌。

朝廷之財也。國用所掌。亦朝廷之財也。均為朝廷之財。何至自相區別。因於多事耶。此戶部之權輕。尚書之職廢。而中書之務所以不清也。其他四曹。大抵皆亦。推原所自。非始於開禧嘉定間耶。然近歲中書之務。愈致紛雜。而不清者。則惟宰相之故也。前日之相。機智足以濟其姦雄。而處心積慮。專以收攬事權。張大聲勢為能事。往往下行六曹之細務。或遺天下之大機。而檢正都司。頗多覘伺相意。摸稜兩端以聽所擇。其或稟承面命。猶云合與不合。送部勘當。萬一事有可行。亦云有似此的例。部中不敢明白指定。宰旅不敢訂說必行。是以近者累月。遠者年歲。率多迂回。故作阻難。而中書之務。如蝟毛之紛矣。近日之相。精神不足以牢籠機務。而心之所存。亦欲自作聰明。獨運謀略。意或未順。則託病以濟之。事或未周。則拱默以須之。經旬動月。歷歲踰年。不能裁決一事。監司郡守。則類多攝官。侍從論思。則亦

皆曠職。極而至於國家急務。守禦大計。一切付之浮沉誕謾之場。而檢正都司。往往徒自悵歎。雖欲啓擬。厥道無繇。於是滯事猥多。而中書之務。如治絲而棼之矣。此日之所為蝕也。欲弭天變。其惟清中書之務乎。然臣所謂清者。非直付之於無所事也。六卿各率其六十之屬。以倡九州之牧。所謂送部勘當者。則令據事指定。不必繚繞更聽朝廷指揮。檢正都司各贊其長。以檢柅三省之務。所謂欲筆者。不必逢迎相意。多為沮格之辭。而宰相者總其樞機于上。勿自眩其志而忘要道之執。勿徒詳於小而遺遠大之計。體統正而內外各得其職。規模遠而大小各得其宜。則自天官以下。無非宰相之事。而弊倖去矣。天怒其有不回者乎。其二曰。別邪正以清流品。致治之要。在於辨群臣之邪正。二者常不相容。君子指小人為邪。小人指君子為邪。自昔堯舜已有知人之難。而孔子亦有聽言觀行之戒。則辨之誠難矣。陛下

自臨御以來。以至于今。國論凡幾變矣。進賢退不肖。未知其幾矣。然比年以來。混清而不知區別之方。冗雜而不見純一之效。陰陽之證。莫辨是非之心。不明。以為衆賢萃耶。則位文昌者屢辭旌聘之招。班從橐者不類旌麾之擁。或扼於幹方。或扼於秉麾。或扼於閒散。或扼於倖貳。或扼於小官。皆賢者也。以為任用當耶。則瑣碎感晚。或玷節闈。驕豪貴閭。或參幾輔。心權姦者陰肆含沙。跡貴幸者顯媒人爵。或倚賴屬籍之近。翺翔半刺。而貽害於一州。或寅緣邸第之親。侵奪民產。而流毒於數路。或覦覘竊伺。或摸稜含糊。或反覆變詐。皆庸人也。甚至惡毒流行。善類淪沒。五年正月諫臣死。而昔日之諫臣自若也。五月丞相死。而昔日之丞相自若也。六月給舍死。而昔日之給舍自若也。自諫臣之死也。而伏蒲論事之地幾鑑之亡矣。自丞相之亡也。而論道經邦之地幾棟之撓矣。自給舍之死也。而塗歸繳駁之地幾玉之燬矣。嗚呼。司馬光鄭浩陳

確劉安世論賢人淪亡殆盡入虜中原之禍起君子之消小人之長而世道之屯厄常隨之其所關繫蓋不輕如此此日之所為蝕也然則欲回天怒者其有大於別賢否乎臣願陛下清其天君持其定見以為進退人才之本有才矣必參以德而用之不可徒取其才也有德矣必觀其行事而用之不可徒取其德也才有剛柔必柔濟剛剛濟柔而後無偏弊才有長短必取其長舍其短而後無棄材使凡得罪名教之人不足以惑陛下清明之聽詭譎變詐之士不足以撓陛下堅定之心則賢否別矣天怒其有不回者乎其四曰嚴女謁以肅宮闈女子之禍於人也甚矣古今淫泆之主溺於衽席之愛自謂窮天下之樂不足以踰其適而不知禍胎亂萌已伏於閨闥之中陛下儀刑家人中宮上儷宸極可謂無險詖干謁之私矣然嬪妃矜寵眩惑聰明女謁恃權交通關節無藉之權姦主之以安其身亡恥之士

大夫主之以媒其進無賴之黨予主之以張其勢金錢賄賂龐逕中都餽獻苞苴直通中禁遂使外人指某事內土庫輸送矣某事白鶴觀脩造矣禁衛所以備不虞也一男子之妄有所憑藉則通行而無礙或以陛下燕閒之嚬笑泄於外則雖昌言而不以為怪或以女覡詭秘之蹤跡泄於內則雖微詞而必致于辟大臣不敢過絕而敢逢迎不敢正救而敢鼓舞為得謂之無罪此日之所為蝕也欲回天怒其有大於嚴女謁之干請乎臣願陛下以社稷為念謹宮掖出入之防嚴非類混淆之禁使伺間而干進者恐怖而不敢前乘機而僥覬者退縮而不敢進宮省既清浮言自息天怒其有不回者乎其五曰斥權姦以絕禍本人君所恃以立國者人材而已然自古奸臣欲盜其君之國非挾宮闈之助合左右之交則不能猖為故寅緣之相昇也行婦于內而施賂于外王莽之相漢也謁事太后下至旁側長御內外盤結無一發其姦者然後可以愚弄上下而甘心焉自昔權姦慕人之國非專兵刑之柄擁財利之權則不能以為故曹操之輔漢以討賊為辭而擁兵自衛楊國忠之相唐身調兵食而任其惡兵財既專權勢益重然後可以劫取神器而恣意焉是舉也前日之相實似之自古大臣欲專其國非以朋黨之論陷害正人則不能以自專故弘恭以蕭望之為黨而殺望之李宗閔以李德裕為黨而疏德裕自昔小人欲固其寵位非窺伺迎合厚自封植則不能以有為故李林甫口蜜腹劍蔽欺聰明善養君欲李義甫笑中有刀諸子賣官市獄門如沸湯是舉也近日之相實似之前日之相以公議之所不容屈伏海濱陽致其仕而陰賂寵倖為他日復用之階陽處塊苫而陰結宮府為他日竊權之地近日之相以不智不勇之身而橫塞要塗以鍾鳴漏盡之資而控摶富貴陽為病憊而陰張虛氣以示其攙鞍

躩蹀之態陽為推轂而陰懷疑心以遂其從旁下石之計天下之人皆知而陛下獨墮其計中而不知則其蒙蔽必有甚工且密者此日之所為蝕也欲回天怒其有大於斥權姦乎今權姦斥矣而根苗猶未絕也臣願陛下昭大智以燭天下之微奮大勇以決天下之事勿以儒效為迂闊而復思小人之有才勿以直道為咈逆而復善舊人之多智使交結左右者其計不得行而徘徊講筵者其譖不得逞如是則朝廷清明禍本杜絕而中外大小之臣永堅一心以事陛下而無復後憂矣天怒其有不回者乎其六曰通言路以來敢言昔者聖人之制治也設敢諫之鼓立誹謗之木近臣進規大夫進諫公卿納誨瞽史垂教庶人議芻蕘詢耆艾脩之而後王斟酌焉遠及我朝宰輔之宣召則有言侍從之論思則有言進故事則有言翰苑之夜對則有言二史之直前則有言群臣之內引則有言百官之輪對則有

言。監司帥守之見辭則有言。以至三館之囊封。小臣之特引。臣民之扣匭。三學之伏闕。外臣之附驛。京局之發馬遞鋪。則又皆有言。比年以來。為大臣者。背公營私。崇惡聘怨。惟恐人之議己。思欲以箝天下之舌。告訐察伺。無所不至。人賢不肖。咸謂言出於口。禍及其身。往往畏避謹嘿。自同寒蟬。甚至自隔對班。不肯有言。藉令有言。又皆掇拾細故。徒應故事。不足以裨主聽而慰人望也。時政之闕失。生民之弊病。賞罰之僭濫。獄訟之冤枉。疆事之危急。率皆壅於上聞。其間豈無盡忠協謀。存愛君之心。負濟時之略。明於國家之大體。通於人事之古今者。徒以防禁之厲。隔絕之嚴。雖有言而不得上達也。陛下更化以來。宰執有條對。經筵有密啓。三學草茅有清議。可謂言路不壅塞矣。然而議論徒多。施行絕少。調護彌縫之意重。而決裂奮迅之意輕。壅遏沮壞之道勝。而施設云為之道微。天子曰某言常談也。某事常事也。宰相曰其言過當也。其事風聞也。導人使諫而拒諫彌深。下詔求言而諱言滋甚。言者聽其自言。未嘗以不當於事為忤。行者聽其自行。未嘗以不合於言為拘。遂使至當之言。徒為無益之具。咎異沓至。其必由斯。今求言之意。非不美矣。然昔者所進。未之能行。今而有求。又恐非實。其於言路之通塞。關係匪輕。臣愚願陛下當謀謨並進之時。留神省覽。宣付大臣。俾之分閱。擇其可用。類奏施行。勿以忌諱為拘。則忠臣出。勿以文采為尚。則至計行。勿以與廟堂異議而去之。則謀謨皆合於公論。而陛下誠於聽言之意。暴白於天下矣。天怒其有不回者乎。其七曰。明風憲以肅紀綱。給舍臺諫。國家之元氣也。元氣充則四肢實。而壽命長。元氣虧則四肢竭。而壽命短。其可畏也。乃者權臣禍國。專用私人。方其擢之未固。則一時聲望之士。不為所嗾者。率排斥而無遺。及其權之既固。則一時修飾之士。意向小異者。即擊

去而不貸。情有未通。則倚腹心以示意向。而腹心者因得以行其私。意或未悉。則假簡槧以導委曲。而簡槧亦有時而漏露。仁人君子誤汙丹書。無辜之民。或遭簿錄。循至于今。未及湔祓。雖以詔令之懇切。不免畫餅之療飢。是信任誠誤矣。然今日之臺諫。敢於排奸雄而論宰相。給舍敢於繳權倖而拂貴游。監司帥守敢於抒戚里而排勳閥。雖使祖宗盛時。亦不過如此。陛下以祖宗為法。則當施行其言以養其敢言之氣。今以所聞參之。則言者愈激。而聽者愈緩。論者愈多。而行者愈寡。乃有大不然者。古者言及眾興。則天子改容。今封章闐來。率墮渺茫。天使皆來從勞宣諭矣。古者論及廟堂。則宰相待罪。今議政事則敢於爭辯。尚人才則旋即錄用矣。古者論及左右。則貴戚斂手。今外臺逐之。而宰相收之。臺諫讎何之。而陛下調護之。不以除授為非。不以彈擊為是。所感曉愈無忌憚矣。吾君吾相。何示天下以不廣如此耶。夫言者之盡言。非為一身計也。何也。為權奸之所嫉。雖啣陛下之意。而陛下不敢不行。今也為大臣之所惡。雖合陛下之意。而陛下亦不敢遽行。是陛下之畏宰相無間於初終。而宰相之玩臺諫亦無異於今昔矣。此咎異之來。有甚於昔也。陛下而以風憲為念。則凡給舍臺諫之有言。皆當見之施行。以示公天下之心。勿以專攻上身為常事。而不加省。勿以論及大臣為沽名。而委曲回護。勿以事關貴戚。為訐直而緩於施行。則風憲明而紀綱肅矣。天怒其有不回者乎。其八曰。寬繇役以收人心。夫民心得。然後可以固邦本。邦本固然後可以保天下。人君所以奄有神器。傳之無窮者。豈有他哉。知愛民而已。恭惟國家祖宗德澤。至深至厚。累聖相繼。莫不以愛民為本。陛下嗣守丕圖。亦莫不以愛民為先務。下寬大之詔。數曠蕩之澤。所以奉承祖宗愛養元元之意。可謂切至。然自用兵以來。猶難而斲喪

之者非可以一端盡矣。眷冬鈔報而困三遷之民，清野徒治而困兩淮之民，浮鹽和糴而困江浙之民，鹽丁出沒而困閩廣之民，軍用需索而困荊湖之民，斂潰迭作而困川蜀之民，盜賊橫行而困沿海之民，加以貪夫暴吏，不體上意，侵漁蠹蝕，靡所不至。血其齒牙，以民為犧牲，增和糴之入以供羨餘，取田租之贏以豐囊橐，假按究之名以增賦斂，嚴榷酤之令以伐和氣，長告訐之風以供估籍，泒攤賴之目以償逋欠，厚軍需之儲以肆科抑，旱魃為虐，則縮撿踏之數，吝於蠲租，水災捲至，則諂抄劄之名而韌於發廪，索綿帛於方桑蠶之候，追米斛於未秋收以前，拘鹽未已，械繫隨之，苛刻未已，刑獄隨之，號令嚴峻而必行，姦胥寅緣而為利，苞苴既厚，寵賂又滋，以貪婪之心，行暴橫之政，以星火之令，速疲殘之民，餘息之民，僅僅如縷，而箠楚縲絏，殆無虛時，愁歎之聲，閭里相接，強悍者散為攘竊，懦愞者倏致流

離，重以飢寒，朝不謀夕。嗚呼，上天何用更生此，使為旱魃以瀾陛下之雨露，使為蟊賊以食生民之根葉。此而不除，陛下之赤子未得安枕而卧也。宣曰國家固民以寧邦本之本指哉？此災異之所以來也。陛下而以愛民為心，則宜申飭有司，凡中外蠹國害民之政，一切除去，凡弓張未弛之政，一切罷行，勿以民怨為可忽，勿以民力為可窮，深究祖宗被盡斷手足以全大體之義，時取其無狀者一二人，中出手筆，特行竄分，使如雷霆忽然在其側，正使天下皆知誠出聖意之所丁寧，不以詔令為虛文，則實惠及民，有可以為祈天永命之地矣。天怒其有不回者乎？其九曰勞還役，以一士心。古者戍役兩期而還，其出戍之時，則采薇以遣，而念歸期之速也。然所以使我室家而不遑啓處，載飢渴而至於傷悲者，非上之人固為是以苦我，直以有所不得已而然耳。故出師則歌采薇以勉之，其還歸則歌出車杕杜以勞之。先王蓋以己之心為人之心，故能曲盡其情，使民忘其死以忠其上也。先儒程頤謂毒民不由其上，則人懷敵愾之心是也。我國家自有敵難，兵不解甲者垂二十年矣。始也宿師於襄漢，今襄漢入於敵，而退守荊湖之北矣。始也宿師於三關，今三關入於敵，而退守堂奧之地矣。始也羈縻宜邕，今宜邕警於敵，而嚴守桂林之地矣。始也聚兵山東，今山東歸於敵，而分連水海道之地矣。敵入無歲而不入，則邊備無歲而不嚴，邊備無歲而不嚴，則中國無歲而不勞。吾之所以待之者，固不可以數入為常，而怠於戍守，亦不可以久戍為勞而忘於撫循也。今上而朝廷，下而將帥，以敵為常矣。以敵為技止此矣。夫以敵為常，則玩心生，以敵為技止此，則忽心生。合玩與忽，而暇以戍役為勞苦乎？故邊鄙之間，有功而上不見知，有勞而下不知恤，此災異之所以來也。陛下而有意乎此，則宜申飭有司，嚴戒將帥，察

其勞苦憂傷之情，憫其貧窶凄凉之實，番休以時，役使有則，勿以微勞為不足念，而有功必賞，勿以小校為不足問，而有憂必恤，則竭力效死而無還心矣。天怒其有不回者乎？其十曰謹刑罰，以召和氣。舜之命官，先播穀以敷教，而後極於刑，蓋有以益其民之身，又有以善其民之心，不獲已制刑焉，而刑之所施，又必察其情，當其罪，是亦惟刑之恤之意也。周官大司徒以八刑糾民，在三物以教之後，而其所糾，有不孝、不睦、不婣、不弟、不任、不恤、造言、亂民而已。所謂刑者，祗所以教之也。其仁愛忠厚之至，上自有虞、成康之世，刑措不用幾四十年，此所謂置天下於仁義者也。今之任廷尉者，不以人命為心，司天牧者不以民痛為念，為士師者不以弼教為事，是其心術念慮，惟貨惟內，則訖富訖威也，匪指適以明，則鍛鍊以成也。游辭兩造，而遁情析律二端而舞巧，或上下以心術相馭，或彼此以文法相操，雖刀

之末而畫爭犴狴之滲而弗悔民無所措其手足國無所庇其本根聞
明五刑矣未聞正四凶之罪以服天下也聞黜四贓矣未聞刑不孝之
人以勵風俗也上之人不以善道待天下故風化所被刑獄滋章一歲之
內子弟殺父兄者十之二三妻殺夫者十之四五幼凌長者十之六七下凌上
者十之八九人道絕滅天理不容怨毒充盈上干和氣刑獄澂矣曰何為
而不蝕乎臣願陛下以堯舜為心以成周為法罔兼庶獄明清單辭道
上之德意志慮而達之民悉民之險阻艱難而復其上春生秋殺一出
無心刑後德先哀矜勿喜如是則泰和之風忠厚之俗沉涵漸漬入人
之深而天怒可回矣其十一曰廣仁恩以安遺黎外患之禍自古有之
禍患之烈未有如今日也曩者蜀首被害淮襄次之今又轉而南侵且
驚塵游騎徧於東西南北之境矣夷城削陰糜爛生民無貴無賤駢首
就戮荒烟凍雨冥漠無歸結為妖氛激為癘氣流為滯魄散為游魂徃

徃鬼哭天陰則聞此死者之啣冤也摧殘餘黎幸免屠戮竄伏山谷奔
走道塗流漸既竭生理復空蒙袂輯屨待哺嗷嗷北風其涼雨雪其雱
無衣無褐何以卒歲或坼人嚼屍或易子咬骨或兄弟之血前後濺野
草或夫夫婦婦更相為鯨鯢齊魂為燐氣趙骨化魏土悽痛之聲入金
石出絃匏聞之者悄戚戚腷痛不自禁此生者之所遭也嗚呼均為王
土也何彼土之樂而吾土之愁也均為赤子也何彼民之幸而此民之
重不幸也上爲者聽民之自生自死而不知恤下為者聽民之或去或
來而不知救為民父母而忍然情耶流離如此曰何為而不蝕乎臣願
陛下念死者之無辜為求所以慰安之憂生者之無依而求所以安集
之其安土重遷者則申飭監司郡守復其繇役免其租賦其轉徙流離
者則專置一使以任其事廩有餘粟則傾囷倒廩以紓其目前之急官
有閑田則給牛種以救其終身之苦壯者籍以充守禦之兵弱者籍以

備使令之役或分其勢而不使之結連或渙其群而不使之為亂如
此則淮襄秦蜀之民復得蘇息為陛下保境土為陛下迓續天休而禍
亂弭災異消矣其十二曰寬鹽筴以裕財用易曰理財正辭禁民為
非曰義是為天下者以義為本不以利為本以義為利不以利為利
也曰正云者非蓄於義乎大學曰長國家而務財用必自小人始且
理財者以君子為的不以小人為的以君子為利不以小人為利也
曰務云者非喻於利乎蓄於義則功利之說不足以蝕人主之心喻
於利則富強之術反足以召天下之亂有天下者其亦知所審哉國
家歲用至廣兩税之外仰給於鹽鹺者為多祖宗相承朝夕計慮與
夫賢臣謀士補葺闕遺纖悉備具著在令甲皆可以經久垂遠而無
弊故商賈輸金於官謂之入納及其請鹽於煮海之場則待次之期
有遠有近幸而及期則泉貨流通萬一法令或有少變則本已消折

尚何子利之可冀乎比者朝廷規求近效昧忽遠圖凡鹽筴之利自
一孔以上官司斡運或謂之國用房鹽或謂之相府鹽無非自操利
權大抵下同商賈與民爭利至析秋毫氣燄炎炎迫人商賈往往積
怨已入納者折閱無餘未入納者逡巡改業所貴乎鹽筴之流通者
以商人入納之數為之羸斷也今商賈之貲用漸竭既無以為販鬻
之資而朝廷之子本不繼又無以為斡旋之用則是煮海者無策可
措而停塌者無貨可居雖壓之朝廷之勢加之以刑戮之威而本之
則無其何以責鹽筴之登衍哉此貨鹽之害也浮鹽即歸朝廷漕臺
專任鬻賣鹽未至場則兵將為欺夾和灰土鹽既至場則官司為擊
抑售高價毀至發泄則富户為欺賣弄斤兩蚩蚩之民展轉受害中
間朝廷雖有三分七分發賣之文然商賈終於疑惑豈肯公肆貿遷
則有商販之人多為官司所抑坐淹歲月發泄未能若謂權宜可以

為糴本之儲。則糴本不專何是也。若謂多積可以為國家之利。則往往分散而入於私用也。若謂三分不足以病商賈。則商賈之勢竟難與官司為敵也。若謂變賣不足以病民。則高大之直百姓不樂於與官為市也。此賣鹽之害也。嗚呼。民吾民也。商賈亦吾民也。豈有為民父母坐視其流離顛沛而不恤也哉。臣願陛下特降睿旨遵守祖宗之舊法。申嚴前後之指揮。釐革見行之條貫。使行旅流通。邦儲豐衍以副陛下蓄義為富之意。則二弊自革。以此而消災弭變。焉為而不可。其他脈絡之或間斷。節指之不相應者。未易殫述。此十數條者。乃陛下之所諮訪於臣民者。誠有關於治體之污隆。氣脈之盛衰也。陛下豈不知屋漏之至嚴。而未能專一於敬心。豈不知萬機之叢脞。而未能肅清於政本。豈不知流品之當清。而未能公平於好惡。豈不知女謁之干進。而未能勇制於情慾。豈不知權姦之為害。而未能遏絕其萌蘖。豈不知言路之當通。而未能疏滌其壅滯。豈不知信任之當謹。而未能致察於賢否。豈不知徭役之當寬。而未能禁戢於貪暴。豈不知士心之當固。而未能撫恤其憂憤。豈不知獄訟之至繁。而未能深察其情實。豈不知邉民之流離。而未能大布於恩澤。豈不知鹽筴之病民。而未能一洗於功利。凡皆志慮之因循。率為聖政之疵累。意者天心仁愛人君。不容不以是為陛下告乎。春秋二百四十二年。而日蝕者二十有六。西漢二百一十二年。而日蝕者五十有二。唐二百八十九年。而日蝕者九十有三。未有如今日之蝕也。豈可以尋常之變待之乎。陛下倘不以為尋常。必穆然而思曰。夏正謹始。朔旦紀元。天令方新。朝綱甫肅。離明赫赫。遂爾翳蒙。得無陽剛元德有間斷歟。得無君道仁政有虧闕歟。而愚臣區區之意。則以為國本者國脈之所關。國是者國勢之攸繫。而陛下未及有所諮訪。豈聖心固有定論

不待臣民之論列耶。抑亦畏人多言而闕然其間也。然此大事也。豈容置而不問。蓋國本早定。則天下之人望有所歸。而姦權不敢有睥睨漢鼎之心。國論不凝。則萬世之基圖無所屬。而豪傑或有輕視宗祧之意。故臣願陛下深入思慮。早定國計。堅凝國論。正以此也。陛下春秋四十有三矣。即位亦二十有三年矣。閱天下之義理不為不多矣。乃者中外小大之臣。不避斧鉞之誅。每有論奏。必以宗社大計為言。陛下建學于內。博采精擇。似亦有意乎此矣。然聖意猶豫。未即裁決。此臣所以不敢已於言也。陛下端平之政。開衆正之門。塞群邪之路。翕翕向元祐。僅及半載。議論一變。而嘉熙之雜。淳祐之專。紛紛未定矣。陛下既不待群臣之請。自更化絃於前。則豈可不俯聽群臣之言。相與堅凝於後。而聖意過有憂慮。罅隙時見。寢苦掛冠之請。一嘗試也。而陛下與之祠祿。腹心臺諫之除。二嘗試也。而陛下見之施行。不過曰。姑存體貌也。不過曰姑止人言也。又不過曰。荊棘之路不可闢也。然優游漫緩之極。反覆之所基。繚繞包涵之中。禍亂之攸伏。此臣所以不敢已於言也。而況古今厄運。適丁茲時。寅正紀元。又著妖異。疾今不圖。則陛下之勢孤。而海內寒心矣。其何以弭災異之變。遏禍亂之萌耶。故嘗為之說曰。天下者祖宗之天下也。祖宗惟不迩聲色。不殖貨利。不害善類。不用小人。不遏言路。不尚兵刑。不重征斂。故天變弭於上。人心助於下。而主勢尊安。今陛下一壞於女謁之干請而主勢孤。再壞於功利之刻薄而主勢孤。三壞於君子之疏遠而主勢孤。四壞於小人之竊弄而主勢孤。五壞於忠言之不售而主勢孤。六壞於兵甲之未息而主勢孤。七壞於壤地之迫蹙而主勢孤。八壞於暴君汙吏之斲喪苛征橫斂之椎剝而主勢孤。今欲扶其壞而翼其孤。蚤國本之定。國是之凝。臣未見其可也。陛下幸聽臣言。則天下

事尚可為。不然。壞者自壞而不自全。孤者愈孤而不自立。則劉蕡所謂宮闈將變。社稷將危。天下將傾。海內將亂者。復見於今日矣。臣不避斧鉞之誅。罄竭愚衷。冒昧一言。以為消弭災異之本。惟陛下實圖利之。臣雖畢命山林。死且不朽。干冒天威。罪當萬死。

子才又上奏曰。臣不識忌諱。嘗條舉十數事告陛下矣。然此十數事根原。雖在陛下。而扶持匡救則專有賴於宰相也。比年以來。宰相多不用讀書人。間有用之。又皆書生之靡者。故其所為。不過逢君之惡。安能格君心之非。陛下奮然開悟。舉儒相而專任之。此上天悔悟以開更化之機也。此九廟神靈陰騭顯相。為國家植立無疆之休也。大臣於此。念付託之匪輕。思為臣之不易。尤當刷磨舊意。振動新功。圖惟報稱。況今天下內無國本。外有強臣敵國。豈宰相玩歲愒日。坐走天下事機之時乎。必論今樂蕩心之害。陳昔人流連之戒。如王曾之

諫仁宗。而後微心可一。必總朝廷之大體。守國家之法度。如劉摯之事二聖。而後政本可清。必論丁謂之才不可使在人上。如李沆。而後邪正可別。必積下內降數十封而面納。如杜衍。而後女謁可罷。必如富弼論陳執中無學術。不可為相。而後權奸可去。必如趙普收拾擲下諫紙。糊綴復進。而後言路可通。必如呂夷簡選用風憲。當出聖意。而後紀綱可肅。必如曾公亮知民疾苦。補助窮乏。而後人心可收。必如呂公著言有勞不報。何以使人。必如寇準論刑罰偏頗。元旱立致。而後士心可一。和氣可召。必如龐籍論省冗兵減浮費。以蘇川陝。必如王旦戒張士遜言。朝廷榷利至矣。而後遺黎可安。財用可裕。乃若固國本。定國是。則必如韓琦扶孔光傳以進。必如司馬光言天若祚國必無此事。而後可也。其或過自菲薄。不以渡江以前宰相為規撫。而安意前日之專。甘心近時之快。則相業卑微。其餘不足觀矣。其何以

仰稱陛下專任一相之意哉。臣仰恃聖明。不能自嘿。陛下惟毋以常談忽之。天下幸甚。

歷代名臣奏議卷之三百十

歷代名臣奏議卷之三百十一

災祥

宋理宗淳祐七年夏旱牟子才為太常博士上奏曰臣伏自丙午之夏被命造朝今一年餘矣所見災異不可勝數惟嚴廊之上宴安自如而海内之人寒心已久迺五月不雨旱暵為災河港斷流秧不入土既踰夏至無望晚禾縱有沾濡僅灑塵壒竊可怖者閩中之水江西之潦同此一時而近畿諸郡乃以旱告上天仁愛之意厥有攸在此非責躬修行之時乎此非下詔求言之時乎此非避殿減膳之時乎臣延頸企踵以望此詔久矣而九重深嚴迄無聲聞臣工覲望亦失闓陳但聞今日醮内庭明日禱新宮今日封神祠明日迎佛像倚靠於衲子聽命於黄冠是皆無益之舉所謂咸平明道熙寧紹興淳熙求言之故事迄不復講而專報靖康不舉行之失以遏天下敢言之口此臣所以憤悶不平激而為今日之疏也且今日之旱與庚子異庚子之旱旱於秧苗已種之餘今日之旱旱於秧苗未栽之際已種者尚猶有望未栽者已無餘覬矣委之於天數之適然可乎或曰桑林之禱六事自責是湯未嘗有此失特疑其詞而逆致其防耳今宮中府中之事窒而不通治内治外之政闢而不舉遺揆輕而法守紊刑罰濫而貪黷滋則政之不節有其實矣干戈征歛之重交困於民生飢饉流徙之稟徧形於田里魚介勞而下多苦鴻鴈散而民未安則民之失職已有其證矣内而邃館增築石山外而新宮大展藩屏降及侯王之邸第爭輿輪奐之侈斥則宮室之崇有其所矣權寵之地既察令萱請謁之門爭求玉聖旁及嬪嬙之貴亦多依託之私則女謁之盛有其候矣貨財多入於水衡寶賂交通於禁密力之大者可以營權位力之微者可以鬻州符則苞苴之行有其信矣詆讀相蒙於上下奸讒交亂於愛憎陰毒中人者力比於含沙雖肝行世者工倖於鬼蜮則讒夫之昌有其驗矣而九五之尊亢然居上未聞出一言下一詔如桑林之所謂禱者其為藐天眾亦多乎臣應之曰今日六事之失其形已成矣臣民言之亦衆矣吾君之聽亦玩矣與其鋪陳舊失以取吾君之玩曷若於六事之外求其近事之切於利害者而極言之以冀吾君之一悟乎臣生長遠方賦性愚猶其敢回隱以負陛下隆天厚地之知請遂言其槩臣竊嘗讀易至於恒見天地萬物之情惟其常而已日月惟其常故冬北夏南朝震夕兑而能久照不則不常其道矣四時惟其常故春震秋兑夏離冬坎而能變化不則不常其化矣聖人惟其常故居上不驕處柔不躁順動不失守正不變而能化成不則不常其德矣常則久反常則息常則善反常則惡常則吉反常則凶然則常之為道其人君凝固善念之大機括乎陛下以至明至聖之資臨政願治于今二十有四年矣天下之理不為不多習國家之事不為不熟發而為政一一中節布在天下著在人心者固不可以一二枚數然寂其著見而關係甚大者有三事焉正人國之精神也陛下懲衰周監謗之失垂情容納天下於是服陛下之量草茅國之氣脉也陛下懲孤秦賤士之失推誠尊禮天下於是服陛下之誠小民國之大命也陛下懲潢池弄兵之失加意撫綏天下於是服陛下之仁夫三德者天下之所仰望以為平治者也而陛下勉焉可謂大過人矣使行之力守之篤持之定不間斷焉以睽其常不二三焉以窒其常則終始如一時乃日新而常之功用凝矣然自去冬以迄于今僅五閱月而所為驟變不類故常豈陛下於長久不變之義或未之思歟抑情意厭倦易其舊而新是圖必盡棄平日之程度而不復存歟不然何其變之倏更之驟也且正臣進

奏議卷之三百十一 一

奏議卷之三百十一 二

者治之表也。往者柄臣類於千官百辟之中。擇其蹤跡詭秘。敝行不義以爲吾之後與夫至庸極陋貪懦無耻決不至於妨吾之事者而後用之於要津。由是人主不得聞天下之事。是非淆亂無所不至矣。比歲以來。此弊已革。所用之人率皆正直。然以建議立論謇謇諤諤輒不爲人所容。蓋有厭而棄之者矣。去職二臺諫之逐。搢紳愕詒。葺布嗟惜。往往私竊妄議。以爲二臣所以獲譴者。必其言宮庭幽隱之過也。必其言官寺女謁之私情也。必其言君子小人之朋比也。及退而考其所爲。則爲其議論久對而再言。嵩之爲其彈劾甫息而又論陳鞾。夫權奸接跡。表裏爲欺。論之誠是也。今乃借中傷善類之名以逐之。而不顧其指擿之乘快也。稽諸故典。唐介劾文彥博。斥去未各。旋復召用。今嵩之已都書殿之禁。陳鞾亦受元樞之命。而琰與昂英。一斥五月。未聞有召用之期。旋直言者固如是耶。此臣之所未喻也。

一詞臣之去。中外小大之臣相與驚疑。私竊妄議。以爲詞臣之所以徑去者。必以其嘗言天倫之不可昧也。必以其嘗言臺諫之不可逐也。又以其嘗言新宮之不當建也。今退而徐考其所爲。則謂其請老非一章。求去凡十疏也。夫重於起家。輕於去國。固臣子之高致也。今預憂暑途之可畏。而聽其徑歸。姑徇人言之可畏。而復預經帷。予奪軒輊。見於思慮委折之餘。而狎侮娛嬉。形於詞意抑揚之表。待仁賢者固如是耶。此臣之所未喻也。其他如王伀之直情徑行。雖乏委曲。然他日之事。乃以南陽而獲譴。歲月既周。畀以遠節。非特見天道之當復。亦可驗聖心之易回也。而又屏之。王爚守正不阿。雖少疎通。然龍翔之役。論諫甚力。其於聖德所補不細。今杜門求去。非特見去就之當然。抑亦見風勵之不廢也。而遂逐之。此陛下不以直臣視直臣。而銳於逐之。其失一也。畢何爲而不作耶。議政鄉校。鄭國以昌。策士大廷。漢室以治。是士氣不可一日不養也。然所貴乎士者。以其爵祿可辭也。白刃可蹈也。挾其所甚重。而眇其所甚輕也。尊其所可貴。而輕其所可賤也。豈區區富貴可得而輕重哉。去歲四學之士。始也以敢言而蒙榮。終也以多言而蒙辱。方其敢言也。孰不以青天白日爲清明。鳳凰麒麟爲美瑞。及其多言也。既以一試之餌誘之於前。復以不試之令制之於後。既馳驟之。復束縛之。既羈縻之。復斂吾之。一切以喑嬰兒。御童僕者。爲一時之予奪。使患得患失而不敢言。箝口結舌而不復言。意向之所之。甚於斧鉞之誅。而一語之輕。甚過於市朝之撻。其爲猷薄不既多矣乎。三歲取士。古制也。舉於鄉。試于春官。覆試於有司。親策於天子之庭。重事也。方其始也。以鄉三物教萬民而賓興之。曰賓者。敬之至也。及其終也。鄉老及鄉大夫群吏獻賢能之書于王。王再拜而受之。曰拜者。尊之至也。夫賓之拜之。猶恐不敬。今齮齮齕齕。群然而來。而搜索挾書之令已擬其後矣。夫挾書有禁。國之法也。狃習於累年法制之寬縱。弛於一朝恩數之濫。陛下而有意更革之。則先期而致戒。三令而五申。夫孰不洗心滌慮以應新令。今告諭甫形。知聞未徧。一旦守闉之吏。禁衛之卒。已得而孰何之。顛倒其衣裳。仳離其冠屨。詬罵之聲。不絕于口。而士則乍入君門。不敢譁也。搯擊之勢。不絕于道。而士則乍入君門。不敢聲也。間有挺特之士。不受屈束。則相與仇視而媢笑之。遂使鯁直之氣沮抑而不得伸。縕蓄之胷迷惑而不得吐。或畏憚而遠遯。或驚疑而成疾。嗚呼。何其重不幸耶。陛下二十四年之間。未嘗有此舉動。今此手一滑。而僇辱至於如此。此陛下不以士類視士類。而輕於辱之。其失二也。畢其有不作乎。撫我則后。虐我則讎。天畏棐忱。民情難保。言民則至繁而易安。小民則至微而易動。君臣之間。爻相警戒。使知邦之根本專在小民。

者蓋國家之亡。不在大族。不在諸侯。不在姦雄盜賊。而止在於小民之身。是天命未足為天命。而人心乃所以為天命也。其所關係豈小小哉。近者因感生帝。大興土木。拓闢輦路。增廣祠庭。七八百家之居屋隨手毀除。一萬餘口之黔黎聚頭嗟怨。陛下雖捐水衡少府之積。增直償然。都城之內。人心皇皇。道路籍籍。咸謂陛下興此不急之務。以毒我民。彼其窮閻故屋。暑雨淋漓。曾不能以自覆。而陛下忍毀之乎。敗絮破衾。風雪凝冱。曾不能以自溫。而陛下忍毀之乎。隆寒皸瘃。生須窮餓。曾不能以救其腹。而陛下忍毀之乎。陛下起自民間。其於民之疾苦。亦熟悉之矣。胡獨於此而用其忍耶。不寧惟是。毀室之謗未已。失帶之事旋興。祖宗數道之寶。一旦失墜。陛下覺者夫孰不以為當然。掌寶玉者當誅而不誅。盜寶玉者當誅而未即誅。此國法之不可貰也。而有司奉行過當。無故而估籍平民。亂沒寶貨者不可勝數。市井之間。族談聚議。皆謂某人已籍矣。某人

已獄矣。所籍已踰所失矣。太平民見利而還。祇豈知其為寶玉大弓哉。使其知之。何敢以一身輕冒法禁。此其情亦可以闊略矣。昔太祖皇帝謂朕有三條帶。汴河一條。惠民河一條。五丈河一條。今淮蜀之要地。祖宗之所寶也。陛下失其半。亦既累年矣。而不之問。顧乃因一帶而擾害百姓耶。甚為陛下惜此舉措也。秦揭竿之夫。起於閭戍之類。仍唐天寶之盜。興於百姓之嗟怨。萬事之得。或以一事之失而召怨。萬人之悅。或以一夫之怨而生亂。此天下必然之理也。今所失非一事。所怨非一夫。陛下而可以細微而忽之。至愚而同之乎。此陛下不以小民視小民而銳於怨之。其失三也。旱何為而不作乎。求一善之揚。可以順天也。今一失於諂賢。而容受之德。反其常則非所以順天矣。一俊之巔。可以事帝也。今舜失於辱士。而敬體之德。反其常則非所以事帝矣。一小民之安。可以永命也。今三失於害民。而仁愛之德。反其常則非所以永命矣。此

旱之所應也。人徒見陛下自去臘以至于今茲。奇災非一事。而不知上天自去臘以至于今茲所應亦非一變。陛下不數月而見此三失於天下。上天不數月而見此數異於國中。一事失則一證見。一德虧則一變生。影響形聲。其機甚捷。豈不大可畏哉。雖然。三者之失。固在陛下。而繩愆糾繆則在大臣。古者大臣格君心。皆於過失未形之際。不待已形而後言也。益之戒舜則曰任賢勿貳。去邪勿疑。是舜未嘗有疑貳之事也。召公之戒武王則曰德盛不狎侮。狎侮君子。罔以盡人心。是武王未嘗有狎侮之事也。周公戒成王。則曰君子所其無逸。先知稼穡之艱難乃逸。則知小人之依。是成王未嘗有忽小人之事也。未嘗有此事。而二三大臣拳拳告其君若此。是敬其君而不忍置之於有過之地也。今大臣以師臣之舊。居伯益周召之位。其可不使陛下為舜武成王之君耶。然則欲改陛下之舊失。以起今日之

新功。則大臣當齋戒沐浴。積其誠以告于陛下曰。寧考所以傳位於陛下者。以陛下能敬賢。能禮士。能安民也。前日不幸而有拒諫之事。又不幸而有辱士之言。又大不幸而有害民之舉。若悔心一生。則前之所謂不幸者。皆如日月之食焉。不然。臣亦未如之何矣。陛下聖性高明。一聞此言。必翻然改悔。發自聖衷。避殿減膳。詔天下臣民極言朝政之闕失。然後寵章李於既斥之餘。禮多士於沮辱之餘。安百姓於離析之餘。使天下咸曰。大哉王言。又曰。一哉王心。則簡賢之失轉而為容受。慢士之辱轉而為優禮。害民之舉轉而為安民。二十四年曰量。曰誠。曰仁。三者之德復全於今日。而無驟反故常之譏矣。天變其有不弭者歟。語云。法語之言能無從乎。改之為貴。惟陛下力行之。

子才又上言曰。臣不識忌諱。嘗備舉三失以告陛下矣。復有餘悃。願終陳之。盜賊水旱之變災異萃於今日。人皆以為國家之災。臣則以為

國家之福。是何也。天下之禍常伏於人心所不慮之餘。而國家之福每兆於君心常謹畏之日。正孟子所謂生於憂患死於安樂也。昔李沆相真宗每朝謁奏事畢必以四方水旱盜賊奏聞。同列或以為非。沆曰。人主一日豈可不知憂懼也。不知憂懼則無所不至其後又謂王旦曰。沆死。子必為相。遂與虜和。一朝疆埸無事。恐有盤遊之樂。必興土木之功矣。及祥符間。契丹既修好。兵革不用。近習用事之人。始建議封泰山。祀汾陰。築玉清昭應宮。崇奉天書。耗用浸廣。旦常悒悒不自得。然不忍獨善其身以去。曰。誰為國家抗群小者。乃薦呂夷簡王曾等二十餘人布列于位。所以小人力不能勝。沆之此言。其千萬世人主恐懼修省之龜鑑乎。今敵國勢大。意欲飲江。禍至烈矣。江湖閩越所在盜起。患亦廣矣。旱暵孔殷。水潦並作。天變亦極矣。當軸居李沆之位。蘊李沆之識。歷此三者之變。固未嘗不奏聞以警上心也。

然警省之餘。亦當求所以弭災銷變之策乎。今禦敵雖得人。而激昂奮厲振起事功在廟堂當有以盡其扶持之力。平盜雖有人。而安靜不擾鎮撫得宜在廟堂當有以示其意向之明。乃若水旱之來。必君相交修。力行好事之時也。頃者頻遣使車。屢曰放罪。游預寬詔蠲賦惠民。非不懇切。而昊蒼益高。旱勢彌甚。是必有大不可於帝意者。不然。何其窒而不通。感而不應耶。臣之愚見。則謂陛下宜痛自悔艾。而深思乎日。憮然不足于心。惕然不寧于心者。盡其所以愛敬。而彌縫於冥冥之中。以平其恨。而釋其究。則鬼神悅豫。宗廟安妥矣。挽回不可測之天心。消釋不可解之天怒。延續不可終窮之天命。其機括有大於此者乎。此愚臣所以拳拳納忠於陛下也。惟陛下實圖利之。

子才又上疏曰。臣濫吹班行。尸素無補。比者天久不雨。嘗不量愚昧冒萬死。裁一書為陛下極言三事之失。且於其末致拳拳之忠。所冀聖心開悟。引咎責己。導諫敷恩。以解天下之惑。今已踰旬。未聞有所施行。而天怒不解。旱勢愈張。四海臣民。睹此鉅異。愈益憂皇。或謂祖宗求言具有故實。惟靖康多難。求及舉行。此等所為。已非美證。堂堂盛世。所當監其失。而敬天怒。何乃襲其咎而玩天災乎。臣竦聞其言。退而追惟靖康以前之事。未嘗不痛恨當時。而重有感於今日也。陛下自親政以來。凡三更大化矣。一更於端平。其失也輕。再更於嘉熙。其失也濫。又再更於淳祐。其失也專。曰輕。曰濫。曰專。其事雖殊。其失則一。今政瑟之更。幾二年于茲矣。始焉剛果之氣。未嘗不翕然。惟慶曆元祐之慕。日慆月邁。志氣不強。曾幾何時。而委靡中道。已逡而奔於崇觀宣靖之域矣。嘗即其實而考之。其事力反不及於崇觀宣靖而證候則有類乎崇觀宣靖也。且人才國家之精神也。乃者弓旌四出。非不招來。而難進易退。未肯輕出。間有出者。亦不能尊信而用之。

其間如極論綱常者。執憲端平者。力拄閫戚者。肅清宮禁者。未嘗無人。而御屏簡記。或亡其姓名。或褒薦揚。又遺於物望。彼亦不過甘心空谷。絕意中朝。方之崇觀宣靖諸臣時望之偉。亦有如李綱者乎。耆學之雅。亦有如楊時者乎。耆德之尊。亦有如許翰者乎。經術之奧。亦有如胡安國者乎。直亮自許。亦有如崔鶠李光余應求者乎。威望可倚。亦有如种師道劉韐宗澤者乎。是人才反不如崇觀宣靖也。兵者國之爪牙也。兵不精利。與空手同。甲不堅實。與袒搏同。古人無日不討軍實。擇令與者。正謂是也。今子虛烏有之籍。在在而有之。戍淮之兵。殲於戰鬬。防江之兵。狃於驕惰。淮東先鋒。數僅二千。荊楚壯士。十丧八九。山西勁卒。類多烏合。郡國禁兵。僅充廝役。而倚以捍禦者。又多北來之軍。圖豹養虎。禍變難測。加以器械鈍闕。戈戟凋殘。豢衛海鰍。率多壞爛。神臂床弩。率就消磨。駐隊舊制之不存。克敵斗刀之不

舊方之崇觀宣靖間亦有八十餘萬之京城兵乎亦有二百萬之諸道
兵乎亦有二十七萬之河南北兵乎亦有一百七指揮馬步軍乎亦
有二百尺之天駟戰馬乎亦有五千座之京師砲乎亦有千餘兩之
宣閣造車乎是兵器之多未如崇觀宣靖也財者國之命脉也國家
一歲通制國用正當量入以為出而近年以来横費亡藝歲終會計
已加多六七千萬一朝御札又歲新券三四十萬習視之行新楮以
一千萬計銀兩以五十萬計其他諸閫之非時科降戎所之制造鎧
甲制閫之臨遣撥賜合而言之亦千餘萬其他如宮掖之横恩燕飲
之用度權奸之盜竊郡守之囊橐要路之苞苴閑官冗吏之泛濫之支
吾邸第宮觀不急之營繕又不可枚數府庫所積在在移為其視崇
觀宣靖間亦有大觀西庫三四千萬緡之積儲乎亦有諸路所積三
千餘萬之積鏹乎亦有在京庫務一千三百餘萬之積貨乎亦有諸

監所鑄九百萬之錢乎亦有延豐倉四十萬之積粟乎亦有宣和六
庫上供四百萬乎亦有無額上供三百萬乎亦有京師新政一百餘
萬乎亦有諸路免夫錢六千二百餘萬緡乎雖曰竿天下之勢不及
全盛之時然所積竟不能彷髴其萬一是財計反不如崇觀宣靖也
雖然人才不如兵財不如使振而起之猶可勉强今所患者無崇觀
宣靖之事力而有崇觀宣靖之證候何謂證候曰奉御筆也事燕游
也崇土木也逐君子也諱讜言也恩權奸也用戚里也信宦官也徼
盜賊也致外患也御筆始於政和四年初為楊球之代書終為流弊
之滋熾或稱詔或稱御筆手詔或用御寶或用長印或有金塡紅刻
旨揮由中而出不在於中書門下之旨也當時三省但奉行御筆而
已陛下即位之初壓於權臣澹光晦迹不敢自大所謂御筆非惟不
能亦未知其為何許事粤自親政攬權蹊路漸熟然亦未至於蕩然

也今輕視四海玩弄諸臣用力於區區術數之微偃然自謂人莫己
若矣女子宦官邸第戚畹窺見罅隙請託紛如於是御筆沓至往往
夜漏十數刻省吏傳呼晷刻不爽大臣簽押奉行惟謹妨害政幾虧
損觀聽清明之世為此弊倖陛下不欲為千萬世之令主乎宰相不
欲為千萬世之賢相乎不然何縱弛之如是也臣所謂有崇觀宣靖
之證候者此其一也天久不雨其以是乎政和以後遊燕浸多燕太
清樓有記燕承平殿有記曲燕保和殿有記奉鳴鑾堂又有記皆所
以記一時燕游之盛而史臣書之不少隱諱者將以垂子孫之鑒為
萬代之勸也陛下富有四海紹隆大業亦幾有年謂宜兢兢業業視
為商監今得之道途咸謂陛下内庭排當寒暑不輟𣪍騎侵淮未盡
出境而常舞酣歌見於自逸湖寇鴟張未盡撲滅而耽樂飲酒或至
罷朝雖游歌雲漢療旱之詩尚未下避殿減膳之詔始爲緩容不過

自怒曰吾惟今日耽樂耳一日遊逸為害幾何不知是心一流則自
一日至於二日而至於終身不改雖敵國急警燎原滔天駸駸及我
亦罔聞知矣臣所謂有崇觀宣靖之證候者此其一也天久不雨其
以是乎祖宗以来宮室制度不過太廣政和初始建延福宮樓殿相
望跨越宮城自是興作不已又即延福宮之舊基建保和殿即誕聖
之地作玉清和陽宮即宮城之東建寶籙宮壘石為山號曰艮嶽亦
狀侈矣陛下襲十三葉祖宗之業所宜深監往失以示古人卑宮之
意為天下先今得之傳聞咸謂陛下聖性好大務營土木内而宮掖
四面築山多取石於南内燕息之所雖未必果有益事然内臣附會
多以人所不知為説誤陛下而陛下不悟其非此豈可令衆庶見乎
外而龍翔興建祠宇無拓地於百姓生產作業之地雖非陛下本意
然奸臣附會多以異説怵陛下而陛下不悟其奸此豈可使外國聞

乎。臣所謂有崇觀宣靖之證候者此其一也。天久不雨。其以是乎。政和元年。陳瓘台州羈管。崇寧六年。鄒浩永州安置。此皆權奸當國。欺君玩世。惜此以報怨也。今章球李昴英居瓘浩之位。而又有瓘浩區區之心。其排斥嵩之論列陳韡。此其志豈有他哉。徒以國家比年以來。氣勢微弱。精神萎茶。皆起於小人之誤國。所以恣意極陳。將以補闕政而裨聖聰也。不謂疎狂之言上觸宸怒。一斥五月不復召還。前後臣僚言之屢矣。而陛下終不省悟。遂使二臣墮在遠方。曾不得復齒縉紳之列。豈盛世美事哉。矧今敵國孔熾。盜賊橫行。水旱交作。患至迫矣。若不早霽威嚴。亟加萬一。因他人激怒。或以瓘浩之罪加之。則大體愈虧。非所以為挽回天心之術矣。此臣所謂有崇觀宣靖之證候者此其一也。天久不雨。其以是乎。燕雲之議。呂頤浩謂窮天下之力竭天下之財必無以善其後。此忠言也。而御筆則以興訛造訕罪之。此言為諱也。京城大水。李綱謂變異不虛發。必有感召之由。奸害非易禦。必有消去之策。此忠言也。而以隄防不修即非災異詆之。此言為諱也。陛下自去臘以來。每有諱言之意。昔賞下詔。一諱言也。風諭數語。二諱言也。春官宣諭。三諱言也。搜索懷姦。四諱言也。逐二臺諫。五諱言也。去一詞臣。六諱言也。陛下諱言於其上。群臣緘口於其下。間有冒死一言。則上下相與仇視而深嫉之。不以微罪行。則以他事去之。嗚呼。忠臣烈士所以極言敢諫者。非沽美名也。非好為不靖也。為人主心術慮也。為朝廷大體惜也。為生民大命計也。而陛下一切厭薄之。非特厭薄之。且憎嫉之矣。非特憎嫉之。且逐而去之矣。此豈盛世之美事哉。臣所謂有崇觀宣靖之證候者。此其一也。天久不雨。其以是乎。方蔡京之為中太一宮使也。既許之謝事。又使之削官。又使之居杭。凡京所為。一切罷之。所用。一切去之。誰曰京不遠矣。

上意決不向用矣。曾未三年。而五日一朝。赴堂治事矣。又未幾而落致仕矣。領三省矣。懷憾肆毒之久矣。苟可肆其一螫者。未嘗不甘心焉。積而至於禍敗。尚忍言之哉。今去相之奸。與京相埒。而怨戾不可解之毒。則又過之。觀其厚結游士。密伺朝廷。多積金錢。直通宮禁。無以空鄙塢之積。以實水衡少府之儲。窮水陸之珍。以供太官玉食之奉。此其意非但知此而已也。安知其不以北事為我了得之語。劫陛下乎。又安知其不詐為遼使問京何在之語。以涑陛下乎。此臣所謂有崇觀宣靖之證候者。此其一也。天久不雨。其以是乎。祖宗戚屬不得預政。非故疏之。其所以憂思深遠至矣。鄭居中同知樞筦。苟徇後宮之請。既罷免之。又申命之。中外交疑。道路指目。陛下臨御以來。未嘗不以至公為務。而肺腑戚屬。屢玷班行。子姪怪民。濫叨旄節。列辟猥歸於戚族。驕溢不減於曲陽。而列卿郎曰求速化。翺翔丞傳時冀超遷。材幹者猶有可言。乳臭者是誠無謂。遠而節旄。誤擬南陽之寵。近而戚輔。有同恩澤之侯。雖比之鄭居中。固亦有間。然浸淫不已。亦非所以示天下之公也。豈天下之大。果無一人可以供陛下之用耶。臣所謂有崇觀宣靖之證候者。此其一也。天久不雨。其以是乎。童貫譚稹首禍燕雲。揚戩何訢踵貫而起。其初起於毫芒。其末流之禍。至於塞天地。亘古今。陛下總攬權綱。豈不能深燭此理。然便嬖側媚有以中欲。甘言巽入。有以順情。陛下雖未嘗縱之。而憑依竊弄。蓋有非陛下之所能盡知者。故虛張科斂之數。其力可以移譖臣。而陛下不悟也。憑依教之威。其勢可以屈國法。而陛下不疑也。典領營造。費用泥沙。至不貲也。而勸同錢緡。濫用新稱。不肯循國計之常。掌司寶貨。愛護不謹。罪當誅也。而轉移主聽。嫁禍他人。幾不遵國法之常。臣所謂有崇觀宣靖之證候者。此其一也。天久不雨。其以是乎。方臘才亂連陷數州諸峒結連聲勢張大江西虔吉以至建昌盜賊間作騷擾良民以至此極陛下寬以御下仁以結民薄海內外悉主悉臣豈忍自壞於照臨之下而比年或多梗化兩淮流民吾遺黎也區處無術侵迫饑寒激而為寇如往歲之繹騷者有之矣衡建昌之民吾赤子也憑恃險阻雄長相角激而為盜如前日之跳梁者有之矣閩嶺之鹽丁江湖之峒丁皆王民也為守者不知撫循與之爭刀錐之利奪衣食之源憤怨不平激而為亂如今春之猖獗者亦有之矣始焉之激常起於細微終焉之憂至於盛大遂使橫行數州之廣綿歷旬時之久大師剿之猶未即功茲其為力豈不戛戛乎其難哉臣所謂有崇觀宣政之證候者此其一也天久不雨其以是乎宣和五年秋虜益兵雲中經營南寇其冬宗維寇河東宗望入河北邊遽條聞舉朝失色今北邊新興哨騎猖至自春徂夏勢欲飲江壽泗吾藩籬也地界南北敵所必攻蹺將勢窮士馬物故則藩籬不可賴矣通泰吾根本也地接斥鹵敵所必攻入民之生聚亭竈之精儲公私之餘羨悉皆破壞則根本不可支矣福山吾屏蔽也去毗陵纔二十五里而驚塵游騎直至於此聲勢幾搖於京邑烽火直至於甘泉則屏蔽又不可恃矣其如淮西諸郡間被傷殘蜀西諸屯時肆蹂踐遠而至於廣西一路又有幹腹之憂恫疑虛喝其意直不肯置我於度外也天氣尚熱變已如斯秋風纔高禍尤慘烈陛下出自聖斷分命樞臣進屯江面仗國威靈克勝而後朝食決矣然今歲之謀異於他日料敵制勝不宜輕易行兵用師不宜退却定功行賞不宜混淆一或反是則何以起人心興事功耶此臣所謂有崇觀宣靖之證候者此其一也天久不雨其以是乎夫人物兵財邑色不逮而亡國證候無一而不相似此臣所以痛哭流涕為陛下言之也然而欲消證候

則自吾君一心始君心得其正則志氣清明而天下之證候不生君心入於邪則晶光掩翳而天下之證候皆非先民有言陽明勝則德性用陰濁勝則物欲行萬事之得失係於一心之正不正如何耳夫天下以一人為主人君以一心為主君子方寸物欲多門撓之者衆攻之者繁至可畏也大學言治國平天下之用而其本在乎正心仲舒論正朝廷百官之本而其說則始於正心大哉心乎其理欲誠妄消長之源而天下萬事感應之機乎然嘗論之陛下之心其初未始不正也自人心汨之而心始不得其正陛下之心其初未始不誠也自妄念撓之而心始不得其誠陛下之心其初未始不清也自陰柔濁之而心始不得其清陛下之心其初未始不明也自利欲昏之而心始不得其明不能以禮制欲而陛下之心始蕩不能以義制事而陛下之心始縱此心一萌於方寸之間而証候已見於天下國家之大此無他理與欲之界限不明誠與妄之源流不別而其應如是也然則澄其源以為立政造事之本其有大於正心乎陛下清燕之頃試省察焉凡親政以來聰明不及於前時事業日負於初心者誰實為之必其聲色貨利有以蝕吾之天也便嬖側媚有以汨吾之天也蝴蛸蠖濩之中不能存道心而告人心也虛明應物之地不能純天理而除人欲也內嬖之多必私心之勝也燕游之數必淫心之蕩也土木之崇必侈心之汰也君子之疎必敵心之衰也正論之嫉必誠心之怠也奸邪之喜必禍心之包也貴戚宦寺之積必受心之纏繞也必畏心之菑蘖也盜賊外患之盛必常心之懷反也必懼心之少弛也是心之私起於方寸之端苟其極至於結為國家沉痼弗瘳之疾獨不可克而去之乎臣願陛下正其身之所善不以私欲間之實其心之所發不以妄念雜之養此心於虛明公溥之中一此心於喜

怨哀樂之後。敘慶曆元祐之所以得，監崇觀宣靖之所以失。側身修行，下詔求言。凡事之背理傷道者，悉更革之。一動作而反欲為於一云為而即誠，去偽，萬事皆善。十證並消。此孟子所謂有本者如是。而大學所謂物有本末，事有終始也。不揣其本而齊其末，則人欲肆，妄念作，激而為崇觀，變而為宣靖，不惟不能躋慶曆元祐之治，而國家之禍，恐在丁未，不在丙午也。可不懼哉。干犯雷霆，不勝震慄。

子才又上言曰：臣待罪奉常，食粟而已。惟曉夕露香告天，願得一雨以釋吾君吾相憂勤之心。一二日來，油雲屏屏，微雷隱隱，百姓翹首以望曰：今夕必雨矣。吾君吾相，庶幾其少寬矣。曾未頃刻，風吹醺之，雲雨之勢，又隨虛無，是雖無言，蓋亦有意。臣因嘿坐靜而思，惟前時之三失，今日之十證，皆足以致天怒也。而怒之甚者，又有事焉。常一詩其廢已久，斷喪國脉，養成敵釁，當必由此，非可以細故忽之也。

陛下遠覽古今，飽諳世故，其於禍福倚伏之機，察之熟矣。所宜運思眇綿，動心穽寞，復兄弟本然之天性，洗國家難解之嫌疑，使幽明之際，怨恨俱消，泥寥之中，寃魄有主，則綱常事定，骨肉聚平，上天之怒，豈有久而不釋之理哉。臣干犯天威，罪當萬死，惟陛下赦宥。

子才又繳進輪對疏曰：臣日者天久不雨，嘗竭愚忠，首陳三失，次條十證。又於貼黃兩言天倫之當厚。乞陛下修循故事，下詔求言。今政事之間，雖未見陛下有所改悔，而祖宗故事則已施行，抑是陛下聖德本自聰明，前疏未為蒙蔽，而臣之言亦不為徒發也。臣初謂政在中書，而專攻上身者，罪也。政不在中書，而專攻上身者，亦罪也。臣比進兩疏，既已冒犯罪戾，推究災異之所從出，為陛下言之矣。而陛下之諸臣，豈得為無罪耶。請極論其所以然。臣嘗讀易至否，而重有感於今日焉。天地交則為泰，不交則為否。否者，閉塞不通之名也。故太元率之以陰以守，陰曰陰不之作，陽不之施，萬物各陰守，曰陰守戶，陽守門，物莫相干。謂天地各居其所，閉塞而不通也。當是時也，內陰不肯應外之陽，下氣不肯應上之氣，此臣之所謂否也。以節令言之，雪者五穀之精也。去臘不雪，雪者號令之象也。今春夏不雨，五月梅節也。地久不梅，夏至雨節也。天久不雨，至於六七月之間，是皆天地閉塞，而陰陽之氣不和也。非否乎哉。否塞之證，見於上下不交之時，人孰不以為天地自閉塞也。而不知天地之所以閉塞者，則陛下之諸臣實為之。諸臣謂何宰相臺諫是也。凡其所為不能貫通於上下者，皆否也。而可已於言乎。所貴乎宰相者，以其能輔佐天子，而進退百官也。向也端平之初，進嘗云佞，位置得宜，天下翕然稱之曰小元祐。雖先曾壞積，願敵傷民，入洛失地，輕銳可譏，而用人一節，高掩千古，真賢相也。今再相淳祐，四海若生，日夜復以端平之治望今日。而

免牘未下，旱暵百官，景象逼迫，上下煎熬，雖日不暇給，而一再進擢，大抵不能盡副天下之望。今觀其有在班行，非天子之勳戚，則大臣之鄉舊也。非侯伯之子孫，則臺諫之羽翼也。非邸第之狎客，則京兆之親密也。又觀其布在郡國，非天子之近親，則大臣之婿姪也。非執政之姻婭，則諸邸之子弟也。非諫坡之舊館，則臺臣之婦翁也。苞苴之餽，交接於閨閫深邃之間，請託之私，周旋於堂從鄉鄰之密。黃髮兒齒之老，豈能制依憑機巧之人。亦嘗從遊之餘，胡亦有顧惜子孫之念。人謂小相若在，猶且善惡相兼。豈謂大老來歸，乃無一事公當。遠視端平，如出兩人。近比淳祐，殆同一轍。而況胡宗愈輩陰結厚援，交相為朋。人所共嫉，今乃拂逆公論，引擺要津。清臣溫伯左袒熙寧，蹤跡顯著，人所共嫉。今乃故開倖門，延入共政。調亭之說一起，呂范之責難逃。況君子小人，勢如冰炭，決無兩立之理。必有反覆之虞。與

其自保於一身。孰若均憂於天下。不此之務。乃反誨之。豈不重孤天下之望耶。此宰相之否也。所貴乎臺諫者。以其能繩愆糾繆。分別邪正於已然之後也。祖宗時臺諫例不兼講席。自中興後王賓為中丞。建請復開經筵。自是每除言路。必兼講讀說書之職。由此臺諫與天子習熟。無復有敢言者矣。向也為權臣之私人。今則為天子之私人矣。向也供劾檢於權奸。今則受天子之宣諭矣。向也受劾章於權奸。今則受天子之調亭矣。故上意所不予。則施繒繳於既逐之諫臣。上語所不樂。則縱斧斤於廣東之倉節。或倚上眷而執人物進退之權。或揣上心而掣朝廷行事之肘。此逢君者也。乃若宰旅直言。獲觸罪戾。則弋之惟懼其不早。中書緊官。拂逆貴近。則擠之惟恐其或後。樞臣剛愎。睥睨台枋。則傾臺以助之。督視醜遣。請存臺諫。則含茹以翼之。此媚要途者也。其他討使同列。而已獨察然。陰報私仇。而我若無與。或以惡名而中傷善類。或託公義而輕黜時賢。此行私意者也。所可諸者。擊婺相於京祠已罷之後。擊嶽帥於兵權已解之後。姑以備數。豈果觸邪。此懷苟心也。推原其意。不過如鄭綰輩受笑為攫好官而已。宸是宥府之臣。才智輻湊。其力足以拒權奸也。中執法則擊之以倒公議之戈。驂省之長。天資柔佞。其術足以援權奸也。中執法則翼之以牽公議之掣。則是開奸邪道路之基。培國家禍亂之本者。中執法也。雖然。此豈人力之所能為。不知造物者栽埋此禍根。養成此禍胎。將醞造何等事以壞天下國家耶。此臺諫之否也。宰相之說。未過曰所以致旱者。非一日之積也。行乎國政。如彼其新也。受任以來。未嘗畫一籌也。是則然矣。然舊學耆儒。非他臣比。高壽在位。非新進比。中書拜入。非生局比。觀其既久。非輕爽比。聚而指之。苟合公論。則天聽雖高。亦且感動矣。今所為若此。其何以回天怒乎。為今之計。當

公此心以為進賢退佞之地。固不可乘間而進所私之人。尤不可因便而任所親之吏。固不可頗情而用讒諂之徒。尤不可愛憎而嫉怙退之士也。其他鎮定事機。調齊鼎實。平章婺錯。皆當以一公字行之。否轉而泰。此其機乎。其或力不逮心。終以渝始。則否之又否矣。臺諫之說。未過曰新宮不可諫也。諫則嬰鱗忤旨矣。大奸不可論也。論則肚胎後藩矣。寵佞不可言也。言則沮蹙章李矣。是則然矣。然大觀文致仕之命出於睿斷。則權奸未始不可去也。龍翔工役。人以為不可止。而天子暫止之。戚里貪饕。人以為不可去。而天子終去矣。則是天子未嘗不可諫。特諸臣懷望顧惜。不肯諫耳。為今之計。當公一心以為排擊奸邪之地。固不可任喜怒之情而報宿怨。尤不可因黨予之偏而快私心。固不可以風聞之誤而害善良。尤不可舉瑕纇之微而黜孤遠。其他一德之疵。一事之失。一舉措之誤。皆以公心言之。否轉而泰。此其機乎。其或怙終不改。耻過作非。則否之又否矣。夫宰相失其調燮之職。而道揆之地結而為一否卦。臺諫失其風憲之職。而法守之地結而為一否卦。是以上下不交。天地不通。當雪不雪。當雷不雷。當梅不梅。當雨不雨。又激而為天地間一大否卦也。雖然。又有所說。臣所論宰相臺諫。不過舉其事耳。而未論其心也。請為陛下言之。瑣瑣閹孀。挾天子之威。窟於宮禁。而為天下奸邪奔趨之主。赫赫權奸。挾宮闈秘與之援。窟於海濱。而為天下諛佞旗使之主。陛下內牽閹孀之愛。外怵權奸之賂。佞人憸夫。覘見罅隙。遂謂陛下因閹孀之交通。將權奸之復用也。於是寵幸者內則交結於閹孀以濟其私。外則接引於權奸以締其好。大佞者內則借譽於閹孀以固其寵。外則陰主於權奸以效其鄙。遂使忠臣餒氣。志士吞聲。嗚呼。陛下為社稷宗廟之主。為四海臣民之主。而不自主張。乃使若權奸若寵倖等輩

反結閹監之交。以取必於陛下。又倚陛下之勢。以脅制於群臣。數日以來。外論頗傳陛下以外權太重。思欲起權奸而用之。又見趣來所用樞臣。皆權姦平日之所與。遂相與讙言權奸復出矣。審如是。必交結諸臣之左右以誤陛下。此其意欲何為哉。是將為王莽董卓之心以盜陛下之富貴也。夫奸利之所主如此。苟得一重臣如王旦方過王欽若之不可當國。如韓琦坐政事堂出頭子勾任守忠押就貶所。使在我者有泰山喬嶽之勢。則中外之人乃始知畏。不敢為非。今秉鈞者。不惟不能遏絕。乃反倚以為重。不惟不能竄逐。乃反推波助瀾。則將焉用彼相哉。又如李沆言丁謂有才不可用。如司馬光謂王廣淵奸邪不可近。使在我有壁立萬仞之勢。則巧佞之人乃始斂戢不敢妄圖。今謀國者不惟不能疎遠。乃反與為婚姻。不惟不能諫止。乃反與通譜敘。則將焉用彼相哉。夫宰相統百官而一宮府也。今內

倚閹監。外比奸邪。或相挽推。或相鼓舞。豈特祿保位之念勝。而正大之體或虧。患得患失之心多。而卓特之見或少耶。豈章連諸臣之黨與自處下。能勝其奸。姑委靡頹墮以聽其所止耶。抑畏憚權奸之氣燄。自揣不能抗其鋒。姑韜杜斂軸以待其自定乎。不然。何為拘曬己之私。忘天下之公。隨波逐流。事事觀望。係小子。失丈夫。以至此極耶。此以張禹孔光之學誤陛下之國家也。則將天地磔裂。日月錯行。星辰顛錯。如漢之末造矣。豈止不交不通而已哉。然則上有休否之君。則下有休否之臣。否之九五曰。休否。大人吉。其亡其亡。繫于苞桑。夫否極之世。泰道有將開之機。否道有將傾之勢。然猶未離於否也。君子處此。豈可苟安而玩視乎。故安而不忘危。存而不忘亡。治而不忘亂。常有戒懼危亡之心。則繫於苞桑。堅固不拔矣。陛下當陰不消陽不蔚之時。雖有光明正大之德。以為休否之資。雖有陽剛中正之才

以為休否之道。然必深思遠慮。常懷其亡之戒。而後有苞桑不拔之固。若非恐懼修省。常憂否道之復來。念慮纖微。常思否證之復見。則表裏諸臣未知警懼。相與為非。則否日益甚。而神器移矣。豈四海蒼生所以深望於休否之君也哉。惟陛下留神。

歷代名臣奏議卷之三百十一

歷代名臣奏議卷之三百十二

災祥

宋理宗淳祐十二年。牟子才為兵部侍郎。上疏曰。臣猥以樸學。獲侍經帷。講說之餘。蒙垂清問。諮訪世事。勤勤懇懇。累無倦容。此明主可與忠言之時也。茲聞水潦為敗。綿十數州。奔告于朝。日日相繼。臣雖至愚極陋。其敢隱默不言。謹條變異之因。上瀆淵衷之聽。臣聞陰陽之氣。流行天地之間。舒慘爲而爲寒燠。明潤爲而爲雨暘。均則和。戾則沴。雖云天運有數。實與人事相符。聖人居泰。則裁成輔相以保其和。遇災。則恐懼修省以求其應。用能導迎善氣。變災為祥。否則陰凝於陽而陽不能勝。必激而為災。為沴矣。按孔子作春秋。書大水者八。而不明災異之應。至班固著漢五行志。乃取董仲舒劉向之說。推究其事。或謂弑父弑君。或謂兵連禍結。或謂淫泆過度。或謂百姓愁怨。或謂丹楹刻桷。或謂政在大夫。雖事以類求。徽近於鑿。然天人之理。實相貫通。迪道之機。常相影響。詎可歧為二致。臣其感應哉。臣於春秋。每獨善宋。方宋大水。魯使弔焉。對曰。孤實不敬。天降之災。又以為君憂。拜命之辱。且一水之變。而隣國至於遣使相弔。其君至於負罪引慝如此。臧文仲曰。宋其興乎。禹湯罪己。其興也勃焉。桀紂罪人。其亡也忽焉。可謂善於論興亡。明於論感應矣。嗚呼。宋其罪己而興者歟。至於漢唐。則有李尋宋務光之流。亦能指陳外親大臣後庭近習為水災之應。述其儆戒。深切著明。而其君不能因言致省。推求象類。以陰盛為虞。往往禍亂接跡。如傳所記者。何可勝嘆。然則國家興衰不在於災異。而在於人君之省不省明矣。天人之際。可不懼哉。恭惟陛下膺圖御曆。于今二十有九年。仁心之所感格。善政之所薰陶。宜天降嘉祥。翕福畢至。乃六月中澣。諸道大水。尚已丕發。為變異常。

得之傳聞。見之申奏。今月而報嚴衢信山洞發洪。溪流暴漲。八晝夜不止。城內外如行江漢矣。明日而報台婺處之水。發山源出溪谷。而濤頭高數丈矣。又明日而報邵武延平之水。踰灌建寧。而城市莽為巨壑矣。大抵冒沒城郭。淹浸田苗。損壞廬舍。漂溺井邑。扶蕩堤防。漂流斷峙。官吏溺者什之一二。百姓溺者什之六七。軍士溺者什之三四。而湖南北之水。江東西之水。閩之道途。無以異於閩浙。一郡之水。猶為災異。今東南諸郡。而水毀過半焉。此豈尋常細故可得而玩耶。且陛下父母天地。而陰陽錯逆矣。主山川而摧裂湧決矣。君社稷而邑陷城圯矣。子萬民而暴災殄溺矣。咸謂陛下駭予臣。故震惕在懷。必有大悔悟。大修省。以撥塞變異也。臣爰考國朝。欽天愛民。無如仁宗。在位四十二年。雨災水災。間見疊作。帝乃詔避殿。詔減膳。詔改元。詔損尊號。詔求直言。詔寬冤獄。詔問疾苦。詔發倉廩。詔息征徭。詔蠲租賦。至誠惻怛。惕然若傷。苟有益於救災。皆施行而無吝。可謂遇災而懼矣。陛下所宜取法也。獨奈何其不然耶。而臣深憂靜察。則駸駸乎且宣和矣。宣和之水。淼至京城。起居郎李綱上書。以為變異不虛發。必有感召之因。災害非易禦。必有消去之策。綱之意。蓋謂實德不修。實政不講。可謂切中當時之病。詔乃以水衡失職。波流泛溢。即非災異。綱竟坐狂紕。諱人言。玩天變甚矣。而今日之證候。實似之。雖水未及都城。然去歲水災疊作。意謂陛下必能悔悟以銷變矣。而漫不經意。今則日甚一日矣。去歲水災尚遠。意謂陛下必能警省以弭災矣。而恬不見怪。今則日近一日矣。夫災異之來。日甚一日。日近一日。而猶不能恐懼修省焉。則宣和都城之水。將必突然陛下之前矣。臣非好危言以恐陛下也。陰氣勃戾。感召有端。豈必水哉。蓋將有盜賊之憂。外患之虞。迫逼而不可禦。駭悍而不可支者宣和自元年之既水衡筆下札之絡繹猶故也神霄寶籙之崇奉自如也花石應奉之科擾無禁也師成童貫之流結怨東南召釁西北不五六載虜入中國以陰召陰理所必至也夫陽明盛則德性用陰濁勝則物欲行故其不能明白洞達以迪其德性之知而惟晦昧黯黮以行其物欲之私者意之所感則為蠱昵為蒙蔽為柔邪為暗僻為朋比為憸讒皆陰也氣之所應則為滯淫為札瘥為祆禨為苦蠱為昏墊為沉晦皆陰也豈必水哉宣和惟不去私欲之偏是以激陰濁橫流之害今日又將忽陰沴之戒則必蹈亂亡相尋之轍矣臣不佞敢冒死為陛下條陳之其目有五曰啓私謁而大公至正之理未昭溺近習而清靜純一之德未著崇土木而恭儉簡樸之化未形庇小人而公平廣大之見未顯失人心而仁厚忠恕之澤未洽此五者根原於一心之微而流行於四海之大極而至於陰濁肆行災

害間作敗壞國家而已也且宣和之失在於降御筆以專恩威也陛下天資高明豈不知監然牽聯愛欲紛糾事為往往以獨見之偏撓中書政本之地陛下之意豈不曰恩舊之相送操政柄而威權參至於下移今恩舊雖疏而威權不可以不收自是心一起而獨運萬機之路安然行之而無吝矣宗親之除授戚屬之遷擢外親之特命雖邸第祈求恩舊請託有非聖心之得已者而輕重厚薄實出於陛下處分也如廢法何天庭之奏狀臺府之兩造有司之瑣務雖宮媼經營屬夫干預有非聖心之所樂者而曲直是非實出於陛下裁制也如撓政何他如內批之宣諭章疏之節貼臺牒之懲戒是皆亡國之證候而宸翰絡繹詞氣峻嚴韶使往來施行急遽陛下曾不以掣肘外庭為疑是國家機括所在無出於此數事而陛下悉躬親行之臣恐行之不已意輕丞相之職兼行將相之失復見於今日祇以開私

謁之門啓捷出之徑耳此陰濁之政有類於宣和也宣和之失在於溺近習而忘遠慮也陛下至公無私豈不知監然情與愛遷事為私奪往往有蹈其覆轍者矣且宮庭屋漏之間夫孰無謹獨之學竊意陛下所以待宮妾者必有道矣然聲實流聞由中及外天下安謂陛下徹有惑溺雖閨理至深瀰安已熟萬無此失而人言如此至謂一令萱死不知幾令萱之復生一飛燕來安保百飛燕之不進道途流傳雖未必實而斲損聖德之大無出於此雖家置一喙不可得而解矣蝸蛸蠖濩之中夫孰無省察檢防之念竊意陛下待閹尹者亦必有道矣然陪侍習熟工於揣摩或亦微有所預往往時以一二事取信於外故趍者闒佪雖聖性高明照燭此輩未能盡竊威福之柄然玩而弗虞聲生勢長趨附浸多過咎浸積內則懼陛下之嚴譴益思伺察詆排以掩公議之戈戟此陰濁之政有類於宣和也宣和之失

在於崇土木以備游幸也陛下性好恭儉豈不知監然居養所移未能無愛往歲嘗建龍翔矣嘗飾苑囿矣以卑宮之主視之不翅過矣既又以為未足無故創為新寺之役雖云經費取辦御前大抵施為率從科抑規撫浸廣工役繁興斬伐木而先朝后妃將相之墓無所庇藏廣進助而畿輔江浙膏腴之田半歸與奪方且包撤民居蹂躪溪港窮奢極侈無有已時黔黎敢怒而不敢言閭巷敢怨而不敢指貂璫捨此無以擅其利內司捨此無以足其欲遂致轉展工程淹延歲月如聞此役未了又將轉而他圖某所之祠廟又起廟堂之奉委曲施行百姓聞之心摧膽折自古人君興土木者自春秋史記歷代以來蓋皆書為過失以示諸世今也如此而斧斤之聲不絕於耳此皆小人圖一旦之利而致人主於有過之地此陰濁之政有類於宣和也宣和之失在於用小人以伉公論也陛下

能辨忠邪。豈不知監。而心之所倚。乃拳拳於小人之黨。庇賄相尋用。濁亂朝廷。凡五六載。此宰相之凶也。公議方以削黜為請。而陛下念之終不忘。老姦睥睨。擾害忠良。凡數四載。此臺諫之凶也。公議方以鐫責為請。而陛下眷之終不忘。猥瑣之尹。因怙寵以召闕。所當卻退也。今不卻退。而反陞之。貪酷之守。因貪婪而召變。所當竄斥也。今不竄斥而反庇之。下至一黠胥之贓。既麗于刑矣。而復脫之縲紲之中。一皂隸之贓。既聲其罪矣。而反芘之主萃之地。君子不幸而為小人所繫。則一斥不反。不免有收其田里之譏。小人有時而為君子所擯。則左遷右擢。不免有保全愛惜之意。遂使陰氣盤結於兩間。惡僞蕃殖於散地。或疑畿輔。或迷海濱。皇惑人心。動搖國是。此陰濁之政有類於宣和也。宣和之失。在於滅天理而失人心也。陛下銷患於未形。豈不知監。而謀慮之微。乃不及於深綿耿密之中。甚可懼也。天下

有道。公議在朝廷。天下無道。公議在草茅。言之是耶。則遷善改過。言之非耶。則皇自敬德。皆所以觸人君進德之機。養天下敢言之氣也。一或仇視。則僇辱隨之。去歲嘗黥士矣。而其過在京兆。今歲嘗僇士矣。而其責在朝廷。上乘快指揮。未免有公日陛如此之憂。下惡傷其類。嘗恐有異時或手滑之慮。雖小夫狂生。坐愚至此。所可惜者。朝廷舉動耳。遂使京畿視儆。幾至於與士為敵。而其心常求以勝士。郡國聞風。甚至於與士為仇。而其極遂至於殺士。吁。士何負於國家。而意向一偏。其禍遂至於如此哉。王以小民承天永命。是天下之變不在族。不在諸侯。不在奸雄盜賊。而惟在於小民之身。有以安之。則化叛離為訢合。無以安之。則轉榮懷而為梗杌。其間不能以寸。而害利胥壞。甚可畏也。國家自寶紹以來。內郡之民未有叛心也。端平之科斂。淳祐之括田。不翅足矣。而去歲經界一事為害尤深。祖呂惠卿手實之故智。倣李椿年砧基之陋規。誅求慘毒。租稅重斂。妖孽椽民。三壬此極。邊遠未始有離心也。清野之轉徙。軍需之科斂。亦云擾矣。而今歲鈔騎為害尤深。空山寨儲蓄之利。盡淮摧殘之民。渚鴻未定。離散可憐。林燕無巢。歸將何所。嗚呼。民何負於國家。而釁孽一起。其禍遂至於此哉。此陰濁之政有類於宣和也。夫水陰物也。而其所以為災。則起於陰濁勝而陽明之理有虧。物欲行而德性之和不用。宣和之證候。則背陽明趨陰暗者也。而今日之證候。則無異乎宣和。宣和之災異。則以陰濁感陰沴者也。而今日之災異。亦無異乎宣和。感召之政。與宣和相合。符陰沴之災。視宣和為有過。臣願陛下側身修行。監宣和之所以失。而一以仁宗為法。使立政造事之際。全德性而得陽明之純。斷物欲而無陰沴之勝。則天怒可回。天災可弭。而民命可續矣。臣又聞天聖間京城大水。宰執方晨朝未入。俄有旨放朝。王曾

亟附奏曰。天變甚異。皆臣等燮調無狀。豈可退安私室。恬然自處。亟請入見。陳所以備禦之道。其後謝絳沈疏。亦謂陛下進用丞弼。極一時選。而政道未茂。天時未順。豈輔佐不明耶。抑委任不篤耶。必若使之宜推心責成。以極其效。謂之不然。則更選賢者。是災異之來。大臣任其咎可也。今日暴水為災。圻門貽譴。大臣固已之寅亮之德。乖調變之方矣。所宜端地上章。引咎塞變。坦然自怨。則亦何詞。佚沐更私。罷朝風退。外亦容與無異他時。方且皆擬差除。相為技拭。上玩至戒。以欺聖明。此則臣之所未喻也。若謂徒崇虛文。無益於事。則所謂實者竟復如何。臣竊以為莫大於協寅恭。除壅蔽。夫和氣致祥。災氣致異。而不和之象。乃在大臣一堂之內。矛盾交馳。一念之間。水火鬪進。之和衷之義。無協一之規。形諸四方。安有肅睦。若使好惡得其正。用舍得其真。不為苟同。猶是相濟。萬一各持異見。各徇私情。以喜怒為

好惡以愛憎爲用舍。則必至於政令舛忤。而是非亂於上。黨與交盛而邪正亂於下。豈不糾紛盭戾變怪愈滋哉。此則寅恭之義所當協也。災異求言。具有故實。所以下通抑鬱而內儆闕遺。陛下總開忠嘉初無忌憚。獨大臣惡人議己。畏人多言。沮不舉行。與情共鬱。臣平日自許以賢。求必多有懲尤。廣爲奸利。何用抑遏以至於斯。今召怨于和者非止一端。產災胎變者非止一事。若非人言。則君門九重。何由自達。若非導諫。則草茅一介。誰肯盡言。今縱壅遏下情。遮蔽耳目。竊恐天變不悟。人怨不知。弗慮弗圖。變起不測。駭而謀之。豈有及哉。此則壅蔽之患所當除也。使大臣能自省其非。深懲二患。協寅恭以補燮調之失。除壅蔽以消禍變之原。而又亟爲救弊補敗之圖。行之以至誠懇惻之意。毋諱護以沮吾君爲善之意。毋艱難以隔吾民欲達之情。務惠及飢羸以召和氣。則所謂實者猶庶幾於萬一也。臣隱

憂熏心。冒進狂瞽。非敢沽激。惟陛下亮其愚忠。

子才又上火災封事曰。臣伏覩近降詔旨。以鬱攸挺災。命中外臣僚並許實封直言闕失。毋有所隱者。臣日者經席再啓。猥以獨對。獲陛緝熙書推明復卦大義。仰致聖德修省之助。復於貼黃略述火災之由而未備也。方將欲有所言。而陛下罪己求言之詔已下。其忍吐而復茹不告陛下乎。臣頃所上水疏有曰。九郡之水非遠也。若以遠而忽之。則所謂遠者將炎然陛下之前矣。臣非好爲危言以恐陛下。蓋欲陛下知所警懼。化災異而爲休祥也。然下詔方尔。而撥田賜額之事已喧闐於新寺矣。遣使方尔。而內燕排當之事已迭舉於宮闈。今夫災異如此。而陛下忍玩之。是樂憂也。是恝然於吾民也。豈陛下以其遠而不足以動吾心耶。夫遠而九郡。近而京畿。均陛下之民也。傷居尓髓。痛在朕躬。均陛下之體也。而皆棄置不問。天於是始移其所

謂水者而震之以火焉。移其所自遠者而警之於近焉。四明之火方盛大。而紹興之火已襲之。至日之火方信宿。而御街之火又繼之。自是而後。蓋無夕而不火矣。或曰塗撤不先。緹垂不具。水潦不畜。火道不表。正徒不儲。是以火不可救。或又曰。宰執尹漕殿步帥之意。欲先救龍翔救邸第。而後救民居。是以火不可救。是則然矣。是徒知以火政爲解而不知所以致此者固有出於火政之外也。然則所以致此者何事乎。臣前所謂啓私謁。溺近習。崇土木。庇小人。失人心者是也。使陛下當是時以臣言爲然。稍知悔悟警懼。舉此五者洗而清之。豈不能變災爲祥。易禍爲福耶。愚臣言之於前。陛下玩之於後。而近又加甚焉。此回祿之災所以迭發於京師衆大之區。使陛下目此鉅災而痛加修省也。愚臣至是安敢緘嘿取容。不爲陛下復舉崇觀政宣之證而鋪陳之乎。且私謁之啓。莫御筆爲甚也。黜李綱黜陳瓘斥唐恪斥呂

頤浩。政宣間之御筆也。今繳駁貴近者奪瑣闥之權。疏排大姦者奪宰旅之職。顧劾御史者奪都曹之階。爲王留行者奪司諫之任。以若所爲。豈不政宣乎。臣觀私謁之害。其初蓋出於手滑。手滑不已。而近日所爲又加於前。是玩天災也。玩天災者天必怒而降之禍焉。此火之所由作也。近習之溺。惟閹寺爲甚。王黼童貫陰懷異志。搖撼國本。梁師成朱勔陰賊於內。結怨於外。此宣和之近習也。今表囊橐私。造謀詭祕。廣開營繕。以啓侈心。甚至與賊隸爲窟穴。以抗臺諫之衡。與富民爲道地。以爲直臣之穽。多張羅網。如罩飛蟲。廣布腹心。有同鬼蜮。所爲若此。豈不宣和乎。臣觀近習之害。其初不過順適上意而已。順適不已。而近者所爲又過於前。是玩天變也。玩天變者天必怒而降之禍焉。此火之所以作也。土木者亂之本也。建延福建和陽建寶籙建保和。此政和三年事也。今龍變之架造未輟。而中興觀之工役又新。

延祥之塗塈未竟。而西太乙之工役復起。基木之斫伐可禁也。不惟不能禁。而主萃者又興已去之姦。雄互爭。幾失國家之體。邸第之包占可禁也。不惟不能禁。而虔地者又預指某戶民居之當撤。幾動小民之心。所爲如此。不政和乎。臣觀土木之害。其初起於祇神示崇祀事而已。爲之不已。而近者所爲又過於前。是玩天變也。玩天變者。天必怒而降之禍。焉此火之所以作也。小人者。公議之仇也。蔡攸一小人耳。信之。庇之。鄭居中一戚屬耳。用之。倚之。大觀二年事也。今諫長爲君子所仇。則委曲保護以全其歸。御史與善類爲敵。則尊奬扶持以張其氣。綦杆一動。全局危搖。誰之過歟。劉安世元祐諫官也。劾楊畏之反覆至於累疏。今不能亟劾而援人以譸。寧不反害。孔文仲清江人也。劾程頤而旋悔至於歐血。今劾其人而襲其位。能無泚顙。所爲若此。不大觀乎。臣觀小人之害。其初不過仇視公議而已。仇視不

已。而近者所仇又過於前。是玩天變也。玩天變者。天必怒而降之禍焉。此火之所以作也。人心之失。禍亂之源也。錢實爲輕。鈔法日壞。花石爲擾。和買倍增。此崇觀間事也。今銅錢之弊在洩漏。在鉟鍇。楮日益耗而民悴。楮券之弊在僞造。在增印。直日益下而民窮。水毀之鄉檢放不實。中熟之郡和糴已興。告訐獻田。廣行包占。雖深山窮谷亦爲之擾。望青採斫。驅抑搬移。嚴霜飛雪曾不之恤。所爲如此。不崇觀乎。臣觀人心之失。其初不過奪民之利而已。奪之不已。而近日所爲又甚於前。是逆天也。逆天者。天必降之禍焉。此火之所以作也。夫啓私謁。溺近習。崇土木。庇小人。失人心。是五者若無與於天災也。而一失而爲九鄉之水。再失而爲京城之火。捷如影響。甚可畏也。陛下於此時。亦知所鑒乎。私謁之不禁。已激而爲水火之災。陛下知戒天咎。則當痛自懲艾。曰今而後不復然。衆怒矣。遝有當行。則與二三大

臣開誠布公。審訂熟議。然後形之奎畫。如此。則天知陛下之心。必能爲陛下弭未來之災矣。今火後所行。乃大不然。內批以今日廷紳氣習澆漓。文辭浮淺爲可歎。其說是矣。締觀聖意。大率欲使群臣緘口縮舌。噤無一言而後已。以先朝諸老文氣和平。旨趣簡切爲可法。其說當矣。然詳觀聖意。不過使群臣宛轉唯阿。不爲矯激而後已。導諛習諂。則其諂熏灼宇宙。今又浚開其源。使之益諂。則其諂滋甚。是御筆之私。猶前日也。以此回天。天可回乎。是之謂筆奮。近習之不防。已激而爲水火之災。陛下知畏天戒。則當痛自切責。曰今而後不以左右近習爲耳目矣。適有後使。但令達章奏。備掃除。以供禁中之役。而不任之以事。如此。則天知陛下之心。必能爲陛下弭未然之變。今火後所爲乃大不然。遞獵猥瑣之說。則傳宣內旨以激不平之怒。羅絡微細之事。則張大聲勢以賈屈抑之怨。盤鋸深久者。窟倖門而不止。

表裏姦蠹者。梯媚道以自通。鋪張地圖。恣氣揮霍。叱咤禍福。人誰敢違。則近習之恣橫。猶前日也。以此回天。天可回乎。是之謂人殃。土木之不禁。已激而爲水火之災。陛下遇災而懼。則當痛自懲戒。曰今而後不復從事於營繕矣。遇有補葺關於宗社而不得免者。如春秋書城築之類。則當斟酌國力。相度事宜。不得已而後爲之。役皆書時。如此。則天知陛下之心。必能爲陛下弭方來之變。今火後所行乃大不然。關拓天衢。疏通火巷。意非不美。而細民讙言。則曰此爲龍翔增築設也。開浚渠瀆。儲積塗潦。慮非不遠。而市井竊議。則曰此爲邸第隄防計也。驪山作徒。昭應斤斧。偶言暫止。其勢方張。是土木之害。猶前日也。以此回天。天可回乎。是謂木妖。小人之庇護。已激而爲水火之災。陛下以天災爲可懼。則當痛自改悔。曰今而後不復庇護小人矣。凡有仁賢可信。則當舒情任用。篤意搜訪。不可泥以除壬。如此。則天

知陛下之心。必能爲陛下消他日之異。今火後所行。乃大不然。陽遷陰奪。以成小人難拔之形。俟召旋阻。以疑諸賢欲來之志。已去之臣。留者纔六七。疏以全恩禮。不知能如范純仁救蘇轍。虞允文救陳俊卿之諄篤乎。未去之姦。言者連十許章。以排姦惡。不知能如歐陽脩移書責高若訥。縣令陳并上疏言董敦逸郭知章之切至乎。好人之所惡。惡人之所好。是否泰易位。邪正倒植。則疑君子而庇小人。猶前日也。以此回天。天可回乎。是之謂人孽。人心之不回。已激而爲水火之災。陛下以天變爲可畏。則當痛自儆省曰。今而後不復以小民爲草芥矣。遇有當恤者。惻隱以達其仁。哀矜以孚其惠。不可蹙奪其生理。如此。則天知陛下之心。必能爲陛下除他日之沴矣。今火後所行。乃大不然。會價低垂。至爲民病也。今雖有稱提之令。而不能寬商稅以召和氣。銅鑞日蕣。至爲民害也。今雖嚴鈒銷之禁。而不能平物價

以救目前。雖有內帑見緡之賜。而散予多不均。何以慰嗸嗸鴻鴈歸棲無所之民。雖有諸庫支犒之賞。而僥倖猶未徧。何以慰焦頭爛額併日宣勞之人。下至竹章木箇百姓所賴以蔽風雪作生計者也。而邸第之豪譁然占奪。市井之人不敢爭。殘廬破屋。百姓所賴以幸朝夕。活凍餓者也。而指揮之嚴遽欲毀拆。無告之民何所訴。則人心皇皇猶前日也。以此回天。天可回乎。此之謂政辟。夫九郡之水。天以是警陛下。是陛下脩省之一機也。陛下玩之不已。固已激而爲前日之災。燔御街之火。天復以是警陛下。是又陛下脩省之機也。陛下若又玩之。則將激而爲其他之變異矣。天豈可玩。變豈可常哉。且臣究觀往諜。殆爲火德將敗之證。臣請痛哭爲陛下終言之。商丘之地。唐自閼伯商伯相土以來。實主大辰而祀大火。我宋受命。興於商丘。氣運相因。實感炎德。太祖建號。高宗中興。應天順人。皆在於此。故火德興王。則火潛伏而屢晦。火德衰敗。則火濫炎而並起。昔晉士弱謂商人閱其禍敗之釁。常始於火。然則火之爲象。其有關於國家運祚之興亡明矣。今一見而爲辛卯之災。再見而爲丁酉之災。三見而爲今日之災。況一夕而至於三數見乎。楚滅陳之歲。晉史趙曰。陳顓帝之族也。歲在鶉火。是以卒滅。今在析木之津。猶將復由。明年陳災。鄭裨竈曰。陳水屬也。火水妃也。以五成歲。五及鶉火而後陳卒亡。夫陳大皥之墟也。火屬也。宣和之水。與崇寧之火。稠見疊作。是火王中微既激而爲靖康之變。今夏之水。與今冬之火。前後相襲。是火德浸衰。豈不激將來之變乎。此臣所爲懼也。陛下儻見以宗廟社稷爲念。大加悔悟。毋謂上天爲至遠。而必求有以感格之。毋以五事爲無相關。而必求有以平和之。使崇觀政宣不佳之政。消靡無餘。而又上念國嗣未立。下思姦邪闚覘。畢臣前後之疏。及諸臣之疏。深省亟悟。早正皇儲。

以系天下之心。則猶可挽回。況資善落成。已近龍樓問安之地。教諭遴選。已得范仲朱震之流。舉而施行。亦無難事。惟望陛下深入睿思。亟於明年改元。講行此禮。使七鬯主乎宗社。羽翼橫於四海。問寢問膳。藹然有文王世子孝仁禮義之風。則天人相與。宋室其興。又何卒滅乎。豈如史趙裨竈之所謂乎。臣言至此。血淚俱盡。惟陛下念之。以開我宋寶祐億萬年無疆之休。

子才又上奏曰。臣聞陽失其節則火。極陰生陽則火。夫大臣燮理陰陽者也。固無所辭其責矣。然已失之。則求所以救之可也。昔子產相鄭而火。亦曷嘗委之天而不求之人哉。今觀春秋傳所紀。謂火作。子產使循群屏攝。登大徙主。祏儆司宮。府人庫人各儆其事。司馬司寇列居火道。焮而有備。君子是以知其政。既則除于國北。禳于玄冥回祿。祈于四鄘。又大爲社以振除之災。而能戒。君子是以知其禮。書焚

室而寬其從子之材而天簡兵大蒐子太叔之廟將毀焉子產朝過之復使止之。憂而不傷君子以是知其仁。若是者大臣救災者之所宜法也。日者之火撲滅救焚亦幸而然他變耳。脫有驟焉者臣不知其何以處之也。其無政甚矣。雖從事禜禳僅講虛禮而恤災之事則實未有哀矜惻怛之意也。今乃怨出指揮自某所至某所將盡塹之以為河港。又自某家至某家將盡墟之以為火巷。已燬拆者奪之。未燬拆者告之。既燬拆而再造者又撤之。嗚呼天已災之而人又出此以厲之何其忍也。何其重不幸也。無告之民怨誹載路廟堂所宜念天變之方新痛人怨之已極。力伸懇請緩議施行是雖出於宣諭而未必不可說回也。而乃憚於弗逆噤無一語。夫子產書焚室而寬其征未聞毀其室而奪之地也。子產於子太叔之廟猶不忍毀之未聞其忍於顛連之赤子而莫之恤也。亦安在乎其為仁也哉。且百姓之言籍籍皆曰此為龍翔爾。為邸第爾。則尤不可以不力爭也。苟徒順上意令出惟行使怨叢於君父而禍結於國家不獨愧子產而已也。晏子告其君有曰。征斂無度宮室日更內寵之妾肆奪於市外寵之臣僭令於鄙。民人苦病。夫婦皆詛。祝有益也。詛亦有損。聊攝以東姑尤以西其為人也多矣。雖善祝豈能勝億兆人之詛。嗚呼晏子之愛其君者如此是亦有愧晏子也。陛下堯舜主也。而二三大臣忍不以子產晏子之所以事其君者事陛下乎。臣冒愚忠不識避忌。

寳祐二年。子才為起居郎。因災異上奏曰。臣嘗讀史見前代災異數見所感雖不同而所應亦有異。然未有不趨於亡也。按漢建寧以後五十有二年。日食三十四。地震十。大水五。螟蝗四。星孛九。大雨雹三。大雨水二。大疫三。地裂。青蛇見御坐上。大風雨雷電。南宮雲臺雷侍中寺雌雞化為雄。黑氣墮於溫德殿庭中。青蛇見於玉堂殿庭中。自

六月雨至九月。自四月不雨至十月。皆一。夫春秋二百四十二年。古今菑異之頻數未有甚於此時也。而究其所以然則皆召於行事之實。今五十二年之中所見菑異乃反過之。揚賜以為皇天垂譴告之象。蔡邕以為諸異皆亡國之怪。是豈無所感召而然耶。恭考其時有西邸賣官之事有宛閹土木之役有黨人五屬之禁有閹尹專國之謀。有黃巾北宮之寇。有鮮卑寇邊之擾有奸雄窺鼎之謀此無他其氣皆屬乎陰。其類皆纏乎陰屬乎陰則其氣盤結於上下而不可解纏乎陰則其類流溢於上下而不能解。故二氣五行之流布日月星辰之運行風雨霜露之凝結。雷雹虹電之作止。山川草木之變化遇之則為殃為眚為菑為怪。為變異為祆祲。捷乎如影響之於形聲蓋有不期然而然者。臣讀史至此。未嘗不扼腕痛恨於東漢之季年也。今國家之證候不幸而類此蓋自貴德賤貨之風不見於上而天下率以進奉一說為博富貴利達之具。自茅茨土階之儉不著於上。而左右率以土木二字為耗財蠹民之藉。自顯忠遂良之德不崇於上。而讒佞諛臣每以讒競朋比為媒孽忠賢之地。罔匪正人之論隱而廢壞紀綱。贅狎者反以宣諭節貼為尋常。苟子不欲之風泯而負乘致寇盜賊者每以貪官污吏為藉口。復境進屯也中國所當罷也。自此政不修而敵國外患反憑藉此以為蠹國驅民之計。任賢使能朝廷所當行也。自疑忌相乘而奸雄之徒反竊咲此以為睥睨神器之資。此天命所以去而無惠顧我國之心。天變所以形而無仁愛吾君之意也。故熒惑挺留方躔斗宿而太白又晝見矣。火星逆行。旁犯權星而日暈又躔壁宿矣。榆火更新甫降飛雪而夏霜又隕者八矣。日近妖怪時見形象而訛言又狎至矣。最是六陽浸大。一陰未生。辰作妖孽霹天之號令也。自四月以來。天地閉塞未開震虩之聲。日君之象也。

自四月以來，常噎雲飛雨，未見陽明之象。風物假大之時，賞以為長養也。自四月以後，風來西北，率多肅殺之威。寒物歸根之時，所賞以為芽蘖者也。自四月以後，陰氣乘陽，率多常寒之罰。漢末之甾異，則疊見五十餘年之中；今日之甾異，則駢集於三四五月之內。豈造物運行，常困於數，而為是適然者歟？要必有以為之感召也。感召者何？臣前所陳七事是也。請為陛下先言漢之所以亡，而後言今日之所當監者乎。按光和元年，初開西邸賣官。又按中平二年，帝造萬金堂於西園，引司農金錢繒帛，牣積堂中。又令牧守、茂才、孝廉遷除，皆責助軍修宮錢。以大漢之天下，所少者非財也，乃汲汲為如窶人聚財之計。一時群工噤無一語，惟呂彊上疏極諫，以為中尚方斂諸郡之寶，中府積天下之繒，西園引司農之藏，調廣民困，費多獻少，奸吏因其外，百姓受其敝。而帝不之省，於是天下蕩然，以財賄為可以

致富貴，穢德彰聞，惡聲流播，此非佳證也。今日之證，不幸而類此。蓋自宮掖創進奉之局，而排金門、入禁闥者，類皆浩瀚無涯之財。自左右有宣諭之說，而聒尚部撓臺府者，類皆兩造不平之事。嘗退觀陛下近事一二，如收換文之御批，以懲假托；空縣徒之窟穴，以洗奸利。天下皆知陛下本心，非急於財利者，然請托之謗猶未洗然者，以左右近習朝夕營營，不能不為聖德之累也。錢神為妖，陰氣為沴，變異之召，其以是乎。按光和三年，作罼圭、靈昆苑。又按五年，起四百尺觀。又繕修南宮玉堂，鑄銅人。夫以大漢積貯之厚，其力豈不能修一囿？然楊賜以為先王造囿，芻牧皆來；先帝上林，奢約得所。今廢田園，驅居人，蓄禽獸，殆非保赤子之義。而帝不之省。於是小人喙然，遂之以為無害。侈心一萌，禍本遂大。此非佳證也。今日之證，不幸而類此。蓋自卑宮露臺之儉不得而修，路寢修應門，皆極山節藻棁之工。飛廉

桂宮之美未消，而館太一、廣龍翔，皆極輪奐翬飛之制。然猶曰壯麗以示威重也，禊祓以事禬禱也。至於靈臺之飾，則侈靡以自奉矣；妃守之建，則溺愛以自損矣。嘗退觀陛下之本心，如捐永衛之積，而不取大農之藏，未嘗無意於崇儉也。左右之言一入，遂至窮奢極欲，而不能已也。如封前代妃嬪之域，申功臣墓木之禁，是其本心未嘗忍於斫伐也。七萃之言一售，遂至斬禿丘隴，而不知止也。夫妖民椎隨寓為沴，變異之作，其以是乎。按建寧二年，復治鉤黨，殺前司隸校尉李膺等百餘人。又按五年，殺永昌太守曹鸞，更考黨人，禁錮五屬。夫以大漢巍巍之天下，而日與志士仁人相讎，至禁錮以制其出入，殺戮以絕其後裔，此非佳證也。今日之證雖未至於此，然犯顏敢諫之士，半在草萊；率作興事之夫，或居槃澗。上方以關比為用捨，以靜激為去取。故所捨所去未必皆不肖，所用所取未必皆忠賢。矯命縶維

以永今朝，亦不過斯須之貌敬。此其所為雖未必至於殺前司隸校尉、殺永昌太守，而要其用心之微，往往過於更考黨人而禁錮其屬也。忠義鉗舌，憤氣縈紆，變異之作，其以是乎。按中平元年，殺中常侍呂彊、侍中向栩、郎中張鈞。二年，封宦者張讓等十二人為列侯。三年，以宦者趙忠為車騎將軍。五年，以小黃門蹇碩為上軍校尉，袁紹等七校尉皆統於碩。夫宮闈腐夫，至不足齒。間有忠者，則殺之；與討賊者，則爵之；以壯健武畧稱者，則親任之。此非佳證也。今北司之勢，未幸而類此。其作威福也，則以僮奴之賤，而遂天子之臺臣；以交結之豐，而庇帥臣之壅蔽。其婪貨財也，則通日進月進之賂，而恩寵或致於僥踰；操鬻田鬻錢之訟，而叵理率至於卻屈。中書政本之所由系也，宣諭迅速，則旨揮叱咤，雖屈大臣之體而不恤。七萃殿司之所得轄也，赦焚紛挐，則危石抛擲，雖傷主帥之顏而不懲。凌犯階級，莫此

為甚使典兵於外又將何如惡毒流布於里閭威勢震慴於中外皆知北司有可以致富貴之勢而不知人主實操可致之權皆知北司有可以奪命令之理而不知朝廷實握宰制之柄其口含天憲手握王爵雖十常侍之橫行八校尉之布置曾不是過氣勢翕霍威震怨行災異之作其以是乎按中平元年黃巾賊張角等起先零及涼州群盜北宮伯玉等反明年寇三輔初平三年黃巾寇兗州夫天下之禍未生於外皆生於內護軍司馬傅燮上疏以為邪正不宜共國亦猶冰炭不可同器宜思四罪之舉速行讒佞之誅則善人思進奸凶自息而帝不之省此非佳證也今日之內患不幸而類此萑蒲之寇未息而長興又擾擾矣平江之盜甫平而宜興又道梗不通矣今擾要地剽掠平民舟楫為之不通行人為之俘虜皆曰捕鹽之令嚴而民無所措手足也貪吏之毒流而民或不能心服也政令之不

得其平而民或激而為亂也是則然矣而愚臣則以為邪正雜揉是否顛倒奸贓辱臺之臣不戮而尚志之士反見屈於明時驕奢誤國之帥不屈而好修之士反見惡於當世鵔鸃叨榮於從橐貪帥流毒於名都朝廷行事既無以當其心郡縣長吏又有以激其怨人懷異侮家蓄憤悶一嘯呼而鋤耰棘矜皆得讎其上一結約而江湖潢潦皆得以逞其類之譽發釁而禍連四海此傅燮之所以憂陰氣積慾怨氣充盛災異之來其以是乎按建寧六年鮮卑寇幽并自是寇三邊寇遼西寇酒泉寇幽并入北地無歲無之蔡邕建議謂邊陲之患手足之疥搔中國之困胸背之瘭疽方今郡縣盜賊尚不能禁況此虜而可伏乎此非佳證也今國家之患亦幸而類此山東之兵既屈於淮海而常為一葦趙衢之謀秦鞏之兵復城築於舊壘而日有進取幽蜀之計二兵相望志不在小而漢北之敵又遣和議之使臨我邊

疆夫舉大兵以侵伐我之土地而遣使以要我之金帛是其為心蓋以戰為實務而以和為紿計也若姑聽其和以為餌則彼利我鈍未必能出六總管絕漠之師而受黃金幣之獻也若委順其和以為信則彼詭我正未必不墮平涼劫盟之計而失涇隴邠汧之地也妖氛障日殺氣干霄災異之來其以是乎按初平二年袁紹逐冀州牧韓馥自領州表曹操為東郡太守三年黃巾寇兗州殺刺史劉岱曹操入據之遣使上書自古奸雄窺伺見我國有疵則乘權藉勢託公行私收人心之渙而後遂其所圖此非佳證也今日之勢亦幸而類此蓋大奸屈伏海濱日夜幸亂以逞其操持國柄之心或飛金羽玉以買游士或託友喉僕以結士夫見天下之勢浮游而未定也遂謂仔肩重任無出此奸故稱功頌德具見於玉堂篆試之文擬陳十擬求達於排雲呼閶之際惟冀君心之易轉豈思國事之可憂奸傳

竄伏近畿巧於交結或貽書故吏延譽京師或密嗾書胥浚明線道人見京兆之任一歲而數易也遂謂彈壓要權無踰此輩故達官貴要每薦引於黼座之前刑臣腐夫亦稱道於禁廷之密但冀雖聽之瀾轉豈知宗社之或危陰類纏綿異氣充塞災異之來其以是乎臣歷觀東漢之末證候如此變異如此使當時將相大臣忠足以結人主之知謀足以制天下之動必能上義下利以懲天邸之失必能清心寡慾以止土木之役必能開誠布公以除鉤黨之禁必能深思遠慮以遏閹尹之勢必能愛護根本以弭黃巾之寇必能厲兵秣馬以息鮮卑之難必能觀時達變以遏奸雄之謀惜乎陳蕃竇武雖能同心戮力以獎王室而不能濟之以謀雖能聘名名賢以參政事而不能持之以定自是厥後劉焉唐珍張顥等輩皆教國柄矣然其失在於輸西園之錢忠諫如陽球切直如楊賜才學如荀爽雖以時望所

推蹴居顯位，然皆不免於禍。由是七事之失，不能救正，災異之來，不能消弭。漢業由是而遂衰，漢鼎因之而遂失，非當時大臣之罪歟？今天下不幸而有七事之災，若不大加悔艾，痛自繩削，則一祖十二宗之託，其何以永天命於無疆惟休之地乎？故臣願上而九重，力行好善，勿遂前非；下而廟堂，力進忠言，勿順上旨。監西園之失，而以德尚義，以化天下；監霧昆之失，而崇朴尚儉，以先天下；監黨禁之失，而登崇俊良，以極天下。中常侍之縱橫可監也，不宜復蹈故轍，以成虎視之形；黃巾之寇鈔可監也，不宜復循舊轍，以稔蕭牆之禍。鮮平之益邇可監也，不宜復示弱形，以起悖亂之想。如此，則陽明用而天理日明，陰濁消而人慾日止，將見天無變異，民無札瘥，三光全而寒暑平矣。不然，無同心戮力之美，而有彌縫官府之心；無聘召名賢之舉，而有喜用敏銳之意；無忠諫切直才學之稱，而有竊言順適小智自私

之失，則天心已變而難回，天災已銷而復作，豈不重東漢末年之憂哉！臣區區樸忠，睹此鉅異，輒瀝忠臣之膽，一紓魯女之悲，積憤所形，血淚俱下。惟陛下以社稷為念，特采擇焉。

三年，子才又論雷雨變異疏曰：臣聞一心之中，人主對越穹蒼之地也。心主乎敬，天必祐之；心極於肆，天必譴之。感應之機，捷如影響之應形聲，非天心果有異也，敬肆之念一分，而災祥之應隨至，甚可畏也。去載明禋，陛下致謹於宮庭之間，惟恐少有失墜，故行事之夕，恭謝之旦，霽景舒明，祐順游至，天下萬姓，咸曰陛下一念謹畏如此，故天應於上，人悅於下。此時此意，雖堯舜湯文所為，不是過也。使陛下緝熙此心，常常謹畏，無一毫少有間斷，則天心眷祐，常如饗祀之時矣。陛下狃目前之安，乃不知自警，日引月長，而侈心漸生，欲念漸起，至於今春，而侈欲一念，如火炎炎，有加無已，乃若燈名宮中排當，夜以繼日。得之傳聞，見謂熾盛，有獻琉璃亭子者，有獻琉璃蒲萄架者，有獻琉璃木犀棚者，奇形異狀，未易具述。水陸之珍鮮畢集，先時之花果駢臻，穀坊隊子，街市傀儡，出入宮門，嘈雜喧填，至不可算。此等所為，已難訓後，猶曰嬉戲云爾。最是號召京師之娼妓，群唱迭和，各盡其藝於壇淵獺濩之宮，此何為者耶？雖傳聞之辭，間有未實，然上自百官族姓，下至卜下小夫，竊議聖德不一而足，雖欲止之，不可也。夫娼優下賤，天下至穢濁至猥媟之物，世以匪人目之，謂其非復人道也。稍自好者，猶不敢近，孰謂萬乘之尊，宮庭之奧，而使此曹冶容盛飾，爭為奇技淫巧之事，以博一笑耶？陛下六宮固不乏人，何乃下求至此耶？是舉也，亦特祖宗無此家法，雖宣政濁亂之世，亦未嘗有此等舉措也。此必貂璫等輩，愚惑陛下，以至于此。貂璫小人，不識大體，何足多責，所可惜者，陛下三十餘年清靜無欲之主，一旦為其所

誤，遂使平生素履隳壞于此耳。陛下貴為人主，侈然有輕視天下之心，自謂一世莫已若，是以無所畏懼，縱情極欲，而不知上天雖遠，未嘗不在陛下左右陟降間也。歌席甫散，春饗戒嚴，欲念未衰，敬心安在哉？故乘輿已駕，天氣尚和，逮至中途，雨忽隨至，事已還內，晴色又開，一雨一晴，變態於俄頃之間，天若有意焉。此距燈夕才隔宿也。逮至二十一日，游雷忽震，隱隱有聲，越翼日，夜漏下二十刻，震霆大作，終夕軒轟，天威所臨，凜乎可畏。此距燈夕才五日也。由是觀之，一念稍侈，而天以雷雨之變應之，其不可侈肆如此。雖然，人主不貴無過，而貴改過。過者天心所必譴，改過者天心之所常祐，此理昭昭，不可誣也。繼自今，真厲夕惕之心，益冰堅之戒，申敕左右，嚴行止絕，勿使貂璫無知之言再惑欲聽，娼妓穢濁之類復汙宮禁。如此，則天意必回，祐順必致，亦祈天永命之一大機也。不然，天怒未已，將降大災，以

固吾國非止一番雨之變而已也。臣忠愛陛下。非敢幸災。亦欲陛下稍稍覺悟。止絕此念耳。

歷代名臣奏議卷之三百十二

歷代名臣奏議卷之三百十三

災祥

宋理宗淳祐六年。秘書郎高斯得日食應詔上奏曰。臣竊惟日食之災。固非小變。其在今日。尤謂非常。蓋以歲言之。則適在丙午。國家陽九之會也。以月言之。則是謂三始。前代之所惡也。以日言之。則朔日辛卯。詩人之所醜也。凶哉參會。厥咎已彰。況未食之前。曀陰累日。霽於一朝。譴告曉然。不啻面命。既食之後。餘氛遠闇。光不及還。譴之群言。良非美兆。陛下克謹天戒。若稽舊典。豫思所以飭躬正事。擿塞大異者。罷元會而不講。避正衙而不御。卻壽觴而不舉。復下明詔。敷求盡言。聖心憂勞。群下震恐。臣幸以虛薄。備數周行。懷欲效愚久矣。敢不奉詔而悉陳之。臣伏觀陛下斥去魁奸。更新大化。以來夙夜刻厲。欲以懲革曩弊。改紀庶政。非不至也。然行之踰年。課其成效。茫若捕風繫影。曾未有以少慰海內之望。臣竊惑之。大姦嗜權。巧營奪服。將以遂其三世執命包藏睥睨之志。陛下惕然覺悟。奮獨斷而退罷之。是矣。諫憲之臣。交疏其惡。或請投之荒裔。或請勘之休致。或議奪其麻而壞之。陛下茍行其言。亦足以昭示意嚮。渙釋群疑。顧乃一切寢而不宣。歷時既久。人言不置。然後黽勉傳諭。委曲誨姦。俾於襲絰之旹。妄致掛冠之請。因降祠命。苟塞人言。抱擁存全。如護拱璧。夫以蔡京之去。俾之謝事。又削其十一官而謫之杭。凡其鄉里姻婭。比為死黨者。如宋喬年、葉夢得、林攄之徒。悉皆逐去。不得親近。人謂上意堅定。不可回奪矣。曾不三年。復居相位。窮凶極惡。以階政宣之禍。今罪與京埒。而罰不傷其毫毛。又有姦人貪其重賄。怵其甘辭。於密勿之際。日夜乘間伺隙。而陰為之地。繇是以訛言並興。善類解體。謂聖意之難測。而大姦之必還。莽卓操懿之禍。將有不忍言者。臣竊為陛下凜凜也皇嗣未建國本久虛頃歲以來言之者唇腐齒落不知其幾疏矣陛下始而玩中而疑終而諱焉英宗之選育也仁廟春秋二十有六孝宗之選育也高廟春秋二十有五雖未正名號而聖意固已定矣陛下之年視二祖何如也顧優游不斷未有專屬非玩歟群臣立長之論雖涉乎迹然皆發乎忠誠非有他也而陛下深忤其說非疑歟近者一二小臣論奏及此竊聞宣諭宰執答進言之煩非諱歟自頃以來諸臣杜口矣日慆月邁時隙不塗安知無如定陶賂遺後宮求為漢嗣者天下祖宗之天下也陛下受之將以傳諸萬世其可牽於私係而不以大公至正之心早正而素定乎大臣者責乎以道事君者也今也獻替之義少而容悅之意多知恥之念輕而患失之心重內降所當執奏也則不待下殿而已行濫恩所當裁抑也則不從中覆而遽命揣上之不嚴於絕惡也則進其餘黨而嘗試意上

之追孔手盡言也則擇其甚者而排擯嫉正而庇邪善同而惡異任術而詭道樂媮而憚勞凡其過失見於群臣之論奏者固已不少陛下朞年之間虛心委寄所責者何事而其應乃爾無怪乎望治之勤而收效之遲也臺諫者所以主持公是者也祖宗之時言入輒行無所回撓將以養其氣也比日以來厭其強聒求以籍之乃有所謂宣諭者焉權宄逸罰交章請罪則諭止之庇帶私援抗疏論列則諭止之且陛下以此官為何官耶蓋明目張膽立於殿陛以與天子爭是非可否者也頃可諭止之與諭之其可止乎王十朋有言給與末臺諫奉行天子風旨有宣諭使言者有宣諭不得言者臺諫之職言不行則去其可受宣諭乎臣謂今日之病倘以異此權其氣挫其銳則精神風采亦日銷月鑠而已矣陛下果何便於此侍從者所以論思獻納補闕拾遺者也祖宗以來蒐攬俊乂列布禁近朝廷一有闕失

言語議論之臣交唱迭和惟正救是以事無過舉今也班聯寥落庶位孔多職業隳廢氣象衰荼國有大事言之而無助爭之而無黨政之多秕抑此之由謂當世之士果無足以充是選乎則極論綱常一斥不復者其人也執憑端平辨除非類者其人也疏陳三漸力拄閹戚願劾二姦肅清宮禁者又其人也若此數人漢廷公卿孰有出右者誠能聚之本朝豈不足以折群邪而奪之氣今也或棄之而不召或召之而不力天子嚴憚而不復東記大臣觀望而不敢薦延望實之不收乃徒謂人才乏使而目前之苟可以充數豈可厚誣哉刑賞者國之紀綱也賞公則人知勸刑肅則人知懼人主所以御天下者惟此二柄而已其可使之私且褻乎貴介怙親第賞重複西垣駁正而遂非不省恩舊干澤汙玷郎衛殯闔塗歸而終置不問賞不私乎近臣毒死謀出權姦國人戶知賊豈難得發姦擿伏者非但失職

又褒賞之典獄訖成案書誕謾勑膀掛壁跡捕渺茫朝廷弗竟也三凶流竄令非不嚴乃有度伏近畿狎玩國法州郡故縱曾不誰何搢紳傳言相與憤惋舜之流四凶孰曾不如此刑不褻乎兵財者國之大政也治兵莫大於謀帥理財莫先於節用淮閫巽懦擅自權姦趨向既邪緩急難倚令縱不能黜威望臣以代之見大夫之中豈無可任者遷延歲月重於易置豈非憂邊思職者之過乎敵窺南徼事已數載邊臣交奏日駭聽聞夫敵之以幹腹誤我久矣而廟堂之上將信將疑應接常緩飭兵衛峽稽報結邊丁撫夷落繕堡塞明斥候非知兵者不能辦也乃蹈常襲故不急擇才臣以畀之專一小吏不支北騎奄至自嶺以南無復橫草之備乃駭而圖之豈將有及之乎軍政之闕孰大於此國家版圖數年以來蕩析幾半永平用度不損圭銖譬如衰敗之家產垂盡而費如昔雖欲不困不可得已邊無久戍

饋餉日繁鹽滯楮窮國計大屈此何時也而土木不休好賜無藝白鶴新宮斧斤之聲未絶師臣賜第版築之役將興問之道路又謂宮掖之間按明禋之舊比責幣帛於版曹貢篚之地既墟至乃輟移他幣以應命由是而推横費侈用外庭所不得知有司所不得會者可勝道哉邪財之蠹孰大於此陛下臨政願治非不焦勞而如前所陳無一慊志可不思其故歟蓋自端平親政以來號曰更化者屢矣然其所謂更化者不過下一詔書易一宰相而已至於大化之本關乎氣運之盛衰治道之隆替當更而不更者則固未知思也本者何非陛下之心乎陛下未明求衣寒心銷志見於視朝聽斷之時親近儒臣詢訪得失見於旃廈從容之際雖堯舜之兢業文武之憂勤不是過也然閭閻小人妄議聖德或謂謹獨之地立意之未誠燕閒之時窒慾之不固貨利蝕吾之明者也而不殖之戒未嚴犬姦覬還私獻絡

繹相位偶缺多藏交營君臣之間相覬以貨相賂以利此元靈汙濁之事豈盛世所宜有哉至於便嬖側媚之人所以營惑耳目蠱移心意者尤足以為清明之累腐夫巧諧而使傳錢摇奸娼外通而魁邪蠹主陰姦伏蠱五爚交攻陛下之心至是其存者幾希矣夫陛下之心大化之本也不於是乎洗濯磨淬力思所以更之乃徒立為虚言三實之名而謂之更化此天心之所以未當而大異之所以示警也雖然是心之非更之雖在陛下而格之則在大臣陛下斷自宸衷並建二相所以責望之者豈特簿書期會之繁錢穀甲兵之問而已繩愆糾繆陳善閉邪蓋將以為澄源端本之地也揆是不圖而汲汲於末流豈足以為賢相哉必定力國本如韓琦扶孔光傳以悟上心而犯顔逆指非所懼必決去小人如司馬光所謂天若祚宋必無此事而挑怨啟禍非所恤必止絶內降如杜衍之積至數十道封函還必哉抑嬖倖如陳俊卿之面質上前力去淵覿其能及乎此也則陛下從而聽之其不能及乎此也則陛下以此望之庶乎言動造次交警迭規涵養薰陶潛感密悟必使人主一顰一笑之間無往而不中其度焉夫如是而後大臣之責盡大臣之責盡而後陛下之心正陛下之心正而天下之事始可次第而理矣孟軻曰君子之過如日月之食人皆見之及其更也人皆仰之陛下誠能銷變弭災以彰更化之盛則孟軻所謂更者蓋亦反其本矣臣西南寒儒頃以庚子冬雷應詔上封事乞陛下擇可並相以是忤史嵩之流落三年未自意得逢陛下更新大化再玷周行月睹歲旦日食之異敢不奉明詔吐其強愚徑瞽千誅惟陛下幸赦

十二年斯得為秘書少監兼侍立修注官進故事曰李沆相每朝謁奏事畢必以四方水旱盜賊不孝惡逆之事奏聞上為之變色慘

然不怡既退同列以為非問丞相曰吾儕當路幸天下無事丞相每奏不美之事以拂上意然又皆有司常行不必面奏之事後告已之公不荅數數如此因謂同列曰人主豈可一日不知憂懼也若不知憂懼則無所不至矣

臣嘗觀唐虞盛時人臣進說其君雖平居無事未嘗不存警戒之意蓋人主不可一日無懼心而保持是心使久而不怠則大臣之責也禹皋陶謨治於舜之前舜進禹使之昌言禹不及其他獨舉前日洪水滔天浩浩懷山襄陵下民昏墊者以為告禹豈自伐其功者哉蓋將以保帝舜洚水儆予之心使之不忘一日之懼所謂昌言莫大於此後世大臣鮮能知此義者惟漢魏相粗有見乎此相敕掾史案事郡國及休告從家還至府輒白四方異聞或有逆賊風雨災變郡不上相輒奏言之夫宣帝之時吏稱其職民安其

業。亦可以言治矣。相乃常以逆耳之事告其君。使之知所警懼。不敢安逸。可不謂賢乎。我國朝名臣李沆。相真宗皇帝。每奏事畢。必以四方水旱盜賊。不孝惡逆之事奏聞。上變色不悅。同列皆止之。而沆不為止。且曰。人主豈可一日不知憂懼。若不憂懼。則無所不至矣。嗚呼。沆之此言。真可謂得大臣之體矣。雖周公作無逸以戒成王。何以過此。且咸平景德。乃國家至隆極盛之際。而為宰相者不以已治安為足。方以儆戒無虞為心。用能弼我祖宗丕丕基。傳之無窮。而施之罔極。豈非萬世宰相之法哉。臣竊見比者江浙閩中諸郡。同日大水。流殺人民。動以萬計。中外一辭。謂非小變。然大臣恬然視之。未聞有孳孳汲汲推原致異之由。圖惟弭災之策。為陛下力陳之者。一二廷臣。不得已而有言。亦人臣顧忠職分之常耳。頗聞惡其強聒。指為張皇。抑何居其位而不知其任耶。夫魏相

李沆居天下無事之時。而喜言災變之事。今日大臣當大異載炳之後。而惡言災變之實。豈以陛下不幾聞之而頓望以至此乎。臣願陛下虛懷訪逮。示臣以喜聞警戒之意。如舜之進其臣使之昌言。庶幾自今或有變異。有以開廣上心。悖柔人言。共圖銷弭之術。

宗社幸甚。

斯得又上奏曰。臣待罪蓬山。錄錄無補。陛下過聽。擢之攝承記注。辭不獲命。日夜思惟所以稱塞者。就列之初。適覩國家有非常之異。職分所在。最不皇皇汲汲即為陛下言之。臣竊見六月以來。饒信。衢婺台處。嚴陵建寧南劍。邵武。諸州同時大水。敗壞官寺屋廬。流殺人民以千萬計。父老咸謂數十百年所無。此非小變也。陛下可不惕然警懼推原致異之由。求以攏塞之乎。臣觀漢儒言災異謂有某事則有某應。皆為必然之理。故人或不之信。然本朝大儒程頤蘇軾朱熹以為感應之理甚精。其說不可盡廢。廢之則人主忘警戒之心。臣今采摭漢儒所論水災之應。驗諸當世行事。蓋真有若合符者。試校舉而陳之。漢儒謂政令逆時。則水失其性。霧水暴出。百川逆溢。壞鄉邑。溺人民。今盛夏之月。土木横興。毀徹民居。妨奪農務。窮晝極夜。不得休息。百姓以其愁苦之氣。薄陰陽之和。感天地之精。致異招殃。莫大於此。舉動逆時如此。水安得而不應乎。漢儒謂辟遏有德。厥災水。水流殺人。說者謂辟君也。人君壅遏有德。使不見用。則水災應之。今在外之臣。固有嘗嬰逆鱗。一斥不復者。有顯劾權姦。久而不召者。當此侍從卿監班列一空之際。悉招徠之。以補其處可也。而宿疑未化。開悟惟艱。至於詔旨所趣。命召所加。則不過一二朋邪貪刻之人而已。有德蟄遏如此。水安得而不應乎。漢儒謂道人始去。厥水為災。道人者有道之人也。今陛下招延衆正。列于有位。天下方以慶曆元祐

之治望之。而因一小人輕蔑學校。使師儒望士。力爭而去。若不甚惜比日以來。復聞小人有欲陷正臣以變時事者。一網盡去。有其兆矣。善類孤危如此。水安得而不應乎。漢儒謂誅罰絶理。厥災水。其水也雨殺人。今陛下寬仁出於天性。而草茅扣閽。或觸黥隸之辟。事謂創見。聞者驚疑。至於州縣之間。冤獄孔多。而輔郡殺士。尤其著者。道路流傳。莫不切齒。內外臺臣以其肺腑。噤莫敢言。陛下深居九重。亦嘗知其事乎。乃若誅罰所當加者。莫垓榮若也。則反擁護存全。不傷毫髮。刑罰絶理如此。水安得而不應乎。漢文帝後三年。藍田水出。流九百餘家。壞民室八千餘所。殺三百餘人。漢儒謂是時匈奴犯北邊。殺略萬餘人。故有水災之應。往歲之冬。寇入淮西。大掠而去。其所殺者奚翅萬人。創殘之餘。民氣破傷。官吏侵漁。冤苦無告。邊民失職如此。水安得而不應乎。元帝永光五年。大水壞鄉聚民舍。及水流殺人。漢

儒謂是時帝遠古制。刑臣石顯用事。故有水災之應。比年以來。刀鋸之餘。氣燄日盛。士大夫無恥。若趨壑投林。倚為內主。而都邑瑣細之訟。亦復漁獵以瀆聖聽。發命不衷。吏道多雜。職此之由。刑臣用事如此。水安得而不應乎。凡此六者。非臣臆說。質之往諜。考之時事。信而有證。全不誣也。陛下安得視為偶然。而不亟圖所以銷弭之乎。今避殿減膳。罪己求言。既寂無聞。所下寬恤詔書。辭氣平緩。殊無哀恫惻怛之意。二府引咎歸政之虛文。猶不知改。至於處置救災恤難之事。若存若亡。未聞有慨然以納溝由溺為己責。如救頭然而圖之者。此臣之所甚惑也。程頤有言。天地之間。有感必有應。所應復為感。所感復為應。今災變如此。忽而不圖。臣恐感應反覆。殆無終窮。不至於大傷敗不已。況陰盛陽微。蓋昭然為兵革盜賊小人將起之證。而於五勝之運。又我國家之所甚惡者乎。臣願陛下深思天戒。采用臣言。亟

下求言之詔。博求塞異之方。必先罷新寺土木。必速反忤旨諸臣。必逼絕邪說。主張善良。必謹重刑辟。愛惜士類。必加惠邊民。救其死亡。必抑遠倖臣。絕其干撓。信能行此六者。不惑不疑。則天怒庶乎其可回。和氣庶乎其可召矣。雖然。臣復有愚見。懷欲吐露已久。今天時人事如此。其敢復有隱忍。不為陛下言之。臣觀漢成帝時。災異至衆。劉向告以銷弭之術。始終不過以和為言。其論治世之事。曰衆賢和於朝。萬物和於野。曰朝臣和於內。萬國驩於外。曰諸侯和於下。天應報於上。其論衰世之事。曰幽厲之際。朝廷不和。禍殃自此始。曰朝臣繆戾乖剌。災異數見。蓋反覆言之。至為深切。而又以和氣致祥。乖氣致異之說終焉。若向者。亦可謂善言災異矣。今陛下更新大化。厲精思治。所望於二相者何如也。協恭和衷。訓誡勉厲。非不諄切。亦何纖芥之隙不杜。佩劒之風浸成。讒人交亂其間。將至不可復合矣。佐人主燮調陰陽。何等職分。顧不以稷契皋夔。濟濟相遜者自勉。而甘心於衰世背戾之風。然則乖氣致異。潏水為災。二相安得不任其咎乎。臣願陛下因天災之可畏。明以利害申諭二相。使之各棄細故。戮力一心。以濟國事。以回天意。二相和。則衆賢和。衆賢和。則萬物和。如此而猶有變異。以為明主之憂。臣不信也。臣憂愛之深。愚戇妄發。惟陛下幸赦。

斯得又上奏曰。臣伏覩御筆。以諸郡水災。分命朝臣體訪被災輕重。布宣德意。且令有司給降錢米賑濟。仰見聖天子憂念元元。不皇寧處之意。然臣謂近年以來。所在常平義倉。例多羽化。況當水毀之後。儲蓄抑又可知。若令有司專仰此以充賑給。必成文具。竊見仁宗皇帝慶曆八年。河北水災。特出內藏庫錢帛。令三司轉漕斛斗賑贍。嘉祐元年。河北復被水。出內藏庫絹二十萬匹。銀十萬兩賑貸。神宗皇

帝熙寧元年。詔三司支錢五十萬貫。賜河北轉運司。應副水災諸州支用。以免科擾民間。孝宗皇帝乾道元年。浙東西水災。蠲免百姓身丁錢絹。於內庫紐支撥還戶部。以充軍用。祖宗愛民之切。於有司賑給之外。又捐朝廷內帑錢物以助之。實惠及民。不為空言。所以人心感悅。天意易回。雖然。此非特祖宗已然之事。亦陛下之所親行者。紹定二年。台州大水。命常平使者葉棠移治經理。發豐儲倉米十萬石。封樁庫錢五十萬貫。以充賑濟修城之用。是時楮價兩倍於今。計五十萬。為今二百五十萬。視三祖所捐。蓋有過之。今被災之地。既廣昔比。固當悉援。然亦安可漠然視之。而徒責之諸司州郡乎。臣竊料陛下痛傷赤子死亡。未必不欲捐緡賑之。特大臣每事蓄縮退畏。陛下或有所靳。而不敢言耳。且紹定賑台之事。彌遠猶能行之。豈謂二相之賢。而獨不能為之乎。夫居鈞軸之地。過國家大災變。拘文牽俗。躊

蠹頑廢不能稍稍度外行事以慰天下之心而曰國力方屈吾為朝廷惜費殆不得為知務矣臣謂三使者之行當各以二三百萬緡自隨所至的處被災輕重均濟近郡又當兼給以米庶幾實德宣布可以轉災為祥朝廷每造一宮建一寺其費動以數千萬計若捐百之一二以活十州數百萬生靈之命其為福田利益蓋有大於宮寺者矣陛下若以臣言為可采伏乞睿旨降付三省疾速施行

景定五年斯得為秘書少監以彗出應詔上言曰臣伏覩七月六日詔書以彗出御宿許中外臣僚直言時政缺失者臣一介妄庸受性愚直淳祐末蒙陛下擢貳蓬省稱承記言竟以遇事妄發得罪而去已而朱熠沈炎何夢然之徒相與据拾坐廢十年自分此生永訣聖代無復一言關于陛下之聽矣不謂垂死之年乃承罪己之詔諄勤懇惻導之使言臣目睹皇天震怒大禍將至其敢畏避權勢不聲

其所懷以負聖明謹瀝血忱以群臣所必不敢言陛下所必不得聞者為獻惟陛下幸聽臣謹按國史徽宗皇帝崇寧五年正月戊戌彗出西方光芒長十餘丈徽廟大懼日進蔬食每夕焚香涕泣至數百拜星沒乃止於是慨然深照蔡京之姦不由人言晝自感斷即日罷其左僕射凡京所為政事一切罷之除毀黨碑凡元祐姦黨指揮二十項悉從蕩滌傳補役住方田廢三衙徽圍土更學法復科舉罷後苑製造蠲六尚貢物以至茶鹽錢法並詔戶部議改內外百姓歌謳鼓舞溢于塗巷近世以來以實應天精切勇猛未有過於此者後嗣安得不取法哉陛下數年以來專任一相虛心委己事無大小一切付之果得其人宜乎天心克享災害不生禍亂不作矣而庚申以來大水為災浙西之民死者數百千萬繼以連年旱暵田野蕭條物價大翔民命如綫景象急迫至此極矣今又重以非常之異妖星突出

光芒竟天夫柳為鶉火火者國家盛德所在而彗出焉其變不小若非朝廷政事大失人心則何以致天怒如此之烈乎臣請得而枚數之祖宗立國一本忠厚大姦巨惡始加流竄今也大臣輕於用之以怖異己庚申辛酉之間大小之臣追停遷放無月而無威則立矣如斲喪祖宗忠厚之澤何士大夫以仕進為業者也今使刻薄小人吹毛求疵控持扼塞動觸新制進退無門旅困顛連有歷二三歲竟不得一闕而去者又使輕銳少年數人日夜改亡司法煆煉增加自薄趨薄惟恐一人之得進然但能困孤寒耳至已所欲與則雖碌碌下流超資越序而無所忌憚也人才難得自古而然並蓄兼收猶懼乏使今也以意向為用舍以黨類為去留自非素出其門皆棄不錄透彼懷才抱藝之士流廢流落咨嗟憤怨有錮人於盛世之恨豈不足以傷陰陽之和乎古之大臣皆以下士為賢吐哺握髮未嘗少懈所

以通達下情覓舉人物共濟國事也今不務師古妄自尊大有進光鋭如謁鬼神越月逾年竟不得通雖有奇才異能何以自見凡此數者皆為陛下失士大夫之心者也自井田既廢養兵之費皆仰稅租漢唐以來未有能易之者也今也騁其私智市田以餉自謂策略高妙前無古人陛下知其非計嘗欲罷之有秋成舉行之命彼悍然不顧也白奪民田流毒數郡告牒棄物不售一錢遂使大家破碎小民無依米價大翔飢死相望有司尚謂田惡日更月易無有已時姦佃乘之咸叛其主識者謂異日浙西有亂必自公田始不特若此又四出虎狼之吏使之磨牙張吻咬咋良民柯山一闕遠近為之震驚若水三貪朝廷之所妙選吏越翁到郡數旬而聚斂至三百萬椎剝之慘不言可知朝廷黜去黥春本以變民也不知反以害民一吏就擒視為奇貨連枝蔓延數十家得錢數百千萬而猶未已質妻賣子

破產亡軀。哭泣載塗。臣所親見。堂堂天朝。而甘爲破落州縣攤賴之舉。凡此數者。皆爲陛下失畿甸之心者也。江漢上流。國家重心。中興以後。簡畀名臣。彈壓撫摩。未始偏廢。今也舉而付之一夫。容養姑息。如奉驕子。頤指氣使。求得欲從。斬剝殺伐。徧於湖廣。監司守令畏懾而不敢爭。使陛下創殘遺民。淪墜湯火。而莫之救。江西湖北歲糴給錢。其來已久。今亦半給告牒。人情寧不洶洶。以至市舶盡利。而蕃夷怨。鹽法苛急。而商賈怨。比日以來。復聞廣寇贛盜相挺而起。凡此數者。皆爲陛下失遠民之心者也。然此特臣田間所知萬分之一二耳。淮海以西。嶺蜀以東。千萬人之怨。又奚止是哉。陛下所恃以有天下者。人心而已。今大臣盡失之。則其相與愁痛號呲。哀籲上蒼。產妖鍾孽。以警悟陛下。以昭示危亡。又何足怪哉。況近歲以來。天生柔佞之徒。布在世間。立人本朝。惟知有權門。而不知有君父。或稱其再造王

室。或稱其元勳不世。或直以爲功不在禹周公下。虛美溢譽。日至上前。營惑聖明。掩蔽罪惡。遂使陛下深居九重。專倚一相。高枕而卧。謂如泰山四維之真可倚。不知其下失人心。上招天譴。乃至於此。豈非群臣附下罔上之所致哉。陛下試觀五年之間。廷紳奏疏。不知凡幾千百。亦有一語事關廊廟者乎。意之異己者盡斥。位之偪己者盡除。上自執政侍從。下至小小朝紳。無一而非其黨。雖學校諸生。亦復數年噤無一語。言路久已荆棘。所以養成大臣橫逆之氣。人怨天怒。不至於彗出不止也。且災異策免三公。漢唐以來視爲常事。丙申雷變。陛下亦嘗奮發剛斷。一日而罷二相。今彗星之懲。至不忍言。豈雷發非時之比。況人心皇皇。萬口一辭。皆指其人。獨陛下不悟耳。且后妃之家。不得爲執政官。仁宗皇帝之著令也。政宣犯之。終至禍敗。陛下遵仁宗之令典。蹈政宣之覆轍。固已不合天心久矣。今過非常之變

而又不思改圖。則亦何時而覺寤哉。臣恐自今上天不復譴告。而傾敗旋至矣。臣忠憤所激。不勝大願。陛下取崇寧星出故事。反覆披覽。力見施行。因大臣求退。而亟許之。取庚申以來一切刻薄害人之政。即日罷去。申嚴仁宗著令。爲子孫萬世之法。而又盡滌聖心。力行好事。收召真賢。昭洗冤魄。以荅天心。以慰人望。如此十日。而妖星不滅。則寸斬臣以謝大臣。以戒狂妄。臣不敢辭。干冒天威。不勝震懼之至。

淳祐十二年。國史實錄院校勘湯漢以大水應詔。上奏曰。君心敬肆之分。實上天喜怒之由。一念之敬。上帝臨女。祥風慶雲所從出也。一念之肆。上帝震怒。妖祲陰沴所從生也。又火災應詔上封事曰。臣聞任天下之大。立心不可不公。守天下之重。持心不可不敬。陛下膺皇天之眷命。受祖宗之寶圖。則不當懷私恩。爲天下共主。爲億兆寄命。則不當隆私親。大臣邇臣。服休服采。皆陛下所倚仗也。則不當信私

人。三省密院。皆陛下之朝廷。發號布政所從出也。則不當有私令。四海九州之土宇版章。皆陛下之倉廩府庫也。則不當殖私財。陛下於皇天祖宗之德。弗永念而報荅。私恩於群黎百姓之疾苦。弗深恤而富貴私親。公卿在廷。其信任不若近習之篤。中書造命。其施行不若内批之專。則陛下之立心。既未能盡合乎天下之公矣。往者陛下上畏天戒。下恤人言。内則拘制於權臣。外則恐怯於強敵。欲心既不敢盡弛。則私意亦未得盡行。比年以來。天戒人言。既已玩熟。而貪濁國柄。黷貨無厭。彼既將恣行其私。則不得不縱陛下之所欲。爲於是前日之敬畏盡忘。而一念之私始四出。而不可禦矣。姑以近事迹之。定策之碑。忽從中出。鄉未欲親其文也。貴戚子弟。參錯中外。鄉不如是之放也。土木之禍。展轉流毒。訟牒細故。胥吏賤人。皆得藉群璫之勢。撤消鄉之濫。鄉不如是之熾也。御筆之出。上則廢朝令。下則侵有司。鄉

不如是其多也。賄賂之通書致之操。鄉不如是其章也。故凡陛下之所以未能任大守重。而至於召怨宿禍者。始於立心之未公。成於持心之不敬。私以為主。而肆以行之。此所以感動天地。而水火之災捷出於數月之內也。陛下得不亟為治亂持危之討。而可復以常日玩易之心與之乎。

理宗時。考功郎官趙景緯以雷出于卯。應詔上奏曰。今日求所以解天意者。不過悅人心而已。百姓之心。即天心也。錮私藏而專天下之同欲。則人不悅。保私人而違天下之公議。則人不悅。閭閻之糟糠不厭。而燕私之供奉自如。則人不悅。百姓之膏血日朘。而符移之星火愈急。則人不悅。不公於己。而欲絕天下之私。則人不悅。不澄其源。而欲止天下之貪。則人不悅。夫必有是數者。斯足以召怨而致災。願陛下捐內帑以絕壅利之謗。出嬪嬙以節用度之奢。弄權之貂寺素為天下之所共惡者。屏之絕之。毒民之恩澤佞嘗為百姓之所憤者。黜之棄之。擇忠鯁敢言之士。置之臺諫。以通闕焉之壅。選慈惠忠信之人。使為守宰。以保元氣之殘。又必稽乾淳以來凡利源窠名之在百司庶府者。悉隸其舊。以濟經用之急。公田派買不均之斂。聽民自陳。隨宜通變。以安田里之生。則人心悅。天意解矣。凡人之常情。懼心每發於災異初見之時。不能不潛移於諂諛交至之後。萬一過聽左右寬譬之言。曲為他說以自解。毛舉細故以塞責。而恐懼之初心弛。則下拂人心。上違天意。國之安危或未可知。又曰。損玉食。未若捐內帑御貢奉之為實。避正朝。不若塞倖門廣忠諫之為實。肆大眚。固所以廣仁恩。又不若擇循良黜貪暴之為實。蓋天意方回而未豫。人心乍悅而旋疑。此正陰陽勝復之會。眷命隆替之機也。

祕作監袁甫上奏曰。臣仰惟陛下。祗畏天威。益隆聖德。因風雨震凌

之變。惕然恐懼。以避殿減膳為未足。延覲訪宸翰布告中外。俾小大臣僚咸以直言來上。聖心篤切已。是上格穹蒼矣。臣昨廁從列。茲叨祠廩。目擊變異。痛心疾首。雖抱沉痾。屏處衡茅。其敢以是為解而不思所以仰荅清問。是用披瀝肝膈。粗陳管見。惟陛下少垂聽焉。臣聞聖帝明王之世。天道順於上。地道寧於下。故無疾風苦雨之災。無地震水涌之變。此皆盛德感召之所致也。而自今夏以來。地震屢矣。近七月七日。白虹夜見。虹。颶母也。越二日而颶風挾雨大肆威虐。人皆曰。颶母之見。此先兆也。臣則曰先兆之見不在乎白虹垂象之時。而已著於地震示變之日。記曰。地載神氣。神氣風霆。風霆流形。庶物露生。且夫天氣下降。地氣上騰。於是乎風霆流形。發生庶物。斯其所謂神氣者歟。夫何神氣之發育。乃反為人物之殃。不為祥風甘雨。乃轉而為災為沴。殆有甚可怪者焉。土宇者。所載之神氣也。今則漂蕩室廬矣。民人者。所載之神氣也。今則傷害民命矣。物產者。所載之神氣也。今則垂成之稼。掃地無餘。一飽無期。饑莩將見矣。地震兆其端。而颶風竭其毒。是其咎果安在歟。夫地載神氣。而聖人之神氣實與之相為流通。納于大麓。烈風雷雨弗迷。作書者以為舜之德。即舜之所以為神氣也。清明在躬。氣志如神。天降時雨。山川出雲。記禮者又引崧高之詩而繼之曰。此文武之德。即文武之所以為神氣也。成王之神氣微有所昏。故大風偃禾。昭示譴告。及夫啓金縢之書。發悔過之語。而反風起禾。見於不旋踵之頃。當是時。成王之神氣。其精明與舜同。亦與天地同。故一念感召。如響斯荅。然則今日之變。天道未順。地道未寧。震動漂搖。災異交作。無庶物露生之應。而有蕩析摧敗之憂。陛下盍亦反躬內省。豈吾之神氣有歉於古之帝王而然歟。臣竊謂天覆地載。人物處於其中。同此一神氣也。惟天地萬物父母。惟人萬物

之靈亶聰明作元后寶所以為神氣之主也比歲以來兵戈滿目乖戾之氣上干陰陽西蜀破矣荆襄殘矣淮甸搶攘江湖撼搖民人死亡何可勝計今又先之以地震重之以風雨凡平時之林然而生蔚然而茂神氣之所發育者率皆憔悴蕭條觸目酸鼻而又物價翔踴日甚一日民將無所得食直立而洞死耳夫民物之生皆地之所載而天之所覆也今天變其道地變其寶但見寥寂之形莫覩寖明寖昌之象可不為之寒心哉雖然亦豈無道以處此臣敢料別其條以告陛下夫天下譬猶一身身以神氣為主神氣精明然後骨力堅強血脉流通吾身可以久安而無疾治天下亦然心源者神氣也人才者骨力也兵財者血脉也自一身而宮闈自宮闈而朝廷自朝廷而天下所以主張是者神氣也所以運動是者骨力也所以流行是者血脉也陛下一澄其心源則神氣充矣一振人才之綱領則骨力強

奏議卷之三百十三　十六

矣一提兵財之體統則血脉通矣故天下之機括惟在陛下之一身而已且端平未更化之前姑置勿論自更化之後陛下所歷之艱險變故不為不多而所以動心忍性者不為不至矣不知陛下因災異而神氣遂為之消沮乎抑因警懼而神氣愈為之精明乎夫憂窘則怵惕安平則弛緩常人之情耳聖帝明王純一不貳之德則固不當若是也臣願陛下悼念災變之可畏深思平日之過愆痛自懲艾以陛下之心對天地之心災異爭起之時固當飭躬自省災異漸息之後尤當競業自持此心所存慄慄然常若背風怵雨拔木發屋之變臨乎其前絕荒淫之嗜好戒宴安之鴆毒杜群枉之邪徑伸忠賢之正氣燕居深處與治朝聽覽之際同一莊肅妃嬪進御與經帷講學之時同一敬畏勿以屋漏闇室而自肆當以天鑒孔昭為可懼勿以皆曰未知而自恕當以人見肺肝為難欺視聽皆攝乎天君而毋以

外物汨精神務盡付於至公而毋以私昵寄心腹斥一時寬釋之邪説而惟思天下至大至重之責不可有一日之暇逸屏目前玩志之細娛而深念藝祖皇帝之金甌不可有纖毫之闕損如此則大臣不敢養驕以惰股肱小臣不敢養諛以惑耳目近臣不敢養安以稔蕭墻之禍遠臣不敢養寇以遺宗社之憂君臣上下置此身於岌岌至危至險之中天地神祇惻然感動將挈而還之於至安至固之域矣臣所謂陛下一澄其心源則神氣必充者此也人主無職事惟以進賢退不肖為職史稱郭公之所以亡在善善而不能用惡惡而不能去以臣觀之郭公之罪固在乎無剛斷之勇而其受病之原則在乎未能識善惡之真如使其真知善善真知惡惡則何遽至於亡惟其顛倒錯亂莫知適從當用者如轉石當去者如拔山卒之正不勝邪忠不敵佞佞邪滿朝則忠正路塞是以終陷於亡耳陛下收攬威

奏議卷之三百十三　十七

福凡所進退之人不勝其衆矣昔者所進今日不知其亡往往作賢作佞迄無一定之守人謂陛下剛斷之不足臣竊窺陛下近年以來未嘗不欲用剛也特在乎審而行之耳斷在必用者宜施之於君子而勿誤施之於小人斷在必去者宜施之於小人而勿誤施之於君子則得其所謂用剛之實而不蹈郭公之失矣今陛下未能別白賢否之真但懲往時議論紛紛異同之弊遂以安靖為尚然所謂安靖者惟苟同而已矣君所謂可臣亦曰可君所謂否臣亦曰否以苟同為賢其意將以求安靖也殊不知是是非非力爭明辨合天理當人心乃所以為安靖阿意順指媚上諂下無所救正蔑聞箴規則雖求為安靖乃所以為大不安靖耳今災異數見天怒未釋咎證日新民情易搖尚得謂之安靖乎本朝慶曆嘉祐間群臣可否相濟至熙豐而并為一談元祐諸賢亦可否相濟至紹符而又并為一談由今觀

之孰得孰失人才之委靡至近年極矣臣之愚見竊謂勿以己意為逆順而以義理為逆順勿以同異定取舍而以是非定取舍庶乎陛下二受人之欺而國家事得賢之實今也不然脫過有一任使有一除授則左顧右盼輒興乏才之嘆正如風痺之人縱緩不收四肢百骸不為我用謂之骨力之強可乎陛下赫然聖明照臨于上破苟同之說闢大公之途使天下人才踴躍奮迅乃可以固肌膚之會筋骸之束矣臣所謂陛下一振人才之綱領則骨力必強者此也今日急切之務兵財二事而已論者但知逐末忘本臣竊惑焉自古興王之始奮徒手而運掉一世無兵而立有兵無財而立有財蓋其精神志念沉深果斷幾未至不輕躁以先事勢可為不遲疑而失時挫而逾羸弱而益壯則何事不可為何功不可立兵財本一事血脈本相通今析而言之執政各主其一不識兵而非財兵何以養財而非楮財

何以辦苟不通為一體大作規模洗滌積弊而一新之臣未見其可也厥今中外所養之兵與凡屯戍沿邊者不為少矣而猶苦於無兵楮幣布在天下者凡四十千萬有奇其數可謂至夥矣而猶窘於無財此豈拘泥常調者所可變而通之哉陛下必思夫興王之始奮徒手而運掉一世者何術而致此彼惟不以常調處之危中求安死中求生故能易禍為福如反掌之易耳是故患兵之少而言增募者謬說也患楮之不行而言稱提者亦謬說也舉朝群臣廷廷如河中木而陛下又未嘗毅然振刷有所改作則烏能救今日傷敗危亡之天下哉或者乃曰論事易行事難今欲振刷改作必思如之何而發端又如之何而布置又如之何而究竟可也臣應之曰今日非不可振刷改作也特患未肯振刷改作耳如陛下果肯振刷改作必有其道矣且陛下亦嘗以自昔人主處艱險危急之極者而思之乎彼口之

所食者何食身之所服者何服宮嬪凡幾輩御凡幾內外有冗官冗吏否乎有濫恩橫費否乎興土木否乎修宴集否乎獻議者或及此則笑曰是不過節用耳所用如丘山而所節僅涓埃此迂談耳臣之所言異上曰節而已哉直欲陛下如興王之始奮徒手而運掉一世則必思坐臥仰膽飲食嘗膽真如越王勾踐可也必思大布之衣大帛之冠真如衛文公可也夫如是天下將曰萬乘帝王而所食如是所服如是是真欲與弗矣是真欲洗一世而更新矣妃嬪耶暬御耶土木耶宴集耶必能奮然大從減省天下傳誦曰今日汰某人矣明日又罷某事矣冗官耶冗吏耶濫恩耶橫費耶必能確然痛加裁抑天下傳誦曰今日下某令矣明日又革某弊矣陛下立心務在必行決不朝作而暮止朝廷論議至當歸一寧有甲可而乙否萬一左右之臣逆逢陛下之意以為方今事勢未至危殆之極何必先為苦節

窮蹙之態是說也乃害陛下之儉德者也所宜深警而亟斥之或又以為方今幸而人無橫議何必為此紛更張皇之舉是說也乃沮陛下之從善者也尤宜明辯而力排之陛下胡不思夫夏少康之興僅有田一成有衆一旅可謂至弱至微矣尚能振作興起挽回衰亂之邦復為隆盛之勢陛下視少康之時豈不尚易於斡旋運用乎梁武帝為侯景所逼自知必亡乃曰自我得之自我失之亦復何恨嗚呼代天作子撫有萬方危迫困辱至出此語書之史冊貽羞千古當其尚可救藥也怠而不奮及其不可支吾也猶不知悔自昔然矣可不懲乎今日之事不問智愚不拘中外同然一辭皆曰巧婦不能為無麵餅甚者則曰國將與楮俱斃其慮固苦其言固切而論及於振刷改作則又皆曰陛下猶未之肯也不特陛下未之肯為陛下左右之臣者皆未之肯也毋乃以為姑已而不暇討國乎不思皮之不存毛

將安傳計國乃所以爲己計也陛下躬率於上將有管晏爲時而出如陛下猶欲以平時架漏之具文而施之於傷敗危亡之天下則雖有管晏猶不知爲陛下計而况未有管晏乎夫管晏孔門之所羞稱也今欲求其所羞稱者尚不可得陛下亦可反而思之矣人主天下之利勢也陛下操賞罰之利勢於掌握之内惟在乎善用之則天下何難治之有臣所謂陛下一提兵財之體統則血脉必通者此也抑臣復有獻焉上以言求下下以言應上勿謂言爲無益也臣竊思今日之事復有十條焉號令率多反汗取輕天下今當謹重其所發一也賞罰未行之始天下已生疑心今當示信而勿惑二也所在軍情不安敢於陵犯紀律今當厚恤而嚴法三也災變之後小民艱食皆將驅而爲盜今當招糴以弭姦四也秋高馬肥虜情叵測區處邊面已爲後時豈容更復悠緩五也樞府制閫統體相關所宜戒飭一心

以國事而臧私情六也監司按行諸路楮券徒致煩擾亟宜別行措置七也州縣體量田租務在實惠及下以固民志八也湖淮交子盡令易以銅楮通彼所以寬此儻是説可行亦當早有定論九也安邊所乏積貯合議區畫毋致陰消潛耗十也此十條亦粗足以裨末議然臣不敢掇拾細微以溷聖聰者蓋以治天下必使神氣精明自然骨力强而血脉通凡此末節有不勞餘力而自舉者陛下毋以神氣之説爲迂稽諸天地驗諸人事今日之變非向時火災之比蓋火災僅在京城未爲廣也今之水災徧及外方矣不戒于火猶可諉曰居民弗謹遂至延燎水災非細故也我宋以火德王天下先朝河決爲災猶且上下恐懼况風雨肆虐至於此極陛下其可不奮志力行一反衰前之光景而爲興隆之氣象哉詩曰惟昔之富不如時惟今之疚不如茲又曰我瞻四方蹙蹙靡所騁臣賤性朴愚懷不自已幸值陛下導之使言是以一吐狂僭惟陛下財幸

吏部尚書魏了翁上奏曰臣伏見比日以來天文示異何其稠也六月庚辰流星晝隕其占爲覆軍爲陰謀越十日己丑熒惑入太微垣其占爲饑爲逆爲喪七月戊戌太白經天其占爲兵爲秦爲不臣此金火二星之變至于今未退也而火迫内垣尤爲急切越六日丙午以後金星行入東井夫孽非天作變不虚生陛下亦思所以省己愆回天心乎漢相王嘉謂動民以行不以言應天以實不以文下民微細猶不可詐况於上天神明而可欺乎人皆以爲至言臣謂如此言者在二漢以來絶少抑不知民與天一也安有爲欺民之事而可以應天亦安有爲欺天之事而可以動民者此猶未免於擇焉不精然其立言之大意則固已深中乎千有餘年應天動民之實病矣臣每見近年以來群臣封章多言陛下每遇祀饗必達開齋每有禱祈

無不響答而臣嘗以爲此特淺淺之爲見者耳夫水矣火矣兵矣盜無歲無之而不此之問乎姑以今年所聞如正月而徐邳覆軍二月而惠寇作亂三月而黄陂遂將四月而建辛違命五月而禁衛失伍六月而京口掘竭七月而高郵阻兵封章奏疏非不多矣而不以是爲異也不特此也雖乾文示異無月無之亦能盡徹於陛下之聽乎陛下聞災異聞變故未嘗不知畏懼也而臣猶有疑於動民以言應天以文則民未可得而動天未可得而應也天未可應臣何以知之以民未可動知之耳民未可動何以知之臣半年之間涉萬里長途所接州縣民吏語及親政未有能深信者至江淮以來則憂危之語日聞以此知民未可動也民未可動則天決不可以虚文應也惟陛下實體而篤行之

權中書舍人王應麟以冬雷上言曰十月之雷惟漢數見今不

乎姦衺並進。卑踰尊。外陵內之象。當清天君。謹天命。體天德。以回天心。守成必法祖宗。御治必總威福。

洪舜俞進故事曰。昔神宗時。群臣請上尊號及作樂。神宗以久旱不許。群臣固請。冨弼言故事有災變皆徹樂。恐陛下以同天節虜使當上壽。故未斷其請。臣以為此盛德事。正當以示夷狄。乞并罷上壽。從之。即日而雨。弼又上疏。願益畏天戒。遠姦佞。近忠良。神宗親書答詔曰。義忠言親。理正文直。苟非意在愛君。志在王室。尚以臻此。敢不置之枕席。銘諸肺腑。終老是戒。更願公不替今日之志。則天災不難弭。太平可立俟也。

臣聞詩曰。文王陟降。在帝左右。又曰。陟降厥士。日監在茲。上天之心與君接。人君之心與天通。一陟一降。隨寓隨在。初無毫髮之間。五事有敬忽。則庶徵有休咎。其應如響之應聲。我神祖久旱輟同天節上壽之禮。亢陽即日而雨。陛下以雷變寢天基節上壽之禮。積陰即日而霽。夫豈人力所能致哉。此心即天心。天心即此心也。冨弼於既雨之後奏益畏天戒。遠姦佞。近忠良。蓋姦佞之遠。忠良之近。即以畏天戒。天意在於進君子。退小人。人君欽承此意而行。則寅畏之實也。答詔欲弼不替今日之志。君臣交相儆戒。宜有以祈天永命也歟。臣故亦願陛下與二三大臣示以天意已回為喜。常以天命難諶為懼。

許應龍進故事曰。劉安世嘗言於哲宗之朝曰。上天之體雖高而聽卑。明主所以惡文而尚質。與其為祈禱之小數。不若圖銷變之大方。願陛下夙夜祗畏。側身修行。特下明詔。以示罪己。又許中外之臣民極言政事之缺失。專委近臣考求其當。以施有政。命公卿輔弼同寅協恭。以思天變。開衆正之路。塞群枉之門。誠備災之善經。應變之至務也。

臣謂應天以實不以文。茲不易之至論也。夫災異之來。天所以警人主。苟不講明乎實政。而徒崇尚於虛文。其何以轉禍為福哉。夫避正殿。減常膳。徹音樂。固足以寓兢業之忱。驗占候。謹齋戒。嚴禱祠。固足以示禬禳之意。然此特應天之文爾。必下詔求言以聞已之過失。必散財發粟以蘇民之疾苦。必輔弼之臣同寅協恭。而後可以圖銷弭之方。必賞罰之行。不僭不濫。而後可以起偷惰之習。如此。則君無失德。朝無闕政。感召之機。當如影響之隨矣。此則應天之實。在今日所當先也。竊觀近事。所謂應天之文雖已備舉。應天之實尤當加意。中外獻言。盡求其當而施行之。必速賑䘏。雖行宜覈其實而給散之。必均。私謁不行。則衆正之路開。獨斷不惑。則群枉之門杜。示恩威以馭將士。振紀綱以尊朝廷。上下一心。無有扞格。則形聲和而天地應。有不期而然者。昔蘇軾有言。熒惑犯日以太宗修德而雨足。熒惑守心。以二聖施仁而退舍。蓋已然之明驗也。惟陛下與大臣亟圖之。

應龍又進故事曰。真宗景德三年。司天定五月朔日蝕。上避正殿。既而陰晦不見。上語宰相曰。此非朕德所致。但喜分野之民不被其災耳。高宗紹興元年。日有黑子。上曰。日為太陽。人主之象。應天之道。以實不以文。若朕實德未至。徒為文飾。恐難動天。其在君臣。相與盡心行安民利物之事。庶幾天變不至為災。

臣聞皇天無親。惟德是輔。民心無常。惟惠之懷。苟人心說於下。則天變銷於上。猶影響之相應也。夫天佑民而作君。君承意以從事。苟一念之形。必以為民為先。一政之施。必以害民為戒。矜卹撫育。布德行惠。使無一夫不被其澤。則形聲和而天地應。尚何災變之足慮自夫關政弁令有以干陰陽之和故譴見于天以示警戒苟能因災而懼是究是圖舉行寬恤之政俾斯民無愁嘆怨恨之聲猶可以上回天意轉妖為祥若徒避正殿減常膳以示貶損而無寵綏四方之意是特循故事耳果何以盡感格之實哉故真宗因日蝕不見不以為朕德所致而惟喜分野之民不被其災而高宗因日有黑子而欲行安民利物之事者其意蓋為是耳比者日官預亡薄蝕陛下首頒御札亟率舊章御便朝損珍羞嚴恭寅畏不遑朝夕復發德音叙過宥罪恤流移而蠲租賦撫士卒而惠鰥寡仁心一形天心隨格陰雲布濩靈耀霏翳若可以上寬憂虞導迎善兆而謙冲退托稱慶之禮既不舉行復常之請又未俞允雖虞舜之惟時惟幾文王之小心翼翼何以踰此然應天以實不以文動人以行不以言必戒謹其所不睹恐懼其所不聞而始終如一然後可以應天必官吏謹於奉行遴罔不周遍而不為文具然後可以動人天人之間既和同而無閒則開重暈之祥建中興之業可指日以冀矣

歷代名臣奏議卷之三百十三

歷代名臣奏議卷之三百十四

災祥

宋理宗時江東提點刑獄杜範上奏曰旱暵荐臻人無粒食楮劵猥輕物價騰踴行都之內氣象蕭條左浙近輔殍死盈道流民充斥未聞安輯之政剽掠成風已開弄兵之萌是內憂既迫矣新興北兵乘勝而善鬪中原群盜假名而崛起擣我巴蜀據我荊襄擾我淮堧近又由夔峽以瞰鼎澧疆場之臣肆為欺蔽勝則張皇而言功敗則掩覆而不言脫使乘上流之無備為飲馬長江之謀其誰與捍之是外患既深矣人主上所事者天下所恃者民近者天文示變妖彗吐芒方冬而雷既春而雷海潮衝突於都城赤地數徧於畿甸是不得乎天而天已怒矣人死於干戈死於飢饉父子相棄夫婦不相保怨氣盈腹謗言載路等死一萌何所不至是不得乎民而民已怨矣內憂外患之交至天心人心之俱失陛下能與二三大臣安居於天下之上乎陛下亦嘗思所以致此否乎蓋自曩者權相陽進妾婦之小忠陰竊君人之大柄以聲色玩好內蠱陛下之心術而廢置生殺一切惟其意之所欲為以致紀綱陵夷風俗頹靡軍政不修而邊備廢弛凡今日之內憂外患皆權相三十年醞成之如養癰疽待時而決耳端平號為更化而居相位者非其人無能改於其舊敗壞汙穢殆有甚焉自是聖意惶惑莫知所倚仗方且不以彼為讎而以為德不以彼為罪而以為功於是天之望於陛下者孤而變怪見矣人之望於陛下者觖而怨叛形矣陛下敬天有圖旨酒有箴緝熙有記使持此一念振起傾頹宜無難者然聞之道路謂警懼之意每見於外朝視政之頃而好樂之私多縱於內廷燕褻之際名為經筵而左右近習或得而潛聞政出於中書而御筆特奏或從而中出左道之蠱惑

私親之請託，蒙蔽陛下之聰明，轉移陛下之心術也。

範還吏部侍郎兼侍講，以久旱復上言曰：陛下嗣膺寶位餘二十年，災異譴告無歲無之，至于今而益甚。陛下求所以應天者，將止於減膳撤樂，分禱群祀而已乎？抑當外此而反求諸躬乎？夫不務反躬悔過，而徒覬天怒之釋，天下寧有是理？欲望陛下一洗舊習，以新天下，出宮女以遠聲色，斥近習以防蔽欺，省浮費以給國用，薄征斂以寬民力。且儲貳未立，國本尚虛，乞選宗姓之賢者育之宮中而教導之。又言銓法之壞，廟堂既有堂除，復時取部缺以徇人情，士大夫既陷贓濫，乃間以不經推勘而改正，凡此皆徇私忘公之害。未幾，復上言曰：天災旱暵，昔固有之，而倉廩匱竭，月支不繼，升粟一千，其增未已，富戶淪落，十室九空，此又昔之所無也。甚而闔門餓死，相率投江，里巷聚首，以議執政，軍伍詳語，所不忍聞，此何等氣象，而見於京城衆大之區。浙西稻米所聚，而赤地千里，淮民流離，襁負相屬，欲歸無所，奄奄待盡，使邊塵不起，尚可相依苟活，萬一敵騎衝突，彼必奔逆南來，或相攜從敵，因為之鄉導，巴蜀之覆轍可鑑也。竊意陛下宵旰憂懼，寧處弗遑，然宮中宴賜未聞有所貶損，左右嬙嬖未聞有所放遣，貂璫近習未聞有所斥遠，女冠請謁未聞有所屏絕，朝廷政事未聞有所修飭，庶府積蠹未聞有所搜革，秉國鈞者惟私情之徇，主道揆者惟法守之侵，國家大政則相持而不決，司存細務則出意而輒行，命令朝更而夕變，紀綱蕩廢而不存，無一事之不弊，無一弊之不極。陛下盍亦震懼自省，詔中外臣庶思當今急務，如河道未通，軍餉若何而可運；浙右旱歉，荒政若何而可行；財計空匱，糴本若何而可足；流徙失所，遣使若何而可定；敵情叵測，邊圉若何而可固，各務悉力盡思，以陳持危制變之策。

右正言兼侍講李太同上言曰：趙、冀分野，乃有熒惑犯填星之變，則我師之出，豈無當長慮而卻顧者？臣願陛下勿以是文為小異而或加忽。一話一言，一政一事，必求有以格天心而弭災變。

度宗咸淳九年，起居舍人高斯得進故事曰：漢董仲舒治國，以春秋災異之變推陰陽所以錯行，故求雨閉諸陽，縱諸陰，其止雨反是，行之一國，未嘗不得所欲。

臣聞水旱之有祈禳，古之道也。何則？民命所關，苟有可以救之者，君子必盡心焉。不若是，則謂之無志於民可也。周禮太祝六祈，有禜人禜門，祭法曰：雩禜，祭水旱也。漢晉梁隋暨唐皆遵用之，不以為世俗祈禳小數而忽之也。然臣以為水旱之有祈禳，猶焚溺之有救援，當急而不當緩。急則可及其未然而弭之，緩則災變成形，無益於事矣。雲漢之詩曰：祈年孔夙，方社不莫。夙與不莫者，言貴早耳。古人之於民事，皇皇汲汲而圖之，故曰：民事不可緩也。董仲舒之治江都，史不載他事，獨詳著其求雨止雨之法，亦可見以此為先務之急矣。行之一國，未嘗不得所欲，恍意感通，宜其應之速也。國家凡有水旱，祈禳之禮著于令甲，有司未嘗不舉而行，然常失之遲緩。赫赫炎炎，苗將槁死，而勤雨之令始行；浩浩洋洋，慮殫為河，而閉陰之典方舉。其未然者固可及救，然其所傷蓋已多矣。有民有社，災已切近，勇於行之，不為晉越也。而猶拘攣畜縮，視儀聽唱，亦何為哉？雖然，水旱者，陰陽而已。救之者，縱閉而已。所謂縱閉，豈止於城門開闔而已哉？夫淫雨為沴者，陰盛陽微之證也。今朝廷之上，明目張膽之夫少，而宛舌同聲之士多，此陰也。邊鄙之間，投石拔距之氣衰，而棄甲曳兵之習痼，此陰也。田里之間，擊壤鼓腹之音絕，而疾首蹙頞之恨深，此陰也。光[illegible][illegible]矣，而旗幟未見其精明勝之用矣。盜賊不爲之衰止。貪墨之吏去之是也。而使之易願僨軍之將。升之是也。而使之扞城。朝臣紏午膝炎乖刺炎冇濮之之患。正衙罷奏。燕官不對。義有唐世之風。凡此皆陰盛陽微之證也。微者不總。使之日請。盛者不聞。使之日長。安得不感天地之精而生戾氣哉。此又祈禳之大者。而尤當皇皇汲汲以圖之也。臣憂愛之深。愚戇妄發。惟陛下幸赦。

年溓進故事曰。乾道元年二月甲辰。以久雨避殿減膳。蠲兩浙災傷州縣身丁錢絹。決繫囚。蠲福建寺觀歲輸寬剩二年。四月戊寅。以淫雨爲沴。詔侍從臺諫講究刑政所宜以聞。

臣恭惟皇帝陛下。臨政願治。法祖敬天。肇新初元。與天下更始。德至渥也。乃仲春之月。一雨兼旬。霖霪未已。聖心惻然。憂民之憂。遣使察獄。捐帑賑貧。究弊用心。何以加此。臣竊觀中興以來之治。莫

盛於乾淳。而稽之史冊。元年春以久雨。避殿減膳。次年夏。以淫雨。講究刑政。夫以壽皇勵精爲治之初。君德初無絲毫之失。而頻年苦雨如此。壽皇切切然懼一政一事之間有以干陰陽之和者。即此一念自可格天。故終不能累乾淳之治者以此。陛下初政。罔匪大公。杜貢獻之門。絕僥倖之路。皆爲民生計也。而陰沴之氣乃見於清明之時。何耶。快活條貫日見施行。天地生物之心也。或者奉行不虔。德意志慮猶未達於民歟。聖恩汪洋。仁及草木。天地成物之仁也。或者猶有沉鬱于下而不能自拔者歟。禁法令所當禁。欲民知重本也。而京城游手末作者衆。或困於衣食之無資。平物價之未平。欲民易養生也。而在在物價騰湧。每病於貿遷之無術。不傷不困。明主未嘗不欲躋世於治平。而欲壽欲安。人情終莫能盡遂也。得無猶有乖氣致異者歟。不然。有君如此。淫雨何從而來耶。

万細民艱食。計日以望二麥之登。而今壞於垂成。何以解陛下爲民之憂耶。陛下謙遜。未嘗御正殿。未嘗享玉食之奉。可無愧於孝宗皇帝避殿減膳矣。臣願陛下以孝宗之心爲心。詔內而侍從臺諫講求刑政之所宜。外而監司帥守條陳民生之疾苦。因其所已行而求其所未至。一政一令。果合人情乎。人情悅則天意回矣。然此皆目前顯然之憂也。而陰陽消長之機。又有大可畏者焉。今正人登進。善類翕集。方陽明用事。而陰晦乃爾。是可不思其故乎。陛下決無聲色之奉。所可慮者。小人得無包藏乎。夷狄得無窺伺乎。盜賊得無竊發乎。天其或者警吾君吾相使爲持陽抑陰之計。無事而爲有事之防歟。凡此數端。皆當上關聖慮。書曰。惟事事。乃其有備。有備無患。惟陛下與二三大臣亟圖之。臣不勝惓惓。

宗正少卿趙景緯上奏曰。雷發非時。竊迹今日之事而有疑焉。內批疊降而名器輕。宮闈不嚴而主威褻。橫恩之濫已收而復出。戢貪之詔方嚴而隨弛。宮正什伍之令所以防奇袤。而或縱於乞憐之畀。詞緇黃出入之禁所以嚴宸居。而間越於禬禳之小數。以至彈墨未乾而技拭之旨已下。駁奏未幾而捷出之徑已開。命令不凝。則陽縱而不收。主意不堅。則陰閉而不密。陛下可不思致災之由。而亟求所以正之哉。願清其天君以端出治之源。謹其號令以肅紀綱之本。毋牽於私恩而撓公法。毋還於邇言而亂淸[illegible]而遠色。賤貨而貴德。則人心悅而天意得。可以開太平而兆中興也。

金章宗明昌二年。參知政事張萬公賜告省親還。上問山東河北粟貴賤。今春苗稼。萬公具以實對。帝謂宰臣曰。隨處雖得雨。尚未霑足。綦何萬公進曰。自陛下即位以來。興利除害。凡益國便民之事。聖心

卿孜孜無不舉行。至於旱災。皆由臣等。若依漢典故。皆當免官。帝曰。卿等何罪。殆朕所行有不逮者。對曰。天道雖遠。實與人事相通。唯聖人言行可以動天地。昔成湯引六事自責。周宣遇災而懼。側身修行。天不修飾人事。方今宜崇節儉。不急之務。無名之費。可供罷去。帝曰。災異不可專言天道。蓋必先盡人事耳。故孟子謂王無罪歲。左丞完顏守貞曰。陛下引咎自責。社稷之福也。

承安五年。烈風昏曀連日。詔問變異之由。平章政事徒單鎰上奏曰。仁義禮智信謂之五常。父義母慈兄友弟敬子孝謂之五德。今五常不立。五德不興。縉紳學古之士棄禮義。忘廉恥。細民違道畔義。迷不知返。背毀天常。骨肉相殘。動傷和氣。此非一朝一夕之故也。今宜正薄俗。順人心。父父子子。夫夫婦婦。各得其道。然後和氣普洽。福祿薦臻矣。因論為政之術。其急有二。一曰正臣下之心。竊見群下不明禮

義。趨利者眾。何以責小民之從化哉。其用人也。德器為上。才美為下。兼之者待以不次。才下行美者次之。雖有才能行義無取者。抑而下之。則臣下之趨向正矣。其二曰導學者之志。教化之行。興於學校。今學者失其本真。經史雅奧委而不習。藻飾虛詞。釣取祿利。乞令取士兼問經史故實。使學者皆守經學。不惑於近習之靡。則善矣。又曰。凡天下之事。叢來者非一端。形似者非一體。法制不能盡。隱於近似。乃生異論。孔子曰。義者天下之斷也。記曰。義為斷之節。伏望陛下臨制萬機。事有異議。少凝聖慮。尋繹其端。則裁斷有定而疑可辨矣。

宣宗時。天旱。宣差河南提控完顏伯嘉上奏曰。日者君之象。陽之精。旱暵乃人君自用亢極之象。宰執以為寬獄所致。夫燮和陰陽。宰相之職。而很歸咎於有司。高琪武弁出身。固不足論。高汝礪輩之不知所職。其罪大矣。漢制災異策免三公。願歸之有司。邪臣謂今日之旱。

聖主自用。宰相諂諛。百司失職。實此之由也。

元太祖征西域。駐鐵門關。有一角獸。形如鹿而馬尾。其色綠。作人言。謂侍衛者曰。汝主宜早還。帝以問左右。員外郎耶律楚材對曰。此瑞獸也。其名角端。能言四方語。好生惡殺。此天降符以告陛下。陛下天之元子。天下之人皆陛下赤子。願承天心以全民命。帝即日班師。

世祖至元二十年。有星孛于帝座。帝憂之。夜召平章政事不忽木入禁中。問所以銷天變之道。對曰。風雨自天而至。人則棟宇以待之。江河為地之限。人則舟楫以通之。天地有所不能者。人則為之。此人所以與天地參也。且父母怒。人子不敢疾怨。惟起敬起孝。故易震之象曰。君子以恐懼修省。詩曰。敬天之怒。又曰。遇災而懼。三代聖王克謹天戒。鮮不有終。漢文之世。同日山崩者二十有九。日食地震頻歲有之。善用此道。天亦悔禍。海內乂安。此前代之龜鑑也。臣願陛下法之。

因誦文帝日食求言詔。帝悚然曰。此言深合朕意。可復誦之。遂詳論款陳。夜至四鼓。明日進膳。帝以盤珍賜之。

世祖聞李治賢。召問昨地震何如。治對曰。天裂為陽不足。地震為陰有餘。夫地道陰也。陰太盛則變常。今之地震。或奸邪在側。或女謁盛行。或讒慝交至。或刑罰失中。或征伐驟舉。五者必有一于此矣。夫天之愛君。如愛其子。故示此以警之耳。苟能辨奸邪。去女謁。屏讒慝。省刑罰。慎征討。上當天心。下協人意。則可轉咎為休矣。帝嘉納之。

成宗大德七年八月戊申夜。地大震。詔問致災之由及弭災之道。齊履謙對曰。按春秋言地為陰而主靜。妻道臣道子道也。三者失其道。則地為之弗寧。弭之之道。大臣當反躬責己。去專制之威。以答天變。不可徒為禳禱也。

成宗以恒暘暴風星芒之變。詔公卿集議弭災之道。翰林學士承旨

劉敏中等上奏曰。切惟事有本末。政有後先。今撫其本與先者言之。其畧有七。一曰畏天。天育萬物。不能自理。乃立君以主之。故君者所以代天育物也。惟明君能知天監在上。赫赫甚邇。凡一語動一政令罔不兢兢業業。思合天。則期當天心。若論官則曰天命有德。五服五章。不敢參一時之喜怒而輕予奪之也。若論刑則曰天討有罪。五刑五用。不敢因一時之喜怒而輕出入之也。凡事如此。謹守勿失。於是陰陽和。風雨時。而萬物育。天相之也。乃若政令之或爽。天必出災異以儆之。而儆之者。所以仁愛人君。欲其久安長治。而萬物得其育也。故明君遇此。則必省躬以知懼。昭德而塞違。誠格政修。天意乃得。於是災變弭而和氣復矣。故雖堯湯之世。不能無水旱。而卒以無害者。堯湯用此道也。二曰敬祖。自古帝王創建國家。無不自艱難而得之。而傳之子孫。猶菑者之望播穫。作室者之待堂構也。夫固不易哉。我

太祖皇帝起自朔方。身歷百戰。收附諸國。惡衣菲食。櫛風沐雨。何如其辛勤也。世祖皇帝親歷行陣。心籌計畫。恭儉敬畏。以有天下。混一南北。何如其辛勤也。欽惟陛下以仁明天縱之聖。紹膺景命。盍嘗以此存心。思祖宗開基建業之不易。而遇是儆也。尚益兢兢業業。用一財則必曰此民力也。自祖宗艱難而得之也。豈可輕用。官一人則必曰此國柄也。自祖宗艱難而致之也。豈可輕與。動靜整勑。每事如此。則百司自然共職。庶政自然修舉。祖宗在天之靈必皆歡悅。而天佑響答。福祿日臻。邦基益固矣。三曰清心。心者一身之主。萬事之本也。夫目之於視。耳之於聽。口之於言。手之於執。足之於履。皆惟心之所使。心得其正。則接物臨事之際。視聽言動皆得其正。而無有繆誤乖戾之患。況四海之廣。萬幾之微。皆仰治于一人。而一人之所仰者。非惟心乎。蓋水必止。乃可以照物。鑑必明。乃可以別妍醜。故帝王貴

清心。清者靜一不遷之謂也。若聲色之娛。宴飲之樂。所不能無。尤當節適。使不至撓吾心之清。心清則四海之廣無不燭。萬幾之微無不察。光明洞徹。未言而信。讒訣不得施。邪偽不敢前。百官有司各安其職。無有扞格之患。則法制流行。紀綱振舉。災變息而天下治矣。語曰。本立而道生。故帝王以清心為本。體總攬權綱之要道也。四曰持體。事莫不有體。體者得其要之謂耳。人君任宰輔以總百官。守法度以信萬民。斯其體也。若乃任一小官。罰一小過。有司之事耳。而人君親之。則有司懼矣。夫上下正。政令一。賦斂以時。用度有節。賞罰必信。此天下之守也。而朝行夕改。守無所止。則臣下恐懼。皆思為已。而急其所職。殃害及民。怨讟不免。而或召災異。是為君之道在乎持大體。先有司。裁制予奪必信必一。則雍熙之治可坐而致。何災異之有哉。五曰更化。傳有之。琴瑟不調。甚者必解而更張之。為政不行。甚者必變

而更化之。今有司所甚患者。曰財用不足。曰選法撓亂。曰官府不治。三者而已。改絃更張。此其時也。蓋亦思其所由乎。財用不足。豈非所入者有限。所出者無窮歟。選法撓亂。豈非賢不肖混淆。越格者多而非格者不少歟。官府不治。豈非賞罰不明。而名節素不勵歟。宜敕有司詳校一歲錢穀所入幾何。所出幾何。若所出皆為當出。則財之不足。將無法可理。若猶有不當出而可以已者。如不急之營繕。無名之賜予。據其名件。一皆止之。則財用必足矣。又詳按銓選。除合格外。越格與非格者幾何。任迴量其根脚功過定奪。仍原其所由。跡轍一禁絕之。則選法必行矣。官府之制。上下內外相維相資。各有條理。果皆得人。何有不治。然人材不齊。善惡必有。故賞罰立焉。若善者當賞而不賞。惡者當罰而不罰。則善者變而為惡。而惡者紐而益甚。又如犯至不赦大罪也。而或巧圖復用。老病謝事。常理也。或戀不忍去。至有

貪欺害民善於自蔽不即敗露上官不以審風憲不以察因習成風不知有耻治何由興宜嚴敕省臺公賞罰勵名節由京朝始則官府自治矣凡此三者吏化之大略也三者果更民力必紓人材必多祥瑞必集國勢必隆然非更之之難行之之難也非行之之難守之之難也惟聖天子以畏天敬祖清心之德守而行之又何難哉六曰察吏治官府之設本以為民然而民弗蒙惠者豈非任職之人廉正者恒少而貪邪者恒多歟恒少者宜培植而反摧抑之歟恒多者宜簡除而反擁護之歟何以知其然也夫廉正者仰不能悅上官而復或忤也憾怒畜矣俯不能媚奸民而又常戢之怨憎積矣故舉一事則沮於上行一政則謗於下奸人乘釁猾吏投討扇黨搆誣譁然訟之蓄怒者得以折辱求索鍛煉而成其罪矣以搢紳廉正之士一旦屈膝受誣置對於無賴之小民縱萬一得解而風采掃地矣彼貪邪者於上則先意以布合於下則越禮以求媚賊賄狼藉無由敗露憲司上司佯為不知安然秩滿給由而去乃且奔走權要徼取優等擢授美官是廉正者少而益少貪邪者多而益多也嗚呼所謂資憲者將孰從而致之哉夫源清則流清本治則末治宜端本澄源特發嚴令戒敕內外官吏皆當洗心易慮奉公為民所在憲司及上司衙門毋敢抑正容奸務要精詳察舉其治行超衆者增秩賜金如漢世故事貪鄙尤甚者黜竄不齒憲司或失察舉亦行論罪如是良吏日多奸吏日少官府立而政化行惠及民而災變息矣七曰除民患公家百須皆民所出取之有法民不知病今夫夏絲秋稅乃其常賦和買和雇官皆給價宜無所病者然和買和雇名件不一駢至疊出責辦須臾故和買必至望戶科着貪吏儉人得緣為奸易新鈔為爛鈔者有之給價攬除者有之緣指其物惡賤為而受者有之預撇以多買而

取賂者有之受賂當買之戶而移之下戶者有之而又追呼停留費用過當民不勝擾矣其和雇則十車之運而為百車之雇有車之家闔境追攝必賂而後免故和買和雇奸民之利而細民之病也今後一切和買和雇憲司必須密為體察仍許諸人首告以前犯者痛行追斷監臨有失防禁罰俸標過甚者降等憲司不察同坐惟復止於大都將年例和買段疋絲絹等物預期張立榜文各開色樣幅尺麤細輕重添價收買仍許中買鹽引商旅四集旬月可辦不惟省減腳力防押官兵及免水火盜賊之虞實永絕奸人因公規利害民之弊若慮或有鈍悞且可內外分買若大都果便來歲通行斯亦惠民弭災之切務也

英宗至治三年夏帝以日食地震星變詔議所以弭災者太常禮儀院經歷曹元用上言曰應天以實不以文脩德明政應天之實也宜撙浮費節財用選守令䘏貧民嚴禋祀汰佛事止造作以紓民力慎賞罰以示勸懲至於科舉取士之法當革冒濫嚴考覈俾得真才之用朝廷咸是之

泰定帝泰定元年車駕在上都先是帝以災異詔百官集議集賢大學士張珪與樞密院御史臺翰林集賢兩院官極論當世得失詣上都奏之曰國之安危在乎論相昔唐玄宗前用姚崇宋璟則治後用李林甫楊國忠天下騷動幾致亡國雖賴郭子儀諸將效忠竭力克復舊物然自是藩鎮縱橫紀綱亦不復振矣良由李林甫妒害忠良布置邪黨奸惑蒙蔽保祿養禍所致死有餘辜如前宰相鐵木迭兒奸狡險深陰謀叢出專政十年凡宗戚忤己者巧飾危間陰中以法忠直被誅竄者甚衆始以贓敗諂附權奸失列門及嬖幸也里失班之徒苟全其生尋任太子太師未幾仁宗賓天乘時幸釁再入中書

當英廟之初。與失列門等。恩義相許。表裏爲姦。誣殺蕭楊等以快私忿。天討元凶。失列門之黨既誅。坐要上功。遂獲信任。諸子內有宿衛外據顯要。蔽上抑下。杜絕言路。賣官鬻獄。威福已出。一令發口。上下股栗。稍不附已。其禍立至。權勢日盛。中外寒心。由是群邪並進。如逆賊鐵失之徒。名爲義子。實其腹心。忠良屏迹。坐待收繫。先帝悟其姦惡。仆碑奪爵。籍沒其家。終以遺患。構成弑逆。其子鎖南親與逆謀。所由來者漸矣。雖剖棺戮屍。夷滅其家。猶不足以塞責。今復回給所籍家產。諸子尚在京師。夤緣再入宿衛。世祖時。阿合馬貪殘敗事。雖死。猶正其罪。況如鐵木迭兒之姦惡者哉。臣等議宜遵成憲。仍籍鐵木迭兒家產。遂竄其子孫外郡。以懲大姦。君父之讎。不共戴天。所以明綱常別上下也。鐵失之黨結謀弑逆。君相遇害。天下之人痛心疾首所不忍聞。比奉旨以鐵失之徒既伏其辜。諸王按梯不花、孛羅、月魯

鐵木兒、曲呂不花、兀魯思不花亦已流竄。逆黨脅從者衆。何可盡誅。後之言事者其勿復舉。臣等議古法弑逆凡在官者殺無赦。聖朝立法。强盜刼殺庶民。其同情者猶正首從俱罪。況弑逆之黨。天地不容。宜誅按梯不花之徒。以謝天下。書曰。惟辟作福。惟辟作威。臣無有作福作威。臣而有作福作威。害于而家。凶于而國。蓋生殺與奪。天子之權。非臣下所得盜用也。遼王脫脫位冠宗室。居鎮遼東。屬任非輕。國家不幸有非常之變。不能討賊。而乃覬幸赦恩。報復讎怨。殺親王妃主百餘人。分其羊馬畜產。殘忍骨肉。盜竊主權。聞者切齒。今不之罪。乃復奪賜放還。仍守爵土。臣恐國之紀綱由此不振。設或效尤。何法以治。且遼東地廣。素號重鎮。若使脫脫久居。彼既縱肆。將無忌憚。況今死者含冤。感傷和氣。臣等議累朝典憲。聞赦殺人。罪在不原。宜奪削其爵土。置之他所。以彰天威。刑以懲惡。國有常憲。武備卿即烈前

太尉不花。以累朝待遇之隆。俱致高列。不思補報。專務姦欺。詐稱奉旨。令鷹師強收鄭國寶妻古哈。貪其家人畜產。自恃權貴。莫敢如何。事聞之官。刑曹逮鞠服實。竟原其罪。輦轂之下。肆行無忌。遠在外郡何事不爲。夫京師天下之本。縱惡如此。何以爲政。古人有言。一婦銜冤。三年不雨。以此論之。即非細務。臣等議宜以即烈、不花付刑曹鞠之。中賣寶物。世祖時不聞其事。自成宗以來始有此弊。分珠寸石。售直數萬。當時民懷憤怨。臺察交言。且所酬之鈔。率皆天下生民膏血。錙銖取之。從以捶撻。何其用之不吝。夫以經國有用之寶。而易此不濟饑寒之物。又非有司聘要和買。大抵皆時貴與斡脫中寶之人妄稱呈獻。冒給回賜。高其直且十倍。蠹國財。暗行分用。如沙不丁之徒。頃以增價中寶事敗。具存吏牘。陛下即位之初。首知其弊。下令禁止。天下欣幸。臣等比聞中書乃復奏給累朝未酬寶價四十餘萬錠。

較其元直。利已數倍。有事經年遠者。三十餘萬錠。復令給以市舶番貨。計今天下所徵包銀差發。歲入止十一萬錠。已是四年徵入之數。比以經費弗足。急於科徵。臣等議番舶之貨。宜以資國用。紓民力。寶價請俟國用饒給之日議之。太廟神主。祖宗之所妥靈。國家孝治天下。四時大祀。誠爲重典。比者仁宗皇帝皇后神主。盜利其金而竊之。至今未獲。斯乃非常之事。而捕盜官兵。不聞杖責。臣等議庶民失盜。應捕官兵尚有三限之法。監臨上守尚失官物。亦有不行知覺之罪。今失神主。宜罪太常。請揀其官屬黜之。國家經賦。皆出於民。量入爲出。有司之事。比者建西山寺。損軍害民。費以億萬計。刺繡經幡。馳驛江浙。逼迫郡縣。雜役男女。動經年歲。窮奢致怨。近詔雖已罷之。又聞姦人乘間奏請復欲興修。流言喧播。群情駭驚。臣等議宜守前詔。示民有信。其創造刺繡事非歲用之常者。悉罷之。人有冤抑。必當昭雪。

事有枉直尤宜明辯平章政事蕭拜住中丞楊朶兒只等枉遭鐵木迭兒誣陷籍其家以分賜人聞者嗟悼比奉明詔還給元業子孫奉祀家廟脩葺苟完未及寧處復以其家財仍賜舊人止酬以直即與拜羅斷没無異臣等議宜如前詔以元業還之量其直以酬後所賜者則人無冤憤矣德以出治刑以防姦若刑罰不立姦宄滋長雖有智者不能禁止比者也先鐵木兒之徒遇朱太醫妻女故省門外強拽以入姦宿館所事聞有司以扈從上都為辭竟弗就鞫輦轂之下肆惡無忌京民憤駭何以取則四方臣等議宜遵世祖成憲以姦人命有司鞫之臣等又議天下囚繫冤滯不無方今盛夏宜命省臺選官審錄結正重刑疏決輕繫疑者申聞詳讞邊鎮利病宜命行省行臺體究興除廣海鎮戍卒更病者給粥食藥力死者人給鈔二十五貫責所司及同鄉者歸骨於其家歲貢方物有常制廣州東莞縣大

步海及惠州珠池始自大德元年姦民劉進程連言利分蜑戶七百餘家官給之糧三年一採僅獲小珠五兩六錢入水為蟲魚傷死者衆遂罷珠戶為民其後同知廣州路事塔塔兒等又獻利於失列門創設提舉司監採廉訪司言其擾民復罷歸有司既而內正少卿魏暗都剌冒啓中旨馳驛督採耗廩食疲民驛非舊制請悉罷遣歸民善良死於非命國法當為昭雪鐵失獄逆之黨學士不花指揮不顏忽里院使禿古思皆以無罪死未蒙贈鐵木迭兒專權之際御史徐元素以言事鎖項死東平及賈禿堅不花之屬皆未申理臣等議宜追贈死者優叙其子孫且命刑部及監察御史體勘其餘有冤抑者具實以聞政出多門古人所戒今內外增置官署員冗俸濫白丁驟陞出身入流壅塞日甚軍民俱蒙其害夫為治之要莫先於安民安民之道莫急於除濫費汰冗員世祖設官分職俱有定制至元三十

年已後改陞創設日積月增雖嘗奉旨取勘減降近侍各私其署夤緣保祿姑息中止至英宗時始銳然減罷崇祥壽福院之屬十有三署徽政院斷事官江淮財賦之屬六十餘署不幸遭罹大故未竟其餘況奉詔凡事悉遵世祖成憲若復循常取勘調虛文延歲月必無實效即與詔旨異矣臣等議宜勅中外軍民署置官吏有非世祖之制及至元三十年已後改陞創設員冗者詔格至日悉減併除罷之近侍不得巧詞復奏不該常調之人亦不得濫入常選累朝斡耳朶所立長秋承徽長寧寺及邊鎮屯戍別議處之自古聖君惟誠於治政可以動天地感鬼神初未嘗徼福於僧道以厲民病國也且以至元三十年言之醮祠佛事之目止百有二大德七年再立功德使司積五百有餘今年一增其目明年即指為例已倍四之上矣僧徒又復營幹近侍買作佛事指以算卦欺昧奏請增修布施莽齋自稱特

奉傳奉所司不敢較問供給恐後況佛以清淨為本不奔不欲而僧徒貪慕貨利自違其教一事所需金銀鈔幣不可數計歲用鈔數千萬錠數倍於至元間矣凡所供物悉為己有布施等鈔復出其外生民脂膏縱其所欲取以自利畜養妻子彼既行不修潔適足褻慢天神何以要福比年佛事愈繁累朝享國不永致災愈速事無應驗斷可知矣臣等議宜罷功德使司其在至元三十年以前及累朝忌日醮祠佛事名目止令宣政院主領修舉餘悉減罷近侍之屬並不得巧計擅奏妄增名目若有特奉傳奉從中書復奏乃行古今帝王治國理財之要莫先於節用蓋侈用則傷財傷財必至於害民國用匱而重斂生如鹽課增價之類皆足以傷民矣比年游惰之徒妄投宿衛部屬及宦者女紅太醫陰陽之屬不可勝數一人收籍一門蠲復一歲所請衣馬芻糧數十戶所徵入不足以給之耗國損民為甚臣

等議諸宿衛宮女之屬宜如世祖時支請之數給之餘悉簡汰闊端
赤牧養馬駝歲有常法分布郡縣各有常數而宿衛近侍委之僕御
役民放牧始至即奪其居俾飲食之殘傷桑果百害蠭起其僕御四
出無所拘鈐私鬻芻豆瘠損馬駝大德中始責州縣正官監視蓋暖
棚團槽櫪以牧之至治初復散之民間其害如故監察御史及河間
路守臣屢言之臣等議宜如大德團槽之制正官監臨閱視肥瘠揭
鈴宿衛僕御著為令兵戎之興號為凶器擅開邊釁非國之福蠻夷
無知少梗王化得之無益失之無損至治三年參不郎盜始者劫殺
使臣利其財物而已至用大師期年不戢傷我士卒費國資糧臣等
議好生惡死人之恒性宜令宣政院督守將嚴邊防遣良使抵巢招
諭簡罷冗兵明敕邊吏謹守禦勿生事則遠人格矣天下官田歲入
所以贍衛士給戍卒自至元三十一年以後累朝以是田分賜諸王

公主駙馬及百官宦者寺觀之屬遂令中書酬直海漕虛耗國儲其
受田之家各任土著姦吏為莊官催甲斗級巧名多取又且驅迫郵
傳徵求饋廩折辱州縣閉償逋負至倉之日變鬻以歸官司交忿農
民窘竄臣等議惟諸王公主駙馬寺觀如所與公主桑哥剌吉及普
安三寺之制輸之公廩計月直折支以鈔令有司兼令輸之省部給
之大都其所賜百官及宦者之田悉拘還官著為令國家經費皆取
於民世祖時淮北內地惟輸丁稅鐵木迭兒為相專務聚斂遣使括
勘兩淮河南田土重併科糧又以兩淮荊襄沙磧作熟收徵徵名興
利農民流徙臣等議宜如舊制止徵丁稅其括勘重併之糧及沙磧
不可田畝之稅悉除之世祖之制凡有田者悉役之民典賣田隨收
入戶鐵木迭兒為相納江南諸寺賄賂奏令僧人買民田者毋役之
以里正主首之屬逮今流毒細民臣等議惟累朝所賜僧寺田及亡

宋舊業如舊制勿徵其僧道典買民田及民間所施產業宜悉役之
著為令僧道出家屏絕妻孥蓋欲超出世表是以國家優視無所徭
役且處之宮寺宜清淨絕俗為心誦經祝壽比年僧道往往畜妻子
無異常人如蔡道泰班講主之徒傷人逞欲壞教干刑者何可勝數
俾奉祠典豈不褻天瀆神臣等議僧道之畜妻子者宜罪以舊制罷
遣為民賞功勸善人主大柄豈宜輕以與人世祖臨御三十五年左
右之臣雖甚愛幸未聞無功而給一賞者比年賞賜泛濫蓋因近侍
之人窺伺天顏喜悅之際或稱乏財無居或稱嫁女娶婦或以技物
呈獻殊無寸功小善遞互奏請要求賞賜回奉奄有國家金銀珠玉
及斷沒人畜產業似此無功受賞何以激勸既傷財用復啓倖門臣
等議非有功勳勞效著明實蹟不宜加以賞賜乞著為令臣等所言
獄逆未討姦惡未除忠憤未雪冤枉未理政令不信賞罰不公賦役

不均財用不節民怨神怒皆足以感傷和氣惟陛下裁擇以答天意
消弭災變帝不從珪復進曰臣聞日食修德月食修刑應天以實不
以文動民以行不以言刑政失平故天象應之惟陛下矜察允臣等
議乞悉行之帝終不能從

文宗天曆二年御史中丞史惟良上奏曰今天下郡邑被災者衆國
家經費若此之繁帑藏空虛生民凋瘵此政更新百廢之時宜遵世
祖成憲汰冗濫蠶食之人罷土木不急之役事有不便者咸釐正之
如此則天災可弭禎祥可致不然將恐因循苟且其弊漸深治亂之
由自此而分矣帝嘉納之

順帝至正二年監察御史王思誠上奏曰京畿去年秋不雨冬無雪
方春首月蝗生黃河水溢蓋不雨者陽之亢水涌者陰之盛也嘗聞
一婦銜冤三年大旱往歲伯顏專擅威福儺殺不辜郯王之獄燕鐵

木兒宗黨死者不可勝數，非直一婦之冤而已，豈不感傷和氣邪。宜雪其罪，敕有司行禱百神，陳牲幣，祭河伯，發卒塞其缺，被災之家，死者給棺具，庶幾可以召陰陽之和，消水旱之變。此應天以實不以文也。

順帝在位，每遇天變民災，必憂見於色。翰林學士承旨㜕㜕乘間上奏曰：天心仁愛人君，故以變示儆，譬如慈父於子，愛則教之戒之。子能起敬起孝，則父怒必釋。人君側身修行，則天意必回矣。

蘇天爵上奏曰：蓋聞應天以實不以文，動人以行不以言。此自昔國家消弭天變、感格人心之至計也。欽惟天朝列聖臨御，深仁厚澤，涵育群生，或遇災異，猶思修省，誕布德音，務施實惠，是則祖宗畏天愛民之盛德也。邇者日月薄食，星文示變，河北、山東旱蝗為災，遼陽、江淮黎民乏食。方此春夏之交，農人播植之時，災異若此，歲事何望。矧天

之變異，蓋不虛生，將恐人事有乖和氣。當是之時，國家正宜訪求直言，指切時政。矧在卑職，忝居言官，豈容緘默。伏願朝廷哀矜黎民，誕敷實惠，更新庶政，勿示虛文，庶幾消弭天災，感召和氣，宗社臣民，不勝幸甚。

一、賞罰者國之大柄，朝廷紀綱繫焉。故賞不失有功，則勞臣勸；刑不失有罪，則姦人懼。二者或失，綱紀必隳。故古者爵人於朝，與士共之；刑人於市，與衆棄之。雖人君不得而私也，況左右臣鄰敢擅威福而為之乎。竊聞近日以來，倖門漸啓，刑罰漸差，無功者覬覦以希賞，有罪者僥倖以求免，中外聞之，猶議傷嘆。誠恐刑政從此漸隳，紀綱自此日紊，勞臣何以示勸，姦人無所警懼矣。伏願自今以始，凡官賞刑獄，敢有交結近侍，互相請託，恐為罔欺紊亂政治者，嚴行禁治。中書左右兩司及六部等官，所以

參贊宰臣，燮理政務，若有不思奉公守法，阿容苟從，并許究問，庶幾賞罰攸當，刑政肅清，雍熙之化，可坐而致矣。

一、節用愛民，有國之常經。今朝廷用度不足，弊在於浮費不節。所入者有限，而所出者無涯，遂令內外帑廩皆未充贍。夫天下之財皆出于民，既傷其財，民必罹害，故愛民必謹於節用也。蓋國家財用責之戶部，戶部責之運司、州郡，州郡責之縣，縣責之民。至民而止，民竭其力以佐公上，而用猶不足，則嗟怨之氣上干天地陰陽之和，此水旱災變所由作也。宜從朝廷專命中書省官二員，暨省六部，詳定減省，罷不急之工役，止無名之賞賜，裁官吏之冗員，減僧道之好事，凡百用度，務令撙節，庶幾國用既充，民無橫斂，感召和氣，莫急於此。

一、遇災知懼，聖賢之明訓。昔之有國家者，凡值凶荒災異，必減膳

徹樂，側身警畏，憂恤元元，惟恐其不至也。蓋天災方作，民食未充，在位者於此時何忍相與飲食燕樂，而不恤其民乎。近年以來，朝廷無事，待遇勳臣，固為優厚，然而宴享太頻，財用不能無費。夫珠璣國之重寶，馬政國之大事，今宴享必以殺馬為饌，珠璣為花，誠恐習俗成風，奢侈日甚，費財擾民，有損國治。矧當災異荐臻，尤宜警懼，以答天意。今後內外百司，凡有必合筵宴，一切浮費奢靡之物，並宜裁節禁治，是亦恐懼修省之一事也。

一、在古有訓：作善降祥，不善降殃。蓋言人之為善為惡，殃咎各以其類應也。後世佛教既入中國，始言人能修奉佛事，輒獲福利。小民信之，或不能悟，甚至有國家者傾其府庫，捨施金帛，供佛飯僧，唯恐不至。然其徵驗，蓋可覩矣。是以中外之臣，言其可罷者十常八九，而國家崇信方篤，不忍遽已。邇者徽政院臣以府

庫不充，金帛不給，營奉諡旨，凡在興聖宮常例好事，一切罷止。今朝廷政教惟新，方圖孝治，宜體東朝之意，凡大內常例好事宜權停止，豈惟制節浮費，有裕于國財，庶幾不惑異端，有關于政化也。

一、建官分職，本以為民，官冗事繁，適足害治。蓋古者爵祿所以待賢才，熙庶績，非以供一人之欲，給人之求者也。是以上自公卿大夫，下及抱關擊柝，皆有定員，而無曠職，故官無苟得，人無倖心。洪惟世祖皇帝在位三十五年，建官之制，詳酌古今之宜，故治化成而事功立。爰自近歲以來，官府日增，選法愈弊，俸祿既廣，事功益疏。夫文翰之職既同，何為復列數職；造作所司既一，不應又置數司；掌軍政者亦既俱分，奉祭祀者似太重複。至于屬官群吏，員額雜冗，支俸食米，內外繁多，若不早為裁減，日久愈難沙汰。夫科場取士，三年止得百人，今吏屬出身，一日不知其幾。即目中書類選已有積年不調之苦，竊思數歲之後，吏部選又將柰何？宜從都省早為聞奏，照依至元定制，合并裁減，不惟省去冗員，清選舉之方，亦以制節浮用，為裕財之道。

一、命郡縣之官，唯欲圖治，班田祿之制，所以養廉。今國家設官固有高下之列，頒祿當無厚薄之分。然而朝廷鄉士，俸廩既均，郡縣公田，多寡不一，亦有初設員闕，逐月上請俸錢。拔廉者奉公凍餒其妻子，貪者受賄辱及其宗親。各處雖嘗申明其事，主者但言設置已久，廉吏嗟嘆，無可柰何。宜從戶部行移取勘各處所關公田，於係官田內均行摽撥，豈惟廩祿惠及官吏之一家，庶責廉能治治郡縣之兆姓。

一、錢幣之制，在古所以惠民，鈔法之行，歲久不能無弊。蓋米粟布帛，養兆民之本，錢幣鈔法，權一時之宜。故法久必更，理當然也。昔者世祖皇帝始立法制，遂行中統交鈔，其後又行至元寶鈔，夫行之既久，真偽不無，坐罪雖曰匪輕，獲利自是甚重，爰自造鈔以來，元額已踰數倍，以致鈔日益虛，物日益貴，民庶有倒鈔撿鈔之擾，官吏有監鈔燒鈔之害。欲救其弊，理宜更張。洪惟武宗皇帝即位之初，始命尚書省更行銅錢，本欲復古以便民，未聞有妨於國計。蓋因至大已後，一切矯枉太過，因併銅錢遂亦不用。夫行封贈所以勸忠，增俸祿所以養廉，禁干名犯義者厚風化之原，減資月日者獎奉公之吏，是皆尚書省所行，未聞人以為非，何於銅錢獨為不可？況遠自唐漢，近及宋金，明君才臣，阜民之制，皆本乎此。矧今國家疆宇萬里，錢幣之制，祖宗已嘗舉行，宜從都省明白奏聞，令戶部官講究歷代鼓鑄之方，用

錢之制，遠近便宜，斷然行之，豈惟救鈔法一時之宜，實所以遂民生無窮之利也。

一、治平既久，民獲奠居，版籍既定，田無餘畝。蓋山東益都之境，自昔號稱廣斥，書所謂萊夷作牧是也。今國家平定蓋已百年，戶數土田悉有定籍，邇者姦人妄行呈獻，凡民之田宅墳墓悉指以為荒閑，朝廷雖嘗差官覆實，輒與符同，不復考察。夫既設置官吏，遂為會歛稅糧，卒因水旱為由，不克減滿元額，民既無所控訴，官亦無可柰何，驗其一歲所入之稅，糧僅足諸人所支之俸給，既不能裕財富國，徒足以害衆擾民。矧今山東黎民阻饑，盜賊多有，誠恐因之以生利害。欽覩天曆元年詔書節文，有曰：國家租稅自有常例，今後諸人毋得妄獻田土，違者治罪。擬合欽依明詔，將山東田賦總管府等衙門革去，其百姓合納租賦

並依舊制。庶使一方之民咸獲有生之樂。仰稱文宗皇帝發政施仁之盛德。

一。薄賦稅者治國之大經。廣聚斂者蠹民之弊法。夫以河南之地。方數千里。所輸稅糧已有定數。先之以劉亦馬罕妄獻地土。既已長流海南。是無附田亦已明矣。自延祐以來姦人竊取相倖。欲興功利以固權寵。輒以經理為名。惟欲擾害其衆。名曰自實田糧。實是強行科斂。朝廷深知其弊。累降詔書免除。有司失於奉行。至今令民包納。夫以堂堂天朝富有四海。差稅之入。悉有定制。乃因興利之徒。遂遺斯民之害。擬合欽依累朝詔旨。其經理虛蒔之數。並行革撥。豈惟彰朝廷薄斂惠民之厚澤。亦以植斯民本固邦寧之遠圖。

一。國家之治。當一視而同仁。天以高麗為國。僻居海隅。聖朝肇興。首效臣節。世祖皇帝嘉其勤勞。釐降公主。蓋所以懷柔小邦。恩至渥也。比年以來。朝廷屢遣使者至于其國。選取子女。求娶妻媵。需索百端。不勝其擾。至使高麗之民。生女或不欲舉。年長者不敢適人。憤怨感傷。無所告訴。方今遼東歲歉。民適告飢。和氣之傷。或亦由此。今後除內廷必合取索外。其餘官員敢有不經中書擅自奏請取索高麗女子及因使其國娶妻妾者。擬合禁治。庶幾彰國家同仁之治。而慰小邦嚮化之心。

歷代名臣奏議卷之三百十四

歷代名臣奏議卷之三百十五

營繕

魯莊公丹桓宮之楹。而刻其桷。匠師慶言於公曰。臣聞聖王公之先封也。遺後之人法。使無陷於惡。其為後世昭前之令聞也。使長監於世。故能攝固不解。今先君儉而君侈之。令德替矣。公曰。吾屬欲美之。對曰。無益於君。而替前之令德。臣故曰。庶可以已矣。

楚靈王為章華之臺。與伍舉升焉。曰。臺美夫。對曰。臣聞國君服寵以為美。安民以為樂。聽德以為聰。致遠以為明。不聞其以土木之崇高彫鏤為美。而以金石匏竹之昌大囂庶為樂。不聞其以觀大視侈淫色以為明。而以察清濁為聰也。先君莊王為匏居之臺。高不過望國氛。大不過容宴豆。木不妨守備。用不煩官府。民不廢時務。官不易朝常。問誰宴焉。則宋公鄭伯。問誰相禮。則華元駟騑。問誰贊事。則陳侯蔡侯許男頓子。其大夫侍之。先君是以除亂克敵。而無惡於諸侯。今君為此臺也。國民罷焉。財用盡焉。年穀敗焉。百官煩焉。舉國留之。數年乃成。願得諸侯與始升焉。諸侯皆距無有至者。而後使太宰啓疆請於魯侯。懼之以蜀之役。而僅得以來。使富都那豎贊焉。而使長鬣之士相焉。臣不知其美也。夫美也者。上下外內小大遠近皆無害焉。故曰美。若於目觀則美。縮於財用則匱。是聚民利以自封而瘠民也。胡美之為。夫國君者將民之與處。民實瘠矣。君安得肥。且夫私欲弘侈。則德義鮮少。德義不行。則邇者騷離而遠者距違。天子之貴也。惟其以公侯為官正。而以伯子男為師旅。其有美名也。惟其施令德於遠近。而小大安之也。若斂民利以成其私欲。使民蒿焉而忘其安樂。而有遠心。其為惡也甚矣。安用目觀。故先王之為臺榭也。榭不過講軍實。臺不過望氛祥。故榭度於大卒之居。臺度於臨觀之高。其所不

奪穡地。其為不匱財用。其事不煩官業。其日不廢時務。瘠磽之地。於是乎為之。城守之木。於是乎用之。官寮之暇。於是乎臨之。四時之隙。於是乎成之。故周詩曰。經始靈臺。經之營之。庶民攻之。不日成之。經始勿亟。庶民子來。王在靈囿。麀鹿攸伏。夫為臺榭將以教民利也。不知其以匱也。若君謂此臺美而為之。正楚其殆矣。

晉平公使叔向聘於吳。吳人拭舟以逆之。左五百人。右五百人。有繡衣而豹裘者。有錦衣而狐裘者。叔向歸以告平公。平公曰。吳其亡乎。奚以敬舟。奚以敬民。叔向對曰。君為馳底之臺。上可以發千兵。下可以陳鐘鼓。諸侯聞君者亦曰。奚以敬臺。奚以敬民。所敬各異也。於是平公乃罷臺。

平公春築臺。叔向曰不可。古者聖王貴德而務施。緩刑辟而趨民時。今春築臺。是奪民時也。夫德不施。則民不歸。刑不緩。則百姓愁。使不歸之民。役愁怨之百姓。而又奪其時。是重竭也。夫牧百姓。養育之而重竭之。豈所以定命安存而稱為人君於後世哉。平公曰善。乃罷臺役。

衛靈公以天寒鑿池。宛春諫曰。天寒起役。恐傷民。公曰。天寒乎。宛春曰。君衣狐裘。坐熊席。陬隅有竈。是以不寒。今民衣弊不補。履決不苴。君則不寒。民誠寒矣。公曰善。令罷役。

齊宣王為大室。大蓋百畝。堂上三百戶。以齊國之大。具之三年而未能成。群臣莫敢諫者。香居問宣王曰。荊王釋先王之禮樂而為淫樂。敢問荊邦為有主乎。王曰。為無主。敢問荊邦為有臣乎。王曰。為無臣。居曰。今王為大室。三年不能成。而群臣莫有諫者。敢問王為有臣乎。王曰。為無臣。香居曰。臣請避矣。趨而出。王曰。香子留。何諫寡人之晚也。遽召尚書曰。書之。寡人不肖。好為大室。香子止寡人也。

漢武帝使太中大夫吾丘壽王與待詔能用算者二人。舉籍阿城以南。盩厔以東。宜春以西。提封頃畝。及其賈直。欲除以為上林苑。屬之南山。又詔中尉左右內史表屬縣草田。欲以償鄠杜之民。吾丘壽王奏事。上大說。稱善。時東方朔在傍。進諫曰。臣聞謙遜靜慤。天表之應。應之以福。驕溢靡麗。天表之應。應之以異。今陛下累郎臺。恐其不高也。弋獵之處。恐其不廣也。如天不為變。則三輔之地。盡可以為苑。何必盩厔鄠杜乎。奢侈越制。天為之變。上林雖小。臣尚以為大也。夫南山。天下之阻也。南有江淮。北有河渭。其地從汧隴以東。商雒以西。厥壤肥饒。漢興去三河之地。止霸滻以西。都涇渭之南。此天下所謂陸海之地。秦之所以虜西戎。兼山東者也。其出玉石金銀銅鐵。豫章檀柘。異類之物。不可勝原。此百工所取給。萬民所仰足也。又有秔稻梨栗桑麻竹箭之饒。土宜薑芋。水多鼃魚。貧者得以人給家足。無飢寒之憂。故酆鎬之間。號為土膏。其賈畝一金。今規以為苑。絕陂池水澤之利。而取民膏腴之地。上乏國家之用。下奪農桑之業。棄成功。就敗事。損耗五穀。是其不可一也。且盛荊棘之林。而長養麋鹿。廣狐兔之苑。大虎狼之虛。又壞人冢墓。發人室廬。令幼弱懷土而思。耆老泣涕而悲。是其不可二也。斥而營之。垣而囿之。騎馳東西。車騖南北。又有深溝大渠。夫一日之樂。不足以危無隄之輿。是其不可三也。故務苑囿之大。不恤農時。非所以強國富人也。夫殷作九市之宮而諸侯畔。靈王起章華之臺而楚民散。秦興阿房之殿而天下亂。糞土愚臣。忘生觸死。逆盛意。犯隆指。罪當萬死。

東漢明帝永平三年夏旱。而帝大起北宮。尚書僕射鍾離意詣闕免冠上疏曰。伏見陛下以天時小旱。憂念元元。降避正殿。躬自克責。而比日密雲。遂無大潤。豈政有未得應天心者邪。昔成湯遭旱。以六事自責曰政不節邪使人疾邪宮室崇邪女謁盛邪苞苴行邪讒夫昌邪竊見比官大作人失農時此所謂宮室崇也自古非苦宮室小狹但患人不安寧宜且罷止以應天心臣意以匹夫之才無有行能久食重祿擢備近臣比受厚賜喜懼相半不勝愚戇征營罪當萬死帝策詔報曰湯引六事咎在一人其冠履勿謝比上天降旱密雲數會朕戚然慙懼思獲嘉應故分布禱請闚候風雲北祈明堂南設雩場今又敕大匠止作諸宮減省不急庶消災譴詔因謝公卿百僚遂應時澍雨焉

靈帝欲造畢珪靈琨苑司徒楊賜上疏諫曰竊聞使者並出規度城南人田欲以為苑昔先王造囿裁足以脩三驅之禮薪萊芻牧皆悉往焉先帝之制左開鴻池右作上林不奢不約以合禮中今猥規郊城之地以為苑囿壞沃衍廢田園驅居人畜禽獸殆非所謂若保赤子之義今城外之苑已有五六可以逞情意順四節也（四節謂春蒐夏苗秋獮冬狩也）宜惟夏禹卑宮太宗露臺之意以慰下民之勞書奏帝欲止以問侍中任芝中常侍樂松松等曰昔文王之囿百里人以為小齊宣王五十里人以為大今與百姓共之無害於政也帝悅遂令築苑

魏文帝時力脩殿舍百姓勞役衛尉辛毗上疏曰竊聞諸葛亮講武治兵而孫權市馬遼東量其意指似欲相左右備豫不虞古之善政而今者宮室大興加連年穀麥不收詩云民亦勞止迄可小康惠此中國以綏四方唯陛下為社稷計帝報曰二虜未滅而治宮室直諫者立名之時也夫王者之都當及民勞兼辦使後世無所復增是蕭何為漢規摹之略也今卿為魏重臣亦且解其大歸帝又欲平北芒令於其上作臺觀則見孟津毗諫曰天地之性高高下下今而反之既非其理加以損費人功民不堪役且若九河盈溢洪水為害而丘

陵皆夷將何以禦之帝乃止

明帝即位營脩宮室蘭陵侯王朗上疏曰陛下即位已來恩詔屢布百姓萬民莫不欣欣臣頃奉使北行往返道路聞眾徭役其可得蠲除省減者甚多願陛下重留日昃之聽以計制寇昔大禹將欲拯天下之大患故乃先卑其宮室儉其衣食用能盡有九州弼成五服句踐欲廣其禦兒之疆（禦兒吳界邊戍之地名）馘夫差於姑蘇故亦約其身以及家儉其家以施國用能囊括五湖席卷三江取威中國定霸華夏漢之文景亦欲恢弘祖業增崇洪緒故能割意於百金之臺昭儉於弋綈之服內減太官而不受貢獻外省徭賦而務農桑用能號稱升平幾致刑錯孝武之所以能奮其軍勢拓其外境誠因祖考畜積素足故能遂成大功霍去病中才之將猶以匈奴未滅不治第宅明恤遠者略近事外者簡內自漢之初及其中興皆於金華略寢之後然後鳳闕猥閌德陽並起今當建始之前足用列朝會崇華之後足用序內官華林天淵足用展游宴若且先成閶闔之象魏使足用列遠人之朝貢者脩城池使足用絕踰越成國險其餘一切且須豐年一以勸耕農為務習戎備為事則國無怨曠戶口滋息民充兵彊而寇戎不賓緝熙不作未之有也

明帝青龍中營治宮室百姓失農時司空陳羣上疏曰禹承唐虞之盛猶卑宮室而惡衣服況今喪亂之後人民至少比漢文景之時不過一大郡邊境有事將士勞苦若有水旱之患國家之深憂也且吳蜀未滅社稷不安宜及其未動講武勸農有以待之今舍此急而先宮室臣懼百姓遂困將何以應敵昔劉備自成都至白水多作傳舍興費人役太祖知其疲民也今中國勞力亦吳蜀之所願此安危之機也惟陛下慮之帝答曰王者宮室亦宜並立滅賊之後但當罷守

耳。豈可復興役邪。是故君之職。蕭何之大略也。羣又曰。昔漢祖唯與項羽爭天下。羽已滅。宮室燒焚。是以蕭何建武庫太倉。皆是要急。然猶非其壯麗。今二虜未平。誠不宜與古同也。夫人之所欲。莫不有辭。況乃天王。莫之敢違。前欲壞武庫。謂不可不壞也。後欲置之。謂不可不置也。若必作之。固非臣下辭言所屈。若少留神。卓然回意。亦非臣下之所及也。漢明帝欲起德陽殿。鍾離意諫。卽用其言。後乃復作之。殿成。謂羣臣曰。鍾離尚書在。不得成此殿也。夫王者豈憚一臣。蓋爲百姓也。今臣曾不能少凝聖聽。不及意遠矣。帝於是有所減省。

景初元年。愈增崇宮殿。彫飾觀閣。鑿太行之石英。采穀城之文石。起景陽山於芳林之園。建昭陽殿於太極之北。鑄作黃龍鳳凰奇偉之獸。飾金墉陵雲臺陵霄闕。百役繁興。作者萬數。公卿以下至于學生。莫不展力。帝乃躬自掘土以率之。而遼東不朝。悼皇后崩。天作淫雨。

冀州水出。漂沒民物。光祿勳高堂隆上疏切諫曰。蓋天地之大德曰生。聖人之大寶曰位。何以守位曰仁。何以聚人曰財。然則士民者。乃國家之鎮也。穀帛者。乃士民之命也。穀帛非造化不育。非人力不成。是以帝耕以勸農。后桑以成服。所以昭事上帝。告虔報施也。昔在伊唐。世值陽九厄運之會。洪水滔天。使鯀治之。績用不成。乃舉文命。隨山刊木。前後歷年二十二載。災害之甚。莫過於彼。力役之興。莫久於此。堯舜君臣南面而已。禹敷九州。庶士庸勳。各有等差。君子小人。物有服章。今無若時之急。而使公卿大夫並與廝徒共供事役。聞之四夷。非嘉聲也。垂之竹帛。非令名也。是以有國有家者。近取諸身。遠取諸物。嫗煦養育。故稱愷悌君子。民之父母。今上下勞役。疾病凶荒。耕稼者寡。饑饉荐臻。無以卒歲。宜加愍恤。以救其困。臣觀在昔書籍所載。天人之際。未有不應也。是以古先哲王。畏上天之明命。循陰陽之逆順。矜矜業業。惟恐有違。然後治道用興。德與神符。災異既發。懼而脩政。未有不延期流祚者也。爰及末葉。闇君荒主。不崇先王之令軌。不納正士之直言。以遂其情志。恬忽變戒。未有不尋踐禍難。至於顛覆者也。天道既著。請以人道論之。夫六情五性。同在於人。嗜欲廉貞。各居其一。及其動也。交爭于心。欲彊質弱。則縱濫不禁。精誠不制。則放溢無極。夫情之所在。非好則美。而美好之集。非人力不成。非穀帛不立。情苟無極。則人不堪其勞。物不充其求。勞求並至。將起禍亂。故不割情。無以相供。仲尼云。人無遠慮。必有近憂。由此觀之。禮義之制。非苟拘分。將以遠害而興治也。今吳蜀二賊。非徒白地小虜聚邑之寇。乃據險乘流。跨有士衆。僭號稱帝。欲與中國爭衡。今若有人來告權禪並脩德政。復履清儉。輕省租賦。不治玩好。動咨耆賢。事遵禮度。陛下聞之。豈不惕然惡其如此。以爲難卒討滅而爲國憂乎。若使告

者曰。彼二賊並爲無道。崇侈無度。役其士民。重其徵賦。下不堪命。吁嗟日甚。陛下聞之。豈不勃然忿其困我無辜之民。而欲速加之誅。其次豈不幸彼疲弊而取之不難乎。苟如此。則可易心而度。事義之數。亦不遠矣。且秦始皇不築道德之基。而築阿房之宮。不憂蕭牆之變。而脩長城之役。當其君臣爲此計也。亦欲立萬世之業。使子孫長有天下。豈意一朝匹夫大呼。而天下傾覆哉。故臣以爲使先代之君知其所行必將至於敗。則弗爲之矣。是以亡國之主自謂不亡。然後至於亡。賢聖之君自謂將亡。然後至於不亡。昔漢文帝稱爲賢主。躬行儉約。惠下養民。而賈誼方之。以爲天下倒縣。可爲痛哭者一。可爲流涕者二。可爲長歎息者三。況今天下凋弊。民無儋石之儲。國無終年之畜。外有強敵。六軍暴邊。內興土功。州郡騷動。若有寇警。則臣懼版築之士。不能投命虜庭矣。又將吏奉祿。稍見折減。方之於昔。五分居一。

諸受休者。又絕廩賜。不應輸者。今皆出半。此為官入兼多於舊。其所出與參少於昔。而度支經用。更每不足。牛肉小賦。前後相繼。反而推之。凡此諸費。必有所在。且夫祿賜穀帛。人主所以惠養吏民而為之司命者也。若今有廢。是奪其命矣。既得之而又失之。此生怨之府也。周禮天府掌九伐之則。以給九式之用。入有其分。出有其所。不相干乘而用各足。各足之後。乃以式貢之餘。供王玩好。又上用財。必考于司會。今陛下所與共坐廊廟治天下者。非三司九列。則臺閣近臣。皆腹心造膝。宜在無諱。若見豐省而不敢以告。從命奔走。惟恐不勝。是則具臣。非鯁輔也。昔李斯教秦二世曰。為人主而不恣睢。命之曰。天下桎梏。二世用之。秦國以覆。斯亦滅族。是以史遷議其不正諫而為世戒。書奏。帝覽焉。謂中書監令曰。觀隆此奏。使朕懼哉。

時司徒掾董尋亦上疏曰。建安以來。野戰死亡。或門殫戶盡。雖有存

者遺孤老弱。若宮室狹小。當廣大之。猶宜隨時。不妨農務。況作無益之物哉。陛下既尊群臣。顯以冠冕。載以華輿。而使穿方舉土。沾體塗足。毀國之光。以崇無益。甚無謂也。孔子曰。君使臣以禮。臣事君以忠。無忠無禮。國何以立。臣知言出必死。而自比於牛之一毛。生既無益死亦何損。秉筆流涕。心與世辭。臣有八子。死後累陛下矣。將奏。沐浴以待命。魏主曰。尋不畏死邪。主者奏收之。詔勿問。

景初間。宮室盛興。民失農業。期信不敦。刑殺倉卒。秘書監王肅上疏曰。大魏承百王之極。生民無幾。干戈未戢。誠宜息民而惠之以安靜遐邇之時也。夫務畜積而息疲民。在於省徭役而勤稼穡。今宮室未就。功業未訖。運漕調發。轉相供奉。是以丁夫疲於力作。農者離其南畝。種穀者寡。食穀者衆。舊穀既沒。新穀繼荒。斯則有國之大患。而非備豫之長策也。今見作者。三四萬人。九龍可以安聖體。其內足以列六宮。顯陽之殿。又向將畢。惟泰極已前。功夫尚大。方向盛寒。疾疢或作。誠願陛下發德音。下明詔。深愍役夫之疲勞。厚矜兆民之不贍。取常食廩之士。非急要者之用。選其丁壯。擇留萬人。使一朞而更之。咸知息代有日。則莫不悅以即事。勞而不怨矣。計一歲有三百六十萬夫。亦不為少。當一歲成者。聽且三年。分遣其餘。使皆即農。無窮之計也。倉有溢粟。民有餘力。以此興功。何功不立。以此行化。何化不成。夫信之於民。國家大寶也。仲尼曰。自古皆有死。民非信不立。夫區區之晉國。微微之重耳。欲用其民。先示以信。是故原雖將降。顧信而歸。用能一戰而霸。于今見稱。前車駕當幸洛陽。發民為營。有司命以營成而罷。既成。又利其功。不以時遣。有司徒營其目前之利。不顧經國之體。臣愚以為自今已後。倘復使民。宜明其令。使必如期。若有事以次寧復更發。無或失信。凡陛下臨時之所行刑。皆有罪之吏。宜死之人

也。然衆庶不知。謂為倉卒。故願陛下下之於吏。而暴其罪。鈞其死也。無使汙于宮掖。而為遠近所疑。且人命至重。難生易殺。氣絕而不續者也。是以聖賢重之。孟軻稱殺一無辜以取天下。仁者不為也。漢時有犯蹕驚乘輿馬者。廷尉張釋之奏使罰金。文帝怪其輕。而釋之曰。方其時。上使誅之則已。今下廷尉。廷尉天下之平也。一傾之。天下用法皆為輕重。民安所措其手足。臣以為大失其義。非忠臣所宜陳也。廷尉者。天子之吏也。猶不可以失平。而天子之身。反可以惑謬乎。斯重於為己。而輕於為君。不忠之甚也。周公曰。天子無戲言。言則史書之。工誦之。士稱之。言猶不戲。而況行之乎。故釋之之言。不可不察。周公之戒。不可不法也。

明帝時。棧潛以衆役並興。戚屬疏斥。上疏曰。天生蒸民。而樹之君。所以覆燾群生。熙育兆庶。故方制四海。匪為天子。裂土分疆。匪為諸侯

也始自三皇爰暨唐虞咸以博濟加于天下醇德以洽黎元賴之三五既微降逮于漢治日益少喪亂恒多自時厥後罔克乂太祖濬哲神武芟除暴亂克復王綱以開帝業文帝受天明命廓恢皇基踐祚七載每事未遑陛下聖德纂承洪緒宜崇晏晏與民休息而方隅匪寧征夫遠戍有事海外縣旌萬里六軍驟動水陸轉運百姓舍業日費千金大興殿舍功作萬計徂徠之松刊山窮谷怪石珷玞浮于河淮都圻之內盡為甸服當供稾秸銍粟之調而為苑囿擇禽之府盛林莽之穢豐鹿兔之藪傷害農功地繁茨棘災疫流行民物大潰上減和氣嘉禾不植臣聞文王作豐經始勿亟百姓子來不日而成靈沼靈囿與民共之今宮觀崇侈彫鏤極妙忘有虞之總期思殷辛之瓊室禁池千里舉足投網麗擬阿房役百乾谿臣恐民力彫盡下不堪命也昔秦據殽函以制六合自以德高三皇功兼五帝欲號謚至萬葉而二世顛覆願為黔首由枝幹既杌本實先拔也蓋聖王之御世也克明俊德庸勳親親俊乂在官則功業可隆親親顯用則安危同憂深根固本並為幹翼雖歷盛衰內外有輔昔成王幼沖未能莅政周呂召畢並在左右今既無衛侯康叔之監分陝所任又非旦奭東宮未建天下無副願陛下留心關塞永保無極則海內幸甚

時中書侍郎王基亦上疏曰臣聞古人以水喻民曰水所以載舟亦所以覆舟故在民上者不可以不戒懼夫民逸則慮易苦則思難是以先王居之以約儉俾不至於生患昔顏淵云東野子之御馬力盡矣而求進不已是以知其將敗今事役勞苦男女離曠願陛下深察東野之弊留意舟水之喻息奔駟於未盡節力役於未困昔漢有天下至孝文時唯有同姓諸侯而賈誼憂之曰置火積薪之下而寢其上因謂之安也今寇賊未殄猛將擁兵檢之則無以應敵久之則難

以遺後當盛明之世不務以除患若子孫不競社稷之憂也使賈誼復起必深切於曩時矣

帝既新作許宮又營洛陽宮殿觀閣少府楊阜上疏曰堯尚茅茨而萬國安其居禹卑宮室而天下樂其業及至殷周或堂崇三尺度以九筵耳古之聖帝明王未有極宮室之高麗以彫弊百姓之財力者也桀作璇室象廊紂為傾宮鹿臺以喪其社稷楚靈以築章華而身受其禍秦始皇作阿房而殃及其子天下叛之二世而滅夫不度萬民之力以從耳目之欲未有不亡者也陛下當以堯舜禹湯文武為法則夏桀殷紂楚靈秦皇為深誡高高在上實監后德慎守天位以承祖考巍巍大業猶恐失之不夙夜敬止允恭恤民而乃自暇自逸惟宮臺是侈是飾必有顛覆危亡之禍易曰豐其屋蔀其家闚其戶閴其無人王者以天下為家言豐屋之禍至於家無人也方今二虜合從謀危宗廟十萬之軍東西奔赴邊境無一日之娛農夫廢業民有飢色陛下不以是為憂而營作宮室無有已時使國亡而臣可以獨存臣又不言也君作元首臣為股肱存亡一體得失同之孝經曰天子有爭臣七人雖無道不失其天下臣雖駑怯敢忘爭臣之義言不切至不足以感寤陛下陛下不察臣言恐皇祖烈考之祚將墜于地使臣身死有補萬一則死之日猶生之年也

吳烏程侯寶鼎二年作昭明宮左丞相陸凱上表諫不聽重表曰臣聞宮功當起夙夜反側是以頻煩上事往往留中不見省報於邑歎息企想應罷昨食時被詔曰君所諫誠是大趣然未合鄙意如何此宮殿不利宜當避之乃可以妨勞役長坐不利宮乎父之不安子亦何倚臣拜紙詔伏讀一周不覺氣結於胷而涕泣雨集也臣年已六十九榮祿已重於臣過望復何所冀所以勤勤數進苦言者臣伏念

大皇帝創基立業勞若勤至白髮生於鬢膚黄耇被於甲冑天下始靜晏駕早崩自含息之類能言之倫無不歔欷如喪考妣幼主嗣統柄在臣下軍有連征之費民有彫殘之損賊臣干政公家空竭今彊敵當塗西州傾覆孤羆之民宜當畜養廣力肆業以備有虞且始徙都屬有軍征戰士流離州郡擾擾而大功復起徵召四方斯非保國致治之漸也臣聞為人主者禳災以德除咎以義故湯遭大旱身禱桑林熒惑守心宋景退殿是以旱魃銷亡妖星移舍今宮室之不利但當克己復禮篤湯宋之至道愍黎庶之困苦何憂宮之不安災之不銷乎陛下不務脩德而務築宮室若德之不脩行之不貴雖殷辛之瑤臺秦皇之阿房何止而不喪身覆國宗廟作墟乎夫興土功高臺榭既致水旱民又多疾其不疑也為父長安使子有倚此乃子離於父臣離於陛下之象也臣子一離雖念克骨茅茨不翦復何益焉

是以大皇帝君子南宮自謂過於阿房故先朝大臣以為宮室宜厚備衛非常大皇帝曰逆虜游魂當愛育百姓何暇趣於不急然臣下懇惻由不獲已故裁調近郡苟副衆心比當就功猶豫三年當此之時寇鈔懾威不犯我境師徒奔北且西阻岷漢南州無事尚猶沖讓未肯築宮況陛下危側之世又乏大皇帝之德可不慮哉願陛下留意臣不虛言不聽

中書丞華覈繼上疏曰今倉庫空匱編戶失業而北方積穀養民專心東向乃舍此急務盡力功作卒有風塵之變驅怨民而赴白刃此乃大敵所因以為資者也

晉穆帝升平中將脩後池起閣道吏部郎長蕪侍中江逌上疏曰臣聞王者處萬乘之極享富有之大必顯明制度以表崇高盛其文物以殊貴賤建靈臺浚辟雍立宮館設苑囿所以弘於皇之尊彰臨下之義前聖創其禮後代遵其矩當代之君咸營斯事周宣興百堵之作鴻鴈歌安宅之歡魯僖脩泮水之宮采芹有思樂之頌盡上之有為非予欲是盈下之奉上不以劬勞為勤此自古之令典軌儀之大式也夫理無常然三正相詭司牧之體與世而移致飾則素故賁返於剝有大必盈則受之以謙損上益下順兆庶之悅享以二簋用致約之義是以唐虞流化於茅茨夏禹垂美於卑室過儉之陋非中庸之制然三聖行之以致至治漢高祖當營建之始怒宮闕之壯孝文處既富之世愛十家之產亦以播德當時著稱來葉今者二虜未殄神州荒蕪舉江左之衆經略艱難漕揚越之粟北餽河洛兵不獲戢運戍悠遠倉庫內罄百姓力竭加春夏以來水旱為害遠近之收普減常年財傷人困大役未已軍國之用無所取給方之往代豐弊相懸損之又損實在今日伏惟陛下聖質天縱凝曠清虛闡日新之盛

茂欽明之量無欲體於自然沖素刑乎萬國諧既盡美則必盡善宜養以玄虛守以無為登覽不以臺觀游豫不以苑沼偃息畢於仁義馳騁極於六藝觀巍巍之隆鑒二代之文仰味羲農俯尋周孔其為逍遥也以尊有德之輔親搢紳之秀疇咨以時顧問不倦獻替諷諫日月而明則庶績惟凝六合咸熙中興之盛邁於殷宗休嘉之慶流乎無窮昔漢起德陽鍾離抗言魏營宮殿陳群正辭臣雖才非若人然職忝近侍言不足濟而義在以聞帝嘉其言而止

漢主劉聰立貴嬪劉氏為皇后聰將為劉氏起鷂儀殿於後庭廷尉陳元達諫曰臣聞古之聖王愛國如家故皇天亦祐之如子夫天生烝民而樹之君者使為之父母以刑賞之不欲使殿屎黎元而蕩逸一人晉氏闇虐視百姓如草芥故上天剿絕其祚乃眷皇漢蒼生引領息肩懷蘇之望有日矣我高祖光文皇帝靖言惟茲痛心疾首

故身衣大布居不重茵先后妃嬪服無綺綵重逆群臣之請故建南北宮焉今光極之前足以朝群后饗萬國矣昭德溫明已後足可以容六宮列十二等矣陛下龍興以來外殄二京不世之寇內興殿觀四十餘所重之以飢饉疾疫死亡相屬兵疲於外人怨於內為之父母固若是乎伏聞詔旨將營鷁儀中宮新立誠臣等樂為子來者也竊以大難未夷宮宇粗給今之所營尤實非宜臣聞太宗承高祖之業惠呂息役之後以四海之富天下之殷尚以百金之費而輟露臺歷代垂美為不朽之迹故能斷獄四百擬於成康陛下之所有不過太宗二郡地耳戰守之備者豈僅匈奴南越而已哉若文之廣恩賚如彼陛下之襟欲損如此愚臣所以敢昧死犯顏色冒不測之禍者也

趙主曜命起酆明觀立西宮建陵霄臺於鄗池又將於霸陵西南營

壽陵侍中喬豫和苞上疏諫曰臣聞人主之興作也必仰準乾象俯順人時是以衛文承亂亡之後宗廟社稷流漂無所而猶上候營室以構楚宮彼其急也猶尚若茲故能興康叔武公之迹延九百之慶也前奉詔書將營酆明觀市道芻蕘咸以非之曰一觀之功可以平涼州矣又奉敕旨復欲擬阿房而建西宮模瓊臺而起陵霄此則費萬酆明功億前役也以此功費亦可以吞吳蜀翦齊魏矣陛下何為於中興之日而蹤亡國之事自古聖王人誰無過陛下此役實為過舉遠貴在能改終之實難又伏聞敕旨將營建壽陵周迴四里下深二十五丈以銅為棺槨黃金飾之恐此功費非國內所能辦也且堯葬穀林市不改肆顓頊葬廣陽下不及泉聖王之於終也如是秦皇下錮三泉周輪七里身亡之後毀不旋踵闔閭主之於後也如此向雖石槨孔子以為不如速朽王孫倮葬識者嘉其矯世自古無有不亡之國不掘之墓故聖王知厚葬之招害也故不為之臣子之於君父陵墓豈不欲高廣如山嶽哉但以保全始終安固萬世為優耳與亡奢儉同然於前惟陛下覽之曜大悅下書曰二侍中懇懇有古人之風烈矣可謂社稷之臣也非二君朕安聞此言乎以舜明於承平之世四海無虞之日尚納鍾離一言而罷北宮之役況朕之闇眇當今極弊而可不敬從明誨乎今敕悉停壽陵制度一遵霸陵之法詩不云乎無言不讎無德不報其封豫安昌子苞平輿子並領諫議大夫可敷告天下使知區區之朝思聞過也自今政法有不便於時不利社稷者其詣闕極言勿有所諱

曜將葬其父及妻親如粟邑以規度之負土為墳其下周迴二里作者繼以脂燭怨呼之聲盈于道路游子遠諫曰臣聞聖主明王忠臣孝子之於終葬也棺足周身槨足周棺藏足周槨而已不封不樹為

無窮之計伏惟陛下聖慈幽被神鑒洞遠每以清儉恤下為先社稷資儲為本今二陵之費至以億計計六萬夫百日作所用六百萬功二陵皆下錮三泉上崇百尺積石為山增土為阜發掘古冢以千百數役夫呼嗟氣塞天地暴骸原野哭聲盈衢臣竊謂無益於先皇先后而徒喪國之儲力陛下脫仰尋堯舜之軌者則功不盈百萬費亦不過千計下無怨骨上無怨人先帝先后有泰山之安陛下饗舜禹周公之美惟陛下察焉曜不納

後魏文成帝時給事中郭善明性多機巧欲逞其能勸高宗大起宮室中書侍郎高允諫曰臣聞太祖道武皇帝既定天下始建都邑其所營立非因農隙不有所興今建國已久宮室已備永安前殿足以朝會萬國西堂溫室足以安御聖躬紫樓臨望可以觀望遠近若廣修壯麗為異觀者宜漸致之不可倉卒計斫材運土及諸雜役須二

萬人。丁夫充作，老小供餉，合四萬人，半年可訖。古人有言：一夫不耕，或受其飢；一婦不織，或受其寒。況數萬之衆，其所損廢亦以多矣。推之於古，驗之於今，必然之效也。誠聖主所宜思量。高宗納之。

孝明帝時，胡太后作永寧寺於宮側，又作石窟寺於伊闕口，皆極土木之美，爲九層浮屠高九十丈，刹高十丈，塔廟之盛，未之有也。李崇上表曰：高祖遷都垂三十年，明堂未修，太學荒廢，城闕府寺頗亦頹壞，非所以追隆堂構，儀刑萬國者也。宜罷尚方雕靡之作，省永寧土木之功，分石窟鐫琢之勞，因農之隙，修此數條，使國容嚴顯，禮化興行，不亦休哉。太后不能用。

唐太宗貞觀四年，將修洛陽宮，戴胄上疏諫曰：比關中河外，置軍團，彊夫冨室，悉爲兵。九成之役，又興。司農將作見丁無幾。大亂之後，戶口單破，一人就役，舉室指業，籍軍者督戎仗，謀役者責糧費，竭貲經

紀，猶不能濟。七月以來，霖潦未止，瀍河南北，田正潦下，年之有亡，未可預知。壯者盡行，賦調不給，則婦藏虛矣。今宮殿足庇風雨，容羽衛，數年後成，猶不謂晚，何憚而遽自生勞擾耶？帝覽奏罷役。

時詔發卒修洛陽之乾元殿，以備巡狩。給事中張玄素上書諫曰：陛下智周萬物，囊括四海，令之所行，何往不應？志之所欲，何事不從？微臣竊思秦始皇之爲君也，藉周室之餘，因六國之盛，將貽之萬葉，及其子而亡，諒由逞嗜奔欲，逆天害人者也。是知天下不可以力勝，神祇不可以親恃，惟當弘儉約，薄賦斂，慎終如始，可以永固。方今承百王之末，屬凋弊之餘，必欲節之以禮制，陛下宜以身爲先。東都未有幸期，即令補葺，諸王今並出藩，又須營構。興發數多，豈疲人之所望？其不可一也。陛下初平東都之始，層構廣廈，皆令撤毀，天下翕然，同心傾仰，豈有初則惡其侈靡，今乃襲其雕麗？其不可二也。每承音旨，未即巡幸，此乃事不急之務，成虛費之勞。國無兼年之積，何用兩都之好？勞役過度，怨讟將起，其不可三也。百姓承亂離之後，財力凋盡，天恩含育，粗見存立，飢寒猶切，生計未安，三五年間，恐未能復。奈何營未幸之都，而奪疲人之力？其不可四也。昔漢高祖將都洛陽，婁敬一言，即日西駕，豈不知地惟土中，貢賦所均，但以形勝不如關內也。伏惟陛下化凋弊之人，革澆漓之俗，爲日尚淺，未甚淳和，斟酌事宜，詎可東幸？其不可五也。臣嘗見隋室初造此殿，楹棟宏壯，大木非近道所有，多自豫章採來，二千人曳一柱，其下施轂，皆以生鐵爲之，中間若用木輪，動即火出。略計一柱，用數十萬功，則餘費又過倍於此。臣聞阿房成，秦人散；章華就，楚衆離；乾元畢工，隋人解體。且陛下今時功力，何如隋日？承凋殘之後，役瘡痍之人，費億萬之功，襲百王之弊，以此言之，甚於煬帝遠矣。深願陛下思之，無爲由余所笑，則天下幸

甚。太宗謂玄素曰：卿以我不如煬帝，何如桀紂？對曰：若此殿卒興，所謂同歸於亂。太宗歎曰：我不思量，遂至於此。顧謂房玄齡曰：今玄素上表，洛陽亦實未宜修造，後必事理須行，露坐亦復何苦？所有作役，宜即停之。然以卑干尊，古來不易，非其忠直，安能若此？且衆人之唯唯，不如一士之諤諤，可賜絹五百匹。魏徵歎曰：張公遂有回天之力，可謂仁人之言，其利博哉。

太宗作飛山宮，魏徵上疏曰：臣觀自古受圖膺運，繼體守文，控御英傑，南面臨下，皆欲配厚德於天地，齊高明於日月，本枝百世，傳祚無窮。然而克終者鮮，敗亡相繼，其故何哉？所以求之，失其道也。殷鑒不遠，可得而言。昔在有隋，統一寰宇，甲兵彊盛，三十餘年，風行萬里，威動殊俗，一旦舉而棄之，盡爲他人之有。彼煬帝豈惡天下之治安，不欲社稷之長久，故行桀虐以就滅亡哉？恃其富彊，不虞後患，驅天下

以從欲。靡萬物以自奉。採城中之子女。求遠方之奇異。宮苑是飾。臺榭是崇。徭役無時。干戈不戢。外示嚴重。内多險忌。讒邪者必受其福。忠正者莫保其生。上下相蒙。君臣道隔。民不堪命。率土分崩。是以四海之尊。誅於匹夫之手。子孫殄絕。為天下笑。可不痛哉。聖哲乘機。拯其危溺。八柱傾而復正。四維弛而更張。遠肅邇安。不踰於期月。勝殘去殺。無待於百年。今宮觀臺榭。盡居之矣。奇珍異物。盡收之矣。姬姜淑媛。盡侍於側矣。四海九州。盡為臣妾矣。若能鑒彼之所以失。念我之所以得。日慎一日。雖休勿休。焚鹿臺之寶衣。毀阿房之廣殿。懼危亡於峻宇。思安處於卑宮。則神化潛通。無為而治。德之上也。若成功不毀。即仍其舊。除其不急。損之又損。雜茅茨於桂棟。參玉砌於土階。悅以使人。不竭其力。常念居之者逸。作之者勞。億兆悅以子來。羣生仰而遂性。德之次也。若惟聖罔念。不慎厥終。忘締構之艱難。謂天命

之可恃。忽采椽之恭儉。追雕牆之靡麗。因其基以廣之。增其舊以飾之。觸類而長。不知止足。人不見德。而勞役是聞。斯為下矣。譬之負薪救火。揚湯止沸。以暴易暴。與亂同道。莫可測也。後嗣何觀。夫事無可觀則人怨。神怒。人怨神怒。則災害既生。災害既生。則禍亂必作。禍亂既作。而能以身名全者鮮矣。順天革命之后。將隆七百之祚。貽厥孫謀。傳之萬葉。難得易失。可不念哉。

時公卿有奏。依禮。季夏之月。可以居臺榭。今夏暑未退。秋霖方始。宮中卑濕。請營一閣以居之。上曰。朕有氣疾。豈宜下濕。若遂來請。糜費良多。昔漢文將起露臺。而惜十家之產。朕德不逮于漢帝。而所費過之。豈為民父母之道也。固請至于再三。竟不許。太宗謂侍臣曰。朕近讀劉聰傳。將為劉后起䳨儀殿。廷尉陳元達切諫。聰大怒。命斬之。劉后手疏啓請。辭情甚切。聰怒乃解。而甚愧之。人之讀書。欲廣聞見以自益耳。朕見此事。可以深戒。比者欲造一殿。仍構重閣。今於藍田採木。並已備具。遠想聰事。斯作遂止。左僕射房玄齡右僕射高士廉。於路逢少監竇德素。問北門近來更何營造。德素以聞。上乃謂玄齡曰。君但知南衙事。我北門少有營造。何與君事。玄齡等拜謝。魏徵進曰。臣不解陛下責。亦不解玄齡士廉拜謝。玄齡既任陛下大臣。即陛下股肱耳目。所有營造。何容不知。責其訪問官司。臣所不解。且有利害役工多少。陛下所為善。當助陛下成之。所為不是。雖營造當奏陛下罷之。此乃君使臣。臣事君之道。玄齡等問既無罪。而陛下責之。玄齡不識所守。但知拜謝。臣亦不解。太宗深愧之。又嘗謂侍臣曰。為政之要。必須禁末作。傅曰。彫琢刻鏤傷農事。纂組文彩害女工。自古聖人制法。莫不崇節儉。革奢

侈。又帝王凡有興作。亦須貴順物情。昔大禹鑿九山。通九江。用人力極廣。而無怨讟者。物情所欲。共衆所有故也。秦始皇營建宮室。而人多謗議者。為徇其私。不與衆共故也。朕今欲造一殿。材木已具。遠想秦皇之事。遂復不作也。古人云。不作無益。不見可欲。使心不亂。至於鏤雕器物。珠玉服翫。若恣其驕奢。則危亡可立待也。自古王公已下。准品秩。不合服用者。宜一切禁斷。由是數十年間。風俗簡朴。財帛富饒。無復飢寒之弊。又嘗謂侍臣曰。隋煬帝廣造宮室。以肆行幸。自西京至京都。離宮別館。相望道次。乃至并州涿郡。無不悉然。馳道皆廣數百步。種樹以飾其傍。人力不堪。相聚為賊。逮至末年。尺土一人。非復已有。以此觀之。廣宮室。好行幸。竟有何益。皆朕耳所聞。目所見。深以自戒。故不敢輕用人力。惟令百姓安靜。無有

怨叛而已。

太宗時，諫議大夫蘇世長侍宴披香殿。酒酣進曰：此煬帝作邪？何雕麗若此。帝曰：卿好諫似直，然詐也。豈不知此殿朕所營，乃詭云煬帝邪。對曰：臣但見傾宮鹿臺，非受命聖人所為者。陛下武功舊第纔蔽風雨，時以為足。今天下猒隋之侈，以歸有道，陛下宜刈奢淫，復朴素。今乃即其宮加雕飾焉，欲易其亂，得乎？帝咨重其言。

太宗末年，軍旅數動，宮室互興，百姓頗有勞敝。充容徐惠上疏諫曰：貞觀以來，二十有餘載，風調雨順，年登歲稔，人無水旱之弊，國無飢饉之災。昔漢武守文之常主，猶登刻玉之符；齊桓公小國之庸君，尚塗泥金之望。陛下推功損己，讓德不居，億兆傾心，猶闕告成之禮；云亭佇謁，未展升中之儀。此之功德，足以咀嚼百王，網羅千代者矣。然古人有云：雖休勿休，良有以也。守保未備，聖哲罕兼。是知業大者易驕，願陛下難之；善始者難終，願陛下易之。竊見頃年以來，力役兼總，東有遼海之軍，西有崐丘之役，士馬疲於甲冑，舟車倦於轉輸。且召募投戍，去留懷死生之痛；因風阻浪，人有漂溺之危。一夫力耕，年無數十之獲；一船致損，則傾覆數百之粮。是猶運有盡之農功，填無窮之巨浪；圖未獲之他衆，喪已成之我軍。雖除凶伐暴，有國常規，然黷武習兵，先哲所戒。昔秦皇并吞六國，反速危亡之基；晉武奄有三方，翻成覆敗之業。豈非務功恃大，棄德而輕邦，圖利而忘害，肆情而縱欲，遂使悠悠六合，雖廣不救其亡；嗷嗷黎庶，因弊以成其禍。是知地廣非常安之術，人勞乃易亂之源。願陛下布澤流仁，矜弊恤乏，減行役之煩，增雨露之惠。妾又聞為政之本，貴在無為。竊見土木之功，不可遂兼。北闕初建，南營翠微，曾未踰時，玉華創制。複山藉水，非無構架之勞；損之又損，頗有土力之費。終以茅茨示約，猶興木石之疲；假使和雇取人，不無煩擾之弊。是以卑宮菲室，聖人之所安；金屋瑤臺，驕主之為麗。故有道之君，以逸逸人；無道之君，以樂樂身。願陛下使之以時，則力不竭矣；用而息之，則人斯悅矣。夫珍玩伎巧，為喪國之斤斧；珠玉錦繡，實迷心之酖毒。切見服玩鮮靡，如變化於自然；職貢珍奇，若神仙之所製。雖馳華於季俗，實敗素於淳風。是知漆器非延叛之方，舜造之而人叛；玉杯豈招亡之術，紂用之而國亡。方驗侈麗之源，不可不遏。夫作法於儉，猶恐其奢；作法於奢，何以制後。伏惟陛下明照未形，智周無際，窮奧秘於麟閣，盡探賾於儒林。千王理亂之蹤，百代安危之迹，興亡衰禍之數，得失成敗之機，故亦包吞心府之中，循環目圍之內。乃宸衷久察，無假一二言焉。唯知之非難，行之不易；志驕於業著，體逸於時安。伏願抑志摧心，慎終成始，削輕過以添重德，擇今是以替前非，則鴻名與日月無窮，盛業與乾坤永泰矣。太宗甚善其言。

高宗永淳元年，既封泰山，欲遍封五嶽，作奉天宮於嵩山之南。監察御史李善感諫曰：陛下封泰山，告太平，致群瑞，與三皇五帝比隆矣。數年不稔，餓殍相望，四夷交侵，兵甲歲駕，宜恭默思道，以禳災譴。更廣營宮室，勞役不休，天下莫不失望矣。上不納。

武后長安中，作興泰宮於萬安山。左拾遺盧藏用上疏諫曰：陛下離宮別觀，固多矣，又窮人力以事土木，臣恐議者以陛下為不愛人而奉己也。且頃歲穀雖頗登，而百姓未有儲。陛下巡幸，詎靡休息，斤斧之役，歲月不空。不因此時施德布化，而又廣宮苑，臣恐下未易堪。今左右近臣以諛意為忠，犯忤為患，至令陛下不知百姓失業，百姓亦不知左右傷陛下之仁也。忠臣不避誅震以納君於仁，明主不惡切詆以邀名于後。陛下誠能發明制，以勞人為辭，則天下必以為愛力

而苦已也。不然下臣此章。得與執事者共議。不從。

中宗景龍中。盛興佛寺。公私疲匱。左拾遺辛替否上疏曰。古之建官不必備。九卿有位而闕其選。故賞不僭。官不濫。士有完行。家有廉節。朝廷餘奉。百姓餘食。下忠於上。上禮於下。委裘無倉卒之危。垂拱無顛沛之患。夫事有惕耳目動心慮。作不師古。以行於今。臣得言之。陛下倍百行賞。倍十增官。金銀不供於印。束帛不充於錫。何所愧於無用之臣。無力之士哉。古語曰。福生有基。禍生有胎。且公主陛下愛子也。選賢嫁之。設官輔之。傾府庫以賜之。壯第觀以居之。廣池籞以嬉之。可謂至重至憐也。然用不合古義。行不根人心。將變愛成憎。轉福為禍。何者。竭人之力。費人之財。奪人之家。怨也。愛一女。取三怨。於天下。使邊疆士不盡力。朝廷士不盡忠。人心散矣。獨持所愛。何所恃乎。向使魯王賞同諸婿。則有今日之福。無曩日之禍。人徒見其禍。不知

禍所來。所以禍者寵過也。今棄一宅。造一宅。忘前悔。忽後禍。臣竊謂陛下乃憎之。非愛之也。臣聞君以人為本。本固則邦寧。邦寧則陛下夫婦母子長相保也。願外謀宰臣為久安計。不使姦臣賊子有以伺之。今疆場危駭。倉廩空虛。卒輸不充。士賞不及。而大建寺宇。廣造第宅。伐木空山。不給棟梁。運土塞路。不充牆壁。所謂佛者。清淨慈悲。體道以濟物。不欲利以損人。不榮身以害教。今三時之月。掘山穿地。損命也。殫府虛帑。損人也。廣殿長廊。榮身也。損命則不慈悲。損人則不愛物。榮身則不清儉。寧佛者之心乎。昔夏為天子二十餘世。而商受之。商二十餘世而周受之。周三十餘世而漢受之。由漢而後歷代可知已。咸有道之長。無道之短。豈窮金玉脩塔廟享久長之祚乎。臣以為減彫琢之費以賙不足。是有佛之德。息穿掘之苦以全昆蟲。是有佛之仁。罷營構之直以給邊垂。是有湯武之功。回不急之祿以購廉清

是有唐虞之治。陛下緩其所急。急其所緩。親未來。疏見在。失真實。冀虛無。重俗人之所為。而輕天子之業。臣竊痛之。今出財依勢。避役亡命。類度為沙門。其未度者。窮民善人耳。拔親樹知。豈離朋黨。畜妻養孥。非無私愛。是致人毀道。非廣道求人也。陛下常欲填池塹。捐苑囿。以賑貧人。今天下之寺無數。一寺當陛下一宮。壯麗用度。尚或過之。十分天下之財。而佛有七八。陛下何有之矣。雖役不食之人。不衣之士。猶尚不給。况必待天生地養。風動雨潤。而後得之乎。臣聞國無九年之儲。曰非其國。今計倉廩。度府庫。百僚共給。萬事用度。臣恐不能卒歲。假如兵旱相乘。則沙門不能擐甲冑。寺塔不足攘飢饉矣。帝不省。

睿宗為公主造金仙玉真二觀。替否時為左補闕。復上疏諫曰。臣嘗以為古之用度不時。爵賞不當。破家亡國者。口說不如身逢。耳聞不

如眼見。臣請以有唐以來理國之得失。陛下之所以眼見者以言之。惟陛下審之聽之。擇善而從之。則萬歲之業自可致矣。何憂乎黎庶之不康。福祚之不永。伏以太宗文武聖皇帝陛下之祖。撥亂反正。開階立極。得至理之體。設簡易之方。省其官。清其吏。舉天下職司。無一虛授。用天下財帛。無一枉費。賞必俟功。官必得俊。所為無不成。所征無不克。不多造寺觀而福德自至。不多度僧尼而殃咎自滅。道合乎天地。德通乎神明。故天地怜之。神明祐之。陰陽不愆。風雨合度。四人樂其業。五穀遂其成。腐粟爛帛。填街委巷。千里萬里。貢賦于郊。九夷百蠻。歸款玉闕。自古有帝皇以來。未有若斯之神聖者也。故得享國久長。多歷年所。陛下何不取而則之。中宗孝和皇帝陛下之兄。居先人之業。忽先人之化。不取賢良之言。徒恣子女之意。官爵非擇。虛食祿者數千人。封建無功。妄食土者百餘戶。造寺不止。枉費財者數百

億度人不休免租庸者數十萬是使國家所出加數倍所入減數倍倉不停卒歲之儲庫不貯一時之帛所惡者逐逐多忠良所愛者賞賞多讒慝朋佞諛諛交相傾動容身不為於朝廷保位皆由於黨附奪百姓之食以養殘兇剝萬人之衣以塗土木於是人怨神怒衆叛親離水旱不調疾疫屢起遠近殊論公私罄然五六年間至於禍變享國不永受終于兇婦人寺舍不能保其身僧尼不能護妻子取譏萬代見咲四夷此陛下之所眼見也何不除而改之依太宗之理國則百官以理百姓無憂故泰山之安立可致矣依中宗之理國則萬人以怨百事不寧故累卵之危立可待矣頃自夏已來霪雨不解穀荒于壟麥爛于場入秋已來亢旱成災苗而不實霜隕虫暴草菜枯黃下人咨嗟未知賙賑而營造寺觀日繼于時檢校試官充基溢署伏惟陛下愛兩女為造兩觀燒瓦運木載土填坑道路流言皆云計

用錢百餘萬惟陛下聖人也無所不知陛下明君也無所不見既知且見知倉有幾年之儲庫有幾年之帛知百姓之間可存活乎三邊之士可轉輸乎當今發一卒以禦邊陲遣一兵以衛社稷多無衣食皆帶飢寒賞賜之間迥無所出軍旅驟敗莫不由斯而乃以百萬貫錢造無用之觀以賈六合之怨乎以違萬人之心乎伏惟陛下族阿韋之家而不改阿韋之亂政忍棄太宗之理本不忍棄中宗之亂階忍棄太宗久長之謀不忍棄中宗短促之計陛下又何以繼祖宗親萬國昔陛下與皇太子在阿韋之時危亡是懼常切齒於羣兇今貴為天子富有海內而不改排羣兇之事臣恐復有切齒於陛下者也陛下又何以羣兇而誅之臣往見明勅自今已後一依貞觀故事且貞觀之時豈有今日之造寺營觀僧尼道士益無用之官行不急之務而亂政者也臣以為棄其言而不行其信慕其善而不遷其惡陛下又何以刑於四海往者和帝之憐悖逆也為姦人之所誤宗晉卿勸為第宅趙履溫勸為園亭損毀百家之居侵擬百家之地工徒斷而未息義兵紛以交馳卒使亭不得遊宅不得坐信邪佞之說成骨肉之刑此陛下之所眼見也今茲造觀臣必知非陛下公主之本意得無有趙履溫之徒將勸為之冀誤其骨肉不可不明察也臣聞出家脩道者不干預於人事專清其身心以虛泊為高以無為為妙依兩卷老子視一軀天尊無欲無營不損不害何必璇臺玉樹寶像珎龕使人困窮然後為道哉且舊觀足可歸依無造無營以取窮竭若此行之三年國不富人不安朝廷不清陛下不樂則臣請殺身於朝以令天下言事者伏惟陛下行非常之惠權停兩觀以俟豐年以兩觀之財為公主施貧窮填府庫則公主之福德無窮矣不然臣恐下人怨望不減於前朝矣前朝之時賢愚知其必敗雖有口而不敢言言

未發聲禍將及矣韋月將受誅於丹微燕欽融見殺於紫庭此人皆不惜其身而納忠於主身既死矣主亦危矣故先朝誅之陛下賞之是陛下知直言之士有裨於國臣今直言亦先朝直言之人也惟陛下察之疏奏帝不能用然嘉其切直

時造金仙玉真觀雖盛夏工程嚴促黃門侍郎魏知古上奏曰臣聞古之君人必時視人之所勤人勤於力則功築罕人勤於財則貢賦少人勤於食則百事廢故曰不作無益害有益又曰罔咈百姓以從己之欲傳季夏之月樹木方盛無有斬伐不可以興土功此皆興化立治為政養人之本也今為公主造觀將以樹功祈福而地皆百姓所宅卒然迫逼令其轉徙扶老攜幼則移發丸呼嗟道路乖人事違天時起無用之作崇不急之務羣心震搖衆口藉藉陛下為人父母欲何以安之且國有簡冊君舉必記言動之微可不慎歟願下明詔

順人欲除功役收之桑榆其失不遠不納

中書舍人裴漼亦上言曰春夏毋聚大衆起大役不可興土功妨農事若役使乖度則有疾疫水旱之災此天人常應也今自冬徂春雨不時降人心焦然莫知所出而土木方興時暵之孽職爲此發今東作云始丁壯就功妨多益少飢寒有漸春秋莊公三十一年冬不雨是時歲三築臺僖公二十一年夏大旱是時作南門陛下以四方爲念宜下明制令二京營作和市木石一切停止有如農桑失時戶口流散雖寺觀營立能救飢寒弊哉不報

代宗大曆二年宦官魚朝恩以賜莊爲章敬寺以資太后冥福窮壯極麗奏毀曲江及華清宮館以給之衛州進士高郢上書曰先太后聖德不必一寺增輝國家永圖無寧以百姓爲本捨人就寺何福之爲且古之明主積善以致福不費財以求福脩德以消禍不勞人以

禳禍今徇左右之過計傷皇王之大猷臣竊爲陛下惜之

宣宗時欲作五王院以處皇子之幼者召術士柴嶽明使相其地嶽明對曰臣庶還徙不常故有禍福之說陰陽書本不言帝王家也上善其言賜以束帛

後唐莊宗同光二年作清暑樓初唐主苦溽暑宦者因言長安全盛時宮中樓觀以百數今日官家曾無避暑之所唐主乃命王允平別建一樓宦者曰郭崇韜常不伸眉爲孔謙論用度不足恐陛下雖欲營繕終不可得唐主曰吾自用內府錢無關經費然猶慮郭崇韜諫遣中使語之曰今歲盛暑異常朕昔在河上行營卑濕被甲乘馬親當矢石猶無此暑今居深宮之中而暑不可度柰何崇韜對曰陛下昔在河上勍敵未滅深念讎恥雖有盛暑不介聖懷今外患已除海內賓服故雖珍臺閒館猶覺鬱蒸也陛下倘不忘艱難之時則暑氣自消矣唐主默然宦者曰崇韜之第無異皇居宜其不知至尊之熱也唐主卒命允平營樓日役萬人所費巨萬崇韜諫曰今河南水旱軍食不充願且息役以俟豐年不聽

後晉天福二年河南奏脩洛陽宮諫議大夫薛融諫曰今宮室雖經焚毀猶侈於帝堯之茅茨所費雖寡猶多於孝文之露臺請俟海內平寧營之未晚詔褒納之

宋真宗大中祥符二年知制誥王曾乞罷營玉清昭應宮疏曰臣伏聞朝廷設諫諍之官防政治之闕非其官而言者蓋表愚忠況當不諱之朝復忝非常之遇苟進思之無補懼竊祿以貽譏臣伏觀國家誕受殊祥薦膺秘籙作洪圖於萬載超盛烈於百王陛下寅畏寶符陟封名岳功垂不朽澤浸無垠奉若之心斯爲至矣而清衷濬發成命亟行就嚴城之北隅啓列真之秘宇式昭丕應特建嘉名自經始

以來亢徒斯廣輦他山之石相屬於道途伐豫章之材遠周於林麓累土陶甓揮鍤運斤功極弥年費將鉅萬揆祈年之舊制踰槩日之前聞輟貴近以董臨假使權而領護如此則國家尊奉靈文之意不爲不厚矣崇飾臺觀之規不爲不壯矣然臣之愚戇或異於斯既有見聞安敢緘默臣以爲今之興作有不便之事五焉雖鳩僝已行未可悉罷苟或萬一采芻蕘之說省其功用抑其制度亦民之大幸而憂國之遠圖也所謂五者之目請爲陛下陳之且今來所剏立宮規制宏大凡用材木莫非楩楠切聞天下出産之處收市至多般運赴官尤傷人力雖云只役軍匠寧免煩擾平民況復軍人亦是黎庶此未便之事一也迩者方畢封崇頗煩經費今茲興造尤耗貲財雖府庫之中貨寶山積畚築之下工徒子來然皆內帑貴積代之蓄藏百物盡生民之膏血散之孔易斂之惟難雖極豐盈猶宜重惜此未便

之事二也夫聖人貴於謀始智者察之未形禍起隱微危生安逸今雙闕之下萬衆畢臻暑氣方隆作勞斯甚所役諸雜兵士多是不逞小人其或竄竊郊鄙狗偷都市有一於此足貽聖憂此未便之事三也王者撫御寰區順承天地舉動必遵於時令財成不失於物宜鼎崇奢侈之風罔悖陰陽之序臣謹按月令孟夏無發大衆無起土工無伐大木今肇基卜築衡冒鬱蒸傴僂厚坤尋違前訓矧復旱暵卒痒雷電迅風拔木飄瓦溫沴之氣比屋罹災得非似未承天地之明効歟此未便之事四也臣切聆中間符命之文有清淨育民之戒今所脩宮閣蓋本靈篇而乃過興剞掘之功靡務雕鏤之巧雖屢殫於物力恐未協於天心此未便之事五也伏望陛下思祖宗之大猷察聖賢之深戒還思四慮戀往念來詔將作之官息勤勞之衆輯寧群品對越高穹如此則遐邇宅心人祇快望必若光貽大瑞須建靈

奏議卷之三百十五 十八

宮將畢相勞華爰成績則臣敢效愚計亦可必行但能損彼規模減其用度止崇樸素無取瑰奇唯將之以誠明仍重之以嚴潔名數之際加等是宜實費之資節儉為要俾四海之內知陛下愛重民力之意豈不美歟昔太宗皇帝建太乙上清等宮亦不使窮極壯麗臣謂陛下宜遵而行之取為法制以示不敢踰節謙大之德光於千古矣奈何特欲過先帝之制作乎并覩西京造太宗影殿東岳置會真之宮計其工庸亦皆不啻中人百家之產然於尊祖禮神則盛矣其於邦國大計則猶未足為當時之急務也臣料陛下必謂海內承平邊陲清晏人康俗阜時和年豐縱或築宮無損於事則臣復謂其不然也方今疆場甫定虜廷有姑息之虞民俗尚安倉箱無紅腐之積況關輔之地流亡素多近甸之氓農桑失望雖令有司安慰亦恐未復田廬秋冬之間飢歉是懼亟經營於神館慮稍鬱於輿情且往古廢

興之端前王得失之事布告方冊是足為商鑒者陛下寬之詳矣非假愚臣一二言焉試觀自昔人君崇尚土木孰若清靜無為者之安全乎願陛下留神垂聽無怒臣言則天下幸甚今雖上下之人皆知事理如此而人人自愛莫敢輕黷冕旒至於左右大臣則慮計之不從致見疎之悔中外百執則慮言之難達挌安動之尤使忠讜之謀未盡良為此也唯臣出自幽隱遭遇文明特受聖知度越流輩官為侍從身服簪裳粗識安危之機未申補報之効捐軀思奮今也其時又安敢循默苟容不為陛下別白而論之乎是以輒率庸妄輕冒宸嚴感發於中無所顧避陛下寬其鼎鑊之罪矜其螻蟻之誠深監古先試垂採擇無謂增建靈宮為一細事而弗恤也臣以為興役動衆尤繫事機不可不察也當使鄉校之中豪奸之黨無所開切議之口則微臣之望也天下之幸也

奏議卷之三百十五 十九

歷代名臣奏議卷之三百十五

歷代名臣奏議卷之三百十六

營繕

宋仁宗景祐三年。左司諫韓琦乞罷寶相禪院創建殿宇奏曰。臣竊聞右街寶相禪院見今移拆法堂。創蓋大悲殿宇。特命中官監領其事。所役兵匠數千百人。假以舟車資其輦運。凡百用度悉從官給。規模之盛。功作甚崇。臣討其興建之因。恐非陛下之意也。臣伏覩近者興國寺雙閣災。延及大殿長廊俱為煨燼。其寺舊存祖殿。俯逼都市。衆人之慮。冉有修葺。而陛下亟降旨命悉令停寢。任其緣化。使自營造。斯所以重天戒而愛民力也。稽諸載籍事實難行。戴履之倫孰不依棄。何乃遽傷治體有損邦用。起無名之役為不急之務。議者所謂恐非陛下之意斯亦明矣。又向者陛下崇務本之仁。念維城之重。即昭應之遺址。建睦親之大第。諸邸之聚。三千餘間。常度不支。復用南郊材植。又且舊詔。復令出產州郡供補其闕。物役之大從可知矣。今者業已成功。焯為懿事。何則厚宗枝而隆孝治。豈無益之所為乎。當時言事者猶比上封章願寢斯議。蓋亦重改作而節浮費也。臣以謂此役既終。即凡土木不急之事。一切宜停。以綏財力。夫崇采椽三等之制者唐堯之仁化也。惜露臺百金之產者漢文之儉德也。煥在方牘。所宜規範。伏望陛下俯從愚說。遠紹前徽。悟色相之非求。本慈仁之足尚。躋民壽域。永底太平。斯乃奉順祖宗愛養元元之本也。其寶相院剏蓋殿宇等。臣欲乞詔下有司。令悉停罷。俾其營求施利得自脩崇。蓋此殿若成。則法堂未立。加之廊宇制度悉求相稱。必於間隙漸次申陳。事既垂成。理須從許。如此。則功費之廣倍於初矣。利其成而規賞典者其徒亦繁矣。且罷興國而營寶相。則是休彼役而勞此功。廢置雖殊。耗蠹豈異。臣又慮違陛下重天戒愛民力之本意。故昧死陳述。冀裨萬一。

慶曆元年。監察御史裏行孫沔乞罷脩萬春閣奏曰。臣竊聞內中建起萬春閣。破用至多。役工不少。方當仲春。萬物發生。昆虫起蟄。按大禮月令。固非興土木之時也。況陝西宿兵三十萬。經冬已來。荷戈被甲。衝風冒雪。受艱苦而爭性命數矣。涉歲無一次特支以慰其勤瘁之節。蓋國家財賦闕乏。未能豐富於士卒。今礲石鏤木。塗朱帖翠。非錢十萬不能成一閣。而為優閑不急之務。此諒非陛下之意。必恐諂邪冀於僥倖。竝木上梁則獲賞賜。畢工落成。又遷官秩。始謀之人得其利。而使聖明受不恤四方之謗。此義士所不忍聞也。臣請罷營此閣。且葺其舊制。則可弭庶議而省虛費。伏望陛下崇勤儉之風。戒宴遊之樂。節嗜慾之情。養元和之氣。保攝天機。果斷政事。則天下幸甚。

皇祐元年。殿中侍御史何郯上奏曰。臣伏聞朝廷近有旨揮。以寶相寺昨遭焚蕩。許令寺僧緣化脩葺。蓋朝廷重靡府庫之財。又不欲遂廢其寺。故有此處分。以臣愚心思之。其間尚有利害。未可不具論列。訪聞寺僧主事者素來豪猾。頗善結託。今既開端。許其緣化。彼將假朝廷之命以脅誘民庶。多求財貨。則京師驟然侵蠹。蓋其意不唯以脩寺為事。將圖財用為奉身恣縱之資。或民力不足。則將因緣權倖復求朝廷出府庫之財以畢其事。此必然之理也。假使民力可辦於國家雖無所費。亦不可許。何者。方今公私財力大屈。凡起一事興一役。未嘗不取於民。外方之民已困數斂。唯京師之民幸而未加橫賦。緩急有事。亦將不免。固不可使之輕廢家貲。以奉土木不急之務。朝廷頃年脩寺舍佛閣。已費累巨萬。一旦遂為煨燼。外議傳云寺僧常以婦人置於佛閣。昨火發之際。焚死者數人。若傳者果信。是朝廷廣費財以崇奉佛事。適足為羣僧淫戲之所。近日主首坐遺火罪。止於寧師名黷者寬假已甚不可更啓其姦弊重耗民財臣按春秋或書災或書火其名雖殊然於變異之兆其實同歸定哀之間兩觀桓僖宮災漢儒皆謂天燔其所不當立今寺舍之災豈非以彫靡之過不當立而立天命燔之亦如兩觀等災以示勸戒若又重議脩之非所以畏上天之譴告伏望陛下追觀前事之監深究異祥之來無興功以答天戒其寺舍佛閣欲乞一切罷脩用示聖懷抑畏之美臣以朴愚誤蒙擢進苟有聞見不敢不陳惟聖明不以狂妄廢其言則死生幸甚

至和二年翰林學士歐陽脩上奏曰臣近者為京師土木興作處多乞行減罷尋准敕差臣與三司同共相度減省續具奏聞次今又聞聖旨下三司重脩慶基殿及奉先寺屋宇臣伏見近年政令乖錯綱紀隳頹上下因循未能整緝唯務崇脩祠廟廣興土木百役興作無

一暫息方今民力困貧國用窘急小人不識大計不思愛君但欲廣耗國財務為己利以僥倖於官物圖酬獎之功勞託名祖宗張大事體況諸處神御殿當蓋造之初務極崇奉棟宇堅固莫不精嚴雖數百年必未損動近年已來不住脩換昨開先殿只因一柱損遂換一十三柱前後差官檢討朝廷並不取信只憑最後之言遂至廣張工料蓋緣廣張得功料即多圖酬獎恩澤切以崇奉祖宗禮貴清淨今乃頻有遷徙輕瀆威靈其所歸止為小人圖利臣見自古人君好興土木者自春秋史記歷代以來並皆書為過失以示萬世今小人圖一旦之利驚觸祖宗之威靈致人主於有過之地雖忍為之臣實痛惜臣因准敕減定於三司略見大槩開先殿初因脩柱損今所用材植物料共一萬七千五百有零睦親宅神御殿所用物料又八十四萬七千又有醴泉福勝等處工料不可悉數此外軍營庫務合行脩造者又有百餘處使

厚地不生他物唯產木材亦不能供此廣費自古王者尊祖宗事神示各有典禮不必廣興土木然後為能臣切見累年火災自玉清昭應洞真上清鴻慶壽寧祥源會靈七宮開寶興國兩寺塔殿並皆焚燒蕩盡足見天意厭土木之華侈為陛下惜國力民財譴戒丁寧前後非一陛下與其廣興土木以事神不若畏懼天戒而脩省其已興作者既不可及則未脩者宜速寢停況睦親神御殿於禮不宜作其事甚明別無禮典講求乞更不下太常便行寢罷其慶基殿如的有損漏只令三司差官整補不得理為勞績其奉先寺乞令寺家自脩必垂拱殿是陛下常坐之殿近聞為無梁木且止未脩諸皇親自火燒居宅後至今寄寓它居蓋為將良材美木濟徇小人並於不急處枉費遂致合行脩造處卻致乏材伏望陛下追思累次大火常發於土木最盛處凡國家極力興脩者火必盡焚且天厭土木而焚之又

欲興崇土木以舉之以此福應未臻而災譴屢降也伏乞上思天戒下察人言人言雖狂而實忠天戒甚明而不遠伏惟陛下聖德恭儉不務遊畋凡所興脩皆非嗜好但以難違小人一時之請自取青史萬世之譏實為陛下惜之伏望聖慈廣賜裁擇

脩知開封府判太常禮院上奏曰臣所領太常禮院得御藥公文稱奉聖旨送畫到景靈宮廣孝殿後脩蓋郭皇后影殿圖子一本詳定者其圖子已別具狀繳奏訖臣伏見近年京師土木之功糜耗國用其弊特深原其本因只為差內臣監脩利於偷竊官物及訖功之後僥求恩賞以故多起事端務廣興作其甚則託以祖宗神御張皇事勢近年以來如此興造略無虛歲伏以景靈宮建自先朝以尊奉聖祖陛下又建真宗皇帝章懿太后神御殿於其間天下之人皆知陛下奉先廣孝之意然則此宮乃陛下奉親之所今乃欲以後宮已廢

未復之。后建殿與先帝太后並列。有瀆神靈莫此之甚。臣切謂事必不出於聖意。皆小人私於興作。有所僥求爾。蓋自前世帝王於宗廟之外。別爲廟享。以追奉祖宗者則有之。未聞有自追奉其妃后者。蓋小人不識事體。但苟一時之利。不思損虧聖德。伏乞特賜寢罷。以全典禮。

侍御史趙抃上言曰。臣竊以邦財匱乏。民力疲敝。土木工役。歲無虛用。伏見京師寺宇宮觀營造。連年始云賻募民間。終亦取辦官府。其監脩宦吏。唯務增廣間架。窮極奢侈。貪功冒賞。以爲己利。令醴泉觀將已畢工。更添創獻殿一座。又慈孝殿鴟吻損動。復議自新起蓋。至於洪福寺屋宇。興國寺經藏。開寶寺佛塔等處。紛紛營建。幾相參尚。又如昨者開先殿止換二桂。尚已費官錢十萬餘貫。今來諸寺觀營建。衆多如此。俾耗帑藏。未知紀極。且國家財用。靡費如此。戎狄多事。河流未寧。官冗兵衆。是皆仰給縣官。一出于民力。而不得已者也。其不急之務。無益之役。復不能制之。則傷財害民。朝廷有不節之嗟矣。臣愚伏望聖旨指揮。應在京寺院宮觀見役土木。一切早賜裁減停罷。內慈孝寺殿損動去處。只乞量與脩補。無使貪功冒賞之計得行。致國家浮費日廣而用不易也。

嘉祐三年。知制誥范鎮乞罷脩并州神御殿奏曰。臣竊見并州素嘗無火災。自建神御殿未幾。而輒火災。天意若告陛下祖宗御容非郡國所宜奉安者。近日又聞下并州復加崇建。是徒事土木以重困民力。非所以答天意也。自太宗皇帝下并州。距今七十七年。故城父老不入新城。陛下宜寬其賦輸。緩其徭役。以除其患。使河東之民。不忘太宗皇帝之德。則陛下孝思豈特建一神御殿之比哉。伏惟上觀天意。下顧人心。特賜停罷。臣不勝區區之懇。

四年。知制誥劉敞論睦親宅不當建神御殿奏曰。臣伏見古之正禮。諸侯不祖天子。公廟不可設於私家。所以明正統尊一人也。今睦親宅興建神御殿。不合王制。不應經義。切聞聖慈以天寒人勞。權罷役徒。臣謂若於禮當作。則不可以人勞之故而止。何則。祖宗至尊也。役徒至賤也。恤至賤之衆。而輟至尊之廟。非所以爲名也。若禮本不當作。則不如遂止之耳。何必權罷哉。伏乞令禮官詳議其事。使下不爽於名。上不愆於禮。

仁宗時。殿中侍御史文彥博上奏曰。臣聞狂夫之言。聖人擇焉。臣遭逢聖神。敢獻狂瞽。伏惟天地之大德。特貸鈇鉞之嚴誅。則微臣幸甚。臣伏覩今月十四日詔書。太平興國寺僧紹宗緣化脩蓋外。所有太祖神御殿。令三司差係官工匠重脩。又云庶重脩於宏麗。獲時薦於苾芬。有以見陛下奉先思孝之道。高出百王。復又盡給國財。不煩民力。此乃陛下敦崇儉德。勤恤民隱之意也。天下幸甚。臣切以載營寶殿。嚴奉聖容。仰佇靈游。是爲別廟。臣聞清廟之制。理在去華。茅屋采椽。本貴乎克儉。丹楹刻桷。乃譏其崇侈。漢書藝文志曰。墨家者流。出於清廟之官。是以尚儉。由此觀之。則清廟之尚儉明矣。臣伏恐監工之官。未詳詔旨。惟務宏麗。不稽典故。乖清廟尚儉之文。累烈祖恭德之美。臣伏望申勅有司。凡所營脩。循以典制。經始勿亟。必順天時。臣按月令云。孟夏無聚大衆。孟夏無起事工。又曰。孟冬可以造宮室。皆不欲妨農事而違天時也。臣竊計今之力役。固應不減千夫。雖用官工。不妨民事。然而聚大衆。起大功。作事不時。恐乖令典。伏望預計徒傭。漸儲財用。俟良月而興作。亦不日而考成。神之格思。宜錫純嘏。臣又風聞群僧籍籍道路云云。皆謂既建太祖神御殿庭。則本寺佛殿鐘樓。即應亦第官脩。事之然否。雖未審知。臣忝陛下風憲之任。爲陛

下耳目之官苟有所聞理當先事言之庶幾上達宸聽蓋欲杜其萌
漸臣伏覩景祐三年八月十三日所降聖旨云太平興國寺佛殿鐘
樓并戒壇院舍宇等官中更不修蓋令開封府及僧錄司告示僧俗
諸色人並許緣化錢物便興修明命既行遠邇胥悅皆以謂陛下省
不急無益之務軫愛民節用之心自後已有僧紹宗化錢興修漸成
輪奐臣伏慮群僧黨覦希望官中兼修佛殿鐘樓不復化緣營造伏
乞申舉景祐三年先降聖旨其興國寺佛殿鐘樓任令僧俗緣化興
修所冀絕其希望之心固其緣化之志況佛寺者非急之務何須速
成國帑者有限之財不可虛費景祐中昊賊未萌逆節朝廷未議兵
事尚且愛惜用度不修佛舍今則戍重兵於西鄙一日之費尚營千
金苟旬時之間昊賊之首未即梟於藁街臣恐事邊之費未免重困
於民臣愚以謂宜罷營寺之浮費以濟備邊之急用邊備既實則狂

寇何憂乎不職芻蕘之言願賜詳擇
時有詔罷修寺觀而章惠太后以舊宅為道觀諫官御史言之帝曰
此太后奩中物也諫官御史欲邀名邪參知政事宋綬進曰彼豈知
太后所為哉第見興土木違近詔即論奏之且事有疑似彼猶指為
過或陛下有大闕失近臣雖不言然傳聞四方為聖政之累何可忽
也太祖嘗謂唐太宗為諫官所誠未以為愧何若動無過舉使無得
而言哉
英宗治平元年知諫院司馬光上奏曰臣伏聞感慈塔已有聖旨拆
修五層竊以開封府界京東京西河北河東陝西西川等路自去冬
少雪今春少雨麥田已無所收昨得五月十二日雨方種秋田自後
又經一月無雨萌芽始生隨復焦槁農民嗷嗷大率無食棄去鄉里
流離道路鬻妻賣子以接糇糧縣官倉廩素無蓄積贍給軍衆猶恐

不足固無贏餘可以賑貸陛下當此之際所宜側身刻意降服損膳
以救其患而更修此佛塔以費國財臣竊以為失緩急先後之務矣
且此塔傾敧為日已久借使更經數年不修於僧徒有何大害若百
姓飢窮朝不及夕而國家不能收恤則老弱轉死溝壑壯者聚為盜
賊當是之時雖有千塔將安用之夫府庫之財皆生民膏血苟非事
不得已安可輕費今有司既諂諛苟且曾不為陛下愛惜陛下又不
以介意一皆聽之使四海蒼生將何所依仰臣愚欲望陛下親發德
音宣諭有司以今歲旱災且罷修此塔及其餘不急之營有似此類
者皆仰有司條奏以聞一切寢罷俟他年豐稔帑藏有餘然後徐議
其事為聖政之初亦足以彰愛民之意為盛美之一事也
光又上論修造劄子曰臣伏見近日以來修造稍多只大內中自及
九百餘間以至皇城諸門并四邊行廊及南薰門之類皆非朝夕之

所急無不重修者役人極衆費財不少此蓋陛下纘極之初禁廷之
中誠有破漏不可居者陛下略令整葺理亦宜然而左右之臣便謂
陛下好興土木之功遂廣有經度雖不至損壞之處亦毀拆重修務
以壯麗互相誇勝外以希旨求知內以營私規利萬一陛下更因此
賞之則營造之端將無窮已國財必竭民力必殫臣竊惟陛下新臨
天下惠澤未孚於民而以好治宮室流聞四方非所以光益聖德也
修造勞費不可勝數臣請且言諸州買木一事擾民甚多衙前皆厚
有產業之人每遇押竹木綱散失陪填無有不破家者先帝躬履節
儉宮室苑囿無有增飾故諸場材木皆有羨餘屢因赦恩放免買木
以寬民力自頃修造倍多諸場材木漸就減耗有司於外州科買百
端營致尚恐不足而工匠用之賤如糞土昔漢文帝惜十家之產罷
露臺而不作今諸場前後所積竹木何啻十家之產陛下至仁若察

其所從來得不為之變怵乎況即今在京倉庫睷漏甚多皆以上數處興功占使匠人物料未暇脩葺致粟帛之類大有損敗古者將營宮室宗廟為先廄庫為次居室為後今之所脩緩急先後無乃未得其宜乎又皇子生而富貴年未及冠所宜示以樸素慎其所習今聞所脩三位規摹侈大又復過於祖宗之時皇子所居漢明帝曰我子何得比先帝子此恐非所以納之於義方也臣愚伏望陛下特降聖旨應大內裏外舍屋即目不至大段損壞之處及不至要切如南薰門之類並罷興脩其皇子位只因舊屋夾截脩整早令畢工不得過為宏壯且令那減匠人物料脩倉庫之損壞者所有諸處監脩之官自是本職更不與減年磨勘及轉官酬賞以塞奢侈之源使天下皆知陛下去奢從儉仁民愛物不亦美乎

治平二年同知諫院兼侍御史知雜事呂誨上奏曰臣伏以先帝臨

御四十餘年未嘗崇宮室侈服玩事宴游儉德之著天下共知臣切見脩內一司居常取索無度蓋三司逐急應副物色亦無由會計以此因緣為弊耗蠹滋深以事驗之後苑曾脩龍船一隻所費用不知紀極經今四年有餘尚未畢工先帝果為宴遊之備豈容數歲造一船不成事何其久非但費用直恐成一時奢侈之事貽譏後世有累先朝之全德誠可惜也臣欲乞朝廷差官點檢龍船脩葺經今幾年會計所費錢物有無欺弊所有脩內司自來係中官二人管幹伏乞減省一員以武官代之仍添文官一員委自三司保舉所貴拘轄官物不致枉有費用實為利便

英宗時知諫院傅堯俞上奏曰伏見近日土功併興其間亦有不甚急者鳩聚兵力諸事極有妨闕況監督官吏不務堅久但取高峻以務示目前趣辦偷功用希遷賞隨畢隨壞日復增多故營脩造完無有窮已夫古者用材取譬於梓匠者蓋以能隨其大小曲直之度而無遺才焉今則不然雖極大材木皆斲而小之以充細碎之用主掌之人都不顧藉殊不知斫山日遠巨材固不易得京師但知興作不察外方供億之民極為勞擾且積年隳損恐未能一旦併葺臣謂宜應不急者一切權停其須至興脩處亦乞次第營之仍嚴行約束如斂輯擾大木及工力不至精壯者悉痛繩之則不獨粗免枉費使民力稍寬亦庶幾多得歲月崇葺之役有時而減至於皇子位舍宇頗事宏麗臣竊謂天子之子所歉不在於此而顯王尊執心謙儉尤率減於制度蓋凡役者務侈其事有所覬倖耳惟陛下裁之以昭示其德美則天下幸甚臣又聞孝嚴殿成執事者議推恩例夫神御非古固陛下所知蓋於陛下有不得已者焉既以不貲之費度越祖宗又從而賞其官吏臣恐僥倖之人務極土木而國家之財益多靡耗陛

下必不欲黜其勞者乞比附先帝皇堂與太廟賞典使重輕之間不相踰則不為偕矣臣又聞禁中之屋舍脩者乃至九百餘間今暴完之豈易為力與夫隨敗隨補功殆相百此足以為陛下之誡惟他事亦然苟有頹壞理之於其初微無使至於極而後圖之則力省而功倍伏惟陛下赦其愚而詳擇

神宗即位監察御史裏行劉摯上言曰臣竊聞禁中討料脩飾福寧殿彩繪制度極於藻麗惟人主之奉以文為稱而一殿之飾亦無太費然而敦朴崇素者所以為天下先卑宮室者前聖之盛德今生靈靡敝財用耗竭居養服用僭擬無節陛下正宜躬率儉德以淳風俗示以弥文下必有甚伏況藝祖遺訓宮中止用赤白為飾仁宗故事欄楯徹去朱綠之采陛下纂服所宜守之又聞慈壽長樂二宮殿宇華侈金碧朱丹窮人力之巧豈非誠心孝德尊事兩宮故極所以奉

養之觀。然踰禮過制。不可以訓。今外論藉藉。以謂左右諛說之人進說陛下。指二宮以為法。使論者出於臆度。不過臣為妄言。萬有一實。則於聖德。不為無益。臣所以先事為言。伏冀寬其狂瞽而采其誠。特賜寢罷。以解天下之疑。

熙寧四年。樞密使文彥博上言曰。臣伏見脩建太一宮為民祈福。臣聞太一天神之貴者。天道貴質。凡所營繕。謂宜簡質。不務雕鏤之巧。不事金碧之華。不重費。不太勞。不日成之。明神安之。處潔之誠內發。天人之心交感。神應之福。其理必然。臣又見累年以來。禁中營造不已。搬運木石。鳩集丁匠。殆無虛日。既有專切提舉備內司。復置都大提舉內中脩造司。誠恐所司各以宏麗取悅上心。一作未畢。一作復興。新舊相形。不極不已。國財民力。豈易支供。臣伏見陛下督責水官以利農畝。必思夏禹卑宮室盡力乎溝洫。勵精庶政。勤恤民隱。必思

漢文罷露臺。愍百家之產。臣伏願陛下亟勅中外。應不急營造。一切權罷。則國用無窘。民力稍寬。臣又見繼聖堂祖宗燕射之地。今為造弩樁所。運斧斤。置鑪鍛。喧煩褻瀆。理恐非宜。詩云。維桑與梓。必恭敬止。況祖宗之舊跡乎。欲乞將製造弩樁移置他所。或歸之有司。則重明覆正之廷。加之嚴潔。奉先思孝之道。益以光顯。臣職在樞筦。主調兵匠。官忝論道。義當獻納。區區下誠。伏望采察。

八年。彥博又上奏曰。河北平壤。其城池樓櫓之設。尤嚴於他道。凡遣使行邊。所以督責於守臣按察之吏者。必先焉。夫豈以有事則整完。無事則廢弛哉。比者命安撫使以脩完屬郡之城壁。周相其摧壞補捄。將易而新之。使士民有以容。兵械有以施。誠善矣。苟慮事計材。趣期會於歲月之頃。無不完者。此固足以代守國之險。而嚴禦戎之備也。命方行而反令。依做制度造作熟材。堆積蓋藏於官舍之中。以俟樓

櫓之大壞而易之。未見其利也。北京樓櫓之當脩者九百餘所。凡八千餘間。若欲縣脩於數月之間。雖盡鳩天下之良工。亦不可齊焉。就必在次第而脩作之。舊材之中。尚有可用者。亦兼取焉。然猶要之一二年。僅可完矣。今乃以成熟之材。委積於虛閑之處。敵來而后患至而后興。無乃不及於事乎。今若據樓櫓見在區數內有庫下不及制度。并欹側朽弊者。計其數且脩其半。仍間隔一座折一座。所貴城上不至斗然空闕。年歲之間。使得周遍完備。乃為便也。

熙寧七年正月。判軍器監曾孝寬論軍器監事不必謀及殿前馬步軍司奏曰。臣伏見朝廷必以武人習用器械。故謀及殿前馬步軍司。然臣體問得逐司每准朝旨送下定奪事件。只是取責軍校文狀聞奏。非獨務持舊說。不肯改更。又其智慮未必能知作器之意。故凡外人所陳雖已出者。必不肯言是。朝廷亦未嘗考其說之當否。遂從而

寢。苟卿以謂工精於器而不可以為工師。有人也不能此技。可使治其官。唯精於道者為然。今陛下置監以除戎器。不屬之介冑之武夫。斧斤之巧匠。而使臣等領其事。則豈以臣嘗能此技而使之乎。殆將以其薄燭道理。而可使治其官者也。臣辭不獲命。遂受其職。苟或自度不足以舉事。則亦豈敢當。故其器械必盡觀中外之所藏。其法度必盡考古今之所說。其制作必究良匠之所編。其施用必問邊臣之所試。而臣之愚慮。亦以為可。然後上聞。而朝廷乃下此屬議之。如聞前所定弓箭等習用故態。亦只聚集軍校曹司。共執舊說。未知實否。今軍器式樣。又徑本監賫送往逐司定奪。則是使臣等營之。而其是否乃取決於此屬也。非獨謀及之而已。臣以從官預典監事。於陛下則為論思謀畫之臣。朝廷一日有四方之事。若幸得使令於前。當使此屬奔走以聽事。今乃以其悉心并智之所為而使之議可否於今日

之明，臣固不敢自愛，深恐武夫世卒輩有以窺朝廷之心，皆謂其智慮乃決於我也。以理言之，竊恐爲倒。蓋此屬既多出於行伍，則其底裏淺深，其下之所熟知，而臣等雖不肖，然上託陛下名器寵任之故，猶宜見憚。今又使有以窺之，則不特於朝廷之體爲輕，而又非所以崇堂陛之勢。而陛下經營四方，又未能盡文臣而用此屬，則其名分之定，豈可無素？雖政事之臣不慮及此，而陛下豈不自愛國體也？臣等以朝廷已行之命不敢言，改乞從本監奏就一司同議。

哲宗元祐元年，右司員外郎張舜民乞罷中使造寺奏曰：臣備員寮屬，無補歲月，苟有所見，不敢不言。祖宗日遠，淺聞狹見，且以嘉祐、治平及熙寧之初年揆之：當嘉祐、治平與熙寧之初，在京寺觀幾何？僧徒幾何？今相距未三十年間，創造脩飾寺觀，外來土居之僧徒無慮數倍之多也。不唯其多，愈見其侈。彼百間不足居也，我則以千楹；彼

丹䑋不足觀也，我則以金碧；彼耻不若，復求勝之。爲朝廷則曰：我一以官錢營造，未嘗取民也。爲僧徒則曰：我唯是化緣脩建，未敢仰於官也。究而言之，則財力是何從出哉？皆百姓之膏血也。漢文帝以露臺爲中人十家之產，罷而不爲。猶謂十農夫之耕，十蠶婦之織，終歲不能養一僧徒。今一寺觀之興造，又何止中人十家之產？一僧徒之奉養，又何止十衆婦之耕織？以古望今，良可歎也。尤不可忍者，是以軍營地脩造寺觀也。祖宗開基，有此都邑，當其經始，可謂勤勞。罷方鎮之兵而聚之京畿，其慮深矣。漕輓金粟，休養區處，靜則雄中，動則制外，不畏一朝之警急。熙寧併廢，鞠爲茂草，有識視之，猶或歎息。今又委爲寺觀，其勢未已。太平日久，兵愈消，地愈空，寺觀愈多，苟有一朝之急，則將驅僧道以禦之乎？累朝勑令，創造寺觀者徒二年，造殿閣神祠者杖一百，若殿閣有損壞而欲移脩者，申所屬驗實乃聽。

即不得以脩造寺觀爲名求化錢物，此朝廷之法禁也，非不明白。外方州縣以時申明，無敢慢易，唯京師此法不行。京師法令之所出，乃獨不行，前之日官造一寺觀，後之日私起一殿閣，疇敢誰何？不知此俗何時而替也。今所謂中懇者，既爲西塔，又爲東塔，東塔未起，又請造寺。朝廷爲之響應，不知造寺何時而已乎？又安知今請之寺成，而更不欲造寺脩塔乎？在國則以爲蠹，在己則以爲功。於其起塔，驅徙之屬居數十家，數年之間，返謂我爲客寄，棲泊簷廡之下，備極栖遑，此尤見罔上誕設之甚也。其居其屋，其飲其食，享御凡百，指呼王公大人，有及之者乎？不唯不及，有似之者乎？是欲窮極屢奪，無有休已。朝廷既許以空閑官地，且京城之中，何處有空閑之官地以待脩寺者？非居民則官府，非官府則軍營。民居官府既不可遷，彼將不滿而再請，則唯有空閑軍營可以從事矣。此役一興，上之宮邸、衣冠之家，下

之閭閻商販小民，又將征求割剝，三五年間，未得休已。比年已來豐歉不常，自冬徂夏，雨澤爲災，京之東南千里渺瀰不止，夏秋不成，而復田廬漂沒。今已八月，麥未施種，關中又以旱訴，至於來歲，尚未可知。都市飲食，偷薄小民失職，衢巷之中，稍有菜色，遷流之民，日有逋者。二聖焦勞軫惻，分遣使臣，賑恤之方，未知攸濟，豈可因之飢饉，重以此徒蠹賊良民？如水益深，如火益熱，其能賑濟，唯在聖慈。伏乞特賜指揮，將八月四日旨揮更不施行，令中懇止居相國寺東塔，或不自安，即勒歸受業院舍。仍乞申明勑令，自此止絕脩寺造塔之役。不唯少阜於民財，亦可仰消於天變。

四年，左司諫劉安世上奏曰：臣伏見近降指揮，於京東、河北差崇勝、奉化兵士各五百人，及招填廣固四指揮各令及八百之額，立限五年脩葺京城，又許支朝廷應干封樁錢和雇人夫二千人，令作四年

開掘城壕。臣雖至愚慮不及遠。詳觀事理。甚有未安。輒進瞽言。以黷天聽。惟陛下留神省覽。臣伏覩陛下聽政之始。沛發德音。脩城兵夫悉令散遣。道路歌頌謳仰聖澤。四年于此。未嘗有抱鼓之警。今元元之民。方就休息。四夷順軌。外無戎事。而遽興大役。衆謂無名。又於京東河北再發廂兵。人心驚疑。不可不慮。况脩城與開壕之工幾八百萬計。其費用固已不貲。方二聖崇尚寬厚。前日利源之入。去其太半。封樁錢物。尤宜謹惜。而乃竭有限之財。應不急之役。非計之得也。兼臣訪聞近日朝市之間。往往竊議。以謂朝廷將復治茶磨以收其利。雖廟堂之論。不能知其有無。而庶人之言。何因而起。臣恐傳之四方。皆謂陛下前此所罷之事。漸欲復講。搖動人心。所害不細。伏望聖慈深賜詳察。特罷脩城之役。非惟為國家惜費便民。亦可以杜塞奸人安意陛下為善不終之議。惟冀獨出睿斷。早賜旨揮。

安世又上奏曰。臣昨累具狀論奏脩城利害。至今未蒙施行。日近訪聞開壕人夫。其數增倍。所費工直。頗有掊斂。雖號為加給得力之人。多是上下干繫作頭壕寨之類。陰有侵刻。既聚大衆。而不以公平饜之。積怨日深。或致生事。兼壕身大闊。所出之土。占壓民田。壅塞道路。隣近墳墓。多被穿掘。怨歎之聲。達於衆聽。臣職在耳目。不敢不言。竊謂國家建置治官。本欲循名責實。今脩城開壕之工共七百餘萬日。役兵夫無慮數千。付之一二庸人。而不領於將作。名實紊亂。孰甚於此。如聞板築方畢。旋致推毀。蓋上下官吏肆為誕謾。無所統屬。以糾其繆。此不可以不更張也。伏望聖慈撿會臣累奏事理。特降旨揮。惟用廣固兵士三千二百人。不計歲月。脩築城壁。以終其事。所有開壕役夫並乞放罷。止以兵工隨其地形量加濬治。不必盡如元料。仍專委將作監主轄。所貴事有統領。不至乖戾。

安世又上奏曰。臣近累具狀乞罷雇夫開壕。止以兵工隨其地形量加濬治。不必盡如元料。仍令將作監專切總領。至今未奉旨揮。臣竊謂事之利害已具前奏。不復委曲再煩聽覽。然臣有所甚疑者。特以帝王之都而高城深池。過於邊郡。雉堞樓櫓之迹。隱然相望。若於京師而為受敵之具。其如天下何。議者不能為國家畫久安之策。而區區增峻城隍。欲恃之以為固。亦已過矣。方朝廷講求國用。正務裁損。而舉百萬之貲。棄於無用之地。實為可惜。伏望聖慈詳賜省察。撿會臣累奏事理。特降旨揮施行。

安世為右正言時上奏曰。臣近以自春涉夏。旱暵為虐。地震星殞。災異仍出。輒奏狂瞽之論。粗陳銷復之理。方陛下祗畏天戒。側身脩行。日俟明詔採用一二。今既旬浹。未覩施行。惓惓之心。不能自已。再瀆天聽。幸垂省覽。臣嘗考禮記春夏月令。以謂無聚大衆。無置城郭。掩

骼埋胔。毋起土功。有以見聖人奉順陰陽。取法天地。力役之事。不奪農時。行道之壕。亦順生氣。是以風雨時若。災害不生。天人和同。上下交泰。其或賦政逆道。役使過中。人力疲勞。養氣搖動。則國有水旱之變。民罹疾疫之災。此繼天奉元之君。所以夙夜恭敬而不敢忽也。春秋莊公三十一年冬不雨。五行傳以謂是歲一年三築臺。僖公二十一年夏大旱。五行傳以謂作南門。勞民興役。災祥之應。各以類至。著之方册。皆可稽考。臣伏見京師脩城開壕。工費重大。兵夫之衆。已至數千。旋庸之計。幾八百萬。穿掘墳墓。傷掩骼之仁。違逆天時。犯無戎之戒。人困於役。國傷於財。然則嘉氣之乂不効。未必不由於此也。臣聞天子有道。守在四夷。今帝王之都。而為受敵之具。則在外屏翰。將安用之。必謂州郡為不足恃。則平陸之一城。恐非用武之地。况國家利源之入。比之前日。去其太半。用度漸窘。止務裁節。陛下躬行法度。

為天下先而乃以不貲之費棄於無用之所可不惜哉或謂先朝已嘗興作欲終其事則乞罷雇人夫止以廣固之兵不計歲月漸令完葺自餘土木不急之役伏乞特降指揮悉俾停罷所貴順承天意以致膏澤

右諫議大夫范祖禹上奏曰臣伏聞開脩京城濠日役三四千人雖和雇夫力調發不及民其錢不屬戶部然財出於民一也豈可不計較愛惜而枉費用之臣聞開濠深一丈五尺闊二百五十一步廣於汴河三倍自古未聞有此城池也新城周世宗所築太祖因之建都于此百三十年無山川之險可恃所恃者在脩德在用人在得民心此三者累聖所以遺後嗣子孫也神宗時宋用臣提舉脩京城共興土功板築過當小人之情唯欲廣用民力多費國財上則徼幸爵賞次則隱盜官物故役無有不太費無有不廣此姦臣之所利本非先

帝意也陛下始初聽政撥遣脩城役夫百姓皆歡呼鼓舞今欲終成前功但完之而已可也何必廣作無益以害有益乎又京城外門正門即為方城偏門即為甕城其外門皆用純鐵裹之此祖宗時所無有也甕城乃邊城之制非所以施於京師今東西南三面偏門亦欲為甕城臣不知大臣以何見而為此謀也必以為威北狄也使北狄果渝盟南向大臣將坐守此以受敵乎春秋時楚囊瓦為令尹城郢沈尹戌曰子常必亡郢苟不能衛城無益也古者天子守在四夷天子卑守在諸侯諸侯守在四鄰諸侯卑守在四竟慎其四竟結其四援民狎其野三務成功民無內憂而又無外懼國焉用城今吳是懼而城於郢守已小矣卑之不獲能無亡乎昔梁伯溝其公宮而民潰民棄其上不亡何待今大臣不脩德政而急於城池此囊瓦城郢之計也唐神龍中張仁愿為朔方總管築三受降城不置壅門曲敵戰格或曰邊城無守備可乎仁愿曰兵貴攻取不宜退守寇至當併力出拒敢回望城者斬何事守備退恤其心哉後常元楷代為總管始築壅門議者益重仁愿而輕元楷今於京城為受矢石之備是不如張仁愿之守邊城也自脩城浚池以來議者皆以為無戎而城無寇而溝公宮此言不可不畏其北門甕城已難改之重勞臣欲乞降指揮東西南三面偏門止為方城其濠廣闊可減三分之二稍正王城之體以惜民力以省國用

祖禹又上奏曰臣昨上殿論脩城開濠欲乞改東西南三面偏門甕城曲門為方城直門其濠廣闊可減三分之二稍正王城之體以惜民力以省國用今將兩月未蒙施行臣竊以京城為甕城尤為失體議者必謂可以威服四夷今使外國傳聞天子居於甕城不足以示威乃所以啓侮此公卿大夫之辱也而大臣以此為守國之計臣愚

竊所未諭況當國用窘乏之際計無所出而枉興土功為此無益之費不知紀極役使作之有用不惜費而為之可也今實無用其費豈不可惜又發掘既廣多發人塚墓害及幽明恐傷和氣此皆朝廷所當恤也伏乞檢會臣前奏早降指揮施行

七年祖禹乞不還開封府狀曰右臣准尚書省批送工部狀乞還開封府於舊南省令禮工部與將作監同勘當者臣竊以開封府自太祖皇帝開國建置於此太宗真宗皆嘗尹京潛龍故迹至今存焉昨因廨舍遺火逼近原廟遂有還改之議若以火而遷則廟之東北皆有民居比之開封尤更不遠何可防又舊南省已為試院今欲以開封府為試院豈可不嚴火禁乎若以開封敲扑之地不可近原廟則景靈宮在祖宗時已有列聖神御比之今日輕重亦均若以狹隘而遷則祖宗以來官吏所容亦足以治事且開封非貯火之所但長

吏與僚屬住家於其中。關比之民居。孰為難防。唯當申嚴火禁。或築高墻以為隔限。亦可以備患矣。今乃欲仍已成之試院為府。廢百三十餘年之府為試院。此兩大役。營造不小。夫土木之功。使匠人廢之無不言費省而易了。及其作之。使見費大。臣恐枉勞人力。虛費國用。無大利害。不必遷也。今若因舊興葺。稍從近南比之廨。營造功費猶小。凡官舍數遷改。則民心亦不定。不若因其故便。昔魯人為長府。閔子騫曰。仍舊貫。如之何。何必改作。孔子稱之。蓋為國者姑務省事。不欲多變革也。伏望聖慈更賜詳擇。

哲宗時。殿中侍御史呂陶上奏曰。臣伏謂古之明王講求治道以幸天下者。凡不急之務。必先罷去。乃省事省官之一端也。國家自慶曆罷兵以來。武庫百備廢壞幾盡。神宗皇帝以常德立武事。震耀威靈。治兵制器。憲度詳謹。內置軍器監。外創都作院。日程其功。月閱其課。戈

矛弧矢甲冑刀劍之具。皆極完具。等數之積。殆不勝計。苟有靈旗之伐。可足數十年之用。方朝廷弭戎息戎。以戢干戈為意。顧惟兵械謂非今日之急務也。比嘗降詔併為兩坊。坊止三作。省去監督經轄之員。揀放疲癃拙惰之匠。據所積材具。以漸造制。然至今兵匠尚以六千人為額。兩坊額外。亦四五百人。以一歲計之為口食米者凡四萬五千石。又緣內外廂軍夫率闕少。亦有營事去處。若值工役急速。未免於民間差雇人夫。官有耗費。私有騷擾。臣愚欲乞減兵匠三分之二。罷監官四員。小作料次。責其日力。積之歲月。亦無所闕。卻將所減之兵。分填添助諸處廂軍差使。候將來循制軍器闕人。仍勾抽赴作。不惟省監官匠添給之費。抑亦助廂兵役使之勞。況今財利羨息之端。多蒙蠲罷。如此等事。雖於國家富有之體。未必為害。亦宜裁損均節以稱量入為出之義。伏望聖慈付有司相度施行。

右諫議大夫梁燾上奏曰。臣竊以都城之役。工程浩瀚。開廣池隍。最為大事。全如受敵邊備。動搖人心。盡發封樁官錢。虛耗國力。毀徹廬舍。生者不得安。掀剔墳隴。死者不得息。棄土山積。旁無曠地。稍已埋沒園林。浸至壅閼道路。近城居民。深以為勞。兼冒寒暑。怨通幽明。累德損政。莫甚於此。言者相繼。指摘明白。日聽蠲罷。邀未蒙省。敝病之時。横在十月。黏怨之聲。達于四海。未諭朝廷何憚不革。且以斜殊異之情。久則難齊。任困苦之事。極則生變。群疑不解。理有可虞。今若但省工料。別期歲月。未免久勞。終是無益。臣愚欲乞聖慈特賜指揮。放散見存人夫。只留廣固軍工。漸整已開處。令結束了當。城壁擾未堅處。令漸次脩築。除冗費之患。去妄作之擾。使民情安悅而氣和。人力舒暇則功倍。輦轂之下先見安靜。誠今日聖政之所宜為也。伏望深留宸念。

高宗建炎中。御史中丞許景衡上奏曰。臣聞天下之事有緩急。其治之也有先後。聖人常先其所急而後其所緩。故事得其序。而治功成矣。今夷狄桀驁。盜賊間作。陛下宵衣旰食。圖刷國恥。節省浮費以應軍須。可謂先其所急者矣。至於工技之末作。掖庭之所須。此其事為至緩。宜在所後。而有司不知大體。乃欲以承平靡麗之事而脩復於艱難之時。若實謂所領後苑作准備造作生活工匠是也。書曰。不作無益害有益。功乃成。蓋事雖小。其於聖朝致治之功則為害。此臣所以昧死須至上瀆天聽也。伏況東南製作甲於四方。或掖庭有須。臨時置買應手可辦。正不必專置吏卒徒為此紛紛也。平日耕桑之民。死傷流亡之餘。尚能竭力以供租賦者。彼誠知國家之艱難而上體陛下之憂勤。欲足兵食以安中原也。故雖極勞瘁而不敢辭。今若聞置官司破祿食以營技巧。彼必歎息憤懣有不平之氣矣。臣愚伏望

聖慈深念賦入之耗減。軍須之糜費。凡不急之務。悉詔罷去。掖庭所尚。宜示敦朴。以革近世豪侈之習。以成中興節儉之化。豈不美哉。所有八月二十一日後苑作差人吏工匠二指揮伏乞特賜寢罷。

高宗時。應天府尹葉夢得上奏曰。右臣近承尚書工部符。備到七月十八日敕節文。京東路州軍增脩城壁樓櫓。仰當職官隨宜脩治。勘會本府昨五月内先准聖旨脩城。尋行相度。擘畫舊城外。今添幇城身底闊一丈四尺。高六尺。增築馬面團敵。創建樓櫓一千八百六十餘間。合起夫八十餘萬。收買木植一百六十三萬餘條。計合用錢二十一萬貫有零。自臣到任親再檢視。以勞費浩大。民力不易。蒸元料有大計虛費不實去處。遂別措置裁減。據舊城外止合添幇城身底闊一丈。高三尺。及造樓櫓一千間。比元料計減人夫五十餘萬工。木植一百餘萬條。計合用錢七萬餘貫。其合用人夫。仍欲召募。日支工食錢米。於民即無擾動。已具狀奏聞去訖。臣竊惟本府當東南之衝。内屏王室。漢吳楚七國舉兵西鄉。關中震驚。景帝遣周亞夫將三十六將軍距於洛陽。相持三月。然卒挫其鋒而遁死者。梁孝王力限之於此而不得西之效也。唐安祿山叛。幽薊安慶緒遣其下尹子琦將同羅突厥等勁兵十餘萬來攻。卒能保有江淮。使不敢長驅。唐得保有其財用以濟中興者。張巡許遠以死守之於此而不得逞之效也。蓋嘗以此考之。自東南而來。如漢之吳楚。由西北而下。如唐之尹子琦。皆以睢陽為襟喉。則控扼之要。利害豈與他郡比哉。又況本朝王業所基。見奉三聖神御於離宮。夾輔京師。號為陪都。其形勢又非漢唐之比。則府城勢決不可不脩。以為非常之備。今有司之所較者。不過目前之費而已。臣今來裁減之數。止是七萬餘貫。朝廷豈當以此豪末之費。而不為王業本基之計乎。契勘發運司并江西轉運司見拖欠本府宣和五年以後年額合應副斛斗二十七萬石。臣今來更不敢上干朝廷。別作施行。乞降錢七八萬貫。於今來上供斛斗内截留十萬石。依准去年御筆指揮。充三年帶納之數。亦可變轉了辦。目今秋田收刈不遠。若不乘農事稍隙之時疾速下手併力營治。竊恐遷延至冬。必不及事。臣已一面收簇本府諸色椿管經費係省錢先次兌那使用。徑自擇日興工外。欲望聖慈特賜開允。許臣依數截留上件斛斗撥還。庶幾不誤年計。

夢得為兩浙西路安撫使時。又奏曰。右臣備員從官。出守藩輔。近者嘗以疾病乞就閑秩。伏蒙聖恩未即矜許。既勉強承命。方時艱難。身親陛下宵旰以圖中興之日。曾未纖毫報効。夙夕愧懼。無以自處。惟有隨事納忠。少圖裨益。庶猶愈於緘默坐食。故苟在職一日。不敢遽忘此心。伏見經營建康。以備巡幸。捨二百年定都之業。而即偏霸僭處之地。此誠不得已之下策。非出陛下本意。然而天子以四海為家。古之帝王一歲而四巡狩。不以為難。則今萬一順動。固未為過也。惟無傷財。無動衆。事不求備。居不求安。則何所往而不可。竊聞今建康規畫。有司似不能盡體聖意。道塗之言。皆云欲創建宮室。備列百司。規倣京師。臣愚竊以為未然。此行幸非遷都也。何遽如是哉。夫功大則費廣。費廣則民勞。此理勢之自然。幾月以來。爭傳江東之民有家業錢一千而取三十者。田一畝而出方甎一片者。一邑而率甎灰土木之費以二十萬計者。置窑燒甎而望青斫木者甚有至於取平江府朱勔家之巧石以備玩設。雖未必皆實。然方陛下恢復之初。愛民恤下之意。如撫赤子。惡衣菲食之念。自比匹夫。此聲豈宜聞於外乎。是必州縣之吏迫於期會。各謀職守。規以自免過咎。而不暇為朝廷之思也。然所以為累者大矣。昔周以公叔帶之亂。挾戎狄以伐京師。

襄王出居於鄭，使人告難於魯，自稱曰不穀。左丘明以為易服降名，禮也。非特王者為然，狄人侵衛，齊小白復之。文公衣大布之衣，大帛之冠，以臨其國。獨務材訓農，通商惠工，謹敎勸學，授方任能，而衛復興。故史稱其元年革車三十乘，季年乃三百乘。下至於越王句踐棲之事，無足言矣。然及圖報吳也，在國觀巡孤寡而共其乏困，在軍熟食者分而後敢食，所共嘗者卒乘與焉。居不重席，室不崇壇，器不雕鏤，舟車不飾，故其未戰也，父兄相與請曰：越四封之內，親吾君也，猶父母也。子而思報父母之仇，臣而思報君之讎，其敢不盡其力乎。及其將戰也，則又父勉其子，兄勉其弟，婦勉其夫，曰：孰是君也，而無死乎。於是敗吳於囿，又敗之於沒，又郊敗之，遂以滅吳。恭惟陛下以神聖文武之資，受天明命，奄有祖宗之大業，天下孰敢不服？即位以來，膏澤屢下，寬大之令日聞於人耳，哀痛之詔日感於人心，天下孰敢不聽？蠢爾叛夫，不道之虜，合中國之力而共誅之，其殄滅必有日矣，何足懼哉！在陛下行之如何耳。邇者天申節上壽，作樂，罷而不行。貢奉之物，非天地宗廟陵寢所須，卻而盡罷。天下皆知陛下約己思艱之意，堯舜無以過。然執事之吏，乃復因緣舊習，過舉如此，甚不稱陛下盛德美意。愚俗難以家至戶曉，願下明詔，顯示戒飭，應建康等處營繕，除城池樓櫓以備守禦，營寨次舍以待屯戍，糧糗儲蓄以充廪給，金錢帑帛以供犒賞外，其餘一切並從簡約，無以險陋為不實，無以草創為非體。古者君在草莽，其臣皆反首茇舍，則百司庶府亦非求安之時。陛下既屏聲色而不御，抑侍衛而弗充，則外朝之制，後宮之儀，亦不必備。使天下曉然皆知陛下大讎未雪，不忘嘗膽之心，二聖未還，常切承顔之念，則四海之內，苟非木石，食陛下之祿，沐陛下之恩，誰不欲畢命自效，彎弓而北向乎！設有背德避患者，天下必

共起擊之矣。進迎鑾輿，再造王室，復還千里之畿，歸嚴九廟之奉，可指日而至。臣位卑人微，未嘗得覲清光，邇冒君威，犯分不避，罪當萬死。不勝惶懼激切屏營之至。

御史中丞廖剛奏曰：臣契勘軍器所見造李顯忠所請軍器，名件凡一萬八千有奇，為工幾十萬，而所役兵匠及和顧纔一千八百餘人，人各占一能，不可以相易，則費日非止十萬也。況鐵必精鍊，皮必熟治，漆必俟乾而後再漆，若此之類，儻迫以嚴限，不唯難於辦集，所成之器，亦將苦窳而不可用。昔晁錯有言：兵不完利，與空手同；甲不堅密，與袒裼同；弩不可以及遠，與短兵同；矢不能中，與無鏃同。今幸未急於用，臣愚欲望聖慈特降處分，稍寬其工程，則人力俗而器械精矣。必欲速就，不過添雇人匠。本色匠人既不易得，則府縣强雇，未能無擾，擾而事亦未必濟也。

孝宗淳熙四年，吏部侍郎周必大上奏曰：臣聞歐陽脩在翰林日，嘗上言京師土木興作處多，乞行減罷，尋差脩與三司同共相度減定，脩因言神御殿不住脩換，昨開先殿只因兩柱損，遂換一十三柱，用材植物料共一萬七千有零。且崇奉祖宗貴於清淨，頻有遷徙，輕瀆威靈，其言甚為詳備，仁宗嘉納。臣竊見近歲營造，往往委臨安府及轉運司，例皆務簡趣辦，閱時未幾，即復繕脩，秪如景靈宮，歲歲換柱，每次所費不下數千緡。蓋抽換之時，率用濕木塗以丹漆，夫以墻壁纔及數月，又已損爛。近脩兩學，亦復如此。官吏只欲速成，冀目前之賞，豈暇計慮久遠，以邦財民力為念哉！臣愚欲望聖慈嚴賜戒飭，凡遇脩宗廟等處，須用乾壯材植，若年歲間依前損壞，即推究元脩官吏，重行責罰。其他土木之工，有可節者節之，謂如封樁錢物，雖少屋宇，而左藏東西庫大段有空閒去處，若就用盛貯，別差專庫看守，卻

令提領官掌其扃鑰。遇有收支，躬親啓閉。戶部何由敢有移用。自不必令漕司踏逐地步，枉費十餘萬緡，造屋五百間，折移大府寺。其為利害若白黑之易見。仰惟陛下躬儉出於天性，此事偶有未知，知則必為裁制。此臣所以不避妄言之罪，期效涓埃之補也。

孝宗時，趙汝愚陳便民事宜曰：臣嘗論奏國家渡江以來，費用浸廣，民間兩稅之外科歛不一。民力可謂困矣，而人不以為怨者，知朝廷養兵之費，蓋不得已故也。然有得已而不已者，寺觀脩造是已。近時僧道自知道業無聞於世，而專務營造以侈相高，用誇己能。至有一樓一閣，而工費鉅萬者。其銘鏞鎔金寶，又不可數計。竭民膏血，委於無用，誠為可惜。臣竊見司馬光奏議，謂國家明著法令，有創造寺觀一間以上者，聽人陳告，科違制之罪，仍即時毀撤。臣愚伏望聖慈申嚴前項法禁。今後寺觀除舊管屋宇或有損壞處，許隨宜脩葺外，並不

得別有創造。或遇水火不測，合行再造者，並委州縣長吏量度費用，務從簡省，須出給公憑，開具間架，方得脩造。如有違犯，官吏僧道並與同罪。

金哀宗至蔡，命有司脩見山亭及同知衙為遊息之所。完顏仲德諫曰：自古人君遭難播越于外，必痛自刻苦貶損，然後可以克復舊物。況今諸郡殘破，保完者獨一蔡耳。蔡之公廨固不及宮闕萬一，方之野處露宿則有加矣。且上初行幸，已嘗勞民葺治，今又興土木之役，以求安逸，恐人心解弛，不足以濟大事。上遽命止之。

元世祖時，趙天麟上策曰：臣聞物之有益者，天下之通物也。理之極中者，聖人之極理也。故物涉於玩視，則足以蕩吾之心，而理及於太過，則所以傷吾之道。以九五之位，生殺之權，俯天下而御之，宜若得以從心所欲矣。以祖宗之大社稷之重，仰天命而思之，雖欲自逸，而亦弗敢矣。是以聖人之治天下，事皆從於寬厚，尊在民上，而知民之不可下也。故近之，貴為人主，而知人之為王天也。故靖之，審民情之莫不欲富欲逸欲安。軫哀心而載行，生甚去奢去泰。昔堯之不剪其茅茨，禹克卑其宮室，晉成計四十金而射堂遂止，漢文惜十家之產而露臺不興。況今也去古既遠，澆民難化，不據正以率之，則其誰順哉。不倡正以變之，則烏可清哉。我國家兩都宮禁，溫清脩者塗粉白丹雘於隨年，整蘸模庭陳於逐節。斯皆理之當然也。臣但以發府庫之財，役生靈之力，崇脩佛寺，多積佛緣，畫棟椅香飛甍隱霧，及今古之巧麗，耀金碧之輝光。且依佛經而言，則佛者覺也，將以覺妙悟寂滅聲聞緣覺之民物，而釋迦者能仁也，將以仁四恩三有誦經持戒之衆生。今乃以下民之財，下民之力，粧點色身之相好，臣竊以為非如來之本意也。欽惟皇國武定四方，文綏一紀，握歷世帝王之大柄，

為百家道術之宗盟者，皆孔子三綱五常之力也。豈宜獨崇絕滅綱常之教，以率天下，奉信浮圖之人哉。臣又以京師者，天下之所瞻仰也。孔子乃帝王之師，綱常之主，而其廟學猶為闕然。臣於先所獻萬言策內，已言之矣。蓋理貴得中而已。彼老佛之教，乃山林曲士之所奉，虛無寂滅之一術。無父子之恩，無君臣之義。今國家取其一節，而崇其寺觀，猶可也。至如師孔子而獨惜崇興廟學之資費，此臣所以不能無言也。故為國家者，於所可止者不容不止，於所不可止者不宜遽止也。伏望陛下念孔子道德之尊，賴孔子綱常之力，採老氏之知足，法如來之能仁。凡兩都宮禁，但令春秋補葺，其弊革異其損者，不須創建。凡勞民無益之役，不拘時月，並皆停罷。其不急者，如前詔。凡僧道寺觀，截自令下之後，而本京師外及所在，但許脩整，無敢創立。凡所在文廟，依時脩整，自有常制。若夫京師廟學，惟陛下識之。

文宗天曆初。詔以建康潛邸為佛寺。務窮壯麗。毀民居七十餘家。仍以御史大夫督其役。江南行臺監察御史孟昉上封事曰。臣聞使民以時。使臣以禮。自古未有不由斯道而致隆平者。陛下龍潛建業之時。居民困於供給。幸而獲覩今日之運。百姓跂足舉首以望非常之恩。今奪農時以剏佛寺。又廢民居。使之家破產蕩。豈聖人御天下之道乎。昔漢高帝興於豐沛。為復兩縣。光武中興南陽。免稅三年。既不務此而隆重佛氏。何以滿斯民之望哉。且佛以慈悲為心。方便為教。今尊佛氏而害生民。無乃違其方便之教乎。臺臣職專糾察。表正百司。今乃委以脩繕之役。豈其禮哉。

順帝至正二十年。欲脩上都宮闕。工役大興。參議中書省事陳祖仁上疏。其略曰。自古人君不幸遇艱虞多難之時。孰不欲奮發有為。成不世之功。以光復祖宗之業。苟或上不奉於天道。下不順於民心。緩急失宜。舉措未當。雖以此道持盈守成。猶或致亂。而況欲撥亂世而反之正乎。夫上都宮闕。創自先帝。脩於累朝。自經兵火。蕩然無遺。所不忍言。此陛下所為日夜痛心。所宜亟圖興復者也。然今四海未靖。瘡痍未瘳。倉庫告虛。財用將竭。乃欲驅疲民以供大役。廢其耕耨而荒其田畝。何異扼其吭而奪之食。以速其斃乎。陛下追惟祖宗宮闕念茲在茲。然不思今日所當興復。乃有大於此者。假令上都宮闕未復。固無妨於陛下之寢處。使因是而違天道。失人心。或致大業之隳廢。則夫天下者。亦祖宗之天下。生民者。亦祖宗之生民。陛下亦安忍而輕重之乎。願陛下以生養民力為本。以恢復天下為務。信賞必罰。以驅策英雄。親正人。遠邪佞。以圖謀治道。夫如是則承平之觀。不日咸復。詎止上都宮闕而已乎。疏奏。帝嘉納之。

歷代名臣奏議卷之三百十六

歷代名臣奏議卷之三百十七

弭盜

漢武帝時。東郡盜起。丞相公孫弘奏言。民不得挾弓弩。十賊彍弩。百吏不敢前。（彍音郭。引滿曰彍。）盜賊不輒伏辜。免脫者眾。害寡而利多。此盜賊所以蕃也。禁民不得挾弓弩。則盜賊執短兵。短兵接則眾者勝。以眾吏捕寡賊。其勢必得。盜賊有害無利。則莫犯法。刑錯之道也。臣愚以為禁民毋得挾弓弩便。上下其議。光祿大夫吾丘壽王對曰。臣聞古者作五兵。（五兵。謂矛戟弓劍戈。）非以相害。以禁暴討邪也。安居則以制猛獸而備非常。有事則以設守衛而施行陣。及至周室衰微。上無明王。諸侯力政。彊侵弱。眾暴寡。海內抏敝。巧詐並生。（抏。五官反。抏。謂盡也。）是以知者陷愚。勇者威怯。苟以得勝為務。不顧義理。故機變械飾。所以相賊害之具。不可勝數。於是秦兼天下。廢王道。立私議。滅詩書而首法令。去仁恩

而任刑戮。墮名城。殺豪桀。（墮。火規反。）銷甲兵。折鋒刃。其後民以耰鉏箠梃相撻擊。犯法滋眾。盜賊不勝。至於赭衣塞路。群盜滿山。卒以亂亡。故聖王務教化而省禁防。知其不足恃也。今陛下昭明德。建太平。舉俊材。興學官。三公有司或由窮巷。起白屋。裂地而封。宇內日化。方外鄉風。然而盜賊猶有者。郡國二千石之罪。非挾弓弩之過也。禮曰。男子生。桑弧蓬矢以舉之。明示有事也。（有四方之事。）孔子曰。吾何執。執射乎。大射之禮。自天子降及庶人。三代之道也。詩云。大侯既抗。弓矢斯張。射夫既同。獻爾發功。言貴中也。（中。竹仲反。）愚聞聖王合射以明教矣。未聞弓矢之為禁也。且所謂禁者。為盜賊之以攻奪也。攻奪之罪死。然而不止者。大姦之於重誅固不避也。臣恐邪人挾之而吏不能止。良民以自備而抵法禁。（抵。至也。）是擅賊威而奪民救也。竊以為無益於禁姦。而廢先王之典。使學者不得習行其禮。大不便。書奏。上以難丞相弘。

弘誼服焉。

宣帝時，渤海左右郡歲飢，盜賊並起，二千石不能禽制。上選能治者，丞相御史舉龔遂可用。上以為渤海太守。時遂年七十餘，召見，形貌短小，宣帝望見，不副所聞，心內輕焉，謂遂曰：渤海廢亂，朕甚憂之，君欲何以息其盜賊，以稱朕意？遂對曰：海瀕遐遠，不霑聖化，其民困於飢寒而吏不恤，故使陛下赤子盜弄陛下之兵於潢池中耳。今欲使臣勝之邪，將安之也？上聞遂對，甚說，荅曰：選用賢良，固欲安之也。遂曰：臣聞治亂民猶治亂繩，不可急也，唯緩之，然後可治。臣願丞相御史且無拘臣以文法，得一切便宜從事。上許焉，加賜黃金，贈遣乘傳。至渤海界。

張敞以勃海膠東盜賊並起，上書自請治之，曰：臣聞忠孝之道，退家則盡心於親，進宦則竭力於君。夫小國中君猶有奮不顧身之臣，況於明天子乎？今陛下遊意於太平，勞精於政事，亹亹不舍晝夜，羣臣有司宜各竭力致身。山陽郡戶九萬三千，口五十萬以上，訖計盜賊未得者七十七人，它課諸事亦略如此。臣敞愚駑，既無以佐思慮，久處閒郡，身逸樂而忘國事，非忠孝之節也。伏聞膠東、勃海左右郡歲數不登，盜賊並起，至攻官寺，篡囚徒，搜市朝，劫列侯，吏失綱紀，姦軌不禁。臣敞不敢愛身避死，唯明詔之所處，願盡力摧挫其暴虐，存撫其孤弱。事即有業，所至郡條奏其所由廢及所以興之狀。書奏，天子徵敞，拜膠東相，賜黃金五十斤。敞辭之官，自請治劇郡非賞罰無以勸善懲惡，吏追捕有功效者，願得壹切比三輔尤異。天子許之。

王莽以璽書令卜者田況領青徐二州牧事。況上言：盜賊始發，其原甚微，非部吏伍人所能禽也。咎在長吏不為意，縣欺其郡，郡欺朝廷，實百言十，實千言百。朝廷忽略，不輒督責，遂至延蔓連州，乃遣將率，多發使者，傳相監趣。郡縣力事上官，應塞詰對，共酒食，具資用，以救斷斬，不給復憂盜賊、治官事。將率又不能躬率吏士，戰則為賊所破。吏氣寖傷，徒費百姓。前幸蒙赦令，賊欲解散，或反遮擊，恐入山谷轉相告語。故郡縣降賊皆更驚駭，恐見詐滅，因飢饉易動，旬月之間更十餘萬人，此盜賊所以多之故也。今雒陽以東，米石二千。竊見詔書，欲遣太師、更始將軍，二人爪牙重臣，多從人衆，道上空竭，少則亡以威示遠方。宜急選牧尹以下，明其賞罰，收合離鄉小國無城郭者，徙其老弱置大城中，積藏穀食，并力固守。賊來攻城，則不能下，所過無食，勢不得羣聚。如此，招之必降，擊之則滅。今空復多出將率，郡縣苦之，反甚於賊。宜盡徵還乘傳諸使者，以休息郡縣。委任臣況以二州盜賊，必平定之。

東漢安帝即位以後，頻遭元二之戹。元二，即元元也。百姓流亡，盜賊並起，郡縣更相飾匿，莫肯糾發。更相文飾隱匿也。尚書陳忠獨以為憂，上疏曰：臣聞輕者重之端，小者大之源，故隄潰蟻孔，氣洩鍼芒，是以明者慎微，智者識幾。書曰：小不可不殺。詩云：無縱詭隨，以謹無良。蓋所以崇本絕末，鉤深之慮也。臣竊見元年以來，盜賊連發，攻亭劫掠，多所傷殺。夫穿窬不禁，則致彊盜；彊盜不斷，則為攻盜；攻盜成群，必生大姦，故亡逃之科，憲令所急，至於通行飲食，罪致大辟。通行飲食，猶過致資給，與同罪也。飲音蔭，食音寺。而頃者以來，莫以為憂。州郡督錄怠慢，長吏防禦不肅，皆欲採獲虛名，諱以盜賊為負。雖有發覺，不務清澄。至有逞威濫怒，無辜僵仆。或有䠞蹐比伍，轉相賦斂，或隨吏追赴，周章道路。是以盜發之家，不敢申告，鄰舍比里，共相壓迮。迮，迫也。或出私財，以償所亡。其大章著，不可掩者，乃肯發露。陵遲之漸，遂且成俗。寇攘誅咎，皆由於此。前年勃海張伯路，可為至戒。覆車之軌，其迹不遠，蓋失之末流，求之本源，宜糾增舊科以防來事自今彊盜為上官若它郡縣所糾覺一發部吏皆正法（上官謂鄰府也若及也部吏謂督郵游徼也正法依法也）尉貶秩一等令長三月奉贖罪二發尉免官令長貶秩一等三發以上令長免官便可撰立科條處為詔文切勑刺史嚴加糾罰冀以猛濟寬驚懼姦慝頃季夏大暑而消息不協寒氣錯時水涌為變天之降異必有其故所舉有道之士可策問國典所務王事過差令處煖氣不效之意庶有讜言以承天誡

桓帝時零陵桂陽山賊為害公卿議遣討之又詔下州郡一切皆得舉孝廉茂才尚書陳蕃上疏駁之曰昔高祖創業萬邦息肩撫養百姓同之赤子今二郡之民亦陛下赤子也致令赤子為害豈非所在貪虐使其然乎宜嚴勑三府隱覈牧守令長其有在政失和侵暴百姓者即便舉奏更選清賢奉公之人能班宣法令情在愛惠者可不

勞王師而群賊弭息矣又三署郎吏二千餘人三府掾屬過限未除但當擇善而授之簡惡而去之豈煩一切之詔以長請屬之路乎以此忤左右故出為豫章太守

靈帝時鉅鹿張角偽託大道妖惑小民侍御史劉陶與奉車都尉樂松議郎袁貢連名上疏曰聖王以天下耳目為視聽故能無不聞見今張角支黨不可勝計前司徒楊賜奏下詔書切勑州郡護送流民會賜去位不復捕錄雖會赦令而謀不解散四方私言云角等竊入京師覘視朝政鳥聲獸心私共鳴呼州郡忌諱不欲聞之但更相告語莫肯公文宜下明詔重募角等賞以國土有敢回避與之同罪帝殊不悟方詔陶次第春秋條例明年張角反亂海內鼎沸帝思陶言封中陵鄉侯

後魏孝文帝問止盜之方秘書令高祐曰昔宋均樹德害獸不過其鄉卓茂善教蝗蟲不入其境彼盜賊者人也苟訓之有方寧不易息當須宰守貞良則盜止矣

宣武帝永平四年河南尹甄琛上表曰國家居代患多盜竊世祖廣置主司里宰多置吏士為其羽翼始得禁止遷都已來四遠赴會五方雜沓寇盜公行里正職輕任碎多是下才不能督察請少高其品選下品中應遷者進而為之詔從之琛又奏以羽林為游軍於諸坊巷司察盜賊於是洛城清靜後常踵焉

隋文帝開皇四年上以隴西頻被寇掠而俗不設村塢命將軍賀婁子幹勸民為堡仍營田積穀子幹上書曰隴西河右土曠民稀邊境未寧不可廣佃比見屯田之所獲少費多虛役人功卒逢戎暴且隴右之民以畜牧為事若更屯聚彌不自安但使鎮戍連接烽候相望民雖散居必謂無慮隋主從之

煬帝大業十二年帝問侍臣盜賊翊衛大將軍宇文述曰漸少納言蘇威引身隱柱帝呼問之對曰臣非所司不委多少但患漸近帝曰何謂也威曰他日賊據長白山今近在汜水且往日租賦丁役今皆何在豈非其人皆化為盜乎比見奏賊皆不實遂使失於支計不時翦除又昔在鴈門許罷征遼今復徵發賊何由息帝不悅頃之帝問威以伐高麗事威欲帝知天下多盜對曰今茲之役願不發兵但赦群盜自可得數十萬遣之東征高麗可滅帝不懌

唐太宗即位之初上與群臣論止盜或請重法以禁之上曰朕當去奢省費輕徭薄賦選用廉吏使民衣食有餘則自不為盜安用重法邪自是數年之後海內升平路不拾遺外戶不閉商旅野宿焉

穆宗即位韓愈論黃家賊事宜狀其一曰臣去年貶嶺外刺史其州雖與黃家賊不相鄰接然見往來過客并諳知嶺外事人所說至精至

熟其賊並是夷獠亦無城郭可居依山傍險自稱洞主衣服言語都不似人尋常亦各營生急則屯聚相保此緣邕管經略使不得人德既不能綏懷威又不能臨制侵欺虜縛以致怨恨蠻夷之性易動難安遂至攻劫州縣侵暴平人或復私讎或貪小利或聚或散終亦不能為事近者征討本起於裴行立陽旻此兩人者本無遠慮深謀意在邀功求賞亦緣賊未屯聚之時將謂单弱豈可摧破爭獻謀討惟恐後時朝廷信之遂允其請自用兵已來已經二年前後所奏殺獲計不下一二萬人儻皆非虛賊已尋盡至今賊所依舊是明欺罔朝廷邕容兩管因此凋弊殺傷疾患十室九空百姓怨嗟如出一口陽旻行立相繼身亡實由自邀功賞造作兵端人神共嫉以致殃咎陽旻行立事既已往今所用嚴公素者亦非撫御之才不能別立規模依前還請攻討如此不已臣恐嶺南一道未有寧息之時其二曰昨者併邕容兩管為一道深合事宜然邕州與賊逼近容州則甚懸隔其經略使若置在邕州與賊隔江對岸兵鎮所處物力必全一則不敢輕有侵犯一則易為遞便控制今置在容州則邕州兵馬必少賊見勢弱易生姦心伏請移經略使於邕州其容州但置刺史實為至便其三曰比者所發諸道南討兵馬例皆不諳山川不伏水土遠鄉羈旅疾疫殺傷臣自南來見說江西所發共四百人曾未一年其所存者數不滿百岳鄂所發都三百人其所存者四分纔一續添續死每發倍難若令於邕容側近召募添置千人便以諸道見供行營人數糧賜均融充給所費既不增加而兵士又皆便習長有守備不同客軍守則有威攻則有利其四曰自南討以來賊徒亦甚傷損察其情理厭苦必深大抵嶺南人稀地廣賊之所處又更荒僻假如盡殺其人盡得其地在於國計不為有益容貸羈縻比之禽獸來則捍禦去則不追亦未虧損朝廷事勢以臣之愚若因改元大慶赦其罪戾遣一郎官御史親往宣諭必望風降伏讙呼聽命仍為擇選有材用威信諳嶺南事者為經畧使處理得宜自然永無侵叛之事

宣宗大中元年雞山群盜寇掠果州及巴南妖賊言辭悖慢上怒甚崔鉉曰此皆陛下赤子迫於飢寒盜弄兵於谿谷間不足辱大軍但遣一使者可平矣乃遣京兆少尹劉潼招諭之潼言使之歸命其勢甚易所慮者武臣恥不戰之功議者責欲速之效耳

宋真宗咸平三年濮州盜夜入城略知州王守信監軍王順度知黃州王禹偁聞而奏疏曰伏以體國經野王者保邦之制也易曰王公設險以守其國自五季亂離各據城壘區分爪割七十餘年太祖太宗削平僭偽天下一家當時議者乃令江淮諸郡毀城隍收兵甲撤武備者二十餘年書生領州大郡給二十人小郡減五人以充常從號曰長吏實同旅人名為郡城蕩若平地雖則尊京師而抑郡縣為強幹弱枝之術亦匪得其中道也臣比在滁州值發兵挽漕關城無人守禦止以白直代主開閉城池頹圮鎧仗不完及徙維揚稱為重鎮乃與滁州無異嘗出鎧甲三十副與巡警使臣穀弩張弓十損四五蓋不敢擅有脩治上下因循遂至於此今黃州城池器甲復不及滁揚萬一水旱為災盜賊竊發雖思禦備何以枝梧蓋太祖削諸侯跋扈之勢太宗杜僭偽覬望之心不得不爾其如設法救世久則弊生救弊之道在乎從宜疾若轉規固不可膠柱而鼓瑟也今江淮諸州大患有三城池墮圮一也兵仗不完二也軍不服習三也濮賊之興慢防可見望陛下特紆宸斷許江淮諸郡酌民戶衆寡城池大小並置守捉軍士多不過五百人閱習弓劍然後漸葺城壁繕完甲冑則郡國有禦侮之備長吏免剽略之虞矣疏奏上嘉納之

仁宗慶曆三年知諫院歐陽脩上奏曰臣近因軍賊王倫等事累有
論奏為天下空虛全無武備指陳隋唐亡國之監皆因兵革先興而
盜賊繼起不能撲滅遂至橫流又見國家綱紀隳頹法令寬弛賞罰
不立善惡不分體量勢危可憂可懼欲乞朝廷講求禦賊之術峻行
責下之法無聞搢紳之內憂國者多皆論盜賊事臣但謂朝廷見已
形之患聞衆多之言必動於心略知恐懼及聞樞密院戒勵進奏官
不使外人知事方認兩府厭苦獻言之人又見自和州奏破王倫之
後更不講求禦賊之策又認上下已有偷安之意殊不知前賊雖滅
後賊更多今建昌軍一火四百人桂陽監一火七十人草賊一火百
人其餘池州解州鄧州南京等處各有強賊不少皆建旗鳴鼓白日
入城官吏逢迎飲食宴樂其敢如此者蓋為朝廷無賞罰都不足畏
盜賊有生發時下須從臣恐上下因循日過一日國家政令轉弱盜

賊威勢轉強使畏賊者多向國者少天下之勢從此去矣竊聞京西
提點刑獄張師錫為部內使臣與賊同坐喫酒及巡檢縣尉不肯用
心曾有論奏其言甚切臣舊識師錫其人恬靜長者遲緩優柔不肯
生事今尚有此奏則臣謂天下無賢愚皆為國家憂之獨不憂者朝
廷爾嗟夫古之智士能慮未形之機今之謀臣不識已形之禍以患
為樂以危為安盜賊雖多而時有敗者遂生玩寇之意見言事者衆
而聽之已熟遂有忽人之心臣近曾求對便殿伏蒙陛下語及賊事
憂形于色及退見宰輔從容閒暇天下之事深可憂矣今桂陽建昌
軍賊數不少想其害為尤甚王倫在於遠處更不留意今自京發兵
則道遠不及外處就撥則處處無兵欲乞嚴勅大臣鑒已成難救之
患速講定禦盜之法兵行天下使四方漸為備禦攻守壁畫翦撲諸
處見在賊數自有賊已來群臣上言者皆為自來寬法致不肯用心

捉賊皆乞峻行法令近見池州官吏各只有罰銅五斤及知言者皆
不蒙納臣謂大臣為國計者寧厭忠言之多不厭盜賊之多乃如此
行事臣前後上言賊事文字不少仍乞類聚擇其甚者請定法制陛
下欲知大臣不肯峻國法以繩官吏盡由陛下不以威刑責大臣此
乃社稷安危所係陛下之事也伏望留意而行之

脩論禦賊四事劄子曰臣昨自軍賊王倫敗後累曾極言論列恐相
次盜賊漸多乞朝廷早為禦備凡為國家憂盜賊者非獨臣一人前
後獻言者甚衆皆為大臣忽棄都不施行而為大臣者又無擘畫果
致近日諸處盜賊縱橫自淮海已南而新遭王倫之後今自京以西
州縣又遭張海郭貌山等劫掠焚燒桂陽監昨奏蠻賊數百人夔峽
荊湖各奏蠻賊皆數百人解州又奏見有未獲賊十餘火滑州又聞
強賊三十餘人燒劫沙彌鎮許州又聞有賊三四十人劫却椹澗鎮

此臣所聞目下盜起之處如此縱橫也此外京東今歲自秋不雨至
今麥種未得江淮倫賊之後繼以飢蝗陝西災旱道路流亡日夜不
絕似此等處將來盜賊必起是見在者未滅續來者愈多而乾象變
差譴告不一於古占法多云天下大兵並起今兵端已動於下天象
又告於上而朝廷安恬舒緩無異常時此臣前狀所謂古之智者能
慮未形之機今之謀臣不識已形之禍者也臣聞兩漢之法凡盜賊
並起人民流亡天文災異如此等事皆責三公或被誅戮或行黜放
今幸陛下仁聖寬慈大臣偶免重責而猶忘忽袒忠漸習因循此臣
所謂大臣不肯峻國法以繩官吏蓋由陛下不以威刑責大臣者也
今見在賊已如此後來賊必更多若不早為恐晚後悔臣計方今禦
盜者不過四事一曰州郡置兵為備二曰選捕盜之官三曰明賞罰
之法四曰去冗官用良吏以撫疲民使不起為盜此四者大臣所忽

以為常談者也。然臣視今朝廷。於四者未有一事合宜。伏望聖慈嚴勑兩府大臣。問其捨此四事。別有何術可為。苟無他術。則此四者宜早施行。臣竊聞州郡置兵。當獮已有條奏。其餘三事。前後言事者議論甚多。伏乞合聚群議。擇其善者而行。其禦盜四事。方今措置乖失極多。容臣續具一二條奏。

論京西賊事劄子曰。臣竊聞近日張海郭貌山與范三等賊勢相轉更猖狂。諸處奏報。日夕不絕。伏惟聖慮必極憂勞。不聞廟謨有何處置。臣竊見朝廷作事。常有後時之失。又無慮遠之謀。患到目前。方始倉忙而失措。事纔過後。已却弛慢而因循。昨王倫暴起京東。轉掠淮甸。橫行千里。旁若無人。既於外處無兵。須自京師發卒。孫惟忠等未離都下。而王倫已至和州矣。賴其大弃。偶自敗亡。然而驅殺軍民。焚燒城市。瘡痍塗炭。毒遍生靈。此州郡素無守備。而旋發追兵誤事。後時之明驗。臣謂朝廷因此。必悔前非。須有改更。以防後患。而自王倫敗後。居兩府者了無擘畫。有上言者又不施行。上下拖延。日過一日。遂致張海郭貌山等又起京西。攻劫州縣。橫行肆毒。更甚王倫。依前外處無兵。又自京師發卒。臣聞張海是李宗大內惡賊。郭貌山在商山已及十年。其驍勇凶狡。不比王倫偶起之賊。縱官兵追及。亦其勝負未知。天下之憂。恐自此始。臣亦知近日臣寮上言賊事者甚眾。竊慮兩府遂呈文字之時。必須奏言已差使臣選兵追捕。將此拙討便為廟謨。上寬聖懷。苟自塞責。張海等二百餘人。並有甲馬。日行一二百里。馬力困乏。則兼別奪民間生馬乘騎。縱有官兵。必難追逐。縱使追兵依及。生靈已受其殃。一火小賊雖能平。後患豈可不慮。以今四方盜起。所在各要隄防。則臣前所言禦賊四事。乃中州縣置兵最為急務。伏望陛下憫此生民見受屠戮之苦。不聽迂儒遲緩悞事之

言。其州縣置兵事。件當獮已有起請。伏乞決於宸意。速與施行。

脩弃論置兵禦賊劄子曰。臣近為張海等賊勢猖獗。嘗上言禦賊四事。內一件州郡置兵為備。風聞朝議已依當獮起請施行。其餘三事。一乞選捕盜官。二乞定賞罰新法。三乞按察老病貪贓之官。此三事至今未聞擬議。臣伏見去年朝廷於諸道州府招宣毅兵士。及添置鄉兵弓手。當時擾擾。次第不小。本要為州縣禦賊之備。及一旦王倫張海等相繼而起。京東淮南江南陝西京西五六路。二三十州軍。數千里內。殺人放火。肆意橫行。入州入縣。如入無人之境。則去年所置宣毅兵鄉兵弓手等盡皆何在。無一處州縣得力者。蓋由官吏不得其人。賞罰無法。而所置宣毅鄉兵弓手皆不堪使用。所以張皇擾攘。空有為備之名。而無為備之用。今朝廷雖依當獮起請。令州郡置兵。若不先擇官吏。嚴立法令。則依前置得不堪使用之兵。空有其名。終不濟事。故臣謂必欲州郡置得精兵。則須採臣所陳三事。一一施行。方可集事。其州縣官吏悞事。臣請試言京西一兩處。則其他可知。郢州知州王昌運老病腰脚。行動不得。每日令二人扶出坐衙。三年之內。州政大壞。臨替得一比部員外郎劉依交代。其劉依亦是七十餘歲。昏昧不堪。昨在滑州寄居。臣為通判。三四度來看臣。每度問臣云。中書有一王參政。名甚。如此不知人事。陛下試思如此等人。能為國家置兵禦賊乎。今汝州知州鮑亞之。是三司以不才棄退者。鄧州知州朱文郁。是轉運使以不材選退者。二人老懦不才。如此等人。能為國家置兵禦賊乎。陛下欲知全盛之世盜賊便敢如此者。蓋為處處官吏非人。故臣前後累言乞按察冗濫之官者。蓋為恐有此事也。兩府之議。不肯於無事之時先為禦備。直待打破一州。方議換知州。打破一縣。方議換縣令。其餘未經打破州縣。一任老病貪繆之官壞之

臣謂是大臣不欲以身當怨之過也。今天下生民獲安樂則皆須上感陛下聖德。若其父子殺戮離散不安則亦必歸怨陛下。今大臣不肯澄汰。蓋避百十人官吏怨惡其身。寧使百萬蒼生塗炭而怨國家。今盜賊一年多如一年。一火強如一火。天下禍患豈可不憂。伏望聖明特出睿斷。始必行州郡置尉之法。則先須慎擇官吏。免致虛為擾擾及更害民。臣前後三次乞委官吏。況國家自來每有災傷路分累曾遣使安撫。豈於今日視民如此塗炭。頓以遣使為難。願陛下力主而行之。則天下幸甚。

脩論募人入賊以壞其黨劄子曰。臣竊聞京西賊盜日近轉多。在處縱橫。不知火數。所患者素無禦備。不易枝梧。然獨聞賊雖猖狂。未有謀畫。若使其得一曉事之人。教以計策。不掠婦女。不殺人民。開官庫之物以振貧窮。招愁怨之人而為黨與。況今大臣不肯行國法。州縣不復畏朝廷。官吏尚皆公然迎奉。疲民易悅。豈有不從。若兇徒漸多而不暴虐。則難以常賊待之。可為國家憂矣。以此思之。賊衆雖多。尚可力破。使有一人謀主。卒未可圖。臣前因王倫賊時。曾有起請十餘事。內一件。乞出牓招募諸處下第舉人及山林隱士負犯流落之人。有能以身入賊。筭殺首領。及設計誤賊陷於可敗之地者。優與酬獎。所貴兇黨懷疑。未納無賴之人以為謀主。當時議者頗以為然。伏乞據臣此意。速降指揮與杜杞。令所在張牓。使賊聞知。所貴投賊之人懷疑不納。但無謀主。尚可翦除。又論宜專責杜杞捕賊劄子曰。臣伏見陝張海等賊勢初盛之時。京西未有得力官吏。遂自朝廷差臺官蔡禀催督捉殺。後來已別選杜杞充京西轉運使。委以一路之事。並近日差出兵馬甚多。今為頭項不少。部分進退。須要統一。指縱號令不可二三。竊慮杜杞、蔡禀不相叶同。各出異見。凡指揮諸事。使諸將

難從。一失事機。反成敗衂。自兵士差出。今已多時。然未聞奏報與賊鬭敵及殺獲次第。竊慮官兵互相迴避。空作往來。或恐進退之間號令不一。致茲逗遛。未見成功。今雖賊奔稍稀。然亦未見殺獲之數。困獸猶鬭。不可不虞。寇死命窮。恐未易敵。合早除翦。仍須督責。況蔡禀是應急差出。杜杞乃選材用之。責任之間。豈專在杞。兼聞蔡禀自到京西。處置多未合宜。近聞欲枷一巡檢。致得兵士喧噪。幾至生變。或如此。張皇竊恐別致生事。其蔡禀伏乞早賜指揮抽回。只委杜杞一面催促。庶得專一。早能了當。

脩論捕賊賞罰劄子曰。臣伏見方今天下盜賊縱橫。王倫、張海等所過州縣縣尉、巡檢有迎賊飲宴者。有獻其器甲者。有畏懦走避者。有被其驅役者。朝廷於此憂賊之時。正患乏人之際。或於巡檢縣尉之內。得一捕賊可使之人則必須特示旌酬以行激勵。苟或未能者猶須懸賞以待之。何況有而失賞。伏見吏部選人區法。自出身以來兩任縣尉。初任臨江軍新淦縣。三年之內。大小賊盜獲四十餘火。內雖小盜數多。其如强劫群賊亦不為少。據於賞格。合改京官。而有司守纖細之文。款尋常之例。謂其所獲雖為全火而不同時。因不與理為勞績。臣料天下州縣盜賊之多。無如新淦。天下縣尉能捉賊之多亦無如區法。又聞法次任吉水縣尉。使其縣民結為伍保。至今吉水一縣全無盜賊。民甚便之。法為縣尉官至卑賤。所至之處皆有可稱。臣思朝廷非不欲賞善罰惡以行勸戒。而患於有司法弊拘守常文。致抑才能失於旌賞。其區法偶與臣相識。因得知之。然人所不知抑而不申者何可勝數。竊以盜賊是方今急患。縣尉方今切要之人。皆朝廷常合留意之事。臣輒有起請事件。具畫一于後。

一。選人區法、捕賊之効甚多。但為有司拘守細碎之文。不理勞績。

其人已升得職官伏乞追取本人歷子別加考驗如實有勞能即乞不拘常格特與酬獎以勸後來

一臣謂天下群盜縱横皆由小盜合聚今但患其大而不防其微故必欲止盜先從其小能絶小盜者巡檢縣尉也然而賞罰之法其弊極多只如捕盜去處但要淨盡豈必須是一日之內同時捕獲假如有全火强賊縣尉巡檢以死命鬭敵若於兩日內捉盡已不理為勞績其守文之弊如此極多欲乞下銓司重定捕賊賞格施行

一臣伏見自天下有盜賊以來議者多陳禦盜之策皆欲使民結為伍保則姦惡不容今區法於吉水縣立伍保之法三年之內刼賊不敢入其縣界臣欲乞特降指揮下江南西路體量吉水縣自區法創立伍保之法以來如實全無刼賊又民間以為便利即乞頒行伍保之法於天下

四年脩論湖南蠻賊可招不可殺䟽曰臣風聞楊畋近與蠻賊鬭敵殺得七八十人首級仍聞入彼巢穴奪其糧儲挫賊之鋒增我士氣此之勇畧固亦可嘉然朝廷謀慮事機宜思久遠竊恐上下之心急於平賊聞此小捷便形虛喜不能鎮靜外示輕脱其間二事尤合深思一曰不待成功便行厚賞二曰謂其可殺更不肯招若或如此則計之大失而事之深害也今湖南捕賊者殺一人頭賞錢十千官軍利賞見平人盡殺平人驚懼盡起為盜除鄧和尚李花脚等數十頭項外其餘隨大小成火者不可勝數今畋所擊只一洞所聚已二千餘人於二千人中殺七八十人是二十分之一其餘時暫鳥散必須復集臣見自古蠻夷為害者未聞盡殺須是招降昨緣邵餙等失信於黄捉鬼遂恐更難招誘今若因畋小勝示以恩威正是天與招服之機不可失也若令畋自作意度招取大頭項者因此小勝傳布捷聲其餘諸處結集者分行招誘藉此聲勢必可盡降旬日之間湖南定矣若失此時漸向夏熱以我所病之兵當彼慣習水土之賊小有敗衄則彼勢復堅不惟為害湖南必慮自此貽朝廷憂患今於未了之間便行厚賞則諸處巡檢捕賊官等見畋獲賞爭殺平人而畋等自恃因戰得功堅執不招之議朝廷亦恃畋小勝更無招輯之心上下失謀必成大患其楊畋等伏乞且降勑書奬諭授與事宜俟彼招安便行厚賞今湖南賊數雖多然首惡與本賊絶少其餘盡是枉遭殺戮逼脅為盜之徒在於人情豈忍盡殺惟能全活人命多者則其功更大仍乞明説此意諭與楊畋其賞典乞少遲留庶合事體

脩又上䟽曰臣風聞湖南蠻賊近日漸盛殺戮官吏鋒不可當新差楊畋銳於討擊與鄧輔之異議不肯招降又王絲去時朝廷亦別無處分慮絲到彼與畋同謀蓋蠻賊只可招攜至難剪撲而畋等急於展効恐失事機令深入而攻則山林險惡巢穴深遠議者皆知其不可若以兵外守待其出而擊之則又未見其利也蓋以蠻所依山在衡州永州道州桂陽監之間四面皆可出寇若官兵守於東則彼出於西官兵守於南則彼出於北四面盡守則用兵太多分兵而邀之則兵寡易敗此進退未有可擊之便也今盤氏正蠻已為鄧和尚黄捉鬼兄弟所誘其餘山民莫傜之類亦皆自起而為盜竊聞常寧一縣殆無平民大小之盜一二百火推其致此之因云莫傜之俗衣服言語一類正蠻黄鄧初起之時捕盜官吏急於討擊逢蠻便殺屢殺平人遂致莫傜驚惶至此以此而言則本無為盜之心固有可招之理然欲諸盜肯降必須先得黄鄧昨邵餙等初招黄捉鬼之時失於恩信致彼驚逃尋捕獲之斷其脚筋因而致死今鄧和尚等若指前

事為戒。計其必未輕降。如云且招。終恐難得。必須示以可信之事。推以感動之恩。若得黄鄧先降。其餘指麾可定。今深入而攻。既不可。待其出而擊之。又不可。且殺且招。又不可。以臣思之。莫若罷兵曲赦。示信推恩。庶幾招之。可使聽命。臣亦廣詢南方来者。云我若推信。彼不難招鄧和尚等。大則希一班行。其次不過殿侍足矣。正蠻叛者得一團主之名亦足矣。莫傜之類。使安耕織。而歲輸皮粟。得為平民。乃彼大幸。不徒足志而已。今若擊之不已。則其為害愈深。況漸近夏暑雨方熾。濕士卒不習水土。須慮死傷。仍恐迫之大急。則潭郴全邵諸寨向化之蠻。皆誘脅而起。則湖南一路可為國家之憂。臣欲乞速令兩府大臣深究招殺之利害。共思長策。決定廟謨。若遷延後時。致彼猖獗。不幸官吏頻遭殺害。則朝廷之體難為屈法而招。彼以其罪既多必恐不能自信。則兵火不解。害未有涯。伏望聖明。斷之在早。

慶曆三年。右正言余靖論禦盜之策莫先安民。疏曰。臣竊見陝西京西京東淮南荆湖等路。各有群賊。大者數百人。小者三五十人。剽刼州縣。恣行殺伐。官吏罷軟。望風畏懼。如張海等輩。自肆猖狂。遂處州軍為備者。唯能乞師以自防援。此蓋軍政久弛。又少良吏。故小有寇盜。則上煩朝廷。伏見近日遴擇才臣為諸路轉運使提點刑獄等。將令上下相維。謹於伺察。去貪殘之吏。撫疲瘵之民。此誠求治之本也。然臣愚慮思之。自數年以來。寇賊為害。率而起於軍伍。烏合成群。百姓尚懷其生。不相應和。茲乃國家自祖宗以來。輕傜薄賦。以結人心至於此也。臣聞孟子曰。推恩足以保四海。不推恩無以保妻子。此古今之通論也。國家西陲用兵以來。經費漸廣。故言利之臣日進其術。不以安民為意者多矣。惟陛下察之。大抵民有蓄積。能自充足。則隣里親戚共相守衛。不忍弃其安逸以就死。若朝廷略加存撫。則不失其所。凡今之所以害於農者。謗官狡吏。兼并之家。游手之人。乘國家賦斂猝暴而射其利。以耗其蓄聚也。今又加以賊盜驚擾。廢其耕桑若皆失業困窮。而共為盜。則黄巾赤眉之患可憂矣。故朝廷尤宜急撫之也。夫州郡之兵。多則食不充。少則不足自衛。裁當今之所宜。唯兼濟而後可。若使朝廷遴擇長吏。長吏擇捕盜之官。巡檢得自募勇力之士。嚴捕賊之令。重捕賊之賞。賊無不破矣。安民之術。則但不奪其時。不傷其財。能禁其為非。而去其為惡者。則皆安堵矣。故盜賊之勢。不可使其滋蔓。唯先求安民之術而已矣。欲民之安者。在乎謹攺作。勿爭其利而已矣。國家不謹攺作。而與民爭尋常之利者。臣別具條奏。

樞密副使富弼乞諸道置兵以備寇盜。疏曰。臣竊聞知金州比部員外郎王茂先奏。九月十三日卯時。有群賊入州城。打開軍資庫。甲仗

庫。般運出衣甲物帛。散與賊衆。及貧民等。知州以下。只領當直兵士二十四人闘敵不住。州官走出城外。任賊刼掠。直至未時以来。方始出城。臣謂賊勢轉盛。深可憂虞。臣前歲曾陳備賊之策。正為今日之事。今来累有群賊白日入城。開軍資等庫。刼取衣甲物帛。散與賊黨。州中兵士不滿三十人。州官散走。賊徒恣行刼殺。殊無畏憚。官司勢不能制禦。臣前歲所陳。只是過為隄防。萬一或有此事。不意今来便至如此。小寇聚集。尚陵侮朝廷。臣决知自後更有大盜殺官吏。據州城。盡取官私財物。召募徒衆。必千萬人。且賊頭稱王稱朕。與朝廷相抗。大刼財物。散施無涯。則貧民樂隨矣。恣行刼殺。務要震恐。則小夫脅從矣。朝廷賞必有限。罰必有條。不得如賊之使人樂隨而脅從也。若諸處觀望。奸雄相應而起。賊滿天下。則大事去矣。秦末隋末唐末。皆由此而亂。臣夙夜思念。實為寒心。臣伏以西賊未叛以前。諸處雖

有盗賊。未嘗有敢殺戮官吏者。自四五年來。賊殺都巡檢縣尉官者約五六十員。又西賊未叛以前。諸處雖有盗賊。未嘗敢入州城行劫。自四五年來賊入州縣打劫者約三四十州。尚來入城。尚皆暮夜竊發。潛形往來。今則白日公行。擅開府庫。其勢日盛一日。自此以往只有轉盛。若不早爲隄備。事未可知。臣前歲所上備賊之策。當時不曾施行。近日因兩府奏事論及淮南賊盗。陛下問臣前策。臣次日再録一本進呈訖。然臣策只是備兵聚東南九路及京東一路。今據金州奏在城只有兵士二十四人。顯是無備。致盗生心。今并京西一路亦於要害聚兵。爲州郡聲援。今諸處賊盗已盛。方思設備。已是後時。若又遷延。則無所及。伏乞速賜施行。

五年。弼知壽州兼京東路安撫使。乞採訪京東狂謀之士。疏曰。臣近曽親書劄子聞奏。見察訪民間。恐有暗行結扇。不徒驚劫。别蓄奸謀。如劉蚤之類者。俟見的實。别具申奏。次臣後來察訪京東一路。甚有兇險之徒。始初讀書。即欲應舉。洎至長立。所學不成。雖然稍能文詞。又多不近舉業。仕進無路。心常怏怏。頗讀史傳。粗知興亡。以至討尋兵書。習學武藝。因茲長大。胷膽遂生。權謀每遇災祥。便有竊議。自以所圖甚大。蔑視州縣。既不應舉。又不别營進身。所臨之官。無由省見。往往晦名詭姓。潛迹遁形。唯是兇徒密相結扇。或遇饑歲。必有竊發。臣恐此輩一作。卒難剪除。縱無成謀。亦能始禍。似此輩類的實甚多。散在民間。但未發耳。又緣不希仕進。難以牢籠。不可摘而加刑。加刑則黨類驚而速爲也。不可縱而稔惡。稔惡則根株成而難去也。要在得而縻之。使兇謀不能成。此最上也。欲乞批下。於此一路中擇三兩處。臣寮可委者密令多方採訪。如知姓名居處。作草澤遺逸。以禮呼召。薦于朝廷。隨其所能量加恩命。則奸謀不能成矣。或得稍優者量加異待。則徒黨聞之。未必不冀望而出。因而收拾。或可畧盡。若以此輩不作。其它盗賊雖遇饑年蜂起。不足爲慮也。伏望陛下深切留意於此。不可忽也。

八年。弼乞選任轉運守令以除盗賊。疏曰。臣伏見西鄙用兵以來。擾動天下。物力窮困。人心愁嗟。朝廷不能撫存。遂使聚而爲盗。今張海郭貌山等數火驚擾州縣。殺傷吏民。恣凶殘之威。洩憤怒之氣。巡檢縣尉不敢向前。遂從京師遣兵。仍令中使監督。尚猶遷延日月。倔强山林。以至白晝公行。平入州縣。開發府庫。劫取貨財。散募凶徒。嘯聚漸衆。陝西南京唐汝均房金商襄鄧相去凡千餘里。殺人放火。所在瘡痍。賊一經過。六親不能相保。人民恐懼。道路艱難。每郡無兵。各不自保。若大段結集。攻陷諸州。緩急亦未有所以備之之策。賊既轉成。不可不防。秦末隋末唐末。諸寇或起於戎亂。或起於商客。或起於士卒。或起於負儋。其初起莫不甚微。尚不得如張海郭貌山輩。如此其盛。然以小合大。漸成巨盗。縱横難制。遂亂天下。今茲賊黨未見剪除。所宜多設隄防。以備滋蔓。臣前日曾具劄子奏乞於京西路擇要害數州屯聚兵馬。以爲諸處聲援。此最急務。宜速施行。臣又思京西諸州長吏。皆非其人。如襄鄧唐汝均房金商安郢等十餘州。盡是賊盗見今往來之處。長吏尤須得人。伏乞先選轉運兩人。徑令往彼體量諸州長吏。不才及贓濫老病者。急罷之。便令於轄下通判或知縣中保舉權充知州。如不足。則朝廷下審官院選差人填補。知州得人。則就令選郡内知縣縣令。昔前漢宣帝時渤海郡盗起。帝選能治之人。丞相舉龔遂。遂至郡。盗賊悉平。後漢安帝時朝歌縣盗賊屯聚。連年未獲。乃以虞詡爲朝歌長。賊遂驚散。此是兩漢時一郡一縣有賊。只得龔遂虞詡兩人爲守宰。自然殄滅之驗也。今且以上項襄鄧等十餘州論之。其知州知縣縣令皆庸謬懦怯尋常之人。盜賊所到如入無人之境。巡檢縣尉又一一不堪驅使。賊不猖狂自恣。復何為哉。臣竊謂非盜賊果能強盛。自是朝廷只守弊法。不肯更張。唯恐不才不賢者怨恨。不早罷去。故以州縣委賊。任賊殘害。臣謂盜賊之起。已是遲矣。若以朝廷自來處置次第。早合賊滿天下。但為宗社有靈。陛下仁德所感。故未至如此。然今盜賊已起。乃是徧滿天下之漸。若朝廷依舊選人。怨恨不早更張。臣恐賊盜愈多。竊據州縣。或稱將軍。或稱太尉。或稱王。或稱帝。兵戈四起。所在僭偽。事到如此。生靈如何。社稷如何。朝廷守此一城。還得安穩否。況今來不同漢唐。都關中洛陽。各有險固可恃。緩急有變。用兵守險。亦未能便至危窘。尚自明皇德宗俱曾播越。唐室危若贅旒者數矣。今來都城並無險固。所謂八面受敵。乃自古一戰場。爾若四方各有大盜。朝廷力不能制。漸逼都城。不

知何以為計。臣每念及此。不寒而戰。臣又伏思古者亂離無世不有。然而傾亡至速者亦各不下三五十年。唯唐室之後。凡更五代。十二帝共只得五十四年。國祚短促。自古未之有也。其故何哉。蓋是都城在四戰之地。並無險固。四方有變。直到城下。略無障礙之所致也。唯是王者能鎮撫天下。常使安寧。災害不生。賊盜不作。則是都城也自保無虞。故大宋之興。實賴太祖英武之才。平定禍亂。盡削方鎮兵權。只用文吏守土。及將天下營兵。縱橫交互。移換屯駐。不使常在一處。所以壞其凶謀也。又賴太宗相繼。剋復諸國。一統天下。更賴真宗為民屈己。與北虜西戎議通和好。故能八十餘年。都城無事。海內富庶。不用干戈。雖是人謀。亦有天幸。今則西戎已叛。屢喪邊兵。北虜愈强。且增歲幣。國用殫竭。民力空虛。徭役日繁。率斂日重。官吏猥濫。不思澄汰。人民疾苦。未嘗省察。百姓無告。朝廷不與為主。不使叛而為寇

復何為哉。朝政不舉。都城無依。五代事迹。已復萌露。艱虞之漸。正在今日。須是君臣上下。同心協力。廢寢忘食。夙夜整救。則數年之內。或致小康。若猶因循苟且。尚務偷安。不納人謀。只求天幸。臣恐五代之禍。不旋踵而至矣。臣因論京西盜賊。遂至理亂。憂懼所迫。不覺切至。陛下便賜萬死。亦所甘心。臣所乞選京西轉運使知州知縣。不可循緣。蓋擾攘之際。全藉有才謀轉運使往來按察經營。又藉逐處知州知縣守護城池。安集百姓。及設方略驅除寇盜。其餘有朝廷意所不到。旨揮不及者。其良守宰必自能就便處置。不至失所。州縣既各得一人。又得要郡所屯之兵。犄角救應。則盜賊不難擒捕矣。至於巡檢縣尉。亦可並委轉運知州揀選。不煩朝廷費力。此策最為簡要。無可疑難。京西既行。次及諸路。變故或起倉卒。設備皆不可遲。朝廷但能不務因循。不避怨謗。天下之事。未有不可為者。所有諸路揀退不才

及贓濫老病。轉運知州知縣縣令等。仰只在元守官處聽候朝旨。朝廷只就外官揮差。不令赴闕。仍乞檢會臣前奏相度施行。

慶曆五年翰林學士張方平上言曰。西疆征戍未解。天下州郡兵累次料揀赴京。江淮已南空虛尤甚。無復武備。日來逐處盜賊連結。動劫城鎮。聲勢甚張。至今不能誅擒。自古盜賊之擾攘。未嘗四夷之患。漢唐之事。為鑒不遠。國家創五代之亂。削方鎮之權。誠為強幹弱枝之術。及禦敵也。無臂指相為用之勢。通都大邑。更守空城而已。慢藏之悔。不可不慮。今諸道提舉兵甲司。尚來領為虛名。但朝廷稍付事權。則猶有古者方面之制。應提舉兵甲州軍。乞慎選良吏。而為除本路鈐轄一員。各令本路募兵。量其山川險易。封略遠近。而約置兵之數。常令教閱。務為精練。朝廷更不行抽揀。本道亦不得關雜差使遠出。其一路巡檢使臣縣尉諸捕盜官吏。使得察廉其能否勇怯而升

縣之所部郡縣强惡之民累犯罪禁者，械送本司，酌情法移配。有寇盜結集之處，量其勢力，督遣巡檢等領兵甲捕逐；若賊群黨稍衆，則本路鈐轄親督吏兵會合掩殺。漢制刺史太守率以盜賊分數為最負，其賞罰條目，乞自朝廷比議指揮。所冀郡縣武備氣勢相應，萑蒲不逞望風知懼，庶清盜賊，消弭厲階。

方平又上奏曰：臣前在諫院，累曾論郡縣武備，所陳意見，朝廷未加精察。比來軍興多事，賦役煩數，顧亦天幸，而屢有年，姦游之民，猶聚為盜，至擁旗鼓，入城邑，殺吏，堂堂無所憚。不幸歲荐饑，民艱食，勢必群聚蜂起為盜，或數輩匿村閭，至聚吏兵千計，縣鄉為之殘敝，而不能時擒，即氣燄稍盛，兵連構結，豈在戎狄也。漢唐之大業，未嘗無四夷之患，至或長驅而犯宮闕，然無害於根本之固；及黃巾、巢賊竟以決壞天下。國家創艾五代之亂，藩鎮不得擅兵，常畜禁旅外屯州郡。

乃自近歲悉還戍邊，其州郡兵之壯者，亦率點選配諸禁衛，所餘乃罷弱羸卒，供雜役使，官吏導從而已，豈知執兵之事。今愚細之民，知窺此隙。故昨王倫等賊起沂州，並淮渡江，歷數千里，若蹈無人地，乃始下京師之甲而趨躡之，使民間而有姦桀，豈不生易朝廷之心歟。伏以先朝置諸道提舉兵甲司，所以專督盜賊，抑有經遠之旨，粗存方面之制。比來忽略，領為虛名。今能稍付事權，自可外張形勢。計諸藩郡有兼提舉兵甲處，其為要地，自用重臣鎮守，自餘地望稍輕，亦須此名者，不過七八。誠選用有風望方略之士，以任長吏，各於本路除鈐轄或都監一員，量其路分輕重，提封近遠，約置兵之數，令於本郡及所部州軍見兵中選取壯強，集成指揮，因昨所置武衛為名，而廩給之。若見管兵籍取一不足，則令招募，及數則降朝旨，更不揀選調發赴邊，亦不得輒差遣；或內有逃亡，隨即充補，所有器甲，必令精良。每道選差班行使臣一兩人，或令長吏薦舉，比監押巡檢資敘，專管教閱。若所部郡縣有寇盜結集之處，即量事勢發卒赴應，使之統領追捕。其所捕州軍都監、監押、巡檢、縣尉、諸督盜官吏，令得察廉其能否勇怯以聞而升黜之。若所部郡縣强惡姦蠹之民，得以檢察追逮，按情科罪，移配遠方；若賊群黨稍衆，鈐轄都監親督吏卒會合掩殺。自餘賞罰科條，更自朝廷比議指揮。如此，則不惟壯一郡縣武備，抑稍復方鎮重勢，以式遏寇虐，消除暴害。

仁宗時，侍讀學士宋祁奏曰：臣伏見近年諸處盜賊結連黨與，州縣不能禽制，雖有巡檢、縣尉，皆畏懦，未肯公心以時捕捉。臣愚以為縣尉之設，既非其人，而國家立法又不嚴切，是使上下因循，更相推避。盜賊知其如此，故多行賕賂，卻與兵士弓手陰相聞知，打劫之時，先為耳目。只如臣在壽州日，京東透過賊十四人入界，其時五員巡檢、

四員縣尉，合兵士八九百人，終無一人用心向前捉賊，賊入州界九日，凡八處打劫。臣曾具此奏聞，乞行嚴斷。臣後來採知，只是等第降卻差遣。若國家只如此行法，如何使官吏用命，盜賊畏威？譬如鳴佩以救焚，卜日而拯溺，沈淪焦爛，終無全理。臣愚以為今後應有賊發去處，如係群黨十人以上，或雖不及十人，但有器械甲冑，不畏州縣，明行劫掠者，本處巡檢縣尉並令兵士弓手明立部伍，結陣鬥敵，多設方略，粘趁前後，勿令走透；或力有未勝，仍逐村拘集耆壯，分頭設伏圍掩。如更敢公然畏避，放縱賊徒，不能擒制，並乞所屬州軍攝送司理院枷禁勘奏，取朝廷指揮，並行停替，於遠地編管，仍委長吏逐急別選在州有心力曹官、職官、縣令、主簿、監當使臣交割兵甲，一面追捕盜賊。所差權官賞罰進退，一如正官。取進止。

范仲淹奏乞召募兵士捉殺張海等賊，疏曰：臣竊見鄧州奏，賊人張

海等一行已及六十餘人各騎鞍馬有弓弩器械攻劫縣鎮恣取金帛强掠士女不懼朝廷凶虐如此百姓被害不堪其憂臣恐逐處窮民見其豪盛各生徒羨聚成徒黨智取州縣事勢漸次張大不早殄滅必生他患漢唐之末皆因羣盜而天下大亂朝廷豈得安然伏乞聖慈來日便差中使計會殿前馬步軍司於七百料錢已下軍分内募情願捉殺强賊人員兵士三百五人須是勇壯喫得辛苦或曾經使喚之人限一兩日内引見面賜盤纏錢并冬寒綿衣及大與逐月添支選差有心膂使臣部押與謝雲行同去分布掩殺不以遠近粘蹤直候捉殺靜盡即等第優與酬奬

知諫院包拯上疏曰臣竊見廣南東路鈐轄司奏據連州申勘到行者孫之道稱蠻賊三千餘人商量入連州打劫勘會彼中兵甲數少已差本職周僧辦帶兵甲一百人前去防托者緣廣南英韶連賀四州並與湖南郴衡道永等州相接自蠻賊騷動以來彼處稍有備禦鹵畧無得賊計必謂嶺南無備有侵軼之意兼聞八月九日蠻賊五百餘人打劫劫連州桂陽縣兩村人戶財物牛馬不少今來賊勢轉盛所差兵級數少必難枝梧况廣南州郡並無城壁及攻守之具加之兵力綿薄無堪用者若不速議措置使此賊得便乘虚添合号以禦之欲望聖慈特降指揮下本路轉運鈐轄司令於逐州界首可控扼之處相度添置寨栅屯兵防托以警備之不然恐爲患轉大貽朝廷之深憂也

拯論請速除京東盜賊疏曰臣竊見江淮兩浙京東河北累年以來旱澇相繼物價踊貴民食艱阻兩浙一路災疫尤甚雖朝廷寬免租賦優加賑卹而迄今未得蘇息近聞京東濟鄆河北德博淮南宿亳等州盜賊充斥所在竊發州縣不時擒捕頗甚兇猛蓋長吏與巡檢縣

尉罕得其人上下蒙蔽不以實聞必恐馴成大患爲朝廷深憂不可不速行處置也頃歲浙東鄂鄰淮南王倫京西張海等皆起自倉卒結爲巨盜劫害居民郡邑悉不能制禦幸而殲滅無謂郡小蜂蠆有毒且四方藩郡兵伍絶少多者不逾數百輩皆厮役羸卒又驕惰難用寬之則逾慢急之則生禍心不更訓練目不識行陣驅之禦寇必先事而敗烏合儒聚莫能久長而生靈塗炭矣則國家將何道而猝安之况今國用窘急民心危懼凡盜賊若不即時誅滅萬一無賴之輩相應而起胡可止焉伏望陛下督責有司精擇逐路按察之官及諸州長吏有不任職者即令黜罷其巡檢縣尉等並委安撫轉運提點刑獄司専切舉察如庸懦不才昔速具體量衡替應有盜賊不以多少遠近並須捕捉净盡免成後害或少涉弛慢並乞重行朝典

知杭州司馬光論兩浙不宜添置弓手狀曰臣竊覩兩浙一路與他路不同臣謹條列添置弓手不便事件如左伏惟聖恩省察少加詳擇焉當今西戎梗邊三方皆聳人心易動當務安之一旦異常詔書大加調發揀甲執兵學習戰陳置指揮使節級等名目頗似軍法以爲欲劾河北陝西沿邊鄉兵謂國家以權詐黜之假名捕盜漸欲收爲卒伍戍守邊防吳人輕怯易惑難曉道聽塗説衆情鼎沸至欲毀體捐生竄匿山澤臣雖明加告諭嚴行上約愚民無知不可户説誠恐差點之後搖動生憂其不可一也吳越素不習兵以故常少盜賊不過聚結朋黨私販茶鹽時遇官司往往鬭敵在於兩浙最爲劇賊然皆權時利合事訖則散不能久相比結又無銛利兵器止偷商税不敢剽掠平人近年以來雖亦頗有强盜然比諸内地要自稀踈今避差點者若竄匿無歸必例爲寇加以弓矢刀銛之類許其私置自今以後賊盜必多及私販茶鹽之徒皆有利兵抵拒吏士益難擒討積

徼至者。漸不可長。其不可二也。姦吏貪饕。惟利是務。不畏法令。不顧公議。幸得因緣。惟喜多事。今計杭州管界當差若干人。他州比率。大凡有幾縣。胥里長。於茲相慶。民既憂愁。而又脅之煩。皆不安。而又擾之。所規自潤。豈顧其外。雖朝廷重為懲禁。特倍常科。長吏勞心。不能悉察。厚利所誘。死亦冒之。加以版籍差誤。戶口異同。毫釐不當。互相告訐。追呼無時。獄訟不歇。則民未暇為公上給役。而先困於貪吏之誅求矣。此之擾擾。勢不能免。其不可三也。民皆生長畎畝。天性戇愚。所知不過播種之法。所識不過耒耜之器。加之吳人孱弱。天下所知。一旦使棄其所工。學所不能。徒煩教調。終無所成。就其有成。不堪施用。則是虛有煩費。而與不添置無異。其不可四也。吳子壽夢以前。世服於楚。自申公巫臣得罪於楚。逃奔於晉。為晉聘吳。教之乘車。教之戰陳。其後楚人戎車歲駕。早朝晏罷。奔命不息。以至吳亡。自是以來號稱輕狡。遠則劉濞。近至錢鏐。其間承風。倔強無數。豈唯其人之跋扈。亦由習俗之樂亂也。幸賴祖宗之馴致。陛下之教化。至德之醲。淪於骨髓。暴亂之風。移變無迹。此皆上天降祐。前世所不能庶幾者也。今忽無故黷玩威稜。狎侮兇事。示以逆德。弄之凶器。生奸回之心。啓禍患之兆。臣恐以久。非國家之至便。所以萬全而無害。其不可五也。方今兩浙雖水旱稍愆。未至流殍。閭閻無事。盜賊不添。縱使有之。舊來吏士隨發擒討。甚有餘力。不假更求。正恐平居興役。有害無益。而已。臣職忝密近。官備藩方。不敢默然。理須上列。伏望陛下特令兩浙一路。更不添置。或以事須過防。舊人太少。則乞只依近降勅命。量加添補。更不立指揮使等名目。閱習諸事。一如舊規。貴得眾情大安。別無生事。

歷代名臣奏議卷之三百十七

歷代名臣奏議卷之三百十八

弭盜

宋英宗治平元年。知諫院司馬光論除盜劄子曰。臣竊聞降勅下京東京西災傷州軍。如人戶委是家貧。偷盜斛斗。因而盜財者。與減等斷放。未知虛的。若果如此。深為不便。臣聞周禮荒政十有二。散利薄征。緩刑弛力。舍禁去幾。率皆推寬大之恩。以利於民。獨於盜賊。愈更嚴急。所以然者。蓋以饑饉之歲。盜賊必多。殘害良民。不可不除也。頃年嘗見州縣官吏。有不知治體。務為小仁者。或遇凶年。有劫盜斛斗者。小加寬縱。則盜賊公行。更相劫奪。鄉村大擾。不免廣有收捕。重加刑辟。或死或流。然後稍定。今若朝廷明降勅文。預言偷盜斛斗。因而盜財者。與減等斷放。是勸民為盜也。百姓乏食。官中當輕傜薄賦。開倉賑貸。以救其死。不當使之自相劫奪也。今歲府界京東京西水災極多。嚴刑峻法。以除賊盜。猶恐春冬之交。饑民嘯聚。未可禁禦。又況降勅以勸之。臣恐國家始於寬仁。而終於酷暴。意在活人。而殺人更多也。凡號令之出。不可不慎。毫釐之失。為害實多。若纔知其失。隨即更張。猶勝於有害及民。遂而不復者也。伏望陛下速令收還此勅。嚴責京東京西轉運司及州縣應災傷之處。多方擘畫斛斗。救濟飢民。若有一人敢劫奪人斛斗者。立加擒捕。依法施行。如此則眾知所畏。不敢輕犯。所以保全愚民。減省刑獄之道也。

二年。侍御史趙瞻論京東盜賊疏曰。臣伏見群盜殺害輔郡之官吏。繫囚叛起京畿之獄。此皆前古禍亂之萌。朝廷腹心之憂。為最急務。而政府唯不過設關移。為督責之狀。州郡亦不過備游徼。為期會之迹而已。文書一報。恬為是事。但用習常。苟求按問。未有為國家窮淵藪。積奸之源。塞萬一不測之計也。謹按兩漢故事。膠東盜賊起。宣帝即用張敞為膠東相渤海左右郡盜賊起丞相御史即舉龔遂為太守潁川盜賊起光武即以寇恂為太守南山羣盜起大將軍王鳳即薦王尊行京兆尹事據兩漢時盜賊奏至天子與大將軍丞相御史擢舉守臣復尚蠲去繁文假以一切而後激勸吏民鎮安風俗莫不即著成効也平時國家列官授任一路有安撫總管鈐轄兵馬一郡有知州丞尉提舉巡檢一縣有令尉此皆盜賊之司也令一旦不逞之人數十相聚遂至賊殺官吏顧諸備位雖有受斯責者環視俟變無一援救其間甚者則必有罪其死戰之忠以為貪功辱命然則是無有公家竭力之人矣且昔用一郡守則盜賊屏息今聯縣數十員而尤不能禁者何哉蓋昔之責以實效而今之官司取空文也今盜一發符牒四走則曰吾有文書下一路矣帥府則曰吾有文書下郡矣按具則吾無責也郡則曰吾有文書下巡邏令尉矣關白即吾

無責也令尉則曰吾有文書下坊里保伍矣期會則吾無責也此其由來得非自朝廷之守空文邪使因循畏愞之吏得執書挾而與趣公疾惡之人挈度計校是終無以成實效也今知曹州王知賢不能禁盜賊致成徒黨知濮州咸辯元年力衰老素無才術惟此二州為賊所聚臣今欲乞先於曹濮專責知州通判且令條陳方略更明賞罰許其規畫悉就討捕督以近限約以重劾如其逗遛無所建明即下有司責以無狀別委輔臣舉用才吏京東應諸旁郡悉可依此更張且須成績乃議酬擢廢置之宜俾先圖上朝廷更為裁擇官吏自無苟簡之以爾清內郡震帖外夷臣愚不勝懇激之至

神宗熙寧七年太常博士直史館權知密州軍州事蘇軾論河北京東盜賊奏曰臣伏見河北京東比年以來蝗旱相仍盜賊漸多今又不雨自秋徂冬方數千里麥不入土竊料明年春夏之際寇擾為患甚於今日是以輒陳狂瞽庶補萬一謹按山東自上世以來為腹心根本之地其與中原離合常係社稷安危昔秦并天下首取三晉則其餘強敵相繼滅亡漢高祖殺陳餘走田橫則項氏不支光武亦自漁陽上谷發突騎席卷以并天下魏武帝破殺袁氏父子收冀州然後四方莫敢敵宋武帝以英雄絕人之資用武歷年而不能并中原者以不得河北也隋文帝以庸夫穿窬之智竊位數年而一海內者以得河北也故杜牧之論以為山東之地王者得之以為王霸者得之以為霸猾賊得之以亂天下自唐天寶以後姦臣借峙於山東更十一世竭天下之力終不能取以至於亡近世賀德倫掌魏博降後唐而梁亡周高祖自鄴都入京師而漢亡由此觀之天下存亡之權在河北無疑也陛下即位以來北方之民流移相屬天災譴告亦甚於四方五六年間未有以塞大異者至於京東雖號無事亦當常使

其民安逸富强緩急足以灌輸河北缾竭則罍恥脣亡則齒寒而近年以來公私匱乏民不堪命今流離饑饉議者不過欲散賣常平之粟勸誘蓄積之家盜賊縱橫議者不過欲增開告賞之門申嚴緝捕之法皆未見其益也常平之粟累經振發所存無幾矣而飢寒之民所在皆是人得升合官費丘山蓄積之家例皆困乏貧者未蒙其利富者先被其災昔季康子患盜問於孔子孔子對曰苟子之不欲雖賞之不竊乃知上不盡利則民有以為生苟有以為生亦何苦而為盜其間凶殘之黨樂禍不悛則須敕法以峻刑誅一以警百今中民以下舉皆闕食冒法而為盜則死畏法而不盜則飢飢寒之與棄市均是死亡而賒死之與忍飢禍有遲速相率為盜正理之常雖日殺百人勢必不止苟非陛下至明至聖至仁至慈較得喪之孰多權禍福之孰重特於財利少有所捐衣食之門一開骨髓之恩皆徧然後

信賞必罰以威克恩不以僥倖廢刑不以災傷撓法如此而人心不
革盜賊不衰者未之有也
元豐元年十月軾爲尚書祠部員外郎直史館權知徐州軍州事上
書曰臣以庸材備員冊府出守兩郡皆東方要地私竊以爲守法令
治文書赴期會不足以報塞萬一輒伏思念東方之要務陛下之所
宜知者得其一二草具以聞而陛下擇焉臣前任密州建言自古河
北與中原離合常係社稷存亡而京東之地所以灌輸河北缾竭則
罍耻脣亡則齒寒而其民喜爲盜賊爲患最甚因爲陛下畫所以待
盜賊之策及移守徐州覽觀山川之形勢察其風俗之所上而考之
於載籍然後又知徐州爲南北之襟要而京東諸郡安危所寄也昔
項羽入關既燒咸陽而東歸則都彭城夫以羽之雄略捨咸陽而取
彭城則彭城之險固形便足以得志於諸侯者可知矣臣觀其地三

奏議卷之三百十八　四

面被山獨其西平川數百里西走梁宋使楚人開關而延敵材官騶
發突騎雲縱真若屋上建瓴水也地宜菽麥一熟而飽數歲其城三
面阻水樓堞之下以汴泗爲池獨其南可通車馬而戲馬臺在焉其
高十仞廣袤百步若用武之世屯千人其上聚櫑木砲石凡戰守之
具以與城相表裏而積三年糧於城中雖用十萬人不易取也其民
皆長大膽力絶人喜爲剽掠小不適意則有飛揚跋扈之心非止爲
盜而已漢高祖沛人也項羽宿遷人也劉裕彭城人也朱全忠碭山
人也皆在今徐州數百里間耳其人以此自負凶桀之氣積以成俗
魏太武以三十萬人攻彭城不能下而王智興以卒伍庸材恣睢於
徐朝廷亦不能討豈非以其地形便利人卒勇悍故耶州之東北七
十餘里即利國監自古爲鐵官商賈所聚其民富樂凡三十六冶冶
戶皆大家藏鏹巨萬常爲盜賊所窺而兵衛寡弱有同兒戲臣中夜

以思即爲寒心使劇賊致死者十餘人白晝入市則守者皆棄而走
耳地既產精鐵而民皆善鍛散冶戶之財以嘯召無賴則烏合之衆
數千人之仗可以一夕具也順流南下辰發巳至而徐有不守之憂
矣使不幸而賊有過人之才如呂布劉備之徒得徐而逞其志則京
東之安危未可知也近者河北轉運司奏乞禁止利國監鐵不許入
河北朝廷從之昔楚人亡弓不能忘楚孔子猶小之況天下一家東
北二冶皆爲國興利而奪彼與此不已隘乎自鐵不北行冶戶皆有
失業之憂詣臣而訴者數矣臣欲因此以征冶戶爲利國監之捍屛
今三十六冶冶各百餘人採鑛伐炭多飢寒亡命強力鷙忍之民也
臣欲使冶戶每冶各擇有材力而忠謹者保任十人籍其名於官授
以劍刀槊教之擊刺每月兩衙集於知監之庭而閱試之藏其刃
於官以待大盜不得役使犯者以違制論冶戶爲盜所擬久聚民皆

奏議卷之三百十八　五

知之使冶出十人以自衛民所樂也而官又爲除近日之禁使鐵得
北行則冶戶皆悅而聽命姦猾破膽而不敢謀矣徐城雖險固而樓
櫓敝惡又城大而兵少緩急不可守今戰兵千人耳臣欲乞移南京
新招騎射兩指揮於徐此故徐人也嘗屯於徐營壘材石既具矣而
遷於南京異時轉運使分東西路畏餽餉之勞而移之西耳今兩路
爲一其去來無所損益而足以爲徐之重城下數里頗產精石無窮
而奉化廂軍見闕數百人臣願募石工以足之聽不差出使此數百
人者常採石以甃城數年之後舉爲金湯之固要使利國監不可窺
則徐無事徐無事則京東無虞矣沂州山谷重阻爲逋逃淵藪盜賊
每入徐州界中陛下若採臣言不以臣爲不肖願復三年守徐且得
兼領沂州兵甲巡檢公事必有以自效京東惡盜多出逃軍逃軍爲
盜民則望風畏之何也技精而法重也技精則難敵法重則致死其

勢然也自陛下置將官修軍政士皆精銳而不免於逃者臣嘗考其所由蓋自近歲以來部送罪人配軍者皆不使役人而使禁軍軍士當部送者當牒即行往反常不下十日道路之費非取息錢不能辦百姓畏法未敢貸貸亦不可復得惟所部將校乃敢出息錢與之歸而刻其糧賜以上下相持軍政不修博弈飲酒無所不至窮苦無聊則逃去為盜臣自至徐即取不係省錢百餘千別儲之當部送者量遠近裁取以三月剋納不取其息將吏有貸息錢者痛以法治之然後嚴軍政禁酒博比朞年士皆飽暖練熟技藝等第為諸郡之冠陛下遣救使按閱所具見也臣願下其法諸郡推此行之則軍政修而逃者衰亦去盜之一端也臣聞之漢相王嘉曰孝文帝時二千石長吏安官樂職上下相望莫有苟且之意其後稍稍變易公卿以下轉相促急司隷部刺史發揚陰私吏或居官數月而退二千石益輕賤

吏民慢易之知其易危小失意則有離畔之心前山陽亡徒蘇令從橫吏士臨難莫肯伏節死義者以守相威權素奪故也國家有急取辦於二千石尊重難危乃能使下以王嘉之言而考之於今郡守之威權可謂素奪矣上有監司伺其過失下有吏民持其長短未及按問而差替之命已下矣欲督捕盜賊法外求一錢以使人且不可得盜賊凶人情重而法輕者守臣輒配流之則使所在法司覆按其狀劾以失入惴惴如此何以得吏士死力而破姦人之黨乎由此觀之盜賊所以滋多者以陛下守臣權太輕故也臣願陛下稍重其權責以大綱闊略其小過凡京東多盜之郡自青鄆以降如徐沂齊曹之類皆慎擇守臣聽法外處置強盜頗賜緡錢使得以布設耳目畜養爪牙然緡錢多賜則難常少又不足於用臣以為每郡可歲別給一二百千使以釀酒凡使人葺捕盜賊得以酒予之敢以為他用者坐

贓論賞賜之外歲得酒數百斛足以使人矣此又治盜之一術也然此皆其小者其大者非臣之所當言欲默而不發則又私自念遭值陛下英聖特達如此若有所不盡非忠臣之義故昧死復言之昔者以詩賦取士今陛下以經術用人名雖不同然皆以文詞進耳考其所得多吳楚閩蜀之人至於京東西河北河東陝西五路蓋自古豪傑之場其人沉鷙勇悍可任以事然欲使治聲律讀經義以與吳楚閩蜀之士爭得失於毫釐之間則彼有不仕而已故其得人常少夫惟忠孝禮義之士雖不得志不失為君子若德不足而才有餘者困於無門則無所不至矣故臣願陛下特為五路之士別開仕進之門漢法郡縣秀民推擇為吏考行察廉以次遷補或至二千石入為公卿古者不專以文詞取人故得士為多黃霸起於卒史薛宣奮於書佐朱邑選於嗇夫邴吉出於獄史其餘名臣循吏由此而進者不可勝

數唐自中葉以後方鎮皆選列校以掌牙兵是時四方豪傑不能以科舉自達者皆爭為之往往積功以取旄鉞雖老姦巨盜或出其中而名卿賢將如高仙芝封常清李光弼來瑱李抱玉段秀實之流所得亦已多矣王者之用人如江河江河所趨百川赴焉蛟龍生之及其去而之他則魚鼈無所還其體而鯢鰍為之制今世胥吏牙校皆奴僕庸人者無他以陛下不用也今欲用胥吏牙校而胥吏行文書治刑獄錢穀其勢不可廢鞭撻鞭撻一行則豪傑不出於其間故凡士之刑者不可用用者不可刑故臣願陛下採唐之舊五路監司郡守共選士人以補牙職皆取人材心力有足過人而不能從事於科舉者祿之以今之庸錢而課之鎮稅場務督捕盜賊之類自公罪杖以下聽贖依將校法使長吏得薦其才者第其功閥書其歲月使得出仕比任子而不以流外限其所至朝廷察其尤異者擢用數人則

豪傑英偉之士。漸出於此塗。而姦猾之黨可得而籠取也。其條目委曲。臣未敢盡言。惟陛下留神省察。昔晉武平吳之後。詔天下罷軍役。州郡悉去武備。惟山濤論其不可。帝見之曰。天下名言也。而不能用。及永寧之後。盜賊蠭起。郡國皆以無備不能制。其言乃驗。今臣於無事之時。屢以盜賊為言。其私憂過計。亦已甚矣。陛下縱能容之。必為議者所笑。使天下無事而臣獲笑。可也。不然。事至而圖之。則已晚矣。干犯天威。罪在不赦。

軾代李琮論京東盜賊狀曰。臣伏見自來河北京東常苦盜賊。而京東尤甚。不獨穿窬胠篋。椎埋發塚之姦。至有飛揚跋扈。割據僭擬之志。近者李逢徒黨。青徐妖賊。皆在京東。凶愚之民。殆已成俗。自昔大盜之發。必有釁端。今朝廷清明。四方無虞。而此等常有不軌之意者。殆土地風氣習俗使然。不可不察也。漢高祖沛人。項羽宿遷人。劉裕

彭城人。黃巢冤朐人。宋全忠碭山人。其餘歷代豪傑出於京東者不可勝數。故凶愚之人。常以此藉口。而其材力心膽。實亦過人。加以近年更改貢舉條制。掃除腐爛。專取學術。其秀民善士既以改業。而其朴魯強悍難化之流。抱其無用之書。各懷不逞之意。朝廷雖設有司別立字號以收三路舉人。而此等自以世傳朴學。無由復踐場屋。老死田里。不入彀中。私出怨言。幸災伺隙。臣每慮及此。即為寒心。揚雄有言。御得其道。則天下狙詐咸作使。御失其道。則天下狙詐咸作敵。而班固亦論劇孟郭解之流。皆有絕異之姿。而惜其不入於道德。苟放縱於末流。是知人之善惡。本無常性。若御得其道。則向之姦猾。盡是忠良。故許子將謂曹操曰。子治朝之能臣。亂世之姦雄。使韓彭不遇漢高。亦與盜賊何異。臣竊嘗為朝廷計。以謂窮其黨而去之。不如因其材而用之。何者。其黨不可勝去。而其材自有可用。昔漢武嘗遣繡衣直指督捕盜賊。所至以軍興從事。斬二千石以下。可謂急矣。而盜賊不為少衰者。其黨固不可盡也。若朝廷因其材而用之。則盜賊自消。而豪傑之士可得而使。請以唐事明之。自天寶以後。河北諸鎮相繼僭亂。雖憲宗英武。亦不能平。觀其主帥。皆卒伍庸才。而能於六七十年間與朝廷相抗者。徒以好亂樂禍之人。背公死黨之士。相與出力而輔之也。至穆宗之初。劉總入朝。而河北始平。總知河北之亂。權在此輩。於是盡籍軍中宿將名豪如朱克融之流。薦之於朝。冀厚與爵位。使北方之人羨慕向進。革其亂心。而宰相崔植杜元穎。皆庸人。無遠慮。以為河北既平。天下無事。克融輩久留京師。終不錄用。飢寒無告。怨忿思亂。會張弘靖赴鎮。遂遣還幽州。而克融等作亂。復失河朔。今陛下鑒唐室既往之咎。當收京東河北豪傑之心。臣伏見近日沂州百姓程棐告獲妖賊郭進等。竊聞棐之弟岳。乃是李逢之黨。

配在桂州。豪俠武健。又過於棐。京東州郡如棐岳者。不可勝數。此等棄而不用。即作賊。收而用之。即捉賊。其理甚明。臣願陛下精選青鄆兩帥京東東西職司及徐兗單濰密淄齊曹濮知州。諭以此意。使陰求部內豪猾之士。或有武力。或多權謀。或通知術數而曉兵。或家富於財而好施。如此之類。皆名而勸獎。使以告捕自效。籍其姓名以聞於朝。所獲盜賊。量輕重酬賞。若獲真盜大姦。隨即錄用。若只是尋常劫賊。即累其人數。酬以一官。使此輩歆艷其利以為進身之資。但能拔擢數人。則一路自然競勸。貢舉之外。別設此科。則向之遺材。皆為我用。縱有姦雄。嘯聚亦自無徒。但每州搜羅得一二十人。即耳目徧地。盜賊無容足之處矣。歷觀自古奇偉之士。如周處戴淵之流。皆出於群盜。改惡修善。不害為賢。而況以捉賊出身。有何不可。若朝廷隨才試用。異日攘戎狄。立功名。未必不由此塗出也。非陛下神聖英武

不能决行此榮臣雖非職事而受恩至深有所見聞不敢稽默謹錄奏聞伏候勑旨

彭汝礪奏曰臣竊聞京東河北東西羣盜不禁朝廷數月經置知所以係聖念深矣臣伏惟河北土地堅固風俗尚氣好勝寧死於盜賊以死於飢餓為恥其喜亂蓋天性也陛下仁儉朝廷清明非有可窺之間隙而豪尤不逞嘯合蟻附白晝殺人於市以食攻劫縣鎮掠奪妻孥此亦聖慮之所宜加察消消不已將不可隄防矣臣備數言責不勝日夜之憂謹具畫一事件少冀裨補

臣伏思盜賊之勢可以智勝不可以力制也以國家粟米之多兵革之堅利而不能以一日殄絶狗偷鼠竊之盜亦不能無之也比雖聞巡檢縣尉許不依常例舉差巡檢縣尉已指蹤制勝蓋猶不與焉臣讀史觀漢京兆盜賊鶉擾主尊不出關而治渤海多劫掠襲遂下車而化然則使遂屬有人則不能遂之至此矣臣欲乞早賜選差仁明智略之吏出領諸郡稍寬繩法使隨宜處之冀早殄絶以銷未形之患

臣竊聞河朔比歲不登民至賣妻鬻子以食遷徙者相踵死者相枕藉有司不知還安定集而頭會箕斂然則民至相聚為盜者非獨民之罪也吏亦有罪焉自北而來累為臣言去年秋不雨冬亦少雪麥根多不入土春夏之初民食恐不足朝廷不早加恤貧弱者或以賊為係而黨與浸多矣臣欲乞專使躰量稍寬諸般色役以安貧弱夫使善民懷惠而無敵散之心姦人畏威而有不敢為之志賊之勢易見衰止矣

劉摯上言曰天下雖有極治之政而不能使民不為盜雖然能禁其為盜而已三代兩漢以來比追胥嚴捕察其法張弛時雖有不同要皆謹於摉逐奸惡以安善良者也國家於盜賊其所以禁固已明具而近時捕法一二有可言者舊制盜發地分應職在同伺察捕索之人皆給百日以為三限每限不獲抵罪有差蓋使身任其責心有所畏然後肯協心出力略張耳目求賊以自免故官司頗得其用今新勑雖不獲賊有罪然乃將兩限科校聽各罰錢曰以充捕賞其次仍許救贖而鄉村耆長壯丁近且廢罷代以保甲保甲之法保內被盜止出賞錢更無認限決罰之法小人之情不以刑懼勢所驅之使有不得已者則何事肯僇力為公家索賊耶其所輸錢又不過資取衆人寅緣自利至其所便

中書舍人曾肇上言曰臣伏以周禮以五家為比使之相保推之至於五州為鄉因其民以用之於田役追胥之事管仲於齊亦以五家為軌推之至於五鄉為軍以有三軍之制蓋生民之業責於衣食則為農資於備禦則為兵其所恃之理然也後世言兵者以謂九夫為井此八陣之法所由出也五家為軌此師旅之法所由出也以臣考之所以然者非三軍之政取法於鄉田蓋古者生民之業兵農非異務也自經界既廢而兵農始殊秦漢之際大率十里一亭亭有長十亭一鄉鄉有三老有秩嗇夫游徼三老掌教化嗇夫職聽獄訟收賦稅游徼循禁盜亦比閭族黨卒伍追胥之遺事也今保甲之制自五家為保推之至於有大小保長有都副保正職承文書督盜賊與比閭有長鄉亭有嗇夫游徼非異意也臣昨守亳州亳為多盜重法之地臣推保甲之法以禁盜賊幸不至繆戾誠不自揆欲於保甲巡檢縣尉之法所以防慮盜賊者有所推廣以稱朝廷立法之意

一諸處自來盜賊並是外來浮浪行止不明之人或是本處素來無賴之人保甲之法使五家為保蓋欲察舉非違之事一保五

家。若有一家藏匿外來浮浪行止不明之人。或一家有素來無賴之人。即五家無由不知。而法禁之中不責其願情蓋庇。則人於鄉里誰肯告言。若為設禁防使不告官者。因事發露則有相坐之刑。人情皆憂誰肯苟容。此乃本立保伍察非違之意也。所察舉者藏匿惡人之家。所以為人除患。固非開告訐之路傷隣里之義也。若藏匿之家自不能擒。則惡人何所容入盜賊不禁而自熄。理之所可必也。欲乞外來浮浪行止不明之人。保內不得舍止。本處素來無賴之人。保內須以姓名申官。官為籍記。係籍之人。忽有出入。並須告知本保。若保內舍止外來浮浪行止不明之人。犯人嚴斷。同保不糾。科不言上之罪。保內本處無賴之人同保不以姓名申官。及係籍之人出入不告本保。本保不糾舉。並科不言上之罪。犯人嚴斷。所貴有所關防。可以暗銷盜

賊。況自來州縣亦往往有禁絕舍止浮浪及籍記惡人之處。可以斷得盜賊。別無擾煩。兼保甲條諸保內有外來人。如行止顯有不明。即收領送官。則是法意蓋以及此。今來所乞只是申明。更欲詳備。伏乞裁酌施行。

一。伏見熙寧六年保甲條法。保內如遇有賊盜。畫時告報大保長已下。同保人戶。即時前去救應追捕。如入別保。即遞相擊鼓應接襲逐。元豐二年詳定上條節文。諸保內賊盜畫時集本保追捕。如入別保。遞相告報襲逐。臣竊以謂元條及詳定互有詳略。若合而用之。則彌綸之意無所不備。今所乞指揮諸保內賊盜畫時集本保追捕。如入別保。即遞相擊鼓報應襲逐。並置鋪屋及鼓。仍輪保丁巡宿。如此。則保伍之內既不得容止惡人。巡宿之法又備。如有賊發。則合力追捕。措置無所不盡。於本置保甲之意委曲備具。亦古者井田守望相助後世置鄉亭徼循盜賊之遺法也。

一。伏見熙寧敕節文。諸巡檢常於地分內巡警。解宇所在。州給與印曆。逐季點檢。臣欲乞相度指揮。重法地分。巡檢縣尉常於地分內巡警。每旬具所到地分。申州。仍給與行程印曆。每季本州將旬申與印曆委官點磨。違者取勘施行。州不督察。監司按劾以聞。如此則制置捕盜之官。事體均一。理在必行。不容苟簡之人得以廢法。使捕盜之官分巡不止。保甲候望轉相承接。盜賊所向。輒遇譏察。竊發之謀。必自衰熄。或有伺間不逞之人。亦易敗獲。

右司諫蘇轍奏請罷右職縣尉劄子曰。臣伏見舊法。縣尉皆用選人。自近歲民貧多盜。言事者不知救之於本。遂請重法。縣尉地分並用武

夫。自改法以來。未聞盜賊為之衰少。而武夫貪暴。不畏條法。侵漁弓手。先失爪牙之心。搔擾鄉村。復為人民之患。臣竊惟捕盜之術。要在先得弓手之情。次獲鄉村之助。耳目既廣。網羅先具。稍加方略。易以成功。舊用選人。雖未能一一如此。而頗知畏法。則必愛人。使之出入民間。於勢為便。不必親習騎射。躬自格鬬。然後能獲賊也。今改用武夫。未必皆敢入賊。而不習法律。先已擾民。訪聞河北京東淮南等路。凡用武夫縣分。民甚患之。欲乞復令吏部依舊只差選人。所貴吏民相安。不至驚擾。

知洋州文同上奏曰。臣竊見本州守治之所。正居漢水之上。川陸平衍。廣袤千里。東北諸山。縈帶聯屬。徑路盤屈。隙穴深遠。上通荊楚。旁出岐雍。其中所產。濟人急用之物。品目甚衆。旦夕負輦。道路不絕。闤巷井邑。百貨填委。實四方商賈貿易畢至之地。故秦蜀有足仰者。

漢唐之際。已名重郡。然而至今有所不能構是者。城池庫濠全不如
事。不知幾年減裂為此。苫茅累土宛若鼠戲。缺漏頹落殆不可睹。奸
盜取罪常在跳越。倉庫所寄。僅同空曠。臣自至此。即謀增葺。患無兵
夫。不能施手。每一處至此。沉唫終日。伏以國家設州郡。列官府。興儲
畜。養士卒。大抵本以為民。故如此其備也。夫何此州當襟喉要害之
處。而顧無壁壘壕塹之防。以保護之。譬之於人也。筋骨雖云完固。而
皮革日已爛墮。將何以為負恃。而能使其中安且久耶。一軀既虧。身
不宜矣。伏望朝廷慰念黎庶。軫恤遐遠。特降中旨。許令脩築。度其工
力。了不至大。庶使郡國制度無有一物廢闕。亦有備無患之深計也。
臣又竊見管內三縣。疆境絕為曠闊。高山深林。蔓衍重複。直與巴達
金鳳永興鳳翔等處脣齒相密。其遠者有至五六百里。近者亦不下
三四百里。中間有如子午駱谷之類。斜通直達。徑路不少。私商暗旅。

出入如織。逋奸隱罪。萃為淵藪。嵓谷之民。獷悍畏事。迫於衆勢。遂爾
囊橐。所居幽僻。人不敢問。既因全無防守。所以難為檢遏。臣愚常此
過慮。忽爾蜂驚鼠駭。妄肆蟄齧。散走巢窟。出白為暴。呼集除盜。形影
不及。亦須數日為之擾擾。往日光化軍近年慶州叛賊悉趨此路。誅
行於蜀。是時西南郡邑聞風震聳。賴以朝廷威靈。元元之幸。而卒以
就敗。然而此州既為凶盜累伺其隙。是後恬然不為之備。至今耆眊
宿吏。語議及此。則無不人人咨嗟嘆惋。是知如此與他州別郡封壤
按聚隘阨奔衝之處。平時常宜預設保禦之方。其或事有萬一。臨時
取具。必然手足錯亂。不相救應。前無兵而後無城。未免一方人心不
得不使之旦夕恐懼而莫如之何也。臣今欲乞朝廷特賜詳酌。更添
置武寧一指揮。或且先於諸處那也三五百人。常令往此。不許已出
以備緩急驅使。如此則上可以紓朝廷之憂。下可以慰百姓之望。臣

職在守土。理當建述此二事者。伏望睿慈不罪其狂瞽而留意焉。
哲宗元祐元年。門下侍郎司馬光乞罷保甲招置長名弓手狀曰。臣
竊見府界及三路保甲。雖罷團教。猶冬教一月。於民有損。於官無益。
不若盡罷之便。何則。比於團教之時。民間勞費雖十減六七。然猶有
三四。此所謂於民有損也。朝廷每歲遣使按閱。所費金帛以百萬計。
而終無所用之。此所謂於官無益也。臣以為不若盡罷之便。自置保
甲以來。盜賊倍多。所以然者。鄉村無賴子弟。尔涉城市。聞見紛華。自
恃身為保丁。坐棄本家供給。飲博遊蕩。習以成性。今雖罷團教。不肯
復歸南畝服田力穡。逸欲既深。資用不足。既家藏利兵。又身挾武藝。由
是遂結黨友。羣行攻刼。父兄不能禁。州縣不能制。此自然之勢也。是
以數年以來。年不甚飢。而府界二路盜賊縱橫。入縣鎮。殺官吏。若遇
蟲蝗水旱大飢之歲。將若之何。此不可不為之無慮也。以臣愚見。莫

若盡罷府界及諸路保甲。據逐縣主戶數目。盜賊多少。委提點刑獄
相度。每若干戶置長名弓手一人。與免戶下租稅支移折變及夫役
諸般差徭科配。一無所預。務為優假。使人歆慕。每十人置節級一員。
五十人置十將一員。百人置員寮一員。二百人以上置指揮使副指
揮使各一員。雖不及二百人。亦置指揮使副指揮使名目。盡管一縣
弓手。以為賞功資級。其節級始初且令本縣令佐依上名下次或選
有部轄者權管。候有長行捉殺到強盜一人。即補充正節級。替下權
管之人。自後每捉殺到強賊一人。依此遷一級。若未有闕。且為守闕。
不得管人。候有闕日補正。其累功勞遷至正指揮使。滿三年以上。又
曾捉殺到強盜三人。從來不曾犯贓罪者。仰本縣官吏結罪保明申
州。本州官吏結罪保明申奏。乞朝廷與於三班借差內安排。若遇有
強惡賊人。朝廷臨時別立賞格者。不在此限。如此則保甲中勇健之

士見前有出官之望未應募者必多除第一第二等户物力高强合充重役不得應募外其餘但於本縣有户籍由產不以等第高下並許投充長名弓手永無解役之期若一人闕額有二人以上爭投者即委令佐揀試武藝高强者充如此則本縣勇健者皆充弓手其餘懦弱者雖使之為盜亦無能為患若見充長名弓手人有勇力武藝衰退者許令外人指名比較若勝於舊者即令充替如此則不須教閱武藝自然長得精熟仍委本州及提點刑獄常切覺察令佐有取捨不公者取勘依法施行若應募未滿見今鄉差弓手之數即且令鄉差弓手相兼祗應俟招到長名弓手一人即替鄉差弓手一人歸農其鄉差弓手願投長名者亦聽若長名弓手及百人以上即令分一半作兩番二百人以上每百餘人分作一番並年終交替其上番者隨縣尉巡捕盜賊自節級以上各令管所轄之人若所轄之人有

小可過犯許一面區分不得過小杖十下若所轄之人敢陵犯本轄人員者杖一百毆者徒一年雖權管亦同本轄人員若於所轄人處取受財物並依律科罪犯贓罪杖者若係管轄權管即降充長行下名若係正人員即降一資自後每提獲到强盜兩人始當一人罪至徒者不以權正並降充長行下名自後每提獲到强盜三人始當一人雖許遷資並係額外不得管人不得出官若遇下番則不相管轄亦無階級其下番者自十將以下各隨所居之處與耆長同覺察本管地分內曾有為强盜之人及窩藏之家凡為强盜者不專於本管地分作過須在他處蓋恐累及本地分捕盜人無所自容故也其本地分捕盜人往往知之莫肯發舉盜既得財分贓則絕迹遠適其賊發地分捕盜人雖欲擒捕莫知其處官中雖立三限科校終無所益由此賊發地分捕盜人每有賊發莫肯申舉若變主懦弱則多方抑塞

不令聲賊變主强梁則共隱所失之財勸和使休是致强盜無所忌憚日益昌熾又告捕得賊多被賊人讎報焚燒莊舍屠害老小其賞錢豈宜留滯而往往為州縣沮難有司靳惜動有經年請領不得使之解體欲乞今後應賊發地方其捕盜人更不立三限科校捕盜官亦不批罰只以擒賊多少論其功賞若敢抑塞隱蔽從嚴法施行仍每州各隨大小賊盜多少借官錢數十貫專充告捕賞錢每獲强盜勘得從來住止窩藏去處供斷遣已了委本州長吏當日先以官錢支給告捕之人即移牒出賊州縣勾追住止窩藏地分捕盜人科不覺察罪弓手杖一百耆長杖八十壯丁皆四十先籍沒賊人及窩藏家財產償所支賞錢外其不足之數令捕盜人等均攤限一月催足津般赴給賞州軍補填官錢若路遠難以津般則各於本州官錢內關牒折充其强惡賊人朝廷特於常法外多立賞錢者自以省錢充不

在捕盜人均攤之限如此則盜賊無所容身必思改過自新若果行此法府界三路既免教閱勞費之患無賴子弟又有所歸投得以羈縻諸路正鄉村之名復國家舊制勇健之士前有仕進之望爭討賊立功不待教閱而弓手武藝自然不敢衰退不須點差而鄉兵自足兼有所用人雖衆多而上下有綱紀不敢相侵暴賊發地分捕盜人不知賊處免虛受刑責出賊地分爲累及身不敢蔽匿蹤跡之人被盜之家無人抑塞有所伸訴賊盜窮窘無所容身稍冀衰息

六年禮部侍郎范祖禹奏曰臣聞昔季康子患盜問於孔子孔子對曰苟子之不欲雖賞之不竊季康子又問政於孔子曰如殺無道以就有道何如孔子對曰子爲政焉用殺子欲善而民善矣君子之德風小人之德草草上之風必偃臣始讀書蓋嘗疑之以爲聖人之言主於教化而已行之未必有近効也及觀唐太宗初即位與羣臣論

止盗或請重法以禁之。太宗哂之曰：民之所以為盗者，由賦繁役重，官吏貪求，飢寒切身，故不暇顧廉恥耳。朕當去奢省費，輕徭薄賦，選用廉吏，使民衣食有餘，則自不為盗，安用重法耶？自是數年之後，海内升平，路不拾遺，外户不閉，商旅野宿焉。臣觀太宗之政如此，乃始知聖人之言不欺，後世行之，必有近効也。夫以區區之魯國，季康子為相，孔子猶勸之不欲，所以止盗，而况天子之於天下乎？季康子魯之執政，猶不可以言殺，嚮欲善而已，而况天子之於天下乎？自古用重法以止盗者，莫如五代之漢。漢高祖即位之年，患四方盗賊衆多，敕盗賊無問贓多少皆抵死，仍分命使者逐捕，宰相蘇逢吉草詔意云：應賊盗其本家并四隣同保，皆全族處斬。衆以為盗猶不可族，况隣保乎？逢吉固争，不得已，但省去全族二字。由是鄆州捕賊使者張令柔殺平陰縣十七村民。其法可謂重矣，然盗賊不為衰止，漢室不

四年而已。夫唐太宗之政如彼，漢高祖之法如此，有天下者當以載唐為法乎？當以季漢為法乎？至周太祖時，竊盗贓滿三匹者猶棄市。太祖皇帝代虐以寛，稍輕盗法，累聖仁厚，哀矜庶獄，迤加減貸，故竊盗遂無死刑。然今編敕所定盗贓，猶重於律三倍，蓋承五代刑罰世重，減之極輕，猶至於此，豈可更增重乎？臣伏見熙寧四年中書檢正官奏請開封府東明、考城、長垣等縣，京西滑州，淮南宿州，河北澶州，京東應天府、濮、齊、徐、濟、單、兗、鄆、沂等州、淮陽軍，別立盗賊重法。其後又有他州奏請乞比東明等處行重法者。有重法之地，又有重法之民。夫溥天之下，莫非王土；食土之毛，誰非君民？今獨視此州縣如夷貊異域之人，別立盗法。自行法以來二十餘年，不聞盗賊衰止，但聞其愈多耳。老子曰：法令滋彰，盗賊多有。又曰：民常不畏死，奈何以死懼之？夫上以善待民，乃可望民為善以應上；若其不應，罪在民也。上

以惡待民，則民為惡以應上，乃其理也，何足怪其多乎？古者開衣食之源，立教化之官，先之以節儉，示之以敦樸，倉廩實而知禮節，衣食足而知榮辱，則自不為盗。有邪僻之民，然後從之以刑，豈有不治其本而專禁其末，不清其源而欲塞其流也？若以重法為權時之宜，行之數年而盗少於前，固當除之，復用中典；若盗益多於前，則是重法不足止盗甚明，其可除去無疑也。又重法之地皆舉知縣，必擇彊健之吏，被此選者率法除盗，視民如讎，一切以擊斷為稱職，此豈平世所宜為乎？臣愚欲乞悉除重法，改重法地分為舉知縣地分。夫天下縣令皆不可不擇，獨此諸縣先已舉吏，則不可廢。民多奸猾，尤須良吏以治之。選吏以養民，不命吏以敵民也。及今四方人情少安，改峻法為平法，庶可以變惡俗為善俗。止用常典，足以禁奸，其刑亦不輕矣。若行重法不已，盗賊益多，臣將見此數十州之民無樂生之心。一

有凶年飢饉，則為等死之計，羣起而為大盗，雖有重法，又可禁乎？惟陛下無以孔子之言為迂，無以唐太宗之治為難，無以教化為不急，無以峻法為足恃，則民皆可使為善矣。

哲宗時，右司諫蘇轍乞招保甲充軍以消盗賊狀曰：臣聞薄賦斂，蓄聚若以致貧，而民安其生，盗賊不作，縣官食租衣税，廩有餘粟，帑有餘布。久而不勝其富也。厚賦斂，奪民利，若以致富，而所入有限，所害無窮，大者亡國，小者致寇。寇盗一起，盡所得之利，不償所費之十一。久而不勝其貧也。臣未敢遠引陳勝、吴廣、龐勛、黄巢之類，只如淳化中李順、慶曆中張海等、熙寧中廖恩，此數火盗賊，計其燔燒官寺，劫略倉庫，以至發兵命將，轉輸糧食，耗失兵械，募士賞功之費，大率不下數百萬貫，但得事了，豈敢言費？然方其未發，有能建言乞捐數十萬貫以消其變，則上下爭執，如惜支體，不肯割截。此天下之大迷

古今之通患也。故臣願於元豐庫或內藏庫乞錢三十萬貫，上以為先帝收恩於既往，下以為社稷消患於未萌。伏願陛下權衡禍福之重輕，較得喪之多少，斷而行之。毋使有司吝於出納，以害大計。河北之民，喜為剽劫，所從來尚矣。近歲創為保甲，驅之使離南畝，教之使習凶器。一夫在官，一家資送，窮苦無聊，靡所不至，椎埋為奸，十人而九。歸為保甲，莫敢誰何。若更一年不罷，則勝、廣之事可立而待也。今雖已罷，而弓刀之手不可以復執鋤，酒肉之口不可以復茹蔬，既無所歸，勢必為盜。今河北寇賊成群，訪聞皆是保甲餘黨。若因之以饑饉，則變故之作，不可復知。近歲富弼知青州，是時河北流民百萬轉徙京東，弼既設方略振活其老幼，而招其壯悍者為軍，不待朝旨，皆刺指揮二字，其後皆為勁兵，百萬之衆無一人為盜者。弼人臣，便宜行事猶能若此，況陛下富有四海，而元豐及內庫錢物山積，莫可計數。

只如近日內降睿思殿金銀一色，令別庫收貯者，自約及百餘萬貫，皆是先帝多方收拾，以備緩急支用，不取於民，聖算深遠，非凡所及。若積而不用，則與東漢西園錢、唐之瓊林大盈二庫何異？於先帝聖德不為無損。故臣願乞三十萬貫為招軍例物，選文武臣僚有才幹者一二人，分往河北逐路，於保甲中招其彊勇精悍者為禁軍，隨其人才以定軍分。本州無闕，則自近及遠，或押上京。不過一二萬人，則河北豪傑略盡矣。其間武藝絕倫，舊日以補班行者，押赴闕試驗，有實，即以補內六班之闕；或以補本貫及鄰近闕額軍員，但當嚴賜指揮，候了日當遣人覆按，有不如法，重坐官吏。臣聞先帝本謂保甲可用故，欲隱兵於農，以漸消正兵，是以禁軍多有闕額。今保甲既罷，正使無事，猶合補填，況如前所陳者，惟陛下深察果斷而力行之。今冬春大旱，二麥不熟，事務如此，恐不可緩。

侍御史劉摯論盜賊疏曰：臣竊以天下雖有極治之政，而不能使民不為盜也，然要能禁其為盜而已。歷世以來，法嚴則盜衰，法寬則盜盛。國朝自近歲差役用募法，而官弛捕盜之禁，保甲行教法，而民滋為盜之心。前來滑州之單安、商州之王沖，以村野之人，逃亡之卒，一有呼嘯，遂能橫行，蹂踐鄉縣，殺害官吏，以至煩遣兵將，重為騷擾，大勞大費，僅能散撲，皆由防禁寬縱，賞罰不明，而寒饑猖狂之人，附之者衆故也。近日制旨既薄斂輕賦，稍遂其衣食之路，又復置弓手，及縣尉巡檢，而察捕賞罰，並從舊典，所以防備奸惡、安養善良之意可謂甚厚。然訪聞州縣不甚孜心召募弓手，至今殊未就緒，巡檢兵級多未差填。見今河北陝西京東西所在常有盜賊，攘劫鈔竊，殆無虛日。鄉野閭井，人頗不安。蓋前來保甲巡檢指使，既有更不管勾指揮，則其意固已不在於捕盜，而新復官吏又未就職，此盜之所以乘間

而作。累歲已來，民間豐稔，今尚如此，自去冬大旱，二麥失望，積穀之家觀望不發，人已艱食。臣慮將來寇盜更有甚於今日。欲乞指揮逐路監司為備盜之計，督促州縣速招弓手，及差撥巡檢兵級，嚴責近限，早令數足，以時訓齊，准備緩急，及再乞指揮吏部，所差注巡檢縣尉，略加選擇，催遣赴任。

畢仲游上言曰：臣伏見開封府盜賊條禁至多，而禁盜之方，其大節有未備者。以外路州軍言之，捕盜之官在城內則都監監押，城外則巡檢縣尉，蓋不可易之官也。今京城外巡檢縣尉與外州軍略同，而京城內巡檢之職，寓於馬軍步軍師臣與四廂主者。雖主徼巡於國中，而尋常盜賊，舊不干預，自來開封府承例令使臣人員等容行緝捕，獲賊有賞，而不獲無甚譴罰。人微責輕，往往返與盜賊為市，而諸廂小使臣雖帶督察盜賊，其實分管估計家業，取問病人口詞，并檢

驗捄火等雜務不預捕盜之官理如來盡臣愚欲乞於馬步軍師及四廂主巡檢之下別增置廂巡檢六員其二在舊城內其四在新城內四壁使諸司使副或大使臣為之隸於開封府得以職事舉薦按劾仍倣外州軍都監監押功過殿最之法而增損之使專治巡檢職事亦不廢開封緝捕公人則京師盜賊知有專一責任之官自然人戶安居奸盜屏息輦轂之治不為無助

仲游又奏曰捕盜之法遇有賊必立重賞購人緝捕立賞既重則宜人人鬭用智力以應賞格然則州縣每有盜賊更一二十次未見有賊因賞而敗者此非重賞不足以捕盜蓋州縣給賞須拘條格每有人捕賊到官留連勘鞫近者一兩月遠者須半年一歲等候獄成然後檢坐條格支給賞物其該賞之人捕賊到官經隔歲月未有所得或者過狀陳訴遷延詰難方始得賞又其甚者則勾追往返取問捕

賊因依拘繫一兩月賞用錢物方始得賞其人居家各有生計因官司勾追理會賞格往往暫廢經紀設使賞格不行反成失所故皆謂官司立賞雖重及至獲賊未必如數皆得縱得所賞亦留滯別有妨廢以此人人無意捉賊雖見榜招視為空文今欲乞令州縣各預儲賞錢在逐處收掌遇有盜賊曉示數目召人緝捕如獲到官見得委是賊人別無虛偽未勘得賊人情狀先取問捉獲因依不候結解令州縣先次保明給賞與捕緝之人不得淹延追擾如此即小人雖不知義理但見捕賊入官別無留滯便得重賞更相傳告宜有勸慕人人鬭用智力捕賊以應賞格故立賞在信行賞在速立賞不信行賞不速不足以使衆非惟今日之當為蓋亦古人之常事也

劉攽上奏曰臣昨因轉對獻議欲以盜賊罪至極刑而遇恩赦及以按問自首減死者加以刖刑事下有司未蒙施行臣竊聽衆論以謂肉刑慘烈驚駭人聽故不可用臣以謂不然臣所議刖刑非施之常民以禁盜賊爾又非施於常盜以馭當死而遇減者如此亦何慘刻之有凡民能為盜賊必其強壯凶悍有過人之資其犯至死罪者又必其桀黠無道者也雖遇恩宥寬貸豈其有自新反善之意幸創殘完復則重為惡辟蠹蟲之損傷而復完者其毒人必深臣故願加之則刑纔廢其一足完全其生不去鄉里然雖有暴虐害物之心而材武絕衆不得復用於以懲奸絕惡其益不輕乞重下有司詳定指揮

高宗建炎三年張浚上言曰臣竊謂當今盜賊竊發理宜誅伐使無遺類然事有出於權宜而不可輕舉者臣聞盜賊之徒多河北京東失業之人義不歸虜偷生中國若欲盡殺之是必使之盡歸虜人而後已又御前之師儻百戰百勝固無足道萬一稍挫銳於盜賊則王師之勢愈弱何以捍禦敵人臣謂不如臨之以聲勢如差其軍行且

令駐軍未發先遣辯士往諭之來則從其老弱於江南分屯少壯於淮甸以待防秋他日國勢尚立何施而不可者惟陛下留意

建炎中御史中丞許景衡奏乞措置杭州軍賊疏曰臣契勘杭州軍賊既已招降今訪聞逐人雖已拜命尚閉城門未曾解甲仍稱薛昂已有申請須候朝廷回降指揮方肯開門即未知薛昂如何奏請朝廷曾未報應也竊原仁聖之意不欲進兵討賊正恐濫及無辜所以招降仍加爵命者蓋為一城生齒也而羣賊反側未安却以待報為名故作遷延今閉門已五六日一城生齒飢餓狼狽日俟朝廷之報若不速賜撫循不唯失招降之初指竊恐淹久別致生事杭為東南重地而土風輕脫易於從亂不可不慮也臣愚欲望睿明檢會薛昂所奏若只是乞放羣賊之罪招降之後有司不得殺戮則乞詳酌依其所請用降敕榜曉[illegible]使臣星夜前去開諭羣賊速令開門以救

一城垂死之命，寔天慈終始之賜也。

景衡論捉殺鎮江賊劄子：臣聞鎮江府犖賊聞官軍且至，頗有逃遁之計。其一路係本府下蜀驛，前此已曾鈔虜，今來官軍若繇真州渡江以往，則此路無虞矣。其一路東走常州，比者已曾許以金帛犒設。其無備為可知。若更前進，則不獨浙西諸州為可慮，深恐杭賊合謀，如臣前日所策也。契勘揚州管下柴虛鎮，亦名口岸。渡江後四十里至常州，寂為捷徑。如蒙裁酌，別遣人馬繇此路以往，遏其奔衝，則賊勢亦窘矣。如前日官軍方手奮擊，則今所遣者亦可夾攻，庶幾朝夕殄滅。今車駕駐蹕于此，而賊在畿境，非所以振國威也。伏乞速降指揮，即行措置，使兇徒就擒，江渡通快，誠今日之急務也。

景衡又奏乞招捉軍賊疏曰：臣契勘杭州軍賊以蒙詔書招降，已拜恩命而不解甲，復閉城門，間緣陰霧輒出城戰，破官軍，虜執提點刑

獄官。訪聞秀州守城，復入招降，即未見得後來如何奏報。逆黨反覆如此，神人所不容。今來若已招安開城門，在朝廷不欲失信，當一切赦其罪惡。不然，所宜痛治，以戒將來也。提點刑獄官屯守城外，乃為賊虜劫，則其方略可知矣，豈可復倚仗耶。今杭州閉門已七十五日，殺傷之外，飢餓而死者已不勝其多。生靈無辜，誠可憐憫。如秀州守臣不曾奏到招降次第，伏望聖慈明詔三省、樞密院，即行措置。如合捉殺，亦乞精選將卒，疾速前去。杭為東南都會，其俗輕脫，易於從亂。今城門久閉，援兵不至，若被誘脅，則皆從賊，其勢益張，為害大矣。豈獨殺傷飢殍為可憐哉。如拯溺救焚，不可時刻濡滯也。臣以言責，既有所聞，不免喋喋瀆聖聽，盡事有不得已者。伏乞裁擇，速降指揮。

景衡又論捉殺杭州鎮江軍賊劄子曰：臣昨論奏杭州、鎮江府軍賊事，乞朝廷措置施行。臣曉夕思之，若二賊止於閉城自守，官軍疾速掩殺可無也。虞蓋杭為二浙之腹心，而鎮江為咽喉。今二賊同惡，皆據要地，若不速行措置，則聞日滋久，奸計愈多，萬一交通消息，一日合謀而起，則浙西諸州皆為賊所據矣。此在朝廷不可不深慮而早為之區處也。兼訪聞辛道宗下軍賊自到平江府、吳江，即肆焚劫。比至本府城下，守臣初欲犒設，既而徇郡人之請，必欲擊賊，初戰雖路，繼能乘城，矢石交擊，晝夜不息，賊遂遁去。使他郡皆如平江，則無丁慮。若聞所過常、秀州皆厚斂金帛以為犒設而已。設有緩急，果何賴哉。今錢伯言已除鎮江守，及遣將兵前去，外唯杭州閉關幾八十日。一城生齒若不從賊，必皆垂死之命也。而招降、捉殺二說，至今未決。欲望朝廷擇其一而廢之，毋使合謀而起，為意外之變也。其平江府官吏能堅壁拒賊，伏乞聖慈行下核實褒賞，不獨養其後來銳氣，亦所以為列郡之勸也。

景衡又奏乞不招安建州軍賊劄子曰：臣訪聞建州兵變，殺傷帥臣及二三命官，見閉城門，抄虜居民。本州奏請招降，自非出於迫脅，當是循襲近例。蓋招降之說乃是出於便宜，非止寇之良策也。前日杭州之事，勢非獲已，今若踵而行之，則是縉紳橫被殺傷，而逆賊反受爵命，賞罰顛倒，莫甚於此。蓋自去歲福州兵變，朝廷不曾窮治，遂致江寧、杭州相繼而作。今日建州設更招安，則習以成俗，此禍未易息也。況福建鎗仗手自是勁兵，奇以殄滅，顧朝廷用之何如耳。臣愚欲乞聖慈詳酌，不須別遣兵將，只乞指揮本路鈐轄、提刑司，令糾集將兵及鄰州鎗仗手，許以厚賞，疾速措置捉殺，除首惡同謀之外，其餘脅從更不究治，仍不管逗留開誤，庶幾革招降之弊，俾他州不敢視傚。

景衡又奏曰：臣聞建州兵變事，昨以急於奏禀，思慮未審，其言有所未盡，須至再具敷奏，以備采擇。臣乞更不招降，只令捉殺，則召募鎗

伏手。預合犒設。其勇於入賊有功者。亦合量借官資。以俟奏功正授。
獲級者第賞。仍令先次告報脅從之人。喻以朝廷寬貸之意。以上並
乞令帥臣監司公共措置。仍許便宜施行。契勘閉城今已一月。比及
指揮到彼。則又須一月。不唯玩寇長奸。而一城生齒日遭虜劫。設或
遲久。則盡為賊誘。其勢益張。未易制也。伏望睿慈詳酌。速降指揮。令
差來人星夜齎持前去。以究仁聖軫恤遠民之意。

樞密院編脩官胡銓奏曰。臣伏見江西州軍自金人一侵犯之後。未嘗
一年間無寇。而虔州數縣號為賊淵藪。一出寇。則大焚殺。至傷三四
千人。毆掠子女牛馬。不可數計。州縣官吏。往往多遭其害。連年跳梁。
無所忌憚。遂至嚴劉廣南諸州。殺令破縣。甚至攻城。官司熟視無可
奈何。幸其去。則遣烏合之卒。名為追捕。因緣剽虜。又作一賊。監司郡
守諱言部中有寇。不敢備申朝廷。至其大段猖獗。方始陳奏。已無及

矣。況今清蹕進駐建康。江東西實陛下關中。而江西安撫司兵不滿
千。守備疏闊。有如虔寇乘吾防秋。又復竊發。陛下未得一置之度外。臣
愚欲望朝廷宜及防秋以前。增遣一將。付之帥司。令於虔吉兩界之
間措置招捉。仍令萃一路之兵以為聲援。須務戢盜。不得因而騷擾。
庶使遠方細民安土樂業。獲見中興之治。不勝幸甚。

高宗時殿中侍御史張守上奏曰。臣聞叛而伐之。服而舍之。德刑並
舉。帝王之略也。伏見陛下臨御以來。建康丹陽鎮塘之寇。次第勦除。
國威遠暢。固足以慰一方之憤。快將士之心。然皆始於招諭。則皆貸
其愆尤。授之祿秩。使改過以自効。且示陛下寬仁之大德也。然德音
未絕于耳。而兵屬其頸矣。討其罪戾。固猶醢不足以塞責。但卷甲退
聽之時。正如掌上嬰兒。殺之不武。雖或其間無朝廷招安之文。其後
稍長惡不悛之迹。然豈能遽使天下戶曉。方今四方寇盜尚多。聞

有欲降而反側猶豫者。往往以江寧杭潤之戮為詞也。況陛下赤子
弄兵潢池。豈皆本心。第困於誅求。迫於寒餓。脅於兇逆。不得已着固
不少矣。既已招安。當示以大信。待以不疑。聽其自新。遲之歲月。俟其
復出為惡。則與眾棄之。其誰曰不然。側聞江寇亦已就降。臣以謂國
勢未強。兵力單微。不免用招安之策。以平群盜。倘循前轍。為害不細。
欲望聖慈詔諭三省密院。以及將士。應賊已就招安。不得輒殺。仰稱
聖明所以伐叛舍服招携懷遠之意。

守知建康府。乞措置丁家洲劄子曰。臣自到任。詢訪本路公私利害。
大小緩急。隨宜施行。其大且急者。惟江賊出沒作過。為往來商賈士
庶之患。見今府院禁勘賊火。多是江中殺人劫盜。蓋緣江流去岸稍
遠。雖有捕盜官司。難於巡察。內有丁家洲。在池州下。太平州繁昌縣
上。長八十餘里。洲分為二。江流出其中。及兩旁洲上並無居民。去兩

岸人家亦遠。為從來盜賊盤結之地。他處口岸被賊舟船。多是昏夜
見無宗伴獨宿乘不備以取之。如丁家洲。往往白晝劫掠。每得一舟。
必盡殺其人。取其財。沉舟水中。官司無從根究。於是商賈行上水。則自
蕪湖結甲而上。行下水。則自江州湖口結甲而下。少者亦須十數舟
而後敢行。經過此處。而或一二舟稍後。即遭劫掠。前舟回視駭愕。而
不敢赴救。又以被害舟船不見蹤緒。則同伴雖欲投訴官司。無以驗
實。或反為已累。往往不復陳告。州縣無由知之。浸恐日久。為害不細。
朝廷向來雖於洲上置巡檢。闊亦相去闊遠。又土兵全闕。亦無舟船。
巡檢既不能誰何賊。亦無所忌憚。則是置巡檢司。有名無實。竊見沿
江諸處見有屯駐水軍。若令都統制就近輪差將官統一二百人。及
船十餘隻。於丁家洲駐劄。一月一替。既奪其巢穴。則無從盤結。又知
大軍屯戍。則不逞之輩自然銷弭。伏望睿慈詳酌施行。

章誼上奏曰臣竊見邵青張琪兩項賊兵逍遙日久猶未伏誅頃聞朝廷已有指揮更不招安此誠有誅無赦之義然三衆稽辜垂成遷邑防秋密邇賊徒所向未息無食而我之將士追捕撲滅未得暫息可無權宜制勝之策哉臣觀朝廷累年以來其於盜賊止是誅其首惡赦其餘黨今來邵青張琪手下人兵亦是赤子何可盡殺雖其渠魁罪在不赦自餘脅從徒黨乞降指揮許之自新庶幾反仄之人得復舊業而聖主好生之德所被彌廣不勝幸甚

誼又奏曰臣聞建州南劍州兩處盜賊未息朝廷專倚辛企宗一軍控制一路誠可彈壓然臣謂兩處盜賊其起殊塗則今日措置亦宜異術蓋范汝爲自招安之後首破劉時舉之兵故余勝等作亂聲言欲爲劉時舉報怨三家結仇各處報復是以兵不肯散此建州盜賊之所自起也李捧辛企宗之兵壓賊而戍日月漸久糧餉漸艱建劍

既爲盜區無可供餽故錢米百費取之漳汀泉福邵武之間行船者泝流而上負檐者一路不息脅民騷動無以自全遂相團結以避征役此南劍州將樂縣盜之所自起也所起不同而欲一切齊之以兵則禍亂不息以臣所見始范汝爲之衆非有重兵彈壓使離其巢穴散其黨與則建州境內之人終不自安劉時舉余勝之黨終不敢復業至於將樂之盜本因賦斂之煩力役之困若朝廷速行措置使范汝爲之衆可起辛企宗之兵可還朝廷仍復遣官宣諭有所蠲除則其餘弄兵之人奇使棄兵而就耕矣臣聞福建官私空匱上下艱食朝廷今有益兵而不疾決則財力愈困比者朝廷委福建漕臣發米十萬石特至行在若盡發存留使贍大軍仍於盜發之地量行賑糶候至賊平除議補發則人情欣然使就安帖實聖主之大惠也如臣所言仰合國論伏望早降詔旨以安反側不勝幸甚

誼又奏曰臣伏見朝廷昨遣朝請郎謝嚮招安建州范汝爲之兵存留彊壯無業可歸者萬人以備使喚其慮遠矣文書奏報往返數月就招之兵欲行則未有所之已散之人還鄉則指爲賊黨以此嘯會於是喜亂之徒如劉時舉者聚兵自衛以討捕汝爲爲名聲跡相聞遂相屠戮不以逆順爲彊弱但以衆寡爲勝負矣今聞劉時舉既敗之後猶其餘黨南趨邵武范汝爲戰勝之餘恃其兵彊武斷於鄉曲朝廷方遣辛企宗正兵三千交割謝嚮一萬之衆若其聽命固爲善矣苟或旅拒將如之何竊惟李捧所以不能制范汝爲者以李捧兵寡於汝爲也謝嚮所以能招范汝爲者以汝爲乃謝嚮之部曲也今命謝嚮之兵盡交與辛企宗然而企宗之兵何異於李捧切慮汝爲懷謝嚮之小惠而未肯行輕企宗之兵寡而不聽命萬一出此福建兵革之禍未有寧之日也兼聞劉時舉見在邵武軍光澤縣有衆

萬人又南劍州順昌縣賊徒余勝等二項衆亦數千朝廷果欲消息於未形則莫若命謝嚮爲企宗之副而與之偕行別遣能臣招撫劉時舉余勝之兵使之離黨如此則范汝爲一軍近彈企宗正兵之威遠懼時舉余勝來歸之衆無不聽命矣福建數郡盜賊連結如此豈復平年安撫提刑司晝無措置爲陛下分東顧之憂者其人材不足以副朝廷委任之意亦可見矣今不遣能臣早加綏撫使數州之人廢農桑之業困之以飢饉臣恐盜賊不息疆土日蹙非國家之福也伏望聖慈特賜施行不勝幸甚

王元勃論弭盜之術曰臣竊謂弭盜之術有二小盜宜求所以安之勿思所以勝之大盜宜求所以勝之勿思所以安之何者小盜鼠竊千百爲羣或因規利貨財或緣不忍小忿順而接之宜有悛革若官軍不知出此必欲窮誅勝之不足增威不勝反成窺侮是以襲逐之

臨渤海安赤子以綱良。虞詡之在朝歌殺降者而生恨。臣故曰盜之小者當求所以安之。勿思所以勝之也。若乃大盜株連蹐州跨邑。嘯聚不逞。攻劫善良。此夷狄之所覘以卜我興衰。寇賊之所憑以相為唇齒。若不講明軍律。選練羣鋒。斷之以必取之謀。示之以不赦之意。使彼渠魁必底滅亡。則將大盜不除。小寇是傚。州州相煽。轉發禍機。安能風示遠夷。獲清宇內。成中興之業。覩真執之安乎。臣故曰盜之大者必思所以勝之。勿思所以安之也。今者羣盜之中。江州為最。昔憲宗已平淮蔡。河朔遂朝。然方師未有功。羣言屢至。賴憲宗明斷。以有蔡功。臣恐江州之寇稍成。遷延官軍。淹時或有小衂。則必有言其外順之執。謂可懷柔者。臣願朝廷斷而行之。勿卹羣言。必殄此賊。以為四方之戒也。

歷代名臣奏議卷之三百十八

歷代名臣奏議卷之三百十九

弭盜

宋高宗時監察御史鄭剛中奏曰。臣竊聞張守以江西盜賊未平。兵力單寡。乞行增戍。朝廷降指揮。差左護軍千人。馬三百疋。聽張守節制。皆謂李棠既宣諭德意於前。張守又增張兵力於後。江西之盜無矣。無何。左護軍之人更不差撥。卻於殿前司後軍差二千人。馬一百疋。權聽張守節制。所有李貴申世景兵。卻替歸行在宿衛。此未能曉也。李貴之兵。臣實未知其詳。申世景之兵。人多稱其忠勇有謀慮。其在江西久不能弭盜者。則盜多兵少。力所不能制也。又從來節制不一。郡守不能皆良。因循玩習。養成盜勢。亦專非李貴申世景之過。今筠州黃十五等負險不服。李棠督申世景等圍捕正急。若遽聞更戍之命。則衆必解體而無功。今新差人與彼處人情窟穴。皆未相諳。恐賊未平而先有擾人之患。此臣所以重惜之也。又今所差二千人權聽張守節制。它日盜平之後。必復歸於殿司。則是二千人暫出。三千人即來。通五千人。殿司皆得以有之也。今日兵勢正當接互偏裨。多作頭項。使各自奮立。聚而增大之則易。析而運動之則難。此臣所以又重惜之也。陛下已降睿旨差撥左護軍人矣。不知何為而遽改。若出於朝廷議論。猶之可也。若有請而從之。則更望陛下將今來所陳事理。曲賜裁斷。務令允當。淳化二年太宗皇帝嘗謂近臣曰。前代武臣難為防制。苟欲分移。必先與之商議。今日且無此事。呂蒙正曰。上之制下。如臂使指。乃為合宜。夫差撥二三千人。事非甚大。但人主之命令一行。未可為人所改易。此臣所以又重惜之也。陛下聽言從善。舜禹不能過。微臣之愚。必蒙幸赦。

剛中為殿中侍御史。又上奏曰。海賊之患。今而不慮。恐為他日之害。

晉孫恩初因報仇結聚。其後破州縣，殺長史，永嘉東陽等八郡皆相應，遂至有衆數萬，雖劉牢之輩將兵轉鬬，而恩出沒海上，吳會閩廣皆被其毒。恩沒，盧循繼之，劉裕因之以成事，可不戒哉。說者曰：海上之盜，招之則無矣。曾不知海盜非招安所能盡也。往年招朱聰等，其徒聚而爲劉廣，後又招廣矣，其徒聚而爲李元。蓋招致其魁，其徒必縱，以歸業魁得官，其徒謂可取以爲準也。什百嘯聚，又作一頭。凡其所略，縱而不殺，又厚以物予之，許其去而復來。無業者欣然附之。官兵弱則奮臂而爲敵，官兵強則乘風絕洋而遁。又急則孤棹單下，變爲客舟，官兵不能辨也。止能於瀕岸濱海丘相回避，驅入深洋，則巨浪之中，不能坐立，何暇議鬬。臣以是知招安之不能盡，捕殺之不可及也。臣官永嘉，聞瀕海諸郡各有土豪，習知鄉道，凡海旁桀黠無賴之人，彼皆素得其情。盜之所向，豪皆知之。爲今之計，莫若使諸郡以禮來訪，使自爲捍守，仍將海旁之民結爲保伍。如其境上無盜賊侵擾，或自設方略而能格捕之者，朝廷第其勞而官之。容隱坐視者待之有法。如是則朝廷不費官，官兵不費糧，而海盜可以漸息。如只以招安爲術，制置司兵爲用，常使江北無警則已，萬一被兵，或飢饉仍歲，則孫恩盧循之患蔓難圖已。

右正言陳淵上奏曰：臣嘗謂僭竊未平，則二聖之歸無期，夷狄之禍不解，南北分裂，生靈塗炭，此固不可一日而寧居也。然而欲平僭竊而內有盜賊爲之梗，則盜賊未除，僭竊亦不可得而平矣。牽制踰淮之師，涵養逆寇之勢，因循不振，職此之由。故爲今日之計，莫若先除盜賊，使其不能爲患，然後北向以定中原，跨河越岱而并居之。桑欑麕聚，坐制黠虜，宜無不如意者。昔劉先主之入蜀也，欲資其富饒以爭天下，其先定之計，固將滅魏并吳而存漢，然孟獲未平，諸葛孔明不敢越險而東出，則以掣肘者在其後故耳。故其討獲也，七擒而七縱之，力屈而不誅其人，勢敗而不絕其欲，竄之山谷，乃所以安之。獲安而蜀人安矣，蜀人安然後孔明得以十倍曹丕之才，併力而擊魏。魏亡吳服，而漢不得不興，此其志也。惜乎謀已定而數奇，師未捷而身殞，然其所建立，已足以取信於後世矣。今江湖荊楚閩廣之寇，蓋不止一孟獲而已，而其所過殘滅，井邑爲墟，暴虐之甚，又非獲比，則爲民除害，誠有不可緩者。而陛下連歲出師，必遣宰執，又副之以大將，芟夷招納，舉無遺策，其所以處內外之勢，審先後之序，固不待臣之言矣。然臣以謂討之之難，不若安之之難。蓋自宣和以來，監司守令不得其人，掊刻相師，繼以殘忍，民無所赴愬，棄鋤耰而帶刀劍者幾年于茲矣。今旌旄所臨，次第平定，而郡縣牧民之官又不加擇，兇渠雖殲，禍根未絕，萬一舊弊復興，逆意復萌，雖欲人人誅之，不可得矣。

臣故曰討之之難，漢宣帝謂龔遂曰：選任賢良，固將安之。故臣願陛下及其初定，慎擇忠信之使，分按諸路，諭以愛民之意，委以刺舉之權，俾姦貪不法之吏不容於時，而公正廉勤之人得以自效，然後拔其殊尤聞之朝廷，以爲郡縣之長，則遠方受賜，鰥寡孤獨，宜無不得其所矣。此安之之道也。必欲濟師舊邦，以慰簞食壺漿之民，而盡復祖宗之境土，須吾民之安然後擁衆橫行，以圖決勝，似或未晚。傳曰：欲速則不達。又曰：必有忍，其乃有濟。區區之忠，惟陛下察之。

給事中胡交修上疏言：昔人謂饑有麥飯，米有故絮，雖儀秦說之，不能使爲盜。惟其凍餒無聊，日與死迫，然後忍以其身棄之於盜賊。陛下下寬大之詔，開其自新之路，禁苛慝之暴，豐其衣食之源，則悔悟者更相告語，歡呼而歸，其不變者黨與攜落，亦爲吏士所係獲，而盜可弭。盜弭則可以保民矣。沃野千里，殘爲盜區，皆吾秔稻之地，擾焉矣。帶刀劍椎牛發塚。皆盡為盜。皆吾南畝之人。陛下撫而納之。文其田里。無急征暴斂。啓其不肖之心。耕桑以時。各安其業。穀帛不可勝用。而財可豐。財豐則可以裕國矣。日者翟興連西路。董平據南鄭。什伍其人。為農為兵。不數年積粟充牣。雄視一方。盜賊猶能爾。況以中興二百郡地。欲彊兵以禦寇。不能為翟興輩之所為乎。世以為名言。

李光進襲遂故事論旱荒狀曰。臣聞堯舜在上。天下無窮民。文王之民。無凍餒者。孟子曰。無常產而有常心者。惟士為然。若民則無常產因無常心。苟無常心。放僻邪侈。無不為已。夫民至於捐棄父母妻子甘心為盜賊者。豈得已哉。帝王之術無他。在黎民不飢不寒而已。故百畝之田。勿奪其時。八口之家可以無飢矣。五畝之宅。樹之以桑。五十者可以衣帛矣。雞豚狗彘之畜。無失其時。七十者可以食肉矣。百姓免飢寒之患。而有以相生養。雖驅之使為盜。不從也。龔遂之言曰。海瀕遐遠。不霑聖化。其民困於飢寒。而吏不恤。故使陛下赤子盜弄陛下兵於潢池中耳。故其治一切以仁恩。而盜賊卒以解散。此真良二千石也。近年以來。福建湖南盜賊間作。范汝為楊么相繼猖獗。吏不能制。朝廷不免遣發大兵。空其巢穴。如聞其間殺戮亦無過當。多及無辜。今諸路旱荒。百姓失業。流丐道路。強者不免結集為盜。弱者則轉徙溝壑矣。雷進尚據鼎澧辰沅諸山。出沒作過。近聞福建海道又告急矣。此不可不慮。昔唐太宗嘗與群臣論止盜。或請重法以禁之。上哂之曰。民之為盜者。亦以官吏貪求。飢寒切身。故不暇顧廉恥耳。朕當去奢省費。輕傜薄賦。選用廉吏。使民衣食有餘。則自不為盜。安用重法耶。嗚呼。太宗真聖主哉。臣愚伏望陛下深詔大臣。遴選循良之吏。髣髴龔遂之流。以招懷撫納為先。仍切責諸路監司。按贓貪鄙冗孱。則陛下德音豈患不達。百姓豈肯從亂哉。

蘇籀上議曰。籀伏覩正月二十五日詔書節文。本路帥守監司各令具所以安輯撫綏消弭盜賊。使民利物之事者。籀竊伏詳味聖意。愛愍元元。省刑薄斂。視之如傷。待遇僻遠。一如輦轂。此堯舜之德度。中興之基址。臣下盍體此意。群寇肆聞德音。罔不懷。消盜安民。無以易此也。籀竊惟致盜之由與治盜之術。又有愚誠。在朝廷莫若選賢能守令。任擊斷使者。在州郡當寬其文法。董其事權。方今盜賊。如本路近日三十餘火。大者一萬。小者數千百人。姦民恃亂以為富貴之資。非但失業乏食者也。驅擁誑誘。椎埋焚劫。所在之處。官私一空。人不聊生。屍藁遍野。謂莫已敵。是可忍也。孰不可忍也。子太叔有言。政寬則民慢。慢則糾之以猛。猛則民殘。殘則濟之以寬。太叔以其說治鄭之群盜。若吹鴻毛耳。方今天下多事。而郡邑惟務姑息。祗畏朽索。萑蒲鞭寬。待強狡之屬。文吏自安。未任捍草之事。爪牙斡束之職。無不曠弛。致使州兵縣卒。飽嬉游惰。驕而難使。軍政無紀。師律不行。一夫被甲行二百里。而耗庫錢不下千一二千。故重於遣兵。布衣祗隸圍視而窺國家之隙。誘誑南畝。一日成市。蓋賊自寡少而嘯聚。官司覺察不可少緩。萌蘖易與。滋蔓難圖。故平居無寇。亦當謹隣保之法。嚴警察之備。盜若糾集。豈容不知。及勢孤力劣。爪牙缺短之際。不煩大兵亦可擒制。此事今已無及。賊黨已多。郡邑兵少。四遑之不暇。專務餌之以錢帛。縻之以官爵。一切不問。以安反側。或能以方略使之權賂。或能以反間使相戕併。盜必少弭。捨此不務。與之官惟恐不高。給之錢惟恐不厚。含垢忍詬。莫敢擒捕。僥倖既開。小人嗜利。傚效者衆。今日此鄉賊發。明日某村又告急矣。譬如養癰長疽。蔵棄鍼艾。坐視胷背之潰者也。至有已受招安恩命。亦不肯投戈散群。小失其意。輒奮臂肆紛。破壞縣鎮。掠千百室。太阿在手。無不可者。東漢李傕唐朱克亂以不赦而成大亂哉以招安為務然賊方蟠據招之往往不聽非能使之摧敗詛肯歸我乎漢特所以置繡衣直指用干戈斧鉞豈不仁哉不得已也開其自新之門不得不寬禦其不悛之心不得不猛無辜之民脅從叛援若夫訓導柔輯施其用乏扶其疲弱復其常產此所以待良民之不幸者也若夫招之而不歸懷之而不伏此頑民不可恕者也節制將士裁節冗費振起驕惰賞重罰明借俸徒王以充其費緩急之際州郡兵將相與戮力亦不煩朝廷顧憂慮勝而戰用惟其人殲厥渠魁分其徒黨貧為軍者撥隸諸營其勇力易以使遇它盜亦務則以既降擊未伏皆良策也至於守邦之人陟廉黜濫選如龔遂者以收安靜之功若夫豺狼塞路以力戰邀我選如王尊虞詡文武之才並假之以便宜勿拘之以常法如此朝廷必無盜賊之顧憂安民利物誠在此耳竊不勝區區冒昧陳聞

孝宗時王質上鎮盜論一曰收其所畏夫所謂收其所畏者何也臣嘗論之江西之贛其俗尚鬪而喜殺浙西之嚴其俗好大而敢為蓋其山川水土峻急暴厲故其風聲氣俗頑獷悍戾而不可告語平居無事聚博族飲呼號鬪詈必輕犯鞭朴甚至於叢塚露刃揭關而掠財物以輕犯刀鋸又甚者至於捍城保壘蕩覆都邑竊立名字以輕犯兵革蓋臣嘗聞之犯鞭朴者無日而無犯刀鋸者無歲而無犯兵革者雖不常有而遠者數年近者閒歲時猖狂竊發乎其間此二郡者蓋今日盜賊之淵藪也臣嘗以為贛之盜不可使出而嚴之盜不可使守贛之巨鎮不二百里而南安小壘介乎其間未足以分贛之勢也故贛之盜坐而守贛則必為禽縱而越嶺則二廣可以鼓行而無憂矣二廣之城池器械士卒錢穀以臣度之恐不可支倉卒之急一旦有數千百人揮臂而疾呼不知其誰為抗也故曰贛之盜不可使出嚴地險阨而峭狹崇岡之路不可並臂頑口之溪不可橫舟一夫守其衝可以當百夫之力故曰嚴之盜不可使守往者齊冦之擾贛所以易擒者在於守而不能出方冦之擾嚴所以不長者在於出而不能守使二郡不幸有警而又有豪傑深謀遠慮者為之畫彼其鑒齊冦之失必有不肯守鑒方冦之失必不肯出若是則非可以卒制也臣嘗熟講歷代制禦盜冦之術雖紛紜多端而其要不出於刑以為之懲賞以為之誘而二郡之民蓋刑之有所不能懲而賞之有所不能誘也故兩策皆不可施於二郡之間臣嘗聞之二郡者曰二郡之民不畏天子之官吏而畏鄉里之豪強是以不伏官吏之約束而伏豪強之號令蓋豪強之所以為重者有三智過人勇過人穀粟之蓄過人有是者則桀驁之民不得不低首下心折節而歸豪強之門為今之計者莫若喻郡縣之官吏重為之禮貌以致其敬輕為之

耕率以結其愛內有盜賊則假之以權以要其成苟有功効則縻之以爵以收其桀驁之民何者郡縣之官吏不能制其命而豪強能服其命此其為畏侮固不同矣故臣以為漢武帝不當殺郭解解之陰賊感槩姦人之雄也恃氣以犯法藉義以報仇其情固可疾而其人亦甚不可廢蓋臣嘗讀西漢游俠傳而觀郭解之始末以為容一夫之姦而可以制千夫之姦雖有害亦不能無利蓋天下之事利害兼行而不可偏去所貴夫善計惟擇其利多害少者為之故算計見效利可以掩害而害不可以勝利此非深窮乎利害之端者有不能知雖知亦不能行嗟夫愚臣之策將為文吏之所沮矣二曰制其所主夫所謂制其所主者何臣論之曰盜賊之所出者有三一曰飢民二曰愚民三曰姦民飢民求生愚民求福姦民求利其初皆生於有所避有所慕而要其情之所終則有可返者有不可返者可返者飢民而不可返者乃愚民姦民也

何者飢民之為盜非有所大欲也無可生之計是以為冒死之策而其心未嘗不好生而惡死也至於情之所迫而勢之所切以為生者必死而為盜者猶介乎可生可死之間當是之時苟非忠信廉恥之人其誰能安生而待必死也故歲凶則不得不為無聊之謀攻掠攘奪以濟一旦之命歲豐則逡巡銷縮返而顧其有可生之路藹然動其欲生之心其勢不得不返田畝故飢民可閔而不可疾可濟而不可殺有所甚擾亦有所甚不必畏也惟夫愚民之求福也無厭求之於佛者而以為未足又轉而求之於鬼神而以為未足故左道惑人焉則是食菜事魔者蓋生於愚民求福之無厭也姦民之求利也無已然憚而不肯為農拙而不能為技藝以為務農而業技藝所獲無幾而其勞有不可償者故相率而猖狂於三尺之外以僥倖於十倍之利得利而死姦民之所不恤則是盜販茶鹽者蓋生於姦民求利

之無已也求福之無厭求利之無已是心易入而難出易聚而難散可以術解而不可以刑迫且朝廷所以禁切食菜事魔者可謂甚嚴而此弊未嘗除所以限制盜販茶鹽者可謂甚密而此弊未嘗絕而官吏者熟視而不敢訶曲蔽而不敢去無事而去官則後人當其患而任其責豈暇為拔本塞源之術也然臣以為小人可離而不可合小人合而為朋未有帖然者也臣往在江西見其所謂食菜事魔者彌鄉亘里誦經焚香夜則閧然而來旦則寂然而亡其號令之所從出而語言之所從授則有宗師宗師之中有小有大而又有甚小者其徒大者或數千人其小者或千人其甚小者亦數百人其術有雙脩二會白佛金剛禪而其書則又有佛吐心師佛說涕淚小大明王出世開元經括地變文齊天論五來曲其所以為教戒傳習之言不過使人避害而趨利背禍而向福里民眩惑而莫知其所以然以為誠

可以有利而無害有福而無禍故其宗師之御其徒如君之於臣父之於子而其徒之奉其宗師凜然如天地神明之不可犯歛然如春夏秋冬之不可違也雖使之蹈白刃赴湯火可也由是言之莫若擒宗師則其徒不解而自散盜販私鹽臣之所甚詳也臣往在江西見其所盜販茶者多輒千餘少亦數百負者一夫而衛者兩夫橫刀揭斧呼呼踴躍以自震其威使人有所畏而不敢近其在江西則江州興國軍屢被其害其在江北則舒蘄之國不堪其擾積累浸漬而不已臣恐其患不止此數郡也臣嘗推其源以為非獨此曹之過也北界利其茶則以貨誘之於外園戶利其貨則以茶誘之於內北界雖未可以制而園戶叛之所及也園戶有茶而不敢售則姦民欲茶而無所得臣不知其自能株刈者責治之耶由是言之莫若禁園戶則其黨不治而自銷然而欲擒宗師要使勿驚欲禁園戶要使勿怨何者

無故而擒其首則其黨疑其黨疑則懼而有所用而為亂者臣願陛下密詢州縣之吏籍記其宗師之姓名鄉里多方誘之使自陷於刑辟而後鋤治而誅絕夫如是則可使不驚園戶之所資以為生私茶之商也驟塞其資之之門則必有不平之心臣願陛下增降長短之引使其茶有所宣洩而不至於底滯夫如是則可使勿怨陛下試熟思之是以見愚臣計利算害如此其深也

侍御史王十朋上疏曰臣聞王者將欲治外必先安其內不有小忍則不能成大謀臣竊見陛下剛斷不惑神武繼撫命將出師平定淮甸曾未踰月捷音屢聞蓋將復祖宗之境土會諸侯於東都可謂得宣王外攘之道有光武大敵之勇矣然臣愚計以謂治外必先安內欲小忍以成大謀者今欲外攘夷狄而境內有廣寇海賊嘯呼為患猶未勦除外未寧而內有憂不無上貽聖慮者臣竊聞朝廷議遣罷

渚之師進誅廣寇，想蕩滌固有期矣。然臣猶慮時度宜，恐未可遽進。嶺外當盛夏，乃瘴癘大作之秋，北人衝之，未有不病者，尤非行師之利。臣以謂不如頓兵於桂林，以爲聲勢，而下詔赦其罪惡，許其投降。或不受命，斯可以必殺而無赦矣。海寇出没無常，尤爲瀕海州縣之患。聞樞府嘗遣人招安之，亦有受招之意。臣謂二寇皆可開其自新之路，庶得境内稍平，可專意外攘。臣所謂治外必先安内，小忍以成大謀者此也。臣又聞二寇之作，皆緣監司郡守不得其人所致。既未能弭之於未萌之前，又未能誅之於已覺之後，養成其亂，以致猖獗，隱匿不聞，遂致滋蔓。爲監司郡守者，其可不懲之乎？欲乞陛下宣諭宰相，稍正典刑，仍别擇賢才以爲外臺共理之寄，以分陛下宵旰之憂，不勝幸甚。

知婺州李椿上奏曰：臣聞禮義生於富足，盜賊起於貧窮。臣自今年二月末到官，計隣州交傳過犯盗配軍，自三月至九月，七月之内，凡八十八名，先後爲盗，蓋數十火。兩浙州軍素號少盗，婺州又不當衝路，經過犯盗配軍如此之多，則江湖閩廣襄淮不知其幾何人，其未敗未獲之盗又不知幾何。臣所領州雖無强盗發覺，鼠竊亦時有之，而貧民游手日益以衆，蓋爲盗之漸也。略計婺州一郡所出財賦，臣到官七月日起發過錢四十八萬餘貫，及州用支遣併支錢七十餘萬貫，終歲計之無慮百萬緡，物帛起發二十萬餘四兩，春秋衣賜，每月軍糧在外，是皆取於七邑之民。婺州財賦如此之盛，猶且窘迫，則他州亦可料而知也。官司窘迫則多取於民，民被多取不得不貧，貧民爲盗非得已也。臣憂不得已之民日多，盗賊滋盛，實繫國家之休戚。漢武帝惡盗賊之多，遣繡衣使者捕逐誅殺，不知其數，而盗不息，必用富民，然後民寧盗消。然則何以消盗？其必寬民而後可。何以寬民？其必寬州縣而後可。何以寬州縣？其必省冗食而後可。冗食誰可省？凡非親非賢，無補於國，無益於民者，皆可省也。臣愚願由廟謨詔有司各具合省冗食之人，州具一州之冗食，監司具一路之冗食，條列而申朝廷，詳議省去之。謂如婺州一郡，乞令臣具蓋冗食。不省則州縣不得寬，州縣不寬則民力不蘇，盗賊不弭。臣願陛下察之念之。

椿爲檢詳文字時奏曰：臣竊見水旱爲災，民或流離爲盗，加以茶寇日盛，海賊時有，雖曰盗賊起於貧窮，臣以謂乃官司有以致之也。其誅求尅剥，使民不得安業，流而爲盗者，姑且别論。臣先論承勘官司受賂出脱，不得其情，兇惡殺人者例皆漏網，所以兇頑之徒不知畏戢，盗賊日滋，良善受害。臣備數都司，每見刑寺奏擬强盗，案當極刑而貸配者十八九，每雖退駁問難，鞫於獄案已成，上下相徇，亦無如之何。謂如本無殺人之意，及爲人强率而行，所盗不多，不傷害人，偶罹法至死而貸其命，猶曰從恕可也。其累犯不悛，傷殺被主，殺害捕告，放火姦汙，江海之險逼人入水，情理巨蠹者，而獄吏弄情，或作聲勢不接，或作歸罪未獲，或拒殺捕人則曰身在屋内，或殺傷被主則曰身在卓望，又曰負擔先行，又曰别船般載。詳覽案情，人知有弊，雖抵脫不手，無以制之。臣愚以謂宜令承勘强盗官司，如未獲下手殺傷人者及未獲爲首者，不得完結。知宣州許尹曾令諸縣獲强盗全火而後結解，不數月，盗皆屏息，此試之驗也。議者無過曰淹延刑禁。强盗害人之人也，使食獄粮而坐獄中，置虎兕於匣，亦何過焉？唯當嚴逸囚之禁足矣。其强盗配軍不得差充監司并屬官下白直，委守臣常切加意拘管，不能差出。如有逃逸，坐兵官部轄人責罰，亦止盗之一術也。臣之愚説如有可採，即乞特降睿旨下有司施行。

集英殿脩撰師福建趙汝愚論汀贛盜賊利害奏曰。臣伏見比歲州縣盜賊滋多。其間類多汀贛之人者。非惟兩州山川氣習固然。亦由居官者擾之特甚。故百姓弗安其居。彊者四出為盜。而兩州事勢常使人惴惴然有甚可畏者。臣不敢不以實聞也。臣昨任江西路運判時。所見江西十一州內。贛州地最險。俗最悍。而官吏科擾為最甚。臣今任本路。八州內汀州與贛州為鄰。亦地最險。俗最悍。而官吏科擾為最甚。臣自到任以來。未住詢訪。得汀州一郡。係在福建一路最高處。四面皆崇山峻嶺。其民皆十百為群。依山阻險而居。散居田野者絕少。其道路間行旅稀闊。亦難得邸店。其人不能蠶桑。除耕田織布之外。皆别無生業。其俗喜兵而好鬭。爭奪殺傷之事。蓋無時無之。至官司遣人追捕。則相率數百為群。抗拒不出。居官者豈能深思遠計。惟幸其任內一時無事。往往不分曲直。姑將巡尉下人行遣。以為生

事。遂致長養成俗。無復紀綱法度矣。所可為深憂者。今諸寨土軍與百姓積怨既深。皆相視如仇。動相讎殺。自臣到任數月之間。已目擊兩事。如去秋本州行下清流縣追捕編管人蕭漢臣不獲。執其母與妻在明溪寨。蕭漢臣者輒率數百人圍守明溪而不去。近復有寨兵以捕私鹽為名。殺死百姓葉陶之子。其黨屯聚。捉去寨兵三人。非理苦楚。至今爭競紛紛不已。其互相陵暴。大率類此。此臣所以朝夕惴惴不能自安者也。臣因詢問。得其致弊之由。其大者有二。而官吏侵漁苛刻之害不與焉。其一曰賦役不均之弊。其二曰措置官鹽之弊。初紹興中行經界法。是時惟本州盜賊方定。不曾推行經界。至今有稅者未必有田。而有田者未必有稅。比歲諸縣逃亡者衆。有司窘於調度。不肯為之從實倚閣。遂將逃亡稅賦均及見存鄰保。鄰保又苦則展轉及之。貧弱之民。橫被追擾。其間却有豪猾之家。不納租賦。[illegible]

彊者為之倡首。則群弱者從而附之。至有一鄉一村。公然不肯納常賦者。縣道無如之何。遂將上項最難催理去處。徑撥與諸寨。以為寨兵衣糧。令自催納。其寨兵催官物者。至皆被甲持刃。遍下鄉村。此既飢寒切身。彼方固拒不納。互相仇怨。職此之由。又本州地勢最高。去海絕遠。祖宗舊法係以運鹽了辦歲計。近歲諸縣闕少本錢。官吏苟簡。所運鹽綱。盡不及祖額。其運鹽船戶。復大為姦弊。多以灰土雜之。其鹽已甚惡矣。却有姦民就近私販廣鹽入界。比之官鹽。不致雜惡。其價復賤。常爭數倍。致官鹽發泄不行。遂有配抑之患。上下減剋。其弊尤多。故強悍者皆拒而不受。其貧弱易制者則抑配無時。又每鹽綱內例有轉運司增鹽通判廳經總制鹽。諸縣已難敷賣。而本州復有自運歲額鹽。又分令諸縣變賣。故有轉運司鹽。有本州鹽。有通判廳鹽。有本縣鹽。或以委令丞。或以委巡尉。文書旁午。雜然並出。其民

誠不勝其擾矣。聞每有欠戶入縣。則諸廳吏卒擒捕紛然。致百姓有終身不敢望縣門者。故寧以死抗拒官司。而官亦無如之何也。臣伏思之。其始皆緣諸縣歲計不足。故一切之政行。加以為守令者措畫無方。威信不立。平時既無以信服其下。而數遣吏卒復侵擾之。使百姓懷蓄不平。日盻盻然視官吏如怨敵。若非朝廷早為區處。使之上下各安其分。誠恐異時激為大盜。必重煩朝廷憂顧也。臣又聞建炎紹興間。所在盜賊蜂起。然皆不數年間。隨即勦絕。惟汀贛兩州之盜。群聚山谷間。甚費朝廷經理。後十餘年不得已。本司遣官招撫。方得平定。今安撫司尚有使臣數員。皆當時所招汀贛之盜也。臣愚欲望聖慈深詔有司。遴選守臣為上。銓擇知縣次之。減節浮冗又次之。如鄉來旱傷四十餘州軍。吏部添差窠闕。並權與住差。而養老歸正等人。亦不至久待闕次。伏望特降指揮。除本州宗室忠順官添差貟闕

係是見居住人。依舊存留使闕外。其餘堂除吏部添差岳廟等負闕並免差注。仍於本路選委監司一員。將州縣官吏依條格不該支破請給並與減罷。通計一州六縣比歲財賦出納之數而均節之。凡官吏軍兵冗食無用去處及其他利害有可罷行者亦許隨宜條具聞奏。然後蠲除逃閣。招集流亡。嚴減刻之科。絕配抑之弊。使吏與民各安職業。一方幸甚。

汝愚又上奏曰。臣伏見閩中諸郡。惟汀州數多盜賊。十年之間已三弄兵矣。雖其山川風土與他郡不同。然以人事考之。要亦深有未盡。其一曰獄訟不明。其二曰科鹽不已。其三曰賦役不均。臣竊惟國家自有常法。使州縣官吏能盡心獄事。殺人者必死。傷人者必刑。罪不可逃。人孰不畏。惟汀州之弊。獄訟不明。殺人者不敢告官。告官者不敢就逮。就逮者未必追證得實。追證得實者。亦不圓結解。州囹圄之

內。多殺無辜。豪強之民。率以倖免。故強陵弱。衆暴寡。小不忍則互相屠戮。不復申訴於州縣。積習薰染成此惡俗。此其弊一也。科鹽之弊抑配百端。臣屢以奏聞。不敢重述。惟鄉民不堪吏卒之擾。是以聚集徒衆。依阻山林。初欲抗拒官司。終至養成姦惡。故強梁者一人倡之。則貧弱者十百和之。非惟科鹽不行。併與常賦不納。官吏畏懦。亦無如之何。觀此事情。即是官吏驅之使為盜賊。此其弊二也。汀州六縣未曾經界。稅賦不均。貧者產去稅存。富者有田無稅。人被追擾。多致逃亡。逃亡之田。亦復歸富室。逃亡之稅。則害及里閭。失業之民既多。往往散而為盜。此其弊三也。臣愚伏望聖慈特加軫恤。深詔有司遴選本州守臣。仍稍重其權任。俾之深察民隱。審究獄情。但得官司清明。自然盜賊稀少。仍乞檢會帥漕兩司近條具到減鹽運等利害。早賜指揮施行。所有經界一節。乞候鹽運既減。民情漸安。徐而圖之。蓋亦未晚。

任湖南諸州安撫辛棄疾上疏曰。臣竊惟方今朝廷清明。法令備具。雖四方萬里之遠。涵泳德澤。如在畿甸。宜乎盜賊不作。兵寢刑措。少副陛下厲精求治之意。而比年以來。李金之變。賴文政之變。姚明教之變。陳峒之變。及今李接陳子明之變。皆能攘臂一呼。聚衆千百。殺掠吏民。死且不顧。重煩大兵翦滅而後已。是豈理所當然者哉。臣竊伏思念。以為實臣等輩分閫持節居官者之罪。不能奉行三尺。斥去貪濁。布宣德意。牧養小民。孤負陛下使令之所致。責之臣輩。不敢逃罪。臣聞唐太宗與群臣論盜。或請重法以禁。太宗哂之曰。民之所以為盜者。由賦繁役重。官吏貪求。飢寒切身。故不暇顧廉恥。爾當輕徭薄賦。選用廉吏。使民衣食有餘。則自不為盜。安用重法邪。大哉斯言。其後海內升平。路不拾遺。外戶不閉。卒成貞觀之治。以是言之。罪在臣

輩。將何所逃。臣姑以湖南一路言之。自臣到任之初。見百姓遮道自言嗷嗷困苦之狀。臣以謂斯民無所愬。不去為盜將安之乎。臣一一按奏。所謂誅之則不可勝誅。臣試為陛下言其略。陛下不許多取百姓斗面米。今有一歲所取。反數倍於前者。陛下不許將百姓租米折納見錢。今有一石折納至三倍者。併耗言之。橫斂可知。陛下不許科罰人戶錢貫。今則有旬日之間。追二三千戶而科罰者。又有已納足租稅而復科納者。有已納足復納足。又誣以違限而科罰者。有違法科賣醋錢寫狀紙由子戶帖之屬。其錢不可勝計者。軍興之際。又有非軍行處所。公然分上中下戶而科錢。每都保至數百千者。以賤價抑買。貴價抑賣。百姓之物。使之破蕩家業。自縊而死者。有二二月間便催夏稅錢者。其他暴征苛斂。不可勝數。然此特官府聚斂之弊爾。流弊之害。又有甚者。州以趣辦財賦為急。縣有殘民害物之政。而州

不敢問縣以亟緣科歛爲急吏有殘民害物之狀而縣不敢問吏以取乞貨賂爲急豪民大姓有殘民害物之罪而吏不敢問故田野之民郡以聚歛害之縣以科率害之吏以取乞害之豪民大姓以兼并害之而又盜賊以剽殺攘奪害之臣以謂不去爲盜將安之乎正謂是耳且近年以來年穀屢登粒米狼戾而盜賊不禁乃如此一有水旱乘之臣知其弊有不可勝言者民者國之根本而貪濁之吏迫使爲盜今年勦除明年掃蕩譬之木焉日剝月削不損則折臣不勝憂國之心實[illegible]私憂過計者欲望陛下深思致盜之由講求弭盜之術無恃其有平盜之兵也臣孤危一身久矣荷陛下保全事有可爲敎身不顧況陛下付臣以按察之權責臣以澄清之任封部之內吏有貪濁職所當問其敢瘵曠以負之遇自今貪濁之吏臣當不畏強禦次第按奏以昭明憲庶幾荒遐遠徼民得更生盜賊衰息以助成朝廷勝殘去殺之治但臣生平剛拙自信年來不爲衆人所容顧恐言未脫口而禍不旋踵使他日任陛下遠方耳目之寄者指臣爲戒不敢按吏以養成盜賊之禍爲可慮耳伏望朝廷先以臣今所奏申勑本路州縣自今以始洗心革面皆以惠養元元爲意有違棄法度貪冒亡厭者使諸司各揚其職無徒取小吏按舉以應故事且自爲文過之地而已也臣不勝幸甚

光宗時蔡戡上奏曰臣於去年十一月二十六日至郴州宜章縣界首交割本司職事自到任以來凡一路刑獄冤濫禁繫淹延事在目前可以決遣者敢不盡心畢力仰稱陛下欽恤之意惟是事雖未形而慮不可不早者盜賊是也臣聞盜賊之端未有不起於微方其微則易以討捕及其多則難於剪撲今州縣之間所恃以制盜賊者土軍弓手耳所謂土軍弓手往往名存實亡其初招塡也未必擇強壯

之人其已應募也未必知教閱之事鄉閭之間小小盜竊猶有迂延歲月不盡獲者況於剽賊巨寇嘯聚山谷動以千百計而責土軍弓手以擒滅之效亦已難矣提刑素以督捕盜賊爲職近降指揮今後如有盜賊竊發稍甚去處提刑躬親起發前去措置收捕毋致滋長則督捕之責自此愈重然所督者不過於土軍弓手又不足恃以破賊以至重之責而用不足恃之人緩急豈不悞事臣自到本路刷具一路弓手見管二千六百五十人土軍見管二千四百二十九人總其大數未爲不多然散在九郡三十八縣其間又有連接溪峒去處如有緩急不可盡發兼照本路向來李金陳峒作過當時調發止是比近數縣弓手土軍人數不多又皆烏合未必可用故招募土豪義丁峒丁等人又不能制必待起發鄂州大軍然後擒滅則弓手土軍不足恃以破賊明甚臣竊見廣西提刑徐詡奏請乞撥本路摧鋒軍効用等兵五百人隸提刑司及帥司選差係將不係將兵員令本將部轄亦隸提刑司督捕朝廷悉從其請併劄付廣東帥司遵守兼訪聞廣東提刑司當李金賴文政陳峒侵犯之時亦循例於諸州差撥禁軍各五十人十四州軍共七百人隨行督捕惟本路提刑司既無舊例差撥禁軍兼前任提刑詹儀之於去年八月內奏請乞將帥司調發到將兵在軍前者撥令提刑司制其進退亦未蒙朝廷施行臣竊謂廣西妖賊蓋不常有廣東本無盜乃湖南之盜侵擾之唯本路郴之宜章桂陽之臨武兩縣並山爲峒之間[illegible][illegible]而民[illegible][illegible]聚爲盜賊淵藪歲有小歛則百十爲群出沒剽掠大則千數侵犯州縣自建炎以來有李冬至李壽有鄧庄有李鬼七有唐廣六有駱科曾雄有歐二十五有李十五近年則有李金有陳峒皆猖獗之甚者本路利害尤非二廣之比臣職思其憂不容隱默必待事至然後有請預計往復

之程。坐待可否之命。勢須兩月。豈不有失事機。臣今不敢如廣西提刑司撥兵自隸。但乞遇有盜賊警急。非弓手土軍所能制禦者。許令於潭邵全永武岡軍將兵內量行分撥五百人。與弓手土軍併力討捕。或乞如詹儀之請。帥臣未親臨之間。帥司調發將兵。許令提刑制其進退。如帥臣親出。則專聽帥司節制。庶幾盜賊易於撲滅。不至猖獗。重煩朝廷區處。臣亦免虛負督捕之責。所有廣西提刑徐詡及本路前提刑詹儀之奏劄。除已備錄申三省樞密院。欲望睿斷特賜詳酌施行。

戡又奏曰。臣近準尚書省劄子。備坐湖南轉運副使辛棄疾劄子奏官吏貪求。民去為盜事。恭奉聖旨指揮劄下諸路監司帥臣遵守施行。臣猥以非才。亦預陛下臨遣一人之數。臣祇役三時。尸素無補。不能布宣德意。勤求民瘼。屏斥貪吏。撫循遠人。少寬陛下南顧之憂。至

勤戒敕如此。臣聞命震恐。無所逃死。臣敢不精白一心。上體聖意。遵守施行外。臣有禦賊事宜。冒昧聞奏。臣所部封恩州德慶肇慶府與廣西高容藤梧接境。諸州探報日至。大抵妖賊李接深入山林。擁衆自衛。驅迫平民以抗官軍。凡所殺獲。無非脅從之人。終未得其首領容化鬱林等州。太半為盜。其餘或禦寇。或運糧。戰亦死。遁亦死。數州之民。墜於塗炭。深可痛傷。臣聞李接本一弓手。奮臂而起。嘯聚數千人。劫掠州縣。迫殺官吏。勢便猖獗。又有陳子明陳南容徐鐵條楊壽彭四十蘇生陳方寄謝寧周國生等各以衆應之。自五月至今。首尾半年。未就翦撲。臣竊謂向來陳峒憑據險阻。結集姻黨。急之則入巢穴。緩之則出抄掠。似未易圖。一旦朝廷專委帥臣分撥大軍。出其不意。直擣巢穴。曾未旬月。賊徒授首。今李接乃偶起之賊。其徒亦烏合之衆。非陳峒比。勢亦易於平殄。積日累月。未聞成功。蓋陳峒志在抄掠。不敢輕犯城邑。乃抗官軍。尚有招降之望。李接狂僭。罵死有餘。併知不復生全。在朝廷亦無招降之理。所以誑誘其徒。致死拒捕。僥倖一勝。計窮勢蹙。必須奔竄入海。借使李接就戮。其餘首領尚多。陳南容有衆數千。亦非小盜。若不速為之所。不惟此賊得以假息。深慮生靈之於荼毒。軍士疲於征戍。州縣困於供億。緣邊溪洞瀕海蠻蜑。萬一扇動。豈不可憂。臣身在遠外。不當言事。又念盜發鄰境。密邇封部。先事而言。亦臣之職。竊惟廟謨自有長算。廷臣豈無忠言。何取疎遠小臣千慮之微。然廣西去朝廷五千里。臣置司處去廣西不過數百里。所得探報為甚詳。傳聞為甚審。臣久辱陛下教養。又嘗陛下委寄。憂國之心。不能自已。臣有管見十事。備列如後。

一。李接竊發已來。所至州縣。未專殺戮。往往開發倉廪。振施貧乏。招納亡命。偽補官資。愚民翕然從之。臣恐有無賴土人為之謀主。蓋賊衆雖多。亦不足慮。使一稍有智慮者教以計策。為害未可圖。臣愚欲乞朝廷行下給榜招募本處下第舉人。負罪官吏。及流落無聊之人。有能身入賊營。誘殺首領。或設計誤賊陷於敗亡者。優加旌賞。或但獻策可采者。亦量給錢米。以羈縻之。庶幾賊黨疑貳。不肯招納無賴之人。人亦不為賊用。

一。臣近據探報。廣西招到脅從之人。例皆文手遣之。此曾室廬焚蕩。田業荒蕪。妻子離散。已無所歸。勢必再入賊黨。後所擒獲。既係前日文手之人。不得不誅。臣恐自此難以招降。臣愚欲望朝廷行下。凡招到人。擇其強壯者。刺充將兵。月給糧食。弱者支常平錢米。攤贍養之。候事平日。或分隸諸軍。或放歸田里。庶幾招降之人。不至再入賊黨。

一。為首作過。惟李接一人。陳子明等皆是從來相應。李接之罪滔

天萬無招降之理其他首領尚有可赦之域臣愚欲乞朝廷行下重立賞格應次首領能殺李接以衆降者赦其罪犯補以官資賜以賞給應係賊黨能殺次首領者亦如之離間其徒使之互相殺害庶幾不勞甲兵與賊自潰

一臣聞廣西賊黨雖多然首惡與同起之人有數其餘無非脅從又況皆是陛下赤子愚蠢無知迫於飢寒信其誑誘遂陷賊黨竊慮枉遭殺害有傷和氣臣愚欲望朝廷申諭督捕官司若能全活人命其功尤多不必專事屠戮招降之人全在處之得宜不可已降而殺其出戰軍士運粮人夫或有避事愆期亦宜分首從量輕重處分難以一例行誅庶幾仰稱陛下好生之意

一臣竊見廣西宜邕等處邊接諸蠻高化等州瀕近海道深恐賊勢窮蹙必為遁計若竄諸蠻則誘引為寇若入海道則無所不通吞難收捕害未有涯臣愚欲望朝廷行下廣西扼截要路及謹備海道不得縱泊舟船無使走透賊徒致貽後患

一臣竊謂自古盜賊之起皆緣守令貪殘巡尉怯懦民已困而不加恤盜將作而不知禁馴致猖獗若守令得人巡尉振職則民自樂生盜亦知畏然所以澄汰守令與巡尉者監司帥臣之責也比年士風習為寬大不肯按吏間有劾奏聞見必駭怨謗丞興甚則以為生事邀功人情避怨遠嫌遂至失職雖陛下督責切至終恐不能仰體聖懷不過指摘一二小吏塞責而已臣愚欲望朝廷遴選朝臣或只於各路監司中試差強幹廉明者巡行州縣偏察守令巡尉貪殘者奏劾之庸謬者斥逐之老病者與之嶽祠怯懦者易以他任使州縣之間近民之官稍稍澄肅則期月之間民悉受賜臣伏見慶曆中從歐陽脩之請分遣朝臣按察官吏本朝自有故事可舉而行

一臣聞辟以止辟刑期無刑古先哲王非不好生而惡殺乃不可不殺者聖人亦豈為是姑息也況盜以害人為害不殺之則人被其害矣祖宗舊法強盜持仗五貫者死今州縣勸鞠務為姑息多出其罪以圖陰報或有為之囊橐密行賄賂以求末減凡所供款先申不曾殺人放火姦汙等事獄成文以情輕或刑名疑慮奏裁遂得免死不過流配行不數驛破枷去械奔竄他所又復為盜數十為群所在剽略若有大盜相率從之此皆累犯劇賊非若愚蠢村民百人之中有此數人則難盡剗臣愚欲望聖慈嚴切行下諸州應犯強盜罪至死者並依見行條法處斷不得以情輕或疑慮奏裁庶幾盜賊即漸衰息

一臣竊見祖宗舊法諸賞應減磨勘三年者承直郎以下循一資

因軍功捕盜者改次等合入官近歲臣寮奏請者非親獲止許循資夫縣尉捕盜多是遣人親身擒獲者未必有之故僥倖者十八九大抵如臣僚所陳然祖宗之時亦非不知而賞太厚僥倖必多所以不吝此賞者蓋欲止盜也凡選人改合官必待七考五章又無過犯方能合格若一日之間獲盜七人便得改秩人情慕賞莫不盡力求盜以覬恩典況兇惡強盜多係極刑亦人情之所甚惡以所惡易所慕蓋不得已今薄其賞人心自怠何肯殺人以就循資儻監司州郡督責不嚴不過坐視而已甚者盜發所臨蔽不以聞小盜既多浸成大盜理之必然臣愚欲望聖慈特賜詳酌應選人捕盜賞格並依祖宗舊法仍令吏部不得故作阻難庶幾激勸使之盡力

一臣竊見二廣縣尉多是恩科出身巡檢亦有揀汰離軍使臣或

老或病或頑鈍無恥或貪黷無厭初為此來志在苟得但知減尅弓兵錢糧誅求保正常例或收接詞狀公受賄賂或判押文引縱容乞覓所謂本職漫不加省遇有盜賊恇懦畏避不即追捕先住定驗追呼鄰保須索百端責立賞錢使大小保甲與被盜之家均備犒管盜不可得錢已乾沒往往鄉村有被盜隣保共備所失償之不敢聞官正恐徒擾而無益如此盜安得而不滋臣愚欲望朝廷行下吏部及二廣轉運司注擬捕盜官並先銓量年五十已上或老病者或恩科出身或揀汰離軍使臣不得差注庶幾無事之時不甚擾民緩急之際可以倚仗

一恭惟祖宗創立兵制最為詳密州郡之兵悉名禁軍守貳曰知州軍通判州軍幕職官以諸使為號曹掾官以參軍為名凡所以張官置吏為軍民而已豈為是虛名哉名立而實存故階級

甚嚴紀律甚明教閱有法犒賞有格逃亡者有律私役者有刑莫不纖悉備具閱歲滋久名存實亡州郡之兵有如兒戲祖宗之制徒為虛文階級紊亂紀律縱弛教閱廢而不舉犒賞闕而不支逃亡者自若私役者皆是狃於聞見以為當然一旦緩急驅使之戰何異市人故盜賊侵犯州郡無以禦之為守臣者或棄城以逃或納賂而免養兵如此國家何賴焉臣愚欲望朝廷戒勅守臣申嚴法令於諸州廂禁軍內遴選強壯勇力之人以充禁軍帥府千人大郡七百人中郡五百人小郡三百人不及額者增募置營壘以別處之益廩給以優異之又嚴階級明紀律逃亡者必誅私役者必刑一日二教每旬守臣親閱角其優劣而第其賞罰每歲禁子帥府較其臧否而[illegible]守臣兵官之黜陟月具教閱日辰人數申安撫司歲具姓名[illegible]甲藝能申樞密院奉行不虔者以違制論庶幾州郡兵備不至單弱禦賊亡要莫急於此

右臣所陳十事五事治盜於已然五事止盜於未然伏望聖慈察其憂國之心赦其冒犯之罪或有一得乞賜施行

周南代池陽太守上裕民五事疏曰契勘池陽控扼大江捍護行闕迨此服時宜甚式遏姦萌以利永久臣竊照本州有重役黥徒五十八人在法五年無過許將刺充牢城蓋朝廷始以其情重既欲苦役以困其力終念其悛改復開改刺以全其生然臣竊詢此輩從初習慣兇狡至此轉無藉賴加以軀幹長大膂力強猛怙其無良少得五年無罪犯者尋常越逸一人須至申陳密院兵廂撥付管營責立牢堅固巡察嚴密猶有毀壁掘筒擘脫杻械夜行晝伏累日絕食而不獲者若照管少懈則別生暴橫慶元三年數內有傅旺始因脇污

營婦後緣隔絕不通輒乃白晝鼓刀傷人幾至殞死已而律為重囚脫出牢戶隨即逋逃本州關牒戎司邀截津渡僅免越淮至今人言傅旺百夫未必能當推此一端其傳可見加以州郡無事役使更以養成驕悍小有營葺荷一畚土便即誶語不知者徒見冶鐵為械將謂舉步有礙不知其歷梯級登墻屋捷者猶弗能及臣竊思方時無虞本州又宿重軍此輩縱無忌憚尚何能為臣所慮者萬一州郡殫虛少失彈壓此曹破械而出掠坊市盜庫兵臣恐異時為沿江患者必此曹也臣聞漢法用兵至發亡命或取刑徒此當今置在州郡則勢應悍戾而難制若來入於軍則便須稟畏而馴伏況其輕生足備摧鋒軍旅得之未為無用不過別立一軍號遴選一將副御之有其方而已臣照得前任守臣鄭汝諧亦曾有此申請牒歸池州大軍收管幾及半年臣考驗案牘自汝諧牒發之後未聞一人干犯紀律足見

軍中足以讋服。此輩從緣此輩乞行改刺勇捷。遂致省部駁難。再令發還本州。盡重役人五年無過。始刺牢城。牢城只是廂軍。今若便為勇捷。却係躐升禁軍。既戾元降旨揮。而所請又居配隸牢城之上。是一不可。又朝廷大軍素號禁旅。恐與剽盜連營共壘。宜其羞與噲伍。是二不可。二事既未順便。雖當來亦不說給以何等請受。復於何處支請。往往亦教軍中倍費區處。所以卒難收受。今臣欲得軍中別立軍號。則便已分別等差。免得軍士有言。至於軍糧既不可躐升勇捷。若只依舊支與重役名糧。又恐略無增勸。要得不礙見行條制。稍令豐約得中。只乞支與廂軍糧賜。仍須管認人數。遂州不過幾名。發往軍前支散。死亡許行開落。添續不許過數。如此則暗合改刺牢城之法。明有附著統壹之所。行之沿江州郡。諸屯有益兵之實。州郡寬控制之憂。剪除萌蘖。陰破本根。計無出此。

寧宗嘉定中。知江州袁燮上便民劄子曰。臣竊惟江之為州。土瘠民貧。豐稔之歲。常賦之所入僅足以支經費之所出。不幸而歉。所入者無幾。而所出者自若。將何所取辦。嚴於督責。則民必重困。惟恐傷民。則事無由集。此誠進退惟穀之秋也。臣承乏以來。夙夜懍懍。思之無策。惟有裁節冗費而已。於是以身率之。力行儉約。凡可節者無所不節。庶乎其少寬矣。而諸司合發之錢。亦可得而節。然符移之峻。先期而下。操之如束濕。督之如逐寇。既併其職所當辦者。皆如期而發。則又催夫前任人之所逋者。亦不容少遲。推原其心。豈不知民生之憔悴如此。亦豈不知州郡之匱之如此。用度既廣。上下交急。不得不然。民將何以堪之。盜所不發。猶不聊生。寇攘之地。將如之何。城市居民。無以自活。窮僻之處。將如之何。沿江諸郡民猶若是。兩淮之民。又當如何。嗚呼。民生至此。窮而無告。亦已甚矣。膏血既竭。何可復取。迫之不已。有為亂而已爾。今竊盜之徒。固非本心。凍餒交切。旦夕且死。而為奸為惡。猶未遽死也。故忍棄其身而為之。穿窬不已。至於攘敓。攘敓不已。至於戰鬬。嗚呼。仁聖在上。而赤子之陷溺一至於此極乎。書曰。民惟邦本。本固邦寧。當今之務。惟有姑置他事而專講求固本之策。夫本之不固。抑有由矣。用度無節。則斂不得不重。而民不得不殘。此本之所以搖也。節用之道。當由近始。朝廷之用有節。則諸路財計可寬。諸路財計浸寬。則諸州征斂可薄。征斂既薄。民力必紓。民力既紓。姦盜自息。本末源流之次第如此。焉有安土樂業之民而肯為盜者乎。唐太宗與群臣論止盜。或請重法以禁之。太宗曰。民所以為盜者。賦煩役重。官吏貪求。飢寒切身。故不暇顧廉恥爾。吾去奢省費。輕徭薄賦。選用廉吏。使民衣食有餘。自不為盜。安用重法。竇軌奏益州獠反。請討之。太宗曰。獠依阻山林。鼠竊乃其常俗。當撫以恩信。豈其漁獵比之禽獸乎。臣謂斯言明於止盜之本。可為今日法。

理宗時。秘書郎許應龍上奏曰。臣聞當寇攘未殄之日。而欲求平定之策者。其大要在乎用人。然用人之道。選擇貴精。委任貴專。報應貴速。三者兼盡。則才者可以自見。而任責者可以成功矣。夫人固難知。而才亦難得。操切大過者易至於激變。巽懦無術者不足與辦事。力小任重。則臨難而必僨。志廣才疏。則好謀而無成。必參之公論。驗之已試。庶乎得真實之才。而為緩急之用。以攻則克。以守則固。顧何施而不宜哉。臣故曰。選擇不可以不精。夫疑則勿用。用則勿疑。苟其人之足以任是責也。則委而信之。使體統相屬。議論歸一。運動伸縮莫不如意。則可以圖決勝之功。倘事權一分。則或捕或招。各自為謀。相忌相傾。惟欲求勝。緩急誰復應援。盜賊必至猖獗。臣故曰。委任不可以不專。兵少則不足以禦寇。財匱則不足以贍兵。今諸郡之卒。太中老弱，傷殘之苦，禮無賦入，拱手無策，寧免奏聞。況事勢方熾，延頸待報，如救焚溺，若求必應，則可以解倒懸之急。一或稽遲，則有不及事之憂。臣故曰：非專，應不可以不速。然是三者實相關係，雖可用而任之不專，固不足以成事；任之雖專而有所奏陳，或猶豫而不報，則亦何以制變哉？為人上者苟於此而加意，則目前雖擾，不足以為憂；蓋任責有人，事至能應，轉危而安，直反手耳。苟惟不然，則一時之勝，未足以為喜，而玩心一生，守備必弛，事變之來，將有出於意料之所不及者矣。今日盜賊竊發，民不寧居，原其召釁，則始於官吏之非人，追其鴟張，則失於措禦之無術。事權渙散，兵財困乏，遂至悠悠歲月，猶未殄滅，然隨機應變，夫豈無策？今改弦易轍，任賢使能，貪者斥之，懦者易之，固欲精於選擇矣。然豈無已試有功，可與圖事而不肯輕進者乎？況沈靜有謀，隱於下僚而無以自達者矣。招捕特創一司，鄉守俾參議幕，固欲專其委任矣。而投機之會，間不容髮，可不許以便宜從事乎？天下之事，合於同而敗於異，可不使之協謀以共濟乎？奏捷則亟與推賞，告警則即為調兵，是固速於報應矣。然不暫費者不永寧，財所當用，豈容吝不急與之乎？兵機以速為神，謀或可展，豈容不即聽之乎？深思而預圖之，使無一之不盡，則以之攘夷狄，復境土，無往不可，又何寇賊之足慮哉！雖然，用人之道，臣已略陳於前矣。用兵之策，敢僭及之。夫外郡之兵，其不可用固也。而大軍之遣，是以壯聲勢，備守禦，使奸宄聞風而氣懾。然山川險要，盜賊巢穴，則非其所素知也。潛窺而陰伺，疾馳而深入，則不如民兵之捷。況焚蕩之慘，衆所共憤，皆有復讎之志，而豪民糾集，又欲為自衛之計，因其鋒而用之，可以決勝，已事之驗也。第餱糧不繼，難以持久，若助其廩給，厚其賞犒，而能獲寇所有者，悉以與之；至於功狀顯著，則又錫以告命，孰不樂

為吾用？復以大軍為之應援，則兵威益振，其策勳也必矣。但行賞之際，當酌功為輕重，若偏於將士而薄於民兵，則不惟解體，尤恐激變。此又主帥之所當察。儻欲行招撫之策，則盍先為不可勝之計。如聲勢未張，乃卑辭厚賂以冀其服，縱使聽命，猶慮反覆。渠頭目非一，辭歆邀索，更仆迭起，未易悉定。為今之計，莫若赦脅從之徒，以離其黨與，行反間之術，而俾相攻擊，分遣重兵，固守要害，使之進不得前，退無所掠，其勢稍屈，然後從而招之，蔑不濟矣。臣佔畢腐儒，軍旅未學，輒攄輿人之論，以備采擇。惟陛下赦其愚。

金章宗時，山東盜起，往往潛匿泰山巖穴間。按察司請發數萬人刊除林木，使盜賊無所隱。山東路統軍使承暉奏曰：泰山五嶽之宗，故曰岱宗。王者受命，封禪告代。國家雖不行此事，而山亦不可赭也。齊人易動，驅之入山，必有凍餓失所之患。此誨盜，非止盜也。天下之山亦多矣，豈可盡赭哉？議遂寢。

元世祖時，秘書少監程鉅夫奏曰：盜之害民，劫盜為甚。劫盜不已，群盜生焉。故自古立法，劫盜必死。江南比年殺人放火者，所在有之。被害之家，纔行告發，巡尉吏卒名為體覆，而被害之家及其鄰右先已騷然。及付有司，則主吏又教以轉攀平民，坐展歲月，幸而成罪，又不過杖一百七。而枝蔓逮捕平人之死獄中者，乃十四五。況劫盜幸免，必圖報復，而告發之家無遺種矣。被賊劫者誰敢告發？盜勢日張，其禍何可勝言。夫諸藏兵器者處死，況以兵器行劫而罪乃止於杖，此何理也？故盜無所畏，黨日以多。今後強盜持軍器劫人財物，贓證明白，只以藏軍器論罪，郡府以便宜從事，並免待報，庶使凶人警畏，平民安帖，其於治勢，實非小補。

成宗元貞元年，盜賊群起，山東居多。詔求弭盜方略，山東西道廉訪

使陳天祥上奏曰古者盜賊之起各有所因除歲凶饑饉謗之天時宜且勿論他如軍旅不息工役荐興聚斂無厭刑法紊亂之類此皆群盜所起之由中間保護存恤長養之者赦令是也赦者小人之幸君子之不幸一歲再赦善人喑啞前人言之備矣彼强梁之徒各執兵杖殺人取物不顧其生有司盡力以擒之朝廷加恩以釋之旦脫縲囚暮即行刼又復督勒有司結限追捕賊皆經慣習以爲常既不感恩又不畏法充殘悖逆性已頑定誠非善化能移惟以嚴刑可制

順帝時蘇天爵上奏曰審天下之勢者當謹其微論生民之治者當究其本矣審勢而不謹于微至于著則不可爲矣論治而不究其本求其末則夫何益矣欽惟國家布列臺憲盡以重内外耳目之寄達遠近聞見之詳惟茲山東奄奠齊魯控制千里按臨百城爰自去歲以來諸處盜賊竊發始則潛形塗面猶恐人知甚則鳴鼓樹旗不畏

官捕郡縣聞風而避弓兵望影而逃生靈遭其荼毒府庫恣其攘奪致煩朝廷遣官中外始獲寧息比者各州盜竊復有或二十爲群或七八作黨白晝殺人刼其財物昔人有言盜猶火也火之爲災撲之於將然則易爲力救之於已然則難爲功故小盜不滅則大盜不絕可不豫防之乎伏望朝廷恤民以安其生選官以責其治録囚以除其惡且山東禦盜之方前後言者不一有曰浚城池者矣有曰繕修兵備者矣有曰分軍鎮守者矣有曰申明賞罰者矣夫言之甚者人則以爲張皇言之緩者人或以爲迂闊是以言者甚難而聽者不可不審也今茲略陳當行實事尚冀採擇焉

一恤民夫好生而惡死趨安而避危人之常情也今山東之民往往甘就死亡起而爲盜者蓋有其由矣始於水旱傷農而貧窮歲無衣食飽煖之給次則差役頻併而官吏有會斂侵漁之害此其爲盜之原也昔有人言蜀人樂禍貪亂者或對曰蜀人積弊實非一朝百家爲村不過數家有食窮迫之人十有八九束縛之使旬有二三貪亂樂禍無足多怪若令家畜五母雞一母豕牀上有百錢絮被甑中有數升麥飯雖蘇張巧說于前韓白按劒于後將不能使一夫爲盜況貪亂乎然則後世民之爲盜者豈非飢寒之故歟茲者山東田畝不加于前户口日倍于昔年穀既已不收衣食至甚不足初則典田賣屋急則鬻子棄妻朝廷雖嘗賑恤一家能得幾何兼以去秋大水今春疫癘無牛者不克耕耨下種者不克耘耡致使田畝荒蕪蒿萊滿野即目秋成民已無食不知來春又將若何欲民之不爲盜難矣夫國家之設刑名本不欲民犯法小民至愚而神又豈不知法之

不可犯乎蓋犯法而爲盜則死畏法而不爲盜則飢飢餓之與受刑均爲一死賒死之與忍飢禍有遲速則民之相帥爲盜是豈得已長民者可不爲之深念乎惟望朝廷明示六部百司凡山東軍兵征行之苦站赤走遞之勞食鹽辦課之重和雇和買之煩土木不急之工役食用無益之貢獻但是可以動衆擾民者皆當一一簡其號令之出量其科派之數節其緩急之用優其輸送之期俾民普受其實惠皆不至爲虛文庶幾生靈得以休息于田里官吏不能大肆其姦貪大抵安民之術不奪其時不傷其財能禁其爲非而去其爲害則民皆按堵矣

一選官夫官不必備惟其人蓋言三公之選其餘庶官各有所治之事不可一日而缺也況在山東頻年水旱盜賊竊發民多貧

竆可不選官撫治之乎。昔漢宣帝嘗曰：庶民所以安其田里而亡歎息愁恨之心者，政平訟理也。與我共此者，其惟良二千石乎。今國家守令之選，不為不嚴，但廟堂銓選有時，而各處闕官無已。即目山東見闕宣慰使二員，濟南、東平、濟寧、東昌、益都見闕總管五員，高唐、海寧、沂州見闕知州三員，其餘佐貳之職闕者尚多有之。且年六十五以上者先行銓注，固為令典，然多係老耄疾病之人，日暮途遠，但知求公田俸祿，肥家飽妻子而已，其能潔己奉公，勤力于政務者幾何人哉。方今山東郡縣達魯花赤俱係投下，守令見闕者十居二三，老病者又居其半，然則欲治化之興行，盜賊之屏息，其可得乎。宜從朝廷將山東按治所屬宣慰司、各路州縣等官，下及鎮店巡檢捕盜之屬，但是見闕守闕，省除部注，共為一選，作急銓注，仍須選擇年方盛強、歷練政務、無大過犯、附近籍居見闕者，勿候宣敕，即便赴任。如此則郡縣有人，庶可責以政務，政務既脩，則善民獲安，惡人知懼。仍須令後但有急闕，隨即申達補注，庶不闕官撫治其民矣。

一、録囚。夫刑者，詰姦禁暴，所以輔治也。近年以來，郡縣或不得人，刑政自以失度，民怨傷于和氣，水旱因以為災，年穀不登，貫原於此。且陰陽變理，雖根本于廟堂，而政化承宣，實責任于郡縣。故東海殺一孝婦，枯旱三年，及表其墓祭之，天立大雨，此一郡休咎之徵，豈非守令所當責乎。今山東郡縣罪囚，除憲司審理疎決外，在禁常有八九十起，枷鎖不下數十百人，罪狀明著者不得明正典刑，事涉疑似者不敢輕易釋放，豈惟淹延囹圄，誠恐別生事端。且如去秋大盜王五十等劫略開、濮等處，脫放禁中罪囚，同惡相濟，往往得其死力，是則所係甚大也。宜從朝廷聞奏，選差五府通曉刑名官員前來山東一一審録，如果無疑，比及春分，各正其罪，庶幾刑政肅清，惡黨聳懼。傳曰：國家閒暇，及是時明其政刑，雖大國必畏之矣。夫以戰國之時，明其政刑，大國猶知畏之，況今山東草竊有不知畏者乎。

歷代名臣奏議卷之三百十九